El Nuevo Testamento
Interlineal
Griego–Español

César Vidal

El Nuevo Testamento
Interlineal
Griego–Español

Grupo Nelson
Una división de Thomas Nelson Publishers
Desde 1798

NASHVILLE DALLAS MÉXICO DF. RÍO DE JANEIRO

© 2011 por César Vidal
Publicado en Nashville, Tennessee, Estados Unidos de América. Grupo Nelson, Inc. es una subsidiaria que pertenece completamente a Thomas Nelson, Inc. Grupo Nelson es una marca registrada de Thomas Nelson, Inc. www.gruponelson.com

Todos los derechos reservados. Ninguna porción de este libro podrá ser reproducida, almacenada en algún sistema de recuperación, o transmitida en cualquier forma o por cualquier medio —mecánicos, fotocopias, grabación u otro— excepto por citas breves en revistas impresas, sin la autorización previa por escrito de la editorial.

El texto bíblico es la Santa Biblia, Reina Valera 1909.

Editora general: *Graciela Lelli*

Diseño: *Grupo Nivel Uno, Inc.*

ISBN: 978-1-41859-796-2

11 12 13 14 15 QGF 9 8 7 6 5 4 3 2 1

TABLA DE CONTENIDO

Introducción vii

Mateo 1
Marcos 120
Lucas 194
Juan 320
Hechos 410
Romanos 536
1 Corintios 583
2 Corintios 628
Gálatas 658
Efesios 673
Filipenses 689
Colosenses 700
1 Tesalonicenses 710
2 Tesalonicenses 720
1 Timoteo 726
2 Timoteo 738
Tito 747
Filemón 752
Hebreos 755
Santiago 791
1 Pedro 802
2 Pedro 815
1 Juan 823
2 Juan 836
3 Juan 838
Judas 840
Apocalipsis 844

Cincuenta términos griegos de especial relevancia
en el Nuevo Testamento 901

INTRODUCCIÓN
César Vidal

La obra que el lector tiene en estos momentos en las manos es una edición del texto griego del Nuevo Testamento, provista de una traducción interlineal en español palabra por palabra y de una traducción española en paralelo.

Lógicamente, la primera pregunta que debe plantearse ante un proyecto así es el porqué de una traducción interlineal del Nuevo Testamento. La respuesta me parece obvia.

En inglés existen, al menos desde inicios del s. XX, distintas obras que han cubierto, con mayor o menor acierto, este vacío. La misma tarea ha sido emprendida recientemente en italiano, si bien, hasta la fecha, sólo se ha publicado la parte del Nuevo Testamento correspondiente a los Evangelios y los Hechos de los Apóstoles.[1] En español, sin embargo, a pesar de ser la segunda lengua universal, sólo precedida en su extensión geográfica y demográfica por el inglés, esa tarea no había sido emprendida con anterioridad en los términos que se contemplan en la presente obra. De hecho, un intento realizado por Francisco Lacueva hace ya algunas décadas[2] carecía de referencias de carácter crítico documental y asumía sin discusión alguna una de las ediciones del texto griego de Nestle. Semejante punto de partida invalida totalmente el trabajo que realizó en su día Lacueva, en la medida en que los criterios seguidos por Nestle —fundamentalmente los ya avanzados por Westcott y Hort— son muy discutibles desde un punto de vista histórico y filológico, y la mejor prueba de ello es las docenas de cambios que se introducen en cada nueva edición del texto. Desde luego, pocas formas existen de cuestionar la preservación del texto original de las Escrituras tan evidentes como la multiplicidad de alteraciones presentadas por Nestle a cada nueva edición; variaciones, por cierto, de las que se desdice en ediciones posteriores. Al respecto, debe recordarse que el texto griego de las Sociedades Bíblicas no es sino una edición modificada del Nuevo Testamento griego de Westcott y Hort, dos personajes con veleidades ocultistas, publicado en 1881 y retomado en 1898 por Eberhard Nestle. El testimonio de Bruce Metzger, auténtico factótum del texto griego publicado por las Sociedades Bíblicas, resulta esencial y terminante al respecto. Su *The Reminiscence of an Octogenarian*[3] revela cómo desde sus primeros años su visión del Nuevo Testamento estuvo determinada por el Códice Vaticano —un texto corrupto— y por Westcott y Hort, dos eruditos con inclinaciones ocultistas. Metzger se manifiesta en su obra muy crítico con el Textus Receptus, pero a la vez indica cómo los cambios en cada una de las ediciones del texto griego del Nuevo Testamento editado por las Sociedades Bíblicas eran espectaculares. La segunda edición contó ya con

---
1. *Vangeli e Atti Degli Apostoli interlineare*, Milán, 2005.
2. *Nuevo Testamento interlineal griego español*, Clie. Su última edición es de 2008, pero la obra fue publicada hace ya más de dos décadas.
3. B. Metzger, *Reminiscence of an Octogenarian*, Peabody, MA, 1997.

participación católica, concretamente del cardenal Carlo M. Martini, del Instituto Bíblico Pontificio de Roma, y la tercera introdujo «más de quinientos cambios» sobre las anteriores.[4] Sin duda, un récord inquietante, porque entre la segunda y la tercera edición se introdujeron exactamente setecientos sesenta y cinco cambios. De manera bien reveladora, en quinientos cuarenta y cuatro casos, los cambios implicaron un regreso al Textus Receptus derivado de la comparación con otros manuscritos.[5] En 103 pasajes de Mateo; 62 de Marcos; 64 de Lucas; 75 de Juan; 84 de Hechos; 28 de Romanos; 18 de 1 Corintios; 11 de 2 Corintios; 9 de Gálatas; 5 de Efesios; 6 de Filipenses; 3 de Colosenses; 6 de 1 Tesalonicenses; 3 de 2 Tesalonicenses; 2 de 2 Timoteo; 4 de Tito; 11 de Hebreos; 11 de Santiago; 12 de 1 Pedro; 4 de 2 Pedro; 5 de 1 Juan; 1 de 2 Juan; 5 de Judas y 19 de Apocalipsis, el texto de las Sociedades Bíblicas se vio obligado a abandonar las ediciones anteriores para regresar al vituperado Textus Receptus. Sin duda, no se trata de unos datos que respalden el presunto valor científico —mucho menos semi-canónico— de las obras de Westcott y Hort y de Nestle.

La presente obra contiene tres textos que permiten acercarse al original que redactaron los apóstoles y sus discípulos y que evita las graves deficiencias del texto de Nestle-Aland publicado por las Sociedades Bíblicas:

1. El texto griego
2. El texto español palabra por palabra traducido interlinealmente
3. Un texto español paralelo

1. El texto griego.

El texto griego de este Nuevo Testamento es el denominado Textus Receptus que sirvió de base para las grandes traducciones de la Biblia a otras lenguas, por ejemplo, la traducción Reina-Valera en español, la del Rey Jaime en inglés o la de Lutero en alemán, por sólo citar las más difundidas. Más importante que eso es el hecho de que ese Textus Receptus —también denominado Mayoritario o Bizantino— es el que subyace en las primeras traducciones del Nuevo Testamento a otras lenguas, no pocas de ellas anteriores a los textos recogidos en el Manuscrito Sinaítico y en el Vaticano. Ese texto nos permite, como ningún otro, saber cuál fue utilizado por los primeros cristianos no sólo para leer en las zonas helenoparlantes, sino también para traducir el Nuevo Testamento en otras áreas del Imperio Romano.

Con todo, para la presente edición no nos hemos limitado a tener en cuenta el Textus Receptus, sino que también hemos tomado en cuenta el texto alejandrino (p. IX). Se trata de un texto corrupto, pero que, al contar con una enorme influencia en la versión de Nestle —y en la de Lacueva—, debe ser mencionado en las notas a pie de página.

---

4. B. Metzger, *Op. cit.*, p. 71.
5. Al respecto, resulta indispensable la lectura de la obra reciente de B. Adams y S. C. Gipp, *The Reintroductions of Textus Receptus Readings in the 26th Edition and Beyond of the Nestle/Aland Novum Testamentum Graece*, Miamitown, OH, 2006.

Igualmente, el texto griego incluye referencias a pie de página a lo que algunos han denominado el nuevo *textus receptus*, el NU publicado por las Sociedades Bíblicas, que, como ya hemos indicado, ha cambiado espectacularmente con el paso del tiempo y que fue la base del interlineal de Lacueva. Hemos señalado puntualmente en notas todas aquellas veces en que el NU se aparta del Texto mayoritario y, de manera muy especial, hemos recogido las referencias de diversos manuscritos y textos de los Padres de la Iglesia que ponen de manifiesto cómo el Texto mayoritario es un texto mucho más fiable en términos críticos que el que hallamos en el Nuevo Testamento griego Nestle-Aland editado por las Sociedades Bíblicas.

2. El texto español.

En segundo lugar, esta edición del Nuevo Testamento ofrece una traducción al español, palabra por palabra, que nos permite contar con una traducción literal del original griego.

Se trata de una traducción en la que, a lo largo de una labor prácticamente diaria que se ha prolongado durante años, he procurado acercar el contenido del texto griego al lector español no siguiendo finalidades de belleza estilística o literaria, sino de rigurosa exactitud. Ocasionalmente, el texto tiene que ser aclarado a pie de página mediante una paráfrasis, pero se trata de un recurso más bien excepcional. De manera similar, he tenido que utilizar el recurso de poner en mayúscula la palabra inicial de la frase en la traducción española, ya que no siempre coincide con el original griego. Esta circunstancia se da especialmente cuando la frase comienza con una conjunción, ya que ésta, a diferencia de lo que sucede en español, no es la primera sino la segunda.

τὸ γὰρ ἐν αὐτῇ γεννηθὲν ἐκ Πνεύματός ἐστιν Ἁγίου.
lo Porque en ella ocasionado de Espíritu es Santo.

Es obvio que la frase comenzaría en español con la conjunción *Porque*, que en la traducción interlineal hemos consignado en mayúscula.
(Mateo 1.20)

ὃς γὰρ οὐκ ἔστιν καθ' ἡμῶν, ὑπὲρ ἡμῶν ἐστιν.
el que Porque no está contra nosotros, por nosotros[6] está.
(Lucas 9.50)

De nuevo, la frase en español debe iniciarse con la conjunción *Porque*, que en la traducción interlineal hemos puesto con mayúscula.

---

6. La NU sustituye nosotros por vosotros.

Aunque la dificultad de los autores del Nuevo Testamento varía —Juan o Marcos siguen un orden en la frase prácticamente igual al español; el autor de Hebreos utiliza un hipérbaton muy acentuado—, en términos generales podemos decir que el lector seguirá con relativa facilidad el texto de mi traducción palabra por palabra y comprenderá, en su literalidad, aspectos que suelen escaparse en las simples traducciones del griego a otras lenguas.

De la misma manera, he respetado el tiempo del texto griego original, que puede sonar en algunos casos extraño, al chocar con el estilo literario español, pero que permite que el lector se acerque con más exactitud a lo expresado por los autores del Nuevo Testamento.

Creo no exagerar al decir que nunca antes se encontró un lector en lengua española tan cerca de la literalidad del texto original del Nuevo Testamento como se hallará al leer y estudiar esta edición del texto griego neotestamentario.

3. El texto paralelo.

Finalmente, esta edición cuenta con un tercer instrumento de lectura y estudio que es el texto paralelo en español. A diferencia del interlineal, que se debe al autor de estas líneas —la de traducir literariamente el texto del Nuevo Testamento al español es una tarea que espero poder abordar algún día—, el texto paralelo se debe a la versión Reina-Valera en su revisión de 1909. La traducción de Casiodoro de Reina, revisada por Cipriano de Valera, es realmente excepcional y los que lean su primera edición pueden apreciar el cuidado verdaderamente prodigioso que Reina puso en traducir con exactitud el Nuevo Testamento. De hecho, no dudó en utilizar la extraordinaria flexibilidad del español e incluso el neologismo para traducir el contenido exacto del Nuevo Testamento en griego. El resultado fue una excelente traducción, en no escasa medida insuperada e insuperable, y que ha disfrutado de una difusión mayor que cualquier otra en lengua española. Sin embargo —justo es decirlo—, la primera edición de la versión Reina-Valera contenía un lenguaje que ahora resulta arcaico y de difícil comprensión. Era forzoso, por lo tanto, recurrir a una de sus revisiones. La de 1909 resulta óptima porque mantiene la fuerza y la calidad de la primera edición; porque no cede en exactitud a la de 1960 y porque, definitivamente, es muy superior a las revisiones posteriores, desde la de 1977 a la actualidad. El lector del texto griego original que compare la traducción interlineal con la revisión de 1909 comprobará cómo nuestras palabras distan mucho de caer en la exageración.

El resultado final de esta labor la recomienda, a nuestro juicio, ante cualquier persona —docente, estudiante o simple lector— que desee acercarse al contenido original del Nuevo Testamento. A través de la traducción interlineal no sólo se verá llevado con especial meticulosidad hasta el texto original del Nuevo Testamento, sino que además podrá contemplar cómo no pocos de los supuestos textuales de la Alta Crítica y de ediciones como la de Nestle-Aland —que intenta pretenciosamente convertirse en una especie de nuevo Textus

Receptus— carecen de base textual sólida frente a lo que ya fue recogido en el Texto Mayoritario. También podrá percatarse de cómo no pocas traducciones contemporáneas del Nuevo Testamento, a pesar de las buenas intenciones derrochadas en ellas, tienen un valor muy limitado, en la medida en que se basan en un texto griego muy defectuoso desde una perspectiva científica.

No deseo concluir esta breve introducción sin agradecer a la editorial Thomas Nelson el haberse interesado por esta labor y haber aceptado incorporarla a su catálogo. Al respecto, la labor de Larry Downs y de Graciela Lelli como editores ha resultado ciertamente extraordinaria, además de muy paciente hacia mi persona y mi trabajo.

Concluyo finalmente señalando que ésta no es una obra de carácter meramente científico. Mi intención es, como hace dos milenios la del apóstol Juan:

«Estas cosas se han escrito para que creáis que Jesús es el mesías, el Hijo de Dios, y para que creyendo, tengáis vida en su nombre».

(Juan 20.31)

Si mi trabajo de años puede servir para que, siquiera en un caso, tenga lugar ese resultado, me daré por más que bien pagado en mi labor.

Madrid – Miami – Jerusalén – Dallas – Madrid, 2007-2010

EL SANTO EVANGELIO SEGÚN
SAN MATEO

1 **1** Βίβλος γενέσεως Ἰησοῦ Χριστοῦ, υἱοῦ Δαυῒδ,
Libro de origen de Jesús Cristo, hijo de David,

υἱοῦ Ἀβραάμ.
hijo de Abraham.

1 Libro de la generación de Jesucristo, hijo de David, hijo de Abraham. **2** Abraham engendró a Isaac: e Isaac engendró a Jacob: y Jacob engendró a Judas y a sus hermanos: **3** Y Judas engendró de Thamar a Phares y a Zara: y Phares engendró a Esrom: y Esrom engendró a Aram: **4** Y Aram engendró a Aminadab: y Aminadab engendró a Naassón: y Naassón engendró a Salmón: **5** Y Salmón engendró de Racháb a Booz, y Booz engendró de Ruth a Obed y Obed engendró a Jessé: **6** Y Jessé engendró al rey David: y el rey David engendró a Salomón de la *que fué mujer* de Urías: **7** Y Salomón engendró a Roboam: y Roboam engendró a Abía: y Abía engendró a Asa: **8** Y Asa engendró a Josaphat: y Josaphat engendró a Joram: y Joram engendró a Ozías:

2 Ἀβραὰμ ἐγέννησε τὸν Ἰσαάκ, Ἰσαὰκ δὲ ἐγέννησε
Abraham engendró a Isaac, Isaac - engendró

τὸν Ἰακώβ,
a Jacob,

Ἰακὼβ δὲ ἐγέννησε τὸν Ἰούδαν καὶ τοὺς ἀδελφοὺς αὐτοῦ,
Jacob - engendró a Judá y a los hermanos de él.

3 Ἰούδας δὲ ἐγέννησε τὸν Φαρές καὶ τὸν Ζαρὰ
Judá - engendró a Fares y a Zara,

ἐκ τῆς Θάμαρ, Φαρὲς δὲ ἐγέννησε τὸν Ἐσρώμ, Ἐσρὼμ δὲ
de Tamar, Fares - engendró a Esrom, Esrom -

ἐγέννησε τὸν Ἀράμ,
engendró a Aram.

4 Ἀρὰμ δὲ ἐγέννησε τὸν Ἀμιναδάβ, Ἀμιναδὰβ δὲ
Aram - engendró a Aminadab, Aminadab -

ἐγέννησε τὸν Ναασσών,
engendró a Naasón,

Ναασσὼν δὲ ἐγέννησε τὸν Σαλμών,
Naasón - engendró a Salmón,

5 Σαλμὼν δὲ ἐγέννησε τὸν Βοὸζ ἐκ τῆς Ῥαχάβ,
Salmón - engendró a Booz de Rahab,

Βοὸζ δὲ ἐγέννησε τὸν Ὠβὴδ ἐκ τῆς Ῥούθ, Ὠβὴδ δὲ
Booz - engendró a Obed de Rut, Obed -

ἐγέννησε τὸν Ἰεσσαί,
engendró a Isaí,

6 Ἰεσσαὶ δὲ ἐγέννησε τὸν Δαυῒδ τὸν βασιλέα.
Isaí - engendró a David el rey.

Δαυῒδ δὲ ὁ βασιλεὺς[1] ἐγέννησε τὸν Σολομῶνα ἐκ τῆς
David - el rey engendró a Salomón de la

τοῦ Οὐρίου,
de Urías,

7 Σολομὼν δὲ ἐγέννησε τὸν Ῥοβοάμ,
Salomón - engendró a Roboam,

Ῥοβοὰμ δὲ ἐγέννησε τὸν Ἀβιά, Ἀβιὰ δὲ ἐγέννησε τὸν Ἀσά,[2]
Roboam - engendró a Abías, Abías - engendró a Asa,

8 Ἀσὰ δὲ ἐγέννησε τὸν Ἰωσαφάτ, Ἰωσαφὰτ δὲ
Asa - engendró a Josafat, Josafat -

ἐγέννησε τὸν Ἰωράμ,
engendró a Joram,

Ἰωρὰμ δὲ ἐγέννησε τὸν Ὀζίαν,
Joram - engendró a Ozías.

---

1. NU omite el rey.
2. NU tiene Asaf.

9 Y Ozías engendró a Joatam: y Joatam engendró a Acház: y Acház engendró a Ezechîas:
10 Y Ezechîas engendró a Manasés: y Manasés engendró a Amón: y Amón engendró a Josías:
11 Y Josías engendró a Jechônías y a sus hermanos, en la transmigración de Babilonia.
12 Y después de la transmigración de Babilonia, Jechônías engendró a Salathiel: y Salathiel engendró a Zorobabel:
13 Y Zorobabel engendró a Abiud: y Abiud engendró a Eliachîm: y Eliachîm engendró a Azor:
14 Y Azor engendró a Sadoc: y Sadoc engendró a Achîm: y Achîm engendró a Eliud:
15 Y Eliud engendró a Eleazar: y Eleazar engendró a Mathán: y Mathán engendró a Jacob:
16 Y Jacob engendró a José, marido de María, de la cual nació Jesús, el cual es llamado el Cristo.
17 De manera que todas las generaciones desde Abraham hasta David son catorce generaciones: y desde David hasta la transmigración de Babilonia, catorce generaciones: y desde la transmigración de Babilonia hasta Cristo, catorce generaciones.

9 Ὀζίας δὲ ἐγέννησε τὸν Ἰωάθαμ, Ἰωάθαμ δὲ
Ozías - engendró a Joatam, Joatam -
ἐγέννησε τὸν Ἄχαζ,
engendró a Ajaz,
Ἄχαζ δὲ ἐγέννησε τὸν Ἐζεκίαν,
Ajaz - engendró a Ezequías,

10 Ἐζεκίας δὲ ἐγέννησε τὸν Μανασσῆ, Μανασσῆς δὲ
Ezequías - engendró a Manasés, Manasés -
ἐγέννησε τὸν Ἀμών, Ἀμὼν δὲ ἐγέννησε τὸν Ἰωσίαν,
engendró a Amón,[3] Amón - engendró a Josías,

11 Ἰωσίας δὲ ἐγέννησε τὸν Ἰεχονίαν καὶ τοὺς ἀδελφοὺς αὐτοῦ
Josías - engendró a Jeconías y a los hermanos de él
ἐπὶ τῆς μετοικεσίας Βαβυλῶνος.
en la deportación de Babilonia.
Μετὰ δὲ τὴν μετοικεσίαν Βαβυλῶνος Ἰεχονίας
Tras - la deportación de Babilonia Jeconías
ἐγέννησε τὸν Σαλαθιήλ,
engendró a Salatiel,
Σαλαθιὴλ δὲ ἐγέννησε τὸν Ζοροβάβελ,
Salatiel - engendró a Zorobabel,

13 Ζοροβάβελ δὲ ἐγέννησε τὸν Ἀβιούδ, Ἀβιοὺδ δὲ ἐγέννησε τὸν Ἐλιακείμ,
Zorobabel - engendró a Abiud, Abiud - engendró a Eliaquim,
Ἐλιακεὶμ δὲ ἐγέννησε τὸν Ἀζώρ,
Eliaquim - engendró a Azor,

14 Ἀζὼρ δὲ ἐγέννησε τὸν Σαδώκ, Σαδὼκ δὲ
Azor - engendró a Sadoc, Sadoc -
ἐγέννησε τὸν Ἀχείμ,
engendró a Aquim,
Ἀχεὶμ δὲ ἐγέννησε τὸν Ἐλιούδ,
Aquim - engendró a Eliud,

15 Ἐλιοὺδ δὲ ἐγέννησε τὸν Ἐλεάζαρ, Ἐλεάζαρ δὲ
Eliud - engendró a Eleazar, Eleazar -
ἐγέννησε τὸν Ματθάν, Ματθὰν δὲ ἐγέννησε τὸν Ἰακώβ,
engendró a Matán, Matán - engendró a Jacob,

16 Ἰακὼβ δὲ ἐγέννησε τὸν Ἰωσὴφ τὸν ἄνδρα Μαρίας,
Jacob - engendró a José el marido de María,
ἐξ ἧς ἐγεννήθη Ἰησοῦς ὁ λεγόμενος Χριστός.
de la que fue engendrado Jesús el llamado Cristo.[4]

17 Πᾶσαι οὖν αἱ γενεαὶ ἀπὸ Ἀβραὰμ ἕως
Todas pues las generaciones desde Abraham hasta
Δαυῒδ γενεαὶ δεκατέσσαρες,
David generaciones catorce,
καὶ ἀπὸ Δαυῒδ ἕως τῆς μετοικεσίας
y desde David hasta el destierro
Βαβυλῶνος γενεαὶ δεκατέσσαρες,
de Babilonia generaciones catorce,
καὶ ἀπὸ τῆς μετοικεσίας Βαβυλῶνος ἕως τοῦ Χριστοῦ
y desde el destierro de Babilonia hasta el Cristo[5]
γενεαὶ δεκατέσσαρες.
generaciones catorce.

---

3. NU tiene Amós.
4. O Mesías.
5. O Mesías.

18 Τοῦ δὲ Ἰησοῦ Χριστοῦ ἡ γέννησις οὕτως ἦν.
De - Jesús Cristo el nacimiento así fue.
μνηστευθείσης γὰρ τῆς μητρὸς αὐτοῦ
estando comprometida Porque la madre de él
Μαρίας τῷ Ἰωσήφ, πρὶν ἢ συνελθεῖν αὐτοὺς, εὑρέθη
María con José, antes de juntarse ellos, se descubrió que
ἐν γαστρὶ ἔχουσα ἐκ Πνεύματος Ἁγίου.
estaba encinta de Espíritu Santo.

19 Ἰωσὴφ δὲ ὁ ἀνὴρ αὐτῆς, δίκαιος ὢν καὶ
José - el marido de ella, justo siendo y
μὴ θέλων αὐτὴν παραδειγματίσαι,
no queriendo a ella infamar⁶
ἐβουλήθη λάθρᾳ ἀπολῦσαι αὐτήν.
resolvió en secreto repudiar la.

20 ταῦτα δὲ αὐτοῦ ἐνθυμηθέντος ἰδοὺ ἄγγελος κυρίου
estas cosas - él reflexionando mira ángel de Señor
κατ' ὄναρ ἐφάνη αὐτῷ λέγων· Ἰωσὴφ υἱὸς Δαυΐδ,
en sueño se mostró a él diciendo: José hijo de David,
μὴ φοβηθῇς παραλαβεῖν Μαριὰμ τὴν γυναῖκά σου·
no temas recibir a María la mujer de ti.
τὸ γὰρ ἐν αὐτῇ γεννηθὲν ἐκ Πνεύματός ἐστιν Ἁγίου.
lo Porque en ella ocasionado de Espíritu es Santo.

21 τέξεται δὲ υἱὸν καὶ καλέσεις τὸ ὄνομα αὐτοῦ
Parirá - hijo y llamarás el nombre de él
Ἰησοῦν· αὐτὸς γὰρ σώσει τὸν λαὸν αὐτοῦ
Jesús. éste Porque salvará al pueblo de él
ἀπὸ τῶν ἁμαρτιῶν αὐτῶν.
de los pecados de ellos.

22 Τοῦτο δὲ ὅλον γέγονεν ἵνα πληρωθῇ
Esto - todo sucedió para que se cumpliera
τὸ ῥηθὲν ὑπὸ τοῦ Κυρίου διὰ τοῦ προφήτου λέγοντος·
lo dicho por el Señor a través del profeta diciendo:

23 ἰδοὺ ἡ παρθένος ἐν γαστρὶ ἕξει καὶ
mira la virgen embarazada estará y
τέξεται υἱόν, καὶ καλέσουσι τὸ ὄνομα αὐτοῦ
parirá a hijo, y llamarán el nombre de él
Ἐμμανουήλ, ὅ ἐστι μεθερμηνευόμενον, μεθ' ἡμῶν
Emmanuel, que es interpretado, con nosotros
ὁ Θεός.
el Dios.

24 Διεγερθεὶς δὲ ὁ Ἰωσὴφ ἀπὸ τοῦ ὕπνου
Siendo levantado entonces - José de el sueño
ἐποίησεν ὡς προσέταξεν αὐτῷ ὁ ἄγγελος Κυρίου·
hizo como ordenó a él el ángel de Señor
καὶ παρέλαβε τὴν γυναῖκα αὐτοῦ,
y recibió a la mujer de él,

25 καὶ οὐκ ἐγίνωσκεν αὐτὴν
y no conoció la
ἕως οὗ ἔτεκε τὸν υἱὸν αὐτῆς τὸν πρωτότοκον,⁷
hasta que parió al hijo de ella el primogénito,
καὶ ἐκάλεσε τὸ ὄνομα αὐτοῦ Ἰησοῦν.
y llamó el nombre de él Jesús.

---

18 Y el nacimiento de Jesucristo fué así: Que siendo María su madre desposada con José, antes que se juntasen, se halló haber concebido del Espíritu Santo. **19** Y José su marido, como era justo, y no quisiese infamarla, quiso dejarla secretamente. **20** Y pensando él en esto, he aquí el ángel del Señor le aparece en sueños, diciendo: José, hijo de David, no temas de recibir a María tu mujer, porque lo que en ella es engendrado, del Espíritu Santo es. **21** Y parirá un hijo, y llamarás su nombre JESÚS, porque él salvará a su pueblo de sus pecados. **22** Todo esto aconteció para que se cumpliese lo que fué dicho por el Señor, por el profeta que dijo: **23** He aquí la virgen concebirá y parirá un hijo, Y llamarás su nombre Emmanuel, que declarado, es: Con nosotros Dios. **24** Y despertando José del sueño, hizo como el ángel del Señor le había mandado, y recibió a su mujer. **25** Y no la conoció hasta que parió a su hijo primogénito: y llamó su nombre JESÚS.

---

6. O exponer a la ignominia.
7. "El primogénito" aparece suprimido en NU.

MATEO 2.1

2 Y como fué nacido Jesús en Bethlehem de Judea en días del rey Herodes, he aquí unos magos vinieron del oriente a Jerusalem, **2** Diciendo: ¿Dónde está el Rey de los Judíos, que ha nacido? porque su estrella hemos visto en el oriente, y venimos a adorarle.
3 Y oyendo esto el rey Herodes, se turbó, y toda Jerusalem con él.
4 Y convocados todos los príncipes de los sacerdotes, y los escribas del pueblo, les preguntó dónde había de nacer el Cristo.
5 Y ellos le dijeron: En Bethlehem de Judea; porque así está escrito por el profeta:
6 Y tú, Bethlehem, de tierra de Judá,
   No eres muy pequeña entre los príncipes de Judá;
  Porque de ti saldrá un guiador,
  Que apacentará a mi pueblo Israel.
7 Entonces Herodes, llamando en secreto a los magos, entendió de ellos diligentemente el tiempo del aparecimiento de la estrella;
8 Y enviándolos a Bethlehem, dijo: Andad allá, y preguntad con diligencia por el niño; y después que le hallareis, hacédmelo saber, para que yo también vaya y le adore.

---

2 1 Τοῦ δὲ Ἰησοῦ γεννηθέντος ἐν Βηθλεὲμ τῆς Ἰουδαίας
   \- Jesús habiendo nacido en Belén de Judea
   ἐν ἡμέραις Ἡρῴδου τοῦ βασιλέως,
   en días de Herodes el rey,
   ἰδοὺ μάγοι ἀπὸ ἀνατολῶν παρεγένοντο
   mira magos de las regiones orientales acudieron
   εἰς Ἱεροσόλυμα
   a Jerusalén

2 λέγοντες· ποῦ ἐστιν ὁ τεχθεὶς βασιλεὺς τῶν Ἰουδαίων;
  diciendo: ¿dónde está el nacido rey de los judíos?
  εἴδομεν γὰρ αὐτοῦ τὸν ἀστέρα ἐν τῇ ἀνατολῇ,
  vimos Porque de él el astro en el oriente,
  καὶ ἤλθομεν προσκυνῆσαι αὐτῷ.
  y vinimos a adorar lo.

3 Ἀκούσας δὲ Ἡρῴδης ὁ βασιλεὺς ἐταράχθη
  Oyendo entonces Herodes el rey se turbó
  καὶ πᾶσα Ἱεροσόλυμα μετ' αὐτοῦ,
  y todo Jerusalén con él.

4 καὶ συναγαγὼν πάντας τοὺς ἀρχιερεῖς
  y habiendo reunido a todos los sacerdotes
  καὶ γραμματεῖς τοῦ λαοῦ ἐπυνθάνετο
  y escribas del pueblo indagó
  παρ' αὐτῶν ποῦ ὁ Χριστὸς γεννᾶται.
  de ellos dónde el mesías nace.[8]

5 οἱ δὲ εἶπον αὐτῷ· ἐν Βηθλέεμ τῆς Ἰουδαίας·
  Ellos - dijeron le: en Belén de Judá,
  οὕτω γὰρ γέγραπται διὰ τοῦ προφήτου·
  así Porque ha sido escrito por el profeta

6 καὶ σὺ Βηθλέεμ, γῆ Ἰούδα, οὐδαμῶς ἐλαχίστη εἶ
  y tu Belén, tierra de Judá, de ninguna manera menor eres
  ἐν τοῖς ἡγεμόσιν Ἰούδα· ἐκ σοῦ γὰρ ἐξελεύσεται
  entre los gobernadores de Judá. de ti Porque saldrá
  ἡγούμενος, ὅστις ποιμανεῖ τὸν λαόν μου τὸν Ἰσραήλ.
  guía, que pastoreará al pueblo de mi Israel

7 Τότε Ἡρῴδης, λάθρᾳ καλέσας τοὺς μάγους
  Entonces Herodes secretamente llamando a los magos
  ἠκρίβωσε παρ' αὐτῶν τὸν χρόνον
  precisó de ellos el tiempo
  τοῦ φαινομένου ἀστέρος,
  del que se manifestó astro,

8 καὶ πέμψας αὐτοὺς εἰς Βηθλέεμ εἶπε·
  y habiendo enviado los a Belén dijo:
  πορευθέντες ἀκριβῶς ἐξετάσατε περὶ τοῦ παιδίου,
  yendo con precisión averiguad acerca del niño,
  ἐπὰν δὲ εὕρητε, ἀπαγγείλατέ μοι,
  cuando - encontréis, comunicad me,
  ὅπως κἀγὼ ἐλθὼν προσκυνήσω αὐτῷ.
  así también yo yendo adoraré lo.

---

8. Es decir, dónde iba a nacer.

MATEO 2.15

9 οἱ δὲ ἀκούσαντες τοῦ βασιλέως ἐπορεύθησαν·
   Éstos - oyendo del rey se marcharon,

καὶ ἰδοὺ ὁ ἀστὴρ ὃν εἶδον ἐν τῇ ἀνατολῇ
y mira el astro que vieron en el oriente

προῆγεν αὐτούς, ἕως ἐλθὼν
precedió los, hasta que viniendo

ἔστη ἐπάνω οὗ ἦν τὸ παιδίον·
se quedó encima de donde estaba el niño.

10 ἰδόντες δὲ τὸν ἀστέρα ἐχάρησαν
viendo - el astro se alegraron

χαρὰν μεγάλην σφόδρα,
(con) alegría grande enormemente.

11 καὶ ἐλθόντες εἰς τὴν οἰκίαν εἶδον τὸ παιδίον
y viniendo a la casa vieron al niño

μετὰ Μαρίας τῆς μητρὸς αὐτοῦ, καὶ πεσόντες
con María la madre de él, y cayendo

προσεκύνησαν αὐτῷ, καὶ ἀνοίξαντες
adoraron lo, y abriendo

τοὺς θησαυροὺς αὐτῶν προσήνεγκαν αὐτῷ
los tesoros de ellos presentaron le

δῶρα, χρυσὸν καὶ λίβανον καὶ σμύρναν·
regalos, oro e incienso y mirra.

12 καὶ χρηματισθέντες κατ' ὄναρ
y siendo advertidos mediante sueño

μὴ ἀνακάμψαι πρὸς Ἡρῴδην, δι' ἄλλης ὁδοῦ
de no regresar a Herodes, por otro camino

ἀνεχώρησαν εἰς τὴν χώραν αὐτῶν.
marcharon a la región de ellos.

13 Ἀναχωρησάντων δὲ αὐτῶν ἰδοὺ ἄγγελος Κυρίου
Marchándose - ellos mira ángel de Señor

φαίνεται κατ' ὄναρ τῷ Ἰωσὴφ λέγων·
se manifiesta en sueño a José diciendo:

ἐγερθεὶς παράλαβε τὸ παιδίον καὶ τὴν μητέρα αὐτοῦ
levantándote toma al niño y la madre de él

καὶ φεῦγε εἰς Αἴγυπτον, καὶ ἴσθι ἐκεῖ ἕως ἂν εἴπω σοι·
y huye a Egipto, y quédate allí hasta que diga te,

μέλλει γὰρ Ἡρῴδης ζητεῖν τὸ παιδίον τοῦ ἀπολέσαι αὐτό.
va Porque Herodes a buscar al niño para perder lo.

14 Ὁ δὲ ἐγερθεὶς παρέλαβε τὸ παιδίον καὶ τὴν μητέρα αὐτοῦ
Él - levantándose tomó al niño y a la madre de él

νυκτός, καὶ ἀνεχώρησεν εἰς Αἴγυπτον,
de noche, y marchó a Egipto.

15 καὶ ἦν ἐκεῖ ἕως τῆς τελευτῆς Ἡρῴδου,
y estuvo allí hasta la muerte de Herodes

ἵνα πληρωθῇ τὸ ῥηθὲν ὑπὸ τοῦ Κυρίου
para que se cumpliera lo dicho por el Señor

διὰ τοῦ προφήτου λέγοντος· ἐξ Αἰγύπτου
a través del profeta diciendo: de Egipto

ἐκάλεσα τὸν υἱόν μου.
llamé al hijo de mí.

9 Y ellos, habiendo oído al rey, se fueron: y he aquí la estrella que habían visto en el oriente, iba delante de ellos, hasta que llegando, se puso sobre donde estaba el niño. **10** Y vista la estrella, se regocijaron con muy grande gozo. **11** Y entrando en la casa, vieron al niño con su madre María, y postrándose, le adoraron; y abriendo sus tesoros, le ofrecieron dones, oro e incienso y mirra. **12** Y siendo avisados por revelación en sueños que no volviesen a Herodes, se volvieron a su tierra por otro camino. **13** Y partidos ellos, he aquí el ángel del Señor aparece en sueños a José, diciendo: Levántate, y toma al niño y a su madre, y huye a Egipto, y estáte allá hasta que yo te lo diga; porque ha de acontecer, que Herodes buscará al niño para matarlo. **14** Y él despertando, tomó al niño y a su madre de noche, y se fué a Egipto; **15** Y estuvo allá hasta la muerte de Herodes: para que se cumpliese lo que fué dicho por el Señor, por el profeta que dijo: De Egipto llamé a mi Hijo.

16 Herodes entonces, como se vió burlado de los magos, se enojó mucho, y envió, y mató a todos los niños que había en Bethlehem y en todos sus términos, de edad de dos años abajo, conforme al tiempo que había entendido de los magos.
17 Entonces fué cumplido lo que se había dicho por el profeta Jeremías, que dijo:
18 Voz fué oída en Ramá,
Grande lamentación, lloro y gemido:
Rachêl que llora sus hijos,
Y no quiso ser consolada, porque perecieron.
19 Mas muerto Herodes, he aquí el ángel del Señor aparece en sueños a José en Egipto,
20 Diciendo: Levántate, y toma al niño y a su madre, y vete a tierra de Israel; que muertos son los que procuraban la muerte del niño.
21 Entonces él se levantó, y tomó al niño y a su madre, y se vino a tierra de Israel.
22 Y oyendo que Archelao reinaba en Judea en lugar de Herodes su padre, temió ir allá: mas amonestado por revelación en sueños, se fué a las partes de Galilea.
23 Y vino, y habitó en la ciudad que se llama Nazaret: para que se cumpliese lo que fué dicho por los profetas, que había de ser llamado Nazareno.

16 Τότε Ἡρῴδης ἰδὼν ὅτι ἐνεπαίχθη ὑπὸ τῶν μάγων,
Entonces Herodes viendo que fue engañado por los magos,
ἐθυμώθη λίαν, καὶ ἀποστείλας ἀνεῖλε πάντας
se enfureció enormemente, y enviando mató a todos
τοὺς παῖδας τοὺς ἐν Βηθλεὲμ καὶ ἐν πᾶσι τοῖς ὁρίοις αὐτῆς
los niños los en Belén y en todos los distritos de ésta
ἀπὸ διετοῦς καὶ κατωτέρω, κατὰ τὸν χρόνον ὃν
desde dos años y hacia abajo, según el tiempo que
ἠκρίβωσε παρὰ τῶν μάγων.
precisó de los magos.

17 τότε ἐπληρώθη τὸ ῥηθὲν ὑπὸ Ἰερεμίου
Entonces se cumplió lo dicho por[9] Jeremías
τοῦ προφήτου λέγοντος·
el profeta diciendo:

18 φωνὴ ἐν Ῥαμὰ ἠκούσθη, θρῆνος καὶ κλαυθμὸς
Voz en Ramá fue oída, lamento y[10] llanto
καὶ ὀδυρμὸς πολύς· Ῥαχὴλ κλαίουσα τὰ τέκνα αὐτῆς,
y lamentación mucha. Raquel llorando a los hijos de ella,
καὶ οὐκ ἤθελε παρακληθῆναι, ὅτι οὐκ εἰσίν.
y no quiso ser consolada, porque no existen.

19 Τελευτήσαντος δὲ τοῦ Ἡρῴδου ἰδοὺ ἄγγελος κυρίου
Habiendo muerto sin embargo Herodes mira ángel de Señor
κατ' ὄναρ φαίνεται τῷ Ἰωσὴφ ἐν Αἰγύπτῳ
en sueño se manifiesta a José en Egipto.

20 λέγων· ἐγερθεὶς παράλαβε τὸ παιδίον καὶ
diciendo: levantándote toma al niño y
τὴν μητέρα αὐτοῦ καὶ πορεύου εἰς γῆν Ἰσραήλ·
a la madre de él y ve a tierra de Israel,
τεθνήκασι γὰρ οἱ ζητοῦντες τὴν ψυχὴν τοῦ παιδίου.
han muerto Porque los buscando la vida del niño.

21 ὁ δὲ ἐγερθεὶς παρέλαβε τὸ παιδίον καὶ τὴν μητέρα αὐτοῦ
Él - levantándose tomó al niño y a la madre de él
καὶ ἦλθεν εἰς γῆν Ἰσραήλ.
y fue a tierra de Israel.

22 ἀκούσας δὲ ὅτι Ἀρχέλαος βασιλεύει ἐπὶ τῆς Ἰουδαίας
Oyendo - que Arquelao reina sobre la Judea
ἀντὶ Ἡρῴδου τοῦ πατρὸς αὐτοῦ, ἐφοβήθη
en lugar de Herodes el padre de él, temió
ἐκεῖ ἀπελθεῖν· χρηματισθεὶς δὲ
allí ir. Siendo divinamente advertido sin embargo
κατ' ὄναρ
en sueño
ἀνεχώρησεν εἰς τὰ μέρη τῆς Γαλιλαίας,
marchó a las partes de Galilea.

23 καὶ ἐλθὼν κατῴκησεν εἰς πόλιν λεγομένην Ναζαρέτ,
y viniendo se estableció en ciudad llamada Nazaret,
ὅπως πληρωθῇ τὸ ῥηθὲν διὰ τῶν προφητῶν·
así fue cumplido lo dicho a través de los profetas:
ὅτι Ναζωραῖος κληθήσεται.
Que nazareno será llamado.

---

9. NU sustituye por a través.
10. NU suprime lamento y.

3

1 Ἐν δὲ ταῖς ἡμέραις ἐκείναις παραγίνεται Ἰωάννης ὁ βαπτιστὴς
En - los días aquellos aparece Juan el Bautista
κηρύσσων ἐν τῇ ἐρήμῳ τῆς Ἰουδαίας
predicando en el desierto de Judá

2 καὶ λέγων· μετανοεῖτε· ἤγγικε γὰρ ἡ βασιλεία
y diciendo: arrepentíos, se ha acercado Porque el reino
τῶν οὐρανῶν·
de los cielos.

3 οὗτος γάρ ἐστιν ὁ ῥηθεὶς ὑπὸ Ἠσαΐου τοῦ προφήτου
esto Porque es lo dicho por[11] Isaías el profeta
λέγοντος· φωνὴ βοῶντος ἐν τῇ ἐρήμῳ,
diciendo: voz clamando en el desierto:
ἑτοιμάσατε τὴν ὁδὸν Κυρίου, εὐθείας ποιεῖτε
Preparad el camino de Señor, rectas haced
τὰς τρίβους αὐτοῦ.
las sendas de Él.

4 Αὐτὸς δὲ ὁ Ἰωάννης εἶχε τὸ ἔνδυμα αὐτοῦ
Este - Juan tenía el vestido de él
ἀπὸ τριχῶν καμήλου καὶ ζώνην δερματίνην
de pelos de camello y cinturón de piel
περὶ τὴν ὀσφὺν αὐτοῦ, ἡ δὲ τροφὴ αὐτοῦ
alrededor de la cintura de él, el - alimento de él
ἦν ἀκρίδες καὶ μέλι ἄγριον.
era langostas y miel silvestre.

5 Τότε ἐξεπορεύετο πρὸς αὐτὸν Ἱεροσόλυμα καὶ
Entonces salieron a él Jerusalén y
πᾶσα ἡ Ἰουδαία καὶ πᾶσα ἡ περίχωρος
toda la Judea y todo el perímetro[12]
τοῦ Ἰορδάνου,
del Jordán,

6 καὶ ἐβαπτίζοντο ἐν τῷ Ἰορδάνῃ ὑπ᾽ αὐτοῦ
y eran bautizados en el Jordán[13] por él
ἐξομολογούμενοι τὰς ἁμαρτίας αὐτῶν.
Confesando los pecados de ellos.

7 ἰδὼν δὲ πολλοὺς τῶν Φαρισαίων καὶ Σαδδουκαίων
Viendo - a muchos de los fariseos y saduceos
ἐρχομένους ἐπὶ τὸ βάπτισμα αὐτοῦ εἶπεν αὐτοῖς·
viniendo para el bautismo de él dijo les:
γεννήματα ἐχιδνῶν, τίς ὑπέδειξεν ὑμῖν φυγεῖν
estirpe de víboras, ¿Quién enseñó os a huir
ἀπὸ τῆς μελλούσης ὀργῆς;
de la venidera ira?

8 ποιήσατε οὖν καρπὸν ἄξιον τῆς μετανοίας,
Haced pues fruto digno del arrepentimiento.

3

3 Y en aquellos días vino Juan el Bautista predicando en el desierto de Judea,
2 Y diciendo: Arrepentíos, que el reino de los cielos se ha acercado.
3 Porque éste es aquel del cual fué dicho por el profeta Isaías, que dijo:

Voz de uno que clama en el desierto:
Aparejad el camino del Señor,
Enderezad sus veredas.

4 Y tenía Juan su vestido de pelos de camellos, y una cinta de cuero alrededor de sus lomos; y su comida era langostas y miel silvestre.
5 Entonces salía a él Jerusalem, y toda Judea, y toda la provincia de alrededor del Jordán;
6 Y eran bautizados de él en el Jordán, confesando sus pecados.
7 Y viendo él muchos de los Fariseos y de los Saduceos, que venían a su bautismo, decíales: Generación de víboras, ¿quién os ha enseñado a huir de la ira que vendrá?
8 Haced pues frutos dignos de arrepentimiento,

---

11. NU sustituye por a través de.
12. Es decir, toda la región en torno al río Jordán.
13. La NU añade río.

MATEO 3.9

9 Y no penséis decir dentro de vosotros: A Abraham tenemos por padre: porque yo os digo, que puede Dios despertar hijos a Abraham aun de estas piedras.

10 Ahora, ya también la segur está puesta a la raíz de los árboles; y todo árbol que no hace buen fruto, es cortado y echado en el fuego.

11 Yo a la verdad os bautizo en agua para arrepentimiento; mas el que viene tras mí, más poderoso es que yo; los zapatos del cual yo no soy digno de llevar; él os bautizará en Espíritu Santo y en fuego

12 Su aventador en su mano está, y aventará su era: y allegará su trigo en el alfolí, y quemará la paja en fuego que nunca se apagará.

13 Entonces Jesús vino de Galilea a Juan al Jordán, para ser bautizado de él.

14 Mas Juan lo resistía mucho, diciendo: Yo he menester ser bautizado de ti, ¿y tú vienes a mí?

15 Empero respondiendo Jesús le dijo: Deja ahora; porque así nos conviene cumplir toda justicia. Entonces le dejó.

9 καὶ μὴ δόξητε λέγειν ἐν ἑαυτοῖς, πατέρα ἔχομεν
y no empecéis a decir en (vosotros) mismos, padre tenemos
τὸν Ἀβραάμ·
a Abraham,
λέγω γὰρ ὑμῖν ὅτι δύναται ὁ Θεὸς ἐκ τῶν λίθων τούτων
digo Porque os que puede Dios de las piedras estas
ἐγεῖραι τέκνα τῷ Ἀβραάμ.
levantar hijos a Abraham.

10 ἤδη δὲ καὶ ἡ ἀξίνη πρὸς τὴν ῥίζαν τῶν δένδρων
Ya - también[14] el hacha a la raíz de los árboles
κεῖται· πᾶν οὖν δένδρον μὴ ποιοῦν καρπὸν καλὸν
está puesta. Todo pues árbol no dando fruto bueno
ἐκκόπτεται καὶ εἰς πῦρ βάλλεται.
será cortado y a fuego será arrojado.

11 ἐγὼ μὲν βαπτίζω ὑμᾶς ἐν ὕδατι εἰς μετάνοιαν·
Yo pues bautizo os en agua para arrepentimiento,
ὁ δὲ ὀπίσω μου ἐρχόμενος ἰσχυρότερός μου ἐστίν,
el que Pero detrás de mi viene más poderoso que yo es,
οὗ οὐκ εἰμὶ ἱκανὸς τὰ ὑποδήματα βαστάσαι·
del cual no soy digno las sandalias desatar
αὐτὸς ὑμᾶς βαπτίσει ἐν Πνεύματι Ἁγίῳ καὶ πυρί.
Éste os bautizará en Espíritu Santo y fuego.

12 οὗ τὸ πτύον ἐν τῇ χειρὶ αὐτοῦ καὶ διακαθαριεῖ
Del cual el aventador en la mano de él (está) y limpiará
τὴν ἅλωνα αὐτοῦ, καὶ συνάξει τὸν σῖτον αὐτοῦ
la era de él, y reunirá el trigo de él
εἰς τὴν ἀποθήκην, τὸ δὲ ἄχυρον κατακαύσει πυρὶ
en el granero, la Pero paja quemará con fuego
ἀσβέστῳ.
inextinguible.

13 Τότε παραγίνεται ὁ Ἰησοῦς ἀπὸ τῆς Γαλιλαίας
Entonces viene Jesús de la Galilea
ἐπὶ τὸν Ἰορδάνην πρὸς τὸν Ἰωάννην
a el Jordán a Juan
τοῦ βαπτισθῆναι ὑπ' αὐτοῦ.
para ser bautizado por él.

14 ὁ δὲ Ἰωάννης διεκώλυεν αὐτὸν λέγων·
- pero Juan se opuso[15] le diciendo:
ἐγὼ χρείαν ἔχω ὑπὸ σοῦ βαπτισθῆναι,
yo necesidad tengo por ti ser bautizado,
καὶ σὺ ἔρχῃ πρός με;
¿y tú vienes a mí?

15 ἀποκριθεὶς δὲ ὁ Ἰησοῦς εἶπε πρὸς αὐτόν·
Respondiendo - Jesús dijo a él:
ἄφες ἄρτι· οὕτω γὰρ πρέπον ἐστὶν ἡμῖν πληρῶσαι
Deja ahora, así Porque conveniente es a nosotros cumplir
πᾶσαν δικαιοσύνην. τότε ἀφίησιν αὐτόν·
toda justicia. Entonces dejó lo.

---

14. La NU suprime también.
15. El sentido del término es que se resistió con energía.

16 καὶ βαπτισθεὶς   ὁ Ἰησοῦς ἀνέβη εὐθὺς
   y siendo bautizado   Jesús   subió inmediatamente
   ἀπὸ τοῦ ὕδατος·
   de el   agua,
   καὶ ἰδοὺ ἀνεῴχθησαν αὐτῷ   οἱ οὐρανοί καὶ εἶδε
   y mira se abrieron para él los cielos y vio
   τὸ Πνεῦμα τοῦ Θεοῦ καταβαῖνον ὡσεὶ περιστερὰν
   el Espíritu de Dios descendiendo como paloma
   καὶ ἐρχόμενον ἐπ' αὐτόν·
   y viniendo   sobre él.

17 καὶ ἰδοὺ φωνὴ ἐκ τῶν οὐρανῶν λέγουσα· οὗτός ἐστιν
   y mira voz de los cielos   diciendo: éste es
   ὁ υἱός μου ὁ ἀγαπητός, ἐν ᾧ   εὐδόκησα.
   El Hijo de mí el amado, en quien me he complacido.

4

1 Τότε   ὁ Ἰησοῦς ἀνήχθη   εἰς τὴν ἔρημον
   Entonces Jesús   fue llevado a el desierto
   ὑπὸ τοῦ Πνεύματος πειρασθῆναι ὑπὸ τοῦ διαβόλου,
   por el Espíritu para ser tentado por el Diablo

2 καὶ νηστεύσας   ἡμέρας τεσσεράκοντα καὶ
   y habiendo ayunado días   cuarenta   y
   νύκτας τεσσεράκοντα ὕστερον ἐπείνασε.
   noches cuarenta   después tuvo hambre.

3 καὶ προσελθὼν αὐτῷ ὁ πειράζων εἶπεν· εἰ Υἱὸς
   y viniendo   a él el tentador dijo: si Hijo
   εἶ τοῦ Θεοῦ, εἰπὲ ἵνα   οἱ λίθοι οὗτοι ἄρτοι γένωνται.
   eres de Dios, di para que las piedras estas panes lleguen a ser.

4 ὁ δὲ ἀποκριθεὶς   εἶπε· γέγραπται, οὐκ ἐπ' ἄρτῳ
   Él - respondiendo dijo: Ha sido escrito: no de pan
   μόνῳ ζήσεται ἄνθρωπος, ἀλλ' ἐπὶ παντὶ ῥήματι
   sólo vivirá hombre, sino de toda palabra
   ἐκπορευομένῳ διὰ στόματος Θεοῦ.
   saliendo   por boca   de Dios.

5 Τότε   παραλαμβάνει αὐτὸν ὁ διάβολος
   Entonces toma   lo   el Diablo
   εἰς τὴν ἁγίαν πόλιν, καὶ ἵστησιν αὐτὸν
   a la santa ciudad, y   coloca lo
   ἐπὶ τὸ πτερύγιον τοῦ ἱεροῦ
   en el pináculo del templo.

6 καὶ λέγει αὐτῷ· εἰ Υἱὸς εἶ τοῦ Θεοῦ, βάλε σεαυτὸν
   Y dice le: si Hijo eres de Dios, arroja te
   κάτω· γέγραπται γὰρ ὅτι τοῖς ἀγγέλοις αὐτοῦ
   abajo. Ha sido escrito Porque que a los ángeles de él
   ἐντελεῖται περὶ σοῦ, καὶ ἐπὶ χειρῶν ἀροῦσί σε,
   ordenará sobre ti,[16] y en manos llevarán te,
   μήποτε   προσκόψῃς πρὸς λίθον τὸν πόδα σου.
   para que no tropieces contra piedra el pie de ti.

7 ἔφη αὐτῷ ὁ Ἰησοῦς· πάλιν γέγραπται, οὐκ ἐκπειράσεις
   Dijo le Jesús: También está escrito: no tentarás
   Κύριον τὸν Θεόν σου.
   a Señor el Dios de ti.

16 Y Jesús, después que fué bautizado, subió luego del agua; y he aquí los cielos le fueron abiertos, y vió al Espíritu de Dios que descendía como paloma, y venía sobre él.
17 Y he aquí una voz de los cielos que decía: Este es mi Hijo amado, en el cual tengo contentamiento.

4

Entonces Jesús fué llevado del Espíritu al desierto, para ser tentado del diablo.
2 Y habiendo ayunado cuarenta días y cuarenta noches, después tuvo hambre.
3 Y llegándose a él el tentador, dijo: Si eres Hijo de Dios, di que estas piedras se hagan pan.
4 Mas él respondiendo, dijo: Escrito está: No con solo el pan vivirá el hombre, mas con toda palabra que sale de la boca de Dios.
5 Entonces el diablo le pasa a la santa ciudad, y le pone sobre las almenas del templo,
6 Y le dice: Si eres Hijo de Dios, échate abajo; que escrito está:
   A sus ángeles mandará por ti,
   Y te alzarán en las manos,
   Para que nunca tropieces con
      tu pie en piedra.
7 Jesús le dijo: Escrito está además: No tentarás al Señor tu Dios.

---

16. Es decir, en relación contigo.

8 Otra vez le pasa el diablo a un monte muy alto, y le muestra todos los reinos del mundo, y su gloria,
9 Y dícele: Todo esto te daré, si postrado me adorares.
10 Entonces Jesús le dice: Vete, Satanás, que escrito está: Al Señor tu Dios adorarás y a él solo servirás.
11 El diablo entonces le dejó: y he aquí los ángeles llegaron y le servían.
12 Mas oyendo Jesús que Juan era preso, se volvió a Galilea;
13 Y dejando a Nazaret, vino y habitó en Capernaum, *ciudad marítima*, en los confines de Zabulón y de Nephtalim:
14 Para que se cumpliese lo que fué dicho por el profeta Isaías, que dijo:
15 La tierra de Zabulón, y la tierra de Nephtalim,
   Camino de la mar, de la otra parte del Jordán,
   Galilea de los Gentiles;
16 El pueblo asentado en tinieblas,
   Vió gran luz;
   Y a los sentados en región y sombra de muerte,
   Luz les esclareció.
17 Desde entonces comenzó Jesús a predicar, y a decir: Arrepentíos, que el reino de los cielos se ha acercado.

8 Πάλιν παραλαμβάνει αὐτὸν ὁ διάβολος
De nuevo lleva lo el Diablo

εἰς ὄρος ὑψηλὸν λίαν,
a monte alto enormemente,

καὶ δείκνυσιν αὐτῷ πάσας τὰς βασιλείας
y muestra le todos los reinos

τοῦ κόσμου καὶ τὴν δόξαν αὐτῶν
del mundo y la gloria de ellos

9 καὶ λέγει αὐτῷ· ταῦτά πάντα σοι δώσω,
y dice[17] le: esto todo te daré,

ἐὰν πεσὼν προσκυνήσῃς μοι.
si cayendo adoras me.

10 τότε λέγει αὐτῷ ὁ Ἰησοῦς· ὕπαγε, Σατανᾶ·
Entonces dice le Jesús: vete, Satanás,

γέγραπται γάρ, Κύριον τὸν Θεόν σου προσκυνήσεις
ha sido escrito Porque, a Señor el Dios de ti adorarás

καὶ αὐτῷ μόνῳ λατρεύσεις.
y a él sólo servirás.

11 Τότε ἀφίησιν αὐτὸν ὁ διάβολος, καὶ ἰδοὺ ἄγγελοι
Entonces deja lo el Diablo, y mira ángeles

προσῆλθον καὶ διηκόνουν αὐτῷ.
se acercaron y sirvieron a él.

12 Ἀκούσας δὲ ὁ Ἰησοῦς ὅτι ὁ Ἰωάννης παρεδόθη,
Oyendo sin embargo Jesús[18] que Juan fue entregado

ἀνεχώρησεν εἰς τὴν Γαλιλαίαν,
se retiró a la Galilea.

13 καὶ καταλιπὼν τὴν Ναζαρέτ ἐλθὼν κατῴκησεν
y dejando Nazaret viniendo moró

εἰς Καπερναοὺμ τὴν παραθαλασσίαν
en Cafarnaum la al lado del mar

ἐν ὁρίοις Ζαβουλὼν καὶ Νεφθαλείμ,
en fronteras de Zabulón y de Neftalí,

14 ἵνα πληρωθῇ τὸ ῥηθὲν διὰ Ἡσαΐου
para que se cumpliera lo dicho a través de Isaías

τοῦ προφήτου λέγοντος·
el profeta diciendo:

15 γῆ Ζαβουλὼν καὶ γῆ Νεφθαλείμ, ὁδὸν θαλάσσης,
tierra de Zabulón y tierra de Neftalí, camino de mar,

πέραν τοῦ Ἰορδάνου, Γαλιλαία τῶν ἐθνῶν,
más allá del Jordán, Galilea de los gentiles,

16 ὁ λαὸς ὁ καθήμενος ἐν σκότει εἶδε φῶς μέγα,
el pueblo el sentado en oscuridad vio luz grande,

καὶ τοῖς καθημένοις ἐν χώρᾳ καὶ σκιᾷ θανάτου
y a los sentados en país y sombra de muerte

φῶς ἀνέτειλεν αὐτοῖς.
luz brilló les.

17 Ἀπὸ τότε ἤρξατο ὁ Ἰησοῦς κηρύσσειν καὶ λέγειν·
Desde entonces comenzó Jesús a predicar y decir:

μετανοεῖτε· ἤγγικε γὰρ ἡ βασιλεία τῶν οὐρανῶν.
Convertíos. se ha acercado Porque el reino de los cielos.

---

17. La NU sustituye por dijo.
18. La NU omite Jesús.

18 Περιπατῶν δὲ παρὰ τὴν θάλασσαν τῆς Γαλιλαίας
Caminando sin embargo junto al mar de Galilea

εἶδε δύο ἀδελφούς, Σίμωνα τὸν λεγόμενον Πέτρον,
vio a dos hermanos, Simón el llamado Pedro,

καὶ Ἀνδρέαν τὸν ἀδελφὸν αὐτοῦ, βάλλοντας ἀμφίβληστρον
y Andrés el hermano de él, arrojando red circular

εἰς τὴν θάλασσαν· ἦσαν γὰρ ἁλιεῖς·
a el mar. eran Porque pescadores.

19 καὶ λέγει αὐτοῖς· δεῦτε ὀπίσω μου καὶ ποιήσω
y dice les: venid en pos de mí y haré

ὑμᾶς ἁλιεῖς ἀνθρώπων.
a vosotros pescadores de hombres.

20 οἱ δὲ εὐθέως ἀφέντες τὰ δίκτυα
Ellos - inmediatamente dejando las redes

ἠκολούθησαν αὐτῷ.
siguieron a él.

21 Καὶ προβὰς ἐκεῖθεν εἶδεν ἄλλους δύο ἀδελφούς,
Y habiendo ido de allí vio a otros dos hermanos

Ἰάκωβον τὸν τοῦ Ζεβεδαίου καὶ Ἰωάννην τὸν ἀδελφὸν
Santiago el del Zebedeo y Juan el hermano

αὐτοῦ, ἐν τῷ πλοίῳ μετὰ Ζεβεδαίου τοῦ πατρὸς αὐτῶν
de él, en la barca con Zebedeo el padre de ellos

καταρτίζοντας τὰ δίκτυα αὐτῶν, καὶ ἐκάλεσεν αὐτούς.
reparando las redes de ellos, y llamó los.

22 οἱ δὲ εὐθέως ἀφέντες τὸ πλοῖον καὶ
Ellos - inmediatamente dejando la barca y

τὸν πατέρα αὐτῶν ἠκολούθησαν αὐτῷ.
al padre de ellos siguieron lo.

23 Καὶ περιῆγεν ὅλην τὴν Γαλιλαίαν ὁ Ἰησοῦς διδάσκων
Y recorría toda la Galilea Jesús enseñando

ἐν ταῖς συναγωγαῖς αὐτῶν καὶ κηρύσσων τὸ εὐαγγέλιον
en las sinagogas de ellos y predicando el evangelio

τῆς βασιλείας καὶ θεραπεύων πᾶσαν νόσον
del reino y curando toda enfermedad

καὶ πᾶσαν μαλακίαν ἐν τῷ λαῷ.
y toda dolencia en el pueblo.

24 καὶ ἀπῆλθεν ἡ ἀκοὴ αὐτοῦ εἰς ὅλην τὴν Συρίαν,
Y salió la fama de él por toda la Siria,

καὶ προσήνεγκαν αὐτῷ πάντας τοὺς κακῶς ἔχοντας
y llevaban a él a todos los que mal tenían,

ποικίλαις νόσοις καὶ βασάνοις συνεχομένους,
por varias enfermedades y tormentos oprimidos,

καὶ δαιμονιζομένους καὶ σεληνιαζομένους
y endemoniados y lunáticos

καὶ παραλυτικούς, καὶ ἐθεράπευσεν αὐτούς·
y paralíticos, y curó los.

25 καὶ ἠκολούθησαν αὐτῷ ὄχλοι πολλοὶ ἀπὸ τῆς Γαλιλαίας
Y seguían a él multitudes muchas de la Galilea

καὶ Δεκαπόλεως καὶ Ἱεροσολύμων καὶ Ἰουδαίας
y de Decápolis y Jerusalén y Judea

καὶ πέραν τοῦ Ἰορδάνου.
y más allá del Jordán.

---

18 Y andando Jesús junto a la mar de Galilea, vió a dos hermanos, Simón, que es llamado Pedro, y Andrés su hermano, que echaban la red en la mar; porque eran pescadores.
19 Y díceles: Venid en pos de mí, y os haré pescadores de hombres.
20 Ellos entonces, dejando luego las redes, le siguieron.
21 Y pasando de allí vió otros dos hermanos, Jacobo, hijo de Zebedeo, y Juan su hermano, en el barco con Zebedeo, su padre, que remendaban sus redes; y los llamó.
22 Y ellos, dejando luego el barco y a su padre, le siguieron.
23 Y rodeó Jesús toda Galilea, enseñando en las sinagogas de ellos, y predicando el evangelio del reino, y sanando toda enfermedad y toda dolencia en el pueblo.
24 Y corría su fama por toda la Siria; y le trajeron todos los que tenían mal: los tomados de diversas enfermedades y tormentos, y los endemoniados, y lunáticos, y paralíticos, y los sanó.
25 Y le siguieron muchas gentes de Galilea y de Decápolis y de Jerusalem y de Judea y de la otra parte del Jordán.

5

5 Y viendo las gentes, subió al monte; y sentándose, se llegaron a él sus discípulos.
2 Y abriendo su boca, les enseñaba, diciendo:
3 Bienaventurados los pobres en espíritu: porque de ellos es el reino de los cielos.
4 Bienaventurados los que lloran: porque ellos recibirán consolación.
5 Bienaventurados los mansos: porque ellos recibirán la tierra por heredad.
6 Bienaventurados los que tienen hambre y sed de justicia: porque ellos serán hartos.
7 Bienaventurados los misericordiosos: porque ellos alcanzarán misericordia.
8 Bienaventurados los de limpio corazón: porque ellos verán a Dios.
9 Bienaventurados los pacificadores: porque ellos serán llamados hijos de Dios.
10 Bienaventurados los que padecen persecución por causa de la justicia: porque de ellos es el reino de los cielos.
11 Bienaventurados sois cuando os vituperaren y os persiguieren, y dijeren de vosotros todo mal por mi causa, mintiendo.
12 Gozaos y alegraos; porque vuestra merced es grande en los cielos: que así persiguieron a los profetas que fueron antes de vosotros.

5

1 Ἰδὼν δὲ τοὺς ὄχλους ἀνέβη εἰς τὸ ὄρος, καὶ καθίσαντος
Viendo - las multitudes subió a el monte y sentándose
αὐτοῦ προσῆλθον αὐτῷ οἱ μαθηταὶ αὐτοῦ,
él vinieron a él los discípulos de él

2 καὶ ἀνοίξας τὸ στόμα αὐτοῦ ἐδίδασκεν αὐτοὺς λέγων·
Y abriendo la boca de él enseñó los diciendo:

3 μακάριοι οἱ πτωχοὶ τῷ πνεύματι, ὅτι αὐτῶν ἐστιν ἡ
Dichosos los pobres en el espíritu,[19] porque de ellos es el
βασιλεία τῶν οὐρανῶν.
reino de los cielos

4 μακάριοι οἱ πενθοῦντες, ὅτι αὐτοὶ παρακληθήσονται.
Dichosos los que lloran, porque ellos serán consolados.

5 μακάριοι οἱ πραεῖς, ὅτι αὐτοὶ κληρονομήσουσι τὴν γῆν.
Dichosos los mansos, porque ellos heredarán la tierra.

6 μακάριοι οἱ πεινῶντες καὶ διψῶντες τὴν δικαιοσύνην,
Dichosos los que tienen hambre y tienen sed de justicia,
ὅτι αὐτοὶ χορτασθήσονται.
porque ellos serán saciados.

7 μακάριοι οἱ ἐλεήμονες, ὅτι
Dichosos los misericordiosos, porque
αὐτοὶ ἐλεηθήσονται.
ellos serán objeto de misericordia.

8 μακάριοι οἱ καθαροὶ τῇ καρδίᾳ, ὅτι
Dichosos los limpios del corazón, porque
αὐτοὶ τὸν Θεὸν ὄψονται.
ellos a Dios verán.

9 μακάριοι οἱ εἰρηνοποιοί, ὅτι
Dichosos los pacificadores, porque
αὐτοὶ υἱοὶ Θεοῦ κληθήσονται.
ellos hijos de Dios serán llamados.

10 μακάριοι οἱ δεδιωγμένοι ἕνεκεν δικαιοσύνης,
Dichosos los perseguidos por causa de justicia,
ὅτι αὐτῶν ἐστιν
porque de ellos es
ἡ βασιλεία τῶν οὐρανῶν.
el reino de los cielos

11 μακάριοί ἐστε ὅταν ὀνειδίσωσιν ὑμᾶς καὶ διώξωσι
Dichosos sois cuando insulten os y persigan
καὶ εἴπωσι πᾶν πονηρὸν ῥῆμα
y digan todo mal dicho[20]
καθ' ὑμῶν ψευδόμενοι ἕνεκεν ἐμοῦ.
Contra vosotros mintiendo por causa de mí.

12 χαίρετε καὶ ἀγαλλιᾶσθε, ὅτι ὁ μισθὸς ὑμῶν
Alegraos y exultad, porque la recompensa de vosotros
πολὺς ἐν τοῖς οὐρανοῖς·
(es) grande en los cielos
οὕτω γὰρ ἐδίωξαν τοὺς προφήτας τοὺς πρὸ ὑμῶν.
así Porque persiguieron a los profetas los antes de vosotros.

---

19. Es decir los que en su espíritu se consideran pobres. Se trata de aquella gente que es consciente de que todo procede de Dios y de que lo necesitan para todo.
20. NU suprime dicho.

13 Ὑμεῖς ἐστε τὸ ἅλας τῆς γῆς· ἐὰν δὲ τὸ ἅλας μωρανθῇ,
Vosotros sois la sal de la tierra si - la sal pierde sabor

ἐν τίνι ἁλισθήσεται;
¿con qué será salada?

εἰς οὐδὲν ἰσχύει ἔτι εἰ μὴ βληθῆναι ἔξω καὶ
Para nada vale ya si no para ser echada fuera y

καταπατεῖσθαι ὑπὸ τῶν ἀνθρώπων.
ser pisada por los hombres

14 Ὑμεῖς ἐστε τὸ φῶς τοῦ κόσμου. οὐ δύναται πόλις κρυβῆναι
Vosotros sois la luz del mundo. No puede ciudad ser ocultada

ἐπάνω ὄρους κειμένη·
sobre monte colocada.

15 οὐδὲ καίουσι λύχνον καὶ τιθέασιν αὐτὸν ὑπὸ τὸν μόδιον, ἀλλ᾽
Ni encienden lámpara y colocan la bajo la medida, sino

ἐπὶ τὴν λυχνίαν,
sobre el candelero

καὶ λάμπει πᾶσι τοῖς ἐν τῇ οἰκίᾳ.
e ilumina a todos los en la casa.

16 οὕτω λαμψάτω τὸ φῶς ὑμῶν ἔμπροσθεν τῶν ἀνθρώπων,
Así ilumine la luz de vosotros ante los hombres,

ὅπως ἴδωσιν ὑμῶν
para que vean de vosotros

τὰ καλὰ ἔργα καὶ δοξάσωσι τὸν πατέρα ὑμῶν
las buenas obras y glorifiquen al padre de vosotros

τὸν ἐν τοῖς οὐρανοῖς.
el en los cielos.

17 Μὴ νομίσητε ὅτι ἦλθον καταλῦσαι τὸν νόμον ἢ τοὺς προφήτας·
No juzguéis que vine a anular la ley o los profetas.

οὐκ ἦλθον καταλῦσαι, ἀλλὰ πληρῶσαι.
No vine a anular, sino a cumplir.

18 ἀμὴν γὰρ λέγω ὑμῖν, ἕως ἂν παρέλθῃ ὁ οὐρανὸς καὶ
en verdad Porque digo os: hasta que pase el cielo y

ἡ γῆ, ἰῶτα ἓν ἢ μία κεραία
la tierra, iota una o una tilde

οὐ μὴ παρέλθῃ ἀπὸ τοῦ νόμου ἕως ἂν πάντα γένηται.
no en absoluto pasará de la ley hasta que todo suceda.

19 ὃς ἐὰν οὖν λύσῃ μίαν τῶν ἐντολῶν τούτων
Quien si pues quebrante uno de los mandamientos estos

τῶν ἐλαχίστων
los últimos

καὶ διδάξῃ οὕτω τοὺς ἀνθρώπους, ἐλάχιστος κληθήσεται
y enseñe así a los hombres, último será llamado

ἐν τῇ βασιλείᾳ τῶν οὐρανῶν· ὃς δ᾽ ἂν ποιήσῃ καὶ
en el reino de los cielos. Quien sin embargo haga y

διδάξῃ, οὗτος μέγας κληθήσεται ἐν τῇ βασιλείᾳ
enseñe, éste grande será llamado en el reino

τῶν οὐρανῶν.
de los cielos.

20 λέγω γὰρ ὑμῖν ὅτι ἐὰν μὴ περισσεύσῃ ἡ δικαιοσύνη
digo Porque os que si no sobreabunda la justicia

ὑμῶν πλεῖον τῶν γραμματέων καὶ Φαρισαίων,
de vosotros más que (la) de los escribas y fariseos,

οὐ μὴ εἰσέλθητε εἰς τὴν βασιλείαν τῶν οὐρανῶν.
no en absoluto entraréis en el reino de los cielos.

---

13 Vosotros sois la sal de la tierra: y si la sal se desvaneciere ¿con qué será salada? no vale más para nada, sino para ser echada fuera y hollada de los hombres. **14** Vosotros sois la luz del mundo: una ciudad asentada sobre un monte no se puede esconder. **15** Ni se enciende una lámpara y se pone debajo de un almud, mas sobre el candelero, y alumbra a todos los que están en casa. **16** Así alumbre vuestra luz delante de los hombres, para que vean vuestras obras buenas, y glorifiquen a vuestro Padre que está en los cielos. **17** No penséis que he venido para abrogar la ley o los profetas: no he venido para abrogar, sino a cumplir. **18** Porque de cierto os digo, *que* hasta que perezca el cielo y la tierra, ni una jota ni un tilde perecerá de la ley, hasta que todas las cosas sean hechas. **19** De manera que cualquiera que infringiere uno de estos mandamientos muy pequeños, y así enseñare a los hombres, muy pequeño será llamado en el reino de los cielos: mas cualquiera que hiciere y enseñare, éste será llamado grande en el reino de los cielos. **20** Porque os digo, que si vuestra justicia no fuere mayor que la de los escribas y de los Fariseos, no entraréis en el reino de los cielos.

21 Oísteis que fué dicho a los antiguos: No matarás; mas cualquiera que matare, será culpado del juicio.
22 Mas yo os digo, que cualquiera que se enojare locamente con su hermano, será culpado del juicio; y cualquiera que dijere a su hermano: Raca, será culpado del concejo; y cualquiera que dijere: Fatuo, será culpado del infierno del fuego.
23 Por tanto, si trajeres tu presente al altar, y allí te acordares de que tu hermano tiene algo contra ti,
24 Deja allí tu presente delante del altar, y vete, vuelve primero en amistad con tu hermano, y entonces ven y ofrece tu presente.
25 Concíliate con tu adversario presto, entre tanto que estás con él en el camino; porque no acontezca que el adversario te entregue al juez, y el juez te entregue al alguacil, y seas echado en prisión.
26 De cierto te digo, que no saldrás de allí, hasta que pagues el último cuadrante.
27 Oísteis que fué dicho: No adulterarás:
28 Mas yo os digo, que cualquiera que mira a una mujer para codiciarla, ya adulteró con ella en su corazón.

21 Ἠκούσατε ὅτι ἐρρέθη τοῖς ἀρχαίοις, Οὐ φονεύσεις·
Oísteis que fue dicho a los antiguos: no matarás.

ὃς δ' ἂν φονεύσῃ ἔνοχος ἔσται τῇ κρίσει.
El que pues mate reo será del juicio.

22 Ἐγὼ δὲ λέγω ὑμῖν ὅτι πᾶς ὁ ὀργιζόμενος
Yo sin embargo digo os que todo el que se encoleriza

τῷ ἀδελφῷ αὐτοῦ
con el hermano de él

εἰκῇ ἔνοχος ἔσται τῇ κρίσει· ὃς δ' ἂν εἴπῃ
sin razón[21] reo será del juicio. El que sin embargo diga

τῷ ἀδελφῷ αὐτοῦ ῥακά, ἔνοχος ἔσται τῷ συνεδρίῳ·
al hermano de él raká,[22] reo será ante el sanhedrín.

ὃς δ' ἂν εἴπῃ μωρέ,
El que sin embargo diga "estúpido"

ἔνοχος ἔσται εἰς τὴν γέενναν τοῦ πυρός.
reo será para la Guehenna del fuego.

23 Ἐὰν οὖν προσφέρῃς τὸ δῶρόν σου ἐπὶ τὸ θυσιαστήριον
Si pues llevas el don de ti a el altar

κἀκεῖ μνησθῇς ὅτι ὁ ἀδελφός σου ἔχει τι κατὰ σοῦ,
y allí recuerdas que el hermano de ti tiene algo contra ti,

24 ἄφες ἐκεῖ τὸ δῶρόν σου ἔμπροσθεν τοῦ θυσιαστηρίου,
deja allí el don de ti delante del altar,

καὶ ὕπαγε πρῶτον διαλλάγηθι τῷ ἀδελφῷ σου,
y ve primero a ser reconciliado con el hermano de ti,

καὶ τότε ἐλθὼν πρόσφερε τὸ δῶρόν σου.
y entonces viniendo ofrece el don de ti.

25 ἴσθι εὐνοῶν τῷ ἀντιδίκῳ σου ταχὺ
Sé bien dispuesto con el adversario de ti rápidamente

ἕως ὅτου εἶ ἐν τῇ ὁδῷ
mientras estás en el camino

μετ' αὐτοῦ, μήποτέ σε παραδῷ ὁ ἀντίδικος τῷ κριτῇ
con él, para que no te entregue[23] el adversario al juez

καὶ ὁ κριτής σε παραδῷ τῷ ὑπηρέτῃ,
y el juez te entregue al alguacil,

καὶ εἰς φυλακὴν βληθήσῃ·
y a cárcel seas arrojado.

26 ἀμὴν λέγω σοι, οὐ μὴ ἐξέλθῃς ἐκεῖθεν ἕως ἂν
Verdaderamente digo te, no en absoluto saldrás de allí hasta que

ἀποδῷς τὸν ἔσχατον κοδράντην.
pagues el último cuadrante.

27 Ἠκούσατε ὅτι ἐρρέθη τοῖς ἀρχαίοις, οὐ μοιχεύσεις.
Oísteis que fue dicho a los antiguos, no cometerás adulterio,

28 Ἐγὼ δὲ λέγω ὑμῖν ὅτι πᾶς ὁ βλέπων γυναῖκα
Yo sin embargo digo os que todo el que mira a mujer

πρὸς τὸ ἐπιθυμῆσαι
para el desear

αὐτὴν ἤδη ἐμοίχευσεν αὐτὴν ἐν τῇ καρδίᾳ αὐτοῦ.
la ya cometió adulterio con ella en el corazón de él.

---

21. La NU suprime sin razón.
22. Término arameo que significa "vacío". Posiblemente la expresión sería un equivalente a la española: "cabeza hueca".
23. La NU suprime te entregue.

29 εἰ δὲ ὁ ὀφθαλμός σου ὁ δεξιὸς σκανδαλίζει σε,
Si pues el ojo   de ti el derecho hace caer a ti,
ἔξελε αὐτὸν καὶ βάλε ἀπὸ σοῦ· συμφέρει γάρ σοι
saca lo   y arroja de ti. conviene Porque a ti
ἵνα ἀπόληται ἐν τῶν μελῶν σου καὶ μὴ ὅλον
que se pierda uno de los miembros de ti y no todo
τὸ σῶμά σου βληθῇ εἰς γέενναν.
el cuerpo de ti sea arrojado a Guehenna.

30 καὶ εἰ ἡ δεξιά σου χεὶρ σκανδαλίζει σε, ἔκκοψον αὐτὴν
Y si la diestra de ti mano hace caer a ti, corta la
καὶ βάλε ἀπὸ σοῦ· συμφέρει γάρ σοι ἵνα ἀπόληται
y arroja de ti. conviene Porque a ti que se pierda
ἓν τῶν μελῶν σου καὶ μὴ ὅλον τὸ σῶμά σου
uno de los miembros de ti y no todo el cuerpo de ti
βληθῇ εἰς γέενναν.
sea arrojado[24] a Guehenna.

31 Ἐρρέθη δέ· ὃς ἂν ἀπολύσῃ τὴν γυναῖκα αὐτοῦ,
Fue dicho además: el que alguna vez despache[25] a la mujer de él,
δότω αὐτῇ ἀποστάσιον.
de le certificado de divorcio.

32 Ἐγὼ δὲ λέγω ὑμῖν ὅτι ὃς ἂν ἀπολύσῃ
Yo sin embargo digo os que el que alguna vez despache
τὴν γυναῖκα αὐτοῦ
a la esposa de él
παρεκτὸς λόγου πορνείας, ποιεῖ αὐτὴν μοιχᾶσθαι,
salvo caso de fornicación, hace a ella cometer adulterio,
καὶ ὃς ἐὰν ἀπολελυμένην γαμήσῃ, μοιχᾶται.
y el que si con despachada casa, comete adulterio.

33 Πάλιν ἠκούσατε ὅτι ἐρρέθη τοῖς ἀρχαίοις, οὐκ ἐπιορκήσεις,
De nuevo oísteis que fue dicho a los antiguos, no jurarás en falso,
ἀποδώσεις δὲ τῷ Κυρίῳ τοὺς ὅρκους σου.
cumplirás Sino que al Señor los juramentos de ti.

34 Ἐγὼ δὲ λέγω ὑμῖν μὴ ὀμόσαι ὅλως· μήτε ἐν τῷ οὐρανῷ,
Yo pues digo os no jurar en absoluto. Ni por el cielo,
ὅτι θρόνος ἐστὶ τοῦ Θεοῦ·
porque trono es de Dios.

35 μήτε ἐν τῇ γῇ, ὅτι ὑποπόδιόν ἐστι τῶν ποδῶν αὐτοῦ·
Ni por la tierra, porque escabel es de los pies de él,
μήτε εἰς Ἱεροσόλυμα, ὅτι πόλις ἐστὶ
ni por Jerusalén, porque ciudad es
τοῦ μεγάλου βασιλέως·
del gran rey,

36 μήτε ἐν τῇ κεφαλῇ σου ὀμόσῃς, ὅτι οὐ δύνασαι μίαν
ni por la cabeza de ti jures, porque no puedes un
τρίχα λευκὴν ἢ μέλαιναν ποιῆσαι.
cabello blanco o negro hacer.

37 ἔστω δὲ ὁ λόγος ὑμῶν ναὶ ναί, οὒ οὔ·
Sea pues la palabra de vosotros sí sí, no no.
τὸ δὲ περισσὸν τούτων ἐκ τοῦ πονηροῦ ἐστιν.
Lo sin embargo por encima de esto de el malo[26] es.

29 Por tanto, si tu ojo derecho te fuere ocasión de caer, sácalo, y échalo de ti: que mejor te es que se pierda uno de tus miembros, que no que todo tu cuerpo sea echado al infierno.
30 Y si tu mano derecha te fuere ocasión de caer, córtala, y échala de ti: que mejor te es que se pierda uno de tus miembros, que no que todo tu cuerpo sea echado al infierno.
31 También fué dicho: Cualquiera que repudiare a su mujer, déle carta de divorcio:
32 Mas yo os digo, que el que repudiare a su mujer, fuera de causa de fornicación, hace que ella adultere; y el que se casare con la repudiada, comete adulterio.
33 Además habéis oído que fué dicho a los antiguos: No te perjurarás; mas pagarás al Señor tus juramentos.
34 Mas yo os digo: No juréis en ninguna manera: ni por el cielo, porque es el trono de Dios;
35 Ni por la tierra, porque es el estrado de sus pies; ni por Jerusalem, porque es la ciudad del gran Rey.
36 Ni por tu cabeza jurarás, porque no puedes hacer un cabello blanco o negro.
37 Mas sea vuestro hablar: Sí, sí; No, no; porque lo que es más de esto, de mal procede.

---

24. La NU suprime sea arrojado.
25. Como en Hechos 19.41 y en Lucas 14.4.
26. Tal y como aparece el término en griego puede significar lo mismo "de el Maligno" que "de el mal".

38 Oísteis que fué dicho a los antiguos: Ojo por ojo, y diente por diente.
39 Mas yo os digo: No resistáis al mal; antes a cualquiera que te hiriere en tu mejilla diestra, vuélvele también la otra;
40 Y al que quisiere ponerte a pleito y tomarte tu ropa, déjale también la capa;
41 Y a cualquiera que te cargare por una milla, ve con él dos.
42 Al que te pidiere, dale; y al que quisiere tomar de ti prestado, no se lo rehuses.
43 Oísteis que fué dicho: Amarás a tu prójimo, y aborrecerás a tu enemigo.
44 Mas yo os digo: Amad a vuestros enemigos, bendecid a los que os maldicen, haced bien a los que os aborrecen, y orad por los que os ultrajan y os persiguen;
45 Para que seáis hijos de vuestro Padre que está en los cielos: que hace que su sol salga sobre malos y buenos, y llueve sobre justos e injustos.
46 Porque si amareis a los que os aman, ¿qué recompensa tendréis? ¿no hacen también lo mismo los publicanos?

38 Ἠκούσατε ὅτι ἐρρέθη, ὀφθαλμὸν ἀντὶ ὀφθαλμοῦ
Oísteis que fue dicho, ojo por ojo
καὶ ὀδόντα ἀντὶ ὀδόντος.
y diente por diente,

39 Ἐγὼ δὲ λέγω ὑμῖν μὴ ἀντιστῆναι τῷ πονηρῷ·
yo Pero digo os, no os opongáis al malo.
ἀλλ' ὅστις σε ῥαπίσει ἐπὶ τὴν δεξιὰν σιαγόνα,
pero el que te abofetee[27] en la derecha mejilla,
στρέψον αὐτῷ καὶ τὴν ἄλλην·
vuelve le también la otra,

40 καὶ τῷ θέλοντί σοι κριθῆναι καὶ τὸν χιτῶνά σου λαβεῖν,
y al que quiera a ti llevarte a juicio y la túnica de ti quitar,
ἄφες αὐτῷ καὶ τὸ ἱμάτιον·
deja le también el manto.

41 καὶ ὅστις σε ἀγγαρεύσει μίλιον ἕν,
y cualquiera que a ti obligue milla una,
ὕπαγε μετ' αὐτοῦ δύο·
ve con él dos.

42 τῷ αἰτοῦντί σε δίδου καὶ τὸν θέλοντα ἀπὸ σοῦ
Al que pida te da y al que quiera de ti
δανείσασθαι μὴ ἀποστραφῇς.
recibir préstamo no rehuses.

43 Ἠκούσατε ὅτι ἐρρέθη, ἀγαπήσεις τὸν πλησίον σου
Oísteis que fue dicho, amarás al prójimo de ti
καὶ μισήσεις τὸν ἐχθρόν σου.
y odiarás al enemigo de ti.

44 Ἐγὼ δὲ λέγω ὑμῖν, ἀγαπᾶτε τοὺς ἐχθροὺς ὑμῶν,
Yo sin embargo digo os, amad a los enemigos de vosotros,
εὐλογεῖτε τοὺς καταρωμένους ὑμᾶς, καλῶς ποιεῖτε
bendecid a los que maldicen os, bien haced
τοῖς μισοῦσιν ὑμᾶς καὶ προσεύχεσθε ὑπὲρ τῶν ἐπηρεαζόντων
a los que odian[28] os y orad por los que ultrajan[29]
ὑμᾶς καὶ διωκόντων ὑμᾶς,
os y persiguen os,

45 ὅπως γένησθε υἱοὶ τοῦ πατρὸς ὑμῶν
de manera que lleguéis a ser hijos del Padre de vosotros
τοῦ ἐν οὐρανοῖς,
el en cielos,
ὅτι τὸν ἥλιον αὐτοῦ ἀνατέλλει ἐπὶ πονηροὺς
porque el sol de él hace salir sobre malos
καὶ ἀγαθοὺς καὶ βρέχει ἐπὶ δικαίους καὶ ἀδίκους.
y buenos y hace llover sobre justos e injustos.

46 ἐὰν γὰρ ἀγαπήσητε τοὺς ἀγαπῶντας ὑμᾶς,
si Porque amáis a los que aman os
τίνα μισθὸν ἔχετε; οὐχὶ καὶ οἱ τελῶναι
¿qué recompensa tenéis? ¿No también los publicanos
τὸ αὐτὸ ποιοῦσι;
lo mismo hacen?

---

27. NU sustituye por abofetea.
28. La NU suprime desde bendecid... hasta ...os odian.
29. La NU suprime los que os ultrajan y...

47 καὶ ἐὰν ἀσπάσησθε τοὺς ἀδελφοὺς ὑμῶν μόνον,
Y si saludáis a los hermanos[30] de vosotros solamente,
τί περισσὸν ποιεῖτε; οὐχὶ καὶ οἱ τελῶναι
¿qué más hacéis? ¿no también los publicanos[31]
οὕτω ποιοῦσιν;
así hacen?

48 ἔσεσθε οὖν ὑμεῖς τέλειοι, ὥσπερ ὁ πατὴρ ὑμῶν
Sed pues vosotros perfectos, como el Padre de vosotros
ὁ ἐν τοῖς οὐρανοῖς τέλειός ἐστιν.
el en los cielos[32] perfecto es.

6

1 Προσέχετε τὴν ἐλεημοσύνην ὑμῶν μὴ ποιεῖν
Cuidad la limosna[33] de vosotros no hacer
ἔμπροσθεν τῶν ἀνθρώπων πρὸς τὸ θεαθῆναι αὐτοῖς·
delante de los hombres para ser vistos por ellos.
εἰ δὲ μή γε, μισθὸν οὐκ ἔχετε παρὰ τῷ
De lo contrario no en absoluto, recompensa no tenéis de el
πατρὶ ὑμῶν τῷ ἐν τοῖς οὐρανοῖς.
Padre de vosotros Él en los cielos.

2 Ὅταν οὖν ποιῇς ἐλεημοσύνην, μὴ σαλπίσῃς ἔμπροσθέν σου,
Cuando pues hagas limosna, no trompetees delante de ti,
ὥσπερ οἱ ὑποκριταὶ ποιοῦσιν ἐν ταῖς συναγωγαῖς καὶ
como los hipócritas hacen en las sinagogas y
ἐν ταῖς ῥύμαις, ὅπως δοξασθῶσιν ὑπὸ τῶν ἀνθρώπων·
en las calles, así serán glorificados por los hombres.
ἀμὴν λέγω ὑμῖν, ἀπέχουσι τὸν μισθὸν αὐτῶν.
Verdaderamente digo os, reciben la recompensa de ellos.

3 σοῦ δὲ ποιοῦντος ἐλεημοσύνην μὴ γνώτω
tú Pero haciendo limosna no conozca
ἡ ἀριστερά σου τί ποιεῖ ἡ δεξιά σου,
la izquierda de ti lo que hace la derecha de ti,

4 ὅπως ᾖ σου ἡ ἐλεημοσύνη ἐν τῷ κρυπτῷ, καὶ ὁ πατήρ
Así la de ti la limosna en lo oculto (será), y el Padre
σου ὁ βλέπων ἐν τῷ κρυπτῷ ἀποδώσει σοι ἐν τῷ φανερῷ.[34]
de ti el que ve en lo oculto recompensará a ti en lo manifiesto.

5 Καὶ ὅταν προσεύχῃ, οὐκ ἔσῃ ὥσπερ οἱ ὑποκριταί,
Y cuando ores no seas como los hipócritas
ὅτι φιλοῦσιν ἐν ταῖς συναγωγαῖς καὶ ἐν ταῖς γωνίαις
que aman en las sinagogas y en las esquinas
τῶν πλατειῶν ἑστῶτες προσεύχεσθαι, ὅπως ἂν φανῶσι
de las calles en pie orar, de manera que sean manifiestos
τοῖς ἀνθρώποις· ἀμὴν λέγω ὑμῖν ὅτι ἀπέχουσι
a los hombres. Verdaderamente digo os que reciben
τὸν μισθὸν αὐτῶν.
la recompensa de ellos.

47 Y si abrazareis a vuestros hermanos solamente, ¿qué hacéis de más? ¿no hacen también así los Gentiles?
48 Sed, pues, vosotros perfectos, como vuestro Padre que está en los cielos es perfecto.

6 Mirad que no hagáis vuestra justicia delante de los hombres, para ser vistos de ellos: de otra manera no tendréis merced de vuestro Padre que está en los cielos.
2 Cuando pues haces limosna, no hagas tocar trompeta delante de ti, como hacen los hipócritas en las sinagogas y en las plazas, para ser estimados de los hombres: de cierto os digo, que ya tienen su recompensa.
3 Mas cuando tú haces limosna, no sepa tu izquierda lo que hace tu derecha;
4 Para que sea tu limosna en secreto: y tu Padre que ve en secreto, él te recompensará en público.
5 Y cuando oras, no seas como los hipócritas; porque ellos aman el orar en las sinagogas, y en los cantones de las calles en pie, para ser vistos de los hombres: de cierto os digo, que ya tienen su pago.

---

30. En algunos mss amigos.
31. La NU sustituye por gentiles.
32. La NU sustituye por celestial.
33. La NU sustituye por justicia.
34. La NU suprime en lo manifiesto.

6 Mas tú, cuando oras, éntrate en tu cámara, y cerrada tu puerta, ora a tu Padre que está en secreto; y tu Padre que ve en secreto, te recompensará en público.
7 Y orando, no seáis prolijos, como los Gentiles; que piensan que por su parlería serán oídos.
8 No os hagáis, pues, semejantes a ellos; porque vuestro Padre sabe de qué cosas tenéis necesidad, antes que vosotros le pidáis.
9 Vosotros pues, oraréis así: Padre nuestro que estás en los cielos, santificado sea tu nombre.
10 Venga tu reino. Sea hecha tu voluntad, como en el cielo, así también en la tierra.
11 Danos hoy nuestro pan cotidiano.
12 Y perdónanos nuestras deudas, como también nosotros perdonamos a nuestros deudores.
13 Y no nos metas en tentación, mas líbranos del mal: porque tuyo es el reino, y el poder, y la gloria, por todos los siglos. Amén.
14 Porque si perdonareis a los hombres sus ofensas, os perdonará también a vosotros vuestro Padre celestial.

6 σὺ δὲ ὅταν προσεύχῃ, εἴσελθε εἰς τὸ ταμεῖόν σου,
Tú sin embargo cuando ores, entra en la habitación de ti,
καὶ κλείσας τὴν θύραν σου πρόσευξαι τῷ πατρί σου
y cerrando la puerta de ti ora al Padre de ti
τῷ ἐν τῷ κρυπτῷ, καὶ ὁ πατήρ σου ὁ βλέπων
el en lo secreto, y el Padre de ti el que ve
ἐν τῷ κρυπτῷ ἀποδώσει σοι ἐν τῷ φανερῷ.[35]
en lo secreto recompensará a ti en lo manifiesto.

7 Προσευχόμενοι δὲ μὴ βατταλογήσητε ὥσπερ οἱ ἐθνικοί·
Orando sin embargo no repitáis [36] como los gentiles
δοκοῦσι γὰρ ὅτι ἐν τῇ πολυλογίᾳ
juzgan Porque que por la mucha palabra
αὐτῶν εἰσακουσθήσονται.
de ellos serán oídos.

8 μὴ οὖν ὁμοιωθῆτε αὐτοῖς· οἶδε γὰρ ὁ πατὴρ ὑμῶν
No por lo tanto asemejéis a ellos. sabe Porque el Padre de vosotros
ὧν χρείαν ἔχετε πρὸ τοῦ ὑμᾶς αἰτῆσαι αὐτόν.
de qué necesidad tenéis antes del vosotros pedir le.

9 Οὕτως οὖν προσεύχεσθε ὑμεῖς· Πάτερ ἡμῶν
Así pues orad vosotros: Padre de nosotros
ὁ ἐν τοῖς οὐρανοῖς· ἁγιασθήτω τὸ ὄνομά σου·
el que (está) en los cielos. Santifíquese el nombre de ti.

10 ἐλθέτω ἡ βασιλεία σου· γενηθήτω τὸ θέλημά σου,
Venga el reino de ti. Llegue a acontecer la voluntad de ti,
ὡς ἐν οὐρανῷ, καὶ ἐπὶ τῆς γῆς·
como en cielo, también sobre la tierra.

11 τὸν ἄρτον ἡμῶν τὸν ἐπιούσιον δὸς ἡμῖν σήμερον·
El pan de nosotros el cotidiano da nos hoy.

12 καὶ ἄφες ἡμῖν τὰ ὀφειλήματα ἡμῶν, ὡς καὶ
Y perdona nos las deudas de nosotros, como también
ἡμεῖς ἀφίεμεν τοῖς ὀφειλέταις ἡμῶν·
nosotros perdonamos[37] a los deudores de nosotros.

13 καὶ μὴ εἰσενέγκῃς ἡμᾶς εἰς πειρασμόν,
Y no metas nos en tentación,
ἀλλὰ ῥῦσαι ἡμᾶς ἀπὸ τοῦ πονηροῦ. ὅτι σοῦ
sino rescata nos de el mal,[38] porque de ti
ἐστιν ἡ βασιλεία καί ἡ δύναμις καί ἡ δόξα
es el reino y el poder y la gloria
εἰς τοὺς αἰῶνας· ἀμήν.[39]
por las eras. Amén.

14 Ἐὰν γὰρ ἀφῆτε τοῖς ἀνθρώποις τὰ παραπτώματα αὐτῶν,
si Porque perdonáis a los hombres las transgresiones de ellos,
ἀφήσει καὶ ὑμῖν ὁ πατὴρ ὑμῶν ὁ οὐράνιος·
perdonará también a vosotros el Padre de vosotros el celestial.

---

35. La NU suprime en lo manifiesto.
36. Es decir, "no digáis lo mismo una y otra vez".
37. La NU sustituye por hemos perdonado.
38. O "del Maligno".
39. La NU omite Amén.

15 ἐὰν δὲ μὴ ἀφῆτε τοῖς ἀνθρώποις τὰ παραπτώματα αὐτῶν,
si Pero no perdonáis a los hombres las transgresiones de ellos,[40]
οὐδὲ ὁ πατὴρ ὑμῶν ἀφήσει τὰ παραπτώματα
tampoco el Padre de vosotros perdonará las transgresiones
ὑμῶν.
de vosotros.

16 Ὅταν δὲ νηστεύητε, μὴ γίνεσθε ὥσπερ οἱ ὑποκριταὶ
cuando Pero ayunes, no lleguéis a ser como los hipócritas
σκυθρωποί· ἀφανίζουσι γὰρ τὰ πρόσωπα αὐτῶν
sombríos. desfiguran Porque los rostros de ellos
ὅπως φανῶσι τοῖς ἀνθρώποις νηστεύοντες·
de manera que se manifiesten a los hombres ayunando.
ἀμὴν λέγω ὑμῖν ὅτι ἀπέχουσι τὸν μισθὸν αὐτῶν.
Verdaderamente digo os que reciben la recompensa de ellos.

17 σὺ δὲ νηστεύων ἄλειψαί σου τὴν κεφαλὴν
Tú sin embargo ayunando unge de ti la cabeza
καὶ τὸ πρόσωπόν σου νίψαι,
y el rostro de ti lava,

18 ὅπως μὴ φανῇς τοῖς ἀνθρώποις νηστεύων,
de manera que no te manifiestes a los hombres ayunando,
ἀλλὰ τῷ πατρί σου
sino al padre de ti
τῷ ἐν τῷ κρυπτῷ, καὶ ὁ πατήρ σου ὁ βλέπων
el en lo oculto y el Padre de ti el que ve
ἐν τῷ κρυπτῷ ἀποδώσει σοι ἐν τῷ φανερῷ.[41]
en lo oculto recompensará a ti en lo manifiesto.

19 Μὴ θησαυρίζετε ὑμῖν θησαυροὺς ἐπὶ τῆς γῆς,
No atesoréis para vosotros tesoros en la tierra,
ὅπου σὴς καὶ βρῶσις ἀφανίζει, καὶ ὅπου κλέπται
donde polilla y corrosión[42] arruinan, y donde ladrones
διορύσσουσι καὶ κλέπτουσι·
irrumpen[43] y roban.

20 θησαυρίζετε δὲ ὑμῖν θησαυρούς ἐν οὐρανῷ,
Atesorad sin embargo para vosotros tesoros en cielo,
ὅπου οὔτε σὴς οὔτε βρῶσις ἀφανίζει, καὶ ὅπου κλέπται
donde ni polilla ni corrosión arruinan, y donde ladrones
οὐ διορύσσουσιν οὐδὲ κλέπτουσιν·
no irrumpen ni roban.

21 ὅπου γάρ ἐστιν ὁ θησαυρός ὑμῶν,
donde Porque está el tesoro de vosotros,
ἐκεῖ ἔσται καὶ ἡ καρδία ὑμῶν.
allí estará también el corazón de vosotros.

22 Ὁ λύχνος τοῦ σώματός ἐστιν ὁ ὀφθαλμός· ἐὰν οὖν
La lámpara del cuerpo es el ojo. Si pues
ὁ ὀφθαλμός σου ἁπλοῦς ᾖ, ὅλον τὸ σῶμά σου
el ojo de ti veraz[44] fuera, todo el cuerpo de ti
φωτεινὸν ἔσται·
resplandeciente será.

15Mas si no perdonareis a los hombres sus ofensas, tampoco vuestro Padre os perdonará vuestras ofensas.
16Y cuando ayunáis, no seáis como los hipócritas, austeros; porque ellos demudan sus rostros para parecer a los hombres que ayunan: de cierto os digo, que ya tienen su pago.
17Mas tú, cuando ayunas, unge tu cabeza y lava tu rostro;
18Para no parecer a los hombres que ayunas, sino a tu Padre que está en secreto: y tu Padre que ve en secreto, te recompensará en público.
19No os hagáis tesoros en la tierra, donde la polilla y el orín corrompe, y donde ladrones minan y hurtan;
20Mas haceos tesoros en el cielo, donde ni polilla ni orín corrompe, y donde ladrones no minan ni hurtan;
21Porque donde estuviere vuestro tesoro, allí estará vuestro corazón.
22La lámpara del cuerpo es el ojo: así que, si tu ojo fuere sincero, todo tu cuerpo será luminoso:

---

40. La NU omite las transgresiones de ellos.
41. La NU omite en lo manifiesto.
42. En el sentido de la corrosión natural causada por el óxido.
43. En el sentido de que se abren camino hasta el lugar donde se halla lo que desean robar.
44. O "sincero". La palabra admite también la traducción "sencillo" en el sentido de algo que carece de doblez o falsedad.

23 Mas si tu ojo fuere malo, todo tu cuerpo será tenebroso. Así que, si la lumbre que en ti hay son tinieblas, ¿cuántas serán las mismas tinieblas?
24 Ninguno puede servir a dos señores; porque o aborrecerá al uno y amará al otro, o se llegará al uno y menospreciará al otro: no podéis servir a Dios y a Mammón.
25 Por tanto os digo: No os congojéis por vuestra vida, qué habéis de comer, o que habéis de beber; ni por vuestro cuerpo, qué habéis de vestir: ¿no es la vida más que el alimento, y el cuerpo que el vestido?
26 Mirad las aves del cielo, que no siembran, ni siegan, ni allegan en alfolíes; y vuestro Padre celestial las alimenta. ¿No sois vosotros mucho mejores que ellas?
27 Mas ¿quién de vosotros podrá, congojándose, añadir a su estatura un codo?
28 Y por el vestido ¿por qué os congojáis? Reparad los lirios del campo, cómo crecen; no trabajan ni hilan;
29 Mas os digo, que ni aun Salomón con toda su gloria fué vestido así como uno de ellos.
30 Y si la hierba del campo que hoy es, y mañana es echada en el horno, Dios *la* viste así, ¿no *hará* mucho más a vosotros, *hombres* de poca fe?
31 No os congojéis pues, diciendo: ¿Qué comeremos, o qué beberemos, o con qué nos cubriremos?

23 ἐὰν δὲ ὁ ὀφθαλμός σου πονηρὸς ᾖ, ὅλον τὸ σῶμά σου
si Pero el ojo de ti malo fuera, todo el cuerpo de ti
σκοτεινὸν ἔσται. εἰ οὖν τὸ φῶς τὸ ἐν σοὶ σκότος
tenebroso será. Si pues la luz la en ti oscuridad
ἐστί τὸ σκότος πόσον;
es ¿la oscuridad cuánta (será)?

24 Οὐδεὶς δύναται δυσὶ κυρίοις δουλεύειν· ἢ γὰρ τὸν ἕνα μισήσει
Nadie puede a dos señores servir, o Porque al uno odiará
καὶ τὸν ἕτερον ἀγαπήσει, ἢ ἑνὸς ἀνθέξεται καὶ τοῦ ἑτέρου
y al otro amará, o de uno será devoto[45] y al otro
καταφρονήσει. οὐ δύνασθε Θεῷ δουλεύειν καὶ μαμωνᾷ.
despreciará. No podéis a Dios servir y a Mammón.[46]

25 Διὰ τοῦτο λέγω ὑμῖν, μὴ μεριμνᾶτε τῇ ψυχῇ ὑμῶν
Por esto digo os: no os afanéis por la vida de vosotros
τί φάγητε καὶ τί πίητε, μηδὲ τῷ σώματι
qué comeréis y qué beberéis, ni al cuerpo
ὑμῶν τί ἐνδύσησθε· οὐχὶ ἡ ψυχὴ πλεῖόν ἐστι τῆς
de vosotros qué pondréis. ¿No el alma más es que el
τροφῆς καὶ τὸ σῶμα τοῦ ἐνδύματος;
alimento y el cuerpo que el vestido?

26 ἐμβλέψατε εἰς τὰ πετεινὰ τοῦ οὐρανοῦ, ὅτι οὐ σπείρουσιν
Mirad a los pájaros del cielo, que no siembran
οὐδὲ θερίζουσιν οὐδὲ συνάγουσιν εἰς ἀποθήκας,
ni siegan ni reúnen en graneros
καὶ ὁ πατὴρ ὑμῶν ὁ οὐράνιος τρέφει αὐτά· οὐχ ὑμεῖς
y el Padre de vosotros el celestial alimenta los. ¿No vosotros
μᾶλλον διαφέρετε αὐτῶν;
más importáis que ellos?

27 τίς δὲ ἐξ ὑμῶν μεριμνῶν δύναται προσθεῖναι
¿quién Pero de vosotros afanándose puede añadir
ἐπὶ τὴν ἡλικίαν αὐτοῦ πῆχυν ἕνα;
a la estatura de él codo uno?

28 καὶ περὶ ἐνδύματος τί μεριμνᾶτε; καταμάθετε τὰ κρίνα
¿Y por vestidura por qué os afanáis? Considerad los lirios
τοῦ ἀγροῦ πῶς αὐξάνει· οὐ κοπιᾷ οὐδὲ νήθει·
del campo como crecen. No trabajan ni hilan.

29 λέγω δὲ ὑμῖν ὅτι οὐδὲ Σολομὼν ἐν πάσῃ τῇ δόξῃ αὐτοῦ
Digo sin embargo os que ni Salomón en toda la gloria de él
περιεβάλετο ὡς ἓν τούτων.
se vistió como uno de ellos.

30 Εἰ δὲ τὸν χόρτον τοῦ ἀγροῦ, σήμερον ὄντα καὶ αὔριον
si Pero la hierba del campo, hoy siendo y mañana
εἰς κλίβανον βαλλόμενον, ὁ Θεὸς οὕτως ἀμφιέννυσιν,
a horno arrojada, Dios así viste,
οὐ πολλῷ μᾶλλον ὑμᾶς, ὀλιγόπιστοι;
¿no mucho más a vosotros (vestirá), hombres de poca fe?

31 μὴ οὖν μεριμνήσητε λέγοντες, τί φάγωμεν ἤ τί πίωμεν
No pues os afanéis diciendo: ¿qué comeremos o qué beberemos
ἤ τί περιβαλώμεθα;
o qué vestiremos?

---

45. O "apoyará" o "será partidario".
46. Las riquezas adquieren aquí un carácter personal para señalar la idolatría que implica servirlas. En el mismo sentido, véase: Efesios 5.5 donde el avaro es calificado directamente como idólatra.

32 πάντα γὰρ ταῦτα τὰ ἔθνη⁴⁷ ἐπιζητεῖ· οἶδε γὰρ ὁ
todo Porque esto las naciones buscan. conoce Porque el
πατὴρ ὑμῶν ὁ οὐράνιος ὅτι χρῄζετε τούτων ἁπάντων.
Padre de vosotros el celestial que necesitáis de esto todo.

33 ζητεῖτε δὲ πρῶτον τὴν βασιλείαν τοῦ Θεοῦ καὶ τὴν δικαιοσύνην
buscad Pero primero el reino de Dios y la justicia
αὐτοῦ, καὶ ταῦτα πάντα προστεθήσεται ὑμῖν.
de él, y esto todo será añadido a vosotros.

34 μὴ οὖν μεριμνήσητε εἰς τὴν αὔριον· ἡ γὰρ
no Por lo tanto os afanéis por el mañana, el Porque
αὔριον μεριμνήσει τὰ ἑαυτῆς· ἀρκετὸν τῇ ἡμέρᾳ ἡ κακία αὐτῆς.
mañana tendrá afán el⁴⁸ de sí mismo. Basta al día el mal de él.

7

1 Μὴ κρίνετε, ἵνα μὴ κριθῆτε·
No juzguéis, para que no seáis juzgados.

2 ἐν ᾧ γὰρ κρίματι κρίνετε κριθήσεσθε, καὶ ἐν ᾧ
con el que Porque juicio juzguéis seréis juzgados, y con la que
μέτρῳ μετρεῖτε μετρηθήσεται ὑμῖν.
medida midáis se medirá a vosotros.

3 τί δὲ βλέπεις τὸ κάρφος τὸ ἐν τῷ ὀφθαλμῷ τοῦ ἀδελφοῦ σου,
¿por qué Pero miras la paja la en el ojo del hermano de ti,
τὴν δὲ ἐν τῷ σῷ ὀφθαλμῷ δοκὸν οὐ κατανοεῖς;
la sin embargo en el tuyo ojo viga no consideras?

4 ἢ πῶς ἐρεῖς τῷ ἀδελφῷ σου, ἄφες ἐκβάλω τὸ κάρφος
¿O cómo dirás al hermano de ti, deja saque la paja
ἀπὸ τοῦ ὀφθαλμοῦ σου, καὶ ἰδοὺ ἡ δοκὸς
de el ojo de ti, y mira la viga
ἐν τῷ ὀφθαλμῷ σου;
en el ojo de ti?

5 ὑποκριτά, ἔκβαλε πρῶτον τὴν δοκόν ἐκ τοῦ ὀφθαλμοῦ σου,
Hipócrita, saca primero la viga de el ojo de ti,
καὶ τότε διαβλέψεις ἐκβαλεῖν τὸ κάρφος
y entonces verás para sacar la paja
ἐκ τοῦ ὀφθαλμοῦ τοῦ ἀδελφοῦ σου.
de el ojo del hermano de ti.

6 Μὴ δῶτε τὸ ἅγιον τοῖς κυσί μηδὲ βάλητε τοὺς μαργαρίτας
No deis lo santo a los perros ni arrojéis las perlas
ὑμῶν ἔμπροσθεν τῶν χοίρων, μήποτε καταπατήσωσιν
de vosotros delante de los cerdos, no sea que pisoteen
αὐτοὺς ἐν τοῖς ποσὶν αὐτῶν καὶ
las con los pies de ellos y
στραφέντες ῥήξωσιν ὑμᾶς.
volviéndose despedacen os.

7 Αἰτεῖτε, καὶ δοθήσεται ὑμῖν, ζητεῖτε, καὶ εὑρήσετε·
Pedid y será dado a vosotros, buscad y hallareis.
κρούετε, καὶ ἀνοιγήσεται ὑμῖν·
Llamad y se abrirá a vosotros.

32Porque los Gentiles buscan todas estas cosas: que vuestro Padre celestial sabe que de todas estas cosas habéis menester.
33Mas buscad primeramente el reino de Dios y su justicia, y todas estas cosas os serán añadidas.
34Así que, no os congojéis por el día de mañana; que el día de mañana traerá su fatiga: basta al día su afán.

7

No juzguéis, para que no seáis juzgados.
2Porque con el juicio con que juzgáis, seréis juzgados; y con la medida con que medís, os volverán a medir.
3Y ¿por qué miras la mota que está en el ojo de tu hermano, y no echas de ver la viga que está en tu ojo?
4O ¿cómo dirás a tu hermano: Espera, echaré de tu ojo la mota, y he aquí la viga en tu ojo?
5¡Hipócrita! echa primero la viga de tu ojo, y entonces mirarás en echar la mota del ojo de tu hermano.
6No deis lo santo a los perros, ni echéis vuestras perlas delante de los puercos; porque no las rehuellen con sus pies, y vuelvan y os despedacen.
7Pedid, y se os dará; buscad, y hallaréis; llamad, y se os abrirá.

---

47. O los gentiles, es decir, los "goyim", los que no forman parte del pueblo de Dios, los paganos.
48. La NU omite el.

8 Porque cualquiera que pide, recibe; y el que busca, halla; y al que llama, se abrirá.
9 ¿Qué hombre hay de vosotros, a quien si su hijo pidiere pan, le dará una piedra?
10 ¿Y si *le* pidiere un pez, le dará una serpiente?
11 Pues si vosotros, siendo malos, sabéis dar buenas dádivas a vuestros hijos, ¿cuánto más vuestro Padre que está en los cielos, dará buenas cosas a los que le piden?
12 Así que, todas las cosas que quisierais que los hombres hiciesen con vosotros, así también haced vosotros con ellos; porque esta es la ley y los profetas.
13 Entrad por la puerta estrecha: porque ancha es la puerta, y espacioso el camino que lleva a perdición, y muchos son los que entran por ella.
14 Porque estrecha es la puerta, y angosto el camino que lleva a la vida, y pocos son los que la hallan.
15 Y guardaos de los falsos profetas, que vienen a vosotros con vestidos de ovejas, mas de dentro son lobos rapaces.
16 Por sus frutos los conoceréis. ¿Cógense uvas de los espinos, o higos de los abrojos?
17 Así, todo buen árbol lleva buenos frutos; mas el árbol maleado lleva malos frutos.
18 No puede el buen árbol llevar malos frutos, ni el árbol maleado llevar frutos buenos.
19 Todo árbol que no lleva buen fruto, córtase y échase en el fuego.

8 πᾶς γὰρ ὁ αἰτῶν λαμβάνει καὶ ὁ ζητῶν εὑρίσκει
todo Porque el que pide recibe y el que busca encuentra
καὶ τῷ κρούοντι ἀνοιγήσεται.
y al que llama se abrirá.

9 ἢ τίς ἐστιν ἐξ ὑμῶν ἄνθρωπος, ὃν ἐὰν αἰτήσει
¿O quién hay de vosotros hombre, que si pide
ὁ υἱὸς αὐτοῦ ἄρτον, μὴ λίθον ἐπιδώσει αὐτῷ;
el hijo de él pan, acaso piedra dará a él?

10 καὶ ἐὰν ἰχθὺν αἰτήσει, μὴ ὄφιν ἐπιδώσει αὐτῷ;
¿Y si pescado pide, acaso serpiente dará a él?

11 εἰ οὖν ὑμεῖς, πονηροὶ ὄντες, οἴδατε δόματα ἀγαθὰ διδόναι
Si pues vosotros, malos siendo, sabéis dones buenos dar
τοῖς τέκνοις ὑμῶν, πόσῳ μᾶλλον ὁ πατὴρ ὑμῶν
a los hijos de vosotros, ¿cuánto más el Padre de vosotros
ὁ ἐν τοῖς οὐρανοῖς δώσει ἀγαθὰ τοῖς αἰτοῦσιν αὐτόν;
el en los cielos dará bueno[49] a los que piden a él?

12 Πάντα οὖν ὅσα ἂν θέλητε ἵνα ποιῶσιν ὑμῖν
Todo pues lo que en algún momento queráis que hagan a vosotros
οἱ ἄνθρωποι, οὕτω καὶ ὑμεῖς ποιεῖτε αὐτοῖς· οὗτος γάρ
los hombres así también vosotros haced a ellos. esto Porque
ἐστιν ὁ νόμος καὶ οἱ προφῆται.
es la ley y los profetas.

13 Εἰσέλθετε διὰ τῆς στενῆς πύλης· ὅτι πλατεῖα ἡ πύλη
Entrad por la estrecha puerta, porque ancha la puerta
καὶ εὐρύχωρος ἡ ὁδὸς ἡ ἀπάγουσα εἰς τὴν ἀπώλειαν,
y espacioso el camino que conduce a la perdición,
καὶ πολλοί εἰσιν οἱ εἰσερχόμενοι δι' αὐτῆς.
y muchos son los que entran por ella,

14 ὅτι στενὴ ἡ πύλη καὶ τεθλιμμένη ἡ ὁδὸς ἡ
porque estrecha (es) la puerta y angosto el camino que
ἀπάγουσα εἰς τὴν ζωήν, καὶ ὀλίγοι εἰσὶν οἱ εὑρίσκοντες αὐτήν.
conduce a la vida, y pocos son los que encuentran lo.

15 Προσέχετε δὲ ἀπὸ τῶν ψευδοπροφητῶν, οἵτινες ἔρχονται πρὸς ὑμᾶς
Guardaos pues de los falsos profetas, que vienen a vosotros
ἐν ἐνδύμασι προβάτων, ἔσωθεν δέ εἰσι λύκοι ἅρπαγες.
con vestiduras de ovejas, dentro sin embargo son lobos rapaces.

16 ἀπὸ τῶν καρπῶν αὐτῶν ἐπιγνώσεσθε αὐτούς. μήτι συλλέγουσιν
Por los frutos de ellos conoceréis los. ¿Acaso se recogen
ἀπὸ ἀκανθῶν σταφυλὴν ἢ ἀπὸ τριβόλων σῦκα;
de espinos racimo de uvas o de abrojos higos?

17 οὕτω πᾶν δένδρον ἀγαθὸν καρποὺς καλοὺς ποιεῖ,
Así todo árbol bueno frutos buenos produce,
τὸ δὲ σαπρὸν δένδρον καρποὺς πονηροὺς ποιεῖ.
el Pero podrido árbol frutos malos produce.

18 οὐ δύναται δένδρον ἀγαθὸν καρποὺς πονηροὺς ποιεῖν,
No puede árbol bueno frutos malos producir,
οὐδὲ δένδρον σαπρὸν καρποὺς καλοὺς ποιεῖν.
ni árbol podrido frutos buenos producir.

19 πᾶν δένδρον μὴ ποιοῦν καρπὸν καλὸν ἐκκόπτεται
Todo árbol no produciendo fruto bueno se corta
καὶ εἰς πῦρ βάλλεται.
y a fuego se arroja.

---

49. O cosas buenas.

20 ἄραγε ἀπὸ τῶν καρπῶν αὐτῶν ἐπιγνώσεσθε αὐτούς.
Por tanto por los frutos de ellos conoceréis los.

21 Οὐ πᾶς ὁ λέγων μοι Κύριε Κύριε, εἰσελεύσεται εἰς τὴν βασιλείαν
No todo el que dice me Señor, Señor, entrará en el reino

τῶν οὐρανῶν, ἀλλ' ὁ ποιῶν τὸ θέλημα τοῦ πατρός μου
de los cielos, sino el que hace la voluntad del Padre de mí

τοῦ ἐν οὐρανοῖς.
el en cielos.

22 πολλοὶ ἐροῦσί μοι ἐν ἐκείνῃ τῇ ἡμέρᾳ· Κύριε Κύριε,
Muchos dirán me en aquel el día: Señor Señor,

οὐ τῷ σῷ ὀνόματι προφητεύσαμεν, καὶ τῷ σῷ ὀνόματι
no en el tu nombre profetizamos y en el tu nombre

δαιμόνια ἐξεβάλομεν, καὶ τῷ σῷ ὀνόματι
demonios expulsamos, y en el tu nombre

δυνάμεις πολλὰς ἐποιήσαμεν;
obras poderosas muchas hicimos?

23 καὶ τότε ὁμολογήσω αὐτοῖς ὅτι Οὐδέποτε ἔγνων ὑμᾶς·
Y entonces confesaré les que Jamás conocí os.

ἀποχωρεῖτε ἀπ' ἐμοῦ οἱ ἐργαζόμενοι τὴν ἀνομίαν.
Apartaos de mí los que practicáis la rebeldía.[50]

24 Πᾶς οὖν ὅστις ἀκούει μου τοὺς λόγους τούτους καὶ ποιεῖ αὐτούς,
Todo pues que escucha de mi las palabras estas y hace las

ὁμοιώσω αὐτὸν ἀνδρὶ φρονίμῳ, ὅστις ᾠκοδόμησε
asemejaré[51] lo a hombre sensato, que construyó

τὴν οἰκίαν αὐτοῦ ἐπὶ τὴν πέτραν·
la casa de él sobre la piedra.

25 καὶ κατέβη ἡ βροχὴ καὶ ἦλθον οἱ ποταμοὶ καὶ ἔπνευσαν
Y descendió la lluvia y vinieron los ríos y soplaron

οἱ ἄνεμοι καὶ προσέπεσον τῇ οἰκίᾳ ἐκείνῃ καὶ οὐκ ἔπεσε·
los vientos y chocaron contra la casa aquella y no cayó,

τεθεμελίωτο γὰρ ἐπὶ τὴν πέτραν.
había sido fundada Porque sobre la piedra.

26 καὶ πᾶς ὁ ἀκούων μου τοὺς λόγους τούτους καὶ μὴ ποιῶν
Y todo el que escucha de mí las palabras estas y no haciendo

αὐτοὺς ὁμοιωθήσεται ἀνδρὶ μωρῷ, ὅστις ᾠκοδόμησε
las se asemejará a hombre estúpido, que construyó

τὴν οἰκίαν αὐτοῦ ἐπὶ τὴν ἄμμον·
la casa de él sobre la arena.

27 καὶ κατέβη ἡ βροχὴ καὶ ἦλθον οἱ ποταμοὶ καὶ ἔπνευσαν
Y descendió la lluvia y vinieron los ríos y soplaron

οἱ ἄνεμοι καὶ προσέκοψαν τῇ οἰκίᾳ ἐκείνῃ,
los vientos y chocaron contra la casa aquella,

καὶ ἔπεσε, καὶ ἦν ἡ πτῶσις αὐτῆς μεγάλη.
y cayó, y era la caída de ella grande.

28 Καὶ ἐγένετο ὅτε συνετέλεσεν ὁ Ἰησοῦς τοὺς λόγους τούτους,
Y aconteció cuando concluyó Jesús las palabras estas,

ἐξεπλήσσοντο οἱ ὄχλοι ἐπὶ τῇ διδαχῇ αὐτοῦ·
se asombraban las multitudes por la enseñanza de él.

20 Así que, por sus frutos los conoceréis. **21** No todo el que me dice: Señor, Señor, entrará en el reino de los cielos: mas el que hiciere la voluntad de mi Padre que está en los cielos. **22** Muchos me dirán en aquel día: Señor, Señor, ¿no profetizamos en tu nombre, y en tu nombre lanzamos demonios, y en tu nombre hicimos mucho milagros? **23** Y entonces les protestaré: Nunca os conocí; apartaos de mí, obradores de maldad. **24** Cualquiera, pues, que me oye estas palabras, y las hace, le comparará a un hombre prudente, que edificó su casa sobre la peña; **25** Y descendió lluvia, y vinieron ríos, y soplaron vientos, y combatieron aquella casa; y no cayó: porque estaba fundada sobre la peña. **26** Y cualquiera que me oye estas palabras, y no las hace, le comparará a un hombre insensato, que edificó su casa sobre la arena; **27** Y descendió lluvia, y vinieron ríos, y soplaron vientos, e hicieron ímpetu en aquella casa; y cayó, y fué grande su ruina. **28** Y fué que, como Jesús acabó estas palabras, las gentes se admiraban de su doctrina;

---

50. En el sentido de comportarse en contra de lo que señala la ley de Dios. El texto tiene un enorme interés porque indica que es posible realizar milagros y, a la vez, actuar en contra de los mandatos de Dios. El milagro, pues, no es garantía de que aquel que lo realiza es un siervo del Señor.
51. La NU sustituye por será asemejado.

29 Porque les enseñaba como quien tiene autoridad, y no como los escribas.

8

Y como descendió del monte, le seguían muchas gentes.
2 Y he aquí un leproso vino, y le adoraba, diciendo: Señor, si quisieres, puedes limpiarme.
3 Y extendiendo Jesús su mano, le tocó, diciendo: Quiero; sé limpio. Y luego su lepra fué limpiada.
4 Entonces Jesús le dijo: Mira, no lo digas a nadie; mas ve, muéstrate al sacerdote, y ofrece el presente que mandó Moisés, para testimonio a ellos.
5 Y entrando Jesús en Capernaum, vino a él un centurión, rogándole,
6 Y diciendo: Señor, mi mozo yace en casa paralítico, gravemente atormentado.
7 Y Jesús le dijo: Yo iré y le sanaré.
8 Y respondió el centurión, y dijo: Señor, no soy digno de que entres debajo de mi techado; mas solamente di la palabra, y mi mozo sanará.

29 ἦν γὰρ διδάσκων αὐτοὺς ὡς ἐξουσίαν ἔχων,
estaba Porque enseñando los como autoridad teniendo,
καὶ οὐχ ὡς οἱ γραμματεῖς.[52]
y no como los escribas.

8

1 Καταβάντι δὲ αὐτῷ ἀπὸ τοῦ ὄρους ἠκολούθησαν αὐτῷ
Descendiendo - él de el monte seguían a él
ὄχλοι πολλοί.
multitudes muchas.

2 Καὶ ἰδοὺ, λεπρὸς ἐλθὼν προσεκύνει αὐτῷ λέγων·
Y mira, leproso viniendo[53] adoró a él diciendo:
Κύριε, ἐὰν θέλῃς, δύνασαί με καθαρίσαι.
Señor, si quieres, puedes a mí limpiar.

3 καὶ ἐκτείνας τὴν χεῖρα ἥψατο αὐτοῦ ὁ Ἰησοῦς λέγων·
Y extendiendo la mano tocó lo Jesús[54] diciendo:
θέλω, καθαρίσθητι. καὶ εὐθέως
Quiero, sé limpiado. E inmediatamente
ἐκαθαρίσθη αὐτοῦ ἡ λέπρα.
fue limpiada de él la lepra.

4 καὶ λέγει αὐτῷ ὁ Ἰησοῦς· ὅρα μηδενὶ εἴπῃς,
Y dice le Jesús: Mira a nadie digas,
ἀλλὰ ὕπαγε σεαυτὸν δεῖξον τῷ ἱερεῖ καὶ
pero ve a ti mismo presenta al sacerdote y
προσένεγκε τὸ δῶρον ὃ προσέταξε Μωϋσῆς,
ofrece el don que ordenó Moisés,
εἰς μαρτύριον αὐτοῖς.
para testimonio para ellos.

5 Εἰσελθόντι δὲ αὐτῷ εἰς Καπερναοὺμ προσῆλθεν
Entrando - él a Cafarnaum se acercó
αὐτῷ ἑκατόνταρχος παρακαλῶν αὐτὸν
a él centurión suplicando le

6 καὶ λέγων· Κύριε, ὁ παῖς μου βέβληται ἐν τῇ οἰκίᾳ
y diciendo: Señor, el criado[55] de mí ha yacido[56] en la casa
παραλυτικός, δεινῶς βασανιζόμενος.
paralítico, terriblemente siendo atormentado.

7 καὶ λέγει αὐτῷ ὁ Ἰησοῦς· Ἐγὼ ἐλθὼν
Y dice a él Jesús:[57] Yo yendo
θεραπεύσω αὐτόν.
curaré a él.

8 καὶ ἀποκριθεὶς ὁ ἑκατόνταρχος ἔφη· Κύριε, οὐκ εἰμὶ ἱκανὸς
Y respondiendo el centurión dijo: Señor, no soy digno
ἵνα μου ὑπὸ τὴν στέγην εἰσέλθῃς· ἀλλὰ μόνον εἰπὲ λόγῳ,
de que de mi bajo el techo entres, pero sólo di palabra,
καὶ ἰαθήσεται ὁ παῖς μου.
y será curado el criado de mí.

---

52. La NU añade de ellos.
53. La NU sustituye por acercándose.
54. La NU suprime Jesús.
55. El término que puede hacer referencia a un sirviente, también se utiliza para referirse a un hijo.
56. Es decir, "lleva tiempo yaciendo en la cama paralítico".
57. La NU omite Jesús.

9 καὶ γὰρ ἐγὼ ἄνθρωπός εἰμι ὑπὸ ἐξουσίαν,
también Porque yo hombre soy bajo autoridad,

ἔχων ὑπ' ἐμαυτὸν στρατιώτας, καὶ λέγω τούτῳ,
teniendo debajo de mí mismo soldados, y digo a éste:

πορεύθητι, καὶ πορεύεται, καὶ ἄλλῳ, ἔρχου,
Ve, y va, y a otro: ven,

καὶ ἔρχεται, καὶ τῷ δούλῳ μου, ποίησον τοῦτο,
y viene, y al siervo de mí, haz esto,

καὶ ποιεῖ.
y hace.

10 ἀκούσας δὲ ὁ Ἰησοῦς ἐθαύμασε καὶ εἶπε τοῖς ἀκολουθοῦσιν·
Habiendo oído - Jesús se maravilló y dijo a los que seguían:

ἀμὴν λέγω ὑμῖν, οὐδὲ ἐν τῷ Ἰσραὴλ
Verdaderamente digo os: ni siquiera[58] en Israel

τοσαύτην πίστιν εὗρον.
esta fe encontré.

11 λέγω δὲ ὑμῖν ὅτι πολλοὶ ἀπὸ ἀνατολῶν καὶ δυσμῶν
Digo sin embargo os que muchos de oriente y occidente

ἥξουσι καὶ ἀνακλιθήσονται μετὰ Ἀβραὰμ καὶ Ἰσαὰκ
vendrán y se reclinarán[59] con Abraham e Isaac

καὶ Ἰακὼβ ἐν τῇ βασιλείᾳ τῶν οὐρανῶν,
y Jacob en el reino de los cielos.

12 οἱ δὲ υἱοὶ τῆς βασιλείας ἐκβληθήσονται εἰς τὸ σκότος
los Pero hijos del reino serán expulsados a la tiniebla

τὸ ἐξώτερον· ἐκεῖ ἔσται ὁ κλαυθμὸς
la exterior. Allí será el llanto

καὶ ὁ βρυγμὸς τῶν ὀδόντων.
y el crujir de los dientes.

13 καὶ εἶπεν ὁ Ἰησοῦς τῷ ἑκατοντάρχῳ· ὕπαγε καὶ ὡς ἐπίστευσας
Y dijo Jesús al centurión: ve y como creíste

γενηθήτω σοι. καὶ ἰάθη ὁ παῖς αὐτοῦ ἐν τῇ ὥρᾳ ἐκείνῃ.
acontezca a ti, y fue curado el criado de él en la hora aquella.

14 Καὶ ἐλθὼν ὁ Ἰησοῦς εἰς τὴν οἰκίαν Πέτρου
Y viniendo Jesús a la casa de Pedro

εἶδε τὴν πενθερὰν αὐτοῦ βεβλημένην
vio a la suegra de él postrada

καὶ πυρέσσουσαν·
y ardiendo con fiebre.

15 καὶ ἥψατο τῆς χειρὸς αὐτῆς, καὶ ἀφῆκεν αὐτὴν
Y tocó la mano de ella, y dejó la

ὁ πυρετός, καὶ ἠγέρθη, καὶ διηκόνει αὐτῷ.
la fiebre, y se levantó, y servía le.

16 Ὀψίας δὲ γενομένης προσήνεγκαν αὐτῷ
Tarde sin embargo siendo trajeron a él

δαιμονιζομένους πολλούς, καὶ ἐξέβαλε τὰ πνεύματα
endemoniados muchos, y expulsó los espíritus

λόγῳ καὶ πάντας τοὺς κακῶς
con palabra y a todos los que malamente

ἔχοντας ἐθεράπευσεν,
teniendo[60] curó,

9Porque también yo soy hombre bajo de potestad, y tengo bajo de mí soldados: y digo a éste: Ve, y va; y al otro: Ven, y viene; y a mi siervo: Haz esto, y lo hace.
10Y oyendo Jesús, se maravilló, y dijo a los que *le* seguían: De cierto os digo, que ni aun en Israel he hallado fe tanta.
11Y os digo que vendrán muchos del oriente y del occidente, y se sentarán con Abraham, e Isaac, y Jacob, en el reino de los cielos:
12Mas los hijos del reino serán echados a las tinieblas de afuera: allí será el lloro y el crujir de dientes.
13Entonces Jesús dijo al centurión: Ve, y como creiste te sea hecho. Y su mozo fué sano en el mismo momento.
14Y vino Jesús a casa de Pedro, y vió a su suegra echada en cama, y con fiebre.
15Y tocó su mano, y la fiebre la dejó: y ella se levantó, y les servía.
16Y como fué ya tarde, trajeron a él muchos endemoniados: y echó los demonios con la palabra, y sanó a todos los enfermos;

---

58. La NU sustituye por con nadie.
59. Es decir, que se sentarán a la mesa ya que la costumbre de la época no era sentarse sino reclinarse en lechos.
60. Es decir, a todos los que tenían dolencias.

17 Para que se cumpliese lo que fué dicho por el profeta Isaías, que dijo: El mismo tomó nuestras enfermedades, y llevó nuestras dolencias.
18 Y viendo Jesús muchas gentes alrededor de sí, mandó pasar a la otra parte *del lago*.
19 Y llegándose un escriba, le dijo: Maestro, te seguiré a donde quiera que fueres.
20 Y Jesús le dijo: Las zorras tienen cavernas, y las aves del cielo nidos; mas el Hijo del hombre no tiene donde recueste su cabeza.
21 Y otro de sus discípulos le dijo: Señor, dame licencia para que vaya primero, y entierre a mi padre.
22 Y Jesús le dijo: Sígueme; deja que los muertos entierren a sus muertos.
23 Y entrando él en el barco, sus discípulos le siguieron.
24 Y he aquí, fué hecho en la mar un gran movimiento, que el barco se cubría de las ondas; mas él dormía.
25 Y llegándose sus discípulos, le despertaron, diciendo: Señor, sálvanos, *que* perecemos.

17 ὅπως πληρωθῇ τὸ ῥηθὲν διὰ Ἡσαΐου τοῦ προφήτου
Así se cumplió lo dicho a través de Isaías el profeta

λέγοντος· αὐτὸς τὰς ἀσθενείας ἡμῶν
diciendo: él mismo las debilidades de nosotros

ἔλαβε καὶ τὰς νόσους ἐβάστασεν.
tomó y las enfermedades llevó.

18 Ἰδὼν δὲ ὁ Ἰησοῦς πολλοὺς ὄχλους
Viendo sin embargo Jesús a muchas[61] multitudes

περὶ αὐτὸν ἐκέλευσεν ἀπελθεῖν εἰς τὸ πέραν.
alrededor de él ordenó ir a el otro lado.

19 Καὶ προσελθὼν εἷς γραμματεὺς εἶπεν αὐτῷ·
Y acercándose un escriba dijo le:

διδάσκαλε, ἀκολουθήσω σοι ὅπου ἐὰν ἀπέρχῃ.
Maestro, seguiré a ti donde acaso vayas.

20 καὶ λέγει αὐτῷ ὁ Ἰησοῦς· αἱ ἀλώπεκες
Y dice le Jesús: las zorras

φωλεοὺς ἔχουσι καὶ τὰ πετεινὰ τοῦ οὐρανοῦ
cuevas tienen y las aves del cielo

κατασκηνώσεις, ὁ δὲ Υἱὸς τοῦ ἀνθρώπου
nidos, el Sin embargo Hijo del hombre

οὐκ ἔχει ποῦ τὴν κεφαλὴν κλίνῃ.
no tiene donde la cabeza recline.

21 Ἕτερος δὲ τῶν μαθητῶν αὐτοῦ εἶπεν αὐτῷ·
Otro sin embargo de los discípulos de él dijo le:

Κύριε, ἐπίτρεψόν μοι πρῶτον ἀπελθεῖν
Señor, permite me primero ir

καὶ θάψαι τὸν πατέρα μου.
y enterrar al padre de mí.

22 ὁ δὲ Ἰησοῦς εἶπεν αὐτῷ· ἀκολούθει μοι,
- Sin embargo Jesús dijo le: sigue me,

καὶ ἄφες τοὺς νεκροὺς θάψαι τοὺς ἑαυτῶν νεκρούς.
y deja a los muertos enterrar a los de ellos mismos muertos.

23 Καὶ ἐμβάντι αὐτῷ εἰς τὸ πλοῖον ἠκολούθησαν
Y entrando él en la barca siguieron

αὐτῷ οἱ μαθηταὶ αὐτοῦ.
le los discípulos de él.

24 καὶ ἰδοὺ σεισμὸς μέγας ἐγένετο ἐν τῇ θαλάσσῃ,
Y mira tempestad grande aconteció en el mar,

ὥστε τὸ πλοῖον καλύπτεσθαι ὑπὸ τῶν κυμάτων·
de tal manera que la barca ser cubierta[62] por las olas.

αὐτὸς δὲ ἐκάθευδε.
Él sin embargo dormía.

25 καὶ προσελθόντες οἱ μαθηταὶ αὐτοῦ ἤγειραν
Y aproximándose los discípulos de él despertaron

αὐτὸν λέγοντες· Κύριε, σῶσον ἡμᾶς,
lo diciendo: Señor, salva nos,[63]

ἀπολλύμεθα.
Perecemos.

---

61. La NU omite muchas.
62. Oración de infinitivo. Es decir, era cubierta.
63. La NU omite nos.

26 καὶ λέγει αὐτοῖς· τί δειλοί ἐστε, ὀλιγόπιστοι;
Y dice les: ¿Por qué cobardes sois, pequeños de fe,

τότε ἐγερθεὶς ἐπετίμησε τοῖς ἀνέμοις
entonces levantándose increpó a las olas

καὶ τῇ θαλάσσῃ, καὶ ἐγένετο γαλήνη μεγάλη.
y al mar, y aconteció calma grande.

27 οἱ δὲ ἄνθρωποι ἐθαύμασαν λέγοντες·
los Sin embargo hombres se maravillaron diciendo:

ποταπός ἐστιν οὗτος, ὅτι καὶ οἱ ἄνεμοι
¿De qué tipo es éste que también los vientos

καὶ ἡ θάλασσα ὑπακούουσιν αὐτῷ;
y el mar obedecen lo?

28 Καὶ ἐλθόντι αὐτῷ εἰς τὸ πέραν εἰς τὴν χώραν
Y viniendo él a la otra orilla a la región

τῶν Γεργεσηνῶν ὑπήντησαν αὐτῷ δύο δαιμονιζόμενοι
de los gergesenos[64] se encontraron con él dos endemoniados

ἐκ τῶν μνημείων ἐξερχόμενοι, χαλεποὶ λίαν,
de los sepulcros saliendo, peligrosos enormemente,

ὥστε μὴ ἰσχύειν τινὰ παρελθεῖν
de manera que no poder alguno pasar

διὰ τῆς ὁδοῦ ἐκείνης.
por el camino aquel.

29 καὶ ἰδοὺ ἔκραξαν λέγοντες· τί ἡμῖν καὶ σοί,
Y mira gritaron diciendo: ¿qué entre nosotros y tú, (hay)

Ἰησοῦ υἱὲ τοῦ Θεοῦ; ἦλθες ὧδε πρὸ καιροῦ
Jesús[65] Hijo de Dios? ¿Viniste aquí antes de tiempo

βασανίσαι ἡμᾶς;
a atormentar nos?

30 ἦν δὲ μακρὰν ἀπ' αὐτῶν ἀγέλη χοίρων
Había sin embargo a larga distancia de ellos piara de cerdos

πολλῶν βοσκομένη.
muchos paciendo.

31 οἱ δὲ δαίμονες παρεκάλουν αὐτὸν λέγοντες·
los Sin embargo demonios suplicaban a él diciendo:

εἰ ἐκβάλλεις ἡμᾶς, ἐπίτρεψον ἡμῖν ἀπελθεῖν
si arrojas nos, permite nos dirigirnos[66]

εἰς τὴν ἀγέλην τῶν χοίρων.
a la piara de los cerdos.

32 καὶ εἶπεν αὐτοῖς· ὑπάγετε. οἱ δὲ ἐξελθόντες ἀπῆλθον
Y dijo les: id. Ellos sin embargo saliendo fueron

εἰς τὴν ἀγέλην τῶν χοίρων· καὶ ἰδοὺ ὥρμησε
a la piara de los cerdos.[67] Y mira se precipitó

πᾶσα ἡ ἀγέλη τῶν χοίρων κατὰ τοῦ κρημνοῦ
toda la piara de los cerdos[68] abajo del acantilado

εἰς τὴν θάλασσαν καὶ ἀπέθανον ἐν τοῖς ὕδασιν.
a el mar y murieron en las aguas.

26 Y él les dice: ¿Por qué teméis, *hombres* de poca fe? Entonces, levantándose, reprendió a los vientos y a la mar; y fué grande bonanza.
27 Y los hombres se maravillaron, diciendo: ¿Qué hombre es éste, que aun los vientos y la mar le obedecen?
28 Y como él hubo llegado en la otra ribera al país de los Gergesenos, le vinieron al encuentro dos endemoniados que salían de los sepulcros, fieros en gran manera, que nadie podía pasar por aquel camino.
29 Y he aquí clamaron, diciendo: ¿Qué tenemos contigo, Jesús, Hijo de Dios? ¿has venido acá a molestarnos antes de tiempo?
30 Y estaba lejos de ellos un hato de muchos puercos paciendo.
31 Y los demonios le rogaron, diciendo: Si nos echas, permítenos ir a aquel hato de puercos.
32 Y les dijo: Id. Y ellos salieron, y se fueron a aquel hato de puercos: y he aquí, todo el hato de los puercos se precipitó de un despeñadero en la mar, y murieron en las aguas.

---

64. En otros mss gadarenos.
65. La NU omite Jesús.
66. La NU sustituye por envianos.
67. La NU sustituye la piara de los cerdos por a los cerdos.
68. La NU suprime de los cerdos.

33 Y los porqueros huyeron, y viniendo a la ciudad, contaron todas las cosas, y lo que había pasado con los endemoniados.
34 Y he aquí, toda la ciudad salió a encontrar a Jesús: y cuando le vieron, le rogaban que saliese de sus términos.

9 Entonces entrando en el barco, pasó a la otra parte, y vino a su ciudad.
2 Y he aquí le trajeron un paralítico, echado en una cama: y viendo Jesús la fe de ellos, dijo al paralítico: Confía, hijo; tus pecados te son perdonados.
3 Y he aquí, algunos de los escribas decían dentro de sí: Este blasfema.
4 Y viendo Jesús sus pensamientos, dijo: ¿Por qué pensáis mal en vuestros corazones?
5 Porque, ¿qué es más fácil, decir: Los pecados te son perdonados; o decir: Levántate, y anda?
6 Pues para que sepáis que el Hijo del hombre tiene potestad en la tierra de perdonar pecados, (dice entonces al paralítico): Levántate, toma tu cama, y vete a tu casa.
7 Entonces él se levantó y se fué a su casa.

33 οἱ δὲ βόσκοντες ἔφυγον, καὶ ἀπελθόντες
los que Sin embargo apacentaban huyeron, y dirigiéndose
εἰς τὴν πόλιν ἀπήγγειλαν πάντα καὶ
a la ciudad informaron de todo y
τὰ τῶν δαιμονιζομένων.
de lo de los endemoniados.

34 καὶ ἰδοὺ πᾶσα ἡ πόλις ἐξῆλθεν εἰς συνάντησιν
Y mira toda la ciudad salió a reunión
τῷ Ἰησοῦ, καὶ ἰδόντες αὐτὸν παρεκάλεσαν
con Jesús, y viendo lo rogaron
ὅπως μεταβῇ ἀπὸ τῶν ὁρίων αὐτῶν.
que se marchara de los confines[69] de ellos.

9 1 Καὶ ἐμβὰς εἰς το πλοῖον διεπέρασε καὶ ἦλθεν
Y entrando en la barca cruzó y vino
εἰς τὴν ἰδίαν πόλιν.
a la propia ciudad.

2 Καὶ ἰδοὺ προσέφερον αὐτῷ παραλυτικὸν ἐπὶ
Y mira llevaban le paralítico en
κλίνης βεβλημένον· καὶ ἰδὼν ὁ Ἰησοῦς τὴν πίστιν
lecho habiendo sido colocado. Y viendo Jesús la fe
αὐτῶν εἶπε τῷ παραλυτικῷ· θάρσει,
de ellos dijo al paralítico: Ten valor,
τέκνον· ἀφέωνταί σοι αἱ ἁμαρτίαι σου.
Hijo. Han sido perdonados a ti los pecados de ti.

3 καὶ ἰδοὺ τινες τῶν γραμματέων εἶπον ἐν ἑαυτοῖς·
Y mira algunos de los escribas dijeron dentro de[70] sí mismos:
οὗτος βλασφημεῖ.
Éste blasfema.

4 καὶ ἰδὼν ὁ Ἰησοῦς τὰς ἐνθυμήσεις αὐτῶν εἶπεν·
Y viendo Jesús los pensamientos de ellos dijo:
ἰνατί ὑμεῖς ἐνθυμεῖσθε πονηρὰ
¿Por qué vosotros pensáis malas cosas
ἐν ταῖς καρδίαις ὑμῶν;
en los corazones de vosotros?

5 τί γάρ ἐστιν εὐκοπώτερον, εἰπεῖν, ἀφέωνταί σοι
¿qué Porque es más fácil, decir, han sido perdonados a ti
αἱ ἁμαρτίαι, ἢ εἰπεῖν, ἔγειρε καὶ περιπάτει;
los pecados, o decir, levántate y anda?

6 ἵνα δὲ εἰδῆτε ὅτι ἐξουσίαν ἔχει ὁ Υἱὸς τοῦ ἀνθρώπου
Para que sin embargo veáis que autoridad tiene el Hijo del hombre
ἐπὶ τῆς γῆς ἀφιέναι ἁμαρτίας - τότε λέγει τῷ παραλυτικῷ·
sobre la tierra para perdonar pecados - entonces dice al paralítico:
ἐγερθεὶς ἆρόν σου τὴν κλίνην
levantándote toma de ti el lecho
καὶ ὕπαγε εἰς τὸν οἶκόν σου.
y ve a la casa de ti.

7 καὶ ἐγερθεὶς ἀπῆλθεν εἰς τὸν οἶκον αὐτοῦ.
Y levantándose se dirigió a la casa de él.

---

69. O fronteras o límites.
70. O entre ellos mismos.

8 ἰδόντες δὲ οἱ ὄχλοι ἐθαύμασαν καὶ ἐδόξασαν
Viendo sin embargo las multitudes se maravillaban⁷¹ y glorificaban
τὸν Θεὸν τὸν δόντα ἐξουσίαν τοιαύτην τοῖς ἀνθρώποις.
a Dios el que da autoridad tal a los hombres.

9 Καὶ παράγων ὁ Ἰησοῦς ἐκεῖθεν εἶδεν ἄνθρωπον
Y pasando Jesús de allí vio hombre
καθήμενον ἐπὶ τὸ τελώνιον, Ματθαῖον λεγόμενον,
sentado en el telonio,⁷² Mateo llamado,
καὶ λέγει αὐτῷ· ἀκολούθει μοι. καὶ ἀναστὰς
y dice le: sigue me. Y levantándose
ἠκολούθησεν αὐτῷ.
siguió lo.

10 Καὶ ἐγένετο αὐτοῦ ἀνακειμένου ἐν τῇ οἰκίᾳ,
Y aconteció él reclinado⁷³ en la casa,
καὶ ἰδοὺ πολλοὶ τελῶναι καὶ ἁμαρτωλοὶ ἐλθόντες
y mira muchos recaudadores y pecadores viniendo
συνανέκειντο τῷ Ἰησοῦ καὶ τοῖς μαθηταῖς αὐτοῦ.
se reclinaron con Jesús y los discípulos de él.

11 καὶ ἰδόντες οἱ Φαρισαῖοι εἶπον τοῖς μαθηταῖς αὐτοῦ·
Y viendo los fariseos dijeron a los discípulos de él:
διὰ τί μετὰ τῶν τελωνῶν καὶ ἁμαρτωλῶν
¿Por qué con los recaudadores y pecadores
ἐσθίει ὁ διδάσκαλος ὑμῶν;
come el maestro de vosotros?

12 ὁ δὲ Ἰησοῦς ἀκούσας εἶπεν αὐτοῖς· οὐ χρείαν ἔχουσιν
- Sin embargo Jesús oyendo dijo les:⁷⁴ no necesidad tienen
οἱ ἰσχύοντες ἰατροῦ, ἀλλ' οἱ κακῶς ἔχοντες.
los fuertes de médico, sino los que mal tienen.

13 πορευθέντες δὲ μάθετε τί ἐστιν ἔλεον θέλω
Yendo sin embargo aprended lo que es misericordia quiero
καὶ οὐ θυσίαν. οὐ γὰρ ἦλθον καλέσαι δικαίους,
y no sacrificio, no Porque vine a llamar a justos,
ἀλλ' ἁμαρτωλοὺς εἰς μετάνοιαν.⁷⁵
sino a pecadores a arrepentimiento.

14 Τότε προσέρχονται αὐτῷ οἱ μαθηταὶ Ἰωάννου λέγοντες·
Entonces se aproximaron a él los discípulos de Juan diciendo:
διὰ τί ἡμεῖς καὶ οἱ Φαρισαῖοι νηστεύομεν πολλά,
¿por qué nosotros y los fariseos ayunan mucho,
οἱ δὲ μαθηταί σου οὐ νηστεύουσι;
los Pero discípulos de ti no ayunan?

15 καὶ εἶπεν αὐτοῖς ὁ Ἰησοῦς· μὴ δύνανται οἱ υἱοὶ
Y dijo les Jesús: acaso pueden los hijos
τοῦ νυμφῶνος πενθεῖν ἐφ' ὅσον χρόνον
de la boda llorar en el tiempo que
μετ' αὐτῶν ἐστιν ὁ νυμφίος; ἐλεύσονται δὲ ἡμέραι
con ellos está el novio? Vendrán sin embargo días
ὅταν ἀπαρθῇ ἀπ' αὐτῶν ὁ νυμφίος,
cuando sea quitado de ellos el novio
καὶ τότε νηστεύσουσιν.
y entonces ayunarán.

8 Y las gentes, viéndolo, se maravillaron, y glorificaron a Dios, que había dado tal potestad a los hombres.
9 Y pasando Jesús de allí, vió a un hombre que estaba sentado al banco de los públicos tributos, el cual se llamaba Mateo; y dícele: Sígueme. Y se levantó, y le siguió.
10 Y aconteció que estando él sentado a la mesa en casa, he aquí que muchos publicanos y pecadores, que habían venido, se sentaron juntamente a la mesa con Jesús y sus discípulos.
11 Y viendo esto los Fariseos, dijeron a sus discípulos: ¿Por qué come vuestro Maestro con los publicanos y pecadores?
12 Y oyéndolo *Jesús,* le dijo: Los que están sanos no tienen necesidad de médico, sino los enfermos.
13 Andad pues, y aprended qué cosa es: Misericordia quiero, y no sacrificio: porque no he venido a llamar justos, sino pecadores a arrepentimiento.
14 Entonces los discípulos de Juan vienen a él, diciendo: ¿Por qué nosotros y los Fariseos ayunamos muchas veces, y tus discípulos no ayunan?
15 Y Jesús les dijo: ¿Pueden los que son de bodas tener luto entre tanto que el esposo está con ellos? mas vendrán días cuando el esposo será quitado de ellos, y entonces ayunarán.

---

71. La NU sustituye por estaban atemorizados.
72. La oficina de impuestos, el banco de los tributos.
73. La postura que se adoptaba para comer en lugar de estar sentado.
74. La NU suprime les.
75. La NU suprime a arrepentimiento.

MATEO 9.16

16 Y nadie echa remiendo de paño recio en vestido viejo; porque el tal remiendo tira del vestido, y se hace peor la rotura.
17 Ni echan vino nuevo en cueros viejos: de otra manera los cueros se rompen, y el vino se derrama, y se pierden los cueros; mas echan el vino nuevo en cueros nuevos, y lo uno y lo otro se conserva juntamente.
18 Hablando él estas cosas a ellos, he aquí vino un principal, y le adoraba, diciendo: Mi hija es muerta poco ha: mas ven y pon tu mano sobre ella, y vivirá.
19 Y se levantó Jesús, y le siguió, y sus discípulos.
20 Y he aquí una mujer enferma de flujo de sangre doce años había, llegándose por detrás, tocó la franja de su vestido:
21 Porque decía entre sí: Si tocare solamente su vestido, seré salva.
22 Mas Jesús volviéndose, y mirándola, dijo: Confía, hija, tu fe te ha salvado. Y la mujer fué salva desde aquella hora.
23 Y llegado Jesús a casa del principal, viendo los tañedores de flautas, y la gente que hacía bullicio,

16 οὐδεὶς δὲ ἐπιβάλλει ἐπίβλημα ῥάκους ἀγνάφου
Ninguno sin embargo pone remiendo de tela nueva
ἐπὶ ἱματίῳ παλαιῷ· αἴρει γὰρ τὸ πλήρωμα αὐτοῦ
en vestido viejo, quita Porque la plenitud de él
ἀπὸ τοῦ ἱματίου, καὶ χεῖρον σχίσμα γίνεται.
de el vestido, y peor rotura acontece.

17 οὐδὲ βάλλουσιν οἶνον νέον εἰς ἀσκοὺς παλαιούς·
Ni ponen vino nuevo en odres viejos,
εἰ δὲ μή γε, ῥήγνυνται οἱ ἀσκοὶ καὶ ὁ οἶνος ἐκχεῖται
si Sin embargo no -[76], estallan los odres y el vino se derrama
καὶ οἱ ἀσκοὶ ἀπολοῦνται· ἀλλὰ οἶνον νέον
y los odres se perdieron, pero vino nuevo
εἰς ἀσκοὺς βάλλουσιν καινούς,
en odres colocan nuevos,
καὶ ἀμφότερα συντηροῦνται.
y ambos son preservados.

18 Ταῦτα αὐτοῦ λαλοῦντος αὐτοῖς ἰδοὺ ἄρχων
Esto él hablando a ellos mira arconte[75]
εἷς προσελθὼν προσεκύνει αὐτῷ λέγων
uno viniendo adoraba lo diciendo
ὅτι ἡ θυγάτηρ μου ἄρτι ἐτελεύτησεν·
que la hija de mí ahora mismo murió,
ἀλλὰ ἐλθὼν ἐπίθες τὴν χεῖρά σου
pero viniendo pon la mano de ti
ἐπ᾽ αὐτὴν καὶ ζήσεται.
sobre ella y vivirá.

19 καὶ ἐγερθεὶς ὁ Ἰησοῦς ἠκολούθησεν αὐτῷ
Y habiéndose levantado Jesús siguieron lo
καὶ οἱ μαθηταὶ αὐτοῦ.
y los discípulos de él.

20 Καὶ ἰδοὺ γυνὴ, αἱμορροοῦσα δώδεκα ἔτη,
Y mira mujer hemorroísa doce años,
προσελθοῦσα ὄπισθεν ἥψατο τοῦ κρασπέδου
aproximándose desde detrás tocó el borde
τοῦ ἱματίου αὐτοῦ·
del manto de él.

21 ἔλεγε γὰρ ἐν ἑαυτῇ, ἐὰν μόνον ἅψωμαι
dijo Porque dentro de sí misma, si sólo toco
τοῦ ἱματίου αὐτοῦ, σωθήσομαι.
el manto de él, seré salvada.

22 ὁ δὲ Ἰησοῦς ἐπιστραφεὶς καὶ ἰδὼν αὐτὴν εἶπε·
- Sin embargo Jesús girándose y viendo la dijo:
θάρσει, θύγατερ· ἡ πίστις σου σέσωκέ σε.
Ten valor, hija. La fe de ti ha salvado te.
καὶ ἐσώθη ἡ γυνὴ ἀπὸ τῆς ὥρας ἐκείνης.
Y fue salvada la mujer desde la hora aquella.

23 Καὶ ἐλθὼν ὁ Ἰησοῦς εἰς τὴν οἰκίαν τοῦ ἄρχοντος
Y viniendo Jesús a la casa del arconte[77]
καὶ ἰδὼν τοὺς αὐλητὰς καὶ τὸν ὄχλον
y viendo a los flautistas y a la muchedumbre
θορυβούμενον,
alborotando,

---

76. Es decir, de lo contrario, estallan los odres...
77. O jefe o principal.

24 λέγει αὐτοῖς· ἀναχωρεῖτε· οὐ γὰρ ἀπέθανε τὸ κοράσιον,
dice les: retiraos, no Porque murió la niña
ἀλλὰ καθεύδει. καὶ κατεγέλων αὐτοῦ.
sino que duerme. Y ridiculizaban lo.

25 ὅτε δὲ ἐξεβλήθη ὁ ὄχλος, εἰσελθὼν ἐκράτησε
Cuando sin embargo fue expulsada la muchedumbre, entrando agarró
τῆς χειρὸς αὐτῆς καὶ ἠγέρθη τὸ κοράσιον.
la mano de ella y fue levantada[78] la niña.

26 καὶ ἐξῆλθεν ἡ φήμη αὕτη εἰς ὅλην
Y salió la fama esta por toda
τὴν γῆν ἐκείνην.
la tierra aquella.

27 Καὶ παράγοντι ἐκεῖθεν τῷ Ἰησοῦ ἠκολούθησαν αὐτῷ
Y pasando de allí Jesús siguieron a él
δύο τυφλοὶ κράζοντες καὶ λέγοντες· ἐλέησον
dos ciegos gritando y diciendo: ten piedad
ἡμᾶς, υἱὲ Δαυΐδ.
de nosotros, hijo de David.

28 ἐλθόντι δὲ εἰς τὴν οἰκίαν προσῆλθον αὐτῷ οἱ τυφλοί,
Viniendo sin embargo a la casa se acercaron a él los ciegos
καὶ λέγει αὐτοῖς ὁ Ἰησοῦς· πιστεύετε ὅτι δύναμαι
y dice les Jesús: ¿creéis que puedo
τοῦτο ποιῆσαι; λέγουσιν αὐτῷ· ναί, Κύριε.
esto hacer? Dicen le: sí, Señor.

29 τότε ἥψατο τῶν ὀφθαλμῶν αὐτῶν λέγων·
Entonces tocó los ojos de ellos diciendo:
κατὰ τὴν πίστιν ὑμῶν γενηθήτω ὑμῖν.
según la fe de vosotros resulte a vosotros.

30 καὶ ἀνεῴχθησαν αὐτῶν οἱ ὀφθαλμοί· καὶ ἐνεβριμήσατο
Y fueron abiertos de ellos los ojos. Y advirtió rigurosamente
αὐτοῖς ὁ Ἰησοῦς λέγων· ὁρᾶτε μηδεὶς γινωσκέτω.
a ellos Jesús diciendo: mirad (que) ninguno sepa.

31 οἱ δὲ ἐξελθόντες διεφήμισαν αὐτὸν
Ellos sin embargo saliendo difundieron la fama de él
ἐν ὅλῃ τῇ γῇ ἐκείνῃ.
en toda la tierra aquella.

32 Αὐτῶν δὲ ἐξερχομένων ἰδοὺ προσήνεγκαν αὐτῷ
Ellos sin embargo saliendo he aquí llevaron a él
ἄνθρωπον κωφὸν δαιμονιζόμενον·
hombre mudo endemoniado.

33 καὶ ἐκβληθέντος τοῦ δαιμονίου ἐλάλησεν ὁ κωφός,
Y siendo expulsado el demonio habló el mudo.
καὶ ἐθαύμασαν οἱ ὄχλοι λέγοντες ὅτι οὐδέποτε
Y se maravillaron las muchedumbres diciendo que nunca
ἐφάνη οὕτως ἐν τῷ Ἰσραήλ.
fue manifestado (algo) así en Israel.

34 οἱ δὲ Φαρισαῖοι ἔλεγον· ἐν τῷ ἄρχοντι τῶν δαιμονίων
los Sin embargo fariseos decían: por el arconte[79] de los demonios
ἐκβάλλει τὰ δαιμόνια.
expulsa los demonios.

24 Díceles: Apartaos, que la muchacha no es muerta, mas duerme. Y se burlaban de él.
25 Y como la gente fué echada fuera, entró, y tomóla de la mano, y se levantó la muchacha.
26 Y salió esta fama por toda aquella tierra.
27 Y pasando Jesús de allí, le siguieron dos ciegos, dando voces y diciendo: Ten misericordia de nosotros, Hijo de David.
28 Y llegado a la casa, vinieron a él los ciegos; y Jesús les dice: ¿Creéis que puedo hacer esto? Ellos dicen: Sí, Señor.
29 Entonces tocó los ojos de ellos, diciendo: Conforme a vuestra fe os sea hecho.
30 Y los ojos de ellos fueron abiertos. Y Jesús les encargó rigurosamente, diciendo: Mirad que nadie lo sepa.
31 Mas ellos salidos, divulgaron su fama por toda aquella tierra.
32 Y saliendo ellos, he aquí, le trajeron un hombre mudo, endemoniado.
33 Y echado fuera el demonio, el mudo habló; y las gentes se maravillaron, diciendo: Nunca ha sido vista cosa semejante en Israel.
34 Mas los Fariseos decían: Por el príncipe de los demonios echa fuera los demonios.

---

78. Es decir, resucitó.
79. Es decir, jefe o principal.

35 Y rodeaba Jesús por todas las ciudades y aldeas, enseñando en las sinagogas de ellos, y predicando el evangelio del reino, y sanando toda enfermedad y todo achaque en el pueblo.
36 Y viendo las gentes, tuvo compasión de ellas; porque estaban derramadas y esparcidas como ovejas que no tienen pastor.
37 Entonces dice a sus discípulos: A la verdad la mies es mucha, mas los obreros pocos.
38 Rogad, pues, al Señor de la mies, que envíe obreros a su mies.

10 Entonces llamando a sus doce discípulos, les dió potestad contra los espíritus inmundos, para que los echasen fuera, y sanasen toda enfermedad y toda dolencia.
2 Y los nombres de los doce apóstoles son estos: el primero, Simón, que es dicho Pedro, y Andrés su hermano; Jacobo, *hijo* de Zebedeo, y Juan su hermano;
3 Felipe, y Bartolomé; Tomás, y Mateo el publicano; Jacobo *hijo* de Alfeo, y Lebeo, por sobrenombre Tadeo;
4 Simón el Cananita, y Judas Iscariote, que también le entregó.

35 Καὶ περιῆγεν ὁ Ἰησοῦς τὰς πόλεις πάσας καὶ τὰς κώμας
Y recorría Jesús las ciudades todas y las aldeas
διδάσκων ἐν ταῖς συναγωγαῖς αὐτῶν καὶ κηρύσσων
enseñando en las sinagogas de ellos y predicando
τὸ εὐαγγέλιον τῆς βασιλείας καὶ θεραπεύων πᾶσαν
el evangelio del reino y curando toda
νόσον καὶ πᾶσαν μαλακίαν ἐν τῷ λαῷ.
enfermedad y toda dolencia en el pueblo.[80]

36 Ἰδὼν δὲ τοὺς ὄχλους ἐσπλαγχνίσθη περὶ αὐτῶν,
Viendo sin embargo a las muchedumbres se compadeció[81] de ellas,
ὅτι ἦσαν ἐκλελυμένοι καὶ ἐρριμμένοι ὡς
porque estaban desfallecidas y tiradas como
πρόβατα μὴ ἔχοντα ποιμένα.
ovejas no teniendo pastor.

37 τότε λέγει τοῖς μαθηταῖς αὐτοῦ· ὁ μὲν θερισμὸς
Entonces dice a los discípulos de él: la Ciertamente mies
πολύς, οἱ δὲ ἐργάται ὀλίγοι·
(es) mucha, los Sin embargo obreros (son) pocos.

38 δεήθητε οὖν τοῦ κυρίου τοῦ θερισμοῦ ὅπως
Rogad pues al señor de la mies para que
ἐκβάλῃ ἐργάτας εἰς τὸν θερισμὸν αὐτοῦ.
saque[82] obreros para la mies de él.

10 1 Καὶ προσκαλεσάμενος τοὺς δώδεκα μαθητὰς αὐτοῦ ἔδωκεν
Y llamando a los doce discípulos de él dio
αὐτοῖς ἐξουσίαν πνευμάτων ἀκαθάρτων ὥστε ἐκβάλλειν
les autoridad sobre espíritus impuros como expulsar
αὐτὰ καὶ θεραπεύειν πᾶσαν νόσον καὶ πᾶσαν μαλακίαν.
los y curar toda enfermedad y toda dolencia.

2 Τῶν δὲ δώδεκα ἀποστόλων τὰ ὀνόματά εἰσι ταῦτα·
De los sin embargo doce apóstoles los nombres son éstos:
πρῶτος Σίμων ὁ λεγόμενος Πέτρος καὶ Ἀνδρέας ὁ ἀδελφὸς
primero Simón el llamado Pedro y Andrés el hermano
αὐτοῦ, Ἰάκωβος ὁ τοῦ Ζεβεδαίου καὶ Ἰωάννης ὁ ἀδελφὸς αὐτοῦ,
de él Santiago el de Zebedeo y Juan el hermano de él,

3 Φίλιππος καὶ Βαρθολομαῖος, Θωμᾶς καὶ Ματθαῖος ὁ τελώνης,
Felipe y Bartolomé, Tomás y Mateo el publicano,[83]
Ἰάκωβος ὁ τοῦ Ἀλφαίου καὶ Λεββαῖος ὁ ἐπικληθεὶς
Santiago el de Alfeo y Lebeo el habiendo sido llamado[84]
Θαδδαῖος,
Tadeo,

4 Σίμων ὁ Κανανίτης καὶ Ἰούδας Ἰσκαριώτης ὁ καὶ
Simón el cananita[85] y Judas Iscariote el que también
παραδοὺς αὐτόν.
entregó lo.

---

80. La NU suprime en el pueblo.
81. El término griego tiene el sentido de que se le conmovieron las entrañas.
82. O envíe hacia fuera.
83. O recaudador de impuestos.
84. La NU suprime desde Lebeo ha llamado.
85. La NU sustituye por cananeo.

5 Τούτους τοὺς δώδεκα ἀπέστειλεν ὁ Ἰησοῦς παραγγείλας αὐτοῖς
A estos - doce envió Jesús ordenando les

λέγων· εἰς ὁδὸν ἐθνῶν μὴ ἀπέλθητε καὶ εἰς πόλιν
diciendo: a camino de gentiles no vayáis y en ciudad

Σαμαριτῶν μὴ εἰσέλθητε·
de samaritanos no entréis.

6 πορεύεσθε δὲ μᾶλλον πρὸς τὰ πρόβατα τὰ ἀπολωλότα
Id sin embargo más bien a las ovejas las perdidas

οἴκου Ἰσραήλ.
de casa de Israel.

7 πορευόμενοι δὲ κηρύσσετε λέγοντες ὅτι ἤγγικεν
Yendo sin embargo predicad diciendo que se ha acercado

ἡ βασιλεία τῶν οὐρανῶν.
el reino de los cielos.

8 ἀσθενοῦντας θεραπεύετε, λεπροὺς καθαρίζετε,
a enfermos curad, a leprosos limpiad,

νεκροὺς ἐγείρετε, δαιμόνια ἐκβάλλετε·
a muertos levantad,[86] a demonios expulsad.

δωρεὰν ἐλάβετε, δωρεὰν δότε.
Gratis recibisteis, gratis dad.

9 μὴ κτήσησθε χρυσὸν μηδὲ ἄργυρον μηδὲ χαλκὸν
No os procuréis oro ni plata ni cobre

εἰς τὰς ζώνας ὑμῶν,
para los cinturones[87] de vosotros,

10 μὴ πήραν εἰς ὁδὸν μηδὲ δύο χιτῶνας μηδὲ ὑποδήματα
ni alforja para camino ni dos túnicas ni sandalias

μηδὲ ῥάβδον· ἄξιος γὰρ ὁ ἐργάτης τῆς τροφῆς αὐτοῦ ἐστιν.
ni cayado. digno Porque el obrero de la comida[88] de él es.

11 εἰς ἣν δ' ἂν πόλιν ἢ κώμην εἰσέλθητε, ἐξετάσατε
En la que acaso ciudad o pueblo entréis, preguntad (si)

τίς ἐν αὐτῇ ἄξιός ἐστι, κἀκεῖ μείνατε ἕως ἂν ἐξέλθητε.
alguien en ella digno es, y allí permaneced hasta que salgáis,

12 εἰσερχόμενοι δὲ εἰς τὴν οἰκίαν ἀσπάσασθε αὐτήν.
entrando Sin embargo en la casa saludad la.

13 καὶ ἐὰν μὲν ᾖ ἡ οἰκία ἀξία, ἐλθέτω ἡ εἰρήνη ὑμῶν
Y si ciertamente fuera la casa digna, venga la paz de vosotros

ἐπ' αὐτήν· ἐὰν δὲ μὴ ᾖ ἀξία, ἡ εἰρήνη ὑμῶν
sobre ella. Si sin embargo no fuera digna, la paz de vosotros

πρὸς ὑμᾶς ἐπιστραφήτω.
sobre vosotros vuelva.

14 καὶ ὃς ἐὰν μὴ δέξηται ὑμᾶς μηδὲ ἀκούσῃ τοὺς λόγους
Y el que acaso no reciba os ni escuche las palabras de

ὑμῶν, ἐξερχόμενοι ἔξω τῆς οἰκίας ἢ τῆς πόλεως ἐκείνης
vosotros, saliendo fuera de la casa o de la ciudad aquella,

ἐκτινάξατε τὸν κονιορτὸν τῶν ποδῶν ὑμῶν.
sacudid el polvo de los pies de vosotros.

5 A estos doce envió Jesús, a los cuales dió mandamiento, diciendo: Por el camino de los Gentiles no iréis, y en ciudad de Samaritanos no entréis;
6 Mas id antes a las ovejas perdidas de la casa de Israel.
7 Y yendo, predicad, diciendo: El reino de los cielos se ha acercado.
8 Sanad enfermos, limpiad leprosos, resucitad muertos, echad fuera demonios: de gracia recibisteis, dad de gracia.
9 No aprestéis oro, ni plata, ni cobre en vuestras bolsas;
10 Ni alforja para el camino, ni dos ropas de vestir, ni zapatos, ni bordón; porque el obrero digno es de su alimento.
11 Mas en cualquier ciudad, o aldea donde entrareis, investigad quién sea en ella digno, y reposad allí hasta que salgáis.
12 Y entrando en la casa, saludadla.
13 Y si la casa fuere digna, vuestra paz vendrá sobre ella; mas si no fuere digna, vuestra paz se volverá a vosotros.
14 Y cualquiera que no os recibiere, ni oyere vuestras palabras, salid de aquella casa o ciudad, y sacudid el polvo de vuestros pies.

---

86. La NU coloca muertos levantad, después de curad.
87. En los cinturones se llevaba guardado el dinero.
88. O del sustento.

15 De cierto os digo, *que el castigo* será más tolerable a la tierra de los de Sodoma y de los de Gomorra en el día del juicio, que a aquella ciudad.
16 He aquí, yo os envío como a ovejas en medio de lobos: sed pues prudentes como serpientes, y sencillos como palomas.
17 Y guardaos de los hombres: porque os entregarán en concilios, y en sus sinagogas os azotarán;
18 Y aun a príncipes y a reyes seréis llevados por causa de mí, por testimonio a ellos y a los Gentiles.
19 Mas cuando os entregaren, no os apuréis por cómo o qué hablaréis; porque en aquella hora os será dado qué habéis de hablar.
20 Porque no sois vosotros los que habláis, sino el Espíritu de vuestro Padre que habla en vosotros.
21 Y el hermano entregará al hermano a la muerte, y el padre al hijo; y los hijos se levantarán contra los padres, y los harán morir.
22 Y seréis aborrecidos de todos por mi nombre; mas el que soportare hasta el fin, éste será salvo.
23 Mas cuando os persiguieren en esta ciudad, huid a la otra: porque de cierto os digo, *que* no acabaréis de andar todas las ciudades de Israel, que no venga el Hijo del hombre.

15 ἀμὴν λέγω ὑμῖν, ἀνεκτότερον ἔσται γῇ Σοδόμων
Verdaderamente digo os, más tolerable será a tierra de Sodoma
καὶ Γομόρρας ἐν ἡμέρᾳ κρίσεως ἢ τῇ πόλει ἐκείνῃ.
y de Gomorra en día de juicio que a la ciudad aquella.

16 Ἰδοὺ ἐγὼ ἀποστέλλω ὑμᾶς ὡς πρόβατα ἐν μέσῳ λύκων·
Mirad yo envío os como ovejas en medio de lobos.
γίνεσθε οὖν φρόνιμοι ὡς οἱ ὄφεις καὶ
Resultad pues sensatos[89] como las serpientes y
ἀκέραιοι ὡς αἱ περιστεραί.
inocentes como las palomas.

17 Προσέχετε δὲ ἀπὸ τῶν ἀνθρώπων· παραδώσουσι
Preocupaos[90] sin embargo de los hombres. entregarán
γὰρ ὑμᾶς εἰς συνέδρια καὶ ἐν ταῖς συναγωγαῖς
Porque os a sanhedrines[91] y en las sinagogas
αὐτῶν μαστιγώσουσιν ὑμᾶς·
de ellos azotarán os.

18 καὶ ἐπὶ ἡγεμόνας δὲ καὶ βασιλεῖς ἀχθήσεσθε
Y ante gobernadores ciertamente y reyes seréis llevados
ἕνεκεν ἐμοῦ εἰς μαρτύριον αὐτοῖς καὶ τοῖς ἔθνεσιν.
por causa de mí para testimonio a ellos y a las naciones.

19 ὅταν δὲ παραδιδῶσιν ὑμᾶς, μὴ μεριμνήσητε
Siempre sin embargo que entreguen os, no os preocupéis de
πῶς ἢ τί λαλήσητε· δοθήσεται γὰρ ὑμῖν ἐν ἐκείνῃ
cómo o qué hablaréis. será dado Porque os en aquella
τῇ ὥρᾳ τί λαλήσετε.
la hora lo que hablaréis.

20 οὐ γὰρ ὑμεῖς ἐστε οἱ λαλοῦντες, ἀλλὰ τὸ Πνεῦμα
no Porque vosotros sois los que (estaréis) hablando, sino el Espíritu
τοῦ πατρὸς ὑμῶν τὸ λαλοῦν ἐν ὑμῖν.
del Padre de vosotros el que habla en vosotros.

21 Παραδώσει δὲ ἀδελφὸς ἀδελφὸν εἰς θάνατον
Entregará sin embargo hermano a hermano a muerte
καὶ πατὴρ τέκνον, καὶ ἐπαναστήσονται τέκνα
y padre a hijo, y se levantarán hijos
ἐπὶ γονεῖς καὶ θανατώσουσιν αὐτούς·
contra padres y matarán[92] los.

22 καὶ ἔσεσθε μισούμενοι ὑπὸ πάντων διὰ τὸ ὄνομά μου·
Y seréis odiados por todos por el nombre de mí.
ὁ δὲ ὑπομείνας εἰς τέλος, οὗτος σωθήσεται.
el Sin embargo soportando hasta final, éste será salvado.

23 ὅταν δὲ διώκωσιν ὑμᾶς ἐν τῇ πόλει ταύτῃ,
Cuando sin embargo persigan os en la ciudad esta,
φεύγετε εἰς τὴν ἄλλην· ἀμὴν γὰρ λέγω ὑμῖν,
huid a la otra. verdaderamente Porque digo os,
οὐ μὴ τελέσητε τὰς πόλεις τοῦ Ἰσραὴλ ἕως ἂν ἔλθῃ
no en absoluto acabaréis las ciudades de Israel hasta que venga
ὁ Υἱὸς τοῦ ἀνθρώπου.
el Hijo del hombre.

---

89. O sabios.
90. Como en Hechos 20, 28.
91. O consejos o concilios.
92. O condenarán a muerte.

24 Οὐκ ἔστι μαθητὴς ὑπὲρ τὸν διδάσκαλον οὐδὲ δοῦλος
No está discípulo encima del maestro ni siervo
ὑπὲρ τὸν κύριον αὐτοῦ.
encima del señor de él.

25 ἀρκετὸν τῷ μαθητῇ ἵνα γένηται ὡς ὁ διδάσκαλος αὐτοῦ,
Suficiente para el discípulo que resulte como el maestro de él,
καὶ τῷ δούλῳ ὡς ὁ κύριος αὐτοῦ. εἰ τὸν οἰκοδεσπότην
y al siervo como el señor de él. Si al señor de la casa
Βεελζεβοὺβ ἐκάλεσαν, πόσῳ μᾶλλον τοὺς οἰκιακοὺς αὐτοῦ;
Belcebú llamaron, cuánto más a los de la casa de él?

26 μὴ οὖν φοβηθῆτε αὐτούς· οὐδὲν γάρ ἐστι
no Por lo tanto temáis los. nada Porque existe
κεκαλυμμένον ὃ οὐκ ἀποκαλυφθήσεται, καὶ κρυπτὸν
oculto que no será revelado, y escondido
ὃ οὐ γνωσθήσεται.
que no será conocido.

27 ὃ λέγω ὑμῖν ἐν τῇ σκοτίᾳ, εἴπατε ἐν τῷ φωτί, καὶ ὃ εἰς
Lo que digo os en la oscuridad, decid en la luz, y lo que a
τὸ οὖς ἀκούετε, κηρύξατε ἐπὶ τῶν δωμάτων.
el oído escucháis, anunciad sobre las azoteas.

28 καὶ μὴ φοβηθῆτε ἀπὸ τῶν ἀποκτενόντων τὸ σῶμα,
Y no temáis de los que matan el cuerpo,
τὴν δὲ ψυχὴν μὴ δυναμένων ἀποκτεῖναι·
el Pero alma no pudiendo matar.
φοβήθητε δὲ μᾶλλον τὸν δυνάμενον καὶ ψυχὴν
Temed sin embargo más bien al que puede también alma
καὶ σῶμα ἀπολέσαι ἐν γεέννῃ.
y cuerpo perder en Guehenna.

29 οὐχὶ δύο στρουθία ἀσσαρίου πωλεῖται; καὶ ἓν ἐξ αὐτῶν
¿No dos pajarillos por asarion[93] se venden? Y uno de ellos
οὐ πεσεῖται ἐπὶ τὴν γῆν ἄνευ τοῦ πατρὸς ὑμῶν.
no caerá sobre la tierra sin (voluntad) del Padre de vosotros.

30 ὑμῶν δὲ καὶ αἱ τρίχες τῆς κεφαλῆς
De vosotros sin embargo también los cabellos de la cabeza
πᾶσαι ἠριθμημέναι εἰσί.
todos contados están.

31 μὴ οὖν φοβηθῆτε· πολλῶν στρουθίων διαφέρετε ὑμεῖς.
No pues temáis. Más que pajarillos valéis vosotros.

32 Πᾶς οὖν ὅστις ὁμολογήσει ἐν ἐμοὶ ἔμπροσθεν τῶν ἀνθρώπων,
Todo pues que confesará a mí delante de los hombres,
ὁμολογήσω κἀγὼ ἐν αὐτῷ ἔμπροσθεν τοῦ πατρός
confesaré también yo a él delante del Padre
μου τοῦ ἐν οὐρανοῖς·
de mí el en cielos.

33 ὅστις δ' ἂν ἀρνήσηταί με ἔμπροσθεν τῶν ἀνθρώπων,
El que acaso negará me delante de los hombres,
ἀρνήσομαι αὐτὸν κἀγὼ ἔμπροσθεν τοῦ πατρός μου
negaré lo yo también delante del Padre de mí
τοῦ ἐν οὐρανοῖς.
el en cielos.

24 El discípulo no es más que su maestro, ni el siervo más que su señor.
25 Bástale al discípulo ser como su maestro, y al siervo como su señor. Si al padre de la familia llamaron Beelzebub, ¿cuánto más a los de su casa?
26 Así que, no los temáis; porque nada hay encubierto, que no haya de ser manifestado; ni oculto, que no haya de saberse.
27 Lo que os digo en tinieblas, decidlo en la luz; y lo que oís al oído predicadlo desde los terrados.
28 Y no temáis a los que matan el cuerpo, mas al alma no pueden matar: temed antes a aquel que puede destruir el alma y el cuerpo en el infierno.
29 ¿No se venden dos pajarillos por un cuarto? Con todo, ni uno de ellos cae a tierra sin vuestro Padre.
30 Pues aun vuestros cabellos están todos contados.
31 Así que, no temáis: más valéis vosotros que muchos pajarillos.
32 Cualquiera pues, que me confesare delante de los hombres, le confesaré yo también delante de mi Padre que está en los cielos.
33 Y cualquiera que me negare delante de los hombres, le negaré yo también delante de mi Padre que está en los cielos.

---

93. Una moneda de cobre.

34 No penséis que he venido para meter paz en la tierra: no he venido para meter paz, sino espada.
35 Porque he venido para hacer disensión del hombre contra su padre, y de la hija contra su madre, y de la nuera contra su suegra.
36 Y los enemigos del hombre *serán* los de su casa.
37 El que ama padre o madre más que a mí, no es digno de mí; y el que ama hijo o hija más que a mí, no es digno de mí.
38 Y el que no toma su cruz, y sigue en pos de mí, no es digno de mí.
39 El que hallare su vida, la perderá; y el que perdiere su vida por causa de mí, la hallará.
40 El que os recibe a vosotros, a mí recibe; y el que a mí recibe, recibe al que me envió.
41 El que recibe profeta en nombre de profeta, merced de profeta recibirá; y el que recibe justo en nombre de justo, merced de justo recibirá.
42 Y cualquiera que diere a uno de estos pequeñitos un vaso de agua fría solamente, en nombre de discípulo, de cierto os digo, que no perderá su recompensa.

11 Y fué, que acabando Jesús de dar mandamientos a sus doce discípulos, se fué de allí a enseñar y a predicar en las ciudades de ellos.

34 Μὴ νομίσητε ὅτι ἦλθον βαλεῖν εἰρήνην ἐπὶ τὴν γῆν·
No consideréis que vine a traer paz sobre la tierra.
οὐκ ἦλθον βαλεῖν εἰρήνην, ἀλλὰ μάχαιραν.
No vine a traer paz, sino espada.

35 ἦλθον γὰρ διχάσαι ἄνθρωπον κατὰ τοῦ πατρὸς αὐτοῦ
vine Porque a dividir hombre contra el padre de él
καὶ θυγατέρα κατὰ τῆς μητρὸς αὐτῆς καὶ νύμφην
e hija contra la madre de ella y nuera
κατὰ τῆς πενθερᾶς αὐτῆς·
contra la suegra de ella.

36 καὶ ἐχθροὶ τοῦ ἀνθρώπου οἱ οἰκιακοὶ αὐτοῦ.
Y enemigos del hombre los de la casa de él (serán).

37 Ὁ φιλῶν πατέρα ἢ μητέρα ὑπὲρ ἐμὲ οὐκ ἔστι μου ἄξιος·
El que ama padre o madre sobre mí no es de mí digno.
καὶ ὁ φιλῶν υἱὸν ἢ θυγατέρα ὑπὲρ ἐμὲ οὐκ ἔστι
Y el que ama hijo o hija sobre mí no es
μου ἄξιος·
de mí digno.

38 καὶ ὃς οὐ λαμβάνει τὸν σταυρὸν αὐτοῦ καὶ ἀκολουθεῖ
Y el que no toma la cruz de él y sigue
ὀπίσω μου, οὐκ ἔστι μου ἄξιος.
detrás de mí, no es de mí digno.

39 ὁ εὑρὼν τὴν ψυχὴν αὐτοῦ ἀπολέσει αὐτήν, καὶ ὁ ἀπολέσας
El que halla el alma de él perderá la, y el que pierde
τὴν ψυχὴν αὐτοῦ ἕνεκεν ἐμοῦ εὑρήσει αὐτήν.
el alma de él a causa de mí encontrará la.

40 Ὁ δεχόμενος ὑμᾶς ἐμὲ δέχεται, καὶ ὁ ἐμὲ δεχόμενος
El recibiendo os a mí recibe, y el a mí recibiendo
δέχεται τὸν ἀποστείλαντά με.
recibe al que envió me.

41 ὁ δεχόμενος προφήτην εἰς ὄνομα προφήτου μισθὸν
El recibiendo profeta por nombre de profeta[94] recompensa
προφήτου λήψεται, καὶ ὁ δεχόμενος δίκαιον εἰς ὄνομα
de profeta recibirá, y el recibiendo a justo por nombre
δικαίου μισθὸν δικαίου λήψεται.
de justo recompensa de justo recibirá.

42 καὶ ὃς ἐὰν ποτίσῃ ἕνα τῶν μικρῶν τούτων
Y el que acaso dé de beber a uno de los pequeños éstos
ποτήριον ψυχροῦ μόνον εἰς ὄνομα μαθητοῦ,
copa de fría (agua) sólo por nombre de discípulo,
ἀμὴν λέγω ὑμῖν, οὐ μὴ ἀπολέσῃ
verdaderamente digo os: No de ninguna manera perderá
τὸν μισθὸν αὐτοῦ.
la recompensa de él.

11 **1** Καὶ ἐγένετο ὅτε ἐτέλεσεν ὁ Ἰησοῦς διατάσσων τοῖς
Y sucedió cuando acabó Jesús de dirigir a los
δώδεκα μαθηταῖς αὐτοῦ μετέβη ἐκεῖθεν τοῦ διδάσκειν καὶ
doce discípulos de él se fue de allí a enseñar y
κηρύσσειν ἐν ταῖς πόλεσιν αὐτῶν.
predicar en las ciudades de ellos.

---

94. Es decir porque es profeta.

2 Ὁ δὲ Ἰωάννης ἀκούσας ἐν τῷ δεσμωτηρίῳ τὰ ἔργα
- Entonces Juan escuchando en la cárcel los hechos

τοῦ Χριστοῦ, πέμψας δύο τῶν μαθητῶν αὐτοῦ
del mesías, enviando a dos[95] de los discípulos de él

3 εἶπεν αὐτῷ· σὺ εἶ ὁ ἐρχόμενος ἢ ἕτερον
Dijo le: ¿tú eres el que viene o otro

προσδοκῶμεν;
esperamos?

4 καὶ ἀποκριθεὶς ὁ Ἰησοῦς εἶπεν αὐτοῖς· πορευθέντες
Y respondiendo Jesús dijo les: yendo

ἀπαγγείλατε Ἰωάννῃ ἃ ἀκούετε καὶ βλέπετε·
informad a Juan lo que escucháis y véis.

5 τυφλοὶ ἀναβλέπουσι καὶ χωλοὶ περιπατοῦσι,
Ciegos recuperan la vista y cojos caminan,

λεπροὶ καθαρίζονται καὶ κωφοὶ ἀκούουσι,
leprosos son limpiados y sordos oyen,

νεκροὶ ἐγείρονται καὶ πτωχοὶ εὐαγγελίζονται·
muertos son levantados y pobres son evangelizados.

6 καὶ μακάριός ἐστιν ὃς ἐὰν μὴ σκανδαλισθῇ ἐν ἐμοί.
Y dichoso es el que no es escandalizado en mí.

7 Τούτων δὲ πορευομένων ἤρξατο ὁ Ἰησοῦς λέγειν
Estos entonces yéndose comenzó Jesús a decir

τοῖς ὄχλοις περὶ Ἰωάννου· τί ἐξήλθετε εἰς τὴν
a las muchedumbres acerca de Juan: ¿qué salistéis a el

ἔρημον θεάσασθαι; κάλαμον ὑπὸ ἀνέμου σαλευόμενον;
desierto a contemplar? ¿caña por viento sacudida?

8 ἀλλὰ τί ἐξήλθετε ἰδεῖν; ἄνθρωπον ἐν μαλακοῖς ἱματίοις
Pero ¿qué salistéis a ver? ¿Hombre en delicadas vestimentas[96]

ἠμφιεσμένον; ἰδοὺ οἱ τὰ μαλακὰ φοροῦντες
envuelto? Mirad los lo delicado llevando

ἐν τοῖς οἴκοις τῶν βασιλέων εἰσίν.
en las casas de los reyes[97] están.

9 ἀλλὰ τί ἐξήλθετε ἰδεῖν; προφήτην; ναί λέγω ὑμῖν,
Pero ¿qué salistéis a ver? ¿Profeta? Sí digo os,

καὶ περισσότερον προφήτου.
y más que profeta.

10 οὗτος γάρ ἐστι περὶ οὗ γέγραπται· ἰδοὺ ἐγὼ ἀποστέλλω
éste Porque es acerca del que se ha escrito: mira yo envío

τὸν ἄγγελόν μου πρὸ προσώπου σου,
al ángel de mí delante de rostro de mí,

ὃς κατασκευάσει τὴν ὁδόν σου ἔμπροσθέν σου.
que enderezará el camino de ti delante de ti.

11 ἀμὴν λέγω ὑμῖν, οὐκ ἐγήγερται ἐν γεννητοῖς
Verdaderamente digo os: no se ha levantado entre nacidos

γυναικῶν μείζων Ἰωάννου τοῦ βαπτιστοῦ· ὁ δὲ
de mujeres más grande que Juan el Bautista. el Sin embargo

μικρότερος ἐν τῇ βασιλείᾳ τῶν οὐρανῶν μείζων αὐτοῦ ἐστιν.
más pequeño en el reino de los cielos mayor que él es.

2 Y oyendo Juan en la prisión los hechos de Cristo, le envió dos de sus discípulos,
3 Diciendo: ¿Eres tú aquél que había de venir, o esperaremos a otro?
4 Y respondiendo Jesús, les dijo: Id, y haced saber a Juan las cosas que oís y veis:
5 Los ciegos ven, y los cojos andan; los leprosos son limpiados, y los sordos oyen; los muertos son resucitados, y a los pobres es anunciado el evangelio.
6 Y bienaventurado es el que no fuere escandalizado en mí.
7 E idos ellos, comenzó Jesús a decir de Juan a las gentes: ¿Qué salisteis a ver al desierto? ¿una caña que es meneada del viento?
8 Mas ¿qué salisteis a ver? ¿un hombre cubierto de delicados *vestidos*? He aquí, los que traen *vestidos* delicados, en las casas de los reyes están.
9 Mas ¿qué salisteis a ver? ¿un profeta? También os digo, y más que profeta.
10 Porque éste es de quien está escrito:
He aquí, yo envío mi mensajero delante de tu faz,
Que aparejará tu camino delante de ti.
11 De cierto os digo, *que* no se levantó entre los que nacen de mujeres otro mayor que Juan el Bautista; mas el que es muy más pequeño en el reino de los cielos, mayor es que él.

---

95. La NU sustituye por a través de.
96. La NU omite vestimentas.
97. La NU sustituye por de reyes.

12 Desde los días de Juan el Bautista hasta ahora, al reino de los cielos se hace fuerza, y los valientes lo arrebatan.
13 Porque todos los profetas y la ley hasta Juan profetizaron.
14 Y si queréis recibir, él es aquel Elías que había de venir.
15 El que tiene oídos para oír, oiga.
16 Mas ¿á quién compararé esta generación? Es semejante a los muchachos que se sientan en las plazas, y dan voces a sus compañeros,
17 Y dicen: Os tañimos flauta, y no bailasteis; os endechamos, y no lamentasteis.
18 Porque vino Juan, que ni comía ni bebía, y dicen: Demonio tiene.
19 Vino el Hijo del hombre, que come y bebe, y dicen: He aquí un hombre comilón, y bebedor de vino, amigo de publicanos y de pecadores. Mas la sabiduría es justificada por sus hijos.
20 Entonces comenzó a reconvenir a las ciudades en las cuales habían sido hechas muy muchas de sus maravillas, porque no se habían arrepentido, *diciendo:*

12 ἀπὸ δὲ τῶν ἡμερῶν Ἰωάννου τοῦ βαπτιστοῦ
desde Sin embargo los días de Juan el Bautista
ἕως ἄρτι ἡ βασιλεία τῶν οὐρανῶν βιάζεται,
hasta ahora el reino de los cielos es objeto de violencia
καὶ βιασταὶ ἁρπάζουσιν αὐτήν.
y violentos arrebatan lo.

13 πάντες γὰρ οἱ προφῆται καὶ ὁ νόμος ἕως Ἰωάννου
todos Porque los profetas y la ley hasta Juan
προεφήτευσαν·
profetizaron.

14 καὶ εἰ θέλετε δέξασθαι, αὐτός ἐστιν Ἠλίας
Y si queréis recibir, éste es Elías
ὁ μέλλων ἔρχεσθαι.
el debiendo venir.

15 ὁ ἔχων ὦτα ἀκούειν ἀκουέτω.
El teniendo oídos para oír[98] oiga.

16 Τίνι δὲ ὁμοιώσω τὴν γενεὰν ταύτην; ὁμοία ἐστὶ
¿A qué entonces asemejaré la generación ésta? Semejante es
παιδίοις καθημένοις ἐν ταῖς ἀγοραῖς, ἃ προσφωνοῦντα
a niños sentados en las plazas, que llamando
τοῖς ἑτέροις αὐτῶν λέγουσιν·
a los otros[99] de ellos dicen:

17 ηὐλήσαμεν ὑμῖν, καὶ οὐκ ὠρχήσασθε, ἐθρηνήσαμεν
Tocamos la flauta para vosotros, y no danzasteis, endechamos
ὑμῖν, καὶ οὐκ ἐκόψασθε.
para vosotros,[100] y no os lamentasteis.

18 ἦλθε γὰρ Ἰωάννης μήτε ἐσθίων μήτε πίνων,
vino Porque Juan ni comiendo ni bebiendo,
καὶ λέγουσι· δαιμόνιον ἔχει.
y dicen: demonio tiene.

19 ἦλθεν ὁ Υἱὸς τοῦ ἀνθρώπου ἐσθίων καὶ πίνων,
Vino el Hijo del hombre comiendo y bebiendo,
καὶ λέγουσιν· ἰδοὺ ἄνθρωπος φάγος καὶ οἰνοπότης,
y dicen: mira hombre comilón y bebedor de vino,
τελωνῶν φίλος καὶ ἁμαρτωλῶν. καὶ ἐδικαιώθη
de recaudadores amigo y de pecadores. Y fue justificada
ἡ σοφία ἀπὸ τῶν τέκνων αὐτῆς.
la sabiduría de los hijos[101] de ella.

20 Τότε ἤρξατο ὀνειδίζειν τὰς πόλεις ἐν αἷς ἐγένοντο
Entonces comenzó a reprender a las ciudades en que acontecieron
αἱ πλεῖσται δυνάμεις αὐτοῦ, ὅτι οὐ μετενόησαν·
los muchísimos poderes[102] de él, porque no se arrepintieron.

---

98. La NU suprime para oír.
99. Algunos mss sustituyen por amigos.
100. La NU suprime para vosotros.
101. La NU sustituye por las obras.
102. Aquí tiene sentido de milagros.

21 οὐαί σοι, Χοραζίν, οὐαί σοι, Βηθσαϊδά· ὅτι εἰ ἐν Τύρῳ
Ay de ti, Corazín, ay de ti, Betsaida, porque si en Tiro

καὶ Σιδῶνι ἐγένοντο αἱ δυνάμεις αἱ γενόμεναι
y en Sidón acontecieran los poderes[103] los acontecidos

ἐν ὑμῖν, πάλαι ἂν ἐν σάκκῳ καὶ σποδῷ
en vosotras, antiguamente[104] ya en saco y ceniza

καθήμεναι μετενόησαν.
sentadas se habrían arrepentido.

22 πλὴν λέγω ὑμῖν, Τύρῳ καὶ Σιδῶνι ἀνεκτότερον
Pero digo os: para Tiro y para Sidón más tolerable

ἔσται ἐν ἡμέρᾳ κρίσεως ἢ ὑμῖν.
será en día de juicio que para vosotros.

23 καὶ σύ Καπερναούμ, ἡ ἕως τοῦ οὐρανοῦ ὑψωθεῖσα,
Y tú Cafarnaum, la hasta el cielo siendo elevada,[105]

ἕως ᾅδου καταβιβασθήσῃ· ὅτι εἰ ἐν Σοδόμοις
hasta Hades serás descendida, porque si en Sodoma

ἐγενήθησαν αἱ δυνάμεις αἱ γενόμεναι ἐν σοί,
hubieran sido hechos los poderes[106] los acontecidos en ti,

ἔμειναν ἂν μέχρι τῆς σήμερον.
habría permanecido hasta hoy.

24 πλὴν λέγω ὑμῖν ὅτι γῇ Σοδόμων ἀνεκτότερον
Pero digo os que para tierra de Sodoma más tolerable

ἔσται ἐν ἡμέρᾳ κρίσεως ἢ σοί.
será en día de juicio que para ti.

25 Ἐν ἐκείνῳ τῷ καιρῷ ἀποκριθεὶς ὁ Ἰησοῦς εἶπεν·
En aquel el tiempo respondiendo Jesús dijo:

ἐξομολογοῦμαί σοι, πάτερ, κύριε τοῦ οὐρανοῦ
alabo te, Padre, Señor del cielo

καὶ τῆς γῆς, ὅτι ἀπέκρυψας ταῦτα ἀπὸ σοφῶν
y de la tierra, porque ocultaste esto de sabios

καὶ συνετῶν, καὶ ἀπεκάλυψας αὐτὰ νηπίοις·
e inteligentes, y revelaste lo a niños.

26 ναί, ὁ πατήρ, ὅτι οὕτως ἐγένετο εὐδοκία
Sí, oh Padre, porque así aconteció complacencia

ἔμπροσθέν σου.
delante de ti.[107]

27 Πάντα μοι παρεδόθη ὑπὸ τοῦ πατρός μου·
Todo me fue dado por el Padre de mí.

καὶ οὐδεὶς ἐπιγινώσκει τὸν υἱὸν εἰ μὴ ὁ πατήρ,
Y ninguno conoce al Hijo si no el Padre,

οὐδὲ τὸν πατέρα τις ἐπιγινώσκει εἰ μὴ ὁ υἱὸς
ni al Padre alguno conoce si no el Hijo

καὶ ᾧ ἐὰν βούληται ὁ υἱὸς ἀποκαλύψαι.
y al que acaso quiera el Hijo revelar.

28 Δεῦτε πρός με πάντες οἱ κοπιῶντες καὶ
Venid a mí todos los trabajando y

πεφορτισμένοι, κἀγὼ ἀναπαύσω ὑμᾶς.
habiendo sido cargados, y yo daré descanso a vosotros.

21¡Ay de ti, Corazín! ¡Ay de ti, Bethsaida! porque si en Tiro y en Sidón fueran hechas las maravillas que han sido hechas en vosotras, en otro tiempo se hubieran arrepentido en saco y en ceniza. **22**Por tanto os digo, *que* a Tiro y a Sidón será más tolerable *el castigo* en el día del juicio, que a vosotras. **23**Y tú, Capernaum, que eres levantada hasta el cielo, hasta los infiernos serás abajada; porque si en los de Sodoma fueran hechas las maravillas que han sido hechas en ti, hubieran quedado hasta el día de hoy. **24**Por tanto os digo, *que* a la tierra de los de Sodoma será más tolerable *el castigo* en el día del juicio, que a ti. **25**En aquel tiempo, respondiendo Jesús, dijo: Te alabo, Padre, Señor del cielo y de la tierra, que hayas escondido estas cosas de los sabios y de los entendidos, y las hayas revelado a los niños. **26**Así, Padre, pues que así agradó en tus ojos. **27**Todas las cosas me son entregadas de mi Padre: y nadie conoció al Hijo, sino el Padre; ni al Padre conoció alguno, sino el Hijo, y aquel a quien el Hijo *lo* quisiere revelar. **28**Venid a mí todos los que estáis trabajados y cargados, que yo os haré descansar.

---

103. Aquí tiene sentido de milagros.
104. Es decir, hace ya tiempo.
105. La NU sustituye desde la... hasta ... elevada por ¿Será exaltada? No...
106. Aquí tiene sentido de milagros.
107. Es decir, porque así te complació.

29Llevad mi yugo sobre vosotros, y aprended de mí, que soy manso y humilde de corazón; y hallaréis descanso para vuestras almas.
30Porque mi yugo es fácil, y ligera mi carga.

12
En aquel tiempo iba Jesús por los sembrados en sábado; y sus discípulos tenían hambre, y comenzaron a coger espigas, y a comer.
2Y viéndolo los Fariseos, le dijeron: He aquí tus discípulos hacen lo que no es lícito hacer en sábado.
3Y él les dijo: ¿No habéis leído qué hizo David, teniendo él hambre y los que con él estaban:
4Cómo entró en la casa de Dios, y comió los panes de la proposición, que no le era lícito comer, ni a los que estaban con él, sino a solos los sacerdotes?
5O ¿no habéis leído en la ley, que los sábados en el templo los sacerdotes profanan el sábado, y son sin culpa?
6Pues os digo que uno mayor que el templo está aquí.
7Mas si supieseis qué es: Misericordia quiero y no sacrificio, no condenaríais a los inocentes:
8Porque Señor es del sábado el Hijo del hombre.

29 ἄρατε τὸν ζυγόν μου ἐφ' ὑμᾶς καὶ μάθετε ἀπ' ἐμοῦ,
Tomad el yugo de mí sobre vosotros y aprended de mí,

ὅτι πρᾷός εἰμι καὶ ταπεινὸς τῇ καρδίᾳ,
que manso soy y humilde[108] de corazón,

καὶ εὑρήσετε ἀνάπαυσιν ταῖς ψυχαῖς ὑμῶν·
y encontraréis descanso para las almas de vosotros.

30 ὁ γὰρ ζυγός μου χρηστὸς καὶ τὸ φορτίον μου
el Porque yugo de mí fácil y la carga de mí

ἐλαφρόν ἐστιν.
ligera es.

12
1 Ἐν ἐκείνῳ τῷ καιρῷ ἐπορεύθη ὁ Ἰησοῦς τοῖς σάββασι
En aquel el tiempo fue Jesús en los sábados

διὰ τῶν σπορίμων· οἱ δὲ μαθηταὶ αὐτοῦ ἐπείνασαν,
por los sembrados. los Pero discípulos de él tuvieron hambre,

καὶ ἤρξαντο τίλλειν στάχυας καὶ ἐσθίειν.
y comenzaron a arrancar espigas y a comer.

2 Οἱ δὲ Φαρισαῖοι ἰδόντες εἶπον αὐτῷ· ἰδοὺ οἱ μαθηταί
los Entonces fariseos viendo dijeron le: mira los discípulos

σου ποιοῦσιν ὃ οὐκ ἔξεστι ποιεῖν ἐν σαββάτῳ.
de ti hacen lo que no es lícito hacer en sábado.

3 ὁ δὲ εἶπεν αὐτοῖς· οὐκ ἀνέγνωτε τί ἐποίησε Δαυῒδ
Él entonces dijo les: ¿No leísteis qué hizo David

ὅτε ἐπείνασεν αὐτὸς καὶ οἱ μετ' αὐτοῦ;
cuando tuvo hambre él y los con él?

4 πῶς εἰσῆλθεν εἰς τὸν οἶκον τοῦ Θεοῦ καὶ τοὺς ἄρτους
¿Cómo entró en la casa de Dios y los panes

τῆς προθέσεως ἔφαγεν, οὓς οὐκ ἐξὸν ἦν αὐτῷ
de la presentación comió, que no lícito era para él

φαγεῖν οὐδὲ τοῖς μετ' αὐτοῦ,
comer ni a los con él,

εἰ μὴ μόνοις τοῖς ἱερεῦσι;
si no únicos a los sacerdotes?

5 ἢ οὐκ ἀνέγνωτε ἐν τῷ νόμῳ ὅτι τοῖς σάββασιν
O ¿no conocéis en la ley que en los sábados

οἱ ἱερεῖς ἐν τῷ ἱερῷ τὸ σάββατον
los sacerdotes en el templo el sábado

βεβηλοῦσι, καὶ ἀναίτιοί εἰσι;
profanan e inocentes son?

6 λέγω δὲ ὑμῖν ὅτι τοῦ ἱεροῦ μεῖζων
Digo entonces a vosotros que (alguien) que templo mayor

ἐστὶν ὧδε.
está aquí.

7 εἰ δὲ ἐγνώκειτε τί ἐστιν ἔλεον θέλω καὶ οὐ
Si sin embargo supierais qué es misericordia quiero y no

θυσίαν, οὐκ ἂν κατεδικάσατε τοὺς ἀναιτίους.
sacrificio, no condenaríais a los inocentes.

8 κύριος γάρ ἐστιν ὁ Υἱὸς τοῦ ἀνθρώπου
Señor Porque es el Hijo del hombre

καὶ τοῦ σαββάτου.
también del sábado.

---

108. O sencillo.

9 Καὶ μεταβὰς ἐκεῖθεν ἦλθεν εἰς τὴν συναγωγὴν αὐτῶν.
Y marchándose de allí vino a la sinagoga de ellos.

10 καὶ ἰδοὺ ἄνθρωπος ἦν ἐκεῖ τὴν χεῖρα ἔχων ξηράν·
Y mira hombre estaba allí la mano teniendo seca.

καὶ ἐπηρώτησαν αὐτὸν λέγοντες· εἰ ἔξεστι τοῖς σάββασι
Y preguntaron le diciendo: ¿si es lícito en los sábados

θεραπεύειν; ἵνα κατηγορήσωσιν αὐτοῦ.
curar? para que condenaran lo.

11 ὁ δὲ εἶπεν αὐτοῖς· τίς ἔσται ἐξ ὑμῶν ἄνθρωπος
Él entonces dijo les: ¿Quién será de vosotros hombre

ὃς ἕξει πρόβατον ἕν, καὶ ἐὰν ἐμπέσῃ τοῦτο τοῖς σάββασιν
que tendrá oveja una, y si cayera ella en los sábados

εἰς βόθυνον, οὐχὶ κρατήσει αὐτὸ καὶ ἐγερεῖ;
a zanja, no agarrará la y sacará?

12 πόσῳ οὖν διαφέρει ἄνθρωπος προβάτου;
¿Cuánto pues vale más hombre que oveja?

ὥστε ἔξεστι τοῖς σάββασι καλῶς ποιεῖν.
Por tanto es lícito en los sábados bien hacer.

13 τότε λέγει τῷ ἀνθρώπῳ· ἔκτεινόν σου τὴν χεῖρα·
Entonces dice al hombre: Extiende de ti la mano.

καὶ ἐξέτεινε, καὶ ἀποκατεστάθη ὑγιὴς ὡς ἡ ἄλλη.
Y extendió, y fue restaurada sana como la otra.

14 ἐξελθόντες δὲ οἱ Φαρισαῖοι συμβούλιον ἔλαβον
Saliendo entonces los fariseos consejo tomaron

κατ' αὐτοῦ, ὅπως αὐτὸν ἀπολέσωσιν.
contra él, de manera que lo destruyeran.

15 Ὁ δὲ Ἰησοῦς γνοὺς ἀνεχώρησεν ἐκεῖθεν.
- Entonces Jesús conociendo se apartó de allí,

Καὶ ἠκολούθησαν αὐτῷ ὄχλοι πολλοί,
Y siguieron lo multitudes muchas,

καὶ ἐθεράπευσεν αὐτοὺς πάντας,
y curó los a todos.

16 καὶ ἐπετίμησεν αὐτοῖς ἵνα μὴ φανερὸν
Y advirtió les para que no manifiesto

ποιήσωσιν αὐτόν,
hicieran lo.

17 ὅπως πληρωθῇ τὸ ῥηθὲν διὰ Ἡσαΐου
Así fue cumplido lo dicho a través de Isaías

τοῦ προφήτου λέγοντος·
el profeta diciendo:

18 ἰδοὺ ὁ παῖς μου, ὃν ᾑρέτισα, ὁ ἀγαπητός μου,
Mira el siervo de mí, al que escogí, el amado de mí,

εἰς ὃν εὐδόκησεν ἡ ψυχή μου· θήσω τὸ πνεῦμά
en el que se ha complacido el alma de mí. pondré el Espíritu

μου ἐπ' αὐτόν, καὶ κρίσιν τοῖς ἔθνεσιν ἀπαγγελεῖ·
de mí sobre él, y juicio a las naciones anunciará.

19 οὐκ ἐρίσει οὐδὲ κραυγάσει, οὐδὲ ἀκούσει τις
No contenderá ni gritará, ni escuchará alguien

ἐν ταῖς πλατείαις τὴν φωνὴν αὐτοῦ.
en las calles la voz de él.

9 Y partiéndose de allí, vino a la sinagoga de ellos.
10 Y he aquí había *allí* uno que tenía una mano seca: y le preguntaron, diciendo: ¿Es lícito curar en sábado? por acusarle.
11 Y él les dijo: ¿Qué hombre habrá de vosotros, que tenga una oveja, y si cayere ésta en una fosa en sábado, no le eche mano, y la levante?
12 Pues ¿cuánto más vale un hombre que una oveja? Así que, lícito es en los sábados hacer bien.
13 Entonces dijo a aquel hombre: Extiende tu mano. Y él la extendió, y fué restituída sana como la otra.
14 Y salidos los Fariseos, consultaron contra él para destruirle.
15 Mas sabiendo*lo* Jesús, se apartó de allí: y le siguieron muchas gentes, y sanaba a todos.
16 Y él les encargaba eficazmente que no le descubriesen:
17 Para que se cumpliese lo que estaba dicho por el profeta Isaías, que dijo:
18 He aquí mi siervo, al cual he escogido;
Mi Amado, en el cual se agrada mi alma:
Pondré mi Espíritu sobre él
Y a los Gentiles anunciará juicio.
19 No contenderá, ni voceará:
Ni nadie oirá en las calles su voz.

20 La caña cascada no quebrará,
Y el pábilo que humea no apagará,
Hasta que saque a victoria el juicio.
21 Y en su nombre esperarán los Gentiles.
22 Entonces fué traído a él un endemoniado, ciego y mudo, y le sanó; de tal manera, que el ciego y mudo hablaba y veía.
23 Y todas las gentes estaban atónitas, y decían: ¿Será éste aquel Hijo de David?
24 Mas los Fariseos, oyéndolo, decían: Este no echa fuera los demonios, sino por Beelzebub, príncipe de los demonios.
25 Y Jesús, como sabía los pensamientos de ellos, les dijo: Todo reino dividido contra sí mismo, es desolado; y toda ciudad o casa dividida contra sí misma, no permanecerá.
26 Y si Satanás echa fuera a Satanás, contra sí mismo está dividido; ¿cómo, pues, permanecerá su reino?
27 Y si yo por Beelzebub echo fuera los demonios, ¿vuestros hijos por quién los echan? Por tanto, ellos serán vuestros jueces.
28 Y si por espíritu de Dios yo echo fuera los demonios, ciertamente ha llegado a vosotros el reino de Dios.
29 Porque, ¿cómo puede alguno entrar en la casa del valiente, y saquear sus alhajas, si primero no prendiere al valiente? y entonces saqueará su casa.

20 κάλαμον συντετριμμένον οὐ κατεάξει καὶ λίνον
caña cascada no pisará y pábilo
τυφόμενον οὐ σβέσει, ἕως ἂν ἐκβάλῃ εἰς νῖκος τὴν κρίσιν·
humeante no apagará, hasta que saque a victoria el juicio.

21 καὶ τῷ ὀνόματι αὐτοῦ ἔθνη ἐλπιοῦσι.
Y en el nombre de él naciones esperarán.

22 Τότε προσηνέχθη αὐτῷ δαιμονιζόμενος τυφλὸς
Entonces fue llevado a él endemoniado ciego
καὶ κωφός, καὶ ἐθεράπευσεν αὐτόν, ὥστε τὸν τυφλὸν
y[109] mudo, y curó lo, así que el ciego
καὶ κωφὸν καὶ λαλεῖν καὶ βλέπειν·
y mudo no sólo hablar sino también ver.[110]

23 καὶ ἐξίσταντο πάντες οἱ ὄχλοι καὶ ἔλεγον·
Y estaban atónitas todas las muchedumbres y decían:
μήτι οὗτός ἐστιν ὁ Χριστὸς ὁ υἱὸς Δαυῒδ;
¿No éste es el mesías el Hijo de David?

24 οἱ δὲ Φαρισαῖοι ἀκούσαντες εἶπον· οὗτος
los Entonces fariseos oyendo dijeron: éste
οὐκ ἐκβάλλει τὰ δαιμόνια εἰ μὴ ἐν τῷ Βεελζεβοὺλ,
no arroja los demonios si no en el Beelzebul,
ἄρχοντι τῶν δαιμονίων.
arconte[111] de los demonios.

25 εἰδὼς δὲ ὁ Ἰησοῦς τὰς ἐνθυμήσεις αὐτῶν
Viendo entonces Jesús los pensamientos de ellos
εἶπεν αὐτοῖς· πᾶσα βασιλεία μερισθεῖσα καθ' ἑαυτῆς
dijo les: todo reino dividido contra sí mismo
ἐρημοῦται, καὶ πᾶσα πόλις ἢ οἰκία μερισθεῖσα
es desolado, y toda ciudad o casa dividida
καθ' ἑαυτῆς οὐ σταθήσεται.
contra sí misma no permanecerá en pie.

26 καὶ εἰ ὁ σατανᾶς τὸν σατανᾶν ἐκβάλλει, ἐφ' ἑαυτὸν
Y si Satanás a Satanás expulsa, contra sí mismo
ἐμερίσθη· πῶς οὖν σταθήσεται ἡ βασιλεία αὐτοῦ;
es dividido. ¿Cómo pues permanecerá en pie el reino de él?

27 καὶ εἰ ἐγὼ ἐν Βεελζεβοὺλ ἐκβάλλω τὰ δαιμόνια,
Y si yo por Beelzebul expulso los demonios,
οἱ υἱοὶ ὑμῶν ἐν τίνι ἐκβάλλουσι;
los hijos de vosotros ¿por quién expulsan?
διὰ τοῦτο αὐτοὶ κριταὶ ἔσονται ὑμῶν.
Por esto ellos mismos jueces serán de vosotros.

28 εἰ δὲ ἐγὼ ἐν Πνεύματι Θεοῦ ἐκβάλλω τὰ δαιμόνια,
Si entonces yo por Espíritu de Dios expulso los demonios,
ἄρα ἔφθασεν ἐφ' ὑμᾶς ἡ βασιλεία τοῦ Θεοῦ.
entonces vino sobre vosotros el reino de Dios.

29 ἢ πῶς δύναταί τις εἰσελθεῖν εἰς τὴν οἰκίαν τοῦ ἰσχυροῦ
O ¿cómo puede alguien entrar en la casa del fuerte
καὶ τὰ σκεύη αὐτοῦ ἁρπάσαι, ἐὰν μὴ πρῶτον
y las posesiones de él arrebatar, si no primero
δήσῃ τὸν ἰσχυρόν; καὶ τότε τὴν οἰκίαν αὐτοῦ διαρπάσει.
ata al fuerte? Y entonces la casa de él saqueará.

---

109. La NU suprime ciego y.
110. Es decir, de tal manera que el ciego y mudo hablaba y veía.
111. O jefe, o principal.

30 ὁ μὴ ὢν   μετ' ἐμοῦ κατ'   ἐμοῦ ἐστι, καὶ ὁ μὴ
El no estando conmigo contra mí está, y el no

συνάγων   μετ' ἐμοῦ σκορπίζει.
recogiendo conmigo desparrama.

31 Διὰ τοῦτο λέγω ὑμῖν, πᾶσα ἁμαρτία καὶ βλασφημία
Por esto digo os: todo pecado y blasfemia

ἀφεθήσεται   τοῖς ἀνθρώποις, ἡ δὲ   τοῦ Πνεύματος
será perdonado a los hombres, la sin embargo del Espíritu

βλασφημία οὐκ ἀφεθήσεται   τοῖς ἀνθρώποις·
blasfemia no será perdonada a los hombres.

32 καὶ ὃς   ἐὰν εἴπῃ λόγον κατὰ τοῦ Υἱοῦ τοῦ ἀνθρώπου,
Y el que diga palabra contra el Hijo del hombre,

ἀφεθήσεται   αὐτῷ· ὃς δ' ἂν   εἴπῃ   κατὰ
será perdonada a él. El que sin embargo diga (palabra) contra

τοῦ Πνεύματος τοῦ Ἁγίου οὐκ ἀφεθήσεται   αὐτῷ οὔτε
el Espíritu el Santo no será perdonada a él ni

ἐν τῷ νῦν   αἰῶνι οὔτε ἐν τῷ μέλλοντι.
en la ahora era[112] ni en la venidera.

33 Ἢ ποιήσατε τὸ δένδρον καλὸν, καὶ τὸν καρπὸν αὐτοῦ καλόν,
O haced   el árbol   bueno, y el fruto de él bueno,

ἢ ποιήσατε τὸ δένδρον σαπρὸν, καὶ τὸν καρπὸν αὐτοῦ
o haced   el árbol   podrido, y el fruto de él

σαπρόν· ἐκ γὰρ   τοῦ καρποῦ
podrido por Porque el fruto

τὸ δένδρον γινώσκεται.
el árbol es conocido.

34 γεννήματα ἐχιδνῶν, πῶς δύνασθε ἀγαθὰ λαλεῖν
Generación de víboras, ¿cómo podéis bueno hablar

πονηροὶ ὄντες; ἐκ γὰρ   τοῦ περισσεύματος
malos siendo? de Porque la   abundancia

τῆς καρδίας τὸ στόμα λαλεῖ.
del corazón la boca habla.

35 ὁ ἀγαθὸς ἄνθρωπος ἐκ τοῦ ἀγαθοῦ θησαυροῦ
El buen hombre de el buen tesoro

ἐκβάλλει ἀγαθά, καὶ ὁ   πονηρὸς ἄνθρωπος
saca   bueno, y el mal   hombre

ἐκ τοῦ πονηροῦ θησαυροῦ ἐκβάλλει πονηρά.
de el mal   tesoro   saca   malo.

36 λέγω δὲ   ὑμῖν   ὅτι πᾶν ῥῆμα ἀργὸν ὃ ἐὰν λαλήσωσιν
Digo entonces a vosotros que todo dicho inútil que acaso hablarán

οἱ ἄνθρωποι, ἀποδώσουσι περὶ αὐτοῦ λόγον
los hombres, darán   por él   cuenta

ἐν ἡμέρᾳ κρίσεως·
en día de juicio.

37 ἐκ γὰρ   τῶν λόγων σου δικαιωθήσῃ   καὶ
por Porque las palabras de ti serás justificado y

ἐκ τῶν λόγων σου καταδικασθήσῃ.
por las palabras de ti serás condenado.

38 Τότε   ἀπεκρίθησάν τινες   τῶν γραμματέων καὶ Φαρισαίων
Entonces respondieron algunos de los escribas   y fariseos

λέγοντες· διδάσκαλε, θέλομεν   ἀπὸ σοῦ σημεῖον ἰδεῖν.
diciendo: maestro, queremos de ti   señal   ver.

---

30 El que no es conmigo, contra mí es; y el que conmigo no recoge, derrama. **31** Por tanto os digo: Todo pecado y blasfemia será perdonado a los hombres: mas la blasfemia contra el Espíritu no será perdonada a los hombres. **32** Y cualquiera que hablare contra el Hijo del hombre, le será perdonado: mas cualquiera que hablare contra el Espíritu Santo, no le será perdonada, ni en este siglo, ni en el venidero. **33** O haced el árbol bueno, y su fruto bueno, o haced el árbol corrompido, y su fruto dañado; porque por el fruto es conocido el árbol. **34** Generación de víboras, ¿cómo podéis hablar bien, siendo malos? porque de la abundancia del corazón habla la boca. **35** El hombre bueno del buen tesoro del corazón saca buenas cosas: y el hombre malo del mal tesoro saca malas cosas. **36** Mas yo os digo, que toda palabra ociosa que hablaren los hombres, de ella darán cuenta en el día del juicio. **37** Porque por tus palabras serás justificado, y por tus palabras serás condenado. **38** Entonces respondieron algunos de los escribas y de los Fariseos, diciendo: Maestro, deseamos ver de ti señal.

---

112. O época, eón, mundo.

39 Y él respondió, y les dijo: La generación mala y adulterina demanda señal; mas señal no le será dada, sino la señal de Jonás profeta.
40 Porque como estuvo Jonás en el vientre de la ballena tres días y tres noches, así estará el Hijo del hombre en el corazón de la tierra tres días y tres noches.
41 Los hombres de Nínive se levantarán en el juicio con esta generación, y la condenarán; porque ellos se arrepintieron a la predicación de Jonás; y he aquí más que Jonás en este lugar.
42 La reina del Austro se levantará en el juicio con esta generación, y la condenará; porque vino de los fines de la tierra para oir la sabiduría de Salomón: y he aquí más que Salomón en este lugar.
43 Cuando el espíritu inmundo ha salido del hombre, anda por lugares secos, buscando reposo, y no lo halla.
44 Entonces dice: Me volvere a mi casa de donde salí: y cuando viene, la halla desocupada, barrida y adornada.
45 Entonces va, y toma consigo otros siete espíritus peores que él, y entrados, moran allí; y son peores las cosas últimas del tal hombre que las primeras: así también acontecerá a esta generación mala.

39 ὁ δὲ ἀποκριθεὶς εἶπεν αὐτοῖς· γενεὰ πονηρὰ
Él entonces respondiendo dijo les: generación mala

καὶ μοιχαλὶς σημεῖον ἐπιζητεῖ, καὶ σημεῖον οὐ δοθήσεται αὐτῇ
y adúltera señal busca, y señal no será dada a ella

εἰ μὴ τὸ σημεῖον Ἰωνᾶ τοῦ προφήτου.
si no la señal de Jonás el profeta.

40 ὥσπερ γὰρ ἦν Ἰωνᾶς ἐν τῇ κοιλίᾳ τοῦ κήτους
como Porque estaba Jonás en el vientre del monstruo marino

τρεῖς ἡμέρας καὶ τρεῖς νύκτας, οὕτως ἔσται ὁ Υἱὸς τοῦ ἀνθρώπου
tres días y tres noches, así estará el Hijo del hombre

ἐν τῇ καρδίᾳ τῆς γῆς τρεῖς ἡμέρας καὶ τρεῖς νύκτας.
en el corazón de la tierra tres días y tres noches.

41 ἄνδρες Νινευῖται ἀναστήσονται ἐν τῇ κρίσει
Varones ninivitas se levantarán en el juicio

μετὰ τῆς γενεᾶς ταύτης καὶ κατακρινοῦσιν αὐτήν,
con la generación esta y condenarán la,

ὅτι μετενόησαν εἰς τὸ κήρυγμα Ἰωνᾶ,
porque se arrepintieron por la predicación de Jonás,

καὶ ἰδοὺ πλεῖον Ἰωνᾶ ὧδε.
y mira más que Jonás aquí (está).

42 βασίλισσα νότου ἐγερθήσεται ἐν τῇ κρίσει
Reina de sur será levantada en el juicio

μετὰ τῆς γενεᾶς ταύτης καὶ κατακρινεῖ αὐτήν,
contra la generación esta y condenará la,

ὅτι ἦλθεν ἐκ τῶν περάτων τῆς γῆς ἀκοῦσαι
porque vino de los confines de la tierra a escuchar

τὴν σοφίαν Σολομῶνος, καὶ ἰδοὺ πλεῖον
la sabiduría de Salomón, y mira más que

Σολομῶνος ὧδε.
Salomón aquí (está).

43 Ὅταν δὲ τὸ ἀκάθαρτον πνεῦμα ἐξέλθῃ ἀπὸ τοῦ
Cuando entonces el impuro espíritu sale de el

ἀνθρώπου, διέρχεται δι' ἀνύδρων τόπων ζητοῦν ἀνάπαυσιν,
hombre, atraviesa por secos[113] lugares buscando descanso,

καὶ οὐχ εὑρίσκει.
y no encuentra.

44 τότε λέγει· εἰς τὸν οἶκόν μου ἐπιστρέψω ὅθεν ἐξῆλθον·
Entonces dice: a la casa de mí regresaré de donde salí.

καὶ ἐλθὸν εὑρίσκει σχολάζοντα
Y viniendo encuentra vacía

καὶ σεσαρωμένον καὶ κεκοσμημένον.
y barrida y ordenada.

45 τότε πορεύεται καὶ παραλαμβάνει μεθ' ἑαυτοῦ
Entonces va y toma consigo mismo

ἑπτὰ ἕτερα πνεύματα πονηρότερα ἑαυτοῦ,
siete otros espíritus más malos que él mismo

καὶ εἰσελθόντα κατοικεῖ ἐκεῖ, καὶ γίνεται τὰ ἔσχατα
y entrando mora allí, y resulta lo último

τοῦ ἀνθρώπου ἐκείνου χείρονα τῶν πρώτων.
del hombre aquel peor que lo primero.

οὕτως ἔσται καὶ τῇ γενεᾷ ταύτῃ τῇ πονηρᾷ.
Así será también para la generación esta la mala.

---

113. Literalmente: sin agua o desprovistos de agua.

46 Ἔτι δὲ   αὐτοῦ λαλοῦντος τοῖς ὄχλοις   ἰδοὺ ἡ μήτηρ
Pero entonces él   hablando   a las multitudes mira la madre

καὶ οἱ ἀδελφοὶ αὐτοῦ εἰστήκεισαν ἔξω,
y los hermanos de él estaban   fuera,

ζητοῦντες λαλῆσαι αὐτῷ.
buscando hablar   le.

47 εἶπε δέ   τις   αὐτῷ· ἰδοὺ ἡ μήτηρ σου καὶ οἱ ἀδελφοί σου
Dijo entonces alguno a él: mira la madre de ti y los hermanos de ti

ἔξω   ἑστήκασι ζητοῦντές σε ἰδεῖν.
fuera están   buscando   a ti ver.

48 ὁ δὲ   ἀποκριθεὶς   εἶπε τῷ λέγοντι αὐτῷ·
Él entonces respondiendo dijo al hablando le:

τίς   ἐστιν ἡ μήτηρ μου καὶ τίνες   εἰσὶν οἱ ἀδελφοί μου;
¿quién es la madre de mí y quiénes son los hermanos de mí?

49 καὶ ἐκτείνας   τὴν χεῖρα αὐτοῦ ἐπὶ   τοὺς μαθητὰς   αὐτοῦ
Y extendiendo la mano de él sobre los discípulos de él

ἔφη· ἰδοὺ ἡ μήτηρ μου καὶ οἱ   ἀδελφοί   μου·
dijo: mirad la madre de mí y los   hermanos de mí.

50 ὅστις   γὰρ   ἂν ποιήσῃ τὸ θέλημα   τοῦ πατρός μου
cualquiera Porque que haga la voluntad del Padre de mí

τοῦ ἐν οὐρανοῖς, αὐτός μου   ἀδελφὸς
el en cielos,   él   de mi hermano

καὶ ἀδελφὴ καὶ μήτηρ ἐστίν.
y hermana   y madre es.

13 **1** Ἐν δὲ τῇ ἡμέρᾳ ἐκείνῃ ἐξελθὼν ὁ Ἰησοῦς τῆς οἰκίας
En - el día   aquel   saliendo Jesús   de la casa

ἐκάθητο παρὰ   τὴν θάλασσαν·
se sentó al lado de el mar.

2 καὶ συνήχθησαν   πρὸς αὐτὸν ὄχλοι   πολλοί,
Y se congregaron a   él   multitudes muchas,

ὥστε   αὐτὸν εἰς πλοῖον ἐμβάντα καθῆσθαι,
así que él   en barca   subiendo para sentarse,

καὶ πᾶς ὁ ὄχλος   ἐπὶ   τὸν αἰγιαλὸν εἱστήκει.
y toda la multitud sobre   la playa   estaba.

3 καὶ ἐλάλησεν αὐτοῖς πολλὰ ἐν παραβολαῖς λέγων·
Y habló   les   mucho en parábolas diciendo:

ἰδοὺ ἐξῆλθεν ὁ σπείρων   τοῦ σπείρειν.
mira salió   el sembrador a sembrar.

4 καὶ ἐν τῷ σπείρειν αὐτὸν ἃ   μὲν ἔπεσε παρὰ   τὴν ὁδόν,
Y en el sembrar   él algo - cayó al lado de el camino,

καὶ ἐλθόντα τὰ   πετεινὰ κατέφαγεν αὐτά·
y viniendo las aves   comió   lo,

5 ἄλλα δὲ ἔπεσεν ἐπὶ   τὰ πετρώδη,   ὅπου οὐκ εἶχε
pero - cayó   sobre lo pedregoso, donde no tenía

γῆν   πολλήν, καὶ εὐθέως   ἐξανέτειλε
tierra mucha, e inmediatamente brotó

διὰ τὸ μὴ ἔχειν βάθος   γῆς,
por el no tener hondura de tierra.

6 ἡλίου δὲ   ἀνατείλαντος ἐκαυματίσθη,
sol entonces elevándose   fue quemado,

καὶ διὰ τὸ μὴ ἔχειν   ῥίζαν ἐξηράνθη·
y por el no tener   raíz   se secó.

46 Y estando él aún hablando a las gentes, he aquí su madre y sus hermanos estaban fuera, que le querían hablar.
47 Y le dijo uno: He aquí tu madre y tus hermanos están fuera, que te quieren hablar.
48 Y respondiendo él al que le decía esto, dijo: ¿Quién es mi madre y quiénes son mis hermanos?
49 Y extendiendo su mano hacia sus discípulos, dijo: He aquí mi madre y mis hermanos.
50 Porque todo aquel que hiciere la voluntad de mi Padre que está en los cielos, ese es mi hermano, y hermana, y madre.

13 Y aquel día, saliendo Jesús de casa, se sentó junto a la mar.
2 Y se allegaron a él muchas gentes; y entrándose él en el barco, se sentó, y toda la gente estaba a la ribera.
3 Y les habló muchas cosas por parábolas, diciendo: He aquí el que sembraba salió a sembrar.
4 Y sembrando, parte *de la simiente* cayó junto al camino; y vinieron las aves, y la comieron.
5 Y parte cayó en pedregales, donde no tenía mucha tierra; y nació luego, porque no tenía profundidad de tierra:
6 Mas en saliendo el sol, se quemó; y secóse, porque no tenía raíz.

7Y parte cayó en espinas; y las espinas crecieron, y la ahogaron.
8Y parte cayó en buena tierra, y dió fruto, cuál a ciento, cuál a sesenta, y cuál a treinta.
9Quien tiene oídos para oir, oiga.
10Entonces, llegándose los discípulos, le dijeron: ¿Por qué les hablas por parábolas?
11Y él respondiendo, les dijo: Porque a vosotros es concedido saber los misterios del reino de los cielos; mas a ellos no es concedido.
12Porque a cualquiera que tiene, se le dará, y tendrá más; pero al que no tiene, aun lo que tiene le será quitado.
13Por eso les hablo por parábolas; porque viendo no ven, y oyendo no oyen, ni entienden.
14De manera que se cumple en ellos la profecía de Isaías, que dice:
De oído oiréis, y no entenderéis;
Y viendo veréis, y no miraréis.
15 Porque el corazón de este pueblo está engrosado,
Y de los oídos oyen pesadamente,
Y de sus ojos guiñan:
Para que no vean de los ojos,
Y oigan de los oídos,
Y del corazón entiendan,
Y se conviertan,
Y yo los sane.

7 ἄλλα δὲ ἔπεσεν ἐπὶ τὰς ἀκάνθας,
pero - cayó sobre los espinos,
καὶ ἀνέβησαν αἱ ἄκανθαι καὶ ἀπέπνιξαν αὐτά·
y subieron los espinos y ahogaron lo,

8 ἄλλα δὲ ἔπεσεν ἐπὶ τὴν γῆν τὴν καλὴν
pero entonces cayó sobre la tierra la buena
καὶ ἐδίδου καρπόν ὃ μὲν ἑκατόν,
y dio fruto uno - cien,
ὃ δὲ ἑξήκοντα, ὃ δὲ τριάκοντα.
otro - sesenta, otro - treinta.

9 ὁ ἔχων ὦτα ἀκούειν ἀκουέτω.
El teniendo oidos para oir[114] oiga.

10 Καὶ προσελθόντες οἱ μαθηταὶ εἶπον αὐτῷ·
Y viniendo los discípulos dijeron le:
διὰ τί ἐν παραβολαῖς λαλεῖς αὐτοῖς;
¿por qué en parábolas hablas a ellos?

11 ὁ δὲ ἀποκριθεὶς εἶπεν αὐτοῖς· ὅτι ὑμῖν
Él entonces respondiendo dijo les: porque a vosotros
δέδοται γνῶναι τὰ μυστήρια τῆς βασιλείας τῶν οὐρανῶν,
ha sido dado conocer los misterios del reino de los cielos,
ἐκείνοις δὲ οὐ δέδοται.
a aquellos sin embargo no ha sido dado,

12 ὅστις γὰρ ἔχει, δοθήσεται αὐτῷ καὶ περισσευθήσεται·
el que Porque tiene, será dado a él y será aumentado.
ὅστις δὲ οὐκ ἔχει, καὶ ὃ ἔχει ἀρθήσεται
El que sin embargo no tiene, también lo que tiene será quitado
ἀπ' αὐτοῦ.
de él.

13 διὰ τοῦτο ἐν παραβολαῖς αὐτοῖς λαλῶ, ὅτι βλέποντες
Por esto en parábolas les hablo, porque viendo
οὐ βλέπουσι καὶ ἀκούοντες οὐκ ἀκούουσιν,
no ven y oyendo no oyen,
οὐδὲ συνιοῦσι.
ni comprenden.

14 καὶ ἀναπληροῦται αὐτοῖς ἡ προφητεία Ἡσαΐου ἡ λέγουσα·
Y se cumple para ellos la profecía de Isaías la diciendo:
ἀκοῇ ἀκούσετε καὶ οὐ μὴ συνῆτε, καὶ βλέποντες
oyendo oiréis y no en absoluto comprenderéis, y mirando
βλέψετε καὶ οὐ μὴ ἴδητε·
miraréis y no de ninguna manera veis.

15 ἐπαχύνθη γὰρ ἡ καρδία τοῦ λαοῦ τούτου,
fue endurecido Porque el corazón del pueblo este,
καὶ τοῖς ὠσὶ βαρέως ἤκουσαν, καὶ τοὺς
no sólo con los oídos pesadamente oyeron, sino que también los
ὀφθαλμοὺς αὐτῶν ἐκάμμυσαν, μήποτε
ojos de ellos cerraron, para que no
ἴδωσι τοῖς ὀφθαλμοῖς καὶ τοῖς ὠσὶν
vean con los ojos y con los oídos
ἀκούσωσι καὶ τῇ καρδίᾳ συνῶσι καὶ ἐπιστρέψωσι,
oigan y con el corazón entiendan y se vuelvan,
καὶ ἰάσομαι αὐτούς.
y sanaré los.

---

114. La NU suprime para oir.

16 Ὑμῶν δὲ μακάριοι οἱ ὀφθαλμοί, ὅτι βλέπουσι,
De vosotros sin embargo dichosos los ojos porque miran

καὶ τὰ ὦτα ὑμῶν, ὅτι ἀκούουσιν.
y los oídos de vosotros, porque oyen.

17 ἀμὴν γὰρ λέγω ὑμῖν ὅτι πολλοὶ προφῆται καὶ δίκαιοι
en verdad Porque digo a vosotros que muchos profetas y justos

ἐπεθύμησαν ἰδεῖν ἃ βλέπετε, καὶ οὐκ εἶδον,
desearon ver lo que miráis y no vieron,

καὶ ἀκοῦσαι ἃ ἀκούετε, καὶ οὐκ ἤκουσαν.
y escuchar lo que escucháis, y no escucharon.

18 Ὑμεῖς οὖν ἀκούσατε τὴν παραβολὴν
Vosotros pues escuchad la parábola

τοῦ σπείραντος.
del sembrador.

19 παντὸς ἀκούοντος τὸν λόγον τῆς βασιλείας καὶ μὴ συνιέντος,
Todo escuchando la palabra del reino y no entendiendo,

ἔρχεται ὁ πονηρὸς καὶ αἴρει τὸ ἐσπαρμένον
viene el Malo y lleva lo sembrado

ἐν τῇ καρδίᾳ αὐτοῦ· οὗτός ἐστιν ὁ παρὰ τὴν ὁδὸν
en el corazón de él. Éste es el al lado del camino

σπαρείς.
sembrado.

20 ὁ δὲ ἐπὶ τὰ πετρώδη σπαρείς, οὗτός ἐστιν ὁ
El sin embargo sobre lo pedregoso sembrado, éste es el

τὸν λόγον ἀκούων καὶ εὐθέως μετὰ χαρᾶς
la palabra escuchando e inmediatamente con alegría

λαμβάνων αὐτόν·
recibiendo la,

21 οὐκ ἔχει δὲ ῥίζαν ἐν ἑαυτῷ, ἀλλὰ πρόσκαιρός
No tiene sin embargo raíz en sí mismo, sino que de corta vida

ἐστι, γενομένης δὲ θλίψεως ἢ διωγμοῦ διὰ τὸν λόγον
es. resultando Entonces tribulación o persecución por la palabra

εὐθὺς σκανδαλίζεται.[115]
inmediatamente se escandaliza.

22 ὁ δὲ εἰς τὰς ἀκάνθας σπαρείς, οὗτός ἐστιν
El entonces en los espinos sembrado, éste es

ὁ τὸν λόγον ἀκούων, καὶ ἡ μέριμνα τοῦ αἰῶνος τούτου
el la palabra escuchando, y la ansiedad del eón[116] este[117]

καὶ ἡ ἀπάτη τοῦ πλούτου συμπνίγει τὸν λόγον,
y el engaño de la riqueza ahogan la palabra,

καὶ ἄκαρπος γίνεται.
y estéril resulta.

23 ὁ δὲ ἐπὶ τὴν γῆν τὴν καλὴν σπαρείς, οὗτός ἐστιν
El entonces sobre la tierra la buena sembrado, éste es

ὁ τὸν λόγον ἀκούων καὶ συνιών· ὃς δὴ
el la palabra escuchando y entendiendo, el cual ciertamente

καρποφορεῖ καὶ ποιεῖ ὃ μὲν ἑκατόν, ὃ δὲ ἑξήκοντα,
da fruto y produce el cual - cien, el cual - sesenta,

ὃ δὲ τριάκοντα.
el cual - treinta.

16Mas bienaventurados vuestros ojos, porque ven; y vuestros oídos, porque oyen.
17Porque de cierto os digo, que muchos profetas y justos desearon ver lo que veis, y no lo vieron: y oir lo que oís, y no lo oyeron.
18Oid, pues, vosotros la parábola del que siembra:
19Oyendo cualquiera la palabra del reino, y no entendiéndola, viene el malo, y arrebata lo que fué sembrado en su corazón: éste es el que fué sembrado junto al camino.
20Y el que fué sembrado en pedregales, éste es el que oye la palabra, y luego la recibe con gozo.
21Mas no tiene raíz en sí, antes es temporal que venida la aflicción o la persecución por la palabra, luego se ofende.
22Y el que fué sembrado en espinas, éste es el que oye la palabra; pero el afán de este siglo y el engaño de las riquezas, ahogan la palabra, y hácese infructuosa.
23Mas el que fué sembrado en buena tierra, éste es el que oye y entiende la palabra, y el que lleva fruto: y lleva uno a ciento, y otro a sesenta, y otro a treinta.

---

115. O tropieza.
116. O época, o era.
117. La NU suprime este.

24 Otra parábola les propuso, diciendo: El reino de los cielos es semejante al hombre que siembra buena simiente en su campo:
25 Mas durmiendo los hombres, vino su enemigo, y sembró cizaña entre el trigo, y se fué.
26 Y como la hierba salió e hizo fruto, entonces apareció también la cizaña.
27 Y llegándose los siervos del padre de la familia, le dijeron: Señor, ¿no sembraste buena simiente en tu campo? ¿de dónde, pues, tiene cizaña?
28 Y él les dijo: Un hombre enemigo ha hecho esto. Y los siervos le dijeron: ¿Quieres, pues, que vayamos y la cojamos?
29 Y él dijo: No; porque cogiendo la cizaña, no arranquéis también con ella el trigo.
30 Dejad crecer juntamente lo uno y lo otro hasta la siega; y al tiempo de la siega yo diré a los segadores: Coged primero la cizaña, y atadla en manojos para quemarla; mas recoged el trigo en mi alfolí.
31 Otra parábola les propuso, diciendo: El reino de los cielos es semejante al grano de mostaza, que tomándolo alguno lo sembró en su campo:

24 Ἄλλην παραβολὴν παρέθηκεν αὐτοῖς λέγων·
Otra parábola presentó a ellos diciendo:
ὡμοιώθη ἡ βασιλεία τῶν οὐρανῶν ἀνθρώπῳ
se asemeja el reino de los cielos a hombre
σπείραντι καλὸν σπέρμα ἐν τῷ ἀγρῷ αὐτοῦ·
sembrando buena semilla en el campo de él.

25 ἐν δὲ τῷ καθεύδειν τοὺς ἀνθρώπους ἦλθεν αὐτοῦ
en Entonces el dormir los hombres vino de él
ὁ ἐχθρὸς καὶ ἐπέσπειρε ζιζάνια ἀνὰ
el enemigo y sembró cizañas en
μέσον τοῦ σίτου καὶ ἀπῆλθεν.
medio del trigo y se marchó.

26 ὅτε δὲ ἐβλάστησεν ὁ χόρτος καὶ καρπὸν ἐποίησε,
cuando Entonces brotó la hierba y fruto produjo,
τότε ἐφάνη καὶ τὰ ζιζάνια.
entonces fueron manifestadas también las cizañas.

27 προσελθόντες δὲ οἱ δοῦλοι τοῦ οἰκοδεσπότου
Viniendo entonces los siervos del dueño de la casa
εἶπον αὐτῷ· κύριε, οὐχὶ καλὸν σπέρμα
dijeron le: Señor, ¿no buena semilla
ἔσπειρας ἐν τῷ σῷ ἀγρῷ; πόθεν οὖν ἔχει ζιζάνια;
sembraste en el tu campo? ¿De dónde pues tiene cizañas?

28 ὁ δὲ ἔφη αὐτοῖς· ἐχθρὸς ἄνθρωπος τοῦτο ἐποίησεν.
Él entonces dijo les: enemigo hombre esto hizo.
οἱ δὲ δοῦλοι εἶπον αὐτῷ· θέλεις οὖν
los Entonces siervos dijeron le: ¿Quieres pues
ἀπελθόντες συλλέξωμεν αὐτά;
yendo recogeremos las?

29 ὁ δέ ἔφη· οὔ, μήποτε συλλέγοντες τὰ ζιζάνια
Él entonces dijo: No, a menos que recogiendo las cizañas
ἐκριζώσητε ἅμα αὐτοῖς τὸν σῖτον·
desarraiguéis con ellas el trigo.

30 ἄφετε συναυξάνεσθαι ἀμφότερα μέχρι τοῦ θερισμοῦ,
Dejad crecer juntos ambos hasta la siega,
καὶ ἐν καιρῷ τοῦ θερισμοῦ ἐρῶ τοῖς θερισταῖς·
y en tiempo de la siega diré a los segadores.
συλλέξατε πρῶτον τὰ ζιζάνια καὶ δήσατε αὐτὰ
Recoged primero las cizañas y atad las
εἰς δέσμας πρὸς τὸ κατακαῦσαι αὐτά,
en manojos para quemar las,
τὸν δὲ σῖτον συναγάγετε εἰς τὴν ἀποθήκην μου.
el Entonces trigo juntad en el granero de mí.

31 Ἄλλην παραβολὴν παρέθηκεν αὐτοῖς λέγων·
Otra parábola presentó les diciendo:
ὁμοία ἐστὶν ἡ βασιλεία τῶν οὐρανῶν κόκκῳ σινάπεως,
Semejante es el reino de los cielos a semilla de mostaza,
ὃν λαβὼν ἄνθρωπος ἔσπειρεν ἐν τῷ ἀγρῷ αὐτοῦ·
que tomando hombre sembró en el campo de él,

32 ὃ μικρότερον μέν ἐστι πάντων τῶν σπερμάτων,
la cual la más pequeña - es de todas las semillas,
ὅταν δὲ αὐξηθῇ, μεῖζον τῶν λαχάνων ἐστὶ
cuando sin embargo crece, mayor que las hortalizas es
καὶ γίνεται δένδρον, ὥστε ἐλθεῖν τὰ πετεινὰ
y resulta árbol, donde venir las aves
τοῦ οὐρανοῦ καὶ κατασκηνοῦν ἐν τοῖς κλάδοις αὐτοῦ.
del cielo y anidan en las ramas de él.

33 Ἄλλην παραβολὴν ἐλάλησεν αὐτοῖς· ὁμοία ἐστὶ
Otra parábola habló les: semejante es
ἡ βασιλεία τῶν οὐρανῶν ζύμῃ, ἣν λαβοῦσα γυνὴ
el reino de los cielos a levadura, la cual tomando mujer
ἐνέκρυψεν εἰς ἀλεύρου σάτα τρία,
ocultó en de masa medidas tres,
ἕως οὗ ἐζυμώθη ὅλον.
hasta que fue leudado todo.

34 Ταῦτα πάντα ἐλάλησεν ὁ Ἰησοῦς ἐν παραβολαῖς
Esto todo habló Jesús en parábolas
τοῖς ὄχλοις, καὶ χωρὶς παραβολῆς
a las multitudes, y sin parábolas
οὐδὲν ἐλάλει αὐτοῖς,
nada hablaba les.

35 ὅπως πληρωθῇ τὸ ῥηθὲν διὰ τοῦ προφήτου λέγοντος·
Así fue cumplido lo dicho a través del profeta diciendo:
ἀνοίξω ἐν παραβολαῖς τὸ στόμα μου,
abriré en parábolas la boca de mí,
ἐρεύξομαι κεκρυμμένα ἀπὸ καταβολῆς κόσμου.
Pronunciaré lo habiendo sido oculto desde fundación de mundo.[118]

36 Τότε ἀφεὶς τοὺς ὄχλους ἦλθεν εἰς τὴν οἰκίαν ὁ Ἰησοῦς.
Entonces dejando a las multitudes vino a la casa Jesús.[119]
Καὶ προσῆλθον αὐτῷ οἱ μαθηταὶ αὐτοῦ λέγοντες·
Y se acercaron a él los discípulos de él diciendo:
φράσον ἡμῖν τὴν παραβολὴν τῶν ζιζανίων τοῦ ἀγροῦ.
Explica nos la parábola de las cizañas del campo.

37 ὁ δὲ ἀποκριθεὶς εἶπεν αὐτοῖς· ὁ σπείρων
Él entonces respondiendo dijo les:[120] el sembrando
τὸ καλὸν σπέρμα ἐστὶν ὁ Υἱὸς τοῦ ἀνθρώπου·
la buena semilla es el Hijo del hombre.

38 ὁ δὲ ἀγρός ἐστιν ὁ κόσμος· τὸ δὲ καλὸν σπέρμα,
El - campo es el mundo. La - buena semilla,
οὗτοί εἰσιν οἱ υἱοὶ τῆς βασιλείας·
éstos son los hijos del reino.
τὰ δὲ ζιζάνιά εἰσιν οἱ υἱοὶ τοῦ πονηροῦ·
Las - cizañas son los hijos del Malo.

39 ὁ δὲ ἐχθρὸς ὁ σπείρας αὐτά ἐστιν ὁ διάβολος·
El - enemigo el sembrando las es el Diablo.
ὁ δὲ θερισμὸς συντέλεια τοῦ αἰῶνός ἐστιν·
La - siega consumación del eón[121] es.
οἱ δὲ θερισταὶ ἄγγελοί εἰσιν.
Los - segadores ángeles son.

32 El cual a la verdad es la más pequeña de todas las simientes; mas cuando ha crecido, es la mayor de las hortalizas, y se hace árbol, que vienen las aves del cielo y hacen nidos en sus ramas.
33 Otra parábola les dijo: El reino de los cielos es semejante a la levadura que tomó una mujer, y escondió en tres medidas de harina, hasta que todo quedó leudo.
34 Todo esto habló Jesús por parábolas a las gentes, y sin parábolas no les hablaba:
35 Para que se cumpliese lo que fué dicho por el profeta, que dijo:
Abriré en parábolas mi boca;
Rebosaré cosas escondidas desde la fundación del mundo.
36 Entonces, despedidas las gentes, Jesús se vino a casa; y llegándose a él sus discípulos, le dijeron: Decláranos la parábola de la cizaña del campo.
37 Y respondiendo él, les dijo: El que siembra la buena simiente es el Hijo del hombre;
38 Y el campo es el mundo; y la buena simiente son los hijos del reino, y la cizaña son los hijos del malo;
39 Y el enemigo que la sembró, es el diablo; y la siega es el fin del mundo, y los segadores son los ángeles.

---

118. La NU coloca de mundo entre paréntesis.
119. La NU omite Jesús.
120. La NU omite les.
121. O era, o época.

40 De manera que como es cogida la cizaña, y quemada al fuego, así será en el fin de este siglo.
41 Enviará el Hijo del hombre sus ángeles, y cogerán de su reino todos los escándalos, y los que hacen iniquidad,
42 Y los echarán en el horno de fuego: allí será el lloro y el crujir de dientes.
43 Entonces los justos resplandecerán como el sol en el reino de su Padre: el que tiene oídos para oir, oiga.
44 Además, el reino de los cielos es semejante al tesoro escondido en el campo; el cual hallado, el hombre lo encubre, y de gozo de ello va, y vende todo lo que tiene, y compra aquel campo.
45 También el reino de los cielos es semejante al hombre tratante, que busca buenas perlas;
46 Que hallando una preciosa perla, fué y vendió todo lo que tenía, y la compró.
47 Asimismo el reino de los cielos es semejante a la red, que echada en la mar, coge de todas suertes *de peces:*
48 La cual estando llena, la sacaron a la orilla; y sentados, cogieron lo bueno en vasos, y lo malo echaron fuera.

40 ὥσπερ οὖν συλλέγεται τὰ ζιζάνια καὶ πυρὶ κατακαίεται,
Como pues son reunidas las cizañas y a fuego son arrojadas,
οὕτως ἔσται ἐν τῇ συντελείᾳ τοῦ αἰῶνος τούτου.
así será en la consumación del eón este.[122]

41 ἀποστελεῖ ὁ Υἱὸς τοῦ ἀνθρώπου τοὺς ἀγγέλους αὐτοῦ,
Enviará el Hijo del hombre a los ángeles de él,
καὶ συλλέξουσιν ἐκ τῆς βασιλείας αὐτοῦ πάντα
y recogerán de el reino de él todos
τὰ σκάνδαλα καὶ τοὺς ποιοῦντας τὴν ἀνομίαν,
los escándalos y a los haciendo el desafuero.[123]

42 καὶ βαλοῦσιν αὐτοὺς εἰς τὴν κάμινον τοῦ πυρός·
Y arrojarán los a el horno del fuego.
ἐκεῖ ἔσται ὁ κλαυθμὸς καὶ ὁ βρυγμὸς τῶν ὀδόντων.
Allí estará el llanto y el rechinar de los dientes.

43 τότε οἱ δίκαιοι ἐκλάμψουσιν ὡς ὁ ἥλιος ἐν τῇ βασιλείᾳ
Entonces los justos resplandecerán como el sol en el reino
τοῦ πατρὸς αὐτῶν. ὁ ἔχων ὦτα ἀκούειν ἀκουέτω.
del Padre de ellos. El teniendo oídos para escuchar[124] escuche.

44 Πάλιν ὁμοία ἐστὶν ἡ βασιλεία τῶν οὐρανῶν θησαυρῷ
De nuevo semejante es el reino de los cielos a tesoro
κεκρυμμένῳ ἐν τῷ ἀγρῷ, ὃν εὑρὼν ἄνθρωπος ἔκρυψε,
oculto en el campo, que encontrando hombre escondió,
καὶ ἀπὸ τῆς χαρᾶς αὐτοῦ ὑπάγει καὶ πάντα ὅσα ἔχει
y de la alegría de él va y todo cuanto tiene
πωλεῖ καὶ ἀγοράζει τὸν ἀγρὸν ἐκεῖνον.
vende y compra el campo aquel.

45 Πάλιν ὁμοία ἐστὶν ἡ βασιλεία τῶν οὐρανῶν ἀνθρώπῳ
De nuevo semejante es el reino de los cielos a hombre
ἐμπόρῳ ζητοῦντι καλοὺς μαργαρίτας·
comerciante buscando buenas perlas,

46 ὃς εὑρὼν ἕνα πολύτιμον μαργαρίτην ἀπελθὼν
el cual encontrando una valiosísima perla yendo
πέπρακε πάντα ὅσα εἶχε καὶ ἠγόρασεν αὐτόν.
ha vendido todo cuanto tenía y compró la.

47 Πάλιν ὁμοία ἐστὶν ἡ βασιλεία τῶν οὐρανῶν σαγήνῃ
De nuevo semejante es el reino de los cielos a red
βληθείσῃ εἰς τὴν θάλασσαν καὶ ἐκ παντὸς γένους
arrojada a el mar y de todo género
συναγαγούσῃ·
reúne,

48 ἥν, ὅτε ἐπληρώθη, ἀναβιβάσαντες ἐπὶ τὸν αἰγιαλὸν
la cual, cuando fue llenada, arrastrando hacia la playa
καὶ καθίσαντες συνέλεξαν τὰ καλὰ εἰς ἀγγεῖα
y sentándose juntaron lo bueno en cestas
τὰ δὲ σαπρὰ ἔξω ἔβαλον.
lo Sin embargo podrido fuera arrojaron.

---

122. La NU omite este.
123. O iniquidad.
124. La NU omite para escuchar.

49 οὕτως ἔσται ἐν τῇ συντελείᾳ τοῦ αἰῶνος. ἐξελεύσονται
Así será en la consumación del eón.[125] Vendrán

οἱ ἄγγελοι καὶ ἀφοριοῦσι τοὺς πονηροὺς
los ángeles y separarán a los malos

ἐκ μέσου τῶν δικαίων,
de en medio de los justos,

50 καὶ βαλοῦσιν αὐτοὺς εἰς τὴν κάμινον τοῦ πυρός·
y arrojarán los a el horno del fuego.

ἐκεῖ ἔσται ὁ κλαυθμὸς καὶ ὁ βρυγμὸς τῶν ὀδόντων.
Allí será el llanto y el rechinar de los dientes.

51 Λέγει αὐτοῖς ὁ Ἰησοῦς· συνήκατε ταῦτα πάντα;
Dice les Jesús:[126] ¿habéis entendido esto todo?

λέγουσιν αὐτῷ, ναί, Κύριε.
Dicen le: sí, Señor.[127]

52 ὁ δὲ εἶπεν αὐτοῖς· διὰ τοῦτο πᾶς γραμματεὺς
Él entonces dijo les: por esto todo escriba

μαθητευθεὶς εἰς τὴν βασιλείαν τῶν οὐρανῶν ὅμοιός
siendo enseñado[128] en el reino de los cielos semejante

ἐστιν ἀνθρώπῳ οἰκοδεσπότῃ, ὅστις ἐκβάλλει
es a hombre mayordomo, el cual saca

ἐκ τοῦ θησαυροῦ αὐτοῦ καινὰ καὶ παλαιά.
de el tesoro de él nuevo y viejo.

53 Καὶ ἐγένετο ὅτε ἐτέλεσεν ὁ Ἰησοῦς τὰς παραβολὰς ταύτας,
Y aconteció cuando acabó Jesús las parábolas estas,

μετῆρεν ἐκεῖθεν,
partió de allí.

54 καὶ ἐλθὼν εἰς τὴν πατρίδα αὐτοῦ ἐδίδασκεν αὐτοὺς
Y viniendo a la tierra de él enseñaba a ellos

ἐν τῇ συναγωγῇ αὐτῶν, ὥστε ἐκπλήττεσθαι αὐτοὺς
en la sinagoga de ellos, así que quedarse atónitos ellos

καὶ λέγειν· πόθεν τούτῳ ἡ σοφία αὕτη καὶ αἱ δυνάμεις;
y decir:[129] ¿de dónde a éste la sabiduría esta y los poderes?[130]

55 οὐχ οὗτός ἐστιν ὁ τοῦ τέκτονος υἱός; οὐχὶ ἡ μήτηρ αὐτοῦ
¿No éste es el del artesano hijo? ¿No la madre de él

λέγεται Μαριάμ, καὶ οἱ ἀδελφοὶ αὐτοῦ Ἰάκωβος
se llama María, y los hermanos de él Santiago

καὶ Ἰωσῆς καὶ Σίμων καὶ Ἰούδας;
y José y Simón y Judas?

56 καὶ αἱ ἀδελφαὶ αὐτοῦ οὐχὶ πᾶσαι πρὸς ἡμᾶς εἰσι;
¿Y las hermanas de él no todas entre nosotros están?

πόθεν οὖν τούτῳ ταῦτα πάντα;
¿De dónde pues a éste esto todo?

57 καὶ ἐσκανδαλίζοντο ἐν αὐτῷ. ὁ δὲ Ἰησοῦς εἶπεν αὐτοῖς·
Y se escandalizaban de él. - Entonces Jesús dijo les:

οὐκ ἔστι προφήτης ἄτιμος εἰ μὴ ἐν τῇ πατρίδι αὐτοῦ
no existe profeta desprovisto de honra si no en la patria de él

καὶ ἐν τῇ οἰκίᾳ αὐτοῦ.
y en la casa de él.

49 Así será al fin del siglo: saldrán los ángeles, y apartarán a los malos de entre los justos,
50 Y los echarán en el horno del fuego: allí será el lloro y el crujir de dientes.
51 Díceles Jesús: ¿Habéis entendido todas estas cosas? Ellos responden: Sí, Señor.
52 Y él les dijo: Por eso todo escriba docto en el reino de los cielos, es semejante a un padre de familia, que saca de su tesoro cosas nuevas y cosas viejas.
53 Y aconteció que acabando Jesús estas parábolas, pasó de allí.
54 Y venido a su tierra, les enseñaba en la sinagoga de ellos, de tal manera que ellos estaban atónitos, y decían: ¿De dónde tiene éste esta sabiduría, y estas maravillas?
55 ¿No es éste el hijo del carpintero? ¿no se llama su madre María, y sus hermanos Jacobo y José, y Simón, y Judas?
56 ¿Y no están todas sus hermanas con nosotros? ¿De dónde, pues, tiene éste todas estas cosas?
57 Y se escandalizaban en él. Mas Jesús les dijo: No hay profeta sin honra sino en su tierra y en su casa.

---

125. O la era.
126. La NU omite dice les Jesús.
127. La NU omite Señor.
128. O que ha llegado a convertirse en discípulo.
129. Es decir, de manera que se quedaban atónitos y decían.
130. En el sentido de obras poderosas o milagros.

58 Y no hizo allí muchas maravillas, a causa de la incredulidad de ellos.

14 En aquel tiempo Herodes el tetrarca oyó la fama de Jesús,
2 Y dijo a sus criados: Este es Juan el Bautista: él ha resucitado de los muertos, y por eso virtudes obran en él.
3 Porque Herodes había prendido a Juan, y le había aprisionado y puesto en la cárcel, por causa de Herodías, mujer de Felipe su hermano;
4 Porque Juan le decía: No te es lícito tenerla.
5 Y quería matarle, mas temía al pueblo; porque le tenían como a profeta.
6 Mas celebrándose el día del nacimiento de Herodes, la hija de Herodías danzó en medio, y agradó a Herodes.
7 Y prometió él con juramento de darle todo lo que pidiese.
8 Y ella, instruída primero de su madre, dijo: Dame aquí en un plato la cabeza de Juan el Bautista.
9 Entonces el rey se entristeció; mas por el juramento, y por los que estaban juntamente a la mesa, mandó que se le diese.
10 Y enviando, degolló a Juan en la cárcel.

58 καὶ οὐκ ἐποίησεν ἐκεῖ δυνάμεις πολλὰς
Y no hizo allí poderes[131] muchos
διὰ τὴν ἀπιστίαν αὐτῶν.
por la incredulidad de ellos.

14 1 Ἐν ἐκείνῳ τῷ καιρῷ ἤκουσεν Ἡρῴδης ὁ τετραάρχης
En aquel el tiempo escuchó Herodes el tetrarca
τὴν ἀκοὴν Ἰησοῦ.[132]
el informe de Jesús.

2 καὶ εἶπε τοῖς παισὶν αὐτοῦ· οὗτός ἐστιν Ἰωάννης ὁ βαπτιστής·
y dijo a los siervos de él: éste es Juan el bautista.
αὐτὸς ἠγέρθη ἀπὸ τῶν νεκρῶν,
Éste fue levantado de los muertos,
καὶ διὰ τοῦτο αἱ δυνάμεις ἐνεργοῦσιν ἐν αὐτῷ.
y por esto los poderes[133] operan en él.

3 ὁ γὰρ Ἡρῴδης κρατήσας τὸν Ἰωάννην ἔδησεν αὐτὸν
- Porque Herodes apoderándose de Juan ató lo
καὶ ἔθετο ἐν φυλακῇ διὰ Ἡρῳδιάδα τὴν γυναῖκα Φιλίππου
y puso en prisión por Herodías la mujer de Felipe
τοῦ ἀδελφοῦ αὐτοῦ.
el hermano de él.

4 ἔλεγε γὰρ αὐτῷ ὁ Ἰωάννης· οὐκ ἔξεστίν σοι ἔχειν αὐτήν.
decía Porque le Juan: no es lícito a ti tenerla.

5 καὶ θέλων αὐτὸν ἀποκτεῖναι ἐφοβήθη τὸν ὄχλον,
Y queriendo lo matar temía a la muchedumbre,
ὅτι ὡς προφήτην αὐτὸν εἶχον.
porque como profeta lo tenía.

6 γενεσίων δὲ ἀγομένων τοῦ Ἡρῴδου ὠρχήσατο
cumpleaños Entonces aconteciendo de Herodes danzó
ἡ θυγάτηρ τῆς Ἡρῳδιάδος ἐν τῷ μέσῳ καὶ ἤρεσε τῷ Ἡρῴδῃ·
la hija de Herodías en el medio y complació a Herodes.

7 ὅθεν μεθ' ὅρκου ὡμολόγησεν αὐτῇ
Por lo que con juramento prometió a ella
δοῦναι ὃ ἐὰν αἰτήσηται.
dar lo que acaso pidiera.

8 ἡ δὲ, προβιβασθεῖσα ὑπὸ τῆς μητρὸς αὐτῆς,
Ella entonces habiendo sido avanzada[134] por la madre de ella,
δός μοι, φησίν, ὧδε ἐπὶ πίνακι τὴν κεφαλὴν
da me, dijo, aquí sobre bandeja la cabeza
Ἰωάννου τοῦ βαπτιστοῦ.
de Juan el bautista.

9 καὶ ἐλυπήθη ὁ βασιλεὺς, διὰ δὲ τοὺς ὅρκους
Y fue entristecido el rey, por Pero los juramentos
καὶ τοὺς συνανακειμένους ἐκέλευσε δοθῆναι,
y los comensales ordenó ser dada.

10 καὶ πέμψας ἀπεκεφάλισε τὸν Ἰωάννην
Y enviando decapitó a Juan
ἐν τῇ φυλακῇ.
en la cárcel.

---

131. En el sentido de milagros.
132. Es decir, lo que se contaba acerca de Jesús.
133. En el sentido de milagros.
134. Es decir, habiendo sido empujada por la madre para colocarla ante todos.

11 καὶ ἠνέχθη ἡ κεφαλὴ αὐτοῦ ἐπὶ πίνακι καὶ ἐδόθη τῷ
Y fue llevada la cabeza de él en bandeja y fue dada a la
κορασίῳ, καὶ ἤνεγκε τῇ μητρὶ αὐτῆς.
joven, y llevó a la madre de ella.

12 καὶ προσελθόντες οἱ μαθηταὶ αὐτοῦ ἦραν τὸ σῶμα
Y acercándose los discípulos de él tomaron el cuerpo[135]
καὶ ἔθαψαν αὐτό, καὶ ἐλθόντες ἀπήγγειλαν τῷ Ἰησοῦ.
y sepultaron lo, y viniendo anunciaron a Jesús.

13 Ἀκούσας δὲ ὁ Ἰησοῦς ἀνεχώρησεν ἐκεῖθεν ἐν
Habiendo escuchado entonces Jesús se marchó de allí en
πλοίῳ εἰς ἔρημον τόπον κατ' ἰδίαν· καὶ ἀκούσαντες
barca a desierto lugar en privado. Y habiendo escuchado
οἱ ὄχλοι ἠκολούθησαν αὐτῷ πεζῇ ἀπὸ τῶν πόλεων.
las multitudes siguieron lo a pie desde las ciudades.

14 Καὶ ἐξελθὼν ὁ Ἰησοῦς[136] εἶδε πολὺν ὄχλον,
Y saliendo Jesús vio mucha multitud,
καὶ ἐσπλαγχνίσθη ἐπ' αὐτοῖς καὶ ἐθεράπευσε
y se compadeció[137] de ellos y curó
τοὺς ἀρρώστους αὐτῶν.
a los enfermos de ellos.

15 ὀψίας δὲ γενομένης προσῆλθον αὐτῷ οἱ μαθηταὶ
Por la tarde entonces sucediendo[138] vinieron a él los discípulos
αὐτοῦ λέγοντες· ἔρημός ἐστιν ὁ τόπος καὶ ἡ ὥρα ἤδη παρῆλθεν·
de él diciendo: desierto es el lugar y la hora ya vino.
ἀπόλυσον τοὺς ὄχλους, ἵνα ἀπελθόντες εἰς τὰς κώμας
Despide a las multitudes, para que yendo a las aldeas
ἀγοράσωσιν ἑαυτοῖς βρώματα.
compren para sí alimentos.

16 ὁ δὲ Ἰησοῦς εἶπεν αὐτοῖς· οὐ χρείαν ἔχουσιν ἀπελθεῖν·
- Entonces Jesús dijo les: no necesidad tienen de ir.
δότε αὐτοῖς ὑμεῖς φαγεῖν.
Dad les vosotros de comer.

17 οἱ δὲ λέγουσιν αὐτῷ· οὐκ ἔχομεν ὧδε εἰ μὴ πέντε
Ellos entonces dicen le: no tenemos aquí si no cinco
ἄρτους καὶ δύο ἰχθύας.
panes y dos peces.

18 ὁ δὲ εἶπε· φέρετέ μοι αὐτοὺς ὧδε.
Él entonces dijo: traed me los aquí.

19 καὶ κελεύσας τοὺς ὄχλους ἀνακλιθῆναι ἐπὶ τοὺς χόρτους,
Y ordenando a las multitudes reclinarse sobre las hierbas,
λαβὼν τοὺς πέντε ἄρτους καὶ τοὺς δύο ἰχθύας,
tomando los cinco panes y los dos peces,
ἀναβλέψας εἰς τὸν οὐρανὸν εὐλόγησε,
alzando la vista hacia el cielo bendijo,
καὶ κλάσας ἔδωκε τοῖς μαθηταῖς τοὺς ἄρτους,
y partiendo dio a los discípulos los panes,
οἱ δὲ μαθηταὶ τοῖς ὄχλοις.
los Y discípulos a las multitudes.

11Y fué traída su cabeza en un plato, y dada a la muchacha; y ella la presentó a su madre. **12**Entonces llegaron sus discípulos, y tomaron el cuerpo, y lo enterraron; y fueron, y dieron las nuevas a Jesús. **13**Y oyéndo*lo* Jesús, se apartó de allí en un barco a un lugar desierto, apartado: y cuando las gentes *lo* oyeron, le siguieron a pie de las ciudades. **14**Y saliendo Jesús, vió un gran gentío, y tuvo compasión de ellos, y sanó a los que de ellos había enfermos. **15**Y cuando fué la tarde del día, se llegaron a él sus discípulos, diciendo: El lugar es desierto, y el tiempo es ya pasado: despide las gentes, para que se vayan por las aldeas, y compren para sí de comer. **16**Y Jesús les dijo: No tienen necesidad de irse: dadles vosotros de comer. **17**Y ellos dijeron: No tenemos aquí sino cinco panes y dos peces. **18**Y él les dijo: Traédmelos acá. **19**Y mandando a las gentes recostarse sobre la hierba, tomando los cinco panes y los dos peces, alzando los ojos al cielo, bendijo, y partió y dió los panes a los discípulos, y los discípulos a las gentes.

---

135. La NU sustituye por cadáver.
136. La NU omite Jesús.
137. El término contiene la idea de que las entrañas de Jesús se conmovieron al ver a la gente.
138. Es decir, cuando llegó la tarde.

20 Y comieron todos, y se hartaron; y alzaron lo que sobró de los pedazos, doce cestas llenas.
21 Y los que comieron fueron como cinco mil hombres, sin las mujeres y los niños.
22 Y luego Jesús hizo a sus discípulos entrar en el barco, e ir delante de él a la otra parte *del lago*, entre tanto que él despedía a las gentes.
23 Y despedidas las gentes, subió al monte, apartado, a orar: y como fué la tarde del día, estaba allí solo.
24 Y ya el barco estaba en medio de la mar, atormentado de las ondas; porque el viento era contrario.
25 Mas a la cuarta vela de la noche, Jesús fué a ellos andando sobre la mar.
26 Y los discípulos, viéndole andar sobre la mar, se turbaron, diciendo: Fantasma es. Y dieron voces de miedo.
27 Mas luego Jesús les habló, diciendo: Confiad, yo soy; no tengáis miedo.
28 Entonces le respondió Pedro, y dijo: Señor, si tú eres, manda que yo vaya a ti sobre las aguas.
29 Y él dijo: Ven. Y descendiendo Pedro del barco, andaba sobre las aguas para ir a Jesús.

20 καὶ ἔφαγον πάντες καὶ ἐχορτάσθησαν, καὶ ἦραν
Y comieron todos y se saciaron, y recogieron
τὸ περισσεῦον τῶν κλασμάτων δώδεκα
el sobrante de los pedazos doce
κοφίνους πλήρεις.
cestos llenos.

21 οἱ δὲ ἐσθίοντες ἦσαν ἄνδρες ὡσεὶ πεντακισχίλιοι
Los - comiendo eran varones como cinco mil
χωρὶς γυναικῶν καὶ παιδίων.
sin mujeres y niños.[139]

22 Καὶ εὐθέως ἠνάγκασεν ὁ Ἰησοῦς τοὺς μαθητὰς αὐτοῦ
E inmediatamente urgió Jesús[140] a los discípulos de él
ἐμβῆναι εἰς τὸ πλοῖον καὶ προάγειν αὐτὸν εἰς τὸ πέραν,
subir a la embarcación y llevar lo a la otra orilla,
ἕως οὗ ἀπολύσῃ τοὺς ὄχλους.
hasta que despida a las multitudes.

23 καὶ ἀπολύσας τοὺς ὄχλους ἀνέβη εἰς τὸ ὄρος
Y habiendo despachado a las multitudes subió a el monte
κατ' ἰδίαν προσεύξασθαι. ὀψίας δὲ γενομένης
en privado a orar. por la noche Entonces resultando[141]
μόνος ἦν ἐκεῖ.
solo estaba allí.

24 τὸ δὲ πλοῖον ἤδη μέσον τῆς θαλάσσης ἦν,
la Entonces embarcación ya en medio del mar[142] estaba,
βασανιζόμενον ὑπὸ τῶν κυμάτων· ἦν γὰρ ἐναντίος ὁ ἄνεμος.
siendo azotada por las olas, era Porque en contra el viento.

25 τετάρτῃ δὲ φυλακῇ τῆς νυκτὸς ἀπῆλθε πρὸς αὐτοὺς
en cuarta Entonces guardia de la noche vino hacia ellos
ὁ Ἰησοῦς[143] περιπατῶν ἐπὶ τῆς θαλάσσης.
Jesús caminando sobre el mar.

26 καὶ ἰδόντες αὐτὸν οἱ μαθηταὶ ἐπὶ τὴν θάλασσαν περιπατοῦντα
Y viendo lo los discípulos sobre el mar caminando
ἐταράχθησαν λέγοντες ὅτι Φάντασμά ἐστι,
se turbaron diciendo que fantasma es,
καὶ ἀπὸ τοῦ φόβου ἔκραξαν.
y de el miedo gritaron.

27 εὐθέως δὲ ἐλάλησεν αὐτοῖς ὁ Ἰησοῦς λέγων·
inmediatamente Entonces habló les Jesús diciendo:
θαρσεῖτε, ἐγώ εἰμι· μὴ φοβεῖσθε.
Tened valor, Yo soy. No temáis.

28 ἀποκριθεὶς δὲ αὐτῷ ὁ Πέτρος εἶπε· Κύριε, εἰ σὺ εἶ,
Respondiendo entonces a él Pedro dijo: Señor, si tú eres,
κέλευσόν με πρὸς σὲ ἐλθεῖν ἐπὶ τὰ ὕδατα.
ordena me a ti venir sobre las aguas.

29 ὁ δὲ εἶπεν, ἐλθέ. καὶ καταβὰς ἀπὸ τοῦ πλοίου ὁ Πέτρος
el Entonces dijo: ven. Y descendiendo de la barca Pedro
περιεπάτησεν ἐπὶ τὰ ὕδατα ἐλθεῖν πρὸς τὸν Ἰησοῦν.
caminó sobre las aguas para venir[144] a Jesús.

---

139. Es decir, sin contar a las mujeres y a los niños.
140. La NU omite Jesús.
141. Es decir, cuando se hizo de noche estaba allí solo.
142. La NU sustituye por estaba a muchos estadios de la tierra.
143. La NU suprime Jesús.
144. La NU sustituye por y vino.

30 βλέπων δὲ τὸν ἄνεμον ἰσχυρὸν ἐφοβήθη,
Contemplando entonces el viento fuerte temió,

καὶ ἀρξάμενος καταποντίζεσθαι ἔκραξε λέγων·
y comenzando a hundirse gritó diciendo:

Κύριε, σῶσόν με.
Señor, salva me.

31 εὐθέως δὲ ὁ Ἰησοῦς ἐκτείνας τὴν χεῖρα
inmediatamente Entonces Jesús extendiendo la mano

ἐπελάβετο αὐτοῦ καὶ λέγει αὐτῷ· ὀλιγόπιστε. εἰς τί ἐδίστασας;
agarró lo y dice le: poco-creyente,[145] ¿por qué dudaste?

32 καὶ ἐμβάντων αὐτῶν εἰς τὸ πλοῖον
Y subiendo ellos a la barca

ἐκόπασεν ὁ ἄνεμος·
se detuvo el viento.

33 οἱ δὲ ἐν τῷ πλοίῳ ἐλθόντες προσεκύνησαν αὐτῷ λέγοντες·
los Entonces en la barca viniendo[146] adoraron a él diciendo:

ἀληθῶς Θεοῦ Υἱὸς εἶ.
Verdaderamente de Dios Hijo eres.

33 Καὶ διαπεράσαντες ἦλθον εἰς τὴν γῆν Γεννησαρέτ.
Y habiendo cruzado vinieron a la tierra de Genesaret.

35 καὶ ἐπιγνόντες αὐτὸν οἱ ἄνδρες τοῦ τόπου ἐκείνου
Y habiendo reconocido lo los varones del lugar aquel

ἀπέστειλαν εἰς ὅλην τὴν περίχωρον ἐκείνην, καὶ
enviaron a toda la zona de los alrededores aquella, y

προσήνεγκαν αὐτῷ πάντας τοὺς κακῶς ἔχοντας,
presentaron a él a todos los mal teniendo.

36 καὶ παρεκάλουν αὐτὸν ἵνα μόνον ἅψωνται τοῦ κρασπέδου
Y suplicaban le para que sólo tocaran la franja

τοῦ ἱματίου αὐτοῦ· καὶ ὅσοι ἥψαντο
de la vestimenta de él y cuantos tocaron

διεσώθησαν.
fueron liberados completamente.

15 **1** Τότε προσέρχονται τῷ Ἰησοῦ οἱ ἀπὸ Ἱεροσολύμων
Entonces se acercan a Jesús los de Jerusalén

γραμματεῖς καὶ Φαρισαῖοι λέγοντες·
escribas y fariseos diciendo:

2 διὰ τί οἱ μαθηταί σου παραβαίνουσι τὴν παράδοσιν
¿por qué los discípulos de ti transgreden la tradición

τῶν πρεσβυτέρων; οὐ γὰρ νίπτονται τὰς χεῖρας αὐτῶν
de los ancianos? no Porque lavan las manos de ellos

ὅταν ἄρτον ἐσθίωσιν.
cuando pan comen.

3 ὁ δὲ ἀποκριθεὶς εἶπεν αὐτοῖς· διὰ τί καὶ
Él entonces respondiendo dijo les: ¿por qué también

ὑμεῖς παραβαίνετε
vosotros transgredís

τὴν ἐντολὴν τοῦ Θεοῦ διὰ τὴν παράδοσιν ὑμῶν;
el mandamiento de Dios por la tradición de vosotros?

30Mas viendo el viento fuerte, tuvo miedo; y comenzándose a hundir, dió voces, diciendo: Señor, sálvame.
31Y luego Jesús, extendiendo la mano, trabó de él, y le dice: Oh *hombre* de poca fe, ¿por qué dudaste?
32Y como ellos entraron en el barco, sosegóse el viento.
33Entonces los que estaban en el barco, vinieron y le adoraron, diciendo: Verdaderamente eres Hijo de Dios.
34Y llegando a la otra parte, vinieron a la tierra de Genezaret.
35Y como le conocieron los hombres de aquel lugar, enviaron por toda aquella tierra alrededor, y trajeron a él todos los enfermos;
36Y le rogaban que solamente tocasen el borde de su manto; y todos los que tocaron, quedaron sanos.

15 Entonces llegaron a Jesús ciertos escribas y Fariseos de Jerusalem, diciendo:
2¿Por qué tus discípulos traspasan la tradición de los ancianos? porque no se lavan las manos cuando comen pan.
3Y él respondiendo, les dijo: ¿Por qué también vosotros traspasáis el mandamiento de Dios por vuestra tradición?

---

145. O de fe pequeña.
146. La NU omite viniendo.

4Porque Dios mandó, diciendo: Honra al padre y a la madre, y: El que maldijere al padre o a la madre, muera de muerte.
5Mas vosotros decís: Cualquiera que dijere al padre o a la madre: Es ya ofrenda mía *a Dios* todo aquello con que pudiera valerte;
6No deberá honrar a su padre o a su madre *con socorro.* Así habéis invalidado el mandamiento de Dios por vuestra tradición.
7Hipócritas, bien profetizó de vosotros Isaías, diciendo:
8 Este pueblo de labios me honra;
Mas su corazón lejos está de mí.
9 Mas en vano me honran, Enseñando doctrinas y mandamientos de hombres.
10Y llamando a sí las gentes, les dijo: Oíd, y entended:
11No lo que entra en la boca contamina al hombre; mas lo que sale de la boca, esto contamina al hombre.
12Entonces llegándose sus discípulos, le dijeron: ¿Sabes que los Fariseos oyendo esta palabra se ofendieron?
13Mas respondiendo él, dijo: Toda planta que no plantó mi Padre celestial, será desarraigada.

4 ὁ γὰρ Θεὸς ἐνετείλατο λέγων· τίμα τὸν πατέρα καὶ τὴν
- porque Dios mandó[147] diciendo: honra al padre y a la
μητέρα· καί ὁ κακολογῶν πατέρα ἢ μητέρα θανάτῳ
madre. Y el hablando mal de padre o madre con muerte
τελευτάτω.
sea acabado.

5 ὑμεῖς δὲ λέγετε· ὃς ἂν εἴπῃ τῷ πατρὶ ἢ τῇ μητρί,
Vosotros sin embargo decís: quien diga al padre o a la madre,
δῶρον ὃ ἐὰν ἐξ ἐμοῦ ὠφεληθῇς,
don (es) lo que acaso de mí resulte útil[148]

6 καὶ οὐ μὴ τιμήσει τὸν πατέρα αὐτοῦ ἢ τὴν μητέρα
y no en absoluto honrará al padre de él o a la madre
αὐτοῦ· καὶ ἠκυρώσατε τὴν ἐντολὴν τοῦ Θεοῦ
de él.[149] y anulasteis el mandamiento[150] de Dios
διὰ τὴν παράδοσιν ὑμῶν.
por la tradición de vosotros.

7 ὑποκριταί. καλῶς προεφήτευσε περὶ ὑμῶν Ἡσαΐας λέγων·
Hipócritas, bien profetizó acerca de vosotros Isaías diciendo:

8 ἐγγίζει μοι ὁ λαὸς οὗτος τῷ στόματι αὐτῶν
se acerca a mí el pueblo este con la boca de ellos
καὶ τοῖς χείλεσίν με τιμᾷ, ἡ δὲ καρδία αὐτῶν πόρρω
y con los labios me honra, el Pero corazón de ellos lejos
ἀπέχει ἀπ' ἐμοῦ·
está de mí.[151]

9 μάτην δὲ σέβονταί με, διδάσκοντες διδασκαλίας
Vanamente pues adoran a mí, enseñando (como) enseñanzas
ἐντάλματα ἀνθρώπων.
mandamientos de hombres.

10 Καὶ προσκαλεσάμενος τὸν ὄχλον εἶπεν αὐτοῖς·
Y convocando a la multitud dijo les:
ἀκούετε καὶ συνίετε.
Escuchad y comprended.

11 οὐ τὸ εἰσερχόμενον εἰς τὸ στόμα κοινοῖ τὸν ἄνθρωπον,
No lo entrando en la boca contamina al hombre
ἀλλὰ τὸ ἐκπορευόμενον ἐκ τοῦ στόματος τοῦτο
sino lo saliendo de la boca esto
κοινοῖ τὸν ἄνθρωπον.
contamina al hombre.

12 Τότε προσελθόντες οἱ μαθηταὶ αὐτοῦ εἶπον αὐτῷ·
Entonces acercándose los discípulos de él dijeron le:
οἶδας ὅτι οἱ Φαρισαῖοι ἀκούσαντες τὸν λόγον
¿Sabes que los fariseos escuchando la palabra
ἐσκανδαλίσθησαν;
se escandalizaron?

13 ὁ δὲ ἀποκριθεὶς εἶπε· πᾶσα φυτεία ἣν οὐκ ἐφύτευσεν
Él entonces respondiendo dijo: toda planta que no plantó
ὁ πατήρ μου ὁ οὐράνιος ἐκριζωθήσεται.
el padre de mí el celestial será desarraigada.

---

147. La NU sustituye por dijo.
148. Es decir, lo que pueda tener de valor lo entrego como ofrenda.
149. La NU suprime o la madre de él.
150. La NU sustituye por palabra.
151. La NU omite Se acerca a mi y con la boca de ellos y...

14 ἄφετε αὐτούς· ὁδηγοί εἰσι τυφλοί τυφλῶν· τυφλὸς δὲ τυφλὸν
Dejad los.   Guías son ciegos de ciegos.   ciego - a ciego
ἐὰν ὁδηγῇ, ἀμφότεροι εἰς βόθυνον πεσοῦνται.
Si guía,   ambos   a   zanja   caerán.

15 Ἀποκριθεὶς δὲ   ὁ Πέτρος εἶπεν αὐτῷ· φράσον ἡμῖν
Respondiendo entonces - Pedro   dijo   le: explica nos
τὴν παραβολὴν ταύτην.
la   parábola   esta.

16 ὁ δὲ   Ἰησοῦς εἶπεν· ἀκμὴν καὶ   ὑμεῖς
- Entonces Jesús[152] dijo: ¿todavía también vosotros
ἀσύνετοί   ἐστε;
sin entendimiento estáis?

17 οὔπω   νοεῖτε ὅτι πᾶν τὸ εἰσπορευόμενον εἰς τὸ στόμα
¿Todavía no[153] entendéis que todo lo entrando   a la boca
εἰς τὴν κοιλίαν χωρεῖ καὶ εἰς ἀφεδρῶνα ἐκβάλλεται;
a   el vientre va   y   a   letrina   se arroja?

18 τὰ δὲ   ἐκπορευόμενα ἐκ τοῦ στόματος ἐκ τῆς καρδίας
lo Sin embargo saliendo   de la boca   de el corazón
ἐξέρχεται, κἀκεῖνα κοινοῖ   τὸν ἄνθρωπον.
sale,   y eso   contamina al hombre.

19 ἐκ γὰρ   τῆς καρδίας ἐξέρχονται διαλογισμοὶ πονηροί,
de Porque el corazón   salen   pensamientos malos,
φόνοι,   μοιχεῖαι,   πορνεῖαι,   κλοπαί,
asesinatos, adulterios, fornicaciones, robos,
ψευδομαρτυρίαι, βλασφημίαι.
falsos testimonios, blasfemias.

20 ταῦτά ἐστι τὰ κοινοῦντα   τὸν ἄνθρωπον· τὸ δὲ
Esto es lo que contamina al hombre.   el Sin embargo
ἀνίπτοις   χερσὶ φαγεῖν οὐ κοινοῖ   τὸν ἄνθρωπον.
con no lavadas manos comer no contamina al hombre.

21 Καὶ ἐξελθὼν ἐκεῖθεν ὁ Ἰησοῦς ἀνεχώρησεν
Y   saliendo de allí   Jesús   se apartó
εἰς τὰ μέρη   Τύρου καὶ Σιδῶνος.
a las partes de Tiro y Sidón.

22 καὶ ἰδοὺ γυνὴ Χαναναία ἀπὸ τῶν ὁρίων ἐκείνων   ἐξελθοῦσα
Y   mira mujer cananea de los límites aquellos[154] saliendo
ἐκραύγασεν αὐτῷ λέγουσα· ἐλέησόν   με, Κύριε,
clamó   a él[155] diciendo: compadéce me, Señor,
Υἱὲ Δαυΐδ·   ἡ θυγάτηρ μου κακῶς   δαιμονίζεται·
Hijo de David. La hija de mí malamente está endemoniada.

23 ὁ δὲ   οὐκ ἀπεκρίθη αὐτῇ λόγον. καὶ προσελθόντες
Él entonces no respondió le   palabra. Y acercándose
οἱ μαθηταὶ   αὐτοῦ ἠρώτων   αὐτὸν λέγοντες·
los discípulos de él urgieron a él   diciendo:
ἀπόλυσον αὐτήν, ὅτι   κράζει ὄπισθεν ἡμῶν.
Despacha la,   porque grita detrás de nosotros.

14 Dejadlos: son ciegos guías de ciegos; y si el ciego guiare al ciego, ambos caerán en el hoyo.
15 Y respondiendo Pedro, le dijo: Decláranos esta parábola.
16 Y Jesús dijo: ¿Aun también vosotros sois sin entendimiento?
17 ¿No entendéis aún, que todo lo que entra en la boca, va al vientre, y es echado en la letrina?
18 Mas lo que sale de la boca, del corazón sale; y esto contamina al hombre.
19 Porque del corazón salen los malos pensamientos, muertes, adulterios, fornicaciones, hurtos, falsos testimonios, blasfemias.
20 Estas cosas son las que contaminan al hombre: que comer con las manos por lavar no contamina al hombre.
21 Y saliendo Jesús de allí, se fué a las partes de Tiro y de Sidón.
22 Y he aquí una mujer Cananea, que había salido de aquellos términos, clamaba, diciéndole: Señor, Hijo de David, ten misericordia de mí; mi hija es malamente atormentada del demonio.
23 Mas él no le respondió palabra. Entonces llegándose sus discípulos, le rogaron, diciendo: Despáchala, pues da voces tras nosotros.

---

152. La NU suprime Jesús.
153. La NU sustituye todavía no por no.
154. Es decir, de aquella región.
155. La NU suprime a él.

24 Y él respondiendo, dijo: No soy enviado sino a las ovejas perdidas de la casa de Israel.
25 Entonces ella vino, y le adoró, diciendo: Señor socórreme.
26 Y respondiendo él, dijo: No es bien tomar el pan de los hijos, y echarlo a los perrillos.
27 Y ella dijo: Sí, Señor; mas los perrillos comen de las migajas que caen de la mesa de sus señores.
28 Entonces respondiendo Jesús, dijo: Oh mujer, grande es tu fe; sea hecho contigo como quieres. Y fué sana su hija desde aquella hora.
29 Y partido Jesús de allí, vino junto al mar de Galilea: y subiendo al monte, se sentó allí.
30 Y llegaron a él muchas gentes, que tenían consigo cojos, ciegos, mudos, mancos, y otros muchos *enfermos*: y los echaron a los pies de Jesús, y los sanó:
31 De manera que se maravillaban las gentes, viendo hablar los mudos, los mancos sanos, andar los cojos, y ver los ciegos: y glorificaron al Dios de Israel.
32 Y Jesús llamando a sus discípulos, dijo: Tengo lástima de la gente, que ya hace tres días *que* perseveran conmigo, y no tienen qué comer; y enviarlos ayunos no quiero, porque no desmayen en el camino.

24 ὁ δὲ ἀποκριθεὶς εἶπεν· οὐκ ἀπεστάλην εἰ μὴ εἰς
Él entonces respondiendo dijo: no fui enviado si no a
τὰ πρόβατα τὰ ἀπολωλότα οἴκου Ἰσραήλ.
las ovejas las perdidas de casa de Israel.

25 ἡ δὲ ἐλθοῦσα προσεκύνησεν αὐτῷ λέγουσα·
Ella entonces viniendo adoró a él diciendo:
Κύριε, βοήθει μοι.
Señor, ayuda me.

26 ὁ δὲ ἀποκριθεὶς εἶπεν· οὐκ ἔστι καλὸν λαβεῖν τὸν ἄρτον
Él entonces respondiendo dijo: no es bueno tomar el pan
τῶν τέκνων καὶ βαλεῖν τοῖς κυναρίοις.
de los hijos y arrojar a los perrillos.

27 ἡ δὲ εἶπε· ναί, Κύριε· καὶ γὰρ τὰ κυνάρια ἐσθίει
Ella entonces dijo: Sí, Señor, también Porque los perrillos comen
ἀπὸ τῶν ψιχίων τῶν πιπτόντων ἀπὸ τῆς τραπέζης
de las migajas las cayendo de la mesa
τῶν κυρίων αὐτῶν.
de los señores de ellos.

28 τότε ἀποκριθεὶς ὁ Ἰησοῦς εἶπεν αὐτῇ· ὦ γύναι,
Entonces respondiendo Jesús dijo le: oh mujer,
μεγάλη σου ἡ πίστις. γενηθήτω σοι ὡς θέλεις. καὶ ἰάθη
grande de ti la fe. Acontezca a ti como deseas. Y fue curada
ἡ θυγάτηρ αὐτῆς ἀπὸ τῆς ὥρας ἐκείνης.
la hija de ella desde la hora aquella.

29 Καὶ μεταβὰς ἐκεῖθεν ὁ Ἰησοῦς ἦλθε παρὰ τὴν θάλασσαν
Y retirándose de allí Jesús vino junto al mar
τῆς Γαλιλαίας, καὶ ἀναβὰς εἰς τὸ ὄρος ἐκάθητο ἐκεῖ.
de Galilea, y subiendo a el monte se sentó allí.

30 καὶ προσῆλθον αὐτῷ ὄχλοι πολλοὶ ἔχοντες μεθ' ἑαυτῶν
Y se acercaron a él multitudes muchas teniendo consigo
χωλούς, τυφλούς, κωφούς, κυλλοὺς καὶ ἑτέρους πολλούς,
cojos, ciegos, mudos, mancos y otros muchos,
καὶ ἔρριψαν αὐτοὺς παρὰ τοὺς πόδας τοῦ Ἰησοῦ,
y colocaron los ante los pies de Jesús,[156]
καὶ ἐθεράπευσεν αὐτούς,
y curó los,

31 ὥστε τοὺς ὄχλους θαυμάσαι βλέποντας κωφοὺς
de manera que las multitudes maravillarse contemplando a mudos
λαλοῦντας, κυλλοὺς ὑγιεῖς, χωλοὺς περιπατοῦντας καὶ τυφλοὺς
hablando, mancos curados, cojos caminando y ciegos
βλέποντας· καὶ ἐδόξασαν τὸν Θεὸν Ἰσραήλ.
viendo. Y glorificaron al Dios de Israel.

32 Ὁ δὲ Ἰησοῦς προσκαλεσάμενος τοὺς μαθητὰς αὐτοῦ
- Entonces Jesús habiendo convocado a los discípulos de él
εἶπε· σπλαγχνίζομαι ἐπὶ τὸν ὄχλον, ὅτι ἤδη ἡμέραι τρεῖς
dijo: tengo compasión[157] de la multitud, porque ya días tres
προσμένουσί μοι καὶ οὐκ ἔχουσι τί φάγωσι·
permanecen conmigo y no tienen qué coman.
καὶ ἀπολῦσαι αὐτοὺς νήστεις οὐ θέλω,
Y despachar los hambrientos no deseo,
μήποτε ἐκλυθῶσιν ἐν τῇ ὁδῷ.
no sea que desfallezcan en el camino.

---

156. La NU sustituye por de él.
157. El verbo tiene el sentido de se me conmueven las entrañas.

33 καὶ λέγουσιν αὐτῷ οἱ μαθηταί αὐτοῦ· πόθεν ἡμῖν
Y dicen le los discípulos de él: ¿De dónde a nosotros[158]
ἐν ἐρημίᾳ ἄρτοι τοσοῦτοι ὥστε χορτάσαι
en desierto panes tantos como para satisfacer
ὄχλον τοσοῦτον;
multitud tanta?

34 καὶ λέγει αὐτοῖς ὁ Ἰησοῦς· πόσους ἄρτους ἔχετε;
Y dice les Jesús: ¿cuántos panes tenéis?
οἱ δὲ εἶπον· ἑπτά, καὶ ὀλίγα ἰχθύδια.
Ellos entonces dijeron: siete, y pocos pescaditos.

35 καὶ ἐκέλευσε τοῖς ὄχλοις ἀναπεσεῖν ἐπὶ τὴν γῆν.
Y ordenó[159] a las multitudes reclinarse sobre la tierra.

36 καὶ λαβὼν τοὺς ἑπτὰ ἄρτους καὶ τοὺς ἰχθύας,
Y tomando[160] los siete panes y los peces,
εὐχαριστήσας ἔκλασε καὶ ἔδωκε τοῖς μαθηταῖς αὐτοῦ,
dando gracias partió y dio a los discípulos de él,
οἱ δὲ μαθηταὶ τοῖς ὄχλοις.
los Entonces discípulos a las multitudes.

37 καὶ ἔφαγον πάντες καὶ ἐχορτάσθησαν, καὶ ἦραν
Y comieron todos y se hartaron, y recogieron
τὸ περισσεῦον τῶν κλασμάτων ἑπτὰ σπυρίδας πλήρεις·
lo restante de los pedazos siete cestas llenas.

38 οἱ δὲ ἐσθίοντες ἦσαν τετρακισχίλιοι ἄνδρες
Los entonces comiendo eran cuatro mil varones
χωρὶς γυναικῶν καὶ παιδίων.
sin mujeres y niños.

39 Καὶ ἀπολύσας τοὺς ὄχλους ἐνέβη εἰς τὸ πλοῖον
Y habiendo despachado a las multitudes subió a la barca
καὶ ἦλθεν εἰς τὰ ὅρια Μαγδαλά.
y vino a las fronteras de Magdala.[161]

16

1 Καὶ προσελθόντες οἱ Φαρισαῖοι καὶ Σαδδουκαῖοι πειράζοντες
Y acercándose los fariseos y saduceos tentando
ἐπηρώτησαν αὐτὸν σημεῖον ἐκ τοῦ οὐρανοῦ ἐπιδεῖξαι αὐτοῖς.
pidieron a él señal de el cielo mostrar les.

2 ὁ δὲ ἀποκριθεὶς εἶπεν αὐτοῖς· ὀψίας γενομένης λέγετε·
Él entonces respondiendo dijo les: tarde llegando[162] decís:
εὐδία· πυρράζει γὰρ ὁ οὐρανός·
buen tiempo, tiene arreboles Porque el cielo.

3 καὶ πρωΐ· σήμερον χειμών· πυρράζει γὰρ
Y por la mañana: hoy tormentoso, tiene arreboles Porque
στυγνάζων ὁ οὐρανός. ὑποκριταί, τὸ μὲν πρόσωπον τοῦ οὐρανοῦ
nublándose el cielo. Hipócritas,[163] ¿la - faz del cielo
γινώσκετε διακρίνειν, τὰ δὲ σημεῖα τῶν καιρῶν οὐ δύνασθε;
sabéis juzgar, las Pero señales de los tiempos no podéis?

33 Entonces sus discípulos le dicen: ¿Dónde tenemos nosotros tantos panes en el desierto, que hartemos a tan gran compañía?
34 Y Jesús les dice: ¿Cuántos panes tenéis? Y ellos dijeron: Siete, y unos pocos pececillos.
35 Y mandó a las gentes que se recostasen sobre la tierra.
36 Y tomando los siete panes y los peces, haciendo gracias, partió y dió a sus discípulos; y los discípulos a la gente.
37 Y comieron todos, y se hartaron: y alzaron lo que sobró de los pedazos, siete espuertas llenas.
38 Y eran los que habían comido, cuatro mil hombres, sin las mujeres y los niños.
39 Entonces, despedidas las gentes, subió en el barco: y vino a los términos de Magdalá.

16 Y llegándose los Fariseos y los Saduceos para tentarle, le pedían que les mostrase señal del cielo.
2 Mas él respondiendo, les dijo: Cuando es la tarde del día, decís: Sereno; porque el cielo tiene arreboles.
3 Y a la mañana: Hoy tempestad; porque tiene arreboles el cielo triste. Hipócritas, que sabéis hacer diferencia en la faz del cielo; ¿y en las señales de los tiempos no podéis?

---

158. Es decir, ¿de dónde vamos a sacar?
159. La NU sustituye por dirigiendo.
160. La NU sustituye por y tomó.
161. La NU sustituye por Magadán.
162. Es decir, cuando llega la tarde.
163. La NU omite hipócritas.

4 La generación mala y adulterina demanda señal; mas señal no le será dada, sino la señal de Jonás profeta. Y dejándolos, se fué.
5 Y viniendo sus discípulos de la otra parte *del lago,* se habían olvidado de tomar pan.
6 Y Jesús les dijo: Mirad, y guardaos de la levadura de los Fariseos y de los Saduceos.
7 Y ellos pensaban dentro de sí, diciendo: *Esto dice* porque no tomamos pan.
8 Y entendiéndolo Jesús, les dijo: ¿Por qué pensáis dentro de vosotros, *hombres* de poca fe, que no tomasteis pan?
9 ¿No entendéis aún, ni os acordáis de los cinco panes entre cinco mil *hombres,* y cuántos cestos alzasteis?
10 ¿Ni de los siete panes entre cuatro mil, y cuántas espuertas tomasteis?
11 ¿Cómo es que no entendéis que no por el pan os dije, que os guardaseis de la levadura de los Fariseos y de los Saduceos?
12 Entonces entendieron que no les había dicho que se guardasen de la levadura de pan, sino de la doctrina de los Fariseos y de los Saduceos.
13 Y viniendo Jesús a las partes de Cesarea de Filipo, preguntó a sus discípulos, diciendo: ¿Quién dicen los hombres que es el Hijo del hombre?

4 γενεὰ πονηρὰ καὶ μοιχαλὶς σημεῖον ἐπιζητεῖ, καὶ σημεῖον οὐ
Generación mala y adúltera señal busca, y señal no
δοθήσεται αὐτῇ εἰ μὴ τὸ σημεῖον Ἰωνᾶ τοῦ προφήτου.
será dada a ella si no la señal de Jonás el profeta.[164]
καὶ καταλιπὼν αὐτοὺς ἀπῆλθεν.
Y dejando los se marchó.

5 Καὶ ἐλθόντες οἱ μαθηταὶ αὐτοῦ εἰς τὸ πέραν
Y viniendo los discípulos de él a el otro lado
ἐπελάθοντο ἄρτους λαβεῖν.
olvidaron panes tomar.

6 ὁ δὲ Ἰησοῦς εἶπεν αὐτοῖς· ὁρᾶτε καὶ προσέχετε
- Entonces Jesús dijo les: mirad y guardaos
ἀπὸ τῆς ζύμης τῶν Φαρισαίων καὶ Σαδδουκαίων.
de la levadura de los fariseos y saduceos.

7 οἱ δὲ διελογίζοντο ἐν ἑαυτοῖς λέγοντες
Ellos sin embargo discutían entre ellos diciendo
ὅτι ἄρτους οὐκ ἐλάβομεν.
que panes no tomamos.

8 γνοὺς δὲ ὁ Ἰησοῦς εἶπεν αὐτοῖς· τί διαλογίζεσθε ἐν
Sabiendo entonces Jesús dijo les:[165] ¿Qué discutís entre
ἑαυτοῖς, ὀλιγόπιστοι, ὅτι ἄρτους οὐκ ἐλάβετε;
vosotros, poco creyentes,[166] que panes no tomasteis?[167]

9 οὔπω νοεῖτε, οὐδὲ μνημονεύετε τοὺς πέντε ἄρτους
¿Todavía no comprendéis, ni recordáis los cinco panes
τῶν πεντακισχιλίων καὶ πόσους κοφίνους ἐλάβετε;
de los cinco mil y cuántos cestos recogísteis?

10 οὐδὲ τοὺς ἑπτὰ ἄρτους τῶν τετρακισχιλίων
¿Ni los siete panes de los cuatro mil
καὶ πόσας σπυρίδας ἐλάβετε;
y cuántas canastas recogisteis?

11 πῶς οὐ νοεῖτε ὅτι οὐ περὶ ἄρτου εἶπον ὑμῖν
¿Cómo no pensáis que no acerca de pan dije a vosotros
προσέχειν ἀπὸ τῆς ζύμης τῶν Φαρισαίων καὶ Σαδδουκαίων;
guardarse de la levadura de los fariseos y saduceos?

12 τότε συνῆκαν ὅτι οὐκ εἶπε προσέχειν ἀπὸ τῆς ζύμης
Entonces comprendieron que no dijo guardarse de la levadura
τοῦ ἄρτου, ἀλλ᾽ ἀπὸ τῆς διδαχῆς τῶν Φαρισαίων
del pan, sino de la enseñanza de los fariseos
καὶ Σαδδουκαίων.
y saduceos.

13 Ἐλθὼν δὲ ὁ Ἰησοῦς εἰς τὰ μέρη Καισαρείας τῆς Φιλίππου
Viniendo entonces Jesús a las partes de Cesarea la de Filipo
ἠρώτα τοὺς μαθητὰς αὐτοῦ λέγων· τίνα με λέγουσιν
preguntaba a los discípulos de él diciendo: ¿quién yo dicen
οἱ ἄνθρωποι εἶναι τὸν Υἱὸν τοῦ ἀνθρώπου;
los hombres ser el Hijo del hombre?[168]

---

164. La NU omite el profeta.
165. La NU omite les.
166. Es decir, hombres de poca fe.
167. La NU sustituye por tenéis.
168. Es decir, ¿quién dicen los hombres que soy yo, el Hijo del hombre?

14 οἱ δὲ εἶπον· οἱ μὲν Ἰωάννην τὸν βαπτιστήν,
Ellos entonces dijeron: unos - Juan el Bautista,
ἄλλοι δὲ Ἠλίαν, ἕτεροι δὲ Ἰερεμίαν ἢ ἕνα τῶν προφητῶν.
otros - Elías, otros - Jeremías o uno de los profetas.

15 λέγει αὐτοῖς· ὑμεῖς δὲ τίνα με λέγετε εἶναι;
Dice les: ¿vosotros sin embargo quién yo decís ser?[169]

16 ἀποκριθεὶς δὲ Σίμων Πέτρος εἶπε· σὺ εἶ ὁ Χριστὸς
Respondiendo entonces Simón Pedro dijo: tú eres el mesías
ὁ Υἱὸς τοῦ Θεοῦ τοῦ ζῶντος.
el Hijo del Dios el viviente.

17 καὶ ἀποκριθεὶς ὁ Ἰησοῦς εἶπεν αὐτῷ· μακάριος εἶ,
Y respondiendo Jesús dijo le: dichoso eres,
Σίμων Βαριωνᾶ, ὅτι σὰρξ καὶ αἷμα οὐκ ἀπεκάλυψέ σοι,
Simón Barjona, porque carne y sangre no revelaron a ti,
ἀλλ' ὁ πατήρ μου ὁ ἐν τοῖς οὐρανοῖς.
sino el Padre de mí el en los cielos.

18 κἀγὼ δέ σοι λέγω ὅτι σὺ εἶ Πέτρος, καὶ ἐπὶ ταύτῃ τῇ πέτρᾳ
También yo - te digo que tú eres Pedro, y sobre esta la piedra
οἰκοδομήσω μου τὴν ἐκκλησίαν,
construiré de mí la iglesia,
καὶ πύλαι ᾅδου οὐ κατισχύσουσιν αὐτῆς.
y puertas de Hades no tendrán poder sobre ella.

19 καὶ δώσω σοι τὰς κλεῖς τῆς βασιλείας τῶν οὐρανῶν,
Y daré a ti las llaves del reino de los cielos,
καὶ ὃ ἐὰν δήσῃς ἐπὶ τῆς γῆς, ἔσται δεδεμένον
y lo que atares sobre la tierra, será atado
ἐν τοῖς οὐρανοῖς, καὶ ὃ ἐὰν λύσῃς ἐπὶ τῆς γῆς,
en los cielos, y lo que desatares sobre la tierra,
ἔσται λελυμένον ἐν τοῖς οὐρανοῖς.
será desatado en los cielos.

20 τότε διεστείλατο τοῖς μαθηταῖς αὐτοῦ ἵνα μηδενὶ
Entonces ordenó a los discípulos de él para que a ninguno
εἴπωσιν ὅτι αὐτός ἐστιν Ἰησοῦς ὁ Χριστός.
dijeran que él es Jesús el mesías.

21 Ἀπὸ τότε ἤρξατο ὁ Ἰησοῦς δεικνύειν τοῖς μαθηταῖς αὐτοῦ
Desde entonces comenzó Jesús a mostrar a los discípulos de él
ὅτι δεῖ αὐτὸν ἀπελθεῖν εἰς Ἱεροσόλυμα καὶ πολλὰ
porque es preciso él marchar a Jerusalén y mucho
παθεῖν ἀπὸ τῶν πρεσβυτέρων καὶ ἀρχιερέων
padecer de los ancianos y principales sacerdotes
καὶ γραμματέων καὶ ἀποκτανθῆναι, καὶ τῇ τρίτῃ ἡμέρᾳ ἐγερθῆναι.
y escribas y ser muerto, y al tercer día ser resucitado.

22 καὶ προσλαβόμενος αὐτὸν ὁ Πέτρος ἤρξατο ἐπιτιμᾶν αὐτῷ
Y apartando lo Pedro comenzó a reprender a él
λέγων· ἵλεώς σοι, Κύριε·
diciendo: Sé clemente contigo, Señor.
οὐ μὴ ἔσται σοι τοῦτο.[170]
No de ninguna manera será a ti esto.

14Y ellos dijeron: Unos, Juan el Bautista; y otros, Elías; y otros; Jeremías, o alguno de los profetas.
15El les dice: Y vosotros, ¿quién decís que soy?
16Y respondiendo Simón Pedro, dijo: Tú eres el Cristo, el Hijo del Dios viviente.
17Entonces, respondiendo Jesús, le dijo: Bienaventurado eres, Simón, hijo de Jonás; porque no te lo reveló carne ni sangre, mas mi Padre que está en los cielos.
18Mas yo también te digo, que tú eres Pedro, y sobre esta piedra edificaré mi iglesia; y las puertas del infierno no prevalecerán contra ella.
19Y a ti daré las llaves del reino de los cielos; y todo lo que ligares en la tierra será ligado en los cielos; y todo lo que desatares en la tierra será desatado en los cielos.
20Entonces mandó a sus discípulos que a nadie dijesen que él era Jesús el Cristo.
21Desde aquel tiempo comenzó Jesús a declarar a sus discípulos que le convenía ir a Jerusalem, y padecer mucho de los ancianos, y de los príncipes de los sacerdotes, y de los escribas; y ser muerto, y resucitar al tercer día.
22Y Pedro, tomándolo aparte, comenzó a reprenderle, diciendo: Señor, ten compasión de ti: en ninguna manera esto te acontezca.

---

169. Es decir, ¿vosotros quién decís que soy yo?
170. Es decir, bajo ningún concepto te sucederá eso.

23Entonces él, volviéndose, dijo a Pedro: Quítate de delante de mí, Satanás; me eres escándalo; porque no entiendes lo que es de Dios sino lo que es de los hombres.
24Entonces Jesús dijo a sus discípulos: Si alguno quiere venir en pos de mí, niéguese a sí mismo, y tome su cruz, y sígame.
25Porque cualquiera que quisiere salvar su vida, la perderá, y cualquiera que perdiere su vida por causa de mí, la hallará.
26Porque ¿de qué aprovecha al hombre, si granjeare todo el mundo, y perdiere su alma? O ¿qué recompensa dará el hombre por su alma?
27Porque el Hijo del hombre vendrá en la gloria de su Padre con sus ángeles, y entonces pagará a cada uno conforme a sus obras.
28De cierto os digo: hay algunos de los que están aquí, que no gustarán la muerte, hasta que hayan visto al Hijo del hombre viniendo en su reino.

17 Y después de seis días, Jesús toma a Pedro, y a Jacobo, y a Juan su hermano, y los lleva aparte a un monte alto:
2Y se transfiguró delante de ellos; y resplandeció su rostro como el sol, y sus vestidos fueron blancos como la luz.

23 ὁ δὲ στραφεὶς εἶπε τῷ Πέτρῳ· ὕπαγε ὀπίσω μου,
El entonces volviéndose dijo a Pedro: vete detrás de mí,
Σατανᾶ· σκάνδαλόν μου εἶ· ὅτι οὐ φρονεῖς τὰ τοῦ Θεοῦ,
Satanás. Escándalo de mí eres, porque no piensas lo de Dios,
ἀλλὰ τὰ τῶν ἀνθρώπων.
sino lo de los hombres.

24 Τότε ὁ Ἰησοῦς εἶπε τοῖς μαθηταῖς αὐτοῦ· εἴ τις θέλει
Entonces Jesús dijo a los discípulos de él: si alguno quiere
ὀπίσω μου ἐλθεῖν, ἀπαρνησάσθω ἑαυτὸν καὶ ἀράτω τὸν
detrás de mí venir, niegue a sí mismo y tome la
σταυρὸν αὐτοῦ καὶ ἀκολουθείτω μοι.
cruz de él y siga me,

25 ὃς γὰρ ἂν θέλῃ τὴν ψυχὴν αὐτοῦ σῶσαι, ἀπολέσει αὐτήν·
el que Porque quiera el alma[171] de él salvar, perderá la,
ὃς δ' ἂν ἀπολέσῃ τὴν ψυχὴν αὐτοῦ ἕνεκεν ἐμοῦ,
el que sin embargo pierda el alma[165] de él por causa de mí,
εὑρήσει αὐτήν.
encontrará la.

26 τί γὰρ ὠφελεῖται ἄνθρωπος ἐὰν τὸν κόσμον ὅλον
¿qué Porque aprovecha[172] hombre si el mundo entero
κερδήσῃ, τὴν δὲ ψυχὴν αὐτοῦ ζημιωθῇ; ἢ τί δώσει
gana, el Pero alma de él es perdida? O ¿qué dará
ἄνθρωπος ἀντάλλαγμα τῆς ψυχῆς αὐτοῦ;
hombre (como) compensación del alma de él?[173]

27 μέλλει γὰρ ὁ Υἱὸς τοῦ ἀνθρώπου ἔρχεσθαι ἐν τῇ δόξῃ
va Porque el Hijo del hombre a venir en la gloria
τοῦ πατρὸς αὐτοῦ μετὰ τῶν ἀγγέλων αὐτοῦ,
del Padre de él con los ángeles de él,
καὶ τότε ἀποδώσει ἑκάστῳ κατὰ τὴν πρᾶξιν αὐτοῦ.
y entonces dará a cada uno según el comportamiento de él.

28 ἀμὴν λέγω ὑμῖν, εἰσί τινες τῶν ὧδε ἑστηκότων,
Verdaderamente digo os, hay algunos de los aquí presentes,
οἵτινες οὐ μὴ γεύσωνται θανάτου ἕως ἂν ἴδωσι
que no de ninguna manera gustarán muerte hasta que vean
τὸν Υἱὸν τοῦ ἀνθρώπου ἐρχόμενον ἐν τῇ βασιλείᾳ αὐτοῦ.
al Hijo del hombre viniendo en el reino de él.

17 **1** Καὶ μεθ' ἡμέρας ἓξ παραλαμβάνει ὁ Ἰησοῦς τὸν Πέτρον
Y tras días seis toma Jesús a Pedro
καὶ Ἰάκωβον καὶ Ἰωάννην τὸν ἀδελφὸν αὐτοῦ
y a Santiago y a Juan el hermano de él
καὶ ἀναφέρει αὐτοὺς εἰς ὄρος ὑψηλὸν κατ' ἰδίαν·
y conduce los a monte alto a solas.

2 καὶ μετεμορφώθη ἔμπροσθεν αὐτῶν, καὶ ἔλαμψε
Y fue transformado delante de ellos, y brilló
τὸ πρόσωπον αὐτοῦ ὡς ὁ ἥλιος, τὰ δὲ ἱμάτια αὐτοῦ
el rostro de él como el sol, las - vestiduras de él
ἐγένετο λευκὰ ὡς τὸ φῶς.
resultaron blancas como la luz.

---
171. O vida.
172. La NU sustituye por aprovechará.
173. Es decir, ¿qué puede dar el hombre a cambio de su alma?

3 καὶ ἰδοὺ ὤφθησαν αὐτοῖς Μωϋσῆς καὶ Ἠλίας
Y mira se aparecieron a ellos Moisés y Elías
μετ' αὐτοῦ συλλαλοῦντες.
con él conversando.

4 ἀποκριθεὶς δὲ ὁ Πέτρος εἶπε τῷ Ἰησοῦ· Κύριε,
Respondiendo entonces Pedro dijo a Jesús: Señor,
καλόν ἐστιν ἡμᾶς ὧδε εἶναι· εἰ θέλεις, ποιήσωμεν ὧδε
bueno es a nosotros aquí estar. Si quieres, haremos[174] aquí
τρεῖς σκηνάς, σοὶ μίαν καὶ Μωϋσεῖ μίαν καὶ μίαν Ἠλίᾳ.
tres tiendas, para ti una y para Moisés una y una para Elías.

5 ἔτι αὐτοῦ λαλοῦντος ἰδοὺ νεφέλη φωτεινὴ ἐπεσκίασεν αὐτούς,
Todavía él hablando mira nube luminosa cubrió los,
καὶ ἰδοὺ φωνὴ ἐκ τῆς νεφέλης λέγουσα· οὗτός ἐστιν
y mira voz de la nube diciendo: éste es
ὁ Υἱός μου ὁ ἀγαπητός, ἐν ᾧ εὐδόκησα·
el Hijo de mí el amado, en el que me complací.
αὐτοῦ ἀκούετε.
A él escuchad.

6 καὶ ἀκούσαντες οἱ μαθηταὶ ἔπεσον ἐπὶ πρόσωπον
Y habiendo escuchado los discípulos cayeron sobre rostro
αὐτῶν καὶ ἐφοβήθησαν σφόδρα.
de ellos y fueron atemorizados grandemente.

7 καὶ προσελθὼν ὁ Ἰησοῦς ἥψατο αὐτῶν καὶ εἶπεν·
Y acercándose Jesús tocó los y dijo:
ἐγέρθητε καὶ μὴ φοβεῖσθε.
Levantaos y no temáis.

8 ἐπάραντες δὲ τοὺς ὀφθαλμοὺς αὐτῶν οὐδένα
Levantando entonces los ojos de ellos a ninguno
εἶδον εἰ μὴ τὸν Ἰησοῦν μόνον.
vieron si no a Jesús[175] solo.

9 Καὶ καταβαινόντων αὐτῶν ἀπὸ τοῦ ὄρους ἐνετείλατο
Y descendiendo ellos de el monte ordenó
αὐτοῖς ὁ Ἰησοῦς λέγων· μηδενὶ εἴπητε τὸ ὅραμα
les Jesús diciendo: a nadie digáis la visión
ἕως οὗ ὁ Υἱὸς τοῦ ἀνθρώπου ἐκ νεκρῶν ἀναστῇ.
hasta que el Hijo del hombre de muertos se levante.

10 καὶ ἐπηρώτησαν αὐτὸν οἱ μαθηταὶ αὐτοῦ λέγοντες·
Y preguntaron le los discípulos de él diciendo:
τί οὖν οἱ γραμματεῖς λέγουσιν ὅτι Ἠλίαν
¿Por qué pues los escribas dicen que Elías
δεῖ ἐλθεῖν πρῶτον;
debe venir primero?

11 ὁ δὲ Ἰησοῦς ἀποκριθεὶς εἶπεν αὐτοῖς· Ἠλίας μὲν
- Entonces Jesús[176] respondiendo dijo les: Elías ciertamente
ἔρχεται πρῶτον καὶ ἀποκαταστήσει πάντα·
viene primero[177] y restaurará todo.

3 Y he aquí les aparecieron Moisés y Elías, hablando con él. **4** Y respondiendo Pedro, dijo a Jesús: Señor, bien es que nos quedemos aquí: si quieres, hagamos aquí tres pabellones: para ti uno, y para Moisés otro, y otro para Elías. **5** Y estando aún él hablando, he aquí una nube de luz *que* los cubrió; y he aquí una voz de la nube, que dijo: Este es mi Hijo amado, en el cual tomo contentamiento: a él oíd. **6** Y oyendo esto los discípulos, cayeron sobre sus rostros, y temieron en gran manera. **7** Entonces Jesús llegando, los tocó, y dijo: Levantaos, y no temáis. **8** Y alzando ellos sus ojos, a nadie vieron, sino a solo Jesús. **9** Y como descendieron del monte, les mandó Jesús, diciendo: No digáis a nadie la visión, hasta que el Hijo del hombre resucite de los muertos. **10** Entonces sus discípulos le preguntaron, diciendo: ¿Por qué dicen pues los escribas que Elías venga primero? **11** Y respondiendo Jesús, les dijo: A la verdad, Elías vendrá primero, y restituirá todas las cosas.

---

174. La NU sustituye por haré.
175. La NU sustituye por él.
176. La NU suprime Jesús.
177. La NU suprime primero.

MATEO 17.12

12 Mas os digo, que ya vino Elías, y no le conocieron; antes hicieron en él todo lo que quisieron: así también el Hijo del hombre padecerá de ellos.
13 Los discípulos entonces entendieron, que les habló de Juan el Bautista.
14 Y como ellos llegaron al gentío, vino a él un hombre hincándosele de rodillas,
15 Y diciendo: Señor, ten misericordia de mi hijo, que es lunático, y padece malamente; porque muchas veces cae en el fuego, y muchas en el agua.
16 Y le he presentado a tus discípulos, y no le han podido sanar.
17 Y respondiendo Jesús, dijo: ¡Oh generación infiel y torcida! ¿hasta cuándo tengo de estar con vosotros? ¿hasta cuándo os tengo de sufrir? traédmele acá.
18 Y Jesús le reprendió, y salió el demonio de él; y el mozo fué sano desde aquella hora.
19 Entonces, llegándose los discípulos a Jesús, aparte, dijeron: ¿Por qué nosotros no lo pudimos echar fuera?
20 Y Jesús les dijo: Por vuestra incredulidad; porque de cierto os digo, que si tuviereis fe como un grano de mostaza, diréis a este monte: Pásate de aquí allá: y se pasará: y nada os será imposible.

12 λέγω δὲ ὑμῖν ὅτι Ἡλίας ἤδη ἦλθε, καὶ οὐκ ἐπέγνωσαν αὐτὸν,
digo Pero os que Elías ya vino, y no reconocieron lo,
ἀλλ' ἐποίησαν ἐν αὐτῷ ὅσα ἠθέλησαν· οὕτω καὶ
sino que hicieron en él cuanto quisieron. Así también
ὁ Υἱὸς τοῦ ἀνθρώπου μέλλει πάσχειν ὑπ' αὐτῶν.
el Hijo del hombre debe padecer por ellos.

13 τότε συνῆκαν οἱ μαθηταὶ ὅτι περὶ Ἰωάννου
Entonces comprendieron los discípulos que acerca de Juan
τοῦ βαπτιστοῦ εἶπεν αὐτοῖς.
el bautista habló les:

14 Καὶ ἐλθόντων αὐτῶν πρὸς τὸν ὄχλον προσῆλθεν αὐτῷ
Y viniendo ellos a la multitud se acercó a él
ἄνθρωπος γονυπετῶν αὐτὸν καὶ λέγων·
hombre arrodillándose ante él y diciendo:

15 Κύριε, ἐλέησόν μου τὸν υἱόν, ὅτι σεληνιάζεται
Señor, compadécete de mí del hijo, porque es lunático[178]
καὶ κακῶς πάσχει· πολλάκις γὰρ πίπτει εἰς
y malamente padece. muchas veces Porque cae en
τὸ πῦρ καὶ πολλάκις εἰς τὸ ὕδωρ.
el fuego y muchas veces en el agua.

16 καὶ προσήνεγκα αὐτὸν τοῖς μαθηταῖς σου
Y traje lo a los discípulos de ti
καὶ οὐκ ἠδυνήθησαν αὐτὸν θεραπεῦσαι.
y no pudieron lo curar.

17 ἀποκριθεὶς δὲ ὁ Ἰησοῦς εἶπεν· ὦ γενεὰ ἄπιστος
Respondiendo entonces Jesús dijo: oh generación incrédula
καὶ διεστραμμένη. ἕως πότε ἔσομαι μεθ' ὑμῶν;
y perversa. ¿Hasta cuándo estaré con vosotros?
ἕως πότε ἀνέξομαι ὑμῶν; φέρετέ μοι αὐτὸν ὧδε.
¿Hasta cuando soportaré os? Traed me lo aquí.

18 καὶ ἐπετίμησεν αὐτῷ ὁ Ἰησοῦς, καὶ ἐξῆλθεν ἀπ' αὐτοῦ
Y reprendió le Jesús, y salió de él
τὸ δαιμόνιον καὶ ἐθεραπεύθη
el demonio y fue curado
ὁ παῖς ἀπὸ τῆς ὥρας ἐκείνης.
el muchacho desde la hora aquella.

19 Τότε προσελθόντες οἱ μαθηταὶ τῷ Ἰησοῦ κατ' ἰδίαν
Entonces acercándose los discípulos a Jesús en privado
εἶπον· διατί ἡμεῖς οὐκ ἠδυνήθημεν ἐκβαλεῖν αὐτό;
dijeron: ¿por qué nosotros no pudimos expulsar lo?

20 ὁ δὲ Ἰησοῦς εἶπεν αὐτοῖς· διὰ τὴν ἀπιστίαν
- Entonces Jesús dijo[179] les: por la incredulidad[180]
ὑμῶν. ἀμὴν γὰρ λέγω ὑμῖν, ἐὰν ἔχητε πίστιν
de vosotros. verdaderamente Porque digo os: si tenéis fe
ὡς κόκκον σινάπεως, ἐρεῖτε τῷ ὄρει τούτῳ,
como grano de mostaza, diréis al monte este,
μετάβηθι ἐντεῦθεν ἐκεῖ, καὶ μεταβήσεται,
se movido de aquí allí, y será movido,
καὶ οὐδὲν ἀδυνατήσει ὑμῖν.
y nada será imposible para vosotros.

---

178. Es decir, padecía una enfermedad mental que los antiguos solían atribuir al influjo de la luna.
179. La NU sustituye Jesús dijo por Dice.
180. La NU sustituye por poca fe.

21 τοῦτο δὲ   τὸ γένος   οὐκ ἐκπορεύεται εἰ μὴ
   este Sin embargo el género no sale   si no
   ἐν   προσευχῇ καὶ νηστείᾳ.
   con oración   y ayuno.[181]

22 Ἀναστρεφομένων δὲ   αὐτῶν εἰς τὴν Γαλιλαίαν,
   Encontrándose[182] entonces ellos en   Galilea,
   εἶπεν αὐτοῖς ὁ Ἰησοῦς· μέλλει ὁ Υἱὸς τοῦ ἀνθρώπου
   dijo les   Jesús: debe el Hijo del hombre
   παραδίδοσθαι εἰς χεῖρας ἀνθρώπων
   ser entregado en manos de hombres

23 καὶ ἀποκτενοῦσιν αὐτόν, καὶ τῇ τρίτῃ   ἡμέρᾳ
   y   matarán   lo,   y al tercer   día
   ἐγερθήσεται.   καὶ ἐλυπήθησαν   σφόδρα.
   será levantado. Y fueron entristecidos mucho.

24 Ἐλθόντων δὲ   αὐτῶν εἰς Καπερναοὺμ προσῆλθον
   Viniendo entonces ellos a Cafarnaum   se acercaron
   οἱ τὰ δίδραχμα λαμβάνοντες τῷ Πέτρῳ
   los el didracma recibiendo[183] a Pedro
   καὶ εἶπον· ὁ διδάσκαλος ὑμῶν   οὐ τελεῖ τὰ δίδραχμα;
   y dijeron: ¿el maestro de vosotros no paga el didracma?

25 λέγει, ναί. καὶ ὅτε   εἰσῆλθεν εἰς τὴν οἰκίαν, προέφθασεν
   Dice: sí.   Y cuando   entró   en la casa,   se anticipó
   αὐτὸν ὁ Ἰησοῦς λέγων·   τί   σοι δοκεῖ, Σίμων;
   a él   Jesús diciendo: ¿qué te parece, Simón?
   οἱ βασιλεῖς τῆς γῆς   ἀπὸ τίνων λαμβάνουσι τέλη
   ¿Los reyes de la tierra de quiénes reciben impuestos
   ἢ κῆνσον; ἀπὸ τῶν υἱῶν αὐτῶν ἢ ἀπὸ τῶν ἀλλοτρίων;
   o tributo? ¿De los hijos de ellos o de los extraños?

26 λέγει αὐτῷ ὁ Πέτρος· ἀπὸ τῶν ἀλλοτρίων. ἔφη αὐτῷ
   Dice le   Pedro: de los extraños. Dijo le
   ὁ Ἰησοῦς· ἄρα γε   ἐλεύθεροί εἰσιν οἱ υἱοί.
   Jesús: Así entonces libres   son los hijos.

27 ἵνα   δὲ   μὴ σκανδαλίσωμεν αὐτούς, πορευθεὶς
   para que Sin embargo no escandalicemos a ellos, yendo
   εἰς τὴν θάλασσαν βάλε ἄγκιστρον καὶ τὸν ἀναβάντα
   a el mar   echa anzuelo   y   el subiendo
   πρῶτον ἰχθὺν ἆρον, καὶ ἀνοίξας τὸ στόμα αὐτοῦ εὑρήσεις
   primer pez   toma, y abriendo la boca de él encontrarás
   στατῆρα· ἐκεῖνον λαβὼν   δὸς αὐτοῖς ἀντὶ ἐμοῦ καὶ σοῦ.
   estatero.[184] Aquel tomando da les   por mí y ti.

18 1 Ἐν ἐκείνῃ τῇ ὥρᾳ προσῆλθον οἱ μαθηταὶ τῷ Ἰησοῦ λέγοντες·
   En aquella la hora se acercaron los discípulos a Jesús diciendo:
   τίς ἄρα   μείζων ἐστὶν ἐν τῇ βασιλείᾳ τῶν   οὐρανῶν;
   ¿quién realmente mayor es en el reino   de los cielos?

2 καὶ προσκαλεσάμενος ὁ Ἰησοῦς παιδίον
   Y llamando   Jesús[185] a niñito
   ἔστησεν αὐτὸ ἐν μέσῳ αὐτῶν
   puso   lo en medio de ellos

21 Mas este linaje no sale sino por oración y ayuno.
22 Y estando ellos en Galilea, Jesús les dijo: El Hijo del hombre será entregado en manos de hombres,
23 Y le matarán; mas al tercer día resucitará. Y ellos se entristecieron en gran manera.
24 Y como llegaron a Capernaum, vinieron a Pedro los que cobraban las dos dracmas, y dijeron: ¿Vuestro Maestro no paga las dos dracmas?
25 El dice: Sí. Y entrando él en casa, Jesús le habló antes, diciendo: ¿Qué te parece, Simón? Los reyes de la tierra, ¿de quién cobran los tributos o el censo? ¿de sus hijos o de los extraños?
26 Pedro le dice: De los extraños. Jesús le dijo: Luego los hijos son francos.
27 Mas porque no los escandalicemos, ve a la mar, y echa el anzuelo, y el primer pez que viniere, tómalo, y abierta su boca, hallarás un estatero: tómalo, y dáselo por mí y por ti.

18 En aquel tiempo se llegaron los discípulos a Jesús, diciendo: ¿Quién es el mayor en el reino de los cielos?
2 Y llamando Jesús a un niño, le puso en medio de ellos,

---
181. La NU omite todo el v. 21.
182. La NU sustituye por reuniéndose.
183. Es decir, los que cobraban el tributo de los dos dracmas.
184. El estatero era una moneda que valía cuatro dracmas.
185. La NU omite Jesús.

3 Y dijo: De cierto os digo, que si no os volviereis, y fuereis como niños, no entraréis en el reino de los cielos.
4 Así que, cualquiera que se humillare como este niño, éste es el mayor en el reino de los cielos.
5 Y cualquiera que recibiere a un tal niño en mi nombre, a mí recibe.
6 Y cualquiera que escandalizare a alguno de estos pequeños que creen en mí, mejor le fuera que se le colgase al cuello una piedra de molino de asno, y que se le anegase en el profundo de la mar.
7 ¡Ay del mundo por los escándalos! porque necesario es que vengan escándalos; mas ¡ay de aquel hombre por el cual viene el escándalo!
8 Por tanto, si tu mano o tu pie te fuere ocasión de caer, córtalo y echaló de ti: mejor te es entrar cojo o manco en la vida, que teniendo dos manos o dos pies ser echado en el fuego eterno.
9 Y si tu ojo te fuere ocasión de caer, sácalo y échalo de ti: mejor te es entrar con un solo ojo en la vida, que teniendo dos ojos ser echado en el infierno del fuego.

3 καὶ εἶπεν· ἀμὴν λέγω ὑμῖν, ἐὰν μὴ στραφῆτε
y dijo: verdaderamente digo os: si no os convertís
καὶ γένησθε ὡς τὰ παιδία, οὐ μὴ εἰσέλθητε
y resultáis como los niñitos, no de ninguna manera entraréis
εἰς τὴν βασιλείαν τῶν οὐρανῶν.
en el reino de los cielos,

4 ὅστις οὖν ταπεινώσει ἑαυτὸν ὡς τὸ παιδίον τοῦτο,
el que pues humillará a si mismo como el niñito este,
οὗτός ἐστιν ὁ μείζων ἐν τῇ βασιλείᾳ τῶν οὐρανῶν.
éste es el mayor en el reino de los cielos,

5 καὶ ὃς ἐὰν δέξηται παιδίον τοιοῦτον ἓν
y el que reciba a niñito este uno
ἐπὶ τῷ ὀνόματί μου, ἐμὲ δέχεται·
en el nombre de mí, a mí recibe.

6 ὃς δ' ἂν σκανδαλίσῃ ἕνα τῶν μικρῶν τούτων
el que sin embargo escandalizara a uno de los pequeños estos
τῶν πιστευόντων εἰς ἐμέ, συμφέρει αὐτῷ ἵνα κρεμασθῇ
los que creen en mí, conviene a él que sea colgado
μύλος ὀνικὸς εἰς τὸν τράχηλον αὐτοῦ καὶ
rueda de molino de asno[186] a[187] el cuello de él y
καταποντισθῇ ἐν τῷ πελάγει τῆς θαλάσσης.
sea sumergido en la profundidad del mar.

7 Οὐαὶ τῷ κόσμῳ ἀπὸ τῶν σκανδάλων· ἀνάγκη γὰρ ἐστιν
Ay del mundo por los escándalos. necesidad Porque hay
ἐλθεῖν τὰ σκάνδαλα· πλὴν οὐαὶ τῷ ἀνθρώπῳ ἐκείνῳ
de venir los escándalos, pero ay del hombre aquel[188]
δι' οὗ τὸ σκάνδαλον ἔρχεται.
por el que el escándalo viene.

8 εἰ δὲ ἡ χείρ σου ἢ ὁ πούς σου σκανδαλίζει σε, ἔκκοψον
Si entonces la mano de ti o el pie de ti escandaliza te, corta
αὐτὰ καὶ βάλε ἀπὸ σοῦ· καλόν σοί ἐστιν εἰσελθεῖν
los[189] y arroja de ti. Mejor para ti es entrar
εἰς τὴν ζωὴν χωλὸν ἢ κυλλὸν, ἢ δύο χεῖρας ἢ δύο πόδας
en la vida cojo o manco, que dos manos o dos pies
ἔχοντα βληθῆναι εἰς τὸ πῦρ τὸ αἰώνιον.
teniendo ser arrojado a el fuego el eterno.[190]

9 καὶ εἰ ὁ ὀφθαλμός σου σκανδαλίζει σε, ἔξελε αὐτὸν
Y si el ojo de ti escandaliza te, saca lo
καὶ βάλε ἀπὸ σοῦ· καλόν σοί ἐστι μονόφθαλμον
y arroja de ti. Mejor para ti es con un ojo
εἰς τὴν ζωὴν εἰσελθεῖν, ἢ δύο ὀφθαλμοὺς ἔχοντα
en la vida entrar, que dos ojos teniendo
βληθῆναι εἰς τὴν γέενναν τοῦ πυρός.
ser arrojado en la Guehenna del fuego.

---

186. Es decir, tan grande que se necesita la fuerza de un asno para moverla.
187. La NU sustituye por alrededor.
188. La NU omite aquel.
189. La NU sustituye por la.
190. Literalmente, eónico, es decir, el que dura por las eras o eones.

10 Ὁρᾶτε μὴ καταφρονήσητε ἑνὸς τῶν μικρῶν τούτων·
Ved no bajéis la mirada[191] sobre uno de los pequeños estos,

λέγω γὰρ ὑμῖν ὅτι οἱ ἄγγελοι αὐτῶν ἐν οὐρανοῖς
digo Porque os que los ángeles de ellos en cielos

διὰ παντὸς βλέπουσι τὸ πρόσωπον
en todo (tiempo) contemplan el rostro

τοῦ πατρός μου τοῦ ἐν οὐρανοῖς.
del Padre de mí el en cielos,

11 ἦλθε γὰρ ὁ Υἱὸς τοῦ ἀνθρώπου σῶσαι τὸ ἀπολωλός.
vino Porque el Hijo del hombre a salvar lo perdido.[192]

12 Τί ὑμῖν δοκεῖ; ἐὰν γένηταί τινι ἀνθρώπῳ ἑκατὸν πρόβατα
¿Qué os parece? Si acontece a un hombre cien ovejas[193]

καὶ πλανηθῇ ἓν ἐξ αὐτῶν, οὐχὶ ἀφεὶς τὰ ἐνενήκονταεννέα
y se extravia una de ellas, ¿no dejando las noventa y nueve

ἐπὶ τὰ ὄρη, πορευθεὶς ζητεῖ τὸ πλανώμενον;
en los montes, yendo busca la extraviada?

13 καὶ ἐὰν γένηται εὑρεῖν αὐτό, ἀμὴν λέγω ὑμῖν
Y si acontece encontrar la, en verdad digo os

ὅτι χαίρει ἐπ᾽ αὐτῷ μᾶλλον ἢ ἐπὶ τοῖς ἐνενήκονταεννέα
que se alegra por ella más que por las noventa y nueve

τοῖς μὴ πεπλανημένοις.
las no extraviadas.

14 οὕτως οὐκ ἔστι θέλημα ἔμπροσθεν τοῦ πατρὸς ὑμῶν
Así no existe voluntad ante el Padre de vosotros

τοῦ ἐν οὐρανοῖς ἵνα ἀπόληται εἷς τῶν μικρῶν τούτων.
el en cielos de que se pierda uno de los pequeños estos.

15 Ἐὰν δὲ ἁμαρτήσῃ εἰς σὲ ὁ ἀδελφός σου, ὕπαγε
Si entonces peca contra ti el hermano de ti, ve

καὶ ἔλεγξον αὐτὸν μεταξὺ σοῦ καὶ αὐτοῦ μόνου·
y reprende lo entre tú y él solo.

ἐάν σου ἀκούσῃ, ἐκέρδησας τὸν ἀδελφόν σου·
Si te escucha, ganaste al hermano de ti.

16 ἐὰν δὲ μὴ ἀκούσῃ, παράλαβε μετὰ σοῦ ἔτι ἕνα
Si sin embargo no escucha, toma contigo entonces a uno

ἢ δύο, ἵνα ἐπὶ στόματος δύο μαρτύρων ἢ τριῶν
o dos, para que por boca de dos testigos o tres

σταθῇ πᾶν ῥῆμα.
sea establecido todo dicho.

17 ἐὰν δὲ παρακούσῃ αὐτῶν, εἰπὲ τῇ ἐκκλησίᾳ·
Si entonces rehusa escuchar los, di a la iglesia,

ἐὰν δὲ καὶ τῆς ἐκκλησίας παρακούσῃ, ἔστω σοι
si entonces también a la iglesia rehusa escuchar, sea para ti

ὥσπερ ὁ ἐθνικὸς καὶ ὁ τελώνης.
como el gentil y el publicano.

18 Ἀμὴν λέγω ὑμῖν, ὅσα ἐὰν δήσητε ἐπὶ τῆς γῆς,
Verdaderamente digo os, cuanto ataréis en la tierra,

ἔσται δεδεμένα ἐν τῷ οὐρανῷ, καὶ ὅσα ἐὰν λύσητε
será habiendo sido atado en el cielo, y cuanto desataréis

ἐπὶ τῆς γῆς, ἔσται λελυμένα ἐν τῷ οὐρανῷ.
en la tierra, será habiendo sido desatado en el cielo.

10 Mirad no tengáis en poco a alguno de estos pequeños; porque os digo que sus ángeles en los cielos ven siempre la faz de mi Padre que está en los cielos.
11 Porque el Hijo del hombre ha venido para salvar lo que se había perdido.
12 ¿Qué os parece? Si tuviese algún hombre cien ovejas, y se descarriase una de ellas, ¿no iría por los montes, dejadas las noventa y nueve, a buscar la que se había descarriado?
13 Y si aconteciese hallarla, de cierto os digo, que más se goza de aquélla, que de las noventa y nueve que no se descarriaron.
14 Así, no es la voluntad de vuestro Padre que está en los cielos, que se pierda uno de estos pequeños.
15 Por tanto, si tu hermano pecare contra ti, ve, y redargúyele entre ti y él solo: si te oyere, has ganado a tu hermano.
16 Mas si no te oyere, toma aún contigo uno o dos, para que en boca de dos o de tres testigos conste toda palabra.
17 Y si no oyere a ellos, dilo a la iglesia: y si no oyere a la iglesia, tenle por étnico y publicano.
18 De cierto os digo todo lo que ligareis en la tierra, será ligado en el cielo; y todo lo que desatareis en la tierra, será desatado en el cielo.

---

191. Es decir, no mireis desde arriba, no desprecieis.
192. La NU suprime todo el versículo 11.
193. Es decir, si resulta que un hombre tiene cien ovejas.

19 Otra vez os digo, que si dos de vosotros se convinieren en la tierra, de toda cosa que pidieren, les será hecho por mi Padre que está en los cielos.
20 Porque donde están dos o tres congregados en mi nombre, allí estoy en medio de ellos.
21 Entonces Pedro, llegándose a él, dijo: Señor, ¿cuántas veces perdonaré a mi hermano que pecare contra mí? ¿hasta siete?
22 Jesús le dice: No te digo hasta siete, mas aun hasta setenta veces siete.
23 Por lo cual, el reino de los cielos es semejante a un hombre rey, que quiso hacer cuentas con sus siervos.
24 Y comenzando a hacer cuentas, le fué presentado uno que le debía diez mil talentos.
25 Mas a éste, no pudiendo pagar, mandó su señor venderle, y a su mujer e hijos, con todo lo que tenía, y que se le pagase.
26 Entonces aquel siervo, postrado, le adoraba, diciendo: Señor, ten paciencia conmigo, y yo te lo pagaré todo.
27 El señor, movido a misericordia de aquel siervo, le soltó y le perdonó la deuda.
28 Y saliendo aquel siervo, halló a uno de sus consiervos, que le debía cien denarios; y trabando de él, le ahogaba, diciendo: Págame lo que debes.

19 Πάλιν λέγω ὑμῖν ὅτι ἐὰν δύο ὑμῶν συμφωνήσωσιν
De nuevo digo os que si dos de vosotros concuerdan

ἐπὶ τῆς γῆς περὶ παντὸς πράγματος οὗ ἐὰν αἰτήσωνται,
en la tierra acerca de toda cosa que pidieren,

γενήσεται αὐτοῖς παρὰ τοῦ πατρός μου
acontecerá a ellos (procedente) de el Padre de mí

τοῦ ἐν οὐρανοῖς.
el en cielos.

20 οὗ γάρ εἰσι δύο ἢ τρεῖς συνηγμένοι εἰς τὸ ἐμὸν ὄνομα,
donde Porque están dos o tres congregados en el mi nombre,

ἐκεῖ εἰμι ἐν μέσῳ αὐτῶν.
allí estoy en medio de ellos.

21 Τότε προσελθὼν αὐτῷ ὁ Πέτρος εἶπε· Κύριε, ποσάκις
Entonces acercándose a él Pedro dijo: Señor, ¿cuántas veces

ἁμαρτήσει εἰς ἐμὲ ὁ ἀδελφός μου καὶ ἀφήσω αὐτῷ;
pecará contra mí el hermano de mí y perdonaré a él?

ἕως ἑπτάκις;
¿Hasta siete veces?

22 λέγει αὐτῷ ὁ Ἰησοῦς· οὐ λέγω σοι ἕως ἑπτάκις,
Dice le Jesús: no digo a ti hasta siete,

ἀλλ' ἕως ἑβδομηκοντάκις ἑπτά.
sino hasta setenta veces siete.

23 Διὰ τοῦτο ὡμοιώθη ἡ βασιλεία τῶν οὐρανῶν ἀνθρώπῳ
Por esto fue asemejado el reino de los cielos a hombre

βασιλεῖ, ὃς ἠθέλησε συνᾶραι λόγον μετὰ τῶν δούλων αὐτοῦ.
rey, que quiso ajustar cuenta con los siervos de él.

24 ἀρξαμένου δὲ αὐτοῦ συναίρειν προσηνέχθη αὐτῷ
Empezando entonces él a ajustar fue llevado a él

εἷς ὀφειλέτης μυρίων ταλάντων.
un deudor de diez mil talentos.

25 μὴ ἔχοντος δὲ αὐτοῦ ἀποδοῦναι ἐκέλευσεν αὐτὸν
No teniendo entonces él para devolver llamó lo

ὁ κύριος αὐτοῦ πραθῆναι καὶ τὴν γυναῖκα αὐτοῦ
el señor de él para ser vendido y la esposa de él

καὶ τὰ τέκνα καὶ πάντα ὅσα εἶχε, καὶ ἀποδοθῆναι.
y los hijos y todo cuanto tenía, y ser pagado.

26 πεσὼν οὖν ὁ δοῦλος προσεκύνει αὐτῷ λέγων· κύριε,[194]
Cayendo pues el siervo se postrernó ante él diciendo: señor,

μακροθύμησον ἐπ' ἐμοί καὶ πάντα σοι ἀποδώσω.
ten paciencia conmigo y todo te pagaré.

27 σπλαγχνισθεὶς[195] δὲ ὁ κύριος τοῦ δούλου ἐκείνου
Compadeciéndose entonces el señor del siervo aquel

ἀπέλυσεν αὐτόν καὶ τὸ δάνειον ἀφῆκεν αὐτῷ.
liberó lo y la deuda perdonó a él.

28 ἐξελθὼν δὲ ὁ δοῦλος ἐκεῖνος εὗρεν ἕνα τῶν
Saliendo entonces el siervo aquel encontró a uno de los

συνδούλων αὐτοῦ, ὃς ὤφειλεν αὐτῷ ἑκατὸν δηνάρια, καὶ
consiervos de él, el cual debía le cien denarios, y

κρατήσας αὐτὸν ἔπνιγε λέγων· ἀπόδος μοι εἴ τι ὀφείλεις.[196]
agarrando lo ahogaba diciendo: Devuelve me si algo debes.

---

194. La NU omite señor.
195. La idea es la de conmoviéndose las entrañas.
196. La NU omite me.

29 πεσὼν οὖν ὁ σύνδουλος αὐτοῦ εἰς τοὺς πόδας αὐτοῦ
Cayendo pues el consiervo de él a los pies de él[197]

παρεκάλει αὐτὸν λέγων· μακροθύμησον
suplicaba le diciendo: ten paciencia

ἐπ' ἐμοί καὶ πάντα ἀποδώσω σοι.
conmigo y todo pagaré a ti.

30 ὁ δὲ οὐκ ἤθελεν, ἀλλὰ ἀπελθὼν ἔβαλεν αὐτὸν
Él sin embargo no quería, sino que saliendo arrojó lo

εἰς φυλακὴν ἕως οὗ ἀποδῷ τὸ ὀφειλόμενον.
en prisión hasta que devuelva lo debido.

31 ἰδόντες δὲ οἱ σύνδουλοι αὐτοῦ τὰ γενόμενα
Viendo entonces los consiervos de él lo acontecido

ἐλυπήθησαν σφόδρα, καὶ ἐλθόντες διεσάφησαν
fueron entristecidos enormemente, y viniendo informaron

τῷ κυρίῳ ἑαυτῶν πάντα τὰ γενόμενα.
al señor de sí mismo todo lo sucedido.

32 τότε προσκαλεσάμενος αὐτὸν ὁ κύριος αὐτοῦ λέγει αὐτῷ·
Entonces convocando lo el señor de él dice le:

δοῦλε πονηρέ, πᾶσαν τὴν ὀφειλὴν ἐκείνην ἀφῆκά σοι,
siervo malo, toda la deuda aquella perdoné a ti,

ἐπεὶ παρεκάλεσάς με·
porque pediste a mí.

33 οὐκ ἔδει καὶ σὲ ἐλεῆσαι τὸν
¿No era necesario también a ti tener misericordia del

σύνδουλόν σου, ὡς καὶ ἐγὼ σὲ ἠλέησα;
consiervo de ti, como también yo de ti tuve misericordia?

34 καὶ ὀργισθεὶς ὁ κύριος αὐτοῦ παρέδωκεν αὐτὸν
Y encolerizándose el señor de él entregó lo

τοῖς βασανισταῖς ἕως οὗ ἀποδῷ
a los torturadores hasta que devolviera

πᾶν τὸ ὀφειλόμενον αὐτῷ.
todo lo debido a él.[198]

35 Οὕτω καὶ ὁ πατήρ μου ὁ ἐπουράνιος ποιήσει ὑμῖν,
Así también el Padre de mí el celestial hará a vosotros,

ἐὰν μὴ ἀφῆτε ἕκαστος τῷ ἀδελφῷ αὐτοῦ
si no perdonáis cada uno al hermano de él

ἀπὸ τῶν καρδιῶν ὑμῶν τὰ παραπτώματα αὐτῶν.
de los corazones de vosotros las culpas de ellos.[199]

19 **1** Καὶ ἐγένετο ὅτε ἐτέλεσεν ὁ Ἰησοῦς τοὺς λόγους τούτους
Y aconteció cuando acabó Jesús las palabras estas

μετῆρεν ἀπὸ τῆς Γαλιλαίας καὶ ἦλθεν εἰς τὰ ὅρια
se marchó de Galilea y fue a las fronteras

τῆς Ἰουδαίας πέραν τοῦ Ἰορδάνου.
de Judea más allá del Jordán.

2 καὶ ἠκολούθησαν αὐτῷ ὄχλοι πολλοί,
Y seguían le multitudes muchas,

καὶ ἐθεράπευσεν αὐτοὺς ἐκεῖ.
y curó las allí.

29 Entonces su consiervo, postrándose a sus pies, le rogaba, diciendo: Ten paciencia conmigo, y yo te lo pagaré todo.
30 Mas él no quiso; sino fué, y le echó en la cárcel hasta que pagase la deuda.
31 Y viendo sus consiervos lo que pasaba, se entristecieron mucho, y viniendo, declararon a su señor todo lo que había pasado.
32 Entonces llamándole su señor, le dice: Siervo malvado, toda aquella deuda te perdoné, porque me rogaste:
33 ¿No te convenía también a ti tener misericordia de tu consiervo, como también yo tuve misericordia de ti?
34 Entonces su señor, enojado, le entregó a los verdugos, hasta que pagase todo lo que le debía.
35 Así también hará con vosotros mi Padre celestial, si no perdonareis de vuestros corazones cada uno a su hermano sus ofensas.

19 Y aconteció que acabando Jesús estas palabras, se pasó de Galilea, y vino a los términos de Judea, pasado el Jordán.
2 Y le siguieron muchas gentes, y los sanó allí.

---

197. La NU omite a los pies de él.
198. La NU omite a él.
199. La NU omite las culpas de ellos.

3 Entonces se llegaron a él los Fariseos, tentándole, y diciéndole: ¿Es lícito al hombre repudiar a su mujer por cualquiera causa?
4 Y él respondiendo, les dijo: ¿No habéis leído que el que *los* hizo al principio, macho y hembra los hizo,
5 Y dijo: Por tanto, el hombre dejará padre y madre, y se unirá a su mujer, y serán dos en una carne?
6 Así que, no son ya más dos, sino una carne: por tanto, lo que Dios juntó, no lo aparte el hombre.
7 Dícenle: ¿Por qué, pues, Moisés mandó dar carta de divorcio, y repudiarla?
8 Díceles: Por la dureza de vuestro corazón Moisés os permitió repudiar a vuestras mujeres: mas al principio no fué así.
9 Y yo os digo que cualquiera que repudiare a su mujer, si no fuere por causa de fornicación, y se casare con otra, adultera: y el que se casare con la repudiada, adultera.
10 Dícenle sus discípulos: Si así es la condición del hombre con su mujer, no conviene casarse.
11 Entonces él les dijo: No todos reciben esta palabra, sino aquellos a quienes es dado.

3 Καὶ προσῆλθον αὐτῷ Φαρισαῖοι πειράζοντες αὐτὸν
Y se acercaron a él fariseos tentando lo
καὶ λέγοντες αὐτῷ· εἰ ἔξεστιν ἀνθρώπῳ ἀπολῦσαι
y diciendo le:[200] ¿si es lícito a hombre despachar[201]
τὴν γυναῖκα αὐτοῦ κατὰ πᾶσαν αἰτίαν;
a la esposa de él por toda causa?

4 ὁ δὲ ἀποκριθεὶς εἶπεν αὐτοῖς· οὐκ ἀνέγνωτε ὅτι ὁ
Él entonces respondiendo dijo les:[202] ¿no leísteis que el
ποιήσας ἀπ' ἀρχῆς ἄρσεν καὶ θῆλυ ἐποίησεν αὐτούς
haciendo[203] desde principio varón y hembra hizo los

5 καὶ εἶπεν, ἕνεκεν τούτου καταλείψει ἄνθρωπος
y dijo: por esto dejará hombre
τὸν πατέρα καὶ τὴν μητέρα καὶ κολληθήσεται
al padre y a la madre y será unido
τῇ γυναικὶ αὐτοῦ, καὶ ἔσονται οἱ δύο εἰς σάρκα μίαν;
a la mujer de él, y serán los dos en carne una?

6 ὥστε οὐκέτι εἰσὶ δύο, ἀλλὰ σὰρξ μία. ὃ οὖν ὁ Θεὸς
Así ya no son dos, sino carne una, lo que pues Dios
συνέζευξεν, ἄνθρωπος μὴ χωριζέτω.
unió, hombre no separe.

7 λέγουσιν αὐτῷ· τί οὖν Μωσῆς ἐνετείλατο δοῦναι
Dicen le: ¿por qué pues Moisés ordenó dar
βιβλίον ἀποστασίου καὶ ἀπολῦσαι αὐτήν;
certificado de divorcio y despachar la?

8 λέγει αὐτοῖς· ὅτι Μωϋσῆς πρὸς τὴν σκληροκαρδίαν
Dice les que Moisés por la dureza de corazón
ὑμῶν ἐπέτρεψεν ὑμῖν ἀπολῦσαι τὰς γυναῖκας
de vosotros permitió a vosotros despachar a las esposas
ὑμῶν· ἀπ' ἀρχῆς δὲ οὐ γέγονεν οὕτω.
de vosotros. En principio sin embargo no aconteció así.

9 λέγω δὲ ὑμῖν ὅτι ὃς ἂν ἀπολύσῃ τὴν γυναῖκα αὐτοῦ
Digo sin embargo os que el que despache[204] a la mujer de él
εἰ μὴ ἐπὶ πορνείᾳ καὶ γαμήσῃ ἄλλην, μοιχᾶται·
si no por fornicación y se case con otra, adultera,[205]
καὶ ὁ ἀπολελυμένην γαμήσας μοιχᾶται.
y el con despachada casándose adultera.

10 λέγουσιν αὐτῷ οἱ μαθηταὶ αὐτοῦ· εἰ οὕτως ἐστὶν
Dicen le los discípulos de él: si así es
ἡ αἰτία τοῦ ἀνθρώπου μετὰ τῆς γυναικός,
la condición del hombre con la mujer,
οὐ συμφέρει γαμῆσαι.
no conviene casarse.

11 ὁ δὲ εἶπεν αὐτοῖς· οὐ πάντες χωροῦσι τὸν λόγον
Él entonces dijo les: no todos comprenden la palabra
τοῦτον, ἀλλ' οἷς δέδοται.
esta, sino a los que ha sido dado.

---

200. La NU suprime le.
201. Como en Hechos 19.41.
202. La NU suprime les.
203. La NU sustituye por creando.
204. Cómo en Lucas 14.4.
205. La NU suprime desde aquí hasta el final del versículo.

12 εἰσὶ γὰρ   εὐνοῦχοι οἵτινες ἐκ κοιλίας μητρὸς   ἐγεννήθησαν
hay Porque eunucos que de vientre de madre nacieron

οὕτω. καὶ εἰσὶν εὐνοῦχοι οἵτινες εὐνουχίσθησαν
así, y hay eunucos que fueron hechos eunucos

ὑπὸ τῶν ἀνθρώπων, καὶ εἰσὶν εὐνοῦχοι οἵτινες
por los hombres, y hay eunucos que

εὐνούχισαν   ἑαυτοὺς   διὰ τὴν βασιλείαν τῶν   οὐρανῶν.
hicieron eunucos a sí mismos por el reino   de los cielos.

ὁ   δυνάμενος χωρεῖν   χωρείτω.
El pudiendo comprender comprenda.

13 Τότε   προσηνέχθη   αὐτῷ παιδία, ἵνα   τὰς χεῖρας ἐπιθῇ
Entonces fueron llevados a él niñitos, para que las manos pusiera

αὐτοῖς   καὶ προσεύξηται· οἱ   δὲ   μαθηταὶ
sobre ellos y orara.   los Entonces discípulos

ἐπετίμησαν   αὐτοῖς.
reprendieron los.

14 ὁ δὲ   Ἰησοῦς εἶπεν· ἄφετε τὰ   παιδία καὶ μὴ κωλύετε αὐτὰ
- Entonces Jesús dijo: dejad a los niñitos y no impidáis a ellos

ἐλθεῖν πρός με· τῶν   γὰρ   τοιούτων ἐστὶν
venir a   mí. de los Porque tales   es

ἡ βασιλεία τῶν   οὐρανῶν.
el reino   de los cielos.

15 καὶ ἐπιθεὶς   τὰς χεῖρας αὐτοῖς   ἐπορεύθη ἐκεῖθεν.
Y habiendo impuesto las manos sobre ellos se fue   de allí.

16 Καὶ ἰδοὺ εἷς   προσελθὼν   εἶπεν αὐτῷ· διδάσκαλε ἀγαθέ,
Y mira uno acercándose dijo le: maestro bueno,²⁰⁶

τί   ἀγαθὸν ποιήσω ἵνα   ἔχω ζωὴν αἰώνιον;
¿qué bueno haré para que tenga vida eterna?²⁰⁷

17 ὁ δὲ   εἶπεν αὐτῷ· τί   με λέγεις ἀγαθόν; οὐδεὶς ἀγαθός
Él entonces dijo le: ¿por qué me llamas bueno?²⁰⁸ Nadie bueno

εἰ μὴ εἷς ὁ Θεός. εἰ δὲ   θέλεις εἰσελθεῖν εἰς τὴν ζωήν,
si no uno Dios.²⁰⁹ Si entonces quieres entrar en la vida,

τήρησον τὰς ἐντολάς.
guarda los mandamientos.

18 λέγει αὐτῷ· ποίας; ὁ δὲ   Ἰησοῦς εἶπε· τὸ οὐ φονεύσεις,
Dice le: ¿Cuáles? - Entonces Jesús dijo: el no matarás,

οὐ μοιχεύσεις, οὐ κλέψεις, οὐ ψευδομαρτυρήσεις,
no adulterarás, no robarás, no darás falso testimonio,

19 τίμα τὸν πατέρα καὶ τὴν μητέρα, καὶ ἀγαπήσεις
honra al padre y a la madre, y amarás

τὸν πλησίον σου ὡς   σεαυτόν.
al prójimo de ti como a ti mismo.

20 λέγει αὐτῷ ὁ νεανίσκος· πάντα ταῦτα ἐφυλαξάμην
Dice le: el joven: todo esto guardé

ἐκ   νεότητός μου· τί   ἔτι ὑστερῶ;
desde juventud de mí.²¹⁰ ¿De qué todavía carezco?

---

206. La NU omite bueno.
207. Literalmente, eónica, la que se extiende por las eras o eones.
208. La NU sustituye por: ¿Por qué me preguntas acerca de lo bueno?
209. La NU sustituye esta frase por Hay uno que es bueno.
210. La NU suprime desde mi juventud.

21 Dícele Jesús: Si quieres ser perfecto, anda, vende lo que tienes, y dalo a los pobres, y tendrás tesoro en el cielo; y ven, sígueme.
22 Y oyendo el mancebo esta palabra, se fué triste, porque tenía muchas posesiones.
23 Entonces Jesús dijo a sus discípulos: De cierto os digo, que un rico difícilmente entrará en el reino de los cielos.
24 Mas os digo, que más liviano trabajo es pasar un camello por el ojo de una aguja, que entrar un rico en el reino de Dios.
25 Mas sus discípulos, oyendo estas *cosas*, se espantaron en gran manera, diciendo: ¿Quién pues podrá ser salvo?
26 Y mirándo*los* Jesús, les dijo: Para con los hombres imposible es esto; mas para con Dios todo es posible.
27 Entonces respondiendo Pedro, le dijo: He aquí, nosotros hemos dejado todo, y te hemos seguido: ¿qué pues tendremos?
28 Y Jesús les dijo: De cierto os digo, que vosotros que me habéis seguido, en la regeneración, cuando se sentará el Hijo del hombre en el trono de su gloria, vosotros también os sentaréis sobre doce tronos, para juzgar a las doce tribus de Israel.

21 ἔφη αὐτῷ ὁ Ἰησοῦς· εἰ θέλεις τέλεως εἶναι, ὕπαγε
Dijo le   Jesús: si quieres perfecto ser,   ve
πώλησόν σου τὰ ὑπάρχοντα καὶ δὸς πτωχοῖς,
vende de ti las posesiones y da a pobres,
καὶ ἕξεις θησαυρὸν ἐν οὐρανῷ,
y tendrás tesoro en cielo,
καὶ δεῦρο ἀκολούθει μοι.
y ven sigue me.

22 ἀκούσας δὲ ὁ νεανίσκος τὸν λόγον
Habiendo escuchado entonces el joven la palabra
ἀπῆλθε λυπούμενος· ἦν γὰρ ἔχων κτήματα πολλά.
se fue entristecido, estaba Porque teniendo posesiones muchas.

23 Ὁ δὲ Ἰησοῦς εἶπε τοῖς μαθηταῖς αὐτοῦ· ἀμὴν
- Entonces Jesús dijo a los discípulos de él: verdaderamente
λέγω ὑμῖν ὅτι δυσκόλως πλούσιος εἰσελεύσεται
digo os que difícilmente rico entrará
εἰς τὴν βασιλείαν τῶν οὐρανῶν.
en el reino de los cielos.

24 πάλιν δὲ λέγω ὑμῖν, εὐκοπώτερόν ἐστι κάμηλον
De nuevo - digo os: más fácil es a camello
διὰ τρυπήματος ῥαφίδος διελθεῖν ἢ πλούσιον
por ojo de aguja pasar que rico
εἰς τὴν βασιλείαν τοῦ Θεοῦ εἰσελθεῖν.
en el reino de Dios entrar.

25 ἀκούσαντες δὲ οἱ μαθηταὶ αὐτοῦ ἐξεπλήσσοντο
Habiendo escuchado entonces los discípulos de él se asombraron
σφόδρα λέγοντες· τίς ἄρα δύναται σωθῆναι;
grandemente diciendo: ¿quién entonces puede ser salvado?

26 ἐμβλέψας δὲ ὁ Ἰησοῦς εἶπεν αὐτοῖς· παρὰ ἀνθρώποις
Mirando entonces Jesús dijo les: con hombres
τοῦτο ἀδύνατόν ἐστι, παρὰ δὲ Θεῷ πάντα δυνατά ἐστι.
esto imposible es, con Sin embargo Dios todo posible es.

27 Τότε ἀποκριθεὶς ὁ Πέτρος εἶπεν αὐτῷ· ἰδοὺ ἡμεῖς
Entonces respondiendo Pedro dijo le: mira nosotros
ἀφήκαμεν πάντα καὶ ἠκολουθήσαμέν σοι·
dejamos todo y seguimos a ti.
τί ἄρα ἔσται ἡμῖν;
¿qué entonces será para nosotros?[211]

28 ὁ δὲ Ἰησοῦς εἶπεν αὐτοῖς· ἀμὴν λέγω ὑμῖν
- Entonces Jesús dijo les: verdaderamente digo os
ὅτι ὑμεῖς οἱ ἀκολουθήσαντές μοι, ἐν τῇ παλιγγενεσίᾳ,
que vosotros los habiendo seguido a mí, en la palingenesia[212]
ὅταν καθίσῃ ὁ Υἱὸς τοῦ ἀνθρώπου ἐπὶ θρόνου δόξης αὐτοῦ,
cuando se siente el Hijo del hombre sobre trono de gloria de él
καθίσεσθε καὶ ὑμεῖς ἐπὶ δώδεκα θρόνους κρίνοντες
os sentaréis también vosotros sobre doce tronos juzgando
τὰς δώδεκα φυλὰς τοῦ Ἰσραήλ.
a las doce tribus de Israel,

---

211. Es decir, ¿qué tendremos?
212. Es decir, cuando todo sea creado de nuevo.

29 καὶ πᾶς ὅς ἀφῆκεν οἰκίας ἢ ἀδελφοὺς ἢ ἀδελφὰς ἢ πατέρα
y todo el que dejó casas o hermanos o hermanas o padre

ἢ μητέρα ἢ γυναῖκα ἢ τέκνα ἢ ἀγροὺς ἕνεκεν τοῦ ὀνόματός μου,
o madre o esposa[213] o hijos o campos por causa del nombre de mí,

ἑκατονταπλασίονα λήψεται καὶ ζωὴν αἰώνιον κληρονομήσει.
céntuplo recibirá y vida eterna[214] heredará.

30 Πολλοὶ δὲ ἔσονται πρῶτοι ἔσχατοι καὶ ἔσχατοι πρῶτοι.
Muchos entonces serán primeros últimos y últimos primeros.

20 **1** Ὁμοία γάρ ἐστιν ἡ βασιλεία τῶν οὐρανῶν ἀνθρώπῳ
semejante Porque es el reino de los cielos a hombre

οἰκοδεσπότῃ, ὅστις ἐξῆλθεν ἅμα πρωῒ
propietario,[215] el cual salió juntamente por la mañana

μισθώσασθαι ἐργάτας εἰς τὸν ἀμπελῶνα αὐτοῦ.
para contratar obreros para la vid de él.

2 καὶ συμφωνήσας μετὰ τῶν ἐργατῶν ἐκ δηναρίου
Y acordando con los obreros por denario

τὴν ἡμέραν ἀπέστειλεν αὐτοὺς εἰς τὸν ἀμπελῶνα αὐτοῦ.
al día envió los a la viña de él.

3 καὶ ἐξελθὼν περὶ τρίτην ὥραν εἶδεν ἄλλους ἑστῶτας
Y saliendo alrededor de tercera hora vio a otros presentes

ἐν τῇ ἀγορᾷ ἀργούς,
en la plaza desocupados,

4 καὶ ἐκείνοις εἶπεν· ὑπάγετε καὶ ὑμεῖς εἰς τὸν ἀμπελῶνα,
y a aquellos dijo: id también vosotros a la viña,

καὶ ὃ ἐὰν ᾖ δίκαιον δώσω ὑμῖν.
y lo que sea justo daré os.

5 οἱ δὲ ἀπῆλθον. πάλιν ἐξελθὼν περὶ ἕκτην
Ellos entonces fueron. De nuevo saliendo alrededor de sexta

καὶ ἐνάτην ὥραν ἐποίησεν ὡσαύτως.
y novena hora hizo de manera semejante.

6 περὶ δὲ τὴν ἑνδεκάτην ὥραν ἐξελθὼν εὗρεν
alrededor de Entonces la undécima hora[216] saliendo encontró

ἄλλους ἑστῶτας ἀργούς, καὶ λέγει αὐτοῖς· τί
a otros presentes desocupados,[217] y dice les: ¿Por qué

ὧδε ἑστήκατε ὅλην τὴν ἡμέραν ἀργοί;
aquí estáis todo el día desocupados?

7 λέγουσιν αὐτῷ· ὅτι οὐδεὶς ἡμᾶς ἐμισθώσατο. λέγει αὐτοῖς·
Dicen le: porque nadie nos contrató. Dice les:

ὑπάγετε καὶ ὑμεῖς εἰς τὸν ἀμπελῶνα,[218]
id también vosotros a la viña,

καὶ ὃ ἐὰν ᾖ δίκαιον λήψεσθε.
y lo que sea justo recibiréis.

---

29 Y cualquiera que dejare casas, o hermanos, o hermanas, o padre, o madre, o mujer, o hijos, o tierras, por mi nombre, recibirá cien veces tanto, y heredará la vida eterna.
30 Mas muchos primeros serán postreros, y postreros primeros.

20 Porque el reino de los cielos es semejante a un hombre, padre de familia, que salió por la mañana a ajustar obreros para su viña.
2 Y habiéndose concertado con los obreros en un denario al día, los envió a su viña.
3 Y saliendo cerca de la hora de las tres, vió otros que estaban en la plaza ociosos;
4 Y les dijo: Id también vosotros a mi viña, y os daré lo que fuere justo. Y ellos fueron.
5 Salió otra vez cerca de las horas sexta y nona, e hizo lo mismo.
6 Y saliendo cerca de la hora undécima, halló otros que estaban ociosos; y díceles: ¿Por qué estáis aquí todo el día ociosos?
7 Dícenle: Porque nadie nos ha ajustado. Díceles: Id también vosotros a la viña, y recibiréis lo que fuere justo.

---

213. La NU suprime o esposa.
214. Literalmente, eónica, la que se extiende a través de las eras o los eones.
215. O señor de la casa.
216. La NU omite hora.
217. La NU omite desocupados.
218. La NU omite desde aquí hasta el final del versículo.

8 Y cuando fué la tarde del día, el señor de la viña dijo a su mayordomo: Llama a los obreros y págales el jornal, comenzando desde los postreros hasta los primeros.
9 Y viniendo los que *habían ido* cerca de la hora undécima, recibieron cada uno un denario.
10 Y viniendo también los primeros, pensaron que habían de recibir más; pero también ellos recibieron cada uno un denario.
11 Y tomándolo, murmuraban contra el padre de la familia,
12 Diciendo: Estos postreros sólo han trabajado una hora, y los has hecho iguales a nosotros, que hemos llevado la carga y el calor del día.
13 Y él respondiendo, dijo a uno de ellos: Amigo, no te hago agravio; ¿no te concertaste conmigo por un denario?
14 Toma lo que es tuyo, y vete; mas quiero dar a este postrero, como a ti.
15 ¿No me es lícito a mi hacer lo que quiero con lo mío? o ¿es malo tu ojo, porque yo soy bueno?
16 Así los primeros serán postreros, y los postreros primeros: porque muchos son llamados, mas pocos escogidos.
17 Y subiendo Jesús a Jerusalem, tomó sus doce discípulos aparte en el camino, y les dijo:
18 He aquí subimos a Jerusalem, y el Hijo del hombre será entregado a los príncipes de los sacerdotes y a los escribas, y le condenarán a muerte;

8 ὀψίας δὲ γενομένης λέγει ὁ κύριος τοῦ ἀμπελῶνος
Noche entonces resultando dice el Señor de la viña

τῷ ἐπιτρόπῳ αὐτοῦ· κάλεσον τοὺς ἐργάτας καὶ ἀπόδος αὐτοῖς
al capataz de él: llama a los obreros y da les

τὸν μισθὸν, ἀρξάμενος ἀπὸ τῶν ἐσχάτων ἕως τῶν πρώτων.
el salario, empezando desde los últimos hasta los primeros.

9 καὶ ἐλθόντες οἱ περὶ τὴν ἑνδεκάτην ὥραν ἔλαβον
Y viniendo los alrededor de la undécima hora recibieron

ἀνὰ δηνάριον.
un denario.

10 ἐλθόντες δὲ οἱ πρῶτοι ἐνόμισαν ὅτι πλείονα λήψονται,
Viniendo entonces los primeros supusieron que más recibirán,

καὶ ἔλαβον καὶ αὐτοὶ ἀνὰ δηνάριον.
y recibieron también ellos un denario.

11 λαβόντες δὲ ἐγόγγυζον κατὰ τοῦ οἰκοδεσπότου
Tomando entonces murmuraban contra el propietario[219]

12 λέγοντες ὅτι οὗτοι οἱ ἔσχατοι μίαν ὥραν ἐποίησαν,
diciendo que éstos los últimos una hora hicieron,

καὶ ἴσους ἡμῖν αὐτοὺς ἐποίησας τοῖς βαστάσασι
e iguales a nosotros los hiciste a los habiendo llevado

τὸ βάρος τῆς ἡμέρας καὶ τὸν καύσωνα.
la carga del día y el calor.

13 ὁ δὲ ἀποκριθεὶς εἶπεν ἑνὶ αὐτῶν· ἑταῖρε,
Él entonces respondiendo dijo a uno de ellos: amigo,

οὐκ ἀδικῶ σε· οὐχὶ δηναρίου συνεφώνησάς μοι;
no maltrato te, ¿no por denario acordaste conmigo?

14 ἆρον τὸ σὸν καὶ ὕπαγε· θέλω δὲ τούτῳ τῷ ἐσχάτῳ
Toma lo tuyo y vete. Quiero - a este el último

δοῦναι ὡς καὶ σοί.
dar como también a ti.

15 ἢ οὐκ ἔξεστί μοι ποιῆσαι ὃ θέλω ἐν τοῖς ἐμοῖς; εἰ
¿O no es lícito para mí hacer lo que quiero con lo mío? ¿Acaso

ὁ ὀφθαλμός σου πονηρός ἐστιν ὅτι ἐγὼ ἀγαθός εἰμι;
el ojo de ti malo es porque yo bueno soy?

16 Οὕτως ἔσονται οἱ ἔσχατοι πρῶτοι καὶ οἱ πρῶτοι ἔσχατοι·
Así serán los últimos primeros y los primeros últimos.

πολλοὶ γάρ εἰσι κλητοί ὀλίγοι δὲ ἐκλεκτοί.
muchos Porque son llamados pocos sin embargo elegidos.[220]

17 Καὶ ἀναβαίνων ὁ Ἰησοῦς εἰς Ἱεροσόλυμα παρέλαβε
Y subiendo Jesús a Jerusalén tomó

τοὺς δώδεκα μαθητὰς κατ' ἰδίαν ἐν τῇ ὁδῷ
a los doce discípulos en privado en el camino

καὶ εἶπεν αὐτοῖς·
y dijo les:

18 ἰδοὺ ἀναβαίνομεν εἰς Ἱεροσόλυμα, καὶ ὁ Υἱὸς τοῦ ἀνθρώπου
mira subimos a Jerusalén, y el Hijo del hombre

παραδοθήσεται τοῖς ἀρχιερεῦσι καὶ γραμματεῦσι
será entregado a los principales sacerdotes y escribas

καὶ κατακρινοῦσιν αὐτὸν θανάτῳ,
y condenarán lo a muerte.

---

219. O señor de la casa.
220. La NU suprime desde muchos... hasta elegidos.

19 καὶ παραδώσουσιν αὐτὸν τοῖς ἔθνεσιν εἰς τὸ ἐμπαῖξαι
Y entregarán lo a los gentiles para burlarse

καὶ μαστιγῶσαι καὶ σταυρῶσαι, καὶ τῇ τρίτῃ ἡμέρᾳ ἀναστήσεται.
y azotar y crucificar, y al tercer día se levantará[221].

20 Τότε προσῆλθεν αὐτῷ ἡ μήτηρ τῶν υἱῶν Ζεβεδαίου
Entonces se acercó a él la madre de los hijos de Zebedeo

μετὰ τῶν υἱῶν αὐτῆς προσκυνοῦσα
con los hijos de ella postrándose

καὶ αἰτοῦσά τι παρ' αὐτοῦ.
y pidiendo algo de él.

21 ὁ δὲ εἶπεν αὐτῇ· τί θέλεις; λέγει αὐτῷ· εἰπὲ ἵνα
Él entonces dijo le: ¿qué quieres? Dice le: di para

καθίσωσιν οὗτοι οἱ δύο υἱοί μου εἷς ἐκ δεξιῶν σου
que se sienten éstos los dos hijos de mí una a derechas de ti

καὶ εἷς ἐξ εὐωνύμων σου ἐν τῇ βασιλείᾳ σου.
y otro a izquierdas de ti en el reino de ti.

22 ἀποκριθεὶς δὲ ὁ Ἰησοῦς εἶπεν· οὐκ οἴδατε τί αἰτεῖσθε.
Respondiendo entonces Jesús dijo: no sabéis lo que pedís.

δύνασθε πιεῖν τὸ ποτήριον ὃ ἐγὼ μέλλω πίνειν,
¿Podéis beber la copa la que yo voy a beber,

ἢ τὸ βάπτισμα ὃ ἐγὼ βαπτίζομαι βαπτισθῆναι;
o el bautismo con que yo soy bautizado ser bautizados?[222]

λέγουσιν αὐτῷ· δυνάμεθα.
Dicen le: podemos.

23 καὶ λέγει αὐτοῖς· τὸ μὲν ποτήριόν μου πίεσθε,
Y dice les: la Ciertamente copa de mi beberéis

καὶ τὸ βάπτισμα ὃ ἐγὼ βαπτίζομαι βαπτισθήσεσθε·
y el bautismo con el que yo soy bautizado seréis bautizados.[223]

τὸ δὲ καθίσαι ἐκ δεξιῶν μου καὶ ἐξ εὐωνύμων μου
el Sin embargo sentarse a derechas de mí y a izquierdas de mí

οὐκ ἔστιν ἐμὸν δοῦναι, ἀλλ' οἷς ἡτοίμασται
no es mío[224] dar, sino a los que ha sido preparado

ὑπὸ τοῦ πατρός μου.
por el Padre de mí.

24 καὶ ἀκούσαντες οἱ δέκα ἠγανάκτησαν
Y habiendo escuchado los doce se indignaron

περὶ τῶν δύο ἀδελφῶν.
por los dos hermanos.

25 ὁ δὲ Ἰησοῦς προσκαλεσάμενος αὐτοὺς εἶπεν·
- Entonces Jesús convocando los dijo:

οἴδατε ὅτι οἱ ἄρχοντες τῶν ἐθνῶν κατακυριεύουσιν
sabéis que los arcontes[225] de las naciones se enseñorean

αὐτῶν καὶ οἱ μεγάλοι κατεξουσιάζουσιν αὐτῶν.
de ellas y los grandes imponen su autoridad sobre ellas.

26 οὐχ οὕτως ἔσται ἐν ὑμῖν, ἀλλ' ὃς ἐὰν θέλῃ ἐν
No así será entre vosotros, sino que el que quiera entre

ὑμῖν μέγας γενέσθαι, ἔσται ὑμῶν διάκονος,
vosotros grande resultar, será[226] de vosotros siervo,

19 Y le entregarán a los Gentiles para que *le* escarnezcan, y azoten, y crucifiquen; mas al tercer día resucitará.
20 Entonces se llegó a él la madre de los hijos de Zebedeo con sus hijos, adorándo*le*, y pidiéndole algo.
21 Y él le dijo: ¿Qué quieres? Ella le dijo: Di que se sienten estos dos hijos míos, el uno a tu mano derecha, y el otro a tu izquierda, en tu reino.
22 Entonces Jesús respondiendo, dijo: No sabéis lo que pedís: ¿podéis beber el vaso que yo he de beber, y ser bautizados del bautismo de que yo soy bautizado? Y ellos le dicen: Podemos.
23 Y él les dice: A la verdad mi vaso beberéis, y del bautismo de que yo soy bautizado, seréis bautizados; mas el sentaros a mi mano derecha y a mi izquierda, no es mío dar*lo*, sino a aquellos para quienes está aparejado de mi Padre.
24 Y como los diez oyeron esto, se enojaron de los dos hermanos.
25 Entonces Jesús llamándolos, dijo: Sabéis que los príncipes de los Gentiles se enseñorean sobre ellos, y los son grandes ejercen sobre ellos potestad.
26 Mas entre vosotros no será así; sino el que quisiere entre vosotros hacerse grande, será vuestro servidor;

---

221. La NU sustituye por será levantado.
222. La NU suprime desde o... hasta bautizados.
223. La NU suprime desde y... hasta bautizados.
224. La NU añade entre paréntesis esto.
225. Es decir, grandes, principales, jefes.
226. En algunos mss sea.

27 Y el que quisiere entre vosotros ser el primero, será vuestro siervo: **28** Como el Hijo del hombre no vino para ser servido, sino para servir, y para dar su vida en rescate por muchos. **29** Entonces saliendo ellos de Jericó, le seguía gran compañía. **30** Y he aquí dos ciegos sentados junto al camino, como oyeron que Jesús pasaba, clamaron, diciendo: Señor, Hijo de David, ten misericordia de nosotros. **31** Y la gente les reñía para que callasen; mas ellos clamaban más, diciendo: Señor, Hijo de David, ten misericordia de nosotros. **32** Y parándose Jesús, los llamó, y dijo: ¿Qué queréis que haga por vosotros? **33** Ellos le dicen: Señor, que sean abiertos nuestros ojos. **34** Entonces Jesús, teniendo misericordia *de ellos*, les tocó los ojos, y luego sus ojos recibieron la vista; y le siguieron.

21 Y como se acercaron a Jerusalem, y vinieron a Bethfagé, al monte de las Olivas, entonces Jesús envió dos discípulos,

27 καὶ ὃς ἐὰν θέλῃ ἐν ὑμῖν εἶναι πρῶτος,
y el que quiera entre vosotros ser primero,

ἔσται ὑμῶν δοῦλος·
sea de vosotros esclavo,

28 ὥσπερ ὁ Υἱὸς τοῦ ἀνθρώπου οὐκ ἦλθεν διακονηθῆναι,
igual que el Hijo del hombre no vino a ser servido,

ἀλλὰ διακονῆσαι καὶ δοῦναι τὴν ψυχὴν αὐτοῦ
sino a servir y dar la vida de él

λύτρον ἀντὶ πολλῶν.
(como) rescate por muchos.

29 Καὶ ἐκπορευομένων αὐτῶν ἀπὸ Ἰεριχὼ
Y saliendo ellos de Jericó

ἠκολούθησεν αὐτῷ ὄχλος πολύς.
siguió a él muchedumbre mucha.

30 καὶ ἰδοὺ δύο τυφλοὶ καθήμενοι παρὰ τὴν ὁδόν,
Y mira dos ciegos sentados al lado de el camino,

ἀκούσαντες ὅτι Ἰησοῦς παράγει, ἔκραξαν λέγοντες·
habiendo escuchado que Jesús pasa al lado, gritaron diciendo:

ἐλέησον ἡμᾶς, Κύριε, Υἱὸς Δαυΐδ.
Compadécete de nosotros, Señor, Hijo de David.

31 ὁ δὲ ὄχλος ἐπετίμησεν αὐτοῖς ἵνα σιωπήσωσιν·
la Entonces multitud advirtió les para que se callaran.

οἱ δὲ μεῖζον ἔκραζον λέγοντες· ἐλέησον ἡμᾶς,
Ellos entonces más gritaron diciendo: compadécete de nosotros,

Κύριε, Υἱὸς Δαυΐδ.
Señor, Dijo de David.

32 καὶ στὰς ὁ Ἰησοῦς ἐφώνησεν αὐτοὺς καὶ εἶπε·
Y deteniéndose Jesús llamó los y dijo:

τί θέλετε ποιήσω ὑμῖν;
¿Qué deseáis haré a vosotros?[227]

33 λέγουσιν αὐτῷ· Κύριε, ἵνα ἀνοιχθῶσιν
Dicen le: Señor, que sean abiertos

ἡμῶν οἱ ὀφθαλμοί.
de nosotros los ojos.

34 σπλαγχνισθεὶς δὲ ὁ Ἰησοῦς ἥψατο τῶν ὀφθαλμῶν αὐτῶν,
Compadeciéndose[228] entonces Jesús tocó los ojos de ellos,

καὶ εὐθέως ἀνέβλεψαν αὐτῶν οἱ ὀφθαλμοί,
e inmediatamente recibieron la vista de ellos los ojos,[229]

καὶ ἠκολούθησαν αὐτῷ.
y siguieron lo.

21 **1** Καὶ ὅτε ἤγγισαν εἰς Ἱεροσόλυμα καὶ ἦλθον εἰς Βηθφαγῆ
Y cuando se acercaron a Jerusalén y vinieron a Betfagé

πρὸς τὸ ὄρος τῶν ἐλαιῶν, τότε ὁ Ἰησοῦς ἀπέστειλε
a el monte de los olivos, entonces Jesús envió

δύο μαθητὰς
dos discípulos,

---

227. Es decir, ¿qué deseáis que os haga?
228. El verbo tiene el sentido de que sus entrañas se conmovieron.
229. La NU omite de ellos los ojos.

2 λέγων αὐτοῖς· πορεύθητε εἰς τὴν κώμην τὴν ἀπέναντι ὑμῶν,
diciendo les: id a la aldea la opuesta a vosotros,
καὶ εὐθέως εὑρήσετε ὄνον δεδεμένην καὶ πῶλον
e inmediatamente encontraréis asna atada y pollino
μετ᾽ αὐτῆς· λύσαντες ἀγάγετέ μοι.
con ella. Desatando traed a mí.

3 καὶ ἐάν τις ὑμῖν εἴπῃ τι, ἐρεῖτε ὅτι ὁ Κύριος αὐτῶν
Y si alguno os dice algo, diréis que el Señor de ellos
χρείαν ἔχει· εὐθέως δὲ ἀποστελεῖ αὐτούς.
necesidad tiene. Inmediatamente entonces enviará[230] los.

4 τοῦτο δὲ ὅλον γέγονεν ἵνα πληρωθῇ
Esto entonces todo[231] ha acontecido para que fuera cumplido
τὸ ῥηθὲν διὰ τοῦ προφήτου λέγοντος·
el dicho a través del profeta diciendo:

5 εἴπατε τῇ θυγατρὶ Σιών, ἰδοὺ ὁ βασιλεύς σου ἔρχεταί σοι
Decid a la hija de Sión, mira el rey de ti viene a ti
πραῢς καὶ ἐπιβεβηκὼς ἐπὶ ὄνον
manso y montado en asno
καὶ πῶλον υἱὸν ὑποζυγίου.
y pollino hijo de bestia de carga.

6 πορευθέντες δὲ οἱ μαθηταὶ καὶ ποιήσαντες
Yendo entonces los discípulos y haciendo
καθὼς προσέταξεν αὐτοῖς ὁ Ἰησοῦς,
como ordenó les Jesús,

7 ἤγαγον τὴν ὄνον καὶ τὸν πῶλον, καὶ ἐπέθηκαν
trajeron el asno y el pollino, y pusieron
ἐπάνω αὐτῶν τὰ ἱμάτια αὐτῶν,
sobre ellos las vestiduras de ellos,
καὶ ἐπεκάθισεν ἐπάνω αὐτῶν.
y colocaron sobre ellos.

8 ὁ δὲ πλεῖστος ὄχλος ἔστρωσαν ἑαυτῶν
la Entonces enorme multitud extendieron de ellos mismos
τὰ ἱμάτια ἐν τῇ ὁδῷ, ἄλλοι δὲ ἔκοπτον κλάδους
las vestimentas en el camino, otros sin embargo cortaban ramas
ἀπὸ τῶν δένδρων καὶ ἐστρώννυον ἐν τῇ ὁδῷ.
de los árboles y extendían en el camino.

9 οἱ δὲ ὄχλοι οἱ προάγοντες καὶ οἱ ἀκολουθοῦντες
las Entonces multitudes las precediendo[232] y las siguiendo
ἔκραζον λέγοντες· ὡσαννὰ τῷ Υἱῷ Δαυΐδ·
gritaban diciendo: Hosanna al Hijo de David.
εὐλογημένος ὁ ἐρχόμενος ἐν ὀνόματι Κυρίου·
Bendito el viniendo en nombre de Señor.
ὡσαννὰ ἐν τοῖς ὑψίστοις.
Hosanna en lo más alto.

10 καὶ εἰσελθόντος αὐτοῦ εἰς Ἱεροσόλυμα ἐσείσθη
Y entrando él en Jerusalén fue conmovida
πᾶσα ἡ πόλις λέγουσα· τίς ἐστιν οὗτος;
toda la ciudad diciendo: ¿quién es éste?

2Diciéndoles: Id a la aldea que está delante de vosotros, y luego hallaréis una asna atada, y un pollino con ella: desatad*la*, y traéd*melos*.
3Y si alguno os dijere algo, decid: El Señor los ha menester. Y luego los dejará.
4Y todo esto fué hecho, para que se cumpliese lo que fué dicho por el profeta, que dijo:
5   Decid a la hija de Sión:
He aquí, tu Rey viene a ti,
Manso, y sentado sobre una asna,
Y sobre un pollino, hijo de animal de yugo.
6Y los discípulos fueron, e hicieron como Jesús les mandó;
7Y trajeron el asna y el pollino, y pusieron sobre ellos sus mantos; y se sentó sobre ellos.
8Y la compañía, *que era* muy numerosa, tendía sus mantos en el camino: y otros cortaban ramos de los árboles, y los tendían por el camino.
9Y las gentes que iban delante, y las que iban detrás, aclamaban diciendo: ¡Hosanna al Hijo de David! ¡Bendito el que viene en el nombre del Señor! ¡Hosanna en las alturas!
10Y entrando él en Jerusalem, toda la ciudad se alborotó, diciendo. ¿Quién es éste?

---

230. Es decir, los dejará.
231. La NU omite todo.
232. La NU añade lo.

11 Y las gentes decían: Este es Jesús, el profeta, de Nazaret de Galilea.
12 Y entró Jesús en el templo de Dios, y echó fuera todos los que vendían y compraban en el templo, y trastornó las mesas de los cambiadores, y las sillas de los que vendían palomas;
13 Y les dice: Escrito está: Mi casa, casa de oración será llamada; mas vosotros cueva de ladrones la habéis hecho.
14 Entonces vinieron a él ciegos y cojos en el templo, y los sanó.
15 Mas los príncipes de los sacerdotes y los escribas, viendo las maravillas que hacía, y a los muchachos aclamando en el templo y diciendo: ¡Hosanna al Hijo de David! se indignaron,
16 Y le dijeron: ¿Oyes lo que éstos dicen? Y Jesús les dice: Sí: ¿nunca leísteis: De la boca de los niños y de los que maman perfeccionaste la alabanza?
17 Y dejándolos, se salió fuera de la ciudad, a Bethania; y posó allí.
18 Y por la mañana volviendo a la ciudad, tuvo hambre.

11 οἱ δὲ ὄχλοι ἔλεγον· οὗτός ἐστιν Ἰησοῦς ὁ προφήτης
las Entonces multitudes decían: éste es Jesús el profeta
ὁ ἀπὸ Ναζαρὲτ τῆς Γαλιλαίας.
el de Nazaret de Galilea.

12 Καὶ εἰσῆλθεν ὁ Ἰησοῦς εἰς τὸ ἱερόν τοῦ Θεοῦ, καὶ ἐξέβαλε
Y entró Jesús en el templo de Dios,[233] y arrojó
πάντας τοὺς πωλοῦντας καὶ ἀγοράζοντας
a todos los vendiendo y comprando
ἐν τῷ ἱερῷ, καὶ τὰς τραπέζας τῶν κολλυβιστῶν
en el templo, y las mesas de los cambistas
κατέστρεψε καὶ τὰς καθέδρας τῶν πωλούντων
volcó y los asientos de los vendiendo
τὰς περιστεράς,
las palomas.

13 καὶ λέγει αὐτοῖς· γέγραπται, ὁ οἶκός μου οἶκος προσευχῆς
Y dice les: ha sido escrito: la casa de mí casa de oración
κληθήσεται· ὑμεῖς δὲ αὐτὸν ἐποιήσατε
será llamada. Vosotros sin embargo la hicisteis[234]
σπήλαιον λῃστῶν.
cueva de bandidos.

14 Καὶ προσῆλθον αὐτῷ τυφλοὶ καὶ χωλοὶ ἐν τῷ ἱερῷ
Y se acercaron a él ciegos y cojos en el templo
καὶ ἐθεράπευσεν αὐτούς.
y curó los.

15 ἰδόντες δὲ οἱ ἀρχιερεῖς καὶ οἱ γραμματεῖς
Viendo entonces los principales sacerdotes y los escribas
τὰ θαυμάσια ἃ ἐποίησε καὶ τοὺς παῖδας κράζοντας ἐν τῷ ἱερῷ
las maravillas que hizo y los niños gritando en el templo
καὶ λέγοντας, ὡσαννὰ τῷ Υἱῷ Δαυΐδ, ἠγανάκτησαν
y diciendo: Hosanna al Hijo de David, se indignaron

16 καὶ εἶπον αὐτῷ· ἀκούεις τί οὗτοι λέγουσιν;
y dijeron le: ¿oyes lo que éstos dicen?
ὁ δὲ Ἰησοῦς λέγει αὐτοῖς· ναί· οὐδέποτε ἀνέγνωτε
- Entonces Jesús dice les: sí. ¿Nunca leísteis
ὅτι ἐκ στόματος νηπίων καὶ θηλαζόντων
que de boca de niños y lactantes
κατηρτίσω αἶνον;
preparaste alabanza?

17 Καὶ καταλιπὼν αὐτοὺς ἐξῆλθεν ἔξω τῆς πόλεως
Y dejando los salió fuera de la ciudad
εἰς Βηθανίαν καὶ ηὐλίσθη ἐκεῖ.
a Betania y se alojó allí.

18 Πρωΐας δὲ ἐπανάγων εἰς τὴν πόλιν
Temprano por la mañana - regresando a la ciudad
ἐπείνασε·
tuvo hambre.

---

233. La NU omite de Dios.
234. La NU sustituye por hacéis.

19 καὶ ἰδὼν συκῆν μίαν ἐπὶ τῆς ὁδοῦ ἦλθεν ἐπ' αὐτήν,
Y viendo higuera una en el camino fue a ella,

καὶ οὐδὲν εὗρεν ἐν αὐτῇ εἰ μὴ φύλλα μόνον,
y nada encontró en ella si no hojas sólo,

καὶ λέγει αὐτῇ· μηκέτι ἐκ σοῦ καρπὸς γένηται
y dice le: ya no de ti fruto resulte

εἰς τὸν αἰῶνα. καὶ ἐξηράνθη παραχρῆμα ἡ συκῆ.
por el eón.[235] Y fue secada inmediatamente la higuera.

20 καὶ ἰδόντες οἱ μαθηταὶ ἐθαύμασαν λέγοντες·
Y viendo los discípulos se maravillaron diciendo:

πῶς παραχρῆμα ἐξηράνθη ἡ συκῆ;
¿cómo inmediatamente fue secada la higuera?

21 ἀποκριθεὶς δὲ ὁ Ἰησοῦς εἶπεν αὐτοῖς· ἀμὴν
Respondiendo entonces Jesús dijo les: verdaderamente

λέγω ὑμῖν, ἐὰν ἔχητε πίστιν καὶ μὴ διακριθῆτε, οὐ μόνον τὸ τῆς
digo os, si tenéis fe y no dudáis, no sólo lo de la

συκῆς ποιήσετε, ἀλλὰ κἂν τῷ ὄρει τούτῳ εἴπητε,
higuera haréis, sino que si también al monte éste diréis:

ἄρθητι καὶ βλήθητι εἰς τὴν θάλασσαν, γενήσεται·
quítate y arrójate en el mar, acontecerá.

22 καὶ πάντα ὅσα ἂν αἰτήσητε ἐν τῇ προσευχῇ
Y todo cuando pidiereis en la oración

πιστεύοντες, λήψεσθε.
creyendo, recibiréis.

23 Καὶ ἐλθόντι αὐτῷ εἰς τὸ ἱερὸν προσῆλθον αὐτῷ
Y viniendo él a el templo se acercaron a él

διδάσκοντι οἱ ἀρχιερεῖς καὶ οἱ πρεσβύτεροι τοῦ
enseñando[236] los principales sacerdotes y los ancianos del

λαοῦ λέγοντες· ἐν ποίᾳ ἐξουσίᾳ ταῦτα ποιεῖς;
pueblo diciendo: ¿con qué autoridad esto haces?

καὶ τίς σοι ἔδωκεν τὴν ἐξουσίαν ταύτην;
y ¿quién te dio la autoridad esta?

24 ἀποκριθεὶς δὲ ὁ Ἰησοῦς εἶπεν αὐτοῖς· ἐρωτήσω ὑμᾶς
Respondiendo entonces Jesús dijo les: preguntaré os

κἀγὼ λόγον ἕνα, ὃν ἐὰν εἴπητέ μοι, κἀγὼ ὑμῖν
también yo palabra[237] una, que si diréis a mí, también yo os

ἐρῶ ἐν ποίᾳ ἐξουσίᾳ ταῦτα ποιῶ.
diré con qué autoridad esto hago.

25 τὸ βάπτισμα Ἰωάννου πόθεν ἦν; ἐξ οὐρανοῦ ἢ ἐξ ἀνθρώπων;
¿El bautismo de Juan de dónde era? ¿De cielo o de hombres?

οἱ δὲ διελογίζοντο παρ' ἑαυτοῖς λέγοντες·
Ellos entonces discutían entre ellos mismos diciendo:

ἐὰν εἴπωμεν, ἐξ οὐρανοῦ, ἐρεῖ ἡμῖν, διὰ τί οὖν οὐκ
si decimos de cielo, dirá nos, ¿por qué pues no

ἐπιστεύσατε αὐτῷ;
creísteis en él?

26 ἐὰν δὲ εἴπωμεν, ἐξ ἀνθρώπων, φοβούμεθα τὸν ὄχλον·
Si entonces decimos: de hombres, tememos a la multitud,

πάντες γὰρ ἔχουσι τὸν Ἰωάννην ὡς προφήτην.
todos Porque tienen a Juan como profeta.

---

235. O por la era, es decir, nunca.
236. Es decir, mientras se encontraba enseñando, se le acercaron...
237. Es decir, cosa.

27 Y respondiendo a Jesús, dijeron: No sabemos. Y él también les dijo: Ni yo os digo con qué autoridad hago esto.
28 Mas, ¿qué os parece? Un hombre tenía dos hijos, y llegando al primero, le dijo: Hijo, ve hoy a trabajar en mi viña.
29 Y respondiendo él, dijo: No quiero; mas después, arrepentido, fué.
30 Y llegando al otro, le dijo de la misma manera; y respondiendo él, dijo: Yo, señor, *voy.* Y no fué.
31 ¿Cuál de los dos hizo la voluntad de su padre? Dicen ellos: El primero. Díceles Jesús: De cierto os digo, que los publicanos y las rameras os van delante al reino de Dios.
32 Porque vino a vosotros Juan en camino de justicia, y no le creísteis; y los publicanos y las rameras le creyeron; y vosotros, viendo esto, no os arrepentisteis después para creerle.
33 Oid otra parábola: Fué un hombre, padre de familia, el cual plantó una viña; y la cercó de vallado, y cavó en ella un lagar, y edificó una torre, y la dió a renta a labradores, y se partió lejos.
34 Y cuando se acercó el tiempo de los frutos, envió sus siervos a los labradores, para que recibiesen sus frutos.

27 καὶ ἀποκριθέντες τῷ Ἰησοῦ εἶπον· οὐκ οἴδαμεν.
Y respondiendo a Jesús dijeron: no sabemos.

ἔφη αὐτοῖς καὶ αὐτός· οὐδὲ ἐγὼ λέγω ὑμῖν
Dijo les también él: ni yo digo os

ἐν ποίᾳ ἐξουσίᾳ ταῦτα ποιῶ.
con qué autoridad esto hago.

28 Τί δὲ ὑμῖν δοκεῖ; ἄνθρωπος εἶχε τέκνα δύο,
¿Qué entonces os parece? Hombre tenía hijos dos,

καὶ προσελθὼν τῷ πρώτῳ εἶπε· τέκνον, ὕπαγε
y acercándose al primero dijo: Hijo, ve

σήμερον ἐργάζου ἐν τῷ ἀμπελῶνί μου.
hoy trabaja en la viña de mí.

29 ὁ δὲ ἀποκριθεὶς εἶπεν· οὐ θέλω· ὕστερον
Él entonces respondiendo dijo: no quiero. Más tarde

δὲ μεταμεληθεὶς ἀπῆλθε.
sin embargo habiéndose arrepentido fue.

30 καὶ προσελθὼν τῷ δευτέρῳ εἶπεν ὡσαύτως.
Y acercándose al segundo dijo igualmente:

ὁ δὲ ἀποκριθεὶς εἶπεν· ἐγώ, κύριε· καὶ οὐκ ἀπῆλθε.
el entonces respondiendo dijo: yo, señor.[238] Y no fue.

31 τίς ἐκ τῶν δύο ἐποίησε τὸ θέλημα τοῦ πατρός;
¿Quién de los dos hizo la voluntad del Padre?

λέγουσιν αὐτῷ· ὁ πρῶτος. λέγει αὐτοῖς ὁ Ἰησοῦς·
Dicen le: el primero. Dice les Jesús:

ἀμὴν λέγω ὑμῖν ὅτι οἱ τελῶναι καὶ αἱ πόρναι
verdaderamente digo os que los publicanos y las prostitutas

προάγουσιν ὑμᾶς εἰς τὴν βασιλείαν τοῦ Θεοῦ.
preceden os a el reino de Dios.

32 ἦλθε γὰρ πρὸς ὑμᾶς Ἰωάννης ἐν ὁδῷ δικαιοσύνης,
vino Porque a vosotros Juan en camino de justicia,

καὶ οὐκ ἐπιστεύσατε αὐτῷ· οἱ δὲ τελῶναι καὶ
y no creísteis en él. los Sin embargo publicanos y

αἱ πόρναι ἐπίστευσαν αὐτῷ· ὑμεῖς δὲ ἰδόντες
las prostitutas creyeron en él. Vosotros sin embargo viendo

οὐ μετεμελήθητε ὕστερον τοῦ πιστεῦσαι αὐτῷ.
no[239] os arrepentísteis más tarde para creer en él.

33 Ἄλλην παραβολὴν ἀκούσατε. ἄνθρωπος τις ἦν
Otra parábola escuchad. Hombre uno[240] era

οἰκοδεσπότης, ὅστις ἐφύτευσεν ἀμπελῶνα
dueño de casa, el cual plantó viña

καὶ φραγμὸν αὐτῷ περιέθηκε καὶ ὤρυξεν ἐν αὐτῷ
y vallado alrededor de ella colocó y cavó en ella

ληνὸν καὶ ᾠκοδόμησε πύργον, καὶ ἐξέδοτο αὐτὸν
lagar y construyó torre, y arrendó la

γεωργοῖς καὶ ἀπεδήμησεν.
a agricultores y marchó de viaje.

34 ὅτε δὲ ἤγγισεν ὁ καιρὸς τῶν καρπῶν, ἀπέστειλε
cuando Entonces se acercó el tiempo de los frutos, envió

τοὺς δούλους αὐτοῦ πρὸς τοὺς γεωργοὺς
a los siervos de él a los agricultores

λαβεῖν τοὺς καρποὺς αὐτοῦ.
para recibir los frutos de él.

---

238. Es decir, sí, yo iré.
239. La NU sustituye por ni siquiera.
240. La NU omite uno.

35 καὶ λαβόντες οἱ γεωργοὶ τοὺς δούλους αὐτοῦ ὃν μὲν
Y recibiendo los agricultores a los siervos de él a uno -
ἔδειραν, ὃν δὲ ἀπέκτειναν, ὃν δὲ ἐλιθοβόλησαν.
golpearon, a otro - mataron, a otro - apedrearon.

36 πάλιν ἀπέστειλεν ἄλλους δούλους πλείονας
De nuevo envió a otros siervos más que
τῶν πρώτων, καὶ ἐποίησαν αὐτοῖς ὡσαύτως.
los primeros, e hicieron con ellos igualmente.

37 ὕστερον δὲ ἀπέστειλε πρὸς αὐτοὺς τὸν υἱὸν αὐτοῦ
Más tarde entonces envió a ellos al hijo de él
λέγων· ἐντραπήσονται τὸν υἱόν μου.
diciendo: respetarán al hijo de mí.

38 οἱ δὲ γεωργοὶ ἰδόντες τὸν υἱὸν εἶπον ἐν ἑαυτοῖς·
los Entonces agricultores viendo al hijo dijeron entre sí mismos:
οὗτός ἐστιν ὁ κληρονόμος· δεῦτε ἀποκτείνωμεν
éste es el heredero. Venid matemos
αὐτὸν καὶ κατάσχωμεν τὴν κληρονομίαν αὐτοῦ.
lo y poseamos²⁴¹ la herencia de él.

39 καὶ λαβόντες αὐτὸν ἐξέβαλον ἔξω τοῦ ἀμπελῶνος
Y tomando lo expulsaron fuera de la viña
καὶ ἀπέκτειναν.
y mataron.

40 ὅταν οὖν ἔλθῃ ὁ κύριος τοῦ ἀμπελῶνος,
Cuando pues venga el señor de la viña,
τί ποιήσει τοῖς γεωργοῖς ἐκείνοις;
¿qué hará con los agricultores aquellos?

41 λέγουσιν αὐτῷ· κακοὺς κακῶς ἀπολέσει αὐτούς,
Dicen le: a malos malamente destruirá los,
καὶ τὸν ἀμπελῶνα ἐκδόσεται ἄλλοις γεωργοῖς,
y la viña arrendará a otros agricultores,
οἵτινες ἀποδώσουσιν αὐτῷ τοὺς καρποὺς
que pagarán a él los frutos
ἐν τοῖς καιροῖς αὐτῶν.
en los tiempos de ellos.

42 λέγει αὐτοῖς ὁ Ἰησοῦς· οὐδέποτε ἀνέγνωτε ἐν ταῖς γραφαῖς,
Dice les Jesús: ¿nunca leísteis en las Escrituras:
λίθον ὃν ἀπεδοκίμασαν οἱ οἰκοδομοῦντες,
piedra que rechazaron los constructores
οὗτος ἐγενήθη εἰς κεφαλὴν γωνίας· παρὰ Κυρίου ἐγένετο
ésta resultó en cabeza de ángulo. De Señor sucedió
αὕτη, καὶ ἔστι θαυμαστὴ ἐν ὀφθαλμοῖς ἡμῶν;
esto, y es maravilloso a ojos de nosotros?

43 διὰ τοῦτο λέγω ὑμῖν ὅτι ἀρθήσεται ἀφ' ὑμῶν ἡ βασιλεία
Por esto digo os que será quitado de vosotros el reino
τοῦ Θεοῦ καὶ δοθήσεται ἔθνει ποιοῦντι
de Dios y será dado a pueblo haciendo
τοὺς καρποὺς αὐτῆς.
los frutos de él.

35 Mas los labradores, tomando a los siervos, al uno hirieron, y al otro mataron, y al otro apedrearon.
36 Envió de nuevo otros siervos, más que los primeros; e hicieron con ellos de la misma manera.
37 Y a la postre les envió su hijo, diciendo: Tendrán respeto a mi hijo.
38 Mas los labradores, viendo al hijo, dijeron entre sí: Este es el heredero; venid, matémosle, y tomemos su heredad.
39 Y tomado, le echaron fuera de la viña, y le mataron.
40 Pues cuando viniere el señor de la viña, ¿qué hará a aquellos labradores?
41 Dícenle: A los malos destruirá miserablemente, y su viña dará a renta a otros labradores, que le paguen el fruto a sus tiempos.
42 Díceles Jesús: ¿Nunca leísteis en las Escrituras:
La piedra que desecharon los que edificaban,
Esta fué hecha por cabeza de esquina;
Por el Señor es hecho esto,
Y es cosa maravillosa en nuestros ojos?
43 Por tanto os digo, que el reino de Dios será quitado de vosotros, y será dado a gente que haga los frutos de él.

---

241. La NU sustituye por tengamos.

44Y el que cayere sobre esta piedra, será quebrantado; y sobre quien ella cayere, le desmenuzará.
45Y oyendo los príncipes de los sacerdotes y los Fariseos sus parábolas, entendieron que hablaba de ellos.
46Y buscando cómo echarle mano, temieron al pueblo; porque le tenían por profeta.

22 Y respondiendo Jesús, les volvió a hablar en parábolas, diciendo:
2El reino de los cielos es semejante a un hombre rey, que hizo bodas a su hijo;
3Y envió sus siervos para que llamasen los llamados a las bodas; mas no quisieron venir.
4Volvió a enviar otros siervos, diciendo: Decid a los llamados: He aquí, mi comida he aparejado; mis toros y animales engordados son muertos, y todo está prevenido: venid a las bodas.
5Mas ellos no se cuidaron, y se fueron, uno a su labranza, y otro a sus negocios;
6Y otros, tomando a sus siervos, los afrentaron y los mataron.
7Y el rey, oyendo *esto*, se enojó; y enviando sus ejércitos, destruyó a aquellos homicidas, y puso fuego a su ciudad.

44 καὶ ὁ πεσὼν ἐπὶ τὸν λίθον τοῦτον συνθλασθήσεται·
Y el cayendo sobre la piedra esta será despedazado.
ἐφ' ὃν δ' ἂν πέσῃ, λικμήσει αὐτόν.
Sobre la que sin embargo cayera, aplastará lo.[242]

45 καὶ ἀκούσαντες οἱ ἀρχιερεῖς
Y habiendo escuchado los principales sacerdotes
καὶ Φαρισαῖοι τὰς παραβολὰς αὐτοῦ
y fariseos las parábolas de él
ἔγνωσαν ὅτι περὶ αὐτῶν λέγει·
supieron que acerca de ellos habla.

46 καὶ ζητοῦντες αὐτὸν κρατῆσαι ἐφοβήθησαν τοὺς ὄχλους,
Y buscando de él apoderarse temían a las multitudes,
ἐπειδὴ ὡς προφήτην αὐτὸν εἶχον.
puesto que como profeta a él tenían.

22 **1** Καὶ ἀποκριθεὶς ὁ Ἰησοῦς πάλιν εἶπεν αὐτοῖς
Y respondiendo Jesús de nuevo habló les
ἐν παραβολαῖς λέγων·
en parábolas diciendo:

2 ὡμοιώθη ἡ βασιλεία τῶν οὐρανῶν ἀνθρώπῳ βασιλεῖ,
Se asemeja el reino de los cielos a hombre rey,
ὅστις ἐποίησε γάμους τῷ υἱῷ αὐτοῦ.
el cual hizo fiesta de bodas al hijo de él.

3 καὶ ἀπέστειλε τοὺς δούλους αὐτοῦ καλέσαι τοὺς κεκλημένους
Y envió a los siervos de él a llamar a los invitados
εἰς τοὺς γάμους, καὶ οὐκ ἤθελον ἐλθεῖν.
a las fiestas de bodas, y no querían venir.

4 πάλιν ἀπέστειλεν ἄλλους δούλους λέγων· εἴπατε τοῖς
De nuevo envió a otros siervos diciendo: decid a los
κεκλημένοις· ἰδοὺ τὸ ἄριστόν μου ἡτοίμασα, οἱ ταῦροί μου
invitados mira lo comida de mí preparé,[243] los becerros de mí
καὶ τὰ σιτιστὰ τεθυμένα, καὶ πάντα ἕτοιμα· δεῦτε εἰς τοὺς
y los cebados sacrificados, y todo dispuesto. Id a las
γάμους.
fiestas de las bodas.

5 οἱ δὲ ἀμελήσαντες ἀπῆλθον, ὁ μὲν εἰς τὸν ἴδιον
Ellos entonces desatendiendo se fueron, uno - a el propio
ἀγρόν, ὁ δὲ εἰς τὴν ἐμπορίαν αὐτοῦ·
campo, otro - a el negocio de él.

6 οἱ δὲ λοιποὶ κρατήσαντες τοὺς δούλους αὐτοῦ
los Sin embargo restantes agarrando a los siervos de él
ὕβρισαν καὶ ἀπέκτειναν.
maltrataron y mataron.

7 ἀκούσας δὲ ὁ βασιλεὺς ὠργίσθη, καὶ πέμψας
Escuchando entonces el rey se encolerizó,[244] y enviando
τὰ στρατεύματα αὐτοῦ ἀπώλεσε τοὺς φονεῖς ἐκείνους
las tropas de él destruyó a los asesinos aquellos
καὶ τὴν πόλιν αὐτῶν ἐνέπρησε.
y la ciudad de ellos quemó.

---

242. La NU pone todo el versículo 44 entre paréntesis.
243. La NU sustituye por he preparado.
244. La NU suprime escuchando.

8 τότε   λέγει τοῖς δούλοις αὐτοῦ· ὁ μὲν γάμος ἕτοιμός ἐστιν,
Entonces   dice a los siervos de él: la - boda lista   está.

οἱ δὲ   κεκλημένοι οὐκ ἦσαν ἄξιοι·
los Sin embargo invitados   no eran dignos.

9 πορεύεσθε οὖν ἐπὶ τὰς διεξόδους τῶν   ὁδῶν,
Id   pues a las salidas   de los caminos,

καὶ ὅσους   ἐὰν εὕρητε   καλέσατε εἰς τοὺς γάμους.
y a cuantos   encontréis llamad   a las fiestas de boda.

10 καὶ ἐξελθόντες οἱ δοῦλοι ἐκεῖνοι εἰς τὰς ὁδοὺς
Y saliendo   los siervos aquellos a los caminos

συνήγαγον πάντας ὅσους   εὗρον,   πονηρούς τε καὶ
reunieron a todos cuantos²⁴⁵ encontraron, malos   junto con

ἀγαθούς· καὶ ἐπλήσθη   ὁ γάμος ἀνακειμένων.
buenos. Y fue llenada la boda de comensales.²⁴⁶

11 εἰσελθὼν δὲ   ὁ βασιλεὺς θεάσασθαι τοὺς ἀνακειμένους
Entrando entonces el rey   a ver   a los comensales²⁴⁷

εἶδεν ἐκεῖ ἄνθρωπον οὐκ ἐνδεδυμένον ἔνδυμα   γάμου,
vio   allí hombre   no vestido   con vestido de boda,

12 καὶ λέγει αὐτῷ· ἑταῖρε, πῶς εἰσῆλθες ὧδε μὴ ἔχων
y dice le: amigo, ¿cómo entraste aquí no teniendo

ἔνδυμα γάμου;   ὁ δὲ   ἐφιμώθη.
vestido de boda? Él entonces se quedó callado.

13 τότε   εἶπεν ὁ βασιλεὺς τοῖς διακόνοις· δήσαντες αὐτοῦ
Entonces dijo el rey   a los sirvientes: atando   de él

πόδας καὶ χεῖρας ἄρατε αὐτὸν καὶ ἐκβάλετε
pies y   manos tomad lo²⁴⁸   y arrojad

εἰς τὸ σκότος   τὸ ἐξώτερον· ἐκεῖ ἔσται ὁ κλαυθμὸς
a la oscuridad la exterior. Allí será el llanto

καὶ ὁ βρυγμὸς τῶν ὀδόντων.
y el rechinar de los dientes.

14 πολλοὶ γάρ   εἰσι κλητοί, ὀλίγοι δὲ   ἐκλεκτοί.
muchos Porque son llamados, pocos sin embargo elegidos.

15 Τότε   πορευθέντες οἱ Φαρισαῖοι συμβούλιον ἔλαβον
Entonces yendo   los fariseos consejo   tomaron

ὅπως   αὐτὸν παγιδεύσωσιν ἐν λόγῳ.
para que lo   atraparan   en palabra.

16 καὶ ἀποστέλλουσιν αὐτῷ τοὺς μαθητὰς αὐτῶν
Y envían   le   a los discípulos de ellos

μετὰ τῶν Ἡρῳδιανῶν λέγοντες· διδάσκαλε,
con los herodianos diciendo: maestro,

οἴδαμεν ὅτι ἀληθὴς εἶ καὶ τὴν ὁδὸν   τοῦ Θεοῦ
sabemos que veraz eres y el camino de Dios

ἐν ἀληθείᾳ διδάσκεις, καὶ οὐ μέλει   σοι   περὶ
en verdad enseñas,   y no hay diferencia para ti   de

οὐδενός· οὐ γὰρ   βλέπεις εἰς πρόσωπον ἀνθρώπων.
nadie, no Porque miras a   rostro   de hombres.

17 εἰπὲ οὖν ἡμῖν,   τί σοι δοκεῖ; ἔξεστι δοῦναι
Di pues a nosotros: ¿qué te parece? ¿Es lícito dar

κῆνσον Καίσαρι ἢ οὔ;
tributo a César o no?

8Entonces dice a sus siervos: Las bodas a la verdad están aparejadas; mas los que eran llamados no eran dignos.
9Id pues a las salidas de los caminos, y llamad a las bodas a cuantos hallareis.
10Y saliendo los siervos por los caminos, juntaron a todos los que hallaron, juntamente malos y buenos: y las bodas fueron llenas de convidados.
11Y entró el rey para ver los convidados, y vió allí un hombre no vestido de boda.
12Y le dijo: Amigo, ¿cómo entraste aquí no teniendo vestido de boda? Mas él cerró la boca.
13Entonces el rey dijo a los que servían: Atado de pies y de manos tomadle, y echadle en las tinieblas de afuera: allí será el lloro y el crujir de dientes.
14Porque muchos son llamados, y pocos escogidos.
15Entonces, idos los Fariseos, consultaron cómo le tomarían en *alguna* palabra.
16Y envían a él los discípulos de ellos, con los Herodianos, diciendo: Maestro, sabemos que eres amador de la verdad, y *que* enseñas con verdad el camino de Dios, y *que* no te curas de nadie, porque no tienes acepción de persona de hombres.
17Dinos pues, ¿qué te parece? ¿es lícito dar tributo a César, o no?

---
245. La NU sustituye por a los que.
246. Literalmente, los que se reclinan, se entiende que para comer.
247. Literalmente, los que se reclinan, se entiende que para comer.
248. La NU omite tomadlo.

18 Mas Jesús, entendida la malicia de ellos, *les* dice: ¿Por qué me tentáis, hipócritas?
19 Mostradme la moneda del tributo. Y ellos le presentaron un denario.
20 Entonces les dice: ¿Cúya es esta figura, y lo que está encima escrito?
21 Dícenle: De César. Y díceles: Pagad pues a César lo que es de César, y a Dios lo que es de Dios.
22 Y oyendo esto, se maravillaron, y dejándole se fueron.
23 Aquel día llegaron a él los Saduceos, que dicen no haber resurrección, y le preguntaron,
24 Diciendo: Maestro, Moisés dijo: Si alguno muriere sin hijos, su hermano se casará con su mujer, y despertará simiente a su hermano.
25 Fueron pues, entre nosotros siete hermanos: y el primero tomó mujer, y murió; y no teniendo generación, dejó su mujer a su hermano.
26 De la misma manera también el segundo, y el tercero, hasta los siete.
27 Y después de todos murió también la mujer.
28 En la resurrección pues, ¿de cuál de los siete será ella mujer? porque todos la tuvieron.

18 γνοὺς   δὲ   ὁ Ἰησοῦς τὴν πονηρίαν αὐτῶν
Conociendo entonces Jesús   la maldad   de ellos

εἶπε· τί   με πειράζετε, ὑποκριταί;
dijo: ¿por qué me tentáis, hipócritas?

19 ἐπιδείξατέ μοι τὸ νόμισμα τοῦ κήνσου.
Mostrad me la moneda del tributo

οἱ   δὲ   προσήνεγκαν αὐτῷ δηνάριον.
ellos entonces llevaron   le   denario.

20 καὶ λέγει αὐτοῖς· τίνος ἡ εἰκὼν αὕτη
Y dice les: ¿de quién la imagen esta

καὶ ἡ ἐπιγραφή;
y la inscripción?

21 λέγουσιν αὐτῷ· Καίσαρος. τότε   λέγει αὐτοῖς·
Dicen   le: de César. Entonces dice les:

ἀπόδοτε οὖν τὰ Καίσαρος Καίσαρι
devolved pues lo de César a César

καὶ τὰ τοῦ Θεοῦ τῷ Θεῷ.
y lo de Dios a Dios.

22 καὶ ἀκούσαντες   ἐθαύμασαν, καὶ ἀφέντες αὐτὸν
Y habiendo escuchado se maravillaron, y dejando lo

ἀπῆλθαν.
se fueron.

23 Ἐν ἐκείνῃ τῇ ἡμέρᾳ προσῆλθον αὐτῷ Σαδδουκαῖοι,
En aquel el día   se acercaron a él saduceos,

οἱ λέγοντες μὴ εἶναι ἀνάστασιν, καὶ ἐπηρώτησαν αὐτὸν
los diciendo no haber resurrección, y preguntaron a él

24 λέγοντες· διδάσκαλε, Μωϋσῆς εἶπεν, ἐάν τις   ἀποθάνῃ
diciendo: maestro, Moisés dijo: si alguno muere

μὴ ἔχων   τέκνα, ἐπιγαμβρεύσει   ὁ ἀδελφὸς αὐτοῦ
no teniendo hijos tomará en matrimonio el hermano de él

τὴν γυναῖκα αὐτοῦ καὶ ἀναστήσει
a la esposa de él y levantará

σπέρμα   τῷ ἀδελφῷ αὐτοῦ.
descendencia[249] al hermano de él.

25 ἦσαν δὲ παρ' ἡμῖν   ἑπτὰ ἀδελφοί· καὶ ὁ πρῶτος
Estaban - con nosotros siete hermanos. Y el primero

γαμήσας   ἐτελεύτησε, καὶ μὴ ἔχων σπέρμα
habiéndose casado murió, y no teniendo descendencia

ἀφῆκε τὴν γυναῖκα αὐτοῦ τῷ ἀδελφῷ αὐτοῦ.
dejó la mujer de él al hermano de él.

26 ὁμοίως   καὶ   ὁ δεύτερος καὶ ὁ τρίτος,
De manera semejante también el segundo y el tercero,

ἕως τῶν ἑπτά.
hasta los siete.

27 ὕστερον δὲ πάντων ἀπέθανε καὶ   ἡ γυνή.
Último - de todos murió   también la mujer.

28 ἐν τῇ οὖν   ἀναστάσει τίνος τῶν ἑπτὰ ἔσται γυνή;
en la Por lo tanto resurrección ¿de cuál de los siete será mujer?

πάντες γὰρ   ἔσχον αὐτήν.
todos Porque tuvieron la.

---

249. Literalmente: semilla.

29 ἀποκριθεὶς δὲ ὁ Ἰησοῦς εἶπεν αὐτοῖς· πλανᾶσθε μὴ
Respondiendo entonces Jesús dijo les: erráis no

εἰδότες τὰς γραφὰς μηδὲ τὴν δύναμιν τοῦ Θεοῦ.
conociendo las Escrituras ni el poder de Dios.

30 ἐν γὰρ τῇ ἀναστάσει οὔτε γαμοῦσιν οὔτε
en Porque la resurrección ni se casan ni

ἐκγαμίζονται, ἀλλ᾽ ὡς ἄγγελοι Θεοῦ ἐν οὐρανῷ εἰσι.
se dan en matrimonio, sino como ángeles de Dios[250] en cielo son.

31 περὶ δὲ τῆς ἀναστάσεως τῶν νεκρῶν οὐκ
Acerca sin embargo de la resurrección de los muertos ¿no

ἀνέγνωτε τὸ ῥηθὲν ὑμῖν ὑπὸ τοῦ Θεοῦ λέγοντος·
conocéis lo dicho a vosotros por Dios diciendo:

32 ἐγώ εἰμι ὁ Θεὸς Ἀβραὰμ καὶ ὁ Θεὸς Ἰσαὰκ
Yo soy el Dios de Abraham y el Dios de Isaac

καὶ ὁ Θεὸς Ἰακώβ; οὐκ ἔστιν ὁ Θεὸς
y el Dios de Jacob? No es el Dios

Θεὸς νεκρῶν, ἀλλὰ ζώντων.
Dios de muertos, sino de vivientes.

33 καὶ ἀκούσαντες οἱ ὄχλοι ἐξεπλήσσοντο
Y habiendo escuchado las multitudes se maravillaron

ἐπὶ τῇ διδαχῇ αὐτοῦ.
por la enseñanza de él.

34 Οἱ δὲ Φαρισαῖοι, ἀκούσαντες ὅτι ἐφίμωσε τοὺς
los Entonces fariseos, habiendo escuchado que silenció a los

Σαδδουκαίους, συνήχθησαν ἐπὶ τὸ αὐτό,
saduceos, se congregaron por lo mismo.

35 καὶ ἐπηρώτησεν εἷς ἐξ αὐτῶν, νομικός,
Y preguntó uno de ellos, letrado,

πειράζων αὐτόν καὶ λέγων·
tentando lo y diciendo:[251]

36 διδάσκαλε, ποία ἐντολὴ μεγάλη ἐν τῷ νόμῳ;
maestro, ¿qué mandamiento (es) grande en la ley?

37 ὁ δὲ Ἰησοῦς ἔφη αὐτῷ· ἀγαπήσεις Κύριον τὸν Θεόν σου
- Entonces Jesús[252] dijo le: amarás a Señor el Dios de ti

ἐν ὅλῃ τῇ καρδίᾳ σου καὶ ἐν ὅλῃ τῇ ψυχῇ σου
con todo el corazón de ti y con toda el alma de ti

καὶ ἐν ὅλῃ τῇ διανοίᾳ σου.
y con toda la mente de ti.

38 αὕτη ἐστὶ πρώτη καὶ μεγάλη ἐντολή.
Éste es primero y gran mandamiento.

39 δευτέρα δὲ ὁμοία αὐτῇ· ἀγαπήσεις τὸν πλησίον σου
Segundo entonces semejante a él: amarás al prójimo de ti

ὡς σεαυτόν.
como a ti mismo.

40 ἐν ταύταις ταῖς δυσὶν ἐντολαῖς ὅλος ὁ νόμος
De estos los dos mandamientos toda la ley

καὶ οἱ προφῆται κρέμανται.
y los profetas penden.

29 Entonces respondiendo Jesús, les dijo: Erráis ignorando las Escrituras, y el poder de Dios.
30 Porque en la resurrección, ni los hombres tomarán mujeres, ni las mujeres maridos; mas son como los ángeles de Dios en el cielo.
31 Y de la resurrección de los muertos, ¿no habéis leído lo que os es dicho por Dios, que dice:
32 Yo soy el Dios de Abraham, y el Dios de Isaac, y el Dios de Jacob? Dios no es Dios de muertos, sino de vivos.
33 Y oyendo esto las gentes, estaban atónitas de su doctrina.
34 Entonces los Fariseos, oyendo que había cerrado la boca a los Saduceos, se juntaron a una.
35 Y preguntó uno de ellos, intérprete de la ley, tentándole y diciendo:
36 Maestro, ¿cuál es el mandamiento grande en la ley?
37 Y Jesús le dijo: Amarás al Señor tu Dios de todo tu corazón, y de toda tu alma, y de toda tu mente.
38 Este es el primero y el grande mandamiento.
39 Y el segundo es semejante a éste: Amarás a tu prójimo como a ti mismo.
40 De estos dos mandamientos depende toda la ley y los profetas.

---

250. La NU omite de Dios.
251. La NU omite y diciendo.
252. La NU omite Jesús.

41 Y estando juntos los Fariseos, Jesús les preguntó,
42 Diciendo: ¿Qué os parece del Cristo? ¿de quién es Hijo? Dícenle: De David.
43 El les dice: ¿Pues cómo David en Espíritu le llama Señor, diciendo:
44 Dijo el Señor a mi Señor:
Siéntate a mi diestra,
Entre tanto que pongo tus enemigos por estrado de tus pies?
45 Pues si David le llama Señor, ¿cómo es su Hijo?
46 Y nadie le podía responder palabra; ni osó alguno desde aquel día preguntarle más.

23

Entonces habló Jesús a las gentes y a sus discípulos,
2 Diciendo: Sobre la cátedra de Moisés se sentaron los escribas y los Fariseos:
3 Así que, todo lo que os dijeren que guardéis, guarda*lo* y hace*lo*; mas no hagáis conforme a sus obras: porque dicen, y no hacen.
4 Porque atan cargas pesadas y difíciles de llevar, y las ponen sobre los hombros de los hombres; mas ni aun con su dedo las quieren mover.

---

41 Συνηγμένων δὲ τῶν Φαρισαίων ἐπηρώτησεν
Congregándose entonces los fariseos preguntó
αὐτοὺς ὁ Ἰησοῦς
a ellos Jesús

42 λέγων· τί ὑμῖν δοκεῖ περὶ τοῦ Χριστοῦ; τίνος υἱός ἐστι;
diciendo: ¿qué os parece acerca del mesías? ¿De quién hijo es?
λέγουσιν αὐτῷ· τοῦ Δαυΐδ.
Dicen le: de David.

43 λέγει αὐτοῖς· πῶς οὖν Δαυῒδ ἐν Πνεύματι Κύριον αὐτὸν
Dice les: ¿cómo pues David en Espíritu Señor lo
καλεῖ λέγων,
llama diciendo:

44 εἶπεν ὁ Κύριος τῷ Κυρίῳ μου, κάθου ἐκ δεξιῶν μου
dijo el Señor al Señor de mí, siéntate a derechas[253] de mí
ἕως ἂν θῶ τοὺς ἐχθρούς σου
hasta que ponga a los enemigos de ti
ὑποπόδιον τῶν ποδῶν σου;
(como) escabel[254] de los pies de ti?

45 εἰ οὖν Δαυῒδ καλεῖ αὐτὸν Κύριον,
Si pues David llama lo Señor,
πῶς υἱὸς αὐτοῦ ἐστι;
¿cómo hijo de él es?

46 καὶ οὐδεὶς ἐδύνατο αὐτῷ ἀποκριθῆναι λόγον,
Y nadie pudo a él responder palabra,
οὐδὲ ἐτόλμησέ τις ἀπ' ἐκείνης τῆς ἡμέρας
ni se atrevió alguno desde aquel el día
ἐπερωτῆσαι αὐτὸν οὐκέτι.
a preguntar le nada.

23

1 Τότε ὁ Ἰησοῦς ἐλάλησε τοῖς ὄχλοις
Entonces Jesús habló a las multitudes
καὶ τοῖς μαθηταῖς αὐτοῦ
y a los discípulos de él

2 λέγων· ἐπὶ τῆς Μωϋσέως καθέδρας ἐκάθισαν
diciendo: en de Moisés cátedra se sentaron
οἱ γραμματεῖς καὶ οἱ Φαρισαῖοι.
los escribas y los fariseos.

3 πάντα οὖν ὅσα ἐὰν εἴπωσιν ὑμῖν τηρεῖν, τηρεῖτε καὶ
Todo pues cuanto acaso digan os guardar,[255] guardad y
ποιεῖτε, κατὰ δὲ τὰ ἔργα αὐτῶν μὴ ποιεῖτε·
haced, según Pero las obras de ellos no hagáis,
λέγουσι γὰρ, καὶ οὐ ποιοῦσι.
dicen Porque, y no hacen.

4 δεσμεύουσι γὰρ φορτία βαρέα καὶ δυσβάστακτα
atan Porque cargas pesadas y difíciles de llevar
καὶ ἐπιτιθέασιν ἐπὶ τοὺς ὤμους τῶν ἀνθρώπων,
y colocan sobre los hombros de los hombres,
τῷ δὲ δακτύλῳ αὐτῶν οὐ θέλουσι κινῆσαι αὐτά.
con el Pero dedo de ellos no quieren mover las.

---

253. Es decir, a la diestra.
254. La NU sustituye por debajo.
255. La NU omite guardar.

5 πάντα δὲ τὰ ἔργα αὐτῶν ποιοῦσι πρὸς τὸ θεαθῆναι
todas Pero las obras de ellos hacen para el ser vistos
τοῖς ἀνθρώποις. πλατύνουσι γὰρ τὰ φυλακτήρια αὐτῶν
por los hombres. ensanchan Porque las filacterias de ellos
καὶ μεγαλύνουσι τὰ κράσπεδα τῶν ἱματίων αὐτῶν,
y agrandan los flecos de las vestiduras de ellos,[256]

6 φιλοῦσί δὲ τὴν πρωτοκλισίαν ἐν τοῖς δείπνοις
aman Entonces el primer lugar en las cenas
καὶ τὰς πρωτοκαθεδρίας ἐν ταῖς συναγωγαῖς
y los primeros puestos en las sinagogas

7 καὶ τοὺς ἀσπασμοὺς ἐν ταῖς ἀγοραῖς καὶ καλεῖσθαι
y los saludos en las plazas y ser llamados
ὑπὸ τῶν ἀνθρώπων ῥαββί ῥαββί·
por los hombres rabbí rabbí.[257]

8 ὑμεῖς δὲ μὴ κληθῆτε ῥαββί· εἷς γὰρ
Vosotros sin embargo no seréis llamados rabbí, uno Porque
ὑμῶν ἐστιν ὁ διδάσκαλος, ὁ Χριστός· πάντες
de vosotros es el maestro, el mesías.[258] Todos
δὲ ὑμεῖς ἀδελφοί ἐστε.
sin embargo vosotros hermanos sois.

9 καὶ πατέρα μὴ καλέσητε ὑμῶν ἐπὶ τῆς γῆς·
Y padre no llaméis de vosotros sobre la tierra,
εἷς γάρ ἐστιν ὁ πατὴρ ὑμῶν,
uno Porque es el padre de vosotros,
ὁ ἐν τοῖς οὐρανοῖς.
el en los cielos.[259]

10 μηδὲ κληθῆτε καθηγηταί· εἷς γὰρ ὑμῶν
Ni seréis llamados maestros. uno Porque de vosotros
ἐστιν ὁ καθηγητής, ὁ Χριστός.
es el maestro, el mesías.

11 ὁ δὲ μείζων ὑμῶν ἔσται ὑμῶν
el Pero mayor de vosotros será de vosotros
διάκονος.
siervo.

12 ὅστις δὲ ὑψώσει ἑαυτὸν ταπεινωθήσεται,
el que Sin embargo ensalzará a sí mismo será humillado,
καὶ ὅστις ταπεινώσει ἑαυτὸν ὑψωθήσεται.
y el que humillará a sí mismo será ensalzado.

13 Οὐαὶ δὲ ὑμῖν, γραμματεῖς καὶ Φαρισαῖοι ὑποκριταί,
Ay pues de vosotros, escribas y fariseos hipócritas,
ὅτι κατεσθίετε τὰς οἰκίας τῶν χηρῶν καὶ προφάσει
porque devoráis las casas de las viudas y por pretexto
μακρὰ προσευχόμενοι· διὰ τοῦτο λήψεσθε
grandemente orando. Por esto recibiréis
περισσότερον κρίμα.
mayor condenación.[260]

5Antes, todas sus obras hacen para ser mirados de los hombres; porque ensanchan sus filacterias, y extienden los flecos de sus mantos;
6Y aman los primeros asientos en las cenas, y las primeras sillas en las sinagogas;
7Y las salutaciones en las plazas, y ser llamados de los hombres Rabbí, Rabbí.
8Mas vosotros, no queráis ser llamados Rabbí; porque uno es vuestro Maestro, el Cristo; y todos vosotros sois hermanos.
9Y vuestro padre no llaméis a nadie en la tierra; porque uno es vuestro Padre, el cual está en los cielos.
10Ni seáis llamados maestros; porque uno es vuestro Maestro, el Cristo.
11El que es el mayor de vosotros, sea vuestro siervo.
12Porque el que se ensalzare, será humillado; y el que se humillare, será ensalzado.
13Mas ¡ay de vosotros, escribas y Fariseos, hipócritas! porque cerráis el reino de los cielos delante de los hombres; que ni vosotros entráis, ni a los que están entrando dejáis entrar.

---

256. La NU omite de las vestiduras de ellos.
257. La NU omite un rabbí.
258. La NU omite el mesías.
259. La NU sustituye por celestial.
260. La NU omite el versículo 13 y numera como v. 13 el versículo 14. En algunas versiones, el orden de los vv. ha sido invertido.

14¡Ay de vosotros, escribas y Fariseos, hipócritas! porque coméis las casas de las viudas, y por pretexto hacéis larga oración: por esto llevaréis mas grave juicio.
15¡Ay de vosotros, escribas y Fariseos, hipócritas! porque rodeáis la mar y la tierra por hacer un prosélito; y cuando fuere hecho, le hacéis hijo del infierno doble más que vosotros.
16¡Ay de vosotros, guías ciegos! que decís: Cualquiera que jurare por el templo es nada; mas cualquiera que jurare por el oro del templo, deudor es.
17¡Insensatos y ciegos! porque ¿cuál es mayor, el oro, o el templo que santifica al oro?
18Y: Cualquiera que jurare por el altar, es nada; mas cualquiera que jurare por el presente que está sobre él, deudor es.
19¡Necios y ciegos! porque, ¿cuál es mayor, el presente, o el altar que santifica al presente?
20Pues el que jurare por el altar, jura por él, y por todo lo que está sobre él;
21Y el que jurare por el templo, jura por él, y por Aquél que habita en él;
22Y el que jura por el cielo, jura por el trono de Dios, y por Aquél que está sentado sobre él.

14 Οὐαὶ ὑμῖν,   γραμματεῖς καὶ Φαρισαῖοι ὑποκριταί,
      Ay de vosotros, escribas   y fariseos hipócritas,
      ὅτι   κλείετε   τὴν βασιλείαν τῶν   οὐρανῶν
      porque cerráis el reino   de los cielos
      ἔμπροσθεν τῶν ἀνθρώπων· ὑμεῖς γὰρ οὐκ εἰσέρχεσθε,
      delante   de los hombres. vosotros Porque no entráis,
      οὐδὲ τοὺς εἰσερχομένους ἀφίετε εἰσελθεῖν.
      ni   a los entrando   dejáis entrar.

15 Οὐαὶ ὑμῖν,   γραμματεῖς καὶ Φαρισαῖοι ὑποκριταί,
      Ay de vosotros, escribas   y fariseos hipócritas,
      ὅτι   περιάγετε τὴν θάλασσαν καὶ τὴν ξηρὰν
      porque recorréis el mar   y   la seca (tierra)
      ποιῆσαι ἕνα προσήλυτον, καὶ ὅταν   γένηται,
      para hacer un prosélito, y cuando acontece,
      ποιεῖτε αὐτὸν υἱὸν γεέννης
      hacéis lo   hijo de Guehenna
      διπλότερον ὑμῶν.
      doble   que vosotros.

16 Οὐαὶ ὑμῖν,   ὁδηγοὶ τυφλοί, οἱ λέγοντες· ὅς ἂν ὀμόσῃ
      Ay de vosotros, guías ciegos, los diciendo: el que jurare
      ἐν τῷ ναῷ, οὐδέν ἐστιν, ὃς δ' ἂν   ὀμόσῃ
      por el templo, nada es, el que sin embargo jurare
      ἐν τῷ χρυσῷ τοῦ ναοῦ, ὀφείλει.
      por el oro   del templo, está obligado.

17 μωροὶ καὶ τυφλοί. τίς γὰρ μείζων ἐστίν, ὁ χρυσὸς
      Necios y ciegos. ¿qué Porque mayor es,   el oro
      ἢ ὁ ναὸς ὁ ἁγιάζων   τὸν χρυσόν;
      o el templo el santificando²⁶¹ el oro?

18 καί· ὃς ἂν ὀμόσῃ ἐν τῷ θυσιαστηρίῳ, οὐδέν ἐστιν,
      Y: el que jurare por el altar,   nada es,
      ὃς δ' ἂν   ὀμόσῃ ἐν τῷ δώρῳ τῷ ἐπάνω αὐτοῦ,
      el que sin embargo jurare por el don   el encima de él,
      ὀφείλει.
      está obligado.

19 μωροὶ καὶ τυφλοί. τί γὰρ μεῖζον, τὸ δῶρον
      Necios y²⁶² ciegos. ¿qué Porque mayor, el don
      ἢ τὸ θυσιαστήριον τὸ ἁγιάζον   τὸ δῶρον;
      o el altar   el santificando el don?

20 ὁ οὖν ὀμόσας   ἐν τῷ θυσιαστηρίῳ ὀμνύει
      Él pues jurando   por el altar   jura
      ἐν αὐτῷ καὶ ἐν πᾶσι τοῖς ἐπάνω αὐτοῦ·
      por él y   por todo lo encima de él.

21 καὶ ὁ ὀμόσας   ἐν τῷ ναῷ   ὀμνύει ἐν αὐτῷ
      Y el jurando   por el templo jura   por él
      καὶ ἐν τῷ κατοικοῦντι   αὐτόν·
      y   por el habitando   lo.

22 καὶ ὁ ὀμόσας   ἐν τῷ οὐρανῷ ὀμνύει ἐν τῷ θρόνῳ
      Y el habiendo jurado por el cielo jura   por el trono
      τοῦ Θεοῦ καὶ ἐν τῷ καθημένῳ ἐπάνω αὐτοῦ.
      de Dios y por el sentado   sobre él.

---

261. La NU sustituye por el habiendo santificado.
262. La NU omite necios y.

23 Οὐαὶ ὑμῖν, γραμματεῖς καὶ Φαρισαῖοι ὑποκριταί,
Ay de vosotros, escribas y fariseos hipócritas,

ὅτι ἀποδεκατοῦτε τὸ ἡδύοσμον καὶ τὸ ἄνηθον
porque diezmáis la menta y el eneldo

καὶ τὸ κύμινον, καὶ ἀφήκατε τὰ βαρύτερα τοῦ νόμου,
y el comino, y dejasteis lo de más peso de la ley,

τὴν κρίσιν καὶ τὸν ἔλεον καὶ τὴν πίστιν·
el juicio[263] y la misericordia y la fe.

ταῦτα δὲ ἔδει ποιῆσαι κἀκεῖνα μὴ ἀφιέναι.
Esto - era necesario hacer y aquello no dejar.

24 ὁδηγοὶ τυφλοί, οἱ διϋλίζοντες τὸν κώνωπα,
Guías ciegos, los colando el mosquito,

τὴν δὲ κάμηλον καταπίνοντες.
el Pero camello tragando.

25 Οὐαὶ ὑμῖν, γραμματεῖς καὶ Φαρισαῖοι ὑποκριταί,
Ay de vosotros, escribas y fariseos hipócritas,

ὅτι καθαρίζετε τὸ ἔξωθεν τοῦ ποτηρίου
porque limpiáis lo externo de la copa

καὶ τῆς παροψίδος, ἔσωθεν δὲ γέμουσιν
y de la bandeja, dentro sin embargo rebosan

ἐξ ἁρπαγῆς καὶ ἀδικίας.
de rapiña e injusticia.[264]

26 Φαρισαῖε τυφλέ, καθάρισον πρῶτον τὸ ἐντὸς τοῦ ποτηρίου
Fariseo ciego, limpia primero el interior de la copa

καὶ τῆς παροψίδος,[265] ἵνα γένηται καὶ
y de la bandeja, para que resulte también

τὸ ἐκτὸς αὐτῶν καθαρόν.
lo externo de ellos limpio.

27 Οὐαὶ ὑμῖν, γραμματεῖς καὶ Φαρισαῖοι ὑποκριταί,
Ay de vosotros, escribas y fariseos hipócritas,

ὅτι παρομοιάζετε τάφοις κεκονιαμένοις,
porque os asemejáis a tumbas blanqueadas

οἵτινες ἔξωθεν μὲν φαίνονται ὡραῖοι,
las cuales por fuera - se manifiestan hermosas,

ἔσωθεν δὲ γέμουσιν ὀστέων νεκρῶν
dentro sin embargo rebosan de huesos de muertos

καὶ πάσης ἀκαθαρσίας.
y de toda impureza.

28 οὕτω καὶ ὑμεῖς ἔξωθεν μὲν φαίνεσθε τοῖς ἀνθρώποις
Así también vosotros por fuera - os manifestáis a los hombres

δίκαιοι, ἔσωθεν δέ μεστοί ἐστε ὑποκρίσεως
justos, dentro sin embargo llenos estáis de hipocresía

καὶ ἀνομίας.
e iniquidad.

29 Οὐαὶ ὑμῖν, γραμματεῖς καὶ Φαρισαῖοι ὑποκριταί,
Ay de vosotros, escribas y fariseos hipócritas,

ὅτι οἰκοδομεῖτε τοὺς τάφους τῶν προφητῶν
porque edificáis las tumbas de los profetas

καὶ κοσμεῖτε τὰ μνημεῖα τῶν δικαίων,
y adornáis los sepulcros[266] de los justos,

23¡Ay de vosotros, escribas y Fariseos, hipócritas! porque diezmáis la menta y el eneldo y el comino, y dejasteis lo que es lo más grave de la ley, *es a saber,* el juicio y la misericordia y la fe: esto era menester hacer, y no dejar lo otro. **24**¡Guías ciegos, que coláis el mosquito, mas tragáis el camello! **25**¡Ay de vosotros, escribas y Fariseos, hipócritas! porque limpiáis lo que está de fuera del vaso y del plato; mas de dentro están llenos de robo y de injusticia. **26**¡Fariseo ciego, limpia primero lo de dentro del vaso y del plato, para que también lo de fuera se haga limpio! **27**¡Ay de vosotros, escribas y Fariseos, hipócritas! porque sois semejantes a sepulcros blanqueados, que de fuera, a la verdad, se muestran hermosos, mas de dentro están llenos de huesos de muertos y de toda suciedad. **28**Así también vosotros de fuera, a la verdad, os mostráis justos a los hombres; mas de dentro, llenos estáis de hipocresía e iniquidad. **29**¡Ay de vosotros, escribas y Fariseos, hipócritas! porque edificáis los sepulcros de los profetas, y adornáis los monumentos de los justos,

---

263. Es decir, la justicia.
264. La NU sustituye por autoindulgencia.
265. La NU suprime de la bandeja.
266. O monumentos.

30Y decís: Si fuéramos en los días de nuestros padres, no hubiéramos sido sus compañeros en la sangre de los profetas.
31Así que, testimonio dais a vosotros mismos, que sois hijos de aquellos que mataron a los profetas.
32¡Vosotros también henchid la medida de vuestros padres!
33¡Serpientes, generación de víboras! ¿cómo evitaréis el juicio del infierno?
34Por tanto, he aquí, yo envío a vosotros profetas, y sabios, y escribas: y de ellos, *a unos* mataréis y crucificaréis, y *a otros* de ellos azotaréis en vuestras sinagogas, y perseguiréis de ciudad en ciudad:
35Para que venga sobre vosotros toda la sangre justa que se ha derramado sobre la tierra, desde la sangre de Abel el justo, hasta la sangre de Zacarías, hijo de Barachîas, al cual matasteis entre el templo y el altar.
36De cierto os digo que todo esto vendrá sobre esta generación.
37¡Jerusalem, Jerusalem, que matas a los profetas, y apedreas a los que son enviados a ti! ¡cuántas veces quise juntar tus hijos, como la gallina junta sus pollos debajo de las alas, y no quisiste!

30 καὶ λέγετε· εἰ ἦμεν ἐν ταῖς ἡμέραις τῶν πατέρων
y decís: si existiéramos en los días de los padres

ἡμῶν, οὐκ ἂν ἦμεν κοινωνοὶ αὐτῶν
de nosotros, no fuéramos partícipes de ellos

ἐν τῷ αἵματι τῶν προφητῶν.
en la sangre de los profetas.

31 ὥστε μαρτυρεῖτε ἑαυτοῖς ὅτι υἱοί ἐστε
Así testificáis contra vosotros mismos que hijos sois

τῶν φονευσάντων τοὺς προφήτας.
de los habiendo asesinado a los profetas.

32 καὶ ὑμεῖς πληρώσατε τὸ μέτρον
Y vosotros llenáis la medida

τῶν πατέρων ὑμῶν.
de los padres de vosotros.

33 ὄφεις, γεννήματα ἐχιδνῶν. πῶς φύγητε
Serpientes, estirpe de víboras. ¿Cómo huís

ἀπὸ τῆς κρίσεως τῆς γεέννης;
de el juicio de la Guehenna?

34 Διὰ τοῦτο ἰδοὺ ἐγὼ ἀποστέλλω πρὸς ὑμᾶς
Por esto mira yo envío a vosotros

προφήτας καὶ σοφοὺς καὶ γραμματεῖς,
profetas y sabios y escribas,

καὶ ἐξ αὐτῶν ἀποκτενεῖτε καὶ σταυρώσετε,
y de ellos mataréis y crucificaréis,

καὶ ἐξ αὐτῶν μαστιγώσετε ἐν ταῖς συναγωγαῖς
y de ellos azotaréis en las sinagogas

ὑμῶν καὶ διώξετε ἀπὸ πόλεως εἰς πόλιν,
de vosotros y perseguiréis de ciudad en ciudad,

35 ὅπως ἔλθῃ ἐφ' ὑμᾶς πᾶν αἷμα δίκαιον ἐκχυννόμενον
Así venga sobre vosotros toda sangre justa derramada

ἐπὶ τῆς γῆς ἀπὸ τοῦ αἵματος Ἄβελ τοῦ δικαίου
sobre la tierra desde la sangre de Abel el justo

ἕως τοῦ αἵματος Ζαχαρίου υἱοῦ Βαραχίου,
hasta la sangre de Zacarías hijo de Baraquías

ὃν ἐφονεύσατε μεταξὺ τοῦ ναοῦ
al que asesinasteis entre el templo

καὶ τοῦ θυσιαστηρίου.
y el altar.

36 ἀμὴν λέγω ὑμῖν, ἥξει ταῦτα πάντα
Verdaderamente digo os, vendrá esto todo

ἐπὶ τὴν γενεὰν ταύτην.
sobre la generación esta.

37 Ἰερουσαλὴμ Ἰερουσαλήμ, ἡ ἀποκτείνουσα τοὺς προφήτας
Jerusalén, Jerusalén, la matando a los profetas

καὶ λιθοβολοῦσα τοὺς ἀπεσταλμένους πρὸς αὐτήν.
y apedreando a los enviados a ella.

ποσάκις ἠθέλησα ἐπισυναγαγεῖν τὰ τέκνα σου
Cuántas veces quise congregar a los hijos de ti

ὃν τρόπον ἐπισυνάγει ὄρνις τὰ νοσσία ἑαυτῆς
de la manera que congrega gallina los polluelos de sí misma[267]

ὑπὸ τὰς πτέρυγας, καὶ οὐκ ἠθελήσατε.
bajo las alas, y no quisiste.

---

267. La NU sustituye por de ella.

38 ἰδοὺ ἀφίεται ὑμῖν ὁ οἶκος ὑμῶν ἔρημος.
Mira es dejada a vosotros la casa de vosotros desierta.

39 λέγω γὰρ ὑμῖν, οὐ μὴ με ἴδητε ἀπ'
digo Porque os: no de ninguna manera me veréis hasta

ἄρτι ἕως ἂν εἴπητε, εὐλογημένος ὁ ἐρχόμενος ἐν ὀνόματι Κυρίου.
que digáis Bendito el viniendo en nombre de Señor.

24

1 Καὶ ἐξελθὼν ὁ Ἰησοῦς ἐπορεύετο ἀπὸ τοῦ ἱεροῦ·
Y saliendo Jesús se marchaba de el templo,

καὶ προσῆλθον οἱ μαθηταὶ αὐτοῦ ἐπιδεῖξαι αὐτῷ
y acercándose los discípulos de él a mostrar le

τὰς οἰκοδομὰς τοῦ ἱεροῦ.
las construcciones del templo.

2 ὁ δὲ Ἰησοῦς εἶπεν αὐτοῖς· οὐ βλέπετε ταῦτα πάντα;
- Entonces Jesús dijo[268] les: ¿No veis esto todo?

ἀμὴν λέγω ὑμῖν, οὐ μὴ ἀφεθῇ
Verdaderamente digo os, no de ninguna manera será dejada

ὧδε λίθος ἐπὶ λίθον, ὃς οὐ καταλυθήσεται.
aquí piedra sobre piedra, que no será derribada.

3 Καθημένου δὲ αὐτοῦ ἐπὶ τοῦ ὄρους τῶν ἐλαιῶν
Sentándose entonces él en el monte de los olivos

προσῆλθον αὐτῷ οἱ μαθηταὶ κατ' ἰδίαν λέγοντες·
se acercaron a él los discípulos en privado diciendo:

εἰπὲ ἡμῖν πότε ταῦτα ἔσται, καὶ τί τὸ σημεῖον
¿di nos cuando esto será, y cuál la señal

τῆς σῆς παρουσίας καὶ τῆς συντελείας
de la tu parusía[269] y de la consumación[270]

τοῦ αἰῶνος;
del eón?[271]

4 καὶ ἀποκριθεὶς ὁ Ἰησοῦς εἶπεν αὐτοῖς·
Y respondiendo Jesús dijo les:

βλέπετε μή τις ὑμᾶς πλανήσῃ·
mirad no alguno os engañe.

5 πολλοὶ γὰρ ἐλεύσονται ἐπὶ τῷ ὀνόματί μου λέγοντες·
muchos Porque vendrán en el nombre de mí diciendo:

ἐγώ εἰμι ὁ Χριστός, καὶ πολλοὺς πλανήσουσι.
Yo soy el mesías, y a muchos engañarán.

6 μελλήσετε δὲ ἀκούειν πολέμους καὶ ἀκοὰς πολέμων·
Vais entonces a oír guerras y rumores de guerras.

ὁρᾶτε μὴ θροεῖσθε· δεῖ γὰρ πάντα γενέσθαι,
Mirad no os turbéis. debe Porque todo[272] acontecer,

ἀλλ' οὔπω ἐστὶ τὸ τέλος.
pero todavía no es el fin.

7 ἐγερθήσεται γὰρ ἔθνος ἐπὶ ἔθνος καὶ βασιλεία
será levantada Porque nación contra nación y reino

ἐπὶ βασιλείαν, καὶ ἔσονται λιμοὶ καὶ λοιμοὶ
contra reino, y habrá hambres y pestes[273]

καὶ σεισμοὶ κατὰ τόπους·
y terremotos en lugares.

38 He aquí vuestra casa os es dejada desierta. **39** Porque os digo que desde ahora no me veréis, hasta que digáis: Bendito el que viene en el nombre del Señor.

24

Y salido Jesús, íbase del templo; y se llegaron sus discípulos, para mostrarle los edificios del templo. **2** Y respondiendo él, les dijo: ¿Veis todo esto? de cierto os digo, que no será dejada aquí piedra sobre piedra, que no sea destruída. **3** Y sentándose él en el monte de las Olivas, se llegaron a él los discípulos aparte, diciendo: Dinos, ¿cuándo serán estas cosas, y qué señal habrá de tu venida, y del fin del mundo? **4** Y respondiendo Jesús, les dijo: Mirad que nadie os engañe. **5** Porque vendrán muchos en mi nombre, diciendo: Yo soy el Cristo; y a muchos engañarán. **6** Y oiréis guerras, y rumores de guerras: mirad que no os turbéis; porque es menester que todo esto acontezca; mas aún no es el fin. **7** Porque se levantará nación contra nación, y reino contra reino; y habrá pestilencias, y hambres, y terremotos por los lugares.

---

268. La NU sustituye por respondiendo.
269. O venida.
270. O fin.
271. O de la era.
272. La NU suprime todo.
273. La NU suprime y pestes.

8 Y todas estas cosas, principio de dolores.
9 Entonces os entregarán para ser afligidos, y os matarán; y seréis aborrecidos de todas las gentes por causa de mi nombre.
10 Y muchos entonces serán escandalizados; y se entregarán unos a otros, y unos a otros se aborrecerán.
11 Y muchos falsos profetas se levantarán y engañarán a muchos.
12 Y por haberse multiplicado la maldad, la caridad de muchos se resfriará.
13 Mas el que perseverare hasta el fin, éste será salvo.
14 Y será predicado este evangelio del reino en todo el mundo, por testimonio a todos los Gentiles; y entonces vendrá el fin.
15 Por tanto, cuando viereis la abominación del asolamiento, que fué dicha por Daniel profeta, que estará en el lugar santo, (el que lee, entienda),
16 Entonces los que están en Judea, huyan a los montes;
17 Y el que sobre el terrado, no descienda a tomar algo de su casa;
18 Y el que en el campo, no vuelva atrás a tomar sus vestidos.
19 Mas ¡ay de las preñadas, y de las que crían en aquellos días!

8 πάντα δὲ ταῦτα ἀρχὴ ὠδίνων.
todo Sin embargo esto principio de dolores (es).

9 τότε παραδώσουσιν ὑμᾶς εἰς θλῖψιν καὶ ἀποκτενοῦσιν ὑμᾶς,
Entonces entregarán os a tribulación y matarán os,

καὶ ἔσεσθε μισούμενοι ὑπὸ πάντων τῶν ἐθνῶν
y seréis odiados por todas las naciones

διὰ τὸ ὄνομά μου.
por el nombre de mí.

10 καὶ τότε σκανδαλισθήσονται πολλοὶ καὶ ἀλλήλους
Y entonces tropezarán muchos y unos a otros

παραδώσουσι καὶ μισήσουσιν ἀλλήλους.
entregarán y odiarán unos a otros.

11 καὶ πολλοὶ ψευδοπροφῆται ἐγερθήσονται
Y muchos falsos profetas serán levantados

καὶ πλανήσουσι πολλούς,
y engañarán a muchos.

12 καὶ διὰ τὸ πληθυνθῆναι τὴν ἀνομίαν
Y por el aumentar la iniquidad

ψυγήσεται ἡ ἀγάπη τῶν πολλῶν.
se enfriará el amor de los muchos.

13 ὁ δὲ ὑπομείνας εἰς τέλος, οὗτος σωθήσεται.
el Sin embargo aguantando hasta final, éste será salvado.

14 καὶ κηρυχθήσεται τοῦτο τὸ εὐαγγέλιον τῆς βασιλείας
Y será predicado este el evangelio del reino

ἐν ὅλῃ τῇ οἰκουμένῃ εἰς μαρτύριον
en todo el mundo habitado para testimonio

πᾶσι τοῖς ἔθνεσι, καὶ τότε ἥξει τὸ τέλος.
a todas las naciones, y entonces vendrá el fin.

15 Ὅταν οὖν ἴδητε τὸ βδέλυγμα τῆς ἐρημώσεως
Cuando pues veáis la abominación de la desolación

τὸ ῥηθὲν διὰ Δανιὴλ τοῦ προφήτου ἑστὸς
lo dicho a través de Daniel el profeta estando en pie

ἐν τόπῳ ἁγίῳ - ὁ ἀναγινώσκων νοείτω -
en lugar sagrado - el leyendo entienda -

16 τότε οἱ ἐν τῇ Ἰουδαίᾳ φευγέτωσαν
entonces los en Judea huyan

εἰς τὰ ὄρη,
a las montañas.

17 ὁ ἐπὶ τοῦ δώματος μὴ καταβαινέτω ἆραι
Él en la azotea no descienda a tomar

τὰ ἐκ τῆς οἰκίας αὐτοῦ,
lo de la casa de él,

18 καὶ ὁ ἐν τῷ ἀγρῷ μὴ ἐπιστρεψάτω
y el en el campo no se vuelva

ὀπίσω ἆραι τὰ ἱμάτια αὐτοῦ.
atrás a tomar las vestiduras de él.

19 οὐαὶ δὲ ταῖς ἐν γαστρὶ ἐχούσαις
Ay sin embargo de las encintas

καὶ ταῖς θηλαζούσαις ἐν ἐκείναις ταῖς ἡμέραις.
y de las dando de mamar en aquellos los días.

20 προσεύχεσθε δὲ ἵνα μὴ γένηται ἡ φυγὴ ὑμῶν
Orad   entonces para que no acontezca la huída de vosotros
χειμῶνος μηδὲ σαββάτῳ.
en invierno ni en sábado.

21 ἔσται γὰρ τότε θλῖψις μεγάλη, οἵα οὐ γέγονεν
será Porque entonces tribulación grande, cuál no ha acontecido
ἀπ' ἀρχῆς κόσμου ἕως τοῦ νῦν
desde principio de mundo hasta el ahora
οὐδ' οὐ μὴ γένηται.
ni no de ninguna manera acontecerá.

22 καὶ εἰ μὴ ἐκολοβώθησαν αἱ ἡμέραι ἐκεῖναι,
Y si no se acortaran los días aquellos,
οὐκ ἂν ἐσώθη πᾶσα σάρξ· διὰ δὲ τοὺς ἐκλεκτοὺς
no sería salvada toda carne.²⁷⁴ por Sin embargo los elegidos
κολοβωθήσονται αἱ ἡμέραι ἐκεῖναι.
serán acortados los días aquellos.

23 τότε ἐάν τις ὑμῖν εἴπῃ· ἰδοὺ ὧδε ὁ Χριστός
Entonces si alguno os dice: mira aquí el mesías
ἢ ὧδε, μὴ πιστεύσητε·
o aquí, no creáis.

24 ἐγερθήσονται γὰρ ψευδόχριστοι καὶ ψευδοπροφῆται
serán levantados Porque falsos mesías y falsos profetas
καὶ δώσουσι σημεῖα μεγάλα καὶ τέρατα,
y darán señales grandes y prodigios,
ὥστε πλανῆσαι, εἰ δυνατόν, καὶ τοὺς ἐκλεκτούς.
para engañar, si posible, también a los elegidos.

25 ἰδοὺ προείρηκα ὑμῖν.
Mirad he advertido previamente a vosotros.

26 ἐὰν οὖν εἴπωσιν ὑμῖν, ἰδοὺ ἐν τῇ ἐρήμῳ ἐστί,
Si pues dicen os: mira en el desierto está,
μὴ ἐξέλθητε· ἰδοὺ ἐν τοῖς ταμείοις,
no salgáis. Mira en los secretos (aposentos),
μὴ πιστεύσητε·
no creáis.

27 ὥσπερ γὰρ ἡ ἀστραπὴ ἐξέρχεται ἀπὸ ἀνατολῶν
como Porque el relámpago sale de oriente
καὶ φαίνεται ἕως δυσμῶν, οὕτως ἔσται
y se manifiesta hasta occidente, así será
καὶ ἡ παρουσία τοῦ Υἱοῦ τοῦ ἀνθρώπου·
también la perusía²⁷⁵ del Hijo del hombre.

28 ὅπου γὰρ ἐὰν ᾖ τὸ πτῶμα,
donde Porque esté el cadáver,
ἐκεῖ συναχθήσονται οἱ ἀετοί.
allí se reunirán las águilas.

20 Orad, pues, que vuestra huída no sea en invierno ni en sábado;
21 Porque habrá entonces grande aflicción, cual no fué desde el principio del mundo hasta ahora, ni será.
22 Y si aquellos días no fuesen acortados, ninguna carne sería salva; mas por causa de los escogidos, aquellos días serán acortados.
23 Entonces, si alguno os dijere: He aquí está el Cristo, o allí, no creáis.
24 Porque se levantarán falsos Cristos, y falsos profetas, y darán señales grandes y prodigios; de tal manera que engañarán, si es posible, aun a los escogidos.
25 He aquí os *lo* he dicho antes.
26 Así que, si os dijeren: He aquí en el desierto está; no salgáis: He aquí en las cámaras; no creáis.
27 Porque como el relámpago que sale del oriente y se muestra hasta el occidente, así será también la venida del Hijo del hombre.
28 Porque donde quiera que estuviere el cuerpo muerto, allí se juntarán las águilas.

---

274. Es decir, no sobreviviría nadie.
275. O venida.

29 Y luego después de la aflicción de aquellos días, el sol se obscurecerá, y la luna no dará su lumbre, y las estrellas caerán del cielo, y las virtudes de los cielos serán conmovidas.
30 Y entonces se mostrará la señal del Hijo del hombre en el cielo; y entonces lamentarán todas las tribus de la tierra, y verán al Hijo del hombre que vendrá sobre las nubes del cielo, con grande poder y gloria.
31 Y enviará sus ángeles con gran voz de trompeta, y juntarán sus escogidos de los cuatro vientos, de un cabo del cielo hasta el otro.
32 De la higuera aprended la parábola: Cuando ya su rama se enternece, y las hojas brotan, sabéis que el verano está cerca.
33 Así también vosotros, cuando viereis todas estas cosas, sabed que está cercano, a las puertas.
34 De cierto os digo, *que* no pasará esta generación, que todas estas cosas no acontezcan.
35 El cielo y la tierra pasarán, mas mis palabras no pasarán.
36 Empero del día y hora nadie sabe, ni aun los ángeles de los cielos, sino mi Padre solo.

29 Εὐθέως δὲ μετὰ τὴν θλῖψιν τῶν
Inmediatamente entonces tras la tribulación de los
ἡμερῶν ἐκείνων ὁ ἥλιος σκοτισθήσεται καὶ ἡ σελήνη
días aquellos el sol será oscurecido y la luna
οὐ δώσει τὸ φέγγος αὐτῆς, καὶ οἱ ἀστέρες
no dará el resplandor de ella, y las estrellas
πεσοῦνται ἀπὸ τοῦ οὐρανοῦ, καὶ αἱ δυνάμεις
caerán de el cielo, y los poderes
τῶν οὐρανῶν σαλευθήσονται.
de los cielos serán sacudidos.

30 καὶ τότε φανήσεται τὸ σημεῖον τοῦ Υἱοῦ τοῦ ἀνθρώπου
Y entonces será manifestada la señal del Hijo del hombre
ἐν τῷ οὐρανῷ, καὶ τότε κόψονται πᾶσαι
en el cielo, y entonces se lamentarán todas
αἱ φυλαὶ τῆς γῆς καὶ ὄψονται τὸν Υἱὸν τοῦ ἀνθρώπου
las tribus de la tierra y verán al Hijo del hombre
ἐρχόμενον ἐπὶ τῶν νεφελῶν τοῦ οὐρανοῦ
viniendo sobre las nubes del cielo
μετὰ δυνάμεως καὶ δόξης πολλῆς.
con poder y gloria mucha.

31 καὶ ἀποστελεῖ τοὺς ἀγγέλους αὐτοῦ μετὰ σάλπιγγος
Y enviará a los ángeles de él con trompeta
φωνῆς μεγάλης, καὶ ἐπισυνάξουσι τοὺς ἐκλεκτοὺς αὐτοῦ
de voz[276] grande, y reunirán a los elegidos de él
ἐκ τῶν τεσσάρων ἀνέμων ἀπ' ἄκρων
de los cuatro vientos desde extremos
οὐρανῶν ἕως ἄκρων αὐτῶν.
de cielos hasta extremos de ellos.

32 Ἀπὸ δὲ τῆς συκῆς μάθετε τὴν παραβολήν.
de Entonces la higuera aprended la parábola
ὅταν ἤδη ὁ κλάδος αὐτῆς γένηται ἁπαλὸς
cuando ya la rama de ella resulta tierna
καὶ τὰ φύλλα ἐκφύῃ, γινώσκετε ὅτι ἐγγὺς τὸ θέρος·
y las hojas brotan, sabéis[277] que cerca (está) el verano.

33 οὕτω καὶ ὑμεῖς ὅταν ἴδητε πάντα ταῦτα,
Así también vosotros cuando veáis todo esto,
γινώσκετε ὅτι ἐγγύς ἐστιν ἐπὶ θύραις.
sabed que cerca está a puertas.

34 ἀμὴν λέγω ὑμῖν, οὐ μὴ παρέλθῃ ἡ
Verdaderamente digo os, no de ninguna manera pasará la
γενεὰ αὕτη ἕως ἂν πάντα ταῦτα γένηται.
generación esta hasta que todo esto acontezca.

35 ὁ οὐρανὸς καὶ ἡ γῆ παρελεύσονται,
El cielo y la tierra pasarán,
οἱ δὲ λόγοι μου οὐ μὴ παρέλθωσι.
las Pero palabras de mí no de ninguna manera pasarán.

36 Περὶ δὲ τῆς ἡμέρας ἐκείνης καὶ ὥρας οὐδεὶς οἶδεν,
Acerca sin embargo del día aquel y hora nadie sabe,
οὐδὲ οἱ ἄγγελοι τῶν οὐρανῶν,[278]
ni los ángeles de los cielos,
εἰ μὴ ὁ πατήρ μου μόνος.
si no el padre de mí[279] solo.

---

276. La NU suprime voz.
277. O sabed.
278. La NU añade ni el Hijo.
279. La NU omite de mi.

37 ὥσπερ δὲ αἱ ἡμέραι τοῦ Νῶε, οὕτως ἔσται
como Pero los días de Noé, así será
καὶ ἡ παρουσία τοῦ Υἱοῦ τοῦ ἀνθρώπου.
también[280] la parusía[281] del Hijo del hombre.

38 ὥσπερ γὰρ ἦσαν ἐν ταῖς ἡμέραις ταῖς πρὸ τοῦ ατακλυσμοῦ
como Porque estaban en los días[282] los antes del diluvio
τρώγοντες καὶ πίνοντες, γαμοῦντες καὶ ἐκγαμίζοντες,
comiendo y bebiendo, casándose y dándose en matrimonio,
ἄχρι ἧς ἡμέρας εἰσῆλθε Νῶε εἰς τὴν κιβωτόν,
hasta el día que entró Noé en el arca,

39 καὶ οὐκ ἔγνωσαν ἕως ἦλθεν ὁ κατακλυσμὸς
tampoco supieron hasta que vino el diluvio
καὶ ἦρεν ἅπαντας, οὕτως ἔσται
y llevó a todos, así será
καὶ ἡ παρουσία του Υἱοῦ τοῦ ἀνθρώπου.
también la parusía[283] del Hijo del hombre.

40 τότε δύο ἔσονται ἐν τῷ ἀγρῷ,
Entonces dos estarán en el campo,
ὁ εἷς παραλαμβάνεται καὶ ὁ εἷς ἀφίεται·
el uno es tomado y el uno es dejado.[284]

41 δύο ἀλήθουσαι ἐν τῷ μύλωνι,
Dos moliendo en el molino,
μία παραλαμβάνεται καὶ μία ἀφίεται.
una es tomada y una es dejada[285]

42 γρηγορεῖτε οὖν, ὅτι οὐκ οἴδατε ποίᾳ ὥρᾳ
Velad pues, porque no sabéis a qué hora[286]
ὁ Κύριος ὑμῶν ἔρχεται.
el Señor de vosotros viene.

43 Ἐκεῖνο δὲ γινώσκετε ὅτι εἰ ᾔδει ὁ οἰκοδεσπότης
Aquello entonces conoced que si supiera el dueño de la casa
ποίᾳ φυλακῇ ὁ κλέπτης ἔρχεται, ἐγρηγόρησεν ἂν
en qué vigilia el ladrón viene, velaría
καὶ οὐκ ἂν εἴασε διορυγῆναι τὴν οἰκίαν αὐτοῦ.
y no permitiría horadar la casa de él.

44 διὰ τοῦτο καὶ ὑμεῖς γίνεσθε ἕτοιμοι, ὅτι
Por esto también vosotros resultad preparados, porque
ἧ ὥρᾳ οὐ δοκεῖτε ὁ Υἱὸς τοῦ ἀνθρώπου ἔρχεται.
en la hora que no juzgáis[287] el Hijo del hombre viene.

45 Τίς ἄρα ἐστὶν ὁ πιστὸς δοῦλος καὶ φρόνιμος,
¿Quién pues es el fiel siervo y prudente,
ὃν κατέστησεν ὁ κύριος αὐτοῦ ἐπὶ τῆς θεραπείας αὐτοῦ
al que puso el señor de él sobre el servicio[288] de él
τοῦ διδόναι αὐτοῖς τὴν τροφὴν ἐν καιρῷ;
para dar les el alimento a tiempo?

37Mas como los días de Noé, así será la venida del Hijo del hombre.
38Porque como en los días antes del diluvio estaban comiendo y bebiendo, casándose y dando en casamiento, hasta el día que Noé entró en el arca,
39Y no conocieron hasta que vino el diluvio y llevó a todos, así será también la venida del Hijo del hombre.
40Entonces estarán dos en el campo; el uno será tomado, y el otro será dejado:
41Dos mujeres moliendo a un molinillo; la una será tomada, y la otra será dejada.
42Velad pues, porque no sabéis a qué hora ha de venir vuestro Señor.
43Esto empero sabed, que si el padre de la familia supiese a cuál vela el ladrón había de venir, velaría, y no dejaría minar su casa.
44Por tanto, también vosotros estad apercibidos; porque el Hijo del hombre ha de venir a la hora que no pensáis.
45¿Quién pues es el siervo fiel y prudente, al cual puso su señor sobre su familia para que les dé alimento a tiempo?

---

280. La NU omite también.
281. O venida.
282. La NU añade entre paréntesis aquellos.
283. O venida.
284. Es decir, uno es dejado y el otro tomado.
285. Es decir, una es dejada y la otra tomada.
286. La NU sustituye por día.
287. O consideráis, o suponéis.
288. Es decir, sobre los siervos que atienden a su casa. La NU sustituye por servidumbre.

46 Bienaventurado aquel siervo, al cual, cuando su señor viniere, le hallare haciendo así.
47 De cierto os digo, que sobre todos sus bienes le pondrá.
48 Y si aquel siervo malo dijere en su corazón Mi señor se tarda en venir:
49 Y comenzare a herir a sus consiervos, y aun a comer y a beber con los borrachos;
50 Vendrá el señor de aquel siervo en el día que no espera, y a la hora que no sabe,
51 Y le cortará por medio, y pondrá su parte con los hipócritas: allí será el lloro y el crujir de dientes.

25

Entonces el reino de los cielos será semejante a diez vírgenes, que tomando sus lámparas, salieron a recibir al esposo.
2 Y las cinco de ellas eran prudentes, y las cinco fatuas.
3 Las que eran fatuas, tomando sus lámparas, no tomaron consigo aceite;
4 Mas las prudentes tomaron aceite en sus vasos, *juntamente* con sus lámparas.
5 Y tardándose el esposo, cabecearon todas, y se durmieron.

46 μακάριος ὁ δοῦλος ἐκεῖνος ὃν ἐλθὼν ὁ κύριος αὐτοῦ
Dichoso el siervo aquel al que viniendo el señor de él
εὑρήσει ποιοῦντα οὕτως.
encontrará haciendo así.

47 ἀμὴν λέγω ὑμῖν ὅτι ἐπὶ πᾶσι τοῖς ὑπάρχουσιν
Verdaderamente digo os que sobre todas las posesiones
αὐτοῦ καταστήσει αὐτόν.
de él colocará lo.

48 ἐὰν δὲ εἴπῃ ὁ κακὸς δοῦλος ἐκεῖνος ἐν τῇ καρδίᾳ αὐτοῦ,
Si entonces dijera el mal siervo aquel en el corazón de él,
χρονίζει ὁ κύριός μου ἐλθεῖν,[289]
tarda el señor de mí en venir,

49 καὶ ἄρξηται τύπτειν τοὺς συνδούλους αὐτοῦ,
y comenzara a golpear a los consiervos de él,
ἐσθίειν δὲ καὶ πίνει μετὰ τῶν μεθυόντων,
a comer - y beber con los borrachos,

50 ἥξει ὁ κύριος τοῦ δούλου ἐκείνου ἐν ἡμέρᾳ ᾗ οὐ προσδοκᾷ
vendrá el señor del siervo aquel en día en que no espera
καὶ ἐν ὥρᾳ ᾗ οὐ γιγνώσκει,
y en hora en que no conoce,

51 καὶ διχοτομήσει αὐτόν, καὶ τὸ μέρος αὐτοῦ
y dividirá[290] lo, y la parte de él
μετὰ τῶν ὑποκριτῶν θήσει· ἐκεῖ ἔσται ὁ κλαυθμὸς
con los hipócritas pondrá. Allí será el llanto
καὶ ὁ βρυγμὸς τῶν ὀδόντων.
y el rechinar de los dientes.

25

1 Τότε ὁμοιωθήσεται ἡ βασιλεία τῶν οὐρανῶν
Entonces será asemejado el reino de los cielos
δέκα παρθένοις, αἵτινες λαβοῦσαι τὰς λαμπάδας αὐτῶν
a diez vírgenes, que tomando las lámparas de ellas
ἐξῆλθον εἰς ἀπάντησιν τοῦ νυμφίου.[291]
salieron a reunión del esposo.

2 πέντε δὲ ἦσαν ἐξ αὐτῶν φρόνιμοι
Cinco sin embargo eran de ellas prudentes
καὶ αἱ πέντε μωραί.
y las cinco necias,

3 αἵτινες μωραὶ λαβοῦσαι τὰς λαμπάδας ἑαυτῶν
las que[292] necias tomando las lámparas de sí mismas
οὐκ ἔλαβον μεθ᾽ ἑαυτῶν ἔλαιον·
no tomaron consigo aceite.

4 αἱ δὲ φρόνιμοι ἔλαβον ἔλαιον ἐν τοῖς ἀγγείοις αὐτῶν
las Sin embargo prudentes tomaron aceite en las alcuzas de ellas
μετὰ τῶν λαμπάδων αὐτῶν.
con las lámparas de ellas.

5 χρονίζοντος δὲ τοῦ νυμφίου ἐνύσταξαν
Retrasándose entonces el esposo cabecearon
πᾶσαι καὶ ἐκάθευδον.
todas y se durmieron.

---

289. La NU suprime en venir.
290. O lo partirá en dos.
291. Es decir, a reunirse o encontrarse con el esposo.
292. La NU sustituye por las.

6 μέσης δὲ νυκτὸς κραυγὴ γέγονεν· ἰδοὺ ὁ νυμφίος
a media Entonces noche gritó aconteció. Mira el esposo
ἔρχεται, ἐξέρχεσθε εἰς ἀπάντησιν αὐτοῦ.
viene,²⁹³ salid a reunión de él.²⁹⁴

7 τότε ἠγέρθησαν πᾶσαι αἱ παρθένοι ἐκεῖναι
Entonces fueron levantadas todas las vírgenes aquellas
καὶ ἐκόσμησαν τὰς λαμπάδας αὐτῶν.
y prepararon las lámparas de ellas.

8 αἱ δὲ μωραὶ ταῖς φρονίμοις εἶπον· δότε ἡμῖν
las Entonces necias a las sensatas dijeron: dad nos
ἐκ τοῦ ἐλαίου ὑμῶν, ὅτι αἱ λαμπάδες ἡμῶν
de el aceite de vosotras, porque las lámparas de nosotras
σβέννυνται.
se extinguen.

9 ἀπεκρίθησαν δὲ αἱ φρόνιμοι λέγουσαι· μήποτε
Respondieron entonces las sensatas diciendo: no sea que
οὐκ ἀρκέσῃ ἡμῖν καὶ ὑμῖν· πορεύεσθε
no baste para nosotras y para vosotras. id
δὲ μᾶλλον πρὸς τοὺς πωλοῦντας καὶ ἀγοράσατε
Sin embargo más bien a los vendiendo y comprad
ἑαυταῖς.
para vosotras mismas.

10 ἀπερχομένων δὲ αὐτῶν ἀγοράσαι ἦλθεν ὁ νυμφίος
Marchándose entonces ellas a comprar vino el esposo
καὶ αἱ ἕτοιμοι εἰσῆλθον μετ' αὐτοῦ εἰς τοὺς γάμους,
y las preparadas entraron con él a las bodas,
καὶ ἐκλείσθη ἡ θύρα.
y fue cerrada la puerta.

11 ὕστερον δὲ ἔρχονται καὶ αἱ λοιπαὶ παρθένοι λέγουσαι·
más tarde Pero vienen también las restantes vírgenes diciendo:
κύριε κύριε, ἄνοιξον ἡμῖν.
Señor señor, abre nos.

12 ὁ δὲ ἀποκριθεὶς εἶπεν· ἀμὴν λέγω ὑμῖν,
Él entonces respondiendo dijo: verdaderamente digo os:
οὐκ οἶδα ὑμᾶς.
No conozco os.

13 γρηγορεῖτε οὖν, ὅτι οὐκ οἴδατε τὴν ἡμέραν οὐδὲ
Velad pues, porque no sabéis el día ni
τὴν ὥραν ἐν ᾗ ὁ Υἱὸς τοῦ ἀνθρώπου ἔρχεται.
la hora²⁹⁵ en la que el Hijo del hombre viene.

14 Ὥσπερ γὰρ ἄνθρωπος ἀποδημῶν ἐκάλεσε τοὺς ἰδίους
como Porque hombre viajando llamó a los propios
δούλους καὶ παρέδωκεν αὐτοῖς τὰ ὑπάρχοντα αὐτοῦ,
siervos y entregó les las posesiones de él,

15 καὶ ᾧ μὲν ἔδωκε πέντε τάλαντα, ᾧ δὲ δύο,
y al cual - dio cinco talentos, al cual sin embargo dos,
ᾧ δὲ ἕν, ἑκάστῳ κατὰ τὴν ἰδίαν δύναμιν,
al cual sin embargo uno, a cada uno según el propio poder,²⁹⁶
καὶ ἀπεδήμησεν εὐθέως.
y partió inmediatamente.

6Y a la media noche fué oído un clamor: He aquí, el esposo viene; salid a recibirle.
7Entonces todas aquellas vírgenes se levantaron, y aderezaron sus lámparas.
8Y las fatuas dijeron a las prudentes: Dadnos de vuestro aceite; porque nuestras lámparas se apagan.
9Mas las prudentes respondieron, diciendo: Porque no nos falte a nosotras y a vosotras, id antes a los que venden, y comprad para vosotras.
10Y mientras que ellas iban a comprar, vino el esposo; y las que estaban apercibidas, entraron con él a las bodas; y se cerró la puerta.
11Y después vinieron también las otras vírgenes, diciendo: Señor, Señor, ábrenos.
12Mas respondiendo él, dijo: De cierto os digo, *que* no os conozco.
13Velad, pues, porque no sabéis el día ni la hora en que el Hijo del hombre ha de venir.
14Porque el reino de los cielos es como un hombre que partiéndose lejos llamó a sus siervos, y les entregó sus bienes.
15Y a éste dió cinco talentos, y al otro dos, y al otro uno: a cada uno conforme a su facultad; y luego se partió lejos.

---

293. La NU omite viene.
294. Es decir, a reuniros con él.
295. La NU suprime desde en la que... hasta el final del versículo.
296. Es decir, capacidad.

16 Y el que había recibido cinco talentos se fué, y granjeó con ellos, e hizo otros cinco talentos.
17 Asimismo el que *había recibido* dos, ganó también él otros dos.
18 Mas el que había recibido uno, fué y cavó en la tierra, y escondió el dinero de su señor.
19 Y después de mucho tiempo, vino el señor de aquellos siervos, e hizo cuentas con ellos.
20 Y llegando el que había recibido cinco talentos, trajo otros cinco talentos, diciendo: Señor, cinco talentos me entregaste; he aquí otros cinco talentos he ganado sobre ellos.
21 Y su señor le dijo: Bien, buen siervo y fiel; sobre poco has sido fiel, sobre mucho te pondré: entra en el gozo de tu señor.
22 Y llegando también el que había recibido dos talentos, dijo: Señor, dos talentos me entregaste; he aquí otros dos talentos he ganado sobre ellos.
23 Su señor le dijo: Bien, buen siervo y fiel; sobre poco has sido fiel, sobre mucho te pondré: entra en el gozo de tu señor.
24 Y llegando también el que había recibido un talento, dijo: Señor, te conocía que eres hombre duro, que siegas donde no sembraste, y recoges donde no esparciste;

16 πορευθεὶς δὲ ὁ τὰ πέντε τάλαντα λαβὼν ἠργάσατο
Yendo entonces el los cinco talentos recibiendo trabajó

ἐν αὐτοῖς καὶ ἐποίησεν ἄλλα πέντε τάλαντα.
con ellos e hizo[297] otros cinco talentos.

17 ὡσαύτως καὶ ὁ τὰ δύο ἐκέρδησε
Semejantemente también el los dos ganó

καὶ αὐτὸς ἄλλα δύο.
también él[298] otros dos.

18 ὁ δὲ τὸ ἓν λαβὼν ἀπελθὼν ὤρυξεν ἐν τῇ γῇ
el Entonces el uno recibiendo yéndose cavó en la tierra

καὶ ἀπέκρυψε τὸ ἀργύριον τοῦ κυρίου αὐτοῦ.
y escondió la plata del señor de él.

19 μετὰ δὲ χρόνον πολὺν ἔρχεται ὁ κύριος τῶν
después Entonces de tiempo mucho viene el señor de los

δούλων ἐκείνων καὶ συναίρει μετ' αὐτῶν λόγον.
siervos aquellos y ajusta con ellos asunto.

20 καὶ προσελθὼν ὁ τὰ πέντε τάλαντα λαβὼν προσήνεγκεν
Y acercándose el los cinco talentos recibiendo trajo

ἄλλα πέντε τάλαντα λέγων· κύριε, πέντε τάλαντά μοι
otros cinco talentos diciendo: señor, cinco talentos me

παρέδωκας· ἴδε ἄλλα πέντε τάλαντα
entregaste. Mira otros cinco talentos

ἐκέρδησα ἐπ' αὐτοῖς.
gané aparte de ellos.[299]

21 ἔφη αὐτῷ ὁ κύριος αὐτοῦ· εὖ, δοῦλε ἀγαθὲ καὶ πιστέ·
Dijo le el señor de él: bien, siervo bueno y fiel.

ἐπὶ ὀλίγα ἧς πιστός, ἐπὶ πολλῶν σε καταστήσω·
Sobre poco eras fiel, sobre mucho te colocaré.

εἴσελθε εἰς τὴν χαρὰν τοῦ κυρίου σου.
Entra en la alegría del señor de ti.

22 προσελθὼν δὲ καὶ ὁ τὰ δύο τάλαντα λαβὼν[300]
Acercándose entonces también el los dos talentos recibiendo

εἶπε· κύριε, δύο τάλαντά μοι παρέδωκας· ἴδε ἄλλα δύο τάλαντα
dijo: señor, dos talentos me entregaste. Mira otros dos talentos

ἐκέρδησα ἐπ' αὐτοῖς.
gané aparte de ellos.[301]

23 ἔφη αὐτῷ ὁ κύριος αὐτοῦ· εὖ, δοῦλε ἀγαθὲ καὶ πιστέ·
Dijo le el señor de él: bien, siervo bueno y fiel.

ἐπὶ ὀλίγα ἧς πιστός, ἐπὶ πολλῶν σε καταστήσω·
Sobre poco eras fiel, sobre mucho te colocaré.

εἴσελθε εἰς τὴν χαρὰν τοῦ κυρίου σου.
Entra en la alegría del señor de ti.

24 προσελθὼν δὲ καὶ ὁ τὸ ἓν τάλαντον εἰληφὼς
Entrando entonces también - el un talento habiendo recibido

εἶπε· κύριε, ἔγνων σε ὅτι σκληρὸς εἶ ἄνθρωπος,
dijo: señor, habiendo conocido a ti que duro eres hombre,

θερίζων ὅπου οὐκ ἔσπειρας καὶ συνάγων
cosechando donde no sembraste y recogiendo

ὅθεν οὐ διεσκόρπισας·
donde no esparciste,

---

297. La NU sustituye por ganó.
298. La NU suprime también él.
299. La NU suprime aparte de ellos.
300. La NU suprime recibiendo.
301. La NU suprime aparte de ellos.

25 καὶ φοβηθεὶς ἀπελθὼν ἔκρυψα τὸ τάλαντόν σου
y temiendo yéndome escondí el talento de ti

ἐν τῇ γῇ· ἴδε ἔχεις τὸ σόν.
en la tierra. Mira tienes lo tuyo.

26 ἀποκριθεὶς δὲ ὁ κύριος αὐτοῦ εἶπεν αὐτῷ· πονηρὲ δοῦλε
Respondiendo entonces el Señor de él dijo le: mal siervo

καὶ ὀκνηρέ. ᾔδεις ὅτι θερίζω ὅπου οὐκ ἔσπειρα
y holgazán. Sabías que cosecho donde no sembré

καὶ συνάγω ὅθεν οὐ διεσκόρπισα·
y reuno donde no esparcí.

27 ἔδει οὖν σε βαλεῖν τὸ ἀργύριόν μου τοῖς τραπεζίταις,
Era preciso pues a ti poner la plata de mí con los banqueros,

καὶ ἐλθὼν ἐγὼ ἐκομισάμην ἂν τὸ ἐμὸν σὺν τόκῳ.
y viniendo yo recibiría lo mío con interés.

28 ἄρατε οὖν ἀπ' αὐτοῦ τὸ τάλαντον καὶ
Tomad pues de él el talento y

δότε τῷ ἔχοντι τὰ δέκα τάλαντα.
dad al teniendo los diez talentos.

29 τῷ γὰρ ἔχοντι παντὶ δοθήσεται καὶ περισσευθήσεται,
al Porque teniendo todo³⁰² será dado y abundará,

ἀπὸ δὲ τοῦ μὴ ἔχοντος καὶ ὃ ἔχει ἀρθήσεται
de Pero el no teniendo también lo que tiene será quitado

ἀπ' αὐτοῦ.
de él.

30 καὶ τὸν ἀχρεῖον δοῦλον ἐκβάλετε εἰς τὸ σκότος
Y al inútil siervo arrojad a la oscuridad

τὸ ἐξώτερον· ἐκεῖ ἔσται ὁ κλαυθμὸς
la externa. Allí será el llanto

καὶ ὁ βρυγμὸς τῶν ὀδόντων.
y el rechinar de los dientes.

31 Ὅταν δὲ ἔλθῃ ὁ Υἱὸς τοῦ ἀνθρώπου ἐν τῇ δόξῃ αὐτοῦ
Cuando - venga el Hijo del hombre en la gloria de él

καὶ πάντες οἱ ἅγιοι ἄγγελοι μετ' αὐτοῦ,
y todos los santos³⁰³ ángeles con él,

τότε καθίσει ἐπὶ θρόνου δόξης αὐτοῦ,
entonces se sentará sobre trono de gloria de él.

32 καὶ συναχθήσεται ἔμπροσθεν αὐτοῦ πάντα τὰ ἔθνη,
Y serán reunidas delante de él todas las naciones,

καὶ ἀφοριεῖ αὐτοὺς ἀπ' ἀλλήλων ὥσπερ ὁ ποιμὴν
y separará a unas de otras como el pastor

ἀφορίζει τὰ πρόβατα ἀπὸ τῶν ἐρίφων,
separa las ovejas de las cabras.

33 καὶ στήσει τὰ μὲν πρόβατα ἐκ δεξιῶν αὐτοῦ,
Y pondrá las - ovejas a derechas de él,

τὰ δὲ ἐρίφια ἐξ εὐωνύμων.
las Pero cabras a izquierdas.

25 Y tuve miedo, y fuí, y escondí tu talento en la tierra: he aquí tienes lo que es tuyo.
26 Y respondiendo su señor, le dijo: Malo y negligente siervo, sabías que siego donde no sembré y *que* recojo donde no esparcí;
27 Por tanto te convenía dar mi dinero a los banqueros, y viniendo yo, hubiera recibido lo que es mío con usura.
28 Quitadle pues el talento, y dadlo al que tiene diez talentos.
29 Porque a cualquiera que tuviere, le será dado, y tendrá más; y al que no tuviere, aun lo que tiene le será quitado.
30 Y al siervo inútil echadle en las tinieblas de afuera: allí será el lloro y el crujir de dientes.
31 Y cuando el Hijo del hombre venga en su gloria, y todos los santos ángeles con él, entonces se sentará sobre el trono de su gloria.
32 Y serán reunidas delante de él todas las gentes: y los apartará los unos de los otros, como aparta el pastor las ovejas de los cabritos.
33 Y pondrá las ovejas a su derecha, y los cabritos a la izquierda.

---

302. Es decir, porque a todo el que tiene.
303. La NU suprime santos.

34Entonces el Rey dirá a los que *estarán* a su derecha: Venid, benditos de mi Padre, heredad el reino preparado para vosotros desde la fundación del mundo:
35Porque tuve hambre, y me disteis de comer; tuve sed, y me disteis de beber; fuí huésped, y me recogisteis;
36Desnudo, y me cubristeis; enfermo, y me visitasteis; estuve en la cárcel, y vinisteis a mí.
37Entonces los justos le responderán, diciendo: Señor, ¿cuándo te vimos hambriento, y te sustentamos? ¿ó sediento, y te dimos de beber?
38¿Y cuándo te vimos huésped, y te recogimos? ¿ó desnudo, y te cubrimos?
39¿O cuándo te vimos enfermo, o en la cárcel, y vinimos a ti?
40Y respondiendo el Rey, les dirá: De cierto os digo *que* en cuanto lo hicisteis a uno de estos mis hermanos pequeñitos, a mí lo hicisteis.
41Entonces dirá también a los que *estarán* a la izquierda: Apartaos de mí, malditos, al fuego eterno preparado para el diablo y para sus ángeles:
42Porque tuve hambre, y no me disteis de comer; tuve sed, y no me disteis de beber;

34 τότε ἐρεῖ ὁ βασιλεὺς τοῖς ἐκ δεξιῶν αὐτοῦ· δεῦτε
Entonces dirá el rey a los de derechas de él: venid
οἱ εὐλογημένοι τοῦ πατρός μου, κληρονομήσατε
los benditos del Padre de mí, heredad
τὴν ἡτοιμασμένην ὑμῖν βασιλείαν
el preparado para vosotros reino
ἀπὸ καταβολῆς κόσμου.
desde fundación de mundo.

35 ἐπείνασα γὰρ, καὶ ἐδώκατέ μοι φαγεῖν, ἐδίψησα, καὶ
tuve hambre Porque, y disteis a mí de comer, tuve sed, y
ἐποτίσατέ με, ξένος ἤμην, καὶ συνηγάγετέ με,
disteis de beber a mí, extranjero era, y recibisteis a mí,

36 γυμνὸς, καὶ περιεβάλετέ με, ἠσθένησα, καὶ ἐπεσκέψασθέ
desnudo, y vestisteis a mí, estuve enfermo, y visitasteis
με, ἐν φυλακῇ ἤμην, καὶ ἤλθατε πρός με.
a mí, en prisión estaba, y vinísteis a mí.

37 τότε ἀποκριθήσονται αὐτῷ οἱ δίκαιοι λέγοντες·
Entonces responderán a él los justos diciendo:
κύριε, πότε σε εἴδομεν πεινῶντα καὶ ἐθρέψαμεν,
Señor, ¿cuándo te vimos hambriento y alimentamos,
ἢ διψῶντα καὶ ἐποτίσαμεν;
o sediento y dimos de beber?

38 πότε δέ σε εἴδομεν ξένον καὶ συνηγάγομεν;
¿Cuándo - te vimos extranjero y recibimos?
ἢ γυμνὸν καὶ περιεβάλομεν;
¿o desnudo y vestimos?

39 πότε δέ σε εἴδομεν ἀσθενῆ ἢ ἐν φυλακῇ,
¿Cuándo - te vimos enfermo[304] o en prisión,
καὶ ἤλθομεν πρός σε;
y vinimos a ti?

40 καὶ ἀποκριθεὶς ὁ βασιλεὺς ἐρεῖ αὐτοῖς· ἀμὴν λέγω ὑμῖν,
Y respondiendo el rey dirá a ellos: verdaderamente digo os
ἐφ' ὅσον ἐποιήσατε ἑνὶ τούτων τῶν ἀδελφῶν μου
por cuanto hicisteis a uno de estos los hermanos de mí
τῶν ἐλαχίστων, ἐμοὶ ἐποιήσατε.
los menores, a mí hicisteis.

41 Τότε ἐρεῖ καὶ τοῖς ἐξ εὐωνύμων· πορεύεσθε ἀπ' ἐμοῦ
Entonces dirá también a los de izquierdas:[305] idos de mí
οἱ κατηραμένοι εἰς τὸ πῦρ τὸ αἰώνιον τὸ ἡτοιμασμένον
los malditos a el fuego el eónico[306] el preparado
τῷ διαβόλῳ καὶ τοῖς ἀγγέλοις αὐτοῦ.
para el Diablo y los ángeles de él,

42 ἐπείνασα γὰρ, καὶ οὐκ ἐδώκατέ μοι φαγεῖν,
tuve hambre Porque, y no disteis a mí de comer,
ἐδίψησα, καὶ οὐκ ἐποτίσατέ με,
tuve sed, y no disteis de beber a mí,

---

304. La NU sustituye por padeciendo enfermedad.
305. Es decir, los situados a su izquierda.
306. Es decir, el del eón, el de la era.

43 ξένος ἤμην, καὶ οὐ συνηγάγετέ με, γυμνὸς,
extranjero era, y no recibisteis a mí, desnudo

καὶ οὐ περιεβάλετέ με, ἀσθενὴς καὶ ἐν φυλακῇ,
y no vestisteis a mí, enfermo y en prisión,

καὶ οὐκ ἐπεσκέψασθέ με.
y no visitasteis a mí.

44 τότε ἀποκριθήσονται αὐτῷ καὶ αὐτοὶ λέγοντες·
Entonces responderán a él[307] también ellos diciendo:

κύριε, πότε σε εἴδομεν πεινῶντα ἢ διψῶντα
Señor, ¿cuándo te vimos hambriento o sediento

ἢ ξένον ἢ γυμνὸν ἢ ἀσθενῆ ἢ ἐν φυλακῇ,
o extranjero o desnudo o enfermo o en prisión,

καὶ οὐ διηκονήσαμέν σοι;
y no servimos a ti?

45 τότε ἀποκριθήσεται αὐτοῖς λέγων· ἀμὴν λέγω
Entonces responderá a ellos diciendo: verdaderamente digo

ὑμῖν, ἐφ' ὅσον οὐκ ἐποιήσατε ἑνὶ τούτων τῶν ἐλαχίστων,
os: por cuanto no hicisteis a uno de estos los menores,

οὐδὲ ἐμοὶ ἐποιήσατε.
tampoco a mí hicisteis.

46 καὶ ἀπελεύσονται οὗτοι εἰς κόλασιν αἰώνιον,
E irán éstos a castigo[308] eónico,[309]

οἱ δὲ δίκαιοι εἰς ζωὴν αἰώνιον.
los Pero justos a vida eónica.[310]

26 **1** Καὶ ἐγένετο ὅτε ἐτέλεσεν ὁ Ἰησοῦς πάντας τοὺς λόγους
Y aconteció cuando terminó Jesús todas las palabras

τούτους εἶπε τοῖς μαθηταῖς αὐτοῦ·
estas dijo a los discípulos de él:

2 οἴδατε ὅτι μετὰ δύο ἡμέρας τὸ πάσχα γίνεται, καὶ ὁ Υἱὸς
sabéis que tras dos días la pascua acontece, y el Hijo

τοῦ ἀνθρώπου παραδίδοται εἰς τὸ σταυρωθῆναι.
del hombre es entregado para él ser crucificado.

3 τότε συνήχθησαν οἱ ἀρχιερεῖς καὶ
Entonces se congregaron los principales sacerdotes y

οἱ γραμματεῖς καὶ οἱ πρεσβύτεροι τοῦ λαοῦ εἰς τὴν αὐλὴν
los escribas[311] y los ancianos del pueblo en el patio

τοῦ ἀρχιερέως τοῦ λεγομένου Καϊάφα,
del sumo sacerdote el llamado Caifás.

4 καὶ συνεβουλεύσαντο ἵνα τὸν Ἰησοῦν δόλῳ
Y se conjuraron para que de Jesús con engaño

κρατήσωσι καὶ ἀποκτείνωσιν.
se apoderaran y mataran.

5 ἔλεγον δέ· μὴ ἐν τῇ ἑορτῇ, ἵνα μὴ θόρυβος
Dijeron entonces: no en la fiesta para que no disturbio

γένηται ἐν τῷ λαῷ.
acontezca en el pueblo.

43 Fuí huésped, y no me recogisteis; desnudo, y no me cubristeis; enfermo, y en la cárcel, y no me visitasteis.
44 Entonces también ellos le responderán, diciendo: Señor, ¿cuándo te vimos hambriento, o sediento, o huésped, o desnudo, o enfermo, o en la cárcel, y no te servimos?
45 Entonces les responderá, diciendo: De cierto os digo *que* en cuanto no lo hicisteis a uno de estos pequeñitos, ni a mí lo hicisteis.
46 E irán éstos al tormento eterno, y los justos a la vida eterna.

26 Y aconteció que, como hubo acabado Jesús todas estas palabras, dijo a sus discípulos:
2 Sabéis que dentro de dos días se hace la pascua, y el Hijo del hombre es entregado para ser crucificado.
3 Entonces los príncipes de los sacerdotes, y los escribas, y los ancianos del pueblo se juntaron al patio del pontífice, el cual se llamaba Caifás;
4 Y tuvieron consejo para prender por engaño a Jesús, y matarle.
5 Y decían: No en el día de la fiesta, porque no se haga alboroto en el pueblo.

---

307. La NU suprime a él.
308. El término hace referencia a un castigo que es consciente y sentido.
309. Es decir, del eón, de la era.
310. Es decir, del eón, de la era.
311. La NU suprime y los escribas.

6 Y estando Jesús en Bethania, en casa de Simón el leproso,
7 Vino a él una mujer, teniendo un vaso de alabastro de ungüento de gran precio, y lo derramó sobre la cabeza de él, estando sentado a la mesa.
8 Lo cual viendo sus discípulos, se enojaron, diciendo: ¿Por qué se pierde esto?
9 Porque esto se podía vender por gran precio, y darse a los pobres.
10 Y entendiéndolo Jesús, les dijo: ¿Por qué dais pena a esta mujer? Pues ha hecho conmigo buena obra.
11 Porque siempre tendréis pobres con vosotros, mas a mí no siempre me tendréis.
12 Porque echando este ungüento sobre mi cuerpo, para sepultarme lo ha hecho.
13 De cierto os digo, *que* donde quiera que este evangelio fuere predicado en todo el mundo, también será dicho para memoria de ella, lo que ésta ha hecho.
14 Entonces uno de los doce, que se llamaba Judas Iscariote, fué a los príncipes de los sacerdotes,
15 Y les dijo: ¿Qué me queréis dar, y yo os lo entregaré? Y ellos le señalaron treinta *piezas* de plata.
16 Y desde entonces buscaba oportunidad para entregarle.

6 Τοῦ δὲ Ἰησοῦ γενομένου ἐν Βηθανίᾳ ἐν οἰκίᾳ
- Entonces Jesús resultando en Betania en casa

Σίμωνος τοῦ λεπροῦ,
de Simón el leproso,

7 προσῆλθεν αὐτῷ γυνὴ ἀλάβαστρον μύρου
se acercó a él mujer alabastro[312] de perfume

ἔχουσα βαρυτίμου, καὶ κατέχεεν ἐπὶ τὴν κεφαλὴν
teniendo carísimo, y derramaba sobre la cabeza

αὐτοῦ ἀνακειμένου.
de él reclinado.[313]

8 ἰδόντες δὲ οἱ μαθηταὶ αὐτοῦ ἠγανάκτησαν
Viendo entonces los discípulos de él se indignaron

λέγοντες· εἰς τί ἡ ἀπώλεια αὕτη;
diciendo: ¿para qué la pérdida esta?

9 ἠδύνατο γὰρ τοῦτο τὸ μύρον πραθῆναι πολλοῦ
pudo Porque este el perfume[314] ser vendido por mucho

καὶ δοθῆναι τοῖς πτωχοῖς.
y ser dado a los pobres.

10 γνοὺς δὲ ὁ Ἰησοῦς εἶπεν αὐτοῖς· τί κόπους
Conociendo entonces Jesús dijo les: ¿por qué molestias

παρέχετε τῇ γυναικί; ἔργον γὰρ καλὸν ἠργάσατο εἰς ἐμέ.
causáis a la mujer? obra Porque buena hizo conmigo.

11 τοὺς πτωχοὺς γὰρ πάντοτε ἔχετε μεθ᾽ ἑαυτῶν,
a los pobres Porque siempre tenéis con vosotros mismos,

ἐμὲ δὲ οὐ πάντοτε ἔχετε.
a mí sin embargo no siempre tenéis.

12 βαλοῦσα γὰρ αὕτη τὸ μύρον τοῦτο ἐπὶ
habiendo puesto Porque ella el perfume este sobre

τοῦ σώματός μου, πρὸς τὸ ἐνταφιάσαι με ἐποίησεν.
el cuerpo de mí, para el enterrar me hizo.

13 ἀμὴν λέγω ὑμῖν, ὅπου ἐὰν κηρυχθῇ τὸ εὐαγγέλιον
Verdaderamente digo os, donde sea predicado el evangelio

τοῦτο ἐν ὅλῳ τῷ κόσμῳ, λαληθήσεται καὶ ὃ ἐποίησεν
este en todo el mundo, se contará también lo que hizo

αὕτη εἰς μνημόσυνον αὐτῆς.
esta para memoria de ella.

14 Τότε πορευθεὶς εἷς τῶν δώδεκα, ὁ λεγόμενος Ἰούδας
Entonces yendo uno de los doce, el llamado Judas

Ἰσκαριώτης, πρὸς τοὺς ἀρχιερεῖς
Iscariote, a los sacerdotes

15 εἶπε· τί θέλετέ μοι δοῦναι, κἀγὼ ὑμῖν παραδώσω αὐτόν;
dijo: ¿Qué queréis a mí dar y yo os entregaré a él?

οἱ δὲ ἔστησαν αὐτῷ τριάκοντα ἀργύρια.
Ellos entonces establecieron le treinta monedas de plata.

16 καὶ ἀπὸ τότε ἐζήτει εὐκαιρίαν ἵνα αὐτὸν παραδῷ.
Y desde entonces buscaba oportunidad para que lo entregara.

---

312. Es decir, un recipiente de alabastro.
313. Es decir, que estaba en la posición para comer ya que se comía no sentados sino reclinados.
314. La NU suprime el perfume.

17 Τῇ δὲ πρώτῃ τῶν ἀζύμων προσῆλθον οἱ
en el Entonces primer (día) de los ácimos[315] se acercaron los

μαθηταὶ τῷ Ἰησοῦ λέγοντες αὐτῷ· ποῦ θέλεις ἑτοιμάσωμέν
discípulos a Jesús diciendo le:[316] ¿dónde quieres prepararemos

σοι φαγεῖν τὸ πάσχα;
a ti comer la pascua?

18 ὁ δὲ εἶπεν· ὑπάγετε εἰς τὴν πόλιν πρὸς τὸν δεῖνα
Él entonces dijo: id a la ciudad a el tal

καὶ εἴπατε αὐτῷ· ὁ διδάσκαλος λέγει, ὁ καιρός μου
y decid le: el maestro dice, el tiempo de mí

ἐγγύς ἐστι· πρὸς σὲ ποιῶ τὸ πάσχα
cerca está. Contigo[317] hago la pascua

μετὰ τῶν μαθητῶν μου.
con los discípulos de mí.

19 καὶ ἐποίησαν οἱ μαθηταὶ ὡς συνέταξεν αὐτοῖς ὁ Ἰησοῦς,
E hicieron los discípulos como ordenó les Jesús,

καὶ ἡτοίμασαν τὸ πάσχα.
y prepararon la pascua.

20 Ὀψίας δὲ γενομένης ἀνέκειτο μετὰ τῶν δώδεκα.
Noche entonces aconteciendo estaba reclinado con los doce.

21 καὶ ἐσθιόντων αὐτῶν εἶπεν· ἀμὴν λέγω ὑμῖν
Y comiendo ellos dijo: verdaderamente digo os

ὅτι εἷς ἐξ ὑμῶν παραδώσει με.
que uno de vosotros entregará a mí.

22 καὶ λυπούμενοι σφόδρα ἤρξαντο λέγειν αὐτῷ
Y entristeciéndose enormemente comenzaron a decir a él

ἕκαστος αὐτῶν· μήτι ἐγώ εἰμι, Κύριε;
cada uno de ellos:[318] ¿No yo soy, Señor?[319]

23 ὁ δὲ ἀποκριθεὶς εἶπεν· ὁ ἐμβάψας μετ' ἐμοῦ ἐν
Él entonces respondiendo dijo: el habiendo puesto conmigo en

τῷ τρυβλίῳ τὴν χεῖρα, οὗτός με παραδώσει.
la fuente la mano, éste me entregará.

24 ὁ μὲν Υἱὸς τοῦ ἀνθρώπου ὑπάγει καθὼς γέγραπται
El - Hijo del hombre va como ha sido escrito

περὶ αὐτοῦ· οὐαὶ δὲ τῷ ἀνθρώπῳ ἐκείνῳ δι' οὗ
acerca de él. Ay sin embargo del hombre aquel por el que

ὁ Υἱὸς τοῦ ἀνθρώπου παραδίδοται· καλὸν ἦν αὐτῷ
el Hijo del hombre es entregado. Bueno fuera para él

εἰ οὐκ ἐγεννήθη ὁ ἄνθρωπος ἐκεῖνος.
si no hubiera nacido el hombre aquel.

25 ἀποκριθεὶς δὲ Ἰούδας ὁ παραδιδοὺς αὐτὸν εἶπε·
Respondiendo entonces Judas el entregando lo dijo:

μήτι ἐγώ εἰμι, ῥαββί; λέγει αὐτῷ· Σὺ εἶπας.
¿No yo soy, rabbí?[320] Dice le: tú dijiste.

17 Y el primer *día de la fiesta* de los *panes* sin levadura, vinieron los discípulos a Jesús, diciéndole: ¿Dónde quieres que aderecemos para ti para comer la pascua?
18 Y él dijo: Id a la ciudad a cierto hombre, y decidle: El Maestro dice: Mi tiempo está cerca; en tu casa haré la pascua con mis discípulos.
19 Y los discípulos hicieron como Jesús les mandó, y aderezaron la pascua.
20 Y como fué la tarde del día, se sentó a la mesa con los doce.
21 Y comiendo ellos, dijo: De cierto os digo, que uno de vosotros me ha de entregar.
22 Y entristecidos ellos en gran manera, comenzó cada uno de ellos a decirle: ¿Soy yo, Señor?
23 Entonces él respondiendo, dijo: El que mete la mano conmigo en el plato, ése me ha de entregar.
24 A la verdad el Hijo del hombre va, como está escrito de él, mas ¡ay de aquel hombre por quien el Hijo del hombre es entregado! bueno le fuera al tal hombre no haber nacido.
25 Entonces respondiendo Judas, que le entregaba, dijo: ¿Soy yo, Maestro? Dícele: Tú *lo* has dicho.

---

315. Es decir, panes sin levadura.
316. La NU suprime le.
317. O en tu casa.
318. La NU sustituye por cada uno.
319. Es decir, ¿acaso soy yo?
320. Es decir, ¿acaso soy yo, rabbí?

26 Y comiendo ellos, tomó Jesús el pan, y bendijo, y lo partió, y dió a sus discípulos, y dijo: Tomad, comed: esto es mi cuerpo.
27 Y tomando el vaso, y hechas gracias, les dió, diciendo: Bebed de él todos;
28 Porque esto es mi sangre del nuevo pacto, la cual es derramada por muchos para remisión de los pecados.
29 Y os digo, que desde ahora no beberé más de este fruto de la vid, hasta aquel día, cuando lo tengo de beber nuevo con vosotros en el reino de mi Padre.
30 Y habiendo cantado el himno, salieron al monte de las Olivas.
31 Entonces Jesús les dice: Todos vosotros seréis escandalizados en mí esta noche; porque escrito está: Heriré al Pastor, y las ovejas de la manada serán dispersas.
32 Mas después que haya resucitado, iré delante de vosotros a Galilea.
33 Y respondiendo Pedro, le dijo: Aunque todos sean escandalizados en ti, yo nunca seré escandalizado.
34 Jesús le dice: De cierto te digo que esta noche, antes que el gallo cante, me negarás tres veces.

26 Ἐσθιόντων δὲ αὐτῶν λαβὼν ὁ Ἰησοῦς τὸν ἄρτον
Comiendo entonces ellos tomando Jesús el pan
καὶ εὐλογήσας ἔκλασε καὶ ἐδίδου τοῖς μαθηταῖς
y habiendo dado gracias partió y dio a los discípulos
καὶ εἶπε· λάβετε φάγετε· τοῦτό ἐστι τὸ σῶμά μου.
y dijo: tomad comed. Esto es el cuerpo de mí.

27 καὶ λαβὼν τὸ ποτήριον καὶ εὐχαριστήσας ἔδωκεν
Y tomando la³²¹ copa y habiendo dado gracias dio
αὐτοῖς λέγων· πίετε ἐξ αὐτοῦ πάντες·
a ellos diciendo: bebed de ella todos.

28 τοῦτο γάρ ἐστι τὸ αἷμά μου τὸ τῆς καινῆς διαθήκης
esto Porque es la sangre de mí la del nuevo³²² pacto
τὸ περὶ πολλῶν ἐκχυνόμενον εἰς ἄφεσιν ἁμαρτιῶν.
la por muchos siendo derramada para perdón de pecados.

29 λέγω δὲ ὑμῖν ὅτι οὐ μὴ πίω
Digo entonces a vosotros que no de ninguna manera beberé
ἀπ' ἄρτι ἐκ τούτου τοῦ γενήματος τῆς ἀμπέλου ἕως τῆς
desde ahora de este el fruto de la vid hasta el
ἡμέρας ἐκείνης ὅταν αὐτὸ πίνω μεθ' ὑμῶν καινὸν
día aquel cuando lo beba con vosotros nuevo
ἐν τῇ βασιλείᾳ τοῦ πατρός μου.
en el reino del Padre de mí.

30 Καὶ ὑμνήσαντες ἐξῆλθον εἰς τὸ ὄρος τῶν ἐλαιῶν.
Y habiendo cantado himnos salieron a el monte de los olivos.

31 Τότε λέγει αὐτοῖς ὁ Ἰησοῦς· πάντες ὑμεῖς σκανδαλισθήσεσθε
Entonces dice les Jesús: todos vosotros seréis escandalizados
ἐν ἐμοὶ ἐν τῇ νυκτὶ ταύτῃ· γέγραπται γάρ,
en mí en la noche esta, ha sido escrito Porque:
πατάξω τὸν ποιμένα, καὶ διασκορπισθήσονται
golpearé al pastor, y serán dispersadas
τὰ πρόβατα τῆς ποίμνης.
las ovejas del rebaño.

32 μετὰ δὲ τὸ ἐγερθῆναί με προάξω ὑμᾶς
después Pero del ser levantado yo precederé a vosotros
εἰς τὴν Γαλιλαίαν.
a la Galilea.

33 ἀποκριθεὶς δὲ ὁ Πέτρος εἶπεν αὐτῷ· εἰ καὶ πάντες
Respondiendo entonces Pedro dijo le: si también todos
σκανδαλισθήσονται ἐν σοί, ἐγὼ οὐδέποτε
serán escandalizados en ti, yo nunca
σκανδαλισθήσομαι.
seré escandalizado.

34 ἔφη αὐτῷ ὁ Ἰησοῦς· ἀμὴν λέγω σοι ὅτι ἐν ταύτῃ
Dijo le Jesús: verdaderamente digo te que en esta
τῇ νυκτὶ πρὶν ἀλέκτορα φωνῆσαι τρὶς ἀπαρνήσῃ με.
la noche antes de gallo cantar tres veces negarás a mí.³²³

---

321. La NU suprime la.
322. La NU suprime nuevo.
323. Es decir, esta noche antes de que cante el gallo, me negarás tres veces.

35 λέγει αὐτῷ ὁ Πέτρος· κἂν δέῃ με σὺν σοὶ
Dice le Pedro: También si fuera necesario a mí contigo

ἀποθανεῖν, οὐ μή σε ἀπαρνήσομαι. ὁμοίως
morir, no de ninguna manera te negaré. Igualmente

καὶ πάντες οἱ μαθηταὶ εἶπον.
también todos los discípulos dijeron:

36 Τότε ἔρχεται μετ' αὐτῶν ὁ Ἰησοῦς εἰς χωρίον λεγόμενον
Entonces viene con ellos Jesús a lugar llamado

Γεθσημανῆ, καὶ λέγει τοῖς μαθηταῖς· καθίσατε αὐτοῦ
Getsemaní, y dice a los discípulos: sentaos aquí

ἕως οὗ ἀπελθὼν προσεύξωμαι ἐκεῖ.
hasta que saliendo ore allí.

37 καὶ παραλαβὼν τὸν Πέτρον καὶ τοὺς δύο υἱοὺς Ζεβεδαίου
Y tomando a Pedro y a los dos hijos de Zebedeo

ἤρξατο λυπεῖσθαι καὶ ἀδημονεῖν.
comenzó a entristecerse y apesadumbrarse.

38 τότε λέγει αὐτοῖς ὁ Ἰησοῦς· περίλυπός ἐστιν ἡ ψυχή μου
Entonces dice les Jesús: muy triste está el alma de mí

ἕως θανάτου· μείνατε ὧδε καὶ γρηγορεῖτε μετ' ἐμοῦ.
hasta muerte. Permaneced aquí y velad conmigo.

39 καὶ προελθὼν μικρὸν ἔπεσεν ἐπὶ πρόσωπον αὐτοῦ
Y acercándose poco cayó sobre rostro de él

προσευχόμενος καὶ λέγων· πάτερ μου,
orando y diciendo: Padre de mí,

εἰ δυνατόν ἐστι, παρελθέτω ἀπ' ἐμοῦ τὸ ποτήριον τοῦτο·
si posible es, aparta de mí la copa esta.

πλὴν οὐχ ὡς ἐγὼ θέλω, ἀλλ' ὡς σύ.
Pero no como yo quiero, sino como tú.

40 καὶ ἔρχεται πρὸς τοὺς μαθητὰς καὶ εὑρίσκει αὐτοὺς
Y viene a los discípulos y encuentra los

καθεύδοντας, καὶ λέγει τῷ Πέτρῳ· οὕτως οὐκ ἰσχύσατε
durmiendo, y dice a Pedro: ¿así no tuvísteis fuerza

μίαν ὥραν γρηγορῆσαι μετ' ἐμοῦ;
una hora para velar conmigo?

41 γρηγορεῖτε καὶ προσεύχεσθε, ἵνα μὴ εἰσέλθητε
Velad y orad, para que no entréis

εἰς πειρασμόν. τὸ μὲν πνεῦμα πρόθυμον,
en tentación. el Ciertamente espíritu (está) dispuesto,

ἡ δὲ σὰρξ ἀσθενής.
la Pero carne (es) débil.

42 πάλιν ἐκ δευτέρου ἀπελθὼν προσηύξατο λέγων·
De nuevo por segunda (vez) apartándose oró diciendo:

πάτερ μου, εἰ οὐ δύναται τοῦτο τὸ ποτήριον παρελθεῖν
Padre de mí, si no puede esta la copa[324] pasar

ἀπ' ἐμοῦ ἐὰν μὴ αὐτὸ πίω, γενηθήτω τὸ θέλημά σου.
de mí[325] si no la beba[326] acontezca la voluntad de ti.

43 καὶ ἐλθὼν εὑρίσκει αὐτοὺς πάλιν καθεύδοντας·
Y viniendo encuentra los de nuevo durmiendo,

ἦσαν γὰρ αὐτῶν οἱ ὀφθαλμοὶ βεβαρημένοι.
estaban Porque de ellos los ojos cargados.

35 Dícele Pedro: Aunque me sea menester morir contigo, no te negaré. Y todos los discípulos dijeron lo mismo.
36 Entonces llegó Jesús con ellos a la aldea que se llama Gethsemaní, y dice a sus discípulos: Sentaos aquí, hasta que vaya allí y ore.
37 Y tomando a Pedro, y a los dos hijos de Zebedeo, comenzó a entristecerse y a angustiarse en gran manera.
38 Entonces Jesús les dice: Mi alma está muy triste hasta la muerte; quedaos aquí, y velad conmigo.
39 Y yéndose un poco más adelante, se postró sobre su rostro, orando, y diciendo: Padre mío, si es posible, pase de mí este vaso; empero no como yo quiero, sino como tú.
40 Y vino a sus discípulos, y los halló durmiendo, y dijo a Pedro: ¿Así no habéis podido velar conmigo una hora?
41 Velad y orad, para que no entréis en tentación: el espíritu a la verdad está presto, mas la carne enferma.
42 Otra vez fué, segunda vez, y oró diciendo: Padre mío, si no puede este vaso pasar de mí sin que yo lo beba, hágase tu voluntad.
43 Y vino, y los halló otra vez durmiendo; porque los ojos de ellos estaban agravados.

---

324. La NU suprime copa.
325. La NU suprime de mi.
326. Es decir, sin que tenga que beberla.

44 Y dejándolos fuése de nuevo, y oró tercera vez, diciendo las mismas palabras.
45 Entonces vino a sus discípulos y díceles: Dormid ya, y descansad: he aquí ha llegado la hora, y el Hijo del hombre es entregado en manos de pecadores.
46 Levantaos, vamos: he aquí ha llegado el que me ha entregado.
47 Y hablando aún él, he aquí Judas, uno de los doce, vino, y con él mucha gente con espadas y con palos, de parte de los príncipes de los sacerdotes, y de los ancianos del pueblo.
48 Y el que le entregaba les había dado señal, diciendo: Al que yo besare, aquél es: prendedle.
49 Y luego que llegó a Jesús, dijo: Salve, Maestro. Y le besó.
50 Y Jesús le dijo: Amigo, ¿á qué vienes? Entonces llegaron, y echaron mano a Jesús, y le prendieron.
51 Y he aquí, uno de los que estaban con Jesús, extendiendo la mano, sacó su espada, e hiriendo a un siervo del pontífice, le quitó la oreja.
52 Entonces Jesús le dice: Vuelve tu espada a su lugar; porque todos los que tomaren espada, a espada perecerán.

44 καὶ ἀφεὶς αὐτοὺς ἀπελθὼν πάλιν προσηύξατο
Y dejando los apartándose de nuevo oró

ἐκ τρίτου τὸν αὐτὸν λόγον εἰπών.
por tercera (vez) la esta palabra diciendo.

45 τότε ἔρχεται πρὸς τοὺς μαθητὰς αὐτοῦ καὶ λέγει
Entonces viene a los discípulos de él y dice

αὐτοῖς· καθεύδετε τὸ λοιπὸν καὶ ἀναπαύεσθε.
les: dormid el resto y descansad.

ἰδοὺ ἤγγικεν ἡ ὥρα καὶ ὁ Υἱὸς τοῦ ἀνθρώπου
Mira se ha acercado la hora y el Hijo del hombre

παραδίδοται εἰς χεῖρας ἁμαρτωλῶν.
es entregado en manos de pecadores.

46 ἐγείρεσθε ἄγωμεν· ἰδοὺ ἤγγικεν ὁ παραδιδούς με.
Levantaos vamos. Mira se ha acercado el entregando a mí.

47 Καὶ ἔτι αὐτοῦ λαλοῦντος ἰδοὺ Ἰούδας εἷς τῶν ὥδεκα
Y todavía él hablando mira Judas uno de los doce

ἦλθε, καὶ μετ' αὐτοῦ ὄχλος πολὺς μετὰ μαχαιρῶν
vino y con él multitud mucha con espadas

καὶ ξύλων ἀπὸ τῶν ἀρχιερέων
y palos de los principales sacerdotes

καὶ πρεσβυτέρων τοῦ λαοῦ.
y ancianos del pueblo.

48 ὁ δὲ παραδιδοὺς αὐτὸν ἔδωκεν αὐτοῖς σημεῖον λέγων·
el Entonces entregando lo dio les señal diciendo:

ὃν ἂν φιλήσω, αὐτός ἐστι· κρατήσατε αὐτόν.
Al que besare, él es. Apoderaos de él.

19 καὶ εὐθέως προσελθὼν τῷ Ἰησοῦ εἶπε· χαῖρε,
E inmediatamente viniendo a Jesús dijo: salve,

ῥαββί, καὶ κατεφίλησεν αὐτόν.
rabbí, y afectuosamente besó lo.

50 ὁ δὲ Ἰησοῦς εἶπεν αὐτῷ· ἑταῖρε, ἐφ' ᾧ πάρει;[327]
- Entonces Jesús dijo le: amigo, ¿a qué te acercas?

τότε προσελθόντες ἐπέβαλον τὰς χεῖρας
Entonces acercándose pusieron las manos

ἐπὶ τὸν Ἰησοῦν καὶ ἐκράτησαν αὐτόν.
sobre Jesús y se apoderaron de él.

51 καὶ ἰδοὺ εἷς τῶν μετὰ Ἰησοῦ ἐκτείνας τὴν χεῖρα
Y mira uno de los con Jesús extendiendo la mano

ἀπέσπασε τὴν μάχαιραν αὐτοῦ, καὶ πατάξας τὸν δοῦλον
sacó la espada de él, y golpeando al siervo

τοῦ ἀρχιερέως ἀφεῖλεν αὐτοῦ τὸ ὠτίον.
del sumo sacerdote cortó de él la oreja.

52 τότε λέγει αὐτῷ ὁ Ἰησοῦς· ἀπόστρεψόν σου τὴν μάχαιράν
Entonces dice le Jesús: devuelve de ti la espada

εἰς τὸν τόπον αὐτῆς· πάντες γὰρ οἱ λαβόντες
a el lugar de ella, todos Porque los tomando

μάχαιραν ἐν μαχαίρῃ ἀποθανοῦνται.
espada a espada morirán.

---

327. O ¿por qué estás aquí?

53 ἦ δοκεῖς   ὅτι οὐ δύναμαι ἄρτι παρακαλέσαι τὸν πατέρα μου,
¿O consideras que no puedo   ahora invocar   al Padre de mí,

καὶ παραστήσει μοι πλείους ἢ δώδεκα λεγεῶνας ἀγγέλων;
y entregará a mí más   de doce legiones de ángeles?

54 πῶς οὖν πληρωθῶσιν αἱ γραφαὶ ὅτι οὕτω
¿Cómo pues se cumplirán las Escrituras que así

δεῖ   γενέσθαι;
debe acontecer?

55 Ἐν ἐκείνῃ τῇ ὥρᾳ εἶπεν ὁ Ἰησοῦς τοῖς   ὄχλοις·
En aquella la hora dijo   Jesús a las multitudes:

ὡς ἐπὶ   λῃστὴν ἐξήλθετε μετὰ μαχαιρῶν καὶ ξύλων
¿como contra ladrón salísteis con espadas y palos

συλλαβεῖν με; καθ᾽ ἡμέραν πρὸς ὑμᾶς
a arrestar me? Cada día   con vosotros³²⁸

ἐκαθεζόμην διδάσκων ἐν τῷ ἱερῷ,
me sentaba enseñando en el templo,

καὶ οὐκ ἐκρατήσατέ με.
y no apoderasteis de mí.

56 τοῦτο δὲ   ὅλον γέγονεν ἵνα   πληρωθῶσιν
esto Sin embargo todo ha acontecido para que se cumplan

αἱ γραφαὶ τῶν προφητῶν. Τότε οἱ μαθηταὶ πάντες
las Escrituras de los profetas. Entonces los discípulos todos

ἀφέντες αὐτὸν ἔφυγον.
dejando lo huyeron.

57 Οἱ δὲ   κρατήσαντες   τὸν Ἰησοῦν ἀπήγαγον πρὸς
los Entonces habiéndose apoderado de Jesús llevaron a

Καϊάφαν τὸν ἀρχιερέα, ὅπου οἱ γραμματεῖς
Caifás el sumo sacerdote, donde los escribas

καὶ οἱ πρεσβύτεροι συνήχθησαν.
y los ancianos se congregaron.

58 ὁ δὲ   Πέτρος ἠκολούθει αὐτῷ ἀπὸ μακρόθεν
- Entonces Pedro seguía   a él desde lejos

ἕως τῆς αὐλῆς τοῦ ἀρχιερέως, καὶ εἰσελθὼν
hasta el patio del sumo sacerdote, y entrando

ἔσω ἐκάθητο μετὰ τῶν ὑπηρετῶν ἰδεῖν τὸ τέλος.
dentro se sentó con los asistentes a ver el final.

59 Οἱ δὲ   ἀρχιερεῖς   καὶ οἱ πρεσβύτεροι καὶ τὸ
los Entonces principales sacerdotes y los ancianos³²⁹ y el

συνέδριον ὅλον ἐζήτουν ψευδομαρτυρίαν κατὰ τοῦ Ἰησοῦ
sanhedrín todo buscaban falso testimonio contra Jesús

ὅπως   θανατώσωσιν αὐτόν,
de manera que maten   lo,

60 καὶ οὐχ εὗρον· καὶ πολλῶν ψευδομαρτύρων
y no encontraron. Y³³⁰ muchos falsos testigos

προσελθόντων, οὐχ εὗρον. ὕστερον δὲ
viniendo,   no encontraron.³³¹ Más tarde sin embargo

προσελθόντες δύο ψευδομάρτυρες
viniendo   dos falsos testigos³³²

---

53 ¿Acaso piensas que no puedo ahora orar a mi Padre, y él me daría más de doce legiones de ángeles? **54** ¿Cómo, pues, se cumplirían las Escrituras, que así conviene que sea hecho? **55** En aquella hora dijo Jesús a las gentes: ¿Como a ladrón habéis salido con espadas y con palos a prenderme? Cada día me sentaba con vosotros enseñando en el templo, y no me prendisteis. **56** Mas todo esto se hace, para que se cumplan las Escrituras de los profetas. Entonces todos los discípulos huyeron, dejándole. **57** Y ellos, prendido Jesús, le llevaron a Caifás pontífice, donde los escribas y los ancianos estaban juntos. **58** Mas Pedro le seguía de lejos hasta el patio del pontífice; y entrando dentro, estábase sentado con los criados, para ver el fin. **59** Y los príncipes de los sacerdotes, y los ancianos, y todo el consejo, buscaban falso testimonio contra Jesús, para entregarle a la muerte; **60** Y no lo hallaron, aunque muchos testigos falsos se llegaban; mas a la postre vinieron dos testigos falsos,

---

328. La NU suprime con vosotros.
329. La NU suprime y los ancianos.
330. La NU suprime Y.
331. La NU suprime no encontraron.
332. La NU suprime falsos testigos.

61Que dijeron: Este dijo: Puedo derribar el templo de Dios, y en tres días reedificarlo.
62Y levantándose el pontífice, le dijo: ¿No respondes nada? ¿qué testifican éstos contra ti?
63Mas Jesús callaba. Respondiendo el pontífice, le dijo: Te conjuro por el Dios viviente, que nos digas si eres tú el Cristo, Hijo de Dios.
64Jesús le dijo: Tú *lo* has dicho: y aun os digo, que desde ahora habéis de ver al Hijo del hombre sentado a la diestra de la potencia de Dios, y que viene en las nubes del cielo.
65Entonces el pontífice rasgó sus vestidos, diciendo: Blasfemado ha: ¿qué más necesidad tenemos de testigos? He aquí, ahora habéis oído su blasfemia.
66¿Qué os parece? Y respondiendo ellos, dijeron: Culpado es de muerte.
67Entonces le escupieron en el rostro, y le dieron de bofetadas; y otros le herían con mojicones,
68Diciendo: Profetízanos tú, Cristo, quién es el que te ha herido.
69Y Pedro estaba sentado fuera en el patio: y se llegó a él una criada, diciendo: Y tú con Jesús el Galileo estabas.
70Mas él negó delante de todos, diciendo: No sé lo que dices.

61 εἶπον· οὗτος ἔφη, δύναμαι καταλῦσαι τὸν ναὸν
dijeron: este dijo: puedo destruir el templo
τοῦ Θεοῦ καὶ διὰ τριῶν ἡμερῶν οἰκοδομῆσαι αὐτόν.
de Dios y en tres días construiré lo.

62 καὶ ἀναστὰς ὁ ἀρχιερεὺς εἶπεν αὐτῷ· Οὐδὲν
Y levantándose el sumo sacerdote dijo le: ¿Nada
ἀποκρίνῃ; τί οὗτοί σου καταμαρτυροῦσιν;
respondes? ¿Qué éstos contra ti testifican?

63 ὁ δὲ Ἰησοῦς ἐσιώπα. καὶ ἀποκριθεὶς ὁ ἀρχιερεὺς
- Pero Jesús siguió callado. Y respondiendo el sumo sacerdote
εἶπεν αὐτῷ· ἐξορκίζω σε κατὰ τοῦ Θεοῦ τοῦ ζῶντος
dijo le: conjuro te por el Dios el viviente
ἵνα ἡμῖν εἴπῃς εἰ σὺ εἶ ὁ Χριστὸς ὁ Υἱὸς τοῦ Θεοῦ.
para que nos digas si tú eres el mesías el Hijo de Dios,

64 λέγει αὐτῷ ὁ Ἰησοῦς· σὺ εἶπας· πλὴν λέγω ὑμῖν,
dice le Jesús: tu dijiste. Pero digo os:
ἀπ' ἄρτι ὄψεσθε τὸν Υἱὸν τοῦ ἀνθρώπου καθήμενον
desde ahora veréis al Hijo del hombre sentado
ἐκ δεξιῶν τῆς δυνάμεως καὶ ἐρχόμενον
a derechas del Poder y viniendo
ἐπὶ τῶν νεφελῶν τοῦ οὐρανοῦ.
sobre las nubes del cielo.

65 τότε ὁ ἀρχιερεὺς διέρρηξε τὰ ἱμάτια αὐτοῦ
Entonces el sumo sacerdote rasgó las vestiduras de él
λέγων ὅτι ἐβλασφήμησε· τί ἔτι χρείαν ἔχομεν
diciendo que blasfemó. ¿Qué todavía necesidad tenemos
μαρτύρων; ἴδε νῦν ἠκούσατε τὴν βλασφημίαν αὐτοῦ·
de testigos? Mira ahora escuchasteis la blasfemia de él.

66 τί ὑμῖν δοκεῖ; οἱ δὲ ἀποκριθέντες εἶπον·
¿Qué os parece? Ellos entonces respondiendo dijeron:
ἔνοχος θανάτου ἐστί.
Digno de muerte es.

67 τότε ἐνέπτυσαν εἰς τὸ πρόσωπον αὐτοῦ
Entonces escupieron a el rostro de él
καὶ ἐκολάφισαν αὐτόν, οἱ δὲ ἐράπισαν
y dieron puñetazos a él, ellos entonces abofetearon

68 λέγοντες· προφήτευσον ἡμῖν, Χριστέ,
diciendo: profetiza nos, Mesías,
τίς ἐστιν ὁ παίσας σε;
¿quién es el que golpeó te?

69 Ὁ δὲ Πέτρος ἔξω ἐκάθητο ἐν τῇ αὐλῇ· καὶ
- Entonces Pedro fuera estaba sentado en el patio. Y
προσῆλθεν αὐτῷ μία παιδίσκη λέγουσα· καὶ σὺ ἦσθα
acercó a él una criadita diciendo: también tú estabas
μετὰ Ἰησοῦ τοῦ Γαλιλαίου.
con Jesús el galileo.

70 ὁ δὲ ἠρνήσατο ἔμπροσθεν πάντων λέγων·
Él entonces negó delante de todos diciendo:
οὐκ οἶδα τί λέγεις.
No sé qué dices.

71 ἐξελθόντα δὲ αὐτὸν εἰς τὸν πυλῶνα εἶδεν αὐτὸν ἄλλη
Saliendo entonces él a la puerta vio lo otra

καὶ λέγει τοῖς ἐκεῖ, καὶ οὗτος ἦν
y dijo a los allí, también éste estaba

μετὰ Ἰησοῦ τοῦ Ναζωραίου.
con Jesús el nazareno.

72 καὶ πάλιν ἠρνήσατο μεθ' ὅρκου
Y de nuevo negó con juramento

ὅτι οὐκ οἶδα τὸν ἄνθρωπον.
que no conozco al hombre.

73 μετὰ μικρὸν δὲ προσελθόντες οἱ ἑστῶτες εἶπον
Tras poco entonces acercándose los presentes dijeron

τῷ Πέτρῳ· ἀληθῶς καὶ σὺ ἐξ αὐτῶν εἶ·
a Pedro: verdaderamente también tú de ellos eres.

καὶ γὰρ ἡ λαλιά σου δῆλόν σε ποιεῖ.
también Porque el habla de ti evidente te hace[333]

74 τότε ἤρξατο καταναθεματίζειν καὶ ὀμνύειν
Entonces comenzó a maldecir y a jurar

ὅτι οὐκ οἶδα τὸν ἄνθρωπον.
que no conozco al hombre.

καὶ εὐθέως ἀλέκτωρ ἐφώνησε.
E inmediatamente gallo cantó.

75 καὶ ἐμνήσθη ὁ Πέτρος τοῦ ῥήματος Ἰησοῦ εἰρηκότος αὐτῷ
Y recordó - Pedro el dicho de Jesús habiendo dicho a él[334]

ὅτι πρὶν ἀλέκτορα φωνῆσαι τρὶς ἀπαρνήσῃ με·
que antes gallo cantar tres veces negarás a mí.

καὶ ἐξελθὼν ἔξω ἔκλαυσε πικρῶς.
Y saliendo fuera lloró amargamente.

27

1 Πρωΐας δὲ γενομένης συμβούλιον ἔλαβον πάντες
Temprano por la mañana - resultando consejo tomaron todos

οἱ ἀρχιερεῖς καὶ οἱ πρεσβύτεροι τοῦ λαοῦ κατὰ
los principales sacerdotes y los ancianos del pueblo contra

τοῦ Ἰησοῦ ὥστε θανατῶσαι αὐτόν·
Jesús como matar lo.

2 καὶ δήσαντες αὐτὸν ἀπήγαγον καὶ παρέδωκαν αὐτὸν
Y habiendo atado a él sacaron y entregaron lo

Ποντίῳ Πιλάτῳ τῷ ἡγεμόνι.
a Poncio[335] Pilato el hegemón.[336]

3 Τότε ἰδὼν Ἰούδας ὁ παραδιδοὺς αὐτὸν
Entonces viendo Judas el entregando a él

ὅτι κατεκρίθη, μεταμεληθεὶς ἀπέστρεψε
que fue condenado, arrepintiéndose devolvió

τὰ τριάκοντα ἀργύρια τοῖς ἀρχιερεῦσι
las treinta monedas de plata a los principales sacerdotes

καὶ πρεσβυτέροις
y ancianos

71 Y saliendo él a la puerta, le vió otra, y dijo a los que estaban allí: También éste estaba con Jesús Nazareno. **72** Y negó otra vez con juramento: No conozco al hombre. **73** Y un poco después llegaron los que estaban *por allí*, y dijeron a Pedro: Verdaderamente también tú eres de ellos, porque aun tu habla te hace manifiesto. *74Entonces comenzó a hacer imprecaciones, y a jurar,* diciendo: No conozco al hombre. Y el gallo cantó luego. **75** Y se acordó Pedro de las palabras de Jesús, que le dijo: Antes que cante el gallo, me negarás tres veces. Y saliéndose fuera, lloró amargamente.

27 Y venida la mañana, entraron en consejo todos los príncipes de los sacerdotes, y los ancianos del pueblo, contra Jesús, para entregarle a muerte. **2** Y le llevaron atado, y le entregaron a Poncio Pilato presidente. **3** Entonces Judas, el que le había entregado, viendo que era condenado, volvió arrepentido las treinta *piezas* de plata a los príncipes de los sacerdotes y a los ancianos,

---

333. Es decir, te delata, te descubre.
334. La NU suprime a él.
335. La NU suprime lo a Poncio.
336. Es decir, el gobernador.

4 Diciendo: Yo he pecado entregando la sangre inocente. Mas ellos dijeron: ¿Qué *se nos da* a nosotros? Viéraslo tú.
5 Y arrojando las piezas de plata en el templo, partióse; y fué, y se ahorcó.
6 Y los príncipes de los sacerdotes, tomando *las piezas* de plata, dijeron: No es lícito echarlas en el tesoro de los dones, porque es precio de sangre.
7 Mas habido consejo, compraron con ellas el campo del alfarero, por sepultura para los extranjeros.
8 Por lo cual fué llamado aquel campo, Campo de sangre, hasta el día de hoy.
9 Entonces se cumplió lo que fué dicho por el profeta Jeremías, que dijo: Y tomaron las treinta *piezas* de plata, precio del apreciado, que fué apreciado por los hijos de Israel;
10 Y las dieron para el campo del alfarero, como me ordenó el Señor.
11 Y Jesús estuvo delante del presidente; y el presidente le preguntó, diciendo: ¿Eres tú el Rey de los judíos? Y Jesús le dijo: Tú *lo* dices.
12 Y siendo acusado por los príncipes de los sacerdotes, y por los ancianos, nada respondió.
13 Pilato entonces le dice: ¿No oyes cuántas cosas testifican contra ti?

4 λέγων· ἥμαρτον παραδοὺς αἷμα ἀθῷον.
diciendo: pequé entregando sangre inocente.

οἱ δὲ εἶπον· τί πρὸς ἡμᾶς; σὺ ὄψει.
Ellos entonces dijeron: ¿qué a nosotros?[337] Tú verás.

5 καὶ ῥίψας τὰ ἀργύρια ἐν τῷ ναῷ ἀνεχώρησε,
Y arrojando las monedas de plata en el templo se marchó.

καὶ ἀπελθὼν ἀπήγξατο.
Y yéndose se ahorcó.

6 οἱ δὲ ἀρχιερεῖς λαβόντες τὰ ἀργύρια
los Entonces principales sacerdotes tomando las monedas de plata

εἶπον· οὐκ ἔξεστι βαλεῖν αὐτὰ εἰς τὸν κορβανᾶν,
dijeron: no es lícito arrojar las a el tesoro del templo,

ἐπεὶ τιμὴ αἵματός ἐστι.
porque precio de sangre son.

7 συμβούλιον δὲ λαβόντες ἠγόρασαν ἐξ αὐτῶν
Consejo entonces tomando compraron con ellas

τὸν Ἀγρὸν τοῦ Κεραμέως εἰς ταφὴν τοῖς ξένοις.
el Campo del Alfarero para entierro para los extranjeros.

8 διὸ ἐκλήθη ὁ ἀγρὸς ἐκεῖνος ἀγρὸς αἵματος
Por esto fue llamado el campo aquel campo de sangre

ἕως τῆς σήμερον.
hasta hoy.

9 τότε ἐπληρώθη τὸ ῥηθὲν διὰ Ἰερεμίου τοῦ προφήτου
Entonces fue cumplido lo dicho por Jeremías el profeta

λέγοντος· καὶ ἔλαβον τὰ τριάκοντα ἀργύρια,
diciendo: Y tomaron las treinta monedas de plata,

τὴν τιμὴν τοῦ τετιμημένου ὃν ἐτιμήσαντο
el valor del haber sido valorado que valoraron

ἀπὸ υἱῶν Ἰσραήλ,
de hijos de Israel.

10 καὶ ἔδωκαν αὐτὰ εἰς τὸν ἀγρὸν τοῦ κεραμέως,
Y dieron las para el campo del alfarero,

καθὰ συνέταξέ μοι Κύριος.
como dirigió a mi Señor.[338]

11 Ὁ δὲ Ἰησοῦς ἔστη ἔμπροσθεν τοῦ ἡγεμόνος·
- Entonces Jesús estuvo en pie ante el hegemón[339]

καὶ ἐπηρώτησεν αὐτὸν ὁ ἡγεμὼν λέγων·
Y preguntó le el hegemón diciendo:

σὺ εἶ ὁ βασιλεὺς τῶν Ἰουδαίων;
¿tú eres el rey de los judíos?

ὁ δὲ Ἰησοῦς ἔφη αὐτῷ· σὺ λέγεις.
- Entonces Jesús dijo le:[340] tú dices.

12 καὶ ἐν τῷ κατηγορεῖσθαι αὐτὸν ὑπὸ τῶν ἀρχιερέων
Y en el ser acusado él por los principales sacerdotes

καὶ τῶν πρεσβυτέρων οὐδὲν ἀπεκρίνατο.
y los ancianos nada respondió.

13 τότε λέγει αὐτῷ ὁ Πιλᾶτος· οὐκ ἀκούεις
Entonces dice le Pilato: ¿no oyes

πόσα σου καταμαρτυροῦσι;
cuanto contra ti testifican?

---
337. Es decir, ¿y a nosotros qué nos importa?
338. Es decir, como me ordenó el Señor.
339. O gobernador.
340. La NU suprime le.

14 καὶ οὐκ ἀπεκρίθη αὐτῷ πρὸς οὐδὲ ἓν ῥῆμα,
Y no respondió le a ni siquiera una palabra,
ὥστε θαυμάζειν τὸν ἡγεμόνα λίαν.
así que maravillarse el hegemón muchísimo.³⁴¹

15 Κατὰ δὲ ἑορτὴν εἰώθει ὁ ἡγεμὼν ἀπολύειν
en Sin embargo fiesta acostumbraba el hegemón a soltar
ἕνα τῷ ὄχλῳ δέσμιον, ὃν ἤθελον.
un a la multitud preso, el que deseaban.

16 εἶχον δὲ τότε δέσμιον ἐπίσημον
Tenían - entonces preso famoso
λεγόμενον Βαραββᾶν.
llamado³⁴² Barrabás.

17 συνηγμένων οὖν αὐτῶν εἶπεν αὐτοῖς ὁ Πιλᾶτος·
Reuniéndose pues ellos dijo les Pilato:
τίνα θέλετε ἀπολύσω ὑμῖν; Βαραββᾶν ἢ Ἰησοῦν
¿a quién deseáis liberaré os?³⁴³ ¿A³⁴⁴ Barrabás o a Jesús
τὸν λεγόμενον Χριστόν;
el llamado mesías?

18 ᾔδει γὰρ ὅτι διὰ φθόνον παρέδωκαν αὐτόν.
había sabido Porque que por envidia entregaron lo.

19 Καθημένου δὲ αὐτοῦ ἐπὶ τοῦ βήματος ἀπέστειλε
Sentado entonces él en el tribunal envió
πρὸς αὐτὸν ἡ γυνὴ αὐτοῦ λέγουσα· μηδὲν σοι
a él la mujer de él diciendo: Nada para ti
καὶ τῷ δικαίῳ ἐκείνῳ· πολλὰ γὰρ ἔπαθον σήμερον
y el justo aquel.³⁴⁵ mucho Porque padecí hoy
κατ' ὄναρ δι' αὐτόν.
en sueño por él.

20 Οἱ δὲ ἀρχιερεῖς καὶ οἱ πρεσβύτεροι
los Entonces principales sacerdotes y los ancianos
ἔπεισαν τοὺς ὄχλους ἵνα αἰτήσωνται τὸν Βαραββᾶν,
persuadieron a las multitudes para que pidieran a Barrabás,
τὸν δὲ Ἰησοῦν ἀπολέσωσιν.
a Entonces Jesús perdieran.

21 ἀποκριθεὶς δὲ ὁ ἡγεμὼν εἶπεν αὐτοῖς· τίνα θέλετε
Respondiendo entonces el hegemón dijo les: ¿a quién deseáis
ἀπὸ τῶν δύο ἀπολύσω ὑμῖν;
de los dos libere a vosotros?³⁴⁶
οἱ δὲ εἶπον· Βαραββᾶν.
Ellos entonces dijeron: a Barrabás.

22 λέγει αὐτοῖς ὁ Πιλᾶτος· τί οὖν ποιήσω Ἰησοῦν τὸν λεγόμενον
Dice les Pilato: ¿qué pues haré a Jesús el llamado
Χριστόν; λέγουσιν αὐτῷ πάντες· σταυρωθήτω.
mesías? Dicen le³⁴⁷ todos: sea crucificado.

---

341. Es decir, de manera que el gobernador se maravilló muchísimo.
342. La NU añade entre paréntesis Jesús.
343. Es decir, ¿a quién queréis que os ponga en libertad?
344. La NU añade entre paréntesis Jesús.
345. Es decir, nada tengas que ver con el justo aquel.
346. Es decir, ¿a quién de los dos queréis que os ponga en libertad?
347. La NU suprime le.

23 Y el presidente *les* dijo: Pues ¿qué mal ha hecho? Mas ellos gritaban más, diciendo: Sea crucificado.
24 Y viendo Pilato que nada adelantaba, antes se hacía más alboroto, tomando agua se lavó las manos delante del pueblo, diciendo: Inocente soy yo de la sangre de este justo veréis*lo* vosotros.
25 Y respondiendo todo el pueblo, dijo: Su sangre sea sobre nosotros, y sobre nuestros hijos.
26 Entonces les soltó a Barrabás: y habiendo azotado a Jesús, le entregó para ser crucificado.
27 Entonces los soldados del presidente llevaron a Jesús al pretorio, y juntaron a él toda la cuadrilla;
28 Y desnudándole, le echaron encima un manto de grana;
29 Y pusieron sobre su cabeza una corona tejida de espinas, y una caña en su mano derecha; e hincando la rodilla delante de él, le burlaban, diciendo: ¡Salve, Rey de los Judíos!
30 Y escupiendo en él, tomaron la caña, y le herían en la cabeza.
31 Y después que le hubieron escarnecido, le desnudaron el manto, y le vistieron de sus vestidos, y le llevaron para crucificarle.

23 ὁ δὲ ἡγεμὼν ἔφη· τί γὰρ κακὸν ἐποίησεν;
el Entonces hegemón[348] dijo: ¿qué Porque malo hizo?
οἱ δὲ περισσῶς ἔκραζον λέγοντες· σταυρωθήτω.
Ellos entonces todavía más gritaban diciendo: sea crucificado.

24 ἰδὼν δὲ ὁ Πιλᾶτος ὅτι οὐδὲν ὠφελεῖ, ἀλλὰ μᾶλλον
Viendo entonces Pilato que nada se gana, sino que más
θόρυβος γίνεται, λαβὼν ὕδωρ ἀπενίψατο τὰς χεῖρας ἀπέναντι
disturbio acontece, tomando agua lavó las manos en frente
τοῦ ὄχλου λέγων· ἀθῷός εἰμι ἀπὸ τοῦ αἵματος
de la multitud diciendo: inocente soy de la sangre
τοῦ δικαίου τούτου· ὑμεῖς ὄψεσθε.
del justo[349] este. Vosotros veréis.

25 καὶ ἀποκριθεὶς πᾶς ὁ λαὸς εἶπε· τὸ αἷμα αὐτοῦ
Y respondiendo todo el pueblo dijo: la sangre de él
ἐφ' ἡμᾶς καὶ ἐπὶ τὰ τέκνα ἡμῶν.
sobre nosotros y sobre los hijos de nosotros.

26 τότε ἀπέλυσεν αὐτοῖς τὸν Βαραββᾶν, τὸν δὲ Ἰησοῦν
Entonces liberó les a Barrabás, a Sin embargo Jesús
φραγελλώσας παρέδωκεν ἵνα σταυρωθῇ.
habiendo flagelado entregó para que fuera crucificado.

27 Τότε οἱ στρατιῶται τοῦ ἡγεμόνος παραλαβόντες
Entonces los soldados del hegemón habiendo llevado
τὸν Ἰησοῦν εἰς τὸ πραιτώριον συνήγαγον
a Jesús a el pretorio reunieron
ἐπ' αὐτὸν ὅλην τὴν σπεῖραν·
contra él toda la cohorte.[350]

28 καὶ ἐκδύσαντες αὐτὸν περιέθηκαν αὐτῷ
Y habiendo despojado a él ciñeron lo
χλαμύδα κοκκίνην,
con clámide escarlata,

29 καὶ πλέξαντες στέφανον ἐξ ἀκανθῶν ἐπέθηκαν
y habiendo tejido corona de espinas colocaron
ἐπὶ τὴν κεφαλὴν αὐτοῦ καὶ κάλαμον
sobre la cabeza de él y caña
ἐπὶ τὴν δεξιὰν αὐτοῦ, καὶ γονυπετήσαντες
en la diestra de él, y habiéndose arrodillado
ἔμπροσθεν αὐτοῦ ἐνέπαιζον αὐτῷ λέγοντες·
delante de él se burlaban de él diciendo:
χαῖρε ὁ βασιλεὺς τῶν Ἰουδαίων·
salve el rey de los judíos.

30 καὶ ἐμπτύσαντες εἰς αὐτὸν ἔλαβον τὸν κάλαμον
Y escupiendo sobre él tomaron el cálamo
καὶ ἔτυπτον εἰς τὴν κεφαλὴν αὐτοῦ.
y golpeaban en la cabeza de él.

31 καὶ ὅτε ἐνέπαιξαν αὐτῷ, ἐξέδυσαν αὐτὸν τὴν χλαμύδα
Y cuando se burlaban de él, desnudaron lo de la clámide
καὶ ἐνέδυσαν αὐτὸν τὰ ἱμάτια αὐτοῦ,
y pusieron encima de él las ropas de él,
καὶ ἀπήγαγον αὐτὸν εἰς τὸ σταυρῶσαι.
y sacaron lo para crucificar.

---

348. La NU suprime hegemón, gobernador.
349. La NU suprime justo.
350. En el sentido de una unidad armada de servicio.

32 Ἐξερχόμενοι δὲ εὗρον ἄνθρωπον Κυρηναῖον
Saliendo   entonces encontraron hombre cirineo
ὀνόματι Σίμωνα· τοῦτον ἠγγάρευσαν
de nombre Simón. A éste requisaron[351]
ἵνα ἄρῃ τὸν σταυρὸν αὐτοῦ.
para que llevara la cruz de él.

33 Καὶ ἐλθόντες εἰς τόπον λεγόμενον Γολγοθᾶ,
Y viniendo a lugar llamado Golgota
ὅς ἐστι λεγόμενος κρανίου τόπος,
que es llamado de cráneo lugar,

34 ἔδωκαν αὐτῷ πιεῖν ὄξος μετὰ χολῆς μεμιγμένον·
dieron le a beber vinagre[352] con hiel mezclado.
καὶ γευσάμενος οὐκ ἤθελε πιεῖν.
Y habiendo probado no quería beber.

35 σταυρώσαντες δὲ αὐτὸν διεμερίσαντο
Habiendo crucificado entonces a él se repartieron
τὰ ἱμάτια αὐτοῦ βάλλοντες κλῆρον,
las vestimentas de él echando suerte,[353]
ἵνα πληρωθῇ τὸ ῥηθὲν ὑπὸ τοῦ προφήτου
para que fuera cumplido lo dicho por el profeta
διεμερίσαντο τὰ ἱμάτιά μου
dividieron las vestiduras de mí
ἑαυτοῖς, καὶ ἐπὶ τὸν ἱματισμόν μου ἔβαλον κλῆρον.
entre ellos, y sobre la vestimenta de mí echaron suerte.

36 καὶ καθήμενοι ἐτήρουν αὐτὸν ἐκεῖ.
Y sentándose custodiaron lo allí.

37 καὶ ἐπέθηκαν ἐπάνω τῆς κεφαλῆς αὐτοῦ τὴν αἰτίαν αὐτοῦ
Y superpusieron sobre la cabeza de él la causa de él
γεγραμμένην· οὗτός ἐστιν Ἰησοῦς
escrita. Éste es Jesús
ὁ βασιλεὺς τῶν Ἰουδαίων.
el rey de los judíos.

38 Τότε σταυροῦνται σὺν αὐτῷ δύο λῃσταί,
Entonces crucifican con él a dos ladrones
εἷς ἐκ δεξιῶν καὶ εἷς ἐξ εὐωνύμων.
uno a derechas y uno a izquierdas.[354]

39 Οἱ δὲ παραπορευόμενοι ἐβλασφήμουν αὐτὸν
Los entonces pasando blasfemaban contra él
κινοῦντες τὰς κεφαλὰς αὐτῶν
moviendo las cabezas de ellos

40 καὶ λέγοντες· ὁ καταλύων τὸν ναὸν καὶ ἐν τρισὶν ἡμέραις
y diciendo: el destruyendo el templo y en tres días
οἰκοδομῶν. σῶσον σεαυτόν· εἰ Υἱὸς εἶ τοῦ Θεοῦ,
construyendo. Salva a ti mismo. Si Hijo eres de Dios,
κατάβηθι ἀπὸ τοῦ σταυροῦ.
desciende de la cruz.

32Y saliendo, hallaron a un Cireneo, que se llamaba Simón: a éste cargaron para que llevase su cruz. **33**Y como llegaron al lugar que se llamaba Gólgotha, que es dicho, El lugar de la calavera, **34**Le dieron a beber vinagre mezclado con hiel: y gustando, no quiso beberlo. **35**Y después que le hubieron crucificado, repartieron sus vestidos, echando suertes: para que se cumpliese lo que fué dicho por el profeta: Se repartieron mis vestidos, y sobre mi ropa echaron suertes. **36**Y sentados le guardaban allí. **37**Y pusieron sobre su cabeza su causa escrita: ESTE ES JESÚS EL REY DE LOS JUDÍOS. **38**Entonces crucificaron con él dos ladrones, uno a la derecha, y otro a la izquierda. **39**Y los que pasaban, le decían injurias, meneando sus cabezas, **40**Y diciendo: Tú, el que derribas el templo, y en tres días lo reedificas, sálvate a ti mismo: si eres Hijo de Dios, desciende de la cruz.

---

351. Es decir, obligaron a prestar un servicio.
352. La NU sustituye por vino.
353. La NU suprime desde para que… hasta el final del versículo.
354. Es decir, uno a la derecha y otro, a la izquierda.

41 De esta manera también los príncipes de los sacerdotes, escarneciendo con los escribas y los Fariseos y los ancianos, decían:
42 A otros salvó, a sí mismo no puede salvar: si es el Rey de Israel, descienda ahora de la cruz, y creeremos en él.
43 Confió en Dios: líbrele ahora si le quiere: porque ha dicho: Soy Hijo de Dios.
44 Lo mismo también le zaherían los ladrones que estaban crucificados con él.
45 Y desde la hora de sexta fueron tinieblas sobre toda la tierra hasta la hora de nona.
46 Y cerca de la hora de nona, Jesús exclamó con grande voz, diciendo: Eli, Eli, ¿lama sabachtani? Esto es: Dios mío, Dios mío, ¿por qué me has desamparado?
47 Y algunos de los que estaban allí, oyéndolo, decían: A Elías llama éste.
48 Y luego, corriendo uno de ellos, tomó una esponja, y la hinchió de vinagre, y poniéndola en una caña, dábale de beber.
49 Y los otros decían: Deja, veamos si viene Elías a librarle.
50 Mas Jesús, habiendo otra vez exclamado con grande voz, dió el espíritu.

41 ὁμοίως δὲ καὶ οἱ ἀρχιερεῖς
Igualmente entonces también los principales sacerdotes
ἐμπαίζοντες μετὰ τῶν γραμματέων
burlándose con los escribas
καὶ πρεσβυτέρων ἔλεγον·
y ancianos decían:

42 ἄλλους ἔσωσεν, ἑαυτὸν οὐ δύναται σῶσαι· εἰ βασιλεὺς
A otros salvó, a sí mismo no puede salvar. Si[355] rey
Ἰσραήλ ἐστι, καταβάτω νῦν ἀπὸ τοῦ σταυροῦ
de Israel es, descienda ahora de la cruz
καὶ πιστεύσομεν ἐπ' αὐτῷ·
y creeremos en él.

43 πέποιθεν ἐπὶ τὸν Θεόν, ῥυσάσθω νῦν αὐτόν, εἰ θέλει αὐτόν·
Ha confiado en Dios, libere ahora lo, si quiere lo.
εἶπε γὰρ ὅτι Θεοῦ εἰμι Υἱός.
dijo Porque que de Dios soy Hijo.

44 τὸ δ' αὐτὸ καὶ οἱ λῃσταὶ οἱ συσταυρωθέντες
Lo mismo también los ladrones los habiendo sido crucificados con
αὐτῷ ὠνείδιζον αὐτόν.
él insultaban lo.

45 Ἀπὸ δὲ ἕκτης ὥρας σκότος ἐγένετο ἐπὶ πᾶσαν
desde Entonces sexta hora oscuridad aconteció sobre toda
τὴν γῆν ἕως ὥρας ἐνάτης·
la tierra hasta hora novena.

46 περὶ δὲ τὴν ἐνάτην ὥραν ἀνεβόησεν ὁ Ἰησοῦς
alrededor Entonces de la novena hora gritó Jesús
φωνῇ μεγάλῃ λέγων· ἠλὶ ἠλί, λαμὰ σαβαχθανί;
con voz grande diciendo: Elí Elí, ¿lamá[356] sabajzaní?
τοῦτ' ἔστι, Θεέ μου Θεέ μου, ἱνατί με ἐγκατέλιπες;
esto es: Dios de mí Dios de mí, ¿para qué me abandonaste?

47 τινὲς δὲ τῶν ἐκεῖ ἑστώτων ἀκούσαντες
algunos Entonces de los allí presentes habiendo escuchado
ἔλεγον ὅτι Ἠλίαν φωνεῖ οὗτος.
decían que a Elías llama éste.

48 καὶ εὐθέως δραμὼν εἷς ἐξ αὐτῶν καὶ λαβὼν σπόγγον
E inmediatamente corriendo uno de ellos y tomando esponja
πλήσας τε ὄξους καὶ περιθεὶς
habiendo llenado también de vinagre y habiendo puesto
καλάμῳ ἐπότιζεν αὐτόν.
en caña dio de beber a él.

49 οἱ δὲ λοιποὶ ἔλεγον· ἄφες ἴδωμεν εἰ ἔρχεται
los Entonces restantes decían: deja veamos si viene
Ἠλίας σώσων αὐτόν.
Elías salvando lo.

50 ὁ δὲ Ἰησοῦς πάλιν κράξας φωνῇ μεγάλῃ
- Entonces Jesús de nuevo gritando con voz grande
ἀφῆκε τὸ πνεῦμα.
expiró el espíritu.

---
355. La NU suprime si.
356. La NU sustituye por lema.

51 Καὶ ἰδοὺ τὸ καταπέτασμα τοῦ ναοῦ ἐσχίσθη
Y mira el velo del templo fue rasgado
εἰς δύο ἀπὸ ἄνωθεν ἕως κάτω, καὶ ἡ γῆ ἐσείσθη
en dos de arriba a abajo, y la tierra fue sacudida
καὶ αἱ πέτραι ἐσχίσθησαν,
y las piedras fueron partidas.

52 καὶ τὰ μνημεῖα ἀνεῴχθησαν καὶ πολλὰ σώματα
Y los sepulcros fueron abiertos y muchos cuerpos
τῶν κεκοιμημένων ἁγίων ἠγέρθη,
de los habiendo dormido santos fueron levantados,

53 καὶ ἐξελθόντες ἐκ τῶν μνημείων, μετὰ τὴν ἔγερσιν αὐτοῦ
y saliendo de los sepulcros, tras la resurrección de él
εἰσῆλθον εἰς τὴν ἁγίαν πόλιν
entraron en la santa ciudad
καὶ ἐνεφανίσθησαν πολλοῖς.
y fueron revelados a muchos.

54 Ὁ δὲ ἑκατόνταρχος καὶ οἱ μετ' αὐτοῦ τηροῦντες
el Entonces centurión y los con él custodiando
τὸν Ἰησοῦν, ἰδόντες τὸν σεισμὸν καὶ τὰ γενόμενα
a Jesús, viendo el terremoto y lo acontecido
ἐφοβήθησαν σφόδρα λέγοντες·
se asustaron enormemente diciendo:
ἀληθῶς Θεοῦ Υἱὸς ἦν οὗτος.
Verdaderamente de Dios Hijo era éste.

55 ἦσαν δὲ ἐκεῖ καὶ γυναῖκες πολλαὶ ἀπὸ
Estaban entonces allí también mujeres muchas desde
μακρόθεν θεωροῦσαι, αἵτινες ἠκολούθησαν τῷ Ἰησοῦ
lejos observando, las cuales siguieron a Jesús
ἀπὸ τῆς Γαλιλαίας διακονοῦσαι αὐτῷ·
desde Galilea para servir lo,

56 ἐν αἷς ἦν Μαρία ἡ Μαγδαληνή, καὶ Μαρία
entre las que estaba María la Magdalena, y María
ἡ τοῦ Ἰακώβου καὶ Ἰωσῆ μήτηρ, καὶ ἡ μήτηρ τῶν υἱῶν
la de Santiago y de José madre, y la madre de los hijos
Ζεβεδαίου.
de Zebedeo.

57 Ὀψίας δὲ γενομένης ἦλθεν ἄνθρωπος πλούσιος
Noche entonces resultando vino hombre rico
ἀπὸ Ἀριμαθαίας, τοὔνομα Ἰωσήφ, ὃς καὶ
de Arimatea, el nombre José, que también
αὐτὸς ἐμαθήτευσε τῷ Ἰησοῦ·
él fue discípulo de Jesús.

58 οὗτος προσελθὼν τῷ Πιλάτῳ ᾐτήσατο τὸ σῶμα
Este acercándose a Pilato pidió el cuerpo
τοῦ Ἰησοῦ. τότε ὁ Πιλᾶτος ἐκέλευσεν
de Jesús. Entonces Pilato ordenó
ἀποδοθῆναι τὸ σῶμα.[357]
ser dado el cuerpo.

59 καὶ λαβὼν τὸ σῶμα ὁ Ἰωσὴφ ἐνετύλιξεν
Y tomando el cuerpo José envolvió
αὐτὸ σινδόνι καθαρᾷ,
lo en sábana limpia,

---

51 Y he aquí, el velo del templo se rompió en dos, de alto a bajo: y la tierra tembló, y las piedras se hendieron;
52 Y abriéronse los sepulcros, y muchos cuerpos de santos que habían dormido, se levantaron;
53 Y salidos de los sepulcros, después de su resurrección, vinieron a la santa ciudad, y aparecieron a muchos.
54 Y el centurión, y los que estaban con él guardando a Jesús, visto el terremoto, y las cosas que habían sido hechas, temieron en gran manera, diciendo: Verdaderamente Hijo de Dios era éste.
55 Y estaban allí muchas mujeres mirando de lejos, las cuales habían seguido de Galilea a Jesús, sirviéndole:
56 Entre las cuales estaban María Magdalena, y María la madre de Jacobo y de José, y la madre de los hijos de Zebedeo.
57 Y como fué la tarde del día, vino un hombre rico de Arimatea, llamado José, el cual también había sido discípulo de Jesús.
58 Este llegó a Pilato, y pidió el cuerpo de Jesús: entonces Pilato mandó que se le diese el cuerpo.
59 Y tomando José el cuerpo, lo envolvió en una sábana limpia,

---

357. La NU suprime el cuerpo.

60 Y lo puso en su sepulcro nuevo, que había labrado en la peña: y revuelta una grande piedra a la puerta del sepulcro, se fué.
61 Y estaban allí María Magdalena, y la otra María, sentadas delante del sepulcro.
62 Y el siguiente día, que es después de la preparación, se juntaron los príncipes de los sacerdotes y los Fariseos a Pilato,
63 Diciendo: Señor, nos acordamos que aquel engañador dijo, viviendo aún: Después de tres días resucitaré.
64 Manda, pues, que se asegure el sepulcro hasta el día tercero; porque no vengan sus discípulos de noche, y le hurten, y digan al pueblo: Resucitó de los muertos. Y será el postrer error peor que el primero.
65 Y Pilato les dijo: Tenéis una guardia: id, aseguradlo como sabéis.
66 Y yendo ellos, aseguraron el sepulcro, sellando la piedra, con la guardia.

28 Y la víspera de sábado, que amanece para el primer día de la semana, vino María Magdalena, y la otra María, a ver el sepulcro.

60 καὶ ἔθηκεν αὐτὸ ἐν τῷ καινῷ αὐτοῦ μνημείῳ
y colocó lo en el nuevo de él sepulcro
ὃ ἐλατόμησεν ἐν τῇ πέτρᾳ, καὶ προσκυλίσας
que cortó en la piedra, y habiendo rodado
λίθον μέγαν τῇ θύρᾳ τοῦ μνημείου ἀπῆλθεν.
piedra grande sobre la puerta del sepulcro se marchó.

61 ἦν δὲ ἐκεῖ Μαρία ἡ Μαγδαληνὴ καὶ ἡ ἄλλη Μαρία,
Estaba entonces allí María la Magdalena y la otra María,
καθήμεναι ἀπέναντι τοῦ τάφου.
sentadas enfrente de la tumba.

62 Τῇ δὲ ἐπαύριον, ἥτις ἐστὶ μετὰ τὴν παρασκευήν,
al Entonces día siguiente, que es tras la preparación,
συνήχθησαν οἱ ἀρχιερεῖς καὶ
se congregaron los principales sacerdotes y
οἱ Φαρισαῖοι πρὸς Πιλᾶτον
los fariseos ante Pilato

63 λέγοντες· κύριε, ἐμνήσθημεν ὅτι ἐκεῖνος ὁ πλάνος
diciendo: señor, recordamos que aquel el engañador
εἶπεν ἔτι ζῶν, μετὰ τρεῖς ἡμέρας ἐγείρομαι.
dijo todavía viviendo, tras tres días me levanto.

64 κέλευσον οὖν ἀσφαλισθῆναι τὸν τάφον ἕως τῆς τρίτης ἡμέρας,
Manda pues ser asegurada la tumba hasta el tercer día,
μήποτε ἐλθόντες οἱ μαθηταὶ αὐτοῦ νυκτὸς
no sea que viniendo los discípulos de él por la noche[358]
κλέψωσιν αὐτὸν καὶ εἴπωσι τῷ λαῷ· ἠγέρθη
robarán lo y dirán al pueblo: fue levantado
ἀπὸ τῶν νεκρῶν· καὶ ἔσται ἡ ἐσχάτη
de los muertos. Y será el último
πλάνη χείρων τῆς πρώτης.
engaño peor que el primero.

65 ἔφη αὐτοῖς ὁ Πιλᾶτος· ἔχετε κουστωδίαν·
Dijo les Pilato: tenéis[359] custodia.[360]
ὑπάγετε ἀσφαλίσασθε ὡς οἴδατε.
Id asegurad como sabéis.

66 οἱ δὲ πορευθέντες ἠσφαλίσαντο τὸν τάφον
Ellos entonces yendo aseguraron la tumba
σφραγίσαντες τὸν λίθον μετὰ τῆς κουστωδίας.
sellando la piedra con la custodia.

28 **1** Ὀψὲ δὲ σαββάτων, τῇ ἐπιφωσκούσῃ εἰς
después Sin embargo del sábado, en el amanecer hacia
μίαν σαββάτων, ἦλθε Μαρία ἡ Μαγδαληνὴ καὶ ἡ
primero de semana,[361] vino María la Magdalena y la
ἄλλη Μαρία θεωρῆσαι τὸν τάφον.
otra María a ver la tumba

---

358. La NU suprime por la noche.
359. O: tened, tomad.
360. O: guardia.
361. Es decir, en el amanecer del primer día de la semana, del domingo.

2 καὶ ἰδοὺ σεισμὸς ἐγένετο μέγας· ἄγγελος γὰρ Κυρίου
y mira terremoto aconteció grande. ángel Porque de Señor
καταβὰς ἐξ οὐρανοῦ προσελθὼν ἀπεκύλισε τὸν λίθον
habiendo descendido de cielo acercándose apartó la piedra
ἀπὸ τῆς θύρας καὶ ἐκάθητο ἐπάνω αὐτοῦ.
de la puerta³⁶² y se sentó sobre ella.

3 ἦν δὲ ἡ ἰδέα αὐτοῦ ὡς ἀστραπὴ καὶ
Era entonces el aspecto de él como relámpago y
τὸ ἔνδυμα αὐτοῦ λευκὸν ὡσεὶ χιών.
la vestimenta de él blanca como nieve.

4 ἀπὸ δὲ τοῦ φόβου αὐτοῦ ἐσείσθησαν
de Entonces el miedo de él fueron sacudidos
οἱ τηροῦντες καὶ ἐγένοντο ὡσεὶ νεκροί.
los guardando y resultaron como muertos.

5 ἀποκριθεὶς δὲ ὁ ἄγγελος εἶπε ταῖς γυναιξί·
Respondiendo entonces el ángel dijo a las mujeres:
μὴ φοβεῖσθε ὑμεῖς· οἶδα γὰρ ὅτι Ἰησοῦν
no temáis vosotros, sé Porque que a Jesús
τὸν ἐσταυρωμένον ζητεῖτε·
el crucificado buscáis.

6 οὐκ ἔστιν ὧδε· ἠγέρθη γὰρ καθὼς εἶπε.
No está aquí. fue levantado Porque como dijo:
δεῦτε ἴδετε τὸν τόπον ὅπου ἔκειτο ὁ Κύριος.
Id ved el lugar donde yacía el Señor.³⁶³

7 καὶ ταχὺ πορευθεῖσαι εἴπατε τοῖς μαθηταῖς αὐτοῦ ὅτι
Y rápidamente yendo decid a los discípulos de él que
ἠγέρθη ἀπὸ τῶν νεκρῶν, καὶ ἰδοὺ προάγει ὑμᾶς
fue levantado de los muertos, y mira precede os
εἰς τὴν Γαλιλαίαν· ἐκεῖ αὐτὸν ὄψεσθε·
a Galilea. Allí lo veréis.
ἰδοὺ εἶπον ὑμῖν.
Mirad dije a vosotros.

8 καὶ ἐξελθοῦσαι ταχὺ ἀπὸ τοῦ μνημείου μετὰ φόβου
Y saliendo³⁶⁴ rápidamente de el sepulcro con miedo
καὶ χαρᾶς μεγάλης ἔδραμον ἀπαγγεῖλαι
y con alegría grande corrieron a informar
τοῖς μαθηταῖς αὐτοῦ.
a los discípulos de él.

9 ὡς δὲ ἐπορεύοντο ἀπαγγεῖλαι τοῖς μαθηταῖς αὐτοῦ,
como Entonces iban a informar a los discípulos de él,³⁶⁵
καὶ ἰδοὺ ὁ Ἰησοῦς ἀπήντησεν αὐταῖς λέγων·
y mira Jesús salió al encuentro de ellas diciendo:
χαίρετε. αἱ δὲ προσελθοῦσαι ἐκράτησαν αὐτοῦ
Alegraos. Ellas entonces acercándose agarraron de él
τοὺς πόδας καὶ προσεκύνησαν αὐτῷ.
los pies y adoraron lo.

2 Y he aquí, fué hecho un gran terremoto: porque el ángel del Señor, descendiendo del cielo y llegando, había revuelto la piedra, y estaba sentado sobre ella.
3 Y su aspecto era como un relámpago, y su vestido blanco como la nieve.
4 Y de miedo de él los guardas se asombraron, y fueron vueltos como muertos.
5 Y respondiendo el ángel, dijo a las mujeres: No temáis vosotras; porque yo sé que buscáis a Jesús, que fué crucificado.
6 No está aquí; porque ha resucitado, como dijo. Venid, ved el lugar donde fué puesto el Señor.
7 E id presto, decid a sus discípulos que ha resucitado de los muertos: y he aquí va delante de vosotros a Galilea; allí le veréis; he aquí, os lo he dicho.
8 Entonces ellas, saliendo del sepulcro con temor y gran gozo, fueron corriendo a dar las nuevas a sus discípulos. Y mientras iban a dar las nuevas a sus discípulos,
9 He aquí, Jesús les sale al encuentro, diciendo: Salve. Y ellas se llegaron y abrazaron sus pies, y le adoraron.

---

362. La NU suprime de la puerta.
363. La NU omite el Señor.
364. La NU sustituye por yéndose.
365. La NU suprime desde Como... a de él.

10Entonces Jesús les dice: No temáis: id, dad las nuevas a mis hermanos, para que vayan a Galilea, y allí me verán.
11Y yendo ellas, he aquí unos de la guardia vinieron a la ciudad, y dieron aviso a los príncipes de los sacerdotes de todas las cosas que habían acontecido.
12Y juntados con los ancianos, y habido consejo, dieron mucho dinero a los soldados,
13Diciendo: Decid: Sus discípulos vinieron de noche, y le hurtaron, durmiendo nosotros.
14Y si esto fuere oído del presidente, nosotros le persuadiremos, y os haremos seguros.
15Y ellos, tomando el dinero, hicieron como estaban instruídos: y este dicho fué divulgado entre los Judíos hasta el día de hoy.
16Mas los once discípulos se fueron a Galilea, al monte donde Jesús les había ordenado.
17Y como le vieron, le adoraron: mas algunos dudaban.
18Y llegando Jesús, les habló, diciendo: Toda potestad me es dada en el cielo y en la tierra.

10 τότε λέγει αὐταῖς ὁ Ἰησοῦς· μὴ φοβεῖσθε·
Entonces dice a ellas Jesús: no os asustéis
ὑπάγετε ἀπαγγείλατε τοῖς ἀδελφοῖς μου
Id informad a los hermanos de mí
ἵνα ἀπέλθωσιν εἰς τὴν Γαλιλαίαν.
para que vayan a Galilea.
κἀκεῖ με ὄψονται.
Y allí me verán.

11 Πορευομένων δὲ αὐτῶν ἰδού τινες τῆς κουστωδίας
Yendo entonces ellos mira algunos de la custodia
ἐλθόντες εἰς τὴν πόλιν ἀπήγγειλαν τοῖς ἀρχιερεῦσιν
viniendo a la ciudad informaron a los principales sacerdotes
ἅπαντα τὰ γενόμενα.
de todo lo acontecido.

12 καὶ συναχθέντες μετὰ τῶν πρεσβυτέρων συμβούλιόν
Y reuniéndose con los ancianos consejo
τε λαβόντες ἀργύρια ἱκανὰ
Y tomando plata[366] bastante
ἔδωκαν τοῖς στρατιώταις
dieron a los soldados

13 λέγοντες· εἴπατε ὅτι οἱ μαθηταὶ αὐτοῦ νυκτὸς
diciendo: decid que los discípulos de él por la noche
ἐλθόντες ἔκλεψαν αὐτὸν ἡμῶν κοιμωμένων.
viniendo robaron lo nosotros durmiendo.

14 καὶ ἐὰν ἀκουσθῇ τοῦτο ἐπὶ τοῦ ἡγεμόνος ἡμεῖς
Y si es oído esto ante el hegemón nosotros
πείσομεν αὐτὸν καὶ ὑμᾶς ἀμερίμνους ποιήσομεν.
persuadiremos lo y a vosotros despreocupados haremos.[367]

15 οἱ δὲ λαβόντες τὰ ἀργύρια ἐποίησαν ὡς
Ellos entonces tomando la plata hicieron como
ἐδιδάχθησαν. καὶ διεφημίσθη ὁ λόγος οὗτος
fueron enseñados. Y fue difundida la palabra esta
παρὰ Ἰουδαίοις μέχρι τῆς σήμερον.
entre judíos hasta el hoy.

16 Οἱ δὲ ἕνδεκα μαθηταὶ ἐπορεύθησαν εἰς τὴν Γαλιλαίαν,
los Entonces once discípulos fueron a Galilea,
εἰς τὸ ὄρος οὗ ἐτάξατο αὐτοῖς ὁ Ἰησοῦς.
a la montaña donde nombró a ellos Jesús.

17 καὶ ἰδόντες αὐτὸν προσεκύνησαν αὐτῷ,
Y viendo lo adoraron a él,[368]
οἱ δὲ ἐδίστασαν.
ellos Sin embargo dudaron.[369]

18 καὶ προσελθὼν ὁ Ἰησοῦς ἐλάλησεν αὐτοῖς λέγων·
Y acercándose Jesús habló les diciendo:
ἐδόθη μοι πᾶσα ἐξουσία ἐν οὐρανῷ καὶ ἐπὶ γῆς.
Fue dada a mí toda autoridad en cielo y sobre tierra.

---

366. Es decir, monedas de plata.
367. Es decir, haremos que no tengais de qué preocuparos.
368. La NU suprime a él.
369. Es decir, lo adoraron aunque antes habían dudado.

19 πορευθέντες μαθητεύσατε πάντα τὰ ἔθνη,
Yendo   discipulad   a todas las naciones,

βαπτίζοντες αὐτοὺς εἰς τὸ ὄνομα τοῦ Πατρὸς
bautizando los   en el nombre del Padre

καὶ τοῦ Υἱοῦ καὶ τοῦ Ἁγίου Πνεύματος,
y   del Hijo y del Santo Espíritu,

20 διδάσκοντες αὐτοὺς τηρεῖν πάντα ὅσα ἐνετειλάμην
enseñando   los   a guardar todo cuanto ordené

ὑμῖν· καὶ ἰδοὺ ἐγὼ μεθ' ὑμῶν εἰμι πάσας τὰς ἡμέρας
a vosotros. Y mira yo con vosotros estoy todos los días

ἕως τῆς συντελείας τοῦ αἰῶνος. ἀμήν.
hasta la consumación del eón.[370] Amén.[371]

19 Por tanto, id, y doctrinad a todos los Gentiles, bautizándolos en el nombre del Padre, y del Hijo, y del Espíritu Santo:
20 Enseñándoles que guarden todas las cosas que os he mandado: y he aquí, yo estoy con vosotros todos los días, hasta el fin del mundo. Amén.

---

370. O de la era.
371. La NU suprime Amén.

EL SANTO EVANGELIO SEGÚN
SAN MARCOS

1 Principio del evangelio de Jesucristo, Hijo de Dios.
2 Como está escrito en Isaías el profeta:
He aquí yo envío a mi mensajero delante de tu faz,
Que apareje tu camino delante de ti.
3 Voz del que clama en el desierto:
Aparejad el camino del Señor;
Enderezad sus veredas.
4 Bautizaba Juan en el desierto, y predicaba el bautismo del arrepentimiento para remisión de pecados.
5 Y salía a él toda la provincia de Judea, y los de Jerusalem; y eran todos bautizados por él en el río de Jordán, confesando sus pecados.
6 Y Juan andaba vestido de pelos de camello, y con un cinto de cuero alrededor de sus lomos; y comía langostas y miel silvestre.
7 Y predicaba, diciendo: Viene tras mí el que es más poderoso que yo, al cual no soy digno de desatar encorvado la correa de sus zapatos.
8 Yo a la verdad os he bautizado con agua; mas él os bautizará con Espíritu Santo.

1

1 Ἀρχὴ τοῦ εὐαγγελίου Ἰησοῦ Χριστοῦ, Υἱοῦ τοῦ Θεοῦ.
Principio del evangelio de Jesús Cristo, Hijo de Dios.[1]

2 Ὡς γέγραπται ἐν τοῖς προφήταις,[2] ἰδοὺ ἐγὼ ἀποστέλλω
Como ha sido escrito en los profetas, mira yo envío

τὸν ἄγγελόν μου πρὸ προσώπου σου, ὃς
al mensajero[3] de mí delante de rostro de ti, que

κατασκευάσει τὴν ὁδόν σου ἔμπροσθέν σου·
preparará el camino de ti delante de ti.

3 φωνὴ βοῶντος ἐν τῇ ἐρήμῳ, ἑτοιμάσατε τὴν ὁδὸν
Voz del que clama en el desierto, preparad el camino

Κυρίου, εὐθείας ποιεῖτε τὰς τρίβους αὐτοῦ,
de Señor, rectas haced las sendas de él.

4 ἐγένετο Ἰωάννης βαπτίζων ἐν τῇ ἐρήμῳ καὶ κηρύσσων
Apareció Juan bautizando en el desierto y predicando

βάπτισμα μετανοίας εἰς ἄφεσιν ἁμαρτιῶν.
bautismo de arrepentimiento para perdón de pecados.

5 καὶ ἐξεπορεύετο πρὸς αὐτὸν πᾶσα ἡ Ἰουδαία χώρα
Y salía a él toda la Judea región

καὶ οἱ Ἱεροσολυμῖται, καὶ ἐβαπτίζοντο πάντες
y los jerosilimitanos, y eran bautizados todos

ἐν τῷ Ἰορδάνῃ ποταμῷ ὑπ' αὐτοῦ ἐξομολογούμενοι
en el Jordán río por él confesando

τὰς ἁμαρτίας αὐτῶν.
los pecados de ellos.

6 ἦν δὲ ὁ Ἰωάννης ἐνδεδυμένος τρίχας καμήλου
Estaba pues Juan vestido de pelos de camello

καὶ ζώνην δερματίνην περὶ τὴν ὀσφὺν αὐτοῦ,
y de cinturón de piel alrededor de la cintura de él,

καὶ ἐσθίων ἀκρίδας καὶ μέλι ἄγριον.
y comiendo langostas y miel silvestre.

7 καὶ ἐκήρυσσε λέγων· ἔρχεται ὁ ἰσχυρότερός μου ὀπίσω
Y predicaba diciendo: viene el más fuerte que yo detrás

μου, οὗ οὐκ εἰμὶ ἱκανὸς κύψας λῦσαι τὸν ἱμάντα
de mí, del que no soy digno inclinándome de desatar la correa

τῶν ὑποδημάτων αὐτοῦ.
de las sandalias de él.

8 ἐγὼ μὲν ἐβάπτισα ὑμᾶς ἐν ὕδατι, αὐτὸς δὲ
Yo ciertamente bauticé os en agua, él sin embargo

βαπτίσει ὑμᾶς ἐν Πνεύματι Ἁγίῳ.
bautizará os en Espíritu Santo.

---

1. La NU coloca entre paréntesis Hijo de Dios.
2. La NU sustituye por Isaías el profeta.
3. Lit: ángel.

9 Καὶ ἐγένετο ἐν ἐκείναις ταῖς ἡμέραις ἦλθεν Ἰησοῦς
Y aconteció en aquellos - días vino Jesús
ἀπὸ Ναζαρὲτ τῆς Γαλιλαίας καὶ ἐβαπτίσθη
de Nazaret de Galilea y fue bautizado
ὑπὸ Ἰωάννου εἰς τὸν Ἰορδάνην.
por Juan en el Jordán.

10 καὶ εὐθέως ἀναβαίνων ἀπὸ τοῦ ὕδατος εἶδε σχιζομένους
E inmediatamente saliendo de el agua vio partiéndose
τοὺς οὐρανοὺς καὶ τὸ Πνεῦμα
los cielos y el Espíritu
ὡς περιστερὰν καταβαῖνον ἐπ' αὐτόν·
como paloma descendiendo sobre él.

11 καὶ φωνὴ ἐγένετο ἐκ τῶν οὐρανῶν· σὺ εἶ ὁ
Y voz aconteció desde los cielos: tú eres el
υἱός μου ὁ ἀγαπητός, ἐν σοὶ εὐδόκησα.
Hijo de mí el amado. En ti me he complacido.

12 Καὶ εὐθὺς τὸ Πνεῦμα αὐτὸν ἐκβάλλει εἰς τὴν ἔρημον·
E inmediatamente el Espíritu lo impulsa a el desierto.

13 καὶ ἦν ἐκεῖ ἐν τῇ ἐρήμῳ ἡμέρας τεσσεράκοντα
Y estaba allí en el desierto días cuarenta
πειραζόμενος ὑπὸ τοῦ Σατανᾶ, καὶ ἦν μετὰ τῶν θηρίων,
siendo tentado por - Satanás, y estaba con las fieras,
καὶ οἱ ἄγγελοι διηκόνουν αὐτῷ.
y los ángeles servían lo.

14 Μετὰ δὲ τὸ παραδοθῆναι τὸν Ἰωάννην ἦλθεν
Después sin embargo del ser entregado - Juan vino
ὁ Ἰησοῦς εἰς τὴν Γαλιλαίαν κηρύσσων
Jesús a - Galilea predicando
τὸ εὐαγγέλιον τῆς βασιλείας τοῦ Θεοῦ
el evangelio del Reino[4] de Dios,

15 καὶ λέγων ὅτι πεπλήρωται ὁ καιρὸς καὶ ἤγγικεν
y diciendo que se ha cumplido el tiempo y se ha acercado
ἡ βασιλεία τοῦ Θεοῦ· μετανοεῖτε καὶ
el Reino de Dios. Convertíos y
πιστεύετε ἐν τῷ εὐαγγελίῳ.
creed en el evangelio.

16 Περιπατῶν δὲ παρὰ τὴν θάλασσαν τῆς Γαλιλαίας
Caminando sin embargo a la orilla del mar de Galilea
εἶδε Σίμωνα καὶ Ἀνδρέαν τὸν ἀδελφὸν αὐτοῦ,
vio a Simón y a Andrés el hermano de él,
βάλλοντας ἀμφίβληστρον ἐν τῇ θαλάσσῃ· ἦσαν
arrojando red circular en el mar, eran
γὰρ ἁλιεῖς·
Porque pescadores.

17 καὶ εἶπεν αὐτοῖς ὁ Ἰησοῦς· δεῦτε ὀπίσω μου,
Y dijo les Jesús: venid detrás de mí,
καὶ ποιήσω ὑμᾶς γενέσθαι ἁλιεῖς ἀνθρώπων.
y haré os llegar a ser pescadores de hombres.

9 Y aconteció en aquellos días, que Jesús vino de Nazaret de Galilea, y fué bautizado por Juan en el Jordán.
10 Y luego, subiendo del agua, vió abrirse los cielos, y al Espíritu como paloma, que descendía sobre él.
11 Y hubo *una* voz de los cielos *que decía*: Tú eres mi Hijo amado; en ti tomo contentamiento.
12 Y luego el Espíritu le impele al desierto.
13 Y estuvo allí en el desierto cuarenta días, y era tentado de Satanás; y estaba con las fieras; y los ángeles le servían.
14 Mas después que Juan fué encarcelado, Jesús vino a Galilea predicando el evangelio del reino de Dios,
15 Y diciendo: El tiempo es cumplido, y el reino de Dios está cerca: arrepentíos, y creed al evangelio.
16 Y pasando junto a la mar de Galilea, vió a Simón, y a Andrés su hermano, que echaban la red en la mar; porque eran pescadores.
17 Y les dijo Jesús: Venid en pos de mí, y haré que seáis pescadores de hombres.

---

4. La NU suprime del Reino.

18 Y luego, dejadas sus redes, le siguieron.
19 Y pasando de allí un poco más adelante, vió a Jacobo, *hijo* de Zebedeo, y a Juan su hermano, también ellos en el navío, que aderezaban las redes.
20 Y luego los llamó: y dejando a su padre Zebedeo en el barco con los jornaleros, fueron en pos de él.
21 Y entraron en Capernaum; y luego los sábados, entrando en la sinagoga, enseñaba.
22 Y se admiraban de su doctrina; porque les enseñaba como quien tiene potestad, y no como los escribas.
23 Y había en la sinagoga de ellos un hombre con espíritu inmundo, el cual dió voces,
24 Diciendo: ¡Ah! ¿qué tienes con nosotros, Jesús Nazareno? ¿Has venido a destruirnos? Sé quién eres, el Santo de Dios.
25 Y Jesús le riñó, diciendo: Enmudece, y sal de él.
26 Y el espíritu inmundo, haciéndole pedazos, y clamando a gran voz, salió de él.

18 καὶ εὐθέως ἀφέντες τὰ δίκτυα αὐτῶν
E inmediatamente dejando las redes de ellos
ἠκολούθησαν αὐτῷ.
siguieron lo.

19 Καὶ προβὰς ἐκεῖθεν ὀλίγον εἶδεν Ἰάκωβον
Y yendo desde allí un poco vio a Santiago[5]
τὸν τοῦ Ζεβεδαίου
el de Zebedeo
καὶ Ἰωάννην τὸν ἀδελφὸν αὐτοῦ,
y a Juan el hermano de él,
καὶ αὐτοὺς ἐν τῷ πλοίῳ καταρτίζοντας τὰ δίκτυα,
y a los en la barca reparando las redes.

20 καὶ εὐθέως ἐκάλεσεν αὐτούς, καὶ ἀφέντες τὸν πατέρα
E inmediatamente llamó los, y dejando al padre
αὐτῶν Ζεβεδαῖον ἐν τῷ πλοίῳ μετὰ τῶν μισθωτῶν
de ellos Zebedeo en la barca con los asalariados
ἀπῆλθον ὀπίσω αὐτοῦ.
fueron detrás de él.

21 Καὶ εἰσπορεύονται εἰς Καφαρναούμ· καὶ εὐθέως
Y entran en Capernaum,[6] e inmediatamente
τοῖς σάββασιν εἰσελθὼν εἰς τὴν συναγωγὴν
los sábados entrando en la sinagoga
ἐδίδασκε.
enseñaba.

22 καὶ ἐξεπλήσσοντο ἐπὶ τῇ διδαχῇ αὐτοῦ·
Y se asombraban de la enseñanza de él,
ἦν γὰρ διδάσκων αὐτοὺς ὡς ἐξουσίαν ἔχων,
estaba Porque enseñando los como autoridad teniendo,
καὶ οὐχ ὡς οἱ γραμματεῖς.
y no como los escribas.

23 Καὶ ἦν ἐν τῇ συναγωγῇ αὐτῶν ἄνθρωπος
Y estaba en la sinagoga de ellos hombre
ἐν πνεύματι ἀκαθάρτῳ, καὶ ἀνέκραξε
con espíritu impuro, y gritó

24 λέγων· ἔα, τί ἡμῖν καὶ σοί, Ἰησοῦ Ναζαρηνέ;
diciendo: Ah, ¿qué para nosotros y para ti,[7] Jesús nazareno?
ἦλθες ἀπολέσαι ἡμᾶς; οἶδά σε τίς εἶ,
¿Viniste a destruir nos? Sé tú quién eres,
ὁ Ἅγιος τοῦ Θεοῦ.
el Santo de Dios.

25 καὶ ἐπετίμησεν αὐτῷ ὁ Ἰησοῦς λέγων· φιμώθητι καὶ
Y reprendió le Jesús diciendo: Cállate y
ἔξελθε ἐξ αὐτοῦ.
sal de él.

26 καὶ σπαράξαν αὐτὸν τὸ πνεῦμα τὸ ἀκάθαρτον
Y reprendió lo el espíritu el impuro
καὶ κράξαν φωνῇ μεγάλῃ ἐξῆλθεν ἐξ αὐτοῦ.
también gritando con voz grande salió de él.

---

5. O Jacobo.
6. O Cafarnaum, es decir, la población de Kfar-Na-hum.
7. Es decir: ¿Qué tenemos que ver nosotros contigo?

27 καὶ ἐθαμβήθησαν πάντες, ὥστε συζητεῖν
Y se maravillaron todos, como estar preguntando

πρὸς ἑαυτοὺς λέγοντας, τί ἐστι τοῦτο; τίς ἡ διδαχὴ
a sí mismos diciendo: ¿Qué es esto? ¿Qué la enseñanza

ἡ καινὴ αὕτη, ὅτι κατ' ἐξουσίαν καὶ τοῖς πνεύμασι
la nueva esta que con autoridad también a los espíritus

τοῖς ἀκαθάρτοις ἐπιτάσσει, καὶ ὑπακούουσιν αὐτῷ;
los impuros manda y obedecen lo?

28 καὶ ἐξῆλθεν ἡ ἀκοὴ αὐτοῦ εὐθὺς εἰς ὅλην
Y salió la fama de él inmediatamente por toda

τὴν περίχωρον τῆς Γαλιλαίας.
la región circundante de Galilea.

29 Καὶ εὐθέως ἐκ τῆς συναγωγῆς ἐξελθόντες ἦλθον
E inmediatamente de la sinagoga saliendo vinieron

εἰς τὴν οἰκίαν Σίμωνος καὶ Ἀνδρέου μετὰ Ἰακώβου καὶ
a la casa de Simón y de Andrés con Santiago y

Ἰωάννου.
Juan.

30 ἡ δὲ πενθερὰ Σίμωνος κατέκειτο πυρέσσουσα.
la Sin embargo suegra de Simón yacía ardiendo de fiebre

καὶ εὐθέως λέγουσιν αὐτῷ περὶ αὐτῆς.
e inmediatamente hablan le sobre ella.

31 καὶ προσελθὼν ἤγειρεν αὐτὴν κρατήσας τῆς χειρὸς αὐτῆς,
Y acercándose alzó la agarrando la mano de ella,

καὶ ἀφῆκεν αὐτὴν ὁ πυρετός εὐθέως, καὶ
y dejó la la fiebre inmediatamente, y

διηκόνει αὐτοῖς.
servía los.

32 Ὀψίας δὲ γενομένης, ὅτε ἔδυ ὁ ἥλιος,
tarde Sin embargo aconteciendo[8] cuando se puso el sol,

ἔφερον πρὸς αὐτὸν πάντας τοὺς κακῶς ἔχοντας καὶ τοὺς
llevaron a él todos los males teniendo y a los

δαιμονιζομένους·
endemoniados.

33 καὶ ἦν ἡ πόλις ὅλη ἐπισυνηγμένη πρὸς τὴν θύραν·
Y estaba la ciudad toda reunida a la puerta.

34 καὶ ἐθεράπευσε πολλοὺς κακῶς ἔχοντας ποικίλαις
Y curó a todos males teniendo de diversas

νόσοις, καὶ δαιμόνια πολλὰ ἐξέβαλε, καὶ οὐκ ἤφιε
enfermedades, y demonios muchos arrojó y no dejaba

λαλεῖν τὰ δαιμόνια, ὅτι ᾔδεισαν αὐτόν.
hablar a los demonios porque conocían lo.

35 Καὶ πρωῒ ἔννυχα λίαν ἀναστὰς ἐξῆλθε καὶ
Y temprano de noche mucho[9] levantándose salió y

ἀπῆλθεν εἰς ἔρημον τόπον, κἀκεῖ προσηύχετο.
fue a desierto lugar, y allí oraba.

36 καὶ κατεδίωξαν αὐτὸν ὁ Σίμων καὶ οἱ μετ' αὐτοῦ,
Y buscaron lo Simón y los con él,

37 καὶ εὑρόντες αὐτὸν λέγουσιν αὐτῷ ὅτι πάντες ζητοῦσί σε.
Y encontrando lo dicen le que todos buscan te.

---

8. Es decir, cuando llegó la tarde.
9. Es decir, muy de mañana cuando todavía era de noche.

38 Y les dice: Vamos a los lugares vecinos, para que predique también allí; porque para esto he venido.
39 Y predicaba en las sinagogas de ellos en toda Galilea, y echaba fuera los demonios.
40 Y un leproso vino a él, rogándole; e hincada la rodilla, le dice: Si quieres, puedes limpiarme.
41 Y Jesús, teniendo misericordia de él, extendió su mano, y le tocó, y le dice: Quiero, sé limpio.
42 Y así que hubo él hablado, la lepra se fué luego de aquél, y fué limpio.
43 Entonces le apercibió, y despidióle luego,
44 Y le dice: Mira, no digas a nadie nada; sino ve, muéstrate al sacerdote, y ofrece por tu limpieza lo que Moisés mandó, para testimonio a ellos.
45 Mas él salido, comenzó a publicarlo mucho, y a divulgar el hecho, de manera que ya Jesús no podía entrar manifiestamente en la ciudad, sino que estaba fuera en los lugares desiertos; y venían a él de todas partes.

2 Y entró otra vez en Capernaum después de algunos días, y se oyó que estaba en casa.

38 καὶ λέγει αὐτοῖς· ἄγωμεν εἰς τὰς ἐχομένας κωμοπόλεις,
Y dice les: vamos a las vecinas villas,[10]
ἵνα καὶ ἐκεῖ κηρύξω· εἰς τοῦτο γὰρ ἐξελήλυθα.
para que también allí predique. para esto Porque he venido.

39 καὶ ἦν κηρύσσων ἐν ταῖς συναγωγαῖς αὐτῶν εἰς ὅλην
Y estaba predicando en las sinagogas de ellos por toda
τὴν Γαλιλαίαν καὶ τὰ δαιμόνια ἐκβάλλων.
Galilea y a los demonios expulsando.

40 Καὶ ἔρχεται πρὸς αὐτὸν λεπρὸς παρακαλῶν αὐτὸν
Y viene a él leproso suplicando le
καὶ γονυπετῶν καὶ λέγων αὐτῷ ὅτι ἐὰν θέλῃς,
y arrodillándose y diciendo le que si quieres,
δύνασαί με καθαρίσαι.
puedes me limpiar.

41 ὁ δὲ Ἰησοῦς σπλαγχνισθείς, ἐκτείνας τὴν χεῖρα,
- - Jesús siendo movido a compasión, extendiendo la mano,
ἥψατο αὐτοῦ καὶ λέγει αὐτῷ· θέλω, καθαρίσθητι.
tocó lo y dice le: Quiero, sé limpiado.

42 καὶ εἰπόντος αὐτοῦ εὐθέως ἀπῆλθεν ἀπ' αὐτοῦ
Y hablando[11] él inmediatamente salió de él
ἡ λέπρα, καὶ ἐκαθαρίσθη.
la lepra, y fue limpiado.

43 καὶ ἐμβριμησάμενος αὐτῷ εὐθέως
Y habiendo advertido conmovido[12] a él inmediatamente
ἐξέβαλεν αὐτόν
despidió lo

44 καὶ λέγει αὐτῷ· ὅρα μηδενὶ μηδὲν εἴπῃς, ἀλλὰ ὕπαγε
y dice le: Mira a nadie nada digas, sino ve
σεαυτὸν δεῖξον τῷ ἱερεῖ καὶ προσένεγκε
a ti mismo mostrar al sacerdote y ofrece
περὶ τοῦ καθαρισμοῦ σου ἃ προσέταξε Μωϋσῆς εἰς
por la limpieza de ti lo que prescribió Moisés para
μαρτύριον αὐτοῖς.
testimonio a ellos.

45 ὁ δὲ ἐξελθὼν ἤρξατο κηρύσσειν πολλὰ καὶ
- - Saliendo comenzó a predicar muchas cosas y
διαφημίζειν τὸν λόγον, ὥστε μηκέτι αὐτὸν δύνασθαι
a difundir la palabra, de manera que ya no él poder
φανερῶς εἰς πόλιν εἰσελθεῖν, ἀλλ' ἔξω ἐν
abiertamente en ciudad entrar,[13] sino que fuera en
ἐρήμοις τόποις ἦν· καὶ ἤρχοντο πρὸς αὐτὸν
desiertos lugares estaba. Y venían a él
πάντοθεν.
de todas partes.

2 1 Καὶ εἰσῆλθε πάλιν εἰς Καπερναοὺμ δι' ἡμερῶν
Y entró de nuevo en Capernaum[14] tras días
καὶ ἠκούσθη ὅτι εἰς οἶκόν ἐστι.
y fue oído que en casa está.

---

10. La palabra describe ciudades tan grandes como para tener un mercado propio.
11. Es decir, nada más hablar Jesús.
12. El verbo tiene el sentido de estar conmovido tanto en un sentido positivo – como aquí y en Juan 11.38 – como negativo, por ejemplo, en Marcos 14.4-5.
13. Es decir, de manera que ya no podía entrar abiertamente en ninguna ciudad.
14. O Cafarnaum.

2 καὶ εὐθέως συνήχθησαν πολλοί, ὥστε
E inmediatamente[15] se reunieron muchos, de manera que ya
μηκέτι χωρεῖν μηδὲ τὰ πρὸς τὴν θύραν· καὶ ἐλάλει αὐτοῖς
no haber sitio ni lo en la puerta. Y hablaba les
τὸν λόγον.
la palabra.

3 καὶ ἔρχονται πρὸς αὐτὸν παραλυτικὸν φέροντες,
Y vienen a él paralítico llevando,
αἰρόμενον ὑπὸ τεσσάρων·
traído por cuatro.

4 καὶ μὴ δυνάμενοι προσεγγίσαι αὐτῷ διὰ τὸν ὄχλον,
Y no pudiendo acercarse a él por la muchedumbre,
ἀπεστέγασαν τὴν στέγην ὅπου ἦν, καὶ ἐξορύξαντες
destejaron el techo donde estaba, y habiendo perforado
χαλῶσι τὸν κράβαττον, ἐφ' ᾧ ὁ παραλυτικὸς κατέκειτο.
descienden la camilla, en la que el paralítico yacía.

5 ἰδὼν δὲ ὁ Ἰησοῦς τὴν πίστιν αὐτῶν λέγει τῷ
Viendo entonces Jesús la fe de ellos dice al
παραλυτικῷ· τέκνον, ἀφέωνταί σοι αἱ ἁμαρτίαι σου.
paralítico. Hijos, son perdonados a ti los pecados de ti.

6 ἦσαν δέ τινες τῶν γραμματέων ἐκεῖ καθήμενοι
Estaban sin embargo algunos de los escribas allí sentados
καὶ διαλογιζόμενοι ἐν ταῖς καρδίαις αὐτῶν·
y razonando en los corazones de ellos.

7 τί οὗτος οὕτω λαλεῖ βλασφημίας; τίς δύναται ἀφιέναι
¿Por qué éste así habla blasfemias? ¿Quién puede perdonar
ἁμαρτίας εἰ μὴ εἷς ὁ Θεός;
pecados si no uno: Dios?

8 καὶ εὐθέως ἐπιγνοὺς ὁ Ἰησοῦς τῷ πνεύματι
E inmediatamente conociendo Jesús en el espíritu
αὐτοῦ ὅτι οὕτως διαλογίζονται ἐν ἑαυτοῖς, εἶπεν αὐτοῖς·
de él que así razonaban en ellos mismos, dijo les:
τί ταῦτα διαλογίζεσθε ἐν ταῖς καρδίαις ὑμῶν;
¿Por qué esto razonáis en los corazones de vosotros?

9 τί ἐστιν εὐκοπώτερον, εἰπεῖν τῷ παραλυτικῷ
¿Qué es más fácil, decir al paralítico
ἀφέωνταί σοι αἱ ἁμαρτίαι, ἢ εἰπεῖν, ἔγειρε καὶ
han sido perdonados te los pecados, o decir, levántate y
ἆρον τὸν κράβαττόν σου καὶ περιπάτει;
toma la camilla de ti y camina?

10 ἵνα δὲ εἰδῆτε ὅτι ἐξουσίαν ἔχει ὁ Υἱὸς
para que Sin embargo sepáis que autoridad tiene el Hijo
τοῦ ἀνθρώπου ἀφιέναι ἐπὶ τῆς γῆς ἁμαρτίας - λέγει
del hombre para perdonar sobre la tierra pecados - dice
τῷ παραλυτικῷ·
al paralítico.

11 σοὶ λέγω, ἔγειρε καὶ ἆρον τὸν κράβαττόν σου
Te digo: levántate y toma la camilla de ti
καὶ ὕπαγε εἰς τὸν οἶκόν σου.
y ve a la casa de ti.

2Y luego se juntaron a él muchos, que ya no cabían ni aun a la puerta; y les predicaba la palabra. **3**Entonces vinieron a él unos trayendo un paralítico, que era traído por cuatro. **4**Y como no podían llegar a él a causa del gentío, descubrieron el techo de donde estaba, y haciendo abertura, bajaron el lecho en que yacía el paralítico. **5**Y viendo Jesús la fe de ellos, dice al paralítico: Hijo, tus pecados te son perdonados. **6**Y estaban allí sentados algunos de los escribas, los cuales pensando en sus corazones, **7**Decían: ¿Por qué habla éste así? Blasfemias dice. ¿Quién puede perdonar pecados, sino solo Dios? **8**Y conociendo luego Jesús en su espíritu que pensaban así dentro de sí mismos, les dijo: ¿Por qué pensáis estas cosas en vuestros corazones? **9**¿Qué es más fácil, decir al paralítico: Tus pecados te son perdonados, o decirle: Levántate, y toma tu lecho y anda? **10**Pues para que sepáis que el Hijo del hombre tiene potestad en la tierra de perdonar los pecados, (dice al paralítico): **11**A ti te digo: Levántate, y toma tu lecho, y vete a tu casa.

---

15. La NU suprime inmediatamente.

12Entonces él se levantó luego, y tomando su lecho, se salió delante de todos, de manera que todos se asombraron, y glorificaron a Dios, diciendo: Nunca tal hemos visto.
13Y volvió a salir a la mar, y toda la gente venía a él, y los enseñaba.
14Y pasando, vió a Leví, *hijo* de Alfeo, sentado al banco de los públicos tributos, y le dice: Sígueme. Y levantándose le siguió.
15Y acontesció que estando Jesús a la mesa en casa de él, muchos publicanos y pecadores estaban también a la mesa juntamente con Jesús y con sus discípulos: porque había muchos, y le habían seguido.
16Y los escribas y los Fariseos, viéndole comer con los publicanos y con los pecadores, dijeron a sus discípulos: ¿Qué es esto, que él come y bebe con los publicanos y con los pecadores?
17Y oyéndolo Jesús, les dice: Los sanos no tienen necesidad de médico, mas los que tienen mal. No he venido a llamar a los justos, sino a los pecadores.
18Y los discípulos de Juan, y de los Fariseos ayunaban; y vienen, y le dicen: ¿Por qué los discípulos de Juan y los de los Fariseos ayunan, y tus discípulos no ayunan?

12 καὶ ἠγέρθη εὐθέως, καὶ ἄρας τὸν κράβαττον
Y se levantó inmediatamente, y tomando la camilla

ἐξῆλθεν ἐναντίον πάντων, ὥστε ἐξίστασθαι
salió delante de todos, de manera que estar asombrados

πάντας καὶ δοξάζειν τὸν Θεὸν λέγοντας ὅτι οὐδέποτε
todos y glorificar a Dios diciendo que nunca

οὕτως εἴδομεν.
así vimos.

13 Καὶ ἐξῆλθε πάλιν παρὰ τὴν θάλασσαν·
Y salió de nuevo al lado del mar.

καὶ πᾶς ὁ ὄχλος ἤρχετο πρὸς αὐτόν, καὶ ἐδίδασκεν αὐτούς.
Y toda la multitud venía a él, y enseñaba los.

14 Καὶ παράγων εἶδε Λευῒν τὸν τοῦ Ἀλφαίου,
Y pasando vio a Leví el de Alfeo,

καθήμενον ἐπὶ τὸ τελώνιον, καὶ λέγει αὐτῷ·
sentado en el telonio,[16] y dice le:

ἀκολούθει μοι. καὶ ἀναστὰς ἠκολούθησεν αὐτῷ.
Sigue me. Y levantándose siguió lo.

15 Καὶ ἐγένετο ἐν τῷ κατακεῖσθαι αὐτὸν ἐν τῇ οἰκίᾳ αὐτοῦ,
Y aconteció en el reclinarse él[17] en la casa de él,

καὶ πολλοὶ τελῶναι καὶ ἁμαρτωλοὶ συνανέκειντο
también muchos publicanos y pecadores estaban reclinados[18] con

τῷ Ἰησοῦ καὶ τοῖς μαθηταῖς αὐτοῦ·
- Jesús y los discípulos de él.

ἦσαν γὰρ πολλοί, καὶ ἠκολούθησαν αὐτῷ.
eran Porque muchos, y seguían lo.

16 καὶ οἱ γραμματεῖς καὶ οἱ Φαρισαῖοι ἰδόντες αὐτὸν
Y los escribas y los fariseos[19] viendo lo

ἐσθίοντα μετὰ τῶν τελωνῶν καὶ ἁμαρτωλῶν ἔλεγον
comiendo con los publicanos y pecadores dijeron

τοῖς μαθηταῖς αὐτοῦ· τί ὅτι μετὰ τῶν τελωνῶν
a los discípulos de él. ¿Por qué (es) que con los publicanos

καὶ ἁμαρτωλῶν ἐσθίει καὶ πίνει;
y pecadores come y bebe?

17 καὶ ἀκούσας ὁ Ἰησοῦς λέγει αὐτοῖς· οὐ χρείαν ἔχουσιν
Y escuchando Jesús dice les: no necesidad tienen

οἱ ἰσχύοντες ἰατροῦ, ἀλλ' οἱ κακῶς ἔχοντες·
los sanos de médico, sino los que mal tienen,

οὐκ ἦλθον καλέσαι δικαίους ἀλλὰ
no vine a llamar a justos sino

ἁμαρτωλούς εἰς μετάνοιαν.[20]
a pecadores a arrepentimiento.

18 Καὶ ἦσαν οἱ μαθηταὶ Ἰωάννου καὶ οἱ τῶν Φαρισαίων
Y estaban los discípulos de Juan y los de los fariseos

νηστεύοντες. καὶ ἔρχονται καὶ λέγουσιν αὐτῷ·
ayunando. Y vienen y dicen le:

διατί οἱ μαθηταὶ Ἰωάννου καὶ οἱ τῶν Φαρισαίων
¿Por qué los discípulos de Juan y los de los fariseos

νηστεύουσιν, οἱ δὲ σοὶ μαθηταὶ οὐ νηστεύουσι;
ayunan, los Pero tuyos discípulos no ayunan?

---

16. Es decir, en el puesto de los tributos.
17. Es decir, cuando estaba reclinado para comer.
18. Es decir, estaban reclinados con él en la misma comida.
19. La NU sustituye por los escribas de los fariseos.
20. La NU omite a arrepentimiento.

19 καὶ εἶπεν αὐτοῖς ὁ Ἰησοῦς· μὴ δύνανται οἱ υἱοὶ τοῦ
Y dijo les Jesús: ¿acaso pueden los hijos de la

νυμφῶνος ἐν ᾧ ὁ νυμφίος μετ' αὐτῶν
sala donde se celebra la boda[21] en la que el novio con ellos

ἐστιν νηστεύειν; ὅσον χρόνον μεθ' ἑαυτῶν ἔχουσι τὸν
está ayunar? Cuanto tiempo[22] con ellos tienen al

νυμφίον, οὐ δύνανται νηστεύειν·
novio, no pueden ayunar.

20 ἐλεύσονται δὲ ἡμέραι ὅταν ἀπαρθῇ ἀπ'
Vendrán sin embargo días cuando sea arrebatado de

αὐτῶν ὁ νυμφίος,
ellos el novio,

καὶ τότε νηστεύσουσιν ἐν ἐκείναις ταῖς ἡμέραις.
y entonces ayunarán en aquellos los días.

21 οὐδεὶς ἐπίβλημα ῥάκους ἀγνάφου ἐπιρράπτει
Ninguno remiendo de tela nueva cose

ἐπὶ ἱματίῳ παλαιῷ· εἰ δὲ μή, αἴρει τὸ
en vestido viejo. si Sin embargo no,[23] arranca la

πλήρωμα αὐτοῦ, τὸ καινὸν τοῦ παλαιοῦ, καὶ χεῖρον σχίσμα
totalidad de él, lo nuevo del viejo, y peor desgarro

γίνεται.
acontece.

22 καὶ οὐδεὶς βάλλει οἶνον νέον εἰς ἀσκοὺς παλαιούς·
Y ninguno pone vino nuevo en odres viejos.

εἰ δὲ μή, ῥήξει ὁ οἶνος ὁ νέος τοὺς ἀσκούς,
si Sin embargo no[24] reventará el vino el nuevo los odres,

καὶ ὁ οἶνος ἐκχεῖται καὶ οἱ ἀσκοὶ ἀπολοῦνται·
y el vino se derrama y los odres se pierden.

ἀλλὰ οἶνον νέον εἰς ἀσκοὺς καινοὺς βλητέον.
Sin embargo vino nuevo en odres nuevos debe echarse.

23 Καὶ ἐγένετο παραπορεύεσθαι αὐτὸν ἐν τοῖς σάββασι
Y sucedió yendo él en los sábados

διὰ τῶν σπορίμων, καὶ ἤρξαντο οἱ μαθηταὶ αὐτοῦ
por los sembrados, también comenzaron los discípulos de él

ὁδὸν ποιεῖν τίλλοντες τοὺς στάχυας.
camino hacer arrancando las espigas.

24 καὶ οἱ Φαρισαῖοι ἔλεγον αὐτῷ· ἴδε τί ποιοῦσιν
Y los fariseos dijeron le: Mira por qué hacen

ἐν τοῖς σάββασιν ὃ οὐκ ἔξεστιν.
en los sábados lo que no lícito.

25 καὶ αὐτὸς ἔλεγεν αὐτοῖς· οὐδέποτε ἀνέγνωτε
Y él dijo les: ¿Nunca leísteis

τί ἐποίησε Δαυῒδ, ὅτε χρείαν ἔσχε καὶ ἐπείνασεν
lo que hizo David, cuando necesidad tuvo y tuvo hambre

αὐτὸς καὶ οἱ μετ' αὐτοῦ;
él y los que (estaban) con él?

19 Y Jesús les dice: ¿Pueden ayunar los que están de bodas, cuando el esposo está con ellos? Entre tanto que tienen consigo al esposo no pueden ayunar.
20 Mas vendrán días, cuando el esposo les será quitado, y entonces en aquellos días ayunarán.
21 Nadie echa remiendo de paño recio en vestido viejo; de otra manera el mismo remiendo nuevo tira del viejo, y la rotura se hace peor.
22 Ni nadie echa vino nuevo en odres viejos; de otra manera, el vino nuevo rompe los odres, y se derrama el vino, y los odres se pierden; mas el vino nuevo en odres nuevos se ha de echar.
23 Y aconteció que pasando él por los sembrados en sábado, sus discípulos andando comenzaron a arrancar espigas.
24 Entonces los Fariseos le dijeron: He aquí, ¿por qué hacen en sábado lo que no es lícito?
25 Y él les dijo: ¿Nunca leísteis qué hizo David cuando tuvo necesidad, y tuvo hambre, él y los que con él estaban:

---

21. Es decir, aquellos que están invitados a participar en la celebración de un nuevo matrimonio.
22. Es decir, mientras con ellos al novio tienen.
23. Es decir, Sin embargo, si alguien no actua así poniendo el remiendo.
24. Es decir, Sin embargo, si alguien no actua así echando el vino.

26 Cómo entró en la casa de Dios, siendo Abiathar sumo pontífice, y comió los panes de la proposición, de los cuales no es lícito comer sino a los sacerdotes, y aun dió a los que con él estaban?
27 También les dijo: El sábado por causa del hombre es hecho; no el hombre por causa del sábado.
28 Así que el Hijo del hombre es Señor aun del sábado.

3 Y otra vez entró en la sinagoga; y había allí un hombre que tenía una mano seca.
2 Y le acechaban si en sábado le sanaría, para acusarle.
3 Entonces dijo al hombre que tenía la mano seca: Levántate en medio.
4 Y les dice: ¿Es lícito hacer bien en sábado, o hacer mal? ¿salvar la vida, o quitarla? Mas ellos callaban.
5 Y mirándolos alrededor con enojo, condoleciéndose de la ceguedad de su corazón, dice al hombre: Extiende tu mano. Y la extendió, y su mano fué restituída sana.
6 Entonces saliendo los Fariseos, tomaron consejo con los Herodianos contra él, para matarle.

26 πῶς εἰσῆλθεν εἰς τὸν οἶκον τοῦ Θεοῦ ἐπὶ Ἀβιάθαρ
¿Cómo entró en la casa de Dios en (tiempo) de Abiatar
ἀρχιερέως καὶ τοὺς ἄρτους τῆς προθέσεως ἔφαγεν,
sumo sacerdote y los panes de la proposición comió,
οὓς οὐκ ἔξεστι φαγεῖν εἰ μὴ τοῖς ἱερεῦσι,
los cuales no es lícito comer si no a los sacerdotes,
καὶ ἔδωκε καὶ τοῖς σὺν αὐτῷ οὖσι;
y dio también a los con él estando?

27 καὶ ἔλεγεν αὐτοῖς· τὸ σάββατον διὰ τὸν ἄνθρωπον
Y dijo les: el sábado por el hombre
ἐγένετο, οὐχ ὁ ἄνθρωπος διὰ τὸ σάββατον·
aconteció, no el hombre por el sábado.

28 ὥστε κύριός ἐστι ὁ Υἱὸς τοῦ ἀνθρώπου καὶ τοῦ
Así que Señor es el Hijo del hombre también del
σαββάτου.
sábado.

3 1 Καὶ εἰσῆλθε πάλιν εἰς τὴν συναγωγήν·
Y entró de nuevo en la sinagoga.
καὶ ἦν ἐκεῖ ἄνθρωπος ἐξηραμμένην ἔχων τὴν χεῖρα.
Y estaba allí hombre secada teniendo la mano.

2 καὶ παρετήρουν αὐτὸν εἰ τοῖς σάββασι
Y observaban lo si en los sábados
θεραπεύσει αὐτόν, ἵνα κατηγορήσωσιν αὐτοῦ.
curará lo, para que acusaran lo.

3 καὶ λέγει τῷ ἀνθρώπῳ τῷ ἐξηραμένην ἔχοντι
Y dice al hombre al secada teniendo
τὴν χεῖρα· ἔγειρε εἰς τὸ μέσον.[25]
la mano. Levántate en el medio.

4 καὶ λέγει αὐτοῖς· ἔξεστι τοῖς σάββασιν ἀγαθοποιῆσαι
Y dice les: ¿Lícito es en los sábados hacer bien
ἢ κακοποιῆσαι; ψυχὴν σῶσαι ἢ ἀποκτεῖναι; οἱ δὲ
o hacer mal? ¿alma salvar o matar? Ellos sin embargo
ἐσιώπων.
callaban.

5 καὶ περιβλεψάμενος αὐτοὺς μετ' ὀργῆς,
Y mirando[26] los con ira,
συλλυπούμενος ἐπὶ τῇ πωρώσει τῆς καρδίας αὐτῶν,
apenado por la dureza del corazón de ellos,
λέγει τῷ ἀνθρώπῳ· ἔκτεινον τὴν χεῖρα σου.
dice al hombre: Extiende la mano de ti.
καὶ ἐξέτεινε, καὶ ἀποκατεστάθη ἡ χεὶρ αὐτοῦ ὑγιής
Y extendió y fue restaurada la mano de él sana
ὡς ἡ ἄλλη.[27]
como la otra.

6 καὶ ἐξελθόντες οἱ Φαρισαῖοι εὐθέως μετὰ τῶν Ἡρῳδιανῶν
Y saliendo los fariseos inmediatamente con los herodianos
συμβούλιον ἐποίουν κατ' αὐτοῦ, ὅπως αὐτὸν ἀπολέσωσι.
consejo[28] hacían contra él, para que lo destruyeran.

---

25. Es decir, ponte en pie y colócate aquí en medio.
26. El verbo presenta la idea de que Jesús fue mirando en torno suyo uno por uno hasta verlos a todos.
27. La NU omite sana como la otra.
28. O deliberación.

7 Καὶ ὁ Ἰησοῦς ἀνεχώρησε μετὰ τῶν μαθητῶν αὐτοῦ
Y   Jesús se retiró con los discípulos de él

πρὸς τὴν θάλασσαν· καὶ πολὺ   πλῆθος ἀπὸ τῆς Γαλιλαίας
a   el mar.   Y mucha multitud de la Galilea

ἠκολούθησαν αὐτῷ, καὶ ἀπὸ   τῆς Ἰουδαίας
siguieron   lo,   y desde la Judea

8 καὶ ἀπὸ   Ἱεροσολύμων καὶ ἀπὸ   τῆς Ἰδουμαίας
y desde   Jerusalén   y desde la Idumea

καὶ πέραν   τοῦ Ἰορδάνου καὶ οἱ περὶ   Τύρον καὶ
y de más allá del Jordán y los de alrededor de Tiro y

Σιδῶνα, πλῆθος πολύ, ἀκούσαντες ὅσα   ἐποίει,
de Sidón, multitud mucha, oyendo   cuantas cosas hacía,

ἦλθον   πρὸς αὐτόν.
vinieron a   él.

9 καὶ εἶπε τοῖς μαθηταῖς αὐτοῦ ἵνα   πλοιάριον
Y dijo a los discípulos de él para que barquilla

προσκαρτερῇ   αὐτῷ   διὰ τὸν ὄχλον,
estuviera dispuesta para él por la multitud,

ἵνα   μὴ θλίβωσιν αὐτόν·
para que no estrujaran lo.

10 πολλοὺς γὰρ   ἐθεράπευσεν ὥστε   ἐπιπίπτειν
muchos Porque curó   de manera que caer sobre

αὐτῷ ἵνα   αὐτοῦ ἅψωνται ὅσοι   εἶχον   μάστιγας·
él para que a él toquen cuantos tenían azotes.²⁹

11 καὶ τὰ πνεύματα τὰ ἀκάθαρτα, ὅταν   αὐτὸν ἐθεώρουν,
Y los espíritu los impuros, cuando lo   contemplaban,

προσέπιπτον αὐτῷ καὶ ἔκραζον λέγοντα
caían ante él   y gritaban diciendo

ὅτι σὺ εἶ ὁ Υἱὸς τοῦ Θεοῦ.
que tú eres el Hijo de Dios.

12 καὶ πολλὰ ἐπετίμα αὐτοῖς ἵνα   μὴ αὐτὸν
Y mucho advertía les   para que no a él

φανερὸν ποιήσωσι.
conocido hicieran.

13 Καὶ ἀναβαίνει εἰς τὸ ὄρος, καὶ προσκαλεῖται οὓς   ἤθελεν
Y sube   a el monte, y convoca   a los que quería

αὐτός, καὶ ἀπῆλθον πρὸς αὐτόν.
él,   y fueron a   él.

14 καὶ ἐποίησε δώδεκα, ἵνα   ὦσι   μετ᾽ αὐτοῦ
E hizo   doce,³⁰ para que estuvieran con él

καὶ ἵνα   ἀποστέλλῃ αὐτοὺς κηρύσσειν
y para que enviara   los   a predicar

15 καὶ ἔχειν ἐξουσίαν θεραπεύειν τὰς νόσους
y tener autoridad para curar las enfermedades³¹

καὶ ἐκβάλλειν τὰ   δαιμόνια·
y arrojar   a los demonios.

16 καὶ ἐπέθηκεν ὄνομα τῷ Σίμωνι Πέτρον,
Y   puso   nombre a Simón Pedro,³²,³³

---

29. Es decir, puesto que había curado a muchos, todos los que tenían dolencias intentaban caer sobre él para tocarlo.
30. La NU añade a los que también nombró apóstoles.
31. La NU suprime para curar las enfermedades.
32. La NU añade nombró a los doce.
33. Es decir, puso a Simón el nombre de Pedro.

---

7 Mas Jesús se apartó a la mar con sus discípulos: y le siguió gran multitud de Galilea, y de Judea. **8** Y de Jerusalem, y de Idumea, y de la otra parte del Jordán. Y los de alrededor de Tiro y de Sidón, grande multitud, oyendo cuán grandes cosas hacía, vinieron a él. **9** Y dijo a sus discípulos que le estuviese siempre apercibida la barquilla, por causa del gentío, para que no le oprimiesen. **10** Porque había sanado a muchos; de manera que caían sobre él cuantos tenían plagas, por tocarle. **11** Y los espíritus inmundos, al verle, se postraban delante de él, y daban voces, diciendo: Tú eres el Hijo de Dios. **12** Mas él les reñía mucho que no le manifestasen. **13** Y subió al monte, y llamó a sí a los que él quiso; y vinieron a él. **14** Y estableció doce, para que estuviesen con él, y para enviarlos a predicar. **15** Y que tuviesen potestad de sanar enfermedades, y de echar fuera demonios. **16** A Simón, al cual puso por nombre Pedro;

17 Y a Jacobo, *hijo* de Zebedeo, y a Juan hermano de Jacobo; y les apellidó Boanerges, que es, Hijos del trueno;
18 Y a Andrés, y a Felipe, y a Bartolomé, y a Mateo, y a Tomas, y a Jacobo *hijo* de Alfeo, y a Tadeo, y a Simón el Cananita,
19 Y a Judas Iscariote, el que le entregó. Y vinieron a casa.
20 Y agolpóse de nuevo la gente, de modo que ellos ni aun podían comer pan.
21 Y como lo oyeron los suyos, vinieron para prenderle: porque decían: Está fuera de sí.
22 Y los escribas que habían venido de Jerusalem, decían que tenía a Beelzebub, y que por el príncipe de los demonios echaba fuera los demonios.
23 Y habiéndolos llamado, les decía en parábolas: ¿Cómo puede Satanás echar fuera a Satanás?
24 Y si *algún* reino contra sí mismo fuere dividido, no puede permanecer el tal reino.
25 Y si *alguna* casa fuere dividida contra sí misma, no puede permanecer la tal casa.
26 Y si Satanás se levantare contra sí mismo, y fuere dividido, no puede permanecer; antes tiene fin.

17 καὶ Ἰάκωβον τὸν τοῦ Ζεβεδαίου καὶ Ἰωάννην τὸν ἀδελφὸν
Y a Santiago[34] el del Zebedeo y a Juan el hermano
τοῦ Ἰακώβου· καὶ ἐπέθηκεν αὐτοῖς ὄνομα Βοανηργές,
de Santiago. Y puso les nombre de Boanerges,
ὅ ἐστιν Υἱοὶ Βροντῆς·
que es Hijos de trueno;

18 καὶ Ἀνδρέαν καὶ Φίλιππον καὶ Βαρθολομαῖον
y a Andrés y a Felipe y a Bartolomé
καὶ Ματθαῖον καὶ Θωμᾶν καὶ Ἰάκωβον τὸν τοῦ Ἀλφαίου
y a Mateo y a Tomás y a Santiago el del Alfeo
καὶ Θαδδαῖον καὶ Σίμωνα τὸν Καναναῖον
y a Tadeo y a Simón el cananita

19 καὶ Ἰούδαν Ἰσκαριώτην, ὃς καὶ παρέδωκεν αὐτόν.
y a Judas Iscariote, el que también entregó lo.

20 Καὶ ἔρχεται εἰς οἶκον· καὶ συνέρχεται πάλιν ὄχλος,
Y vienen a casa. Y se congrega nuevamente multitud,
ὥστε μὴ δύνασθαι αὐτοὺς μηδὲ ἄρτον φαγεῖν.
de manera que no poder ellos ni pan comer.

21 καὶ ἀκούσαντες οἱ παρ' αὐτοῦ ἐξῆλθον κρατῆσαι
Y oyendo los de él[35] salieron a apoderarse
αὐτόν· ἔλεγον γὰρ ὅτι ἐξέστη.
de él, decían Porque que estaba fuera de sí.

22 καὶ οἱ γραμματεῖς οἱ ἀπὸ Ἱεροσολύμων καταβάντες
Y los escribas los de Jerusalén bajando
ἔλεγον ὅτι Βεελζεβοὺλ ἔχει, καὶ ὅτι ἐν τῷ ἄρχοντι
decían que a Belcebú tiene, y que por el príncipe
τῶν δαιμονίων ἐκβάλλει τὰ δαιμόνια.
de los demonios arroja los demonios.

23 καὶ προσκαλεσάμενος αὐτοὺς ἐν παραβολαῖς
Y habiendo llamado los con parábolas
ἔλεγεν αὐτοῖς· πῶς δύναται Σατανᾶς Σατανᾶν ἐκβάλλειν;
dijo les: ¿Cómo puede Satanás a Satanás arrojar?

24 καὶ ἐὰν βασιλεία ἐφ' ἑαυτὴν μερισθῇ,
Y si reino contra sí mismo estuviera dividido,
οὐ δύναται σταθῆναι ἡ βασιλεία ἐκείνη·
no puede sostenerse el reino aquel.

25 καὶ ἐὰν οἰκία ἐφ' ἑαυτὴν μερισθῇ, οὐ δύναται
Y si casa contra sí misma estuviera dividida, no puede
σταθῆναι ἡ οἰκία ἐκείνη.
sostenerse la casa aquella.

26 καὶ εἰ ὁ Σατανᾶς ἀνέστη ἐφ' ἑαυτὸν καὶ μεμέρισται,
Y si Satanás se levantó contra sí mismo y se ha dividido,
οὐ δύναται σταθῆναι, ἀλλὰ τέλος ἔχει.
no puede sostenerse, sino que fin tiene.

---

34. O Jacobo.
35. Es decir, sus familiares.

27 οὐ δύναται οὐδεὶς τὰ σκεύη τοῦ ἰσχυροῦ εἰσελθὼν
No puede ninguno de los recipientes[36] del fuerte entrando

εἰς τὴν οἰκίαν αὐτοῦ διαρπάσαι, ἐὰν μὴ πρῶτον
en la casa de él apoderarse, si no primero

τὸν ἰσχυρὸν δήσῃ, καὶ τότε τὴν οἰκίαν αὐτοῦ διαρπάσει.
al fuerte ata, y entonces de la casa de él se apodera.

28 Ἀμὴν λέγω ὑμῖν ὅτι πάντα ἀφεθήσεται τοῖς υἱοῖς
Verdaderamente digo os que todos serán perdonados a los hijos

τῶν ἀνθρώπων τὰ ἁμαρτήματα καὶ
de los hombres los pecados y

αἱ βλασφημίαι ὅσας ἂν βλασφημήσωσιν·
las blasfemias cuantas acaso blasfemen.

29 ὃς δ' ἂν βλασφημήσῃ εἰς τὸ Πνεῦμα τὸ Ἅγιον,
El que - blasfemare contra el Espíritu el Santo,

οὐκ ἔχει ἄφεσιν εἰς τὸν αἰῶνα, ἀλλ' ἔνοχος
no tiene perdón para la era, sino reo

ἐστιν αἰωνίου κρίσεως·
es de eterno juicio,

30 ὅτι ἔλεγον, πνεῦμα ἀκάθαρτον ἔχει.
porque decían: espíritu inmundo tiene.

31 Ἔρχονται οὖν ἡ μήτηρ αὐτοῦ καὶ οἱ ἀδελφοὶ αὐτοῦ,
Vienen entonces la madre de él y los hermanos de él,

καὶ ἔξω ἑστῶτες ἀπέστειλαν πρὸς αὐτὸν
y fuera estando enviaron a él

φωνοῦντες αὐτόν.
llamando lo.

32 καὶ ἐκάθητο περὶ αὐτὸν ὄχλος· εἶπον δὲ
Y estaba sentada alrededor de él multitud. Dijeron sin embargo

αὐτῷ· ἰδοὺ ἡ μήτηρ σου καὶ οἱ ἀδελφοί σου[37]
a él: Mira la madre de ti y los hermanos de ti

ἔξω ζητοῦσί σε.
fuera buscan te.

33 καὶ ἀπεκρίθη αὐτοῖς λέγων· τίς ἐστιν ἡ μήτηρ μου
Y respondió les diciendo: ¿Quién es la madre de mí

ἢ οἱ ἀδελφοί μου;
o los hermanos de mí?

34 καὶ περιβλεψάμενος κύκλῳ τοὺς περὶ αὐτὸν
Y mirando en derredor en círculo a los alrededor de él

καθημένους λέγει· ἴδε ἡ μήτηρ μου καὶ οἱ ἀδελφοί μου·
sentados dice: Mira la madre de mí y los hermanos de mí,

35 ὃς γὰρ ἂν ποιήσῃ τὸ θέλημα τοῦ Θεοῦ, οὗτος ἀδελφός μου
el que Porque - haga la voluntad de Dios, éste hermano de mí

καὶ ἀδελφὴ μου καὶ μήτηρ ἐστί.
y hermana de mí y madre es.

27 Nadie puede saquear las alhajas del valiente entrando en su casa, si antes no atare al valiente y entonces saqueará su casa. **28** De cierto os digo *que* todos los pecados serán perdonados a los hijos de los hombres, y las blasfemias cualesquiera con que blasfemaren; **29** Mas cualquiera que blasfemare contra el Espíritu Santo, no tiene jamás perdón, mas está expuesto a eterno juicio. **30** Porque decían: Tiene espíritu inmundo. **31** Vienen después sus hermanos y su madre, y estando fuera, enviaron a él llamándole. **32** Y la gente estaba sentada alrededor de él, y le dijeron: He aquí, tu madre y tus hermanos te buscan fuera. **33** Y él les respondió, diciendo: ¿Quién es mi madre y mis hermanos? **34** Y mirando a los que estaban sentados alrededor de él, dijo: He aquí mi madre y hermanos. **35** Porque cualquiera que hiciere la voluntad de Dios, éste es mi hermano, y mi hermana, y mi madre.

---

36. Es decir aquellos lugares donde se guardan las posesiones. Así en Juan 19.29, el término se utiliza en el sentido de vasija.
37. La NU añade y las hermanas de ti.

4 Y otra vez comenzó a enseñar junto a la mar, y se juntó a él mucha gente; tanto, que entrándose él en un barco, se sentó en la mar: y toda la gente estaba en tierra junto a la mar.
2 Y les enseñaba por parábolas muchas cosas, y les decía en su doctrina:
3 Oid: He aquí, el sembrador salió a sembrar.
4 Y aconteció sembrando, que una parte cayó junto al camino; y vinieron las aves del cielo, y la tragaron.
5 Y otra parte cayó en pedregales, donde no tenía mucha tierra; y luego salió, porque no tenía la tierra profunda:
6 Mas salido el sol, se quemó; y por cuanto no tenía raíz, se secó.
7 Y otra parte cayó en espinas; y subieron las espinas, y la ahogaron, y no dió fruto.
8 Y otra parte cayó en buena tierra, y dió fruto, que subió y creció: y llevó uno a treinta, y otro a sesenta, y otro a ciento.
9 Entonces les dijo: El que tiene oídos para oir, oiga.
10 Y cuando estuvo solo, le preguntaron los que estaban cerca de él con los doce, sobre la parábola.
11 Y les dijo: A vosotros es dado saber el misterio del reino de Dios; mas a los que están fuera, por parábolas todas las cosas;

4 1 Καὶ πάλιν ἤρξατο διδάσκειν παρὰ τὴν θάλασσαν·
Y de nuevo comenzó a enseñar al lado del mar.
καὶ συνήχθη πρὸς αὐτὸν ὄχλος πολύς, ὥστε αὐτὸν
Y se congregó a él multitud mucha, de manera que él
ἐμβάντα εἰς τὸ πλοῖον καθῆσθαι ἐν τῇ θαλάσσῃ·
subiendo a la barca para sentarse en el mar,[38]
καὶ πᾶς ὁ ὄχλος πρὸς τὴν θάλασσαν ἐπὶ τῆς γῆς ἦσαν.
Y toda la multitud junto al mar en la tierra estaban.

2 καὶ ἐδίδασκεν αὐτοὺς ἐν παραβολαῖς πολλά,
Y enseñaba les con parábolas muchas cosas,
καὶ ἔλεγεν αὐτοῖς ἐν τῇ διδαχῇ αὐτοῦ·
y dijo les en la enseñanza de él:

3 ἀκούετε. ἰδοὺ ἐξῆλθεν ὁ σπείρων τοῦ σπεῖραι.
Escuchad. Mira salió el sembrador a sembrar.

4 καὶ ἐγένετο ἐν τῷ σπείρειν, ὃ μὲν ἔπεσε παρὰ τὴν ὁδόν,
Y aconteció en el sembrar, algo - cayó al lado del camino,
καὶ ἦλθε τὰ πετεινὰ καὶ κατέφαγεν αὐτό.
y vinieron las aves y comieron lo.

5 καὶ ἄλλο ἔπεσεν ἐπὶ τὸ πετρῶδες, ὅπου οὐκ εἶχε
Y otro cayó en lo pedregoso, donde no tenía
γῆν πολλήν, καὶ εὐθέως ἐξανέτειλε
tierra mucha, e inmediatamente brotó
διὰ τὸ μὴ ἔχειν βάθος γῆς,
por - no tener profundidad de tierra,

6 ἡλίου δὲ ἀνατείλαντος ἐκαυματίσθη, καὶ
sol sin embargo alzándose fue quemado, y
διὰ τὸ μὴ ἔχειν ῥίζαν ἐξηράνθη·
por - no tener raíz fue secado,

7 καὶ ἄλλο ἔπεσεν εἰς τὰς ἀκάνθας, καὶ ἀνέβησαν
y otro cayó en los espinos, y crecieron
αἱ ἄκανθαι καὶ συνέπνιξαν αὐτό, καὶ καρπὸν οὐκ ἔδωκε·
los espinos y ahogaron lo, y fruto no dio.

8 καὶ ἄλλο ἔπεσεν εἰς τὴν γῆν τὴν καλὴν καὶ ἐδίδου
Y otro cayó sobre la tierra la buena y dio
καρπὸν ἀναβαίνοντα καὶ αὐξάνοντα, καὶ ἔφερεν
fruto brotando y creciendo, y daba
ἓν τριάκοντα καὶ ἓν ἑξήκοντα καὶ ἓν ἑκατόν.
uno treinta y uno sesenta y uno cien.

9 καὶ ἔλεγεν αὐτοῖς· ὁ ἔχων ὦτα ἀκούειν ἀκουέτω.
Y dijo les: el teniendo oídos para oír oiga.

10 Ὅτε δὲ ἐγένετο κατὰ μόνας, ἠρώτησαν αὐτὸν
Cuando sin embargo se encontraba en soledad, preguntaron le
οἱ περὶ αὐτὸν σὺν τοῖς δώδεκα τὴν παραβολήν.
los alrededor de él con los doce la parábola.[39]

11 καὶ ἔλεγεν αὐτοῖς· ὑμῖν δέδοται γνῶναι τὸ μυστήριον
Y dijo les: Os ha sido dado conocer el misterio
τῆς βασιλείας τοῦ Θεοῦ. ἐκείνοις δὲ τοῖς ἔξω
del reino de Dios. A aquellos sin embargo los de fuera
ἐν παραβολαῖς τὰ πάντα γίνεται,
en parábolas todo acontece,

---

38. Es decir, subiendo a la barca que estaba en el mar para sentarse.
39. Es decir, le pidieron que les diera la intepretación de la parábola.

12 ἵνα βλέποντες βλέπωσι καὶ μὴ ἴδωσι, καὶ ἀκούοντες
para que mirando miren y no vean, y oyendo

ἀκούωσι καὶ μὴ συνιῶσι, μήποτε ἐπιστρέψωσι
oigan y no entiendan, a menos que se vuelvan

καὶ ἀφεθῇ αὐτοῖς τὰ ἁμαρτήματα.
y sean perdonados les los pecados.

13 Καὶ λέγει αὐτοῖς· οὐκ οἴδατε τὴν παραβολὴν ταύτην,
Y dice les: ¿No sabéis la parábola esta,

καὶ πῶς πάσας τὰς παραβολὰς γνώσεσθε;
y cómo todas las parábolas conoceréis?

14 ὁ σπείρων τὸν λόγον σπείρει.
El que siembra la palabra siembra.

15 οὗτοι δέ εἰσιν οἱ παρὰ τὴν ὁδὸν ὅπου
Éstos ciertamente son los de al lado del camino donde

σπείρεται ὁ λόγος, καὶ ὅταν ἀκούσωσιν, εὐθὺς
es sembrada la palabra, y cuando oyen, inmediatamente

ἔρχεται ὁ Σατανᾶς καὶ αἴρει τὸν λόγον τὸν ἐσπαρμένον ἐν ταῖς
viene Satanás, y agarra la palabra la sembrada en los

καρδίαις αὐτῶν.
corazones de ellos.

16 καὶ οὗτοι ὁμοίως εἰσὶν οἱ ἐπὶ τὰ πετρώδη σπειρόμενοι,
Y éstos igualmente son los sobre los pedregales sembrados,

οἳ ὅταν ἀκούσωσι τὸν λόγον, εὐθὺς μετὰ χαρᾶς
que cuando oyen la palabra, inmediatamente con alegría

λαμβάνουσιν αὐτόν,
reciben la,

17 καὶ οὐκ ἔχουσι ῥίζαν ἐν ἑαυτοῖς, ἀλλὰ πρόσκαιροί
y no tienen raíz en ellos mismos, sino tempicortos

εἰσιν. εἶτα γενομένης θλίψεως ἢ διωγμοῦ
son.[40] Después aconteciendo tribulación o persecución

διὰ τὸν λόγον, εὐθὺς σκανδαλίζονται.
por la palabra, inmediatamente tropiezan.

18 καὶ οὗτοί εἰσιν οἱ εἰς τὰς ἀκάνθας σπειρόμενοι,
Y éstos son los que en los espinos siendo sembrados,

οἱ τὸν λόγον ἀκούοντες,
los que la palabra oyendo,

19 καὶ αἱ μέριμναι τοῦ αἰῶνος τούτου καὶ ἡ ἀπάτη
y las preocupaciones de la era esta y el amor

τοῦ πλούτου καὶ αἱ περὶ τὰ λοιπὰ ἐπιθυμίαι
de la riqueza y los de lo demás deseos

εἰσπορευόμεναι συμπνίγουσι τὸν λόγον,
viniendo ahogan la palabra,

καὶ ἄκαρπος γίνεται.
y estéril resulta.

20 καὶ οὗτοί εἰσιν οἱ ἐπὶ τὴν γῆν τὴν καλὴν σπαρέντες,
Y éstos son los sobre la tierra la buena sembrados,

οἵτινες ἀκούουσι τὸν λόγον καὶ παραδέχονται,
los cuales oyen la palabra y acogen,

καὶ καρποφοροῦσιν ἓν τριάκοντα καὶ ἓν ἑξήκοντα
y dan fruto por uno treinta y por uno sesenta

καὶ ἓν ἑκατόν.
y por uno cien.

---

40. Es decir, que son de corta duración, que duran poco.

---

12 Para que viendo, vean y no echen de ver; y oyendo, oigan y no entiendan: porque no se conviertan, y les sean perdonados los pecados. **13** Y les dijo: ¿No sabéis esta parábola? ¿Cómo, pues, entenderéis todas las parábolas? **14** El que siembra *es el que* siembra la palabra. **15** Y éstos son los de junto al camino: en los que la palabra es sembrada: mas después que la oyeron, luego viene Satanás, y quita la palabra que fué sembrada en sus corazones. **16** Y asimismo éstos son los que son sembrados en pedregales: los que cuando han oído la palabra, luego la toman con gozo; **17** Mas no tienen raíz en sí, antes son temporales, que en levantándose la tribulación o la persecución por causa de la palabra, luego se escandalizan. **18** Y éstos son los que son sembrados entre espinas: los que oyen la palabra; **19** Mas los cuidados de este siglo, y el engaño de las riquezas, y las codicias que hay en las otras cosas, entrando, ahogan la palabra, y se hace infructuosa. **20** Y éstos son los que fueron sembrados en buena tierra: los que oyen la palabra, y la reciben, y hacen fruto, uno a treinta, otro a sesenta, y otro a ciento.

21También les dijo: ¿Tráese la antorcha para ser puesta debajo del almud, o debajo de la cama? ¿No es para ser puesta en el candelero?
22Porque no hay nada oculto que no haya de ser manifestado, ni secreto que no haya de descubrirse.
23Si alguno tiene oídos para oir, oiga.
24Les dijo también: Mirad lo que oís: con la medida que medís, os medirán otros, y será añadido a vosotros los que oís.
25Porque al que tiene, le será dado; y al que no tiene, aun lo que tiene le será quitado.
26Decía más: Así es el reino de Dios, como si un hombre echa simiente en la tierra;
27Y duerme, y se levanta de noche y de día, y la simiente brota y crece como él no sabe.
28Porque de suyo fructifica la tierra, primero hierba, luego espiga, después grano lleno en la espiga.
29Y cuando el fruto fuere producido, luego se mete la hoz, porque la siega es llegada.
30Y decía: ¿A qué haremos semejante el reino de Dios? ¿ó con qué parábola le compararemos?
31Es como el grano de mostaza, que, cuando se siembra en tierra, es la más pequeña de todas las simientes que hay en la tierra;

21 Καὶ ἔλεγεν αὐτοῖς· μήτι ἔρχεται ὁ λύχνος ἵνα ὑπὸ τὸν
Y dijo les: ¿Acaso viene la lámpara para que bajo la
μόδιον τεθῇ ἢ ὑπὸ τὴν κλίνην; οὐχ ἵνα ἐπὶ
medida sea colocada o bajo el lecho? ¿No (es) para que en
τὴν λυχνίαν ἐπιτεθῇ;
el candelabro sea colocada?

22 οὐ γάρ ἐστι κρυπτὸν ὃ ἐὰν μὴ φανερωθῇ,
no Porque hay oculto (nada) que - no sea manifestado,
οὐδὲ ἐγένετο ἀπόκρυφον ἀλλ' ἵνα ἔλθῃ εἰς φανερόν.
ni acontece oculto (nada) sino para que venga a manifiesto.

23 εἴ τις ἔχει ὦτα ἀκούειν, ἀκουέτω.
Si alguno tiene oídos para oír, oiga.

24 Καὶ ἔλεγεν αὐτοῖς· βλέπετε τί ἀκούετε. ἐν ᾧ μέτρῳ
Y dijo les: vigilad lo que escucháis. Con la que medida
μετρεῖτε, μετρηθήσεται ὑμῖν, καὶ προστεθήσεται ὑμῖν
midáis, será medido os, y será añadido a vosotros
τοῖς ἀκούουσιν.
los que oís.

25 ὃς γὰρ ἂν ἔχει, δοθήσεται αὐτῷ· καὶ ὃς οὐκ ἔχει,
el que Porque - tenga, será dado le. Y el que no tiene,
καὶ ὃ ἔχει ἀρθήσεται ἀπ' αὐτοῦ.
también lo que tiene será quitado de él.

26 Καὶ ἔλεγεν· οὕτως ἐστὶν ἡ βασιλεία τοῦ Θεοῦ, ὡς ἐὰν ἄνθρωπος
Y dijo: Así es el reino de Dios, como si hombre
βάλῃ τὸν σπόρον ἐπὶ τῆς γῆς,
arroja la semilla a la tierra.

27 καὶ καθεύδῃ καὶ ἐγείρηται νύκτα καὶ ἡμέραν,
Y tanto si duerme como si se levanta noche y día,
καὶ ὁ σπόρος βλαστάνῃ καὶ μηκύνηται ὡς
no sólo la semilla brota sino que también crece como
οὐκ οἶδεν αὐτός.
no sabe él.

28 αὐτομάτη γὰρ ἡ γῆ καρποφορεῖ, πρῶτον χόρτον,
por si misma Porque la tierra da fruto, primero brote,
εἶτα στάχυν, εἶτα πλήρη σῖτον ἐν τῷ στάχυϊ.
después espiga, después pleno grano en la espiga.

29 ὅταν δὲ παραδῷ ὁ καρπός, εὐθέως
cuando Sin embargo da el fruto, inmediatamente
ἀποστέλλει τὸ δρέπανον, ὅτι παρέστηκεν ὁ θερισμός.
mete la hoz, porque ha llegado la cosecha.

30 Καὶ ἔλεγε· τίνι ὁμοιώσωμεν τὴν βασιλείαν τοῦ Θεοῦ;
Y dijo: ¿A qué asemejaremos el Reino de Dios?
ἢ ἐν ποίᾳ παραβολῇ παραβάλωμεν αὐτήν;
¿O con cuál parábola ilustraremos lo?

31 ὡς κόκκῳ σινάπεως, ὃς ὅταν σπαρῇ ἐπὶ τῆς γῆς,
Como semilla de mostaza, que cuando es sembrada sobre la tierra,
μικρότερος πάντων τῶν σπερμάτων ἐστὶ τῶν ἐπὶ τῆς γῆς·
más pequeña de todas las semillas es de las sobre la tierra,

32 καὶ ὅταν σπαρῇ, ἀναβαίνει καὶ γίνεται μεῖζον
y cuando es sembrada, sube y se convierte mayor
πάντων τῶν λαχάνων, καὶ ποιεῖ κλάδους μεγάλους,
de todas las hortalizas, y hace ramas grandes,
ὥστε δύνασθαι ὑπὸ τὴν σκιὰν αὐτοῦ τὰ πετεινὰ
de manera que poder bajo la sombra de él los pájaros
τοῦ οὐρανοῦ κατασκηνοῦν.
del cielo anidar.⁴¹

33 Καὶ τοιαύταις παραβολαῖς πολλαῖς ἐλάλει αὐτοῖς
Y con tales parábolas muchas hablaba les
τὸν λόγον, καθὼς ἠδύναντο ἀκούειν,
la palabra, como podían oír.

34 χωρὶς δὲ παραβολῆς οὐκ ἐλάλει αὐτοῖς·
sin Sin embargo parábola no hablaba les,
κατ' ἰδίαν δὲ τοῖς μαθηταῖς αὐτοῦ ἐπέλυε πάντα.
en privado Sin embargo a los discípulos de él explicaba todo.

35 Καὶ λέγει αὐτοῖς ἐν ἐκείνῃ τῇ ἡμέρᾳ ὀψίας
Y dice les en aquel - día tarde
γενομένης· διέλθωμεν εἰς τὸ πέραν.
llegada. Pasemos a el otro lado.

36 καὶ ἀφέντες τὸν ὄχλον παραλαμβάνουσιν αὐτὸν
Y dejando la multitud toman lo
ὡς ἦν ἐν τῷ πλοίῳ· καὶ ἄλλα δὲ πλοῖα ἦν μετ' αὐτοῦ.
como estaba en la barca. Y otros - barcos estaban con él.

37 καὶ γίνεται λαῖλαψ ἀνέμου μεγάλη, τὰ δὲ κύματα
Y aconteció tempestad de viento grande, las - olas
ἐπέβαλλεν εἰς τὸ πλοῖον, ὥστε αὐτὸ ἤδη
se precipitaban sobre la barca, de manera que ella ya
γεμίζεσθαι.
se llenaba.⁴²

38 καὶ ἦν αὐτὸς ἐπὶ τῇ πρύμνῃ ἐπὶ τὸ προσκεφάλαιον
Y estaba él en la popa sobre el cabezal
καθεύδων· καὶ διεγείρουσιν αὐτὸν καὶ λέγουσιν
durmiendo, y despertaron lo y dicen
αὐτῷ· διδάσκαλε, οὐ μέλει σοι ὅτι ἀπολλύμεθα;
le: Maestro, ¿No importa te que seamos destruidos?

39 καὶ διεγερθεὶς ἐπετίμησε τῷ ἀνέμῳ καὶ εἶπε
Y habiéndose despertado reprendió a la tempestad y dijo
τῇ θαλάσσῃ· σιώπα, πεφίμωσο. καὶ ἐκόπασεν
al mar: calla, enmudece. Y amainó
ὁ ἄνεμος, καὶ ἐγένετο γαλήνη μεγάλη.
el viento, y aconteció calma grande.

40 καὶ εἶπεν αὐτοῖς· τί δειλοί ἐστε οὕτω; πῶς οὐκ
Y dijo les: ¿Por qué temerosos estáis así? ¿Cómo no⁴³
ἔχετε πίστιν;
tenéis fe?

32Mas después de sembrado, sube, y se hace la mayor de todas las legumbres, y echa grandes ramas, de tal manera que las aves del cielo puedan morar bajo su sombra.
33Y con muchas tales parábolas les hablaba la palabra, conforme a lo que podían oir.
34Y sin parábola no les hablaba; mas a sus discípulos en particular declaraba todo.
35Y les dijo aquel día cuando fué tarde: Pasemos de la otra parte.
36Y despachando la multitud, le tomaron como estaba, en el barco; y había también con él otros barquitos.
37Y se levantó una grande tempestad de viento, y echaba las olas en el barco, de tal manera que ya se henchía.
38Y él estaba en la popa, durmiendo sobre un cabezal, y le despertaron, y le dicen: ¿Maestro, no tienes cuidado que perecemos?
39Y levantándose, increpó al viento, y dijo a la mar: Calla, enmudece. Y cesó el viento, y fué hecha grande bonanza.
40Y a ellos dijo: ¿Por qué estáis así amedrentados? ¿Cómo no tenéis fe?

---

41. Es decir, que puedan hacer nido bajo su sombra los pájaros del cielo.
42. Lit: llenarse.
43. La NU sustituye por Así tenéis...

41 Y temieron con gran temor, y decían el uno al otro. ¿Quién es éste, que aun el viento y la mar le obedecen?

5 Y vinieron de la otra parte de la mar a la provincia de los Gadarenos.
2 Y salido él del barco, luego le salió al encuentro, de los sepulcros, un hombre con un espíritu inmundo,
3 Que tenía domicilio en los sepulcros, y ni aun con cadenas le podía alguien atar;
4 Porque muchas veces había sido atado con grillos y cadenas, mas las cadenas habían sido hechas pedazos por él, y los grillos desmenuzados; y nadie le podía domar.
5 Y siempre, de día y de noche, andaba dando voces en los montes y en los sepulcros, e hiriéndose con las piedras.
6 Y como vió a Jesús de lejos, corrió, y le adoró.
7 Y clamando a gran voz, dijo: ¿Qué tienes conmigo, Jesús, Hijo del Dios Altísimo? Te conjuro por Dios que no me atormentes.
8 Porque le decía: Sal de este hombre, espíritu inmundo.

41 καὶ ἐφοβήθησαν φόβον μέγαν καὶ ἔλεγον πρὸς ἀλλήλους·
Y temieron con miedo grande y decían los unos a los otros.
τίς ἄρα οὑτός ἐστιν, ὅτι καὶ ὁ ἄνεμος καὶ
¿Quién entonces éste es que tanto el viento como
ἡ θάλασσα ὑπακούουσιν αὐτῷ;
el mar obedecen lo?

5 1 Καὶ ἦλθον εἰς τὸ πέραν τῆς θαλάσσης εἰς τὴν χώραν
Y vinieron a el otro lado del mar a la región
τῶν Γαδαρηνῶν.⁴⁴
de los gadarenos.

2 καὶ ἐξελθόντος αὐτοῦ ἐκ τοῦ πλοίου εὐθέως
Y saliendo él de la barca inmediatamente
ἀπήντησεν αὐτῷ ἐκ τῶν μνημείων ἄνθρωπος
salió al encuentro de él (procedente) de los sepulcros hombre
ἐν πνεύματι ἀκαθάρτῳ,
con espíritu inmundo,

3 ὃς τὴν κατοίκησιν εἶχεν ἐν τοῖς μνήμασι, καὶ οὔτε ἁλύσεσιν
que la morada tenía en los sepulcros, y ni con cadenas
οὐδεὶς ἠδύνατο αὐτὸν δῆσαι,
nadie podía lo atar.

4 διὰ τὸ αὐτὸν πολλάκις πέδαις καὶ ἁλύσεσι
porque - él muchas veces con grilletes y con cadenas
δεδέσθαι, καὶ διεσπάσθαι ὑπ' αὐτοῦ τὰς ἁλύσεις
haber sido atado,⁴⁵ y haber sido destrozadas por él las cadenas
καὶ τὰς πέδας συντετρῖφθαι, καὶ οὐδεὶς ἴσχυεν αὐτὸν δαμάσαι·
y los grilletes⁴⁶ haber sido rotos, y ninguno podía lo dominar.

5 καὶ διὰ παντὸς νυκτὸς καὶ ἡμέρας ἐν τοῖς μνήμασι
Y durante toda noche y día en los sepulcros
καὶ ἐν τοῖς ὄρεσιν ἦν κράζων καὶ κατακόπτων ἑαυτὸν
y en los montes estaba gritando y cortando a sí mismo
λίθοις.
con piedras.

6 ἰδὼν δὲ τὸν Ἰησοῦν ἀπὸ μακρόθεν ἔδραμε
Viendo sin embargo a Jesús desde lejos corrió
καὶ προσεκύνησεν αὐτόν,
y adoró lo,

7 καὶ κράξας φωνῇ μεγάλῃ λέγει· τί ἐμοὶ καὶ σοί,
y gritando con voz grande dice: ¿Qué a mí y a ti,⁴⁷
Ἰησοῦ, Υἱὲ τοῦ Θεοῦ τοῦ Ὑψίστου; ὁρκίζω σε
Jesús, Hijo del Dios el Altísimo? Conjuro te
τὸν Θεόν μή με βασανίσῃς.
- Dios no me atormentes.

8 ἔλεγε γὰρ αὐτῷ· ἔξελθε τὸ πνεῦμα τὸ ἀκάθαρτον
decía Porque le: Sal el espíritu el inmundo
ἐκ τοῦ ἀνθρώπου.
de el hombre.

---

44. La NU sustituye por gerasenos.
45. Es decir, había sido atado muchas veces con grilletes y cadenas.
46. Es decir, y las cadenas habían sido destrozados por él y los grilletes habían sido rotos.
47. Es decir, ¿qué tienes que ver conmigo?

9 καὶ ἐπηρώτα αὐτόν· τί ὄνομά σοι; καὶ ἀπεκρίθη
Y preguntaba le: ¿Cuál nombre para ti?[48] Y respondió
λέγων· λεγεὼν ὄνομά μοι, ὅτι πολλοί ἐσμεν.
diciendo: Legión nombre para mí,[49] porque muchos somos.

10 καὶ παρεκάλει αὐτὸν πολλὰ ἵνα μὴ αὐτοὺς
E imploraba le mucho para que no los
ἀποστείλῃ ἔξω τῆς χώρας.
enviara fuera de la región.

11 ἦν δὲ ἐκεῖ πρὸς τῷ ὄρει ἀγέλη χοίρων
Estaba - allí cerca del monte piara de cerdos
μεγάλη βοσκομένη·
grande paciendo.

12 καὶ παρεκάλεσαν αὐτὸν πάντες οἱ δαίμονες λέγοντες·
E imploraban le todos los demonios diciendo:
πέμψον ἡμᾶς εἰς τοὺς χοίρους,
envía nos a los cerdos,
ἵνα εἰς αὐτοὺς εἰσέλθωμεν.
para que en ellos entremos.

13 καὶ ἐπέτρεψεν αὐτοῖς εὐθέως ὁ Ἰησούς.
Y permitió les inmediatamente Jesús[50]
καὶ ἐξελθόντα τὰ πνεύματα τὰ ἀκάθαρτα εἰσῆλθον
y saliendo los espíritus los inmundos entraron
εἰς τοὺς χοίρους· καὶ ὥρμησεν ἡ ἀγέλη κατὰ τοῦ κρημνοῦ
en los cerdos. Y se precipitó la piara abajo del acantilado
εἰς τὴν θάλασσαν· ἦσαν δὲ ὡς δισχίλιοι·
a el mar. Eran - como dos mil.
καὶ ἐπνίγοντο ἐν τῇ θαλάσσῃ.
Y se ahogaron en el mar.

14 καὶ οἱ βόσκοντες τοὺς χοίρους ἔφυγον καὶ
Y los que apacentaban los cerdos huyeron e
ἀπήγγειλαν εἰς τὴν πόλιν καὶ εἰς τοὺς ἀγρούς·
informaron en la ciudad y en los campos.
καὶ ἐξῆλθον ἰδεῖν τί ἐστι τὸ γεγονός.
Y salieron a ver qué es lo acontecido.

15 καὶ ἔρχονται πρὸς τὸν Ἰησοῦν, καὶ θεωροῦσι
Y vienen a Jesús, y observan
τὸν δαιμονιζόμενον καθήμενον καὶ ἱματισμένον
al que había estado endemoniado sentado y vestido
καὶ σωφρονοῦντα, τὸν ἐσχηκότα τὸν λεγεῶνα,
y estando en su sano juicio, el que había tenido la legión,
καὶ ἐφοβήθησαν.
y temieron.

16 καὶ διηγήσαντο αὐτοῖς οἱ ἰδόντες πῶς ἐγένετο
Y relataron les los que vieron cómo aconteció
τῷ δαιμονιζομένῳ καὶ περὶ τῶν χοίρων.
al que había estado endemoniado y acerca de los cerdos.

17 καὶ ἤρξαντο παρακαλεῖν αὐτὸν ἀπελθεῖν
Y empezaron a implorar le marcharse
ἀπὸ τῶν ὁρίων αὐτῶν.
de los límites de ellos.

9 Y le preguntó: ¿Cómo te llamas? Y respondió diciendo: Legión me llamo; porque somos muchos.
10 Y le rogaba mucho que no le enviase fuera de aquella provincia.
11 Y estaba allí cerca del monte una grande manada de puercos paciendo.
12 Y le rogaron todos los demonios, diciendo: Envíanos a los puercos para que entremos en ellos.
13 Y luego Jesús se lo permitió. Y saliendo aquellos espíritus inmundos, entraron en los puercos, y la manada cayó por un despeñadero en la mar; los cuales eran como dos mil; y en la mar se ahogaron.
14 Y los que apacentaban los puercos huyeron, y dieron aviso en la ciudad y en los campos. Y salieron para ver qué era aquello que había acontecido.
15 Y vienen a Jesús, y ven al que había sido atormentado del demonio, y que había tenido la legión, sentado y vestido, y en su juicio cabal; y tuvieron miedo.
16 Y les contaron los que lo habían visto, cómo había acontecido al que había tenido el demonio, y lo de los puercos.
17 Y comenzaron a rogarle que se fuese de los términos de ellos.

---

48. Es decir, ¿cómo te llamas?
49. Es decir, me llamo legión.
50. La NU suprime Inmediatamente Jesús y lee Él dio.

18 Y entrando él en el barco, le rogaba el que había sido fatigado del demonio, para estar con él.
19 Mas Jesús no le permitió, sino le dijo: Vete a tu casa, a los tuyos, y cuéntales cuán grandes cosas el Señor ha hecho contigo, y *cómo* ha tenido misericordia de ti.
20 Y se fué, y comenzó a publicar en Decápolis cuan grandes cosas Jesús había hecho con él: y todos se maravillaban.
21 Y pasando otra vez Jesús en un barco a la otra parte, se juntó a él gran compañía; y estaba junto a la mar.
22 Y vino uno de los príncipes de la sinagoga, llamado Jairo; y luego que le vió, se postró a sus pies,
23 Y le rogaba mucho, diciendo: Mi hija está a la muerte: ven y pondrás las manos sobre ella para que sea salva, y vivirá.
24 Y fué con él, y le seguía gran compañía, y le apretaban.
25 Y una mujer que estaba con flujo de sangre doce años hacía,
26 Había sufrido mucho de muchos médicos, y había gastado todo lo que tenía, y nada había aprovechado, antes le iba peor,
27 Como oyó *hablar* de Jesús, llegó por detrás entre la compañía, y tocó su vestido.

18 καὶ ἐμβαίνοντος αὐτοῦ εἰς τὸ πλοῖον παρεκάλει
Y entrando él en la barca imploraba
αὐτὸν ὁ δαιμονισθεὶς ἵνα ᾖ
le el que había estado endemoniado para que estuviera
μετ' αὐτοῦ.
con él.

19 καὶ οὐκ ἀφῆκεν αὐτόν, ἀλλὰ λέγει αὐτῷ· ὕπαγε εἰς τὸν οἶκόν σου
Y no permitió le, sino dice le: ve a la casa de ti
πρὸς τοὺς σοὺς καὶ ἀνάγγειλον αὐτοῖς ὅσα σοι
a los tuyos y anuncia les cuanto te
ὁ Κύριος πεποίηκε καὶ ἠλέησέ σε.
el Señor ha hecho y mostró misericordia te.

20 καὶ ἀπῆλθε καὶ ἤρξατο κηρύσσειν ἐν τῇ Δεκαπόλει
Y se marchó y comenzó a predicar en la Decápolis
ὅσα ἐποίησεν αὐτῷ ὁ Ἰησοῦς,
cuanto hizo le Jesús,
καὶ πάντες ἐθαύμαζον.
y todos se maravillaban.

21 Καὶ διαπεράσαντος τοῦ Ἰησοῦ ἐν τῷ πλοίῳ πάλιν
Y habiendo atravesado Jesús en la barca[51] de nuevo
εἰς τὸ πέραν συνήχθη ὄχλος πολὺς ἐπ' αὐτόν,
a la otra orilla se congregó multitud mucha a él,
καὶ ἦν παρὰ τὴν θάλασσαν.
y estaba junto al mar.

22 καὶ ἰδοὺ ἔρχεται εἷς τῶν ἀρχισυναγώγων, ὀνόματι Ἰάϊρος,
Y mira viene uno de los archisinagogos,[52] de nombre Jairo,
καὶ ἰδὼν αὐτὸν πίπτει πρὸς τοὺς πόδας αὐτοῦ
y viendo lo cae a los pies de él.

23 καὶ παρεκάλει αὐτὸν πολλὰ, λέγων ὅτι τὸ θυγάτριόν μου
Y suplicaba le mucho, diciendo que la hijita de mí
ἐσχάτως ἔχει, ἵνα ἐλθὼν ἐπιθῇς αὐτῇ τὰς χεῖρας,
en las últimas está,[53] para que viniendo imponga le las manos,
ὅπως σωθῇ καὶ ζήσεται.
para que sea salvada y viva.

24 καὶ ἀπῆλθε μετ' αὐτοῦ· καὶ ἠκολούθει αὐτῷ ὄχλος πολύς,
Y marchó con él. Y seguía le multitud mucha.
καὶ συνέθλιβον αὐτόν.
Y estrujaban lo.

25 Καὶ γυνή τις οὖσα ἐν ῥύσει αἵματος ἔτη δώδεκα,
Y mujer cierta estando en flujo de sangre años doce,

26 καὶ πολλὰ παθοῦσα ὑπὸ πολλῶν ἰατρῶν
y mucho padeciendo por muchos médicos
καὶ δαπανήσασα τὰ παρ' ἑαυτῆς πάντα,
y gastando lo de sí misma todo,
καὶ μηδὲν ὠφεληθεῖσα, ἀλλὰ μᾶλλον εἰς τὸ χεῖρον ἐλθοῦσα,
y nada habiéndose beneficiado, sino más a lo peor viniendo.

27 ἀκούσασα περὶ τοῦ Ἰησοῦ, ἐλθοῦσα ἐν τῷ ὄχλῳ
oyendo acerca de Jesús, viniendo en la multitud
ὄπισθεν ἥψατο τοῦ ἱματίου αὐτοῦ·
detrás tocó el manto de él.

---

51. La NU coloca entre paréntesis en la barca.
52. Es decir, uno de los personajes principales de la sinagoga.
53. Lit: últimamente tiene, es decir, se encuentra en las últimas, está a punto de morir.

28 ἔλεγε γὰρ ὅτι κἂν τῶν ἱματίων αὐτοῦ, ἅψωμαι
decía Porque si solamente las vestimentas de él, toco
σωθήσομαι.
seré curada.[54]

29 καὶ εὐθέως ἐξηράνθη ἡ πηγὴ τοῦ αἵματος αὐτῆς,
E inmediatamente fue secada la fuente de la sangre de ella,
καὶ ἔγνω τῷ σώματι ὅτι ἴαται ἀπὸ τῆς μάστιγος.
y supo en el cuerpo que había sido sanada de el azote.

30 καὶ εὐθέως ὁ Ἰησοῦς ἐπιγνοὺς ἐν ἑαυτῷ τὴν ἐξ
E inmediatamente Jesús conociendo en sí mismo el de
αὐτοῦ δύναμιν ἐξελθοῦσαν, ἐπιστραφεὶς ἐν τῷ
él poder habiendo salido, volviéndose en medio de la
ὄχλῳ ἔλεγε· τίς μου ἥψατο τῶν ἱματίων;
multitud dijo: ¿Quién de mí tocó las vestiduras?

31 καὶ ἔλεγον αὐτῷ οἱ μαθηταὶ αὐτοῦ· βλέπεις τὸν ὄχλον
Y dijeron le los discípulos de él: ¿Ves la multitud
συνθλίβοντά σε, καὶ λέγεις, τίς μου ἥψατο;
estrujando te, y dices: ¿quién me tocó?

32 καὶ περιεβλέπετο ἰδεῖν τὴν τοῦτο ποιήσασαν.
Y miraba en derredor para ver a la que esto había hecho.

33 ἡ δὲ γυνὴ φοβηθεῖσα καὶ τρέμουσα, εἰδυῖα
La - mujer temiendo y temblando, sabiendo
ὃ γέγονεν ἐπ' αὐτῇ, ἦλθε καὶ προσέπεσεν αὐτῷ
lo acontecido con ella, vino y cayó ante él
καὶ εἶπεν αὐτῷ πᾶσαν τὴν ἀλήθειαν.
y dijo le toda la verdad.

34 ὁ δὲ εἶπεν αὐτῇ· θυγάτηρ, ἡ πίστις σου σέσωκέ σε·
Él sin embargo dijo le: Hija, la fe de ti ha salvado te.
ὕπαγε εἰς εἰρήνην, καὶ ἴσθι ὑγιὴς
Ve en paz, y estate sana
ἀπὸ τῆς μάστιγός σου.
de el azote de ti.

35 Ἔτι αὐτοῦ λαλοῦντος ἔρχονται ἀπὸ τοῦ ἀρχισυναγώγου,
Todavía él hablando vienen de el archisinagogo,
λέγοντες ὅτι ἡ θυγάτηρ σου ἀπέθανε·
diciendo que la hija de ti murió.
τί ἔτι σκύλλεις τὸν διδάσκαλον;
¿Por qué todavía molestas al maestro?

36 ὁ δὲ Ἰησοῦς εὐθέως ἀκούσας τὸν λόγον
- Sin embargo Jesús inmediatamente oyendo[35] la palabra
λαλούμενον λέγει τῷ ἀρχισυναγώγῳ· μὴ φοβοῦ,
hablada dice al archisinagogo: no temas.
μόνον πίστευε.
Sólo cree.

37 καὶ οὐκ ἀφῆκεν οὐδένα αὐτῷ συνακολουθῆσαι
Y no permitió a ninguno con él seguir[56]
εἰ μὴ Πέτρον καὶ Ἰάκωβον καὶ Ἰωάννην
si no a Pedro y a Santiago y a Juan
τὸν ἀδελφὸν Ἰακώβου.
el hermano de Santiago.

28 Porque decía: Si tocare tan solamente su vestido, seré salva.
29 Y luego la fuente de su sangre se secó; y sintió en el cuerpo que estaba sana de aquel azote.
30 Y luego Jesús, conociendo en sí mismo la virtud que había salido de él, volviéndose a la compañía, dijo: ¿Quién ha tocado mis vestidos?
31 Y le dijeron sus discípulos: Ves que la multitud te aprieta, y dices: ¿Quién me ha tocado?
32 Y él miraba alrededor para ver a la que había hecho esto.
33 Entonces la mujer, temiendo y temblando, sabiendo lo que en sí había sido hecho, vino y se postró delante de él, y le dijo toda la verdad.
34 Y él le dijo: Hija, tu fe te ha hecho salva: ve en paz, y queda sana de tu azote.
35 Hablando aún él, vinieron de casa del príncipe de la sinagoga, diciendo: Tu hija es muerta; ¿para qué fatigas más al Maestro?
36 Mas luego Jesús, oyendo esta razón que se decía, dijo al príncipe de la sinagoga: No temas, cree solamente.
37 Y no permitió que alguno viniese tras él sino Pedro, y Jacobo, y Juan hermano de Jacobo.

---
54. O seré salvada.
55. La NU sustituye por ignorando.
56. Es decir, no permitió que ninguno lo acompañara.

38 Y vino a casa del príncipe de la sinagoga, y vió el alboroto, los que lloraban y gemían mucho.
39 Y entrando, les dice: ¿Por qué alborotáis y lloráis? La muchacha no es muerta, mas duerme.
40 Y hacían burla de él: mas él, echados fuera todos, toma al padre y a la madre de la muchacha, y a los que estaban con él, y entra donde la muchacha estaba.
41 Y tomando la mano de la muchacha, le dice: Talitha cumi; que es, si lo interpretares: Muchacha, a ti digo, levántate.
42 Y luego la muchacha se levantó, y andaba; porque tenía doce años. Y se espantaron de grande espanto.
43 Mas *él* les mandó mucho que nadie lo supiese, y dijo que le diesen de comer.

6

1 Y salió de allí, y vino a su tierra, y le siguieron sus discípulos.
2 Y llegado el sábado, comenzó a enseñar en la sinagoga; y muchos oyéndole, estaban atónitos, diciendo: ¿De dónde tiene éste estas cosas? ¿Y qué sabiduría es ésta que le es dada, y tales maravillas que por sus manos son hechas?

38 καὶ ἔρχεται εἰς τὸν οἶκον τοῦ ἀρχισυναγώγου,
Y viene a la casa del archisinagogo,

καὶ θεωρεῖ θόρυβον, καὶ κλαίοντας
y contempla tumulto, y llorando

καὶ ἀλαλάζοντας πολλά,
y plañiendo⁵⁷ mucho,

39 καὶ εἰσελθὼν λέγει αὐτοῖς· τί θορυβεῖσθε καὶ κλαίετε;
Y entrando dice les: ¿Por qué provocáis este tumulto y lloráis?

τὸ παιδίον οὐκ ἀπέθανε, ἀλλὰ καθεύδει.
La niñita no murió, sino que duerme.

40 καὶ κατεγέλων αὐτοῦ. ὁ δὲ ἐκβαλὼν πάντας
Y ridiculizaban lo. - Sin embargo echando a todos

παραλαμβάνει τὸν πατέρα τοῦ παιδίου καὶ τὴν μητέρα καὶ
toma al padre de la niña y a la madre y

τοὺς μετ' αὐτοῦ, καὶ εἰσπορεύεται ὅπου ἦν
a los con él, y entra donde estaba

τὸ παιδίον ἀνακείμενον,
la niña yaciendo.

41 καὶ κρατήσας τῆς χειρὸς τοῦ παιδίου λέγει αὐτῇ·
Y agarrando la mano de la niña dice le.

ταλιθά κοῦμι· ὅ ἐστι μεθερμηνευόμενον,
Taliza kumi, lo que es interpretado:

τὸ κοράσιον, σοὶ λέγω, ἔγειρε.
- niña, te digo, levántate.

42 καὶ εὐθέως ἀνέστη τὸ κοράσιον καὶ περιεπάτει·
E inmediatamente se levantó la niña y caminaba.

ἦν γὰρ ἐτῶν δώδεκα. καὶ ἐξέστησαν ἐκστάσει
era Porque de años doce. Y se admiraron con admiración

μεγάλῃ.
grande.

43 καὶ διεστείλατο αὐτοῖς πολλὰ ἵνα μηδεὶς γνῷ τοῦτο·
Y ordenó les mucho para que ninguno conociera esto.

καὶ εἶπε δοθῆναι αὐτῇ φαγεῖν.
Y dijo ser dado a ella de comer.

6

1 Καὶ ἐξῆλθεν ἐκεῖθεν καὶ ἦλθεν εἰς τὴν πατρίδα αὐτοῦ·
Y salió de allí y vino a la patria de él.

καὶ ἀκολουθοῦσιν αὐτῷ οἱ μαθηταὶ αὐτοῦ.
Y siguen le los discípulos de él.

2 καὶ γενομένου σαββάτου ἤρξατο ἐν τῇ συναγωγῇ
Y llegado sábado comenzó en la sinagoga

διδάσκειν· καὶ πολλοὶ ἀκούοντες ἐξεπλήσσοντο,
a enseñar. Y muchos oyendo se pasmaban,

λέγοντες· πόθεν τούτῳ ταῦτα; καὶ τίς ἡ σοφία ἡ
diciendo: ¿De dónde a éste esto? Y ¿qué la sabiduría la

δοθεῖσα τούτῳ, καὶ δυνάμεις τοιαῦται διὰ τῶν χειρῶν αὐτοῦ
dada a éste, y poderes⁵⁸ tales por las manos de él

γίνονται;
acontecen?⁵⁹

---

57. Lit: gritando alalá, un sonido para expresar el dolor propio de las plañideras.
58. Es decir, milagros.
59. Es decir, ¿de dónde le viene esto a éste? y ¿qué sabiduría es ésta que le ha sido dada y estos milagros realizados por sus manos?

3 οὐχ οὗτός ἐστιν ὁ τέκτων, ὁ υἱὸς τῆς Μαρίας,
¿No éste es el artesano, el hijo de María,

ἀδελφὸς δὲ Ἰακώβου καὶ Ἰωσῆ καὶ Ἰούδα καὶ Σίμωνος;
hermano - de Santiago y de José y de Judas y de Simón?

καὶ οὐκ εἰσὶν αἱ ἀδελφαὶ αὐτοῦ ὧδε πρὸς ἡμᾶς;
¿Y no están las hermanas de él aquí con nosotros?

καὶ ἐσκανδαλίζοντο ἐν αὐτῷ.
Y se ofendían con él.

4 ἔλεγε δὲ αὐτοῖς ὁ Ἰησοῦς ὅτι οὐκ ἔστι προφήτης
dijo Sin embargo les Jesús que no hay profeta

ἄτιμος εἰ μὴ ἐν τῇ πατρίδι αὐτοῦ καὶ ἐν τοῖς συγγενέσι
sin honra si no en la patria de él y entre los parientes

καὶ ἐν τῇ οἰκίᾳ αὐτοῦ.
y en la casa de él.

5 καὶ οὐκ ἠδύνατο ἐκεῖ οὐδεμίαν δύναμιν⁶⁰ ποιῆσαι,
Y no podía allí ningún poder hacer,

εἰ μὴ ὀλίγοις ἀρρώστοις ἐπιθεὶς τὰς χεῖρας ἐθεράπευσε·
si no a pocos enfermos imponiendo las manos curó.⁶¹

6 καὶ ἐθαύμαζε διὰ τὴν ἀπιστίαν αὐτῶν.
Y se maravilló por la incredulidad de ellos.

Καὶ περιῆγε τὰς κώμας κύκλῳ διδάσκων.
Y recorría las aldeas en derredor enseñando.

7 Καὶ προσκαλεῖται τοὺς δώδεκα, καὶ ἤρξατο αὐτοὺς
Y llama a los doce, y comenzó los

ἀποστέλλειν δύο δύο, καὶ ἐδίδου αὐτοῖς ἐξουσίαν
a enviar de dos en dos, y dio les autoridad

τῶν πνευμάτων τῶν ἀκαθάρτων,
sobre los espíritus los inmundos.

8 καὶ παρήγγειλεν αὐτοῖς ἵνα μηδὲν αἴρωσιν εἰς ὁδὸν
Y ordenó les para que nada tomaran para camino

εἰ μὴ ῥάβδον μόνον, μὴ πήραν, μὴ ἄρτον,
si no cayado solamente, ni bolsa, ni pan,

μὴ εἰς τὴν ζώνην χαλκόν,
ni en el cinturón cobre,⁶²

9 ἀλλ' ὑποδεδεμένους σανδάλια,
sino puestas sandalias,

καὶ μὴ ἐνδύσασθε δύο χιτῶνας.
y no os pongáis dos túnicas.

10 καὶ ἔλεγεν αὐτοῖς· ὅπου ἐὰν εἰσέλθητε εἰς οἰκίαν,
Y dijo les: Donde entréis en casa,

ἐκεῖ μένετε ἕως ἂν ἐξέλθητε ἐκεῖθεν·
allí quedaos hasta que salgáis de allí.

3¿No es éste el carpintero, hijo de María, hermano de Jacobo, y de José, y de Judas, y de Simón? ¿No están también aquí con nosotros, sus hermanas? Y se escandalizaban en él.
4Mas Jesús les decía: No hay profeta deshonrado sino en su tierra, y entre sus parientes, y en su casa.
5Y no pudo hacer allí alguna maravilla; solamente sanó unos pocos enfermos, poniendo sobre ellos las manos.
6Y estaba maravillado de la incredulidad de ellos. Y rodeaba las aldeas de alrededor, enseñando.
7Y llamó a los doce, y comenzó a enviarlos de dos en dos: y les dió potestad sobre los espíritus inmundos.
8Y les mandó que no llevasen nada para el camino, sino solamente báculo; no alforja, ni pan, ni dinero en la bolsa;
9Mas que calzasen sandalias, y no vistiesen dos túnicas.
10Y les decía: Donde quiera que entréis en una casa, posad en ella hasta que salgáis de allí.

---

60. En el sentido de milagro.
61. Es decir, no pudo hacer milagros salvo en relación con unos pocos a los que curó imponiéndoles las manos.
62. Es decir, no lleveis ningún dinero ni siquiera el de menor valor.

11 Y todos aquellos que no os recibieren ni os oyeren, saliendo de allí, sacudid el polvo que está debajo de vuestros pies, en testimonio a ellos. De cierto os digo que más tolerable será *el castigo* de los de Sodoma y Gomorra el día del juicio, que el de aquella ciudad.
12 Y saliendo, predicaban que los hombres se arrepintiesen.
13 Y echaban fuera muchos demonios, y ungían con aceite a muchos enfermos, y sanaban.
14 Y oyó el rey Herodes *la fama de Jesús*, porque su nombre se había hecho notorio; y dijo: Juan el que bautizaba, ha resucitado de los muertos, y por tanto, virtudes obran en él.
15 Otros decían: Elías es. Y otros decían: Profeta es, o alguno de los profetas.
16 Y oyéndo*lo* Herodes, dijo: Este es Juan el que yo degollé: él ha resucitado de los muertos.
17 Porque el mismo Herodes había enviado, y prendido a Juan, y le había aprisionado en la cárcel a causa de Herodías, mujer de Felipe su hermano; pues la había tomado por mujer.
18 Porque Juan decía a Herodes: No te es lícito tener la mujer de tu hermano.
19 Mas Herodías le acechaba, y deseaba matarle, y no podía:

11 καὶ ὅσοι ἂν μὴ δέξωνται ὑμᾶς μηδὲ ἀκούωσιν ὑμῶν,
Y cuantos no reciban[63] os ni escuchen os,

ἐκπορευόμενοι ἐκεῖθεν ἐκτινάξατε τὸν χοῦν τὸν ὑποκάτω
saliendo de allí sacudíos el polvo el inferior

τῶν ποδῶν ὑμῶν[64] εἰς μαρτύριον αὐτοῖς.
de los pies de vosotros para testimonio para ellos.

ἀμὴν λέγω ὑμῖν, ἀνεκτότερον ἔσται Σοδόμοις
Verdaderamente digo os: más tolerable será para Sodoma

ἢ Γομόρροις ἐν ἡμέρᾳ κρίσεως, ἢ τῇ πόλει ἐκείνῃ.[65]
o Gomorra en día de juicio, que para la ciudad aquella.

12 Καὶ ἐξελθόντες ἐκήρυσσον ἵνα μετανοήσωσιν,
Y saliendo predicaban para que se convirtieran,

13 καὶ δαιμόνια πολλὰ ἐξέβαλλον, καὶ ἤλειφον ἐλαίῳ
y demonios muchos arrojaban, y ungían con aceite

πολλοὺς ἀρρώστους καὶ ἐθεράπευον.
a muchos enfermos y curaban (los).

14 Καὶ ἤκουσεν ὁ βασιλεὺς Ἡρῴδης· φανερὸν γὰρ ἐγένετο
Y oyó el rey Herodes: manifiesto Porque resultó

τὸ ὄνομα αὐτοῦ· καὶ ἔλεγεν ὅτι Ἰωάννης ὁ βαπτίζων
el nombre de él. Y dijo[66] que Juan el que bautiza

ἐκ νεκρῶν ἠγέρθη, καὶ διὰ τοῦτο ἐνεργοῦσιν
de muertos fue levantado, y por esto operan

αἱ δυνάμεις ἐν αὐτῷ.
los poderes en él.[67]

15 ἄλλοι ἔλεγον ὅτι ' Ἡλίας ἐστίν· ἄλλοι δὲ ἔλεγον
Otros decían que Elías es. Otros sin embargo decían

ὅτι προφήτης ἐστίν ὡς εἷς τῶν προφητῶν.
que profeta es[68] como uno de los profetas.

16 ἀκούσας δὲ ὁ Ἡρῴδης εἶπεν ὅτι ὃν ἐγὼ
Oyendo sin embargo Herodes dijo que al que yo

ἀπεκεφάλισα Ἰωάννην, οὗτός ἐστιν· αὐτὸς ἠγέρθη ἐκ νεκρῶν.
decapité Juan, éste es. Él fue levantado de muertos.

17 αὐτὸς γὰρ ὁ Ἡρῴδης ἀποστείλας ἐκράτησε τὸν Ἰωάννην
este Porque Herodes enviando se apoderó de Juan

καὶ ἔδησεν αὐτὸν ἐν φυλακῇ διὰ Ἡρῳδιάδα τὴν γυναῖκα Φιλίππου
y encerró lo en prisión por Herodías la esposa de Filipo

τοῦ ἀδελφοῦ αὐτοῦ, ὅτι αὐτὴν ἐγάμησεν.
el hermano de él, porque con ella se casó.

18 ἔλεγε γὰρ ὁ Ἰωάννης τῷ Ἡρῴδῃ ὅτι οὐκ ἔξεστί σοι
decía Porque Juan a Herodes que no lícito para ti

ἔχειν τὴν γυναῖκα τοῦ ἀδελφοῦ σου.
tener la mujer del hermano de ti.

19 ἡ δὲ Ἡρῳδιὰς ἐνεῖχεν αὐτῷ καὶ ἤθελεν αὐτὸν ἀποκτεῖναι,
- - Herodías odiaba lo y quería lo matar,

καὶ οὐκ ἠδύνατο.
y no podía,

---

63. La NU sustituye por cualquier lugar.
64. Es decir, el polvo que lleváis bajo las suelas del calzado.
65. La NU suprime la última frase.
66. La NU sustituye por decían.
67. Es decir, en él se dan milagros.
68. La NU omite es.

20 ὁ γὰρ Ἡρῴδης ἐφοβεῖτο τὸν Ἰωάννην, εἰδὼς αὐτὸν
- porque Herodes temía a Juan, viendo lo

ἄνδρα δίκαιον καὶ ἅγιον, καὶ συνετήρει αὐτόν,
varón justo y santo, y protegía lo,

καὶ ἀκούσας αὐτοῦ πολλὰ ἐποίει καὶ
y oyendo de él muchas cosas hacía[69] y

ἡδέως αὐτοῦ ἤκουε.
con agrado a él escuchaba.

21 Καὶ γενομένης ἡμέρας εὐκαίρου, ὅτε Ἡρῴδης
Y resultando día adecuado, cuando Herodes

τοῖς γενεσίοις αὐτοῦ δεῖπνον ἐποίει τοῖς
en los festejos de cumpleaños de él cena hacía para

μεγιστᾶσιν αὐτοῦ
los cortesanos de él

καὶ τοῖς χιλιάρχοις καὶ τοῖς πρώτοις τῆς Γαλιλαίας,
y para los quiliarcas[70] y para los primeros de Galilea.

22 καὶ εἰσελθούσης τῆς θυγατρὸς αὐτῆς τῆς Ἡρῳδιάδος
Y entrando la hija de ella[71] de Herodías

καὶ ὀρχησαμένης καὶ ἀρεσάσης τῷ Ἡρῴδῃ
y danzando y complaciendo a Herodes

καὶ τοῖς συνανακειμένοις, εἶπεν ὁ βασιλεὺς τῷ κορασίῳ·
y a los reclinados con él,[72] dijo el rey a la muchacha:

αἴτησόν με ὃ ἐὰν θέλῃς, καὶ δώσω σοι.
Pide me lo que acaso quieras, y daré te.

23 καὶ ὤμοσεν αὐτῇ ὅτι ὃ ἐὰν με αἰτήσῃς δώσω σοι,
Y juró le que lo que acaso me pidas daré te,

ἕως ἡμίσους τῆς βασιλείας μου.
hasta mitad del reino de mí.

24 ἡ δὲ ἐξελθοῦσα εἶπε τῇ μητρὶ αὐτῆς· τί αἰτήσωμαι;
- - saliendo dijo a la madre de ella: ¿Qué pediré?

ἡ δὲ εἶπε· τὴν κεφαλὴν Ἰωάννου τοῦ βαπτιστοῦ.
- - dijo: la cabeza de Juan el Bautista.

25 καὶ εἰσελθοῦσα εὐθέως μετὰ σπουδῆς πρὸς τὸν βασιλέα
Y entrando en seguida con rapidez a el rey

ᾐτήσατο λέγουσα· θέλω ἵνα μοι δῷς ἐξαυτῆς
pidió diciendo: Quiero que me des inmediatamente

ἐπὶ πίνακι τὴν κεφαλὴν Ἰωάννου τοῦ βαπτιστοῦ.
en bandeja la cabeza de Juan el Bautista.

26 καὶ περίλυπος γενόμενος ὁ βασιλεὺς, διὰ τοὺς
Y apesadumbradísimo poniéndose el rey, por los

ὅρκους καὶ τοὺς συνανακειμένους οὐκ ἠθέλησεν
juramentos y los que estaban reclinados con él[73] no quiso

αὐτὴν ἀθετῆσαι.
la negar.

27 καὶ εὐθέως ἀποστείλας ὁ βασιλεὺς σπεκουλάτορα
E inmediatamente enviando el rey verdugo

ἐπέταξεν ἐνεχθῆναι τὴν κεφαλὴν αὐτοῦ.
ordenó ser llevada la cabeza de él.

ὁ δὲ ἀπελθὼν ἀπεκεφάλισεν αὐτὸν ἐν τῇ φυλακῇ
- - Marchando decapitó lo en la cárcel.

20 Porque Herodes temía a Juan, sabiendo que era varón justo y santo, y le tenía respeto: y oyéndole, hacía muchas cosas; y le oía de buena gana. **21** Y venido un día oportuno, en que Herodes, en la fiesta de su nacimiento, daba una cena a sus príncipes y tribunos, y a los principales de Galilea; **22** Y entrando la hija de Herodías, y danzando, y agradando a Herodes y a los que estaban con él a la mesa, el rey dijo a la muchacha: Pídeme lo que quisieres, que yo te lo daré. **23** Y le juró: Todo lo que me pidieres te daré, hasta la mitad de mi reino. **24** Y saliendo ella, dijo a su madre: ¿Qué pediré? Y ella dijo: La cabeza de Juan Bautista. **25** Entonces ella entró prestamente al rey, y pidió, diciendo: Quiero que ahora mismo me des en un plato la cabeza de Juan Bautista. **26** Y el rey se entristeció mucho; mas a causa del juramento, y de los que estaban con él a la mesa, no quiso desecharla. **27** Y luego el rey, enviando uno de la guardia, mandó que fuese traída su cabeza;

---

69. La NU sustituye por estaba trastornado.
70. Es decir, los comandantes de mil hombres.
71. La NU sustituye por de él.
72. Es decir, los que se reclinaban junto a él para comer, los que compartían mesa con él.
73. Es decir, los que se reclinaban junto a él para comer, los que compartían mesa con él.

28 El cual fué, y le degolló en la cárcel, y trajó su cabeza en un plato, y la dió a la muchacha, y la muchacha la dió a su madre.
29 Y oyéndo*lo* sus discípulos, vinieron y tomaron su cuerpo, y le pusieron en un sepulcro.
30 Y los apóstoles se juntaron con Jesús, y le contaron todo lo que habían hecho, y lo que habían enseñado.
31 Y él les dijo: Venid vosotros aparte al lugar desierto, y reposad un poco. Porque eran muchos los que iban y venían, que ni aun tenían lugar de comer.
32 Y se fueron en un barco al lugar desierto aparte.
33 Y los vieron ir muchos, y le conocieron; y concurrieron allá muchos a pie de las ciudades, y llegaron antes que ellos, y se juntaron a él.
34 Y saliendo Jesús vió grande multitud, y tuvo compasión de ellos, porque eran como ovejas que no tenían pastor; y les comenzó a enseñar muchas cosas.
35 Y como ya fuese el día muy entrado, sus discípulos llegaron a él, diciendo: El lugar es desierto, y el día ya muy entrado;

28 καὶ ἤνεγκε τὴν κεφαλὴν αὐτοῦ ἐπὶ πίνακι καὶ ἔδωκεν
Y llevó la cabeza de él sobre bandeja y dio
αὐτὴν τῷ κορασίῳ, καὶ τὸ κοράσιον ἔδωκεν αὐτὴν τῇ
la a la muchacha, y la muchacha dio la a
μητρὶ αὐτῆς.
la madre de ella.

29 καὶ ἀκούσαντες οἱ μαθηταὶ αὐτοῦ ἦλθον καὶ
Y oyendo los discípulos de él vinieron y
ἦραν τὸ πτῶμα αὐτοῦ, καὶ ἔθηκαν αὐτὸ ἐν μνημείῳ.
tomaron el cadáver de él, y colocó lo en sepulcro.

30 Καὶ συνάγονται οἱ ἀπόστολοι πρὸς τὸν Ἰησοῦν,
Y se congregan los apóstoles a Jesús,
καὶ ἀπήγγειλαν αὐτῷ πάντα, καὶ ὅσα ἐποίησαν καὶ ὅσα
e informaron a él de todo, y cuanto hicieron y cuanto
ἐδίδαξαν.
enseñaron.

31 καὶ εἶπεν αὐτοῖς· δεῦτε ὑμεῖς αὐτοὶ κατ' ἰδίαν
Y dijo les: venid vosotros mismos en privado
εἰς ἔρημον τόπον, καὶ ἀναπαύεσθε ὀλίγον.
a desierto lugar, y descansad (un) poco,
ἦσαν γὰρ οἱ ἐρχόμενοι καὶ οἱ ὑπάγοντες πολλοί,
eran Porque los que venían y los que iban muchos,
καὶ οὐδὲ φαγεῖν εὐκαίρουν·
y ni para comer tenían tiempo.

32 καὶ ἀπῆλθον εἰς ἔρημον τόπον τῷ πλοίῳ κατ' ἰδίαν.
Y se fueron a desierto lugar en la barca en privado.

33 καὶ εἶδον αὐτοὺς ὑπάγοντας, καὶ ἐπέγνωσαν αὐτὸν
Y vieron los yendo, y reconocieron lo
πολλοί, καὶ πεζῇ ἀπὸ πασῶν τῶν πόλεων
muchos, y a pie de muchas de las ciudades
συνέδραμον ἐκεῖ καὶ προῆλθον αὐτοὺς καὶ
se congregaron corriendo allí y se adelantaron a ellos, y[74]
συνῆλθον πρὸς αὐτόν.
se congregaron a él.

34 Καὶ ἐξελθὼν ὁ Ἰησοῦς εἶδε πολὺν ὄχλον καὶ
Y saliendo Jesús vio mucha multitud y
ἐσπλαγχνίσθη ἐπ' αὐτοῖς, ὅτι ἦσαν ὡς πρόβατα
se compadeció[75] de ellos, porque eran como ovejas
μὴ ἔχοντα ποιμένα, καὶ ἤρξατο διδάσκειν
no teniendo pastor, y comenzó a enseñar
αὐτοὺς πολλά.
les muchas cosas.

35 Καὶ ἤδη ὥρας πολλῆς γενομένης προσελθόντες αὐτῷ
Y ya hora mucha aconteciendo[76] acercándose a él
οἱ μαθηταὶ αὐτοῦ λέγουσιν ὅτι ἔρημός ἐστιν
los discípulos de él dicen que desierto es
ὁ τόπος καὶ ἤδη ὥρα πολλή·
el lugar y ya hora mucha.[77]

---

74. La NU suprime desde y... hasta el final del versículo.
75. El término para "compadecerse" indica que se remueven las entrañas ante la situación que se contempla.
76. Es decir, siendo muy tarde o siendo una hora avanzada.
77. Es decir, siendo muy tarde o siendo una hora avanzada.

36 ἀπόλυσον αὐτούς, ἵνα ἀπελθόντες εἰς τοὺς κύκλῳ
Despacha los, para que yendo por los de alrededor

ἀγροὺς καὶ κώμας ἀγοράσωσιν ἑαυτοῖς ἄρτους·
campos y aldeas compren para ellos mismos panes

τί γὰρ φάγωσιν οὐκ ἔχουσιν.
qué Porque coman[78] no tienen.

37 ὁ δὲ ἀποκριθεὶς εἶπεν αὐτοῖς· δότε αὐτοῖς ὑμεῖς
- Sin embargo respondiendo dijo les: dad les vosotros

φαγεῖν. καὶ λέγουσιν αὐτῷ· ἀπελθόντες ἀγοράσωμεν
de comer. Y dicen le: ¿Marchando compraremos

δηναρίων διακοσίων ἄρτους καὶ δῶμεν αὐτοῖς φαγεῖν;
por denarios doscientos, panes y demos les a comer?

38 ὁ δὲ λέγει αὐτοῖς· πόσους ἄρτους ἔχετε;
- Sin embargo dice les: ¿Cuántos panes tenéis?

ὑπάγετε καὶ ἴδετε. καὶ γνόντες λέγουσιν·
Id y ved. Y conociendo dicen:

πέντε καὶ δύο ἰχθύας.
Cinco y dos peces.

39 καὶ ἐπέταξεν αὐτοῖς ἀνακλῖναι πάντας συμπόσια
Y ordenó les reclinarse todos por grupos

συμπόσια ἐπὶ τῷ χλωρῷ χόρτῳ.
(y) grupos en la verde hierba.

40 καὶ ἀνέπεσον πρασιαὶ πρασιαὶ ἀνὰ ἑκατὸν
Y se reclinaron en corros (y) corros de cien

καὶ ἀνὰ πεντήκοντα.
y de cincuenta.

41 καὶ λαβὼν τοὺς πέντε ἄρτους καὶ τοὺς δύο ἰχθύας
Y tomando los cinco panes y los dos peces

ἀναβλέψας εἰς τὸν οὐρανὸν εὐλόγησε,
alzando la vista a el cielo bendijo,

καὶ κατέκλασε τοὺς ἄρτους καὶ ἐδίδου τοῖς μαθηταῖς αὐτοῦ
y partió los panes y daba a los discípulos de él

ἵνα παραθῶσιν αὐτοῖς, καὶ τοὺς δύο ἰχθύας ἐμέρισε
para que colocaran delante de ellos, y los dos peces dividió

πᾶσι.
para todos.

42 καὶ ἔφαγον πάντες καὶ ἐχορτάσθησαν,
Y comieron todos y se hartaron.

43 καὶ ἦραν κλασμάτων δώδεκα κοφίνους πλήρεις,
Y tomaron de pedazos doce cestos llenos,

καὶ ἀπὸ τῶν ἰχθύων.
y de los peces.

44 καὶ ἦσαν οἱ φαγόντες τοὺς ἄρτους πεντακισχίλιοι ἄνδρες.
Y eran los que comieron los panes[79] cinco mil varones.

45 Καὶ εὐθέως ἠνάγκασε τοὺς μαθητὰς αὐτοῦ ἐμβῆναι
E inmediatamente obligó a los discípulos de él a subir

εἰς τὸ πλοῖον καὶ προάγειν εἰς τὸ πέραν πρὸς Βηθσαϊδάν,
en la barca y adelantarse a la otra orilla hacia Betsaida,

ἕως αὐτὸς ἀπολύσει τὸν ὄχλον·
hasta que él despidiera la multitud.

36Envíalos para que vayan a los cortijos y aldeas de alrededor, y compren para sí pan; porque no tienen qué comer.
37Y respondiendo él, les dijo: Dadles de comer vosotros. Y le dijeron: ¿Que vayamos y compremos pan por doscientos denarios, y les demos de comer?
38Y él les dice: ¿Cuántos panes tenéis? Id, y vedlo. Y sabiéndolo, dijeron: Cinco, y dos peces.
39Y les mandó que hiciesen recostar a todos por partidas sobre la hierba verde.
40Y se recostaron por partidas, de ciento en ciento, y de cincuenta en cincuenta.
41Y tomados los cinco panes y los dos peces, mirando al cielo, bendijo, y partió los panes, y dió a sus discípulos para que *los* pusiesen delante: y repartió a todos los dos peces.
42Y comieron todos, y se hartaron.
43Y alzaron de los pedazos doce cofines llenos, y de los peces.
44Y los que comieron eran cinco mil hombres.
45Y luego dió priesa a sus discípulos a subir en el barco, e ir delante de él a Bethsaida de la otra parte, entre tanto que él despedía la multitud.

---

78. La NU suprime el final del versículo.
79. La NU coloca entre paréntesis los panes.

46Y después que los hubo despedido, se fué al monte a orar.
47Y como fué la tarde, el barco estaba en medio de la mar, y él solo en tierra.
48Y los vió fatigados bogando, porque el viento les era contrario: y cerca de la cuarta vigilia de la noche, vino a ellos andando sobre la mar, y quería precederlos.
49Y viéndole ellos, que andaba sobre la mar, pensaron que era fantasma, y dieron voces;
50Porque todos le veían, y se turbaron. Mas luego habló con ellos, y les dijo: Alentaos; yo soy, no temáis.
51Y subió a ellos en el barco, y calmó el viento: y ellos en gran manera estaban fuera de sí, y se maravillaban:
52Porque aun no habían considerado lo de los panes, por cuanto estaban ofuscados sus corazones.
53Y cuando estuvieron de la otra parte, vinieron a tierra de Genezaret, y tomaron puerto.
54Y saliendo ellos del barco, luego le conocieron.
55Y recorriendo toda la tierra de alrededor, comenzaron a traer de todas partes enfermos en lechos, a donde oían que estaba.

46 καὶ ἀποταξάμενος αὐτοῖς ἀπῆλθεν εἰς τὸ ὄρος προσεύξασθαι.
Y habiendo dejado los marchó a la montaña para orar.

47 καὶ ὀψίας γενομένης ἦν τὸ πλοῖον ἐν μέσῳ τῆς θαλάσσης,
Y tarde sucediendo[80] estaba la barca en medio del mar,

καὶ αὐτὸς μόνος ἐπὶ τῆς γῆς.
y él solo en la tierra.

48 καὶ ἰδὼν αὐτοὺς βασανιζομένους ἐν τῷ ἐλαύνειν,
Y viendo los atormentados en el remar,

ἦν γὰρ ὁ ἄνεμος ἐναντίος αὐτοῖς, καὶ περὶ τετάρτην
era Porque el viento opuesto a ellos, y alrededor de la cuarta

φυλακὴν τῆς νυκτὸς ἔρχεται πρὸς αὐτοὺς περιπατῶν
vigilia de la noche viene a ellos caminando

ἐπὶ τῆς θαλάσσης, καὶ ἤθελε παρελθεῖν αὐτούς.
sobre el mar, y quiso adelantar los.

49 οἱ δὲ ἰδόντες αὐτὸν περιπατοῦντα ἐπὶ τῆς θαλάσσης
Ellos sin embargo viendo lo caminando sobre el mar

ἔδοξαν φάντασμα εἶναι, καὶ ἀνέκραξαν·
juzgaron fantasma ser,[81] y gritaron.

50 πάντες γὰρ αὐτὸν εἶδον καὶ ἐταράχθησαν.
todos Porque lo vieron y se agitaron.

καὶ εὐθέως ἐλάλησε μετ᾽ αὐτῶν καὶ λέγει αὐτοῖς·
E inmediatamente habló con ellos y dice les:

θαρσεῖτε, ἐγώ εἰμι, μὴ φοβεῖσθε.
Tened valor, yo soy, no temáis.

51 καὶ ἀνέβη πρὸς αὐτοὺς εἰς τὸ πλοῖον, καὶ ἐκόπασεν
Y subió con ellos a la barca, y cesó

ὁ ἄνεμος· καὶ λίαν ἐκ περισσοῦ ἐν ἑαυτοῖς
el viento. Y mucho desmedidamente en ellos mismos

ἐξίσταντο καὶ ἐθαύμαζον.
estaban admirados y se maravillaban.

52 οὐ γὰρ συνῆκαν ἐπὶ τοῖς ἄρτοις, ἀλλ᾽ ἦν
no Porque comprendieron sobre los panes,[82] sino que

αὐτῶν ἡ καρδία πεπωρωμένη.
estaba de ellos el corazón endurecido.

53 Καὶ διαπεράσαντες ἦλθον ἐπὶ τὴν γῆν Γεννησαρὲτ
Y habiendo cruzado vinieron a la tierra de Genesaret

καὶ προσωρμίσθησαν.
y atracaron.

54 καὶ ἐξελθόντων αὐτῶν ἐκ τοῦ πλοίου εὐθέως
Y saliendo ellos de la barca inmediatamente

ἐπιγνόντες αὐτὸν
reconociendo lo

55 Περιέδραμόντες ὅλην τὴν περίχωρον ἐκείνην καὶ
Recorriendo toda la región circundante aquella y

ἤρξαντο ἐπὶ τοῖς κραβάττοις τοὺς κακῶς ἔχοντας
comenzaron en las camillas a los que mal teniendo

περιφέρειν ὅπου ἤκουον ὅτι ἐκεῖ ἐστι.
a llevar doquiera que escuchaban que allí está.

---

80. Es decir, llegando la tarde.
81. Es decir, llegaron a la conclusión de que era un fantasma.
82. Es decir, lo que había sucedido con los panes.

56 καὶ ὅπου ἂν εἰσεπορεύετο εἰς κώμας ἢ πόλεις ἢ ἀγροὺς,
Y donde acaso entraba en aldeas o ciudades o campos,

ἐν ταῖς ἀγοραῖς ἐτίθουν τοὺς ἀσθενοῦντας
en los mercados ponían a los enfermos

καὶ παρεκάλουν αὐτὸν ἵνα κἂν τοῦ κρασπέδου
y llamaban lo para que al menos el borde

τοῦ ἱματίου αὐτοῦ ἅψωνται· καὶ ὅσοι ἂν ἥπτοντο αὐτοῦ,
del manto de él tocaran. Y cuantos acaso tocaban lo,

ἐσῴζοντο.
eran curados.

7 1 Καὶ συνάγονται πρὸς αὐτὸν οἱ Φαρισαῖοι καὶ
Y se congregan a él los fariseos y

τινες τῶν γραμματέων ἐλθόντες ἀπὸ Ἱεροσολύμων·
algunos de los escribas viniendo de Jerusalén.

2 καὶ ἰδόντες τινὰς τῶν μαθητῶν αὐτοῦ κοιναῖς
Y viendo a algunos de los discípulos de él con comunes[83]

χερσί, τοῦτ' ἔστιν ἀνίπτοις, ἐσθίοντας ἄρτους, ἐμέμψαντο·
manos, esto es con no lavadas, comiendo panes, reprochaban.[84]

3 οἱ γὰρ Φαρισαῖοι καὶ πάντες οἱ Ἰουδαῖοι,
los Porque fariseos y todos los judíos,

ἐὰν μὴ πυγμῇ νίψωνται τὰς χεῖρας, οὐκ ἐσθίουσι,
si no con puño[85] lavan las manos, no comen,

κρατοῦντες τὴν παράδοσιν τῶν πρεσβυτέρων·
agarrándose a la tradición de los ancianos.

4 καὶ ἀπὸ ἀγορᾶς, ἐὰν μὴ βαπτίσωνται, οὐκ
Y (viniendo) de mercado, si no sumergen[86] (las manos), no

ἐσθίουσι· καὶ ἄλλα πολλά ἐστιν ἃ παρέλαβον κρατεῖν,
comen. y otras muchas cosas hay que recibieron para aferrarse,

βαπτισμοὺς ποτηρίων καὶ ξεστῶν καὶ χαλκίων καὶ κλινῶν·
inmersiones[87] de copas y jarros y recipientes de cobre y lechos.[88]

5 ἔπειτα ἐπερωτῶσιν αὐτὸν οἱ Φαρισαῖοι καὶ οἱ γραμματεῖς·
Entonces preguntaron le los fariseos y los escribas:

διατί οὐ περιπατοῦσιν οἱ μαθηταί σου κατὰ τὴν παράδοσιν
¿Por qué no caminan los discípulos de ti según la tradición

τῶν πρεσβυτέρων, ἀλλὰ ἀνίπτοις χερσὶν ἐσθίουσι
de los ancianos, sino que con no lavadas manos comen

τὸν ἄρτον;
el pan?

6 ὁ δὲ ἀποκριθεὶς εἶπεν αὐτοῖς· ὅτι καλῶς
Él sin embargo respondiendo dijo les: que bien

προεφήτευσεν Ἡσαΐας περὶ ὑμῶν τῶν ὑποκριτῶν,
profetizó Isaías acerca de vosotros los hipócritas,

ὡς γέγραπται· οὗτος ὁ λαὸς τοῖς χείλεσί με τιμᾷ,
como ha sido escrito: este - pueblo con los labios me honra,

ἡ δὲ καρδία αὐτῶν πόρρω ἀπέχει ἀπ' ἐμοῦ.
el Sin embargo corazón de ellos lejos dista de mí.

56 Y donde quiera que entraba, en aldeas, o ciudades, o heredades, ponían en las calles a los que estaban enfermos, y le rogaban que tocasen siquiera el borde de su vestido; y todos los que le tocaban quedaban sanos.

7 Y se juntaron a él los Fariseos, y algunos de los escribas, que habían venido de Jerusalem; **2** Los cuales, viendo a algunos de sus discípulos comer pan con manos comunes, es a saber, no lavadas, los condenaban. **3** (Porque los Fariseos y todos los Judíos, teniendo la tradición de los ancianos, si muchas veces no se lavan las manos, no comen. **4** Y *volviendo* de la plaza, si no se lavaren, no comen. Y otras muchas cosas hay, que tomaron para guardar, como las lavaduras de los vasos de beber, y de los jarros, y de los vasos de metal, y de los lechos.) **5** Y le preguntaron los Fariseos y los escribas: ¿Por qué tus discípulos no andan conforme a la tradición de los ancianos, sino que comen pan con manos comunes? **6** Y respondiendo él, les dijo: Hipócritas, bien profetizó de vosotros Isaías, como está escrito:

Este pueblo con los labios me honra,

Mas su corazón lejos está de mí.

---

83. Es decir, sin haber sido purificadas de manera ritual.
84. La NU suprime reprochaban.
85. Es decir, hasta el codo.
86. Literalmente, si no se bautizan.
87. Literalmente, bautismos.
88. La NU coloca y lechos entre corchetes.

7Y en vano me honra,
Enseñando *como* doctrinas mandamientos de hombres.
8Porque dejando el mandamiento de Dios, tenéis la tradición de los hombres; las lavaduras de los jarros y de los vasos *de beber:* y hacéis otras muchas cosas semejantes.
9Les decía también: Bien invalidáis el mandamiento de Dios para guardar vuestra tradición.
10Porque Moisés dijo: Honra a tu padre y a tu madre, y: El que maldijera al padre o á la madre, morirá de muerte.
11Y vosotros decís: *Basta* si dijere un hombre al padre o á la madre: *Es* Corbán (quiere decir, don *mío a Dios)* todo aquello con que pudiera valerte;
12Y no le dejáis hacer más por su padre o por su madre,
13Invalidando la palabra de Dios con vuestra tradición que disteis: y muchas cosas hacéis semejantes a éstas.
14Y llamando a toda la multitud, les dijo: Oidme todos, y entended:
15Nada hay fuera del hombre que entre en él, que le pueda contaminar: mas lo que sale de él, aquello es lo que contamina al hombre.
16Si alguno tiene oídos para oir, oiga.
17Y *apartado* de la multitud, habiendo entrado en casa, le preguntaron sus discípulos sobra la parábola.

7 μάτην δὲ σέβονταί με, διδάσκοντες διδασκαλίας
En vano sin embargo honran me, enseñando (como) enseñanzas
ἐντάλματα ἀνθρώπων.
mandamientos de hombres.

8 ἀφέντες γὰρ τὴν ἐντολὴν τοῦ Θεοῦ κρατεῖτε τὴν παράδοσιν
dejando Porque el mandamiento de Dios os aferráis a la tradición
τῶν ἀνθρώπων, βαπτισμοὺς ξεστῶν καὶ ποτηρίων,
de los hombres,[89] inmersiones[90] de jarros y de copas,
καὶ ἄλλα παρόμοια τοιαῦτα πολλὰ ποιεῖτε
y otras cosas semejantes a éstas muchas hacéis.

9 καὶ ἔλεγεν αὐτοῖς· καλῶς ἀθετεῖτε τὴν ἐντολὴν τοῦ Θεοῦ
Y dijo les: bien anuláis el mandamiento de Dios
ἵνα τὴν παράδοσιν ὑμῶν τηρήσητε.
para que la tradición de vosotros guardéis.[91]

10 Μωϋσῆς γὰρ εἶπε· τίμα τὸν πατέρα σου καὶ τὴν μητέρα σου·
Moisés Porque dijo: Honra al padre de ti y a la madre de ti.
καί· ὁ κακολογῶν πατέρα ἢ μητέρα θανάτῳ τελευτάτω·
Y: el que hable mal de padre o de madre con muerte acabe.

11 ὑμεῖς δὲ λέγετε· ἐὰν εἴπῃ ἄνθρωπος τῷ πατρὶ ἢ τῇ
Vosotros sin embargo decís: si dice hombre al padre o a la
μητρί, κορβᾶν, ὅ ἐστι δῶρον, ὃ ἐὰν ἐξ ἐμοῦ ὠφεληθῇς,
madre, Corbán, que es don, lo - de mí sirva,[92]

12 καὶ οὐκέτι ἀφίετε αὐτὸν οὐδὲν ποιῆσαι τῷ πατρὶ αὐτοῦ
Y ya no permitís le nada hacer al padre de él
ἢ τῇ μητρὶ αὐτοῦ,
o a la madre de él,

13 ἀκυροῦντες τὸν λόγον τοῦ Θεοῦ τῇ παραδόσει ὑμῶν
anulando la palabra de Dios con la tradición de vosotros
ᾗ παρεδώκατε· καὶ παρόμοια τοιαῦτα πολλὰ ποιεῖτε.
que entregasteis. Y similares a éstas muchas cosas hacéis.

14 Καὶ προσκαλεσάμενος πάντα τὸν ὄχλον ἔλεγε αὐτοῖς·
Y habiendo convocado a toda la multitud dijo les:
ἀκούετέ μου πάντες καὶ συνίετε.
Escuchad me todos y comprended.

15 οὐδέν ἐστι ἔξωθεν τοῦ ἀνθρώπου εἰσπορευόμενον
Nada existe fuera del hombre entrando
εἰς αὐτὸν ὃ δύναται αὐτὸν κοινῶσαι, ἀλλὰ τὰ ἐκπορευόμενα
en él que pueda lo hacer común[93] sino lo que sale
ἀπ' αὐτοῦ, ἐκεῖνά ἐστι τὰ κοινοῦντα τὸν ἄνθρωπον.
de él, eso es lo que hace común[94] al hombre.

16 εἴ τις ἔχει ὦτα ἀκούειν, ἀκουέτω.
Si alguno tiene oídos para oír, oiga.[95]

17 Καὶ ὅτε εἰσῆλθεν εἰς οἶκον ἀπὸ τοῦ ὄχλου,
Y cuando entró en casa (separándose) de la multitud,
ἐπηρώτων αὐτὸν οἱ μαθηταὶ αὐτοῦ περὶ τῆς παραβολῆς.
preguntaron le los discípulos de él acerca de la parábola.

---

89. La NU suprime desde aquí hasta el final del versículo.
90. Literalmente: bautismos.
91. La NU sustituye por confirméis.
92. Es decir, si alguien dice a su padre o a su madre, lo que tengo o poseo es algo que doy a Dios.
93. Es decir, contaminar.
94. Es decir, contaminar.
95. La NU suprime todo el versículo 16.

18 καὶ λέγει αὐτοῖς· οὕτω καὶ ὑμεῖς ἀσύνετοί ἐστε;
Y dice les: ¿Así también vosotros sin entendimiento estáis?

οὐ νοεῖτε ὅτι πᾶν τὸ ἔξωθεν εἰσπορευόμενον
¿No comprendéis que todo lo de fuera entrando

εἰς τὸν ἄνθρωπον οὐ δύναται αὐτὸν κοινῶσαι;
en el hombre no puede lo contaminar?

19 ὅτι οὐκ εἰσπορεύεται αὐτοῦ εἰς τὴν καρδίαν,
Porque no entra de él en el corazón,

ἀλλ' εἰς τὴν κοιλίαν, καὶ εἰς τὸν ἀφεδρῶνα ἐκπορεύεται,
sino en el vientre, y a la letrina sale,

καθαρίζον πάντα τὰ βρώματα.
limpiando todos los alimentos.

20 ἔλεγε δὲ ὅτι τὸ ἐκ τοῦ ἀνθρώπου ἐκπορευόμενον,
Dijo sin embargo que lo de el hombre saliendo,

ἐκεῖνο κοινοῖ τὸν ἄνθρωπον.
eso hace común[96] al hombre.

21 ἔσωθεν γὰρ ἐκ τῆς καρδίας τῶν ἀνθρώπων
de fuera Porque de el corazón de los hombres

οἱ διαλογισμοὶ οἱ κακοὶ ἐκπορεύονται, μοιχεῖαι,
los pensamientos los malos salen, adulterios,

πορνεῖαι, φόνοι, κλοπαί,
fornicaciones, asesinatos, robos,

22 πλεονεξίαι, πονηρίαι, δόλος, ἀσέλγεια, ὀφθαλμὸς
codicias, maldades, engaño, costumbres licenciosas, ojo

πονηρός, βλασφημία, ὑπερηφανία, ἀφροσύνη·
malo[97] blasfemia, arrogancia, necedad.

23 πάντα ταῦτα τὰ πονηρὰ ἔσωθεν ἐκπορεύεται
Todo esto - malo fuera sale

καὶ κοινοῖ τὸν ἄνθρωπον.
y hace común[98] al hombre.

24 Καὶ ἐκεῖθεν ἀναστὰς ἀπῆλθεν εἰς τὰ μεθόρια Τύρου
Y de allí levantándose se marchó a los límites de Tiro

καὶ Σιδῶνος. καὶ εἰσελθὼν εἰς οἰκίαν οὐδένα
y de Sidón.[99] Y entrando en casa ninguno

ἤθελε γνῶναι, καὶ οὐκ ἠδυνήθη λαθεῖν.
quiso conocer,[100] y no pudo pasar inadvertido.

25 ἀκούσασα γὰρ γυνὴ περὶ αὐτοῦ, ἧς εἶχε
oyendo Porque mujer acerca de él, que tenía

τὸ θυγάτριον αὐτῆς πνεῦμα ἀκάθαρτον,
la hijita de ella espíritu inmundo,

ἐλθοῦσα προσέπεσε πρὸς τοὺς πόδας αὐτοῦ·
viniendo cayó a los pies de él.

26 ἡ δὲ γυνὴ ἦν Ἑλληνίς, Συροφοινίκισσα τῷ γένει·
la Sin embargo mujer era griega, sirofenicia de raza,

καὶ ἠρώτα αὐτὸν ἵνα τὸ δαιμόνιον ἐκβάλῃ
y pedía le para que al demonio expulsara

ἐκ τῆς θυγατρὸς αὐτῆς.
de la hijita de ella.

18Y díjoles: ¿También vosotros estáis así sin entendimiento? ¿No entendéis que todo lo de fuera que entra en el hombre, no le puede contaminar; **19**Porque no entra en su corazón, sino en el vientre, y sale a la secreta? *Esto decía,* haciendo limpias todas las viandas. **20**Mas decía, que lo que del hombre sale, aquello contamina al hombre. **21**Porque de dentro, del corazón de los hombres, salen los malos pensamientos, los adulterios, las fornicaciones, los homicidios, **22**Los hurtos, las avaricias, las maldades, el engaño, las desvergüenzas, el ojo maligno, las injurias, la soberbia, la insensatez. **23**Todas estas maldades de dentro salen, y contaminan al hombre. **24**Y levantándose de allí, se fué a los términos de Tiro y de Sidón; y entrando en casa, quiso que nadie lo supiese; mas no pudo esconderse. **25**Porque una mujer, cuya hija tenía un espíritu inmundo, luego que oyó de él, vino y se echó a sus pies. **26**Y la mujer era Griega, Sirofenisa de nación; y le rogaba que echase fuera de su hija al demonio.

---

96. Es decir, contamina.
97. Es decir, avaricia.
98. Es decir, contamina.
99. La NU omite y de Sidón.
100. Es decir, no quiso que ninguno lo supiera.

27 Más Jesús le dijo: Deja primero hartarse los hijos, porque no es bien tomar el pan de los hijos y echarlo a los perrillos.
28 Y respondió ella, y le dijo: Sí, Señor; pero aun los perrillos debajo de la mesa, comen de las migajas de los hijos.
29 Entonces le dice: Por esta palabra, ve; el demonio ha salido de tu hija.
30 Y como fué a su casa, halló que el demonio había salido, y a la hija echada sobre la cama.
31 Y volviendo a salir de los términos de Tiro, vino por Sidón a la mar de Galilea, por mitad de los términos de Decápolis.
32 Y le traen un sordo y tartamudo, y le ruegan que le ponga la mano encima.
33 Y tomándole aparte de la gente, metió sus dedos en las orejas de él, y escupiendo, tocó su lengua;
34 Y mirando al cielo, gimió, y le dijo: Ephphatha: que *es decir:* Sé abierto.
35 Y luego fueron abiertos sus oídos, y fué desatada la ligadura de su lengua, y hablaba bien.

27 ὁ δὲ Ἰησοῦς εἶπεν αὐτῇ· ἄφες πρῶτον χορτασθῆναι
- Sin embargo Jesús dijo le: deja primero hartarse
τὰ τέκνα· οὐ γάρ ἐστι καλὸν λαβεῖν τὸν ἄρτον
a los hijos, no Porque es bueno tomar el pan
τῶν τέκνων καὶ τοῖς κυναρίοις βαλεῖν.
de los hijos y a los perritos arrojar (selo).

28 ἡ δὲ ἀπεκρίθη καὶ λέγει αὐτῷ· ναί, Κύριε·
ella Sin embargo respondió y dice le: Sí,[101] Señor,
καὶ γὰρ τὰ κυνάρια ὑποκάτω τῆς τραπέζης ἐσθίουσιν
también Porque los perritos debajo de la mesa comen
ἀπὸ τῶν ψιχίων τῶν παιδίων.
de las migajas de los niños pequeños.

29 καὶ εἶπεν αὐτῇ· διὰ τοῦτον τὸν λόγον ὕπαγε·
Y dijo le: por esta - palabra ve.
ἐξελήλυθε τὸ δαιμόνιον ἐκ τῆς θυγατρός σου.
Ha salido el demonio de la hija de ti.

30 καὶ ἀπελθοῦσα εἰς τὸν οἶκον αὐτῆς εὗρε τὸ δαιμόνιον
Y yendo a la casa de ella encontró el demonio
ἐξεληλυθὸς καὶ τὴν θυγατέρα βεβλημένον ἐπὶ τῆς κλίνης
habiendo salido y la hija dispuesta en el lecho

31 Καὶ πάλιν ἐξελθὼν ἐκ τῶν ὁρίων Τύρου καὶ Σιδῶνος
Y de nuevo saliendo de los límites de Tiro y de Sidón
ἦλθε πρὸς τὴν θάλασσαν τῆς Γαλιλαίας
vino a el mar de Galilea
ἀνὰ μέσον τῶν ὁρίων Δεκαπόλεως.
en medio de los límites de Decápolis.

32 καὶ φέρουσιν αὐτῷ κωφὸν μογιλάλον καὶ
Y llevan le sordo con dificultad para hablar y
παρακαλοῦσιν αὐτὸν ἵνα ἐπιθῇ αὐτῷ τὴν χεῖρα.
piden le que imponga le la mano.

33 καὶ ἀπολαβόμενος αὐτὸν ἀπὸ τοῦ ὄχλου κατ' ἰδίαν
Y tomando aparte lo de la multitud en privado
ἔβαλε τοὺς δακτύλους αὐτοῦ εἰς τὰ ὦτα αὐτοῦ,
puso los dedos de él sobre los oídos de él,
καὶ πτύσας ἥψατο τῆς γλώσσης αὐτοῦ,
y escupiendo tocó la lengua de él,

34 καὶ ἀναβλέψας εἰς τὸν οὐρανὸν ἐστέναξε καὶ
y levantando la vista a el cielo suspiró y
λέγει αὐτῷ· ἐφφαθά, ὅ ἐστι, διανοίχθητι.
dice le: Effazá, que es, Sé abierto.

35 καὶ εὐθέως διηνοίχθησαν αὐτοῦ αἱ ἀκοαί
E inmediatamente fueron abiertos de él los oídos
καὶ ἐλύθη ὁ δεσμὸς τῆς γλώσσης αὐτοῦ,
y fue desatada la cadena de la lengua de él,
καὶ ἐλάλει ὀρθῶς.
y hablaba correctamente.

---

101. La NU omite sí.

36 καὶ διεστείλατο αὐτοῖς ἵνα μηδενὶ εἴπωσιν·
Y ordenó les para que a ninguno dijeran,

ὅσον δὲ αὐτὸς αὐτοῖς διεστέλλετο,
cuanto Sin embargo él a ellos (más) ordenaba

μᾶλλον περισσότερον ἐκήρυσσον.
más abundantemente anunciaban.

37 καὶ ὑπερπερισσῶς ἐξεπλήσσοντο λέγοντες·
Y por encima de cualquier medida estaban admirados diciendo:

καλῶς πάντα πεποίηκε· καὶ τοὺς κωφοὺς
Bien todo ha hecho. Y a los sordos

ποιεῖ ἀκούειν καὶ τοὺς ἀλάλους λαλεῖν.
hace oír y a los mudos hablar.

8 1 Ἐν ἐκείναις ταῖς ἡμέραις πάλιν πολλοῦ ὄχλου ὄντος
En aquellos - días de nuevo mucha multitud habiendo

καὶ μὴ ἐχόντων τί φάγωσι, προσκαλεσάμενος
y no teniendo qué coman, llamando

ὁ Ἰησοῦς τοὺς μαθητὰς αὐτοῦ λέγει αὐτοῖς·
Jesús a los discípulos de él dice les:

2 σπλαγχνίζομαι ἐπὶ τὸν ὄχλον, ὅτι ἤδη ἡμέραι τρεῖς
Tengo compasión[102] de la multitud, porque ya días tres

προσμένουσί μοι καὶ οὐκ ἔχουσι τί φάγωσι·
permanecen conmigo y no tienen qué coman,

3 καὶ ἐὰν ἀπολύσω αὐτοὺς νήστεις εἰς οἶκον αὐτῶν,
y si despacho los hambrientos a casa de ellos,

ἐκλυθήσονται ἐν τῇ ὁδῷ· τινὲς γὰρ αὐτῶν
desfallecerán en el camino. algunos Porque de ellos

ἀπὸ μακρόθεν ἥκασι.
desde gran distancia han venido.

4 καὶ ἀπεκρίθησαν αὐτῷ οἱ μαθηταὶ αὐτοῦ·
Y respondieron le los discípulos de él.

πόθεν τούτους δυνήσεταί τις ὧδε χορτάσαι
¿De dónde a éstos podrá alguno aquí satisfacer

ἄρτων ἐπ' ἐρημίας;
de panes en desierto?

5 καὶ ἐπηρώτα αὐτούς· πόσους ἔχετε ἄρτους;
Y preguntó los: ¿Cuántos tenéis panes?

οἱ δὲ εἶπον· ἑπτά.
- - dijeron: Siete.

6 καὶ παρήγγειλε τῷ ὄχλῳ ἀναπεσεῖν ἐπὶ τῆς γῆς·
Y ordenó a la multitud recostarse en la tierra.

καὶ λαβὼν τοὺς ἑπτὰ ἄρτους εὐχαριστήσας
Y tomando los siete panes dando gracias

ἔκλασε καὶ ἐδίδου τοῖς μαθηταῖς αὐτοῦ
partió y dio a los discípulos de él

ἵνα παρατιθῶσι· καὶ παρέθηκαν τῷ ὄχλῳ.
para que colocaran delante. Y colocaron delante de la multitud.

7 καὶ εἶχον ἰχθύδια ὀλίγα· καὶ εὐλογήσας εἶπε
Y tenían pescaditos pocos. Y dando gracias dijo

παρατιθέναι καὶ αὐτά.
colocar delante - los.

---

102. El término hace referencia a que las entrañas de Jesús estaban conmovidas.

---

36 Y les mandó que no lo dijesen a nadie; pero cuanto más les mandaba, tanto más y más lo divulgaban.
37 Y en gran manera se maravillaban, diciendo: Bien lo ha hecho todo: hace a los sordos oir, y a los mudos hablar.

8 En aquellos días, como hubo gran gentío, y no tenían qué comer, Jesús llamó a sus discípulos, y les dijo:
2 Tengo compasión de la multitud, porque ya hace tres días que están conmigo, y no tienen qué comer:
3 Y si los enviare en ayunas a sus casas, desmayarán en el camino; porque algunos de ellos han venido de lejos.
4 Y sus discípulos le respondieron: ¿De dónde podrá alguien hartar a estos de pan aquí en el desierto?
5 Y les preguntó: ¿Cuántos panes tenéis? Y ellos dijeron: Siete.
6 Entonces mandó a la multitud que se recostase en tierra; y tomando los siete panes, habiendo dado gracias, partió, y dió a sus discípulos que los pusiesen delante: y los pusieron delante a la multitud.
7 Tenían también unos pocos pececillos: y los bendijo, y mandó que también los pusiesen delante.

8 Y comieron, y se hartaron: y levantaron de los pedazos que habían sobrado, siete espuertas.
9 Y eran los que comieron, como cuatro mil: y los despidió.
10 Y luego entrando en el barco con sus discípulos, vino a las partes de Dalmanutha.
11 Y vinieron los Fariseos, y comenzaron a altercar con él, pidiéndole señal del cielo, tentándole.
12 Y gimiendo en su espíritu, dice: ¿Por qué pide señal esta generación? De cierto os digo que no se dará señal a esta generación.
13 Y dejándolos, volvió a entrar en el barco, y se fué de la otra parte.
14 Y se habían olvidado de tomar pan, y no tenían sino un pan consigo en el barco.
15 Y les mandó, diciendo: Mirad, guardaos de la levadura de los Fariseos, y de la levadura de Herodes.
16 Y altercaban los unos con los otros, diciendo: Pan no tenemos.
17 Y como Jesús lo entendió, les dice: ¿Qué altercáis, porque no tenéis pan? ¿no consideráis ni entendéis? ¿aun tenéis endurecido vuestro corazón?
18 ¿Teniendo ojos no veis, y teniendo oídos no oís? ¿y no os acordáis?

8 ἔφαγον δὲ καὶ ἐχορτάσθησαν, καὶ ἦραν περισσεύματα
Comieron - y se hartaron, y recogieron abundancia
κλασμάτων ἑπτὰ σπυρίδας.
de pedazos siete cestos.

9 ἦσαν δὲ ὡς τετρακισχίλιοι· καὶ ἀπέλυσεν αὐτούς.
Eran sin embargo como cuatro mil. Y despachó los.

10 Καὶ εὐθέως ἐμβὰς εἰς τὸ πλοῖον μετὰ τῶν μαθητῶν
E inmediatamente subiendo a la barca con los discípulos
αὐτοῦ ἦλθεν εἰς τὰ μέρη Δαλμανουθά.
de él vino a las partes de Dalmanuta.

11 Καὶ ἐξῆλθον οἱ Φαρισαῖοι καὶ ἤρξαντο συζητεῖν αὐτῷ,
Y salieron los fariseos y comenzaron a discutir con él,
ζητοῦντες παρ' αὐτοῦ σημεῖον ἀπὸ τοῦ οὐρανοῦ,
buscando de él señal de el cielo,
πειράζοντες αὐτόν.
poniendo a prueba a él.

12 καὶ ἀναστενάξας τῷ πνεύματι αὐτοῦ λέγει·
Y suspirando profundamente en el espíritu de él dice:
τί ἡ γενεὰ αὕτη σημεῖον ἐπιζητεῖ; ἀμὴν λέγω
¿Por qué la generación esta señal busca? En verdad digo
ὑμῖν, εἰ δοθήσεται τῇ γενεᾷ ταύτῃ σημεῖον.
os, no será dada a la generación esta señal.

13 καὶ ἀφεὶς αὐτοὺς ἐμβὰς πάλιν εἰς τὸ πλοῖον
Y dejando los subiendo de nuevo a la barca
ἀπῆλθεν εἰς τὸ πέραν.
salió hacia la otra orilla.

14 Καὶ ἐπελάθοντο λαβεῖν ἄρτους, καὶ εἰ μὴ ἕνα ἄρτον
Y olvidaron llevar panes, y ni un pan
οὐκ εἶχον μεθ' ἑαυτῶν ἐν τῷ πλοίῳ.
no tenían con ellos mismos en la barca.

15 καὶ διεστέλλετο αὐτοῖς λέγων· ὁρᾶτε, βλέπετε ἀπὸ τῆς ζύμης
Y encargó les diciendo: mirad, cuidaos de la levadura
τῶν Φαρισαίων καὶ τῆς ζύμης Ἡρῴδου.
de los fariseos y de la levadura de Herodes.

16 καὶ διελογίζοντο πρὸς ἀλλήλους λέγοντες
Y razonaban unos con otros diciendo
ὅτι ἄρτους οὐκ ἔχομεν.
que panes no tenemos.

17 καὶ γνοὺς ὁ Ἰησοῦς λέγει αὐτοῖς· τί διαλογίζεσθε
Y sabiendo Jesús dice les: ¿Por qué razonáis
ὅτι ἄρτους οὐκ ἔχετε; οὔπω νοεῖτε οὐδὲ συνίετε;
que panes no tenéis? ¿Todavía no captáis ni comprendéis?
ἔτι πεπωρωμένην ἔχετε τὴν καρδίαν ὑμῶν;
¿Todavía[103] endurecido tenéis el corazón de vosotros?

18 ὀφθαλμοὺς ἔχοντες οὐ βλέπετε, καὶ ὦτα ἔχοντες
¿Ojos teniendo no véis, y oídos teniendo
οὐκ ἀκούετε; καὶ οὐ μνημονεύετε;
no oís? ¿Y no recordáis?

---

103. La NU omite todavía.

19 ὅτε τοὺς πέντε ἄρτους ἔκλασα εἰς τοὺς πεντακισχιλίους,
Cuando los cinco panes partí para los cinco mil,

πόσους κοφίνους κλασμάτων πλήρεις ἤρατε;
¿cuántos cestos de pedazos llenos recogistéis?

λέγουσιν αὐτῷ· δώδεκα.
Dicen le: Doce.

20 ὅτε δὲ τοὺς ἑπτὰ εἰς τοὺς τετρακισχιλίους,
Cuando - los siete a los cuatro mil,

πόσων σπυρίδων πληρώματα κλασμάτων ἤρατε;
¿de cuántos cestos plenitudes de pedazos recogistéis?

οἱ δὲ εἶπον· ἑπτά.
- - Dijeron: Siete.

21 καὶ ἔλεγεν αὐτοῖς· οὔπω συνίετε;
Y dijo les: ¿Así entendéis?

22 Καὶ ἔρχεται εἰς Βηθσαϊδάν. καὶ φέρουσιν αὐτῷ τυφλὸν
Y viene a Betsaida, y llevan le ciego

καὶ παρακαλοῦσιν αὐτὸν ἵνα αὐτοῦ ἅψηται.
y suplican le para que lo toque.[104]

23 καὶ ἐπιλαβόμενος τῆς χειρὸς τοῦ τυφλοῦ ἐξήγαγεν αὐτὸν
Y habiendo tomado la mano del ciego sacó lo

ἔξω τῆς κώμης, καὶ πτύσας εἰς τὰ ὄμματα αὐτοῦ,
fuera de la aldea, y escupiendo en los ojos de él,

ἐπιθεὶς τὰς χεῖρας αὐτῷ, ἐπηρώτα αὐτόν,
habiendo puesto las manos en él, preguntó le,

εἴ τι βλέπει.
si algo ve.

24 καὶ ἀναβλέψας ἔλεγε· βλέπω τοὺς ἀνθρώπους,
Y levantando la vista dijo: Veo a los hombres,

ὅτι ὡς δένδρα ὁρῶ περιπατοῦντας.
que como árboles veo caminando.

25 εἶτα πάλιν ἐπέθηκε τὰς χεῖρας ἐπὶ τοὺς ὀφθαλμοὺς αὐτοῦ
Después de nuevo puso las manos sobre los ojos de él

καὶ ἐποίησεν αὐτὸν ἀναβλέψαι, καὶ ἀποκατεστάθη,
e hizo lo mirar hacia arriba, y fue restaurado,

καὶ ἐνέβλεψε τηλαυγῶς ἅπαντας.
y vio claramente a todos.

26 καὶ ἀπέστειλεν αὐτὸν εἰς τὸν οἶκον αὐτοῦ λέγων·
Y envió lo a la casa de él diciendo:

μηδὲ εἰς τὴν κώμην εἰσέλθῃς[105] μηδὲ εἴπῃς
Ni en la aldea entres[106] ni digas

τινί ἐν τῇ κώμῃ.
a nadie en la aldea.

27 Καὶ ἐξῆλθεν ὁ Ἰησοῦς καὶ οἱ μαθηταὶ αὐτοῦ εἰς τὰς κώμας
Y salió Jesús y los discípulos de él a las aldeas

Καισαρείας τῆς Φιλίππου· καὶ ἐν τῇ ὁδῷ ἐπηρώτα
de Cesarea de Filipo. Y en el camino preguntaba

τοὺς μαθητὰς αὐτοῦ λέγων αὐτοῖς· τίνα με λέγουσιν
a los discípulos de él diciendo les: ¿Quién me dicen

οἱ ἄνθρωποι εἶναι;
los hombres ser?[107]

19Cuando partí los cinco panes entre cinco mil, ¿cuántas espuertas llenas de los pedazos alzasteis? Y ellos dijeron: Doce.
20Y cuando los siete panes entre cuatro mil, ¿cuántas espuertas llenas de los pedazos alzasteis? Y ellos dijeron: Siete.
21Y les dijo: ¿Cómo aún no entendéis?
22Y vino a Bethsaida; y le traen un ciego, y le ruegan que le tocase.
23Entonces, tomando la mano del ciego, le sacó fuera de la aldea; y escupiendo en sus ojos, y poniéndole las manos encima, le preguntó si veía algo.
24Y él mirando, dijo: Veo los hombres, pues veo que andan como árboles.
25Luego le puso otra vez las manos sobre sus ojos, y le hizo que mirase; y fué restablecido, y vió de lejos y claramente a todos.
26Y envióle a su casa, diciendo: No entres en la aldea, ni lo digas a nadie en la aldea.
27Y salió Jesús y sus discípulos por las aldeas de Cesarea de Filipo. Y en el camino preguntó a sus discípulos, diciéndoles: ¿Quién dicen los hombres que soy yo?

---

104. Es decir, para que les permita que dejen tocarlo.
105. La NU omite el resto del versículo hasta el final.
106. La NU suprime desde aquí hasta el final del versículo.
107. Es decir, ¿Quién dicen los hombres que yo soy?

28 Y ellos respondieron: Juan Bautista; y otros, Elías; y otros, Alguno de los profetas.
29 Entonces él les dice: Y vosotros, ¿quién decís que soy yo? Y respondiendo Pedro, le dice: Tú eres el Cristo.
30 Y les apercibió que no hablasen de él a ninguno.
31 Y comenzó a enseñarles, que convenía que el Hijo del hombre padeciese mucho, y ser reprobado de los ancianos, y de los príncipes de los sacerdotes, y de los escribas, y ser muerto, y resucitar después de tres días.
32 Y claramente decía esta palabra. Entonces Pedro le tomó, y le comenzó a reprender.
33 Y él, volviéndose y mirando a sus discípulos, riñó a Pedro, diciendo: Apártate de mí, Satanás; porque no sabes las cosas que son de Dios, sino las que son de los hombres.
34 Y llamando a la gente con sus discípulos, les dijo: Cualquiera que quisiere venir en pos de mí, niéguese a sí mismo, y tome su cruz, y sígame.
35 Porque el que quisiere salvar su vida, la perderá; y el que perdiere su vida por causa de mí y del evangelio, la salvará.
36 Porque ¿qué aprovechará al hombre, si granjeare todo el mundo, y pierde su alma?

28 οἱ δὲ ἀπεκρίθησαν· Ἰωάννην τὸν βαπτιστήν,
- - Respondieron: Juan el bautista,
καὶ ἄλλοι Ἠλίαν, ἄλλοι δὲ ἕνα τῶν προφητῶν.
y otros Elías, otros sin embargo uno de los profetas.

29 καὶ αὐτὸς λέγει αὐτοῖς· ὑμεῖς δὲ τίνα με λέγετε εἶναι;
Y él dice les: ¿Vosotros sin embargo quién me decís ser?[108]
ἀποκριθεὶς δὲ ὁ Πέτρος λέγει αὐτῷ·
Respondiendo - - Pedro dice le:
σὺ εἶ ὁ Χριστός.
Tú eres el mesías.

30 καὶ ἐπετίμησεν αὐτοῖς ἵνα μηδενὶ λέγωσι περὶ αὐτοῦ.
Y advirtió les para que a ninguno digan acerca de él.

31 Καὶ ἤρξατο διδάσκειν αὐτοὺς ὅτι δεῖ τὸν Υἱὸν τοῦ ἀνθρώπου
Y comenzó a enseñar les porque debe el Hijo del hombre
πολλὰ παθεῖν, καὶ ἀποδοκιμασθῆναι ἀπὸ τῶν πρεσβυτέρων
mucho padecer, y ser rechazado de los ancianos
καὶ τῶν ἀρχιερέων καὶ τῶν γραμματέων,
y de los principales sacerdotes y de los escribas,
καὶ ἀποκτανθῆναι, καὶ μετὰ τρεῖς ἡμέρας ἀναστῆναι·
y ser asesinado, y después de tres días levantarse.

32 καὶ παρρησίᾳ τὸν λόγον ἐλάλει. καὶ προσλαβόμενος
Y con confianza la palabra hablaba. Y habiendo tomado aparte
αὐτὸν ὁ Πέτρος ἤρξατο ἐπιτιμᾶν αὐτῷ.
lo Pedro comenzó a reprender lo.

33 ὁ δὲ ἐπιστραφεὶς καὶ ἰδὼν τοὺς μαθητὰς αὐτοῦ
- Pero volviéndose y viendo a los discípulos de él
ἐπετίμησε τῷ Πέτρῳ λέγων· ὕπαγε ὀπίσω μου,
reprendió a Pedro diciendo: ve detrás de mí,
Σατανᾶ· ὅτι οὐ φρονεῖς τὰ τοῦ Θεοῦ,
Satanás, porque no piensas[109] lo de Dios,
ἀλλὰ τὰ τῶν ἀνθρώπων.
sino lo de los hombres.

34 Καὶ προσκαλεσάμενος τὸν ὄχλον σὺν τοῖς μαθηταῖς αὐτοῦ
Y convocando a la multitud con los discípulos de él
εἶπεν αὐτοῖς· ὅστις θέλει ὀπίσω μου ἀκολουθεῖν,
dijo les: Quien quiera detrás de mí seguir,
ἀπαρνησάσθω ἑαυτὸν καὶ ἀράτω τὸν σταυρὸν αὐτοῦ,
niéguese a sí mismo y tome la cruz de él,
καὶ ἀκολουθείτω μοι.
y siga me,

35 ὃς γὰρ ἂν θέλῃ τὴν ψυχὴν αὐτοῦ σῶσαι, ἀπολέσει αὐτήν·
el que Porque quiera el alma de él salvar, destruirá la,
ὃς δ' ἂν ἀπολέσει τὴν ψυχὴν αὐτοῦ ἕνεκεν ἐμοῦ
el que sin embargo destruya el alma de él por causa de mí
καὶ τοῦ εὐαγγελίου, οὗτος σώσει αὐτήν.
y del evangelio, éste salvará la.

36 τί γὰρ ὠφελήσει ἄνθρωπον ἐὰν κερδήσῃ τὸν κόσμον
¿de qué Porque aprovechará a hombre si gana el mundo
ὅλον, καὶ ζημιωθῆναι τὴν ψυχὴν αὐτοῦ;
todo, y pierde el alma de él?

---

108. Es decir, ¿Quién decís que soy yo?
109. O te preocupas por lo de Dios, sino por lo de los hombres.

37 ἢ τί δώσει ἄνθρωπος ἀντάλλαγμα τῆς ψυχῆς αὐτοῦ;
Ο ¿qué dará hombre a cambio del alma de él?

38 ὃς γὰρ ἐὰν ἐπαισχυνθῇ με καὶ τοὺς ἐμοὺς λόγους
el que Porque se avergüence de mí y de las mías palabras
ἐν τῇ γενεᾷ ταύτῃ τῇ μοιχαλίδι καὶ ἁμαρτωλῷ, καὶ ὁ Υἱὸς
en la generación esta la adúltera y pecadora, también el Hijo
τοῦ ἀνθρώπου ἐπαισχυνθήσεται αὐτὸν ὅταν ἔλθῃ ἐν τῇ
del hombre se avergonzará de él cuando venga en la
δόξῃ τοῦ πατρὸς αὐτοῦ μετὰ τῶν ἀγγέλων τῶν ἁγίων.
gloria del Padre de él con los ángeles los santos.

9
1 Καὶ ἔλεγεν αὐτοῖς· ἀμὴν λέγω ὑμῖν ὅτι εἰσί τινες
Y dijo les: Verdaderamente digo os que hay algunos
τῶν ὧδε ἑστηκότων, οἵτινες οὐ μὴ
de los que aquí están en pie, que no de ninguna manera
γεύσωνται θανάτου ἕως ἂν ἴδωσι
gustarán muerte hasta que vean
τὴν βασιλείαν τοῦ Θεοῦ ἐληλυθυῖαν ἐν δυνάμει.
el reino de Dios habiendo venido en poder.

2 Καὶ μεθ' ἡμέρας ἓξ παραλαμβάνει ὁ Ἰησοῦς τὸν Πέτρον
Y después de días seis toma Jesús a Pedro
καὶ τὸν Ἰάκωβον καὶ τὸν Ἰωάννην καὶ ἀναφέρει αὐτοὺς
y a Santiago y a Juan y lleva los
εἰς ὄρος ὑψηλὸν κατ' ἰδίαν μόνους·
a monte alto en privado solos.
καὶ μετεμορφώθη ἔμπροσθεν αὐτῶν,
Y fue transformado delante de ellos.

3 καὶ τὰ ἱμάτια αὐτοῦ ἐγένετο στίλβοντα,
Y las vestiduras de él se hicieron resplandecientes,
λευκὰ λίαν ὡς χιών, οἷα γναφεὺς ἐπὶ τῆς γῆς
blancas mucho como nieve, tales que batanero sobre la tierra
οὐ δύναται οὕτω λευκᾶναι.
no puede así blanquear.

4 καὶ ὤφθη αὐτοῖς Ἠλίας σὺν Μωϋσεῖ,
Y fue visto a ellos Elías con Moisés,
καὶ ἦσαν συλλαλοῦντες τῷ Ἰησοῦ.
y estaban hablando con Jesús.

5 καὶ ἀποκριθεὶς ὁ Πέτρος λέγει τῷ Ἰησοῦ· ῥαβί,
Y preguntando Pedro dice a Jesús: rabí,
καλόν ἐστιν ἡμᾶς ὧδε εἶναι· καὶ ποιήσωμεν σκηνὰς
bueno es nosotros aquí estar.[110] Y hagamos tiendas
τρεῖς, σοὶ μίαν καὶ Μωϋσεῖ μίαν καὶ Ἠλίᾳ μίαν.
tres, para ti una y para Moisés una y para Elías una.

6 οὐ γὰρ ᾔδει τί λαλήσῃ· ἦσαν γὰρ ἔκφοβοι.
no Porque sabía qué hablara. estaban Porque aterrados.

7 καὶ ἐγένετο νεφέλη ἐπισκιάζουσα αὐτοῖς, καὶ ἦλθε φωνὴ
Y apareció nube dando sombra sobre ellos, y vino voz
ἐκ τῆς νεφέλης λέγουσα· οὗτός ἐστιν ὁ Υἱός μου
de la nube diciendo: éste es el Hijo de mí
ὁ ἀγαπητός· αὐτοῦ ἀκούετε.
el amado. A él oíd.

37 ¿O qué recompensa dará el hombre por su alma? **38** Porque el que se avergonzare de mí y de mis palabras en esta generación adulterina y pecadora, el Hijo del hombre se avergonzará también de él, cuando vendrá en la gloria de su Padre con los santos ángeles.

9 También les dijo: De cierto os digo que hay algunos de los que están aquí, que no gustarán la muerte hasta que hayan visto el reino de Dios que viene con potencia. **2** Y seis días después tomó Jesús a Pedro, y a Jacobo, y a Juan, y los sacó aparte solos a un monte alto; y fué transfigurado delante de ellos. **3** Y sus vestidos se volvieron resplandecientes, muy blancos, como la nieve; tanto que ningún lavador en la tierra los puede hacer tan blancos. **4** Y les apareció Elías con Moisés, que hablaban con Jesús. **5** Entonces respondiendo Pedro, dice a Jesús: Maestro, bien será que nos quedemos aquí, y hagamos tres pabellones: para ti uno, y para Moisés otro, y para Elías otro; **6** Porque no sabía lo que hablaba; que estaban espantados. **7** Y vino una nube que les hizo sombra, y una voz de la nube, que decía: Este es mi Hijo amado: a él oíd.

---

110. Es decir, es buenos que estemos nosotros aquí.

8 Y luego, como miraron, no vieron más a nadie consigo, sino a Jesús solo.
9 Y descendiendo ellos del monte, les mandó que a nadie dijesen lo que habían visto, sino cuando el Hijo del hombre hubiese resucitado de los muertos.
10 Y retuvieron la palabra en sí, altercando qué sería aquéllo: Resucitar de los muertos.
11 Y le preguntaron, diciendo: ¿Qué es lo que los escribas dicen, que es necesario que Elías venga antes?
12 Y respondiendo él, les dijo: Elías a la verdad, viniendo antes, restituirá todas las cosas: y como está escrito del Hijo del hombre, que padezca mucho y sea tenido en nada.
13 Empero os digo que Elías ya vino, y le hicieron todo lo que quisieron, como está escrito de él.
14 Y como vino a los discípulos, vió grande compañía alrededor de ellos, y escribas que disputaban con ellos.
15 Y luego toda la gente, viéndole, se espantó, y corriendo a él, le saludaron.
16 Y preguntóles: ¿Qué disputáis con ellos?
17 Y respondiendo uno de la compañía, dijo: Maestro, traje a ti mi hijo, que tiene un espíritu mudo,

8 καὶ ἐξάπινα περιβλεψάμενοι, οὐκέτι οὐδένα εἶδον,
Y de repente mirando en derredor, ya no a nadie vieron,

ἀλλὰ τὸν Ἰησοῦν μόνον μεθ' ἑαυτῶν.
sino a Jesús sólo con ellos mismos.

9 Καταβαινόντων δὲ αὐτῶν ἀπὸ τοῦ ὄρους διεστείλατο
Descendiendo sin embargo ellos de el monte ordenó

αὐτοῖς ἵνα μηδενὶ διηγήσωνται ἃ εἶδον, εἰ μὴ ὅταν
les para que a nadie refirieran lo que vieron, si no cuando

ὁ Υἱὸς τοῦ ἀνθρώπου ἐκ νεκρῶν ἀναστῇ.
el Hijo del hombre de muertos se levantara.

10 καὶ τὸν λόγον ἐκράτησαν πρὸς ἑαυτοὺς συζητοῦντες
Y la palabra mantuvieron para sí mismos preguntando

τί ἐστι τὸ ἐκ νεκρῶν ἀναστῆναι.
qué es el de muertos levantarse.

11 καὶ ἐπηρώτων αὐτὸν λέγοντες, ὅτι λέγουσιν
Y preguntaron le diciendo: ¿por qué dicen

οἱ γραμματεῖς ὅτι Ἡλίαν δεῖ ἐλθεῖν πρῶτον;
los escribas que Elías debe venir primero?

12 ὁ δὲ ἀποκριθεὶς εἶπεν αὐτοῖς· Ἡλίας μὲν ἐλθὼν
- - Respondiendo dijo les: Elías ciertamente viniendo

πρῶτον ἀποκαθιστᾷ πάντα· καὶ πῶς γέγραπται
primero restaura todo. Y ¿cómo ha sido escrito

ἐπὶ τὸν Υἱὸν τοῦ ἀνθρώπου ἵνα πολλὰ
sobre el Hijo del hombre que mucho

πάθῃ καὶ ἐξουδενωθῇ;
sufra y sea menospreciado?

13 ἀλλὰ λέγω ὑμῖν ὅτι καὶ Ἡλίας ἐλήλυθε, καὶ ἐποίησαν
Sin embargo digo os que también Elías ha venido, e hicieron

αὐτῷ ὅσα ἠθέλησαν, καθὼς γέγραπται ἐπ' αὐτόν.
le cuanto quisieron, como ha sido escrito sobre él.

14 Καὶ ἐλθὼν πρὸς τοὺς μαθητὰς εἶδεν ὄχλον
Y viniendo a los discípulos vio multitud

πολὺν περὶ αὐτούς, καὶ γραμματεῖς
mucha alrededor de ellos, y escribas

συζητοῦντας αὐτοῖς.
discutiendo con ellos.

15 καὶ εὐθέως πᾶς ὁ ὄχλος ἰδόντες αὐτὸν
E inmediatamente toda la multitud viendo lo

ἐξεθαμβήθησαν, καὶ προστρέχοντες ἠσπάζοντο αὐτόν.
se quedaron estupefactos, y corriendo saludaron lo.

16 καὶ ἐπηρώτησε τοὺς γραμματεῖς·
Y preguntó a los escribas.

τί συζητεῖτε πρὸς αὐτούς;
¿Qué discutís con ellos?

17 καὶ ἀποκριθεὶς εἷς ἐκ τοῦ ὄχλου εἶπε· διδάσκαλε,
Y respondiendo uno de la multitud dijo: Maestro,

ἤνεγκα τὸν υἱόν μου πρὸς σέ, ἔχοντα πνεῦμα ἄλαλον.
traje al hijo de mí a ti, teniendo espíritu mudo.

18 καὶ ὅπου ἂν αὐτὸν καταλάβῃ, ῥήσσει αὐτόν,
Y donde cuando lo agarra, derriba lo,

καὶ ἀφρίζει καὶ τρίζει τοὺς ὀδόντας αὐτοῦ
y espumea y rechina los dientes de él

καὶ ξηραίνεται· καὶ εἶπον τοῖς μαθηταῖς σου ἵνα αὐτὸ
y se queda rígido. Y dijo a los discípulos de ti para que lo

ἐκβάλωσι, καὶ οὐκ ἴσχυσαν.
expulsaran, y no pudieron.

19 ὁ δὲ ἀποκριθεὶς αὐτῷ λέγει· ὦ γενεὰ ἄπιστος,
- - Respondiendo le dice: oh generación incrédula,

ἕως πότε πρὸς ὑμᾶς ἔσομαι; ἕως πότε ἀνέξομαι ὑμῶν;
¿hasta cuándo con vosotros estaré? ¿Hasta cuándo soportaré os?

φέρετε αὐτὸν πρός με.
Traed lo a mí.

20 καὶ ἤνεγκαν αὐτὸν πρὸς αὐτόν. καὶ ἰδὼν αὐτὸν εὐθέως
Y llevaron lo a él. Y viendo lo inmediatamente

τὸ πνεῦμα ἐσπάραξεν αὐτόν, καὶ πεσὼν ἐπὶ τῆς γῆς
el espíritu sacudió lo, y cayendo en la tierra

ἐκυλίετο ἀφρίζων.
giraba[111] espumeando.

21 καὶ ἐπηρώτησε τὸν πατέρα αὐτοῦ· πόσος χρόνος ἐστὶν
Y preguntó al padre de él: ¿Cuánto tiempo es

ὡς τοῦτο γέγονεν αὐτῷ; ὁ δὲ εἶπεν· παιδιόθεν.
como esto aconteció le?[112] - - Dijo: Desde la infancia.

22 καὶ πολλάκις αὐτὸν καὶ εἰς πῦρ ἔβαλεν καὶ εἰς ὕδατα,
Y muchas veces a él también a fuego arrojó y a agua,

ἵνα ἀπολέσῃ αὐτόν· ἀλλ' εἴ τι δύνασαι,
para que pierda lo. Sin embargo si algo puedes,

βοήθησον ἡμῖν, σπλαγχνισθεὶς ἐφ' ἡμᾶς.
ayuda nos, teniendo compasión de nosotros.

23 ὁ δὲ Ἰησοῦς εἶπεν αὐτῷ τὸ εἰ δύνασαι πιστεῦσαι,
- - Jesús dijo le - si puedes creer,[113]

πάντα δυνατὰ τῷ πιστεύοντι.
todo (es) posible para el que cree.

24 καὶ εὐθέως κράξας ὁ πατὴρ τοῦ παιδίου μετὰ δακρύων
E inmediatamente llorando el padre del niño con lágrimas[114]

ἔλεγε· πιστεύω, κύριε· βοήθει μου τῇ ἀπιστίᾳ.
dijo: Creo, Señor. Ayuda de mí la incredulidad.

25 ἰδὼν δὲ ὁ Ἰησοῦς ὅτι ἐπισυντρέχει ὄχλος, ἐπετίμησε
Viendo - - Jesús que concurre multitud, reprendió

τῷ πνεύματι τῷ ἀκαθάρτῳ λέγων αὐτῷ·
al espíritu al inmundo diciendo le:

τὸ πνεῦμα τὸ ἄλαλον καὶ κωφόν, ἐγώ σοι ἐπιτάσσω,
el espíritu el mudo y sordo, yo te ordeno,

ἔξελθε ἐξ αὐτοῦ καὶ μηκέτι εἰσέλθῃς εἰς αὐτόν.
Sal de él y ya no entres en él.

18 El cual, donde quiera que le toma, le despedaza; y echa espumarajos, y cruje los dientes, y se va secando: y dije a tus discípulos que le echasen fuera, y no pudieron. **19** Y respondiendo él, les dijo: ¡Oh generación infiel! ¿hasta cuándo estaré con vosotros? ¿hasta cuándo os tengo de sufrir? Traédmele. **20** Y se le trajeron: y como le vió, luego el espíritu le desgarraba; y cayendo en tierra, se revolcaba, echando espumarajos. **21** Y Jesús preguntó a su padre: ¿Cuánto tiempo há que le aconteció esto? Y él dijo: Desde niño: **22** Y muchas veces le echa en el fuego y en aguas, para matarle; mas, si puedes algo, ayúdanos, teniendo misericordia de nosotros. **23** Y Jesús le dijo: Si puedes creer, al que cree todo es posible. **24** Y luego el padre del muchacho dijo clamando: Creo, ayuda mi incredulidad. **25** Y como Jesús vió que la multitud se agolpaba, reprendió al espíritu inmundo, diciéndole: Espíritu mudo y sordo, yo te mando, sal de él, y no entres más en él.

---

111. O daba vueltas.
112. Es decir, ¿desde cuándo le viene sucediendo?
113. La NU suprime creer.
114. La NU suprime con lágrimas.

26 Entonces *el espíritu* clamando y desgarrándole mucho, salió; y *él* quedó como muerto, de modo que muchos decían: Está muerto.
27 Mas Jesús tomándole de la mano, enderezóle; y se levantó.
28 Y como él entró en casa, sus discípulos le preguntaron aparte: ¿Por qué nosotros no pudimos echarle fuera?
29 Y les dijo: Este género con nada puede salir, sino con oración y ayuno.
30 Y habiendo salido de allí, caminaron por Galilea; y no quería que nadie lo supiese.
31 Porque enseñaba a sus discípulos, y les decía: El Hijo del hombre será entregado en manos de hombres, y le matarán; mas muerto *él*, resucitará al tercer día.
32 Pero ellos no entendían esta palabra, y tenían miedo de preguntarle.
33 Y llegó a Capernaum; y así que estuvo en casa, les preguntó: ¿Qué disputabais entre vosotros en el camino?
34 Mas ellos callaron; porque los unos con los otros habían disputado en el camino quién *había de ser* el mayor.
35 Entonces sentándose, llamó a los doce, y les dice: Si alguno quiere ser el primero, será el postrero de todos, y el servidor de todos.

26 καὶ κράξαν καὶ πολλὰ σπαράξαν αὐτὸν ἐξῆλθε,
  Y gritando y mucho convulsionando lo salió,
  καὶ ἐγένετο ὡσεὶ νεκρός, ὥστε πολλοὺς λέγειν
  y vino a estar como muerto, de manera que muchos decir[115]
  ὅτι ἀπέθανεν.
  que murió.

27 ὁ δὲ Ἰησοῦς κρατήσας αὐτὸν τῆς χειρὸς ἤγειρεν αὐτόν,
  - - Jesús agarrando lo por la mano alzó lo,
  καὶ ἀνέστη.
  y se levantó.

28 Καὶ εἰσελθόντα αὐτὸν εἰς οἶκον οἱ μαθηταὶ αὐτοῦ ἐπηρώτων
  Y entrando él a casa los discípulos de él preguntaban
  αὐτὸν κατ' ἰδίαν, ὅτι ἡμεῖς οὐκ ἠδυνήθημεν ἐκβαλεῖν αὐτό;
  le en privado, ¿porque nosotros no pudimos arrojar lo?

29 καὶ εἶπεν αὐτοῖς· τοῦτο τὸ γένος ἐν οὐδενὶ δύναται
  Y dijo les: Este - género con nada puede
  ἐξελθεῖν εἰ μὴ ἐν προσευχῇ καὶ νηστείᾳ.
  salir si no con oración y ayuno.[116]

30 Καὶ ἐκεῖθεν ἐξελθόντες παρεπορεύοντο διὰ τῆς Γαλιλαίας,
  Y desde allí saliendo pasaban por - Galilea,
  καὶ οὐκ ἤθελεν ἵνα τις γνῷ·
  y no quería que alguno supiera.

31 ἐδίδασκε γὰρ τοὺς μαθητὰς αὐτοῦ καὶ ἔλεγεν αὐτοῖς
  enseñaba Porque a los discípulos de él y decía les
  ὅτι ὁ Υἱὸς τοῦ ἀνθρώπου παραδίδοται εἰς χεῖρας ἀνθρώπων,
  que el Hijo del hombre es entregado en manos de hombres,
  καὶ ἀποκτενοῦσιν αὐτόν, καὶ ἀποκτανθεὶς
  y matarán lo, y siendo asesinado
  τῇ τρίτῃ ἡμέρᾳ ἀναστήσεται.
  al tercer día se levantará.

32 οἱ δὲ ἠγνόουν τὸ ῥῆμα, καὶ ἐφοβοῦντο αὐτὸν ἐπερωτῆσαι.
  - pero no entendieron el dicho, y temían a él preguntar.

33 Καὶ ἦλθεν εἰς Καπερναούμ· καὶ ἐν τῇ οἰκίᾳ γενόμενος
  Y vino a Capernaum. Y en la casa llegando a estar
  ἐπηρώτα αὐτούς· τί ἐν τῇ ὁδῷ
  preguntó les: ¿Qué en el camino
  πρὸς ἑαυτοὺς διαλογίζεσθε;
  entre vosotros discutíais?

34 οἱ δὲ ἐσιώπων· πρὸς ἀλλήλους γὰρ διελέχθησαν
  - - Callaban, entre ellos Porque discutieron
  ἐν τῇ ὁδῷ τίς μείζων.
  en el camino quién (era) mayor.

35 καὶ καθίσας ἐφώνησε τοὺς δώδεκα καὶ λέγει αὐτοῖς·
  Y sentándose llamó a los doce y dice les:
  εἴ τις θέλει πρῶτος εἶναι, ἔσται πάντων ἔσχατος
  Si alguno quiere primero ser, será de todos último
  καὶ πάντων διάκονος.
  y de todos siervo.

---

115. Es decir, de manera que muchos decían.
116. La NU suprime y ayuno,

36 καὶ λαβὼν παιδίον ἔστησεν αὐτὸ ἐν μέσῳ αὐτῶν,
Y tomando niño puso lo en medio de ellos,

καὶ ἐναγκαλισάμενος αὐτὸ εἶπεν αὐτοῖς·
y tomando en sus brazos[117] lo dijo les:

37 ὃς ἐὰν ἓν τῶν τοιούτων παιδίων δέξηται ἐπὶ τῷ
El que acaso a uno de estos niñitos recibe en el

ὀνόματί μου, ἐμὲ δέχεται· καὶ ὃς ἐὰν ἐμὲ δέξηται, οὐκ ἐμὲ
nombre de mí, me recibe. Y el que acaso me recibe, no a mí

δέχεται, ἀλλὰ τὸν ἀποστείλαντά με.
recibe, sino al que envió me.

38 Ἀπεκρίθη δὲ αὐτῷ ὁ Ἰωάννης λέγων· διδάσκαλε,
Respondió - le Juan diciendo: maestro,

εἴδομέν τινα ἐν τῷ ὀνόματί σου ἐκβάλλοντα δαιμόνια,
vimos a alguno en el nombre de ti arrojando demonios,

ὃς οὐκ ἀκολουθεῖ ἡμῖν, καὶ ἐκωλύσαμεν αὐτόν,
que no sigue con nosotros,[118,119] y prohibimos a él,

ὅτι οὐκ ἀκολουθεῖ ἡμῖν.
porque no sigue con nosotros.

39 ὁ δὲ Ἰησοῦς εἶπε· μὴ κωλύετε αὐτόν· οὐδεὶς γάρ ἐστι
- - Jesús dijo: No prohibáis a él. ninguno Porque hay

ὃς ποιήσει δύναμιν ἐπὶ τῷ ὀνόματί μου
que hará poder[120] en el nombre de mí

καὶ δυνήσεται ταχὺ κακολογῆσαί με.
y podrá rápido hablar mal de mí.

40 ὃς γὰρ οὐκ ἔστι καθ' ἡμῶν, ὑπὲρ ἡμῶν ἐστιν.
el que Porque no está contra nosotros, por nosotros está.

41 ὃς γὰρ ἂν ποτίσῃ ὑμᾶς ποτήριον ὕδατος
el que Porque de a beber a vosotros copa de agua

ἐν τῷ ὀνόματί μου, ὅτι Χριστοῦ ἐστε, ἀμὴν
en el nombre de mí, porque de Cristo sois, verdaderamente

λέγω ὑμῖν, οὐ μὴ ἀπολέσῃ τὸν μισθὸν αὐτοῦ.
digo os, no de ninguna manera destruirá la recompensa de él.

42 Καὶ ὃς ἂν σκανδαλίσῃ ἕνα τῶν μικρῶν τούτων
Y el que acaso escandalice a uno de los pequeños estos

τῶν πιστευόντων εἰς ἐμέ, καλόν ἐστιν αὐτῷ μᾶλλον
que creen en mí, bueno es para él más[121]

εἰ περίκειται λίθος μυλικὸς περὶ τὸν τράχηλον αὐτοῦ
si es puesta piedra de molino alrededor del cuello de él

καὶ βέβληται εἰς τὴν θάλασσαν.
y se arroja a el mar.

43 Καὶ ἐὰν σκανδαλίζῃ σε ἡ χείρ σου, ἀπόκοψον αὐτήν·
Y si escandaliza te la mano de ti, corta la.

καλόν σοί ἐστι κυλλὸν εἰς τὴν ζωὴν εἰσελθεῖν,
bueno para ti es[122] manco en la vida entrar,

ἢ τὰς δύο χεῖρας ἔχοντα ἀπελθεῖν εἰς τὴν γέενναν,
que las dos manos teniendo ir a la Guehenna,

εἰς τὸ πῦρ τὸ ἄσβεστον,
a el fuego el inextinguible,

36 Y tomando un niño, púsolo en medio de ellos; y tomándole en sus brazos, les dice: **37** El que recibiere en mi nombre uno de los tales niños, a mí recibe; y el que a mí recibe, no recibe a mí, mas al que me envió. **38** Y respondióle Juan, diciendo: Maestro, hemos visto a uno que en tu nombre echaba fuera los demonios, el cual no nos sigue; y se lo prohibimos, porque no nos sigue. **39** Y Jesús dijo: No se lo prohibáis; porque ninguno hay que haga milagro en mi nombre que luego pueda decir mal de mí. **40** Porque el que no es contra nosotros, por nosotros es. **41** Y cualquiera que os diere un vaso de agua en mi nombre, porque sois de Cristo, de cierto os digo que no perderá su recompensa. **42** Y cualquiera que escandalizare a uno de estos pequeñitos que creen en mí, mejor le fuera si se le atase una piedra de molino al cuello, y fuera echado en la mar. **43** Y si tu mano te escandalizare, córtala: mejor te es entrar a la vida manco, que teniendo dos manos ir a la Gehenna, al fuego que no puede ser apagado;

---

117. O abrazando.
118. La NU suprime "el que no sigue con nosotros".
119. Es decir, que no lleva una vida de seguimiento de Dios yendo con nosotros, sino por su cuenta.
120. En el sentido de milagro.
121. Es decir, sería menor para él que...
122. Es decir, mejor te será.

44 Donde su gusano no muere, y el fuego nunca se apaga.

45 Y si tu pie te fuere ocasión de caer, córtalo: mejor te es entrar a la vida cojo, que teniendo dos pies ser echado en la Gehenna, al fuego que no puede ser apagado;

46 Donde el gusano de ellos no muere, y el fuego nunca se apaga.

47 Y si tu ojo te fuere ocasión de caer, sácalo: mejor te es entrar al reino de Dios con un ojo, que teniendo dos ojos ser echado a la Gehenna;

48 Donde el gusano de ellos no muere, y el fuego nunca se apaga.

49 Porque todos serán salados con fuego, y todo sacrificio será salado con sal.

50 Buena es la sal; mas si la sal fuere desabrida, ¿con qué la adobaréis? Tened en vosotros mismos sal; y tened paz los unos con los otros.

10 Y partiéndose de allí, vino a los términos de Judea y tras el Jordán: y volvió el pueblo a juntarse a él; y de nuevo les enseñaba como solía.

---

44 ὅπου ὁ σκώληξ αὐτῶν οὐ τελευτᾷ
donde el gusano de ellos no se acaba
καὶ τὸ πῦρ οὐ σβέννυται.
y el fuego no se extingue.[123]

45 καὶ ἐὰν ὁ πούς σου σκανδαλίζῃ σε, ἀπόκοψον αὐτόν·
Y si el pie de ti escandaliza te, corta lo.
καλόν ἐστί σοι εἰσελθεῖν εἰς τὴν ζωὴν χωλὸν,
bueno es para ti[124] entrar en la vida cojo,
ἢ τοὺς δύο πόδας ἔχοντα βληθῆναι εἰς τὴν γέενναν,
que los dos pies teniendo ser arrojado a la Guehenna,
εἰς τὸ πῦρ τὸ ἄσβεστον,
a el fuego el inextinguible,[125]

46 ὅπου ὁ σκώληξ αὐτῶν οὐ τελευτᾷ
donde el gusano de ellos no acaba
καὶ τὸ πῦρ οὐ σβέννυται.
y el fuego no se extingue.[126]

47 καὶ ἐὰν ὁ ὀφθαλμός σου σκανδαλίζῃ σε, ἔκβαλε αὐτόν·
Y si el ojo de ti escandaliza te, arranca lo.
καλόν σοί ἐστι μονόφθαλμον εἰσελθεῖν
bueno para ti es[127] con un ojo entrar
εἰς τὴν βασιλείαν τοῦ Θεοῦ, ἢ δύο ὀφθαλμοὺς ἔχοντα
en el reino de Dios, que dos ojos teniendo
βληθῆναι εἰς τὴν γέενναν τοῦ πυρός,
ser arrojado a la Guehenna del fuego,

48 ὅπου ὁ σκώληξ αὐτῶν οὐ τελευτᾷ
donde el gusano de ellos no acaba
καὶ τὸ πῦρ οὐ σβέννυται.
y el fuego no se extingue.

49 πᾶς γὰρ πυρὶ ἁλισθήσεται, καὶ πᾶσα θυσία
todo Porque con fuego será salado,[128] y todo sacrificio
ἁλὶ ἁλισθήσεται.
con sal será salado.

50 Καλὸν τὸ ἅλας· ἐὰν δὲ τὸ ἅλας ἄναλον γένηται,
Buena (es) la sal. Si sin embargo la sal sosa llega a ser,
ἐν τίνι αὐτὸ ἀρτύσετε; ἔχετε ἐν ἑαυτοῖς ἅλας
¿Con qué la sazonaréis? Tened en vosotros mismos sal
καὶ εἰρηνεύετε ἐν ἀλλήλοις.
y vivid en paz los unos con los otros.

10 **1** Καὶ ἐκεῖθεν ἀναστὰς ἔρχεται εἰς τὰ ὅρια τῆς Ἰουδαίας
Y de allí levantándose viene a los límites de Judea
διὰ τοῦ πέραν τοῦ Ἰορδάνου, καὶ συμπορεύονται
a el otro lado del Jordán, y se congregan
πάλιν ὄχλοι πρὸς αὐτόν, καὶ ὡς εἰώθει,
de nuevo multitudes a él, y como acostumbraba,
πάλιν ἐδίδασκεν αὐτούς.
de nuevo enseñaba los.

---

123. La NU suprime el versículo 44.
124. Es decir, mejor te será.
125. La NU suprime a el fuego inextinguible.
126. La NU suprime el versículo 46.
127. Es decir, mejor te será.
128. La NU suprime desde aquí hasta el final.

2 καὶ προσελθόντες Φαρισαῖοι ἐπηρώτησαν αὐτὸν
Y acercándose fariseos preguntaron le
εἰ ἔξεστιν ἀνδρὶ γυναῖκα ἀπολῦσαι,
si (es) lícito para varón a mujer despachar,[129]
πειράζοντες αὐτόν.
tentando lo.

3 ὁ δὲ ἀποκριθεὶς εἶπεν αὐτοῖς· τί ὑμῖν
- - Respondiendo dijo les: ¿Qué os
ἐνετείλατο Μωϋσῆς;
mandó Moisés?

4 οἱ δὲ εἶπαν· Μωϋσῆς ἐπέτρεψε βιβλίον ἀποστασίου
- - Dijeron: Moisés permitió certificado de divorcio
γράψαι καὶ ἀπολῦσαι.
escribir y despachar.

5 καὶ ὁ Ἰησοῦς εἶπεν αὐτοῖς· πρὸς τὴν σκληροκαρδίαν ὑμῶν
Y Jesús dijo les: por la dureza del corazón de vosotros
ἔγραψεν ὑμῖν τὴν ἐντολὴν ταύτην·
escribió os el mandamiento este.

6 ἀπὸ δὲ ἀρχῆς κτίσεως ἄρσεν καὶ
desde Sin embargo principio de creación varón y
θῆλυ ἐποίησεν αὐτοὺς ὁ Θεός·
hembra hizo los Dios.

7 ἕνεκεν τούτου καταλείψει ἄνθρωπος τὸν πατέρα αὐτοῦ
Por esto dejará hombre al padre de él
καὶ τὴν μητέρα καὶ προσκολληθήσεται
y a la madre y[130] será unido
πρὸς τὴν γυναῖκα αὐτοῦ,
a la mujer de él,

8 καὶ ἔσονται οἱ δύο εἰς σάρκα μίαν. ὥστε οὐκέτι εἰσὶ δύο,
y serán los dos en carne una. Así que ya no son dos,
ἀλλὰ μία σάρξ·
sino una carne,

9 ὃ οὖν ὁ Θεὸς συνέζευξεν ἄνθρωπος μὴ χωριζέτω.
lo que por lo tanto Dios unió hombre no separe.

10 καὶ εἰς τὴν οἰκίαν πάλιν οἱ μαθηταὶ περὶ τούτου
Y en la casa de nuevo los discípulos por esto
ἐπηρώτησαν αὐτόν,
preguntaron le.

11 καὶ λέγει αὐτοῖς· ὃς ἂν ἀπολύσῃ τὴν γυναῖκα αὐτοῦ
Y dijo les: el que despacha a la mujer de él
καὶ γαμήσῃ ἄλλην, μοιχᾶται ἐπ' αὐτήν·
y se casa con otra, adultera contra ella.

12 καὶ ἐὰν γυνὴ ἀπολύσασα τὸν ἄνδρα αὐτῆς
Y si mujer despachando al varón de ella
γαμηθῇ ἄλλῳ, μοιχᾶται.
se casa con otro, adultera.

2 Y llegándose los Fariseos, le preguntaron, para tentarle, si era lícito al marido repudiar a su mujer.
3 Mas él respondiendo, les dijo: ¿Qué os mandó Moisés?
4 Y ellos dijeron: Moisés permitió escribir carta de divorcio, y repudiar.
5 Y respondiendo Jesús, les dijo: Por la dureza de vuestro corazón os escribió este mandamiento;
6 Pero al principio de la creación, varón y hembra los hizo Dios.
7 Por esto dejará el hombre a su padre y a su madre, y se juntará a su mujer.
8 Y los que *eran* dos, serán hechos una carne: así que no son más dos, sino una carne.
9 Pues lo que Dios juntó, no lo aparte el hombre.
10 Y en casa volvieron los discípulos a preguntarle de lo mismo.
11 Y les dice: Cualquiera que repudiare a su mujer, y se casare con otra, comete adulterio contra ella:
12 Y si la mujer repudiare a su marido y se casare con otro, comete adulterio.

---

129. Como en Hechos 19.41 y Lucas 14.4.
130. La NU suprime desde y... hasta el final.

13 Y le presentaban niños para que los tocase; y los discípulos reñían a los que los presentaban.
14 Y viéndolo Jesús, se enojó, y les dijo: Dejad los niños venir, y no se lo estorbéis; porque de los tales es el reino de Dios.
15 De cierto os digo, que el que no recibiere el reino de Dios como un niño, no entrará en él.
16 Y tomándolos en los brazos, poniendo las manos sobre ellos, los bendecía.
17 Y saliendo él para ir su camino, vino uno corriendo, e hincando la rodilla delante de él, le preguntó: Maestro bueno, ¿qué haré para poseer la vida eterna?
18 Y Jesús le dijo: ¿Por qué me dices bueno? Ninguno hay bueno, sino sólo uno, Dios.
19 Los mandamientos sabes: No adulteres: No mates: No hurtes: No digas falso testimonio: No defraudes: Honra a tu padre y a tu madre.
20 El entonces respondiendo, le dijo: Maestro, todo esto he guardado desde mi mocedad.
21 Entonces Jesús mirándole, amóle, y díjole: Una cosa te falta: ve, vende todo lo que tienes, y da a los pobres, y tendrás tesoro en el cielo; y ven, sígueme, tomando tu cruz.

13 Καὶ προσέφερον αὐτῷ παιδία, ἵνα ἅψηται αὐτῶν·
Y llevaban le niñitos, para que tocara los.

οἱ δὲ μαθηταὶ ἐπετίμων τοῖς προσφέρουσιν.
los Sin embargo discípulos reprendían a los que llevaban.

14 ἰδὼν δὲ ὁ Ἰησοῦς ἠγανάκτησε καὶ εἶπεν αὐτοῖς·
Viendo sin embargo Jesús se indignó y dijo les:

ἄφετε τὰ παιδία ἔρχεσθαι πρός με, καὶ μὴ κωλύετε αὐτά·
dejad a los niñitos venir a mí, y no prohibáis a ellos.

τῶν γὰρ τοιούτων ἐστὶν ἡ βασιλεία τοῦ Θεοῦ.
de los Porque tales es el reino de Dios.

15 ἀμὴν λέγω ὑμῖν, ὃς ἐὰν μὴ δέξηται τὴν βασιλείαν
Verdaderamente digo os, el que no recibe el reino

τοῦ Θεοῦ ὡς παιδίον, οὐ μὴ εἰσέλθῃ πρὸς αὐτήν.
de Dios como niñito, no de ninguna manera entrará en él,

16 καὶ ἐναγκαλισάμενος αὐτὰ τιθεὶς
y tomando en brazos[131] a ellos poniendo

τὰς χεῖρας ἐπ' αὐτά, εὐλόγει
las manos sobre ellos, bendice.

17 Καὶ ἐκπορευομένου αὐτοῦ εἰς ὁδὸν προσδραμὼν
Y saliendo él a camino corriendo

εἷς καὶ γονυπετήσας αὐτὸν ἐπηρώτα αὐτόν·
uno y cayendo de rodillas ante él preguntó le:

διδάσκαλε ἀγαθέ, τί ποιήσω ἵνα ζωὴν αἰώνιον
Maestro bueno, ¿Qué haré para que vida eterna

κληρονομήσω;
herede?

18 ὁ δὲ Ἰησοῦς εἶπεν αὐτῷ· τί με λέγεις ἀγαθόν;
- - Jesús dijo le: ¿Por qué me dices bueno?

οὐδεὶς ἀγαθὸς εἰ μὴ εἷς ὁ Θεός.
Ninguno bueno (es) si no uno Dios.

19 τὰς ἐντολὰς οἶδας· μὴ μοιχεύσῃς, μὴ φονεύσῃς,
Los mandamientos conoces. No adulteres, no mates,

μὴ κλέψῃς, μὴ ψευδομαρτυρήσῃς, μὴ ἀποστερήσῃς,
no robes, no des falso testimonio, no defraudes,

τίμα τὸν πατέρα σου καὶ τὴν μητέρα.
honra al padre de ti y a la madre.

20 ὁ δὲ ἀποκριθεὶς εἶπεν αὐτῷ· διδάσκαλε, ταῦτα πάντα
- - Respondiendo dijo le: Maestro, esto todo

ἐφυλαξάμην ἐκ νεότητός μου.
guardé desde juventud de mí.

21 ὁ δὲ Ἰησοῦς ἐμβλέψας αὐτῷ ἠγάπησεν αὐτὸν καὶ
- - Jesús mirando le amó lo y

εἶπεν αὐτῷ· ἕν σε ὑστερεῖ· ὕπαγε, ὅσα ἔχεις πώλησον
dijo le: una cosa te falta. Ve, cuanto tienes vende

καὶ δὸς πτωχοῖς, καὶ ἕξεις θησαυρὸν ἐν οὐρανῷ,
y da a pobres, y tendrás tesoro en cielo,

καὶ δεῦρο ἀκολούθει μοι, ἄρας τὸν σταυρόν.
y ahora sigue me, tomando la cruz.

---

131. O abrazando.

22 ὁ δὲ στυγνάσας ἐπὶ τῷ λόγῳ ἀπῆλθε
Él sin embargo entristeciéndose por la palabra se marchó
λυπούμενος· ἦν γὰρ ἔχων κτήματα πολλά.
apenado, estaba Porque teniendo posesiones muchas.

23 καὶ περιβλεψάμενος ὁ Ἰησοῦς λέγει τοῖς μαθηταῖς αὐτοῦ·
Y mirando en derredor Jesús dice a los discípulos de él:
πῶς δυσκόλως οἱ τὰ χρήματα ἔχοντες εἰς τὴν βασιλείαν
Como difícilmente los las posesiones teniendo en el reino
τοῦ Θεοῦ εἰσελεύσονται.
de Dios entrarán.

24 οἱ δὲ μαθηταὶ ἐθαμβοῦντο ἐπὶ τοῖς λόγοις
los Sin embargo discípulos estaban pasmados por las palabras
αὐτοῦ. ὁ δὲ Ἰησοῦς πάλιν ἀποκριθεὶς λέγει αὐτοῖς·
de él. - - Jesús de nuevo respondiendo dice les:
τέκνα, πῶς δύσκολόν ἐστι τοὺς πεποιθότας
hijos, qué difícil es¹³² para los que confían
ἐπὶ χρήμασιν εἰς τὴν βασιλείαν τοῦ Θεοῦ εἰσελθεῖν.
en posesiones en el reino de Dios entrar.

25 εὐκοπώτερόν ἐστι κάμηλον διὰ τῆς τρυμαλιᾶς τῆς ῥαφίδος
Más fácil es camello a través del ojo de la aguja
διελθεῖν ἢ πλούσιον εἰς τὴν βασιλείαν τοῦ Θεοῦ εἰσελθεῖν.
pasar que rico en el reino de Dios entrar.

26 οἱ δὲ περισσῶς ἐξεπλήσσοντο λέγοντες
Ellos sin embargo enormemente se quedaban atónitos diciendo
πρὸς ἑαυτούς· καὶ τίς δύναται σωθῆναι;
unos a otros: ¿Y quién puede ser salvado?

27 ἐμβλέψας αὐτοῖς ὁ Ἰησοῦς λέγει· παρὰ ἀνθρώποις
Mirando a ellos Jesús dice: para hombres
ἀδύνατον, ἀλλ' οὐ παρὰ Θεῷ· πάντα γὰρ δυνατὰ
imposible, pero no para Dios. todo Porque posible
ἐστι παρὰ τῷ Θεῷ.
es para Dios.

28 Ἤρξατο ὁ Πέτρος λέγειν αὐτῷ· ἰδοὺ ἡμεῖς ἀφήκαμεν
Comenzó Pedro a decir le: Mira nosotros dejamos
πάντα καὶ ἠκολουθήσαμέν σοι.
todo y seguimos te.

29 ἀποκριθεὶς δὲ ὁ Ἰησοῦς εἶπεν· ἀμὴν λέγω ὑμῖν,
Respondiendo - Jesús dijo: En verdad digo os,
οὐδείς ἐστιν ὃς ἀφῆκεν οἰκίαν ἢ ἀδελφοὺς ἢ
ninguno hay que dejó casa o hermanos o
ἀδελφὰς ἢ πατέρα ἢ μητέρα ἢ γυναῖκα ἢ τέκνα
hermanas o padre o madre o mujer¹³³ o hijos
ἢ ἀγροὺς ἕνεκεν ἐμοῦ καὶ ἕνεκεν τοῦ εὐαγγελίου,
o campos por mí y por el evangelio,

22 Mas él, entristecido por esta palabra, se fué triste, porque tenía muchas posesiones.
23 Entonces Jesús, mirando alrededor, dice a sus discípulos: ¡Cuán difícilmente entrarán en el reino de Dios los que tienen riquezas!
24 Y los discípulos se espantaron de sus palabras; mas Jesús respondiendo, les volvió a decir: ¡Hijos, cuán difícil es entrar en el reino de Dios, los que confían en las riquezas!
25 Más fácil es pasar un camello por el ojo de una aguja, que el rico entrar en el reino de Dios.
26 Y ellos se espantaban más, diciendo dentro de sí: ¿Y quién podrá salvarse?
27 Entonces Jesús mirándolos, dice: Para los hombres es imposible; mas para Dios, no; porque todas las cosas son posibles para Dios.
28 Entonces Pedro comenzó a decirle: He aquí, nosotros hemos dejado todas las cosas, y te hemos seguido.
29 Y respondiendo Jesús, dijo: De cierto os digo, que no hay ninguno que haya dejado casa, o hermanos, o hermanas, o padre, o madre, o mujer, o hijos, o heredades, por causa de mí y del evangelio,

---

132. La NU suprime desde aquí hasta el final.
133. La NU suprime mujer.

30 Que no reciba cien tantos ahora en este tiempo, casas, y hermanos, y hermanas, y madres, e hijos, y heredades, con persecuciones; y en el siglo venidero la vida eterna.
31 Empero muchos primeros serán postreros, y postreros primeros.
32 Y estaban en el camino subiendo a Jerusalem; y Jesús iba delante de ellos, y se espantaban, y le seguían con miedo: entonces volviendo a tomar a los doce *aparte,* les comenzó a decir las cosas que le habían de acontecer:
33 He aquí subimos a Jerusalem, y el Hijo del hombre será entregado a los principes de los sacerdotes, y a los escribas, y le condenarán a muerte, y le entregarán a los Gentiles:
34 Y le escarnecerán, y le azotarán, y escupirán en él, y le matarán; mas al tercer día resucitará.
35 Entonces Jacobo y Juan, hijos de Zebedeo, se llegaron a él, diciendo: Maestro, querríamos que nos hagas lo que pidiéremos.
36 Y él les dijo: ¿Qué queréis que os haga?
37 Y ellos le dijeron: Danos que en tu gloria nos sentemos el uno a tu diestra, y el otro a tu siniestra.
38 Entonces Jesús les dijo: No sabéis lo que pedís. ¿Podéis beber del vaso que yo bebo, o ser bautizados del bautismo de que yo soy bautizado?

30 ἐὰν μὴ λάβῃ ἑκατονταπλασίονα νῦν ἐν τῷ καιρῷ τούτῳ
que no reciba céntuplo ahora en el tiempo este
οἰκίας καὶ ἀδελφοὺς καὶ ἀδελφὰς καὶ μητέρας
casas y hermanos y hermanas y madres
καὶ τέκνα καὶ ἀγροὺς μετὰ διωγμῶν, καὶ ἐν τῷ αἰῶνι
e hijos y campos con persecuciones, y en la era
τῷ ἐρχομένῳ ζωὴν αἰώνιον.
la venidera vida eterna.

31 πολλοὶ δὲ ἔσονται πρῶτοι ἔσχατοι καὶ οἱ ἔσχατοι πρῶτοι.
Muchos - serán primeros últimos y los últimos primeros.

32 Ἦσαν δὲ ἐν τῇ ὁδῷ ἀναβαίνοντες εἰς Ἱεροσόλυμα·
Estaban - en el camino subiendo a Jerusalén.
καὶ ἦν προάγων αὐτοὺς ὁ Ἰησοῦς, καὶ ἐθαμβοῦντο,
Y estaba precediendo los Jesús, y estaban pasmados,
καὶ ἀκολουθοῦντες ἐφοβοῦντο. καὶ παραλαβὼν πάλιν
y siguiendo temían, y tomando de nuevo
τοὺς δώδεκα ἤρξατο αὐτοῖς λέγειν τὰ μέλλοντα
a los doce comenzó a ellos a decir lo que iba
αὐτῷ συμβαίνειν,
a él a suceder,

33 ὅτι ἰδοὺ ἀναβαίνομεν εἰς Ἱεροσόλυμα καὶ ὁ Υἱὸς τοῦ ἀνθρώπου
porque mira subimos a Jerusalén y el Hijo del hombre
παραδοθήσεται τοῖς ἀρχιερεῦσι καὶ τοῖς γραμματεῦσι,
será entregado a los principales sacerdotes y a los escribas,
καὶ κατακρινοῦσιν αὐτὸν θανάτῳ καὶ παραδώσουσιν
y condenarán lo a muerte y entregarán
αὐτὸν τοῖς ἔθνεσι,
lo a los gentiles,

34 καὶ ἐμπαίξουσιν αὐτῷ καὶ μαστιγώσουσιν αὐτὸν
y se burlarán de él y azotarán lo
καὶ ἐμπτύσουσιν αὐτῷ καὶ ἀποκτενοῦσιν αὐτόν,
y escupirán en él y matarán lo,
καὶ τῇ τρίτῃ ἡμέρᾳ ἀναστήσεται.
y al tercer día se levantará.

35 Καὶ προσπορεύονται αὐτῷ Ἰάκωβος καὶ Ἰωάννης
Y vienen a él Santiago y Juan
οἱ υἱοὶ Ζεβεδαίου λέγοντες· διδάσκαλε, θέλομεν ἵνα
los hijos de Zebedeo diciendo: maestro, queremos que
ὃ ἐὰν αἰτήσωμεν ποιήσῃς ἡμῖν.
lo que pidamos hagas nos.

36 ὁ δὲ εἶπεν αὐτοῖς· τί θέλετέ ποιῆσαί με ὑμῖν·
- - Dijo les: ¿Qué queréis hacer yo a vosotros?[134]

37 οἱ δὲ εἶπον αὐτῷ· δὸς ἡμῖν ἵνα εἷς ἐκ δεξιῶν σου
- - Dijeron le: Da nos que uno a derechas de ti
καὶ εἷς ἐξ εὐωνύμων σου καθίσωμεν ἐν τῇ δόξῃ σου.
y uno a izquierdas de ti sentemos en la gloria de ti.

38 ὁ δὲ Ἰησοῦς εἶπεν αὐτοῖς· οὐκ οἴδατε τί αἰτεῖσθε.
- - Jesús dijo les: No sabéis lo que pedís.
δύνασθε πιεῖν τὸ ποτήριον ὃ ἐγὼ πίνω,
¿Podéis beber la copa que yo bebo,
καὶ τὸ βάπτισμα ὃ ἐγὼ βαπτίζομαι βαπτισθῆναι;
y el bautismo con que yo soy bautizado ser bautizados?

---

134. Es decir, ¿qué queréis que haga en vuestro favor?

39 οἱ δὲ εἶπον αὐτῷ· δυνάμεθα. ὁ δὲ Ἰησοῦς εἶπεν αὐτοῖς·
- - Dijeron le: Podemos. - - Jesús dijo les:

τὸ μὲν ποτήριον ὃ ἐγὼ πίνω πίεσθε, καὶ τὸ βάπτισμα
La - copa que yo bebo beberéis, y el bautismo

ὃ ἐγὼ βαπτίζομαι βαπτισθήσεσθε·
con que yo soy bautizado seréis bautizados.

40 τὸ δὲ καθίσαι ἐκ δεξιῶν μου καὶ ἐξ εὐωνύμων
el Sin embargo sentarse a derechas de mí y a izquierdas

οὐκ ἔστιν ἐμὸν δοῦναι, ἀλλ᾽ οἷς ἡτοίμασται.
no es mío dar, sino a los que ha sido preparado.

41 Καὶ ἀκούσαντες οἱ δέκα ἤρξαντο ἀγανακτεῖν
Y oyendo los doce comenzaron a indignarse

περὶ Ἰακώβου καὶ Ἰωάννου.
con Santiago y Juan.

42 ὁ δὲ Ἰησοῦς προσκαλεσάμενος αὐτοὺς λέγει αὐτοῖς·
- - Jesús habiendo llamado los dice les:

οἴδατε ὅτι οἱ δοκοῦντες ἄρχειν τῶν ἐθνῶν
sabed que los siendo reputados para regir las naciones

κατακυριεύουσιν αὐτῶν καὶ οἱ μεγάλοι αὐτῶν
se enseñorean de ellas y los grandes de ellos[135] ejercen la

κατεξουσιάζουσιν αὐτῶν·
autoridad sobre ellas.

43 οὐχ οὕτω δέ ἔσται ἐν ὑμῖν, ἀλλ᾽ ὃς ἐὰν
no así Sin embargo será entre vosotros, sino que el que acaso

θέλῃ γενέσθαι μέγας ἐν ὑμῖν, ἔσται ὑμῶν διάκονος,
quiera llegar a ser grande entre vosotros, será de vosotros siervo,

44 καὶ ὃς ἂν θέλῃ ὑμῶν γενέσθαι πρῶτος,
y el que acaso quiera de vosotros llegar a ser primero,

ἔσται πάντων δοῦλος·
será de todos siervo.

45 καὶ γὰρ ὁ Υἱὸς τοῦ ἀνθρώπου οὐκ ἦλθε διακονηθῆναι,
- Porque el Hijo del hombre no vino a ser servido,

ἀλλὰ διακονῆσαι, καὶ δοῦναι τὴν ψυχὴν αὐτοῦ
sino a servir, y a dar la vida[136] de él

λύτρον ἀντὶ πολλῶν.
(como) rescate por muchos.

46 Καὶ ἔρχονται εἰς Ἰεριχώ. καὶ ἐκπορευομένου αὐτοῦ
Y vienen a Jericó, y saliendo él

ἀπὸ Ἰεριχὼ καὶ τῶν μαθητῶν αὐτοῦ καὶ ὄχλου ἱκανοῦ,
de Jericó y los discípulos de él y multitud numerosa,

ὁ υἱὸς Τιμαίου Βαρτίμαιος τυφλὸς ἐκάθητο
el hijo de Timeo Bartimeo ciego estaba sentado

παρὰ τὴν ὁδὸν προσαιτῶν.
al lado del camino mendigando.

47 καὶ ἀκούσας ὅτι Ἰησοῦς ὁ Ναζαραῖός ἐστιν, ἤρξατο
Y oyendo que Jesús el nazareno es, comenzó

κράζειν καὶ λέγειν· ὁ Υἱός Δαυῒδ Ἰησοῦ, ἐλέησόν με.
a gritar y decir: Hijo de David Jesús, ten misericordia de mí.

39Y ellos dijeron: Podemos. Y Jesús les dijo: A la verdad, del vaso que yo bebo, beberéis; y del bautismo de que soy bautizado, seréis bautizados.
40Mas que os sentéis a mi diestra y a mi siniestra, no es mío darlo, sino a quienes está aparejado.
41Y como lo oyeron los diez, comenzaron a enojarse de Jacobo y de Juan.
42Mas Jesús, llamándolos, les dice: Sabéis que los que se ven ser príncipes entre las gentes, se enseñorean de ellas, y los que entre ellas son grandes, tienen sobre ellas potestad.
43Mas no será así entre vosotros: antes cualquiera que quisiere hacerse grande entre vosotros, será vuestro servidor;
44Y cualquiera de vosotros que quisiere hacerse el primero, será siervo de todos.
45Porque el Hijo del hombre tampoco vino para ser servido, mas para servir, y dar su vida en rescate por muchos.
46Entonces vienen a Jericó: y saliendo él de Jericó, y sus discípulos y una gran compañía, Bartimeo el ciego, hijo de Timeo, estaba sentado junto al camino mendigando.
47Y oyendo que era Jesús el Nazareno, comenzó a dar voces y decir: Jesús, Hijo de David, ten misericordia de mí.

---

135. O de ellas.
136. Lit: el alma.

48Y muchos le reñían, que callase: mas él daba mayores voces: Hijo de David, ten misericordia de mí.
49Entonces Jesús parándose, mandó llamarle: y llaman al ciego, diciéndole: Ten confianza: levántate, te llama.
50El entonces, echando su capa, se levantó, y vino a Jesús.
51Y respondiendo Jesús, le dice: ¿Qué quieres que te haga? Y el ciego le dice: Maestro, que cobre la vista.
52Y Jesús le dijo: Ve, tu fe te ha salvado. Y luego cobró la vista, y seguía a Jesús en el camino.

11 Y como fueron cerca de Jerusalem, de Bethphagé, y de Bethania, al monte de las Olivas, envía dos de sus discípulos,
2Y les dice: Id al lugar que está delante de vosotros, y luego entrados en él, hallaréis un pollino atado, sobre el cual ningún hombre ha subido; desatadlo y traedlo.
3Y si alguien os dijere: ¿Por qué hacéis eso? decid que el Señor lo ha menester: y luego lo enviará acá.
4Y fueron, y hallaron el pollino atado a la puerta fuera, entre dos caminos; y le desataron.
5Y unos de los que estaban allí, les dijeron: ¿Qué hacéis desatando el pollino?

48 καὶ ἐπετίμων αὐτῷ πολλοὶ ἵνα σιωπήσῃ· ὁ δὲ
Y reprendían le muchos para que callara. Él sin embargo
πολλῷ μᾶλλον ἔκραζεν· υἱὲ Δαυίδ, ἐλέησόν με.
mucho más gritaba: Hijo de David, ten misericordia de mí.

49 καὶ στὰς ὁ Ἰησοῦς εἶπε· αὐτὸν φωνηθῆναι· καὶ φωνοῦσι
Y deteniéndose Jesús dijo: él ser llamado. Y llaman
τὸν τυφλὸν λέγοντες αὐτῷ· θάρσει, ἔγειρε· φωνεῖ σε.
al ciego diciendo le: Ten valor, levántate. Llama te.

50 ὁ δὲ ἀποβαλὼν τὸ ἱμάτιον αὐτοῦ ἀναστὰς ἦλθε
Él - arrojando el manto de él levantándose vino
πρὸς τὸν Ἰησοῦν.
a Jesús.

51 καὶ ἀποκριθεὶς λέγει αὐτῷ ὁ Ἰησοῦς· τί σοι θέλεις ποιήσω;
Y respondiendo dice le Jesús: ¿Qué a ti quieres haré?[137]
ὁ δὲ τυφλὸς εἶπεν αὐτῷ· ῥαββουνι, ἵνα ἀναβλέψω.
El - ciego dijo le: Rabbuni, que vea de nuevo.

52 καὶ ὁ Ἰησοῦς εἶπεν αὐτῷ· ὕπαγε, ἡ πίστις σου σέσωκέ σε.
Y Jesús dijo te: ve, la fe de ti ha salvado te.
καὶ εὐθέως ἀνέβλεψε καὶ ἠκολούθει τῷ Ἰησοῦ
E inmediatamente vio de nuevo y seguía a Jesús
ἐν τῇ ὁδῷ.
en el camino.

11 1 Καὶ ὅτε ἐγγίζουσιν εἰς Ἱερουσαλὴμ εἰς Βηθφαγῆ καὶ Βηθανίαν
Y cuando se acercan a Jerusalén a Betfagé y Betania
πρὸς τὸ ὄρος τῶν ἐλαιῶν, ἀποστέλλει δύο
a el monte de los olivos, envía a dos
τῶν μαθητῶν αὐτοῦ
de los discípulos de él.

2 καὶ λέγει αὐτοῖς· ὑπάγετε εἰς τὴν κώμην τὴν κατέναντι ὑμῶν,
Y dice les: id a la aldea la de enfrente de vosotros,
καὶ εὐθέως εἰσπορευόμενοι εἰς αὐτὴν εὑρήσετε πῶλον
e inmediatamente entrando en ella encontraréis pollino
δεδεμένον, ἐφ' ὃν οὐδεὶς ἀνθρώπων κεκάθικε·
atado, sobre el que ningún hombre se ha sentado.
λύσαντες αὐτὸν ἀγάγετε.
Soltando lo traed (lo).

3 καὶ ἐάν τις ὑμῖν εἴπῃ· τί ποιεῖτε τοῦτο; εἴπατε
Y si alguno os dice: ¿Por qué hacéis esto? Decid
ὅτι ὁ Κύριος αὐτοῦ χρείαν ἔχει· καὶ εὐθέως αὐτὸν
que el Señor de él necesidad tiene. E inmediatamente lo
ἀποστέλλει πάλιν ὧδε.
envía de nuevo aquí.

4 ἀπῆλθον δὲ καὶ εὗρον τὸν πῶλον δεδεμένον
Marcharon - y encontraron al pollino atado
πρὸς τὴν θύραν ἔξω ἐπὶ τοῦ ἀμφόδου, καὶ λύουσιν αὐτόν.
al lado de la puerta fuera en la calle, y desatan lo.

5 καί τινες τῶν ἐκεῖ ἑστηκότων ἔλεγον αὐτοῖς·
Y algunos de los allí presentes dijeron les:
τί ποιεῖτε λύοντες τὸν πῶλον;
¿Qué hacéis desatando el pollino?

---

137. Es decir: ¿Qué quieres que te haga?

6 οἱ δὲ εἶπον αὐτοῖς καθὼς ἐνετείλατο ὁ Ἰησοῦς,
Ellos - dijeron les como ordenó Jesús,
καὶ ἀφῆκαν αὐτούς.
y permitieron los.

7 καὶ ἤγαγον τὸν πῶλον πρὸς τὸν Ἰησοῦν καὶ
Y llevaron al pollino a Jesús y
ἐπέβαλον αὐτῷ τὰ ἱμάτια αὐτῶν,
colocaron sobre él las vestiduras de ellos,
καὶ ἐκάθισεν ἐπ' αὐτῷ.
y se sentó en él.

8 πολλοὶ δὲ τὰ ἱμάτια αὐτῶν ἔστρωσαν εἰς τὴν
Muchos sin embargo las vestiduras de ellos extendían por el
ὁδόν, ἄλλοι δὲ στιβάδας ἔκοπτον ἐκ τῶν δένδρων
camino, otros sin embargo ramas cortaban de los árboles
καὶ ἐστρώννυον εἰς τὴν ὁδόν.
y extendían por el camino.

9 καὶ οἱ προάγοντες καὶ οἱ ἀκολουθοῦντες ἔκραζον
Y los que iban delante y los que seguían gritaban
λέγοντες· ὡσαννά, εὐλογημένος ὁ ἐρχόμενος
diciendo: Hosanna, bendito el que viene
ἐν ὀνόματι Κυρίου.
en nombre de Señor.[138]

10 εὐλογημένη ἡ ἐρχομένη βασιλεία ἐν ὀνόματι Κυρίου
Bendito el que viene reino en nombre de Señor
τοῦ πατρὸς ἡμῶν Δαυίδ· ὡσαννὰ ἐν τοῖς ὑψίστοις.
del padre de nosotros David. Hosanna en lo más alto.

11 Καὶ εἰσῆλθεν εἰς Ἱεροσόλυμα ὁ Ἰησοῦς καὶ εἰς τὸ ἱερόν·
Y entró en Jerusalén Jesús y en el templo.
καὶ περιβλεψάμενος πάντα, ὀψίας ἤδη οὔσης τῆς ὥρας,
Y habiendo mirado en derredor todo, tarde ya siendo la hora,
ἐξῆλθεν εἰς Βηθανίαν μετὰ τῶν δώδεκα.
salió a Betania con los doce.

12 Καὶ τῇ ἐπαύριον ἐξελθόντων αὐτῶν ἀπὸ Βηθανίας,
Y al día siguiente saliendo ellos de Betania
ἐπείνασε.
tuvo hambre.

13 καὶ ἰδὼν συκῆν ἀπὸ μακρόθεν ἔχουσαν φύλλα,
Y viendo higuera desde gran distancia teniendo hojas,
ἦλθεν εἰ ἄρα τι εὑρήσει ἐν αὐτῇ· καὶ ἐλθὼν ἐπ' αὐτὴν
fue si quizá algo encontrara en ella. Y viniendo a ella
οὐδὲν εὗρεν εἰ μὴ φύλλα· οὐ γὰρ ἦν καιρὸς σύκων.
nada encontró si no hojas. no Porque era tiempo de higos.

14 καὶ ἀποκριθεὶς ὁ Ἰησοῦς εἶπεν αὐτῇ· μηκέτι ἐκ σοῦ εἰς τὸν αἰῶνα
Y respondiendo Jesús dijo le: Ya no de ti por la era[139]
μηδεὶς καρπὸν φάγοι. καὶ ἤκουον οἱ μαθηταὶ αὐτοῦ.
ninguno fruto coma. Y escuchaban los discípulos de él.

6Ellos entonces les dijeron como Jesús había mandado: y los dejaron.
7Y trajeron el pollino a Jesús, y echaron sobre él sus vestidos, y se sentó sobre él.
8Y muchos tendían sus vestidos por el camino, y otros cortaban hojas de los árboles, y *las* tendían por el camino.
9Y los que iban delante, y los que iban detrás, daban voces diciendo: ¡Hosanna! Bendito el que viene en el nombre del Señor.
10Bendito el reino de nuestro padre David que viene: ¡Hosanna en las alturas!
11Y entró Jesús en Jerusalem, y en el templo: y habiendo mirado alrededor todas las cosas, y siendo ya tarde, salióse a Bethania con los doce.
12Y el día siguiente, como salieron de Bethania, tuvo hambre.
13Y viendo de lejos una higuera que tenía hojas, se acercó, si quizá hallaría en ella algo: y como vino a ella, nada halló sino hojas; porque no era tiempo de higos.
14Entonces Jesús respondiendo, dijo a la higuera: Nunca más coma nadie fruto de ti para siempre. Y lo oyeron sus discípulos.

---

138. La NU suprime en nombre del Señor.
139. Es decir, nunca.

15 Vienen, pues, a Jerusalem; y entrando Jesús en el templo, comenzó a echar fuera a los que vendían y compraban en el templo; y trastornó las mesas de los cambistas, y las sillas de los que vendían palomas;
16 Y no consentía que alguien llevase vaso por el templo.
17 Y les enseñaba diciendo: ¿No está escrito que mi casa, casa de oración será llamada por todas las gentes? Mas vosotros la habéis hecho cueva de ladrones.
18 Y lo oyeron los escribas y los príncipes de los sacerdotes, y procuraban cómo le matarían; porque le tenían miedo, por cuanto todo el pueblo estaba maravillado de su doctrina.
19 Mas como fué tarde, Jesús salió de la ciudad.
20 Y pasando por la mañana, vieron que la higuera se había secado desde las raíces.
21 Entonces Pedro acordándose, le dice: Maestro, he aquí la higuera que maldijiste, se ha secado.
22 Y respondiendo Jesús, les dice: Tened fe en Dios.
23 Porque de cierto os digo que cualquiera que dijere a este monte: Quítate, y échate en la mar, y no dudare en su corazón, mas creyere que será hecho lo que dice, lo que dijere le será hecho.

15 Καὶ ἔρχονται εἰς Ἱεροσόλυμα· καὶ εἰσελθὼν ὁ Ἰησοῦς
Y vienen a Jerusalén. Y entrando Jesús
εἰς τὸ ἱερὸν ἤρξατο ἐκβάλλειν τοὺς πωλοῦντας
en el templo comenzó a expulsar a los vendiendo
καὶ τοὺς ἀγοράζοντας ἐν τῷ ἱερῷ, καὶ τὰς τραπέζας
y a los comprando en el templo, y las mesas
τῶν κολλυβιστῶν καὶ τὰς καθέδρας τῶν πωλούντων
de los cambistas y los asientos de los vendiendo
τὰς περιστερὰς κατέστρεψε,
las palomas volcó.

16 καὶ οὐκ ἤφιεν ἵνα τις διενέγκῃ σκεῦος διὰ τοῦ ἱεροῦ,
Y no permitía que alguno llevara recipiente a través del templo,

17 καὶ ἐδίδασκε λέγων αὐτοῖς· οὐ γέγραπται ὅτι
Y enseñaba diciendo les: ¿No ha sido escrito que
ὁ οἶκός μου οἶκος προσευχῆς κληθήσεται
la casa de mi casa de oración será llamada
πᾶσι τοῖς ἔθνεσιν; ὑμεῖς δὲ ἐποιήσατε αὐτὸν
para todas las naciones? Vosotros sin embargo hicisteis lo
σπήλαιον λῃστῶν.
cueva de bandidos.

18 καὶ ἤκουσαν οἱ γραμματεῖς καὶ οἱ ἀρχιερεῖς,
Y oyeron los escribas y los sacerdotes,
καὶ ἐζήτουν πῶς αὐτὸν ἀπολέσωσιν· ἐφοβοῦντο γὰρ
y buscaban cómo lo destruyeran. temían Porque
αὐτόν, ὅτι πᾶς ὁ ὄχλος ἐξεπλήσσετο ἐπὶ τῇ
lo, porque toda la multitud estaba asombrada con la
διδαχῇ αὐτοῦ.
enseñanza de él.

19 καὶ ὅτε ὀψὲ ἐγένετο, ἐξεπορεύετο ἔξω τῆς πόλεως.
Y cuando tarde resultó, salía[140] fuera de la ciudad.

20 Καὶ πρωῒ παραπορευόμενοι εἶδον τὴν συκῆν
Y por la mañana pasando vieron la higuera
ἐξηραμμένην ἐκ ῥιζῶν.
seca desde raíces.

21 καὶ ἀναμνησθεὶς ὁ Πέτρος λέγει αὐτῷ· ῥαββί,
Y recordando Pedro dice le: rabbí,
ἴδε ἡ συκῆ ἣν κατηράσω ἐξήρανται.
mira la higuera que maldijiste se ha secado.

22 καὶ ἀποκριθεὶς ὁ Ἰησοῦς λέγει αὐτοῖς· ἔχετε πίστιν Θεοῦ.
Y respondiendo Jesús dice les: tened fe en Dios.[141]

23 ἀμὴν γὰρ λέγω ὑμῖν ὅτι ὃς ἂν εἴπῃ τῷ
verdaderamente Porque digo os que el que acaso diga al
ὄρει τούτῳ, ἄρθητι καὶ βλήθητι εἰς τὴν θάλασσαν,
monte éste: levántate y arrójate en el mar,
καὶ μὴ διακριθῇ ἐν τῇ καρδίᾳ αὐτοῦ, ἀλλὰ πιστεύσῃ
y no dude en el corazón de él, sino crea
ὅτι ἃ λέγει γίνεται, ἔσται αὐτῷ ὃ ἐὰν εἴπῃ.
que lo que dice acontezca, será para él lo que acaso diga.[142]

---

140. La NU sustituye por salían.
141. Lit. de Dios.
142. Es decir, tendrá lo que haya dicho.

24 διὰ τοῦτο λέγω ὑμῖν, πάντα ὅσα προσευχόμενοι αἰτεῖσθε,
Por esto digo os: todo cuando orando pidáis,

πιστεύετε ὅτι λαμβάνετε, καὶ ἔσται ὑμῖν.
creed que recibís,[143] y será para vosotros.[144]

25 καὶ ὅταν στήκετε προσευχόμενοι, ἀφίετε εἴ τι ἔχετε
Y cuando estéis orando, perdonad si algo tenéis

κατά τινος, ἵνα καὶ ὁ πατὴρ ὑμῶν ὁ ἐν
contra alguno, para que también el padre de vosotros el que en

τοῖς οὐρανοῖς ἀφῇ ὑμῖν τὰ παραπτώματα ὑμῶν.
los cielos perdone os las culpas de vosotros.

26 εἰ δὲ ὑμεῖς οὐκ ἀφίετε, οὐδὲ ὁ πατὴρ
Si sin embargo vosotros no perdonáis, tampoco el padre

ὑμῶν ὁ ἐν τοῖς οὐρανοῖς ἀφήσει τὰ παραπτώματα
de vosotros el que en los cielos perdonará las culpas

ὑμῶν.
de vosotros.[145]

27 Καὶ ἔρχονται πάλιν εἰς Ἱεροσόλυμα· καὶ ἐν τῷ ἱερῷ
Y vienen de nuevo a Jerusalén. Y en el templo

περιπατοῦντος αὐτοῦ ἔρχονται πρὸς αὐτὸν
caminando él vienen a él

οἱ ἀρχιερεῖς καὶ οἱ γραμματεῖς καὶ οἱ πρεσβύτεροι
los principales sacerdotes y los escribas y los ancianos

28 καὶ λέγουσιν αὐτῷ· ἐν ποίᾳ ἐξουσίᾳ ταῦτα ποιεῖς;
Y dicen le: ¿Con qué autoridad esto haces?

ἢ τίς σοι τὴν ἐξουσίαν ταύτην ἔδωκεν, ἵνα ταῦτα ποιῇς;
o ¿Quién te la autoridad esta dio, para que esto hagas?

29 ὁ δὲ Ἰησοῦς ἀποκριθεὶς εἶπεν αὐτοῖς·
- - Jesús respondiendo dijo les:

ἐπερωτήσω ὑμᾶς κἀγὼ ἕνα λόγον, καὶ ἀποκρίθητέ μοι,
Preguntaré os yo también una palabra, y respondéis a mí,

καὶ ἐρῶ ὑμῖν ἐν ποίᾳ ἐξουσίᾳ ταῦτα ποιῶ·
y diré os con qué autoridad esto hago.

30 τὸ βάπτισμα Ἰωάννου ἐξ οὐρανοῦ ἦν ἢ ἐξ ἀνθρώπων;
¿El bautismo de Juan de cielo era o de hombres?

ἀποκρίθητέ μοι.
Responded me.

31 καὶ ἐλογίζοντο πρὸς ἑαυτοὺς λέγοντες· ἐὰν εἴπωμεν,
Y discutían entre ellos diciendo: si decimos:

ἐξ οὐρανοῦ, ἐρεῖ· διατί οὖν οὐκ ἐπιστεύσατε αὐτῷ;
de cielo, dira: ¿Por qué entonces no creístéis en él?

32 ἀλλὰ εἴπωμεν, ἐξ ἀνθρώπων; - ἐφοβοῦντο τὸν λαόν·
Sin embargo ¿decimos, de hombres? - temían al pueblo.

ἅπαντες γὰρ εἶχον τὸν Ἰωάννην ὅτι ὄντως προφήτης ἦν.
todos Porque tenían a Juan que ciertamente profeta era.

33 καὶ ἀποκριθέντες λέγουσι τῷ Ἰησοῦ· οὐκ οἴδαμεν.
Y respondiendo dicen a Jesús: no sabemos.

καὶ ὁ Ἰησοῦς ἀποκριθεὶς λέγει αὐτοῖς· οὐδὲ ἐγὼ λέγω
Y Jesús respondiendo dice les: tampoco yo digo

ὑμῖν ἐν ποίᾳ ἐξουσίᾳ ταῦτα ποιῶ.
os con que autoridad esto hago.

24 Por tanto, os digo que todo lo que orando pidiereis, creed que lo recibiréis, y os vendrá.
25 Y cuando estuviereis orando, perdonad, si tenéis algo contra alguno, para que vuestro Padre que está en los cielos os perdone también a vosotros vuestras ofensas.
26 Porque si vosotros no perdonareis, tampoco vuestro Padre que está en los cielos os perdonará vuestras ofensas.
27 Y volvieron a Jerusalem; y andando él por el templo, vienen a él los príncipes de los sacerdotes, y los escribas, y los ancianos;
28 Y le dicen: ¿Con qué facultad haces estas cosas? ¿y quién te ha dado esta facultad para hacer estas cosas?
29 Y Jesús respondiendo entonces, les dice: Os preguntaré también yo una palabra; y respondedme, y os diré con qué facultad hago estas cosas:
30 El bautismo de Juan, ¿era del cielo, o de los hombres? Respondedme.
31 Entonces ellos pensaron dentro de sí, diciendo: Si dijéremos, del cielo, dirá: ¿Por qué, pues, no le creísteis?
32 Y si dijéremos, de los hombres, tememos al pueblo: porque todos juzgaban de Juan, que verdaderamente era profeta.
33 Y respondiendo, dicen a Jesús: No sabemos. Entonces respondiendo Jesús, les dice: Tampoco yo os diré con qué facultad hago estas cosas.

---

143. La NU sustituye por recibisteis.
144. Es decir, lo tendréis.
145. La NU suprime el versículo 26.

12 Y comenzo a hablarles por parábolas: Plantó un hombre una viña, y la cercó con seto, y cavó un lagar, y edificó una torre, y la arrendó a labradores, y se partió lejos.
2 Y envió un siervo a los labradores, al tiempo, para que tomase de los labradores del fruto de la viña.
3 Mas ellos, tomándole, le hirieron, y le enviaron vacío.
4 Y volvió a enviarles otro siervo; mas apedreándole, le hirieron en la cabeza, y volvieron a enviarle afrentado.
5 Y volvió a enviar otro, y a aquél mataron; y a otros muchos, hiriendo a unos y matando a otros.
6 Teniendo pues aún un hijo suyo amado, enviólo también a ellos el postrero, diciendo: Tendrán en reverencia a mi hijo.
7 Mas aquellos labradores dijeron entre sí: Este es el heredero; venid, matémosle, y la heredad será nuestra.
8 Y prendiéndole, le mataron, y echaron fuera de la viña.
9 ¿Qué, pues, hará el señor de la viña? Vendrá, y destruirá a estos labradores, y dará su viña a otros.

12 1 Καὶ ἤρξατο αὐτοῖς ἐν παραβολαῖς λέγειν· ἀμπελῶνα
Y comenzó les en parábolas a decir: viña
ἐφύτευσεν ἄνθρωπος καὶ περιέθηκε φραγμὸν
plantó hombre y puso en derredor cerca[146]
καὶ ὤρυξεν ὑπολήνιον καὶ ᾠκοδόμησε πύργον,
y cavó lagar y edificó torre,
καὶ ἐξέδοτο αὐτὸν γεωργοῖς καὶ ἀπεδήμησε.
y entregó la a agricultores y salió de viaje.

2 καὶ ἀπέστειλε πρὸς τοὺς γεωργοὺς τῷ καιρῷ δοῦλον,
Y envió a los agricultores en el tiempo siervo,
ἵνα παρὰ τῶν γεωργῶν λάβῃ ἀπὸ τοῦ καρποῦ
para que de los agricultores recibiera de el fruto
τοῦ ἀμπελῶνος.
de la viña.

3 καὶ λαβόντες αὐτὸν ἔδειραν καὶ ἀπέστειλαν κενόν.
Y tomando lo golpearon y enviaron vacío.

4 καὶ πάλιν ἀπέστειλε πρὸς αὐτοὺς ἄλλον δοῦλον.
Y de nuevo envió a ellos a otro siervo.
κἀκεῖνον λιθοβολίσαντες ἐκεφαλαίωσαν
y a ése apedreando[147] hirieron en la cabeza
καὶ ἀπέστειλαν ἠτιμωμένον.
y envíaron tratado vergonzosamente.

5 καὶ πάλιν ἄλλον ἀπέστειλε· κἀκεῖνον ἀπέκτειναν,
Y de nuevo a otro envió. Y a ése mataron,
καὶ πολλοὺς ἄλλους, τοὺς μὲν δέροντες,
y a muchos otros, a unos - golpeando,
τοὺς δὲ ἀποκτέννοντες.
a otros - matando.

6 ἔτι οὖν ἕνα υἱὸν ἔχων, ἀγαπητὸν αὐτοῦ, ἀπέστειλε
Todavía sin embargo un hijo teniendo, amado de él, envió
καὶ αὐτὸν ἔσχατον πρὸς αὐτοὺς λέγων
y a él último a ellos diciendo
ὅτι ἐντραπήσονται τὸν υἱόν μου.
que respetarán al hijo de mí.

7 ἐκεῖνοι δὲ οἱ γεωργοὶ πρὸς ἑαυτοὺς εἶπον
Esos - - agricultores entre sí mismos dijeron
ὅτι οὗτός ἐστιν ὁ κληρονόμος· δεῦτε ἀποκτείνωμεν
que éste es el heredero. Vamos matemos
αὐτόν, καὶ ἡμῶν ἔσται ἡ κληρονομία.
lo, y de nosotros será la herencia.

8 καὶ λαβόντες αὐτόν ἀπέκτειναν καὶ ἐξέβαλον
Y tomando lo mataron y arrojaron
αὐτὸν ἔξω τοῦ ἀμπελῶνος.
lo fuera de la viña.

9 τί οὖν ποιήσει ὁ κύριος τοῦ ἀμπελῶνος;
¿Qué pues hará el Señor de la viña?
ἐλεύσεται καὶ ἀπολέσει τοὺς γεωργούς,
Vendrá y destruirá a los agricultores.
καὶ δώσει τὸν ἀμπελῶνα ἄλλοις.
Y dará la viña a otros.

---

146. O valla.
147. La NU omite apedreando.

10 οὐδὲ τὴν γραφὴν ταύτην ἀνέγνωτε, λίθον ὃν
¿Ni siquiera la Escritura esta leísteis, piedra que

ἀπεδοκίμασαν οἱ οἰκοδομοῦντες,
rechazaron los que construyen,

οὗτος ἐγενήθη εἰς κεφαλὴν γωνίας·
ésta se convirtió en cabeza de ángulo.

11 παρὰ Κυρίου ἐγένετο αὕτη, καὶ ἔστι
De Señor resultó esto, y es

θαυμαστὴ ἐν ὀφθαλμοῖς ἡμῶν;
maravilloso en ojos de nosotros?

12 Καὶ ἐζήτουν αὐτὸν κρατῆσαι, καὶ ἐφοβήθησαν
Y buscaban de él apoderarse, y temían

τὸν ὄχλον· ἔγνωσαν γὰρ ὅτι πρὸς αὐτοὺς τὴν παραβολὴν
a la multitud. sabían Porque que contra ellos la parábola

εἶπεν· καὶ ἀφέντες αὐτὸν ἀπῆλθον.
dijo. Y dejando lo se marcharon.

13 Καὶ ἀποστέλλουσι πρὸς αὐτόν τινας τῶν Φαρισαίων
Y envían a él a algunos de los fariseos

καὶ τῶν Ἡρῳδιανῶν ἵνα αὐτὸν ἀγρεύσωσι λόγῳ.
y de los herodianos para que lo atrapen en palabra.

14 οἱ δὲ ἐλθόντες λέγουσιν αὐτῷ· διδάσκαλε,
- - Viniendo dicen le: Maestro,

οἴδαμεν ὅτι ἀληθὴς εἶ καὶ οὐ μέλει σοι περὶ οὐδενός·
sabemos que veraz eres y no preocupas te por nadie,[148]

οὐ γὰρ βλέπεις εἰς πρόσωπον ἀνθρώπων,
no Porque miras a rostro de hombres,

ἀλλ' ἐπ' ἀληθείας τὴν ὁδὸν τοῦ Θεοῦ διδάσκεις.
sino con verdad el camino de Dios enseñas.

ἔξεστι δοῦναι κῆνσον Καίσαρι ἢ οὔ;
¿Es lícito dar impuesto a César o no?

15 δῶμεν ἢ μὴ δῶμεν;
¿Damos o no damos?

ὁ δὲ εἰδὼς αὐτῶν τὴν ὑπόκρισιν εἶπεν αὐτοῖς·
Él sin embargo viendo de ellos la hipocresía dijo les:

τί με πειράζετε; φέρετέ μοι δηνάριον ἵνα ἴδω.
¿Por qué me tentáis? Traed me denario para que vea.

16 οἱ δὲ ἤνεγκαν. καὶ λέγει αὐτοῖς· τίνος ἡ εἰκὼν
Ellos - llevaron. Y dice les: ¿De quién la imagen

αὕτη καὶ ἡ ἐπιγραφή; οἱ δὲ εἶπον αὐτῷ· Καίσαρος.
esta y la inscripción? Ellos - dijeron le: de César.

17 καὶ ἀποκριθεὶς ὁ Ἰησοῦς εἶπεν αὐτοῖς·
Y respondiendo Jesús dijo les:

ἀπόδοτε τὰ Καίσαρος Καίσαρι καὶ τὰ τοῦ Θεοῦ
Devolved lo de César a César y lo de Dios

τῷ Θεῷ. καὶ ἐθαύμασαν ἐπ' αὐτῷ.
a Dios. Y se maravillaron de él.

18 Καὶ ἔρχονται Σαδδουκαῖοι πρὸς αὐτόν,
Y vienen saduceos a él,

οἵτινες λέγουσιν ἀνάστασιν μὴ εἶναι,
que dicen resurrección no existir,

καὶ ἐπηρώτων αὐτὸν λέγοντες·
e interrogaron le diciendo:

10 ¿Ni aun esta Escritura habéis leído:
La piedra que desecharon los que edificaban,
Esta es puesta por cabeza de esquina;
11 Por el Señor es hecho esto,
Y es cosa maravillosa en nuestros ojos?
12 Y procuraban prenderle, porque entendían que decía a ellos aquella parábola; mas temían a la multitud; y dejándole, se fueron.
13 Y envían a él algunos de los Fariseos y de los Herodianos, para que le sorprendiesen en *alguna* palabra.
14 Y viniendo ellos, le dicen: Maestro, sabemos que eres hombre de verdad, y *que* no te cuidas de nadie; porque no miras a la apariencia de hombres, antes con verdad enseñas el camino de Dios: ¿Es lícito dar tributo a César, o no? ¿Daremos, o no daremos?
15 Entonces él, como entendía la hipocresía de ellos, les dijo: ¿Por qué me tentáis? Traedme la moneda para que la vea.
16 Y ellos se la trajeron y les dice: ¿Cúya es esta imagen y esta inscripción? Y ellos le dijeron: De César.
17 Y respondiendo Jesús, les dijo: Dad lo que es de César a César; y lo que es de Dios, a Dios. Y se maravillaron de ello.
18 Entonces vienen a el los Saduceos, que dicen que no hay resurrección, y le preguntaron, diciendo:

---

148. Es decir, no actúas o enseñas por lo que otros puedan pensar.

19 Maestro, Moisés nos escribió, que si el hermano de alguno muriese, y dejase mujer, y no dejase hijos, que su hermano tome su mujer, y levante linaje a su hermano.
20 Fueron siete hermanos: y el primero tomó mujer, y muriendo, no dejó simiente;
21 Y la tomó el segundo, y murió, y ni aquél tampoco dejó simiente; y el tercero, de la misma manera.
22 Y la tomaron los siete, y tampoco dejaron simiente: a la postre murió también la mujer.
23 En la resurrección, pues, cuando resucitaren, ¿de cuál de ellos será mujer? porque los siete la tuvieron por mujer.
24 Entonces respondiendo Jesús, les dice: ¿No erráis por eso, porque no sabéis las Escrituras, ni la potencia de Dios?
25 Porque cuando resucitarán de los muertos, ni se casarán, ni serán dados en casamiento, mas son como los ángeles que *están* en los cielos.
26 Y de que los muertos hayan de resucitar, ¿no habéis leído en el libro de Moisés cómo le habló Dios en la zarza, diciendo: Yo soy el Dios de Abraham, y el Dios de Isaac, y el Dios de Jacob?
27 No es Dios de muertos, mas Dios de vivos; así que vosotros mucho erráis.

19 διδάσκαλε, Μωϋσῆς ἔγραψεν ἡμῖν ὅτι ἐάν
Maestro, Moisés escribió nos que si

τινος ἀδελφὸς ἀποθάνῃ καὶ καταλίπῃ γυναῖκα,
de uno hermano muere y deja mujer,

καὶ τέκνα μὴ ἀφῇ, ἵνα λάβῃ ὁ ἀδελφὸς αὐτοῦ
e hijos no deja, que tome el hermano de él

τὴν γυναῖκα αὐτοῦ καὶ ἐξαναστήσῃ σπέρμα
la mujer de él y levante descendencia[149]

τῷ ἀδελφῷ αὐτοῦ.
al hermano de él.

20 ἑπτὰ οὖν ἀδελφοὶ ἦσαν. καὶ ὁ πρῶτος ἔλαβε γυναῖκα,
Siete pues hermanos eran. Y el primero tomó mujer,

καὶ ἀποθνήσκων οὐκ ἀφῆκε σπέρμα·
y muriendo no dejó descendencia.

21 καὶ ὁ δεύτερος ἔλαβεν αὐτήν, καὶ ἀπέθανε καὶ οὐδὲ αὐτὸς
Y el segundo tomó la, y murió y tampoco él

ἀφῆκε σπέρμα· καὶ ὁ τρίτος ὡσαύτως.
dejó descendencia. Y el tercero igualmente.

22 καὶ ἔλαβον αὐτὴν οἱ ἑπτά, καὶ οὐκ ἀφῆκαν σπέρμα.
Y tomaron la los siete, y no dejaron descendencia.

ἐσχάτη πάντων ἀπέθανε καὶ ἡ γυνή.
Última de todos murió también la mujer.

23 ἐν τῇ οὖν ἀναστάσει, ὅταν ἀναστῶσι, τίνος αὐτῶν
En la - resurrección,[150] cuando se levanten,[151] ¿de cuál de ellos

ἔσται γυνή; οἱ γὰρ ἑπτὰ ἔσχον αὐτὴν γυναῖκα.
será mujer? los Porque siete tuvieron la (por) mujer.

24 καὶ ἀποκριθεὶς ὁ Ἰησοῦς εἶπεν αὐτοῖς· οὐ διὰ τοῦτο
Y respondiendo Jesús dijo les: ¿acaso no por esto

πλανᾶσθε, μὴ εἰδότες τὰς γραφὰς μηδὲ
erráis, no conociendo las Escrituras ni

τὴν δύναμιν τοῦ Θεοῦ;
el poder de Dios?

25 ὅταν γὰρ ἐκ νεκρῶν ἀναστῶσιν οὔτε γαμοῦσιν
cuando Porque de muertos se levanten ni se casan

οὔτε γαμίζονται, ἀλλ' εἰσὶν ὡς ἄγγελοι οἱ
ni se dan en matrimonio, sino que son como ángeles los

ἐν τοῖς οὐρανοῖς.
en los cielos.

26 περὶ δὲ τῶν νεκρῶν ὅτι ἐγείρονται, οὐκ ἀνέγνωτε
sobre Sin embargo los muertos que se levantan, ¿no leísteis

ἐν τῇ βίβλῳ Μωϋσέως, ἐπὶ τοῦ βάτου πῶς
en el libro de Moisés, sobre la zarza cómo

εἶπεν αὐτῷ ὁ Θεὸς λέγων, ἐγὼ ὁ Θεὸς Ἀβραὰμ
dijo le Dios diciendo: yo el Dios de Abraham

καὶ ὁ Θεὸς Ἰσαὰκ καὶ ὁ Θεὸς Ἰακώβ;
y el Dios de Isaac y el Dios de Jacob?

27 οὐκ ἔστιν ὁ Θεὸς νεκρῶν, ἀλλὰ ζώντων·
No es Dios de muertos, sino de vivientes.

ὑμεῖς οὖν πολὺ πλανᾶσθε.
Vosotros pues mucho erráis.

---

149. Lit: semilla.
150. Lit: levantamiento.
151. La NU suprime cuando se levanten.

28 Καὶ προσελθὼν εἷς τῶν γραμματέων, ἀκούσας αὐτῶν
Y acercándose uno de los escribas, oyendo los

συζητούντων, εἰδὼς ὅτι καλῶς αὐτοῖς ἀπεκρίθη,
discutiendo sabiendo[152] que bien les respondió,

ἐπηρώτησεν αὐτόν· ποία ἐστὶ πρώτη πάντων ἐντολή;
preguntó le: ¿Cuál es primer de todos mandamiento?

29 ὁ δὲ Ἰησοῦς ἀπεκρίθη αὐτῷ ὅτι πρώτη πάντων ἐντολή·
- - Jesús respondió le que primer de todos mandamiento:

ἄκουε, Ἰσραήλ, Κύριος ὁ Θεὸς ἡμῶν Κύριος εἷς ἐστι·
Escucha, Israel, Señor el Dios de nosotros Señor uno es.

30 καὶ ἀγαπήσεις Κύριον τὸν Θεόν σου ἐξ ὅλης τῆς καρδίας σου
Y amarás a Señor el Dios de ti de todo el corazón de ti

καὶ ἐξ ὅλης τῆς ψυχῆς σου καὶ ἐξ ὅλης τῆς διανοίας σου
y de toda el alma de ti y de toda la mente de ti

καὶ ἐξ ὅλης τῆς ἰσχύος σου. αὕτη πρώτη ἐντολή.
y de toda la fuerza de ti. Éste[153] (es el) primer mandamiento.

31 καὶ δευτέρα ὁμοία, αὕτη· ἀγαπήσεις τὸν πλησίον σου
Y segundo semejante, él (es): amarás al prójimo de ti

ὡς σεαυτόν. μείζων τούτων ἄλλη ἐντολὴ οὐκ ἔστι.
como a ti mismo. Mayor que éstos otro mandamiento no existe.

32 καὶ εἶπεν αὐτῷ ὁ γραμματεύς· καλῶς, διδάσκαλε,
Y dijo le el escriba: bien, maestro,

ἐπ' ἀληθείας εἶπας ὅτι εἷς ἐστι καὶ οὐκ ἔστιν
con verdad dijiste que uno es (Él) y no hay

ἄλλος πλὴν αὐτοῦ·
otro salvo Él.

33 καὶ τὸ ἀγαπᾶν αὐτὸν ἐξ ὅλης τῆς καρδίας καὶ ἐξ ὅλης
Y el amar lo de todo el corazón y de toda

τῆς συνέσεως καὶ ἐξ ὅλης τῆς ψυχῆς καὶ ἐξ ὅλης τῆς ἰσχύος,
la inteligencia y de toda el alma[154] y de toda la fuerza,

καὶ τὸ ἀγαπᾶν τὸν πλησίον ὡς ἑαυτὸν πλεῖόν ἐστι
y el amar al prójimo como a uno mismo más es

πάντων τῶν ὁλοκαυτωμάτων καὶ τῶν θυσιῶν.
que todos los holocaustos y los sacrificios.

34 καὶ ὁ Ἰησοῦς ἰδὼν αὐτὸν ὅτι νουνεχῶς ἀπεκρίθη,
Y Jesús viendo lo que sensatamente respondió,

εἶπεν αὐτῷ· οὐ μακρὰν εἶ ἀπὸ τῆς βασιλείας τοῦ Θεοῦ.
dijo le: no lejos estás de el reino de Dios.

καὶ οὐδεὶς οὐκέτι ἐτόλμα αὐτὸν ἐπερωτῆσαι.
Y ninguno ya no se atrevió a él a preguntar.

35 Καὶ ἀποκριθεὶς ὁ Ἰησοῦς ἔλεγε διδάσκων ἐν τῷ ἱερῷ·
Y respondiendo Jesús decía enseñando en el templo:

πῶς λέγουσιν οἱ γραμματεῖς ὅτι ὁ Χριστὸς
¿Cómo dicen los escribas que el mesías

υἱὸς Δαυῒδ ἐστι;
hijo de David es?

28 Y llegándose uno de los escribas, que los había oído disputar, y sabía que les había respondido bien, le preguntó: ¿Cuál es el primer mandamiento de todos?
29 Y Jesús le respondió: El primer mandamiento de todos es: Oye, Israel, el Señor nuestro Dios, el Señor uno es.
30 Amarás pues al Señor tu Dios de todo tu corazón, y de toda tu alma, y de toda tu mente, y de todas tus fuerzas; este es el principal mandamiento.
31 Y el segundo es semejante a él: Amarás a tu prójimo como a ti mismo. No hay otro mandamiento mayor que éstos.
32 Entonces el escriba le dijo: Bien, Maestro, verdad has dicho, que uno es Dios, y no hay otro fuera de él;
33 Y que amarle de todo corazón, y de todo entendimiento, y de toda el alma, y de todas las fuerzas, y amar al prójimo como a sí mismo, más es que todos los holocaustos y sacrificios.
34 Jesús entonces, viendo que había respondido sabiamente, le dice: No estás lejos del reino de Dios. Y ya ninguno osaba preguntarle.
35 Y respondiendo Jesús decía, enseñando en el templo: ¿Cómo dicen los escribas que el Cristo es hijo de David?

---

152. La NU sustituye por viendo.
153. La NU omite Éste... hasta el final.
154. La NU omite y de toda el alma.

36 Porque el mismo David dijo por el Espíritu Santo:
Dijo el Señor a mi Señor:
Siéntate a mi diestra,
Hasta que ponga tus enemigos por estrado de tus pies.
37 Luego llamándole el mismo David Señor, ¿de dónde, pues, es su hijo? Y los *que eran* del común del pueblo le oían de buena gana.
38 Y les decía en su doctrina: Guardaos de los escribas, que quieren andar con ropas largas, y aman las salutaciones en las plazas,
39 Y las primeras sillas en las sinagogas, y los primeros asientos en las cenas;
40 Que devoran las casas de las viudas, y por pretexto hacen largas oraciones. Estos recibirán mayor juicio.
41 Y estando sentado Jesús delante del arca de la ofrenda, miraba cómo el pueblo echaba dinero en el arca: y muchos ricos echaban mucho.
42 Y como vino una viuda pobre, echó dos blancas, que son un maravedí.
43 Entonces llamando a sus discípulos, les dice: De cierto os digo que esta viuda pobre echó más que todos los que han echado en el arca:

36 αὐτὸς γὰρ Δαυῒδ εἶπεν ἐν τῷ Πνεύματι τῷ Ἁγίῳ·
el mismo Porque David dijo en el Espíritu el Santo:
Εἶπεν ὁ Κύριος τῷ Κυρίῳ μου, κάθου ἐκ δεξιῶν μου
Dijo el Señor al Señor de mí, siéntate a derechas de mí[155]
ἕως ἂν θῶ τοὺς ἐχθρούς σου ὑποπόδιον τῶν
hasta que ponga a los enemigos de ti (como) escabel de los
ποδῶν σου.
pies de ti.

37 αὐτὸς οὖν Δαυῒδ λέγει αὐτὸν Κύριον· καὶ πόθεν
el mismo Por lo tanto David dice le Señor: ¿y cómo
υἱός αὐτοῦ ἐστι; καὶ ὁ πολὺς ὄχλος
hijo de él es? Y la mucha multitud
ἤκουεν αὐτοῦ ἡδέως.
escuchaba lo con placer.

38 Καὶ ἔλεγεν αὐτοῖς ἐν τῇ διδαχῇ αὐτοῦ· βλέπετε
Y dijo les en la enseñanza de él: Guardaos
ἀπὸ τῶν γραμματέων τῶν θελόντων ἐν στολαῖς
de los escribas los queriendo en vestidos largos
περιπατεῖν καὶ ἀσπασμοὺς ἐν ταῖς ἀγοραῖς
caminar y saludos en las plazas

39 καὶ πρωτοκαθεδρίας ἐν ταῖς συναγωγαῖς
y primeros asientos en las sinagogas
καὶ πρωτοκλισίας ἐν τοῖς δείπνοις·
y primeros lugares en las comidas,

40 οἱ κατεσθίοντες τὰς οἰκίας τῶν χηρῶν καὶ
los devorando las casas de las viudas y
προφάσει μακρὰ προσευχόμενοι·
con pretexto mucho orando.
οὗτοι λήμψονται περισσότερον κρίμα.
Éstos recibirán mayor juicio.

41 Καὶ καθίσας ὁ Ἰησοῦς κατέναντι τοῦ γαζοφυλακίου
Y sentándose Jesús enfrente del gazofilacio[156]
ἐθεώρει πῶς ὁ ὄχλος βάλλει χαλκὸν εἰς τὸ γαζοφυλάκιον.
observaba cómo la multitud echa cobre en el gazofilacio.
καὶ πολλοὶ πλούσιοι ἔβαλλον πολλά·
Y muchos ricos echaban mucho.

42 καὶ ἐλθοῦσα μία χήρα πτωχὴ ἔβαλε λεπτὰ δύο,
Y viniendo una viuda pobre echó leptones[157] dos,
ὅ ἐστι κοδράντης.
que es cuadrante.

43 καὶ προσκαλεσάμενος τοὺς μαθητὰς αὐτοῦ εἶπεν αὐτοῖς·
Y habiendo llamado a los discípulos de él dijo les:
ἀμὴν λέγω ὑμῖν ὅτι ἡ χήρα αὕτη ἡ πτωχὴ πλεῖον
Verdaderamente digo os que la viuda esta la pobre más
πάντων ἔβαλε τῶν βαλλόντων εἰς τὸ γαζοφυλάκιον·
que todos echó los echando en el gazofilacio.

---

155. Es decir, a mi diestra.
156. Es decir, el tesoro.
157. La moneda griego de menos valor. Un denario —el salario de un día de un jornalero— equivalía a 128 leptones. El término sólo es utilizado además por Lucas 12.59; 21.2.

44 πάντες γὰρ ἐκ τοῦ περισσεύοντος αὐτοῖς ἔβαλον·
todos Porque de lo abundante para ellos¹⁵⁸ echaron.

αὕτη δὲ ἐκ τῆς ὑστερήσεως αὐτῆς πάντα ὅσα
Ésta sin embargo de la falta de ella todo cuanto

εἶχεν ἔβαλεν, ὅλον τὸν βίον αὐτῆς.
tenía echó, toda la vida de ella.¹⁵⁹

13

1 Καὶ ἐκπορευομένου αὐτοῦ ἐκ τοῦ ἱεροῦ λέγει αὐτῷ
Y saliendo él de el templo dice le

εἷς τῶν μαθητῶν αὐτοῦ· διδάσκαλε, ἴδε ποταποὶ λίθοι
uno de los discípulos de él: maestro, mira qué¹⁶⁰ piedras

καὶ ποταπαὶ οἰκοδομαί.
y qué edificios.

2 καὶ ὁ Ἰησοῦς ἀποκριθεὶς εἶπεν αὐτῷ·
Y Jesús respondiendo dijo le:

βλέπεις ταύτας τὰς μεγάλας οἰκοδομάς; οὐ μὴ
¿Véis estos los grandes edificios? No en absoluto

ἀφεθῇ ὧδε¹⁶¹ λίθος ἐπὶ λίθον ὃς οὐ μὴ
será dejada aquí piedra sobre piedra que no en absoluto

καταλυθῇ.
sea destruida.

3 Καὶ καθημένου αὐτοῦ εἰς τὸ ὄρος τῶν ἐλαιῶν
Y sentándose él en el monte de los olivos

κατέναντι τοῦ ἱεροῦ, ἐπηρώτων αὐτὸν κατ᾽ ἰδίαν
enfrente del templo, preguntaban le en privado

Πέτρος καὶ Ἰάκωβος καὶ Ἰωάννης καὶ Ἀνδρέας·
Pedro y Santiago y Juan y Andrés.

4 Εἰπὲ ἡμῖν πότε ταῦτα ἔσται, καὶ τί τὸ σημεῖον
Di nos cuando esto será, y ¿cuál (será) la señal

ὅταν μέλλῃ ταῦτα πάντα συντελεῖσθαι;
cuando esté a punto esto todo de cumplirse?

5 ὁ δὲ Ἰησοῦς ἀποκριθεὶς ἤρξατο λέγειν αὐτοῖς·
- - Jesús respondiendo comenzó a decir les:

βλέπετε μή τις ὑμᾶς πλανήσῃ.
Mirad no alguno os engañe.

6 πολλοὶ γὰρ ἐλεύσονται ἐπὶ τῷ ὀνόματί μου λέγοντες
muchos Porque vendrán en el nombre de mí diciendo

ὅτι ἐγώ εἰμι, καὶ πολλοὺς πλανήσουσιν.
que yo soy, y a muchos engañarán.

7 ὅταν δὲ ἀκούσητε πολέμους καὶ ἀκοὰς πολέμων,
Cuando sin embargo oigáis guerras y rumores de guerras,

μὴ θροεῖσθε· δεῖ γὰρ γενέσθαι, ἀλλ᾽ οὔπω τὸ τέλος.
no os asustéis. debe Porque acontecer, pero todavía no (será) el fin.

8 ἐγερθήσεται γὰρ ἔθνος ἐπὶ ἔθνος καὶ βασιλεία
será alzada Porque nación contra nación y reino

ἐπὶ βασιλείαν, καὶ ἔσονται σεισμοὶ κατὰ τόπους,
contra reino, y habrá seismos según lugares,

καὶ ἔσονται λιμοί καὶ ταραχαί. ἀρχὴ ὠδίνων
y habrá hambrunas y tumultos.¹⁶² Principio de dolores de parto

ταῦτα.
éstos (son).

44Porque todos han echado de lo que les sobra; mas ésta, de su pobreza echó todo lo que tenía, todo su alimento.

13 Y saliendo del templo, le dice uno de sus discípulos: Maestro, mira qué piedras, y qué edificios.
2Y Jesús respondiendo, le dijo: ¿Ves estos grandes edificios? no quedará piedra sobre piedra que no sea derribada.
3Y sentándose en el monte de las Olivas delante del templo, le preguntaron aparte Pedro y Jacobo y Juan y Andrés:
4Dinos, ¿cuándo serán estas cosas? ¿y qué señal *habrá* cuando todas estas cosas han de cumplirse?
5Y Jesús respondiéndoles, comenzó a decir: Mirad, que nadie os engañe;
6Porque vendrán muchos en mi nombre, diciendo: Yo soy *el Cristo*; y engañaran a muchos.
7Mas cuando oyereis de guerras y de rumores de guerras no os turbéis, porque conviene hacerse *así*; mas aun no *será* el fin.
8Porque se levantará nación contra nación, y reino contra reino; y habrá terremotos en muchos lugares, y habrá hambres y alborotos; principios de dolores *serán* estos.

---

158. Es decir, de lo que tenían de sobra echaron.
159. Es decir, todo lo que tenía para poder vivir.
160. Es decir, qué clase de piedras.
161. Aquí aparece suprimido en algunos mss.
162. La NU suprime y tumultos.

9 Mas vosotros mirad por vosotros: porque os entregarán en los concilios, y en sinagogas seréis azotados: y delante de presidentes y de reyes seréis llamados por causa de mí, en testimonio a ellos.
10 Y a todas las gentes conviene que el evangelio sea predicado antes.
11 Y cuando os trajeren para entregaros, no premeditéis qué habéis de decir, ni *lo* penséis: mas lo que os fuere dado en aquella hora, eso hablad; porque no sois vosotros los que habláis, sino el Espíritu Santo.
12 Y entregará a la muerte el hermano al hermano, y el padre al hijo: y se levantarán los hijos contra los padres, y los matarán.
13 Y seréis aborrecidos de todos por mi nombre: mas el que perseverare hasta el fin, éste será salvo.
14 Empero cuando viereis la abominación de asolamiento, que fué dicha por el profeta Daniel, que estará donde no debe (el que lee, entienda), entonces los que estén en Judea huyan a los montes;
15 Y el que esté sobre el terrado, no descienda a la casa, ni entre para tomar algo de su casa;
16 Y el que estuviere en el campo, no vuelva atrás a tomar su capa.

9 Βλέπετε δὲ ὑμεῖς ἑαυτούς. παραδώσουσι
Mirad sin embargo vosotros por vosotros mismos, entregarán
γὰρ ὑμᾶς εἰς συνέδρια καὶ εἰς συναγωγὰς δαρήσεσθε,
Porque os a sanhedrín y en sinagogas seréis azotados,
καὶ ἐπὶ ἡγεμόνων καὶ βασιλέων σταθήσεσθε
y ante gobernantes y reyes compareceréis
ἕνεκεν ἐμοῦ εἰς μαρτύριον αὐτοῖς.
por causa de mí para testimonio para ellos.

10 καὶ εἰς πάντα τὰ ἔθνη δεῖ πρῶτον κηρυχθῆναι
Y a todas las naciones debe primero ser predicado
τὸ εὐαγγέλιον.
el evangelio.

11 ὅταν δὲ ἀγάγωσιν ὑμᾶς παραδιδόντες, μὴ
cuando Pero lleven os entregando (os), no
προμεριμνᾶτε τί λαλήσητε, μηδὲ
os preocupéis anticipadamente qué hablaréis, ni
μελετᾶτε, ἀλλ᾽ ὃ ἐὰν δοθῇ ὑμῖν
os ocupéis[163] (de ello), sino que lo que sea dado os
ἐν ἐκείνῃ τῇ ὥρᾳ, τοῦτο λαλεῖτε· οὐ γάρ ἐστε ὑμεῖς
en aquella - hora, esto hablad. no Porque sois vosotros
οἱ λαλοῦντες, ἀλλὰ τὸ Πνεῦμα τὸ Ἅγιον.
los hablando, sino el Espíritu el Santo.

12 παραδώσει δὲ ἀδελφὸς ἀδελφὸν εἰς θάνατον καὶ
Entregará - hermano a hermano a muerte y
πατὴρ τέκνον, καὶ ἐπαναστήσονται τέκνα
padre a hijo, y se alzarán hijos
ἐπὶ γονεῖς καὶ θανατώσουσιν αὐτούς·
contra padres y matarán los.

13 καὶ ἔσεσθε μισούμενοι ὑπὸ πάντων διὰ τὸ ὄνομά μου·
Y seréis odiados por todos por el nombre de mí.
ὁ δὲ ὑπομείνας εἰς τέλος, οὗτος σωθήσεται.
Él sin embargo soportando hasta fin, éste será salvado.

14 Ὅταν δὲ ἴδητε τὸ βδέλυγμα τῆς ἐρημώσεως τὸ
Cuando sin embargo veáis la abominación de la desolación lo
ῥηθὲν ὑπὸ Δανιὴλ τοῦ προφήτου[164] ἑστὼς ὅπου οὐ δεῖ -
hablado por Daniel el profeta situada donde no debe -
ὁ ἀναγινώσκων νοείτω - τότε οἱ ἐν τῇ Ἰουδαίᾳ
el que lee entienda – entonces los en la Judea
φευγέτωσαν εἰς τὰ ὄρη,
huyan a los montes,

15 ὁ δὲ ἐπὶ τοῦ δώματος μὴ καταβάτω εἰς τὴν οἰκίαν
Él - sobre la terraza no descienda a la casa
μηδὲ εἰσελθέτω ἆραί τι ἐκ τῆς οἰκίας αὐτοῦ,
ni entre para tomar algo de la casa de él,

16 καὶ ὁ εἰς τὸν ἀγρὸν ὢν μὴ ἐπιστρεψάτω εἰς τὰ ὀπίσω
y él en el campo estando no se vuelva a lo detrás (de él)
ἆραι τὸ ἱμάτιον αὐτοῦ.
para tomar el manto de él.

---

163. La NU suprime ni os ocupéis.
164. La NU suprime lo hablado por Daniel el profeta.

17 οὐαὶ δὲ ταῖς ἐν γαστρὶ ἐχούσαις καὶ ταῖς
Ay sin embargo de las embarazadas[165] y de las

θηλαζούσαις ἐν ἐκείναις ταῖς ἡμέραις.
que amamantan en aquellos - días.

18 προσεύχεσθε δὲ ἵνα μὴ γένηται ἡ φυγὴ
Orad sin embargo para que no acontezca la huída

ὑμῶν χειμῶνος.
de vosotros en invierno.

19 ἔσονται γὰρ αἱ ἡμέραι ἐκεῖναι θλῖψις, οἵα οὐ γέγονε
serán Porque los días aquellos tribulación, tal no ha acontecido

τοιαύτη ἀπ' ἀρχῆς κτίσεως ἧς ἔκτισεν ὁ Θεὸς
igual desde inicio de creación que creó Dios

ἕως τοῦ νῦν καὶ οὐ μὴ γένηται.
hasta - ahora y no en absoluto acontecerá.

20 καὶ εἰ μὴ ἐκολόβωσε Κύριος τὰς ἡμέρας, οὐκ ἂν ἐσώθη
Y si no acortara Señor los días, no se salvaría

πᾶσα σάρξ· ἀλλὰ διὰ τοὺς ἐκλεκτοὺς οὓς ἐξελέξατο,
toda carne.[166] Sin embargo por los elegidos a los que eligió,

ἐκολόβωσε τὰς ἡμέρας.
abreviará los días.

21 καὶ τότε ἐάν τις ὑμῖν εἴπῃ, ἰδοὺ ὧδε ὁ Χριστός,
Y entonces si alguno os dice: mira aquí (está) el mesías,

ἰδοὺ ἐκεῖ, μὴ πιστεύετε·
mira allí, no creáis.

22 ἐγερθήσονται γὰρ ψευδόχριστοι καὶ ψευδοπροφῆται
serán levantados Porque pseudomesías y pseudoprofetas[167]

καὶ δώσουσι σημεῖα καὶ τέρατα πρὸς τὸ ἀποπλανᾶν,
y darán señales y maravillas[168] para extraviar

εἰ δυνατόν, καὶ τοὺς ἐκλεκτούς.
si (fuera) posible, también a los elegidos.

23 ὑμεῖς δὲ βλέπετε· ἰδοὺ προείρηκα
Vosotros sin embargo observad. Mirad previamente he dicho

ὑμῖν πάντα.
os todo.

24 Ἀλλ' ἐν ἐκείναις ταῖς ἡμέραις, μετὰ τὴν θλῖψιν ἐκείνην
Pero en aquellos - días, tras la tribulación aquella

ὁ ἥλιος σκοτισθήσεται, καὶ ἡ σελήνη
el sol será oscurecido, y la luna

οὐ δώσει τὸ φέγγος αὐτῆς,
no dará el resplandor de ella.

25 καὶ οἱ ἀστέρες ἔσονται ἐκ τοῦ οὐρανοῦ πίπτοντες,
Y las estrellas estarán de el cielo cayendo,

καὶ αἱ δυνάμεις αἱ ἐν τοῖς οὐρανοῖς σαλευθήσονται.
y los poderes los en los cielos serán sacudidos.

26 καὶ τότε ὄψονται τὸν Υἱὸν τοῦ ἀνθρώπου ἐρχόμενον
Y entonces verán al Hijo del hombre viniendo

ἐν νεφέλαις μετὰ δυνάμεως πολλῆς καὶ δόξης.
en nubes con poder mucho y gloria.

---

17 Mas ¡ay de las preñadas, y de las que criaren en aquellos días! **18** Orad pues, que no acontezca vuestra huída en invierno. **19** Porque aquellos días serán de aflicción, cual nunca fué desde el principio de la creación que crió Dios, hasta este tiempo, ni será. **20** Y si el Señor no hubiese abreviado aquellos días, ninguna carne se salvaría; mas por causa de los escogidos que él escogió, abrevió aquellos días. **21** Y entonces si alguno os dijere: He aquí, aquí está el Cristo; ó, He aquí, allí *está,* no le creáis. **22** Porque se levantarán falsos Cristos y falsos profetas, y darán señales y prodigios, para engañar, si se pudiese hacer, aun a los escogidos. **23** Mas vosotros mirad; os lo he dicho antes todo. **24** Empero en aquellos días, después de aquella aflicción, el sol se obscurecerá, y la luna no dará su resplandor; **25** Y las estrellas caerán del cielo, y las virtudes que están en los cielos serán conmovidas; **26** Y entonces verán al Hijo del hombre, que vendrá en las nubes con mucha potestad y gloria.

---

165. Lit: de las teniendo en vientre.
166. Es decir, no se salvaría nadie.
167. Es decir, falsos mesías y falsos profetas.
168. Es decir, harán milagros y prodigios.

27Y entonces enviará sus ángeles, y juntará sus escogidos de los cuatro vientos, desde el cabo de la tierra hasta el cabo del cielo.
28De la higuera aprended la semejanza: Cuando su rama ya se enternece, y brota hojas, conocéis que el verano está cerca:
29Así también vosotros, cuando viereis hacerse estas cosas, conoced que está cerca, a las puertas.
30De cierto os digo que no pasará esta generación, que todas estas cosas no sean hechas.
31El cielo y la tierra pasarán, mas mis palabras no pasarán.
32Empero de aquel día y de la hora, nadie sabe; ni aun los ángeles que están en el cielo, ni el Hijo, sino el Padre.
33Mirad, velad y orad: porque no sabéis cuándo será el tiempo.
34Como el hombre que partiéndose lejos, dejó su casa, y dió facultad a sus siervos, y a cada uno su obra, y al portero mandó que velase:
35Velad pues, porque no sabéis cuándo el señor de la casa vendrá; si á la tarde, o á la media noche, o al canto del gallo, o á la mañana;
36Porque cuando viniere de repente, no os halle durmiendo.
37Y las cosas que a vosotros digo, a todos las dijo: Velad.

27 καὶ τότε ἀποστελεῖ τοὺς ἀγγέλους αὐτοῦ
Y entonces enviará a los ángeles de él

καὶ ἐπισυνάξει τοὺς ἐκλεκτοὺς αὐτοῦ ἐκ τῶν τεσσάρων ἀνέμων,
y reunirán a los elegidos de él de los cuatro vientos,

ἀπ' ἄκρου γῆς ἕως ἄκρου οὐρανοῦ.
desde extremo de tierra hasta extremo de cielo.

28 Ἀπὸ δὲ τῆς συκῆς μάθετε τὴν παραβολήν.
de Sin embargo la higuera aprended la parábola.

ὅταν αὐτῆς ἤδη ὁ κλάδος ἁπαλὸς γένηται
Cuando de ella ya la rama tierna llega a ser

καὶ ἐκφύῃ τὰ φύλλα, γινώσκετε ὅτι ἐγγὺς τὸ θέρος ἐστίν·
y brotan las hojas, sabed que cerca el verano está.

29 οὕτως καὶ ὑμεῖς, ὅταν ἴδητε ταῦτα γινόμενα,
Así también vosotros, cuando veáis esto aconteciendo,

γινώσκετε ὅτι ἐγγύς ἐστιν ἐπὶ θύραις.
sabed que cerca está a puertas.

30 ἀμὴν λέγω ὑμῖν ὅτι οὐ μὴ παρέλθῃ ἡ
Verdaderamente digo os que no de ninguna manera pasará la

γενεὰ αὕτη μέχρις οὗ πάντα ταῦτα γένηται.
generación esta hasta que todo esto acontezca.

31 ὁ οὐρανὸς καὶ ἡ γῆ παρελεύσονται, οἱ δὲ λόγοι
El cielo y la tierra pasarán, las sin embargo palabras

μου οὐ μὴ παρελεύσονται.
de mí no de ninguna manera pasarán.

32 Περὶ δὲ τῆς ἡμέρας ἐκείνης ἢ τῆς ὥρας οὐδεὶς οἶδεν,
Acerca sin embargo del día aquel o de la hora nadie sabe,

οὐδὲ οἱ ἄγγελοι ἐν οὐρανῷ, οὐδὲ ὁ υἱός, εἰ μὴ ὁ πατήρ.
ni los ángeles en cielo, ni el Hijo, si no el Padre.

33 Βλέπετε, ἀγρυπνεῖτε καὶ προσεύχεσθε·
Vigilad, permaneced despiertos[169] y orad.[170]

οὐκ οἴδατε γὰρ πότε ὁ καιρός ἐστιν.
no sabéis Porque cuando el tiempo es.

34 ὡς ἄνθρωπος ἀπόδημος, ἀφεὶς τὴν οἰκίαν αὐτοῦ,
como hombre lejos de su pueblo,[171] dejando la casa de él,

καὶ δοὺς τοῖς δούλοις αὐτοῦ τὴν ἐξουσίαν,
y habiendo dado a los siervos de él la autoridad,

καὶ ἑκάστῳ τὸ ἔργον αὐτοῦ, καὶ τῷ θυρωρῷ
y a cada uno la obra de él, y al portero

ἐνετείλατο ἵνα γρηγορῇ.
ordenó para que vigilase.

35 γρηγορεῖτε οὖν· οὐκ οἴδατε γὰρ πότε ὁ κύριος τῆς οἰκίας
Vigilad pues. no sabéis Porque cuando el señor de la casa

ἔρχεται, ὀψὲ ἢ μεσονυκτίου ἢ ἀλεκτοροφωνίας
viene, tarde en el día o a media noche o al canto del gallo

ἢ πρωΐ·
o temprano.

36 μὴ ἐλθὼν ἐξαίφνης εὕρῃ ὑμᾶς καθεύδοντας.
No sea que viniendo repentinamente encuentre os durmiendo.

37 ἃ δὲ ὑμῖν λέγω, πᾶσι λέγω· γρηγορεῖτε.
Lo que sin embargo os digo: a todos digo: vigilad.

---

169. O estad alerta.
170. La NU suprime y orad.
171. Es decir, partiendo de casa.

14

1 ʼΗν δὲ   τὸ πάσχα καὶ τὰ ἄζυμα   μετὰ   δύο ἡμέρας
Era entonces la pascua y los ácimos[172] después de dos días[173]

καὶ ἐζήτουν οἱ ἀρχιερεῖς   καὶ οἱ γραμματεῖς
y buscaban los principales sacerdotes y los escribas

πῶς αὐτὸν ἐν δόλῳ κρατήσαντες ἀποκτείνωσιν·
como a él   con engaño apoderándose mataran.

2 ἔλεγον δέ,   μὴ ἐν τῇ ἑορτῇ, μήποτε   θόρυβος
Decían sin embargo, no en la fiesta, no sea que disturbio

ἔσται τοῦ λαοῦ.
será del pueblo.[174]

3 Καὶ ὄντος   αὐτοῦ ἐν Βηθανίᾳ ἐν τῇ οἰκίᾳ Σίμωνος τοῦ λεπροῦ,
Y estando él   en Betania en la casa de Simón el leproso,

κατακειμένου αὐτοῦ ἦλθε γυνὴ ἔχουσα ἀλάβαστρον
reclinado[175] él   vino mujer teniendo alabastro[176]

μύρου   νάρδου πιστικῆς πολυτελοῦς καὶ συντρίψασα
de perfume de nardo puro   costosísimo y habiendo roto

τὸ ἀλάβαστρον κατέχεεν αὐτοῦ   κατὰ τῆς κεφαλῆς.
el alabastro   derramaba lo (cayendo) por la cabeza.

4 ἦσαν δέ   τινες   ἀγανακτοῦντες πρὸς ἑαυτοὺς
Estaban sin embargo algunos indignándose entre sí

λέγοντες· εἰς τί ἡ ἀπώλεια αὕτη τοῦ μύρου γέγονεν;
diciendo: ¿Por qué la pérdida esta del perfume ha acontecido?

5 ἠδύνατο γὰρ   τοῦτο τὸ μύρον πραθῆναι ἐπάνω τριακοσίων
podía Porque este - perfume ser vendido por más de trescientos

δηναρίων καὶ δοθῆναι τοῖς πτωχοῖς· καὶ ἐνεβριμῶντο   αὐτῇ.
denarios y ser dado a los pobres. Y estaban furiosos[177] con ella.

6 ὁ δὲ   Ἰησοῦς εἶπεν· ἄφετε αὐτήν· τί   αὐτῇ κόπους
- Sin embargo Jesús dijo: Dejad la.   ¿Por qué le   penas

παρέχετε; καλὸν ἔργον ἠργάσατο ἐν ἐμοί.
causáis? Buena obra hizo   en mí.

7 πάντοτε γὰρ   τοὺς πτωχοὺς ἔχετε μεθ᾽ ἑαυτῶν,
siempre Porque a los pobres tenéis con vosotros mismos,

καὶ ὅταν   θέλητε δύνασθε αὐτοῖς εὖ   ποιῆσαι·
y cuando queráis podéis a ellos bien hacer.

ἐμὲ δὲ   οὐ πάντοτε ἔχετε.
A mí sin embargo no siempre tenéis.

8 ὃ   ἔσχεν αὕτη ἐποίησε· προέλαβε μυρίσαι μου
Lo que tenía ella hizo.   Anticipó ungir de mí

τὸ σῶμα εἰς τὸν ἐνταφιασμόν.
el cuerpo para la sepultura.

9 ἀμὴν   λέγω ὑμῖν, ὅπου ἐὰν κηρυχθῇ τὸ εὐαγγέλιον τοῦτο
Verdaderamente digo os, donde sea predicado el evangelio este

εἰς ὅλον τὸν κόσμον, καὶ   ὃ   ἐποίησεν αὕτη
a todo el mundo, también lo que hizo   ella

λαληθήσεται εἰς μνημόσυνον αὐτῆς.
será hablado para recuerdo de ella.

14 Y dos días después era la Pascua y *los días* de los panes sin levadura: y procuraban los príncipes de los sacerdotes y los escribas cómo le prenderían por engaño, y le matarían.

2 Y decían: No en el día de la fiesta, porque no se haga alboroto del pueblo.

3 Y estando él en Bethania en casa de Simón el leproso, y sentado a la mesa, vino una mujer teniendo un alabastro de ungüento de nardo espique de mucho precio; y quebrando el alabastro, derramóselo sobre su cabeza.

4 Y hubo algunos que se enojaron dentro de sí, y dijeron: ¿Para qué se ha hecho este desperdicio de ungüento?

5 Porque podía esto ser vendido por más de trescientos denarios, y darse a los pobres. Y murmuraban contra ella.

6 Mas Jesús dijo: Dejadla; ¿por qué la fatigáis? Buena obra me ha hecho;

7 Que siempre tendréis los pobres con vosotros, y cuando quisiereis les podréis hacer bien; mas a mí no siempre me tendréis.

8 Esta ha hecho lo que podía; porque se ha anticipado a ungir mi cuerpo para la sepultura.

9 De cierto os digo que donde quiera que fuere predicado este evangelio en todo el mundo, también esto que ha hecho ésta, será dicho para memoria de ella.

---

172. Es decir, la fiesta de los ácimos.
173. Es decir, dos días después eran la Páscua y los ácimos.
174. Es decir, no sea que haya un disturbio entre el pueblo.
175. Es decir, colocado en la postura propia para comer.
176. Es decir, un frasco de alabastro.
177. O profundamente disgustados.

10 Entonces Judas Iscariote, uno de los doce, vino a los príncipes de los sacerdotes, para entregársele.
11 Y ellos oyéndolo se holgaron, y prometieron que le darían dineros. Y buscaba oportunidad cómo le entregaría.
12 Y el primer día de los panes sin levadura, cuando sacrificaban la pascua, sus discípulos le dicen: ¿Dónde quieres que vayamos a disponer para que comas la pascua?
13 Y envía dos de sus discípulos, y les dice: Id a la ciudad, y os encontrará un hombre que lleva un cántaro de agua; seguidle;
14 Y donde entrare, decid al señor de la casa: El Maestro dice: ¿Dónde está el aposento donde he de comer la pascua con mis discípulos?
15 Y él os mostrará un gran cenáculo ya preparado: aderezad para nosotros allí.
16 Y fueron sus discípulos, y vinieron a la ciudad, y hallaron como les había dicho; y aderezaron la pascua.
17 Y llegada la tarde, fué con los doce.
18 Y como se sentaron a la mesa y comiesen, dice Jesús: De cierto os digo que uno de vosotros, que come conmigo, me ha de entregar.
19 Entonces ellos comenzaron a entristecerse, y a decirle cada uno por sí: ¿Seré yo? Y el otro: ¿Seré yo?

10 Καὶ Ἰούδας ὁ Ἰσκαριώτης, εἷς τῶν δώδεκα,
Y judas el Iscariote, uno de los doce,
ἀπῆλθεν πρὸς τοὺς ἀρχιερεῖς, ἵνα παραδῷ
fue a los principales sacerdotes, para que entregara
αὐτὸν αὐτοῖς.
lo a ellos.

11 οἱ δὲ ἀκούσαντες ἐχάρησαν, καὶ ἐπηγγείλαντο αὐτῷ
Los sin embargo oyendo se alegraban, y prometían le
ἀργύριον δοῦναι· καὶ ἐζήτει πῶς εὐκαίρως
dinero dar. Y buscaba cómo convenientemente
αὐτὸν παραδῷ.
lo entregara.

12 Καὶ τῇ πρώτῃ ἡμέρᾳ τῶν ἀζύμων, ὅτε τὸ πάσχα
Y en el primer día de los ácimos, cuando la pascua
ἔθυον, λέγουσιν αὐτῷ οἱ μαθηταὶ αὐτοῦ· ποῦ
fue sacrificada, dicen le los discípulos de él: ¿Dónde
θέλεις ἀπελθόντες ἑτοιμάσωμεν ἵνα φάγῃς τὸ πάσχα;
quieres yendo prepararemos para que comas la pascua?

13 καὶ ἀποστέλλει δύο τῶν μαθητῶν αὐτοῦ καὶ λέγει αὐτοῖς·
Y envía dos de los discípulos de él y dice les:
ὑπάγετε εἰς τὴν πόλιν, καὶ ἀπαντήσει ὑμῖν ἄνθρωπος
Id a la ciudad, y encontrará os hombre
κεράμιον ὕδατος βαστάζων· ἀκολουθήσατε αὐτῷ.
jarro de agua llevando. Seguid lo

14 καὶ ὅπου ἐὰν εἰσέλθῃ, εἴπατε τῷ οἰκοδεσπότῃ
Y donde entre, decid al dueño de la casa
ὅτι ὁ διδάσκαλος λέγει· ποῦ ἐστι τὸ κατάλυμά
que el maestro dice: ¿Dónde está el comedor
ὅπου τὸ πάσχα μετὰ τῶν μαθητῶν μου φάγω;
donde la pascua con los discípulos de mí coma?

15 καὶ αὐτὸς ὑμῖν δείξει ἀνάγαιον μέγα
Y él os mostrará una habitación superior grande
ἐστρωμένον ἕτοιμον· ἐκεῖ ἑτοιμάσατε ἡμῖν.
aparejada preparada. Allí preparad para nosotros.

16 καὶ ἐξῆλθον οἱ μαθηταὶ αὐτοῦ καὶ ἦλθον εἰς τὴν πόλιν,
Y salieron los discípulos de él y vinieron a la ciudad,
καὶ εὗρον καθὼς εἶπεν αὐτοῖς,
y encontraron como dijo les,
καὶ ἡτοίμασαν τὸ πάσχα.
y prepararon la pascua.

17 Καὶ ὀψίας γενομένης ἔρχεται μετὰ τῶν δώδεκα·
Y tarde aconteciendo[178] viene con los doce.

18 καὶ ἀνακειμένων αὐτῶν καὶ ἐσθιόντων εἶπεν
Y reclinados ellos y comiendo dijo
ὁ Ἰησοῦς· ἀμὴν λέγω ὑμῖν ὅτι εἷς ἐξ ὑμῶν
Jesús. Verdaderamente digo os que uno de vosotros
παραδώσει με, ὁ ἐσθίων μετ' ἐμοῦ.
entregará me, el que come conmigo.

19 οἱ δὲ ἤρξαντο λυπεῖσθαι καὶ λέγειν αὐτῷ
Ellos entonces empezaron a entristecerse y decir le
εἷς καθ' εἷς· μήτι ἐγώ; καὶ ἄλλος· μήτι ἐγώ;
uno por uno. ¿Acaso yo? Y[179] otro: ¿Acaso yo?

---
178. Es decir, cuando llegó la tarde.
179. La NU suprime Y... hasta el final del versículo.

20 ὁ δὲ ἀποκριθεὶς εἶπεν αὐτοῖς· εἷς ἐκ τῶν δώδεκα,
- - Respondiendo dijo les: uno de los doce,
ὁ ἐμβαπτόμενος μετ' ἐμοῦ εἰς τὸ τρυβλίον.
el que moja conmigo en la fuente.

21 ὁ μὲν Υἱὸς τοῦ ἀνθρώπου ὑπάγει καθὼς γέγραπται
El - Hijo del hombre va como ha sido escrito
περὶ αὐτοῦ· οὐαὶ δὲ τῷ ἀνθρώπῳ ἐκείνῳ,
acerca de él. Ay sin embargo del hombre aquel,
δι' οὗ ὁ Υἱὸς τοῦ ἀνθρώπου παραδίδοται·
por el que el Hijo del hombre es entregado.
καλὸν ἦν αὐτῷ εἰ οὐκ ἐγεννήθη ὁ ἄνθρωπος ἐκεῖνος.
Bueno fuera para él si no hubiera nacido el hombre aquel.

22 Καὶ ἐσθιόντων αὐτῶν λαβὼν ὁ Ἰησοῦς ἄρτον
Y comiendo ellos tomando Jesús pan
εὐλογήσας ἔκλασε καὶ ἔδωκεν αὐτοῖς καὶ εἶπε·
bendiciendo partió y dio les y dijo:
λάβετε φάγετε· τοῦτό ἐστι τὸ σῶμά μου.
Tomad comed. Esto es el cuerpo de mí.

23 καὶ λαβὼν τὸ ποτήριον εὐχαριστήσας ἔδωκεν
Y tomando la copa dando gracias dio
αὐτοῖς. καὶ ἔπιον ἐξ αὐτοῦ πάντες
les, y bebieron de ella todos

24 καὶ εἶπεν αὐτοῖς· τοῦτό ἐστι τὸ αἷμά μου
Y dijo les: esto es la sangre de mí
τὸ τῆς καινῆς διαθήκης τὸ περὶ πολλῶν ἐκχυννόμενον.
la del nuevo pacto, la por muchos siendo derramada.

25 ἀμὴν λέγω ὑμῖν ὅτι οὐκέτι οὐ μὴ
Verdaderamente digo os que ya no no de ninguna manera
πίω ἐκ τοῦ γενήματος τῆς ἀμπέλου ἕως τῆς ἡμέρας ἐκείνης
beberé de el fruto de la vid hasta el día aquel
ὅταν αὐτὸ πίνω καινὸν ἐν τῇ βασιλείᾳ τοῦ Θεοῦ.
cuando lo beba nuevo en el reino de Dios.

26 Καὶ ὑμνήσαντες ἐξῆλθον εἰς τὸ ὄρος τῶν ἐλαιῶν.
Y habiendo cantado himnos salieron a el monte de los olivos.

27 καὶ λέγει αὐτοῖς ὁ Ἰησοῦς ὅτι πάντες σκανδαλισθήσεσθε
Y dice les Jesús que todos seréis escandalizados
ἐν ἐμοὶ ἐν τῇ νυκτὶ ταύτῃ· ὅτι γέγραπται,
en mí en la noche esta,[180] porque ha sido escrito:
πατάξω τὸν ποιμένα καὶ διασκορπισθήσονται τὰ πρόβατα·
Heriré al pastor y serán dispersadas las ovejas.

28 ἀλλὰ μετὰ τὸ ἐγερθῆναί με προάξω ὑμᾶς
Sin embargo después de ser levantado yo precederé os
εἰς τὴν Γαλιλαίαν·
a Galilea.

29 ὁ δὲ Πέτρος ἔφη αὐτῷ· καὶ εἰ πάντες σκανδαλισθήσονται,
- - Pedro dijo le: Y si todos serán escandalizados,
ἀλλ' οὐκ ἐγώ.
sin embargo no yo.

20 Y él respondiendo les dijo: Es uno de los doce que moja conmigo en el plato.
21 A la verdad el Hijo del hombre va, como está de él escrito; mas ¡ay de aquel hombre por quien el Hijo del hombre es entregado! bueno le fuera a aquel hombre si nunca hubiera nacido.
22 Y estando ellos comiendo, tomó Jesús pan, y bendiciendo, partió y les dió, y dijo: Tomad, esto es mi cuerpo.
23 Y tomando el vaso, habiendo hecho gracias, les dió: y bebieron de él todos.
24 Y les dice: Esto es mi sangre del nuevo pacto, que por muchos es derramada.
25 De cierto os digo que no beberé más del fruto de la vid, hasta aquel día cuando lo beberé nuevo en el reino de Dios.
26 Y como hubieron cantado el himno, se salieron al monte de las Olivas.
27 Jesús entonces les dice: Todos seréis escandalizados en mí esta noche; porque escrito está: Heriré al pastor, y serán derramadas las ovejas.
28 Mas después que haya resucitado, iré delante de vosotros a Galilea.
29 Entonces Pedro le dijo: Aunque todos sean escandalizados, mas no yo.

---

180. La NU suprime en mi en la noche esta.

30 Y le dice Jesús: De cierto te digo que tú, hoy, en esta noche, antes que el gallo haya cantado dos veces, me negarás tres veces.
31 Mas él con mayor porfía decía: Si me fuere menester morir contigo, no te negaré. También todos decían lo mismo.
32 Y vienen al lugar que se llama Gethsemaní, y dice a sus discípulos: Sentaos aquí, entre tanto que yo oro.
33 Y toma consigo a Pedro y a Jacobo y a Juan, y comenzó a atemorizarse, y a angustiarse.
34 Y les dice: Está muy triste mi alma, hasta la muerte: esperad aquí y velad.
35 Y yéndose un poco adelante, se postró en tierra, y oro que si fuese posible, pasase de él aquella hora,
36 Y decía: Abba, Padre, todas las cosas son a ti posibles: traspasa de mí este vaso; empero no lo que yo quiero, sino lo que tú.
37 Y vino y los halló durmiendo; y dice a Pedro: ¿Simón, duermes? ¿No has podido velar una hora?
38 Velad y orad, para que no entréis en tentación: el espíritu a la verdad es presto, mas la carne enferma.

30 καὶ λέγει αὐτῷ ὁ Ἰησοῦς· ἀμὴν λέγω σοι ὅτι
Y dice le Jesús: Verdaderamente digo te que
σὺ σήμερον ἐν τῇ νυκτὶ ταύτῃ πρὶν ἢ δὶς ἀλέκτορα
tú hoy en la noche esta antes que dos veces gallo
φωνῆσαι τρίς ἀπαρνήσῃ με.
cante tres veces negarás me.

31 ὁ δὲ ἐκ περισσοῦ ἔλεγε μᾶλλον· ἐάν με δέῃ
- Sin embargo de superfluo[181] decía más: si me es necesario
συναποθανεῖν σοι, οὐ μή σε ἀπαρνήσομαι.
co-morir contigo,[182] no de ninguna manera te negaré.
ὡσαύτως δὲ καὶ πάντες ἔλεγον.
Igualmente - también todos dijeron.

32 Καὶ ἔρχονται εἰς χωρίον οὗ τὸ ὄνομα Γεθσημανί,
Y vienen a lugar del cual el nombre (es) Getsemaní,
καὶ λέγει τοῖς μαθηταῖς αὐτοῦ· καθίσατε
y dice a los discípulos de él: Sentaos
ὧδε ἕως προσεύξωμαι.
aquí hasta que ore.

33 καὶ παραλαμβάνει τὸν Πέτρον καὶ τὸν Ἰάκωβον
Y toma a Pedro y a Santiago
καὶ Ἰωάννην μεθ' ἑαυτοῦ, καὶ ἤρξατο ἐκθαμβεῖσθαι
y a Juan consigo mismo, y comenzó a verse asombrado
καὶ ἀδημονεῖν.
y a angustiarse.

34 καὶ λέγει αὐτοῖς· περίλυπός ἐστιν ἡ ψυχή μου ἕως θανάτου·
Y dice les: Tristísimo está el alma de mí hasta muerte.
μείνατε ὧδε καὶ γρηγορεῖτε.
Quedaos aquí y velad.

35 καὶ προελθὼν μικρὸν ἔπεσεν ἐπὶ τῆς γῆς, καὶ προσηύχετο
Y adelantándose un poco cayó en la tierra, y oraba
ἵνα, εἰ δυνατόν ἐστι, παρέλθῃ ἀπ' αὐτοῦ ἡ ὥρα,
para que, si posible es, pase de él la hora,

36 καὶ ἔλεγεν, ἀββᾶ ὁ πατήρ, πάντα δυνατά σοι·
y dijo: Abba padre, todo (es) posible para ti.
παρένεγκε τὸ ποτήριον ἀπ' ἐμοῦ τοῦτο,
Aparta la copa de mí esta,
ἀλλ' οὐ τί ἐγὼ θέλω, ἀλλὰ τί σύ.
pero no lo que yo quiero, sino lo que tú.

37 καὶ ἔρχεται καὶ εὑρίσκει αὐτοὺς καθεύδοντας,
Y viene y encuentra los durmiendo,
καὶ λέγει τῷ Πέτρῳ· Σίμων, καθεύδεις;
y dice a Pedro: Simón, ¿duermes?
οὐκ ἴσχυσας μίαν ὥραν γρηγορῆσαι;
¿No tuviste fuerza una hora para velar?

38 γρηγορεῖτε καὶ προσεύχεσθε, ἵνα μὴ εἰσέλθητε εἰς πειρασμόν·
Velad y orad, para que no entréis en tentación.
τὸ μὲν πνεῦμα πρόθυμον, ἡ δὲ σὰρξ
El ciertamente espíritu (está) dispuesto, la Sin embargo carne (es)
ἀσθενής.
débil.

---

181. Es decir, de manera excesiva.
182. Es decir, morir junto a ti.

39 καὶ πάλιν ἀπελθὼν προσηύξατο τὸν αὐτὸν λόγον εἰπών.
Y de nuevo apartándose oró la misma palabra diciendo.

40 καὶ ὑποστρέψας εὗρεν αὐτοὺς πάλιν καθεύδοντας·
Y volviéndose encontró los de nuevo durmiendo.

ἦσαν γὰρ οἱ ὀφθαλμοὶ αὐτῶν βεβαρημένοι
estaban Porque los ojos de ellos agotados

καὶ οὐκ ᾔδεισαν τί αὐτῷ ἀποκριθῶσιν.
y no sabían qué le respondieran.

41 καὶ ἔρχεται τὸ τρίτον καὶ λέγει αὐτοῖς· καθεύδετε
Y viene la tercera (vez) y dice les: Dormid

τὸ λοιπὸν καὶ ἀναπαύεσθε. ἀπέχει· ἦλθεν ἡ ὥρα·
lo restante[183] y descansad. Basta. Vino la hora.

ἰδοὺ παραδίδοται ὁ Υἱὸς τοῦ ἀνθρώπου
Mirad es entregado el Hijo del hombre

εἰς τὰς χεῖρας τῶν ἁμαρτωλῶν.
en las manos de los pecadores.

42 ἐγείρεσθε, ἄγωμεν· ἰδοὺ ὁ παραδιδούς με ἤγγικε.
Levantaos, vamos. Mirad el entregando a mí se ha acercado.

43 Καὶ εὐθέως, ἔτι αὐτοῦ λαλοῦντος, παραγίνεται Ἰούδας,
E inmediatamente, todavía él hablando, llega Judas,

εἷς τῶν δώδεκα, καὶ μετ' αὐτοῦ ὄχλος πολὺς
uno de los doce, y con él multitud mucha

μετὰ μαχαιρῶν καὶ ξύλων, παρὰ τῶν ἀρχιερέων
con espadas y palos, de los principales sacerdotes

καὶ τῶν γραμματέων καὶ τῶν πρεσβυτέρων.
y de los escribas y de los ancianos.

44 δεδώκει δὲ ὁ παραδιδοὺς αὐτὸν σύσσημον αὐτοῖς
Había dado sin embargo el entregando lo señal a ellos

λέγων· ὃν ἂν φιλήσω, αὐτός ἐστι· κρατήσατε αὐτὸν
diciendo: al que besaré, éste es. Agarrad lo

καὶ ἀπαγάγετε ἀσφαλῶς.
y llevaos con seguridad.

45 καὶ ἐλθὼν εὐθέως προσελθὼν αὐτῷ λέγει·
Y viniendo inmediatamente llegando a él dice:

ῥαββί ῥαββί, καὶ κατεφίλησεν αὐτόν·
Rabbí rabbí, y besó afectuosamente lo.

46 οἱ δὲ ἐπέβαλον ἐπ' αὐτὸν τὰς χεῖρας αὐτῶν
Ellos sin embargo pusieron sobre él las manos de ellos

καὶ ἐκράτησαν αὐτόν.
y se apoderaron de él.

47 Εἷς δέ τις τῶν παρεστηκότων σπασάμενος τὴν
Uno sin embargo uno de los presentes sacando la

μάχαιραν ἔπαισε τὸν δοῦλον τοῦ ἀρχιερέως καὶ
espada hirió al siervo del sumo sacerdote y

ἀφεῖλεν αὐτοῦ τὸ ὠτίον.
cortó de él la oreja.

48 καὶ ἀποκριθεὶς ὁ Ἰησοῦς εἶπεν αὐτοῖς· ὡς ἐπὶ λῃστὴν
Y respondiendo Jesús dijo les: ¿Cómo contra bandido

ἐξήλθετε μετὰ μαχαιρῶν καὶ ξύλων συλλαβεῖν με:
salísteis con espadas y palos para arrestar me?

39 Y volviéndose a ir, oró, y dijo las mismas palabras.
40 Y vuelto, los halló otra vez durmiendo, porque los ojos de ellos estaban cargados; y no sabían qué responderle.
41 Y vino la tercera vez, y les dice: Dormid ya y descansad: basta, la hora es venida; he aquí, el Hijo del hombre es entregado en manos de los pecadores.
42 Levantaos, vamos: he aquí, el que me entrega está cerca.
43 Y luego, aun hablando él, vino Judas, que era uno de los doce, y con él una compañía con espadas y palos, de parte de los príncipes de los sacerdotes, y de los escribas y de los ancianos.
44 Y el que le entregaba les había dado señal común, diciendo: Al que yo besare, aquél es: prendedle, y llevadle con seguridad.
45 Y como vino, se acercó luego a él, y le dice: Maestro, Maestro. Y le besó.
46 Entonces ellos echaron en él sus manos, y le prendieron.
47 Y uno de los que estaban allí, sacando la espada, hirió al siervo del sumo sacerdote, y le cortó la oreja.
48 Y respondiendo Jesús, les dijo: ¿Como a ladrón habéis salido con espadas y con palos a tomarme?

---

183. Es decir, seguid durmiendo.

49 Cada día estaba con vosotros enseñando en el templo, y no me tomasteis; pero es así, para que se cumplan las Escrituras.
50 Entonces dejándole todos *sus discípulos*, huyeron.
51 Empero un mancebillo le seguía cubierto de una sábana sobre *el cuerpo* desnudo; y los mancebos le prendieron:
52 Mas él, dejando la sábana, se huyó de ellos desnudo.
53 Y trajeron a Jesús al sumo sacerdote; y se juntaron a él todos los príncipes de los sacerdotes y los ancianos y los escribas.
54 Empero Pedro le siguió de lejos hasta dentro del patio del sumo sacerdote; y estaba sentado con los servidores, y calentándose al fuego.
55 Y los príncipes de los sacerdotes y todo el concilio buscaban testimonio contra Jesús, para entregarle a la muerte; mas no lo hallaban.
56 Porque muchos decían falso testimonio contra él; mas sus testimonios no concertaban.
57 Entonces levantándose unos, dieron falso testimonio contra él, diciendo:
58 Nosotros le hemos oído decir: Yo derribaré este templo que es hecho de mano, y en tres días edificaré otro hecho sin mano.

49 καθ' ἡμέραν ἤμην πρὸς ὑμᾶς ἐν τῷ ἱερῷ διδάσκων,
Cada día estaba con vosotros en el templo enseñando,

καὶ οὐκ ἐκρατήσατέ με· ἀλλ' ἵνα πληρωθῶσιν
y no os apoderasteis de mí. Sin embargo para que se cumplan

αἱ γραφαί.
las Escrituras (sucede).

50 καὶ ἀφέντες αὐτὸν πάντες ἔφυγον.
Y dejando lo todos huyeron.

51 Καὶ εἷς τις νεανίσκος ἠκολούθησεν αὐτῷ, περιβεβλημένος
Y un cierto joven siguió lo, envuelto

σινδόνα ἐπὶ γυμνοῦ· καὶ κρατοῦσιν αὐτόν
en una sábana sobre (cuerpo) desnudo. Y agarran lo

οἱ νεανίσκοι·
los jóvenes.

52 ὁ δὲ καταλιπὼν τὴν σινδόνα γυμνὸς ἔφυγεν ἀπ' αὐτῶν.
Él sin embargo abandonando la sábana desnudo huyó de ellos.

53 Καὶ ἀπήγαγον τὸν Ἰησοῦν πρὸς τὸν ἀρχιερέα·
Y condujeron a Jesús a el sumo sacerdote.

καὶ συνέρχονται αὐτῷ πάντες οἱ ἀρχιερεῖς
Y se reunieron con él todos los sacerdotes principales

καὶ οἱ πρεσβύτεροι καὶ οἱ γραμματεῖς.
y los ancianos y los escribas.

54 καὶ ὁ Πέτρος ἀπὸ μακρόθεν ἠκολούθησεν αὐτῷ
Y Pedro desde lejos seguía lo

ἕως ἔσω εἰς τὴν αὐλὴν τοῦ ἀρχιερέως,
hasta dentro en el patio del sumo sacerdote,

καὶ ἦν συγκαθήμενος μετὰ τῶν ὑπηρετῶν
y estaba sentado junto con los subordinados

καὶ θερμαινόμενος πρὸς τὸ φῶς.
y calentándose delante de la luz.[184]

55 Οἱ δὲ ἀρχιερεῖς καὶ ὅλον τὸ συνέδριον
los Sin embargo principales sacerdotes y todo el sanhedrín

ἐζήτουν κατὰ τοῦ Ἰησοῦ μαρτυρίαν εἰς τὸ θανατῶσαι αὐτόν,
buscaban contra Jesús testimonio para el matar lo,

καὶ οὐχ εὕρισκον·
y no hallaban.

56 πολλοὶ γὰρ ἐψευδομαρτύρουν κατ' αὐτοῦ,
muchos Porque daban falso testimonio contra él,

καὶ ἴσαι αἱ μαρτυρίαι οὐκ ἦσαν.
e iguales los testimonios no eran.

57 καί τινες ἀναστάντες ἐψευδομαρτύρουν κατ'
Y algunos levantándose testificaban falsamente contra

αὐτοῦ λέγοντες
él diciendo

58 ὅτι ἡμεῖς ἠκούσαμεν αὐτοῦ λέγοντος, ὅτι ἐγὼ
que nosotros escuchamos a él diciendo, que yo

καταλύσω τὸν ναὸν τοῦτον τὸν χειροποίητον
destruiré el templo este el hecho por manos

καὶ διὰ τριῶν ἡμερῶν ἄλλον ἀχειροποίητον οἰκοδομήσω.
y en tres días otro no hecho por manos edificaré.

---

184. Es decir, delante del fuego.

59 καὶ οὐδὲ οὕτως ἴση ἦν ἡ μαρτυρία αὐτῶν.
Y ni así igual era el testimonio de ellos.

60 καὶ ἀναστὰς ὁ ἀρχιερεὺς εἰς τὸ μέσον ἐπηρώτησε
Y levantándose el sumo sacerdote en el medio preguntó

τὸν Ἰησοῦν λέγων· οὐκ ἀποκρίνῃ οὐδέν;
a Jesús diciendo: ¿No respondes nada?

τί οὗτοί σου καταμαρτυροῦσιν;
¿Qué éstos de ti testifican en contra?

61 ὁ δὲ ἐσιώπα καὶ οὐδὲν ἀπεκρίνατο. πάλιν ὁ
Él sin embargo callaba y nada respondía. De nuevo el

ἀρχιερεὺς
sumo sacerdote

ἐπηρώτα αὐτὸν καὶ λέγει αὐτῷ· σὺ εἶ ὁ Χριστὸς
preguntaba le y dice le: ¿tú eres el Mesías

ὁ Υἱὸς τοῦ εὐλογητοῦ;
el Hijo del bendito?

62 ὁ δὲ Ἰησοῦς εἶπεν· ἐγώ εἰμι· καὶ ὄψεσθε τὸν Υἱὸν τοῦ ἀνθρώπου
- - Jesús dijo: Yo soy. Y veréis al Hijo del hombre

ἐκ δεξιῶν καθήμενον τῆς δυνάμεως καὶ ἐρχόμενον
a derechas[185] sentado del Poder[186] y viniendo

μετὰ τῶν νεφελῶν τοῦ οὐρανοῦ.
con las nubes del cielo.

63 ὁ δὲ ἀρχιερεὺς διαρρήξας τοὺς χιτῶνας αὐτοῦ
el Sin embargo sumo sacerdote desgarrando las vestiduras de él

λέγει· τί ἔτι χρείαν ἔχομεν μαρτύρων;
dice: ¿Qué todavía necesidad tenemos de testigos?

64 ἠκούσατε τῆς βλασφημίας· τί ὑμῖν φαίνεται;
Escuchasteis la blasfemia. ¿Qué os muestra (esto)?

οἱ δὲ πάντες κατέκριναν αὐτὸν εἶναι ἔνοχον θανάτου.
- - Todos condenaron lo ser reo de muerte.[187]

65 Καὶ ἤρξαντό τινες ἐμπτύειν αὐτῷ καὶ περικαλύπτειν
Y comenzaron algunos a escupir le y a cubrir

τὸ πρόσωπον αὐτοῦ καὶ κολαφίζειν αὐτὸν
el rostro de él y a dar puñetazos a él

καὶ λέγειν αὐτῷ· προφήτευσον·
y a decir le: profetiza.

καὶ οἱ ὑπηρέται ῥαπίσμασιν αὐτὸν ἔβαλον.
Y los subordinados con bofetadas lo tiraban.[188,189]

66 Καὶ ὄντος τοῦ Πέτρου ἐν τῇ αὐλῇ κάτω ἔρχεται
Y estando Pedro en el patio abajo viene

μία τῶν παιδισκῶν τοῦ ἀρχιερέως,
una de las criadas del sumo sacerdote,

67 καὶ ἰδοῦσα τὸν Πέτρον θερμαινόμενον,
Y viendo a Pedro calentándose,

ἐμβλέψασα αὐτῷ λέγει· καὶ σὺ μετὰ τοῦ Ναζαρηνοῦ
mirando lo dice: También tú con el nazareno

τοῦ Ἰησοῦ ἦσθα.
- Jesús estabas.

59 Mas ni aun así se concertaba el testimonio de ellos.
60 Entonces el sumo sacerdote, levantándose en medio, preguntó a Jesús, diciendo: ¿No respondes algo? ¿Qué atestiguan estos contra ti?
61 Mas él callaba, y nada respondía. El sumo sacerdote le volvió a preguntar, y le dice: ¿Eres tú el Cristo, el Hijo del Bendito?
62 Y Jesús le dijo: Yo soy; y veréis al Hijo del hombre sentado a la diestra de la potencia *de Dios*, y viniendo en las nubes del cielo.
63 Entonces el sumo sacerdote, rasgando sus vestidos, dijo: ¿Qué más tenemos necesidad de testigos?
64 Oído habéis la blasfemia: ¿qué os parece? Y ellos todos le condenaron ser culpado de muerte.
65 Y algunos comenzaron a escupir en él, y cubrir su rostro, y a darle bofetadas, y decirle: Profetiza. Y los servidores le herían de bofetadas.
66 Y estando Pedro abajo en el atrio, vino una de las criadas del sumo sacerdote;
67 Y como vió a Pedro que se calentaba, mirándole, dice: Y tú con Jesús el Nazareno estabas.

---

185. Es decir, a la diestra.
186. Un eufemismo por Dios.
187. Es decir, a todos pronunciaron su condena como reo de muerte.
188. Como en Juan 8.7.
189. La NU sustituye por recibían.

68 Mas él negó, diciendo: No conozco, ni sé lo que dices. Y se salió fuera a la entrada; y cantó el gallo.
69 Y la criada viéndole otra vez, comenzó a decir a los que estaban allí: Este es de ellos.
70 Mas él negó otra vez. Y poco después, los que estaban allí dijeron otra vez a Pedro: Verdaderamente tú eres de ellos; porque eres Galileo, y tu habla es semejante.
71 Y él comenzó a maldecir y a jurar: No conozco a este hombre de quien habláis.
72 Y el gallo cantó la segunda vez: y Pedro se acordó de las palabras que Jesús le había dicho: Antes que el gallo cante dos veces, me negarás tres veces. Y pensando en esto, lloraba.

15 Y luego por la mañana, habiendo tenido consejo los príncipes de los sacerdotes con los ancianos, y con los escribas, y con todo el concilio, llevaron a Jesús atado, y le entregaron a Pilato.
2 Y Pilato le preguntó: ¿Eres tú el Rey de los Judíos? Y respondiendo él, le dijo: Tú *lo* dices.
3 Y los príncipes de los sacerdotes le acusaban mucho.
4 Y le preguntó otra vez Pilato, diciendo: ¿No respondes algo? Mira de cuántas cosas te acusan.

68 ὁ δὲ ἠρνήσατο λέγων· οὐκ οἶδα οὐδὲ ἐπίσταμαι τί σὺ λέγεις καὶ ἐξῆλθεν ἔξω εἰς τὸ προαύλιον, καὶ ἀλέκτωρ ἐφώνησεν.[190]

69 καὶ ἡ παιδίσκη ἰδοῦσα αὐτὸν πάλιν ἤρξατο λέγειν τοῖς παρεστηκόσιν ὅτι οὗτος ἐξ αὐτῶν ἐστιν.

70 ὁ δὲ πάλιν ἠρνεῖτο· καὶ μετὰ μικρὸν πάλιν οἱ παρεστῶτες ἔλεγον τῷ Πέτρῳ· ἀληθῶς ἐξ αὐτῶν εἶ. καὶ γὰρ Γαλιλαῖος εἶ καὶ ἡ λαλιά σου ὁμοιάζει.[191]

71 ὁ δὲ ἤρξατο ἀναθεματίζειν καὶ ὀμνύειν ὅτι οὐκ οἶδα τὸν ἄνθρωπον τοῦτον ὃν λέγετε.

72 καὶ ἐκ δευτέρου[192] ἀλέκτωρ ἐφώνησε. καὶ ἀνεμνήσθη ὁ Πέτρος τὸ ῥῆμα ὃ εἶπεν αὐτῷ ὁ Ἰησοῦς ὅτι πρὶν ἀλέκτορα φωνῆσαι δὶς, ἀπαρνήσῃ με τρίς. καὶ ἐπιβαλὼν[194] ἔκλαιε.

15 ¹ Καὶ εὐθέως ἐπὶ τὸ πρωῒ συμβούλιον ποιήσαντες οἱ ἀρχιερεῖς μετὰ τῶν πρεσβυτέρων καὶ γραμματέων καὶ ὅλον τὸ συνέδριον, δήσαντες τὸν Ἰησοῦν ἀπήνεγκαν καὶ παρέδωκαν τῷ Πιλάτῳ.

2 καὶ ἐπηρώτησεν αὐτὸν ὁ Πιλᾶτος· σὺ εἶ ὁ βασιλεὺς τῶν Ἰουδαίων; ὁ δὲ ἀποκριθεὶς εἶπεν αὐτῷ· σὺ λέγεις.

3 καὶ κατηγόρουν αὐτοῦ οἱ ἀρχιερεῖς πολλά.

4 Ὁ δὲ Πιλᾶτος πάλιν ἐπηρώτα αὐτὸν λέγων· οὐκ ἀποκρίνῃ οὐδέν; ἴδε πόσα σου καταμαρτυροῦσιν.[195]

---

190. La NU coloca entre corchetes y galló cantó.
191. La NU suprime desde y... hasta el final del versículo.
192. Es decir, por segunda vez.
193. Es decir, que antes que cante el gallo.
194. Como en 14.46.
195. La NU sustituye por acusan.

5 ὁ δὲ   Ἰησοῦς οὐκέτι οὐδὲν ἀπεκρίθη,
- Sin embargo Jesús ya no nada respondió,
ὥστε   θαυμάζειν τὸν Πιλᾶτον.
de manera que maravillarse   Pilato.[196]

6 Κατὰ δὲ   ἑορτὴν ἀπέλυεν αὐτοῖς ἕνα δέσμιον, ὅνπερ
en Sin embargo fiesta liberaba les   un preso, al que
ᾐτοῦντο·
pedían.

7 ἦν   δὲ ὁ λεγόμενος Βαραββᾶς μετὰ τῶν συστασιαστῶν
Estaba - el llamado Barrabás con los co-insurrectos[197]
δεδεμένος, οἵτινες ἐν τῇ στάσει   φόνον   πεποιήκεισαν.
atado,   que en la insurrección asesinato había cometido.

8 καὶ ἀναβοήσας ὁ ὄχλος   ἤρξατο αἰτεῖσθαι καθὼς ἀεὶ
Y gritando[198] la multitud comenzó a pedir como siempre
ἐποίει αὐτοῖς.
hacía con ellos.[199]

9 ὁ δὲ   Πιλᾶτος ἀπεκρίθη αὐτοῖς λέγων·   θέλετε
- Sin embargo Pilato respondió les diciendo: ¿Queréis
ἀπολύσω ὑμῖν τὸν βασιλέα τῶν   Ἰουδαίων;
soltaré[200] os al rey de los judíos?

10 ἐγίνωσκε γὰρ   ὅτι διὰ φθόνον παραδεδώκεισαν
sabía   Porque que por envidia habían entregado
αὐτὸν οἱ   ἀρχιερεῖς.
lo   los principales sacerdotes.

11 οἱ δὲ   ἀρχιερεῖς   ἀνέσεισαν τὸν ὄχλον
los Sin embargo principales sacerdotes agitaron a la multitud
ἵνα   μᾶλλον τὸν Βαραββᾶν ἀπολύσῃ αὐτοῖς.
para que más a   Barrabás liberara les.[201]

12 ὁ δὲ   Πιλᾶτος ἀποκριθεὶς   πάλιν   εἶπεν αὐτοῖς·
- Sin embargo Pilato respondiendo de nuevo dijo les:
τί οὖν θέλετε ποιήσω ὃν   λέγετε τὸν βασιλέα τῶν Ἰουδαίων;
¿Qué pues queréis haré al que decís[202] el rey de los judíos?

13 οἱ δὲ πάλιν   ἔκραξαν· σταύρωσον αὐτόν.
Ellos - de nuevo gritaron: Crucifica lo.

14 ὁ δὲ   Πιλᾶτος ἔλεγεν αὐτοῖς· τί γὰρ   κακὸν ἐποίησεν;
- Entonces Pilato decía les: ¿qué Porque mal hizo?
οἱ δὲ   περισσοτέρως   ἔκραξαν· σταύρωσον αὐτόν.
Ellos sin embargo más abundantemente gritaron: Crucifica lo.

15 ὁ δὲ   Πιλᾶτος βουλόμενος τῷ ὄχλῳ   τὸ ἱκανὸν
- Entonces Pilato deseando a la multitud lo adecuado
ποιῆσαι, ἀπέλυσεν αὐτοῖς τὸν Βαραββᾶν, καὶ παρέδωκε τὸν Ἰησοῦν
hacer, liberó   les   a Barrabás, y entregó a Jesús
φραγελλώσας   ἵνα   σταυρωθῇ.
habiendo flagelado[203] para que fuera crucificado.

---

5 Mas Jesús ni aun con eso respondió; de modo que Pilato se maravillaba.
6 Empero en el día de la fiesta les soltaba un preso, cualquiera que pidiesen.
7 Y había uno, que se llamaba Barrabás, preso con sus compañeros de motín que habían hecho muerte en una revuelta.
8 Y viniendo la multitud, comenzó a pedir *hiciese* como siempre les había hecho.
9 Y Pilato les respondió, diciendo: ¿Queréis que os suelte al Rey de los Judíos?
10 Porque conocía que por envidia le habían entregado los príncipes de los sacerdotes.
11 Mas los príncipes de los sacerdotes incitaron a la multitud, que les soltase antes a Barrabás.
12 Y respondiendo Pilato, les dice otra vez: ¿Qué pues queréis que haga del que llamáis Rey de los Judíos?
13 Y ellos volvieron a dar voces: Crucifícale.
14 Mas Pilato les decía: ¿Pues qué mal ha hecho? Y ellos daban más voces: Crucifícale.
15 Y Pilato, queriendo satisfacer al pueblo, les soltó a Barrabás, y entregó a Jesús, después de azotarle, para que fuese crucificado.

---

196. Oración de infinitivo: es decir, que Pilato se maravillaba.
197. Es decir, con otros que también habían participado en la insurrección.
198. La NU sustituye por subiendo.
199. Es decir, le pedían que hiciera lo que hacía siempre.
200. Es decir, ¿Queréis que os suelte?
201. Es decir, para que pidieran más que pusiera en libertad a Barrabás.
202. La NU suprime al que decís.
203. Es decir, tras haberlo flagelado.

16 Entonces los soldados le llevaron dentro de la sala, es a saber al Pretorio; y convocan toda la cohorte.
17 Y le visten de púrpura; y poniéndole una corona tejida de espinas,
18 Comenzaron luego a saludarle: ¡Salve, Rey de los Judíos!
19 Y le herían en la cabeza con una caña, y escupían en él, y le adoraban hincadas las rodillas.
20 Y cuando le hubieron escarnecido, le desnudaron la púrpura, y le vistieron sus propios vestidos, y le sacaron para crucificarle.
21 Y cargaron a uno que pasaba, Simón Cireneo, padre de Alejandro y de Rufo, que venía del campo, para que llevase su cruz.
22 Y le llevan al lugar de Gólgotha, que declarado quiere decir: Lugar de la Calavera.
23 Y le dieron a beber vino mezclado con mirra; mas él no lo tomó.
24 Y cuando le hubieron crucificado, repartieron sus vestidos, echando suertes sobre ellos, qué llevaría cada uno.
25 Y era la hora de las tres cuando le crucificaron.
26 Y el título escrito de su causa era: EL REY DE LOS JUDIOS.

16 Οἱ δὲ στρατιῶται ἀπήγαγον αὐτὸν ἔσω τῆς αὐλῆς,
Los - soldados condujeron lo a el patio,

ὅ ἐστι πραιτώριον, καὶ συγκαλοῦσιν ὅλην τὴν σπεῖραν·
que es pretorio, y convocan a toda la cohorte.

17 καὶ ἐνδύουσιν αὐτὸν πορφύραν καὶ περιτιθέασιν αὐτῷ
Y visten lo de púrpura y circundan le

πλέξαντες ἀκάνθινον στέφανον,
habiendo trenzado de espinas corona,

18 καὶ ἤρξαντο ἀσπάζεσθαι αὐτόν· χαῖρε βασιλεῦ
Y comenzaron a saludar lo: Salve rey

τῶν Ἰουδαίων·
de los judíos.

19 καὶ ἔτυπτον αὐτοῦ τὴν κεφαλὴν καλάμῳ καὶ ἐνέπτυον αὐτῷ,
Y golpeaban de él la cabeza con caña y escupían le,

καὶ τιθέντες τὰ γόνατα προσεκύνουν αὐτῷ.
y poniéndose de rodillas adoraban lo.

20 καὶ ὅτε ἐνέπαιξαν αὐτῷ, ἐξέδυσαν αὐτὸν τὴν πορφύραν
Y cuando se burlaron de él, despojaron le de la púrpura

καὶ ἐνέδυσαν αὐτὸν τὰ ἱμάτια τὰ ἴδια, καὶ ἐξάγουσιν
y vistieron lo los vestidos los suyos, y sacan

αὐτὸν ἵνα σταυρώσωσιν αὐτόν.
lo para que crucifiquen lo.

21 Καὶ ἀγγαρεύουσι παράγοντά τινα Σίμωνα Κυρηναῖον,
Y contratan[204] a transeúnte uno Simón Cireneo,

ἐρχόμενον ἀπ' ἀγροῦ, τὸν πατέρα Ἀλεξάνδρου καὶ Ῥούφου,
viniendo de campo, el padre de Alejandro y Rufo,

ἵνα ἄρῃ τὸν σταυρὸν αὐτοῦ.
para que llevara la cruz de él.

22 Καὶ φέρουσιν αὐτὸν ἐπὶ Γολγοθᾶ τόπον, ὅ ἐστι μεθερμηνευόμενον
Y llevan lo a Gólgota lugar, que es siendo traducido

κρανίου τόπος.
de cráneo lugar.

23 καὶ ἐδίδουν αὐτῷ πιεῖν ἐσμυρνισμένον οἶνον· ὁ δὲ
Y daban le a beber mirrado vino. Él sin embargo

οὐκ ἔλαβε.
no tomó.

24 καὶ σταυρώσαντες αὐτὸν διαμερίζονται τὰ ἱμάτια αὐτοῦ,
Y habiendo crucificado lo reparten las vestiduras de él,

βάλλοντες κλῆρον ἐπ' αὐτὰ τίς τί ἄρῃ.
echando suerte sobre ellas quién qué lleva.[205]

25 ἦν δὲ ὥρα τρίτη καὶ ἐσταύρωσαν αὐτόν.
Era entonces hora tercera y crucificaron lo.

26 καὶ ἦν ἡ ἐπιγραφὴ τῆς αἰτίας αὐτοῦ ἐπιγεγραμμένη·
Y era la inscripción de la causa[206] de él inscrita:

ὁ βασιλεὺς τῶν Ἰουδαίων.
El rey de los judíos.

---

204. El término inicialmente se refería a la contrata de caballos. Con posterioridad, el término implica el llevar a una persona a realizar un trabajo recibiendo o no un pago a cambio.
205. Es decir, echaron suertes para determinar quién se llevaba cada cosa.
206. O acusación o culpa.

27 Καὶ σὺν αὐτῷ σταυροῦσι δύο λῃστάς, ἕνα ἐκ δεξιῶν
Y con él crucifican a dos ladrones, una a derechas
καὶ ἕνα ἐξ εὐωνύμων αὐτοῦ.
y uno a izquierdas de él.²⁰⁷

28 καὶ ἐπληρώθη ἡ γραφὴ ἡ λέγουσα·
Y fue cumplida la escritura la diciendo:
καὶ μετὰ ἀνόμων ἐλογίσθη.
Y con delincuentes fue considerado.²⁰⁸

29 Καὶ οἱ παραπορευόμενοι ἐβλασφήμουν αὐτὸν κινοῦντες
Y los pasando blasfemaban de él sacudiendo
τὰς κεφαλὰς αὐτῶν καὶ λέγοντες· οὐά, ὁ καταλύων
las cabezas de ellos y diciendo: Ajá, el destruyendo
τὸν ναὸν καὶ ἐν τρισὶν ἡμέραις οἰκοδομῶν,
el templo y en tres días construyendo,

30 σῶσον σεαυτὸν καὶ κατάβα ἀπὸ τοῦ σταυροῦ.
sálva a ti mismo y baja de la cruz.

31 ὁμοίως δὲ καὶ οἱ ἀρχιερεῖς ἐμπαίζοντες πρὸς
Igualmente - también los principales sacerdotes burlándose unos
ἀλλήλους μετὰ τῶν γραμματέων ἔλεγον· ἄλλους ἔσωσεν,
a otros con los escribas decían: a otros salvó,
ἑαυτὸν οὐ δύναται σῶσαι.
a sí mismo no puede salvar.

32 ὁ Χριστὸς ὁ βασιλεὺς τοῦ Ἰσραὴλ καταβάτω νῦν
El mesías el rey de Israel descienda ahora
ἀπὸ τοῦ σταυροῦ, ἵνα ἴδωμεν καὶ πιστεύσωμεν.
de la cruz, para que veamos y creamos.
καὶ οἱ συνεσταυρωμένοι αὐτῷ ὠνείδιζον αὐτόν.
Y los crucificados con él insultaban lo.

33 Γενομένης δὲ ὥρας ἕκτης σκότος ἐγένετο
Llegada sin embargo hora sexta oscuridad aconteció
ἐφ' ὅλην τὴν γῆν ἕως ὥρας ἐνάτης.
sobre toda la tierra hasta hora novena.

34 καὶ τῇ ὥρᾳ τῇ ἐνάτῃ ἐβόησεν ὁ Ἰησοῦς φωνῇ μεγάλῃ
Y en la hora la novena gritó Jesús con voz grande
λέγων· Ἐλωΐ, Ἐλωΐ λαμὰ σαβαχθανί;
diciendo: ¿Eloi, Eloi lamá sabajzaní?
ὅ ἐστι μεθερμηνευόμενον, ὁ Θεός μου ὁ Θεός μου,
lo que es siendo traducido: el Dios de mí el Dios de mí,
εἰς τί με ἐγκατέλιπες;
¿Para qué me abandonaste?

35 καί τινες τῶν παρεστηκότων ἀκούσαντες ἔλεγον·
Y algunos de los presentes oyendo dijeron:
ἴδε Ἠλίαν φωνεῖ.
Mira a Elías llama.

36 δραμὼν δὲ εἷς καὶ γεμίσας σπόγγον
Corriendo entonces uno no sólo empapando esponja
ὄξους περιθεὶς τε καλάμῳ ἐπότιζεν αὐτόν
con vinagre poniendo Sino también en caña dio de beber a él
λέγων· ἄφετε ἴδωμεν εἰ ἔρχεται Ἠλίας καθελεῖν αὐτόν.
diciendo: Dejad veamos si viene Elías a bajar lo.

27 Y crucificaron con él dos ladrones, uno a su derecha, y el otro a su izquierda.
28 Y se cumplió la Escritura, que dice: Y con los inicuos fué contado.
29 Y los que pasaban le denostaban, meneando sus cabezas, y diciendo: ¡Ah! tú que derribas el templo de Dios, y en tres días lo edificas,
30 Sálvate a ti mismo, y desciende de la cruz.
31 Y de esta manera también los príncipes de los sacerdotes escarneciendo, decían unos a otros, con los escribas: A otros salvó, a sí mismo no se puede salvar.
32 El Cristo, Rey de Israel, descienda ahora de la cruz, para que veamos y creamos. También los que estaban crucificados con él le denostaban.
33 Y cuando vino la hora de sexta, fueron hechas tinieblas sobre toda la tierra hasta la hora de nona.
34 Y a la hora de nona, exclamó Jesús a gran voz, diciendo: Eloi, Eloi, ¿lama sabachthani? que declarado, quiere decir: Dios mío, Díos mío, ¿por qué me has desamparado?
35 Y oyéndole unos de los que estaban *allí*, decían: He aquí, llama a Elías.
36 Y corrió uno, y empapando una esponja en vinagre, y poniéndola en una caña, le dió a beber, diciendo: Dejad, veamos si vendrá Elías a quitarle.

---
207. Es decir, uno a su izquierda y otro a su derecha.
208. La NU omite este versículo.

37 Mas Jesús, dando una grande voz, espiró.
38 Entonces el velo del templo se rasgó en dos, de alto a bajo.
39 Y el centurión que estaba delante de él, viendo que había espirado así clamando, dijo: Verdaderamente este hombre era el Hijo de Dios.
40 Y también estaban *algunas* mujeres mirando de lejos; entre las cuales estaba María Magdalena, y María la madre de Jacobo el menor y de José, y Salomé;
41 Las cuales, estando aún él en Galilea, le habían seguido, y le servían; y otras muchas que juntamente con él habían subido a Jerusalem.
42 Y cuando fué la tarde, porque era la preparación, es decir, la víspera del sábado,
43 José de Arimatea, senador noble, que también esperaba el reino de Dios, vino, y osadamente entró a Pilato, y pidió el cuerpo de Jesús.
44 Y Pilato se maravilló que ya fuese muerto; y haciendo venir al centurión, preguntóle si era ya muerto.
45 Y enterado del centurión, dió el cuerpo a José.

37 ὁ δὲ Ἰησοῦς ἀφεὶς φωνὴν μεγάλην ἐξέπνευσε.
- Entonces Jesús lanzando voz grande expiró.

38 Καὶ τὸ καταπέτασμα τοῦ ναοῦ ἐσχίσθη
Y el velo del templo se rasgó
εἰς δύο ἀπὸ ἄνωθεν ἕως κάτω.
en dos de arriba a abajo.

39 Ἰδὼν δὲ ὁ κεντυρίων ὁ παρεστηκὼς ἐξ ἐναντίας αὐτοῦ
Viendo entonces el centurión el presente enfrente de él
ὅτι οὕτω κράξας ἐξέπνευσεν, εἶπεν· ἀληθῶς
que así gritando[209] expiró, dijo: Verdaderamente
ὁ ἄνθρωπος οὗτος Υἱὸς ἦν Θεοῦ.
el hombre éste Hijo era de Dios.

40 Ἦσαν δὲ καὶ γυναῖκες ἀπὸ μακρόθεν θεωροῦσαι,
Estaban entonces también mujeres de lejos observando,
ἐν αἷς ἦν καὶ Μαρία ἡ Μαγδαληνὴ καὶ Μαρία
entre las cuales estaba también María la Magdalena y María
ἡ τοῦ Ἰακώβου τοῦ μικροῦ καὶ Ἰωσῆ μήτηρ, καὶ Σαλώμη,
la de Santiago el pequeño y de José madre, y Salomé,

41 αἳ καὶ ὅτε ἦν ἐν τῇ Γαλιλαίᾳ ἠκολούθουν αὐτῷ
las cuales también cuando estaba en la Galilea seguían lo
καὶ διηκόνουν αὐτῷ, καὶ ἄλλαι πολλαὶ αἱ συναναβᾶσαι
y servían lo, y otras muchas que habían descendido
αὐτῷ εἰς Ἱεροσόλυμα.
con él a Jerusalén.

42 Καὶ ἤδη ὀψίας γενομένης, ἐπεὶ ἦν παρασκευή,
Y ya tarde llegando, porque era Preparación,
ὅ ἐστι προσάββατον,
que es antes del sábado,

43 ἐλθὼν Ἰωσὴφ ὁ ἀπὸ Ἀριμαθαίας, εὐσχήμων βουλευτής,
viniendo José el de Arimatea, ilustre miembro del consejo,
ὃς καὶ αὐτὸς ἦν προσδεχόμενος τὴν βασιλείαν
que también él mismo estaba esperando el reino
τοῦ Θεοῦ, τολμήσας εἰσῆλθε πρὸς Πιλᾶτον καὶ ᾐτήσατο
de Dios, echando valor entró a Pilato y pidió
τὸ σῶμα τοῦ Ἰησοῦ.
el cuerpo de Jesús.

44 ὁ δὲ Πιλᾶτος ἐθαύμασεν εἰ ἤδη τέθνηκε, καὶ
- Sin embargo Pilato se maravilló si ya ha muerto,[210] y
προσκαλεσάμενος τὸν κεντυρίωνα ἐπηρώτησεν αὐτὸν εἰ
habiendo llamado al centurión preguntó le si
πάλαι ἀπέθανε·
hacía mucho que murió.

45 καὶ γνοὺς ἀπὸ τοῦ κεντυρίωνος ἐδωρήσατο
Y sabiendo por el centurión entregó
τὸ σῶμα τῷ Ἰωσήφ.
el cuerpo a José.

---

209. La NU omite gritando.
210. Es decir, se maravilló de que hubiera muerto ya.

46 καὶ ἀγοράσας σινδόνα καὶ καθελὼν αὐτὸν ἐνείλησε
Y comprando sudario[211] y descendiendo lo envolvió

τῇ σινδόνι καὶ κατέθηκεν αὐτὸν ἐν μνημείῳ
en el sudario y puso lo en sepulcro

ὃ ἦν λελατομημένον ἐκ πέτρας, καὶ προσεκύλισε
que había sido excavado de roca, y rodó

λίθον ἐπὶ τὴν θύραν τοῦ μνημείου.
piedra sobre la puerta del sepulcro.

47 ἡ δὲ Μαρία ἡ Μαγδαληνὴ καὶ Μαρία ἡ Ἰωσῆ ἐθεώρουν
- - María la Magdalena y María la de José observaban

ποῦ τίθειαι.
donde es colocado.

16 1 Καὶ διαγενομένου τοῦ σαββάτου Μαρία ἡ Μαγδαληνὴ
Y habiendo pasado el sábado María la Magdalena

καὶ Μαρία ἡ τοῦ Ἰακώβου καὶ Σαλώμη ἠγόρασαν
y María la de Santiago y Salomé compraron

ἀρώματα ἵνα ἐλθοῦσαι ἀλείψωσιν αὐτόν.
aromas para que viniendo ungieran lo.

2 καὶ λίαν πρωῒ τῆς μιᾶς σαββάτων ἔρχονται ἐπὶ
Y muy temprano del primero de semana[212] vienen a

τὸ μνημεῖον, ἀνατείλαντος τοῦ ἡλίου.
el sepulcro, habiendo subido el sol.

3 καὶ ἔλεγον πρὸς ἑαυτάς· τίς ἀποκυλίσει ἡμῖν τὸν λίθον
Y decían unas a otras: ¿Quién rodará nos la piedra

ἐκ τῆς θύρας τοῦ μνημείου;
de la puerta del sepulcro?

4 καὶ ἀναβλέψασαι θεωροῦσιν ὅτι ἀποκεκύλισται
Y mirando hacia arriba ven que había sido rodada

ὁ λίθος· ἦν γὰρ μέγας σφόδρα.
la piedra. era Porque grande enormemente.

5 καὶ εἰσελθοῦσαι εἰς τὸ μνημεῖον εἶδον νεανίσκον
Y entrando en el sepulcro vieron a joven

καθήμενον ἐν τοῖς δεξιοῖς, περιβεβλημένον στολὴν λευκήν,
sentado en las derechas,[213] vestido con túnica blanca,

καὶ ἐξεθαμβήθησαν.
y se alarmaron.[214]

6 ὁ δὲ λέγει αὐταῖς· μὴ ἐκθαμβεῖσθε· Ἰησοῦν ζητεῖτε
- Entonces dice les: No os alarméis. A Jesús buscáis

τὸν Ναζαρηνὸν τὸν ἐσταυρωμένον· ἠγέρθη,
el nazareno el cruficicado. Fue levantado.[215]

οὐκ ἔστιν ὧδε· ἴδε ὁ τόπος ὅπου ἔθηκαν αὐτόν.
No está aquí. Mirad, el lugar donde colocaron lo.

7 ἀλλ' ὑπάγετε εἴπατε τοῖς μαθηταῖς αὐτοῦ καὶ τῷ Πέτρῳ
Pero id decid a los discípulos de él y a Pedro

ὅτι Προάγει ὑμᾶς εἰς τὴν Γαλιλαίαν· ἐκεῖ αὐτὸν ὄψεσθε,
que precede os a la Galilea. Allí lo veréis,

καθὼς εἶπεν ὑμῖν.
como dijo os.

46 El cual compró una sábana, y quitándole, le envolvió en la sábana, y le puso en un sepulcro que estaba cavado en una peña, y revolvió una piedra a la puerta del sepulcro. **47** Y María Magdalena, y María madre de José, miraban donde era puesto.

16 Y como pasó el sábado, María Magdalena, y María *madre* de Jacobo, y Salomé, compraron *drogas* aromáticas, para venir a ungirle. **2** Y muy de mañana, el primer *día* de la semana, vienen al sepulcro, *ya* salido el sol. **3** Y decían entre sí: ¿Quién nos revolverá la piedra de la puerta del sepulcro? **4** Y como miraron, ven la piedra revuelta; que era muy grande. **5** Y entradas en el sepulcro, vieron un mancebo sentado al lado derecho, cubierto de una larga ropa blanca; y se espantaron. **6** Más él les dice: No os asustéis: buscáis a Jesús Nazareno, el que fué crucificado; resucitado há, no está aquí; he aquí el lugar en donde le pusieron. **7** Mas id, decid a sus discípulos y a Pedro, que él va antes que vosotros a Galilea: allí le veréis, como os dijo.

---

211. O sábana.
212. Es decir, el primer día de la semana o domingo.
213. Es decir, al lado derecho.
214. O se angustiaron.
215. Es decir, ha sido resucitado.

8 Y ellas se fueron huyendo del sepulcro; porque las había tomado temblor y espanto; ni decían nada a nadie, porque tenían miedo.
9 Mas como Jesús resucitó por la mañana, el primer *día* de la semana, apareció primeramente a María Magdalena, de la cual había echado siete demonios.
10 Yendo ella, lo hizo saber a los que habían estado con él, *que estaban* tristes y llorando.
11 Y ellos como oyeron que vivía, y que había sido visto de ella, no lo creyeron.
12 Mas después apareció en otra forma a dos de ellos que iban caminando, yendo al campo.
13 Y ellos fueron, y lo hicieron saber a los otros; y ni aun a éllos creyeron.
14 Finalmente se apareció a los once mismos, estando sentados a la mesa, y censuróles su incredulidad y dureza de corazón, que no hubiesen creído a los que le habían visto resucitado.
15 Y les dijo: Id por todo el mundo; predicad el evangelio a toda criatura.

8 καὶ ἐξελθοῦσαι ἔφυγον ἀπὸ τοῦ μνημείου·
Y saliendo huyeron de el sepulcro.

εἶχε δὲ αὐτὰς τρόμος καὶ ἔκστασις, καὶ οὐδενὶ
tenía Sin embargo las temblor y admiración,[216] y a ninguno

οὐδὲν εἶπον· ἐφοβοῦντο γάρ.
nada dijeron, temían Porque.

9* Ἀναστὰς δὲ πρωῒ πρώτῃ σαββάτου
Levantándose[217] entonces temprano primero de semana[218]

ἐφάνη πρῶτον Μαρίᾳ τῇ Μαγδαληνῇ, ἀφ' ἧς
fue manifestado primero a María la Magdalena, de la que

ἐκβεβλήκει ἑπτὰ δαιμόνια.
había expulsado siete demonios.

10 ἐκείνη πορευθεῖσα ἀπήγγειλε τοῖς μετ' αὐτοῦ γενομένοις,
Aquella yendo anunció a los con él habiendo estado,

πενθοῦσι καὶ κλαίουσι·
afligidos y llorando.

11 κἀκεῖνοι ἀκούσαντες ὅτι ζῇ καὶ ἐθεάθη
Y aquellos oyendo que vive y era visto

ὑπ' αὐτῆς, ἠπίστησαν.
por ella, no creían.

12 Μετὰ δὲ ταῦτα δυσὶν ἐξ αὐτῶν περιπατοῦσιν ἐφανερώθη
Después de - esto a dos de ellos paseando fue manifestado

ἐν ἑτέρᾳ μορφῇ, πορευομένοις εἰς ἀγρόν.
en otra forma, yendo a campo.

13 κἀκεῖνοι ἀπελθόντες ἀπήγγειλαν τοῖς λοιποῖς·
Y aquellos regresando anunciaron a los restantes,

οὐδὲ ἐκείνοις ἐπίστευσαν.
ni a aquellos creyeron.

14 Ὕστερον ἀνακειμένοις αὐτοῖς τοῖς ἕνδεκα ἐφανερώθη,
Más tarde reclinados[219] ellos a los once fue manifestado,

καὶ ὠνείδισε τὴν ἀπιστίαν αὐτῶν καὶ σκληροκαρδίαν,
y reprendió la incredulidad de ellos y dureza de corazón,

ὅτι τοῖς θεασαμένοις αὐτὸν ἐγηγερμένον
porque a los viendo lo habiendo sido levantado[220]

οὐκ ἐπίστευσαν.
no creyeron.

15 καὶ εἶπεν αὐτοῖς· πορευθέντες εἰς τὸν κόσμον ἅπαντα
Y dijo les: Yendo por el mundo todo

κηρύξατε τὸ εὐαγγέλιον πάσῃ τῇ κτίσει.
proclamad el evangelio a toda la creación.

* La NU coloca entre paréntesis los versículos del 9 al 20 como si no formaran parte del evangelio de Marcos. Sin embargo, los argumentos en favor de la autenticidad de estos versículos son inmensos. Los incluyen las versiones latinas y siriacas, la gótica y las dos egipcias. Por añadidura, en todo el cristianismo oriental estos doce versículos – ni uno más ni uno menos – han sido desde el inicio y siguen siéndolo lectura de Pascua y del día de la Ascensión. Finalmente, aparecen citados en cuatro padres del s. II; en otros cuatro del s. III; no menos de diez en el s. IV; en cinco del s. V; en cuatro del s. VI; y en otros cuatro del s. VII.

---

216. Como en Marcos 5.42.
217. Es decir, resucitando.
218. Es decir, el primer día de la semana, el domingo.
219. Es decir, estando en la postura propia para comer.
220. Es decir, habiendo sido resucitado.

16 ὁ πιστεύσας καὶ βαπτισθεὶς σωθήσεται,
El creyendo y siendo bautizado será salvado,

ὁ δὲ ἀπιστήσας κατακριθήσεται.
el Sin embargo no creyendo será condenado.

17 σημεῖα δὲ τοῖς πιστεύσασι ταῦτα παρακολουθήσει·
Señales - a los que creyeron estas acompañarán.

ἐν τῷ ὀνόματί μου δαιμόνια ἐκβαλοῦσι,
En el nombre de mí demonios expulsarán,

γλώσσαις λαλήσουσι καιναῖς·
en lenguas hablarán nuevas.

18 ὄφεις ἀροῦσι· κἂν θανάσιμόν τι πίωσιν,
Serpientes[221] agarrarán. Y (cosa) mortal qué beban,

οὐ μὴ αὐτοὺς βλάψῃ· ἐπὶ ἀρρώστους χεῖρας
no de ninguna manera los dañará. Sobre enfermos manos

ἐπιθήσουσι, καὶ καλῶς ἕξουσιν.
impondrán, y bien tendrán.

19 Ὁ μὲν οὖν Κύριος μετὰ τὸ λαλῆσαι αὐτοῖς
el Así pues Señor después de hablar les

ἀνελήμφθη εἰς τὸν οὐρανὸν καὶ ἐκάθισεν
fue llevado a el cielo y se sentó

ἐκ δεξιῶν τοῦ Θεοῦ.
a derechas[222] de Dios.

20 ἐκεῖνοι δὲ ἐξελθόντες ἐκήρυξαν πανταχοῦ,
Aquellos sin embargo saliendo predicaron por todas partes,

τοῦ Κυρίου συνεργοῦντος καὶ τὸν λόγον
el Señor colaborando y la palabra

βεβαιοῦντος διὰ τῶν ἐπακολουθούντων σημείων. ἀμήν.
confirmando a través de las siguiendo señales.[223] Amén.

16 El que creyere y fuere bautizado, será salvo; mas el que no creyere, será condenado. **17** Y estas señales seguirán a los que creyeren: En mi nombre echarán fuera demonios; hablaran nuevas lenguas; **18** Quitarán serpientes, y si bebieren cosa mortífera, no les dañará; sobre los enfermos pondrán sus manos, y sanarán. **19** Y el Señor, después que les habló, fué recibido arriba en el cielo, y sentóse a la diestra de Dios. **20** Y ellos, saliendo, predicaron en todas partes, obrando con ellos el Señor, y confirmando la palabra con las señales que se seguían. Amen.

---

221. La NU añade en las manos.
222. Es decir, a la diestra.
223. Es decir, de las señales que los seguían.

EL SANTO EVANGELIO SEGÚN
SAN LUCAS

1

1 Habiendo muchos tentado a poner en orden la historia de las cosas que entre nosotros han sido ciertísimas,
2 Como nos lo enseñaron los que desde el principio lo vieron por sus ojos, y fueron ministros de la palabra;
3 Me ha parecido también a mí, después de haber entendido todas las cosas desde el principio con diligencia, escribírtelas por orden, oh muy buen Teófilo,
4 Para que conozcas la verdad de las cosas en las cuales has sido enseñado.
5 Hubo en los días de Herodes, rey de Judea, un sacerdote llamado Zacarías, de la suerte de Abías; y su mujer, de las hijas de Aarón, llamada Elisabet.
6 Y eran ambos justos delante de Dios, andando sin reprensión en todos los mandamientos y estatutos del Señor.
7 Y no tenían hijo, porque Elisabet era estéril, y ambos eran avanzados en días.
8 Y aconteció que ejerciendo Zacarías el sacerdocio delante de Dios por el orden de su vez,

1

1 Ἐπειδήπερ πολλοὶ ἐπεχείρησαν ἀνατάξασθαι διήγησιν
Puesto que muchos tomaron en sus manos ordenar narración

περὶ τῶν πεπληροφορημένων ἐν ἡμῖν πραγμάτων
sobre los cumplidos entre nosotros hechos,

2 καθὼς παρέδοσαν ἡμῖν οἱ ἀπ' ἀρχῆς αὐτόπται
como entregaron nos los desde principio testigos oculares

καὶ ὑπηρέται γενόμενοι τοῦ λόγου,
y asistentes llegados a ser de la palabra,

3 ἔδοξε κἀμοί, παρηκολουθηκότι ἄνωθεν πᾶσιν
pareció también a mí, habiendo seguido desde el principio todo

ἀκριβῶς, καθεξῆς σοι γράψαι, κράτιστε
cuidadosamente, ordenadamente a ti escribir, excelentísimo

Θεόφιλε,
Teófilo,

4 ἵνα ἐπιγνῷς περὶ ὧν κατηχήθης
para que conozcas acerca de las con que fuiste instruido

λόγων τὴν ἀσφάλειαν.
palabras la certeza.

5 Ἐγένετο ἐν ταῖς ἡμέραις Ἡρῴδου τοῦ βασιλέως τῆς Ἰουδαίας
Hubo en los días de Herodes el rey de Judea

ἱερεύς τις ὀνόματι Ζαχαρίας ἐξ ἐφημερίας Ἀβιά,
sacerdote cierto de nombre Zacarías de división de Abías,

καὶ ἡ γυνὴ αὐτοῦ ἐκ τῶν θυγατέρων Ἀαρών καὶ
y la mujer de él de las hijas de Aarón (era) y

τὸ ὄνομα αὐτῆς Ἐλισάβετ.
el nombre de ella Elisabet.[1]

6 ἦσαν δὲ δίκαιοι ἀμφότεροι ἐνώπιον τοῦ Θεοῦ,
Eran - justos ambos delante de Dios,

πορευόμενοι ἐν πάσαις ταῖς ἐντολαῖς
yendo en todos los mandamientos

καὶ δικαιώμασι τοῦ Κυρίου ἄμεμπτοι.
y prescripciones del Señor intachables.

7 καὶ οὐκ ἦν αὐτοῖς τέκνον, καθότι ἡ Ἐλισάβετ ἦν
Y no era para ellos hijo,[2] porque Elisabet era

στεῖρα καὶ ἀμφότεροι προβεβηκότες
estéril y ambos avanzados

ἐν ταῖς ἡμέραις αὐτῶν ἦσαν.
en los días de ellos estaban.

8 Ἐγένετο δὲ ἐν τῷ ἱερατεύειν αὐτὸν ἐν τῇ
Aconteció sin embargo en el servir como sacerdote él en el

τάξει τῆς ἐφημερίας αὐτοῦ ἔναντι τοῦ Θεοῦ,
orden de la división de él delante de Dios,

---

1. O Isabel.
2. Es decir, no tenían ningún hijo.

9 κατὰ τὸ ἔθος τῆς ἱερατείας ἔλαχε τοῦ
　 según la costumbre del sacerdocio obtuvo por suertes el
　 θυμιᾶσαι εἰσελθὼν εἰς τὸν ναὸν τοῦ Κυρίου,
　 quemar incienso entrando en el santuario del Señor.

10 καὶ πᾶν τὸ πλῆθος ἦν τοῦ λαοῦ προσευχόμενον
　 Y toda la multitud estaba del pueblo orando
　 ἔξω τῇ ὥρᾳ τοῦ θυμιάματος.
　 fuera en la hora del incienso.

11 ὤφθη δὲ αὐτῷ ἄγγελος Κυρίου ἑστὼς ἐκ δεξιῶν
　 Fue manifestado entonces a él ángel de Señor en pie a derecha
　 τοῦ θυσιαστηρίου τοῦ θυμιάματος.
　 del altar del incienso.

12 καὶ ἐταράχθη Ζαχαρίας ἰδών, καὶ φόβος
　 Y fue turbado Zacarías viendo, y temor
　 ἐπέπεσεν ἐπ' αὐτόν.
　 cayó sobre él.

13 εἶπε δὲ πρὸς αὐτὸν ὁ ἄγγελος· μὴ φοβοῦ, Ζαχαρία·
　 Dijo sin embargo a él el ángel: no temas, Zacarías.
　 διότι εἰσηκούσθη ἡ δέησίς σου, καὶ ἡ γυνή σου
　 porque fue escuchada la oración de ti, y la esposa de ti
　 Ἐλισάβετ γεννήσει υἱόν σοι, καὶ καλέσεις
　 Elisabet parirá hijo a ti, y llamarás
　 τὸ ὄνομα αὐτοῦ Ἰωάννην.
　 el nombre de él Juan.

14 καὶ ἔσται χαρά σοι καὶ ἀγαλλίασις, καὶ πολλοὶ ἐπὶ τῇ
　 Y habrá alegría para ti y exultación, y muchos por el
　 γεννήσει αὐτοῦ χαρήσονται.
　 nacimiento de él se alegrarán.

15 ἔσται γὰρ μέγας ἐνώπιον τοῦ Κυρίου, καὶ οἶνον
　 será Porque grande delante del Señor, y vino
　 καὶ σίκερα οὐ μὴ πίῃ, καὶ Πνεύματος
　 y bebida embriagante no en absoluto beberá, y de Espíritu
　 Ἁγίου πλησθήσεται ἔτι ἐκ κοιλίας μητρὸς αὐτοῦ,
　 Santo será llenado ya desde vientre de madre de él,

16 καὶ πολλοὺς τῶν υἱῶν Ἰσραὴλ ἐπιστρέψει
　 y a muchos de los hijos de Israel volverá
　 ἐπὶ Κύριον τὸν Θεὸν αὐτῶν.
　 a Señor el Dios de ellos.

17 καὶ αὐτὸς προελεύσεται ἐνώπιον αὐτοῦ ἐν πνεύματι
　 Y él mismo irá delante de él en espíritu
　 καὶ δυνάμει Ἠλίου, ἐπιστρέψαι καρδίας πατέρων
　 y poder de Elías, para volver corazones de padres
　 ἐπὶ τέκνα καὶ ἀπειθεῖς ἐν φρονήσει δικαίων,
　 a hijos y a desobedientes en prudencia de justos,
　 ἑτοιμάσαι Κυρίῳ λαὸν κατεσκευασμένον.
　 para preparar a Señor pueblo que ha sido plenamente preparado.

18 καὶ εἶπε Ζαχαρίας πρὸς τὸν ἄγγελον· κατὰ τί
　 Y dijo Zacarías a el ángel: ¿De acuerdo con qué
　 γνώσομαι τοῦτο; ἐγὼ γὰρ εἰμι πρεσβύτης καὶ ἡ γυνή μου
　 conoceré esto?[3] yo Porque soy anciano y la mujer de mí
　 προβεβηκυῖα ἐν ταῖς ἡμέραις αὐτῆς.
　 avanzada en los días de ella.

9Conforme a la costumbre del sacerdocio, salió en suerte a poner el incienso, entrando en el templo del Señor. **10**Y toda la multitud del pueblo estaba fuera orando a la hora del incienso. **11**Y se le apareció el ángel del Señor puesto en pie a la derecha del altar del incienso. **12**Y se turbó Zacarías viéndole, y cayó temor sobre él. **13**Mas el ángel le dijo: Zacarías, no temas; porque tu oración ha sido oída, y tu mujer Elisabet te parirá un hijo, y llamarás su nombre Juan. **14**Y tendrás gozo y alegría, y muchos se gozarán de su nacimiento. **15**Porque será grande delante de Dios, y no beberá vino ni sidra; y será lleno del Espíritu Santo, aun desde el seno de su madre. **16**Y a muchos de los hijos de Israel convertirá al Señor Dios de ellos. **17**Porque él irá delante de él con el espíritu y virtud de Elías, para convertir los corazones de los padres a los hijos, y los rebeldes a la prudencia de los justos, para aparejar al Señor un pueblo apercibido. **18**Y dijo Zacarías al ángel: ¿En qué conoceré esto? porque yo soy viejo, y mi mujer avanzada en días.

---

3. Es decir, ¿cómo conoceré esto...?

19Y respondiendo el ángel le dijo: Yo soy Gabriel, que estoy delante de Dios; y soy enviado a hablarte, y a darte estas buenas nuevas.
20Y he aquí estarás mudo y no podrás hablar, hasta el día que esto sea hecho, por cuanto no creíste a mis palabras, las cuales se cumplirán a su tiempo.
21Y el pueblo estaba esperando a Zacarías, y se maravillaban de que él se detuviese en el templo.
22Y saliendo, no les podía hablar: y entendieron que había visto visión en el templo: y él les hablaba por señas, y quedó mudo.
23Y fué, que cumplidos los días de su oficio, se vino a su casa.
24Y después de aquellos días concibió su mujer Elisabet, y se encubrió por cinco meses, diciendo:
25Porque el Señor me ha hecho así en los días en que miró para quitar mi afrenta entre los hombres.
26Y al sexto mes, el ángel Gabriel fué enviado de Dios a una ciudad de Galilea, llamada Nazaret,
27A una virgen desposada con un varón que se llamaba José, de la casa de David: y el nombre de la virgen era María.

19 καὶ ἀποκριθεὶς ὁ ἄγγελος εἶπεν αὐτῷ· ἐγώ εἰμι Γαβριὴλ
   Y respondiendo el ángel dijo le: Yo soy Gabriel
ὁ παρεστηκὼς ἐνώπιον τοῦ Θεοῦ, καὶ ἀπεστάλην
el que está   delante de Dios,   y fui enviado
λαλῆσαι πρὸς σε καὶ εὐαγγελίσασθαί σοι ταῦτα·
a hablar a   ti y dar buenas noticias a ti estas.

20 καὶ ἰδοὺ ἔσῃ σιωπῶν   καὶ μὴ δυνάμενος λαλῆσαι ἄχρι
   Y mira estarás guardando silencio y no pudiendo hablar hasta
ἧς ἡμέρας γένηται ταῦτα, ἀνθ' ὧν οὐκ ἐπίστευσας
el cual día suceda esto, a causa de que no creíste
τοῖς λόγοις μου, οἵτινες πληρωθήσονται
en las palabras de mí, que serán cumplidas
εἰς τὸν καιρὸν αὐτῶν.
a   el tiempo de ellas.

21 καὶ ἦν ὁ λαὸς προσδοκῶν τὸν Ζαχαρίαν, καὶ ἐθαύμαζον
   Y estaba el pueblo esperando a Zacarías,   y se maravillaban
ἐν τῷ χρονίζειν αὐτὸν ἐν τῷ ναῷ.
en el retrasarse él   en el santuario.

22 ἐξελθὼν δὲ   οὐκ ἠδύνατο λαλῆσαι αὐτοῖς,
   Saliendo sin embargo no podía hablar les,
καὶ ἐπέγνωσαν ὅτι ὀπτασίαν ἑώρακεν ἐν τῷ ναῷ·
y percibieron que visión había visto en el santuario.
καὶ αὐτὸς ἦν διανεύων αὐτοῖς, καὶ διέμενε κωφός.
Y éste estaba hablando por señas a ellos, y se quedaba mudo.

23 καὶ ἐγένετο ὡς ἐπλήσθησαν αἱ ἡμέραι τῆς
   Y sucedió cuando fueron cumplidos los días de la
λειτουργίας αὐτοῦ, ἀπῆλθεν εἰς τὸν οἶκον αὐτοῦ.
liturgia   de él, se fue   a la casa de él.

24 Μετὰ δὲ ταύτας τὰς ἡμέρας συνέλαβεν Ἐλισάβετ
   Después de - estos los días   concibió Elisabet
ἡ γυνὴ αὐτοῦ, καὶ περιέκρυβεν ἑαυτὴν
la mujer de él, y ocultó   a sí misma
μῆνας πέντε, λέγουσα
meses cinco, diciendo

25 ὅτι οὕτω μοι πεποίηκεν ὁ Κύριος ἐν ἡμέραις αἷς ἐπεῖδεν
   que así me ha hecho el Señor en días en que miró sobre (mí)
ἀφελεῖν τὸ ὄνειδός μου ἐν ἀνθρώποις.
para quitar la afrenta de mí entre hombres.

26 Ἐν δὲ   τῷ μηνὶ τῷ ἕκτῳ ἀπεστάλη ὁ ἄγγελος Γαβριὴλ
   en Sin embargo el mes el sexto fue enviado el ángel Gabriel
ὑπὸ τοῦ Θεοῦ εἰς πόλιν τῆς Γαλιλαίας ᾗ   ὄνομα Ναζαρὲτ,[4]
por   Dios a ciudad de Galilea   para la cual nombre Nazaret,

27 πρὸς παρθένον μεμνηστευμένην   ἀνδρὶ ᾧ
   a   virgen que había sido comprometida con hombre para el
ὄνομα   Ἰωσήφ, ἐξ οἴκου Δαυΐδ, καὶ τὸ ὄνομα
que nombre José,[5] de casa de David, y el nombre
τῆς παρθένου Μαριάμ.
de la virgen   (era) María.

---

4. Es decir, que tenía por nombre Nazaret.
5. Es decir, tenía por nombre o se llamaba José.

28 καὶ εἰσελθὼν ὁ ἄγγελος πρὸς αὐτὴν εἶπε· χαῖρε,
Y entrando el ángel a ella dijo: alégrate,
κεχαριτωμένη· ὁ Κύριος μετὰ σοῦ· εὐλογημένη
favorecida.[6] El Señor contigo. Bendita[7]
σὺ ἐν γυναιξίν.
tú entre mujeres.

29 ἡ δὲ ἰδοῦσα διεταράχθη ἐπὶ τῷ λόγῳ αὐτοῦ,
Ella sin embargo viendo[8] fue turbada por la palabra de él,
καὶ διελογίζετο ποταπὸς εἴη ὁ ἀσπασμὸς οὗτος.
y consideró qué fuera el saludo éste.

30 καὶ εἶπεν ὁ ἄγγελος αὐτῇ· μὴ φοβοῦ,
Y dijo el ángel a ella: no temas,
Μαριάμ· εὗρες γὰρ χάριν παρὰ τῷ Θεῷ.
María. encontraste Porque favor con Dios.

31 καὶ ἰδοὺ συλλήμψῃ ἐν γαστρὶ καὶ τέξῃ υἱόν,
Y mira concebirás en vientre y parirás hijo,
καὶ καλέσεις τὸ ὄνομα αὐτοῦ Ἰησοῦν.
y llamarás el nombre de él Jesús.

32 οὗτος ἔσται μέγας καὶ υἱὸς ὑψίστου κληθήσεται,
Éste será grande e hijo de Altísimo será llamado,
καὶ δώσει αὐτῷ Κύριος ὁ Θεὸς τὸν θρόνον
y dará le Señor Dios el trono
Δαυῒδ τοῦ πατρὸς αὐτοῦ,
de David el Padre de él,

33 καὶ βασιλεύσει ἐπὶ τὸν οἶκον Ἰακὼβ εἰς τοὺς αἰῶνας,
y reinará sobre la casa de Jacob para las edades,
καὶ τῆς βασιλείας αὐτοῦ οὐκ ἔσται τέλος.
y del reino de él no habrá fin.

34 εἶπε δὲ Μαριὰμ πρὸς τὸν ἄγγελον·
Dijo entonces María a el ángel.
πῶς ἔσται τοῦτο, ἐπεὶ ἄνδρα οὐ γινώσκω;
¿Cómo será esto, porque varón no conozco?

35 καὶ ἀποκριθεὶς ὁ ἄγγελος εἶπεν αὐτῇ· Πνεῦμα Ἅγιον
Y respondiendo el ángel dijo le: Espíritu Santo
ἐπελεύσεται ἐπὶ σέ, καὶ δύναμις ὑψίστου ἐπισκιάσει
descenderá sobre ti, y poder de Altísimo cubrirá con su sombra
σοι· διὸ καὶ τὸ γεννώμενον ἅγιον κληθήσεται υἱὸς Θεοῦ.
a ti. Por esto también lo nacido santo será llamado Hijo de Dios.

36 καὶ ἰδοὺ Ἐλισάβετ ἡ συγγενίς σου καὶ αὐτὴ
Y mira Elisabet la pariente de ti también ella
συνείληφυῖα υἱὸν ἐν γήρει αὐτῆς, καὶ οὗτος μὴν
habiendo concebido[9] hijo en ancianidad de ella, y este mes
ἕκτος ἐστὶν αὐτῇ τῇ καλουμένῃ στείρᾳ·
sexto es para ella la llamada estéril,

37 ὅτι οὐκ ἀδυνατήσει παρὰ τῷ Θεοῦ πᾶν ῥῆμα.
porque no será imposible con Dios todo dicho,[10]

28Y entrando el ángel a donde estaba, dijo, ¡Salve, muy favorecida! el Señor es contigo: bendita tú entre las mujeres.
29Mas ella, cuando le vió, se turbó de sus palabras, y pensaba qué salutación fuese ésta.
30Entonces el ángel le dijo: María, no temas, porque has hallado gracia cerca de Dios.
31Y he aquí, concebirás en tu seno, y parirás un hijo, y llamarás su nombre JESUS.
32Este será grande, y será llamado Hijo del Altísimo: y le dará el Señor Dios el trono de David su padre:
33Y reinará en la casa de Jacob por siempre; y de su reino no habrá fin.
34Entonces María dijo al ángel: ¿Cómo será esto? porque no conozco varón.
35Y respondiendo el ángel le dijo: El Espíritu Santo vendrá sobre ti, y la virtud del Altísimo te hará sombra; por lo cual también lo Santo que nacerá, será llamado Hijo de Dios.
36Y he aquí, Elisabet tu parienta, también ella ha concebido hijo en su vejez; y este es el sexto mes a ella que es llamada la estéril:
37Porque ninguna cosa es imposible para Dios.

---

6. La misma clase de favor es aplicada a todos los creyentes sin excepción en Efesios 1.6. No existe pues una referencia de favor especial para María.
7. La NU omite desde bendita hasta el final del versículo.
8. La NU omite viendo.
9. La NU sustituye por concibió.
10. Es decir, porque nada de lo que se dice será imposible para Dios.

38Entonces María dijo: He aquí la sierva del Señor; hágase a mí conforme a tu palabra. Y el ángel partió de ella.
39En aquellos días levantándose María, fué a la montaña con priesa, a una ciudad de Judá;
40Y entró en casa de Zacarías, y saludó a Elisabet.
41Y aconteció, que como oyó Elisabet la salutación de María, la criatura saltó en su vientre; y Elisabet fué llena del Espíritu Santo,
42Y exclamó a gran voz, y dijo. Bendita tú entre las mujeres, y bendito el fruto de tu vientre.
43¿Y de dónde esto a mí, que la madre de mi Señor venga a mí?
44Porque he aquí, como llegó la voz de tu salutación a mis oídos, la criatura saltó de alegría en mi vientre.
45Y bienaventurada la que creyó, porque se cumplirán las cosas que le fueron dichas de parte del Señor.
46 Entonces María dijo: Engrandece mi alma al Señor;
47 Y mi espíritu se alegró en Dios mi Salvador,

38 εἶπε δὲ   Μαριάμ· ἰδοὺ ἡ δούλη Κυρίου·   γένοιτό μοι
   Dijo entonces María: mira la sierva de Señor.   Hágase en mí
   κατὰ τὸ ῥῆμά σου.   καὶ ἀπῆλθεν
   según el dicho de ti.   Y se marchó
   ἀπ' αὐτῆς ὁ ἄγγελος.
   de ella   el ángel.

39 Ἀναστᾶσα   δὲ   Μαριὰμ ἐν ταῖς ἡμέραις ταύταις ἐπορεύθη
   Levantándose entonces María en los días   estos fue
   εἰς τὴν ὀρεινὴν   μετὰ σπουδῆς εἰς πόλιν Ἰούδα,
   a la montañosa (región) con rapidez a ciudad de Judá.

40 καὶ εἰσῆλθεν εἰς τὸν οἶκον Ζαχαρίου
   Y   entró   en la casa de Zacarías
   καὶ ἠσπάσατο τὴν Ἐλισάβετ.
   y   saludó   a Elisabet.

41 καὶ ἐγένετο   ὡς   ἤκουσεν ἡ Ἐλισάβετ τὸν ἀσπασμὸν τῆς
   Y aconteció cuando escuchó Elisabet el saludo   de
   Μαρίας, ἐσκίρτησε τὸ βρέφος ἐν τῇ κοιλίᾳ αὐτῆς·
   María, saltó   el niño   en el vientre de ella.
   καὶ ἐπλήσθη Πνεύματος Ἁγίου ἡ Ἐλισάβετ
   Y fue llena de Espíritu Santo Elisabet.

42 καὶ ἀνεφώνησε φωνῇ   μεγάλῃ καὶ εἶπεν· εὐλογημένη σὺ
   Y   gritó   con voz grande y dijo: bendita   tú
   ἐν   γυναιξὶ καὶ εὐλογημένος ὁ καρπὸς τῆς κοιλίας σου.
   entre mujeres y bendito   el fruto   del vientre de ti.

43 καὶ πόθεν   μοι τοῦτο ἵνα ἔλθῃ ἡ μήτηρ τοῦ Κυρίου μου
   Y ¿de dónde a mí esto[11] que venga la madre del Señor de mí
   πρός με;
   a mí?

44 ἰδοὺ γὰρ   ὡς   ἐγένετο ἡ φωνὴ τοῦ ἀσπασμοῦ σου
   mira Porque cuando resultó[12] la voz del saludo   de ti
   εἰς τὰ ὦτά μου, ἐσκίρτησεν ἐν ἀγαλλιάσει
   a los oídos de mí, saltó   de alegría
   τὸ βρέφος ἐν τῇ κοιλίᾳ μου.
   el niño   en el vientre de mí.

45 καὶ μακαρία ἡ πιστεύσασα ὅτι ἔσται τελείωσις
   Y   feliz   la que creyó que habrá cumplimiento
   τοῖς   λελαλημένοις αὐτῇ παρὰ Κυρίου.
   para lo hablado   a ella de Señor.

46 Καὶ εἶπε Μαριάμ·
   Y   dijo María:

47 μεγαλύνει ἡ ψυχή μου τὸν Κύριον καὶ ἠγαλλίασε τὸ πνεῦμά μου
   Engrandece el alma de mí al Señor y exulta   el espíritu de mí
   ἐπὶ τῷ Θεῷ τῷ σωτῆρί μου,
   en Dios el salvador de mí,

---
11. Es decir, ¿cómo me puede suceder que...?
12. Es decir, llegó a mis oídos...

48 ὅτι ἐπέβλεψεν ἐπὶ τὴν ταπείνωσιν τῆς δούλης αὐτοῦ.
porque miró sobre la bajeza de la esclava de él.

ἰδοὺ γὰρ ἀπὸ τοῦ νῦν μακαριοῦσί με πᾶσαι αἱ
mira Porque desde el ahora llamarán dichosa a mí todas las

γενεαί·
generaciones,

49 ὅτι ἐποίησέ μοι μεγαλεῖα¹³ ὁ δυνατός καὶ ἅγιον
porque hizo a mí grandezas¹³ el poderoso y santo (es)

τὸ ὄνομα αὐτοῦ,
el nombre de él.

50 καὶ τὸ ἔλεος αὐτοῦ εἰς γενεὰς γενεῶν
Y la misericordia de él para generaciones de generaciones

τοῖς φοβουμένοις αὐτόν.
para los que temen lo.

51 Ἐποίησε κράτος ἐν βραχίονι αὐτοῦ· διεσκόρπισεν ὑπερηφάνους
Hizo poder con brazo de él. Dispersó a altivos

διανοίᾳ καρδίας αὐτῶν·
en inteligencia de corazón¹⁴ de ellos.

52 καθεῖλε δυνάστας ἀπὸ θρόνων καὶ ὕψωσε ταπεινούς,
Derribó gobernantes de tronos y exaltó a humildes,

53 πεινῶντας ἐνέπλησεν ἀγαθῶν καὶ πλουτοῦντας
a hambrientos llenó de bienes y a siendo ricos

ἐξαπέστειλε κενούς.
envió vacíos.

54 ἀντελάβετο Ἰσραὴλ παιδὸς αὐτοῦ μνησθῆναι ἐλέους,
Ayudó¹⁵ a Israel siervo de él para ser recordada misericordia,

55 καθὼς ἐλάλησε πρὸς τοὺς πατέρας ἡμῶν,
como habló a los padres de nosotros,

τῷ Ἀβραὰμ καὶ τῷ σπέρματι αὐτοῦ εἰς τὸν αἰῶνα.
a Abraham y a la semilla¹⁶ de él para la era.

56 Ἔμεινε δὲ Μαριὰμ σὺν αὐτῇ ὡσεὶ μῆνας τρεῖς
Permaneció entonces María con ella como meses tres

καὶ ὑπέστρεψεν εἰς τὸν οἶκον αὐτῆς.
y regresó a la casa de ella.

57 Τῇ δὲ Ἐλισάβετ ἐπλήσθη ὁ χρόνος τοῦ τεκεῖν αὐτήν,
a Entonces Elisabet fue cumplido el tiempo del parir ella,

καὶ ἐγέννησεν υἱόν.
y parió hijo.

58 καὶ ἤκουσαν οἱ περίοικοι καὶ οἱ συγγενεῖς αὐτῆς
Y escucharon los vecinos y los parientes de ella

ὅτι ἐμεγάλυνε Κύριος τὸ ἔλεος αὐτοῦ μετ' αὐτῆς,
que engrandeció Señor la misericordia de Él con ella,

καὶ συνέχαιρον αὐτῇ.
y se co-alegraron con ella.

59 Καὶ ἐγένετο ἐν τῇ ὀγδόῃ ἡμέρᾳ, ἦλθον περιτεμεῖν
Y sucedió en el octavo día, vinieron a circuncidar

τὸ παιδίον καὶ ἐκάλουν αὐτὸ ἐπὶ τῷ ὀνόματι
al niño y llamaban lo por el nombre

τοῦ πατρὸς αὐτοῦ Ζαχαρίαν.
del padre de él Zacarías.

48 Porque ha mirado a la bajeza de su criada;
Porque he aquí, desde ahora me dirán bienaventurada todas las generaciones.
49 Porque me ha hecho grandes cosas el Poderoso;
Y santo es su nombre.
50 Y su misericordia de generación a generación
A los que le temen.
51 Hizo valentía con su brazo:
Esparció los soberbios del pensamiento de su corazón.
52 Quitó los poderosos de los tronos,
Y levantó a los humildes.
53 A los hambrientos hinchió de bienes;
Y a los ricos envió vacíos.
54 Recibió a Israel su siervo,
Acordándose de la misericordia.
55 Como habló a nuestros padres
A Abraham y a su simiente para siempre.
56 Y se quedó María con ella como tres meses: después se volvió a su casa.
57 Y a Elisabet se le cumplió el tiempo de parir, y parió un hijo.
58 Y oyeron los vecinos y los parientes que Dios había hecho con ella grande misericordia, y se alegraron con ella.
59 Y aconteció, que al octavo día vinieron para circuncidar al niño; y le llamaban del nombre de su padre, Zacarías.

---

13. La NU sustituye por grandes cosas.
14. Es decir, a aquellos que en su corazón piensan que son importantes.
15. O Protegió.
16. Es decir, la descendencia.

60 Y respondiendo su madre, dijo: No; sino Juan será llamado.
61 Y le dijeron: ¿Por qué? nadie hay en tu parentela que se llame de este nombre.
62 Y hablaron por señas a su padre, cómo le quería llamar.
63 Y demandando la tablilla, escribió, diciendo: Juan es su nombre. Y todos se maravillaron.
64 Y luego fué abierta su boca y su lengua, y habló bendiciendo a Dios.
65 Y fué un temor sobre todos los vecinos de ellos; y en todas las montañas de Judea fueron divulgadas todas estas cosas.
66 Y todos los que las oían, las conservaban en su corazón, diciendo: ¿Quién será este niño? Y la mano del Señor estaba con él.
67 Y Zacarías su padre fué lleno de Espíritu Santo, y profetizó, diciendo:
68 Bendito el Señor Dios de Israel,
Que ha visitado y hecho redención a su pueblo,
69 Y nos alzó un cuerno de salvación
En la casa de David su siervo,
70 Como habló por boca de sus santos profetas que fueron desde el principio:

60 καὶ ἀποκριθεῖσα ἡ μήτηρ αὐτοῦ εἶπεν· οὐχί,
y respondiendo la madre de él dijo: no,
ἀλλὰ κληθήσεται Ἰωάννης.
sino que será llamado Juan.

61 καὶ εἶπον πρὸς αὐτὴν ὅτι οὐδείς ἐστιν ἐν τῇ συγγενείᾳ σου
y dijeron a ella que ninguno hay en la parentela[17] de ti
ὃς καλεῖται τῷ ὀνόματι τούτῳ.
que se llame con el nombre este.

62 ἐνένευον δὲ τῷ πατρὶ αὐτοῦ τὸ τί ἂν θέλοι
Hicieron señas entonces al padre de él lo que deseara
καλεῖσθαι αὐτόν.
ser llamado él.[18]

63 καὶ αἰτήσας πινακίδιον ἔγραψε λέγων· Ἰωάννης ἐστὶ
Y habiendo pedido tablilla[19] escribió diciendo: Juan es
τὸ ὄνομα αὐτοῦ· καὶ ἐθαύμασαν πάντες.
el nombre de él. Y se maravillaron todos.

64 ἀνεῴχθη δὲ τὸ στόμα αὐτοῦ παραχρῆμα καὶ ἡ
Fue abierta entonces la boca de él inmediatamente y la
γλῶσσα αὐτοῦ, καὶ ἐλάλει εὐλογῶν τὸν Θεόν.
lengua de él, y hablaba bendiciendo a Dios.

65 καὶ ἐγένετο ἐπὶ πάντας φόβος τοὺς περιοικοῦντας αὐτούς,
Y aconteció sobre todos miedo los viviendo alrededor de ellos,
καὶ ἐν ὅλῃ τῇ ὀρεινῇ τῆς Ἰουδαίας διελαλεῖτο
y en toda la montañosa (región) de la Judea eran discutidos
πάντα τὰ ῥήματα ταῦτα,
todos los dichos éstos.

66 καὶ ἔθεντο πάντες οἱ ἀκούσαντες ἐν τῇ καρδίᾳ αὐτῶν
Y pusieron todos los que oyeron en el corazón de ellos
λέγοντες· τί ἄρα τὸ παιδίον τοῦτο ἔσται;
diciendo: ¿Qué por lo tanto el niño éste será?
καὶ χεὶρ κυρίου ἦν μετ' αὐτοῦ.
Y mano de Señor estaba con él.

67 Καὶ Ζαχαρίας ὁ πατὴρ αὐτοῦ ἐπλήσθη
Y Zacarías el padre de él fue llenado
Πνεύματος Ἁγίου καὶ ἐπροφήτευσε λέγων·
de Espíritu Santo y profetizó diciendo:

68 Εὐλογητὸς Κύριος, ὁ Θεὸς τοῦ Ἰσραήλ,
Bendito Señor, el Dios de Israel,
ὅτι ἐπεσκέψατο καὶ ἐποίησε λύτρωσιν τῷ λαῷ αὐτοῦ,
porque visitó e hizo redención al pueblo de él.

69 καὶ ἤγειρε κέρας σωτηρίας ἡμῖν
Y alzó cuerno de salvación para nosotros
ἐν τῷ οἴκῳ Δαυΐδ τοῦ παιδὸς αὐτοῦ,
en la casa de David el siervo de él,

70 καθὼς ἐλάλησε διὰ στόματος τῶν ἁγίων,
como habló por boca de los santos,
τῶν ἀπ' αἰῶνος προφητῶν αὐτοῦ,
de los desde era[20] profetas de él,

---

17. La NU sustituye por de la parentela de ti.
18. Es decir, que nombre deseaba que le pusieran.
19. Se refiere a las tablillas utilizadas para escribir en ellas.
20. Es decir, desde hace mucho tiempo, desde hace tiempo inmemorial o desde el comienzo de la era.

71 σωτηρίαν ἐξ ἐχθρῶν ἡμῶν καὶ ἐκ χειρὸς salvación de enemigos de nosotros y de mano πάντων τῶν μισούντων ἡμᾶς, de todos los que odian nos, 72 ποιῆσαι ἔλεος μετὰ τῶν πατέρων ἡμῶν para hacer misericordia con los padres de nosotros καὶ μνησθῆναι διαθήκης ἁγίας αὐτοῦ, y recordar pacto santo de él, 73 ὅρκον ὃν ὤμοσε πρὸς Ἀβραὰμ τὸν πατέρα ἡμῶν, juramento que juró a Abraham el padre de nosotros, τοῦ δοῦναι ἡμῖν el dar nos 74 ἀφόβως, ἐκ χειρὸς τῶν ἐχθρῶν ἡμῶν sin temor, de mano de los enemigos de nosotros ῥυσθέντας, λατρεύειν αὐτῷ habiendo sido rescatados, adorar a él 75 ἐν ὁσιότητι καὶ δικαιοσύνῃ ἐνώπιον αὐτοῦ en santidad y justicia delante de él πάσαις τὰς ἡμέρας τῆς ζωῆς ἡμῶν. en todos los días de la vida de nosotros. 76 Καὶ σύ, παιδίον, προφήτης ὑψίστου κληθήσῃ· Y tú, niño, profeta de Altísimo serás llamado. προπορεύσῃ γὰρ πρὸ προσώπου Κυρίου²¹ irás Porque delante de rostro de Señor²¹ ἑτοιμάσαι ὁδοὺς αὐτοῦ, para preparar caminos de Él, 77 τοῦ δοῦναι γνῶσιν σωτηρίας τῷ λαῷ αὐτοῦ, el dar conocimiento de salvación al pueblo de él, ἐν ἀφέσει ἁμαρτιῶν αὐτῶν con perdón de pecados de ellos 78 διὰ σπλάγχνα ἐλέους Θεοῦ ἡμῶν, ἐν οἷς por entrañas de misericordia de Dios de nosotros, con las que ἐπεσκέψατο ἡμᾶς ἀνατολὴ ἐξ ὕψους, visitó²² nos aurora de altura, 79 ἐπιφᾶναι τοῖς ἐν σκότει καὶ σκιᾷ θανάτου para iluminar a los en oscuridad y en sombra de muerte καθημένοις, τοῦ κατευθῦναι τοὺς πόδας ἡμῶν εἰς sentados, para el guiar los pies de nosotros a ὁδὸν εἰρήνης. camino de paz. 80 Τὸ δὲ παιδίον ηὔξανε καὶ ἐκραταιοῦτο πνεύματι, el Entonces niño crecía y se fortalecía en espíritu, καὶ ἦν ἐν ταῖς ἐρήμοις ἕως ἡμέρας ἀναδείξεως y estaba en los desiertos hasta día de manifestación αὐτοῦ πρὸς τὸν Ἰσραήλ. de él a Israel.	71 Salvación de nuestros enemigos, y de mano de todos los que nos aborrecieron; 72 Para hacer misericordia con nuestros padres, Y acordándose de su santo pacto; 73 Del juramento que juró a Abraham nuestro padre, Que nos había de dar, 74 Que sin temor librados de nuestros enemigos, Le serviríamos 75 En santidad y en justicia delante de él, todos los días nuestros. 76 Y tú, niño, profeta del Altísimo serás llamado; Porque irás ante la faz del Señor, para aparejar sus caminos; 77 Dando conocimiento de salud a su pueblo, Para remisión de sus pecados, 78 Por las entrañas de misericordia de nuestro Dios, Con que nos visitó de lo alto el Oriente, 79 Para dar luz a los que habitan en tinieblas y en sombra de muerte; Para encaminar nuestros pies por camino de paz. **80** Y el niño crecía, y se fortalecía en espíritu: y estuvo en los desiertos hasta el día que se mostró a Israel.

---

21. La NU sustituye por delante del Señor.
22. La NU sustituye por visitará.

2

1 Y aconteció en aquellos días que salió edicto de parte de Augusto César, que toda la tierra fuese empadronada.
2 Este empadronamiento primero fué hecho siendo Cirenio gobernador de la Siria.
3 E iban todos para ser empadronados, cada uno a su ciudad.
4 Y subió José de Galilea, de la ciudad de Nazaret, a Judea, a la ciudad de David, que se llama Bethlehem, por cuanto era de la casa y familia de David;
5 Para ser empadronado con María su mujer, desposada con él, la cual estaba encinta.
6 Y aconteció que estando ellos allí, se cumplieron los días en que ella había de parir.
7 Y parió a su hijo primogénito, y le envolvió en pañales, y acostóle en un pesebre, porque no había lugar para ellos en el mesón.
8 Y había pastores en la misma tierra, que velaban y guardaban las vigilias de la noche sobre su ganado.
9 Y he aquí el ángel del Señor vino sobre ellos, y la claridad de Dios los cercó de resplandor; y tuvieron gran temor.
10 Mas el ángel les dijo: No temáis; porque he aquí os doy nuevas de gran gozo, que será para todo el pueblo:

2

1 Ἐγένετο δὲ ἐν ταῖς ἡμέραις ἐκείναις ἐξῆλθε
Aconteció entonces en los días aquellos salió
δόγμα παρὰ Καίσαρος Αὐγούστου ἀπογράφεσθαι
decreto de César Augusto para ser censada
πᾶσαν τὴν οἰκουμένην.
toda la habitada (tierra).

2 αὕτη ἡ ἀπογραφὴ πρώτη ἐγένετο ἡγεμονεύοντος
Éste el censo primero aconteció gobernando
τῆς Συρίας Κυρηνίου.
la Siria Quirinio.

3 καὶ ἐπορεύοντο πάντες ἀπογράφεσθαι,
Y viajaron todos para ser censados,
ἕκαστος εἰς τὴν ἰδίαν πόλιν.
cada uno a la propia ciudad.

4 ἀνέβη δὲ καὶ Ἰωσὴφ ἀπὸ τῆς Γαλιλαίας ἐκ πόλεως Ναζαρὲτ
Subió entonces también José de la Galilea de ciudad Nazaret
εἰς τὴν Ἰουδαίαν εἰς πόλιν Δαυΐδ, ἥτις καλεῖται
a la Judea a ciudad David, que se llama
Βηθλέεμ, διὰ τὸ εἶναι αὐτὸν ἐξ οἴκου καὶ πατριᾶς Δαυΐδ,
Belén, por ser él de casa y familia de David,

5 ἀπογράψασθαι σὺν Μαριὰμ τῇ μεμνηστευμένῃ
para censarse con María la que había sido desposada
αὐτῷ γυναικί, οὔσῃ ἐγκύῳ.
con él mujer,[23] estando embarazada.

6 ἐγένετο δὲ ἐν τῷ εἶναι αὐτοὺς ἐκεῖ ἐπλήσθησαν
Aconteció entonces en el estar ellos allí fueron completados
αἱ ἡμέραι τοῦ τεκεῖν αὐτήν,
los días del parir ella,

7 καὶ ἔτεκε τὸν υἱὸν αὐτῆς τὸν πρωτότοκον, καὶ ἐσπαργάνωσεν
y parió al hijo de ella el primogénito, y envolvió
αὐτὸν καὶ ἀνέκλινεν αὐτὸν ἐν φάτνῃ,
lo y puso lo en pesebre,
διότι οὐκ ἦν αὐτοῖς τόπος ἐν τῷ καταλύματι.
porque no había para ellos lugar en la posada.

8 Καὶ ποιμένες ἦσαν ἐν τῇ χώρᾳ τῇ αὐτῇ ἀγραυλοῦντες
Y pastores estaban en la región la misma viviendo en los campos
καὶ φυλάσσοντες φυλακὰς τῆς νυκτὸς
y vigilando vigilias de la noche
ἐπὶ τὴν ποίμνην αὐτῶν.
sobre el rebaño de ellos.

9 καὶ ἄγγελος Κυρίου ἐπέστη αὐτοῖς καὶ δόξα Κυρίου
Y ángel de Señor apareció delante de ellos y gloria de Señor
περιέλαμψεν αὐτούς, καὶ ἐφοβήθησαν φόβον μέγαν.
brilló alrededor de ellos, y temieron miedo grande.

10 καὶ εἶπεν αὐτοῖς ὁ ἄγγελος· μὴ φοβεῖσθε· ἰδοὺ γὰρ εὐαγγελίζομαι
Y dijo les el ángel: no temáis, mira Porque anuncio
ὑμῖν χαρὰν μεγάλην, ἥτις ἔσται παντὶ τῷ λαῷ,
a vosotros alegría grande, que será para todo el pueblo,

---

23. La NU omite mujer.

11 ὅτι ἐτέχθη ὑμῖν σήμερον σωτὴρ, ὅς ἐστι
porque fue nacido a vosotros hoy   salvador, que es
Χριστὸς Κύριος, ἐν πόλει   Δαυῖδ.
Mesías   Señor,   en ciudad de David.

12 καὶ τοῦτο ὑμῖν   τὸ σημεῖον· εὑρήσετε   βρέφος
Y esta para vosotros la señal. Encontraréis bebé
ἐσπαργανωμένον, κείμενον ἐν φάτνῃ.
envuelto,   yaciendo en pesebre.

13 καὶ ἐξαίφνης   ἐγένετο σὺν τῷ ἀγγέλῳ πλῆθος στρατιᾶς
Y repentinamente aconteció con el ángel multitud de ejército
οὐρανίου αἰνούντων τὸν Θεὸν καὶ λεγόντων·
celestial alabando a   Dios y diciendo:

14 δόξα ἐν ὑψίστοις Θεῷ   καὶ ἐπὶ γῆς   εἰρήνη,
Gloria en alturas a Dios y sobre tierra paz,
ἐν ἀνθρώποις εὐδοκία.
entre hombres benevolencia²⁴, ²⁵ (haya).

15 Καὶ ἐγένετο ὡς   ἀπῆλθον ἀπ' αὐτῶν εἰς τὸν οὐρανὸν
Y aconteció cuando se fueron de ellos a el cielo
οἱ ἄγγελοι, καὶ οἱ ἄνθρωποι οἱ ποιμένες   εἶπον
los ángeles, y los hombres²⁶ los pastores dijeron
πρὸς ἀλλήλους· διέλθωμεν δὴ   ἕως Βηθλέεμ
unos a otros: Vayamos entonces hasta Belén
καὶ ἴδωμεν τὸ ῥῆμα τοῦτο τὸ γεγονὸς,
y veamos el dicho este   el acontecido,
ὃ   ὁ κύριος ἐγνώρισεν ἡμῖν.
el que el Señor dio a conocer a nosotros.

16 καὶ ἦλθον σπεύσαντες,   καὶ ἀνεῦρον τήν
Y vinieron habiéndose apresurado, y encontraron -
τε Μαριὰμ καὶ τὸν Ἰωσὴφ καὶ τὸ βρέφος²⁷ κείμενον
tanto a María como a José y al bebé   yaciendo
ἐν τῇ φάτνῃ.
en el pesebre.

17 ἰδόντες δὲ   διεγνώρισαν   περὶ τοῦ ῥήματος τοῦ
Viendo entonces dieron a conocer²⁸ acerca del dicho el que
λαληθέντος   αὐτοῖς περὶ τοῦ παιδίου τούτου·
había sido hablado a ellos acerca del niño este.

18 καὶ πάντες οἱ ἀκούσαντες ἐθαύμασαν   περὶ τῶν
Y todos los que habían oído se maravillaron de lo
λαληθέντων ὑπὸ τῶν ποιμένων πρὸς αὐτούς·
hablado   por los pastores a   ellos.

19 ἡ δὲ   Μαριὰμ πάντα συνετήρει τὰ ῥήματα ταῦτα
- Sin embargo María todos conservaba los dichos estos
συμβάλλουσα ἐν τῇ καρδίᾳ αὐτῆς.
considerando en el corazón de ella.

11Que os ha nacido hoy, en la ciudad de David, un Salvador, que es CRISTO el Señor.
12Y esto os será por señal: hallaréis al niño envuelto en pañales, echado en un pesebre.
13Y repentinamente fué con el ángel una multitud de los ejércitos celestiales, que alababan a Dios, y decían:
14Gloria en las alturas a Dios, Y en la tierra paz, buena voluntad para con los hombres.
15Y aconteció que como los ángeles se fueron de ellos al cielo, los pastores dijeron los unos a los otros: Pasemos pues hasta Bethlehem, y veamos esto que ha sucedido, que el Señor nos ha manifestado.
16Y vinieron apriesa, y hallaron a María, y a José, y al niño acostado en el pesebre.
17Y viéndolo, hicieron notorio lo que les había sido dicho del niño.
18Y todos los que oyeron, se maravillaron de lo que los pastores les decían.
19Mas María guardaba todas estas cosas, confiriéndolas en su corazón.

---

24. O buena voluntad.
25. La NU lee de benevolencia.
26. La NU suprime y los hombres.
27. El término se utiliza para designar a un recién nacido.
28. La NU sustituye por hicieron conocido.

20 Y se volvieron los pastores glorificando y alabando a Dios de todas las cosas que habían oído y visto, como les había sido dicho.
21 Y pasados los ocho días para circuncidar al niño, llamaron su nombre JESÚS; el cual le fué puesto por el ángel antes que él fuese concebido en el vientre.
22 Y como se cumplieron los días de la purificación de ella, conforme a la ley de Moisés, le trajeron a Jerusalem para presentarle al Señor,
23 (Como está escrito en la ley del Señor: Todo varón que abriere la matriz, será llamado santo al Señor),
24 Y para dar la ofrenda, conforme a lo que está dicho en la ley del Señor: un par de tórtolas, o dos palominos.
25 Y he aquí, había un hombre en Jerusalem, llamado Simeón, y este hombre, justo y pío, esperaba la consolación de Israel: y el Espíritu Santo era sobre él.
26 Y había recibido respuesta del Espíritu Santo, que no vería la muerte antes que viese al Cristo del Señor.
27 Y vino por Espíritu al templo. Y cuando metieron al niño Jesús sus padres en el templo, para hacer por él conforme a la costumbre de la ley,
28 Entonces él le tomó en sus brazos, y bendijo a Dios, y dijo:

20 καὶ ὑπέστρεψαν οἱ ποιμένες δοξάζοντες καὶ αἰνοῦντες
Y regresaron los pastores glorificando y alabando
τὸν Θεὸν ἐπὶ πᾶσιν οἷς ἤκουσαν καὶ εἶδον
a Dios por todo lo que escucharon y vieron
καθὼς ἐλαλήθη πρὸς αὐτούς.
como fue hablado a ellos.

21 Καὶ ὅτε ἐπλήσθησαν ἡμέραι ὀκτὼ τοῦ περιτεμεῖν
Y cuando fueron completados días ocho para circuncidar
τὸ παιδίον, καὶ ἐκλήθη τὸ ὄνομα αὐτοῦ Ἰησοῦς,
al niño, también fue llamado el nombre de él Jesús,
τὸ κληθὲν ὑπὸ τοῦ ἀγγέλου πρὸ τοῦ συλληφθῆναι
el llamado por el ángel antes del ser concebido
αὐτὸν ἐν τῇ κοιλίᾳ.
él en el vientre.

22 Καὶ ὅτε ἐπλήσθησαν αἱ ἡμέραι τοῦ καθαρισμοῦ αὐτῶν
Y cuando fueron cumplidos los días de la purificación de ellos
κατὰ τὸν νόμον Μωϋσέως, ἀνήγαγον αὐτὸν
según la ley de Moisés, llevaron lo
εἰς Ἱεροσόλυμα παραστῆσαι τῷ Κυρίῳ,
a Jerusalén para presentar al Señor,

23 καθὼς γέγραπται ἐν νόμῳ Κυρίου ὅτι πᾶν ἄρσεν
como ha sido escrito en ley de Señor que todo varón
διανοῖγον μήτραν ἅγιον τῷ Κυρίῳ κληθήσεται,
abriendo matriz santo para el Señor será llamado,

24 καὶ τοῦ δοῦναι θυσίαν κατὰ τὸ εἰρημένον ἐν νόμῳ Κυρίου,
y a dar sacrificio según lo hablado en ley de Señor,
ζεῦγος τρυγόνων ἢ δύο νεοσσοὺς περιστερῶν.
Par de palomas o dos pichones de palomas.

25 Καὶ ἰδοὺ ἦν ἄνθρωπος ἐν Ἱερουσαλὴμ ᾧ ὄνομα
Y mira había hombre en Jerusalén para quien nombre
Συμεών, καὶ ὁ ἄνθρωπος οὗτος δίκαιος καὶ εὐλαβής,
Simeón,[29] y el hombre éste justo y piadoso,
προσδεχόμενος παράκλησιν τοῦ Ἰσραήλ,
esperando consolación de Israel,
καὶ Πνεῦμα ἦν Ἅγιον ἐπ' αὐτόν·
y Espíritu estaba Santo sobre él.

26 καὶ ἦν αὐτῷ κεχρηματισμένον ὑπὸ τοῦ Πνεύματος
Y había a él sido revelado por el Espíritu
τοῦ Ἁγίου μὴ ἰδεῖν θάνατον πρὶν ἢ ἴδῃ
el Santo no ver muerte antes que viera
τὸν Χριστὸν Κυρίου.
al mesías de Señor.

27 καὶ ἦλθεν ἐν τῷ Πνεύματι εἰς τὸ ἱερόν· καὶ ἐν τῷ εἰσαγαγεῖν
Y vino en el Espíritu a el templo. Y en el llevar
τοὺς γονεῖς τὸ παιδίον Ἰησοῦν τοῦ ποιῆσαι αὐτοὺς
los padres al niño Jesús para hacer ellos
κατὰ τὸ εἰθισμένον τοῦ νόμου περὶ αὐτοῦ,
según lo acostumbrado de la ley acerca de él,

28 καὶ αὐτὸς ἐδέξατο αὐτὸ εἰς τὰς ἀγκάλας αὐτοῦ
y éste recibió lo en los brazos de él
καὶ εὐλόγησε τὸν Θεὸν καὶ εἶπε·
y bendijo a Dios y dijo:

---

29. Es decir, cuyo nombre era Simeón.

29 νῦν ἀπολύεις τὸν δοῦλόν σου, δέσποτα, Ahora liberas al siervo de ti, Soberano, κατὰ τὸ ῥῆμά σου ἐν εἰρήνῃ· según el dicho de ti en paz,	29 Ahora despides, Señor, a tu siervo, Conforme a tu palabra, en paz;
30 ὅτι εἶδον οἱ ὀφθαλμοί μου τὸ σωτήριόν σου, porque vieron los ojos de mí la salvación de ti,	30 Porque han visto mis ojos tu salvación,
31 ὃ ἡτοίμασας κατὰ πρόσωπον πάντων τῶν λαῶν, que preparaste ante rostro de todos los pueblos,	31 La cual has aparejado en presencia de todos los pueblos;
32 φῶς εἰς ἀποκάλυψιν ἐθνῶν καὶ δόξαν λαοῦ luz para revelación de pueblos y gloria de pueblo σου Ἰσραήλ. de ti Israel.	32 Luz para ser revelada a los Gentiles, Y la gloria de tu pueblo Israel.
33 καὶ ἦν Ἰωσὴφ καὶ ἡ μήτηρ αὐτοῦ θαυμάζοντες Y estaban José[30] y la madre de él maravillándose ἐπὶ τοῖς λαλουμένοις περὶ αὐτοῦ· por lo dicho acerca de él	33 Y José y su madre estaban maravillados de las cosas que se decían de él.
34 καὶ εὐλόγησεν αὐτοὺς Συμεὼν καὶ εἶπε πρὸς Μαριὰμ y bendijo los Simeón y dijo a María τὴν μητέρα αὐτοῦ· ἰδοὺ οὗτος κεῖται εἰς πτῶσιν καὶ la madre de él: mira éste está colocado para caída y ἀνάστασιν πολλῶν ἐν τῷ Ἰσραὴλ καὶ εἰς σημεῖον levantamiento de muchos en Israel y para señal ἀντιλεγόμενον. contradicha.[31]	34 Y los bendijo Simeón, y dijo a su madre María: He aquí, éste es puesto para caída y para levantamiento de muchos en Israel; y para señal a la que será contradicho;
35 καὶ σοῦ δὲ αὐτῆς τὴν ψυχὴν διελεύσεται ῥομφαία, Y de ti ciertamente misma el alma traspasará espada, ὅπως ἂν ἀποκαλυφθῶσιν ἐκ πολλῶν así que quedarán revelados de muchos καρδιῶν διαλογισμοί. corazones razonamientos.	35 Y una espada traspasará tu alma de ti misma, para que sean manifestados los pensamientos de muchos corazones.
36 Καὶ ἦν Ἄννα προφῆτις, θυγάτηρ Φανουήλ, ἐκ φυλῆς Ἀσήρ· Y estaba Ana profetisa, hija de Fanuel, de tribu de Aser. αὕτη προβεβηκυῖα ἐν ἡμέραις πολλαῖς, ζήσασα ἔτη Ésta habiendo avanzado en días muchos, habiendo vivido años μετὰ ἀνδρὸς ἑπτὰ ἀπὸ τῆς παρθενίας αὐτῆς, con varón siete desde la virginidad de ella,	36 Estaba también allí Ana, profetisa, hija de Phanuel, de la tribu de Aser; la cual había venido en grande edad, y había vivido con su marido siete años desde su virginidad;
37 καὶ αὐτὴ χήρα ὡς ἐτῶν ὀγδοήκοντα τεσσάρων, ἣ y ella viuda como de años ochenta cuatro,[32] la cual οὐκ ἀφίστατο ἀπὸ τοῦ ἱεροῦ νηστείαις καὶ δεήσεσι no se apartaba de el templo con ayunos y súplicas λατρεύουσα νύκτα καὶ ἡμέραν. adorando noche y día.	37 Y era viuda de hasta ochenta y cuatro años, que no se apartaba del templo, sirviendo de noche y de día con ayunos y oraciones.
38 καὶ αὕτη αὐτῇ τῇ ὥρᾳ ἐπιστᾶσα ἀνθωμολογεῖτο Y ella en la misma la hora viniendo daba gracias τῷ Κυρίῳ καὶ ἐλάλει περὶ αὐτοῦ πᾶσι τοῖς προσδεχομένοις al Señor[33] y hablaba acerca de él a todos los que esperaban λύτρωσιν Ἰερουσαλήμ. redención de Jerusalén.	38 Y ésta, sobreviniendo en la misma hora, juntamente confesaba al Señor, y hablaba de él a todos los que esperaban la redención en Jerusalem.

---

30. La NU sustituye por el padre de él.
31. Es decir, contra la que se hablará.
32. Es decir, había llegado virgen al matrimonio, había estado casada siete años y luego en su viudedad había alcanzado los ochenta y cuatro años.
33. La NU sustituye por a Dios.

39 Mas como cumplieron todas las cosas según la ley del Señor, se volvieron a Galilea, a su ciudad de Nazaret.
40 Y el niño crecía, y fortalecíase, y se henchía de sabiduría; y la gracia de Dios era sobre él.
41 E iban sus padres todos los años a Jerusalem en la fiesta de la Pascua.
42 Y cuando fué de doce años, subieron ellos a Jerusalem conforme a la costumbre del día de la fiesta.
43 Y acabados los días, volviendo ellos, se quedó el niño Jesús en Jerusalem, sin saberlo José y su madre.
44 Y pensando que estaba en la compañía, anduvieron camino de un día; y le buscaban entre los parientes y entre los conocidos:
45 Mas como no le hallasen, volvieron a Jerusalem buscándole.
46 Y aconteció, que tres días después le hallaron en el templo, sentado en medio de los doctores, oyéndoles y preguntándoles.
47 Y todos los que le oían, se pasmaban de su entendimiento y de sus respuestas.
48 Y cuando le vieron, se maravillaron; y díjole su madre: Hijo, ¿por qué nos has hecho así? He aquí, tu padre y yo te hemos buscado con dolor.

39 Καὶ ὡς ἐτέλεσαν ἅπαντα τὰ κατὰ τὸν νόμον Κυρίου,
Y cuando acabaron todo lo según la ley de Señor,
ὑπέστρεψαν εἰς τὴν Γαλιλαίαν, εἰς τὴν πόλιν
regresaron a la Galilea, a la ciudad
ἑαυτῶν Ναζαρέτ.
de ellos Nazaret.

40 Τὸ δὲ παιδίον ηὔξανε καὶ ἐκραταιοῦτο πνεύματι
el Entonces niño crecía y se fortalecía en espíritu[34]
πληρούμενον σοφίας, καὶ χάρις Θεοῦ ἦν ἐπ' αὐτό.
siendo llenado de sabiduría, y gracia de Dios estaba sobre él.

41 Καὶ ἐπορεύοντο οἱ γονεῖς αὐτοῦ κατ' ἔτος εἰς Ἰερουσαλὴμ
Y viajaban los padres de él cada año a Jerusalén
τῇ ἑορτῇ τοῦ πάσχα.
en la fiesta de la Pascua.

42 καὶ ὅτε ἐγένετο ἐτῶν δώδεκα, ἀναβάντων αὐτῶν
Y cuando resultó de años doce, subiendo ellos
εἰς Ἱεροσόλυμα κατὰ τὸ ἔθος τῆς ἑορτῆς
a Jerusalén según la costumbre de la fiesta

43 καὶ τελειωσάντων τὰς ἡμέρας, ἐν τῷ ὑποστρέφειν αὐτοὺς
y habiendo completado los días, en el regresar ellos
ὑπέμεινεν Ἰησοῦς ὁ παῖς ἐν Ἰερουσαλήμ,
se quedó Jesús el niño en Jerusalén,
καὶ οὐκ ἔγνω Ἰωσὴφ καὶ ἡ μήτηρ αὐτοῦ.
y no sabía José y la madre de él,[35]

44 νομίσαντες δὲ αὐτὸν ἐν τῇ συνοδίᾳ εἶναι ἦλθον
suponiendo sin embargo él en la caravana estar[36] fueron
ἡμέρας ὁδὸν καὶ ἀνεζήτουν αὐτὸν ἐν τοῖς συγγενέσι
de día camino[37] y buscaban lo entre los parientes
καὶ ἐν τοῖς γνωστοῖς·
y entre los conocidos.

45 καὶ μὴ εὑρόντες αὐτὸν ὑπέστρεψαν εἰς Ἰερουσαλὴμ
Y no encontrando lo regresaron a Jerusalén
ζητοῦντες αὐτόν.
buscando lo.

46 καὶ ἐγένετο μεθ' ἡμέρας τρεῖς εὗρον αὐτὸν ἐν τῷ ἱερῷ
Y aconteció tras días tres encontraron lo en el templo
καθεζόμενον ἐν μέσῳ τῶν διδασκάλων καὶ ἀκούοντα
sentado en medio de los maestros y escuchando
αὐτῶν καὶ ἐπερωτῶντα αὐτούς·
los y preguntando les.

47 ἐξίσταντο δὲ πάντες οἱ ἀκούοντες αὐτοῦ ἐπὶ τῇ
Estaban admirados[38] entonces todos los que oían lo por la
συνέσει καὶ ταῖς ἀποκρίσεσιν αὐτοῦ.
inteligencia y las respuestas de él.

48 καὶ ἰδόντες αὐτὸν ἐξεπλάγησαν, καὶ πρὸς αὐτὸν
Y viendo lo se maravillaban, y a él
ἡ μήτηρ αὐτοῦ εἶπε· τέκνον, τί ἐποίησας ἡμῖν οὕτως;
la madre de él dijo: hijo, ¿por qué hiciste a nosotros así?
ἰδοὺ ὁ πατήρ σου κἀγὼ ὀδυνώμενοι ἐζητοῦμέν σε.
Mira el padre de ti y yo sufriendo buscábamos te.

---

34. La NU suprime en espíritu.
35. La NU sustituye por no sabían los padres de él.
36. Es decir que él estaba en la caravana.
37. Es decir, pasaron el camino de un día.
38. O estupefactos.

49 καὶ εἶπε πρὸς αὐτούς· τί   ὅτι ἐζητεῖτέ με; οὐκ ᾔδειτε
   Y   dijo a ellos: ¿Por qué (es) que buscábais me? ¿No sabíais
   ὅτι ἐν τοῖς τοῦ πατρός μου δεῖ εἶναί με;
   que en lo   del Padre de mí debo estar yo?

50 καὶ αὐτοὶ οὐ συνῆκαν   τὸ ῥῆμα ὃ ἐλάλησεν αὐτοῖς.
   Y ellos no comprendieron el dicho que dijo   les.

51 καὶ κατέβη   μετ' αὐτῶν καὶ ἦλθεν εἰς Ναζαρέτ, καὶ ἦν
   Y descendió con ellos y vino a Nazaret, y estaba
   ὑποτασσόμενος αὐτοῖς. καὶ ἡ μήτηρ αὐτοῦ διετήρει
   sometido   a ellos. Y la madre de él guardaba
   πάντα τὰ ῥήματα ἐν τῇ καρδίᾳ αὐτῆς.
   todos los dichos en el corazón de ella.

52 Καὶ Ἰησοῦς προέκοπτε σοφίᾳ   καὶ ἡλικίᾳ καὶ
   Y   Jesús progresaba en sabiduría y estatura[39] y
   χάριτι παρὰ Θεῷ καὶ ἀνθρώποις.
   gracia con Dios y con hombres.

3

1 Ἐν ἔτει δὲ   πεντεκαιδεκάτῳ τῆς ἡγεμονίας Τιβερίου
  En año entonces quince   del gobierno de Tiberio
  Καίσαρος, ἡγεμονεύοντος Ποντίου Πιλάτου τῆς Ἰουδαίας,
  César,   gobernando   Poncio Pilato   la Judea,
  καὶ τετραρχοῦντος τῆς Γαλιλαίας Ἡρῴδου, Φιλίππου δὲ
  y siendo tetrarca de Galilea   Herodes, Filipo -
  τοῦ ἀδελφοῦ αὐτοῦ τετραρχοῦντος τῆς Ἰτουραίας καὶ
  el hermano de él siendo tetrarca de Iturea   y
  Τραχωνίτιδος χώρας, καὶ Λυσανίου
  de Traconite región, y Lisanias
  τῆς Ἀβιληνῆς τετραρχοῦντος,
  de Abilene siendo tetrarca.

2 ἐπὶ   ἀρχιερέως   Ἄννα καὶ Καϊάφα, ἐγένετο
  en[40] (siendo) sumo sacerdote[41] Anás y Caifás, aconteció
  ῥῆμα Θεοῦ ἐπὶ   Ἰωάννην τὸν Ζαχαρίου υἱὸν ἐν τῇ ἐρήμῳ.
  dicho de Dios sobre Juan el de Zacarías hijo en el desierto.

3 καὶ ἦλθεν εἰς πᾶσαν τὴν περίχωρον   τοῦ Ἰορδάνου
  Y vino a toda la región circundante del Jordán
  κηρύσσων βάπτισμα μετανοίας   εἰς
  predicando bautismo de arrepentimiento para
  ἄφεσιν ἁμαρτιῶν,
  perdón de pecados.

4 ὡς   γέγραπται   ἐν βίβλῳ λόγων Ἡσαΐου τοῦ προφήτου
  Como ha sido escrito en libro de palabras de Isaías el profeta
  λέγοντος· φωνὴ βοῶντος ἐν τῇ ἐρήμῳ, ἑτοιμάσατε
  diciendo: voz clamando en el desierto, preparad
  τὴν ὁδὸν Κυρίου, εὐθείας ποιεῖτε τὰς τρίβους αὐτοῦ·
  el camino de Señor, rectas haced las sendas de él.

49Entonces él les dice: ¿Qué hay? ¿por qué me buscabais? ¿No sabíais que en los negocios de mi Padre me conviene estar?
50Mas ellos no entendieron las palabras que les habló.
51Y descendió con ellos, y vino a Nazaret, y estaba sujeto a ellos. Y su madre guardaba todas estas cosas en su corazón.
52Y Jesús crecía en sabiduría, y en edad, y en gracia para con Dios y los hombres.

3 Y en el año quince del imperio de Tiberio César, siendo gobernador de Judea Poncio Pilato, y Herodes tetrarca de Galilea, y su hermano Felipe tetrarca de Iturea y de la provincia de Traconite, y Lisanias tetrarca de Abilinia,
2Siendo sumos sacerdotes Anás y Caifás, vino palabra del Señor sobre Juan, hijo de Zacarías, en el desierto.
3Y él vino por toda la tierra al rededor del Jordán predicando el bautismo del arrepentimiento para la remisión de pecados;
4Como está escrito en el libro de las palabras del profeta Isaías que dice:
  Voz del que clama en el desierto:
  Aparejad el camino del Señor,
  Haced derechas sus sendas.

---

39. O edad.
40. Es decir, cuando era sumo sacerdote.
41. En algunos mss, sumos sacerdotes.

5 Todo valle se henchirá,
Y bajaráse todo monte y collado;
Y los caminos torcidos serán enderezados,
Y los caminos ásperos allanados;
6 Y verá toda carne la salvación de Dios.
7 Y decía a las gentes que salían para ser bautizadas de él: ¡Oh generación de víboras, quién os enseñó a huir de la ira que vendrá?
8 Haced, pues, frutos dignos de arrepentimiento, y no comencéis a decir en vosotros mismos: Tenemos a Abraham por padre: porque os digo que puede Dios, aun de estas piedras, levantar hijos a Abraham.
9 Y ya también el hacha está puesta a la raíz de los árboles: todo árbol pues que no hace buen fruto, es cortado, y echado en el fuego.
10 Y las gentes le preguntaban, diciendo: ¿Pues qué haremos?
11 Y respondiendo, les dijo: El que tiene dos túnicas, dé al que no tiene; y el que tiene qué comer, haga lo mismo.
12 Y vinieron también publicanos para ser bautizados, y le dijeron: Maestro, ¿qué haremos?
13 Y él les dijo: No exijáis más de lo que os está ordenado.

5 πᾶσα φάραγξ πληρωθήσεται καὶ πᾶν ὄρος καὶ βουνὸς
Todo valle será llenado y todo monte y colina
ταπεινωθήσεται, καὶ ἔσται τὰ σκολιὰ εἰς εὐθείαν
será rebajado, y será lo torcido en recta[42]
καὶ αἱ τραχεῖαι εἰς ὁδοὺς λείας,
y las escabrosidades en caminos suaves.

6 καὶ ὄψεται πᾶσα σὰρξ τὸ σωτήριον τοῦ Θεοῦ.
Y verá toda carne la salvación de Dios.

7 Ἔλεγεν οὖν τοῖς ἐκπορευομένοις ὄχλοις βαπτισθῆναι
Dijo entonces a las que salían multitudes para ser bautizadas
ὑπ' αὐτοῦ· γεννήματα ἐχιδνῶν, τίς ὑπέδειξεν ὑμῖν
por él: estirpes de víboras, ¿quién mostró os (cómo)
φυγεῖν ἀπὸ τῆς μελλούσης ὀργῆς;
huir de la venidera ira?

8 ποιήσατε οὖν καρποὺς ἀξίους τῆς μετανοίας,
Haced pues frutos dignos del arrepentimiento,
καὶ μὴ ἄρξησθε λέγειν ἐν ἑαυτοῖς, πατέρα
y no empecéis a decir entre vosotros mismos: padre
ἔχομεν τὸν Ἀβραάμ·
tenemos a Abraham,
λέγω γὰρ ὑμῖν ὅτι δύναται ὁ Θεὸς ἐκ τῶν λίθων τούτων
digo Porque os que puede Dios de las piedras estas
ἐγεῖραι τέκνα τῷ Ἀβραάμ.
levantar hijos a Abraham.

9 ἤδη δὲ καὶ ἡ ἀξίνη πρὸς τὴν ῥίζαν τῶν δένδρων
ya Sin embargo también el hacha a la raíz de los árboles
κεῖται· πᾶν οὖν δένδρον μὴ ποιοῦν καρπὸν καλὸν
está puesta, todo Pues árbol no haciendo fruto bueno
ἐκκόπτεται καὶ εἰς πῦρ βάλλεται.
es cortado y a fuego es arrojado.

10 Καὶ ἐπηρώτων αὐτὸν οἱ ὄχλοι λέγοντες·
Y preguntaban le las multitudes diciendo:
τί οὖν ποιήσομεν;
¿Qué pues haremos?

11 ἀποκριθεὶς δὲ λέγει αὐτοῖς· ὁ ἔχων δύο χιτῶνας
Respondiendo entonces dice les: el teniendo dos túnicas
μεταδότω τῷ μὴ ἔχοντι, καὶ ὁ ἔχων
de al no teniendo, y el teniendo
βρώματα ὁμοίως ποιείτω.
alimentos igualmente haga.

12 ἦλθον δὲ καὶ τελῶναι
Vinieron entonces también recaudadores de impuestos
βαπτισθῆναι, καὶ εἶπον
para ser bautizados, y dijeron
πρὸς αὐτόν· διδάσκαλε, τί ποιήσομεν;
a él: maestro, ¿qué haremos?

13 ὁ δὲ εἶπε πρὸς αὐτούς· μηδὲν πλέον παρὰ
el Entonces dijo a ellos: nada más que
τὸ διατεταγμένον ὑμῖν πράσσετε.
lo habiendo sido mandado a vosotros haced.[43]

---

42. Es decir, será rectificado lo torcido.
43. Es decir, no recaudéis más de lo que os ha sido ordenado.

14 ἐπηρώτων δὲ αὐτὸν καὶ
Preguntaban entonces a él también (los)
στρατευόμενοι λέγοντες·
sirviendo como soldados⁴⁴ diciendo:
καὶ ἡμεῖς τί ποιήσομεν; καὶ εἶπε πρὸς αὐτούς·
Y nosotros ¿qué haremos? Y dijo a ellos:
μηδένα διασείσητε μηδὲ συκοφαντήσητε,
A ninguno extorsionéis⁴⁵ ni calumniéis⁴⁶
καὶ ἀρκεῖσθε τοῖς ὀψωνίοις ὑμῶν.
y contentaos con los salarios de vosotros.

15 Προσδοκῶντος δὲ τοῦ λαοῦ καὶ διαλογιζομένων πάντων
Esperando entonces el pueblo y considerando todos
ἐν ταῖς καρδίαις αὐτῶν περὶ τοῦ Ἰωάννου,
en los corazones de ellos acerca de Juan,
μήποτε αὐτὸς εἴη ὁ Χριστός,
si éste fuera el mesías,

16 ἀπεκρίνατο ὁ Ἰωάννης ἅπασι λέγων· ἐγὼ μὲν ὕδατι
respondió Juan a todos diciendo: yo ciertamente con agua
βαπτίζω ὑμᾶς· ἔρχεται δὲ ὁ ἰσχυρότερός μου,
bautizo os. Viene sin embargo el más poderoso que yo,
οὗ οὐκ εἰμὶ ἱκανὸς λῦσαι τὸν ἱμάντα τῶν ὑποδημάτων
del cual no soy digno de desatar el lazo de las sandalias
αὐτοῦ· αὐτὸς ὑμᾶς βαπτίσει ἐν Πνεύματι Ἁγίῳ καὶ πυρί.
de él. Éste os bautizará en Espíritu Santo y fuego.

17 οὗ τὸ πτύον ἐν τῇ χειρὶ αὐτοῦ καὶ διακαθαριεῖ
Del cual el bieldo en la mano de él y limpiará a fondo⁴⁷
τὴν ἅλωνα αὐτοῦ, καὶ συνάξει τὸν σῖτον εἰς τὴν ἀποθήκην αὐτοῦ,
la era de él, y reunirá⁴⁸ el trigo en el granero de él,
τὸ δὲ ἄχυρον κατακαύσει πυρὶ ἀσβέστῳ.
la Pero paja quemará con fuego inextinguible.

18 πολλὰ μὲν οὖν καὶ ἕτερα παρακαλῶν
Mucho ciertamente pues también otro exhortando⁴⁹
εὐηγγελίζετο τὸν λαόν.
anunciaba las buenas noticias al pueblo.

19 Ὁ δὲ Ἡρῴδης ὁ τετραάρχης, ἐλεγχόμενος ὑπ' αὐτοῦ
- Entonces Herodes el tetrarca, siendo reprendido por él
περὶ Ἡρῳδιάδος τῆς γυναικὸς τοῦ ἀδελφοῦ αὐτοῦ καὶ περὶ
acerca de Herodías la mujer⁵⁰ del hermano de él y acerca
πάντων ὧν ἐποίησε πονηρῶν ὁ Ἡρῴδης,
de todo lo que hizo malo Herodes,

20 προσέθηκε καὶ τοῦτο ἐπὶ πᾶσιν καὶ κατέκλεισε
añadió también esto sobre todo y encerró
τὸν Ἰωάννην ἐν τῇ φυλακῇ.
a Juan en la prisión.

21 Ἐγένετο δὲ ἐν τῷ βαπτισθῆναι ἅπαντα τὸν λαὸν
Aconteció entonces en el ser bautizado todo el pueblo
καὶ Ἰησοῦ βαπτισθέντος καὶ προσευχομένου
también Jesús habiendo sido bautizado y orando
ἀνεῳχθῆναι τὸν οὐρανὸν
ser abierto el cielo

14 Y le preguntaron también los soldados, diciendo: Y nosotros, ¿qué haremos? Y les dice: No hagáis extorsión a nadie, ni calumniéis; y contentaos con vuestras pagas.
15 Y estando el pueblo esperando, y pensando todos de Juan en sus corazones, si él fuese el Cristo,
16 Respondió Juan, diciendo a todos: Yo, a la verdad, os bautizo en agua; mas viene quien es más poderoso que yo, de quien no soy digno de desatar la correa de sus zapatos: él os bautizará en Espíritu Santo y fuego;
17 Cuyo bieldo está en su mano, y limpiará su era, y juntará el trigo en su alfolí, y la paja quemará en fuego que nunca se apagará.
18 Y amonestando, otras muchas cosas también anunciaba al pueblo.
19 Entonces Herodes el tetrarca, siendo reprendido por él a causa de Herodías, mujer de Felipe su hermano, y de todas las maldades que había hecho Herodes,
20 Añadió también esto sobre todo, que encerró a Juan en la cárcel.
21 Y aconteció que, como todo el pueblo se bautizaba, también Jesús fué bautizado; y orando, el cielo se abrió,

---

44. O los que iban a la guerra.
45. Es decir, saquéis dinero con violencia.
46. O acuséis falsamente.
47. La NU sustituye por para limpiar.
48. La NU sustituye por para reunir.
49. Es decir, pronunciando también muchas otras exhortaciones.
50. Algunos mss añaden de Filipo.

22Y descendió el Espíritu Santo sobre él en forma corporal, como paloma, y fué hecha una voz del cielo que decía: Tú eres mi Hijo amado, en ti me he complacido.
23Y el mismo Jesús comenzaba a ser como de treinta años, hijo de José, como se creía; que fué hijo de Elí,
24Que fué de Mathat, que fué de Leví, que fué Melchî, que fué de Janna, que fué de José,
25Que fué de Mattathías, que fué de Amós, que fué de Nahum, que fué de Esli,
26Que fué de Naggai, que fué de Maat, que fué de Matthathías, que fué de Semei, que fué de José, que fué de Judá,
27Que fué de Joanna, que fué de Rhesa, que fué de Zorobabel, que fué de Salathiel,
28Que fué de Neri, que fué de Melchî, que fué de Abdi, que fué de Cosam, que fué de Elmodam, que fué de Er,
29Que fué de Josué, que fué de Eliezer, que fué de Joreim, que fué de Mathat,
30Que fué de Leví, que fué de Simeón, que fué de Judá, que fué de José, que fué de Jonán, que fué de Eliachîm,
31Que fué de Melea, que fué de Mainán, que fué de Mattatha, que fué de Nathán,
32Que fué de David, que fué de Jessé, que fué de Obed, que fué de Booz, que fué de Salmón, que fué de Naassón,
33Que fué de Aminadab, que fué de Aram, que fué de Esrom, que fué de Phares,
34Que fué de Judá, que fué de Jacob, que fué de Isaac, que fué de Abraham, que fué de Thara, que fué de Nachôr,
35Que fué de Saruch, que fué de Ragau, que fué de Phalec, que fué de Heber,
36Que fué de Sala, que fué de Cainán, Arphaxad, que fué de Sem, que fué de Noé, que fué de Lamech,

22 καὶ καταβῆναι τὸ Πνεῦμα τὸ Ἅγιον σωματικῷ,   εἴδει
y descender el Espíritu el Santo corporalmente, en forma
ὡσεὶ περιστερὰν ἐπ' αὐτόν, καὶ φωνὴν ἐξ οὐρανοῦ
como paloma   sobre él,   y voz   de cielo
γενέσθαι λέγουσαν· σὺ εἶ ὁ υἱός μου   ὁ ἀγαπητός,
resultar diciendo: tú eres el Hijo de mí el amado.
ἐν σοὶ εὐδόκησα.
En ti me complací.

23 Καὶ αὐτὸς   ἦν   Ἰησοῦς ὡσεὶ ἐτῶν   τριάκοντα ἀρχόμενος,
Y el mismo era Jesús como de años treinta   empezando,[51]
ὢν,   ὡς   ἐνομίζετο,   υἱός, Ἰωσήφ,   τοῦ Ἠλί,
siendo, como se consideraba, hijo, de José, de Elí,

24 τοῦ Ματθάτ, τοῦ Λευΐ, τοῦ Μελχί,
de Matat, de Leví, de Melqui,

τοῦ Ἰαννά, τοῦ Ἰωσήφ,
de Janna, de José,

25 τοῦ Ματταθίου, τοῦ Ἀμώς, τοῦ Ναούμ,
de Matatías, de Amós, de Nahum,

τοῦ Ἐσλί, τοῦ Ναγγαί,
de Esli, de Nagai,

26 τοῦ Μαάθ, τοῦ Ματταθίου, τοῦ Σεμεΐ, τοῦ Ἰωσήφ,[52] τοῦ Ἰούδα,[53]
de Maat, de Matatías, de Semei, de José, de Judá,

27 τοῦ Ἰωαννάν, τοῦ Ῥησά, τοῦ Ζοροβάβελ, τοῦ Σαλαθιήλ,
de Joanna, de Resa, de Zorobabel, de Salatiel,

τοῦ Νηρί,
de Neri,

28 τοῦ Μελχί,   τοῦ Ἀδδί, τοῦ Κωσάμ,   τοῦ Ἐλμωδάμ,
de Melqui, de Addí, de Cosam, de Elmodam,

τοῦ Ἤρ,
de Er,

29 τοῦ Ἰωσῆ, τοῦ Ἐλιέζερ, τοῦ Ἰωρείμ, τοῦ Ματθάτ, τοῦ Λευΐ,
de Josué,[54] de Eliezer, de Joreim, de Mattat, de Leví,

30 τοῦ Συμεών, τοῦ Ἰούδα, τοῦ Ἰωσήφ, τοῦ Ἰωνάν, τοῦ Ἐλιακείμ,
de Simeón, de Judá, de José, de Jonán, de Eliaquim,

31 τοῦ Μελεᾶ, τοῦ Μαϊνάν, τοῦ Ματταθά, τοῦ Ναθάν, τοῦ Δαυΐδ,
de Melea, de Mainán, de Mattaza, de Natán, de David,

32 τοῦ Ἰεσσαί, τοῦ Ἰωβήδ, τοῦ Βοόζ, τοῦ Σαλμών, τοῦ Ναασσών,
de Isaí, de Obed, de Booz, de Salmón, de Nasón,

33 τοῦ Ἀμιναδάβ, τοῦ Ἀράμ,[55] τοῦ Ἐσρώμ, τοῦ Φαρές, τοῦ Ἰούδα,
de Aminadab, de Aram, de Esrom, de Fares, de Judá,

34 τοῦ Ἰακώβ, τοῦ Ἰσαάκ, τοῦ Ἀβραάμ, τοῦ Θάρα, τοῦ Ναχώρ,
de Jacob, de Isaac, de Abraham, de Taré, de Nacor,

35 τοῦ Σερούχ, τοῦ Ῥαγαῦ, τοῦ Φάλεκ, τοῦ Ἔβερ, τοῦ Σαλά,
de Seruc, de Ragau, de Falec, de Eber, de Salá,

36 τοῦ Καϊνάν, τοῦ Ἀρφαξάδ, τοῦ Σήμ, τοῦ Νῶε, τοῦ Λάμεχ,
de Cainán, de Arfaxad, de Sem, de Noé, de Lamec,

---

51. Es decir, que andaba en la treintena al comenzar su ministerio público.
52. La NU sustituye por de Josej.
53. La NU sustituye por Joda.
54. La NU sustituye por Jesús.
55. La NU sustituye por Arnei.

37 τοῦ Μαθουσάλα, τοῦ Ἐνώχ, τοῦ Ἰαρέδ, τοῦ Μαλελεήλ, τοῦ Καϊνάν,
de Matusalén, de Enoc, de Jared, de Maleleel, de Cainán,

38 τοῦ Ἐνώς, τοῦ Σήθ, τοῦ Ἀδάμ, τοῦ Θεοῦ.
de Enós, de Set, de Adán, de Dios.

4

1 Ἰησοῦς δὲ   Πνεύματος Ἁγίου πλήρης ὑπέστρεψεν
Jesús entonces de Espíritu Santo lleno regresó

ἀπὸ τοῦ Ἰορδάνου, καὶ ἤγετο   ἐν τῷ Πνεύματι
de el Jordán,   y fue conducido en el Espíritu

εἰς τὴν ἔρημον
a el desierto.

2 ἡμέρας τεσσεράκοντα πειραζόμενος ὑπὸ τοῦ διαβόλου.
Días cuarenta siendo tentado por el Diablo,

καὶ οὐκ ἔφαγεν οὐδὲν ἐν ταῖς ἡμέραις ἐκείναις·
y no comió nada en los días aquellos.

καὶ συντελεσθεισῶν   αὐτῶν ὕστερον ἐπείνασε.
Y siendo completados ellos después[56] tuvo hambre.

3 καὶ εἶπεν αὐτῷ ὁ   διάβολος· εἰ υἱὸς εἶ   τοῦ Θεοῦ,
Y dijo le   el Diablo: si Hijo eres de Dios,

εἰπὲ τῷ λίθῳ τούτῳ ἵνα   γένηται ἄρτος.
di a la piedra ésta para que resulte pan.

4 καὶ ἀπεκρίθη ὁ Ἰησοῦς πρὸς αὐτὸν λέγων·
Y respondió Jesús a él diciendo:

γέγραπται   ὅτι Οὐκ ἐπ' ἄρτῳ μόνῳ ζήσεται ὁ ἄνθρωπος,
Ha sido escrito que no de pan sólo vivirá el hombre,

ἀλλ' ἐπὶ παντὶ ῥήματι Θεοῦ.
sino[57] de todo dicho de Dios.

5 Καὶ ἀναγαγὼν αὐτὸν ὁ διάβολος εἰς ὄρος   ὑψηλὸν
Y subiendo lo el Diablo a montaña alta[58]

ἔδειξεν αὐτῷ πάσας τὰς βασιλείας τῆς οἰκουμένης
mostró le todos los reinos del mundo habitado

ἐν στιγμῇ χρόνου,
en instante de tiempo,

6 καὶ εἶπεν αὐτῷ ὁ   διάβολος· σοὶ δώσω τὴν ἐξουσίαν ταύτην
y dijo le el Diablo: te daré la autoridad esta

ἅπασαν καὶ τὴν δόξαν αὐτῶν, ὅτι   ἐμοὶ παραδέδοται,
toda y la gloria de ellos, porque a mí ha sido dada,

καὶ ᾧ   ἐὰν θέλω δίδωμι αὐτήν.
y al que quiera doy la.

7 σὺ οὖν ἐὰν προσκυνήσῃς ἐνώπιόν μου,
Tú pues si adoraras ante mí,

ἔσται σου πᾶσα.
será de ti toda.

8 καὶ ἀποκριθεὶς   αὐτῷ εἶπεν ὁ Ἰησοῦς· ὕπαγε ὀπίσω μου,
Y respondiendo le dijo Jesús: ve detrás de mí,

Σατανᾶ.[59] γέγραπται   γάρ,   Κύριον τὸν Θεόν σου
Satanás, ha sido escrito Porque: a Señor el Dios de ti

προσκυνήσεις καὶ αὐτῷ μόνῳ λατρεύσεις.
adorarás y a él sólo rendirás culto.

37Que fué de Mathusala, que fué de Enoch, que fué de Jared, que fué de Maleleel,
38Que fué de Cainán, que fué de Enós, que fué de Seth, que fué de Adam, que fué de Dios.

4 Y Jesús, lleno del Espíritu Santo, volvió del Jordán, y fué llevado por el Espíritu al desierto
2Por cuarenta días, y era tentado del diablo. Y no comió cosa en aquellos días: los cuales pasados, tuvo hambre.
3Entonces el diablo le dijo: Si eres Hijo de Dios, di a esta piedra que se haga pan.
4Y Jesús respondiéndole, dijo: Escrito está: Que no con pan solo vivirá el hombre, mas con toda palabra de Dios.
5Y le llevó el diablo a un alto monte, y le mostró en un momento de tiempo todos los reinos de la tierra.
6Y le dijo el diablo: A ti te daré toda esta potestad, y la gloria de ellos; porque a mí es entregada, y a quien quiero la doy.
7Pues si tú adorares delante de mí, serán todos tuyos.
8Y respondiendo Jesús, le dijo: Vete de mí, Satanás, porque escrito está: A tu Señor Dios adorarás, y a él solo servirás.

---

56. La NU omite después.
57. La NU omite desde sino hasta el final del versículo.
58. La NU suprime desde el Diablo a montaña alta.
59. La NU suprime ve detrás de mi Satanás.

9Y le llevó a Jerusalem, y púsole sobre las almenas del templo, y le dijo: Si eres Hijo de Dios, échate de aquí abajo:
10Porque escrito está:
Que a sus ángeles mandará de ti, que te guarden;
11Y
En las manos te llevarán,
Porque no dañes tu pie en piedra.
12Y respondiendo Jesús, le dijo: Dicho está: No tentarás al Señor tu Dios.
13Y acabada toda tentación, el diablo se fué de él por un tiempo.
14Y Jesús volvió en virtud del Espíritu a Galilea, y salió la fama de él por toda la tierra de alrededor,
15Y enseñaba en las sinagogas de ellos, y era glorificado de todos.
16Y vino a Nazaret, donde había sido criado; y entró, conforme a su costumbre, el día del sábado en la sinagoga, y se levantó a leer.
17Y fuéle dado el libro del profeta Isaías; y como abrió el libro, halló el lugar donde estaba escrito:

9 Καὶ ἤγαγεν αὐτὸν εἰς Ἰερουσαλὴμ, καὶ ἔστησεν αὐτὸν
  Y llevó lo   a Jerusalén, y colocó lo
ἐπὶ τὸ πτερύγιον τοῦ ἱεροῦ καὶ εἶπεν αὐτῷ· εἰ υἱὸς
en el pináculo del templo y dijo le: si Hijo
εἰ τοῦ Θεοῦ, βάλε σεαυτὸν ἐντεῦθεν κάτω·
eres de Dios, arrójate a ti mismo desde aquí abajo.

10 γέγραπται γὰρ ὅτι τοῖς ἀγγέλοις αὐτοῦ ἐντελεῖται
   ha sido escrito Porque que a los ángeles de él ordenará
περὶ σοῦ τοῦ διαφυλάξαι σε,
acerca de ti para guardar te,

11 καὶ ὅτι ἐπὶ χειρῶν ἀροῦσί σε, μήποτε προσκόψῃς
   y que sobre manos alzarán te, para que no golpees
πρὸς λίθον τὸν πόδα σου.
contra piedra el pie de ti.

12 καὶ ἀποκριθεὶς εἶπεν αὐτῷ ὁ Ἰησοῦς ὅτι εἴρηται,
   Y respondiendo dijo le Jesús que ha sido dicho:
οὐκ ἐκπειράσεις Κύριον τὸν Θεόν σου.
No tentarás a Señor el Dios de ti.

13 Καὶ συντελέσας πάντα πειρασμὸν ὁ διάβολος
   Y habiendo completado toda tentación el Diablo
ἀπέστη ἀπ' αὐτοῦ ἄχρι καιροῦ.
se marchó de él hasta tiempo (oportuno).

14 Καὶ ὑπέστρεψεν ὁ Ἰησοῦς ἐν τῇ δυνάμει τοῦ Πνεύματος
   Y regresó Jesús en el poder del Espíritu
εἰς τὴν Γαλιλαίαν· καὶ φήμη ἐξῆλθεν καθ' ὅλης
a la Galilea. Y noticia salió por toda
τῆς περιχώρου περὶ αὐτοῦ.
la circundante (zona) sobre él.

15 καὶ αὐτὸς ἐδίδασκεν ἐν ταῖς συναγωγαῖς αὐτῶν
   Y él enseñaba en las sinagogas de ellos
δοξαζόμενος ὑπὸ πάντων.
siendo glorificado por todos.

16 Καὶ ἦλθεν εἰς τὴν Ναζαρέτ, οὗ ἦν τεθραμμένος,
   Y vino a Nazaret, donde estaba criado,
καὶ εἰσῆλθε κατὰ τὸ εἰωθὸς αὐτῷ[60] ἐν τῇ ἡμέρᾳ τῶν σαββάτων
y entró según la costumbre para él en el día del sábado
εἰς τὴν συναγωγήν, καὶ ἀνέστη ἀναγνῶναι.
en la sinagoga, y se puso en pie para leer.

17 καὶ ἐπεδόθη αὐτῷ βιβλίον Ἡσαΐου τοῦ προφήτου,
   Y fue dado a él libro de Isaías el profeta,
καὶ ἀναπτύξας τὸ βιβλίον εὗρεν τὸν τόπον
y habiendo desenrollado el libro encontró el lugar
οὗ ἦν γεγραμμένον·
donde estaba escrito.

---

60. Es decir, según la costumbre que tenía.

18 Πνεῦμα Κυρίου ἐπ' ἐμέ, οὗ εἵνεκεν ἔχρισέ με, εὐαγγελίσασθαι
Espíritu de Señor sobre mí, que Por ungió me, para evangelizar

πτωχοῖς ἀπέσταλκέ με, ἰάσασθαι τοὺς συντετριμμένους
a pobres ha envíado me, para curar a los quebrantados

τὴν καρδίαν, κηρύξαι αἰχμαλώτοις ἄφεσιν
de corazón,⁶¹ para predicar a cautivos liberación

καὶ τυφλοῖς ἀνάβλεψιν, ἀποστεῖλαι
y a ciegos recuperación de la vista, para enviar

τεθραυσμένους ἐν ἀφέσει,
a oprimidos en liberación,⁶²

19 κηρύξαι ἐνιαυτὸν Κυρίου δεκτόν.
para predicar año de Señor aceptable,

20 καὶ πτύξας τὸ βιβλίον, ἀποδοὺς τῷ ὑπηρέτῃ ἐκάθισε·
Y habiendo enrollado el libro, dando al asistente se sentó.

καὶ πάντων ἐν τῇ συναγωγῇ οἱ ὀφθαλμοὶ
y de todos en la sinagoga los ojos

ἦσαν ἀτενίζοντες αὐτῷ.
estaban mirando fijamente a él.

21 ἤρξατο δὲ λέγειν πρὸς αὐτοὺς ὅτι σήμερον πεπλήρωται
Empezó entonces a decir a ellos que hoy se ha cumplido

ἡ γραφὴ αὕτη ἐν τοῖς ὠσὶν ὑμῶν.
la Escritura esta en los oídos de vosotros.

22 Καὶ πάντες ἐμαρτύρουν αὐτῷ καὶ ἐθαύμαζον
Y todos daban testimonio a él y se maravillaban

ἐπὶ τοῖς λόγοις τῆς χάριτος τοῖς ἐκπορευομένοις
por las palabras de la gracia las saliendo

ἐκ τοῦ στόματος αὐτοῦ καὶ ἔλεγον·
de la boca de él y decían:

οὐχ οὗτός ἐστιν ὁ υἱός Ἰωσήφ;
¿No éste es el Hijo de José?

23 καὶ εἶπε πρὸς αὐτούς· πάντως ἐρεῖτέ μοι τὴν παραβολὴν
Y dijo a ellos: completamente diréis a mí la parábola

ταύτην· ἰατρέ, θεράπευσον σεαυτόν· ὅσα ἠκούσαμεν
esta: médico, cúrate a ti mismo. Cuanto oímos

γενόμενα εἰς τὴν Καπερναούμ, ποίησον
acontecido en Cafarnaum, haz

καὶ ὧδε ἐν τῇ πατρίδι σου.
también aquí en la patria de ti.

24 εἶπε δέ· ἀμὴν λέγω ὑμῖν ὅτι οὐδεὶς προφήτης
Dijo entonces: verdaderamente digo os que ningún profeta

δεκτός ἐστιν ἐν τῇ πατρίδι αὐτοῦ.
aceptable es en la patria de él.

25 ἐπ' ἀληθείας δὲ λέγω ὑμῖν, πολλαὶ χῆραι ἦσαν
En verdad pues digo os: muchas viudas había

ἐν ταῖς ἡμέραις Ἠλίου ἐν τῷ Ἰσραήλ, ὅτε ἐκλείσθη
en los días de Elías en Israel, cuando fue cerrado

ὁ οὐρανὸς ἐπὶ ἔτη τρία καὶ μῆνας ἕξ, ὡς ἐγένετο
el cielo por años tres y meses seis, cuando aconteció

λιμὸς μέγας ἐπὶ πᾶσαν τὴν γῆν,
hambre grande sobre toda la tierra.

---

18 El Espíritu del Señor es sobre mí,
Por cuanto me ha ungido para dar buenas nuevas a los pobres:
Me ha enviado para sanar a los quebrantados de corazón;
Para pregonar a los cautivos libertad,
Y a los ciegos vista;
Para poner en libertad a los quebrantados:
19 Para predicar el año agradable del Señor.
20 Y rollando el libro, lo dió al ministro, y sentóse: y los ojos de todos en la sinagoga estaban fijos en él.
21 Y comenzó a decirles: Hoy se ha cumplido esta Escritura en vuestros oídos.
22 Y todos le daban testimonio, y estaban maravillados de las palabras de gracia que salían de su boca, y decían: ¿No es éste el hijo de José?
23 Y les dijo: Sin duda me diréis este refrán: Médico, cúrate a ti mismo: de tantas cosas que hemos oído haber sido hechas en Capernaum, haz también aquí en tu tierra.
24 Y dijo: De cierto os digo, que ningún profeta es acepto en su tierra.
25 Mas en verdad os digo, que muchas viudas había en Israel en los días de Elías, cuando el cielo fué cerrado por tres años y seis meses, que hubo una grande hambre en toda la tierra;

---

61. La NU suprime para curar a los quebrantados de corazón.
62. Es decir, para liberar a los oprimidos.

26 Pero a ninguna de ellas fué enviado Elías, sino a Sarepta de Sidón, a una mujer viuda.
27 Y muchos leprosos había en Israel en tiempo del profeta Eliseo; mas ninguno de ellos fué limpio, sino Naamán el Siro.
28 Entonces todos en la sinagoga fueron llenos de ira, oyendo estas cosas;
29 Y levantándose, le echaron fuera de la ciudad, y le llevaron hasta la cumbre del monte sobre el cual la ciudad de ellos estaba edificada, para despeñarle.
30 Mas él, pasando por medio de ellos, se fué.
31 Y descendió a Capernaum, ciudad de Galilea. Y los enseñaba en los sábados.
32 Y se maravillaban de su doctrina, porque su palabra era con potestad.
33 Y estaba en la sinagoga un hombre que tenía un espíritu de un demonio inmundo, el cual exclamó a gran voz,
34 Diciendo: Déjanos, ¿qué tenemos contigo Jesús Nazareno? ¿has venido a destruirnos? Yo te conozco quién eres, el Santo de Dios.
35 Y Jesús le increpó, diciendo: Enmudece, y sal de él. Entonces el demonio, derribándole en medio, salió de él, y no le hizo daño alguno.
36 Y hubo espanto en todos, y hablaban unos a otros, diciendo: ¿Qué palabra es ésta, que con autoridad y potencia manda a los espíritus inmundos, y salen?

26 καὶ πρὸς οὐδεμίαν αὐτῶν ἐπέμφθη Ἡλίας εἰ μὴ
Y a ninguna de ellas fue enviado Elías si no
εἰς Σάρεπτα τῆς Σιδωνίας πρὸς γυναῖκα χήραν.
a Sarepta de Sidón a mujer viuda.

27 καὶ πολλοὶ λεπροὶ ἦσαν ἐπὶ Ἐλισαίου τοῦ προφήτου
Y muchos leprosos había en (tiempo) de Eliseo el profeta
ἐν τῷ Ἰσραὴλ, καὶ οὐδεὶς αὐτῶν ἐκαθαρίσθη
en Israel, y ninguno de ellos fue limpiado
εἰ μὴ Νεεμὰν ὁ Σύρος.
si no Naamán el sirio.

28 καὶ ἐπλήσθησαν πάντες θυμοῦ ἐν τῇ συναγωγῇ
Y fueron llenados todos de ira en la sinagoga
ἀκούοντες ταῦτα,
oyendo esto,

29 καὶ ἀναστάντες ἐξέβαλον αὐτὸν ἔξω τῆς πόλεως καὶ
Y levantándose arrojaron lo fuera de la ciudad y
ἤγαγον αὐτὸν ἕως ὀφρύος τοῦ ὄρους, ἐφ' οὗ
llevaron lo hasta precipicio del monte, sobre el cual
ἡ πόλις αὐτῶν ᾠκοδόμητο, εἰς τὸ κατακρημνίσαι αὐτόν·
la ciudad de ellos estaba edificada, para el despeñar lo.

30 αὐτὸς δὲ διελθὼν διὰ μέσου αὐτῶν ἐπορεύετο.
Éste entonces habiendo pasado por medio de ellos se marchó.

31 Καὶ κατῆλθεν εἰς Καπερναοὺμ πόλιν τῆς Γαλιλαίας,
Y descendió a Cafarnaum ciudad de Galilea,
καὶ ἦν διδάσκων αὐτοὺς ἐν τοῖς σάββασιν
y estaba enseñando los en los sábados

32 καὶ ἐξεπλήσσοντο ἐπὶ τῇ διδαχῇ αὐτοῦ,
Y se pasmaban por la enseñanza de él,
ὅτι ἐν ἐξουσίᾳ ἦν ὁ λόγος αὐτοῦ.
porque con autoridad era la palabra de él.

33 καὶ ἐν τῇ συναγωγῇ ἦν ἄνθρωπος ἔχων πνεῦμα
Y en la sinagoga había hombre teniendo espíritu
δαιμονίου ἀκαθάρτου, καὶ ἀνέκραξε φωνῇ μεγάλῃ λέγων·
de demonio impuro, y gritó con voz grande diciendo:

34 ἔα, τί ἡμῖν καὶ σοί, Ἰησοῦ Ναζαρηνέ; ἦλθες
Ah, ¿Qué para nosotros y para ti, Jesús Nazareno?[63] ¿vienes
ἀπολέσαι ἡμᾶς; οἶδά σε τίς εἶ, ὁ ἅγιος τοῦ Θεοῦ.
a destruir nos? Sé tú quién eres, el santo de Dios.

35 καὶ ἐπετίμησεν αὐτῷ ὁ Ἰησοῦς λέγων· φιμώθητι
Y reprendió lo Jesús diciendo: enmudece
καὶ ἔξελθε ἐξ' αὐτοῦ. καὶ ῥίψαν αὐτὸν τὸ δαιμόνιον
y sal de él. Y derribando lo el demonio
εἰς τὸ μέσον ἐξῆλθεν ἀπ' αὐτοῦ, μηδὲν βλάψαν αὐτόν.
a el medio salió de él, nada dañando lo.

36 καὶ ἐγένετο θάμβος ἐπὶ πάντας, καὶ συνελάλουν πρὸς
Y aconteció estupor sobre todos, y conversaban unos
ἀλλήλους λέγοντες· τίς ὁ λόγος οὗτος, ὅτι ἐν ἐξουσίᾳ καὶ
con otros diciendo: ¿Qué palabra ésta, que con autoridad y
δυνάμει ἐπιτάσσει τοῖς ἀκαθάρτοις πνεύμασι, καὶ ἐξέρχονται;
poder ordena a los impuros espíritus y salen?

---

63. Es decir, ¿qué asunto tenemos en común nosotros y tú?

37 καὶ ἐξεπορεύετο ἦχος περὶ αὐτοῦ εἰς πάντα τόπον
Y salió   noticia sobre él   a todo lugar
τῆς περιχώρου.
del contorno.

38 Ἀναστὰς δὲ ἐκ τῆς συναγωγῆς εἰσῆλθεν εἰς τὴν οἰκίαν
Levantándose entonces de la sinagoga entró en la casa
Σίμωνος, πενθερὰ δὲ τοῦ Σίμωνος ἦν συνεχομένη
de Simón, suegra Entonces de Simón estaba sufriendo
πυρετῷ μεγάλῳ, καὶ ἠρώτησαν αὐτὸν περὶ αὐτῆς.
con fiebre grande, y pidieron le por ella.

39 καὶ ἐπιστὰς ἐπάνω αὐτῆς ἐπετίμησε τῷ πυρετῷ,
Y estando en pie delante de ella reprendió a la fiebre,
καὶ ἀφῆκεν αὐτήν· παραχρῆμα δὲ ἀναστᾶσα
y dejó la. Inmediatamente entonces levantándose
διηκόνει αὐτοῖς.
servía a ellos.

40 Δύνοντος δὲ τοῦ ἡλίου πάντες ὅσοι εἶχον ἀσθενοῦντας
Poniéndose entonces el sol todos cuantos tenían enfermos
νόσοις ποικίλαις ἤγαγον αὐτοὺς πρὸς αὐτόν·
con dolencias diversas trajeron los a él.
ὁ δὲ ἑνὶ ἑκάστῳ αὐτῶν τὰς χεῖρας
Él entonces sobre uno cada de ellos⁶⁴ las manos
ἐπιτιθεὶς ἐθεράπευεν αὐτούς.
habiendo impuesto curó los.

41 ἐξήρχετο δὲ καὶ δαιμόνια ἀπὸ πολλῶν, κράζοντα
Salían entonces también demonios de muchos, gritando
καὶ λέγοντα ὅτι σὺ εἶ ὁ Χριστὸς ὁ υἱὸς τοῦ Θεοῦ.
y diciendo que tú eres el mesías⁶⁵ el Hijo de Dios.
καὶ ἐπιτιμῶν οὐκ εἴα αὐτὰ λαλεῖν,
Y reprendiendo no permitía les hablar,
ὅτι ᾔδεισαν τὸν Χριστὸν αὐτὸν εἶναι.
porque habían sabido el mesías él ser.⁶⁶

42 Γενομένης δὲ ἡμέρας⁶⁷ ἐξελθὼν ἐπορεύθη εἰς ἔρημον τόπον·
Aconteciendo entonces día saliendo fue a desierto lugar.
καὶ οἱ ὄχλοι ἐπεζήτουν αὐτόν, καὶ ἦλθον ἕως αὐτοῦ
Y las multitudes buscaban lo, y venían hasta él
καὶ κατεῖχον αὐτὸν τοῦ μὴ πορεύεσθαι ἀπ' αὐτῶν.
y retenían lo para no marcharse de ellos.

43 ὁ δὲ εἶπε πρὸς αὐτοὺς ὅτι καὶ ταῖς ἑτέραις πόλεσιν
Él entonces dijo a ellos que también a las otras ciudades
εὐαγγελίσασθαί με δεῖ τὴν βασιλείαν τοῦ Θεοῦ·
anunciar yo es preciso el reino de Dios,⁶⁸
ὅτι εἰς τοῦτο ἀπέσταλμαι.
porque para esto he sido envíado.

44 καὶ ἦν κηρύσσων εἰς τὰς συναγωγὰς τῆς Γαλιλαίας.
Y estaba predicando en las sinagogas de Galilea.⁶⁹

---

64. Es decir, sobre cada uno de ellos.
65. La NU omite el mesías.
66. Es decir, que él era el mesías.
67. Es decir, cuando se hizo de día.
68. Es decir, es preciso que yo anuncie también a las otras ciudades el reino de Dios.
69. La NU sustituye por de Judea.

5 Y aconteció, que estando él junto al lago de Genezaret, las gentes se agolpaban sobre él para oir la palabra de Dios.
2 Y vió dos barcos que estaban cerca de la orilla del lago: y los pescadores, habiendo descendido de ellos, lavaban sus redes.
3 Y entrado en uno de estos barcos, el cual era de Simón, le rogó que lo desviase de tierra un poco; y sentándose, enseñaba desde el barco á las gentes.
4 Y como cesó de hablar, dijo á Simón: Tira a alta mar, y echad vuestras redes para pescar.
5 Y respondiendo Simón, le dijo: Maestro, habiendo trabajado toda la noche, nada hemos tomado; mas en tu palabra echaré la red.
6 Y habiéndolo hecho, encerraron gran multitud de pescado, que su red se rompía.
7 E hicieron señas a los compañeros que estaban en el otro barco, que viniesen a ayudarles; y vinieron, y llenaron ambos barcos, de tal manera que se anegaban.
8 Lo cual viendo Simón Pedro, se derribó de rodillas a Jesús, diciendo: Apártate de mí, Señor, porque soy hombre pecador.
9 Porque temor le había rodeado, y a todos los que estaban con él, de la presa de los peces que habían tomado;

5

1 Ἐγένετο δὲ ἐν τῷ τὸν ὄχλον ἐπικεῖσθαι αὐτῷ
Aconteció entonces en el la multitud agolparse sobre él

τοῦ ἀκούειν τὸν λόγον τοῦ Θεοῦ καὶ αὐτὸς ἦν ἑστὼς
para escuchar la Palabra de Dios y éste estaba presente[70]

παρὰ τὴν λίμνην Γεννησαρέτ,
junto al lago de Genesaret,

2 καὶ εἶδε δύο πλοῖα ἑστῶτα παρὰ τὴν λίμνην·
y vio dos barcas presentes junto al lago.

οἱ δὲ ἁλιεῖς ἀποβάντες ἀπ' αὐτῶν ἔπλυναν τὰ δίκτυα.
los Entonces pescadores saliendo de ellas limpiaron las redes.

3 ἐμβὰς δὲ εἰς ἓν τῶν πλοίων, ὃ ἦν τοῦ Σίμωνος,
Subiendo entonces en una de las barcas, que era de Simón,

ἠρώτησεν αὐτὸν ἀπὸ τῆς γῆς ἐπαναγαγεῖν ὀλίγον·
pidió le de la tierra apartarse (un) poco.

καὶ καθίσας ἐδίδασκεν ἐκ τοῦ πλοίου τοὺς ὄχλους.
Y sentándose enseñó desde la barca a las multitudes.

4 ὡς δὲ ἐπαύσατο λαλῶν, εἶπε πρὸς τὸν Σίμωνα·
Cuando entonces se detuvo hablando, dijo a Simón:

ἐπανάγαγε εἰς τὸ βάθος καὶ χαλάσατε
adentráos a lo profundo, y arrojad[71]

τὰ δίκτυα ὑμῶν εἰς ἄγραν.
las redes de vosotros para captura.

5 καὶ ἀποκριθεὶς ὁ Σίμων εἶπεν αὐτῷ· ἐπιστάτα,
Y respondiendo Simón dijo le: maestro,

δι' ὅλης νυκτὸς κοπιάσαντες οὐδὲν ἐλάβομεν·
durante toda noche bregando nada obtuvimos.

ἐπὶ δὲ τῷ ῥήματί σου χαλάσω τὸ δίκτυον.
en Pero el dicho de ti arrojaré la red.[72]

6 καὶ τοῦτο ποιήσαντες συνέκλεισαν πλῆθος ἰχθύων πολύ·
Y esto haciendo recogieron multitud de pescados mucha.

διερρήγνυτο δὲ τὸ δίκτυον αὐτῶν.
Desgarraba entonces la red de ellos.

7 καὶ κατένευσαν τοῖς μετόχοις τοῖς ἐν τῷ ἑτέρῳ πλοίῳ
Y hicieron señas a los compañeros[73] a los en la otra barca

τοῦ ἐλθόντας συλλαβέσθαι αὐτοῖς· καὶ ἦλθον
para viniendo para ayudar los. Y vinieron

καὶ ἔπλησαν ἀμφότερα τὰ πλοῖα, ὥστε βυθίζεσθαι αὐτά.
y llenaron ambas las barcas, de manera que hundirse ellas.

8 ἰδὼν δὲ Σίμων Πέτρος προσέπεσεν τοῖς γόνασιν
Viendo entonces Simón Pedro cayó ante las rodillas

Ἰησοῦ λέγων· ἔξελθε ἀπ' ἐμοῦ, ὅτι ἀνὴρ
de Jesús diciendo: apártate de mí, porque varón

ἁμαρτωλός εἰμι, Κύριε.
pecador soy, Señor.

9 θάμβος γὰρ περιέσχεν αὐτὸν καὶ πάντας τοὺς σὺν αὐτῷ
estupor Porque se apoderó de él y de todos los con él

ἐπὶ τῇ ἄγρᾳ τῶν ἰχθύων ἧ συνέλαβον,
en la captura de los peces que apresaron,

---

70. Forma verbal de histemi, estar presente, estar, etc.
71. O bajad, descolgad.
72. La NU sustituye por las redes.
73. O socios.

10 ὁμοίως δὲ καὶ Ἰάκωβον καὶ Ἰωάννην, υἱοὺς
igualmente entonces también de Santiago y de Juan, hijos
Ζεβεδαίου, οἳ ἦσαν κοινωνοὶ τῷ Σίμωνι. καὶ εἶπε πρὸς τὸν Σίμωνα
de Zebedeo, que eran socios de Simón, y dijo a Simón
ὁ Ἰησοῦς· μὴ φοβοῦ· ἀπὸ τοῦ νῦν ἀνθρώπους
Jesús: no temas. Desde el ahora a hombres
ἔσῃ ζωγρῶν.
estarás capturando.

11 καὶ καταγαγόντες τὰ πλοῖα ἐπὶ τὴν γῆν, ἀφέντες
Y llevando los barcos a la tierra, dejando
ἅπαντα ἠκολούθησαν αὐτῷ.
todo siguieron lo.

12 Καὶ ἐγένετο ἐν τῷ εἶναι αὐτὸν ἐν μιᾷ τῶν πόλεων καὶ ἰδοὺ
Y aconteció en el estar él en una de las ciudades y mira
ἀνὴρ πλήρης λέπρας· ἰδὼν δὲ τὸν Ἰησοῦν,
hombre lleno de lepra. Viendo entonces a Jesús,
πεσὼν ἐπὶ πρόσωπον ἐδεήθη αὐτοῦ λέγων·
cayendo sobre rostro suplicó le diciendo:
Κύριε, ἐὰν θέλῃς, δύνασαί με καθαρίσαι.
Señor, si quieres, puedes me limpiar.

13 καὶ ἐκτείνας τὴν χεῖρα ἥψατο αὐτοῦ λέγων·
Y extendiendo la mano tocó lo diciendo:
θέλω, καθαρίσθητι· καὶ εὐθέως ἡ λέπρα ἀπῆλθεν ἀπ' αὐτοῦ.
Quiero, se limpiado. E inmediatamente la lepra se fue de él.

14 καὶ αὐτὸς παρήγγειλεν αὐτῷ μηδενὶ εἰπεῖν,
Y éste exhortó le a ninguno decir,
ἀλλὰ ἀπελθὼν δεῖξον σεαυτὸν τῷ ἱερεῖ καὶ
sino yendo muestra a ti mismo al sacerdote y
προσένεγκε περὶ τοῦ καθαρισμοῦ σου καθὼς προσέταξε
ofrece por la limpieza de ti como prescribió
Μωϋσῆς εἰς μαρτύριον αὐτοῖς.
Moisés para testimonio a ellos.

15 διήρχετο δὲ μᾶλλον ὁ λόγος περὶ αὐτοῦ, καὶ
Se difundió entonces más la palabra acerca de él, y
συνήρχοντο ὄχλοι πολλοὶ ἀκούειν καὶ θεραπεύεσθαι
se juntaban muchedumbres muchas a escuchar y ser curadas
ὑπ' αὐτοῦ[74] ἀπὸ τῶν ἀσθενειῶν αὐτῶν·
por él de las enfermedades de ellos.

16 αὐτὸς δὲ ἦν ὑποχωρῶν ἐν ταῖς ἐρήμοις
Él mismo sin embargo estaba retirándose en los desiertos
καὶ προσευχόμενος.[75]
y orando.

17 Καὶ ἐγένετο ἐν μιᾷ τῶν ἡμερῶν καὶ αὐτὸς ἦν
Y aconteció en uno de los días también él mismo estaba
διδάσκων, καὶ ἦσαν καθήμενοι Φαρισαῖοι καὶ νομοδιδάσκαλοι
enseñando, y estaban sentados fariseos y maestros de la ley
οἳ ἦσαν ἐληλυθότες ἐκ πάσης κώμης τῆς Γαλιλαίας
que estaban habiendo venido de toda aldea de Galilea
καὶ Ἰουδαίας καὶ Ἰερουσαλήμ· καὶ δύναμις Κυρίου
y de Judea y de Jerusalén. Y poder de Señor
ἦν εἰς τὸ ἰᾶσθαι αὐτούς.[76]
estaba para el curar los.

10Y asimismo a Jacobo y a Juan, hijos de Zebedeo, que eran compañeros de Simón. Y Jesús dijo a Simón: No temas: desde ahora pescarás hombres. 11Y como llegaron a tierra los barcos, dejándolo todo, le siguieron. 12Y aconteció que estando en una ciudad, he aquí un hombre lleno de lepra, el cual viendo a Jesús, postrándose sobre el rostro, le rogó, diciendo: Señor, si quieres, puedes limpiarme. 13Entonces, extendiendo la mano, le tocó diciendo: Quiero: sé limpio. Y luego la lepra se fué de él. 14Y él le mandó que no lo dijese a nadie: Mas ve, díjole, muéstrate al sacerdote, y ofrece por tu limpieza, como mandó Moisés, para testimonio a ellos. 15Empero tanto más se extendía su fama: y se juntaban muchas gentes a oir y ser sanadas de sus enfermedades. 16Mas él se apartaba a los desiertos, y oraba. 17Y aconteció un día, que él estaba enseñando, y los Fariseos y doctores de la ley estaban sentados, los cuales habían venido de todas las aldeas de Galilea, y de Judea y Jerusalem: y la virtud del Señor estaba allí para sanarlos.

---

74. La NU omite por él.
75. Es decir, éste, sin embargo, se retiraba a sitios no poblados y oraba.
76. La NU sustituye los por él.

18 Y he aquí unos hombres, que traían sobre un lecho un hombre que estaba paralítico; y buscaban meterle, y ponerle delante de él.
19 Y no hallando por donde meterle a causa de la multitud, subieron encima de la casa, y por el tejado le bajaron con el lecho en medio, delante de Jesús;
20 El cual, viendo la fe de ellos, le dice: Hombre, tus pecados te son perdonados.
21 Entonces los escribas y los Fariseos comenzaron a pensar, diciendo: ¿Quién es éste que habla blasfemias? ¿Quién puede perdonar pecados sino sólo Dios?
22 Jesús entonces, conociendo los pensamientos de ellos, respondiendo les dijo: ¿Qué pensáis en vuestros corazones?
23 ¿Qué es más fácil, decir: Tus pecados te son perdonados, o decir: Levántate y anda?
24 Pues para que sepáis que el Hijo del hombre tiene potestad en la tierra de perdonar pecados, (dice al paralítico): A ti digo, levántate, toma tu lecho, y vete a tu casa.
25 Y luego, levantándose en presencia de ellos, y tomando aquel en que estaba echado, se fué a su casa, glorificando a Dios.
26 Y tomó espanto a todos, y glorificaban a Dios; y fueron llenos del temor, diciendo: Hemos visto maravillas hoy.

18 καὶ ἰδοὺ ἄνδρες φέροντες ἐπὶ κλίνης ἄνθρωπον
Y mira hombres llevando sobre lecho hombre

ὃς ἦν παραλελυμένος, καὶ ἐζήτουν αὐτὸν εἰσενεγκεῖν
que estaba paralizado, y buscaban a él introducir

καὶ θεῖναι ἐνώπιον αὐτοῦ·
y colocar delante de él.

19 καὶ μὴ εὑρόντες ποίας εἰσενέγκωσιν αὐτὸν
Y no encontrando de qué (manera) introdujeran lo

διὰ τὸν ὄχλον, ἀναβάντες ἐπὶ τὸ δῶμα διὰ τῶν
a través de la multitud, subiendo sobre el tejado a través de las

κεράμων καθῆκαν αὐτὸν σὺν τῷ κλινιδίῳ εἰς τὸ μέσον
tejas bajaron lo con el lecho a el medio

ἔμπροσθεν τοῦ Ἰησοῦ.
delante de Jesús.

20 καὶ ἰδὼν τὴν πίστιν αὐτῶν εἶπεν αὐτῷ· ἄνθρωπε,
Y viendo la fe de ellos dijo le: hombre,

ἀφέωνταί σοι αἱ ἁμαρτίαι σου.
son perdonados a ti los pecados de ti.

21 καὶ ἤρξαντο διαλογίζεσθαι οἱ γραμματεῖς καὶ οἱ Φαρισαῖοι
Y comenzaron a razonar los escribas y los fariseos

λέγοντες· τίς ἐστιν οὗτος ὃς λαλεῖ βλασφημίας;
diciendo: ¿Quién es éste que habla blasfemias?

τίς δύναται ἀφιέναι ἁμαρτίας εἰ μὴ μόνος ὁ Θεός;
¿Quién puede perdonar pecados si no único Dios?

22 ἐπιγνοὺς δὲ ὁ Ἰησοῦς τοὺς διαλογισμοὺς αὐτῶν
Conociendo entonces Jesús los razonamientos de ellos

ἀποκριθεὶς εἶπε πρὸς αὐτούς· τί διαλογίζεσθε
respondiendo dijo a ellos: ¿Por qué razonáis

ἐν ταῖς καρδίαις ὑμῶν;
en los corazones de vosotros?

23 τί ἐστιν εὐκοπώτερον, εἰπεῖν· ἀφέωνταί σοι αἱ ἁμαρτίαι
¿Qué es más fácil decir: perdonados son a ti los pecados

σου, ἢ εἰπεῖν· ἔγειρε καὶ περιπάτει;
de ti, o decir: levántate y anda?

24 ἵνα δὲ εἰδῆτε ὅτι ἐξουσίαν ἔχει ὁ Υἱὸς τοῦ
para que Sin embargo veáis que autoridad tiene el Hijo del

ἀνθρώπου ἐπὶ τῆς γῆς ἀφιέναι ἁμαρτίας - εἶπε τῷ
hombre sobre la tierra para perdonar pecados - dijo al

παραλελυμένῳ· σοὶ λέγω, ἔγειρε καὶ ἄρας τὸ κλινίδιόν σου
paralizado: te digo, levántate y toma el lecho de ti

πορεύου εἰς τὸν οἶκόν σου.
ve a la casa de ti.

25 καὶ παραχρῆμα ἀναστὰς ἐνώπιον αὐτῶν,
E inmediatamente levantándose delante de ellos,

ἄρας ἐφ' ὃ κατέκειτο ἀπῆλθεν εἰς τὸν οἶκον αὐτοῦ
tomando sobre lo que yacía se fue a la casa de él

δοξάζων τὸν Θεόν.
glorificando a Dios.

26 καὶ ἔκστασις ἔλαβεν ἅπαντας καὶ ἐδόξαζον τὸν Θεόν,
Y estupor se apoderó de todos y glorificaban a Dios,

καὶ ἐπλήσθησαν φόβου λέγοντες
y fueron llenos de miedo diciendo

ὅτι εἴδομεν παράδοξα σήμερον.
que vimos maravillas hoy.

27 Καὶ μετὰ ταῦτα ἐξῆλθε καὶ ἐθεάσατο τελώνην ὀνόματι Λευῖν,
Y tras esto salió y contempló recaudador de nombre Leví,

καθήμενον ἐπὶ τὸ τελώνιον, καὶ εἶπεν αὐτῷ·
sentado en el telonio,[77] y dijo le:

ἀκολούθει μοι.
Sigue me.

28 καὶ καταλιπὼν ἅπαντα ἀναστὰς ἠκολούθησεν αὐτῷ.
Y abandonando todo levantándose siguió le.

29 καὶ ἐποίησε δοχὴν μεγάλην Λευῖς αὐτῷ ἐν τῇ οἰκίᾳ αὐτοῦ,
E hizo banquete grande Leví para él en la casa de él,

καὶ ἦν ὄχλος τελωνῶν πολὺς καὶ ἄλλων οἳ
y había multitud de recaudadores mucha y de otros que

ἦσαν μετ' αὐτῶν κατακείμενοι.
estaban con ellos sentados.

30 καὶ ἐγόγγυζον οἱ γραμματεῖς αὐτῶν καὶ οἱ Φαρισαῖοι
Y se quejaban los escribas de ellos y los fariseos[78]

πρὸς τοὺς μαθητὰς αὐτοῦ λέγοντες· διὰ τί μετὰ τελωνῶν
a los discípulos de él diciendo: ¿Por qué con publicanos

καὶ ἁμαρτωλῶν ἐσθίετε καὶ πίνετε;
y pecadores coméis y bebéis?

31 καὶ ἀποκριθεὶς ὁ Ἰησοῦς εἶπε πρὸς αὐτούς·
Y respondiendo Jesús dijo a ellos:

οὐ χρείαν ἔχουσιν οἱ ὑγιαίνοντες ἰατροῦ,
No necesidad tienen los sanos de médico,

ἀλλὰ οἱ κακῶς ἔχοντες.
sino los mal teniendo.[79]

32 οὐκ ἐλήλυθα καλέσαι δικαίους, ἀλλὰ ἁμαρτωλοὺς
No he venido a llamar a justos, sino a pecadores

εἰς μετάνοιαν.
a arrepentimiento.

33 Οἱ δὲ εἶπον πρὸς αὐτόν· διὰ τί οἱ μαθηταὶ Ἰωάννου
Ellos entonces dijeron a él: ¿por qué[80] los discípulos de Juan

νηστεύουσι πυκνὰ καὶ δεήσεις ποιοῦνται,
ayunan a menudo y oraciones hacen,

ὁμοίως καὶ οἱ τῶν Φαρισαίων, οἱ δὲ σοὶ
igual también los de los fariseos, los Sin embargo tuyos

ἐσθίουσι καὶ πίνουσιν.
comen y beben?

34 ὁ δὲ εἶπε πρὸς αὐτούς· μὴ δύνασθε τοὺς υἱοὺς τοῦ
Él sin embargo[81] dijo a ellos: no podéis a los hijos de

νυμφῶνος, ἐν ᾧ ὁ νυμφίος μετ' αὐτῶν ἐστι,
la sala nupcial,[82] en (el tiempo) que el novio con ellos está,

ποιῆσαι νηστεύειν;
hacer ayunar.

35 ἐλεύσονται δὲ ἡμέραι, καὶ ὅταν ἀπαρθῇ ἀπ'
Vendrán sin embargo días, también cuando sea arrebatado de

αὐτῶν ὁ νυμφίος, τότε νηστεύσουσιν ἐν ἐκείναις ταῖς ἡμέραις·
ellos el novio, entonces ayunarán en aquellos los días.

27Y después de estas cosas salió, y vió a un publicano llamado Leví, sentado al banco de los públicos tributos, y le dijo: Sígueme. 28Y dejadas todas las cosas, levantándose, le siguió. 29E hizo Leví gran banquete en su casa; y había mucha compañía de publicanos y de otros, los cuales estaban a la mesa con ellos. 30Y los escribas y los Fariseos murmuraban contra sus discípulos, diciendo: ¿Por qué coméis y bebéis con los publicanos y pecadores? 31Y respondiendo Jesús, les dijo: Los que están sanos no necesitan médico, sino los que están enfermos. 32No he venido a llamar justos, sino pecadores a arrepentimiento. 33Entonces ellos le dijeron: ¿Por qué los discípulos de Juan ayunan muchas veces y hacen oraciones, y asimismo los de los Fariseos, y tus discípulos comen y beben? 34Y él les dijo: ¿Podéis hacer que los que están de bodas ayunen, entre tanto que el esposo está con ellos? 35Empero vendrán días cuando el esposo les será quitado: entonces ayunarán en aquellos días.

---

77. Es decir, en el lugar donde se cobraban los tributos.
78. La NU sustituye por los fariseos y los escribas de ellos.
79. Es decir, los enfermos.
80. La NU suprime por qué.
81. La NU añade Jesús.
82. Es decir, a los que están celebrando una boda.

36 Y les decía también una parábola: Nadie mete remiendo de paño nuevo en vestido viejo; de otra manera el nuevo rompe, y al viejo no conviene remiendo nuevo.
37 Y nadie echa vino nuevo en cueros viejos; de otra manera el vino nuevo romperá los cueros, y el vino se derramará, y los cueros se perderán.
38 Mas el vino nuevo en cueros nuevos se ha de echar; y lo uno y lo otro se conserva.
39 Y ninguno que bebiere del añejo, quiere luego el nuevo; porque dice: El añejo es mejor.

6 Y aconteció que pasando él por los sembrados en un sábado segundo del primero, sus discípulos arrancaban espigas, y comían, restregándolas con las manos.
2 Y algunos de los Fariseos les dijeron: ¿Por qué hacéis lo que no es lícito hacer en los sábados?
3 Y respondiendo Jesús les dijo: ¿Ni aun esto habéis leído, qué hizo David cuando tuvo hambre, él, y los que con él estaban;
4 Cómo entró en la casa de Dios, y tomó los panes de la proposición, y comió, y dió también a los que estaban con él, los cuales no era lícito comer, sino a solos los sacerdotes?

36 ἔλεγε δὲ καὶ παραβολὴν πρὸς αὐτοὺς ὅτι οὐδεὶς
Dijo entonces también parábola a ellos que ninguno
ἐπίβλημα[83] ἱματίου καινοῦ[84] ἐπιβάλλει ἐπὶ ἱμάτιον παλαιόν·
pieza de tela nueva pone en tela vieja.
εἰ δὲ μή γε, καὶ τὸ καινὸν σχίσει καὶ τῷ
si - no -, no sólo la nueva desgarrará[85] sino también con la
παλαιῷ οὐ συμφωνεῖ τὸ ἐπίβλημα τὸ ἀπὸ τοῦ καινοῦ.
vieja no encaja la pieza la de el nuevo.

37 καὶ οὐδεὶς βάλλει οἶνον νέον εἰς ἀσκοὺς παλαιούς·
Y ninguno pone vino nuevo en odres viejos.
εἰ δὲ μήγε, ῥήξει ὁ οἶνος ὁ νέος τοὺς ἀσκούς,
si - no, reventará el vino el nuevo los odres,
καὶ αὐτὸς ἐκχυθήσεται καὶ οἱ ἀσκοὶ ἀπολοῦνται·
y él será derramado y los odres se perderán,

38 ἀλλὰ οἶνον νέον εἰς ἀσκοὺς καινοὺς βλητέον,
sino que vino nuevo en odres nuevos debe ser echado,
καὶ ἀμφότεροι συντηροῦνται.
y[86] ambos se preservan juntos.

39 καὶ οὐδεὶς πιὼν παλαιὸν εὐθέως θέλει
Y ninguno habiendo bebido viejo inmediatamente[87] desea
νέον· λέγει γάρ· ὁ παλαιὸς χρηστότερός ἐστιν.
nuevo. dice Porque: el viejo mejor es.

6 1 Ἐγένετο δὲ ἐν σαββάτῳ δευτεροπρώτῳ
Aconteció entonces en sábado segundo tras primero[88]
διαπορεύεσθαι αὐτὸν διὰ τῶν σπορίμων· καὶ ἔτιλλον οἱ μαθηταὶ
atravesar él por los sembrados. Y recogían los discípulos
αὐτοῦ τοὺς στάχυας καὶ ἤσθιον ψώχοντες ταῖς χερσί.
de él las espigas y comían frotando con las manos.

2 τινὲς δὲ τῶν Φαρισαίων εἶπον αὐτοῖς·
Algunos entonces de los fariseos dijeron les:
τί ποιεῖτε ὃ οὐκ ἔξεστι ποιεῖν ἐν τοῖς σάββασι;
¿Por qué hacéis lo que no es lícito hacer en[89] los sábados?

3 καὶ ἀποκριθεὶς πρὸς αὐτοὺς εἶπεν ὁ Ἰησοῦς· οὐδὲ τοῦτο
Y respondiendo a ellos dijo Jesús: ¿Acaso no esto
ἀνέγνωτε ὃ ἐποίησεν Δαυῒδ ὁπότε ἐπείνασεν
leísteis lo que hizo David cuando tuvo hambre
αὐτὸς καὶ οἱ μετ' αὐτοῦ ὄντες;
él y los con él estando?

4 ὡς εἰσῆλθεν εἰς τὸν οἶκον τοῦ Θεοῦ καὶ τοὺς ἄρτους
¿Como entró en la casa de Dios y los panes
τῆς προθέσεως ἔλαβε καὶ ἔφαγε, καὶ ἔδωκε καὶ
de la proposición tomó y comió, y dio también
τοῖς μετ' αὐτοῦ, οὓς οὐκ ἔξεστι φαγεῖν
a los con él, los que no es lícito comer
εἰ μὴ μόνους τοὺς ἱερεῖς;
si no únicos a los sacerdotes?

---

83. La NU añade de.
84. La NU añade desgarrando.
85. En otros manuscritos desgarra.
86. La NU omite desde y hasta el final del versículo.
87. La NU omite inmediatamente.
88. La NU omite segundo tras primero.
89. La NU suprime hacer en.

5 καὶ ἔλεγεν αὐτοῖς ὅτι κύριός ἐστιν ὁ Υἱὸς
Y dijo les que Señor es el Hijo
τοῦ ἀνθρώπου καὶ τοῦ σαββάτου.
del hombre también del sábado.

6 Ἐγένετο δὲ καὶ ἐν ἑτέρῳ σαββάτῳ εἰσελθεῖν αὐτὸν
Aconteció entonces también en otro sábado entrar él
εἰς τὴν συναγωγὴν καὶ διδάσκειν· καὶ ἦν ἐκεῖ
en la sinagoga y enseñar. Y estaba allí
ἄνθρωπος, καὶ ἡ χεὶρ αὐτοῦ ἡ δεξιὰ ἦν ξηρά.
hombre, y la mano de él la derecha estaba seca.

7 παρετήρουν δὲ αὐτὸν οἱ γραμματεῖς καὶ οἱ Φαρισαῖοι
Observaban entonces a él los escribas y los fariseos
εἰ ἐν τῷ σαββάτῳ θεραπεύσει,
si en el sábado curará,
ἵνα εὕρωσι κατηγορίαν αὐτοῦ.
para que encuentren acusación de él.⁹⁰

8 αὐτὸς δὲ ᾔδει τοὺς διαλογισμοὺς αὐτῶν, καὶ
Él sin embargo había conocido los razonamientos de ellos, y
εἶπε τῷ ἀθρώπῳ τῷ ξηρὰν ἔχοντι τὴν χεῖρα· ἔγειρε καὶ στῆθι
dijo al hombre al seca teniendo la mano. Levántate y ponte
εἰς τὸ μέσον. ὁ δὲ ἀναστὰς ἔστη.
en el medio. Él entonces levantándose se puso en pie.

9 εἶπεν οὖν ὁ Ἰησοῦς πρὸς αὐτούς· ἐπερωτήσω ὑμᾶς
Dijo pues Jesús a ellos: preguntaré⁹¹ a vosotros
τί ἔξεστι τοῖς σάββασιν, ἀγαθοποιῆσαι ἢ κακοποιῆσαι,
algo: ¿es lícito en los sábados, hacer bien o hacer mal,
ψυχὴν σῶσαι ἢ ἀπολέσαι;
alma salvar o destruir?

10 καὶ περιβλεψάμενος πάντας αὐτοὺς εἶπεν αὐτῷ·
Y mirando en derredor a todos ellos dijo le:
ἔκτεινον τὴν χεῖρά σου. ὁ δὲ ἐποίησε, καὶ ἀποκατεστάθη
extiende la mano de ti. Él entonces hizo y fue restaurada
ἡ χεὶρ αὐτοῦ ὡς ἡ ἄλλη.
la mano de él como⁹² la otra.

11 αὐτοὶ δὲ ἐπλήσθησαν ἀνοίας, καὶ διελάλουν
Ellos entonces fueron llenados de locura,⁹³ y discutían
πρὸς ἀλλήλους τί ἂν ποιήσειαν τῷ Ἰησοῦ.
los unos con los otros qué hicieran a Jesús.

12 Ἐγένετο δὲ ἐν ταῖς ἡμέραις ταύταις ἐξῆλθεν
Aconteció entonces en los días éstos salió
εἰς τὸ ὄρος προσεύξασθαι, καὶ ἦν διανυκτερεύων
a el monte a orar, y estaba pasando la noche
ἐν τῇ προσευχῇ τοῦ Θεοῦ.
en la oración de Dios.

13 καὶ ὅτε ἐγένετο ἡμέρα, προσεφώνησε τοὺς μαθητὰς αὐτοῦ,
Y cuando aconteció día, convocó a los discípulos de él,
καὶ ἐκλεξάμενος ἀπ᾽ αὐτῶν δώδεκα,
y escogió de ellos doce,
οὓς καὶ ἀποστόλους ὠνόμασε,
a los que también apóstoles nombró,

5Y les decía. El Hijo del hombre es Señor aun del sábado.
6Y aconteció también en otro sábado, que él entró en la sinagoga y enseñaba; y estaba allí un hombre que tenía la mano derecha seca.
7Y le acechaban los escribas y los Fariseos, si sanaría en sábado, por hallar de qué le acusasen.
8Mas él sabía los pensamientos de ellos; y dijo al hombre que tenía la mano seca: Levántate, y ponte en medio. Y él levantándose, se puso en pie.
9Entonces Jesús les dice: Os preguntaré un cosa: ¿Es lícito en sábados hacer bien, o hacer mal? ¿salvar la vida, o quitarla?
10Y mirándolos a todos alrededor, dice al hombre: Extiende tu mano. Y él lo hizo así, y su mano fué restaurada.
11Y ellos se llenaron de rabia; y hablaban los unos a los otros qué harían a Jesús.
12Y aconteció en aquellos días, que fué al monte a orar, y pasó la noche orando a Dios.
13Y como fué de día, llamó a sus discípulos, y escogió doce de ellos, a los cuales también llamó apóstoles:

---

90. Es decir, contra él.
91. La NU sustituye por pregunto.
92. La NU suprime desde todo hasta el final del versículo.
93. La palabra tiene también el sentido de furia, es decir, una irritación irracional.

14A Simón, al cual también llamó Pedro, y a Andrés su hermano, Jacobo y Juan, Felipe y Bartolomé, **15**Mateo y Tomás, Jacobo hijo de Alfeo, y Simón el que se llama Celador, **16**Judas hermano de Jacobo, y Judas Iscariote, que también fué el traidor.
17Y descendió con ellos, y se paró en un lugar llano, y la compañía de sus discípulos, y una grande multitud de pueblo de toda Judea y de Jerusalem, y de la costa de Tiro y de Sidón, que habían venido a oirle, y para ser sanados de sus enfermedades; **18**Y los que habían sido atormentados de espíritus inmundos: y estaban curados. **19**Y toda la gente procuraba tocarle; porque salía de él virtud, y sanaba a todos. **20**Y alzando él los ojos a sus discípulos, decía: Bienaventurados vosotros los pobres; porque vuestro es el reino de Dios. **21**Bienaventurados los que ahora tenéis hambre; porque seréis saciados. Bienaventurados los que ahora lloráis, porque reiréis. **22**Bienaventurados seréis, cuando los hombres os aborrecieren, y cuando os apartaren de sí, y os denostaren, y desecharen vuestro nombre como malo, por el Hijo del hombre.

14 Σίμωνα ὃν καὶ ὠνόμασε Πέτρον, καὶ Ἀνδρέαν τὸν
Simón al que también llamó Pedro, y Andrés el
ἀδελφὸν αὐτοῦ, Ἰάκωβον καὶ Ἰωάννην, Φίλιππον καὶ Βαρθολομαῖον,
hermano de él, Santiago y Juan, Felipe y Bartolomé,

15 καὶ Ματθαῖον καὶ Θωμᾶν, Ἰάκωβον τὸν τοῦ Ἀλφαίου
y Mateo y Tomás, Santiago el de Alfeo
καὶ Σίμωνα τὸν καλούμενον Ζηλωτὴν,
y Simón el llamado celoso,[94]

16 Ἰούδαν Ἰακώβου καὶ Ἰούδαν Ἰσκαριώτην,
Judás de Santiago y Judas Iscariote,
ὃς καὶ ἐγένετο προδότης,
el que también resultó traidor.

17 καὶ καταβὰς μετ' αὐτῶν ἔστη ἐπὶ τόπου πεδινοῦ,
Y habiendo descendido con ellos se colocó en lugar llano,
καὶ ὄχλος μαθητῶν αὐτοῦ, καὶ πλῆθος πολὺ
y multitud[95] de discípulos de él, y muchedumbre mucha
τοῦ λαοῦ ἀπὸ πάσης τῆς Ἰουδαίας καὶ Ἰερουσαλὴμ
del pueblo de toda la Judea y Jerusalén
καὶ τῆς παραλίου Τύρου καὶ Σιδῶνος,
y de la zona marítima de Tiro y Sidón,
οἳ ἦλθον ἀκοῦσαι αὐτοῦ καὶ ἰαθῆναι ἀπὸ τῶν
que vinieron a escuchar lo y a ser curados de las
νόσων αὐτῶν,
enfermedades de ellos,

18 καὶ οἱ ὀχλούμενοι ἀπὸ πνευμάτων ἀκαθάρτων,
y los siendo atormentados de espíritus impuros,
καὶ ἐθεραπεύοντο·
y eran curados.

19 καὶ πᾶς ὁ ὄχλος ἐζήτει ἅπτεσθαι αὐτοῦ, ὅτι δύναμις
Y toda la multitud buscaba tocar lo, porque poder
παρ' αὐτοῦ ἐξήρχετο καὶ ἰᾶτο πάντας.
de él salía y curaba a todos.

20 Καὶ αὐτὸς ἐπάρας τοὺς ὀφθαλμοὺς αὐτοῦ
Y él alzando los ojos de él
εἰς τοὺς μαθητὰς αὐτοῦ ἔλεγε· μακάριοι οἱ πτωχοί,
a los discípulos de él dijo: Dichosos los pobres,
ὅτι ὑμετέρα ἐστὶν ἡ βασιλεία τοῦ Θεοῦ.
porque vuestro es el reino de Dios.

21 μακάριοι οἱ πεινῶντες νῦν, ὅτι χορτασθήσεσθε.
Dichosos los que tienen hambre ahora, porque seréis hartados,
μακάριοι οἱ κλαίοντες νῦν, ὅτι γελάσετε.
dichosos los que lloran ahora, porque reiréis.

22 μακάριοί ἐστε, ὅταν μισήσωσιν ὑμᾶς οἱ ἄνθρωποι,
Dichosos sois, cuando odiarán a vosotros los hombres,
καὶ ὅταν ἀφορίσωσιν ὑμᾶς καὶ ὀνειδίσωσι
y cuando excluirán a vosotros y afrentarán
καὶ ἐκβάλωσι τὸ ὄνομα ὑμῶν ὡς πονηρὸν
y arrojarán el nombre de vosotros como malo
ἕνεκα τοῦ Υἱοῦ τοῦ ἀνθρώπου.
a causa del Hijo del hombre.

---

94. No, el zelote ya que ese grupo no apareció hasta la guerra contra Roma en el 66 A.D., sino el que se caracteriza por su celo en el cumplimiento de la Torah, como en Hechos 21.20; 22.3 o Gálatas 1.14.
95. La NU añade mucha.

23 χάρητε ἐν ἐκείνῃ τῇ ἡμέρᾳ καὶ σκιρτήσατε·
Alegraos en aquel el día y saltad (de alegría),

ἰδοὺ γὰρ ὁ μισθὸς ὑμῶν πολὺς ἐν τῷ οὐρανῷ·
mira Porque la recompensa de vosotros mucha en el cielo.

κατὰ τὰ αὐτὰ γὰρ ἐποίουν τοῖς προφήταις
según esto Porque hacían a los profetas[96]

οἱ πατέρες αὐτῶν.
los padres de ellos.

24 Πλὴν οὐαὶ ὑμῖν τοῖς πλουσίοις, ὅτι ἀπέχετε
Pero ay de vosotros los ricos, porque tenéis

τὴν παράκλησιν ὑμῶν.
la consolación de vosotros.

25 οὐαὶ ὑμῖν οἱ ἐμπεπλησμένοι,[97] ὅτι πεινάσετε.
Ay de vosotros los habiendo sido llenados, porque tendréis hambre.

οὐαί ὑμῖν οἱ γελῶντες νῦν,
Ay de vosotros[98] los riendo ahora,

ὅτι πενθήσετε καὶ κλαύσετε.
porque os afligiréis y lloraréis.

26 οὐαὶ ὑμῖν ὅταν καλῶς ὑμᾶς εἴπωσιν πάντες οἱ
Ay de vosotros cuando bien de vosotros digan todos los

ἄνθρωποι· κατὰ τὰ αὐτὰ γὰρ ἐποίουν τοῖς ψευδοπροφήταις
hombres, según esto Porque hacían con los falsos profetas[99]

οἱ πατέρες αὐτῶν.
los padres de ellos.

27 Ἀλλὰ ὑμῖν λέγω τοῖς ἀκούουσιν· ἀγαπᾶτε τοὺς ἐχθροὺς ὑμῶν,
Pero os digo a los que oís: amad a los enemigos de vosotros,

καλῶς ποιεῖτε τοῖς μισοῦσιν ὑμᾶς,
bien haced a los que odian os.

28 εὐλογεῖτε τοὺς καταρωμένους ὑμῖν, καὶ προσεύχεσθε
Bendecid a los que maldicen os, y orad

ὑπὲρ τῶν ἐπηρεαζόντων ὑμᾶς.
por los que persiguen os.

29 τῷ τύπτοντί σε ἐπὶ τὴν σιαγόνα πάρεχε καὶ τὴν ἄλλην,
Al que golpee a ti en la mejilla ofrece también la otra,

καὶ ἀπὸ τοῦ αἴροντός σου τὸ ἱμάτιον
y de el que quite de ti el manto

καὶ τὸν χιτῶνα μὴ κωλύσῃς.
también la túnica no rehuses.[100]

30 παντὶ δὲ τῷ αἰτοῦντί σε δίδου, καὶ ἀπὸ τοῦ αἴροντος
A todo entonces el que pida a ti da, y de el que quite

τὰ σὰ μὴ ἀπαίτει.
lo tuyo no reclames.

31 καὶ καθὼς θέλετε ἵνα ποιῶσιν ὑμῖν οἱ ἄνθρωποι
Y como queréis que hagan os los hombres

καὶ ὑμεῖς ποιεῖτε αὐτοῖς ὁμοίως.
también vosotros[101] haced a ellos igualmente.

23Gozaos en aquel día, y alegraos; porque he aquí vuestro galardón es grande en los cielos; porque así hacían sus padres a los profetas. 24Mas ¡ay de vosotros, ricos! porque tenéis vuestro consuelo. 25¡Ay de vosotros, los que estáis hartos! porque tendréis hambre. ¡Ay de vosotros, los que ahora reís! porque lamentaréis y lloraréis. 26¡Ay de vosotros, cuando todos los hombres dijeren bien de vosotros! porque así hacían sus padres a los falsos profetas. 27Mas a vosotros los que oís, digo: Amad a vuestros enemigos, haced bien a los que os aborrecen; 28Bendecid a los que os maldicen, y orad por los que os calumnian. 29Y al que te hiriere en la mejilla, dale también la otra; y al que te quitare la capa, ni aun el sayo le defiendas. 30Y a cualquiera que te pidiere, da; y al que tomare lo que es tuyo, no vuelvas a pedir. 31Y como queréis que os hagan los hombres, así hacedles también vosotros:

---

96. Es decir, con los profetas se comportaron de la misma manera.
97. La NU añade ahora.
98. La NU suprime de vosotros.
99. Es decir, con los falsos profetas se comportaron de la misma manera.
100. Es decir, no le niegues tampoco la túnica.
101. La NU suprime también vosotros.

32 Porque si amáis a los que os aman, ¿qué gracias tendréis? porque también los pecadores aman a los que los aman.
33 Y si hiciereis bien a los que os hacen bien, ¿qué gracias tendréis? porque también los pecadores hacen lo mismo.
34 Y si prestareis a aquellos de quienes esperáis recibir, ¿qué gracias tendréis? porque también los pecadores prestan a los pecadores, para recibir otro tanto.
35 Amad, pués, a vuestros enemigos, y haced bien, y prestad, no esperando de ello nada; y será vuestro galardón grande, y seréis hijos del Altísimo: porque él es benigno para con los ingratos y malos.
36 Sed pues misericordiosos, como también vuestro Padre es misericordioso.
37 No juzguéis, y no seréis juzgados; no condenéis, y no seréis condenados: perdonad, y seréis perdonados.
38 Dad, y se os dará; medida buena, apretada, remecida, y rebosando darán en vuestro seno: porque con la misma medida que midiereis, os será vuelto a medir.
39 Y les decía una parábola: ¿Puede el ciego guiar al ciego? ¿No caerán ambos en el hoyo?

32 καὶ εἰ ἀγαπᾶτε τοὺς ἀγαπῶντας ὑμᾶς, ποία ὑμῖν χάρις ἐστί;
Y si amáis a los que aman os, ¿qué para vosotros gracia es?[102]
καὶ γὰρ οἱ ἁμαρτωλοὶ τοὺς ἀγαπῶντας αὐτοὺς ἀγαπῶσι.
también Porque los pecadores a los que aman los aman.

33 καὶ ἐὰν ἀγαθοποιῆτε τοὺς ἀγαθοποιοῦντας ὑμᾶς,
Y si hacéis bien a los que hacen bien a vosotros,

ποία ὑμῖν χάρις ἐστί; καὶ γὰρ οἱ ἁμαρτωλοὶ
¿qué para vosotros gracia es?[103] también Porque los pecadores
τὸ αὐτὸ ποιοῦσι.
lo mismo hacen.

34 καὶ ἐὰν δανείζητε παρ' ὧν ἐλπίζετε ἀπολαβεῖν,
Y si prestáis a los que esperáis recibir,

ποία ὑμῖν χάρις ἐστί; καὶ γὰρ ἁμαρτωλοὶ
¿qué para vosotros gracia es?[104] también Porque pecadores a
ἁμαρτωλοῖς δανείζουσιν ἵνα ἀπολάβωσι τὰ ἴσα.
pecadores prestan para que reciban lo mismo.

35 πλὴν ἀγαπᾶτε τοὺς ἐχθροὺς ὑμῶν καὶ ἀγαθοποιεῖτε
Pero amad a los enemigos de vosotros y haced bien
καὶ δανείζετε μηδὲν ἀπελπίζοντες, καὶ ἔσται ὁ
y prestad no esperando recibir de vuelta, y será la
μισθὸς ὑμῶν πολὺς καὶ ἔσεσθε υἱοὶ ὑψίστου,
recompensa de vosotros mucha y seréis hijos de Altísimo,
ὅτι αὐτὸς χρηστός ἐστιν ἐπὶ τοὺς ἀχαρίστους καὶ πονηρούς.
porque Él bueno es para los ingratos y malos.

36 Γίνεσθε οὖν οἰκτίρμονες, καθὼς καὶ ὁ πατὴρ ὑμῶν
Resultad pues compasivos, como también el Padre de vosotros
οἰκτίρμων ἐστί.
compasivo es.

37 Καὶ μὴ κρίνετε, καὶ οὐ μὴ κριθῆτε· μὴ
Y no juzguéis, y no de ninguna manera seréis juzgados. No
καταδικάζετε, καὶ οὐ μὴ καταδικασθῆτε.
condeneís, y no de ninguna manera seréis condenados.
ἀπολύετε, καὶ ἀπολυθήσεσθε·
Perdonad, y seréis perdonados.

38 δίδοτε, καὶ δοθήσεται ὑμῖν· μέτρον καλὸν,
Dad, y será dado a vosotros. Medida buena,
πεπιεσμένον καὶ σεσαλευμένον καὶ ὑπερεκχυνόμενον
remecida[105] y sacudida y rebosante
δώσουσιν εἰς τὸν κόλπον ὑμῶν· τῷ γὰρ αὐτῷ
darán en el regazo de vosotros. con la Porque misma
μέτρῳ ᾧ μετρεῖτε, ἀντιμετρηθήσεται ὑμῖν.
medida con que midáis, os será medido de vuelta a vosotros.

39 Εἶπε δὲ παραβολὴν αὐτοῖς· μήτι δύναται τυφλὸς
Dijo entonces parábola a ellos. ¿Acaso puede ciego
τυφλὸν ὁδηγεῖν; οὐχὶ ἀμφότεροι εἰς βόθυνον πεσοῦνται;
a ciego guiar? ¿No ambos a zanja caerán?

---

102. Es decir, ¿qué hacéis de gracia? o ¿qué hacéis que vaya más allá de lo que tenéis que hacer por obligación?
103. Es decir, ¿qué hacéis de gracia? o ¿qué hacéis que vaya más allá de lo que tenéis que hacer por obligación?
104. Es decir, ¿qué hacéis de gracia? o ¿qué hacéis que vaya más allá de lo que tenéis que hacer por obligación?
105. Es decir, que se remueve para que quepa más en la medida.

40 οὐκ ἔστι μαθητὴς ὑπὲρ τὸν διδάσκαλον αὐτοῦ·
No es discípulo sobre el maestro de él,[106]
κατηρτισμένος   δὲ   πᾶς ἔσται ὡς
habiendo sido enseñado por completo Sin embargo todo será como
ὁ διδάσκαλος αὐτοῦ.
el maestro de él.

41 Τί   δὲ   βλέπεις τὸ κάρφος τὸ ἐν τῷ ὀφθαλμῷ τοῦ
¿Por qué entonces miras la paja la en el ojo del
ἀδελφοῦ σου, τὴν δὲ δοκὸν τὴν ἐν τῷ ἰδίῳ   ὀφθαλμῷ οὐ
hermano de ti, la Pero viga la en el propio ojo no
κατανοεῖς;
consideras?

42 ἢ   πῶς δύνασαι λέγειν τῷ ἀδελφῷ σου, ἀδελφέ,
O ¿cómo puedes decir al hermano de ti, hermano,
ἄφες   ἐκβάλω τὸ κάρφος τὸ ἐν τῷ ὀφθαλμῷ   de ti,
permite saco la paja la en el ojo de ti,
αὐτὸς τὴν ἐν τῷ ὀφθαλμῷ σοῦ δοκὸν οὐ βλέπων;
él la en el ojo de ti viga no viendo?
ὑποκριτά, ἔκβαλε πρῶτον τὴν δοκὸν ἐκ τοῦ ὀφθαλμοῦ σου,
Hipócrita, saca primero la viga de el ojo de ti,
καὶ τότε   διαβλέψεις   ἐκβαλεῖν τὸ κάρφος
y entonces verás con claridad para sacar la paja
τὸ ἐν τῷ ὀφθαλμῷ τοῦ ἀδελφοῦ σου.
la en el ojo del hermano de ti.

43 Οὐ γὰρ ἐστι δένδρον καλὸν ποιοῦν   καρπὸν σαπρόν,
no Porque existe árbol bueno produciendo fruto podrido,
οὐδὲ δένδρον σαπρὸν ποιοῦν   καρπὸν καλόν·
ni[107] árbol podrido produciendo fruto bueno.

44 ἕκαστον γὰρ   δένδρον ἐκ τοῦ ἰδίου καρποῦ
cada Porque árbol por el propio fruto
γινώσκεται· οὐ γὰρ   ἐξ ἀκανθῶν συλλέγουσι σῦκα,
se conoce. no Porque de espinos se recogen higos,
οὐδὲ ἐκ βάτου τρυγῶσι σταφυλὴν.
ni de zarza recogen racimo de uvas.

45 ὁ ἀγαθὸς ἄνθρωπος ἐκ τοῦ ἀγαθοῦ θησαυροῦ
El buen hombre de el buen tesoro
τῆς καρδίας αὐτοῦ προφέρει τὸ ἀγαθόν,
del corazón de él[108] produce lo bueno,
καὶ ὁ πονηρὸς ἄνθρωπος ἐκ τοῦ πονηροῦ θησαυροῦ
y el mal hombre[109] de el mal tesoro
τῆς καρδίας αὐτοῦ προφέρει τὸ πονηρόν·
del corazón de él[110] produce lo malo,
ἐκ γὰρ   τοῦ περισσεύματος τῆς καρδίας
de Porque la abundancia del corazón
λαλεῖ τὸ στόμα αὐτοῦ.
habla la boca de él.

46 Τί   δέ   με καλεῖτε Κύριε Κύριε, καὶ οὐ ποιεῖτε ἃ
¿Por qué entonces me llamáis Señor Señor, si no hacéis lo que
λέγω;
digo?

---

106. La NU suprime de él.
107. La NU añade de nuevo.
108. La NU suprime de él.
109. La NU suprime hombre.
110. La NU suprime tesoro del corazón de él.

47 Todo aquel que viene a mí, y oye mis palabras, y las hace, os enseñaré a quién es semejante:
48 Semejante es al hombre que edifica una casa, el cual cavó y ahondó, y puso el fundamento sobre la peña; y cuando vino una avenida, el río dió con ímpetu en aquella casa, mas no la pudo menear: porque estaba fundada sobre la peña.
49 Mas el que oyó y no hizo, semejante es al hombre que edificó su casa sobre tierra, sin fundamento; en la cual el río dió con ímpetu, y luego cayó; y fué grande la ruina de aquella casa.

7 Y como acabó todas sus palabras oyéndole el pueblo, entró en Capernaum.
2 Y el siervo de un centurión, al cual tenía él en estima, estaba enfermo y a punto de morir.
3 Y como oyó hablar de Jesús, envió a él los ancianos de los Judíos, rogándole que viniese y librase a su siervo.
4 Y viniendo ellos a Jesús, rogáronle con diligencia, diciéndole: Porque es digno de concederle esto;
5 Que ama nuestra nación, y él nos edificó una sinagoga.

47 πᾶς ὁ ἐρχόμενος πρός με καὶ ἀκούων μου τῶν λόγων
Todo el viniendo a mí y oyendo de mí las palabras
καὶ ποιῶν αὐτούς, ὑποδείξω ὑμῖν τίνι ἐστὶν ὅμοιος·
y haciendo las, mostraré os a quién es semejante.

48 ὅμοιός ἐστιν ἀνθρώπῳ οἰκοδομοῦντι οἰκίαν, ὃς ἔσκαψε καὶ
Semejante es a hombre construyendo casa, el cual excavó y
ἐβάθυνε καὶ ἔθηκε θεμέλιον ἐπὶ τὴν πέτραν·
ahondó y colocó cimiento sobre la piedra.
πλημμύρας δὲ γενομένης προσέρρηξεν ὁ ποταμὸς
Crecida entonces aconteciendo se precipitó el río
τῇ οἰκίᾳ ἐκείνῃ, καὶ οὐκ ἴσχυσε σαλεῦσαι αὐτήν·
contra la casa aquella, y no pudo sacudir la,
τεθεμελίωτο γὰρ ἐπὶ τὴν πέτραν.
había sido cimentada[111] Porque sobre la piedra.

49 ὁ δὲ ἀκούσας καὶ μὴ ποιήσας ὅμοιός
El entonces habiendo oído y no habiendo hecho semejante
ἐστιν ἀνθρώπῳ οἰκοδομήσαντι οἰκίαν ἐπὶ τὴν γῆν χωρὶς
es a hombre habiendo construido casa sobre la tierra sin
θεμελίου, ᾗ προσέρρηξεν ὁ ποταμός, καὶ εὐθὺς
cimiento, contra la que se precipitó el río, e inmediatamente
ἔπεσε, καὶ ἐγένετο τὸ ῥῆγμα τῆς οἰκίας ἐκείνης μέγα.
cayó,[112] y resultó la ruina de la casa aquella grande.

7 1 Ἐπεὶ δὲ ἐπλήρωσε πάντα τὰ ῥήματα αὐτοῦ εἰς τὰς ἀκοὰς
Cuando entonces completó todos los dichos de él a los oídos
τοῦ λαοῦ, εἰσῆλθεν εἰς Καπερναούμ.
del pueblo, entró en Cafarnaum.

2 Ἑκατοντάρχου δέ τινος δοῦλος κακῶς ἔχων
de centurión Entonces cierto siervo mal teniendo
ἤμελλε τελευτᾶν, ὃς ἦν αὐτῷ ἔντιμος.
iba a morir, que era a él muy estimado.

3 ἀκούσας δὲ περὶ τοῦ Ἰησοῦ ἀπέστειλε πρὸς αὐτὸν
Oyendo entonces acerca de Jesús envió a él
πρεσβυτέρους τῶν Ἰουδαίων ἐρωτῶν αὐτὸν ὅπως
ancianos de los judíos pidiendo le que
ἐλθὼν διασώσῃ τὸν δοῦλον αὐτοῦ.
viniendo salvara al siervo de él.

4 οἱ δὲ παραγενόμενοι πρὸς τὸν Ἰησοῦν παρεκάλουν αὐτὸν
los Entonces viniendo a Jesús suplicaron le
σπουδαίως, λέγοντες ὅτι ἄξιός ἐστιν ᾧ παρέξει τοῦτο·
diligentemente, diciendo que digno es a él conceda esto.

5 ἀγαπᾷ γὰρ τὸ ἔθνος ἡμῶν, καὶ τὴν συναγωγὴν
ama Porque al pueblo de nosotros, y la sinagoga
αὐτὸς ᾠκοδόμησεν ἡμῖν.
él construyó a nosotros.

---

111. Desde había hasta el final del versículo es sustituido en la NU por ser edificado bien.
112. La NU sustituye por cayó conjuntamente.

6 ὁ δὲ   Ἰησοῦς ἐπορεύετο σὺν αὐτοῖς. ἤδη δὲ   αὐτοῦ
  - Entonces Jesús fue   con ellos. Ya entonces él

  οὐ μακρὰν ἀπέχοντος ἀπὸ τῆς οἰκίας ἔπεμψε
  no lejos   estando   de la casa   envió

  πρὸς αὐτὸν ὁ ἑκατόνταρχος φίλους λέγων αὐτῷ·
  a   él¹¹³ el centurión   amigos diciendo le:

  Κύριε, μὴ σκύλλου· οὐ γὰρ εἰμι ἱκανός ἵνα
  Señor, no te molestes, no Porque soy digno de que

  ὑπὸ τὴν στέγην μου   εἰσέλθῃς·
  bajo el techo de mí entres.

7 διὸ   οὐδὲ ἐμαυτὸν   ἠξίωσα   πρός σε ἐλθεῖν·
  Por tanto ni a mí mismo considero digno de a ti venir.

  ἀλλὰ εἰπὲ λόγῳ,   καὶ ἰαθήσεται ὁ παῖς μου.
  pero di en palabra, y será curado el siervo de mí.

8 καὶ   γὰρ   ἐγὼ ἄνθρωπός εἰμι ὑπὸ ἐξουσίαν τασσόμενος,
  también Porque yo hombre   soy bajo autoridad estando colocado,

  ἔχων   ὑπ' ἐμαυτὸν στρατιώτας, καὶ λέγω τούτῳ,
  teniendo bajo mí mismo soldados,   y digo a éste:

  πορεύθητι, καὶ πορεύεται, καὶ ἄλλῳ, ἔρχου,
  ve   y va,   y a otro, ven,

  καὶ ἔρχεται, καὶ τῷ δούλῳ μου,
  y viene,   y al siervo de mí:

  ποίησον τοῦτο, καὶ ποιεῖ.
  Haz   esto, y hace.

9 ἀκούσας δὲ   ταῦτα ὁ Ἰησοῦς ἐθαύμασεν αὐτόν,
  Oyendo entonces esto Jesús   se maravilló de él,

  καὶ στραφεὶς   τῷ   ἀκολουθοῦντι αὐτῷ ὄχλῳ   εἶπε·
  y volviéndose a la que seguía   a él multitud dijo:

  λέγω ὑμῖν, οὐδὲ ἐν τῷ Ἰσραὴλ τοσαύτην
  Digo os,   ni en   Israel   tan grande

  πίστιν εὗρον.
  fe   encontré.

10 καὶ ὑποστρέψαντες οἱ πεμφθέντες   εἰς τὸν οἶκον
   Y regresando   los que habían sido enviados a la casa

   εὗρον   τὸν ἀσθενοῦντα   δοῦλον ὑγιαίνοντα.
   encontraron al estando enfermo¹¹⁴ siervo estando bien.

11 Καὶ ἐγένετο ἐν τῷ ἑξῆς   ἐπορεύετο εἰς πόλιν καλουμένην
   Y aconteció en el siguiente fue   a ciudad llamada

   Ναΐν· καὶ συνεπορεύοντο αὐτῷ οἱ μαθηταὶ   αὐτοῦ
   Naín. Y fueron con   él los discípulos de él

   ἱκανοὶ   καὶ ὄχλος   πολύς.
   numerosos¹¹⁵ y muchedumbre mucha.

12 ὡς   δὲ   ἤγγισε τῇ πύλῃ τῆς πόλεως, καὶ ἰδοὺ
   Como entonces se acercó a la puerta de la ciudad, y mira

   ἐξεκομίζετο   τεθνηκώς   υἱὸς μονογενὴς τῇ
   estaba siendo llevado habiendo muerto hijo unigénito para la

   μητρὶ αὐτοῦ, καὶ αὐτὴ ἦν χήρα,
   madre de él, y ella era viuda,

   καὶ ὄχλος   τῆς πόλεως ἱκανὸς   ἦν   σὺν αὐτῇ.
   y multitud de la ciudad numerosa estaba con ella.

6 Y Jesús fué con ellos. Mas como ya no estuviesen lejos de su casa, envió el centurión amigos a él, diciéndole: Señor, no te incomodes, que no soy digno que entres debajo de mi tejado;
7 Por lo cual ni aun me tuve por digno de venir a ti; mas di la palabra, y mi siervo será sano.
8 Porque también yo soy hombre puesto en potestad, que tengo debajo de mí soldados; y digo a éste: Ve, y va; y al otro: Ven, y viene; y a mi siervo: Haz esto, y lo hace.
9 Lo cual oyendo Jesús, se maravilló de él, y vuelto, dijo a las gentes que le seguían: Os digo que ni aun en Israel he hallado tanta fe.
10 Y vueltos a casa los que habían sido enviados, hallaron sano al siervo que había estado enfermo.
11 Y aconteció después, que él iba a la ciudad que se llama Naín, e iban con él muchos de sus discípulos, y gran compañía.
12 Y como llegó cerca de la puerta de la ciudad, he aquí que sacaban fuera a un difunto, unigénito de su madre, la cual también era viuda: y había con ella grande compañía de la ciudad.

---

113. La NU suprime a él.
114. La NU suprime al estando enfermo.
115. La NU suprime numerosos.

13 Y como el Señor la vió, compadecióse de ella, y le dice: No llores.
14 Y acercándose, tocó el féretro: y los que lo llevaban, pararon. Y dice: Mancebo, a ti digo, levántate.
15 Entonces se incorporó el que había muerto, y comenzó a hablar. Y dióle a su madre.
16 Y todos tuvieron miedo, y glorificaban a Dios, diciendo: Que un gran profeta se ha levantado entre nosotros; y que Dios ha visitado a su pueblo.
17 Y salió esta fama de él por toda Judea, y por toda la tierra de alrededor.
18 Y sus discípulos dieron a Juan las nuevas de todas estas cosas: y llamó Juan a dos de sus discípulos,
19 Y envió a Jesús, diciendo: ¿Eres tú aquél que había de venir, o esperaremos a otro?
20 Y como los hombres vinieron a él, dijeron: Juan el Bautista nos ha enviado a ti, diciendo: ¿Eres tú aquél que había de venir, o esperaremos a otro?
21 Y en la misma hora sanó a muchos de enfermedades y plagas, y de espíritus malos; y a muchos ciegos dió la vista.

13 καὶ ἰδὼν αὐτὴν ὁ κύριος ἐσπλαγχνίσθη
Y viendo la el Señor fue compadecido[116]
ἐπ' αὐτῇ καὶ εἶπεν αὐτῇ· μὴ κλαῖε.
de ella y dijo le: no llores.

14 καὶ προσελθὼν ἥψατο τῆς σοροῦ, οἱ δὲ βαστάζοντες
Y acercándose tocó el ataúd, los entonces llevando
ἔστησαν, καὶ εἶπε· νεανίσκε, σοὶ λέγω, ἐγέρθητι.
se detuvieron, y dijo: joven, te digo, se levantado.

15 καὶ ἀνεκάθισε ὁ νεκρὸς καὶ ἤρξατο λαλεῖν,
Y se sentó el muerto y comenzó a hablar,
καὶ ἔδωκεν αὐτὸν τῇ μητρὶ αὐτοῦ.
Y dio lo a la madre de él.

16 ἔλαβε δὲ φόβος πάντας καὶ ἐδόξαζον τὸν Θεὸν,
Se apoderó entonces miedo de todos y glorificaban a Dios,
λέγοντες ὅτι προφήτης μέγας ἐγήγερται ἐν ἡμῖν,
diciendo que profeta grande ha surgido entre nosotros,
καὶ ὅτι ἐπεσκέψατο ὁ Θεὸς τὸν λαὸν αὐτοῦ.
y que visitó Dios al pueblo de Él.

17 καὶ ἐξῆλθεν ὁ λόγος οὗτος ἐν ὅλῃ τῇ Ἰουδαίᾳ
Y salió la palabra esta por toda la Judea
περὶ αὐτοῦ καὶ ἐν πάσῃ τῇ περιχώρῳ.
acerca de él y por todo el contorno.

18 Καὶ ἀπήγγειλαν Ἰωάννῃ οἱ μαθηταὶ αὐτοῦ περὶ πάντων
E informaron a Juan los discípulos de él acerca de todo
τούτων καὶ προσκαλεσάμενος δύο τινὰς
esto y llamando a dos ciertos
τῶν μαθητῶν αὐτοῦ ὁ Ἰωάννης
de los discípulos de él Juan

19 ἔπεμψε πρὸς τὸν Ἰησοῦν λέγων· σὺ εἶ ὁ ἐρχόμενος
envió a Jesús[117] diciendo: ¿tú eres el que viene
ἢ ἕτερον προσδοκῶμεν;
o a otro esperamos?

20 παραγενόμενοι δὲ πρὸς αὐτὸν οἱ ἄνδρες εἶπον,
Viniendo entonces a él los hombres dijeron:
Ἰωάννης ὁ βαπτιστὴς ἀπέσταλκεν ἡμᾶς πρὸς σὲ
Juan el Bautista ha enviado nos a ti
λέγων· σὺ εἶ ὁ ἐρχόμενος ἢ ἕτερον προσδοκῶμεν;
diciendo: ¿tú eres el que viene o o a otro esperamos?

21 ἐν ἐκείνῃ δὲ τῇ ὥρᾳ ἐθεράπευσε πολλοὺς ἀπὸ νόσων
en aquella Entonces la hora curó a muchos de enfermedades
καὶ μαστίγων καὶ πνευμάτων πονηρῶν,
y azotes y espíritus malos,
καὶ τυφλοῖς πολλοῖς ἐχαρίσατο τὸ βλέπειν.
y a ciegos muchos dio la gracia de ver.

---

116. El verbo tiene el sentido de que se le removieron las entrañas por la compasión.
117. La NU sustituye por Señor.

22 καὶ ἀποκριθεὶς ὁ Ἰησοῦς εἶπεν αὐτοῖς· πορευθέντες
Y respondiendo Jesús[118] dijo les: yendo

ἀπαγγείλατε Ἰωάννῃ ἃ εἴδετε καὶ ἠκούσατε·
anunciad a Juan lo que vísteis y oísteis.

τυφλοὶ ἀναβλέπουσι, χωλοὶ περιπατοῦσι, λεπροὶ καθαρίζονται,
Ciegos ven de nuevo, cojos caminan, leprosos son limpiados,

κωφοὶ ἀκούουσι, νεκροὶ ἐγείρονται,
sordos oyen, muertos son levantados,

πτωχοὶ εὐαγγελίζονται·
pobres son evangelizados.

23 καὶ μακάριός ἐστιν ὃς ἐὰν μὴ σκανδαλισθῇ ἐν ἐμοί.
Y dichoso es el que no es escandalizado en mí.[119]

24 ἀπελθόντων δὲ τῶν ἀγγέλων Ἰωάννου ἤρξατο λέγειν
Marchando entonces los mensajeros de Juan comenzó a decir

πρὸς τοὺς ὄχλους περὶ Ἰωάννου· τί ἐξεληλύθατε
a las multitudes acerca de Juan: ¿Qué habéis salido

εἰς τὴν ἔρημον θεάσασθαι; κάλαμον
a el desierto a ver? ¿caña

ὑπὸ ἀνέμου σαλευόμενον;
por viento siendo sacudida?

25 ἀλλὰ τί ἐξεληλύθατε ἰδεῖν; ἄνθρωπον ἐν μαλακοῖς
pero ¿qué habéis salido a ver? ¿Hombre de suaves

ἱματίοις ἠμφιεσμένον; ἰδοὺ οἱ ἐν ἱματισμῷ ἐνδόξῳ
vestimentas revestido? Mirad los en atavío glorioso

καὶ τρυφῇ ὑπάρχοντες ἐν τοῖς βασιλείοις εἰσίν.
y en lujo estando en los regios (lugares) están.

26 ἀλλὰ τί ἐξεληλύθατε ἰδεῖν; προφήτην; ναί λέγω ὑμῖν,
pero ¿qué salísteis a ver? ¿Profeta? Sí digo os,

καὶ περισσότερον προφήτου.
y más que profeta.

27 οὗτός ἐστιν περὶ οὗ γέγραπται, ἰδοὺ ἐγὼ ἀποστέλλω
Éste es acerca del que ha sido escrito, mira yo envío

τὸν ἄγγελόν μου πρὸ προσώπου σου,
al mensajero de mí delante de rostro de ti,

ὃς κατασκευάσει τὴν ὁδόν σου ἔμπροσθέν σου.
el cual preparará el camino de ti delante de ti.

28 λέγω γὰρ ὑμῖν, μείζων ἐν γεννητοῖς γυναικῶν προφήτης
digo Porque os, mayor entre nacidos de mujeres profeta

Ἰωάννου τοῦ βαπτιστοῦ οὐδείς ἐστιν· ὁ δὲ
que Juan el Bautista[120] nadie es. el Sin embargo

μικρότερος ἐν τῇ βασιλείᾳ τοῦ Θεοῦ μείζων αὐτοῦ ἐστι.
más pequeño en el reino de Dios mayor que él es.

29 καὶ πᾶς ὁ λαὸς ἀκούσας καὶ οἱ τελῶναι ἐδικαίωσαν
Y todo el pueblo oyendo y los recaudadores justificaron[121]

τὸν Θεόν, βαπτισθέντες τὸ βάπτισμα Ἰωάννου·
a Dios, habiendo sido bautizados con el bautismo de Juan.

30 οἱ δὲ Φαρισαῖοι καὶ οἱ νομικοὶ τὴν βουλὴν τοῦ Θεοῦ
los Entonces fariseos y los letrados el consejo de Dios

ἠθέτησαν εἰς ἑαυτούς, μὴ βαπτισθέντες ὑπ᾽ αὐτοῦ.
rechazaron para sí mismos, no siendo bautizados por él.

22Y respondiendo Jesús, les dijo: Id, dad las nuevas a Juan de lo que habéis visto y oído: que los ciegos ven, los cojos andan, los leprosos son limpiados, los sordos oyen, los muertos resucitan, a los pobres es anunciado el evangelio:
23Y bienaventurado es el que no fuere escandalizado en mí.
24Y como se fueron los mensajeros de Juan, comenzó a hablar de Juan a las gentes: ¿Qué salisteis a ver al desierto? ¿una caña que es agitada por el viento?
25Mas ¿qué salisteis a ver? ¿un hombre cubierto de vestidos delicados? He aquí, los que están en vestido precioso, y viven en delicias, en los palacios de los reyes están.
26Mas ¿qué salisteis a ver? ¿un profeta? También os digo, y aun más que profeta.
27Este es de quien está escrito:
He aquí, envío mi mensajero delante de tu faz,
El cual aparejará tu camino delante de ti.
28Porque os digo que entre los nacidos de mujeres, no hay mayor profeta que Juan el Bautista: mas el más pequeño en el reino de los cielos es mayor que él.
29Y todo el pueblo oyéndole, y los publicanos, justificaron a Dios, bautizándose con el bautismo de Juan.
30Mas los Fariseos y los sabios de la ley, desecharon el consejo de Dios contra sí mismos, no siendo bautizados de él.

---

118. La NU suprime Jesús.
119. Es decir, por mi causa.
120. La NU suprime el Bautista.
121. Es decir, reconocieron que aquello procedía de Dios.

31 Y dice el Señor: ¿A quién, pues, compararé los hombres de esta generación, y a qué son semejantes?
32 Semejantes son a los muchachos sentados en la plaza, y que dan voces los unos a los otros, y dicen: Os tañimos con flautas, y no bailasteis: os endechamos, y no llorasteis.
33 Porque vino Juan el Bautista, que ni comía pan, ni bebía vino, y decís: Demonio tiene.
34 Vino el Hijo del hombre, que come y bebe, y decís: He aquí un hombre comilón, y bebedor de vino, amigo de publicanos y de pecadores.
35 Mas la sabiduría es justificada de todos sus hijos.
36 Y le rogó uno de los Fariseos, que comiese con él. Y entrado en casa del Fariseo, sentóse a la mesa.
37 Y he aquí una mujer que había sido pecadora en la ciudad, como entendió que estaba a la mesa en casa de aquel Fariseo, trajo un alabastro de ungüento,
38 Y estando detrás a sus pies, comenzó llorando a regar con lágrimas sus pies, y los limpiaba con los cabellos de su cabeza; y besaba sus pies, y los ungía con el ungüento,

31 Τίνι οὖν ὁμοιώσω τοὺς ἀνθρώπους τῆς γενεᾶς
¿A quién pues asemejaré a los hombres de la generación
ταύτης, καὶ τίνι εἰσὶν ὅμοιοι;
ésta, y a quién son semejantes?

32 ὅμοιοί εἰσι παιδίοις τοῖς ἐν ἀγορᾷ καθημένοις
Semejantes son a niños los en plaza sentados
καὶ προσφωνοῦσιν ἀλλήλοις καὶ λέγουσιν·
y llamándose unos a otros y dicen:
ηὐλήσαμεν ὑμῖν, καὶ οὐκ ὠρχήσασθε,
tocamos la flauta para vosotros, y no danzasteis,
ἐθρηνήσαμεν ὑμῖν,[122] καὶ οὐκ ἐκλαύσατε.
endechamos[122] para vosotros,[123] y no llorasteis.

33 ἐλήλυθε γὰρ Ἰωάννης ὁ βαπτιστὴς μήτε ἄρτον
ha venido Porque Juan el Bautista ni pan
ἐσθίων μήτε οἶνον πίνων, καὶ λέγετε· δαιμόνιον ἔχει.
comiendo ni vino bebiendo, y decís: demonio tiene.

34 ἐλήλυθεν ὁ Υἱὸς τοῦ ἀνθρώπου ἐσθίων καὶ πίνων,
Ha venido el Hijo del hombre comiendo y bebiendo,
καὶ λέγετε· ἰδοὺ ἄνθρωπος φάγος, καὶ οἰνοπότης,
y decís: mira hombre comilón y bebedor de vino,
φίλος τελωνῶν καὶ ἁμαρτωλῶν.
amigo de recaudadores y de pecadores.

35 καὶ ἐδικαιώθη ἡ σοφία ἀπὸ τῶν τέκνων αὐτῆς πάντων.
Y fue justificada la sabiduría por los hijos de ella todos.

36 Ἠρώτα δέ τις αὐτὸν τῶν Φαρισαίων ἵνα φάγῃ
Pidió entonces uno a él de los fariseos para que comiera
μετ' αὐτοῦ· καὶ εἰσελθὼν εἰς τὸν οἶκον
con él. Y entrando en la casa
τοῦ Φαρισαίου ἀνεκλίθη.[124]
del fariseo se reclinó.[124]

37 καὶ ἰδοὺ γυνὴ ἐν τῇ πόλει ἥτις ἦν ἁμαρτωλός,
Y mira mujer en la ciudad que era pecadora,
καὶ ἐπιγνοῦσα ὅτι ἀνάκειται ἐν τῇ οἰκίᾳ τοῦ Φαρισαίου,
y conociendo que está reclinado[125] en la casa del fariseo,
κομίσασα ἀλάβαστρον μύρου
trayendo alabastro de perfume.[126]

38 καὶ στᾶσα ὀπίσω παρὰ τοὺς πόδας αὐτοῦ κλαίουσα,
Y estando detrás de los pies de él llorando,
ἤρξατο βρέχειν τοὺς πόδας αὐτοῦ τοῖς δάκρυσι καὶ
comenzó a mojar los pies de él con las lágrimas y
ταῖς θριξὶ τῆς κεφαλῆς αὐτῆς ἐξέμασσε, καὶ κατεφίλει
con los cabellos de la cabeza de ella enjugaba, y besaba
τοὺς πόδας αὐτοῦ καὶ ἤλειφε τῷ μύρῳ.
los pies de él y ungía con el perfume.

---

122. Es decir, cantamos canciones tristes.
123. La NU suprime para vosotros.
124. Es decir, adoptó la postura propia para comer en aquella época.
125. Es decir, que come.
126. Es decir, un frasco de perfume hecho con alabastro.

39 ἰδὼν δὲ ὁ Φαρισαῖος ὁ καλέσας αὐτὸν εἶπεν
Viendo entonces el fariseo el habiendo invitado a él dijo

ἐν ἑαυτῷ λέγων· οὗτος εἰ ἦν προφήτης,
en sí mismo diciendo: éste si fuera profeta,

ἐγίνωσκεν ἂν τίς καὶ ποταπὴ ἡ γυνὴ
conocería qué ciertamente clase la mujer

ἥτις ἅπτεται αὐτοῦ, ὅτι ἁμαρτωλός ἐστι.
que toca lo, porque pecadora es.

40 καὶ ἀποκριθεὶς ὁ Ἰησοῦς εἶπε πρὸς αὐτόν· Σίμων,
Y respondiendo Jesús dijo a él: Simón,

ἔχω σοί τι εἰπεῖν. ὁ δέ φησι· διδάσκαλε, εἰπέ.
tengo a ti algo para decir. Él entonces dice: maestro, di.

41 δύο χρεοφειλέται ἦσαν δανιστῇ τινι· ὁ εἷς
Dos deudores eran para acreedor cierto.[127] El uno

ὤφειλε δηνάρια πεντακόσια, ὁ δὲ ἕτερος πεντήκοντα.
debía denarios quinientos, el - otro cincuenta.

42 μὴ ἐχόντων δὲ αὐτῶν ἀποδοῦναι, ἀμφοτέροις
No teniendo sin embargo ellos para devolver, a ambos

ἐχαρίσατο. τίς οὖν αὐτῶν, εἰπέ, πλεῖον
hizo gracia (de no pagar). ¿Cuál pues de ellos, dijo, más

αὐτὸν ἀγαπήσει;
lo amará?

43 ἀποκριθεὶς δὲ ὁ Σίμων εἶπεν· ὑπολαμβάνω
Respondiendo entonces Simón dijo: presupongo

ὅτι ᾧ τὸ πλεῖον ἐχαρίσατο.
que al que de lo más hizo gracia (de no pagar)

ὁ δὲ εἶπεν αὐτῷ· ὀρθῶς ἔκρινας.
Él entonces dijo le: rectamente juzgaste.

44 καὶ στραφεὶς πρὸς τὴν γυναῖκα τῷ Σίμωνι ἔφη·
Y volviéndose a la mujer a Simón dijo:

βλέπεις ταύτην τὴν γυναῖκα; εἰσῆλθόν σου
¿Ves a esta la mujer? Entré de ti

εἰς τὴν οἰκίαν, ὕδωρ ἐπὶ τοὺς πόδας μου
en la casa, agua sobre los pies de mí

οὐκ ἔδωκας· αὕτη δὲ τοῖς δάκρυσιν ἔβρεξέ μου
no diste. Ésta sin embargo con las lágrimas mojó de mí

τοὺς πόδας καὶ ταῖς θριξὶ τῆς κεφαλῆς αὐτῆς ἐξέμαξε.
los pies y con los cabellos de la cabeza[128] de ella enjugó.

45 φίλημά μοι οὐκ ἔδωκας· αὕτη δὲ ἀφ' ἧς εἰσῆλθον
Beso a mí no diste. Ésta sin embargo desde que entré

οὐ διέλιπε καταφιλοῦσά μου τοὺς πόδας.
no paró besando de mí los pies.

46 ἐλαίῳ τὴν κεφαλήν μου οὐκ ἤλειψας· αὕτη δὲ
Con aceite la cabeza de mí no ungiste. Ésta sin embargo

μύρῳ ἤλειψέ μου τοὺς πόδας.
con perfume ungió de mí los pies.

39 Y como vió esto el Fariseo que le había convidado, habló entre sí, diciendo: Este, si fuera profeta, conocería quién y cuál es la mujer que le toca, que es pecadora.
40 Entonces respondiendo Jesús, le dijo: Simón, una cosa tengo que decirte. Y él dice: Di, Maestro.
41 Un acreedor tenía dos deudores: el uno le debía quinientos denarios, y el otro cincuenta;
42 Y no teniendo ellos de qué pagar, perdonó a ambos. Di, pues, ¿cuál de éstos le amará más?
43 Y respondiendo Simón, dijo: Pienso que aquél al cual perdonó más. Y él le dijo: Rectamente has juzgado.
44 Y vuelto a la mujer, dijo a Simón: ¿Ves esta mujer? Entré en tu casa, no diste agua para mis pies; mas ésta ha regado mis pies con lágrimas, y los ha limpiado con los cabellos.
45 No me diste beso, mas ésta, desde que entré, no ha cesado de besar mis pies.
46 No ungiste mi cabeza con óleo; mas ésta ha ungido con ungüento mis pies.

---

127. Es decir, cierto acreedor tenía dos deudores.
128. La NU suprime de la cabeza.

47Por lo cual te digo que sus muchos pecados son perdonados, porque amó mucho; mas al que se perdona poco, poco ama.
48Y a ella dijo: Los pecados te son perdonados.
49Y los que estaban juntamente sentados a la mesa, comenzaron a decir entre sí: ¿Quién es éste, que también perdona pecados?
50Y dijo a la mujer: Tu fe te ha salvado, ve en paz.

8 Y aconteció después, que él caminaba por todas las ciudades y aldeas, predicando y anunciando el evangelio del reino de Dios, y los doce con él,
2Y algunas mujeres que habían sido curadas de malos espíritus y de enfermedades: María, que se llamaba Magdalena, de la cual habían salido siete demonios,
3Y Juana, mujer de Chuza, procurador de Herodes, y Susana, y otras muchas que le servían de sus haciendas.
4Ycomo se juntó una grande compañía, y los que estaban en cada ciudad vinieron a él, dijo por una parábola:
5Uno que sembraba, salió a sembrar su simiente; y sembrando, una parte cayó junto al camino, y fué hollada; y las aves del cielo la comieron.

47 οὗ χάριν λέγω σοι, ἀφέωνται αἱ ἁμαρτίαι αὐτῆς
   por lo cual digo te: han sido perdonados los pecados de ella
   αἱ πολλαί, ὅτι ἠγάπησε πολύ· ᾧ δὲ ὀλίγον
   los muchos, por eso amó mucho.[129] Al que sin embargo poco
   ἀφίεται, ὀλίγον ἀγαπᾷ.
   es perdonado, poco ama.

48 εἶπε δὲ αὐτῇ· ἀφέωνταί σου αἱ ἁμαρτίαι.
   Dijo entonces a ella: han sido perdonados de ti los pecados.

49 καὶ ἤρξαντο οἱ συνανακείμενοι λέγειν ἐν ἑαυτοῖς·
   Y comenzaron los comensales[130] a decir entre sí mismos.
   τίς οὗτός ἐστιν ὃς καὶ ἁμαρτίας ἀφίησιν;
   ¿Quién éste es que también pecados perdona?

50 εἶπε δὲ πρὸς τὴν γυναῖκα· ἡ πίστις σου
   Dijo entonces a la mujer: la fe de ti
   σέσωκέ σε· πορεύου εἰς εἰρήνην.
   ha salvado te. Ve en paz.

8 1 Καὶ ἐγένετο ἐν τῷ καθεξῆς καὶ αὐτὸς διώδευεν
   Y aconteció en lo siguiente - él viajaba
   κατὰ πόλιν καὶ κώμην κηρύσσων καὶ εὐαγγελιζόμενος
   por ciudad y aldea predicando y dando la buena nueva de
   τὴν βασιλείαν τοῦ Θεοῦ, καὶ οἱ δώδεκα σὺν αὐτῷ,
   el reino de Dios, y los doce con él.

2 καὶ γυναῖκές τινες αἳ ἦσαν τεθεραπευμέναι
   Y mujeres algunas que estaban habiendo sido sanadas
   ἀπὸ πνευμάτων πονηρῶν καὶ ἀσθενειῶν,
   de espíritus malos y de enfermedades,
   Μαρία ἡ καλουμένη Μαγδαληνή, ἀφ' ἧς
   María la llamada Magdalena, de la que
   δαιμόνια ἑπτὰ ἐξεληλύθει,
   demonios siete habían salido.

3 καὶ Ἰωάννα γυνὴ Χουζᾶ ἐπιτρόπου Ἡρῴδου,
   Y Juana mujer de Juza supervisor de Herodes,
   καὶ Σουσάννα καὶ ἕτεραι πολλαί, αἵτινες διηκόνουν
   y Susana y otras muchas, que servían
   αὐτῷ ἀπὸ τῶν ὑπαρχόντων αὐταῖς.
   le de los pertenecientes[131] a ellas.

4 Συνιόντος δὲ ὄχλου πολλοῦ καὶ τῶν κατὰ πόλιν
   Reuniéndose entonces multitud mucha y los de ciudad
   ἐπιπορευομένων πρὸς αὐτὸν εἶπε διὰ παραβολῆς·
   viniendo a él dijo mediante parábola.

5 ἐξῆλθεν ὁ σπείρων τοῦ σπεῖραι τὸν σπόρον αὐτοῦ.
   Salió el que siembra a sembrar la semilla de él.
   καὶ ἐν τῷ σπείρειν αὐτὸν ὃ μὲν ἔπεσε παρὰ τὴν ὁδόν,
   Y en el sembrar él algo cayó al lado del camino,
   καὶ κατεπατήθη, καὶ τὰ πετεινὰ τοῦ οὐρανοῦ
   y fue pisoteado, y las aves del cielo
   κατέφαγεν αὐτό·
   devoraron lo.

---

129. Es decir, amó mucho porque previamente le fueron perdonados los pecados y no al revés.
130. Lit: los que estaban reclinados a comer con él.
131. Es decir, de sus bienes.

6 καὶ ἕτερον ἔπεσεν ἐπὶ τὴν πέτραν, καὶ φυὲν ἐξηράνθη
Y otra cayó sobre la piedra, y creciendo se secó
διὰ τὸ μὴ ἔχειν ἰκμάδα·
por el no tener humedad.

7 καὶ ἕτερον ἔπεσεν ἐν μέσῳ τῶν ἀκανθῶν,
Y otra cayó en medio de los espinos,
καὶ συμφυεῖσαι αἱ ἄκανθαι ἀπέπνιξαν αὐτό.
y creciendo los espinos sofocaron la.

8 καὶ ἕτερον ἔπεσεν εἰς τὴν γῆν τὴν ἀγαθήν
Y otra cayó en la tierra la buena
καὶ φυὲν ἐποίησε καρπὸν ἑκατονταπλασίονα.
y creciendo hizo[132] fruto centuplicado.
ταῦτα λέγων ἐφώνει· ὁ ἔχων ὦτα ἀκούειν ἀκουέτω.
Esto diciendo llamaba: el que tiene oídos para oír oiga.

9 Ἐπηρώτων δὲ αὐτὸν οἱ μαθηταὶ αὐτοῦ λέγοντες·
Preguntaban entonces a él los discípulos de él diciendo:
τίς εἴη ἡ παραβολὴ αὕτη;
¿Qué fuera la parábola esta?

10 ὁ δὲ εἶπεν· ὑμῖν δέδοται γνῶναι τὰ μυστήρια τῆς
Él entonces dijo: os ha sido dado conocer los misterios del
βασιλείας τοῦ Θεοῦ, τοῖς δὲ λοιποῖς ἐν παραβολαῖς,
reino de Dios, a los Sin embargo restantes en parábolas,
ἵνα βλέποντες μὴ βλέπωσι καὶ ἀκούοντες μὴ συνιῶσιν.
para que viendo no vean y oyendo no comprendan.

11 Ἔστι δὲ αὕτη ἡ παραβολή· ὁ σπόρος ἐστὶν ὁ
Es entonces ésta la parábola.[133] La semilla es la
λόγος τοῦ Θεοῦ.
Palabra de Dios.

12 οἱ δὲ παρὰ τὴν ὁδόν εἰσιν οἱ ἀκούσαντες,
Los - al lado del camino son los que oyendo,
εἶτα ἔρχεται ὁ διάβολος καὶ αἴρει τὸν λόγον
después viene el Diablo y quita la Palabra
ἀπὸ τῆς καρδίας αὐτῶν, ἵνα μὴ πιστεύσαντες σωθῶσιν.
de el corazón de ellos, no sea que creyendo se salven.

13 οἱ δὲ ἐπὶ τῆς πέτρας οἳ ὅταν ἀκούσωσι μετὰ χαρᾶς
Los - sobre la piedra los que cuando escuchan, con alegría
δέχονται τὸν λόγον, καὶ οὗτοι ῥίζαν οὐκ ἔχουσιν,
reciben la palabra, y éstos raíz no tienen,
οἳ πρὸς καιρὸν πιστεύουσι καὶ ἐν καιρῷ
los cuales por tiempo creen y en tiempo
πειρασμοῦ ἀφίστανται.
de prueba se apartan.

14 τὸ δὲ εἰς τὰς ἀκάνθας πεσόν, οὗτοί εἰσιν οἱ ἀκούσαντες,
La - en los espinos cayendo, éstos son los que oyen,
καὶ ὑπὸ μεριμνῶν καὶ πλούτου καὶ ἡδονῶν τοῦ βίου
y por preocuparse y de riqueza y placeres de la vida
πορευόμενοι συμπνίγονται καὶ οὐ τελεσφοροῦσι.
yendo son ahogados y no dan fruto perfecto.

6 Y otra parte cayó sobre la piedra; y nacida, se secó, porque no tenía humedad.

7 Y otra parte cayó entre las espinas; y naciendo las espinas juntamente, la ahogaron.

8 Y otra parte cayó en buena tierra, y cuando fué nacida, llevó fruto a ciento por uno. Diciendo estas cosas clamaba: El que tiene oídos para oir, oiga.

9 Y sus discípulos le preguntaron, diciendo, qué era está parábola.

10 Y él dijo: A vosotros es dado conocer los misterios del reino de Dios; mas a los otros por parábolas, para que viendo no vean, y oyendo no entiendan.

11 Es pues ésta la parábola: La simiente es la palabra de Dios.

12 Y los de junto al camino, éstos son los que oyen; y luego viene el diablo, y quita la palabra de su corazón, porque no crean y se salven.

13 Y los de sobre la piedra, son los que habiendo oído, reciben la palabra con gozo; mas éstos no tienen raíces; que a tiempo creen, y en el tiempo de la tentación se apartan.

14 Y la que cayó entre las espinas, éstos son los que oyeron; mas yéndose, son ahogados de los cuidados y de las riquezas y de los pasatiempos de la vida, y no llevan fruto.

---

132. Es decir, dio.
133. Es decir, ésta es la interpretación.

15 Mas la que en buena tierra, éstos son los que con corazón bueno y recto retienen la palabra oída, y llevan fruto en paciencia.
16 Ninguno que enciende la antorcha la cubre con vasija, o la pone debajo de la cama; mas la pone en un candelero, para que los que entran vean la luz.
17 Porque no hay cosa oculta, que no haya de ser manifestada; ni cosa escondida, que no haya de ser entendida, y de venir a luz.
18 Mirad pues cómo oís; porque a cualquiera que tuviere, le será dado; y a cualquiera que no tuviere, aun lo que parece tener le será quitado.
19 Y vinieron a él su madre y hermanos; y no podían llegar a el por causa de la multitud.
20 Y le fué dado aviso, diciendo: Tu madre y tus hermanos están fuera, que quieren verte.
21 El entonces respondiendo, les dijo: Mi madre y mis hermanos son los que oyen la palabra de Dios, y la ejecutan.
22 Y aconteció un día que él entró en un barco con sus discípulos, y les dijo: Pasemos a la otra parte del lago. Y partieron.
23 Pero mientras ellos navegaban, él se durmió. Y sobrevino una tempestad de viento en el lago; y henchían de agua, y peligraban.

15 τὸ δὲ ἐν τῇ καλῇ γῇ, οὗτοί εἰσιν οἵτινες ἐν καρδίᾳ καλῇ
   La - en la noble tierra, éstos son los que con corazón noble
   καὶ ἀγαθῇ ἀκούσαντες τὸν λόγον κατέχουσι
   y bueno oyendo la palabra se aferran (a ella)
   καὶ καρποφοροῦσιν ἐν ὑπομονῇ.
   y dan fruto con aguante.[134]

16 Οὐδεὶς δὲ λύχνον ἅψας καλύπτει αὐτὸν
   Ninguno - lámpara habiendo sido encendida cubre la
   σκεύει ἢ ὑποκάτω κλίνης τίθησιν, ἀλλ' ἐπὶ λυχνίας
   con vasija o bajo lecho coloca, sino que sobre candelero
   ἐπιτίθησιν, ἵνα οἱ εἰσπορευόμενοι βλέπωσι τὸ φῶς.
   pone, para que los que entran vean la luz.

17 οὐ γάρ ἐστι κρυπτὸν ὃ οὐ φανερὸν γενήσεται,
   no Porque existe escondido que no manifiesto resulte,
   οὐδὲ ἀπόκρυφον ὃ οὐ γνωσθήσεται καὶ εἰς φανερὸν ἔλθῃ.
   ni oculto que no será conocido y a manifiesto venga.

18 βλέπετε οὖν πῶς ἀκούετε· ὃς γὰρ ἐὰν ἔχῃ,
   Mirad pues cómo escucháis, el que Porque tenga,
   δοθήσεται αὐτῷ, καὶ ὃς ἐὰν μὴ ἔχῃ,
   será dado a él, y el que no tenga,
   καὶ ὃ δοκεῖ ἔχειν ἀρθήσεται ἀπ' αὐτοῦ.
   también lo que considera tener será quitado de él.

19 Παρεγένετο δὲ πρὸς αὐτὸν ἡ μήτηρ καὶ οἱ ἀδελφοὶ αὐτοῦ,
   Vino entonces a él la madre y los hermanos de él,
   καὶ οὐκ ἠδύναντο συντυχεῖν αὐτῷ διὰ τὸν ὄχλον.
   y no podían juntarse con él por la muchedumbre.

20 καὶ ἀπηγγέλη αὐτῷ λεγόντων· ἡ μήτηρ σου
   Y fue informado a él diciendo: la madre de ti
   καὶ οἱ ἀδελφοί σου ἑστήκασιν ἔξω ἰδεῖν σε θέλοντες.
   y los hermanos de ti están fuera ver te queriendo.

21 ὁ δὲ ἀποκριθεὶς εἶπε πρὸς αὐτούς· μήτηρ μου
   Él entonces respondiendo dijo a ellos: madre de mí
   καὶ ἀδελφοί μου οὗτοί εἰσιν οἱ τὸν λόγον τοῦ Θεοῦ
   y hermanos de mí éstos son los la palabra de Dios
   ἀκούοντες καὶ ποιοῦντες αὐτόν.
   oyendo y haciendo la.[135]

22 Καὶ ἐγένετο ἐν μιᾷ τῶν ἡμερῶν καὶ αὐτὸς ἐνέβη
   Y aconteció en uno de los días y él entró
   εἰς πλοῖον καὶ οἱ μαθηταὶ αὐτοῦ, καὶ εἶπε πρὸς αὐτούς·
   en barca y los discípulos de él, y dijo a ellos:
   διέλθωμεν εἰς τὸ πέραν τῆς λίμνης· καὶ ἀνήχθησαν.
   Crucemos a el otro lado del lago. Y zarparon.

23 πλεόντων δὲ αὐτῶν ἀφύπνωσε. καὶ κατέβη
   Navegando entonces ellos se durmió. Y descendió
   λαῖλαψ ἀνέμου εἰς τὴν λίμνην, καὶ
   tormenta de viento a el lago, y
   συνεπληροῦντο καὶ ἐκινδύνευον.
   estaban siendo llenados (de agua) y peligraban.

---

134. O paciencia, o perseverancia.
135. La NU omite la.

24 προσελθόντες δὲ   διήγειραν   αὐτὸν λέγοντες·
   Acercándose entonces despertaron lo   diciendo:
   ἐπιστάτα, ἐπιστάτα, ἀπολλύμεθα. ὁ δὲ   ἐγερθεὶς
   maestro, maestro, perecemos.   Él entonces levantándose
   ἐπετίμησε τῷ ἀνέμῳ καὶ τῷ κλύδωνι τοῦ ὕδατος,
   reprendió al viento y al oleaje   del agua,
   καὶ ἐπαύσαντο καὶ ἐγένετο   γαλήνη.
   y cesaron   y aconteció calma.

25 εἶπε δὲ   αὐτοῖς· ποῦ ἐστιν ἡ πίστις ὑμῶν;
   Dijo entonces a ellos: ¿Dónde está la fe   de vosotros?
   φοβηθέντες   δὲ   ἐθαύμασαν   λέγοντες
   Estando atemorizados sin embargo se maravillaron diciendo
   πρὸς ἀλλήλους· τίς ἄρα   οὗτός ἐστιν, ὅτι καὶ   τοῖς
   unos a otros: ¿Quién entonces éste es   que también a los
   ἀνέμοις ἐπιτάσσει καὶ τῷ ὕδατι, καὶ ὑπακούουσιν αὐτῷ;
   vientos ordena   y al mar,   y obedecen   lo?

26 Καὶ κατέπλευσαν εἰς τὴν χώραν τῶν   Γαδαρηνῶν,
   Y navegaron   a la región de los gadarenos,[136]
   ἥτις ἐστὶν ἀντιπέρα τῆς Γαλιλαίας.
   que es   opuesta de Galilea.

27 ἐξελθόντι δὲ   αὐτῷ ἐπὶ τὴν γῆν ὑπήντησεν   αὐτῷ
   Saliendo entonces él   a la tierra salió al encuentro de él
   ἀνήρ τις ἐκ τῆς πόλεως, ὃς εἶχε δαιμόνια
   hombre cierto de la ciudad, que tenía demonios
   ἐκ χρόνων ἱκανῶν,   καὶ ἱμάτιον οὐκ ἐνεδιδύσκετο
   de tiempos largos,[137] y[138] con ropa no iba vestido
   καὶ ἐν οἰκίᾳ οὐκ ἔμενεν, ἀλλ᾽ ἐν τοῖς μνήμασιν.
   y en casa no permanecía, sino en las tumbas.

28 ἰδὼν δὲ   τὸν Ἰησοῦν καὶ ἀνακράξας προσέπεσεν
   Viendo entonces Jesús   y gritando   cayó delante
   αὐτῷ καὶ φωνῇ μεγάλῃ εἶπε· τί ἐμοὶ καὶ σοί, Ἰησοῦ,
   de él y con voz grande dijo: ¿Qué a mí y a ti,[139] Jesús,
   υἱὲ τοῦ Θεοῦ τοῦ ὑψίστου; δέομαί σου,
   Hijo del Dios el Altísimo? Suplico te,
   μή με βασανίσῃς.
   no me atormentes.

29 παρήγγειλε γὰρ   τῷ πνεύματι τῷ ἀκαθάρτῳ ἐξελθεῖν
   ordenaba Porque al espíritu el impuro   salir
   ἀπὸ τοῦ ἀνθρώπου. πολλοῖς γὰρ   χρόνοις
   de el hombre.   muchas Porque veces
   συνηρπάκει   αὐτόν, καὶ ἐδεσμεῖτο   ἁλύσεσι
   se había apoderado de él, y estaba atado con cadenas
   καὶ πέδαις   φυλασσόμενος,   καὶ διαρρήσσων
   y con grilletes estando guardado, y rompiendo
   τὰ δεσμὰ ἠλαύνετο   ὑπὸ τοῦ δαίμονος εἰς τὰς
   las cadenas era arrastrado por el demonio a los
   ἐρήμους.
   desiertos (lugares).

---

136. La NU sustituye por gerasenos.
137. Es decir, desde hacía mucho tiempo.
138. La NU traslada y a después de demonios.
139. Es decir, qué tengo yo que ver contigo.

24Y llegándose a él, le despertaron, diciendo: ¡Maestro, Maestro, que perecemos! Y despertado él increpó al viento y a la tempestad del agua; y cesaron, y fué hecha bonanza. 25Y les dijo: ¿Qué es de vuestra fe? Y atemorizados, se maravillaban, diciendo los unos a los otros: ¿Quién es éste, que aun a los vientos y al agua manda, y le obedecen? 26Y navegaron a la tierra de los Gadarenos, que está delante de Galilea. 27Y saliendo él a tierra, le vino al encuentro de la ciudad un hombre que tenía demonios ya de mucho tiempo; y no vestía vestido, ni estaba en casa, sino por los sepulcros. 28El cual, como vió a Jesús, exclamó y se postró delante de él, y dijo a gran voz: ¿Qué tengo yo contigo, Jesús, Hijo del Dios Altísimo? Ruégote que no me atormentes. 29(Porque mandaba al espíritu inmundo que saliese del hombre: porque ya de mucho tiempo le arrebataba; y le guardaban preso con cadenas y grillos; mas rompiendo las prisiones, era agitado del demonio por los desiertos.)

30 Y le preguntó Jesús, diciendo: ¿Qué nombre tienes? Y él dijo: Legión. Porque muchos demonios habían entrado en él.
31 Y le rogaban que no les mandase ir al abismo.
32 Y había allí un hato de muchos puercos que pacían en el monte; y le rogaron que los dejase entrar en ellos; y los dejó.
33 Y salidos los demonios del hombre, entraron en los puercos; y el hato se arrojó de un despeñadero en el lago, y ahogóse.
34 Y los pastores, como vieron lo que había acontecido, huyeron, y yendo dieron aviso en la ciudad y por las heredades.
35 Y salieron a ver lo que había acontecido; y vinieron a Jesús, y hallaron sentado al hombre de quien habían salido los demonios, vestido, y en su juicio, a los pies de Jesús; y tuvieron miedo.
36 Y les contaron los que lo habían visto, cómo había sido salvado aquel endemoniado.
37 Entonces toda la multitud de la tierra de los Gadarenos alrededor, le rogaron que se fuese de ellos; porque tenían gran temor. Y él, subiendo en el barco, volvióse.

30 ἐπηρώτησε δὲ αὐτὸν ὁ Ἰησοῦς λέγων· τί σοι ἐστιν
Preguntó entonces a él Jesús diciendo: ¿Qué a ti es
ὄνομα; ὁ δὲ εἶπε· λεγιών· ὅτι δαιμόνια πολλὰ
nombre?[140] Él entonces dijo: Legión. Porque demonios muchos
εἰσῆλθεν εἰς αὐτόν·
entraron en él.

31 καὶ παρεκάλει αὐτὸν ἵνα μὴ ἐπιτάξῃ αὐτοῖς
E imploraba[141] lo para que no ordenara a ellos
εἰς τὴν ἄβυσσον ἀπελθεῖν.
a el abismo ir.

32 Ἦν δὲ ἐκεῖ ἀγέλη χοίρων ἱκανῶν βοσκομένη ἐν τῷ
Estaba entonces allí piara de cerdos muchos paciendo en el
ὄρει· καὶ παρεκάλουνν αὐτὸν ἵνα ἐπιτρέψῃ αὐτοῖς
monte. Y imploraban le para que permitiera les
εἰς ἐκείνους εἰσελθεῖν· καὶ ἐπέτρεψεν αὐτοῖς.
en aquellos entrar. Y permitió les.

33 ἐξελθόντα δὲ τὰ δαιμόνια ἀπὸ τοῦ ἀνθρώπου
Saliendo entonces los demonios de el hombre
εἰσῆλθον εἰς τοὺς χοίρους, καὶ ὥρμησεν ἡ ἀγέλη
entraron en los cerdos, y se precipitó la piara
κατὰ τοῦ κρημνοῦ εἰς τὴν λίμνην καὶ ἀπεπνίγη.
abajo del acantilado a el lago y se ahogaron.

34 ἰδόντες δὲ οἱ βόσκοντες τὸ γεγενημένον ἔφυγον,
Viendo entonces los apacentando lo que había sucedido huyeron,
καὶ ἀπήγγειλαν εἰς τὴν πόλιν καὶ εἰς τοὺς ἀγρούς.
e informaron a la ciudad y a los campos.

35 ἐξῆλθον δὲ ἰδεῖν τὸ γεγονός, καὶ ἦλθον πρὸς τὸν Ἰησοῦν
Salieron entonces a ver lo sucedido, y vinieron a Jesús
καὶ εὗρον καθήμενον τὸν ἄνθρωπον,
y encontraron sentado al hombre,
ἀφ' οὗ τὰ δαιμόνια ἐξεληλύθει, ἱματισμένον
del cual los demonios habían salido, vestido
καὶ σωφρονοῦντα παρὰ τοὺς πόδας τοῦ Ἰησοῦ
y estando cuerdo a los pies de Jesús
καὶ ἐφοβήθησαν.
y tuvieron miedo.

36 ἀπήγγειλαν δὲ αὐτοῖς οἱ ἰδόντες πῶς
Informaron entonces a ellos los viendo cómo
ἐσώθη ὁ δαιμονισθείς.
fue salvado el habiendo estado endemoniado.

37 καὶ ἠρώτησεν αὐτὸν ἅπαν τὸ πλῆθος τῆς περιχώρου
Y pidió le toda la multitud del contorno
τῶν Γαδαρηνῶν ἀπελθεῖν ἀπ' αὐτῶν,
de los gadarenos[142] marcharse de ellos,
ὅτι φόβῳ μεγάλῳ συνείχοντο. αὐτὸς δὲ
porque por miedo grande estaban presos,[143] él entonces
ἐμβὰς εἰς πλοῖον ὑπέστρεψεν.
entrando en barca regresó.

---

140. Es decir, ¿qué nombre tienes?, ¿cómo te llamas?
141. La NU sustituye por imploraban.
142. La NU sustituye por gírasenos.
143. Como en Lucas 22.63.

38 ἐδέετο δὲ αὐτοῦ ὁ ἀνὴρ ἀφ' οὗ ἐξεληλύθει τὰ
　Pedía entonces a él　el hombre del que habían salido los

δαιμόνια, εἶναι σὺν αὐτῷ· ἀπέλυσε δὲ αὐτὸν ὁ Ἰησοῦς
demonios estar con él.　Despachó entonces a él　Jesús[144]

λέγων·
diciendo:

39 ὑπόστρεφε εἰς τὸν οἶκόν σου καὶ διηγοῦ ὅσα ἐποίησέ
　Vuelve　a la casa　de ti y di　cuánto hizo

σοι ὁ Θεός. καὶ ἀπῆλθε καθ' ὅλην τὴν πόλιν
te Dios.　Y marchó por toda la ciudad

κηρύσσων ὅσα ἐποίησεν αὐτῷ ὁ Ἰησοῦς.
predicando cuanto hizo　le　Jesús.

40 Ἐγένετο δὲ ἐν τῷ ὑποστρέψαι τὸν Ἰησοῦν
　Aconteció entonces en[145] el regresar　Jesús

ἀπεδέξατο αὐτὸν ὁ ὄχλος·
dio la bienvenida　a él　la multitud.

ἦσαν γὰρ πάντες προσδοκῶντες αὐτόν.
estaban Porque todos esperando　lo.

41 Καὶ ἰδοὺ ἦλθεν ἀνὴρ ᾧ ὄνομα Ἰάειρος, καὶ οὗτος
　Y mira vino hombre para quien nombre Jairo[146] y éste

ἄρχων τῆς συναγωγῆς ὑπῆρχε, καὶ πεσὼν παρὰ τοὺς πόδας
arconte de la sinagoga　era,　y cayendo a　los pies

τοῦ Ἰησοῦ παρεκάλει αὐτὸν εἰσελθεῖν εἰς τὸν οἶκον αὐτοῦ,
de Jesús imploraba le　entrar　en la casa　de él,

42 ὅτι θυγάτηρ μονογενὴς ἦν αὐτῷ ὡς ἐτῶν δώδεκα,
　porque hija　unigénita era para él[147] como de años doce,

καὶ αὕτη ἀπέθνησκεν. Ἐν δὲ τῷ ὑπάγειν αὐτὸν
y ésta moría.　en Entonces el ir　él

οἱ ὄχλοι συνέπνιγον αὐτόν.
las multitudes presionaban lo.

43 καὶ γυνὴ οὖσα ἐν ῥύσει αἵματος ἀπὸ ἐτῶν δώδεκα,
　Y mujer estando en flujo de sangre desde años doce,

ἥτις ἰατροῖς προσαναλώσασα ὅλον τὸν βίον οὐκ ἴσχυσεν
que en médicos habiendo gastado toda la vida[148] no pudo

ὑπ' οὐδενὸς θεραπευθῆναι,
por ninguno ser curada,

44 προσελθοῦσα ὄπισθεν ἥψατο τοῦ κρασπέδου
　Acercándose desde detrás tocó　el borde

τοῦ ἱματίου αὐτοῦ, καὶ παραχρῆμα ἔστη
del manto de él, e inmediatamente se paró

ἡ ῥύσις τοῦ αἵματος αὐτῆς.
el flujo de la sangre de ella.

38Y aquel hombre, de quien habían salido los demonios, le rogó para estar con él; mas Jesús le despidió, diciendo: 39Vuélvete a tu casa, y cuenta cuán grandes cosas ha hecho Dios contigo. Y él se fué, publicando por toda la ciudad cuán grandes cosas habiá hecho Jesús con él. 40Y aconteció que volviendo Jesús, recibióle la gente; porque todos le esperaban. 41Y he aquí un varón, llamado Jairo, y que era príncipe de la sinagoga, vino, y cayendo a los pies de Jesús, le rogaba que entrase en su casa; 42Porque tenía una hija única, como de doce años, y ella se estaba muriendo. Y yendo, le apretaba la compañía. 43Y una mujer, que tenía flujo de sangre hacía ya doce años, la cual había gastado en médicos toda su hacienda, y por ninguno había podido ser curada, 44Llegándose por las espaldas, tocó el borde de su vestido; y luego se estancó el flujo de su sangre.

---

144. La NU omite Jesús.
145. La NU sustituye Aconteció entonces en por en entonces.
146. Es decir, que tenía por nombre Jairo o que se llamaba Jairo.
147. Es decir que tenía una hija.
148. Es decir, todo lo que tenía para vivir.

45 Entonces Jesús dijo: ¿Quién es el que me ha tocado? Y negando todos, dijo Pedro y los que estaban con él: Maestro, la compañía te aprieta y oprime, y dices: ¿Quién es el que me ha tocado?
46 Y Jesús dijo: Me ha tocado alguien; porque yo he conocido que ha salido virtud de mí.
47 Entonces, como la mujer vió que no se había ocultado, vino temblando, y postrándose delante de él declaróle delante de todo el pueblo la causa por qué le había tocado, y cómo luego había sido sana.
48 Y él dijo: Hija, tu fe te ha salvado: ve en paz.
49 Estando aún él hablando, vino uno del príncipe de la sinagoga a decirle: Tu hija es muerta, no des trabajo al Maestro.
50 Y oyéndolo Jesús, le respondió: No temas: cree solamente, y será salva.
51 Y entrado en casa, no dejó entrar a nadie consigo, sino a Pedro, y a Jacobo, y a Juan, y al padre y a la madre de la moza.
52 Y lloraban todos, y la plañían. Y él dijo: No lloréis; no es muerta, sino que duerme.
53 Y hacían burla de él, sabiendo que estaba muerta.

45 καὶ εἶπεν ὁ Ἰησοῦς· τίς ὁ ἁψάμενός μου; ἀρνουμένων
Y dijo Jesús: ¿Quién el que tocó me? Negando

δὲ πάντων εἶπεν ὁ Πέτρος καὶ οἱ σὺν αὐτῷ·
entonces todos dijo Pedro y los con él:[149]

ἐπιστάτα, οἱ ὄχλοι συνέχουσί σε καὶ ἀποθλίβουσι
maestro, las multitudes presionan te y apretujan

καὶ λέγεις τίς ὁ ἁψάμενός μου;
y[150] dices ¿quién el que ha tocado me?

46 ὁ δὲ Ἰησοῦς εἶπεν· ἥψατό μού τις· ἐγὼ γὰρ ἔγνων
- Entonces Jesús dijo: tocó me alguien, yo Porque sabía

δύναμιν ἐξελθοῦσαν ἀπ' ἐμοῦ.
poder saliendo de mí.

47 ἰδοῦσα δὲ ἡ γυνὴ ὅτι οὐκ ἔλαθε, τρέμουσα ἦλθε
Viendo entonces la mujer que no se escondía, temblando vino

καὶ προσπεσοῦσα αὐτῷ δι' ἣν αἰτίαν ἥψατο
y cayendo delante de él por qué razón tocó

αὐτοῦ ἀπήγγειλεν αὐτῷ ἐνώπιον παντὸς τοῦ λαοῦ,
lo relató a él delante de todo el pueblo,

καὶ ὡς ἰάθη παραχρῆμα.
y como fue curada inmediatamente.

48 ὁ δὲ εἶπεν αὐτῇ· θάρσει, θύγατερ, ἡ πίστις σου
Él entonces dijo le: Ten valor,[151] hija, la fe de ti

σέσωκέ σε· πορεύου εἰς εἰρήνην.
ha salvado te. Ve en paz.

49 Ἔτι αὐτοῦ λαλοῦντος ἔρχεταί τις παρὰ τοῦ ἀρχισυναγώγου
Todavía él hablando viene alguien de el archisinagogo[152]

λέγων αὐτῷ ὅτι τέθνηκεν ἡ θυγάτηρ σου·
diciendo le que ha muerto la hija de ti.

μὴ σκύλλε τὸν διδάσκαλον.
No molestes[153] al maestro.

50 ὁ δὲ Ἰησοῦς ἀκούσας ἀπεκρίθη αὐτῷ λέγων·
- Entonces Jesús oyendo respondió le diciendo:

μὴ φοβοῦ· μόνον πίστευε, καὶ σωθήσεται.
No temas. Sólo cree, y será salvada.

51 ἐλθὼν δὲ εἰς τὴν οἰκίαν οὐκ ἀφῆκεν εἰσελθεῖν οὐδένα
Viniendo entonces a la casa no permitió entrar a ninguno[154]

εἰ μὴ Πέτρον καὶ Ἰωάννην καὶ Ἰάκωβον καὶ τὸν πατέρα
si no a Pedro y a Juan y a Santiago y al padre

τῆς παιδὸς καὶ τὴν μητέρα.
de la niña y a la madre.

52 ἔκλαιον δὲ πάντες καὶ ἐκόπτοντο αὐτήν·
Lloraban entonces todos y se lamentaban[155] por ella.

ὁ δὲ εἶπε· μὴ κλαίετε· οὐκ ἀπέθανεν, ἀλλὰ
Él entonces dijo: No lloréis. No murió, sino que está

καθεύδει.
dormida.

53 καὶ κατεγέλων αὐτοῦ, εἰδότες ὅτι ἀπέθανεν.
Y ridiculizaban lo, sabiendo que murió.

---

149. La NU suprime y los con él.
150. La NU suprime desde y hasta el final del versículo.
151. La NU suprime ten valor.
152. Es decir, el jefe de la sinagoga.
153. O fatigues.
154. La NU sustituye por alguno con él.
155. O se golpeaban por ella.

54 αὐτὸς δὲ ἐκβαλὼν ἔξω πάντας καὶ κρατήσας τῆς χειρὸς
   Él entonces expulsando fuera a todos y[156] tomando la mano
   αὐτῆς ἐφώνησε λέγων· ἡ παῖς, ἐγείρου.
   de ella llamó diciendo: - hija, levántate.

55 καὶ ἐπέστρεψε τὸ πνεῦμα αὐτῆς, καὶ ἀνέστη παραχρῆμα,
   Y regresó el espíritu de ella, y se levantó inmediatamente,
   καὶ διέταξεν αὐτῇ δοθῆναι φαγεῖν.
   y ordenó a ella ser dado de comer.

56 καὶ ἐξέστησαν οἱ γονεῖς αὐτῆς. ὁ δὲ
   Y estaban pasmados los parientes de ella. Él sin embargo
   παρήγγειλεν αὐτοῖς μηδενὶ εἰπεῖν τὸ γεγονός.
   encargó les a nadie decir lo habiendo sucedido.

9

1 Συγκαλεσάμενος δὲ τοὺς δώδεκα μαθητὰς αὐτοῦ ἔδωκεν
  Habiendo llamado entonces a los doce discípulos de él dio
  αὐτοῖς δύναμιν καὶ ἐξουσίαν ἐπὶ πάντα τὰ δαιμόνια
  les poder y autoridad sobre todos los demonios
  καὶ νόσους θεραπεύειν·
  y enfermedades para curar.

2 καὶ ἀπέστειλεν αὐτοὺς κηρύσσειν τὴν βασιλείαν τοῦ Θεοῦ
  Y envió los a predicar el Reino de Dios
  καὶ ἰᾶσθαι τοὺς ἀσθενοῦντας,
  y cuidar a los estando enfermos.

3 καὶ εἶπε πρὸς αὐτούς· μηδὲν αἴρετε εἰς τὴν ὁδόν, μήτε ῥάβδους
  Y dijo a ellos: no toméis para el camino, ni cayados
  μήτε πήραν μήτε ἄρτον μήτε ἀργύριον
  ni bolsa ni pan ni plata,
  μήτε ἀνὰ δύο χιτῶνας ἔχειν.
  ni cada uno dos túnicas tener.

4 καὶ εἰς ἣν ἂν οἰκίαν εἰσέλθητε, ἐκεῖ μένετε
  Y a la que casa entréis, allí permaneced
  καὶ ἐκεῖθεν ἐξέρχεσθε.
  y de allí salid.

5 καὶ ὅσοι ἂν μὴ δέξωνται ὑμᾶς, ἐξερχόμενοι ἀπὸ τῆς πόλεως
  Y cuantos - no reciban os, saliendo de la ciudad
  ἐκείνης καὶ τὸν κονιορτὸν ἀπὸ τῶν ποδῶν ὑμῶν
  aquella y el polvo de los pies de vosotros
  ἀποτινάξατε εἰς μαρτύριον ἐπ' αὐτούς.
  sacudíos como testimonio sobre ellos.

6 ἐξερχόμενοι δὲ διήρχοντο κατὰ τὰς κώμας εὐαγγελιζόμενοι
  Saliendo entonces iban por las aldeas evangelizando
  καὶ θεραπεύοντες πανταχοῦ.
  y curando por todas partes.

7 Ἤκουσε δὲ Ἡρῴδης ὁ τετραάρχης τὰ γινόμενα
  Oyó entonces Herodes el tetrarca lo hecho
  ὑπ' αὐτοῦ πάντα, καὶ διηπόρει διὰ τὸ λέγεσθαι
  por él[157] todo, y estaba perplejo por el ser dicho
  ὑπό τινων ὅτι Ἰωάννης ἐγήγερται ἐκ νεκρῶν,
  por algunos que Juan se había levantado de muertos,

54 Mas él, tomándola de la mano, clamó, diciendo: Muchacha, levántate.
55 Entonces su espíritu volvió, y se levantó luego: y él mando que le diesen de comer.
56 Y sus padres estaban atónitos; a los cuales él mandó, que a nadie dijesen lo que había sido hecho.

9 Y juntando a sus doce discípulos, les dió virtud y potestad sobre todos los demonios, y que sanasen enfermedades.
2 Y los envió a que predicasen el reino de Dios, y que sanasen a los enfermos.
3 Y les dice: No toméis nada para el camino, ni báculo, ni alforja, ni pan, ni dinero; ni tengáis dos vestidos cada uno.
4 Y en cualquiera casa en que entrareis, quedad allí, y de allí salid.
5 Y todos los que no os recibieren, saliéndoos de aquella ciudad, aun el polvo sacudid de vuestros pies en testimonio contra ellos.
6 Y saliendo, rodeaban por todas las aldeas, anunciando el evangelio, y sanando por todas partes.
7 Y oyó Herodes el tetrarca todas las cosas que hacía; y estaba en duda, porque decían algunos: Juan ha resucitado de los muertos;

---

156. Desde expulsando a y aparece omitido en la NU.
157. La NU suprime por él.

8 Y otros: Elías ha aparecido; y otros: Algún profeta de los antiguos ha resucitado.
9 Y dijo Herodes: A Juan yo degollé: ¿quién pues será éste, de quien yo oigo tales cosas? Y procuraba verle.
10 Y vueltos los apóstoles, le contaron todas las cosas que habían hecho. Y tomándolos, se retiró aparte a un lugar desierto de la ciudad que se llama Bethsaida.
11 Y como lo entendieron las gentes, le siguieron; y él las recibió, y les hablaba del reino de Dios, y sanaba a los que tenían necesidad de cura.
12 Y el día había comenzado a declinar; y llegándose los doce, le dijeron: Despide a las gentes, para que yendo a las aldeas y heredades de alrededor, procedan a alojarse y hallen viandas; porque aquí estamos en lugar desierto.
13 Y les dice: Dadles vosotros de comer. Y dijeron ellos: No tenemos más que cinco panes y dos pescados, si no vamos nosotros a comprar viandas para toda esta compañía.
14 Y eran como cinco mil hombres. Entonces dijo a sus discípulos: Hacedlos sentar en ranchos, de cincuenta en cincuenta.
15 Y así lo hicieron, haciéndolos sentar a todos.

8 ὑπό τινων δὲ ὅτι Ἠλίας ἐφάνη,
por otros sin embargo que Elías se había aparecido,
ἄλλων δὲ ὅτι προφήτης τις τῶν
otros sin embargo que profeta alguno de los
ἀρχαίων ἀνέστη.
antiguos se levantó.

9 εἶπεν δὲ Ἡρῴδης· Ἰωάννην ἐγὼ ἀπεκεφάλισα·
Dijo entonces Herodes: a Juan yo decapité.
τίς δέ ἐστιν οὗτος περὶ οὗ ἐγὼ ἀκούω τοιαῦτα;
¿Quién entonces es éste acerca del cual yo oigo esto?
καὶ ἐζήτει ἰδεῖν αὐτόν.
Y buscaba ver lo.

10 Καὶ ὑποστρέψαντες οἱ ἀπόστολοι διηγήσαντο αὐτῷ
Y volviendo los apóstoles contaron le
ὅσα ἐποίησαν. καὶ παραλαβὼν αὐτοὺς ὑπεχώρησε
cuanto hicieron. Y tomando los se retiró
κατ' ἰδίαν εἰς τόπον ἔρημον πόλεως
a solas a^{158} lugar desierto de ciudad
καλουμένης Βηθσαϊδά.
llamada Betsaida.

11 οἱ δὲ ὄχλοι γνόντες ἠκολούθησαν αὐτῷ,
las Sin embargo multitudes conociendo siguieron lo,
καὶ δεξάμενος αὐτοὺς ἐλάλει αὐτοῖς περὶ τῆς βασιλείας
y recibiendo los hablaba les acerca del reino
τοῦ Θεοῦ, καὶ τοὺς χρείαν ἔχοντας θεραπείας ἰᾶτο.
de Dios, y a los necesidad teniendo de curación curaba.

12 Ἡ δὲ ἡμέρα ἤρξατο κλίνειν· προσελθόντες δὲ
el Entonces día comenzó a declinar. Acercándose entonces
οἱ δώδεκα εἶπαν αὐτῷ· ἀπόλυσον τὸν ὄχλον,
los doce dijeron le: despacha a la multitud,
ἵνα πορευθέντες εἰς τὰς κύκλῳ κώμας
para que yendo a las de alrededor aldeas
καὶ τοὺς ἀγροὺς καταλύσωσι καὶ εὕρωσιν ἐπισιτισμόν,
y a los campos se alojen y encuentren provisiones,
ὅτι ὧδε ἐν ἐρήμῳ τόπῳ ἐσμέν.
porque aquí en desierto lugar estamos.

13 εἶπε δὲ πρὸς αὐτούς· δότε αὐτοῖς ὑμεῖς φαγεῖν.
Dijo entonces a ellos: dad les vosotros de comer.
οἱ δὲ εἶπον· οὐκ εἰσὶν ἡμῖν πλεῖον ἢ
Ellos entonces dijeron: no son para nosotros^{159} más que
πέντε ἄρτοι καὶ ἰχθύες δύο, εἰ μήτι πορευθέντες ἡμεῖς
cinco panes y peces dos, si no yendo nosotros
ἀγοράσωμεν εἰς πάντα τὸν λαὸν τοῦτον βρώματα.
compremos a todo el pueblo éste alimentos.

14 ἦσαν γὰρ ὡσεὶ ἄνδρες πεντακισχίλιοι. εἶπε δὲ πρὸς
eran Porque como hombres cinco mil. Dijo entonces a
τοὺς μαθητὰς αὐτοῦ· κατακλίνατε αὐτοὺς κλισίας ἀνὰ
los discípulos de él: reclinad^{160} los por grupos cada uno
πεντήκοντα.
de cincuenta.

15 καὶ ἐποίησαν οὕτω καὶ κατέκλιναν ἅπαντας.
E hicieron así y reclinaron a todos.

---

158. Desde a hasta llamada es sustituida en la NU por ciudad llamada.
159. Es decir, no tenemos.
160. Es decir, haced que se coloquen en la posición reclinada propia para comer.

16 λαβὼν δὲ τοὺς πέντε ἄρτους καὶ τοὺς δύο ἰχθύας,
Tomando entonces los cinco panes y los dos peces,
ἀναβλέψας εἰς τὸν οὐρανὸν εὐλόγησεν αὐτοὺς
levantando la vista hacia el cielo bendijo los
καὶ κατέκλασε, καὶ ἐδίδου τοῖς μαθηταῖς
y partió, y daba a los discípulos
παραθεῖναι τῷ ὄχλῳ.
para colocar delante de la multitud.

17 καὶ ἔφαγον καὶ ἐχορτάσθησαν πάντες, καὶ ἤρθη
Y comieron y se hartaron todos, y fue tomado
τὸ περισσεῦσαν αὐτοῖς κλασμάτων κόφινοι δώδεκα.
lo sobrante a ellos de pedazos cestos doce.

18 Καὶ ἐγένετο ἐν τῷ εἶναι αὐτὸν προσευχόμενον
Y aconteció en el estar él orando
κατὰ μόνας, συνῆσαν αὐτῷ οἱ μαθηταί, καὶ ἐπηρώτησεν
a solas, estuvieron con él los discípulos, y preguntó
αὐτοὺς λέγων· τίνα με λέγουσιν οἱ ὄχλοι εἶναι;
les diciendo: ¿Quién yo dicen las multitudes ser?[161]

19 οἱ δὲ ἀποκριθέντες εἶπον· Ἰωάννην τὸν βαπτιστὴν,
Ellos entonces respondiendo dijeron: Juan el Bautista,
ἄλλοι δὲ Ἠλίαν, ἄλλοι δὲ ὅτι προφήτης
otros entonces Elías, otros sin embargo que profeta
τις τῶν ἀρχαίων ἀνέστη.
alguno de los antiguos se levantó.

20 εἶπε δὲ αὐτοῖς· ὑμεῖς δὲ τίνα με λέγετε
Dijo entonces a ellos: ¿vosotros sin embargo quién yo decís
εἶναι; ἀποκριθεὶς δὲ ὁ Πέτρος εἶπε· τὸν Χριστὸν τοῦ Θεοῦ.
ser?[162] Respondiendo entonces Pedro dijo: el Mesías de Dios.

21 Ὁ δὲ ἐπιτιμήσας αὐτοῖς παρήγγειλε μηδενὶ λέγειν τοῦτο,
Él entonces advirtiendo les ordenó a ninguno decir esto,

22 εἰπὼν ὅτι δεῖ τὸν Υἱὸν τοῦ ἀνθρώπου πολλὰ παθεῖν
diciendo que es necesario al Hijo del hombre mucho padecer
καὶ ἀποδοκιμασθῆναι ἀπὸ τῶν πρεσβυτέρων
y ser rechazado de los ancianos
καὶ ἀρχιερέων καὶ γραμματέων, καὶ ἀποκτανθῆναι,
y principales sacerdotes y escribas, y ser asesinado,
καὶ τῇ τρίτῃ ἡμέρᾳ ἐγερθῆναι.
y en el tercer día ser levantado.

23 Ἔλεγε δὲ πρὸς πάντας· εἴ τις θέλει ὀπίσω μου
Dijo entonces a todos: si alguno quiere detrás de mí
ἔρχεσθαι, ἀρνησάσθω ἑαυτὸν καὶ ἀράτω τὸν σταυρὸν αὐτοῦ
venir, niéguese a sí mismo y tome la cruz de él
καθ' ἡμέραν καὶ ἀκολουθείτω μοι.
cada día y siga me,

24 ὃς γὰρ ἂν θέλῃ τὴν ψυχὴν αὐτοῦ σῶσαι, ἀπολέσει αὐτήν·
el que Porque quiera el alma de él salvar, perderá la.
ὃς δ' ἂν ἀπολέσῃ τὴν ψυχὴν αὐτοῦ
el que sin embargo pierda el alma de él
ἕνεκεν ἐμοῦ, οὗτος σώσει αὐτήν.
por causa de mí, éste salvará la.

16 Y tomando los cinco panes y los dos pescados, mirando al cielo los bendijo, y partió, y dió a sus discípulos para que pusiesen delante de las gentes.
17 Y comieron todos, y se hartaron; y alzaron lo que les sobró, doce cestos de pedazos.
18 Y aconteció que estando él solo orando, estaban con él los discípulos; y les preguntó diciendo: ¿Quién dicen las gentes que soy?
19 Y ellos respondieron, y dijeron: Juan el Bautista; y otros, Elías; y otros, que algún profeta de los antiguos ha resucitado.
20 Y les dijo: ¿Y vosotros, quién decís que soy? Entonces respondiendo Simón Pedro, dijo: El Cristo de Dios.
21 Mas él, conminándolos, mandó que a nadie dijesen esto;
22 Diciendo: Es necesario que el Hijo del hombre padezca muchas cosas, y sea desechado de los ancianos, y de los príncipes de los sacerdotes, y de los escribas, y que sea muerto, y resucite al tercer día.
23 Y decía a todos: Si alguno quiere venir en pos de mí, niéguese a sí mismo, y tome su cruz cada día, y sígame.
24 Porque cualquiera que quisiere salvar su vida, la perderá; y cualquiera que perdiere su vida por causa de mí, éste la salvará.

---
161. Es decir, ¿quién dicen las multitudes que soy?
162. Es decir, ¿vosotros quién decís que soy yo?

25Porque ¿qué aprovecha al hombre, si granjeare todo el mundo, y sé pierda él a sí mismo, o corra peligro de sí?
26Porque el que se avergonzare de mí y de mis palabras, de este tal el Hijo del hombre se avergonzará cuando viniere en su gloria, y del Padre, y de los santos ángeles.
27Y os digo en verdad, que hay algunos de los que están aquí, que no gustarán la muerte, hasta que vean el reino de Dios.
28Y aconteció como ocho días después de estas palabras, que tomó a Pedro y a Juan y a Jacobo, y subió al monte a orar.
29Y entre tanto que oraba, la apariencia de su rostro se hizo otra, y su vestido blanco y resplandeciente.
30Y he aquí dos varones que hablaban con él, los cuales eran Moisés y Elías;
31Que aparecieron en majestad, y hablaban de su salida, la cual había de cumplir en Jerusalem.
32Y Pedro y los que estaban con él, estaban cargados de sueño: y como despertaron, vieron su majestad, y a aquellos dos varones que estaban con él.

25 τί γὰρ ὠφελεῖται ἄνθρωπος κερδήσας τὸν κόσμον ὅλον,
¿qué Porque aprovecha hombre ganando el mundo todo,
ἑαυτὸν δὲ ἀπολέσας ἢ ζημιωθείς;
a sí mismo sin embargo perdiendo o dañando?

26 ὃς γὰρ ἂν ἐπαισχυνθῇ με καὶ τοὺς ἐμοὺς λόγους,
el que Porque se avergüence de mí y de las mis palabras,
τοῦτον ὁ Υἱὸς τοῦ ἀνθρώπου ἐπαισχυνθήσεται,
de éste el Hijo del hombre se avergonzará,
ὅταν ἔλθῃ ἐν τῇ δόξῃ αὐτοῦ καὶ τοῦ πατρὸς
cuando venga en la gloria de él y del Padre
καὶ τῶν ἁγίων ἀγγέλων.
y de los santos ángeles.

27 λέγω δὲ ὑμῖν ἀληθῶς, εἰσί τινες τῶν
Digo entonces a vosotros verdaderamente, hay algunos de los
ὧδε ἑστηκότων, οἳ οὐ μὴ γεύσωνται
aquí estando en pie,[163] que no de ninguna manera gustarán
θανάτου ἕως ἂν ἴδωσι τὴν βασιλείαν τοῦ Θεοῦ.
muerte hasta que vean el reino de Dios.

28 Ἐγένετο δὲ μετὰ τοὺς λόγους τούτους ὡσεὶ ἡμέραι ὀκτὼ
Aconteció entonces tras las palabras éstas como días ocho
καὶ παραλαβὼν τὸν Πέτρον καὶ Ἰωάννην καὶ Ἰάκωβον
y tomando a Pedro y Juan y Santiago
ἀνέβη εἰς τὸ ὄρος προσεύξασθαι.
subió a el monte a orar.

29 καὶ ἐγένετο ἐν τῷ προσεύχεσθαι αὐτὸν τὸ εἶδος
Y aconteció en el orar él el aspecto
τοῦ προσώπου αὐτοῦ ἕτερον καὶ ὁ ἱματισμὸς αὐτοῦ
del rostro de él otro y la vestimenta de él
λευκὸς ἐξαστράπτων.
blanca resplandeciente.

30 καὶ ἰδοὺ ἄνδρες δύο συνελάλουν αὐτῷ,
Y mira varones dos hablaban con él,
οἵτινες ἦσαν Μωϋσῆς καὶ Ἠλίας,
que eran Moisés y Elías,

31 οἳ ὀφθέντες ἐν δόξῃ ἔλεγον τὴν ἔξοδον αὐτοῦ
que siendo manifestados en gloria hablaban del éxodo[164] de él
ἣν ἤμελλε πληροῦν ἐν Ἰερουσαλήμ.
que debía cumplir en Jerusalén.

32 ὁ δὲ Πέτρος καὶ οἱ σὺν αὐτῷ ἦσαν βεβαρημένοι
- Entonces Pedro y los con él estaban cargados
ὕπνῳ· διαγρηγορήσαντες δὲ εἶδον τὴν δόξαν αὐτοῦ
de sueño. Despertándose sin embargo vieron la gloria de él
καὶ τοὺς δύο ἄνδρας τοὺς συνεστῶτας αὐτῷ.
y los dos varones los estando con él.

---

163. Es decir, de los que aquí están presentes.
164. Es decir, de la salida.

33

καὶ ἐγένετο   ἐν τῷ διαχωρίζεσθαι αὐτοὺς ἀπ' αὐτοῦ εἶπεν
Y aconteció en el   partir   ellos   de él   dijo

ὁ Πέτρος πρὸς τὸν Ἰησοῦν· ἐπιστάτα,
Pedro   a   Jesús: maestro,

καλόν ἐστιν ἡμᾶς   ὧδε εἶναι· καὶ ποιήσωμεν σκηνὰς τρεῖς,
bueno es   a nosotros aquí estar. Y hagamos   tiendas tres,

μίαν σοὶ   καὶ μίαν Μωϋσεῖ   καὶ μίαν Ἠλίᾳ,
una para ti y   una para Moisés y   una para Elías,

μὴ εἰδὼς   ὃ   λέγει.
no sabiendo lo que dice.

34

ταῦτα δὲ   αὐτοῦ λέγοντος, ἐγένετο   νεφέλη καὶ
Esto sin embargo él   diciendo, aconteció nube   también

ἐπεσκίασεν   αὐτούς· ἐφοβήθησαν   δὲ   ἐν
cubrió con su sombra a ellos. Fueron atemorizados entonces en

τῷ ἐκείνους εἰσελθεῖν εἰς τὴν νεφέλην.
el aquellos entrar   en la nube.

35

καὶ φωνὴ ἐγένετο ἐκ   τῆς νεφέλης λέγουσα·
Y voz   aconteció desde la nube   diciendo:

οὗτός ἐστιν ὁ υἱός μου ὁ ἀγαπητός·
éste es   el Hijo de mí el amado.¹⁶⁵

αὐτοῦ ἀκούετε.
A él escuchad.

36

καὶ ἐν τῷ γενέσθαι τὴν φωνὴν εὑρέθη   ὁ Ἰησοῦς
Y   en el acontecer la voz   fue encontrado Jesús

μόνος. καὶ αὐτοὶ ἐσίγησαν καὶ οὐδενὶ ἀπήγγειλαν
solo. Y ellos callaron y   a ninguno informaron

ἐν ἐκείναις ταῖς ἡμέραις οὐδὲν ὧν   ἑωράκασιν.
en aquellos los días   de nada de lo que han visto.

37

Ἐγένετο δὲ   ἐν τῇ ἑξῆς ἡμέρᾳ κατελθόντων αὐτῶν
Aconteció entonces en el siguiente día descendiendo ellos

ἀπὸ τοῦ ὄρους συνήντησεν αὐτῷ ὄχλος   πολύς.
de el monte se juntó con él   multitud mucha.

38

καὶ ἰδοὺ ἀνὴρ ἀπὸ τοῦ ὄχλου ἀνεβόησε λέγων·
Y mira varón de la multitud gritó   diciendo:

διδάσκαλε, δέομαί σου, ἐπίβλεψον ἐπὶ τὸν υἱόν μου,
maestro,   suplico te, supervisar a   el hijo de mí,

ὅτι   μονογενής μοί   ἐστι·
porque unigénito para mí es.¹⁶⁶

39

καὶ ἰδοὺ πνεῦμα λαμβάνει αὐτόν, καὶ ἐξαίφνης   κράζει
Y mira espíritu se apodera de él, y repentinamente grita

καὶ σπαράσσει αὐτὸν μετὰ ἀφροῦ,   καὶ μόγις
y convulsiona lo   con espuma, y con dificultad

ἀποχωρεῖ ἀπ' αὐτοῦ συντρῖβον   αὐτόν·
se aparta de él   quebrantando lo.

40

καὶ ἐδεήθην τῶν μαθητῶν σου ἵνα   ἐκβάλωσιν
Y supliqué a los discípulos de ti para que arrojaran

αὐτό, καὶ οὐκ ἠδυνήθησαν.
lo,   y no pudieron.

---

33 Y aconteció, que apartándose ellos de él, Pedro dice a Jesús: Maestro, bien es que nos quedemos aquí: y hagamos tres pabellones, uno para ti, y uno para Moisés, y uno para Elías; no sabiendo lo que se decía.
34 Y estando él hablando esto, vino una nube que los cubrió; y tuvieron temor entrando ellos en la nube.
35 Y vino una voz de la nube, que decía: Este es mi Hijo amado; á él oid.
36 Y pasada aquella voz, Jesús fué hallado solo: y ellos callaron; y por aquellos días no dijeron nada a nadie de lo que habían visto.
37 Y aconteció al día siguiente, que apartándose ellos del monte, gran compañía les salió al encuentro.
38 Y he aquí, un hombre de la compañía clamó, diciendo: Maestro, ruégote que veas a mi hijo; que es el único que tengo:
39 Y he aquí un espíritu le toma, y de repente da voces; y le despedaza y hace echar espuma, y apenas se aparta de él quebrantándole.
40 Y rogué a tus discípulos que le echasen fuera, y no pudieron.

---

165. La NU sustituye por elegido.
166. Es decir, porque es el único hijo que tengo.

41Y respondiendo Jesús, dice: ¡Oh generación infiel y perversa! ¿hasta cuándo tengo de estar con vosotros, y os sufriré? Trae tu hijo acá.
42Y como aun se acercaba, el demonio le derribó y despedazó: mas Jesús increpó al espíritu inmundo, y sanó al muchacho, y se lo volvió a su padre.
43Y todos estaban atónitos de la grandeza de Dios. Y maravillándose todos de todas las cosas que hacía, dijo a sus discípulos:
44Poned vosotros en vuestros oídos estas palabras; porque ha de acontecer que el Hijo del hombre será entregado en manos de hombres.
45Mas ellos no entendían esta palabra, y les era encubierta para que no la entendiesen; y temían preguntarle de esta palabra.
46Entonces entraron en disputa, cuál de ellos sería el mayor.
47Mas Jesús, viendo los pensamientos del corazón de ellos, tomó un niño, y púsole junto a sí,
48Y les dice: Cualquiera que recibiere este niño en mí nombre, a mí recibe; y cualquiera que me recibiere a mí, recibe al que me envió; porque el que fuere el menor entre todos vosotros, éste será el grande.

41 ἀποκριθεὶς δὲ ὁ Ἰησοῦς εἶπεν· ὦ γενεὰ ἄπιστος
Respondiendo entonces Jesús dijo: oh generación incrédula
καὶ διεστραμμένη, ἕως πότε ἔσομαι πρὸς ὑμᾶς
y pervertida, ¿hasta cuándo estaré con vosotros
καὶ ἀνέξομαι ὑμῶν; προσάγαγε ὧδε τὸν υἱόν σου.
y soportaré os? Trae aquí al hijo de ti.

42 ἔτι δὲ προσερχομένου αὐτοῦ ἔρρηξεν αὐτὸν τὸ
Todavía sin embargo viniendo él arrojó lo el
δαιμόνιον καὶ συνεσπάραξεν· ἐπετίμησε δὲ ὁ Ἰησοῦς τῷ
demonio y convulsionó. Reprendió entonces Jesús al
πνεύματι τῷ ἀκαθάρτῳ καὶ ἰάσατο τὸν παῖδα
espíritu el inmundo y curó al niño
καὶ ἀπέδωκεν αὐτὸν τῷ πατρὶ αὐτοῦ.
y devolvió lo al padre de él.

43 ἐξεπλήσσοντο δὲ πάντες ἐπὶ τῇ μεγαλειότητι τοῦ Θεοῦ.
Se pasmaron entonces todos de la grandeza de Dios.
Πάντων δὲ θαυμαζόντων ἐπὶ πᾶσιν οἷς ἐποίησεν
Todos entonces maravillándose por todo lo que hizo
ὁ Ἰησοῦς, εἶπε πρὸς τοὺς μαθητὰς αὐτοῦ·
Jesús,[167] dijo a los discípulos de él.

44 θέσθε ὑμεῖς εἰς τὰ ὦτα ὑμῶν τοὺς λόγους τούτους·
Poned vosotros en los oídos de vosotros las palabras estas.
ὁ γὰρ Υἱὸς τοῦ ἀνθρώπου μέλλει παραδίδοσθαι
el Porque Hijo del hombre va a ser entregado
εἰς χεῖρας ἀνθρώπων.
en manos de hombres.

45 οἱ δὲ ἠγνόουν τὸ ῥῆμα τοῦτο, καὶ ἦν
Ellos sin embargo no comprendieron el dicho esto, y estaba
παρακεκαλυμμένον ἀπ' αὐτῶν ἵνα μὴ αἴσθωνται αὐτό, καὶ
oculto de ellos para que no percibieran lo, y
ἐφοβοῦντο ἐρωτῆσαι αὐτὸν περὶ τοῦ ῥήματος τούτου.
temían preguntar le acerca de el dicho este.

46 Εἰσῆλθε δὲ διαλογισμὸς ἐν αὐτοῖς,
Entró entonces disputa en ellos,
τὸ τίς ἂν εἴη μείζων αὐτῶν.
el quién fuera mayor de ellos.

47 ὁ δὲ Ἰησοῦς ἰδὼν τὸν διαλογισμὸν τῆς καρδίας αὐτῶν,
- Entonces Jesús viendo[168] la disputa del corazón de ellos,
ἐπιλαβόμενος παιδίου ἔστησεν αὐτὸ παρ' ἑαυτῷ
tomando niñito colocó lo al lado de sí mismo.

48 καὶ εἶπεν αὐτοῖς· ὃς ἐὰν δέξηται τοῦτο τὸ παιδίον
Y dijo les: el que reciba este el niñito
ἐπὶ τῷ ὀνόματί μου, ἐμὲ δέχεται, καὶ ὃς ἐὰν ἐμὲ δέξηται,
en el nombre de mí, a mí recibe, y el que a mí reciba
δέχεται τὸν ἀποστείλαντά με. ὁ γὰρ μικρότερος ἐν
recibe al que envió a mí. el Porque más pequeño entre
πᾶσιν ὑμῖν ὑπάρχων οὗτος ἔσται μέγας.
todos vosotros siendo éste será[169] grande.

---

167. La NU omite Jesús.
168. La NU sustituye por conociendo.
169. La NU sustituye por es.

49 Ἀποκριθεὶς δὲ ὁ Ἰωάννης εἶπεν· ἐπιστάτα, εἴδομέν
Respondiendo entonces Juan dijo: maestro, vimos

τινα ἐπὶ τῷ ὀνόματί σου ἐκβάλλοντα δαιμόνια,
a alguien en el nombre de ti arrojando demonios,

καὶ ἐκωλύσαμεν αὐτὸν, ὅτι οὐκ ἀκολουθεῖ μεθ' ἡμῶν.
y prohibimos a él, porque no sigue[170] con nosotros.

50 καὶ εἶπε πρὸς αὐτὸν ὁ Ἰησοῦς· μὴ κωλύετε·
Y dijo a él Jesús: no prohibáis.

ὃς γὰρ οὐκ ἔστιν καθ' ἡμῶν, ὑπὲρ ἡμῶν ἐστιν.
el que Porque no está contra nosotros, por nosotros[171] está.

51 Ἐγένετο δὲ ἐν τῷ συμπληροῦσθαι τὰς ἡμέρας τῆς
Aconteció entonces en el acercarse los días de la

ἀναλήψεως αὐτοῦ καὶ αὐτὸς τὸ πρόσωπον αὐτοῦ ἐστήριξε
recepción de él y él el rostro de él afianzó

τοῦ πορεύεσθαι εἰς Ἰερουσαλήμ.
para el ir a Jerusalén.

52 καὶ ἀπέστειλεν ἀγγέλους πρὸ προσώπου αὐτοῦ.
Y envió mensajeros[172] delante de rostro de él.

καὶ πορευθέντες εἰσῆλθον εἰς κώμην Σαμαριτῶν,
y yendo entraron en aldea de samaritanos,

ὥστε ἑτοιμάσαι αὐτῷ·
para preparar para él.

53 καὶ οὐκ ἐδέξαντο αὐτόν, ὅτι τὸ πρόσωπον αὐτοῦ
Y no recibieron lo, porque el rostro de él

ἦν πορευόμενον εἰς Ἰερουσαλήμ.
estaba yendo a Jerusalén.

54 ἰδόντες δὲ οἱ μαθηταὶ αὐτοῦ Ἰάκωβος καὶ Ἰωάννης εἶπον·
Viendo entonces los discípulos de él Santiago y Juan dijeron:

Κύριε, θέλεις εἴπωμεν πῦρ καταβῆναι ἀπὸ τοῦ οὐρανοῦ
Señor, ¿quieres digamos fuego descender de el cielo[173]

καὶ ἀναλῶσαι αὐτούς, ὡς καὶ Ἠλίας ἐποίησε;
y consumir los, como[174] también Elías hizo?

55 στραφεὶς δὲ ἐπετίμησεν αὐτοῖς καὶ εἶπεν·
Volviéndose entonces reprendió les y[175] dijo:

οὐκ οἴδατε οἵου πνεύματος ἐστε ὑμεῖς·
No sabéis de que espíritu sois vosotros.

56 ὁ Υἱὸς τοῦ ἀνθρώπου οὐκ ἦλθε ψυχὰς ἀνθρώπων
El Hijo del hombre no vino almas de hombres

ἀπολέσαι, ἀλλὰ σῶσαι. καὶ ἐπορεύθησαν εἰς ἑτέραν κώμην.
a perder, sino a salvar.[176] Y fueron a otra aldea.

57 Ἐγένετο δὲ πορευομένων αὐτῶν ἐν τῇ ὁδῷ εἶπέ
Aconteció entonces yendo ellos por el camino dijo

τις πρὸς αὐτόν· ἀκολουθήσω σοι ὅπου
uno a él: seguiré te donde

ἐὰν ἀπέρχῃ, Κύριε.[177]
fueras, Señor.

---

170. Es decir, porque no va con nosotros siguiéndote, sino que te sigue aparte de nosotros.
171. La NU sustituye nosotros por vosotros.
172. Lit: ángeles.
173. Es decir, que fuego descienda del cielo.
174. La NU suprime desde como hasta el final del versículo.
175. La NU suprime desde y hasta el final del versículo.
176. Todo el versículo hasta salvar es suprimido en la NU.
177. La NU suprime Señor.

58Y le dijo Jesús: Las zorras tienen cuevas, y las aves de los cielos nidos; mas el Hijo del hombre no tiene donde recline la cabeza.
59Y dijo a otro: Sígueme. Y él dijo: Señor, déjame que primero vaya y entierre a mi padre.
60Y Jesús le dijo: Deja los muertos que entierren a sus muertos; y tú, ve, y anuncia el reino de Dios.
61Entonces también dijo otro: Te seguiré, Señor; mas déjame que me despida primero de los que están en mi casa.
62Y Jesús le dijo: Ninguno que poniendo su mano al arado mira atrás, es apto para el reino de Dios.

10 Y después de estas cosas, designó el Señor aun otros setenta, los cuales envió de dos en dos delante de sí, a toda ciudad y lugar a donde él había de venir.
2Y les decía: La mies a la verdad es mucha, mas los obreros pocos; por tanto, rogad al Señor de la mies que envíe obreros a su mies.

58 καὶ εἶπεν αὐτῷ ὁ Ἰησοῦς· αἱ ἀλώπεκες φωλεοὺς
Y dijo le Jesús: las zorras guaridas

ἔχουσι καὶ τὰ πετεινὰ τοῦ οὐρανοῦ κατασκηνώσεις,
tienen y las aves del cielo nidos,

ὁ δὲ Υἱὸς τοῦ ἀνθρώπου οὐκ ἔχει ποῦ
el Pero Hijo del hombre no tiene donde

τὴν κεφαλὴν κλίνῃ
la cabeza recline.

59 Εἶπε δὲ πρὸς ἕτερον· ἀκολούθει μοι. ὁ δὲ εἶπε·
Dijo entonces a otro: sigue me. Él entonces dijo:

Κύριε, ἐπίτρεψόν μοι ἀπελθόντι πρῶτον
Señor,[178] permite me habiendo ido primero

θάψαι τὸν πατέρα μου.
a enterrar al padre de mí.

60 εἶπε δὲ αὐτῷ ὁ Ἰησοῦς· ἄφες τοὺς νεκροὺς θάψαι
Dijo entonces a él Jesús:[179] deja a los muertos enterrar

τοὺς ἑαυτῶν νεκρούς· σὺ δὲ ἀπελθὼν
a los de sí mismos muertos. Tú sin embargo habiendo ido

διάγγελλε τὴν βασιλείαν τοῦ Θεοῦ.
proclama el reino de Dios.

61 Εἶπε δὲ καὶ ἕτερος· ἀκολουθήσω σοι, Κύριε·
Dijo entonces también otro: seguiré te, Señor.

πρῶτον δὲ ἐπίτρεψόν μοι ἀποτάξασθαι
Primero sin embargo permite me despedir

τοῖς εἰς τὸν οἶκόν μου.
a los en la casa de mí.

62 εἶπε δὲ πρὸς αὐτὸν ὁ Ἰησοῦς· οὐδεὶς ἐπιβαλὼν
Dijo entonces a él Jesús: ninguno poniendo

τὴν χεῖρα αὐτοῦ ἐπ' ἄροτρον καὶ βλέπων εἰς τὰ ὀπίσω
la mano de él en arado y mirando a lo detrás

εὔθετός ἐστιν εἰς τὴν βασιλείαν τοῦ Θεοῦ.
útil es para el reino de Dios.

10 1 Μετὰ δὲ ταῦτα ἀνέδειξεν ὁ Κύριος καὶ ἑτέρους
Después sin embargo de esto nombró el Señor también otros

ἑβδομήκοντα, καὶ ἀπέστειλεν αὐτοὺς ἀνὰ δύο πρὸ
setenta, y envió los de dos en dos delante

προσώπου αὐτοῦ εἰς πᾶσαν πόλιν καὶ τόπον οὗ ἤμελλεν
de rostro de él a toda ciudad y lugar donde iba

αὐτὸς ἔρχεσθαι.
él a venir.

2 ἔλεγεν οὖν πρὸς αὐτούς· ὁ μὲν θερισμὸς πολύς,
Dijo entonces a ellos. la Ciertamente mies mucha,

οἱ δὲ ἐργάται ὀλίγοι· δεήθητε οὖν τοῦ κυρίου
los Sin embargo trabajadores pocos. Rogad[180] pues al señor

τοῦ θερισμοῦ ὅπως ἐκβάλῃ ἐργάτας
de la mies para que envíe trabajadores

εἰς τὸν θερισμὸν αὐτοῦ.
a la mies de él.

---

178. La NU suprime Señor.
179. La NU suprime Jesús.
180. Lit: atad, ligad, encadenad.

3 ὑπάγετε· ἰδοὺ ἐγὼ ἀποστέλλω ὑμᾶς ὡς ἄρνας
Id.   Mirad   yo envío   os como ovejas
ἐν μέσῳ λύκων.
en medio de lobos.

4 μὴ βαστάζετε βαλλάντιον, μὴ πήραν, μηδὲ ὑποδήματα,
No llevéis   bolsa,   ni saco, ni   sandalias,
καὶ μηδένα κατὰ τὴν ὁδὸν ἀσπάσησθε.
y   a nadie por el camino saludad.

5 εἰς ἣν δ' ἂν οἰκίαν εἰσέρχησθε, πρῶτον λέγετε·
en la que acaso casa entréis,   primero decid:
εἰρήνη τῷ οἴκῳ τούτῳ.
Paz   a la casa ésta.

6 καὶ ἐὰν ᾖ ἐκεῖ υἱὸς εἰρήνης, ἐπαναπαύσεται ἐπ' αὐτὸν
Y si está allí hijo de paz, permanecerá sobre él
ἡ εἰρήνη ὑμῶν· εἰ δὲ μήγε, ἐφ' ὑμᾶς
la paz de vosotros. Si sin embargo no, sobre vosotros
ἀνακάμψει.
regresará.

7 ἐν αὐτῇ δὲ τῇ οἰκίᾳ μένετε ἐσθίοντες καὶ πίνοντες
en misma Entonces la casa permaneced comiendo y bebiendo
τὰ παρ' αὐτῶν· ἄξιος γὰρ ὁ ἐργάτης τοῦ μισθοῦ αὐτοῦ
lo de ellos, digno Porque el obrero del salario de él
ἐστι· μὴ μεταβαίνετε ἐξ οἰκίας εἰς οἰκίαν.
es. No os mováis de casa en casa.

8 καὶ εἰς ἣν ἂν πόλιν εἰσέρχησθε καὶ δέχωνται ὑμᾶς,
Y en la que acaso ciudad entréis y reciban os,
ἐσθίετε τὰ παρατιθέμενα ὑμῖν,
comed lo puesto delante de vosotros.

9 καὶ θεραπεύετε τοὺς ἐν αὐτῇ ἀσθενεῖς, καὶ λέγετε αὐτοῖς·
Y curad   a los en ella enfermos, y decid les:
ἤγγικεν ἐφ' ὑμᾶς ἡ βασιλεία τοῦ Θεοῦ.
se ha acercado sobre vosotros el reino de Dios.

10 εἰς ἣν δ' ἂν πόλιν εἰσέλθητε καὶ μὴ δέχωνται ὑμᾶς,
En la que acaso ciudad entréis y no reciban os,
ἐξελθόντες εἰς τὰς πλατείας αὐτῆς εἴπατε·
saliendo a las calles de ella decid:

11 καὶ τὸν κονιορτὸν τὸν κολληθέντα ἡμῖν ἐκ τῆς πόλεως
Incluso el polvo el adherido a vosotros de la ciudad
ὑμῶν ἀπομασσόμεθα ὑμῖν· πλὴν τοῦτο γινώσκετε,
de vosotros[181] quita   os. No obstante esto conoced,
ὅτι ἤγγικεν ἐφ' ὑμᾶς ἡ βασιλεία τοῦ Θεοῦ.
que se ha acercado sobre vosotros[182] el reino de Dios.

12 λέγω δὲ ὑμῖν ὅτι Σοδόμοις ἐν τῇ ἡμέρᾳ ἐκείνῃ
Digo sin embargo a vosotros que para Sodoma en el día aquel
ἀνεκτότερον ἔσται ἢ τῇ πόλει ἐκείνῃ.
más tolerable será que para la ciudad aquella.

3 Andad, he aquí yo os envío como corderos en medio de lobos. 4 No llevéis bolsa, ni alforja, ni calzado; y a nadie saludéis en el camino. 5 En cualquiera casa donde entrareis, primeramente decid: Paz sea a esta casa. 6 Y si hubiere allí algún hijo de paz, vuestra paz reposará sobre él; y si no, se volverá a vosotros. 7 Y posad en aquella misma casa, comiendo y bebiendo lo que os dieren; porque el obrero digno es de su salario. No os paséis de casa en casa. 8 Y en cualquiera ciudad donde entrareis, y os recibieren, comed lo que os pusieren delante; 9 Y sanad los enfermos que en ella hubiere, y decidles: Se ha llegado a vosotros el reino de Dios. 10 Mas en cualquier ciudad donde entrareis, y no os recibieren, saliendo por sus calles, decid: 11 Aun el polvo que se nos ha pegado de vuestra ciudad a nuestros pies, sacudimos en vosotros: esto empero sabed, que el reino de los cielos se ha llegado a vosotros. 12 Y os digo que los de Sodoma tendrán más remisión aquel día, que aquella ciudad.

---

181. La NU añade a los pies.
182. Sobre vosotros es suprimido en la NU.

13 ¡Ay de ti, Corazín! ¡Ay de ti, Bethsaida! que si en Tiro y en Sidón hubieran sido hechas las maravillas que se han hecho en vosotras, ya días ha que, sentados en cilicio y ceniza, se habrían arrepentido.
14 Por tanto, Tiro y Sidón tendrán más remisión que vosotras en el juicio.
15 Y tú, Capernaum, que hasta los cielos estás levantada, hasta los infiernos serás abajada.
16 El que a vosotros oye, a mí oye; y el que a vosotros desecha, a mí desecha; y el que a mí desecha, desecha al que me envió.
17 Y volvieron los setenta con gozo, diciendo: Señor, aun los demonios se nos sujetan en tu nombre.
18 Y les dijo: Yo veía a Satanás, como un rayo, que caía del cielo.
19 He aquí os doy potestad de hollar sobre las serpientes y sobre los escorpiones, y sobre toda fuerza del enemigo, y nada os dañará.
20 Mas no os gocéis de esto, que los espíritus se os sujetan; antes gozaos de que vuestros nombres están escritos en los cielos.

13 Οὐαί σοι, Χοραζίν, οὐαί σοι, Βηθσαϊδά· ὅτι εἰ ἐν Τύρῳ
Ay de ti, Corazín, ay de ti, Betsaida, porque si en Tiro
καὶ Σιδῶνι ἐγένοντο αἱ δυνάμεις αἱ γενόμεναι ἐν
y Sidón hubieran acontecido los poderes[183] los acontecidos entre
ὑμῖν, πάλαι ἂν ἐν σάκκῳ καὶ σποδῷ
vosotros, hace tiempo en saco y ceniza
καθήμεναι μετενόησαν.
sentándose se habrían arrepentido.

14 πλὴν Τύρῳ καὶ Σιδῶνι ἀνεκτότερον ἔσται ἐν τῇ
No obstante para Tiro y Sidón más tolerable será en el
κρίσει ἢ ὑμῖν.
juicio que para vosotros.

15 καὶ σύ, Καπερναούμ, ἡ ἕως τοῦ οὐρανοῦ ὑψωθεῖσα,
Y tú, Cafarnaum, la hasta el cielo habiendo sido exaltada,[184]
ἕως τοῦ ᾅδου καταβιβασθήσῃ.
hasta el Hades serás descendida.

16 Ὁ ἀκούων ὑμῶν ἐμοῦ ἀκούει, καὶ ὁ ἀθετῶν ὑμᾶς
El oyendo a vosotros a mí oye, y el rechazando a vosotros
ἐμὲ ἀθετεῖ· ὁ δὲ ἐμὲ ἀθετῶν ἀθετεῖ τὸν
a mí rechaza. El sin embargo a mí rechazando rechaza al
ἀποστείλαντά με.
que envió me.

17 Ὑπέστρεψαν δὲ οἱ ἑβδομήκοντα μετὰ χαρᾶς λέγοντες·
Regresaron entonces los setenta con alegría diciendo:
Κύριε, καὶ τὰ δαιμόνια ὑποτάσσεται ἡμῖν
Señor, incluso los demonios obedecen[185] nos
ἐν τῷ ὀνόματί σου.
en el nombre de ti.

18 Εἶπε δὲ αὐτοῖς· ἐθεώρουν τὸν Σατανᾶν ὡς ἀστραπὴν
Dijo entonces a ellos: vi a Satán como rayo
ἐκ τοῦ οὐρανοῦ πεσόντα.
de el cielo cayendo.

19 ἰδοὺ δίδωμι[186] ὑμῖν τὴν ἐξουσίαν τοῦ πατεῖν ἐπάνω ὄφεων
Mira doy os la autoridad de pisar sobre serpientes
καὶ σκορπίων καὶ ἐπὶ πᾶσαν τὴν δύναμιν
y escorpiones y sobre todo el poder
τοῦ ἐχθροῦ, καὶ οὐδὲν ὑμᾶς οὐ μὴ ἀδικήσῃ.
del enemigo, y nada os no de ninguna manera dañará.

20 πλὴν ἐν τούτῳ μὴ χαίρετε, ὅτι τὰ πνεύματα
No obstante en esto no os regocijéis, porque los espíritus
ὑμῖν ὑποτάσσεται· χαίρετε δὲ ὅτι τὰ
a vosotros obedecen.[187] Alegraos sin embargo porque los
ὀνόματα ὑμῶν ἐγράφη ἐν τοῖς οὐρανοῖς.
nombres de vosotros fueron escritos en los cielos.

---

183. Es decir, los milagros.
184. La NU sustituye por ¿hasta los cielos serás exaltada?
185. O se someten bajo nosotros.
186. La NU sustituye por he dado.
187. O se someten bajo vosotros.

21 Ἐν αὐτῇ τῇ ὥρᾳ ἠγαλλιάσατο τῷ πνεύματι ὁ Ἰησοῦς En misma la hora exultó en el espíritu[188] Jesús καὶ εἶπεν· ἐξομολογοῦμαί σοι, πάτερ, y dijo: alabo te, Padre, κύριε τοῦ οὐρανοῦ καὶ τῆς γῆς, ὅτι ἀπέκρυψας Señor del cielo y de la tierra, porque escondiste ταῦτα ἀπὸ σοφῶν καὶ συνετῶν, καὶ ἀπεκάλυψας αὐτὰ esto de sabios e inteligentes, y revelaste lo νηπίοις· ναί, ὁ πατήρ, ὅτι οὕτως ἐγένετο a niños. Sí, oh Padre, porque así resultó εὐδοκία ἔμπροσθέν σου. grato[189] delante de ti. 22 Πάντα[190] μοι παρεδόθη ὑπὸ τοῦ πατρός μου· καὶ οὐδεὶς Todo me fue dado por el Padre de mí. Y nadie γινώσκει τίς ἐστιν ὁ υἱὸς εἰ μὴ ὁ πατήρ, conoce quién es el Hijo si no el Padre, καὶ τίς ἐστιν ὁ πατήρ, εἰ μὴ ὁ υἱὸς καὶ ᾧ y quién es el Padre, si no el Hijo y a quien ἐὰν βούληται ὁ υἱὸς ἀποκαλύψαι. acaso desee el Hijo revelar. 23 Καὶ στραφεὶς πρὸς τοὺς μαθητὰς κατ᾽ ἰδίαν εἶπε· Y volviéndose a los discípulos a solas dijo: μακάριοι οἱ ὀφθαλμοὶ οἱ βλέποντες ἃ βλέπετε. Dichosos los ojos los viendo lo que veis. 24 λέγω γὰρ ὑμῖν ὅτι πολλοὶ προφῆται καὶ βασιλεῖς digo Porque os que muchos profetas y reyes ἠθέλησαν ἰδεῖν ἃ ὑμεῖς βλέπετε, καὶ οὐκ εἶδον quisieron ver lo que vosotros veis, y no vieron καὶ ἀκοῦσαι ἃ ἀκούετε, καὶ οὐκ ἤκουσαν. y oír lo que oís, y no oyeron. 25 Καὶ ἰδοὺ νομικός τις ἀνέστη ἐκπειράζων αὐτὸν Y mira letrado[191] cierto se levantó probando[192] lo καὶ λέγων· διδάσκαλε, τί ποιήσας ζωὴν αἰώνιον y diciendo: maestro, ¿qué haciendo vida eterna κληρονομήσω; heredaré? 26 ὁ δὲ εἶπε πρὸς αὐτόν· ἐν τῷ νόμῳ Él entonces dijo a él: ¿en la ley τί γέγραπται; πῶς ἀναγινώσκεις; qué ha sido escrito? ¿Cómo lees? 27 ὁ δὲ ἀποκριθεὶς εἶπεν· ἀγαπήσεις Κύριον τὸν Θεόν σου Él entonces respondiendo dijo: amarás a Señor el Dios de ti ἐξ ὅλης τῆς καρδίας σου καὶ ἐξ ὅλης τῆς ψυχῆς σου de todo el corazón de ti y de toda el alma de ti καὶ ἐξ ὅλης τῆς ἰσχύος σου καὶ ἐξ ὅλης τῆς διανοίας σου, y de toda la fuerza de ti y de toda la mente de ti, καὶ τὸν πλησίον σου ὡς σεαυτόν. y al prójimo de ti como a ti mismo.	**21** En aquella misma hora Jesús se alegró en espíritu, y dijo: Yo te alabo, oh Padre, Señor del cielo y de la tierra, que escondiste estas cosas a los sabios y entendidos, y las has revelado a los pequeños: así, Padre, porque así te agradó. **22** Todas las cosas me son entregadas de mi Padre: y nadie sabe quién sea el Hijo sino el Padre; ni quién sea el Padre, sino el Hijo, y a quien el Hijo lo quisiere revelar. **23** Y vuelto particularmente a los discípulos, dijo: Bienaventurados los ojos que ven lo que vosotros veis: **24** Porque os digo que muchos profetas y reyes desearon ver lo que vosotros veis, y no lo vieron; y oir lo que oís, y no lo oyeron. **25** Y he aquí, un doctor de la ley se levantó, tentándole y diciendo: Maestro, ¿haciendo qué cosa poseeré la vida eterna? **26** Y él dijo: ¿Qué está escrito de la ley? ¿cómo lees? **27** Y él respondiendo, dijo: Amarás al Señor tu Dios de todo tu corazón, y de toda tu alma, y de todas tus fuerzas, y de todo tu entendimiento; y a tu prójimo como a ti mismo.

---

188. La NU añade santo y suprime Jesús.
189. Lit: buena voluntad, benevolencia.
190. Algunos mss incluyen aquí y volviéndose a los discípulos, dijo:
191. Es decir, un experto en la ley.
192. Es decir, poniéndolo a prueba.

28 Y díjole: Bien has respondido: haz esto, y vivirás.
29 Mas él, queriéndose justificar a sí mismo, dijo a Jesús: ¿Y quién es mi prójimo?
30 Y respondiendo Jesús, dijo: Un hombre descendía de Jerusalem a Jericó, y cayó en manos de ladrones, los cuales le despojaron; e hiriéndole, se fueron, dejándole medio muerto.
31 Y aconteció, que descendió un sacerdote por aquel camino, y viéndole, se pasó de un lado.
32 Y asimismo un Levita, llegando cerca de aquel lugar, y viéndole, se pasó de un lado.
33 Mas un Samaritano que transitaba, viniendo cerca de él, y viéndole, fué movido a misericordia;
34 Y llegándose, vendó sus heridas, echándoles aceite y vino; y poniéndole sobre su cabalgadura, llevóle al mesón, y cuidó de él.
35 Y otro día al partir, sacó dos denarios, y diólos al huésped, y le dijo: Cuídamele; y todo lo que de más gastares, yo cuando vuelva te lo pagaré.

28 εἶπε δὲ αὐτῷ· ὀρθῶς ἀπεκρίθης·
Dijo entonces a él: rectamente respondiste.
τοῦτο ποίει καὶ ζήσῃ.
Esto haz y vivirás.

29 ὁ δὲ θέλων δικαιοῦν ἑαυτὸν εἶπε πρὸς
Él entonces queriendo justificar a sí mismo dijo a
τὸν Ἰησοῦν· καὶ τίς ἐστί μου πλησίον;
Jesús: ¿Y quién es de mí prójimo?

30 ὑπολαβὼν δὲ ὁ Ἰησοῦς εἶπεν· ἄνθρωπός τις κατέβαινεν
Respondiendo entonces Jesús dijo: hombre cierto bajaba
ἀπὸ Ἰερουσαλὴμ εἰς Ἰεριχώ, καὶ λῃσταῖς περιέπεσεν·
de Jerusalén a Jericó, y entre bandidos cayó,
οἳ καὶ ἐκδύσαντες αὐτὸν καὶ
los cuales también habiendo desnudado lo y
πληγὰς ἐπιθέντες ἀπῆλθον ἀφέντες
heridas habiendo ocasionado se fueron, dejando
ἡμιθανῆ τυγχάνοντα.
medio muerto conseguido.[193, 194]

31 κατὰ συγκυρίαν δὲ ἱερεύς τις κατέβαινεν ἐν τῇ
Por coincidencia sin embargo sacerdote cierto bajaba por el
ὁδῷ ἐκείνῃ, καὶ ἰδὼν αὐτὸν ἀντιπαρῆλθεν.
camino aquel, y viendo lo se pasó al otro lado.

32 ὁμοίως δὲ καὶ Λευΐτης γενόμενος κατὰ
De manera semejante entonces también levita resultando por
τὸν τόπον,[195] ἐλθὼν καὶ ἰδὼν ἀντιπαρῆλθε.
el lugar, viniendo y viendo se pasó al otro lado.

33 Σαμαρείτης δέ τις ὁδεύων ἦλθε κατ' αὐτόν,
samaritano Entonces cierto viajando vino al lado de él,
καὶ ἰδὼν αὐτὸν ἐσπλαγχνίσθη,
y viendo lo[196] sintió compasión.[197]

34 καὶ προσελθὼν κατέδησε τὰ τραύματα αὐτοῦ
Y viniendo a (él) vendó las heridas de él
ἐπιχέων ἔλαιον καὶ οἶνον, ἐπιβιβάσας δὲ αὐτὸν
derramando aceite y vino, poniendo entonces a él
ἐπὶ τὸ ἴδιον κτῆνος ἤγαγεν αὐτὸν εἰς πανδοχεῖον
sobre el propio animal llevó lo a posada,
καὶ ἐπεμελήθη αὐτοῦ·
y cuidó[198] de él.

35 καὶ ἐπὶ τὴν αὔριον ἐξελθών, ἐκβαλὼν δύο δηνάρια
Y en el día siguiente saliendo,[199] sacando dos denarios
ἔδωκε τῷ πανδοχεῖ καὶ εἶπεν αὐτῷ· ἐπιμελήθητι αὐτοῦ,
dio al posadero y dijo le: Cuida de él,
καὶ ὅ τι ἂν προσδαπανήσῃς, ἐγὼ ἐν τῷ ἐπανέρχεσθαί
y lo que gaste de más, yo en el regresar
με ἀποδώσω σοι.
yo pagaré te.

---

193. La NU suprime conseguido.
194. Es decir, después de haber conseguido dejarlo medio muerto.
195. Es decir, llegando al mismo sitio.
196. La NU omite lo.
197. El término indica que se le removieron las entrañas ante lo que vio.
198. El término indica una preocupación diligente.
199. La NU omite saliendo.

36 τίς οὖν τούτων τῶν τριῶν πλησίον δοκεῖ σοι
¿Cuál pues de estos los tres prójimo parece a ti
γεγονέναι τοῦ ἐμπεσόντος εἰς τοὺς λῃστάς;
haber resultado del cayendo entre los bandidos?

37 ὁ δὲ εἶπεν· ὁ ποιήσας τὸ ἔλεος μετ' αὐτοῦ.
Él entonces dijo: el que hizo la misericordia con él.
εἶπεν οὖν αὐτῷ ὁ Ἰησοῦς· πορεύου καὶ σὺ ποίει ὁμοίως.
Dijo pues a él Jesús: ve y tú haz igualmente.

38 Ἐγένετο δὲ ἐν τῷ πορεύεσθαι αὐτοὺς καὶ αὐτὸς
Aconteció entonces en el viajar ellos y él
εἰσῆλθεν εἰς κώμην τινά· γυνὴ δέ τις ὀνόματι
entró en aldea cierta. mujer Entonces cierta de nombre
Μάρθα ὑπεδέξατο αὐτόν εἰς τὸν οἶκον αὐτῆς.²⁰⁰
Marta recibió lo en la casa de ella.

39 καὶ τῇδε ἦν ἀδελφὴ καλουμένη Μαρία, ἣ καὶ
Y para ella era hermana²⁰¹ llamada María, que también
παρακαθίσασα παρὰ τοὺς πόδας τοῦ Ἰησοῦ ἤκουε τὸν
habiéndose sentado a los pies de Jesús²⁰² escuchaba la
λόγον αὐτοῦ.
palabra de él.

40 ἡ δὲ Μάρθα περιεσπᾶτο περὶ πολλὴν διακονίαν·
- Entonces Marta se preocupaba por mucho servicio.
ἐπιστᾶσα δὲ εἶπε· Κύριε, οὐ μέλει σοι ὅτι ἡ
Presentándose entonces dijo: Señor, ¿no importa te que la
ἀδελφή μου μόνην με κατέλιπε διακονεῖν; εἰπὲ οὖν αὐτῇ
hermana de mí sola me dejó servir? Di pues a ella
ἵνα μοι συναντιλάβηται.
para que me ayude.

41 ἀποκριθεὶς δὲ εἶπεν αὐτῇ ὁ Ἰησοῦς· Μάρθα, Μάρθα,
Respondiendo entonces dijo le Jesús:²⁰³ Marta, Marta,
μεριμνᾷς καὶ τυρβάζῃ περὶ πολλά·
te preocupas y turbas por muchas cosas.

42 ἑνὸς δέ ἐστι χρεία. Μαρία δὲ τὴν ἀγαθὴν μερίδα
De una sin embargo hay necesidad. María - la buena parte
ἐξελέξατο, ἥτις οὐκ ἀφαιρεθήσεται ἀπ' αὐτῆς.
escogió, la cual no será quitada de ella.

11 **1** Καὶ ἐγένετο ἐν τῷ εἶναι αὐτὸν ἐν τόπῳ τινὶ προσευχόμενον,
Y aconteció en el estar él en lugar cierto orando,
ὡς ἐπαύσατο, εἶπέ τις τῶν μαθητῶν αὐτοῦ
cuando terminó, dijo uno de los discípulos de él
πρὸς αὐτόν· Κύριε, δίδαξον ἡμᾶς προσεύχεσθαι,
a él: Señor, enseña nos a orar,
καθὼς καὶ Ἰωάννης ἐδίδαξε τοὺς μαθητὰς αὐτοῦ.
como también Juan enseñó a los discípulos de él.

36 ¿Quién, pues, de estos tres te parece que fué el prójimo de aquél que cayó en manos de los ladrones?
37 Y él dijo: El que usó con él de misericordia. Entonces Jesús le dijo: Ve, y haz tú lo mismo.
38 Y aconteció que yendo, entró él en una aldea: y una mujer llamada Marta, le recibió en su casa.
39 Y ésta tenía una hermana que se llamaba María, la cual sentándose a los pies de Jesús, oía su palabra.
40 Empero Marta se distraía en muchos servicios; y sobreviniendo, dice: Señor, ¿no tienes cuidado que mi hermana me deja servir sola? Dile pues, que me ayude.
41 Pero respondiendo Jesús, le dijo: Marta, Marta, cuidadosa estás, y con las muchas cosas estás turbada:
42 Empero una cosa es necesaria; y María escogió la buena parte, la cual no le será quitada.

11 1 Y aconteció que estando él orando en un lugar, como acabó, uno de sus discípulos le dijo: Señor, enséñanos a orar, como también Juan enseñó a sus discípulos.

---

200. La NU omite en la casa de ella.
201. Es decir, ella tenía.
202. La NU sustituye por Señor.
203. La NU sustituye por Señor.

2 Y les dijo: Cuando orareis, decid: Padre nuestro que estás en los cielos; sea tu nombre santificado. Venga tu reino. Sea hecha tu voluntad, como en el cielo, así también en la tierra.
3 El pan nuestro de cada día, dánoslo hoy.
4 Y perdónanos nuestros pecados, porque también nosotros perdonamos a todos los que nos deben. Y no nos metas en tentación, mas líbranos del malo.
5 Díjoles también: ¿Quién de vosotros tendrá un amigo, e irá a él a media noche, y le dirá: Amigo, préstame tres panes,
6 Porque un amigo mío ha venido a mí de camino, y no tengo que ponerle delante;
7 Y el de dentro respondiendo, dijere: No me seas molesto; la puerta está ya cerrada, y mis niños están conmigo en cama; no puedo levantarme, y darte?
8 Os digo, que aunque no se levante a darle por ser su amigo, cierto por su importunidad se levantará, y le dará todo lo que habrá menester.
9 Y yo os digo: Pedid, y se os dará; buscad, y hallaréis; llamad, y os será abierto.

2 εἶπε δὲ αὐτοῖς· ὅταν προσεύχησθε, λέγετε·
　Dijo entonces a ellos: cuando oréis,　　　 decid:

　Πάτερ ἡμῶν ὁ ἐν τοῖς οὐρανοῖς· ἁγιασθήτω
　Padre[204] de nosotros el en los cielos.　Santificado sea

　τὸ ὄνομά σου· ἐλθέτω ἡ βασιλεία σου·
　el nombre de ti. Venga el reino　 de ti.

　γενηθήτω τὸ θέλημά σου, ὡς ἐν οὐρανῷ
　Acontezca[205]　la voluntad de ti, como en cielo

　καὶ ἐπὶ τῆς γῆς·
　también sobre la tierra.

3 τὸν ἄρτον ἡμῶν τὸν ἐπιούσιον δίδου ἡμῖν
　El pan de nosotros el necesario para subsistir da　 nos

　τὸ καθ' ἡμέραν·
　lo cada día.

4 καὶ ἄφες ἡμῖν τὰς ἁμαρτίας ἡμῶν· καὶ γὰρ
　Y perdona nos los pecados de nosotros. también Porque

　αὐτοὶ ἀφίεμεν παντὶ ὀφείλοντι ἡμῖν· καὶ μὴ
　nosotros mismos perdonamos a todo el que debe nos. Y no

　εἰσενέγκῃς ἡμᾶς εἰς πειρασμόν, ἀλλὰ ῥῦσαι ἡμᾶς ἀπὸ τοῦ
　lleves　 nos a tentación, sino[206] rescata[207] nos de el

　πονηροῦ.
　mal.[208]

5 Καὶ εἶπε πρὸς αὐτούς· τίς ἐξ ὑμῶν ἕξει φίλον,
　Y dijo a ellos: ¿Quién de vosotros tendrá amigo,

　καὶ πορεύσεται πρὸς αὐτὸν μεσονυκτίου καὶ εἴπῃ αὐτῷ·
　e irá　 a　 él a medianoche y dice le:

　φίλε, χρῆσόν μοι τρεῖς ἄρτους,
　amigo, presta me tres panes,

6 ἐπειδὴ φίλος μου παρεγένετο ἐξ ὁδοῦ πρός με
　porque amigo de mí vino　 de viaje a mí

　καὶ οὐκ ἔχω ὃ παραθήσω αὐτῷ·
　y no tengo qué pongo delante de él.

7 κἀκεῖνος ἔσωθεν ἀποκριθεὶς εἴπῃ· μή μοι κόπους πάρεχε·
　Y aquel desde dentro respondiendo dice: no me molestias des.

　ἤδη ἡ θύρα κέκλεισται καὶ τὰ παιδία μου μετ' ἐμοῦ
　Ya la puerta ha sido cerrada y los niños de mí conmigo

　εἰς τὴν κοίτην εἰσίν· οὐ δύναμαι ἀναστὰς δοῦναί σοι.
　en la cama están. No puedo levantándome dar　 te.

8 λέγω ὑμῖν, εἰ καὶ οὐ δώσει αὐτῷ ἀναστὰς διὰ τὸ εἶναι
　Digo os, si tampoco dará a él levantándose por el ser

　αὐτοῦ φίλον, διά γε τὴν ἀναίδειαν αὐτοῦ
　de él amigo, por Sin embargo el descaro de él

　ἐγερθεὶς δώσει αὐτῷ ὅσων χρῄζει.
　levantándose dará le cuanto necesita.

9 κἀγὼ ὑμῖν λέγω, αἰτεῖτε, καὶ δοθήσεται ὑμῖν, ζητεῖτε,
　Y yo os digo: pedid y será dado a vosotros, buscad,

　καὶ εὑρήσετε, κρούετε, καὶ ἀνοιγήσεται ὑμῖν·
　y encontraréis, llamad y será abierto a vosotros.

---

204. Desde de nosotros hasta cielos aparece suprimido en la NU.
205. Desde acontezca hasta el final del versículo aparece suprimido en la NU.
206. Desde sino hasta el final del versículo aparece suprimido en la NU.
207. El término hace referencia a librar o salvar, por ejemplo, de una riada que se lleva todo por delante.
208. O del malo.

10 πᾶς γὰρ ὁ αἰτῶν λαμβάνει καὶ ὁ ζητῶν εὑρίσκει
todo Porque el pidiendo recibe y el buscando encuentra
καὶ τῷ κρούοντι ἀνοιγήσεται.
y al llamando será abierto.

11 τίνα δὲ ἐξ ὑμῶν τὸν πατέρα αἰτήσει ὁ υἱὸς
¿A cuál ciertamente de vosotros (siendo) el padre pedirá el hijo
ἄρτον, μὴ λίθον ἐπιδώσει αὐτῷ; ἢ καὶ ἰχθύν,
pan, acaso piedra dará a él? o ¿también²⁰⁹ pescado (pidiendo),
μὴ ἀντὶ ἰχθύος ὄφιν ἐπιδώσει αὐτῷ;
acaso²¹⁰ en vez de pescado serpiente dará a él?

12 ἢ καὶ ἂν αἰτήσῃ ᾠόν, μὴ ἐπιδώσει αὐτῷ σκορπίον;
O también si pidiera huevo, ¿acaso²¹¹ dará le escorpión?

13 εἰ οὖν ὑμεῖς πονηροὶ ὑπάρχοντες οἴδατε δόματα
Si pues vosotros malos siendo sabéis dones
ἀγαθὰ διδόναι τοῖς τέκνοις ὑμῶν, πόσῳ μᾶλλον
buenos dar a los hijos de vosotros, cuanto más
ὁ πατὴρ ὁ ἐξ οὐρανοῦ δώσει Πνεῦμα Ἅγιον
el Padre el de cielo dará Espíritu Santo
τοῖς αἰτοῦσιν αὐτόν.
a los pidiendo lo.

14 Καὶ ἦν ἐκβάλλων δαιμόνιον, καὶ αὐτὸ ἦν κωφόν·
Y estaba arrojando demonio, y él era mudo.
ἐγένετο δὲ τοῦ δαιμονίου ἐξελθόντος ἐλάλησε
Acontecio entonces el demonio saliendo habló
ὁ κωφός, καὶ ἐθαύμασαν οἱ ὄχλοι.
el mudo, y se maravillaron las muchedumbres.

15 τινὲς δὲ ἐξ αὐτῶν εἶπον· ἐν Βεελζεβοὺλ τῷ ἄρχοντι
Algunos sin embargo de ellos dijeron: por Beelzebul el arconte²¹²
τῶν δαιμονίων ἐκβάλλει τὰ δαιμόνια.
de los demonios expulsa los demonios.

16 ἕτεροι δὲ πειράζοντες σημεῖον παρ' αὐτοῦ
Otros sin embargo tentando (lo) señal de él
ἐζήτουν ἐξ οὐρανοῦ.
buscaban de cielo.

17 αὐτὸς δὲ εἰδὼς αὐτῶν τὰ διανοήματα εἶπεν αὐτοῖς·
Él sin embargo viendo de ellos los pensamientos dijo les:
πᾶσα βασιλεία ἐφ' ἑαυτὴν διαμερισθεῖσα,
todo reino contra sí mismo dividido,
ἐρημοῦται, καὶ οἶκος ἐπὶ οἶκον, πίπτει.
se convierte en un desierto, y casa contra casa (dividida), cae.

18 εἰ δὲ καὶ ὁ Σατανᾶς ἐφ' ἑαυτὸν διεμερίσθη,
Si entonces también Satanás contra sí mismo fue dividido,
πῶς σταθήσεται ἡ βασιλεία αὐτοῦ; ὅτι λέγετε
¿cómo se mantendrá el reino de él? porque decís
ἐν Βεελζεβοὺλ ἐκβάλλειν με τὰ δαιμόνια.
por Beelzebul arrojar el los demonios.

10Porque todo aquel que pide, recibe; y el que busca, halla; y al que llama, se abre.
11¿Y cuál padre de vosotros, si su hijo le pidiere pan, le dará una piedra?, ó, si pescado, ¿en lugar de pescado, le dará una serpiente?
12O, si le pidiere un huevo, ¿le dará un escorpión?
13Pues si vosotros, siendo malos, sabéis dar buenas dádivas a vuestros hijos, ¿cuánto más vuestro Padre celestial dará el Espíritu Santo a los que lo pidieren de él?
14Y estaba él lanzando un demonio, el cual era mudo: y aconteció que salido fuera el demonio, el mudo habló y las gentes se maravillaron.
15Mas algunos de ellos decían: En Beelzebub, príncipe de los demonios, echa fuera los demonios.
16Y otros, tentando, pedían de él señal del cielo.
17Mas él, conociendo los pensamientos de ellos, les dijo: Todo reino dividido contra sí mismo, es asolado; y una casa dividida contra sí misma, cae.
18Y si también Satanás está dividido contra sí mismo, ¿cómo estará en pie su reino? porque decís que en Beelzebub echo yo fuera los demonios.

---

209. Desde pan a también aparece suprimido en la NU.
210. La NU sustituye por y.
211. La NU omite acaso.
212. Es decir, el gobernante.

19 Pues si yo echo fuera los demonios en Beelzebub, ¿vuestros hijos en quién los echan fuera? Por tanto, ellos serán vuestros jueces.
20 Mas si por el dedo de Dios echo yo fuera los demonios, cierto el reino de Dios ha llegado a vosotros.
21 Cuando el fuerte armado guarda su atrio, en paz está lo que posee.
22 Mas si sobreviniendo otro más fuerte que él, le venciere, le toma todas sus armas en que confiaba, y reparte sus despojos.
23 El que no es conmigo, contra mí es; y el que conmigo no recoge, desparrama.
24 Cuando el espíritu inmundo saliere del hombre, anda por lugares secos, buscando reposo; y no hallándolo, dice: Me volveré a mi casa de donde salí.
25 Y viniendo, la halla barrida y adornada.
26 Entonces va, y toma otros siete espíritus peores que él; y entrados, habitan allí; y lo postrero del tal hombre es peor que lo primero.
27 Y aconteció que diciendo estas cosas, una mujer de la compañía, levantando la voz, le dijo: Bienaventurado el vientre que te trajo, y los pechos que mamaste.

19 εἰ δὲ ἐγὼ ἐν Βεελζεβοὺλ ἐκβάλλω τὰ δαιμόνια,
Si entonces yo por Beelzebul arrojo los demonios,
οἱ υἱοὶ ὑμῶν ἐν τίνι ἐκβάλλουσι; διὰ τοῦτο
¿los hijos de vosotros por quién arrojan? Por esto
αὐτοὶ κριταὶ ὑμῶν ἔσονται.
ellos jueces de vosotros serán.

20 εἰ δὲ ἐν δακτύλῳ Θεοῦ ἐκβάλλω τὰ δαιμόνια,
Si entonces por dedo de Dios arrojo los demonios,
ἄρα ἔφθασεν ἐφ' ὑμᾶς ἡ βασιλεία τοῦ Θεοῦ.
entonces llegó sobre vosotros el reino de Dios.

21 ὅταν ὁ ἰσχυρὸς καθωπλισμένος φυλάσσῃ
Cuando el fuerte estando totalmente armado guarda
τὴν ἑαυτοῦ αὐλήν, ἐν εἰρήνῃ ἐστὶ τὰ ὑπάρχοντα αὐτοῦ·
el de sí mismo palacio, en paz están los entes[213] de él.

22 ἐπὰν δὲ ὁ ἰσχυρότερος αὐτοῦ ἐπελθὼν νικήσῃ
Cuando sin embargo el más fuerte que él sobreviniendo vence[214]
αὐτόν, τὴν πανοπλίαν αὐτοῦ αἴρει,
lo, la armadura de él toma,
ἐφ' ᾗ ἐπεποίθει, καὶ τὰ σκῦλα αὐτοῦ διαδίδωσιν.
en la que había confiado, y los despojos de él reparte.

23 ὁ μὴ ὢν μετ' ἐμοῦ κατ' ἐμοῦ ἐστι, καὶ ὁ μὴ
El no estando conmigo contra mí es, y el no
συνάγων μετ' ἐμοῦ σκορπίζει.
recogiendo conmigo desparrama.

24 Ὅταν τὸ ἀκάθαρτον πνεῦμα ἐξέλθῃ ἀπὸ τοῦ ἀνθρώπου,
Cuando el inmundo espíritu sale de el hombre,
διέρχεται δι' ἀνύδρων τόπων ζητοῦν ἀνάπαυσιν,
cruza por carentes de agua lugares buscando reposo,
καὶ μὴ εὑρίσκον λέγει· ὑποστρέψω εἰς τὸν οἶκόν μου
y no encontrando dice: retornaré a la casa de mí
ὅθεν ἐξῆλθον·
de donde salí.

25 καὶ ἐλθὸν εὑρίσκει σεσαρωμένον καὶ κεκοσμημένον.
Y viniendo encuentra barrida y ordenada.

26 τότε πορεύεται καὶ παραλαμβάνει ἑπτὰ ἕτερα πνεύματα
Entonces va y toma siete otros espíritus
πονηρότερα ἑαυτοῦ, καὶ εἰσελθόντα κατοικεῖ ἐκεῖ,
más malos que él mismo, y entrando mora allí,
καὶ γίνεται τὰ ἔσχατα τοῦ ἀνθρώπου ἐκείνου
y resulta lo último del hombre aquel
χείρονα τῶν πρώτων.
peor que lo primero.

27 Ἐγένετο δὲ ἐν τῷ λέγειν αὐτὸν ταῦτα ἐπάρασά
Aconteció entonces en el decir él esto levantando
τις γυνὴ φωνὴν ἐκ τοῦ ὄχλου εἶπεν αὐτῷ· μακαρία
cierta mujer voz de la multitud dijo le: Dichoso
ἡ κοιλία ἡ βαστάσασά σε καὶ μαστοὶ οὓς ἐθήλασας.
el vientre el habiendo dado a luz a ti y pechos que mamaste.

---

213. Es decir, sus posesiones, sus bienes.
214. Es decir, cuando cae sobre él alguien que es más fuerte, lo vence.

28 αὐτὸς δὲ   εἶπε· μενοῦνγε μακάριοι οἱ ἀκούοντες
   Él entonces dijo: más bien dichosos los oyendo

τὸν λόγον τοῦ Θεοῦ καὶ φυλάσσοντες αὐτόν.
la palabra de Dios y guardando la.

29 Τῶν δὲ   ὄχλων   ἐπαθροιζομένων ἤρξατο λέγειν·
   Las entonces multitudes reuniéndose   comenzó a decir:

ἡ γενεὰ   αὕτη γενεὰ   πονηρά ἐστι· σημεῖον ζητεῖ
la generación ésta generación²¹⁵ mala   es.   Señal busca

καὶ σημεῖον οὐ δοθήσεται αὐτῇ εἰ μὴ
y   señal   no será dada a ella si no

τὸ σημεῖον Ἰωνᾶ   τοῦ προφήτου.
la señal de Jonás el profeta.²¹⁶

30 καθὼς γὰρ   ἐγένετο Ἰωνᾶς σημεῖον τοῖς   Νινευΐταις,
   como Porque resultó Jonás señal para los ninivitas,

οὕτως ἔσται καὶ   ὁ Υἱὸς τοῦ ἀνθρώπου
así   será también el Hijo del hombre

τῇ γενεᾷ   ταύτῃ.
para la generación ésta.

31 βασίλισσα νότου   ἐγερθήσεται ἐν τῇ κρίσει μετὰ τῶν ἀνδρῶν
   Reina   de sur será levantada en el juicio con los varones

τῆς γενεᾶς   ταύτης καὶ κατακρινεῖ αὐτούς, ὅτι   ἦλθεν
de la generación esta y   condenará los,   porque vino

ἐκ τῶν περάτων τῆς γῆς   ἀκοῦσαι τὴν σοφίαν Σολομῶνος,
de los confines de la tierra para oír la sabiduría de Salomón,

καὶ ἰδοὺ πλεῖον Σολομῶνος ὧδε.
y mira más que Salomón aquí.

32 ἄνδρες Νινευΐ   ἀναστήσονται ἐν τῇ κρίσει μετὰ τῆς γενεᾶς
   Varones de Nínive se alzarán   en el juicio con la generación

ταύτης καὶ κατακρινοῦσιν αὐτήν·, ὅτι   μετενόησαν
esta   y   condenarán   la,   porque se arrepintieron

εἰς τὸ κήρυγμα   Ἰωνᾶ, καὶ ἰδοὺ πλεῖον   Ἰωνᾶ ὧδε.
a la predicación de Jonás, y mira más que Jonás aquí.

33 Οὐδεὶς δὲ   λύχνον ἅψας   εἰς κρυπτὴν τίθησιν οὐδὲ
   Ninguno sin embargo lámpara teniendo en secreto coloca ni

ὑπὸ τὸν μόδιον,   ἀλλ' ἐπὶ   τὴν λυχνίαν,
bajo el celemín,²¹⁷ sino sobre el candelero,

ἵνα   οἱ εἰσπορευόμενοι τὸ φέγγος βλέπωσιν.
para que los entrando la luz   contemplen.

34 ὁ λύχνος τοῦ σώματός ἐστιν ὁ ὀφθαλμός· ὅταν οὖν
   La lámpara del cuerpo es   el ojo.²¹⁸ Cuando pues

ὁ ὀφθαλμός σου ἁπλοῦς ᾖ, καὶ τὸ σῶμά σου
el ojo   de ti claro es, también el cuerpo de ti

φωτεινόν ἐστιν· ἐπὰν δὲ   πονηρὸς ᾖ,
iluminado está. Cuando sin embargo malo   es,

καὶ   τὸ σῶμά σου σκοτεινόν.
también el cuerpo de ti sombrío.²¹⁹

35 σκόπει οὖν μὴ τὸ φῶς τὸ ἐν σοὶ σκότος   ἐστίν.
   Vigila pues no la luz la en ti oscuridad es.

---

215. Algunos mss suprimen generación.
216. La NU suprime el profeta.
217. Es decir, el recipiente para medir el trigo.
218. La NU añade de ti.
219. U oscuro.

28Y él dijo: Antes bienaventurados los que oyen la palabra de Dios, y la guardan.
29Y juntándose las gentes a él, comenzó a decir: Esta generación mala es: señal busca, mas señal no le será dada, sino la señal de Jonás.
30Porque como Jonás fué señal a los Ninivitas, así también será el Hijo del hombre a esta generación.
31La reina del Austro se levantará en juicio con los hombres de esta generación, y los condenará; porque vino de los fines de la tierra a oir la sabiduría de Salomón; y he aquí más que Salomón en este lugar.
32Los hombres de Nínive se levantarán en juicio con esta generación, y la condenarán; porque a la predicación de Jonás se arrepintieron; y he aquí más que Jonás en este lugar.
33Nadie pone en oculto la antorcha encendida, ni debajo del almud, sino en el candelero, para que los que entran vean la luz.
34La antorcha del cuerpo es el ojo: pues si tu ojo fuere simple, también todo tu cuerpo será resplandeciente; mas si fuere malo, también tu cuerpo será tenebroso.
35Mira pues, si la lumbre que en ti hay, es tinieblas.

36 Así que, siendo todo tu cuerpo resplandeciente, no teniendo alguna parte de tinieblas, será todo luminoso, como cuando una antorcha de resplandor te alumbra.
37 Y luego que hubo hablado, rogóle un Fariseo que comiese con él: y entrado Jesús, se sentó a la mesa.
38 Y el Fariseo, como lo vió, maravillóse de que no se lavó antes de comer.
39 Y el Señor le dijo: Ahora vosotros los Fariseos lo de fuera del vaso y del plato limpiáis; mas lo interior de vosotros está lleno de rapiña y de maldad.
40 Necios, ¿el que hizo lo de fuera, no hizo también lo de dentro?
41 Empero de lo que os resta, dad limosna; y he aquí todo os será limpio.
42 Mas ¡ay de vosotros, Fariseos! que diezmáis la menta, y la ruda, y toda hortaliza; mas el juicio y la caridad de Dios pasáis de largo. Pues estas cosas era necesario hacer, y no dejar las otras.
43 ¡Ay de vosotros, Fariseos! que amáis las primeras sillas en las sinagogas, y las salutaciones en las plazas.
44 ¡Ay de vosotros, escribas y Fariseos, hipócritas! que sois como sepulcros que no se ven, y los hombres que andan encima no lo saben.

36 εἰ οὖν τὸ σῶμά σου ὅλον φωτεινόν, μὴ ἔχον
Si pues el cuerpo de ti todo luminoso, no teniendo

τι μέρος σκοτεινόν, ἔσται φωτεινὸν ὅλον
alguna parte sombría,[220] estará luminoso todo

ὡς ὅταν ὁ λύχνος τῇ ἀστραπῇ φωτίζῃ σε.
como cuando la lámpara con el resplandor ilumina te.

37 Ἐν δὲ τῷ λαλῆσαι ἠρώτα αὐτὸν Φαρισαῖος
en Entonces el hablar pidió le fariseo

τις ὅπως ἀριστήσῃ παρ' αὐτῷ· εἰσελθὼν δὲ
uno[221] para que comiera con él. Entrando entonces

ἀνέπεσεν.
se reclinó[222]

38 ὁ δὲ Φαρισαῖος ἰδὼν ἐθαύμασεν ὅτι οὐ πρῶτον
el Entonces fariseo viendo se maravilló que no primero

ἐβαπτίσθη πρὸ τοῦ ἀρίστου.
fuera bautizado[223] antes de la comida.

39 εἶπε δὲ ὁ Κύριος πρὸς αὐτόν· νῦν ὑμεῖς οἱ Φαρισαῖοι
Dijo entonces el Señor a él: ahora vosotros los fariseos

τὸ ἔξωθεν τοῦ ποτηρίου καὶ τοῦ πίνακος καθαρίζετε,
lo exterior de la copa y de la bandeja limpiáis,

τὸ δὲ ἔσωθεν ὑμῶν γέμει ἁρπαγῆς καὶ πονηρίας.
el Sin embargo interior de vosotros rebosa de rapiña y maldad.

40 ἄφρονες, οὐχ ὁ ποιήσας τὸ ἔξωθεν καὶ τὸ ἔσωθεν ἐποίησε;
Necios, ¿no el que hizo el exterior también el interior hizo?

41 πλὴν τὰ ἐνόντα δότε ἐλεημοσύνην, καὶ ἰδοὺ
Más bien lo interior dad (como) limosna, y mirad

πάντα καθαρὰ ὑμῖν ἐστιν.
todo limpio para vosotros es.

42 ἀλλὰ οὐαὶ ὑμῖν τοῖς Φαρισαίοις, ὅτι ἀποδεκατοῦτε
Pero ay de vosotros los fariseos, porque diezmáis

τὸ ἡδύοσμον καὶ τὸ πήγανον καὶ πᾶν λάχανον
la menta y la ruda y toda hortaliza

καὶ παρέρχεσθε τὴν κρίσιν καὶ τὴν ἀγάπην τοῦ Θεοῦ·
y pasáis por alto el juicio y el amor de Dios.

ταῦτα ἔδει ποιῆσαι, κἀκεῖνα μὴ ἀφιέναι.
Esto era necesario hacer, y aquello no dejar.

43 οὐαὶ ὑμῖν τοῖς Φαρισαίοις, ὅτι ἀγαπᾶτε τὴν
Ay de vosotros los fariseos, porque amáis el

πρωτοκαθεδρίαν ἐν ταῖς συναγωγαῖς καὶ τοὺς ἀσπασμοὺς ἐν ταῖς
primer asiento en las sinagogas y los saludos en los

ἀγοραῖς.
mercados.

44 οὐαὶ ὑμῖν, γραμματεῖς καὶ Φαρισαῖοι ὑποκριταί,
Ay de vosotros, escribas y fariseos hipócritas,[224]

ὅτι ἐστὲ ὡς τὰ μνημεῖα τὰ ἄδηλα, καὶ οἱ ἄνθρωποι
porque sois como los sepulcros los invisibles, y los hombres

οἱ περιπατοῦντες ἐπάνω οὐκ οἴδασιν.
los caminando encima no saben.

---

220. U oscura.
221. La NU suprime uno.
222. Es decir, adoptó la postura propia para comer.
223. Es decir, que no sumergiera las manos en agua antes de comer, que no realizara las abluciones necesarias.
224. La NU suprime escribas y fariseos hipócritas.

45 Ἀποκριθεὶς δέ τις τῶν νομικῶν λέγει αὐτῷ· διδάσκαλε,
Respondiendo entonces uno de los escribas dice le: maestro,

ταῦτα λέγων καὶ ἡμᾶς ὑβρίζεις.
esto diciendo también a nosotros insultas.

46 ὁ δὲ εἶπεν· καὶ ὑμῖν τοῖς νομικοῖς οὐαί,
Él entonces dijo: también de vosotros los escribas ay,

ὅτι φορτίζετε τοὺς ἀνθρώπους φορτία δυσβάστακτα, καὶ
porque cargáis a los hombres cargas insoportables,[225] y

αὐτοὶ ἑνὶ τῶν δακτύλων ὑμῶν οὐ
vosotros mismos con uno de los dedos de vosotros no

προσψαύετε τοῖς φορτίοις.
tocáis las cargas

47 οὐαὶ ὑμῖν ὅτι οἰκοδομεῖτε τὰ μνημεῖα τῶν προφητῶν,
Ay de vosotros porque edificáis los sepulcros de los profetas,

οἱ δὲ πατέρες ὑμῶν ἀπέκτειναν αὐτούς.
los Sin embargo padres de vosotros mataron los.

48 ἄρα μαρτυρεῖτε καὶ συνευδοκεῖτε τοῖς ἔργοις τῶν
Por lo tanto testificáis[226] y consentís las obras de los

πατέρων ὑμῶν, ὅτι αὐτοὶ μὲν ἀπέκτειναν αὐτούς,
padres de vosotros, porque ellos ciertamente mataron los,

ὑμεῖς δὲ οἰκοδομεῖτε αὐτῶν τὰ μνημεῖα.
vosotros Pero edificáis de ellos los sepulcros.[227]

49 διὰ τοῦτο καὶ ἡ σοφία τοῦ Θεοῦ εἶπεν· ἀποστελῶ
Por esto también la sabiduría de Dios dijo: envío

εἰς αὐτοὺς προφήτας καὶ ἀποστόλους,
a ellos profetas y apóstoles,

καὶ ἐξ αὐτῶν ἀποκτενοῦσιν καὶ διώξουσιν,
y de entre ellos matarán y perseguirán,

50 ἵνα ἐκζητηθῇ τὸ αἷμα πάντων τῶν προφητῶν
para que sea exigida la sangre de todos los profetas

τὸ ἐκχυνόμενον ἀπὸ καταβολῆς κόσμου
la derramada desde fundación de mundo

ἀπὸ τῆς γενεᾶς ταύτης,
de la generación esta,

51 ἀπὸ τοῦ αἵματος Ἄβελ ἕως τοῦ αἵματος Ζαχαρίου
desde la sangre de Abel hasta la sangre de Zacarías

τοῦ ἀπολομένου μεταξὺ τοῦ θυσιαστηρίου καὶ τοῦ οἴκου·
el que pereció entre el altar y la casa.[228]

ναί, λέγω ὑμῖν, ἐκζητηθήσεται ἀπὸ τῆς γενεᾶς ταύτης.
Sí, digo os, será exigida de la generación esta.

52 οὐαὶ ὑμῖν τοῖς νομικοῖς, ὅτι ἤρατε τὴν κλεῖδα τῆς
Ay de vosotros los letrados, porque tomasteis la llave del

γνώσεως· αὐτοὶ οὐκ εἰσήλθετε καὶ τοὺς
conocimiento. Vosotros mismos no entrasteis y a los

εἰσερχομένους ἐκωλύσατε.
entrando prohibísteis.

45 Y respondiendo uno de los doctores de la ley, le dice: Maestro, cuando dices esto, también nos afrentas a nosotros.
46 Y él dijo: ¡Ay de vosotros también, doctores de la ley! que cargáis a los hombres con cargas que no pueden llevar; mas vosotros ni aun con un dedo tocáis las cargas.
47 ¡Ay de vosotros! que edificáis los sepulcros de los profetas, y los mataron vuestros padres.
48 De cierto dais testimonio que consentís en los hechos de vuestros padres; porque a la verdad ellos los mataron, mas vosotros edificáis sus sepulcros.
49 Por tanto, la sabiduría de Dios también dijo: Enviaré a ellos profetas y apóstoles; y de ellos a unos matarán y a otros perseguirán;
50 Para que de esta generación sea demandada la sangre de todos los profetas, que ha sido derramada desde la fundación del mundo;
51 Desde la sangre de Abel, hasta la sangre de Zacarías, que murió entre el altar y el templo: así os digo, será demandada de esta generación.
52 ¡Ay de vosotros, doctores de la ley! que habéis quitado la llave de la ciencia; vosotros mismos no entrasteis, y a los que entraban impedisteis.

---

225. O difíciles de llevar.
226. La NU sustituye por testigos sois.
227. La NU omite de ellos los sepulcros.
228. Es decir, el templo.

53Y diciéndoles estas cosas, los escribas y los Fariseos comenzaron a apretarle en gran manera, y a provocarle a que hablase de muchas cosas;
54Acechándole, y procurando cazar algo de su boca para acusarle.

12 En esto, juntándose muchas gentes, tanto que unos a otros se hollaban, comenzó a decir a sus discípulos, primeramente: Guardaos de la levadura de los Fariseos, que es hipocresía.
2Porque nada hay encubierto, que no haya de ser descubierto; ni oculto, que no haya de ser sabido.
3Por tanto, las cosas que dijisteis en tinieblas, a la luz serán oídas; y lo que hablasteis al oído en las cámaras, será pregonado en los terrados.
4Mas os digo, amigos míos: No temáis de los que matan el cuerpo, y después no tienen más que hacer.
5Mas os enseñaré a quién temáis: temed a aquel que después de haber quitado la vida, tiene poder de echar en la Gehenna: así os digo: a éste temed.
6¿No se venden cinco pajarillos por dos blancas? pues ni uno de ellos está olvidado delante de Dios.

53 λέγοντος δὲ αὐτοῦ ταῦτα πρὸς αὐτοὺς ἤρξαντο
Diciendo entonces él esto a ellos[229] comenzaron
οἱ γραμματεῖς καὶ οἱ Φαρισαῖοι δεινῶς
los escribas y los fariseos implacablemente
ἐνέχειν καὶ ἀποστοματίζειν αὐτὸν περὶ
a guardarle rencor y a interrogar lo acerca de
πλειόνων,
la mayoría de las cosas.

54 ἐνεδρεύοντες αὐτὸν, ζητοῦντες θηρεῦσαί τι ἐκ τοῦ στόματος
esperando lo, buscando[230] atrapar algo de la boca
αὐτοῦ, ἵνα κατηγορήσωσιν αὐτοῦ.
de él,[231] para que acusaran lo.

12 1 Ἐν οἷς ἐπισυναχθεισῶν τῶν μυριάδων τοῦ ὄχλου
En las cuales cosas, reunidas las miríadas de la multitud
ὥστε καταπατεῖν ἀλλήλους, ἤρξατο λέγειν πρὸς
de manera que pisarse unos a otros, comenzó a decir a
τοὺς μαθητὰς αὐτοῦ πρῶτον· προσέχετε ἑαυτοῖς ἀπὸ τῆς ζύμης
los discípulos de él primero: guarda os de la levadura
τῶν Φαρισαίων, ἥτις ἐστὶν ὑπόκρισις.
de los fariseos, que es hipocresía.

2 οὐδὲν δὲ συγκεκαλυμμένον ἐστὶν ὃ οὐκ ἀποκαλυφθήσεται,
Nada sin embargo oculto es que no será manifestado,
καὶ κρυπτὸν ὃ οὐ γνωσθήσεται·
y secreto que no será conocido.

3 ἀνθ᾽ ὧν ὅσα ἐν τῇ σκοτίᾳ εἴπατε, ἐν τῷ φωτὶ
Por tanto cuanto en la oscuridad digáis, en la luz
ἀκουσθήσεται, καὶ ὃ πρὸς τὸ οὖς ἐλαλήσατε ἐν τοῖς
será escuchado, y lo que al oído hablasteis en las
ταμείοις, κηρυχθήσεται ἐπὶ τῶν δωμάτων.
secretas (habitaciones), será anunciado sobre las terrazas.

4 Λέγω δὲ ὑμῖν τοῖς φίλοις μου· μὴ
Digo sin embargo a vosotros los amigos de mí: no
φοβηθῆτε ἀπὸ τῶν ἀποκτεινόντων τὸ σῶμα, καὶ μετὰ
seáis atemorizados de los que matan el cuerpo, y después
ταῦτα μὴ ἐχόντων περισσότερόν τι ποιῆσαι.
de esto no teniendo más qué hacer.[232]

5 ὑποδείξω δὲ ὑμῖν τίνα φοβηθῆτε· φοβήθητε τὸν
Mostraré sin embargo a vosotros a quién temáis. Temed al
μετὰ τὸ ἀποκτεῖναι ἔχοντα ἐξουσίαν ἐμβαλεῖν εἰς τὴν
después de el matar teniendo autoridad para arrojar a la
γέενναν· ναί, λέγω ὑμῖν, τοῦτον φοβήθητε.
Guehenna. Sí, digo os, a éste temed.

6 οὐχὶ πέντε στρουθία πωλεῖται ἀσσαρίων δύο;
¿No cinco gorriones se venden por asarios[233] dos?
καὶ ἓν ἐξ αὐτῶν οὐκ ἔστιν ἐπιλελησμένον
Y uno de ellos no es olvidado
ἐνώπιον τοῦ Θεοῦ.
delante de Dios.

---

229. La frase aparece sustituida en NU por y cuando se marchó de allí.
230. La NU suprime buscando.
231. La NU suprime desde para que hasta el final del versículo.
232. Es decir, después de matar el cuerpo ya no pueden hacer nada más.
233. Es decir, por monedas de cobre.

7 ἀλλὰ καὶ   αἱ τρίχες τῆς κεφαλῆς ὑμῶν   πᾶσαι
   Pero también los cabellos de la cabeza de vosotros todos están
   ἠρίθμηνται. μὴ οὖν   φοβεῖσθε· πολλῶν   στρουθίων
   contados   No pues temáis: que muchos gorriones
   διαφέρετε.
   valéis más.

8 Λέγω δὲ   ὑμῖν·   πᾶς ὃς   ἂν ὁμολογήσῃ ἐν ἐμοὶ
   Digo entonces a vosotros: todo el que confiese   me
   ἔμπροσθεν τῶν ἀνθρώπων, καὶ ὁ Υἱὸς τοῦ ἀνθρώπου
   delante   de los hombres, también el Hijo del hombre
   ὁμολογήσει ἐν αὐτῷ ἔμπροσθεν τῶν   ἀγγέλων τοῦ Θεοῦ·
   confesará lo   delante   de los ángeles de Dios.

9 ὁ δὲ   ἀρνησάμενός με ἐνώπιον τῶν ἀνθρώπων
   El sin embargo negando   me delante de los hombres
   ἀπαρνηθήσεται ἐνώπιον τῶν   ἀγγέλων τοῦ Θεοῦ.
   será negado   delante de los ángeles de Dios.

10 καὶ πᾶς ὃς   ἐρεῖ λόγον εἰς   τὸν Υἱὸν τοῦ ἀνθρώπου,
    Y todo el que hable palabra contra el Hijo del hombre,
    ἀφεθήσεται   αὐτῷ· τῷ δὲ   εἰς   τὸ Ἅγιον Πνεῦμα
    será perdonado a él. Al sin embargo contra el Santo Espíritu
    βλασφημήσαντι οὐκ ἀφεθήσεται.
    blasfemando   no será perdonado.

11 ὅταν   δὲ   προσφέρωσιν ὑμᾶς ἐπὶ τὰς   συναγωγὰς
    Cuando sin embargo traigan   os delante de las sinagogas
    καὶ τὰς ἀρχὰς καὶ τὰς ἐξουσίας, μὴ μεριμνᾶτε
    y de los poderes y de las autoridades, no os preocupéis de
    πῶς ἢ τί ἀπολογήσησθε, ἢ τί   εἴπητε·
    cómo o qué confesaréis,   o qué diréis.

12 τὸ γὰρ   Ἅγιον Πνεῦμα διδάξει   ὑμᾶς ἐν αὐτῇ
    el Porque Santo Espíritu enseñará os   en la misma
    τῇ ὥρᾳ   ἃ   δεῖ   εἰπεῖν.
    la hora lo que es necesario decir.

13 Εἶπε δέ   τις   αὐτῷ ἐκ τοῦ ὄχλου· διδάσκαλε, εἰπὲ τῷ
    Dijo sin embargo uno a él de la multitud: maestro,   di al
    ἀδελφῷ μου μερίσασθαι μετ' ἐμοῦ τὴν κληρονομίαν.
    hermano de mi dividir   conmigo la herencia.

14 ὁ δὲ   εἶπεν αὐτῷ· ἄνθρωπε, τίς με κατέστησε
    El entonces dijo le: hombre, ¿quién me nombró
    δικαστὴν ἢ μεριστὴν ἐφ' ὑμᾶς;
    juez   o partidor sobre vosotros?

15 εἶπε δὲ   πρὸς αὐτούς, ὁρᾶτε καὶ φυλάσσεσθε
    Dijo entonces   a ellos: Mirad y guardaos
    ἀπὸ πάσης πλεονεξίας· ὅτι   οὐκ ἐν τῷ
    de toda avaricia   porque no en el
    περισσεύειν τινὶ   ἡ ζωὴ αὐτοῦ ἐστιν
    abundar   a alguno la vida de él está²³⁴
    ἐκ τῶν ὑπαρχόντων αὐτοῦ.
    de las posesiones   de él.

16 Εἶπε δὲ   παραβολὴν πρὸς αὐτοὺς λέγων· ἀνθρώπου
    Dijo entonces parábola   a ellos   diciendo: de hombre
    τινὸς πλουσίου εὐφόρησεν ἡ χώρα.
    cierto rico   produjo bien el campo.

7Y aun los cabellos de vuestra cabeza están todos contados. No temáis pues: de más estima sois que muchos pajarillos.
8Y os digo que todo aquel que me confesare delante de los hombres, también el Hijo del hombre le confesará delante de los ángeles de Dios;
9Mas el que me negare delante de los hombres, será negado delante de los ángeles de Dios.
10Y todo aquel que dice palabra contra el Hijo del hombre, le será perdonado; mas al que blasfemare contra el Espíritu Santo, no le será perdonado.
11Y cuando os trajeren a las sinagogas, y a los magistrados y potestades, no estéis solícitos cómo o qué hayáis de responder, o qué hayáis de decir;
12Porque el Espíritu Santo os enseñará en la misma hora lo que será necesario decir.
13Y díjole uno de la compañía: Maestro, di a mi hermano que parta conmigo la herencia.
14Mas él le dijo: Hombre, ¿quién me puso por juez o partidor sobre vosotros?
15Y díjoles: Mirad, y guardaos de toda avaricia; porque la vida del hombre no consiste en la abundancia de los bienes que posee.
16Y refirióles una parábola, diciendo: La heredad de un hombre rico había llevado mucho;

---

234. Es decir, porque ninguno tiene la vida en el tener o la vida de nadie procede de la abundancia de sus posesiones.

17Y él pensaba dentro de sí, diciendo: ¿qué haré, porque no tengo donde juntar mis frutos?
18Y dijo: Esto haré: derribaré mis alfolíes, y los edificaré mayores, y allí juntaré todos mis frutos y mis bienes;
19Y diré a mi alma: Alma, muchos bienes tienes almacenados para muchos años; repósate, come, bebe, huélgate.
20Y díjole Dios: Necio, esta noche vuelven a pedir tu alma; y lo que has prevenido, ¿de quién será?
21Así es el que hace para sí tesoro, y no es rico en Dios.
22Y dijo a sus discípulos: Por tanto os digo: No estéis afanosos de vuestra vida, qué comeréis; ni del cuerpo, qué vestiréis.
23La vida más es que la comida, y el cuerpo que el vestido.
24Considerad los cuervos, que ni siembran, ni siegan; que ni tienen cillero, ni alfolí; y Dios los alimenta. ¿Cuánto de más estima sois vosotros que las aves?

17 καὶ διελογίζετο ἐν ἑαυτῷ λέγων· τί ποιήσω, ὅτι οὐκ
   Y razonó en sí mismo diciendo: ¿qué haré porque no
   ἔχω ποῦ συνάξω τοὺς καρποὺς μου;
   tengo donde reuniré los frutos de mí?

18 καὶ εἶπε· τοῦτο ποιήσω· καθελῶ μου τὰς ἀποθήκας
   Y dijo: esto haré: derribaré de mí los graneros
   καὶ μείζονας οἰκοδομήσω, καὶ συνάξω ἐκεῖ πάντα
   y mayores edificaré. Y reuniré allí todas
   τὰ γενήματά μου καὶ τὰ ἀγαθά μου,
   las cosechas de mí[235] y los bienes de mí,

19 καὶ ἐρῶ τῇ ψυχῇ μου· ψυχή, ἔχεις πολλὰ ἀγαθὰ
   Y diré al alma de mí: alma, tienes muchos bienes
   κείμενα εἰς ἔτη πολλά· ἀναπαύου,
   extendidos para años muchos. Alíviate,[236]
   φάγε, πίε, εὐφραίνου.
   come, bebe, disfruta.

20 εἶπε δὲ αὐτῷ ὁ Θεός· ἄφρων, ταύτῃ τῇ νυκτὶ τὴν ψυχήν
   Dijo entonces a él Dios: Necio, en esta la noche el alma
   σου ἀπαιτοῦσιν ἀπὸ σοῦ· ἃ δὲ ἡτοίμασας
   de ti reclaman[237] de ti. Lo que sin embargo preparaste
   τίνι ἔσται;
   ¿para quién será?

21 οὕτως ὁ θησαυρίζων ἑαυτῷ, καὶ μὴ
   Así el que atesora para sí mismo, y no
   εἰς Θεὸν πλουτῶν.
   para Dios rico (es).

22 Εἶπε δὲ πρὸς τοὺς μαθητὰς αὐτοῦ· διὰ τοῦτο λέγω
   Dijo entonces a los discípulos de él: por esto digo
   ὑμῖν, μὴ μεριμνᾶτε τῇ ψυχῇ ὑμῶν
   os: no os preocupéis por la vida de vosotros
   τί φάγητε, μηδὲ τῷ σώματι τί ἐνδύσησθε.
   qué comeréis, ni por el cuerpo con qué os vestiréis.

23 ἡ ψυχὴ πλεῖόν ἐστι τῆς τροφῆς καὶ
   La vida más es que el alimento y
   τὸ σῶμα τοῦ ἐνδύματος.
   el cuerpo que el vestido.

24 κατανοήσατε τοὺς κόρακας, ὅτι οὐ σπείρουσιν
   Considerad[238] los cuervos, porque no siembran
   οὐδὲ θερίζουσιν, οἷς οὐκ ἔστι ταμεῖον οὐδὲ ἀποθήκη,
   ni cosechan, para los cuales no hay almacén ni granero[239]
   καὶ ὁ Θεὸς τρέφει αὐτούς· πόσῳ μᾶλλον
   y Dios alimenta los. ¿Cuánto más
   ὑμεῖς διαφέρετε τῶν πετεινῶν;
   vosotros valéis que las aves?

---

235. La NU sustituye las cosechas de mi por el grano.
236. O descansa, relájate.
237. El sujeto de "reclaman" son las posesiones materiales. En la vida del hombre rico, ha llegado un momento en el que él ya no posee sus bienes sino que son los bienes los que lo "poseen" a él. Ha dejado de ser el dueño para convertirse en la posesión.
238. U observad.
239. Es decir, los cuales no tienen ni almacén ni granero.

25 τίς δὲ ἐξ ὑμῶν μεριμνῶν δύναται προσθεῖναι
¿Cuál sin embargo de vosotros preocupándose puede añadir
ἐπὶ τὴν ἡλικίαν αὐτοῦ πῆχυν ἕνα;
a la estatura de él codo uno?[240]

26 εἰ οὖν οὔτε ἐλάχιστον δύνασθε,
Si pues no mínimo podéis,[241]
τί περὶ τῶν λοιπῶν μεριμνᾶτε;
¿por qué por lo demás os preocupáis?

27 κατανοήσατε τὰ κρίνα πῶς αὐξάνει· οὐ κοπιᾷ οὐδὲ νήθει·
Considerad los lirios como crecen. No se fatigan[242] ni hilan.
λέγω δὲ ὑμῖν, οὐδὲ Σολομὼν ἐν πάσῃ τῇ δόξῃ
Digo sin embargo a vosotros: ni Salomón en toda la gloria
αὐτοῦ περιεβάλετο ὡς ἓν τούτων.
de él estaba vestido como uno de éstos.

28 εἰ δὲ τὸν χόρτον, ἐν τῷ ἀγρῷ σήμερον ὄντα
si entonces la hierba, en el campo hoy estando
καὶ αὔριον εἰς κλίβανον βαλλόμενον, ὁ Θεὸς
y mañana en horno arrojada, Dios
οὕτως ἀμφιέννυσι, πόσῳ μᾶλλον ὑμᾶς, ὀλιγόπιστοι;
así viste ¿cuánto más a vosotros, poco creyentes?[243]

29 καὶ ὑμεῖς μὴ ζητεῖτε τί φάγητε καὶ τί πίητε,
Y vosotros no busquéis qué comáis y qué bebáis,
καὶ μὴ μετεωρίζεσθε·
y no tengáis ansiedad.

30 ταῦτα γὰρ πάντα τὰ ἔθνη τοῦ κόσμου ἐπιζητεῖ·
esto Porque todo las naciones del mundo buscan
ὑμῶν δὲ ὁ πατὴρ οἶδεν ὅτι χρῄζετε τούτων.
de vosotros sin embargo el Padre sabe que necesitáis esto.

31 πλὴν ζητεῖτε τὴν βασιλείαν αὐτοῦ, καὶ ταῦτα πάντα
Pero buscad el reino de Él,[244] y esto todo[245]
προστεθήσεται ὑμῖν.
será añadido a vosotros.

32 Μὴ φοβοῦ, τὸ μικρὸν ποίμνιον· ὅτι εὐδόκησεν
No temáis, el pequeño rebaño, porque se complació
ὁ πατὴρ ὑμῶν δοῦναι ὑμῖν τὴν βασιλείαν.
el Padre de vosotros en dar os el reino,

33 πωλήσατε τὰ ὑπάρχοντα ὑμῶν καὶ δότε ἐλεημοσύνην·
Vended las posesiones de vosotros y dad limosna.
ποιήσατε ἑαυτοῖς βαλλάντια μὴ παλαιούμενα,
Haced para vosotros mismos bolsas no envejeciendo[246]
θησαυρὸν ἀνέκλειπτον ἐν τοῖς οὐρανοῖς,
tesoro seguro[247] en los cielos,
ὅπου κλέπτης οὐκ ἐγγίζει οὐδὲ σὴς διαφθείρει·
donde ladrón no se acerca ni polilla destruye,

25 ¿Y quién de vosotros podrá con afán añadir a su estatura un codo?
26 Pues si no podéis aun lo que es menos, ¿para qué estaréis afanosos de lo demás?
27 Considerad los lirios, cómo crecen: no labran, ni hilan; y os digo, que ni Salomón con toda su gloria se vistió como uno de ellos.
28 Y si así viste Dios a la hierba, que hoy está en el campo, y mañana es echada en el horno; ¿cuánto más a vosotros, hombres de poca fe?
29 Vosotros, pues, no procuréis qué hayáis de comer, o qué hayáis de beber: ni estéis en ansiosa perplejidad.
30 Porque todas estas cosas buscan las gentes del mundo; que vuestro Padre sabe que necesitáis estas cosas.
31 Mas procurad el reino de Dios, y todas estas cosas os serán añadidas.
32 No temáis, manada pequeña; porque al Padre ha placido daros el reino.
33 Vended lo que poseéis, y dad limosna; haceos bolsas que no se envejecen, tesoro en los cielos que nunca falta; donde ladrón no llega, ni polilla corrompe.

---

240. La NU omite uno.
241. Es decir, si no podéis hacer lo mínimo.
242. O bregan.
243. Es decir, gente de poca fe.
244. En algunos mss de Dios.
245. La NU suprime todo.
246. Es decir, bolsas que no se hagan viejas con el paso del tiempo.
247. La idea del término es que se trata de algo que no va a fallar, que resulta totalmente digno de confianza.

34Porque donde está vuestro tesoro, allí también estará vuestro corazón.
35Estén ceñidos vuestros lomos, y vuestras antorchas encendidas;
36Y vosotros semejantes a hombres que esperan cuando su señor ha de volver de las bodas; para que cuando viniere y llamare, luego le abran.
37Bienaventurados aquellos siervos, a los cuales cuando el Señor viniere, hallare velando: de cierto os digo, que se ceñirá, y hará que se sienten a la mesa, y pasando les servirá.
38Y aunque venga a la segunda vigilia, y aunque venga a la tercera vigilia, y los hallare así, bienaventurados son los tales siervos.
39Esto empero sabed, que si supiese el padre de familia a qué hora había de venir el ladrón, velaría ciertamente, y no dejaría minar su casa.
40Vosotros pues también, estad apercibidos; porque a la hora que no pensáis, el Hijo del hombre vendrá.
41Entonces Pedro le dijo: Señor, ¿dices esta parábola a nosotros, o también a todos?

34 ὅπου γάρ ἐστιν ὁ θησαυρὸς ὑμῶν,
donde Porque está el tesoro de vosotros,
ἐκεῖ καὶ ἡ καρδία ὑμῶν ἔσται.
allí también el corazón de vosotros estará.

35 Ἔστωσαν ὑμῶν αἱ ὀσφύες περιεζωσμέναι
Estén de vosotros los lomos ceñidos
καὶ οἱ λύχνοι καιόμενοι·
y las lámparas ardiendo.

36 καὶ ὑμεῖς ὅμοιοι ἀνθρώποις προσδεχομένοις
Y vosotros (sed) semejantes a hombres esperando
τὸν κύριον ἑαυτῶν, πότε ἀναλύσει ἐκ τῶν γάμων,
al Señor de sí mismos, cuando regresará de las bodas,
ἵνα ἐλθόντος καὶ κρούσαντος εὐθέως ἀνοίξωσιν αὐτῷ.
para que viniendo y golpeando inmediatamente abran lo.

37 μακάριοι οἱ δοῦλοι ἐκεῖνοι, οὓς ἐλθὼν ὁ κύριος
Dichosos los siervos aquellos, a los que viniendo el Señor
εὑρήσει γρηγοροῦντας· ἀμὴν λέγω ὑμῖν
encontrará vigilando. Verdaderamente digo a vosotros
ὅτι περιζώσεται καὶ ἀνακλινεῖ αὐτούς,
que se ceñirá y reclinará a ellos,[248]
καὶ παρελθὼν διακονήσει αὐτοῖς.
y viniendo a su lado servirá a ellos.

38 καὶ ἐὰν ἔλθῃ ἐν τῇ δευτέρᾳ φυλακῇ καὶ
Y si viene[249] en la segunda guardia[250] y
ἐν τῇ τρίτῃ φυλακῇ ἔλθῃ καὶ εὕρῃ οὕτως,
en la tercera guardia viene y encuentra así,
μακάριοί εἰσιν οἱ δοῦλοι ἐκεῖνοι.
dichosos son los siervos[251] aquellos.

39 τοῦτο δὲ γινώσκετε ὅτι εἰ ᾔδει ὁ οἰκοδεσπότης
Esto sin embargo sabed que si supiera el dueño de la casa
ποίᾳ ὥρᾳ ὁ κλέπτης ἔρχεται, ἐγρηγόρησεν ἂν
a qué hora el ladrón viene, habría vigilado
καὶ[252] οὐκ ἂν ἀφῆκε διορυγῆναι τὸν οἶκον αὐτοῦ.
y no habría dejado horadar[253] la casa de él.

40 καὶ ὑμεῖς οὖν γίνεσθε ἕτοιμοι· ὅτι ᾗ ὥρᾳ
Y vosotros pues resultad preparados, porque en la cual hora
οὐ δοκεῖτε ὁ Υἱὸς τοῦ ἀνθρώπου ἔρχεται.
no consideráis[254] el Hijo del hombre viene.

41 εἶπε δὲ αὐτῷ ὁ Πέτρος· Κύριε, πρὸς ἡμᾶς τὴν παραβολὴν
Dijo entonces a él Pedro: Señor, ¿a nosotros la parábola
ταύτην λέγεις ἢ καὶ πρὸς πάντας;
esta dices o también a todos?

---

248. Es decir, los colocará en la posición de comer, los sentará a la mesa.
249. La NU sustituye por y si.
250. La NU suprime guardia.
251. La NU suprime los siervos.
252. La NU suprime habría vigilado y.
253. Lógicamente para entrar en ella y robar.
254. O no estimáis, o no juzgáis.

42 εἶπε δὲ ὁ Κύριος· τίς ἄρα ἐστὶν ὁ πιστὸς οἰκονόμος
Dijo entonces el Señor: ¿quién entonces es el fiel ecónomo[255]

καὶ φρόνιμος, ὃν καταστήσει ὁ κύριος ἐπὶ τῆς θεραπείας
y sensato, al que colocará el señor sobre el servicio[256]

αὐτοῦ τοῦ διδόναι ἐν καιρῷ τὸ σιτομέτριον;
de él para dar a tiempo la ración?

43 μακάριος ὁ δοῦλος ἐκεῖνος, ὃν ἐλθὼν ὁ κύριος αὐτοῦ
Dichoso el siervo aquel, al que viniendo el siervo de él

εὑρήσει ποιοῦντα οὕτως.
encontrará haciendo así.

44 ἀληθῶς λέγω ὑμῖν ὅτι ἐπὶ πᾶσι τοῖς ὑπάρχουσιν αὐτοῦ
Verdaderamente digo os que sobre todas las posesiones de él

καταστήσει αὐτόν.
establecerá lo.

45 ἐὰν δὲ εἴπῃ ὁ δοῦλος ἐκεῖνος ἐν τῇ καρδίᾳ αὐτοῦ,
Si entonces dijera el siervo aquel en el corazón de él,

χρονίζει ὁ κύριός μου ἔρχεσθαι, καὶ ἄρξηται τύπτειν
tarda el señor de mí en venir, y comenzara a golpear

τοὺς παῖδας καὶ τὰς παιδίσκας, ἐσθίειν τε
a los siervos y a las siervas, a comer y

καὶ πίνειν καὶ μεθύσκεσθαι,
también a beber y a emborracharse,

46 ἥξει ὁ κύριος τοῦ δούλου ἐκείνου ἐν ἡμέρᾳ ᾗ οὐ προσδοκᾷ
vendrá el señor del siervo aquel en día en que no espera

καὶ ἐν ὥρᾳ ᾗ οὐ γινώσκει, καὶ διχοτομήσει αὐτὸν
y en hora en que no conoce, y dividirá en dos a él,

καὶ τὸ μέρος αὐτοῦ μετὰ τῶν ἀπίστων θήσει.
y la parte de él con los incrédulos establecerá.

47 ἐκεῖνος δὲ ὁ δοῦλος, ὁ γνοὺς τὸ θέλημα τοῦ
aquel Sin embargo el siervo, el conociendo la voluntad del

κυρίου ἑαυτοῦ καὶ μὴ ἑτοιμάσας μηδὲ ποιήσας
Señor de sí mismo y no aprestándose ni haciendo

πρὸς τὸ θέλημα αὐτοῦ, δαρήσεται πολλάς·
según la voluntad de él, será azotado con muchos (azotes).

48 ὁ δὲ μὴ γνούς, ποιήσας δὲ ἄξια
El sin embargo no conociendo, haciendo sin embargo cosas dignas

πληγῶν, δαρήσεται ὀλίγας.
de golpes, será azotado con pocos (azotes).

παντὶ δὲ ᾧ ἐδόθη πολύ, πολὺ ζητηθήσεται
A todo sin embargo al que fue dado mucho, mucho será requerido

παρ' αὐτοῦ, καὶ ᾧ παρέθεντο πολύ,
de él, y al que fue confiado mucho,

περισσότερον αἰτήσουσιν αὐτόν.
más pedirán a él.

49 Πῦρ ἦλθον βαλεῖν ἐπὶ τὴν γῆν,
Fuego vine a arrojar sobre la tierra,

καὶ τί θέλω εἰ ἤδη ἀνήφθη·
y cómo quiero - ya fuera encendido.

50 βάπτισμα δὲ ἔχω βαπτισθῆναι,
Bautismo sin embargo tengo para ser bautizado,

καὶ πῶς συνέχομαι ἕως οὗ τελεσθῇ.
y cómo estoy presionado[257] hasta que sea concluido.

42Y dijo el Señor: ¿Quién es el mayordomo fiel y prudente, al cual el señor pondrá sobre su familia, para que a tiempo les dé su ración?
43Bienaventurado aquel siervo, al cual, cuando el señor viniere, hallare haciendo así.
44En verdad os digo, que él le pondrá sobre todos sus bienes.
45Mas si el tal siervo dijere en su corazón: Mi señor tarda en venir: y comenzare a herir a los siervos y a las criadas, y a comer y a beber y a embriagarse;
46Vendrá el señor de aquel siervo el día que no espera, y a la hora que no sabe, y le apartará, y pondrá su parte con los infieles.
47Porque el siervo que entendió la voluntad de su señor, y no se apercibió, ni hizo conforme a su voluntad, será azotado mucho.
48Mas el que no entendió, e hizo cosas dignas de azotes, será azotado poco: porque a cualquiera que fué dado mucho, mucho será vuelto a demandar de él; y al que encomendaron mucho, más le será pedido.
49Fuego vine a meter en la tierra: ¿y qué quiero, si ya está encendido?
50Empero de bautismo me es necesario ser bautizado: y ¡cómo me angustio hasta que sea cumplido!

---

255. O siervo o doméstico.
256. Es decir, el conjunto de los sirvientes.
257. Como en Juan 8.45.

51¿Pensáis que he venido a la tierra a dar paz? No, os digo; mas disensión.
52Porque estarán de aquí adelante cinco en una casa divididos; tres contra dos, y dos contra tres.
53El padre estará dividido contra el hijo, y el hijo contra el padre; la madre contra la hija, y la hija contra la madre; la suegra contra su nuera, y la nuera contra su suegra.
54Y decía también a las gentes: Cuando veis la nube que sale del poniente, luego decís: Agua viene; y es así.
55Y cuando sopla el austro, decís: Habrá calor; y lo hay.
56¡Hipócritas! Sabéis examinar la faz del cielo y de la tierra; ¿y cómo no reconocéis este tiempo?
57¿Y por qué aun de vosotros mismos no juzgáis lo que es justo?
58Pues cuando vas al magistrado con tu adversario, procura en el camino librarte de él; porque no te arrastre al juez, y el juez te entregue al alguacil, y el alguacil te meta en la cárcel.

51 δοκεῖτε ὅτι εἰρήνην παρεγενόμην δοῦναι ἐν τῇ γῇ;
¿Consideráis que paz vine a dar en la tierra?
οὐχί, λέγω ὑμῖν, ἀλλ' ἢ διαμερισμόν.
No, digo os, sino más bien división.

52 ἔσονται γὰρ ἀπὸ τοῦ νῦν πέντε ἐν οἴκῳ ἑνὶ διαμεμερισμένοι,
habrá Porque desde el ahora cinco en casa una divididos,
τρεῖς ἐπὶ δυσὶ καὶ δύο ἐπὶ τρισί·
tres contra dos y dos contra tres.

53 διαμερισθήσονται πατὴρ ἐπὶ υἱῷ καὶ υἱὸς ἐπὶ πατρί,
Estarán divididos padre contra hijo e hijo contra padre,
μήτηρ ἐπὶ θυγατρὶ καὶ θυγάτηρ ἐπὶ μητρί,
madre contra hija e hija contra madre,
πενθερὰ ἐπὶ τὴν νύμφην αὐτῆς καὶ νύμφη
suegra contra la nuera de ella y nuera
ἐπὶ τὴν πενθερὰν αὐτῆς.
contra la suegra de ella.

54 Ἔλεγε δὲ καὶ τοῖς ὄχλοις· ὅταν ἴδητε τὴν νεφέλην
Dijo entonces también a las multitudes: cuando véis la nube
ἀνατέλλουσαν ἀπὸ δυσμῶν, εὐθέως λέγετε,
levantándose de[258] occidente, inmediatamente decís,
ὄμβρος ἔρχεται, καὶ γίνεται οὕτω·
tormenta viene y sucede así.

55 καὶ ὅταν νότον πνέοντα, λέγετε
Y cuando viento de sur soplando, decís
ὅτι καύσων ἔσται, καὶ γίνεται.
que calor habrá, y sucede.

56 ὑποκριταί, τὸ πρόσωπον τῆς γῆς καὶ τοῦ οὐρανοῦ
Hipócritas, el rostro[259] de la tierra y del cielo
οἴδατε δοκιμάζειν, τὸν δὲ καιρὸν τοῦτον
sabéis discernir, ¿el Sin embargo tiempo éste
πῶς οὐ δοκιμάζετε;
cómo no discernís?[260]

57 Τί δὲ καὶ ἀφ' ἑαυτῶν οὐ κρίνετε
¿Por qué sin embargo también de vosotros mismos no juzgáis
τὸ δίκαιον;
lo justo?

58 ὡς γὰρ ὑπάγεις μετὰ τοῦ ἀντιδίκου σου ἐπ' ἄρχοντα,
cuando Porque vas con el adversario de ti a arconte,[261]
ἐν τῇ ὁδῷ δὸς ἐργασίαν ἀπηλλάχθαι ἀπ' αὐτοῦ,[262]
en el camino da esfuerzo para ser liberado de él,
μήποτε κατασύρῃ σε πρὸς τὸν κριτήν, καὶ ὁ κριτὴς
no sea que arrastre te a el juez, y el juez
σε παραδῷ τῷ πράκτορι, καὶ ὁ πράκτωρ
te entregue al alguacil, y el alguacil
σε βαλεῖ εἰς φυλακήν.
te arroje a cárcel.

---

258. La NU sustituye por en.
259. Es decir, la apariencia, el aspecto.
260. La NU sustituye Cómo no discernís por no sabéis cómo discernir.
261. O magistrado.
262. Es decir, esfuérzate por librarte de él.

59 λέγω σοι, οὐ μὴ ἐξέλθῃς ἐκεῖθεν ἕως οὗ
Digo te, no de ninguna manera saldrás de allí hasta que

καὶ τὸ ἔσχατον λεπτὸν ἀποδῷς.
también el último lepto²⁶³ pagues.

13 **1** Παρῆσαν δέ τινες ἐν αὐτῷ τῷ καιρῷ
Estaban presentes entonces algunos en mismo el tiempo

ἀπαγγέλλοντες αὐτῷ περὶ τῶν Γαλιλαίων, ὧν τὸ
informando le acerca de los galileos, de los cuales la

αἷμα Πιλᾶτος ἔμιξε μετὰ τῶν θυσιῶν αὐτῶν.
sangre Pilato mezcló con los sacrificios de ellos.

2 καὶ ἀποκριθεὶς ὁ Ἰησοῦς εἶπεν αὐτοῖς· δοκεῖτε ὅτι
Y respondiendo Jesús²⁶⁴ dijo les: ¿Consideráis que

οἱ Γαλιλαῖοι οὗτοι ἁμαρτωλοὶ παρὰ πάντας
los galileos éstos pecadores más que todos

τοὺς Γαλιλαίους ἐγένοντο, ὅτι τοιαῦτα πεπόνθασιν;
los galileos resultaron, porque tales cosas²⁶⁵ han padecido?

3 οὐχί, λέγω ὑμῖν, ἀλλ᾽ ἐὰν μὴ μετανοῆτε,
No, digo os, pero si no os arrepentís,

πάντες ὡσαύτως ἀπολεῖσθε.
todos de manera semejante pereceréis.

4 ἢ ἐκεῖνοι οἱ δέκα καὶ ὀκτώ, ἐφ᾽ οὓς ἔπεσεν
O aquellos los diez y ocho, sobre los que cayó

ὁ πύργος ἐν τῷ Σιλωὰμ καὶ ἀπέκτεινεν αὐτούς,
la torre en - Siloé y mató los,

δοκεῖτε ὅτι οὗτοι ὀφειλέται ἐγένοντο παρὰ πάντας
¿consideráis que éstos²⁶⁶ deudores²⁶⁷ resultaron más que todos

τοὺς ἀνθρώπους τοὺς κατοικοῦντας ἐν Ἰερουσαλήμ;
los hombres los viviendo en Jerusalén?

5 οὐχί, λέγω ὑμῖν, ἀλλ᾽ ἐὰν μὴ μετανοήσητε,
No, digo os, pero si no os arrepentís,

πάντες ὁμοίως ἀπολεῖσθε.
todos de manera semejante pereceréis.

6 Ἔλεγε δὲ ταύτην τὴν παραβολήν· συκῆν εἶχέ τις
Dijo entonces esta la parábola: higuera tenía uno

ἐν τῷ ἀμπελῶνι αὐτοῦ πεφυτευμένην, καὶ ἦλθε
en la viña de él plantada, y vino

ζητῶν καρπὸν ἐν αὐτῇ, καὶ οὐχ εὗρεν.
buscando fruto en ella, y no encontró.

7 εἶπε δὲ πρὸς τὸν ἀμπελουργόν· ἰδοὺ τρία ἔτη ἔρχομαι
Dijo entonces a el viñador: mira tres años²⁶⁸ vengo

ζητῶν καρπὸν ἐν τῇ συκῇ ταύτῃ, καὶ οὐχ εὑρίσκω·
buscando fruto en la higuera esta, y no encuentro.

ἔκκοψον αὐτήν· ἱνατί καὶ τὴν γῆν καταργεῖ;
Corta la ¿por qué también la tierra inutiliza?

59 Te digo que no saldrás de allá, hasta que hayas pagado hasta el último maravedí.

13 Y en este mismo tiempo estaban allí unos que le contaban acerca de los Galileos, cuya sangre Pilato había mezclado con sus sacrificios. **2** Y respondiendo Jesús, les dijo: ¿Pensáis que estos Galileos, porque han padecido tales cosas, hayan sido más pecadores que todos los Galileos? **3** No, os digo; antes si no os arrepintiereis, todos pereceréis igualmente. **4** O aquellos dieciocho, sobre los cuales cayó la torre en Siloé, y los mató, ¿pensáis que ellos fueron más deudores que todos los hombres que habitan en Jerusalem? **5** No, os digo; antes si no os arrepintiereis, todos pereceréis asimismo. **6** Y dijo esta parábola: Tenía uno una higuera plantada en su viña, y vino a buscar fruto en ella, y no lo halló. **7** Y dijo al viñero: He aquí tres años ha que vengo a buscar fruto en esta higuera, y no lo hallo; córtala, ¿por qué ocupará aún la tierra?

---

263. La moneda griega más pequeña.
264. La NU omite Jesús.
265. La NU sustituye por estas cosas.
266. La NU sustituye por ellos.
267. Es decir, transgresores.
268. La NU añade desde.

8 El entonces respondiendo, le dijo: Señor, déjala aún este año, hasta que la excave, y estercole.
9 Y si hiciere fruto, bien; y si no, la cortarás después.
10 Y enseñaba en una sinagoga en sábado.
11 Y he aquí una mujer que tenía espíritu de enfermedad dieciocho años, y andaba agobiada, que en ninguna manera se podía enhestar.
12 Y como Jesús la vió, llamóla, y díjole: Mujer, libre eres de tu enfermedad.
13 Y puso las manos sobre ella; y luego se enderezó, y glorificaba a Dios.
14 Y respondiendo el príncipe de la sinagoga, enojado de que Jesús hubiese curado en sábado, dijo a la compañía: Seis días hay en que es necesario obrar: en estos, pues, venid y sed curados, y no en días de sábado.
15 Entonces el Señor le respondió, y dijo: Hipócrita, cada uno de vosotros ¿no desata en sábado su buey o su asno del pesebre, y lo lleva a beber?
16 Y a esta hija de Abraham, que he aquí Satanás la había ligado dieciocho años, ¿no convino desatarla de esta ligadura en día de sábado?

8 ὁ δὲ ἀποκριθεὶς λέγει αὐτῷ· κύριε, ἄφες αὐτὴν
El entonces respondiendo dice le: Señor, deja la
καὶ τοῦτο τὸ ἔτος, ἕως ὅτου σκάψω
también este el año, hasta que cave
περὶ αὐτὴν καὶ βάλω κόπρια·
alrededor de ella y ponga abonos.

8 κἂν μὲν ποιήσῃ καρπόν· εἰ δὲ μήγε,
Y si ciertamente hace[269] fruto (bien), si sin embargo no,
εἰς τὸ μέλλον ἐκκόψεις αὐτήν.
en el próximo (año) cortarás la.

10 Ἦν δὲ διδάσκων ἐν μιᾷ τῶν συναγωγῶν
Estaba entonces enseñando en una de las sinagogas
ἐν τοῖς σάββασι.
en los sábados.

11 καὶ ἰδοὺ γυνὴ ἦν πνεῦμα ἔχουσα ἀσθενείας ἔτη
Y mira mujer estaba espíritu teniendo de debilidad años
δέκα καὶ ὀκτώ, καὶ ἦν συγκύπτουσα καὶ
diez y ocho, y estaba encorvada y
μὴ δυναμένη ἀνακῦψαι εἰς τὸ παντελές.
no pudiendo enderezarse por completo.

12 ἰδὼν δὲ αὐτὴν ὁ Ἰησοῦς προσεφώνησε καὶ εἶπεν αὐτῇ·
Viendo entonces la Jesús llamó y dijo le:
γύναι, ἀπολέλυσαι τῆς ἀσθενείας σου·
mujer, has sido liberada de la enfermedad de ti.

13 καὶ ἐπέθηκεν αὐτῇ τὰς χεῖρας· καὶ παραχρῆμα
Y puso sobre ella las manos. E inmediatamente
ἀνωρθώθη καὶ ἐδόξαζε τὸν Θεόν.
de nuevo fue rectificada[270] y glorificaba a Dios.

14 ἀποκριθεὶς δὲ ὁ ἀρχισυνάγωγος, ἀγανακτῶν ὅτι
Respondiendo entonces el archisinagogo,[271] indignándose porque
τῷ σαββάτῳ ἐθεράπευσεν ὁ Ἰησοῦς, ἔλεγε τῷ ὄχλῳ·
en el sábado curó Jesús, dijo a la multitud:
ἓξ ἡμέραι εἰσὶν ἐν αἷς δεῖ ἐργάζεσθαι· ἐν ταύταις
seis días hay en los cuales es necesario trabajar. En éstos
οὖν ἐρχόμενοι θεραπεύεσθε, καὶ μὴ τῇ ἡμέρᾳ τοῦ σαββάτου.
pues viniendo sed curados, y no en el día del sábado.

15 ἀπεκρίθη οὖν αὐτῷ ὁ Κύριος καὶ εἶπεν· ὑποκριτά,
Respondió pues a él el Señor y dijo: hipócrita,
ἕκαστος ὑμῶν τῷ σαββάτῳ οὐ λύει τὸν βοῦν αὐτοῦ
¿cada uno de vosotros en el sábado no desata el buey de él
ἢ τὸν ὄνον ἀπὸ τῆς φάτνης καὶ ἀπαγαγὼν ποτίζει;
o el asno de el pesebre y llevando da de beber?

16 ταύτην δέ, θυγατέρα Ἀβραὰμ οὖσαν, ἣν ἔδησεν
¿Esta entonces, hija de Abraham siendo, a la que ató
ὁ Σατανᾶς ἰδοὺ δέκα καὶ ὀκτὼ ἔτη, οὐκ ἔδει λυθῆναι
Satanás mira diez y ocho años, no era necesario ser desatada
ἀπὸ τοῦ δεσμοῦ τούτου τῇ ἡμέρᾳ τοῦ σαββάτου;
de la cadena[272] esta en el día del sábado?

---

269. Es decir, produce.
270. Es decir, Jesús hizo que recuperara la posición recta que tenía con anterioridad.
271. Es decir, el jefe de la sinagoga.
272. Como en Lucas 8.29.

17 καὶ ταῦτα λέγοντος αὐτοῦ κατῃσχύνοντο πάντες
Y esto diciendo él fueron avergonzados todos

οἱ ἀντικείμενοι αὐτῷ, καὶ πᾶς ὁ ὄχλος ἔχαιρεν
los oponiéndose a él, y toda la multitud se alegraba

ἐπὶ πᾶσι τοῖς ἐνδόξοις τοῖς γινομένοις ὑπ᾽ αὐτοῦ.
por todo lo glorioso lo hecho por él.

18 Ἔλεγε δέ· τίνι ὁμοία ἐστὶν ἡ βασιλεία τοῦ Θεοῦ,
Dijo entonces: ¿a qué semejante es el reino de Dios,

καὶ τίνι ὁμοιώσω αὐτήν;
y a qué asemejaré lo?

19 ὁμοία ἐστὶ κόκκῳ σινάπεως, ὃν λαβὼν ἄνθρωπος
Semejante es a semilla de mostaza, que tomando hombre

ἔβαλεν εἰς κῆπον ἑαυτοῦ· καὶ ηὔξησε καὶ ἐγένετο
puso en jardín de sí mismo. Y creció y resultó

εἰς δένδρον μέγα,²⁷³ καὶ τὰ πετεινὰ τοῦ οὐρανοῦ
un árbol grande, y los pájaros del cielo

κατεσκήνωσεν ἐν τοῖς κλάδοις αὐτοῦ.
anidaron en las ramas de él.

20 Καὶ πάλιν εἶπε· τίνι ὁμοιώσω τὴν βασιλείαν τοῦ Θεοῦ;
Y de nuevo dijo: ¿a qué asemejaré el reino de Dios?

21 ὁμοία ἐστὶ ζύμῃ, ἣν λαβοῦσα γυνὴ ἔκρυψεν
Semejante es a levadura, que tomando mujer escondió

εἰς ἀλεύρου σάτα τρία, ἕως οὗ ἐζυμώθη ὅλον.
en de harina medidas tres, hasta que fue leudado todo.

22 Καὶ διεπορεύετο κατὰ πόλεις καὶ κώμας διδάσκων
Y viajaba por ciudades y aldeas enseñando

καὶ πορείαν ποιούμενος εἰς Ἱερουσαλήμ.
y viaje haciendo hacia Jerusalén.

23 εἶπε δέ τις αὐτῷ· Κύριε, εἰ ὀλίγοι οἱ
Dijo entonces uno a él: Señor, ¿acaso pocos (son) los

σῳζόμενοι; ὁ δὲ εἶπε πρὸς αὐτούς·
siendo salvados? Él entonces dijo a ellos.

24 ἀγωνίζεσθε εἰσελθεῖν διὰ τῆς στενῆς πύλης· ὅτι πολλοί,
Luchad para entrar por la estrecha puerta, porque muchos,

λέγω ὑμῖν, ζητήσουσιν εἰσελθεῖν καὶ οὐκ ἰσχύσουσιν.
digo os, buscarán entrar y no podrán.

25 ἀφ᾽ οὗ ἂν ἐγερθῇ ὁ οἰκοδεσπότης καὶ ἀποκλείσῃ
Desde cuando se alce el dueño de la casa y cierre

τὴν θύραν, καὶ ἄρξησθε ἔξω ἑστάναι καὶ κρούειν
la puerta, y empecéis fuera a colocaros y llamar

τὴν θύραν λέγοντες· Κύριε, Κύριε,²⁷⁴ ἄνοιξον ἡμῖν·
a la puerta diciendo: Señor, Señor, abre nos.

καὶ ἀποκριθεὶς ἐρεῖ ὑμῖν, οὐκ οἶδα ὑμᾶς πόθεν ἐστέ·
Y respondiendo dirá os: no sé vosotros de dónde sois.

26 τότε ἄρξεσθε λέγειν· ἐφάγομεν ἐνώπιόν σου
Entonces empezaréis a decir: comimos delante de ti

καὶ ἐπίομεν, καὶ ἐν ταῖς πλατείαις ἡμῶν ἐδίδαξας·
y bebimos, y en las calles de nosotros enseñaste.

17 Y diciendo estas cosas, se avergonzaban todos sus adversarios: mas todo el pueblo se gozaba de todas las cosas gloriosas que eran por él hechas. **18** Y dijo: ¿A qué es semejante el reino de Dios, y a qué le compararé? **19** Semejante es al grano de la mostaza, que tomándolo un hombre lo metió en su huerto; y creció, y fué hecho árbol grande, y las aves del cielo hicieron nidos en sus ramas. **20** Y otra vez dijo: ¿A qué compararé el reino de Dios? **21** Semejante es a la levadura, que tomó una mujer, y la escondió en tres medidas de harina, hasta que todo hubo fermentado. **22** Y pasaba por todas las ciudades y aldeas, enseñando, y caminando a Jerusalem. **23** Y díjole uno: Señor, ¿son pocos los que se salvan? Y él les dijo: **24** Porfiad a entrar por la puerta angosta; porque os digo que muchos procurarán entrar, y no podrán. **25** Después que el padre de familia se levantare, y cerrare la puerta, y comenzareis a estar fuera, y llamar a la puerta, diciendo: Señor, Señor, ábrenos; y respondiendo os dirá: No os conozco de dónde seáis. **26** Entonces comenzaréis a decir: Delante de ti hemos comido y bebido, y en nuestras plazas enseñaste;

---

273. La NU omite grande.
274. La NU omite Señor.

27 Y os dirá: Dígoos que no os conozco de dónde seáis; apartaos de mí todos los obreros de iniquidad.
28 Allí será el llanto y el crujir de dientes, cuando viereis a Abraham, y a Isaac, y a Jacob, y a todos los profetas en el reino de Dios, y vosotros excluídos.
29 Y vendrán del Oriente y del Occidente, del Norte y del Mediodía, y se sentarán a la mesa en el reino de Dios.
30 Y he aquí, son postreros los que eran los primeros; y son primeros los que eran los postreros
31 Aquel mismo día llegaron unos de los Fariseos, diciéndole: Sal, y vete de aquí, porque Herodes te quiere matar.
32 Y les dijo: Id, y decid a aquella zorra: He aquí, echo fuera demonios y acabo sanidades hoy y mañana, y al tercer día soy consumado.
33 Empero es menester que hoy, y mañana, y pasado mañana camine; porque no es posible que profeta muera fuera de Jerusalem.
34 ¡Jerusalem, Jerusalem! que matas a los profetas, y apedreas a los que son enviados a ti: ¡cuántas veces quise juntar tus hijos, como la gallina sus pollos debajo de sus alas, y no quisiste!

27 καὶ ἐρεῖ· λέγω ὑμῖν, οὐκ οἶδα ὑμᾶς πόθεν ἐστέ,
   Y dirá: digo os: no sé vosotros de dónde sois.
   ἀπόστητε ἀπ᾿ ἐμοῦ πάντες οἱ ἐργάται τῆς ἀδικίας.
   Apartaos de mí todos los obreros[275] de la injusticia.

28 ἐκεῖ ἔσται ὁ κλαυθμὸς καὶ ὁ βρυγμὸς τῶν ὀδόντων,
   Allí será el llanto y el rechinar de los dientes,
   ὅταν ὄψησθε Ἀβραὰμ καὶ Ἰσαὰκ καὶ Ἰακὼβ
   cuando veréis a Abraham y a Isaac y a Jacob
   καὶ πάντας τοὺς προφήτας ἐν τῇ βασιλείᾳ τοῦ Θεοῦ,
   y a todos los profetas en el reino de Dios,
   ὑμᾶς δὲ ἐκβαλλομένους ἔξω.
   vosotros sin embargo siendo arrojados fuera.

29 καὶ ἥξουσιν ἀπὸ ἀνατολῶν καὶ δυσμῶν καὶ ἀπὸ βορρᾶ
   Y vendrán de orientes y occidentes y de norte
   καὶ νότου, καὶ ἀνακλιθήσονται ἐν τῇ βασιλείᾳ τοῦ Θεοῦ.
   y sur, y se reclinarán[276] en el reino de Dios.

30 καὶ ἰδοὺ εἰσὶν ἔσχατοι οἳ ἔσονται πρῶτοι,
   Y mira hay últimos los cuales serán primeros,
   καὶ εἰσὶ πρῶτοι οἳ ἔσονται ἔσχατοι.
   Y hay primeros los cuales serán últimos.

31 Ἐν αὐτῇ τῇ ἡμέρᾳ προσῆλθόν τινες Φαρισαῖοι
   En mismo el día[277] se acercaron algunos fariseos
   λέγοντες αὐτῷ· ἔξελθε καὶ πορεύου ἐντεῦθεν,
   diciendo le: sal y vete de aquí,
   ὅτι Ἡρῴδης θέλει σε ἀποκτεῖναι.
   porque Herodes quiere te matar.

32 καὶ εἶπεν αὐτοῖς· πορευθέντες εἴπατε τῇ ἀλώπεκι ταύτῃ·
   Y dijo les: yendo decid a la zorra esta:
   ἰδοὺ ἐκβάλλω δαιμόνια καὶ ἰάσεις ἐπιτελῶ
   mira expulso demonios y curaciones concluyo
   σήμερον καὶ αὔριον, καὶ τῇ τρίτῃ τελειοῦμαι·
   hoy y mañana, y en el tercero seré consumado.

33 πλὴν δεῖ με σήμερον καὶ αὔριον καὶ
   Sin embargo es necesario para mí hoy y mañana y
   τῇ ἐχομένῃ πορεύεσθαι, ὅτι οὐκ ἐνδέχεται προφήτην
   en el siguiente viajar porque no es posible a profeta
   ἀπολέσθαι ἔξω Ἰερουσαλήμ.
   perecer fuera de Jerusalén.[278]

34 Ἰερουσαλὴμ Ἰερουσαλήμ, ἡ ἀποκτείνουσα τοὺς προφήτας
   Jerusalén, Jerusalén, la matando a los profetas
   καὶ λιθοβολοῦσα τοὺς ἀπεσταλμένους πρὸς αὐτήν,
   y apedreando a los enviados a ella,
   ποσάκις ἠθέλησα ἐπισυνάξαι τὰ τέκνα σου ὃν
   cuántas veces quise reunir a los hijos de ti en
   τρόπον ὄρνις τὴν ἑαυτῆς νοσσιὰν ὑπὸ τὰς πτέρυγας,
   la que manera[279] gallina la de sí misma cría bajo las alas,
   καὶ οὐκ ἠθελήσατε.
   y no quisisteis.

---

275. Como en Mateo 10.10.
276. Es decir, adoptarán la postura para comer.
277. La NU sustituye por hora.
278. Es decir, no es posible que un profeta perezca fuera de Jerusalén.
279. Es decir, de la misma manera que.

35 ἰδοὺ ἀφίεται ὑμῖν ὁ οἶκος ὑμῶν ἔρημος·
Mira es dejada a vosotros la casa de vosotros desierta.²⁸⁰

λέγω δὲ ὑμῖν ὅτι οὐ μὴ
Digo sin embargo a vosotros que no de ninguna manera

με ἴδητε ἕως ἂν ἥξῃ ὅτε εἴπητε·
me veréis hasta que venga cuando digáis:

εὐλογημένος ὁ ἐρχόμενος ἐν ὀνόματι κυρίου.
Bendito el que viene en nombre de Señor.

14 1 Καὶ ἐγένετο ἐν τῷ ἐλθεῖν αὐτὸν εἰς οἶκόν τινος
Y aconteció en el venir él a casa de uno

τῶν ἀρχόντων τῶν Φαρισαίων σαββάτῳ φαγεῖν ἄρτον,
de los arcontes²⁸¹ de los fariseos en sábado a comer pan,

καὶ αὐτοὶ ἦσαν παρατηρούμενοι αὐτόν.
y ellos estaban observando lo.

2 καὶ ἰδοὺ ἄνθρωπός τις ἦν ὑδρωπικὸς
Y mira hombre uno estaba hidrópico

ἔμπροσθεν αὐτοῦ.
delante de él.

3 καὶ ἀποκριθεὶς ὁ Ἰησοῦς εἶπε πρὸς τοὺς νομικοὺς
Y respondiendo Jesús dijo a los letrados

καὶ Φαρισαίους λέγων· εἰ ἔξεστι τῷ σαββάτῳ θεραπεύειν;
y fariseos diciendo: ¿si es lícito en el sábado curar?²⁸²

4 οἱ δὲ ἡσύχασαν καὶ ἐπιλαβόμενος ἰάσατο αὐτὸν
Ellos sin embargo callaban y tomando curó lo

καὶ ἀπέλυσε.
y despachó.

5 καὶ ἀποκριθεὶς πρὸς αὐτοὺς εἶπε· τίνος ὑμῶν
Y respondiendo²⁸³ a ellos dijo: ¿de quién de vosotros

υἱὸς ἢ βοῦς εἰς φρέαρ ἐμπεσεῖται, καὶ οὐκ εὐθέως
hijo²⁸⁴ o buey a pozo caerá, y no inmediatamente

ἀνασπάσει αὐτὸν ἐν τῇ ἡμέρᾳ τοῦ σαββάτου;
sacará lo en el día del sábado?

6 καὶ οὐκ ἴσχυσαν ἀνταποκριθῆναι αὐτῷ
Y no podían responder le

πρὸς ταῦτα.
sobre esto.

7 Ἔλεγε δὲ πρὸς τοὺς κεκλημένους παραβολήν,
Dijo entonces a los invitados parábola,

ἐπέχων πῶς τὰς πρωτοκλισίας ἐξελέγοντο,
notando cómo los primeros asientos escogían,

λέγων πρὸς αὐτούς·
diciendo a ellos.

8 ὅταν κληθῇς ὑπό τινος εἰς γάμους, μὴ κατακλιθῇς
cuando seas invitado por alguno a boda, no te reclines²⁸⁵

εἰς τὴν πρωτοκλισίαν, μήποτε ἐντιμότερός σου
en el primer lugar,²⁸⁶ no sea que más digno de honra que tú

ἢ κεκλημένος ὑπ' αὐτοῦ,
sea invitado por él,

35He aquí, os es dejada vuestra casa desierta: y os digo que no me veréis hasta que venga tiempo cuando digáis: Bendito el que viene en nombre del Señor.

14 Y aconteció que entrando en casa de un príncipe de los Fariseos un sábado a comer pan, ellos le acechaban. **2**Y he aquí un hombre hidrópico estaba delante de él. **3**Y respondiendo Jesús, habló a los doctores de la ley y a los Fariseos, diciendo: ¿Es lícito sanar en sábado? **4**Y ellos callaron. Entonces él tomándole, le sanó, y despidióle. **5**Y respondiendo a ellos dijo: ¿El asno o el buey de cuál de vosotros caerá en algún pozo, y no lo sacará luego en día de sábado? **6**Y no le podían replicar a estas cosas. **7**Y observando cómo escogían los primeros asientos a la mesa, propuso una parábola a los convidados, diciéndoles: **8**Cuando fueres convidado de alguno a bodas, no te sientes en el primer lugar, no sea que otro más honrado que tú esté por él convidado,

---

280. La NU omite desierta.
281. Es decir, de los principales.
282. La NU añade o no.
283. La NU omite respondiendo.
284. Algunos mss leen asno.
285. Es decir, no te pongas a la mesa.
286. O lugar de honor.

9 Y viniendo el que te llamó a ti y a él, te diga: Da lugar a éste: y entonces comiences con vergüenza a tener el lugar último.
10 Mas cuando fueres convidado, ve, y siéntate en el postrer lugar; porque cuando viniere el que te llamó, te diga: Amigo, sube arriba: entonces tendrás gloria delante de los que juntamente se asientan a la mesa.
11 Porque cualquiera que se ensalza, será humillado; y el que se humilla, será ensalzado.
12 Y dijo también al que le había convidado: Cuando haces comida o cena, no llames a tus amigos, ni a tus hermanos, ni a tus parientes, ni a vecinos ricos; porque también ellos no te vuelvan a convidar, y te sea hecha compensación.
13 Mas cuando haces banquete, llama a los pobres, los mancos, los cojos, los ciegos;
14 Y serás bienaventurado; porque no te pueden retribuir; mas te será recompensado en la resurrección de los justos.
15 Y oyendo esto uno de los que juntamente estaban sentados a la mesa, le dijo: Bienaventurado el que comerá pan en el reino de los cielos.
16 El entonces le dijo: Un hombre hizo una grande cena, y convido a muchos.
17 Y a la hora de la cena envió a su siervo a decir a los convidados: Venid, que ya está todo aparejado.

9 καὶ εἰσελθὼν ὁ σὲ καὶ αὐτὸν καλέσας ἐρεῖ σοι·
y entrando el que a ti y a él invitando dirá te:
δὸς τούτῳ τόπον· καὶ τότε ἄρξῃ μετὰ αἰσχύνης
da a éste lugar.[287] Y entonces empieces con vergüenza
τὸν ἔσχατον τόπον κατέχειν.
el último lugar a tomar,

10 ἀλλ' ὅταν κληθῇς, πορευθεὶς ἀνάπεσε εἰς τὸν ἔσχατον
pero cuando seas invitado, yendo recuéstate en el último
τόπον, ἵνα ὅταν ἔλθῃ ὁ κεκληκὼς σε εἴπῃ σοι·
lugar, para que cuando venga el habiendo invitado te diga a ti:
φίλε, προσανάβηθι ἀνώτερον· τότε ἔσται σοι
hijo, sube más alto. Entonces será para ti
δόξα ἐνώπιον[288] τῶν συνανακειμένων σοι.
gloria delante de los reclinándose contigo,

11 ὅτι πᾶς ὁ ὑψῶν ἑαυτὸν ταπεινωθήσεται καὶ
porque todo el ensalzando se será humillado y
ὁ ταπεινῶν ἑαυτὸν ὑψωθήσεται.
el humillando se será ensalzado.

12 Ἔλεγε δὲ καὶ τῷ κεκληκότι αὐτόν· ὅταν
Dijo entonces también al habiendo invitado lo: cuando
ποιῇς ἄριστον ἢ δεῖπνον, μὴ φώνει τοὺς φίλους σου μηδὲ τοὺς
hagas comida o cena, no llames a los amigos de ti ni a los
ἀδελφούς σου μηδὲ τοὺς συγγενεῖς σου μηδὲ γείτονας πλουσίους,
hermanos de ti ni a los parientes de ti ni a vecinos ricos,
μήποτε καὶ αὐτοὶ σε ἀντικαλέσωσι, καὶ γένηταί σοι
no sea que también ellos te inviten a su vez,[289] y resulte para ti
ἀνταπόδομα.
pago,[290]

13 ἀλλ' ὅταν ποιῇς δοχήν, κάλει πτωχούς,
pero cuando hagas banquete, invita a pobres,
ἀναπήρους, χωλούς, τυφλούς,
lisiados, débiles, ciegos,

14 καὶ μακάριος ἔσῃ, ὅτι οὐκ ἔχουσιν ἀνταποδοῦναί σοι·
y dichoso serás porque no tienen para devolver pago a ti,
ἀνταποδοθήσεται γάρ σοι
será pagado Porque a ti
ἐν τῇ ἀναστάσει τῶν δικαίων.
en el levantamiento[291] de los justos.

15 Ἀκούσας δέ τις τῶν συνανακειμένων ταῦτα εἶπεν αὐτῷ·
Oyendo sin embargo uno de los reclinados esto dijo le:
μακάριος ὃς φάγεται ἄρτον ἐν τῇ βασιλείᾳ τοῦ Θεοῦ.
Dichoso el que coma pan en el reino de Dios.

16 ὁ δὲ εἶπεν αὐτῷ· ἄνθρωπός τις ἐποίησε δεῖπνον μέγα
Él sin embargo dijo le: hombre uno hizo cena grande
καὶ ἐκάλεσε πολλούς·
y llamó a muchos.

17 καὶ ἀπέστειλε τὸν δοῦλον αὐτοῦ τῇ ὥρᾳ τοῦ δείπνου εἰπεῖν
Y envió al siervo de él en la hora de la cena a decir
τοῖς κεκλημένοις· ἔρχεσθε, ὅτι ἤδη ἕτοιμά ἐστι πάντα.
a los invitados: venid porque ya listo está todo.[292]

---

287. Es decir, cédele el sitio.
288. La NU añade de todos.
289. Es decir, te devuelvan la invitación.
290. Es decir, seas pagado de esa manera.
291. Es decir, la resurrección.
292. La NU omite todo.

18 καὶ ἤρξαντο ἀπὸ μιᾶς παραιτεῖσθαι πάντες.
   Y comenzaron a una a excusarse todos.

ὁ πρῶτος εἶπεν αὐτῷ· ἀγρὸν ἠγόρασα, καὶ ἔχω ἀνάγκην
El primero dijo le: campo compré, y tengo necesidad

ἐξελθεῖν καὶ ἰδεῖν αὐτόν· ἐρωτῶ σε, ἔχε με παρῃτημένον.
de salir y ver lo. Pido te: ten me (por) excusado.

19 καὶ ἕτερος εἶπε· ζεύγη βοῶν ἠγόρασα πέντε,
   Y otro dijo: yunta de bueyes compré cinco.

καὶ πορεύομαι δοκιμάσαι αὐτά· ἐρωτῶ σε,
Y voy a probar los. Pido te:

ἔχε με παρῃτημένον.
Ten me (por) excusado.

20 καὶ ἕτερος εἶπε· γυναῖκα ἔγημα, καὶ διὰ τοῦτο
   Y otro dijo: con mujer casé, y por esto

οὐ δύναμαι ἐλθεῖν.
no puedo venir.

21 καὶ παραγενόμενος ὁ δοῦλος ἐκεῖνος ἀπήγγειλε
   Y subiendo el esclavo aquel[293] informó

τῷ κυρίῳ αὐτοῦ ταῦτα. τότε ὀργισθεὶς ὁ οἰκοδεσπότης
al señor de él de esto. Entonces encolerizándose el dueño de la casa

εἶπε τῷ δούλῳ αὐτοῦ· ἔξελθε ταχέως εἰς τὰς πλατείας
dijo al siervo de él: sal rápidamente a las plazas[294]

καὶ ῥύμας τῆς πόλεως, καὶ τοὺς πτωχοὺς καὶ ἀναπήρους
y calles de la ciudad, y a los pobres y lisiados

καὶ χωλοὺς καὶ τυφλοὺς εἰσάγαγε ὧδε.
y débiles y ciegos entra aquí.

22 καὶ εἶπεν ὁ δοῦλος· κύριε, γέγονεν ὡς ἐπέταξας,
   Y dijo el siervo: Señor, ha sido hecho como ordenaste,

καὶ ἔτι τόπος ἐστί.
y todavía lugar hay.

23 καὶ εἶπεν ὁ κύριος πρὸς τὸν δοῦλον· ἔξελθε εἰς τὰς ὁδοὺς
   Y dijo el señor a el siervo: sal a los caminos

καὶ φραγμοὺς καὶ ἀνάγκασον εἰσελθεῖν,
y cercas y urge[295] a entrar,

ἵνα γεμισθῇ μου ὁ οἶκος·
para que sea llenada de mí la casa.

24 λέγω γὰρ ὑμῖν ὅτι οὐδεὶς τῶν ἀνδρῶν ἐκείνων τῶν
   digo Porque os que ninguno de los varones aquellos los

κεκλημένων γεύσεταί μου τοῦ δείπνου.
invitados gustará de mí la cena.

25 Συνεπορεύοντο δὲ αὐτῷ ὄχλοι πολλοί,
   Viajaban entonces con él multitudes muchas,

καὶ στραφεὶς εἶπε πρὸς αὐτούς·
y volviéndose dijo a ellos:

---

18 Y comenzaron todos a una a excusarse. El primero le dijo: He comprado una hacienda, y necesito salir y verla; te ruego que me des por excusado.
19 Y el otro dijo: He comprado cinco yuntas de bueyes, y voy a probarlos; ruégote que me des por excusado.
20 Y el otro dijo: Acabo de casarme, y por tanto no puedo ir.
21 Y vuelto el siervo, hizo saber estas cosas a su señor. Entonces enojado el padre de la familia, dijo a su siervo: Ve presto por las plazas y por las calles de la ciudad, y mete acá los pobres, los mancos, y cojos, y ciegos.
22 Y dijo el siervo: Señor, hecho es como mandaste, y aun hay lugar.
23 Y dijo el señor al siervo: Ve por los caminos y por los vallados, y fuérzalos a entrar, para que se llene mi casa.
24 Porque os digo que ninguno de aquellos hombres que fueron llamados, gustará mi cena.
25 Y muchas gentes iban con él; y volviéndose les dijo:

---

293. La NU suprime aquel.
294. O avenidas, vías anchas.
295. Es decir, muestra la necesidad de entrar.

26 Si alguno viene a mí, y no aborrece a su padre, y madre, y mujer, e hijos, y hermanos, y hermanas, y aun también su vida, no puede ser mi discípulo.
27 Y cualquiera que no trae su cruz, y viene en pos de mí, no puede ser mi discípulo.
28 Porque ¿cuál de vosotros, queriendo edificar una torre, no cuenta primero sentado los gastos, si tiene lo que necesita para acabarla?
29 Porque después que haya puesto el fundamento, y no pueda acabarla, todos los que lo vieren, no comiencen a hacer burla de él,
30 Diciendo: Este hombre comenzó a edificar, y no pudo acabar.
31 ¿O cuál rey, habiendo de ir a hacer guerra contra otro rey, sentándose primero no consulta si puede salir al encuentro con diez mil al que viene contra él con veinte mil?
32 De otra manera, cuando aun el otro está lejos, le ruega por la paz, enviándole embajada.
33 Así pues, cualquiera de vosotros que no renuncia a todas las cosas que posee, no puede ser mi discípulo.
34 Buena es la sal; mas si aun la sal fuere desvanecida, ¿con qué se adobará?

26 εἴ τις ἔρχεται πρός με καὶ οὐ μισεῖ τὸν πατέρα ἑαυτοῦ
Si alguno viene a mí y no odía al padre de sí mismo
καὶ τὴν μητέρα καὶ τὴν γυναῖκα καὶ τὰ τέκνα
y a la madre y a la mujer y a los hijos
καὶ τοὺς ἀδελφοὺς καὶ τὰς ἀδελφάς, ἔτι τε
y a los hermanos y a las hermanas, además de incluso
καὶ τὴν ἑαυτοῦ ψυχήν, οὐ δύναταί μοι μαθητὴς εἶναί.
también la de sí mismo vida,[296] no puede para mí discípulo ser.[297]

27 καὶ ὅστις οὐ βαστάζει τὸν σταυρὸν ἑαυτοῦ
y el que no carga la cruz de sí mismo
καὶ ἔρχεται ὀπίσω μου,
y viene detrás de mí,
οὐ δύναται εἶναί μου μαθητής.
no puede ser de mí discípulo.

28 τίς γὰρ ἐξ ὑμῶν, θέλων πύργον οἰκοδομῆσαι,
¿quién Porque de vosotros, queriendo torre edificar,
οὐχὶ πρῶτον καθίσας ψηφίζει τὴν δαπάνην,
no primero sentándose calcula el costo,
εἰ ἔχει τὰ πρὸς ἀπαρτισμόν;
si tiene lo[298] para conclusión?

29 ἵνα μήποτε, θέντος αὐτοῦ θεμέλιον καὶ μὴ ἰσχύοντος
No sea que, poniendo él cimiento y no pudiendo
ἐκτελέσαι, πάντες οἱ θεωροῦντες ἄρξωνται αὐτῷ ἐμπαίζειν,
concluir, todos los viendo comiencen de él a burlarse,

30 λέγοντες ὅτι οὗτος ὁ ἄνθρωπος ἤρξατο οἰκοδομεῖν
diciendo que éste el hombre comenzó a construir
καὶ οὐκ ἴσχυσεν ἐκτελέσαι.
y no pudo concluir.

31 ἢ τίς βασιλεύς, πορευόμενος συμβαλεῖν ἑτέρῳ βασιλεῖ
o ¿qué rey, yendo a enfrentarse con otro rey
εἰς πόλεμον, οὐχὶ καθίσας πρῶτον βουλεύεται
en guerra, no sentándose primero considera
εἰ δυνατός ἐστιν ἐν δέκα χιλιάσιν ὑπαντῆσαι τῷ
si capaz es con diez mil de encontrarse con el
μετὰ εἴκοσι χιλιάδων ἐρχομένῳ ἐπ' αὐτόν;
con veinte mil viniendo contra él?

32 εἰ δὲ μήγε, ἔτι αὐτοῦ πόρρω ὄντος πρεσβείαν
Si entonces no, todavía él lejos estando delegación
ἀποστείλας ἐρωτᾷ τὰ πρὸς εἰρήνην.
enviando pide los[299] para paz.

33 οὕτως οὖν πᾶς ἐξ ὑμῶν, ὃς οὐκ ἀποτάσσεται
Así pues todo de vosotros, que no renuncia
πᾶσι τοῖς ἑαυτοῦ ὑπάρχουσιν,
a todo lo de sí mismo perteneciendo[300]
οὐ δύναται εἶναί μου μαθητής.
no puede ser de mí discípulo.

34 Καλὸν τὸ ἅλας· ἐὰν δὲ καὶ τὸ ἅλας
Buena (es) la sal. Si entonces también la sal
μωρανθῇ, ἐν τίνι ἀρτυθήσεται;
es privada de sabor, ¿con qué será sazonada?[301]

---

296. O alma.
297. Oración de verbo ser más dativo, es decir, no lo puedo tener como discípulo.
298. La NU suprime lo.
299. Es decir, los términos, las condiciones para llegar a un acuerdo de paz.
300. Es decir, a todas sus posesiones.
301. O salada.

35 οὔτε εἰς γῆν οὔτε εἰς κοπρίαν εὔθετόν ἐστιν·
Ni para tierra ni para estercolero adecuada es.
ἔξω βάλλουσιν αὐτό. ὁ ἔχων ὦτα ἀκούειν ἀκουέτω.
Fuera arrojan la. El teniendo oídos para oír oiga.

15 **1** Ἦσαν δὲ ἐγγίζοντες αὐτῷ πάντες οἱ τελῶναι
Estaban - acercándose le todos los publicanos
καὶ οἱ ἁμαρτωλοὶ ἀκούειν αὐτοῦ.
Y los pecadores a oír lo.

2 καὶ διεγόγγυζον οἱ Φαρισαῖοι καὶ οἱ γραμματεῖς λέγοντες
y murmuraban[302] los fariseos y los escribas diciendo
ὅτι οὗτος ἁμαρτωλοὺς προσδέχεται καὶ συνεσθίει αὐτοῖς.
Que éste pecadores recibe y come con ellos.

3 εἶπε δὲ πρὸς αὐτοὺς τὴν παραβολὴν ταύτην λέγων·
dijo - a ellos la parábola esta diciendo:

4 τίς ἄνθρωπος ἐξ ὑμῶν ἔχων ἑκατὸν πρόβατα, καὶ
Qué hombre de vosotros teniendo cien ovejas, y
ἀπολέσας ἓν ἐξ αὐτῶν, οὐ καταλείπει τὰ ἐνενήκοντα ἐννέα ἐν
perdiendo una de ellas, no deja las noventa nueve en
τῇ ἐρήμῳ καὶ πορεύεται ἐπὶ τὸ ἀπολωλὸς ἕως εὕρῃ αὐτό;
el desierto y va tras la perdida hasta que encuentra la?

5 καὶ εὑρὼν ἐπιτίθησιν ἐπὶ τοὺς ὤμους αὐτοῦ χαίρων,
y hallando coloca sobre los hombros de él alegrándose,

6 καὶ ἐλθὼν εἰς τὸν οἶκον συγκαλεῖ τοὺς φίλους καὶ τοὺς γείτονας
y viniendo a la casa reúne a los amigos y a los vecinos
λέγων αὐτοῖς· συγχάρητέ μοι ὅτι εὗρον
diciendo les: alegraos conmigo porque encontré
τὸ πρόβατόν μου τὸ ἀπολωλός.
la oveja de mí la perdida.

7 λέγω ὑμῖν ὅτι οὕτω χαρὰ ἔσται ἐν τῷ οὐρανῷ ἐπὶ ἑνὶ ἁμαρτωλῷ
Digo os que así alegría habrá en el cielo por un pecador
μετανοοῦντι ἢ ἐπὶ ἐνενήκοντα ἐννέα δικαίοις, οἵτινες οὐ
que se arrepiente que por noventa nueve justos, que no
χρείαν ἔχουσι μετανοίας.
necesidad tienen de arrepentimiento.

8 Ἢ τίς γυνὴ δραχμὰς ἔχουσα δέκα ἐὰν ἀπολέσῃ δραχμὴν μίαν,
¿O qué mujer dracmas teniendo diez si pierde dracma uno,
οὐχὶ ἅπτει λύχνον καὶ σαροῖ τὴν οἰκίαν καὶ ζητεῖ ἐπιμελῶς
no enciende lámpara y barre la casa y busca cuidadosamente
ἕως ὅτου εὕρῃ;
hasta que encuentra?

9 καὶ εὑροῦσα συγκαλεῖ τὰς φίλας καὶ τὰς γείτονας λέγουσα·
y encontrándo reúne a las amigas y a las vecinas diciendo:
συγχάρητέ μοι ὅτι εὗρον τὴν δραχμὴν ἣν ἀπώλεσα.
alegraos conmigo porque encontré el dracma que perdí.

10 οὕτω, λέγω ὑμῖν, χαρὰ γίνεται ἐνώπιον τῶν ἀγγέλων τοῦ
Así, digo os, alegría se producirá delante de los ángeles de
Θεοῦ ἐπὶ ἑνὶ ἁμαρτωλῷ μετανοοῦντι.
Dios por un pecador que se arrepiente.

---

35 Ni para la tierra, ni para el muladar es buena; fuera la arrojan. Quien tiene oídos para oir, oiga.

15 Y se llegaban a él todos los publicanos y pecadores a oirle.

2 Y murmuraban los Fariseos y los escribas, diciendo: Este a los pecadores recibe, y con ellos come.

3 Y él les propuso esta parábola, diciendo:

4 ¿Qué hombre de vosotros, teniendo cien ovejas, si perdiere una de ellas, no deja las noventa y nueve en el desierto, y va a la que se perdió, hasta que la halle?

5 Y hallada, la pone sobre sus hombros gozoso:

6 Y viniendo a casa, junta a los amigos y a los vecinos, diciéndoles: Dadme el parabién, porque he hallado mi oveja que se había perdido.

7 Os digo, que así habrá más gozo en el cielo de un pecador que se arrepiente, que de noventa y nueve justos, que no necesitan arrepentimiento.

8 ¿O qué mujer que tiene diez dracmas, si perdiere una dracma, no enciende el candil, y barre la casa, y busca con diligencia hasta hallarla?

9 Y cuando la hubiere hallado, junta las amigas y las vecinas, diciendo: Dadme el parabién, porque he hallado la dracma que había perdido.

10 Así os digo que hay gozo delante de los ángeles de Dios por un pecador que se arrepiente.

---

302. La NU añade ambos.

11 Y dijo: Un hombre tenía dos hijos;
12 Y el menor de ellos dijo a su padre: Padre, dame la parte de la hacienda que me pertenece: y les repartió la hacienda.
13 Y no muchos días después, juntándolo todo el hijo menor, partió lejos a una provincia apartada; y allí desperdició su hacienda viviendo perdidamente.
14 Y cuando todo lo hubo malgastado, vino una grande hambre en aquella provincia, y comenzóle a faltar.
15 Y fué y se llegó a uno de los ciudadanos de aquella tierra, el cual le envió a su hacienda para que apacentase los puercos.
16 Y deseaba henchir su vientre de las algarrobas que comían los puercos; mas nadie se las daba.
17 Y volviendo en sí, dijo: ¡Cuántos jornaleros en casa de mi padre tienen abundancia de pan, y yo aquí perezco de hambre!
18 Me levantaré, e iré a mi padre, y le diré: Padre, he pecado contra el cielo y contra ti;
19 Ya no soy digno de ser llamado tu hijo; hazme como a uno de tus jornaleros.
20 Y levantándose, vino a su padre. Y como aun estuviese lejos, vióle su padre, y fué movido a misericordia, y corrió, y echóse sobre su cuello, y besóle.
21 Y el hijo le dijo: Padre, he pecado contra el cielo, y contra ti, y ya no soy digno de ser llamado tu hijo.

11 Εἶπε δέ· ἄνθρωπός τις εἶχε δύο υἱούς.
Dijo -: hombre uno tenía dos hijos.

12 καὶ εἶπεν ὁ νεώτερος αὐτῶν τῷ πατρί· πάτερ, δός μοι τὸ
Y dijo el menor de ellos al padre: padre, da me lo

ἐπιβάλλον μέρος τῆς οὐσίας. καὶ διεῖλεν
correspondiente de parte de la herencia. Y dividió

αὐτοῖς τὸν βίον.[303]
les la hacienda.

13 καὶ μετ' οὐ πολλὰς ἡμέρας συναγαγὼν πάντα ὁ νεώτερος υἱὸς
Y tras no muchos días reuniendo todo el menor hijo

ἀπεδήμησεν εἰς χώραν μακράν, καὶ ἐκεῖ διεσκόρπισε τὴν οὐσίαν
salió de viaje a país lejano, y allí dilapidó la riqueza

αὐτοῦ ζῶν ἀσώτως.
de él viviendo disolutamente.

14 δαπανήσαντος δὲ αὐτοῦ πάντα ἐγένετο λιμὸς ἰσχυρὸς κατὰ
habiendo gastado - él todo hubo hambre fuerte sobre

τὴν χώραν ἐκείνην, καὶ αὐτὸς ἤρξατο ὑστερεῖσθαι.
el país aquel, y él empezó a pasar necesidad.

15 καὶ πορευθεὶς ἐκολλήθη ἑνὶ τῶν πολιτῶν τῆς χώρας ἐκείνης,
y yendo se pegó a uno de los ciudadanos del país aquel,

καὶ ἔπεμψεν αὐτὸν εἰς τοὺς ἀγροὺς αὐτοῦ βόσκειν χοίρους.
y envió lo a los campos de él a apacentar cerdos.

16 καὶ ἐπεθύμει γεμίσαι τὴν κοιλίαν αὐτοῦ ἀπὸ τῶν κερατίων ὧν
y ansiaba llenar el vientre de él[304] de las algarrobas que

ἤσθιον οἱ χοῖροι, καὶ οὐδεὶς ἐδίδου αὐτῷ.
comían los cerdos, y ninguno daba le.

17 εἰς ἑαυτὸν δὲ ἐλθὼν εἶπε· πόσοι μίσθιοι τοῦ πατρός μου
en sí - viniendo, dijo: cuántos jornaleros del padre de mí

περισσεύουσιν ἄρτων, ἐγὼ δὲ λιμῷ ἀπόλλυμαι.
tienen de sobra pan, yo - de hambre perezco.

18 ἀναστὰς πορεύσομαι πρὸς τὸν πατέρα μου καὶ ἐρῶ αὐτῷ· πάτερ,
levantándome iré a el padre de mí y diré le: padre,

ἥμαρτον εἰς τὸν οὐρανὸν καὶ ἐνώπιόν σου·
pequé contra el cielo y ante ti.

19 οὐκέτι εἰμὶ ἄξιος κληθῆναι υἱός σου· ποίησόν με ὡς ἕνα
No soy digno de ser llamado hijo de ti. Haz me como uno

τῶν μισθίων σου.
de los jornaleros de ti.

20 καὶ ἀναστὰς ἦλθε πρὸς τὸν πατέρα ἑαυτοῦ. ἔτι δὲ αὐτοῦ
Y levantándose fue a el padre de él. Todavía - él

μακρὰν ἀπέχοντος εἶδεν αὐτὸν ὁ πατὴρ αὐτοῦ καὶ ἐσπλαγχνίσθη,
lejos estando vio lo el padre de él y se compadeció,

καὶ δραμὼν ἐπέπεσεν ἐπὶ τὸν τράχηλον αὐτοῦ
y corriendo cayó sobre el cuello de él

καὶ κατεφίλησεν αὐτόν.
y besó lo.

21 εἶπε δὲ αὐτῷ ὁ υἱός· πάτερ, ἥμαρτον εἰς τὸν οὐρανὸν
Dijo entonces le el hijo: padre, pequé contra el cielo

καὶ ἐνώπιόν σου, καὶ οὐκέτι εἰμὶ ἄξιος κληθῆναι υἱός σου.
y ante ti, y no soy digno de ser llamado hijo de ti.

---

303. Lit. la vida.
304. La NU sustituye por saciarse de.

22 εἶπε δὲ ὁ πατὴρ πρὸς τοὺς δούλους αὐτοῦ.[305]
Dijo entonces el padre a los siervos de él.

ἐξενέγκατε στολὴν τὴν πρώτην καὶ ἐνδύσατε αὐτόν,
Sacad túnica la primera y poned a él,

καὶ δότε δακτύλιον εἰς τὴν χεῖρα αὐτοῦ καὶ ὑποδήματα
y dad anillo en la mano de él y sandalias

εἰς τοὺς πόδας,
en los pies,

23 καὶ ἐνέγκαντες τὸν μόσχον τὸν σιτευτὸν θύσατε,
y trayendo el becerro el engordado sacrificad,

καὶ φαγόντες εὐφρανθῶμεν,
y comiendo alegrémonos,

24 ὅτι οὗτος ὁ υἱός μου νεκρὸς ἦν καὶ ἀνέζησε,
porque este el hijo de mí muerto estaba y ha vuelto a vivir.

καὶ ἀπολωλὼς ἦν καὶ εὑρέθη. καὶ ἤρξαντο εὐφραίνεσθαι.
y perdido estaba y fue hallado, y empezaron a regocijarse.

25 Ἦν δὲ ὁ υἱὸς αὐτοῦ ὁ πρεσβύτερος ἐν ἀγρῷ·
Estaba - el hijo de él el mayor en campo.

καὶ ὡς ἐρχόμενος ἤγγισε τῇ οἰκίᾳ, ἤκουσε συμφωνίας
Y como viniendo se acercara a la casa, oyó músicas

καὶ χορῶν,
y danzas,

26 καὶ προσκαλεσάμενος ἕνα τῶν παίδων
y llamando a uno de los siervos

ἐπυνθάνετο τί εἴη ταῦτα.
indagó qué fuera esto.

27 ὁ δὲ εἶπεν αὐτῷ ὅτι ὁ ἀδελφός σου ἥκει
Él entonces dijo le que el hermano de ti ha venido

καὶ ἔθυσεν ὁ πατήρ σου
y sacrificó el padre de ti

τὸν μόσχον τὸν σιτευτόν, ὅτι ὑγιαίνοντα αὐτὸν ἀπέλαβεν.
el becerro el cebado, porque sano lo recibió.

28 ὠργίσθη δὲ καὶ οὐκ ἤθελεν εἰσελθεῖν, ὁ οὖν
Se encolerizó entonces y no quiso entrar, el por lo tanto

πατὴρ αὐτοῦ ἐξελθὼν παρεκάλει αὐτόν.
padre de él saliendo suplicó le.

29 ὁ δὲ ἀποκριθεὶς εἶπε τῷ πατρί·
Él - respondiendo dijo al padre:

ἰδοὺ τοσαῦτα ἔτη δουλεύω σοι καὶ οὐδέποτε ἐντολήν σου
mira muchos años sirvo te y nunca mandamiento de ti

παρῆλθον, καὶ ἐμοὶ οὐδέποτε ἔδωκας ἔριφον ἵνα μετὰ τῶν
transgredí, y a mí nunca diste cabritillo para que con los

φίλων μου εὐφρανθῶ·
amigos de mí me alegrara.

30 ὅτε δὲ ὁ υἱός σου οὗτος, ὁ καταφαγών σου τὸν βίον[306]
Cuando entonces el hijo de ti este, que devoró de ti la hacienda

μετὰ πορνῶν, ἦλθεν, ἔθυσας αὐτῷ τὸν μόσχον τὸν σιτευτόν.
con rameras, vino, sacrificaste para él el ternero el cebado.

31 ὁ δὲ εἶπεν αὐτῷ· τέκνον, σὺ πάντοτε μετ' ἐμοῦ εἶ, καὶ πάντα τὰ
Él - dijo le: hijo, tú siempre conmigo estás y todo lo

ἐμὰ σά ἐστιν·
mío tuyo es.

22 Mas el padre dijo a sus siervos: Sacad el principal vestido, y vestidle; y poned un anillo en su mano, y zapatos en sus pies.
23 Y traed el becerro grueso, y matadlo, y comamos, y hagamos fiesta:
24 Porque este mi hijo muerto era, y ha revivido; habíase perdido, y es hallado. Y comenzaron a regocijarse.
25 Y su hijo el mayor estaba en el campo; el cual como vino, y llegó cerca de casa, oyó la sinfonía y las danzas;
26 Y llamando a uno de los criados, preguntóle qué era aquello.
27 Y él le dijo: Tu hermano ha venido; y tu padre ha muerto el becerro grueso, por haberle recibido salvo.
28 Entonces se enojó, y no quería entrar. Salió por tanto su padre, y le rogaba que entrase.
29 Mas él respondiendo, dijo al padre: He aquí tantos años te sirvo, no habiendo traspasado jamás tu mandamiento, y nunca me has dado un cabrito para gozarme con mis amigos:
30 Mas cuando vino éste tu hijo, que ha consumido tu hacienda con rameras, has matado para él el becerro grueso.
31 El entonces le dijo: Hijo, tú siempre estás conmigo, y todas mis cosas son tuyas.

---

305. La NU añade rápidamente.
306. Lit: la vida.

32 Mas era menester hacer fiesta y holgarnos, porque este tu hermano muerto era, y ha revivido; habíase perdido, y es hallado.

16

Y dijo también a sus discípulos: Había un hombre rico, el cual tenía un mayordomo, y éste fué acusado delante de él como disipador de sus bienes. **2** Y le llamó, y le dijo: ¿Qué es esto que oigo de ti? Da cuenta de tu mayordomía, porque ya no podrás más ser mayordomo. **3** Entonces el mayordomo dijo dentro de sí: ¿Qué haré? que mi señor me quita la mayordomía. Cavar, no puedo; mendigar, tengo vergüenza. **4** Yo sé lo que haré para que cuando fuere quitado de la mayordomía, me reciban en sus casas. **5** Y llamando a cada uno de los deudores de su señor, dijo al primero: ¿Cuánto debes a mi señor? **6** Y él dijo: Cien barriles de aceite. Y le dijo: Toma tu obligación, y siéntate presto, y escribe cincuenta. **7** Después dijo a otro: ¿Y tú, cuánto debes? Y él dijo: Cien coros de trigo. Y él le dijo: Toma tu obligación, y escribe ochenta.

32 εὐφρανθῆναι δὲ καὶ χαρῆναι ἔδει, ὅτι
alegrarse Sin embargo y regocijarse era preciso porque
ὁ ἀδελφός σου οὗτος νεκρὸς ἦν καὶ ἀνέζησε,
el hermano de ti este muerto era y ha vuelto a vivir[307]
καὶ ἀπολωλὼς ἦν καὶ εὑρέθη.
y perdido estaba y fue hallado.

16 1 Ἔλεγε δὲ καὶ πρὸς τοὺς μαθητὰς αὐτοῦ· ἄνθρωπός
Dijo entonces también a los discípulos de él: hombre
τις ἦν πλούσιος, ὃς εἶχεν οἰκονόμον, καὶ οὗτος διεβλήθη
uno era rico, que tenía ecónomo,[308] y éste fue acusado
αὐτῷ ὡς διασκορπίζων τὰ ὑπάρχοντα αὐτοῦ.
a él como dilapidando las posesiones de él.

2 καὶ φωνήσας αὐτὸν εἶπεν αὐτῷ· τί τοῦτο ἀκούω περὶ σοῦ;
Y llamado lo dijo le: ¿Qué esto oigo acerca de ti?
ἀπόδος τὸν λόγον τῆς οἰκονομίας σου·
Da la cuenta de la administración de ti
οὐ γὰρ δύνήσῃ ἔτι οἰκονομεῖν.
no Porque podrás ya administrar.

3 εἶπε δὲ ἐν ἑαυτῷ ὁ οἰκονόμος· τί ποιήσω, ὅτι ὁ
Dijo entonces en sí mismo el ecónomo:[309] ¿qué haré porque el
κύριός μου ἀφαιρεῖται τὴν οἰκονομίαν ἀπ' ἐμοῦ; σκάπτειν
señor de mí quita la administración de mí? Cavar
οὐκ ἰσχύω, ἐπαιτεῖν αἰσχύνομαι.
no puedo, mendigar me avergüenza.

4 ἔγνων τί ποιήσω, ἵνα, ὅταν μετασταθῶ ἐκ τῆς
Conocí[310] qué haré, para que, cuando sea retirado de la
οἰκονομίας, δέξωνταί με εἰς τοὺς οἴκους ἑαυτῶν.
administración, recibirán a mí en las casas de sí mismos.

5 καὶ προσκαλεσάμενος ἕνα ἕκαστον τῶν χρεοφειλετῶν τοῦ
Y llamando a cada uno de los deudores del
κυρίου ἑαυτοῦ ἔλεγε τῷ πρώτῳ· πόσον ὀφείλεις
señor de sí mismo dijo al primero: ¿cuánto debes
τῷ κυρίῳ μου;
al señor de mí?

6 ὁ δὲ εἶπε· ἑκατὸν βάτους ἐλαίου. καὶ εἶπεν αὐτῷ·
Él entonces dijo: cien batos de aceite de oliva. Y dijo le:
δέξαι σου τὸ γράμμα καὶ καθίσας ταχέως
toma de ti el escrito[311] y sentándote rápidamente
γράψον πεντήκοντα.
escribe cincuenta.

7 ἔπειτα ἑτέρῳ εἶπε· σὺ δὲ πόσον ὀφείλεις; ὁ δὲ
Después a otro dijo: tú entonces ¿cuánto debes? Él entonces
εἶπεν· ἑκατὸν κόρους σίτου. καὶ λέγει αὐτῷ· δέξαι σου
dijo: cien coros de trigo. Y dijo le: Toma de ti
τὸ γράμμα, καὶ γράψον ὀγδοήκοντα.
el escrito, y escribe ochenta.

---

307. La NU sustituye por vivió.
308. O administrador o mayordomo.
309. O administrador o mayordomo.
310. Es decir, ya he llegado a la conclusión de lo que voy a hacer.
311. La NU sustituye por escritos.

8 καὶ ἐπῄνεσεν ὁ κύριος τὸν οἰκονόμον τῆς ἀδικίας,
Y alabó el señor al ecónomo de la injusticia,

ὅτι φρονίμως ἐποίησεν· ὅτι οἱ υἱοὶ τοῦ αἰῶνος
porque inteligentemente hizo, porque los hijos del eón[312]

τούτου φρονιμώτεροι ὑπὲρ τοὺς υἱοὺς τοῦ φωτὸς
éste más inteligentes que los hijos de la luz

εἰς τὴν γενεὰν τὴν ἑαυτῶν εἰσι.
en la generación la de ellos mismos son.

9 κἀγὼ ὑμῖν λέγω· ποιήσατε ἑαυτοῖς φίλους ἐκ τοῦ
Y yo os digo: haced para vosotros mismos amigos de el

μαμωνᾶ τῆς ἀδικίας, ἵνα, ὅταν ἐκλείπητε, δέξωνται
Mamón de la injusticia,[313] para que, cuando perdáis,[314] reciban

ὑμᾶς εἰς τὰς αἰωνίους σκηνάς.
os en las eternas tiendas.

10 ὁ πιστὸς ἐν ἐλαχίστῳ καὶ ἐν πολλῷ πιστός ἐστι,
El fiel en mínimo también en mucho fiel es,

καὶ ὁ ἐν ἐλαχίστῳ ἄδικος καὶ ἐν πολλῷ ἄδικός ἐστιν.
y el en mínimo injusto también en mucho injusto es.

11 εἰ οὖν ἐν τῷ ἀδίκῳ μαμωνᾷ πιστοὶ οὐκ ἐγένεσθε,
Si pues con el injusto Mamón fieles no resultáis,

τὸ ἀληθινὸν τίς ὑμῖν πιστεύσει;
¿lo verdadero quién os confiará?

12 καὶ εἰ ἐν τῷ ἀλλοτρίῳ πιστοὶ οὐκ ἐγένεσθε,
Y si en lo ajeno fieles no resultáis,

τὸ ὑμέτερον τίς ὑμῖν δώσει;
¿lo vuestro quién os dará?

13 Οὐδεὶς οἰκέτης δύναται δυσὶ κυρίοις δουλεύειν·
Ningún siervo puede a dos señores servir.

ἢ γὰρ τὸν ἕνα μισήσει καὶ τὸν ἕτερον ἀγαπήσει,
o Porque al uno odiará y al otro amará,

ἢ ἑνὸς ἀνθέξεται καὶ τοῦ ἑτέρου καταφρονήσει.
o de uno estará de parte y al otro despreciará.

οὐ δύνασθε Θεῷ δουλεύειν καὶ μαμωνᾷ.
No podéis a Dios servir y a Mamón.

14 Ἤκουον δὲ ταῦτα πάντα καὶ οἱ Φαρισαῖοι
Escuchaban entonces esto todo también los fariseos

φιλάργυροι ὑπάρχοντες, καὶ ἐξεμυκτήριζον αὐτόν.
amigos del dinero siendo, y se burlaban de él.

15 καὶ εἶπεν αὐτοῖς· ὑμεῖς ἐστε οἱ δικαιοῦντες ἑαυτοὺς
Y dijo les: vosotros sois los que justificáis a vosotros mismos

ἐνώπιον τῶν ἀνθρώπων, ὁ δὲ Θεὸς γινώσκει
delante de los hombres, - pero Dios conoce

τὰς καρδίας ὑμῶν· ὅτι τὸ ἐν ἀνθρώποις
los corazones de vosotros, porque lo en hombres

ὑψηλὸν βδέλυγμα ἐνώπιον τοῦ Θεοῦ.
exaltado abominación (es) delante de Dios.

8Y alabó el señor al mayordomo malo por haber hecho discretamente; porque los hijos de este siglo son en su generación más sagaces que los hijos de luz.
9Y yo os digo: Haceos amigos de las riquezas de maldad, para que cuando faltareis, os reciban en las moradas eternas.
10El que es fiel en lo muy poco, también en lo más es fiel: y el que en lo muy poco es injusto, también en lo más es injusto.
11Pues si en las malas riquezas no fuisteis fieles. ¿quién os confiará lo verdadero?
12Y si en lo ajeno no fuisteis fieles, ¿quién os dará lo que es vuestro?
13Ningún siervo puede servir a dos señores; porque o aborrecerá al uno y amará al otro, o se allegará al uno y menospreciará al otro. No podéis servir a Dios y a las riquezas.
14Y oían también todas estas cosas los Fariseos, los cuales eran avaros, y se burlaban de él.
15Y díjoles: Vosotros sois los que os justificáis a vosotros mismos delante de los hombres; mas Dios conoce vuestros corazones; porque lo que los hombres tienen por sublime, delante de Dios es abominación.

---

312. O de la era.
313. La frase parece indicar no tanto que se utilice ese dinero para ganarse amigos sino que se salga de ese dinero (preposición ek) de tal manera que aún faltando éste se tenga lugar en las moradas eternas.
314. La NU sustituye por pierda.

16 La ley y los profetas hasta Juan: desde entonces el reino de Dios es anunciado, y quienquiera se esfuerza a entrar en él.
17 Empero más fácil cosa es pasar el cielo y la tierra, que frustrarse un tilde de la ley.
18 Cualquiera que repudia a su mujer, y se casa con otra, adultera: y el que se casa con la repudiada del marido, adultera.
19 Había un hombre rico, que se vestía de púrpura y de lino fino, y hacía cada día banquete con esplendidez.
20 Había también un mendigo llamado Lázaro, el cual estaba echado a la puerta de él, lleno de llagas,
21 Y deseando hartarse de las migajas que caían de la mesa del rico; y aun los perros venían y le lamían las llagas.
22 Y aconteció que murió el mendigo, y fué llevado por los ángeles al seno de Abraham: y murió también el rico, y fué sepultado.
23 Y en el infierno alzó sus ojos, estando en los tormentos, y vió a Abraham de lejos, y a Lázaro en su seno.

16 Ὁ νόμος καὶ οἱ προφῆται ἕως Ἰωάννου· ἀπὸ τότε
La ley y los profetas hasta Juan. Desde entonces

ἡ βασιλεία τοῦ Θεοῦ εὐαγγελίζεται,
el reino de Dios es anunciado.

καὶ πᾶς εἰς αὐτὴν βιάζεται.
Y todo en él irrumpe.

17 Εὐκοπώτερον δέ ἐστι τὸν οὐρανὸν καὶ τὴν γῆν
Más fácil entonces es el cielo y la tierra

παρελθεῖν ἢ τοῦ νόμου μίαν κεραίαν πεσεῖν.
pasar que de la ley un trazo caer.

18 Πᾶς ὁ ἀπολύων τὴν γυναῖκα αὐτοῦ καὶ γαμῶν
Todo el despachando[315] la mujer de él y casándose con

ἑτέραν μοιχεύει, καὶ πᾶς ὁ ἀπολελυμένην
otra comete adulterio, y todo[316] el con despachada

ἀπὸ ἀνδρὸς γαμῶν μοιχεύει.
de hombre casándose comete adulterio.[317]

19 Ἄνθρωπος δέ τις ἦν πλούσιος, καὶ ἐνεδιδύσκετο
Hombre entonces uno había rico, y estaba vestido

πορφύραν καὶ βύσσον εὐφραινόμενος
de púrpura y lino fino festejando

καθ' ἡμέραν λαμπρῶς.
cada día espléndidamente.

20 πτωχὸς δέ τις ἦν ὀνόματι Λάζαρος, ὃς
Pobre entonces uno había[318] de nombre Lázaro, que[319]

ἐβέβλητο πρὸς τὸν πυλῶνα αὐτοῦ ἡλκωμένος
había sido colocado delante de la puerta de él cubierto de llagas

21 καὶ ἐπιθυμῶν χορτασθῆναι ἀπὸ τῶν ψιχίων τῶν πιπτόντων
y deseando ser harto de los mendrugos[320] los cayendo

ἀπὸ τῆς τραπέζης τοῦ πλουσίου· ἀλλὰ καὶ οἱ κύνες
de la mesa del rico, pero también los perros

ἐρχόμενοι ἐπέλειχον τὰ ἕλκη αὐτοῦ.
viniendo lamían las llagas de él.

22 ἐγένετο δὲ ἀποθανεῖν τὸν πτωχὸν καὶ ἀπενεχθῆναι
Aconteció entonces morir el pobre y ser llevado

αὐτὸν ὑπὸ τῶν ἀγγέλων εἰς τὸν κόλπον Ἀβραάμ·
él por los ángeles a el seno de Abraham.

ἀπέθανε δὲ καὶ ὁ πλούσιος καὶ ἐτάφη.
Murió entonces también el rico y fue sepultado.

23 καὶ ἐν τῷ ᾅδῃ ἐπάρας τοὺς ὀφθαλμοὺς αὐτοῦ,
Y en el Hades alzando los ojos de él,

ὑπάρχων ἐν βασάνοις, ὁρᾷ Ἀβραὰμ ἀπὸ μακρόθεν
estando en tormentos, ve a Abraham desde lejos

καὶ Λάζαρον ἐν τοῖς κόλποις αὐτοῦ.
y a Lázaro en los senos de él.

---

315. Como en Lucas 14.4.
316. La NU omite todo.
317. Es decir, todo el que repudia a una mujer y se casa con otra comete adulterio y todo el que se casa con una repudiada comete adulterio.
318. La NU omite había.
319. La NU omite que.
320. La NU omite de los mendrugos.

24 καὶ αὐτὸς φωνήσας εἶπε· πάτερ Ἀβραάμ, ἐλέησόν με
Y él llamando dijo: padre Abraham, compadécete de mí

καὶ πέμψον Λάζαρον, ἵνα βάψῃ τὸ ἄκρον
y envía a Lázaro, para que introduzca la punta

τοῦ δακτύλου αὐτοῦ ὕδατος καὶ καταψύξῃ
del dedo de él en agua y refresque

τὴν γλῶσσάν μου, ὅτι ὀδυνῶμαι
la lengua de mí, porque estoy sometido a sufrimiento

ἐν τῇ φλογὶ ταύτῃ.
en la llama ésta.

25 εἶπε δὲ Ἀβραάμ· τέκνον, μνήσθητι ὅτι ἀπέλαβες
Dijo entonces Abraham: hijo, recuerda que recibiste

σὺ τὰ ἀγαθά σου ἐν τῇ ζωῇ σου, καὶ Λάζαρος
tú lo bueno de ti en la vida de ti, y Lázaro

ὁμοίως τὰ κακά· νῦν δὲ ὧδε παρακαλεῖται,
similarmente lo malo. Ahora sin embargo aquí es consolado,

σὺ δὲ ὀδυνᾶσαι.
tú sin embargo eres atormentado.

26 καὶ ἐπὶ πᾶσι τούτοις μεταξὺ ἡμῶν καὶ ὑμῶν
Y además de todo esto entre nosotros y vosotros

χάσμα μέγα ἐστήρικται, ὅπως
abismo grande ha sido establecido irrevocablemente, de manera que

οἱ θέλοντες διαβῆναι ἔνθεν πρὸς ὑμᾶς μὴ δύνωνται,
los queriendo cruzar de aquí a vosotros no pueden

μηδὲ οἱ ἐκεῖθεν πρὸς ἡμᾶς διαπερῶσιν.
ni los de aquí a vosotros crucen.

27 εἶπε δέ· ἐρωτῶ οὖν σε, πάτερ, ἵνα πέμψῃς αὐτὸν
Dijo sin embargo: pido pues a ti, padre, para que envíes lo

εἰς τὸν οἶκον τοῦ πατρός μου·
a la casa del padre de mí.

28 ἔχω γὰρ πέντε ἀδελφούς· ὅπως διαμαρτύρηται
tengo Porque cinco hermanos, de manera que testifique

αὐτοῖς, ἵνα μὴ καὶ αὐτοὶ ἔλθωσιν εἰς τὸν τόπον τοῦτον
a ellos, para que no también ellos vengan a el lugar éste

τῆς βασάνου.
del tormento.

29 λέγει αὐτῷ Ἀβραάμ· ἔχουσι Μωϋσέα καὶ
Dice le Abraham: tienen a Moisés y

τοὺς προφήτας· ἀκουσάτωσαν αὐτῶν.
a los profetas. Escúchen los.

30 ὁ δὲ εἶπεν· οὐχί, πάτερ Ἀβραάμ, ἀλλ' ἐάν τις
Él entonces dijo: no, padre Abraham, pero si uno

ἀπὸ νεκρῶν πορευθῇ πρὸς αὐτούς, μετανοήσουσιν.
de muertos fuera a ellos, se arrepentirán.

31 εἶπε δὲ αὐτῷ· εἰ Μωϋσέως καὶ τῶν προφητῶν
Dijo sin embargo a él: si a Moisés y a los profetas

οὐκ ἀκούουσιν, οὐδὲ ἐάν τις ἐκ νεκρῶν
no escuchan, tampoco si uno de muertos

ἀναστῇ πεισθήσονται.
se levanta[321] serán persuadidos.

24 Entonces él, dando voces, dijo: Padre Abraham, ten misericordia de mí, y envía a Lázaro que moje la punta de su dedo en agua, y refresque mi lengua; porque soy atormentado en esta llama. **25** Y díjole Abraham: Hijo, acuérdate que recibiste tus bienes en tu vida, y Lázaro también males; mas ahora éste es consolado aquí, y tú atormentado. **26** Y además de todo esto, una grande sima está constituída entre nosotros y vosotros, que los que quisieren pasar de aquí a vosotros, no pueden, ni de allá pasar acá. **27** Y dijo: Ruégote pues, padre, que le envíes a la casa de mi padre; **28** Porque tengo cinco hermanos; para que les testifique, porque no vengan ellos también a este lugar de tormento. **29** Y Abraham le dice: A Moisés y a los profetas tienen: óiganlos. **30** Él entonces dijo: No, padre Abraham: mas si alguno fuere a ellos de los muertos, se arrepentirán. **31** Mas Abraham le dijo: Si no oyen a Moisés y a los profetas, tampoco se persuadirán, si alguno se levantare de los muertos.

---

321. Es decir, resucita.

17 Y a sus discípulos dice: Imposible es que no vengan escándalos; mas ¡ay de aquél por quien vienen!
2 Mejor le fuera, si le pusiesen al cuello una piedra de molino, y le lanzasen en el mar, que escandalizar a uno de estos pequeñitos.
3 Mirad por vosotros: si pecare contra ti tu hermano, repréndele; y si se arrepintiere, perdónale.
4 Y si siete veces al día pecare contra ti, y siete veces al día se volviere a ti, diciendo, pésame, perdónale.
5 Y dijeron los apóstoles al Señor: Auméntanos la fe.
6 Entonces el Señor dijo: Si tuvieseis fe como un grano de mostaza, diréis a este sicómoro: Desarráigate, y plántate en el mar; y os obedecerá.
7 ¿Y quién de vosotros tiene un siervo que ara o apacienta, que vuelto del campo le diga luego: Pasa, siéntate a la mesa?
8 ¿No le dice antes: Adereza qué cene, y arremángate, y sírveme hasta que haya comido y bebido; y después de esto, come tú y bebe?
9 ¿Da gracias al siervo porque hizo lo que le había sido mandado? Pienso que no.

17 1 Εἶπε δὲ πρὸς τοὺς μαθητὰς αὐτοῦ· ἀνένδεκτόν ἐστι
Dijo entonces a los discípulos de él: imposible es
τοῦ μὴ ἐλθεῖν τὰ σκάνδαλα· οὐαὶ δὲ δι' οὗ
el no venir los escándalos. Ay sin embargo[322] por el
ἔρχεται·
que vienen.

2 λυσιτελεῖ αὐτῷ εἰ λίθος μυλικὸς περίκειται
Mejor para él si piedra de molino[323] es puesta
περὶ τὸν τράχηλον αὐτοῦ καὶ ἔρριπται εἰς τὴν
alrededor del cuello de él y había sido arrojada a el
θάλασσαν, ἢ ἵνα σκανδαλίσῃ ἕνα τῶν μικρῶν τούτων.
mar, - que escandalice a uno de los pequeños éstos.

3 προσέχετε ἑαυτοῖς. ἐὰν δὲ ἁμάρτῃ εἰς σὲ ὁ
Cuidados de vosotros mismos. Si - peca contra ti[324] el
ἀδελφός σου, ἐπιτίμησον αὐτῷ· καὶ ἐὰν μετανοήσῃ, ἄφες αὐτῷ·
hermano de ti, reprende lo. Y si se arrepiente, perdona lo.

4 καὶ ἐὰν ἑπτάκις τῆς ἡμέρας ἁμάρτῃ εἰς σὲ καὶ ἑπτάκις
Y si siete veces al día[325] peca contra ti y siete veces
τῆς ἡμέρας ἐπιστρέψῃ πρὸς σὲ λέγων,
al día se vuelve a ti diciendo:
μετανοῶ, ἀφήσεις αὐτῷ.
me arrepiento, perdonarás lo.

5 Καὶ εἶπον οἱ ἀπόστολοι τῷ Κυρίῳ· πρόσθες ἡμῖν πίστιν.
Y dijeron los apóstoles al Señor: añade nos fe.

6 εἶπε δὲ ὁ Κύριος· εἰ ἔχετε πίστιν ὡς κόκκον
Dijo entonces el Señor: si tenéis[326] fe como grano
σινάπεως, ἐλέγετε ἂν τῇ συκαμίνῳ ταύτῃ, ἐκριζώθητι
de mostaza, diréis al sicómoro éste: desarráigate
καὶ φυτεύθητι ἐν τῇ θαλάσσῃ·
y plántate en el mar.
καὶ ὑπήκουσεν ἂν ὑμῖν.
Y obedecerá a vosotros.

7 Τίς δὲ ἐξ ὑμῶν δοῦλον ἔχων ἀροτριῶντα ἢ
¿Quién entonces de vosotros siervo teniendo arando o
ποιμαίνοντα, ὃς εἰσελθόντι ἐκ τοῦ ἀγροῦ ἐρεῖ,
pastoreando, que viniendo de el campo dirá:
εὐθέως παρελθὼν ἀνάπεσε,
inmediatamente viniendo reclínate,[327]

8 ἀλλ' οὐχὶ ἐρεῖ αὐτῷ· ἑτοίμασον τί δειπνήσω,
pero no dirá a él: prepara algo (para que) cene,
καὶ περιζωσάμενος διακόνει μοι ἕως φάγω καὶ πίω,
y habiéndote ceñido sirve me hasta que coma y beba,
καὶ μετὰ ταῦτα φάγεσαι καὶ πίεσαι σύ;
y después de esto comerás y beberás tú?

9 μὴ χάριν ἔχει τῷ δούλῳ ἐκείνῳ
¿Acaso gracias da al siervo aquel[328]
ὅτι ἐποίησε τὰ διαταχθέντα; οὐ δοκῶ.
porque hizo lo mandado? No pienso.[329]

---

322. La NU añade no obstante.
323. En otros manuscritos, de asno.
324. La NU omite contra ti.
325. La NU omite al día.
326. Algunos mss tienen tuvierais.
327. Es decir, el equivalente a nuestro "siéntate a comer".
328. La NU suprime aquel.
329. La NU suprime no pienso.

10 οὕτως καὶ ὑμεῖς, ὅταν ποιήσητε πάντα τὰ διαταχθέντα
   Así también vosotros, cuando hagáis todo lo mandado
   ὑμῖν, λέγετε ὅτι δοῦλοι ἀχρεῖοί ἐσμεν,
   a vosotros, decid que siervos inútiles somos,
   ὅτι ὃ ὠφείλομεν ποιῆσαι πεποιήκαμεν.
   porque[330] lo que debemos hacer hemos hecho.

11 Καὶ ἐγένετο ἐν τῷ πορεύεσθαι αὐτὸν εἰς Ἱερουσαλὴμ
   Y aconteció en el ir él a Jerusalén
   καὶ αὐτὸς διήρχετο διὰ μέσου Σαμαρείας
   y él atravesaba por mitad de Samaria
   καὶ Γαλιλαίας.
   y Galilea.

12 καὶ εἰσερχομένου αὐτοῦ εἴς τινα κώμην ἀπήντησαν
   Y entrando él en una aldea se encontraron
   αὐτῷ δέκα λεπροὶ ἄνδρες, οἳ ἔστησαν πόρρωθεν,
   con él diez leprosos hombres, que se colocaron a distancia

13 καὶ αὐτοὶ ἦραν φωνὴν λέγοντες·
   Y ellos alzaron voz diciendo:
   Ἰησοῦ ἐπιστάτα, ἐλέησον ἡμᾶς.
   Jesús maestro, ten misericordia de nosotros.

14 καὶ ἰδὼν εἶπεν αὐτοῖς· πορευθέντες ἐπιδείξατε ἑαυτοὺς
   Y viendo dijo les: yendo mostrad vosotros mismos
   τοῖς ἱερεῦσι. καὶ ἐγένετο ἐν τῷ ὑπάγειν αὐτοὺς
   a los sacerdotes. Y aconteció en el ir ellos
   ἐκαθαρίσθησαν.
   fueron limpiados.

15 εἷς δὲ ἐξ αὐτῶν, ἰδὼν ὅτι ἰάθη, ὑπέστρεψεν
   Uno sin embargo de ellos, viendo que era curado, regresó
   μετὰ φωνῆς μεγάλης δοξάζων τὸν Θεόν,
   con voz grande glorificando a Dios,

16 καὶ ἔπεσεν ἐπὶ πρόσωπον παρὰ τοὺς πόδας αὐτοῦ
   y cayó sobre rostro a los pies de él
   εὐχαριστῶν αὐτῷ· καὶ αὐτὸς ἦν Σαμαρείτης.
   agradeciendo le. Y él era samaritano.

17 ἀποκριθεὶς δὲ ὁ Ἰησοῦς εἶπεν· οὐχὶ οἱ δέκα
   Respondiendo entonces Jesús dijo: ¿no los diez
   ἐκαθαρίσθησαν; οἱ δὲ ἐννέα ποῦ;
   fueron limpiados? ¿los entonces nueve dónde (están)?

18 οὐχ εὑρέθησαν ὑποστρέψαντες δοῦναι δόξαν
   ¿No fueron encontrados volviendo a dar gloria
   τῷ Θεῷ εἰ μὴ ὁ ἀλλογενὴς οὗτος;
   a Dios si no el extranjero éste?

19 καὶ εἶπεν αὐτῷ· ἀναστὰς πορεύου·
   Y dijo le: levantándote ve.
   ἡ πίστις σου σέσωκέ σε.
   La fe de ti ha salvado a ti.

10Así también vosotros, cuando hubiereis hecho todo lo que os es mandado, decid: Siervos inútiles somos, porque lo que debíamos hacer, hicimos.
11Y aconteció que yendo él a Jerusalem, pasaba por medio de Samaria y de Galilea.
12Y entrando en una aldea, viniéronle al encuentro diez hombres leprosos, los cuales se pararon de lejos,
13Y alzaron la voz, diciendo: Jesús, Maestro, ten misericordia de nosotros.
14Y como él los vió, les dijo: Id, mostraos a los sacerdotes. Y aconteció, que yendo ellos, fueron limpios.
15Entonces uno de ellos, como se vió que estaba limpio, volvió, glorificando a Dios a gran voz;
16Y derribóse sobre el rostro a sus pies, dándole gracias: y éste era Samaritano.
17Y respondiendo Jesús, dijo: ¿No son diez los que fueron limpios? ¿Y los nueve dónde están?
18¿No hubo quien volviese y diese gloria a Dios sino este extranjero?
19Y díjole: Levántate, vete; tu fe te ha salvado.

---

330. La NU suprime porque.

20Y preguntado por los Fariseos, cuándo había de venir el reino de Dios, les respondió y dijo: El reino de Dios no vendrá con advertencia;
21Ni dirán: Helo aquí, o helo allí: porque he aquí el reino de Dios entre vosotros está.
22Y dijo a sus discípulos: Tiempo vendrá, cuando desearéis ver uno de los días del Hijo del hombre, y no lo veréis.
23Y os dirán: Helo aquí, o helo allí. No vayáis, ni sigáis.
24Porque como el relámpago, relampagueando desde una parte de debajo del cielo, resplandece hasta la otra debajo del cielo, así también será el Hijo del hombre en su día.
25Mas primero es necesario que padezca mucho, y sea reprobado de esta generación.
26Y como fué en los días de Noé, así también será en los días del Hijo del hombre.
27Comían, bebían, los hombres tomaban mujeres, y las mujeres maridos, hasta el día que entró Noé en el arca; y vino el diluvio, y destruyó a todos.
28Asimismo también como fué en los días de Lot; comían, bebían, compraban, vendían, plantaban, edificaban;

20 Ἐπερωτηθεὶς δὲ ὑπὸ τῶν Φαρισαίων πότε ἔρχεται
Siendo preguntado entonces por los fariseos cuando viene
ἡ βασιλεία τοῦ Θεοῦ, ἀπεκρίθη αὐτοῖς καὶ εἶπεν·
el reino de Dios, respondió les y dijo:
οὐκ ἔρχεται ἡ βασιλεία τοῦ Θεοῦ μετὰ παρατηρήσεως,[331]
no viene el reino de Dios con observación,

21 οὐδὲ ἐροῦσιν ἰδοὺ ὧδε ἢ ἰδοὺ ἐκεῖ· ἰδοὺ γὰρ ἡ βασιλεία
ni dirán mira aquí o mira allí. mira[332] Porque el reino
τοῦ Θεοῦ ἐντὸς ὑμῶν ἐστιν.
de Dios entre[333] vosotros está.

22 Εἶπε δὲ πρὸς τοὺς μαθητάς· ἐλεύσονται ἡμέραι
Dijo entonces a los discípulos: vendrán días
ὅτε ἐπιθυμήσετε μίαν τῶν ἡμερῶν τοῦ Υἱοῦ
cuando desearéis uno de los días del Hijo
τοῦ ἀνθρώπου ἰδεῖν, καὶ οὐκ ὄψεσθε.
del hombre ver, y no veréis.

23 καὶ ἐροῦσιν ὑμῖν· ἰδοὺ ὧδε, ἰδοὺ ἐκεῖ·
Y dirán a vosotros: mirad aquí, mirad allí.
μὴ ἀπέλθητε μηδὲ διώξητε.
No vayáis ni sigáis.

24 ὥσπερ γὰρ ἡ ἀστραπὴ ἀστράπτουσα ἐκ τῆς
como Porque el relámpago relampagueando desde la (zona)
ὑπ' οὐρανὸν εἰς τὴν ὑπ' οὐρανὸν λάμπει, οὕτως ἔσται καὶ
bajo cielo a la (zona) bajo cielo brilla, así será también
ὁ Υἱὸς τοῦ ἀνθρώπου ἐν τῇ ἡμέρᾳ αὐτοῦ.
el Hijo del hombre en el día de él.

25 πρῶτον δὲ δεῖ αὐτὸν πολλὰ παθεῖν καὶ
Primero sin embargo debe él mucho padecer y
ἀποδοκιμασθῆναι ἀπὸ τῆς γενεᾶς ταύτης.
ser rechazado de la generación ésta.

26 καὶ καθὼς ἐγένετο ἐν ταῖς ἡμέραις Νῶε,
Y como aconteció en los días de Noé,
οὕτως ἔσται καὶ ἐν ταῖς ἡμέραις τοῦ Υἱοῦ τοῦ ἀνθρώπου·
así será también en los días del Hijo del hombre.

27 ἤσθιον, ἔπινον, ἐγάμουν, ἐξεγαμίζοντο,
Comían, bebían, se casaban, eran dados en casamiento,
ἄχρι ἧς ἡμέρας εἰσῆλθε Νῶε εἰς τὴν κιβωτόν,
hasta el día que entró Noé en el arca,
καὶ ἦλθεν ὁ κατακλυσμὸς καὶ ἀπώλεσεν ἅπαντας.
y vino el diluvio y perdió[334] a todos.

28 ὁμοίως καὶ ὡς ἐγένετο ἐν ταῖς ἡμέραις
De manera semejante también como aconteció en los días
Λώτ· ἤσθιον, ἔπινον, ἠγόραζον, ἐπώλουν, ἐφύτευον,
de Lot, comían, bebían, compraban, vendían, plantaban,
ᾠκοδόμουν·
construían.

---

331. Es decir, de una manera tan aparatosa, tan ostentosa que provoca que lo miren y observen.
332. La NU suprime mira.
333. O dentro de.
334. Como en Lucas 15.8.

29 ᾗ   δὲ   ἡμέρᾳ   ἐξῆλθε Λὼτ ἀπὸ Σοδόμων, ἔβρεξε
En el sin embargo día en que salió Lot de Sodoma, llovió

πῦρ καὶ θεῖον ἀπ' οὐρανοῦ καὶ ἀπώλεσεν ἅπαντας.
fuego y azufre de cielo   y   perdió³³⁵ a todos.

30 κατὰ ταὐτὰ ἔσται ᾗ   ἡμέρᾳ   ὁ Υἱὸς τοῦ ἀνθρώπου
Según ésto³³⁶,³³⁷ será en el día en que el Hijo del hombre

ἀποκαλύπτεται.
es manifestado.

31 ἐν ἐκείνῃ τῇ ἡμέρᾳ ὃς   ἔσται   ἐπὶ τοῦ δώματος
En aquel el día el que estará en el tejado

καὶ   τὰ σκεύη αὐτοῦ ἐν τῇ οἰκίᾳ, μὴ καταβάτω
también los bienes de él en la casa, no descienda

ἆραι   αὐτά, καὶ ὁ ἐν ἀγρῷ ὁμοίως
a llevar los, y el en campo de manera semejante

μὴ ἐπιστρεψάτω εἰς τὰ ὀπίσω.
no regrese   por lo de detrás.

32 μνημονεύετε τῆς γυναικὸς Λὼτ.
Recordad   a la esposa de Lot.

33 ὃς ἐὰν ζητήσῃ τὴν ψυχὴν αὐτοῦ σῶσαι,
El que busque el alma de él salvar,³³⁸

ἀπολέσει αὐτήν, καὶ ὃς ἐὰν ἀπολέσῃ αὐτήν,³³⁹ ζῳογονήσει
perderá la,   y el que pierda la,   dará vida

αὐτήν.
a ella.

34 λέγω ὑμῖν, ταύτῃ τῇ νυκτὶ ἔσονται δύο ἐπὶ κλίνης μιᾶς,
Digo os: en esa la noche estarán dos en lecho uno,

εἷς   παραληφθήσεται καὶ ὁ ἕτερος ἀφεθήσεται·
uno³⁴⁰ será tomado   y el otro   será dejado.

35 δύο ἔσονται ἀλήθουσαι ἐπὶ τὸ αὐτό, ἡ μία
Dos estarán moliendo en lo mismo, la una

παραληφθήσεται καὶ ἡ ἑτέρα ἀφεθήσεται.
será tomada y la otra será dejada.³⁴¹

36 δύο ἔσονται ἐν τῷ ἀγρῷ, ὁ εἷς παραληφθήσεται
Dos estarán en el campo, el uno será tomado

καὶ ὁ ἕτερος ἀφεθήσεται.
y el otro será dejado.

37 καὶ ἀποκριθέντες λέγουσιν αὐτῷ· ποῦ, Κύριε;
Y respondiendo dicen le: ¿dónde, Señor?

ὁ δὲ   εἶπεν αὐτοῖς· ὅπου τὸ σῶμα,
Él entonces dijo les: donde el cuerpo,

ἐκεῖ ἐπισυναχθήσονται καὶ οἱ ἀετοί.
allí serán reunidas también las águilas.

18 ¹ Ἔλεγε δὲ καὶ παραβολὴν αὐτοῖς πρὸς τὸ δεῖν
Dijo entonces también parábola a ellos sobre el ser

πάντοτε προσεύχεσθαι αὐτοὺς καὶ μὴ ἐκκακεῖν,
necesario siempre orar ellos y no desanimarse,

29Mas el día que Lot salió de Sodoma, llovió del cielo fuego y azufre, y destruyó a todos:
30Como esto será el día en que el Hijo del hombre se manifestará.
31En aquel día, el que estuviere en el terrado, y sus alhajas en casa, no descienda a tomarlas: y el que en el campo, asimismo no vuelva atrás.
32Acordaos de la mujer de Lot.
33Cualquiera que procurare salvar su vida, la perderá; y cualquiera que la perdiere, la salvará.
34Os digo que en aquella noche estarán dos en una cama; el uno será tomado, y el otro será dejado.
35Dos mujeres estarán moliendo juntas: la una será tomada, y la otra dejada.
36Dos estarán en el campo; el uno será tomado, y el otro dejado.
37Y respondiendo, le dicen: ¿Dónde, Señor? Y él les dijo: Donde estuviere el cuerpo, allá se juntarán también las águilas.

18 Y propúsoles también una parábola sobre que es necesario orar siempre, y no desmayar,

---

335. Como en Lucas 15.8.
336. Es decir, así.
337. La NU sustituye por lo mismo.
338. La NU sustituye por preservar.
339. La NU suprime la.
340. La NU lee el uno.
341. Algunos mss añaden: dos estarán en el campo, el uno será tomado y el otro será dejado.

2Diciendo: Había un juez en una ciudad, el cual ni temía a Dios, ni respetaba a hombre.
3Había también en aquella ciudad una viuda, la cual venía a él diciendo: Hazme justicia de mi adversario.
4Pero él no quiso por algún tiempo; mas después de esto dijo dentro de sí: Aunque ni temo a Dios, ni tengo respeto a hombre,
5Todavía, porque esta viuda me es molesta, le haré justicia, porque al fin no venga y me muela.
6Y dijo el Señor: Oid lo que dice el juez injusto.
7¿Y Dios no hará justicia a sus escogidos, que claman a él día y noche, aunque sea longánime acerca de ellos?
8Os digo que los defenderá presto. Empero cuando el Hijo del hombre viniere, ¿hallará fe en la tierra?
9Y dijo también a unos que confiaban de sí como justos, y menospreciaban a los otros, esta parábola:
10Dos hombres subieron al templo a orar: el uno Fariseo, el otro publicano.

2 λέγων· κριτής τις ἦν ἔν τινι πόλει τὸν Θεὸν μὴ φοβούμενος
diciendo: juez uno había en una ciudad a Dios no temiendo
καὶ ἄνθρωπον μὴ ἐντρεπόμενος.
y a hombre no respetando.

3 χήρα δὲ ἦν ἐν τῇ πόλει ἐκείνῃ, καὶ ἤρχετο πρὸς αὐτὸν
Viuda entonces existía en la ciudad aquella, y vino a él
λέγουσα· ἐκδίκησόν με ἀπὸ τοῦ ἀντιδίκου μου.
diciendo: haz justicia a mí frente al adversario de mí.

4 καὶ οὐκ ἠθέλησεν ἐπὶ χρόνον· μετὰ δὲ ταῦτα εἶπεν
Y no quiso por tiempo. Después sin embargo de esto dijo
ἐν ἑαυτῷ· εἰ καὶ τὸν Θεὸν οὐ φοβοῦμαι
en sí mismo: si ciertamente a Dios no temo
καὶ ἄνθρωπον οὐκ ἐντρέπομαι,
y a hombre no respeto,

5 διά γε τὸ παρέχειν μοι κόπον τὴν χήραν
porque sin embargo el causar me molestia[342] la viuda
ταύτην ἐκδικήσω αὐτήν,
esta haré justicia a ella,
ἵνα μὴ εἰς τέλος ἐρχομένη ὑπωπιάζῃ με.
para que no a fin viniendo moleste a mí.

6 εἶπε δὲ ὁ Κύριος· ἀκούσατε τί ὁ κριτὴς τῆς
Dijo entonces el Señor: escuchad lo que el juez de la
ἀδικίας λέγει·
injusticia dice:

7 ὁ δὲ Θεὸς οὐ μὴ ποιήσῃ τὴν ἐκδίκησιν
¿- Entonces Dios no de ninguna manera hará la justicia
τῶν ἐκλεκτῶν αὐτοῦ τῶν βοώντων πρὸς αὐτὸν ἡμέρας
a los elegidos de él los clamando a él día
καὶ νυκτός, καὶ μακροθυμῶν ἐπ' αὐτοῖς;
y noche, y siendo paciente con ellos?

8 λέγω ὑμῖν ὅτι ποιήσει τὴν ἐκδίκησιν αὐτῶν ἐν τάχει.
Digo os que hará la justicia a ellos con rapidez.
πλὴν ὁ Υἱὸς τοῦ ἀνθρώπου ἐλθὼν ἆρα εὑρήσει
¿Pero el Hijo del hombre viniendo realmente encontrará
τὴν πίστιν ἐπὶ τῆς γῆς;
la fe sobre la tierra?

9 Εἶπε δὲ καὶ πρός τινας τοὺς πεποιθότας ἐφ' ἑαυτοῖς
Dijo entonces también a algunos los confiando en sí mismos
ὅτι εἰσὶ δίκαιοι, καὶ ἐξουθενοῦντας τοὺς λοιπούς,
que son justos, y despreciando a los restantes,
τὴν παραβολὴν ταύτην·
la parábola esta.

10 ἄνθρωποι δύο ἀνέβησαν εἰς τὸ ἱερὸν προσεύξασθαι,
Hombres dos subieron a el templo a orar.
ὁ εἷς Φαρισαῖος καὶ ὁ ἕτερος τελώνης.
El uno fariseo y el otro publicano.

---

342. Es decir, porque no deja de molestarme le haré justicia.

11 ὁ Φαρισαῖος σταθεὶς πρὸς ἑαυτὸν ταῦτα προσηύχετο·
El fariseo estando en pie a él mismo esto oraba:

ὁ Θεός, εὐχαριστῶ σοι ὅτι οὐκ εἰμὶ ὥσπερ
oh Dios, agradezco te que no soy como

οἱ λοιποὶ τῶν ἀνθρώπων, ἅρπαγες, ἄδικοι,
los demás de los hombres, ladrones, injustos,

μοιχοί, ἢ καὶ ὡς οὗτος ὁ τελώνης·
adúlteros, o también como éste el publicano.

12 νηστεύω δὶς τοῦ σαββάτου, ἀποδεκατῶ πάντα ὅσα
Ayuno dos veces por setena,³⁴³ diezmo todo cuanto

κτῶμαι.
adquiero.

13 καὶ ὁ τελώνης μακρόθεν ἑστὼς οὐκ ἤθελεν οὐδὲ
Y el publicano lejos estando no quería ni

τοὺς ὀφθαλμοὺς εἰς τὸν οὐρανὸν ἐπᾶραι, ἀλλ' ἔτυπτεν
los ojos a el cielo levantar, sino que se golpeaba

εἰς τὸ στῆθος αὐτοῦ λέγων· ὁ θεός, ἱλάσθητί μοι
en el pecho de él diciendo: oh Dios, haz expiación³⁴⁴ por mí

τῷ ἁμαρτωλῷ.
el pecador.

14 λέγω ὑμῖν, κατέβη οὗτος δεδικαιωμένος εἰς τὸν οἶκον
Digo os: descendió éste habiendo sido justificado a la casa

αὐτοῦ παρ' ἐκεῖνος· ὅτι πᾶς ὁ ὑψῶν ἑαυτὸν
de él a diferencia de aquel, porque todo el ensalzando a sí

ταπεινωθήσεται, ὁ δὲ ταπεινῶν ἑαυτὸν
mismo será humillado, el sin embargo humillando a sí mismo

ὑψωθήσεται.
será ensalzado.

15 Προσέφερον δὲ αὐτῷ καὶ τὰ βρέφη ἵνα
Traían sin embargo a él también los niños para que

αὐτῶν ἅπτηται· ἰδόντες δὲ οἱ μαθηταὶ
los tocara. Viendo sin embargo los discípulos

ἐπετίμησαν αὐτοῖς.
reprendieron los.

16 ὁ δὲ Ἰησοῦς προσκαλεσάμενος αὐτὰ εἶπεν·
- Entonces Jesús convocando los dijo:

ἄφετε τὰ παιδία ἔρχεσθαι πρός με καὶ μὴ κωλύετε αὐτά·
Dejad a los niños venir a mí y no prohibáis a ellos.

τῶν γὰρ τοιούτων ἐστὶν ἡ βασιλεία τοῦ Θεοῦ.
de los Porque como éstos es el reino de Dios.

17 ἀμὴν λέγω ὑμῖν, ὃς ἐὰν μὴ δέξηται τὴν βασιλείαν
Verdaderamente digo os, el que - no reciba el reino

τοῦ Θεοῦ ὡς παιδίον, οὐ μὴ εἰσέλθῃ εἰς αὐτήν.
de Dios como niño, no de ninguna manera entrará en él.

18 Καὶ ἐπηρώτησέ τις αὐτὸν ἄρχων λέγων·
Y pidió cierto a él arconte diciendo:

διδάσκαλε ἀγαθέ, τί ποιήσας ζωὴν αἰώνιον κληρονομήσω;
maestro bueno, ¿qué haciendo vida eterna³⁴⁵ heredaré?

11El Fariseo, en pie, oraba consigo de esta manera: Dios, te doy gracias, que no soy como los otros hombres, ladrones, injustos, adúlteros, ni aun como este publicano; **12**Ayuno dos veces a la semana, doy diezmos de todo lo que poseo. **13**Mas el publicano estando lejos no quería ni aun alzar los ojos al cielo, sino que hería su pecho, diciendo: Dios, sé propició a mí pecador. **14**Os digo que éste descendió a su casa justificado antes que el otro; porque cualquiera que se ensalza, será humillado; y el que se humilla, será ensalzado. **15**Y traían a él los niños para que los tocase; lo cual viendo los discípulos les reñían. **16**Mas Jesús llamándolos, dijo: Dejad los niños venir a mí, y no los impidáis; porque de tales es el reino de Dios. **17**De cierto os digo, que cualquiera que no recibiere el reino de Dios como un niño, no entrará en él. **18**Y preguntóle un príncipe, diciendo: Maestro bueno, ¿qué haré para poseer la vida eterna?

---

343. Es decir, a la semana.
344. Como en I Juan 2.2 y 4.10, el término ἱλασμός.
345. En realidad, la vida propia de la era, como referencia a la nueva era o época que inaugura el mesías, como en Lucas 18.30.

19 Y Jesús le dijo: ¿Por qué me llamas bueno? ninguno hay bueno sino sólo Dios.
20 Los mandamientos sabes: No matarás: No adulterarás: No hurtarás: No dirás falso testimonio: Honra a tu padre y a tu madre.
21 Y él dijo: Todas estas cosas he guardado desde mi juventud.
22 Y Jesús, oído esto, le dijo: Aun te falta una cosa: vende todo lo que tienes, y da a los pobres, y tendrás tesoro en el cielo; y ven, sígueme.
23 Entonces él, oídas estas cosas, se puso muy triste, porque era muy rico.
24 Y viendo Jesús que se había entristecido mucho, dijo: ¡Cuán dificultosamente entrarán en el reino de Dios los que tienen riquezas!
25 Porque más fácil cosa es entrar un camello por el ojo de una aguja, que un rico entrar en el reino de Dios.
26 Y los que lo oían, dijeron: ¿Y quién podrá ser salvo?
27 Y él les dijo: Lo que es imposible para con los hombres, posible es para Dios.
28 Entonces Pedro dijo: He aquí, nosotros hemos dejado las posesiones nuestras, y te hemos seguido.
29 Y él les dijo: De cierto os digo, que nadie hay que haya dejado casa, padres, o hermanos, o mujer, o hijos, por el reino de Dios,

19 εἶπε δὲ αὐτῷ ὁ Ἰησοῦς· τί με λέγεις ἀγαθόν;
Dijo entonces a él Jesús: ¿por qué me dices bueno?
οὐδεὶς ἀγαθὸς εἰ μὴ εἷς ὁ Θεός.
Nadie bueno es sino uno Dios.

20 τὰς ἐντολὰς οἶδας· μὴ μοιχεύσῃς, μὴ φονεύσῃς,
Los mandamientos conoces: no cometerás adulterio, no asesinarás,
μὴ κλέψῃς, μὴ ψευδομαρτυρήσῃς,
no robarás, no darás falso testimonio,
τίμα τὸν πατέρα σου καὶ τὴν μητέρα σου.
honra al padre de ti y a la madre de ti.

21 ὁ δὲ εἶπε· ταῦτα πάντα ἐφυλαξάμην ἐκ νεότητός μου.
Él entonces dijo: esto todo guardé desde juventud de mí.

22 ἀκούσας δὲ ταῦτα ὁ Ἰησοῦς εἶπεν αὐτῷ· ἔτι
Oyendo entonces esto[346] Jesús dijo le: Todavía
ἕν σοι λείπει· πάντα ὅσα ἔχεις πώλησον καὶ διάδος
una (cosa) te falta. Todo cuanto tienes vende y distribuye
πτωχοῖς, καὶ ἕξεις θησαυρὸν ἐν οὐρανῷ, καὶ δεῦρο ἀκολούθει μοι.
a pobres. Y tendrás tesoro en cielo, y ven sigue me.

23 ὁ δὲ ἀκούσας ταῦτα περίλυπος ἐγένετο·
Él entonces oyendo esto muy triste se puso,
ἦν γὰρ πλούσιος σφόδρα.
era Porque rico mucho.

24 ἰδὼν δὲ αὐτὸν ὁ Ἰησοῦς περίλυπον γενόμενον εἶπε·
Viendo entonces a él Jesús muy triste poniéndose dijo:
πῶς δυσκόλως οἱ τὰ χρήματα ἔχοντες εἰσελεύσονται
qué difícilmente los las posesiones teniendo entrarán
εἰς τὴν βασιλείαν τοῦ Θεοῦ.
en el reino de Dios.

25 εὐκοπώτερον γάρ ἐστι κάμηλον διὰ τρυμαλιᾶς
más fácil Porque es camello por ojo
ραφίδος εἰσελθεῖν ἢ πλούσιον
de aguja entrar que rico
εἰς τὴν βασιλείαν τοῦ Θεοῦ εἰσελθεῖν.
en el reino de Dios entrar.

26 εἶπον δὲ οἱ ἀκούσαντες· καὶ τίς δύναται σωθῆναι;
Dijeron entonces los oyendo: y ¿quién puede ser salvado?

27 ὁ δὲ εἶπε· τὰ ἀδύνατα παρὰ ἀνθρώποις
Él entonces dijo: lo imposible para hombres
δυνατὰ παρὰ τῷ Θεῷ ἐστιν.
posible para Dios es.

28 Εἶπε δὲ ὁ Πέτρος· ἰδοὺ ἡμεῖς ἀφήκαμεν τὰ πάντα
Dijo entonces Pedro: mira nosotros dejamos[347] todo
καὶ ἠκολουθήσαμέν σοι.
y seguimos a ti.

29 ὁ δὲ εἶπεν αὐτοῖς· ἀμὴν λέγω ὑμῖν ὅτι οὐδείς
Él entonces dijo les: verdaderamente digo os que nadie
ἐστιν ὃς ἀφῆκεν οἰκίαν ἢ γονεῖς ἢ ἀδελφοὺς ἢ γυναῖκα
hay que dejó casa o padres o hermanos o mujer
ἢ τέκνα ἕνεκεν τῆς βασιλείας τοῦ Θεοῦ,
o hijos por causa del reino de Dios,

---
346. La NU omite esto.
347. La NU sustituye por dejando.

30 ὃς οὐ μὴ ἀπολάβῃ πολλαπλασίονα ἐν τῷ καιρῷ
que no ciertamente reciba muchas más veces en el tiempo

τούτῳ καὶ ἐν τῷ αἰῶνι τῷ ἐρχομένῳ ζωὴν αἰώνιον.
éste y en la era la venidera vida eterna.

31 Παραλαβὼν δὲ τοὺς δώδεκα εἶπε πρὸς αὐτούς·
Tomando aparte entonces a los doce dijo a ellos:

ἰδοὺ ἀναβαίνομεν εἰς Ἱερουσαλὴμ καὶ
mira subimos a Jerusalén y

τελεσθήσεται πάντα τὰ γεγραμμένα διὰ τῶν προφητῶν
será concluido todo lo escrito a través de los profetas

τῷ Υἱῷ τοῦ ἀνθρώπου·
sobre el Hijo del hombre.

32 παραδοθήσεται γὰρ τοῖς ἔθνεσι καὶ ἐμπαιχθήσεται
será entregado Porque a los gentiles y será objeto de burlas

καὶ ὑβρισθήσεται καὶ ἐμπτυσθήσεται,
y será insultado y será escupido.

33 καὶ μαστιγώσαντες ἀποκτενοῦσιν αὐτόν,
Y azotando matarán lo,

καὶ τῇ ἡμέρᾳ τῇ τρίτῃ ἀναστήσεται.
y en el día el tercero se levantará.

34 καὶ αὐτοὶ οὐδὲν τούτων συνῆκαν, καὶ ἦν τὸ ῥῆμα τοῦτο
Y ellos nada de esto comprendieron, y estaba la palabra ésta

κεκρυμμένον ἀπ' αὐτῶν, καὶ οὐκ ἐγίνωσκον τὰ λεγόμενα.
oculta de ellos, y no conocieron lo dicho.

35 Ἐγένετο δὲ ἐν τῷ ἐγγίζειν αὐτὸν εἰς Ἱεριχὼ τυφλός τις
Aconteció entonces en el acercarse él a Jericó ciego uno

ἐκάθητο παρὰ τὴν ὁδὸν προσαιτῶν·
estaba sentado al lado del camino mendigando.

36 ἀκούσας δὲ ὄχλου διαπορευομένου
Oyendo entonces multitud pasando por en medio (de la ciudad)

ἐπυνθάνετο τί εἴη τοῦτο.
preguntó qué fuera esto.

37 ἀπήγγειλαν δὲ αὐτῷ ὅτι Ἰησοῦς ὁ Ναζωραῖος
Informaron entonces a él que Jesús el nazareno

παρέρχεται.
pasa.

38 καὶ ἐβόησε λέγων· Ἰησοῦ υἱὲ Δαυίδ, ἐλέησόν με.
Y gritó diciendo: Jesús Hijo de David, ten misericordia de mí.

39 καὶ οἱ προάγοντες ἐπετίμων αὐτῷ ἵνα σιωπήσῃ·
Y los precediendo reprendían le para que se callara.

αὐτὸς δὲ πολλῷ μᾶλλον ἔκραζεν· υἱὲ Δαυίδ,
Éste sin embargo mucho más gritaba: Hijo de David,

ἐλέησόν με.
ten misericordia de mí.

40 σταθεὶς δὲ ὁ Ἰησοῦς ἐκέλευσεν αὐτὸν ἀχθῆναι
Deteniéndose entonces Jesús ordenó él ser llevado

πρὸς αὐτόν. ἐγγίσαντος δὲ αὐτοῦ ἐπηρώτησεν αὐτόν
a él. Acercándose entonces él preguntó le

41 λέγων· τί σοι θέλεις ποιήσω; ὁ δὲ εἶπε·
diciendo: ¿qué a ti quieres haré?[348] El entonces dijo:

Κύριε, ἵνα ἀναβλέψω.
Señor, que vea de nuevo.

---

348. Es decir, ¿qué quieres que te haga?

42 Y Jesús le dijo: Ve, tu fe te ha hecho salvo.
43 Y luego vió, y le seguía, glorificando a Dios: y todo el pueblo como lo vió, dió a Dios alabanza.

19 Y habiendo entrado Jesús, iba pasando por Jericó;
2 Y he aquí un varón llamado Zaqueo, el cual era el principal de los publicanos, y era rico;
3 Y procuraba ver a Jesús quién fuese; mas no podía a causa de la multitud, porque era pequeño de estatura.
4 Y corriendo delante, subióse a un árbol sicómoro para verle; porque había de pasar por allí.
5 Y como vino a aquel lugar Jesús, mirando, le vió, y díjole: Zaqueo, date priesa, desciende, porque hoy es necesario que pose en tu casa.
6 Entonces él descendió apriesa, y le recibió gozoso.
7 Y viendo esto, todos murmuraban, diciendo que había entrado a posar con un hombre pecador.
8 Entonces Zaqueo, puesto en pie, dijo al Señor: He aquí, Señor, la mitad de mis bienes doy a los pobres; y si en algo he defraudado a alguno, lo vuelvo con el cuatro tanto.

42 καὶ ὁ Ἰησοῦς εἶπεν αὐτῷ· ἀνάβλεψον·
Y Jesús dijo le: ve de nuevo.
ἡ πίστις σου σέσωκέ σε.
La fe de ti ha salvado a ti.

43 καὶ παραχρῆμα ἀνέβλεψε, καὶ ἠκολούθει αὐτῷ
E inmediatamente vio de nuevo, y seguía lo
δοξάζων τὸν Θεόν· καὶ πᾶς ὁ λαὸς ἰδὼν
glorificando a Dios. Y todo el pueblo viendo
ἔδωκεν αἶνον τῷ Θεῷ.
dio alabanza a Dios.

19 **1** Καὶ εἰσελθὼν διήρχετο τὴν Ἰεριχώ·
Y entrando atravesaba Jericó.

2 καὶ ἰδοὺ ἀνὴρ ὀνόματι καλούμενος Ζακχαῖος,
Y mira hombre de nombre llamado Zaqueo,
καὶ αὐτὸς ἦν ἀρχιτελώνης, καὶ αὐτὸς ἦν πλούσιος,
y éste era publicano jefe, y éste era rico.

3 καὶ ἐζήτει ἰδεῖν τὸν Ἰησοῦν τίς ἐστι, καὶ οὐκ ἠδύνατο
Y buscaba ver a Jesús quién es, y no podía
ἀπὸ τοῦ ὄχλου, ὅτι τῇ ἡλικίᾳ μικρὸς ἦν.
por la multitud, porque en la estatura pequeño era.

4 καὶ προδραμὼν ἔμπροσθεν ἀνέβη ἐπὶ συκομορέαν,
Y adelantándose corriendo delante subió a sicómoro,
ἵνα ἴδῃ αὐτόν, ὅτι ἐκείνης ἤμελλε διέρχεσθαι.
para que viera lo porque por aquel iba a pasar.

5 καὶ ὡς ἦλθεν ἐπὶ τὸν τόπον, ἀναβλέψας ὁ Ἰησοῦς
Y cuando llegó a el lugar, levantando la vista Jesús
εἶδεν αὐτὸν καὶ εἶπε πρὸς αὐτόν· Ζακχαῖε,
vio lo y[349] dijo a él: Zaqueo,
σπεύσας κατάβηθι· σήμερον γὰρ ἐν τῷ οἴκῳ σου
dándote prisa baja, hoy Porque en la casa de ti
δεῖ με μεῖναι.
es preciso a mí quedar.

6 καὶ σπεύσας κατέβη, καὶ ὑπεδέξατο αὐτὸν χαίρων.
Y apresurándose descendió, y dio bienvenida a él alegrándose.

7 καὶ ἰδόντες πάντες διεγόγγυζον λέγοντες
Y viendo todos se quejaban diciendo
ὅτι παρὰ ἁμαρτωλῷ ἀνδρὶ εἰσῆλθε καταλῦσαι.
que con pecador hombre fue a alojarse.

8 σταθεὶς δὲ Ζακχαῖος εἶπε πρὸς τὸν Κύριον·
Habiéndose puesto en pie entonces Zaqueo dijo a el Señor:
ἰδοὺ τὰ ἡμίση τῶν ὑπαρχόντων μου, Κύριε,
mira la mitad de las posesiones de mí, Señor,
δίδωμι τοῖς πτωχοῖς, καὶ εἴ τινός τι ἐσυκοφάντησα[350]
doy a los pobres, y si de alguno algo extorsioné
ἀποδίδωμι τετραπλοῦν.
devuelvo cuádruplo.

---

349. La NU suprime vio lo y.
350. El término griego implica obtener directo mediante el uso de la mentira o de la calumnia, es decir, a través de medios deshonestos.

9 εἶπε δὲ πρὸς αὐτὸν ὁ Ἰησοῦς ὅτι σήμερον σωτηρία
Dijo entonces a él Jesús que hoy salvación
τῷ οἴκῳ τούτῳ ἐγένετο, καθότι καὶ αὐτὸς
a la casa ésta aconteció, porque también éste
υἱὸς Ἀβραάμ ἐστιν·
hijo de Abraham es.

10 ἦλθε γὰρ ὁ Υἱὸς τοῦ ἀνθρώπου ζητῆσαι
vino Porque el Hijo del hombre a buscar
καὶ σῶσαι τὸ ἀπολωλός.
y salvar lo habiendo sido perdido.

11 Ἀκουόντων δὲ αὐτῶν ταῦτα προσθεὶς εἶπε παραβολήν,
Oyendo entonces ellos esto añadiendo dijo parábola,
διὰ τὸ ἐγγὺς αὐτὸν εἶναι Ἰερουσαλὴμ καὶ δοκεῖν αὐτοὺς
por el cerca él estar de Jerusalén y pensar ellos
ὅτι παραχρῆμα μέλλει ἡ βασιλεία τοῦ Θεοῦ ἀναφαίνεσθαι·
que inmediatamente iba el reino de Dios a hacerse visible.

12 εἶπεν οὖν· ἄνθρωπός τις εὐγενὴς ἐπορεύθη εἰς χώραν μακρὰν
Dijo pues: hombre uno noble viajó a país lejano
λαβεῖν ἑαυτῷ βασιλείαν καὶ ὑποστρέψαι.
para recibir para sí mismo reino y regresar.

13 καλέσας δὲ δέκα δούλους ἑαυτοῦ ἔδωκεν αὐτοῖς
Llamando entonces a diez siervos de sí mismo dio les
δέκα μνᾶς καὶ εἶπε πρὸς αὐτούς·
diez minas y dijo a ellos:
πραγματεύσασθε ἐν ᾧ ἔρχομαι.
Negociad en lo que vengo.

14 οἱ δὲ πολῖται αὐτοῦ ἐμίσουν αὐτόν, καὶ ἀπέστειλαν
los Sin embargo ciudadanos de él odiaban lo, y enviaron
πρεσβείαν ὀπίσω αὐτοῦ λέγοντες·
delegación detrás de él diciendo:
οὐ θέλομεν τοῦτον βασιλεῦσαι ἐφ' ἡμᾶς.
No queremos éste reinar sobre nosotros.

15 καὶ ἐγένετο ἐν τῷ ἐπανελθεῖν αὐτὸν λαβόντα
Y aconteció en el regresar él habiendo recibido
τὴν βασιλείαν, καὶ εἶπε φωνηθῆναι αὐτῷ τοὺς δούλους τούτους
el reino, y dijo ser llamados a él los siervos estos
οἷς ἔδωκε τὸ ἀργύριον, ἵνα γνῷ τίς τί
a los que dio la plata, para que conociera quién qué
διεπραγματεύσατο.
ganó.[351,352]

16 παρεγένετο δὲ ὁ πρῶτος λέγων· κύριε,
Vino entonces el primero diciendo: Señor,
ἡ μνᾶ σου προσηργάσατο δέκα μνᾶς.
la mina de ti ganó diez minas.

17 καὶ εἶπεν αὐτῷ· εὖ, ἀγαθὲ δοῦλε· ὅτι ἐν ἐλαχίστῳ
Y dijo le: bien, buen siervo, porque en mínimo
πιστὸς ἐγένου, ἴσθι ἐξουσίαν ἔχων
fiel resultaste, estate autoridad teniendo
ἐπάνω δέκα πόλεων.
sobre diez ciudades.

9 Y Jesús le dijo: Hoy ha venido la salvación a esta casa; por cuanto él también es hijo de Abraham. **10** Porque el Hijo del hombre vino a buscar y a salvar lo que se había perdido. **11** Y oyendo ellos estas cosas, prosiguió Jesús y dijo una parábola, por cuanto estaba cerca de Jerusalem, y porque pensaban que luego había de ser manifestado el reino de Dios. **12** Dijo pues: Un hombre noble partió a una provincia lejos, para tomar para sí un reino, y volver. **13** Mas llamados diez siervos suyos, les dió diez minas, y díjoles: Negociad entre tanto que vengo. **14** Empero sus ciudadanos le aborrecían, y enviaron tras de él una embajada, diciendo: No queremos que éste reine sobre nosotros. **15** Y aconteció, que vuelto él, habiendo tomado el reino, mandó llamar a sí a aquellos siervos a los cuales había dado el dinero, para saber lo que había negociado cada uno. **16** Y vino el primero, diciendo: Señor, tu mina ha ganado diez minas. **17** Y él le dice: Está bien, buen siervo; pues que en lo poco has sido fiel, tendrás potestad sobre diez ciudades.

---

351. La NU sustituye por ganaron.
352. El término indica la idea de ganar comerciando.

18 Y vino otro, diciendo: Señor, tu mina ha hecho cinco minas.
19 Y también a éste dijo: Tú también sé sobre cinco ciudades.
20 Y vino otro, diciendo: Señor, he aquí tu mina, la cual he tenido guardada en un pañizuelo:
21 Porque tuve miedo de ti, que eres hombre recio; tomas lo que no pusiste, y siegas lo que no sembraste.
22 Entonces él le dijo: Mal siervo, de tu boca te juzgo. Sabías que yo era hombre recio, que tomo lo que no puse, y que siego lo que no sembré;
23 ¿Por qué, no diste mi dinero al banco, y yo viniendo lo demandara con el logro?
24 Y dijo a los que estaban presentes: Quitadle la mina, y dadla al que tiene las diez minas.
25 Y ellos le dijeron: Señor, tiene diez minas.
26 Pues yo os digo que a cualquiera que tuviere, le será dado; mas al que no tuviere, aun lo que tiene le será quitado.
27 Y también a aquellos mis enemigos que no querían que yo reinase sobre ellos, traedlos acá, y degolladlos delante de mí.

18 καὶ ἦλθε ὁ δεύτερος λέγων· κύριε,
Y vino el segundo diciendo: Señor,
ἡ μνᾶ σου ἐποίησε πέντε μνᾶς.
la mina de ti hizo cinco minas.

19 εἶπε δὲ καὶ τούτῳ· καὶ σὺ γίνου
Dijo entonces también a éste: también tú resulta
ἐπάνω πέντε πόλεων.
sobre cinco ciudades.

20 καὶ ἕτερος ἦλθεν λέγων· κύριε, ἰδοὺ ἡ μνᾶ σου,
Y otro vino diciendo: señor, mira la mina de tí,
ἣν εἶχον ἀποκειμένην ἐν σουδαρίῳ·
que tenía apartada en sudario,[353]

21 ἐφοβούμην γάρ σε, ὅτι ἄνθρωπος αὐστηρὸς εἶ·
temí Porque a ti, porque hombre austero eres.
αἴρεις ὃ οὐκ ἔθηκας, καὶ θερίζεις ὃ οὐκ ἔσπειρας.
Tomas lo que no colocaste, y cosechas lo que no sembraste.

22 λέγει αὐτῷ· ἐκ τοῦ στόματός σου κρινῶ σε,
Dice le: de la boca de ti juzgo te,
πονηρὲ δοῦλε. ᾔδεις ὅτι ἐγὼ ἄνθρωπος
mal siervo. Habías sabido que yo hombre
αὐστηρός εἰμι, αἴρων ὃ οὐκ ἔθηκα,
austero soy, tomando lo que no puse,
καὶ θερίζων ὃ οὐκ ἔσπειρα·
y cosechando lo que no sembré.

23 καὶ διατί οὐκ ἔδωκας τὸ ἀργύριόν μου ἐπὶ τὴν τράπεζαν,
Y ¿Por qué no diste la plata de mí a la mesa[354]
κἀγὼ ἐλθὼν σὺν τόκῳ ἂν ἔπραξα αὐτὸ;
y yo viniendo con interés habría recogido lo?

24 καὶ τοῖς παρεστῶσιν εἶπεν· ἄρατε ἀπ' αὐτοῦ τὴν μνᾶν
Y a los presentes dijo: quitad de él la mina
καὶ δότε τῷ τὰς δέκα μνᾶς ἔχοντι.
y dad al las diez minas teniendo.

25 καὶ εἶπον αὐτῷ· Κύριε, ἔχει δέκα μνᾶς.
Y dijeron le: Señor, tiene diez minas.

26 λέγω γὰρ ὑμῖν, ὅτι παντὶ τῷ ἔχοντι δοθήσεται,
digo Porque os que a todo el teniendo será dado,
ἀπὸ δὲ τοῦ μὴ ἔχοντος καὶ ὃ
de Sin embargo el no teniendo también lo que
ἔχει ἀρθήσεται ἀπ' αὐτοῦ.
tiene será quitado de él.[355]

27 πλὴν τοὺς ἐχθρούς μου ἐκείνους, τοὺς μὴ
Sin embargo a los enemigos de mí aquellos,[356] a los no
θελήσαντάς με βασιλεῦσαι ἐπ' αὐτούς, ἀγάγετε ὧδε
deseando yo reinar sobre ellos, traed aquí
καὶ κατασφάξατε αὐτοὺς ἔμπροσθέν μου.
y matad los delante de mí.

---

353. Como en Juan 11.44, es decir, una prenda parecida a nuestro pañuelo.
354. El término literal – mesa – se refiere al lugar donde se colocaban los cambistas para llevar a cabo negocios cambiarios.
355. La NU suprime de él.
356. La NU sustituye por éstos.

28 Καὶ εἰπὼν ταῦτα ἐπορεύετο ἔμπροσθεν Y diciendo esto iba delante ἀναβαίνων εἰς Ἱεροσόλυμα. subiendo a Jerusalén. 29 καὶ ἐγένετο ὡς ἤγγισεν εἰς Βηθφαγὴ καὶ Βηθανίαν Y aconteció como se acercó a Betfagé[357] y Betania πρὸς τὸ ὄρος τὸ καλούμενον ἐλαιῶν, a el monte el llamado de olivos, ἀπέστειλε δύο τῶν μαθητῶν αὐτοῦ envió a dos de los discípulos de él 30 εἰπών· ὑπάγετε εἰς τὴν κατέναντι κώμην, diciendo: id a la opuesta aldea, ἐν ᾗ εἰσπορευόμενοι εὑρήσετε πῶλον δεδεμένον, en la que entrando encontraréis pollino atado, ἐφ' ὃν οὐδεὶς πώποτε ἀνθρώπων ἐκάθισε· sobre el que ninguno nunca de hombres se sentó. λύσαντες αὐτὸν ἀγάγετε. Desatando lo traed. 31 καὶ ἐάν τις ὑμᾶς ἐρωτᾷ, διὰ τί λύετε; οὕτως ἐρεῖτε Y si alguno os pregunta, ¿por qué desatáis? así diréis αὐτῷ, ὅτι ὁ Κύριος αὐτοῦ χρείαν ἔχει. a él: porque el Señor de él necesidad tiene. 32 ἀπελθόντες δὲ οἱ ἀπεσταλμένοι εὗρον Marchándose entonces los habiendo sido envíados encontraron καθὼς εἶπεν αὐτοῖς. como dijo les. 33 λυόντων δὲ αὐτῶν τὸν πῶλον εἶπον οἱ κύριοι αὐτοῦ Desatando entonces ellos el pollino dijeron los señores de él πρὸς αὐτούς· τί λύετε τὸν πῶλον; a ellos: ¿por qué desatáis el pollino? 34 οἱ δὲ εἶπον ὅτι ὁ Κύριος αὐτοῦ χρείαν ἔχει. Ellos entonces dijeron porque el Señor de él necesidad tiene. 35 καὶ ἤγαγον αὐτὸν πρὸς τὸν Ἰησοῦν, καὶ ἐπιρίψαντες Y llevaron lo a Jesús y arrojando ἑαυτῶν τὰ ἱμάτια ἐπὶ τὸν πῶλον de sí mismos las vestiduras sobre el pollino ἐπεβίβασαν τὸν Ἰησοῦν. montaron[358] a Jesús. 36 πορευομένου δὲ αὐτοῦ ὑπεστρώννυον Yendo entonces él colocaban bajo él τὰ ἱμάτια αὐτῶν ἐν τῇ ὁδῷ. las vestiduras de ellos en el camino. 37 ἐγγίζοντος δὲ αὐτοῦ ἤδη πρὸς τῇ καταβάσει Acercándose entonces él ahora a el descenso τοῦ ὄρους τῶν ἐλαιῶν ἤρξαντο ἅπαν τὸ πλῆθος del monte de los olivos comenzó toda la multitud τῶν μαθητῶν χαίροντες αἰνεῖν τὸν Θεὸν de los discípulos alegrándose a alabar a Dios φωνῇ μεγάλῃ περὶ πασῶν ὧν εἶδον δυνάμεων con voz grande por todos los que vieron poderes[359]	28 Y dicho esto, iba delante subiendo a Jerusalem. 29 Y aconteció, que llegando cerca de Bethfagé, y de Bethania, al monte que se llama de las Olivas, envió dos de sus discípulos, 30 Diciendo: Id a la aldea de enfrente; en la cual como entraréis, hallaréis un pollino atado, en el que ningún hombre se ha sentado jamás; desatadlo, y traedlo. 31 Y si alguien os preguntare, ¿por qué lo desatáis? le responderéis así: Porque el Señor lo ha menester. 32 Y fueron los que habían sido enviados, y hallaron como les dijo. 33 Y desatando ellos el pollino, sus dueños les dijeron: ¿Por qué desatáis el pollino? 34 Y ellos dijeron: Porque el Señor lo ha menester. 35 Y trajéronlo a Jesús; y habiéndo echado sus vestidos sobre el pollino, pusieron a Jesús encima. 36 Y yendo él tendían sus capas por el camino. 37 Y como llegasen ya cerca de la bajada del monte de las Olivas, toda la multitud de los discípulos, gozándose, comenzaron a alabar a Dios a gran voz por todas las maravillas que habían visto,

---

357. En algunos mss Betsfagé.
358. O hicieron subir encima.
359. Es decir, milagros.

38Diciendo: ¡Bendito el rey que viene en el nombre del Señor: paz en el cielo, y gloria en lo altísimo!
39Entonces algunos de los Fariseos de la compañía, le dijeron: Maestro, reprende a tus discípulos.
40Y él respondiendo, les dijo: Os digo que si éstos callaren, las piedras clamarán.
41Y como llegó cerca viendo la ciudad, lloró sobre ella,
42Diciendo: ¡Oh si también tú conocieses, a lo menos en este tu día, lo que toca a tu paz! mas ahora está encubierto de tus ojos.
43Porque vendrán días sobre ti, que tus enemigos te cercarán con baluarte, y te pondrán cerco, y de todas partes te pondrán en estrecho,
44Y te derribarán a tierra, y a tus hijos dentro de ti; y no dejarán sobre ti piedra sobre piedra; por cuanto no conociste el tiempo de tu visitación.
45Y entrando en el templo, comenzó a echar fuera a todos los que vendían y compraban en él.
46Diciéndoles: Escrito está: Mi casa, casa de oración es; mas vosotros la habéis hecho cueva de ladrones.
47Y enseñaba cada día en el templo; mas los príncipes de los sacerdotes, y los escribas, y los principales del pueblo procuraban matarle.

38 λέγοντες· Εὐλογημένος ὁ ἐρχόμενος
diciendo: Bendito el que viene
βασιλεὺς ἐν ὀνόματι Κυρίου· εἰρήνη ἐν οὐρανῷ,
rey en nombre de Señor. Paz en cielo,
καὶ δόξα ἐν ὑψίστοις.
y gloria en lo más alto.

39 καί τινες τῶν Φαρισαίων ἀπὸ τοῦ ὄχλου εἶπον
Y algunos de los fariseos de la muchedumbre dijeron
πρὸς αὐτόν· διδάσκαλε, ἐπιτίμησον τοῖς μαθηταῖς σου.
a él: Maestro, reprende a los discípulos de ti.

40 καὶ ἀποκριθεὶς εἶπεν αὐτοῖς· λέγω ὑμῖν
Y respondiendo dijo les: digo os
ὅτι ἐὰν οὗτοι σιωπήσωσιν, οἱ λίθοι κεκράξονται.
que si éstos callaran, las piedras gritarán.

41 Καὶ ὡς ἤγγισεν, ἰδὼν τὴν πόλιν ἔκλαυσεν ἐπ᾽ αὐτῇ,
Y cuando se acercó, viendo la ciudad lloró por ella,

42 λέγων ὅτι εἰ ἔγνως καὶ σύ, καί γε ἐν τῇ
diciendo que si conocieras también tú, al menos[360] en el
ἡμέρᾳ σου ταύτῃ, τὰ πρὸς εἰρήνην σου· νῦν δὲ
día de ti este lo respecto a paz de ti. Ahora sin embargo
ἐκρύβη ἀπὸ ὀφθαλμῶν σου·
fue ocultado de ojos de ti,

43 ὅτι ἥξουσιν ἡμέραι ἐπὶ σὲ καὶ παρεμβαλοῦσιν
porque vendrán días sobre ti y cercarán
οἱ ἐχθροί σου χάρακά σοι καὶ περικυκλώσουσί σε
los enemigos de ti trinchera para ti[361] y circundarán a ti
καὶ συνέξουσί σε πάντοθεν,
y presionarán a ti por todas partes.

44 καὶ ἐδαφιοῦσί σε καὶ τὰ τέκνα σου ἐν σοί, καὶ οὐκ ἀφήσουσιν
Y arrasarán[362] a ti y los hijos de ti en ti, y no dejarán
ἐν σοὶ λίθον ἐπὶ λίθον, ἀνθ᾽ ὧν οὐκ ἔγνως
en ti piedra sobre piedra, por que no conociste
τὸν καιρὸν τῆς ἐπισκοπῆς σου.
el tiempo de la inspección de ti.

45 Καὶ εἰσελθὼν εἰς τὸ ἱερὸν ἤρξατο ἐκβάλλειν
Y entrando a el templo comenzó a arrojar
τοὺς πωλοῦντας ἐν αὐτῷ καὶ ἀγοράζοντας
a los vendiendo[363] en él y comprando

46 λέγων αὐτοῖς· γέγραπται, ὁ οἶκός μου οἶκος
diciendo les: ha sido escrito: la casa de mi casa
προσευχῆς ἐστιν· ὑμεῖς δὲ αὐτὸν ἐποιήσατε
de oración es.[364] Vosotros sin embargo la hicísteis
σπήλαιον λῃστῶν.
cueva de ladrones.

47 Καὶ ἦν διδάσκων τὸ καθ᾽ ἡμέραν ἐν τῷ ἱερῷ.
Y estaba enseñando lo cada día en el templo.
οἱ δὲ ἀρχιερεῖς καὶ οἱ γραμματεῖς
los Sin embargo principales sacerdotes y los escribas
ἐζήτουν αὐτὸν ἀπολέσαι καὶ οἱ πρῶτοι τοῦ λαοῦ,
buscaban a él perder y los primeros del pueblo,

---
360. La NU omite al menos.
361. Es decir, te cercarán con trincheras.
362. El contenido del término es que la destruirían hasta dejarla a ras del suelo.
363. La NU suprime desde en él hasta el final del versículo.
364. La NU sustituye por y será la casa de mi casa de oración.

48 καὶ οὐχ εὕρισκον τὸ τί ποιήσωσιν· ὁ λαὸς γὰρ ἅπας
   y   no encontraban lo que hicieran. el pueblo Porque todo
ἐξεκρέματο   αὐτοῦ ἀκούων.
estaba pendiente de él escuchando.

20 1 Καὶ ἐγένετο ἐν μιᾷ τῶν ἡμερῶν ἐκείνων
        Y aconteció en uno de los días aquellos³⁶⁵
διδάσκοντος αὐτοῦ τὸν λαὸν ἐν τῷ ἱερῷ
enseñando   él   al pueblo en el templo,
καὶ εὐαγγελιζομένου ἐπέστησαν οἱ ἀρχιερεῖς
y evangelizando   se acercaron los principales sacerdotes
καὶ οἱ γραμματεῖς σὺν τοῖς πρεσβυτέροις
y los escribas   con los ancianos

2 καὶ εἶπον πρὸς αὐτόν λέγοντες· εἰπὲ ἡμῖν
  y hablaron a   él   diciendo: di nos
ἐν ποίᾳ ἐξουσίᾳ ταῦτα ποιεῖς,
¿con qué autoridad esto haces,
ἢ τίς ἐστιν ὁ δούς   σοι τὴν ἐξουσίαν ταύτην;
o quién es el habiendo dado a ti la autoridad esta?

3 ἀποκριθεὶς δὲ   εἶπε πρὸς αὐτούς·
  Respondiendo entonces dijo a ellos:
ἐρωτήσω ὑμᾶς κἀγὼ ἕνα λόγον,
preguntaré a vosotros también yo una³⁶⁶ palabra,
καὶ εἴπατέ μοι·
y decid me:

4 τὸ βάπτισμα Ἰωάννου ἐξ οὐρανοῦ ἦν ἢ ἐξ ἀνθρώπων;
  ¿El bautismo de Juan de cielo era o de hombres?

5 οἱ δὲ   συνελογίσαντο πρὸς ἑαυτοὺς λέγοντες
  Ellos entonces discutieron unos con otros diciendo
ὅτι ἐὰν εἴπωμεν, ἐξ οὐρανοῦ, ἐρεῖ,
que si decimos, de cielo,   dirá:
διατί οὖν οὐκ ἐπιστεύσατε αὐτῷ;
¿por qué pues no creísteis en él?

6 ἐὰν δὲ   εἴπωμεν, ἐξ ἀνθρώπων, πᾶς ὁ λαὸς
  Si sin embargo decimos: de hombres, todo el pueblo
καταλιθάσει ἡμᾶς· πεπεισμένος γάρ ἐστιν
apedreará a nosotros, persuadido Porque está
Ἰωάννην προφήτην εἶναι.
Juan   profeta ser.

7 καὶ ἀπεκρίθησαν μὴ εἰδέναι πόθεν.
  Y respondieron no saber de dónde.

8 καὶ ὁ Ἰησοῦς εἶπεν αὐτοῖς· οὐδὲ ἐγὼ λέγω
  Y Jesús dijo les: tampoco yo digo
ὑμῖν ἐν ποίᾳ ἐξουσίᾳ ταῦτα ποιῶ.
a vosotros con qué autoridad esto hago.

48 Y no hallaban qué hacerle, porque todo el pueblo estaba suspenso oyéndole.

20 Y aconteció un día, que enseñando él al pueblo en el templo, y anunciando el evangelio, llegáronse los príncipes de los sacerdotes y los escribas, con los ancianos; 2 Y le hablaron, diciendo: Dinos: ¿con qué potestad haces estas cosas? ¿ó quién es el que te ha dado esta potestad? 3 Respondiendo entonces Jesús, les dijo: Os preguntaré yo también una palabra; respondedme: 4 El bautismo de Juan, ¿era del cielo, o de los hombres? 5 Mas ellos pensaban dentro de sí, diciendo: Si dijéremos, del cielo, dirá: ¿Por qué, pues, no le creísteis? 6 Y si dijéremos, de los hombres, todo el pueblo nos apedreará: porque están ciertos que Juan era profeta. 7 Y respondieron que no sabían de dónde. 8 Entonces Jesús les dijo: Ni yo os digo con qué potestad hago estas cosas.

---

365. La NU omite aquellos.
366. La NU suprime una.

9 Y comenzó a decir al pueblo esta parábola: Un hombre plantó una viña, y arrendóla a labradores, y se ausentó por mucho tiempo.
10 Y al tiempo, envió un siervo a los labradores, para que le diesen del fruto de la viña; mas los labradores le hirieron, y enviaron vacío.
11 Y volvió a enviar otro siervo; mas ellos a éste también, herido y afrentado, le enviaron vacío.
12 Y volvió a enviar al tercer siervo; mas ellos también a éste echaron herido.
13 Entonces el señor de la viña dijo: ¿Qué haré? Enviaré mi hijo amado: quizás cuando a éste vieren, tendrán respeto.
14 Mas los labradores, viéndole, pensaron entre sí, diciendo: Este es el heredero; venid, matémosle para que la heredad sea nuestra.
15 Y echáronle fuera de la viña, y le mataron. ¿Qué pues, les hará el señor de la viña?
16 Vendrá, y destruirá a estos labradores, y dará su viña a otros. Y como ellos lo oyeron, dijeron: ¡Dios nos libre!

9 Ἤρξατο δὲ πρὸς τὸν λαὸν λέγειν τὴν παραβολὴν ταύτην·
Empezó entonces a el pueblo a decir la parábola esta:
ἄνθρωπός τις ἐφύτευσεν ἀμπελῶνα,
hombre uno plantó viña
καὶ ἐξέδετο αὐτὸν γεωργοῖς
y dio la a agricultores
καὶ ἀπεδήμησε χρόνους ἱκανούς.
y partió de viaje tiempos suficientes.

10 καὶ καιρῷ ἀπέστειλε πρὸς τοὺς γεωργοὺς δοῦλον
Y en tiempo envió a los agricultores siervo
ἵνα ἀπὸ τοῦ καρποῦ τοῦ ἀμπελῶνος
para que de el fruto de la viña
δώσουσιν αὐτῷ· οἱ δὲ γεωργοὶ δείραντες
dieran a él. los Sin embargo agricultores flagelando
αὐτὸν ἐξαπέστειλαν κενόν.
lo expulsaron vacío.

11 καὶ προσέθετο πέμψαι ἕτερον δοῦλον. οἱ δὲ κἀκεῖνον
Y añadió enviar otro siervo. Ellos entonces también a ése
δείραντες καὶ ἀτιμάσαντες ἐξαπέστειλαν κενόν.
flagelando y deshonrando expulsaron vacío.

12 καὶ προσέθετο πέμψαι τρίτον. οἱ δὲ καὶ τοῦτον
Y añadió enviar tercero. Ellos entonces también a éste
τραυματίσαντες ἐξέβαλον.
habiendo herido expulsaron.

13 εἶπε δὲ ὁ κύριος τοῦ ἀμπελῶνος· τί ποιήσω;
Dijo entonces el señor de la viña: ¿qué haré?
πέμψω τὸν υἱόν μου τὸν ἀγαπητόν·
Enviaré al hijo de mí el amado.
ἴσως τοῦτον ἰδόντες[367] ἐντραπήσονται.
Quizá a éste viendo[367] respetarán.

14 ἰδόντες δὲ αὐτὸν οἱ γεωργοὶ διελογίζοντο πρὸς ἑαυτοὺς
Viendo entonces a él los agricultores discutían entre ellos
λέγοντες· οὗτός ἐστιν ὁ κληρονόμος·
diciendo: éste es el heredero.
δεῦτε ἀποκτείνωμεν αὐτόν, ἵνα ἡμῶν
Venid[368] matemos lo para que de nosotros
γένηται ἡ κληρονομία.
resulte la herencia.

15 καὶ ἐκβαλόντες αὐτὸν ἔξω τοῦ ἀμπελῶνος ἀπέκτειναν.
Y expulsando lo fuera de la viña mataron.
τί οὖν ποιήσει αὐτοῖς ὁ κύριος τοῦ ἀμπελῶνος;
¿Qué pues hará a ellos el señor de la viña?

16 ἐλεύσεται καὶ ἀπολέσει τοὺς γεωργοὺς τούτους,
Vendrá y destruirá a los agricultores estos
καὶ δώσει τὸν ἀμπελῶνα ἄλλοις.
y dará la viña a otros.
ἀκούσαντες δὲ εἶπον· μὴ γένοιτο·
Oyendo entonces dijeron: no acontezca.

---

367. La NU omite viendo.
368. La NU omite venid.

17 ὁ δὲ ἐμβλέψας αὐτοῖς εἶπε· τί οὖν ἐστι
El entonces mirando a ellos dijo: ¿Qué pues es
τὸ γεγραμμένον τοῦτο, λίθον ὃν ἀπεδοκίμασαν οἱ
lo escrito esto: piedra que rechazaron los
οἰκοδομοῦντες, οὗτος ἐγενήθη εἰς κεφαλὴν γωνίας;
edificadores, ésta resultó cabeza de ángulo?[369]

18 πᾶς ὁ πεσὼν ἐπ᾽ ἐκεῖνον τὸν λίθον συνθλασθήσεται·
Todo el cayendo sobre esa la piedra será despedazado,
ἐφ᾽ ὃν δ᾽ ἂν πέσῃ, λικμήσει αὐτόν.
sobre el que cayera aplastará lo.

19 Καὶ ἐζήτησαν οἱ ἀρχιερεῖς καὶ οἱ γραμματεῖς
Y buscaban los principales sacerdotes y los escribas
ἐπιβαλεῖν ἐπ᾽ αὐτὸν τὰς χεῖρας ἐν αὐτῇ τῇ ὥρᾳ,
poner sobre él las manos en esta la hora,
καὶ ἐφοβήθησαν τὸν λαόν· ἔγνωσαν γὰρ ὅτι
y temían al pueblo,[370] sabían Porque que
πρὸς αὐτοὺς τὴν παραβολὴν ταύτην εἶπε.
contra ellos la parábola esta dijo.

20 Καὶ παρατηρήσαντες ἀπέστειλαν ἐγκαθέτους,
Y observando enviaron espías
ὑποκρινομένους ἑαυτοὺς δικαίους εἶναι,
fingiendo ellos mismos justos ser,
ἵνα ἐπιλάβωνται αὐτοῦ λόγου εἰς τὸ παραδοῦναι αὐτὸν
para que atraparan de él palabra para el entregar lo
τῇ ἀρχῇ καὶ τῇ ἐξουσίᾳ τοῦ ἡγεμόνος.
al poder y a la autoridad del gobernador.

21 καὶ ἐπηρώτησαν αὐτὸν λέγοντες· διδάσκαλε,
Y preguntaron le diciendo: maestro,
οἴδαμεν ὅτι ὀρθῶς λέγεις καὶ διδάσκεις,
sabemos que rectamente hablas y enseñas,
καὶ οὐ λαμβάνεις πρόσωπον,
y no recibes rostro,[371]
ἀλλ᾽ ἐπ᾽ ἀληθείας τὴν ὁδὸν τοῦ Θεοῦ διδάσκεις·
sino que con verdad el camino de Dios enseñas.

22 ἔξεστιν ἡμῖν Καίσαρι φόρον δοῦναι ἢ οὔ;
¿lícito para nosotros (es) a César tributo dar o no?

23 κατανοήσας δὲ αὐτῶν τὴν πανουργίαν εἶπε πρὸς αὐτούς·
Observando entonces de ellos la malicia dijo a ellos:
τί με πειράζετε;
¿por qué me tentáis?[372]

24 δείξατέ μοι δηνάριον· τίνος ἔχει εἰκόνα καὶ ἐπιγραφήν;
Mostrad me denario. ¿De quién tiene imagen e inscripción?
ἀποκριθέντες δὲ εἶπον· Καίσαρος.
Respondiendo entonces dijeron: de César.

25 ὁ δὲ εἶπεν πρὸς αὐτοῖς· ἀπόδοτε τοίνυν τὰ Καίσαρος
Él entonces dijo a ellos: devolved por tanto lo de César
Καίσαρι καὶ τὰ τοῦ Θεοῦ τῷ Θεῷ.
a César y lo de Dios a Dios.

17Mas él mirándolos, dice: ¿Qué pues es lo que está escrito:
La piedra que condenaron los edificadores,
Esta fué por cabeza de esquina?
18Cualquiera que cayere sobre aquella piedra, será quebrantado; mas sobre el que la piedra cayere, le desmenuzará.
19Y procuraban los príncipes de los sacerdotes y los escribas echarle mano en aquella hora, porque entendieron que contra ellos había dicho esta parábola: mas temieron al pueblo.
20Y acechándole enviaron espías que se simulasen justos, para sorprenderle en palabras, para que le entregasen al principado y a la potestad del presidente.
21Los cuales le preguntaron, diciendo: Maestro, sabemos que dices y enseñas bien, y que no tienes respeto a persona; antes enseñas el camino de Dios con verdad.
22¿Nos es lícito dar tributo a César, o no?
23Mas él, entendiendo la astucia de ellos, les dijo: ¿Por qué me tentáis?
24Mostradme la moneda. ¿De quién tiene la imagen y la inscripción? Y respondiendo dijeron: De César.
25Entonces les dijo: Pues dad a César lo que es de César; y lo que es de Dios, a Dios.

---

369. O piedra angular.
370. Algunos mss suprimen al pueblo.
371. Es decir, no haces acepción de personas, no caes en el favoritismo, no eres parcial.
372. La NU suprime ¿por qué me tentáis?

26 Y no pudieron reprender sus palabras delante del pueblo: antes maravillados de su respuesta, callaron.
27 Y llegándose unos de los Saduceos, los cuales niegan haber resurrección, le preguntaron,
28 Diciendo: Maestro, Moisés nos escribió: Si el hermano de alguno muriere teniendo mujer, y muriere sin hijos, que su hermano tome la mujer, y levante simiente a su hermano.
29 Fueron, pues, siete hermanos: y el primero tomó mujer, y murió sin hijos.
30 Y la tomó el segundo, el cual también murió sin hijos.
31 Y la tomó el tercero: asimismo también todos siete: y muerieron sin dejar prole.
32 Y a la postre de todos murió también la mujer.
33 En la resurrección, pues, ¿mujer de cuál de ellos será? porque los siete la tuvieron por mujer.
34 Entonces respondiendo Jesús, les dijo: Los hijos de este siglo se casan, y son dados en casamiento:
35 Mas los que fueren tenidos por dignos de aquel siglo y de la resurrección de los muertos, ni se casan, ni son dados en casamiento:
36 Porque no pueden ya más morir: porque son iguales a los ángeles, y son hijos de Dios, cuando son hijos de la resurrección.

26 καὶ οὐκ ἴσχυσαν ἐπιλαβέσθαι αὐτοῦ ῥήματος ἐναντίον τοῦ λαοῦ,
Y no pudieron sorprender de él palabra delante del pueblo,
καὶ θαυμάσαντες ἐπὶ τῇ ἀποκρίσει αὐτοῦ ἐσίγησαν.
y maravillándose de la respuesta de él callaron.

27 Προσελθόντες δέ τινες τῶν Σαδδουκαίων,
Viniendo entonces algunos de los saduceos,
οἱ λέγοντες μὴ εἶναι ἀνάστασιν, ἐπηρώτησαν αὐτὸν
los diciendo no haber resurrección, preguntaron a él

28 λέγοντες· διδάσκαλε, Μωϋσῆς ἔγραψεν ἡμῖν,
diciendo: maestro, Moisés escribió a nosotros,
ἐάν τινος ἀδελφὸς ἀποθάνῃ ἔχων γυναῖκα,
si de uno hermano muere teniendo mujer,
καὶ οὗτος ἄτεκνος ἀποθάνῃ, ἵνα λάβῃ ὁ ἀδελφὸς αὐτοῦ
y éste sin hijos muere[373] que tome el hermano de él
τὴν γυναῖκα καὶ ἐξαναστήσῃ σπέρμα τῷ ἀδελφῷ αὐτοῦ.
la mujer y levante semilla[374] al hermano de él.

29 ἑπτὰ οὖν ἀδελφοὶ ἦσαν· καὶ ὁ πρῶτος λαβὼν
Siete pues hermanos eran. Y el primero tomando
γυναῖκα ἀπέθανεν ἄτεκνος·
mujer murió sin hijos.

30 καὶ ἔλαβεν ὁ δεύτερος τὴν γυναῖκα,
Y tomó[375] el segundo[376] a la mujer,
καὶ οὗτος ἀπέθανεν ἄτεκνος·
y éste murió sin hijos.

31 καὶ ὁ τρίτος ἔλαβεν αὐτήν· ὡσαύτως δὲ
Y el tercero tomó la. De manera semejante entonces
καὶ οἱ ἑπτὰ οὐ κατέλιπον τέκνα, καὶ ἀπέθανον·
también los siete no dejaron hijos, y murieron.

32 ὕστερον δὲ πάντων καὶ ἡ γυνὴ ἀπέθανεν.
Por último entonces de todos también la mujer murió.

33 ἐν τῇ οὖν ἀναστάσει τίνος αὐτῶν γίνεται γυνή;
¿En la pues resurrección[377] de cuál de ellos resulta mujer?
οἱ γὰρ ἑπτὰ ἔσχον αὐτὴν γυναῖκα.
los Porque siete tuvieron la (por) mujer.

34 καὶ ἀποκριθεὶς εἶπεν αὐτοῖς ὁ Ἰησοῦς· οἱ υἱοὶ τοῦ αἰῶνος
Y respondiendo[378] dijo les Jesús: los hijos del eón[379]
τούτου γαμοῦσι καὶ ἐκγαμίσκονται·
este se casan y son dados en casamiento.

35 οἱ δὲ καταξιωθέντες τοῦ αἰῶνος ἐκείνου
Los sin embargo siendo considerados dignos del eón aquel
τυχεῖν καὶ τῆς ἀναστάσεως τῆς ἐκ νεκρῶν
alcanzar y la resurrección la de muertos
οὔτε γαμοῦσιν οὔτε γαμίζονται·
ni se casan ni son dados en casamiento.

36 οὔτε γὰρ ἀποθανεῖν ἔτι δύνανται· ἰσάγγελοι
tampoco Porque morir ya pueden, igual a los ángeles
γάρ εἰσι καὶ υἱοί εἰσι Θεοῦ, τῆς ἀναστάσεως υἱοὶ ὄντες.
Porque son y hijos son de Dios, de la resurrección hijos siendo.

---

373. La NU sustituye por es.
374. Es decir, descendencia.
375. La NU omite tomó.
376. La NU omite hasta el final del versículo.
377. La NU añade la mujer.
378. La NU suprime respondiendo.
379. O era.

37 ὅτι δὲ ἐγείρονται οἱ νεκροί, καὶ Μωϋσῆς
porque ciertamente son levantados[380] los muertos, y Moisés
ἐμήνυσεν ἐπὶ τῆς βάτου, ὡς λέγει Κύριον τὸν Θεὸν
reveló en la zarza,[381] cuando llama a Señor el Dios
Ἀβραὰμ καὶ τὸν Θεὸν Ἰσαὰκ καὶ τὸν Θεὸν Ἰακώβ.
de Abraham y el Dios de Isaac y el Dios de Jacob.

38 Θεὸς δὲ οὐκ ἔστι νεκρῶν, ἀλλὰ ζώντων·
Dios sin embargo no es de muertos, sino de vivos,
πάντες γὰρ αὐτῷ ζῶσιν.
todos Porque para él viven.

39 ἀποκριθέντες δέ τινες τῶν γραμματέων εἶπον·
Respondiendo entonces algunos de los escribas dijeron:
διδάσκαλε, καλῶς εἶπας.
Maestro, bien dijiste,

40 οὐκέτι γὰρ ἐτόλμων ἐπερωτᾶν αὐτὸν οὐδέν.
ya no Porque se atrevían a preguntar le nada.

41 Εἶπε δὲ πρὸς αὐτούς· πῶς λέγουσι τὸν Χριστὸν
Dijo entonces a ellos: ¿cómo dicen el mesías
υἱόν Δαυὶδ εἶναι;
hijo de David ser?[382]

42 καὶ αὐτὸς Δαυὶδ λέγει ἐν βίβλῳ ψαλμῶν·
También el mismo David dice en libro de salmos:
εἶπεν ὁ Κύριος τῷ Κυρίῳ μου, κάθου ἐκ δεξιῶν μου
dijo el Señor al Señor de mí, siéntate a derechas[383] de mí

43 ἕως ἂν θῶ τοὺς ἐχθρούς σου ὑποπόδιον τῶν
hasta que ponga a los enemigos de ti (como) escabel de los
ποδῶν σου.
pies de ti.

44 Δαυὶδ οὖν Κύριον αὐτὸν καλεῖ· καὶ πῶς υἱός αὐτοῦ ἐστιν;
David pues Señor lo llama, y ¿cómo hijo de él es?

45 Ἀκούοντος δὲ παντὸς τοῦ λαοῦ εἶπε
Oyendo entonces todo el pueblo dijo
τοῖς μαθηταῖς αὐτοῦ·
a los discípulos de él.

46 προσέχετε ἀπὸ τῶν γραμματέων τῶν θελόντων
Cuidaos de los escribas los deseando
περιπατεῖν ἐν στολαῖς καὶ φιλούντων ἀσπασμοὺς
caminar en estolas[384] y amando saludos
ἐν ταῖς ἀγοραῖς καὶ πρωτοκαθεδρίας ἐν ταῖς συναγωγαῖς
en las plazas y primeros asientos en las sinagogas
καὶ πρωτοκλισίας ἐν τοῖς δείπνοις,
y primeros puestos en la mesa en los banquetes,

47 οἳ κατεσθίουσι τὰς οἰκίας τῶν χηρῶν καὶ προφάσει
los que comen las casas de las viudas y como pretexto
μακρὰ προσεύχονται· οὗτοι λήψονται περισσότερον κρίμα.
mucho oran. Éstos recibirán mayor juicio.[385]

37Y que los muertos hayan de resucitar, aun Moisés lo enseñó en el pasaje de la zarza, cuando llama al Señor: Dios de Abraham, y Dios de Isaac, y Dios de Jacob. 38Porque Dios no es Dios de muertos, mas de vivos: porque todos viven a él. 39Y respondiéndole unos de los escribas, dijeron: Maestro, bien has dicho. 40Y no osaron más preguntarle algo. 41Y él les dijo: ¿Cómo dicen que el Cristo es hijo de David? 42Y el mismo David dice en el libro de los Salmos:
Dijo el Señor a mi Señor:
Siéntate a mi diestra,
43 Entre tanto que pongo tus enemigos por estrado de tus pies.
44Así que David le llama Señor: ¿cómo pues es su hijo? 45Y oyéndole todo el pueblo, dijo a sus discípulos: 46Guardaos de los escribas, que quieren andar con ropas largas, y aman las salutaciones en las plazas, y las primeras sillas en las sinagogas, y los primeros asientos en las cenas, 47Que devoran las casas de las viudas, poniendo por pretexto la larga oración: éstos recibirán mayor condenación.

---

380. Es decir, resucitados.
381. Es decir, en el pasaje acerca de la zarza ardiente.
382. Es decir, ¿cómo dicen que el mesías es hijo de David?
383. Es decir, a la diestra.
384. Es decir, en ropas largas.
385. O condenación.

21 Y mirando, vió a los ricos que echaban sus ofrendas en el gazofilacio.
2 Y vió también una viuda pobrecilla, que echaba allí dos blancas.
3 Y dijo: De verdad os digo, que esta pobre viuda echó más que todos:
4 Porque todos estos, de lo que les sobra echaron para las ofrendas de Dios; mas ésta de su pobreza echó todo el sustento que tenía.
5 Y a unos que decían del templo, que estaba adornado de hermosas piedras y dones, dijo:
6 Estas cosas que veis, días vendrán que no quedará piedra sobre piedra que no sea destruída.
7 Y le preguntaron, diciendo: Maestro, ¿cuándo será esto? ¿y qué señal habrá cuando estas cosas hayan de comenzar a ser hechas?
8 Él entonces dijo: Mirad, no seáis engañados; porque vendrán muchos en mi nombre, diciendo: Yo soy; y, el tiempo está cerca: por tanto, no vayáis en pos de ellos.
9 Empero cuando oyereis guerras y sediciones, no os espantéis; porque es necesario que estas cosas acontezcan primero: mas no luego será el fin.
10 Entonces les dijo: Se levantará gente contra gente, y reino contra reino;

21 1 Ἀναβλέψας δὲ εἶδε τοὺς βάλλοντας τὰ δῶρα αὐτῶν
Elevando la mirada entonces vio a los arrojando los dones de ellos
εἰς τὸ γαζοφυλάκιον πλουσίους·
a el gazofilacio[386] ricos.

2 εἶδε δέ τινα χήραν πενιχρὰν βάλλουσαν
Vio entonces a cierta viuda pobre arrojando
ἐκεῖ δύο λεπτά,
allí dos leptones.[387]

3 καὶ εἶπεν· ἀληθῶς λέγω ὑμῖν ὅτι ἡ χήρα ἡ πτωχὴ αὕτη
Y dijo: verdaderamente digo os que la viuda la pobre esta
πλεῖον πάντων ἔβαλεν·
más que todos echó.

4 πάντες γὰρ οὗτοι ἐκ τοῦ περισσεύοντος αὐτοῖς ἔβαλον
todos Porque éstos de lo sobrante para ellos pusieron
εἰς τὰ δῶρα τοῦ Θεοῦ, αὕτη δὲ ἐκ τοῦ ὑστερήματος
en los dones de Dios,[388] ésta sin embargo de la necesidad
αὐτῆς ἅπαντα τὸν βίον ὃν εἶχεν ἔβαλε.
de ella toda la vida que tenía arrojó.

5 Καί τινων λεγόντων περὶ τοῦ ἱεροῦ ὅτι λίθοις καλοῖς
Y algunos hablando acerca del templo que con piedras hermosas
καὶ ἀναθήμασι κεκόσμηται, εἶπε·
y ofrendas ha sido adornado, dijo:

6 Ταῦτα ἃ θεωρεῖτε, ἐλεύσονται ἡμέραι ἐν αἷς οὐκ ἀφεθήσεται
Esto que contempláis, vendrán días en que no será dejada
λίθος ἐπὶ λίθῳ ὃς οὐ καταλυθήσεται.
piedra sobre piedra que no será derribada.

7 Ἐπηρώτησαν δὲ αὐτὸν λέγοντες· διδάσκαλε,
Preguntaron entonces a él diciendo: maestro,
πότε οὖν ταῦτα ἔσται, καὶ τί τὸ σημεῖον
¿cuándo pues esto será y cuál la señal
ὅταν μέλλῃ ταῦτα γίνεσθαι;
cuando vaya esto a acontecer?

8 ὁ δὲ εἶπε· βλέπετε μὴ πλανηθῆτε· πολλοὶ γὰρ
Él entonces dijo: Mirad no seáis engañados, muchos Porque
ἐλεύσονται ἐπὶ τῷ ὀνόματί μου λέγοντες ὅτι ἐγώ εἰμι
vendrán en el nombre de mí diciendo: que yo soy
καί ὁ καιρὸς ἤγγικε. μὴ οὖν πορευθῆτε
y el tiempo se ha acercado. No por tanto vayáis
ὀπίσω αὐτῶν.
detrás de ellos.

9 ὅταν δὲ ἀκούσητε πολέμους καὶ ἀκαταστασίας,
Cuando sin embargo oigáis guerras y agitaciones,
μὴ πτοηθῆτε· δεῖ γὰρ ταῦτα γενέσθαι πρῶτον,
no seáis aterrados, debe Porque esto acontecer primero,
ἀλλ' οὐκ εὐθέως τὸ τέλος.
pero no inmediatamente (será) el final.

10 τότε ἔλεγεν αὐτοῖς· ἐγερθήσεται ἔθνος ἐπὶ ἔθνος
Entonces dijo les: será levantada nación sobre nación
καὶ βασιλεία ἐπὶ βασιλείαν,
y reino sobre reino.

---

386. Es decir, el tesoro del templo.
387. Moneda de ínfimo valor.
388. La NU suprime de Dios.

11 σεισμοί τε μεγάλοι κατὰ τόπους καὶ λιμοὶ καὶ λοιμοὶ
Seismos también grandes según lugares y hambres y pestes
ἔσονται, φόβητρά τε καὶ σημεῖα ἀπ' οὐρανοῦ μεγάλα ἔσται.
habrá, pavores también y señales de cielo grandes habrá.

12 πρὸ δὲ τούτων πάντων ἐπιβαλοῦσιν ἐφ' ὑμᾶς
Antes sin embargo de esto todo pondrán sobre vosotros
τὰς χεῖρας αὐτῶν καὶ διώξουσι, παραδιδόντες εἰς τὰς συναγωγὰς
las manos de ellos y perseguirán, entregando a las sinagogas
καὶ φυλακάς, ἀγομένους ἐπὶ βασιλεῖς
y prisiones, siendo llevados ante reyes
καὶ ἡγεμόνας ἕνεκεν τοῦ ὀνόματός μου·
y gobernantes por causa del nombre de mí.

13 ἀποβήσεται δὲ ὑμῖν εἰς μαρτύριον.
Resultará entonces para vosotros para testimonio.

14 θέσθε οὖν εἰς τὰς καρδίας ὑμῶν μὴ προμελετᾶν
Poned pues en los corazones de vosotros no preocuparse
ἀπολογηθῆναι·
de ser defendidos.

15 ἐγὼ γὰρ δώσω ὑμῖν στόμα καὶ σοφίαν, ᾗ οὐ δυνήσονται
yo Porque daré a vosotros boca y sabiduría, que no podrán
ἀντειπεῖν οὐδὲ ἀντιστῆναι πάντες οἱ ἀντικείμενοι ὑμῖν.
contradecir ni resistir todos los oponiéndose a vosotros.

16 παραδοθήσεσθε δὲ καὶ ὑπὸ γονέων καὶ ἀδελφῶν
Seréis entregados entonces también por padres y hermanos
καὶ συγγενῶν καὶ φίλων, καὶ θανατώσουσιν ἐξ ὑμῶν,
y parientes y amigos, y matarán (algunos) de vosotros,

17 καὶ ἔσεσθε μισούμενοι ὑπὸ πάντων διὰ τὸ ὄνομά μου·
y seréis odiados por todos por el nombre de mí,

18 καὶ θρὶξ ἐκ τῆς κεφαλῆς ὑμῶν οὐ μὴ
y cabello de la cabeza de vosotros no de ninguna manera
ἀπόληται·
se perderá.

19 ἐν τῇ ὑπομονῇ ὑμῶν κτήσασθε τὰς ψυχὰς
En el aguante[389] de vosotros habréis adquirido las almas
ὑμῶν.
de vosotros.[390]

20 Ὅταν δὲ ἴδητε κυκλουμένην ὑπὸ στρατοπέδων
Cuando entonces veáis rodeada por tropas
τὴν Ἰερουσαλήμ, τότε γνῶτε ὅτι ἤγγικεν ἡ
Jerusalén, entonces sabed que se ha acercado la
ἐρήμωσις αὐτῆς.
desolación de ella.

21 τότε οἱ ἐν τῇ Ἰουδαίᾳ φευγέτωσαν εἰς τὰ ὄρη,
Entonces los en Judea huyan a las montañas,
καὶ οἱ ἐν μέσῳ αὐτῆς ἐκχωρείτωσαν, καὶ οἱ ἐν ταῖς χώραις
y los en medio de ella márchense, y los en los campos
μὴ εἰσερχέσθωσαν εἰς αὐτήν,
no entren en ella,

11 Y habrá grandes terremotos, y en varios lugares hambres y pestilencias; y habrá espantos y grandes señales del cielo.
12 Mas antes de todas estas cosas os echarán mano, y perseguirán, entregándoos a las sinagogas y a las cárceles, siendo llevados a los reyes y a los gobernadores por causa de mi nombre.
13 Y os será para testimonio.
14 Poned pues en vuestros corazones no pensar antes cómo habéis de responder:
15 Porque yo os daré boca y sabiduría, a la cual no podrán resistir ni contradecir todos los que se os opondrán.
16 Mas seréis entregados aun de vuestros padres, y hermanos, y parientes, y amigos; y matarán a algunos de vosotros.
17 Y seréis aborrecidos de todos por causa de mi nombre.
18 Mas un pelo de vuestra cabeza no perecerá.
19 En vuestra paciencia poseeréis vuestras almas.
20 Y cuando viereis a Jerusalem cercada de ejércitos, sabed entonces que su destrucción ha llegado.
21 Entonces los que estuvieren en Judea, huyan a los montes; y los que en medio de ella, váyanse; y los que estén en los campos, no entren en ella.

---

389. O perseverancia o resistencia.
390. No se trata de que la perseverancia tenga como consecuencia la salvación del alma, sino que la salvación previa del alma queda de manifiesto en la perseverancia.

22Porque estos son días de venganza: para que se cumplan todas las cosas que están escritas.
23Mas ¡ay de las preñadas, y de las que crían en aquellos días! porque habrá apuro grande sobre la tierra e ira en este pueblo.
24Y caerán a filo de espada, y serán llevados cautivos a todas las naciones: y Jerusalem será hollada de las gentes, hasta que los tiempos de las gentes sean cumplidos.
25Entonces habrá señales en el sol, y en la luna, y en las estrellas; y en la tierra angustia de gentes por la confusión del sonido de la mar y de las ondas:
26Secándose los hombres a causa del temor y expectación de las cosas que sobrevendrán a la redondez de la tierra: porque las virtudes de los cielos serán conmovidas.
27Y entonces verán al Hijo del hombre, que vendrá en una nube con potestad y majestad grande.
28Y cuando estas cosas comenzaren a hacerse, mirad, y levantad vuestras cabezas, porque vuestra redención está cerca.
29Y díjoles una parábola: Mirad la higuera y todos los árboles:
30Cuando ya brotan, viéndolo, de vosotros mismos entendéis que el verano está ya cerca.

22 ὅτι ἡμέραι ἐκδικήσεως αὗταί εἰσι τοῦ
porque días de castigo éstos son de
πλησθῆναι πάντα τὰ γεγραμμένα.
ser cumplido todo lo escrito.

23 οὐαὶ δὲ ταῖς ἐν γαστρὶ ἐχούσαις καὶ ταῖς
Ay sin embargo de las en vientre teniendo[391] y de las
θηλαζούσαις ἐν ἐκείναις ταῖς ἡμέραις· ἔσται γὰρ ἀνάγκη
que amamantan en aquellos los días, habrá Porque necesidad
μεγάλη ἐπὶ τῆς γῆς καὶ ὀργὴ ἐν τῷ λαῷ τούτῳ,
grande sobre la tierra e ira en[392] el pueblo éste,

24 καὶ πεσοῦνται στόματι μαχαίρας, καὶ αἰχμαλωτισθήσονται
y caerán a boca[393] de espada, y serán llevados cautivos
εἰς πάντα τὰ ἔθνη, καὶ Ἰερουσαλὴμ ἔσται πατουμένη
a todas las naciones, y Jerusalén será pisada
ὑπὸ ἐθνῶν ἄχρι πληρωθῶσι καιροὶ ἐθνῶν.
por naciones hasta que se cumplan tiempos de naciones.

25 Καὶ ἔσται σημεῖα ἐν ἡλίῳ καὶ σελήνῃ καὶ ἄστροις,
Y habrá señales en sol y luna y estrellas,
καὶ ἐπὶ τῆς γῆς συνοχὴ ἐθνῶν ἐν ἀπορίᾳ
y sobre la tierra angustia de naciones en perplejidad,[394]
ἠχούσης θαλάσσης καὶ σάλου,
resonando[395] mar y oleaje,

26 ἀποψυχόντων ἀνθρώπων ἀπὸ φόβου καὶ προσδοκίας
dejando de respirar hombres de miedo y espera
τῶν ἐπερχομένων τῇ οἰκουμένῃ· αἱ γὰρ δυνάμεις
de lo sobreviniendo a la ecumene,[396] los Porque poderes
τῶν οὐρανῶν σαλευθήσονται.
de los cielos serán sacudidos.

27 καὶ τότε ὄψονται τὸν Υἱὸν τοῦ ἀνθρώπου ἐρχόμενον
Y entonces verán al Hijo del hombre viniendo
ἐν νεφέλῃ μετὰ δυνάμεως καὶ δόξης πολλῆς.
en nube con poder y gloria mucha,

28 ἀρχομένων δὲ τούτων γίνεσθαι ἀνακύψατε
empezando entonces esto a acontecer erguíos
καὶ ἐπάρατε τὰς κεφαλὰς ὑμῶν,
y alzad las cabezas de vosotros,
διότι ἐγγίζει ἡ ἀπολύτρωσις ὑμῶν.
porque se acerca la redención de vosotros.

29 Καὶ εἶπε παραβολὴν αὐτοῖς· ἴδετε τὴν συκῆν
Y dijo parábola a ellos: ved la higuera
καὶ πάντα τὰ δένδρα·
y todos los árboles,

30 ὅταν προβάλωσιν ἤδη, βλέποντες ἀφ' ἑαυτῶν
cuando echen brotes ya, viendo por vosotros mismos
γινώσκετε ὅτι ἐγγὺς τὸ θέρος ἐστίν·
sabéis que cerca el verano está.

---

391. Es decir, las embarazadas.
392. La NU suprime en.
393. Es decir, filo.
394. O indecisión, es decir, sin saber qué hacer.
395. La NU sustituye por sonido.
396. Es decir, el mundo habitado.

31 οὕτω καὶ ὑμεῖς, ὅταν ἴδητε ταῦτα γινόμενα,
Así también vosotros, cuando veáis esto aconteciendo,

γινώσκετε ὅτι ἐγγύς ἐστιν ἡ βασιλεία τοῦ Θεοῦ.
sabed que cerca está el reino de Dios.

32 ἀμὴν λέγω ὑμῖν ὅτι οὐ μὴ παρέλθῃ
Verdaderamente digo os que no de ninguna manera pasará

ἡ γενεὰ αὕτη ἕως ἂν πάντα γένηται.
la generación esta hasta que todo acontezca.

33 ὁ οὐρανὸς καὶ ἡ γῆ παρελεύσονται,
El cielo y la tierra pasarán,

οἱ δὲ λόγοι μου οὐ μὴ παρέλθωσι.
las Sin embargo palabras de mí no de ninguna manera pasarán.

34 Προσέχετε δὲ ἑαυτοῖς μήποτε
Cuidad pues de vosotros mismos para que no

βαρηθῶσιν ὑμῶν αἱ καρδίαι ἐν κραιπάλῃ
sean hechos pesados de vosotros los corazones con crápula[397]

καὶ μέθῃ καὶ μερίμναις βιωτικαῖς, καὶ αἰφνίδιος
y borrachera y preocupaciones vitales,[398] y repentinamente

ἐφ' ὑμᾶς ἐπιστῇ ἡ ἡμέρα ἐκείνη·
sobre vosotros sobrevenga el día aquel.

35 ὡς παγὶς γὰρ ἐπεισελεύσεται ἐπὶ πάντας τοὺς καθημένους
como trampa Porque sobrevendrá sobre todos los sentados

ἐπὶ πρόσωπον πάσης τῆς γῆς.
sobre faz de toda la tierra.

36 ἀγρυπνεῖτε οὖν ἐν παντὶ καιρῷ δεόμενοι ἵνα
Vigilad pues en todo tiempo rogando para que

καταξιωθῆτε ἐκφυγεῖν ταῦτα πάντα τὰ μέλλοντα
seáis considerados dignos[399] de huir de esto todo[400] lo que debe

γίνεσθαι καὶ σταθῆναι ἔμπροσθεν τοῦ Υἱοῦ τοῦ ἀνθρώπου.
acontecer y estar en pie delante del Hijo del hombre.

37 Ἦν δὲ τὰς ἡμέρας ἐν τῷ ἱερῷ διδάσκων,
Estaba sin embargo los días en el templo enseñando,

τὰς δὲ νύκτας ἐξερχόμενος ηὐλίζετο εἰς τὸ ὄρος τὸ
las Sin embargo noches saliendo se alojaba en el monte el

καλούμενον ἐλαιῶν·
llamado de olivos.

38 καὶ πᾶς ὁ λαὸς ὤρθριζε πρὸς αὐτὸν ἐν τῷ ἱερῷ
Y todo el pueblo madrugaba (para ir) hacia él en el templo

ἀκούειν αὐτοῦ.
a escuchar lo.

22 1 Ἤγγιζε δὲ ἡ ἑορτὴ τῶν ἀζύμων ἡ λεγομένη πάσχα.
Se acercó entonces la fiesta de los ácimos[401] la llamada pascua.

2 καὶ ἐζήτουν οἱ ἀρχιερεῖς καὶ οἱ γραμματεῖς τὸ
Y buscaban los principales sacerdotes y los escribas el

πῶς ἀνέλωσιν αὐτόν· ἐφοβοῦντο γὰρ τὸν λαόν.
cómo mataran lo temían Porque al pueblo.

31Así también vosotros, cuando viereis hacerse estas cosas, entended que está cerca el reino de Dios. 32De cierto os digo, que no pasará esta generación hasta que todo sea hecho. 33El cielo y la tierra pasarán; mas mis palabras no pasarán. 34Y mirad por vosotros, que vuestros corazones no sean cargados de glotonería y embriaguez, y de los cuidados de esta vida, y venga de repente sobre vosotros aquel día. 35Porque como un lazo vendrá sobre todos los que habitan sobre la faz de toda la tierra. 36Velad pues, orando en todo tiempo, que seáis tenidos por dignos de evitar todas estas cosas que han de venir, y de estar en pie delante del Hijo del hombre. 37Y enseñaba de día en el templo; y de noche saliendo, estábase en el monte que se llama de las Olivas. 38Y todo el pueblo venía a él por la mañana, para oirle en el templo.

22 Y estaba cerca el día de la fiesta de los ázimos, que se llama la Pascua. 2Y los príncipes de los sacerdotes y los escribas buscaban cómo le matarían; mas tenían miedo del pueblo.

---
397. Es decir, con desenfreno, con insolencia.
398. Es decir, las preocupaciones propias de la vida.
399. La NU sustituye por podáis.
400. La NU añade esto.
401. O de los panes sin levadura.

3 Y entró Satanás en Judas, por sobrenombre Iscariote, el cual era uno del número de los doce;
4 Y fué, y habló con los príncipes de los sacerdotes, y con los magistrados, de cómo se lo entregaría.
5 Los cuales se holgaron, y concertaron de darle dinero.
6 Y prometió, y buscaba oportunidad para entregarle a ellos sin bulla.
7 Y vino el día de los ázimos, en el cual era necesario matar la pascua.
8 Y envió a Pedro y a Juan, diciendo: Id, aparejadnos la pascua para que comamos.
9 Y ellos le dijeron: ¿Dónde quieres que aparejemos?
10 Y él les dijo: He aquí cuando entrareis en la ciudad, os encontrará un hombre que lleva un cántaro de agua: seguidle hasta la casa donde entrare,
11 Y decid al padre de la familia de la casa: El Maestro te dice: ¿Dónde está el aposento donde tengo de comer la pascua con mis discípulos?
12 Entonces él os mostrará un gran cenáculo aderezado; aparejad allí.
13 Fueron pues, y hallaron como les había dicho; y aparejaron la pascua.

3 Εἰσῆλθεν δὲ ὁ Σατανᾶς εἰς Ἰούδαν τὸν ἐπικαλούμενον
Entró entonces Satanás en Judas el sobrenombrado[402,403]
Ἰσκαριώτην, ὄντα ἐκ τοῦ ἀριθμοῦ τῶν δώδεκα,
Iscariote, siendo de el número de los doce,

4 καὶ ἀπελθὼν συνελάλησε τοῖς ἀρχιερεῦσι καὶ
y saliendo habló con los principales sacerdotes y
στρατηγοῖς τὸ πῶς αὐτὸν παραδῷ αὐτοῖς.
jefes el cómo a él entregaría a ellos.

5 καὶ ἐχάρησαν, καὶ συνέθεντο αὐτῷ ἀργύριον δοῦναι·
Y se alegraron, y convinieron a él plata dar.

6 καὶ ἐξωμολόγησε, καὶ ἐζήτει εὐκαιρίαν τοῦ παραδοῦναι
Y aceptó, y buscaba oportunidad de entregar
αὐτὸν αὐτοῖς ἄτερ ὄχλου.
lo a ellos sin multitud.[404]

7 Ἦλθε δὲ ἡ ἡμέρα τῶν ἀζύμων,
Llegó entonces el día de los ácimos,
ἐν ᾗ ἔδει θύεσθαι τὸ πάσχα,
en el cual era necesario ser sacrificada la pascua.

8 καὶ ἀπέστειλε Πέτρον καὶ Ἰωάννην εἰπών·
Y envió a Pedro y a Juan diciendo:
πορευθέντες ἑτοιμάσατε ἡμῖν τὸ πάσχα ἵνα φάγωμεν.
Yendo preparad nos la pascua para que comamos.

9 οἱ δὲ εἶπαν αὐτῷ· ποῦ θέλεις ἑτοιμάσωμεν;
Ellos entonces dijeron le: ¿dónde quieres (que) preparemos?

10 ὁ δὲ εἶπεν αὐτοῖς· ἰδοὺ εἰσελθόντων ὑμῶν
Él entonces dijo les: mira entrando vosotros
εἰς τὴν πόλιν συναντήσει ὑμῖν ἄνθρωπος κεράμιον
en la ciudad encontrará os hombre jarro
ὕδατος βαστάζων· ἀκολουθήσατε αὐτῷ
de agua llevando. Seguid le
εἰς τὴν οἰκίαν οὗ εἰσπορεύεται,
a la casa donde entre,

11 καὶ ἐρεῖτε τῷ οἰκοδεσπότῃ τῆς οἰκίας· λέγει σοι
y diréis al dueño de la casa: dice te
ὁ διδάσκαλος, ποῦ ἐστι τὸ κατάλυμα ὅπου
el maestro: ¿dónde está la habitación dónde
τὸ πάσχα μετὰ τῶν μαθητῶν μου φάγω;
la pascua con los discípulos de mí coma?

12 κἀκεῖνος ὑμῖν δείξει ἀνώγαιον μέγα ἐστρωμένον·
Y ése os mostrará habitación superior grande dispuesta[405]
ἐκεῖ ἑτοιμάσατε.
allí preparad.

13 ἀπελθόντες δὲ εὗρον καθὼς εἴρηκεν αὐτοῖς,
Saliendo entonces encontraron como había dicho a ellos,
καὶ ἡτοίμασαν τὸ πάσχα.
y prepararon la pascua.

---

402. Es decir, el que tenía como sobrenombre Iscariote.
403. La NU sustituye por llamado.
404. Es decir, cuando no estuviera presente la multitud.
405. O alfombrada.

14 Καὶ ὅτε ἐγένετο ἡ ὥρα, ἀνέπεσε, καὶ οἱ δώδεκα
   Y cuando aconteció la hora, se reclinó,⁴⁰⁶ y los doce⁴⁰⁷
   ἀπόστολοι σὺν αὐτῷ.
   apóstoles con él.

15 καὶ εἶπε πρὸς αὐτούς· ἐπιθυμίᾳ ἐπεθύμησα τοῦτο
   Y dijo a ellos: con anhelo anhelé esta
   τὸ πάσχα φαγεῖν μεθ᾽ ὑμῶν πρὸ τοῦ με παθεῖν·
   la pascua comer con vosotros antes del yo padecer.

16 λέγω γὰρ ὑμῖν, ὅτι οὐκέτι οὐ μὴ φάγω
   digo Porque os que ya no⁴⁰⁸ no de ninguna manera comeré
   ἐξ αὐτοῦ ἕως ὅτου πληρωθῇ ἐν τῇ βασιλείᾳ τοῦ Θεοῦ.
   de ella hasta que sea cumplida en el reino de Dios.

17 καὶ δεξάμενος ποτήριον, εὐχαριστήσας εἶπε·
   Y tomando copa, habiendo dado gracias dijo:
   λάβετε τοῦτο καὶ διαμερίσατε ἑαυτοῖς·
   tomad esto y repartid entre vosotros.

18 λέγω γὰρ ὑμῖν ὅτι οὐ μὴ πίω ἀπὸ τοῦ
   digo Porque os que no de ninguna manera beberé⁴⁰⁹ de el
   γενήματος τῆς ἀμπέλου ἕως ὅτου ἡ βασιλεία τοῦ Θεοῦ ἔλθῃ.
   fruto de la vid hasta que el reino de Dios venga.

19 καὶ λαβὼν ἄρτον εὐχαριστήσας ἔκλασε καὶ ἔδωκεν
   Y tomando pan habiendo dado gracias partió y dio
   αὐτοῖς λέγων· τοῦτό ἐστι τὸ σῶμά μου τὸ ὑπὲρ
   a ellos diciendo: esto es el cuerpo de mí el por
   ὑμῶν διδόμενον· τοῦτο ποιεῖτε
   vosotros dado. Esto haced
   εἰς τὴν ἐμὴν ἀνάμνησιν.
   en la mi conmemoración.

20 ὡσαύτως καὶ τὸ ποτήριον μετὰ τὸ δειπνῆσαι
   De manera semejante también la copa después de cenar
   λέγων· τοῦτο τὸ ποτήριον ἡ καινὴ διαθήκη ἐν τῷ αἵματί
   diciendo: esta la copa el nuevo pacto en la sangre
   μου, τὸ ὑπὲρ ὑμῶν ἐκχυνόμενον.
   de mí, la por vosotros derramada.

21 πλὴν ἰδοὺ ἡ χεὶρ τοῦ παραδιδόντος με μετ᾽ ἐμοῦ
   Pero mira la mano del entregando me conmigo
   ἐπὶ τῆς τραπέζης.
   en la mesa.

22 καὶ ὁ μὲν Υἱὸς ἀνθρώπου πορεύεται κατὰ τὸ
   Y el Ciertamente Hijo de hombre va según lo
   ὡρισμένον· πλὴν οὐαὶ τῷ ἀνθρώπῳ ἐκείνῳ δι᾽ οὗ
   determinado. Pero ay del hombre aquel por el que
   παραδίδοται.
   es entregado.

23 καὶ αὐτοὶ ἤρξαντο συζητεῖν πρὸς ἑαυτοὺς τὸ τίς
   Y ellos comenzaron a discutir unos con otros el quién
   ἄρα εἴη ἐξ αὐτῶν ὁ τοῦτο μέλλων πράσσειν.
   entonces fuera de ellos el esto debiendo hacer.

14 Y como fué hora, sentóse a la mesa, y con él los apóstoles.
15 Y les dijo: En gran manera he deseado comer con vosotros esta pascua antes que padezca;
16 Porque os digo que no comeré más de ella, hasta que se cumpla en el reino de Dios.
17 Y tomando el vaso, habiendo dado gracias, dijo: Tomad esto, y partidlo entre vosotros;
18 Porque os digo, que no beberé más del fruto de la vid, hasta que el reino de Dios venga.
19 Y tomando el pan, habiendo dado gracias, partió, y les dió, diciendo: Esto es mi cuerpo, que por vosotros es dado: haced esto en memoria de mí.
20 Asimismo también el vaso, después que hubo cenado, diciendo: Este vaso es el nuevo pacto en mi sangre, que por vosotros se derrama.
21 Con todo eso, he aquí la mano del que me entrega, conmigo en la mesa.
22 Y a la verdad el Hijo del hombre va, según lo que está determinado; empero ¡ay de aquél hombre por el cual es entregado!
23 Ellos entonces comenzaron a preguntar entre sí, cuál de ellos sería el que había de hacer esto.

---

406. Es decir, se puso a la mesa.
407. La NU suprime doce.
408. La NU suprime ya no.
409. La NU añade desde ahora.

24Y hubo entre ellos una contienda, quién de ellos parecía ser el mayor.
25Entonces él les dijo: Los reyes de las gentes se enseñorean de ellas; y los que sobre ellas tienen potestad, son llamados bienhechores:
26Mas vosotros, no así: antes el que es mayor entre vosotros, sea como el más mozo; y el que es príncipe, como el que sirve.
27Porque, ¿cuál es mayor, el que se sienta a la mesa, o el que sirve? ¿No es el que se sienta a la mesa? Y yo soy entre vosotros como el que sirve.
28Empero vosotros sois los que habéis permanecido conmigo en mis tentaciones:
29Yo pues os ordeno un reino, como mi Padre me lo ordenó a mí,
30Para que comáis y bebáis en mi mesa en mi reino, y os sentéis sobre tronos juzgando a las doce tribus de Israel.
31Dijo también el Señor: Simón, Simón, he aquí Satanás os ha pedido para zarandaros como a trigo;
32Mas yo he rogado por ti que tu fe no falte: y tú, una vez vuelto, confirma a tus hermanos.
33Y él le dijo: Señor, pronto estoy a ir contigo aun a cárcel y a muerte.

24 Ἐγένετο δὲ καὶ φιλονεικία ἐν αὐτοῖς,
Aconteció entonces también disputa entre ellos,
τὸ τίς αὐτῶν δοκεῖ εἶναι μείζων.
el quién de ellos parece ser mayor.

25 ὁ δὲ εἶπεν αὐτοῖς· οἱ βασιλεῖς τῶν ἐθνῶν κυριεύουσιν
Él entonces dijo les: los reyes de las naciones se enseñorean
αὐτῶν, καὶ οἱ ἐξουσιάζοντες αὐτῶν
de ellas, y los ejerciendo autoridad sobre ellas
εὐεργέται καλοῦνται.
benefactores son llamados.

26 ὑμεῖς δὲ οὐχ οὕτως, ἀλλ' ὁ μείζων ἐν
Vosotros sin embargo no así, sino que el mayor entre
ὑμῖν γινέσθω ὡς ὁ νεώτερος, καὶ ὁ ἡγούμενος
vosotros resulte como el más joven, y el que dirige
ὡς ὁ διακονῶν.
como el sirviendo.

27 τίς γὰρ μείζων, ὁ ἀνακείμενος ἢ ὁ διακονῶν;
¿quién Porque mayor, el reclinado[410] o el sirviendo?
οὐχὶ ὁ ἀνακείμενος; ἐγὼ δὲ εἰμι
¿No (es) el reclinado? Yo sin embargo estoy
ἐν μέσῳ ὑμῶν ὡς ὁ διακονῶν.
en medio de vosotros como el sirviendo.

28 ὑμεῖς δέ ἐστε οἱ διαμεμενηκότες μετ' ἐμοῦ
Vosotros sin embargo sois los habiendo permanecido conmigo
ἐν τοῖς πειρασμοῖς μου·
en las pruebas de mí,

29 κἀγὼ διατίθεμαι ὑμῖν καθὼς διέθετό μοι
y yo otorgo[411] a vosotros como otorgó a mí
ὁ πατήρ μου βασιλείαν,
el padre de mí reino,

30 ἵνα ἐσθίητε καὶ πίνητε ἐπὶ τῆς τραπέζης μου ἐν τῇ
para que comáis y bebáis en la mesa de mí en el
βασιλείᾳ μου, καὶ καθήσεσθε ἐπὶ θρόνων κρίνοντες
reino de mí, y os sentéis en trono juzgando
τὰς δώδεκα φυλὰς τοῦ Ἰσραήλ.
a las doce tribus de Israel.

31 Εἶπε δὲ ὁ Κύριος· Σίμων Σίμων, ἰδοὺ ὁ Σατανᾶς
Dijo entonces el Señor:[412] Simón, Simón, mira Satanás
ἐξῃτήσατο ὑμᾶς τοῦ σινιάσαι ὡς τὸν σῖτον·
pidió a vosotros para cribar como el trigo·

32 ἐγὼ δὲ ἐδεήθην περὶ σοῦ ἵνα μὴ ἐκλίπῃ ἡ
Yo sin embargo oré por ti para que no desfallezca la
πίστις σου· καὶ σύ ποτε ἐπιστρέψας στήριξον τοὺς
fe de ti. Y tú entonces volviendo fortalece a los
ἀδελφούς σου.
hermanos de ti.

33 ὁ δὲ εἶπεν αὐτῷ· Κύριε, μετὰ σοῦ ἕτοιμός εἰμι
Él entonces dijo le· Señor, contigo dispuesto estoy
καὶ εἰς φυλακὴν καὶ εἰς θάνατον πορεύεσθαι.
no sólo a prisión sino también a muerte ir.

---

410. Es decir, el que se sienta a comer.
411. El término es jurídico y corresponde a los testamentos. La idea es dejar como beneficiario u otorgar testamento en su favor.
412. La NU suprime dijo entonces el Señor.

34 ὁ δὲ   εἶπε· λέγω σοι, Πέτρε, οὐ μὴ
　　Él entonces dijo: digo te, Pedro, no de ninguna manera

φωνήσει σήμερον ἀλέκτωρ πρὶν ἢ τρίς   ἀπαρνήσῃ
cantará hoy   gallo   antes⁴¹³ que tres veces negarás (diciendo)

μὴ εἰδέναι με.
no conocer me.

35 Καὶ εἶπεν αὐτοῖς· ὅτε ἀπέστειλα ὑμᾶς   ἄτερ βαλλαντίου
　　Y dijo   les: cuando envié   a vosotros sin bolsa

καὶ πήρας καὶ ὑποδημάτων, μή   τινος ὑστερήσατε;
y alforja y sandalias,   ¿acaso de algo carecísteis?

οἱ   δὲ   εἶπον· οὐθενός.
Ellos entonces dijeron: de nada.

36 εἶπεν δὲ   αὐτοῖς· ἀλλὰ νῦν ὁ ἔχων βαλλάντιον ἀράτω,
　　Dijo entonces a ellos: pero ahora el teniendo bolsa   tome,

ὁμοίως καὶ   πήραν, καὶ ὁ μὴ ἔχων   πωλησάτω
igualmente también alforja, y el no teniendo venda⁴¹⁴

τὸ ἱμάτιον αὐτοῦ καὶ ἀγορασάτω μάχαιραν.
la ropa de él y compre⁴¹⁵   espada.

37 λέγω γὰρ   ὑμῖν ὅτι ἔτι   τοῦτο τὸ γεγραμμένον δεῖ
　　digo Porque os que todavía esto lo escrito   debe

τελεσθῆναι   ἐν ἐμοί, τὸ   καὶ μετὰ ἀνόμων   ἐλογίσθη·
ser consumado en mí, lo de "y con delincuentes fue contado".

καὶ   γὰρ   τὰ περὶ   ἐμοῦ τέλος ἔχει.
también Porque lo acerca de mi fin   tiene.

38 οἱ   δὲ   εἶπον, Κύριε, ἰδοὺ μάχαιραι ὧδε δύο.
Ellos entonces dijeron: Señor, mira espadas aquí dos (hay).

ὁ δὲ   εἶπεν αὐτοῖς· ἱκανόν ἐστι.
Él entonces dijo les: Bastante es.⁴¹⁶

39 Καὶ ἐξελθὼν ἐπορεύθη κατὰ τὸ ἔθος   εἰς τὸ ὄρος
　　Y saliendo fue   según la costumbre a el monte

τῶν ἐλαιῶν· ἠκολούθησαν δὲ   αὐτῷ
de los olivos. Siguieron   entonces a él

καὶ οἱ μαθηταί αὐτοῦ.
también los discípulos de él.

40 γενόμενος   δὲ   ἐπὶ τοῦ τόπου εἶπεν αὐτοῖς·
Habiendo resultado⁴¹⁷ entonces en el lugar dijo les:

προσεύχεσθε μὴ   εἰσελθεῖν εἰς πειρασμόν.
Orad   para no entrar   en tentación.

41 καὶ αὐτὸς ἀπεσπάσθη ἀπ' αὐτῶν ὡσεὶ λίθου
　　Y él   fue retirado de ellos como de piedra

βολὴν καὶ θεὶς τὰ γόνατα   προσηύχετο
tiro y arrodillándose   oraba

42 λέγων·   πάτερ, εἰ βούλει παρενεγκεῖν τοῦτο τὸ ποτήριον
diciendo: Padre, si quieres apartar⁴¹⁸ esta la copa

ἀπ' ἐμοῦ· πλὴν   μὴ τὸ θέλημά μου,
de mí. Sin embargo no la voluntad de mí,

ἀλλὰ τὸ σὸν γινέσθω.
sino la tuya acontezca.

34 Y él dijo: Pedro, te digo que el gallo no cantará hoy antes que tú niegues tres veces que me conoces.
35 Y a ellos dijo: Cuando os envié sin bolsa, y sin alforja, y sin zapatos, ¿os faltó algo? Y ellos dijeron: Nada.
36 Y les dijo: Pues ahora, el que tiene bolsa, tómela, y también la alforja, y el que no tiene, venda su capa y compre espada.
37 Porque os digo, que es necesario que se cumpla todavía en mí aquello que está escrito: Y con los malos fué contado: porque lo que está escrito de mí, cumplimiento tiene.
38 Entonces ellos dijeron: Señor, he aquí dos espadas. Y él les dijo: Basta.
39 Y saliendo, se fué, como solía, al monte de las Olivas; y sus discípulos también le siguieron.
40 Y como llegó a aquel lugar, les dijo: Orad que no entréis en tentación.
41 Y él se apartó de ellos como un tiro de piedra; y puesto de rodillas oró,
42 Diciendo: Padre, si quieres, pasa este vaso de mí; empero no se haga mi voluntad, sino la tuya.

---

413. La NU sustituye por hasta.
414. En algunos mss aparece venderá.
415. En algunos mss aparece comprará.
416. Es decir, ya basta.
417. Es decir, habiendo llegado.
418. La NU sustituye por aparta.

43 Y le apareció un ángel del cielo confortándole.
44 Y estando en agonía, oraba más intensamente: y fué su sudor como grandes gotas de sangre que caían hasta la tierra.
45 Y como se levantó de la oración, y vino a sus discípulos, hallólos durmiendo de tristeza;
46 Y les dijo: ¿Por qué dormís? Levantaos, y orad que no entréis en tentación.
47 Estando él aún hablando, he aquí una turba; y el que se llamaba Judas, uno de los doce, iba delante de ellos; y llegóse a Jesús para besarlo.
48 Entonces Jesús le dijo: Judas, ¿con beso entregas al Hijo del hombre?
49 Y viendo los que estaban con él lo que había de ser, le dijeron: Señor, ¿heriremos a cuchillo?
50 Y uno de ellos hirió a un siervo del príncipe de los sacerdotes, y le quitó la oreja derecha.
51 Entonces respondiendo Jesús, dijo: Dejad hasta aquí. Y tocando su oreja, le sanó.
52 Y Jesús dijo a los que habían venido a él, los príncipes de los sacerdotes, y los magistrados del templo, y los ancianos: ¿Como a ladrón habéis salido con espadas y con palos?

43 ὤφθη δὲ αὐτῷ ἄγγελος ἀπ' οὐρανοῦ
Fue visto entonces por él ángel desde cielo
ἐνισχύων αὐτόν.
fortaleciendo lo.

44 καὶ γενόμενος ἐν ἀγωνίᾳ ἐκτενέστερον προσηύχετο.
Y resultando en agonía más fervientemente oraba.
ἐγένετο δὲ ὁ ἱδρὼς αὐτοῦ ὡσεὶ θρόμβοι αἵματος
Resultó entonces el sudor de él como gotas de sangre
καταβαίνοντες ἐπὶ τὴν γῆν.
cayendo sobre la tierra.

45 καὶ ἀναστὰς ἀπὸ τῆς προσευχῆς, ἐλθὼν πρὸς τοὺς μαθητὰς
Y levantándose de la oración, viniendo a los discípulos
εὗρεν αὐτοὺς κοιμωμένους ἀπὸ τῆς λύπης,
encontró los durmiendo de la pena,

46 καὶ εἶπεν αὐτοῖς· τί καθεύδετε; ἀναστάντες προσεύχεσθε,
y dijo les: ¿Por qué dormís? Levantándoos orad,
ἵνα μὴ εἰσέλθητε εἰς πειρασμόν.
para que no entréis en tentación.

47 Ἔτι δὲ αὐτοῦ λαλοῦντος ἰδοὺ ὄχλος, καὶ ὁ
Todavía entonces él hablando mira multitud, y el
λεγόμενος Ἰούδας, εἷς τῶν δώδεκα, προήρχετο αὐτῶν,
llamado Judas, uno de los doce, precedía los,
καὶ ἤγγισε τῷ Ἰησοῦ φιλῆσαι αὐτόν.
y se acercó a Jesús para besar lo.

48 Ἰησοῦς δὲ εἶπεν αὐτῷ· Ἰούδα, φιλήματι
Jesús entonces dijo le: Judas, ¿con beso
τὸν Υἱὸν τοῦ ἀνθρώπου παραδίδως;
al Hijo del hombre entregas?

49 ἰδόντες δὲ οἱ περὶ αὐτὸν τὸ ἐσόμενον εἶπον αὐτῷ·
Viendo entonces ellos con él lo que iba a suceder dijeron a él:
Κύριε, εἰ πατάξομεν ἐν μαχαίρᾳ;
Señor, ¿(que tal) si golpeamos con espada?

50 καὶ ἐπάταξεν εἷς τις ἐξ αὐτῶν τὸν δοῦλον τοῦ ἀρχιερέως
Y golpeó un cierto de ellos al siervo del sumo sacerdote
καὶ ἀφεῖλεν αὐτοῦ τὸ οὖς τὸ δεξιόν.
y cortó de él la oreja la derecha.

51 ἀποκριθεὶς δὲ ὁ Ἰησοῦς εἶπεν· ἐᾶτε ἕως τούτου·
Respondiendo entonces Jesús dijo: dejad hasta esto.[419]
καὶ ἁψάμενος τοῦ ὠτίου αὐτοῦ ἰάσατο αὐτόν.
Y tocando la oreja de él curó la.

52 εἶπε δὲ Ἰησοῦς πρὸς τοὺς παραγενομένους ἐπ' αὐτὸν
Dijo entonces Jesús a los viniendo a él
ἀρχιερεῖς καὶ στρατηγοὺς τοῦ ἱεροῦ καὶ πρεσβυτέρους·
principales sacerdotes y capitanes del templo y ancianos:
ὡς ἐπὶ λῃστὴν ἐξεληλύθατε
¿Como contra ladrón habéis salido
μετὰ μαχαιρῶν καὶ ξύλων;
con espadas y palos?

---

[419]. Es decir, dejadlo.

53 καθ' ἡμέραν ὄντος   μου μεθ' ὑμῶν   ἐν τῷ ἱερῷ
   Cada día   estando yo con vosotros en el templo
   οὐκ ἐξετείνατε τὰς χεῖρας ἐπ'   ἐμέ.   ἀλλ' αὕτη ἐστὶν
   no pusísteis las manos sobre mí,   pero esta es
   ὑμῶν   ἡ ὥρα καὶ ἡ ἐξουσία   τοῦ σκότους.
   de vosotros la hora y la autoridad de la oscuridad.

54 Συλλαβόντες δὲ   αὐτὸν ἤγαγον καὶ εἰσήγαγον αὐτὸν
   Arrestando entonces a él   llevaron   y   entraron   lo⁴²⁰
   εἰς τὸν οἶκον τοῦ ἀρχιερέως·
   en la casa del sumo sacerdote.
   ὁ δὲ   Πέτρος ἠκολούθει μακρόθεν.
   - Pero Pedro seguía   de lejos.

55 ἁψάντων   δὲ   πῦρ ἐν μέσῳ τῆς αὐλῆς καὶ
   Encendiendo sin embargo fuego en medio del patio y
   συγκαθισάντων αὐτῶν ἐκάθητο ὁ Πέτρος ἐν μέσῳ   αὐτῶν.
   sentados juntos ellos se sentó Pedro en medio de ellos.

56 ἰδοῦσα   δὲ   αὐτὸν παιδίσκη τις καθήμενον πρὸς τὸ φῶς
   Viendo entonces a él   criada   una sentado   delante del fuego
   καὶ ἀτενίσασα αὐτῷ εἶπε· καὶ οὗτος σὺν αὐτῷ ἦν.
   y   mirando   a él dijo: y   éste   con él   estaba.

57 ὁ δὲ   ἠρνήσατο αὐτὸν λέγων· γύναι, οὐκ οἶδα   αὐτόν.
   Él entonces negó   lo⁴²¹ diciendo: mujer, no conozco a él.

58 καὶ μετὰ βραχὺ ἕτερος ἰδὼν   αὐτὸν ἔφη·
   Y tras poco   otro   viendo lo   dijo:
   καὶ   σὺ ἐξ αὐτῶν εἶ. ὁ δὲ   Πέτρος εἶπεν·
   también tú de ellos eres. - Entonces Pedro   dijo:
   ἄνθρωπε, οὐκ εἰμί.
   Hombre,   no soy.

59 καὶ διαστάσης ὡσεὶ   ὥρας μιᾶς ἄλλος τις   διϊσχυρίζετο λέγων·
   Y   pasada   como   hora una otro uno   insistía   diciendo:
   ἐπ' ἀληθείας καὶ   οὗτος μετ' αὐτοῦ ἦν·
   en verdad   también   éste   con él   estaba,
   καὶ   γὰρ   Γαλιλαῖός ἐστιν.
   también Porque galileo   es.

60 εἶπε δὲ   ὁ Πέτρος· ἄνθρωπε, οὐκ οἶδα ὃ   λέγεις.
   Dijo entonces Pedro: hombre, no sé   lo que dices.
   καὶ παραχρῆμα,   ἔτι   λαλοῦντος αὐτοῦ,
   E inmediatamente, todavía   hablando   él,
   ἐφώνησεν ἀλέκτωρ.
   cantó   gallo.

61 καὶ στραφεὶς ὁ Κύριος ἐνέβλεψε τῷ Πέτρῳ, καὶ ὑπεμνήσθη
   Y   volviéndose el Señor miró   a Pedro,   y recordó
   ὁ Πέτρος τοῦ λόγου   τοῦ Κυρίου, ὡς   εἶπεν αὐτῷ
   Pedro la palabra⁴²² del Señor, como dijo   le
   ὅτι πρὶν   ἀλέκτορα φωνῆσαι ἀπαρνήσῃ με   τρίς.
   que antes de gallo   cantar⁴²³ negarás a mí tres veces.

62 καὶ ἐξελθὼν ἔξω ὁ Πέτρος ἔκλαυσε πικρῶς.
   Y   saliendo fuera Pedro⁴²⁴ lloró   amargamente.

---

53 Habiendo estado con vosotros cada día en el templo, no extendisteis las manos contra mí; mas ésta es vuestra hora, y la potestad de las tinieblas.
54 Y prendiéndole trajéronle, y metiéronle en casa del príncipe de los sacerdotes. Y Pedro le seguía de lejos.
55 Y habiendo encendido fuego en medio de la sala, y sentándose todos alrededor, se sentó también Pedro entre ellos.
56 Y como una criada le vió que estaba sentado al fuego, fijóse en él, y dijo: Y éste con él estaba.
57 Entonces él lo negó, diciendo: Mujer, no le conozco.
58 Y un poco después, viéndole otro, dijo: Y tú de ellos eras. Y Pedro dijo: Hombre, no soy.
59 Y como una hora pasada otro afirmaba, diciendo: Verdaderamente también éste estaba con él, porque es Galileo.
60 Y Pedro dijo: Hombre, no sé qué dices. Y luego, estando él aún hablando, el gallo cantó.
61 Entonces, vuelto el Señor, miró a Pedro: y Pedro se acordó de la palabra del Señor como le había dicho: Antes que el gallo cante, me negarás tres veces.
62 Y saliendo fuera Pedro, lloró amargamente.

---

420. La NU omite lo.
421. La NU suprime lo.
422. La NU sustituye por dicho.
423. La NU añade hoy.
424. La NU suprime Pedro.

63 Y los hombres que tenían a Jesús, se burlaban de él hiriéndole;
64 Y cubriéndole, herían su rostro, y preguntábanle, diciendo: Profetiza quién es el que te hirió.
65 Y decían otras muchas cosas injuriándole.
66 Y cuando fué de día, se juntaron los ancianos del pueblo, y los príncipes de los sacerdotes, y los escribas, y le trajeron a su concilio,
67 Diciendo: ¿Eres tú el Cristo? dínoslo. Y les dijo: Si os lo dijere, no creeréis.
68 Y también si os preguntare, no me responderéis, ni me soltaréis:
69 Mas después de ahora el Hijo del hombre se asentará a la diestra de la potencia de Dios.
70 Y dijeron todos: ¿Luego tú eres Hijo de Dios? Y él les dijo: Vosotros decís que yo soy.
71 Entonces ellos dijeron: ¿Qué más testimonio deseamos? porque nosotros lo hemos oído de su boca.

23 Levantándose entonces toda la multitud de ellos, lleváronle a Pilato.

---

63 Καὶ οἱ ἄνδρες οἱ συνέχοντες τὸν Ἰησοῦν
   Y los hombres los teniendo preso a Jesús⁴²⁵
ἐνέπαιζον αὐτῷ δέροντες,
se burlaban de él golpeando.

64 καὶ περικαλύψαντες αὐτὸν ἔτυπτον αὐτοῦ
   Y cubriendo   lo golpeaban de él
τὸ πρόσωπον καὶ ἐπηρώτων αὐτὸν λέγοντες·
el rostro⁴²⁶ y preguntaban a él diciendo:
προφήτευσον τίς ἐστιν ὁ παίσας σε;
profetiza ¿quién es el habiendo golpeado te?

65 καὶ ἕτερα πολλὰ βλασφημοῦντες ἔλεγον εἰς αὐτόν.
   Y otro mucho,⁴²⁷ blasfemando decían a él.

66 Καὶ ὡς ἐγένετο ἡμέρα, συνήχθη τὸ πρεσβυτέριον
   Y como aconteció día,⁴²⁸ se reunió el presbiterio⁴²⁹
τοῦ λαοῦ, ἀρχιερεῖς τε καὶ γραμματεῖς,
del pueblo, principales sacerdotes y también escribas,
καὶ ἀνήγαγον αὐτὸν εἰς τὸ συνέδριον ἑαυτῶν λέγοντες·
y condujeron lo a el sanedrín de ellos mismos diciendo:

67 εἰ σὺ εἶ ὁ Χριστός, εἰπὲ ἡμῖν. εἶπε δὲ αὐτοῖς·
si tú eres el mesías, di nos. Dijo sin embargo a ellos:
ἐὰν ὑμῖν εἴπω, οὐ μὴ πιστεύσητε,
si os digo, no de ninguna manera creeréis.

68 ἐὰν δὲ καὶ ἐρωτήσω, οὐ μὴ
Si sin embargo también pregunto, no de ninguna manera
ἀποκριθῆτέ μοι ἢ ἀπολύσητε·
respondéis⁴³⁰ a mí o liberáis.⁴³¹

69 ἀπὸ τοῦ νῦν ἔσται ὁ Υἱὸς τοῦ ἀνθρώπου καθήμενος
Desde el ahora estará el Hijo del hombre sentado
ἐκ δεξιῶν τῆς δυνάμεως τοῦ Θεοῦ.
a derechas⁴³² del poder de Dios.

70 εἶπον δὲ πάντες· σὺ οὖν εἶ ὁ υἱὸς τοῦ Θεοῦ;
Dijeron entonces todos: ¿tú pues eres el Hijo de Dios?
ὁ δὲ πρὸς αὐτοὺς ἔφη· ὑμεῖς λέγετε ὅτι ἐγώ εἰμι.
Él entonces a ellos dijo: vosotros decís que yo soy.

71 οἱ δὲ εἶπον· τί ἔτι χρείαν ἔχομεν
Ellos entonces dijeron: ¿qué todavía necesidad tenemos
μαρτυρίας; αὐτοὶ γὰρ ἠκούσαμεν ἀπὸ τοῦ στόματος αὐτοῦ.
de testimonio? éstos Porque oímos de la boca de él.

23 1 Καὶ ἀναστὰν ἅπαν τὸ πλῆθος αὐτῶν ἤγαγον αὐτὸν
   Y levantándose toda la multitud de ellos condujeron lo
ἐπὶ τὸν Πιλᾶτον.
a Pilato.

---

425. La NU sustituye por a él.
426. La NU suprime golpeaban el rostro de él.
427. Es decir, muchas otras cosas.
428. Es decir, y cuando se hizo de día.
429. Es decir, el consejo de ancianos.
430. La NU suprime desde aquí hasta el final del versículo.
431. Es decir, si se da la circunstancia de que os pregunto ni me contestáis ni me ponéis en libertad.
432. Es decir, a la diestra.

2 ἤρξαντο δὲ κατηγορεῖν αὐτοῦ λέγοντες· τοῦτον
Comenzaron entonces a acusar lo diciendo: a éste

εὕρομεν διαστρέφοντα τὸ ἔθνος καὶ κωλύοντα Καίσαρι
encontramos pervirtiendo a la nación y prohibiendo a César

φόρους διδόναι, λέγοντα ἑαυτὸν Χριστὸν βασιλέα εἶναι.
impuestos pagar, diciendo él mismo mesías rey ser.[433]

3 ὁ δὲ Πιλᾶτος ἠρώτησεν αὐτὸν λέγων· σὺ εἶ ὁ βασιλεὺς
- Entonces Pilato preguntó le diciendo: ¿tú eres el rey

τῶν Ἰουδαίων; ὁ δὲ ἀποκριθεὶς αὐτῷ ἔφη· σὺ λέγεις.
de los judíos? Él entonces respondiendo le dijo: tú dices.

4 ὁ δὲ Πιλᾶτος εἶπε πρὸς τοὺς ἀρχιερεῖς καὶ
- Entonces Pilato dijo a los principales sacerdotes y

τοὺς ὄχλους· οὐδὲν εὑρίσκω αἴτιον ἐν τῷ ἀνθρώπῳ τούτῳ.
a las multitudes: Ninguna encuentro culpa en el hombre este.

5 οἱ δὲ ἐπίσχυον λέγοντες ὅτι ἀνασείει τὸν λαὸν
Ellos sin embargo insistieron diciendo que solivianta al pueblo

διδάσκων καθ' ὅλης τῆς Ἰουδαίας,
enseñando por toda la Judea,

ἀρξάμενος ἀπὸ τῆς Γαλιλαίας ἕως ὧδε.
empezando desde la Galilea hasta aquí.

6 Πιλᾶτος δὲ ἀκούσας Γαλιλαίαν ἐπηρώτησεν
Pilato entonces oyendo Galilea[434] preguntó

εἰ ὁ ἄνθρωπος Γαλιλαῖός ἐστι,
si el hombre galileo es,

7 καὶ ἐπιγνοὺς ὅτι ἐκ τῆς ἐξουσίας Ἡρῴδου ἐστὶν,
y sabiendo que de la autoridad de Herodes es,

ἀνέπεμψεν αὐτὸν πρὸς Ἡρῴδην, ὄντα καὶ αὐτὸν
envió lo a Herodes, estando también él

ἐν Ἱεροσολύμοις ἐν ταύταις ταῖς ἡμέραις.
en Jerusalén en estos los días.

8 ὁ δὲ Ἡρῴδης ἰδὼν τὸν Ἰησοῦν ἐχάρη λίαν·
- Entonces Herodes viendo a Jesús se alegró enormemente,

ἦν γὰρ ἐξ ἱκανοῦ θέλων ἰδεῖν αὐτὸν διὰ τὸ ἀκούειν
estaba Porque desde bastante queriendo ver lo por el oír

πολλὰ περὶ αὐτοῦ, καὶ ἤλπιζέ τι σημεῖον
mucho[435] acerca de él, y esperaba alguna señal

ἰδεῖν ὑπ' αὐτοῦ γινόμενον.
ver por él acontecida.

9 ἐπηρώτα δὲ αὐτὸν ἐν λόγοις ἱκανοῖς·
Preguntó entonces a él con palabras bastantes.

αὐτὸς δὲ οὐδὲν ἀπεκρίνατο αὐτῷ.
Él sin embargo nada respondió le.

10 εἱστήκεισαν δὲ οἱ ἀρχιερεῖς καὶ οἱ γραμματεῖς
Estaban entonces los principales sacerdotes y los escribas

εὐτόνως κατηγοροῦντες αὐτοῦ.
vehementemente acusando lo.

2Y comenzaron a acusarle, diciendo: A éste hemos hallado que pervierte la nación, y que veda dar tributo a César, diciendo que él es el Cristo, el rey.
3Entonces Pilato le preguntó, diciendo: ¿Eres tú el Rey de los Judíos? Y respondiéndo él, dijo: Tú lo dices.
4Y Pilato dijo a los príncipes de los sacerdotes, y a las gentes: Ninguna culpa hallo en este hombre.
5Mas ellos porfiaban, diciendo: Alborota al pueblo, enseñando por toda Judea, comenzando desde Galilea hasta aquí.
6Entonces Pilato, oyendo de Galilea, preguntó si el hombre era Galileo.
7Y como entendió que era de la jurisdicción de Herodes, le remitió a Herodes, el cual también estaba en Jerusalem en aquellos días.
8Y Herodes, viendo a Jesús, holgóse mucho, porque hacía mucho que deseaba verle; porque había oído de él muchas cosas, y tenía esperanza que le vería hacer alguna señal.
9Y le preguntaba con muchas palabras; mas él nada le respondió:
10Y estaban los príncipes de los sacerdotes y los escribas acusándole con gran porfía.

---

433. Es decir, que era el rey mesías.
434. La NU suprime Galilea.
435. La NU suprime mucho.

11 Mas Herodes con su corte le menospreció, y escarneció, vistiéndole de una ropa rica; y volvióle a enviar a Pilato.
12 Y fueron hechos amigos entre sí Pilato y Herodes en el mismo día; porque antes eran enemigos entre sí.
13 Entonces Pilato, convocando los príncipes de los sacerdotes, y los magistrados, y el pueblo,
14 Les dijo: Me habéis presentado a éste por hombre que desvía al pueblo: y he aquí, preguntando yo delante de vosotros, no he hallado culpa alguna en este hombre de aquéllas de que le acusáis.
15 Y ni aun Herodes; porque os remití a él, y he aquí, ninguna cosa digna de muerte ha hecho.
16 Le soltaré, pues, castigado.
17 Y tenía necesidad de soltarles uno en cada fiesta.
18 Mas toda la multitud dió voces a una, diciendo: Quita a éste, y suéltanos a Barrabás:
19 (El cual había sido echado en la cárcel por una sedición hecha en la ciudad, y una muerte.)
20 Y hablóles otra vez Pilato, queriendo soltar a Jesús.
21 Pero ellos volvieron a dar voces, diciendo: Crucifícale, crucifícale.

11 ἐξουθενήσας δὲ αὐτὸν ὁ Ἡρῴδης σὺν τοῖς στρατεύμασιν
Despreciando entonces a él Herodes con los soldados
αὐτοῦ καὶ ἐμπαίξας, περιβαλὼν αὐτὸν ἐσθῆτα
de él y burlándose, poniendo sobre él[436] ropa
λαμπρὰν ἀνέπεμψεν αὐτὸν τῷ Πιλάτῳ.
resplandeciente devolvió lo a Pilato.

12 ἐγένοντο δὲ φίλοι ὅ τε Ἡρῴδης καὶ ὁ Πιλᾶτος
Resultaron entonces amigos tanto Herodes como Pilato
ἐν αὐτῇ τῇ ἡμέρᾳ μετ' ἀλλήλων· προϋπῆρχον γὰρ
en mismo el día uno con otro. previamente eran Porque
ἐν ἔχθρᾳ ὄντες πρὸς ἑαυτούς.
en enemistad estando uno contra otro.

13 Πιλᾶτος δὲ συγκαλεσάμενος τοὺς ἀρχιερεῖς καὶ
Pilato entonces convocando a los principales sacerdotes y
τοὺς ἄρχοντας καὶ τὸν λαὸν
a los arcontes[437] y al pueblo

14 εἶπε πρὸς αὐτούς· προσηνέγκατέ μοι τὸν ἄνθρωπον τοῦτον
dijo a ellos: habéis traido a mí al hombre este
ὡς ἀποστρέφοντα τὸν λαόν, καὶ ἰδοὺ ἐγὼ ἐνώπιον ὑμῶν
como extraviando al pueblo, y mira yo delante de vosotros
ἀνακρίνας οὐδὲν εὗρον ἐν τῷ ἀνθρώπῳ τούτῳ
examinando ninguna encontré en el hombre este
αἴτιον ὧν κατηγορεῖτε κατ' αὐτοῦ.
culpa de lo que acusáis contra él,

15 ἀλλ' οὐδὲ Ἡρῴδης· ἀνέπεμψα γὰρ ὑμᾶς πρὸς αὐτόν·
pero tampoco Herodes, envié[438] Porque a vosotros a él,
καὶ ἰδοὺ οὐδὲν ἄξιον θανάτου ἐστὶ πεπραγμένον αὐτῷ·
y mira nada digno de muerte es hecho por él.

16 παιδεύσας οὖν αὐτὸν ἀπολύσω.
Habiendo flagelado pues a él liberaré.

17 ἀνάγκην δὲ εἶχεν ἀπολύειν αὐτοῖς κατὰ τὴν ἑορτὴν ἕνα.
Necesidad entonces tenía de liberar les en la fiesta a uno.

18 ἀνέκραξαν δὲ παμπληθεὶ λέγοντες· αἶρε τοῦτον,
Gritaron entonces todos juntos diciendo: Quita a éste,
ἀπόλυσον δὲ ἡμῖν τὸν Βαραββᾶν·
suelta sin embargo a nosotros a Barrabás,

19 ὅστις ἦν διὰ στάσιν τινὰ γενομένην ἐν τῇ πόλει
que estaba por sedición una acontecida en la ciudad
καὶ φόνον βεβλημένος εἰς φυλακήν.
y asesinato arrojado a cárcel.

20 πάλιν οὖν ὁ Πιλᾶτος προσεφώνησε,
De nuevo pues Pilato llamó,
θέλων ἀπολῦσαι τὸν Ἰησοῦν.
queriendo liberar a Jesús.

21 οἱ δὲ ἐπεφώνουν λέγοντες· σταύρωσον
Ellos sin embargo gritaron diciendo: crucifica
σταύρωσον αὐτόν.
crucifica lo.

---

436. La NU omite sobre él.
437. O gobernantes o principales.
438. La NU sustituye por envió.

22 ὁ δὲ τρίτον εἶπε πρὸς αὐτούς·
Él entonces por tercera vez dijo a ellos:
τί γὰρ κακὸν ἐποίησεν οὗτος;
¿qué Porque malo hizo éste?
οὐδὲν αἴτιον θανάτου εὗρον ἐν αὐτῷ·
Nada digno de muerte encontré en él.
παιδεύσας οὖν αὐτὸν ἀπολύσω.
Habiendo flagelado pues a él liberaré.

23 οἱ δὲ ἐπέκειντο φωναῖς μεγάλαις αἰτούμενοι αὐτὸν
Ellos sin embargo urgían con voces grandes pidiendo él
σταυρωθῆναι, καὶ κατίσχυον αἱ φωναὶ αὐτῶν,
ser crucificado,[439] y se imponían las voces de ellos
καὶ τῶν ἀρχιερέων.
y de los principales sacerdotes.[440]

24 ὁ δὲ Πιλᾶτος ἐπέκρινε γενέσθαι τὸ αἴτημα αὐτῶν,
- Entonces Pilato decidió realizarse la petición de ellos.[441]

25 ἀπέλυσε δὲ αὐτοῖς τὸν διὰ στάσιν καὶ φόνον βεβλημένον
Liberó entonces a ellos al por sedición y asesinato arrojado
εἰς φυλακήν, ὃν ᾐτοῦντο, τὸν δὲ Ἰησοῦν
a prisión, al que pedían, a - Jesús
παρέδωκε τῷ θελήματι αὐτῶν.
entregó a la voluntad de ellos.

26 Καὶ ὡς ἀπήγαγον αὐτόν, ἐπιλαβόμενοι Σίμωνός τινος Κυρηναίου,
Y cuando conducían lo, agarrando a Simón uno cireneo
ἐρχομένου ἀπ' ἀγροῦ, ἐπέθηκαν αὐτῷ τὸν σταυρὸν
viniendo de campo, colocaron sobre él la cruz
φέρειν ὄπισθεν τοῦ Ἰησοῦ.
para llevar detrás de Jesús.

27 ἠκολούθει δὲ αὐτῷ πολὺ πλῆθος τοῦ λαοῦ καὶ
Seguía sin embargo a él mucha multitud del pueblo y
γυναικῶν, αἳ καὶ ἐκόπτοντο καὶ ἐθρήνουν αὐτόν.
de mujeres, que también se golpeaban y lamentaban por él.

28 στραφεὶς δὲ πρὸς αὐτὰς ὁ Ἰησοῦς εἶπε· θυγατέρες
Volviéndose entonces a ellas Jesús dijo: hijas
Ἱερουσαλήμ, μὴ κλαίετε ἐπ' ἐμέ, πλὴν ἐφ' ἑαυτὰς κλαίετε
de Jerusalén, no lloréis por mí, sino por vosotras mismas llorad
καὶ ἐπὶ τὰ τέκνα ὑμῶν.
y por los hijos de vosotras,

29 ὅτι ἰδοὺ ἔρχονται ἡμέραι ἐν αἷς ἐροῦσι· μακάριαι αἱ στεῖραι
porque mira vienen días en que diréis: dichosas las estériles
καὶ κοιλίαι αἳ οὐκ ἐγέννησαν, καὶ μαστοὶ οἳ οὐκ ἐθήλασαν.
y vientres que no parieron, y pechos que no amamantaron.[442]

30 τότε ἄρξονται λέγειν τοῖς ὄρεσι, πέσετε ἐφ' ἡμᾶς,
Entonces empezarán a decir a los montes, caed sobre nosotros
καὶ τοῖς βουνοῖς, καλύψατε ἡμᾶς·
y a las colinas, cubrid nos,

31 ὅτι εἰ ἐν τῷ ὑγρῷ ξύλῳ ταῦτα ποιοῦσιν,
porque si en el verde árbol esto hacen,
ἐν τῷ ξηρῷ τί γένηται;
en el seco ¿qué acontecerá?

22 Y él les dijo la tercera vez: ¿Pues qué mal ha hecho éste? Ninguna culpa de muerte he hallado en él: le castigaré, pues, y le soltaré.
23 Mas ellos instaban a grandes voces, pidiendo que fuese crucificado. Y las voces de ellos y de los príncipes de los sacerdotes crecían.
24 Entonces Pilato juzgó que se hiciese lo que ellos pedían;
25 Y les soltó a aquél que había sido echado en la cárcel por sedición y una muerte, al cual habían pedido; y entregó a Jesús a la voluntad de ellos.
26 Y llevándole, tomaron a un Simón Cireneo, que venía del campo, y le pusieron encima la cruz para que la llevase tras Jesús.
27 Y le seguía una grande multitud de pueblo, y de mujeres, las cuales le lloraban y lamentaban.
28 Mas Jesús, vuelto a ellas, les dice: Hijas de Jerusalem, no me lloréis a mí, mas llorad por vosotras mismas, y por vuestros hijos.
29 Porque he aquí vendrán días en que dirán: Bienaventuradas las estériles, y los vientres que no engendraron, y los pechos que no criaron.
30 Entonces comenzarán a decir a los montes: Caed sobre nosotros: y a los collados: Cubridnos.
31 Porque si en el árbol verde hacen estas cosas, ¿en el seco, qué se hará?

---

439. Es decir, que fuera crucificado.
440. La NU omite y de los principales sacerdotes.
441. Es decir, que se llevara a cabo lo que pedían.
442. La NU sustituye por alimentaron.

32 Y llevaban también con él otros dos, malhechores, a ser muertos.
33 Y como vinieron al lugar que se llama de la Calavera, le crucificaron allí, y a los malhechores, uno a la derecha, y otro a la izquierda.
34 Y Jesús decía: Padre, perdónalos, porque no saben lo que hacen. Y partiendo sus vestidos, echaron suertes.
35 Y el pueblo estaba mirando; y se burlaban de él los príncipes con ellos, diciendo: A otros hizo salvos: sálvese a sí, si éste es el Mesías, el escogido de Dios.
36 Escarnecían de él también los soldados, llegándose y presentándole vinagre,
37 Y diciendo: Si tú eres el Rey de los Judíos, sálvate a ti mismo.
38 Y había también sobre él un título escrito con letras griegas, y latinas, y hebraicas: ESTE ES EL REY DE LOS JUDIOS.
39 Y uno de los malhechores que estaban colgados, le injuriaba, diciendo: Si tú eres el Cristo, sálvate a ti mismo y a nosotros.
40 Y respondiendo el otro, reprendióle, diciendo: ¿Ni aun tú temes a Dios, estando en la misma condenación?

32 Ἤγοντο δὲ καὶ ἕτεροι δύο κακοῦργοι σὺν
Eran llevados entonces también otros dos malhechores con
αὐτῷ ἀναιρεθῆναι.
él para ser muertos.

33 καὶ ὅτε ἀπῆλθον ἐπὶ τὸν τόπον τὸν καλούμενον Κρανίον,
Y entonces vinieron a el lugar el llamado Cráneo,
ἐκεῖ ἐσταύρωσαν αὐτὸν καὶ τοὺς κακούργους,
allí crucificaron lo y a los malhechores,
ὃν μὲν ἐκ δεξιῶν ὃν δὲ ἐξ ἀριστερῶν.
uno no sólo a derechas uno Sino también a izquierdas.[443]

34 ὁ δὲ Ἰησοῦς ἔλεγε· πάτερ, ἄφες αὐτοῖς· οὐ γὰρ οἴδασι
- Entonces Jesús dijo: Padre, perdona los, no Porque saben
τί ποιοῦσι. διαμεριζόμενοι δὲ τὰ ἱμάτια αὐτοῦ
lo que hacen.[444] Repartiendo entonces las vestiduras de él
ἔβαλον κλῆρον.
echaron suerte.

35 καὶ εἱστήκει ὁ λαὸς θεωρῶν. ἐξεμυκτήριζον δὲ
Y había estado el pueblo observando. Se burlaban entonces
καὶ οἱ ἄρχοντες σὺν αὐτοῖς, λέγοντες· ἄλλους ἔσωσε,
también los arcontes con ellos[445] diciendo: a otros salvó,
σωσάτω ἑαυτόν, εἰ οὗτός ἐστιν ὁ Χριστὸς ὁ τοῦ Θεοῦ ἐκλεκτός.
salve a sí mismo, si éste es el mesías el de Dios elegido.

36 ἐνέπαιζον δὲ αὐτῷ καὶ οἱ στρατιῶται προσερχόμενοι
Se burlaban entonces de él también los soldados acercándose
καὶ ὄξος προσφέροντες αὐτῷ
y vinagre ofreciendo a él

37 καὶ λέγοντες· εἰ σὺ εἶ ὁ βασιλεὺς τῶν Ἰουδαίων,
y diciendo: si tú eres el rey de los judíos,
σῶσον σεαυτόν.
salva a ti mismo.

38 Ἦν δὲ καὶ ἐπιγραφὴ γεγραμμένη ἐπ' αὐτῷ
Había entonces también epígrafe escrito[446] sobre él
γράμμασιν Ἑλληνικοῖς καὶ Ῥωμαϊκοῖς καὶ Ἑβραϊκοῖς·
con[447] letras griegas y romanas y hebreas:
οὗτός ἐστιν ὁ βασιλεὺς τῶν Ἰουδαίων.
Éste es el rey de los judíos.

39 Εἷς δὲ τῶν κρεμασθέντων κακούργων ἐβλασφήμει
Uno sin embargo de los colgados malhechores blasfemaba
αὐτὸν λέγων· εἰ σὺ εἶ ὁ Χριστός, σῶσον σεαυτὸν καὶ
contra él diciendo: si tú eres el mesías,[448] salva a ti mismo y
ἡμᾶς.
a nosotros.

40 ἀποκριθεὶς δὲ ὁ ἕτερος ἐπιτίμα αὐτῷ λέγων· οὐδὲ
Respondiendo entonces el otro reprendió le diciendo: ¿No
φοβῇ σὺ τὸν Θεόν, ὅτι ἐν τῷ αὐτῷ κρίματι εἶ;
temes tú a Dios, porque en la misma condenación estás?

---

443. Es decir, uno a la derecha y otro a la izquierda.
444. La NU coloca entre paréntesis desde entonces a hacen como si fuera de autenticidad dudosa.
445. La NU omite con ellos.
446. La NU omite escrito.
447. La NU suprime desde con letras hasta hebreas.
448. La NU sustituye por ¿no tú eres el mesías?

41 καὶ ἡμεῖς μὲν δικαίως· ἄξια γὰρ ὧν
Y nosotros ciertamente justamente, digno Porque de lo que
ἐπράξαμεν ἀπολαμβάνομεν· οὗτος δὲ οὐδὲν
hicimos⁴⁴⁹ recibimos. Éste sin embargo nada
ἄτοπον ἔπραξε.
malo hizo.

42 καὶ ἔλεγε τῷ Ἰησοῦ· μνήσθητί μου, Κύριε,
Y dijo a Jesús: acuérdate de mí, Señor,⁴⁵⁰
ὅταν ἔλθῃς ἐν τῇ βασιλείᾳ σου.
cuando vengas en el reino de ti.

43 καὶ εἶπεν αὐτῷ ὁ Ἰησοῦς· ἀμήν λέγω σοί,
Y dijo le Jesús:⁴⁵¹ verdaderamente digo te:
σήμερον μετ' ἐμοῦ ἔσῃ ἐν τῷ παραδείσῳ.
Hoy conmigo estarás en el paraíso.

44 Ἦν δὲ ὡσεὶ ὥρα ἕκτη καὶ σκότος ἐγένετο
Era entonces como hora sexta y oscuridad aconteció
ἐφ' ὅλην τὴν γῆν ἕως ὥρας ἐνάτης,
sobre toda la tierra hasta hora novena,

45 τοῦ ἡλίου ἐκλιπόντος,⁴⁵² καὶ ἐσχίσθη
el sol eclipsándose, y fue rasgado
τὸ καταπέτασμα τοῦ ναοῦ μέσον·
el velo del templo por la mitad.

46 καὶ φωνήσας φωνῇ μεγάλῃ ὁ Ἰησοῦς εἶπε· πάτερ,
Y gritando con voz grande Jesús dijo: Padre,
εἰς χεῖράς σου παρατίθεμαι τὸ πνεῦμά μου·
en manos de ti encomiendo⁴⁵³ el espíritu de mí.
καὶ ταῦτα εἰπὼν ἐξέπνευσεν.
Y esto⁴⁵⁴ diciendo expiró.

47 ἰδὼν δὲ ὁ ἑκατοντάρχης τὸ γενόμενον ἐδόξασε
Viendo entonces el centurión lo acontecido glorificó
τὸν Θεὸν λέγων· ὄντως ὁ ἄνθρωπος οὗτος δίκαιος ἦν.
a Dios diciendo: ciertamente el hombre este justo era.

48 καὶ πάντες οἱ συμπαραγενόμενοι ὄχλοι ἐπὶ τὴν θεωρίαν
Y todas las congregadas multitudes en el espectáculo
ταύτην, θεωροῦντες τὰ γενόμενα, τύπτοντες ἑαυτῶν
este, observando lo sucedido, golpeando de sí mismos
τὰ στήθη ὑπέστρεφον.
los pechos se volvían.

49 εἱστήκεισαν δὲ πάντες οἱ γνωστοὶ αὐτοῦ ἀπὸ μακρόθεν,
Estaban entonces todos los conocidos de él a distancia,
καὶ γυναῖκες αἱ συνακολουθήσασαι αὐτῷ
y mujeres las habiendo seguido a él
ἀπὸ τῆς Γαλιλαίας, ὁρῶσαι ταῦτα.
desde Galilea, contemplando esto.

50 Καὶ ἰδοὺ ἀνὴρ ὀνόματι Ἰωσήφ, βουλευτὴς ὑπάρχων,
Y mira hombre de nombre José, consejero siendo,
ἀνὴρ ἀγαθὸς καὶ δίκαιος
hombre bueno y justo

41 Y nosotros, a la verdad, justamente padecemos; porque recibimos lo que merecieron nuestros hechos: mas éste ningún mal hizo.
42 Y dijo a Jesús: Acuérdate de mí cuando vinieres a tu reino.
43 Entonces Jesús le dijo: De cierto te digo, que hoy estarás conmigo en el paraíso.
44 Y cuando era como la hora de sexta, fueron hechas tinieblas sobre toda la tierra hasta la hora de nona.
45 Y el sol se obscureció: y el velo del templo se rompió por medio.
46 Entonces Jesús, clamando a gran voz, dijo: Padre, en tus manos encomiendo mi espíritu. Y habiendo dicho esto, espiró.
47 Y como el centurión vió lo que había acontecido, dió gloria a Dios, diciendo: Verdaderamente este hombre era justo.
48 Y toda la multitud de los que estaban presentes a este espectáculo, viendo lo que había acontecido, se volvían hiriendo sus pechos.
49 Mas todos sus conocidos, y las mujeres que le habían seguido desde Galilea, estaban lejos mirando estas cosas.
50 Y he aquí un varón llamado José, el cual era senador, varón bueno y justo,

---

449. Es decir, y nosotros en verdad lo recibimos con justicia porque hicimos cosas dignas de este castigo.
450. La NU sustituye por Jesús.
451. La NU suprime Jesús.
452. En otros mss dice y fue oscurecido el sol.
453. En otros mss encomendaré.
454. La NU sustituye por entonces esto (en neutro singular).

51(El cual no había consentido en el consejo ni en los hechos de ellos), de Arimatea, ciudad de la Judea, el cual también esperaba el reino de Dios;
52Este llegó a Pilato, y pidió el cuerpo de Jesús.
53Y quitado, lo envolvió en una sábana, y le puso en un sepulcro abierto en una peña, en el cual ninguno había aún sido puesto.
54Y era día de la víspera de la Pascua; y estaba para rayar el sábado.
55Y las mujeres que con él habían venido de Galilea, siguieron también y vieron el sepulcro, y cómo fué puesto su cuerpo.
56Y vueltas, aparejaron drogas aromáticas y ungüentos; y reposaron el sábado, conforme al mandamiento.

24 Y el primer día de la semana, muy de mañana, vinieron al sepulcro, trayendo las drogas aromáticas que habían aparejado, y algunas otras mujeres con ellas.
2 Y hallaron la piedra revuelta del sepulcro.
3 Y entrando, no hallaron el cuerpo del Señor Jesús.
4 Y acontenció, que estando ellas espantadas de esto, he aquí se pararon junto a ellas dos varones con vestiduras resplandecientes;

51 οὗτος οὐκ ἦν συγκατατεθειμένος τῇ βουλῇ
- éste no estaba de acuerdo con la decisión
καὶ τῇ πράξει αὐτῶν - ἀπὸ Ἀριμαθαίας πόλεως τῶν Ἰουδαίων,
y la acción de ellos - de Arimatea ciudad de los judíos,
ὃς προσεδέχετο καὶ αὐτὸς τὴν βασιλείαν τοῦ Θεοῦ,
el cual esperaba también él el reino de Dios,

52 οὗτος προσελθὼν τῷ Πιλάτῳ ᾐτήσατο
éste viniendo a Pilato pidió
τὸ σῶμα τοῦ Ἰησοῦ,
el cuerpo de Jesús,

53 καὶ καθελὼν αὐτὸ ἐνετύλιξεν αὐτὸ σινδόνι καὶ ἔθηκεν αὐτὸ
y bajando lo envolvió lo en lienzo y colocó lo
ἐν μνήματι λαξευτῷ, οὗ οὐκ ἦν οὐδεὶς οὐδέπω κείμενος·
en sepulcro excavado,[455] donde no había nadie todavía yaciendo.[456]

54 καὶ ἡμέρα ἦν παρασκευή,
Y día era preparación,[457]
καὶ σάββατον ἐπέφωσκε.
y sábado se acercaba.

55 Κατακολουθήσασαι δὲ αἱ γυναῖκες, αἵτινες ἦσαν
Siguiendo entonces las mujeres, que estaban
συνεληλυθυῖαι αὐτῷ ἐκ τῆς Γαλιλαίας, ἐθεάσαντο τὸ
habiendo venido con él desde la Galilea, observaron la
μνημεῖον καὶ ὡς ἐτέθη τὸ σῶμα αὐτοῦ,
tumba y como fue colocado el cuerpo de él,

56 ὑποστρέψασαι δὲ ἡτοίμασαν ἀρώματα καὶ μύρα.
regresando entonces prepararon aromas y perfumes.

24 **1** Καὶ τὸ μὲν σάββατον ἡσύχασαν κατὰ τὴν ἐντολήν.
Y el ciertamente sábado descansaron según el mandamiento.
Τῇ δὲ μιᾷ τῶν σαββάτων ὄρθρου
en el Sin embargo primero de la semana[458] de madrugada
βαθέως ἦλθον ἐπὶ τὸ μνῆμα φέρουσαι ἃ ἡτοίμασαν
profunda[459] vinieron a la tumba llevando los que prepararon
ἀρώματα, καί τινες σὺν αὐταῖς.
aromas, y algunas con ellas.[460]

2 εὗρον δὲ τὸν λίθον ἀποκεκυλισμένον ἀπὸ τοῦ μνημείου,
Encontraron entonces la piedra descorrida de el sepulcro.

3 καὶ εἰσελθοῦσαι οὐχ εὗρον τὸ σῶμα
Y entrando no encontraron el cuerpo
τοῦ Κυρίου Ἰησοῦ.
del Señor Jesús.

4 καὶ ἐγένετο ἐν τῷ διαπορεῖσθαι αὐτὰς περὶ
Y aconteció en el estar enormemente perplejas[461] ellas por
τούτου καὶ ἰδοὺ ἄνδρες δύο ἐπέστησαν αὐταῖς
esto y mira varones dos estaban en pie al lado de ellas
ἐν ἐσθήσεσιν ἀστραπτούσαις.
con vestiduras resplandecientes.

---

455. Es decir, que se había tallado o excavado en la roca.
456. Es decir, donde no se había colocado a nadie con anterioridad.
457. La NU sustituye por de preparación.
458. Es decir, en el primer día de la semana, el domingo.
459. Es decir, muy de madrugada.
460. La NU suprime y algunas con ellas.
461. La NU sustituye por estar perplejas.

5 ἐμφόβων δὲ γενομένων αὐτῶν καὶ κλινουσῶν
  Asustadas entonces resultando ellas e inclinando

  τὸ πρόσωπον εἰς τὴν γῆν εἶπον πρὸς αὐτάς·
  el rostro hacia la tierra dijeron a ellas:

  τί ζητεῖτε τὸν ζῶντα μετὰ τῶν νεκρῶν;
  ¿Por qué buscáis al viviente con los muertos?

6 οὐκ ἔστιν ὧδε, ἀλλ' ἠγέρθη· μνήσθητε ὡς ἐλάλησεν
  No está aquí, sino que fue levantado. Recordad como habló

  ὑμῖν ἔτι ὢν ἐν τῇ Γαλιλαίᾳ,
  a vosotros todavía estando en la Galilea,

7 λέγων ὅτι δεῖ τὸν Υἱὸν τοῦ ἀνθρώπου παραδοθῆναι εἰς χεῖρας
  diciendo que debe el Hijo del hombre ser entregado en manos

  ἀνθρώπων ἁμαρτωλῶν καὶ σταυρωθῆναι,
  de hombres pecadores y ser crucificado,

  καὶ τῇ τρίτῃ ἡμέρᾳ ἀναστῆναι.
  y al tercer día levantarse.

8 καὶ ἐμνήσθησαν τῶν ῥημάτων αὐτοῦ.
  Y se acordaron de los dichos de él.

9 καὶ ὑποστρέψασαι ἀπὸ τοῦ μνημείου ἀπήγγειλαν
  Y regresando de el sepulcro relataron

  ταῦτα πάντα τοῖς ἕνδεκα καὶ πᾶσι τοῖς λοιποῖς.
  esto todo a los once y a todos los restantes.

10 ἦσαν δὲ ἡ Μαγδαληνὴ Μαρία καὶ Ἰωάννα καὶ
   Estaban entonces la Magdalena María y Juana y

   Μαρία Ἰακώβου καὶ αἱ λοιπαὶ σὺν αὐταῖς,
   María de Santiago y las restantes con ellas,

   αἳ ἔλεγον πρὸς τοὺς ἀποστόλους ταῦτα.
   las cuales[462] dijeron a los apóstoles esto.

11 καὶ ἐφάνησαν ἐνώπιον αὐτῶν ὡσεὶ λῆρος τὰ ῥήματα αὐτῶν,
   Y parecieron delante de ellos como delirio los dichos de ellas,[463]

   καὶ ἠπίστουν αὐταῖς.
   y no creían en ellas.

12 ὁ δὲ Πέτρος ἀναστὰς ἔδραμεν ἐπὶ τὸ μνημεῖον,
   - Entonces Pedro levantándose corrió hacia el sepulcro,

   καὶ παρακύψας βλέπει τὰ ὀθόνια κείμενα μόνα,
   y asomándose ve las vendas yaciendo[464] solas,

   καὶ ἀπῆλθε πρὸς ἑαυτὸν θαυμάζων τὸ γεγονός.
   y salió para sí mismo maravillándose de lo acontecido.

13 Καὶ ἰδοὺ δύο ἐξ αὐτῶν ἦσαν πορευόμενοι ἐν αὐτῇ τῇ ἡμέρᾳ
   Y mira dos de ellos estaban yendo en mismo el día

   εἰς κώμην ἀπέχουσαν σταδίους ἑξήκοντα ἀπὸ Ἰερουσαλήμ,
   a aldea distando estadios sesenta de Jerusalén

   ᾗ ὄνομα Ἐμμαούς.
   para la cual nombre Emmaús.[465]

14 καὶ αὐτοὶ ὡμίλουν πρὸς ἀλλήλους περὶ πάντων
   Y éstos conversaban los unos con los otros sobre todo

   τῶν συμβεβηκότων τούτων.
   lo habiendo sucedido esto.

5Y como tuviesen ellas temor, y bajasen el rostro a tierra, les dijeron: ¿Por qué buscáis entre los muertos al que vive?
6No está aquí, mas ha resucitado: acordaos de lo que os habló, cuando aun estaba en Galilea,
7Diciendo: Es menester que el Hijo del hombre sea entregado en manos de hombres pecadores, y que sea crucificado, y resucite al tercer día.
8Entonces ellas se acordaron de sus palabras,
9Y volviendo del sepulcro, dieron nuevas de todas estas cosas a los once, y a todos los demás.
10Y eran María Magdalena, y Juana, y María madre de Jacobo, y las demás con ellas, las que dijeron estas cosas a los apóstoles.
11Mas a ellos les parecían como locura las palabras de ellas, y no las creyeron.
12Pero levantándose Pedro, corrió al sepulcro: y como miró dentro, vió solos los lienzos echados; y se fué maravillándose de lo que había sucedido.
13Y he aquí, dos de ellos iban el mismo día a una aldea que estaba de Jerusalem sesenta estadios, llamada Emmaús.
14E iban hablando entre sí de todas aquellas cosas que habían acaecido.

---

462. La NU suprime las cuales.
463. La NU sustituye por estos.
464. La NU suprime yaciendo.
465. Es decir, que tenía por nombre Emmaús.

15 Y aconteció que yendo hablando entre sí, y preguntándose el uno al otro, el mismo Jesús se llegó, e iba con ellos juntamente.
16 Mas los ojos de ellos estaban embargados, para que no le conociesen.
17 Y díjoles: ¿Qué pláticas son estas que tratáis entre vosotros andando, y estáis tristes?
18 Y respondiendo el uno, que se llamaba Cleofas, le dijo: ¿Tú sólo peregrino eres en Jerusalem, y no has sabido las cosas que en ella han acontecido estos días?
19 Entonces él les dijo: ¿Qué cosas? Y ellos le dijeron: De Jesús Nazareno, el cual fué varón profeta, poderoso en obra y en palabra delante de Dios y de todo el pueblo;
20 Y cómo le entregaron los príncipes de los sacerdotes y nuestros príncipes a condenación de muerte, y le crucificaron.
21 Mas nosotros esperábamos que él era el que había de redimir a Israel: y ahora sobre todo esto, hoy es el tercer día que esto ha acontecido.
22 Aunque también unas mujeres de los nuestros nos han espantado, las cuales antes del día fueron al sepulcro:
23 Y no hallando su cuerpo, vinieron diciendo que también habían visto visión de ángeles, los cuales dijeron que él vive.

15 καὶ ἐγένετο ἐν τῷ ὁμιλεῖν αὐτοὺς καὶ συζητεῖν
Y aconteció en el conversar ellos y discutir

καὶ αὐτὸς ὁ Ἰησοῦς ἐγγίσας συνεπορεύετο αὐτοῖς·
también el mismo Jesús acercándose caminaba con ellos.

16 οἱ δὲ ὀφθαλμοὶ αὐτῶν ἐκρατοῦντο τοῦ μὴ
los Sin embargo ojos de ellos estaban sujetos de no

ἐπιγνῶναι αὐτόν.
reconocer lo.[466]

17 εἶπε δὲ πρὸς αὐτούς· τίνες οἱ λόγοι οὗτοι
Dijo entonces a ellos: ¿cuáles las palabras éstas

οὓς ἀντιβάλλετε πρὸς ἀλλήλους περιπατοῦντες
que intercambiáis uno con otro caminando

καὶ ἐστε σκυθρωποί;
y estáis[467] sombríos?

18 ἀποκριθεὶς δὲ εἷς, ᾧ ὄνομα Κλεόπας, εἶπε
Respondiendo entonces uno, para el que nombre Cleofás,[468] dijo

πρὸς αὐτόν· σὺ μόνος παροικεῖς ἐν Ἰερουσαλὴμ καὶ
a él: ¿tú solo vives como extranjero en Jerusalén y

οὐκ ἔγνως τὰ γενόμενα ἐν αὐτῇ ἐν ταῖς ἡμέραις ταύταις;
no supiste lo acontecido en ella en los días estos;

19 καὶ εἶπεν αὐτοῖς· ποῖα; οἱ δὲ εἶπον αὐτῷ· τὰ περὶ
Y dijo les: ¿cuáles? Ellos entonces dijeron le: lo sobre

Ἰησοῦ τοῦ Ναζαραίου, ὃς ἐγένετο ἀνὴρ προφήτης δυνατὸς ἐν
Jesús el nazareno, que resultó varón profeta poderoso en

ἔργῳ καὶ λόγῳ ἐναντίον τοῦ Θεοῦ καὶ παντὸς τοῦ λαοῦ,
obra y palabra delante de Dios y de todo el pueblo,

20 ὅπως τε παρέδωκαν αὐτὸν οἱ ἀρχιερεῖς
como ciertamente entregaron lo los principales sacerdotes

καὶ οἱ ἄρχοντες ἡμῶν εἰς κρίμα θανάτου
y los arcontes de nosotros a juicio de muerte

καὶ ἐσταύρωσαν αὐτόν.
y crucificaron lo.

21 ἡμεῖς δὲ ἠλπίζομεν ὅτι αὐτός ἐστιν ὁ μέλλων
Nosotros sin embargo esperábamos que éste es el viniendo

λυτροῦσθαι τὸν Ἰσραήλ· ἀλλά γε σὺν πᾶσι τούτοις τρίτην ταύτην
a redimir a Israel, pero - con todo esto tercer este

ἡμέραν ἄγει σήμερον ἀφ' οὗ ταῦτα ἐγένετο.
día trae hoy[469] desde que esto aconteció.[470]

22 ἀλλὰ καὶ γυναῖκές τινες ἐξ ἡμῶν ἐξέστησαν
Pero también mujeres algunas de nosotros dejaron admirados

ἡμᾶς γενόμεναι ὄρθριαι ἐπὶ τὸ μνημεῖον,
a nosotros viniendo temprano a la tumba.

23 καὶ μὴ εὑροῦσαι τὸ σῶμα αὐτοῦ ἦλθον λέγουσαι
Y no encontrando el cuerpo de él vinieron contando

καὶ ὀπτασίαν ἀγγέλων ἑωρακέναι, οἳ
también visión de ángeles haber visto, los cuales

λέγουσιν αὐτὸν ζῆν.
dicen él vivir.[471]

---

466. Es decir, sus ojos estaban impedidos de verlo.
467. La NU sustituye por estabais.
468. Es decir, uno que se llamaba Cleofás.
469. La NU omite hoy.
470. Es decir, hoy hace ya tres días desde que pasó.
471. Es decir, que él está vivo.

24 καὶ ἀπῆλθόν τινες τῶν σὺν ἡμῖν ἐπὶ τὸ μνημεῖον,
Y salieron algunos de los con nosotros a el sepulcro,

καὶ εὗρον οὕτω καθὼς καὶ αἱ γυναῖκες
y encontraron así como también las mujeres

εἶπον, αὐτὸν δὲ οὐκ εἶδον.
decían, a él sin embargo no vieron.

25 καὶ αὐτὸς εἶπε πρὸς αὐτούς· ὦ ἀνόητοι καὶ βραδεῖς
Y éste dijo a ellos: oh necios y lentos

τῇ καρδίᾳ τοῦ πιστεύειν ἐπὶ πᾶσιν
de corazón para creer en todo

οἷς ἐλάλησαν οἱ προφῆται·
lo que hablaron los profetas.

26 οὐχὶ ταῦτα ἔδει παθεῖν τὸν Χριστὸν
¿No esto era preciso padecer el mesías

καὶ εἰσελθεῖν εἰς τὴν δόξαν αὐτοῦ;
y entrar en la gloria de él?

27 καὶ ἀρξάμενος ἀπὸ Μωϋσέως καὶ ἀπὸ πάντων
Y comenzando desde Moisés y desde todos

τῶν προφητῶν διερμήνευεν αὐτοῖς ἐν πάσαις
los profetas interpretó para ellos en todas

ταῖς γραφαῖς τὰ περὶ ἑαυτοῦ.
las Escrituras lo acerca de sí mismo.

28 Καὶ ἤγγισαν εἰς τὴν κώμην οὗ ἐπορεύοντο,
Y se acercaron a la aldea donde iban,

καὶ αὐτὸς προσεποιεῖτο πορρωτέρω πορεύεσθαι·
y éste hizo como si más lejos ir.

29 καὶ παρεβιάσαντο αὐτὸν λέγοντες· μεῖνον μεθ᾽ ἡμῶν,
Y urgieron a él diciendo: quédate con nosotros,

ὅτι πρὸς ἑσπέραν ἐστὶ καὶ κέκλικεν ἡ ἡμέρα.
porque para noche es y ha declinado⁴⁷² el día.

καὶ εἰσῆλθε τοῦ μεῖναι σὺν αὐτοῖς.
Y entró para quedarse con ellos.

30 καὶ ἐγένετο ἐν τῷ κατακλιθῆναι αὐτὸν μετ᾽ αὐτῶν
Y aconteció en el reclinarse⁴⁷³ él con ellos

λαβὼν τὸν ἄρτον εὐλόγησε, καὶ κλάσας ἐπεδίδου αὐτοῖς.
tomando el pan dio gracias, y partiendo dio les.

31 αὐτῶν δὲ διηνοίχθησαν οἱ ὀφθαλμοὶ, καὶ ἐπέγνωσαν
De ellos entonces fueron abiertos los ojos, y conocieron

αὐτόν· καὶ αὐτὸς ἄφαντος ἐγένετο ἀπ᾽ αὐτῶν.
lo. Y éste invisible resultó de ellos.

32 καὶ εἶπον πρὸς ἀλλήλους· οὐχὶ ἡ καρδία ἡμῶν καιομένη
Y dijeron el uno al otro: ¿no el corazón de nosotros ardiendo

ἦν ἐν ἡμῖν, ὡς ἐλάλει ἡμῖν ἐν τῇ ὁδῷ
estaba en nosotros, cuando hablaba nos en el camino

καὶ ὡς διήνοιγεν ἡμῖν τὰς γραφάς;
y cuando abría nos las Escrituras?

33 καὶ ἀναστάντες αὐτῇ τῇ ὥρᾳ ὑπέστρεψαν εἰς Ἰερουσαλήμ,
Y levantándose en misma la hora regresaron a Jerusalén,

καὶ εὗρον συνηθροισμένους τοὺς ἕνδεκα καὶ τοὺς σὺν αὐτοῖς,
y encontraron reunidos a los once y a los con ellos,

24Y fueron algunos de los nuestros al sepulcro, y hallaron así como las mujeres habían dicho; más a él no le vieron.
25Entonces él les dijo: ¡Oh insensatos, y tardos de corazón para creer todo lo que los profetas han dicho!
26¿No era necesario que el Cristo padeciera estas cosas, y que entrara en su gloria?
27Y comenzando desde Moisés, y de todos los profetas, declarábales en todas las Escrituras lo que de él decían.
28Y llegaron a la aldea a donde iban: y él hizo como que iba más lejos.
29Mas ellos le detuvieron por fuerza, diciendo: Quédate con nosotros, porque se hace tarde, y el día ya ha declinado. Entró pues a estarse con ellos.
30Y aconteció, que estando sentado con ellos a la mesa, tomando el pan, bendijo, y partió, y dióles.
31Entonces fueron abiertos los ojos de ellos, y le conocieron; mas él se desapareció de los ojos de ellos.
32Y decían el uno al otro: ¿No ardía nuestro corazón en nosotros, mientras nos hablaba en el camino, y cuando nos abría las Escrituras?
33Y levantándose en la misma hora, tornáronse a Jerusalem, y hallaron a los once reunidos, y a los que estaban con ellos,

---

472. La NU añade ya.
473. Es decir, en el estar puesto a la mesa para comer.

34Que decían: Ha resucitado el Señor verdaderamente, y ha aparecido a Simón.
35Entonces ellos contaban las cosas que les habían acontecido en el camino, y cómo había sido conocido de ellos al partir el pan.
36Y entre tanto que ellos hablaban estas cosas, él se puso en medio de ellos, y les dijo: Paz a vosotros.
37Entonces ellos espantados y asombrados, pensaban que veían espíritu.
38Mas él les dice: ¿Por qué estáis turbados, y suben pensamientos a vuestros corazones?
39Mirad mis manos y mis pies, que yo mismo soy: palpad, y ved; que el espíritu ni tiene carne ni huesos, como veis que yo tengo.
40Y en diciendo esto, les mostró las manos y los pies.
41Y no creyéndolo aún ellos de gozo, y maravillados, díjoles: ¿Tenéis aquí algo de comer?
42Entonces ellos le presentaron parte de un pez asado, y un panal de miel.
43Y él tomó, y comió delante de ellos.
44Y él les dijo: Estas son las palabras que os hablé, estando aún con vosotros: que era necesario que se cumpliesen todas las cosas que están escritas de mí en la ley de Moisés, y en los profetas, y en los salmos.

34 λέγοντας ὅτι ἠγέρθη ὁ Κύριος ὄντως καὶ ὤφθη
diciendo que fue levantado el Señor ciertamente y se apareció
Σίμωνι.
a Simón.

35 καὶ αὐτοὶ ἐξηγοῦντο τὰ ἐν τῇ ὁδῷ καὶ ὡς ἐγνώσθη
Y ellos describieron lo en el camino y como fue conocido
αὐτοῖς ἐν τῇ κλάσει τοῦ ἄρτου.
a ellos[474] en el partimiento del pan.

36 Ταῦτα δὲ αὐτῶν λαλούντων αὐτὸς ὁ Ἰησοῦς ἔστη
Esto sin embargo ellos hablando el mismo Jesús[475] se puso
ἐν μέσῳ αὐτῶν καὶ λέγει αὐτοῖς· εἰρήνη ὑμῖν.
en medio de ellos y dice les: paz a vosotros.

37 πτοηθέντες δὲ καὶ ἔμφοβοι γενόμενοι
Siendo alarmados entonces y asustados resultando
ἐδόκουν πνεῦμα θεωρεῖν.
pensaron espíritu ver.

38 καὶ εἶπεν αὐτοῖς· τί τεταραγμένοι ἐστέ, καὶ δια τί
Y dijo les: ¿Por qué turbados estáis, y por qué
διαλογισμοὶ ἀναβαίνουσιν ἐν ταῖς καρδίαις ὑμῶν;
dudas surgen en los corazones de vosotros?

39 ἴδετε τὰς χεῖράς μου καὶ τοὺς πόδας μου, ὅτι αὐτός ἐγώ
Ved las manos de mí y los pies de mí, porque mismo yo
εἰμι· ψηλαφήσατέ με καὶ ἴδετε, ὅτι πνεῦμα σάρκα
soy. Palpad me y ved, porque espíritu carne
καὶ ὀστέα οὐκ ἔχει καθὼς ἐμὲ θεωρεῖτε ἔχοντα.
y huesos no tiene como a mí contempláis teniendo.

40 καὶ τοῦτο εἰπὼν ἐπέδειξεν αὐτοῖς τὰς χεῖρας καὶ τοὺς πόδας.
Y esto diciendo mostró les las manos y los pies.

41 ἔτι δὲ ἀπιστούντων αὐτῶν ἀπὸ τῆς χαρᾶς καὶ
Todavía sin embargo no creyendo ellos de la alegría y
θαυμαζόντων εἶπεν αὐτοῖς· ἔχετέ τι βρώσιμον ἐνθάδε;
maravillándose dijo les: ¿tenéis algo comestible aquí?

42 οἱ δὲ ἐπέδωκαν αὐτῷ ἰχθύος ὀπτοῦ μέρος
Ellos entonces dieron le de pez asado pedazo
καὶ ἀπὸ μελισσίου κηρίου,
y[476] de abeja panal,

43 καὶ λαβὼν ἐνώπιον αὐτῶν ἔφαγεν.
Y tomando delante de ellos comió.

44 Εἶπε δὲ αὐτοῖς· οὗτοι οἱ λόγοι οὓς ἐλάλησα
Dijo entonces a ellos: éstas (son) las palabras[477] que hablé
πρὸς ὑμᾶς ἔτι ὢν σὺν ὑμῖν, ὅτι δεῖ
a vosotros todavía estando con vosotros, porque debe
πληρωθῆναι πάντα τὰ γεγραμμένα
cumplirse todo lo escrito
ἐν τῷ νόμῳ Μωϋσέως καὶ τοῖς προφήταις
en la ley de Moisés y en los profetas
καὶ ψαλμοῖς περὶ ἐμοῦ.
y en salmos acerca de mí.

---

474. O por ellos.
475. La NU omite Jesús.
476. La NU suprime desde y hasta el final del versículo.
477. La NU añade de mí.

45 τότε διήνοιξεν αὐτῶν τὸν νοῦν τοῦ συνιέναι τὰς
Entonces abrió de ellos la mente para entender las
γραφάς·
Escrituras.

46 καὶ εἶπεν αὐτοῖς ὅτι οὕτω γέγραπται καὶ οὕτως ἔδει
Y dijo les que así ha sido escrito y así era preciso[478]
παθεῖν τὸν Χριστὸν καὶ ἀναστῆναι ἐκ νεκρῶν τῇ τρίτῃ ἡμέρᾳ,
padecer el mesías y levantarse de muertos en el tercer día,

47 καὶ κηρυχθῆναι ἐπὶ τῷ ὀνόματι αὐτοῦ μετάνοιαν
y ser predicado en el nombre de él arrepentimiento
καὶ ἄφεσιν ἁμαρτιῶν εἰς πάντα τὰ ἔθνη,
y perdón[479] de pecados a todas las naciones,
ἀρξάμενον ἀπὸ Ἰερουσαλήμ.
empezando desde Jerusalén.

48 ὑμεῖς δέ ἐστε μάρτυρες τούτων.
Vosotros sin embargo sois testigos de esto.

49 καὶ ἰδοὺ ἐγὼ ἀποστέλλω τὴν ἐπαγγελίαν τοῦ πατρός μου
Y mira yo envío la promesa del Padre de mí
ἐφ' ὑμᾶς· ὑμεῖς δὲ καθίσατε ἐν τῇ πόλει
sobre vosotros. Vosotros sin embargo sentaos en la ciudad
Ἰερουσαλὴμ ἕως οὗ ἐνδύσησθε δύναμιν ἐξ ὕψους.
de Jerusalén[480] hasta que seáis vestidos con poder de altura.

50 Ἐξήγαγε δὲ αὐτοὺς ἔξω ἕως εἰς Βηθανίαν,
Sacó entonces a ellos fuera hasta a Betania,
καὶ ἐπάρας τὰς χεῖρας αὐτοῦ εὐλόγησεν αὐτούς.
y alzando las manos de él bendijo los.

51 καὶ ἐγένετο ἐν τῷ εὐλογεῖν αὐτὸν αὐτοὺς διέστη
Y aconteció en el bendecir él a ellos se separó
ἀπ' αὐτῶν καὶ ἀνεφέρετο εἰς τὸν οὐρανόν.
de ellos y fue llevado a el cielo.

52 καὶ αὐτοὶ προσκυνήσαντες αὐτὸν ὑπέστρεψαν
Y ellos habiendo adorado a él regresaron
εἰς Ἰερουσαλὴμ μετὰ χαρᾶς μεγάλης,
a Jerusalén con alegría grande,

53 καὶ ἦσαν διὰ παντὸς ἐν τῷ ἱερῷ αἰνοῦντες
y estaban durante todo[481] en el templo alabando
καὶ εὐλογοῦντες τὸν Θεόν. ἀμήν.
y[482] bendiciendo a Dios. Amén.[483]

45 Entonces les abrió el sentido, para que entendiesen las Escrituras;
46 Y díjoles: Así está escrito, y así fué necesario que el Cristo padeciese, y resucitase de los muertos al tercer día;
47 Y que se predicase en su nombre el arrepentimiento y la remisión de pecados en todas las naciones, comenzando de Jerusalem.
48 Y vosotros sois testigos de estas cosas.
49 Y he aquí, yo enviaré la promesa de mi Padre sobre vosotros: mas vosotros asentad en la ciudad de Jerusalem, hasta que seáis investidos de potencia de lo alto.
50 Y sacólos fuera hasta Bethania, y alzando sus manos, los bendijo.
51 Y aconteció que bendiciéndolos, se fué de ellos; y era llevado arriba al cielo.
52 Y ellos, después de haberle adorado, se volvieron a Jerusalem con gran gozo;
53 Y estaban siempre en el templo, alabando y bendiciendo a Dios. Amén.

---

478. La NU suprime y así era preciso.
479. La NU añade para.
480. La NU suprime de Jerusalén.
481. Es decir, todo el tiempo.
482. La NU suprime alabando y.
483. La NU suprime Amén.

EL SANTO EVANGELIO SEGÚN
SAN JUAN

1 1 En el principio era el Verbo, y el Verbo era con Dios, y el Verbo era Dios.
2 Este era en el principio con Dios.
3 Todas las cosas por él fueron hechas; y sin él nada de lo que es hecho, fué hecho.
4 En él estaba la vida, y la vida era la luz de los hombres.
5 Y la luz en las tinieblas resplandece; mas las tinieblas no la comprendieron.
6 Fué un hombre enviado de Dios, el cual se llamaba Juan.
7 Este vino por testimonio, para que diese testimonio de la luz, para que todos creyesen por él.
8 No era él la luz, sino para que diese testimonio de la luz.
9 *Aquel* era la luz verdadera, que alumbra a todo hombre que viene a este mundo.
10 En el mundo estaba, y el mundo fué hecho por él; y el mundo no le conoció.
11 A lo suyo vino, y los suyos no le recibieron.

1 1 Ἐν ἀρχῇ ἦν ὁ Λόγος, καὶ ὁ Λόγος ἦν πρὸς τὸν Θεόν,
En principio era la Palabra, y la Palabra estaba con Dios,
καὶ Θεὸς ἦν ὁ Λόγος.
y Dios era la Palabra.

2 οὗτος ἦν ἐν ἀρχῇ πρὸς τὸν Θεόν.
Ésta estaba en principio con Dios.

3 πάντα δι' αὐτοῦ ἐγένετο, καὶ χωρὶς αὐτοῦ
Todo a través de ella llegó a ser, y sin ella
ἐγένετο οὐδὲ ἕν ὃ γέγονεν.
llegó a ser ni uno que ha llegado a ser.

4 ἐν αὐτῷ ζωὴ ἦν, καὶ ἡ ζωὴ ἦν τὸ φῶς
En ella vida estaba, y la vida era la luz
τῶν ἀνθρώπων·
de los hombres.

5 καὶ τὸ φῶς ἐν τῇ σκοτίᾳ φαίνει, καὶ ἡ σκοτία
Y la luz en la oscuridad brilla, y la oscuridad
αὐτὸ οὐ κατέλαβεν.
la no recibió.

6 Ἐγένετο ἄνθρωπος ἀπεσταλμένος παρὰ Θεοῦ,
Hubo hombre enviado de Dios
ὄνομα αὐτῷ Ἰωάννης·
nombre[1] para él Juan.

7 οὗτος ἦλθεν εἰς μαρτυρίαν, ἵνα μαρτυρήσῃ
Éste vino para testimonio, para que testificara
περὶ τοῦ φωτός, ἵνα πάντες πιστεύσωσι
sobre la luz, para que todos crean
δι' αὐτοῦ.
a través de él.

8 οὐκ ἦν ἐκεῖνος τὸ φῶς, ἀλλ' ἵνα μαρτυρήσῃ
No era aquel la luz, sino para que testificara
περὶ τοῦ φωτός.
sobre la luz.

9 Ἦν τὸ φῶς τὸ ἀληθινόν, ὃ φωτίζει πάντα ἄνθρωπον,
Era la luz la verdadera, que ilumina a todo hombre,
ἐρχόμενον εἰς τὸν κόσμον.
que viene a el mundo.[2]

10 ἐν τῷ κόσμῳ ἦν, καὶ ὁ κόσμος δι' αὐτοῦ
En el mundo estaba, y el mundo a través de ella
ἐγένετο, καὶ ὁ κόσμος αὐτὸν οὐκ ἔγνω.
vino a ser, y el mundo la no conoció.

11 εἰς τὰ ἴδια ἦλθε, καὶ οἱ ἴδιοι αὐτὸν οὐ παρέλαβον.
A lo suyo vino, y los suyos la no recibieron.

---

1. Es decir, su nombre era Juan o se llamaba Juan.
2. O estaba la luz verdadera –que ilumina a todo hombre– viniendo al mundo.

12 ὅσοι   δὲ   ἔλαβον   αὐτόν, ἔδωκεν αὐτοῖς ἐξουσίαν
Cuantos sin embargo recibieron la   dio   les   autoridad

τέκνα Θεοῦ   γενέσθαι,   τοῖς   πιστεύουσιν
hijos de Dios llegar a ser, a los que creen

εἰς τὸ ὄνομα   αὐτοῦ,
en el nombre de ella.³

13 οἳ   οὐκ ἐξ αἱμάτων, οὐδὲ ἐκ θελήματος σαρκὸς,
Los que no de sangres, ni   de voluntad de carne,

οὐδὲ ἐκ θελήματος ἀνδρὸς,   ἀλλ᾽ ἐκ Θεοῦ ἐγεννήθησαν.
ni de voluntad de hombre, sino de Dios nacieron.

14 Καὶ ὁ Λόγος σὰρξ ἐγένετο   καὶ ἐσκήνωσεν ἐν   ἡμῖν,
Y   la Palabra carne llegó a ser y habitó   entre nosotros,

καὶ ἐθεασάμεθα   τὴν δόξαν αὐτοῦ, δόξαν ὡς   μονογενοῦς
y contemplamos la gloria de ella, gloria como unigénito

παρὰ πατρός, πλήρης χάριτος   καὶ ἀληθείας.
del   Padre, lleno de gracia y verdad.

15 Ἰωάννης μαρτυρεῖ περὶ   αὐτοῦ καὶ κέκραγε   λέγων·
Juan   testifica acerca de él y ha gritado diciendo:

οὗτος ἦν ὃν   εἶπον, ὁ ὀπίσω μου   ἐρχόμενος
éste era quien (yo) decía, el detrás de mí viniendo

ἔμπροσθέν μου γέγονεν,   ὅτι   πρῶτός μου ἦν.
antes   de mí ha llegado a ser, porque primero que yo era.

16 Καὶ ἐκ τοῦ πληρώματος αὐτοῦ ἡμεῖς   πάντες
Y de la plenitud   de él nosotros todos

ἐλάβομεν, καὶ χάριν ἀντὶ   χάριτος·
recibimos, y gracia en lugar de gracia.

17 ὅτι ὁ νόμος διὰ   Μωϋσέως ἐδόθη,   ἡ χάρις καὶ
porque la ley a través de Moisés fue dada, la gracia y

ἡ ἀλήθεια διὰ   Ἰησοῦ Χριστοῦ ἐγένετο.
la verdad a través de Jesús Cristo vino a ser.

18 Θεὸν οὐδεὶς ἑώρακε πώποτε· μονογενὴς υἱὸς ὁ ὢν
A Dios nadie ha visto nunca. Unigénito Hijo⁴ el siendo

εἰς τὸν κόλπον τοῦ πατρός, ἐκεῖνος ἐξηγήσατο.
en el seno   del Padre, aquel explicó.

19 Καὶ αὕτη ἐστὶν ἡ μαρτυρία τοῦ Ἰωάννου, ὅτε   ἀπέστειλαν
Y éste es el testimonio de Juan,   cuando enviaron⁵

οἱ Ἰουδαῖοι ἐξ   Ἱεροσολύμων ἱερεῖς   καὶ Λευΐτας
los judíos   desde Jerusalén   sacerdotes y levitas

ἵνα   ἐρωτήσωσιν αὐτόν· σὺ τίς   εἶ;
para que preguntaran le: ¿Tú quién eres?

20 καὶ ὡμολόγησε, καὶ οὐκ ἠρνήσατο· καὶ ὡμολόγησεν
Y confesó,   y no negó.   Y confesó

ὅτι οὐκ εἰμὶ ἐγὼ ὁ Χριστός.
que no soy yo el Mesías.

21 καὶ ἠρώτησαν αὐτόν· τί οὖν; Ἠλίας εἶ   σύ; καὶ λέγει·
Y preguntaron le: ¿Qué pues? ¿Elías eres tú? Y dice:

οὐκ εἰμί. ὁ προφήτης εἶ   σύ; καὶ ἀπεκρίθη, οὔ.
No soy. ¿El profeta eres tú? Y respondió: no.

22 εἶπον οὖν αὐτῷ· τίς εἶ; ἵνα   ἀπόκρισιν δῶμεν τοῖς
Dijeron pues le: ¿quién eres? Para que respuesta demos a los

πέμψασιν ἡμᾶς· τί λέγεις περὶ   σεαυτοῦ;
que enviaron nos. ¿Qué dices acerca de ti mismo?

---

3. Es decir, de la Palabra que era Dios (1.1).
4. La NU sustituye por Dios.
5. La NU añade a él.

12Mas a todos los que le recibieron, dióles potestad de ser hechos hijos de Dios, a los que creen en su nombre:
13Los cuales no son engendrados de sangre, ni de voluntad de carne, ni de voluntad de varón, mas de Dios.
14Y aquel Verbo fué hecho carne, y habitó entre nosotros (y vimos su gloria, gloria como del unigénito del Padre), lleno de gracia y de verdad.
15Juan dió testimonio de él, y clamó diciendo: Este es del que yo decía: El que viene tras mí, es antes de mí: porque es primero que yo.
16Porque de su plenitud tomamos todos, y gracia por gracia.
17Porque la ley por Moisés fué dada: *mas* la gracia y la verdad por Jesucristo fué hecha.
18A Dios nadie le vió jamás: el unigénito Hijo, que está en el seno del Padre, él *le* declaró.
19Y éste es el testimonio de Juan, cuando los Judíos enviaron de Jerusalem sacerdotes y Levitas, que le preguntasen: ¿Tú, quién eres?
20Y confesó, y no negó; mas declaró: No soy yo el Cristo.
21Y le preguntaron: ¿Qué pues? ¿Eres tú Elías? Dijo: No soy. ¿Eres tú el profeta? Y respondió: No.
22Dijéronle: ¿Pues quién eres? para que demos respuesta a los que nos enviaron. ¿Qué dices de ti mismo?

23 Dijo: Yo soy la voz del que clama en el desierto: Enderezad el camino del Señor, como dijo Isaías profeta.
24 Y los que habían sido enviados eran de los Fariseos.
25 Y preguntáronle, y dijéronle: ¿Por qué pues bautizas, si tú no eres el Cristo, ni Elías, ni el profeta?
26 Y Juan les respondió, diciendo: Yo bautizo con agua; mas en medio de vosotros ha estado a quien vosotros no conocéis.
27 Este es el que ha de venir tras mí, el cual es antes de mí: del cual yo no soy digno de desatar la correa del zapato.
28 Estas cosas acontecieron en Betábara, de la otra parte del Jordán, donde Juan bautizaba.
29 El siguiente día ve Juan a Jesús que venía a él, y dice: He aquí el Cordero de Dios, que quita el pecado del mundo.
30 Este es del que dije: Tras mí viene un varón, el cual es antes de mí: porque era primero que yo.
31 Y yo no le conocía; más para que fuese manifestado a Israel, por eso vine yo bautizando con agua.
32 Y Juan dió testimonio, diciendo: Vi al Espíritu que descendía del cielo como paloma, y reposó sobre él.

23 ἔφη· ἐγὼ φωνὴ βοῶντος ἐν τῇ ἐρήμῳ, εὐθύνατε τὴν
 Dijo: yo voz del que clama en el desierto, enderezad el
 ὁδὸν Κυρίου, καθὼς εἶπεν Ἡσαΐας ὁ προφήτης.
 camino de Señor, como dijo Isaías el profeta.

24 καὶ οἱ ἀπεσταλμένοι ἦσαν ἐκ τῶν Φαρισαίων.
 Y los habiendo sido enviados eran de los fariseos.

25 καὶ ἠρώτησαν αὐτὸν καὶ εἶπον αὐτῷ· τί οὖν βαπτίζεις,
 Y preguntaron le y dijeron le: ¿Por qué pues bautizas
 εἰ σὺ οὐκ εἶ ὁ Χριστὸς οὔτε Ἠλίας
 si tú no eres el Mesías ni Elías
 οὔτε ὁ προφήτης;
 ni el profeta?

26 ἀπεκρίθη αὐτοῖς ὁ Ἰωάννης λέγων· ἐγὼ βαπτίζω ἐν ὕδατι·
 Respondió les Juan diciendo: yo bautizo en agua.
 μέσος δὲ ὑμῶν ἕστηκεν ὃν ὑμεῖς
 En medio sin embargo de vosotros ha estado al que vosotros
 οὐκ οἴδατε.
 no conocéis.

27 αὐτός ἐστιν ὁ ὀπίσω μου ἐρχόμενος, ὃς ἔμπροσθέν μου
 Éste es[6] el detrás de mí viniendo, que antes de mí
 γέγονεν· οὗ ἐγὼ οὐκ εἰμὶ ἄξιος ἵνα λύσω αὐτοῦ
 llegó a ser.[7] del que yo no soy digno que desate de él
 τὸν ἱμάντα τοῦ ὑποδήματος.
 la correa del calzado.

28 Ταῦτα ἐν Βηθανίᾳ ἐγένετο πέραν τοῦ Ἰορδάνου,
 Esto en Betania aconteció más allá del Jordán
 ὅπου ἦν Ἰωάννης βαπτίζων.
 donde estaba Juan bautizando.

29 Τῇ ἐπαύριον βλέπει ὁ Ἰωάννης τὸν Ἰησοῦν ἐρχόμενον
 Al día siguiente ve Juan a Jesús viniendo
 πρὸς αὐτόν καὶ λέγει· ἴδε ὁ ἀμνὸς τοῦ Θεοῦ
 a él y dice: Mira el cordero de Dios
 ὁ αἴρων τὴν ἁμαρτίαν τοῦ κόσμου.
 el quitando el pecado del mundo.

30 οὗτός ἐστι περὶ οὗ ἐγὼ εἶπον· ὀπίσω μου ἔρχεται ἀνήρ
 Este es acerca del que yo decía: detrás de mí viene hombre
 ὃς ἔμπροσθέν μου γέγονεν, ὅτι πρῶτός μου ἦν.
 que antes de mí llegó a ser, porque primero que yo era.

31 κἀγὼ οὐκ ᾔδειν αὐτόν, ἀλλ' ἵνα φανερωθῇ τῷ
 Y yo no conocía lo, pero para que se manifestara a
 Ἰσραήλ, διὰ τοῦτο ἦλθον ἐγὼ ἐν τῷ ὕδατι βαπτίζων.
 Israel, por esto vine yo en el agua bautizando.

32 Καὶ ἐμαρτύρησεν Ἰωάννης λέγων ὅτι τεθέαμαι τὸ Πνεῦμα
 Y testificó Juan diciendo que he observado el Espíritu
 καταβαῖνον ὡς περιστερὰν ἐξ οὐρανοῦ, καὶ
 descendiendo como paloma de cielo, y
 ἔμεινεν ἐπ' αὐτόν.
 permaneció sobre él.

---

6. La NU omite Éste es.
7. La NU omite que antes de mí llegó a ser.

33 κἀγὼ οὐκ ᾔδειν αὐτόν, ἀλλ' ὁ πέμψας με βαπτίζειν ἐν
Y yo no conocía lo, pero el que envió me a bautizar en

ὕδατι, ἐκεῖνός μοι εἶπεν· ἐφ' ὃν ἂν ἴδῃς τὸ
agua aquel me dijo: sobre quien en algún momento veas el

Πνεῦμα καταβαῖνον καὶ μένον ἐπ' αὐτόν, οὗτός
Espíritu descendiendo y permaneciendo sobre él, éste

ἐστιν ὁ βαπτίζων ἐν Πνεύματι Ἁγίῳ.
es el bautizando en Espíritu Santo.

34 κἀγὼ ἑώρακα καὶ μεμαρτύρηκα ὅτι οὗτός ἐστιν ὁ Υἱὸς τοῦ Θεοῦ.
Y yo he visto y he testificado que éste es el Hijo de Dios.

35 Τῇ ἐπαύριον πάλιν εἱστήκει ὁ Ἰωάννης καὶ ἐκ τῶν μαθητῶν
Al día siguiente de nuevo estaba Juan y de los discípulos

αὐτοῦ δύο,
de él dos.

36 καὶ ἐμβλέψας τῷ Ἰησοῦ περιπατοῦντι λέγει·
Y mirando a Jesús caminando dice:

ἴδε ὁ ἀμνὸς τοῦ Θεοῦ.
Mirad el cordero de Dios.

37 καὶ ἤκουσαν αὐτοῦ οἱ δύο μαθηταὶ λαλοῦντος,
Y oyeron lo los dos discípulos hablando,

καὶ ἠκολούθησαν τῷ Ἰησοῦ.
y seguían a Jesús.

38 στραφεὶς δὲ ὁ Ἰησοῦς καὶ θεασάμενος αὐτοὺς
Volviéndose sin embargo Jesús y observando los

ἀκολουθοῦντας λέγει αὐτοῖς· τί ζητεῖτε; οἱ δὲ εἶπον αὐτῷ·
siguiendo dice les: ¿qué buscáis? Ellos - dijeron le:

ῥαββί· ὃ λέγεται ἑρμηνευόμενον διδάσκαλε· ποῦ μένεις;
Rabbí, que se dice traducido maestro, ¿dónde te quedas?

39 λέγει αὐτοῖς· ἔρχεσθε καὶ ἴδετε.[8] ἦλθον οὖν καὶ εἶδον
Dice les: venid y ved. Vinieron pues y vieron

ποῦ μένει, καὶ παρ' αὐτῷ ἔμειναν τὴν ἡμέραν ἐκείνην·
donde se queda, y con él se quedaron el día aquel.

ὥρα ἦν ὡς δεκάτη.
Hora era como décima.

40 ἦν Ἀνδρέας ὁ ἀδελφὸς Σίμωνος Πέτρου εἷς ἐκ τῶν δύο
Estaba Andrés el hermano de Simón Pedro uno de los dos

τῶν ἀκουσάντων παρὰ Ἰωάννου καὶ ἀκολουθησάντων αὐτῷ·
que escuchaban de Juan y siguieron le.

41 εὑρίσκει οὗτος πρῶτον τὸν ἀδελφὸν τὸν ἴδιον Σίμωνα καὶ λέγει
Encuentra éste primero al hermano al suyo Simón y dice

αὐτῷ· εὑρήκαμεν τὸν Μεσσίαν· ὅ ἐστι μεθερμηνευόμενον
le: hemos encontrado al mesías, que es traducido

Χριστός·[9]
Cristo.

42 καὶ ἤγαγεν αὐτὸν πρὸς τὸν Ἰησοῦν. ἐμβλέψας αὐτῷ ὁ Ἰησοῦς εἶπεν·
Y llevó lo a Jesús, Mirando le Jesús dijo:

σὺ εἶ Σίμων ὁ υἱὸς Ἰωνᾶ,[10] σὺ κληθήσῃ Κηφᾶς,
tú eres Simón el hijo de Jonas, tú serás llamado Cefas,

ὃ ἑρμηνεύεται Πέτρος.
lo que se traduce Pedro.

33 Y yo no le conocía; mas el que me envió a bautizar con agua, aquél me dijo: Sobre quien vieres descender el Espíritu, y que reposa sobre él, éste es el que bautiza con Espíritu Santo.
34 Y yo *le* vi, y he dado testimonio que éste es el Hijo de Dios.
35 El siguiente día otra vez estaba Juan, y dos de sus discípulos.
36 Y mirando a Jesús que andaba por *allí,* dijo: He aquí el Cordero de Dios.
37 Y oyéronle los dos discípulos hablar, y siguieron a Jesús.
38 Y volviéndose Jesús, y viéndolos seguir*le,* díceles: ¿Qué buscáis? Y ellos le dijeron: Rabbí (que declarado quiere decir Maestro) ¿dónde moras?
39 Díceles: Venid y ved. Vinieron, y vieron donde moraba, y quedáronse con él aquel día: porque era como la hora de las diez.
40 Era Andrés, hermano de Simón Pedro, uno de los dos que habían oído de Juan, y le habían seguido.
41 Este halló primero a su hermano Simón, y díjole: Hemos hallado al Mesías (que declarado es, el Cristo).
42 Y le trajo a Jesús. Y mirándole Jesús, dijo: Tú eres Simón, hijo de Jonás: tú serás llamado Cephas (que quiere decir, Piedra).

---

8. La NU sustituye por veréis.
9. Es decir, Ungido.
10. La NU sustituye por de Juan.

43 El siguiente día quiso Jesús ir a Galilea, y halla a Felipe, al cual dijo: Sígueme.
44 Y era Felipe de Bethsaida, la ciudad de Andrés y de Pedro.
45 Felipe halló a Natanael, y dícele: Hemos hallado a aquel de quien escribió Moisés en la ley, y los profetas: a Jesús, el hijo de José, de Nazaret.
46 Y díjole Natanael: ¿De Nazaret puede haber algo de bueno? Dícele Felipe: Ven y ve.
47 Jesús vió venir a sí a Natanael, y dijo de él: He aquí un verdadero Israelita, en el cual no hay engaño.
48 Dícele Natanael: ¿De dónde me conoces? Respondió Jesús, y díjole: Antes que Felipe te llamara, cuando estabas debajo de la higuera te vi.
49 Respondió Natanael, y díjole: Rabbí, tú eres el Hijo de Dios; tú eres el Rey de Israel.
50 Respondió Jesús y díjole: ¿Porque te dije, te vi debajo de la higuera, crees? cosas mayores que éstas verás.
51 Y dícele: De cierto, de cierto os digo: De aquí adelante veréis el cielo abierto, y los ángeles de Dios que suben y descienden sobre el Hijo del hombre.

2 Y al tercer día hiciéronse unas bodas en Caná de Galilea; y estaba allí la madre de Jesús.
2 Y fué también llamado Jesús y sus discípulos a las bodas.

43 Τῇ ἐπαύριον ἠθέλησεν ὁ Ἰησοῦς ἐξελθεῖν εἰς τὴν Γαλιλαίαν·
Al día siguiente quiso Jesús ir a Galilea
καὶ εὑρίσκει Φίλιππον καὶ λέγει αὐτῷ· ἀκολούθει μοι.
y encuentra a Felipe y dice le: sigue me.

44 ἦν δὲ ὁ Φίλιππος ἀπὸ Βηθσαϊδά, ἐκ τῆς πόλεως Ἀνδρέου
Era - Felipe[11] de Betsaida, de la ciudad de Andrés
καὶ Πέτρου.
y Pedro.

45 εὑρίσκει Φίλιππος τὸν Ναθαναὴλ καὶ λέγει αὐτῷ· ὃν
Encuentra Felipe a Natanael y dice le: del que
ἔγραψε Μωϋσῆς ἐν τῷ νόμῳ καὶ οἱ προφῆται εὑρήκαμεν,'
escribió Moisés en la ley y los profetas hemos encontrado,
Ἰησοῦν τὸν υἱὸν τοῦ Ἰωσὴφ τὸν ἀπὸ Ναζαρέτ.
Jesús el hijo de José el de Nazaret.

46 καὶ εἶπεν αὐτῷ Ναθαναήλ· ἐκ Ναζαρὲτ δύναταί τι ἀγαθὸν εἶναι;
Y dijo le Natanael: ¿de Nazaret puede algo bueno ser?
λέγει αὐτῷ Φίλιππος· ἔρχου καὶ ἴδε.
Dice le Filipo: Ven y ve.

47 εἶδεν ὁ Ἰησοῦς τὸν Ναθαναὴλ ἐρχόμενον πρὸς αὐτὸν
Vio Jesús a Natanael viniendo a él
καὶ λέγει περὶ αὐτοῦ· ἴδε ἀληθῶς Ἰσραηλίτης,
y dice sobre él: mira verdaderamente israelita
ἐν ᾧ δόλος οὐκ ἔστιν.
en quien engaño no existe.

48 λέγει αὐτῷ Ναθαναήλ· πόθεν με γινώσκεις;
Dice le Natanael: ¿de dónde me conoces?
ἀπεκρίθη Ἰησοῦς καὶ εἶπεν αὐτῷ· πρὸ τοῦ σε Φίλιππον
Respondió Jesús y dijo le: Antes que te Felipe
φωνῆσαι, ὄντα ὑπὸ τὴν συκῆν εἶδόν σε.
llamara, estando bajo la higuera vi te.

49 ἀπεκρίθη Ναθαναὴλ καὶ λέγει[12] αὐτῷ· ῥαββί, σὺ εἶ ὁ Υἱὸς τοῦ
Respondió Natanael y dice le: Rabbí, tú eres el Hijo de
Θεοῦ, σὺ εἶ ὁ βασιλεὺς τοῦ Ἰσραήλ.
Dios, tú eres el rey de Israel.

50 ἀπεκρίθη ' Ἰησοῦς καὶ εἶπεν αὐτῷ· ὅτι εἶπόν σοι εἶδόν σε
Respondió Jesús y dijo le: ¿por qué dije a ti vi te
ὑποκάτω τῆς συκῆς, πιστεύεις; μείζω τούτων ὄψει.
bajo la higuera, crees? Más que estas cosas verás.

51 καὶ λέγει αὐτῷ· ἀμὴν ἀμὴν λέγω ὑμῖν, ἀπ' ἄρτι
y dice le: en verdad en verdad digo os, desde ahora[13]
ὄψεσθε τὸν οὐρανὸν ἀνεῳγότα, καὶ τοὺς ἀγγέλους τοῦ Θεοῦ
veréis el cielo abierto, y los ángeles de Dios
ἀναβαίνοντας καὶ καταβαίνοντας ἐπὶ τὸν Υἱὸν τοῦ ἀνθρώπου.
subiendo y bajando sobre el Hijo del hombre.

2
1 Καὶ τῇ ἡμέρᾳ τῇ τρίτῃ γάμος ἐγένετο ἐν Κανὰ τῆς Γαλιλαίας,
Y el día el tercero boda aconteció en Caná de Galilea,
καὶ ἦν ἡ μήτηρ τοῦ Ἰησοῦ ἐκεῖ·
y estaba la madre de Jesús allí.

2 ἐκλήθη δὲ καὶ ὁ Ἰησοῦς καὶ οἱ μαθηταὶ αὐτοῦ
Fue llamado - también Jesús y los discípulos de él
εἰς τὸν γάμον.
a la boda.

---
11. O Filipo.
12. La NU suprime y dice.
13. La NU suprime desde ahora.

3 καὶ ὑστερήσαντος οἴνου λέγει ἡ μήτηρ τοῦ Ἰησοῦ
Y faltando vino dice la madre de Jesús

πρὸς αὐτόν· οἶνον οὐκ ἔχουσι.
a él: vino no tienen.

4 λέγει αὐτῇ ὁ Ἰησοῦς· τί ἐμοὶ καὶ σοί, γύναι; οὔπω ἥκει
Dice a ella Jesús: ¿Qué a mí y a ti, mujer?[14] Aún no ha

ἡ ὥρα μου.
llegado la hora de mí.

5 λέγει ἡ μήτηρ αὐτοῦ τοῖς διακόνοις· ὅ τι ἂν λέγῃ ὑμῖν,
Dice la madre de él a los sirvientes: lo que acaso diga os,

ποιήσατε.
haced.

6 ἦσαν δὲ ἐκεῖ ὑδρίαι λίθιναι ἓξ κείμεναι κατὰ
Estaban - allí vasijas para el agua pétreas seis colocadas según

τὸν καθαρισμὸν τῶν Ἰουδαίων, χωροῦσαι ἀνὰ
la purificación de los judíos, conteniendo cada una

μετρητὰς δύο ἢ τρεῖς.
medidas dos o tres.

7 λέγει αὐτοῖς ὁ Ἰησοῦς· γεμίσατε τὰς ὑδρίας ὕδατος.
Dice les Jesús: llenad las vasijas de agua con agua,

καὶ ἐγέμισαν αὐτὰς ἕως ἄνω.
y llenaron las hasta arriba.

8 καὶ λέγει αὐτοῖς· ἀντλήσατε νῦν καὶ φέρετε τῷ ἀρχιτρικλίνῳ.
Y dice les: Sacad ahora y llevad al maestresala,

καὶ ἤνεγκαν.
y llevaron.

9 ὡς δὲ ἐγεύσατο ὁ ἀρχιτρίκλινος τὸ ὕδωρ οἶνον
Cuando - probó el maestresala el agua en vino

γεγενημένον καὶ οὐκ ᾔδει πόθεν ἐστίν, οἱ δὲ διάκονοι
convertida (y no sabía de dónde es, los sin embargo sirvientes

ᾔδεισαν οἱ ἠντληκότες τὸ ὕδωρ - φωνεῖ τὸν νυμφίον ὁ
sabían los que habían sacado el agua) llama al novio el

ἀρχιτρίκλινος
maestresala.

10 καὶ λέγει αὐτῷ· πᾶς ἄνθρωπος πρῶτον τὸν καλὸν οἶνον τίθησι,
Y dice le: todo hombre primero el buen vino pone,

καὶ ὅταν μεθυσθῶσι, τότε τὸν ἐλάσσω· σὺ τετήρηκας
y cuando han bebido, entonces[15] el inferior. Tú has guardado

τὸν καλὸν οἶνον ἕως ἄρτι.
el buen vino hasta ahora.

11 Ταύτην ἐποίησε ἀρχὴν τῶν σημείων ὁ Ἰησοῦς ἐν Κανὰ τῆς
Este hizo principio de las señales Jesús en Caná de

Γαλιλαίας καὶ ἐφανέρωσε τὴν δόξαν αὐτοῦ, καὶ ἐπίστευσαν
Galilea y manifestó la gloria de él, y creyeron

εἰς αὐτὸν οἱ μαθηταὶ αὐτοῦ.
en él los discípulos de él.

3Y faltando el vino, la madre de Jesús le dijo: Vino no tienen.
4Y dícele Jesús: ¿Qué tengo yo contigo, mujer? aun no ha venido mi hora.
5Su madre dice a los que servían: Haced todo lo que os dijere.
6Y estaban allí seis tinajuelas de piedra para agua, conforme a la purificación de los Judíos, que cabían en cada una dos o tres cántaros.
7Díceles Jesús: Henchid estas tinajuelas de agua. E hinchiéronlas hasta arriba.
8Y díceles: Sacad ahora, y presentad al maestresala. Y presentáronle.
9Y como el maestresala gustó el agua hecha vino, que no sabía de dónde era (mas lo sabían los sirvientes que habían sacado el agua), el maestresala llama al esposo,
10Y dícele: Todo hombre pone primero el buen vino, y cuando están satisfechos, entonces lo que es peor; mas tú has guardado el buen vino hasta ahora.
11Este principio de señales hizo Jesús en Caná de Galilea, y manifestó su gloria; y sus discípulos creyeron en él.

---

14. Expresión que significa: "¿Qué tengo yo que ver contigo?" o "¿Qué deseas de mí?". En cualquier caso, el significado es de contenido negativo. La misma expresión, en plural, la hallamos en Mateo 8.29 cuando los endemoniados rechazan la intervención de Jesús. Por lo tanto, Jesús no está aceptando la intervención de María, sino, precisamente, rechazándola.
15. La NU suprime entonces.

12Después de esto descendió a Capernaun, él, y su madre, y hermanos, y discípulos; y estuvieron allí no muchos días.
13Y estaba cerca la Pascua de los Judíos; y subió Jesús a Jerusalem.
14Y halló en el templo a los que vendían bueyes, y ovejas, y palomas, y a los cambiadores sentados.
15Y hecho un azote de cuerdas, echólos a todos del templo, y las ovejas, y los bueyes; y derramó los dineros de los cambiadores, y trastornó las mesas;
16Y a los que vendían las palomas, dijo: Quitad de aquí esto, y no hagáis la casa de mi Padre casa de mercado.
17Entonces se acordaron sus discípulos que está escrito: El celo de tu casa me comió.
18Y los Judíos respondieron, y dijéronle: ¿Qué señal nos muestras de que haces esto?
19Respondió Jesús, y díjoles: Destruid este templo, y en tres días lo levantaré.
20Dijeron luego los Judíos: En cuarenta y seis años fue este templo edificado, ¿y tú en tres días lo levantarás?
21Mas él hablaba del templo de su cuerpo.
22Por tanto, cuando resucitó de los muertos, sus discípulos se acordaron que había dicho esto; y creyeron a la Escritura, y a la palabra que Jesús había dicho.

12 Μετὰ τοῦτο κατέβη εἰς Καπερναοὺμ αὐτὸς καὶ ἡ μήτηρ αὐτοῦ
Tras esto descendió a Cafarnaum[16] él y la madre de él

καὶ οἱ ἀδελφοὶ αὐτοῦ καὶ οἱ μαθηταὶ αὐτοῦ,
y los hermanos de él y los discípulos de él,

καὶ ἐκεῖ ἔμειναν οὐ πολλὰς ἡμέρας.
y allí permanecieron no muchos días.

13 Καὶ ἐγγὺς ἦν τὸ πάσχα τῶν Ἰουδαίων, καὶ ἀνέβη
Y cerca estaba la pascua de los judíos, y subió

εἰς Ἱεροσόλυμα ὁ Ἰησοῦς.
a Jerusalén Jesús.

14 καὶ εὗρεν ἐν τῷ ἱερῷ τοὺς πωλοῦντας βόας καὶ πρόβατα
Y encontró en el templo a los que venden bueyes y ovejas

καὶ περιστεράς, καὶ τοὺς κερματιστὰς καθημένους.
y palomas, y a los cambistas sentados.

15 καὶ ποιήσας φραγέλλιον ἐκ σχοινίων πάντας ἐξέβαλεν ἐκ τοῦ ἱεροῦ,
Y haciendo látigo de cuerdas a todos expulsó de el templo,

τά τε πρόβατα καὶ τοὺς βόας, καὶ τῶν κολλυβιστῶν ἐξέχεε
las - ovejas y los bueyes, y de los cambistas esparció

τὸ κέρμα καὶ τὰς τραπέζας ἀνέστρεψε,
el dinero y las mesas volcó.

16 καὶ τοῖς τὰς περιστερὰς πωλοῦσιν εἶπεν· ἄρατε ταῦτα ἐντεῦθεν·
Y a los que las palomas venden dijo: quitad esto de aquí.

μὴ ποιεῖτε τὸν οἶκον τοῦ πατρός μου οἶκον ἐμπορίου.
No hagáis la casa del Padre de mí casa de mercado.

17 ἐμνήσθησαν δὲ οἱ μαθηταὶ αὐτοῦ, ὅτι γεγραμμένον ἐστίν,
Recordaron entonces los discípulos de él, que escrito está,

ὁ ζῆλος τοῦ οἴκου σου καταφάγεταί με.
el celo de la casa de ti consumirá me.

18 ἀπεκρίθησαν οὖν οἱ Ἰουδαῖοι καὶ εἶπον αὐτῷ· τί σημεῖον
Respondieron pues los judíos y dijeron le: ¿qué señal

δεικνύεις ἡμῖν ὅτι ταῦτα ποιεῖς;
muestras nos ya que esto haces?

19 ἀπεκρίθη Ἰησοῦς καὶ εἶπεν αὐτοῖς· λύσατε τὸν ναὸν τοῦτον,
Respondió Jesús y dijo les: Destruid el templo este,

καὶ ἐν τρισὶν ἡμέραις ἐγερῶ αὐτόν.
y en tres días levantaré lo.

20 εἶπον οὖν οἱ Ἰουδαῖοι· τεσσεράκοντα καὶ ἓξ ἔτεσιν
Dijeron pues los judíos: (en) cuarenta y seis años

ᾠκοδομήθη ὁ ναὸς οὗτος, καὶ σὺ ἐν τρισὶν ἡμέραις
fue construido el templo éste, y tú en tres días

ἐγερεῖς αὐτόν;
levantarás lo?

21 ἐκεῖνος δὲ ἔλεγε περὶ τοῦ ναοῦ τοῦ σώματος αὐτοῦ.
Aquel sin embargo dijo sobre el templo del cuerpo de él.

22 ὅτε οὖν ἠγέρθη ἐκ νεκρῶν, ἐμνήσθησαν οἱ μαθηταὶ
Cuando pues fue levantado de muertos, recordaron los discípulos

αὐτοῦ ὅτι τοῦτο ἔλεγε, καὶ ἐπίστευσαν τῇ γραφῇ καὶ τῷ
de él que esto dijo, y creyeron en la Escritura y en la

λόγῳ ᾧ εἶπεν ὁ Ἰησοῦς.
palabra que dijo Jesús.

---

16. O Capernaum, la antigua Kfar-Nahum.

23 Ὡς δὲ ἦν ἐν Ἱεροσολύμοις ἐν τῷ πάσχα ἐν τῇ ἑορτῇ,
Cuando - estaba en Jerusalén   en la pascua en la fiesta
πολλοὶ ἐπίστευσαν εἰς τὸ ὄνομα αὐτοῦ, θεωροῦντες
muchos creyeron   en el nombre de él, viendo
αὐτοῦ τὰ σημεῖα ἃ ἐποίει.
de él las señales que hacía.

24 αὐτὸς δὲ Ἰησοῦς οὐκ ἐπίστευεν ἑαυτὸν αὐτοῖς διὰ τὸ αὐτὸν
Este - Jesús no confiaba se   a ellos por que él
γινώσκειν πάντας,
conocer a todos.[17]

25 καὶ ὅτι οὐ χρείαν εἶχεν ἵνα τις μαρτυρήσῃ περὶ
y porque no necesidad tenía de que alguien testificara acerca
τοῦ ἀνθρώπου· αὐτὸς γὰρ ἐγίνωσκε τί ἦν ἐν τῷ ἀνθρώπῳ.
del hombre,   él   Porque conocía lo que había en el hombre.

3

1 Ἦν δὲ ἄνθρωπος ἐκ τῶν Φαρισαίων, Νικόδημος ὄνομα αὐτῷ,
Había - hombre de los fariseos, Nicodemo nombre[18] para él,
ἄρχων τῶν Ἰουδαίων.
principal[19] de los judíos.

2 οὗτος ἦλθε πρὸς αὐτὸν νυκτὸς καὶ εἶπεν αὐτῷ· ῥαββί,
Éste vino a   él   de noche y dijo le: rabbí
οἴδαμεν ὅτι ἀπὸ Θεοῦ ἐλήλυθας διδάσκαλος· οὐδεὶς
sabemos que de Dios has venido maestro.   ninguno
γὰρ ταῦτα τὰ σημεῖα δύναται ποιεῖν ἃ σὺ ποιεῖς, ἐὰν μὴ
Porque estas las señales puede hacer las que tú haces, si no
ᾖ ὁ Θεὸς μετ' αὐτοῦ.
estuviere Dios con él

3 ἀπεκρίθη Ἰησοῦς καὶ εἶπεν αὐτῷ· ἀμὴν ἀμὴν λέγω σοι,
Respondió Jesús y dijo le: En verdad en verdad digo te:
ἐὰν μή τις γεννηθῇ ἄνωθεν, οὐ δύναται ἰδεῖν
si no alguno nazca   de nuevo,[20] no puede ver
τὴν βασιλείαν τοῦ Θεοῦ.
el Reino   de Dios.

4 λέγει πρὸς αὐτὸν ὁ Νικόδημος· πῶς δύναται ἄνθρωπος
Dice a   él   Nicodemo: ¿cómo puede hombre
γεννηθῆναι γέρων ὤν; μὴ δύναται εἰς τὴν κοιλίαν τῆς
nacer viejo siendo? ¿acaso puede a el vientre de la
μητρὸς αὐτοῦ δεύτερον εἰσελθεῖν καὶ γεννηθῆναι;
madre de él por segunda vez entrar y nacer?

5 ἀπεκρίθη Ἰησοῦς· ἀμὴν ἀμὴν λέγω σοι, ἐὰν μή τις γεννηθῇ
Respondió Jesús: Amén amén digo te: si no alguno nace
ἐξ ὕδατος καὶ Πνεύματος, οὐ δύναται εἰσελθεῖν
de agua y de Espíritu no puede entrar
εἰς τὴν βασιλείαν τοῦ Θεοῦ.
en el reino   de Dios.

6 τὸ γεγεννημένον ἐκ τῆς σαρκὸς σάρξ ἐστι,
Lo nacido   de la carne carne es,
καὶ τὸ γεγεννημένον ἐκ τοῦ Πνεύματος πνεῦμά ἐστι.
y lo nacido   de el Espíritu   espíritu es.

7 μὴ θαυμάσῃς ὅτι εἶπόν σοι,
No te maravilles porque dije te,
δεῖ ὑμᾶς γεννηθῆναι ἄνωθεν.
Es preciso a vosotros nacer   de nuevo.

23 Y estando en Jerusalem en la Pascua, en el día de la fiesta, muchos creyeron en su nombre, viendo las señales que hacía.
24 Mas el mismo Jesús no se confiaba a sí mismo de ellos, porque él conocía a todos,
25 Y no tenía necesidad que alguien le diese testimonio del hombre; porque él sabía lo que había en el hombre.

3

Y había un hombre de los Fariseos que se llamaba Nicodemo, príncipe de los Judíos.
2 Este vino a Jesús de noche, y díjole: Rabbí, sabemos que has venido de Dios por maestro; porque nadie puede hacer estas señales que tú haces, si no fuere Dios con él.
3 Respondió Jesús, y díjole: De cierto, de cierto te digo, que el que no naciere otra vez, no puede ver el reino de Dios.
4 Dícele Nicodemo: ¿Cómo puede el hombre nacer siendo viejo? ¿puede entrar otra vez en el vientre de su madre, y nacer?
5 Respondió Jesús: De cierto, de cierto te digo, que el que no naciere de agua y del Espíritu, no puede entrar en el reino de Dios.
6 Lo que es nacido de la carne, carne es; y lo que es nacido del Espíritu, espíritu es.
7 No te maravilles de que te dije: Os es necesario nacer otra vez.

---

17. Oración de infinitivo, es decir, porque él conocía a todos.
18. Es decir, su nombre era Nicodemo.
19. O arconte.
20. O "de arriba", como en el v. 35.

8 El viento de donde quiere sopla, y oyes su sonido; mas ni sabes de dónde viene, ni a dónde vaya: así es todo aquel que es nacido del Espíritu.
9 Respondió Nicodemo, y díjole: ¿Cómo puede esto hacerse?
10 Respondió Jesús, y díjole: ¿Tú eres el maestro de Israel, y no sabes esto?
11 De cierto, de cierto te digo, que lo que sabemos hablamos, y lo que hemos visto, testificamos; y no recibís nuestro testimonio.
12 Si os he dicho cosas terrenas, y no creéis, ¿cómo creeréis si os dijere las celestiales?
13 Y nadie subió al cielo, sino el que descendió del cielo, el Hijo del hombre, que está en el cielo.
14 Y como Moisés levantó la serpiente en el desierto, así es necesario que el Hijo del hombre sea levantado;
15 Para que todo aquel que en él creyere, no se pierda, sino que tenga vida eterna.
16 Porque de tal manera amó Dios al mundo, que ha dado a su Hijo unigénito, para que todo aquel que en él cree, no se pierda, mas tenga vida eterna.
17 Porque no envió Dios a su Hijo al mundo, para que condene al mundo, mas para que el mundo sea salvo por él.

8 τὸ πνεῦμα ὅπου θέλει πνεῖ, καὶ τὴν φωνὴν αὐτοῦ ἀκούεις,
El Espíritu donde quiere sopla, y la voz de él oyes,
ἀλλ' οὐκ οἶδας πόθεν ἔρχεται καὶ ποῦ ὑπάγει·
pero no sabes de donde viene y a donde va.
οὕτως ἐστὶ πᾶς ὁ γεγεννημένος ἐκ τοῦ Πνεύματος.
Así es todo el nacido de el Espíritu.

9 ἀπεκρίθη Νικόδημος καὶ εἶπεν αὐτῷ·
Respondió Nicodemo y dijo le:
πῶς δύναται ταῦτα γενέσθαι;
¿cómo puede esto acontecer?

10 ἀπεκρίθη Ἰησοῦς καὶ εἶπεν αὐτῷ· σὺ εἶ ὁ διδάσκαλος
Respondió Jesús y dijo le: tú eres el maestro
τοῦ Ἰσραὴλ καὶ ταῦτα οὐ γινώσκεις;
de Israel ¿y esto no conoces?

11 ἀμὴν ἀμὴν λέγω σοι ὅτι ὃ οἴδαμεν λαλοῦμεν
En verdad en verdad digo te que lo que sabemos hablamos
καὶ ὃ ἑωράκαμεν μαρτυροῦμεν, καὶ τὴν μαρτυρίαν
y lo que hemos visto testificamos, y el testimonio
ἡμῶν οὐ λαμβάνετε.
de nosotros no recibís.

12 εἰ τὰ ἐπίγεια εἶπον ὑμῖν καὶ οὐ πιστεύετε,
Si lo sobre la tierra dije os y no creéis,
πῶς ἐὰν εἴπω ὑμῖν τὰ ἐπουράνια πιστεύσετε;
¿cómo si digo os lo sobre el cielo creeréis?

13 καὶ οὐδεὶς ἀναβέβηκεν εἰς τὸν οὐρανὸν εἰ μὴ ὁ ἐκ τοῦ οὐρανοῦ
Y ninguno subió a el cielo si no el de el cielo
καταβάς, ὁ Υἱὸς τοῦ ἀνθρώπου ὁ ὢν ἐν τῷ οὐρανῷ.
habiendo descendido, el Hijo del hombre el estando en el cielo.[21]

14 καὶ καθὼς Μωϋσῆς ὕψωσε τὸν ὄφιν ἐν τῇ ἐρήμῳ,
Y como Moisés alzó la serpiente en el desierto,
οὕτως ὑψωθῆναι δεῖ τὸν Υἱὸν τοῦ ἀνθρώπου,
así ser alzado debe el Hijo del hombre.

15 ἵνα πᾶς ὁ πιστεύων εἰς αὐτὸν μὴ ἀπόληται,
Para que todo el que cree en él no se pierda,
ἀλλ' ἔχῃ ζωὴν αἰώνιον.
sino[22] tenga vida eterna.

16 οὕτω γὰρ ἠγάπησεν ὁ Θεὸς τὸν κόσμον, ὥστε τὸν υἱὸν αὐτοῦ
así Porque amó Dios al mundo, que al Hijo de Él[23]
τὸν μονογενῆ ἔδωκεν, ἵνα πᾶς ὁ πιστεύων εἰς αὐτὸν
al unigénito dio, para que todo el que cree en Él
μὴ ἀπόληται, ἀλλ' ἔχῃ ζωὴν αἰώνιον.
no se pierda, sino tenga vida eterna.

17 οὐ γὰρ ἀπέστειλεν ὁ Θεὸς τὸν υἱὸν αὐτοῦ εἰς τὸν κόσμον
no Porque envió Dios al Hijo de Él[24] a el mundo
ἵνα κρίνῃ τὸν κόσμον, ἀλλ' ἵνα σωθῇ ὁ
para que juzgara el mundo, sino para que fuera salvado el
κόσμος δι' αὐτοῦ.
mundo a través de él

---

21. La NU suprime el que está en el cielo.
22. La NU suprime no se pierda sino.
23. La NU suprime de él.
24. La NU suprime de él.

18 ὁ πιστεύων εἰς αὐτὸν οὐ κρίνεται,   ὁ   δὲ   μὴ πιστεύων
El que cree en él   no es juzgado, el que sin embargo no cree

ἤδη κέκριται,   ὅτι   μὴ πεπίστευκεν εἰς τὸ ὄνομα
ya ha sido juzgado, porque no ha creído   en el nombre

τοῦ μονογενοῦς Υἱοῦ τοῦ Θεοῦ.
del unigénito   Hijo de Dios.

19 αὕτη δέ   ἐστιν ἡ κρίσις, ὅτι τὸ φῶς ἐλήλυθεν εἰς τὸν κόσμον,
Éste pues es   el juicio, que la luz ha venido a el mundo

καὶ ἠγάπησαν οἱ   ἄνθρωποι μᾶλλον τὸ σκότος   ἢ   τὸ φῶς·
y amaron los hombres más   la oscuridad que la luz

ἦν γὰρ   πονηρὰ αὐτῶν τὰ ἔργα.
eran Porque malas de ellos las obras.

20 πᾶς γὰρ   ὁ φαῦλα πράσσων   μισεῖ τὸ φῶς καὶ οὐκ ἔρχεται
todo Porque el malo practicando odia la luz y no viene

πρὸς τὸ φῶς, ἵνα   μὴ ἐλεγχθῇ   τὰ ἔργα   αὐτοῦ·
a   la luz, para que no sean expuestas las obras de él.

21 ὁ   δὲ   ποιῶν τὴν ἀλήθειαν ἔρχεται πρὸς τὸ φῶς,
El que sin embargo hace la verdad   viene a la luz,

ἵνα   φανερωθῇ   αὐτοῦ τὰ ἔργα, ὅτι   ἐν Θεῷ
para que sean manifiestas de él las obras, porque en Dios

ἐστιν εἰργασμένα.
son realizadas.

22 Μετὰ ταῦτα ἦλθεν ὁ Ἰησοῦς καὶ οἱ μαθηταὶ   αὐτοῦ
Tras esto vino Jesús   y los discípulos de él

εἰς τὴν Ἰουδαίαν γῆν,   καὶ ἐκεῖ διέτριβε   μετ' αὐτῶν
a la Judea   tierra, y allí permanecía con ellos

καὶ ἐβάπτιζεν.
y bautizaba.

23 ἦν δὲ καὶ   Ἰωάννης βαπτίζων   ἐν Αἰνὼν ἐγγὺς τοῦ Σαλείμ,
Estaba - también Juan   bautizando en Enón cerca de Salim,

ὅτι   ὕδατα πολλὰ ἦν   ἐκεῖ. καὶ παρεγίνοντο
porque aguas muchas había allí   y venían

καὶ ἐβαπτίζοντο·
y eran bautizados.

24 οὔπω γὰρ   ἦν βεβλημένος εἰς τὴν φυλακὴν ὁ Ἰωάννης.
aún no Porque estaba arrojado   a la cárcel Juan.

25 Ἐγίνετο οὖν   ζήτησις ἐκ τῶν μαθητῶν   Ἰωάννου
Aconteció pues disputa de los discípulos de Juan

μετὰ Ἰουδαίου περὶ   καθαρισμοῦ.
con judío   acerca de purificación.

26 καὶ ἦλθον   πρὸς τὸν Ἰωάννην καὶ εἶπον αὐτῷ· ῥαββί,
Y vinieron a   Juan   y dijeron le: rabbí,

ὃς   ἦν   μετὰ σοῦ πέραν   τοῦ Ἰορδάνου, ᾧ   σὺ
el que estaba contigo más allá del Jordán, del que tú

μεμαρτύρηκας, ἴδε   οὗτος βαπτίζει καὶ πάντες ἔρχονται πρὸς αὐτόν.
has testificado, mira éste bautiza y todos vienen a   él.

27 ἀπεκρίθη   Ἰωάννης καὶ εἶπεν· οὐ δύναται ἄνθρωπος λαμβάνειν
Respondió Juan   y dijo: no puede hombre   recibir

οὐδὲν, ἐὰν μὴ ᾖ δεδομένον αὐτῷ ἐκ τοῦ οὐρανοῦ.
nada, si no es dado   a él de el cielo.

---

18 El que en él cree, no es condenado; mas el que no cree, ya es condenado, porque no creyó en el nombre del unigénito Hijo de Dios.
19 Y esta es la condenación: porque la luz vino al mundo, y los hombres amaron más las tinieblas que la luz; porque sus obras eran malas.
20 Porque todo aquel que hace lo malo, aborrece la luz y no viene a la luz, porque sus obras no sean redargüidas.
21 Mas el que obra verdad, viene a la luz, para que sus obras sean manifestadas que son hechas en Dios.
22 Pasado esto, vino Jesús con sus discípulos a la tierra de Judea; y estaba allí con ellos, y bautizaba.
23 Y bautizaba también Juan en Enón junto a Salim, porque había allí muchas aguas; y venían, y eran bautizados.
24 Porque Juan, no había sido aún puesto en la cárcel.
25 Y hubo cuestión entre los discípulos de Juan y los Judíos acerca de la purificación.
26 Y vinieron a Juan, y dijéronle: Rabbí, el que estaba contigo de la otra parte del Jordán, del cual tú diste testimonio, he aquí bautiza, y todos vienen a él.
27 Respondió Juan, y dijo: No puede el hombre recibir algo, si no le fuere dado del cielo.

28 Vosotros mismos me sois testigos que dije: Yo no soy el Cristo, sino que soy enviado delante de él.
29 El que tiene la esposa, es el esposo; mas el amigo del esposo, que está en pie y le oye, se goza grandemente de la voz del esposo; así pues, este mi gozo es cumplido.
30 A él conviene crecer, mas a mí menguar.
31 El que de arriba viene, sobre todos es: el que es de la tierra, terreno es, y cosas terrenas habla: el que viene del cielo, sobre todos es.
32 Y lo que vió y oyó, esto testifica: y nadie recibe su testimonio.
33 El que recibe su testimonio, éste signó que Dios es verdadero.
34 Porque el que Dios envió, las palabras de Dios habla: porque no da Dios el Espíritu por medida.
35 El Padre ama al Hijo, y todas las cosas dió en su mano.
36 El que cree en el Hijo, tiene vida eterna; mas el que es incrédulo al Hijo, no verá la vida, sino que la ira de Dios está sobre él.

4 De manera que como Jesús entendió que los Fariseos habían oído que Jesús hacía y bautizaba más discípulos que Juan,
2 (Aunque Jesús no bautizaba, sino sus discípulos),
3 Dejó a Judea, y fuése otra vez a Galilea.
4 Y era menester que pasase por Samaria.

28 αὐτοὶ ὑμεῖς μοι μαρτυρεῖτε ὅτι εἶπον· οὐκ εἰμὶ ἐγὼ
Mismos vosotros de mi testificais que dije: No soy yo
ὁ Χριστός, ἀλλ᾽ ὅτι ἀπεσταλμένος εἰμὶ ἔμπροσθεν ἐκείνου.
el Mesías, sino que enviado soy delante de aquel.

29 ὁ ἔχων τὴν νύμφην νυμφίος ἐστίν· ὁ δὲ φίλος
El que tiene la esposa esposo es. el Sin embargo amigo
τοῦ νυμφίου, ὁ ἑστηκὼς καὶ ἀκούων αὐτοῦ, χαρᾷ
del esposo, el que es fiel y escucha de él, con alegría
χαίρει διὰ τὴν φωνὴν τοῦ νυμφίου. αὕτη οὖν
se alegra por la voz del esposo. Esta pues
ἡ χαρὰ ἡ ἐμὴ πεπλήρωται.
la alegría la mía ha sido cumplida.

30 ἐκεῖνον δεῖ αὐξάνειν, ἐμὲ δὲ ἐλαττοῦσθαι.
Aquel debe crecer, yo sin embargo decrecer.

31 Ὁ ἄνωθεν ἐρχόμενος ἐπάνω πάντων ἐστίν. ὁ ὢν ἐκ τῆς
El de arriba viniendo sobre todo es. El siendo de la
γῆς ἐκ τῆς γῆς ἐστι καὶ ἐκ τῆς γῆς λαλεῖ· ὁ ἐκ τοῦ οὐρανοῦ
tierra de la tierra es y de la tierra habla. El de el cielo
ἐρχόμενος ἐπάνω πάντων ἐστί,
viniendo sobre todo está.

32 καὶ ὃ ἑώρακε καὶ ἤκουσε, τοῦτο μαρτυρεῖ,
y lo que ha visto y ha oído, esto testifica,
καὶ τὴν μαρτυρίαν αὐτοῦ οὐδεὶς λαμβάνει·
y el testimonio de él ninguno recibe.

33 ὁ λαβὼν αὐτοῦ τὴν μαρτυρίαν ἐσφράγισεν ὅτι ὁ Θεὸς
El que recibe de él el testimonio ha sellado[25] que Dios
ἀληθής ἐστιν.
veraz es.

34 ὃν γὰρ ἀπέστειλεν ὁ Θεός, τὰ ῥήματα τοῦ Θεοῦ λαλεῖ·
al que Porque envió Dios, las palabras de Dios habla.
οὐ γὰρ ἐκ μέτρου δίδωσιν ὁ Θεὸς τὸ Πνεῦμα.
no Porque con medida da Dios el Espíritu.

35 ὁ πατὴρ ἀγαπᾷ τὸν Υἱόν καὶ πάντα δέδωκεν ἐν τῇ χειρὶ αὐτοῦ.
El Padre ama al Hijo y todo ha dado en la mano de él.

36 ὁ πιστεύων εἰς τὸν Υἱὸν ἔχει ζωὴν αἰώνιον· ὁ δὲ
El que cree en el Hijo tiene vida eterna. El que sin embargo
ἀπειθῶν τῷ Υἱῷ οὐκ ὄψεται ζωήν, ἀλλ᾽ ἡ ὀργὴ τοῦ Θεοῦ
desobedece al Hijo no verá vida, sino que la ira de Dios
μένει ἐπ᾽ αὐτόν.
permanece sobre él.

4 1 Ὡς οὖν ἔγνω ὁ Κύριος[26] ὅτι ἤκουσαν οἱ φαρισαῖοι
Cuando pues conoció el Señor que oyeron los fariseos
ὅτι Ἰησοῦς πλείονας μαθητὰς ποιεῖ καὶ βαπτίζει ἢ Ἰωάννης
que Jesús más discípulos hace y bautiza que Juan

2 - καίτοιγε Ἰησοῦς αὐτὸς οὐκ ἐβάπτιζεν, ἀλλ᾽ οἱ μαθηταὶ αὐτοῦ -
(aunque Jesús mismo no bautizaba, sino los discípulos de él)

3 ἀφῆκε τὴν Ἰουδαίαν καὶ ἀπῆλθε πάλιν εἰς τὴν Γαλιλαίαν.
dejó la Judea y fue de nuevo a la Galilea.

4 ἔδει δὲ αὐτὸν διέρχεσθαι διὰ τῆς Σαμαρείας.
Era preciso pues a él atravesar a través de Samaria.

---
25. Es decir, ha puesto su sello de autoridad indicando que Dios es veraz.
26. La NU sustituye por Jesús.

5 ἔρχεται οὖν εἰς πόλιν τῆς Σαμαρείας λεγομένην Συχὰρ,
Viene pues a ciudad de la Samaria llamada Sicar,
πλησίον τοῦ χωρίου ὃ ἔδωκεν Ἰακὼβ Ἰωσὴφ τῷ υἱῷ αὐτοῦ·
cerca de la finca que dio Jacob a José el hijo de él.

6 ἦν δὲ ἐκεῖ πηγὴ τοῦ Ἰακώβ. ὁ οὖν Ἰησοῦς
Estaba - allí fuente de Jacob. - Por tanto Jesús
κεκοπιακὼς ἐκ τῆς ὁδοιπορίας ἐκαθέζετο οὕτως
habiéndose cansado de el viaje se sentaba así
ἐπὶ τῇ πηγῇ. ὥρα ἦν ὡσεὶ ἕκτη.
junto a la fuente. Hora era como sexta.

7 Ἔρχεται γυνὴ ἐκ τῆς Σαμαρείας ἀντλῆσαι ὕδωρ.
Viene mujer de la Samaria a sacar agua.
λέγει αὐτῇ ὁ Ἰησοῦς· δός μοι πεῖν.
Dice le Jesús. Da me de beber.

8 οἱ γὰρ μαθηταὶ αὐτοῦ ἀπεληλύθεισαν εἰς τὴν πόλιν
los Porque discípulos de él se habían ido a la ciudad
ἵνα τροφὰς ἀγοράσωσι.
para que alimentos compraran.

9 λέγει οὖν αὐτῷ ἡ γυνὴ ἡ Σαμαρεῖτις· πῶς σὺ Ἰουδαῖος ὢν
Dice pues le la mujer la samaritana. ¿Cómo tú judío siendo
παρ' ἐμοῦ πεῖν αἰτεῖς, οὔσης γυναικὸς Σαμαρίτιδος;
de mí de beber pides, siendo mujer samaritana?
οὐ γὰρ συγχρῶνται Ἰουδαῖοι Σαμαρίταις.
no Porque se asocian judíos con samaritanos.

10 ἀπεκρίθη Ἰησοῦς καὶ εἶπεν αὐτῇ· εἰ ᾔδεις τὴν δωρεὰν τοῦ
Respondió Jesús y dijo le: si conocieras el don de
Θεοῦ, καὶ τίς ἐστιν ὁ λέγων σοι, δός μοι πεῖν, σὺ ἂν
Dios, y quién es el que dice te, da me de beber, tú -
ᾔτησας αὐτὸν, καὶ ἔδωκεν ἄν σοι ὕδωρ ζῶν.
pedirías le, y daría - te agua viva.

11 λέγει αὐτῷ ἡ γυνή· Κύριε, οὔτε ἄντλημα ἔχεις, καὶ τὸ φρέαρ
Dice le la mujer: Señor, ningún pozal²⁷ tienes, y el pozo
ἐστὶ βαθύ· πόθεν οὖν ἔχεις τὸ ὕδωρ τὸ ζῶν;
es hondo. ¿De dónde pues tienes el agua la viva?

12 μὴ σὺ μείζων εἶ τοῦ πατρὸς ἡμῶν Ἰακώβ,
¿Acaso tú mayor eres que el padre de nosotros Jacob,
ὃς ἔδωκεν ἡμῖν τὸ φρέαρ, καὶ αὐτὸς ἐξ αὐτοῦ ἔπιε
el que dio nos el pozo, y él de él bebió
καὶ οἱ υἱοὶ αὐτοῦ καὶ τὰ θρέμματα αὐτοῦ;
y los hijos de él y los ganados de él?

13 ἀπεκρίθη Ἰησοῦς καὶ εἶπεν αὐτῇ· πᾶς ὁ πίνων ἐκ τοῦ ὕδατος
Respondió Jesús y dijo le: todo el que bebe de el agua
τούτου διψήσει πάλιν·
esta tendrá sed de nuevo.

14 ὃς δ' ἂν πίῃ ἐκ τοῦ ὕδατος οὗ ἐγὼ δώσω αὐτῷ,
El que sin embargo bebiere de el agua que yo daré le,
οὐ μὴ διψήσει εἰς τὸν αἰῶνα,²⁸
no de ninguna manera tendrá sed por la era,
ἀλλὰ τὸ ὕδωρ ὃ δώσω αὐτῷ γενήσεται
sino que el agua que daré le se convertirá
ἐν αὐτῷ πηγὴ ὕδατος ἀλλομένου εἰς ζωὴν αἰώνιον.
en él en fuente de agua saltando para vida eterna.

5 Vino, pues, a una ciudad de Samaria que se llamaba Sichâr, junto a la heredad que Jacob dió a José su hijo.
6 Y estaba allí la fuente de Jacob. Pues Jesús, cansado del camino, así se sentó a la fuente. Era como la hora de sexta.
7 Vino una mujer de Samaria a sacar agua: y Jesús le dice: Dame de beber.
8 (Porque sus discípulos habían ido a la ciudad a comprar de comer.)
9 Y la mujer Samaritana le dice: ¿Cómo tú, siendo Judío, me pides a mí de beber, que soy mujer Samaritana? porque los Judíos no se tratan con los Samaritanos.
10 Respondió Jesús y díjole: Si conocieses el don de Dios, y quién es el que te dice: Dame de beber: tú pedirías de él, y él te daría agua viva.
11 La mujer le dice: Señor, no tienes con qué sacar*la*, y el pozo es hondo: ¿de dónde, pues, tienes el agua viva?
12 ¿Eres tú mayor que nuestro padre Jacob, que nos dió este pozo, del cual él bebió, y sus hijos, y sus ganados?
13 Respondió Jesús y díjole: Cualquiera que bebiere de esta agua, volverá a tener sed;
14 Mas el que bebiere del agua que yo le daré, para siempre no tendrá sed: mas el agua que yo le daré, será en él una fuente de agua que salte para vida eterna.

---
27. Es decir, no tiene ningún recipiente o instrumento con el que sacar el agua.
28. Es decir, nunca.

15La mujer le dice: Señor, dame esta agua, para que no tenga sed, ni venga acá a sacar*la*.
16Jesús le dice: Ve, llama a tu marido, y ven acá.
17Respondió la mujer, y dijo: No tengo marido. Dícele Jesús: Bien has dicho, No tengo marido;
18Porque cinco maridos has tenido: y el que ahora tienes no es tu marido; esto has dicho con verdad.
19Dícele la mujer: Señor, paréceme que tú eres profeta.
20Nuestros padres adoraron en este monte, y vosotros decís que en Jerusalem es el lugar donde es necesario adorar.
21Dícele Jesús: Mujer, créeme, que la hora viene, cuando ni en este monte, ni en Jerusalem adoraréis al Padre.
22Vosotros adoráis lo que no sabéis; nosotros adoramos lo que sabemos: porque la salud viene de los Judíos.
23Mas la hora viene, y ahora es, cuando los verdaderos adoradores adorarán al Padre en espíritu y en verdad; porque también el Padre tales adoradores busca que adoren.
24Dios es Espíritu; y los que le adoran, en espíritu y en verdad es necesario que adoren.
25Dícele la mujer: Sé que el Mesías ha de venir, el cual se dice el Cristo: cuando él viniere nos declarará todas las cosas.
26Dícele Jesús: Yo soy, que hablo contigo.

15 λέγει πρὸς αὐτὸν ἡ γυνή· Κύριε, δός μοι τοῦτο τὸ ὕδωρ,
Dice a él la mujer: Señor, da me esta el agua,
ἵνα μὴ διψῶ μηδὲ διέρχωμαι ἐνθάδε ἀντλεῖν.
para que no tenga sed ni venga aquí a sacar.

16 λέγει αὐτῇ ὁ Ἰησοῦς[29]· ὕπαγε φώνησον τὸν ἄνδρα σου
Dice le Jesús: ve llama al marido de ti
καὶ ἐλθὲ ἐνθάδε.
y ven aquí.

17 ἀπεκρίθη ἡ γυνὴ καὶ εἶπεν[30]· οὐκ ἔχω ἄνδρα. λέγει αὐτῇ
Respondió la mujer y dijo: no tengo marido. Dice le
ὁ Ἰησοῦς· καλῶς εἶπας ὅτι ἄνδρα οὐκ ἔχω·
Jesús. Bien dijiste que marido no tengo.

18 πέντε γὰρ ἄνδρας ἔσχες, καὶ νῦν ὃν ἔχεις οὐκ ἔστι
cinco Porque maridos has tenido y ahora al que tienes no es
σου ἀνήρ· τοῦτο ἀληθὲς εἴρηκας.
de ti marido. Esto verdaderamente has dicho.

19 λέγει αὐτῷ ἡ γυνή· Κύριε, θεωρῶ ὅτι προφήτης εἶ σύ.
Dice le la mujer: Señor, me percato de que profeta eres tú.

20 οἱ πατέρες ἡμῶν ἐν τῷ ὄρει τούτῳ προσεκύνησαν·
Los padres de nosotros en el monte este adoraron
καὶ ὑμεῖς λέγετε ὅτι ἐν Ἱεροσολύμοις ἐστὶν
y vosotros decís que en Jerusalén está
ὁ τόπος ὅπου προσκυνεῖν δεῖ.
el lugar donde adorar se debe.

21 λέγει αὐτῇ ὁ Ἰησοῦς· γύναι, πίστευσόν μοι ὅτι ἔρχεται
Dice le Jesús: mujer, cree me que viene
ὥρα ὅτε οὔτε ἐν τῷ ὄρει τούτῳ οὔτε ἐν Ἱεροσολύμοις
hora cuando ni en el monte este ni en Jerusalén
προσκυνήσετε τῷ πατρί.
adoraréis al Padre.

22 ὑμεῖς προσκυνεῖτε ὃ οὐκ οἴδατε, ἡμεῖς προσκυνοῦμεν
Vosotros adoráis lo que no sabéis, nosotros adoramos
ὃ οἴδαμεν· ὅτι ἡ σωτηρία ἐκ τῶν Ἰουδαίων ἐστίν.
lo que conocemos. Porque la salvación de los judíos es.

23 ἀλλὰ ἔρχεται ὥρα, καὶ νῦν ἐστιν, ὅτε οἱ ἀληθινοὶ
Pero viene hora, y ahora es, cuando los verdaderos
προσκυνηταὶ προσκυνήσουσι τῷ πατρὶ ἐν πνεύματι καὶ ἀληθείᾳ·
adoradores adorarán al Padre en espíritu y en verdad.
καὶ γὰρ ὁ πατὴρ τοιούτους ζητεῖ
también Porque el Padre a los tales busca
τοὺς προσκυνοῦντας αὐτόν.
que adoren lo.

24 πνεῦμα ὁ Θεός, καὶ τοὺς προσκυνοῦντας αὐτὸν ἐν πνεύματι
Espíritu (es) Dios, y los que adoran lo en espíritu
καὶ ἀληθείᾳ δεῖ προσκυνεῖν.
y en verdad deben adorar.

25 λέγει αὐτῷ ἡ γυνή· οἶδα ὅτι Μεσσίας ἔρχεται ὁ λεγόμενος
Dice le la mujer. Sé que Mesías viene el llamado
Χριστός· ὅταν ἔλθῃ ἐκεῖνος, ἀναγγελεῖ ἡμῖν πάντα.
Cristo. Cuando venga aquel, anunciará nos todo.

26 λέγει αὐτῇ ὁ Ἰησοῦς· ἐγώ εἰμι ὁ λαλῶν σοι.
Dice le Jesús: yo soy, el que habla te.

---
29. La NU omite Jesús.
30. La NU añade a él.

27 Καὶ ἐπὶ τούτῳ ἦλθον οἱ μαθηταὶ αὐτοῦ, καὶ ἐθαύμασαν
Y en esto vinieron los discípulos de él, y se maravillaron

ὅτι μετὰ γυναικὸς ἐλάλει· οὐδεὶς μέντοι εἶπε,
porque con mujer hablaba. Ninguno sin embargo dijo:

τί ζητεῖς ἢ τί λαλεῖς μετ' αὐτῆς;
¿Qué buscas o qué hablas con ella?

28 Ἀφῆκεν οὖν τὴν ὑδρίαν αὐτῆς ἡ γυνὴ καὶ ἀπῆλθεν
Dejó pues el cántaro de agua de ella la mujer y fue

εἰς τὴν πόλιν, καὶ λέγει τοῖς ἀνθρώποις·
a la ciudad, y dice a los hombres.

29 δεῦτε ἴδετε ἄνθρωπον ὃς εἶπέ μοι πάντα ὅσα
Venid ved hombre que dijo me todo cuanto

ἐποίησα· μήτι οὗτός ἐστιν ὁ Χριστός;
hice. ¿Acaso éste es el Mesías?

30 ἐξῆλθον οὖν ἐκ τῆς πόλεως καὶ ἤρχοντο πρὸς αὐτόν.
Salieron pues de la ciudad y venían a él.

31 Ἐν δὲ τῷ μεταξὺ ἠρώτων αὐτὸν οἱ μαθηταὶ
En - el entretanto rogaban le los discípulos

λέγοντες· ῥαββί, φάγε.
diciendo: Rabbí, come.

32 ὁ δὲ εἶπε αὐτοῖς· ἐγὼ βρῶσιν ἔχω φαγεῖν,
Él - dijo les: yo alimento tengo para comer,

ἣν ὑμεῖς οὐκ οἴδατε.
que vosotros no sabéis.

33 ἔλεγον οὖν οἱ μαθηταὶ πρὸς ἀλλήλους· μή τις
Decían pues los discípulos unos a otros: ¿Acaso alguien ha

ἤνεγκεν αὐτῷ φαγεῖν;
traido le de comer?

34 λέγει αὐτοῖς ὁ Ἰησοῦς· ἐμὸν βρῶμά ἐστιν ἵνα ποιῶ τὸ
Dice les Jesús: mi alimento es para que haga[31] la

θέλημα τοῦ πέμψαντός με καὶ τελειώσω αὐτοῦ τὸ ἔργον.
voluntad del que envió me y consume de Él la obra.

35 οὐχ ὑμεῖς λέγετε ὅτι ἔτι τετράμηνός ἐστι καὶ ὁ θερισμὸς
¿No vosotros decís que ya cuatro meses hay y la siega

ἔρχεται; ἰδοὺ λέγω ὑμῖν, ἐπάρατε τοὺς ὀφθαλμοὺς
viene? Mira digo os: alzad los ojos

ὑμῶν καὶ θεάσασθε τὰς χώρας, ὅτι λευκαί
de vosotros y observad los campos, porque blancos

εἰσι πρὸς θερισμόν ἤδη.
están para siega ya.

36 καὶ ὁ θερίζων μισθὸν λαμβάνει καὶ συνάγει καρπὸν
Y el que siega salario recibe y recoge fruto

εἰς ζωὴν αἰώνιον, ἵνα καὶ ὁ σπείρων ὁμοῦ
para vida eterna, para que tanto el que siembra juntamente

χαίρῃ καὶ ὁ θερίζων.
se alegre como el que siega.

37 ἐν γὰρ τούτῳ ὁ λόγος ἐστὶν ὁ ἀληθινός, ὅτι ἄλλος
en Porque esto la palabra es la verdadera, porque uno

ἐστὶν ὁ σπείρων καὶ ἄλλος ὁ θερίζων.
es el que siembra y otro el que siega.

27 Y en esto vinieron sus discípulos, y maravilláronse de que hablaba con mujer; mas ninguno dijo: ¿Qué preguntas? ó, ¿Qué hablas con ella?
28 Entonces la mujer dejó su cántaro, y fué a la ciudad, y dijo a aquellos hombres:
29 Venid, ved un hombre que me ha dicho todo lo que he hecho: ¿si quizás es éste el Cristo?
30 Entonces salieron de la ciudad, y vinieron a él.
31 Entre tanto los discípulos le rogaban, diciendo: Rabbí, come.
32 Y él les dijo: Yo tengo una comida que comer, que vosotros no sabéis.
33 Entonces los discípulos decían el uno al otro: ¿Si le habrá traído alguien de comer?
34 Díceles Jesús: Mi comida es que haga la voluntad del que me envió, y que acabe su obra.
35 ¿No decís vosotros: Aun hay cuatro meses hasta que llegue la siega? He aquí os digo: Alzad vuestros ojos, y mirad las regiones, porque ya están blancas para la siega.
36 Y el que siega, recibe salario, y allega fruto para vida eterna; para que el que siembra también goce, y el que siega.
37 Porque en esto es el dicho verdadero: Que uno es el que siembra, y otro es el que siega.

---

31. La NU sustituye por haré.

38 Yo os he enviado a segar lo que vosotros no labrasteis: otros labraron, y vosotros habéis entrado en sus labores.
39 Y muchos de los Samaritanos de aquella ciudad creyeron en él por la palabra de la mujer, que daba testimonio, *diciendo:* Que me dijo todo lo que he hecho.
40 Viniendo pues los Samaritanos a él, rogáronle que se quedase allí: y se quedó allí dos días.
41 Y creyeron muchos más por la palabra de él.
42 Y decían a la mujer: Ya no creemos por tu dicho; porque nosotros mismos hemos oído, y sabemos que verdaderamente éste es el Salvador del mundo, el Cristo.
43 Y dos días después, salió de allí, y fuése a Galilea.
44 Porque el mismo Jesús dió testimonio de que el profeta en su tierra no tiene honra.
45 Y como vino a Galilea, los Galileos le recibieron, vistas todas las cosas que había hecho en Jerusalem en el día de la fiesta: porque también ellos habían ido a la fiesta.
46 Vino pues Jesús otra vez a Caná de Galilea, donde había hecho el vino del agua. Y había en Capernaum uno del rey, cuyo hijo estaba enfermo.

38 ἐγὼ ἀπέστειλα ὑμᾶς θερίζειν ὃ οὐχ ὑμεῖς κεκοπιάκατε·
Yo envié os a segar lo que no vosotros habéis labrado.
ἄλλοι κεκοπιάκασι, καὶ ὑμεῖς εἰς τὸν κόπον
Otros han labrado, y vosotros a la labor
αὐτῶν εἰσεληλύθατε.
de ellos habéis entrado.

39 Ἐκ δὲ τῆς πόλεως ἐκείνης πολλοὶ ἐπίστευσαν εἰς αὐτὸν τῶν
De - la ciudad aquella muchos creyeron en él de los
Σαμαριτῶν διὰ τὸν λόγον τῆς γυναικὸς, μαρτυρούσης
samaritanos por la palabra de la mujer habiendo testificado
ὅτι εἶπέ μοι πάντα ὅσα ἐποίησα.
que dijo me todo cuanto hice.

40 ὡς οὖν ἦλθον πρὸς αὐτὸν οἱ Σαμαρῖται, ἠρώτων
Cuando por tanto vinieron a él los samaritanos, pidieron
αὐτὸν μεῖναι παρ' αὐτοῖς· καὶ ἔμεινεν ἐκεῖ δύο ἡμέρας.
le quedarse con ellos y se quedó allí dos días.

41 καὶ πολλῷ πλείους ἐπίστευσαν διὰ τὸν λόγον αὐτοῦ,
Y con mucho, más creyeron por la palabra de él.

42 τῇ τε γυναικὶ ἔλεγον ὅτι οὐκέτι διὰ τὴν σὴν λαλιὰν πιστεύομεν·
A la - mujer decían que no por la tu palabra creemos,
αὐτοὶ γὰρ ἀκηκόαμεν, καὶ οἴδαμεν ὅτι οὗτός ἐστιν
nosotros mismos Porque hemos oído y sabemos que éste es
ἀληθῶς ὁ σωτὴρ τοῦ κόσμου, ὁ Χριστός.[32]
verdaderamente el salvador del mundo, el Mesías.

43 Μετὰ δὲ τὰς δύο ἡμέρας ἐξῆλθεν ἐκεῖθεν καὶ ἀπῆλθεν
Después de - los dos días salió de allí y fue[33]
εἰς τὴν Γαλιλαίαν.
a la Galilea.

44 αὐτὸς γὰρ ὁ Ἰησοῦς ἐμαρτύρησεν ὅτι προφήτης
el mismo Porque Jesús testificaba que profeta
ἐν τῇ ἰδίᾳ πατρίδι τιμὴν οὐκ ἔχει.
en la propia tierra honra no tiene.

45 ὅτε οὖν ἦλθεν εἰς τὴν Γαλιλαίαν, ἐδέξαντο αὐτὸν οἱ
Cuando pues vino a la Galilea, recibieron lo los
Γαλιλαῖοι, πάντα ἑωρακότες ἃ ἐποίησεν ἐν Ἱεροσολύμοις
galileos todo habiendo visto lo que hizo en Jerusalén
ἐν τῇ ἑορτῇ· καὶ αὐτοὶ γὰρ ἦλθον εἰς τὴν ἑορτήν.
en la fiesta también éstos Porque fueron a la fiesta.

46 Ἦλθεν οὖν πάλιν ὁ Ἰησοῦς εἰς τὴν Κανᾶ τῆς Γαλιλαίας,
Vino pues de nuevo Jesús[34] a la Caná de Galilea,
ὅπου ἐποίησε τὸ ὕδωρ οἶνον. καὶ ἦν τις βασιλικὸς,
donde hizo el agua vino. Y estaba un funcionario regio
οὗ ὁ υἱὸς ἠσθένει ἐν Καπερναούμ·
del cual el hijo estaba enfermo en Cafarnaum.[35]

---

32. La NU omite el Mesías.
33. La NU omite y fue.
34. La NU omite Jesús.
35. O Capernaum, la antigua Kfar-Nahum.

47 οὗτος ἀκούσας ὅτι Ἰησοῦς ἥκει   ἐκ τῆς Ἰουδαίας εἰς τὴν
Éste oyendo que Jesús había venido de la Judea   a la

Γαλιλαίαν, ἀπῆλθε πρὸς αὐτὸν καὶ ἠρώτα αὐτὸν ἵνα
Galilea, vino a él y pidió le[36] para que

καταβῇ   καὶ ἰάσηται αὐτοῦ τὸν υἱόν· ἤμελλε γὰρ
descendiera y curara de él al hijo. iba   Porque

ἀποθνῄσκειν.
a morir.

48 εἶπεν οὖν ὁ Ἰησοῦς πρὸς αὐτόν· ἐὰν μὴ σημεῖα καὶ
Dijo pues Jesús   a   él   Si no señales y

Τέρατα ἴδητε, οὐ μὴ   πιστεύσητε.
maravillas veis, no en absoluto creéis.

49 λέγει πρὸς αὐτὸν ὁ βασιλικός· Κύριε, κατάβηθι
Dice a él el funcionario regio: Señor, desciende

πρὶν   ἀποθανεῖν τὸ παιδίον μου.
antes de morir el niño de mí.[37]

50 λέγει αὐτῷ ὁ Ἰησοῦς· πορεύου· ὁ υἱός σου ζῇ. καὶ ἐπίστευσεν
Dice le Jesús: Ve. El hijo de ti[38] vive. Y creyó

ὁ ἄνθρωπος τῷ λόγῳ ᾧ   εἶπεν αὐτῷ ὁ Ἰησοῦς, καὶ ἐπορεύετο.
el hombre en la palabra que dijo le Jesús, y fue.

51 ἤδη δὲ αὐτοῦ καταβαίνοντος οἱ δοῦλοι αὐτοῦ ἀπήντησαν
Ya - él descendiendo, los siervos de él se encontraron

αὐτῷ καὶ ἀπήγγειλαν λέγοντες ὅτι ὁ παῖς αὐτοῦ ζῇ.
con él e informaron[39] diciendo que el hijo de ti vive.

52 ἐπύθετο οὖν παρ' αὐτῶν τὴν ὥραν ἐν ᾗ   κομψότερον
Indagó pues de ellos   la hora en que mejor

ἔσχε·   καὶ εἶπον οὖν αὐτῷ ὅτι χθὲς ὥραν ἑβδόμην
se había puesto, y dijeron - le que ayer a hora séptima

ἀφῆκεν αὐτὸν ὁ πυρετός.
dejó le la fiebre.

53 ἔγνω   οὖν ὁ πατὴρ ὅτι ἐν ἐκείνῃ τῇ ὥρᾳ ἐν ᾗ εἶπεν αὐτῷ
Conoció pues el padre que en aquella la hora en que dijo le

ὁ Ἰησοῦς ὅτι ὁ υἱός σου ζῇ· καὶ ἐπίστευσεν
Jesús que el hijo de ti vive. Y creyó

αὐτὸς καὶ ἡ οἰκία αὐτοῦ ὅλη.
él y la casa de él toda.

54 Τοῦτο πάλιν   δεύτερον σημεῖον ἐποίησεν ὁ Ἰησοῦς ἐλθὼν
Esta de nuevo segunda señal hizo   Jesús viniendo

ἐκ τῆς Ἰουδαίας εἰς τὴν Γαλιλαίαν.
de la Judea a la Galilea.

5 1 Μετὰ ταῦτα ἦν ἑορτὴ τῶν   Ἰουδαίων, καὶ ἀνέβη
Tras esto era fiesta de los judíos, y subió

ὁ Ἰησοῦς εἰς Ἱεροσόλυμα.
Jesús a Jerusalén.

2 ἔστι δὲ ἐν τοῖς Ἱεροσολύμοις ἐπὶ   τῇ προβατικῇ
Hay - en Jerusalén junto a la de las ovejas (puerta)

κολυμβήθρα, ἡ ἐπιλεγομένη Ἑβραϊστὶ Βηθεσδά,
estanque, el llamado en hebreo Betesda,[40]

πέντε στοὰς   ἔχουσα.
cinco pórticos teniendo.

47 Este, como oyó que Jesús venía de Judea a Galilea, fué a él, y rogábale que descendiese, y sanase a su hijo, porque se comenzaba a morir.
48 Entonces Jesús le dijo: Si no viereis señales y milagros no creeréis.
49 El del rey le dijo: Señor, desciende antes que mi hijo muera.
50 Dícele Jesús: Ve, tu hijo vive. Y el hombre creyó a la palabra que Jesús le dijo, y se fué.
51 Y cuando ya él descendía, los siervos le salieron a recibir, y le dieron nuevas, diciendo: Tu hijo vive.
52 Entonces él les preguntó a qué hora comenzó a estar mejor. Y dijéronle: Ayer a las siete le dejó la fiebre.
53 El padre entonces entendió, que aquella hora era cuando Jesús le dijo: Tu hijo vive; y creyó él y toda su casa.
54 Esta segunda señal volvió Jesús a hacer, cuando vino de Judea a Galilea.

5 Después de estas cosas, era un día de fiesta de los Judíos, y subió Jesús a Jerusalem.
2 Y hay en Jerusalem a *la puerta* del ganado un estanque, que en hebraico es llamado Bethesda, el cual tiene cinco portales.

---
36. La NU omite le.
37. Es decir, desciende antes de que muera mi niño.
38. La NU lee de él.
39. La NU omite e informaron.
40. La NU sustituye por Bezdsaza.

3 En éstos yacía multitud de enfermos, ciegos, cojos, secos, que estaban esperando el movimiento del agua.
4 Porque un ángel descendía a cierto tiempo al estanque, y revolvía el agua; y el que primero descendía en el estanque después del movimiento del agua, era sano de cualquier enfermedad que tuviese.
5 Y estaba allí un hombre que había treinta y ocho años que estaba enfermo.
6 Como Jesús vió a éste echado, y entendió que ya había mucho tiempo, dícele: ¿Quieres ser sano?
7 Señor, le respondió el enfermo, no tengo hombre que me meta en el estánque cuando el agua fuere revuelta; porque entre tanto que yo vengo, otro antes de mí ha descendido.
8 Dícele Jesús: Levántate, toma tu lecho, y anda.
9 Y luego aquel hombre fué sano, y tomó su lecho, e íbase. Y era sábado aquel día.
10 Entonces los Judíos decían a aquel que había sido sanado: Sábado es: no te es lícito llevar tu lecho.
11 Respondióles: El que me sanó, él mismo me dijo: Toma tu lecho y anda.

3 ἐν ταύταις κατέκειτο πλῆθος πολὺ⁴¹ τῶν ἀσθενούντων,
En éstos yacía multitud mucha de los enfermos,
τυφλῶν, χωλῶν, ξηρῶν, ἐκδεχομένων
ciegos, cojos, secos, esperando⁴²
τὴν τοῦ ὕδατος κίνησιν.
el del agua movimiento.

4⁴³ ἄγγελος γὰρ κατὰ καιρὸν κατέβαινεν ἐν τῇ κολυμβήθρᾳ,
ángel Porque según tiempo descendía en el estanque
καὶ ἐτάρασσε τὸ ὕδωρ· ὁ οὖν πρῶτος ἐμβὰς
y agitaba el agua. El pues primero entrando
μετὰ τὴν ταραχὴν τοῦ ὕδατος ὑγιὴς ἐγίνετο
después de la agitación del agua sano llegaba a estar
ᾧ δήποτε κατείχετο νοσήματι.
de la en cualquier caso estuviera dominado enfermedad⁴⁴

5 ἦν δέ τις ἄνθρωπος ἐκεῖ τριάκοντα καὶ
Había pues cierto hombre allí treinta y
ὀκτὼ ἔτη ἔχων ἐν τῇ ἀσθενείᾳ αὐτοῦ·
ocho años teniendo en la enfermedad de él.⁴⁵

6 τοῦτον ἰδὼν ὁ Ἰησοῦς κατακείμενον, καὶ γνοὺς ὅτι πολὺν
A éste viendo Jesús yaciendo, y conociendo que mucho
ἤδη χρόνον ἔχει, λέγει αὐτῷ· θέλεις ὑγιὴς γενέσθαι;
ya tiempo tiene, dice le. ¿Quieres sano llegar a estar?

7 ἀπεκρίθη αὐτῷ ὁ ἀσθενῶν· Κύριε, ἄνθρωπον οὐκ ἔχω,
Respondió le el enfermo: Señor, hombre no tengo,
ἵνα ὅταν ταραχθῇ τὸ ὕδωρ, βάλῃ με εἰς
para que cuando sea agitada el agua, meta me en
τὴν κολυμβήθραν· ἐν ᾧ δὲ ἔρχομαι ἐγώ, ἄλλος πρὸ ἐμοῦ
el estanque. En lo que - voy yo, otro antes de mí
καταβαίνει.
desciende.

8 λέγει αὐτῷ ὁ Ἰησοῦς· ἔγειρε, ἆρον τὸν κράβαττόν σου
Dice le Jesús: Levanta, toma el lecho de ti
καὶ περιπάτει.
y anda.

9 καὶ εὐθέως ἐγένετο ὑγιὴς ὁ ἄνθρωπος, καὶ ἦρε
E inmediatamente llegó a estar sano el hombre, y tomó
τὸν κράβαττον αὐτοῦ καὶ περιεπάτει. ἦν δὲ σάββατον ἐν
el lecho de él y caminaba. Era - sábado en
ἐκείνῃ τῇ ἡμέρᾳ.
aquel el día.

10 ἔλεγον οὖν οἱ Ἰουδαῖοι τῷ τεθεραπευμένῳ· σάββατόν
Dijeron pues los judíos al que había sido curado. Sábado
ἐστιν· οὐκ ἔξεστί σοι ἆραι τὸν κράβαττόν.
es. No es lícito para ti llevar el lecho.⁴⁶

11 ἀπεκρίθη αὐτοῖς· ὁ ποιήσας με ὑγιῆ, ἐκεῖνός μοι εἶπεν·
Respondió les. El que hizo me sano, aquel me dijo:
ἆρον τὸν κράβαττόν σου καὶ περιπάτει.
Toma el lecho de ti y camina.

---

41. La NU suprime mucha.
42. La NU suprime desde esperando hasta el final.
43. La NU suprime el versículo 4.
44. Es decir, de la enfermedad por la que estuviera dominado.
45. La NU suprime de él.
46. La NU añade de ti.

12 ἠρώτησαν   οὖν αὐτόν· τίς   ἐστιν ὁ ἄνθρωπος ὁ εἰπών   σοι,
   Preguntaron pues le.   ¿Quién es   el hombre   el diciendo te,

   ἆρον τὸν κράββατόν σου   καὶ περιπάτει;
   toma el lecho   de ti[47] y camina?

13 ὁ δὲ ἰαθεὶς   οὐκ ᾔδει τίς   ἐστιν· ὁ γὰρ
   El - que había sido sanado no sabía quién es.   - porque

   Ἰησοῦς ἐξένευσεν ὄχλου   ὄντος   ἐν τῷ τόπῳ.
   Jesús se marchó, multitud estando en el lugar.

14 μετὰ ταῦτα εὑρίσκει   αὐτὸν ὁ Ἰησοῦς ἐν τῷ ἱερῷ
   Tras esto   encuentra lo   Jesús en el templo

   καὶ εἶπεν αὐτῷ· ἴδε ὑγιὴς γέγονας·   μηκέτι ἁμάρτανε,
   y   dijo le: mira sano has llegado a estar. Más no peques,[48]

   ἵνα   μὴ χεῖρόν σοί τι   γένηται.
   para que no peor te algo acontezca.

15 ἀπῆλθεν ὁ ἄνθρωπος καὶ ἀνήγγειλε τοῖς Ἰουδαίοις
   Se fue el hombre   y   avisó   a los judíos

   ὅτι Ἰησοῦς ἐστιν ὁ ποιήσας αὐτὸν ὑγιῆ.
   que Jesús es   el que hizo lo   sano.

16 Καὶ διὰ τοῦτο ἐδίωκον   τὸν Ἰησοῦν οἱ Ἰουδαῖοι καὶ ἐζήτουν
   Y   por esto   perseguían a   Jesús   los judíos   y   buscaban

   αὐτὸν ἀποκτεῖναι, ὅτι   ταῦτα ἐποίει ἐν σαββάτῳ.
   lo   para matar,[49] porque esto   hacía en sábado.

17 ὁ δὲ Ἰησοῦς ἀπεκρίνατο αὐτοῖς· ὁ πατήρ μου ἕως
   - -   Jesús   respondió les: el Padre de mí hasta

   ἄρτι ἐργάζεται, κἀγὼ   ἐργάζομαι.
   ahora trabaja, como yo trabajo.

18 διὰ τοῦτο οὖν   μᾶλλον ἐζήτουν αὐτὸν οἱ Ἰουδαῖοι ἀποκτεῖναι,
   Por esto   pues más   buscaban lo   los judíos   para matar,

   ὅτι   οὐ μόνον ἔλυε   τὸ σάββατον, ἀλλὰ   καὶ
   porque no sólo   quebrantaba el sábado, sino que también

   πατέρα ἴδιον ἔλεγε τὸν Θεόν, ἴσον ἑαυτὸν   ποιῶν τῷ Θεῷ.
   Padre suyo decía a Dios,   igual a sí mismo haciendo a Dios.[50]

19 Ἀπεκρίνατο οὖν ὁ Ἰησοῦς καὶ εἶπεν αὐτοῖς· ἀμὴν   ἀμὴν
   Respondió pues Jesús y   dijo les: En verdad en verdad

   λέγω ὑμῖν, οὐ δύναται ὁ υἱὸς ποιεῖν ἀφ' ἑαυτοῦ   οὐδὲν,
   digo os: no puede el Hijo hacer de sí mismo nada,

   ἐὰν μή τι βλέπῃ   τὸν πατέρα ποιοῦντα· ἃ   γὰρ   ἂν
   si no algo contempla al Padre haciendo. lo que Porque -

   ἐκεῖνος ποιῇ, ταῦτα καὶ   ὁ υἱὸς ὁμοίως   ποιεῖ.
   Aquel hace, esto también el Hijo igualmente hace.

20 ὁ γὰρ   πατὴρ φιλεῖ τὸν υἱὸν καὶ πάντα   δείκνυσιν αὐτῷ
   el Porque Padre ama   al Hijo y   todo   muestra   le

   ἃ   αὐτὸς ποιεῖ, καὶ μείζονα τούτων   δείξει   αὐτῷ ἔργα,
   lo que Él   hace, y   mayores que estas mostrará le   obras

   ἵνα   ὑμεῖς   θαυμάζητε.
   para que vosotros os maravilléis.

21 ὥσπερ γὰρ   ὁ πατὴρ ἐγείρει τοὺς νεκροὺς καὶ ζωοποιεῖ,
   como Porque el Padre levanta a los muertos y   da vida

   οὕτω καὶ   ὁ υἱὸς οὓς   θέλει ζωοποιεῖ.
   así también el Hijo a los que quiere da vida.

---

12 Preguntáronle entonces: ¿Quién es el que te dijo: Toma tu lecho y anda?
13 Y el que había sido sanado, no sabía quién fuese; porque Jesús se había apartado de la gente que estaba en aquel lugar.
14 Después le halló Jesús en el templo, y díjole: He aquí, has sido sanado; no peques más, porque no te venga alguna cosa peor.
15 El se fué, y dió aviso a los Judíos, que Jesús era el que le había sanado.
16 Y por esta causa los Judíos perseguían a Jesús, y procuraban matarle, porque hacía estas cosas en sábado.
17 Y Jesús les respondió: Mi Padre hasta ahora obra, y yo obro.
18 Entonces, por tanto, más procuraban los Judíos matarle, porque no sólo quebrantaba el sábado, sino que también a su Padre llamaba Dios, haciéndose igual a Dios.
19 Respondió entonces Jesús, y díjoles: De cierto, de cierto os digo: No puede el Hijo hacer nada de sí mismo, sino lo que viere hacer al Padre: porque todo lo que él hace, esto también hace el Hijo juntamente.
20 Porque el Padre ama al Hijo, y le muestra todas las cosas que él hace; y mayores obras que éstas le mostrará, de suerte que vosotros os maravilléis.
21 Porque como el Padre levanta los muertos, y les da vida, así también el Hijo a los que quiere da vida.

---

47. La NU omite el lecho de ti.
48. Es decir, no peques más, no vuelvas a pecar.
49. La NU omiten buscábanlo para matar.
50. Es decir, haciéndole a sí mismo igual a Dios.

22 Porque el Padre a nadie juzga, mas todo el juicio dió al Hijo;
23 Para que todos honren al Hijo como honran al Padre. El que no honra al Hijo, no honra al Padre que le envió.
24 De cierto, de cierto os digo: El que oye mi palabra, y cree al que me ha enviado, tiene vida eterna; y no vendrá a condenación, mas pasó de muerte a vida.
25 De cierto, de cierto os digo: Vendrá hora, y ahora es, cuando los muertos oirán la voz del Hijo de Dios: y los que oyeren vivirán.
26 Porque como el Padre tiene vida en sí mismo, así dió también al Hijo que tuviese vida en sí mismo:
27 Y también le dió poder de hacer juicio, en cuanto es el Hijo del hombre.
28 No os maravilléis de esto; porque vendrá hora, cuando todos los que están en los sepulcros oirán su voz;
29 Y los que hicieron bien, saldrán a resurrección de vida; mas los que hicieron mal, a resurrección de condenación.
30 No puedo yo de mí mismo hacer nada: como oigo, juzgo: y mi juicio es justo; porque no busco mi voluntad, mas la voluntad del que me envió, del Padre.

22 οὐδὲ γὰρ ὁ πατὴρ κρίνει οὐδένα, ἀλλὰ τὴν κρίσιν
tampoco Porque el Padre juzga a nadie, sino que el juicio
πᾶσαν δέδωκε τῷ υἱῷ,
todo ha dado al Hijo.

23 ἵνα πάντες τιμῶσι τὸν υἱὸν καθὼς τιμῶσι τὸν πατέρα.
para que todos honren al Hijo como honran al Padre
ὁ μὴ τιμῶν τὸν υἱὸν οὐ τιμᾷ τὸν πατέρα
El que no honra al Hijo no honra al Padre
τὸν πέμψαντα αὐτόν.
que envió lo.

24 ἀμὴν ἀμὴν λέγω ὑμῖν ὅτι ὁ τὸν λόγον μου
En verdad en verdad digo os que el que la palabra de mí
ἀκούων καὶ πιστεύων τῷ πέμψαντί με ἔχει ζωὴν αἰώνιον,
escucha y cree al que envió me tiene vida eterna,
καὶ εἰς κρίσιν οὐκ ἔρχεται, ἀλλὰ μεταβέβηκεν
y a juicio no viene, sino que ha pasado
ἐκ τοῦ θανάτου εἰς τὴν ζωήν.
de la muerte a la vida.

25 ἀμὴν ἀμὴν λέγω ὑμῖν ὅτι ἔρχεται ὥρα, καὶ νῦν ἐστιν,
En verdad en verdad digo os que viene hora, y ahora es,
ὅτε οἱ νεκροὶ ἀκούσουσονται τῆς φωνῆς τοῦ Υἱοῦ τοῦ Θεοῦ,
cuando los muertos escucharán la voz del Hijo de Dios,
καὶ οἱ ἀκούσαντες ζήσονται.
y los que escuchen vivirán.

26 ὥσπερ γὰρ ὁ πατὴρ ἔχει ζωὴν ἐν ἑαυτῷ, οὕτως ἔδωκε
como Porque el Padre tiene vida en sí mismo, así dio
καὶ τῷ υἱῷ ζωὴν ἔχειν ἐν ἑαυτῷ·
también al Hijo vida tener en sí mismo.

27 καὶ ἐξουσίαν ἔδωκεν αὐτῷ κρίσιν ποιεῖν, ὅτι
Y autoridad dio le juicio para hacer, porque
Υἱὸς ἀνθρώπου ἐστί.
Hijo de hombre es.

28 μὴ θαυμάζετε τοῦτο· ὅτι ἔρχεται ὥρα ἐν ᾗ
No os maravilléis de esto, porque viene hora en que
πάντες οἱ ἐν τοῖς μνημείοις ἀκούσονται τῆς
todos los que (están) en los sepulcros oirán la
φωνῆς αὐτοῦ,
voz de él.

29 καὶ ἐκπορεύσονται οἱ τὰ ἀγαθὰ ποιήσαντες εἰς ἀνάστασιν
Y saldrán los lo bueno habiendo hecho a resurrección
ζωῆς, οἱ δὲ τὰ φαῦλα πράξαντες εἰς
de vida, los sin embargo lo malo habiendo practicado a
ἀνάστασιν κρίσεως.
resurrección de juicio.

30 Οὐ δύναμαι ἐγὼ ποιεῖν ἀπ' ἐμαυτοῦ οὐδέν. καθὼς ἀκούω κρίνω,
No puedo yo hacer de mí mismo nada. Como oigo juzgo,
καὶ ἡ κρίσις ἡ ἐμὴ δικαία ἐστίν· ὅτι οὐ ζητῶ τὸ θέλημα τὸ
y el juicio el mío justo es. Porque no busco la voluntad la
ἐμόν, ἀλλὰ τὸ θέλημα τοῦ πέμψαντός με πατρός.[51]
mía, sino la voluntad del que envió me Padre.

---

51. La NU omite Padre.

31 ᾿Εὰν ἐγὼ μαρτυρῶ περὶ ἐμαυτοῦ, ἡ μαρτυρία
Si yo testifico sobre mí mismo, el testimonio

μου οὐκ ἔστιν ἀληθής·
de mí no es verdadero.

32 ἄλλος ἐστὶν ὁ μαρτυρῶν περὶ ἐμοῦ, καὶ οἶδα ὅτι ἀληθής
Otro es el que testifica sobre mí, y sé que verdadero

ἐστιν ἡ μαρτυρία ἣν μαρτυρεῖ περὶ ἐμοῦ.
es el testimonio que testifica sobre mí.

33 ῾Υμεῖς ἀπεστάλκατε πρὸς ᾿Ιωάννην,
Vosotros habéis enviado a Juan,

καὶ μεμαρτύρηκε τῇ ἀληθείᾳ·
y ha testificado de la verdad.

34 ἐγὼ δὲ οὐ παρὰ ἀνθρώπου τὴν μαρτυρίαν λαμβάνω
Yo sin embargo no de hombre el testimonio recibo

ἀλλὰ ταῦτα λέγω ἵνα ὑμεῖς σωθῆτε.
pero esto digo para que vosotros seáis salvos.

35 ἐκεῖνος ἦν ὁ λύχνος ὁ καιόμενος καὶ φαίνων.
Aquel era la lámpara que arde y que alumbra.

ὑμεῖς δὲ ἠθελήσατε ἀγαλλιαθῆναι
vosotros - quisisteis alegraros

πρὸς ὥραν ἐν τῷ φωτὶ αὐτοῦ.
por tiempo en la luz de él.

36 ἐγὼ δὲ ἔχω τὴν μαρτυρίαν μείζω τοῦ ᾿Ιωάννου·
Yo sin embargo tengo el testimonio mayor que el de Juan.

τὰ γὰρ ἔργα ἃ ἐδωκέ⁵² μοι ὁ πατὴρ ἵνα
las Porque obras que dio me el Padre para que

τελειώσω αὐτά, αὐτὰ τὰ ἔργα ἃ ἐγὼ ποιῶ,
consume las, mismas las obras que yo hago,

μαρτυρεῖ περὶ ἐμοῦ ὅτι ὁ πατήρ με ἀπέσταλκε·
testifican de mí porque el Padre me ha enviado.

37 καὶ ὁ πέμψας με πατήρ, αὐτὸς μεμαρτύρηκε περὶ ἐμοῦ.
Y el que envió me Padre, éste ha testificado sobre mí.

οὔτε φωνὴν αὐτοῦ ἀκηκόατε πώποτε οὔτε
Así voz de él habéis oído en ningún momento ni

εἶδος αὐτοῦ ἑωράκατε,
aspecto de él habéis visto.

38 καὶ τὸν λόγον αὐτοῦ οὐκ ἔχετε μένοντα ἐν ὑμῖν,
Y la palabra de él no tenéis permaneciendo en vosotros,

ὅτι ὃν ἀπέστειλεν ἐκεῖνος, τούτῳ ὑμεῖς
porque al que envió Aquel, a éste vosotros

οὐ πιστεύετε.
no creéis.

39 ἐραυνᾶτε τὰς γραφάς, ὅτι ὑμεῖς δοκεῖτε ἐν αὐταῖς ζωὴν
Escudriñáis⁵³ las Escrituras, porque vosotros pensáis en ellas vida

αἰώνιον ἔχειν· καὶ ἐκεῖναί εἰσιν αἱ μαρτυροῦσαι περὶ ἐμοῦ·
eterna tener. Y aquellas son las que testifican sobre mí.

40 καὶ οὐ θέλετε ἐλθεῖν πρός με ἵνα ζωὴν ἔχητε.
Y no queréis venir a mí para que vida tengáis.

41 Δόξαν παρὰ ἀνθρώπων οὐ λαμβάνω·
Gloria de hombre no recibo.

31 Si yo doy testimonio de mí mismo, mi testimonio no es verdadero.
32 Otro es el que da testimonio de mí; y sé que el testimonio que da de mí, es verdadero.
33 Vosotros enviasteis a Juan, y él dió testimonio a la verdad.
34 Empero yo no tomo el testimonio de hombre; mas digo esto, para que vosotros seáis salvos.
35 El era antorcha que ardía y alumbraba: y vosotros quisisteis recrearos por un poco a su luz.
36 Mas yo tengo mayor testimonio que el de Juan: porque las obras que el Padre me dió que cumpliese, las mismas obras que yo hago, dan testimonio de mí, que el Padre me haya enviado.
37 Y el que me envió, el Padre, él ha dado testimonio de mí. Ni nunca habéis oído su voz, ni habéis visto su parecer.
38 Ni tenéis su palabra permanente en vosotros; porque al que él envió, a éste vosotros no creéis.
39 Escudriñad las Escrituras, porque a vosotros os parece que en ellas tenéis la vida eterna; y ellas son las que dan testimonio de mí.
40 Y no queréis venir a mí, para que tengáis vida.
41 Gloria de los hombres no recibo.

---

52. La NU sustituye por ha dado.
53. O menos posiblemente: escudriñad.

42 Mas yo os conozco, que no tenéis amor de Dios en vosotros.
43 Yo he venido en nombre de mi Padre, y no me recibís: si otro viniere en su propio nombre, a aquél recibiréis.
44 ¿Cómo podéis vosotros creer, pues tomáis la gloria los unos de los otros, y no buscáis la gloria que de sólo Dios viene?
45 No penséis que yo os tengo de acusar delante del Padre; hay quien os acusa, Moisés, en quien vosotros esperáis.
46 Porque si vosotros creyeseis a Moisés, creeríais a mí; porque de mí escribió él.
47 Y si a sus escritos no creéis, ¿cómo creeréis a mis palabras?

6 Pasadas estas cosas, fuése Jesús de la otra parte de la mar de Galilea, *que es* de Tiberias.
2 Y seguíale grande multitud, porque veían sus señales que hacía en los enfermos.
3 Y subió Jesús a un monte, y se sentó allí con sus discípulos.
4 Y estaba cerca la Pascua, la fiesta de los Judíos.
5 Y como alzó Jesús los ojos, y vió que había venido a él grande multitud, dice a Felipe: ¿De dónde compraremos pan para que coman éstos?
6 Mas esto decía para probarle; porque él sabía lo que había de hacer.

42 ἀλλὰ ἔγνωκα ὑμᾶς ὅτι τὴν ἀγάπην τοῦ Θεοῦ οὐκ ἔχετε
Pero he conocido os que el amor de Dios no tenéis
ἐν ἑαυτοῖς·
en vosotros mismos.

43 ἐγὼ ἐλήλυθα ἐν τῷ ὀνόματι τοῦ πατρός μου, καὶ οὐ λαμβάνετέ
Yo he venido en el nombre del Padre de mí, y no recibís
με· ἐὰν ἄλλος ἔλθῃ ἐν τῷ ὀνόματι τῷ ἰδίῳ, ἐκεῖνον λήψεσθε.
me. Si otro viene en el nombre el propio, a ése recibiréis.

44 πῶς δύνασθε ὑμεῖς πιστεῦσαι, δόξαν παρὰ ἀλλήλων
¿Cómo podéis vosotros creer, gloria de otros
λαμβάνοντες, καὶ τὴν δόξαν τὴν παρὰ τοῦ μόνου Θεοῦ οὐ ζητεῖτε;
recibiendo, y la gloria la de el único Dios no buscáis?

45 μὴ δοκεῖτε ὅτι ἐγὼ κατηγορήσω ὑμῶν πρὸς τὸν πατέρα·
No penséis que yo acusaré os ante el Padre.
ἔστιν ὁ κατηγορῶν ὑμῶν Μωϋσῆς, εἰς ὃν ὑμεῖς ἠλπίκατε.
Es el que acusa os Moisés, en el que vosotros habéis esperado.

46 εἰ γὰρ ἐπιστεύετε Μωϋσεῖ, ἐπιστεύετε ἂν ἐμοί· περὶ
si Porque creyerais en Moisés, creeráis - en mí, acerca
γὰρ ἐμοῦ ἐκεῖνος ἔγραψεν.
Porque de mí aquel escribió.

47 εἰ δὲ τοῖς ἐκείνου γράμμασιν οὐ πιστεύετε,
Si sin embargo a los de aquel escritos no creéis,
πῶς τοῖς ἐμοῖς ῥήμασι πιστεύσετε;
¿cómo las mis palabras creeréis?

6

1 Μετὰ ταῦτα ἀπῆλθεν ὁ Ἰησοῦς πέραν τῆς θαλάσσης τῆς
Tras esto fue Jesús al otro lado del mar de
Γαλιλαίας τῆς Τιβεριάδος.
Galilea (el) de Tiberíades.

2 καὶ ἠκολούθει αὐτῷ ὄχλος πολύς, ὅτι ἑώρων αὐτοῦ τὰ
Y seguía le multitud mucha, porque veían de él[54] las
σημεῖα ἃ ἐποίει ἐπὶ τῶν ἀσθενούντων.
señales que hacía sobre los estando enfermos.

3 ἀνῆλθε δὲ εἰς τὸ ὄρος ὁ Ἰησοῦς καὶ ἐκεῖ ἐκάθητο
Subió entonces a el monte Jesús y allí se sentó
μετὰ τῶν μαθητῶν αὐτοῦ.
con los discípulos de él.

4 ἦν δὲ ἐγγὺς τὸ πάσχα, ἡ ἑορτὴ τῶν Ἰουδαίων.
Estaba entonces cerca la pascua, la fiesta de los judíos.

5 ἐπάρας οὖν ὁ Ἰησοῦς τοὺς ὀφθαλμοὺς καὶ θεασάμενος
Alzando pues Jesús los ojos y observando
ὅτι πολὺς ὄχλος ἔρχεται πρὸς αὐτόν, λέγει πρὸς Φίλιππον·
que mucha multitud viene hacia él, dice a Felipe:
πόθεν ἀγοράσωμεν ἄρτους ἵνα φάγωσιν οὗτοι;
¿Dónde compraremos panes para que coman éstos?

6 τοῦτο δὲ ἔλεγε πειράζων αὐτόν· αὐτὸς
Esto sin embargo decía probando lo. él mismo
γὰρ ᾔδει τί ἔμελλε ποιεῖν.
Porque sabía qué debía hacer.

---

54. La NU omite de él.

7 ἀπεκρίθη   αὐτῷ Φίλιππος· διακοσίων   δηναρίων ἄρτοι οὐκ
   Respondió le   Felipe: Por doscientos denarios panes no
   ἀρκοῦσιν αὐτοῖς ἵνα   ἕκαστος αὐτῶν βραχύ τι   λάβῃ.
   bastan   para ellos para que cada uno de ellos poco algo reciba.

8 λέγει αὐτῷ εἷς   ἐκ τῶν μαθητῶν   αὐτοῦ, Ἀνδρέας
   Dice le   uno de los   discípulos de él,   Andrés
   ὁ ἀδελφὸς Σίμωνος Πέτρου·
   el hermano de Simón Pedro.

9 ἔστι παιδάριον ἓν ὧδε, ὃς ἔχει πέντε ἄρτους κριθίνους
   Está chiquillo uno aquí, que tiene cinco panes de cebada
   καὶ δύο ὀψάρια·   ἀλλὰ ταῦτα τί ἐστιν εἰς τοσούτους;
   y   dos pescaditos, pero ¿esto qué es   para tantos?

10 εἶπε δὲ   ὁ Ἰησοῦς· ποιήσατε τοὺς ἀνθρώπους ἀναπεσεῖν.
    Dijo entonces - Jesús: Haced   a los hombres   recostarse.
    ἦν δὲ   χόρτος πολὺς ἐν τῷ τόπῳ. ἀνέπεσον   οὖν
    Había entonces hierba mucha en el lugar. Se recostaron pues
    οἱ ἄνδρες   τὸν ἀριθμὸν ὡσεὶ   πεντακισχίλιοι.
    los varones (siendo) el número alrededor de cinco mil.

11 ἔλαβε δὲ   τοὺς ἄρτους ὁ Ἰησοῦς καὶ εὐχαριστήσας
    Tomó entonces los panes - Jesús y   habiendo dado gracias
    διέδωκε   τοῖς μαθηταῖς, οἱ δὲ   μαθηταὶ τοῖς
    distribuyó a los discípulos, los Entonces discípulos[55] a los
    ἀνακειμένοις· ὁμοίως καὶ ἐκ τῶν ὀψαρίων ὅσον ἤθελον.
    recostados.   Igualmente también de los pescaditos cuanto querían.

12 ὡς δὲ   ἐνεπλήσθησαν, λέγει τοῖς μαθηταῖς αὐτοῦ·
    cuando Entonces se llenaron,[56] dice a los discípulos de él:
    συναγάγετε τὰ περισσεύσαντα κλάσματα,
    juntad   los restantes   pedazos,
    ἵνα   μή τι ἀπόληται.
    para que no algo se pierda.

13 συνήγαγον οὖν καὶ ἐγέμισαν δώδεκα κοφίνους κλασμάτων
    Recogieron pues y llenaron   doce   cestos   de pedazos
    ἐκ τῶν πέντε ἄρτων τῶν κριθίνων ἃ   ἐπερίσσευσε
    de los cinco panes de cebada que sobraron
    τοῖς βεβρωκόσιν.
    a los habiendo comido.

14 Οἱ οὖν   ἄνθρωποι, ἰδόντες ὃ ἐποίησε σημεῖον ὁ Ἰησοῦς,[57]
    los Entonces hombres, viendo qué hizo   señal   Jesús,
    ἔλεγον ὅτι οὗτός ἐστιν ἀληθῶς   ὁ προφήτης
    decían que éste es   verdaderamente el profeta
    ὁ ἐρχόμενος εἰς τὸν κόσμον.
    el viniendo a   el mundo.

15 Ἰησοῦς οὖν γνοὺς   ὅτι μέλλουσιν ἔρχεσθαι
    Jesús pues conociendo que están a punto de venir
    καὶ ἁρπάζειν   αὐτὸν ἵνα   ποιήσωσιν αὐτὸν βασιλέα,
    y   apoderarse de él para que harán   a él rey,
    ἀνεχώρησε πάλιν   εἰς τὸ ὄρος αὐτὸς μόνος.
    se apartó de nuevo a el monte él   solo.

16 Ὡς δὲ   ὀψία ἐγένετο, κατέβησαν   οἱ μαθηταὶ αὐτοῦ
    Como entonces tarde vino,   descendieron los discípulos de él
    ἐπὶ τὴν θάλασσαν,
    a   el mar,

---

55. La NU suprime desde a los discípulos hasta ... los discípulos.
56. O se saciaron, se hartaron.
57. La NU suprime Jesús.

---

7 Respondióle Felipe: Doscientos denarios de pan no les bastarán, para que cada uno de ellos tome un poco.
8 Dícele uno de sus discípulos, Andrés, hermano de Simón Pedro:
9 Un muchacho está aquí que tiene cinco panes de cebada y dos pececillos; ¿mas qué es esto entre tantos?
10 Entonces Jesús dijo: Haced recostar la gente. Y había mucha hierba en aquel lugar: y recostáronse como número de cinco mil varones.
11 Y tomó Jesús aquellos panes, y habiendo dado gracias, repartió a los discípulos, y los discípulos a los que estaban recostados: asimismo de los peces, cuanto querían.
12 Y como fueron saciados, dijo a sus discípulos: Recoged los pedazos que han quedado, porque no se pierda nada.
13 Cogieron pues, e hinchieron doce cestas de pedazos de los cinco panes de cebada, que sobraron a los que habían comido.
14 Aquellos hombres entonces, como vieron la señal que Jesús había hecho, decían: Este verdaderamente es el profeta que había de venir al mundo.
15 Y entendiendo Jesús que habían de venir para arrebatarle, y hacerle rey, volvió a retirarse al monte, él solo.
16 Y como se hizo tarde, descendieron sus discípulos a la mar;

17Y entrando en un barco, venían de la otra parte de la mar hacia Capernaum. Y era ya oscuro, y Jesús no había venido a ellos.
18Y levantábase la mar con un gran viento que soplaba.
19Y como hubieron navegado como veinticinco o treinta estadios, ven a Jesús que andaba sobre la mar, y se acercaba al barco: y tuvieron miedo.
20Mas él les dijo: Yo soy; no tengáis miedo.
21Ellos entonces gustaron recibirle en el barco: y luego el barco llegó a la tierra donde iban.
22El día siguiente, la gente que estaba de la otra parte de la mar, como vió que no había allí otra navecilla sino una, y que Jesús no había entrado con sus discípulos en ella, sino que sus discípulos se habían ido solos;
23Y que otras navecillas habían arribado de Tiberias junto al lugar donde habían comido el pan después de haber el Señor dado gracias;
24Como vió pues la gente que Jesús no estaba allí, ni sus discípulos, entraron ellos en las navecillas, y vinieron a Capernaum buscando a Jesús.
25Y hallándole de la otra parte de la mar, dijéronle: Rabbí, ¿cuándo llegaste acá?

17 καὶ ἐμβάντες εἰς τὸ πλοῖον ἤρχοντο πέραν τῆς θαλάσσης
y subiendo a la barca venían al otro lado del mar

εἰς Καπερναούμ. καὶ σκοτία ἤδη ἐγεγόνει καὶ
a Cafarnaum.[58] Y oscuridad ya había resultado[59] y

οὐκ ἐληλύθει πρὸς αὐτοὺς ὁ Ἰησοῦς,
no había venido a ellos - Jesús.

18 ἥ τε θάλασσα ἀνέμου μεγάλου πνέοντος διηγείρετο.
El - mar por viento grande soplando fue agitado.

19 ἐληλακότες οὖν ὡς σταδίους εἴκοσι πέντε ἢ τριάκοντα
Habiendo bogado pues como estadios veinte cinco o treinta

θεωροῦσι τὸν Ἰησοῦν περιπατοῦντα ἐπὶ τῆς θαλάσσης
ven a Jesús caminando sobre el mar

καὶ ἐγγὺς τοῦ πλοίου γινόμενον, καὶ
y cerca de la barca llegando a estar, y

ἐφοβήθησαν.
fueron atrapados por el miedo.

20 ὁ δὲ λέγει αὐτοῖς· ἐγώ εἰμι· μὴ φοβεῖσθε.
Él entonces dice les: yo soy. No os dejéis atrapar por el miedo.

21 ἤθελον οὖν λαβεῖν αὐτὸν εἰς τὸ πλοῖον, καὶ εὐθέως
Querían pues recibir lo en la barca, e inmediatamente

τὸ πλοῖον ἐγένετο ἐπὶ τῆς γῆς εἰς ἣν ὑπῆγον.
la barca llegó a estar sobre la tierra a la que iban.

22 Τῇ ἐπαύριον ὁ ὄχλος ὁ ἑστηκὼς πέραν τῆς θαλάσσης
En el día siguiente la multitud la presente al otro lado del mar

ἰδὼν ὅτι πλοιάριον ἄλλο οὐκ ἦν ἐκεῖ εἰ μὴ ἕν, ἐκεῖνο
viendo que barquita otra no estaba allí si no una, aquella

εἰς ὃ ἐνέβησαν οἱ μαθηταὶ αὐτοῦ,[60] καὶ ὅτι οὐ
en la que subieron los discípulos de él, y que no

συνεισῆλθε τοῖς μαθηταῖς αὐτοῦ ὁ Ἰησοῦς
entró juntamente con los discípulos de él Jesús

εἰς τὸ πλοιάριον, ἀλλὰ μόνοι οἱ μαθηταὶ αὐτοῦ ἀπῆλθον·
a la barquita, sino solos los discípulos de él fueron,

23 ἄλλα δὲ ἦλθε πλοιάρια ἐκ Τιβεριάδος ἐγγὺς
pero entonces vinieron barquitas de Tiberíades cerca

τοῦ τόπου, ὅπου ἔφαγον τὸν ἄρτον
del lugar, donde comieron el pan

εὐχαριστήσαντος τοῦ Κυρίου·
habiendo dado gracias el Señor.[61]

24 ὅτε οὖν εἶδεν ὁ ὄχλος ὅτι Ἰησοῦς οὐκ ἔστιν ἐκεῖ οὐδὲ
Cuando pues vio la multitud que Jesús no está allí ni

οἱ μαθηταὶ αὐτοῦ, ἐνέβησαν αὐτοὶ εἰς τὰ πλοῖα
los discípulos de él, entraron ellos en las barcas

καὶ ἦλθον εἰς Καπερναοὺμ ζητοῦντες τὸν Ἰησοῦν.
y vinieron a Cafarnaum buscando a Jesús.

25 καὶ εὑρόντες αὐτὸν πέραν τῆς θαλάσσης
Y encontrando lo al otro lado del mar

εἶπον αὐτῷ· ῥαββί, πότε ὧδε γέγονας;
dijeron le: Rabbí, ¿cuándo aquí has venido?

---

58. O Capernaum, la ciudad de Kfar-Nahum.
59. Es decir, ya se había hecho oscuro.
60. La NU suprime desde aquella hasta de él.
61. Es decir, cuando dio gracias el Señor.

26 ἀπεκρίθη   αὐτοῖς ὁ Ἰησοῦς καὶ εἶπεν· ἀμὴν
Respondió les   Jesús   y dijo: Verdaderamente

ἀμὴν   λέγω ὑμῖν, ζητεῖτέ με, οὐχ ὅτι   εἴδετε σημεῖα,
verdaderamente digo os: Buscáis me, no porque visteis señales,

ἀλλ' ὅτι   ἐφάγετε ἐκ τῶν ἄρτων καὶ ἐχορτάσθητε.
sino porque comísteis de los panes y os hartasteis.

27 ἐργάζεσθε μὴ τὴν   βρῶσιν τὴν ἀπολλυμένην, ἀλλὰ τὴν   βρῶσιν
Obrad   no por la comida la perecedera,   sino por la comida

τὴν μένουσαν   εἰς   ζωὴν αἰώνιον, ἣν   ὁ Υἱὸς τοῦ ἀνθρώπου
la que permanece para vida eterna, la que el Hijo del hombre

ὑμῖν δώσει· τοῦτον γὰρ   ὁ πατὴρ ἐσφράγισεν ὁ Θεός.
os dará. a éste Porque el padre selló   Dios.

28 εἶπον   οὖν   πρὸς αὐτόν· τί   ποιῶμεν, ἵνα   ἐργαζώμεθα
Dijeron pues a   él: ¿Qué hagamos, para que obremos

τὰ ἔργα   τοῦ Θεοῦ;
las obras de Dios?

29 ἀπεκρίθη   ὁ Ἰησοῦς καὶ εἶπεν αὐτοῖς· τοῦτό ἐστι
Respondió Jesús   y dijo les: Esto es

τὸ ἔργον τοῦ Θεοῦ, ἵνα πιστεύσητε εἰς ὃν   ἀπέστειλεν ἐκεῖνος.
la obra de Dios, que creáis   en el que envió   Aquel.

30 εἶπον   οὖν   αὐτῷ· τί   οὖν   ποιεῖς σὺ σημεῖον ἵνα   ἴδωμεν
Dijeron pues a él: ¿Qué pues haces tú señal para que veamos

καὶ πιστεύσωμέν σοι; τί   ἐργάζῃ;
y creamos   en ti? ¿Qué haces?

31 οἱ   πατέρες ἡμῶν   τὸ μάννα ἔφαγον   ἐν τῇ ἐρήμῳ,
Los padres de nosotros el maná comieron en el desierto,

καθώς ἐστι γεγραμμένον· ἄρτον ἐκ τοῦ οὐρανοῦ
como está escrito: pan de el cielo

ἔδωκεν αὐτοῖς φαγεῖν.
dio   les   a comer.

32 εἶπεν οὖν   αὐτοῖς ὁ Ἰησοῦς· ἀμὴν   ἀμὴν
dijo Entonces les   Jesús: Verdaderamente verdaderamente

λέγω ὑμῖν, οὐ Μωϋσῆς δέδωκεν ὑμῖν τὸν ἄρτον ἐκ τοῦ οὐρανοῦ,
digo os: no Moisés ha dado os el pan de el cielo,

ἀλλ' ὁ πατήρ μου   δίδωσιν ὑμῖν τὸν ἄρτον
sino el Padre de mí da   os el pan

ἐκ τοῦ οὐρανοῦ τὸν ἀληθινόν.
de el cielo   el verdadero.

33 ὁ γὰρ   ἄρτος τοῦ Θεοῦ ἐστιν ὁ καταβαίνων ἐκ τοῦ οὐρανοῦ
el Porque pan   de Dios es   el bajando   de el cielo

καὶ ζωὴν διδοὺς τῷ κόσμῳ.
y vida dando al mundo.

34 εἶπον   οὖν   πρὸς αὐτόν· Κύριε, πάντοτε δὸς
Dijeron pues a   él: Señor, siempre da

ἡμῖν τὸν ἄρτον τοῦτον.
nos el pan   éste.

35 εἶπε δὲ   αὐτοῖς ὁ Ἰησοῦς· ἐγώ εἰμι ὁ ἄρτος τῆς   ζωῆς·
Dijo entonces les   Jesús: Yo soy el pan de la vida.

ὁ ἐρχόμενος πρός ἐμὲ οὐ μὴ   πεινάσῃ,
El que viene a   mí no de ninguna manera tendrá hambre,

καὶ ὁ πιστεύων εἰς ἐμὲ οὐ διψήσει   πώποτε.
y el que cree en mí no pasará sed nunca.

36 ἀλλ' εἶπον ὑμῖν ὅτι καὶ   ἑωράκατέ   με καὶ οὐ πιστεύετε.
Pero dije os que también habéis visto me y   no creéis.

26Respondióles Jesús, y dijo; De cierto, de cierto os digo, que me buscáis, no porque habéis visto las señales, sino porque comisteis el pan y os hartasteis.
27Trabajad no por la comida que perece, mas por la comida que a vida eterna permanece, la cual el Hijo del hombre os dará: porque a éste señaló el Padre, *que es* Dios.
28Y dijéronle: ¿Qué haremos para que obremos las obras de Dios?
29Respondió Jesús, y díjoles: Esta es la obra de Dios, que creáis en el que él ha enviado.
30Dijéronle entonces: ¿Qué señal pues haces tú, para que veamos, y te creamos? ¿Qué obras?
31Nuestros padres comieron el maná en el desierto, como está escrito: Pan del cielo les dió a comer.
32Y Jesús les dijo: De cierto, de cierto os digo: No os dió Moisés pan del cielo; mas mi Padre os da el verdadero pan del cielo.
33Porque el pan de Dios es aquel que descendió del cielo y da vida al mundo.
34Y dijéronle: Señor, danos siempre este pan.
35Y Jesús les dijo: Yo soy el pan de vida: el que a mí viene, nunca tendrá hambre; y el que en mí cree, no tendrá sed jamás.
36Mas os he dicho, que aunque me habéis visto, no creéis.

37 Todo lo que el Padre me da, vendrá a mí; y al que a mí viene, no le hecho fuera.
38 Porque he descendido del cielo, no para hacer mi voluntad, mas la voluntad del que me envió.
39 Y esta es la voluntad del que me envió, del Padre: Que todo lo que me diere, no pierda de ello, sino que lo resucite en el día postrero.
40 Y esta es la voluntad del que me ha enviado: Que todo aquel que ve al Hijo, y cree en él, tenga vida eterna: y yo le resucitaré en el día postrero.
41 Murmuraban entonces de él los Judíos, porque había dicho: Yo soy el pan que descendí del cielo.
42 Y decían: ¿No es éste Jesús, el hijo de José, cuyo padre y madre nosotros conocemos? ¿cómo, pues, dice éste: Del cielo he descendido?
43 Y Jesús respondió, y díjoles: No murmuréis entre vosotros.
44 Ninguno puede venir a mí, si el Padre que me envió no le trajere; y yo le resucitaré en el día postrero.
45 Escrito está en los profetas: Y serán todos enseñados de Dios. Así que, todo aquel que oyó del Padre, y aprendió, viene a mí.

37 Πᾶν ὃ δίδωσί μοι ὁ πατὴρ, πρὸς ἐμὲ ἥξει,
Todo lo que da me el Padre, a mi vendrá,

καὶ τὸν ἐρχόμενον πρὸς ἐμὲ οὐ μὴ ἐκβάλω ἔξω·
y al que viene a mí no de ninguna manera arrojo fuera,

38 ὅτι καταβέβηκα ἐκ τοῦ οὐρανοῦ οὐχ ἵνα ποιῶ
porque he descendido de el cielo no para que haga

τὸ θέλημα τὸ ἐμὸν, ἀλλὰ τὸ θέλημα τοῦ πέμψαντός με.
la voluntad la mía, sino la voluntad del que envió me.

39 τοῦτο δέ ἐστι τὸ θέλημα τοῦ πέμψαντός με πατρός,
ésta Sin embargo es la voluntad del que envió me Padre,[62,63]

ἵνα πᾶν ὃ δέδωκέ μοι μὴ ἀπολέσω ἐξ αὐτοῦ,
para que todo lo que ha dado a mi no pierda de él,

ἀλλὰ ἀναστήσω αὐτὸ ἐν τῇ ἐσχάτῃ ἡμέρᾳ.
sino que levante lo en el último día.

40 τοῦτο δέ ἐστι τὸ θέλημα τοῦ πέμψαντός με,
Ésta sin embargo es la voluntad del que envió me,[64]

ἵνα πᾶς ὁ θεωρῶν τὸν υἱὸν καὶ πιστεύων εἰς αὐτὸν ἔχῃ
para que todo el viendo al Hijo y creyendo en él tenga

ζωὴν αἰώνιον, καὶ ἀναστήσω αὐτὸν ἐγὼ τῇ ἐσχάτῃ ἡμέρᾳ.
vida eterna, y levantaré lo yo en el último día.

41 Ἐγόγγυζον οὖν οἱ Ἰουδαῖοι περὶ αὐτοῦ ὅτι εἶπεν·
Murmuraban pues los judíos acerca de él porque dijo:

ἐγώ εἰμι ὁ ἄρτος ὁ καταβὰς ἐκ τοῦ οὐρανοῦ,
Yo soy el pan el que bajó de el cielo.

42 καὶ ἔλεγον· οὐχ οὗτός ἐστιν Ἰησοῦς ὁ υἱὸς Ἰωσήφ,
Y decían: ¿No éste es Jesús el hijo de José,

οὗ ἡμεῖς οἴδαμεν τὸν πατέρα καὶ τὴν μητέρα;
no nosotros conocemos al padre y a la madre?

πῶς οὖν λέγει οὗτος ὅτι ἐκ τοῦ οὐρανοῦ καταβέβηκα;
¿Cómo pues dice éste que de el cielo ha descendido?

43 ἀπεκρίθη οὖν ὁ Ἰησοῦς καὶ εἶπεν αὐτοῖς·
Respondió pues Jesús y dijo les:

μὴ γογγύζετε μετ᾽ ἀλλήλων.
No murmuréis unos con otros.

44 οὐδεὶς δύναται ἐλθεῖν πρός με, ἐὰν μὴ ὁ πατὴρ
Ninguno puede venir a mí, si no el padre

ὁ πέμψας με ἑλκύσῃ αὐτόν, καὶ ἐγὼ ἀναστήσω αὐτὸν
el que envió a mí arrastra lo, y yo levantaré lo

τῇ ἐσχάτῃ ἡμέρᾳ.
en el último día.

45 ἔστι γεγραμμένον ἐν τοῖς προφήταις· καὶ ἔσονται
Está escrito en los profetas: Y serán

πάντες διδακτοὶ Θεοῦ· πᾶς ὁ ἀκούσας
todos enseñados por Dios. Todo el habiendo escuchado

παρὰ τοῦ πατρὸς καὶ μαθὼν ἔρχεται πρός με.
de el Padre también habiendo aprendido viene a mí.

---

62. Es decir, del Padre que me envió.
63. La NU suprime Padre.
64. La NU sustituye del que me envió por del Padre de mí.

46 οὐχ ὅτι τὸν πατέρα τις ἑώρακεν, εἰ μὴ ὁ ὢν παρὰ
no Porque al Padre alguien ha visto, si no el siendo de

τοῦ Θεοῦ, οὗτος ἑώρακε τὸν πατέρα.
Dios, Éste ha visto al Padre.

47 ἀμὴν ἀμὴν λέγω ὑμῖν, ὁ πιστεύων εἰς ἐμὲ
Verdaderamente verdaderamente digo os, el creyendo en mí[65]

ἔχει ζωὴν αἰώνιον.
tiene vida eterna.

48 ἐγώ εἰμι ὁ ἄρτος τῆς ζωῆς.
Yo soy el pan de la vida.

49 οἱ πατέρες ὑμῶν ἔφαγον τὸ μάννα ἐν τῇ ἐρήμῳ
Los padres de vosotros comieron el maná en el desierto

καὶ ἀπέθανον·
y murieron.

50 οὗτός ἐστιν ὁ ἄρτος ὁ ἐκ τοῦ οὐρανοῦ καταβαίνων,
Éste es el pan el de el cielo bajando,

ἵνα τις ἐξ αὐτοῦ φάγῃ καὶ μὴ ἀποθάνῃ.
para que alguno de él coma y no muera.[66]

51 ἐγώ εἰμι ὁ ἄρτος ὁ ζῶν ὁ ἐκ τοῦ οὐρανοῦ καταβάς·
Yo soy el pan el viviente el de el cielo habiendo bajado.

ἐάν τις φάγῃ ἐκ τούτου τοῦ ἄρτου, ζήσεται εἰς τὸν αἰῶνα.
Si alguno come de este el pan, vivirá para la era.[67]

καὶ ὁ ἄρτος δὲ ὃν ἐγὼ δώσω, ἡ σάρξ μού ἐστιν,
Y el pan - que yo daré, la carne de mí es,

ἣν ἐγὼ δώσω ὑπὲρ τῆς τοῦ κόσμου ζωῆς.
la que yo daré[68] por la del mundo vida.

52 Ἐμάχοντο οὖν πρὸς ἀλλήλους οἱ Ἰουδαῖοι λέγοντες·
Contendían[69] pues unos con otros los judíos diciendo:

πῶς δύναται οὗτος ἡμῖν δοῦναι τὴν σάρκα φαγεῖν;
¿Cómo puede éste a nosotros dar la carne a comer?

53 εἶπεν οὖν αὐτοῖς ὁ Ἰησοῦς· ἀμὴν ἀμὴν
Dijo pues les Jesús: Verdaderamente verdaderamente

λέγω ὑμῖν, ἐὰν μὴ φάγητε τὴν σάρκα τοῦ Υἱοῦ τοῦ ἀνθρώπου
digo os: si no coméis la carne del Hijo del hombre

καὶ πίητε αὐτοῦ τὸ αἷμα, οὐκ ἔχετε ζωὴν ἐν ἑαυτοῖς.
y bebéis de él la sangre, no tenéis vida en vosotros mismos.

54 ὁ τρώγων μου τὴν σάρκα καὶ πίνων μου τὸ αἷμα
El que come de mí la carne y el que bebe de mí la sangre

ἔχει ζωὴν αἰώνιον, καὶ ἐγὼ ἀναστήσω αὐτὸν
tiene vida eterna, y yo levantaré[70] lo

τῇ ἐσχάτῃ ἡμέρᾳ.
en el último día.

55 ἡ γὰρ σάρξ μου ἀληθῶς ἐστι βρῶσις, καὶ τὸ
la Porque carne de mí verdaderamente[71] es comida, y la

αἷμά μου ἀληθῶς ἐστι πόσις.
sangre de mí verdaderamente[72] es bebida.

46 No que alguno haya visto al Padre, sino aquel que vino de Dios, éste ha visto al Padre.
47 De cierto, de cierto os digo: El que cree en mí, tiene vida eterna.
48 Yo soy el pan de vida.
49 Vuestros padres comieron el maná en el desierto, y son muertos.
50 Este es el pan que desciende del cielo, para que el que de él comiere, no muera.
51 Yo soy el pan vivo que he descendido del cielo: si alguno comiere de este pan, vivirá para siempre; y el pan que yo daré es mi carne, la cual yo daré por la vida del mundo.
52 Entonces los Judíos contendían entre sí, diciendo: ¿Cómo puede éste darnos su carne a comer?
53 Y Jesús les dijo: De cierto, de cierto os digo: Si no comiereis la carne del Hijo del hombre, y bebiereis su sangre, no tendréis vida en vosotros.
54 El que come mi carne y bebe mi sangre, tiene vida eterna: y yo le resucitaré en el día postrero.
55 Porque mi carne es verdadera comida, y mi sangre es verdadera bebida.

---

65. La NU omite en mí.
66. Es decir, para que todo el que coma de él no muera.
67. Es decir, para siempre.
68. La NU omite que yo daré.
69. Literalmente: luchaban, combatían.
70. Es decir, resucitaré.
71. La NU sustituye por verdadera.
72. La NU sustituye por verdadera.

56 El que come mi carne y bebe mi sangre, en mí permanece, y yo en él.
57 Como me envió el Padre viviente, y yo vivo por el Padre, asimismo el que me come, él también vivirá por mí.
58 Este es el pan que descendió del cielo: no como vuestros padres comieron el maná, y son muertos: el que come de este pan, vivirá eternamente.
59 Estas cosas dijo en la sinagoga, enseñando en Capernaum.
60 Y muchos de sus discípulos oyéndolo, dijeron: Dura es esta palabra: ¿quién la puede oir?
61 Y sabiendo Jesús en sí mismo que sus discípulos murmuraban de esto, díjoles: ¿Esto os escandaliza?
62 ¿Pues qué, si viereis al Hijo del hombre que sube donde estaba primero?
63 El espíritu es el que da vida; la carne nada aprovecha: las palabras que yo os he hablado, son espíritu y son vida.
64 Mas hay algunos de vosotros que no creen. Porque Jesús desde el principio sabía quiénes eran los que no creían, y quién le había de entregar.
65 Y dijo: Por eso os he dicho que ninguno puede venir a mí, si no le fuere dado del Padre.
66 Desde esto, muchos de sus discípulos volvieron atrás, y ya no andaban con él.

56 ὁ τρώγων μου τὴν σάρκα καὶ πίνων μου τὸ αἷμα
El comiendo de mí la carne y el bebiendo de mí la sangre
ἐν ἐμοὶ μένει, κἀγὼ ἐν αὐτῷ.
en mi permanece, y yo en él.

57 καθὼς ἀπέστειλέ με ὁ ζῶν πατὴρ κἀγὼ ζῶ διὰ τὸν πατέρα,
Como envió me el viviente Padre y yo vivo por el Padre,
καὶ ὁ τρώγων με κἀκεῖνος ζήσει δι' ἐμέ.
también el comiendo me también aquel vivirá por mí.

58 οὗτός ἐστιν ὁ ἄρτος ὁ ἐκ τοῦ οὐρανοῦ καταβάς,
Éste es el pan el de el cielo habiendo bajado,[73]
οὐ καθὼς ἔφαγον οἱ πατέρες ὑμῶν τὸ μάννα[74]
no como comieron los padres de vosotros el maná
καὶ ἀπέθανον· ὁ τρώγων τοῦτον τὸν ἄρτον
y murieron. El comiendo este el pan
ζήσεται εἰς τὸν αἰῶνα.
vivirá para la era.[75]

59 Ταῦτα εἶπεν ἐν συναγωγῇ διδάσκων ἐν Καπερναούμ
Esto dijo en sinagoga enseñando en Cafarnaum.

60 Πολλοὶ οὖν ἀκούσαντες ἐκ τῶν μαθητῶν αὐτοῦ εἶπον·
Muchos pues habiendo oído de los discípulos de él dijeron:
σκληρός ἐστιν οὗτος ὁ λόγος· τίς δύναται αὐτοῦ ἀκούειν;
dura es ésta la palabra. ¿Quién puede la escuchar?

61 εἰδὼς δὲ ὁ Ἰησοῦς ἐν ἑαυτῷ ὅτι γογγύζουσι
Viendo entonces Jesús en sí mismo que murmuran
περὶ τούτου οἱ μαθηταὶ αὐτοῦ, εἶπεν αὐτοῖς·
acerca de esto los discípulos de él, dijo les:
τοῦτο ὑμᾶς σκανδαλίζει;
¿Esto os escandaliza?

62 ἐὰν οὖν θεωρῆτε τὸν Υἱὸν τοῦ ἀνθρώπου
¿Si pues vierais al Hijo del hombre
ἀναβαίνοντα ὅπου ἦν τὸ πρότερον;
subiendo donde estaba lo primero?

63 Τὸ Πνεῦμά ἐστι τὸ ζωοποιοῦν, ἡ σὰρξ οὐκ ὠφελεῖ οὐδέν·
El Espíritu[76] es el que vivifica, la carne no aprovecha nada.
τὰ ῥήματα ἃ ἐγὼ λαλῶ ὑμῖν, πνεῦμά ἐστι καὶ ζωή ἐστιν.
Las palabras que yo hablo os, espíritu son y vida son.

64 ἀλλ' εἰσὶν ἐξ ὑμῶν τινες οἳ οὐ πιστεύουσιν. ᾔδει
Pero hay de vosotros algunos que no creen. sabía
γὰρ ἐξ ἀρχῆς ὁ Ἰησοῦς τίνες εἰσὶν οἱ μὴ πιστεύοντες
Porque desde principio Jesús cuáles son los no creyendo
καὶ τίς ἐστιν ὁ παραδώσων αὐτόν.
y quién es el que entregará lo.

65 καὶ ἔλεγε· διὰ τοῦτο εἴρηκα ὑμῖν ὅτι οὐδεὶς δύναται
Y dijo: Por esto he dicho os que ninguno puede
ἐλθεῖν πρός με, ἐὰν μὴ ᾖ δεδομένον αὐτῷ ἐκ τοῦ πατρός μου.
venir a mí, si no sea dado a él de el Padre de mí.[77]

66 Ἐκ τούτου πολλοὶ ἀπῆλθον τῶν μαθητῶν αὐτοῦ
Desde esto muchos se fueron de los discípulos de él
εἰς τὰ ὀπίσω καὶ οὐκέτι μετ' αὐτοῦ περιεπάτουν.
a lo de antes y ya no con él caminaban.

---

73. Es decir, el que ha bajado del cielo.
74. La NU suprime de vosotros el maná.
75. Es decir, para siempre.
76. O el espíritu.
77. La NU suprime de mí.

67 εἶπεν οὖν ὁ Ἰησοῦς τοῖς δώδεκα· μὴ καὶ ὑμεῖς
Dijo pues Jesús a los doce: ¿No también vosotros
θέλετε ὑπάγειν;
queréis marcharos?

68 ἀπεκρίθη οὖν αὐτῷ Σίμων Πέτρος· Κύριε,
Respondió pues le Simón Pedro: Señor,
πρὸς τίνα ἀπελευσόμεθα; ῥήματα ζωῆς αἰωνίου ἔχεις·
¿a quién iremos? Palabras de vida eterna tienes.

69 καὶ ἡμεῖς πεπιστεύκαμεν καὶ ἐγνώκαμεν ὅτι σὺ εἶ
Y nosotros hemos creído y hemos sabido que tú eres
ὁ Χριστὸς ὁ Υἱὸς τοῦ Θεοῦ τοῦ ζῶντος..
el Mesías el Hijo del Dios el viviente.[78]

70 ἀπεκρίθη αὐτοῖς ὁ Ἰησοῦς· οὐκ ἐγὼ ὑμᾶς τοὺς δώδεκα
Respondió les Jesús: ¿No yo os a los doce
ἐξελεξάμην; καὶ ἐξ ὑμῶν εἷς διάβολός ἐστιν.
escogí? Y de vosotros uno calumniador[79] es.

71 ἔλεγε δὲ τὸν Ἰούδαν Σίμωνος Ἰσκαριώτην· οὗτος
Decía - de Judas de Simón Iscariote. éste
γὰρ ἔμελλεν αὐτὸν παραδιδόναι, εἷς ὢν ἐκ τῶν δώδεκα.
Porque debía lo entregar, uno siendo de los doce.

7

1 Καὶ περιεπάτει ὁ Ἰησοῦς μετὰ ταῦτα ἐν τῇ Γαλιλαίᾳ·
Y andaba Jesús después de esto en - Galilea,
οὐ γὰρ ἤθελεν ἐν τῇ Ἰουδαίᾳ περιπατεῖν,
no Porque quería en - Judea andar,
ὅτι ἐζήτουν αὐτὸν οἱ Ἰουδαῖοι ἀποκτεῖναι.
porque buscaban lo los judíos para matar.

2 ἦν δὲ ἐγγὺς ἡ ἑορτὴ τῶν Ἰουδαίων ἡ
Estaba entonces cerca la fiesta de los judíos la
σκηνοπηγία.
fiesta de los tabernáculos.

3 εἶπον οὖν πρὸς αὐτὸν οἱ ἀδελφοὶ αὐτοῦ· μετάβηθι
Dijeron pues a él los hermanos de él. Sal
ἐντεῦθεν καὶ ὕπαγε εἰς τὴν Ἰουδαίαν, ἵνα καὶ οἱ
de aquí y ve a - Judea, para que también los
μαθηταί σου θεωρήσωσι τὰ ἔργα σου ἃ ποιεῖς·
discípulos de ti contemplen las obras de ti que haces.

4 οὐδεὶς γὰρ ἐν κρυπτῷ τι ποιεῖ καὶ ζητεῖ αὐτὸς
ninguno Porque en oculto algo hace y busca él mismo
ἐν παρρησίᾳ εἶναι. εἰ ταῦτα ποιεῖς,
en abierto[80] estar.[81] Si esto haces,
φανέρωσον σεαυτὸν τῷ κόσμῳ.
manifiesta a ti mismo al mundo.

5 οὐδὲ γὰρ οἱ ἀδελφοὶ αὐτοῦ ἐπίστευον εἰς αὐτόν.
ni siquiera Porque los hermanos de él creían en él.

6 λέγει οὖν αὐτοῖς ὁ Ἰησοῦς· ὁ καιρὸς ὁ ἐμὸς οὔπω
Dice pues les Jesús: el tiempo el mío aún no
πάρεστιν, ὁ δὲ καιρὸς ὁ ὑμέτερος
está presente, el Sin embargo tiempo el vuestro
πάντοτέ ἐστιν ἕτοιμος.
siempre está dispuesto.

67 Dijo entonces Jesús a los doce: ¿Queréis vosotros iros también?
68 Y respondióle Simón Pedro: Señor, ¿á quién iremos? tú tienes palabras de vida eterna.
69 Y nosotros creemos y conocemos que tú eres el Cristo, el Hijo de Dios viviente.
70 Jesús le respondió: ¿No he escogido yo a vosotros doce, y uno de vosotros es diablo?
71 Y hablaba de Judas Iscariote, hijo de Simón, porque éste era el que le había de entregar, el cual era uno de los doce.

7 Y pasadas estas cosas andaba Jesús en Galilea: que no quería andar en Judea, porque los Judíos procuraban matarle.
2 Y estaba cerca la fiesta de los Judíos, la de los tabernáculos.
3 Y dijéronle sus hermanos: Pásate de aquí, y vete a Judea, para que también tus discípulos vean las obras que haces.
4 Que ninguno que procura ser claro, hace algo en oculto. Si estas cosas haces, manifiéstate al mundo.
5 Porque ni aun sus hermanos creían en él.
6 Díceles entonces Jesús: Mi tiempo aun no ha venido; mas vuestro tiempo siempre está presto.

---

78. La NU sustituye el mesías, el Hijo de Dios, el viviente por el santo de Dios.
79. Como en I Timoteo 3.11. Literalmente: diablo.
80. Literalmente, en confianza. En este caso, de manera abierta.
81. Es decir, porque nadie que desea darse a conocer actúa de manera oculta.

7 No puede el mundo aborreceros a vosotros; mas a mí me aborrece, porque yo doy testimonio de él, que sus obras son malas.
8 Vosotros subid a esta fiesta; yo no subo aún a esta fiesta, porque mi tiempo aun no es cumplido.
9 Y habiéndoles dicho esto, quedóse en Galilea.
10 Mas como sus hermanos hubieron subido, entonces él también subió a la fiesta, no manifiestamente, sino como en secreto.
11 Y buscábanle los Judíos en la fiesta, y decían: ¿Dónde está aquél?
12 Y había grande murmullo de él entre la gente: porque unos decían: Bueno es; y otros decían: No, antes engaña a las gentes.
13 Mas ninguno hablaba abiertamente de él, por miedo de los Judíos.
14 Y al medio de la fiesta subió Jesús al templo, y enseñaba.
15 Y maravillábanse los Judíos, diciendo: ¿Cómo sabe éste letras, no habiendo aprendido?
16 Respondióles Jesús, y dijo: Mi doctrina no es mía, sino de aquél que me envió.
17 El que quisiere hacer su voluntad, conocerá de la doctrina si viene de Dios, o si yo hablo de mí mismo.

7 οὐ δύναται ὁ κόσμος μισεῖν ὑμᾶς· ἐμὲ δὲ μισεῖ,
No puede el mundo odiar os. A mí sin embargo odia,
ὅτι ἐγὼ μαρτυρῶ περὶ αὐτοῦ ὅτι τὰ ἔργα αὐτοῦ
porque yo testifico acerca de él que las obras de él
πονηρά ἐστιν.
malas son.

8 ὑμεῖς ἀνάβητε εἰς τὴν ἑορτὴν ταύτην· ἐγὼ οὔπω ἀναβαίνω
Vosotros subid a la fiesta ésta. Yo todavía no[82] subo
εἰς τὴν ἑορτὴν ταύτην, ὅτι ὁ καιρὸς ὁ ἐμὸς
a la fiesta ésta, porque el tiempo el mío
οὔπω πεπλήρωται.
aún no se ha cumplido.

9 ταῦτα δὲ εἰπὼν αὐτοῖς ἔμεινεν ἐν τῇ Γαλιλαίᾳ.
Esto sin embargo diciendo les se quedó en - Galilea.

10 Ὡς δὲ ἀνέβησαν οἱ ἀδελφοὶ αὐτοῦ,
Cuando sin embargo subieron los hermanos de él,
τότε καὶ αὐτὸς ἀνέβη εἰς τὴν ἑορτήν,
entonces también él mismo subió a la fiesta,
οὐ φανερῶς, ἀλλ' ὡς ἐν κρυπτῷ.
no manifiestamente, sino como en oculto.

11 οἱ οὖν Ἰουδαῖοι ἐζήτουν αὐτὸν ἐν τῇ ἑορτῇ
los Pues judíos buscaban lo en la fiesta
καὶ ἔλεγον· ποῦ ἐστιν ἐκεῖνος;
y decían: ¿Dónde está aquel?

12 καὶ γογγυσμὸς πολὺς περὶ αὐτοῦ ἦν ἐν τοῖς ὄχλοις.
Y murmuración mucha acerca de él había en las multitudes,
οἱ μὲν ἔλεγον ὅτι ἀγαθός ἐστιν· ἄλλοι ἔλεγον,
unos - decían que bueno es, otros decían:
οὔ, ἀλλὰ πλανᾷ τὸν ὄχλον.
no, sino que engaña a la multitud.

13 οὐδεὶς μέντοι παρρησίᾳ ἐλάλει περὶ αὐτοῦ
Nadie sin embargo con confianza[83] hablaba sobre él
διὰ τὸν φόβον τῶν Ἰουδαίων.
por el miedo a los judíos.[84]

14 Ἤδη δὲ τῆς ἑορτῆς μεσούσης ἀνέβη ὁ Ἰησοῦς
Ahora sin embargo la fiesta transcurriendo subió - Jesús
εἰς τὸ ἱερὸν καὶ ἐδίδασκε.
a el templo y enseñaba.

15 καὶ ἐθαύμαζον οἱ Ἰουδαῖοι λέγοντες·
Y se maravillaban los judíos diciendo:
πῶς οὗτος γράμματα οἶδε μὴ μεμαθηκώς;
¿Cómo éste letras conoce no habiendo aprendido?

16 ἀπεκρίθη οὖν αὐτοῖς ὁ Ἰησοῦς καὶ εἶπεν·
Respondió pues[85] a ellos Jesús y dijo:
ἡ ἐμὴ διδαχὴ οὐκ ἔστιν ἐμή, ἀλλὰ τοῦ πέμψαντός με·
La mi enseñanza no es mía, sino del que envió me.

17 ἐάν τις θέλῃ τὸ θέλημα αὐτοῦ ποιεῖν, γνώσεται περὶ
Si alguno quiere la voluntad de él hacer, conocerá acerca
τῆς διδαχῆς, πότερον ἐκ τοῦ Θεοῦ ἐστιν ἢ ἐγὼ ἀπ' ἐμαυτοῦ λαλῶ.
de la enseñanza, si de Dios es o yo de mí mismo hablo.

---

82. La NU sustituye todavía no por no.
83. Es decir, con libertad.
84. Lit: de los judíos.
85. La NU suprime pues.

18 ὁ ἀφ᾽ ἑαυτοῦ λαλῶν τὴν δόξαν τὴν ἰδίαν ζητεῖ,
El de sí mismo hablando la gloria la propia busca,

ὁ δὲ ζητῶν τὴν δόξαν τοῦ πέμψαντος αὐτόν,
el sin embargo buscando la gloria del que envió lo,

οὗτος ἀληθής ἐστι, καὶ ἀδικία ἐν αὐτῷ οὐκ ἔστιν.
éste veraz es, e injusticia en él no hay.

19 οὐ Μωϋσῆς δέδωκεν ὑμῖν τὸν νόμον; καὶ οὐδεὶς ἐξ ὑμῶν
¿No Moisés ha dado os la ley? Y ninguno de vosotros

ποιεῖ τὸν νόμον. τί με ζητεῖτε ἀποκτεῖναι;
hace la ley. ¿Por qué me buscáis para matar (me)?

20 ἀπεκρίθη ὁ ὄχλος καὶ εἶπε· δαιμόνιον ἔχεις·
Respondió la multitud y dijo: Demonio tienes.

τίς σε ζητεῖ ἀποκτεῖναι;
¿Quién te busca para matar (te)?

21 ἀπεκρίθη Ἰησοῦς καὶ εἶπεν αὐτοῖς· ἓν ἔργον ἐποίησα,
Respondió Jesús y dijo les: una obra hice,

καὶ πάντες θαυμάζετε.
y todos os maravilláis.

22 διὰ τοῦτο Μωϋσῆς δέδωκεν ὑμῖν τὴν περιτομήν,
Por esto Moisés ha dado os la circuncisión,

οὐχ ὅτι ἐκ τοῦ Μωϋσέως ἐστὶν, ἀλλ᾽ ἐκ τῶν πατέρων,
no que de - Moisés es, sino de los padres,[86]

καὶ ἐν σαββάτῳ περιτέμνετε ἄνθρωπον.
y en sábado circuncidáis hombre.

23 εἰ περιτομὴν λαμβάνει ἄνθρωπος ἐν σαββάτῳ,
Si circuncisión recibe hombre en sábado,

ἵνα μὴ λυθῇ ὁ νόμος Μωϋσέως,
para que no se quebrante la ley de Moisés,

ἐμοὶ χολᾶτε ὅτι ὅλον ἄνθρωπον
¿conmigo os encolerizáis porque todo hombre

ὑγιῆ ἐποίησα ἐν σαββάτῳ;
bien hice[87] en sábado?

24 μὴ κρίνετε κατ᾽ ὄψιν, ἀλλὰ τὴν δικαίαν κρίσιν κρίνατε.
No juzguéis según apariencia, sino el justo juicio juzgad.

25 Ἔλεγον οὖν τινες ἐκ τῶν Ἱεροσολυμιτῶν,
Decían pues algunos de los jerosilimitanos,

οὐχ οὗτός ἐστιν ὃν ζητοῦσιν ἀποκτεῖναι;
¿No éste es al que buscan para matar?

26 καὶ ἴδε παρρησίᾳ λαλεῖ, καὶ οὐδὲν αὐτῷ λέγουσι.
Y mira con confianza[88] habla, y nada le dicen.

μήποτε ἀληθῶς ἔγνωσαν οἱ ἄρχοντες
¿Quizás verdaderamente conocieron los gobernantes

ὅτι οὗτός ἐστιν ἀληθῶς ὁ Χριστός;
que éste es verdaderamente[89] el mesías?

27 ἀλλὰ τοῦτον οἴδαμεν πόθεν ἐστίν· ὁ δὲ Χριστὸς
Pero éste sabemos de donde es, el Sin embargo mesías

ὅταν ἔρχηται, οὐδεὶς γινώσκει πόθεν ἐστίν.
cuando venga, nadie sabe de donde es.

18 El que habla de sí mismo, su propia gloria busca; mas el que busca la gloria del que le envió, éste es verdadero, y no hay en él injusticia.
19 ¿No os dió Moisés la ley, y ninguno de vosotros hace la ley? ¿Por qué me procuráis matar?
20 Respondió la gente, y dijo: Demonio tienes: ¿quién te procura matar?
21 Jesús respondió, y díjoles: Una obra hice, y todos os maravilláis.
22 Cierto, Moisés os dió la circuncisión (no porque sea de Moisés, mas de los padres); y en sábado circuncidáis al hombre.
23 Si recibe el hombre la circuncisión en sábado, para que la ley de Moisés no sea quebrantada, ¿os enojáis conmigo porque en sábado hice sano todo un hombre?
24 No juzguéis según lo que parece, mas juzgad justo juicio.
25 Decían entonces unos de los de Jerusalem: ¿No es éste al que buscan para matarlo?
26 Y he aquí, habla públicamente, y no le dicen nada; ¿si habrán entendido verdaderamente los príncipes, que éste es el Cristo?
27 Mas éste, sabemos de dónde es: y cuando viniere el Cristo, nadie sabrá de dónde sea.

---

86. En el sentido de los patriarcas.
87. Es decir, porque curé a todo un hombre o a un hombre completo.
88. Es decir, abiertamente.
89. La NU suprime verdaderamente.

28 Entonces clamaba Jesús en el templo, enseñando y diciendo: Y a mí me conocéis, y sabéis de dónde soy: y no he venido de mí mismo; mas el que me envió es verdadero, al cual vosotros no conocéis.
29 Yo le conozco, porque de él soy, y él me envió.
30 Entonces procuraban prenderle; mas ninguno puso en él mano, porque aun no había venido su hora.
31 Y muchos del pueblo creyeron en él, y decían: El Cristo, cuando viniere, ¿hará más señales que las que éste hace?
32 Los Fariseos oyeron a la gente que murmuraba de él estas cosas; y los príncipes de los sacerdotes y los Fariseos enviaron servidores que le prendiesen.
33 Y Jesús dijo: Aun un poco de tiempo estaré con vosotros, e iré al que me envió.
34 Me buscaréis, y no me hallaréis; y donde yo estaré, vosotros no podréis venir.
35 Entonces los Judíos dijeron entre sí: ¿A dónde se ha de ir éste que no le hallemos? ¿Se ha de ir a los esparcidos entre los Griegos, y a enseñar a los Griegos?
36 ¿Qué dicho es éste que dijo: Me buscaréis, y no me hallaréis; y donde yo estaré, vosotros no podréis venir?

28 ἔκραξεν οὖν ἐν τῷ ἱερῷ διδάσκων ὁ Ἰησοῦς καὶ λέγων·
Gritó pues en el templo enseñando Jesús y diciendo:
κἀμὲ οἴδατε, καὶ οἴδατε πόθεν εἰμί· καὶ ἀπ' ἐμαυτοῦ
Y me conocéis, y conocéis de donde soy. Y de mí mismo
οὐκ ἐλήλυθα, ἀλλ' ἔστιν ἀληθινὸς ὁ πέμψας με,
no he venido, sino que es veraz el que envió me,
ὃν ὑμεῖς οὐκ οἴδατε·
al que vosotros no conocéis.

29 ἐγὼ οἶδα αὐτόν, ὅτι παρ' αὐτοῦ εἰμι κἀκεῖνός
Yo conozco lo, porque de él soy y aquel
με ἀπέστειλεν.
me envió.

30 Ἐζήτουν οὖν αὐτὸν πιάσαι, καὶ οὐδεὶς ἐπέβαλεν
Buscaban pues lo arrestar, y ninguno puso
ἐπ' αὐτὸν τὴν χεῖρα, ὅτι οὔπω ἐληλύθει ἡ ὥρα αὐτοῦ.
sobre él la mano, porque aún no había venido la hora de él.

31 πολλοὶ δὲ ἐκ τοῦ ὄχλου ἐπίστευσαν εἰς αὐτόν
Muchos sin embargo de la multitud creyeron en él
καὶ ἔλεγον· ὅτι ὁ Χριστὸς ὅταν ἔλθῃ, μήτι πλείονα σημεῖα
y decían que el mesías cuando venga, ¿acaso mayores señales
τούτων ποιήσει ὧν οὗτος ἐποίησεν;
que éstas hará que éste hizo?

32 Ἤκουσαν οἱ Φαρισαῖοι τοῦ ὄχλου γογγύζοντος περὶ αὐτοῦ
Escucharon los fariseos a la multitud murmurando acerca de él
ταῦτα, καὶ ἀπέστειλαν οἱ ἀρχιερεῖς καὶ οἱ Φαρισαῖοι
esto, y enviaron los principales sacerdotes y los fariseos
ὑπηρέτας ἵνα πιάσωσιν αὐτόν.
subordinados[90] para que arrestaran lo.

33 εἶπε οὖν ὁ Ἰησοῦς· ἔτι μικρὸν χρόνον μεθ' ὑμῶν εἰμι
Dijo pues Jesús: Todavía poco tiempo con vosotros estoy
καὶ ὑπάγω πρὸς τὸν πέμψαντά με.
y voy a el que envió me.

34 ζητήσετέ με καὶ οὐχ εὑρήσετε· καὶ ὅπου εἰμὶ ἐγώ,
Buscaréis me y no encontraréis.[91] Y donde estoy yo,
ὑμεῖς οὐ δύνασθε ἐλθεῖν.
vosotros no podéis venir.

35 εἶπον οὖν οἱ Ἰουδαῖοι πρὸς ἑαυτούς· ποῦ οὗτος
Dijeron pues los judíos entre sí mismos. ¿Dónde éste
μέλλει πορεύεσθαι, ὅτι ἡμεῖς οὐχ εὑρήσομεν αὐτόν;
pretende ir que nosotros no encontraremos lo?
μὴ εἰς τὴν διασπορὰν τῶν Ἑλλήνων μέλλει
¿Acaso a la diáspora de los griegos pretende
πορεύεσθαι καὶ διδάσκειν τοὺς Ἕλληνας;
ir y enseñar a los griegos?

36 τίς ἐστιν οὗτος ὁ λόγος ὃν εἶπε, ζητήσετέ με
¿Qué es ésta - palabra que dijo: buscaréis me
καὶ οὐχ εὑρήσετε, καὶ ὅπου εἰμὶ ἐγώ,
y no encontraréis,[92] y donde estoy yo,
ὑμεῖς οὐ δύνασθε ἐλθεῖν;
vosotros no podéis venir?

---

90. O asistentes.
91. La NU añade me entre paréntesis.
92. La NU añade me entre paréntesis.

37 Ἐν δὲ τῇ ἐσχάτῃ ἡμέρᾳ τῇ μεγάλῃ τῆς ἑορτῆς
en Entonces el último día el grande de la fiesta

εἱστήκει ὁ Ἰησοῦς καὶ ἔκραξε λέγων·
se puso en pie Jesús y gritó diciendo:

ἐάν τις διψᾷ, ἐρχέσθω πρός με καὶ πινέτω.
Si alguno tiene sed, venga a mí y beba.

38 ὁ πιστεύων εἰς ἐμέ, καθὼς εἶπεν ἡ γραφή,
El que cree en mí, como dijo la Escritura,

ποταμοὶ ἐκ τῆς κοιλίας αὐτοῦ ῥεύσουσιν ὕδατος ζῶντος.
Ríos de el vientre de él fluirán de agua viva.

39 τοῦτο δὲ εἶπε περὶ τοῦ Πνεύματος οὗ ἔμελλον
Esto sin embargo dijo acerca del Espíritu que iban

λαμβάνειν οἱ πιστεύοντες εἰς αὐτόν· οὔπω γὰρ ἦν
a recibir los creyendo[93] en él. todavía no Porque había

Πνεῦμα Ἅγιον, ὅτι Ἰησοῦς οὐδέπω ἐδοξάσθη.
Espíritu Santo[94] porque Jesús aún no fue glorificado.[95]

40 Πολλοὶ οὖν ἐκ τοῦ ὄχλου ἀκούσαντες τόν λόγον
Muchos[96] pues de la multitud escuchando la palabra

ἔλεγον· οὗτός ἐστιν ἀληθῶς ὁ προφήτης·
decían: éste es verdaderamente el profeta.

41 ἄλλοι ἔλεγον· οὗτός ἐστιν ὁ Χριστός. ἄλλοι ἔλεγον·
Unos decían: éste es el mesías. Otros decían:

μὴ γὰρ ἐκ τῆς Γαλιλαίας ὁ Χριστὸς ἔρχεται;
¿no Porque de la Galilea el mesías viene?[97]

42 οὐχὶ ἡ γραφὴ εἶπεν ὅτι ἐκ τοῦ σπέρματος Δαυῒδ
¿No la Escritura dijo que de la semilla de David

καὶ ἀπὸ Βηθλέεμ τῆς κώμης ὅπου ἦν Δαυΐδ, ὁ Χριστὸς ἔρχεται;
y de Belén la aldea de donde era David, el mesías viene?

43 σχίσμα οὖν ἐν τῷ ὄχλῳ ἐγένετο δι' αὐτόν.
División pues en la multitud aconteció por él.

44 τινὲς δὲ ἤθελον ἐξ αὐτῶν πιάσαι αὐτόν,
Algunos entonces querían de ellos arrestar lo,

ἀλλ' οὐδεὶς ἐπέβαλεν ἐπ' αὐτὸν τὰς χεῖρας.
pero ninguno puso sobre él las manos.

45 Ἦλθον οὖν οἱ ὑπηρέται πρὸς τοὺς ἀρχιερεῖς
Vinieron pues los subordinados a los principales sacerdotes

καὶ Φαρισαίους, καὶ εἶπον αὐτοῖς ἐκεῖνοι·
y fariseos, y dijeron les aquellos:

διατί οὐκ ἠγάγετε αὐτόν;
¿Por qué no trajisteis lo?

46 ἀπεκρίθησαν οἱ ὑπηρέται· οὐδέποτε οὕτως ἐλάλησεν
Respondieron los subordinados: nunca así habló

ἄνθρωπος, ὡς οὗτος ὁ ἄνθρωπος.
hombre, como éste hombre.[98]

47 ἀπεκρίθησαν οὖν αὐτοῖς οἱ Φαρισαῖοι·
Dijeron pues a ellos los fariseos:

μὴ καὶ ὑμεῖς πεπλάνησθε;
¿Acaso también vosotros habéis sido engañados?

37 Mas en el postrer día grande de la fiesta, Jesús se ponía en pie y clamaba, diciendo: Si alguno tiene sed, venga a mí y beba. **38** El que cree en mí, como dice la Escritura, ríos de agua viva correrán de su vientre. **39** (Y esto dijo del Espíritu que habían de recibir los que creyesen en él: pues aun no había *venido* el Espíritu Santo; porque Jesús no estaba aún glorificado.) **40** Entonces algunos de la multitud, oyendo este dicho, decían: Verdaderamente éste es el profeta. **41** Otros decían: Este es el Cristo. Algunos empero decían: ¿De Galilea ha de venir el Cristo? **42** ¿No dice la Escritura, que de la simiente de David, y de la aldea de Bethlehem, de donde era David, vendrá el Cristo? **43** Así que había disensión entre la gente acerca de él. **44** Y algunos de ellos querían prenderle; mas ninguno echó sobre él manos. **45** Y los ministriles vinieron a los principales sacerdotes y a los Fariseos; y ellos les dijeron: ¿Por qué no le trajisteis? **46** Los ministriles respondieron: Nunca ha hablado hombre así como este hombre. **47** Entonces los Fariseos les respondieron: ¿Estáis también vosotros engañados?

---

93. La NU sustituye por los que creyeron.
94. La NU omite Santo.
95. Es decir, no había sido glorificado.
96. La NU omite muchos.
97. Es decir: ¿pero es que acaso el mesías viene de Galilea?
98. La NU omite como este hombre.

48¿Ha creído en él alguno de los príncipes, o de los Fariseos?
49Mas estos comunales que no saben la ley, malditos son.
50Díceles Nicodemo (el que vino a él de noche, el cual era uno de ellos):
51¿Juzga nuestra ley a hombre, si primero no oyere de él, y entendiere lo que ha hecho?
52Respondieron y dijéronle: ¿Eres tú también Galileo? Escudriña y ve que de Galilea nunca se levantó profeta.
53Y fuése cada uno a su casa.

8 Y Jesús se fué al monte de las Olivas. **2**Y por la mañana volvió al templo, y todo el pueblo vino a él: y sentado él, los enseñaba.
3Entonces los escribas y los Fariseos le traen una mujer tomada en adulterio; y poniéndola en medio,
4Dícenle: Maestro, esta mujer ha sido tomada en el mismo hecho, adulterando;
5Y en la ley Moisés nos mandó apedrear a las tales: tú pues, ¿qué dices?

48 μή τις ἐκ τῶν ἀρχόντων ἐπίστευσεν εἰς αὐτὸν
¿Acaso alguno de los gobernantes creyó en él
ἢ ἐκ τῶν Φαρισαίων;
o de los fariseos?

49 ἀλλ' ὁ ὄχλος οὗτος ὁ μὴ γινώσκων τὸν νόμον
Pero la multitud ésta la no conociendo la ley
ἐπικατάρατοί εἰσι.
malditos son.

50 λέγει Νικόδημος πρὸς αὐτούς, ὁ ἐλθὼν νυκτὸς
Dice Nicodemo a ellos, el habiendo venido de noche[99]
πρὸς αὐτὸν, εἷς ὢν ἐξ αὐτῶν·
a él,[100] uno siendo de ellos:

51 μὴ ὁ νόμος ἡμῶν κρίνει τὸν ἄνθρωπον, ἐὰν μὴ ἀκούσῃ
¿Acaso la ley de nosotros juzga al hombre, si no escucha
παρ' αὐτοῦ πρότερον καὶ γνῷ τί ποιεῖ;
de él primero y conoce lo que hace?

52 ἀπεκρίθησαν καὶ εἶπον αὐτῷ· μὴ καὶ σὺ ἐκ
Respondieron y dijeron le: ¿Acaso también tú de
τῆς Γαλιλαίας εἶ; ἐραύνησον καὶ ἴδε ὅτι προφήτης
la Galilea eres? Busca y mira que profeta
ἐκ τῆς Γαλιλαίας οὐκ ἐγήγερται.
de la Galilea no ha surgido.[101]

53*[102] Καὶ ἐπορεύθη ἕκαστος εἰς τὸν οἶκον αὐτοῦ.
Y se fue cada uno a la casa de él.

8 **1** Ἰησοῦς δὲ ἐπορεύθη εἰς τὸ ὄρος τῶν ἐλαιῶν·
Jesús entonces se fue a el monte de los olivos.

2 ὄρθρου δὲ πάλιν παρεγένετο εἰς τὸ ἱερόν, καὶ πᾶς ὁ
Al alba - de nuevo se presentó en el templo, y todo el
λαὸς ἤρχετο πρὸς αὐτόν· καὶ καθίσας
pueblo venía a él. Y habiéndose sentado
ἐδίδασκεν αὐτούς.
enseñaba les.

3 ἄγουσι δὲ οἱ γραμματεῖς καὶ οἱ Φαρισαῖοι γυναῖκα ἐπὶ
Traen entonces los escribas y los fariseos a mujer en
μοιχείᾳ κατειλημμένην, καὶ στήσαντες
adulterio habiendo sido sorprendida, y habiendo colocado
αὐτὴν ἐν μέσῳ
a ella en medio

4 λέγουσιν αὐτῷ· διδάσκαλε, αὕτη ἡ γυνὴ κατελήφθη
dicen le: Maestro, ésta la mujer fue sorprendida
ἐπ' αὐτοφώρῳ μοιχευομένη.
en el acto mismo cometiendo adulterio.

5 ἐν δὲ τῷ νόμῳ Μωϋσῆς ἡμῖν ἐνετείλατο
En - la ley Moisés nos ordenó
τὰς τοιαύτας λιθάζειν. σὺ οὖν τί λέγεις;
a las tales apedrear. ¿Tú pues qué dices?

---

* La autenticidad del pasaje es indudable por varias razones: 1. Conecta con los párrafos anterior y posterior de tal manera que resulta indispensable para proporcionarles una coherencia lógica; 2. Figuraba en la antigua versión latina del Evangelio de Juan (s. II); 3. Precisamente por eso la retuvo Jerónimo (385) en su Vulgata y antes 380 mencionó se encontraba "in multibus et Graecis et Latinis codicibus" (en muchos códices no sólo griegos sino también latinos); 4. Es citado por diversos padres como Ambrosio de Milán (347), nueve veces; Agustín (396), dos; Paciano (370); Fausto (400), Rufino de Aquileia (400), Crisólogo de Rávena (433) y Sedulio (434), entre otros; 5. Lo citan también padres orientales como Cirilo, Ammonio, Dídimo y Crisóstomo; 6. Aparece en las antiguas versiones del Nuevo Testamento, etiópica (s. V), siríaca (s. V), georgiana (s. V), eslava, árabe y persa; y 7. Las iglesias de Europa oriental incluyeron en sus leccionarios ese texto para que fuera la lectura del día 8 de octubre.

[99]. La NU omite de noche.
[100]. La NU añade antes.
[101]. La NU sustituye por a surgir.
[102]. La NU situa los versículo del 53 al 8.11 entre paréntesis como si no formaran parte del texto original.

JUAN 8.14

6 τοῦτο δὲ ἔλεγον πειράζοντες αὐτόν, ἵνα
Esto sin embargo decían tentando lo para que

ἔχωσι κατηγορεῖν αὐτοῦ. ὁ δὲ Ἰησοῦς
tuvieran (con qué) acusar lo. — Sin embargo Jesús

κάτω κύψας τῷ δακτύλῳ ἔγραφεν εἰς τὴν γῆν.
abajo inclinándose con el dedo escribía en la tierra.

7 ὡς δὲ ἐπέμενον ἐρωτῶντες αὐτόν, ἀνέκυψεν
Como entonces seguían preguntando lo, se levantó[103]

καὶ εἶπε πρὸς αὐτούς· ὁ ἀναμάρτητος ὑμῶν
y dijo a ellos. El sin pecado de vosotros

πρῶτος βαλέτω λίθον ἐπ᾽ αὐτῇ.
primero arroje piedra sobre ella.

8 καὶ πάλιν κάτω κύψας ἔγραφεν εἰς τὴν γῆν.
Y de nuevo abajo inclinándose escribía sobre la tierra.

9 οἱ δὲ ἀκούσαντες ἐξήρχοντο εἷς καθ᾽ εἷς,
Los entonces habiendo oído salieron uno por uno,

ἀρξάμενοι ἀπὸ τῶν πρεσβυτέρων ἕως τῶν ἐσχάτων·
empezando por los ancianos hasta los últimos.

καὶ κατελείφθη μόνος ὁ Ἰησοῦς, καὶ ἡ γυνὴ ἐν μέσῳ οὖσα.
Y fue dejado solo Jesús, y la mujer en medio estando.

10 ἀνακύψας δὲ ὁ Ἰησοῦς εἶπεν αὐτῇ· γύναι,
Levantándose entonces Jesús dijo le: mujer,

ποῦ εἰσιν; οὐδείς σε κατέκρινεν;
¿dónde están? ¿Ninguno te condenó?

11 ἡ δὲ εἶπεν· οὐδείς, Κύριε. εἶπε δὲ
Ella entonces dijo: Ninguno, Señor. Dijo entonces

ὁ Ἰησοῦς· οὐδὲ ἐγώ σε κατακρίνω·
Jesús: tampoco yo te condeno.

πορεύου καὶ ἀπὸ τοῦ νῦν μηκέτι ἁμάρτανε.
Vete y desde ahora ya no peques.

12 Πάλιν οὖν αὐτοῖς ὁ Ἰησοῦς ἐλάλησε λέγων·
De nuevo pues a ellos Jesús habló diciendo:

ἐγώ εἰμι τὸ φῶς τοῦ κόσμου· ὁ ἀκολουθῶν ἐμοὶ
yo soy la luz del mundo. El siguiendo me

οὐ μὴ περιπατήσῃ ἐν τῇ σκοτίᾳ,
no de ninguna manera caminará en la oscuridad

ἀλλ᾽ ἕξει τὸ φῶς τῆς ζωῆς.
sino que tendrá la luz de la vida.

13 εἶπον οὖν αὐτῷ οἱ Φαρισαῖοι· σὺ περὶ σεαυτοῦ
Dijeron pues a él los fariseos: tú acerca de ti mismo

μαρτυρεῖς· ἡ μαρτυρία σου οὐκ ἔστιν ἀληθής.
testificas. El testimonio de ti no es veraz.

14 ἀπεκρίθη Ἰησοῦς καὶ εἶπεν αὐτοῖς· κἂν ἐγὼ μαρτυρῶ
Respondió Jesús y dijo les: incluso si yo testifico

περὶ ἐμαυτοῦ, ἀληθής ἐστιν ἡ μαρτυρία μου,
acerca de mí mismo, veraz es el testimonio de mí,

ὅτι οἶδα πόθεν ἦλθον καὶ ποῦ ὑπάγω·
porque sé de dónde vengo y adónde voy.

ὑμεῖς δὲ οὐκ οἴδατε πόθεν ἔρχομαι ἢ ποῦ ὑπάγω·
Vosotros sin embargo no sabéis de dónde vengo o adónde voy.

6 Mas esto decían tentándole, para poder acusarle. Empero Jesús, inclinado hacia abajo, escribía en tierra con el dedo.
7 Y como perseverasen preguntándole, enderezóse, y díjoles: El que de vosotros esté sin pecado, arroje contra ella la piedra el primero.
8 Y volviéndose a inclinar hacia abajo, escribía en tierra.
9 Oyendo, pues, ellos, redargüidos de la conciencia, salíanse uno a uno, comenzando desde los más viejos hasta los postreros: y quedó solo Jesús, y la mujer que estaba en medio.
10 Y enderezándose Jesús, y no viendo a nadie más que a la mujer, díjole: ¿Mujer, dónde están los que te acusaban? ¿Ninguno te ha condenado?
11 Y ella dijo: Señor, ninguno. Entonces Jesús le dijo: Ni yo te condeno: vete, y no peques más.
12 Y hablóles Jesús otra vez, diciendo: Yo soy la luz del mundo: el que me sigue, no andará en tinieblas, mas tendrá la lumbre de la vida.
13 Entonces los Fariseos le dijeron: Tú de ti mismo das testimonio: tu testimonio no es verdadero.
14 Respondió Jesús, y díjoles: Aunque yo doy testimonio de mí mismo, mi testimonio es verdadero, porque sé de dónde he venido y a dónde voy; mas vosotros no sabéis de dónde vengo, y a dónde voy.

---

103. En otros manuscritos, levantándose.

15 Vosotros según la carne juzgáis; mas yo no juzgo a nadie.
16 Y si yo juzgo, mi juicio es verdadero; porque no soy solo, sino yo y el que me envió, el Padre.
17 Y en vuestra ley está escrito que el testimonio de dos hombres es verdadero.
18 Yo soy el que doy testimonio de mí mismo: y da testimonio de mí el que me envió, el Padre.
19 Y decíanle: ¿Dónde está tu Padre? Respondió Jesús: Ni a mí me conocéis, ni a mi Padre; si a mí me conocieseis, a mi Padre también conocierais.
20 Estas palabras habló Jesús en el lugar de las limosnas, enseñando en el templo: y nadie le prendió; porque aun no había venido su hora.
21 Y díjoles otra vez Jesús: Yo me voy, y me buscaréis, mas en vuestro pecado moriréis: a donde yo voy, vosotros no podéis venir.
22 Decían entonces los Judíos: ¿Hase de matar a sí mismo, que dice: A donde yo voy, vosotros no podéis venir?
23 Y decíales: Vosotros sois de abajo, yo soy de arriba; vosotros sois de este mundo, yo no soy de este mundo.
24 Por eso os dije que moriréis en vuestros pecados: porque si no creyereis que yo soy, en vuestros pecados moriréis.

15 ὑμεῖς κατὰ τὴν σάρκα κρίνετε· ἐγὼ οὐ κρίνω οὐδένα.
Vosotros según la carne juzgáis. Yo no juzgo a nadie.

16 καὶ ἐὰν κρίνω δὲ ἐγώ, ἡ κρίσις ἡ ἐμὴ ἀληθής ἐστιν,
Y si juzgo - yo, el juicio el mío veraz es,

ὅτι μόνος οὐκ εἰμί, ἀλλ᾽ ἐγὼ καὶ ὁ πέμψας με πατήρ.
porque solo no estoy, sino yo y el que envió a mi Padre.

17 καὶ ἐν τῷ νόμῳ δὲ τῷ ὑμετέρῳ γέγραπται
También en la ley sin embargo la vuestra ha sido escrito

ὅτι δύο ἀνθρώπων ἡ μαρτυρία ἀληθής ἐστιν.
que de dos hombres el testimonio veraz es.

18 ἐγώ εἰμι ὁ μαρτυρῶν περὶ ἐμαυτοῦ, καὶ μαρτυρεῖ
Yo soy el que testifico acerca de mí mismo, y testifica

περὶ ἐμοῦ ὁ πέμψας με πατήρ.
acerca de mí el que envió a mi Padre.

19 ἔλεγον οὖν αὐτῷ· ποῦ ἐστιν ὁ πατήρ σου;
Dijeron pues a él: ¿dónde está el padre de ti?

ἀπεκρίθη Ἰησοῦς· οὔτε ἐμὲ οἴδατε οὔτε τὸν πατέρα μου·
Respondió Jesús: ni a mí conocéis ni al Padre de mí.

εἰ ἐμὲ ᾔδειτε, καὶ τὸν πατέρα μου ᾔδειτε ἄν.
Si me conocierais, también al Padre de mí conoceríais.

20 Ταῦτα τὰ ῥήματα ἐλάλησεν ὁ Ἰησοῦς ἐν τῷ γαζοφυλακίῳ,
Estos - dichos habló Jesús en el gazofilacio[104]

διδάσκων ἐν τῷ ἱερῷ, καὶ οὐδεὶς ἐπίασεν αὐτόν,
enseñando en el templo, y nadie se apoderó de él,

ὅτι οὔπω ἐληλύθει ἡ ὥρα αὐτοῦ.
porque todavía no había llegado la hora de él.

21 Εἶπεν οὖν πάλιν αὐτοῖς ὁ Ἰησοῦς· ἐγὼ ὑπάγω
Dijo pues de nuevo a ellos Jesús: yo me voy

καὶ ζητήσετέ με, καὶ ἐν τῇ ἁμαρτίᾳ ὑμῶν ἀποθανεῖσθε·
y buscaréis me, y en el pecado de vosotros moriréis.

ὅπου ἐγὼ ὑπάγω, ὑμεῖς οὐ δύνασθε ἐλθεῖν.
Donde yo voy, vosotros no podéis venir.

22 ἔλεγον οὖν οἱ Ἰουδαῖοι· μήτι ἀποκτενεῖ ἑαυτόν,
Decían pues los judíos: ¿Acaso matará a sí mismo,

ὅτι λέγει, ὅπου ἐγὼ ὑπάγω, ὑμεῖς οὐ δύνασθε ἐλθεῖν;
porque dice, donde yo voy, vosotros no podéis venir?

23 καὶ εἶπεν αὐτοῖς· ὑμεῖς ἐκ τοῦ κόσμου τούτου ἐστέ,
Y dijo les: vosotros de el mundo este sois,

ἐγὼ οὐκ εἰμί ἐκ τοῦ κόσμου τούτου· ὑμεῖς ἐκ τῶν κάτω ἐστέ,
yo no soy de el mundo este. Vosotros de los de abajo[105] sois,

ἐγὼ ἐκ τῶν ἄνω εἰμί· ὑμεῖς ἐκ τοῦ κόσμου τούτου ἐστέ,
yo de los de arriba[106] soy. Vosotros de el mundo este sois,

ἐγὼ οὐκ εἰμί ἐκ τοῦ κόσμου τούτου.
Yo no soy de el mundo este.

24 εἶπον οὖν ὑμῖν ὅτι ἀποθανεῖσθε ἐν ταῖς ἁμαρτίαις
Dije pues a vosotros que moriréis en los pecados

ὑμῶν· ἐὰν γὰρ μὴ πιστεύσητε ὅτι ἐγώ εἰμι,
de vosotros. si Porque no creéis que Yo soy,[107]

ἀποθανεῖσθε ἐν ταῖς ἁμαρτίαις ὑμῶν.
moriréis en los pecados de vosotros.

---

104. Es decir, en el tesoro.
105. O de las cosas de abajo.
106. O de las cosas de arriba.
107. Una clara referencial al "Yo soy" de Éxodo 3.14.

JUAN 8.35

25 ἔλεγον οὖν αὐτῷ· σὺ τίς εἶ; εἶπεν αὐτοῖς ὁ Ἰησοῦς·
Decían pues a él: ¿Tú quién eres? Dijo les Jesús:

τὴν ἀρχὴν ὅ τι καὶ λαλῶ ὑμῖν.
Desde el principio lo que también hablo a vosotros.

26 πολλὰ ἔχω περὶ ὑμῶν λαλεῖν καὶ κρίνειν·
Mucho tengo respecto a vosotros que hablar y juzgar,

ἀλλ' ὁ πέμψας με ἀληθής ἐστι, κἀγὼ ἃ ἤκουσα
pero el que envió me veraz es, y yo lo que escuché

παρ' αὐτοῦ, ταῦτα λέγω εἰς τὸν κόσμον.
acerca de él, esto digo para el mundo.

27 οὐκ ἔγνωσαν ὅτι τὸν πατέρα αὐτοῖς ἔλεγεν.
No sabían que del Padre les hablaba.

28 εἶπεν οὖν αὐτοῖς ὁ Ἰησοῦς· ὅταν ὑψώσητε τὸν Υἱὸν
Dijo pues a ellos Jesús: cuando alcéis al Hijo

τοῦ ἀνθρώπου, τότε γνώσεσθε ὅτι ἐγώ εἰμι,
del hombre, entonces conoceréis que yo soy,

καὶ ἀπ' ἐμαυτοῦ ποιῶ οὐδέν, ἀλλὰ καθὼς ἐδίδαξέ με
y de mí mismo hago nada, sino como enseñó me

ὁ πατήρ, ταῦτα λαλῶ.
el Padre, esto hablo.

29 καὶ ὁ πέμψας με μετ' ἐμοῦ ἐστιν· οὐκ ἀφῆκέ με μόνον ὁ
Y el que envió me conmigo está. No ha dejado me sólo el

πατήρ, ὅτι ἐγὼ τὰ ἀρεστὰ αὐτῷ ποιῶ πάντοτε.
Padre, porque yo lo agradable a él hago siempre.

30 Ταῦτα αὐτοῦ λαλοῦντος πολλοὶ ἐπίστευσαν εἰς αὐτόν.
Esto él diciendo, muchos creyeron en él.

31 Ἔλεγεν οὖν ὁ Ἰησοῦς πρὸς τοὺς πεπιστευκότας αὐτῷ
Dijo pues Jesús a los que habían creído en él

Ἰουδαίους· ἐὰν ὑμεῖς μείνητε ἐν τῷ λόγῳ τῷ ἐμῷ,
judíos. Si vosotros permanecéis en la palabra la mía,

ἀληθῶς μαθηταί μού ἐστε.
verdaderamente discípulos de mí sois.

32 καὶ γνώσεσθε τὴν ἀλήθειαν, καὶ ἡ ἀλήθεια ἐλευθερώσει ὑμᾶς.
Y conoceréis la verdad, y la verdad liberará os.

33 ἀπεκρίθησαν αὐτῷ· σπέρμα Ἀβραάμ ἐσμεν καὶ οὐδενὶ
Respondieron le: semilla[108] de Abraham somos y a ninguno

δεδουλεύκαμεν πώποτε· πῶς σὺ λέγεις
hemos servido como esclavos nunca. ¿Cómo tú dices

ὅτι ἐλεύθεροι γενήσεσθε;
que libres resultaremos?

34 ἀπεκρίθη αὐτοῖς ὁ Ἰησοῦς· ἀμὴν ἀμὴν
Respondió les Jesús: verdaderamente verdaderamente

λέγω ὑμῖν ὅτι πᾶς ὁ ποιῶν τὴν ἁμαρτίαν δοῦλός
digo os que todo el haciendo el pecado esclavo

ἐστι τῆς ἁμαρτίας.
es del pecado.

35 ὁ δὲ δοῦλος οὐ μένει ἐν τῇ οἰκίᾳ εἰς τὸν αἰῶνα·
el Sin embargo esclavo no permanece en la casa para la era[109].

ὁ υἱὸς μένει εἰς τὸν αἰῶνα.
El hijo permanece para la era.[109]

25 Y decíanle: ¿Tú quién eres? Entonces Jesús les dijo: El que al principio también os he dicho. **26** Muchas cosas tengo que decir y juzgar de vosotros: mas el que me envió, es verdadero: y yo, lo que he oído de él, esto hablo en el mundo. **27** Mas no entendieron que él les hablaba del Padre. **28** Díjoles pues, Jesús: Cuando levantareis al Hijo del hombre, entonces entenderéis que yo soy, y que nada hago de mí mismo; mas como el Padre me enseñó, esto hablo. **29** Porque el que me envió, conmigo está; no me ha dejado solo el Padre; porque yo, lo que a él agrada, hago siempre. **30** Hablando él estas cosas, muchos creyeron en él. **31** Y decía Jesús a los Judíos que le habían creído: Si vosotros permaneciereis en mi palabra, seréis verdaderamente mis discípulos; **32** Y conoceréis la verdad, y la verdad os libertará. **33** Y respondiéronle: Simiente de Abraham somos, y jamás servimos a nadie: ¿cómo dices tú: Seréis libres? **34** Jesús les respondió: De cierto, de cierto os digo, que todo aquel que hace pecado, es siervo de pecado. **35** Y el siervo no queda en casa para siempre: el hijo queda para siempre.

---

108. Es decir, descendencia.
109. Es decir, para siempre.

36Así que, si el Hijo os libertare, seréis verdaderamente libres.
37Sé que sois simiente de Abraham, mas procuráis matarme, porque mi palabra no cabe en vosotros.
38Yo hablo lo que he visto cerca del Padre; y vosotros hacéis lo que habéis oído cerca de vuestro padre.
39Respondieron y dijéronle: Nuestro padre es Abraham. Díceles Jesús: Si fuerais hijos de Abraham, las obras de Abraham harías.
40Empero ahora procuráis matarme, hombre que os he hablado la verdad, la cual he oído de Dios: no hizo esto Abraham.
41Vosotros hacéis las obras de vuestro padre. Dijéronle entonces: Nosotros no somos nacidos de fornicación; un padre tenemos, *que es* Dios.
42Jesús entonces les dijo: Si vuestro padre fuera Dios, ciertamente me amaríais: porque yo de Dios he salido, y he venido; que no he venido de mí mismo, mas él me envió.
43¿Por qué no reconocéis mi lenguaje? porque no podéis oir mi palabra.

36 ἐὰν οὖν ὁ υἱὸς ὑμᾶς ἐλευθερώσῃ,
Si pues el Hijo os libertara,
ὄντως ἐλεύθεροι ἔσεσθε.
verdaderamente libres seréis.

37 οἶδα ὅτι σπέρμα Ἀβραάμ ἐστε· ἀλλὰ ζητεῖτέ με ἀποκτεῖναι,
Sé que semilla[110] de Abraham sois, pero buscáis me matar,
ὅτι ὁ λόγος ὁ ἐμὸς οὐ χωρεῖ ἐν ὑμῖν.
porque la palabra la mía no encuentra lugar en vosotros.

38 ἐγὼ ὃ ἑώρακα παρὰ τῷ πατρί μου λαλῶ· καὶ ὑμεῖς
Yo lo que he visto de el Padre de mí hablo. Y vosotros
οὖν ὃ ἑωράκατε παρὰ τῷ πατρὶ ὑμῶν ποιεῖτε.
pues lo que habéis visto[111] de el padre de vosotros hacéis.

39 ἀπεκρίθησαν καὶ εἶπον αὐτῷ· ὁ πατὴρ ἡμῶν
Respondieron y dijeron le: el padre de nosotros
Ἀβραάμ ἐστι. λέγει αὐτοῖς ὁ Ἰησοῦς· εἰ τέκνα τοῦ Ἀβραὰμ
Abraham es. Dice les Jesús: si hijos de Abraham
ἦτε, τὰ ἔργα τοῦ Ἀβραὰμ ἐποιεῖτε·
fuerais, las obras de Abraham haríais.

40 νῦν δὲ ζητεῖτέ με ἀποκτεῖναι, ἄνθρωπον ὃς τὴν
Ahora sin embargo buscáis a mí para matar, a hombre que la
ἀλήθειαν ὑμῖν λελάληκα, ἣν ἤκουσα παρὰ τοῦ Θεοῦ·
verdad os ha hablado, la que escuché de Dios.
τοῦτο Ἀβραὰμ οὐκ ἐποίησεν.
Esto Abraham no hizo.

41 ὑμεῖς ποιεῖτε τὰ ἔργα τοῦ πατρὸς ὑμῶν. εἶπον οὖν
Vosotros hacéis las obras del padre de vosotros. Dijeron pues
αὐτῷ· ἡμεῖς ἐκ πορνείας οὐ γεγεννήμεθα·
a él: nosotros de fornicación no hemos resultado.[112]
ἕνα πατέρα ἔχομεν, τὸν Θεόν.
Un padre tenemos, a Dios.

42 εἶπεν οὖν αὐτοῖς ὁ Ἰησοῦς· εἰ ὁ Θεὸς πατὴρ ὑμῶν ἦν,
Dijo pues a ellos Jesús: si Dios padre de vosotros fuera,
ἠγαπᾶτε ἂν ἐμέ· ἐγὼ γὰρ ἐκ τοῦ Θεοῦ ἐξῆλθον
amaríais me. yo Porque de Dios salí
καὶ ἥκω· οὐδὲ γὰρ ἀπ' ἐμαυτοῦ ἐλήλυθα,
y he venido. no Porque de mí mismo he hablado,
ἀλλ' ἐκεῖνός με ἀπέστειλε.
sino aquel me envió.

43 διατί τὴν λαλιὰν τὴν ἐμὴν οὐ γινώσκετε;
¿Por qué el lenguaje[113] el mío no conocéis?
ὅτι οὐ δύνασθε ἀκούειν τὸν λόγον τὸν ἐμόν.
Porque no podéis escuchar la palabra la mía.

---

110. Es decir, descendencia.
111. La NU sustituye por oísteis de.
112. Es decir, nuestra existencia no deriva de un acto de fornicación.
113. O el habla, o las palabras.

44 ὑμεῖς   ἐκ τοῦ πατρὸς τοῦ διαβόλου ἐστὲ, καὶ τὰς   ἐπιθυμίας
Vosotros de el   padre   el   Diablo   sois, y   los   deseos

τοῦ πατρὸς ὑμῶν   θέλετε ποιεῖν. ἐκεῖνος ἀνθρωποκτόνος
del   padre de vosotros queréis hacer. Aquel   homicida

ἦν ἀπ'   ἀρχῆς   καὶ ἐν τῇ ἀληθείᾳ οὐχ ἔστηκεν,
era desde principio y   en la   verdad no   ha permanecido,

ὅτι   οὐκ ἔστιν ἀλήθεια ἐν αὐτῷ· ὅταν   λαλῇ τὸ ψεῦδος,
porque no hay   verdad   en él. Cuando habla la falsedad,

ἐκ τῶν ἰδίων   λαλεῖ, ὅτι   ψεύστης ἐστὶ
de lo propio[114] habla, porque falso   es

καὶ ὁ πατὴρ αὐτοῦ.
y   el padre de ella.

45 ἐγὼ δὲ   ὅτι   τὴν ἀλήθειαν λέγω,   οὐ πιστεύετέ μοι.
Yo sin embargo porque la   verdad   hablo, no creéis   me.

46 τίς   ἐξ ὑμῶν   ἐλέγχει με περὶ ἁμαρτίας;
¿Quién de vosotros convence me de pecado?

εἰ δὲ   ἀλήθειαν λέγω, διατί ὑμεῖς   οὐ πιστεύετέ μοι;
Si sin embargo verdad digo, ¿por qué vosotros no creéis   me?

47 ὁ ὢν   ἐκ τοῦ Θεοῦ τὰ ῥήματα τοῦ Θεοῦ ἀκούει·
El siendo de Dios   las palabras de Dios escucha.

διὰ τοῦτο ὑμεῖς   οὐκ ἀκούετε, ὅτι   ἐκ τοῦ Θεοῦ
Por esto vosotros no escucháis, porque de Dios

οὐκ ἐστέ.
no sois.

48 Ἀπεκρίθησαν οὖν οἱ Ἰουδαῖοι καὶ εἶπον   αὐτῷ·
Respondieron pues los judíos y   dijeron le:

οὐ καλῶς λέγομεν ἡμεῖς   ὅτι Σαμαρίτης
¿No bien decimos nosotros que samaritano

εἶ σὺ καὶ δαιμόνιον ἔχεις;
eres tú y demonio tienes?

49 ἀπεκρίθη   Ἰησοῦς· ἐγὼ δαιμόνιον οὐκ ἔχω,
Respondió Jesús: yo demonio   no tengo,

ἀλλὰ   τιμῶ   τὸν πατέρα μου, καὶ ὑμεῖς   ἀτιμάζετέ με.
sino que honro al padre de mí, y vosotros deshonráis me.

50 ἐγὼ δὲ   οὐ ζητῶ τὴν δόξαν μου·   ἔστιν
Yo sin embargo no busco la gloria de mí. Hay

ὁ ζητῶν   καὶ κρίνων.
el que busca y que juzga.

51 ἀμὴν   ἀμὴν   λέγω ὑμῖν, ἐάν τις   τὸν ἐμὸν
Verdaderamente verdaderamente digo os: si alguno la mía

λόγον τηρήσῃ, θάνατον οὐ μὴ   θεωρήσῃ
palabra guarda, muerte no en absoluto contemplará

εἰς τὸν αἰῶνα.
por la era.[115]

52 εἶπον   οὖν αὐτῷ οἱ Ἰουδαῖοι· νῦν ἐγνώκαμεν   ὅτι
Dijeron pues a él los judíos: ahora hemos conocido que

δαιμόνιον ἔχεις. Ἀβραὰμ ἀπέθανε καὶ οἱ προφῆται, καὶ σὺ
demonio tienes. Abraham murió   y   los profetas, y tú

λέγεις, ἐάν τις   τὸν λόγον   μου   τηρήσῃ, οὐ μὴ γεύσηται
dices, si alguno la palabra de mí guarda, no de ninguna manera

θανάτου   εἰς τὸν αἰῶνα.
gustará muerte por la era.

44 Vosotros de *vuestro* padre el diablo sois, y los deseos de vuestro padre queréis cumplir. él, homicida ha sido desde el principio, y no permaneció en la verdad, porque no hay verdad en él. Cuando habla mentira, de suyo habla; porque es mentiroso, y padre de mentira.
45 Y porque yo digo verdad, no me creéis.
46 ¿Quién de vosotros me redarguye de pecado? Pues si digo verdad, ¿por qué vosotros no me creéis?
47 El que es de Dios, las palabras de Dios oye: por esto no las oís vosotros, porque no sois de Dios.
48 Respondieron entonces los Judíos, y dijéronle: ¿No decimos bien nosotros, que tú eres Samaritano, y tienes demonio?
49 Respondió Jesús: Yo no tengo demonio, antes honro a mi Padre; y vosotros me habéis deshonrado.
50 Y no busco mi gloria: hay quien la busque, y juzgue.
51 De cierto, de cierto os digo, que el que guardare mi palabra, no verá muerte para siempre.
52 Entonces los Judíos le dijeron: Ahora conocemos que tienes demonio. Abraham murió, y los profetas, y tú dices: El que guardare mi palabra, no gustará muerte para siempre.

---

114. O de las cosas propias.
115. Es decir, nunca.

53 ¿Eres tú mayor que nuestro padre Abraham, el cual murió? y los profetas murieron: ¿quién te haces a ti mismo?
54 Respondió Jesús: Si yo me glorifico a mí mismo, mi gloria es nada: mi Padre es el que me glorifica; el que vosotros decís que es vuestro Dios;
55 Y no le conocéis: mas yo le conozco; y si dijere que no le conozco, seré como vosotros mentiroso: mas le conozco, y guardo su palabra.
56 Abraham vuestro padre se gozó por ver mi día; y lo vió, y se gozó.
57 Dijéronle entonces los Judíos: Aun no tienes cincuenta años, ¿y has visto a Abraham?
58 Díjoles Jesús: De cierto, de cierto os digo: Antes que Abraham fuese, yo soy.
59 Tomaron entonces piedras para tirarle: mas Jesús se encubrió, y salió del templo; y atravesando por medio de ellos, se fué.

9 Y pasando Jesús, vió un hombre ciego desde su nacimiento.
2 Y preguntáronle sus discípulos, diciendo: Rabbí, ¿quién pecó, éste o sus padres, para que naciese ciego?
3 Respondió Jesús: Ni éste pecó, ni sus padres: mas para que las obras de Dios se manifiesten en él.

---

53 μὴ σὺ μείζων εἶ τοῦ πατρὸς ἡμῶν Ἀβραάμ, ὅστις
¿Acaso tú mayor eres que el padre de nosotros Abraham, que

ἀπέθανε; καὶ οἱ προφῆται ἀπέθανον· τίνα σεαυτὸν σὺ ποιεῖς;
murió? Y los profetas murieron. ¿Quién a ti mismo tú haces?

54 ἀπεκρίθη Ἰησοῦς· ἐὰν ἐγὼ δοξάζω ἐμαυτόν, ἡ δόξα μου
Respondió Jesús: si yo glorifico a mí mismo, la gloria de mí

οὐδέν ἐστιν· ἔστιν ὁ πατήρ μου ὁ δοξάζων με,
nada es. Es el Padre de mí el glorificando me,

ὃν ὑμεῖς λέγετε ὅτι Θεὸς ἡμῶν ἐστι,
del que vosotros decís que Dios de nosotros es,

55 καὶ οὐκ ἐγνώκατε αὐτόν· ἐγὼ δὲ οἶδα αὐτόν.
Y no conocéis lo. Yo sin embargo conozco lo.

καὶ ἐὰν εἴπω ὅτι οὐκ οἶδα αὐτόν, ἔσομαι ὅμοιος ὑμῶν
Y si dijera que no conozco lo, seré semejante a vosotros

ψεύστης· ἀλλ' οἶδα αὐτὸν καὶ τὸν λόγον αὐτοῦ τηρῶ.
mentiroso, pero conozco lo y la palabra de él guardo.

56 Ἀβραὰμ ὁ πατὴρ ὑμῶν ἠγαλλιάσατο ἵνα
Abraham el padre de vosotros exultó[116] porque

ἴδῃ τὴν ἡμέραν τὴν ἐμήν, καὶ εἶδε καὶ ἐχάρη.
vería el día el mío,[117] y vio y se alegró.

57 εἶπον οὖν οἱ Ἰουδαῖοι πρὸς αὐτόν· πεντήκοντα ἔτη
Dijeron pues los judíos a él: ¿Cincuenta años

οὔπω ἔχεις καὶ Ἀβραὰμ ἑώρακας;
todavía no tienes y a Abraham has visto?

58 εἶπεν αὐτοῖς Ἰησοῦς· ἀμὴν ἀμὴν λέγω ὑμῖν,
Dijo les Jesús: verdaderamente verdaderamente digo os:

πρὶν Ἀβραὰμ γενέσθαι ἐγὼ εἰμί.
Antes de que Abraham llegara a ser Yo soy.[118]

59 ἦραν οὖν λίθους ἵνα βάλωσιν ἐπ' αὐτόν· Ἰησοῦς
Agarraron pues piedras para que arrojaran a él. Jesús

δὲ ἐκρύβη, καὶ ἐξῆλθεν ἐκ τοῦ ἱεροῦ διελθὼν διὰ
sin embargo se ocultó, y salió de el templo pasando[119] por

μέσου αὐτῶν, καὶ παρῆγεν οὕτως.
en medio de ellos, y desapareció así.

9 **1** Καὶ παράγων εἶδεν ἄνθρωπον τυφλὸν ἐκ γενετῆς.
Y pasando vio hombre ciego de nacimiento.

2 καὶ ἠρώτησαν αὐτὸν οἱ μαθηταὶ αὐτοῦ λέγοντες·
Y preguntaron le los discípulos de él diciendo:

ῥαββί, τίς ἥμαρτεν, οὗτος ἢ οἱ γονεῖς αὐτοῦ,
Rabbí, ¿Quién pecó, éste o los padres de él,

ἵνα τυφλὸς γεννηθῇ;
para que ciego resultara?

3 ἀπεκρίθη Ἰησοῦς· οὔτε οὗτος ἥμαρτεν οὔτε οἱ γονεῖς αὐτοῦ,
Respondió Jesús: Ni éste pecó ni los padres de él,

ἀλλ' ἵνα φανερωθῇ τὰ ἔργα τοῦ Θεοῦ ἐν αὐτῷ.
sino para que sean manifestadas las obras de Dios en él.

---

116. Es decir, tuvo una inmensa alegría.
117. Es decir, pensando que iba a ver mi día.
118. Una clara retonancia del "Yo soy" de Éxodo 3.14 que provoca la reacción del v. 59.
119. La NU suprime desde pasando hasta el final del versículo.

4 ἐμὲ[120] δεῖ ἐργάζεσθαι τὰ ἔργα τοῦ πέμψαντός με ἕως
Me es necesario hacer las obras del que envió me hasta

ἡμέρα ἐστίν· ἔρχεται νὺξ ὅτε οὐδεὶς δύναται ἐργάζεσθαι.
que día hay.[121] Viene noche cuando nadie puede obrar.

5 ὅταν ἐν τῷ κόσμῳ ᾦ, φῶς εἰμι τοῦ κόσμου.
Mientras en el mundo esté, luz soy del mundo.

6 ταῦτα εἰπὼν ἔπτυσε χαμαὶ καὶ ἐποίησε πηλὸν ἐκ τοῦ
Esto diciendo escupió en tierra e hizo barro con la

πτύσματος, καὶ ἐπέχρισε τὸν πηλὸν ἐπὶ τοὺς
saliva, y untó el barro sobre los

ὀφθαλμοὺς τοῦ τυφλοῦ
ojos del ciego.

7 καὶ εἶπεν αὐτῷ· ὕπαγε νίψαι εἰς τὴν κολυμβήθραν
Y dijo le: ve a lavar en la piscina

τοῦ Σιλωάμ, ὃ ἑρμηνεύεται ἀπεσταλμένος.
de Siloé, lo que se traduce Habiendo sido envíado.

ἀπῆλθε οὖν καὶ ἐνίψατο, καὶ ἦλθε βλέπων.
Fue pues y se lavó, y vino viendo.

8 Οἱ οὖν γείτονες καὶ οἱ θεωροῦντες αὐτὸν τὸ πρότερον
los Por lo tanto vecinos y los viendo lo - antes

ὅτι τυφλὸς ἦν, ἔλεγον· οὐχ οὗτός ἐστιν
que ciego[122] era, dijeron: ¿No éste es

ὁ καθήμενος καὶ προσαιτῶν;
el que se sentaba y mendigaba?[123]

9 ἄλλοι ἔλεγον ὅτι οὗτός ἐστιν· ἄλλοι δὲ ὅτι ὅμοιος
Unos decían que éste es. Otros sin embargo[124] que semejante

αὐτῷ ἐστιν. ἐκεῖνος ἔλεγεν ὅτι ἐγώ εἰμι.
a él es. Aquel decía que yo soy.

10 ἔλεγον οὖν αὐτῷ· πῶς ἀνεῴχθησάν σου οἱ ὀφθαλμοί;
Decían pues a él: ¿Cómo fueron abiertos de ti los ojos?

11 ἀπεκρίθη ἐκεῖνος καὶ εἶπεν· ἄνθρωπος λεγόμενος Ἰησοῦς
Respondió aquel y dijo: Hombre llamado Jesús

πηλὸν ἐποίησε καὶ ἐπέχρισέ μου τοὺς ὀφθαλμοὺς
barro hizo y untó de mí los ojos

καὶ εἶπέ μοι· ὕπαγε εἰς τὴν κολυμβήθραν τοῦ Σιλωὰμ
y dijo me: ve a la piscina de[125] Siloé

καὶ νίψαι· ἀπελθὼν δὲ καὶ νιψάμενος
y lávate. Yendo entonces y habiendome lavado

ἀνέβλεψα.
recuperé la vista.

12 εἶπον οὖν αὐτῷ· ποῦ ἐστιν ἐκεῖνος; λέγει· οὐκ οἶδα.
Dijeron pues a él: ¿Dónde está aquel? Dice: no sé.

13 Ἄγουσιν αὐτὸν πρὸς τοὺς Φαρισαίους, τόν ποτε τυφλόν.
Llevan lo a los fariseos, al antes ciego.

14 ἦν δὲ σάββατον ὅτε[126] τὸν πηλὸν ἐποίησεν ὁ Ἰησοῦς
Era - sábado cuando el barro hizo Jesús

καὶ ἀνέῳξεν αὐτοῦ τοὺς ὀφθαλμούς.
y abrió de él los ojos.

4Conviéneme obrar las obrar del que me envió, entre tanto que el día dura: la noche viene, cuando nadie puede obrar.
5Entre tanto que estuviere en el mundo, luz soy del mundo.
6Esto dicho, escupió en tierra, e hizo lodo con la saliva, y untó con el lodo sobre los ojos del ciego,
7Y díjole: Ve, lávate en el estanque de Siloé (que significa, si lo interpretares, Enviado). Y fué entonces, y lavóse, y volvió viendo.
8Entonces los vecinos, y los que antes le habían visto que era ciego, decían: ¿no es éste el que se sentaba y mendigaba?
9Unos decían: Este es; y otros: A él se parece. El decía: Yo soy.
10Y dijéronle: ¿Cómo te fueron abiertos los ojos?
11Respondió él y dijo: El hombre que se llama Jesús, hizo lodo, y me untó los ojos, y me dijo: Ve al Siloé, y lávate: y fuí, y me lavé, y recibí la vista.
12Entonces le dijeron: ¿Dónde está aquél? El dijo: No sé.
13Llevaron a los Fariseos al que antes había sido ciego.
14Y era sábado cuando Jesús había hecho el lodo, y le había abierto los ojos.

---

120. La NU sustituye por nos.
121. Es decir, mientras es de día.
122. La NU sustituye por mendigo.
123. Literalmente, sentándose y mendigando.
124. La NU sustituye sin embargo por no, sino que.
125. La NU omite la piscina de.
126. La NU sustituye por en el día.

15 Y volviéronle a preguntar también los Fariseos de qué manera había recibido la vista. Y él les dijo: Púsome lodo sobre los ojos, y me lavé, y veo.
16 Entonces unos de los Fariseos decían: Este hombre no es de Dios, que no guarda el sábado. Otros decían: ¿Cómo puede un hombre pecador hacer estas señales? Y había disensión entre ellos.
17 Vuelven a decir al ciego: ¿Tú, qué dices del que te abrió los ojos? Y él dijo: Que es profeta.
18 Mas los Judíos no creían de él, que había sido ciego, y hubiese recibido la vista, hasta que llamaron a los padres del que había recibido la vista;
19 Y preguntáronles, diciendo: ¿Es éste vuestro hijo, el que vosotros decís que nació ciego? ¿Cómo, pues, ve ahora?
20 Respondiéronles sus padres y dijeron. Sabemos que éste es nuestro hijo, y que nació ciego:
21 Mas cómo vea ahora, no sabemos; o quién le haya abierto los ojos, nosotros no lo sabemos; él tiene edad, preguntadle a él; él hablará de sí.
22 Esto dijeron sus padres, porque tenían miedo de los Judíos: porque ya los Judíos habían resuelto que si alguno confesase ser él el Mesías, fuese fuera de la sinagoga.

15 πάλιν οὖν ἠρώτων αὐτὸν καὶ οἱ Φαρισαῖοι πῶς
De nuevo pues preguntaban le también los fariseos cómo

ἀνέβλεψεν. ὁ δὲ εἶπεν αὐτοῖς·
recuperó la vista. Él entonces dijo les:

πηλὸν ἐπέθηκέ μου ἐπὶ τοὺς ὀφθαλμούς,
barro puso de mí sobre los ojos,

καὶ ἐνιψάμην, καὶ βλέπω.
y me lavé, y veo.

16 ἔλεγον οὖν ἐκ τῶν Φαρισαίων τινές· οὗτος ὁ ἄνθρωπος
Decían pues de los fariseos algunos: éste el hombre

οὐκ ἔστι παρὰ Θεοῦ, ὅτι τὸ σάββατον οὐ τηρεῖ.
no es de Dios, porque el sábado no guarda.

ἄλλοι ἔλεγον· πῶς δύναται ἄνθρωπος ἁμαρτωλὸς
Otros decían: ¿Cómo puede hombre pecador

τοιαῦτα σημεῖα ποιεῖν; καὶ σχίσμα ἦν ἐν αὐτοῖς.
estas señales hacer? Y división había en ellos.

17 λέγουσι τῷ τυφλῷ πάλιν· σὺ τί λέγεις περὶ αὐτοῦ,
Dicen al ciego de nuevo: ¿Tú qué dices acerca de él,

ὅτι ἤνοιξέ σου τοὺς ὀφθαλμούς,
que abrió de ti los ojos?

ὁ δὲ εἶπεν ὅτι προφήτης ἐστίν.
Él entonces dijo que profeta es.

18 Οὐκ ἐπίστευσαν οὖν οἱ Ἰουδαῖοι περὶ αὐτοῦ
No creyeron pues los judíos acerca de él

ὅτι τυφλὸς ἦν καὶ ἀνέβλεψεν, ἕως ὅτου ἐφώνησαν
que ciego era y recuperó la vista, hasta incluso llamaron

τοὺς γονεῖς αὐτοῦ τοῦ ἀναβλέψαντος
a los padres de él el habiendo recuperado la vista.

19 καὶ ἠρώτησαν αὐτοὺς λέγοντες· οὗτός ἐστιν
Y preguntaron les diciendo: ¿Éste es

ὁ υἱὸς ὑμῶν, ὃν ὑμεῖς λέγετε ὅτι τυφλὸς
el hijo de vosotros, que vosotros decís que ciego

ἐγεννήθη; πῶς οὖν ἄρτι βλέπει;
nació? ¿Cómo pues ahora ve?

20 ἀπεκρίθησαν δὲ αὐτοῖς οἱ γονεῖς αὐτοῦ καὶ εἶπον·
Respondieron entonces a ellos los padres de él y dijeron.

οἴδαμεν ὅτι οὗτός ἐστιν ὁ υἱὸς ἡμῶν
sabemos que éste es el hijo de nosotros

καὶ ὅτι τυφλὸς ἐγεννήθη.
y que ciego nació.

21 πῶς δὲ νῦν βλέπει οὐκ οἴδαμεν, ἢ τίς ἤνοιξεν αὐτοῦ
Como entonces ahora ve no sabemos, o quién abrió de él

τοὺς ὀφθαλμοὺς ἡμεῖς οὐκ οἴδαμεν· αὐτὸς ἡλικίαν ἔχει,
los ojos nosotros no sabemos. Él edad tiene,

αὐτὸν ἐρωτήσατε, αὐτὸς περὶ ἑαυτοῦ λαλήσει.
a él preguntad, él acerca de sí mismo hablará.

22 ταῦτα εἶπον οἱ γονεῖς αὐτοῦ, ὅτι ἐφοβοῦντο τοὺς Ἰουδαίους·
Esto dijeron los padres de él, porque temían a los judíos,

ἤδη γὰρ συνετέθειντο οἱ Ἰουδαῖοι ἵνα,
ya Porque habían acordado los judíos para que,

ἐάν τις αὐτὸν ὁμολογήσῃ Χριστόν,
si alguno lo confesara (como) mesías,

ἀποσυνάγωγος γένηται.
expulsado de la sinagoga resultara.

23 διὰ τοῦτο οἱ γονεῖς αὐτοῦ εἶπον ὅτι ἡλικίαν ἔχει,
Por esto los padres de él dijeron que edad tiene,

αὐτὸν ἐπερωτήσατε.
a él preguntad.

24 Ἐφώνησαν οὖν ἐκ δευτέρου τὸν ἄνθρωπον ὃς
Llamaron entonces por segunda (vez) al hombre que

ἦν τυφλὸς, καὶ εἶπον αὐτῷ· δὸς δόξαν τῷ Θεῷ· ἡμεῖς
era ciego, y dijeron le: da gloria a Dios.[127] Nosotros

οἴδαμεν ὅτι ὁ ἄνθρωπος οὗτος ἁμαρτωλός ἐστιν.
sabemos que el hombre éste pecador es.

25 ἀπεκρίθη οὖν ἐκεῖνος καὶ εἶπεν· εἰ ἁμαρτωλός ἐστιν
Respondió pues aquel y dijo: si pecador es

οὐκ οἶδα· ἓν οἶδα, ὅτι τυφλὸς ὢν ἄρτι βλέπω.
no sé. Una cosa sé que ciego siendo ahora veo.

26 εἶπον δὲ αὐτῷ πάλιν· τί ἐποίησέ σοι;
Dijeron entonces a él de nuevo.[128] ¿Qué hizo te?

πῶς ἤνοιξέ σου τοὺς ὀφθαλμούς;
¿Cómo abrió de ti los ojos?

27 ἀπεκρίθη αὐτοῖς· εἶπον ὑμῖν ἤδη, καὶ οὐκ ἠκούσατε·
Respondió les: Dije os ya, y no oísteis.

τί πάλιν θέλετε ἀκούειν; μὴ καὶ ὑμεῖς
¿Qué de nuevo queréis oír? ¿Acaso también vosotros

θέλετε αὐτοῦ μαθηταὶ γενέσθαι;
queréis de él discípulos llegar a ser?

28 ἐλοιδόρησαν αὐτὸν καὶ εἶπον· σὺ εἶ μαθητὴς ἐκείνου·
Injuriaron lo y dijeron: tú eres discípulo de aquel.

ἡμεῖς δὲ τοῦ Μωϋσέως ἐσμὲν μαθηταί.
Nosotros sin embargo de Moisés somos discípulos.

29 ἡμεῖς οἴδαμεν ὅτι Μωϋσεῖ λελάληκεν ὁ Θεός·
Nosotros sabemos que a Moisés ha hablado Dios.

τοῦτον δὲ οὐκ οἴδαμεν πόθεν ἐστίν.
Éste sin embargo no sabemos de dónde es.

30 ἀπεκρίθη ὁ ἄνθρωπος καὶ εἶπεν αὐτοῖς· ἐν γὰρ τούτῳ
Respondió el hombre y dijo les: en Porque ésto

θαυμαστόν ἐστιν, ὅτι ὑμεῖς οὐκ οἴδατε πόθεν ἐστί,
pasmoso es, que vosotros no sabéis de dónde es,

καὶ ἀνέῳξέ μου τοὺς ὀφθαλμούς.
y abrió de mí los ojos.

31 οἴδαμεν δὲ ὅτι ἁμαρτωλῶν ὁ Θεὸς οὐκ ἀκούει,
Sabemos sin embargo que pecadores Dios no escucha,

ἀλλ' ἐάν τις θεοσεβὴς ᾖ καὶ τὸ θέλημα αὐτοῦ ποιῇ,
pero si alguno piadoso[129] sea y la voluntad de él haga,

τούτου ἀκούει.
a éste escucha.

32 ἐκ τοῦ αἰῶνος οὐκ ἠκούσθη ὅτι ἤνοιξέ τις ὀφθαλμοὺς
De la era,[130] no fue escuchado que abriera alguien ojos

τυφλοῦ γεγεννημένου·
de ciego engendrado.[131]

33 εἰ μὴ ἦν οὗτος παρὰ Θεοῦ, οὐκ ἠδύνατο ποιεῖν οὐδέν.
Si no fuera éste de Dios, no podía hacer nada.

23 Por eso dijeron sus padres: Edad tiene, preguntadle a él.
24 Así que, volvieron a llamar al hombre que había sido ciego, y dijéronle: Da gloria a Dios: nosotros sabemos que este hombre es pecador.
25 Entonces él respondió, y dijo: Si es pecador, no lo sé: una cosa sé, que habiendo yo sido ciego, ahora veo.
26 Y volviéronle a decir: ¿Qué te hizo? ¿Cómo te abrió los ojos?
27 Respondióles: Ya os lo he dicho, y no habéis atendido: ¿por qué lo queréis otra vez oir? ¿queréis también vosotros haceros sus discípulos?
28 Y le ultrajaron, y dijeron: Tú eres su discípulo; pero nosotros discípulos de Moisés somos.
29 Nosotros sabemos que a Moisés habló Dios: mas éste no sabemos de dónde es.
30 Respondió aquel hombre, y díjoles: Por cierto, maravillosa cosa es ésta, que vosotros no sabéis de dónde sea, y *a mí* me abrió los ojos.
31 Y sabemos que Dios no oye a los pecadores: mas si alguno es temeroso de Dios, y hace su voluntad, a éste oye.
32 Desde el siglo no fué oído, que abriese alguno los ojos de uno que nació ciego.
33 Si éste no fuera de Dios, no pudiera hacer nada.

---

127. Expresión hecha, que significa: di la verdad.
128. La NU suprime de nuevo.
129. Lit: honra a Dios.
130. Es decir, desde que empezó la era actual, desde el inicio del mundo.
131. Es decir, habiendo nacido ciego.

34Respondieron, y dijéronle: En pecados eres nacido todo, ¿y tú nos enseñas? Y echáronle fuera.
35Oyó Jesús que le habían echado fuera; y hallándole, díjole: ¿Crees tú en el Hijo de Dios?
36Respondió él, y dijo: ¿Quién es, Señor, para que crea en él?
37Y díjole Jesús: Y le has visto, y el que habla contigo, él es.
38Y él dice: Creo, Señor; y adoróle.
39Y dijo Jesús: Yo, para juicio he venido a este mundo: para que los que no ven, vean; y los que ven, sean cegados.
40Y *ciertos* de los Fariseos que estaban con él oyeron esto, y dijéronle: ¿Somos nosotros también ciegos?
41Díjoles Jesús: Si fuerais ciegos, no tuvierais pecado: mas ahora porque decís, Vemos, por tanto vuestro pecado permanece.

10 De cierto, de cierto os digo: El que no entra por la puerta en el corral de las ovejas, mas sube por otra parte, el tal es ladrón y robador.
2Mas el que entra por la puerta, el pastor de las ovejas es.

34 ἀπεκρίθησαν καὶ εἶπον αὐτῷ· ἐν ἁμαρτίαις
Respondieron y dijeron le: ¿en pecados
σὺ ἐγεννήθης ὅλος, καὶ σὺ διδάσκεις ἡμᾶς;
tú fuiste engendrado todo, y tú enseñas nos?
καὶ ἐξέβαλον αὐτὸν ἔξω.
Y arrojaron lo fuera.

35 Ἤκουσεν ὁ Ἰησοῦς ὅτι ἐξέβαλον αὐτὸν ἔξω, καὶ εὑρὼν
Escuchó Jesús que arrojaron lo fuera, y encontrando
αὐτὸν εἶπεν αὐτῷ· σὺ πιστεύεις εἰς τὸν Υἱὸν τοῦ Θεοῦ;
lo dijo le: ¿Tú crees en el Hijo de Dios?[132]

36 ἀπεκρίθη ἐκεῖνος καὶ εἶπε· καὶ τίς ἐστι,
Respondió aquel y dijo: ¿Y quién es,
Κύριε, ἵνα πιστεύσω εἰς αὐτόν;
Señor, para que crea en él?

37 εἶπε δὲ αὐτῷ ὁ Ἰησοῦς· καὶ ἑώρακας αὐτὸν
Dijo entonces a él Jesús: No sólo has visto lo
καὶ ὁ λαλῶν μετὰ σοῦ ἐκεῖνός ἐστιν.
sino que también el hablando contigo ése es.

38 ὁ δὲ ἔφη· πιστεύω, Κύριε· καὶ προσεκύνησεν αὐτῷ.
Él entonces dijo: creo, Señor. Y adoró lo.

39 καὶ εἶπεν ὁ Ἰησοῦς· εἰς κρίμα ἐγὼ εἰς τὸν κόσμον τοῦτον
Y dijo Jesús: para juicio yo a el mundo éste
ἦλθον, ἵνα οἱ μὴ βλέποντες βλέπωσι καὶ
vine, para que los que no ven vean y
οἱ βλέποντες τυφλοὶ γένωνται.
los que ven ciegos resulten.

40 Καὶ ἤκουσαν ἐκ τῶν Φαρισαίων ταῦτα οἱ ὄντες
Y oyeron (algunos) de los fariseos estas cosas los estando
μετ' αὐτοῦ, καὶ εἶπον αὐτῷ· μὴ καὶ ἡμεῖς
con él, y dijeron le: ¿Acaso también nosotros
τυφλοί ἐσμεν;
ciegos estamos?

41 εἶπεν αὐτοῖς ὁ Ἰησοῦς· εἰ τυφλοὶ ἦτε, οὐκ ἂν εἴχετε
Dijo les Jesús: si ciegos fuerais, no entonces tendríais
ἁμαρτίαν· νῦν δὲ λέγετε ὅτι Βλέπομεν·
pecado. Ahora sin embargo decís que vemos.
ἡ οὖν ἁμαρτία ὑμῶν μένει.
el Por lo tanto[133] pecado de vosotros permanece.

10 **1** Ἀμὴν ἀμὴν λέγω ὑμῖν, ὁ μὴ
Verdaderamente verdaderamente digo os, el que no
εἰσερχόμενος διὰ τῆς θύρας εἰς τὴν αὐλὴν τῶν
entra por la puerta a el redil de las
προβάτων, ἀλλὰ ἀναβαίνων ἀλλαχόθεν,
ovejas, sino subiendo por otro lado,
ἐκεῖνος κλέπτης ἐστὶ καὶ λῃστής·
ése ladrón es y bandido.

2 ὁ δὲ εἰσερχόμενος διὰ τῆς θύρας ποιμήν
El que sin embargo entra por la puerta pastor
ἐστι τῶν προβάτων.
es de las ovejas.

---

132. La NU sustituye de Dios por del Hombre.
133. La NU omite por lo tanto.

3 τούτῳ ὁ θυρωρὸς ἀνοίγει, καὶ τὰ πρόβατα τῆς φωνῆς αὐτοῦ
A éste el portero abre, y las ovejas la voz de él
ἀκούει, καὶ τὰ ἴδια πρόβατα καλεῖ
escuchan, y a las propias ovejas llama
κατ' ὄνομα καὶ ἐξάγει αὐτά.
por nombre y saca las.

4 καὶ ὅταν τὰ ἴδια πρόβατα ἐκβάλῃ, ἔμπροσθεν αὐτῶν
Y cuando las propias ovejas saca, delante de ellas
πορεύεται, καὶ τὰ πρόβατα αὐτῷ ἀκολουθεῖ,
va, y las ovejas a él siguen,
ὅτι οἴδασι τὴν φωνὴν αὐτοῦ·
porque conocen la voz de él.

5 ἀλλοτρίῳ δὲ οὐ μὴ ἀκολουθήσουσιν,
A extraño sin embargo no de ninguna manera seguirán,
ἀλλὰ φεύξονται ἀπ' αὐτοῦ, ὅτι οὐκ οἴδασι
sino que huirán de él, porque no conocen
τῶν ἀλλοτρίων τὴν φωνήν.
de los extraños la voz.

6 Ταύτην τὴν παροιμίαν εἶπεν αὐτοῖς ὁ Ἰησοῦς·
Este lenguaje figurado dijo les Jesús:
ἐκεῖνοι δὲ οὐκ ἔγνωσαν τίνα ἦν ἃ
Aquellos sin embargo no conocían cuáles eran las
ἐλάλει αὐτοῖς.
cosas que hablaba les.

7 Εἶπεν οὖν πάλιν αὐτοῖς ὁ Ἰησοῦς· ἀμὴν
Dijo entonces de nuevo a ellos Jesús: Verdaderamente
ἀμὴν λέγω ὑμῖν ὅτι ἐγώ εἰμι ἡ
verdaderamente digo os que yo soy la
θύρα τῶν προβάτων.
puerta de las ovejas.

8 πάντες ὅσοι ἦλθον πρὸ ἐμοῦ κλέπται εἰσὶ καὶ λῃσταί·
Todos cuantos vinieron antes de mí[134] ladrones son y bandidos,
ἀλλ' οὐκ ἤκουσαν αὐτῶν τὰ πρόβατα.
pero no escucharon los las ovejas.

9 ἐγώ εἰμι ἡ θύρα· δι' ἐμοῦ ἐάν τις εἰσέλθῃ,
Yo soy la puerta. A través de mí si alguno entra,
σωθήσεται, καὶ εἰσελεύσεται καὶ ἐξελεύσεται, καὶ νομὴν εὑρήσει.
será salvado, y entrará y saldrá, y pasto encontrará.

10 ὁ κλέπτης οὐκ ἔρχεται εἰ μὴ ἵνα κλέψῃ καὶ θύσῃ
El ladrón no viene si no para que robe y mate
καὶ ἀπολέσῃ· ἐγὼ ἦλθον ἵνα ζωὴν ἔχωσι
y destruya. Yo vine para que vida tengan
καὶ περισσὸν ἔχωσιν.
y sobreabundante tengan.

11 ἐγώ εἰμι ὁ ποιμὴν ὁ καλός. ὁ ποιμὴν ὁ καλὸς[135] τὴν ψυχὴν αὐτοῦ
Yo soy el pastor el bueno. El pastor el bueno el alma[136] de él
τίθησιν ὑπὲρ τῶν προβάτων·
pone por las ovejas.

3 A éste abre el portero, y las ovejas oyen su voz: y a sus ovejas llama por nombre, y las saca.
4 Y como ha sacado fuera todas las propias, va delante de ellas; y las ovejas le siguen, porque conocen su voz.
5 Mas al extraño no seguirán, antes huirán de él: porque no conocen la voz de los extraños.
6 Esta parábola les dijo Jesús; mas ellos no entendieron qué era lo que les decía.
7 Volvióles, pues, Jesús a decir: De cierto, de cierto os digo: Yo soy la puerta de las ovejas.
8 Todos los que antes de mí vinieron, ladrones son y robadores; mas no los oyeron las ovejas.
9 Yo soy la puerta: el que por mí entrare, será salvo; y entrará, y saldrá, y hallará pastos.
10 El ladrón no viene sino para hurtar, y matar, y destruir: yo he venido para que tengan vida, y para que *la* tengan en abundancia.
11 Yo soy el buen pastor: el buen pastor su vida da por las ovejas.

---

134. La NU coloca antes de mí entre paréntesis.
135. La palabra incluye también el sentido de excelencia y de belleza.
136. O vida.

12 Mas el asalariado, y que no es el pastor, de quien no son propias las ovejas, ve al lobo que viene, y deja las ovejas, y huye, y el lobo las arrebata, y esparce las ovejas.
13 Así que, el asalariado, huye, porque es asalariado, y no tiene cuidado de las ovejas.
14 Yo soy el buen pastor; y conozco mis *ovejas*, y las mías me conocen.
15 Como el Padre me conoce, y yo conozco al Padre; y pongo mi vida por las ovejas.
16 También tengo otras ovejas que no son de este redil; aquéllas también me conviene traer, y oirán mi voz; y habrá un rebaño, y un pastor.
17 Por eso me ama el Padre, porque yo pongo mi vida, para volverla a tomar.
18 Nadie me la quita, mas yo la pongo de mí mismo. Tengo poder para ponerla, y tengo poder para volverla a tomar. Este mandamiento recibí de mi Padre.
19 Y volvió a haber disensión entre los Judíos por estas palabras.
20 Y muchos de ellos decían: Demonio tiene, y está fuera de sí; ¿para qué le oís?
21 Decían otros: Estas palabras no son de endemoniado: ¿puede el demonio abrir los ojos de los ciegos?

12 ὁ μισθωτὸς δὲ καὶ οὐκ ὢν ποιμήν, οὗ
El asalariado sin embargo también no siendo pastor, del cual
οὐκ εἰσὶ τὰ πρόβατα ἴδια, θεωρεῖ τὸν λύκον ἐρχόμενον
no son las ovejas propias, contempla el lobo viniendo
καὶ ἀφίησι τὰ πρόβατα καὶ φεύγει· καὶ ὁ λύκος
y deja las ovejas y huye. Y el lobo
ἁρπάζει αὐτὰ καὶ σκορπίζει τὰ πρόβατα.
se apodera[137] de ellas y dispersa las ovejas.

13 ὁ δὲ μισθρωτὸς φεύγει, ὅτι μισθωτὸς ἐστι καὶ οὐ μέλει
El - asalariado huye, porque asalariado es y no preocupa
αὐτῷ περὶ τῶν προβάτων.
se por las ovejas.

14 ἐγώ εἰμι ὁ ποιμὴν ὁ καλός,[138] καὶ γινώσκω τὰ ἐμὰ
Yo soy el pastor el bueno, y conozco las mías
καὶ γινώσκομαι ὑπὸ τῶν ἐμῶν,
y soy conocido por las mías.[139]

15 καθὼς γινώσκει με ὁ πατὴρ κἀγὼ γινώσκω τὸν πατέρα,
Como conoce me el Padre también yo conozco al Padre,
καὶ τὴν ψυχήν μου τίθημι ὑπὲρ τῶν προβάτων.
y el alma[140] de mí pongo por las ovejas.

16 καὶ ἄλλα πρόβατα ἔχω, ἃ οὐκ ἔστιν ἐκ τῆς αὐλῆς ταύτης·
Y otras ovejas tengo, que no son de el redil éste.
κἀκεῖνά με δεῖ ἀγαγεῖν, καὶ τῆς φωνῆς μου
Y ésas también me es necesario traer, y la voz de mí
ἀκούσουσι, καὶ γενήσονται μία ποίμνη, εἷς ποιμήν.
escucharán, y resultará un rebaño, un pastor.

17 διὰ τοῦτό ὁ πατήρ με ἀγαπᾷ, ὅτι ἐγὼ τίθημι τὴν ψυχήν μου,
Por esto el Padre me ama, porque yo pongo la vida de mí,
ἵνα πάλιν λάβω αὐτήν.
para que de nuevo reciba la.

18 οὐδεὶς αἴρει αὐτὴν ἀπ' ἐμοῦ, ἀλλ' ἐγὼ τίθημι αὐτὴν
Ninguno quita la de mí, sino que yo pongo la
ἀπ' ἐμαυτοῦ· ἐξουσίαν ἔχω θεῖναι αὐτήν, καὶ ἐξουσίαν
de mí mismo. Autoridad tengo para poner la, y autoridad
ἔχω πάλιν λαβεῖν αὐτήν· ταύτην τὴν ἐντολὴν
tengo de nuevo para tomar la. Este el mandamiento
ἔλαβον παρὰ τοῦ πατρός μου.
recibí de el Padre de mí.

19 Σχίσμα οὖν πάλιν ἐγένετο ἐν τοῖς Ἰουδαίοις
División pues de nuevo aconteció entre los judíos
διὰ τοὺς λόγους τούτους.
por las palabras éstas.

20 ἔλεγον δὲ πολλοὶ ἐξ αὐτῶν· δαιμόνιον ἔχει καὶ
Decían sin embargo muchos de ellos. Demonio tiene y
μαίνεται· τί αὐτοῦ ἀκούετε;
está loco. ¿Por qué lo escucháis?

21 ἄλλοι ἔλεγον· ταῦτα τὰ ῥήματα οὐκ ἔστι δαιμονιζομένου·
Otros decían: Éstas las palabras no son de endemoniado.
μὴ δαιμόνιον δύναται τυφλῶν ὀφθαλμοὺς ἀνοίγειν;
¿Acaso a demonio es posible de ciegos ojos abrir?

---

137. Es decir, las convierte en objeto de su rapiña, las arrebata.
138. Ver la nota 10.11.
139. La NU sustituye por las mías me conocen.
140. O la vida.

22 Ἐγένετο τότε τὰ ἐγκαίνια ἐν τοῖς Ἱεροσολύμοις,
Era entonces la fiesta de la dedicación en Jerusalén,
χειμὼν ἦν·
invierno era.

23 καὶ περιεπάτει ὁ Ἰησοῦς ἐν τῷ ἱερῷ ἐν τῇ στοᾷ
Y caminaba Jesús por el templo en el pórtico
τοῦ Σολομῶνος.
de Salomón.

24 ἐκύκλωσαν οὖν αὐτὸν οἱ Ἰουδαῖοι καὶ ἔλεγον αὐτῷ·
Rodearon pues a él los judíos y dijeron le:
ἕως πότε τὴν ψυχὴν ἡμῶν αἴρεις; εἰ σὺ εἶ
¿Hasta cuando el alma de nosotros tomas?[141] Si tú eres
ὁ Χριστός, εἰπὲ ἡμῖν παρρησίᾳ.
el mesías, di nos abiertamente.

25 ἀπεκρίθη αὐτοῖς ὁ Ἰησοῦς· εἶπον ὑμῖν, καὶ οὐ πιστεύετε·
Respondió les Jesús: Dije a vosotros, y no creéis.
τὰ ἔργα ἃ ἐγὼ ποιῶ ἐν τῷ ὀνόματι τοῦ πατρός μου,
Las obras que yo hago en el nombre del Padre de mí,
ταῦτα μαρτυρεῖ περὶ ἐμοῦ·
éstas testifican acerca de mí.

26 ἀλλ' ὑμεῖς οὐ πιστεύετε· οὐ γὰρ ἐστὲ ἐκ τῶν
Sin embargo vosotros no creéis, no Porque sois de las
προβάτων τῶν ἐμῶν, καθὼς εἶπον ὑμῖν.
ovejas las mías, como dije os.[142]

27 τὰ πρόβατα τὰ ἐμὰ τῆς φωνῆς μου ἀκούει,
Las ovejas las mías la voz de mí escuchan,
κἀγὼ γινώσκω αὐτά, καὶ ἀκολουθοῦσί μοι,
y yo conozco las, y siguen me.

28 κἀγὼ ζωὴν αἰώνιον δίδωμι αὐτοῖς, καὶ οὐ μὴ
Y yo vida eterna doy les, y no de ninguna manera
ἀπόλωνται εἰς τὸν αἰῶνα, καὶ οὐχ ἁρπάσει τις αὐτὰ
perecerán para la era,[143] y no arrebatará alguien a ellas
ἐκ τῆς χειρός μου.[144]
de la mano de mí.

29 ὁ πατήρ μου, ὃς δέδωκέ μοι, μεῖζόν πάντων ἐστι,
El Padre de mí, el que ha dado a mí, mayor que todos es,[145]
καὶ οὐδεὶς δύναται ἁρπάζειν ἐκ τῆς χειρὸς τοῦ πατρός.
y ninguno puede arrebatar de la mano del Padre.

30 ἐγὼ καὶ ὁ πατὴρ ἕν ἐσμεν.
Yo y el Padre uno somos.

31 Ἐβάστασαν οὖν πάλιν λίθους οἱ Ἰουδαῖοι
Cogieron pues de nuevo piedras los judíos
ἵνα λιθάσωσιν αὐτόν.
para que apedrearan lo.

32 ἀπεκρίθη αὐτοῖς ὁ Ἰησοῦς· πολλὰ καλὰ ἔργα ἔδειξα
Respondió les Jesús: muchas buenas obras mostré
ὑμῖν ἐκ τοῦ πατρός· διὰ ποῖον αὐτῶν ἔργον λιθάζετε με;
a vosotros de el Padre. ¿Por cuál de ellas obra apedreáis me?

22 Y se hacía la fiesta de la dedicación en Jerusalem; y era invierno;
23 Y Jesús andaba en el templo por el portal de Salomón.
24 Y rodeáronle los Judíos y dijéronle: ¿Hasta cuándo nos has de turbar el alma? Si tú eres el Cristo, dínoslo abiertamente.
25 Respondióles Jesús: Os *lo* he dicho, y no creéis: las obras que yo hago en nombre de mi Padre, ellas dan testimonio de mí;
26 Mas vosotros no creéis, porque no sois de mis ovejas, como os he dicho.
27 Mis ovejas oyen mi voz, y yo las conozco, y me siguen;
28 Y yo les doy vida eterna y no perecerán para siempre, ni nadie las arrebatará de mi mano.
29 Mi Padre que me *las* dió, mayor que todos es y nadie *las* puede arrebatar de la mano de mi Padre.
30 Yo y el Padre una cosa somos.
31 Entonces volvieron a tomar piedras los Judíos para apedrearle.
32 Respondióles Jesús: Muchas buenas obras os he mostrado de mi Padre, ¿por cuál obra de esas me apedreáis?

---

141. Es decir, tienes en suspenso, tienes en vilo.
142. La NU omite como dije os.
143. Es decir, para siempre.
144. Es decir, estando en mis manos, nadie podrá apoderarse de ellas.
145. La NU sustituye el que por lo que mi Padre me ha dado.

33 Respondiéronle los Judíos, diciendo: Por buena obra no te apedreamos, sino por la blasfemia; y porque tú, siendo hombre, te haces Dios.
34 Respondióles Jesús: ¿No está escrito en vuestra ley: Yo dije, Dioses sois?
35 Si dijo, dioses, a aquellos a los cuales fué hecha palabra de Dios (y la Escritura no puede ser quebrantada);
36 ¿A quien el Padre santificó y envió al mundo, vosotros decís: Tú blasfemas, porque dije: Hijo de Dios soy?
37 Si no hago obras de mi Padre, no me creáis.
38 Mas si las hago, aunque a mí no creáis, creed a las obras; para que conozcáis y creáis que el Padre está en mí, y yo en el Padre.
39 Y procuraban otra vez prenderle; mas él se salió de sus manos;
40 Y volvióse tras el Jordán, a aquel lugar donde primero había estado bautizando Juan; y estúvose allí.
41 Y muchos venían a él, y decían: Juan, a la verdad, ninguna señal hizo; mas todo lo que Juan dijo de éste, era verdad.
42 Y muchos creyeron allí en él.

11 Estaba entonces enfermo uno *llamado* Lázaro, de Bethania, la aldea de María y de Marta su hermana.

33 ἀπεκρίθησαν αὐτῷ οἱ Ἰουδαῖοι λέγοντες·
Respondieron le los judíos diciendo:
περὶ καλοῦ ἔργου οὐ λιθάζομέν σε, ἀλλὰ περὶ βλασφημίας,
por buena obra no te apedreamos te, sino por blasfemia,
καὶ ὅτι σὺ ἄνθρωπος ὢν ποιεῖς σεαυτὸν Θεόν.
y porque tú hombre siendo haces a ti mismo Dios.

34 ἀπεκρίθη αὐτοῖς ὁ Ἰησοῦς· οὐκ ἔστι γεγραμμένον
Respondió les Jesús: ¿No está escrito
ἐν τῷ νόμῳ ὑμῶν, Ἐγὼ εἶπα, Θεοί ἐστε;
en la ley de vosotros: Yo dije: dioses sois?

35 εἰ ἐκείνους εἶπε θεοὺς, πρὸς οὓς ὁ λόγος τοῦ Θεοῦ
Si a aquellos dijo dioses, a los que la palabra de Dios
ἐγένετο, καὶ οὐ δύναται λυθῆναι ἡ γραφή,
resultó, y no puede ser violada la Escritura,

36 ὃν ὁ πατὴρ ἡγίασε καὶ ἀπέστειλεν εἰς τὸν κόσμον,
al que el Padre santificó y envió a el mundo,
ὑμεῖς λέγετε ὅτι βλασφημεῖς, ὅτι εἶπον,
¿vosotros decís que blasfemas, porque dijo,
υἱὸς τοῦ Θεοῦ εἰμι;
Hijo de Dios soy?

37 εἰ οὐ ποιῶ τὰ ἔργα τοῦ πατρός μου,
Si no hago las obras del Padre de mí,
μὴ πιστεύετέ μοι·
no creáis en mí.

38 εἰ δὲ ποιῶ, κἂν ἐμοὶ μὴ πιστεύητε, τοῖς ἔργοις
Si sin embargo hago, incluso si en mí no creéis, en las obras
πιστεύσατε, ἵνα γνῶτε καὶ πιστεύσητε ὅτι ἐν ἐμοὶ
creed, para que sepáis y creáis[146] que en mí
ὁ πατὴρ κἀγὼ ἐν αὐτῷ.
el Padre (está) y yo en él.

39 Ἐζήτουν οὖν πάλιν αὐτὸν πιάσαι· καὶ ἐξῆλθεν
Buscaban pues de nuevo a él capturar. Y salió
ἐκ τῆς χειρὸς αὐτῶν.
de la mano de ellos.

40 Καὶ ἀπῆλθε πάλιν πέραν τοῦ Ἰορδάνου, εἰς τὸν τόπον ὅπου
Y fue de nuevo más allá del Jordán, a el lugar donde
ἦν Ἰωάννης τὸ πρῶτον βαπτίζων, καὶ ἔμεινεν ἐκεῖ.
estaba Juan primero bautizando, y se quedó allí.

41 καὶ πολλοὶ ἦλθον πρὸς αὐτὸν καὶ ἔλεγον ὅτι Ἰωάννης
Y muchos vinieron a él y decían que Juan
μὲν σημεῖον ἐποίησεν οὐδέν, πάντα δὲ ὅσα
ciertamente señal[147] hizo ninguna, todo sin embargo cuanto
εἶπεν Ἰωάννης περὶ τούτου, ἀληθῆ ἦν.
dijo Juan acerca de éste, verdadero era.

42 καὶ ἐπίστευσαν πολλοὶ ἐκεῖ εἰς αὐτόν.
Y creyeron muchos allí en él.

11 **1** Ἦν δέ τις ἀσθενῶν Λάζαρος ἀπὸ Βηθανίας,
Había entonces uno estando enfermo Lázaro de Betania,
ἐκ τῆς κώμης Μαρίας καὶ Μάρθας τῆς ἀδελφῆς αὐτῆς.
de la aldea de María y de Marta la hermana de ella.

---

146. La NU sustituye por conozcáis.
147. En el sentido de milagro.

2 ἦν δὲ Μαρία ἡ ἀλείψασα τὸν κύριον μύρῳ καὶ
Estaba entonces María la que ungió al Señor con mirra y
ἐκμάξασα τοὺς πόδας αὐτοῦ ταῖς θριξὶν αὐτῆς,
la que limpió los pies de él con los cabellos de ella,
ἧς ὁ ἀδελφὸς Λάζαρος ἠσθένει.
de la cual el hermano Lázaro estaba enfermo.

3 ἀπέστειλαν οὖν αἱ ἀδελφαὶ πρὸς αὐτὸν λέγουσαι·
Enviaron pues las hermanas a él diciendo:
Κύριε, ἴδε ὃν φιλεῖς ἀσθενεῖ.
Señor, mira al que amas está enfermo.

4 ἀκούσας δὲ ὁ Ἰησοῦς εἶπεν· αὕτη ἡ ἀσθένεια
Escuchando sin embargo Jesús dijo: Ésta la enfermedad
οὐκ ἔστι πρὸς θάνατον, ἀλλ' ὑπὲρ τῆς δόξης τοῦ Θεοῦ,
no es para muerte, sino por la gloria de Dios,
ἵνα δοξασθῇ ὁ υἱὸς τοῦ Θεοῦ δι' αὐτῆς.
para que sea glorificado el Hijo de Dios mediante ella.

5 ἠγάπα δὲ ὁ Ἰησοῦς τὴν Μάρθαν καὶ τὴν ἀδελφὴν
Amaba sin embargo Jesús a Marta y a la hermana
αὐτῆς καὶ τὸν Λάζαρον.
de ella y a Lázaro.

6 ὡς οὖν ἤκουσεν ὅτι ἀσθενεῖ, τότε μὲν ἔμεινεν
Como pues escuchó que está enfermo, entonces - se quedó
ἐν ᾧ ἦν τόπῳ δύο ἡμέρας·
en el que estaba lugar dos días.

7 ἔπειτα μετὰ τοῦτο λέγει τοῖς μαθηταῖς· ἄγωμεν
Entonces después de esto dice a los discípulos: Vamos
εἰς τὴν Ἰουδαίαν πάλιν.
a la Judea de nuevo.

8 λέγουσιν αὐτῷ οἱ μαθηταί· ῥαββί, νῦν ἐζήτουν σε
Dicen le los discípulos: ¿Rabbí, ahora buscaban te
λιθάσαι οἱ Ἰουδαῖοι, καὶ πάλιν ὑπάγεις ἐκεῖ;
apedrear los judíos, y de nuevo vas allí?

9 ἀπεκρίθη Ἰησοῦς· οὐχὶ δώδεκα εἰσιν ὧραι τῆς ἡμέρας;
Respondió Jesús: ¿No doce son horas del día?
ἐάν τις περιπατῇ ἐν τῇ ἡμέρᾳ, οὐ προσκόπτει,
Si alguno camino por el día, no tropieza,
ὅτι τὸ φῶς τοῦ κόσμου τούτου βλέπει·
porque la luz del mundo éste ve.

10 ἐὰν δέ τις περιπατῇ ἐν τῇ νυκτί, προσκόπτει,
Si sin embargo alguno camina por la noche, tropieza,
ὅτι τὸ φῶς οὐκ ἔστιν ἐν αὐτῷ.
porque la luz no está en él.

11 ταῦτα εἶπε, καὶ μετὰ τοῦτο λέγει αὐτοῖς· Λάζαρος ὁ φίλος
Esto dijo, y después de esto dice les: Lázaro el amigo
ἡμῶν κεκοίμηται· ἀλλὰ πορεύομαι ἵνα
de nosotros se ha dormido, pero voy para que
ἐξυπνίσω αὐτόν.
despierte lo.

12 εἶπον οὖν οἱ μαθηταὶ αὐτοῦ· Κύριε, εἰ κεκοίμηται,
Dijeron pues los discípulos de él:[148] Señor, si se ha dormido,
σωθήσεται.
será salvado.[149]

2(Y María, cuyo hermano Lázaro estaba enferma, era la que ungió al Señor con ungüento, y limpió sus pies con sus cabellos)
3Enviaron, pues, sus hermanas a él, diciendo: Señor, he aquí, el que amas está enfermo.
4Y oyéndolo Jesús, dijo: Esta enfermedad no es para muerte, mas por gloria de Dios, para que el Hijo de Dios sea glorificado por ella.
5Y amaba Jesús a Marta, y a su hermana, y a Lázaro.
6Como oyó pues que estaba enfermo, quedóse aún dos días en aquel lugar donde estaba.
7Luego, después de esto, dijo a los discípulos: Vamos a Judea otra vez.
8Dícenle los discípulos: Rabbí, ahora procuraban los Judíos apedrearte, ¿y otra vez vas allá?
9Respondió Jesús: ¿No tiene el día doce horas? El que anduviere de día, no tropieza, porque ve la luz de este mundo.
10Mas el que anduviere de noche, tropieza, porque no hay luz en él.
11Dicho esto, díceles después: Lázaro nuestro amigo duerme; mas voy a despertarle del sueño.
12Dijeron entonces sus discípulos: Señor, si duerme, salvo estará.

---

148. La NU sustituye por a él.
149. O será curado.

13 Mas *esto* decía Jesús de la muerte de él: y ellos pensaron que hablaba del reposar del sueño.
14 Entonces, pues, Jesús les dijo claramente: Lázaro es muerto;
15 Y huélgome por vosotros, que yo no haya estado allí, para que creáis: mas vamos a él.
16 Dijo entonces Tomás, el que se dice el Dídimo, a sus condiscípulos: Vamos también nosotros, para que muramos con él.
17 Vino pues Jesús, y halló que había ya cuatro días que estaba en el sepulcro.
18 Y Bethania estaba cerca de Jerusalem, como quince estadios;
19 Y muchos de los Judíos habían venido a Marta y a María, a consolarlas de su hermano.
20 Entonces Marta, como oyó que Jesús venía, salió a encontrarle; mas María se estuvo en casa.
21 Y Marta dijo a Jesús: Señor, si hubieses estado aquí, mi hermano no fuera muerto;
22 Mas también sé ahora, que todo lo que pidieres de Dios, te dará Dios.
23 Dícele Jesús: Resucitará tu hermano.

13 εἰρήκει δὲ ὁ Ἰησοῦς περὶ τοῦ θανάτου αὐτοῦ·
Había hablado sin embargo Jesús acerca de la muerte de él.
ἐκεῖνοι δὲ ἔδοξαν ὅτι περὶ τῆς κοιμήσεως
Aquellos sin embargo consideraron que acerca de el sopor
τοῦ ὕπνου λέγει.
del sueño habla.

14 τότε οὖν εἶπεν αὐτοῖς ὁ Ἰησοῦς παρρησίᾳ·
Entonces pues dijo les Jesús abiertamente:[150]
Λάζαρος ἀπέθανε,
Lázaro murió.

15 καὶ χαίρω δι' ὑμᾶς, ἵνα πιστεύσητε, ὅτι οὐκ
Y me alegro por vosotros, para que creáis porque no
ἤμην ἐκεῖ· ἀλλ' ἄγωμεν πρὸς αὐτόν.
estaba allí, pero vayamos a él.

16 εἶπεν οὖν Θωμᾶς ὁ λεγόμενος Δίδυμος τοῖς συμμαθηταῖς·
Dijo pues Tomás el llamado Gemelo a los condiscípulos:
ἄγωμεν καὶ ἡμεῖς ἵνα ἀποθάνωμεν μετ' αὐτοῦ.
Vayamos también nosotros para que muramos con él.

17 Ἐλθὼν οὖν ὁ Ἰησοῦς εὗρεν αὐτὸν τέσσαρας ἡμέρας
Viniendo pues Jesús encontró lo cuatro días
ἤδη ἔχοντα ἐν τῷ μνημείῳ.
ya teniendo[151] en el sepulcro.

18 ἦν δὲ ἡ Βηθανία ἐγγὺς τῶν Ἱεροσολύμων
Estaba ciertamente la Betania cerca de Jerusalén
ὡς ἀπὸ σταδίων δεκαπέντε.
como de estadios quince.

19 πολλοὶ ἐκ τῶν Ἰουδαίων ἐληλύθεισαν πρὸς τὰς
Muchos de los judíos habían venido a las (que estaban)
περὶ[152] Μάρθαν καὶ Μαρίαν ἵνα παραμυθήσωνται αὐτὰς
en torno[152] a Marta y María para que consolaran las
περὶ τοῦ ἀδελφοῦ αὐτῶν.
por el hermano de ellas.

20 ἡ οὖν Μάρθα ὡς ἤκουσεν ὅτι ὁ Ἰησοῦς ἔρχεται,
- Por lo tanto Marta como escuchó que Jesús viene,
ὑπήντησεν αὐτῷ· Μαρία δὲ ἐν τῷ οἴκῳ
salió al encuentro de él. María sin embargo en la casa
ἐκαθέζετο.
estaba sentada.

21 εἶπεν οὖν ἡ Μάρθα πρὸς τὸν Ἰησοῦν· Κύριε, εἰ ἦς
Dijo pues - Marta a Jesús: Señor, si hubieras estado
ὧδε, ὁ ἀδελφός μου οὐκ ἂν ἐτεθνήκει·
aquí, el hermano de mí no habría muerto.

22 ἀλλὰ καὶ νῦν οἶδα ὅτι ὅσα ἂν αἰτήσῃ τὸν Θεόν,
Sin embargo también ahora sé que cuánto pidieras a Dios,
δώσει σοι ὁ Θεός.
dará a ti Dios.

23 λέγει αὐτῇ ὁ Ἰησοῦς· ἀναστήσεται ὁ ἀδελφός σου.
Dice le Jesús: se levantará[153] el hermano de ti.

---

150. Lit: con confianza.
151. Es decir, estando.
152. La NU suprime las en torno a.
153. Es decir, resucitará.

24 λέγει αὐτῷ Μάρθα· οἶδα ὅτι ἀναστήσεται ἐν τῇ ἀναστάσει
Dice le   Marta: sé   que se levantará en la resurrección[154]

ἐν τῇ ἐσχάτῃ ἡμέρᾳ.
en el último día.

25 εἶπεν αὐτῇ ὁ Ἰησοῦς· ἐγώ εἰμι ἡ ἀνάστασις καὶ ἡ ζωή.
Dijo le   Jesús: yo soy la resurrección y la vida.

ὁ πιστεύων εἰς ἐμὲ, κἂν ἀποθάνῃ, ζήσεται·
El creyendo en mí, aunque muera, vivirá.

26 καὶ πᾶς ὁ ζῶν καὶ πιστεύων εἰς ἐμὲ οὐ μὴ
Y todo el viviendo y creyendo en mí no de ninguna manera

ἀποθάνῃ εἰς τὸν αἰῶνα. πιστεύεις τοῦτο;
morirá para la era.[155] ¿Crees esto?

27 λέγει αὐτῷ· ναί, Κύριε, ἐγὼ πεπίστευκα ὅτι σὺ εἶ ὁ Χριστὸς
Dice le: Sí, Señor, yo he creído que tú eres el mesías

ὁ υἱὸς τοῦ Θεοῦ ὁ εἰς τὸν κόσμον ἐρχόμενος.
el Hijo de Dios el a el mundo viniendo.

28 Καὶ ταῦτα εἰποῦσα ἀπῆλθε καὶ ἐφώνησε Μαρίαν τὴν ἀδελφὴν
Y esto diciendo fue y llamó a María la hermana

αὐτῆς λάθρα εἰποῦσα· ὁ διδάσκαλος πάρεστι καὶ φωνεῖ σε.
de ella secretamente diciendo: el maestro está aquí y llama te.

29 ἐκείνη ὡς ἤκουσεν, ἐγείρεται ταχὺ καὶ
Esa cuando oyó, se levanta rápidamente y

ἔρχεται πρὸς αὐτόν.
viene a él.

30 οὔπω δὲ ἐληλύθει ὁ Ἰησοῦς εἰς τὴν κώμην, ἀλλ'
Todavía no entonces había venido Jesús a la aldea, pero

ἦν ἐν τῷ τόπῳ ὅπου ὑπήντησεν αὐτῷ ἡ Μάρθα.
estaba[156] en el lugar donde había salido al encuentro de él Marta.

31 οἱ οὖν Ἰουδαῖοι οἱ ὄντες μετ' αὐτῆς ἐν τῇ οἰκίᾳ
Los - judíos los estando con ella en la casa

καὶ παραμυθούμενοι αὐτήν, ἰδόντες τὴν Μαρίαν
y consolando la, viendo a María

ὅτι ταχέως ἀνέστη καὶ ἐξῆλθεν, ἠκολούθησαν αὐτῇ,
que rápidamente se levantó[157] y salió, seguían la,

λέγοντες ὅτι ὑπάγει εἰς τὸ μνημεῖον ἵνα κλαύσῃ ἐκεῖ.
diciendo[158] que Va a el sepulcro para que llore allí.

32 ἡ οὖν Μαρία ὡς ἦλθεν ὅπου ἦν ὁ Ἰησοῦς, ἰδοῦσα
- Entonces María cuando vino donde estaba Jesús, viendo

αὐτὸν ἔπεσεν αὐτοῦ εἰς τοὺς πόδας λέγουσα αὐτῷ·
lo cayó de él a los pies diciendo le:

Κύριε, εἰ ἦς ὧδε, οὐκ ἄν ἀπέθανέ μου ὁ ἀδελφός.
Señor, si estuvieras[159] aquí, no habría muerto de mí el hermano.

33 Ἰησοῦς οὖν ὡς εἶδεν αὐτὴν κλαίουσαν καὶ τοὺς συνελθόντας
Jesús pues cuando vio la llorando y a los viniendo con

αὐτῇ Ἰουδαίους κλαίοντας, ἐνεβριμήσατο τῷ πνεύματι
ella judíos llorando, se conmovió[160] en el espíritu

καὶ ἐτάραξεν ἑαυτόν,
y agitó se.

24Marta le dice: Yo sé que resucitará en la resurrección en el día postrero.
25Dícele Jesús: Yo soy la resurrección y la vida: el que cree en mí, aunque esté muerto, vivirá.
26Y todo aquel que vive y cree en mí, no morirá eternamente. ¿Crees esto?
27Dícele: Sí Señor; yo he creído que tú eres el Cristo, el Hijo de Dios, que has venido al mundo.
28Y esto dicho, fuése, y llamó en secreto a María su hermana, diciendo: El Maestro está aquí y te llama.
29Ella, como lo oyó, levántase prestamente y viene a él.
30(Que aun no había llegado Jesús a la aldea, mas estaba en aquel lugar donde Marta le había encontrado.)
31Entonces los Judíos que estaban en casa con ella, y la consolaban, como vieron que María se había levantado prestamente, y había salido, siguiéronla, diciendo: Va al sepulcro a llorar allí.
32Mas María, como vino donde estaba Jesús, viéndole, derribóse a sus pies, diciéndole: Señor, si hubieras estado aquí, no fuera muerto mi hermano.
33Jesús entonces, como la vió llorando, y a los Judíos que habían venido juntamente con ella llorando, se conmovió en espíritu, y turbóse,

---
154. Lit: levantamiento, alzamiento.
155. La expresión puede significar, como habitualmente, para siempre, pero también puede referirse al "olam–havá" la nueva era del Mesías.
156. La NU añade todavía.
157. El verbo es el mismo que se traduce resucitar.
158. La NU sustituye por suponiendo.
159. Es decir, si hubieras estado aquí.
160. O gimió.

34 Y dijo: ¿Dónde le pusisteis? Dícenle: Señor, ven, y ve.
35 Y lloró Jesús.
36 Dijeron entonces los Judíos: Mirad cómo le amaba.
37 Y algunos de ellos dijeron: ¿No podía éste que abrió los ojos al ciego, hacer que éste no muriera?
38 Y Jesús, conmoviéndose otra vez en sí mismo, vino al sepulcro. Era una cueva, la cual tenía una piedra encima.
39 Dice Jesús: Quitad la piedra. Marta, la hermana del que se había muerto, le dice: Señor, hiede ya, que es de cuatro días.
40 Jesús le dice: ¿No te he dicho que, si creyeres, verás la gloria de Dios?
41 Entonces quitaron la piedra de donde el muerto había sido puesto. Y Jesús, alzando los ojos arriba, dijo: Padre, gracias te doy que me has oído.
42 Que yo sabía que siempre me oyes; mas por causa de la compañía que está alrededor, lo dije, para que crean que tú me has enviado.
43 Y habiendo dicho estas cosas, clamó a gran voz: Lázaro, ven fuera.

34 καὶ εἶπε· ποῦ τεθείκατε αὐτόν; λέγουσιν αὐτῷ·
Y dijo: ¿Dónde habéis puesto lo? Dicen le:
Κύριε, ἔρχου καὶ ἴδε.
Señor, ven y ve.

35 ἐδάκρυσεν ὁ Ἰησοῦς.
Lloró Jesús.

36 ἔλεγον οὖν οἱ Ἰουδαῖοι·
Decían pues los judíos.
ἴδε πῶς ἐφίλει αὐτόν.
Mirad cómo amaba lo.

37 τινὲς δὲ ἐξ αὐτῶν εἶπαν· οὐκ ἠδύνατο οὗτος,
Algunos sin embargo de ellos dijeron: ¿No podía éste,
ὁ ἀνοίξας τοὺς ὀφθαλμοὺς τοῦ τυφλοῦ,
el que abrió los ojos del ciego,
ποιῆσαι ἵνα καὶ οὗτος μὴ ἀποθάνῃ;
hacer para que también éste no muriera?

38 Ἰησοῦς οὖν, πάλιν ἐμβριμώμενος ἐν ἑαυτῷ,
Jesús pues, de nuevo conmoviéndose en sí mismo,
ἔρχεται πρὸς τὸ μνημεῖον· ἦν δὲ σπήλαιον,
viene a el sepulcro. Era - cueva,
καὶ λίθος ἐπέκειτο ἐπ᾽ αὐτῷ.
y piedra yacía sobre ella.

39 λέγει ὁ Ἰησοῦς· ἄρατε τὸν λίθον. λέγει αὐτῷ ἡ ἀδελφὴ
Dice Jesús: Retirad la piedra. Dice le la hermana
τοῦ τεθνηκότος Μάρθα· Κύριε, ἤδη ὄζει·
del que había muerto Marta: Señor, ya hiede,
τεταρταῖος γάρ ἐστι.
cuarto día Porque es.

40 λέγει αὐτῇ ὁ Ἰησοῦς· οὐκ εἶπόν σοι ὅτι ἐὰν πιστεύσῃς
Dice le Jesús: ¿No dije te que si creyeras
ὄψῃ τὴν δόξαν τοῦ Θεοῦ;
verás la gloria de Dios?

41 ἦραν οὖν τὸν λίθον οὗ ἦν ὁ τεθνηκὼς
Retiraron pues la piedra [161]donde estaba el que había muerto
κείμενος. ὁ δὲ Ἰησοῦς ἦρε τοὺς ὀφθαλμοὺς ἄνω καὶ εἶπε·
yaciendo.- Entonces Jesús alzó los ojos arriba y dijo:
πάτερ, εὐχαριστῶ σοι ὅτι ἤκουσάς μου.
Padre, agradezco te que oíste me.

42 ἐγὼ δὲ ᾔδειν ὅτι πάντοτέ μου ἀκούεις·
Yo - sabía que siempre me escuchas,
ἀλλὰ διὰ τὸν ὄχλον τὸν περιεστῶτα εἶπον,
pero por la multitud la que está alrededor dije,
ἵνα πιστεύσωσιν ὅτι σύ με ἀπέστειλας.
para que crean que tú me enviaste.

43 καὶ ταῦτα εἰπὼν φωνῇ μεγάλῃ ἐκραύγασε·
Y esto diciendo con voz grande gritó:
Λάζαρε, δεῦρο ἔξω.
Lázaro, sal fuera.

---
161. La NU omite desde donde hasta yaciendo.

44 καὶ ἐξῆλθεν ὁ τεθνηκὼς δεδεμένος τοὺς πόδας
Y salió el que había muerto habiendo sido atado los pies
καὶ τὰς χεῖρας κειρίαις, καὶ ἡ ὄψις αὐτοῦ σουδαρίῳ
y las manos con vendas, y el rostro de él en sudario
περιεδέδετο. λέγει αὐτοῖς ὁ Ἰησοῦς·
estaba envuelto. Dice les Jesús:
λύσατε αὐτὸν καὶ ἄφετε ὑπάγειν.
Desatad lo y dejad ir.

45 Πολλοὶ οὖν ἐκ τῶν Ἰουδαίων, οἱ ἐλθόντες πρὸς τὴν Μαριὰμ
Muchos pues de los judíos, los viniendo a María
καὶ θεασάμενοι ἃ ἐποίησεν ὁ Ἰησοῦς, ἐπίστευσαν εἰς αὐτόν·
y viendo lo que hizo Jesús, creyeron en él.

46 τινὲς δὲ ἐξ αὐτῶν ἀπῆλθον πρὸς τοὺς Φαρισαίους
Algunos sin embargo de ellos fueron a los fariseos
καὶ εἶπον αὐτοῖς ἃ ἐποίησεν Ἰησοῦς.
y dijeron les lo que hizo Jesús.

47 συνήγαγον οὖν οἱ ἀρχιερεῖς καὶ οἱ Φαρισαῖοι
Reunieron pues los principales sacerdotes y los fariseos
συνέδριον καὶ ἔλεγον· τί ποιοῦμεν, ὅτι οὗτος
sanhedrín y dijeron: ¿Qué hacemos, por que este
ὁ ἄνθρωπος πολλὰ σημεῖα ποιεῖ;
- hombre muchas señales[162] hace?

48 ἐὰν ἀφῶμεν αὐτὸν οὕτω, πάντες πιστεύσουσιν
Si dejamos lo así, todos creerán
εἰς αὐτόν, καὶ ἐλεύσονται οἱ Ῥωμαῖοι καὶ ἀροῦσιν
en él, y vendrán los romanos y se apoderarán[163]
ἡμῶν καὶ τὸν τόπον καὶ τὸ ἔθνος.
de nosotros no sólo del lugar sino también de la nación.

49 εἷς δέ τις ἐξ αὐτῶν Καϊάφας, ἀρχιερεὺς ὢν
Uno sin embargo cierto de ellos Caifás, sumo sacerdote siendo
τοῦ ἐνιαυτοῦ ἐκείνου, εἶπεν αὐτοῖς· ὑμεῖς οὐκ οἴδατε οὐδέν,
del año aquel, dijo les: vosotros no sabéis nada,

50 οὐδὲ διαλογίζεσθε ὅτι συμφέρει ἡμῖν ἵνα εἷς ἄνθρωπος
ni razonáis que conviene nos[164] que un hombre
ἀποθάνῃ ὑπὲρ τοῦ λαοῦ καὶ μὴ ὅλον
muera por el pueblo y no toda
τὸ ἔθνος ἀπόληται.
la nación perezca.

51 τοῦτο δὲ ἀφ' ἑαυτοῦ οὐκ εἶπεν, ἀλλ' ἀρχιερεὺς
Esto sin embargo de sí mismo no dijo, sino que sumo sacerdote
ὢν τοῦ ἐνιαυτοῦ ἐκείνου ἐπροφήτευσεν
siendo del año aquel profetizó
ὅτι ἔμελλεν ὁ Ἰησοῦς ἀποθνῄσκειν ὑπὲρ τοῦ ἔθνους,
que debía Jesús morir por la nación,

52 καὶ οὐχ ὑπὲρ τοῦ ἔθνους μόνον, ἀλλ' ἵνα καὶ τὰ τέκνα
y no por la nación sólo, sino para que también los hijos
τοῦ Θεοῦ τὰ διεσκορπισμένα συναγάγῃ εἰς ἕν.
de Dios los dispersos congregara en uno.

53 ἀπ' ἐκείνης οὖν τῆς ἡμέρας συνεβουλεύσαντο
Desde aquel pues el día conspiraron
ἵνα ἀποκτείνωσιν αὐτόν.
para que mataran lo.

44Y el que había estado muerto, salió, atadas las manos y los pies con vendas; y su rostro estaba envuelto en un sudario. Díceles Jesús: Desatadle, y dejadle ir. 45Entonces muchos de los Judíos que habían venido a María, y habían visto lo que había hecho Jesús, creyeron en él. 46Mas algunos de ellos fueron a los Fariseos, y dijéronles lo que Jesús había hecho. 47Entonces los pontífices y los Fariseos juntaron concilio, y decían: ¿Qué hacemos? porque este hombre hace muchas señales. 48Si le dejamos así, todos creerán en él: y vendrán los Romanos, y quitarán nuestro lugar y la nación. 49Y Caifás, uno de ellos, sumo pontífice de aquel año, les dijo: Vosotros no sabéis nada; 50Ni pensáis que nos conviene que un hombre muera por el pueblo, y no que toda la nación se pierda. 51Mas esto no lo dijo de sí mismo; sino que, como era el sumo pontífice de aquel año, profetizó que Jesús había de morir por la nación: 52Y no solamente por aquella nación, mas también para que juntase en uno los hijos de Dios que estaban derramados. 53Así que, desde aquel día consultaban juntos de matarle.

---

162. En el sentido de milagros.
163. O aniquilarán.
164. La NU sustituye por vos.

54 Por tanto, Jesús ya no andaba manifiestamente entre los Judíos; mas fuése de allí a la tierra que está junto al desierto, a una ciudad que se llama Ephraim: y estábase allí con sus discípulos
55 Y la Pascua de los Judíos estaba cerca: y muchos subieron de aquella tierra a Jerusalem antes de la Pascua, para purificarse;
56 Y buscaban a Jesús, y hablaban los unos con los otros estando en el templo. ¿Qué os parece, que no vendrá a la fiesta?
57 Y los pontífices y los Fariseos habían dado mandamiento, que si alguno supiese dónde estuviera, lo manifestase, para que le prendiesen.

12 Y Jesús, seis días antes de la Pascua, vino a Bethania, donde estaba Lázaro, que había sido muerto, al cual había resucitado de los muertos.
2 E hiciéronle allí una cena y Marta servía, y Lázaro era uno de los que estaban sentados a la mesa juntamente con él.
3 Entonces María tomó una libra de ungüento de nardo líquido de mucho precio, y ungió los pies de Jesús, y limpió sus pies con sus cabellos: y la casa se llenó del olor del ungüento.
4 Y dijo uno de sus discípulos, Judas Iscariote, *hijo* de Simón, el que le había de entregar:
5 ¿Por qué no se ha vendido este ungüento por trescientos dineros, y se dió a los pobres?

54 Ἰησοῦς οὖν οὐκέτι παρρησίᾳ περιεπάτει ἐν τοῖς Ἰουδαίοις,
Jesús pues ya no abiertamente caminaba entre los judíos,
ἀλλὰ ἀπῆλθεν ἐκεῖθεν εἰς τὴν χώραν ἐγγὺς τῆς ἐρήμου,
sino que se fue de allí a la región cerca del desierto,
εἰς Ἐφραῖμ λεγομένην πόλιν, κἀκεῖ διέτριβε
a Efraín llamada ciudad, y allí se quedó
μετὰ τῶν μαθητῶν αὐτοῦ.
con los discípulos de él.

55 Ἦν δὲ ἐγγὺς τὸ πάσχα τῶν Ἰουδαίων, καὶ ἀνέβησαν
Estaba entonces cerca la pascua de los judíos, y subieron
πολλοὶ εἰς Ἱεροσόλυμα ἐκ τῆς χώρας πρὸ τοῦ πάσχα
muchos a Jerusalén de la región antes de la pascua
ἵνα ἁγνίσωσιν ἑαυτούς.
para que purificaran a sí mismos.

56 ἐζήτουν οὖν τὸν Ἰησοῦν καὶ ἔλεγον μετ' ἀλλήλων
Buscaban entonces a Jesús y hablaban unos con otros
ἐν τῷ ἱερῷ ἑστηκότες· τί δοκεῖ ὑμῖν,
en el templo estando: ¿Qué parece os,
ὅτι οὐ μὴ ἔλθῃ εἰς τὴν ἑορτήν;
que no de ninguna manera venga a la fiesta?

57 δεδώκεισαν δὲ καὶ οἱ ἀρχιερεῖς καὶ
Habían dado - no sólo los principales sacerdotes sino también
οἱ Φαρισαῖοι ἐντολὴν ἵνα ἐάν τις γνῷ
los fariseos mandato para que si alguno supiera
ποῦ ἐστι, μηνύσῃ, ὅπως πιάσωσιν αὐτόν.
donde está, (lo) declarara, para que se apoderaran de él.

12 1 Ὁ οὖν Ἰησοῦς πρὸ ἓξ ἡμερῶν τοῦ πάσχα ἦλθεν
- Entonces Jesús antes seis días de la pascua fue
εἰς Βηθανίαν, ὅπου ἦν Λάζαρος ὁ τεθνηκώς,
a Betania, donde estaba Lázaro el que había muerto,[165]
ὃν ἤγειρεν ἐκ νεκρῶν.
al que levantó de muertos.

2 ἐποίησαν οὖν αὐτῷ δεῖπνον ἐκεῖ, καὶ ἡ Μάρθα
Hicieron pues a él cena allí, y Marta
διηκόνει· ὁ δὲ Λάζαρος εἷς ἦν τῶν ἀνακειμένων σὺν αὐτῷ.
servía. - - Lázaro uno era de los reclinados[166] con él.

3 ἡ οὖν Μαρία, λαβοῦσα λίτραν μύρου νάρδου πιστικῆς
- Entonces María, tomando libra de perfume de nardo puro
πολυτίμου, ἤλειψε τοὺς πόδας τοῦ Ἰησοῦ καὶ ἐξέμαξε
muy costoso, ungió los pies de Jesús y enjugó
ταῖς θριξὶν αὐτῆς τοὺς πόδας αὐτοῦ· ἡ δὲ οἰκία
con los cabellos de ella los pies de él. la Entonces casa
ἐπληρώθη ἐκ τῆς ὀσμῆς τοῦ μύρου.
fue llenada de la fragancia del perfume.

4 λέγει οὖν εἷς ἐκ τῶν μαθητῶν αὐτοῦ, Ἰούδας Σίμωνος
Dice pues uno de los discípulos de él, Judas (hijo) de Simón[167]
Ἰσκαριώτης, ὁ μέλλων αὐτὸν παραδιδόναι·
Iscariote, el que va a él entregar.

5 Διατί τοῦτο τὸ μύρον οὐκ ἐπράθη τριακοσίων
¿Por qué este el perfume no fue vendido por trescientos
δηναρίων καὶ ἐδόθη πτωχοῖς;
denarios y fue dado a pobres?

---

165. La NU omite el que había muerto.
166. La postura adoptada para cenar no era sentarse sino reclinarse.
167. La NU omite de Simón.

6 εἶπε δὲ τοῦτο οὐχ ὅτι περὶ τῶν πτωχῶν ἔμελεν αὐτῷ,
Dijo entonces esto no porque por los pobres preocupaba se,

ἀλλ' ὅτι κλέπτης ἦν, καὶ τὸ γλωσσόκομον εἶχε
sino porque ladrón era, y la bolsa del dinero tenía

καὶ τὰ βαλλόμενα ἐβάσταζεν.
y lo echado se llevaba.

7 εἶπεν οὖν ὁ Ἰησοῦς· ἄφες αὐτήν, εἰς τὴν ἡμέραν
Dijo pues Jesús: deja la, para¹⁶⁸ el día

τοῦ ἐνταφιασμοῦ μου τετήρηκεν αὐτό·
del entierro de mí ha guardado lo.

8 τοὺς πτωχοὺς γὰρ πάντοτε ἔχετε μεθ' ἑαυτῶν,
a los pobres Porque siempre tenéis con vosotros mismos,

ἐμὲ δὲ οὐ πάντοτε ἔχετε.
a mí sin embargo no siempre tenéis.

9 Ἔγνω οὖν ὄχλος πολὺς ἐκ τῶν Ἰουδαίων ὅτι ἐκεῖ ἐστι,
Supo pues multitud mucha de los judíos que allí está,

καὶ ἦλθον οὐ διὰ τὸν Ἰησοῦν μόνον, ἀλλ' ἵνα καὶ
y vinieron no por Jesús solo, sino para que también

τὸν Λάζαρον ἴδωσιν ὃν ἤγειρεν ἐκ νεκρῶν.
a Lázaro vean al que levantó de muertos.

10 ἐβουλεύσαντο δὲ οἱ ἀρχιερεῖς ἵνα
Decidieron¹⁶⁹ entonces los principales sacerdotes para que

καὶ τὸν Λάζαρον ἀποκτείνωσιν,
también a Lázaro mataran,

11 ὅτι πολλοὶ δι' αὐτὸν ὑπῆγον τῶν Ἰουδαίων
porque muchos por él iban de los judíos

καὶ ἐπίστευον εἰς τὸν Ἰησοῦν.
y creían en Jesús.

12 Τῇ ἐπαύριον ὄχλος πολὺς ὁ ἐλθὼν εἰς τὴν ἑορτήν,
Al día siguiente multitud mucha la viniendo a la fiesta,

ἀκούσαντες ὅτι ἔρχεται Ἰησοῦς εἰς Ἱεροσόλυμα,
oyendo que viene Jesús a Jerusalén,

13 ἔλαβον τὰ βαΐα τῶν φοινίκων καὶ ἐξῆλθον εἰς ὑπάντησιν
tomaron las ramas de las palmeras y salieron a reunión

αὐτῷ, καὶ ἔκραζον· ὡσαννά· εὐλογημένος ὁ ἐρχόμενος
con él, y gritaban: Hosanna, bendito el que viene

ἐν ὀνόματι Κυρίου, ὁ βασιλεὺς τοῦ Ἰσραήλ.
en nombre de Señor, el¹⁷⁰ rey de Israel.

14 εὑρὼν δὲ ὁ Ἰησοῦς ὀνάριον ἐκάθισεν ἐπ'
Habiendo encontrado entonces Jesús pollino se sentó sobre

αὐτό, καθώς ἐστι γεγραμμένον·
él, como está escrito.

15 μὴ φοβοῦ, θυγάτηρ Σιών· ἰδοὺ ὁ βασιλεύς σου ἔρχεται,
No temas, hija de Sión. Mira el rey de ti viene,

καθήμενος ἐπὶ πῶλον ὄνου.
sentado sobre borrico de asno.

6Mas dijo esto, no por el cuidado que él tenía de los pobres: sino porque era ladrón, y tenía la bolsa, y traía lo que se echaba en ella.
7Entonces Jesús dijo: Déjala; para el día de mi sepultura ha guardado esto;
8Porque a los pobres siempre los tenéis con vosotros, mas a mí no siempre me tenéis.
9Entonces mucha gente de los Judíos entendió que él estaba allí; y vinieron no solamente por causa de Jesús, mas también por ver a Lázaro, al cual había resucitado de los muertos.
10Consultaron asimismo los príncipes de los sacerdotes, de matar también a Lázaro;
11Porque muchos de los Judíos iban y creían en Jesús por causa de él.
12El siguiente día, mucha gente que había venido a la fiesta, como oyeron que Jesús venía a Jerusalem,
13Tomaron ramos de palmas, y salieron a recibirle, y clamaban: ¡Hosanna, Bendito el que viene en el nombre del Señor, el Rey de Israel!
14Y halló Jesús un asnillo, y se sentó sobre él, como está escrito:
15No temas, hija de Sión: he aquí tu Rey viene, sentado sobre un pollino de asna.

---

168. La NU añade para que y sustituye el verbo por guarde.
169. O realizaron consultas.
170. La NU añade y.

16 Estas cosas no las entendieron sus discípulos de primero: empero cuando Jesús fué glorificado, entonces se acordaron de que estas cosas estaban escritas de él, y que le hicieron estas cosas.

17 Y la gente que estaba con él, daba testimonio de cuando llamó a Lázaro del sepulcro, y le resucitó de los muertos.

18 Por lo cual también había venido la gente a recibirle, porque había oído que él había hecho esta señal;

19 Mas los Fariseos dijeron entre sí: ¿Veis que nada aprovecháis? he aquí, el mundo se va tras de él.

20 Y había ciertos Griegos de los que habían subido a adorar en la fiesta:

21 Estos pues, se llegaron a Felipe, que era de Bethsaida de Galilea, y rogáronle, diciendo: Señor, querríamos ver a Jesús.

22 Vino Felipe, y díjolo á Andrés: Andrés entonces, y Felipe, lo dicen a Jesús.

23 Entonces Jesús les respondió, diciendo: La hora viene en que el Hijo del hombre ha de ser glorificado.

24 De cierto, de cierto os digo, que si el grano de trigo no cae en la tierra y muere, él solo queda; mas si muriere, mucho fruto lleva.

25 El que ama su vida, la perderá; y el que aborrece su vida en este mundo, para vida eterna la guardará.

16 Ταῦτα δὲ οὐκ ἔγνωσαν οἱ μαθηταὶ αὐτοῦ τὸ
Esto entonces no conocieron[171] los discípulos de él a lo
πρῶτον, ἀλλ' ὅτε ἐδοξάσθη ὁ Ἰησοῦς, τότε
primero, sino que cuando fue glorificado Jesús, entonces
ἐμνήσθησαν ὅτι ταῦτα ἦν ἐπ' αὐτῷ γεγραμμένα,
recordaron que esto estaba sobre él escrito,
καὶ ταῦτα ἐποίησαν αὐτῷ.
y esto hicieron a él.

17 ἐμαρτύρει οὖν ὁ ὄχλος ὁ ὢν μετ' αὐτοῦ ὅτε τὸν
Testificaba pues la multitud la estando con él cuando a
Λάζαρον ἐφώνησεν ἐκ τοῦ μνημείου καὶ ἤγειρεν αὐτὸν ἐκ νεκρῶν.
Lázaro llamó de el sepulcro y levantólo de muertos.

18 διὰ τοῦτο καὶ ὑπήντησεν αὐτῷ ὁ ὄχλος, ὅτι
Por esto también salió al encuentro de él la multitud, porque
ἤκουσαν τοῦτο αὐτὸν πεποιηκέναι τὸ σημεῖον.
escucharon esto él haber hecho la señal.[172]

19 οἱ οὖν Φαρισαῖοι εἶπον πρὸς ἑαυτούς· θεωρεῖτε
los Entonces fariseos dijeron a sí mismos: ¿Veis
ὅτι οὐκ ὠφελεῖτε οὐδέν· ἴδε ὁ κόσμος
que nos os beneficiáis de nada? Mirad el mundo
ὀπίσω αὐτοῦ ἀπῆλθεν.
detrás de él fue.

20 Ἦσαν δὲ τινες Ἕλληνές ἐκ τῶν ἀναβαινόντων
Estaban entonces algunos griegos de los subiendo
ἵνα προσκυνήσωσιν ἐν τῇ ἑορτῇ·
para que adoraran en la fiesta.

21 οὗτοι οὖν προσῆλθον Φιλίππῳ τῷ ἀπὸ Βηθσαϊδὰ
Éstos entonces se acercaron a Felipe el de Betsaida
τῆς Γαλιλαίας, καὶ ἠρώτων αὐτὸν λέγοντες· κύριε,
de Galilea, y preguntaban le diciendo: Señor,
θέλομεν τὸν Ἰησοῦν ἰδεῖν.
queremos a Jesús ver.

22 ἔρχεται Φίλιππος καὶ λέγει τῷ Ἀνδρέᾳ, καὶ πάλιν
Viene Felipe y dice a Andrés, y de nuevo
Ἀνδρέας καὶ Φίλιππος λέγουσι τῷ Ἰησοῦ.
Andrés y Felipe dicen a Jesús.

23 ὁ δὲ Ἰησοῦς ἀποκρίνατο αὐτοῖς λέγων· ἐλήλυθεν
- - Jesús respondió les diciendo: ha venido
ἡ ὥρα ἵνα δοξασθῇ ὁ Υἱὸς τοῦ ἀνθρώπου.
la hora para que sea glorificado el Hijo del hombre.

24 ἀμὴν ἀμὴν λέγω ὑμῖν, ἐὰν μὴ ὁ κόκκος
Verdaderamente verdaderamente digo os, si no el grano
τοῦ σίτου πεσὼν εἰς τὴν γῆν ἀποθάνῃ, αὐτὸς μόνος
del trigo cayendo a la tierra muere, él solo
μένει· ἐὰν δὲ ἀποθάνῃ, πολὺν καρπὸν φέρει.
permanece. Si sin embargo muere, mucho fruto lleva.

25 ὁ φιλῶν τὴν ψυχὴν αὐτοῦ ἀπολέσει αὐτήν,
El amando el alma[173] de él perderá[174] la,
καὶ ὁ μισῶν τὴν ψυχὴν αὐτοῦ ἐν τῷ κόσμῳ τούτῳ,
y el odiando el alma de él en el mundo este,
εἰς ζωὴν αἰώνιον φυλάξει αὐτήν.
para vida eterna guardará la.

---

171. Es decir, no comprendieron.
172. Es decir, que había hecho la señal.
173. O la vida.
174. La NU sustituye por pierde.

26	ἐὰν ἐμοί διακονῇ τις,	ἐμοὶ ἀκολουθείτω, καὶ ὅπου εἰμὶ ἐγώ,
	Si me sirve alguno,	me siga, y donde estoy yo,

ἐκεῖ καὶ ὁ διάκονος ὁ ἐμὸς ἔσται· καὶ ἐάν τις ἐμοὶ
allí también el siervo el mío estará. Y si alguno me

διακονῇ, τιμήσει αὐτὸν ὁ πατήρ.
sirve, honrará lo el Padre.

27 Νῦν ἡ ψυχή μου τετάρακται, καὶ τί εἴπω; πάτερ,
Ahora el alma de mí se ha turbado, y ¿qué diga? ¿Padre,

σῶσόν με ἐκ τῆς ὥρας ταύτης; ἀλλὰ διὰ τοῦτο
salva me de la hora ésta? Sin embargo por esto

ἦλθον εἰς τὴν ὥραν ταύτην.
vine para la hora ésta.

28 πάτερ, δόξασόν σου τὸ ὄνομα. ἦλθεν οὖν φωνὴ
Padre, glorifica de ti el nombre. Vino entonces voz

ἐκ τοῦ οὐρανοῦ· καὶ ἐδόξασα καὶ
de el cielo. No sólo glorifiqué sino que también

πάλιν δοξάσω.
de nuevo glorificaré.

29 ὁ οὖν ὄχλος ὁ ἑστὼς καὶ ἀκούσας ἔλεγεν
la Entonces multitud la estando también oyendo decía

βροντὴν γεγονέναι· ἄλλοι ἔλεγον· ἄγγελος αὐτῷ λελάληκεν.
trueno haber sucedido. Otros decían: ángel le ha hablado.

30 ἀπεκρίθη Ἰησοῦς καὶ εἶπεν· οὐ δι' ἐμὲ ἡ φωνὴ αὕτη
Respondió Jesús y dijo: No por mí la voz ésta

γέγονεν, ἀλλὰ δι' ὑμᾶς.
ha sucedido, sino por vosotros.

31 νῦν κρίσις ἐστὶ τοῦ κόσμου τούτου, νῦν ὁ ἄρχων[175]
Ahora juicio es del mundo éste, ahora el arconte

τοῦ κόσμου τούτου ἐκβληθήσεται ἔξω.
del mundo éste será arrojado fuera.

32 κἀγὼ ἐὰν ὑψωθῶ ἐκ τῆς γῆς, πάντας ἑλκύσω
Y yo si he sido levantado[176] de la tierra, a todos arrastraré

πρὸς ἐμαυτόν.
hacia mí mismo.

33 τοῦτο δὲ ἔλεγε σημαίνων ποίῳ θανάτῳ
Esto sin embargo decía significando de qué muerte

ἤμελλεν ἀποθνήσκειν.
iba a morir.

34 ἀπεκρίθη αὐτῷ ὁ ὄχλος· ἡμεῖς ἠκούσαμεν ἐκ τοῦ νόμου
Respondió le la multitud: nosotros escuchamos de la ley

ὅτι ὁ Χριστὸς μένει εἰς τὸν αἰῶνα, καὶ πῶς σὺ λέγεις
que el mesías permanece para la era, y ¿cómo tú dices

ὅτι δεῖ ὑψωθῆναι τὸν Υἱὸν τοῦ ἀνθρώπου;
que debe ser alzado el Hijo del hombre?

τίς ἐστιν οὗτος ὁ Υἱὸς τοῦ ἀνθρώπου;
¿Quién es éste el Hijo del hombre?

26 Si alguno me sirve, sígame: y donde yo estuviere, allí también estará mi servidor. Si alguno me sirviere, mi Padre le honrará. 27 Ahora está turbada mi alma; ¿y qué diré? Padre, sálvame de esta hora. Mas por esto he venido en esta hora. 28 Padre, glorifica tu nombre. Entonces vino una voz del cielo: Y lo he glorificado, y lo glorificaré otra vez. 29 Y la gente que estaba presente, y había oído, decía que había sido trueno. Otros decían: Angel le ha hablado. 30 Respondió Jesús, y dijo: No ha venido esta voz por mi causa, mas por causa de vosotros. 31 Ahora es el juicio de este mundo: ahora el príncipe de este mundo será echado fuera. 32 Y yo, si fuere levantado de la tierra, a todos traeré a mí mismo. 33 Y esto decía dando a entender de qué muerte había de morir. 34 Respondióle la gente: Nosotros hemos oído de la ley, que el Cristo permanece para siempre: ¿cómo pues dices tú: Conviene que el Hijo del hombre sea levantado? ¿Quién es este Hijo del hombre?

---

175. Es decir, el gobernante, el príncipe.
176. Es decir, cuando haya sido levantado.

35 Entonces Jesús les dice: Aun por un poco estará la luz entre vosotros: andad entre tanto que tenéis luz, porque no os sorprendan las tinieblas; porque el que anda en tinieblas, no sabe dónde va.
36 Entre tanto que tenéis la luz, creed en la luz, para que seáis hijos de luz. Estas cosas habló Jesús, y fuése, y escondióse de ellos.
37 Empero habiendo hecho delante de ellos tantas señales, no creían en él.
38 Para que se cumpliese el dicho que dijo el profeta Isaías:
¿Señor, quién ha creído a nuestro dicho?
¿Y el brazo del Señor, a quién es revelado?
39 Por esto no podían creer, porque otra vez dijo Isaías:
40 Cegó los ojos de ellos, y endureció su corazón;
Porque no vean con los ojos, y entiendan de corazón,
Y se conviertan,
Y yo los sane.
41 Estas cosas dijo Isaías cuando vió su gloria, y habló de él.
42 Con todo eso, aun de los príncipes, muchos creyeron en él; mas por causa de los Fariseos no lo confesaban, por no ser echados de la sinagoga.
43 Porque amaban más la gloria de los hombres que la gloria de Dios.

35 εἶπεν οὖν αὐτοῖς ὁ Ἰησοῦς· ἔτι μικρὸν χρόνον τὸ φῶς
Dijo pues les Jesús: todavía poco tiempo la luz

μεθ' ὑμῶν ἐστι. περιπατεῖτε ἕως τὸ φῶς ἔχετε,
con vosotros está, caminad mientras la luz tengáis,

ἵνα μὴ σκοτία ὑμᾶς καταλάβῃ· καὶ ὁ περιπατῶν
para que no oscuridad os sorprenda.[177] Y el caminando

ἐν τῇ σκοτίᾳ οὐκ οἶδε ποῦ ὑπάγει.
en la oscuridad no sabe dónde va.

36 ἕως τὸ φῶς ἔχετε, πιστεύετε εἰς τὸ φῶς, ἵνα υἱοὶ φωτὸς
Mientras la luz tengáis, creed en la luz, para que hijos de luz

γένησθε. Ταῦτα ἐλάλησεν Ἰησοῦς, καὶ ἀπελθὼν
resultéis. Esto habló Jesús, y marchando

ἐκρύβη ἀπ' αὐτῶν.
fue ocultado de ellos.

37 Τοσαῦτα δὲ αὐτοῦ σημεῖα πεποιηκότος ἔμπροσθεν
Tantas entonces de él señales[178] habiendo hecho delante de

αὐτῶν οὐκ ἐπίστευον εἰς αὐτόν·
ellos no creyeron en él,

38 ἵνα ὁ λόγος Ἠσαΐου τοῦ προφήτου πληρωθῇ ὃν
para que la palabra de Isaías el profeta fuera cumplida la

εἶπε· Κύριε, τίς ἐπίστευσε τῇ ἀκοῇ ἡμῶν;
que dijo: Señor, ¿quién creyó en el mensaje[179] de nosotros?

καὶ ὁ βραχίων Κυρίου τίνι ἀπεκαλύφθη;
¿Y el brazo de Señor a quién fue revelado?

39 διὰ τοῦτο οὐκ ἠδύναντο πιστεύειν, ὅτι πάλιν
Por esto no podían creer, porque de nuevo

εἶπεν Ἡσαΐας·
dijo Isaías:

40 τετύφλωκεν αὐτῶν τοὺς ὀφθαλμοὺς καὶ πεπώρωκεν αὐτῶν
Ha cegado de ellos los ojos y ha endurecido de ellos

τὴν καρδίαν, ἵνα μὴ ἴδωσι τοῖς ὀφθαλμοῖς καὶ νοήσωσι
el corazón, para que no vean con los ojos y entiendan

τῇ καρδίᾳ καὶ ἐπιστραφῶσι, καὶ ἰάσομαι αὐτούς.
con el corazón y se vuelvan, y sane los.

41 ταῦτα εἶπεν Ἡσαΐας ὅτε εἶδε τὴν δόξαν αὐτοῦ
Esto dijo Isaías cuando[180] vio la gloria de él

καὶ ἐλάλησε περὶ αὐτοῦ.
y habló acerca de él.

42 ὅμως μέντοι καὶ ἐκ τῶν ἀρχόντων
De manera similar sin embargo también de los arcontes[181]

πολλοὶ ἐπίστευσαν εἰς αὐτόν, ἀλλὰ διὰ τοὺς Φαρισαίους
muchos creyeron en él, pero a causa de los fariseos

οὐχ ὡμολόγουν, ἵνα μὴ ἀποσυνάγωγοι γένωνται·
no confesaban, para que no expulsados de la sinagoga resultaran,

43 ἠγάπησαν γὰρ τὴν δόξαν τῶν ἀνθρώπων
amaron Porque la gloria de los hombres

μᾶλλον ἤπερ τὴν δόξαν τοῦ Θεοῦ.
más que la gloria de Dios.

---

177. O alcance, o sobrevenga.
178. En el sentido de milagros.
179. O anuncio.
180. La NU sustituye por porque.
181. Es decir, gobernantes.

44 Ἰησοῦς δὲ ἔκραξε καὶ εἶπεν· ὁ πιστεύων εἰς ἐμὲ
Jesús entonces gritó y dijo: el creyendo en mí
οὐ πιστεύει εἰς ἐμὲ, ἀλλ' εἰς τὸν πέμψαντά με,
no cree en mí, sino en el que envió me,

45 καὶ ὁ θεωρῶν ἐμὲ θεωρεῖ τὸν πέμψαντά με.
y el contemplando me contempla al que envió me.

46 ἐγὼ φῶς εἰς τὸν κόσμον ἐλήλυθα, ἵνα πᾶς
Yo luz para el mundo he venido, para que todo
ὁ πιστεύων εἰς ἐμὲ ἐν τῇ σκοτίᾳ μὴ μείνῃ.
el creyendo en mí en la oscuridad no permanezca.

47 καὶ ἐάν τίς μου ἀκούσῃ τῶν ῥημάτων καὶ μὴ πιστεύσῃ,
Y si alguno de mí escuche los dichos y no cree,[182]
ἐγὼ οὐ κρίνω αὐτόν· οὐ γὰρ ἦλθον ἵνα κρίνω τὸν
yo no juzgo lo, no Porque vine para que juzgue al
κόσμον, ἀλλ' ἵνα σώσω τὸν κόσμον.
mundo, sino para que salve al mundo.

48 ὁ ἀθετῶν ἐμὲ καὶ μὴ λαμβάνων τὰ ῥήματά μου,
El rechazando me y no recibiendo los dichos de mí,
ἔχει τὸν κρίνοντα αὐτόν· ὁ λόγος ὃν ἐλάλησα,
tiene al juzgando lo: la palabra que hablé,
ἐκεῖνος κρινεῖ αὐτὸν ἐν τῇ ἐσχάτῃ ἡμέρᾳ.
ésa juzgará lo en el último día,

49 ὅτι ἐγὼ ἐξ ἐμαυτοῦ οὐκ ἐλάλησα, ἀλλ' ὁ πέμψας
porque yo de mí mismo no hablé, sino que el que envió
με πατήρ αὐτός μοι ἐντολὴν ἔδωκε τί εἴπω
me Padre él a mi mandamiento dio qué diga
καὶ τί λαλήσω.
y qué hable.

50 καὶ οἶδα ὅτι ἡ ἐντολὴ αὐτοῦ ζωὴ αἰώνιός ἐστιν.
Y sé que el mandamiento de él vida eterna[183] es,
ἃ οὖν λαλῶ ἐγώ, καθὼς εἴρηκέ μοι ὁ πατήρ,
lo que pues hablo yo, como ha dicho a mí el Padre,
οὕτω λαλῶ.
así hablo.

13 **1** Πρὸ δὲ τῆς ἑορτῆς τοῦ πάσχα εἰδὼς ὁ Ἰησοῦς
Antes - de la fiesta de la pascua sabiendo Jesús
ὅτι ἐλήλυθεν αὐτοῦ ἡ ὥρα ἵνα μεταβῇ ἐκ τοῦ κόσμου
que ha venido de él la hora para que se marchara de el mundo
τούτου πρὸς τὸν πατέρα, ἀγαπήσας τοὺς ἰδίους τοὺς ἐν
éste a el Padre, habiendo amado a los propios a los en
τῷ κόσμῳ, εἰς τέλος ἠγάπησεν αὐτούς.
el mundo, hasta fin amó los.

2 καὶ δείπνου γινομένου, τοῦ διαβόλου ἤδη
Y cena habiendo sucedido,[184] el Diablo ya
βεβληκότος εἰς τὴν καρδίαν Ἰούδα Σίμωνος Ἰσκαριώτου
habiendo puesto en el corazón de Judás de Simón Iscariote
ἵνα αὐτὸν παραδῷ.
para que lo entregara,

44 Mas Jesús clamó y dijo: El que cree en mí, no cree en mí, sino en el que me envió;
45 Y el que me ve, ve al que me envió.
46 Yo la luz he venido al mundo, para que todo aquel que cree en mí no permanezca en tinieblas.
47 Y el que oyere mis palabras, y no las creyere, yo no le juzgo; porque no he venido a juzgar al mundo, sino a salvar al mundo.
48 El que me desecha, y no recibe mis palabras, tiene quien le juzgue: la palabra que he hablado, ella le juzgará en el día postrero.
49 Porque yo no he hablado de mí mismo; mas el Padre que me envió, él me dió mandamiento de lo que he de decir, y de lo que he de hablar.
50 Y sé que su mandamiento es vida eterna: así que, lo que yo hablo, como el Padre me lo ha dicho, así hablo.

13 Antes de la fiesta de la Pascua, sabiendo Jesús que su hora había venido para que pasase de este mundo al Padre, como había amado a los suyos que estaban en el mundo, amólos hasta el fin.
2 Y la cena acabada, como el diablo ya había metido en el corazón de Judas, *hijo* de Simón Iscariote, que le entregase,

---

182. La NU sustituye por guarde.
183. Literalmente, de la era, es decir, la Era nueva.
184. La NU sustituye por durante.

3 Sabiendo Jesús que el Padre le había dado todas las cosas en las manos, y que había salido de Dios, y a Dios iba,
4 Levántase de la cena, y quítase su ropa, y tomando una toalla, ciñóse.
5 Luego puso agua en un lebrillo, y comenzó a lavar los pies de los discípulos, y a limpiarlos con la toalla con que estaba ceñido.
6 Entonces vino a Simón Pedro; y Pedro le dice: ¿Señor, tú me lavas los pies?
7 Respondió Jesús, y díjole: Lo que yo hago, tú no entiendes ahora; mas lo entenderás después.
8 Dícele Pedro: No me lavarás los pies jamás. Respondióle Jesús: Si no te lavare, no tendrás parte conmigo.
9 Dícele Simón Pedro: Señor, no sólo mis pies, mas aun las manos y la cabeza.
10 Dícele Jesús: El que está lavado, no necesita sino que lave los pies, mas está todo limpio: y vosotros limpios estáis, aunque no todos.
11 Porque sabía quién le había de entregar; por eso dijo: No estáis limpios todos.
12 Así que, después que les hubo lavado los pies, y tomado su ropa, volviéndose a sentar a la mesa, díjoles: ¿Sabéis lo que os he hecho?

3 εἰδὼς ὁ Ἰησοῦς[185] ὅτι πάντα δέδωκεν αὐτῷ ὁ πατὴρ εἰς τὰς
sabiendo Jesús que todo ha dado a él el Padre en las
χεῖρας, καὶ ὅτι ἀπὸ Θεοῦ ἐξῆλθε καὶ πρὸς τὸν Θεὸν ὑπάγει,
manos, y que de Dios vino y a Dios va,

4 ἐγείρεται ἐκ τοῦ δείπνου καὶ τίθησι τὰ ἱμάτια.
se levanta de la cena y se quita las vestiduras,
καὶ λαβὼν λέντιον διέζωσεν ἑαυτόν·
y tomando toalla ciñó alrededor de sí mismo.

5 εἶτα βάλλει ὕδωρ εἰς τὸν νιπτῆρα, καὶ ἤρξατο νίπτειν
Entonces pone agua en la jofaina, y comenzó a lavar
τοὺς πόδας τῶν μαθητῶν καὶ ἐκμάσσειν
los pies de los discípulos y secar
τῷ λεντίῳ ᾧ ἦν διεζωσμένος.
con la toalla con la que estaba ceñido.

6 ἔρχεται οὖν πρὸς Σίμωνα Πέτρον, λέγει αὐτῷ ἐκεῖνος·
Viene entonces a Simón Pedro, dice le aquel:[186]
Κύριε, σύ μου νίπτεις τοὺς πόδας;
¿Señor, tú me lavas los pies?

7 ἀπεκρίθη Ἰησοῦς καὶ εἶπεν αὐτῷ· ὃ ἐγὼ ποιῶ,
Respondió Jesús y dijo le: lo que yo hago,
σὺ οὐκ οἶδας ἄρτι, γνώσῃ δὲ μετὰ ταῦτα.
tú no sabes ahora, sabrás sin embargo después de esto.

8 λέγει αὐτῷ Πέτρος· οὐ μὴ νίψῃς τοὺς πόδας
Dice le Pedro: no de ninguna manera lavarás los pies
μου εἰς τὸν αἰῶνα. ἀπεκρίθη αὐτῷ Ἰησοῦς· ἐὰν μὴ νίψω σε,
de mí para la era.[187] Respondió le Jesús: si no lavo te,
οὐκ ἔχεις μέρος μετ' ἐμοῦ.
no tienes parte conmigo.

9 λέγει αὐτῷ Σίμων Πέτρος· Κύριε, μὴ τοὺς πόδας μου
Dice le Simón Pedro: Señor, no los pies de mí
μόνον, ἀλλὰ καὶ τὰς χεῖρας καὶ τὴν κεφαλήν.
sólo, sino también las manos y la cabeza.

10 λέγει αὐτῷ ὁ Ἰησοῦς· ὁ λελουμένος οὐκ χρείαν ἔχει
Dice le Jesús: el que ha sido bañado no necesidad tiene
ἢ τοὺς πόδας νίψασθαι, ἀλλ' ἔστι καθαρὸς ὅλος·
salvo los pies ser lavados, sino que está limpio todo.
καὶ ὑμεῖς καθαροί ἐστε, ἀλλ' οὐχὶ πάντες.
Y vosotros limpios estáis, pero no todos.

11 ᾔδει γὰρ τὸν παραδιδόντα αὐτόν· διὰ τοῦτο εἶπεν·
conocía Porque al entregando lo. Por esto dijo:
οὐχὶ πάντες καθαροί ἐστε.
No todos limpios estáis.

12 Ὅτε οὖν ἔνιψε τοὺς πόδας αὐτῶν καὶ ἔλαβε τὰ ἱμάτια
Cuando pues lavó los pies de ellos y tomó las vestiduras
αὐτοῦ, ἀναπεσὼν πάλιν εἶπεν αὐτοῖς· γινώσκετε τί
de él, recostándose[188] de nuevo dijo les: ¿Sabéis lo que
πεποίηκα ὑμῖν;
he hecho os?

---

185. La NU suprime Jesús.
186. La NU suprime aquel.
187. Es decir, nunca.
188. Es decir, volviendo a su lugar en la mesa donde la gente no se sentaba a comer sino que se recostaba.

13 ὑμεῖς   φωνεῖτέ με ὁ Διδάσκαλος καὶ ὁ Κύριος,
Vosotros llamáis me el Maestro   y el Señor,
καὶ καλῶς λέγετε· εἰμὶ γάρ.
y bien decís,   soy Porque.

14 εἰ οὖν ἐγὼ ἔνιψα ὑμῶν   τοὺς πόδας, ὁ Κύριος καὶ ὁ
Si pues yo lavé de vosotros los pies, el Señor y el
Διδάσκαλος, καὶ   ὑμεῖς   ὀφείλετε ἀλλήλων
Maestro,   también vosotros debéis   de unos a otros
νίπτειν τοὺς πόδας.
lavar   los pies.

15 ὑπόδειγμα γὰρ   ἔδωκα ὑμῖν, ἵνα   καθὼς ἐγὼ ἐποίησα ὑμῖν,
ejemplo Porque di   os, para que como yo hice   os,
καὶ   ὑμεῖς   ποιῆτε.
también vosotros hagáis.

16 ἀμὴν   ἀμὴν   λέγω ὑμῖν, οὐκ ἔστι δοῦλος
Verdaderamente verdaderamente digo os,   no es siervo
μείζων τοῦ κυρίου αὐτοῦ, οὐδὲ ἀπόστολος μείζων
mayor que el señor de él, ni enviado[189] mayor
τοῦ πέμψαντος αὐτόν.
que el que envió lo.

17 εἰ ταῦτα οἴδατε, μακάριοί ἐστε ἐὰν ποιῆτε αὐτά.
Si esto sabéis, dichosos sois si hacéis lo.

18 οὐ περὶ πάντων ὑμῶν λέγω· ἐγὼ οἶδα οὓς   ἐξελεξάμην·
No acerca de todos vosotros digo: yo sé a los que elegí,
ἀλλ᾽ ἵνα ἡ γραφὴ   πληρωθῇ, ὁ τρώγων μετ᾽ ἐμοῦ
pero para que la Escritura sea cumplida, el comiendo conmigo[190]
ἄρτον ἐπῆρεν ἐπ᾽ ἐμὲ τὴν πτέρναν αὐτοῦ.
pan   levantó sobre mí el talón   de él.

19 ἀπ᾽ ἄρτι λέγω ὑμῖν πρὸ τοῦ γενέσθαι, ἵνα ὅταν
Desde ahora digo os antes de acontecer, para que cuando
γένηται πιστεύσητε ὅτι ἐγώ εἰμι.[191]
acontezca creáis   que Yo soy.

20 ἀμὴν   ἀμὴν   λέγω ὑμῖν, ὁ λαμβάνων ἐάν
Verdaderamente verdaderamente digo os, el recibiendo si
τινα   πέμψω, ἐμὲ λαμβάνει, ὁ δὲ   ἐμὲ λαμβάνων
a alguien envío, a mí recibe,   el que entonces me recibe
λαμβάνει τὸν πέμψαντά με.
recibe   al que envió   me.

21 Ταῦτα εἰπὼν ὁ Ἰησοῦς ἐταράχθη τῷ πνεύματι,
Esto diciendo Jesús fue turbado en el espíritu,
καὶ ἐμαρτύρησε καὶ εἶπεν· ἀμὴν   ἀμὴν   λέγω
y   testificó y dijo: verdaderamente verdaderamente digo
ὑμῖν ὅτι εἷς ἐξ ὑμῶν παραδώσει με.
os   que uno de vosotros entregará me.

22 ἔβλεπον οὖν εἰς ἀλλήλους οἱ μαθηταί,
Se miraban pues unos a otros los discípulos,
ἀπορούμενοι   περὶ τίνος   λέγει.
estando perplejos[192] acerca de quién habla.

13 Vosotros me llamáis, Maestro, y, Señor: y decís bien; porque lo soy.
14 Pues si yo, el Señor y el Maestro, he lavado vuestros pies, vosotros también debéis lavar los pies los unos a los otros.
15 Porque ejemplo os he dado, para que como yo os he hecho, vosotros también hagáis.
16 De cierto, de cierto os digo: El siervo no es mayor que su señor, ni el apóstol es mayor que el que le envió.
17 Si sabéis estas cosas, bienaventurados seréis, si las hiciereis.
18 No hablo de todos vosotros: yo sé los que he elegido: mas para que se cumpla la Escritura: El que come pan conmigo, levantó contra mí su calcañar.
19 Desde ahora os lo digo antes que se haga, para que cuando se hiciere, creáis que yo soy.
20 De cierto, de cierto os digo: El que recibe al que yo enviare, a mí recibe; y el que a mí recibe, recibe al que me envió.
21 Como hubo dicho Jesús esto, fué conmovido en el espíritu, y protestó, y dijo: De cierto, de cierto os digo, que uno de vosotros me ha de entregar.
22 Entonces los discípulos mirábanse los unos a los otros, dudando de quién decía.

---

189. Lit: apóstol.
190. La NU sustituye conmigo por de mí.
191. El pasaje parece tener una clara resonancia del "Yo soy" de Éxodo 3.14.
192. O indecisos.

23 Y uno de sus discípulos, al cual Jesús amaba, estaba recostado en el seno de Jesús.
24 A éste, pues, hizo señas Simón Pedro, para que preguntase quién era aquél de quien decía.
25 El entonces recostándose sobre el pecho de Jesús, dícele: Señor, ¿quién es?
26 Respondió Jesús: Aquél es, a quien yo diere el pan mojado. Y mojando el pan, diólo a Judas Iscariote, hijo de Simón.
27 Y tras el bocado Satanás entró en él. Entonces Jesús le dice: Lo que haces, haz lo más presto.
28 Mas ninguno de los que estaban a la mesa entendió a qué propósito le dijo esto.
29 Porque los unos pensaban, por que Judas tenía la bolsa, que Jesús le decía: Compra lo que necesitamos para la fiesta: ó, que diese algo a los pobres.
30 Como él pues hubo tomado el bocado, luego salió: y era ya noche.
31 Entonces como él salió, dijo Jesús: Ahora es glorificado el Hijo del hombre, y Dios es glorificado en él.
32 Si Dios es glorificado en él, Dios también le glorificará en sí mismo, y luego le glorificará.

23 ἦν δὲ ἀνακείμενος εἷς ἐκ τῶν μαθητῶν αὐτοῦ ἐν τῷ
Estaba entonces reclinado uno de los discípulos de él en el
κόλπῳ τοῦ Ἰησοῦ, ὃν ἠγάπα ὁ Ἰησοῦς·
regazo[193] de Jesús, al que amaba Jesús.

24 νεύει οὖν τούτῳ Σίμων Πέτρος πυθέσθαι
Hizo una seña pues a éste Simón Pedro para preguntar
τίς ἂν εἴη περὶ οὗ λέγει.
quién acaso fuera acerca de quien habla.

25 ἐπιπεσὼν δὲ ἐκεῖνος ἐπὶ τὸ στῆθος τοῦ Ἰησοῦ
Reclinándose entonces aquel sobre el pecho de Jesús
λέγει αὐτῷ· Κύριε, τίς ἐστιν;
dice le: Señor, ¿quién es?

26 ἀποκρίνεται ὁ Ἰησοῦς· ἐκεῖνός ἐστιν ᾧ ἐγὼ βάψας τὸ
Responde Jesús: aquel es al que yo mojando[194] el
ψωμίον ἐπιδώσω. καὶ ἐμβάψας τὸ ψωμίον
pedazo de pan daré. Y habiendo mojado el pedazo de pan[195]
δίδωσιν Ἰούδᾳ Σίμωνος Ἰσκαριώτῃ.
da a Judás de Simón Iscariote.

27 καὶ μετὰ τὸ ψωμίον τότε εἰσῆλθεν εἰς ἐκεῖνον
Y después del pedazo de pan entonces entró en aquel
ὁ Σατανᾶς. λέγει οὖν αὐτῷ ὁ Ἰησοῦς·
Satanás. Dice pues a él Jesús:
ὃ ποιεῖς, ποίησον τάχιον.
lo que haces, haz rápidamente.

28 τοῦτο δὲ οὐδεὶς ἔγνω τῶν ἀνακειμένων
Esto sin embargo ninguno supo de los que se reclinaban
πρὸς τί εἶπεν αὐτῷ·
por qué dijo a él.

29 τινὲς γὰρ ἐδόκουν, ἐπεὶ τὸ γλωσσόκομον
algunos Porque consideraban puesto que la bolsa del dinero
εἶχεν Ἰούδας, ὅτι λέγει αὐτῷ ὁ Ἰησοῦς· ἀγόρασον ὧν
tenía Judas, que dice le Jesús: compra de lo que
χρείαν ἔχομεν εἰς τὴν ἑορτήν,
necesidad tenemos para la fiesta,
ἢ τοῖς πτωχοῖς ἵνα τι δῷ.
o a los pobres Para que algo diera.

30 λαβὼν οὖν τὸ ψωμίον ἐκεῖνος
Habiendo recibido pues el pedazo de pan aquél
εὐθέως ἐξῆλθεν· ἦν δὲ νύξ.
inmediatamente salió. Era entonces noche.

31 Ὅτε οὖν ἐξῆλθε, λέγει ὁ Ἰησοῦς· νῦν ἐδοξάσθη
Cuando pues salió, dice Jesús: ahora fue glorificado
ὁ Υἱὸς τοῦ ἀνθρώπου, καὶ ὁ Θεὸς ἐδοξάσθη ἐν αὐτῷ.
el Hijo del hombre, y Dios fue glorificado en él.

32 εἰ ὁ Θεὸς ἐδοξάσθη ἐν αὐτῷ καὶ ὁ Θεὸς δοξάσει αὐτὸν
Si Dios fue glorificado en él también Dios glorificará lo
ἐν ἑαυτῷ, καὶ εὐθὺς δοξάσει αὐτόν.
en Él mismo, e inmediatamente glorificará lo.

---

193. O pecho.
194. La NU sustituye por mojaré.
195. La NU añade y toma entre paréntesis.

33 τεκνία, ἔτι μικρὸν μεθ' ὑμῶν εἰμι. ζητήσετέ με,
Hijitos, todavía poco con vosotros estoy. Buscaréis me,

καὶ καθὼς εἶπον τοῖς Ἰουδαίοις ὅτι ὅπου ὑπάγω ἐγὼ,
y como dije a los judíos que donde voy yo,

ὑμεῖς οὐ δύνασθε ἐλθεῖν, καὶ ὑμῖν λέγω ἄρτι.
vosotros no podéis venir, también os digo ahora.

34 ἐντολὴν καινὴν δίδωμι ὑμῖν ἵνα ἀγαπᾶτε ἀλλήλους,
Mandamiento nuevo doy os que améis unos a otros,

καθὼς ἠγάπησα ὑμᾶς ἵνα καὶ ὑμεῖς ἀγαπᾶτε ἀλλήλους.
como amé os que también vosotros améis unos a otros.

35 ἐν τούτῳ γνώσονται πάντες ὅτι ἐμοὶ μαθηταί ἐστε,
En esto conocerán todos que mis discípulos sois,

ἐὰν ἀγάπην ἔχητε ἐν ἀλλήλοις.
si amor tenéis unos para con otros.

36 Λέγει αὐτῷ Σίμων Πέτρος· Κύριε, ποῦ ὑπάγεις; ἀπεκρίθη αὐτῷ
Dice le Simón Pedro: ¿Señor, dónde vas? Respondió le

ὁ Ἰησοῦς· ὅπου ὑπάγω, οὐ δύνασαί μοι νῦν ἀκολουθῆσαι,
Jesús: donde voy, no podéis a mí ahora seguir,

ὕστερον δὲ ἀκολουθήσεις μοι.
más tarde sin embargo seguiréis me.

37 λέγει αὐτῷ ὁ Πέτρος, Κύριε, διατί οὐ δύναμαί σοι ἀκολουθῆσαι
Dice le Pedro, Señor, ¿por qué no puedo te seguir

ἄρτι; τὴν ψυχήν μου ὑπὲρ σοῦ θήσω.
ahora? El alma de mí por ti pondré.

38 ἀπεκρίθη αὐτῷ ὁ Ἰησοῦς· τὴν ψυχήν σου ὑπὲρ ἐμοῦ
Respondió le Jesús: ¿El alma de ti por mí

θήσεις; ἀμὴν ἀμὴν λέγω σοι,
pondrás? Verdaderamente verdaderamente digo te:

οὐ μὴ ἀλέκτωρ φωνήσῃ ἕως οὗ
no de ninguna manera gallo cantará hasta que

ἀρνήσῃ με τρίς.
niegues me tres veces.

14 1 Μὴ ταρασσέσθω ὑμῶν ἡ καρδία· πιστεύετε
No se turbe de vosotros el corazón. Creéis

εἰς τὸν Θεόν, καὶ εἰς ἐμὲ πιστεύετε.
en Dios, también en mí creed.

2 ἐν τῇ οἰκίᾳ τοῦ πατρός μου μοναὶ πολλαί εἰσιν·
En la casa del Padre de mí moradas muchas hay.

εἰ δὲ μή, εἶπον ἂν ὑμῖν· πορεύομαι ἑτοιμάσαι τόπον ὑμῖν·
si - no, diría os.[196] Voy a preparar lugar para vosotros.

3 καὶ ἐὰν πορευθῶ καὶ ἑτοιμάσω ὑμῖν τόπον,
Y si voy y prepararé os lugar,

πάλιν ἔρχομαι καὶ παραλήψομαι ὑμᾶς πρὸς ἐμαυτόν,
de nuevo vengo y tomaré os a mí mismo,

ἵνα ὅπου εἰμὶ ἐγώ, καὶ ὑμεῖς ἦτε.
para que donde estoy yo, también vosotros estéis.

4 καὶ ὅπου ἐγὼ ὑπάγω οἴδατε, καὶ τὴν ὁδὸν οἴδατε.
Y adonde yo voy sabéis, y el camino sabéis.[197]

5 Λέγει αὐτῷ Θωμᾶς· Κύριε, οὐκ οἴδαμεν ποῦ ὑπάγεις·
Dice le Tomás: Señor, no sabemos adónde vas.

καὶ πῶς δυνάμεθα τὴν ὁδὸν εἰδέναι;
Y ¿cómo podemos el camino conocer?

33Hijitos, aun un poco estoy con vosotros. Me buscaréis; mas, como dije a los Judíos: Donde yo voy, vosotros no podéis venir; así digo a vosotros ahora.
34Un mandamiento nuevo os doy: Que os améis unos a otros: como os he amado, que también os améis los unos a los otros.
35En esto conocerán todos que sois mis discípulos, si tuviereis amor los unos con los otros.
36Dícele Simón Pedro: Señor, ¿adónde vas? Respondióle Jesús: Donde yo voy, no me puedes ahora seguir; mas me seguirás después.
37Dícele Pedro: Señor, ¿por qué no te puedo seguir ahora? mi alma pondré por ti.
38Respondióle Jesús: ¿Tu alma pondrás por mí? De cierto, de cierto te digo: No cantará el gallo, sin que me hayas negado tres veces.

14 No se turbe vuestro corazón; creéis en Dios, creed también en mí.
2En la casa de mi Padre muchas moradas hay: de otra manera os lo hubiera dicho: voy, pues, a preparar lugar para vosotros.
3Y si me fuere, y os aparejare lugar, vendré otra vez, y os tomaré a mí mismo: para que donde yo estoy, vosotros también estéis.
4Y sabéis a dónde yo voy; y sabéis el ca-mino.
5Dícele Tomás: Señor, no sabemos a dónde vas: ¿cómo, pues, podemos saber el camino?

---

196. La NU añade porque.
197. La NU suprime sabéis.

6 Jesús le dice: Yo soy el camino, y la verdad, y la vida: nadie viene al Padre, sino por mí.
7 Si me conocieseis, también a mi Padre conocierais: y desde ahora le conocéis, y le habéis visto.
8 Dícele Felipe: Señor, muéstranos el Padre, y nos basta.
9 Jesús le dice: ¿Tanto tiempo ha que estoy con vosotros, y no me has conocido, Felipe? El que me ha visto, ha visto al Padre; ¿cómo, pues, dices tú: Muéstranos el Padre?
10 ¿No crees que yo soy en el Padre, y el Padre en mí? Las palabras que yo os hablo, no las hablo de mí mismo: mas el Padre que está en mí, él hace las obras.
11 Creedme que yo soy en el Padre, y el Padre en mí: de otra manera, creedme por las mismas obras.
12 De cierto, de cierto os digo: El que en mí cree, las obras que yo hago también *él* las hará; y mayores que éstas hará; porque yo voy al Padre.
13 Y todo lo que pidiereis al Padre en mi nombre, esto haré, para que el Padre sea glorificado en el Hijo.
14 Si algo pidiereis en mi nombre, yo lo haré.
15 Si me amáis, guardad mis mandamientos;
16 Y yo rogaré al Padre, y os dará otro Consolador, para que esté con vosotros para siempre:

6 λέγει αὐτῷ ὁ Ἰησοῦς· ἐγώ εἰμι ἡ ὁδὸς καὶ ἡ ἀλήθεια
Dice le Jesús: yo soy el camino y la verdad
καὶ ἡ ζωή· οὐδεὶς ἔρχεται πρὸς τὸν πατέρα εἰ μὴ δι' ἐμοῦ.
y la vida. Nadie viene a el Padre si no a través de mí.

7 εἰ ἐγνώκειτέ με, καὶ τὸν πατέρα μου
Si hubierais conocido[198] me, también al Padre de mí
γνώκειτε ἄν. καὶ ἀπ' ἄρτι γινώσκετε αὐτὸν καὶ ἑωράκατε αὐτόν.
conoceríais. Y desde ahora conocéis lo y habéis visto lo.

8 λέγει αὐτῷ Φίλιππος· Κύριε, δεῖξον ἡμῖν τὸν πατέρα,
Dice le Felipe: Señor, muestra nos al Padre,
καὶ ἀρκεῖ ἡμῖν.
y basta nos.

9 λέγει αὐτῷ ὁ Ἰησοῦς· τοσοῦτον χρόνον μεθ' ὑμῶν εἰμι,
Dice le Jesús: tanto tiempo con vosotros estoy,
καὶ οὐκ ἔγνωκάς με, Φίλιππε; ὁ ἑωρακὼς ἐμὲ ἑώρακεν
¿y no habéis conocido me, Felipe? El habiendo visto a mí ha visto
τὸν πατέρα· πῶς σὺ λέγεις, δεῖξον ἡμῖν τὸν πατέρα;
al Padre. ¿Cómo tú dices: muestra nos al Padre?

10 οὐ πιστεύεις ὅτι ἐγώ ἐν τῷ πατρὶ καὶ ὁ πατὴρ
¿No crees que yo (estoy) en el Padre y el Padre
ἐν ἐμοί ἐστι; τὰ ῥήματα ἃ ἐγὼ λέγω ὑμῖν, ἀπ' ἐμαυτοῦ
en mí está? Los dichos que yo digo os, de mí mismo
οὐ λαλῶ· ὁ δὲ πατὴρ ἐν ἐμοὶ μένων αὐτὸς[199]
no hablo. el Sin embargo Padre en mí permaneciendo él
ποιεῖ τὰ ἔργα.
hace las obras.

11 πιστεύετέ μοι ὅτι ἐγώ ἐν τῷ πατρὶ καὶ ὁ πατὴρ
Creed me que yo en el Padre y el Padre
ἐν ἐμοί· εἰ δὲ μή, διὰ τὰ ἔργα αὐτὰ πιστεύετέ μοι.
en mí. si Sin embargo no, por las obras éstas creed me.

12 ἀμὴν ἀμὴν λέγω ὑμῖν, ὁ πιστεύων εἰς ἐμὲ
Verdaderamente verdaderamente digo os, el creyendo en mí,
τὰ ἔργα ἃ ἐγὼ ποιῶ κἀκεῖνος ποιήσει, καὶ μείζονα
las obras que yo hago también aquel hará, y mayores
τούτων ποιήσει, ὅτι ἐγὼ πρὸς τὸν πατέρα μου πορεύομαι·
que éstas hará, porque yo a el Padre de mí voy.

13 καὶ ὅ τι ἂν αἰτήσητε ἐν τῷ ὀνόματί μου, τοῦτο ποιήσω,
Y lo que pidáis en el nombre de mí, esto haré,
ἵνα δοξασθῇ ὁ πατὴρ ἐν τῷ υἱῷ·
para que sea glorificado el Padre en el Hijo.

14 ἐάν τι αἰτήσητε ἐν τῷ ὀνόματί μου, ἐγὼ ποιήσω.
Si algo pedís[200] en el nombre de mí, yo haré.

15 Ἐὰν ἀγαπᾶτέ με, τὰς ἐντολὰς τὰς ἐμὰς τηρήσατε·
Si amáis me, los mandamientos los míos guardad.[201]

16 καὶ ἐγὼ ἐρωτήσω τὸν πατέρα καὶ ἄλλον παράκλητον
Y yo pediré al Padre y otro abogado
δώσει ὑμῖν, ἵνα μένῃ μεθ' ὑμῶν εἰς τὸν αἰῶνα,
dará os, para que permanezca con vosotros para la era.[202]

---

198. La NU sustituye por conoceréis.
199. La NU sustituye por de él.
200. La NU añade a mí.
201. La NU sustituye por guardaréis.
202. Es decir, para siempre o mientras dura la presente Era.

17 τὸ πνεῦμα τῆς ἀληθείας, ὃ ὁ κόσμος οὐ δύναται λαβεῖν,
El Espíritu de la verdad, el que el mundo no puede recibir,
ὅτι οὐ θεωρεῖ αὐτὸ οὐδὲ γινώσκει αὐτό· ὑμεῖς γινώσκετε
porque no ve lo ni conoce lo. Vosotros conocéis
αὐτό, ὅτι παρ' ὑμῖν μένει καὶ ἐν ὑμῖν ἔσται.
lo, porque con vosotros permanece y en vosotros estará.

18 οὐκ ἀφήσω ὑμᾶς ὀρφανούς· ἔρχομαι πρὸς ὑμᾶς.
No dejaré os huérfanos. Vengo a vosotros.

19 ἔτι μικρὸν καὶ ὁ κόσμος με οὐκέτι
Sin embargo (un) poco y el mundo me de ninguna manera
εωρεῖ, ὑμεῖς δὲ θεωρεῖτέ με, ὅτι ἐγὼ ζῶ καὶ
ve, vosotros sin embargo véis me, porque yo vivo y
ὑμεῖς ζήσεσθε.
vosotros viviréis.

20 ἐν ἐκείνῃ τῇ ἡμέρᾳ γνώσεσθε ὑμεῖς ὅτι ἐγὼ ἐν τῷ πατρί
En aquel el día sabréis vosotros que yo en el Padre
μου καὶ ὑμεῖς ἐν ἐμοὶ κἀγὼ ἐν ὑμῖν.
de mí y vosotros en mí y yo también en vosotros.

21 ὁ ἔχων τὰς ἐντολάς μου καὶ τηρῶν αὐτάς.
El teniendo los mandamientos de mí y guardando los,
ἐκεῖνός ἐστιν ὁ ἀγαπῶν με·
aquel es el que ama me.
ὁ δὲ ἀγαπῶν με ἀγαπηθήσεται ὑπὸ τοῦ πατρός μου,
el Sin embargo amando me será amado por el Padre de mí,
καὶ ἐγὼ ἀγαπήσω αὐτὸν καὶ ἐμφανίσω αὐτῷ ἐμαυτόν.
y yo amaré lo y manifestaré a él a mí mismo.

22 Λέγει αὐτῷ Ἰούδας, οὐχ ὁ Ἰσκαριώτης· Κύριε,
Dice le Judas, no el Iscariote: Señor,
καὶ τί γέγονεν ὅτι ἡμῖν μέλλεις ἐμφανίζειν σεαυτὸν
y ¿qué ha sucedido que a nosotros debes manifestar te
καὶ οὐχὶ τῷ κόσμῳ;
y no al mundo?

23 ἀπεκρίθη Ἰησοῦς καὶ εἶπεν αὐτῷ· ἐάν τις ἀγαπᾷ με,
Respondió Jesús y dijo le: si alguno ama me,
τὸν λόγον μου τηρήσει, καὶ ὁ πατήρ μου ἀγαπήσει αὐτόν,
la palabra de mí guardará, y el Padre de mí amará lo,
καὶ πρὸς αὐτὸν ἐλευσόμεθα καὶ μονὴν παρ' αὐτῷ ποιήσομεν.
y a él vendremos y morada con él haremos.

24 ὁ μὴ ἀγαπῶν με τοὺς λόγους μου οὐ τηρεῖ· καὶ ὁ λόγος
El no amando me las palabras de mí no guarda. Y la palabra
ὃν ἀκούετε οὐκ ἔστιν ἐμός, ἀλλὰ τοῦ πέμψαντός με πατρός.
que oís no es mía, sino del que envió me Padre.

25 Ταῦτα λελάληκα ὑμῖν παρ' ὑμῖν μένων·
Esto he hablado a vosotros con vosotros permaneciendo.

26 ὁ δὲ παράκλητος, τὸ Πνεῦμα τὸ Ἅγιον ὃ πέμψει ὁ
el Sin embargo abogado, el Espíritu el Santo que enviará el
πατὴρ ἐν τῷ ὀνόματί μου, ἐκεῖνος ὑμᾶς διδάξει πάντα
Padre en el nombre de mí, aquel os enseñará todo
καὶ ὑπομνήσει ὑμᾶς πάντα ἃ εἶπον ὑμῖν.
y recordará os todo lo que dije a vosotros.

17Al Espíritu de verdad, al cual el mundo no puede recibir, porque no le ve, ni le conoce: mas vosotros le conocéis; porque está con vosotros, y será en vosotros. **18**No os dejaré huérfanos: vendré a vosotros. **19**Aun un poquito, y el mundo no me verá más; empero vosotros me veréis; porque yo vivo, y vosotros también viviréis. **20**En aquel día vosotros conoceréis que yo estoy en mi Padre, y vosotros en mí, y yo en vosotros. **21**El que tiene mis mandamientos, y los guarda, aquél es el que me ama; y el que me ama, será amado de mi Padre, y yo le amaré, y me manifestaré a él. **22**Dícele Judas, no el Iscariote: Señor, ¿qué hay porque te hayas de manifestar a nosotros, y no al mundo? **23**Respondió Jesús, y díjole: El que me ama, mi palabra guardará; y mi Padre le amará, y vendremos a él, y haremos con él morada. **24**El que no me ama, no guarda mis palabras: y la palabra que habéis oído, no es mía, sino del Padre que me envió. **25**Estas cosas os he hablado estando con vosotros. **26**Mas el Consolador, el Espíritu Santo, al cual el Padre enviará en mi nombre, él os enseñará todas las cosas, y os recordará todas las cosas que os he dicho.

27 La paz os dejo, mi paz os doy: no como el mundo *la* da, yo os *la* doy. No se turbe vuestro corazón, ni tenga miedo.
28 Habéis oído cómo yo os he dicho: Voy, y vengo a vosotros. Si me amaseis, ciertamente os gozaríais, porque he dicho que voy al Padre: porque el Padre mayor es que yo.
29 Y ahora os lo he dicho antes que se haga; para que cuando se hiciere, creáis.
30 Ya no hablaré mucho con vosotros: porque viene el príncipe de este mundo; mas no tiene nada en mí.
31 Empero para que conozca el mundo que amo al Padre, y como el Padre me dió el mandamiento, así hago. Levantaos, vamos de aquí,

15 Yo soy la vid verdadera, y mi Padre es el labrador.
2 Todo pámpano que en mí no lleva fruto, le quitará: y todo aquel que lleva fruto, le limpiará, para que lleve más fruto.
3 Ya vosotros sois limpios por la palabra que os he hablado.
4 Estad en mí, y yo en vosotros. Como el pámpano no puede llevar fruto de sí mismo, si no estuviere en la vid; así ni vosotros, si no estuviereis en mí.

27 Εἰρήνην ἀφίημι ὑμῖν, εἰρήνην τὴν ἐμὴν δίδωμι ὑμῖν·
Paz dejo os, paz la mía doy os.
οὐ καθὼς ὁ κόσμος δίδωσιν, ἐγὼ δίδωμι ὑμῖν.
No como el mundo da, yo doy os.
μὴ ταρασσέσθω ὑμῶν ἡ καρδία, μηδὲ δειλιάτω.
No se turbe de vosotros el corazón, ni tema.

28 ἠκούσατε ὅτι ἐγὼ εἶπον ὑμῖν, ὑπάγω καὶ ἔρχομαι πρὸς
Escuchasteis que yo dije[203] os: voy y vengo a
ὑμᾶς. εἰ ἠγαπᾶτέ με, ἐχάρητε ἂν ὅτι εἶπον,
vosotros, si amárais me, alegraríais porque dije,
πορεύομαι πρὸς τὸν πατέρα, ὅτι ὁ πατὴρ μου μείζων
voy a el Padre, porque el Padre de mí mayor
μού ἐστι·
que yo es.

29 καὶ νῦν εἴρηκα ὑμῖν πρὶν γενέσθαι,
Y ahora he dicho a vosotros antes de suceder,
ἵνα ὅταν γένηται πιστεύσητε.
para que cuando suceda creáis.

30 οὐκέτι πολλὰ λαλήσω μεθ' ὑμῶν· ἔρχεται γὰρ ὁ τοῦ
Ya no mucho hablaré con vosotros. viene Porque el del
κόσμου ἄρχων, καὶ ἐν ἐμοὶ οὐκ ἔχει οὐδέν·
mundo arconte[204] y en mí no tiene nada,

31 ἀλλ' ἵνα γνῷ ὁ κόσμος ὅτι ἀγαπῶ τὸν πατέρα, καὶ
pero para que conozca el mundo que amo al Padre, también
καθὼς ἐνετείλατό μοι ὁ πατήρ, οὕτω ποιῶ. ἐγείρεσθε,
como mandó me el Padre, así hago. Levantaos,
ἄγωμεν ἐντεῦθεν.
vamonos de aquí.

15 **1** Ἐγώ εἰμι ἡ ἄμπελος ἡ ἀληθινή, καὶ ὁ πατήρ μου
Yo soy la vid la verdadera, y el Padre de mí
ὁ γεωργός ἐστι.
el agricultor es.

2 πᾶν κλῆμα ἐν ἐμοὶ μὴ φέρον καρπόν, αἴρει αὐτό,
Todo sarmiento en mí no llevando fruto, quita lo,
καὶ πᾶν τὸ καρπὸν φέρον, καθαίρει αὐτὸ,
y todo el fruto llevando, limpia lo,
ἵνα πλείονα καρπὸν φέρῃ.
para que más fruto lleve.

3 ἤδη ὑμεῖς καθαροί ἐστε διὰ τὸν λόγον
Ya vosotros limpios estáis por la palabra
ὃν λελάληκα ὑμῖν.
que he hablado a vosotros.

4 μείνατε ἐν ἐμοί, κἀγὼ ἐν ὑμῖν. καθὼς τὸ κλῆμα οὐ
Permaneced en mí, y yo en vosotros. Como el sarmiento no
δύναται καρπὸν φέρειν ἀφ' ἑαυτοῦ, ἐὰν μὴ μένῃ ἐν τῇ
puede fruto llevar de sí mismo, si no permanece en la
ἀμπέλῳ, οὕτως οὐδὲ ὑμεῖς, ἐὰν μὴ ἐν ἐμοὶ μείνητε.
vid, así tampoco vosotros, si no en mí permanecéis.

---
203. La NU suprime dije.
204. Es decir, gobernante, príncipe.

5 ἐγώ εἰμι ἡ ἄμπελος, ὑμεῖς τὰ κλήματα. ὁ μένων
Yo soy la vid, vosotros los sarmientos. El que permanece
ἐν ἐμοὶ κἀγὼ ἐν αὐτῷ, οὗτος φέρει καρπὸν πολύν,
en mí y yo en él, éste lleva fruto mucho,
ὅτι χωρὶς ἐμοῦ οὐ δύνασθε ποιεῖν οὐδέν.
porque sin mí no podéis hacer nada.

6 ἐὰν μή τις μείνῃ ἐν ἐμοί, ἐβλήθη ἔξω ὡς
Si no alguno permanece en mí, fue arrojado fuera como
τὸ κλῆμα καὶ ἐξηράνθη, καὶ συνάγουσιν αὐτὰ καὶ εἰς τὸ πῦρ
el sarmiento y fue secado, y reunen los y a el fuego
βάλλουσι, καὶ καίεται.
arrojan, y son quemados.

7 ἐὰν μείνητε ἐν ἐμοὶ καὶ τὰ ῥήματά μου ἐν ὑμῖν
Si permanecéis en mí y los dichos de mí en vosotros
μείνῃ, ὃ ἐὰν θέλητε αἰτήσασθε, καὶ γενήσεται ὑμῖν.
permanecen, lo que deséis pediréis,²⁰⁵ y sucederá a vosotros.

8 ἐν τούτῳ ἐδοξάσθη ὁ πατήρ μου, ἵνα καρπὸν πολὺν
En esto será glorificado el Padre de mí, para que fruto mucho
φέρητε, καὶ γενήσεσθε ἐμοὶ μαθηταί.
lleváis, y resultaréis²⁰⁶ mis discípulos.

9 καθὼς ἠγάπησέ με ὁ πατήρ, κἀγὼ ἠγάπησα ὑμᾶς·
Como amó me el Padre, también yo amé os.
μείνατε ἐν τῇ ἀγάπῃ τῇ ἐμῇ.
Permaneced en el amor el mío.

10 ἐὰν τὰς ἐντολάς μου τηρήσητε, μενεῖτε ἐν τῇ
Si los mandamientos de mi guardáis, permaneceréis en el
ἀγάπῃ μου, καθὼς ἐγὼ τὰς ἐντολὰς τοῦ πατρός μου
amor de mí, como yo los mandamientos del Padre de mí
τετήρηκα καὶ μένω αὐτοῦ ἐν τῇ ἀγάπῃ.
he guardado y permanezco de él en el amor.

11 Ταῦτα λελάληκα ὑμῖν ἵνα ἡ χαρὰ ἡ ἐμὴ ἐν
Esto he hablado a vosotros para que la alegría la mía en
ὑμῖν μείνῃ καὶ ἡ χαρὰ ὑμῶν πληρωθῇ.
vosotros permanezca²⁰⁷ y la alegría de vosotros sea cumplida.

12 αὕτη ἐστὶν ἡ ἐντολὴ ἡ ἐμή, ἵνα ἀγαπᾶτε ἀλλήλους
Éste es el mandamiento el mío, que améis los unos a los otros
καθὼς ἠγάπησα ὑμᾶς.
como amé a vosotros.

13 μείζονα ταύτης ἀγάπην οὐδεὶς ἔχει, ἵνα τις τὴν ψυχὴν
Mayor que este amor ninguno tiene, que alguno el alma²⁰⁸
αὐτοῦ θῇ ὑπὲρ τῶν φίλων αὐτοῦ.
de él ponga por los amigos de él.

14 ὑμεῖς φίλοι μού ἐστε, ἐὰν ποιῆτε ὅσα ἐγὼ ἐντέλλομαι ὑμῖν.
Vosotros amigos de mí sois, si hacéis lo que yo mando os.

5 Yo soy la vid, vosotros los pámpanos: el que está en mí, y yo en él, éste lleva mucho fruto; porque sin mí nada podéis hacer.
6 El que en mí no estuviere, será echado fuera como *mal* pámpano, y se secará; y los cogen, y los echan en el fuego, y arden.
7 Si estuviereis en mí, y mis palabras estuvieren en vosotros, pedid todo lo que quisiereis, y os será hecho.
8 En esto es glorificado mi Padre, *en* que llevéis mucho fruto, y seáis *así* mis discípulos.
9 Como el Padre me amó, también yo os he amado: estad en mi amor.
10 Si guardareis mis mandamientos, estaréis en mi amor; como yo también he guardado los mandamientos de mi Padre, y estoy en su amor.
11 Estas cosas os he hablado, para que mi gozo esté en vosotros, y vuestro gozo sea cumplido.
12 Este es mi mandamiento: Que os améis los unos a los otros, como yo os he amado.
13 Nadie tiene mayor amor que este, que ponga alguno su vida por sus amigos.
14 Vosotros sois mis amigos, si hiciereis las cosas que yo os mando.

---

205. La NU sustituye por pedid.
206. La NU sustituye por resultéis.
207. La NU sustituye por esté.
208. O la vida.

15 Ya no os llamaré siervos, porque el siervo no sabe lo que hace su señor: mas os he llamado amigos, porque todas las cosas que oí de mi Padre, os he hecho notorias.
16 No me elegisteis vosotros a mí, mas yo os elegí a vosotros; y os he puesto para que vayáis y llevéis fruto, y vuestro fruto permanezca: para que todo lo que pidiereis del Padre en mi nombre, él os lo dé.
17 Esto os mando: Que os améis los unos a los otros.
18 Si el mundo os aborrece, sabed que a mí me aborreció antes que a vosotros.
19 Si fuerais del mundo, el mundo amaría lo suyo; mas porque no sois del mundo, antes yo os elegí del mundo, por eso os aborrece el mundo.
20 Acordaos de la palabra que yo os he dicho: No es el siervo mayor que su señor. Si a mí mé han perseguido, también a vosotros perseguirán: si han guardado mi palabra, también guardarán la vuestra.
21 Mas todo esto os harán por causa de mi nombre, porque no conocen al que me ha enviado.
22 Si no hubiera venido, ni les hubiera hablado, no tendrían pecado, mas ahora no tienen excusa de su pecado.
23 El que me aborrece, también a mi Padre aborrece.
24 Si no hubiese hecho entre ellos obras cuales ningún otro ha hecho, no tendrían pecado; mas ahora, y *las* han visto, y me aborrecen a mí y a mi Padre.

15 οὐκέτι ὑμᾶς λέγω δούλους, ὅτι ὁ δοῦλος οὐκ οἶδε
Ya no os llamo siervos, porque el siervo no conoce
τί ποιεῖ αὐτοῦ ὁ κύριος· ὑμᾶς δὲ εἴρηκα φίλους,
qué hace de él el Señor. os Sin embargo he llamado amigos,
ὅτι πάντα ἃ ἤκουσα παρὰ τοῦ πατρός μου
porque todo lo que escuché de el Padre de mí
ἐγνώρισα ὑμῖν.
di a conocer a vosotros.

16 οὐχ ὑμεῖς με ἐξελέξασθε, ἀλλ' ἐγὼ ἐξελεξάμην ὑμᾶς,
No vosotros me escogistéis, sino que yo escogí os,
καὶ ἔθηκα ὑμᾶς ἵνα ὑμεῖς ὑπάγητε καὶ καρπὸν φέρητε,
y puse os para que vosotros vayáis y fruto deis,
καὶ ὁ καρπὸς ὑμῶν μένῃ, ἵνα ὅ τι ἂν αἰτήσητε
y el fruto de vosotros permanezca, para que lo que pidáis
τὸν πατέρα ἐν τῷ ὀνόματί μου, δῷ ὑμῖν.
al Padre en el nombre de mí, dé a vosotros.

17 ταῦτα ἐντέλλομαι ὑμῖν, ἵνα ἀγαπᾶτε ἀλλήλους.
Esto ordeno os, que améis unos a otros.

18 Εἰ ὁ κόσμος ὑμᾶς μισεῖ, γινώσκετε ὅτι ἐμὲ πρῶτον
Si el mundo os odia, sabed que a mí antes
ὑμῶν μεμίσηκεν.
que a vosotros ha odiado.

19 εἰ ἐκ τοῦ κόσμου ἦτε, ὁ κόσμος ἂν τὸ ἴδιον ἐφίλει·
Si de el mundo fuerais, el mundo como lo propio amaría,
ὅτι δὲ ἐκ τοῦ κόσμου οὐκ ἐστέ, ἀλλ' ἐγὼ ἐξελεξάμην
porque ciertamente de el mundo no sois, pero yo escogí
ὑμᾶς ἐκ τοῦ κόσμου, διὰ τοῦτο μισεῖ ὑμᾶς ὁ κόσμος.
os de el mundo, por esto odia os el mundo.

20 μνημονεύετε τοῦ λόγου οὗ ἐγὼ εἶπον ὑμῖν·
Recordad la palabra que yo dije os:
οὐκ ἔστι δοῦλος μείζων τοῦ κυρίου αὐτοῦ.
No es siervo mayor que el Señor de él.
εἰ ἐμὲ ἐδίωξαν, καὶ ὑμᾶς διώξουσιν· εἰ τὸν λόγον
Si a mí persiguieron, también os perseguirán. Si la palabra
μου ἐτήρησαν, καὶ τὸν ὑμέτερον τηρήσουσιν.
de mí guardaron, también la vuestra guardarán.

21 ἀλλὰ ταῦτα πάντα ποιήσουσιν ὑμῖν διὰ τὸ ὄνομά μου,
Sin embargo esto todo harán os por el nombre de mí,
ὅτι οὐκ οἴδασι τὸν πέμψαντά με.
porque no conocen al que envió me.

22 εἰ μὴ ἦλθον καὶ ἐλάλησα αὐτοῖς, ἁμαρτίαν οὐκ εἴχον·
Si no vine[209] y hablé a ellos, pecado no tenían.
νῦν δὲ πρόφασιν οὐκ ἔχουσι περὶ τῆς ἁμαρτίας αὐτῶν.
Ahora sin embargo excusa no tienen por el pecado de ellos.

23 ὁ ἐμὲ μισῶν καὶ τὸν πατέρα μου μισεῖ.
El a mí odiando también al Padre de mí odia.

24 εἰ τὰ ἔργα μὴ ἐποίησα ἐν αὐτοῖς ἃ οὐδεὶς ἄλλος πεποίηκεν,
Si las obras no hice entre ellos que ningún otro ha hecho,
ἁμαρτίαν οὐκ εἴχον· νῦν δὲ καὶ ἑωράκασι καὶ
pecado no tenían.[210] Ahora sin embargo también han visto y
μεμισήκασι καὶ ἐμὲ καὶ τὸν πατέρα μου.
han odiado tanto a mí como al Padre de mí,

---
209. Es decir, hubiera venido.
210. Es decir, si no hubiera hecho entre ellos las obras que ningún otro ha hecho, no tendrían pecado.

25 ἀλλ' ἵνα πληρωθῇ ὁ λόγος ὁ γεγραμμένος ἐν τῷ
pero para que fuera cumplida la palabra la escrita en la

νόμῳ αὐτῶν, ὅτι ἐμίσησάν με δωρεάν.
ley de ellos, que odiaron me sin causa.

26 Ὅταν δὲ ἔλθῃ ὁ παράκλητος ὃν ἐγὼ πέμψω ὑμῖν
Cuando sin embargo venga el abogado que yo enviaré os

παρὰ τοῦ πατρός, τὸ Πνεῦμα τῆς ἀληθείας ὃ παρὰ τοῦ πατρὸς
de el Padre, el Espíritu de la verdad que de el Padre

ἐκπορεύεται, ἐκεῖνος μαρτυρήσει περὶ ἐμοῦ·
sale, ése testificará acerca de mí.

27 καὶ ὑμεῖς δὲ μαρτυρεῖτε, ὅτι ἀπ' ἀρχῆς
Y vosotros sin embargo testificáis, porque desde principio

μετ' ἐμοῦ ἐστε.
conmigo estáis.

16 **1** Ταῦτα λελάληκα ὑμῖν ἵνα μὴ σκανδαλισθῆτε.
Esto he hablado os para que no seáis escandalizados.

2 ἀποσυναγώγους ποιήσουσιν ὑμᾶς· ἀλλ' ἔρχεται
Expulsados de la sinagoga harán a vosotros,[211] pero viene

ὥρα ἵνα πᾶς ὁ ἀποκτείνας ὑμᾶς δόξῃ λατρείαν
hora que todo el matando a vosotros juzgará culto

προσφέρειν τῷ Θεῷ.
ofrecer a Dios.

3 καὶ ταῦτα ποιήσουσιν, ὅτι οὐκ ἔγνωσαν
Y esto harán porque no conocieron

τὸν πατέρα οὐδὲ ἐμέ.
al Padre ni a mí.

4 ἀλλὰ ταῦτα λελάληκα ὑμῖν ἵνα ὅταν ἔλθῃ ἡ ὥρα,
Pero esto he hablado a vosotros para que cuando venga la hora,[212]

μνημονεύητε αὐτῶν ὅτι ἐγὼ εἶπον ὑμῖν.
recordéis a ellos que yo os dije a vosotros.

ταῦτα δὲ ὑμῖν ἐξ ἀρχῆς οὐκ εἶπον,
Esto sin embargo a vosotros desde principio no dije,

ὅτι μεθ' ὑμῶν ἤμην.
porque con vosotros estaba.

5 νῦν δὲ ὑπάγω πρὸς τὸν πέμψαντά με, καὶ οὐδεὶς
Ahora sin embargo voy a el que envió me, y ninguno

ἐξ ὑμῶν ἐρωτᾷ με, ποῦ ὑπάγεις;
de vosotros pregunta me, ¿a dónde vas?

6 ἀλλ' ὅτι ταῦτα λελάληκα ὑμῖν, ἡ λύπη πεπλήρωκεν
pero porque esto he hablado a vosotros, la tristeza ha llenado

ὑμῶν τὴν καρδίαν.
de vosotros el corazón,

7 ἀλλ' ἐγὼ τὴν ἀλήθειαν λέγω ὑμῖν· συμφέρει ὑμῖν
pero yo la verdad digo os: conviene a vosotros

ἵνα ἐγὼ ἀπέλθω. ἐὰν γὰρ μὴ ἀπέλθω, ὁ παράκλητος
que yo vaya, si Porque no voy, el Abogado

οὐκ ἐλεύσεται πρὸς ὑμᾶς· ἐὰν δὲ πορευθῶ,
no vendrá a vosotros. Si sin embargo voy,

πέμψω αὐτὸν πρὸς ὑμᾶς.
enviaré lo a vosotros.

25 Mas para que se cumpla la palabra que está escrita en su ley: Que sin causa me aborrecieron. **26** Empero cuando viniere el Consolador, el cual yo os enviaré del Padre, el Espíritu de verdad, el cual procede del Padre, él dará testimonio de mí. **27** Y vosotros daréis testimonio, porque estáis conmigo desde el principio.

16 Estas cosas os he hablado, para que no os escandalicéis. **2** Os echarán de los sinagogas; y aun viene la hora, cuando cualquiera que os matare, pensará que hace servicio a Dios. **3** Y estas cosas os harán, porque no conocen al Padre ni a mí. **4** Mas os he dicho esto, para que cuando aquella hora viniere, os acordeis que yo os lo había dicho. Esto empero no os lo dije al principio, porque yo estaba con vosotros. **5** Mas ahora voy al que me envió; y ninguno de vosotros me pregunta: ¿Adónde vas? **6** Antes, porque os he hablado estas cosas, tristeza ha henchido vuestro corazón. **7** Empero yo os digo la verdad: Os es necesario que yo vaya: porque si yo no fuese, el Consolador no vendría a vosotros; mas si yo fuere, os le enviaré.

---

211. Es decir, conseguirás que os veáis expulsados de la sinagoga.
212. La NU añade de ellos.

8 Y cuando él viniere redargüirá al mundo de pecado, y de justicia, y de juicio:
9 De pecado ciertamente, por cuanto no creen en mí;
10 Y de justicia, por cuanto voy al Padre, y no me veréis más;
11 Y de juicio, por cuanto el príncipe de este mundo es juzgado.
12 Aun tengo muchas cosas que deciros, mas ahora no las podéis llevar.
13 Pero cuando viniere aquel Espíritu de verdad, él os guiará a toda verdad; porque no hablará de sí mismo, sino que hablará todo lo que oyere, y os hará saber las cosas que han de venir.
14 El me glorificará: porque tomará de lo mío, y os lo hará saber.
15 Todo lo que tiene el Padre, mío es: por eso dije que tomará de lo mío, y os lo hará saber.
16 Un poquito, y no me veréis; y otra vez un poquito, y me veréis: porque yo voy al Padre.
17 Entonces dijeron *algunos* de sus discípulos unos a otros: ¿Qué es esto que nos dice: Un poquito, y no me veréis; y otra vez un poquito, y me veréis: y, por que yo voy al Padre?
18 Decían pues: ¿Qué es esto que dice: Un poquito? No entendemos lo que habla.

8 καὶ ἐλθὼν ἐκεῖνος ἐλέγξει τὸν κόσμον περὶ ἁμαρτίας
Y viniendo aquel convencerá[213] al mundo de pecado
καὶ περὶ δικαιοσύνης καὶ περὶ κρίσεως.
y de justicia y de juicio.

9 περὶ ἁμαρτίας μέν, ὅτι οὐ πιστεύουσιν εἰς ἐμέ·
De pecado - porque no creen en mí.

10 περὶ δικαιοσύνης δέ, ὅτι πρὸς τὸν πατέρα μου
De justicia ciertamente, porque a el Padre de mí[214]
ὑπάγω καὶ οὐκέτι θεωρεῖτέ με·
voy y ya no veis a mí.

11 περὶ δὲ κρίσεως, ὅτι ὁ ἄρχων τοῦ κόσμου
De ciertamente juicio, porque el aconte[215] del mundo
τούτου κέκριται.
éste ha sido juzgado.

12 Ἔτι πολλὰ ἔχω λέγειν ὑμῖν, ἀλλ' οὐ δύνασθε
Aún mucho tengo que decir os, pero no podéis
βαστάζειν ἄρτι·
llevar ahora.

13 ὅταν δὲ ἔλθῃ ἐκεῖνος, τὸ Πνεῦμα τῆς ἀληθείας,
Cuando sin embargo venga aquel, el Espíritu de la verdad,
ὁδηγήσει ὑμᾶς εἰς πᾶσαν τὴν ἀλήθειαν· οὐ γὰρ λαλήσει
guiará os a toda la verdad, no Porque hablará
ἀφ' ἑαυτοῦ, ἀλλ' ὅσα ἂν ἀκούσει λαλήσει,
de sí mismo, pero cuanto oiga hablará,
καὶ τὰ ἐρχόμενα ἀναγγελεῖ ὑμῖν.
y lo venidero anunciará a vosotros.

14 ἐκεῖνος ἐμὲ δοξάσει, ὅτι ἐκ τοῦ ἐμοῦ λήψεται
Aquel a mí glorificará, porque de lo mío tomará
καὶ ἀναγγελεῖ ὑμῖν.
y anunciará a vosotros.

15 πάντα ὅσα ἔχει ὁ πατὴρ ἐμά ἐστι· διὰ τοῦτο εἶπον
Todo cuanto tiene el Padre mío es. Por esto dije
ὅτι ἐκ τοῦ ἐμοῦ λήψεται καὶ ἀναγγελεῖ ὑμῖν.
que de lo mío tomará y anunciará a vosotros.

16 Μικρὸν καὶ οὐ θεωρεῖτέ με, καὶ πάλιν μικρὸν καὶ
Poco y no[216] contempláis me, y de nuevo poco y
ὄψεσθέ με, ὅτι ἐγὼ ὑπάγω πρὸς τὸν πατέρα.
veréis me, porque yo voy a el Padre.

17 Εἶπον οὖν ἐκ τῶν μαθητῶν αὐτοῦ πρὸς ἀλλήλους·
Dijeron pues de los discípulos de él unos a los otros:
τί ἐστι τοῦτο ὃ λέγει ἡμῖν, μικρὸν καὶ οὐ θεωρεῖτέ με,
¿Qué es esto que dice nos, poco y no contempláis me,
καὶ πάλιν μικρὸν καὶ ὄψεσθέ με, καί ὅτι ἐγὼ ὑπάγω
y de nuevo poco y veréis me, y que yo voy
πρὸς τὸν πατέρα;
a el Padre?

18 ἔλεγον οὖν· τοῦτο τί ἐστιν ὃ λέγει τὸ μικρόν;
Decían pues: ¿Esto qué es que dice lo poco?
οὐκ οἴδαμεν τί λαλεῖ.
No sabemos qué habla.

---

213. O refutará.
214. La NU omite de mí.
215. Es decir, gobernante, príncipe.
216. La NU sustituye por ya no.

19 ἔγνω οὖν ὁ Ἰησοῦς ὅτι ἤθελον αὐτὸν ἐρωτᾶν,
Supo pues Jesús   que querían a él preguntar,

καὶ εἶπεν αὐτοῖς· περὶ τούτου ζητεῖτε μετ' ἀλλήλων
y dijo les: Acerca de esto preguntáis los unos con los otros

ὅτι εἶπον, μικρὸν καὶ οὐ θεωρεῖτέ με,
porque dije, Poco y no contempláis a mí,

καὶ πάλιν μικρὸν καὶ ὄψεσθέ με;
y de nuevo poco y veréis me?

20 ἀμὴν   ἀμὴν   λέγω ὑμῖν ὅτι κλαύσετε καὶ
Verdaderamente verdaderamente digo os que lloraréis y

θρηνήσετε ὑμεῖς, ὁ δὲ   κόσμος χαρήσεται· ὑμεῖς
lamentaréis vosotros, el Sin embargo mundo se alegrará. Vosotros

λυπηθήσεσθε,   ἀλλ' ἡ λύπη ὑμῶν
seréis entristecidos, pero la tristeza de vosotros

εἰς χαρὰν γενήσεται.
en alegría resultará.

21 ἡ γυνὴ ὅταν τίκτῃ, λύπην ἔχει, ὅτι   ἦλθεν ἡ ὥρα αὐτῆς·
La mujer cuando pare, tristeza tiene, porque vino la hora de ella.

ὅταν δὲ   γεννήσῃ τὸ παιδίον, οὐκέτι μνημονεύει
Cuando sin embargo nace el niñito, ya no recuerda

τῆς θλίψεως   διὰ τὴν χαρὰν ὅτι   ἐγεννήθη
la tribulación[217] por la alegría de que ha nacido

ἄνθρωπος εἰς τὸν κόσμον.
hombre a el mundo.

22 καὶ ὑμεῖς οὖν λύπην μὲν νῦν ἔχετε· πάλιν δὲ
Y vosotros pues tristeza - ahora tenéis. De nuevo sin embargo

ὄψομαι ὑμᾶς καὶ χαρήσεται ὑμῶν   ἡ καρδία,
veré os y se alegrará de vosotros el corazón,

καὶ τὴν χαρὰν ὑμῶν   οὐδεὶς αἴρει ἀφ' ὑμῶν.
y la alegría de vosotros ninguno quita de vosotros.

23 καὶ ἐν ἐκείνῃ τῇ ἡμέρᾳ ἐμὲ οὐκ ἐρωτήσετε οὐδέν·
Y en aquel el día a mí no preguntaréis nada.

ἀμὴν   ἀμὴν   λέγω ὑμῖν ὅτι ὅσα ἄν αἰτήσητε
Verdaderamente verdaderamente digo os que cuanto pidáis

τὸν πατέρα ἐν τῷ ὀνόματί μου, δώσει ὑμῖν.
al Padre en el nombre de mí, dará os.

24 ἕως ἄρτι οὐκ ᾐτήσατε οὐδὲν ἐν τῷ ὀνόματί μου·
Hasta ahora no pedísteis nada en el nombre de mí.

αἰτεῖτε καὶ λήψεσθε, ἵνα   ἡ χαρὰ ὑμῶν
Pedid y recibiréis, para que la alegría de vosotros

ᾖ πεπληρωμένη.
sea cumplida.

25 Ταῦτα ἐν παροιμίαις   λελάληκα ὑμῖν·   ἔρχεται ὥρα
Esto en lenguaje figurado he hablado a vosotros. Viene hora

ὅτε   οὐκέτι ἐν παροιμίαις   λαλήσω ὑμῖν, ἀλλὰ
cuando ya no en lenguaje figurado hablaré os, sino

παρρησίᾳ   περὶ τοῦ πατρὸς ἀπαγγελῶ ὑμῖν.
abiertamente[218] sobre el Padre anunciaré os.

26 ἐν ἐκείνῃ τῇ ἡμέρᾳ ἐν τῷ ὀνόματί μου   αἰτήσεσθε·
En aquel el día en el nombre de mí pediréis.

καὶ οὐ λέγω ὑμῖν ὅτι ἐγὼ ἐρωτήσω τὸν πατέρα
Y no digo os que yo pediré al Padre

περὶ ὑμῶν·
por vosotros.

---
217. O angustia.
218. O con libertad, con confianza.

19Y conoció Jesús que le querían preguntar, y díjoles: ¿Preguntáis entre vosotros de esto que dije: Un poquito, y no me veréis, y otra vez un poquito, y me veréis?
20De cierto, de cierto os digo, que vosotros lloraréis y lamentaréis, y el mundo se alegrará: empero aunque vosotros estaréis tristes, vuestra tristeza se tornará en gozo.
21La mujer cuando pare, tiene dolor, porque es venida su hora; mas después que ha parido un niño, ya no se acuerda de la angustia, por el gozo de que haya nacido un hombre en el mundo.
22También, pues, vosotros ahora ciertamente tenéis tristeza; mas otra vez os veré, y se gozará vuestro corazón, y nadie quitará de vosotros vuestro gozo.
23Y aquel día no me preguntaréis nada. De cierto, de cierto os digo, que todo cuanto pidiereis al Padre en mi nombre, os lo dará.
24Hasta ahora nada habéis pedido en mi nombre: pedid, y recibiréis, para que vuestro gozo sea cumplido.
25Estas cosas os he hablado en proverbios: la hora viene cuando ya no os hablaré por proverbios, pero claramente os anunciaré del Padre.
26Aquel día pediréis en mi nombre: y no os digo, que yo rogaré al Padre por vosotros;

27 Pues el mismo Padre os ama, porque vosotros me amasteis, y habéis creído que yo salí de Dios. **28** Salí del Padre, y he venido al mundo: otra vez dejo el mundo, y voy al Padre. **29** Dícenle sus discípulos: He aquí, ahora hablas claramente, y ningún proverbio dices. **30** Ahora entendemos que sabes todas las cosas, y no necesitas que nadie te pregunte: en esto creemos que has salido de Dios. **31** Respondióles Jesús: ¿Ahora creéis? **32** He aquí, la hora viene, y ha venido, que seréis esparcidos cada uno por su parte, y me dejaréis solo: mas no estoy solo, porque el Padre está conmigo. **33** Estas cosas os he hablado, para que en mí tengáis paz. En el mundo tendréis aflicción: mas confiad, yo he vencido al mundo.

17

Estas cosas habló Jesús, y levantados los ojos al cielo, dijo: Padre, la hora es llegada; glorifica a tu Hijo, para que también tu Hijo te glorifique a ti;
2 Como le has dado la potestad de toda carne, para que dé vida eterna a todos los que le diste.
3 Esta empero es la vida eterna: que te conozcan el solo Dios verdadero, y a Jesucristo, al cual has enviado.

27 αὐτὸς γὰρ ὁ πατὴρ φιλεῖ ὑμᾶς, ὅτι ὑμεῖς ἐμὲ
él mismo Porque el Padre ama os, porque vosotros me
πεφιλήκατε καὶ πεπιστεύκατε ὅτι ἐγὼ παρὰ τοῦ Θεοῦ ἐξῆλθον.
habéis amado y habéis creído que yo de Dios salí.

28 ἐξῆλθον παρὰ τοῦ πατρὸς καὶ ἐλήλυθα εἰς τὸν κόσμον·
Salí de el Padre y he venido a el mundo.
πάλιν ἀφίημι τὸν κόσμον καὶ πορεύομαι
De nuevo dejo el mundo y voy
πρὸς τὸν πατέρα.
a el Padre.

29 Λέγουσιν αὐτῷ οἱ μαθηταὶ αὐτοῦ· ἴδε νῦν παρρησίᾳ
Dicen le los discípulos de él. Mira ahora abiertamente[219]
λαλεῖς, καὶ παροιμίαν οὐδεμίαν λέγεις.
hablas, y lenguaje figurado ninguno dices.

30 νῦν οἴδαμεν ὅτι οἶδας πάντα καὶ οὐ χρείαν ἔχεις
Ahora sabemos que sabes todo y no necesidad tienes
ἵνα τίς σε ἐρωτᾷ. ἐν τούτῳ πιστεύομεν
de que alguien te pregunte, en esto creemos
ὅτι ἀπὸ Θεοῦ ἐξῆλθες.
que de Dios saliste.

31 ἀπεκρίθη αὐτοῖς ὁ Ἰησοῦς· ἄρτι πιστεύετε;
Respondió les Jesús: ¿Ahora creéis?

32 ἰδοὺ ἔρχεται ὥρα, καὶ νῦν[220] ἐλήλυθεν, ἵνα σκορπισθῆτε
Mira viene hora, y ahora ha venido, para que seáis esparcidos
ἕκαστος εἰς τὰ ἴδια καὶ ἐμὲ μόνον ἀφῆτε·
cada uno a lo suyo y a mí sólo dejaréis.
καὶ οὐκ εἰμὶ μόνος, ὅτι ὁ πατὴρ μετ' ἐμοῦ ἐστι.
Y no estoy solo, porque el Padre conmigo está.

33 ταῦτα λελάληκα ὑμῖν ἵνα ἐν ἐμοὶ εἰρήνην ἔχητε.
Esto he hablado a vosotros para que en mí paz tengáis.
ἐν τῷ κόσμῳ θλῖψιν[221] ἔξετε·[222] ἀλλὰ θαρσεῖτε,
En el mundo tribulación tendréis, pero tened valor,
ἐγὼ νενίκηκα τὸν κόσμον.
yo he vencido al mundo.

17

1 Ταῦτα ἐλάλησεν ὁ Ἰησοῦς, καὶ ἐπῆρε τοὺς ὀφθαλμοὺς αὐτοῦ
Esto habló Jesús, y alzó los ojos de él
εἰς τὸν οὐρανὸν καὶ εἶπε· πάτερ, ἐλήλυθεν ἡ ὥρα·
a el cielo y dijo: Padre, ha venido la hora.
δόξασόν σου τὸν υἱόν, ἵνα καὶ ὁ υἱὸς δοξάσῃ σε,
glorifica de ti al Hijo, para que también el Hijo glorifique te.

2 καθὼς ἔδωκας αὐτῷ ἐξουσίαν πάσης σαρκός,
Como diste le autoridad de toda carne,
ἵνα πᾶν ὃ δέδωκας αὐτῷ δώσῃ αὐτοῖς ζωὴν αἰώνιον.
para que todo lo que has dado a él dé les vida eterna.

3 αὕτη δέ ἐστιν ἡ αἰώνιος ζωή, ἵνα γινώσκωσι σὲ
Ésta ciertamente es la eterna vida, que conozcan te
τὸν μόνον ἀληθινὸν Θεὸν καὶ ὃν
el único verdadero Dios y al que
ἀπέστειλας Ἰησοῦν Χριστόν.
enviaste Jesús Cristo.

---

219. O con libertad, con confianza.
220. La NU suprime por ahora.
221. O angustia.
222. La NU sustituye por tenéis.

4 ἐγώ σε ἐδόξασα ἐπὶ τῆς γῆς, τὸ ἔργον ἐτελείωσα
Yo te glorifiqué en la tierra, la obra terminé
ὃ δέδωκάς μοι ἵνα ποιήσω·
que has dado a mí para que haga.

5 καὶ νῦν δόξασόν με σύ, πάτερ, παρὰ σεαυτῷ
Y ahora glorifica me tú, Padre, junto a ti mismo
τῇ δόξῃ ᾗ εἶχον πρὸ τοῦ τὸν κόσμον εἶναι παρὰ σοί.
con la gloria que tenía antes de el mundo ser contigo.²²³

6 Ἐφανέρωσά σου τὸ ὄνομα τοῖς ἀνθρώποις οὓς δέδωκάς
Manifesté de ti el nombre a los hombres los que has dado
μοι ἐκ τοῦ κόσμου. σοὶ ἦσαν καὶ ἐμοὶ αὐτοὺς
a mí de el mundo. Para ti eran²²⁴ y a mí los
δέδωκας, καὶ τὸν λόγον σου τετηρήκασι.
has dado, y la palabra de ti han guardado.

7 νῦν ἔγνωκαν ὅτι πάντα ὅσα δέδωκάς μοι παρὰ σοῦ εἰσιν·
Ahora han sabido que todo cuanto has dado a mí contigo está,

8 ὅτι τὰ ῥήματα ἃ ἔδωκάς μοι δέδωκα αὐτοῖς,
porque los dichos que diste a mí he dado a ellos,
καὶ αὐτοὶ ἔλαβον, καὶ ἔγνωσαν ἀληθῶς ὅτι
y éstos recibieron (los), y supieron verdaderamente que
παρὰ σοῦ ἐξῆλθον, καὶ ἐπίστευσαν ὅτι σύ με ἀπέστειλας.
de ti salí, y creyeron que tú me enviaste.

9 Ἐγὼ περὶ αὐτῶν ἐρωτῶ· οὐ περὶ τοῦ κόσμου ἐρωτῶ,
Yo por ellos pido. No por el mundo pido,
ἀλλὰ περὶ ὧν δέδωκάς μοι, ὅτι σοί εἰσι,
sino por los que has dado a mí, porque para ti son,²²⁵

10 καὶ τὰ ἐμὰ πάντα σά ἐστι καὶ τὰ σὰ ἐμά,
Y lo mío todo tuyo es y lo tuyo mío,
καὶ δεδόξασμαι ἐν αὐτοῖς.
y he sido glorificado en ello.

11 καὶ οὐκέτι εἰμὶ ἐν τῷ κόσμῳ, καὶ οὗτοι ἐν τῷ κόσμῳ εἰσί,
Y ya no estoy en el mundo, y éstos en el mundo están,
κἀγὼ πρὸς σὲ ἔρχομαι. πάτερ ἅγιε, τήρησον αὐτοὺς
y yo a ti voy. Padre santo, guarda los
ἐν τῷ ὀνόματί σου ᾧ δέδωκάς μοι, ἵνα ὦσιν ἓν
en el nombre de ti en el que has dado a mí, para que sean uno
καθὼς ἡμεῖς.
como nosotros.

12 ὅτε ἤμην μετ' αὐτῶν ἐν τῷ κόσμῳ, ἐγὼ ἐτήρουν αὐτοὺς
Cuando estaba con ellos en el mundo,²²⁶ yo guardaba los
ἐν τῷ ὀνόματί σου· οὓς δέδωκάς μοι ἐφύλαξα,
en el nombre de ti. A los que has dado²²⁷ a mí guardé,
καὶ οὐδεὶς ἐξ αὐτῶν ἀπώλετο εἰ μὴ ὁ υἱὸς τῆς ἀπωλείας,
y ninguno de ellos se perdió si no el hijo de la perdición,
ἵνα ἡ γραφὴ πληρωθῇ.
para que la Escritura fuera cumplida.

4Yo te he glorificado en la tierra: he acabado la obra que me diste que hiciese.
5Ahora pues, Padre, glorifícame tú cerca de ti mismo con aquella gloria que tuve cerca de ti antes que el mundo fuese.
6He manifestado tu nombre a los hombres que del mundo me diste: tuyos eran, y me los diste, y guardaron tu palabra.
7Ahora han conocido que todas las cosas que me diste, son de ti;
8Porque las palabras que me diste, les he dado; y ellos *las* recibieron, y han conocido verdaderamente que salí de ti, y han creído que tú me enviaste.
9Yo ruego por ellos: no ruego por el mundo, sino por los que me diste; porque tuyos son:
10Y todas mis cosas son tus cosas, y tus cosas son mis cosas: y he sido glorificado en ellas.
11Y ya no estoy en el mundo; mas éstos están en el mundo, y yo a ti vengo. Padre santo, a los que me has dado, guárdalos por tu nombre, para que sean una cosa, como también nosotros.
12Cuando estaba con ellos en el mundo, yo los guardaba en tu nombre; a los que me diste, yo los guardé, y ninguno de ellos se perdió, sino el hijo de perdición; para que la Escritura se cumpliese.

---

223. Es decir, la gloria que tenía contigo antes de que el mundo existiese.
224. Es decir, tú los tenías o eran tuyos.
225. Es decir, porque son tuyos.
226. La NU omite en el mundo.
227. La NU sustituye a los que has dado a mí por con lo que tú has dado a mí.

13Mas ahora vengo a ti; y hablo esto en el mundo, para que tengan mi gozo cumplido en sí mismos.
14Yo les he dado tu palabra; y el mundo los aborreció, porque no son del mundo, como tampoco yo soy del mundo.
15No ruego que los quites del mundo, sino que los guardes del mal.
16No son del mundo, como tampoco yo soy del mundo.
17Santifícalos en tu verdad: tu palabra es verdad.
18Como tú me enviaste al mundo, también los he enviado al mundo.
19Y por ellos yo me santifico a mí mismo, para que también ellos sean santificados en verdad.
20Mas no ruego solamente por éstos, sino también por los que han de creer en mí por la palabra de ellos.
21Para que todos sean una cosa; como tú, oh Padre, en mí, y yo en ti, que también ellos sean en nosotros una cosa: para que el mundo crea que tú me enviaste.
22Y yo, la gloria que me diste les he dado; para que sean una cosa, como también nosotros somos una cosa.

13 νῦν δὲ πρὸς σὲ ἔρχομαι, καὶ ταῦτα λαλῶ ἐν τῷ κόσμῳ
Ahora sin embargo a ti voy, y esto hablo en el mundo
ἵνα ἔχωσιν τὴν χαρὰν τὴν ἐμὴν πεπληρωμένην
para que tengan la alegría la mía cumplida
ἐν ἑαυτοῖς.
en ellos.

14 ἐγὼ δέδωκα αὐτοῖς τὸν λόγον σου, καὶ ὁ κόσμος
Yo he dado les la palabra de ti, y el mundo
ἐμίσησεν αὐτούς, ὅτι οὐκ εἰσὶν ἐκ τοῦ κόσμου,
odió los, porque no son de el mundo,
καθὼς ἐγὼ οὐκ εἰμὶ ἐκ τοῦ κόσμου.
como yo no soy de el mundo.

15 οὐκ ἐρωτῶ ἵνα ἄρῃς αὐτοὺς ἐκ τοῦ κόσμου, ἀλλ'
No pido para que saques los de el mundo, sino
ἵνα τηρήσῃς αὐτοὺς ἐκ τοῦ πονηροῦ.
para que guardes los de el mal.[228]

16 ἐκ τοῦ κόσμου οὐκ εἰσὶ, καθὼς ἐγὼ
De el mundo no son, como yo
ἐκ τοῦ κόσμου οὐκ εἰμὶ.
de el mundo no soy.

17 ἁγίασον αὐτοὺς ἐν τῇ ἀληθείᾳ σου· ὁ λόγος ὁ σὸς
Santifica los en la verdad de ti.[229] La palabra la tuya
ἀλήθειά ἐστι.
verdad es.

18 καθὼς ἐμὲ ἀπέστειλας εἰς τὸν κόσμον, κἀγὼ
Como me envió a el mundo, también yo
ἀπέστειλα αὐτοὺς εἰς τὸν κόσμον·
envié los a el mundo.

19 καὶ ὑπὲρ αὐτῶν ἐγὼ ἁγιάζω ἐμαυτόν, ἵνα καὶ
Y por ellos yo santifico a mí mismo, para que también
αὐτοὶ ὦσιν ἡγιασμένοι ἐν ἀληθείᾳ.
ellos sean santificados en verdad.

20 Οὐ περὶ τούτων δὲ ἐρωτῶ μόνον, ἀλλὰ καὶ περὶ τῶν
No por éstos - pido sólo, sino también por los
πιστευσόντων διὰ τοῦ λόγου αὐτῶν εἰς ἐμέ,
que creerán por la palabra de ellos en mí,

21 ἵνα πάντες ἓν ὦσι, καθὼς σύ, πάτερ, ἐν ἐμοὶ κἀγὼ ἐν σοί,
para que todos uno sean, como tú, Padre, en mí y yo en ti,
ἵνα καὶ αὐτοὶ ἐν ἡμῖν ἓν[230] ὦσιν, ἵνα ὁ κόσμος
para que también ellos en nosotros uno sean, para que el mundo
πιστεύῃ ὅτι σύ με ἀπέστειλας.
crea que tú me envíaste.

22 κἀγὼ τὴν δόξαν ἣν δέδωκάς μοι δέδωκα αὐτοῖς,
Y yo la gloria que has dado a mí he dado a ellos,
ἵνα ὦσιν ἓν καθὼς ἡμεῖς ἕν ἐσμεν,
para que sean uno como nosotros uno somos.

---

228. O del Malo.
229. La NU suprime de ti.
230. La NU suprime uno.

23 ἐγὼ ἐν αὐτοῖς καὶ σὺ ἐν ἐμοί, ἵνα ὦσι τετελειωμένοι εἰς
Yo en ellos y tú en mí, para que sean perfeccionados[231] en

ἕν, καὶ ἵνα γινώσκῃ ὁ κόσμος ὅτι σύ με ἀπέστειλας καὶ
uno, y para que conozca el mundo que tú me enviaste y

ἠγάπησας αὐτοὺς καθὼς ἐμὲ ἠγάπησας.
amaste los como a mí amaste.

24 πάτερ, οὓς δέδωκάς μοι, θέλω ἵνα ὅπου εἰμὶ ἐγὼ
Padre, los que has dado a mí, quiero que donde estoy yo

κἀκεῖνοι ὦσι μετ' ἐμοῦ, ἵνα θεωρῶσι τὴν δόξαν
también aquellos estén conmigo, para que contemplen la gloria

τὴν ἐμὴν ἣν ἔδωκάς μοι, ὅτι ἠγάπησάς με
la mía que diste a mí, porque amaste a mí

πρὸ καταβολῆς κόσμου.
antes de fundación de mundo.

25 πάτερ δίκαιε, καὶ ὁ κόσμος σε οὐκ ἔγνω, ἐγὼ δέ σε
Padre justo, y el mundo a ti no conoció, yo sin embargo te

ἔγνων, καὶ οὗτοι ἔγνωσαν ὅτι σύ με ἀπέστειλας·
conocí, y éstos conocieron que tú me enviaste.

26 καὶ ἐγνώρισα αὐτοῖς τὸ ὄνομά σου καὶ γνωρίσω, ἵνα
Y di a conocer a ellos el nombre de ti y daré a conocer, para

ἡ ἀγάπη ἣν ἠγάπησάς με ἐν αὐτοῖς ᾖ,
que el amor con que amaste me en ellos esté,

κἀγὼ ἐν αὐτοῖς.
y yo en ellos.

18 **1** Ταῦτα εἰπὼν ὁ Ἰησοῦς ἐξῆλθε σὺν τοῖς μαθηταῖς αὐτοῦ
Esto habiendo dicho Jesús salió con los discípulos de él

πέραν τοῦ χειμάρρου τοῦ Κέδρων, ὅπου ἦν κῆπος,
al otro lado del torrente de Cedrón, donde había huerto,

εἰς ὃν εἰσῆλθεν αὐτὸς καὶ οἱ μαθηταὶ αὐτοῦ.
en que entró él y los discípulos de él.

2 ᾔδει δὲ καὶ Ἰούδας ὁ παραδιδοὺς αὐτὸν τὸν
Conocía ciertamente también Judas el entregando lo el

τόπον, ὅτι πολλάκις συνήχθη ὁ Ἰησοῦς ἐκεῖ
lugar, porque muchas veces se congregó Jesús allí

μετὰ τῶν μαθητῶν αὐτοῦ.
con los discípulos de él.

3 ὁ οὖν Ἰούδας λαβὼν τὴν σπεῖραν καὶ ἐκ τῶν
- Por lo tanto Judas tomando el destacamento y de los

ἀρχιερέων καὶ Φαρισαίων ὑπηρέτας ἔρχεται ἐκεῖ μετὰ
principales sacerdotes y fariseos asistentes viene allí con

φανῶν καὶ λαμπάδων καὶ ὅπλων.
linternas y antorchas y armas.

4 Ἰησοῦς οὖν εἰδὼς πάντα τὰ ἐρχόμενα ἐπ' αὐτὸν,
Jesús pues viendo todo lo viniendo sobre él,

ἐξελθὼν εἶπεν αὐτοῖς· τίνα ζητεῖτε;
saliendo dijo les: ¿A quién buscáis?

5 ἀπεκρίθησαν αὐτῷ· Ἰησοῦν τὸν Ναζωραῖον. λέγει αὐτοῖς
Respondieron le: a Jesús el Nazareno. Dice les

ὁ Ἰησοῦς· ἐγώ εἰμι. εἱστήκει δὲ
Jesús: Yo soy. Había estado presente entonces

καὶ Ἰούδας ὁ παραδιδοὺς αὐτὸν μετ' αὐτῶν.
también Judas el que entrega lo con ellos.

23 Yo en ellos, y tú en mí, para que sean consumadamente una cosa; que el mundo conozca que tú me enviaste, y que los has amado, como también a mí me has amado.
24 Padre, aquellos que me has dado, quiero que donde yo estoy, ellos estén también conmigo; para que vean mi gloria que me has dado: por cuanto me has amado desde antes de la constitución del mundo.
25 Padre justo, el mundo no te ha conocido, mas yo te he conocido; y éstos han conocido que tú me enviaste;
26 Y yo les he manifestado tu nombre, y manifestaré*lo aún;* para que el amor con que me has amado, esté en ellos, y yo en ellos.

18 Como Jesús hubo dicho estas cosas, salióse con sus discípulos tras el arroyo de Cedrón, donde estaba un huerto, en el cual entró Jesús y sus discípulos.
2 Y también Judas, el que le entregaba, sabía aquel lugar; porque muchas veces Jesús se juntaba allí con sus discípulos.
3 Judas pues tomando una compañía, y ministros de los pontífices y de los Fariseos, vino allí con linternas y antorchas, y con armas.
4 Empero Jesús, sabiendo todas las cosas que habían de venir sobre él, salió delante, y díjoles: ¿A quién buscáis?
5 Respondiéronle: A Jesús Nazareno. Díceles Jesús; Yo soy (Y estaba también con ellos Judas, el que le entregaba.)

---

231. O consumados.

6Y como les dijo, Yo soy, volvieron atrás, y cayeron en tierra.
7Volvióles, pues, a preguntar: ¿A quién buscáis? Y ellos dijeron: A Jesús Nazareno.
8Respondió Jesús: Os he dicho que yo soy: pues si a mi buscáis, dejad ir a éstos.
9Para que se cumpliese la palabra que había dicho: De los que me diste, ninguno de ellos perdí.
10Entonces Simón Pedro, que tenía espada, sacóla, e hirió al siervo del pontífice, y le cortó la oreja derecha. Y el siervo se llamaba Malco.
11Jesús entonces dijo a Pedro: Mete tu espada en la vaina: el vaso que el Padre me ha dado, ¿no lo tengo de beber?
12Entonces la compañía y el tribuno, y los ministros de los Judíos, prendieron a Jesús y le ataron,
13Y lleváronle primeramente a Anás, porque era suegro de Caifás, el cual era pontífice de aquel año.
14Y era Caifás el que había dado el consejo a los Judíos, que era necesario que un hombre muriese por el pueblo.

6 ὡς οὖν εἶπεν αὐτοῖς ὅτι ἐγώ εἰμι, ἀπῆλθον εἰς
Cuando pues dijo les que Yo soy, fueron hacia
τὰ ὀπίσω καὶ ἔπεσον χαμαί.
lo de detrás²³² y cayeron al suelo.

7 πάλιν οὖν αὐτοὺς ἐπηρώτησε, τίνα ζητεῖτε;
De nuevo pues les preguntó: ¿A quién buscáis?
οἱ δὲ εἶπον· Ἰησοῦν τὸν Ναζωραῖον.
Ellos entonces dijeron: A Jesús el Nazareno.

8 ἀπεκρίθη Ἰησοῦς· εἶπον ὑμῖν ὅτι ἐγώ εἰμι. εἰ οὖν ἐμὲ ζητεῖτε,
Respondió Jesús: dije os que Yo soy. Si pues me buscáis,
ἄφετε τούτους ὑπάγειν·
dejad a éstos irse,

9 ἵνα πληρωθῇ ὁ λόγος ὃν εἶπεν, ὅτι οὓς ,
para que fuera cumplida la palabra que dijo que a los que has
δέδωκάς μοι οὐκ ἀπώλεσα ἐξ αὐτῶν οὐδένα.
dado a mí, no perdí de ellos ninguno.

10 Σίμων οὖν Πέτρος ἔχων μάχαιραν εἵλκυσεν αὐτήν,
Simón entonces Pedro teniendo espada sacó la,
καὶ ἔπαισε τὸν τοῦ ἀρχιερέως δοῦλον καὶ ἀπέκοψεν αὐτοῦ
y golpeó al del sumo sacerdote siervo y cortó de él
τὸ ὠτίον τὸ δεξιόν· ἦν δὲ ὄνομα τῷ δούλῳ Μάλχος.
la oreja la derecha. Era - nombre para el siervo Malco.²³³

11 εἶπεν οὖν ὁ Ἰησοῦς τῷ Πέτρῳ· βάλε τὴν μάχαιραν
Dijo pues Jesús a Pedro: pon la espada
εἰς τὴν θήκην· τὸ ποτήριον ὃ δέδωκέ μοι
en la vaina. ¿La copa que ha dado a mí
ὁ πατὴρ, οὐ μὴ πίω αὐτό;
el Padre, no de ninguna manera bebo la?²³⁴

12 Ἡ οὖν σπεῖρα καὶ ὁ χιλίαρχος καὶ οἱ ὑπηρέται
el Entonces destacamento y el quiliarca²³⁵ y los asistentes
τῶν Ἰουδαίων συνέλαβον τὸν Ἰησοῦν
de los judíos arrestaron a Jesús
καὶ ἔδησαν αὐτόν,
y ataron lo.

13 καὶ ἤγαγον αὐτὸν πρὸς Ἄνναν πρῶτον· ἦν γὰρ πενθερὸς
Y llevaron lo a Annás primero, era Porque suegro
τοῦ Καϊάφα, ὃς ἦν ἀρχιερεὺς τοῦ ἐνιαυτοῦ ἐκείνου·
de Caifás, que era sumo sacerdote del año aquel.

14 ἦν δὲ Καϊάφας ὁ συμβουλεύσας τοῖς Ἰουδαίοις
Estaba entonces Caifás el que había aconsejado a los judíos
ὅτι συμφέρει ἕνα ἄνθρωπον ἀπολέσθαι
que conviene un hombre ser perdido
ὑπὲρ τοῦ λαοῦ.
por el pueblo²³⁶

---
232. Es decir, retrocedieron.
233. Es decir, tenía por nombre o se llamaba Malco.
234. Es decir, ¿acaso no voy a beber la copa que me ha dado el Padre?
235. O tribuno.
236. Es decir, que conviene que un hombre se pierda por el pueblo.

15 Ἠκολούθει δὲ   τῷ Ἰησοῦ Σίμων Πέτρος καὶ ὁ ἄλλος
Seguía   entonces a Jesús Simón Pedro y el otro

μαθητής.²³⁷ ὁ δὲ μαθητὴς ἐκεῖνος ἦν γνωστὸς τῷ
discípulo. El - discípulo aquel   era conocido del

ἀρχιερεῖ,   καὶ συνεισῆλθε τῷ Ἰησοῦ εἰς τὴν αὐλὴν τοῦ
sumo sacerdote, y entró   con Jesús a el patio del

ἀρχιερέως·
sumo sacerdote.

16 ὁ δὲ   Πέτρος εἱστήκει πρὸς τῇ θύρᾳ ἔξω. ἐξῆλθεν οὖν
- Entonces Pedro estaba a la puerta fuera. Salió pues

ὁ μαθητὴς ὁ ἄλλος, ὃς ἦν γνωστὸς τῷ ἀρχιερεῖ,
el discípulo el otro, el que era conocido del sumo sacerdote,

καὶ εἶπε τῇ   θυρωρῷ, καὶ εἰσήγαγε τὸν Πέτρον.
y habló con la portera, y   metió   a Pedro.

17 λέγει οὖν ἡ παιδίσκη ἡ θυρωρός τῷ Πέτρῳ·
Dice pues la criadita la portera a Pedro.

μὴ καὶ σὺ ἐκ τῶν μαθητῶν εἶ τοῦ ἀνθρώπου τούτου;
¿No también tú de los discípulos eres del hombre   éste?

λέγει ἐκεῖνος· οὐκ εἰμί.
Dice aquel: no soy.

18 εἱστήκεισαν δὲ   οἱ δοῦλοι καὶ οἱ ὑπηρέται ἀνθρακιὰν
Estaban en pie entonces los siervos y los asistentes fuego

πεποιηκότες,   ὅτι ψῦχος ἦν, καὶ ἐθερμαίνοντο·
habiendo hecho, porque frío era, y se calentaban.

ἦν δὲ   μετ' αὐτῶν ὁ Πέτρος ἑστὼς   καὶ
Estaba entonces con ellos Pedro puesto en pie y

θερμαινόμενος.
calentándose.

19 Ὁ οὖν ἀρχιερεὺς   ἠρώτησε τὸν Ἰησοῦν
el Entonces sumo sacerdote preguntó a Jesús

περὶ τῶν μαθητῶν αὐτοῦ καὶ περὶ τῆς διδαχῆς αὐτοῦ.
por los discípulos de él y por la enseñanza de él.

20 ἀπεκρίθη   αὐτῷ Ἰησοῦς· ἐγὼ παρρησίᾳ   ἐλάλησα
Respondió le Jesús: yo abiertamente²³⁸ hablé

τῷ κόσμῳ· ἐγὼ ἐδίδαξα ἐν τῇ συναγωγῇ
al mundo. Yo enseñé en la sinagoga

καὶ ἐν τῷ ἱερῷ, ὅπου πάντοτε οἱ Ἰουδαῖοι συνέρχονται,
y en el templo, donde siempre²³⁹ los judíos se reunen,

καὶ ἐν κρυπτῷ ἐλάλησα οὐδέν.
y en oculto hablé   nada.

21 τί   με ἐπερωτᾷς; ἐρώτησον τοὺς ἀκηκοότας τί
¿Por qué me preguntas? Pregunta a los que oyeron lo que

ἐλάλησα αὐτοῖς· ἴδε οὗτοι οἴδασιν ἃ εἶπον ἐγώ.
hablé   a ellos. Mira éstos saben lo que dije yo.

22 ταῦτα δὲ   αὐτοῦ εἰπόντος εἷς τῶν ὑπηρετῶν παρεστηκὼς
Esto entonces él diciendo uno de los asistentes estando en pie

ἔδωκε ῥάπισμα τῷ Ἰησοῦ εἰπών· οὕτως ἀποκρίνῃ
dio bofetada a Jesús diciendo: ¿Así respondes

τῷ ἀρχιερεῖ;
al sumo sacerdote?

15 Y seguía a Jesús Simón Pedro, y otro discípulo. Y aquel discípulo era conocido del pontífice, y entró con Jesús al atrio del pontífice;
16 Mas Pedro estaba fuera a la puerta. Y salió aquel discípulo que era conocido del pontífice, y habló a la portera, y metió dentro a Pedro.
17 Entonces la criada portera dijo a Pedro: ¿No eres tú también de los discípulos de este hombre? Dice él: No soy.
18 Y estaban en pie los siervos y los ministros que habían allegado las ascuas; porque hacía frío, y calentábanse: y estaba también con ellos Pedro en pie, calentándose.
19 Y el pontífice preguntó a Jesús acerca de sus discípulos y de su doctrina.
20 Jesús le respondió: Yo manifiestamente he hablado al mundo: yo siempre he enseñado en la sinagoga y en el templo, donde se juntan todos los Judíos, y nada he hablado en oculto.
21 ¿Qué me preguntas a mí? Pregunta a los que han oído, qué les haya yo hablado: he aquí, ésos saben lo que yo he dicho.
22 Y como él hubo dicho esto, uno de los criados que estaba allí, dió una bofetada a Jesús, diciendo: ¿Así respondes al pontífice?

---

237. La NU omite el otro discípulo.
238. También: con libertad, con confianza.
239. La NU sustituye por todos.

23 Respondióle Jesús: Si he hablado mal, da testimonio del mal: y si bien, ¿por qué me hieres?
24 Y Anás le había enviado atado a Caifás pontífice.
25 Estaba pues Pedro en pie calentándose. Y dijéronle: ¿No eres tú de sus discípulos? El negó, y dijo: No soy.
26 Uno de los siervos del pontífice, pariente de aquél a quien Pedro había cortado la oreja, le dice: ¿No te vi yo en el huerto con él?
27 Y negó Pedro otra vez: y luego el gallo cantó.
28 Y llevaron a Jesús de Caifás al pretorio: y era por la mañana: y ellos no entraron en el pretorio por no ser contaminados, sino que comiesen la pascua.
29 Entonces salió Pilato a ellos fuera, y dijo: ¿Qué acusación traéis contra este hombre?
30 Respondieron y dijéronle: Si éste no fuera malhechor, no te le habríamos entregado.
31 Díceles entonces Pilato: Tomadle vosotros, y juzgadle según vuestra ley. Y los Judíos le dijeron: A nosotros no es lícito matar a nadie:
32 Para que se cumpliese el dicho de Jesús, que había dicho, dando a entender de qué muerte había de morir.

23 ἀπεκρίθη αὐτῷ ὁ Ἰησοῦς· εἰ κακῶς ἐλάλησα,
Respondió le Jesús: si mal hablé
μαρτύρησον περὶ τοῦ κακοῦ· εἰ δὲ καλῶς,
testifica sobre lo malo. Si sin embargo bien,
τί με δέρεις;
¿por qué me golpeas?

24 ἀπέστειλεν αὐτὸν ὁ Ἄννας δεδεμένον
Envió lo Anás atado
πρὸς Καϊάφαν τὸν ἀρχιερέα.
a Caifás el sumo sacerdote?

25 Ἦν δὲ Σίμων Πέτρος ἑστὼς καὶ θερμαινόμενος.
Estaba entonces Simón Pedro en pie y calentándose
εἶπον οὖν αὐτῷ· μὴ καὶ σὺ ἐκ τῶν μαθητῶν αὐτοῦ εἶ;
Dijeron pues a él. ¿No también tú de los discípulos de él eres?
ἠρνήσατο ἐκεῖνος καὶ εἶπεν· οὐκ εἰμί.
Negó aquel y dijo: No soy.

26 λέγει εἷς ἐκ τῶν δούλων τοῦ ἀρχιερέως, συγγενὴς
Dice uno de los siervos del sumo sacerdote, pariente
ὢν οὗ ἀπέκοψε Πέτρος τὸ ὠτίον· οὐκ ἐγώ σε εἶδον
siendo del que cortó Pedro la oreja. ¿No yo te vi
ἐν τῷ κήπῳ μετ' αὐτοῦ;
en el jardín con él?

27 πάλιν οὖν ἠρνήσατο ὁ Πέτρος, καὶ εὐθέως
De nuevo pues negó Pedro, e inmediatamente
ἀλέκτωρ ἐφώνησεν.
gallo cantó.

28 Ἄγουσιν οὖν τὸν Ἰησοῦν ἀπὸ τοῦ Καϊάφα εἰς τὸ πραιτώριον·
Llevan entonces a Jesús de Caifás a el pretorio.
ἦν δὲ πρωΐ· καὶ αὐτοὶ οὐκ εἰσῆλθον εἰς τὸ πραιτώριον,
Era entonces madrugada. Y éstos no entraron en el pretorio,
ἵνα μὴ μιανθῶσιν, ἀλλ' ἵνα φάγωσι τὸ πάσχα.
para que no se contaminaran, sino para que comieran la pascua.

29 ἐξῆλθεν οὖν ὁ Πιλᾶτος πρὸς αὐτοὺς καὶ εἶπε·
Salió pues Pilato a ellos y dijo:
τίνα κατηγορίαν φέρετε κατὰ τοῦ ἀνθρώπου τούτου;
¿Qué acusación traéis contra el hombre éste?

30 ἀπεκρίθησαν καὶ εἶπον αὐτῷ· εἰ μὴ ἦν οὗτος κακοποιός,
Respondieron y dijeron le: si no fuera éste malhechor,
οὐκ ἄν σοι παρεδώκαμεν αὐτόν.
no a ti habríamos entregado a él.

31 εἶπεν οὖν αὐτοῖς ὁ Πιλᾶτος· λάβετε αὐτὸν ὑμεῖς καὶ
Dijo entonces a ellos Pilato: tomad lo vosotros y
κατὰ τὸν νόμον ὑμῶν κρίνατε αὐτόν. εἶπον οὖν αὐτῷ
según la ley de vosotros juzgad lo. Dijeron entonces a él
οἱ Ἰουδαῖοι· ἡμῖν οὐκ ἔξεστιν ἀποκτεῖναι οὐδένα·
los judíos. A nosotros no es lícito matar a nadie.

32 ἵνα ὁ λόγος τοῦ Ἰησοῦ πληρωθῇ ὃν εἶπε
Para que la palabra de Jesús fuera cumplida la que dijo
σημαίνων ποίῳ θανάτῳ ἤμελλεν ἀποθνήσκειν.
significando de qué muerte iba a morir.

33 Εἰσῆλθεν οὖν πάλιν εἰς τὸ πραιτώριον ὁ Πιλᾶτος καὶ
Entró entonces de nuevo en el pretorio Pilato y
ἐφώνησε τὸν Ἰησοῦν καὶ εἶπεν αὐτῷ· σὺ εἶ ὁ βασιλεὺς
llamó a Jesús y dijo le: ¿Tú eres el rey
τῶν Ἰουδαίων;
de los judíos?

34 ἀπεκρίθη αὐτῷ ὁ Ἰησοῦς· ἀφ' ἑαυτοῦ σὺ τοῦτο λέγεις
Respondió le Jesús: ¿De ti mismo tú esto dices
ἢ ἄλλοι σοι εἶπόν περὶ ἐμοῦ;
o otros te dijeron sobre mí?

35 ἀπεκρίθη ὁ Πιλᾶτος· μήτι ἐγὼ Ἰουδαῖός εἰμι; τὸ ἔθνος
Respondió Pilato: ¿Acaso yo judío soy? El pueblo
τὸ σὸν καὶ οἱ ἀρχιερεῖς παρέδωκάν σε ἐμοί·
el tuyo y los principales sacerdotes entregaron te a mí.
τί ἐποίησας;
¿Qué hiciste?

36 ἀπεκρίθη ὁ Ἰησοῦς· ἡ βασιλεία ἡ ἐμὴ οὐκ ἔστιν
Respondió Jesús: el reino el mío no es
ἐκ τοῦ κόσμου τούτου· εἰ ἐκ τοῦ κόσμου τούτου ἦν
de el mundo éste. Si de el mundo éste fuera
ἡ βασιλεία ἡ ἐμή, οἱ ὑπηρέται ἂν οἱ ἐμοὶ ἠγωνίζοντο,
el reino el mío, los subordinados - los míos habrían luchado,
ἵνα μὴ παραδοθῶ τοῖς Ἰουδαίοις· νῦν δὲ
para que no fuera entregado a los judíos. Ahora sin embargo
ἡ βασιλεία ἡ ἐμὴ οὐκ ἔστιν ἐντεῦθεν.
el reino el mío no es de aquí.

37 εἶπεν οὖν αὐτῷ ὁ Πιλᾶτος· οὐκοῦν βασιλεὺς εἶ σύ;
Dijo pues a él Pilato: ¿Entonces rey eres tú?
ἀπεκρίθη ὁ Ἰησοῦς· σὺ λέγεις ὅτι βασιλεύς εἰμι ἐγώ.
Respondió Jesús: tú dices que rey soy yo.
ἐγὼ εἰς τοῦτο γεγέννημαι καὶ εἰς τοῦτο ἐλήλυθα
Yo para esto he nacido y para esto he venido
εἰς τὸν κόσμον, ἵνα μαρτυρήσω τῇ ἀληθείᾳ.
a el mundo, para que testifique a la verdad.
πᾶς ὁ ὢν ἐκ τῆς ἀληθείας ἀκούει μου τῆς φωνῆς.
Todo el siendo de la verdad escucha de mí la voz.

38 λέγει αὐτῷ ὁ Πιλᾶτος· τί ἐστιν ἀλήθεια; Καὶ τοῦτο εἰπὼν
Dice le Pilato: ¿Qué es verdad? Y esto diciendo
πάλιν ἐξῆλθε πρὸς τοὺς Ἰουδαίους καὶ λέγει αὐτοῖς·
de nuevo salió a los judíos y dice les:
ἐγὼ οὐδεμίαν αἰτίαν εὑρίσκω ἐν αὐτῷ.
Yo ninguna causa[240] encuentro en él.

39 ἔστι δὲ συνήθεια ὑμῖν ἵνα ἕνα ὑμῖν ἀπολύσω
Es ciertamente costumbre para vosotros[241] que a uno os suelte
ἐν τῷ πάσχα· βούλεσθε οὖν ὑμῖν ἀπολύσω
en la pascua. ¿Queréis pues os suelte
τὸν βασιλέα τῶν Ἰουδαίων;
al rey de los judíos?

40 ἐκραύγασαν οὖν πάλιν πάντες[242] λέγοντες· μὴ τοῦτον,
Gritaron pues de nuevo todos diciendo: no a éste,
ἀλλὰ τὸν Βαραββᾶν. ἦν δὲ ὁ Βαραββᾶς λῃστής.
sino a Barrabás. Era sin embargo Barrabás ladrón.

33Así que, Pilato volvió a entrar en el pretorio, y llamó a Jesús, y díjole: ¿Eres tú el Rey de los Judíos? **34**Respondióle Jesús: ¿Dices tú esto de ti mismo, o te lo han dicho otros de mí? **35**Pilato respondió: ¿Soy yo Judío? Tu gente, y los pontífices, te han entregado a mí: ¿qué has hecho? **36**Respondió Jesús: Mi reino no es de este mundo: si de este mundo fuera mi reino, mis servidores pelearían para que yo no fuera entregado a los Judíos: ahora, pues, mi reino no es de aquí. **37**Díjole entonces Pilato: ¿Luego rey eres tu? Respondió Jesús: Tu dices que yo soy rey. Yo para esto he nacido, y para esto he venido al mundo, para dar testimonio a la verdad. Todo aquél que es de la verdad, oye mi voz. **38**Dícele Pilato: ¿Qué cosa es verdad? Y como hubo dicho esto, salió otra vez a los Judíos, y díceles: Yo no hallo en él ningún crimen. **39**Empero vosotros tenéis costumbre, que os suelte uno en la Pascua: ¿queréis, pues, que os suelte al Rey de los Judíos? **40**Entonces todos dieron voces otra vez, diciendo: No a éste, sino a Barrabás. Y Barrabás era ladrón.

---
240. En el sentido de cargo o crimen.
241. Es decir, vosotros tenéis una costumbre.
242. La NU omite todos.

19 Así que, entonces tomó Pilato a Jesús, y le azotó.
2 Y los soldados entretejieron de espinas una corona, y pusiéronla sobre su cabeza, y le vistieron de una ropa de grana;
3 Y decían: ¡Salve, Rey de los Judíos! y dábanle de bofetadas.
4 Entonces Pilato salió otra vez fuera, y díjoles: He aquí, os le traigo fuera, para que entendáis que ningún crimen hallo en él.
5 Y salió Jesús fuera, llevando la corona de espinas y la ropa de grana. Y díceles *Pilato:* He aquí el hombre.
6 Y como le vieron los príncipes de los sacerdotes, y los servidores, dieron voces diciendo: Crucifícale, crucifícale. Díceles Pilato: Tomadle vosotros, y crucificadle; porque yo no hallo en él crimen.
7 Respondiéronle los Judíos: Nosotros tenemos ley, y según nuestra ley debe morir, porque se hizo Hijo de Dios.
8 Y como Pilato oyó esta palabra, tuvo más miedo.
9 Y entró otra vez en el pretorio, y dijo a Jesús: ¿De dónde eres tú? Mas Jesús no le dió respuesta.

19 ¹ Τότε οὖν ἔλαβεν ὁ Πιλᾶτος τὸν Ἰησοῦν καὶ ἐμαστίγωσε.
Entonces pues tomó Pilato a Jesús y flageló.

² καὶ οἱ στρατιῶται πλέξαντες στέφανον ἐξ ἀκανθῶν
Y los soldados trenzando corona de espinas
ἐπέθηκαν αὐτοῦ τῇ κεφαλῇ, καὶ ἱμάτιον πορφυροῦν
colocaron de él en la cabeza, y vestidura púrpura
περιέβαλον αὐτόν
ciñeron le.

³ καὶ[243] ἔλεγον· χαῖρε ὁ βασιλεὺς τῶν Ἰουδαίων·
Y decían: Salve el rey de los judíos.
καὶ ἐδίδουν αὐτῷ ῥαπίσματα.
Y daban le bofetadas.

⁴ ἐξῆλθεν οὖν πάλιν ἔξω ὁ Πιλᾶτος καὶ λέγει αὐτοῖς·
Salió pues de nuevo fuera Pilato y dice les:
ἴδε ἄγω ὑμῖν αὐτὸν ἔξω, ἵνα γνῶτε ὅτι ἐν αὐτῷ
Mirad traigo os a él fuera, para que sepáis que en él
οὐδεμίαν αἰτίαν εὑρίσκω.
ninguna causa[244] encuentro.

⁵ ἐξῆλθεν οὖν ὁ Ἰησοῦς ἔξω φορῶν τὸν ἀκάνθινον
Salió pues Jesús fuera llevando la espinosa[245]
στέφανον καὶ τὸ πορφυροῦν ἱμάτιον,
corona y la púrpura vestidura,
καὶ λέγει αὐτοῖς· ἴδε ὁ ἄνθρωπος·
y dice les: Mirad el hombre.

⁶ ὅτε οὖν εἶδον αὐτὸν οἱ ἀρχιερεῖς καὶ οἱ
Cuando pues vieron lo los principales sacerdotes y los
ὑπηρέται ἐκραύγασαν λέγοντες· σταύρωσον σταύρωσον.
asistentes gritaron diciendo: crucifica crucifica.
λέγει αὐτοῖς ὁ Πιλᾶτος· λάβετε αὐτὸν ὑμεῖς καὶ σταυρώσατε·
Dice les Pilato: tomad lo vosotros y crucificad.
ἐγὼ γὰρ οὐχ εὑρίσκω ἐν αὐτῷ αἰτίαν.
yo Porque no encuentro en él causa.[246]

⁷ ἀπεκρίθησαν αὐτῷ οἱ Ἰουδαῖοι· ἡμεῖς νόμον ἔχομεν,
Respondieron le los judíos: nosotros ley tenemos,
καὶ κατὰ τὸν νόμον ἡμῶν[247] ὀφείλει ἀποθανεῖν,
y según la ley de nosotros debe morir,
ὅτι ἑαυτὸν υἱὸν τοῦ Θεοῦ ἐποίησεν.
porque a sí mismo Hijo de Dios hizo.

⁸ Ὅτε οὖν ἤκουσεν ὁ Πιλᾶτος τοῦτον τὸν λόγον,
Cuando pues escuchó Pilato esta la palabra,
μᾶλλον ἐφοβήθη,
más temió.

⁹ καὶ εἰσῆλθεν εἰς τὸ πραιτώριον πάλιν καὶ λέγει τῷ Ἰησοῦ·
Y entró en el pretorio de nuevo y dice a Jesús:
πόθεν εἶ σύ; ὁ δὲ Ἰησοῦς ἀπόκρισιν οὐκ ἔδωκεν αὐτῷ.
¿De dónde eres tú? - Entonces Jesús respuesta no dio le.

---

243. La NU añade vinieron a él y.
244. En el sentido de cargo o crimen.
245. Adjetivo. Es decir, hecha de espinas.
246. En el sentido de cargo o crimen.
247. La NU omite de nosotros.

10 λέγει οὖν αὐτῷ ὁ Πιλᾶτος· ἐμοὶ οὐ λαλεῖς; οὐκ οἶδας
   Dice pues a él   Pilato: ¿A mí tú hablas?   ¿No sabes
   ὅτι ἐξουσίαν ἔχω σταυρῶσαί σε καὶ ἐξουσίαν ἔχω
   que autoridad tengo para crucificar te y autoridad tengo
   ἀπολῦσαί   σε;
   para despachar te?

11 ἀπεκρίθη Ἰησοῦς· οὐκ εἶχες ἐξουσίαν οὐδεμίαν κατ' ἐμοῦ,
   Respondió Jesús: no tienes autoridad ninguna contra mí,
   εἰ μὴ ἦν σοι δεδομένον ἄνωθεν· διὰ τοῦτο ὁ παραδιδούς
   si no fuera a ti dada desde arriba. Por esto el entregando
   με   σοι μείζονα ἁμαρτίαν ἔχει.
   a mí a ti mayor pecado tiene.

12 ἐκ τούτου ἐζήτει ὁ Πιλᾶτος ἀπολῦσαι αὐτόν· οἱ δὲ
   Desde esto buscaba Pilato liberar lo. los Sin embargo
   Ἰουδαῖοι ἔκραζον λέγοντες· ἐὰν τοῦτον ἀπολύσῃς, οὐκ εἶ φίλος
   judíos gritaron diciendo: si a éste liberas, no eres amigo
   τοῦ Καίσαρος. πᾶς ὁ ἑαυτὸν βασιλέα ποιῶν
   del César.   Todo el a sí mismo rey   haciendo
   ἀντιλέγει   τῷ Καίσαρι.
   habla contra[248] el César.

13 Ὁ οὖν   Πιλᾶτος ἀκούσας τοῦτον τὸν λόγον ἤγαγεν
   - Por tanto Pilato oyendo esta la palabra trajo
   ἔξω τὸν Ἰησοῦν, καὶ ἐκάθισεν ἐπὶ τοῦ βήματος εἰς τόπον
   fuera a Jesús, y se sentó en el tribunal en lugar
   λεγόμενον Λιθόστρωτον, Ἑβραϊστὶ δὲ   Γαββαθᾶ.
   llamado Lizóstrotos,[249] en hebreo sin embargo Gabbaza.

14 ἦν δὲ   παρασκευὴ τοῦ πάσχα, ὥρα δὲ
   Era entonces preparación de la pascua, hora entonces
   ὡσεὶ   ἕκτη. καὶ λέγει τοῖς Ἰουδαίοις· ἴδε ὁ βασιλεὺς
   alrededor de siete. Y dice a los judíos: Mirad el rey
   ὑμῶν.
   de vosotros.

15 οἱ δὲ   ἐκραύγασαν· ἆρον ἆρον, σταύρωσον αὐτόν.
   Ellos entonces gritaron: quita quita, crucifica lo.
   λέγει αὐτοῖς ὁ Πιλᾶτος· τὸν βασιλέα ὑμῶν   σταυρώσω;
   Dice les Pilato: ¿al rey de vosotros crucificaré?
   ἀπεκρίθησαν οἱ ἀρχιερεῖς·   οὐκ ἔχομεν βασιλέα
   Respondieron los principales sacerdotes: no tenemos rey
   εἰ μὴ Καίσαρα.
   si no a César.

16 τότε   οὖν παρέδωκεν αὐτὸν αὐτοῖς ἵνα
   Entonces pues entregó lo a ellos para que
   σταυρωθῇ.   Παρέλαβον δὲ   τὸν Ἰησοῦν καὶ ἤγαγον·
   fuera crucificado. Agarraron entonces a Jesús y llevaron.[250]

17 καὶ βαστάζων τὸν σταυρὸν αὐτοῦ ἐξῆλθεν εἰς τὸν λεγόμενον
   Y llevando la cruz de él[251] salió a el llamado
   κρανίου τόπον, ὃ   λέγεται   Ἑβραϊστὶ Γολγοθᾶ,
   de cráneo lugar, el que es llamado en hebreo Gólgota,

10 Entonces dícele Pilato: ¿A mí no me hablas? ¿no sabes que tengo potestad para crucificarte, y que tengo potestad para soltarte?
11 Respondió Jesús: Ninguna potestad tendrías contra mí, si no te fuese dado de arriba: por tanto, el que a ti me ha entregado, mayor pecado tiene.
12 Desde entonces procuraba Pilato soltarle; mas los Judíos daban voces, diciendo: Si a éste sueltas, no eres amigo de César: cualquiera que se hace rey, a César contradice.
13 Entonces Pilato, oyendo este dicho, llevó fuera a Jesús, y se sentó en el tribunal en el lugar que se dice Lithóstrotos, y en hebreo Gabbatha.
14 Y era la víspera de la Pascua, y como la hora de sexta. Entonces dijo a los Judíos: He aquí vuestro Rey.
15 Mas ellos dieron voces: Quita, quita, crucifícale. Díceles Pilato: ¿A vuestro Rey he de crucificar? Respondieron los pontífices: No tenemos rey sino a César.
16 Así que entonces lo entregó a ellos para que fuese crucificado. Y tomaron a Jesús, y le llevaron.
17 Y llevando su cruz, salió al lugar que se dice de la Calavera, y en hebreo, Gólgotha;

---

248. Es decir, se opone, se rebela, contradice.
249. Es decir, el empedrado.
250. La NU omite y llevaron.
251. La NU añade por sí mismo.

18Donde le crucificaron, y con él otros dos, uno a cada lado, y Jesús en medio.
19Y escribió también Pilato un título, que puso encima de la cruz. Y el escrito era: JESUS NAZARENO, REY DE LOS JUDIOS.
20Y muchos de los Judíos leyeron este título: porque el lugar donde estaba crucificado Jesús era cerca de la ciudad: y estaba escrito en hebreo, en griego, y en latín.
21Y decían a Pilato los pontífices de los Judíos: No escribas, Rey de los Judíos: sino, que él dijo: Rey soy de los Judíos.
22Respondió Pilato: Lo que he escrito, he escrito.
23Y como los soldados hubieron crucificado a Jesús, tomaron sus vestidos, e hicieron cuatro partes (para cada soldado una parte); y la túnica; mas la túnica era sin costura, toda tejida desde arriba.
24Y dijeron entre ellos: No la partamos, sino echemos suertes sobre ella, de quién será; para que se cumpliese la Escritura, que dice:

Partieron para sí mis vestidos,
Y sobre mi vestidura echaron suertes.
Y los soldados hicieron esto.
25Y estaban junto a la cruz de Jesús su madre, y la hermana de su madre, María *mujer* de Cleofas, y María Magdalena.

18 ὅπου αὐτὸν ἐσταύρωσαν, καὶ μετ' αὐτοῦ ἄλλους δύο
donde lo crucificaron, y con él a otros dos
ἐντεῦθεν καὶ ἐντεῦθεν, μέσῳ δὲ τὸν Ἰησοῦν.
a uno y otro lado, en medio sin embargo a Jesús.

19 ἔγραψε δὲ καὶ τίτλον ὁ Πιλᾶτος καὶ ἔθηκεν ἐπὶ τοῦ
Escribió entonces también título[252] Pilato y colocó sobre la
σταυροῦ· ἦν δὲ γεγραμμένον· Ἰησοῦς ὁ Ναζωραῖος
cruz. Estaba entonces escrito: Jesús el Nazareno
ὁ βασιλεὺς τῶν Ἰουδαίων.
el rey de los judíos.

20 τοῦτον οὖν τὸν τίτλον πολλοὶ ἀνέγνωσαν τῶν Ἰουδαίων,
Este pues el título muchos leyeron de los judíos,
ὅτι ἐγγὺς ἦν ὁ τόπος τῆς πόλεως ὅπου ἐσταυρώθη
porque cerca estaba el lugar de la ciudad donde fue crucificado
ὁ Ἰησοῦς· καὶ ἦν γεγραμμένον Ἑβραϊστί,
Jesús. Y estaba escrito en hebreo,
Ἑλληνιστί, Ῥωμαϊστί.
en griego, en latín.

21 ἔλεγον οὖν τῷ Πιλάτῳ οἱ ἀρχιερεῖς τῶν Ἰουδαίων·
Dijeron pues a Pilato los principales sacerdotes de los judíos:
μὴ γράφε· ὁ βασιλεὺς τῶν Ἰουδαίων· ἀλλ' ὅτι ἐκεῖνος εἶπεν,
No escribas: el rey de los judíos, sino que aquel dijo:
βασιλεύς εἰμι τῶν Ἰουδαίων.
Rey soy de los judíos.

22 ἀπεκρίθη ὁ Πιλᾶτος· ὃ γέγραφα, γέγραφα.
Respondió Pilato: lo que he escrito, he escrito.

23 Οἱ οὖν στρατιῶται, ὅτε ἐσταύρωσαν τὸν Ἰησοῦν,
los Entonces soldados, cuando crucificaron a Jesús,
ἔλαβον τὰ ἱμάτια αὐτοῦ καὶ ἐποίησαν τέσσαρα μέρη,
tomaron las vestiduras de él e hicieron cuatro partes,
ἑκάστῳ στρατιώτῃ μέρος, καὶ τὸν χιτῶνα·
para cada soldado parte, y la túnica.
ἦν δὲ ὁ χιτὼν ἄρραφος, ἐκ τῶν ἄνωθεν
Era sin embargo la túnica inconsútil,[253] desde arriba
ὑφαντὸς δι' ὅλου.
tejida por completo.

24 εἶπον οὖν πρὸς ἀλλήλους· μὴ σχίσωμεν αὐτόν,
Dijeron pues unos a otros. No dividamos la,
ἀλλὰ λάχωμεν περὶ αὐτοῦ τίνος ἔσται· ἵνα ἡ γραφὴ
sino sorteemos la de quién será, para que la Escritura
πληρωθῇ ἡ λέγουσα· διεμερίσαντο τὰ ἱμάτιά μου
fuera cumplida la que decía: dividieron las vestiduras de mí
ἑαυτοῖς, καὶ ἐπὶ τὸν ἱματισμόν μου ἔβαλον κλῆρον.
entre ellos, y sobre la vestimenta de mí echaron suerte.
Οἱ μὲν οὖν στρατιῶται ταῦτα ἐποίησαν.
los Así pues soldados esto hicieron.

25 εἱστήκεισαν δὲ παρὰ τῷ σταυρῷ τοῦ Ἰησοῦ ἡ μήτηρ
Estaban en pie entonces junto a la cruz de Jesús la madre
αὐτοῦ καὶ ἡ ἀδελφὴ τῆς μητρὸς αὐτοῦ, Μαρία ἡ
de él y la hermana de la madre de él, María la
τοῦ Κλωπᾶ καὶ Μαρία ἡ Μαγδαληνή.
de Cleofás y María la Magdalena.

---

252. Es decir, la inscripción donde se ponía la causa de la condena.
253. Es decir, no cosida, no hecha de piezas, sin costura.

26 Ἰησοῦς οὖν ἰδὼν τὴν μητέρα καὶ τὸν μαθητὴν παρεστῶτα
Jesús pues viendo a la madre y al discípulo en pie

ὃν ἠγάπα, λέγει τῇ μητρί αὐτοῦ· γύναι, ἴδε ὁ υἱός σου.
al que amaba, dice a la madre de él: mujer, mira el hijo de ti.

27 εἶτα λέγει τῷ μαθητῇ· ἴδε ἡ μήτηρ σου. καὶ ἀπ' ἐκείνης
Después dice al discípulo. Mira la madre de ti. Y desde aquella

τῆς ὥρας ἔλαβεν ὁ μαθητὴς αὐτὴν εἰς τὰ ἴδια.
la hora tomó el discípulo la a lo suyo.

28 Μετὰ ταῦτα εἰδὼς ὁ Ἰησοῦς ὅτι πάντα ἤδη τετέλεσται,
Después de esto viendo Jesús que todo ya ha sido cumplido,

ἵνα τελειωθῇ ἡ γραφή, λέγει· διψῶ.
para que fuera cumplida la Escritura, dice: Tengo sed.

29 σκεῦος οὖν ἔκειτο ὄξους μεστόν· οἱ δὲ
Vasija pues estaba puesta de vinagre llena. Ellos entonces

πλήσαντες σπόγγον ὄξους καὶ ὑσσώπῳ περιθέντες
llenando esponja de vinagre y en caña poniendo

προσήνεγκαν αὐτοῦ τῷ στόματι.
llevaron de él a la boca.

30 ὅτε οὖν ἔλαβε τὸ ὄξος ὁ Ἰησοῦς εἶπε· τετέλεσται·
Cuando pues recibió el vinagre Jesús dijo: Ha sido consumado.

καὶ κλίνας τὴν κεφαλὴν παρέδωκε τὸ πνεῦμα.
Y habiendo inclinado la cabeza entregó el espíritu.

31 Οἱ οὖν Ἰουδαῖοι, ἵνα μὴ μείνῃ ἐπὶ τοῦ
los Por lo tanto judíos, para que no permanecieran en la

σταυροῦ τὰ σώματα ἐν τῷ σαββάτῳ, ἐπεὶ παρασκευὴ ἦν·
cruz los cuerpos en el sábado, porque pascua era,

ἦν γὰρ μεγάλη ἡ ἡμέρα ἐκείνου τοῦ σαββάτου·
era Porque grande el día de aquel el sábado,

ἠρώτησαν τὸν Πιλᾶτον ἵνα κατεαγῶσιν αὐτῶν
pidieron a Pilato que quebraran de ellos

τὰ σκέλη, καὶ ἀρθῶσιν.
las piernas, y fueran retirados.

32 ἦλθον οὖν οἱ στρατιῶται, καὶ τοῦ μὲν πρώτου κατέαξαν
Vinieron pues los soldados, y del - primero quebraron

τὰ σκέλη καὶ τοῦ ἄλλου τοῦ συσταυρωθέντος αὐτῷ·
las piernas y del otro del co-crucificado con él.

33 ἐπὶ δὲ τὸν Ἰησοῦν ἐλθόντες, ὡς εἶδον αὐτὸν ἤδη
a Sin embargo Jesús viniendo, cuando vieron lo ya

τεθνηκότα, οὐ κατέαξαν αὐτοῦ τὰ σκέλη,
habiendo muerto, no quebraron de él las piernas,

34 ἀλλ' εἷς τῶν στρατιωτῶν λόγχῃ αὐτοῦ τὴν πλευρὰν
sino que uno de los soldados con lanza de él el costado

ἔνυξε, καὶ εὐθὺς ἐξῆλθεν αἷμα καὶ ὕδωρ.
traspasó, e inmediatamente salió sangre y agua.

35 καὶ ὁ ἑωρακὼς μεμαρτύρηκε, καὶ ἀληθινὴ αὐτοῦ ἐστιν
Y el habiendo visto ha testificado, y verdadero de él es

ἡ μαρτυρία, κἀκεῖνος οἶδεν ὅτι ἀληθῆ λέγει,
el testimonio, y aquel sabe que (lo) verdadero dice,

ἵνα καὶ ὑμεῖς πιστεύσητε.
para que también vosotros creáis.

---

26 Y como vió Jesús a la madre, y al discípulo que él amaba, que estaba presente, dice a su madre: Mujer, he ahí tu hijo.
27 Después dice al discípulo: He ahí tu madre. Y desde aquella hora el discípulo la recibió consigo.
28 Después de esto, sabiendo Jesús que todas las cosas eran ya cumplidas, para que la Escritura se cumpliese, dijo: Sed tengo.
29 Y estaba *allí* un vaso lleno de vinagre: entonces ellos hinchieron una esponja de vinagre, y rodeada a un hisopo, se la llegaron a la boca.
30 Y como Jesús tomó el vinagre, dijo: Consumado es. Y habiendo inclinado la cabeza, dió el espíritu.
31 Entonces los Judíos, por cuanto era la víspera *de la Pascua,* para que los cuerpos no quedasen en la cruz en el sábado, pues era el gran día del sábado, rogaron a Pilato que se les quebrasen las piernas, y fuesen quitados.
32 Y vinieron los soldados, y quebraron las piernas al primero, y asimismo al otro que había sido crucificado con él.
33 Mas cuando vinieron a Jesús, como le vieron ya muerto, no le quebraron las piernas:
34 Empero uno de los soldados le abrió el costado con una lanza, y luego salió sangre y agua.
35 Y el que *lo* vió, da testimonio, y su testimonio es verdadero: y él sabe que dice verdad, para que vosotros también creáis.

36 Porque estas cosas fueron hechas para que se cumpliese la Escritura: Hueso no quebrantaréis de él.
37 Y también otra Escritura dice: Mirarán al que traspasaron.
38 Después de estas cosas, José de Arimatea, el cual era discípulo de Jesús, mas secreto por miedo de los Judíos, rogó a Pilato que pudiera quitar el cuerpo de Jesús: y permitióselo Pilato. Entonces vino, y quitó el cuerpo de Jesús.
39 Y vino también Nicodemo, el que antes había venido a Jesús de noche, trayendo un compuesto de mirra y de áloes, como cien libras.
40 Tomaron pues el cuerpo de Jesús, y envolviéronlo en lienzos con especias, como es costumbre de los Judíos sepultar.
41 Y en aquel lugar donde había sido crucificado, había un huerto; y en el huerto un sepulcro nuevo, en el cual aun no había sido puesto ninguno.
42 Allí, pues, por causa de la víspera *de la Pascua* de los Judíos, porque aquel sepulcro estaba cerca, pusieron a Jesús.

20 Y el primer día de la semana, María Magdalena vino de mañana, siendo aún obscuro, al sepulcro; y vió la piedra quitada del sepulcro.

36 ἐγένετο γὰρ ταῦτα, ἵνα ἡ γραφὴ πληρωθῇ,
sucedió Porque esto para que la Escritura fuera cumplida:
ὀστοῦν οὐ συντριβήσεται αὐτοῦ.
Hueso no será roto de él.

37 καὶ πάλιν ἑτέρα γραφὴ λέγει· ὄψονται
Y de nuevo otra Escritura dice: mirarán
εἰς ὃν ἐξεκέντησαν.
a el que traspasaron.

38 Μετὰ δὲ ταῦτα ἠρώτησεν τὸν Πιλᾶτον Ἰωσὴφ ὁ ἀπὸ
después Entonces de esto pidió a Pilato José el de
Ἀριμαθαίας, ὢν μαθητὴς τοῦ Ἰησοῦ,[254]
Arimatea, siendo discípulo de Jesús,
κεκρυμμένος δὲ διὰ τὸν φόβον
habiendo estado oculto sin embargo por el miedo
τῶν Ἰουδαίων, ἵνα ἄρῃ τὸ σῶμα τοῦ Ἰησοῦ· καὶ
de los judíos, para que llevara el cuerpo de Jesús. Y
ἐπέτρεψεν ὁ Πιλᾶτος. ἦλθεν οὖν καὶ ἦρε τὸ σῶμα τοῦ Ἰησοῦ.
permitió Pilato. Vino pues y tomó el cuerpo de Jesús.

39 ἦλθε δὲ καὶ Νικόδημος ὁ ἐλθὼν πρὸς τὸν Ἰησοῦν[255]
Vino entonces también Nicodemo el viniendo a Jesús
νυκτὸς τὸ πρῶτον, φέρων μίγμα σμύρνης
de noche lo primero,[256] llevando mezcla de mirra
καὶ ἀλόης ὡς λίτρας ἑκατόν.
y aloe como libras cien.

40 ἔλαβον οὖν τὸ σῶμα τοῦ Ἰησοῦ καὶ ἔδησαν αὐτὸ
Tomaron entonces el cuerpo de Jesús y sujetaron[257] lo
ὀθονίοις μετὰ τῶν ἀρωμάτων, καθὼς ἔθος ἐστὶ
con vendas con las especias, como costumbre es
τοῖς Ἰουδαίοις ἐνταφιάζειν.
a los judíos enterrar.

41 ἦν δὲ ἐν τῷ τόπῳ ὅπου ἐσταυρώθη κῆπος,
Había entonces en el lugar donde fue crucificado huerto,
καὶ ἐν τῷ κήπῳ μνημεῖον καινὸν,
y en el huerto sepulcro nuevo,
ἐν ᾧ οὐδέπω οὐδεὶς ἐτέθη·
en el que todavía no nadie fue sepultado.

42 ἐκεῖ οὖν διὰ τὴν παρασκευὴν τῶν Ἰουδαίων,
Allí pues por la pascua de los judíos,
ὅτι ἐγγὺς ἦν τὸ μνημεῖον, ἔθηκαν τὸν Ἰησοῦν.
porque cerca estaba el sepulcro, pusieron a Jesús.

20 1 Τῇ δὲ μιᾷ τῶν σαββάτων Μαρία ἡ Μαγδαληνὴ ἔρχεται
En el - uno de la semana[258] María la Magdalena viene
πρωὶ σκοτίας ἔτι οὔσης εἰς τὸ μνημεῖον,
temprano oscuro todavía siendo a el sepulcro,
καὶ βλέπει τὸν λίθον ἠρμένον ἐκ τοῦ μνημείου.
y ve la piedra habiendo sido retirada de el sepulcro.

---

254. La NU sustituye por de él.
255. La NU sustituye por a él.
256. Es decir, por primera vez.
257. O ligaron.
258. Es decir, el domingo, el día uno o primero de la semana.

2 τρέχει οὖν καὶ ἔρχεται πρὸς Σίμωνα Πέτρον καὶ πρὸς τὸν ἄλλον
Corre pues y viene a Simón Pedro y a el otro

μαθητὴν ὃν ἐφίλει ὁ Ἰησοῦς, καὶ λέγει αὐτοῖς·
discípulo que amaba Jesús, y dice les:

ἦραν τὸν Κύριον ἐκ τοῦ μνημείου, καὶ οὐκ οἴδαμεν
tomaron al Señor de el sepulcro, y no sabemos

ποῦ ἔθηκαν αὐτόν.
donde pusieron lo.

3 Ἐξῆλθεν οὖν ὁ Πέτρος καὶ ὁ ἄλλος μαθητὴς
Salió pues Pedro y el otro discípulo

καὶ ἤρχοντο εἰς τὸ μνημεῖον.
e iban a el sepulcro.

4 ἔτρεχον δὲ οἱ δύο ὁμοῦ· καὶ ὁ ἄλλος μαθητὴς
Corrían entonces los dos juntos. Y el otro discípulo

προέδραμε τάχιον τοῦ Πέτρου καὶ ἦλθε πρῶτος
adelantó corriendo más rápidamente que Pedro y vino primero

εἰς τὸ μνημεῖον,
a la tumba.

5 καὶ παρακύψας βλέπει κείμενα τὰ ὀθόνια, οὐ μέντοι
Y asomándose ve yaciendo las vendas, no Sin embargo

εἰσῆλθεν.
entró.

6 ἔρχεται οὖν Σίμων Πέτρος ἀκολουθῶν αὐτῷ,
Viene pues[259] Simón Pedro siguiendo lo,

καὶ εἰσῆλθεν εἰς τὸ μνημεῖον καὶ θεωρεῖ τὰ ὀθόνια κείμενα,
y entró en el sepulcro y ve las vendas yaciendo,

7 καὶ τὸ σουδάριον, ὃ ἦν ἐπὶ τῆς κεφαλῆς αὐτοῦ,
y el sudario, el que estaba sobre la cabeza de él,

οὐ μετὰ τῶν ὀθονίων κείμενον,
no con las vendas yaciendo,

ἀλλὰ χωρὶς ἐντετυλιγμένον εἰς ἕνα τόπον.
pero aparte habiendo sido enrollado en un lugar.

8 τότε οὖν εἰσῆλθε καὶ ὁ ἄλλος μαθητὴς ὁ ἐλθὼν
Entonces pues entró también el otro discípulo el viniendo

πρῶτος εἰς τὸ μνημεῖον, καὶ εἶδε καὶ ἐπίστευσεν·
primero a el sepulcro, y vio y creyó.

9 οὐδέπω γὰρ ᾔδεισαν τὴν γραφὴν ὅτι δεῖ αὐτὸν
todavía no Porque conocían la Escritura que debe él

ἐκ νεκρῶν ἀναστῆναι.
de muertos levantarse.

10 ἀπῆλθον οὖν πάλιν πρὸς ἑαυτοὺς οἱ μαθηταί.[260]
Fueron entonces de nuevo a sí mismos los discípulos.

11 Μαρία δὲ εἱστήκει πρὸς τῷ μνημείῳ κλαίουσα ἔξω.
María sin embargo estaba en pie frente al sepulcro llorando fuera.

ὡς οὖν ἔκλαιε, παρέκυψεν εἰς τὸ μνημεῖον
Como pues lloraba, se inclinó hacia el sepulcro

12 καὶ θεωρεῖ δύο ἀγγέλους ἐν λευκοῖς
y contempla a dos ángeles con (vestiduras) blancas

καθεζομένους, ἕνα πρὸς τῇ κεφαλῇ καὶ ἕνα πρὸς τοῖς ποσίν,
sentados, uno a la cabeza y uno a los pies,

ὅπου ἔκειτο τὸ σῶμα τοῦ Ἰησοῦ.
donde yacía el cuerpo de Jesús.

2 Entonces corrió, y vino a Simón Pedro, y al otro discípulo, al cual amaba Jesús, y les dice: Han llevado al Señor del sepulcro, y no sabemos dónde le han puesto.
3 Y salió Pedro, y el otro discípulo, y vinieron al sepulcro.
4 Y corrían los dos juntos; mas el otro discípulo corrió más presto que Pedro, y llegó primero al sepulcro.
5 Y bajándose a mirar, vió los lienzos echados; mas no entró.
6 Llegó luego Simón Pedro siguiéndole, y entró en el sepulcro, y vió los lienzos echados,
7 Y el sudario, que había estado sobre su cabeza, no puesto con los lienzos, sino envuelto en un lugar aparte.
8 Y entonces entró también el otro discípulo, que había venido primero al sepulcro, y vió, y creyó.
9 Porque aun no sabían la Escritura, que era necesario que él resucitase de los muertos.
10 Y volvieron los discípulos a los suyos.
11 Empero María estaba fuera llorando junto al sepulcro: y estando llorando, bajóse a mirar el sepulcro;
12 Y vió dos ángeles en ropas blancas que estaban sentados, el uno a la cabecera, y el otro a los pies, donde el cuerpo de Jesús había sido puesto.

---
259. La NU añade también.
260. Es decir, volvieron entonces los discípulos a reunirse entre ellos.

13 Y dijéronle: Mujer, ¿por qué lloras? Díceles: Porque se han llevado a mi Señor, y no sé dónde le han puesto.
14 Y como hubo dicho esto, volvióse atrás, y vió a Jesús que estaba allí; mas no sabía que era Jesús.
15 Dícele Jesús: Mujer, ¿por qué lloras? ¿á quién buscas? Ella, pensando que era el hortelano, dícele: Señor, si tú lo has llevado, dime dónde lo has puesto, y yo lo llevaré.
16 Dícele Jesús: ¡María! Volviéndose ella, dícele: ¡Rabboni! que quiere decir, Maestro.
17 Dícele Jesús: No me toques: porque aun no he subido a mi Padre: mas ve a mis hermanos, y diles: Subo a mi Padre y a vuestro Padre, a mi Dios y a vuestro Dios.
18 Fué María Magdalena dando las nuevas a los discípulos de que había visto al Señor, y que él le había dicho estas cosas.
19 Y como fué tarde aquel día, el primero de la semana, y estando las puertas cerradas donde los discípulos estaban juntos por miedo de los Judíos, vino Jesús, y púsose en medio, y díjoles: Paz a vosotros.
20 Y como hubo dicho esto, mostróles las manos y el costado. Y los discípulos se gozaron viendo al Señor.

13 καὶ λέγουσιν αὐτῇ ἐκεῖνοι· γύναι, τί κλαίεις; λέγει αὐτοῖς·
Y dicen le aquellos: mujer, ¿Por qué lloras? Dice les:
ὅτι ἦραν τὸν Κύριόν μου, καὶ οὐκ οἶδα ποῦ
Porque se llevaron al Señor de mí, y no sé donde
ἔθηκαν αὐτόν.
pusieron lo.

14 καὶ ταῦτα εἰποῦσα ἐστράφη εἰς τὰ ὀπίσω, καὶ θεωρεῖ
Y esto habiendo dicho se volvió a lo de detrás, y contempla
τὸν Ἰησοῦν ἑστῶτα, καὶ οὐκ ᾔδει ὅτι Ἰησοῦς ἐστι.
a Jesús estando en pie, y no sabía que Jesús es.

15 λέγει αὐτῇ ὁ Ἰησοῦς· γύναι, τί κλαίεις; τίνα ζητεῖς;
Dice le Jesús: mujer, ¿Por qué lloras? ¿A quién buscas?
ἐκείνη δοκοῦσα ὅτι ὁ κηπουρός ἐστι, λέγει αὐτῷ·
Aquella juzgando que el hortelano es, dice le:
κύριε, εἰ σὺ ἐβάστασας αὐτόν, εἰπέ μοι ποῦ ἔθηκας αὐτόν,
Señor, si tú llevaste lo, di me donde pusiste lo,
κἀγὼ αὐτὸν ἀρῶ.
y yo lo llevaré.

16 λέγει αὐτῇ ὁ Ἰησοῦς· Μαρία. στραφεῖσα ἐκείνη λέγει
Dice le Jesús: María. Habiéndose vuelto aquella dice
αὐτῷ[261] ῥαββουνι, ὃ λέγεται, διδάσκαλε.
le Rabbuni, lo que se dice,[262] maestro.

17 λέγει αὐτῇ Ἰησοῦς· μή μου ἅπτου· οὔπω γὰρ
Dice le Jesús: no de mí sigas aferrando. todavía no Porque
ἀναβέβηκα πρὸς τὸν πατέρα μου· πορεύου δὲ
he ascendido a el Padre de mí.[263] Ve sin embargo
πρὸς τοὺς ἀδελφούς μου καὶ εἰπὲ αὐτοῖς· ἀναβαίνω
a los hermanos de mí y di les: Subo
πρὸς τὸν πατέρα μου καὶ πατέρα ὑμῶν, καὶ Θεόν μου
a el Padre de mí y Padre de vosotros, y a Dios de mí
καὶ Θεὸν ὑμῶν.
y Dios de vosotros.

18 ἔρχεται Μαρία ἡ Μαγδαληνὴ ἀπαγγέλλουσα τοῖς μαθηταῖς
Viene María la Magdalena anunciando a los discípulos
ὅτι ἑώρακε τὸν Κύριον, καὶ ταῦτα εἶπεν αὐτῇ.
que ha visto[264] al Señor, y esto dijo le.

19 Οὔσης οὖν ὀψίας τῇ ἡμέρᾳ ἐκείνῃ τῇ μιᾷ τῶν σαββάτων,
Siendo entonces tarde en el día aquel el uno de la semana[265]
καὶ τῶν θυρῶν κεκλεισμένων ὅπου ἦσαν οἱ μαθηταὶ
y las puertas habiendo sido cerradas donde estaban los discípulos
συνηγμένοι διὰ τὸν φόβον τῶν Ἰουδαίων, ἦλθεν ὁ Ἰησοῦς
reunidos[266] por el miedo de los judíos, vino Jesús
καὶ ἔστη εἰς τὸ μέσον, καὶ λέγει αὐτοῖς· εἰρήνη ὑμῖν.
y se puso en el medio, y dice les: paz a vosotros.

20 καὶ τοῦτο εἰπὼν ἔδειξεν αὐτοῖς τὰς χεῖρας καὶ τὴν πλευρὰν
Y esto diciendo mostró les las manos y el costado
αὐτοῦ. ἐχάρησαν οὖν οἱ μαθηταὶ ἰδόντες τὸν Κύριον.
de él. Se alegraron pues los discípulos viendo al Señor.

---

261. La NU añade en hebreo.
262. Es decir, significa o se traduce.
263. La NU suprime de mí.
264. La NU sustituye por he visto.
265. Es decir, el primero de la semana, es decir, el domingo.
266. La NU omite reunidos.

21 εἶπεν οὖν αὐτοῖς ὁ Ἰησοῦς πάλιν· εἰρήνη ὑμῖν·
Dijo pues a ellos Jesús de nuevo: paz a vosotros.
καθὼς ἀπέσταλκέ με ὁ πατήρ, κἀγὼ πέμπω ὑμᾶς.
Como ha enviado a mí el Padre, también yo envío os.

22 καὶ τοῦτο εἰπὼν ἐνεφύσησε καὶ λέγει αὐτοῖς·
Y esto diciendo sopló y dice les:
λάβετε Πνεῦμα Ἅγιον·
Recibid Espíritu Santo.

23 ἄν τινων ἀφῆτε τὰς ἁμαρτίας, ἀφίενται αὐτοῖς·
- De los que perdonéis los pecados, son perdonados a ellos.
ἄν τινων κρατῆτε, κεκράτηνται.
- de los que retengáis, han sido retenidos.

24 Θωμᾶς δὲ εἷς ἐκ τῶν δώδεκα, ὁ λεγόμενος Δίδυμος,
Tomás sin embargo uno de los doce, el llamado Dídimo,[267]
οὐκ ἦν μετ' αὐτῶν ὅτε ἦλθεν ὁ Ἰησοῦς.
no estaba con ellos cuando vino Jesús.

25 ἔλεγον οὖν αὐτῷ οἱ ἄλλοι μαθηταί· ἑωράκαμεν τὸν Κύριον.
Dijeron pues a él los otros discípulos: Hemos visto al Señor.
ὁ δὲ εἶπεν αὐτοῖς· ἐὰν μὴ ἴδω ἐν ταῖς χερσὶν αὐτοῦ
Él sin embargo dijo les: Si no veo en las manos de él
τὸν τύπον τῶν ἥλων, καὶ βάλω τὸν δάκτυλόν μου
la marca de los clavos, y pongo el dedo de mí
εἰς τὸν τύπον τῶν ἥλων καὶ βάλω τὴν χεῖρά μου
en la marca de los clavos y pongo la mano de mí
εἰς τὴν πλευρὰν αὐτοῦ, οὐ μὴ πιστεύσω.
en el costado de él, no de ninguna manera creeré.

26 Καὶ μεθ' ἡμέρας ὀκτὼ πάλιν ἦσαν ἔσω οἱ
Y después de días ocho de nuevo estaban dentro los
μαθηταὶ αὐτοῦ καὶ Θωμᾶς μετ' αὐτῶν. ἔρχεται ὁ Ἰησοῦς τῶν
discípulos de él y Tomás con ellos. Viene Jesús las
θυρῶν κεκλεισμένων, καὶ ἔστη εἰς τὸ μέσον καὶ
puertas habiendo estado cerradas, y se puso en el medio y
εἶπεν· εἰρήνη ὑμῖν.
dijo: Paz a vosotros.

27 εἶτα λέγει τῷ Θωμᾷ· φέρε τὸν δάκτυλόν σου ὧδε
Entonces dice a Tomás: lleva el dedo de ti aquí
καὶ ἴδε τὰς χεῖράς μου, καὶ φέρε τὴν χεῖρά σου καὶ βάλε
y ve las manos de mí, y lleva la mano de ti y pon
εἰς τὴν πλευράν μου, καὶ μὴ γίνου ἄπιστος ἀλλὰ πιστός.
en el costado de mí, y no resultes incrédulo sino creyente.

28 ἀπεκρίθη Θωμᾶς καὶ εἶπεν αὐτῷ· ὁ Κύριός μου
Respondió Tomás y dijo le: el Señor de mí
καὶ ὁ Θεός μου.
y el Dios de mí.

29 λέγει αὐτῷ ὁ Ἰησοῦς· ὅτι ἑώρακάς με, Θωμᾶ, πεπίστευκας·
Dijo le Jesús: Porque has visto me, Tomás,[268] has creído.
μακάριοι οἱ μὴ ἰδόντες καὶ πιστεύσαντες.
Dichosos los no viendo y habiendo creído.

21 Entonces les dijo Jesús otra vez: Paz a vosotros: como me envió el Padre, así también yo os envío. **22** Y como hubo dicho esto, sopló, y díjoles: Tomad el Espíritu Santo: **23** A los que remitiereis los pecados, les son remitidos: a quienes los retuviereis, serán retenidos. **24** Empero Tomás, uno de los doce, que se dice el Dídimo, no estaba con ellos cuando Jesús vino. **25** Dijéronle pues los otros discípulos: Al Señor hemos visto. Y él les dijo: Si no viere en sus manos la señal de los clavos, y metiere mi dedo en el lugar de los clavos, y metiere mi mano en su costado, no creeré. **26** Y ocho días después, estaban otra vez sus discípulos dentro, y con ellos Tomás. Vino Jesús, las puertas cerradas, y púsose en medio, y dijo: Paz a vosotros. **27** Luego dice a Tomás: Mete tu dedo aquí, y ve mis manos: y alarga acá tu mano, y métela en mi costado: y no seas incrédulo, sino fiel. **28** Entonces Tomás respondió, y díjole: ¡Señor mío, y Dios mío! **29** Dícele Jesús: Porque me has visto, Tomás, creíste: bienaventurados los que no vieron y creyeron.

---

267. Es decir, gemelo.
268. La NU suprime Tomás.

30 Y también hizo Jesús muchas otras señales en presencia de sus discípulos, que no están escritas en este libro.
31 Estas empero son escritas, para que creáis que Jesús es el Cristo, el Hijo de Dios; y para que creyendo, tengáis vida en su nombre.

21 Después se manifestó Jesús otra vez a sus discípulos en la mar de Tiberias; y manifestóse de esta manera.
2 Estaban juntos Simón Pedro, y Tomás, llamado al Dídimo, y Natanael, el que era de Caná de Galilea, y los *hijos* de Zebedeo, y otros dos de sus discípulos.
3 Díceles Simón: A pescar voy. Dícenle: Vamos nosotros también contigo. Fueron, y subieron en una barca; y aquella noche no cogieron nada.
4 Y venida la mañana, Jesús se puso a la ribera: mas los discípulos no entendieron que era Jesús.
5 Y díjoles: Mozos, ¿tenéis algo de comer? Respondiéronle: No.
6 Y él les dice: Echad la red a la mano derecha del barco, y hallaréis. Entonces la echaron, y no la podían en ninguna manera sacar, por la multitud de los peces.

30 Πολλὰ μὲν οὖν καὶ ἄλλα σημεῖα ἐποίησεν ὁ Ἰησοῦς
Muchas - pues también otras señales[269] hizo Jesús
ἐνώπιον τῶν μαθητῶν αὐτοῦ, ἃ οὐκ ἔστι
ante los discípulos de él, las cuales no están
γεγραμμένα ἐν τῷ βιβλίῳ τούτῳ·
escritas en el libro éste.

31 ταῦτα δὲ γέγραπται ἵνα πιστεύσητε ὅτι
Éstas sin embargo han sido escritas para que creáis que
Ἰησοῦς ἐστιν ὁ Χριστὸς ὁ υἱὸς τοῦ Θεοῦ, καὶ ἵνα
Jesús es el mesías el Hijo de Dios, y para que
πιστεύοντες ζωὴν ἔχητε ἐν τῷ ὀνόματι αὐτοῦ.
creyendo vida tengáis en el nombre de él.

21 1 Μετὰ ταῦτα ἐφανέρωσεν ἑαυτὸν πάλιν ὁ Ἰησοῦς
Después de esto manifestó se de nuevo Jesús
τοῖς μαθηταῖς ἐπὶ τῆς θαλάσσης τῆς Τιβεριάδος·
a los discípulos en el mar de Tiberíades.
ἐφανέρωσε δὲ οὕτως.
Manifestó entonces así.

2 ἦσαν ὁμοῦ Σίμων Πέτρος, καὶ Θωμᾶς ὁ λεγόμενος Δίδυμος,
Estaban juntos Simón Pedro, y Tomás el llamado Dídimo,[270]
καὶ Ναθαναὴλ ὁ ἀπὸ Κανὰ τῆς Γαλιλαίας, καὶ οἱ τοῦ Ζεβεδαίου,
y Natanael el de Caná de Galilea, y los del Zebedeo,
καὶ ἄλλοι ἐκ τῶν μαθητῶν αὐτοῦ δύο.
y otros de los discípulos de él dos.

3 λέγει αὐτοῖς Σίμων Πέτρος· ὑπάγω ἁλιεύειν. λέγουσιν αὐτῷ·
Dice les Simón Pedro: voy a pescar. Dicen le:
ἐρχόμεθα καὶ ἡμεῖς σὺν σοί. ἐξῆλθον καὶ ἐνέβησαν
Vamos también nosotros contigo. Salieron y entraron
εἰς τὸ πλοῖον εὐθύς, καὶ ἐν ἐκείνῃ τῇ νυκτὶ
en la barca inmediatamente,[271] y en aquella la noche
ἐπίασαν οὐδέν.
capturaron nada.

4 πρωΐας δὲ ἤδη γενομένης ἔστη ὁ Ἰησοῦς
Madrugada sin embargo ya habiendo venido estuvo Jesús
εἰς τὸν αἰγιαλόν· οὐ μέντοι ᾔδεισαν οἱ μαθηταὶ
en la playa. no Sin embargo supieron los discípulos
ὅτι Ἰησοῦς ἐστι.
que Jesús es.

5 λέγει οὖν αὐτοῖς ὁ Ἰησοῦς· παιδία, μή τι προσφάγιον
Dice pues a ellos Jesús: niñitos,[272] ¿No alguna comida
ἔχετε; ἀπεκρίθησαν αὐτῷ· οὔ.
tenéis? Respondieron le: No.

6 ὁ δὲ εἶπεν αὐτοῖς· βάλετε εἰς τὰ δεξιὰ μέρη τοῦ
Él entonces dijo les: Arrojad a las derechas partes de la
πλοίου τὸ δίκτυον, καὶ εὑρήσετε. ἔβαλον οὖν, καὶ
barca la red, y encontraréis: Arrojaron pues, y
οὐκέτι αὐτὸ ἑλκύσαι ἴσχυσαν ἀπὸ τοῦ πλήθους τῶν ἰχθύων.
ya no la arrastrar pudieron de la multitud de los peces.

---

269. En el sentido de milagros.
270. Es decir, gemelo.
271. La NU suprime inmediatamente.
272. Como en Marcos 9.36.

7 λέγει οὖν ὁ μαθητὴς ἐκεῖνος, ὃν ἠγάπα ὁ Ἰησοῦς,
Dice pues el discípulo aquel, al que amaba Jesús,
τῷ Πέτρῳ· ὁ Κύριός ἐστι. Σίμων οὖν Πέτρος ἀκούσας
a Pedro: el Señor es. Simón Entonces Pedro oyendo
ὅτι ὁ Κύριός ἐστι, τὸν ἐπενδύτην διεζώσατο· ἦν γὰρ
que el Señor es, el manto ciñó. estaba Porque
γυμνός· καὶ ἔβαλεν ἑαυτὸν εἰς τὴν θάλασσαν·
desnudo. y arrojó se a el mar.

8 οἱ δὲ ἄλλοι μαθηταὶ τῷ πλοιαρίῳ ἦλθον· οὐ
los Sin embargo otros discípulos con la barquilla vinieron. no
γὰρ ἦσαν μακρὰν ἀπὸ τῆς γῆς, ἀλλ' ὡς ἀπὸ
Porque estaban lejos de la tierra, sino como de
πηχῶν διακοσίων, σύροντες τὸ δίκτυον τῶν ἰχθύων.
codos doscientos, arrastrando la red de los peces.

9 ὡς οὖν ἀπέβησαν εἰς τὴν γῆν, βλέπουσιν
Como pues desembarcaron en la tierra, ven
ἀνθρακιὰν κειμένην καὶ ὀψάριον ἐπικείμενον καὶ ἄρτον.
fuego de brasas puesto y pescado puesto sobre él y pan.

10 λέγει αὐτοῖς ὁ Ἰησοῦς· ἐνέγκατε ἀπὸ τῶν ὀψαρίων
Dice les Jesús: Traed de los pescados
ὧν ἐπιάσατε νῦν.
que capturasteis ahora.

11 ἀνέβη οὖν Σίμων Πέτρος καὶ εἵλκυσε τὸ δίκτυον ἐπὶ τῆς γῆς,
Subió pues Simón Pedro y arrastró la red sobre la tierra,
μεστὸν ἰχθύων μεγάλων ἑκατὸν πεντήκοντα τριῶν·
llena de peces grandes ciento cincuenta tres.
καὶ τοσούτων ὄντων οὐκ ἐσχίσθη τὸ δίκτυον.
Y tantos siendo no fue rota la red.

12 λέγει αὐτοῖς ὁ Ἰησοῦς· δεῦτε ἀριστήσατε. οὐδεὶς δὲ
Dice les Jesús: Venid desayunad. Ninguno sin embargo
ἐτόλμα τῶν μαθητῶν ἐξετάσαι αὐτόν σὺ τίς εἶ,
se atrevió de los discípulos preguntar le tú quién eres,
εἰδότες ὅτι ὁ Κύριός ἐστιν.
viendo que el Señor es.

13 ἔρχεται οὖν ὁ Ἰησοῦς καὶ λαμβάνει τὸν ἄρτον καὶ
Viene entonces Jesús y toma el pan y
δίδωσιν αὐτοῖς, καὶ τὸ ὀψάριον ὁμοίως.
da les, y el pescado igualmente.

14 τοῦτο ἤδη τρίτον ἐφανερώθη ὁ Ἰησοῦς τοῖς μαθηταῖς
Esta ya tercera (vez) fue manifestado Jesús a los discípulos
αὐτοῦ ἐγερθεὶς ἐκ νεκρῶν.
de él[273] habiendo sido levantado de muertos.

15 Ὅτε οὖν ἠρίστησαν, λέγει τῷ Σίμωνι Πέτρῳ ὁ Ἰησοῦς·
Cuando pues desayunaron,[274] dice a Simón Pedro Jesús,
Σίμων Ἰωνᾶ, ἀγαπᾷς με πλέον τούτων; λέγει αὐτῷ·
Simón de Jonás,[275] ¿Amas me más que éstos? Dice le:
ναί, Κύριε, σὺ οἶδας ὅτι φιλῶ σε. λέγει αὐτῷ·
Sí, Señor, tú sabes que amo te. Dice le,
βόσκε τὰ ἀρνία μου.
Alimenta[276] los corderos de mí.

7 Entonces aquel discípulo, al cual amaba Jesús, dijo a Pedro: El Señor es. Y Simón Pedro, como oyó que era el Señor, ciñóse la ropa, porque estaba desnudo, y echóse a la mar. **8** Y los otros discípulos vinieron con el barco (porque no estaban lejos de tierra sino como doscientos codos), trayendo la red de peces. **9** Y como descendieron a tierra, vieron ascuas puestas, y un pez encima de ellas, y pan. **10** Díceles Jesús; Traed de los peces que cogisteis ahora. **11** Subió Simón Pedro, y trajo la red a tierra, llena de grandes peces, ciento cincuenta y tres: y siendo tantos, la red no se rompió. **12** Díceles Jesús: Venid, comed. Y ninguno de los discípulos osaba preguntarle: ¿Tú, quién eres? sabiendo que era el Señor. **13** Viene pues Jesús, y toma el pan, y les da; y asimismo del pez. **14** Esta era ya la tercera vez que Jesús se manifestó a sus discípulos, habiendo resucitado de los muertos. **15** Y cuando hubieron comido, Jesús dijo a Simón Pedro: Simón, hijo de Jonás, ¿me amas más que estos? Dícele: Sí Señor: tú sabes que te amo. Dícele: Apacienta mis corderos.

---

273. La NU suprime de él.
274. La expresión se usa para comida en general. En este contexto, el desayuno.
275. La NU sustituye por de Juan.
276. O apacienta. Como en Marcos 5.11.

16 Vuélvele a decir la segunda vez: Simón, *hijo* de Jonás, ¿me amas? Respóndele: Sí, Señor: tú sabes que te amo. Dícele: Apacienta mis ovejas.

17 Dícele la tercera vez: Simón, *hijo* de Jonás, ¿me amas? Entristecióse Pedro de que le dijese la tercera vez: ¿Me amas? y dícele: Señor, tú sabes todas las cosas; tú sabes que te amo. Dícele Jesús: Apacienta mis ovejas.

18 De cierto, de cierto te digo: Cuando eras más mozo, te ceñías, e ibas donde querías; mas cuando ya fueres viejo, extenderás tus manos, y te ceñirá otro, y te llevará a donde no quieras.

19 Y esto dijo, dando a entender con qué muerte había de glorificar a Dios. Y dicho esto, dícele: Sígueme.

20 Volviéndose Pedro, ve a aquel discípulo al cual amaba Jesús, que seguía, el que también se había recostado a su pecho en la cena, y le había dicho: Señor, ¿quién es el que te ha de entregar?

21 Así que Pedro vió a éste, dice a Jesús: Señor, ¿y éste, qué?

22 Dícele Jesús: Si quiero que él quede hasta que yo venga, ¿qué a tí? Sígueme tú.

16 λέγει αὐτῷ πάλιν δεύτερον· Σίμων Ἰωνᾶ,
Dice le de nuevo por segunda (vez), Simón de Jonás,[277]
ἀγαπᾷς με; λέγει αὐτῷ· ναί, Κύριε, σὺ οἶδας ὅτι φιλῶ σε.
¿amas me? Dice le: Sí, Señor, tú sabes que amo te.
λέγει αὐτῷ· ποίμαινε τὰ πρόβατά μου.
Dice le: pastorea las ovejas de mí.

17 λέγει αὐτῷ τὸ τρίτον· Σίμων Ἰωνᾶ, φιλεῖς με;
Dice le la tercera (vez): Simón de Jonás,[278] ¿amas me?
ἐλυπήθη ὁ Πέτρος ὅτι εἶπεν αὐτῷ τὸ τρίτον·
Fue entristecido Pedro porque dijo le la tercera (vez):
φιλεῖς με; καὶ εἶπεν αὐτῷ· Κύριε, σὺ πάντα οἶδας, σὺ γινώσκεις
¿amas me? Y dijo le: Señor, tú todo sabes, tú sabes
ὅτι φιλῶ σε. λέγει αὐτῷ ὁ Ἰησοῦς·
que amo te. Dice le Jesús,
βόσκε τὰ πρόβατά μου.
Alimenta[279] las ovejas de mí.

18 ἀμὴν ἀμὴν λέγω σοι, ὅτε ἧς
Verdaderamente verdaderamente digo te, cuando eras
νεώτερος, ἐζώννυες σεαυτὸν καὶ περιεπάτεις ὅπου ἤθελες·
más joven, ceñías a ti mismo y caminabas donde querías,
ὅταν δὲ γηράσῃς, ἐκτενεῖς τὰς χεῖράς σου,
cuando sin embargo envejezcas, extenderás las manos de ti,
καὶ ἄλλος σε ζώσει, καὶ οἴσει ὅπου οὐ θέλεις.
y otro te ceñirá, y llevará donde no quieres.

19 τοῦτο δὲ εἶπε σημαίνων ποίῳ θανάτῳ δοξάσει
A éste sin embargo dijo significando con qué muerte glorificará
τὸν Θεόν. καὶ τοῦτο εἰπὼν λέγει αὐτῷ· ἀκολούθει μοι.
a Dios, y esto habiendo dicho dice le, sigue me.

20 Ἐπιστραφεὶς δὲ ὁ Πέτρος βλέπει τὸν μαθητὴν ὃν ἠγάπα
Girándose entonces Pedro mira al discípulo que amaba
ὁ Ἰησοῦς ἀκολουθοῦντα, ὃς καὶ ἀνέπεσεν ἐν τῷ δείπνῳ
Jesús siguiendo, que también se reclinó en la cena
ἐπὶ τὸ στῆθος αὐτοῦ καὶ εἶπε·
sobre el pecho de él y dijo,
Κύριε, τίς ἐστιν ὁ παραδιδούς σε;
Señor, ¿Quién es el que entregará te?

21 τοῦτον ἰδὼν ὁ Πέτρος λέγει τῷ Ἰησοῦ·
A éste viendo Pedro dice a Jesús,
Κύριε, οὗτος δὲ τί;
Señor, ¿éste entonces qué?[280]

22 λέγει αὐτῷ ὁ Ἰησοῦς· ἐὰν αὐτὸν θέλω μένειν ἕως
Dice le Jesús, si él quiero permanecer hasta
ἔρχομαι, τί πρὸς σέ; σύ μοι ἀκολούθει.
que venga,[281] ¿qué a ti?[282] Tú a mí sigue.

---

277. La NU sustituye por de Juan.
278. La NU sustituye por de Juan.
279. Ver v. 15.
280. Es decir, y de éste ¿qué? O ¿qué va a pasar con éste?
281. Es decir, si quiero que él permanezca hasta que venga.
282. Es decir, ¿a ti qué más te da? O ¿a ti qué te importa?

23 ἐξῆλθεν οὖν ὁ λόγος οὗτος εἰς τοὺς ἀδελφοὺς ὅτι
Salió[283] pues la palabra ésta a los hermanos que
ὁ μαθητὴς   ἐκεῖνος οὐκ ἀποθνήσκει· καὶ οὐκ εἶπεν αὐτῷ
el discípulo aquel   no muere.   Y no dijo   le
ὁ Ἰησοῦς ὅτι οὐκ ἀποθνήσκει, ἀλλ' ἐὰν αὐτὸν θέλω
Jesús que no muere,   sino si él   quiero
μένειν   ἕως   ἔρχομαι,   τί   πρὸς σέ;
permanecer hasta que vengo, ¿Qué a   ti?[284]

24 Οὗτός ἐστιν ὁ μαθητὴς ὁ μαρτυρῶν περὶ τούτων
Éste   es   el discípulo el testificando de esto
καὶ γράψας   ταῦτα, καὶ οἴδαμεν ὅτι ἀληθὴς
y habiendo escrito esto, y sabemos que veraz
ἐστίν ἡ μαρτυρία αὐτοῦ.
es   el testimonio de él.

25 Ἔστι δὲ   καὶ   ἄλλα πολλὰ ὅσα ἐποίησεν
Hay sin embargo también otras muchas cosas que hizo
ὁ Ἰησοῦς, ἅτινα ἐὰν γράφηται   καθ' ἕν, οὐδὲ
Jesús, que si fueran escritas una a una, ni
αὐτὸν   οἶμαι   τὸν κόσμον χωρῆσαι
el mismo supongo el mundo tener espacio para
τὰ   γραφόμενα βιβλία, ἀμήν.
los escritos libros.[285] Amén.

23Salió entonces este dicho entre los hermanos, que aquel discípulo no había de morir. Mas Jesús no le dijo, No morirá; sino: Si quiero que él quede hasta que yo venga ¿qué a ti?
24Este es aquel discípulo que da testimonio de estas cosas, y escribió estas cosas: y sabemos que su testimonio es verdadero.
25Y hay también otras muchas cosas que hizo Jesús, que si se escribiesen cada una por sí, ni aun en el mundo pienso que cabrían los libros que se habrían de escribir. Amén.

---

283. Es decir, se difundió.
284. Es decir, si yo quiero que él permanezca hasta que yo venga, ¿a ti qué te importa?
285. Es decir, supongo que ni siquiera el mismo mundo tendría espacio para los libros escritos para narrarlas.

LOS HECHOS
DE LOS APÓSTOLES

1 En el primer tratado, oh Teófilo, he hablado de todas las cosas que Jesús comenzó a hacer y a enseñar,
2 Hasta el día en que, habiendo dado mandamientos por el Espíritu Santo a los apóstoles que escogió, fué recibido arriba;
3 A los cuales, después de haber padecido, se presentó vivo con muchas pruebas indubitables, apareciéndoles por cuarenta días, y hablándoles del reino de Dios.
4 Y estando juntos, les mandó que no se fuesen de Jerusalem, sino que esperasen la promesa del Padre, que oísteis, *dijo*, de mí.
5 Porque Juan a la verdad bautizó con agua, mas vosotros seréis bautizados con el Espíritu Santo no muchos días después de estos.
6 Entonces los que se habían juntado le preguntaron, diciendo: Señor, ¿restituirás el reino a Israel en este tiempo?
7 Y les dijo: No toca a vosotros saber los tiempos o las sazones que el Padre puso en su sola potestad;

1
1 Τὸν μὲν πρῶτον λόγον ἐποιησάμην περὶ πάντων, ὦ Θεόφιλε,
El — primer relato hice sobre todo, oh Teófilo,
ὧν ἤρξατο ὁ Ἰησοῦς ποιεῖν τε καὶ διδάσκειν,
lo que comenzó Jesús a hacer y también a enseñar,

2 ἄχρι ἧς ἡμέρας ἐντειλάμενος τοῖς ἀποστόλοις
hasta el cual día habiendo mandado a los apóstoles
διὰ Πνεύματος Ἁγίου οὓς ἐξελέξατο
a través de Espíritu Santo a los que había escogido
ἀνελήμφθη·
fue elevado,[1]

3 οἷς καὶ παρέστησεν ἑαυτὸν ζῶντα μετὰ
a los cuales también presentó a si mismo viviendo tras
τὸ παθεῖν αὐτὸν ἐν πολλοῖς τεκμηρίοις, δι' ἡμερῶν
el padecer él en muchas pruebas, por días
τεσσεράκοντα ὀπτανόμενος αὐτοῖς καὶ λέγων τὰ περὶ τῆς
cuarenta apareciendo a ellos y diciendo lo[2] acerca del
βασιλείας τοῦ Θεοῦ·
reino de Dios.

4 καὶ συναλιζόμενος παρήγγειλεν αὐτοῖς ἀπὸ Ἱεροσολύμων
Y reuniéndose ordenó les de Jerusalén
μὴ χωρίζεσθαι, ἀλλὰ περιμένειν τὴν ἐπαγγελίαν
no separarse, sino esperar la promesa
τοῦ πατρὸς ἣν ἠκούσατέ μου·
del Padre que oísteis de mí,

5 ὅτι Ἰωάννης μὲν ἐβάπτισεν ὕδατι, ὑμεῖς
porque Juan ciertamente bautizó en agua, vosotros
δὲ βαπτισθήσεσθε ἐν Πνεύματι Ἁγίῳ οὐ μετὰ
sin embargo seréis bautizados en Espíritu Santo no tras
πολλὰς ταύτας ἡμέρας.
muchos estos días.

6 Οἱ μὲν οὖν συνελθόντες ἐπηρώτων αὐτὸν λέγοντες·
Ellos - pues habiéndose juntado preguntaban le diciendo:
Κύριε, εἰ ἐν τῷ χρόνῳ τούτῳ ἀποκαθιστάνεις
¿Señor, si en el tiempo este restaurarás
τὴν βασιλείαν τῷ Ἰσραήλ;
el reino a Israel?

7 εἶπε δὲ πρὸς αὐτούς· οὐχ ὑμῶν ἐστι γνῶναι
Dijo entonces a ellos: no de vosotros es conocer
χρόνους ἢ καιροὺς οὓς ὁ πατὴρ ἔθετο
tiempos o sazones que el Padre puso
ἐν τῇ ἰδίᾳ ἐξουσίᾳ,
en la propia autoridad,

---

1. Es decir: hasta el día en que tras dar mandatos a los apóstoles fue ascendido.
2. O las cosas.

8 ἀλλὰ λήψεσθε δύναμιν ἐπελθόντος τοῦ Ἁγίου Πνεύματος
pero recibiréis poder habiendo venido el Santo Espíritu

ἐφ' ὑμᾶς, καὶ ἔσεσθέ μου μάρτυρες ἔν τε Ἰερουσαλὴμ
sobre vosotros, y seréis de mí testigos en no sólo Jerusalén

καὶ ἐν πάσῃ τῇ Ἰουδαίᾳ καὶ Σαμαρείᾳ
sino también en toda la Judea y Samaria

καὶ ἕως ἐσχάτου τῆς γῆς.
y hasta último de la tierra.

9 καὶ ταῦτα εἰπὼν βλεπόντων αὐτῶν ἐπήρθη,
Y esto diciendo observando ellos fue llevado,

καὶ νεφέλη ὑπέλαβεν αὐτὸν ἀπὸ τῶν ὀφθαλμῶν αὐτῶν.
y nube tomó lo de los ojos de ellos.

10 καὶ ὡς ἀτενίζοντες ἦσαν εἰς τὸν οὐρανὸν
Y cuando mirando fijamente estaban a el cielo

πορευομένου αὐτοῦ, καὶ ἰδοὺ ἄνδρες δύο
yendo él, también mira varones dos

παρειστήκεισαν αὐτοῖς ἐν ἐσθῆτι λευκῇ,
estuvieron al lado de ellos en indumentaria blanca,

11 οἳ καὶ εἶπον· ἄνδρες Γαλιλαῖοι, τί
los cuales también dijeron: varones galileos, ¿por qué

ἑστήκατε ἐμβλέποντες εἰς τὸν οὐρανόν; οὗτος ὁ Ἰησοῦς ὁ
estáis mirando a el cielo? Éste Jesús el

ἀναλημφθεὶς ἀφ' ὑμῶν εἰς τὸν οὐρανόν, οὕτως ἐλεύσεται
siendo llevado de vosotros a el cielo, así vendrá

ὃν τρόπον ἐθεάσασθε αὐτὸν πορευόμενον
en la cual manera visteis a el yendo

εἰς τὸν οὐρανόν.
a el cielo.

12 Τότε ὑπέστρεψαν εἰς Ἰερουσαλὴμ ἀπὸ ὄρους τοῦ
Entonces regresaron a Jerusalén de monte el

καλουμένου ἐλαιῶνος, ὅ ἐστιν ἐγγὺς Ἰερουσαλήμ,
llamado de olivos, que está cerca de Jerusalén,

σαββάτου ἔχον ὁδόν.³
de sábado teniendo camino.

13 καὶ ὅτε εἰσῆλθον, ἀνέβησαν εἰς τὸ ὑπερῷον
Y cuando entraron, subieron a el superior (aposento)

οὗ ἦσαν καταμένοντες, ὅ τε Πέτρος καὶ Ἰάκωβος καὶ
donde estaban alojándose, tanto Pedro y Santiago y

Ἰωάννης καὶ Ἀνδρέας, Φίλιππος καὶ Θωμᾶς, Βαρθολομαῖος
Juan como Andrés, Felipe y Tomás, Bartolomé

καὶ Ματθαῖος, Ἰάκωβος Ἀλφαίου
y Mateo, Santiago de Alfeo

καὶ Σίμων ὁ ζηλωτὴς καὶ Ἰούδας Ἰακώβου.
y Simón el celoso y Judas de Santiago.

14 οὗτοι πάντες ἦσαν προσκαρτεροῦντες ὁμοθυμαδὸν
Estos todos estaban perseverando unánimemente

τῇ προσευχῇ καὶ τῇ δεήσει σὺν γυναιξὶ καὶ Μαρίᾳ
en la oración y en el ruego⁴ con mujeres y María

τῇ μητρὶ τοῦ Ἰησοῦ καὶ σὺν τοῖς ἀδελφοῖς αὐτοῦ.
la madre de Jesús y con los hermanos de él.

8Mas recibiréis la virtud del Espíritu Santo que vendrá sobre vosotros; y me seréis testigos en Jerusalem, en toda Judea, y Samaria, y hasta lo último de la tierra. **9**Y habiendo dicho estas cosas, viéndo lo ellos, fué alzado; y una nube le recibió *y le quitó* de sus ojos. **10**Y estando con los ojos puestos en el cielo, entre tanto que él iba, he aquí dos varones se pusieron junto a ellos en vestidos blancos; **11**Los cuales también les dijeron: Varones Galileos, ¿qué estáis mirando al cielo? este mismo Jesús que ha sido tomado desde vosotros arriba en el cielo, así vendrá como le habéis visto ir al cielo. **12**Entonces se volvieron a Jerusalem del monte que se llama del Olivar, el cual está cerca de Jerusalem camino de un sábado. **13**Y entrados, subieron al aposento alto, donde moraban Pedro y Jacobo, y Juan y Andrés, Felipe y Tomás, Bartolomé y Mateo, Jacobo hijo de Alfeo, y Simón Zelotes, y Judas *hermano* de Jacobo. **14**Todos éstos perseveraban unánimes en oración y ruego, con las mujeres, y con María la madre de Jesús, y con sus hermanos.

---

3. Es decir, situado a la distancia que se puede caminar un sábado.
4. La NU omite y en el ruego.

15 Y en aquellos días, Pedro, levantándose en medio de los hermanos, dijo (y era la compañía junta como de ciento y veinte en número):
16 Varones hermanos, convino que se cumpliese la Escritura, la cual dijo antes el Espíritu Santo por la boca de David, de Judas, que fué guía de los que prendieron a Jesús;
17 El cuál era contado con nosotros, y tenía suerte en este ministerio.
18 Este, pues, adquirió un campo del salario de su iniquidad, y colgándose, reventó por medio, y todas sus entrañas se derramaron.
19 Y fué notorio a todos los moradores de Jerusalem; de tal manera que aquel campo es llamado en su propia lengua, Acéldama, que es, Campo de sangre,
20 Porque está escrito en el libro de los salmos:
Sea hecha desierta su habitación,
Y no haya quien more en ella; y:
Tome otro su obispado.
21 Conviene, pues, que de estos hombres que han estado juntos con nosotros todo el tiempo que el Señor Jesús entró y salió entre nosotros,
22 Comenzando desde el bautismo de Juan, hasta el día que fué recibido arriba de *entre* nosotros, uno sea hecho testigo con nosotros de su resurrección.

15 Καὶ ἐν ταῖς ἡμέραις ταύταις ἀναστὰς Πέτρος
Y en los días estos levantándose Pedro
ἐν μέσῳ τῶν μαθητῶν εἶπεν· ἦν τε ὄχλος
en medio de los discípulos[5] dijo: - era también multitud
ὀνομάτων ἐπὶ τὸ αὐτὸ ὡς ἑκατὸν εἴκοσιν·
de nombres sobre lo mismo como ciento veinte -[6]

16 ἄνδρες ἀδελφοί, ἔδει πληρωθῆναι τὴν γραφὴν
varones hermanos, era necesario ser cumplida la Escritura
ταύτην ἣν προεῖπε τὸ Πνεῦμα τὸ Ἅγιον διὰ
esta[7] que habló previamente el Espíritu el Santo por
στόματος Δαυῒδ περὶ Ἰούδα τοῦ γενομένου ὁδηγοῦ
boca de David acerca de Judas el que resultó guía
τοῖς συλλαβοῦσι τὸν Ἰησοῦν,
para los arrestando a Jesús,

17 ὅτι κατηριθμημένος ἦν σὺν ἡμῖν καὶ ἔλαχε
porque nombrado estaba con nosotros y obtuvo
τὸν κλῆρον τῆς διακονίας ταύτης.
la suerte del servicio este.

18 οὗτος μὲν οὖν ἐκτήσατο χωρίον ἐκ μισθοῦ τῆς
Éste - pues compró campo con recompensa de la
ἀδικίας, καὶ πρηνὴς γενόμενος ἐλάκησε μέσος,
injusticia, y colgado resultando se abrió por en medio,
καὶ ἐξεχύθη πάντα τὰ σπλάγχνα αὐτοῦ·
y fueron esparcidas todas las entrañas de él.

19 καὶ γνωστὸν ἐγένετο πᾶσι τοῖς κατοικοῦσιν Ἱερουσαλήμ,
Y conocido resultó a todos los habitando Jerusalén,
ὥστε κληθῆναι τὸ χωρίον ἐκεῖνο τῇ ἰδίᾳ
de manera que ser llamado el campo aquel en el propio
διαλέκτῳ αὐτῶν Ἀκελδαμά, τουτ'ἔστι χωρίον αἵματος.
lenguaje de ellos Acéldama, esto es campo de sangre,

20 γέγραπται γὰρ ἐν βίβλῳ ψαλμῶν· γενηθήτω ἡ
ha sido escrito Porque en libro de salmos: resulte la
ἔπαυλις αὐτοῦ ἔρημος καὶ μὴ ἔστω ὁ κατοικῶν ἐν αὐτῇ·
morada de él desierta y no haya el morando en ella.[8]
καί· τὴν ἐπισκοπὴν αὐτοῦ λάβοι ἕτερος.
Y: la supervisión[9] de él reciba otro.

21 δεῖ οὖν τῶν συνελθόντων ἡμῖν ἀνδρῶν ἐν
Es preciso pues de los habiendo ido con nosotros hombres en
παντὶ χρόνῳ ᾧ εἰσῆλθε καὶ ἐξῆλθεν ἐφ' ἡμᾶς ὁ
todo tiempo en el que entraba y salía entre nosotros el
Κύριος Ἰησοῦς,
Señor Jesús,

22 ἀρξάμενος ἀπὸ τοῦ βαπτίσματος Ἰωάννου ἕως τῆς ἡμέρας
comenzando desde el bautismo de Juan hasta el día
ἧς ἀνελήμφθη ἀφ' ἡμῶν, μάρτυρα τῆς ἀναστάσεως
que fue llevado arriba[10] de nosotros, testigo de la resurrección
αὐτοῦ γενέσθαι σὺν ἡμῖν ἕνα τούτων.
de él para resultar con nosotros uno de estos.[11]

---

5. La NU sustituye por hermanos.
6. Y entraron allí también como ciento veinte personas.
7. La NU suprime esta.
8. Es decir: quien more en ella.
9. El término puede ser también traducido como episcopado u obispado.
10. O ascendido.
11. Es decir, para que uno de estos resulte testigo de la resurrección de él junto con nosotros.

23 καὶ ἔστησαν δύο, Ἰωσὴφ τὸν καλούμενον Βαρσαββᾶν,
Y presentaron a dos, José el llamado Barsabas,
ὃς ἐπεκλήθη Ἰοῦστος, καὶ Ματθίαν.
que fue llamado Justo, y Matías,

24 καὶ προσευξάμενοι εἶπον· σὺ Κύριε, καρδιογνῶστα
Y habiendo orado dijeron: tú Señor, conocedor de corazones
πάντων, ἀνάδειξον ὃν ἐξελέξω ἐκ τούτων τῶν δύο ἕνα,
de todos, manifiesta a quién elegiste de estos los dos uno,

25 λαβεῖν τὸν κλῆρον τῆς διακονίας ταύτης καὶ ἀποστολῆς,
para recibir la suerte[12] del servicio este y apostolado,
ἀφ᾽ ἧς παρέβη Ἰούδας πορευθῆναι
del cual se extravió Judas para ir
εἰς τὸν τόπον τὸν ἴδιον.
a el lugar el propio.

26 καὶ ἔδωκαν κλήρους αὐτῶν, καὶ ἔπεσεν ὁ κλῆρος
Y echaron[13] suertes de ellos,[14] y cayó la suerte
ἐπὶ Ματθίαν, καὶ συγκατεψηφίσθη
sobre Matías, y fue añadido
μετὰ τῶν ἕνδεκα ἀποστόλων.
a los once apóstoles.

2 1 Καὶ ἐν τῷ συμπληροῦσθαι τὴν ἡμέραν τῆς πεντηκοστῆς
Y en el ser cumplido el día de pentecostés
ἦσαν ἅπαντες ὁμοθυμαδὸν ἐπὶ τὸ αὐτό.
estaban todos unánimemente[15] en lo mismo,

2 καὶ ἐγένετο ἄφνω ἐκ τοῦ οὐρανοῦ ἦχος
y aconteció repentinamente desde el cielo sonido
ὥσπερ φερομένης πνοῆς βιαίας, καὶ ἐπλήρωσεν ὅλον
como de siendo llevado viento violento, y llenó toda
τὸν οἶκον οὗ ἦσαν καθήμενοι·
la casa donde estaban sentados.

3 καὶ ὤφθησαν αὐτοῖς διαμεριζόμεναι γλῶσσαι ὡσεὶ
Y fueron vistas por ellos[16] divididas lenguas como
πυρός, ἐκάθισέ τε ἐφ᾽ ἕνα ἕκαστον αὐτῶν,
de fuego, se sentó entonces sobre uno cada de ellos,[17]

4 καὶ ἐπλήσθησαν ἅπαντες Πνεύματος Ἁγίου,
y fueron llenos todos de Espíritu Santo,
καὶ ἤρξαντο λαλεῖν ἑτέραις γλώσσαις καθὼς
y comenzaron a hablar en otras lenguas como
τὸ Πνεῦμα ἐδίδου αὐτοῖς ἀποφθέγγεσθαι.
el Espíritu daba a ellos proclamar.

5 Ἦσαν δὲ ἐν Ἰερουσαλὴμ κατοικοῦντες Ἰουδαῖοι,
Estaban entonces en Jerusalén morando judíos,
ἄνδρες εὐλαβεῖς ἀπὸ παντὸς ἔθνους τῶν ὑπὸ τὸν οὐρανόν·
varones piadosos de toda nación de las bajo el cielo.

23Y señalaron a dos: a José, llamado Barsabas, que tenía por sobrenombre Justo, y a Matías.
24Y orando, dijeron: Tú, Señor, que conoces los corazones de todos, muestra cuál escoges de estos dos,
25Para que tome el oficio de este ministerio y apostolado, del cual cayó Judas por transgresión, para irse a su lugar.
26Y les echaron suertes, y cayó la suerte sobre Matías; y fué contado con los once apóstoles.

2 Y como se cumplieron los días de Pentecostés, estaban todos unánimes juntos;
2Y de repente vino un estruendo del cielo como de un viento recio que corría, el cual hinchió toda la casa donde estaban sentados;
3Y se les aparecieron lenguas repartidas, como de fuego, que se asentó sobre cada uno de ellos.
4Y fueron todos llenos del Espíritu Santo, y comenzaron a hablar en otras lenguas, como el Espíritu les daba que hablasen.
5Moraban entonces en Jerusalem Judíos, varones religiosos, de todas las naciones debajo del cielo.

---

12. La NU sustituye por lugar.
13. Lit: dieron.
14. La NU sustituye por para ellos.
15. La NU sustituye por juntos.
16. O se les mostraron.
17. Es decir, las lenguas de fuego se asentaron sobre la cabeza de cada uno de ellos.

6 Y hecho este estruendo, juntóse la multitud; y estaban confusos, porque cada uno les oía hablar su propia lengua.
7 Y estaban atónitos y maravillados, diciendo: He aquí ¿no son Galileos todos estos que hablan?
8 ¿Cómo, pues, les oímos nosotros *hablar* cada uno en nuestra lengua en que somos nacidos?
9 Partos y Medos, y Elamitas, y los que habitamos en Mesopotamia, en Judea y en Capadocia, en el Ponto y en Asia,
10 En Phrygia y Pamphylia, en Egipto y en las partes de Africa que está de la otra parte de Cirene, y Romanos extranjeros, tanto Judíos como convertidos,
11 Cretenses y Arabes, les oímos hablar en nuestras lenguas las maravillas de Dios.
12 Y estaban todos atónitos y perplejos, diciendo los unos a los otros: ¿Qué quiere ser esto?
13 Mas otros burlándose, decían: Que están llenos de mosto.
14 Entonces Pedro, poniéndose en pie con los once, alzó su voz, y hablóles diciendo: Varones Judíos, y todos los que habitáis en Jerusalem, esto os sea notorio, y oid mis palabras.

6 γενομένης δὲ τῆς φωνῆς ταύτης συνῆλθε τὸ πλῆθος
Aconteciendo entonces el sonido este se juntó la multitud

καὶ συνεχύθη, ὅτι ἤκουον εἷς ἕκαστος τῇ
y estaba desconcertada, porque escuchaban uno cada en el

ἰδίᾳ διαλέκτῳ λαλούντων αὐτῶν.
propio lenguaje hablando ellos.[18]

7 ἐξίσταντο δὲ πάντες καὶ ἐθαύμαζον
Estaban estupefactos entonces todos y se maravillaban

λέγοντες πρὸς ἀλλήλους· οὐκ ἰδοὺ πάντες οὗτοί
diciendo unos a otros:[19] ¿No mira todos éstos

εἰσιν οἱ λαλοῦντες Γαλιλαῖοι;
son los hablando galileos?[20]

8 καὶ πῶς ἡμεῖς ἀκούομεν ἕκαστος τῇ ἰδίᾳ διαλέκτῳ
y ¿cómo nosotros oímos cada uno en el propio lenguaje

ἡμῶν ἐν ᾗ ἐγεννήθημεν;
de nosotros en el que nacimos?

9 Πάρθοι καὶ Μῆδοι καὶ Ἐλαμῖται, καὶ οἱ κατοικοῦντες
Partos y medos y elamitas, y los habitando

τὴν Μεσοποταμίαν, Ἰουδαίαν τε καὶ Καππαδοκίαν,
- Mesopotamia, Judea y también Capadocia,

Πόντον καὶ τὴν Ἀσίαν,
Ponto y Asia,

10 Φρυγίαν τε καὶ Παμφυλίαν, Αἴγυπτον καὶ τὰ μέρη τῆς
Frigia y también Panfilia, Egipto y las partes de

Λιβύης τῆς κατὰ Κυρήνην, καὶ οἱ ἐπιδημοῦντες Ῥωμαῖοι,
Libia, la hacia Cirene, y los residentes[21] romanos,

Ἰουδαῖοί τε καὶ προσήλυτοι,
judíos y también prosélitos,

11 Κρῆτες καὶ Ἄραβες, ἀκούομεν λαλούντων αὐτῶν ταῖς
cretenses y árabes, escuchamos hablando ellos en las

ἡμετέραις γλώσσαις τὰ μεγαλεῖα τοῦ Θεοῦ.
nuestras lenguas las grandezas de Dios.

12 ἐξίσταντο δὲ πάντες καὶ διηπόρουν,
Estaban estupefactos entonces todos y estaban perplejos,

ἄλλος πρὸς ἄλλον λέγοντες· τί ἂν θέλοι τοῦτο εἶναι;
uno a otro diciendo: ¿qué acaso querría esto ser?

13 ἕτεροι δὲ διαχλευάζοντες ἔλεγον
Otros sin embargo burlándose decían

ὅτι γλεύκους μεμεστωμένοι εἰσί.
que de vino dulce llenos están.

14 Σταθεὶς δὲ ὁ Πέτρος σὺν τοῖς ἕνδεκα ἐπῆρε
Puesto en pie sin embargo Pedro con los once levantó

τὴν φωνὴν αὐτοῦ καὶ ἀπεφθέγξατο αὐτοῖς· ἄνδρες Ἰουδαῖοι
la voz de él y proclamó a ellos: varones judíos

καὶ οἱ κατοικοῦντες Ἰερουσαλὴμ ἅπαντες,
y los habitando Jerusalén todos,

τοῦτο ὑμῖν γνωστὸν ἔστω καὶ ἐνωτίσασθε τὰ ῥήματά μου.
esto os conocido sea y escuchad los dichos de mí,

---

18. Es decir, porque cada uno de ellos escuchaba a los apóstoles hablando en su lenguaje propio.
19. La NU suprime unos a otros.
20. Es decir: Mira, ¿no son todos los que están hablando galileos?
21. El término se utiliza para referirse a los residentes extranjeros en una nación que no es la suya.

15 οὐ γὰρ, ὡς ὑμεῖς ὑπολαμβάνετε, οὗτοι
no Porque, como vosotros suponéis, éstos
μεθύουσιν· ἔστι γὰρ ὥρα τρίτη τῆς ἡμέρας·
están borrachos, es Porque hora tercera del día.

16 ἀλλὰ τοῦτό ἐστι τὸ εἰρημένον διὰ τοῦ
Pero esto es lo habiendo sido hablado a través del
προφήτου Ἰωήλ·
profeta Joel:

17 καὶ ἔσται ἐν ταῖς ἐσχάταις ἡμέραις, λέγει ὁ Θεός,
Y será en los últimos días, dice Dios,
ἐκχεῶ ἀπὸ τοῦ πνεύματός μου ἐπὶ πᾶσαν σάρκα,
derramaré de el Espíritu de mí sobre toda carne,
καὶ προφητεύσουσιν οἱ υἱοὶ ὑμῶν καὶ αἱ θυγατέρες
y profetizarán los hijos de vosotros y las hijas
ὑμῶν, καὶ οἱ νεανίσκοι ὑμῶν ὁράσεις ὄψονται,
de vosotros, y los jóvenes de vosotros visiones verán,
καὶ οἱ πρεσβύτεροι ὑμῶν ἐνύπνια ἐνυπνιασθήσονται·
y los ancianos de vosotros sueños soñarán.

18 καί γε ἐπὶ τοὺς δούλους μου καὶ ἐπὶ τὰς δούλας μου
Y - sobre los siervos de mí y sobre las siervas de mí
ἐν ταῖς ἡμέραις ἐκείναις ἐκχεῶ ἀπὸ τοῦ πνεύματός μου,
en los días aquellos derramaré de el Espíritu de mí,
καὶ προφητεύσουσι.
y profetizarán.

19 καὶ δώσω τέρατα ἐν τῷ οὐρανῷ ἄνω καὶ σημεῖα
Y daré maravillas en el cielo arriba y señales
ἐπὶ τῆς γῆς κάτω, αἷμα καὶ πῦρ καὶ ἀτμίδα καπνοῦ·
sobre la tierra abajo, sangre y fuego y vapor de humo.

20 ὁ ἥλιος μεταστραφήσεται εἰς σκότος καὶ ἡ σελήνη
El cielo se cambiará en oscuridad y la luna
εἰς αἷμα πρὶν ἢ ἐλθεῖν τὴν ἡμέραν Κυρίου
en sangre antes de venir el día de Señor
τὴν μεγάλην καὶ ἐπιφανῆ.
el grande y manifiesto.

21 καὶ ἔσται πᾶς ὃς ἂν ἐπικαλέσηται τὸ ὄνομα
Y será todo el que invocare el nombre
Κυρίου σωθήσεται.
de Señor será salvado.

22 Ἄνδρες Ἰσραηλῖται, ἀκούσατε τοὺς λόγους τούτους·
Varones israelitas, escuchad las palabras estas:
Ἰησοῦν τὸν Ναζωραῖον, ἄνδρα ἀπὸ τοῦ Θεοῦ
Jesús el nazareno, varón de Dios
ἀποδεδειγμένον εἰς ὑμᾶς δυνάμεσι καὶ
habiendo sido atestiguado a vosotros por poderes[22] y
τέρασι καὶ σημείοις οἷς ἐποίησε δι' αὐτοῦ ὁ Θεὸς ἐν
maravillas y señales que hizo a través de él Dios en
μέσῳ ὑμῶν, καθὼς καὶ αὐτοὶ οἴδατε,
medio de vosotros, como también vosotros mismos sabéis,

15 Porque éstos no están borrachos, como vosotros pensáis, siendo la hora tercia del día;
16 Mas esto es lo que fué dicho por el profeta Joel:
17 Y será en los postreros días, dice Dios,
Derramaré de mi Espíritu sobre toda carne,
Y vuestros hijos y vuestras hijas profetizarán;
Y vuestros mancebos verán visiones,
Y vuestros viejos soñarán sueños:
18 Y de cierto sobre mis siervos y sobre mis siervas en aquellos días
Derramaré de mi Espíritu, y profetizarán.
19 Y daré prodigios arriba en el cielo,
Y señales abajo en la tierra,
Sangre y fuego y vapor de humo:
20 El sol se volverá en tinieblas,
Y la luna en sangre,
Antes que venga el día del Señor,
Grande y manifiesto;
21 Y será que todo aquel que invocare el nombre del Señor, será salvo.
22 Varones Israelitas, oid estas palabras: Jesús Nazareno, varón aprobado de Dios entre vosotros en maravillas y prodigios y señales, que Dios hizo por él en medio de vosotros, como también vosotros sabéis;

---

22. Es decir, obras poderosas, milagros.

23 A éste, entregado por determinado consejo y providencia de Dios, prendisteis y matasteis por manos de los inicuos, crucificándole;
24 Al cual Dios levantó, sueltos los dolores de la muerte, por cuanto era imposible ser detenido de ella.
25 Porque David dice de él:
Veía al Señor siempre delante de mí:
Porque está a mi diestra, no seré conmovido.
26 Por lo cual mi corazón se alegró, y gozóse mi lengua;
Y aun mi carne descansará en esperanza;
27 Que no dejarás mi alma en el infierno,
Ni darás a tu Santo que vea corrupción.
28 Hicísteme notorios los caminos de la vida;
Me henchirás de gozo con tu presencia.
29 Varones hermanos, se os puede libremente decir del patriarca David, que murió, y fué sepultado, y su sepulcro está con nosotros hasta del día de hoy.
30 Empero siendo profeta, y sabiendo que con juramento le había Dios jurado que del fruto de su lomo, cuanto a la carne, levantaría al Cristo que se sentaría sobre su trono;

23 τοῦτον τῇ ὡρισμένῃ βουλῇ καὶ προγνώσει τοῦ Θεοῦ
a éste por la determinada voluntad y prognosis[23] de Dios
ἔκδοτον λαβόντες, διὰ χειρὸς ἀνόμων
entregado tomando,[24] a través de mano de inicuos
προσπήξαντες ἀνείλατε·
clavando matasteis,

24 ὃν ὁ Θεὸς ἀνέστησε λύσας τὰς ὠδῖνας τοῦ θανάτου,
al cual Dios levantó desatando los dolores de la muerte,
καθότι οὐκ ἦν δυνατὸν κρατεῖσθαι αὐτὸν ὑπ' αὐτοῦ.
porque no era posible ser retenido él por ella.

25 Δαυῒδ γὰρ λέγει εἰς αὐτόν· Προωρώμην τὸν Κύριον
David Porque dice a él: Vi al Señor
ἐνώπιόν μου διὰ παντός, ὅτι ἐκ δεξιῶν μού[25]
delante de mí a través de todo, porque de diestras de mí
ἐστιν ἵνα μὴ σαλευθῶ.
está para que no sea sacudido.

26 διὰ τοῦτο εὐφράνθη ἡ καρδία μου καὶ ἠγαλλιάσατο
Por esto fue alegrado el corazón de mí y se alegró
ἡ γλῶσσά μου, ἔτι δὲ καὶ ἡ σάρξ μου
la lengua de mí, pero ciertamente también la carne de mí
κατασκηνώσει ἐπ' ἐλπίδι,
morará[26] en esperanza,

27 ὅτι οὐκ ἐγκαταλείψεις τὴν ψυχήν μου εἰς ᾅδου
porque no abandonarás el alma de mí a Hades
οὐδὲ δώσεις τὸν ὅσιόν σου ἰδεῖν διαφθοράν.
ni darás al Santo de ti ver corrupción.

28 ἐγνώρισάς μοι ὁδοὺς ζωῆς, πληρώσεις με
Diste a conocer a mí caminos de vida, llenarás a mí
εὐφροσύνης μετὰ τοῦ προσώπου σου.
de alegría con el rostro de ti.

29 Ἄνδρες ἀδελφοί, ἐξὸν εἰπεῖν μετὰ παρρησίας πρὸς
Varones hermanos, es permisible decir con libertad[27] a
ὑμᾶς περὶ τοῦ πατριάρχου Δαυῒδ ὅτι καὶ
vosotros acerca del patriarca David porque no sólo
ἐτελεύτησε καὶ ἐτάφη καὶ τὸ μνῆμα
finalizó[28] sino que también fue sepultado y el sepulcro
αὐτοῦ ἔστιν ἐν ἡμῖν ἄχρι τῆς ἡμέρας ταύτης.
de él está entre nosotros hasta el día éste.

30 προφήτης οὖν ὑπάρχων, καὶ εἰδὼς ὅτι ὅρκῳ
Profeta pues siendo, y viendo que con juramento
ὤμοσεν αὐτῷ ὁ Θεὸς ἐκ καρποῦ τῆς ὀσφύος αὐτοῦ
juró a él Dios de fruto de la cintura de él
τὸ κατὰ σάρκα ἀναστήσειν τὸν Χριστὸν καθίσαι
el según carne levantar[29] al mesías[30] para sentar
ἐπὶ τοῦ θρόνου αὐτοῦ,
sobre el trono de él,

---

23. Es decir, el conocimiento previo, el conocimiento de lo que va a suceder antes de que tenga lugar, la presciencia.
24. La NU suprime tomando.
25. Es decir, porque a mi derecha.
26. Literalmente: instalará la tienda.
27. O con confianza, con osadía.
28. Es decir, halló su fin, murió.
29. Es decir, resucitar.
30. La NU suprime según carne, levantar al mesías.

31 προϊδὼν   ἐλάλησε περὶ τῆς ἀναστάσεως τοῦ
viendo con antelación habló   sobre la resurrección del

Χριστοῦ ὅτι   οὐ κατελείφθη ἡ ψυχὴ αὐτοῦ εἰς ᾅδου
mesías porque no fue dejada el alma de él³¹ en Hades

οὐδὲ ἡ σὰρξ αὐτοῦ εἶδε διαφθοράν.
ni la carne de él vio corrupción.

32 τοῦτον τὸν Ἰησοῦν ἀνέστησεν ὁ Θεός,
A este   Jesús   levantó³² Dios

οὗ   πάντες ἡμεῖς   ἐσμεν μάρτυρες.
de lo cual todos nosotros somos testigos.

33 τῇ δεξιᾷ οὖν τοῦ Θεοῦ ὑψωθεὶς,   τήν
A la diestra pues de Dios habiendo sido exaltado, la

τε   ἐπαγγελίαν τοῦ Ἁγίου Πνεύματος λαβὼν
Entonces promesa   del Santo Espíritu   recibiendo

παρὰ τοῦ πατρὸς, ἐξέχεε τοῦτο ὃ νῦν ὑμεῖς
de el Padre, derramó esto que ahora³³ vosotros

βλέπετε καὶ ἀκούετε.
veis   y oís,

34 οὐ γὰρ Δαυῒδ ἀνέβη εἰς τοὺς οὐρανούς, λέγει δὲ
no Porque David subió a los cielos,   dice sin embargo

αὐτός· εἶπεν ὁ Κύριος τῷ Κυρίῳ μου, κάθου ἐκ
él mismo: dijo el Señor al Señor de mí, siéntate a

δεξιῶν μου,
derechas³⁴ de mí,

35 ἕως ἂν θῶ τοὺς ἐχθρούς σου   ὑποπόδιον τῶν
hasta que ponga a los enemigos de ti (como) escabel de los

ποδῶν σου.
pies de ti.

36 ἀσφαλῶς   οὖν γινωσκέτω πᾶς οἶκος Ἰσραὴλ
Ciertísimamente pues sepa   toda casa de Israel

ὅτι καὶ   Κύριον καὶ   Χριστὸν αὐτὸν ὁ Θεός
que no sólo Señor sino también mesías   a él   Dios

ἐποίησε, τοῦτον τὸν Ἰησοῦν ὃν ὑμεῖς ἐσταυρώσατε.
hizo,   a este   Jesús al que vosotros crucificasteis.

37 Ἀκούσαντες δὲ   κατενύγησαν
Oyendo   entonces fueron traspasados de dolor

τῇ   καρδίᾳ, εἶπόν τε   πρὸς τὸν Πέτρον
en el corazón, dijeron entonces a   Pedro

καὶ τοὺς λοιποὺς ἀποστόλους·
y a los demás apóstoles:

τί   ποιήσομεν, ἄνδρες ἀδελφοί;
¿qué haremos, varones hermanos?

38 Πέτρος δὲ   ἔφη πρὸς αὐτούς· μετανοήσατε,
Pedro entonces dijo a ellos: arrepentíos,

καὶ βαπτισθήτω ἕκαστος ὑμῶν   ἐπὶ τῷ ὀνόματι Ἰησοῦ
y sea bautizado cada uno de vosotros en el nombre de Jesús

Χριστοῦ εἰς ἄφεσιν ἁμαρτιῶν,   καὶ λήψεσθε
mesías³⁵ para perdón de pecados,³⁶ y recibiréis

τὴν δωρεὰν τοῦ Ἁγίου Πνεύματος.
el don   del Santo Espíritu.

---

31. La NU suprime el alma de él.
32. Es decir, resucitó.
33. La NU suprime ahora.
34. Es decir, a mi diestra.
35. O Cristo.
36. La NU añade de vosotros.

31Viéndolo antes, habló de la resurrección de Cristo, que su alma no fué dejada en el infierno, ni su carne vió corrupción. **32**A este Jesús resucitó Dios, de lo cual todos nosotros somos testigos. **33**Así que, levantado por la diestra de Dios, y recibiendo del Padre la promesa del Espíritu Santo, ha derramado esto que vosotros veis y oís. **34**Porque David no subió a los cielos; empero él dice:
  Dijo el Señor a mi Señor:
  Siéntate a mi diestra,
35Hasta que ponga a tus enemigos por estrado de tus pies. **36**Sepa pues ciertísimamente toda la casa de Israel, que a éste Jesús que vosotros crucificasteis, Dios ha hecho Señor y Cristo. **37**Entonces oído *esto*, fueron compungidos de corazón, y dijeron a Pedro y a los otros apóstoles: Varones hermanos, ¿qué haremos? **38**Y Pedro les dice: Arrepentíos, y bautícese cada uno de vosotros en el nombre de Jesucristo para perdón de los pecados; y recibiréis el don del Espíritu Santo.

39 Porque para vosotros es la promesa, y para vuestros hijos, y para todos los que están lejos; para cuantos el Señor nuestro Dios llamare.
40 Y con otras muchas palabras testificaba y exhortaba, diciendo: Sed salvos de esta perversa generación.
41 Así que, los que recibieron su palabra, fueron bautizados: y fueron añadidas *a ellos* aquel día como tres mil personas.
42 Y perseveraban en la doctrina de los apóstoles, y en la comunión, y en el partimiento del pan, y en las oraciones.
43 Y toda persona tenía temor: y muchas maravillas y señales eran hechas por los apóstoles.
44 Y todos los que creían estaban juntos; y tenían todas las cosas comunes;
45 Y vendían las posesiones, y las haciendas, y repartíanlas a todos, como cada uno había menester.
46 Y perseverando unánimes cada día en el templo, y partiendo el pan en las casas, comían juntos con alegría y con sencillez de corazón,
47 Alabando a Dios, y teniendo gracia con todo el pueblo. Y el Señor añadía cada día a la iglesia los que habían de ser salvos.

39 ὑμῖν γάρ ἐστιν ἡ ἐπαγγελία καὶ τοῖς τέκνοις
para vosotros Porque es la promesa y para los hijos
ὑμῶν καὶ πᾶσι τοῖς εἰς μακρὰν, ὅσους
de vosotros y para todos los de lejos, cuantos
ἂν προσκαλέσηται Κύριος ὁ Θεὸς ἡμῶν.
llamará Señor el Dios de nosotros.

40 ἑτέροις τε λόγοις πλείοσι διεμαρτύρετο
con otras También palabras muchas testificaba públicamente
καὶ παρεκάλει λέγων· σώθητε ἀπὸ τῆς γενεᾶς
y exhortaba diciendo: sed salvos de la generación
τῆς σκολιᾶς ταύτης.
la perversa ésta.

41 οἱ μὲν οὖν ἀσμένως ἀποδεξάμενοι τὸν λόγον
Los entonces pues alegremente[37] recibiendo la palabra
αὐτοῦ ἐβαπτίσθησαν, καὶ προσετέθησαν τῇ ἡμέρᾳ ἐκείνῃ
de él fueron bautizados, y fueron añadidas en el día aquel
ψυχαὶ ὡσεὶ τρισχίλιαι.
almas como tres mil.

42 Ἦσαν δὲ προσκαρτεροῦντες τῇ διδαχῇ τῶν
Estaban entonces perseverando en la enseñanza de los
ἀποστόλων καὶ τῇ κοινωνίᾳ καὶ τῇ κλάσει τοῦ ἄρτου
apóstoles y en la comunión y en el partimiento del pan
καὶ ταῖς προσευχαῖς.
y en las oraciones.

43 Ἐγένετο δὲ πάσῃ ψυχῇ φόβος, πολλά τε
Aconteció entonces en toda alma temor, muchas entonces
τέρατα καὶ σημεῖα διὰ τῶν ἀποστόλων ἐγίνετο.
maravillas y señales a través de los apóstoles acontecían.

44 πάντες δὲ οἱ πιστεύοντες ἦσαν ἐπὶ τὸ αὐτὸ
Todos entonces los creyendo estaban en lo mismo[38]
καὶ εἶχον ἅπαντα κοινά,
y tenían todo común,

45 καὶ τὰ κτήματα καὶ τὰς ὑπάρξεις ἐπίπρασκον
y las posesiones y las pertenencias vendían
καὶ διεμέριζον αὐτὰ πᾶσι καθότι ἄν τις χρείαν εἶχε·
y dividían las a todos según alguno necesidad tuviera.

46 καθ' ἡμέραν τε προσκαρτεροῦντες ὁμοθυμαδὸν
Cada día no sólo perseverando unánimemente
ἐν τῷ ἱερῷ, κλῶντές τε κατ' οἶκον ἄρτον,
en el templo, partiendo Sino también en casa pan,
μετελάμβανον τροφῆς ἐν ἀγαλλιάσει
compartían alimento con alegría
καὶ ἀφελότητι καρδίας,
y sencillez de corazón,

47 αἰνοῦντες τὸν Θεὸν καὶ ἔχοντες χάριν πρὸς ὅλον
alabando a Dios y teniendo gracia ante todo
τὸν λαόν. ὁ δὲ Κύριος προσετίθει τοὺς σῳζομένους
el pueblo. el Entonces Señor añadía a los siendo salvos
καθ' ἡμέραν τῇ ἐκκλησίᾳ.
cada día a la iglesia.[39]

---

37. O de todo corazón, voluntariamente. La NU lo omite.
38. O unidos, juntos.
39. La NU sustituye a la iglesia por juntos.

3 **1** Ἐπὶ τῷ αὐτῷ δὲ Πέτρος καὶ Ἰωάννης ἀνέβαινον
En lo mismo⁴⁰ entonces Pedro y Juan subían

εἰς τὸ ἱερὸν ἐπὶ τὴν ὥραν τῆς προσευχῆς τὴν ἐνάτην.
a el templo en la hora de la oración la novena.

2 καί τις ἀνὴρ χωλὸς ἐκ κοιλίας μητρὸς αὐτοῦ
Y cierto varón cojo desde vientre de madre de él

ὑπάρχων ἐβαστάζετο, ὃν ἐτίθουν καθ' ἡμέραν
siendo era llevado, al que colocaban cada día

πρὸς τὴν θύραν τοῦ ἱεροῦ τὴν λεγομένην ὡραίαν
a la puerta del templo la llamada Hermosa

τοῦ αἰτεῖν ἐλεημοσύνην παρὰ τῶν εἰσπορευομένων
para el pedir limosna de los entrando

εἰς τὸ ἱερόν·
en el templo,

3 ὃς ἰδὼν Πέτρον καὶ Ἰωάννην μέλλοντας εἰσιέναι
el cual viendo a Pedro y a Juan yendo a entrar

εἰς τὸ ἱερὸν ἠρώτα ἐλεημοσύνην.
en el templo pidió limosna

4 ἀτενίσας δὲ Πέτρος εἰς αὐτὸν σὺν τῷ Ἰωάννῃ
Mirando fijamente entonces Pedro a él con Juan

εἶπε· βλέψον εἰς ἡμᾶς.
dijo: mira a nosotros.

5 ὁ δὲ ἐπεῖχεν αὐτοῖς προσδοκῶν τι παρ'
Él entonces fijó su atención en ellos esperando algo de

αὐτῶν λαβεῖν.
ellos recibir.

6 εἶπε δὲ Πέτρος· ἀργύριον καὶ χρυσίον οὐχ ὑπάρχει μοι,
Dijo entonces Pedro: plata y oro no pertenece⁴¹ a mí,

ὃ δὲ ἔχω τοῦτό σοι δίδωμι· ἐν τῷ ὀνόματι
lo que sin embargo tengo esto te doy: en el nombre

Ἰησοῦ Χριστοῦ τοῦ Ναζωραίου
de Jesús mesías el nazareno

ἔγειρε καὶ περιπάτει·
levántate y camina.

7 καὶ πιάσας αὐτὸν τῆς δεξιᾶς χειρὸς ἤγειρε·
Y agarrando lo de la diestra mano alzó (a él).

παραχρῆμα δὲ ἐστερεώθησαν αὐτοῦ
Inmediatamente entonces fueron fortalecidos de él

αἱ βάσεις καὶ τὰ σφυρά,
los pies y los tobillos.

8 καὶ ἐξαλλόμενος ἔστη καὶ περιεπάτει, καὶ εἰσῆλθε
Y saltando se puso en pie y caminaba, y entró

σὺν αὐτοῖς εἰς τὸ ἱερὸν περιπατῶν
con ellos en el templo caminando

καὶ ἀλλόμενος καὶ αἰνῶν τὸν Θεόν.
y saltando y alabando a Dios.

9 καὶ εἶδεν αὐτὸν πᾶς ὁ λαὸς περιπατοῦντα καὶ αἰνοῦντα
Y vio lo todo el pueblo caminando y alabando

τὸν Θεόν·
a Dios.

3 Pedro y Juan subían juntos al templo a la hora de oración, la de nona. **2** Y un hombre que era cojo desde el vientre de su madre, era traído; al cual ponían cada día a la puerta del templo que se llama la Hermosa, para que pidiese limosna de los que entraban en el templo. **3** Este, como vió a Pedro y a Juan que iban a entrar en el templo, rogaba que le diesen limosna. **4** Y Pedro, con Juan, fijando los ojos en él, dijo: Mira a nosotros. **5** Entonces él estuvo atento a ellos, esperando recibir de ellos algo. **6** Y Pedro dijo: Ni tengo plata ni oro; mas lo que tengo te doy: en el nombre de Jesucristo de Nazaret, levántate y anda. **7** Y tomándole por la mano derecha le levantó: y luego fueron afirmados sus pies y tobillos, **8** Y saltando, se puso en pie, y anduvo; y entró con ellos en el templo, andando, y saltando, y alabando a Dios. **9** Y todo el pueblo le vió andar y alabar a Dios.

---

40. O unidos, juntos.
41. El término es rotundo. Pedro no solo no lleva dinero en ese momento, es que no suele tenerlo nunca y por eso no puede esperarse de él.

10 Y conocían que él era el que se sentaba a la limosna a la puerta del templo, la Hermosa: y fueron llenos de asombro y de espanto por lo que le había acontecido.
11 Y teniendo a Pedro y a Juan el cojo que había sido sanado, todo el pueblo concurrió a ellos al pórtico que se llama de Salomón, atónitos.
12 Y viendo esto Pedro, respondió al pueblo: Varones Israelitas, ¿por qué os maravilláis de esto? o ¿por qué ponéis los ojos en nosotros, como si con nuestra virtud o piedad hubiésemos hecho andar a éste?
13 El Dios de Abraham, y de Isaac, y de Jacob, el Dios de nuestros padres ha glorificado a su Hijo Jesús, al cual vosotros entregasteis, y negasteis delante de Pilato, juzgando él que había de ser suelto.
14 Mas vosotros al Santo y al Justo negasteis, y pedisteis que se os diese un homicida;
15 Y matasteis al Autor de la vida, al cual Dios ha resucitado de los muertos; de lo que nosotros somos testigos.

10 ἐπεγίνωσκον τε αὐτὸν ὅτι οὗτος ἦν ὁ πρὸς
Reconocieron entonces a él porque éste era el que por

τὴν ἐλεημοσύνην καθήμενος ἐπὶ τῇ ὡραίᾳ πύλῃ τοῦ ἱεροῦ,
la limosna sentado a la Hermosa puerta del templo,

καὶ ἐπλήσθησαν θάμβους καὶ ἐκστάσεως
y fueron llenados de pasmo y espanto

ἐπὶ τῷ συμβεβηκότι αὐτῷ.
por lo habiendo sucedido a él.

11 Κρατοῦντος δὲ τοῦ ἰαθέντος χωλοῦ τὸν Πέτρον καὶ
Aferrando entonces el siendo curado cojo[42] a Pedro y

Ἰωάννην συνέδραμε πρὸς αὐτοὺς πᾶς ὁ λαὸς ἐπὶ τῇ στοᾷ
a Juan concurrió a ellos todo el pueblo en el pórtico

τῇ καλουμένῃ Σολομῶντος ἔκθαμβοι.
el llamado de Salomón pasmados.

12 ἰδὼν δὲ Πέτρος ἀπεκρίνατο πρὸς τὸν λαόν· ἄνδρες
Viendo entonces Pedro respondió a el pueblo: varones

Ἰσραηλῖται, τί θαυμάζετε ἐπὶ τούτῳ, ἢ ἡμῖν
israelitas, ¿por qué os maravilláis de esto, o a nosotros

τί ἀτενίζετε ὡς ἰδίᾳ δυνάμει
por qué miráis fijamente como si con propio poder

ἢ εὐσεβείᾳ πεποιηκόσι τοῦ περιπατεῖν αὐτόν;
o piedad habiendo hecho (nosotros) el caminar él?[43]

13 ὁ Θεὸς Ἀβραὰμ καὶ Ἰσαὰκ καὶ Ἰακώβ, ὁ Θεὸς τῶν
El Dios de Abraham y de Isaac y de Jacob, el Dios de

πατέρων ἡμῶν, ἐδόξασε τὸν παῖδα αὐτοῦ Ἰησοῦν·
los padres de nosotros, glorificó al Hijo de él Jesús,

ὃν ὑμεῖς μὲν παρεδώκατε
al que vosotros sin embargo entregasteis

καὶ ἠρνήσασθε αὐτὸν κατὰ πρόσωπον Πιλάτου,
y negasteis lo ante rostro de Pilato,

κρίναντος ἐκείνου ἀπολύειν·
juzgando aquel liberar (lo).[44]

14 ὑμεῖς δὲ τὸν ἅγιον καὶ δίκαιον ἠρνήσασθε,
Vosotros sin embargo al santo y justo negasteis,

καὶ ᾐτήσασθε ἄνδρα φονέα χαρισθῆναι ὑμῖν,
y pedisteis hombre asesino ser concedido a vosotros,

15 τὸν δὲ ἀρχηγὸν τῆς ζωῆς ἀπεκτείνατε, ὃν
al Sin embargo Príncipe[45,46] de la vida matasteis, al

ὁ Θεὸς ἤγειρεν ἐκ νεκρῶν, οὗ ἡμεῖς μάρτυρες
cual Dios levantó de muertos, de lo cual nosotros testigos

ἐσμεν.
somos,

---

42. La NU sustituye el siendo curado cojo por él.
43. Es decir, como si hubiéramos sido nosotros los que lo hemos hecho caminar por nuestro propio poder o piedad.
44. Es decir, cuando Pilato consideraba que había que poner en libertad a Jesús.
45. Como en 5.31.
46. O autor, iniciador u originador.

16 καὶ ἐπὶ τῇ πίστει τοῦ ὀνόματος αὐτοῦ τοῦτον,
y por la fe en el nombre de él a éste,

ὃν θεωρεῖτε καὶ οἴδατε, ἐστερέωσε τὸ ὄνομα αὐτοῦ,
al que contempláis y conocéis, confirmó el nombre de él,

καὶ ἡ πίστις ἡ δι' αὐτοῦ ἔδωκεν αὐτῷ τὴν ὁλοκληρίαν
y la fe la a través de él dio le la plenitud[47]

ταύτην ἀπέναντι πάντων ὑμῶν.
esta delante de todos vosotros.

17 καὶ νῦν, ἀδελφοί, οἶδα ὅτι κατὰ ἄγνοιαν ἐπράξατε,
Y ahora, hermanos, sé que por ignorancia obrasteis,

ὥσπερ καὶ οἱ ἄρχοντες ὑμῶν·
como también los gobernantes de vosotros.

18 ὁ δὲ Θεὸς ἃ προκατήγγειλε διὰ
- Sin embargo Dios que anunció previamente a través

στόματος πάντων τῶν προφητῶν αὐτοῦ παθεῖν τὸν Χριστὸν,
de boca de todos los profetas de él padecer el mesías,[48]

ἐπλήρωσεν οὕτω.
cumplió así.

19 μετανοήσατε οὖν καὶ ἐπιστρέψατε εἰς τὸ ἐξαλειφθῆναι
Arrepentíos pues y volveos para el ser borrados

ὑμῶν τὰς ἁμαρτίας,
de vosotros los pecados,

ὅπως ἂν ἔλθωσι καιροὶ ἀναψύξεως ἀπὸ προσώπου
de manera que vengan tiempos de refrigerio de rostro

τοῦ Κυρίου
del Señor

20 καὶ ἀποστείλῃ τὸν προκεκηρυγμένον ὑμῖν
y envíe el anunciado previamente[49] a vosotros

Χριστὸν Ἰησοῦν,
Mesías Jesús,

21 ὃν δεῖ οὐρανὸν μὲν δέξασθαι ἄχρι χρόνων
al cual es necesario cielo - recibir hasta tiempos

ἀποκαταστάσεως πάντων ὧν ἐλάλησεν ὁ Θεὸς διὰ
de restauración de todo de los que habló Dios por

στόματος πάντων ἁγίων αὐτοῦ προφητῶν ἀπ' αἰῶνος.
boca de todos[50] santos de él profetas desde era.[51]

22 Μωϋσῆς μὲν γὰρ πρὸς τοὺς πατέρας εἶπεν
Moisés - Porque a los padres[52] dijo

ὅτι προφήτην ὑμῖν ἀναστήσει Κύριος ὁ Θεὸς ὑμῶν
que profeta os levantará Señor el Dios de vosotros

ἐκ τῶν ἀδελφῶν ὑμῶν ὡς ἐμέ· αὐτοῦ ἀκούσεσθε
de los hermanos de vosotros como a mí.[53] A él escucharéis

κατὰ πάντα ὅσα ἂν λαλήσῃ πρὸς ὑμᾶς.
según todo cuanto hable a vosotros.

23 ἔσται δὲ πᾶσα ψυχή, ἥτις ἐὰν μὴ ἀκούσῃ τοῦ προφήτου
Será entonces (que) toda alma, que no escuche al profeta

ἐκείνου, ἐξολεθρευθήσεται ἐκ τοῦ λαοῦ.
aquel, será erradicada de el pueblo.

16Y en la fe de su nombre, a éste que vosotros veis y conocéis, ha confirmado su nombre: y la fe que por él es, ha dado a éste esta completa sanidad en presencia de todos vosotros.
17Mas ahora, hermanos, sé que por ignorancia lo habéis hecho, como también vuestros príncipes.
18Empero, Dios ha cumplido así lo que había antes anunciado por boca de todos sus profetas, que su Cristo había de padecer.
19Así que, arrepentíos y convertíos, para que sean borrados vuestros pecados; pues que vendrán los tiempos del refrigerio de la presencia del Señor,
20Y enviará a Jesucristo, que os fué antes anunciado:
21Al cual de cierto es menester que el cielo tenga hasta los tiempos de la restauración de todas las cosas, que habló Dios por boca de sus santos profetas que han sido desde el siglo.
22Porque Moisés dijo a los padres: El Señor vuestro Dios os levantará profeta de vuestros hermanos, como yo; a él oiréis en todas las cosas que os hablare.
23Y será, que cualquiera alma que no oyere a aquel profeta, será desarraigada del pueblo.

---

47. Es decir, la salud completa.
48. Es decir, anunció previamente que el mesías iba a padecer.
49. En algunos mss, el escogido previamente.
50. La NU suprime todos.
51. En el sentido de desde tiempo inmemorial.
52. La NU omite porque a los padres.
53. La idea no es que el profeta será como Moisés sino que será alguien salido del pueblo de Israel como Moisés.

24 Y todos los profetas desde Samuel y en adelante, todos los que han hablado, han anunciado estos días.
25 Vosotros sois los hijos de los profetas, y del pacto que Dios concertó con nuestros padres, diciendo a Abraham: Y en tu simiente serán benditas todas las familias de la tierra.
26 A vosotros primeramente, Dios, habiendo levantado a su Hijo, le envió para que os bendijese, a fin de que cada uno se convierta de su maldad.

4 Y hablando ellos al pueblo, sobrevinieron los sacerdotes, y el magistrado del templo, y los Saduceos,
2 Resentidos de que enseñasen al pueblo, y anunciasen en Jesús la resurrección de los muertos.
3 Y les echaron mano, y los pusieron en la cárcel hasta el día siguiente; porque era ya tarde.
4 Mas muchos de los que habían oído la palabra, creyeron; y fué el número de los varones como cinco mil.
5 Y aconteció al día siguiente, que se juntaron en Jerusalem los príncipes de ellos, y los ancianos, y los escribas;

24 καὶ πάντες δὲ οἱ προφῆται ἀπὸ Σαμουὴλ καὶ
Y todos - los profetas desde Samuel y
τῶν καθεξῆς ὅσοι ἐλάλησαν, καὶ
los en orden[54] cuantos hablaron, también
προκατήγγειλαν τὰς ἡμέρας ταύτας.
anunciaron previamente los días estos.

25 ὑμεῖς ἐστε οἱ υἱοὶ τῶν προφητῶν καὶ τῆς διαθήκης
Vosotros sois los hijos de los profetas y del pacto
ἧς διέθετο ὁ Θεὸς πρὸς τοὺς πατέρας ὑμῶν,
que pactó Dios con los padres de vosotros,
λέγων πρὸς Ἀβραάμ· καὶ ἐν τῷ σπέρματί σου
diciendo a Abraham: también en la semilla[55] de ti
ἐνευλογηθήσονται πᾶσαι αἱ πατριαὶ τῆς γῆς.
serán bendecidas todas las familias de la tierra.

26 ὑμῖν πρῶτον ὁ Θεὸς ἀναστήσας τὸν παῖδα αὐτοῦ
A vosotros primero Dios levantando[56] al Hijo de él
Ἰησοῦν ἀπέστειλεν αὐτὸν εὐλογοῦντα ὑμᾶς
Jesús[57] envió lo bendiciendo os
ἐν τῷ ἀποστρέφειν ἕκαστον ἀπὸ τῶν πονηριῶν ὑμῶν.
al volverse cada uno de las maldades de vosotros.

4 1 Λαλούντων δὲ αὐτῶν πρὸς τὸν λαὸν ἐπέστησαν
Hablando entonces ellos a el pueblo vinieron sobre
αὐτοῖς οἱ ἱερεῖς καὶ ὁ στρατηγὸς τοῦ ἱεροῦ καὶ οἱ
ellos los sacerdotes y el jefe[58] del templo y los
Σαδδουκαῖοι,
saduceos,

2 διαπονούμενοι διὰ τὸ διδάσκειν αὐτοὺς τὸν λαὸν
resentidos por el enseñar ellos al pueblo
καὶ καταγγέλλειν ἐν τῷ Ἰησοῦ τὴν ἀνάστασιν
y anunciar en Jesús la resurrección
τὴν ἐκ νεκρῶν·
la de muertos.

3 καὶ ἐπέβαλον αὐτοῖς τὰς χεῖρας καὶ ἔθεντο εἰς τήρησιν
Y echaron sobre ellos las manos y pusieron en custodia
εἰς τὴν αὔριον· ἦν γὰρ ἑσπέρα ἤδη.
para el mañana,[59] era Porque tarde ya.

4 πολλοὶ δὲ τῶν ἀκουσάντων τὸν λόγον
Muchos entonces de los habiendo escuchado la palabra
ἐπίστευσαν, καὶ ἐγενήθη ὁ ἀριθμὸς τῶν ἀνδρῶν
creyeron, y resultó el número de los varones
ὡσεὶ χιλιάδες πέντε.
como millares cinco.

5 Ἐγένετο δὲ ἐπὶ τὴν αὔριον συναχθῆναι αὐτῶν τοὺς
Aconteció entonces en la tarde juntarse de ellos los
ἄρχοντας καὶ τοὺς πρεσβυτέρους καὶ τοὺς γραμματεῖς εἰς
gobernantes y los ancianos y los escribas en
Ἰερουσαλήμ,
Jerusalén

---

54. Es decir, los que lo sucedieron.
55. Es decir, descendencia.
56. Es decir, resucitando.
57. La NU omite Jesús.
58. Es decir, el capitán de la guardia.
59. Es decir, para el día siguiente.

6 καὶ Ἅνναν τὸν ἀρχιερέα   καὶ Καϊάφαν καὶ Ἰωάννην
  y Anás el sumo sacerdote y Caifás y Juan
  καὶ Ἀλέξανδρον καὶ ὅσοι ἦσαν ἐκ γένους ἀρχιερατικοῦ.
  y Alejandro y cuantos eran de estirpe sumosacerdotal.

7 καὶ στήσαντες   αὐτοὺς ἐν τῷ μέσῳ   ἐπυνθάνοντο·
  Y estando en pie ellos en el medio preguntaban:
  ἐν ποίᾳ δυνάμει ἢ ἐν ποίῳ ὀνόματι
  ¿con qué poder o en qué nombre
  ἐποιήσατε τοῦτο ὑμεῖς;
  hicisteis esto vosotros?

8 τότε   Πέτρος πλησθεὶς   Πνεύματος Ἁγίου
  Entonces Pedro habiendo sido llenado de Espíritu Santo
  εἶπε πρὸς αὐτούς· ἄρχοντες τοῦ λαοῦ καὶ πρεσβύτεροι τοῦ
  dijo a ellos: gobernantes del pueblo y ancianos de
  Ἰσραήλ,
  Israel,⁶⁰

9 εἰ ἡμεῖς   σήμερον ἀνακρινόμεθα   ἐπὶ εὐεργεσίᾳ
  si nosotros hoy estamos siendo juzgados por buena obra
  ἀνθρώπου ἀσθενοῦς, ἐν τίνι   οὗτος
  en hombre enfermo, por qué (medio) éste
  σέσωσται,
  ha sido salvado,

10 γνωστὸν ἔστω πᾶσιν ὑμῖν   καὶ παντὶ τῷ λαῷ   Ἰσραὴλ
   conocido sea a todos vosotros y a todo el pueblo de Israel
   ὅτι ἐν τῷ ὀνόματι Ἰησοῦ   Χριστοῦ τοῦ Ναζωραίου,
   que en el nombre de Jesús Mesías el nazareno,
   ὃν ὑμεῖς ἐσταυρώσατε, ὃν ὁ Θεὸς ἤγειρεν ἐκ
   al que vosotros crucificasteis, al que Dios levantó de
   νεκρῶν, ἐν τούτῳ   οὗτος παρέστηκεν   ἐνώπιον
   muertos, en este (nombre) éste ha comparecido delante
   ὑμῶν ὑγιής.
   de vosotros sano.

11 οὗτός ἐστιν ὁ λίθος ὁ ἐξουθενηθεὶς   ὑφ' ὑμῶν
   Éste es la piedra la habiendo sido rechazada por vosotros
   τῶν οἰκοδομούντων, ὁ γενόμενος   εἰς
   los edificadores, el habiendo llegado a ser por
   κεφαλὴν γωνίας.
   cabeza de ángulo.

12 καὶ οὐκ ἔστιν ἐν ἄλλῳ οὐδενὶ ἡ σωτηρία·
   Y no existe en otro alguno la salvación,
   οὐδὲ γὰρ   ὄνομά ἐστιν ἕτερον ὑπὸ τὸν οὐρανὸν τὸ
   no Porque nombre existe otro bajo el cielo el
   δεδομένον ἐν ἀνθρώποις ἐν ᾧ   δεῖ σωθῆναι ἡμᾶς.
   dado entre hombres por el que deba ser salvados nosotros.

13 Θεωροῦντες δὲ   τὴν τοῦ Πέτρου παρρησίαν καὶ Ἰωάννου,
   Contemplando entonces la de Pedro osadía⁶¹ y de Juan
   καὶ καταλαβόμενοι ὅτι ἄνθρωποι ἀγράμματοί εἰσι
   y comprendiendo que hombres ineducados son
   καὶ ἰδιῶται,   ἐθαύμαζον,   ἐπεγίνωσκόν τε
   y no instruidos, se maravillaron, reconocieron entonces
   αὐτοὺς ὅτι σὺν τῷ Ἰησοῦ ἦσαν,
   de ellos que con Jesús estaban,

6 Y Anás, príncipe de los sacerdotes, y Caifás, y Juan y Alejandro, y todos los que eran del linaje sacerdotal;
7 Y haciéndolos presentar en medio, les preguntaron: ¿Con qué potestad, o en qué nombre, habéis hecho vosotros esto?
8 Entonce Pedro, lleno del Espíritu Santo, les dijo: Príncipes del pueblo, y ancianos de Israel:
9 Pues que somos hoy demandados acerca del beneficio hecho a un hombre enfermo, de qué manera éste haya sido sanado,
10 Sea notorio a todos vosotros, y a todo el pueblo de Israel, que en el nombre de Jesucristo de Nazaret, al que vosotros crucificasteis y Dios le resucitó de los muertos, por él este hombre está en vuestra presencia sano.
11 Este es la piedra reprobada de vosotros los edificadores, la cual es puesta por cabeza del ángulo.
12 Y en ningún otro hay salud; porque no hay otro nombre debajo del cielo, dado a los hombres, en que podamos ser salvos.
13 Entonces viendo la constancia de Pedro y de Juan, sabido que eran hombres sin letras e ignorantes, se maravillaban; y les conocían que habían estado con Jesús.

---
60. La NU omite de Israel.
61. O confianza o libertad para expresarse.

14 Y viendo al hombre que había sido sanado, que estaba con ellos, no podían decir nada en contra.
15 Mas les mandaron que se saliesen fuera del concilio; y conferían entre sí,
16 Diciendo: ¿Qué hemos de hacer a estos hombres? porque de cierto, señal manifiesta ha sido hecha por ellos, notoria a todos los que moran en Jerusalem, y no lo podemos negar.
17 Todavía, porque no se divulgue más por el pueblo, amenacémoslos, que no hablen de aquí adelante a hombre alguno en este nombre.
18 Y llamándolos, les intimaron que en ninguna manera hablasen ni enseñasen en el nombre de Jesús.
19 Entonces Pedro y Juan, respondiendo, les dijeron: Juzgad si es justo delante de Dios obedecer antes a vosotros que a Dios:
20 Porque no podemos dejar de decir lo que hemos visto y oído.
21 Ellos entonces los despacharon amenazándolos, no hallando ningún modo de castigarlos, por causa del pueblo; porque todos glorificaban a Dios de lo que había sido hecho.
22 Porque el hombre en quien había sido hecho este milagro de sanidad, era de más de cuarenta años.

14 τὸν δὲ ἄνθρωπον βλέποντες σὺν αὐτοῖς ἑστῶτα
al Entonces hombre viendo con ellos estando en pie

τὸν τεθεραπευμένον, οὐδὲν εἶχον ἀντειπεῖν.
al habiendo sido curado, nada tenían para decir en su contra.

15 κελεύσαντες δὲ αὐτοὺς ἔξω τοῦ συνεδρίου ἀπελθεῖν,
Ordenando entonces a ellos fuera del sanhedrín salir,

συνέβαλλον πρὸς ἀλλήλους
departían unos con otros

16 λέγοντες· τί ποιήσομεν τοῖς ἀνθρώποις τούτοις;
diciendo: ¿qué haremos con los hombres estos?

ὅτι μὲν γὰρ γνωστὸν σημεῖον γέγονεν
que ciertamente Porque conocido signo ha acontecido

δι' αὐτῶν, πᾶσι τοῖς κατοικοῦσιν
a través de ellos, para todos los habitando

Ἰερουσαλὴμ φανερόν, καὶ οὐ δυνάμεθα ἀρνείσασθαι·
Jerusalén manifiesto, y no podemos negar (lo),

17 ἀλλ' ἵνα μὴ ἐπὶ πλεῖον διανεμηθῇ εἰς τὸν λαόν,
pero para que no sobre más sea extendido en el pueblo,

ἀπειλῇ ἀπειλησώμεθα αὐτοῖς μηκέτι λαλεῖν
con amenaza[62] amenacemos a ellos (para) ya no hablar

ἐπὶ τῷ ὀνόματι τούτῳ μηδενὶ ἀνθρώπων.
en el nombre este a ninguno de hombres.[63]

18 καὶ καλέσαντες αὐτοὺς παρήγγειλαν αὐτοῖς τὸ καθόλου
Y llamando los ordenaron les al completo

μὴ φθέγγεσθαι μηδὲ διδάσκειν
no hablar[64] ni enseñar

ἐπὶ τῷ ὀνόματι τοῦ Ἰησοῦ.
en el nombre de Jesús.

19 ὁ δὲ Πέτρος καὶ Ἰωάννης ἀποκριθέντες πρὸς αὐτούς
- Entonces Pedro y Juan respondiendo a ellos

εἶπον· εἰ δίκαιόν ἐστιν ἐνώπιον τοῦ Θεοῦ ὑμῶν
dijeron: si justo es ante el Dios a vosotros

ἀκούειν μᾶλλον ἢ τοῦ Θεοῦ, κρίνατε.
escuchar más que a Dios, juzgad,

20 οὐ δυνάμεθα γὰρ ἡμεῖς ἃ εἴδομεν καὶ
no podemos Porque nosotros lo que vimos y

ἠκούσαμεν μὴ λαλεῖν.
oímos no hablar.

21 οἱ δὲ προσαπειλησάμενοι ἀπέλυσαν αὐτούς,
Ellos entonces habiendo amenazado despacharon los,

μηδὲν εὑρίσκοντες τὸ πῶς κολάσωνται αὐτούς,
nada encontrando el cómo castigarán a ellos,[65]

διὰ τὸν λαόν, ὅτι πάντες ἐδόξαζον τὸν Θεὸν ἐπὶ
a causa del pueblo, porque todos glorificaban a Dios por

τῷ γεγονότι.
lo sucedido.

22 ἐτῶν γὰρ ἦν πλειόνων τεσσεράκοντα ὁ ἄνθρωπος
de años Porque era más de cuarenta el hombre

ἐφ' ὃν ἐγεγόνει τὸ σημεῖον τοῦτο τῆς ἰάσεως.
en el cual había acontecido la señal esta de la curación.

---

62. La NU omite con amenaza.
63. Es decir: para que no hablen en este nombre absolutamente a nadie.
64. Literalmente, emitir un sonido.
65. Es decir, sin que hallaran nada que justificara el someterlos a un castigo.

23 Ἀπολυθέντες δὲ ἦλθον πρὸς τοὺς ἰδίους καὶ
Siendo despachados entonces vinieron a los suyos y
ἀπήγγειλαν ὅσα πρὸς αὐτοὺς οἱ ἀρχιερεῖς
anunciaron cuanto a ellos los principales sacerdotes
καὶ οἱ πρεσβύτεροι εἶπον.
y los ancianos dijeron.

24 οἱ δὲ ἀκούσαντες ὁμοθυμαδὸν ἦραν φωνὴν
Los entonces habiendo oído unánimemente levantaron voz
πρὸς τὸν Θεὸν καὶ εἶπον· Δέσποτα, σὺ ὁ Θεὸς ὁ ποιήσας
hacia Dios y dijeron: Soberano, tú el Dios⁶⁶ el que hiciste
τὸν οὐρανὸν καὶ τὴν γῆν καὶ τὴν θάλασσαν
el cielo y la tierra y el mar
καὶ πάντα τὰ ἐν αὐτοῖς,
y todo lo en ellos,

25 ὁ διὰ στόματος⁶⁷ Δαυῒδ παιδός σου εἰπών· ἱνατί
El por boca de David siervo de ti diciendo: ¿por qué
ἐφρύαξαν ἔθνη καὶ λαοὶ ἐμελέτησαν κενά;
bramaron naciones y pueblos se ocuparon de vaciedades?

26 παρέστησαν οἱ βασιλεῖς τῆς γῆς καὶ οἱ ἄρχοντες
Se presentaron los reyes de la tierra y los gobernantes
συνήχθησαν ἐπὶ τὸ αὐτὸ κατὰ τοῦ Κυρίου καὶ κατὰ τοῦ
se congregaron⁶⁸ en lo mismo contra el Señor y contra el
Χριστοῦ αὐτοῦ.
mesías de él.

27 συνήχθησαν γὰρ ἐπ' ἀληθείας ἐπὶ τὸν ἅγιον παῖδά σου
se reunieron Porque en verdad⁶⁹ contra el santo Hijo de ti
Ἰησοῦν, ὃν ἔχρισας, Ἡρῴδης τε καὶ Πόντιος Πιλᾶτος
Jesús, al que ungiste, Herodes y también Poncio Pilato
σὺν ἔθνεσι καὶ λαοῖς Ἰσραήλ,
con naciones y pueblos de Israel,

28 ποιῆσαι ὅσα ἡ χείρ σου καὶ ἡ βουλή σου
para hacer cuanto la mano de ti y la voluntad de ti
προώρισε γενέσθαι·
prefijó⁷⁰ suceder.

29 καὶ τὰ νῦν, Κύριε, ἔπιδε ἐπὶ τὰς ἀπειλὰς αὐτῶν,
Y lo ahora, Señor, mira sobre las amenazas de ellos,
καὶ δὸς τοῖς δούλοις σου μετὰ παρρησίας πάσης
y da a los siervos de ti con osadía⁷¹ toda
λαλεῖν τὸν λόγον σου,
hablar la palabra de ti,

30 ἐν τῷ τὴν χεῖρά σου ἐκτείνειν σε εἰς ἴασιν καὶ
en ello la mano de ti extender tú para curación y
σημεῖα καὶ τέρατα γίνεσθαι διὰ τοῦ ὀνόματος
señales y maravillas acontecer por el nombre
τοῦ ἁγίου παιδός σου Ἰησοῦ.
del santo Hijo de ti Jesús.

23 Y sueltos, vinieron a los suyos, y contaron todo lo que los príncipes de los sacerdotes y los ancianos les habían dicho.
24 Y ellos, habiéndolo oído, alzaron unánimes la voz a Dios, y dijeron: Señor, tú eres el Dios que hiciste el cielo y la tierra, la mar, y todo lo que en ellos hay;
25 Que por boca de David, tu siervo, dijiste:
¿Por qué han bramado las gentes,
Y los pueblos han pensado cosas vanas?
26 Asistieron los reyes de la tierra,
Y los príncipes se juntaron en uno
Contra el Señor, y contra su Cristo.
27 Porque verdaderamente se juntaron en esta ciudad contra tu santo Hijo Jesús, al cual ungiste, Herodes y Poncio Pilato, con los Gentiles y los pueblos de Israel,
28 Para hacer lo que tu mano y tu consejo habían antes determinado que había de ser hecho.
29 Y ahora, Señor, mira sus amenazas, y da a tus siervos que con toda confianza hablen tu palabra;
30 Que extiendas tu mano a que sanidades, y milagros, y prodigios sean hechos por el nombre de tu santo Hijo Jesús.

---

66. La NU omite el Dios.
67. La NU añade por el Espíritu Santo a través de boca del padre nuestro.
68. Es decir, unidos, juntos.
69. La NU añade en esta ciudad.
70. Es decir, estableció con antelación, determinó anticipadamente.
71. O valentía, confianza, libertad.

31 Y como hubieron orado, el lugar en que estaban congregados tembló; y todos fueron llenos del Espíritu Santo, y hablaron la palabra de Dios con confianza.
32 Y la multitud de los que habían creído era de un corazón y un alma: y ninguno decía ser suyo algo de lo que poseía; mas todas las cosas les eran comunes.
33 Y los apóstoles daban testimonio de la resurrección del Señor Jesús con gran esfuerzo; y gran gracia era en todos ellos.
34 Que ningún necesitado había entre ellos: porque todos los que poseían heredades ó casas, vendiéndolas, traían el precio de lo vendido,
35 Y lo ponían á los pies de los apóstoles; y era repartido á cada uno según que había menester.
36 Entonces José, que fué llamado de los apóstoles por sobrenombre, Bernabé, (que es interpretado, Hijo de consolación) Levita, natural de Cipro,
37 Como tuviese una heredad, la vendió, y trajo el precio, y púsolo á los pies de los apóstoles.

5 Mas un varón llamado Ananías, con Safira su mujer, vendió una posesión,

---

31 καὶ δεηθέντων αὐτῶν ἐσαλεύθη ὁ τόπος ἐν ᾧ
Y habiendo rogado ellos fue sacudido el lugar en el que
ἦσαν συνηγμένοι, καὶ ἐπλήσθησαν ἅπαντες
estaban congregados, y fueron llenados todos
Πνεύματος Ἁγίου, καὶ ἐλάλουν τὸν λόγον τοῦ Θεοῦ μετὰ
de Espíritu Santo, y hablaban la palabra de Dios con
παρρησίας.
osadía.⁷²

32 Τοῦ δὲ πλήθους τῶν πιστευσάντων ἦν ἡ καρδία
la Entonces multitud de los habiendo creído era el corazón
καὶ ἡ ψυχὴ μία, καὶ οὐδὲ εἷς τι τῶν ὑπαρχόντων
y el alma una, y ni uno algo de lo perteneciendo
αὐτῷ ἔλεγεν ἴδιον εἶναι ἀλλ᾽ ἦν αὐτοῖς ἅπαντα
a él decía propio ser sino que era para ellos todo
κοινά.
común.⁷³

33 καὶ μεγάλῃ δυνάμει ἀπεδίδουν τὸ μαρτύριον οἱ ἀπόστολοι
Y con gran poder daban el testimonio los apóstoles
τῆς ἀναστάσεως τοῦ Κυρίου Ἰησοῦ, χάρις
de la resurrección del Señor Jesús, gracia
τε μεγάλη ἦν ἐπὶ πάντας αὐτούς.
ciertamente grande estaba sobre todos ellos.

34 οὐδὲ γὰρ ἐνδεής τις ὑπῆρχεν ἐν αὐτοῖς· ὅσοι
no Porque necesitado alguno había entre ellos, cuantos
γὰρ κτήτορες χωρίων ἢ οἰκιῶν ὑπῆρχον,
Porque propietarios de tierras o de casas eran,
πωλοῦντες ἔφερον τὰς τιμὰς τῶν πιπρασκομένων
vendiendo llevaban los precios de lo habiendo sido vendido.

35 καὶ ἐτίθουν παρὰ τοὺς πόδας τῶν ἀποστόλων·
Y colocaban junto a los pies de los apóstoles.
διεδίδετο δὲ ἑκάστῳ καθότι ἄν τις χρείαν
Distribuían entonces a cada uno como - alguno necesidad
εἶχεν.
tuviera.

36 Ἰωσῆς δὲ ὁ ἐπικληθεὶς Βαρνάβας ἀπὸ τῶν ἀποστόλων,
José Entonces el llamado Bernabé por los apóstoles,
ὅ ἐστι μεθερμηνευόμενον υἱὸς παρακλήσεως,
lo que es siendo traducido hijo de consolación,
Λευίτης, Κύπριος τῷ γένει,
levita, chipriota de nacimiento,

37 ὑπάρχοντος αὐτῷ ἀγροῦ, πωλήσας ἤνεγκε τὸ χρῆμα
perteneciendo le campo, habiendo vendido llevó el dinero
καὶ ἔθηκε παρὰ τοὺς πόδας τῶν ἀποστόλων.
y puso junto a los pies de los apóstoles.

5 **1** Ἀνὴρ δέ τις Ἀνανίας ὀνόματι σὺν Σαπφείρῃ
varón Entonces uno Ananías de nombre con Safira
τῇ γυναικὶ αὐτοῦ ἐπώλησε κτῆμα
la mujer de él vendió posesión.

---

72. O valentía, confianza, libertad.
73. Es decir, sino que tenían todo en común.

2
καὶ ἐνοσφίσατο ἀπὸ τῆς τιμῆς, συνειδυίας καὶ
Y retuvo⁷⁴ de el precio, siendo consciente también

τῆς γυναικός αὐτοῦ, καὶ ἐνέγκας μέρος τι
la mujer de él, y trayendo parte una

παρὰ τοὺς πόδας τῶν ἀποστόλων ἔθηκεν.
junto a los pies de los apóstoles (la) puso.

3
εἶπε δὲ ὁ Πέτρος· Ἀνανία, διατί ἐπλήρωσεν ὁ
Dijo entonces Pedro: Ananías, ¿por qué llenó -

Σατανᾶς τὴν καρδίαν σου, ψεύσασθαί σε τὸ Πνεῦμα τὸ Ἅγιον
Satanás el corazón de ti, para mentir tú al Espíritu el Santo

καὶ νοσφίσασθαι ἀπὸ τῆς τιμῆς τοῦ χωρίου;
y retener de el precio del terreno?

4
οὐχὶ μένον σοὶ ἔμενε καὶ πραθὲν ἐν
¿No permaneciendo para ti permanecía⁷⁵ y siendo vendido en

τῇ σῇ ἐξουσίᾳ ὑπῆρχε; τί ὅτι ἔθου ἐν τῇ
la tu autoridad pertenecía? ¿Por qué (es) que pusiste en el

καρδίᾳ σου τὸ πρᾶγμα τοῦτο;
corazón de ti el hecho este?

οὐκ ἐψεύσω ἀνθρώποις, ἀλλὰ τῷ Θεῷ.
No mentiste a hombres, sino a Dios.

5
ἀκούων δὲ ὁ Ἀνανίας τοὺς λόγους τούτους πεσὼν
Oyendo entonces Ananías las palabras estas cayendo

ἐξέψυξε, καὶ ἐγένετο φόβος μέγας ἐπὶ πάντας
expiró, y aconteció miedo grande sobre todos

τοὺς ἀκούοντας ταῦτα.
los oyendo esto.

6
ἀναστάντες δὲ οἱ νεώτεροι συνέστειλαν αὐτὸν
Levantándose entonces los jóvenes cubrieron lo

καὶ ἐξενέγκαντες ἔθαψαν.
y llevando enterraron.

7
Ἐγένετο δὲ ὡς ὡρῶν τριῶν διάστημα καὶ ἡ γυνὴ
Aconteció entonces como de horas tres intervalo y la mujer

αὐτοῦ μὴ εἰδυῖα τὸ γεγονὸς, εἰσῆλθεν.
de él no sabiendo lo acontecido, entró.

8
ἀπεκρίθη δὲ αὐτῇ ὁ Πέτρος· εἰπέ μοι, εἰ τοσούτου
Respondió entonces a ella Pedro: di me, ¿si por tanto

τὸ χωρίον ἀπέδοσθε; ἡ δὲ εἶπε· ναί, τοσούτου.
el campo vendiste? Ella entonces dijo: sí, por tanto.

9
ὁ δὲ Πέτρος εἶπε πρὸς αὐτήν· τί ὅτι
- Entonces Pedro dijo a ella: ¿por qué (es) que

συνεφωνήθη ὑμῖν πειράσαι τὸ Πνεῦμα Κυρίου;
fue convenido por vosotros tentar al Espíritu de Señor?

ἰδοὺ οἱ πόδες τῶν θαψάντων τὸν ἄνδρα σου
Mira los pies de los enterrando al varón⁷⁶ de ti

ἐπὶ τῇ θύρᾳ καὶ ἐξοίσουσί σε.
a la puerta (están) y sacarán a ti.

2 Y defraudó del precio, sabiéndolo también su mujer; y trayendo una parte, púsola a los pies de los apóstoles.
3 Y dijo Pedro: Ananías, ¿por qué ha llenado Satanás tu corazón a que mintieses al Espíritu Santo, y defraudases del precio de la heredad?
4 Reteniéndola, ¿no se te quedaba a ti? y vendida, ¿no estaba en tu potestad? ¿Por qué pusiste esto en tu corazón? No has mentido a los hombres, sino a Dios.
5 Entonces Ananías, oyendo estas palabras, cayó y espiró. Y vino un gran temor sobre todos los que lo oyeron.
6 Y levantándose los mancebos, le tomaron, y sacándolo, sepultáronlo.
7 Y pasado espacio como de tres horas, sucedió que entró su mujer, no sabiendo lo que había acontecido.
8 Entonces Pedro le dijo: Dime: ¿vendisteis en tanto la heredad? Y ella dijo: Sí, en tanto.
9 Y Pedro le dijo: ¿Por qué os concertasteis para tentar al Espíritu del Señor? He aquí a la puerta los pies de los que han sepultado a tu marido, y te sacarán.

---

74. O robó.
75. Es decir: ¿Acaso si la conservabas no seguía siendo tuya?
76. Es decir, el marido.

10 Y luego cayó a los pies de él, y espiró: y entrados los mancebos, la hallaron muerta; y la sacaron, y la sepultaron junto a su marido.
11 Y vino un gran temor en toda la iglesia, y en todos los que oyeron estas cosas.
12 Y por las manos de los apóstoles eran hechos muchos milagros y prodigios en el pueblo; y estaban todos unánimes en el pórtico de Salomón.
13 Y de los otros, ninguno osaba juntarse con ellos; mas el pueblo los alababa grandemente.
14 Y los que creían en el Señor se aumentaban más, gran número así de hombres como de mujeres;
15 Tanto que echaban los enfermos por las calles, y los ponían en camas y en lechos, para que viniendo Pedro, a lo menos su sombra tocase a alguno de ellos.
16 Y aun de las ciudades vecinas concurría multitud a Jerusalem, trayendo enfermos y atormentados de espíritus inmundos; los cuales todos eran curados.
17 Entonces levantándose el príncipe de los sacerdotes, y todos los que estaban con él, que es la secta de los Saduceos, se llenaron de celo;

10 ἔπεσε δὲ παραχρῆμα παρὰ τοὺς πόδας αὐτοῦ καὶ
Cayó entonces inmediatamente junto a los pies de él y
ἐξέψυξεν· εἰσελθόντες δὲ οἱ νεανίσκοι εὗρον
expiró. Entrando entonces los jóvenes encontraron
αὐτὴν νεκράν, καὶ ἐξενέγκαντες ἔθαψαν πρὸς τὸν ἄνδρα
la muerta, y sacando sepultaron con el varón[77]
αὐτῆς,
de ella.

11 καὶ ἐγένετο φόβος μέγας ἐφ' ὅλην τὴν ἐκκλησίαν
Y aconteció miedo grande sobre toda la iglesia
καὶ ἐπὶ πάντας τοὺς ἀκούοντας ταῦτα.
y sobre todos los oyendo esto.

12 Διὰ δὲ τῶν χειρῶν τῶν ἀποστόλων ἐγίνετο
a través Entonces de las manos de los apóstoles acontecían
σημεῖα καὶ τέρατα ἐν τῷ λαῷ πολλά· καὶ ἦσαν
señales y maravillas en el pueblo muchas. Y estaban
ὁμοθυμαδὸν ἅπαντες ἐν τῇ Στοᾷ Σολομῶντος·
unánimemente todos en el pórtico de Salomón.

13 τῶν δὲ λοιπῶν οὐδεὶς ἐτόλμα κολλᾶσθαι
de los Entonces restantes ninguno se atrevió a unirse
αὐτοῖς, ἀλλ' ἐμεγάλυνεν αὐτοὺς ὁ λαός·
a ellos, pero magnificaba[78] los el pueblo.

14 μᾶλλον δὲ προσετίθεντο πιστεύοντες τῷ Κυρίῳ
Más entonces eran añadidos creyentes en el Señor
πλήθη ἀνδρῶν τε καὶ γυναικῶν,
muchedumbres de varones tanto como de mujeres.

15 ὥστε κατὰ τὰς πλατείας ἐκφέρειν τοὺς ἀσθενεῖς
de manera que por las calles sacar a los enfermos
καὶ τιθέναι ἐπὶ κλινῶν καὶ κραβάττων,
y colocar sobre camas y lechos,
ἵνα ἐρχομένου Πέτρου κἂν ἡ σκιὰ ἐπισκιάσῃ
para que viniendo Pedro al menos la sombra cayera sobre
τινὶ αὐτῶν.
alguno de ellos.

16 συνήρχετο δὲ καὶ τὸ πλῆθος τῶν πέριξ
Se congregaba entonces también la multitud de las del contorno
πόλεων εἰς Ἰερουσαλήμ φέροντες ἀσθενεῖς καὶ
ciudades hacia[79] Jerusalén llevando enfermos y
ὀχλουμένους ὑπὸ πνευμάτων ἀκαθάρτων,
atormentados por espíritus impuros,
οἵτινες ἐθεραπεύοντο ἅπαντες.
los cuales eran curados todos.

17 Ἀναστὰς δὲ ὁ ἀρχιερεὺς καὶ πάντες οἱ σὺν
Levantándose entonces el sumo sacerdote y todos los con
αὐτῷ, ἡ οὖσα αἵρεσις τῶν Σαδδουκαίων, ἐπλήσθησαν
él, la siendo secta de los saduceos, fueron llenados
ζήλου
de envidia

---

77. Es decir, el marido.
78. Es decir, el pueblo tenía una gran opinión de ellos.
79. La NU suprime hacia.

18 καὶ ἐπέβαλον τὰς χεῖρας αὐτῶν ἐπὶ τοὺς ἀποστόλους,
y echaron las manos de ellos sobre los apóstoles,
καὶ ἔθεντο αὐτοὺς ἐν τηρήσει δημοσίᾳ.
y pusieron los en prisión pública.

19 ἄγγελος δὲ Κυρίου διὰ τῆς νυκτὸς ἤνοιξε τὰς θύρας
ángel Entonces de Señor por la noche abrió las puertas
τῆς φυλακῆς, ἐξαγαγών τε αὐτοὺς εἶπε·
de la cárcel, sacando entonces a ellos dijo:

20 πορεύεσθε, καὶ σταθέντες λαλεῖτε ἐν τῷ ἱερῷ τῷ λαῷ
Id, y estando en pie hablad en el templo al pueblo
πάντα τὰ ῥήματα τῆς ζωῆς ταύτης.
todos los dichos de la vida esta.

21 ἀκούσαντες δὲ εἰσῆλθον ὑπὸ τὸν ὄρθρον εἰς τὸ
Habiendo oído entonces entraron de madrugada[80] en el
ἱερὸν καὶ ἐδίδασκον. παραγενόμενος δὲ ὁ
templo y enseñaban. Llegando entonces el
ἀρχιερεὺς
sumo sacerdote
καὶ οἱ σὺν αὐτῷ συνεκάλεσαν τὸ συνέδριον
y los con él convocaron el sanhedrín
καὶ πᾶσαν τὴν γερουσίαν τῶν υἱῶν Ἰσραήλ,
y todo el consejo de ancianos de los hijos de Israel,
καὶ ἀπέστειλαν εἰς τὸ δεσμωτήριον ἀχθῆναι αὐτούς.
y envíaron a la prisión para ser traídos ellos.

22 οἱ δὲ ὑπηρέται παραγενόμενοι οὐχ εὗρον
los Entonces asistentes llegando no encontraron
αὐτοὺς ἐν τῇ φυλακῇ, ἀναστρέψαντες δὲ ἀπήγγειλαν
a ellos en la prisión, regresando entonces anunciaron

23 λέγοντες ὅτι τὸ μὲν δεσμωτήριον εὕρομεν
diciendo que la - cárcel encontramos
κεκλεισμένον ἐν πάσῃ ἀσφαλείᾳ καὶ τοὺς φύλακας
cerrada con toda seguridad y a los guardias
ἑστῶτας πρὸ τῶν θυρῶν, ἀνοίξαντες
estando en pie delante de las puertas, abriendo
δὲ ἔσω οὐδένα εὕρομεν.
entonces dentro a nadie encontramos.

24 ὡς δὲ ἤκουσαν τοὺς λόγους τούτους ὅ
Cuando entonces escucharon las palabras estas el
τε ἱερεὺς καὶ ὁ στρατηγὸς τοῦ ἱεροῦ καὶ
Tanto sacerdote[81] como el jefe de la guardia del templo y
οἱ ἀρχιερεῖς, διηπόρουν περὶ αὐτῶν
los principales sacerdotes, se quedaron perplejos por ellas
τί ἂν γένοιτο τοῦτο.
por lo que acaso resultara esto.

25 παραγενόμενος δέ τις ἀπήγγειλεν αὐτοῖς ὅτι ἰδοὺ
Llegando entonces alguno informó les que mira
οἱ ἄνδρες, οὓς ἔθεσθε ἐν τῇ φυλακῇ, εἰσὶν ἐν τῷ ἱερῷ
los varones, a los que pusisteis en la cárcel, están en el templo
ἑστῶτες καὶ διδάσκοντες τὸν λαόν.
en pie y enseñando al pueblo.

18 Y echaron mano a los apóstoles, y pusiéronlos en la cárcel pública. **19** Mas el ángel del Señor, abriendo de noche las puertas de la cárcel, y sacándolos, dijo: **20** Id, y estando en el templo, hablad al pueblo todas las palabras de esta vida. **21** Y oído que hubieron esto, entraron de mañana en el templo, y enseñaban. Entre tanto, viniendo el príncipe de los sacerdotes, y los que eran con él, convocaron el concilio, y a todos los ancianos de los hijos de Israel, y enviaron a la cárcel para que fuesen traídos. **22** Mas como llegaron los ministros, y no los hallaron en la cárcel, volvieron, y dieron aviso, **23** Diciendo: Por cierto, la cárcel hemos hallado cerrada con toda seguridad, y los guardas que estaban delante de las puertas; mas cuando abrimos, a nadie hallamos dentro. **24** Y cuando oyeron estas palabras el pontífice y el magistrado del templo y los príncipes de los sacerdotes, dudaban en qué vendría a parar aquello. **25** Pero viniendo uno, dióles *esta* noticia: He aquí, los varones que echasteis en la cárcel, están en el templo, y enseñan al pueblo.

---
80. Vid: Lucas 24.1.
81. La NU omite sacerdote.

26Entonces fué el magistrado con los ministros, y trájolos sin violencia; porque temían del pueblo ser apedreados.
27Y como los trajeron, los presentaron en el concilio: y el príncipe de los sacerdotes les preguntó,
28Diciendo: ¿No os denunciamos estrechamente, que no enseñaseis en este nombre? y he aquí, habéis llenado a Jerusalem de vuestra doctrina, y queréis echar sobre nosotros la sangre de este hombre.
29Y respondiendo Pedro y los apóstoles, dijeron: Es menester obedecer a Dios antes que a los hombres.
30El Dios de nuestros padres levantó a Jesús, al cual vosotros matasteis colgándole de un madero.
31A éste ha Dios ensalzado con su diestra por Príncipe y Salvador, para dar a Israel arrepentimiento y remisión de pecados.
32Y nosotros somos testigos suyos de estas cosas, y también el Espíritu Santo, el cual ha dado Dios a los que le obedecen.
33Ellos, oyendo esto, regañaban, y consultaban matarlos.

26 τότε ἀπελθὼν ὁ στρατηγὸς σὺν τοῖς ὑπηρέταις
Entonces marchando el jefe de la guardia con los asistentes

ἤγαγεν αὐτούς οὐ μετὰ βίας· ἐφοβοῦντο γὰρ τὸν λαόν,
trajo los no con violencia, temían Porque al pueblo

ἵνα μὴ λιθασθῶσιν.
para que no fueran apedreados.

27 Ἀγαγόντες δὲ αὐτοὺς ἔστησαν ἐν τῷ συνεδρίῳ.
Trayendo entonces a ellos estuvieron en pie en el sanhedrín,

καὶ ἐπηρώτησεν αὐτοὺς ὁ ἀρχιερεὺς
y preguntó les el sumo sacerdote

28 λέγων· Οὐ παραγγελίᾳ παρηγγείλαμεν ὑμῖν μὴ
diciendo: ¿No con orden ordenamos a vosotros no

διδάσκειν ἐπὶ τῷ ὀνόματι τούτῳ; καὶ ἰδοὺ πεπληρώκατε
enseñar en el nombre este? Y mira habéis llenado

τὴν Ἰερουσαλὴμ τῆς διδαχῆς ὑμῶν,
a Jerusalén de la enseñanza de vosotros,

καὶ βούλεσθε ἐπαγαγεῖν ἐφ' ἡμᾶς
y queréis traer sobre nosotros

τὸ αἷμα τοῦ ἀνθρώπου τούτου.
la sangre del hombre este.

29 ἀποκριθεὶς δὲ Πέτρος καὶ οἱ ἀπόστολοι εἶπον·
Respondiendo entonces Pedro y los apóstoles dijeron:

πειθαρχεῖν δεῖ Θεῷ μᾶλλον ἢ ἀνθρώποις.
obedecer Es preciso a Dios más que a hombres.

30 ὁ Θεὸς τῶν πατέρων ἡμῶν ἤγειρεν Ἰησοῦν,
El Dios de los padres de nosotros levantó a Jesús,

ὃν ὑμεῖς διεχειρίσασθε κρεμάσαντες
al que vosotros agarrasteis con manos violentas[82] clavando

ἐπὶ ξύλου·
en madero.

31 τοῦτον ὁ Θεὸς ἀρχηγὸν καὶ σωτῆρα ὕψωσεν
A éste Dios (como) príncipe y salvador exaltó

τῇ δεξιᾷ αὐτοῦ δοῦναι μετάνοιαν τῷ Ἰσραὴλ
a la diestra de él para dar arrepentimiento a Israel

καὶ ἄφεσιν ἁμαρτιῶν.
y perdón de pecados.

32 καὶ ἡμεῖς ἐσμεν αὐτοῦ μάρτυρες τῶν ῥημάτων τούτων,
Y nosotros somos de él[83] testigos de los dichos estos,

καὶ τὸ Πνεῦμα δὲ τὸ Ἅγιον ὃ ἔδωκεν ὁ Θεὸς
y el Espíritu - el Santo que dio Dios

τοῖς πειθαρχοῦσιν αὐτῷ.
a los obedeciendo a él.

33 Οἱ δὲ ἀκούσαντες διεπρίοντο καὶ ἐβουλεύοντο
Ellos entonces oyendo se enfurecieron y decidieron[84]

ἀνελεῖν αὐτούς.
matar[85] los.

---

82. O maltratasteis. Ocasionalmente el verbo también significa matar.
83. La NU omite de él.
84. La NU sustituye por querían.
85. Como en Hechos 2.23.

34

Ἀναστὰς δέ τις ἐν τῷ συνεδρίῳ Φαρισαῖος
Levantándose entonces cierto en el sanhedrín fariseo

ὀνόματι Γαμαλιήλ, νομοδιδάσκαλος τίμιος παντὶ τῷ
de nombre Gamaliel, maestro de la ley honrado en todo el

λαῷ, ἐκέλευσεν ἔξω βραχύ τι τοὺς ἀποστόλους
pueblo, ordenó fuera brevemente algo a los apóstoles[86]

ποιῆσαι,
poner.[87]

35

εἶπέ τε πρὸς αὐτούς· ἄνδρες Ἰσραηλῖται,
Dijo entonces a ellos: varones israelitas,

προσέχετε ἑαυτοῖς ἐπὶ τοῖς ἀνθρώποις τούτοις
cuidad de vosotros mismos por los hombres estos

τί μέλλετε πράσσειν.
qué vais a hacer.

36

πρὸ γὰρ τούτων τῶν ἡμερῶν ἀνέστη Θευδᾶς,
antes Porque de estos - días se alzó Teudas,

λέγων εἶναί τινα ἑαυτόν, ᾧ προσεκλίθη ἀριθμὸς
diciendo ser alguien él mismo, al cual fue unido[88] número

ἀνδρῶν ὡσεὶ τετρακοσίων· ὃς ἀνῃρέθη, καὶ πάντες
de varones como cuatrocientos, el cual fue muerto, y todos

ὅσοι ἐπείθοντο αὐτῷ διελύθησαν καὶ ἐγένοντο
cuantos obedecían lo fueron dispersados y resultó

εἰς οὐδέν.
en nada.

37

μετὰ τοῦτον ἀνέστη Ἰούδας ὁ Γαλιλαῖος ἐν ταῖς ἡμέραις
Después de esto se levantó Judas el galileo en los días

τῆς ἀπογραφῆς καὶ ἀπέστησε λαὸν ἱκανὸν
del censo y agitó a pueblo aquel

ὀπίσω αὐτοῦ· κἀκεῖνος ἀπώλετο, καὶ πάντες ὅσοι
detrás de él. Y aquel pereció, y todos cuantos

ἐπείθοντο αὐτῷ διεσκορπίσθησαν.
fueron persuadidos por él fueron dispersados.

38

καὶ τὰ νῦν λέγω ὑμῖν, ἀπόστητε ἀπὸ τῶν ἀνθρώπων
Y lo ahora digo a vosotros: apartaos de los hombres

τούτων καὶ ἐάσατε αὐτούς· ὅτι ἐὰν ᾖ ἐξ ἀνθρώπων
estos y dejad los, porque si fuera de hombres

ἡ βουλὴ αὕτη ἢ τὸ ἔργον τοῦτο, καταλυθήσεται·
el consejo este o la obra esta, será destruido.[89]

39

εἰ δὲ ἐκ Θεοῦ ἐστιν, οὐ δύνασθε καταλῦσαι αὐτό,
Si sin embargo de Dios es, no podéis destruir[90] lo,

μήποτε καὶ Θεομάχοι εὑρεθῆτε.
a menos que también combatientes contra Dios seáis hallados.

40

ἐπείσθησαν δὲ αὐτῷ, καὶ προσκαλεσάμενοι
Fueron persuadidos entonces por él, y convocando

τοὺς ἀποστόλους δείραντες
a los apóstoles azotando (los)

παρήγγειλαν μὴ λαλεῖν ἐπὶ τῷ ὀνόματι τοῦ Ἰησοῦ,
ordenaron no hablar en el nombre de Jesús,

καὶ ἀπέλυσαν αὐτούς.
y despacharon los.

---

34 Entonces levantándose en el concilio un Fariseo llamado Gamaliel, doctor de la ley, venerable a todo el pueblo, mandó que sacasen fuera un poco a los apóstoles.
35 Y les dijo: Varones Israelitas, mirad por vosotros acerca de estos hombres en lo que habéis de hacer.
36 Porque antes de estos días se levantó Teudas, diciendo que era alguien; al que se agregó un número de hombres como cuatrocientos: el cual fué matado; y todos los que le creyeron fueron dispersos, y reducidos a nada.
37 Después de éste, se levantó Judas el Galileo en los días del empadronamiento, y llevó mucho pueblo tras sí. Pereció también aquél; y todos los que consintieron con él, fueron derramados.
38 Y ahora os digo: Dejaos de estos hombres, y dejadlos; porque si este consejo o esta obra es de los hombres, se desvanecerá:
39 Mas si es de Dios, no la podréis deshacer; no seáis tal vez hallados resistiendo a Dios.
40 Y convinieron con él: y llamando a los apóstoles, después de azotados, les intimaron que no hablasen en el nombre de Jesús, y soltáronlos.

---

86. La NU sustituye por hombres.
87. Es decir, ordenó que sacaran fuera un rato a los apóstoles.
88. O pegado.
89. O disuelto, destruido, desvanecido.
90. O disolver, abolir.

41 Y ellos partieron de delante del concilio, gozosos de que fuesen tenidos por dignos de padecer afrenta por el Nombre.
42 Y todos los días, en el templo y por las casas, no cesaban de enseñar y predicar a Jesucristo.

6 En aquellos días, creciendo el número de los discípulos, hubo murmuración de los Griegos contra los Hebreos, de que sus viudas eran menospreciadas en el ministerio cotidiano.
2 Así que, los doce convocaron la multitud de los discípulos, y dijeron: No es justo que nosotros dejemos la palabra de Dios, y sirvamos a las mesas.
3 Buscad pues, hermanos, siete varones de vosotros de buen testimonio, llenos de Espíritu Santo y de sabiduría, los cuales pongamos en esta obra.
4 Y nosotros persistiremos en la oración, y en el ministerio de la palabra.
5 Y plugo el parecer a toda la multitud; y eligieron a Esteban, varón lleno de fe y de Espíritu Santo, y a Felipe, y a Prócoro, y a Nicanor, y a Timón, y a Parmenas, y a Nicolás, prosélito de Antioquía:

41 οἱ μὲν οὖν ἐπορεύοντο χαίροντες ἀπὸ προσώπου
Ellos - pues se marcharon alegrándose de rostro
τοῦ συνεδρίου, ὅτι ὑπὲρ τοῦ ὀνόματος αὐτοῦ
del sanhedrín,[91] porque por el nombre de él
κατηξιώθησαν ἀτιμασθῆναι·
fueron considerados dignos de ser deshonrados.

42 πᾶσάν τε ἡμέραν ἐν τῷ ἱερῷ καὶ κατ' οἶκον
Todo no sólo día en el templo sino también en casa[92]
οὐκ ἐπαύοντο διδάσκοντες καὶ εὐαγγελιζόμενοι Ἰησοῦν
no cesaban enseñando y evangelizando a Jesús
τὸν Χριστόν.
el mesías.[93]

1 Ἐν δὲ ταῖς ἡμέραις ταύταις πληθυνόντων τῶν μαθητῶν
en Entonces los días estos multiplicándose los discípulos
ἐγένετο γογγυσμὸς τῶν Ἑλληνιστῶν πρὸς τοὺς
aconteció murmuración de los griegos contra los
Ἑβραίους, ὅτι παρεθεωροῦντο ἐν τῇ διακονίᾳ τῇ
hebreos,[94] porque eran pasadas por alto en el servicio el
καθημερινῇ αἱ χῆραι αὐτῶν.
cotidiano las viudas de ellos.

2 προσκαλεσάμενοι δὲ οἱ δώδεκα τὸ πλῆθος τῶν
Convocando entonces los doce a la multitud de los
μαθητῶν εἶπον· οὐκ ἀρεστόν ἐστιν ἡμᾶς καταλείψαντας
discípulos dijeron: No grato es nosotros dejando
τὸν λόγον τοῦ Θεοῦ διακονεῖν τραπέζαις.
la palabra de Dios para servir en las mesas.

3 ἐπισκέψασθε οὖν, ἀδελφοί, ἄνδρας ἐξ ὑμῶν
Buscad pues, hermanos, a varones de vosotros
μαρτυρουμένους ἑπτὰ, πλήρεις Πνεύματος Ἁγίου
siendo objeto de testimonio[95] siete, llenos de Espíritu Santo[96]
καὶ σοφίας, οὓς καταστήσομεν ἐπὶ τῆς χρείας ταύτης·
y de sabiduría, a los que designaremos para la necesidad esta.

4 ἡμεῖς δὲ τῇ προσευχῇ καὶ τῇ διακονίᾳ τοῦ
Nosotros sin embargo en la oración y en el servicio de la
λόγου προσκαρτερήσομεν.
palabra seguiremos fielmente comprometidos.

5 καὶ ἤρεσεν ὁ λόγος ἐνώπιον παντὸς τοῦ πλήθους·
Y agradó la palabra ante toda la multitud.
καὶ ἐξελέξαντο Στέφανον, ἄνδρα πλήρη πίστεως
Y escogieron a Esteban, hombre lleno de fe
καὶ Πνεύματος Ἁγίου, καὶ Φίλιππον καὶ Πρόχορον
y de Espíritu Santo, y a Felipe y a Prócoro
καὶ Νικάνορα καὶ Τίμωνα καὶ Παρμενᾶν
y a Nicanor y a Timón y a Pármenas
καὶ Νικόλαον προσήλυτον Ἀντιοχέα,
y a Nicolás prosélito de Antioquía,

---

91. Es decir, se marcharon de delante del sanhedrín llenos de alegría porque...
92. Es decir, todo el día no sólo en el templo sino también por las casas, no cesaban...
93. Es decir, enseñando y dando la Buena noticia acerca de Jesús el mesías.
94. Es decir, de los judíos que hablaban preferentemente el griego contra los que utilizaban el arameo.
95. Es decir, gente de la que se da buen testimonio, personas que gozan de buena reputación.
96. La NU omite Santo.

6 οὕς   ἔστησαν   ἐνώπιον τῶν ἀποστόλων· καὶ προσευξάμενοι
a los que pusieron delante los apóstoles.   Y habiendo orado

ἐπέθηκαν   αὐτοῖς   τὰς χεῖρας.
impusieron sobre ellos   las manos.

7 Καὶ ὁ λόγος   τοῦ Θεοῦ ηὔξανε, καὶ ἐπληθύνετο
   Y la palabra de Dios crecía, y   era multiplicado

ὁ ἀριθμὸς τῶν   μαθητῶν ἐν Ἱερουσαλὴμ σφόδρα,
el número de los discípulos en Jerusalén   enormemente.

πολύς τε   ὄχλος τῶν ἱερέων   ὑπήκουον τῇ πίστει.
mucha Incluso multitud de los sacerdotes obedecían a la fe.

8 Στέφανος δὲ   πλήρης πίστεως καὶ δυνάμεως ἐποίει
   Esteban entonces lleno   de fe⁹⁷ y de poder hacía

τέρατα   καὶ σημεῖα μεγάλα ἐν τῷ λαῷ.
maravillas y señales grandes entre el pueblo.

9 ἀνέστησαν δέ   τινες τῶν ἐκ τῆς συναγωγῆς τῆς
   Se levantaron entonces algunos de los de la sinagoga   la

λεγομένης Λιβερτίνων   καὶ   Κυρηναίων καὶ   Ἀλεξανδρέων
llamada   de los libertos tanto cireneos   como alejandrinos

καὶ τῶν   ἀπὸ Κιλικίας καὶ Ἀσίας   συζητοῦντες τῷ   Στεφάνῳ,
y   de los de   Cilicia   y   de Asia discutiendo con Esteban,

10 καὶ οὐκ ἴσχυον   ἀντιστῆναι τῇ σοφίᾳ
    y no pudieron oponerse⁹⁸ a la sabiduría

καὶ τῷ πνεύματι ᾧ   ἐλάλει.
y   al espíritu con el que hablaba.

11 τότε   ὑπέβαλον ἄνδρας λέγοντας ὅτι ἀκηκόαμεν
    Entonces sobornaron a varones diciendo⁹⁹ que hemos escuchado

αὐτοῦ λαλοῦντος ῥήματα βλάσφημα εἰς   Μωϋσῆν καὶ τὸν Θεόν·
a él hablando dichos blasfemos contra Moisés   y   Dios.

12 συνεκίνησάν τε   τὸν λαὸν καὶ τοὺς πρεσβυτέρους
    Soliviantaron entonces al pueblo y a los ancianos

καὶ τοὺς γραμματεῖς, καὶ ἐπιστάντες   συνήρπασαν αὐτὸν
y   a los escribas,   y cayendo sobre (él) se apoderaron de él

καὶ ἤγαγον   εἰς τὸ συνέδριον,
y   llevaron a   el sanhedrín.

13 ἔστησάν τε   μάρτυρας ψευδεῖς λέγοντας· ὁ ἄνθρωπος
    Pusieron entonces testigos falsos diciendo: el hombre

οὗτος οὐ παύεται   ῥήματα βλάσφημα λαλῶν
este no cesa (de decir) dichos blasfemos¹⁰⁰ hablando

κατὰ τοῦ τόπου τοῦ Ἁγίου καὶ τοῦ νόμου·
contra el lugar   del Santo y   la ley.

14 ἀκηκόαμεν γὰρ   αὐτοῦ λέγοντος ὅτι Ἰησοῦς ὁ Ναζωραῖος
    hemos oído Porque a él   diciendo que Jesús el nazareno

οὗτος καταλύσει τὸν τόπον τοῦτον καὶ ἀλλάξει
este destruirá el lugar este   y cambiará

τὰ ἔθη   ἃ παρέδωκεν ἡμῖν Μωϋσῆς.
las costumbres que dio   a nosotros Moisés.

---

6 A estos presentaron delante de los apóstoles, los cuales orando les pusieron las manos encima.
7 Y crecía la palabra del Señor, y el número de los discípulos se multiplicaba mucho en Jerusalem: también una gran multitud de los sacerdotes obedecía a la fe.
8 Empero Esteban, lleno de gracia y de potencia, hacía prodigios y milagros grandes en el pueblo.
9 Levantáronse entonces unos de la sinagoga que se llama de los Libertinos, y Cireneos, y Alejandrinos, y de los de Cilicia, y de Asia, disputando con Esteban.
10 Mas no podían resistir a la sabiduría y al Espíritu con que hablaba.
11 Entonces sobornaron a unos que dijesen que le habían oído hablar palabras blasfemas contra Moisés y Dios.
12 Y conmovieron al pueblo, y a los ancianos, y a los escribas; y arremetiendo le arrebataron, y le trajeron al concilio.
13 Y pusieron testigos falsos, que dijesen: Este hombre no cesa de hablar palabras blasfemas contra este lugar santo y la ley:
14 Porque le hemos oído decir, que este Jesús de Nazaret destruirá este lugar, y mudará las ordenanzas que nos dió Moisés.

---

97. Algunos mss leen de gracia.
98. Es decir, contradecir, refutar.
99. O los cuales decían.
100. La NU omite blasfemos.

15 Entonces todos los que estaban sentados en el concilio, puestos los ojos en él, vieron su rostro como el rostro de un ángel.

7 El príncipe de los sacerdotes dijo entonces: ¿Es esto así? **2** Y él dijo: Varones hermanos y padres, oid: El Dios de la gloria apareció a nuestro padre Abraham, estando en Mesopotamia, antes que morase en Chârán, **3** Y le dijo: Sal de tu tierra y de tu parentela, y ven a la tierra que te mostraré. **4** Entonces salió de la tierra de los Caldeos, y habitó en Chârán: y de allí, muerto su padre, le traspasó a esta tierra, en la cual vosotros habitáis ahora; **5** Y no le dió herencia en ella, ni aun para asentar un pie: mas le prometió que se la daría en posesión, y a su simiente después de él, no teniendo hijo. **6** Y hablóle Dios así: Que su simiente sería extranjera en tierra ajena, y que los reducirían a servidumbre y maltratarían, por cuatrocientos años.

15 καὶ ἀτενίσαντες εἰς αὐτὸν ἅπαντες οἱ καθεζόμενοι
Y mirando fijamente a él todos los sentados
ἐν τῷ συνεδρίῳ εἶδον τὸ πρόσωπον αὐτοῦ
en el sanhedrín vieron el rostro de él
ὡσεὶ πρόσωπον ἀγγέλου.
como rostro de ángel.

7 1 Εἶπε δὲ ὁ ἀρχιερεύς· εἰ ἄρα ταῦτα οὕτως ἔχει;
Dijo entonces el sumo sacerdote: ¿si acaso esto así tienes?[101]

2 ὁ δὲ ἔφη· ἄνδρες ἀδελφοὶ καὶ πατέρες, ἀκούσατε.
Él entonces dijo: varones hermanos y padres, escuchad.
ὁ Θεὸς τῆς δόξης ὤφθη τῷ πατρὶ ἡμῶν Ἀβραὰμ
El Dios de la gloria se manifestó al padre de nosotros Abraham
ὄντι ἐν τῇ Μεσοποταμίᾳ πρὶν ἢ κατοικῆσαι
estando en - Mesopotamia antes de morar
αὐτὸν ἐν Χαρράν,
él en Harán,

3 καὶ εἶπε πρὸς αὐτόν· ἔξελθε ἐκ τῆς γῆς σου καὶ
y dijo a él: sal de la tierra de ti y
ἐκ τῆς συγγενείας σου, καὶ δεῦρο εἰς γῆν ἣν ἄν
de la parentela de ti, y ve a tierra que -
σοι δείξω.
a ti mostraré.

4 τότε ἐξελθὼν ἐκ γῆς Χαλδαίων κατῴκησεν ἐν Χαρράν·
Entonces saliendo de tierra de caldeos habitó en Harán.
κἀκεῖθεν μετὰ τὸ ἀποθανεῖν τὸν πατέρα αὐτοῦ
Y desde allí tras el morir el padre de él
μετῴκισεν αὐτὸν εἰς τὴν γῆν ταύτην
trasladó lo a la tierra esta
εἰς ἣν ὑμεῖς νῦν κατοικεῖτε·
en la que vosotros ahora habitáis.

5 καὶ οὐκ ἔδωκεν αὐτῷ κληρονομίαν ἐν αὐτῇ οὐδὲ βῆμα ποδός,
Y no dio le herencia en ella ni paso de pie[102]
καὶ ἐπηγγείλατο δοῦναι αὐτῷ εἰς κατάσχεσιν αὐτὴν
y prometió dar a él para posesión ella[103]
καὶ τῷ σπέρματι αὐτοῦ μετ' αὐτόν,
y a la semilla[104] de él después de él,
οὐκ ὄντος αὐτῷ τέκνου.
no existiendo para él hijo.[105]

6 ἐλάλησε δὲ οὕτως ὁ Θεὸς ὅτι ἔσται τὸ σπέρμα αὐτοῦ
Habló entonces así Dios que será la semilla[106] de él
πάροικον ἐν γῇ ἀλλοτρίᾳ, καὶ δουλώσουσιν αὐτὸ
peregrina en tierra extranjera, y esclavizarán la[107]
καὶ κακώσουσιν ἔτη τετρακόσια·
y maltratarán años cuatrocientos.

---

101. Es decir, ¿es verdad que te comportas así?
102. Es decir, ni siquiera el espacio para que su pie diera un paso.
103. Es decir, la tierra.
104. Es decir, descendencia.
105. Es decir, no teniendo hijo.
106. Es decir, descendencia.
107. A la descendencia de Abraham.

7 καὶ τὸ ἔθνος ᾧ ἐὰν δουλεύσουσι κρινῶ ἐγώ,
Y la nación en la que - esclavizarán juzgaré yo,

εἶπεν ὁ Θεός· καὶ μετὰ ταῦτα ἐξελεύσονται
dijo Dios. Y tras esto saldrán

καὶ λατρεύσουσί μοι ἐν τῷ τόπῳ τούτῳ.
y adorarán a mí en el lugar este.

8 καὶ ἔδωκεν αὐτῷ διαθήκην περιτομῆς· καὶ οὕτως ἐγέννησεν
Y dio le pacto de circuncisión. Y así engendró

τὸν Ἰσαὰκ καὶ περιέτεμεν αὐτὸν τῇ ἡμέρᾳ τῇ ὀγδόῃ,
a Isaac y circuncidó lo en el día el octavo,

καὶ ὁ Ἰσαὰκ τὸν Ἰακώβ, καὶ ὁ Ἰακὼβ
y Isaac a Jacob, y - Jacob

τοὺς δώδεκα πατριάρχας.
a los doce patriarcas.

9 Καὶ οἱ πατριάρχαι ζηλώσαντες τὸν Ἰωσὴφ ἀπέδοντο
Y los patriarcas envidiando a José vendieron (lo)

εἰς Αἴγυπτον· καὶ ἦν ὁ Θεὸς μετ' αὐτοῦ,
a Egipto. Y estaba Dios con él,

10 καὶ ἐξείλετο αὐτὸν ἐκ πασῶν τῶν θλίψεων αὐτοῦ,
y libró lo de todas las tribulaciones de él,

καὶ ἔδωκεν αὐτῷ χάριν καὶ σοφίαν ἐναντίον Φαραὼ
y dio le gracia y sabiduría delante de Faraón

βασιλέως Αἰγύπτου, καὶ κατέστησεν αὐτὸν
rey de Egipto, y nombró[108] lo

ἡγούμενον ἐπ' Αἴγυπτον καὶ ὅλον τὸν οἶκον αὐτοῦ.
gobernador sobre Egipto y toda la casa de él.

11 ἦλθε δὲ λιμὸς ἐφ' ὅλην τὴν γῆν Αἰγύπτου καὶ
Vino entonces hambre sobre toda la tierra de Egipto y

Χαναὰν καὶ θλῖψις μεγάλη, καὶ οὐχ εὕρισκον
Canaán y tribulación grande, y no encontraban

χορτάσματα οἱ πατέρες ἡμῶν.
alimentos los padres de nosotros.

12 ἀκούσας δὲ Ἰακὼβ ὄντα σῖτα ἐν Αἰγύπτῳ
Oyendo entonces Jacob habiendo trigo[109] en Egipto

ἐξαπέστειλε τοὺς πατέρας ἡμῶν πρῶτον·
envió a los padres de nosotros primero.

13 καὶ ἐν τῷ δευτέρῳ ἀνεγνωρίσθη Ἰωσὴφ τοῖς ἀδελφοῖς
Y en la segunda[110] fue conocido José[111] a los hermanos

αὐτοῦ, καὶ φανερὸν ἐγένετο τῷ Φαραὼ τὸ γένος τοῦ Ἰωσήφ.
de él, y manifiesta resultó al faraón la familia de José.

14 ἀποστείλας δὲ Ἰωσὴφ μετεκαλέσατο τὸν πατέρα αὐτοῦ
Enviando entonces José llamó al padre de él

Ἰακὼβ καὶ πᾶσαν τὴν συγγένειαν αὐτοῦ
Jacob y a toda la parentela de él

ἐν ψυχαῖς ἑβδομήκοντα πέντε.
en almas setenta cinco.

15 κατέβη δὲ Ἰακὼβ εἰς Αἴγυπτον καὶ ἐτελεύτησεν
Descendió entonces Jacob a Egipto y murió

αὐτὸς καὶ οἱ πατέρες ἡμῶν,
él y los padres de nosotros.

7Mas yo juzgaré, dijo Dios, la nación a la cual serán siervos: y después de esto saldrán y me servirán en este lugar.
8Y dióle el pacto de la circuncisión: y así *Abraham* engendró a Isaac, y le circuncidó al octavo día; e Isaac a Jacob, y Jacob a los doce patriarcas.
9Y los patriarcas, movidos de envidia, vendieron a José para Egipto; mas Dios era con él,
10Y le libró de todas sus tribulaciones, y le dió gracia y sabiduría en la presencia de Faraón, rey de Egipto, el cual le puso por gobernador sobre Egipto, y sobre toda su casa.
11Vino entonces hambre en toda la tierra de Egipto y de Canaán, y grande tribulación; y nuestros padres no hallaban alimentos.
12Y como oyese Jacob que había trigo en Egipto, envió a nuestros padres la primera vez.
13Y en la segunda, José fué conocido de sus hermanos, y fué sabido de Faraón el linaje de José.
14Y enviando José, hizo venir a su padre Jacob, y á toda su parentela, en *número* de setenta y cinco personas.
15Así descendió Jacob a Egipto, donde murió él y nuestros padres;

---

108. Literalmente: puso, colocó.
109. Es decir, que había.
110. Se sobreentiende visita.
111. Es decir, se dio a conocer.

16 Los cuales fueron trasladados a Sichêm, y puestos en el sepulcro que compró Abraham a precio de dinero de los hijos de Hemor de Sichêm.
17 Mas como se acercaba el tiempo de la promesa, la cual Dios había jurado a Abraham, el pueblo creció y multiplicóse en Egipto,
18 Hasta que se levantó otro rey en Egipto que no conocía a José.
19 Este, usando de astucia con nuestro linaje, maltrató a nuestros padres, a fin de que pusiesen a peligro *de muerte* sus niños, para que cesase la generación.
20 En aquel mismo tiempo nació Moisés, y fué agradable a Dios: y fué criado tres meses en casa de su padre.
21 Mas siendo puesto al peligro, la hija de Faraón le tomó, y le crió como a hijo suyo.
22 Y fué enseñado Moisés en toda la sabiduría de los egipcios; y era poderoso en sus dichos y hechos.
23 Y cuando hubo cumplido la edad de cuarenta años, le vino voluntad de visitar a sus hermanos los hijos de Israel.
24 Y como vió a uno que era injuriado, defendióle, e hiriendo al Egipcio, vengó al injuriado.

16 καὶ μετετέθησαν εἰς Συχὲμ καὶ ἐτέθησαν ἐν τῷ
Y fueron trasladados a Siquem y fueron puestos en el
μνήματι ᾧ ὠνήσατο Ἀβραὰμ τιμῆς ἀργυρίου παρὰ τῶν
sepulcro que compró Abraham por precio de plata de los
υἱῶν Ἐμμὸρ τοῦ Συχέμ.
hijos de Hamor de[112] Siquem.

17 Καθὼς δὲ ἤγγιζεν ὁ χρόνος τῆς ἐπαγγελίας ἧς
Como entonces se acercó el tiempo de la promesa que
ὤμοσεν ὁ Θεὸς τῷ Ἀβραάμ, ηὔξησεν ὁ λαὸς
juró[113] Dios a Abraham, aumentó el pueblo
καὶ ἐπληθύνθη ἐν Αἰγύπτῳ,
y fue multiplicado en Egipto,

18 ἄχρι οὗ ἀνέστη βασιλεὺς ἕτερος, ὃς οὐκ ᾔδει
hasta que se alzó rey otro,[114] que no había conocido
τὸν Ἰωσήφ.
a José.

19 οὗτος κατασοφισάμενος τὸ γένος ἡμῶν ἐκάκωσε
Éste usando artimañas con el pueblo de nosotros maltrató
τοὺς πατέρας ἡμῶν τοῦ ποιεῖν ἔκθετα τὰ
a los padres de nosotros para hacer abandonados[115] los
βρέφη αὐτῶν, εἰς τὸ μὴ ζῳογονεῖσθαι.
niños de ellos, para el no resultar vivos.[116]

20 ἐν ᾧ καιρῷ ἐγεννήθη Μωϋσῆς, καὶ ἦν ἀστεῖος τῷ Θεῷ·
En el cual tiempo nació Moisés, y era grato a Dios
ὃς ἀνετράφη μῆνας τρεῖς ἐν τῷ οἴκῳ τοῦ πατρός αὐτοῦ.
el cual fue criado meses tres en la casa del padre de él.

21 ἐκτεθέντα δὲ αὐτὸν ἀνείλετο αὐτὸν ἡ
Estando abandonado entonces él recogió lo la
θυγάτηρ Φαραὼ καὶ ἀνεθρέψατο αὐτὸν ἑαυτῇ εἰς υἱόν.
hija de faraón y crió lo por sí misma como hijo.

22 καὶ ἐπαιδεύθη Μωϋσῆς πάσῃ σοφίᾳ Αἰγυπτίων,
Y fue educado Moisés en toda sabiduría de egipcios,
ἦν δὲ δυνατὸς ἐν λόγοις καὶ ἐν ἔργοις.
era ciertamente poderoso en palabras y en obras.[117]

23 Ὡς δὲ ἐπληροῦτο αὐτῷ τεσσερακονταετὴς
Cuando entonces fue cumplido para él de cuarenta años
χρόνος, ἀνέβη ἐπὶ τὴν καρδίαν αὐτοῦ ἐπισκέψασθαι
tiempo, subió a el corazón de él visitar
τοὺς ἀδελφοὺς αὐτοῦ τοὺς υἱοὺς Ἰσραήλ.
a los hermanos de él los hijos de Israel.

24 καὶ ἰδών τινα ἀδικούμενον ἠμύνατο, καὶ
Y viendo a uno comportándose injustamente defendió (lo), e
ἐποίησεν ἐκδίκησιν τῷ καταπονουμένῳ πατάξας τὸν
hizo venganza al siendo maltratado habiendo golpeado[118] al
Αἰγύπτιον.
egipcio.

---

112. La NU sustituye por en.
113. La NU sustituye por prometió.
114. La NU añade en Egipto.
115. Es decir, para que abandonaran.
116. Es decir, para que no pudieran conservar la vida, seguir vivos.
117. La NU añade de él.
118. Como en Hechos 12.7.

25 ἐνόμιζε   δὲ   συνιέναι   τοὺς ἀδελφοὺς αὐτοῦ
   Consideró entonces comprender los hermanos   de él[119]
   ὅτι ὁ Θεὸς διὰ   χειρὸς αὐτοῦ δίδωσιν αὐτοῖς σωτηρίαν·
   que Dios a través de mano   de él daría   les   salvación.
   οἱ δὲ   οὐ συνῆκαν.
   Ellos sin embargo no comprendieron.

26 τῇ τε ἐπιούσῃ ἡμέρᾳ ὤφθη   αὐτοῖς μαχομένοις,
   en el Y siguiente día se presentó a los luchando,
   καὶ συνήλλασσεν αὐτοὺς εἰς   εἰρήνην εἰπών·
   y   reconcilió   a ellos para paz   diciendo:
   ἄνδρες, ἀδελφοί ἐστε ὑμεῖς,
   varones, hermanos sois vosotros,
      ἵνατί   ἀδικεῖτε   ἀλλήλους;
   ¿por qué tratáis injustamente el uno al otro?

27 ὁ δὲ   ἀδικῶν   τὸν πλησίον ἀπώσατο αὐτὸν
   el Entonces haciendo injusticia al prójimo rechazó lo
   εἰπών·   τίς σε κατέστησεν ἄρχοντα   καὶ δικαστὴν
   diciendo: ¿quién te nombró gobernante y   juez
   ἐφ'   ἡμῶν;
   sobre nosotros?

28 μὴ   ἀνελεῖν με σὺ θέλεις ὃν   τρόπον
   ¿Acaso matar me tú quieres en la cual manera
   ἀνεῖλες χθὲς τὸν Αἰγύπτιον;
   mataste ayer al egipcio?

29 ἔφυγε δὲ   Μωϋσῆς ἐν τῷ λόγῳ τούτῳ καὶ
   Huyó entonces Moisés por la palabra esta y
   ἐγένετο   πάροικος   ἐν γῇ   Μαδιάμ, οὗ
   se convirtió en extranjero en tierra de Madián, donde
   ἐγέννησεν υἱοὺς δύο.
   engendró hijos dos.

30 Καὶ πληρωθέντων   ἐτῶν τεσσεράκοντα ὤφθη   αὐτῷ
   Y habiéndose cumplido años cuarenta apareció a él
   ἐν τῇ ἐρήμῳ τοῦ ὄρους Σινᾶ ἀγγελος Κυρίου
   en el desierto del monte Sinaí ángel de Señor[120]
   ἐν φλογὶ πυρὸς βάτου.
   en llama de fuego en zarza.

31 ὁ δὲ   Μωϋσῆς ἰδὼν ἐθαύμασε   τὸ ὅραμα·
   - Entonces Moisés viendo se maravilló de lo visto.
   προσερχομένου δὲ   αὐτοῦ κατανοῆσαι
   acercándose entonces él a observar de cerca
   ἐγένετο φωνὴ Κυρίου πρὸς αὐτόν·
   aconteció voz de Señor a él:[121]

32 ἐγὼ ὁ Θεὸς τῶν πατέρων σου, ὁ Θεὸς Ἀβραὰμ
   Yo el Dios de los padres de ti, el Dios[122] de Abraham
   καὶ ὁ Θεὸς Ἰσαὰκ καὶ ὁ Θεὸς Ἰακώβ.
   y el Dios de Isaac y el Dios de Jacob.
   ἔντρομος   δὲ   γενόμενος Μωϋσῆς οὐκ ἐτόλμα
   Tembloroso entonces resultando Moisés no se atrevió
   κατανοῆσαι·
   a observar de cerca.

25Pero él pensaba que sus hermanos entendían que Dios les había de dar salud por su mano; mas ellos no lo habían entendido.
26Y al día siguiente, riñendo ellos, se les mostró, y los ponía en paz, diciendo: Varones, hermanos sois, ¿por que os injuriáis los unos a los otros?
27Entonces el que injuriaba a su prójimo, le rempujó, diciendo: ¿Quién te ha puesto por príncipe y juez sobre nosotros?
28¿Quieres tú matarme, como mataste ayer al Egipcio?
29A esta palabra Moisés huyó, y se hizo extranjero en tierra de Madián, donde engendró dos hijos.
30Y cumplidos cuarenta años, un ángel le apareció en el desierto del monte Sina, en fuego de llama de una zarza.
31Entonces Moisés mirando, se maravilló de la visión: y llegándose para considerar, fué hecha a él voz del Señor:
32Yo soy el Dios de tus padres, y el Dios de Abraham, el Dios de Isaac, y el Dios de Jacob. Mas Moisés, temeroso, no osaba mirar.

---

119. Es decir, que sus hermanos comprenderían.
120. La NU omite de Señor.
121. La NU omite a él.
122. La NU omite el Dios.

33 Y le dijo el Señor: Quita los zapatos de tus pies, porque el lugar en que estás es tierra santa.
34 He visto, he visto la aflicción de mi pueblo que está en Egipto, y he oído el gemido de ellos, y he descendido para librarlos. Ahora pues, ven, te enviaré a Egipto.
35 A este Moisés, al cual habían rehusado, diciendo: ¿Quién te ha puesto por príncipe y juez? a éste envió Dios por príncipe y redentor con la mano del ángel que le apareció en la zarza.
36 Este los sacó, habiendo hecho prodigios y milagros en la tierra de Egipto, y en el mar Bermejo, y en el desierto por cuarenta años.
37 Este es el Moisés, el cual dijo a los hijos de Israel: Profeta os levantará el Señor Dios vuestro de vuestros hermanos, como yo; a él oiréis.
38 Este es aquél que estuvo en la congregación en el desierto con el ángel que le hablaba en el monte Sina, y con nuestros padres; y recibió las palabras de vida para darnos:
39 Al cual nuestros padres no quisieron obedecer; antes le desecharon, y se apartaron de corazón a Egipto,

33 εἶπε δὲ αὐτῷ ὁ Κύριος· λῦσον τὸ ὑπόδημα τῶν
Dijo entonces a él el Señor: quita el calzado de los
ποδῶν σου. ὁ γὰρ τόπος ἐφ' ᾧ ἕστηκας γῆ
pies de ti. el Porque lugar sobre el que estás tierra
ἁγία ἐστίν.
santa es.

34 ἰδὼν εἶδον τὴν κάκωσιν τοῦ λαοῦ μου τοῦ
Habiendo visto vi el maltrato del pueblo de mí el
ἐν Αἰγύπτῳ καὶ τοῦ στεναγμοῦ αὐτῶν ἤκουσα, καὶ κατέβην
en Egipto y el gemido de ellos escuché, y descendí
ἐξελέσθαι αὐτούς· καὶ νῦν δεῦρο
a liberar los. Y ahora ven
ἀποστελῶ σε εἰς Αἴγυπτον.
envío te a Egipto.

35 Τοῦτον τὸν Μωϋσῆν ὃν ἠρνήσαντο εἰπόντες·
Este el Moisés al que negaron diciendo:
τίς σε κατέστησεν ἄρχοντα καὶ δικαστήν;
¿quién te nombró gobernante y juez?
τοῦτον ὁ Θεὸς ἄρχοντα καὶ λυτρωτὴν ἀπέσταλκεν
a éste Dios (como) gobernante y redentor envió
ἐν χειρὶ ἀγγέλου τοῦ ὀφθέντος αὐτῷ ἐν τῇ βάτῳ.
por mano de ángel el aparecido a él en la zarza.

36 οὗτος ἐξήγαγεν αὐτοὺς ποιήσας τέρατα καὶ σημεῖα
Este sacó los haciendo maravillas y señales
ἐν γῇ Αἰγύπτῳ καὶ ἐν Ἐρυθρᾷ Θαλάσσῃ
en tierra de Egipto y en Rojo mar
καὶ ἐν τῇ ἐρήμῳ ἔτη τεσσεράκοντα.
y en el desierto años cuarenta.

37 οὗτός ἐστιν ὁ Μωϋσῆς ὁ εἰπὼν τοῖς υἱοῖς Ἰσραήλ·
Éste es el Moisés el diciendo a los hijos de Israel:
προφήτην ὑμῖν ἀναστήσει Κύριος ὁ Θεὸς ὑμῶν
profeta os levantará Señor[123] el Dios de vosotros
ἐκ τῶν ἀδελφῶν ὑμῶν ὡς ἐμέ· αὐτοῦ ἀκούσεσθε.
de los hermanos de vosotros como a mí.[124] A él escucharéis.

38 οὗτός ἐστιν ὁ γενόμενος ἐν τῇ ἐκκλησίᾳ ἐν τῇ ἐρήμῳ
Éste es el estando en la iglesia[125] en el desierto
μετὰ τοῦ ἀγγέλου τοῦ λαλοῦντος αὐτῷ
con el ángel el hablando a él
ἐν τῷ ὄρει Σινᾶ καὶ τῶν πατέρων ἡμῶν,
en el monte Sinaí y con los padres de nosotros,
ὃς ἐδέξατο λόγια ζῶντα δοῦναι ἡμῖν.
el cual recibió dichos vivientes[126] para dar nos,

39 ᾧ οὐκ ἠθέλησαν ὑπήκοοι γενέσθαι οἱ πατέρες
al cual no quisieron obedientes resultar los padres
ἡμῶν, ἀλλ' ἀπώσαντο καὶ ἐστράφησαν
de nosotros, sino que rechazaron y regresaron
ταῖς καρδίαις αὐτῶν εἰς Αἴγυπτον
en los corazones de ellos a Egipto

---

123. La NU omite Señor.
124. No en el sentido de que ese profeta será como Moisés sino en el de que será también levantado por Dios al igual que sucedió con Moisés.
125. Es decir, asamblea, congregación.
126. Es decir, con vida.

40 εἰπόντες τῷ Ἀαρών· ποίησον ἡμῖν Θεοὺς
diciendo a Aarón: haz para nosotros dioses

οἳ προπορεύσονται ἡμῶν· ὁ γὰρ Μωϋσῆς οὗτος,
los cuales precederán nos, el Porque Moisés éste

ὃς ἐξήγαγεν ἡμᾶς ἐκ γῆς Αἰγύπτου,
que sacó nos de tierra de Egipto,

οὐκ οἴδαμεν τί γέγονεν αὐτῷ.
no sabemos qué ha acontecido a él.

41 καὶ ἐμοσχοποίησαν ἐν ταῖς ἡμέραις ἐκείναις
E hicieron un becerro en los días aquellos

καὶ ἀνήγαγον θυσίαν τῷ εἰδώλῳ
y ofrecieron sacrificio a la imagen[127]

καὶ εὐφραίνοντο ἐν τοῖς ἔργοις
y se regocijaron en las obras

τῶν χειρῶν αὐτῶν.
de las manos de ellos.

42 ἔστρεψε δὲ ὁ Θεὸς καὶ παρέδωκεν αὐτοὺς
Apartóse entonces Dios y entregó los

λατρεύειν τῇ στρατιᾷ τοῦ οὐρανοῦ,
a adorar al ejército del cielo,

καθὼς γέγραπται ἐν βίβλῳ τῶν προφητῶν·
como está escrito en libro de los profetas:

μὴ σφάγια καὶ θυσίας προσηνέγκατέ μοι
¿acaso víctimas y sacrificios ofrecisteis a mí

ἔτη τεσσεράκοντα ἐν τῇ ἐρήμῳ, οἶκος Ἰσραήλ;
años cuarenta en el desierto, casa de Israel?

43 καὶ ἀνελάβετε τὴν σκηνὴν τοῦ Μολὸχ καὶ τὸ ἄστρον
Y llevasteis el tabernáculo de Moloc y la estrella

τοῦ Θεοῦ ὑμῶν Ῥεμφάν, τοὺς τύπους οὓς ἐποιήσατε
del dios de vosotros Renfán, a las imágenes que hiciste

προσκυνεῖν αὐτοῖς· καὶ μετοικιῶ ὑμᾶς
para adorar las. Y deportaré a vosotros

ἐπέκεινα Βαβυλῶνος.
más allá de Babilonia.

44 Ἡ σκηνὴ τοῦ μαρτυρίου ἦν τοῖς πατράσιν
El tabernáculo del testimonio estaba para los padres

ἡμῶν ἐν τῇ ἐρήμῳ, καθὼς διετάξατο ὁ λαλῶν τῷ
de nosotros en el desierto,[128] como ordenó el hablando a

Μωϋσῇ, ποιῆσαι αὐτὴν κατὰ τὸν τύπον ὃν ἑωράκει·
Moisés, para hacer lo según la imagen que había visto,

45 ἣν καὶ εἰσήγαγον διαδεξάμενοι οἱ πατέρες
que también introdujeron habiendo recibido los padres

ἡμῶν μετὰ Ἰησοῦ ἐν τῇ κατασχέσει τῶν ἐθνῶν ὧν
de nosotros con Josué en la posesión de las naciones que

ἐξῶσεν ὁ Θεὸς ἀπὸ προσώπου τῶν πατέρων ἡμῶν,
arrojó Dios de rostro[129] de los padres de nosotros,

ἕως τῶν ἡμερῶν Δαυΐδ·
hasta los días de David,

40Diciendo a Aarón: Haznos dioses que vayan delante de nosotros; porque a este Moisés, que nos sacó de tierra de Egipto, no sabemos qué le ha acontecido. **41**Y entonces hicieron un becerro, y ofrecieron sacrificio al ídolo, y en las obras de sus manos se holgaron. **42**Y Dios se apartó, y los entregó que sirviesen al ejército del cielo; como está escrito en el libro de los profetas:

¿Me ofrecisteis víctimas y
 sacrificios
En el desierto por cuarenta
 años, casa de Israel?
43 Antes, trajisteis el tabernáculo
 de Moloch,
Y la estrella de vuestro dios
 Remphan:
Figuras que os hicisteis para
 adorarlas:
Os transportaré pues, más allá
 de Babilonia.

44Tuvieron nuestros padres el tabernáculo del testimonio en el desierto, como había ordenado Dios, hablando a Moisés que lo hiciese según la forma que había visto. **45**El cual recibido, metieron también nuestros padres con Josué en la posesión de los Gentiles, que Dios echó de la presencia de nuestros padres, hasta los días de David;

---

127. La Escritura no diferencia entre imagen e ídolo de acuerdo con el mandamiento contemplado en el Decálogo Éxodo 20.4-5. Veáse en ese mismo sentido v. 43.
128. Es decir, en el desierto nuestros padres tenían el tabernáculo del testimonio.
129. Es decir, de delante.

46 El cual halló gracia delante de Dios, y pidió hallar tabernáculo para el Dios de Jacob.
47 Mas Salomón le edificó casa.
48 Si bien el Altísimo no habita en templos hechos de mano; como el profeta dice:
49 El cielo es mi trono,
  Y la tierra es el estrado de mis pies.
  ¿Qué casa me edificaréis? dice el Señor;
  ¿O cuál es el lugar de mi reposo?
50 ¿No hizo mi mano todas estas cosas?
51 Duros de cerviz, e incircuncisos de corazón y de oídos, vosotros resistís siempre al Espíritu Santo: como vuestros padres, así también vosotros.
52 ¿A cuál de los profetas no persiguieron vuestros padres? y mataron a los que antes anunciaron la venida del Justo, del cual vosotros ahora habéis sido entregadores y matadores;
53 Que recibisteis la ley por disposición de ángeles, y no la guardasteis.
54 Y oyendo estas cosas, regañaban de sus corazones, y crujían los dientes contra él.
55 Más él, estando lleno de Espíritu Santo, puestos los ojos en el cielo, vió la gloria de Dios, y a Jesús que estaba a la diestra de Dios,

46 ὃς εὗρε χάριν ἐνώπιον τοῦ Θεοῦ καὶ ᾐτήσατο
el cual halló gracia delante de Dios y pidió
εὑρεῖν σκήνωμα τῷ Θεῷ Ἰακώβ.
encontrar morada al Dios de Jacob.

47 Σολομῶν δὲ ᾠκοδόμησεν αὐτῷ οἶκον.
Salomón entonces construyó le casa,

48 ἀλλ' οὐχ ὁ ὕψιστος ἐν χειροποιήτοις ναοῖς κατοικεῖ,
pero no el Altísimo en hechos por manos templos[130] mora,
καθὼς ὁ προφήτης λέγει·
como el profeta dice:

49 ὁ οὐρανός μοι θρόνος, ἡ δὲ γῆ ὑποπόδιον τῶν
El cielo para mi trono, la - tierra (es) escabel de los
ποδῶν μου· ποῖον οἶκον οἰκοδομήσετέ μοι, λέγει Κύριος,
pies de mí. ¿Qué casa construiréis para mí, dice Señor,
ἢ τίς τόπος τῆς καταπαύσεώς μου;
o cuál (es) lugar del descanso de mí?

50 οὐχὶ ἡ χείρ μου ἐποίησε ταῦτα πάντα;
¿No la mano de mí hizo esto todo?

51 Σκληροτράχηλοι καὶ ἀπερίτμητοι τῇ καρδίᾳ
Duros de cerviz e incircuncisos del corazón
καὶ τοῖς ὠσίν, ὑμεῖς ἀεὶ τῷ Πνεύματι τῷ Ἁγίῳ
y de los oídos, vosotros siempre al Espíritu el Santo
ἀντιπίπτετε, ὡς οἱ πατέρες ὑμῶν καὶ ὑμεῖς.
resistís, como los padres de vosotros también vosotros.

52 τίνα τῶν προφητῶν οὐκ ἐδίωξαν οἱ πατέρες
¿A alguno de los profetas no persiguieron los padres
ὑμῶν; καὶ ἀπέκτειναν τοὺς προκαταγγείλαντας
de vosotros? Y mataron a los anunciando previamente
περὶ τῆς ἐλεύσεως τοῦ δικαίου, οὗ νῦν ὑμεῖς
acerca de la venida del Justo, del cual ahora vosotros
προδόται καὶ φονεῖς γεγένησθε·
traidores y asesinos habéis resultado,

53 οἵτινες ἐλάβετε τὸν νόμον εἰς διαταγὰς ἀγγέλων,
que recibisteis la ley como ordenanzas de ángeles,
καὶ οὐκ ἐφυλάξατε.
y no (la) guardasteis.

54 Ἀκούοντες δὲ ταῦτα διεπρίοντο ταῖς καρδίαις
Oyendo entonces esto se enfurecían en los corazones
αὐτῶν καὶ ἔβρυχον τοὺς ὀδόντας ἐπ' αὐτόν.
de ellos y rechinaban los dientes contra él.

55 ὑπάρχων δὲ πλήρης Πνεύματος Ἁγίου,
Estando entonces lleno de Espíritu Santo,
ἀτενίσας εἰς τὸν οὐρανὸν εἶδε δόξαν Θεοῦ
mirando fijamente a el cielo vio gloria de Dios
καὶ Ἰησοῦν ἑστῶτα ἐκ δεξιῶν τοῦ Θεοῦ,
y a Jesús estando de derechas[131] de Dios,

---

130. La NU suprime templos.
131. Es decir, a la diestra.

56 καὶ εἶπεν· ἰδοὺ θεωρῶ τοὺς οὐρανοὺς ἀνεῳγμένους
y dijo: mira veo los cielos habiendo sido abiertos
καὶ τὸν Υἱὸν τοῦ ἀνθρώπου ἐκ δεξιῶν ἑστῶτα τοῦ Θεοῦ.
y al Hijo del hombre de derechas[132] estando de Dios.

57 κράξαντες δὲ φωνῇ μεγάλῃ συνέσχον τὰ ὦτα
Gritando entonces con voz grande se taparon los oídos
αὐτῶν καὶ ὥρμησαν ὁμοθυμαδὸν ἐπ᾽ αὐτόν,
de ellos y corrieron unánimemente contra él.

58 καὶ ἐκβαλόντες ἔξω τῆς πόλεως ἐλιθοβόλουν.
Y sacando fuera de la ciudad apedrearon.
καὶ οἱ μάρτυρες ἀπέθεντο τὰ ἱμάτια αὐτῶν
Y los testigos pusieron las vestiduras de ellos
παρὰ τοὺς πόδας νεανίου καλουμένου Σαύλου,
a los pies de joven llamado Saulo.

59 καὶ ἐλιθοβόλουν τὸν Στέφανον, ἐπικαλούμενον
Y apedrearon a Esteban, invocando
καὶ λέγοντα· Κύριε Ἰησοῦ, δέξαι τὸ πνεῦμά μου.
y diciendo: Señor Jesús, recibe el espíritu de mí.

60 θεὶς δὲ τὰ γόνατα ἔκραξε φωνῇ μεγάλῃ·
Poniéndose entonces de rodillas clamó con voz grande:
Κύριε, μὴ στήσῃς αὐτοῖς τὴν ἁμαρτίαν ταύτην.
Señor, no sostengas[133] contra ellos el pecado este.
καὶ τοῦτο εἰπὼν ἐκοιμήθη.
Y esto diciendo se durmió.

8
1 Σαῦλος δὲ ἦν συνευδοκῶν τῇ ἀναιρέσει αὐτοῦ.
Saulo entonces estaba consintiendo con el asesinato de él.
Ἐγένετο δὲ ἐν ἐκείνῃ τῇ ἡμέρᾳ διωγμὸς μέγας
Aconteció entonces en aquel el día persecución grande
ἐπὶ τὴν ἐκκλησίαν τὴν ἐν Ἱεροσολύμοις·
contra la iglesia la en Jerusalén.
πάντες τε διεσπάρησαν κατὰ τὰς χώρας
Todos entonces se dispersaron por las regiones
τῆς Ἰουδαίας καὶ Σαμαρείας, πλὴν τῶν ἀποστόλων.
de Judea y Samaria, excepto los apóstoles.

2 συνεκόμισαν δὲ τὸν Στέφανον ἄνδρες εὐλαβεῖς
Sepultaron entonces a Esteban varones piadosos
καὶ ἐποίησαν κοπετὸν μέγαν ἐπ᾽ αὐτῷ.
e hicieron lamentación grande por él.

3 Σαῦλος δὲ ἐλυμαίνετο τὴν ἐκκλησίαν κατὰ τοὺς
Saulo sin embargo asolaba la iglesia por las
οἴκους εἰσπορευόμενος, σύρων τε ἄνδρας
casas entrando, arrastrando tanto a varones
καὶ γυναῖκας παρεδίδου εἰς φυλακήν.
como a mujeres entregaba a prisión.

4 Οἱ μὲν οὖν διασπαρέντες διῆλθον εὐαγγελιζόμενοι
Los - pues siendo dispersados fueron evangelizando
τὸν λόγον.
la palabra.

56Y dijo: He aquí, veo los cielos abiertos, y al Hijo del hombre que está a la diestra de Dios. **57**Entonces dando grandes voces, se taparon sus oídos, y arremetieron unánimes contra él; **58**Y echándolo fuera de la ciudad, le apedreaban: y los testigos pusieron sus vestidos a los pies de un mancebo que se llamaba Saulo. **59**Y apedrearon a Esteban, invocando él y diciendo: Señor Jesús, recibe mi espíritu. **60**Y puesto de rodillas, clamó a gran voz: Señor, no les imputes este pecado. Y habiendo dicho esto, durmió.

8 Y Saulo consentía en su muerte. Y en aquel día se hizo una grande persecución en la iglesia que estaba en Jerusalem; y todos fueron esparcidos por las tierras de Judea y de Samaria, salvo los apóstoles. **2**Y llevaron *a enterrar* a Esteban varones piadosos, e hicieron gran llanto sobre él. **3**Entonces Saulo asolaba la iglesia, entrando por las casas: y trayendo hombres y mujeres, los entregaba en la cárcel. **4**Mas los que fueron esparcidos, iban por todas partes anunciando la palabra.

---

132. Es decir, a la diestra.
133. Es decir, no se lo imputes.

5Entonces Felipe, descendiendo a la ciudad de Samaria, les predicaba a Cristo.
6Y las gentes escuchaban atentamente unánimes las cosas que decía Felipe, oyendo y viendo las señales que hacía.
7Porque de muchos que tenían espíritus inmundos, salían *éstos* dando grandes voces; y muchos paralíticos y cojos eran sanados:
8Así que había gran gozo en aquella ciudad.
9Y había un hombre llamado Simón, el cual había sido antes mágico en aquella ciudad, y había engañado la gente de Samaria, diciéndose ser algún grande:
10Al cual oían todos atentamente desde al más pequeño hasta el más grande, diciendo: Este es la gran virtud de Dios.
11Y le estaban atentos, porque con sus artes mágicas los había embelesado mucho tiempo.
12Mas cuando creyeron a Felipe, que anunciaba el evangelio del reino de Dios y el nombre de Jesucristo, se bautizaban hombres y mujeres.
13Él mismo Simón creyó también entonces, y bautizándose, se llegó a Felipe: y viendo los milagros y grandes maravillas que se hacían, estaba atónito.

5 Φίλιππος δὲ κατελθὼν εἰς πόλιν τῆς Σαμαρείας
Felipe entonces descendiendo a ciudad de Samaria
ἐκήρυσσεν αὐτοῖς τὸν Χριστόν.
predicaba les a Cristo.

6 προσεῖχον δὲ οἱ ὄχλοι τοῖς λεγομένοις ὑπὸ τοῦ
Se fijaron entonces las multitudes en lo dicho por
Φιλίππου ὁμοθυμαδὸν ἐν τῷ ἀκούειν αὐτοὺς
Felipe unánimemente en el escuchar lo
καὶ βλέπειν τὰ σημεῖα ἃ ἐποίει.
y mirar las señales que hacía.[134]

7 πολλοὶ γὰρ τῶν ἐχόντων πνεύματα ἀκάθαρτα βοῶντα
muchos Porque de los teniendo espíritus impuros gritando
φωνῇ μεγάλῃ ἐξήρχοντο, πολλοὶ δὲ παραλελυμένοι
con voz grande salían, muchos entonces paralíticos
καὶ χωλοὶ ἐθεραπεύθησαν,
y cojos fueron curados.

8 καὶ ἐγένετο χαρὰ μεγάλη ἐν τῇ πόλει ἐκείνῃ.
Y aconteció alegría grande en la ciudad aquella.

9 Ἀνὴρ δέ τις ὀνόματι Σίμων προϋπῆρχεν
hombre Entonces uno de nombre Simón estaba previamente
ἐν τῇ πόλει μαγεύων καὶ ἐξιστῶν τὸ
en la ciudad practicando la magia y asombrando[135] al
ἔθνος τῆς Σαμαρείας, λέγων εἶναί τινα ἑαυτὸν μέγαν·
pueblo de Samaria, diciendo ser alguien él mismo grande,

10 ᾧ προσεῖχον πάντες ἀπὸ μικροῦ ἕως μεγάλου
al cual escuchaban todos desde pequeño hasta grande
λέγοντες· οὗτός ἐστιν ἡ δύναμις τοῦ Θεοῦ ἡ μεγάλη.
diciendo: Éste es el poder de Dios el[136] grande.

11 προσεῖχον δὲ αὐτῷ διὰ τὸ ἱκανῷ χρόνῳ
Atendieron entonces a él durante el aquel tiempo
ταῖς μαγείαις ἐξεστακέναι αὐτούς.
con las magias al haber asombrado a ellos.

12 ὅτε δὲ ἐπίστευσαν τῷ Φιλίππῳ εὐαγγελιζομένῳ
Cuando entonces creyeron en Felipe evangelizando
τὰ περὶ τῆς βασιλείας τοῦ Θεοῦ καὶ τοῦ ὀνόματος
lo acerca del reino de Dios y del nombre
Ἰησοῦ Χριστοῦ, ἐβαπτίζοντο ἄνδρες τε καὶ
de Jesús Cristo, eran bautizados varones tanto como
γυναῖκες.
mujeres.

13 ὁ δὲ Σίμων καὶ αὐτὸς ἐπίστευσε καὶ
- Entonces Simón también él mismo creyó y
βαπτισθεὶς ἦν προσκαρτερῶν τῷ Φιλίππῳ,
siendo bautizado estaba perseverando con Felipe,
θεωρῶν τε σημεῖα καὶ δυνάμεις
observando no sólo señales sino también poderes
μεγάλας γινομένας ἐξίστατο.
grandes acontecidos, estaba asombrado.

---

134. Es decir al escucharlo y mirar.
135. O trastornando.
136. La NU añade llamado.

14 Ἀκούσαντες δὲ οἱ ἐν Ἱεροσολύμοις ἀπόστολοι
Oyendo entonces los en Jerusalén apóstoles
ὅτι δέδεκται ἡ Σαμάρεια τὸν λόγον τοῦ Θεοῦ,
que había recibido - Samaria la palabra de Dios,
ἀπέστειλαν πρὸς αὐτοὺς τὸν Πέτρον καὶ Ἰωάννην·
enviaron a ellos a Pedro y a Juan,

15 οἵτινες καταβάντες προσηύξαντο περὶ αὐτῶν
los cuales descendiendo oraron por ellos
ὅπως λάβωσι Πνεῦμα Ἅγιον·
para que recibieran Espíritu Santo,

16 οὐ γὰρ ἦν ἐπ' οὐδενὶ αὐτῶν ἐπιπεπτωκός,
no Porque había sobre ninguno de ellos descendido,
μόνον δὲ βεβαπτισμένοι ὑπῆρχον
sólo entonces bautizados estaban
εἰς τὸ ὄνομα τοῦ Κυρίου Ἰησοῦ.
en el nombre del Señor Jesús.

17 τότε ἐπετίθουνν τὰς χεῖρας ἐπ' αὐτούς,
Entonces impusieron las manos sobre ellos,
καὶ ἐλάμβανον Πνεῦμα Ἅγιον.
y recibieron Espíritu Santo.

18 ἰδὼν δὲ ὁ Σίμων ὅτι διὰ τῆς ἐπιθέσεως τῶν
Viendo entonces Simón que por la imposición de las
χειρῶν τῶν ἀποστόλων δίδοται τὸ Πνεῦμα τὸ Ἅγιον,
manos de los apóstoles es dado el Espíritu el Santo,
προσήνεγκεν αὐτοῖς χρήματα
ofreció les dineros

19 λέγων· δότε κἀμοὶ τὴν ἐξουσίαν ταύτην,
diciendo: dad también a mí la autoridad esta,
ἵνα ᾧ ἐὰν ἐπιθῶ τὰς χεῖρας λαμβάνῃ
para que al que imponga las manos reciba
Πνεῦμα Ἅγιον.
Espíritu Santo.

20 Πέτρος δὲ εἶπε πρὸς αὐτόν· τὸ ἀργύριόν σου
Pedro entonces dijo a él: la plata de ti
σὺν σοὶ εἴη εἰς ἀπώλειαν, ὅτι τὴν δωρεὰν τοῦ Θεοῦ
contigo sea para perdición, porque el don de Dios
ἐνόμισας διὰ χρημάτων κτᾶσθαι.
pensaste mediante dineros adquirir.

21 οὐκ ἔστι σοι μερὶς οὐδὲ κλῆρος ἐν τῷ λόγῳ τούτῳ·
No hay para ti parte ni suerte en la palabra esta,
ἡ γὰρ καρδία σου οὐκ ἔστιν εὐθεῖα ἐνώπιον τοῦ Θεοῦ.
el Porque corazón de ti no es recto delante de Dios.

22 μετανόησον οὖν ἀπὸ τῆς κακίας σου ταύτης,
Arrepiéntete pues de la maldad de ti esta,
καὶ δεήθητι τοῦ Θεοῦ εἰ ἄρα ἀφεθήσεταί σοι
y suplica a Dios[137] si acaso será perdonado a ti
ἡ ἐπίνοια τῆς καρδίας σου·
la intención[138] del corazón de ti.

14 Y los apóstoles que estaban en Jerusalem, habiendo oído que Samaria había recibido la palabra de Dios, les enviaron á Pedro y a Juan:
15 Los cuales venidos, oraron por ellos, para que recibiesen el Espíritu Santo;
16 (Porque aun no había descendido sobre ninguno de ellos, mas solamente eran bautizados en el nombre de Jesús.)
17 Entonces les impusieron las manos, y recibieron el Espíritu Santo.
18 Y como vió Simón que por la imposición de las manos de los apóstoles se daba el Espíritu Santo, les ofreció dinero,
19 Diciendo: Dadme también a mí esta potestad, que a cualquiera que pusiere las manos encima, reciba el Espíritu Santo.
20 Entonces Pedro le dijo: Tu dinero perezca contigo, que piensas que el don de Dios se gane por dinero.
21 No tienes tú parte ni suerte en este negocio; porque tu corazón no es recto delante de Dios.
22 Arrepiéntete pues de esta tu maldad, y ruega a Dios, si quizás te será perdonado el pensamiento de tu corazón.

---

137. La NU sustituye por Señor.
138. O pensamiento en el sentido de proyecto.

23 Porque en hiel de amargura y en prisión de maldad veo que estás.
24 Respondiendo entonces Simón, dijo: Rogad vosotros por mí al Señor, que ninguna cosa de estas que habéis dicho, venga sobre mí.
25 Y ellos, habiendo testificado y hablado la palabra de Dios, se volvieron a Jerusalem, y en muchas tierras de los Samaritanos anunciaron el evangelio.
26 Empero el ángel de Señor habló a Felipe, diciendo: Levántate y ve hacia el mediodía, al camino que desciende de Jerusalem a Gaza, el cual es desierto.
27 Entonces él se levantó, y fué: y he aquí un Etiope, eunuco, gobernador de Candace, reina de los Etiopes, el cual era puesto sobre todos sus tesoros, y había venido a adorar a Jerusalem,
28 Se volvía sentado en su carro, y leyendo el profeta Isaías.
29 Y el Espíritu dijo a Felipe: Llégate, y júntate a este carro.
30 Y acudiendo Felipe, le oyó que leía el profeta Isaías, y dijo: Mas ¿entiendes lo que lees?
31 Y dijo: ¿Y cómo podré, si alguno no me enseñare? Y rogó á Felipe que subiese, y se sentase con él.

23 εἰς γὰρ χολὴν πικρίας καὶ σύνδεσμον
en Porque hiel de amargura y prisión
ἀδικίας ὁρῶ σε ὄντα.
de injusticia veo a ti estando.

24 ἀποκριθεὶς δὲ ὁ Σίμων εἶπε· δεήθητε ὑμεῖς ὑπὲρ
Respondiendo entonces Simón dijo: rogad vosotros por
ἐμοῦ πρὸς τὸν Κύριον ὅπως μηδὲν ἐπέλθῃ
mí delante del Señor para que nada sobrevenga
ἐπ' ἐμὲ ὧν εἰρήκατε.
sobre mí de lo que habéis dicho.

25 Οἱ μὲν οὖν διαμαρτυράμενοι καὶ λαλήσαντες τὸν λόγον
Ellos - pues testificando y hablando la palabra
τοῦ Κυρίου ὑπέστρεψαν εἰς Ἰερουσαλήμ,
del Señor regresaron a Jerusalén,
πολλάς τε κώμας τῶν Σαμαριτῶν εὐηγγελίσαντο.
muchas Y aldeas de los samaritanos evangelizaron.

26 Ἄγγελος δὲ Κυρίου ἐλάλησε πρὸς Φίλιππον
ángel Entonces de Señor habló a Felipe
λέγων· ἀνάστηθι καὶ πορεύου κατὰ μεσημβρίαν
diciendo: levántate y ve hacia sur
ἐπὶ τὴν ὁδὸν τὴν καταβαίνουσαν ἀπὸ Ἰερουσαλὴμ
por el camino el descendiendo desde Jerusalén
εἰς Γάζαν· αὕτη ἐστὶν ἔρημος.
a Gaza. Éste es desierto.

27 καὶ ἀναστὰς ἐπορεύθη. καὶ ἰδοὺ ἀνὴρ Αἰθίοψ εὐνοῦχος
Y levantándose fue. Y mira varón etíope eunuco
δυνάστης Κανδάκης τῆς βασιλίσσης Αἰθιόπων,
funcionario de Candace la reina de etíopes,
ὃς ἦν ἐπὶ πάσης τῆς γάζης αὐτῆς,
el cual estaba sobre todo el tesoro de ella,
ὃς ἐληλύθει προσκυνήσων εἰς Ἰερουσαλήμ,
el cual había venido adorando a Jerusalén

28 ἦν τε ὑποστρέφων καὶ καθήμενος ἐπὶ τοῦ ἅρματος
Estaba entonces regresando y sentado en el carro
αὐτοῦ, καὶ ἀνεγίνωσκε τὸν προφήτην Ἡσαΐαν.
de él, y leía al profeta Isaías.

29 εἶπε δὲ τὸ Πνεῦμα τῷ Φιλίππῳ· πρόσελθε
Dijo entonces el Espíritu a Felipe: acércate
καὶ κολλήθητι τῷ ἅρματι τούτῳ.
y júntate al carro ese.

30 προσδραμὼν δὲ ὁ Φίλιππος ἤκουσεν αὐτοῦ
Corriendo entonces Felipe escuchó le
ἀναγινώσκοντος τὸν προφήτην Ἡσαΐαν,
leyendo al profeta Isaías,
καὶ εἶπεν· ἆρά γε γινώσκεις ἃ ἀναγινώσκεις;
y dijo: ¿acaso sabes lo que lees?

31 ὁ δὲ εἶπε· πῶς γὰρ ἂν δυναίμην, ἐὰν μή τις
Él entonces dijo: ¿cómo Porque podría, si no alguien
ὁδηγήσει με; παρεκάλεσέ τε τὸν Φίλιππον ἀναβάντα
guía me? Urgió entonces a Felipe subiendo
καθίσαι σὺν αὐτῷ.
a sentarse con él.

32 ἡ δὲ περιοχὴ τῆς γραφῆς ἣν ἀνεγίνωσκεν ἦν αὕτη·
el Entonces pasaje de la Escritura que leía era éste:
ὡς πρόβατον ἐπὶ σφαγὴν ἤχθη· καὶ ὡς ἀμνὸς
como oveja a matanza fue llevado. Y como cordero
ἐναντίον τοῦ κείραντος αὐτὸν ἄφωνος,
ante el esquilando lo mudo.
οὕτως οὐκ ἀνοίγει τὸ στόμα αὐτοῦ.
Así no abre la boca de él.

33 ἐν τῇ ταπεινώσει αὐτοῦ ἡ κρίσις αὐτοῦ ἤρθη·
En la humillación de él el juicio de él fue quitado,[139]
τὴν δὲ γενεὰν αὐτοῦ τίς διηγήσεται;
¿la Entonces generación de él quién relatará?
ὅτι αἴρεται ἀπὸ τῆς γῆς ἡ ζωὴ αὐτοῦ.
Porque es quitada de la tierra la vida de él.

34 Ἀποκριθεὶς δὲ ὁ εὐνοῦχος τῷ Φιλίππῳ εἶπε·
Respondiendo entonces el eunuco a Felipe dijo:
δέομαί σου, περὶ τίνος ὁ προφήτης λέγει τοῦτο;
ruego te: ¿acerca de quién el profeta dice esto?
περὶ ἑαυτοῦ ἢ περὶ ἑτέρου τινός;
¿Acerca de sí mismo o acerca de otro alguno?

35 ἀνοίξας δὲ ὁ Φίλιππος τὸ στόμα αὐτοῦ καὶ ἀρξάμενος
Abriendo entonces Felipe la boca de él y comenzando
ἀπὸ τῆς γραφῆς ταύτης εὐηγγελίσατο αὐτῷ τὸν Ἰησοῦν.
desde la escritura esta evangelizó le a Jesús.[140]

36 ὡς δὲ ἐπορεύοντο κατὰ τὴν ὁδόν, ἦλθον ἐπί
Como entonces iban abajo del camino,[141] llegaron a
τι ὕδωρ, καί φησιν ὁ εὐνοῦχος· ἰδοὺ ὕδωρ·
cierta agua, y dijo el eunuco: mira agua.
τί κωλύει με βαπτισθῆναι;
¿qué impide a mí ser bautizado?

37 εἶπε δὲ ὁ Φίλιππος· εἰ πιστεύεις ἐξ ὅλης τῆς καρδίας,
Dijo entonces Felipe: si crees de todo el corazón,
ἔξεστιν. ἀποκριθεὶς δὲ εἶπε· πιστεύω τὸν υἱὸν
es lícito. Respondiendo entonces dijo: creo el Hijo
τοῦ Θεοῦ εἶναι τὸν Ἰησοῦν Χριστόν.
de Dios ser Jesús Cristo.[142,143]

38 καὶ ἐκέλευσε στῆναι τὸ ἅρμα, καὶ κατέβησαν
Y ordenó detener el carro, y descendieron
ἀμφότεροι εἰς τὸ ὕδωρ, ὅ τε Φίλιππος
ambos a el agua, - tanto Felipe
καὶ ὁ εὐνοῦχος, καὶ ἐβάπτισεν αὐτόν.
como el eunuco, y bautizó lo.

32 Y el lugar de la Escritura que leía, era éste:
> Como oveja a la muerte fué llevado;
> Y como cordero mudo delante del que le trasquila,
> Así no abrió su boca:

33 En su humillación su juicio fué quitado:
> Mas su generación, ¿quién la contará?
> Porque es quitada de la tierra su vida.

34 Y respondiendo el eunuco a Felipe, dijo: Ruégote ¿de quién el profeta dice esto? ¿de sí, o de otro alguno?

35 Entonces Felipe, abriendo su boca, y comenzando desde esta escritura, le anunció el evangelio de Jesús.

36 Y yendo por el camino, llegaron a cierta agua; y dijo el eunuco: He aquí agua; ¿qué impide que yo sea bautizado?

37 Y Felipe dijo: Si crees de todo corazón, bien puedes. Y respondiendo, dijo: Creo que Jesucristo es el Hijo de Dios.

38 Y mandó parar el carro: y descendieron ambos al agua, Felipe y el eunuco; y bautizóle.

---

139. Es decir, se le privó de un juicio justo a la vez que se encontraba sumido en la humillación.
140. Es decir, le predicó el evangelio – o la Buena noticia – acerca de Jesús.
141. Es decir mientras iban descendiendo por el camino.
142. Es decir, creo que el Hijo de Dios es Jesucristo.
143. La NU suprime todo el versículo.

39 Y como subieron del agua, el Espíritu del Señor arrebató a Felipe; y no le vió más el eunuco, y se fué por su camino gozoso.
40 Felipe empero se halló en Azoto: y pasando, anunciaba el evangelio en todas las ciudades, hasta que llegó a Cesarea.

9

Y Saulo, respirando aún amenazas y muerte contra los discípulos del Señor, vino al príncipe de los sacerdotes,
2 Y demandó de él letras para Damasco a las sinagogas, para que si hallase algunos hombres o mujeres de esta secta, los trajese presos a Jerusalem.
3 Y yendo por el camino, aconteció que llegando cerca de Damasco, súbitamente le cercó un resplandor de luz del cielo;
4 Y cayendo en tierra, oyó una voz que le decía: Saulo, Saulo, ¿por qué me persigues?
5 Y él dijo: ¿Quién eres, Señor? Y él dijo: Yo soy Jesús a quien tú persigues: dura cosa te es dar coces contra el aguijón.

39 ὅτε δὲ ἀνέβησαν ἐκ τοῦ ὕδατος, Πνεῦμα Κυρίου
Cuando entonces subieron de el agua, Espíritu de Señor
ἥρπασε τὸν Φίλιππον, καὶ οὐκ εἶδεν αὐτὸν
arrebató a Felipe, y no vio lo
οὐκέτι ὁ εὐνοῦχος· ἐπορεύετο γὰρ τὴν ὁδὸν
ya el eunuco, se fue Porque el camino
αὐτοῦ χαίρων.
de él alegrándose.

40 Φίλιππος δὲ εὑρέθη εἰς Ἄζωτον, καὶ
Felipe entonces fue hallado en Azoto, y
διερχόμενος εὐηγγελίζετο τὰς πόλεις πάσας
atravesando (el territorio) evangelizaba las ciudades todas
ἕως τοῦ ἐλθεῖν αὐτὸν εἰς Καισάρειαν.
hasta el llegar él[144] a Cesarea.

9

1 Ὁ δὲ Σαῦλος ἔτι ἐμπνέων ἀπειλῆς καὶ φόνου
- Entonces Saulo todavía respirando amenaza y asesinato
εἰς τοὺς μαθητὰς τοῦ Κυρίου, προσελθὼν
contra los discípulos del Señor, viniendo
τῷ ἀρχιερεῖ,
al sumo sacerdote,

2 ᾐτήσατο παρ' αὐτοῦ ἐπιστολὰς εἰς Δαμασκὸν πρὸς τὰς
solicitó de él cartas para Damasco para las
συναγωγάς, ὅπως ἐάν τινας εὕρῃ τῆς
sinagogas, de manera que si a algunos encontrara del
ὁδοῦ ὄντας, ἄνδρας τε καὶ γυναῖκας,
camino siendo, varones tanto como mujeres,
δεδεμένους ἀγάγῃ εἰς Ἰερουσαλήμ.
habiendo sido prendidos llevara a Jerusalén.

3 ἐν δὲ τῷ πορεύεσθαι ἐγένετο αὐτὸν ἐγγίζειν τῇ
en Entonces el ir aconteció él acercarse a
Δαμασκῷ, καὶ ἐξαίφνης περιήστραψεν αὐτὸν φῶς ἀπὸ
Damasco y repentinamente brilló alrededor de él luz de
τοῦ οὐρανοῦ,
el cielo,

4 καὶ πεσὼν ἐπὶ τὴν γῆν ἤκουσε φωνὴν λέγουσαν αὐτῷ·
y cayendo sobre la tierra escuchó voz diciendo le:
Σαοὺλ Σαούλ, τί με διώκεις;
Saulo Saulo, ¿por qué me persigues?

5 εἶπε δέ· τίς εἶ, Κύριε; ὁ δέ Κύριος εἶπεν·
Dijo entonces: ¿quién eres, Señor? el Entonces Señor dijo:[145]
ἐγώ εἰμι Ἰησοῦς ὃν σὺ διώκεις·
yo soy Jesús al que tú persigues,
σκληρόν σοι
Duro para ti (es)
πρὸς κέντρα λακτίζειν.
contra aguijón cocear.[146]

---

144. Es decir, hasta que llegó.
145. La NU omite Señor dijo.
146. La NU suprime desde duro hasta cocear.

6 Ἀνάστηθι καὶ εἴσελθε εἰς τὴν πόλιν, καὶ λαληθήσεταί
Levántate y entra en la ciudad, y será hablado
σοι τι σε δεῖ ποιεῖν.
a ti lo que tú debes hacer.

7 οἱ δὲ ἄνδρες οἱ συνοδεύοντες αὐτῷ εἱστήκεισαν
Entonces los varones los viajando con él se quedaron
ἐνεοί, ἀκούοντες μὲν τῆς φωνῆς, μηδένα δὲ
pasmados, oyendo ciertamente la voz, a nadie sin embargo
θεωροῦντες.
viendo.

8 ἠγέρθη δὲ ὁ Σαῦλος ἀπὸ τῆς γῆς,
Fue levantado entonces Saulo de la tierra,
ἀνεῳγμένων δὲ τῶν ὀφθαλμῶν αὐτοῦ οὐδὲν
habiendo sido abiertos Sin embargo los ojos de él nada
ἔβλεπε· χειραγωγοῦντες δὲ αὐτὸν εἰσήγαγον εἰς
veía. Tomando de la mano entonces a él introdujeron en
Δαμασκόν.
Damasco.

9 καὶ ἦν ἡμέρας τρεῖς μὴ βλέπων,
Y estaba días tres no viendo,
καὶ οὐκ ἔφαγεν οὐδὲ ἔπιεν.
y no comió ni bebió.

10 Ἦν δέ τις μαθητὴς ἐν Δαμασκῷ ὀνόματι
Estaba entonces cierto discípulo en Damasco de nombre
Ἀνανίας, καὶ εἶπε πρὸς αὐτὸν ὁ Κύριος ἐν ὁράματι·
Ananías, y dijo a él el Señor en visión:
Ἀνανία. ὁ δὲ εἶπεν· ἰδοὺ ἐγώ, Κύριε.
Ananías. Él entonces dijo: mira yo,[147] Señor.

11 ὁ δὲ Κύριος πρὸς αὐτόν· ἀναστὰς πορεύθητι
el Entonces Señor a él (dijo): levantándote ve
ἐπὶ τὴν ῥύμην τὴν καλουμένην εὐθεῖαν
a la calle la llamada Recta[148]
καὶ ζήτησον ἐν οἰκίᾳ Ἰούδα Σαῦλον ὀνόματι, Ταρσέα·
y busca en casa de Judas a Saulo de nombre, de Tarso.
ἰδοὺ γὰρ προσεύχεται,
mira Porque ora.

12 καὶ εἶδεν ἐν ὁράματι ἄνδρα ὀνόματι Ἀνανίαν εἰσελθόντα
Y vio en visión a varón de nombre Ananías entrando
καὶ ἐπιθέντα αὐτῷ χεῖρα, ὅπως ἀναβλέψῃ.
e imponiendo le mano, para que vea de nuevo.

13 ἀπεκρίθη δὲ Ἀνανίας· Κύριε, ἀκήκοα ἀπὸ πολλῶν
Respondió entonces Ananías: Señor, he oído de muchos
περὶ τοῦ ἀνδρὸς τούτου, ὅσα κακὰ ἐποίησε
acerca del varón este, cuanto malo hizo
τοῖς ἁγίοις σου ἐν Ἱερουσαλήμ·
a los santos de ti en Jerusalén.

6 El, temblando y temeroso, dijo: ¿Señor, qué quieres que haga? Y el Señor le dice: Levántate y entra en la ciudad, y se te dirá lo que te conviene hacer. **7** Y los hombres que iban con Saulo, se pararon atónitos, oyendo á la verdad la voz, mas no viendo a nadie. **8** Entonces Saulo se levantó de tierra, y abriendo los ojos, no veía a nadie: así que, llevándole por la mano, metiéronle en Damasco; **9** Donde estuvo tres días sin ver, y no comió, ni bebió. **10** Había entonces un discípulo en Damasco llamado Ananías, al cual el Señor dijo en visión: Ananías. Y él respondió: Heme aquí, Señor. **11** Y el Señor le *dijo*: Levántate, y ve a la calle que se llama la Derecha, y busca en casa de Judas a uno llamado Saulo, de Tarso: porque he aquí, él ora; **12** Y ha visto en visión un varón llamado Ananías, que entra y le pone la mano encima, para que reciba la vista. **13** Entonces Ananías respondió: Señor, he oído a muchos acerca de este hombre, cuántos males ha hecho a tus santos en Jerusalem:

---

147. Es decir, aquí estoy o heme aquí.
148. O Derecha.

14 Y aun aquí tiene facultad de los príncipes de los sacerdotes de prender a todos los que invocan tu nombre.
15 Y le dijo el Señor: Ve: porque instrumento escogido me es éste, para que lleve mi nombre en presencia de los Gentiles, y de reyes, y de los hijos de Israel:
16 Porque yo le mostraré cuánto le sea menester que padezca por mi nombre.
17 Ananías entonces fué, y entró en la casa, y poniéndole las manos encima, dijo: Saulo hermano, el Señor Jesús, que te apareció en el camino por donde venías, me ha enviado para que recibas la vista y seas lleno de Espíritu Santo.
18 Y luego le cayeron de los ojos como escamas, y recibió al punto la vista: y levantándose, fué bautizado.
19 Y como comió, fué confortado. Y estuvo Saulo por algunos días con los discípulos que estaban en Damasco.
20 Y luego en las sinagogas predicaba a Cristo, *diciendo* que éste era el Hijo de Dios.
21 Y todos los que le oían estaban atónitos, y decían: ¿No es éste el que asolaba en Jerusalem a los que invocaban este nombre, y a eso vino acá, para llevarlos presos a los príncipes de los sacerdotes?

14 καὶ ὧδε ἔχει ἐξουσίαν παρὰ τῶν ἀρχιερέων
 Y aquí tiene autoridad de los principales sacerdotes
δῆσαι πάντας τοὺς ἐπικαλουμένους τὸ ὄνομά σου.
para prender a todos los invocando el nombre de ti.

15 εἶπε δὲ πρὸς αὐτὸν ὁ Κύριος· πορεύου,
 Dijo entonces a él el Señor: ve,
ὅτι σκεῦος ἐκλογῆς μοί ἐστιν οὗτος τοῦ βαστάσαι
porque vasija[149] de elección para mí es éste para llevar
τὸ ὄνομά μου ἐνώπιον ἐθνῶν καὶ βασιλέων,
el nombre de mí delante de naciones[150] y reyes,
υἱῶν τε Ἰσραήλ·
de hijos Así como de Israel,

16 ἐγὼ γὰρ ὑποδείξω αὐτῷ ὅσα δεῖ αὐτὸν
 yo Porque mostraré le cuanto debe él
ὑπὲρ τοῦ ὀνόματός μου παθεῖν.
por el nombre de mí padecer.

17 Ἀπῆλθε δὲ Ἀνανίας καὶ εἰσῆλθεν εἰς τὴν οἰκίαν,
 Fue entonces Ananías y entró en la casa,
καὶ ἐπιθεὶς ἐπ' αὐτὸν τὰς χεῖρας εἶπε· Σαοὺλ ἀδελφέ,
e imponiendo sobre él las manos dijo: Saulo hermano,
ὁ Κύριος ἀπέσταλκέ με, Ἰησοῦς ὁ ὀφθείς σοι
el Señor ha enviado me, Jesús el siendo aparecido a ti
ἐν τῇ ὁδῷ ᾗ ἤρχου, ὅπως ἀναβλέψῃς
en el camino por el que venías, para que veas de nuevo
καὶ πλησθῇς Πνεύματος Ἁγίου.
y seas lleno de Espíritu Santo.

18 καὶ εὐθέως ἀπέπεσον ἀπὸ τῶν ὀφθαλμῶν αὐτοῦ
 No sólo inmediatamente cayeron de los ojos de él
ὡσεὶ λεπίδες, ἀνέβλεψέ τε, καὶ
como escamas, vio de nuevo Sino que también, y
ἀναστὰς ἐβαπτίσθη,
levantándose fue bautizado,

19 καὶ λαβὼν τροφὴν ἐνίσχυσεν. Ἐγένετο δὲ
 y tomando alimento se reconfortó.[151] Estuvo entonces
ὁ Σαῦλος μετὰ τῶν ἐν Δαμασκῷ μαθητῶν ἡμέρας τινάς,
Saulo[152] con los en Damasco discípulos días algunos,

20 καὶ εὐθέως ἐν ταῖς συναγωγαῖς ἐκήρυσσε τὸν
 e inmediatamente en las sinagogas predicaba[153] a
Ἰησοῦν ὅτι οὗτός ἐστιν ὁ υἱὸς τοῦ Θεοῦ.
Jesús[154] que éste es el Hijo de Dios.

21 ἐξίσταντο δὲ πάντες οἱ ἀκούοντες καὶ ἔλεγον·
 Se pasmaron entonces todos los oyentes y decían:
οὐχ οὗτός ἐστιν ὁ πορθήσας ἐν Ἰερουσαλὴμ
¿No éste es el asolando en Jerusalén
τοὺς ἐπικαλουμένους τὸ ὄνομα τοῦτο,
a los invocando el nombre este,
καὶ ὧδε εἰς τοῦτο ἐλήλύθει ἵνα δεδεμένους αὐτοὺς
y aquí para esto ha venido para que prendidos los
ἀγάγῃ ἐπὶ τοὺς ἀρχιερεῖς;
lleve a los principales sacerdotes?

---

149. O vaso.
150. O de los gentiles.
151. O recuperó fuerzas.
152. La NU suprime Saulo.
153. O proclamaba.
154. Algunos mss tienen Cristo.

22
Σαῦλος δὲ μᾶλλον ἐνεδυναμοῦτο καὶ συνέχυνε
Saulo entonces más se fortalecía[155] y confundía

τοὺς Ἰουδαίους τοὺς κατοικοῦντας ἐν Δαμασκῷ,
a los judíos a los viviendo en Damasco,

συμβιβάζων ὅτι οὗτός ἐστιν ὁ Χριστός.
demostrando que éste es el mesías.

23
Ὡς δὲ ἐπληροῦντο ἡμέραι ἱκαναί,
Cuando entonces se cumplían días aquellos,

συνεβουλεύσαντο οἱ Ἰουδαῖοι ἀνελεῖν αὐτόν·
se conjuraron los judíos para matar lo.

24
ἐγνώσθη δὲ τῷ Σαύλῳ ἡ ἐπιβουλὴ αὐτῶν.
Fue conocido entonces a Saulo la conjura de ellos.

παρετήρουν τε καὶ τὰς πύλας ἡμέρας τε
Vigilaban estrechamente no sólo las puertas de día sino

καὶ νυκτὸς ὅπως αὐτὸν ἀνέλωσι·
también de noche para que a él mataran.

25
λαβόντες δὲ αὐτὸν οἱ μαθηταὶ νυκτὸς
Tomando entonces a él los discípulos de noche

καθῆκαν διὰ τοῦ τείχους χαλάσαντες ἐν σπυρίδι.
descendieron por el muro bajando en cesta.

26
Παραγενόμενος δὲ ὁ Σαῦλος εἰς Ἰερουσαλὴμ ἐπειρᾶτο
Llegando entonces Saulo[156] a Jerusalén intentó

κολλᾶσθαι τοῖς μαθηταῖς· καὶ πάντες ἐφοβοῦντο αὐτόν,
unirse a los discípulos. Y todos temían lo,

μὴ πιστεύοντες ὅτι ἐστὶ μαθητής.
no creyendo que es discípulo.

27
Βαρναβᾶς δὲ ἐπιλαβόμενος αὐτὸν ἤγαγε πρὸς τοὺς
Bernabé entonces tomando lo condujo a los

ἀποστόλους, καὶ διηγήσατο αὐτοῖς πῶς ἐν τῇ ὁδῷ εἶδε
apóstoles, y relató les cómo en el camino vio

τὸν Κύριον καὶ ὅτι ἐλάλησεν αὐτῷ, καὶ πῶς ἐν Δαμασκῷ
al Señor y que habló a él, y como en Damasco

ἐπαρρησιάσατο ἐν τῷ ὀνόματι τοῦ Ἰησοῦ.
habló valientemente[157] en el nombre de Jesús.

28
καὶ ἦν μετ' αὐτῶν εἰσπορευόμενος καὶ ἐκπορευόμενος
Y estaba con ellos entrando y saliendo

ἐν Ἰερουσαλήμ,
en Jerusalén,

29
καὶ παρρησιαζόμενος ἐν τῷ ὀνόματι τοῦ Κυρίου
y expresándose valientemente[158] en el nombre del Señor

Ἰησοῦ, ἐλάλει τε καὶ συνεζήτει πρὸς τοὺς Ἑλληνιστάς·
Jesús,[159] hablaba y además disputaba con los griegos.[160]

οἱ δὲ ἐπεχείρουν αὐτὸν ἀνελεῖν.
Ellos entonces intentaban a él matar.

30
ἐπιγνόντες δὲ οἱ ἀδελφοὶ κατήγαγον αὐτὸν
Sabiendo entonces los hermanos bajaron lo

εἰς Καισάρειαν καὶ ἐξαπέστειλαν αὐτὸν εἰς Ταρσόν.
a Cesarea y enviaron lo a Tarso.

22Empero Saulo mucho más se esforzaba, y confundía a los Judíos que moraban en Damasco, afirmando que éste es el Cristo.
23Y como pasaron muchos días, los Judíos hicieron entre sí consejo de matarle;
24Mas las asechanzas de ellos fueron entendidas de Saulo. Y ellos guardaban las puertas de día y de noche para matarle.
25Entonces los discípulos, tomándole de noche, le bajaron por el muro en una espuerta.
26Y como vino a Jerusalem, tentaba de juntarse con los discípulos; mas todos tenían miedo de él, no creyendo que era discípulo.
27Entonces Bernabé, tomándole, lo trajo a los apóstoles, y contóles cómo había visto al Señor en el camino, y que le había hablado, y cómo en Damasco había hablado confiadamente en el nombre de Jesús.
28Y entraba y salía con ellos en Jerusalem;
29Y hablaba confiadamente en el nombre del Señor: y disputaba con los Griegos; mas ellos procuraban matarle.
30Lo cual, como los hermanos entendieron, le acompañaron hasta Cesarea, y le enviaron a Tarso.

---

155. O robustecía.
156. La NU omite Saulo.
157. O con confianza.
158. O con confianza.
159. La NU omite Jesús.
160. Es decir, los judíos de habla griega.

31 Las iglesias entonces tenían paz por toda Judea y Galilea y Samaria, y eran edificadas, andando en el temor del Señor; y con consuelo del Espíritu Santo eran multiplicadas.
32 Y aconteció que Pedro, andándolos a todos, vino también a los santos que habitaban en Lydda.
33 Y halló allí a uno que se llamaba Eneas, que hacía ocho años que estaba en cama, que era paralítico.
34 Y le dijo Pedro: Eneas, Jesucristo te sana; levántate, y hazte tu cama. Y luego se levantó.
35 Y viéronle todos los que habitaban en Lydda y en Sarona, los cuales se convirtieron al Señor.
36 Entonces en Joppe había una discípula llamada Tabita, que si lo declaras, quiere decir Dorcas. Esta era llena de buenas obras y de limosnas que hacía.
37 Y aconteció en aquellos días que enfermando, murió; a la cual, después de lavada, pusieron en una sala.

31 Αἱ μὲν οὖν ἐκκλησίαι καθ' ὅλης τῆς Ἰουδαίας
las - Entonces iglesias[161] por toda la Judea

καὶ Γαλιλαίας καὶ Σαμαρείας εἶχον εἰρήνην
y Galilea y Samaria tenían paz

οἰκοδομούμεναι καὶ πορευόμεναι τῷ φόβῳ τοῦ Κυρίου,
siendo edificadas y yendo en el temor del Señor,

καὶ τῇ παρακλήσει τοῦ Ἁγίου Πνεύματος
y en la exhortación[162] del Santo Espíritu

ἐπληθύνοντο.
eran multiplicadas.[163]

32 Ἐγένετο δὲ Πέτρον διερχόμενον διὰ πάντων
Aconteció entonces Pedro atravesando por todo[164]

κατελθεῖν καὶ πρὸς τοὺς ἁγίους τοὺς κατοικοῦντας Λύδδαν.
descender también a los santos los habitando Lida.

33 εὗρε δὲ ἐκεῖ ἄνθρωπόν τινα Αἰνέαν ὀνόματι,
Encontró entonces allí a hombre uno Eneas de nombre,

ἐξ ἐτῶν ὀκτὼ κατακείμενον ἐπὶ κραβάττῳ,
desde años ocho yaciendo en camilla,

ὃς ἦν παραλελυμένος.
el cual era paralítico.

34 καὶ εἶπεν αὐτῷ ὁ Πέτρος· Αἰνέα, ἰᾶταί σε Ἰησοῦς ὁ Χριστός·
Y dijo le Pedro: Eneas, cura te Jesús el mesías.

ἀνάστηθι καὶ στρῶσον σεαυτῷ. καὶ
Levántate y haz la cama para ti mismo. E

εὐθέως ἀνέστη.
inmediatamente se levantó.

35 καὶ εἶδον αὐτὸν πάντες οἱ κατοικοῦντες Λύδδαν καὶ
Y vieron a él todos los habitando Lida y

τὸν Σάρωνα, οἵτινες ἐπέστρεψαν ἐπὶ τὸν Κύριον.
el Sarón, los cuales se volvieron a el Señor.

36 Ἐν Ἰόππῃ δέ τις ἦν μαθήτρια ὀνόματι
En Jope entonces cierta estaba discípula de nombre

Ταβιθά, ἣ διερμηνευομένη λέγεται Δορκάς· αὕτη ἦν
Tabita, que siendo traducido se dice Dorcas. Ésta estaba

πλήρης ἔργων ἀγαθῶν καὶ ἐλεημοσυνῶν ὧν ἐποίει·
llena de obras buenas y de limosnas que hacía.

37 ἐγένετο δὲ ἐν ταῖς ἡμέραις ἐκείναις ἀσθενήσασαν
Aconteció entonces en los días aquellos enfermando

αὐτὴν ἀποθανεῖν· λούσαντες δὲ αὐτὴν ἔθηκαν
ella morir. Lavando entonces a ella colocaron

ἐν ὑπερῴῳ.
en último piso.[165]

---

161. La NU sustituye por la iglesia.
162. También consolación.
163. Es decir, se producía la multiplicación de las iglesias al caminar éstas en el temor del Señor y en la obediencia a lo que el Espíritu Santo les indicaba.
164. Es decir, yendo por todas partes.
165. O en habitación situada en el último piso de la casa.

38 ἐγγὺς δὲ οὔσης Λύδδης τῇ Ἰόππῃ οἱ μαθηταὶ
Cerca entonces estando Lida a Jope los discípulos

ἀκούσαντες ὅτι Πέτρος ἐστὶν ἐν αὐτῇ, ἀπέστειλαν δύο
oyendo que Pedro está en ella, enviaron a dos

ἄνδρας πρὸς αὐτὸν παρακαλοῦντες μὴ ὀκνῆσαι
varones a él urgiendo a no retrasarse[166]

διελθεῖν ἕως αὐτῶν.
en venir hasta ellos.

39 ἀναστὰς δὲ Πέτρος συνῆλθεν αὐτοῖς·
Levantándose entonces Pedro fue con ellos,

ὃν παραγενόμενον ἀνήγαγον εἰς τὸ ὑπερῷον, καὶ
al cual llegando condujeron a el piso superior, y

παρέστησαν αὐτῷ πᾶσαι αἱ χῆραι
comparecieron delante de él todas las viudas

κλαίουσαι καὶ ἐπιδεικνύμεναι χιτῶνας
llorando y mostrando túnicas

καὶ ἱμάτια ὅσα ἐποίει μετ' αὐτῶν οὖσα ἡ Δορκάς.
y mantos cuantos hacía con ellas estando - Dorcas.[167]

40 ἐκβαλὼν δὲ ἔξω πάντας ὁ Πέτρος θεὶς τὰ γόνατα
Echando entonces fuera a todos Pedro poniendo las rodillas[168]

προσηύξατο, καὶ ἐπιστρέψας πρὸς τὸ σῶμα εἶπε·
oró, y volviéndose hacia el cuerpo dijo:

Ταβιθά, ἀνάστηθι. ἡ δὲ ἤνοιξεν τοὺς ὀφθαλμοὺς αὐτῆς,
Tabita, levántate. Ella entonces abrió los ojos de ella,

καὶ ἰδοῦσα τὸν Πέτρον ἀνεκάθισε.
y viendo a Pedro se sentó.

41 δοὺς δὲ αὐτῇ χεῖρα ἀνέστησεν αὐτήν,
Dando entonces a ella mano levantó la,

φωνήσας δὲ τοὺς ἁγίους καὶ τὰς χήρας παρέστησεν
llamando entonces a los santos y a las viudas presentó

αὐτὴν ζῶσαν.
a ella viva.

42 γνωστὸν δὲ ἐγένετο καθ' ὅλης τῆς Ἰόππης,
Conocido entonces resultó por toda - Jope,

καὶ πολλοὶ ἐπίστευσαν ἐπὶ τὸν Κύριον.
y muchos creyeron en el Señor.

43 Ἐγένετο δὲ ἡμέρας ἱκανὰς μεῖναι αὐτὸν ἐν
Sucedió entonces días numerosos permanecer él en

Ἰόππῃ παρά τινι Σίμωνι βυρσεῖ.
Jope con[169] cierto Simón curtidor.

10 **1** Ἀνὴρ δέ τις ἐν Καισαρείᾳ ὀνόματι Κορνήλιος,
varón Entonces cierto en Cesarea de nombre Cornelio,

ἑκατοντάρχης ἐκ σπείρης τῆς καλουμένης Ἰταλικῆς,
centurión de cohorte la llamada itálica,

---

38 Y como Lydda estaba cerca de Joppe, los discípulos, oyendo que Pedro estaba allí, le enviaron dos hombres, rogándole: No te detengas en venir hasta nosotros. **39** Pedro entonces levantándose, fué con ellos: y llegado que hubo, le llevaron a la sala, donde le rodearon todas las viudas, llorando y mostrando las túnicas y los vestidos que Dorcas hacía cuando estaba con ellas. **40** Entonces echados fuera todos, Pedro puesto de rodillas, oró; y vuelto al cuerpo, dijo: Tabita, levántate. Y ella abrió los ojos, y viendo a Pedro, incorporóse. **41** Y él le dió la mano, y levantóla: entonces llamando a los santos y las viudas, la presentó viva. **42** Esto fué notorio por toda Joppe; y creyeron muchos en el Señor. **43** Y aconteció que se quedó muchos días en Joppe en casa de un cierto Simón, curtidor.

10 Y había un varón en Cesarea llamado Cornelio, centurión de la compañía que se llamaba la Italiana,

---

166. La NU sustituye por no os retraséis.
167. Es decir, cuando todavía Dorcás estaba con ellas.
168. Es decir, arrodillándose, poniéndose de rodillas.
169. La preposición puede indicar la idea de que Pedro se alojaba en la misma casa del curtidor.

2 Pío y temeroso de Dios con toda su casa, y que hacía muchas limosnas al pueblo, y oraba a Dios siempre.
3 Este vió en visión manifiestamente, como a la hora nona del día, que un ángel de Dios entraba a él, y le decía: Cornelio.
4 Y él, puestos en él los ojos, espantado, dijo: ¿Qué es, Señor? Y díjole: Tus oraciones y tus limosnas han subido en memoria a la presencia de Dios.
5 Envía pues ahora hombres a Joppe, y haz venir a un Simón, que tiene por sobrenombre Pedro.
6 Este posa en casa de un Simón, curtidor, que tiene su casa junto a la mar: él te dirá lo que te conviene hacer.
7 E ido el ángel que hablaba con Cornelio, llamó dos de sus criados, y un devoto soldado de los que le asistían;
8 A los cuales, después de habérselo contado todo, los envió á Joppe.
9 Y al día siguiente, yendo ellos su camino, y llegando cerca de la ciudad, Pedro subió a la azotea a orar, cerca de la hora de sexta;
10 Y aconteció que le vino una grande hambre, y quiso comer; pero mientras disponían, sobrevínole un éxtasis;

2 εὐσεβὴς καὶ φοβούμενος τὸν Θεὸν σὺν παντὶ τῷ οἴκῳ αὐτοῦ,
piadoso y temiendo a Dios con toda la casa de él,
ποιῶν τε ἐλεημοσύνας πολλὰς τῷ λαῷ
haciendo entonces limosnas muchas al pueblo
καὶ δεόμενος τοῦ Θεοῦ διὰ παντός,
y rogando a Dios por todo,

3 εἶδεν ἐν ὁράματι φανερῶς ὡσεὶ ὥραν ἐνάτην
vio en visión manifiestamente[170] como a hora novena
τῆς ἡμέρας ἄγγελον τοῦ Θεοῦ εἰσελθόντα
del día a ángel de Dios viniendo
πρὸς αὐτὸν καὶ εἰπόντα αὐτῷ· Κορνήλιε.
a él y diciendo le: Cornelio,

4 ὁ δὲ ἀτενίσας αὐτῷ καὶ ἔμφοβος
él entonces mirando fijamente a él y atemorizado
γενόμενος εἶπε· τί ἐστι, κύριε; εἶπε δὲ αὐτῷ·
resultando dijo: ¿Qué es, señor? Dijo entonces a él:
αἱ προσευχαί σου καὶ αἱ ἐλεημοσύναι σου ἀνέβησαν
las oraciones de ti y las limosnas de ti ascendieron
εἰς μνημόσυνον ἔμπροσθεν τοῦ Θεοῦ.
en memorial delante de Dios,

5 καὶ νῦν πέμψον ἄνδρας εἰς Ἰόππην καὶ μετάπεμψαι
y ahora envía varones a Jope y envía a por
Σίμωνά ὃς ἐπικαλεῖται Πέτρος·
Simón el que es llamado Pedro.

6 οὗτος ξενίζεται παρά τινι Σίμωνι βυρσεῖ,
Éste se aloja en cierto Simón curtidor,
ᾧ ἐστιν οἰκία παρὰ θάλασσαν.
para el cual es casa al lado de mar.[171]

7 ὡς δὲ ἀπῆλθεν ὁ ἄγγελος ὁ λαλῶν τῷ
Cuando entonces se marchó el ángel el hablando a
Κορνηλίῳ, φωνήσας δύο τῶν οἰκετῶν αὐτοῦ καὶ
Cornelio,[172] llamando a dos de los domésticos[173] de él y
στρατιώτην εὐσεβῆ τῶν προσκαρτερούντων αὐτῷ,
a soldado piadoso de los perseverando con él,

8 καὶ ἐξηγησάμενος αὐτοῖς ἅπαντα,
y explicando les todo,
ἀπέστειλεν αὐτοὺς εἰς τὴν Ἰόππην.
envió los a Jope.

9 Τῇ δὲ ἐπαύριον ὁδοιπορούντων ἐκείνων καὶ τῇ
al Entonces día siguiente viajando aquellos y a la
πόλει ἐγγιζόντων ἀνέβη Πέτρος ἐπὶ τὸ δῶμα
ciudad acercándose subió Pedro a la terraza
προσεύξασθαι περὶ ὥραν ἕκτην.
para orar sobre hora sexta.

10 ἐγένετο δὲ πρόσπεινος καὶ ἤθελε γεύσασθαι·
Resultó entonces hambriento[174] y quería comer.
παρασκευαζόντων δὲ ἐκείνων ἐπέπεσεν
Preparando entonces aquellos[175] cayó
ἐπ' αὐτὸν ἔκστασις,
sobre él éxtasis.

---

170. Es decir, con enorme claridad.
171. Es decir, el cual tiene una casa al lado del mar.
172. La NU sustituye por a él.
173. Es decir, los sirvientes especialmente dedicados al servicio de la casa.
174. Es decir, tuvo hambre.
175. Es decir, mientras le preparan la comida.

11	καὶ θεωρεῖ τὸν οὐρανὸν ἀνεῳγμένον καὶ καταβαῖνον Y contempla el cielo abierto y descendiendo	**11** Y vió el cielo abierto, y que descendía un vaso, como un gran lienzo, que atado de los cuatro cabos era bajado a la tierra;
	ἐπ' αὐτὸν σκεῦός τι ὡς ὀθόνην μεγάλην, sobre él recipiente[176] uno como lienzo grande,	**12** En el cual había de todos los animales cuadrúpedos de la tierra, y reptiles, y aves del cielo.
	τέσσαρσιν ἀρχαῖς δεδεμένον καὶ καθιέμενον ἐπὶ τῆς γῆς, en cuatro esquinas atado y[177] descendido sobre la tierra,	**13** Y le vino una voz: Levántate, Pedro, mata y come.
12	ἐν ᾧ ὑπῆρχε πάντα τὰ τετράποδα τῆς γῆς en el que estaban todos los cuadrúpedos de la tierra	**14** Entonces Pedro dijo: Señor, no; porque ninguna cosa común e inmunda he comido jamás.
	καὶ τὰ θηρία καὶ τὰ ἑρπετὰ καὶ τὰ πετεινὰ τοῦ οὐρανοῦ. y las fieras y los reptiles y las aves del cielo.	**15** Y volvió la voz hacia él la segunda vez: Lo que Dios limpió, no lo llames tú común.
13	καὶ ἐγένετο φωνὴ πρὸς αὐτόν· ἀναστάς, Y aconteció voz a él: levantándote,	**16** Y esto fué hecho por tres veces; y el vaso volvió a ser recogido en el cielo.
	Πέτρε, θῦσον καὶ φάγε. Pedro, sacrifica y come.	**17** Y estando Pedro dudando dentro de sí qué sería la visión que había visto, he aquí, los hombres que habían sido enviados por Cornelio, que, preguntando por la casa de Simón, llegaron a la puerta.
14	ὁ δὲ Πέτρος εἶπε· μηδαμῶς, Κύριε· ὅτι - Entonces Pedro dijo: de ninguna manera, Señor, porque	**18** Y llamando, preguntaron si un Simón que tenía por sobrenombre Pedro, posaba allí.
	οὐδέποτε ἔφαγον πᾶν κοινὸν ἢ ἀκάθαρτον. nunca comí todo (lo que es) común o impuro.	**19** Y estando Pedro pensando en la visión, le dijo el Espíritu: He aquí, tres hombres te buscan.
15	καὶ φωνὴ πάλιν ἐκ δευτέρου πρὸς αὐτόν· Y voz de nuevo por segunda (vez) (llegó) a él:	**20** Levántate, pues, y desciende, y no dudes ir con ellos; porque yo los he enviado.
	ἃ ὁ Θεὸς ἐκαθάρισε σὺ μὴ κοίνου. lo que Dios limpió tú no consideres común.[178]	
16	τοῦτο δὲ ἐγένετο ἐπὶ τρίς, καὶ πάλιν Esto entonces aconteció por tres (veces), y de nuevo	
	ἀνελήμφθη τὸ σκεῦος εἰς τὸν οὐρανόν. fue ascendido el recipiente a el cielo.	
17	Ὡς δὲ ἐν ἑαυτῷ διηπόρει Como entonces dentro de sí mismo estaba pasmado[179]	
	ὁ Πέτρος τί ἂν εἴη τὸ ὅραμα ὃ εἶδε, - Pedro por lo que fuera la visión que vio,	
	καὶ ἰδοὺ οἱ ἄνδρες οἱ ἀπεσταλμένοι ὑπὸ τοῦ Κορνηλίου y mira los varones los enviados por - Cornelio	
	διερωτήσαντες τὴν οἰκίαν Σίμωνος ἐπέστησαν habiendo preguntado por la casa de Simón estaban	
	ἐπὶ τὸν πυλῶνα, a la puerta,	
18	καὶ φωνήσαντες ἐπυνθάνοντο εἰ Σίμων ὁ ἐπικαλούμενος y llamando preguntaban si Simón el llamado	
	Πέτρος ἐνθάδε ξενίζεται. Pedro allí se aloja.	
19	τοῦ δὲ Πέτρου διενθυμουμένου περὶ τοῦ ὁράματος - Entonces Pedro reflexionando acerca de la visión	
	εἶπεν αὐτῷ τὸ Πνεῦμα· ἰδοὺ ἄνδρες ζητοῦσί σε· dijo le el Espíritu: mira varones buscan te,	
20	ἀλλὰ ἀναστὰς κατάβηθι καὶ πορεύου σὺν αὐτοῖς pero levantándote baja y ve con ellos	
	μηδὲν διακρινόμενος, ὅτι ἐγὼ ἀπέσταλκα αὐτούς. nada dudando, porque yo he enviado a ellos.	

---

176. Como en Hechos 9.15. También vasija, vaso.
177. La NU suprime atado y.
178. Es decir, impuro.
179. O perplejo.

21 Entonces Pedro, descendiendo a los hombres que eran enviados por Cornelio, dijo: He aquí, yo soy el que buscáis: ¿cuál es la causa por la que habéis venido?
22 Y ellos dijeron: Cornelio, el centurión, varón justo y temeroso de Dios, y que tiene testimonio de toda la nación de los Judíos, ha recibido respuesta por un santo ángel, de hacerte venir á su casa, y oir de ti palabras.
23 Entonces metiéndolos dentro, los hospedó. Y al día siguiente, levantándose, se fué con ellos; y le acompañaron algunos de los hermanos de Joppe.
24 Y al otro día entraron en Cesarea. Y Cornelio los estaba esperando, habiendo llamado a sus parientes y los amigos más familiares.
25 Y como Pedro entró, salió Cornelio a recibirle; y derribándose a sus pies, adoró.
26 Mas Pedro le levantó, diciendo: Levántate; yo mismo también soy hombre.
27 Y hablando con él, entró, y halló a muchos que se habían juntado.

21 καταβὰς δὲ Πέτρος πρὸς τοὺς
Bajando entonces Pedro a los
τοὺς ἀπεσταλμενοῦς ἀπὸ τοῦ Κορνηλίου πρὸς αὐτὸν εἶπεν
los enviados de Cornelio a él dijo
ἰδοὺ ἐγώ εἰμι ὃν ζητεῖτε· τίς ἡ αἰτία δι' ἣν
mira yo soy al que buscáis. ¿Cuál (es) la causa por la que
πάρεστε;
estáis aquí?

22 οἱ δὲ εἶπον· Κορνήλιος ἑκατοντάρχης, ἀνὴρ δίκαιος
Ellos entonces dijeron: Cornelio centurión, varón justo
καὶ φοβούμενος τὸν Θεὸν, μαρτυρούμενός τε ὑπὸ
y temeroso de Dios, siendo testificado ciertamente por
ὅλου τοῦ ἔθνους τῶν Ἰουδαίων, ἐχρηματίσθη
toda la nación de los judíos,[180] fue dirigido
ὑπὸ ἀγγέλου ἁγίου μεταπέμψασθαί σε εἰς τὸν οἶκον αὐτοῦ
por ángel santo para enviar por ti a[181] la casa de él
καὶ ἀκοῦσαι ῥήματα παρὰ σοῦ.
y escuchar dichos de ti.

23 εἰσκαλευάμενος οὖν αὐτοὺς ἐξένισε. Τῇ δὲ
Invitando pues a ellos hospedó (los). al Entonces
ἐπαύριον ἀναστὰς ἐξῆλθε σὺν αὐτοῖς,
día siguiente levantándose[182] se fue con ellos,
καί τινες τῶν ἀδελφῶν
y algunos de los hermanos
τῶν ἀπὸ Ἰόππης συνῆλθον αὐτῷ,
de los de Jope fueron con él.

24 καὶ τῇ ἐπαύριον εἰσῆλθον εἰς τὴν Καισάρειαν.
Y al día siguiente entraron en Cesarea.
ὁ δὲ Κορνήλιος ἦν προσδοκῶν αὐτοὺς
- Entonces Cornelio estaba esperando los
συγκαλεσάμενος τοὺς συγγενεῖς αὐτοῦ καὶ τοὺς
habiendo convocado a los parientes de él y a los
ἀναγκαίους φίλους.
cercanos amigos.

25 Ὡς δὲ ἐγένετο τοῦ εἰσελθεῖν τὸν Πέτρον,
Cuando entonces aconteció el entrar Pedro,
συναντήσας αὐτῷ ὁ Κορνήλιος πεσὼν ἐπὶ
reuniéndose con él - Cornelio cayendo a
τοὺς πόδας προσεκύνησεν.
los pies (de él) adoró.

26 ὁ δὲ Πέτρος αὐτὸν ἤγειρε λέγων· ἀνάστηθι·
- Entonces Pedro lo alzó diciendo: levántate,
κἀγὼ αὐτὸς ἄνθρωπός εἰμι.
También yo mismo hombre soy.

27 καὶ συνομιλῶν αὐτῷ εἰσῆλθε, καὶ εὑρίσκει
Y conversando con él entró, y halló
συνεληλυθότας πολλούς,
reunidos a muchos.

---

180. Es decir, de lo que es testigo toda la nación de los judíos.
181. Es decir, para enviar a alguien en tu busca.
182. Algunos mss suprimen levantándose y añaden Pedro.

28 ἔφη τε πρὸς αὐτούς· ὑμεῖς ἐπίστασθε ὡς ἀθέμιτόν
Dijo entonces a ellos: vosotros sabéis cómo ilícito
ἐστιν ἀνδρὶ Ἰουδαίῳ κολλᾶσθαι ἢ προσέρχεσθαι
es para varón judío asociarse o acercarse
ἀλλοφύλῳ· καὶ ἐμοὶ ὁ Θεὸς ἔδειξε μηδένα κοινὸν
a extranjero. Y a mí Dios enseñó a ningún común
ἢ ἀκάθαρτον λέγειν ἄνθρωπον·
o impuro decir hombre.[183]

29 διὸ καὶ ἀναντιρρήτως ἦλθον
Por tanto también sin negarme vine
μεταπεμφθείς. πυνθάνομαι οὖν τίνι λόγῳ
habiendo sido llamado.[184] Pregunto pues ¿por qué razón
μετεπέμψασθέ με;
habéis llamado a mí?

30 καὶ ὁ Κορνήλιος ἔφη· ἀπὸ τετάρτης ἡμέρας μέχρι ταύτης τῆς
Y Cornelio dijo: desde cuarto día[185] hasta esta la
ὥρας ἤμην νηστεύων, καὶ τὴν ἐνάτην ὥραν προσευχόμενος
hora estaba ayunando, y[186] la novena hora orando[187]
ἐν τῷ οἴκῳ μου· καὶ ἰδοὺ ἀνὴρ ἔστη
en la casa de mí. Y mira varón estuvo en pie
ἐνώπιόν μου ἐν ἐσθῆτι λαμπρᾷ,
delante de mí en vestidura resplandeciente,

31 καὶ φησί· Κορνήλιε, εἰσηκούσθη σου ἡ προσευχὴ
y dice: Cornelio, fue oída de ti la oración
καὶ αἱ ἐλεημοσύναι σου ἐμνήσθησαν
y las limosnas de ti fueron recordadas
ἐνώπιον τοῦ Θεοῦ.
delante de Dios.

32 πέμψον οὖν εἰς Ἰόππην καὶ μετακάλεσαι Σίμωνα
Envía pues a Jope y convoca a Simón
ὃς ἐπικαλεῖται Πέτρος· οὗτος ξενίζεται
el que es llamado Pedro. Éste se aloja
ἐν οἰκίᾳ Σίμωνος βυρσέως παρὰ θάλασσαν·
en casa de Simón curtidor al lado de mar,
ὃς παραγενόμενος λαλήσει σοι.
el cual[188] llegando hablará a ti.

33 ἐξαυτῆς οὖν ἔπεμψα πρὸς σέ, σύ τε καλῶς
Inmediatamente pues envié a ti. Tú ciertamente bien
ἐποίησας παραγενόμενος. νῦν οὖν πάντες ἡμεῖς ἐνώπιον
hiciste llegando. Ahora pues todos nosotros delante
τοῦ Θεοῦ πάρεσμεν ἀκοῦσαι πάντα τὰ
de Dios estamos presentes para escuchar todo lo
προστεταγμένα σοι ὑπὸ τοῦ Θεοῦ.
ordenado a ti por - Dios.[189]

34 Ἀνοίξας δὲ Πέτρος τὸ στόμα εἶπεν· ἐπ᾽ ἀληθείας
Abriendo entonces Pedro la boca dijo: en verdad
καταλαμβάνομαι ὅτι οὐκ ἔστι προσωπολήπτης ὁ Θεός,
comprendo que no es favoritista con las personas[190] Dios,

28 Y les dijo: Vosotros sabéis que es abominable a un varón Judío juntarse o llegarse a extranjero; mas me ha mostrado Dios que a ningún hombre llame común o inmundo;
29 Por lo cual, llamado, he venido sin dudar. Así que pregunto: ¿por qué causa me habéis hecho venir?
30 Entonces Cornelio dijo: Cuatro días ha que a esta hora yo estaba ayuno; y a la hora de nona estando orando en mi casa, he aquí, un varón se puso delante de mí en vestido resplandeciente.
31 Y dijo: Cornelio, tu oración es oída, y tus limosnas han venido en memoria en la presencia de Dios.
32 Envía pues a Joppe, y haz venir a un Simón, que tiene por sobrenombre Pedro; éste posa en casa de Simón, curtidor, junto a la mar; el cual venido, te hablará.
33 Así que, luego envié a ti; y tú has hecho bien en venir. Ahora pues, todos nosotros estamos aquí en la presencia de Dios, para oir todo lo que Dios te ha mandado.
34 Entonces Pedro, abriendo su boca, dijo: Por verdad hallo que Dios no hace acepción de personas;

---

183. Es decir, a no llamar a ningún hombre común o impuro.
184. O cuando se me buscó, cuando se requirió mi presencia.
185. Es decir, hace cuatro días, a esta hora...
186. La NU suprime ayunando y.
187. Es decir, y mientras oraba a la hora novena.
188. La NU suprime desde el cual hasta el final del versículo.
189. La NU sustituye por Señor.
190. Es decir, que Dios no hace acepción de personas.

35 Sino que de cualquiera nación que le teme y obra justicia, se agrada.
36 Envió palabra *Dios* a los hijos de Israel, anunciando la paz por Jesucristo; éste es el Señor de todos.
37 Vosotros sabéis lo que fué divulgado por toda Judea; comenzando desde Galilea después del bautismo que Juan predicó,
38 *Cuanto* a Jesús de Nazaret; cómo le ungió Dios de Espíritu Santo y de potencia; el cual anduvo haciendo bienes, y sanando a todos los oprimidos del diablo; porque Dios era con él.
39 Y nosotros somos testigos de todas las cosas que hizo en la tierra de Judea, y en Jerusalem; al cual mataron colgándole en un madero.
40 A éste levantó Dios al tercer día, e hizo que apareciese manifiesto,
41 No a todo el pueblo, sino a los testigos que Dios antes había ordenado, *es a saber*, a nosotros que comimos y bebimos con él, después que resucitó de los muertos.
42 Y nos mandó que predicásemos al pueblo, y testificásemos que él es el que Dios ha puesto por Juez de vivos y muertos.

35 ἀλλ' ἐν παντὶ ἔθνει ὁ φοβούμενος αὐτὸν
sino que en toda nación el que teme a Él
καὶ ἐργαζόμενος δικαιοσύνην δεκτὸς αὐτῷ ἐστι.
y hace justicia aceptable[191] para él es,[192]

36 τὸν λόγον ὃν ἀπέστειλε τοῖς υἱοῖς Ἰσραὴλ
de la palabra que envió a los hijos de Israel
εὐαγγελιζόμενος εἰρήνην διὰ Ἰησοῦ Χριστοῦ·
anunciando la buena nueva: paz a través de Jesucristo.
οὗτός ἐστι πάντων Κύριος·
Éste es de todos Señor.

37 ὑμεῖς οἴδατε τὸ γενόμενον ῥῆμα καθ' ὅλης τῆς Ἰουδαίας,
Vosotros sabéis el acontecido dicho por toda la Judea,
ἀρξάμενος ἀπὸ τῆς Γαλιλαίας μετὰ τὸ βάπτισμα
comenzando desde la Galilea con el bautismo
ὃ ἐκήρυξεν Ἰωάννης,
que predicó Juan.

38 Ἰησοῦν τὸν ἀπὸ Ναζαρέτ, ὡς ἔχρισεν αὐτὸν
A Jesús el de Nazaret, como ungió lo
ὁ Θεὸς Πνεύματι Ἁγίῳ καὶ δυνάμει, ὃς διῆλθεν
Dios con Espíritu Santo y poder, el cual anduvo
εὐεργετῶν καὶ ἰώμενος πάντας τοὺς καταδυναστευομένους
haciendo bien y curando a todos los oprimidos
ὑπὸ τοῦ διαβόλου, ὅτι ὁ Θεὸς ἦν μετ' αὐτοῦ·
por el Diablo, porque Dios estaba con él.

39 καὶ ἡμεῖς ἐσμεν μάρτυρες πάντων ὧν ἐποίησεν ἔν τε
Y nosotros somos testigos de todo lo que hizo en no
τῇ χώρᾳ τῶν Ἰουδαίων καὶ ἐν Ἱερουσαλήμ·
sólo la región de los judíos sino también en Jerusalén,
ὃν καὶ ἀνεῖλον κρεμάσαντες ἐπὶ ξύλου.
al cual también mataron colgando en madero.

40 τοῦτον ὁ Θεὸς ἤγειρε τῇ τρίτῃ ἡμέρᾳ
A éste Dios levantó al tercer día
καὶ ἔδωκεν αὐτὸν ἐμφανῆ γενέσθαι,
y dio le manifiesto ser hecho,

41 οὐ παντὶ τῷ λαῷ, ἀλλὰ μάρτυσι τοῖς προκεχειροτονημένοις
no a todo el pueblo, sino a testigos los escogidos previamente
ὑπὸ τοῦ Θεοῦ, ἡμῖν, οἵτινες συνεφάγομεν
por Dios, a nosotros, que comimos
καὶ συνεπίομεν αὐτῷ μετὰ τὸ ἀναστῆναι
y bebimos con él después de el resucitar
αὐτὸν ἐκ νεκρῶν·
él de muertos.

42 καὶ παρήγγειλεν ἡμῖν κηρύξαι τῷ λαῷ καὶ
Y ordenó a nosotros proclamar[193] al pueblo y
διαμαρτύρασθαι ὅτι οὗτός ἐστιν ὁ ὡρισμένος ὑπὸ τοῦ Θεοῦ
testificar que éste es el designado por Dios
κριτὴς ζώντων καὶ νεκρῶν.
(como) juez de vivos y muertos.

---

191. Como en Lucas 4.24.
192. Es decir, queda de manifiesto que Dios no hace acepción de personas por el hecho de que ha proclamado la buena nueva que envió a los hijos de Israel –la paz a través de Jesucristo, que es Señor de todos– también a aquellos que no son israelitas.
193. O predicar.

43 τούτῳ πάντες οἱ προφῆται μαρτυροῦσιν, ἄφεσιν ἁμαρτιῶν
Esto todos los profetas testifican: perdón de pecados
λαβεῖν διὰ τοῦ ὀνόματος αὐτοῦ πάντα
recibir a través del nombre de éste todo
τὸν πιστεύοντα εἰς αὐτόν.
el que cree en él.[194]

44 Ἔτι λαλοῦντος τοῦ Πέτρου τὰ ῥήματα ταῦτα ἐπέπεσε
Todavía hablando Pedro los dichos estos cayó
τὸ Πνεῦμα τὸ Ἅγιον ἐπὶ πάντας τοὺς ἀκούοντας τὸν λόγον.
el Espíritu el Santo sobre todos los oyendo la palabra,

45 καὶ ἐξέστησαν οἱ ἐκ περιτομῆς πιστοὶ ὅσοι
y se pasmaron los de circuncisión creyentes cuantos
συνῆλθον τῷ Πέτρῳ ὅτι καὶ ἐπὶ τὰ ἔθνη ἡ
vinieron con Pedro porque también sobre las naciones el
δωρεὰ τοῦ Ἁγίου Πνεύματος ἐκκέχυται·
don del Santo Espíritu ha sido derramado.

46 ἤκουον γὰρ αὐτῶν λαλούντων γλώσσαις
oían Porque a ellos hablando en lenguas
καὶ μεγαλυνόντων τὸν Θεόν. τότε ἀπεκρίθη ὁ Πέτρος·
y magnificando a Dios. Entonces respondió Pedro:

47 μήτι τὸ ὕδωρ κωλῦσαι δύναταί τις τοῦ μὴ
¿Acaso el agua prohibir puede alguien para no
βαπτισθῆναι τούτους, οἵτινες τὸ Πνεῦμα τὸ Ἅγιον
ser bautizados éstos, que el Espíritu el Santo
ἔλαβον καθὼς καὶ ἡμεῖς;
recibieron como también nosotros?

48 προσέταξε τε αὐτοὺς βαπτισθῆναι ἐν τῷ ὀνόματι
Ordenó entonces[195] ellos ser bautizados en el nombre
τοῦ Κυρίου. τότε ἠρώτησαν αὐτὸν ἐπιμεῖναι
del Señor.[196] Entonces rogaron le quedarse
ἡμέρας τινάς.
días algunos.

11 1 Ἤκουσαν δὲ οἱ ἀπόστολοι καὶ οἱ ἀδελφοὶ οἱ
Oyeron entonces los apóstoles y los hermanos los
ὄντες κατὰ τὴν Ἰουδαίαν ὅτι καὶ τὰ ἔθνη ἐδέξαντο
estando en - Judea que también los gentiles recibieron
τὸν λόγον τοῦ Θεοῦ.
la palabra de Dios.

2 καὶ ὅτε ἀνέβη Πέτρος εἰς Ἱεροσόλυμα,
Y cuando subió Pedro a Jerusalén,
διεκρίνοντο πρὸς αὐτὸν οἱ ἐκ περιτομῆς
disputaban con él los de circuncisión

3 λέγοντες ὅτι πρὸς ἄνδρας ἀκροβυστίαν ἔχοντας
diciendo que a (casa de) varones incircuncisión teniendo
εἰσῆλθες καὶ συνέφαγες αὐτοῖς.
entraste y comiste con ellos.

43 A éste dan testimonio todos los profetas, de que todos los que en él creyeren, recibirán perdón de pecados por su nombre.
44 Estando aún hablando Pedro estas palabras, el Espíritu Santo cayó sobre todos los que oían el sermón.
45 Y se espantaron los fieles que eran de la circuncisión, que habían venido con Pedro, de que también sobre los Gentiles se derramase el don del Espíritu Santo.
46 Porque los oían que hablaban en lenguas, y que magnificaban a Dios.
47 Entonces respondió Pedro: ¿Puede alguno impedir el agua, para que no sean bautizados éstos que han recibido el Espíritu Santo también como nosotros?
48 Y les mandó bautizar en el nombre del Señor Jesús. Entonces le rogaron que se quedase por algunos días.

11 1 Y oyeron los apóstoles y los hermanos que estaban en Judea, que también los Gentiles habían recibido la palabra de Dios.
2 Y como Pedro subió a Jerusalem, contendían contra él los que eran de la circuncisión,
3 Diciendo: ¿Por qué has entrado a hombres incircuncisos, y has comido con ellos?

---

194. Es decir, todos los profetas dan testimonio de que todo el que cree en él recibe perdón de los pecados.
195. Es decir, ordenó que ellos fueran bautizados (oración de infinitivo).
196. La NU sustituye por Jesucristo.

4Entonces comenzando Pedro, les declaró por orden *lo pasado*, diciendo:
5Estaba yo en la ciudad de Joppe orando, y vi en rapto de entendimiento una visión: un vaso, como un gran lienzo, que descendía, que por los cuatro cabos era abajado del cielo, y venía hasta mí.
6En el cual como puse los ojos, consideré y vi animales terrestres de cuatro pies, y fieras, y reptiles, y aves del cielo.
7Y oí una voz que me decía: Levántate, Pedro, mata y come.
8Y dije: Señor, no; porque ninguna cosa común o inmunda entró jamás en mi boca.
9Entonces la voz me respondió del cielo segunda vez: Lo que Dios limpió, no lo llames tú común.
10Y esto fué hecho por tres veces: y volvió todo a ser tomado arriba en el cielo.
11Y he aquí, luego sobrevinieron tres hombres a la casa donde yo estaba, enviados a mí de Cesarea.
12Y el Espíritu me dijo que fuese con ellos sin dudar. Y vinieron también conmigo estos seis hermanos, y entramos en casa de un varón,

4 ἀρξάμενος δὲ ὁ Πέτρος ἐξετίθετο αὐτοῖς καθεξῆς λέγων·
Empezando entonces Pedro exponía les ordenadamente diciendo.

5 ἐγὼ ἤμην ἐν πόλει Ἰόππῃ προσευχόμενος, καὶ εἶδον
yo estaba en ciudad de Jope orando, y vi

ἐν ἐκστάσει ὅραμα, καταβαῖνον σκεῦός τι ὡς ὀθόνην
en éxtasis visión, descendiendo recipiente uno como lienzo

μεγάλην τέσσαρσιν ἀρχαῖς καθιεμένην ἐκ
grande, por cuatro esquinas siendo descendido desde

τοῦ οὐρανοῦ, καὶ ἦλθεν ἄχρι ἐμοῦ·
el cielo, y vino hasta mí.

6 εἰς ἣν ἀτενίσας κατενόουν, καὶ εἶδον τὰ
sobre el cual mirando fijamente contemplé y vi los

τετράποδα τῆς γῆς καὶ τὰ θηρία καὶ τὰ
cuadrúpedos de la tierra y las fieras y los

ἑρπετὰ καὶ τὰ πετεινὰ τοῦ οὐρανοῦ.
reptiles y las aves del cielo.

7 ἤκουσα δὲ φωνῆς λεγούσης μοι· ἀναστάς, Πέτρε,
oyendo entonces voz diciendo me: Levantándote, Pedro,

θῦσον καὶ φάγε.
sacrifica y come.

8 εἶπον δέ· μηδαμῶς, Κύριε· ὅτι πᾶν
Dije entonces: De ninguna manera, Señor, porque todo

κοινὸν ἢ ἀκάθαρτον οὐδέποτε εἰσῆλθεν εἰς τὸ στόμα μου.
común o impuro nunca entró en la boca de mí.

9 ἀπεκρίθη δέ μοι φωνὴ ἐκ δευτέρου ἐκ τοῦ
Respondió entonces a mí[197] voz por segunda (vez) desde el

οὐρανοῦ· ἃ ὁ Θεὸς ἐκαθάρισε σὺ μὴ κοίνου.
cielo, lo que Dios limpió tú no hagas común.[198]

10 τοῦτο δὲ ἐγένετο ἐπὶ τρίς, καὶ πάλιν
Esto entonces aconteció por tres veces, y de nuevo

ἀνεσπάσθη ἅπαντα εἰς τὸν οὐρανόν.
fue elevado todo a el cielo.

11 καὶ ἰδοὺ ἐξαυτῆς τρεῖς ἄνδρες ἐπέστησαν
Y mira inmediatamente tres varones aparecieron

ἐπὶ τὴν οἰκίαν ἐν ᾗ ἤμην, ἀπεσταλμένοι
delante de la casa en la que estaba, envíados

ἀπὸ Καισαρείας πρός με.
desde Cesarea a mí.

12 εἶπε δέ μοι τὸ Πνεῦμά συνελθεῖν αὐτοῖς μηδὲν
Dijo entonces a mí el Espíritu ir con ellos nada

διακρινόμενον. ἦλθον δὲ σὺν ἐμοὶ καὶ οἱ
dudando.[199] Vinieron entonces conmigo también los

ἓξ ἀδελφοὶ οὗτοι καὶ εἰσήλθομεν εἰς τὸν οἶκον τοῦ ἀνδρός,
seis hermanos estos y entramos en la casa del varón.

---

197. La NU omite a mí.
198. Es decir, no lo consideres impuro.
199. La NU sustituye por haciendo distinción.

13 ἀπήγγειλέ τε ἡμῖν πῶς εἶδε τὸν ἄγγελον ἐν τῷ
Relató entonces a nosotros cómo vio al ángel en la

οἴκῳ αὐτοῦ σταθέντα καὶ εἰπόντα αὐτῷ·
casa de él estando en pie y diciendo le:

ἀπόστειλον εἰς Ἰόππην ἄνδρας καὶ μετάπεμψαι Σίμωνα
envía a Jope a varones y haz venir a Simón

τὸν ἐπικαλούμενον Πέτρον,
el llamado Pedro,

14 ὃς λαλήσει ῥήματα πρὸς σέ, ἐν οἷς σωθήσῃ
el cual hablará dichos a ti, mediante los que serás salvado

σὺ καὶ πᾶς ὁ οἶκός σου.
tú y toda la casa de ti.

15 ἐν δὲ τῷ ἄρξασθαί με λαλεῖν ἐπέπεσε τὸ Πνεῦμα τὸ
en Entonces el comenzar yo a hablar cayó el Espíritu el

Ἅγιον ἐπ' αὐτοὺς ὥσπερ καὶ ἐφ' ἡμᾶς
Santo sobre ellos como también sobre nosotros

ἐν ἀρχῇ.
en principio.

16 ἐμνήσθην δὲ τοῦ ῥήματος Κυρίου, ὡς ἔλεγεν·
Recordé entonces el dicho de Señor, como dijo:

Ἰωάννης μὲν ἐβάπτισεν ὕδατι, ὑμεῖς δὲ
Juan ciertamente bautizó en agua, vosotros sin embargo

βαπτισθήσεσθε ἐν Πνεύματι Ἁγίῳ.
seréis bautizados en Espíritu Santo.

17 εἰ οὖν τὴν ἴσην δωρεὰν ἔδωκεν αὐτοῖς ὁ Θεὸς ὡς
Si pues el igual don dio a ellos Dios como

καὶ ἡμῖν πιστεύσασιν ἐπὶ τὸν Κύριον
también a nosotros habiendo creído en el Señor

Ἰησοῦν Χριστόν, ἐγὼ δὲ τίς ἤμην δυνατὸς
Jesucristo, ¿yo entonces quién era poderoso

κωλῦσαι τὸν Θεόν;
obstaculizar a Dios?²⁰⁰

18 ἀκούσαντες δὲ ταῦτα ἡσύχασαν καὶ ἐδόξασαν
Escuchando entonces esto callaron y glorificaron

τὸν Θεὸν λέγοντες· ἄρα γε καὶ τοῖς ἔθνεσιν
a Dios diciendo: ciertamente entonces también a los gentiles

ὁ Θεὸς τὴν μετάνοιαν ἔδωκεν εἰς ζωὴν.
Dios el arrepentimiento dio para vida.

19 Οἱ μὲν οὖν διασπαρέντες ἀπὸ τῆς θλίψεως τῆς
Los - pues siendo dispersados por la tribulación la

γενομένης ἐπὶ Στεφάνῳ διῆλθον ἕως Φοινίκης καὶ Κύπρου
acontecida por Esteban fueron hasta Fenicia y Chipre

καὶ Ἀντιοχείας, μηδενὶ λαλοῦντες τὸν λόγον
y Antioquía, a ninguno hablando la palabra

εἰ μὴ μόνον Ἰουδαίοις.
si no sólo a judíos.

13 El cual nos contó cómo había visto un ángel en su casa, que se paró, y le dijo: Envía a Joppe, y haz venir a un Simón que tiene por sobrenombre Pedro;
14 El cual te hablará palabras por las cuales serás salvo tu, y toda tu casa.
15 Y como comencé a hablar, cayó el Espíritu Santo sobre ellos también, como sobre nosotros al principio.
16 Entonces me acordé del dicho del Señor, como dijo: Juan ciertamente bautizó en agua; mas vosotros seréis bautizados en Espíritu Santo.
17 Así que, si Dios les dió el mismo don también a nosotros que hemos creído en el Señor Jesucristo, ¿quién era yo que pudiese estorbar a Dios?
18 Entonces, oídas estas cosas, callaron, y glorificaron a Dios, diciendo: De manera que también a los Gentiles ha dado Dios arrepentimiento para vida.
19 Y los que habían sido esparcidos por causa de la tribulación que sobrevino en tiempo de Esteban, anduvieron hasta Fenicia, y Cipro, y Antioquía, no hablando a nadie la palabra, sino sólo a los Judíos.

---

200. Es decir, ¿quién era yo para poder ponerle obstáculos a Dios?

20 Y de ellos había unos varones Ciprios y Cirenenses, los cuales como entraron en Antioquía, hablaron a los Griegos, anunciando el evangelio del Señor Jesús.
21 Y la mano del Señor era con ellos: y creyendo, gran número se convirtió al Señor.
22 Y llegó la fama de estas cosas a oídos de la iglesia que estaba en Jerusalem: y enviaron a Bernabé que fuese hasta Antioquía.
23 El cual, como llegó, y vió la gracia de Dios, regocijóse; y exhortó a todos a que permaneciesen en el propósito del corazón en el Señor.
24 Porque era varón bueno, y lleno de Espíritu Santo y de fe: y mucha compañía fué agregada al Señor.
25 Después partió Bernabé a Tarso a buscar a Saulo; y hallado, le trajo a Antioquía.
26 Y conversaron todo un año allí con la iglesia, y enseñaron á mucha gente; y los discípulos fueron llamados Cristianos primeramente en Antioquía.
27 Y en aquellos días descendieron de Jerusalem profetas a Antioquía.

20 ἦσαν δέ τινες ἐξ αὐτῶν ἄνδρες Κύπριοι καὶ
Eran entonces algunos de ellos varones chipriotas y

Κυρηναῖοι, οἵτινες εἰσελθόντες εἰς Ἀντιόχειαν ἐλάλουν
cirineos, los cuales entrando en Antioquía hablaban

πρὸς τοὺς Ἑλληνιστάς, εὐαγγελιζόμενοι
a los griegos, proclamando el Evangelio

τὸν Κύριον Ἰησοῦν.
del Señor Jesús.

21 καὶ ἦν χεὶρ Κυρίου μετ' αὐτῶν, πολύς τε
Y estaba mano de Señor con ellos, mucho entonces

ἀριθμὸς πιστεύσας ἐπέστρεψεν ἐπὶ τὸν Κύριον.
número creyendo se volvió hacia el Señor.

22 ἠκούσθη δὲ ὁ λόγος εἰς τὰ ὦτα τῆς ἐκκλησίας
Fue escuchada entonces la palabra en los oídos de la iglesia

τῆς ἐν Ἱεροσολύμοις περὶ αὐτῶν, καὶ ἐξαπέστειλαν
la en Jerusalén acerca de esto,[201] y fue envíado

Βαρνάβαν διελθεῖν ἕως Ἀντιοχείας·
Bernabé para ir hasta Antioquía.

23 ὃς παραγενόμενος καὶ ἰδὼν τὴν χάριν τοῦ Θεοῦ
el cual llegando y viendo la gracia de Dios

ἐχάρη, καὶ παρεκάλει πάντας τῇ προθέσει τῆς καρδίας
se alegró, y exhortó a todos con el propósito del corazón

προσμένειν τῷ Κυρίῳ,
a perseverar en el Señor,

24 ὅτι ἦν ἀνὴρ ἀγαθὸς καὶ πλήρης Πνεύματος Ἁγίου
porque era varón bueno y lleno de Espíritu Santo

καὶ πίστεως· καὶ προσετέθη ὄχλος ἱκανὸς
y de fe. Y fue añadida muchedumbre numerosa

τῷ Κυρίῳ.
al Señor.

25 ἐξῆλθε δὲ εἰς Ταρσὸν ὁ Βαρνάβας ἀναζητῆσαι Σαῦλον,
Fue entonces a Tarso - Bernabé[202] a buscar a Saulo,

26 καὶ εὑρὼν αὐτὸν ἤγαγεν αὐτὸν εἰς Ἀντιόχειαν.
y encontrando lo llevó lo a Antioquía.

ἐγένετο δὲ αὐτοὺς ἐνιαυτὸν ὅλον συναχθῆναι
Aconteció entonces ellos año entero congregarse

ἐν τῇ ἐκκλησίᾳ καὶ διδάξαι ὄχλον ἱκανόν,
en la iglesia y enseñar a muchedumbre numerosa,

χρηματίσαι τε πρῶτον ἐν Ἀντιοχείᾳ τοὺς μαθητὰς
ser llamados Y por primera vez en Antioquía los discípulos

Χριστιανούς.[203]
cristianos.

27 Ἐν ταύταις δὲ ταῖς ἡμέραις κατῆλθον ἀπὸ Ἱεροσολύμων
En estos - - días descendieron desde Jerusalén

προφῆται εἰς Ἀντιόχειαν·
profetas a Antioquía.

---

201. Es decir, llegó hasta los oídos de la iglesia en Jerusalén el relato.
202. La NU omite Bernabé.
203. Es decir, y que los discípulos fueran llamados cristianos por primera vez.

28 ἀναστὰς δὲ εἷς ἐξ αὐτῶν ὀνόματι Ἄγαβος
Levantándose entonces uno de ellos de nombre Agabo
ἐσήμανε διὰ τοῦ Πνεύματος λιμὸν μέγαν μέλλειν ἔσεσθαι
indicó por el Espíritu hambre grande para ir a ser[204]
ἐφ᾽ ὅλην τὴν οἰκουμένην· ὅστις καὶ ἐγένετο
sobre toda la ecumene,[205] la cual también aconteció
ἐπὶ Κλαυδίου Καίσαρος.
en (época) de Claudio César.[206]

29 τῶν δὲ μαθητῶν καθὼς εὐπορεῖτό τις, ὥρισαν
los Entonces discípulos como abundaba alguno, decidió
ἕκαστος αὐτῶν εἰς διακονίαν πέμψαι τοῖς κατοικοῦσιν
cada uno de ellos para servicio enviar a los morando
ἐν τῇ Ἰουδαίᾳ ἀδελφοῖς·
en Judea hermanos.[207]

30 ὃ καὶ ἐποίησαν ἀποστείλαντες πρὸς τοὺς πρεσβυτέρους
lo que también hicieron enviando a los ancianos
διὰ χειρὸς Βαρνάβα καὶ Σαύλου.
mediante mano de Bernabé y Saulo.

12 1 Κατ᾽ ἐκεῖνον δὲ τὸν καιρὸν ἐπέβαλεν Ἡρῴδης ὁ βασιλεὺς
En aquel - tiempo echó Herodes el rey
τὰς χεῖρας κακῶσαί τινας τῶν ἀπὸ τῆς ἐκκλησίας.
las manos para dañar[208] a algunos de los de la iglesia.

2 ἀνεῖλε δὲ Ἰάκωβον τὸν ἀδελφὸν Ἰωάννου μαχαίρᾳ.
Mató entonces a Santiago el hermano de Juan a espada.

3 καὶ ἰδὼν ὅτι ἀρεστόν ἐστι τοῖς Ἰουδαίοις, προσέθετο
Y viendo que grato es a los judíos, procedió
συλλαβεῖν καὶ Πέτρον· ἦσαν δὲ αἱ ἡμέραι
a prender también a Pedro - eran entonces los días
τῶν ἀζύμων·
de los ácimos -

4 ὃν καὶ πιάσας ἔθετο εἰς φυλακήν, παραδοὺς
del cual también apoderándose puso en cárcel, entregando
τέσσαρσι τετραδίοις στρατιωτῶν φυλάσσειν αὐτόν,
a cuatro piquetes[209] de cuatro soldados para custodiar lo,
βουλόμενος μετὰ τὸ πάσχα ἀναγαγεῖν αὐτὸν τῷ λαῷ.
planeando tras la pascua llevar de nuevo a él ante el pueblo.

5 ὁ μὲν οὖν Πέτρος ἐτηρεῖτο ἐν τῇ φυλακῇ·
- Así pues Pedro estaba custodiado en la cárcel.
προσευχὴ δὲ ἦν ἐκτενὴς γινομένη ὑπὸ τῆς
Oración sin embargo era intensa[210] hecha por la
ἐκκλησίας πρὸς τὸν Θεὸν ὑπὲρ αὐτοῦ.
iglesia a - Dios por él.

28 Y levantándose uno de ellos, llamado Agabo, daba a entender por Espíritu, que había de haber una grande hambre en toda la tierra habitada: la cual hubo en tiempo de Claudio. **29** Entonces los discípulos, cada uno conforme a lo que tenía, determinaron enviar subsidio a los hermanos que habitaban en Judea: **30** Lo cual asimismo hicieron, enviándolo a los ancianos por mano de Bernabé y de Saulo.

12 Y en el mismo tiempo el rey Herodes echó mano a maltratar algunos de la iglesia. **2** Y mató a cuchillo a Jacobo, hermano de Juan. **3** Y viendo que había agradado a los Judíos, pasó adelante para prender también a Pedro. Eran entonces los días de los ázimos. **4** Y habiéndole preso, púsole en la cárcel, entregándole a cuatro cuaterniones de soldados que le guardasen; queriendo sacarle al pueblo después de la Pascua. **5** Así que, Pedro era guardado en la cárcel; y la iglesia hacía sin cesar oración a Dios por él.

---

204. Es decir, indicó mediante el Espíritu que iba a sobrevenir un hambre grande.
205. Es decir, el mundo habitado, el ámbito de gobierno del imperio romano.
206. La NU omite César.
207. Es decir, cada uno de ellos, en la medida de lo que poseía, decidió enviar a los hermanos que vivían en Judea para lo que pudiera servirles.
208. O maltratar.
209. O cuaterniones o patrullas de cuatro soldados.
210. La NU sustituye por intensamente.

6 Y cuando Herodes le había de sacar, aquella misma noche estaba Pedro durmiendo entre dos soldados, preso con dos cadenas, y los guardas delante de la puerta, que guardaban la cárcel.
7 Y he aquí, el ángel del Señor sobrevino, y una luz resplandeció en la cárcel; e hiriendo a Pedro en el lado, le despertó, diciendo: Levántate prestamente. Y las cadenas se le cayeron de las manos.
8 Y le dijo el ángel: Cíñete, y átate tus sandalias. Y lo hizo así. Y le dijo: Rodéate tu ropa, y sígueme.
9 Y saliendo, le seguía; y no sabía que era verdad lo que hacía el ángel, mas pensaba que veía visión.
10 Y como pasaron la primera y la segunda guardia, vinieron a la puerta de hierro que va a la ciudad, la cual se les abrió de suyo: y salidos, pasaron una calle; y luego el ángel se apartó de él.
11 Entonces Pedro, volviendo en sí, dijo: Ahora entiendo verdaderamente que el Señor ha enviado su ángel, y me ha librado de la mano de Herodes, y de todo el pueblo de los Judíos que me esperaba.

6 Ὅτε δὲ ἤμελλεν αὐτὸν προάγειν ὁ Ἡρῴδης, τῇ νυκτὶ
Cuando entonces iba a él a sacar Herodes, la noche
ἐκείνῃ ἦν ὁ Πέτρος κοιμώμενος μεταξὺ δύο στρατιωτῶν
aquella estaba Pedro durmiendo entre dos soldados
δεδεμένος ἁλύσεσι δυσί, φύλακές τε πρὸ τῆς θύρας
atado con cadenas dos, guardianes también ante la puerta
ἐτήρουν τὴν φυλακήν.
guardaban la prisión.

7 καὶ ἰδοὺ ἄγγελος Κυρίου ἐπέστη καὶ φῶς ἔλαμψεν ἐν τῷ
Y mira ángel de Señor cayó y luz brilló en la
οἰκήματι· πατάξας δὲ τὴν πλευρὰν τοῦ Πέτρου ἤγειρεν
celda. Golpeando entonces el costado de Pedro alzó
αὐτὸν λέγων· ἀνάστα ἐν τάχει. καὶ ἐξέπεσον αὐτοῦ αἱ
lo diciendo: Levántate con rapidez y cayeron de él las
ἁλύσεις ἐκ τῶν χειρῶν.
cadenas de las manos.

8 εἶπέ τε ὁ ἄγγελος πρὸς αὐτόν· περίζωσαι καὶ ὑπόδησαι
Dijo entonces el ángel a él: Cíñete y ponte
τὰ σανδάλιά σου. ἐποίησε δὲ οὕτω. καὶ λέγει αὐτῷ·
las sandalias de ti. Hizo entonces así. Y dice le:
περιβαλοῦ τὸ ἱμάτιόν σου καὶ ἀκολούθει μοι.
Envuélvete en el manto de ti y sigue me.

9 καὶ ἐξελθὼν ἠκολούθει αὐτῷ, καὶ οὐκ ᾔδει ὅτι ἀληθές
Y saliendo seguía a él, y no había sabido que verdad
ἐστι τὸ γινόμενον διὰ τοῦ ἀγγέλου,
es lo aconteciendo a través del ángel,
ἐδόκει δὲ ὅραμα βλέπειν.
consideraba sin embargo visión ver.

10 διελθόντες δὲ πρώτην φυλακὴν καὶ δευτέραν ἦλθον
Atravesando entonces primera guardia y segunda vinieron
ἐπὶ τὴν πύλην τὴν σιδηρᾶν τὴν φέρουσαν εἰς τὴν πόλιν,
a la puerta la férrea la conduciendo a la ciudad,
ἥτις αὐτομάτη ἠνοίχθη αὐτοῖς, καὶ ἐξελθόντες
que automáticamente[211] fue abierta a ellos, y saliendo
προῆλθον ῥύμην μίαν, καὶ εὐθέως ἀπέστη
avanzaron a calle una, e inmediatamente se apartó
ὁ ἄγγελος ἀπ' αὐτοῦ.
el ángel de él.

11 καὶ ὁ Πέτρος γενόμενος ἐν ἑαυτῷ εἶπεν· νῦν οἶδα
Y Pedro resultando en sí[212] dijo: ahora sé
ἀληθῶς ὅτι ἐξαπέστειλε Κύριος τὸν ἄγγελον αὐτοῦ
verdaderamente que envió Señor al ángel de él
καὶ ἐξείλετό με ἐκ χειρὸς Ἡρῴδου καὶ πάσης τῆς
y libró me de mano de Herodes y de toda la
προσδοκίας τοῦ λαοῦ τῶν Ἰουδαίων.
expectativa del pueblo de los judíos.

---

211. Es decir, por sí misma.
212. Es decir, volviendo en sí mismo.

12 συνιδών   τε ἦλθεν ἐπὶ τὴν οἰκίαν Μαρίας
Dándose cuenta (de lo sucedido) - vino a la casa de María

τῆς μητρὸς Ἰωάννου τοῦ ἐπικαλουμένου Μάρκου, οὗ
la madre de Juan el llamado   Marcos, donde

ἦσαν ἱκανοὶ συνηθροισμένοι καὶ προσευχόμενοι.
estaban numerosos congregados   y orando.

13 κρούσαντος δὲ   τοῦ Πέτρου τὴν θύραν τοῦ πυλῶνος
Llamando entonces   Pedro²¹³ a la puerta de la entrada²¹⁴

προσῆλθε παιδίσκη ὑπακοῦσαι ὀνόματι Ῥόδη,
vino   criada   a responder de nombre Rode.

14 καὶ ἐπιγνοῦσα   τὴν φωνὴν τοῦ Πέτρου, ἀπὸ τῆς χαρᾶς
Y reconociendo la voz de Pedro, de la alegría

οὐκ ἤνοιξε τὸν πυλῶνα, εἰσδραμοῦσα   δὲ   ἀπήγγειλεν
no abrió la entrada, entrando corriendo entonces anunció

ἑστάναι τὸν Πέτρον πρὸ τοῦ πυλῶνος.
estar   - Pedro ante la entrada.

15 οἱ δὲ   πρὸς αὐτὴν εἶπον· μαίνῃ.   ἡ δὲ
Ellos entonces a ella dijeron: Estás loca. Ella sin embargo

διϊσχυρίζετο οὕτως ἔχειν· οἱ δὲ   ἔλεγον· ὁ
insistía   así   tener.²¹⁵ Ellos entonces dijeron: el

ἄγγελος   αὐτοῦ ἐστιν.
mensajero²¹⁶   de él es.

16 ὁ δὲ   Πέτρος ἐπέμενε κρούων. ἀνοίξαντες δὲ
- Entonces Pedro continuaba llamando. Abriendo entonces

εἶδον   αὐτὸν καὶ ἐξέστησαν.
vieron lo   y se pasmaron.

17 κατασείσας   δὲ   αὐτοῖς τῇ   χειρὶ
Haciendo seña entonces a ellos con la mano

σιγᾶν   διηγήσατο αὐτοῖς
para callarse relató les

πῶς ὁ Κύριος αὐτὸν ἐξήγαγεν ἐκ τῆς φυλακῆς,
cómo el Señor lo sacó   de la cárcel.

εἶπε δέ· ἀπαγγείλατε Ἰακώβῳ καὶ τοῖς ἀδελφοῖς
Dijo entonces: anunciad a Santiago²¹⁷ y a los hermanos

ταῦτα. καὶ ἐξελθὼν ἐπορεύθη εἰς ἕτερον τόπον.
esto. Y saliendo se marchó a otro   lugar.

18 Γενομένης   δὲ   ἡμέρας ἦν τάραχος οὐκ ὀλίγος
Aconteciendo entonces día había disturbio no pequeño

ἐν τοῖς στρατιώταις, τί   ἄρα ὁ Πέτρος ἐγένετο.
entre los soldados, sobre qué - a Pedro aconteciera.

19 Ἡρῴδης δὲ   ἐπιζητήσας αὐτὸν καὶ μὴ εὑρών,
Herodes entonces buscando   lo   y no encontrando

ἀνακρίνας   τοὺς φύλακας ἐκέλευσεν
habiendo examinado a los guardias ordenó

ἀπαχθῆναι,   καὶ κατελθὼν   ἀπὸ
ser conducidos (a la muerte), y descendiendo desde

τῆς Ἰουδαίας εἰς Καισάρειαν διέτριβεν.
Judea   a Cesarea   permaneció.²¹⁸

12 Y habiendo considerado *esto*, llegó a casa de María la madre de Juan, el que tenía por sobrenombre Marcos, donde muchos estaban juntos orando.
13 Y tocando Pedro a la puerta del patio, salió una muchacha, para escuchar, llamada Rhode:
14 La cual como conoció la voz de Pedro, de gozo no abrió el postigo, sino corriendo adentro, dió nueva de que Pedro estaba al postigo.
15 Y ellos le dijeron: Estás loca. Mas ella afirmaba que así era. Entonces ellos decían: Su ángel es.
16 Mas Pedro perseveraba en llamar: y cuando abrieron, viéronle, y se espantaron.
17 Mas haciéndoles con la mano señal de que callasen, les contó cómo el Señor le había sacado de la cárcel. Y dijo: Haced saber esto a Jacobo y a los hermanos. Y salió, y partió a otro lugar.
18 Luego que fué de día, hubo no poco alboroto entre los soldados sobre qué se había hecho de Pedro.
19 Mas Herodes, como le buscó y no le halló, hecha inquisición de los guardas, los mandó llevar. Después descendiendo de Judea a Cesarea, se quedó allí.

---

213. La NU sustituye por él.
214. O del pórtico.
215. Es decir, insistía en que era como ella decía.
216. O ángel. El doble significado de la palabra puede indicar o bien que creyeron que era un ángel cercano a Pedro o bien que era alguien enviado por Pedro – su mensajero – que anunciaba el cambio de situación.
217. O Jacobo.
218. Es decir, pasó allí tiempo, se quedó allí.

20 Y Herodes estaba enojado contra los de Tiro y los de Sidón: mas ellos vinieron concordes a él, y sobornado Blasto, que era el camarero del rey, pedían paz; porque las tierras de ellos eran abastecidas por las del rey.
21 Y un día señalado, Herodes vestido de ropa real, se sentó en el tribunal, y arengóles.
22 Y el pueblo aclamaba: Voz de Dios, y no de hombre.
23 Y luego el ángel del Señor le hirió, por cuanto no dió la gloria a Dios; y espiró comido de gusanos.
24 Mas la palabra del Señor crecía y era multiplicada.
25 Y Bernabé y Saulo volvieron de Jerusalem cumplido su servicio, tomando también consigo a Juan, el que tenía por sobrenombre Marcos.

13 Había entonces en la iglesia que estaba en Antioquía, profetas y doctores: Bernabé, y Simón el que se llamaba Niger, y Lucio Cireneo, y Manahén, que había sido criado con Herodes el tetrarca, y Saulo.

20 Ἦν δὲ ὁ Ἡρώδης θυμομαχῶν Τυρίοις καὶ Σιδωνίοις·
Estaba entonces Herodes airado con tirios y sidonios.

ὁμοθυμαδὸν δὲ παρῆσαν πρὸς αὐτόν,
Unánimemente entonces vinieron a él,

καὶ πείσαντες Βλάστον τὸν ἐπὶ τοῦ κοιτῶνος
y persuadiendo a Blasto el sobre el dormitorio

τοῦ βασιλέως ἠτοῦντο εἰρήνην, διὰ τὸ τρέφεσθαι αὐτῶν
del rey[219] pedían paz, por el ser alimentada de ellos

τὴν χώραν ἀπὸ τῆς βασιλικῆς.
la región por el (territorio) regio.[220]

21 τακτῇ δὲ ἡμέρᾳ ὁ Ἡρώδης ἐνδυσάμενος ἐσθῆτα
En el señalado - día Herodes vistiéndose vestimenta

βασιλικὴν καὶ καθίσας ἐπὶ τοῦ βήματος ἐδημηγόρει
regia y sentándose en el tribunal se dirigía

πρὸς αὐτούς,
a ellos.

22 ὁ δὲ δῆμος ἐπεφώνει· Θεοῦ φωνὴ
el Entonces pueblo aclamaba: de Dios voz

καὶ οὐκ ἀνθρώπου.
y no de hombre.

23 παραχρῆμα δὲ ἐπάταξεν αὐτὸν ἄγγελος Κυρίου
Inmediatamente entonces golpeó[221] lo ángel de Señor

ἀνθ' ὧν οὐκ ἔδωκε τὴν δόξαν τῷ Θεῷ, καὶ γενόμενος
por que no dio la gloria a Dios, y resultando

σκωληκόβρωτος ἐξέψυξεν.
devorado por gusanos expiró.

24 Ὁ δὲ λόγος τοῦ Θεοῦ ηὔξανε καὶ ἐπληθύνετο.
la Pero palabra de Dios crecía y era multiplicada.

25 Βαρνάβας δὲ καὶ Σαῦλος ὑπέστρεψαν ἐξ Ἰερουσαλὴμ
Bernabé entonces y Saulo regresaron de Jerusalén

πληρώσαντες τὴν διακονίαν, συμπαραλαβόντες
cumpliendo el servicio, llevando con ellos

καὶ Ἰωάννην τὸν ἐπικληθέντα Μᾶρκον.
también a Juan el siendo llamado Marcos.

13 **1** Ἦσαν δὲ τινες ἐν Ἀντιοχείᾳ κατὰ τὴν οὖσαν
Estaban entonces algunos en Antioquía en la existente

ἐκκλησίαν προφῆται καὶ διδάσκαλοι, ὅ τε Βαρνάβας
iglesia profetas y maestros, - tanto Bernabé

καὶ Συμεὼν ὁ καλούμενος Νίγερ, καὶ Λούκιος ὁ Κυρηναῖος,
como Simeón el llamado Niger, y Lucio el cireneo,

Μαναήν τε Ἡρῴδου τοῦ τετράρχου σύντροφος καὶ
Menahem - de Herodes el tetrarca hermano de leche[222] y

Σαῦλος.
Saulo.

---

219. Es decir, el ayuda de cámara del rey, el camarero del rey.
220. Es decir, el del rey.
221. Ver Hechos 12.7.
222. O criado con Herodes el tetrarca.

2 λειτουργούντων δὲ αὐτῶν τῷ Κυρίῳ καὶ
Estando en un culto[223] entonces ellos para el Señor y

νηστευόντων εἶπε τὸ Πνεῦμα τὸ ἅγιον· ἀφορίσατε δή
ayunando dijo el Espíritu el Santo: apartad ahora

μοι τὸν Βαρνάβαν
a mí a Bernabé

καὶ τὸν Σαῦλον εἰς τὸ ἔργον ὃ προσκέκλημαι αὐτούς.
y a Saulo para la obra que he llamado a ellos.

3 τότε νηστεύσαντες καὶ προσευξάμενοι καὶ ἐπιθέντες
Entonces ayunando y orando e imponiendo

τὰς χεῖρας αὐτοῖς ἀπέλυσαν.
las manos sobre ellos (los) enviaron.

4 Οὗτοι μὲν οὖν ἐκπεμφθέντες ὑπὸ τοῦ Πνεύματος
Éstos - pues habiendo sido enviados por el Espíritu

τοῦ Ἁγίου κατῆλθον εἰς τὴν Σελεύκειαν, ἐκεῖθέν τε
el Santo descendieron a - Seleucia. Desde allí -

ἀπέπλευσαν εἰς τὴν Κύπρον,
navegaron a - Chipre.

5 καὶ γενόμενοι ἐν Σαλαμῖνι κατήγγελλον τὸν λόγον τοῦ Θεοῦ
Y resultando en Salamina proclamaron la palabra de Dios

ἐν ταῖς συναγωγαῖς τῶν Ἰουδαίων·
en las sinagogas de los judíos.

εἶχον δὲ καὶ Ἰωάννην ὑπηρέτην.
Tenían entonces también a Juan (como) ayudante.

6 διελθόντες δὲ τὴν νῆσον ἄχρι Πάφου εὗρόν
Cruzando entonces la[224] isla hasta Pafos encontraron

τινα μάγον ψευδοπροφήτην Ἰουδαῖον ᾧ ὄνομα
a cierto mago falso profeta judío para el que nombre (era)

Βαριησοῦς,
Barjesús,[225]

7 ὃς ἦν σὺν τῷ ἀνθυπάτῳ Σεργίῳ Παύλῳ, ἀνδρὶ συνετῷ.
el cual estaba con el procónsul Sergio Paulo, varón prudente.

οὗτος προσκαλεσάμενος Βαρνάβαν καὶ Σαῦλον
Éste convocando a Bernabé y a Saulo

ἐπεζήτησεν ἀκοῦσαι τὸν λόγον τοῦ Θεοῦ·
buscó escuchar la palabra de Dios.

8 ἀνθίστατο δὲ αὐτοῖς Ἐλύμας ὁ μάγος - οὕτω γὰρ
Resistió entonces a ellos Elimas el mago - así Porque

μεθερμηνεύεται τὸ ὄνομα αὐτοῦ - ζητῶν διαστρέψαι τὸν
se traduce el nombre de él - buscando apartar al

ἀνθύπατον ἀπὸ τῆς πίστεως.
procónsul de la fe.

9 Σαῦλος δέ, ὁ καὶ Παῦλος, πλησθεὶς Πνεύματος
Saulo entonces, el también Pablo, siendo lleno de Espíritu

Ἁγίου καὶ ἀτενίσας εἰς αὐτὸν
Santo y mirando fijamente a él

2Ministrando pues éstos al Señor, y ayunando, dijo el Espíritu Santo: Apartadme a Bernabé y a Saulo para la obra para la cual los he llamado.
3Entonces habiendo ayunado y orado, y puesto las manos encima de ellos, despidiéronlos.
4Y ellos, enviados así por el Espíritu Santo, descendieron a Seleucia: y de allí navegaron a Cipro.
5Y llegados a Salamina, anunciaban la palabra de Dios en las sinagogas de los Judíos: y tenían también a Juan en el ministerio.
6Y habiendo atravesado toda la isla hasta Papho, hallaron un hombre mago, falso profeta, Judío, llamado Barjesús;
7El cual estaba con el procónsul Sergio Paulo, varón prudente. Este, llamando a Bernabé y a Saulo, deseaba oír la palabra de Dios.
8Mas les resistía Elimas el encantador (que así se interpreta su nombre), procurando apartar de la fe al procónsul.
9Entonces Saulo, que también es Pablo, lleno del Espíritu Santo, poniendo en él los ojos,

---

223. O sirviendo.
224. La NU añade toda.
225. Es decir, que tenía por nombre Barjesús.

10Dijo: Oh, lleno de todo engaño y de toda maldad, hijo del diablo, enemigo de toda justicia, ¿no cesarás de trastornar los caminos rectos del Señor?
11Ahora pues, he aquí la mano del Señor es contra ti, y serás ciego, que no veas el sol por tiempo. Y luego cayeron en él obscuridad y tinieblas; y andando alrededor, buscaba quién le condujese por la mano.
12Entonces el procónsul, viendo lo que había sido hecho, creyó, maravillado de la doctrina del Señor.
13Y partidos de Papho, Pablo y sus compañeros arribaron a Perge de Pamphylia: entonces Juan, apartándose de ellos, se volvió a Jerusalem.
14Y ellos pasando de Perge, llegaron a Antioquía de Pisidia, y entrando en la sinagoga un día de sábado, sentáronse.
15Y después de la lectura de la ley y de los profetas, los príncipes de la sinagoga enviaron a ellos, diciendo: Varones hermanos, si tenéis alguna palabra de exhortación para el pueblo, hablad.
16Entonces Pablo, levantándose, hecha señal de silencio con la mano, dice: Varones Israelitas, y los que teméis a Dios, oíd:

10 εἶπεν· ὦ πλήρης παντὸς δόλου καὶ πάσης
dijo: oh lleno de todo engaño y de toda

ῥᾳδιουργίας, υἱὲ διαβόλου, ἐχθρὲ πάσης δικαιοσύνης,
falta de escrúpulos,[226] hijo de diablo, enemigo de toda justicia,

οὐ παύσῃ διαστρέφων τὰς ὁδοὺς Κυρίου τὰς εὐθείας;
¿No dejarás pervirtiendo los caminos del Señor los rectos?[227]

11 καὶ νῦν ἰδοὺ χεὶρ τοῦ Κυρίου ἐπὶ σέ, καὶ ἔσῃ τυφλὸς
Y ahora mira mano del Señor sobre ti, y estarás ciego

μὴ βλέπων τὸν ἥλιον ἄχρι καιροῦ. παραχρῆμά δὲ
no viendo el sol por tiempo. Inmediatamente entonces

ἔπεσεν ἐπ' αὐτὸν ἀχλὺς καὶ σκότος,
cayó sobre él ceguera y oscuridad,

καὶ περιάγων ἐζήτει χειραγωγούς.
y girando[228] buscaba a los que lo llevaran de la mano.

12 τότε ἰδὼν ὁ ἀνθύπατος τὸ γεγονὸς ἐπίστευσεν,
Entonces viendo el procónsul lo acontecido creyó,

ἐκπλησσόμενος ἐπὶ τῇ διδαχῇ τοῦ Κυρίου.
asombrado por la enseñanza del Señor.

13 Ἀναχθέντες δὲ ἀπὸ τῆς Πάφου οἱ περὶ τὸν Παῦλον
Zarpando entonces de - Pafos los alrededor de Pablo

ἦλθον εἰς Πέργην τῆς Παμφυλίας· Ἰωάννης δὲ
vinieron a Perge de Panfilia. Juan entonces

ἀποχωρήσας ἀπ' αὐτῶν ὑπέστρεψεν εἰς Ἱεροσόλυμα.
separándose de ellos volvió a Jerusalén.

14 αὐτοὶ δὲ διελθόντες ἀπὸ τῆς Πέργης παρεγένοντο
Ellos entonces atravesando desde - Perge llegaron

εἰς Ἀντιόχειαν τῆς Πισιδίας, καὶ εἰσελθόντες
a Antioquía de Pisidia, y entrando

εἰς τὴν συναγωγὴν τῇ ἡμέρᾳ τῶν σαββάτων ἐκάθισαν.
en la sinagoga en el día de los sábados se sentaron.

15 μετὰ δὲ τὴν ἀνάγνωσιν τοῦ νόμου καὶ τῶν
Después entonces de la lectura de la ley y de los

προφητῶν ἀπέστειλαν οἱ ἀρχισυνάγωγοι πρὸς
profetas enviaron los dirigentes de la sinagoga a

αὐτοὺς λέγοντες· ἄνδρες ἀδελφοί, εἴ ἐστι λόγος
ellos diciendo: Varones hermanos, si hay palabra

ἐν ὑμῖν παρακλήσεως πρὸς τὸν λαόν λέγετε.
en vosotros de exhortación para el pueblo hablad.

16 ἀναστὰς δὲ Παῦλος καὶ
Levantándose entonces Pablo y

κατασείσας
haciendo movimiento (para imponer silencio)

τῇ χειρὶ εἶπεν· ἄνδρες Ἰσραηλῖται καὶ οἱ φοβούμενοι
con la mano dijo: varones israelitas y los temiendo

τὸν Θεόν, ἀκούσατε.
a Dios, escuchad:

---

226. O mala conducta.
227. Es decir, ¿no vas a dejar de pervertir los rectos caminos del Señor?
228. Es decir, dando vueltas en círculo, moviéndose alrededor.

17 ὁ Θεὸς τοῦ λαοῦ τούτου Ἰσραὴλ ἐξελέξατο τοὺς πατέρας
El Dios del pueblo este Israel eligió a los padres

ἡμῶν, καὶ τὸν λαὸν ὕψωσεν ἐν τῇ παροικίᾳ
de nosotros, y al pueblo enalteció en la peregrinación

ἐν γῇ Αἰγύπτῳ, καὶ μετὰ βραχίονος ὑψηλοῦ ἐξήγαγεν
en tierra de Egipto. Y con brazo alto[229] sacó

αὐτοὺς ἐξ αὐτῆς,
los de ella.

18 καὶ ὡς τεσσερακονταέτη χρόνον ἐτροποφόρησεν
Y como por de cuarenta años tiempo soportó

αὐτοὺς ἐν τῇ ἐρήμῳ,
los en el desierto.

19 καὶ καθελὼν ἔθνη ἑπτὰ ἐν γῇ Χανάαν
Y destruyendo naciones siete en tierra de Canaán

κατεκληρονόμησεν αὐτοῖς τὴν γῆν αὐτῶν.
dio como herencia[230] a ellos la tierra de ellos.

20 καὶ μετὰ ταῦτα ὡς ἔτεσι τετρακοσίοις καὶ πεντήκοντα
Y tras esto como años cuatrocientos y cincuenta[231]

ἔδωκε κριτὰς ἕως Σαμουὴλ τοῦ προφήτου.
dio jueces hasta Samuel el profeta.

21 κἀκεῖθεν ᾐτήσαντο βασιλέα, καὶ ἔδωκεν αὐτοῖς
Y entonces pidieron rey, y dio les

ὁ Θεὸς τὸν Σαοὺλ υἱὸν Κίς, ἄνδρα ἐκ φυλῆς Βενιαμίν,
Dios a Saul hijo de Cis, varón de tribu de Benjamín,

ἔτη τεσσεράκοντα·
años cuarenta.

22 καὶ μεταστήσας αὐτὸν ἤγειρεν αὐτοῖς τὸν Δαυῒδ εἰς βασιλέα,
Y quitando lo levantó les a David por rey,

ᾧ καὶ εἶπε μαρτυρήσας· εὗρον Δαυῒδ τὸν τοῦ
al cual también dijo testificando: encontré a David el de

Ἰεσσαί, ἄνδρα κατὰ τὴν καρδίαν μου, ὃς ποιήσει
Isaí, varón según el corazón de mí, el cual hará

πάντα τὰ θελήματά μου.
todos los deseos de mí.

23 τούτου ὁ Θεὸς ἀπὸ τοῦ σπέρματος κατ' ἐπαγγελίαν
De éste Dios de la semilla[232] según promesa

ἤγειρεν τῷ Ἰσραὴλ σωτῆρα Ἰησοῦν,
levantó a Israel a salvador Jesús,

24 προκηρύξαντος Ἰωάννου πρὸ προσώπου τῆς
proclamando previamente Juan ante rostro de la

εἰσόδου αὐτοῦ βάπτισμα μετανοίας
entrada de él[233] bautismo de arrepentimiento

παντὶ τῷ λαῷ Ἰσραήλ.
a todo el pueblo de Israel.

17 El Dios del pueblo de Israel escogió a nuestros padres, y ensalzó al pueblo, siendo ellos extranjeros en la tierra de Egipto, y con brazo levantado los sacó de ella.
18 Y por tiempo como de cuarenta años soportó sus costumbres en el desierto;
19 Y destruyendo siete naciones en la tierra de Canaán, les repartió por suerte la tierra de ellas.
20 Y después, como por cuatrocientos y cincuenta años, dio*les* jueces hasta el profeta Samuel.
21 Y entonces demandaron rey; y les dió Dios a Saúl, hijo de Cis, varón de la tribu de Benjamín, por cuarenta años.
22 Y quitado aquél, levantóles por rey a David, al que dió también testimonio, diciendo: He hallado a David, *hijo* de Jessé, varón conforme a mi corazón, el cual hará todo lo que yo quiero.
23 De la simiente de éste, Dios, conforme a la promesa, levantó a Jesús por Salvador a Israel;
24 Predicando Juan delante de la faz de su venida el bautismo de arrepentimiento a todo el pueblo de Israel.

---

229. Es decir: alzado, levantado.
230. O repartió a suertes.
231. La NU omite todo el versículo hasta aquí.
232. Es decir, familia, descendientes.
233. Es decir, antes de que se produjera la entrada de Él.

25 Mas como Juan cumpliese su carrera, dijo: ¿Quién pensáis que soy? No soy yo él; mas he aquí, viene tras mí uno, cuyo calzado de los pies no soy digno de desatar.
26 Varones hermanos, hijos del linaje de Abraham, y los que entre vosotros temen a Dios, a vosotros es enviada la palabra de esta salud.
27 Porque los que habitaban en Jerusalem, y sus príncipes, no conociendo a éste, y las voces de los profetas que se leen todos los sábados, condenándo*les, las* cumplieron.
28 Y sin hallar en él causa de muerte, pidieron a Pilato que le matasen.
29 Y habiendo cumplido todas las cosas que de él estaban escritas, quitándolo del madero, lo pusieron en el sepulcro.
30 Mas Dios le levantó de los muertos.
31 Y él fué visto por muchos días de los que habían subido juntamente con él de Galilea a Jerusalem, los cuales son sus testigos al pueblo.
32 Y nosotros también os anunciamos el evangelio de aquella promesa que fué hecha a los padres,
33 La cual Dios ha cumplido a los hijos de ellos, a nosotros, resucitando a Jesús: como también en el salmo segundo está escrito: Mi hijo eres tú, yo te he engendrado hoy.

25 ὡς δὲ ἐπλήρου ὁ Ἰωάννης τὸν δρόμον, ἔλεγε·
Como entonces terminaba Juan el camino,[234] dijo:
τίνα με ὑπονοεῖτε εἶναι;
¿Quién yo pensáis ser?[235]
οὐκ εἰμὶ ἐγώ, ἀλλ' ἰδοὺ ἔρχεται μετ' ἐμὲ οὗ οὐκ εἰμὶ
No soy yo, pero mira viene tras de mí del que no soy
ἄξιος τὸ ὑπόδημα τῶν ποδῶν λῦσαι.
digno el calzado de los pies de desatar.

26 Ἄνδρες ἀδελφοί, υἱοὶ γένους Ἀβραὰμ καὶ οἱ
Varones hermanos, hijos de estirpe de Abraham y los
ἐν ὑμῖν φοβούμενοι τὸν Θεόν, ἡμῖν ὁ λόγος
entre vosotros temiendo a Dios, a vosotros la palabra
τῆς σωτηρίας ταύτης ἀπεστάλη.
de la salvación esta fue enviada.

27 οἱ γὰρ κατοικοῦντες ἐν Ἰερουσαλὴμ καὶ οἱ ἄρχοντες
los Porque habitando en Jerusalén y los gobernantes
αὐτῶν τοῦτον ἀγνοήσαντες, καὶ τὰς φωνὰς τῶν προφητῶν
de ellos a éste desconociendo, y las voces de los profetas
τὰς κατὰ πᾶν σάββατον ἀναγινωσκομένας
las en todo sábado siendo leídas
κρίναντες ἐπλήρωσαν,
condenando (a Jesús) cumplieron.

28 καὶ μηδεμίαν αἰτίαν θανάτου εὑρόντες ᾐτήσαντο Πιλᾶτον
Y ninguna causa de muerte encontrando pidieron a Pilato
ἀναιρεθῆναι αὐτόν.
ser muerto él.

29 ὡς δὲ ἐτέλεσαν πάντα τὰ περὶ αὐτοῦ
Como entonces consumaron todo lo acerca de él
γεγραμμένα, καθελόντες ἀπὸ τοῦ ξύλου ἔθηκαν
habiendo sido escrito, bajando de el madero pusieron
εἰς μνημεῖον.
en sepulcro.

30 ὁ δὲ Θεὸς ἤγειρεν αὐτὸν ἐκ νεκρῶν·
- Sin embargo Dios levantó lo de muertos,

31 ὃς ὤφθη ἐπὶ ἡμέρας πλείους τοῖς συναναβᾶσιν
el cual se apareció por días muchos a los habiendo subido
αὐτῷ ἀπὸ τῆς Γαλιλαίας εἰς Ἰερουσαλήμ, οἵτινές εἰσι
con él desde Galilea a Jerusalén, los cuales son
μάρτυρες αὐτοῦ πρὸς τὸν λαόν.
testigos de él ante el pueblo.

32 καὶ ἡμεῖς ὑμᾶς εὐαγγελιζόμεθα τὴν πρὸς τοὺς
Y nosotros os anunciamos la buena noticia la a los
πατέρας ἐπαγγελίαν γενομένην,
padres promesa resultando,[236]

33 ὅτι ταύτην ὁ Θεὸς ἐκπεπλήρωκε τοῖς τέκνοις αὐτῶν,
por que ésta - Dios ha cumplido a los hijos de ellos,
ἡμῖν, ἀναστήσας Ἰησοῦν, ὡς καὶ ἐν τῷ ψαλμῷ
a vosotros, resucitando a Jesús, como también en el salmo
τῷ δευτέρῳ γέγραπται· υἱός μου εἶ σύ, ἐγὼ σήμερον
el segundo está escrito: Hijo de mí eres tú, yo hoy
γεγέννηκά σε.
he engendrado a ti.

---
234. Es decir, concluía su misión.
235. Es decir, ¿quién pensáis que soy?
236. Es decir, la buena noticia que resulta que es la promesa hecha a los padres.

34 ὅτι δὲ ἀνέστησεν αὐτὸν ἐκ νεκρῶν μηκέτι μέλλοντα
porque - levantó lo de muertos ya no teniendo que

ὑποστρέφειν εἰς διαφθοράν, οὕτως εἴρηκεν,
regresar a corrupción, así ha dicho

ὅτι δώσω ὑμῖν τὰ ὅσια Δαυῖδ τὰ πιστά.
que daré a vosotros lo santo de David lo fiel.

35 διό καὶ ἐν ἑτέρῳ λέγει· οὐ δώσεις τὸν ὅσιόν σου
Por tanto también en otro dice: no darás al santo de ti

ἰδεῖν διαφθοράν.²³⁷
ver corrupción.

36 Δαυῖδ μὲν γὰρ ἰδίᾳ γενεᾷ ὑπηρετήσας
David - Porque en su propia generación habiendo servido

τῇ τοῦ Θεοῦ βουλῇ ἐκοιμήθη καὶ προσετέθη πρὸς τοὺς
por el de Dios propósito durmió y fue añadido a los

πατέρας αὐτοῦ καὶ εἶδε διαφθοράν·
padres²³⁸ de él y vio corrupción,

37 ὃν δὲ ὁ Θεὸς ἤγειρεν, οὐκ εἶδε διαφθοράν.
al que sin embargo Dios levantó, no vio corrupción.

38 γνωστὸν οὖν ἔστω ὑμῖν, ἄνδρες ἀδελφοί, ὅτι διὰ
Conocido pues sea a vosotros, varones hermanos, que a través

τούτου ὑμῖν ἄφεσις ἁμαρτιῶν καταγγέλλεται, καὶ ἀπὸ
de éste a vosotros perdón de pecados es anunciado, y de

πάντων ὧν οὐκ ἠδυνήθητε
todo lo que no pudisteis

ἐν τῷ νόμῳ Μωϋσέως δικαιωθῆναι,
en la ley de Moisés ser justificados,

39 ἐν τούτῳ πᾶς ὁ πιστεύων δικαιοῦται.
en éste todo el que cree es justificado.

40 βλέπετε οὖν μὴ ἐπέλθῃ ἐφ' ὑμᾶς τὸ εἰρημένον
Mirad pues no sobrevenga sobre vosotros lo siendo dicho

ἐν τοῖς προφήταις·
en los profetas.

41 ἴδετε, οἱ καταφρονηταί, καὶ θαυμάσατε καὶ ἀφανίσθητε,
Mirad, los menospreciadores, y maravillaos y desvaneceos,

ὅτι ἔργον ἐγὼ ἐργάζομαι ἐν ταῖς ἡμέραις ὑμῶν,
porque obra yo realizo en los días de vosotros,

ἔργον ὃ οὐ μὴ πιστεύσητε ἐάν τις
obra que no de ninguna manera creeréis si alguien

ἐκδιηγῆται ὑμῖν.
relata a vosotros.

42 Ἐξιόντων δὲ ἐκ τῆς συναγωγῆς τῶν Ἰουδαίων,
Saliendo entonces²³⁹ de la sinagoga de los judíos,

παρεκάλουν τὰ ἔθνη εἰς τὸ μεταξὺ σάββατον
urgían los gentiles para el siguiente sábado

λαληθῆναι αὐτοῖς τὰ ῥήματα ταῦτα.
ser hablados a ellos los dichos estos.²⁴⁰

34 Y que le levantó de los muertos para nunca más volver a corrupción, así lo dijo: Os daré las misericordias fieles de David.
35 Por eso dice también en otro *lugar*: No permitirás que tu Santo vea corrupción.
36 Porque a la verdad David, habiendo servido en su edad a la voluntad de Dios, durmió, y fué juntado con sus padres, y vió corrupción.
37 Mas aquel que Dios levantó, no vió corrupción.
38 Séaos pues notorio, varones hermanos, que por éste os es anunciada remisión de pecados;
39 Y de todo lo que por la ley de Moisés no pudisteis ser justificados, en éste es justificado todo aquel que creyere.
40 Mirad, pues, que no venga sobre vosotros lo que está dicho en los profetas.
41 Mirad, oh menospreciadores, y enteneceos, y desvaneceos;
  Porque yo obro una obra en vuestros días,
  Obra que no creeréis, si alguien os la contare.
42 Y saliendo *ellos* de la sinagoga de los Judíos, los Gentiles *les* rogaron que el sábado siguiente les hablasen estas palabras.

---

237. Es decir, no entregarás a tu santo a que vea la corrupción.
238. O fue reunido con los padres de él.
239. La NU sustituye por Saliendo entonces ellos urgían.
240. Es decir, los gentiles les urgían para que el sábado siguiente les hablaran estas palabras.

43 Y despedida la congregación, muchos de los Judíos y de los religiosos prosélitos siguieron a Pablo y a Bernabé; los cuales hablándoles, les persuadían que permaneciesen en la gracia de Dios.
44 Y el sábado siguiente se juntó casi toda la ciudad a oir la palabra de Dios.
45 Mas los Judíos, visto el gentío, llenáronse de celo, y se oponían a lo que Pablo decía, contradiciendo y blasfemando.
46 Entonces Pablo y Bernabé, usando de libertad, dijeron: A vosotros a la verdad era menester que se os hablase la palabra de Dios; mas pues que la desecháis, y os juzgáis indignos de la vida eterna, he aquí, nos volvemos a los Gentiles.
47 Porque así nos ha mandado el Señor, *diciendo:*
Te he puesto para luz de los Gentiles,
Para que seas salud hasta lo postrero de la tierra.
48 Y los Gentiles oyendo esto, fueron gozosos, y glorificaban la palabra del Señor: y creyeron todos los que estaban ordenados para vida eterna.
49 Y la palabra del Señor era sembrada por toda aquella provincia.
50 Mas los Judíos concitaron mujeres pías y honestas, y á los principales de la ciudad, y levantaron persecución contra Pablo y Bernabé, y los echaron de sus términos.

43 λυθείσης δὲ τῆς συναγωγῆς, ἠκολούθησαν πολλοὶ
Despedida entonces la sinagoga, siguieron muchos

τῶν Ἰουδαίων καὶ τῶν σεβομένων προσηλύτων τῷ Παύλῳ
de los judíos y de los piadosos prosélitos a Pablo

καὶ τῷ Βαρνάβᾳ, οἵτινες προσλαλοῦντες αὐτοῖς
y a Bernabé, los cuales hablando a ellos

ἔπειθον αὐτοὺς ἐπιμένειν τῇ χάριτι τοῦ Θεοῦ.
persuadieron los para perseverar en la gracia de Dios.

44 Τῷ δὲ ἐρχομένῳ σαββάτῳ σχεδὸν πᾶσα ἡ πόλις
Al - siguiente sábado casi toda la ciudad

συνήχθη ἀκοῦσαι τὸν λόγον τοῦ Θεοῦ.
se congregó a escuchar la palabra de Dios.[241]

45 ἰδόντες δὲ οἱ Ἰουδαῖοι τοὺς ὄχλους ἐπλήσθησαν
Viendo entonces los judíos las multitudes fueron llenados

ζήλου καὶ ἀντέλεγον τοῖς ὑπὸ τοῦ Παύλου λεγομένοις
de envidia y hablaron contra lo por Pablo hablado

ἀντιλέγοντες καὶ βλασφημοῦντες.
contradiciendo y blasfemando.

46 παρρησιασάμενοι δὲ ὁ Παῦλος καὶ ὁ Βαρνάβας εἶπον·
Hablando valientemente entonces Pablo y Bernabé dijeron:

ὑμῖν ἦν ἀναγκαῖον πρῶτον λαληθῆναι τὸν λόγον τοῦ
a vosotros era necesario[242] primero ser hablada la palabra de

Θεοῦ· ἐπειδὴ δὲ ἀπωθεῖσθε αὐτὸν καὶ οὐκ ἀξίους
Dios. Puesto que entonces rechazáis lo y no dignos

κρίνετε ἑαυτοὺς τῆς αἰωνίου ζωῆς,
juzgáis a vosotros mismos de la eterna vida,

ἰδοὺ στρεφόμεθα εἰς τὰ ἔθνη.
mirad, nos volvemos a los gentiles.

47 οὕτω γὰρ ἐντέταλται ἡμῖν ὁ Κύριος· τέθεικά σε
así Porque ha ordenado a nosotros el Señor: He puesto a ti

εἰς φῶς ἐθνῶν τοῦ εἶναί σε εἰς σωτηρίαν ἕως ἐσχάτου
como luz de gentiles para ser tú para salvación hasta último

τῆς γῆς.
de la tierra.

48 ἀκούοντα δὲ τὰ ἔθνη ἔχαιρον καὶ ἐδόξαζον τὸν
Escuchando entonces los gentiles se alegraron y glorificaron la

λόγον τοῦ Κυρίου, καὶ ἐπίστευσαν ὅσοι ἦσαν
palabra del Señor, y creyeron cuantos estaban

τεταγμένοι εἰς ζωὴν αἰώνιον·
determinados[243] para vida eterna.

49 διεφέρετο δὲ ὁ λόγος τοῦ Κυρίου δι' ὅλης τῆς χώρας.
Se difundía entonces la palabra del Señor por toda la región.

50 οἱ δὲ Ἰουδαῖοι παρώτρυναν τὰς σεβομένας γυναῖκας
los Entonces judíos instigaron a las piadosas mujeres

καὶ τὰς εὐσχήμονας καὶ τοὺς πρώτους τῆς πόλεως
y a las distinguidas[244] y a los primeros de la ciudad

καὶ ἐπήγειραν διωγμὸν ἐπὶ τὸν Παῦλον καὶ τὸν Βαρνάβαν,
y levantaron persecución sobre - Pablo y - Bernabé,

καὶ ἐξέβαλον αὐτοὺς ἀπὸ τῶν ὁρίων αὐτῶν.
y expulsaron los de las fronteras de ellos.

---

241. La NU sustituye por Señor.
242. U obligado.
243. Como en Hechos 15.2.
244. O nobles, ilustres.

51 οἱ δὲ ἐκτιναξάμενοι τὸν κονιορτὸν τῶν ποδῶν αὐτῶν
Ellos entonces sacudiendo el polvo de los pies de ellos
ἐπ' αὐτοὺς ἦλθον εἰς Ἰκόνιον.
contra ellos fueron a Iconio.

52 οἵ δὲ μαθηταὶ ἐπληροῦντο χαρᾶς καὶ
los Entonces discípulos estaban llenos de alegría y
Πνεύματος Ἁγίου.
de Espíritu Santo.

14 **1** Ἐγένετο δὲ ἐν Ἰκονίῳ κατὰ τὸ αὐτὸ εἰσελθεῖν αὐτοὺς
Aconteció entonces en Iconio a el mismo[245] entrar ellos
εἰς τὴν συναγωγὴν τῶν Ἰουδαίων καὶ λαλῆσαι οὕτως
en la sinagoga de los judíos y hablar así
ὥστε πιστεῦσαι Ἰουδαίων τε καὶ Ἑλλήνων
de manera que creer de judíos así como de griegos
πολὺ πλῆθος.
mucha multitud.

2 οἱ δὲ ἀπειθοῦντες Ἰουδαῖοι ἐπήγειραν καὶ ἐκάκωσαν
los Entonces no creyendo judíos soliviantaron y malearon
τὰς ψυχὰς τῶν ἐθνῶν κατὰ τῶν ἀδελφῶν.
las almas de los gentiles contra los hermanos.

3 ἱκανὸν μὲν οὖν χρόνον διέτριψαν παρρησιαζόμενοι
Numeroso - pues tiempo pasaron hablando con valentía
ἐπὶ τῷ Κυρίῳ τῷ μαρτυροῦντι τῷ λόγῳ τῆς χάριτος αὐτοῦ,
sobre el Señor el testificando a la palabra de la gracia de Él,[246]
διδόντι σημεῖα καὶ τέρατα γίνεσθαι διὰ
dando señales y maravillas acontecer a través de
τῶν χειρῶν αὐτῶν.[247]
las manos de ellos.

4 ἐσχίσθη δὲ τὸ πλῆθος τῆς πόλεως, καὶ οἱ μὲν ἦσαν
Fue dividida entonces la multitud de la ciudad: y los - estaban
σὺν τοῖς Ἰουδαίοις, οἱ δὲ σὺν τοῖς ἀποστόλοις.[248]
con los judíos, los entonces con los apóstoles.

5 ὡς δὲ ἐγένετο ὁρμὴ τῶν ἐθνῶν τε καὶ Ἰουδαίων
Cuando entonces aconteció intento de los gentiles - y de judíos
σὺν τοῖς ἄρχουσιν αὐτῶν ὑβρίσαι καὶ
con los gobernantes de ellos para maltratar y
λιθοβολῆσαι αὐτούς,
apedrear los,

6 συνιδόντες κατέφυγον εἰς τὰς πόλεις τῆς Λυκαονίας
sabiendo huyeron a las ciudades de Licaonia
Λύστραν καὶ Δέρβην καὶ τὴν περίχωρον,
Listra y Derbe y la región circundante.

7 κἀκεῖ ἦσαν εὐαγγελιζόμενοι.
Y allí estaban evangelizando.

51 Ellos entonces sacudiendo en ellos el polvo de sus pies, vinieron a Iconio.
52 Y los discípulos estaban llenos de gozo, y del Espíritu Santo.

14 Y aconteció en Iconio, que entrados juntamente en la sinagoga de los Judíos, hablaron de tal manera, que creyó una grande multitud de Judíos, y asimismo de Griegos.
2 Mas los Judíos que fueron incrédulos, incitaron y corrompieron los ánimos de los Gentiles contra los hermanos.
3 Con todo eso se detuvieron *allí* mucho tiempo, confiados en el Señor, el cual daba testimonio a la palabra de su gracia, dando que señales y milagros fuesen hechos por las manos de ellos.
4 Mas el vulgo de la ciudad estaba dividido; y unos eran con los Judíos, y otros con los apóstoles.
5 Y haciendo ímpetu los Judíos y los Gentiles juntamente con sus príncipes, para afrentarlos y apedrearlos,
6 Habiéndolo entendido, huyeron a Listra y Derbe, ciudades de Licaonia, y por toda la tierra alrededor.
7 Y allí predicaban el evangelio.

---

245. Es decir, juntos.
246. Es decir, que el Señor testificaba de la palabra de gracia.
247. Es decir concediendo que tuvieran lugar señales y maravillas realizadas a través de las manos de ellos.
248. Es decir, la ciudad estaba dividida entre unos que estaban con los judíos y otros eran favorables a los apóstoles.

8 Y un hombre de Listra, impotente de los pies, estaba sentado, cojo desde el vientre de su madre, que jamás había andado.
9 Este oyó hablar a Pablo; el cual, como puso los ojos en él, y vió que tenía fe para ser sano,
10 Dijo a gran voz: Levántate derecho sobre tus pies. Y saltó, y anduvo.
11 Entonces las gentes, visto lo que Pablo había hecho, alzaron la voz, diciendo en lengua licaónica: Dioses semejantes a hombres han descendido a nosotros.
12 Y a Bernabé llamaban Júpiter, y a Pablo, Mercurio, porque era el que llevaba la palabra.
13 Y el sacerdote de Júpiter, que estaba delante de la ciudad de ellos, trayendo toros y guirnaldas delante de las puertas, quería con el pueblo sacrificar.
14 Y como lo oyeron los apóstoles Bernabé y Pablo, rotas sus ropas, se lanzaron al gentío, dando voces,
15 Y diciendo: Varones, ¿por qué hacéis esto? Nosotros también somos hombres semejantes a vosotros, que os anunciamos que de estas vanidades os convirtáis al Dios vivo, que hizo el cielo y la tierra, y la mar, y todo lo que está en ellos:

8 Καί τις ἀνὴρ ἐν Λύστροις ἀδύνατος τοῖς ποσὶν
Y un varón en Listra incapacitado en los pies
ἐκάθητο, χωλὸς ἐκ κοιλίας μητρὸς αὐτοῦ ὑπάρχων,
estaba sentado, cojo desde vientre de madre de él siendo,
ὃς οὐδέποτε περιπεπατήκει.
el cual nunca había caminado.

9 οὗτος ἤκουε τοῦ Παύλου λαλοῦντος· ὃς ἀτενίσας
Éste escuchó a Pablo hablando, el cual mirando fijamente
αὐτῷ καὶ ἰδὼν ὅτι πίστιν ἔχει τοῦ σωθῆναι,
a él y viendo que fe tiene para ser salvado,

10 εἶπε μεγάλῃ τῇ φωνῇ· ἀνάστηθι ἐπὶ τοὺς πόδας σου
dijo con gran - voz: levántate sobre los pies de ti
ὀρθός. καὶ ἥλλετο καὶ περιεπάτει.
recto. Y saltaba y caminaba.

11 οἱ δὲ ὄχλοι ἰδόντες ὃ ἐποίησεν ὁ Παῦλος ἐπῆραν
Las entonces multitudes viendo lo que hizo Pablo alzaron
τὴν φωνὴν αὐτῶν Λυκαονιστὶ λέγοντες·
la voz de ellos en licaonio diciendo:
οἱ θεοὶ ὁμοιωθέντες ἀνθρώποις κατέβησαν πρὸς ἡμᾶς·
los dioses asemejándose a hombres descendieron a nosotros.

12 ἐκάλουν τε τὸν μὲν Βαρνάβαν Δία, τὸν δὲ Παῦλον
Llamaban también a - Bernabé Zeus, a - Pablo
Ἑρμῆν, ἐπειδὴ αὐτὸς ἦν ὁ ἡγούμενος τοῦ λόγου.
Hermes, puesto que él era el llevando la palabra.

13 ὁ δὲ ἱερεὺς τοῦ Διὸς τοῦ ὄντος πρὸ τῆς
el Entonces sacerdote de Zeus el estando delante de la
πόλεως αὐτῶν, ταύρους καὶ στέμματα ἐπὶ τοὺς πυλῶνας
ciudad de ellos,[249,250] toros y guirnaldas a las puertas
ἐνέγκας, σὺν τοῖς ὄχλοις, ἤθελε θύειν.
llevando, con las multitudes quería sacrificar.[251]

14 ἀκούσαντες δὲ οἱ ἀπόστολοι Βαρνάβας καὶ Παῦλος,
Escuchando entonces los apóstoles Bernabé y Pablo,
διαρρήξαντες τὰ ἱμάτια αὐτῶν εἰσεπήδησαν
desgarrando las vestiduras de ellos se lanzaron
εἰς τὸν ὄχλον κράζοντες
hacia la multitud gritando

15 καὶ λέγοντες· ἄνδρες τί ταῦτα ποιεῖτε; καὶ ἡμεῖς
y diciendo: varones, ¿por qué esto hacéis? También nosotros
ὁμοιοπαθεῖς ἐσμεν ὑμῖν ἄνθρωποι,
de sentimientos semejantes somos a vosotros hombres,
εὐαγγελιζόμενοι ὑμᾶς ἀπὸ τούτων τῶν ματαίων
evangelizando a vosotros de esto lo vacío[252]
ἐπιστρέφειν ἐπὶ τὸν Θεὸν τὸν ζῶντα, ὃς ἐποίησε τὸν οὐρανὸν
volverse a el Dios el viviente,[253] que hizo el cielo
καὶ τὴν γῆν καὶ τὴν θάλασσαν καὶ πάντα τὰ ἐν αὐτοῖς·
y la tierra y el mar y todo lo en ellos.

---

249. La NU omite de ellos.
250. Es decir, el que servía en un templo situado frente o delante de la ciudad.
251. Es decir, ofrecerles sacrificios.
252. Es decir, las ceremonias y creencias del paganismo, a pesar de sus apariencias, no pasan de ser algo vacío.
253. Es decir, os evangelizamos para que os apartéis de los que es vacío y os volváis al Dios vivo.

16 ὃς   ἐν ταῖς παρῳχημέναις   γενεαῖς   εἴασε   πάντα τὰ
el cual en las habiendo pasado generaciones permitió a todas las

ἔθνη   πορεύεσθαι ταῖς   ὁδοῖς   αὐτῶν·
naciones ir   por los caminos de ellos.

17 καίτοιγε   οὐκ ἀμάρτυρον   ἑαυτὸν   ἀφῆκεν
Y sin embargo no sin testimonio a sí mismo dejó

ἀγαθοποιῶν, οὐρανόθεν ὑμῖν   ὑετοὺς διδοὺς καὶ καιροὺς
haciendo bien, desde cielo a vosotros lluvias dando y tiempos

καρποφόρους, ἐμπιπλῶν τροφῆς   καὶ εὐφροσύνης
fructíferos, llenando con alimento y alegría

τὰς καρδίας   ἡμῶν.
los corazones de nosotros.²⁵⁴

18 καὶ ταῦτα λέγοντες μόλις   κατέπαυσαν
Y esto diciendo apenas renunciaron

τοὺς ὄχλους   τοῦ μὴ   θύειν   αὐτοῖς.
las multitudes a no sacrificar a ellos.²⁵⁵

19 Ἐπῆλθον δὲ   ἀπὸ Ἀντιοχείας καὶ Ἰκονίου Ἰουδαῖοι,
Llegaron entonces de Antioquía e Iconio judíos,

καὶ πείσαντες   τοὺς ὄχλους   καὶ λιθάσαντες
y habiendo persuadido a las multitudes y habiendo apedreado

τὸν Παῦλον ἔσυρον   ἔξω   τῆς πόλεως, νομίσαντες   αὐτὸν
a Pablo arrastraron fuera de la ciudad, considerando él

τεθνάναι.²⁵⁶
haber muerto.

20 κυκλωσάντων δὲ   αὐτὸν τῶν μαθητῶν, ἀναστὰς
Rodeando entonces a él los discípulos, levantándose

εἰσῆλθεν εἰς τὴν πόλιν, καὶ τῇ ἐπαύριον   ἐξῆλθε
entró en la ciudad, y al día siguiente salió

σὺν τῷ Βαρνάβᾳ εἰς Δέρβην.
con Bernabé a Derbe.

21 Εὐαγγελισάμενοί   τε   τὴν πόλιν ἐκείνην καὶ
Habiendo evangelizado entonces la ciudad aquella y

μαθητεύσαντες   ἱκανοὺς ὑπέστρεψαν εἰς τὴν Λύστραν
habiendo discipulado a muchos regresaron a Listra

καὶ Ἰκόνιον καὶ Ἀντιόχειαν,
e Iconio y Antioquía,

22 ἐπιστηρίζοντες τὰς ψυχὰς τῶν   μαθητῶν, παρακαλοῦντες
fortaleciendo las almas de los discípulos, exhortando

ἐμμένειν   τῇ   πίστει, καὶ ὅτι διὰ   πολλῶν
a permanecer en la fe, y que a través de muchas

θλίψεων   δεῖ   ἡμᾶς   εἰσελθεῖν εἰς τὴν βασιλείαν
tribulaciones es necesario a nosotros entrar en el reino

τοῦ Θεοῦ.
de Dios.

23 χειροτονήσαντες   δὲ   αὐτοῖς   πρεσβυτέρους κατ'
Habiendo escogido entonces para ellos ancianos en cada

ἐκκλησίαν, προσευξάμενοι μετὰ νηστειῶν παρέθεντο   αὐτοὺς
iglesia, habiendo orado con ayunos encomendaron los

τῷ Κυρίῳ εἰς ὃν   πεπιστεύκασι.
al Señor en el cual habían creído.

16El cual en las edades pasadas ha dejado a todas las gentes andar en sus caminos;
17Si bien no se dejó a sí mismo sin testimonio, haciendo bien, dándonos lluvias del cielo y tiempos fructíferos, hinchiendo de mantenimiento y de alegría nuestros corazones.
18Y diciendo estas cosas, apenas apaciguaron el pueblo, para que no les ofreciesen sacrificio.
19Entonces sobrevinieron unos Judíos de Antioquía y de Iconio, que persuadieron a la multitud, y habiendo apedreado a Pablo, le sacaron fuera de la ciudad, pensando que estaba muerto.
20Mas rodeándole los discípulos, se levantó y entró en la ciudad y un día después, partió con Bernabé a Derbe.
21Y como hubieron anunciado el evangelio a aquella ciudad, y enseñado a muchos, volvieron a Listra, y a Iconio, y a Antioquía,
22Confirmando los ánimos de los discípulos, exhortándoles á que permaneciesen en la fe, y que es menester que por muchas tribulaciones entremos en el reino de Dios.
23Y habiéndoles constituído ancianos en cada una de las iglesias, y habiendo orado con ayunos, los encomendaron al Señor en el cual habían creído.

---

254. La NU sustituye por vosotros.
255. Es decir, para no ofrecerles sacrificios.
256. Es decir, que había muerto (oración de infinitivo).

24 Y pasando por Pisidia vinieron a Pamphylia.
25 Y habiendo predicado la palabra en Perge, descendieron a Atalia;
26 Y de allí navegaron a Antioquía, donde habían sido encomendados a la gracia de Dios para la obra que habían acabado.
27 Y habiendo llegado, y reunido la iglesia, relataron cuán grandes cosas había Dios hecho con ellos, y cómo había abierto a los Gentiles la puerta de la fe.
28 Y se quedaron allí mucho tiempo con los discípulos.

15 Entonces algunos que venían de Judea enseñaban a los hermanos: Que si no os circuncidáis conforme al rito de Moisés, no podéis ser salvos.
2 Así que, suscitada una disensión y contienda no pequeña a Pablo y a Bernabé contra ellos, determinaron que subiesen Pablo y Bernabé a Jerusalem, y algunos otros de ellos, a los apóstoles y á los ancianos, sobre esta cuestión.
3 Ellos, pues, habiendo sido acompañados de la iglesia, pasaron por la Fenicia y Samaria, contando la conversión de los Gentiles; y daban gran gozo a todos los hermanos.

24 καὶ διελθόντες τὴν Πισιδίαν ἦλθον εἰς Παμφυλίαν,
Y atravesando - Pisidia vinieron a Panfilia,

25 καὶ λαλήσαντες ἐν Πέργῃ τὸν λόγον
y habiendo hablado en Perge la palabra
κατέβησαν εἰς Ἀττάλειαν,
descendieron a Atalía,

26 κἀκεῖθεν ἀπέπλευσαν εἰς Ἀντιόχειαν, ὅθεν ἦσαν
Y desde allí navegaron hacia Antioquía, desde donde eran
παραδεδομένοι τῇ χάριτι τοῦ Θεοῦ εἰς τὸ ἔργον
encomendados a la gracia de Dios para la obra
ὃ ἐπλήρωσαν.
que completaron.

27 παραγενόμενοι δὲ καὶ συναγαγόντες τὴν ἐκκλησίαν
Llegando entonces y congregando a la iglesia
ἀνήγγελλαν ὅσα ἐποίησεν ὁ Θεὸς μετ' αὐτῶν,
relataron cuanto hizo Dios con ellos,
καὶ ὅτι ἤνοιξε τοῖς ἔθνεσι θύραν πίστεως.
y que abrió a los gentiles puerta de fe.

28 διέτριβον δὲ ἐκεῖ χρόνον οὐκ ὀλίγον σὺν τοῖς μαθηταῖς.
Pasaron entonces allí tiempo no pequeño con los discípulos.

15 **1** Καί τινες κατελθόντες ἀπὸ τῆς Ἰουδαίας ἐδίδασκον
Y algunos descendiendo de - Judea enseñaban
τοὺς ἀδελφοὺς ὅτι ἐὰν μὴ περιτέμνησθε τῷ ἔθει[257]
a los hermanos que si no sois circuncidados en la costumbre
Μωϋσέως, οὐ δύνασθε σωθῆναι.
de Moisés no podéis ser salvos.

2 γενομένης οὖν στάσεως καὶ ζητήσεως οὐκ ὀλίγης
Resultando pues disensión y contienda no pequeña
τῷ Παύλῳ καὶ τῷ Βαρνάβᾳ πρὸς αὐτούς,
con Pablo y con Bernabé contra ellos,
ἔταξαν ἀναβαίνειν Παῦλον καὶ Βαρνάβαν καί τινας
determinaron subir Pablo y Bernabé y algunos
ἄλλους ἐξ αὐτῶν πρὸς τοὺς ἀποστόλους καὶ πρεσβυτέρους
otros de ellos a los apóstoles y ancianos
εἰς Ἰερουσαλὴμ περὶ τοῦ ζητήματος τούτου.
a Jerusalén por la controversia esta.

3 Οἱ μὲν οὖν προπεμφθέντες ὑπὸ τῆς ἐκκλησίας
Ellos - pues siendo enviados por la iglesia
διήρχοντο τὴν Φοινίκην καὶ Σαμάρειαν
atravesaron - Fenicia y Samaria
ἐκδιηγούμενοι τὴν ἐπιστροφὴν τῶν ἐθνῶν,
detallando[258] la conversión de los gentiles
καὶ ἐποίουν χαρὰν μεγάλην πᾶσι τοῖς ἀδελφοῖς.
y producían alegría grande a todos los hermanos.

---

257. O rito.
258. Es decir, contando detalladamente.

4 παραγενόμενοι δὲ εἰς Ἱερουσαλὴμ ἀπεδέχθησαν Llegando entonces a Jerusalén fueron recibidos ὑπὸ τῆς ἐκκλησίας καὶ τῶν ἀποστόλων por la iglesia y los apóstoles καὶ τῶν πρεσβυτέρων, ἀνήγγειλάν y los ancianos, relataron τε ὅσα ὁ Θεὸς ἐποίησε μετ' αὐτῶν. entonces cuanto Dios hizo con ellos.	**4**Y llegados a Jerusalem, fueron recibidos de la iglesia y de los apóstoles y de los ancianos: y refirieron todas las cosas que Dios había hecho con ellos.

5 ἐξανέστησαν δέ τινες τῶν ἀπὸ τῆς αἱρέσεως
Se alzaron entonces algunos de los de la secta
τῶν Φαρισαίων πεπιστευκότες, λέγοντες
de los fariseos que habían creido, diciendo
ὅτι δεῖ περιτέμνειν αὐτοὺς παραγγέλλειν
que es preciso circuncidar los ordenar
τε τηρεῖν τὸν νόμον Μωϋσέως.
Y guardar la ley de Moisés.

5Mas algunos de la secta de los Fariseos, que habían creído, se levantaron, diciendo: Que es menester circuncidarlos, y mandarles que guarden la ley de Moisés.

6 Συνήχθησαν δὲ οἱ ἀπόστολοι καὶ οἱ πρεσβύτεροι
Se reunieron entonces los apóstoles y los ancianos
ἰδεῖν περὶ τοῦ λόγου τούτου.
para ver acerca de la palabra esta.

6Y se juntaron los apóstoles y los ancianos para conocer de este negocio.

7 πολλῆς δὲ συζητήσεως γενομένης ἀναστὰς
Mucho entonces debate produciéndose levantándose
Πέτρος εἶπε πρὸς αὐτούς· ἄνδρες ἀδελφοί,
Pedro dijo a ellos: varones hermanos,
ὑμεῖς ἐπίστασθε ὅτι ἀφ' ἡμερῶν ἀρχαίων ὁ Θεὸς
vosotros sabéis que desde días antiguos Dios
ἐν ἡμῖν ἐξελέξατο διὰ τοῦ στόματός μου ἀκοῦσαι
entre nosotros[259] escogió por la boca de mí escuchar
τὰ ἔθνη τὸν λόγον τοῦ εὐαγγελίου καὶ πιστεῦσαι·
las naciones la palabra del Evangelio y creer.[260]

7Y habiendo habido grande contienda, levantándose Pedro, les dijo: Varones hermanos, vosotros sabéis cómo ya hace algún tiempo que Dios escogió que los Gentiles oyesen por mi boca la palabra del evangelio, y creyesen.

8 καὶ ὁ καρδιογνώστης Θεὸς ἐμαρτύρησεν αὐτοῖς
Y el conocedor de corazones Dios testificó a ellos
δοὺς αὐτοῖς τὸ Πνεῦμα τὸ Ἅγιον καθὼς καὶ ἡμῖν,
dando les el Espíritu el Santo como también a nosotros.

8Y Dios, que conoce los corazones, les dió testimonio, dándoles el Espíritu Santo también como a nosotros;

9 καὶ οὐθὲν διέκρινε μεταξὺ ἡμῶν τε καὶ αὐτῶν τῇ πίστει
Y nada distinguió entre nosotros - y ellos por la fe
καθαρίσας τὰς καρδίας αὐτῶν.
limpiando los corazones de ellos.

9Y ninguna diferencia hizo entre nosotros y ellos, purificando con la fe sus corazones.

10 νῦν οὖν τί πειράζετε τὸν Θεόν, ἐπιθεῖναι ζυγὸν
Ahora pues ¿por qué tentáis a Dios, al poner yugo
ἐπὶ τὸν τράχηλον τῶν μαθητῶν, ὃν οὔτε οἱ πατέρες
sobre el cuello de los discípulos, el cual ni los padres
ἡμῶν οὔτε ἡμεῖς ἰσχύσαμεν βαστάσαι;
de nosotros ni nosotros pudimos llevar?

10Ahora pues, ¿por qué tentáis a Dios, poniendo sobre la cerviz de los discípulos yugo, que ni nuestros padres ni nosotros hemos podido llevar?

11 ἀλλὰ διὰ τῆς χάριτος τοῦ Κυρίου Ἰησοῦ πιστεύομεν
Pero por la gracia del Señor Jesús[261] creemos
σωθῆναι καθ' ὃν τρόπον κἀκεῖνοι.
ser salvados según la cual manera también aquellos.

11Antes por la gracia del Señor Jesús creemos que seremos salvos, como también ellos.

---

259. La NU sustituye por vosotros.
260. Es decir que por mi boca escucharan el Evangelio y creyeran.
261. TR añade Cristo.

12 Entonces toda la multitud calló, y oyeron a Bernabé y a Pablo, que contaban cuán grandes maravillas y señales Dios había hecho por ellos entre los Gentiles.
13 Y después que hubieron callado, Jacobo respondió, diciendo: Varones hermanos, oidme:
14 Simón ha contado cómo Dios primero visitó a los Gentiles, para tomar de ellos pueblo para su nombre;
15 Y con esto concuerdan las palabras de los profetas, como está escrito:
16 Después de esto volveré
Y restauraré la habitación de David, que estaba caída;
Y repararé sus ruinas,
Y la volveré a levantar;
17 Para que el resto de los hombres busque al Señor,
Y todos los Gentiles, sobre los cuales es llamado mi nombre,
Dice el Señor, que hace todas estas cosas.
18 Conocidas son a Dios desde el siglo todas sus obras.
19 Por lo cual yo juzgo, que los que de los Gentiles se convierten a Dios, no han de ser inquietados;
20 Sino escribirles que se aparten de las contaminaciones de los ídolos, y de fornicación, y de ahogado, y de sangre,
21 Porque Moisés desde los tiempos antiguos tiene en cada ciudad quien le predique en las sinagogas, donde es leído cada sábado.

12 Ἐσίγησε δὲ πᾶν τὸ πλῆθος καὶ ἤκουον Βαρνάβᾳ
Calló entonces toda la multitud y escucharon a Bernabé
καὶ Παύλου ἐξηγουμένων ὅσα ἐποίησεν ὁ Θεὸς
y a Pablo contando cuantas hizo Dios
σημεῖα καὶ τέρατα ἐν τοῖς ἔθνεσι δι' αὐτῶν.
señales y maravillas entre los gentiles a través de ellos.

13 Μετὰ δὲ τὸ σιγῆσαι αὐτοὺς ἀπεκρίθη Ἰάκωβος
después Entonces de callar ellos respondió Santiago
λέγων· ἄνδρες ἀδελφοί, ἀκούσατέ μου.
diciendo: varones hermanos, escuchad me.

14 Συμεὼν ἐξηγήσατο καθὼς πρῶτον ὁ Θεὸς ἐπεσκέψατο
Simón contó como primero Dios visitó
λαβεῖν ἐξ ἐθνῶν λαὸν ἐπὶ τῷ ὀνόματι αὐτοῦ.
para tomar de gentiles pueblo para el nombre de él.

15 καὶ τούτῳ συμφωνοῦσιν οἱ λόγοι τῶν προφητῶν,
Y con esto concuerdan las palabras de los profetas,
καθὼς γέγραπται·
como está escrito:

16 μετὰ ταῦτα ἀναστρέψω καὶ ἀνοικοδομήσω τὴν σκηνὴν
tras esto volveré y reedificaré el tabernáculo
Δαυῒδ τὴν πεπτωκυῖαν, καὶ τὰ κατεσκαμμένα αὐτῆς
de David el caído, y lo arruinado de él
ἀνοικοδομήσω καὶ ἀνορθώσω αὐτήν,
reedificaré y restauraré lo,

17 ὅπως ἂν ἐκζητήσωσιν οἱ κατάλοιποι τῶν ἀνθρώπων
para que busquen los restantes de los hombres
τὸν Κύριον, καὶ πάντα τὰ ἔθνη ἐφ' οὓς ἐπικέκληται
al Señor, y todas las naciones sobre las que es invocado
τὸ ὄνομά μου ἐπ' αὐτούς, λέγει Κύριος
el nombre de mí sobre ellas, dice Señor
ὁ ποιῶν ταῦτα πάντα.
el haciendo esto todo.[262]

18 γνωστὰ ἀπ' αἰῶνος ἐστι τῷ Θεῷ πάντα τὰ ἔργα αὐτοῦ.
Conocidas desde eón[263,264] son a Dios todas las obras de él.

19 διὸ ἐγὼ κρίνω μὴ παρενοχλεῖν τοῖς ἀπὸ τῶν ἐθνῶν
Por tanto yo juzgo no molestar a los de los gentiles
ἐπιστρέφουσιν ἐπὶ τὸν Θεόν,
volviéndose a Dios,

20 ἀλλὰ ἐπιστεῖλαι αὐτοῖς τοῦ ἀπέχεσθαι ἀπὸ τῶν ἀλισγημάτων
sino escribir les el abstenerse de lo contaminado
τῶν εἰδώλων καὶ τῆς πορνείας καὶ τοῦ πνικτοῦ
de los ídolos y de la fornicación y de lo estrangulado
καὶ τοῦ αἵματος.
y de la sangre.

21 Μωϋσῆς γὰρ ἐκ γενεῶν ἀρχαίων κατὰ πόλιν
Moisés Porque de generaciones antiguas en cada ciudad
τοὺς κηρύσσοντας αὐτὸν ἔχει ἐν ταῖς συναγωγαῖς[265]
a los predicando lo tiene en las sinagogas
κατὰ πᾶν σάββατον ἀναγινωσκόμενος.
en todo sábado siendo leído.

---

262. La NU omite todo.
263. La NU suprime desde ahí hasta el final del versículo.
264. Es decir, desde siempre.
265. Es decir, tiene a gente que lo predique en las sinagogas.

HECHOS 15.29

22 Τότε ἔδοξε τοῖς ἀποστόλοις καὶ τοῖς πρεσβυτέροις
Entonces pareció bien a los apóstoles y a los ancianos

σὺν ὅλῃ τῇ ἐκκλησίᾳ ἐκλεξαμένους ἄνδρας
con toda la iglesia siendo elegidos varones

ἐξ αὐτῶν πέμψαι εἰς Ἀντιόχειαν σὺν τῷ Παύλῳ
de ellos enviar a Antioquía con Pablo

καὶ Βαρνάβᾳ, Ἰούδαν τὸν ἐπικαλούμενον
y Bernabé, a Judas el llamado

Βαρσαββᾶν καὶ Σίλαν, ἄνδρας ἡγουμένους ἐν τοῖς ἀδελφοῖς,
Barsabas y a Silas, varones dirigentes entre los hermanos,

23 γράψαντες διὰ χειρὸς αὐτῶν τάδε· οἱ ἀπόστολοι
escribiendo por mano de ellos esto: los apóstoles

καὶ οἱ πρεσβύτεροι καὶ οἱ ἀδελφοὶ τοῖς κατὰ τὴν Ἀντιόχειαν
y los ancianos y los hermanos a los en - Antioquía

καὶ Συρίαν καὶ Κιλικίαν ἀδελφοῖς τοῖς ἐξ ἐθνῶν χαίρειν.
y Siria y Cilicia hermanos los de gentiles salud.

24 Ἐπειδὴ ἠκούσαμεν ὅτι τινὲς ἐξ ἡμῶν ἐξελθόντες
Puesto que escuchamos que algunos de nosotros saliendo

ἐτάραξαν ὑμᾶς λόγοις ἀνασκευάζοντες τὰς ψυχὰς
turbaron os con palabras perturbando las almas

ὑμῶν, λέγοντες περιτέμνεσθε καὶ τηρεῖν τὸν νόμον,[266]
de vosotros, diciendo ser circuncidados y guardar la ley,

οἷς οὐ διεστειλάμεθα,
a los cuales no ordenamos (que lo hicieran),

25 ἔδοξεν ἡμῖν γενομένοις ὁμοθυμαδὸν, ἐκλεξαμένους
pareció a nosotros resultando unánimemente,[267] siendo escogidos

ἄνδρας πέμψαι πρὸς ὑμᾶς σὺν τοῖς ἀγαπητοῖς
varones enviar a vosotros con los amados

ἡμῶν Βαρνάβᾳ καὶ Παύλῳ,
de nosotros Bernabé y Pablo,

26 ἀνθρώποις παραδεδωκόσι τὰς ψυχὰς αὐτῶν
hombres habiendo dado las almas de ellos[268]

ὑπὲρ τοῦ ὀνόματος τοῦ Κυρίου ἡμῶν Ἰησοῦ Χριστοῦ.
por el nombre del Señor de nosotros Jesús Cristo.

27 ἀπεστάλκαμεν οὖν Ἰούδαν καὶ Σίλαν καὶ αὐτοὺς
Hemos enviado pues a Judas y a Silas y a ellos

διὰ λόγου ἀπαγγέλλοντας τὰ αὐτά.
mediante palabra diciendo lo mismo.

28 ἔδοξε γὰρ τῷ Ἁγίῳ Πνεύματι καὶ ἡμῖν μηδὲν πλέον
pareció Porque al Santo Espíritu y a nosotros no más

ἐπιτίθεσθαι ὑμῖν βάρος πλὴν τῶν ἐπάναγκες τούτων,
poner sobre vosotros carga salvo lo necesario esto,

29 ἀπέχεσθαι εἰδωλοθύτων καὶ αἵματος καὶ πνικτοῦ
abstenerse de idolotitos[269] y de sangre y de estrangulado

καὶ πορνείας· ἐξ ὧν διατηροῦντες ἑαυτοὺς
y de fornicación. De lo cual guardando a vosotros mismos

εὖ πράξετε. Ἔρρωσθε.
bien haréis. Estad bien.

---

22 Entonces pareció bien a los apóstoles y a los ancianos, con toda la iglesia, elegir varones de ellos, y enviarlos a Antioquía con Pablo y Bernabé: a Judas que tenía por sobrenombre Barsabas, y a Silas, varones principales entre los hermanos;
23 Y escribir por mano de ellos: Los apóstoles y los ancianos y los hermanos, a los hermanos de los Gentiles que están en Antioquía, y en Siria, y en Cilicia, salud:
24 Por cuanto hemos oído que algunos que han salido de nosotros, os han inquietado con palabras, trastornando vuestras almas, mandando circuncidaros y guardar la ley, a los cuales no mandamos;
25 Nos ha parecido, congregados en uno, elegir varones, y enviarlos a vosotros con nuestros amados Bernabé y Pablo,
26 Hombres que han expuesto sus vidas por el nombre de nuestro Señor Jesucristo.
27 Así que, enviamos a Judas y a Silas, los cuales también por palabra os harán saber lo mismo.
28 Que ha parecido bien al Espíritu Santo, y a nosotros, no imponeros ninguna carga más que estas cosas necesarias:
29 Que os abstengáis de cosas sacrificadas a ídolos, y de sangre, y de ahogado, y de fornicación; de las cuales cosas si os guardareis, bien haréis. Pasadlo bien.

---

266. La NU omite diciendo ser circuncidados y guardar la ley.
267. Es decir, teniendo una opinión unánime.
268. Es decir, a hombres que han dado el alma por el nombre de nuestro Señor.
269. Es decir, de la comida ofrecida a los ídolos.

30 Ellos entonces enviados, descendieron a Antioquía; y juntando la multitud, dieron la carta.
31 La cual, como leyeron, fueron gozosos de la consolación.
32 Judas también y Silas, como ellos también eran profetas, consolaron y confirmaron a los hermanos con abundancia de palabra.
33 Y pasando *allí* algún tiempo, fueron enviados de los hermanos a los apóstoles en paz.
34 Mas a Silas pareció bien el quedarse allí.
35 Y Pablo y Bernabé se estaban en Antioquía, enseñando la palabra del Señor y anunciando el evangelio con otros muchos.
36 Y después de algunos días, Pablo dijo a Bernabé: Volvamos á visitar a los hermanos por todas las ciudades en las cuales hemos anunciado la palabra del Señor, cómo están.
37 Y Bernabé quería que tomasen consigo a Juan, el que tenía por sobrenombre Marcos;
38 Mas a Pablo no le parecía bien llevar consigo al que se había apartado de ellos desde Pamphylia, y no había ido con ellos á la obra.

30 Οἱ μὲν ἀπολυθέντες ἦλθον εἰς Ἀντιόχειαν,
los Entonces habiendo sido enviados vinieron a Antioquía,
καὶ συναγαγόντες τὸ πλῆθος ἐπέδωκαν τὴν ἐπιστολήν.
y congregando a la multitud entregaron la carta.

31 ἀναγνόντες δὲ ἐχάρησαν ἐπὶ τῇ παρακλήσει.
Leyendo entonces se alegraron por el ánimo.²⁷⁰

32 Ἰούδας τε καὶ Σίλας, καὶ αὐτοὶ προφῆται ὄντες,
Judas así como Silas, también ellos profetas siendo,
διὰ λόγου πολλοῦ παρεκάλεσαν
mediante palabra mucha animaron²⁷¹
τοὺς ἀδελφοὺς καὶ ἐπεστήριξαν.
a los hermanos y fortalecieron.²⁷²

33 ποιήσαντες δὲ χρόνον ἀπελύθησαν μετ' εἰρήνης
Habiendo hecho entonces tiempo²⁷³ fueron despedidos con paz
ἀπὸ τῶν ἀδελφῶν πρὸς τοὺς ἀποστόλους.²⁷⁴
de los hermanos a los apóstoles.

34 ἔδοξε δὲ τῷ Σίλᾳ ἐπιμεῖναι αὐτοῦ.
Pareció sin embargo a Silas permanecer allí.²⁷⁵

35 Παῦλος δὲ καὶ Βαρνάβας διέτριβον ἐν Ἀντιοχείᾳ,
Pablo Entonces y Bernabé permanecieron en Antioquía,
διδάσκοντες καὶ εὐαγγελιζόμενοι μετὰ
enseñando y evangelizando con
καὶ ἑτέρων πολλῶν τὸν λόγον τοῦ Κυρίου.
también otros muchos la palabra del Señor.

36 Μετὰ δέ τινας ἡμέρας εἶπε Παῦλος πρὸς Βαρνάβαν·
después de Entonces algunos días dijo Pablo a Bernabé:
ἐπιστρέψαντες δὴ ἐπισκεψώμεθα τοὺς ἀδελφοὺς
Regresando entonces visitemos a los hermanos
ἡμῶν κατὰ πᾶσαν πόλιν ἐν αἷς κατηγγείλαμεν
de nosotros en toda ciudad en las que proclamamos
τὸν λόγον τοῦ Κυρίου, πῶς ἔχουσι.
la palabra del Señor, cómo tienen.²⁷⁶

37 Βαρνάβας δὲ ἐβουλεύσατο συμπαραλαβεῖν
Bernabé entonces quiso llevar consigo
τὸν Ἰωάννην τὸν καλούμενον Μᾶρκον·
a Juan el llamado Marcos.

38 Παῦλος δὲ ἠξίου, τὸν ἀποστάντα ἀπ'
Pablo sin embargo consideró adecuado - - apartándose de
αὐτῶν ἀπὸ Παμφυλίας καὶ μὴ συνελθόντα αὐτοῖς εἰς τὸ ἔργον,
ellos desde Panfilia y no yendo con ellos a la obra²⁷⁷ -
μὴ συμπαραλαβεῖν τοῦτον.
no llevar consigo a él.

---

270. O consuelo.
271. O consolaron.
272. O afirmaron o confirmaron.
273. Es decir, habiendo pasado un tiempo.
274. La NU sustituye por aquellos que los habían enviado.
275. El versículo 34 está suprimido en la NU.
276. Es decir, para ver cómo les va.
277. Es decir, consideró que no era adecuado llevarlo consigo al haberse separado de ellos y no haber ido con ellos en la obra del Señor.

39 ἐγένετο οὖν παροξυσμὸς, ὥστε ἀποχωρισθῆναι Aconteció pues irritación, de manera que ser separados αὐτοὺς ἀπ' ἀλλήλων, τόν τε Βαρνάβαν παραλαβόντα ellos de otros,[278] - - Bernabé tomando τὸν Μᾶρκον ἐκπλεῦσαι εἰς Κύπρον. a Marcos zarpar a Chipre.[279] **40** Παῦλος δὲ ἐπιλεξάμενος Σίλαν ἐξῆλθε, παραδοθεὶς Pablo entonces escogiendo a Silas salió, siendo encomendado τῇ χάριτι τοῦ Θεοῦ ὑπὸ τῶν ἀδελφῶν. a la gracia de Dios[280] por los hermanos. **41** διήρχετο δὲ τὴν Συρίαν καὶ Κιλικίαν ἐπιστηρίζων τὰς Atravesó entonces - Siria y Cilicia fortaleciendo[281] a las ἐκκλησίας. iglesias. **16** **1** Κατήντησε δὲ εἰς Δέρβην καὶ Λύστραν. καὶ ἰδοὺ μαθητὴς Llegó entonces a Derbe y Listra, y mira discípulo τις ἦν ἐκεῖ ὀνόματι Τιμόθεος, υἱὸς γυναικὸς τινος uno estaba allí de nombre Timoteo, hijo de mujer una Ἰουδαίας πιστῆς, πατρὸς δὲ Ἕλληνος, judía creyente, de padre sin embargo griego, **2** ὃς ἐμαρτυρεῖτο ὑπὸ τῶν ἐν Λύστροις el cual era testificado[282] por los en Listra καὶ Ἰκονίῳ ἀδελφῶν. e Iconio hermanos. **3** τοῦτον ἠθέλησεν ὁ Παῦλος σὺν αὐτῷ ἐξελθεῖν, A éste quiso Pablo con él sacar, καὶ λαβὼν περιέτεμεν αὐτὸν διὰ τοὺς Ἰουδαίους y tomando circuncidó lo por los judíos τοὺς ὄντας ἐν τοῖς τόποις ἐκείνοις· ᾔδεισαν γὰρ ἅπαντες los estando en los lugares aquellos. conocían Porque todos τὸν πατέρα αὐτοῦ ὅτι Ἕλλην ὑπῆρχεν. al padre de él que griego era. **4** ὡς δὲ διεπορεύοντο τὰς πόλεις, παρεδίδουν αὐτοῖς Cuando entonces atravesaban las ciudades, entregaban a ellos φυλάσσειν τὰ δόγματα τὰ κεκριμένα ὑπὸ τῶν ἀποστόλων para guardar los decretos los decididos por los apóstoles καὶ τῶν πρεσβυτέρων τῶν ἐν Ἱεροσολήμ. y los ancianos los en Jerusalén. **5** αἱ μὲν οὖν ἐκκλησίαι ἐστερεοῦντο τῇ πίστει las - Por tanto iglesias eran fortalecidas en la fe καὶ ἐπερίσσευον τῷ ἀριθμῷ καθ' ἡμέραν. y crecían en el número cada día.	**39** Y hubo tal contención entre ellos, que se apartaron el uno del otro; y Bernabé tomando a Marcos, navegó a Cipro. **40** Y Pablo escogiendo a Silas, partió encomendado de los hermanos a la gracia del Señor. **41** Y anduvo la Siria y la Cilicia, confirmando a las iglesias. **16** Después llegó a Derbe, y a Listra: y he aquí, estaba allí un discípulo llamado Timoteo, hijo de una mujer Judía fiel, mas de padre Griego. **2** De éste daban buen testimonio los hermanos que estaban en Listra y en Iconio. **3** Este quiso Pablo que fuese con él; y tomándole, le circuncidó por causa de los Judíos que estaban en aquellos lugares; porque todos sabían que su padre era Griego. **4** Y como pasaban por las ciudades, les daban que guardasen los decretos que habían sido determinados por los apóstoles y los ancianos que estaban en Jerusalem. **5** Así que, las iglesias eran confirmadas en fe, y eran aumentadas en número cada día.

---

278. Es decir, se produjo tal irritación que tuvieron que separarse los unos de los otros.
279. Es decir, y Bernabé tomando a Marcos zarpó hacia Chipre.
280. La NU sustituye por Señor.
281. O confirmando.
282. Es decir, del cual daban buen testimonio los hermanos.

6 Y pasando a Phrygia y la provincia de Galacia, les fué prohibido por el Espíritu Santo hablar la palabra en Asia.
7 Y como vinieron a Misia, tentaron de ir a Bithynia; mas el Espíritu no les dejó.
8 Y pasando a Misia, descendieron a Troas.
9 Y fué mostrada a Pablo de noche una visión: Un varón Macedonio se puso delante, rogándole, y diciendo: Pasa a Macedonia, y ayúdanos.
10 Y como vió la visión, luego procuramos partir a Macedonia, dando por cierto que Dios nos llamaba para que les anunciásemos el evangelio.
11 Partidos pues de Troas, vinimos camino derecho a Samotracia, y el día siguiente a Neápolis;
12 Y de allí a Filipos, que es la primera ciudad de la parte de Macedonia, y una colonia, y estuvimos en aquella ciudad algunos días.
13 Y un día de sábado salimos de la puerta junto al río, donde solía ser la oración; y sentándonos, hablamos a las mujeres que se habían juntado.
14 Entonces una mujer llamada Lidia, que vendía púrpura en la ciudad de Tiatira, temerosa de Dios, estaba oyendo; el corazón de la cual abrió el Señor para que estuviese atenta a lo que Pablo decía.

6 Διελθόντες δὲ τὴν Φρυγίαν καὶ τὴν Γαλατικὴν χώραν,
Atravesando entonces - Frigia y la gálata región,

κωλυθέντες ὑπὸ τοῦ Ἁγίου Πνεύματος
siendo prohibidos por el Santo Espíritu

λαλῆσαι τὸν λόγον ἐν τῇ Ἀσίᾳ,
hablar la palabra en Asia,

7 ἐλθόντες κατὰ τὴν Μυσίαν ἐπείραζον κατὰ τὴν Βιθυνίαν
viniendo a Misia intentaron a - Bitinia

πορεύεσθαι· καὶ οὐκ εἴασεν αὐτοὺς τὸ Πνεῦμα.
ir. Y no permitió les el Espíritu.[283]

8 παρελθόντες δὲ τὴν Μυσίαν κατέβησαν εἰς Τρῳάδα.
Acercándose entonces a Misia descendieron a Troas.

9 καὶ ὅραμα διὰ τῆς νυκτὸς ὤφθη τῷ Παύλῳ· ἀνήρ τις ἦν
Y visión por la noche se apareció a Pablo: hombre uno era

Μακεδών ἐστώς, παρακαλῶν αὐτὸν καὶ λέγων·
macedonio estando de pie, urgiendo[284] le y diciendo:

διαβὰς εἰς Μακεδονίαν βοήθησον ἡμῖν.
Cruzando a Macedonia ayuda nos.

10 ὡς δὲ τὸ ὅραμα εἶδεν, εὐθέως ἐζητήσαμεν
Cuando entonces la visión vio, inmediatamente buscamos

ἐξελθεῖν εἰς τὴν Μακεδονίαν συμβιβάζοντες ὅτι
salir hacia Macedonia concluyendo que

προσκέκληται ἡμᾶς ὁ Θεὸς εὐαγγελίσασθαι αὐτούς.
había llamado a nosotros Dios[285] para evangelizar los.

11 Ἀναχθέντες οὖν ἀπὸ τῆς Τρῳάδος εὐθυδρομήσαμεν
Zarpando pues desde - Troas fuimos directamente

εἰς Σαμοθρᾴκην, τῇ δὲ ἐπιούσῃ εἰς Νεάπολιν,
a Samotracia, al - día siguiente a Neápolis.

12 ἐκεῖθέν τε εἰς Φιλίππους, ἥτις ἐστὶν πρώτη τῆς μερίδος
Desde allí - a Filipos, que es primera de la parte

τῆς Μακεδονίας πόλις, κολωνία. ἦμεν δὲ ἐν ταύτῃ τῇ
de Macedonia ciudad, colonia. Estábamos entonces en esta la

πόλει διατρίβοντες ἡμέρας τινάς,
ciudad pasando días algunos.

13 τῇ τε ἡμέρᾳ τῶν σαββάτων ἐξήλθομεν ἔξω τῆς πόλεως
En el - día de los sábados salimos fuera de la ciudad

παρὰ ποταμὸν οὗ ἐνομίζετο προσευχὴ εἶναι,
junto a río donde solía oración haber,

καὶ καθίσαντες ἐλαλοῦμεν ταῖς συνελθούσαις γυναιξί.
y habiéndonos sentado hablábamos a las congregadas mujeres.

14 καί τις γυνὴ ὀνόματι Λυδία, πορφυρόπωλις
Y una mujer de nombre Lidia, comerciante de púrpura

πόλεως Θυατείρων, σεβομένη τὸν Θεόν,
de ciudad de Tiatira, adorando a Dios,

ἤκουεν, ἧς ὁ Κύριος διήνοιξε
escuchó, a la cual el Señor abrió

τὴν καρδίαν προσέχειν τοῖς λαλουμένοις ὑπὸ τοῦ Παύλου.
el corazón para atender a lo hablado por - Pablo.

---

283. La NU añade de Jesús.
284. O exhortando, invitando.
285. En algunos mss sustituye por el Señor.

15 ὡς   δὲ   ἐβαπτίσθη   καὶ   ὁ οἶκος αὐτῆς,
Cuando entonces fue bautizada también la casa de ella,

παρεκάλεσε λέγουσα· εἰ κεκρίκατέ   με πιστὴν
rogó   diciendo: si habéis juzgado a mí fiel

τῷ Κυρίῳ εἶναι,   εἰσελθόντες εἰς τὸν οἶκόν μου   μείνατε·
al Señor ser,²⁸⁶ entrando   en la casa de mí permaneced.

καὶ παρεβιάσατο ἡμᾶς.
Y urgió   a nosotros.

16 Ἐγένετο δὲ   πορευομένων ἡμῶν   εἰς προσευχὴν
Aconteció entonces yendo   nosotros a oración

παιδίσκην τινὰ ἔχουσαν πνεῦμα πύθωνος   ἀπαντῆσαι
esclava   una teniendo espíritu de adivinación encontrarse

ἡμῖν,   ἥτις ἐργασίαν πολλὴν παρεῖχε   τοῖς
con nosotros,²⁸⁷ la cual beneficio mucho proporcionaba a los

κυρίοις αὐτῆς μαντευομένη.
señores de ella adivinando.

17 αὕτη κατακολουθήσασα τῷ Παύλῳ καὶ ἡμῖν   ἔκραζε λέγουσα·
Ésta siguiendo   a Pablo   y a nosotros gritaba diciendo:

οὗτοι οἱ ἄνθρωποι δοῦλοι τοῦ Θεοῦ τοῦ ὑψίστου εἰσίν,
éstos los hombres siervos de Dios el Altísimo son,

οἵτινες καταγγέλλουσιν ἡμῖν   ὁδὸν   σωτηρίας.
que   anuncian   a nosotros²⁸⁸ camino de salvación.

18 τοῦτο δὲ   ἐποίει ἐπὶ πολλὰς ἡμέρας. διαπονηθεὶς δὲ
Esto   entonces hacía por muchos   días.   Harto   -

ὁ Παῦλος καὶ ἐπιστρέψας τῷ   πνεύματι εἶπε· παραγγέλλω σοι
Pablo   y volviéndose al   espíritu dijo: ordeno   te

ἐν τῷ ὀνόματι Ἰησοῦ   Χριστοῦ ἐξελθεῖν ἀπ᾽ αὐτῆς.
en el nombre de Jesús Cristo   salir   de ella.

καὶ ἐξῆλθεν αὐτῇ τῇ   ὥρᾳ.
Y salió   en esta misma hora.

19 ἰδόντες δὲ   οἱ κύριοι   αὐτῆς   ὅτι ἐξῆλθεν ἡ ἐλπὶς
Viendo entonces los señores de ella que salió   la esperanza

τῆς ἐργασίας αὐτῶν, ἐπιλαβόμενοι τὸν Παῦλον καὶ τὸν Σίλαν
del beneficio de ellos, agarrando   a Pablo y a Silas

εἵλκυσαν   εἰς τὴν ἀγορὰν ἐπὶ τοὺς ἄρχοντας,
arrastraron a la   plaza ante las autoridades.

20 καὶ προσαγαγόντες αὐτοὺς τοῖς στρατηγοῖς εἶπον·
Y trayendo   los   a los magistrados dijeron:

οὗτοι οἱ ἄνθρωποι ἐκταράσσουσιν ἡμῶν   τὴν πόλιν
Estos hombres   agitan   de nosotros la ciudad

Ἰουδαῖοι ὑπάρχοντες,
judíos   siendo.

21 καὶ καταγγέλλουσιν ἔθη   ἃ   οὐκ ἔξεστιν ἡμῖν
Y proclaman   costumbres que no lícito   a nosotros

παραδέχεσθαι οὐδὲ ποιεῖν Ῥωμαίοις οὖσι.
recibir   ni   hacer romanos   siendo.

---

286. Es decir, que soy fiel al Señor (oración de infinitivo).
287. Es decir, aconteció entonces que se encontró con nosotros una esclava...
288. La NU sustituye por vosotros.

---

15 Y cuando fué bautizada, y su familia, nos rogó, diciendo: Si habéis juzgado que yo sea fiel al Señor, entrad en mi casa, y posad: y constriñónos.
16 Y aconteció, que yendo nosotros a la oración, una muchacha que tenía espíritu pitónico, nos salió al encuentro, la cual daba grande ganancia a sus amos adivinando.
17 Esta, siguiendo a Pablo y a nosotros, daba voces, diciendo: Estos hombres son siervos del Dios Alto, los cuales os anuncian el camino de salud.
18 Y esto hacía por muchos días; mas desagradando a Pablo, se volvió y dijo al espíritu: Te mando en el nombre de Jesucristo, que salgas de ella. Y salió en la misma hora.
19 Y viendo sus amos que había salido la esperanza de su ganancia, prendieron a Pablo y a Silas, y los trajeron al foro, al magistrado;
20 Y presentándolos a los magistrados, dijeron: Estos hombres, siendo Judíos, alborotan nuestra ciudad,
21 Y predican ritos, los cuales no nos es lícito recibir ni hacer, pues somos Romanos.

22 Y agolpóse el pueblo contra ellos: y los magistrados rompiéndoles sus ropas, les mandaron azotar con varas.
23 Y después que los hubieron herido de muchos azotes, los echaron en la cárcel, mandando al carcelero que los guardase con diligencia:
24 El cual, recibido este mandamiento, los metió en la cárcel de más adentro; y les apretó los pies en el cepo.
25 Mas a media noche, orando Pablo y Silas, cantaban himnos a Dios: y los que estaban presos los oían.
26 Entonces fué hecho de repente un gran terremoto, de tal manera que los cimientos de la cárcel se movían; y luego todas las puertas se abrieron, y las prisiones de todos se soltaron.
27 Y despertado el carcelero, como vió abiertas las puertas de la cárcel, sacando la espada se quería matar, pensando que los presos se habían huído.
28 Mas Pablo clamó a gran voz, diciendo: No te hagas ningún mal; que todos estamos aquí.
29 El entonces pidiendo luz, entró dentro, y temblando, derribóse a los pies de Pablo y de Silas;

22 καὶ συνεπέστη ὁ ὄχλος κατ' αὐτῶν, καὶ οἱ στρατηγοὶ
Y agolpóse la multitud contra ellos, y los magistrados

περιρήξαντες αὐτῶν τὰ ἱμάτια ἐκέλευον
habiendo desgarrado de ellos las vestiduras ordenaron

ῥαβδίζειν,
apalear (los).[289]

23 πολλάς τε ἐπιθέντες αὐτοῖς πληγὰς ἔβαλον εἰς φυλακήν,
Muchos entonces asestando a ellos golpes arrojaron en prisión,

παραγγείλαντες τῷ δεσμοφύλακι ἀσφαλῶς τηρεῖν αὐτούς·
ordenando al carcelero con seguridad guardar los,

24 ὃς παραγγελίαν τοιαύτην εἰληφὼς ἔβαλεν αὐτοὺς
el cual mandato tal habiendo recibido arrojó los

εἰς τὴν ἐσωτέραν φυλακὴν καὶ τοὺς πόδας αὐτῶν
a la interna prisión[290] y los pies de ellos

ἠσφαλίσατο εἰς τὸ ξύλον.
aseguró en el madero.[291]

25 Κατὰ δὲ τὸ μεσονύκτιον Παῦλος καὶ Σίλας προσευχόμενοι
Entonces sobre la medianoche Pablo y Silas orando

ὕμνουν τὸν Θεόν· ἐπηκροῶντο δὲ αὐτῶν
cantaban himnos a Dios. Escuchaban entonces a ellos

οἱ δέσμιοι.
los presos.

26 ἄφνω δὲ σεισμὸς ἐγένετο μέγας, ὥστε
repentinamente Entonces terremoto aconteció grande, de manera

σαλευθῆναι τὰ θεμέλια τοῦ δεσμωτηρίου,
que ser sacudidos los cimientos de la prisión,

ἀνεῴχθησάν τε παραχρῆμα
fueron abiertas entonces inmediatamente

αἱ θύραι πᾶσαι καὶ πάντων τὰ δεσμὰ ἀνέθη.
las puertas todas y de todos las cadenas fueron soltadas.

27 ἔξυπνος δὲ γενόμενος ὁ δεσμοφύλαξ καὶ
despierto Entonces resultando el carcelero y

ἰδὼν ἀνεῳγμένας τὰς θύρας τῆς φυλακῆς, σπασάμενος
viendo abiertas las puertas de la cárcel, sacando

μάχαιραν ἤμελλεν ἑαυτὸν ἀναιρεῖν, νομίζων
espada iba a sí mismo a matar, juzgando

ἐκπεφευγέναι τοὺς δεσμίους.
haberse fugado los presos.

28 ἐφώνησε δὲ φωνῇ μεγάλῃ ὁ Παῦλος λέγων· μηδὲν
llamó Entonces con voz grande Pablo diciendo: nada

πράξῃς σεαυτῷ κακόν· ἅπαντες γάρ ἐσμεν ἐνθάδε.
hagas a ti mismo malo. todos Porque estamos aquí.

29 αἰτήσας δὲ φῶτα εἰσεπήδησε, καὶ ἔντρομος
Pidiendo entonces luz se precipitó dentro, y tembloroso

γενόμενος προσέπεσε τῷ Παύλῳ καὶ τῷ Σίλᾳ,
resultando cayó delante de Pablo y de Silas.

---

289. Es decir, azotarlos con varas o bastones.
290. Es decir, los colocó en la prisión que estaba más en el interior del edificio.
291. Es decir, el instrumento de madera conocido como cepo con el que se sujetaban los miembros de los detenidos.

HECHOS 16.37

30 καὶ προαγαγὼν αὐτοὺς ἔξω ἔφη· κύριοι,
Y trayendo los fuera dijo: señores,

τί με δεῖ ποιεῖν ἵνα σωθῶ;
¿qué a mí necesario hacer para que sea salvado?[292]

31 οἱ δὲ εἶπον· πίστευσον ἐπὶ τὸν Κύριον Ἰησοῦν Χριστόν,
Ellos entonces dijeron: cree en el Señor Jesús Cristo,[293]

καὶ σωθήσῃ σὺ καὶ ὁ οἶκός σου.
y serás salvo tú y la casa de ti.

32 καὶ ἐλάλησαν αὐτῷ τὸν λόγον τοῦ Κυρίου
Y hablaron a él la palabra del Señor

καὶ πᾶσι τοῖς ἐν τῇ οἰκίᾳ αὐτοῦ.
y a todos los en la casa de él.

33 καὶ παραλαβὼν αὐτοὺς ἐν ἐκείνῃ τῇ ὥρᾳ τῆς νυκτὸς
Y tomando los en aquella - hora de la noche

ἔλουσεν ἀπὸ τῶν πληγῶν, καὶ ἐβαπτίσθη αὐτὸς
lavó - las heridas, y fue bautizado él

καὶ οἱ αὐτοῦ πάντες παραχρῆμα,
y los de él todos inmediatamente.

34 ἀναγαγών τε αὐτοὺς εἰς τὸν οἶκον αὐτοῦ παρέθηκε
Llevando entonces a ellos a la casa de él puso

τράπεζαν, καὶ ἠγαλλιάσατο πανοικεὶ πεπιστευκὼς
mesa,[294] y se regocijó con toda su casa habiendo creído

τῷ Θεῷ.
en Dios.

35 Ἡμέρας δὲ γενομένης ἀπέστειλαν οἱ στρατηγοὶ
Día entonces llegando enviaron los magistrados

τοὺς ῥαβδούχους λέγοντες· ἀπόλυσον
a los lictores[295] diciendo: suelta

τοὺς ἀνθρώπους ἐκείνους.
a los hombres aquellos.

36 ἀπήγγειλε δὲ ὁ δεσμοφύλαξ τοὺς λόγους τούτους
Anunció entonces el carcelero las palabras estas

πρὸς τὸν Παῦλον, ὅτι ἀπεστάλκασιν οἱ στρατηγοὶ
a - Pablo, que han enviado los magistrados

ἵνα ἀπολυθῆτε· νῦν οὖν ἐξελθόντες πορεύεσθε
para que seáis soltados. Ahora pues saliendo id

ἐν εἰρήνῃ.
en paz.

37 ὁ δὲ Παῦλος ἔφη πρὸς αὐτούς· δείραντες ἡμᾶς
- Entonces Pablo dijo a ellos: golpeando a nosotros

δημοσίᾳ ἀκατακρίτους, ἀνθρώπους Ῥωμαίους ὑπάρχοντας,
públicamente no juzgados, hombres romanos siendo,

ἔβαλον εἰς φυλακήν· καὶ νῦν λάθρᾳ ἡμᾶς ἐκβάλλουσιν;
arrojó a prisión. ¿Y ahora secretamente nos expulsan?

οὐ γάρ, ἀλλὰ ἐλθόντες αὐτοὶ ἡμᾶς ἐξαγαγέτωσαν.
No ciertamente sino que viniendo ellos a nosotros lleven fuera.

30 Y sacándolos fuera, le dice: Señores, ¿qué es menester que yo haga para ser salvo?
31 Y ellos dijeron: Cree en el Señor Jesucristo, y serás salvo tú, y tu casa.
32 Y le hablaron la palabra del Señor, y a todos los que estaban en su casa.
33 Y tomándolos en aquella misma hora de la noche, les lavó los azotes; y se bautizó luego él, y todos los suyos.
34 Y llevándolos a su casa, les puso la mesa: y se gozó de que con toda su casa había creído a Dios.
35 Y como fué de día, los magistrados enviaron los alguaciles, diciendo: Deja ir a aquellos hombres.
36 Y el carcelero hizo saber estas palabras a Pablo: Los magistrados han enviado a decir que seás sueltos: así que ahora salid, e id en paz.
37 Entonces Pablo les dijo: Azotados públicamente sin ser condenados, siendo hombres Romanos, nos echaron en la cárcel; y ¿ahora nos echan encubiertamente? No, de cierto, sino vengan ellos y sáquennos.

---

292. Es decir, ¿qué es preciso que haga para ser salvado?
293. La NU omite Cristo.
294. Es decir, les sirvió de comer.
295. Siervos de la administración de justicia que llevaban varas como signo de autoridad.

38 Y los alguaciles volvieron a decir a los magistrados estas palabras: y tuvieron miedo, oído que eran Romanos.
39 Y viniendo, les rogaron; y sacándolos, les pidieron que se saliesen de la ciudad.
40 Entonces salidos de la cárcel, entraron en casa de Lidia; y habiendo visto a los hermanos, los consolaron, y se salieron.

17 Y pasando por Amphípolis y Apolonia, llegaron a Tesalónica, donde estaba la sinagoga de los Judíos.
2 Y Pablo, como acostumbraba, entró a ellos, y por tres sábados disputó con ellos de las Escrituras,
3 Declarando y proponiendo, que convenía que el Cristo padeciese, y resucitase de los muertos; y que Jesús, el cual yo os anuncio, *decía él*, éste era el Cristo.
4 Y algunos de ellos creyeron, y se juntaron con Pablo y con Silas; y de los Griegos religiosos grande multitud, y mujeres nobles no pocas.
5 Entonces los Judíos que eran incrédulos, teniendo celos, tomaron consigo a algunos ociosos, malos hombres, y juntando compañía, alborotaron la ciudad; y acometiendo a la casa de Jasón, procuraban sacarlos al pueblo.

38 ἀνήγγειλαν δὲ τοῖς στρατηγοῖς οἱ ῥαβδοῦχοι τὰ ῥήματα
Relataron entonces a los magistrados los lictores los dichos
ταῦτα· καὶ ἐφοβήθησαν ἀκούσαντες ὅτι Ῥωμαῖοί εἰσι,
estos. Y fueron asustados oyendo que romanos son,

39 καὶ ἐλθόντες παρεκάλεσαν αὐτούς, καὶ ἐξαγαγόντες
y viniendo suplicaron les, y sacando
ἠρώτων ἐξελθεῖν τῆς πόλεως.
pidieron salir de la ciudad.

40 ἐξελθόντες δὲ ἐκ τῆς φυλακῆς εἰσῆλθον πρὸς τὴν Λυδίαν,
Saliendo entonces de la cárcel entraron en la Lidia,[296]
καὶ ἰδόντες τοὺς ἀδελφοὺς παρεκάλεσαν αὐτοὺς καὶ ἐξῆλθον.
y viendo a los hermanos animaron[297] los y se marcharon.

17 1 Διοδεύσαντες δὲ τὴν Ἀμφίπολιν καὶ Ἀπολλωνίαν
Habiendo atravesado entonces - Anfípolis y Apolonia
ἦλθον εἰς Θεσσαλονίκην, ὅπου ἦν ἡ συναγωγὴ τῶν
llegaron a Tesalónica, donde estaba la sinagoga de los
Ἰουδαίων.
judíos.

2 κατὰ δὲ τὸ εἰωθὸς τῷ Παύλῳ εἰσῆλθε πρὸς αὐτοὺς,
según Entonces la costumbre en Pablo, fue a ellos,
καὶ ἐπὶ σάββατα τρία διελέγετο αὐτοῖς
y por sábados tres discutió con ellos (partiendo)
ἀπὸ τῶν γραφῶν,
de las Escrituras,

3 διανοίγων καὶ παρατιθέμενος ὅτι τὸν Χριστὸν ἔδει παθεῖν
abriendo[298] y proponiendo que el mesías debía padecer
καὶ ἀναστῆναι ἐκ νεκρῶν, καὶ ὅτι οὗτός ἐστιν ὁ Χριστός,
y resucitar de muertos, y que éste es el mesías,
Ἰησοῦς ὃν ἐγὼ καταγγέλλω ὑμῖν.
Jesús al que yo anuncio a vosotros.

4 καί τινες ἐξ αὐτῶν ἐπείσθησαν καὶ προσεκληρώθησαν
Y algunos de ellos fueron persuadidos y fueron unidos
τῷ Παύλῳ καὶ τῷ Σίλᾳ, τῶν τε σεβομένων Ἑλλήνων
a Pablo y a Silas, de los Tanto adorando griegos[299]
πολὺ πλῆθος, γυναικῶν τε τῶν πρώτων οὐκ ὀλίγαι.
mucha multitud, de mujeres Como de las primeras[300] no pocas.

5 Ζηλώσαντες δὲ οἱ ἀπειθοῦντες Ἰουδαῖοι καὶ
Teniendo envidia entonces los no creyendo judíos y
προσλαβόμενοι τῶν ἀγοραίων τινὰς ἄνδρας πονηροὺς
tomando de las plazas a algunos varones malos
καὶ ὀχλοποιήσαντες ἐθορύβουν τὴν πόλιν, ἐπιστάντες
y juntando una multitud alborotaron la ciudad, asaltando
τε τῇ οἰκίᾳ Ἰάσονος ἐζήτουν αὐτοὺς ἀγαγεῖν
entonces la casa de Jasón buscaban a ellos conducir
εἰς τὸν δῆμον·
a el pueblo.

---

296. Es decir, en el domicilio, en la casa de Lidia.
297. O consolaron.
298. Es decir, mostrando el sentido, interpretando.
299. Es decir, los griegos que acudían a las sinagogas.
300. Es decir, principales, de relevancia.

6 μὴ εὑρόντες δὲ αὐτοὺς ἔσυρον τὸν Ἰάσονα καί
No encontrando sin embargo a ellos arrastraron a Jasón y

τινας ἀδελφοὺς ἐπὶ τοὺς πολιτάρχας,
a algunos hermanos a las autoridades,

βοῶντες ὅτι οἱ τὴν οἰκουμένην
gritando que los la ecumene[301]

ἀναστατώσαντες οὗτοι καὶ ἐνθάδε πάρεισιν,
trastornando éstos también aquí están presentes,

7 οὓς ὑποδέδεκται Ἰάσων· καὶ οὗτοι πάντες ἀπέναντι
a los cuales ha recibido Jasón. Y éstos todos contra

τῶν δογμάτων Καίσαρος πράσσουσι, βασιλέα ἕτερον
los decretos de César actuan, rey otro

λέγοντες εἶναι, Ἰησοῦν.
diciendo haber,[302] Jesús.

8 ἐτάραξαν δὲ τὸν ὄχλον καὶ τοὺς πολιτάρχας
Alborotaron entonces a la multitud y a las autoridades

ἀκούοντας ταῦτα,
escuchando esto,

9 καὶ λαβόντες τὸ ἱκανὸν παρὰ τοῦ Ἰάσονος
y tomando la fianza de - Jasón

καὶ τῶν λοιπῶν ἀπέλυσαν αὐτούς.
y de los restantes despacharon los.

10 Οἱ δὲ ἀδελφοὶ εὐθέως διὰ τῆς νυκτὸς
los Entonces hermanos inmediatamente por la noche

ἐξέπεμψαν τόν τε Παῦλον καὶ τὸν Σίλαν εἰς
enviaron - no sólo a Pablo sino también a Silas a

Βέροιαν, οἵτινες παραγενόμενοι εἰς τὴν συναγωγὴν
Berea, los cuales llegando a la sinagoga

τῶν Ἰουδαίων ἀπῄεσαν.
de los judíos fueron.

11 οὗτοι δὲ ἦσαν εὐγενέστεροι τῶν ἐν Θεσσαλονίκῃ,
Éstos sin embargo eran más nobles que los en Tesalónica,

οἵτινες ἐδέξαντο τὸν λόγον μετὰ πάσης προθυμίας,
los cuales recibieron la palabra con toda disposición,

τὸ καθ᾽ ἡμέραν ἀνακρίνοντες τὰς γραφὰς
- cada día examinando las Escrituras

εἰ ἔχοι ταῦτα οὕτως.[303]
si tuvieran esto así.

12 πολλοὶ μὲν οὖν ἐξ αὐτῶν ἐπίστευσαν, καὶ τῶν Ἑλληνίδων
Muchos - pues de ellos creyeron, y de las griegas

γυναικῶν τῶν εὐσχημόνων καὶ ἀνδρῶν οὐκ ὀλίγοι.
mujeres las prominentes y de hombres no pocos.

13 Ὡς δὲ ἔγνωσαν οἱ ἀπὸ τῆς Θεσσαλονίκης Ἰουδαῖοι
Cuando entonces supieron los de - Tesalónica judíos

ὅτι καὶ ἐν τῇ Βεροίᾳ κατηγγέλη ὑπὸ τοῦ Παύλου
que también en Berea era anunciada por - Pablo

ὁ λόγος τοῦ Θεοῦ, ἦλθον κἀκεῖ σαλεύοντες[304]
la palabra de Dios, vinieron también allí alborotando

τοὺς ὄχλους.
a las multitudes.

6Mas no hallándolos, trajeron a Jasón y a algunos hermanos a los gobernadores de la ciudad, dando voces: Estos que alborotan el mundo, también han venido acá;
7A los cuales Jasón ha recibido; y todos estos hacen contra los decretos de César, diciendo que hay otro rey, Jesús.
8Y alborotaron al pueblo y a los gobernadores de la ciudad, oyendo estas cosas.
9Mas recibida satisfacción de Jasón y de los demás, los soltaron.
10Entonces los hermanos, luego de noche, enviaron a Pablo y á Silas a Berea; los cuales habiendo llegado, entraron en la sinagoga de los Judíos.
11Y fueron estós más nobles que los que *estaban* en Tesalónica, pues recibieron la palabra con toda solicitud, escudriñando cada día las Escrituras, si estas cosas eran así.
12Así que creyeron muchos de ellos; y mujeres Griegas de distinción, y no pocos hombres.
13Mas como entendieron los Judíos de Tesalónica que también en Berea era anunciada la palabra de Dios por Pablo, fueron, y también allí tumultuaron al pueblo.

---
301. Es decir, el "mundo habitado" que venía a corresponderse con los límites del imperio romano.
302. Es decir, que hay otro rey (oración de infinitivo).
303. Es decir, si en las Escrituras se contenía lo que ellos decían.
304. La NU añade e incitando.

14 Empero luego los hermanos enviaron a Pablo que fuese como á la mar; y Silas y Timoteo se quedaron allí.
15 Y los que habían tomado a cargo a Pablo, le llevaron hasta Atenas; y tomando encargo para Silas y Timoteo, que viniesen á él lo más presto que pudiesen, partieron.
16 Y esperándolos Pablo en Atenas, su espíritu se deshacía en él viendo la ciudad dada a idolatría.
17 Así que, disputaba en la sinagoga con los Judíos y religiosos; y en la plaza cada día con los que le ocurrían.
18 Y algunos filósofos de los Epicúreos y de los Estóicos, disputaban con él; y unos decían: ¿Qué quiere decir este palabrero? Y otros: Parece que es predicador de nuevos dioses: porque les predicaba a Jesús y la resurrección.
19 Y tomándole, le trajeron al Areópago, diciendo: ¿Podremos saber qué sea esta nueva doctrina que dices?
20 Porque pones en nuestros oídos unas nuevas cosas: queremos pues saber qué quiere ser esto.

14 εὐθέως δὲ τότε τὸν Παῦλον ἐξαπέστειλαν οἱ ἀδελφοὶ
Inmediatamente - entonces a Pablo enviaron los hermanos
πορεύεσθαι ὡς ἐπὶ τὴν θάλασσαν· ὑπέμενον δὲ
a ir como hacia el mar. Permanecieron sin embargo
ὅ τε Σίλας καὶ ὁ Τιμόθεος ἐκεῖ.
- no sólo Silas sino también - Timoteo allí.

15 οἱ δὲ καθιστῶντες τὸν Παῦλον ἤγαγον αὐτὸν ἕως Ἀθηνῶν,
los Entonces conduciendo a Pablo llevaron lo hasta Atenas
καὶ λαβόντες ἐντολὴν πρὸς τὸν Σίλαν καὶ Τιμόθεον
y recibiendo orden para - Silas y Timoteo
ἵνα ὡς τάχιστα ἔλθωσι πρὸς αὐτὸν ἐξῄεσαν.
para que como lo más rápido[305] vinieran a él, salieron.

16 Ἐν δὲ ταῖς Ἀθήναις ἐκδεχομένου αὐτοὺς τοῦ Παύλου,
En - - Atenas esperando los - Pablo,
παρωξύνετο τὸ πνεῦμα αὐτοῦ ἐν αὐτῷ θεωροῦντι
se enardecía[306] el espíritu de él dentro de él viendo
κατείδωλον οὖσαν τὴν πόλιν.
llena de ídolos estando la ciudad.[307]

17 διελέγετο μὲν οὖν ἐν τῇ συναγωγῇ τοῖς Ἰουδαίοις καὶ
Discutía - pues en la sinagoga con los judíos y
τοῖς σεβομένοις καὶ ἐν τῇ ἀγορᾷ κατὰ πᾶσαν ἡμέραν
con los piadosos y en la plaza a lo largo de todo día
πρὸς τοὺς παρατυγχάνοντας.
con los que concurrían.

18 τινὲς δὲ καὶ τῶν Ἐπικουρείων καὶ τῶν
Algunos sin embargo tanto de los epicúreos como de los
Στοϊκῶν φιλοσόφων συνέβαλλον αὐτῷ, καί τινες ἔλεγον·
estoicos filósofos conversaban con él, y algunos decían:
τί ἂν θέλοι ὁ σπερμολόγος οὗτος λέγειν; οἱ δέ·
¿qué querrá el charlatán[308] este decir? Otros sin embargo (decían)
ξένων δαιμονίων δοκεῖ καταγγελεὺς εἶναι· ὅτι
de extranjeros daimones[309] parece anunciador ser, porque
τὸν Ἰησοῦν καὶ τὴν ἀνάστασιν[310] εὐηγγελίζετο αὐτοῖς.
a Jesús y la resurrección anunciaba[311] a ellos.

19 ἐπιλαβόμενοί τε αὐτοῦ ἐπὶ τὸν Ἄρειον Πάγον ἤγαγον
Habiendo llevado entonces a él a la de Ares colina condujeron
λέγοντες· δυνάμεθα γνῶναι τίς ἡ καινὴ αὕτη
diciendo: ¿podemos conocer cuál (es) la nueva esta
ἡ ὑπὸ σοῦ λαλουμένη διδαχή;
la por ti siendo hablada enseñanza?

20 ξενίζοντα γάρ τινα εἰσφέρεις εἰς τὰς ἀκοὰς ἡμῶν·
sorprendente Porque algo traes a los oídos de nosotros.
βουλόμεθα οὖν γνῶναι τί ἂν θέλοι ταῦτα εἶναι.
Deseamos pues saber qué querría esto ser.[312]

---

305. Es decir, lo más rápidamente posible.
306. El término –de especial dureza– es origen de la palabra española paroxismo.
307. Es decir que la ciudad estaba llena de ídolos (oración de infinitivo).
308. Lit: el sembrador de palabras, es decir, el que no deja de lanzar palabras.
309. La palabra daimon – de la que procede nuestro "demonio" – no tenía en la cultura griega el sentido negativo que tiene en la nuestra y venía a equivaler a "dioses" o "divinidades". Pablo pues estaría hablando, a juicio de los filósofos, de divinidades de origen extranjero.
310. El texto griego indica que los filósofos pensaban que Pablo anunciaba a dos nuevas divinidades: Jesús y Anástasis (resurrección).
311. Literalmente, evangelizaba.
312. Es decir, ¿qué pretende ser esto exactamente?

21 Ἀθηναῖοι δὲ πάντες καὶ οἱ ἐπιδημοῦντες ξένοι εἰς
atenienses Pero todos y los visitantes extranjeros en

οὐδὲν ἕτερον εὐκαίρουν ἢ λέγειν τι καὶ
nada otro disfrutaban el tiempo que en decir algo y

ἀκούειν καινότερον.
escuchar más nuevo.

22 Σταθεὶς δὲ ὁ Παῦλος ἐν μέσῳ
Habiéndose puesto en pie entonces - Pablo en medio

τοῦ Ἀρείου Πάγου ἔφη· ἄνδρες Ἀθηναῖοι, κατὰ πάντα
de la de Ares colina dijo: varones atenienses, en todo

ὡς δεισιδαιμονεστέρους ὑμᾶς θεωρῶ.
como muy aficionados a los daimones[313] a vosotros percibo.

23 διερχόμενος γὰρ καὶ ἀναθεωρῶν τὰ σεβάσματα
pasando Porque y observando los objetos de adoración

ὑμῶν εὗρον καὶ βωμὸν ἐν ᾧ ἐπεγέγραπτο,
de vosotros encontré también altar en el cual ha sido escrito:

Ἀγνώστῳ Θεῷ. ὃν οὖν ἀγνοοῦντες εὐσεβεῖτε,
A desconocido dios, al que pues desconociendo adoráis,

τοῦτον ἐγὼ καταγγέλλω ὑμῖν.
a éste yo anuncio a vosotros.

24 ὁ Θεὸς ὁ ποιήσας τὸν κόσμον καὶ πάντα τὰ ἐν αὐτῷ,
El Dios el que hizo el mundo y todo lo en él,

οὗτος οὐρανοῦ καὶ γῆς Κύριος ὑπάρχων οὐκ
éste, de cielo y tierra Señor siendo, no

ἐν χειροποιήτοις ναοῖς κατοικεῖ,
en hechos por manos templos mora,

25 οὐδὲ ὑπὸ χειρῶν ἀνθρώπων θεραπεύεται προσδεόμενός
ni por manos de hombres[314] es honrado necesitando

τινος, αὐτὸς διδοὺς πᾶσι ζωὴν καὶ πνοὴν καὶ τὰ πάντα·
de algo, éste dando a todos vida y aliento así como - todo.

26 ἐποίησέ τε ἐξ ἑνὸς αἵματος πᾶν ἔθνος ἀνθρώπων
Hizo también de una sangre[315] toda nación de hombres

κατοικεῖν ἐπὶ πᾶν τὸ πρόσωπον τῆς γῆς,
morar[316] sobre toda la faz de la tierra,

ὁρίσας προστεταγμένους καιροὺς καὶ τὰς ὁροθεσίας
determinando prefijados tiempos y los límites

τῆς κατοικίας αὐτῶν,
de la habitación de ellos,

27 ζητεῖν τὸν Κύριον, εἰ ἄρα γε ψηλαφήσειαν αὐτὸν
para buscar al Señor,[317] si quizá ciertamente palpando[318] a él

καὶ εὕροιεν, καί γε οὐ μακρὰν ἀπὸ ἑνὸς
también encontrarán, y ciertamente no lejos de uno

ἑκάστου ἡμῶν ὑπάρχοντα.
cada de nosotros estando.

21(Entonces todos los Atenienses y los huéspedes extranjeros, en ninguna otra cosa entendían, sino o en decir o en oír alguna cosa nueva.)
22Estando pues Pablo en medio del Areópago, dijo: Varones Atenienses, en todo os veo como más supersticiosos;
23Porque pasando y mirando vuestros santuarios, hallé también un altar en el cual estaba esta inscripción: AL DIOS NO CONOCIDO. Aquél pues, que vosotros honráis sin conocerle, a éste os anuncio yo.
24El Dios que hizo el mundo y todas las cosas que en él hay, éste, como sea Señor del cielo y de la tierra, no habita en templos hechos de manos,
25Ni es honrado con manos de hombres, necesitado de algo; pues él da a todos vida, y respiración, y todas las cosas;
26Y de una sangre ha hecho todo el linaje de los hombres, para que habitasen sobre toda la faz de la tierra; y *les* ha prefijado el orden de los tiempos, y los términos de los habitación de ellos,
27Para que buscasen a Dios, si en alguna manera, palpando, le hallen; aunque cierto no está lejos de cada uno de nosotros:

---

313. "Aficionados a los daimones" es una traducción más correcta que "muy religiosos" (demasiado amplia) o "muy supersticiosos" (demasiado estrecha e inexacta) que aparece en otras versiones y que chocaría con un Pablo que se está dirigiendo con exquisita delicadeza a sus oyentes. Pablo se limita a decir que son gente muy aficionada al culto a los daimones o divinidades.
314. La NU sustituye por humanas.
315. La NU suprime sangre.
316. Es decir, que habita (oración de infinitivo).
317. La NU sustituye por Dios.
318. Es decir, yendo a tientas.

28Porque en él vivimos, y nos movemos, y somos; como también algunos de vuestros poetas dijeron: Porque linaje de éste somos también.
29Siendo pues linaje de Dios, no hemos de estimar la Divinidad ser semejante a oro, o a plata, o a piedra, escultura de artificio o de imaginación de hombres.
30Empero Dios, habiendo disimulado los tiempos de esta ignorancia, ahora denuncia a todos los hombres en todos los lugares que se arrepientan:
31Por cuanto ha establecido un día, en el cual ha de juzgar al mundo con justicia, por aquel varón al cual determinó; dando fe á todos con haberle levantado de los muertos.
32Y así como oyeron de la resurrección de los muertos, unos se burlaban, y otros decían: Te oiremos acerca de esto otra vez.
33Y así Pablo se salió de en medio de ellos.
34Mas algunos creyeron, juntándose con él; entre los cuales también fué Dionisio el del Areópago, y una mujer llamada Dámaris, y otros con ellos.

18 Pasadas estas cosas, Pablo partió de Atenas, y vino a Corinto.

28 Ἐν αὐτῷ γὰρ ζῶμεν καὶ κινούμεθα καὶ ἐσμέν, ὡς
en Él Porque vivimos y nos movemos y estamos, como
καί τινες τῶν καθ' ὑμᾶς ποιητῶν εἰρήκασι·
también algunos de los entre vosotros poetas han dicho:
τοῦ γὰρ καὶ γένος ἐσμέν.
de la Porque también raza somos.[319]

29 γένος οὖν ὑπάρχοντες τοῦ Θεοῦ οὐκ ὀφείλομεν
De raza pues siendo de Dios no debemos
νομίζειν χρυσῷ ἢ ἀργύρῳ ἢ λίθῳ, χαράγματι τέχνης
suponer con oro o con plata o con piedra, a escultura de arte
καὶ ἐνθυμήσεως ἀνθρώπου, τὸ θεῖον εἶναι ὅμοιον.
y de pensamiento de hombre, la Divinidad ser semejante.[320]

30 τοὺς μὲν οὖν χρόνους τῆς ἀγνοίας ὑπεριδὼν
los - Por lo tanto tiempos de la ignorancia pasando por alto
ὁ Θεὸς τὰ νῦν παραγγέλλει τοῖς ἀνθρώποις πᾶσι
Dios - ahora ordena a los hombres todos
πανταχοῦ μετανοεῖν,
en todas partes arrepentirse,

31 καθότι ἔστησεν ἡμέραν ἐν ᾗ μέλλει κρίνειν τὴν οἰκουμένην
porque dispuso día en el que va a juzgar la ecumene[321]
ἐν δικαιοσύνῃ, ἐν ἀνδρὶ ᾧ ὥρισε, πίστιν παρασχὼν
en justicia, por varón al que designó, fe[322] dando
πᾶσιν ἀναστήσας αὐτὸν ἐκ νεκρῶν.
a todos levantando lo de muertos.

32 Ἀκούσαντες δὲ ἀνάστασιν νεκρῶν οἱ μὲν
Oyendo entonces resurrección de muertos unos entonces
ἐχλεύαζον, οἱ δὲ εἶπον· ἀκουσόμεθά σου πάλιν
se burlaban, otros sin embargo decían: escucharemos a ti de nuevo
περὶ τούτου.
acerca de esto.

33 καὶ οὕτως ὁ Παῦλος ἐξῆλθεν ἐκ μέσου αὐτῶν.
Y así Pablo salió de en medio de ellos.

34 τινὲς δὲ ἄνδρες κολληθέντες αὐτῷ ἐπίστευσαν,
algunos Sin embargo varones siendo unidos a él creyeron.
ἐν οἷς καὶ Διονύσιος ὁ Ἀρεοπαγίτης καὶ γυνὴ
entre los cuales también Dionisio el areopagita y mujer
ὀνόματι Δάμαρις καὶ ἕτεροι σὺν αὐτοῖς.
de nombre Dámaris y otros con ellos (estaban).

18 **1** Μετὰ δὲ ταῦτα χωρισθεὶς ὁ Παῦλος ἐκ τῶν Ἀθηνῶν
Tras - esto marchando Pablo de Atenas
ἦλθεν εἰς Κόρινθον·
vino a Corinto.

---

319. Es decir, porque somos de la misma raza.
320. La idea de Pablo –uno de los alegatos más directos contra el culto a las imágenes– es que no debemos pensar que la Divinidad sea semejante a las imágenes que se hacen con materiales y que proceden realmente de la imaginación y del talento artístico del ser humano.
321. Es decir, el mundo habitado, término equivalente por regla general a los límites del imperio.
322. En el sentido de garantía digna de fe.

HECHOS 18.9

2 καὶ εὑρών τινα Ἰουδαῖον ὀνόματι Ἀκύλαν, Ποντικὸν
y encontrando a cierto judío de nombre Aquila, póntico

τῷ γένει, προσφάτως ἐληλυθότα ἀπὸ τῆς Ἰταλίας,
de estirpe,[323] recientemente habiendo venido de - Italia,

καὶ Πρίσκιλλαν γυναῖκα αὐτοῦ, διὰ τὸ διατεταχέναι
y a Priscila mujer de él, por el haber ordenado

Κλαύδιον χωρίζεσθαι πάντας τοὺς Ἰουδαίους
Claudio marchar todos los judíos

ἀπὸ τῆς Ῥώμης, προσῆλθεν αὐτοῖς,
de Roma,[324] fue a ellos.

3 καὶ διὰ τὸ ὁμότεχνον εἶναι ἔμενεν παρ' αὐτοῖς καὶ
y por el mismo oficio ser permaneció con ellos y

εἰργάζετο· ἦσαν γὰρ σκηνοποιοὶ τῇ τέχνῃ.
trabajaba eran Porque fabricantes de tiendas de oficio.

4 διελέγετο δὲ ἐν τῇ συναγωγῇ κατὰ πᾶν σάββατον,
Discutía entonces en la sinagoga en todo sábado,

ἔπειθέ τε Ἰουδαίους καὶ Ἕλληνας.
persuadía tanto a judíos como a griegos.

5 Ὡς δὲ κατῆλθον ἀπὸ τῆς Μακεδονίας ὅ τε Σίλας
Cuando entonces descendieron desde - Macedonia - - Silas

καὶ ὁ Τιμόθεος, συνείχετο τῷ πνεύματι ὁ Παῦλος
y - Timoteo, era urgido por el Espíritu[325] Pablo

διαμαρτυρόμενος τοῖς Ἰουδαίοις τὸν Χριστὸν Ἰησοῦν.
testificando continuamente a los judíos al mesías Jesús.[326]

6 ἀντιτασσομένων δὲ αὐτῶν καὶ βλασφημούντων,
Oponiéndose sin embargo ellos y blasfemando,

ἐκτιναξάμενος τὰ ἱμάτια εἶπε πρὸς αὐτούς· τὸ αἷμα
habiéndose sacudido las vestiduras dijo a ellos: la sangre

ὑμῶν ἐπὶ τὴν κεφαλὴν ὑμῶν· καθαρὸς ἐγώ·
de vosotros sobre la cabeza de vosotros. Limpio yo.

ἀπὸ τοῦ νῦν εἰς τὰ ἔθνη πορεύσομαι.
Desde el ahora a los gentiles iré.

7 καὶ μεταβὰς ἐκεῖθεν ἦλθεν εἰς οἰκίαν τινὸς ὀνόματι
Y marchándose de allí vino a casa de uno de nombre

Ἰούστου, σεβομένου τὸν Θεόν, οὗ ἡ οἰκία ἦν
Justo,[327] adorando a Dios, del cual la casa estaba

συνομοροῦσα τῇ συναγωγῇ.
cercana a la sinagoga.

8 Κρίσπος δὲ ὁ ἀρχισυνάγωγος ἐπίστευσε τῷ Κυρίῳ
Crispo entonces el archisinagogo creyó en el Señor

σὺν ὅλῳ τῷ οἴκῳ αὐτοῦ, καὶ πολλοὶ τῶν Κορινθίων
con toda la casa de él, y muchos de los corintios

ἀκούοντες ἐπίστευον καὶ ἐβαπτίζοντο.
oyendo creyeron y fueron bautizados.

9 εἶπε δὲ ὁ Κύριος δι' ὁράματος ἐν νυκτὶ τῷ Παύλῳ·
Dijo entonces el Señor mediante visión de noche a Pablo:

μὴ φοβοῦ, ἀλλὰ λάλει καὶ μὴ σιωπήσῃς,
no temas, sino habla y no te quedes callado,

2Y hallando a un Judío llamado Aquila, natural del Ponto, que hacía poco que había venido de Italia, y a Priscila su mujer, (porque Claudio había mandado que todos los Judíos saliesen de Roma) se vino a ellos;
3Y porque era de su oficio, posó con ellos, y trabajaba; porque el oficio de ellos era hacer tiendas.
4Y disputaba en la sinagoga todos los sábados, y persuadía á Judíos y a Griegos.
5Y cuando Silas y Timoteo vinieron de Macedonia, Pablo estaba constreñido por la palabra, testificando a los Judíos que Jesús era el Cristo.
6Mas contradiciendo y blasfemando ellos, les dijo, sacudiendo sus vestidos: Vuestra sangre sea sobre vuestra cabeza; yo, limpio; desde ahora me iré a los Gentiles.
7Y partiendo de allí, entró en casa de uno llamado Justo, temeroso de Dios, la casa del cual estaba junto a la sinagoga.
8Y Crispo, él prepósito de la sinagoga, creyó al Señor con toda su casa: y muchos de los Corintios oyendo creían, y eran bautizados.
9Entonces él Señor dijo de noche en visión a Pablo: No temas, sino habla, y no calles:

---

323. O raza.
324. Es decir, porque Claudio había ordenado que todos los judíos se marcharan de Roma (oración de infinitivo).
325. La NU sustituye por palabra.
326. O también que el mesías era Jesús.
327. La NU añade Titio.

10Porque yo estoy contigo, y ninguno te podrá hacer mal; porque yo tengo mucho pueblo en esta ciudad.
11Y se detuvo allí un año y seis meses, enseñándoles la palabra de Dios.
12Y siendo Galión procónsul de Acaya, los Judíos se levantaron de común acuerdo contra Pablo, y le llevaron al tribunal,
13Diciendo: Que éste persuade a los hombres a honrar a Dios contra la ley.
14Y comenzando Pablo a abrir la boca, Galión dijo a los Judíos: Si fuera algún agravio o algún crimen enorme, oh Judíos, conforme a derecho yo os tolerara:
15Mas si son cuestiones de palabras, y de nombres, y de vuestra ley, vedlo vosotros; porque yo no quiero ser juez de estas cosas.
16Y los echó del tribunal.
17Entonces todos los Griegos tomando a Sóstenes, prepósito de la sinagoga, le herían delante del tribunal: y a Galión nada se le daba de ello.
18Mas Pablo habiéndose detenido aún *allí* muchos días, después se despidió de los hermanos, y navegó á Siria, y con él Priscila y Aquila, habiéndose trasquilado la cabeza en Cencreas, porque tenía voto.

10 διότι ἐγώ εἰμι μετὰ σοῦ, καὶ οὐδεὶς ἐπιθήσεταί σοι
porque yo estoy contigo, y nadie caerá sobre ti
τοῦ κακῶσαί σε, διότι λαός ἐστί μοι
para maltratar te, porque pueblo hay para mí[328]
πολὺς ἐν τῇ πόλει ταύτῃ.
mucho en la ciudad esta.

11 ἐκάθισέ τε ἐνιαυτὸν καὶ μῆνας ἓξ διδάσκων
Se estableció entonces año y meses seis enseñando
ἐν αὐτοῖς τὸν λόγον τοῦ Θεοῦ.
entre ellos la Palabra de Dios.

12 Γαλλίωνος δὲ ἀνθυπατεύοντος τῆς Ἀχαΐας κατεπέστησαν
Galión entonces siendo procónsul de Acaya se levantaron
ὁμοθυμαδὸν οἱ Ἰουδαῖοι τῷ Παύλῳ καὶ ἤγαγον αὐτὸν
unánimemente los judíos contra Pablo y condujeron lo
ἐπὶ τὸ βῆμα,
a el tribunal,

13 λέγοντες ὅτι παρὰ τὸν νόμον οὗτος ἀναπείθει
diciendo que contra la ley éste persuade
τοὺς ἀνθρώπους σέβεσθαι τὸν Θεόν.
a los hombres a adorar a Dios.

14 μέλλοντος δὲ τοῦ Παύλου ἀνοίγειν τὸ στόμα εἶπεν
Yendo entonces Pablo a abrir la boca dijo
ὁ Γαλλίων πρὸς τοὺς Ἰουδαίους· εἰ μὲν οὖν ἦν
- Galión a los judíos: si - pues existiera
ἀδίκημά τι ἢ ῥᾳδιούργημα πονηρόν, ὦ Ἰουδαῖοι,
injusticia alguna o crimen malo, oh judíos,
κατὰ λόγον ἂν ἠνεσχόμην ὑμῶν·
conforme a razón atendería a vosotros.

15 εἰ δὲ ζητήμά ἐστι περὶ λόγου καὶ ὀνομάτων
Si sin embargo cuestión es sobre palabra y nombres
καὶ νόμου τοῦ καθ' ὑμᾶς, ὄψεσθε αὐτοί·
y ley la según vosotros, ved vosotros mismos,
κριτὴς γὰρ ἐγὼ τούτων οὐ βούλομαι εἶναι.
juez Porque yo de esto no quiero ser.

16 καὶ ἀπήλασεν αὐτοὺς ἀπὸ τοῦ βήματος.
Y despachó los de el tribunal.

17 ἐπιλαβόμενοι δὲ πάντες οἱ Ἕλληνες Σωσθένην
Tomando entonces todos los griegos[329] a Sóstenes
τὸν ἀρχισυνάγωγον ἔτυπτον ἔμπροσθεν τοῦ βήματος·
el archisinagogo golpeaban delante del tribunal,
καὶ οὐδὲν τούτων τῷ Γαλλίωνι ἔμελεν.
y nada de esto a Galión importaba.

18 Ὁ δὲ Παῦλος ἔτι προσμείνας ἡμέρας ἱκανὰς
- Entonces Pablo todavía permaneciendo días algunos,
τοῖς ἀδελφοῖς ἀποταξάμενος ἐξέπλει εἰς τὴν Συρίαν, καὶ σὺν
de los hermanos despidiéndose zarpó hacia - Siria, y con
αὐτῷ Πρίσκιλλα καὶ Ἀκύλας, κειράμενος τὴν κεφαλὴν
él Priscila y Aquila, habiéndose rasurado la cabeza
ἐν Κεγχρεαῖς· εἶχε γὰρ εὐχήν.
en Cencrea, tenía Porque voto.

---

328. Es decir, porque tengo pueblo.
329. La NU omite los griegos.

19 κατήντησε³³⁰ δὲ   εἰς Ἔφεσον, κἀκείνους κατέλιπεν αὐτοῦ,
Llegó   entonces a   Éfeso,   y a aquellos   dejó   allí,

αὐτὸς δὲ   εἰσελθὼν εἰς τὴν συναγωγὴν
él   entonces entrando en la sinagoga

διελέχθη τοῖς   Ἰουδαίοις.
discutió con los judíos.

20 ἐρωτώντων δὲ   αὐτῶν ἐπὶ πλείονα χρόνον μεῖναι
Rogando   entonces ellos por   más   tiempo quedarse

παρ' αὐτοῖς οὐκ ἐπένευσεν,
con ellos³³¹ no consintió,

21 ἀλλ' ἀπετάξατο   αὐτοῖς εἰπών·   δεῖ   με
sino que se despidió de ellos diciendo: es necesario para mí

πάντως   τὴν ἑορτὴν τὴν ἐρχομένην ποιῆσαι εἰς
por todos los medios la fiesta la venidera   hacer³³² en

Ἱεροσόλυμα, πάλιν δὲ   ἀνακάμψω πρὸς ὑμᾶς
Jerusalén.³³³ De nuevo entonces regresaré a   vosotros

τοῦ Θεοῦ θέλοντος. καὶ ἀνήχθη ἀπὸ τῆς Ἐφέσου,
Dios   queriendo y   zarpó desde   Éfeso.

22 καὶ κατελθὼν   εἰς Καισάρειαν, ἀναβὰς καὶ ἀσπασάμενος
Y   descendiendo a   Cesarea,   subiendo y   saludando

τὴν ἐκκλησίαν κατέβη   εἰς Ἀντιόχειαν,
a la iglesia descendió a   Antioquía.

23 καὶ ποιήσας χρόνον τινὰ   ἐξῆλθε διερχόμενος καθεξῆς
Y   haciendo tiempo alguno salió atravesando por orden

τὴν Γαλατικὴν χώραν καὶ Φρυγίαν, ἐπιστηρίζων
la gálata   región y Frigia, fortaleciendo

πάντας τοὺς μαθητάς.
a todos los discípulos.

24 Ἰουδαῖος δέ   τις Ἀπολλὼς ὀνόματι, Ἀλεξανδρεὺς τῷ
judío Entonces uno Apolos de nombre, alejandrino de

γένει,   ἀνὴρ λόγιος,   κατήντησεν εἰς Ἔφεσον, δυνατὸς
estirpe,³³⁴ varon elocuente, llegó   a   Éfeso,   poderoso

ὢν   ἐν ταῖς γραφαῖς.
siendo en las Escrituras.

25 οὗτος ἦν   κατηχημένος τὴν ὁδὸν   τοῦ Κυρίου, καὶ ζέων
Éste estaba instruido   en el camino del Señor, y ferviente

τῷ   πνεύματι ἐλάλει καὶ ἐδίδασκεν ἀκριβῶς   τὰ περὶ
en el Espíritu hablaba y   enseñaba   diligentemente lo acerca

τοῦ Κυρίου, ἐπιστάμενος μόνον   τὸ βάπτισμα Ἰωάννου·
del Señor,³³⁵ conociendo solamente el bautismo de Juan.

26 οὗτός τε   ἤρξατο παρρησιάζεσθαι   ἐν τῇ συναγωγῇ.
Éste entonces comenzó a hablar valientemente en la simagoga

ἀκούσαντες δὲ   αὐτοῦ Ἀκύλας καὶ Πρίσκιλλα
escuchando entonces a él   Aquila y   Priscila

προσελάβοντο αὐτὸν καὶ ἀκριβέστερον   αὐτῷ
tomaron aparte a él y   más exactamente   a él

ἐξέθεντο   τὴν τοῦ Θεοῦ ὁδόν.
explicaron el de Dios camino.

---

330. La NU sustituye por llegaron.
331. La NU omite con ellos.
332. Es decir, celebrar.
333. La NU omite desde es necesario a Jerusalén.
334. O raza.
335. La NU sustituye por Jesús.

19Y llegó a Efeso, y los dejó allí: y él entrando en la sinagoga, disputó con los Judíos,
20Los cuales le rogaban que se quedase con ellos por más tiempo; mas no accedió.
21Sino que se despidió de ellos, diciendo: Es menester que en todo caso tenga la fiesta que viene, en Jerusalem; mas otra vez volveré a vosotros, queriendo Dios. Y partió de Efeso.
22Y habiendo arribado a Cesarea subió *a Jerusalem;* y después de saludar a la iglesia, descendió a Antioquía.
23Y habiendo estado *allí* algún tiempo, partió, andando por orden la provincia de Galacia, y la Phrygia, confirmando a todos los discípulos.
24Llegó entonces a Efeso un Judío, llamado Apolos, natural de Alejandría, varón elocuente, poderoso en las Escrituras.
25Este era instruído en el camino del Señor; y ferviente de espíritu, hablaba y enseñaba diligentemente las cosas que son del Señor, enseñando solamente en el bautismo de Juan.
26Y comenzó a hablar confiadamente en la sinagoga: al cual como oyeron Priscila y Aquila, le tomaron, y le declararon más particularmente el camino de Dios.

27 Y queriendo él pasar a Acaya, los hermanos exhortados, escribieron a los discípulos que le recibiesen; y venido él, aprovechó mucho por la gracia a los que habían creído:
28 Porque con gran vehemencia convencía públicamente a los Judíos, mostrando por las Escrituras que Jesús era el Cristo.

19 Y aconteció que entre tanto que Apolos estaba en Corinto, Pablo, andadas las regiones superiores, vino a Efeso, y hallando ciertos discípulos,
2 Díjoles: ¿Habéis recibido el Espíritu Santo después que creísteis? Y ellos le dijeron: Antes ni aun hemos oído si hay Espíritu Santo.
3 Entonces dijo: ¿En qué pues sois bautizados? Y ellos dijeron: En el bautismo de Juan.
4 Y dijo Pablo: Juan bautizó con bautismo de arrepentimiento, diciendo al pueblo que creyesen en el que había de venir después de él, es a saber, en Jesús el Cristo.
5 Oído que hubieron esto, fueron bautizados en el nombre del Señor Jesús.
6 Y habiéndoles impuesto Pablo las manos, vino sobre ellos el Espíritu Santo; y hablaban en lenguas, y profetizaban.

27 βουλομένου δὲ αὐτοῦ διελθεῖν εἰς τὴν Ἀχαΐαν,
Deseando entonces él pasar a - Acaya,

προτρεψάμενοι οἱ ἀδελφοὶ ἔγραψαν τοῖς
habiendo sido urgidos los hermanos escribieron a los

μαθηταῖς ἀποδέξασθαι αὐτόν·
discípulos para recibir lo,

ὃς παραγενόμενος συνεβάλετο πολὺ
el cual llegando asistió mucho[336]

τοῖς πεπιστευκόσι διὰ τῆς χάριτος·
a los habiendo creído por la gracia.

28 εὐτόνως γὰρ τοῖς Ἰουδαίοις διακατηλέγχετο
enérgicamente Porque a los judíos refutaba

δημοσίᾳ ἐπιδεικνὺς διὰ τῶν γραφῶν εἶναι τὸν
públicamente demostrando mediante las Escrituras ser el

Χριστὸν Ἰησοῦν.
mesías Jesús.[337]

19 **1** Ἐγένετο δὲ ἐν τῷ τὸν Ἀπολλῶ εἶναι ἐν Κορίνθῳ
Aconteció entonces en el - Apolos estar en Corinto

Παῦλον διελθόντα τὰ ἀνωτερικὰ μέρη ἐλθεῖν
Pablo pasando a las interiores partes llegar

εἰς Ἔφεσον· καὶ εὑρών τινας μαθητὰς
a Éfeso. Y encontrando a algunos discípulos

2 εἶπέ πρὸς αὐτούς· εἰ Πνεῦμα Ἅγιον ἐλάβετε πιστεύσαντες;
dijo a ellos: ¿si Espíritu Santo recibisteis habiendo creído?

οἱ δὲ πρὸς αὐτόν· ἀλλ' οὐδὲ εἰ Πνεῦμα
Ellos entonces a él (dijeron): pero ni siquiera si Espíritu

Ἅγιον ἔστιν ἠκούσαμεν.
Santo hay hemos oído.

3 εἶπέ τε πρὸς αὐτούς· εἰς τί οὖν ἐβαπτίσθητε;
Dijo entonces a ellos: ¿en qué pues fuisteis bautizados?

οἱ δὲ εἶπον· εἰς τὸ Ἰωάννου βάπτισμα.
Ellos entonces dijeron: en el de Juan bautismo.

4 εἶπε δὲ Παῦλος· Ἰωάννης μὲν ἐβάπτισε βάπτισμα
Dijo entonces Pablo: Juan ciertamente bautizó bautismo

μετανοίας, τῷ λαῷ λέγων εἰς τὸν ἐρχόμενον μετ'
de arrepentimiento al pueblo diciendo en el viniendo después

αὐτὸν ἵνα πιστεύσωσι,
de él Para que creyeran[338]

τοῦτ' ἔστιν εἰς τὸν Χριστὸν Ἰησοῦν.
esto es en el mesías[339] Jesús.

5 ἀκούσαντες δὲ ἐβαπτίσθησαν εἰς τὸ ὄνομα
habiendo escuchado Entonces fueron bautizados en el nombre

τοῦ Κυρίου Ἰησοῦ.
del Señor Jesús.

6 καὶ ἐπιθέντος αὐτοῖς τοῦ Παύλου τὰς χεῖρας ἦλθε
E imponiendo sobre ellos Pablo las manos vino

τὸ Πνεῦμα τὸ Ἅγιον ἐπ' αὐτούς, ἐλάλουν
el Espíritu el Santo sobre ellos, hablaban

τε γλώσσαις καὶ ἐπροφήτευον.
entonces en lenguas y profetizaban.

---

336. Es decir, fue de mucha utilidad, ayudó mucho.
337. Es decir, que el mesías era Jesús (oración de infinitivo).
338. Es decir, hablando para que creyeran en el que sería después de él.
339. La NU omite el mesías.

7 ἦσαν δὲ οἱ πάντες ἄνδρες ὡσεὶ δεκαδύο.
Eran entonces los todos varones como doce.

8 Εἰσελθὼν δὲ εἰς τὴν συναγωγὴν ἐπαρρησιάζετο ἐπὶ
Entrando entonces en la sinagoga hablaba valientemente por

μῆνας τρεῖς διαλεγόμενος καὶ πείθων τὰ περὶ τῆς
meses tres discutiendo y persuadiendo lo sobre el

βασιλείας τοῦ Θεοῦ.
reino de Dios.

9 ὡς δέ τινες ἐσκληρύνοντο καὶ ἠπείθουν
Cuando sin embargo algunos se endurecieron y desobedecieron

κακολογοῦντες τὴν ὁδὸν ἐνώπιον τοῦ πλήθους,
hablando mal del camino delante de la multitud,

ἀποστὰς ἀπ' αὐτῶν
retirándose de ellos

ἀφώρισε τοὺς μαθητάς, καθ' ἡμέραν διαλεγόμενος
separó a los discípulos, cada día discutiendo

ἐν τῇ σχολῇ Τυράννου τινός.
en la escuela de Tirano un tal.

10 τοῦτο δὲ ἐγένετο ἐπὶ ἔτη δύο, ὥστε πάντας
Esto - aconteció por años dos, de manera que todos

τοὺς κατοικοῦντας τὴν Ἀσίαν ἀκοῦσαι τὸν λόγον
los habitando - Asia escuchar la palabra[340]

τοῦ Κυρίου Ἰησοῦ, Ἰουδαίους τε καὶ Ἕλληνας.
del Señor Jesús,[341] judíos tanto como griegos.

11 Δυνάμεις τε οὐ τὰς τυχούσας ἐποίει ὁ Θεὸς
poderes[342] Entonces no los corrientes hacía - Dios

διὰ τῶν χειρῶν Παύλου,
a través de las manos de Pablo,

12 ὥστε καὶ ἐπὶ τοὺς ἀσθενοῦντας ἐπιφέρεσθαι
de manera que también sobre los enfermos ser colocados

ἀπὸ τοῦ χρωτὸς αὐτοῦ σουδάρια ἢ σιμικίνθια καὶ
de la piel de él sudarios[343] o pañuelos y

ἀπαλλάσσεσθαι ἀπ' αὐτῶν τὰς νόσους, τά τε
alejarse de ellos las enfermedades, los También

πνεύματα τὰ πονηρὰ ἐξέρχεσθαι ἀπ' αὐτῶν.
espíritus los malos salir de ellos.[344]

13 ἐπεχείρησαν δέ τινες ἀπὸ τῶν περιερχομένων Ἰουδαίων
Intentaron entonces algunos de los ambulantes judíos

ἐξορκιστῶν ὀνομάζειν ἐπὶ τοὺς ἔχοντας τὰ πνεύματα
exorcistas nombrar sobre los teniendo los espíritus

τὰ πονηρὰ τὸ ὄνομα τοῦ Κυρίου Ἰησοῦ λέγοντες·
los malos el nombre del Señor Jesús diciendo:

ὁρκίζομεν ὑμᾶς τὸν Ἰησοῦν ὃν ὁ Παῦλος κηρύσσει.
Conjuramos[345] a vosotros por el Jesús al que Pablo predica.

14 ἦσαν δέ τινες υἱοὶ Σκευᾶ Ἰουδαίου ἀρχιερέως
Había entonces algunos hijos de Esceva judío sacerdote[346]

ἑπτὰ οἱ τοῦτο ποιοῦντες.
ocho los esto haciendo.

---

340. Es decir, de manera que todos los que habitaban Asia escucharon... (oración de infinitivo).
341. La NU omite Jesús.
342. Es decir, milagros.
343. Es decir, los pañuelos para la cara.
344. Se trata de una sucesión de oraciones de infinitivo: de manera que eran colocados... que se alejaban... que sabían.
345. La NU sustituye por conjuro.
346. El término podría indicar a alguien de la aristrocacia sacerdotal, posiblemente un saduceo.

15 Y respondiendo el espíritu malo, dijo: A Jesús conozco y sé *quién es* Pablo: mas vosotros ¿quiénes sois?
16 Y el hombre en quien estaba el espíritu malo, saltando en ellos, y enseñoreándose de ellos, pudo más que ellos, de tal manera que huyeron de aquella casa desnudos y heridos.
17 Y esto fué notorio a todos, así Judíos como Griegos, los que habitaban en Efeso: y cayó temor sobre todos ellos, y era ensalzado el nombre del Señor Jesús.
18 Y muchos de los que habían creído, venían, confesando y dando cuenta de sus hechos.
19 Asimismo muchos de los que habían practicado vanas artes, trajeron los libros, y los quemaron delante de todos; y echada la cuenta del precio de ellos, hallaron ser cincuenta mil denarios.
20 Así crecía poderosamente la palabra del Señor, y prevalecía.
21 Y acabadas estas cosas, se propuso Pablo en espíritu partir a Jerusalem, después de andada Macedonia y Acaya, diciendo: Después que hubiere estado allá, me será menester ver también a Roma.
22 Y enviando a Macedonia a dos de los que le ayudaban, Timoteo y Erasto, él se estuvo por algún tiempo en Asia.

15 ἀποκριθὲν δὲ τὸ πνεῦμα τὸ πονηρὸν εἶπε· τὸν Ἰησοῦν
Respondió entonces el espíritu el malo dijo: a Jesús
γινώσκω καὶ τὸν Παῦλον ἐπίσταμαι· ὑμεῖς δὲ
conozco y de Pablo sé. ¿Vosotros sin embargo
τίνες ἐστέ;
quiénes sois?

16 καὶ ἐφαλόμενος ἐπ' αὐτοὺς ὁ ἄνθρωπος ἐν ᾧ ἦν τὸ
Y saltando sobre ellos el hombre en el que estaba el
πνεῦμα τὸ πονηρὸν, κατακυριεύσας αὐτῶν ἴσχυσε
espíritu el malo, habiendo dominado a ellos prevaleció
κατ' αὐτῶν, ὥστε γυμνοὺς καὶ τετραυματισμένους
contra ellos, de manera que desnudos y heridos
ἐκφυγεῖν ἐκ τοῦ οἴκου ἐκείνου.
huir de la casa aquella.

17 τοῦτο δὲ ἐγένετο γνωστὸν πᾶσιν Ἰουδαίοις τε καὶ
esto Entonces resultó conocido a todos judíos y también
Ἕλλησι τοῖς κατοικοῦσι τὴν Ἔφεσον, καὶ ἐπέπεσε φόβος
a griegos los habitando - Éfeso, y sobrevino temor
ἐπὶ πάντας αὐτούς, καὶ ἐμεγαλύνετο
sobre todos ellos, y se engrandeció
τὸ ὄνομα τοῦ Κυρίου Ἰησοῦ·
el nombre del Señor Jesús.

18 πολλοί τε τῶν πεπιστευκότων ἤρχοντο
Muchos entonces de los habiendo creído venían
ἐξομολογούμενοι καὶ ἀναγγέλλοντες τὰς πράξεις αὐτῶν.
confesando y dando cuenta de las acciones de ellos.

19 ἱκανοὶ δὲ τῶν τὰ περίεργα πραξάντων
muchos Entonces de los lo relacionado con la magia practicando
συνενέγκαντες τὰς βίβλους κατέκαιον ἐνώπιον πάντων·
juntando los libros quemaban delante de todos.
καὶ συνεψήφισαν τὰς τιμὰς αὐτῶν
Y contaron los precios de ellos
καὶ εὗρον ἀργυρίου μυριάδας πέντε.
y encontraron de plata miriadas[347] cinco (de monedas).

20 Οὕτω κατὰ κράτος ὁ λόγος τοῦ Κυρίου ηὔξανε καὶ ἴσχυεν.
Así con poder la Palabra del Señor crecía y prevalecía.

21 Ὡς δὲ ἐπληρώθη ταῦτα, ἔθετο ὁ Παῦλος ἐν τῷ
Cuando entonces se cumplió esto, resolvió Pablo en el
πνεύματι διελθὼν τὴν Μακεδονίαν καὶ Ἀχαΐαν πορεύεσθαι
espíritu atravesando - Macedonia y Acaya ir
εἰς Ἱερουσαλήμ, εἰπὼν ὅτι μετὰ τὸ γενέσθαι με
a Jerusalén, diciendo que después de resultar yo
ἐκεῖ δεῖ με καὶ Ῥώμην ἰδεῖν.
allí preciso es para mí también Roma ver.

22 ἀποστείλας δὲ εἰς τὴν Μακεδονίαν δύο τῶν
Habiendo enviado entonces a - Macedonia a dos de los
διακονούντων αὐτῷ, Τιμόθεον καὶ Ἔραστον, αὐτὸς ἐπέσχε
sirviendo a él, Timoteo y Erasto, él se quedó
χρόνον εἰς τὴν Ἀσίαν.
tiempo en - Asia.

---

347. Es decir, diez millares. Cinco miriadas son cincuenta mil. El valor pues de los libros era de cincuenta mil monedas de plata lo que equivaldría al salario anual de unos ciento sesenta jornaleros.

23 Ἐγένετο δὲ κατὰ τὸν καιρὸν ἐκεῖνον τάραχος
Aconteció entonces en el tiempo aquel disturbio
οὐκ ὀλίγος περὶ τῆς ὁδοῦ.
no pequeño acerca del Camino.

24 Δημήτριος γάρ τις ὀνόματι, ἀργυροκόπος, ποιῶν
Demetrio Porque cierto de nombre, platero, haciendo
ναοὺς ἀργυροῦς Ἀρτέμιδος παρείχετο
templos de plata de Artemis[348] conseguía
τοῖς τεχνίταις ἐργασίαν οὐκ ὀλίγην·
para los artífices ganancia no pequeña,

25 οὓς συναθροίσας, καὶ τοὺς περὶ τὰ τοιαῦτα ἐργάτας
a los cuales reuniendo, y a los acerca de esto obreros
εἶπεν· ἄνδρες, ἐπίστασθε ὅτι ἐκ ταύτης τῆς ἐργασίας
dijo: varones, sabéis que de este mismo el oficio
ἡ εὐπορία ἡμῶν ἐστι,
la prosperidad de nosotros es,

26 καὶ θεωρεῖτε καὶ ἀκούετε ὅτι οὐ μόνον Ἐφέσου,
y ved y escuchad que no sólo en Éfeso,
ἀλλὰ σχεδὸν πάσης τῆς Ἀσίας ὁ Παῦλος οὗτος πείσας
sino en casi toda - Asia - Pablo este habiendo persuadido
μετέστησεν ἱκανὸν ὄχλον, λέγων ὅτι οὐκ εἰσὶν
apartó a numerosa gente, diciendo que no son
θεοὶ οἱ διὰ χειρῶν γινόμενοι.
dioses los por manos resultantes.

27 οὐ μόνον δὲ τοῦτο κινδυνεύει ἡμῖν τὸ μέρος εἰς
No sólo - esto peligra para nosotros la parte en
ἀπελεγμὸν ἐλθεῖν, ἀλλὰ καὶ τὸ τῆς μεγάλης θεᾶς
desprestigio venir[349] sino también el de la gran diosa
Ἀρτέμιδος ἱερὸν εἰς οὐθὲν λογισθῆναι, μέλλειν τε
Artemis templo en nada ser considerado, venir Entonces
καὶ καθαιρεῖσθαι τὴν μεγαλειότητα αὐτῆς,
también a ser destruida la grandeza de ella,[350]
ἣν ὅλη ἡ Ἀσία καὶ ἡ οἰκουμένη σέβεται.
a la que toda el Asia y la ecumene[351] adora.

28 Ἀκούσαντες δὲ καὶ γενόμενοι πλήρεις θυμοῦ,
habiendo escuchado Entonces y resultando llenos de ira,
ἔκραζον λέγοντες· μεγάλη ἡ Ἄρτεμις Ἐφεσίων.
gritaban diciendo: grande la Artemis de los efesios (es).

29 καὶ ἐπλήσθη ἡ πόλις ὅλη τῆς συγχύσεως,
Y fue llena la ciudad toda[352] de la confusión,
ὥρμησάν τε ὁμοθυμαδὸν εἰς τὸ θέατρον
se precipitaron entonces unánimemente a el teatro
συναρπάσαντες Γάϊον καὶ Ἀρίσταρχον Μακεδόνας,
habiéndose apoderado de Gayo y Aristarco macedonios,
συνεκδήμους Παύλου.
compañeros de Pablo.

---

23 Entonces hubo un alboroto no pequeño acerca del Camino.
24 Porque un platero llamado Demetrio, el cual hacía de plata templecillos de Diana, daba a los artífices no poca ganancia;
25 A los cuales, reunidos con los oficiales de semejante oficio, dijo: Varones, sabéis que de este oficio tenemos ganancia;
26 Y veis y oís que este Pablo, no solamente en Efeso, sino a muchas gentes de casi toda el Asia, ha apartado con persuasión, diciendo, que no son dioses los que se hacen con las manos.
27 Y no solamente hay peligro de que este negocio se nos vuelva en reproche, sino también que el templo de la gran diosa Diana sea estimado en nada, y comience a ser destruída su majestad, la cual honra toda el Asia y el mundo.
28 Oídas estas cosas, llenáronse de ira, y dieron alarido diciendo: ¡Grande es Diana de los Efesios!
29 Y la ciudad se llenó de confusión; y unánimes se arrojaron al teatro, arrebatando a Gayo y a Aristarco, Macedonios, compañeros de Pablo.

---

348. O Diana.
349. Es decir, no sólo nos enfrentamos al peligro de que este oficio caiga en el desprestigio, y que el templo de la gran diosa Artemis llegue a ser considerado en nada, sino también con que llegue a ser destruida la grandeza de ella.
350. La NU sustituye por ella de su grandeza.
351. Es decir, el mundo habitado, término referido por regla general al imperio romano.
352. La NU suprime toda.

30 Y queriendo Pablo salir al pueblo, los discípulos no le dejaron.
31 También algunos de los principales de Asia, que eran sus amigos, enviaron a él rogando que no se presentase en el teatro.
32 Y otros gritaban otra cosa; porque la concurrencia estaba confusa, y los más no sabían por qué se habían juntado.
33 Y sacaron de entre la multitud a Alejandro, empujándole los Judíos. Entonces Alejandro, pedido silencio con la mano, quería dar razón al pueblo.
34 Mas como conocieron que era Judío, fué hecha un voz de todos, que gritaron casi por dos horas: ¡Grande es Diana de los Efesios!
35 Entonces el escribano, apacíguado que hubo la gente, dijo: Varones Efesios ¿y quién hay de los hombres que no sepa que la ciudad de los Efesios es honradora de la gran diosa Diana, y de la *imagen* venida de Júpiter?
36 *Así que*, pues esto no puede ser contradicho, conviene que os acigüéis, y que nada hagáis temerariamente;

30 τοῦ δὲ Παύλου βουλομένου εἰσελθεῖν εἰς τὸν
- Entonces Pablo deseando entrar en la
δῆμον οὐκ εἴων αὐτὸν οἱ μαθηταί·
asamblea popular[353] no permitían lo los discípulos.

31 τινὲς δὲ καὶ τῶν Ἀσιαρχῶν, ὄντες αὐτῷ
Algunos entonces también de los asiarcas, siendo para él
φίλοι, πέμψαντες πρὸς αὐτὸν παρεκάλουν μὴ
amigos, habiendo enviado (mensaje) a él urgían a no
δοῦναι ἑαυτὸν εἰς τὸ θέατρον.
presentar se en el teatro.

32 ἄλλοι μὲν οὖν ἄλλο τι ἔκραζον· ἦν γὰρ ἡ
otros Entonces pues otro algo gritaban,[354] estaba Porque la
ἐκκλησία συγκεχυμένη, καὶ οἱ πλείους οὐκ ᾔδεισαν τίνος
asamblea congregada, y los más no sabían de qué
ἕνεκεν συνεληλύθεισαν.
Con ocasión se habían congregado.

33 ἐκ δὲ τοῦ ὄχλου προεβίβασαν Ἀλέξανδρον,
de Entonces la multitud adelantaron[355] a Alejandro,
προβαλόντων αὐτὸν τῶν Ἰουδαίων· ὁ δὲ Ἀλέξανδρος
empujando lo los judíos. - Entonces Alejandro
κατασείσας τὴν χεῖρα ἤθελεν ἀπολογεῖσθαι
moviendo la mano quería defenderse
τῷ δήμῳ.
ante la asamblea popular.[356]

34 ἐπιγνόντες δὲ ὅτι Ἰουδαῖός ἐστι, φωνὴ ἐγένετο μία ἐκ
Conociendo entonces que judío es, voz resultó una de
πάντων, ὡς ἐπὶ ὥρας δύο κραζόντων· μεγάλη ἡ Ἄρτεμις
todos, como por horas dos gritando: grande la Artemis
Ἐφεσίων.
de efesios (es).

35 καταστείλας δὲ ὁ γραμματεὺς τὸν ὄχλον φησίν·
Habiendo calmado entonces el escribano a la multitud dijo:
ἄνδρες Ἐφέσιοι, τίς γάρ ἐστιν ἄνθρωπος
varones efesios, ¿algun Porque hay hombre
ὃς οὐ γινώσκει τὴν Ἐφεσίων πόλιν νεωκόρον
que no sabe la de los efesios ciudad guardiana del templo
οὖσαν τῆς μεγάλης θεᾶς Ἀρτέμιδος
siendo de la gran diosa[357] Artemis
καὶ τοῦ Διοπετοῦς;
y de la caída de Zeus?[358]

36 ἀναντιρρήτων οὖν ὄντων τούτων δέον ἐστὶν ὑμᾶς
Innegable pues siendo esto necesario es vosotros
κατεσταλμένους ὑπάρχειν καὶ μηδὲν προπετὲς πράσσειν.
aquietados estar y no precipitado hacer.

---

353. Lit: pueblo.
354. Es decir, unos gritaban una cosa y otros, otra, porque estaba congregada la asamblea y los más no sabían a causa de qué se habían congregado.
355. La NU sustituye por instruyeron.
356. O pueblo.
357. La NU suprime diosa.
358. Es decir, ¿es que acaso existe algún hombre que no sepa que la ciudad de los efesios es guardiana del templo de la gran diosa Artemis y de la caída desde Zeus? La caída desde Zeus era un meteorito al que se consideraba imagen de la diosa enviada desde el mismo cielo por el dios Zeus.

37 ἡγάγετε γὰρ τοὺς ἄνδρας τούτους οὔτε
trajisteis Porque a los varones estos no (siendo)
ἱεροσύλους οὔτε βλασφημοῦντας τὴν
saqueadores de templos³⁵⁹ ni blasfemando contra la
θεὰν ὑμῶν.
diosa de vosotros.

38 εἰ μὲν οὖν Δημήτριος καὶ οἱ σὺν αὐτῷ τεχνῖται ἔχουσι
Si - pues Demetrio y los con él artífices tienen
πρός τινα λόγον, ἀγοραῖοι ἄγονται καὶ
contra alguno palabra,³⁶⁰ tribunales están en sesión y
ἀνθύπατοί εἰσιν, ἐγκαλείτωσαν ἀλλήλοις.
procónsules hay. Acúsense los unos a los otros.

39 εἰ δέ τι περὶ ἑτέρων ἐπιζητεῖτε, ἐν τῇ ἐννόμῳ
Si entonces algo acerca de otras cosas demandáis, en la legal
ἐκκλησίᾳ ἐπιλυθήσεται.
asamblea³⁶¹ será determinado.

40 καὶ γὰρ κινδυνεύομεν ἐγκαλεῖσθαι στάσεως περὶ
también Porque estamos en peligro de ser acusados de motín por
τῆς σήμερον, μηδενὸς αἰτίου ὑπάρχοντος περὶ οὗ δυνησόμεθα
lo de hoy, ninguna razón existiendo por la que podamos
ἀποδοῦναι λόγον τῆς συστροφῆς ταύτης.
dar palabra de la subversión esta.
καὶ ταῦτα εἰπὼν ἀπέλυσε τὴν ἐκκλησίαν.
Y esto diciendo despachó a la asamblea.

20 **1** Μετὰ δὲ τὸ παύσασθαι τὸν θόρυβον προσκαλεσάμενος
tras Entonces el cesar el disturbio habiendo convocando
ὁ Παῦλος τοὺς μαθητὰς καὶ ἀσπασάμενος ἐξῆλθε
Pablo a los discípulos y³⁶² habiendo saludado salió
πορευθῆναι εἰς Μακεδονίαν.
para ir a Macedonia.

2 διελθὼν δὲ τὰ μέρη ἐκεῖνα καὶ παρακαλέσας αὐτοὺς
Atravesando entonces las partes aquellas y exhortando los
λόγῳ πολλῷ ἦλθεν εἰς τὴν Ἑλλάδα·
con palabra mucha vino a la Hélade.³⁶³

3 ποιήσας τε μῆνας τρεῖς, γενομένης αὐτῷ ἐπιβουλῆς
Habiendo hecho - meses tres,³⁶⁴ resultando contra él conjura
ὑπὸ τῶν Ἰουδαίων μέλλοντι ἀνάγεσθαι εἰς τὴν Συρίαν, ἐγένετο
por los judíos estando para zarpar hacia Siria, se produjo
γνώμη τοῦ ὑποστρέφειν διὰ Μακεδονίας.
decisión de regresar a través de Macedonia.

37 Pues habéis traído a estos hombres, sin ser sacrílegos ni blasfemadores de vuestra diosa.
38 Que si Demetrio y los oficiales que están con él tienen negocio con alguno, audiencias se hacen, y procónsules hay; acúsense los unos a los otros.
39 Y si demandáis alguna otra cosa, en legítima asamblea se pueda decidir.
40 Porque peligro hay de que seamos argüidos de sedición por hoy, no habiendo ninguna causa por la cual podamos dar razón de este concurso. Y habiendo dicho esto, despidió la concurrencia.

20 Y después que cesó el alboroto, llamando Pablo a los discípulos habiéndoles exhortado y abrazado, se despidió, y partió para ir a Macedonia.
2 Y andado que hubo aquellas partes, y exhortádoles con abundancia de palabra, vino a Grecia.
3 Y después de haber estado allí tres meses, y habiendo de navegar a Siria, le fueron puestas asechanzas por los Judíos; y así tomó consejo de volverse por Macedonia.

---

359. O sacrílegos.
360. O asunto.
361. El término griego dará lugar al español iglesia.
362. La NU añade animando.
363. Es decir, Grecia.
364. Es decir, después de estar allí tres meses.

4 Y le acompañaron hasta Asia Sópater Bereense, y los Tesalonicenses, Aristarco y Segundo; y Gayo de Derbe, y Timoteo; y de Asia, Tychîco y Trófimo.
5 Estos yendo delante, nos esperaron en Troas.
6 Y nosotros, pasados los días de los panes sin levadura, navegamos de Filipos y vinimos a ellos a Troas en cinco días, donde estuvimos siete días.
7 Y el día primero de la semana, juntos los discípulos a partir el pan, Pablo les enseñaba, habiendo de partir al día siguiente: y alargó el discurso hasta la media noche.
8 Y había muchas lámparas en el aposento alto donde estaban juntos.
9 Y un mancebo llamado Eutichô que estaba sentado en la ventana, tomado de un sueño profundo, como Pablo disputaba largamente, postrado del sueño cayó del tercer piso abajo, y fué alzado muerto.
10 Entonces descendió Pablo, y derribóse sobre él, y abrazándole, dijo: No os alborotéis, que su alma está en él.
11 Después subiendo, y partiendo el pan, y gustando, habló largamente hasta el alba, y así partió.

4 συνείπετο δὲ αὐτῷ ἄχρι τῆς Ἀσίας Σώπατρος
Acompañaba entonces a él hasta - Asia[365,366] Sópater

Βεροιαῖος, Θεσσαλονικέων δὲ Ἀρίσταρχος καὶ Σέκουνδος,
bereano, de los tesalonicenses - Aristarco y Segundo,

καὶ Γάϊος Δερβαῖος καὶ Τιμόθεος, Ἀσιανοὶ δὲ Τυχικὸς
y Gayo derbense y Timoteo, asiáticos - Tíquico

καὶ Τρόφιμος.
y Trófimo.

5 οὗτοι προελθόντες ἔμενον ἡμᾶς ἐν Τρῳάδι·
Estos precediendo esperaban nos en Troas.

6 ἡμεῖς δὲ ἐξεπλεύσαμεν μετὰ τὰς ἡμέρας τῶν ἀζύμων
Nosotros sin embargo zarpamos tras los días de los ácimos

ἀπὸ Φιλίππων καὶ ἤλθομεν πρὸς αὐτοὺς
desde Filipos y llegamos a ellos

εἰς τὴν Τρῳάδα ἄχρις ἡμερῶν πέντε,
a Troade en días cinco

οὗ διετρίψαμεν ἡμέρας ἑπτά.
donde pasamos días siete.

7 Ἐν δὲ τῇ μιᾷ τῶν σαββάτων συνηγμένων τῶν
en Entonces el primer (día) de la semana reuniéndose los

μαθητῶν κλάσαι ἄρτον, ὁ Παῦλος διελέγετο αὐτοῖς,
discípulos[367] para partir pan, Pablo discutía con ellos,

μέλλων ἐξιέναι τῇ ἐπαύριον, παρέτεινέ τε τὸν λόγον
yendo a salir al día siguiente, extendió entonces la palabra

μέχρι μεσονυκτίου.
hasta medianoche.

8 ἦσαν δὲ λαμπάδες ἱκαναὶ ἐν τῷ ὑπερῴῳ οὗ
Había entonces lámparas muchas en el aposento alto donde

ἦμεν συνηγμένοι.
estábamos congregados.

9 καθήμενος δέ τις νεανίας ὀνόματι Εὔτυχος ἐπὶ τῆς θυρίδος,
Sentado - cierto joven de nombre Eutico en la ventana,

καταφερόμενος ὕπνῳ βαθεῖ διαλεγομένου τοῦ Παύλου
rendido por sueño profundo discutiendo - Pablo

ἐπὶ πλεῖον, κατενεχθεὶς ἀπὸ τοῦ ὕπνου ἔπεσεν
por más (tiempo), siendo abrumado de el sueño cayó

ἀπὸ τοῦ τριστέγου κάτω καὶ ἤρθη νεκρός.
desde el tercer piso abajo y fue levantado muerto.

10 καταβὰς δὲ ὁ Παῦλος ἐπέπεσεν αὐτῷ καὶ
Descendiendo entonces Pablo cayó sobre él y

συμπεριλαβὼν εἶπε· μὴ θορυβεῖσθε· ἡ γὰρ ψυχὴ αὐτοῦ ἐν
abrazando dijo: no os alarméis, el Porque alma de él en

αὐτῷ ἐστιν.
él está.

11 ἀναβὰς δὲ καὶ κλάσας ἄρτον καὶ γευσάμενος, ἐφ'
Subiendo entonces y partiendo pan y habiendo comido, por

ἱκανόν τε ὁμιλήσας ἄχρις αὐγῆς, οὕτως ἐξῆλθεν.
mucho - habiendo hablado hasta alba, así salió.

---

365. La NU omite hasta Asia.
366. La NU añade de Pirro.
367. La NU sustituye por reuniéndonos nosotros.

12 ἤγαγον δὲ τὸν παῖδα ζῶντα, καὶ παρεκλήθησαν
Llevaron entonces al muchacho vivo, y fueron consolados
οὐ μετρίως.
no poco.

13 Ἡμεῖς δὲ προελθόντες ἐπὶ τὸ πλοῖον ἀνήχθημεν
Nosotros entonces adelantándonos en el barco zarpamos
ἐπὶ τὴν Ἆσσον ἐκεῖθεν μέλλοντες ἀναλαμβάνειν
hacia Asón desde allí queriendo tomar a bordo
τὸν Παῦλον· οὕτως γὰρ ἦν διατεταγμένος,
a Pablo, así Porque estaba determinado,
μέλλων αὐτὸς πεζεύειν.
queriendo él caminar.[368]

14 ὡς δὲ συνέβαλεν ἡμῖν εἰς τὴν Ἆσσον,
Cuando entonces se reunió con nosotros en Asón,
ἀναλαβόντες αὐτὸν ἤλθομεν εἰς Μιτυλήνην·
tomando a bordo a él vinimos a Mitilene.

15 κἀκεῖθεν ἀποπλεύσαντες τῇ ἐπιούσῃ κατηντήσαμεν
Y desde allí habiendo zarpado al día siguiente llegamos
ἀντικρὺ Χίου, τῇ δὲ ἑτέρᾳ παρεβάλομεν εἰς Σάμον,
ante Quíos, al - siguiente nos acercamos a Samos,
καὶ μείναντες ἐν Τρωγυλλίῳ τῇ ἐχομένῃ
y permaneciendo en Trogilio[369] al siguiente (día)
ἤλθομεν εἰς Μίλητον.
llegamos a Mileto.

16 ἔκρινε γὰρ ὁ Παῦλος παραπλεῦσαι τὴν Ἔφεσον,
decidió Porque Pablo navegar pasando - Éfeso
ὅπως μὴ γένηται αὐτῷ χρονοτριβῆσαι ἐν τῇ Ἀσίᾳ·
para no acontecer le pasar tiempo en Asia.
ἔσπευδε γὰρ, εἰ δυνατὸν ἦν αὐτῷ, τὴν ἡμέραν τῆς
se apresuraba Porque por si posible era a él, el día de
Πεντηκοστῆς γενέσθαι εἰς Ἱεροσόλυμα.
Pentecostés estar en Jerusalén.

17 Ἀπὸ δὲ τῆς Μιλήτου πέμψας εἰς Ἔφεσον
desde Entonces Mileto habiendo enviado a Éfeso
μετεκαλέσατο τοὺς πρεσβυτέρους τῆς ἐκκλησίας.
convocó a los ancianos de la iglesia.

18 ὡς δὲ παρεγένοντο πρὸς αὐτόν, εἶπεν αὐτοῖς· ὑμεῖς
Cuando entonces estaban con él, dijo les: vosotros
ἐπίστασθε, ἀπὸ πρώτης ἡμέρας ἀφ' ἧς ἐπέβην εἰς τὴν Ἀσίαν,
sabéis, desde primer día que llegué a Asia,
πῶς μεθ' ὑμῶν τὸν πάντα χρόνον ἐγενόμην,
cómo con vosotros el todo tiempo resulté,

19 δουλεύων τῷ Κυρίῳ μετὰ πάσης ταπεινοφροσύνης
sirviendo al Señor con toda humildad
καὶ πολλῶν δακρύων καὶ πειρασμῶν τῶν συμβάντων μοι
y muchas lágrimas y pruebas de los reunidos contra mí
ἐν ταῖς ἐπιβουλαῖς τῶν Ἰουδαίων,
en las conspiraciones de los judíos.

12 Y llevaron al mozo vivo, y fueron consolados no poco.
13 Y nosotros subiendo en el navío, navegamos a Assón, para recibir de allí a Pablo; pues así había determinado que debía él ir por tierra.
14 Y como se juntó con nosotros en Assón, tomándole vinimos a Mitilene.
15 Y navegamos de allí, al día siguiente llegamos delante de Chío, y al otro día tomamos puerto en Samo: y habiendo reposado en Trogilio, al día siguiente llegamos a Mileto.
16 Porque Pablo se había propuesto pasar adelante de Efeso, por no detenerse en Asia: porque se apresuraba por hacer el día de Pentecostés, si le fuese posible, en Jerusalem.
17 Y enviando desde Mileto a Efeso, hizo llamar a los ancianos de la iglesia.
18 Y cuando vinieron a él, les dijo: Vosotros sabéis cómo, desde el primer día que entré en Asia, he estado con vosotros por todo el tiempo,
19 Sirviendo al Señor con toda humildad, y con muchas lágrimas, y tentaciones que me han venido por las asechanzas de los Judíos:

---

368. Es decir, ir por tierra.
369. La NU omite y permaneciendo en Trogilio.

20 Cómo nada que fuese útil he rehuído de anunciaros y enseñaros, públicamente y por las casas, **21** Testificando a los Judíos y a los Gentiles arrepentimiento para con Dios, y la fe en nuestro Señor Jesucristo. **22** Y ahora, he aquí, ligado yo en espíritu, voy a Jerusalem, sin saber lo que allá me ha de acontecer: **23** Mas que el Espíritu Santo por todas las ciudades me da testimonio, diciendo que prisiones y tribulaciones me esperan. **24** Mas de ninguna cosa hago caso, ni estimo mi vida preciosa para mí mismo; solamente que acabe mi carrera con gozo, y el ministerio que recibí del Señor Jesús, para dar testimonio del evangelio de la gracia de Dios. **25** Y ahora, he aquí, yo sé que ninguno de todos vosotros, por quien he pasado predicando el reino de Dios, verá más mi rostro. **26** Por tanto, yo os protesto el día de hoy, que yo soy limpio de la sangre de todos: **27** Porque no he rehuído de anunciaros todo el consejo de Dios.

20 ὡς οὐδὲν ὑπεστειλάμην τῶν συμφερόντων τοῦ μὴ
Como nada escatimé de lo provechoso el no
ἀναγγεῖλαι ὑμῖν καὶ διδάξαι ὑμᾶς δημοσίᾳ καὶ κατ' οἴκους,
declarar os y enseñar os públicamente y por casas,[370]

21 διαμαρτυρόμενος Ἰουδαίοις τε καὶ
habiendo testificado solemnemente a judíos y también
Ἕλλησι τὴν εἰς τὸν Θεὸν μετάνοιαν καὶ πίστιν τὴν εἰς
a griegos el para con Dios arrepentimiento y fe la en
τὸν Κύριον ἡμῶν Ἰησοῦν Χριστόν.
el Señor de nosotros Jesús Cristo.

22 καὶ νῦν ἰδοὺ ἐγὼ δεδεμένος τῷ πνεύματι πορεύομαι
Y ahora mirad yo habiendo sido ligado en el espíritu voy
εἰς Ἰερουσαλήμ, τὰ ἐν αὐτῇ συναντήσοντά
a Jerusalén, lo en ella habiendo de suceder
μοι μὴ εἰδώς,
a mí no sabiendo,

23 πλὴν ὅτι τὸ Πνεῦμα τὸ Ἅγιον κατὰ πόλιν
salvo que el Espíritu el Santo en cada ciudad
διαμαρτύρεται λέγον ὅτι δεσμά με καὶ
testifica solemnemente diciendo que cárceles a mí y
θλίψεις μένουσιν.
tribulaciones esperan,

24 ἀλλ' οὐδενὸς λόγου ποιοῦμαι οὐδὲ ἔχω τὴν ψυχὴν
pero de ninguna palabra hago caso ni tengo la vida
τιμίαν ἐμαυτῷ, ὡς τελειῶσαι τὸν δρόμον μου μετὰ
preciosa para mí mismo, para completar la carrera de mí con
χαρᾶς καὶ τὴν διακονίαν ἣν ἔλαβον παρὰ τοῦ Κυρίου Ἰησοῦ,
alegría[371] y el servicio que recibí de el Señor Jesús,
διαμαρτύρασθαι τὸ εὐαγγέλιον τῆς χάριτος τοῦ Θεοῦ.
para testificar solemnemente el evangelio de la gracia de Dios.

25 Καὶ νῦν ἰδοὺ ἐγὼ οἶδα ὅτι οὐκέτι ὄψεσθε τὸ πρόσωπόν μου
Y ahora mirad yo sé que ya no veréis el rostro de mí
ὑμεῖς πάντες, ἐν οἷς διῆλθον κηρύσσων
vosotros todos, entre los cuales pasé predicando
τὴν βασιλείαν τοῦ Θεοῦ.
el reino de Dios.[372]

26 διὸ μαρτύρομαι ὑμῖν ἐν τῇ σήμερον ἡμέρᾳ ὅτι
Por tanto testifico a vosotros en el de hoy día que
καθαρός ἐγὼ ἀπὸ τοῦ αἵματος πάντων·
limpio (estoy) yo de la sangre de todos,

27 οὐ γὰρ ὑπεστειλάμην τοῦ μὴ ἀναγγεῖλαι ὑμῖν
no Porque rehuí - no declarar a vosotros
πᾶσαν τὴν βουλὴν τοῦ Θεοῦ.
todo el consejo de Dios.[373]

---

370. Es decir, sabéis cómo nunca dejé de declararos y enseñaros públicamente y por las casas lo que era de provecho para vosotros.
371. La NU omite con alegría.
372. La NU omite de Dios.
373. Es decir, por que no rehuí declararos todo el consejo de Dios.

28 προσέχετε οὖν ἑαυτοῖς καὶ παντὶ τῷ ποιμνίῳ,
Cuidad pues de vosotros mismos y de todo el rebaño

ἐν ᾧ ὑμᾶς τὸ Πνεῦμα τὸ Ἅγιον ἔθετο
en el que os el Espíritu el Santo puso (como)

ἐπισκόπους,[374] ποιμαίνειν τὴν ἐκκλησίαν τοῦ Θεοῦ,[375]
supervisores, para pastorear la iglesia de Dios,

ἣν περιεποιήσατο διὰ τοῦ ἰδίου αἵματος.
que adquirió mediante la propia sangre.

29 ἐγὼ γὰρ οἶδα τοῦτο, ὅτι εἰσελεύσονται μετὰ τὴν ἄφιξίν
yo Porque sé esto, que entrarán tras la marcha

μου λύκοι βαρεῖς εἰς ὑμᾶς μὴ φειδόμενοι τοῦ ποιμνίου·
de mí lobos rapaces entre vosotros no respetando al rebaño.

30 καὶ ἐξ ὑμῶν αὐτῶν ἀναστήσονται ἄνδρες λαλοῦντες
Y de vosotros mismos se levantarán varones hablando

διεστραμμένα[376] τοῦ ἀποσπᾶν τοὺς μαθητὰς
cosas pervertidas para apartar a los discípulos

ὀπίσω αὐτῶν.[377]
detrás de ellos.

31 διὸ γρηγορεῖτε, μνημονεύοντες ὅτι τριετίαν νύκτα
Por lo tanto velad, recordando que tres años noche

καὶ ἡμέραν οὐκ ἐπαυσάμην μετὰ δακρύων
y día no cesé con lágrimas

νουθετῶν ἕνα ἕκαστον.
exhortando a cada uno.

32 καὶ τὰ νῦν παρατίθεμαι ὑμᾶς, ἀδελφοί,[378] τῷ Θεῷ
Y - ahora encomiendo a vosotros, hermanos, a Dios

καὶ τῷ λόγῳ τῆς χάριτος αὐτοῦ τῷ δυναμένῳ οἰκοδομῆσαι
y a la palabra de la gracia de él al que puede edificar

καὶ δοῦναι ὑμῖν κληρονομίαν ἐν τοῖς ἡγιασμένοις πᾶσιν.
y dar os herencia entre los santificados todos.

33 ἀργυρίου ἢ χρυσίου ἢ ἱματισμοῦ οὐδενὸς ἐπεθύμησα·
Plata u oro o vestimenta de nadie deseé.

34 αὐτοὶ γινώσκετε ὅτι ταῖς χρείαις μου καὶ
Vosotros mismo sabéis que a las necesidades de mí y

τοῖς οὖσι μετ' ἐμοῦ ὑπηρέτησαν αἱ χεῖρες αὗται.
a los estando conmigo sirvieron las manos estas.

35 πάντα ὑπέδειξα ὑμῖν ὅτι οὕτω κοπιῶντας δεῖ
Con todo mostré a vosotros que así trabajando es preciso

ἀντιλαμβάνεσθαι τῶν ἀσθενούντων, μνημονεύειν τε
ayudar a los débiles,[379] para recordar también

τῶν λόγων τοῦ Κυρίου Ἰησοῦ, ὅτι αὐτὸς εἶπε·
las palabras del Señor Jesús, que él dijo:

μακάριόν ἐστι μᾶλλον διδόναι ἢ λαμβάνειν.
Dichoso[380] es más dar que recibir.

28 Por tanto mirad por vosotros y por todo el rebaño en que el Espíritu Santo os ha puesto por obispos, para apacentar la iglesia del Señor, la cual ganó por su sangre. **29** Porque yo sé que después de mi partida entrarán en *medio de* vosotros lobos rapaces, que no perdonarán al ganado; **30** Y de vosotros mismos se levantarán hombres que hablen cosas perversas, para llevar discípulos tras sí. **31** Por tanto, velad, acordándoos que por tres años de noche y de día, no he cesado de amonestar con lágrimas a cada uno. **32** Y ahora, hermanos, os encomiendo a Dios, y a la palabra de su gracia: el cual es poderoso para sobreedificar, y daros heredad con todos los santificados. **33** La plata, o el oro, o el vestido de nadie he codiciado. **34** Antes vosotros sabéis que para lo que me ha sido necesario, y a los que están conmigo, estas manos me han servido. **35** En todo os he enseñado que, trabajando así, es necesario sobrellevar a los enfermos, y tener presente las palabras del Señor Jesús, el cual dijo: Más bienaventurada cosa es dar que recibir.

---

374. De este término deriva el español obispos. Como puede verse por el v. 17 el obispo era lo mismo que el anciano o presbítero.
375. Algunos mss añaden del Señor y.
376. O distorsionadas, retorcidas.
377. Es decir, para apartar a los discípulos del Evangelio de tal manera que así vayan detrás de ellos.
378. La NU suprime hermanos.
379. Es decir, necesitados.
380. O bienaventurado, bendito.

36 Y como hubo dicho estas cosas, se puso de rodillas, y oró con todos ellos.
37 Entonces hubo un gran lloro de todos: y echándose en el cuello de Pablo, le besaban,
38 Doliéndose en gran manera por la palabra que dijo, que no habían de ver más su rostro. Y le acompañaron al navío.

21

Y habiendo partido de ellos, navegamos y vinimos camino derecho á Coos, y al día siguiente a Rhodas, y de allí á Pátara.
2 Y hallando un barco que pasaba á Fenicia, nos embarcamos, y partimos.
3 Y como avistamos á Cipro, dejándola a mano izquierda, navegamos a Siria, y vinimos a Tiro: porque el barco había de descargar allí su carga.
4 Y nos quedamos allí siete días, hallados los discípulos, los cuales decían a Pablo por Espíritu, que no subiese a Jerusalem.
5 Y cumplidos aquellos días, salimos acompañándonos todos, con *sus* mujeres e hijos, hasta fuera de la ciudad; y puestos de rodillas en la ribera, oramos.
6 Y abrazándonos los unos a los otros, subimos al barco, y ellos se volvieron a sus casas.

36 καὶ ταῦτα εἰπών, θεὶς τὰ γόνατα αὐτοῦ
Y esto diciendo, poniendo las rodillas de él[381]
σὺν πᾶσιν αὐτοῖς προσηύξατο.
con todos ellos oró.

37 ἱκανὸς δὲ ἐγένετο κλαυθμὸς πάντων, καὶ ἐπιπεσόντες
Gran entonces aconteció llanto de todos, y cayendo
ἐπὶ τὸν τράχηλον τοῦ Παύλου κατεφίλουν αὐτόν,
sobre el cuello de Pablo besaban afectuosamente a él.

38 ὀδυνώμενοι μάλιστα ἐπὶ τῷ λόγῳ ᾧ εἰρήκει,
Doliéndose enormemente por la palabra que había dicho,
ὅτι οὐκέτι μέλλουσιν τὸ πρόσωπον αὐτοῦ θεωρεῖν.
porque ya no iban el rostro de él a ver,
προέπεμπον δὲ αὐτὸν εἰς τὸ πλοῖον.
acompañaron entonces a él a la nave.

21

1 Ὡς δὲ ἐγένετο ἀναχθῆναι ἡμᾶς ἀποσπασθέντας
Cuando entonces aconteció zarpar nosotros separándonos
ἀπ' αὐτῶν, εὐθυδρομήσαντες ἤλθομεν εἰς τὴν Κῶ, τῇ δὲ
de ellos, viniendo directamente llegamos a Cos, en el -
ἑξῆς εἰς τὴν Ῥόδον κἀκεῖθεν εἰς Πάταρα·
siguiente (día) a - Rodas y desde allí a Pátara.

2 καὶ εὑρόντες πλοῖον διαπερῶν εἰς Φοινίκην
Y encontrando barco cruzando a Fenicia
ἐπιβάντες ἀνήχθημεν.
subiendo a bordo zarpamos.

3 ἀναφανέντες δὲ τὴν Κύπρον καὶ καταλιπόντες αὐτὴν
Avistando entonces - Chipre y dejando atrás lo
εὐώνυμον ἐπλέομεν εἰς Συρίαν, καὶ κατήχθημεν
a la izquierda navegamos hacia Siria, y arribamos
εἰς Τύρον· ἐκεῖσε γὰρ ἦν τὸ πλοῖον
a Tiro. allí Porque estaba la nave
ἀποφορτιζόμενον τὸν γόμον.[382]
descargando la carga.

4 καὶ ἀνευρόντες τοὺς μαθητὰς ἐπεμείναμεν αὐτοῦ
Y habiendo encontrado a los discípulos permanecimos allí
ἡμέρας ἑπτά· οἵτινες τῷ Παύλῳ ἔλεγον
días siete, los cuales a Pablo dijeron
διὰ τοῦ Πνεύματος μὴ ἀναβαίνειν εἰς Ἱεροσόλυμα.
por el Espíritu no subir a Jerusalén.

5 ὅτε δὲ ἐγένετο ἡμᾶς ἐξαρτίσαι τὰς ἡμέρας,
Cuando sin embargo aconteció a nosotros acabar los días,
ἐξελθόντες ἐπορευόμεθα προπεμπόντων ἡμᾶς πάντων
saliendo nos fuimos acompañando nos todos
σὺν γυναιξὶ καὶ τέκνοις ἕως ἔξω τῆς πόλεως,
con mujeres e hijos hasta fuera de la ciudad,
καὶ θέντες τὰ γόνατα ἐπὶ τὸν αἰγιαλὸν προσηυξάμεθα,
y poniendo las rodillas[383] sobre la playa oramos.

6 καὶ ἀσπασάμενοι ἀλλήλους ἐπέβημεν εἰς τὸ
Y habiéndonos saludado los unos a los otros subimos a la
πλοῖον, ἐκεῖνοι δὲ ὑπέστρεψαν εἰς τὰ ἴδια.
nave, aquellos entonces regresaron a lo suyo.[384]

---

381. Es decir, arrodillándose.
382. Es decir, porque allí es donde la nave debía descargar la carga.
383. Es decir, arrodillándonos.
384. Es decir, a sus casas.

7 Ἡμεῖς δὲ τὸν πλοῦν διανύσαντες ἀπὸ Τύρου
  Nosotros sin embargo el viaje habiendo terminado desde Tiro
  κατηντήσαμεν εἰς Πτολεμαΐδα, καὶ ἀσπασάμενοι
  llegamos a Ptolemaida, y habiendo saludado
  τοὺς ἀδελφοὺς ἐμείναμεν ἡμέραν μίαν παρ' αὐτοῖς.
  a los hermanos nos quedamos día uno con ellos.

8 τῇ δὲ ἐπαύριον ἐξελθόντες ἤλθομεν εἰς Καισάρειαν,
  Al Entonces día siguiente saliendo vinimos a Cesarea,
  καὶ εἰσελθόντες εἰς τὸν οἶκον Φιλίππου τοῦ εὐαγγελιστοῦ,
  y entrando en la casa de Felipe el evangelista,
  ὄντος ἐκ τῶν ἑπτά, ἐμείναμεν παρ' αὐτῷ.
  siendo de los siete, nos quedamos con él.

9 τούτῳ δὲ ἦσαν θυγατέρες παρθένοι τέσσαρες
  Para éste – había hijas vírgenes cuatro
  προφητεύουσαι.³⁸⁵
  profetizando.

10 ἐπιμενόντων δὲ ἡμῶν ἡμέρας πλείους κατῆλθέ τις
   Permaneciendo entonces nosotros días más descendió uno
   ἀπὸ τῆς Ἰουδαίας προφήτης ὀνόματι Ἄγαβος,
   de Judea profeta de nombre Agabo.

11 καὶ ἐλθὼν πρὸς ἡμᾶς, καὶ ἄρας τὴν ζώνην τοῦ Παύλου,
   Y viniendo a nosotros y tomando el cinturón de Pablo
   δήσας τε ἑαυτοῦ τοὺς πόδας καὶ τὰς χεῖρας εἶπε·
   atando tanto de sí mismo los pies como las manos dijo:
   τάδε λέγει τὸ Πνεῦμα τὸ Ἅγιον· τὸν ἄνδρα οὗ ἐστιν
   Esto dice el Espíritu el Santo: al varón del que es
   ἡ ζώνη αὕτη, οὕτω δήσουσιν ἐν Ἰερουσαλὴμ
   el cinturón este, así atarán en Jerusalén
   οἱ Ἰουδαῖοι καὶ παραδώσουσιν εἰς χεῖρας ἐθνῶν.
   los judíos y entregarán en manos de gentiles.

12 ὡς δὲ ἠκούσαμεν ταῦτα παρεκαλοῦμεν ἡμεῖς
   cuando Entonces escuchamos esto urgimos nosotros
   τε καὶ οἱ ἐντόπιοι τοῦ μὴ ἀναβαίνειν αὐτὸν εἰς Ἰερουσαλήμ.
   y también los lugareños el no subir él a Jerusalén.³⁸⁶

13 ἀπεκρίθη τε ὁ Παῦλος· τί ποιεῖτε κλαίοντες καὶ συνθρύπτοντές
   respondió Y Pablo: ¿qué hacéis llorando y rompiendo
   μου τὴν καρδίαν; ἐγὼ γὰρ οὐ μόνον δεθῆναι,
   de mí el corazón? yo Porque no sólo a ser atado
   ἀλλὰ καὶ ἀποθανεῖν εἰς Ἰερουσαλὴμ ἑτοίμως ἔχω
   sino también a morir en Jerusalén dispuesto estoy
   ὑπὲρ τοῦ ὀνόματος τοῦ Κυρίου Ἰησοῦ.
   por el nombre del Señor Jesús.

14 μὴ πειθομένου δὲ αὐτοῦ, ἡσυχάσαμεν εἰπόντες·
   No siendo persuadido entonces él, nos callamos diciendo:
   τὸ θέλημα τοῦ Κυρίου γινέσθω.
   La voluntad del Señor acontezca.

15 Μετὰ δὲ τὰς ἡμέρας ταύτας ἐπισκευασάμενοι
   tras Entonces los días estos habiendo preparado
   ἀνεβαίνομεν εἰς Ἰερουσαλήμ·
   subimos a Jerusalén.

7Y nosotros, cumplida la navegación, vinimos de Tiro a Tolemaida; y habiendo saludado a los hermanos, nos quedamos con ellos un día. 8Y otro día, partidos Pablo y los que con él estábamos, vinimos a Cesarea: y entrando en casa de Felipe el evangelista, él cual era uno de los siete, posamos con él. 9Y éste tenía cuatro hijas, doncellas, que profetizaban. 10Y parando nosotros allí por muchos días, descendió de Judea un profeta, llamado Agabo. 11Y venido a nosotros, tomó el cinto de Pablo, y atándose los pies y las manos, dijo: Esto dice el Espíritu Santo: Así atarán los Judíos en Jerusalem al varón cuyo es este cinto, y le entregarán en manos de los Gentiles. 12Lo cual como oímos, le rogamos nosotros y los de aquel lugar, que no subiese a Jerusalem. 13Entonces Pablo respondió: ¿Qué hacéis llorando y afligiéndome el corazón? porque yo no sólo estoy presto a ser atado, mas aun a morir en Jerusalem por el nombre del Señor Jesús. 14Y como no le pudimos persuadir, desistimos, diciendo: Hágase la voluntad del Señor. 15Y después de estos días, apercibidos, subimos a Jerusalem.

---
385. Es decir, Felipe tenía cuatro hijas vírgenes que profetizaban.
386. Es decir, que no subiera a Jerusalén (oración de infinitivo).

16 Y vinieron también con nosotros de Cesarea algunos de los discípulos, trayendo consigo a un Mnasón, Cyprio, discípulo antiguo, con el cual posásemos.
17 Y cuando llegamos a Jerusalem, los hermanos nos recibieron de buena voluntad.
18 Y al día siguiente Pablo entró con nosotros a Jacobo, y todos los ancianos se juntaron;
19 A los cuales, como los hubo saludado, contó por menudo lo que Dios había hecho entre los Gentiles por su ministerio.
20 Y ellos como lo oyeron, glorificaron a Dios, y le dijeron: Ya ves, hermano, cuántos millares de Judíos hay que han creído; y todos son celadores de la ley:
21 Mas fueron informados acerca de ti, que enseñas a apartarse de Moisés a todos los Judíos que están entre los Gentiles, diciéndoles que no han de circuncidar a los hijos, ni andar según la costumbre.
22 ¿Qué hay pues? La multitud se reunirá de cierto: porque oirán que has venido.
23 Haz pues esto que te decimos: Hay entre nosotros cuatro hombres que tienen voto sobre sí:

16 συνῆλθον δὲ καὶ τῶν μαθητῶν
Se congregaron entonces también de los discípulos

ἀπὸ Καισαρείας σὺν ἡμῖν, ἄγοντες παρ' ᾧ
de Cesarea con nosotros, trayendo con el que

ξενισθῶμεν Μνάσωνί τινι Κυπρίῳ,
nos hospedaríamos Mnasón cierto chipriota,

ἀρχαίῳ μαθητῇ.[387]
antiguo discípulo.

17 Γενομένων δὲ ἡμῶν εἰς Ἱεροσόλυμα ἀσμένως
Resultando entonces nosotros en Jerusalén gozosamente

ἐδέξαντο ἡμᾶς οἱ ἀδελφοί.
recibieron nos los hermanos.

18 τῇ δὲ ἐπιούσῃ εἰσῄει ὁ Παῦλος σὺν ἡμῖν πρὸς Ἰάκωβον,
Al - día siguiente entraba Pablo con nosotros a Santiago

πάντες τε παρεγένοντο οἱ πρεσβύτεροι.[388]
todos Y estaban presentes los ancianos.

19 καὶ ἀσπασάμενος αὐτοὺς ἐξηγεῖτο καθ' ἓν ἕκαστον ὧν
Y habiendo saludado a ellos expuso cada uno lo que

ἐποίησεν ὁ Θεὸς ἐν τοῖς ἔθνεσι διὰ τῆς διακονίας αὐτοῦ.
hizo Dios entre los gentiles a través del servicio de él.

20 οἱ δὲ ἀκούσαντες ἐδόξαζον τὸν Κύριον,[389]
Los entonces habiendo escuchado glorificaron al Señor,

εἶπόν τε αὐτῷ· θεωρεῖς, ἀδελφέ,
dijeron también a él. Observa, hermano,

πόσαι μυριάδες[390] εἰσὶν Ἰουδαίων
cuántas miriadas hay de judíos

τῶν πεπιστευκότων, καὶ πάντες ζηλωταὶ
los habiendo creido, y todos celosos

τοῦ νόμου ὑπάρχουσι.
de la ley son.

21 κατηχήθησαν δὲ περὶ σοῦ ὅτι ἀποστασίαν διδάσκεις
Han sido informados - acerca de ti que apostasía enseñas

ἀπὸ Μωϋσέως τοὺς κατὰ τὰ ἔθνη πάντας Ἰουδαίους,[391]
de Moisés a los entre los gentiles todos judíos,

λέγων μὴ περιτέμνειν αὐτοὺς τὰ τέκνα μηδὲ
diciendo no circuncidar ellos a los hijos ni

τοῖς ἔθεσι περιπατεῖν.[392]
en las costumbres caminar.

22 τί οὖν ἐστι; πάντως δεῖ πλῆθος συνελθεῖν·
¿Qué pues hay? Totalmente es preciso asamblea reunirse,[393]

ἀκούσονται γὰρ ὅτι ἐλήλυθας.
oirán Porque que has llegado.

23 τοῦτο οὖν ποίησον ὅ σοι λέγομεν· εἰσὶν ἡμῖν
Esto pues haz lo que te decimos: hay entre nosotros

ἄνδρες τέσσαρες εὐχὴν ἔχοντες ἐφ' ἑαυτῶν.
varones cuatro voto teniendo sobre sí mismos.

---

387. Es decir, que era discípulo desde hacía mucho tiempo.
388. O presbíteros. En el Nuevo Testamento, el presbítero es similar al obispo, un supervisor de la congregación (Hechos 2.17 y 28). La diferenciación entre anciano y obispo es posterior al período del Nuevo Testamento, ya en el s. II.
389. La NU sustituye por Dios.
390. Es decir, cuántas decenas de miles.
391. Es decir, a todos los judíos que viven entre los gentiles.
392. Es decir, que no circunciden... ni caminen (oración de infinitivo).
393. La NU suprime desde totalmente a reunirse.

24 τούτους παραλαβὼν ἁγνίσθητι σὺν αὐτοῖς καὶ
A estos tomando purifícate con ellos y

δαπάνησον ἐπ' αὐτοῖς ἵνα ξυρήσωνται τὴν κεφαλήν,
paga por ellos para que se afeiten la cabeza,

καὶ γνῶσι πάντες ὅτι ὧν κατήχηνται περὶ
y sepan todos que de lo que han sido informados acerca de

σοῦ οὐδέν ἐστιν, ἀλλὰ στοιχεῖς καὶ
ti nada hay, sino que estás de acuerdo[394] también

αὐτὸς τὸν νόμον φυλάσσων.
tú mismo la ley guardando.

25 περὶ δὲ τῶν πεπιστευκότων ἐθνῶν ἡμεῖς ἐπεστείλαμεν
Acerca de - los habiendo creido de gentiles nosotros escribimos

κρίναντες μηδὲν τοιοῦτον τηρεῖν αὐτούς, εἰ μὴ
habiendo juzgado nada de esto guardar ellos,[395] si no[396]

φυλάσσεσθαι αὐτοὺς τό τε εἰδωλόθυτον
guardarse ellos - tanto de idolotitos[397]

καὶ τὸ αἷμα καὶ πνικτὸν καὶ πορνείαν.
como de la sangre y de estrangulado[398] y de fornicación.

26 τότε ὁ Παῦλος παραλαβὼν τοὺς ἄνδρας, τῇ ἐχομένῃ
Entonces Pablo habiendo tomado a los hombres, al siguiente

ἡμέρᾳ σὺν αὐτοῖς ἁγνισθεὶς εἰσῄει εἰς τὸ ἱερόν,
día con ellos habiendo sido purificado entró en el templo,

διαγγέλλων τὴν ἐκπλήρωσιν τῶν ἡμερῶν τοῦ ἁγνισμοῦ,
anunciando el cumplimiento de los días de la purificación,

ἕως οὗ προσηνέχθη ὑπὲρ ἑνὸς ἑκάστου αὐτῶν
hasta cuando fue ofrecida por cada uno de ellos

ἡ προσφορά.
la ofrenda.

27 Ὡς δὲ ἔμελλον αἱ ἑπτὰ ἡμέραι συντελεῖσθαι, οἱ ἀπὸ
Cuando - iban los siete días a ser completados, los de

τῆς Ἀσίας Ἰουδαῖοι θεασάμενοι αὐτὸν ἐν τῷ ἱερῷ συνέχεον
- Asia Judíos viendo lo en el templo agitaron

πάντα τὸν ὄχλον, καὶ ἐπέβαλον τὰς χεῖρας ἐπ' αὐτὸν
a toda la multitud, y pusieron las manos sobre él

28 κράζοντες· ἄνδρες Ἰσραηλῖται, βοηθεῖτε· οὗτός ἐστιν
gritando: varones israelitas, ayuda. Éste es

ὁ ἄνθρωπος ὁ κατὰ τοῦ λαοῦ καὶ τοῦ νόμου καὶ τοῦ τόπου
el hombre el contra el pueblo y la ley y el lugar

τούτου πάντα πανταχοῦ διδάσκων· ἔτι τε καὶ
este a todos en todas partes enseñando. Además también

Ἕλληνας εἰσήγαγεν εἰς τὸ ἱερὸν καὶ κεκοίνωκε
a griegos ha introducido en el templo y ha profanado

τὸν ἅγιον τόπον τοῦτον.
el santo lugar este.

29 ἦσαν γὰρ προεωρακότες Τρόφιμον τὸν
estaban Porque habiendo visto previamente a Trófimo el

Ἐφέσιον ἐν τῇ πόλει σὺν αὐτῷ, ὃν ἐνόμιζον ὅτι εἰς τὸ
efesio en la ciudad con él, al cual supusieron que en el

ἱερὸν εἰσήγαγεν ὁ Παῦλος.
templo había introducido Pablo.

24 Tomando a éstos contigo, purifícate con ellos, y gasta con ellos, para que rasuren sus cabezas, y todos entiendan que no hay nada de lo que fueron informados acerca de ti; sino que tú también andas guardando la ley. **25** Empero cuanto a los que de los Gentiles han creído, nosotros hemos escrito haberse acordado que no guarden nada de esto; solamente que se abstengan de lo que fue sacrificado a los ídolos, y de sangre, y de ahogado, y de fornicación. **26** Entonces Pablo tomó consigo aquellos hombres, y al día siguiente, habiéndose purificado con ellos, entró en el templo, para anunciar el cumplimiento de los días de la purificación, hasta ser ofrecida ofrenda por cada uno de ellos. **27** Y cuando estaban para acabarse los siete días, unos Judíos de Asia, como le vieron en el templo, alborotaron todo el pueblo y le echaron mano, **28** Dando voces: Varones Israelitas, ayudad: Este es el hombre que por todas partes enseña a todos contra el pueblo, y la ley, y este lugar; y además de esto ha metido Gentiles en el templo, y ha contaminado este lugar santo. **29** Porque antes habían visto con él en la ciudad a Trófimo, Efesio, al cual pensaban que Pablo había metido en el templo.

---
394. O sigues las huellas.
395. Es decir, que nada de esto –la ley– han de guardar los gentiles.
396. La NU suprime desde nada a si no.
397. Es decir, alimentos sacrificados a los ídolos.
398. Es decir, alimento no desangrado.

30Así que, toda la ciudad se alborotó, y agolpóse el pueblo; y tomando a Pablo, hiciéronle salir fuera del templo, y luego las puertas fueron cerradas.
31Y procurando ellos matarle, fué dado aviso al tribuno de la compañía, que toda la ciudad de Jerusalem estaba alborotada;
32El cual tomando luego soldados y centuriones, corrió a ellos. Y ellos como vieron al tribuno y a los soldados, cesaron de herir a Pablo.
33Entonces llegando el tribuno, le prendió, y le mandó atar con dos cadenas; y preguntó quién era, y qué había hecho.
34Y entre la multitud, unos gritaban una cosa, y otros otra: y como no podía entender nada de cierto a causa del alboroto, le mandó llevar a la fortaleza.
35Y como llegó a las gradas, aconteció que fué llevado de los soldados a causa de la violencia del pueblo;
36Porque multitud de pueblo venía detrás, gritando: Mátale.
37Y como comenzaron a meter a Pablo en la fortaleza, dice al tribuno: ¿Me será lícito hablarte algo? Y él dijo: ¿Sabes griego?
38¿No eres tú aquel Egipcio que levantaste una sedición antes de estos días, y sacaste al desierto cuatro mil hombres salteadores?

30 ἐκινήθη τε ἡ πόλις ὅλη καὶ ἐγένετο συνδρομὴ τοῦ
Fue conmovida así la ciudad toda y resultó concurrencia del

λαοῦ, καὶ ἐπιλαβόμενοι τοῦ Παύλου εἷλκον αὐτὸν ἔξω τοῦ
pueblo, y agarrando a Pablo arrastraban a él fuera del

ἱεροῦ, καὶ εὐθέως ἐκλείσθησαν αἱ θύραι.
templo, e inmediatamente fueron cerradas las puertas.

31 ζητούντων δὲ αὐτὸν ἀποκτεῖναι ἀνέβη φάσις τῷ χιλιάρχῳ
Pretendiendo entonces a él matar subió aviso al tribuno

τῆς σπείρης ὅτι ὅλη συγκέχυται Ἰερουσαλήμ·
de la cohorte de manera que todo estaba alborotado Jerusalén,

32 ὃς ἐξαυτῆς παραλαβὼν στρατιώτας καὶ ἑκατοντάρχους
el cual inmediatamente tomando soldados y centuriones

κατέδραμεν ἐπ' αὐτούς. οἱ δὲ ἰδόντες τὸν χιλίαρχον
corrió hacia ellos. Los entonces viendo al tribuno

καὶ τοὺς στρατιώτας ἐπαύσαντο τύπτοντες τὸν Παῦλον.
y a los soldados dejaron golpeando a Pablo.[399]

33 τότε ἐγγίσας ὁ χιλίαρχος ἐπελάβετο αὐτοῦ καὶ ἐκέλευσε
Entonces acercándose el tribuno prendió lo y ordenó

δεθῆναι ἁλύσεσι δυσί, καὶ ἐπυνθάνετο τίς ἂν εἴη
ser atado con cadenas dos, y preguntaba quién sería

καὶ τί ἐστιν πεποιηκώς.
y qué está habiendo hecho.

34 ἄλλοι δὲ ἄλλο τι ἐβόων ἐν τῷ ὄχλῳ· μὴ
Otros sin embargo otro algo gritaban en la multitud.[400] No

δυνάμενος δὲ γνῶναι τὸ ἀσφαλὲς διὰ τὸν θόρυβον,
pudiendo entonces saber lo cierto por el alboroto,

ἐκέλευσεν ἄγεσθαι αὐτὸν εἰς τὴν παρεμβολήν.
ordenó ser llevado él a la fortaleza.

35 ὅτε δὲ ἐγένετο ἐπὶ τοὺς ἀναβαθμούς, συνέβη
cuando entonces aconteció en las escaleras, sucedió

βαστάζεσθαι αὐτὸν ὑπὸ τῶν στρατιωτῶν διὰ
ser llevado él por los soldados a causa de

τὴν βίαν τοῦ ὄχλου·
la violencia de la multitud.

36 ἠκολούθει γὰρ τὸ πλῆθος τοῦ λαοῦ κράζοντες· αἶρε αὐτόν.
seguía Porque la multitud del pueblo gritando: quita lo.[401]

37 Μέλλων δὲ εἰσάγεσθαι εἰς τὴν παρεμβολὴν ὁ Παῦλος λέγει
Yendo entonces a ser llevado a la fortaleza - Pablo dice

τῷ χιλιάρχῳ· εἰ ἔξεστί μοι εἰπεῖν τι πρός σέ;
al tribuno: ¿si es permitido a mí decir algo a ti?

ὁ δὲ ἔφη· Ἑλληνιστὶ γινώσκεις;
Él entonces dijo: ¿Griego sabes?

38 οὐκ ἄρα σὺ εἶ ὁ Αἰγύπτιος ὁ πρὸ τούτων τῶν ἡμερῶν
¿No entonces tú eres el egipcio el antes de estos los días

ἀναστατώσας καὶ ἐξαγαγὼν εἰς τὴν ἔρημον τοὺς τετρακισχιλίους
alzándose y conduciendo a el desierto a los cuatro mil

ἄνδρας τῶν σικαρίων;
varones de los sicarios?

---

399. Es decir, dejaron de golpear a Pablo.
400. Es decir, unos gritaban una cosa y otros otra. Ver: Hechos 19.32.
401. Es decir, acaba con él, mátalo, muera, como en Juan 19.15.

39 εἶπε δὲ ὁ Παῦλος· ἐγὼ ἄνθρωπος μέν εἰμι
Dijo entonces Pablo: yo hombre ciertamente soy

Ἰουδαῖος Ταρσεὺς, τῆς Κιλικίας οὐκ ἀσήμου πόλεως πολίτης·
judío tarsense, de Cilicia de no oscura ciudad ciudadano.

δέομαι δέ σου, ἐπίτρεψόν μοι λαλῆσαι πρὸς τὸν λαόν.
Ruego pues a ti, permite me hablar a el pueblo.

40 ἐπιτρέψαντος δὲ αὐτοῦ ὁ Παῦλος ἑστὼς ἐπὶ τῶν
Permitiendo entonces él - Pablo puesto en pie en las

ἀναβαθμῶν κατέσεισε τῇ χειρὶ τῷ λαῷ· πολλῆς δὲ
escaleras hizo señal con la mano al pueblo: mucho entonces

σιγῆς γενομένης προσεφώνησε τῇ Ἑβραΐδι διαλέκτῳ λέγων·
silencio resultando se dirigió en la hebrea lengua diciendo:

22 1 Ἄνδρες ἀδελφοὶ καὶ πατέρες, ἀκούσατέ μου
Varones hermanos y padres, escuchad de mí

τῆς πρὸς ὑμᾶς νυνὶ ἀπολογίας.
la ante vosotros ahora defensa.

2 ἀκούσαντες δὲ ὅτι τῇ Ἑβραΐδι διαλέκτῳ προσεφώνει
Escuchando entonces que en la hebrea lengua se dirige

αὐτοῖς, μᾶλλον παρέσχον ἡσυχίαν. καὶ φησίν·
a ellos, más concedieron silencio. Y dijo:

3 ἐγὼ μὲν εἰμι ἀνὴρ Ἰουδαῖος, γεγεννημένος ἐν Ταρσῷ
Yo - soy varón judío, nacido en Tarso

τῆς Κιλικίας, ἀνατεθραμμένος δὲ ἐν τῇ πόλει ταύτῃ
de Cilicia, crecido sin embargo en la ciudad esta

παρὰ τοὺς πόδας Γαμαλιὴλ, πεπαιδευμένος
a los pies de Gamaliel, educado

κατὰ ἀκρίβειαν τοῦ πατρῴου νόμου, ζηλωτὴς ὑπάρχων
según rigor de la paterna ley,[402] celoso siendo

τοῦ Θεοῦ, καθὼς πάντες ὑμεῖς ἐστε σήμερον·
de Dios, como todos vosotros sois hoy.

4 ὃς ταύτην τὴν ὁδὸν ἐδίωξα ἄχρι θανάτου, δεσμεύων
el cual este el camino persiguió hasta muerte, atando

καὶ παραδιδοὺς εἰς φυλακὰς ἄνδρας τε καὶ γυναῖκας,
y entregando a prisiones a varones así como a mujeres.

5 ὡς καὶ ὁ ἀρχιερεὺς μαρτυρεῖ μοι καὶ πᾶν τὸ
Como también el sumo sacerdote testifica[403] a mí y todo el

πρεσβυτέριον· παρ᾽ ὧν καὶ ἐπιστολὰς δεξάμενος πρὸς
presbiterio[404] de los cuales también cartas recibiendo para

τοὺς ἀδελφοὺς εἰς Δαμασκὸν ἐπορευόμην, ἄξων καὶ
los hermanos a Damasco iba, llevando también

τοὺς ἐκεῖσε ὄντας δεδεμένους εἰς Ἱερουσαλὴμ
a los allí estando habiendo sido atados a Jerusalén

ἵνα τιμωρηθῶσιν.
para que fueran castigados.

6 Ἐγένετο δέ μοι πορευομένῳ καὶ ἐγγίζοντι τῇ Δαμασκῷ
Aconteció entonces yo yendo y acercándome a Damasco

περὶ μεσημβρίαν ἐξαίφνης ἐκ τοῦ οὐρανοῦ
sobre mediodía repentinamente de el cielo

περιαστράψαι φῶς ἱκανὸν περὶ ἐμέ,
brillar luz grande alrededor de mí,

39 Entonces dijo Pablo: Yo de cierto soy hombre Judío, ciudadano de Tarso, ciudad no obscura de Cilicia: empero ruégote que me permitas que hable al pueblo.
40 Y como él se lo permitió, Pablo, estando en pie en las gradas, hizo señal con la mano al pueblo. Y hecho grande silencio, habló en lengua hebrea, diciendo:

22 Varones hermanos y padres, oid la razón que ahora os doy.
2 (Y como oyeron que les hablaba en lengua hebrea, guardaron más silencio.) Y dijo:
3 Yo de cierto soy Judío, nacido en Tarso de Cilicia, mas criado en esta ciudad a los pies de Gamaliel, enseñado conforme a la verdad de la ley de la patria, celoso de Dios, como todos vosotros sois hoy.
4 Que he perseguido este camino hasta la muerte, prendiendo y entregando en cárceles hombres y mujeres:
5 Como también el príncipe de los sacerdotes me es testigo, y todos los ancianos; de los cuales también tomando letras a los hermanos, iba a Damasco para traer presos a Jerusalem aun a los que estuviesen allí, para que fuesen castigados.
6 Mas aconteció que yendo yo, y llegando cerca de Damasco, como a medio día, de repente me rodeó mucha luz del cielo:

---
402. O la ley de los antepasados.
403. Es decir, puede dar fe de que digo la verdad.
404. Es decir, todos los ancianos.

7 Y caí en el suelo, y oí una voz que me decía: Saulo, Saulo, ¿por qué me persigues?
8 Yo entonces respondí: ¿Quién eres, Señor? Y me dijo: Yo soy Jesús de Nazaret, a quién tú persigues.
9 Y los que estaban conmigo vieron a la verdad la luz, y se espantaron; mas no oyeron la voz del que hablaba conmigo.
10 Y dije: ¿Qué haré, Señor? Y el Señor me dijo: Levántate, y ve a Damasco, y allí te será dicho todo lo que te está señalado hacer.
11 Y como yo no viese por causa de la claridad de la luz, llevado de la mano por los que estaban conmigo, vine a Damasco.
12 Entonces un Ananías, varón pío conforme a la ley, que tenía buen testimonio de todos los Judíos que allí moraban,
13 Viniendo a mí, y acercándose, me dijo: Hermano Saulo, recibe la vista. Y yo en aquella hora le miré.
14 Y él dijo: El Dios de nuestros padres te ha predestinado para que conocieses su voluntad, y vieses a aquel Justo, y oyeses la voz de su boca.
15 Porque has de ser testigo suyo a todos los hombres, de lo que has visto y oído.

7 ἔπεσόν τε εἰς τὸ ἔδαφος καὶ ἤκουσα φωνῆς λεγούσης μοι·
entonces a - tierra y escuché voz diciendo me:
Σαοὺλ Σαούλ, τί με διώκεις;
Saulo Saulo, ¿por qué me persigues?

8 ἐγὼ δὲ ἀπεκρίθην· τίς εἶ, Κύριε; εἶπέ τε
Yo entonces respondí: ¿Quién eres, Señor? Dijo entonces
πρός με· ἐγώ εἰμι Ἰησοῦς ὁ Ναζωραῖος ὃν σὺ διώκεις.
a mí: Yo soy Jesús el nazareno al que tú persigues.

9 οἱ δὲ σὺν ἐμοὶ ὄντες τὸ μὲν φῶς ἐθεάσαντο
Los entonces conmigo estando la - luz contemplaron
καὶ ἔμφοβοι ἐγένοντο, τὴν δὲ φωνὴν
y aterrados resultaron,[405] la Sin embargo voz
οὐκ ἤκουσαν τοῦ λαλοῦντός μοι.
no oyeron la hablando me.

10 εἶπον δέ· τί ποιήσω, Κύριε; ὁ δὲ Κύριος εἶπε
Dije entonces: ¿qué haré, Señor? el Entonces Señor dijo
πρός με· ἀναστὰς πορεύου εἰς Δαμασκόν, κἀκεῖ σοι
a mí: levantándote ve a Damasco, y allí a ti
λαληθήσεται περὶ πάντων ὧν τέτακταί
será hablado acerca de todo lo que ha sido designado
σοι ποιῆσαι.
para ti hacer.

11 ὡς δὲ οὐκ ἐνέβλεπον ἀπὸ τῆς δόξης τοῦ φωτὸς ἐκείνου,
Cuando - no veía por la gloria de la luz aquella,
χειραγωγούμενος ὑπὸ τῶν συνόντων μοι ἦλθον
siendo llevado de la mano por los estando conmigo vine
εἰς Δαμασκόν.
a Damasco.

12 Ἀνανίας δέ τις, ἀνὴρ εὐλαβὴς κατὰ τὸν νόμον,
Ananías Entonces un tal, varón piadoso según la ley,
μαρτυρούμενος ὑπὸ πάντων τῶν κατοικούντων Ἰουδαίων,
siendo testificado por todos[406] los habitantes judíos,

13 ἐλθὼν πρός με καὶ ἐπιστὰς εἶπέ μοι· Σαοὺλ ἀδελφέ,
viniendo a mí y acercándose dijo me: Saulo hermano,
ἀνάβλεψον. κἀγὼ αὐτῇ τῇ ὥρᾳ ἀνέβλεψα εἰς αὐτόν.
recupera la vista. Y yo en esa la hora recuperé la vista hacia él.[407]

14 ὁ δὲ εἶπεν· ὁ Θεὸς τῶν πατέρων ἡμῶν
Él entonces dijo: el Dios de los padres de nosotros
προεχειρίσατό σε γνῶναι τὸ θέλημα αὐτοῦ καὶ
ha escogido te para conocer la voluntad de él y
ἰδεῖν τὸν δίκαιον καὶ ἀκοῦσαι φωνὴν ἐκ τοῦ στόματος αὐτοῦ,
ver al Justo y escuchar voz de la boca de él,

15 ὅτι ἔσῃ μάρτυς αὐτῷ πρὸς πάντας ἀνθρώπους
porque serás testigo a él a todos hombres
ὧν ἑώρακας καὶ ἤκουσας.
de lo que has visto y has oído.

---

405. La NU omite y aterrados resultaron.
406. Es decir, teniendo buen testimonio de todos.
407. Es decir, recuperé la vista y lo pude ver.

16 καὶ νῦν τί μέλλεις; ἀναστὰς βάπτισαι καὶ
y ahora ¿qué vas (a hacer)? Levantándote se bautizado y

ἀπόλουσαι τὰς ἁμαρτίας σου, ἐπικαλεσάμενος τὸ ὄνομα
lava los pecados de ti, invocando el nombre

τοῦ Κυρίου.
del Señor.[408]

17 Ἐγένετο δέ μοι ὑποστρέψαντι εἰς Ἰερουσαλὴμ καὶ
Aconteció entonces a mí habiendo regresado a Jerusalén y

προσευχομένου μου ἐν τῷ ἱερῷ γενέσθαι με ἐν ἐκστάσει
orando yo en el templo resultar yo en éxtasis

18 καὶ ἰδεῖν αὐτὸν λέγοντά μοι· σπεῦσον καὶ ἔξελθε
y ver lo diciendo me: apresúrate y sal

ἐν τάχει ἐξ Ἰερουσαλήμ, διότι οὐ παραδέξονταί σου
con rapidez de Jerusalén, porque no recibirán de ti

μαρτυρίαν περὶ ἐμοῦ.
testimonio sobre mí.

19 κἀγὼ εἶπον· Κύριε, αὐτοὶ ἐπίστανται
Y yo dije: Señor, ellos saben

ὅτι ἐγὼ ἤμην φυλακίζων καὶ δέρων κατὰ τὰς συναγωγὰς
que yo estaba encarcelando y golpeando por las sinagogas

τοὺς πιστεύοντας ἐπὶ σέ·
a los habiendo creído en ti.

20 καὶ ὅτε ἐξεχεῖτο τὸ αἷμα Στεφάνου τοῦ μάρτυρός
Y cuando fue derramada la sangre de Esteban el testigo

σου, καὶ αὐτὸς ἤμην ἐφεστὼς καὶ συνευδοκῶν τῇ
de ti, también yo mismo estaba presente y consintiendo en el

ἀναιρέσει αὐτοῦ καὶ φυλάσσων τὰ ἱμάτια τῶν
asesinato de él[409] y guardando las vestimentas de los

ἀναιρούντων αὐτόν.
asesinando lo.

21 καὶ εἶπε πρός με· πορεύου, ὅτι ἐγὼ εἰς ἔθνη
Y dijo a mí: ve porque yo a gentiles

μακρὰν ἐξαποστελῶ σε.
lejos enviaré a ti.

22 Ἤκουον δὲ αὐτοῦ ἄχρι τούτου τοῦ λόγου, καὶ ἐπῆραν τὴν
Escuchaban - lo hasta esta la palabra, y levantaron la

φωνὴν αὐτῶν λέγοντες· αἶρε ἀπὸ τῆς γῆς τὸν τοιοῦτον·
voz de ellos diciendo: quita de la tierra a éste,

οὐ γὰρ καθῆκεν αὐτὸν ζῆν.
no Porque conviene él vivir.[410]

23 κραυγαζόντων δὲ αὐτῶν καὶ ῥιπτούντων τὰ ἱμάτια
Gritando entonces ellos y arrojando las vestimentas

καὶ κονιορτὸν βαλλόντων εἰς τὸν ἀέρα,
y polvo lanzando a el aire,

24 ἐκέλευσεν αὐτὸν ὁ χιλίαρχος ἄγεσθαι εἰς τὴν παρεμβολήν,
ordenó le el tribuno ser llevado a la fortaleza,

εἰπὼν μάστιξιν ἀνετάζεσθαι αὐτὸν, ἵνα ἐπιγνῷ
diciendo con azotes ser oído él,[411] para que sepa

δι' ἣν αἰτίαν οὕτως ἐπεφώνουν αὐτῷ.
por que causa así gritaban contra él.

16 Ahora pues, ¿por qué te detienes? Levántate, y bautízate, y lava tus pecados, invocando su nombre.
17 Y me aconteció, vuelto a Jerusalem, que orando en el templo, fuí arrebatado fuera de mí.
18 Y le vi que me decía: Date prisa, y sal prestamente fuera de Jerusalem; porque no recibirán tu testimonio de mí.
19 Y yo dije: Señor, ellos saben que yo encerraba en cárcel, y hería por las sinagogas a los que creían en ti;
20 Y cuando se derramaba la sangre de Esteban tu testigo, yo también estaba presente, y consentía a su muerte, y guardaba las ropas de los que le mataban.
21 Y me dijo: Ve, porque yo te tengo que enviar lejos a los Gentiles.
22 Y le oyeron hasta esta palabra: entonces alzaron la voz, diciendo: Quita de la tierra a un tal hombre, porque no conviene que viva.
23 Y dando ellos voces, y arrojando sus ropas y echando polvo al aire,
24 Mandó el tribuno que le llevasen a la fortaleza, y ordenó que fuese examinado con azotes, para saber por qué causa clamaban así contra él.

---

408. La NU sustituye por de él.
409. La NU omite en el asesinato de él.
410. Es decir, que él viva (oración de infinitivo).
411. Es decir, que lo hagan hablar con azotes, que lo sometan a tormento.

25 Y como le ataron con correas, Pablo dijo al centurión que estaba presente: ¿Os es lícito azotar a un hombre Romano sin ser condenado?
26 Y como el centurión oyó esto, fué y dió aviso al tribuno, diciendo ¿Qué vas a hacer? porque este hombre es Romano.
27 Y viniendo el tribuno, le dijo: Dime, ¿eres tú Romano? Y él dijo: Sí.
28 Y respondió el tribuno: Yo con grande suma alcancé esta ciudadanía. Entonces Pablo dijo: Pero yo lo soy de nacimiento.
29 Así que, luego se apartaron de él los que le habían de atormentar: y aun el tribuno también tuvo temor, entendido que era Romano, por haberle atado.
30 Y al día siguiente, queriendo saber de cierto la causa por qué era acusado de los Judíos, le soltó de las prisiones, y mandó venir a los príncipes de los sacerdotes, y a todo su concilio: y sacando a Pablo, le presentó delante de ellos.

23 Entonces Pablo, poniendo los ojos en el concilio, dice: Varones hermanos, yo con toda buena conciencia he conversado delante de Dios hasta el día de hoy.
2 El príncipe de los sacerdotes, Ananías, mandó entonces á los que estaban delante de él, que le hiriesen en la boca.

25 ὡς δὲ προέτειναν αὐτὸν τοῖς ἱμᾶσιν, εἶπε πρὸς τὸν
Como - ataban lo con las correas, dijo a el
ἑστῶτα ἑκατόνταρχον ὁ Παῦλος· εἰ ἄνθρωπον Ῥωμαῖον
presente centurión Pablo: ¿si hombre romano
καὶ ἀκατάκριτον ἔξεστιν ὑμῖν μαστίζειν;
y no condenado lícito es a vosotros azotar?

26 ἀκούσας δὲ ὁ ἑκατόνταρχος, προσελθὼν ἀπήγγειλε
Escuchando entonces el centurión, yendo informó
τῷ χιλιάρχῳ λέγων· ὅρα τί μέλλεις ποιεῖν· ὁ γὰρ
al tribuno diciendo: mira[412] lo que vas a hacer, el Porque
ἄνθρωπος οὗτος Ῥωμαῖός ἐστι.
hombre este romano es.

27 προσελθὼν δὲ ὁ χιλίαρχος εἶπεν αὐτῷ· λέγε μοι,
Viniendo entonces el tribuno dijo le: di me,
εἰ σὺ Ῥωμαῖος εἶ; ὁ δὲ ἔφη· ναί.
¿si tú romano eres? Él entonces dijo: sí.

28 ἀπεκρίθη τε ὁ χιλίαρχος· ἐγὼ πολλοῦ κεφαλαίου
Respondió entonces el tribuno: yo por mucho dinero
τὴν πολιτείαν ταύτην ἐκτησάμην. ὁ δὲ Παῦλος ἔφη·
la ciudadanía esta adquirí. - Entonces Pablo dijo:
ἐγὼ δὲ καὶ γεγέννημαι.
Yo sin embargo ciertamente he nacido (ciudadano romano).

29 εὐθέως οὖν ἀπέστησαν ἀπ' αὐτοῦ οἱ μέλλοντες αὐτὸν
Inmediatamente pues se apartaron de él los yendo a él
ἀνετάζειν· καὶ ὁ χιλίαρχος δὲ ἐφοβήθη ἐπιγνοὺς
a interrogar. Y el tribuno entonces se asustó sabiendo
ὅτι Ῥωμαῖός ἐστι, καὶ ὅτι ἦν αὐτὸν δεδεκώς.
que romano es, y que era a él habiendo atado.[413]

30 Τῇ δὲ ἐπαύριον βουλόμενος γνῶναι τὸ ἀσφαλὲς,
al Entonces día siguiente deseando conocer lo cierto,
τὸ τί κατηγορεῖται παρὰ τῶν Ἰουδαίων, ἔλυσεν αὐτὸν
el por qué es acusado por los judíos, liberó lo
ἀπὸ τῶν δεσμῶν καὶ ἐκέλευσεν ἐλθεῖν τοὺς
de las cadenas[414] y ordenó venir a los
ἀρχιερεῖς καὶ ὅλον τὸ συνέδριον αὐτῶν, καὶ
principales sacerdotes y todo el sanhedrín de ellos, y
καταγαγὼν τὸν Παῦλον ἔστησεν εἰς αὐτούς.
bajando a Pablo presentó ante ellos.

23 **1** Ἀτενίσας δὲ ὁ Παῦλος τῷ συνεδρίῳ εἶπεν·
mirando fijamente Entonces Pablo al sanhedrín dijo:
ἄνδρες ἀδελφοί, ἐγὼ πάσῃ συνειδήσει ἀγαθῇ
varones hermanos, yo con toda conciencia buena
πεπολίτευμαι τῷ Θεῷ ἄχρι ταύτης τῆς ἡμέρας.
he vivido para con Dios hasta este el día.

2 ὁ δὲ ἀρχιερεὺς Ἀνανίας ἐπέταξεν τοῖς παρεστῶσιν
el Entonces sumo sacerdote Ananías ordenó a los estando junto
αὐτῷ τύπτειν αὐτοῦ τὸ στόμα.
a él golpear de él la boca.

---

412. La NU omite mira.
413. Es decir, que era él quien había dado la orden de que lo ataran para interrogarlo con azotes.
414. La NU omite de las cadenas.

3 τότε ὁ Παῦλος πρὸς αὐτὸν εἶπε· τύπτειν σε μέλλει ὁ Θεός,
Entonces Pablo a él dijo: golpear a ti va - Dios,
τοῖχε κεκονιαμένε· καὶ σὺ κάθη κρίνων με
muro blanqueado. ¿Y tú te sientas juzgando me
κατὰ τὸν νόμον, καὶ παρανομῶν κελεύεις με
según la ley, y quebrantando la ley ordenas yo
τύπτεσθαι;
ser golpeado?

4 οἱ δὲ παρεστῶτες εἶπον· τὸν ἀρχιερέα τοῦ Θεοῦ
los Entonces presentes dijeron: ¿al sumo sacerdote de Dios
λοιδορεῖς;
injurias?

5 ἔφη τε ὁ Παῦλος· οὐκ ᾔδειν, ἀδελφοί, ὅτι ἐστὶν
Dijo entonces Pablo: no sabía, hermanos, que es
ἀρχιερεύς· γέγραπται γάρ· ἄρχοντα τοῦ λαοῦ σου
sumo sacerdote escrito está Porque: de príncipe del pueblo de ti
οὐκ ἐρεῖς κακῶς.
no hablarás mal.

6 Γνοὺς δὲ ὁ Παῦλος ὅτι τὸ ἓν μέρος ἐστὶ
Conociendo entonces Pablo que la una parte es de
Σαδδουκαίων, τὸ δὲ ἕτερον Φαρισαίων, ἔκραξεν ἐν τῷ
saduceos, la Sin embargo otra de fariseos, clamó en el
συνεδρίῳ· ἄνδρες ἀδελφοί, ἐγὼ Φαρισαῖός εἰμι, υἱὸς Φαρισαίου·
sanhedrín: varones hermanos, yo fariseo soy, hijo de fariseo,
περὶ ἐλπίδος καὶ ἀναστάσεως νεκρῶν ἐγὼ
acerca de esperanza y resurrección de muertos yo
κρίνομαι.
soy juzgado.

7 τοῦτο δὲ αὐτοῦ λαλήσαντος ἐγένετο στάσις τῶν
esto Entonces él habiendo hablado resultó disensión de
Φαρισαίων καὶ τῶν Σαδδουκαίων, καὶ ἐσχίσθη τὸ πλῆθος.
los fariseos y de los saduceos, y se dividió la multitud.

8 Σαδδουκαῖοι μὲν γὰρ λέγουσι μὴ εἶναι ἀνάστασιν
saduceos - Porque dicen no existir resurrección
μήτε ἄγγελον μήτε πνεῦμα, Φαρισαῖοι δὲ
ni ángel ni espíritu, fariseos sin embargo
ὁμολογοῦσι τὰ ἀμφότερα.
confiesan - ambas.

9 ἐγένετο δὲ κραυγὴ μεγάλη, καὶ ἀναστάντες οἱ
Aconteció entonces clamor grande, y levantándose los
γραμματεῖς τοῦ μέρους τῶν Φαρισαίων διεμάχοντο
escribas[415] de la parte de los fariseos contendían
λέγοντες· οὐδὲν κακὸν εὑρίσκομεν ἐν τῷ ἀνθρώπῳ τούτῳ·
diciendo: nada malo encontramos en el hombre este.
εἰ δὲ πνεῦμα ἐλάλησεν αὐτῷ ἢ ἄγγελος,
Si ciertamente espíritu habló a él o ángel,
μὴ θεομαχῶμεν.
no luchemos contra Dios.[416]

3 Entonces Pablo le dijo: Herirte ha Dios, pared blanqueada: ¿y estás tú sentado para juzgarme conforme a la ley, y contra la ley me mandas herir?
4 Y los que estaban presentes dijeron: ¿Al sumo sacerdote de Dios maldices?
5 Y Pablo dijo: No sabía, hermanos, que era el sumo sacerdote; pues escrito está: Al príncipe de tu pueblo no maldecirás.
6 Entonces Pablo, sabiendo que la una parte era de Saduceos, y la otra de Fariseos, clamó en el concilio: Varones hermanos, yo soy Fariseo, hijo de Fariseo: de la esperanza y de la resurrección de los muertos soy yo juzgado.
7 Y como hubo dicho esto, fué hecha disensión entre los Fariseos y los Saduceos; y la multitud fué dividida.
8 Porque los Saduceos dicen que no hay resurrección, ni ángel, ni espíritu; mas los Fariseos confiesan ambas cosas.
9 Y levantóse un gran clamor: y levantándose los escribas de la parte de los Fariseos, contendían diciendo: Ningún mal hallamos en este hombre; que si espíritu le ha hablado, o ángel, no resistamos a Dios.

---

415. La NU sustituye por algunos de los escribas.
416. La NU omite no luchemos contra Dios.

10 Y habiendo grande disensión, el tribuno, teniendo temor de que Pablo fuese despedazado de ellos, mandó venir soldados, y arrebatarle de en medio de ellos, y llevarle a la fortaleza.
11 Y la noche siguiente, presentándosele el Señor, le dijo: Confía, Pablo; que como has testificado de mí en Jerusalem, así es menester testifiques también en Roma.
12 Y venido el día, algunos de los Judíos se juntaron, e hicieron voto bajo de maldición, diciendo que ni comerían ni beberían hasta que hubiesen muerto a Pablo.
13 Y eran más de cuarenta los que habían hecho esta conjuración;
14 Los cuales se fueron a los príncipes de los sacerdotes y a los ancianos, y dijeron: Nosotros hemos hecho voto debajo de maldición, que no hemos de gustar nada hasta que hayamos muerto a Pablo.
15 Ahora pues, vosotros, con el concilio, requerid al tribuno que le saque mañana a vosotros como que queréis entender de él alguna cosa más cierta; y nosotros, antes que él llegue, estaremos aparejados para matarle.
16 Entonces un hijo de la hermana de Pablo, oyendo las asechanzas, fué, y entró en la fortaleza, y dió aviso a Pablo.

10 Πολλῆς δὲ γενομένης στάσεως εὐλαβηθεὶς ὁ χιλίαρχος
mucha Entonces resultando disensión temiendo el tribuno
μὴ διασπασθῇ ὁ Παῦλος ὑπ' αὐτῶν ἐκέλευσε
no fuera despedazado Pablo por ellos ordenó
τὸ στράτευμα καταβὰν ἁρπάσαι αὐτὸν ἐκ μέσου
al destacamento descender a apoderarse de él de en medio
αὐτῶν ἄγειν τε εἰς τὴν παρεμβολήν.
de ellos para llevar también a la fortaleza.

11 Τῇ δὲ ἐπιούσῃ νυκτὶ ἐπιστὰς αὐτῷ ὁ
a la Entonces siguiente noche presentándose al lado de él el
Κύριος εἶπε· θάρσει, Παῦλε· ὡς γὰρ
Señor dijo: ten valor, Pablo,⁴¹⁷ como Porque
διεμαρτύρω τὰ περὶ ἐμοῦ
testificaste solemnemente de lo acerca de mí
εἰς Ἰερουσαλήμ, οὕτω σε δεῖ καὶ εἰς Ῥώμην μαρτυρῆσαι.
en Jerusalén, así tú es preciso en Roma testificar.⁴¹⁸

12 Γενομένης δὲ ἡμέρας ποιήσαντές τινες τῶν Ἰουδαίων
Resultando entonces de día haciendo algunos de los judíos⁴¹⁹
συστροφὴν ἀνεθεμάτισαν ἑαυτοὺς, λέγοντες μήτε φαγεῖν
conspiración juramentaron se, diciendo ni comer
μήτε πίειν ἕως οὗ ἀποκτείνωσι τὸν Παῦλον·
ni beber hasta que no mataran a Pablo.

13 ἦσαν δὲ πλείους τεσσεράκοντα οἱ ταύτην τὴν συνωμοσίαν
Eran entonces más de cuatrocientos los esta la conjura
πεποιηκότες·
habiendo hecho,

14 οἵτινες προσελθόντες τοῖς ἀρχιερεῦσι καὶ τοῖς
los cuales viniendo a los principales sacerdotes y a los
πρεσβυτέροις εἶπον· ἀναθέματι ἀνεθεματίσαμεν
ancianos dijeron: con maldición nos juramentamos
ἑαυτοὺς μηδενὸς γεύσασθαι ἕως
a nosotros mismos a no gustar⁴²⁰ hasta que
οὗ ἀποκτείνωμεν τὸν Παῦλον.
no matemos a Pablo.

15 νῦν οὖν ὑμεῖς ἐμφανίσατε τῷ χιλιάρχῳ σὺν τῷ συνεδρίῳ,
Ahora pues vosotros informad⁴²¹ al tribuno con el sanhedrín,
ὅπως αὔριον αὐτὸν καταγάγῃ πρὸς ὑμᾶς,
para que mañana⁴²² lo traiga a vosotros,
ὡς μέλλοντας διαγινώσκειν ἀκριβέστερον τὰ περὶ αὐτοῦ·
como yendo a determinar más ciertamente lo acerca de él.
ἡμεῖς δὲ πρὸ τοῦ ἐγγίσαι αὐτὸν ἕτοιμοί
Nosotros sin embargo antes del acercarse él preparados
ἐσμεν τοῦ ἀνελεῖν αὐτόν.
estamos para matar lo.

16 Ἀκούσας δὲ ὁ υἱὸς τῆς ἀδελφῆς Παύλου
Habiendo escuchado entonces el hijo de la hermana de Pablo
τὴν ἐνέδραν, παραγενόμενος καὶ εἰσελθὼν εἰς τὴν παρεμβολὴν
la emboscada, yendo y entrando en la fortaleza
ἀπήγγειλε τῷ Παύλῳ.
avisó a Pablo.

---

417. La NU omite Pablo.
418. Es decir, de la misma manera que has testificado solemnemente en Jerusalén es también preciso que testifiques en Roma.
419. La NU sustituye por los judíos.
420. Se sobreentiende alimento, es decir, a no comer.
421. O sugerid o requerid.
422. La NU omite mañana.

17 προσκαλεσάμενος δὲ   ὁ Παῦλος ἕνα τῶν ἑκατοντάρχων
Llamando   entonces   Pablo a uno de los centuriones

ἔφη· τὸν νεανίαν τοῦτον ἀπάγαγε πρὸς τὸν χιλίαρχον·
dijo: al joven este   conduce a   el   tribuno,

ἔχει γὰρ τι ἀπαγγεῖλαί αὐτῷ.
tiene Porque algo para anunciar a él.

18 ὁ μὲν οὖν   παραλαβὼν αὐτὸν ἤγαγε πρὸς τὸν χιλίαρχον
Él - pues tomando   lo llevó a   el   tribuno

καὶ φησίν· ὁ δέσμιος   Παῦλος προσκαλεσάμενός με ἠρώτησε
y dijo: el prisionero Pablo   llamando   me pidió

τοῦτον τὸν νεανίαν ἀγαγεῖν πρὸς σέ, ἔχοντά τι λαλῆσαί σοι.
a este el joven traer   a   ti, teniendo algo para hablar te.

19 ἐπιλαβόμενος δὲ   τῆς χειρὸς αὐτοῦ ὁ χιλίαρχος καὶ
Tomando   entonces de la mano de él   el tribuno   y

ἀναχωρήσας κατ' ἰδίαν ἐπυνθάνετο, τί ἐστιν ὃ   ἔχεις
retirándose a   suyo⁴²³ preguntaba: ¿qué es lo que tienes

ἀπαγγεῖλαί μοι;
para decir me?

20 εἶπε δὲ   ὅτι οἱ Ἰουδαῖοι συνέθεντο   τοῦ ἐρωτῆσαί
Dijo entonces que los judíos se concertaron para pedir

σε ὅπως αὔριον εἰς τὸ συνέδριον καταγάγῃς τὸν Παῦλον,
te que mañana a el sanhedrín lleves   a Pablo,

ὡς μέλλοντές τι ἀκριβέστερον πυνθάνεσθαι περὶ αὐτοῦ.
como yendo   algo más cierto   a inquirir   acerca de él.

21 σὺ οὖν μὴ πεισθῇς αὐτοῖς· ἐνεδρεύουσι γὰρ αὐτὸν
Tú pues no seas persuadido por ellos. esperan Porque lo

ἐξ αὐτῶν ἄνδρες πλείους τεσσεράκοντα, οἵτινες
de ellos varones más que cuatrocientos, los cuales

ἀνεθεμάτισαν ἑαυτοὺς μήτε φαγεῖν μήτε πιεῖν ἕως
juramentaron se   a no comer ni   beber hasta

οὗ ἀνέλωσιν αὐτόν, καὶ νῦν ἕτοιμοί εἰσι
que maten   lo,   y   ahora preparados están

προσδεχόμενοι τὴν ἀπὸ σοῦ ἐπαγγελίαν.
esperando   la de ti promesa.

22 ὁ μὲν οὖν   χιλίαρχος ἀπέλυσε τὸν νεανίαν, παραγγείλας
- - entonces   tribuno   despachó al joven,   ordenando

μηδενὶ ἐκλαλῆσαι ὅτι ταῦτα ἐνεφάνισας πρός με.
a ninguno decir que esto avisaste   a mí.

23 Καὶ προσκαλεσάμενος δύο τινὰς τῶν ἑκατοντάρχων εἶπεν·
Y   convocando   a dos algunos de los centuriones dijo:

ἑτοιμάσατε στρατιώτας διακοσίους ὅπως   πορευθῶσιν
preparad   soldados   doscientos para que vayan

ἕως Καισαρείας, καὶ ἱππεῖς ἑβδομήκοντα καὶ δεξιολάβους
a Cesarea,   y jinetes setenta   y   arqueros

διακοσίους, ἀπὸ τρίτης ὥρας τῆς νυκτός,
doscientos, desde tercera hora de la noche,⁴²⁴

24 κτήνη   τε   παραστῆσαι, ἵνα   ἐπιβιβάσαντες
cabalgaduras también preparar,⁴²⁵ para que montando

τὸν Παῦλον διασώσωσι πρὸς Φήλικα τὸν ἡγεμόνα·
a Pablo   llevaran a salvo a   Félix el gobernador.

---

423. Es decir, a sus habitaciones privadas o aparte.
424. Es decir, para que salieran a esa hora.
425. O poner a disposición.

25 Y escribió una carta en estos términos:
26 Claudio Lisias al excelentísimo gobernador Félix: Salud.
27 A este hombre, aprehendido de los Judíos, y que iban ellos a matar, libré yo acudiendo con la tropa, habiendo entendido que era Romano.
28 Y queriendo saber la causa por qué le acusaban, le llevé al concilio de ellos:
29 Y hallé que le acusaban de cuestiones de la ley de ellos, y que ningún crimen tenía digno de muerte o de prisión.
30 Mas siéndome dado aviso de asechanzas que le habían aparejado los Judíos, luego al punto le he enviado a ti, intimando también a los acusadores que traten delante de ti lo que *tienen* contra él. Pásalo bien.
31 Y los soldados, tomando a Pablo como les era mandado, lleváronle de noche a Antipatris.
32 Y al día siguiente, dejando a los de a caballo que fuesen con él, se volvieron a la fortaleza.
33 Y como llegaron a Cesarea, y dieron la carta al gobernador, presentaron también a Pablo delante de él.

25 γράψας ἐπιστολὴν περιέχουσαν τὸν τύπον τοῦτον·
Habiendo escrito carta llevando el contenido este:

26 Κλαύδιος Λυσίας τῷ κρατίστῳ ἡγεμόνι Φήλικι χαίρειν.
Claudio Lisias al excelentísimo gobernador Félix salve.

27 Τὸν ἄνδρα τοῦτον συλλημφθέντα ὑπὸ τῶν Ἰουδαίων
Al varón este habiendo sido arrestado por los judíos

καὶ μέλλοντα ἀναιρεῖσθαι ὑπ' αὐτῶν ἐπιστὰς σὺν τῷ
y yendo a ser matado por ellos viniendo con el

στρατεύματι ἐξειλόμην αὐτόν, μαθὼν
destacamento rescató[426] lo, habiendo sabido

ὅτι Ῥωμαῖός ἐστι.
que romano es.

28 βουλόμενος δὲ γνῶναι τὴν αἰτίαν δι' ἣν
Habiendo querido entonces conocer la causa por la que

ἐνεκάλουν αὐτῷ, κατήγαγον αὐτὸν εἰς τὸ συνέδριον αὐτῶν·
acusaban a él, descendí lo a el sanhedrín de ellos,

29 ὃν εὗρον ἐγκαλούμενον περὶ ζητημάτων τοῦ νόμου
al cual encontré siendo acusado por cuestiones de la ley

αὐτῶν, μηδὲν δὲ ἄξιον θανάτου ἢ δεσμῶν
de ellos, ningún sin embargo digno de muerte o cadenas

ἔγκλημα ἔχοντα.
delito teniendo.

30 μηνυθείσης δὲ μοι ἐπιβουλῆς εἰς τὸν ἄνδρα
Siendo conocida entonces a mí conjura contra el varón

μέλλειν ἔσεσθαι ὑπὸ τῶν Ἰουδαίων, ἐξαυτῆς
ir[427] a ser por los judíos,[428,429] inmediatamente

ἔπεμψα πρὸς σέ, παραγγείλας καὶ τοῖς κατηγόροις λέγειν
envié a ti, ordenando también a los acusadores decir

τὰ πρὸς αὐτὸν ἐπὶ σοῦ. ἔρρωσο.
lo contra él delante de ti. Queda con salud.[430, 431]

31 Οἱ μὲν οὖν στρατιῶται κατὰ τὸ διατεταγμένον αὐτοῖς
Los - - soldados según lo ordenado a ellos

ἀναλαβόντες τὸν Παῦλον ἤγαγον διὰ τῆς νυκτὸς
tomando a Pablo llevaron por la noche

εἰς τὴν Ἀντιπατρίδα,
a Antipatris.

32 τῇ δὲ ἐπαύριον ἐάσαντες τοὺς ἱππεῖς προρεύεσθαι σὺν αὐτῷ,
Al - día siguiente dejando a los jinetes seguir con él,

ὑπέστρεψαν εἰς τὴν παρεμβολήν·
regresaron a la fortaleza.

33 οἵτινες εἰσελθόντες εἰς τὴν Καισάρειαν καὶ ἀναδόντες
los cuales entrando en Cesarea y entregando

τὴν ἐπιστολὴν τῷ ἡγεμόνι παρέστησαν
la carta al gobernador presentaron

καὶ τὸν Παῦλον αὐτῷ.
también a Pablo a él.

---

426. Literalmente: lo arrancó.
427. La NU omite ir.
428. Es decir, al saber que iba a tener lugar una conjura de los judíos contra él.
429. La NU omite por los judíos.
430. La NU omite queda con salud.
431. La expresión puede también traducirse como que te vaya bien o, simplemente, adiós.

34 ἀναγνοὺς   δὲ   ὁ   ἡγεμὼν   καὶ ἐπερωτήσας
Habiendo leído la carta entonces el gobernador⁴³² y preguntando

ἐκ ποίας ἐπαρχίας ἐστί, καὶ πυθόμενος ὅτι ἀπὸ Κιλικίας,
de qué   provincia es, y enterándose de que de Cilicia,

35 διακούσομαί σου, ἔφη, ὅταν καὶ οἱ κατήγοροί σου
oiré   te, dijo, cuando también los acusadores de ti

παραγένωνται· ἐκέλευσέ τε   αὐτὸν ἐν τῷ πραιτωρίῳ
lleguen.   Ordenó también él   en el pretorio

τοῦ Ἡρῴδου φυλάσσεσθαι.
de Herodes ser custodiado.⁴³³

24

1 Μετὰ δὲ   πέντε ἡμέρας κατέβη ὁ ἀρχιερεὺς
tras Entonces cinco días   descendió el sumo sacerdote

Ἀνανίας μετὰ τῶν πρεσβυτέρων καὶ ῥήτορος Τερτύλλου τινός,
Ananías con los⁴³⁴ ancianos   y   abogado Tértulo   uno,

οἵτινες ἐνεφάνισαν τῷ ἡγεμόνι
los cuales manifestaron al gobernador (los cargos)

κατὰ   τοῦ Παύλου.
contra Pablo.

2 κληθέντος   δὲ   αὐτοῦ ἤρξατο   κατηγορεῖν ὁ Τέρτυλλος
Siendo llamado entonces él   comenzó a acusar - Tértulo

λέγων· πολλῆς εἰρήνης τυγχάνοντες διὰ σοῦ καὶ κατορθωμάτων
diciendo: de mucha paz   disfrutando por ti y   éxitos⁴³⁵

γινομένων τῷ   ἔθνει τούτῳ διὰ τῆς σῆς προνοίας,
resultando para la nación esta por la tu previsión,

3 πάντῃ τε   καὶ   πανταχοῦ ἀποδεχόμεθα,
en todo como también en todas partes aceptamos,

κράτιστε Φῆλιξ, μετὰ πάσης εὐχαριστίας.
excelentísimo Félix, con toda acción de gracias,

4 ἵνα δὲ μὴ ἐπὶ πλεῖόν σε ἐγκόπτω, παρακαλῶ ἀκοῦσαί σε
para que - no Por más te moleste, suplico   escuchar tú

ἡμῶν   συντόμως τῇ   σῇ ἐπιεικείᾳ.
a nosotros brevemente con la tu equidad.

5 εὑρόντες   γὰρ   τὸν ἄνδρα τοῦτον λοιμὸν καὶ
habiendo encontrado Porque al varón este   plaga⁴³⁶ y

κινοῦντα στάσιν πᾶσι τοῖς Ἰουδαίοις τοῖς κατὰ τὴν
moviendo sedición entre todos los judíos   los por la

οἰκουμένην,⁴³⁷ πρωτοστάτην τε τῆς τῶν Ναζωραίων αἱρέσεως,
ecumene,   dirigente   - de la de los nazarenos secta,

6 ὃς   καὶ   τὸ ἱερὸν ἐπείρασε βεβηλῶσαι, ὃν   καὶ
el cual también el templo intentó   profanar, al cual también

ἐκρατήσαμεν καὶ κατὰ τὸν ἡμέτερον νόμον ἠθελήσαμεν κρίνειν.
arrestamos y   según la   nuestra   ley   quisimos juzgar.

7 παρελθὼν δὲ   Λυσίας ὁ χιλίαρχος μετὰ πολλῆς βίας
Interviniendo entonces Lisias el tribuno   con   mucha violencia

ἐκ τῶν χειρῶν ἡμῶν   ἀπήγαγε,
de las manos de nosotros arrancó,

---

34 Y el gobernador, leída la carta, preguntó de qué provincia era; y entendiendo que de Cilicia, **35** Te oiré, dijo, cuando vinieren tus acusadores. Y mandó que le guardasen en el pretorio de Herodes.

24

Y cinco días después descendió el sumo sacerdote Ananías, con algunos de los ancianos, y un cierto Tértulo, orador; y parecieron delante del gobernador contra Pablo. **2** Y citado que fué, Tértulo comenzó a acusar, diciendo: Como por causa tuya vivamos en grande paz, y muchas cosas sean bien gobernadas en el pueblo por tu prudencia, **3** Siempre y en todo lugar lo recibimos con todo hacimiento de gracias, oh excelentísimo Félix. **4** Empero por no molestarte más largamente, ruégote que nos oigas brevemente conforme a tu equidad. **5** Porque hemos hallado que este hombre es pestilencial, y levantador de sediciones entre todos los Judíos por todo el mundo, y príncipe de la secta de los Nazarenos: **6** El cual también tentó a violar el templo; y prendiéndole, le quisimos juzgar conforme a nuestra ley: **7** Mas interviniendo el tribuno Lisias, con grande violencia le quitó de nuestras manos,

---

432. La NU omite el gobernador.
433. Es decir, que fuera custodiado en el pretorio de Herodes.
434. La NU sustituye por algunos.
435. La NU sustituye por reformas.
436. Es decir, que este hombre es una plaga.
437. Es decir, el mundo habitado, generalmente relacionado con el territorio del imperio romano.

8Mandando a sus acusadores que viniesen a ti; del cual tú mismo juzgando, podrás entender todas estas cosas de que le acusamos.
9Y contendían también los Judíos, diciendo ser así estas cosas.
10Entonces Pablo, haciéndole el gobernador señal que hablase, respondió: Porque sé que muchos años ha eres gobernador de esta nación, con buen ánimo satisfaré por mí.
11Porque tú puedes entender que no hace más de doce días que subí a adorar a Jerusalem;
12Y ni me hallaron en el templo disputando con ninguno, ni haciendo concurso de multitud, ni en sinagogas, ni en la ciudad;
13Ni te pueden probar las cosas de que ahora me acusan.
14Esto empero te confieso, que conforme a aquel Camino que llaman herejía, así sirvo al Dios de mis padres, creyendo todas las cosas que en la ley y en los profetas están escritas;
15Teniendo esperanza en Dios que ha de haber resurrección de los muertos, así de justos como de injustos, la cual también ellos esperan.

8 κελεύσας τοὺς κατηγόρους αὐτοῦ ἔρχεσθαι ἐπὶ σέ·
mandando a los acusadores de él venir[438] a ti.

παρ' οὗ δυνήσῃ αὐτὸς ἀνακρίνας περὶ πάντων
de lo cual podrás por ti mismo habiendo juzgado sobre todo

τούτων ἐπιγνῶναι ὧν ἡμεῖς κατηγοροῦμεν αὐτοῦ.
esto conocer de que nosotros acusamos a él.

9 συνεπέθεντο δὲ καὶ οἱ Ἰουδαῖοι
Corroboraron la acusación entonces también los judíos

φάσκοντες ταῦτα οὕτως ἔχειν.
asegurando esto así tener.[439]

10 Ἀπεκρίθη δὲ ὁ Παῦλος, νεύσαντος αὐτῷ τοῦ
Respondió entonces Pablo, habiendo hecho señal a él el

ἡγεμόνος λέγειν· ἐκ πολλῶν ἐτῶν ὄντα σε κριτὴν
gobernador para hablar: desde muchos años siendo tu juez

τῷ ἔθνει τούτῳ ἐπιστάμενος εὐθυμότερον τὰ
para la nación esta conociendo,[440] más confiadamente lo

περὶ ἐμαυτοῦ ἀπολογοῦμαι,
acerca de mí mismo defiendo,

11 δυναμένου σου γνῶναι ὅτι οὐ πλείους εἰσί μοι
pudiendo tú conocer que no más hay para mí

ἡμέραι δεκαδύο ἀφ' ἧς ἀνέβην προσκυνήσωμεν ἐν
días doce[441] desde el que subí adorando en

Ἱερουσαλήμ·
Jerusalén,

12 καὶ οὔτε ἐν τῷ ἱερῷ εὗρόν με πρός τινα διαλεγόμενον
y ni en el templo encontraron a mí con alguien disputando

ἢ ἐπισύστασιν ποιοῦντα ὄχλου, οὔτε ἐν ταῖς συναγωγαῖς
o tumulto haciendo de muchedumbre, ni en las sinagogas

οὔτε κατὰ τὴν πόλιν·
ni en la ciudad,

13 οὔτε παραστῆσαι με δύνανται περὶ ὧν νῦν
ni probar contra mí pueden de lo que ahora

κατηγοροῦσί μου.
acusan a mí.

14 ὁμολογῶ δὲ τοῦτό σοι, ὅτι κατὰ τὴν ὁδὸν ἣν λέγουσιν
Confieso entonces esto a ti, que según el camino que llaman

αἵρεσιν, οὕτω λατρεύω τῷ πατρῴῳ Θεῷ, πιστεύων
secta, así adoro al de mis antepasados Dios, creyendo

πᾶσι τοῖς κατὰ τὸν νόμον καὶ τοῖς ἐν τοῖς
en todo lo según la ley y en lo en los

προφήταις γεγραμμένοις,
profetas escrito,

15 ἐλπίδα ἔχων εἰς τὸν Θεόν ἣν καὶ αὐτοὶ οὗτοι
esperanza teniendo en Dios la cual también ellos mismos

προσδέχονται, ἀνάστασιν μέλλειν ἔσεσθαι νεκρῶν,
esperan, resurrección ir ser de muertos,[442,443]

δικαίων τε καὶ ἀδίκων·
de justos como también de injustos.

---

438. La NU suprime desde y según hasta y venir, es decir, desde la mitad del v. 6 al 8.
439. Es decir, asegurando que las cosas eran como Tértulo decía.
440. Es decir, puesto que conozco que eres juez...
441. Es decir, no han pasado más de doce días desde que...
442. Es decir, que va a haber resurrección.
443. La NU suprime de muertos.

16 ἐν τούτῳ δὲ αὐτὸς ἀσκῶ ἀπρόσκοπον συνείδησιν
En esto - yo mismo procuro intachable conciencia

ἔχειν πρὸς τὸν Θεὸν καὶ τοὺς ἀνθρώπους διὰ παντός.
tener para con Dios y los hombres en todo.

17 δι' ἐτῶν δὲ πλειόνων παρεγενόμην ἐλεημοσύνας
Tras años - muchos vine limosnas

ποιήσων εἰς τὸ ἔθνος μου καὶ προσφοράς·
haciendo a la nación de mí y ofrendas,

18 ἐν οἷς εὗρόν με ἡγνισμένον ἐν τῷ ἱερῷ,
en lo cual encontraron a mí habiendo sido purificado en el templo,

οὐ μετὰ ὄχλου οὐδὲ μετὰ θορύβου,
no con multitud ni con alboroto.

19 τινὲς ἀπὸ τῆς Ἀσίας Ἰουδαῖοι, οὓς ἔδει ἐπὶ
Algunos de el Asia judíos, los cuales sería preciso ante

σοῦ παρεῖναι καὶ κατηγορεῖν εἴ τι ἔχοιεν πρὸς ἐμέ.
ti comparecer y acusar si algo tuvieran contra mí,

20 ἢ αὐτοὶ οὗτοι εἰπάτωσαν τί εὗρον ἐν ἐμοὶ
o los mismos estos digan cuál encontraron en mí

ἀδίκημα στάντος μου ἐπὶ τοῦ συνεδρίου,
iniquidad estando yo ante el sanhedrín,

21 ἢ περὶ μιᾶς ταύτης φωνῆς ἧς ἔκραξα ἑστὼς ἐν
o acerca de una esta voz con la que grité estando entre

αὐτοῖς, ὅτι περὶ ἀναστάσεως νεκρῶν ἐγὼ κρίνομαι
ellos, porque por resurrección de muertos yo soy juzgado

σήμερον ὑφ' ὑμῶν.
hoy por vosotros.

22 Ἀκούσας δὲ ταῦτα ὁ Φῆλιξ ἀνεβάλετο
Habiendo escuchado entonces esto[444] Félix dio largas

δὲ αὐτούς, ἀκριβέστερον εἰδὼς τὰ περὶ
entonces a ellos, más exactamente viendo lo acerca

τῆς ὁδοῦ εἰπών· ὅταν Λυσίας ὁ χιλίαρχος καταβῇ,
del Camino diciendo:[445] cuando Lisias el tribuno descienda,

διαγνώσομαι τὰ καθ' ὑμᾶς,
decidiré lo referente a vosotros,

23 διαταξάμενός τε τῷ ἑκατοντάρχῃ τηρεῖσθαι τὸν Παῦλον
ordenando también al centurión custodiar a Pablo

ἔχειν τε ἄνεσιν καὶ μηδένα κωλύειν τῶν ἰδίων αὐτοῦ
tener también libertad y ninguno prohibir de los propios de él

ὑπηρετεῖν εἰ προσέρχεσθαι αὐτῷ.
servir si venir a él.[446, 447]

24 Μετὰ δὲ ἡμέρας τινὰς παραγενόμενος ὁ Φῆλιξ σὺν Δρουσίλλῃ
Tras - días algunos llegando Félix con Drusila

τῇ γυναικὶ αὐτοῦ, οὔσῃ Ἰουδαίᾳ, μετεπέμψατο
la mujer de él, siendo judía, envió a por

τὸν Παῦλον καὶ ἤκουσεν αὐτοῦ περὶ τῆς εἰς Χριστὸν πίστεως.
- Pablo y escuchó de él sobre la en Cristo[448] fe.

16Y por esto, procuro yo tener siempre conciencia sin remordimiento acerca de Dios y acerca de los hombres.
17Mas pasados muchos años, vine a hacer limosnas a mi nación, y ofrendas,
18Cuando me hallaron purificado en el templo (no con multitud ni con alboroto) unos Judíos de Asia;
19Los cuales debieron comparecer delante de ti, y *acusarme*, si contra mí tenían algo.
20O digan estos mismos si hallaron en mí alguna cosa mal hecha, cuando yo estuve en el concilio,
21Si no sea que, estando entre ellos prorrumpí en alta voz: Acerca de la resurrección de los muertos soy hoy juzgado de vosotros.
22Entonces Félix, oídas estas cosas, estando bien informado de esta secta, les puso dilación, diciendo: Cuando descendiere el tribuno Lisias acabaré de conocer de vuestro negocio.
23Y mandó al centurión que Pablo fuese guardado, y aliviado *de las prisiones;* y que no vedase a ninguno de sus familiares servirle, o venir a él.
24Y algunos días después, viniendo Félix con Drusila, su mujer, la cual era Judía, llamó a Pablo, y oyó de él la fe que es en Jesucristo.

---
444. La NU suprime desde habiendo escuchado entonces esto.
445. Es decir, al haberse dado cuenta Félix con más exactitud de lo referente al Camino, les dio largas diciendo…
446. La NU omite venir a él.
447. Es decir, ordenó que custodiara a Pablo, que tuviera libertad Pablo y que no prohibiera a ninguno de los cercanos a Pablo que lo sirviera —o asistiera— en caso de que se acercara a él.
448. La NU añade Jesús.

25 Y disertando él de la justicia, y de la continencia, y del juicio venidero, espantado Félix, respondió: Ahora vete, mas en teniendo oportunidad te llamaré:
26 Esperando también con esto, que de parte de Pablo le serían dados dineros, porque le soltase; por lo cual, haciéndole venir muchas veces, hablaba con él.
27 Mas al cabo de dos años recibió Félix por sucesor a Porcio Festo: y queriendo Félix ganar la gracia de los Judíos, dejó preso a Pablo.

25 Festo pues, entrado en la provincia, tres días después subió de Cesarea a Jerusalem.
2 Y vinieron a él los príncipes de los sacerdotes y los principales de los Judíos contra Pablo; y le rogaron,
3 Pidiendo gracia contra él, que le hiciese traer a Jerusalem, poniendo ellos asechanzas para matarle en el camino.
4 Mas Festo respondió, que Pablo estaba guardado en Cesarea, y que él mismo partiría presto.

25 διαλεγομένου δὲ αὐτοῦ περὶ δικαιοσύνης καὶ
Disertando entonces él acerca de justicia y

ἐγκρατείας καὶ τοῦ κρίματος τοῦ μέλλοντος ἔσεσθαι,
dominio propio y del juicio el yendo a ser,[449]

ἔμφοβος γενόμενος ὁ Φῆλιξ ἀπεκρίθη·
atemorizado resultando - Félix respondió:

τὸ νῦν ἔχον πορεύου,
Por ahora teniendo vete,[450]

καιρὸν δὲ μεταλαβὼν μετακαλέσομαί σε,
tiempo - recibiendo[451] llamaré a ti,

26 ἅμα δὲ καὶ ἐλπίζων ὅτι χρήματα
al mismo tiempo - también esperando que dinero

δοθήσεται αὐτῷ ὑπὸ τοῦ Παύλου ὅπως λύσῃ αὐτόν·
será dado a él por Pablo para que soltara a él.[452]

διὸ καὶ πυκνότερον αὐτὸν
Por esto también más a menudo a él

μεταπεμπόμενος ὡμίλει αὐτῷ.
haciendo llamar conversaba con él.

27 Διετίας δὲ πληρωθείσης ἔλαβεν διάδοχον ὁ Φῆλιξ
Dos años entonces pasando recibió (como) sucesor - Félix

Πόρκιον Φῆστον· θέλων δὲ χάριν καταθέσθαι
a Porcio Festo, queriendo entonces gracia conceder

τοῖς Ἰουδαίοις ὁ Φῆλιξ κατέλιπε τὸν Παῦλον δεδεμένον.
a los judíos Félix dejó a Pablo encadenado.

25 ¹ Φῆστος οὖν ἐπιβὰς τῇ ἐπαρχίᾳ μετὰ τρεῖς
Festo pues estableciéndose en la provincia, después de tres

ἡμέρας ἀνέβη εἰς Ἱεροσόλυμα ἀπὸ Καισαρείας.
días subió a Jerusalén desde Cesarea.

2 ἐνεφάνισάν δὲ αὐτῷ ὁ ἀρχιερεῖς καὶ οἱ
Se manifestaron entonces a él el sumo sacerdote[453] y los

πρῶτοι τῶν Ἰουδαίων κατὰ τοῦ Παύλου,
primeros de los judíos contra Pablo,

καὶ παρεκάλουν αὐτὸν,
y rogaban le,

3 αἰτούμενοι χάριν κατ' αὐτοῦ, ὅπως μεταπέμψηται
pidiendo gracia contra él, de manera que hiciera enviar

αὐτὸν εἰς Ἱερουσαλήμ, ἐνέδραν ποιοῦντες
lo a Jerusalén, emboscada haciendo

ἀνελεῖν αὐτὸν κατὰ τὴν ὁδόν.
para matar lo por el camino.

4 ὁ μὲν οὖν Φῆστος ἀπεκρίθη τηρεῖσθαι τὸν Παῦλον ἐν
- - Entonces Festo respondió ser guardado Pablo en

Καισαρείᾳ, ἑαυτὸν δὲ μέλλειν ἐν τάχει ἐκπορεύεσθαι·
Cesarea, él mismo entonces ir en breve salir.[454]

---

449. Es decir, el que ha de tener lugar.
450. Es decir, de momento márchate.
451. Es decir, cuanto tenga tiempo.
452. La NU omite para que soltara a él.
453. La NU sustituye por los principales sacerdotes.
454. Es decir, Festo ordenó que Pablo permaneciera custodiado en Cesarea a donde él mismo pensaba ir en breve.

5
οἱ οὖν δυνατοὶ ἐν ὑμῖν, φησί, συγκαταβάντες,
los Entonces poderosos entre vosotros, dijo, descendiendo con(migo),

εἴ τί ἐστιν ἐν τῷ ἀνδρὶ τούτῳ,⁴⁵⁵ κατηγορείτωσαν αὐτοῦ.
si algo hay en el varón este, acusen lo.

6
Διατρίψας δὲ ἐν αὐτοῖς ἡμέρας πλείους ἢ δέκα,
Habiendo pasado entonces entre ellos días más⁴⁵⁶ de diez,

καταβὰς εἰς Καισάρειαν, τῇ ἐπαύριον καθίσας
descendiendo a Cesarea, al día siguiente sentándose

ἐπὶ τοῦ βήματος ἐκέλευσε τὸν Παῦλον ἀχθῆναι.
en el tribunal ordenó - Pablo ser traido.

7
παραγενομένου δὲ αὐτοῦ περιέστησαν οἱ ἀπὸ Ἱεροσολύμων
Llegado entonces él rodearon⁴⁵⁷ los de Jerusalén

καταβεβηκότες Ἰουδαῖοι, πολλὰ καὶ βαρέα αἰτιώματα
que habían descendido judíos, muchas y graves acusaciones

φέροντες κατὰ τοῦ Παύλου, ἃ οὐκ ἴσχυον ἀποδεῖξαι·
presentando contra Pablo, las cuales no podían probar,

8
ἀπολογουμένου αὐτοῦ ὅτι οὔτε εἰς τὸν νόμον τῶν
defendiéndose él porque ni contra la ley de los

Ἰουδαίων οὔτε εἰς τὸ ἱερὸν οὔτε εἰς Καίσαρά τι
judíos ni contra el templo ni contra César algo

ἥμαρτον.
pequé.

9
ὁ Φῆστος δὲ θέλων τοῖς Ἰουδαίοις χάριν καταθέσθαι,
- Festo entonces queriendo a los judíos gracia conceder,

ἀποκριθεὶς τῷ Παύλῳ εἶπε· θέλεις εἰς Ἱεροσόλυμα ἀναβὰς
respondiendo a Pablo dijo: ¿quieres a Jerusalén subiendo

ἐκεῖ περὶ τούτων κρίνεσθαι ἐπ' ἐμοῦ;
allí acerca de esto ser juzgado delante de mí?

10
εἶπεν δὲ ὁ Παῦλος· ἐπὶ τοῦ βήματος Καίσαρός ἑστώς εἰμι,
Dijo entonces Pablo: ante el tribunal de César en pie estoy,

οὗ με δεῖ κρίνεσθαι. Ἰουδαίους οὐδὲν
de lo cual me es preciso ser juzgado. Contra judíos nada

ἠδίκησα, ὡς καὶ σὺ κάλλιον ἐπιγινώσκεις·
hice injusto, como también tú muy bien sabes,

11
εἰ μὲν γὰρ ἀδικῶ καὶ ἄξιον θανάτου πέπραχά τι,
si - Porque injusto y digno de muerte he hecho algo,

οὐ παραιτοῦμαι τὸ ἀποθανεῖν· εἰ δὲ οὐδέν ἐστιν
no rehuso el morir; si - nada hay

ὧν οὗτοι κατηγοροῦσί μου, οὐδείς με δύναται αὐτοῖς
de lo que éstos acusan a mí, nadie me puede a ellos

χαρίσασθαι· Καίσαρα ἐπικαλοῦμαι.
entregar. A César apelo.

12
τότε ὁ Φῆστος συλλαλήσας μετὰ τοῦ συμβουλίου
Entonces Festo habiendo hablado con el consejo

ἀπεκρίθη· Καίσαρα ἐπικέκλησαι, ἐπὶ Καίσαρα πορεύσῃ.
respondió: A César has apelado, ante César irás.

---

5 Los que de vosotros pueden, dijo, desciendan juntamente; y si hay algún crimen en este varón, acúsenle.
6 Y deteniéndose entre ellos no más de ocho* o diez días, venido a Cesarea, el siguiente día se sentó en el tribunal, y mandó que Pablo fuese traído.
7 El cual venido, le rodearon los Judíos que habían venido de Jerusalem, poniendo contra Pablo muchas y graves acusaciones, las cuales no podían probar;
8 Alegando él por su parte: Ni contra la ley de los Judíos, ni contra el templo, ni contra César he pecado en nada.
9 Mas Festo, queriendo congraciarse con los Judíos, respondiendo a Pablo, dijo: ¿Quieres subir a Jerusalem, y allá ser juzgado de estas cosas delante de mí?
10 Y Pablo dijo: Ante el tribunal de César estoy, donde conviene que sea juzgado. A los Judíos no he hecho injuria ninguna, como tú sabes muy bien.
11 Porque si alguna injuria, o cosa alguna digna de muerte he hecho, no rehuso morir; mas si nada hay de las cosas de que éstos me acusan, nadie puede darme a ellos. A César apelo.
12 Entonces Festo, habiendo hablado con el consejo, respondió: ¿A César has apelado? a César irás.

---

455. La NU añade impropio.
456. La NU añade ocho.
457. La NU añade lo.

* En la Biblia del Oso de 1569, ocho o aparece entre paréntesis como lectura no segura.

13 Y pasados algunos días, el rey Agripa y Bernice vinieron a Cesarea a saludar a Festo.
14 Y como estuvieron allí muchos días, Festo declaró la causa de Pablo al rey, diciendo: Un hombre ha sido dejado preso por Félix,
15 Sobre el cual, cuando fuí a Jerusalem, vinieron *a mí* los príncipes de los sacerdotes y los ancianos de los Judíos, pidiendo condenación contra él:
16 A los cuales respondí: no ser costumbre de los Romanos dar alguno a la muerte antes que el que es acusado tenga presentes sus acusadores, y haya lugar de defenderse de la acusación.
17 Así que, habiendo venido *ellos* juntos acá, sin ninguna dilación, al día siguiente, sentado en el tribunal, mandé traer al hombre;
18 Y estando presentes los acusadores, ningún cargo produjeron de los que yo sospechaba:
19 Solamente tenían contra él ciertas cuestiones acerca de su superstición, y de un cierto Jesús, difunto, el cual Pablo afirmaba que estaba vivo.
20 Y yo, dudando en cuestión semejante, dije, si quería ir a Jerusalem, y allá ser juzgado de estas cosas.

13 Ἡμερῶν δὲ διαγενομένων τινῶν Ἀγρίππας ὁ βασιλεὺς
Días entonces transcurriendo algunos Agripa el rey
καὶ Βερνίκη κατήντησαν εἰς Καισάρειαν
y Berenice llegaron a Cesarea
ἀσπασόμενοι τὸν Φῆστον.
saludando a Festo.

14 ὡς δὲ πλείους ἡμέρας διέτριβον ἐκεῖ, ὁ Φῆστος τῷ
Como entonces más días pasaba allí, Festo al
βασιλεῖ ἀνέθετο τὰ κατὰ τὸν Παῦλον λέγων· ἀνήρ τίς ἐστι
rey expuso lo contra Pablo diciendo: varón cierto hay
καταλελειμμένος ὑπὸ Φήλικος δέσμιος,
habiendo sido dejado por Félix preso,

15 περὶ οὗ γενομένου μου εἰς Ἱεροσόλυμα ἐνεφάνισαν
acerca del cual resultando yo en Jerusalén se presentaron
οἱ ἀρχιερεῖς καὶ οἱ πρεσβύτεροι τῶν Ἰουδαίων
los principales sacerdotes y los ancianos de los judíos
αἰτούμενοι κατ' αὐτοῦ δίκην·
pidiendo contra él justicia.

16 πρὸς οὓς ἀπεκρίθην ὅτι οὐκ ἔστιν ἔθος
A los cuales respondí que no es costumbre entre
Ῥωμαίοις[458] χαρίζεσθαί τινα ἄνθρωπον εἰς ἀπώλειαν
romanos[458] entregar a un hombre a perdición[459,460]
πρὶν ἢ ὁ κατηγορούμενος
antes de el siendo juzgado
κατὰ πρόσωπον ἔχοι τοὺς κατηγόρους τόπον τε
frente a cara tenga a los acusadores (y) posibilidad también
ἀπολογίας λάβοι περὶ τοῦ ἐγκλήματος.
de defensa reciba frente a la acusación.

17 συνελθόντων οὖν αὐτῶν ἐνθάδε ἀναβολὴν μηδεμίαν
Reuniéndose pues ellos aquí, retraso ninguno
ποιησάμενος τῇ ἑξῆς καθίσας ἐπὶ τοῦ βήματος
habiendo hecho al día siguiente sentándome en el tribunal
ἐκέλευσα ἀχθῆναι τὸν ἄνδρα·
ordené ser traido el varón.

18 περὶ οὗ σταθέντες οἱ κατήγοροι οὐδεμίαν αἰτίαν
Respecto al cual presentes los acusadores ningún cargo
ἐπέφερον ὧν ὑπενόουν ἐγώ,
presentaron de los que sospechaba yo.[461]

19 ζητήματα δέ τινα περὶ τῆς ἰδίας δεισιδαιμονίας
Cuestiones sin embargo algunas acerca de la propia religión
εἶχον πρὸς αὐτὸν καὶ περί τινος Ἰησοῦ τεθνηκότος,
tenían contra él y acerca de cierto Jesús habiendo muerto,
ὃν ἔφασκεν ὁ Παῦλος ζῆν.
del cual afirmaba - Pablo estar vivo.

20 ἀπορούμενος δὲ ἐγὼ εἰς τὴν περὶ τούτου
Dudando entonces yo sobre la acerca de esto
ζήτησιν ἔλεγον εἰ βούλοιτο πορεύεσθαι εἰς Ἱεροσόλυμα
investigación dije si deseaba ir a Jerusalén
κἀκεῖ κρίνεσθαι περὶ τούτων.
y allí ser juzgado acerca de esto.

---
458. O que los romanos no tienen por costumbre.
459. La NU omite a perdición.
460. Es decir, a la muerte.
461. La NU añade de males.

21 τοῦ δὲ Παύλου ἐπικαλεσαμένου τηρηθῆναι αὐτὸν
- Entonces Pablo apelando ser guardado él
εἰς τὴν τοῦ Σεβαστοῦ διάγνωσιν, ἐκέλευσα τηρεῖσθαι αὐτὸν
para la de Augusto decisión, ordené ser guardado él
ἕως οὗ πέμψω αὐτὸν πρὸς Καίσαρα.
hasta que envíe lo a Cesarea.

22 Ἀγρίππας δὲ πρὸς τὸν Φῆστον ἔφη· ἐβουλόμην
Agripa entonces a Festo dijo: desearía
καὶ αὐτὸς τοῦ ἀνθρώπου ἀκοῦσαι. ὁ δέ,
también yo mismo al hombre escuchar. - Entonces,
αὔριον, φησίν, ἀκούσῃ αὐτοῦ.
mañana, dijo, escucharás a él.

23 Τῇ οὖν ἐπαύριον ἐλθόντος τοῦ Ἀγρίππα καὶ
al Por lo tanto día siguiente viniendo - Agripa y
τῆς Βερνίκης μετὰ πολλῆς φαντασίας, καὶ εἰσελθόντων εἰς τὸ
- Berenice con mucha pompa, y entrando en la
ἀκροατήριον σύν τε τοῖς χιλιάρχοις καὶ ἀνδράσι τοῖς κατ᾽
audiencia con también los tribunos y varones los con
ἐξοχὴν οὖσι τῆς πόλεως, καὶ κελεύσαντος τοῦ Φήστου,
excelencia siendo de la ciudad,[462] y ordenando - Festo
ἤχθη ὁ Παῦλος.
fue traido Pablo.

24 καί φησιν ὁ Φῆστος· Ἀγρίππα βασιλεῦ καὶ πάντες οἱ συμπαρόντες
Y dijo Festo: Agripa rey y todos los estando con
ἡμῖν ἄνδρες, θεωρεῖτε τοῦτον περὶ οὗ πᾶν τὸ
nosotros varones, observad a éste acerca del cual toda la
πλῆθος τῶν Ἰουδαίων ἐνέτυχόν μοι ἔν τε
muchedumbre de los judíos pidieron a mí en Tanto
Ἱεροσολύμοις καὶ ἐνθάδε, ἐπιβοῶντες μὴ
Jerusalén como aquí, gritando contra (él) no
δεῖν ζῆν μηκέτι.
ser digno de vivir ya.

25 ἐγὼ δὲ καταλαβόμενος μηδὲν ἄξιον θανάτου αὐτὸν
Yo entonces captando nada digno de muerte él
πεπραχέναι, καὶ αὐτοῦ τούτου ἐπικαλεσαμένου
haber hecho,[463] y él mismo entonces éste apelando
τὸν Σεβαστὸν, ἔκρινα πέμπειν αὐτόν.
a Augusto, juzgué enviar lo.

26 περὶ οὗ ἀσφαλές τι γράψαι τῷ κυρίῳ οὐκ ἔχω·
Acerca del cual cierto algo escribir al señor no tengo.[464]
διὸ προήγαγον αὐτὸν ἐφ᾽ ὑμῶν καὶ μάλιστα ἐπὶ
Por tanto traje lo ante vosotros y mayormente ante
σοῦ, βασιλεῦ Ἀγρίππα, ὅπως τῆς ἀνακρίσεως γενομένης
ti, rey Agripa, para que el interrogatorio sucediendo
σχῶ τί γράψαι.
tenga algo para escribir.

27 ἄλογον γάρ μοι δοκεῖ πέμποντα δέσμιον μὴ
irrazonable Porque me parece enviando preso no
καὶ τὰς κατ᾽ αὐτοῦ αἰτίας σημᾶναι.
también las de las contra él acusaciones informar.[465]

---
462. Es decir, los que tenían relevancia en la ciudad.
463. Es decir, que él hubiera hecho nada digno de muerte.
464. Es decir, acerca del cual no tengo nada cierto que escribir a mi señor (el emperador).
465. Es decir, porque no me parece razonable enviar a un preso y, al mismo tiempo, no informar de las acusaciones contra él.

21 Mas apelando Pablo a ser guardado al conocimiento de Augusto, mandé que le guardasen hasta que le enviara a César.
22 Entonces Agripa dijo a Festo: Yo también quisiera oir a *ese* hombre. Y él dijo: Mañana le oirás.
23 Y al otro día, viniendo Agripa y Bernice con mucho aparato, y entrando en la audiencia con los tribunos y principales hombres de la ciudad, por mandato de Festo, fué traído Pablo.
24 Entonces Festo dijo: Rey Agripa, y todos los varones que estáis aquí juntos con nosotros: veis a éste, por el cual toda la multitud de los Judíos me ha demandado en Jerusalem y aquí, dando voces que no conviene que viva más;
25 Mas yo, hallando que ninguna cosa digna de muerte ha hecho, y él mismo apelando a Augusto, he determinado enviarle:
26 Del cual no tengo cosa cierta que escriba al señor; por lo que le he sacado a vosotros, y mayormente a tí, oh rey Agripa, para que hecha información, tenga yo qué escribir.
27 Porque fuera de razón me parece enviar un preso, y no informar de las causas.

HECHOS 26.1

26 Entonces Agripa dijo a Pablo: Se te permite hablar por ti mismo. Pablo entonces, extendiendo la mano, comenzó a responder por sí, *diciendo*:
2 Acerca de todas las cosas de que soy acusado por los Judíos, oh rey Agripa, me tengo por dichoso de que haya hoy de defenderme delante de ti;
3 Mayormente sabiendo tú todas las costumbres y cuestiones que hay entre los Judíos: por lo cual te ruego que me oigas con paciencia.
4 Mi vida pues desde la mocedad, la cual desde el principio fué en mi nación, en Jerusalem, todos los Judíos la saben:
5 Los cuales tienen ya conocido que yo desde el principio, si quieren testificarlo, conforme a la más rigurosa secta de nuestra religión he vivido Fariseo.
6 Y ahora, por la esperanza de la promesa que hizo Dios á nuestros padres, soy llamado en juicio;
7 A la cual *promesa* nuestras doce tribus, sirviendo constantemente de día y de noche, esperan que han de llegar. Por la cual esperanza, oh rey Agripa, soy acusado de los Judíos.
8 ¡Qué! ¿Júzgase cosa increíble entre vosotros que Dios resucite los muertos?
9 Yo ciertamente había pensado deber hacer muchas cosas contra el nombre de Jesús de Nazaret:

---

26 **1** Ἀγρίππας δὲ πρὸς τὸν Παῦλον ἔφη· ἐπιτρέπεταί σοι ὑπὲρ
Agripa entonces a Pablo dijo: se permite a ti por

σεαυτοῦ λέγειν. τότε ὁ Παῦλος ἐκτείνας τὴν
ti mismo hablar. Entonces Pablo habiendo extendido la

χεῖρα ἀπελογεῖτο·
mano se defendió.[466]

2 περὶ πάντων ὧν ἐγκαλοῦμαι ὑπὸ Ἰουδαίων, βασιλεῦ
Acerca de todo lo que soy acusado por judíos, rey

Ἀγρίππα, ἥγημαι ἐμαυτὸν μακάριον ἐπὶ σοῦ μέλλων
Agripa, considero a mí mismo dichoso ante ti yendo

ἀπολογεῖσθαι σήμερον,
a defenderme hoy,

3 μάλιστα γνώστην ὄντα σε πάντων τῶν κατὰ
mayormente conocedor siendo tú de todas las respecto

Ἰουδαίους ἐθῶν τε καὶ ζητημάτων· διὸ δέομαί
a judíos costumbres y también cuestiones. Por lo cual ruego

σου μακροθύμως ἀκοῦσαί μου.
te pacientemente escuchar me.

4 Τὴν μὲν οὖν βίωσίν μου τὴν ἐκ νεότητος τὴν ἀπ'
El - - camino de vida de mí el desde juventud el desde

ἀρχῆς γενομένην ἐν τῷ ἔθνει μου ἐν
principio acontecido en medio de la nación de mí en

Ἱεροσολύμοις ἴσασι πάντες οἱ Ἰουδαῖοι,
Jerusalén conocen todos los judíos,

5 προγινώσκοντές με ἄνωθεν, ἐὰν θέλωσι
conociendo previamente a mí desde el principio, si quieren

μαρτυρεῖν, ὅτι κατὰ τὴν ἀκριβεστάτην αἵρεσιν τῆς ἡμετέρας
testificar, que según la más rigurosa secta de nuestra

θρησκείας ἔζησα Φαρισαῖος.
religión viví fariseo.

6 καὶ νῦν ἐπ' ἐλπίδι τῆς εἰς τοὺς πατέρας ἐπαγγελίας
Y ahora por esperanza de la a los padres promesa

γενομένης ὑπὸ τοῦ Θεοῦ ἕστηκα κρινόμενος,
hecha por Dios estoy siendo juzgado.

7 εἰς ἣν τὸ δωδεκάφυλον ἡμῶν ἐν ἐκτενείᾳ νύκτα
la cual las doce tribus de nosotros con constancia[467] noche

καὶ ἡμέραν λατρεῦον ἐλπίζει καταντῆσαι· περὶ ἧς
y día adorando esperan alcanzar, acerca de la cual

ἐλπίδος ἐγκαλοῦμαι, βαλιλεῦ Ἀγρίππα, ὑπὸ Ἰουδαίων.
esperanza soy acusado, rey Agripa,[468] por judíos.

8 τί ἄπιστον κρίνεται παρ' ὑμῖν εἰ ὁ Θεὸς νεκροὺς
¿Qué increíble es juzgado entre vosotros si Dios a muertos

ἐγείρει;
resucita?[469]

9 ἐγὼ μὲν οὖν ἔδοξα ἐμαυτῷ πρὸς τὸ ὄνομα Ἰησοῦ
Yo - pues pensé por mí mismo contra el nombre de Jesús

τοῦ Ναζωραίου δεῖν πολλὰ ἐναντία πρᾶξαι·
el nazareno ser preciso mucho contrario hacer,[470]

---

466. O comenzó su defensa.
467. O celo.
468. La NU suprime Agripa.
469. Es decir, ¿Acaso consideráis increíble que Dios resucite a los muertos?
470. Es decir, pensé que era necesario realizar muchas cosas en contra del nombre de Jesús.

10

ὃ   καὶ   ἐποίησα ἐν Ἱεροσολύμοις, καὶ πολλούς τῶν
lo cual también hice   en Jerusalén,   y a muchos de los

ἁγίων ἐγὼ φυλακαῖς   κατέκλεισα τὴν παρὰ τῶν ἀρχιερέων
santos yo en prisiones encerré   la de los principales

ἐξουσίαν λαβών,   ἀναιρουμένων
sacerdotes autoridad recibiendo, siendo muertos[471]

τε   αὐτῶν κατήνεγκα   ψῆφον.
entonces ellos eché contra (ellos) guijarro.[472]

11

καὶ κατὰ πάσας τὰς συναγωγὰς πολλάκις τιμωρῶν αὐτοὺς
Y por todas las sinagogas muchas veces castigando los

ἠνάγκαζον βλασφημεῖν, περισσῶς τε   ἐμμαινόμενος
obligaba a blasfemar, sobre manera también encolerizándome

αὐτοῖς ἐδίωκον ἕως καὶ εἰς τὰς ἔξω   πόλεις.
con ellos perseguí hasta también a las de fuera[473] ciudades.

12

Ἐν οἷς   καὶ   πορευόμενος εἰς τὴν Δαμασκὸν μετ'
En lo cual (ocupado) también yendo   a -   Damasco con

ἐξουσίας καὶ ἐπιτροπῆς τῆς παρὰ τῶν ἀρχιερέων,
autoridad y comisión   la de los principales sacerdotes,

13

ἡμέρας μέσης κατὰ τὴν ὁδὸν εἶδον, βασιλεῦ, οὐρανόθεν
de día en mitad por el camino vi, rey,   desde cielo

ὑπὲρ τὴν λαμπρότητα τοῦ ἡλίου περιλάμψαν   με
más que el resplandor del sol brillando alrededor de mí

φῶς καὶ τοὺς σὺν ἐμοὶ πορευομένους·
luz y de los conmigo yendo.[474]

14

πάντων δὲ   καταπεσόντων ἡμῶν εἰς τὴν γῆν ἤκουσα
Todos entonces cayendo   nosotros a la tierra escuché

φωνὴν λαλοῦσαν πρός με καὶ λέγουσαν τῇ Ἑβραΐδι διαλέκτῳ·
voz   diciendo a mí y   hablando en la hebrea lengua:

Σαοὺλ Σαούλ, τί   με διώκεις; σκληρόν σοι
Saulo Saulo, ¿por qué me persigues? Duro para ti (es)

πρὸς κέντρα λακτίζειν.
contra aguijón cocear.

15

ἐγὼ δὲ   εἶπον· τίς εἶ, Κύριε; ὁ δὲ   εἶπεν· ἐγώ
Yo entonces dije: ¿Quién eres, Señor? Él entonces[475] dijo: yo

εἰμι Ἰησοῦς ὃν σὺ διώκεις.
soy Jesús al que tú persigues.

16

ἀλλὰ ἀνάστηθι καὶ στῆθι ἐπὶ τοὺς πόδας σου· εἰς τοῦτο
pero levántate y ponte sobre los pies de ti, para esto

γὰρ ὤφθην σοι, προχειρίσασθαί σε   ὑπηρέτην καὶ
Porque aparecí a ti, para elegir te (como) ayudante y

μάρτυρα ὧν τε εἶδές ὧν   τε
testigo de lo que también viste de lo que y

ὀφθήσομαί σοι,
me manifestaré a ti,

17

ἐξαιρούμενός σε ἐκ τοῦ λαοῦ καὶ τῶν ἐθνῶν,
librando   te de el pueblo y de los gentiles,

εἰς οὓς   ἐγὼ νῦν σε ἀποστέλλω
a los que yo ahora te envío

---

471. Es decir, cuando les daban muerte.
472. El guijarro se utilizaba para expresar el voto. Pablo señala que cuando él tuvo que echar el guijarro, es decir, que votar, lo hizo contra los cristianos.
473. Es decir, del extranjero.
474. Es decir, que la luz rodeó tanto a Pablo como a los que iban con él.
475. Algunos mss añaden Señor.

---

10 Lo cual también hice en Jerusalem, y yo encerré en cárceles a muchos de los santos, recibida potestad de los príncipes de los sacerdotes; y cuando eran matados, yo dí mi voto.

11 Y muchas veces, castigándolos por todas las sinagogas, los forcé a blasfemar; y enfurecido sobremanera contra ellos, los perseguí hasta en las ciudades extrañas.

12 En lo cual *ocupado*, yendo a Damasco con potestad y comisión de los príncipes de los sacerdotes,

13 En mitad del día, oh rey, vi en el camino una luz del cielo, que sobrepujaba el resplandor del sol, la cual me rodeó y a los que iban conmigo.

14 Y habiendo caído todos nosotros en tierra, oí una voz que me hablaba, y decía en lengua hebraica: Saulo, Saulo, ¿por qué me persigues? Dura cosa te es dar coces contra los aguijones.

15 Yo entonces dije: ¿Quién eres, Señor? Y el Señor dijo: Yo soy Jesús, a quien tú persigues.

16 Mas levántate, y ponte sobre tus pies; porque para esto te he aparecido, para ponerte por ministro y testigo de las cosas que has visto, y de aquellas en que apareceré a ti:

17 Librándote del pueblo y de los Gentiles, a los cuales ahora te envío,

18 Para que abras sus ojos, para que se conviertan de las tinieblas a la luz, y de la potestad de Satanás a Dios; para que reciban, por la fe que es en mí, remisión de pecados y suerte entre los santificados.
19 Por lo cual, oh rey Agripa, no fuí rebelde a la visión celestial:
20 Antes anuncié primeramente a los que están en Damasco, y Jerusalem, y por toda la tierra de Judea, y a los gentiles, que se arrepintiesen y se convirtiesen a Dios, haciendo obras dignas de arrepentimiento.
21 Por causa de esto los Judíos, tomándome en el templo, tentaron matarme.
22 Mas ayudado del auxilio de Dios, persevero hasta el día de hoy, dando testimonio a pequeños y a grandes, no diciendo nada fuera de las cosas que los profetas y Moisés dijeron que habían de venir:
23 Que Cristo había de padecer, y ser el primero de la resurrección de los muertos, para anunciar luz al pueblo y a los Gentiles.
24 Y diciendo él estas cosas en su defensa, Festo a gran voz dijo: Estás loco, Pablo: las muchas letras te vuelven loco.
25 Mas él dijo: No estoy loco, excelentísimo Festo, sino que hablo palabras de verdad y de templanza.

18 ἀνοῖξαι ὀφθαλμοὺς αὐτῶν, τοῦ ἐπιστρέψαι ἀπὸ σκότους
para abrir ojos de ellos, para volver de tinieblas
εἰς φῶς καὶ τῆς ἐξουσίας τοῦ Σατανᾶ ἐπὶ τὸν Θεόν,
a luz y de la autoridad de Satanás a - Dios,
τοῦ λαβεῖν αὐτοὺς ἄφεσιν ἁμαρτιῶν καὶ κλῆρον
para recibir ellos perdón de pecados y herencia
ἐν τοῖς ἡγιασμένοις πίστει τῇ εἰς ἐμέ.
entre los santificados por fe la en mí.

19 Ὅθεν, βασιλεῦ Ἀγρίππα, οὐκ ἐγενόμην ἀπειθὴς
Por lo cual, rey Agripa, no resulté desobediente
τῇ οὐρανίῳ ὀπτασίᾳ,
a la celestial visión,

20 ἀλλὰ τοῖς ἐν Δαμασκῷ πρῶτον καὶ Ἱεροσολύμοις,
sino a los en Damasco primero y Jerusalén,
εἰς πᾶσάν τε τὴν χώραν τῆς Ἰουδαίας,
a toda también la región de Judea,
καὶ τοῖς ἔθνεσιν, ἀπήγγελλον μετανοεῖν καὶ ἐπιστρέφειν
y a los gentiles, anunciando arrepentirse y convertirse
ἐπὶ τὸν Θεόν, ἄξια τῆς μετανοίας ἔργα πράσσοντας.
a Dios, dignas del arrepentimiento obras haciendo.

21 ἕνεκα τούτων με Ἰουδαῖοι συλλαβόμενοι ἐν τῷ ἱερῷ
A causa de esto a mí judíos arrestando en el templo
ἐπειρῶντο διαχειρίσασθαι.
intentaban poner encima las manos con violencia.[476]

22 ἐπικουρίας οὖν τυχὼν τῆς παρὰ τοῦ Θεοῦ ἄχρι τῆς ἡμέρας
Ayuda pues obteniendo la de Dios hasta el día
ταύτης ἕστηκα μαρτυρόμενος μικρῷ τε καὶ
este he seguido testificando a pequeño como también
μεγάλῳ, οὐδὲν ἐκτὸς λέγων ὧν τε οἱ προφῆται
a grande, nada salvo Diciendo lo que también los profetas
ἐλάλησαν μελλόντων γίνεσθαι καὶ Μωϋσῆς,
hablaron yendo a acontecer y Moisés.

23 εἰ παθητὸς ὁ Χριστός, εἰ πρῶτος ἐξ ἀναστάσεως
que había de sufrir el mesías, que primero de resurrección
νεκρῶν φῶς μέλλει καταγγέλλειν τῷ λαῷ
de muertos luz iba a anunciar al pueblo
καὶ τοῖς ἔθνεσι.
y a los gentiles.[477]

24 Ταῦτα δὲ αὐτοῦ ἀπολογουμένου ὁ Φῆστος
Esto entonces él diciendo en su defensa Festo
μεγάλῃ τῇ φωνῇ ἔφη· μαίνῃ, Παῦλε· τὰ πολλά σε
con grande voz dijo: Estás loco, Pablo, Los muchos a ti
γράμματα εἰς μανίαν περιτρέπει.
escritos[478] a locura llevan.[479]

25 ὁ δὲ, οὐ μαίνομαι, φησί, κράτιστε Φῆστε, ἀλλὰ
Él entonces,[480] no estoy loco, dijo, excelentísimo Festo, sino
ἀληθείας καὶ σωφροσύνης ῥήματα ἀποφθέγγομαι.
que de verdad y sensatez dichos pronuncio.

---

476. El verbo tiene también la connotación de maltratar o incluso de matar.
477. Es decir, que el mesías había de sufrir y que siendo el primero de los resucitados de entre los muertos iba a anunciar la luz al pueblo (Israel) y a los gentiles.
478. O letras o saber.
479. Es decir, los muchos escritos te llevan a la locura.
480. La NU añade Pablo.

26 ἐπίσταται γὰρ περὶ τούτων ὁ βασιλεύς, πρὸς ὃν
sabe   Porque acerca de esto el rey,   al   que
καὶ   παρρησιαζόμενος   λαλῶ, λανθάνειν γὰρ
también expresándome con valentía[481] hablo, ignorar Porque
αὐτὸν τι τούτων οὐ πείθομαι   οὐδέν· οὐ γάρ ἐστιν
él   algo de esto no estoy convencido nada.[482] no Porque es
ἐν γωνίᾳ πεπραγμένον τοῦτο.
en rincón hecho   esto.[483]

27 πιστεύεις, βασιλεῦ Ἀγρίππα, τοῖς προφήταις;
  ¿Crees,   rey   Agripa, en los profetas?
οἶδα ὅτι πιστεύεις.
Sé que crees.

28 ὁ δὲ   Ἀγρίππας πρὸς τὸν Παῦλον ἔφη· ἐν ὀλίγῳ με
 - Entonces Agripa a   Pablo dijo: con poco[484] me
πείθεις   Χριστιανὸν γενέσθαι.
persuades cristiano para ser.

29 ὁ δὲ   Παῦλος εἶπεν· εὐξαίμην ἂν τῷ Θεῷ καὶ ἐν ὀλίγῳ
 - Entonces Pablo dijo: complaciera a   - Dios o por poco
καὶ ἐν πολλῷ, οὐ μόνον σὲ, ἀλλὰ καὶ   πάντας τοὺς
o por mucho, no sólo a ti, sino también todos los
ἀκούοντάς μου σήμερον γενέσθαι τοιούτους ὁποῖος
que oyen a mí hoy   resultar tales   cual
καὶ   ἐγώ εἰμι, παρεκτὸς τῶν   δεσμῶν τούτων.
también yo soy,[485] excepto por las cadenas estas.

30 Καὶ ταῦτα εἰπόντος αὐτοῦ ἀνέστη ὁ βασιλεὺς
   Y esto diciendo él[486]   se levantó el rey
καὶ ὁ ἡγεμὼν   ἥ τε Βερνίκη καὶ οἱ συγκαθήμενοι αὐτοῖς,
y el gobernador - y Berenice y los sentados con ellos,

31 καὶ ἀναχωρήσαντες   ἐλάλουν πρὸς ἀλλήλους λέγοντες
   y habiéndose retirado hablaban unos con otros diciendo
ὅτι οὐδὲν θανάτου ἄξιον ἢ δεσμῶν πράσσει
que nada de muerte digno o de cadenas hace
ὁ ἄνθρωπος οὗτος.
el hombre   este.

32 Ἀγρίππας δὲ   τῷ Φήστῳ ἔφη· ἀπολελύσθαι ἐδύνατο
   Agripa entonces a Festo dijo: haber sido liberado podía
ὁ ἄνθρωπος οὗτος, εἰ μὴ ἐπεκέκλητο Καίσαρα.
el hombre este, si no hubiera apelado a César.

27 **1** Ὡς δὲ   ἐκρίθη   τοῦ ἀποπλεῖν ἡμᾶς εἰς
      Cuando entonces fue decidido el navegar nosotros hacia
τὴν Ἰταλίαν, παρεδίδουν τόν τε   Παῦλον καί τινας
 - Italia, entregaron - tanto a Pablo como a algunos
ἑτέρους δεσμώτας ἑκατοντάρχῃ ὀνόματι   Ἰουλίῳ σπείρης
otros   presos a centurión de nombre Julio de cohorte
Σεβαστῆς.
de Augusto.

26 Pues el rey sabe estas cosas, delante del cual también hablo confiadamente. Pues no pienso que ignora nada de esto; pues no ha sido esto hecho en *algún* rincón.
27 ¿Crees, rey Agripa, a los profetas? Yo sé que crees.
28 Entonces Agripa dijo a Pablo: Por poco me persuades a ser Cristiano.
29 Y Pablo dijo: ¡Pluguiese a Dios que por poco o por mucho, no solamente tú, mas también todos los que hoy me oyen, fueseis hechos tales cual yo soy, excepto estas prisiones!
30 Y como hubo dicho estas cosas, se levantó el rey, y el presidente, y Bernice, y los que se habían sentado con ellos;
31 Y como se retiraron aparte, hablaban los unos a los otros, diciendo: Ninguna cosa digna ni de muerte, ni de prisión, hace este hombre.
32 Y Agripa dijo a Festo: Podía este hombre ser suelto, si no hubiera apelado a César.

27 Mas como fué determinado que habíamos de navegar para Italia, entregaron a Pablo y algunos otros presos a un centurión, llamado Julio, de la compañía Augusta.

---

481. O con libertad, con confianza, abiertamente.
482. Es decir, porque estoy convencido de que el rey no ignora nada de esto.
483. Es decir, porque nada de esto se ha hecho en un rincón o a escondidas.
484. O por poco.
485. Es decir, que no solo tú, sino también todos los que me oyen hoy llegárais a ser como yo, salvo por estas cadenas.
486. La NU suprime y esto diciendo él.

2 Así que, embarcándonos en una nave Adrumentina, partimos, estando con nosotros Aristarco, Macedonio de Tesalónica, para navegar junto a los lugares de Asia.
3 Y otro día llegamos a Sidón; y Julio, tratando a Pablo con humanidad, permitióle que fuese a los amigos, para ser de ellos asistido.
4 Y haciéndonos a la vela desde allí, navegamos bajo de Cipro, porque los vientos eran contrarios.
5 Y habiendo pasado la mar de Cilicia y Pamphylia, arribamos a Mira, ciudad de Licia.
6 Y hallando allí el centurión una nave Alejandrina que navegaba a Italia, nos puso en ella.
7 Y navegando muchos días despacio, y habiendo apenas llegado delante de Gnido, no dejándonos el viento, navegamos bajo de Creta, junto a Salmón.
8 Y costeándola difícilmente, llegamos a un lugar que llaman Buenos Puertos, cerca del cual estaba la ciudad de Lasea.
9 Y pasado mucho tiempo, y siendo ya peligrosa la navegación, porque ya era pasado el ayuno, Pablo amonestaba,
10 Diciéndoles: Varones, veo que con trabajo y mucho daño, no sólo de la cargazón y de la nave, mas aun de nuestras personas, habrá de ser la navegación.

2 ἐπιβάντες δὲ πλοίῳ Ἀδραμυττηνῷ μέλλοντες πλεῖν
Subiendo entonces en nave adrumentina yendo a navegar
τοὺς κατὰ τὴν Ἀσίαν τόπους ἀνήχθημεν, ὄντος
a los a lo largo de Asia lugares zarpamos, estando
σὺν ἡμῖν Ἀριστάρχου Μακεδόνος Θεσσαλονικέως,
con nosotros Aristarco macedonio de Tesalónica.

3 τῇ τε ἑτέρᾳ κατήχθημεν εἰς Σιδῶνα· φιλανθρώπως τε
Al - otro (día) atracamos en Sidón. Humanamente entonces
ὁ Ἰούλιος τῷ Παύλῳ χρησάμενος ἐπέτρεψε πρὸς τοὺς φίλους
- Julio a Pablo tratando permitió a los amigos
πορευθέντα ἐπιμελείας τυχεῖν.[487]
yendo atención encontrar.

4 κἀκεῖθεν ἀναχθέντες ὑπεπλεύσαμεν τὴν Κύπρον διὰ τὸ
Y desde allí zarpando navegamos a sotavento de Chipre por -
τοὺς ἀνέμους εἶναι ἐναντίους,
los vientos ser contrarios.

5 τό τε πέλαγος τὸ κατὰ τὴν Κιλικίαν καὶ Παμφυλίαν
el Entonces mar el frente a Cilicia y Panfilia
διαπλεύσαντες κατήλθομεν εἰς Μύρα τῆς Λυκίας.
habiendo atravesado llegamos a Mira de Licia.

6 κἀκεῖ εὑρὼν ὁ ἑκατοντάρχης πλοῖον Ἀλεξανδρινὸν
Y allí encontrando el centurión nave alejandrina
πλέον εἰς τὴν Ἰταλίαν ἐνεβίβασεν ἡμᾶς εἰς αὐτό·
navegando hacia Italia embarcó nos en ella.

7 ἐν ἱκαναῖς δὲ ἡμέραις βραδυπλοοῦντες καὶ
En aquellos - días navegando con lentitud y
μόλις γενόμενοι κατὰ τὴν Κνίδον, μὴ προσεῶντος
con dificultad resultando frente a Gnido, no permitiendo
ἡμᾶς τοῦ ἀνέμου ὑπεπλεύσαμεν τὴν Κρήτην κατὰ
nos el viento navegamos a sotavento de Creta frente a
Σαλμώνην,
Salmón.

8 μόλις τε παραλεγόμενοι αὐτὴν ἤλθομεν εἰς
Difícilmente entonces pasando la vinimos a
τόπον τινὰ καλούμενον Καλοὺς Λιμένας, ᾧ ἐγγὺς
lugar uno llamado Buenos Puertos, del cual cerca
ἦν πόλις Λασαία.
estaba ciudad Lasea.

9 Ἱκανοῦ δὲ χρόνου διαγενομένου καὶ ὄντος ἤδη
mucho Entonces tiempo habiendo transcurrido y siendo ya
ἐπισφαλοῦς τοῦ πλοὸς διὰ τὸ καὶ τὴν
peligrosa la navegación por el también el
νηστείαν ἤδη παρεληλυθέναι, παρῄνει ὁ Παῦλος
ayuno ya haber pasado, amonestaba Pablo

10 λέγων αὐτοῖς· ἄνδρες, θεωρῶ ὅτι μετὰ ὕβρεως καὶ πολλῆς
diciendo les: varones, contemplo que con peligro y mucha
ζημίας οὐ μόνον τοῦ φόρτου καὶ τοῦ πλοίου, ἀλλὰ καὶ
pérdida no sólo de la carga y de la nave, sino también
τῶν ψυχῶν ἡμῶν μέλλειν ἔσεσθαι τὸν πλοῦν.[488]
de las almas de nosotros ir a ser la navegación.

---

487. Es decir, le permitió que acudiera a los amigos para que lo atendieran.
488. Es decir, contemplo que la navegación va a ser con peligro...

11 ὁ δὲ   ἑκατοντάρχης τῷ   κυβερνήτῃ καὶ τῷ
   el Sin embargo centurión   por el piloto   y por

   ναυκλήρῳ ἐπείθετο   μᾶλλον ἢ   τοῖς ὑπὸ
   el patrón era persuadido más   que por lo por

   Παύλου λεγομένοις.
   Pablo dicho.

12 ἀνευθέτου δὲ   τοῦ λιμένος ὑπάρχοντος πρὸς παραχειμασίαν
   Inadecuado entonces el puerto siendo   para invernar

   οἱ πλείους ἔθεντο βουλὴν ἀναχθῆναι κἀκεῖθεν, εἴ πως
   los más   dieron consejo de zarpar de allí, si quizá

   δύναιντο καταντήσαντες εἰς Φοίνικα παραχειμάσαι,
   pudieran habiendo llegado a Fénica invernar

   λιμένα τῆς Κρήτης βλέποντα κατὰ λίβα   καὶ κατὰ χῶρον.
   puerto de Creta   mirando a   noreste y a   sureste.

13 ὑποπνεύσαντος δὲ   νότου δόξαντες   τῆς προθέσεως
   Soplando   entonces brisa considerando el propósito

   κεκρατηκέναι, ἄραντες ἆσσον παρελέγοντο τὴν Κρήτην.
   haber alcanzado, colocándose más cerca costearon - Creta.

14 μετ' οὐ πολὺ δὲ   ἔβαλε κατ' αὐτῆς ἄνεμος τυφωνικὸς
   Tras no mucho entonces dio contra ella viento huracanado

   ὁ καλούμενος Εὐροκλύδων.⁴⁸⁹
   el llamado   Euroclidón.

15 συναρπασθέντος δὲ   τοῦ πλοίου καὶ μὴ δυναμένου
   Siendo arrebatada entonces la nave   y no pudiendo

   ἀντοφθαλμεῖν τῷ ἀνέμῳ ἐπιδόντες ἐφερόμεθα.⁴⁹¹
   poner proa⁴⁹⁰ al viento cediendo fuimos arrastrados.

16 νησίον δέ   τι   ὑποδραμόντες
   islote Entonces uno habiendo corrido a sotavento

   καλούμενον Κλαύδην μόλις   ἰσχύσαμεν
   llamado   Clauda⁴⁹² con dificultad logramos

   περικρατεῖς γενέσθαι τῆς σκάφης,
   dueños   resultar del esquife,⁴⁹³

17 ἣν ἄραντες βοηθείαις ἐχρῶντο ὑποζωννύντες τὸ πλοῖον·
   el cual tomando de refuerzos usaban ciñendo la nave,

   φοβούμενοί τε μὴ εἰς τὴν Σύρτιν ἐκπέσωσι,
   temiendo entonces no contra la Sirte dieran⁴⁹⁴

   χαλάσαντες τὸ σκεῦος οὕτως ἐφέροντο.
   soltando   el aparejo así fueron arrastrados.

18 σφοδρῶς δὲ   χειμαζομένων
   Violentamente entonces siendo azotados por la tempestad

   ἡμῶν   τῇ ἑξῆς   ἐκβολὴν   ἐποιοῦντο,
   de nosotros al siguiente (día) alijamiento hacían.

19 καὶ τῇ τρίτῃ   αὐτόχειρες   τὴν σκευὴν
   Y en el tercer (día) con las propias manos el aparejo

   τοῦ πλοίου ἐρρίψαμεν·
   de la nave arrojamos.⁴⁹⁵

---

489. La NU sustituye por Euraquilón.
490. O enfrentarse con.
491. Es decir, viendo que no podían enfrentarse con el viento se dejaron arrastrar por él.
492. La NU sustituye por Cauda.
493. Es decir, mantener el control sobre el esquife.
494. Es decir, navegaran a la deriva hasta dar contra la Sirte.
495. La NU sustituye por arrojaron.

11 Mas el centurión creía más al piloto y al patrón de la nave, que a lo que Pablo decía.
12 Y no habiendo puerto cómodo para invernar, muchos acordaron pasar aún de allí, por si pudiesen arribar a Fenice e invernar *allí, que es* un puerto de Creta que mira al Nordeste y Sudeste.
13 Y soplando el austro, pareciéndoles que ya tenían lo que deseaban, alzando *velas,* iban cerca de la costa de Creta.
14 Mas no mucho después dió en ella un viento repentino, que se llama Euroclidón.
15 Y siendo arrebatada la nave, y no pudiendo resistir contra el viento, la dejamos, y erámos llevados.
16 Y habiendo corrido a sotavento de una pequeña isla que se llama Clauda, apenas pudimos ganar el esquife.
17 El cual tomado, usaban de remedios, ciñendo la nave; y teniendo temor de que diesen en la Sirte, abajadas las velas, eran así llevados.
18 Mas siendo atormentados de una vehemente tempestad, al siguiente día alijaron;
19 Y al tercer día nosotros con nuestras manos arrojamos los aparejos de la nave.

20Y no pareciendo sol ni estrellas por muchos días, y viniendo una tempestad no pequeña, ya era perdida toda la esperanza de nuestra salud.
21Entonces Pablo, habiendo ya mucho que no comíamos, puesto en pie en medio de ellos, dijo: Fuera de cierto conveniente, oh varones, haberme oído, y no partir de Creta, y evitar este inconveniente y daño.
22Mas ahora os amonesto que tengáis buen ánimo; porque ninguna pérdida habrá de persona de vosotros, sino solamente de la nave.
23Porque esta noche ha estado conmigo el ángel del Dios del cual yo soy, y al cual sirvo,
24Diciendo: Pablo, no temas; es menester que seas presentado delante de César; y he aquí, Dios te ha dado todos los que navegan contigo.
25Por tanto, oh varones, tened buen ánimo; porque yo confío en Dios que será así como me ha dicho;
26Si bien es menester que demos en una isla.
27Y venida la décimacuarta noche, y siendo llevados por el *mar* Adriático, los marineros a la media noche sospecharon que estaban cerca de alguna tierra.
28Y echando la sonda, hallaron veinte brazas; y pasando un poco más adelante, volviendo a echar la sonda, hallaron quince brazas.

20 μήτε δὲ   ἡλίου μήτε ἄστρων ἐπιφαινόντων   ἐπὶ
ni Entonces sol ni estrellas habiendo aparecido por
πλείονας ἡμέρας, χειμῶνός τε   οὐκ ὀλίγου ἐπικειμένου,
muchos días,   tormenta entonces no poco presionando,
λοιπὸν   περιῃρεῖτο πᾶσα ἐλπὶς   τοῦ σῴζεσθαι   ἡμᾶς.
finalmente era quitada toda esperanza de ser salvados nosotros.

21 Πολλῆς δὲ   ἀσιτίας ὑπαρχούσης τότε   σταθεὶς
Mucho entonces ayuno siendo[496]   entonces poniéndose en pie
ὁ Παῦλος ἐν μέσῳ αὐτῶν εἶπεν· ἔδει   μέν, ὦ ἄνδρες,
Pablo   en medio de ellos dijo: Era preciso - , oh varones,
πειθαρχήσαντάς μοι μὴ ἀνάγεσθαι ἀπὸ τῆς Κρήτης
obedeciendo   a mí no zarpar   de   Creta
κερδῆσαί τε   τὴν ὕβριν ταύτην καὶ   τὴν ζημίαν.
para evitar no sólo el   daño este   sino también la pérdida.

22 καὶ τὰ νῦν   παραινῶ ὑμᾶς   εὐθυμεῖν·   ἀποβολὴ
Y - ahora urjo   a vosotros a tener valor.[497]   pérdida
γὰρ ψυχῆς οὐδεμία ἔσται ἐξ ὑμῶν   πλὴν τοῦ πλοίου.
Porque de alma ninguna habrá de vosotros sólo de la nave.

23 παρέστη γάρ   μοι   τῇ   νυκτὶ ταύτῃ ἄγγελος τοῦ Θεοῦ,
estuvo   Porque conmigo en la noche esta   ángel   del Dios,
οὗ   εἰμι, ᾧ   καὶ   λατρεύω,
del cual soy, al cual también adoro,

24 λέγων·   μὴ φοβοῦ, Παῦλε· Καίσαρί σε δεῖ   παραστῆναι·
diciendo: no temas, Pablo, ante César te es preciso comparecer,
καὶ ἰδοὺ κεχάρισταί   σοι ὁ Θεὸς πάντας
y mira ha concedido a ti Dios a todos
τοὺς πλέοντας   μετὰ σοῦ.
los navegando contigo.

25 διὸ   εὐθυμεῖτε,   ἄνδρες· πιστεύω γὰρ   τῷ
Por tanto mantened el ánimo,[498] varones, creo   Porque en
Θεῷ ὅτι οὕτως ἔσται καθ' ὃν τρόπον   λελάληταί   μοι.
Dios que así   será   de la manera que se ha hablado a mí.

26 εἰς νῆσον δέ   τινα δεῖ   ἡμᾶς   ἐκπεσεῖν.
En isla sin embargo una es preciso nosotros dar.

27 Ὡς   δὲ   τεσσαρεσκαιδεκάτη νὺξ   ἐγένετο
Cuando entonces décimo cuarta   noche aconteció
διαφερομένων ἡμῶν   ἐν τῷ Ἀδρίᾳ,   κατὰ μέσον
siendo llevados nosotros por el Adriático, en medio
τῆς   νυκτὸς ὑπενόουν   οἱ   ναῦται   προσάγειν
de la noche sospechaban los marineros acercarse
τινὰ   αὐτοῖς χώραν.
una   a ellos tierra.

28 καὶ βολίσαντες   εὗρον   ὀργυιὰς εἴκοσι,
y habiendo sondeado encontraron brazas veinte,
βραχὺ   δὲ   διαστήσαντες   καὶ
poco más adelante sin embargo habiendo pasado y
πάλιν βολίσαντες   εὗρον   ὀργυιὰς δεκαπέντε·
de nuevo habiendo sondeado encontraron brazas quince.

---

496. Es decir, llevando mucho tiempo sin probar bocado.
497. O mantener el ánimo.
498. O tened valor.

29 φοβούμενοί τε   μήπως εἰς τραχεῖς τόπους ἐκπέσωμεν,
Temiendo   entonces quizá en rocosos lugares diéramos[499]

ἐκ πρύμνης ῥίψαντες ἀγκύρας τέσσαρας
por popa   echando   anclas   cuatro

ηὔχοντο   ἡμέραν γενέσθαι.
oraban[500] día   resultar.[501]

30 Τῶν δὲ   ναυτῶν   ζητούντων φυγεῖν ἐκ τοῦ πλοίου
los Entonces marineros buscando   huir   de el barco

καὶ χαλασάντων τὴν σκάφην εἰς τὴν θάλασσαν,
y   arrojando   el esquife a el   mar,

προφάσει   ὡς   ἐκ πρῴρας μελλόντων ἀγκύρας ἐκτείνειν,
con excusa como de proa   yendo   anclas   a echar,

31 εἶπεν ὁ Παῦλος τῷ ἑκατοντάρχῃ καὶ τοῖς στρατιώταις·
dijo   Pablo   al centurión   y   a los soldados:

ἐὰν μὴ οὗτοι μείνωσι   ἐν τῷ πλοίῳ,
si   no éstos permanecen en el barco,

ὑμεῖς   σωθῆναι   οὐ δύνασθε.
vosotros ser salvados no podéis.

32 τότε   οἱ στρατιῶται ἀπέκοψαν τὰ σχοινία τῆς σκάφης
Entonces los soldados   cortaron   las amarras del esquife

καὶ εἴασαν αὐτὴν ἐκπεσεῖν.
y   dejaron   lo   caer.

33 Ἄχρι δὲ οὗ ἤμελλεν ἡμέρα γίνεσθαι,   παρεκάλει
Hasta - que   iba   día   a resultar,[502] urgía

ὁ Παῦλος ἅπαντας μεταλαβεῖν τροφῆς λέγων·
Pablo   a todos   a tomar   alimento diciendo:

τεσσαρεσκαιδεκάτην σήμερον ἡμέραν προσδοκῶντες
décimo cuarto   hoy   día   esperando

ἄσιτοι   διατελεῖτε, μηδὲν προσλαβόμενοι.
ayunos[503] continuáis, nada   habiendo tomado.

34 διὸ   παρακαλῶ ὑμᾶς μεταλαβεῖν τροφῆς· τοῦτο γὰρ
Por tanto urjo   os   a tomar   alimento, esto Porque

πρὸς τῆς ὑμετέρας σωτηρίας ὑπάρχει· οὐδενὸς γὰρ
para la vuestra   salvación es,   de ninguno Porque

ὑμῶν   θρὶξ ἐκ τῆς κεφαλῆς πεσεῖται.
de vosotros pelo de la cabeza   caerá.[504]

35 εἰπὼν δὲ   ταῦτα καὶ λαβὼν ἄρτον εὐχαρίστησε τῷ Θεῷ
Diciendo entonces esto y   tomando pan   agradeció   a Dios

ἐνώπιον   πάντων, καὶ κλάσας   ἤρξατο   ἐσθίειν.
delante de todos,   y habiendo partido comenzó a comer.

36 εὔθυμοι δὲ   γενόμενοι πάντες καὶ   αὐτοὶ
Animados entonces resultando todos también ellos

προσελάβοντο τροφῆς·
tomaron   alimento.

37 ἦμεν   δὲ   ἐν τῷ πλοίῳ αἱ πᾶσαι ψυχαὶ διακόσιαι
Estábamos entonces en el barco las todas almas doscientas

ἑβδομήκοντα ἕξ.
setenta   seis.

29 Y habiendo temor de dar en lugares escabrosos, echando cuatro anclas de la popa, deseaban que se hiciese de día. **30** Entonces procurando los marineros huir de la nave, echado que hubieron el esquife a la mar, aparentando como que querían largar las anclas de proa, **31** Pablo dijo al centurión y a los soldados: Si éstos no quedan en la nave, vosotros no podéis salvaros. **32** Entonces los soldados cortaron los cabos del esquife, y dejáronlo perder. **33** Y como comenzó a ser de día, Pablo exhortaba a todos que comiesen, diciendo: Este es el décimocuarto día que esperáis y permanecéis ayunos, no comiendo nada. **34** Por tanto, os ruego que comáis por vuestra salud: que ni aun un cabello de la cabeza de ninguno de vosotros perecerá. **35** Y habiendo dicho esto, tomando el pan, hizo gracias a Dios en presencia de todos, y partiendo, comenzó a comer. **36** Entonces todos teniendo ya mejor ánimo, comieron ellos también. **37** Y éramos todas las personas en la nave doscientas setenta y seis.

---

499. Es decir, que chocaran contra escollos.
500. También, deseaban.
501. Es decir, oraban para que se hiciera de día.
502. Es decir, cuando se iba a hacer de día.
503. Es decir, éste es el décimo cuarto día que lleváis sin comer.
504. La NU sustituye por perecerá.

38Y satisfechos de comida, aliviaban la nave, echando el grano á la mar.
39Y como se hizo de día, no conocían la tierra; mas veían un golfo que tenía orilla, al cual acordaron echar, si pudiesen, la nave.
40Cortando pues las anclas, las dejaron en la mar, largando también las ataduras de los gobernalles; y alzada la vela mayor al viento, íbanse a la orilla.
41Mas dando en un lugar de dos aguas, hicieron encallar la nave; y la proa, hincada, estaba sin moverse, y la popa se abría con la fuerza de la mar.
42Entonces el acuerdo de los soldados era que matasen los presos, porque ninguno se fugase nadando.
43Mas el centurión, queriendo salvar a Pablo, estorbó este acuerdo, y mandó que los que pudiesen nadar, se echasen los primeros, y saliesen a tierra;
44Y los demás, parte en tablas, parte en cosas de la nave. Y así aconteció que todos se salvaron *saliendo* a tierra.

28 Y cuando escapamos, entonces supimos* que la isla se llamaba Melita.

38 κορεσθέντες δὲ τροφῆς ἐκούφιζον τὸ πλοῖον
Siendo satisfechos entonces de alimento aligeraron el barco
ἐκβαλλόμενοι τὸν σῖτον εἰς τὴν θάλασσαν.
arrojando el trigo a el mar.

39 Ὅτε δὲ ἡμέρα ἐγένετο, τὴν γῆν οὐκ ἐπεγίνωσκον,
Cuando entonces día aconteció,[505] la tierra no reconocían,
κόλπον δέ τινα κατενόουν ἔχοντα αἰγιαλόν,
bahía entonces una veían teniendo playa,
εἰς ὃν ἐβουλεύοντο, εἰ δύναιντο, ἐξῶσαι τὸ πλοῖον.
en la cual resolvieron si podían, varar el barco.

40 καὶ τὰς ἀγκύρας περιελόντες εἴων εἰς τὴν θάλασσαν
Y las anclas arrojando habían dejado en el mar
ἅμα ἀνέντες τὰς ζευκτηρίας τῶν πηδαλίων, καὶ
al mismo tiempo largando las amarras de los timones, y
ἐπάραντες τὸν ἀρτέμωνα τῇ πνεούσῃ κατεῖχον
levantando la vela de proa al soplando (viento) enfilaban
εἰς τὸν αἰγιαλόν.
hacia la playa.

41 περιπεσόντες δὲ εἰς τόπον διθάλασσον
Dando entonces en lugar con mar por ambos lados
ἐπώκειλαν τὴν ναῦν, καὶ ἡ μὲν πρῷρα ἐρείσασα ἔμεινεν
encallaron la nave, y la - proa hincada permaneció
ἀσάλευτος, ἡ δὲ πρύμνα ἐλύετο ὑπὸ
inmóvil, la Sin embargo popa era deshecha por
τῆς βίας τῶν κυμάτων.
la fuerza de las olas.

42 τῶν δὲ στρατιωτῶν βουλὴ ἐγένετο ἵνα τοὺς
de los Entonces soldados decisión resultó para que a los
δεσμώτας ἀποκτείνωσι, μή τις ἐκκολυμβήσας διαφύγῃ.
presos mataran, no alguno nadando se fugara.

43 ὁ δὲ ἑκατοντάρχης βουλόμενος διασῶσαι τὸν Παῦλον
el Entonces centurión queriendo salvar a Pablo
ἐκώλυσεν αὐτοὺς τοῦ βουλήματος, ἐκέλευσέ τε τοὺς
impidió a ellos el propósito, ordenó entonces a los
δυναμένους κολυμβᾶν ἀπορίψαντας πρώτους ἐπὶ τὴν γῆν ἐξιέναι,
pudiendo nadar arrojándose primeros a la tierra ir,

44 καὶ τοὺς λοιποὺς οὓς μὲν ἐπὶ σανίσιν, οὓς δὲ ἐπί τινων
y a los restantes unos - en tablas, otros - en algunas
τῶν ἀπὸ τοῦ πλοίου. καὶ οὕτως ἐγένετο πάντας
de las (cosas) de la nave. Y así aconteció todos
διασωθῆναι ἐπὶ τὴν γῆν.[506]
ser salvados a la tierra.

28 **1** Καὶ διασωθέντες τότε ἐπέγνωσαν
Y siendo salvados entonces supieron[507]
ὅτι Μελίτη ἡ νῆσος καλεῖται.
que Malta la isla se llama.

---

* Conocieron en margen de Biblia del Oso de 1569.
505. Es decir, cuando se hizo de día.
506. Es decir, que todos llegaron sanos y salvos a la tierra.
507. Algunos mss tienen supimos.

2 οἱ δὲ βάρβαροι παρεῖχον οὐ τὴν τυχοῦσαν
los Entonces bárbaros mostraban no la siendo común

φιλανθρωπίαν ἡμῖν· ἀνάψαντες γὰρ
humanidad a nosotros,[508] habiendo encendido Porque

πυρὰν προσελάβοντο πάντας ἡμᾶς
fuego recibieron a todos nosotros

διὰ τὸν ὑετὸν τὸν ἐφεστῶτα καὶ διὰ τὸ ψῦχος.
por la lluvia la cayendo y por el frío.

3 συστρέψαντος δὲ τοῦ Παύλου φρυγάνων πλῆθος
Reuniendo entonces Pablo de ramas secas abundancia

καὶ ἐπιθέντος ἐπὶ τὴν πυράν, ἔχιδνα ἀπὸ τῆς θέρμης
y arrojando a el fuego, víbora por el calor

ἐξελθοῦσα καθῆψε τῆς χειρὸς αὐτοῦ.
saliendo se agarró de la mano de él.

4 ὡς δὲ εἶδον οἱ βάρβαροι κρεμάμενον τὸ θηρίον
Cuando entonces vieron los bárbaros colgando el animal

ἐκ τῆς χειρὸς αὐτοῦ, ἔλεγον πρὸς ἀλλήλους·
de la mano de él, dijeron los unos a los otros:

πάντως φονεύς ἐστιν ὁ ἄνθρωπος οὗτος, ὃν
totalmente asesino es el hombre éste, que

διασωθέντα ἐκ τῆς θαλάσσης ἡ δίκη ζῆν
habiendo sido salvado de el mar la justicia vivir

οὐκ εἴασεν.
no permitió.

5 ὁ μὲν οὖν ἀποτινάξας τὸ θηρίον εἰς τὸ πῦρ
Él - no obstante habiendo sacudido el animal a el fuego

ἔπαθεν κακὸν οὐδέν·
sufrió malo nada.

6 οἱ δὲ προσεδόκων αὐτὸν μέλλειν πίμπρασθαι
Ellos entonces esperaban él ir a hincharse

ἢ καταπίπτειν ἄφνω νεκρόν. ἐπὶ πολὺ δὲ
o desplomarse repentinamente muerto. Durante mucho entonces

αὐτῶν προσδοκώντων καὶ θεωρούντων μηδὲν ἄτοπον
ellos esperando y observando nada fuera de lugar

εἰς αὐτὸν γινόμενον, μεταβαλόμενοι ἔλεγον Θεόν
a él aconteciendo, cambiando de opinión decían dios

αὐτὸν εἶναι.
él ser.

7 Ἐν δὲ τοῖς περὶ τὸν τόπον ἐκεῖνον ὑπῆρχε
en Entonces lo alrededor del lugar aquél[509] había

χωρία τῷ πρώτῳ τῆς
terrenos (pertenecientes) al primer (ciudadano) de la

νήσου ὀνόματι Ποπλίῳ, ὃς ἀναδεξάμενος
isla de nombre Publio, el cual dando la bienvenida

ἡμᾶς τρεῖς ἡμέρας φιλοφρόνως ἐξένισεν.
a nosotros tres días hospitalariamente recibió.

2 Y los bárbaros nos mostraron no poca humanidad; porque, encendido un fuego, nos recibieron a todos, a causa de la lluvia que venía, y del frío. **3** Entonces habiendo Pablo recogido algunos sarmientos, y puéstolos en el fuego, una víbora, huyendo del calor, le acometió á la mano. **4** Y como los bárbaros vieron la víbora colgando de su mano, decían los unos a los otros: Ciertamente este hombre es homicida, a quien, escapado de la mar, la justicia no deja vivir. **5** Mas él, sacudiendo la víbora en el fuego, ningún mal padeció. **6** Empero ellos estaban esperando cuándo se había de hinchar, o caer muerto de repente; mas habiendo esperado mucho, y viendo que ningún mal le venía, mudados, decían que era un dios. **7** En aquellos lugares había heredades del principal de la isla, llamado Publio, el cual nos recibió y hospedó tres días humanamente.

---

508. Es decir, nos mostraron una humanidad fuera de lo común, extraordinaria.
509. Es decir, en los lugares que rodeaban el sitio aquél.

8 Y aconteció que el padre de Publio estaba en cama, enfermo de fiebres y de disentería: al cual Pablo entró, y después de haber orado, le puso las manos encima, y le sanó:
9 Y esto hecho, también otros que en la isla tenían enfermedades, llegaban, y eran sanados:
10 Los cuales también nos honraron con muchos obsequios; y cuando partimos, nos cargaron de las cosas necesarias.
11 Así que, pasados tres meses, navegamos en una nave Alejandrina que había invernado en la isla, la cual tenía por enseña a Cástor y Pólux.
12 Y llegados a Siracusa, estuvimos allí tres días.
13 De allí, costeando alrededor, vinimos a Regio; y otro día después, soplando el austro, vinimos al segundo día a Puteolos:
14 Donde habiendo hallado hermanos, nos rogaron que quedásemos con ellos siete días; y luego vinimos a Roma:
15 De donde, oyendo de nosotros los hermanos, nos salieron a recibir hasta la plaza de Appio, y Las Tres Tabernas: a los cuales como Pablo vió, dió gracias a Dios, y tomó aliento.
16 Y como llegamos a Roma, el centurión entregó los presos al prefecto de los ejércitos, mas a Pablo fué permitido estar por sí, con un soldado que le guardase.

8 ἐγένετο δὲ τὸν πατέρα τοῦ Ποπλίου πυρετοῖς καὶ
Resultó entonces el padre de Publio con fiebres y
δυσεντερίῳ συνεχόμενον κατακεῖσθαι· πρὸς ὃν ὁ Παῦλος
disentería sufriendo estar yaciendo, al cual Pablo
εἰσελθὼν καὶ προσευξάμενος ἐπιθεὶς τὰς χεῖρας
entrando y habiendo orado imponiendo las manos
αὐτῷ ἰάσατο αὐτόν.
a él curó lo.

9 τούτου οὖν γενομένου καὶ οἱ λοιποὶ οἱ ἔχοντες
Esto pues aconteciendo también los restantes los teniendo
ἀσθενείας ἐν τῇ νήσῳ προσήρχοντο καὶ ἐθεραπεύοντο·
enfermedades en la isla acudían y eran curados,

10 οἳ καὶ πολλαῖς τιμαῖς ἐτίμησαν ἡμᾶς καὶ
los cuales también con muchos honores honraron nos y
ἀναγομένοις ἐπέθεντο τὰ πρὸς τὴν χρείαν.
zarpando dieron lo para la necesidad.[510]

11 Μετὰ δὲ τρεῖς μῆνας ἀνήχθημεν ἐν πλοίῳ
tras Entonces tres meses zarpamos en barco
παρακεχειμακότι ἐν τῇ νήσῳ, Ἀλεξανδρινῷ,
habiendo invernado en la isla, alejandrino,
παρασήμῳ Διοσκούροις,
con enseña de Dióscuros.[511]

12 καὶ καταχθέντες εἰς Συρακούσας ἐπεμείναμεν ἡμέρας τρεῖς·
Y llegando a Siracusa permanecimos días tres.

13 ὅθεν περιελθόντες κατηντήσαμεν εἰς Ῥήγιον, καὶ μετὰ μίαν
De donde rodeando[512] llegamos a Regio, y tras un
ἡμέραν ἐπιγενομένου νότου δευτεραῖοι ἤλθομεν
día sobreviniendo viento del sur al segundo día llegamos
εἰς Ποτιόλους·
a Puteoli,

14 οὗ εὑρόντες ἀδελφοὺς παρεκλήθημεν ἐπ' αὐτοῖς
donde encontrando hermanos fuimos urgidos por ellos
ἐπιμεῖναι ἡμέρας ἑπτά, καὶ οὕτως εἰς τὴν Ῥώμην ἤλθομεν.
a permanecer días siete, y así a Roma vinimos.

15 κἀκεῖθεν οἱ ἀδελφοὶ ἀκούσαντες τὰ περὶ
Y desde allí los hermanos habiendo escuchado lo acerca de
ἡμῶν ἐξῆλθον εἰς ἀπάντησιν ἡμῖν
nosotros salieron para encuentro con nosotros
ἄχρις Ἀππίου Φόρου καὶ Τριῶν Ταβερνῶν, οὓς ἰδὼν
hasta de Apio foro y Tres Tabernas, a los cuales viendo
ὁ Παῦλος εὐχαριστήσας τῷ Θεῷ ἔλαβε θάρσος.
Pablo habiendo dado gracias a Dios recibió ánimo.

16 Ὅτε δὲ ἤλθομεν εἰς Ῥώμην, ὁ ἑκατόνταρχος παρέδωκε
Cuando entonces llegamos a Roma, el centurión entregó
τοὺς δεσμίους τῷ στρατοπεδάρχῃ· τῷ δὲ Παύλῳ
a los presos al prefecto militar,[513] Sin embargo Pablo
ἐπετράπη μένειν καθ' ἑαυτὸν σὺν τῷ φυλάσσοντι
fue permitido quedarse solo con el guardando
αὐτὸν στρατιώτῃ.
lo soldado.

---

510. Es decir, nos dieron lo que necesitábamos.
511. Los Dióscuros eran Cástor y Pólux.
512. La NU sustituye por habiendo levado anclas.
513. La NU suprime desde el centurión a prefecto militar.

17 Ἐγένετο δὲ μετὰ ἡμέρας τρεῖς συγκαλέσασθαι τὸν Παῦλον
Aconteció entonces tras días tres convocar Pablo⁵¹⁴
τοὺς ὄντας τῶν Ἰουδαίων πρώτους· συνελθόντων δὲ
a los siendo de los judíos primeros.⁵¹⁵ Juntándose entonces
αὐτῶν ἔλεγε πρὸς αὐτούς· ἄνδρες ἀδελφοί, ἐγὼ οὐδὲν ἐναντίον
ellos dijo a ellos: varones hermanos, yo nada contra
ποιήσας τῷ λαῷ ἢ τοῖς ἔθεσι τοῖς πατρῴοις
haciendo la ley o las costumbres (relativas) a los padres
δέσμιος ἐξ Ἱεροσολύμων παρεδόθην εἰς τὰς χεῖρας τῶν
prisionero desde Jerusalén fui entregado en las manos de
Ῥωμαίων·
los romanos,

18 οἵτινες ἀνακρίναντές με ἐβούλοντο ἀπολῦσαι διὰ τὸ μηδεμίαν
los cuales examinando me deseaban liberar por - ninguna
αἰτίαν θανάτου ὑπάρχειν ἐν ἐμοί.
causa de muerte haber en mí.

19 ἀντιλεγόντων δὲ τῶν Ἰουδαίων ἠναγκάσθην
Oponiéndose entonces los judíos fui obligado⁵¹⁶
ἐπικαλέσασθαι Καίσαρα, οὐχ ὡς τοῦ ἔθνους μου
a apelar a César, no Porque de la nación de mí
ἔχων τι κατηγορῆσαι.
teniendo algo para acusar.⁵¹⁷

20 διὰ ταύτην οὖν τὴν αἰτίαν παρεκάλεσα ὑμᾶς ἰδεῖν
Por esta pues la causa pedí a vosotros ver
καὶ προσλαλῆσαι· ἕνεκεν γὰρ τῆς ἐλπίδος τοῦ Ἰσραὴλ
y hablar. a causa de Porque de la esperanza de Israel
τὴν ἅλυσιν ταύτην περίκειμαι.
la cadena esta llevo alrededor.

21 οἱ δὲ πρὸς αὐτὸν εἶπον· ἡμεῖς οὔτε γράμματα
Ellos entonces a él dijeron: nosotros ni cartas
περὶ σοῦ ἐδεξάμεθα ἀπὸ τῆς Ἰουδαίας, οὔτε παραγενόμενός
acerca de ti recibimos de - Judea, ni llegando
τις τῶν ἀδελφῶν ἀπήγγειλεν ἢ ἐλάλησέ τι περὶ
alguno de los hermanos informó o habló algo acerca de
σοῦ πονηρόν.
ti malo.

22 ἀξιοῦμεν δὲ παρὰ σοῦ
Consideramos adecuado sin embargo de ti
ἀκοῦσαι ἃ φρονεῖς· περὶ μὲν γὰρ τῆς αἱρέσεως
escuchar lo que piensas, acerca - Porque de la secta
ταύτης γνωστὸν ἐστιν ἡμῖν ὅτι πανταχοῦ
está conocido es a nosotros que en todas partes
ἀντιλέγεται.
se habla en contra.

17 Y aconteció que tres días después, Pablo convocó a los principales de los Judíos; a los cuales, luego que estuvieron juntos, les dijo: Yo, varones hermanos, no habiendo hecho nada contra el pueblo, ni contra los ritos de la patria, he sido entregado preso desde Jerusalem en manos de los Romanos;
18 Los cuales, habiéndome examinado, me querían soltar; por no haber en mí ninguna causa de muerte.
19 Mas contradiciendo los Judíos, fuí forzado a apelar a César; no que tenga de qué acusar a mi nación.
20 Así que, por esta causa, os he llamado para veros y hablaros; porque por la esperanza de Israel estoy rodeado de esta cadena.
21 Entonces ellos le dijeron: Nosotros ni hemos recibido cartas tocante a tí de Judea, ni ha venido alguno de los hermanos que haya denunciado o hablado algún mal de ti.
22 Mas querríamos oir de ti lo que sientes; porque de esta secta notorio nos es que en todos lugares es contradicha.

---

514. La NU sustituye por él.
515. Es decir, que Pablo convocó en primer lugar a los principales de entre los judíos.
516. Es decir, me vi en la obligación.
517. Es decir, aunque no tenga nada de lo que acusar a mi nación o no porque tenga algo de lo que acusar a mi nación.

23 Y habiéndole señalado un día, vinieron a él muchos a la posada, a los cuales declaraba y testificaba el reino de Dios, persuadiéndoles lo concerniente a Jesús, por la ley de Moisés y por los profetas, desde la mañana hasta la tarde.
24 Y algunos asentían a lo que se decía, mas algunos no creían.
25 Y como fueron entre sí discordes, se fueron, diciendo Pablo esta palabra: Bien ha hablado el Espíritu Santo por el profeta Isaías a nuestros padres,
26 Diciendo:
 Ve a este pueblo, y diles:
 De oído oiréis, y no entenderéis;
 Y viendo veréis, y no percibiréis:
27 Porque el corazón de este pueblo se ha engrosado,
 Y de los oídos oyeron pesadamente,
 Y sus ojos taparon;
 Porque no vean con los ojos,
 Y oigan con los oídos,
 Y entiendan de corazón,
 Y se conviertan,
 Y yo los sane.
28 Séaos pues notorio que a los Gentiles es enviada esta salud de Dios: y ellos oirán.
29 Y habiendo dicho esto, los Judíos salieron, teniendo entre sí gran contienda.

23 Ταξάμενοι δὲ αὐτῷ ἡμέραν ἦκον πρὸς αὐτὸν εἰς
Habiendo señalado entonces a él día vinieron a él a

τὴν ξενίαν πλείονες, οἷς ἐξετίθετο διαμαρτυρόμενος
la posada muchos, a los que explicaba testificando solemnemente

τὴν βασιλείαν τοῦ Θεοῦ πείθων τε αὐτοὺς τὰ
el reino de Dios persuadiendo entonces a ellos lo

περὶ τοῦ Ἰησοῦ ἀπό τε τοῦ νόμου Μωϋσέως καὶ τῶν προφητῶν
acerca de Jesús con - la ley de Moisés y los profetas

ἀπὸ πρωῒ ἕως ἑσπέρας.
desde mañana hasta tarde.

24 καὶ οἱ μὲν ἐπείθοντο τοῖς λεγομένοις, οἱ
Y unos - eran persuadidos por lo siendo dicho, otros

δὲ ἠπίστουν.
sin embargo no creían.

25 ἀσύμφωνοι δὲ ὄντες πρὸς ἀλλήλους
Discrepantes entonces siendo los unos contra los otros

ἀπελύοντο, εἰπόντος τοῦ Παύλου ῥῆμα ἕν, ὅτι καλῶς τὸ
se marcharon, diciendo Pablo dicho uno, que bien el

Πνεῦμα τὸ Ἅγιον ἐλάλησε διὰ Ἡσαΐου τοῦ προφήτου
Espíritu el Santo habló a través de Isaías el profeta

πρὸς τοὺς πατέρας ἡμῶν
a los padres de nosotros[518]

26 λέγων· πορεύθητι πρὸς τὸν λαὸν τοῦτον καὶ εἰπόν·
diciendo: ve a el pueblo este y di:

ἀκοῇ ἀκούσετε καὶ οὐ μὴ συνῆτε,
con oído oiréis y no de ninguna manera comprendáis

καὶ βλέποντες βλέψετε καὶ οὐ μὴ ἴδητε·
y mirando miraréis y no de ninguna manera veáis.

27 ἐπαχύνθη γὰρ ἡ καρδία τοῦ λαοῦ τούτου,
fue engrosado[519] Porque el corazón del pueblo este,

καὶ τοῖς ὠσὶν βαρέως ἤκουσαν, καὶ τοὺς ὀφθαλμοὺς
y con los oídos pesadamente escucharon, y los ojos

αὐτῶν ἐκάμμυσαν, μήποτε ἴδωσι τοῖς ὀφθαλμοῖς
de ellos cerraron, a no ser que vean con los ojos

καὶ τοῖς ὠσὶν ἀκούσωσι καὶ τῇ καρδίᾳ συνῶσι
y con los oídos oigan y con el corazón comprendan

καὶ ἐπιστρέψωσι, καὶ ἰάσομαι αὐτούς.
y se vuelvan, y sane los.[520]

28 γνωστὸν οὖν ἔστω ὑμῖν ὅτι τοῖς ἔθνεσιν ἀπεστάλη
Conocido pues sea a vosotros que a los gentiles fue enviada

τὸ σωτήριον τοῦ Θεοῦ, αὐτοὶ καὶ ἀκούσονται.
la salvación de Dios, ellos Y escucharán.

29 καὶ ταῦτα αὐτοῦ εἰπόντος ἀπῆλθον οἱ Ἰουδαῖοι
Y esto él diciendo se marcharon los judíos

πολλὴν ἔχοντες ἐν ἑαυτοῖς συζήτησιν.
mucha teniendo entre sí mismos disputa.[521]

---

518. La NU sustituye por de vosotros.
519. Es decir, se ha hecho espeso, sordo.
520. Es decir, es el hecho de cerrar los ojos lo que impide que puedan ver para convertirse y que Dios los salve.
521. La NU suprime el v. 29.

30 Ἔμεινε   δὲ   ὁ Παῦλος διετίαν   ὅλην   ἐν
   Permaneció entonces Pablo   período de dos años completo en

ἰδίῳ   μισθώματι   καὶ ἀπεδέχετο πάντας τοὺς εἰσπορευομένους
propio   alquiler⁵²²   y   recibía   a todos los   viniendo

πρὸς αὐτόν,
a   él,

31 κηρύσσων   τὴν βασιλείαν τοῦ Θεοῦ καὶ διδάσκων
   predicando el   reino   de Dios y   enseñando

τὰ περὶ   τοῦ Κυρίου Ἰησοῦ Χριστοῦ
lo acerca del Señor   Jesús Cristo

μετὰ πάσης παρρησίας ἀκωλύτως.
con toda   valentía⁵²³ sin impedimento.

30Pablo empero, quedó dos años enteros en su casa de alquiler, y recibía a todos los que a él venían, **31**Predicando el reino de Dios y enseñando lo que es del Señor Jesucristo con toda libertad, sin impedimento.

---

522. La palabra puede referirse lo mismo a una habitación que a una casa alquilada.
523. O libertad.

LA EPÍSTOLA DEL APÓSTOL SAN PABLO
A LOS ROMANOS

1 Pablo, siervo de Jesucristo, llamado *a ser* apóstol, apartado para el evangelio de Dios,

2 Que él había antes prometido por sus profetas en las santas Escrituras,

3 Acerca de su Hijo, (que fué hecho de la simiente de David según la carne;

4 El cual fué declarado Hijo de Dios con potencia, según el espíritu de santidad, por la resurrección de los muertos), de Jesucristo Señor nuestro,

5 Por el cual recibimos la gracia y el apostolado, para la obediencia de la fe en todas las naciones en su nombre,

6 Entre las cuales sois también vosotros, llamados de Jesucristo:

7 A todos los que estáis en Roma, amados de Dios, llamados santos: Gracia y paz tengáis de Dios nuestro Padre, y del Señor Jesucristo.

8 Primeramente, doy gracias a mi Dios por Jesucristo acerca de todos vosotros, de que vuestra fe es predicada en todo el mundo.

9 Porque testigo me es Dios, al cual sirvo en mi espíritu en el evangelio de su Hijo, que sin cesar me acuerdo de vosotros siempre en mis oraciones,

1

1 Παῦλος, δοῦλος Χριστοῦ Ἰησοῦ, κλητὸς ἀπόστολος,
Pablo, siervo de Cristo Jesús, llamado apóstol,
ἀφωρισμένος εἰς εὐαγγέλιον Θεοῦ
apartado para Evangelio de Dios

2 ὃ προεπηγγείλατο διὰ τῶν προφητῶν αὐτοῦ ἐν
que prometió antes a través de los profetas de él en
γραφαῖς ἁγίαις
escritos santos

3 περὶ τοῦ υἱοῦ αὐτοῦ, τοῦ γενομένου ἐκ σπέρματος Δαυῒδ
acerca del Hijo de él del venido de semilla de David
κατὰ σάρκα,
según carne,

4 τοῦ ὁρισθέντος υἱοῦ Θεοῦ ἐν δυνάμει κατὰ πνεῦμα
del declarado Hijo de Dios en poder según espíritu
ἁγιωσύνης ἐξ ἀναστάσεως νεκρῶν, Ἰησοῦ Χριστοῦ τοῦ
de santidad por resurrección de muertos, Jesús Cristo el
Κυρίου ἡμῶν,
Señor de nosotros,

5 δι' οὗ ἐλάβομεν χάριν καὶ ἀποστολὴν εἰς ὑπακοὴν
por quien recibimos gracia y apostolado para obediencia
πίστεως ἐν πᾶσι τοῖς ἔθνεσιν ὑπὲρ τοῦ ὀνόματος αὐτοῦ,
de fe en todas las naciones por el nombre de él,

6 ἐν οἷς ἐστε καὶ ὑμεῖς κλητοὶ Ἰησοῦ Χριστοῦ,
en las cuales estáis también vosotros llamados de Jesús Cristo,

7 πᾶσι τοῖς οὖσιν ἐν Ῥώμῃ ἀγαπητοῖς Θεοῦ, κλητοῖς
a todos los que están en Roma amados de Dios, llamados
ἁγίοις· χάρις ὑμῖν καὶ εἰρήνη ἀπὸ Θεοῦ πατρὸς ἡμῶν
santos. gracia a vosotros y paz de Dios Padre de nosotros
καὶ Κυρίου Ἰησοῦ Χριστοῦ.
y de Señor Jesús Cristo.

8 Πρῶτον μὲν εὐχαριστῶ τῷ Θεῷ μου διὰ Ἰησοῦ
Primero ciertamente doy gracias a Dios de mí a través de Jesús
Χριστοῦ ὑπὲρ πάντων ὑμῶν, ὅτι ἡ πίστις ὑμῶν
Cristo por todos vosotros, porque la fe de vosotros
καταγγέλλεται ἐν ὅλῳ τῷ κόσμῳ.
se proclama en todo el mundo.

9 μάρτυς γάρ μού ἐστιν ὁ Θεός, ᾧ λατρεύω ἐν τῷ
testigo Porque de mí es el Dios, al que sirvo en el
πνεύματί μου ἐν τῷ εὐαγγελίῳ τοῦ υἱοῦ αὐτοῦ, ὡς
espíritu de mí en el evangelio del Hijo de él, como
ἀδιαλείπτως μνείαν ὑμῶν ποιοῦμαι,
incesantemente memoria de vosotros hago,
πάντοτε ἐπὶ τῶν προσευχῶν μου
siempre en las oraciones de mí.

10
δεόμενος εἴ πως ἤδη ποτὲ
suplicando si de alguna manera ya en algún momento
εὐοδωθήσομαι ἐν τῷ θελήματι τοῦ Θεοῦ ἐλθεῖν πρὸς ὑμᾶς.
conseguiré en la voluntad de Dios ir a vosotros.

11
ἐπιποθῶ γὰρ ἰδεῖν ὑμᾶς, ἵνα τι μεταδῶ χάρισμα
ansío Porque ver os, para que algún entregue don
ὑμῖν πνευματικὸν εἰς τὸ στηριχθῆναι ὑμᾶς,
a vosotros espiritual para que seáis establecidos[1] vosotros,

12
τοῦτο δέ ἐστιν συμπαρακληθῆναι ἐν ὑμῖν
esto también es para ser animado conjuntamente en vosotros
διὰ τῆς ἐν ἀλλήλοις πίστεως ὑμῶν
A través de la en unos y otros fe de vosotros
τε καὶ ἐμοῦ.
y también de mí.

13
οὐ θέλω δὲ ὑμᾶς ἀγνοεῖν, ἀδελφοί, ὅτι πολλάκις
no quiero Pero que vosotros ignoréis, hermanos, que muchas veces
προεθέμην ἐλθεῖν πρὸς ὑμᾶς, καὶ
me propuse haber venido a vosotros, y
ἐκωλύθην ἄχρι τοῦ δεῦρο,
me vi impedido hasta el presente,
ἵνα τινὰ καρπὸν σχῶ καὶ ἐν ὑμῖν καθὼς
para que algún fruto tenga también en vosotros como
καὶ ἐν τοῖς λοιποῖς ἔθνεσιν.
también en las restantes naciones.[2]

14
Ἕλλησί τε καὶ βαρβάροις, σοφοῖς τε καὶ
A los griegos y también a los bárbaros, a los sabios y también
ἀνοήτοις ὀφειλέτης εἰμί·
a los ignorantes deudor soy.

15
οὕτω τὸ κατ' ἐμὲ πρόθυμον καὶ ὑμῖν τοῖς ἐν
Así lo según mí estoy dispuesto también a vosotros los en
Ῥώμῃ εὐαγγελίσασθαι.
Roma evangelizar.

16
Οὐ γὰρ ἐπαισχύνομαι τὸ εὐαγγέλιον τοῦ Χριστοῦ·[3] δύναμις
no Porque me avergüenzo del Evangelio de Cristo poder
γὰρ Θεοῦ ἐστιν εἰς σωτηρίαν παντὶ τῷ
Porque de Dios es para salvación para todo el
πιστεύοντι, Ἰουδαίῳ τε πρῶτον καὶ Ἕλληνι.
que cree, para judío - primero y para griego

17
δικαιοσύνη γὰρ Θεοῦ ἐν αὐτῷ ἀποκαλύπτεται ἐκ πίστεως
justicia Porque de Dios en él se revela de fe
εἰς πίστιν, καθὼς γέγραπται· ὁ δὲ δίκαιος ἐκ πίστεως ζήσεται.
a fe, como está escrito: el - justo por fe vivirá"

18
Ἀποκαλύπτεται γὰρ ὀργὴ Θεοῦ ἀπ' οὐρανοῦ
se revela Porque ira de Dios desde cielo
ἐπὶ πᾶσαν ἀσέβειαν καὶ ἀδικίαν ἀνθρώπων
sobre toda impiedad e injusticia de hombres
τῶν τὴν ἀλήθειαν ἐν ἀδικίᾳ κατεχόντων,
que la verdad con injusticia detienen,[4]

10Rogando, si al fin algún tiempo haya de tener, por la voluntad de Dios, próspero viaje para ir a vosotros.
11Porque os deseo ver, para repartir con vosotros algún don espiritual, para confirmaros;
12Es a saber, para ser juntamente consolado con vosotros por la común fe vuestra y juntamente mía.
13Mas no quiero, hermanos, que ignoréis que muchas veces me he propuesto ir a vosotros (empero hasta ahora he sido estorbado), para tener también entre vosotros algún fruto, como entre los demás Gentiles.
14A Griegos y a bárbaros, a sabios y a no sabios soy deudor.
15Así que, cuanto a mí, presto estoy a anunciar el evangelio también a vosotros que estáis en Roma.
16Porque no me avergüenzo del evangelio: porque es potencia de Dios para salud a todo aquel que cree; al Judío primeramente y también al Griego.
17Porque en él la justicia de Dios se descubre de fe en fe; como está escrito: Mas el justo vivirá por la fe.
18Porque manifiesta es la ira de Dios del cielo contra toda impiedad e injusticia de los hombres, que detienen la verdad con injusticia:

---

1. O afianzados, o confirmados.
2. O entre los restantes gentiles.
3. "De Cristo" omitido en NU.
4. O demoran, como en 2 Tes 2.6.

19Porque lo que de Dios se conoce, a ellos es manifiesto; porque Dios se lo manifestó.
20Porque las cosas invisibles de él, su eterna potencia y divinidad, se echan de ver desde la creación del mundo, siendo entendidas por las cosas que son hechas; de modo que son inexcusables:
21Porque habiendo conocido a Dios, no le glorificaron como a Dios, ni dieron gracias; antes se desvanecieron en sus discursos, y el necio corazón de ellos fué entenebrecido.
22Diciéndose ser sabios, se hicieron fatuos,
23Y trocaron la gloria del Dios incorruptible en semejanza de imagen de hombre corruptible, y de aves, y de animales de cuatro pies, y de serpientes.
24Por lo cual también Dios los entregó a inmundicia, en las concupiscencias de sus corazones, de suerte que contaminaron sus cuerpos entre sí mismos:
25Los cuales mudaron la verdad de Dios en mentira, honrando y sirviendo a las criaturas antes que al Criador, el cual es bendito por los siglos. Amén.

19 διότι τὸ γνωστὸν τοῦ Θεοῦ φανερόν ἐστιν ἐν αὐτοῖς·
porque lo conocido de Dios manifiesto es en ellos.
ὁ γὰρ Θεὸς αὐτοῖς ἐφανέρωσεν.
- Porque Dios a ellos se manifestó.

20 τὰ γὰρ ἀόρατα αὐτοῦ ἀπὸ κτίσεως
lo Porque invisible de él de creación
κόσμου τοῖς ποιήμασιν
del mundo por lo hecho
νοούμενα καθορᾶται, ἥ τε
comprendiéndose se ve con claridad lo
ἀΐδιος αὐτοῦ δύναμις
eterno de él, poder
καὶ θειότης, εἰς τὸ εἶναι αὐτοὺς ἀναπολογήτους,
y divinidad, por lo que son ellos indefendibles.

21 διότι γνόντες τὸν Θεὸν οὐχ ὡς Θεὸν ἐδόξασαν
porque conociendo al Dios no como Dios adoraron
ἢ εὐχαρίστησαν, ἀλλ' ἐματαιώθησαν ἐν τοῖς
ni dieron gracias, sino que se entontecieron en los
διαλογισμοῖς αὐτῶν, καὶ ἐσκοτίσθη ἡ ἀσύνετος
razonamientos de ellos, y se oscureció el necio
αὐτῶν καρδία·
de ellos corazón.

22 φάσκοντες εἶναι σοφοὶ ἐμωράνθησαν,
pretendiendo ser sabios se convirtieron en estúpidos.

23 καὶ ἤλλαξαν τὴν δόξαν τοῦ ἀφθάρτου
y cambiaron la gloria del incorruptible
Θεοῦ ἐν ὁμοιώματι εἰκόνος φθαρτοῦ ἀνθρώπου
Dios en semejanza de imagen de corruptible hombre
καὶ πετεινῶν καὶ τετραπόδων καὶ ἑρπετῶν.
y de aves y cuadrúpedos y reptiles.

24 Διὸ καὶ παρέδωκεν αὐτοὺς ὁ Θεὸς
Por tanto también entregó los - Dios
ἐν ταῖς ἐπιθυμίαις τῶν καρδιῶν αὐτῶν
en las ansias de los corazones de ellos
εἰς ἀκαθαρσίαν τοῦ ἀτιμάζεσθαι
para suciedad[5] para deshonrar[6]
τὰ σώματα αὐτῶν ἐν αὐτοῖς,
los cuerpos de ellos entre ellos mismos,

25 οἵτινες μετήλλαξαν τὴν ἀλήθειαν τοῦ Θεοῦ
los cuales cambiaron la verdad de Dios
ἐν τῷ ψεύδει, καὶ ἐσεβάσθησαν καὶ ἐλάτρευσαν
por la mentira, y honraron y sirvieron
τῇ κτίσει παρὰ τὸν κτίσαντα, ὅς ἐστιν
a la creación en lugar del que creó,[7] el cual es
εὐλογητὸς εἰς τοὺς αἰῶνας·
bendito por las eras

---

5. O inmundicia.
6. O degradar.
7. Es decir, el Creador.

26 Διὰ τοῦτο παρέδωκεν αὐτοὺς ὁ Θεὸς
Por esto dio los - Dios

εἰς πάθη ἀτιμίας. αἵ τε γὰρ θήλειαι αὐτῶν
a pasiones de deshonra, incluso Porque mujeres de ellos

μετήλλαξαν τὴν φυσικὴν χρῆσιν
cambiaron el natural trato[8]

εἰς τὴν παρὰ φύσιν,
por el contra naturaleza.

27 ὁμοίως τε καὶ οἱ ἄρσενες ἀφέντες
Igualmente también los varones dejando

τὴν φυσικὴν χρῆσιν τῆς θηλείας ἐξεκαύθησαν
el natural uso de la mujer se inflamaron

ἐν τῇ ὀρέξει αὐτῶν εἰς ἀλλήλους,
en el deseo de unos con otros

ἄρσενες ἐν ἄρσεσι τὴν ἀσχημοσύνην κατεργαζόμενοι
varones con varones la desvergüenza cometiendo

καὶ τὴν ἀντιμισθίαν ἣν ἔδει τῆς πλάνης αὐτῶν
y la pena que era adecuada para el error de ellos

ἐν ἑαυτοῖς ἀπολαμβάνοντες.
en sí mismos recibiendo.

28 Καὶ καθὼς οὐκ ἐδοκίμασαν τὸν Θεὸν
Y como no aprobaron a Dios

ἔχειν ἐν ἐπιγνώσει, παρέδωκεν αὐτοὺς ὁ Θεὸς
tener en pensamiento, dio los - Dios

εἰς ἀδόκιμον νοῦν, ποιεῖν τὰ μὴ καθήκοντα,
a reprobada mente, a hacer lo no apropiado.

29 πεπληρωμένους πάσῃ ἀδικίᾳ, πορνείᾳ[9] πονηρίᾳ
rebosantes de toda injusticia, fornicación, maldad

πλεονεξίᾳ κακίᾳ, μεστοὺς φθόνου
codicia, malicia, llenos de envidia

φόνου ἔριδος δόλου κακοηθείας, ψιθυριστάς,
homicidio, contienda, engaño, malevolencia, murmuradores

30 καταλάλους, θεοστυγεῖς, ὑβριστάς, ὑπερηφάνους,
calumniadores, odiadores de Dios, soberbios, altivos

ἀλαζόνας, ἐφευρετὰς κακῶν,
jactanciosos, inventores de cosas malas,

γονεῦσιν ἀπειθεῖς,
a padres desobedientes,

31 ἀσυνέτους, ἀσυνθέτους, ἀστόργους,
sin sensibilidad, indignos de confianza,[10] desprovistos de amor natural,

ἀσπόνδους,[11] ἀνελεήμονας·
incapaces de perdonar, sin misericordia.

32 οἵτινες τὸ δικαίωμα τοῦ Θεοῦ ἐπιγνόντες,
los cuales el juicio de Dios conociendo,

ὅτι οἱ τὰ τοιαῦτα πράσσοντες ἄξιοι θανάτου εἰσίν,
que los que las cosas estas hacen dignos de muerte son,

οὐ μόνον αὐτὰ ποιοῦσιν, ἀλλὰ καὶ συνευδοκοῦσι τοῖς
no sólo las hacen, sino que también aprueban[12] a los

πράσσουσι.
que (las) hacen.

26 Por esto Dios los entregó a afectos vergonzosos; pues aun sus mujeres mudaron el natural uso en el uso que es contra naturaleza: **27** Y del mismo modo también los hombres, dejando el uso natural de las mujeres, se encendieron en sus concupiscencias los unos con los otros, cometiendo cosas nefandas hombres con hombres, y recibiendo en sí mismos la recompensa que convino a su extravío. **28** Y como a ellos no les pareció tener a Dios en *su* noticia, Dios los entregó a una mente depravada, para hacer lo que no conviene, **29** Estando atestados de toda iniquidad, de fornicación, de malicia, de avaricia, de maldad; llenos de envidia, de homicidios, de contiendas, de engaños, de malignidades; **30** Murmuradores, detractores, aborrecedores de Dios, injuriosos, soberbios, altivos, inventores de males, desobedientes a los padres, **31** Necios, desleales, sin afecto natural, implacables, sin misericordia: **32** Que habiendo entendido el juicio de Dios que los que hacen tales cosas son dignos de muerte, no sólo las hacen, más aún consienten a los que las hacen.

---

8. O uso.
9. Omitido en NU.
10. O desleales.
11. Omitido en NU.
12. O tienen la misma opinión que los que las hacen.

2

1 Por lo cual eres inexcusable, oh hombre, cuaquiera que juzgas: porque en lo que juzgas a otro, te condenas a ti mismo; porque lo mismo haces, tú que juzgas.
2 Mas sabemos que el juicio de Dios es según verdad contra los que hacen tales cosas.
3 ¿Y piensas esto, oh hombre, que juzgas a los que hacen tales cosas, y haces las mismas, que tú escaparás del juicio de Dios?
4 ¿O menosprecias las riquezas de su benignidad, y paciencia, y longanimidad, ignorando que su benignidad te guía a arrepentimiento?
5 Mas por tu dureza, y por tu corazón no arrepentido, atesoras para ti mismo ira para el día de la ira y de la manifestación del justo juicio de Dios;
6 El cual pagará a cada uno conforme a sus obras:
7 A los que perseverando en bien hacer, buscan gloria y honra e inmortalidad, la vida eterna.
8 Mas a los que son contenciosos, y no obedecen a la verdad, antes obedecen a la injusticia, enojo e ira;
9 Tribulación y angustia sobre toda persona humana que obra lo malo, el Judío primeramente, y también el Griego:
10 Mas gloria y honra y paz a cualquiera que obra el bien, al Judío primeramente, y también al Griego.
11 Porque no hay acepción de personas para con Dios.

2

1 Διὸ ἀναπολόγητος εἶ, ὦ ἄνθρωπε πᾶς ὁ κρίνων·
Porque inexcusable eres, oh hombre todo el que juzga.

ἐν ᾧ γὰρ κρίνεις τὸν ἕτερον, σεαυτὸν κατακρίνεις,
en lo que Porque juzgas al otro, a ti mismo juzgas,

τὰ γὰρ αὐτὰ πράσσεις ὁ κρίνων.
las cosas Porque mismas haces el que juzgas.

2 οἴδαμεν δὲ ὅτι τὸ κρίμα τοῦ Θεοῦ ἐστι
sabemos - Porque el juicio de Dios es

κατὰ ἀλήθειαν ἐπὶ τοὺς τὰ τοιαῦτα πράσσοντας.
según verdad sobre los que las cosas éstas hacen.

3 λογίζῃ δὲ τοῦτο, ὦ ἄνθρωπε ὁ κρίνων
¿Piensas - esto, oh hombre que juzgas

τοὺς τὰ τοιαῦτα πράσσοντας καὶ ποιῶν αὐτά,
a los que las cosas éstas hacen y haciéndo las (tú),

ὅτι σὺ ἐκφεύξῃ τὸ κρίμα τοῦ Θεοῦ;
que tú escaparás del juicio de Dios?

4 ἢ τοῦ πλούτου τῆς χρηστότητος αὐτοῦ καὶ τῆς ἀνοχῆς
¿O la riqueza de la benignididad de Él y de la paciencia

καὶ τῆς μακροθυμίας καταφρονεῖς, ἀγνοῶν ὅτι
y de la longanimidad[13] desprecias ignorando que

τὸ χρηστὸν τοῦ Θεοῦ εἰς μετάνοιάν σε ἄγει;
lo benigno de Dios a arrepentimiento te lleva?

5 κατὰ δὲ τὴν σκληρότητά σου καὶ
Con - la dureza de ti y

ἀμετανόητον καρδίαν θησαυρίζεις σεαυτῷ ὀργὴν
no arrepentido corazón atesoras para ti mismo ira

ἐν ἡμέρᾳ ὀργῆς καὶ ἀποκαλύψεως δικαιοκρισίας τοῦ Θεοῦ,
en día de ira y de manifestación del justo juicio de Dios

6 ὃς ἀποδώσει ἑκάστῳ κατὰ τὰ ἔργα αὐτοῦ,
que pagará a cada uno según las obras de sí.

7 τοῖς μὲν καθ' ὑπομονὴν ἔργου ἀγαθοῦ
a los que - con paciencia de obra buena

δόξαν καὶ τιμὴν καὶ ἀφθαρσίαν ζητοῦσι ζωὴν αἰώνιον,
gloria y honra e incorrupción buscan vida eterna,

8 τοῖς δὲ ἐξ ἐριθείας, καὶ ἀπειθοῦσι τῇ ἀληθείᾳ,
a los que - por egoísmo, también desobedecen la verdad,

πειθομένοις δὲ τῇ ἀδικίᾳ θυμὸς καὶ ὀργὴ·
obedeciendo - la injusticia, cólera e ira,

9 θλῖψις καὶ στενοχωρία ἐπὶ πᾶσαν ψυχὴν ἀνθρώπου
tribulación y angustia sobre toda alma de hombre

τοῦ κατεργαζομένου τὸ κακόν, Ἰουδαίου τε πρῶτον καὶ
que hace lo malo, judío - primero y

Ἕλληνος·
griego.

10 δόξα δὲ καὶ τιμὴ καὶ εἰρήνη παντὶ
gloria - y honra y paz para todo

τῷ ἐργαζομένῳ τὸ ἀγαθόν, Ἰουδαίῳ τε πρῶτον καὶ Ἕλληνι·
el que hace lo bueno, a judío - primero y griego

11 οὐ γὰρ ἔστι προσωπολημψία παρὰ τῷ Θεῷ.
no Porque hay parcialidad en Dios.

---

13. O gran paciencia.

12 ὅσοι γὰρ ἀνόμως ἥμαρτον, ἀνόμως καὶ
cuantos Porque sin ley pecaron, sin ley también
ἀπολοῦνται· καὶ ὅσοι ἐν νόμῳ ἥμαρτον, διὰ νόμου
se perderán y cuantos en ley pecaron, por ley
κριθήσονται·
serán juzgados.

13 οὐ γὰρ οἱ ἀκροαταὶ τοῦ νόμου δίκαιοι
no Porque los oidores de la ley justos (son)
παρὰ τῷ Θεῷ, ἀλλ' οἱ ποιηταὶ τοῦ νόμου δικαιωθήσονται.
para con Dios, sino los hacedores de la ley serán justificados.

14 ὅταν γὰρ ἔθνη τὰ μὴ νόμον ἔχοντα φύσει
cuando Porque gentiles que no ley tienen de manera natural
τὰ τοῦ νόμου ποιῇ οὗτοι νόμον μὴ ἔχοντες ἑαυτοῖς
las cosas de la ley hacen éstos ley no teniendo para sí
εἰσι νόμος,
mismos son ley,

15 οἵτινες ἐνδείκνυνται τὸ ἔργον τοῦ νόμου
los cuales muestran la obra de la ley
γραπτὸν ἐν ταῖς καρδίαις αὐτῶν, συμμαρτυρούσης αὐτῶν
escrita en los corazones de ellos, dando testimonio de ellos
τῆς συνειδήσεως καὶ μεταξὺ ἀλλήλων τῶν λογισμῶν
la conciencia y entre ellos los pensamientos
κατηγορούντων ἢ καὶ ἀπολογουμένων,
acusándo(los) o incluso defendiéndo(los)

16 ἐν ἡμέρᾳ ὅτε κρινεῖ ὁ Θεὸς τὰ κρυπτὰ τῶν ἀνθρώπων
en día cuando juzgue Dios las cosas ocultas de los hombres
κατὰ τὸ εὐαγγέλιόν μου διὰ Ἰησοῦ Χριστοῦ.
según el Evangelio de mí por Jesús Cristo.

17 Ἴδε σὺ Ἰουδαῖος ἐπονομάζῃ, καὶ ἐπαναπαύῃ
Mira tú judío eres llamado, y descansas
τῷ νόμῳ, καὶ καυχᾶσαι ἐν Θεῷ,
en la ley, y te jactas en Dios,

18 καὶ γινώσκεις τὸ θέλημα, καὶ δοκιμάζεις τὰ διαφέροντα,
y conoces la voluntad, y apruebas las cosas excelentes
κατηχούμενος ἐκ τοῦ νόμου,
instruido a partir de la ley,

19 πέποιθάς τε σεαυτὸν ὁδηγὸν εἶναι τυφλῶν,
te has persuadido a ti mismo que guía eres de ciegos,
φῶς τῶν ἐν σκότει,
luz de los que en oscuridad (están)

20 παιδευτὴν ἀφρόνων, διδάσκαλον νηπίων,
corrector[14] de necios, maestro de niños,[15]
ἔχοντα τὴν μόρφωσιν τῆς γνώσεως
que tiene la forma del conocimiento
καὶ τῆς ἀληθείας ἐν τῷ νόμῳ·
y de la verdad en la ley

21 ὁ οὖν διδάσκων ἕτερον σεαυτὸν οὐ διδάσκεις;
¿(tú) que por lo tanto enseñando a otro a ti mismo no enseñas?
ὁ κηρύσσων μὴ κλέπτειν κλέπτεις;
¿(tú) El que predica no robar robas?

---

12 Porque todos lo que sin ley pecaron, sin ley también perecerán; y todos los que en la ley pecaron, por la ley serán juzgados:
13 Porque no los oidores de la ley son justos para con Dios, mas los hacedores de la ley serán justificados.
14 Porque los Gentiles que no tienen ley, naturalmente haciendo lo que es de la ley, los tales, aunque no tengan ley, ellos son ley a sí mismos:
15 Mostrando la obra de la ley escrita en sus corazones, dando testimonio juntamente sus conciencias, y acusándose y también excusándose sus pensamientos unos con otros;
16 En el día que juzgará el Señor lo encubierto de los hombres, conforme a mi evangelio, por Jesucristo.
17 He aquí, tú tienes el sobrenombre de Judío, y estás reposado en la ley, y te glorías en Dios,
18 Y sabes su voluntad, y apruebas lo mejor, instruído por la ley;
19 Y confías que eres guía de los ciegos, luz de los que están en tinieblas,
20 Enseñador de los que no saben, maestro de niños, que tienes la forma de la ciencia y de la verdad en la ley:
21 Tú pues, que enseñas a otro, ¿no te enseñas a ti mismo? ¿Tú, que predicas que no se ha de hurtar, hurtas?

---

14. O educador.
15. Posiblemente en el sentido de inmaduros.

22¿Tú, que dices que no se ha de adulterar, adulteras? ¿Tú, que abominas los ídolos, cometes sacrilegio?
23¿Tú, que te jactas de la ley, con infracción de la ley deshonras a Dios?
24Porque el nombre de Dios es blasfemado por causa de vosotros entre los Gentiles, como está escrito.
25Porque la circuncisión en verdad aprovecha, si guardares la ley; mas si eres rebelde a la ley, tu circuncisión es hecha incircuncisión.
26De manera que, si el incircunciso guardare las justicias de la ley, ¿no será tenida su incircuncisión por circuncisión?
27Y lo que de su natural es incircunciso, guardando perfectamente la ley, te juzgará a ti, que con la letra y con la circuncisión eres rebelde a la ley.
28Porque no es Judío el que lo es en manifiesto; ni la circuncisión es la que es en manifiesto en la carne:
29Mas es Judío el que lo es en lo interior; y la circuncisión es la del corazón, en espíritu, no en letra; la alabanza del cual no es de los hombres, sino de Dios.

3 ¿Qué, pues, tiene más el Judío? ¿ó qué aprovecha la circuncisión?
2Mucho en todas maneras. Lo primero ciertamente, que la palabra de Dios les ha sido confiada.

22 ὁ λέγων μὴ μοιχεύειν μοιχεύεις;
¿(tú) El que dice no cometer adulterio cometes adulterio?

ὁ βδελυσσόμενος τὰ εἴδωλα ἱεροσυλεῖς;
¿(tú) El que aborreces los ídolos robas lo sagrado?

23 ὃς ἐν νόμῳ καυχᾶσαι, διὰ τῆς παραβάσεως
¿(tú) el que en ley te jactas, por la transgresión

τοῦ νόμου τὸν Θεὸν ἀτιμάζεις;
de la ley a Dios deshonras?

24 τὸ γὰρ ὄνομα τοῦ Θεοῦ δι' ὑμᾶς βλασφημεῖται ἐν τοῖς
el Porque nombre de Dios por vosotros es blasfemado en las

ἔθνεσι, καθὼς γέγραπται.
naciones como está escrito

25 Περιτομὴ μὲν γὰρ ὠφελεῖ, ἐὰν νόμον πράσσῃς·
circuncisión - Porque aprovecha si ley practicas,

ἐὰν δὲ παραβάτης νόμου ᾖς,
si - transgresor de ley eres,

ἡ περιτομή σου ἀκροβυστία γέγονεν.
la circuncisión de ti incircuncisión ha llegado a ser

26 ἐὰν οὖν ἡ ἀκροβυστία τὰ δικαιώματα τοῦ νόμου
si pues la incircuncisión el precepto de la ley

φυλάσσῃ, οὐχὶ ἡ ἀκροβυστία αὐτοῦ
guarda, ¿no la incircuncisión de él

εἰς περιτομὴν λογισθήσεται;
como circuncisión será juzgada?

27 καὶ κρινεῖ ἡ ἐκ φύσεως ἀκροβυστία,
¿Y juzgará la por naturaleza incircuncisión

τὸν νόμον τελοῦσα, σὲ τὸν διὰ γράμματος
la ley cumpliendo, a ti el por letra

καὶ περιτομῆς παραβάτην νόμου.
y circuncisión transgresor de ley?

28 οὐ γὰρ ὁ ἐν τῷ φανερῷ Ἰουδαῖός ἐστιν,
no Porque el en lo manifiesto judío es,

οὐδὲ ἡ ἐν τῷ φανερῷ ἐν σαρκὶ περιτομή,
ni la en lo manifiesto en carne circuncisión (es),

29 ἀλλ' ὁ ἐν τῷ κρυπτῷ Ἰουδαῖος,
sino el en lo oculto judío (es)

καὶ περιτομὴ καρδίας ἐν πνεύματι, οὐ γράμματι,
y circuncisión (es) de corazón en espíritu, no en letra,

οὗ ὁ ἔπαινος οὐκ ἐξ ἀνθρώπων, ἀλλ' ἐκ τοῦ Θεοῦ.
del cual la alabanza (es) no de hombres, sino de Dios.

3

1 Τί οὖν τὸ περισσὸν τοῦ Ἰουδαίου, ἢ τίς ἡ ὠφέλεια τῆς
¿Cuál pues la ventaja del judío, o cuál la utilidad de la

περιτομῆς;
circuncisión? (es)

2 πολὺ κατὰ πάντα τρόπον. πρῶτον μὲν
Mucho según toda consideración. Primero -

γὰρ ὅτι ἐπιστεύθησαν τὰ λόγια τοῦ Θεοῦ.
porque fueron confiados los oráculos de Dios.

3 τί   γὰρ   εἰ ἠπίστησάν τινες;   μὴ   ἀπιστία   αὐτῶν
¿qué Porque si no creyeron algunos? ¿acaso incredulidad de ellos

τὴν πίστιν   τοῦ Θεοῦ καταργήσει;
la fidelidad de Dios anulará?

4 μὴ γένοιτο· γινέσθω δὲ ὁ Θεὸς ἀληθής,
No suceda.[16] Sea -   - Dios veraz

πᾶς δὲ   ἄνθρωπος ψεύστης, καθὼς γέγραπται·
todo aunque hombre mentiroso, como está escrito:

ὅπως   ἂν δικαιωθῇς   ἐν τοῖς λόγοις σου καὶ νικήσεις
De manera que serás justificado en las palabras de ti y vencerás

ἐν τῷ   κρίνεσθαί σε.
al ser juzgado tú.

5 εἰ δὲ ἡ ἀδικία   ἡμῶν   Θεοῦ   δικαιοσύνην συνίστησι,
Si - la injusticia de nosotros de Dios justicia demuestra

τί   ἐροῦμεν; μὴ ἄδικος   ὁ Θεὸς ὁ ἐπιφέρων τὴν ὀργήν;
¿qué diremos? ¿No injusto (es) - Dios al descargar la ira?

κατὰ   ἄνθρωπον λέγω.
Como hombre hablo.

6 μὴ γένοιτο· ἐπεὶ   πῶς   κρινεῖ ὁ Θεὸς τὸν κόσμον;
No suceda.[17] ¿Porque cómo juzgará Dios al mundo?

7 εἰ γὰρ   ἡ ἀλήθεια τοῦ Θεοῦ ἐν τῷ ἐμῷ ψεύσματι
si Porque la verdad de Dios en la mía mentira

ἐπερίσσευσεν εἰς   τὴν δόξαν αὐτοῦ, τί   ἔτι   κἀγὼ ὡς
abundó para la gloria de Él, ¿por qué todavía yo como

ἁμαρτωλὸς κρίνομαι,
pecador soy juzgado?

8 καὶ μὴ   καθὼς βλασφημούμεθα   καὶ καθώς φασί
¿y acaso como somos calumniados y como dicen

τινες   ἡμᾶς   λέγειν ὅτι ποιήσωμεν τὰ κακὰ
algunos que nosotros decimos que hagamos lo malo

ἵνα   ἔλθῃ τὰ ἀγαθά; ὧν   τὸ κρίμα ἔνδικόν ἐστι.
para que venga lo bueno? De los cuales el juicio justo es.

9 Τί οὖν; προεχόμεθα; οὐ πάντως·
¿Qué pues? ¿Somos mejores? En absoluto

προῃτιασάμεθα   γὰρ '   Ἰουδαίους τε καὶ
previamente hemos demostrado[18] Porque que judíos- y

Ἕλληνας πάντας ὑφ' ἁμαρτίαν εἶναι,
griegos   todos bajo pecado están.

10 καθὼς γέγραπται ὅτι οὐκ ἔστι δίκαιος οὐδὲ εἷς·
como está escrito que no hay justo ni uno.

11 οὐκ ἔστιν ὁ   συνίων, οὐκ ἔστιν ὁ   ἐκζητῶν τὸν Θεόν.
no hay quien entienda, no hay quien busque a Dios.

12 πάντες ἐξέκλιναν, ἅμα ἠχρεώθησαν·   οὐκ ἔστι
todos se apartaron, juntos se echaron a perder. No hay

ποιῶν   χρηστότητα,   οὐκ ἔστιν ἕως ἑνός.
quien haga lo adecuado no hay ni uno.

3¿Pues qué si algunos de ellos han sido incrédulos? ¿la incredulidad de ellos habrá hecho vana la verdad de Dios? **4**En ninguna manera; antes bien sea Dios verdadero, mas todo hombre mentiroso; como está escrito:

Para que seas justificado en tus dichos,
Y venzas cuando de ti se juzgare.

5Y si nuestra iniquidad encarece la justicia de Dios, ¿qué diremos? ¿Será injusto Dios que da castigo? (hablo como hombre.) **6**En ninguna manera: de otra suerte ¿cómo juzgaría Dios el mundo? **7**Empero si la verdad de Dios por mi mentira creció a gloria suya, ¿por qué aun así yo soy juzgado como pecador? **8**¿Y por qué no *decir* (como somos blasfemados, y como algunos dicen que nosotros decimos): Hagamos males para que vengan bienes? la condenación de los cuales es justa. **9**¿Qué pues? ¿Somos mejores que ellos? En ninguna manera: porque ya hemos acusado a Judíos y a Gentiles, que todos están debajo de pecado. **10**Como está escrito:

No hay justo, ni aun uno;

11 No hay quien entienda,
No hay quien busque a Dios;

12 Todos se apartaron, a una fueron hechos inútiles;
No hay quien haga lo bueno, no hay ni aun uno:

---

16. Es decir, en absoluto, nunca jamás.
17. Es decir, en absoluto, nunca jamás.
18. O previamente hemos demostrado la culpabilidad.

13 Sepulcro abierto es su garganta;
Con sus lenguas tratan engañosamente;
Veneno de áspides está debajo de sus labios;
14 Cuya boca está llena de maledicencia y de amargura;
15 Sus pies son ligeros a derramar sangre;
16 Quebrantamiento y desventura hay en sus caminos;
17 Y camino de paz no conocieron:
18 No hay temor de Dios delante de sus ojos.
19 Empero sabemos que todo lo que la ley dice, a los que están en la ley lo dice, para que toda boca se tape, y que todo el mundo se sujete a Dios:
20 Porque por las obras de la ley ninguna carne se justificará delante de él; porque por la ley es el conocimiento del pecado.
21 Mas ahora, sin la ley, la justicia de Dios se ha manifestado, testificada por la ley y por los profetas:
22 La justicia de Dios por la fe de Jesucristo, para todos los que creen en él: porque no hay diferencia;
23 Por cuanto todos pecaron, y están destituidos de la gloria de Dios;
24 Siendo justificados gratuitamente por su gracia por la redención que es en Cristo Jesús;

13 τάφος ἀνεῳγμένος ὁ λάρυγξ αὐτῶν,
sepulcro abierto la garganta de ellos (es),
ταῖς γλώσσαις αὐτῶν ἐδολιοῦσαν,
con las lenguas de ellos engañaron,
ἰὸς ἀσπίδων ὑπὸ τὰ χείλη αὐτῶν.
veneno de áspides bajo los labios de ellos.

14 ὧν τ ὸ στόμα ἀρᾶς καὶ πικρίας γέμει·
De los cuales la boca de maldición y amargura rebosa.

15 ὀξεῖς οἱ πόδες αὐτῶν ἐκχέαι αἷμα,
Rápidos los pies de ellos para derramar sangre,

16 σύντριμμα καὶ ταλαιπωρία ἐν ταῖς ὁδοῖς αὐτῶν,
Ruina y miseria en los caminos de ellos,

17 καὶ ὁδὸν εἰρήνης οὐκ ἔγνωσαν.
y camino de paz no conocieron.

18 οὐκ ἔστι φόβος Θεοῦ ἀπέναντι τῶν ὀφθαλμῶν αὐτῶν.
No hay temor de Dios delante de los ojos de ellos.

19 Οἴδαμεν δὲ ὅτι ὅσα ὁ νόμος λέγει τοῖς ἐν τῷ
Sabemos - que cuanto la ley dice a los que (están) en la
νόμῳ λαλεῖ, ἵνα πᾶν στόμα φραγῇ καὶ ὑπόδικος
ley habla, para que toda boca enmudezca y sometido a juicio
γένηται πᾶς ὁ κόσμος τῷ Θεῷ,
resulte todo el mundo para con Dios.

20 διότι ἐξ ἔργων νόμου οὐ δικαιωθήσεται
porque por obras de ley no será justificada
πᾶσα σὰρξ ἐνώπιον αὐτοῦ·
ninguna carne delante de él.
διὰ γὰρ νόμου ἐπίγνωσις ἁμαρτίας.
por Porque ley (es) conocimiento de pecado.

21 Νυνὶ δὲ χωρὶς νόμου δικαιοσύνη Θεοῦ πεφανέρωται,
Ahora - sin ley justicia de Dios se ha manifestado,
μαρτυρουμένη ὑπὸ τοῦ νόμου καὶ τῶν προφητῶν,
testificada por la ley y los profetas.

22 δικαιοσύνη δὲ Θεοῦ διὰ πίστεως ' Ιησοῦ Χριστοῦ
justicia - de Dios por fe en Jesús Cristo
εἰς πάντας καὶ ἐπὶ πάντας τοὺς πιστεύοντας· οὐ γάρ
para todos y sobre todos los que creen no Porque
ἐστιν διαστολή·
hay diferencia,

23 πάντες γὰρ ἥμαρτον καὶ ὑστεροῦνται ἧς δόξης τοῦ Θεοῦ,
todos Porque pecaron y fueron cortados de la gloria de Dios,

24 δικαιούμενοι δωρεὰν τῇ αὐτοῦ χάριτι διὰ τῆς
siendo justificados gratuitamente por la de él gracia mediante la
ἀπολυτρώσεως τῆς ἐν Χριστῷ 'Ιησοῦ,
redención la en Cristo Jesús.

25 ὃν   προέθετο ὁ Θεὸς   ἱλαστήριον διὰ   τῆς
al cual colocó   Dios   (como) propiciación mediante la

πίστεως ἐν τῷ αὐτοῦ αἵματι, εἰς ἔνδειξι   τῆς δικαιοσύνης
fe   en la de él sangre, para demostración de la justicia

αὐτοῦ διὰ   τὴν πάρεσιν τῶν προγεγονότων ἁμαρτημάτων
de él mediante el paso por alto de los previos   pecados.

ἐν τῇ ἀνοχῇ   τοῦ Θεοῦ,
en la paciencia de Dios.

26 πρὸς τὴν ἔνδειξι   τῆς δικαιοσύνης αὐτοῦ ἐν τῷ
para la demostración de la justicia   de él en el

νῦν   καιρῷ, εἰς τὸ εἶναι αὐτὸν δίκαιον καὶ δικαιοῦντα
de ahora tiempo, para el ser él   justo   y el que justifica

τὸν ἐκ πίστεως Ἰησοῦ.
al de fe   en Jesús

27 Ποῦ   οὖν ἡ καύχησις; ἐξεκλείσθη. διὰ ποίου νόμου;
¿Dónde pues la jactancia? Es excluida. ¿Por qué ley?

τῶν   ἔργων; οὐχί, ἀλλὰ διὰ νόμου πίστεως.
¿de las obras? No, sino por ley   de fe.

28 λογιζόμεθα οὖν πίστει δικαιοῦσθαι ἄνθρωπον χωρὶς
Consideramos pues por fe ser justificado hombre   sin

ἔργων νόμου.
obras de ley.[19]

29 ἤ'   Ἰουδαίων ὁ Θεὸς μόνον; οὐχὶ δὲ καὶ ἐθνῶν;
¿Acaso de los judíos - Dios (es) solo? ¿No - también de los gentiles?

ναὶ καὶ   ἐθνῶν,
Sí también de los gentiles

30 ἐπείπερ   εἷς ὁ Θεός ὃς δικαιώσει περιτομὴν
Puesto que (hay) un Dios que justificará a circuncisión

ἐκ πίστεως καὶ ἀκροβυστίαν διὰ   τῆς πίστεως.
por fe   y a incircuncisión mediante la fe.

31 νόμον οὖν   καταργοῦμεν διὰ   τῆς πίστεως;
¿ley por lo tanto anulamos   mediante la fe?

μὴ γένοιτο· ἀλλὰ   νόμον ἱστῶμεν
No suceda,[20] sino que ley   afirmamos.

4 1 Τί οὖν ἐροῦμεν, '   Ἀβραὰμ τὸν προπάτορα ἡμῶν
¿Qué pues diremos? ¿Qué Abraham el antepasado de nosotros

εὑρηκέναι κατὰ σάρκα;
ha hallado según carne?

2 εἰ γὰρ   Ἀβραὰμ ἐξ ἔργων ἐδικαιώθη,   ἔχει καύχημα,
si Porque Abraham por obras fue justificado, tiene jactancia[21]

ἀλλ' οὐ πρὸς τὸν Θεόν.
pero no para con Dios.

3 τί   γὰρ ἡ γραφὴ   λέγει; ἐπίστευσε δὲ Ἀβραὰμ τῷ Θεῷ,
¿qué Porque la Escritura dice? Creyó   - Abraham en Dios,

καὶ ἐλογίσθη   αὐτῷ εἰς δικαιοσύνην.
y fue imputado a él por justicia.

25 Al cual Dios ha propuesto en propiciación por la fe en su sangre, para manifestación de su justicia, atento a haber pasado por alto, en su paciencia, los pecados pasados, **26** Con la mira de manifestar su justicia en este tiempo: para que él sea el justo, y el que justifica al que es de la fe de Jesús. **27** ¿Dondé pues está la jactancia? Es excluída. ¿Por cuál ley? ¿de las obras? No; mas por la ley de la fe. **28** Así que, concluímos ser el hombre justificado por fe sin las obras de la ley. **29** ¿Es Dios solamente *Dios* de los Judíos? ¿No es también *Dios* de los Gentiles? Cierto, también de los Gentiles. **30** Porque uno es Dios, el cual justificará por la fe la circuncisión, y por medio de la fe la incircuncisión. **31** ¿Luego deshacemos la ley por la fe? En ninguna manera; antes establecemos la ley.

4 ¿Qué, pues, diremos que halló Abraham nuestro padre según la carne? **2** Que si Abraham fué justificado por la obras, tiene de qué gloriarse; mas no para con Dios. **3** Porque ¿qué dice la Escritura? Y creyó Abraham a Dios, y le fué atribuído a justicia.

---

19. Es decir, concluímos que el hombre es justificado por fe sin obras de la ley (oración de infinitivo).
20. Es decir, en absoluto, nunca jamás. Vid. 1.4 y 1.6.
21. Es decir, motivo para presumir, para jactarse.

4Empero al que obra, no se le cuenta el salario por merced, sino por deuda.
5Mas al que no obra, pero cree en aquél que justifica al impío, la fe le es contada por justicia.
6Como también David dice ser bienaventurado el hombre al cual Dios atribuye justicia sin obras,
7*Diciendo:*
  Bienaventurados aquellos cuyas iniquidades son perdonadas,
  Y cuyos pecados son cubiertos.
8 Bienaventurado el varón al cual el Señor no imputó pecado.
9¿Es pues esta bienaventuranza *solamente* en la circuncisión o también en la incircuncisión? porque decimos que a Abraham fué contada la fe por justicia.
10¿Cómo pues *le* fué contada? ¿en la circuncisión, o en la incircuncisión? No en la circuncisión, sino en la incircuncisión.
11Y recibió la circuncisión por señal, por sello de la justicia de la fe que tuvo en la incircuncisión: para que fuese padre de todos los creyentes no circuncidados, para que también a ellos les sea contado por justicia;
12Y padre de la circuncisión, no solamente a los que son de la circuncisión, más también a los que siguen las pisadas de la fe que fué en nuestro padre Abraham antes de ser circuncidado.
13Porque no por la ley fué *dada* la promesa a Abraham o a su simiente, que sería heredero del mundo, sino por la justicia de la fe.

4 τῷ δὲ ἐργαζομένῳ ὁ μισθὸς οὐ λογίζεται κατὰ χάριν,
al - que obra la recompensa no es imputada como gracia,
ἀλλὰ κατὰ ὀφείλημα·
sino conforme a deuda.

5 τῷ δὲ μὴ ἐργαζομένῳ, πιστεύοντι δὲ
al - no obrante, creyente Pero
ἐπὶ τὸν δικαιοῦντα τὸν ἀσεβῆ λογίζεται
en el que justifica al impío se imputa
ἡ πίστις αὐτοῦ εἰς δικαιοσύνην,
la fe de él para justicia.

6 καθάπερ καὶ Δαυῒδ λέγει τὸν μακαρισμὸν τοῦ ἀνθρώπου
como también David dice la dicha del hombre
ᾧ ὁ Θεὸς λογίζεται δικαιοσύνη χωρὶς ἔργων·
al que - Dios imputa justicia sin obras.

7 μακάριοι ὧν ἀφέθησαν αἱ ἀνομίαι
Dichosos (aquellos) de los que son perdonadas las iniquidades
ὧν ἐπεκαλύφθησαν αἱ ἁμαρτίαι·
de los que son cubiertos los pecados.

8 μακάριος ἀνὴρ ᾧ οὐ μὴ λογίσηται Κύριος ἁμαρτίαν.
Dichoso hombre al que no en absoluto imputa Señor pecado.

9 ὁ μακαρισμὸς οὖν οὗτος ἐπὶ τὴν περιτομὴν
¿La dicha pues esta sobre la circuncisión (tiene lugar)
ἢ καὶ ἐπὶ τὴν ἀκροβυστίαν; λέγομεν γάρ
o también sobre la incircuncisión? decimos Porque
ὅτι ἐλογίσθη τῷ Ἀβραὰμ ἡ πίστις εἰς δικαιοσύνην.
que se imputó a Abraham la fe por justicia.

10 πῶς οὖν ἐλογίσθη; ἐν περιτομῇ ὄντι
¿Cómo pues se imputó? ¿en circuncisión estando
ἢ ἐν ἀκροβυστίᾳ; οὐκ ἐν περιτομῇ, ἀλλ' ἐν ἀκροβυστίᾳ·
o en incircuncisión? No en circuncisión, sino en incircuncisión.

11 καὶ σημεῖον ἔλαβε περιτομῆς, σφραγῖδα τῆς δικαιοσύνης
y señal recibió de circuncisión, sello de la justicia
τῆς πίστεως τῆς ἐν τῇ ἀκροβυστίᾳ, εἰς τὸ εἶναι αὐτὸν πατέρα
de la fe la en la incircuncisión, para ser él padre
πάντων τῶν πιστευόντων δι' ἀκροβυστίας,
de todos los que creen en incircuncisión
εἰς τὸ λογισθῆναι καὶ αὐτοῖς τὴν δικαιοσύνην,
para que se impute también a ellos la justicia,

12 καὶ πατέρα περιτομῆς τοῖς οὐκ ἐκ περιτομῆς μόνον,
y padre de circuncisión para los no de circuncisión solo,
ἀλλὰ καὶ τοῖς στοιχοῦσι τοῖς ἴχνεσι τῆς
sino también para los que siguen los pasos de la
ἐν ἀκροβυστίᾳ πίστεως τοῦ πατρὸς ἡμῶν ' Ἀβραάμ.
en incircuncisión fe del padre nuestro Abraham.

13 Οὐ γὰρ διὰ νόμου ἡ ἐπαγγελία τῷ Ἀβραὰμ
no Porque por ley la promesa a Abraham
ἢ τῷ σπέρματι αὐτοῦ, τὸ κληρονόμον αὐτὸν εἶναι[23]
o a la descendencia[22] de él, el heredero ésta ser
τοῦ κόσμου, ἀλλὰ διὰ δικαιοσύνης πίστεως.
del mundo, sino por justicia de fe.

---

22. O semilla.
23. Es decir, que éste sería el heredero del mundo.

14 εἰ γὰρ οἱ ἐκ νόμου κληρονόμοι, κεκένωται
si Porque los de ley (son) herederos, ha sido vaciada
ἡ πίστις καὶ κατήργηται ἡ ἐπαγγελία·
la fe y anulada la promesa.

15 ὁ γὰρ νόμος ὀργὴν κατεργάζεται· οὗ γὰρ οὐκ ἔστι
la Porque ley ira produce, donde Porque no hay
νόμος, οὐδὲ παράβασις.
ley tampoco transgresión.

16 Διὰ τοῦτο ἐκ πίστεως, ἵνα κατὰ χάριν,
Por esto (es) de fe, para que (sea) por gracia,
εἰς τὸ εἶναι βεβαίαν τὴν ἐπαγγελίαν παντὶ τῷ σπέρματι,
para ser segura la promesa para toda la descendencia
οὐ τῷ ἐκ τοῦ νόμου μόνον, ἀλλὰ καὶ τῷ
no para la de la ley sólo, sino también para la
ἐκ πίστεως Ἀβραάμ, ὅς ἐστι πατὴρ πάντων ἡμῶν,
de fe de Abraham, el cual es padre de todos nosotros,

17 καθὼς γέγραπται ὅτι πατέρα πολλῶν ἐθνῶν τέθεικά σε,
como está escrito que padre de muchas naciones he puesto te,
κατέναντι οὗ ἐπίστευσε Θεοῦ τοῦ ζωοποιοῦντος
en el cual creyó en Dios que da vida
τοὺς νεκροὺς καὶ καλοῦντος τὰ μὴ ὄντα ὡς ὄντα·
a los muertos y llama lo no siendo como siendo.

18 ὃς παρ᾽ ἐλπίδα ἐπ᾽ ἐλπίδι ἐπίστευσεν,
el cual más allá de esperanza en esperanza creyó,
εἰς τὸ γενέσθαι αὐτὸν πατέρα πολλῶν ἐθνῶν
para llegar a ser él padre de muchas naciones
κατὰ τὸ εἰρημένον· οὕτως ἔσται τὸ σπέρμα σου·
según lo hablado: así será la descendencia de ti.

19 καὶ μὴ ἀσθενήσας τῇ πίστει οὐ κατενόησε
y no debilitándose en la fe no consideró
τὸ ἑαυτοῦ σῶμα ἤδη νενεκρωμένον,
el de sí mismo cuerpo ya mortecino[24]
ἑκατονταέτης που ὑπάρχων, καὶ τὴν νέκρωσιν τῆς
centenario aproximadamente siendo, y la muerte de la
μήτρας Σάρρας·
matriz de Sara.

20 εἰς δὲ τὴν ἐπαγγελίαν τοῦ Θεοῦ οὐ διεκρίθη τῇ ἀπιστίᾳ,
en - la promesa de Dios no titubeó con la falta de fe,
ἀλλ᾽ ἐνεδυναμώθη τῇ πίστει, δοὺς δόξαν τῷ Θεῷ,
sino que fue vigorizado por la fe, dando gloria a Dios.

21 καὶ πληροφορηθεὶς ὅτι ὃ ἐπήγγελται
y plenamente convencido de que lo que había prometido
δυνατός ἐστι καὶ ποιῆσαι.
poderoso es también para hacerlo.

22 διὸ καὶ ἐλογίσθη αὐτῷ εἰς δικαιοσύνην.
Por lo tanto también fue imputado a él por justicia.

23 Οὐκ ἐγράφη δὲ δι᾽ αὐτὸν μόνον ὅτι ἐλογίσθη αὐτῷ,
No fue escrito - por él sólo que se imputó a él,

14 Porque si los que son de la ley son los herederos, vana es la fe, y anulada es la promesa.
15 Porque la ley obra ira; porque donde no hay ley, tampoco hay transgresión.
16 Por tanto es por la fe, para que sea por gracia; para que la promesa sea firme a toda simiente, no solamente al que es de la ley, mas también al que es de la fe de Abraham, el cual es padre de todos nosotros,
17 (Como está escrito: Que por padre de muchas gentes te he puesto) delante de Dios, al cual creyó; el cual da vida a los muertos, y llama las cosas que no son, como las que son.
18 El creyó en esperanza contra esperanza, para venir a ser padre de muchas gentes, conforme a lo que le había sido dicho: Así será tu simiente.
19 Y no se enflaqueció en la fe, ni consideró su cuerpo ya muerto (siendo ya de casi cien años,) ni la matriz muerta de Sara;
20 Tampoco en la promesa de Dios dudó con desconfianza: antes fué esforzado en fe, dando gloria a Dios,
21 Plenamente convencido de que todo lo que había prometido, era también poderoso para hacerlo.
22 Por lo cual también le fué atribuído a justicia.
23 Y no solamente por él fué escrito que le haya sido imputado;

---

24. O muerto.

24Sino también por nosotros, a quienes será imputado, esto es, a los que creemos en el que levantó de los muertos a Jesús Señor nuestro,
25El cual fué entregado por nuestros delitos, y resucitado para nuestra justificación

5 Justificados pues por la fe, tenemos paz para con Dios por medio de nuestro Señor Jesucristo:
2Por el cual también tenemos entrada por la fe a esta gracia en la cual estamos *firmes*, y nos gloriamos en la esperanza de la gloria de Dios.
3Y no sólo esto, mas aun nos gloriamos en las tribulaciones, sabiendo que la tribulación produce paciencia;
4Y la paciencia, prueba; y la prueba, esperanza;
5Y la esperanza no avergüenza; porque el amor de Dios está derramado en nuestros corazones por el Espíritu Santo que nos es dado.
6Porque Cristo, cuando aún éramos flacos, a su tiempo murió por los impíos.
7Ciertamente apenas muere algun por un justo: con todo podrá ser que alguno osara morir por el bueno.
8Mas Dios encarece su caridad para con nosotros, porque siendo aún pecadores, Cristo murió por nosotros.

24 ἀλλὰ καὶ δι' ἡμᾶς οἷς μέλλει λογίζεσθαι,
sino también por nosotros a los que iba a ser imputada
τοῖς πιστεύουσιν ἐπὶ τὸν ἐγείραντα Ἰησοῦ τὸν Κύριον
a los que creemos en el que levantó (a) Jesús el Señor
ἡμῶν ἐκ νεκρῶν,
de nosotros de muertos,

25 ὃς παρεδόθη διὰ τὰ παραπτώματα ἡμῶν
que fue entregado por las transgresiones de nosotros
καὶ ἠγέρθη διὰ τὴν δικαίωσιν ἡμῶν.
y fue resucitado para la justificación de nosotros.

5 1 Δικαιωθέντες οὖν ἐκ πίστεως εἰρήνην ἔχομεν πρὸς τὸν Θεὸν
Justificados pues de fe[25] paz tenemos para con Dios
διὰ τοῦ Κυρίου ἡμῶν Ἰησοῦ Χριστοῦ,
por el Señor de nosotros Jesús Cristo,

2 δι' οὗ καὶ τὴν προσαγωγὴν ἐσχήκαμεν τῇ πίστει[26]
a través del cual también el acceso tenemos por la fe
εἰς τὴν χάριν ταύτην ἐν ᾗ ἑστήκαμεν, καὶ
a la gracia esta en la que nos mantenemos, y
καυχώμεθα ἐπ' ἐλπίδι τῆς δόξης τοῦ Θεοῦ.
nos jactamos[27] en esperanza de la gloria de Dios.

3 οὐ μόνον δέ, ἀλλὰ καὶ καυχώμεθα ἐν ταῖς θλίψεσιν,
no sólo - (eso), sino que también nos jactamos[28] en las tribulaciones,
εἰδότες ὅτι ἡ θλῖψις ὑπομονὴν κατεργάζεται,
viendo que la tribulación aguante produce,

4 ἡ δὲ ὑπομονὴ δοκιμήν, ἡ δὲ δοκιμὴ ἐλπίδα,
el - aguante prueba, la - prueba esperanza.

5 ἡ δὲ ἐλπὶς οὐ καταισχύνει, ὅτι ἡ ἀγάπη τοῦ Θεοῦ
la - esperanza no avergüenza,[29] porque el amor de Dios
ἐκκέχυται ἐν ταῖς καρδίαις ἡμῶν διὰ Πνεύματος
ha sido derramado en los corazones de nosotros por Espíritu
Ἁγίου τοῦ δοθέντος ἡμῖν.
Santo el habiendo sido dado a nosotros.

6 ἔτι γὰρ Χριστὸς ὄντων ἡμῶν ἀσθενῶν
todavía Porque Cristo siendo nosotros débiles
κατὰ καιρὸν ὑπὲρ ἀσεβῶν ἀπέθανε.
de acuerdo con tiempo por impíos murió.

7 μόλις γὰρ ὑπὲρ δικαίου τις ἀποθανεῖται· ὑπὲρ
difícilmente Porque por justo alguien morirá. por
γὰρ τοῦ ἀγαθοῦ τάχα τις καὶ τολμᾷ ἀποθανεῖν·
Porque el bueno quizás alguien también se atreva a morir.

8 συνίστησι δὲ τὴν ἑαυτοῦ ἀγάπην εἰς ἡμᾶς ὁ Θεὸς,
demuestra - el de sí mismo amor hacia nosotros - Dios
ὅτι ἔτι ἁμαρτωλῶν ὄντων ἡμῶν Χριστὸς
que todavía pecadores siendo nosotros Cristo
ὑπὲρ ἡμῶν ἀπέθανε.
por nosotros murió.

---

25. Es decir, a partir de la fe, por la fe.
26. "por la fe" aparece suprimido en NU.
27. O gloriamos.
28. O gloriamos.
29. O decepciona, o deshonra.

9 πολλῷ οὖν μᾶλλον δικαιωθέντες νῦν
mucho pues más habiendo sido justificados ahora
ἐν τῷ αἵματι αὐτοῦ σωθησόμεθα
en la sangre de él seremos salvados
δι' αὐτοῦ ἀπὸ τῆς ὀργῆς.
por él de la ira.

10 εἰ γὰρ ἐχθροὶ ὄντες κατηλλάγημεν τῷ Θεῷ
si Porque enemigos siendo fuimos reconciliados con Dios
διὰ τοῦ θανάτου τοῦ υἱοῦ αὐτοῦ, πολλῷ μᾶλλον
por la muerte del Hijo de Él, mucho más
καταλλαγέντες σωθησόμεθα ἐν τῇ ζωῇ αὐτοῦ·
habiendo sido reconciliados seremos salvados por la vida de él.

11 οὐ μόνον δέ, ἀλλὰ καὶ καυχώμενοι ἐν τῷ Θεῷ
no sólo -, sino que también jactándonos en - Dios
διὰ τοῦ Κυρίου ἡμῶν ' Ιησοῦ Χριστοῦ,
por el Señor de nosotros Jesús Cristo,
δι' οὗ νῦν τὴν καταλλαγὴν ἐλάβομεν.
por quien ahora la reconciliación recibimos.

12 Διὰ τοῦτο ὥσπερ δι' ἑνὸς ἀνθρώπου
Por esto como por un hombre
ἡ ἁμαρτία εἰς τὸν κόσμον εἰσῆλθεν καὶ διὰ τῆς ἁμαρτίας ὁ
el pecado a el mundo entró también por el pecado la
θάνατος, καὶ οὕτως εἰς πάντας ἀνθρώπους ὁ θάνατος
muerte, y así a todos hombres la muerte
διῆλθεν, ἐφ' ᾧ πάντες ἥμαρτον. -
pasó, porque todos pecaron.

13 ἄχρι γὰρ νόμου ἁμαρτία ἦν ἐν κόσμῳ,
hasta Porque ley pecado estaba en mundo,
ἁμαρτία δὲ οὐκ ἐλλογεῖται μὴ ὄντος νόμου·
pecado - no se imputa no existiendo ley.

14 ἀλλ' ἐβασίλευσεν ὁ θάνατος ἀπὸ Ἀδὰμ μέχρι Μωϋσέως
pero reinó la muerte desde Adán a Moisés
καὶ ἐπὶ τοὺς μὴ ἁμαρτήσαντας ἐπὶ τῷ ὁμοιώματι
y sobre los no habiendo pecado según la semejanza
τῆς παραβάσεως Ἀδάμ, ὅς ἐστι τύπος τοῦ μέλλοντος.
de la transgresión de Adán, que es tipo del que había de venir.

15 Ἀλλ' οὐχ ὡς τὸ παράπτωμα, οὕτω καὶ
Pero no como la ofensa, así también
τὸ χάρισμα. εἰ γὰρ τῷ τοῦ ἑνὸς παραπτώματι
el regalo, si Porque por la de uno ofensa
οἱ πολλοὶ ἀπέθανον, πολλῷ μᾶλλον ἡ χάρις τοῦ Θεοῦ
los muchos murieron, mucho más la gracia de Dios
καὶ ἡ δωρεὰ ἐν χάριτι τῇ τοῦ ἑνὸς ἀνθρώπου
y el don en gracia la del un hombre
Ἰησοῦ Χριστοῦ εἰς τοὺς πολλοὺς ἐπερίσσευσε.
Jesús Cristo para los muchos abundó.

16 καὶ οὐχ ὡς δι' ἑνὸς ἁμαρτήσαντος τὸ δώρημα·
y no como a través de uno habiendo pecado el don,
τὸ μὲν γὰρ κρίμα ἐξ ἑνὸς εἰς κατάκριμα,
el - Porque juicio de uno para condenación (fue)
τὸ δὲ χάρισμα ἐκ πολλῶν παραπτωμάτων εἰς δικαίωμα.
el - don de muchas ofensas para justificación.

9Luego mucho más ahora, justificados en su sangre, por él seremos salvos de la ira.
10Porque si siendo enemigos, fuimos reconciliados con Dios por la muerte de su Hijo, mucho más, estando reconciliados, seremos salvos por su vida.
11Y no sólo esto, mas aun nos gloriamos en Dios por el Señor nuestro Jesucristo, por el cual hemos ahora recibido la reconciliación.
12De consiguiente, *vino la reconciliación por uno*, así como el pecado entró en el mundo por un hombre, y por el pecado la muerte, y la muerte así pasó a todos los hombres, pues que todos pecaron.
13Porque hasta la ley, el pecado estaba en el mundo; pero no se imputa pecado no habiendo ley.
14No obstante, reinó la muerte desde Adam hasta Moisés, aun en los que no pecaron a la manera de la rebelión de Adam; el cual es figura del que había de venir.
15Mas no como el delito, tal fué el don: porque si por el delito de aquel uno murieron los muchos, mucho más abundó la gracia de Dios a los muchos, y el don por la gracia de un hombre, Jesucristo.
16Ni tampoco de la manera que por un pecado, así también el don: porque el juicio a la verdad *vino* de un *pecado* para condenación, mas la gracia *vino* de muchos delitos para justificación.

17 Porque, si por un delito reinó la muerte por uno, mucho más reinarán en vida por un Jesucristo los que reciben la abundancia de gracia, y del don de la justicia.
18 Así que, de la manera que por un delito *vino la culpa* a todos los hombres para condenación, así por una justicia *vino la gracia* a todos los hombres para justificación de vida.
19 Porque como por la desobediencia de un hombre los muchos fueron constituídos pecadores, así por la obediencia de uno los muchos serán constituídos justos.
20 La ley empero entró para que el pecado creciese; mas cuando el pecado creció, sobrepujó la gracia;
21 Para que, de la manera que el pecado reinó para muerte, así también la gracia reine por la justicia para vida eterna por Jesucristo Señor nuestro.

6

¿Pues qué diremos? Perseveraremos en pecado para que la gracia crezca?
2 En ninguna manera. Porque los que somos muertos al pecado, ¿cómo viviremos aún en él?
3 ¿O no sabéis que todos los que somos bautizados en Cristo Jesús, somos bautizados en su muerte?

---

17 εἰ γὰρ τῷ τοῦ ἑνὸς παραπτώματι ὁ θάνατος
si Porque por la de uno transgresión la muerte
ἐβασίλευσε διὰ τοῦ ἑνός, πολλῷ μᾶλλον
reinó a través de uno, mucho más
οἱ τὴν περισσείαν τῆς χάριτος καὶ τῆς δωρεᾶς
los que la abundancia de la gracia y del regalo
τῆς δικαιοσύνης λαμβάνοντες ἐν ζωῇ βασιλεύσουσι
de la justicia recibiendo en vida reinarán
διὰ τοῦ ἑνὸς Ἰησοῦ Χριστοῦ.
a través del uno Jesús Cristo.

18 Ἄρα οὖν ὡς δι' ἑνὸς παραπτώματος
Así pues como por una transgresión
εἰς πάντας ἀνθρώπους εἰς κατάκριμα,
a todos hombres para condenación (resultó)
οὕτω καὶ δι' ἑνὸς δικαιώματος
así también por un acto justo
εἰς πάντας ἀνθρώπους εἰς δικαίωσιν ζωῆς.
a todos hombres para justificación de vida (resulta)

19 ὥσπερ γὰρ διὰ τῆς παρακοῆς τοῦ ἑνὸς ἀνθρώπου
como Porque por la desobediencia de un hombre
ἁμαρτωλοὶ κατεστάθησαν οἱ πολλοί, οὕτω καὶ
pecadores fueron constituidos muchos, así también
διὰ τῆς ὑπακοῆς τοῦ ἑνὸς δίκαιοι κατασταθήσονται οἱ πολλοί.
por la obediencia de uno justos serán constituidos muchos.

20 νόμος δὲ παρεισῆλθεν ἵνα πλεονάσῃ
Ley - vino para que abundase
τὸ παράπτωμα, οὗ δὲ ἐπλεόνασεν
la ofensa,[30] donde Pero abundó
ἡ ἁμαρτία, ὑπερεπερίσσευσεν ἡ χάρις,
el pecado, sobreabundó la gracia,

21 ἵνα ὥσπερ ἐβασίλευσεν ἡ ἁμαρτία ἐν τῷ θανάτῳ,
para que como reinó el pecado por la muerte,
οὕτω καὶ ἡ χάρις βασιλεύσῃ διὰ δικαιοσύνης
así también la gracia reine a través de justicia
εἰς ζωὴν αἰώνιον διὰ Ἰησοῦ Χριστοῦ τοῦ Κυρίου ἡμῶν.
para vida eterna por Jesús Cristo el Señor de nosotros.

6

1 Τί οὖν ἐροῦμεν; ἐπιμενοῦμεν τῇ ἁμαρτίᾳ ἵνα ἡ
¿Qué pues diremos? ¿Permaneceremos en el pecado para que la
χάρις πλεονάσῃ;
gracia abunde?

2 μὴ γένοιτο. οἵτινες ἀπεθάνομεν τῇ ἁμαρτίᾳ, πῶς ἔτι ζήσομεν
No suceda,[31] los que morimos al pecado, ¿cómo aún viviremos
ἐν αὐτῇ;
en él?

3 ἢ ἀγνοεῖτε ὅτι ὅσοι ἐβαπτίσθημεν εἰς Χριστὸν Ἰησοῦν,
¿o desconocéis que cuantos fuimos bautizados en Cristo Jesús,
εἰς τὸν θάνατον αὐτοῦ ἐβαπτίσθημεν;
en la muerte de él fuimos bautizados?

---

30. O culpa.
31. Es decir, en absoluto, nunca jamás.

4 συνετάφημεν οὖν αὐτῷ διὰ τοῦ βαπτίσματος
Fuimos co-sepultados pues con él mediante el bautismo

εἰς τὸν θάνατον, ἵνα ὥσπερ ἠγέρθη Χριστὸς
para la muerte, para que como fue levantado Cristo

ἐκ νεκρῶν διὰ τῆς δόξης τοῦ πατρός,
de muertos mediante la gloria del Padre

οὕτω καὶ ἡμεῖς ἐν καινότητι ζωῆς περιπατήσωμεν.
así también nosotros en novedad de vida caminemos.

5 εἰ γὰρ σύμφυτοι γεγόναμεν τῷ ὁμοιώματι
si Porque co-plantados llegamos a estar en la semejanza

τοῦ θανάτου αὐτοῦ, ἀλλὰ καὶ
de la muerte de él, ciertamente también

τῆς ἀναστάσεως ἐσόμεθα,
de la resurrección seremos (en la semejanza),

6 τοῦτο γινώσκοντες, ὅτι ὁ παλαιὸς ἡμῶν ἄνθρωπος
esto sabiendo que el viejo de nosotros hombre

συνεσταυρώθη ἵνα καταργηθῇ τὸ σῶμα τῆς ἁμαρτίας,
fue co-crucificado para que fuera anulado³² el cuerpo del pecado

τοῦ μηκέτι δουλεύειν ἡμᾶς τῇ ἁμαρτίᾳ·
para ya no servir nosotros al pecado.³³

7 ὁ γὰρ ἀποθανὼν δεδικαίωται ἀπὸ τῆς ἁμαρτίας·
el Porque habiendo muerto ha sido justificado de el pecado.

8 εἰ δὲ ἀπεθάνομεν σὺν Χριστῷ, πιστεύομεν ὅτι συζήσομεν αὐτῷ,
Si - morimos con Cristo, creemos que co-viviremos con él.

9 εἰδότες ὅτι Χριστὸς ἐγερθεὶς ἐκ νεκρῶν
sabiendo que Cristo habiendo sido levantado de muertos

οὐκέτι ἀποθνήσκει, θάνατος αὐτοῦ οὐκέτι κυριεύει.
ya no muere, muerte sobre él ya no se enseñorea.

10 ὃ γὰρ ἀπέθανε, τῇ ἁμαρτίᾳ ἀπέθανεν ἐφάπαξ,
lo que Porque murió, al pecado murió de una vez por todas

ὃ δὲ ζῇ, ζῇ τῷ Θεῷ.
lo que - vive, vive para Dios.

11 οὕτως καὶ ὑμεῖς λογίζεσθε ἑαυτοὺς
así también vosotros consideraos a vosotros mismos

νεκροὺς μὲν εἶναι τῇ ἁμαρτίᾳ,
muertos ciertamente a estar en el pecado

ζῶντας δὲ τῷ Θεῷ ἐν Χριστῷ Ἰησοῦ τῷ Κυρίῳ³⁴ ἡμῶν.
viviendo - para Dios en Cristo Jesús el Señor de nosotros.

12 Μὴ οὖν βασιλευέτω ἡ ἁμαρτία ἐν τῷ θνητῷ
No pues reine el pecado en el mortal

ὑμῶν σώματι εἰς τὸ ὑπακούειν αὐτῇ ἐν ταῖς ἐπιθυμίαις αὐτοῦ.
de vosotros cuerpo para obedecer lo en los deseos de él.

4 Porque somos sepultados juntamente con él a muerte por el bautismo; para que como Cristo resucitó de los muertos por la gloria del Padre, así también nosotros andemos en novedad de vida.
5 Porque si fuimos plantados juntamente en él a la semejanza de su muerte, así también *lo seremos a la* de su resurrección;
6 Sabiendo esto, que nuestro viejo hombre juntamente fué crucificado con él, para que el cuerpo del pecado sea deshecho, a fin de que no sirvamos más al pecado.
7 Porque el que es muerto, justificado es del pecado.
8 Y si morimos con Cristo, creemos que también viviremos con él;
9 Sabiendo que Cristo, habiendo resucitado de entre los muertos, ya no muere: la muerte no se enseñoreará más de él.
10 Porque el haber muerto, al pecado murió una vez; mas el vivir, a Dios vive.
11 Así también vosotros, pensad que de cierto estáis muertos al pecado, mas vivos a Dios en Cristo Jesús Señor nuestro.
12 No reine, pues, el pecado en vuestro cuerpo mortal, para que le obedezcáis en sus concupiscencias;

---

32. O privado de poder o destruido.
33. Es decir, para que ya no sirvamos al pecado (oración de infinitivo).
34. La NU omite "el Señor de nosotros".

13Ni tampoco presentéis vuestros miembros al pecado por instrumento de iniquidad; antes presentaos a Dios como vivos de los muertos, y vuestros miembros a Dios por instrumentos de justicia.
14Porque el pecado no se enseñoreará de vosotros; pues no estáis bajo la ley, sino bajo la gracia.
15¿Pues qué? ¿Pecaremos, porque no estamos bajo de la ley, sino bajo de la gracia? En ninguna manera.
16¿No sabéis que a quien os prestáis vosotros mismos por siervos para obedecer*le*, sois siervos de aquel a quien obedecéis, o del pecado para muerte, o de la obediencia para justicia?
17Empero gracias a Dios, que aunque fuisteis siervos del pecado, habéis obedecido de corazón a aquella forma de doctrina a la cual sois entregados;
18Y libertados del pecado, sois hechos siervos de la justicia.
19Humana cosa digo, por la flaqueza de vuestra carne: que como para iniquidad presentasteis vuestros miembros a servir a la inmundicia y a la iniquidad, así ahora para santidad presentéis vuestros miembros a servir a la justicia.
20Porque cuando fuisteis siervos del pecado, erais libres acerca de la justicia.
21¿Qué fruto, pues, teníais de aquellas cosas de las cuales ahora os avergonzáis? porque el fin de ellas es muerte.

13 μηδὲ παριστάνετε τὰ μέλη ὑμῶν ὅπλα
ni presentéis los miembros de vosotros (como) instrumentos
ἀδικίας τῇ ἁμαρτίᾳ, ἀλλὰ παραστήσατε ἑαυτοὺς
de injusticia al pecado, sino presentaos a vosotros mismos
τῷ Θεῷ ὡς ἐκ νεκρῶν ζῶντας καὶ τὰ μέλη ὑμῶν
a Dios como de muertos vivos y los miembros de vosotros
ὅπλα δικαιοσύνης τῷ Θεῷ.
(como) instrumentos de justicia para Dios.

14 ἁμαρτία γὰρ ὑμῶν οὐ κυριεύσει· οὐ γάρ ἐστε
pecado Porque de vosotros no se enseñoreará, no Porque estáis
ὑπὸ νόμον, ἀλλ' ὑπὸ χάριν.
bajo ley, sino bajo gracia.

15 Τί οὖν; ἁμαρτήσωμεν ὅτι οὐκ ἐσμὲν
¿Qué pues? ¿Pecaremos porque no estamos
ὑπὸ νόμον, ἀλλ' ὑπὸ χάριν; μὴ γένοιτο.
bajo ley, sino bajo gracia? No suceda.[35]

16 οὐκ οἴδατε ὅτι ᾧ παριστάνετε ἑαυτοὺς
¿No sabéis que al que presentáis a vosotros mismos (como)
δούλους εἰς ὑπακοήν, δοῦλοί ἐστε ᾧ ὑπακούετε,
siervos para obediencia, siervos sois para el que obedecéis,
ἤτοι ἁμαρτίας εἰς θάνατον ἢ
ya de pecado para muerte o
ὑπακοῆς εἰς δικαιοσύνην;
de obediencia para justicia?

17 χάρις δὲ τῷ Θεῷ, ὅτι ἦτε δοῦλοι τῆς ἁμαρτίας,
Gracias - a Dios, que erais siervos del pecado,
ὑπηκούσατε δὲ ἐκ καρδίας εἰς
obedecísteis Pero de corazón a
ὃν παρεδόθητε τύπον διδαχῆς,
la que fuisteis entregados forma de enseñanza,

18 ἐλευθερωθέντες δὲ ἀπὸ τῆς ἁμαρτίας
Habiendo sido liberados pues de el pecado
ἐδουλώθητε τῇ δικαιοσύνῃ.
fuisteis esclavizados a la justicia.

19 ἀνθρώπινον λέγω διὰ τὴν ἀσθένειαν τῆς σαρκὸς ὑμῶν.
Humanamente hablo por la debilidad de la carne de vosotros.
ὥσπερ γὰρ παρεστήσατε τὰ μέλη ὑμῶν δοῦλα
como Porque ofrecisteis los miembros de vosotros (como) siervos
τῇ ἀκαθαρσίᾳ καὶ τῇ ἀνομίᾳ εἰς τὴν ἀνομίαν,
a la impureza y a la iniquidad para la iniquidad,
οὕτω νῦν παραστήσατε τὰ μέλη ὑμῶν δοῦλα
así ahora ofreced los miembros de vosotros siervos
τῇ δικαιοσύνῃ εἰς ἁγιασμόν.
a la justicia para santificación.

20 ὅτε γὰρ δοῦλοι ἦτε τῆς ἁμαρτίας,
cuando Porque siervos erais del pecado,
ἐλεύθεροι ἦτε τῇ δικαιοσύνῃ.
libres erais para la justicia.

21 τίνα οὖν καρπὸν εἴχετε τότε ἐφ' οἷς
¿qué pues fruto teníais entonces de las cosas de las que
νῦν ἐπαισχύνεσθε; τὸ γὰρ τέλος ἐκείνων θάνατος.
ahora os avergonzáis? el Porque fin de aquellas muerte (es).

---

35. Es decir, en absoluto, nunca jamás.

22 νυνὶ δέ ἐλευθερωθέντες ἀπὸ τῆς ἁμαρτίας
ahora Pero habiendo sido liberados de el pecado
δουλωθέντες δὲ τῷ Θεῷ ἔχετε τὸν καρπὸν
habiendo sido esclavizados Pero a Dios tenéis el fruto
ὑμῶν εἰς ἁγιασμόν, τὸ δὲ τέλος ζωὴν αἰώνιον.
de vosotros para santificación, el - final vida eterna (siendo).

23 τὰ γὰρ ὀψώνια τῆς ἁμαρτίας θάνατος,
la Porque paga del pecado muerte (es),
τὸ δὲ χάρισμα τοῦ Θεοῦ ζωὴ αἰώνιος ἐν Χριστῷ Ἰησοῦ
el Pero don de Dios vida eterna en Cristo Jesús
τῷ Κυρίῳ ἡμῶν.
el Señor de nosotros.

7

1 Ἢ ἀγνοεῖτε, ἀδελφοί, γινώσκουσι γὰρ νόμον λαλῶ,
¿O ignoráis, hermanos, a los que conocen Porque ley hablo,
ὅτι ὁ νόμος κυριεύει τοῦ ἀνθρώπου
que la ley se enseñorea del hombre
ἐφ' ὅσον χρόνον ζῇ;
por cuanto tiempo vive?

2 ἡ γὰρ ὕπανδρος γυνὴ τῷ ζῶντι ἀνδρὶ
la Porque sujeta mujer al que vive hombre
δέδεται νόμῳ· ἐὰν δὲ ἀποθάνῃ ὁ ἀνήρ,
está atada por ley. Si pues muere el hombre,
κατήργηται ἀπὸ τοῦ νόμου τοῦ ἀνδρός.
es liberada por la ley del marido.

3 ἄρα οὖν ζῶντος τοῦ ἀνδρὸς μοιχαλὶς χρηματίσει
así pues viviendo el hombre adúltera será llamada
ἐὰν γένηται ἀνδρὶ ἑτέρῳ· ἐὰν δὲ ἀποθάνῃ
si fuera para hombre otro. Si - muere
ὁ ἀνήρ, ἐλευθέρα ἐστὶ ἀπὸ τοῦ νόμου, τοῦ
el hombre, libre es de la ley, por la que
μὴ εἶναι αὐτὴν μοιχαλίδα γενομένην ἀνδρὶ ἑτέρῳ.
no ser ella adúltera resultando para hombre otro.

4 ὥστε, ἀδελφοί μου, καὶ ὑμεῖς ἐθανατώθητε
Por tanto, hermanos de mí, también vosotros fuisteis muertos
τῷ νόμῳ διὰ τοῦ σώματος τοῦ Χριστοῦ
a la ley por el cuerpo de Cristo
εἰς τὸ γενέσθαι ὑμᾶς ἑτέρῳ, τῷ ἐκ νεκρῶν
para que resultar vosotros para otro, para el que de muertos
ἐγερθέντι,[36] ἵνα καρποφορήσωμεν τῷ Θεῷ.
fue levantado, para que demos fruto a Dios.

5 ὅτε γὰρ ἦμεν ἐν τῇ σαρκί, τὰ παθήματα τῶν
cuando Porque estábamos en la carne, las pasiones de los
ἁμαρτιῶν τὰ διὰ τοῦ νόμου ἐνηργεῖτο ἐν τοῖς μέλεσιν
pecados - por medio de la ley actuaban en los miembros
ἡμῶν εἰς τὸ καρποφορῆσαι τῷ θανάτῳ·
de nosotros para - dar fruto para la muerte.

22Mas ahora, librados del pecado, y hechos siervos a Dios, tenéis por vuestro fruto la santificación, y por fin la vida eterna. **23**Porque la paga del pecado es muerte: mas la dádiva de Dios es vida eterna en Cristo Jesús Señor nuestro.

7

¿Ignoráis, hermanos, (porque hablo con los que saben la ley) que la ley se enseñorea del hombre entre tanto que vive? **2**Porque la mujer que está sujeta a marido, mientras el marido vive está obligada a la ley; mas muerto el marido, libre es de la ley del marido. **3**Así que, viviendo el marido, se llamará adúltera si fuere de otro varón; mas si su marido muriere, es libre de la ley; de tal manera que no será adúltera si fuere de otro marido. **4**Así también vosotros, hermanos míos, estáis muertos a la ley por el cuerpo de Cristo, para que seáis de otro, *a saber,* del que resucitó de los muertos, a fin de que fructifiquemos a Dios. **5**Porque mientras estábamos en la carne, los afectos de los pecados que eran por la ley, obraban en nuestros miembros fructificando para muerte.

---

36. Es decir, resucitado.

ROMANOS 7.6

6 Mas ahora estamos libres de la ley, habiendo muerto a aquella en la cual estábamos detenidos, para que sirvamos en novedad de espíritu, y no en vejez de letra.
7 ¿Qué pues diremos? ¿La ley es pecado? En ninguna manera. Empero yo no conocí el pecado sino por la ley: porque tampoco conociera la concupiscencia, si la ley no dijera: No codiciarás.
8 Mas el pecado, tomando ocasión, obró en mí por el mandamiento toda concupiscencia: porque sin la ley el pecado está muerto.
9 Así que, yo sin la ley vivía por algún tiempo: mas venido el mandamiento, el pecado revivió, y yo morí.
10 Y hallé que el mandamiento, *intimado* para vida, *para mí* era mortal:
11 Porque el pecado, tomando ocasión, me engañó por el mandamiento, y por él me mató.
12 De manera que la ley a la verdad es santa, y el mandamiento santo, y justo, y bueno.
13 ¿Luego lo que es bueno, a mí me es hecho muerte? No; sino que el pecado, para mostrarse pecado, por lo bueno me obró la muerte, haciéndose pecado sobremanera pecante por el mandamiento.

6 νυνὶ δὲ κατηργήθημεν ἀπὸ τοῦ νόμου,
ahora - fuimos liberados de la ley,
ἀποθανόντες ἐν ᾧ κατειχόμεθα, ὥστε
habiendo muerto en aquello a lo que nos aferrábamos, de manera
δουλεύειν ἡμᾶς ἐν καινότητι πνεύματος καὶ οὐ
que sirvamos nosotros en novedad de Espíritu y no en
παλαιότητι γράμματος.
vejez de letra.

7 Τί οὖν ἐροῦμεν; ὁ νόμος ἁμαρτία; μὴ γένοιτο·
¿Qué pues diremos? ¿la ley (es) pecado? No suceda.[37]
ἀλλὰ - τὴν ἁμαρτίαν οὐκ ἔγνων εἰ μὴ διὰ νόμου·
sino que el pecado no hubiera conocido si no por ley,
τήν τε γὰρ ἐπιθυμίαν οὐκ ᾔδειν εἰ μὴ ὁ νόμος
el - Porque ansia,[38] no conociera si no la ley
ἔλεγεν, οὐκ ἐπιθυμήσεις·
dijera, no codiciarás.

8 ἀφορμὴν δὲ λαβοῦσα ἡ ἁμαρτία
Oportunidad - recibiendo el pecado
διὰ τῆς ἐντολῆς κατειργάσατο ἐν ἐμοὶ πᾶσαν ἐπιθυμίαν·
a través del mandamiento produjo en mí toda ansia.
χωρὶς γὰρ νόμου ἁμαρτία νεκρά.
sin Porque ley pecado muerto (está).

9 ἐγὼ δὲ ἔζων χωρὶς νόμου ποτέ·
Yo - viviendo (estuve) sin ley entonces,
ἐλθούσης δὲ τῆς ἐντολῆς ἡ ἁμαρτία ἀνέζησεν,
viniendo - el mandamiento el pecado revivió,

10 ἐγὼ δὲ ἀπέθανον, καὶ εὑρέθη μοι ἡ ἐντολὴ
yo sin embargo morí, y se halló en mí el mandamiento
ἡ εἰς ζωήν, αὕτη εἰς θάνατον·
que (era) para vida, éste (era) para muerte.

11 ἡ γὰρ ἁμαρτία ἀφορμὴν λαβοῦσα
el Porque pecado oportunidad tomando
διὰ τῆς ἐντολῆς ἐξηπάτησέ με
a través del mandamiento engañó me
καὶ δι' αὐτῆς ἀπέκτεινεν.
y a través de él mató.

12 ὥστε ὁ μὲν νόμος ἅγιος, καὶ ἡ ἐντολὴ ἁγία καὶ δικαία
Así que la - ley santa, y el mandamiento santo y justo
καὶ ἀγαθή.
y bueno.

13 τὸ οὖν ἀγαθὸν ἐμοὶ γέγονε θάνατος;
¿Lo pues bueno a mí resultó muerte?
μὴ γένοιτο· ἀλλὰ ἡ ἁμαρτία, ἵνα φανῇ
No suceda.[39] Pero el pecado, para que se manifieste (como)
ἁμαρτία, διὰ τοῦ ἀγαθοῦ μοι κατεργαζομένη θάνατον,
pecado a través de lo bueno a mí produjo muerte,
ἵνα γένηται καθ' ὑπερβολὴν ἁμαρτωλὸς
para que resulte hasta el extremo pecador
ἡ ἁμαρτία διὰ τῆς ἐντολῆς.
el pecado a través del mandamiento.

---

37. Es decir, en absoluto, nunca jamás.
38. O codicia.
39. Es decir, en absoluto, nunca jamás.

14 οἴδαμεν γὰρ ὅτι ὁ νόμος πνευματικός ἐστιν·
sabemos Porque que la ley espiritual es.

ἐγὼ δὲ σάρκινός εἰμι, πεπραμένος ὑπὸ
Yo sin embargo carnal soy, habiendo sido vendido bajo

τὴν ἁμαρτίαν.
el pecado.

15 ὃ γὰρ κατεργάζομαι οὐ γινώσκω·
lo que Porque hago no conozco,

οὐ γὰρ ὃ θέλω τοῦτο πράσσω, ἀλλ᾽ ὃ μισῶ
no Porque lo que quiero esto hago, sino lo que odio

τοῦτο ποιῶ.
esto hago.

16 εἰ δὲ ὃ οὐ θέλω τοῦτο ποιῶ,
si - lo que no quiero esto hago,

σύμφημι τῷ νόμῳ ὅτι καλός.
Estoy de acuerdo con la ley porque buena (es).

17 νυνὶ δὲ οὐκέτι ἐγὼ κατεργάζομαι αὐτό,
Ahora bien no yo obro esto,

ἀλλ᾽ ἡ οἰκοῦσα ἐν ἐμοὶ ἁμαρτία.
sino el que mora en mí pecado.

18 οἶδα γὰρ ὅτι οὐκ οἰκεῖ ἐν ἐμοί, τοῦτ᾽ ἔστιν
sé Porque que no mora en mí, esto es

ἐν τῇ σαρκί μου, ἀγαθόν· τὸ γὰρ θέλειν παράκειταί μοι,
en la carne de mí, lo bueno. el Porque querer está presente en mí,

τὸ δὲ κατεργάζεσθαι τὸ καλὸν οὐχ εὑρίσκω.
el Pero hacer lo bueno no encuentro.

19 οὐ γὰρ ὃ θέλω ποιῶ ἀγαθόν,
no Porque lo que quiero hago bueno,

ἀλλ᾽ ὃ οὐ θέλω κακὸν τοῦτο πράσσω.
sino que lo que no quiero lo malo esto hago.

20 εἰ δὲ ὃ οὐ θέλω ἐγὼ τοῦτο ποιῶ, οὐκέτι ἐγὼ
si Pero lo que no quiero yo esto hago, no yo

κατεργάζομαι αὐτό, ἀλλ᾽ ἡ οἰκοῦσα ἐν ἐμοὶ ἁμαρτία.
hago esto, sino el que mora en mí pecado.

21 εὑρίσκω ἄρα τὸν νόμον, τῷ θέλοντι ἐμοὶ
Encuentro pues la ley, - queriendo yo

ποιεῖν τὸ καλὸν, ὅτι ἐμοὶ τὸ κακὸν παράκειται·
hacer lo bueno, que en mí lo malo está presente.

22 συνήδομαι γὰρ τῷ νόμῳ τοῦ Θεοῦ κατὰ τὸν ἔσω ἄνθρωπον,
me deleito Porque en la ley de Dios según el interior hombre,

23 βλέπω δὲ ἕτερον νόμον ἐν τοῖς μέλεσί μου
Veo sin embargo otra ley en los miembros de mí

ἀντιστρατευόμενον τῷ νόμῳ τοῦ νοός μου
combatiendo con la ley de la mente de mí

καὶ αἰχμαλωτίζοντά με ἐν τῷ νόμῳ
y avasallando me en la ley

τῆς ἁμαρτίας τῷ ὄντι ἐν τοῖς μέλεσί μου.
del pecado que está en los miembros de mí.

14Porque sabemos que la ley es espiritual; mas yo soy carnal, vendido a sujeción del pecado. **15**Porque lo que hago, no lo entiendo; ni lo que quiero, hago; antes lo que aborrezco, aquello hago. **16**Y si lo que no quiero, esto hago, apruebo que la ley es buena. **17**De manera que ya no obro aquello, sino el pecado que mora en mí. **18**Y yo sé que en mí (es a saber, en mi carne) no mora el bien: porque tengo el querer, mas efectuar el bien no lo alcanzo. **19**Porque no hago el bien que quiero; mas el mal que no quiero, éste hago. **20**Y si hago lo que no quiero, ya no lo obro yo, sino el pecado que mora en mí. **21**Así que, queriendo yo hacer el bien, hallo esta ley: Que el mal está en mí. **22**Porque según el hombre interior, me deleito en la ley de Dios: **23**Mas veo otra ley en mis miembros, que se rebela contra la ley de mi espíritu, y que me lleva cautivo a la ley del pecado que está en mis miembros.

24¡Miserable hombre de mí! ¿quién me librará del cuerpo de esta muerte?
25Gracias doy a Dios, por Jesucristo Señor nuestro. Así que, yo mismo con la mente sirvo a la ley de Dios, mas con la carne a la ley del pecado.

8 Ahora pues, ninguna condenación hay para los que están en Cristo Jesús, los que no andan conforme a la carne, mas conforme al espíritu.
2Porque la ley del Espíritu de vida en Cristo Jesús me ha librado de la ley del pecado y de la muerte.
3Porque lo que era imposible a la ley, por cuanto era débil por la carne, Dios enviando a su Hijo en semejanza de carne de pecado, y a causa del pecado, condenó al pecado en la carne;
4Para que la justicia de la ley fuese cumplida en nosotros, que no andamos conforme a la carne, mas conforme al espíritu.
5Porque los que viven conforme a la carne, de las cosas que son de la carne se ocupan; mas los que conforme al espíritu, de las cosas del espíritu.
6Porque la intención de la carne es muerte; mas la intención del espíritu, vida y paz:
7Por cuanto la intención de la carne es enemistad contra Dios; porque no se sujeta a la ley de Dios, ni tampoco puede.
8Así que, los que están en la carne no pueden agradar a Dios.

24 Ταλαίπωρος ἐγὼ ἄνθρωπος· τίς με ῥύσεται
Desdichado yo hombre (soy). ¿Quién me librará
ἐκ τοῦ σώματος τοῦ θανάτου τούτου;
de el cuerpo de la muerte este?

25 εὐχαριστῶ τῷ Θεῷ διὰ ' Ἰησοῦ Χριστοῦ τοῦ Κυρίου
Doy gracias a Dios a través de Jesús Cristo el Señor
ἡμῶν. ἄρα οὖν αὐτὸς ἐγὼ τῷ μὲν νοΐ δουλεύω
de nosotros. Así pues yo mismo con la - mente sirvo
νόμῳ Θεοῦ, τῇ δὲ σαρκὶ νόμῳ ἁμαρτίας.
ley de Dios, con la Pero carne a ley de pecado.

8 **1** Οὐδὲν ἄρα νῦν κατάκριμα τοῖς ἐν
Ninguna sin embargo ahora condenación (hay) para los que en
Χριστῷ Ἰησοῦ[40] μὴ κατὰ σάρκα περιπατοῦσιν,
Cristo Jesús (están) (los que) no según carne caminan,
ἀλλὰ κατὰ πνεῦμα.
sino según Espíritu.

2 ὁ γὰρ νόμος τοῦ πνεύματος τῆς ζωῆς ἐν Χριστῷ Ἰησοῦ
la Porque ley del Espíritu de la vida en Cristo Jesús
ἠλευθέρωσέ με ἀπὸ τοῦ νόμου τῆς ἁμαρτίας
liberó me de la ley del pecado
καὶ τοῦ θανάτου.
y de la muerte.

3 τὸ γὰρ ἀδύνατον τοῦ νόμου, ἐν ᾧ ἠσθένει διὰ τῆς
lo Porque imposible para la ley, en lo que era débil por la
σαρκός, ὁ Θεὸς τὸν ἑαυτοῦ υἱὸν πέμψας ἐν ὁμοιώματι
carne, Dios al de sí mismo Hijo enviando en semejanza
σαρκὸς ἁμαρτίας καὶ περὶ ἁμαρτίας,
de carne de pecado y en relación con pecado,
κατέκρινε τὴν ἁμαρτίαν ἐν τῇ σαρκί,
condenó el pecado en la carne,

4 ἵνα τὸ δικαίωμα τοῦ νόμου πληρωθῇ ἐν ἡμῖν
para que el justo requisito[41] de la ley sea cumplido en nosotros
τοῖς μὴ κατὰ σάρκα περιπατοῦσιν, ἀλλὰ κατὰ πνεῦμα·
los que no según carne caminamos, sino según Espíritu.

5 οἱ γὰρ κατὰ σάρκα ὄντες τὰ τῆς σαρκὸς
los Porque según carne siendo las cosas de la carne
φρονοῦσιν, οἱ δὲ κατὰ πνεῦμα τὰ
piensan, los que sin embargo (son) según Espíritu, las cosas
τοῦ πνεύματος.
del Espíritu.

6 τὸ γὰρ φρόνημα τῆς σαρκὸς θάνατος,
el Porque pensamiento de la carne muerte (es),
τὸ δὲ φρόνημα τοῦ πνεύματος ζωὴ καὶ εἰρήνη·
el Pero pensamiento del Espíritu vida y paz (es),

7 διότι τὸ φρόνημα τῆς σαρκὸς ἔχθρα εἰς Θεόν·
por tanto el pensamiento de la carne enemistad contra Dios (es)
τῷ γὰρ νόμῳ τοῦ Θεοῦ οὐχ ὑποτάσσεται· οὐδὲ γὰρ δύναται·
a la Porque ley de Dios no se somete, no Porque puede.

8 οἱ δὲ ἐν σαρκὶ ὄντες Θεῷ ἀρέσαι οὐ δύνανται.
los sin embargo en carne estando a Dios complacer no pueden.

---
40. Desde aquí hasta el final del versículo, aparece suprimido en NU.
41. O la justa exigencia.

9 ὑμεῖς δὲ οὐκ ἐστὲ ἐν σαρκὶ, ἀλλ ἐν πνεύματι,
vosotros sin embargo no estáis en carne, sino en Espíritu,

εἴπερ Πνεῦμα Θεοῦ οἰκεῖ ἐν ὑμῖν. εἰ δέ τις
si es que Espíritu de Dios mora en vosotros, si Pero alguno

Πνεῦμα Χριστοῦ οὐκ ἔχει, οὗτος οὐκ ἔστιν αὐτοῦ.
Espíritu de Cristo no tiene, ése no es de él.

10 εἰ δὲ Χριστὸς ἐν ὑμῖν, τὸ μὲν σῶμα νεκρὸν
si Pero Cristo (está) en vosotros, el - cuerpo muerto (está)

δι' ἁμαρτίαν, τὸ δὲ πνεῦμα ζωὴ διὰ δικαιοσύνην.
por pecado, el Pero espíritu vida (es) por justicia.

11 εἰ δὲ τὸ Πνεῦμα τοῦ ἐγείραντος Ἰησοῦν ἐκ νεκρῶν
si Pero el Espíritu del que levantó a Jesús de muertos

οἰκεῖ ἐν ὑμῖν, ὁ ἐγείρας τὸν Χριστὸν ἐκ νεκρῶν
mora en vosotros, el que levantó a Cristo de muertos

ζωοποιήσει καὶ τὰ θνητὰ σώματα ὑμῶν
dará vida también a los mortales cuerpos de vosotros

διὰ τοῦ ἐνοικοῦντος αὐτοῦ Πνεύματος ἐν ὑμῖν.
mediante el que habita de él Espíritu en vosotros.

12 Ἄρα οὖν, ἀδελφοί, ὀφειλέται ἐσμέν
Así que, hermanos, deudores somos

οὐ τῇ σαρκὶ τοῦ κατὰ σάρκα ζῆν·
no a la carne para según carne vivir.

13 εἰ γὰρ κατὰ σάρκα ζῆτε, μέλλετε ἀποθνήσκειν·
si Porque según carne vivís, tenéis que morir,

εἰ δὲ πνεύματι τὰς πράξεις τοῦ σώματος θανατοῦτε, ζήσεσθε.
si Pero por Espíritu las obras del cuerpo matáis, viviréis.

14 ὅσοι γὰρ Πνεύματι Θεοῦ ἄγονται, οὗτοί εἰσιν
cuantos Porque por Espíritu de Dios son llevados, éstos son

υἱοὶ Θεοῦ.
hijos de Dios.

15 οὐ γὰρ ἐλάβετε πνεῦμα δουλείας πάλιν εἰς
no Porque recibisteis espíritu de servidumbre de nuevo para

φόβον, ἀλλ' ἐλάβετε πνεῦμα υἱοθεσίας, ἐν ᾧ
miedo, sino que recibisteis espíritu de adopción, en el cual

κράζομεν· ἀββᾶ, ὁ πατήρ.
gritamos: Abba, oh padre.

16 αὐτὸ τὸ Πνεῦμα συμμαρτυρεῖ τῷ πνεύματι ἡμῶν
Así el Espíritu cotestifica con el espíritu de nosotros

ὅτι ἐσμὲν τέκνα Θεοῦ.
que somos hijos de Dios.

17 εἰ δὲ τέκνα, καὶ κληρονόμοι, κληρονόμοι μὲν Θεοῦ,
si Y hijos, también herederos, herederos - de Dios,

συγκληρονόμοι δὲ Χριστοῦ, εἴπερ συμπάσχομεν ἵνα
coherederos - con Cristo,[42] si copadecemos para que

καὶ συνδοξασθῶμεν.
también seamos coglorificados.

18 Λογίζομαι γὰρ ὅτι οὐκ ἄξια τὰ παθήματα τοῦ νῦν
considero Porque que no dignos los sufrimientos del ahora

καιροῦ πρὸς τὴν μέλλουσαν δόξαν
tiempo (son) (de compararse) con la venidera gloria

ἀποκαλυφθῆναι εἰς ἡμᾶς.
que ha de ser manifestada en nosotros.

9 Mas vosotros no estáis en la carne, sino en el espíritu, si es que el Espíritu de Dios mora en vosotros. Y si alguno no tiene el Espíritu de Cristo, el tal no es de él. **10** Empero si Cristo está en vosotros, el cuerpo a la verdad está muerto a causa del pecado; mas el espíritu vive a causa de la justicia. **11** Y si el Espíritu de aquel que levantó de los muertos a Jesús mora en vosotros, el que levantó a Cristo Jesús de los muertos, vivificará también vuestros cuerpos mortales por su Espíritu que mora en vosotros. **12** Así que, hermanos, deudores somos, no a la carne, para que vivamos conforme a la carne: **13** Porque si viviereis conforme a la carne, moriréis; mas si por el espíritu mortificáis las obras de la carne, viviréis. **14** Porque todos los que son guiados por el Espíritu de Dios, los tales son hijos de Dios. **15** Porque no habéis recibido el espíritu de servidumbre para estar otra vez en temor; mas habéis recibido el espíritu de adopción, por el cual clamamos, Abba, Padre. **16** Porque el mismo Espíritu da testimonio a nuestro espíritu que somos hijos de Dios. **17** Y si hijos, también herederos; herederos de Dios, y coherederos de Cristo; si empero padecemos juntamente *con él,* para que juntamente *con él* seamos glorificados. **18** Porque tengo por cierto que lo que en este tiempo se padece, no es de comparar con la gloria venidera que en nosotros ha de ser manifestada.

---

42. O también: y no sólo herederos de Dios, sino también coherederos con Cristo.

19Porque el continuo anhelar de las criaturas espera la manifestación de los hijos de Dios.
20Porque las criaturas sujetas fueron a vanidad, no de grado, mas por causa del que las sujetó con esperanza,
21Que también las mismas criaturas serán libradas de la servidumbre de corrupción en la libertad gloriosa de los hijos de Dios.
22Porque sabemos que todas las criaturas gimen a una, y a una están de parto hasta ahora.
23Y no sólo ellas, mas también nosotros mismos, que tenemos las primicias del Espíritu, nosotros también gemimos dentro de nosotros mismos, esperando la adopción, *es a saber,* la redención de nuestro cuerpo.
24Porque en esperanza somos salvos; mas la esperanza que se ve, no es esperanza; porque lo que alguno ve, ¿á qué esperarlo?
25Empero si lo que no vemos esperamos, por paciencia esperamos.
26Y asimismo también el Espíritu ayuda nuestra flaqueza: porque qué hemos de pedir como conviene, no lo sabemos; sino que el mismo Espíritu pide por nosotros con gemidos indecibles.
27Mas el que escudriña los corazones, sabe cuál es el intento del Espíritu, porque conforme a *la voluntad de Dios,* demanda por los santos.

19 ἡ γὰρ ἀποκαραδοκία τῆς κτίσεως
el Porque anhelo máximo de la creación

τὴν ἀποκάλυψιν τῶν υἱῶν τοῦ Θεοῦ ἀπεκδέχεται.
la revelación de los hijos de Dios espera con ansia.[43]

20 τῇ γὰρ ματαιότητι ἡ κτίσις ὑπετάγη,
a la Porque vanidad la creación fue sometida,

οὐχ ἑκοῦσα, ἀλλὰ διὰ τὸν ὑποτάξαντα, ἐπ' ἐλπίδι
no deseando,[44] sino por el que (la) sometió, en esperanza

21 ὅτι καὶ αὐτὴ ἡ κτίσις ἐλευθερωθήσεται
porque también la misma creación será libertada

ἀπὸ τῆς δουλείας τῆς φθορᾶς
de la servidumbre de la corrupción

εἰς τὴν ἐλευθερίαν τῆς δόξης τῶν τέκνων τοῦ Θεοῦ.
a la libertad de la gloria de los hijos de Dios.

22 οἴδομεν γὰρ ὅτι πᾶσα ἡ κτίσις συστενάζει
sabemos Porque que toda la creación gime conjuntamente

καὶ συνωδίνει ἄχρι τοῦ νῦν·
y sufre dolores de parto hasta el ahora.

23 οὐ μόνον δέ, ἀλλὰ καὶ αὐτοὶ τὴν ἀπαρχὴν
no sólo (ella) sino que también (nosotros) mismos la primicia

τοῦ Πνεύματος ἔχοντες, καὶ ἡμεῖς αὐτοὶ
del Espíritu teniendo, también nosotros mismos

ἐν ἑαυτοῖς στενάζομεν υἱοθεσίαν ἀπεκδεχόμενοι,
en nosotros mismos gemimos[45] adopción anhelando,

τὴν ἀπολύτρωσιν τοῦ σώματος ἡμῶν.
la redención del cuerpo de nosotros.

24 τῇ γὰρ ἐλπίδι ἐσώθημεν· ἐλπὶς δὲ
en la Porque esperanza fuimos salvados. esperanza Pero

βλεπομένη οὐκ ἔστιν ἐλπίς· ὃ γὰρ βλέπει τίς,
vista no es esperanza. lo que Porque ve alguno,

τί καὶ[46] ἐλπίζει;
¿por qué también espera?

25 εἰ δὲ ὃ οὐ βλέπομεν ἐλπίζομεν, δι' ὑπομονῆς ἀπεκδεχόμεθα.
si Pero lo que no vemos esperamos, con paciencia anhelamos.

26 Ὡσαύτως δὲ καὶ τὸ Πνεῦμα συναντιλαμβάνεται
De manera semejante - también el Espíritu coopera para sobrellevar

ταῖς ἀσθενείαις ἡμῶν· τὸ γὰρ τί προσευξώμεθα
las debilidades de nosotros. lo Porque qué oraremos

καθὸ δεῖ οὐκ οἴδαμεν, ἀλλ' αὐτὸ τὸ Πνεῦμα
como conviene no sabemos, pero el mismo Espíritu

ὑπερεντυγχάνει ὑπὲρ ἡμῶν[47] στεναγμοῖς ἀλαλήτοις·
intercede por nosotros con gemidos indescriptibles.

27 ὁ δὲ ἐραυνῶν τὰς καρδίας οἶδε τί τὸ φρόνημα
el que - ve los corazones conoce cuál (es) el pensamiento

τοῦ Πνεύματος, ὅτι κατὰ Θεὸν ἐντυγχάνει ὑπὲρ ἁγίων.
del Espíritu, que según Dios intercede por santos.

---

43. O anhela.
44. Es decir, no porque ella quisiera.
45. Es decir, no sólo la creación gime sino que también nosotros, pese a tener la primicia del Espíritu, gemimos...
46. La NU suprime "porque también". Es decir, ¿cómo se va a esperar lo que ya se ve?
47. La NU suprime "por nosotros".

28 Οἴδαμεν δὲ ὅτι τοῖς ἀγαπῶσι τὸν Θεὸν
Sabemos - que para los amando a Dios
πάντα συνεργεῖ εἰς ἀγαθόν,
todo colabora para bien,
τοῖς κατὰ πρόθεσιν κλητοῖς οὖσιν·
para los según propósito llamados siendo.

29 ὅτι οὓς προέγνω, καὶ προώρισε συμμόρφους
porque a los que preconoció, también predestinó conformes
τῆς εἰκόνος τοῦ υἱοῦ αὐτοῦ,
a la imagen del Hijo de El,
εἰς τὸ εἶναι αὐτὸν πρωτότοκον ἐν πολλοῖς ἀδελφοῖς·
para - ser él primogénito entre muchos hermanos.

30 οὓς δὲ προώρισε, τούτους καὶ ἐκάλεσε,
a los que Y predestinó, a éstos también llamó,
καὶ οὓς ἐκάλεσε, τούτους καὶ ἐδικαίωσε,
y a los que llamó, a éstos también justificó,
οὓς δὲ ἐδικαίωσε, τούτους καὶ ἐδόξασε.
a los que Y justificó, a éstos también glorificó.

31 Τί οὖν ἐροῦμεν πρὸς ταῦτα;
¿Qué pues diremos sobre esto?
εἰ ὁ Θεὸς ὑπὲρ ἡμῶν, τίς καθ' ἡμῶν;
Si - Dios (está) por nosotros, ¿quién contra nosotros?

32 ὅς γε τοῦ ἰδίου υἱοῦ οὐκ ἐφείσατο,
Quien ciertamente al Suyo Hijo no perdonó,
ἀλλ' ὑπὲρ ἡμῶν πάντων παρέδωκεν αὐτόν,
sino que por nosotros todos dio lo,
πῶς οὐχὶ καὶ σὺν αὐτῷ τὰ πάντα ἡμῖν χαρίσεται;
¿cómo no también con él todo nos regalará?

33 τίς ἐγκαλέσει κατὰ ἐκλεκτῶν Θεοῦ; Θεὸς ὁ δικαιῶν·
¿Quién acusará a elegidos de Dios? Dios el que justifica.

34 τίς ὁ κατακρίνων; Χριστὸς ὁ ἀποθανών,
¿Quién (es) el que juzga? Cristo el que murió.
μᾶλλον δὲ καὶ ἐγερθείς, ὃς καί ἐστιν
más - también el que fue levantado, el que también está
ἐν δεξιᾷ τοῦ Θεοῦ, ὃς καὶ ἐντυγχάνει ὑπὲρ ἡμῶν.
a derecha de Dios, el que también intercede por nosotros.

35 τίς ἡμᾶς χωρίσει ἀπὸ τῆς ἀγάπης τοῦ Χριστοῦ;
¿Qué nos separará de el amor de Cristo?
θλῖψις ἢ στενοχωρία ἢ διωγμὸς ἢ λιμὸς ἢ γυμνότης
¿Tribulación o angustia o persecución o hambre o desnudez
ἢ κίνδυνος ἢ μάχαιρα;
o peligro o espada?

36 καθὼς γέγραπται ὅτι ἕνεκά σου θανατούμεθα
Como está escrito que por ti somos matados
ὅλην τὴν ἡμέραν· ἐλογίσθημεν
todo el día. Somos considerados
ὡς πρόβατα σφαγῆς.
como ovejas de matanza.

37 ἀλλ' ἐν τούτοις πᾶσιν ὑπερνικῶμεν διὰ τοῦ ἀγαπήσαντος ἡμᾶς.
Pero en esto todo hipervencemos[48] por el que amó nos.

28Y sabemos que a los que a Dios aman, todas las cosas les ayudan a bien, *es a saber*, a los que conforme al propósito son llamados.
29Porque a los que antes conoció, también predestinó para que fuesen hechos conformes a la imagen de su Hijo, para que él sea el primogénito entre muchos hermanos;
30Y a los que predestinó, a éstos también llamó; y a los que llamó, a éstos también justificó; y a los que justificó, a éstos también glorificó.
31¿Pues qué diremos a esto? Si Dios por nosotros, ¿quién contra nosotros?
32El que aun a su propio Hijo no perdonó, antes le entregó por todos nosotros, ¿cómo no nos dará también con él todas las cosas?
33¿Quién acusará a los escogidos de Dios? Dios es el que justifica.
34¿Quién es el que condenará? Cristo es el que murió; más aún, el que también resucitó, quien además está a la diestra de Dios, el que también intercede por nosotros.
35¿Quién nos apartará del amor de Cristo? tribulación? o angustia? o persecución? o hambre? o desnudez? o peligro? o cuchillo?
36Como está escrito:
  Por causa de ti somos muertos todo el tiempo:
  Somos estimados como ovejas de matadero.
37Antes, en todas estas cosas hacemos más que vencer por medio de aquel que nos amó.

---

48. Es decir, vencemos de manera más que sobresaliente.

38 Por lo cual estoy cierto que ni la muerte, ni la vida, ni ángeles, ni principados, ni potestades, ni lo presente, ni lo por venir,
39 Ni lo alto, ni lo bajo, ni ninguna criatura nos podrá apartar del amor de Dios, que es en Cristo Jesús Señor nuestro.

9 Verdad digo en Cristo, no miento, dándome testimonio mi conciencia en el Espíritu Santo,
2 Que tengo gran tristeza y continuo dolor en mi corazón.
3 Porque deseara yo mismo ser apartado de Cristo por mis hermanos, los que son mis parientes según la carne;
4 Que son israelitas, de los cuales es la adopción, y la gloria, y el pacto, y la data de la ley, y el culto, y las promesas;
5 Cuyos son los padres, y de los cuales es Cristo según la carne, el cual es Dios sobre todas las cosas, bendito por los siglos. Amén.
6 No empero que la palabra de Dios haya faltado: porque no todos los que son de Israel son Israelitas;
7 Ni por ser simiente de Abraham, son todos hijos; mas: En Isaac te será llamada simiente.

38 πέπεισμαι γὰρ ὅτι οὔτε θάνατος οὔτε ζωὴ
estoy convencido Porque de que ni muerte ni vida
οὔτε ἄγγελοι οὔτε ἀρχαὶ οὔτε δυνάμεις
ni ángeles ni principados ni poderes
οὔτε ἐνεστῶτα οὔτε μέλλοντα
ni lo presente ni lo que vendrá

39 οὔτε ὕψωμα οὔτε βάθος οὔτε τις κτίσις ἑτέρα
ni alto ni profundo ni alguna creación otra
δυνήσεται ἡμᾶς χωρίσαι ἀπὸ τῆς ἀγάπης τοῦ Θεοῦ
podrá nos separar de el amor de Dios
τῆς ἐν Χριστῷ Ἰησοῦ τῷ Κυρίῳ ἡμῶν.
que (está) en Cristo Jesús el Señor de nosotros.

9 1 Ἀλήθειαν λέγω ἐν Χριστῷ, οὐ ψεύδομαι,
Verdad digo en Cristo, no miento,
συμμαρτυρούσης μοι τῆς συνειδήσεώς μου
cotestificando conmigo la conciencia de mí.
ἐν Πνεύματι Ἁγίῳ,
en Espíritu Santo.

2 ὅτι λύπη μοί ἐστι μεγάλη καὶ ἀδιάλειπτος ὀδύνη
que pesar para mí es[49] grande e incesante dolor
τῇ καρδίᾳ μου.
en el corazón de mí.

3 ηὐχόμην γὰρ αὐτὸς ἐγὼ ἀνάθεμα εἶναι
desearía Porque mismo yo anatema ser
ἀπὸ τοῦ Χριστοῦ ὑπὲρ τῶν ἀδελφῶν μου,
de el Cristo por los hermanos de mí,
τῶν συγγενῶν μου κατὰ σάρκα,
los compatriotas de mí según carne,

4 οἵτινές εἰσιν Ἰσραηλῖται, ὧν ἡ υἱοθεσία καὶ ἡ δόξα
los cuales son israelitas, de los cuales la adopción y la gloria
καὶ αἱ διαθῆκαι καὶ ἡ νομοθεσία καὶ ἡ λατρεία
y los pactos y la entrega de la ley y la adoración
καὶ αἱ ἐπαγγελίαι,
y las promesas,

5 ὧν οἱ πατέρες, καὶ ἐξ ὧν ὁ Χριστὸς τὸ κατὰ
de los cuales los padres, y de los cuales el Cristo la según
σάρκα, ὁ ὢν ἐπὶ πάντων Θεὸς εὐλογητὸς εἰς τοὺς αἰῶνας· ἀμήν.
carne, que es sobre todo Dios bendito por las eras. Amén.

6 Οὐχ οἷον δὲ ὅτι ἐκπέπτωκεν ὁ λόγος τοῦ Θεοῦ.
No como - que haya fallado la Palabra de Dios
οὐ γὰρ πάντες οἱ ἐξ Ἰσραήλ, οὗτοι Ἰσραήλ,
no Porque todos los de Israel, estos Israel (son)

7 οὐδ' ὅτι εἰσὶ σπέρμα Ἀβραάμ, πάντες τέκνα,
ni Porque son descendencia de Abraham, todos hijos,
ἀλλ' ἐν Ἰσαὰκ κληθήσεταί σοι σπέρμα·
sino que en Isaac será llamada a ti descendencia.

---

49. Es decir, tengo: Oración de εἰμι + dativo.

8 τοῦτ' ἔστιν οὐ τὰ τέκνα τῆς σαρκὸς ταῦτα τέκνα
Eso es: no los hijos de la carne esos hijos (son)
τοῦ Θεοῦ, ἀλλὰ τὰ τέκνα τῆς ἐπαγγελίας
de Dios, sino a los hijos de la promesa
λογίζεται εἰς σπέρμα.
se considera por descendencia.

9 ἐπαγγελίας γὰρ ὁ λόγος οὗτος· κατὰ τὸν καιρὸν τοῦτον
de promesa Porque la palabra esta: según el tiempo este
ἐλεύσομαι καὶ ἔσται τῇ Σάρρᾳ υἱός.⁵⁰
vendré y será para Sara hijo.⁵⁰

10 οὐ μόνον δέ, ἀλλὰ καὶ Ῥεβέκκα
no sólo: - , sino también Rebeca
ἐξ ἑνὸς κοίτην ἔχουσα, Ἰσαὰκ τοῦ πατρὸς ἡμῶν·
de uno concepción teniendo, de Isaac el padre de nosotros

11 μήπω γὰρ γεννηθέντων μηδὲ πραξάντων
todavía no Porque habiendo nacido ni habiendo hecho
τι ἀγαθὸν ἢ κακόν, ἵνα ἡ κατ' ἐκλογὴν
algo bueno o malo, de manera que el según elección
τοῦ Θεοῦ πρόθεσις μένῃ,
de Dios propósito permaneciera,
οὐκ ἐξ ἔργων, ἀλλ' ἐκ τοῦ καλοῦντος,
no por obras, sino por el que llamó⁵¹ -

12 ἐρρέθη αὐτῇ ὅτι ὁ μείζων δουλεύσει τῷ ἐλάσσονι,
fue dicho a ella que el mayor servirá al menor,

13 καθὼς γέγραπται· τὸν Ἰακὼβ ἠγάπησα,
Como está escrito, a Jacob amé,
τὸν δὲ Ἠσαῦ ἐμίσησα.
a - Esaú odié.

14 Τί οὖν ἐροῦμεν; μὴ ἀδικία παρὰ
¿Qué pues diremos? ¿No injusticia en
τῷ Θεῷ; μὴ γένοιτο.
- Dios (se manifiesta)? No suceda.⁵²

15 τῷ γὰρ Μωϋσεῖ λέγει· ἐλεήσω ὃν ἂν
a Porque Moisés dice, tendré misericordia del que llegado el caso
ἐλεῶ, καὶ οἰκτιρήσω ὃν ἂν
tendré misericordia, y compadeceré al que llegado el caso
οἰκτίρω.
compadezca.

16 ἄρα οὖν οὐ τοῦ θέλοντος οὐδὲ τοῦ τρέχοντος,
Así pues no del queriendo ni del corriendo,
ἀλλὰ τοῦ ἐλεοῦντος Θεοῦ.⁵³
sino de teniendo misericordia Dios.⁵³

8 Quiere decir: No los que son hijos de la carne, éstos son los hijos de Dios; mas los que son hijos de la promesa, son contados en la generación. **9** Porque la palabra de la promesa es esta: Como en este tiempo vendré, y tendrá Sara un hijo. **10** Y no sólo esto; mas también Rebeca concibiendo de uno, de Isaac nuestro padre, **11** (Porque no siendo aún nacidos, ni habiendo hecho aún ni bien ni mal, para que el propósito de Dios conforme a la elección, no por las obras sino por el que llama, permaneciese;) **12** Le fué dicho que el mayor serviría al menor. **13** Como está escrito: A Jacob amé, mas a Esaú aborrecí. **14** ¿Pues qué diremos? ¿Que hay injusticia en Dios? En ninguna manera. **15** Mas a Moisés dice: Tendré misericordia del que tendré misericordia, y me compadeceré del que me compadeceré. **16** Así que no es del que quiere, ni del que corre, sino de Dios que tiene misericordia.

---

50. Es decir, Sara tendrá hijo (oración de εἰμι + dativo)
51. Desde "no por obras" hasta el final aparece en algunas versiones a inicios del versículo siguiente.
52. Es decir: en absoluto, nunca jamás.
53. Es decir: de Dios que tiene misericordia.

17Porque la Escritura dice de Faraón: Que para esto mismo te he levantado, para mostrar en ti mi potencia, y que mi nombre sea anunciado por toda la tierra.
18De manera que del que quiere tiene misericordia; y al que quiere, endurece.
19Me dirás pues: ¿Por qué, pues, se enoja? porque ¿quién resistirá a su voluntad?
20Mas antes, oh hombre, ¿quién eres tú, para que alterques con Dios? Dirá el vaso de barro al que le labró: ¿Por qué me has hecho tal?
21¿O no tiene potestad el alfarero para hacer de la misma masa un vaso para honra, y otro para vergüenza?
22¿Y qué, si Dios, queriendo mostrar la ira y hacer notoria su potencia, soportó con mucha mansedumbre los vasos de ira preparados para muerte,
23Y para hacer notorias las riquezas de su gloria, *mostrólas* para con los vasos de misericordia que él ha preparado para gloria;
24Los cuales también ha llamado, *es a saber*, a nosotros, no sólo de los Judíos, mas también de los Gentiles?
25Como también en Oseas dice:
   Llamaré al que no era mi pueblo, pueblo mío;
   Y a la no amada, amada.

17 λέγει γὰρ ἡ γραφὴ τῷ Φαραὼ ὅτι εἰς αὐτὸ τοῦτο
dice Porque la Escritura al faraón que para esto mismo
ἐξήγειρά σε, ὅπως ἐνδείξωμαι ἐν σοὶ
levanté a ti, para que muestre en ti
τὴν δύναμίν μου, καὶ ὅπως διαγγελῇ
el poder de mí, y para que proclame
τὸ ὄνομά μου ἐν πάσῃ τῇ γῇ.
el nombre de mí en toda la tierra.

18 ἄρα οὖν ὃν θέλει ἐλεεῖ, ὃν δὲ θέλει
Así que del que quiere tiene misericordia, al que - quiere
σκληρύνει.
endurece.

19 Ἐρεῖς οὖν μοι· τί ἔτι μέμφεται;[54]
Dirás pues a mí. ¿Por qué todavía encuentra falta?
τῷ γὰρ βουλήματι αὐτοῦ τίς ἀνθέστηκε;
¿a la Porque voluntad de él quién se resistió?

20 μενοῦνγε, ὦ ἄνθρωπε, σὺ τίς εἶ ὁ ἀνταποκρινόμενος
Ciertamente, oh hombre, ¿tú quién eres replicando
τῷ Θεῷ; μὴ ἐρεῖ τὸ πλάσμα τῷ πλάσαντι,
a Dios? ¿Acaso dirá lo formado al que formó
τί με ἐποίησας οὕτως;
por qué me hiciste así?

21 ἢ οὐκ ἔχει ἐξουσίαν ὁ κεραμεὺς τοῦ πηλοῦ,
¿O no tiene autoridad el alfarero sobre el barro,
ἐκ τοῦ αὐτοῦ φυράματος ποιῆσαι
(para) de la misma pasta hacer
ὃ μὲν εἰς τιμὴν σκεῦος, ὃ δὲ εἰς ἀτιμίαν;
uno - para honra vaso, uno - para deshonra?

22 εἰ δὲ θέλων ὁ Θεὸς ἐνδείξασθαι τὴν ὀργὴν
(¿Qué) si - deseando Dios mostrar la ira
καὶ γνωρίσαι τὸ δυνατὸν αὐτοῦ ἤνεγκε
y dar a conocer el poder de Él soportó
ἐν πολλῇ μακροθυμίᾳ σκεύη ὀργῆς κατηρτισμένα
con mucha longanimidad vasos de ira preparados
εἰς ἀπώλειαν,
para perdición,

23 καὶ ἵνα γνωρίσῃ τὸν πλοῦτον τῆς δόξης αὐτοῦ
y para que dé a conocer la riqueza de la gloria de Él (la mostró)
ἐπὶ σκεύη ἐλέους ἃ προητοίμασεν εἰς δόξαν,
en vasos de misericordia que preparó anticipadamente para gloria,

24 οὓς καὶ ἐκάλεσεν ἡμᾶς οὐ μόνον
a los cuales también llamó, a nosotros, no sólo
ἐξ Ἰουδαίων ἀλλὰ καὶ ἐξ ἐθνῶν;
de judíos sino también de gentiles?

25 ὡς καὶ ἐν τῷ Ὡσηὲ λέγει· καλέσω
Como también en Oseas dice: llamaré
τὸν οὐ λαόν μου λαόν μου,
al no pueblo de mi pueblo de mí,
καὶ τὴν οὐκ ἠγαπημένην ἠγαπημένην·
y a la no amada amada.

---

54. O formula reproches.

26 καὶ ἔσται ἐν τῷ τόπῳ οὗ ἐρρέθη αὐτοῖς,
y será en el lugar donde fue dicho a ellos,
οὐ λαός μου ὑμεῖς, ἐκεῖ κληθήσονται
no pueblo de mí vosotros (sois), allí serán llamados
υἱοὶ Θεοῦ ζῶντος.
hijos de Dios viviente.

27 Ἠσαΐας δὲ κράζει ὑπὲρ τοῦ Ἰσραήλ,
Isaías - grita sobre - Israel
ἐὰν ᾖ ὁ ἀριθμὸς τῶν υἱῶν Ἰσραὴλ
si fuera el número de los hijos de Israel
ὡς ἡ ἄμμος τῆς θαλάσσης, τὸ κατάλειμμα σωθήσεται·
como la arena del mar el remanente será salvado.

28 λόγον γὰρ συντελῶν καὶ συντέμνων ἐν⁵⁵ δικαιοσύνῃ,
cuestión Porque acabando y concluyendo en justicia,
ὅτι λόγον συντετμημένον ποιήσει Κύριος
porque cuestión concluida hará Señor
ἐπὶ τῆς γῆς.
sobre la tierra.

29 καὶ καθὼς προείρηκεν Ἠσαΐας, εἰ μὴ Κύριος Σαβαὼθ
y como predijo Isaías, si no Señor Sabaot⁵⁶
ἐγκατέλιπεν ἡμῖν σπέρμα, ὡς Σόδομα
hubiera dejado a nosotros descendencia, como Sodoma
ἂν ἐγενήθημεν καὶ ὡς Γόμορρα ἂν
- habríamos llegado a ser y como Gomorra -
ὡμοιώθημεν.
habríamos sido asemejados.

30 Τί οὖν ἐροῦμεν; ὅτι ἔθνη τὰ μὴ διώκοντα δικαιοσύνην
¿Qué pues diremos? Que gentiles que no perseguían justicia
κατέλαβε δικαιοσύνην, δικαιοσύνην δὲ τὴν
obtuvieron justicia, justicia - la
ἐκ πίστεως,
de fe,

31 Ἰσραὴλ δὲ διώκων νόμον δικαιοσύνης⁵⁷
Israel sin embargo persiguiendo ley de justicia
εἰς νόμον δικαιοσύνης οὐκ ἔφθασε.
a ley de justicia no alcanzó.

32 διατί; ὅτι οὐκ ἐκ πίστεως, ἀλλ' ὡς ἐξ
¿Por qué? Porque no por fe sino como (si procediera) de
ἔργων νόμου.⁵⁸
obras de ley (buscaron)
προσέκοψαν γὰρ τῷ λίθῳ τοῦ προσκόμματος,
tropezaron Porque en la piedra de tropiezo.

33 καθὼς γέγραπται· ἰδοὺ τίθημι ἐν Σιὼν
Como está escrito: mira, coloco en Sión
λίθον προσκόμματος καὶ πέτραν σκανδάλου,
piedra de tropiezo y roca de escándalo
καὶ πᾶς ὁ πιστεύων ἐπ' αὐτῷ οὐ καταισχυνθήσεται.
y todo el que crea en él no será avergonzado.

26Y será, que en el lugar donde les fué dicho: Vosotros no sois pueblo mío:
Allí serán llamados hijos del Dios viviente.
27También Isaías clama tocante a Israel: Si fuere el número de los hijos de Israel como la arena de la mar, las reliquias serán salvas:
28Porque palabra consumadora y abreviadora en justicia, porque palabra abreviada, hará el Señor sobre la tierra.
29Y como antes dijo Isaías:
Si el Señor de los ejércitos no nos hubiera dejado simiente, Como Sodoma habríamos venido a ser, y a Gomorra fuéramos semejantes.
30¿Pues qué diremos? Que los Gentiles que no seguían justicia, han alcanzado la justicia, es a saber, la justicia que es por la fe;
31Mas Israel que seguía la ley de justicia, no ha llegado a la ley de justicia.
32¿Por qué? Porque *la seguían* no por fe, mas como por las obras de la ley: por lo cual tropezaron en la piedra de tropiezo,
33Como está escrito:
He aquí pongo en Sión piedra de tropiezo, y piedra de caída;
Y aquel que creyere en ella, no será avergonzado.

---

55. La NU suprime "en justicia... concluida".
56. Transcripción del término hebreo que se traduce por "de los ejércitos" o "de las huestes".
57. La NU suprime "de justicia".
58. La NU suprime "de ley".

10 Hermanos, ciertamente la voluntad de mi corazón y mi oración a Dios sobre Israel, es para salud.
2 Porque yo les doy testimonio que tienen celo de Dios, mas no conforme a ciencia.
3 Porque ignorando la justicia de Dios, y procurando establecer la suya propia, no se han sujetado a la justicia de Dios.
4 Porque el fin de la ley es Cristo, para justicia a todo aquel que cree.
5 Porque Moisés describe la justicia que es por la ley: Que el hombre que hiciere estas cosas, vivirá por ellas.
6 Mas la justicia que es por la fe dice así: No digas en tu corazón: ¿Quién subirá al cielo? (esto es, para traer abajo a Cristo:)
7 O, ¿quién descenderá al abismo? (esto es, para volver a traer a Cristo de los muertos.)
8 Mas ¿qué dice? Cercana está la palabra, en tu boca y en tu corazón. Esta es la palabra de fe, la cual predicamos:
9 Que si confesares con tu boca al Señor Jesús, y creyeres en tu corazón que Dios le levantó de los muertos, serás salvo.
10 Porque con el corazón se cree para justicia; mas con la boca se hace confesión para salud.
11 Porque la Escritura dice: Todo aquel que en él creyere, no será avergonzado.

10 1 Ἀδελφοί, ἡ μὲν εὐδοκία τῆς ἐμῆς καρδίας καὶ ἡ δέησις
Hermanos, el - anhelo de mi corazón y la súplica

ἡ πρὸς τὸν Θεὸν ὑπὲρ τοῦ Ἰσραήλ ἐστιν εἰς σωτηρίαν·
la ante Dios por - Israel es para salvación.

2 μαρτυρῶ γὰρ αὐτοῖς ὅτι ζῆλον Θεοῦ
testifico Porque de ellos que celo de Dios

ἔχουσιν, ἀλλ' οὐ κατ' ἐπίγνωσιν.
tienen, pero no según conocimiento.

3 ἀγνοοῦντες γὰρ τὴν τοῦ Θεοῦ δικαιοσύνην,
desconociendo Porque la de Dios justicia,

καὶ τὴν ἰδίαν δικαιοσύνην ζητοῦντες στῆσαι,
y la propia justicia buscando establecer,

τῇ δικαιοσύνῃ τοῦ Θεοῦ οὐχ ὑπετάγησαν.
a la justicia de Dios no se sometieron.

4 τέλος γὰρ νόμου Χριστὸς εἰς δικαιοσύνην
fin Porque de ley (es) Cristo para justicia

παντὶ τῷ πιστεύοντι.
para todo el que cree.

5 Μωϋσῆς γὰρ γράφει τὴν δικαιοσύνην τὴν ἐκ τοῦ νόμου,
Moisés Porque escribe la justicia la de la ley,

ὅτι ὁ ποιήσας αὐτὰ ἄνθρωπος ζήσεται ἐν αὐτοῖς·
que el habiendo hecho estas cosas hombre vivirá por ellas

6 ἡ δὲ ἐκ πίστεως δικαιοσύνη οὕτω λέγει·
la - de fe justicia así dice:

μὴ εἴπῃς ἐν τῇ καρδίᾳ σου, τίς ἀναβήσεται
no digas en el corazón de ti: ¿quién subirá

εἰς τὸν οὐρανόν; τοῦτ' ἔστι Χριστὸν καταγαγεῖν·
a el cielo? Esto es (para) a Cristo bajar.

7 ἤ τίς καταβήσεται εἰς τὴν ἄβυσσον;
o ¿quién descenderá a el abismo?

τοῦτ' ἔστι Χριστὸν ἐκ νεκρῶν ἀναγαγεῖν.
Esto es (para) a Cristo de muertos subir.

8 ἀλλὰ τί λέγει; ἐγγύς σου τὸ ῥῆμά ἐστιν,
pero ¿qué dice?. Cerca de ti la palabra está,

ἐν τῷ στόματί σου καὶ ἐν τῇ καρδίᾳ σου·
en la boca de ti y en el corazón de ti.

τοῦτ' ἔστι τὸ ῥῆμα τῆς πίστεως ὃ κηρύσσομεν.
Ésta es la palabra de la fe que predicamos.

9 ὅτι ἐὰν ὁμολογήσῃς ἐν τῷ στόματί σου Κύριον Ἰησοῦν,
que si confiesas con la boca de ti a Señor Jesús,[59]

καὶ πιστεύσῃς ἐν τῇ καρδίᾳ σου ὅτι ὁ Θεὸς
y crees en el corazón de ti que - Dios

αὐτὸν ἤγειρεν ἐκ νεκρῶν, σωθήσῃ·
lo levantó de muertos, serás salvado.

10 καρδίᾳ γὰρ πιστεύεται εἰς δικαιοσύνην,
con corazón Porque se cree para justicia,

στόματι δὲ ὁμολογεῖται εἰς σωτηρίαν.
con boca - se confiesa para salvación.

11 λέγει γὰρ ἡ γραφή· πᾶς ὁ πιστεύων ἐπ' αὐτῷ οὐ
dice Porque la Escritura toda el que cree en él no

καταισχυνθήσεται.
será avergonzado.

---

59. O que Jesús es el Señor.

12 οὐ γάρ ἐστι διαστολὴ Ἰουδαίου τε καὶ Ἕλληνος·
no Porque hay diferencia de judío - y de griego

ὁ γὰρ αὐτὸς Κύριος πάντων, πλουτῶν
el Porque el mismo (es) Señor de todos, rico

εἰς πάντας τοὺς ἐπικαλουμένους αὐτόν·
para todos los que invocan lo.

13 πᾶς γὰρ ὃς ἂν ἐπικαλέσηται τὸ ὄνομα Κυρίου σωθήσεται.
todo Porque el que - invoque el nombre de Señor será salvo.

14 πῶς οὖν ἐπικαλέσωνται εἰς ὃν οὐκ ἐπίστευσαν;
¿Cómo pues invocarán al que no creyeron?

πῶς δὲ πιστεύσουσιν οὗ οὐκ ἤκουσαν;
¿Cómo - creerán al que no oyeron?

πῶς δὲ ἀκούσουσι χωρὶς κηρύσσοντος;
¿Cómo - oirán sin quien anuncie?

15 πῶς δὲ κηρύξουσιν ἐὰν μὴ ἀποσταλῶσιν;
¿Cómo - anunciarán si no son enviados?

καθὼς γέγραπται· ὡς ὡραῖοι οἱ πόδες τῶν
Como está escrito: cuán hermosos los pies de los

εὐαγγελιζομένων εἰρήνην, τῶν εὐαγγελιζομένων τὰ ἀγαθά.
que anuncian[60] paz, de los que anuncian[61] lo bueno.

16 Ἀλλ' οὐ πάντες ὑπήκουσαν τῷ εὐαγγελίῳ. Ἠσαΐας γὰρ λέγει·
Pero no todos obedecieron al evangelio, Isaías Porque dice:

Κύριε, τίς ἐπίστευσε τῇ ἀκοῇ ἡμῶν;
Señor, ¿quién creyó en el anuncio de nosotros?

17 ἄρα ἡ πίστις ἐξ ἀκοῆς, ἡ δὲ ἀκοὴ διὰ
Ahora bien la fe de anuncio, el - anuncio a través

ῥήματος Θεοῦ.
de palabra de Dios (es).

18 ἀλλὰ λέγω, μὴ οὐκ ἤκουσαν; μενοῦνγε, εἰς πᾶσαν τὴν γῆν
pero digo, ¿acaso no oyeron? Por supuesto, por toda la tierra

ἐξῆλθεν ὁ φθόγγος αὐτῶν καὶ εἰς τὰ πέρατα
salió la voz[62] de ellos y a los confines

τῆς οἰκουμένης τὰ ῥήματα αὐτῶν.
de la ecumene[63] las palabras de ellos.

19 ἀλλὰ λέγω, μὴ οὐκ ἔγνω Ἰσραήλ; πρῶτος Μωϋσῆς
pero digo: ¿Acaso no conoció Israel? Primero Moisés

λέγει· ἐγὼ παραζηλώσω ὑμᾶς ἐπ' οὐκ
dice: yo provocaré a celos a vosotros con (los que son) no

ἔθνει, ἐπὶ ἔθνει ἀσυνέτῳ παροργιῶ ὑμᾶς.
pueblo, con nación necia airaré os.

20 Ἠσαΐας δὲ ἀποτολμᾷ καὶ λέγει· εὑρέθην τοῖς ἐμὲ μὴ
Isaías - se atreve y dice: Fui hallado por los a mí no

ζητοῦσιν, ἐμφανὴς ἐγενόμην τοῖς ἐμὲ μὴ ἐπερωτῶσιν.
buscando, Manifiesto llegué a ser a los que a mí no preguntaban.

21 πρὸς δὲ τὸν Ἰσραὴλ λέγει· ὅλην τὴν ἡμέραν
a - el Israel dice: todo el día

ἐξεπέτασα τὰς χεῖράς μου πρὸς λαὸν
extendí las manos de mí a pueblo

ἀπειθοῦντα καὶ ἀντιλέγοντα.
que desobedece y que contradice.

12 Porque no hay diferencia de Judío y de Griego: porque el mismo que es Señor de todos, rico es para con todos los que le invocan: **13** Porque todo aquel que invocare el nombre del Señor, será salvo. **14** ¿Cómo, pues invocarán a aquel en el cual no han creído? ¿y cómo creerán a aquel de quien no han oído? ¿y cómo oirán sin haber quien les prediquen? **15** ¿Y cómo predicarán si no xueren enviados? Como está escrito: ¡Cuán hermosos son los pies de los que anuncian el evangelio de la paz, de los que anuncian el evangelio de los bienes! **16** Mas no todos obedecen al evangelio; pues Isaías dice: Señor, ¿quién ha creído a nuestro anuncio? **17** Luego la fe es por el oir; y el oir por la palabra de Dios. **18** Mas digo: ¿No han oído? Antes bien,
Por toda la tierra ha salido la fama de ellos,
Y hasta los cabos de la redondez de la tierra las palabras de ellos.
19 Mas digo: ¿No ha conocido esto Israel? Primeramente Moisés dice:
Yo os provocaré a celos con gente que no es *mía*;
Con gente insensata os provocaré a ira.
20 E Isaías determinadamente dice:
Fuí hallado de los que no me buscaban;
Manifestéme a los que no preguntaban por mí.
21 Mas acerca de Israel dice: Todo el día extendí mis manos a un pueblo rebelde y contradictor.

---

60. O dan la buena noticia de la paz.
61. O dan la buena noticia de la paz.
62. El término también significa sonido musical o tono, como en 1 Corintios 14.7.
63. El término se refiere al mundo habitado que, por regla general, en el Nuevo Testamento se identifica con el territorio del imperio romano.

11 Digo pues: ¿Ha desechado Dios a su pueblo? En ninguna manera. Porque también yo soy Israelita, de la simiente de Abraham, de la tribu de Benjamín. **2** No ha desechado Dios a su pueblo, al cual antes conoció. ¿O no sabéis qué dice de Elías la Escritura? cómo hablando con Dios contra Israel *dice:* **3** Señor, a tus profetas han muerto, y tus altares han derruído; y yo he quedado solo, y procuran matarme. **4** Mas ¿qué le dice la divina respuesta? He dejado para mí siete mil hombres, que no han doblado la rodilla delante de Baal. **5** Así también, aun en este tiempo han quedado reliquias por la elección de gracia. **6** Y si por gracia, luego no por las obras; de otra manera la gracia ya no es gracia. Y si por las obras, ya no es gracia; de otra manera la obra ya no es obra. **7** ¿Qué pues? Lo que buscaba Israel aquello no ha alcanzado; mas la elección lo ha alcanzado: y los demás fueron endurecidos; **8** Como está escrito: Dióles Dios espíritu de remordimiento, ojos con que no vean, y oídos con que no oigan, hasta el día de hoy.

11 1 Λέγω οὖν, μὴ ἀπώσατο ὁ Θεὸς τὸν λαὸν αὐτοῦ;
Digo pues, ¿No rechazó Dios al pueblo de El?

μὴ γένοιτο· καὶ γὰρ ἐγὼ Ἰσραηλίτης εἰμί,
No suceda.[64] también Porque yo israelita soy,

ἐκ σπέρματος Ἀβραάμ, φυλῆς Βενιαμίν.
de semilla de Abraham, de tribu de Benjamín.

2 οὐκ ἀπώσατο ὁ Θεὸς τὸν λαὸν αὐτοῦ ὃν προέγνω.
No rechazó - Dios al pueblo de Él al que pre-conoció.

ἢ οὐκ οἴδατε ἐν Ἠλίᾳ τί λέγει ἡ γραφή;
¿O no sabéis sobre Elías qué dice la Escritura?

ὡς ἐντυγχάνει τῷ Θεῷ κατὰ τοῦ Ἰσραήλ λέγων·[65]
Como se encuentra con Dios contra[66] el Israel diciendo:

3 Κύριε, τοὺς προφήτας σου ἀπέκτειναν καὶ τὰ θυσιαστήριά
Señor, a los profetas de Ti mataron y los altares

σου κατέσκαψαν, κἀγὼ ὑπελείφθην μόνος,
de Ti arrasaron, y yo he sido dejado solo,

καὶ ζητοῦσι τὴν ψυχήν μου.
y buscan el alma de mí.[67]

4 ἀλλὰ τί λέγει αὐτῷ ὁ χρηματισμός;
pero ¿qué dice a él el oráculo?

κατέλιπον ἐμαυτῷ ἑπτακισχιλίους ἄνδρας,
dejé a mí mismo siete mil varones

οἵτινες οὐκ ἔκαμψαν γόνυ τῇ Βάαλ.
que no doblaron rodilla a Baal.

5 οὕτως οὖν καὶ ἐν τῷ νῦν καιρῷ λεῖμμα
Así pues también en el ahora tiempo remanente

κατ' ἐκλογὴν χάριτος γέγονεν.
según elección de gracia ha sucedido.

6 εἰ δὲ χάριτι, οὐκέτι ἐξ ἔργων· ἐπεὶ
Si pues por gracia, no (es) por obras. de otra manera

ἡ χάρις οὐκέτι γίνεται χάρις·[68] εἰ δὲ ἐξ ἔργων, οὐκέτι ἐστὶ
la gracia no resultaría gracia. Si - (es) por obras, no (es) por

χάρις· ἐπεὶ τὸ ἔργον οὐκέτι ἐστὶν ἔργον.
gracia. de otra manera la obra no es obra.

7 τί οὖν; ὃ ἐπιζητεῖ Ἰσραήλ, τοῦτο οὐκ ἐπέτυχεν,
¿Qué pues? Lo que busca Israel, esto no obtuvo,

ἡ δὲ ἐκλογὴ ἐπέτυχεν·
la Sin embargo elección obtuvo,[69]

οἱ δὲ λοιποὶ ἐπωρώθησαν,
los Pero demás fueron endurecidos.

8 καθὼς γέγραπται· ἔδωκεν αὐτοῖς ὁ Θεὸς
Como ha sido escrito: dio les - Dios

πνεῦμα κατανύξεως, ὀφθαλμοὺς τοῦ μὴ βλέπειν
espíritu de estupor,[70] ojos para no ver

καὶ ὦτα τοῦ μὴ ἀκούειν, ἕως τῆς σήμερον ἡμέρας.
y oídos para no oír, hasta el hoy día.

---

64. Es decir, en absoluto, nunca jamás.
65. La NU omite "diciendo".
66. O por.
67. Es decir, buscan mi vida, pretenden matarme.
68. La NU omite el resto del versículo.
69. Es decir, lo que buscaba Israel sólo lo obtuvieron los elegidos por Dios mientras que los demás fueron endurecidos.
70. O de dolor, o embotamiento.

9 καὶ Δαυῒδ λέγει· γενηθήτω ἡ τράπεζα αὐτῶν
y David dice: conviértase la mesa de ellos

εἰς παγίδα καὶ εἰς θήραν καὶ εἰς σκάνδαλον
en trampa y en lazo y en tropiezo

καὶ εἰς ἀνταπόδομα αὐτοῖς·
y en retribución para ellos.

10 σκοτισθήτωσαν οἱ ὀφθαλμοὶ αὐτῶν τοῦ μὴ βλέπειν,
sean oscurecidos los ojos de ellos para no ver,

καὶ τὸν νῶτον αὐτῶν διὰ παντὸς σύγκαμψον.
y la espalda de ellos para todo se doble.

11 Λέγω οὖν, μὴ ἔπταισαν ἵνα πέσωσιν;
Digo pues, ¿acaso tropezaron para que cayeran?

μὴ γένοιτο· ἀλλὰ τῷ αὐτῶν παραπτώματι
No suceda.[71] Pero con la de ellos transgresión

ἡ σωτηρία τοῖς ἔθνεσιν, εἰς τὸ παραζηλῶσαι αὐτούς.
la salvación a los gentiles (ha venido), para provocar celos a ellos.

12 εἰ δὲ τὸ παράπτωμα αὐτῶν πλοῦτος κόσμου
si pues la transgresión de ellos (es) riqueza de mundo

καὶ τὸ ἥττημα αὐτῶν πλοῦτος ἐθνῶν,
y la derrota de ellos (es) riqueza de naciones,

πόσῳ μᾶλλον τὸ πλήρωμα αὐτῶν;
¿cuánto más (será) la plenitud de ellos?

13 Ὑμῖν γὰρ λέγω τοῖς ἔθνεσιν. ἐφ' ὅσον μὲν εἰμι ἐγὼ
os Porque digo a los gentiles, por cuanto ciertamente soy yo

ἐθνῶν ἀπόστολος, τὴν διακονίαν μου δοξάζω,
de los gentiles apóstol, el ministerio de mí glorifico,

14 εἴ πως παραζηλώσω μου τὴν σάρκα
para que de alguna manera de celos de mí a la carne[72]

καὶ σώσω τινὰς ἐξ αὐτῶν.
y salve a algunos de ellos.

15 εἰ γὰρ ἡ ἀποβολὴ αὐτῶν καταλλαγὴ κόσμου,
si Porque la reprobación de ellos reconciliación de mundo (es),

τίς ἡ πρόσληψις εἰ μὴ ζωὴ ἐκ νεκρῶν;
¿Qué (será) la aceptación si no vida de entre muertos?

16 εἰ δὲ ἡ ἀπαρχὴ ἁγία, καὶ τὸ φύραμα·
si pues la primicia (es) santa, también (lo es) la masa,

καὶ εἰ ἡ ῥίζα ἁγία, καὶ οἱ κλάδοι.
y si la raíz (es) santa, también (son) las ramas.

17 Εἰ δέ τινες τῶν κλάδων ἐξεκλάσθησαν, σὺ δὲ ἀγριέλαιος
Si pues algunas de las ramas fueron cortadas, tú - acebuche

ὢν ἐνεκεντρίσθης ἐν αὐτοῖς καὶ συγκοινωνὸς τῆς ῥίζης
siendo fuiste injertado en ellas y compañero de la raíz

καὶ τῆς πιότητος τῆς ἐλαίας ἐγένου,
y de la savia del olivo llegaste a ser,

18 μὴ κατακαυχῶ τῶν κλάδων· εἰ δὲ κατακαυχᾶσαι,
no te jactes sobre las ramas. si Pero te jactas, (recuerda que)

οὐ σὺ τὴν ῥίζαν βαστάζεις, ἀλλ' ἡ ῥίζα σέ.
no tú la raíz sostienes, sino la raíz a ti.

9 Y David dice:
Séales vuelta su mesa en lazo, y en red,
Y en tropezadero, y en paga:
10 Sus ojos sean obscurecidos para que no vean,
Y agóbiales siempre el espinazo.
11 Digo pues: ¿Han tropezado para que cayesen? En ninguna manera; mas por el tropiezo de ellos *vino* la salud a los Gentiles, para que fuesen provocados a celos.
12 Y si la falta de ellos es la riqueza del mundo, y el menoscabo de ellos la riqueza de los Gentiles, ¿cuánto más el henchimiento de ellos?
13 Porque a vosotros hablo, Gentiles. Por cuanto pues, yo soy apóstol de los Gentiles, mi ministerio honro.
14 Por si en alguna manera provocase a celos a mi carne, e hiciese salvos a algunos de ellos.
15 Porque si el extrañamiento de ellos es la reconciliación del mundo, ¿qué *será* el recibimiento *de ellos*, sino vida de los muertos?
16 Y si el primer fruto es santo, también lo es el todo, y si la raíz es santa, también lo son las ramas.
17 Que si algunas de las ramas fueron quebradas, y tú, siendo acebuche, has sido ingerido en lugar de ellas, y has sido hecho participante de la raíz y de la grosura de la oliva;
18 No te jactes contra las ramas; y si te jactas, *sabe que* no sustentas tú a la raíz, sino la raíz a ti.

---

71. Es decir: en absoluto, nunca jamás.
72. Es decir, para provocar celos entre los que son de mi carne, o sea, los judíos.

19 Pues las ramas, dirás, fueron quebradas para que yo fuese ingerido.
20 Bien: por su incredulidad fueron quebradas, mas tú por la fe estás en pie. No te ensoberbezcas, antes teme.
21 Que si Dios no perdonó a las ramas naturales, a ti tampoco no perdone.
22 Mira, pues, la bondad y la severidad de Dios: la severidad ciertamente en los que cayeron; mas la bondad para contigo, si permanecieres en la bondad; pues de otra manera tú también serás cortado.
23 Y aun ellos, si no permanecieren en incredulidad, serán ingeridos; que poderoso es Dios para volverlos a ingerir.
24 Porque si tú eres cortado del natural acebuche, y contra natura fuiste ingerido en la buena oliva, ¿cuánto más éstos, que son las *ramas* naturales, serán ingeridos en su oliva?
25 Porque no quiero, hermanos, que ignoréis este misterio, para que no seáis acerca de vosotros mismos arrogantes: que el endurecimiento en parte ha acontecido en Israel, hasta que haya entrado la plenitud de los Gentiles;
26 Y luego todo Israel será salvo; como está escrito:
Vendrá de Sión el Libertador,
Que quitará de Jacob la impiedad;
27 Y este es mi pacto con ellos, Cuando quitare su pecados.

19 ἐρεῖς οὖν· ἐξεκλάσθησαν οἱ κλάδοι,
Dirás entonces: fueron rotas las ramas,
ἵνα ἐγὼ ἐγκεντρισθῶ.
para que yo fuera injertado.

20 καλῶς· τῇ ἀπιστίᾳ ἐξεκλάσθησαν, σὺ δὲ τῇ
Exacto. Por la incredulidad fueron cortadas, tú ciertamente por
πίστει ἕστηκας. μὴ ὑψηλοφρόνει, ἀλλὰ φοβοῦ·
la fe te mantienes en pie no te consideres superior, sino teme.

21 εἰ γὰρ ὁ Θεὸς τῶν κατὰ φύσιν κλάδων
si Porque - Dios las según naturaleza ramas
οὐκ ἐφείσατο, μήπως οὐδὲ σοῦ φείσεται.
no perdonó, en manera alguna a ti perdonará.

22 ἴδε οὖν χρηστότητα καὶ ἀποτομίαν Θεοῦ,
Mira pues bondad y severidad de Dios,
ἐπὶ μὲν τοὺς πεσόντας ἀποτομίαν, ἐπὶ δὲ σὲ χρηστότητα,
hacia - los que cayeron severidad, hacia Pero ti bondad,
ἐὰν ἐπιμείνῃς τῇ χρηστότητι· ἐπεὶ καὶ σὺ ἐκκοπήσῃ.
si permaneces en la bondad, sino también tú serás cortado.

23 καὶ ἐκεῖνοι δέ, ἐὰν μὴ ἐπιμείνωσι τῇ ἀπιστίᾳ,
y aquellos ciertamente, si no permanecen en la incredulidad,
ἐγκεντρισθήσονται· δυνατὸς γάρ ἐστιν ὁ Θεὸς
serán reinjertados, poderoso Porque es - Dios
πάλιν ἐγκεντρίσαι αὐτούς·
(para) de nuevo injertar los.

24 εἰ γὰρ σὺ ἐκ τῆς κατὰ φύσιν ἐξεκόπης
si Porque tú del según naturaleza fuiste cortado
ἀγριελαίου καὶ παρὰ φύσιν ἐνεκεντρίσθης
acebuche y contra naturaleza fuiste injertado
εἰς καλλιέλαιον, πόσῳ μᾶλλον οὗτοι
en olivo bueno, ¿cuanto más éstos
οἱ κατὰ φύσιν ἐγκεντρισθήσονται τῇ ἰδίᾳ
los que (son) por naturaleza serán injertados en el propio
ἐλαίᾳ;
olivo?

25 Οὐ γὰρ θέλω ὑμᾶς ἀγνοεῖν, ἀδελφοί, τὸ μυστήριον
no Porque quiero que vosotros ignoréis,[73] hermanos, el misterio
τοῦτο, ἵνα μὴ ἦτε παρ' ἑαυτοῖς φρόνιμοι, ὅτι
este, para que no seáis ante vosotros sabios, que
πώρωσις ἀπὸ μέρους τῷ Ἰσραὴλ γέγονεν ἄχρις
endurecimiento en parte a Israel ha acontecido hasta
οὗ τὸ πλήρωμα τῶν ἐθνῶν εἰσέλθῃ,
que la plenitud de los gentiles entre,

26 καὶ οὕτω πᾶς Ἰσραὴλ σωθήσεται, καθὼς γέγραπται·
y así todo Israel será salvado, como ha sido escrito:
ἥξει ἐκ Σιὼν ὁ ῥυόμενος καὶ ἀποστρέψει
saldrá de Sión el Libertador y alejará
ἀσεβείας ἀπὸ Ἰακώβ·
impiedad de Jacob.

27 καὶ αὕτη αὐτοῖς ἡ παρ' ἐμοῦ διαθήκη,
y este para ellos el de Mi pacto (será)
ὅταν ἀφέλωμαι τὰς ἁμαρτίας αὐτῶν.
cuando quite los pecados de ellos.

---

73. Lit: vosotros ignorar (oración de infinitivo).

28 κατὰ μὲν τὸ εὐαγγέλιον ἐχθροὶ   δι'   ὑμᾶς,
según -   el Evangelio enemigos (son) para vosotros
κατὰ δὲ τὴν ἐκλογὴν ἀγαπητοὶ   διὰ τοὺς πατέρας·
según -   la elección   amados (son) por los padres.

29 ἀμεταμέλητα γὰρ   τὰ χαρίσματα καὶ ἡ κλῆσις τοῦ Θεοῦ.
irrevocables Porque los dones   y el llamado de Dios (son).

30 ὥσπερ γὰρ καὶ   ὑμεῖς   ποτε   ἠπειθήσατε   τῷ
como Porque también vosotros entonces desobedecísteis a
Θεῷ, νῦν δὲ   ἠλεήθητε   τῇ
Dios, ahora sin embargo fuisteis objeto de misericordia por la
τούτων ἀπειθείᾳ,
de ellos desobediencia,

31 οὕτω καὶ   οὗτοι νῦν ἠπείθησαν,   τῷ ὑμετέρῳ
así también éstos ahora desobedecieron por vuestra
ἐλέει   ἵνα   καὶ   αὐτοὶ ἐλεηθῶσι·
misericordia para que también éstos sean objeto de misericordia.

32 συνέκλεισε γὰρ   ὁ Θεὸς τοὺς πάντας εἰς ἀπείθειαν,
encerró   Porque Dios los a todos en desobediencia,
ἵνα   τοὺς   πάντας ἐλεήσῃ.
para que a   todos haga objeto de misericordia.

33 ῏Ω βάθος   πλούτου καὶ σοφίας   καὶ γνώσεως
¡Oh profundidad de riqueza y de sabiduría y de conocimiento
Θεοῦ·   ὡς   ἀνεξερεύνητα τὰ κρίματα αὐτοῦ
de Dios! ¡Qué insondables los juicios de Él
καὶ ἀνεξιχνίαστοι αἱ ὁδοὶ   αὐτοῦ.
e inescrutables los caminos de Él!

34 τίς   γὰρ   ἔγνω   νοῦν   Κυρίου;
¿quién Porque conoció mente de Señor?
ἢ   τίς   σύμβουλος αὐτοῦ ἐγένετο;
¿O quién consejero de Él llegó a ser?

35 ἢ τίς   προέδωκεν   αὐτῷ, καὶ ἀνταποδοθήσεται αὐτῷ;
¿O quién dio de antemano a Él,   y   será devuelto   a él?[74]

36 ὅτι   ἐξ αὐτοῦ καὶ δι'   αὐτοῦ καὶ εἰς   αὐτὸν
Porque de Él y a través de Él y para Él (son)
τὰ   πάντα. αὐτῷ ἡ δόξα εἰς τοὺς αἰῶνας·   ἀμήν.
las cosas todas. A él la gloria por las eras (sea). Amén.

12 **1** Παρακαλῶ οὖν ὑμᾶς,   ἀδελφοί,   διὰ τῶν οἰκτιρμῶν
Exhorto pues a vosotros, hermanos, por las misericodias
τοῦ Θεοῦ, παραστῆσαι τὰ σώματα ὑμῶν
de Dios, a presentar los cuerpos de vosotros
θυσίαν   ζῶσαν, ἁγίαν, εὐάρεστον τῷ Θεῷ,
(como) sacrificio vivo, santo, agradable a Dios,
τὴν λογικὴν λατρείαν ὑμῶν,
el racional culto   de vosotros.

28Así que, cuanto al evangelio, son enemigos por causa de vosotros: mas cuanto a la elección, son muy amados por causa de los padres.
29Porque sin arrepentimiento son las mercedes y la vocación de Dios.
30Porque como también vosotros en algún tiempo no creísteis a Dios, mas ahora habéis alcanzado misericordia por la incredulidad de ellos;
31Así también éstos ahora no ha creído, para que, por la misericordia para con vosotros, ellos también alcancen misericordia.
32Porque Dios encerró a todos en incredulidad, para tener misericordia de todos.
33¡Oh profundidad de las riquezas de la sabiduría y de la ciencia de Dios! ¡Cuán incomprensibles son sus juicios, e inescrutables sus caminos!
34Porque ¿quién entendió la mente del Señor? ¿ó quién fué su consejero?
35¿O quién le dió a él primero, para que le sea pagado?
36Porque de él, y por él, y en él, son todas las cosas. A él sea gloria por siglos. Amén.

12 Así que, hermanos, os ruego por las misericordias de Dios, que presentéis vuestros cuerpos en sacrificio vivo, santo, agradable a Dios, *que es* vuestro racional culto.

---

74. Es decir, para que se le tenga que devolver o retribuir.

2 Y no os conforméis a este siglo; mas reformaos por la renovación de vuestro entendimiento, para que experimentéis cuál sea la buena voluntad de Dios, agradable y perfecta.
3 Digo pues por la gracia que me es dada, a cada cual que está entre vosotros, que no tenga más alto concepto de sí que el que debe tener, sino que piense de sí con templanza, conforme a la medida de la fe que Dios repartió a cada uno.
4 Porque de la manera que en un cuerpo tenemos muchos miembros, empero todos los miembros no tienen la misma operación;
5 Así muchos somos un cuerpo en Cristo, mas todos miembros los unos de los otros.
6 De manera que, teniendo diferentes dones según la gracia que nos es dada, si *el de profecía, úsese conforme a la medida de la fe,*
7 O si ministerio, en servir; o el que enseña, en doctrina;
8 El que exhorta, en exhortar; el que reparte, *hágalo* en simplicidad; el que preside, con solicitud; el que hace misericordia, con alegría.
9 El amor sea sin fingimiento: aborreciendo lo malo, llegándoos a lo bueno;
10 Amándoos los unos a los otros con caridad fraternal; previniéndoos con honra los unos a los otros;

2 καὶ μὴ συσχηματίζεσθε   τῷ αἰῶνι τούτῳ,
y   no os dejéis amoldar junto con   la era   esta,

ἀλλὰ μεταμορφοῦσθε τῇ   ἀνακαινώσει
sino metamorfoseaos[75] por la renovación

τοῦ νοὸς   ὑμῶν,[76] εἰς τὸ δοκιμάζειν ὑμᾶς
de la mente de vosotros, para - probar   vosotros

τί   τὸ θέλημα   τοῦ Θεοῦ, τὸ ἀγαθὸν καὶ
cuál (es) la voluntad de Dios, la buena y

εὐάρεστον καὶ τέλειον.
agradable y perfecta.

3 Λέγω γὰρ   διὰ τῆς χάριτος τῆς δοθείσης μοι   παντὶ
digo Porque por la gracia la dada   a mí, a todo

τῷ ὄντι   ἐν ὑμῖν,   μὴ ὑπερφρονεῖν   παρ' ὃ
el que está entre vosotros, no penséis arrogantemente más allá de

δεῖ   φρονεῖν, ἀλλὰ φρονεῖν εἰς τὸ σωφρονεῖν,
lo que hay que pensar, sino pensar para pensar sabiamente,

ἑκάστῳ   ὡς   ὁ Θεὸς ἐμέρισε   μέτρον πίστεως.
a cada uno como   Dios proporcionó medida de fe.

4 καθάπερ γὰρ   ἐν ἑνὶ σώματι μέλη   πολλὰ ἔχομεν,
como   Porque en un cuerpo miembros muchos tenemos,

τὰ δὲ μέλη   πάντα οὐ τὴν αὐτὴν ἔχει πρᾶξιν,
los Pero miembros todos no la   misma tienen utilidad,

5 οὕτως οἱ πολλοὶ ἓν σῶμά ἐσμεν ἐν Χριστῷ,
así   los muchos un cuerpo somos en Cristo,

ὁ δὲ   καθ' εἷς ἀλλήλων   μέλη.
- también cada uno de unos y otros miembros (es).

6 ἔχοντες δὲ   χαρίσματα κατὰ τὴν χάριν τὴν δοθεῖσαν
teniendo pues dones   según la gracia la dada

ἡμῖν   διάφορα, εἴτε προφητείαν,
a nosotros distintos, si   profecía,

κατὰ τὴν ἀναλογίαν τῆς   πίστεως,
según la proporción de la fe

7 εἴτε διακονίαν, ἐν τῇ διακονίᾳ,
si   servicio, en el servicio,

εἴτε ὁ διδάσκων, ἐν τῇ διδασκαλίᾳ,
si   el que enseña, en la enseñanza.

8 εἴτε ὁ παρακαλῶν, ἐν τῇ παρακλήσει,
si   el que exhorta, en la exhortación,

ὁ μεταδιδοὺς, ἐν ἁπλότητι, ὁ προϊστάμενος,
el que da,   con sencillez, el que preside

ἐν σπουδῇ, ὁ ἐλεῶν,   ἐν ἱλαρότητι.
con diligencia, el que muestra misericordia, con alegría.

9 Ἡ ἀγάπη ἀνυπόκριτος. ἀποστυγοῦντες
El amor no hipócrita. Aborreciendo

τὸ πονηρόν, κολλώμενοι τῷ ἀγαθῷ,
lo malo,   aferrándoos   a lo bueno.

10 τῇ φιλαδελφίᾳ   εἰς ἀλλήλους
con el amor fraternal los unos para con los otros

φιλόστοργοι,   τῇ τιμῇ ἀλλήλους προηγούμενοι,
amandoos cordialmente en la honra unos a otros prefiriendo,

---

75. O transformaos.
76. La NU suprime "de vosotros".

11 τῇ σπουδῇ μὴ ὀκνηροί, τῷ πνεύματι en la diligencia no perezosos, en el espíritu ζέοντες, τῷ Κυρίῳ δουλεύοντες, fervientes al Señor sirviendo,	**11**En el cuidado no perezosos; ardientes en espíritu; sirviendo al Señor;
12 τῇ ἐλπίδι χαίροντες, τῇ θλίψει ὑπομένοντες, en la esperanza alegrándoos, en la tribulación resistiendo, τῇ προσευχῇ προσκαρτεροῦντες, en la oración constantes,	**12**Gozosos en la esperanza; sufridos en la tribulación; constantes en la oración;
13 ταῖς χρείαις τῶν ἁγίων κοινωνοῦντες,⁷⁷ las necesidades de los santos compartiendo τὴν φιλοξενίαν διώκοντες. la hospitalidad persiguiendo.⁷⁸	**13**Comunicando a las necesidades de los santos; siguiendo la hospitalidad.
14 εὐλογεῖτε τοὺς διώκοντας ὑμᾶς, εὐλογεῖτε καὶ μὴ καταρᾶσθε. Bendecid a los que sirven os Bendecid y no maldigáis.	**14**Bendecid a los que os persiguen: bendecid y no maldigáis.
15 χαίρειν μετὰ χαιρόντων κλαίειν μετὰ κλαιόντων. Alegrarse con los que se alegran llorar con los que lloran.	**15**Gozaos con los que se gozan: llorad con los que lloran.
16 τὸ αὐτὸ εἰς ἀλλήλους φρονοῦντες. μὴ τὰ ὑψηλὰ Lo mismo unos con otros pensando, no las grandes cosas φρονοῦντες, ἀλλὰ τοῖς ταπεινοῖς pensando, sino a los humildes συναπαγόμενοι. μὴ γίνεσθε φρόνιμοι παρ' ἑαυτοῖς. arrastrados.⁷⁹ No os convirtáis en sabios según vosotros mismos.	**16**Unánimes entre vosotros: no altivos, mas acomodándoos a los humildes. No seáis sabios en vuestra opinión.
17 μηδενὶ κακὸν ἀντὶ κακοῦ ἀποδιδόντες. Ni mal por mal devolviendo, προνοούμενοι καλὰ ἐνώπιον πάντων ἀνθρώπων· proveyendo⁸⁰ bueno delante de todos hombres.	**17**No paguéis a nadie mal por mal; procurad lo bueno delante de todos los hombres.
18 εἰ δυνατόν, τὸ ἐξ ὑμῶν μετὰ πάντων ἀνθρώπων si posible, lo (que dependa) de vosotros con todos hombres εἰρηνεύοντες· manteniendo la paz.	**18**Si se puede hacer, cuanto está en vosotros, tened paz con todos los hombres.
19 μὴ ἑαυτοὺς ἐκδικοῦντες, ἀγαπητοί, No a vosotros mismos vengando, amados ἀλλὰ δότε τόπον τῇ ὀργῇ· γέγραπται γάρ· sino dad lugar a la ira, está escrito Porque: ἐμοὶ ἐκδίκησις, ἐγὼ ἀνταποδώσω, λέγει Κύριος. Para mí venganza (es), yo pagaré, dice Señor.	**19**No os venguéis vosotros mismos, amados míos; antes dad lugar a la ira; porque escrito está: Mía es la venganza: yo pagaré, dice el Señor.
20 ἐὰν οὖν πεινᾷ ὁ ἐχθρός σου, ψώμιζε αὐτόν, Si pues tiene hambre el enemigo de ti, alimenta lo, ἐὰν διψᾷ, πότιζε αὐτόν· τοῦτο γὰρ si tiene sed, da de beber a él, esto Porque ποιῶν ἄνθρακας πυρὸς σωρεύσεις ἐπὶ haciendo ascuas de fuego acumularás sobre τὴν κεφαλὴν αὐτοῦ. la cabeza de él.	**20**Así que, si tu enemigo tuviere hambre, dale de comer; si tuviere sed, dale de beber: que haciendo esto, ascuas de fuego amontonas sobre su cabeza.
21 μὴ νικῶ ὑπὸ τοῦ κακοῦ, ἀλλὰ νίκα ἐν τῷ ἀγαθῷ τὸ κακόν. No seas vencido por el mal, sino vence con el bien el mal.	**21**No seas vencido de lo malo; mas vence con el bien el mal.

---

77. O teniendo comunión en las necesidades de los santos.
78. Es decir, buscando practicar la hospitalidad.
79. Es decir, rebajándoos hasta poneros a la altura de los que están más abajo.
80. Como en I Timoteo 5.18.

13

1 Toda alma se someta a las potestades superiores; porque no hay potestad sino de Dios; y las que son, de Dios son ordenadas.
2 Asi que, el que se opone a la potestad, a la ordenación de Dios resiste: y los que resisten, ellos mismos ganan condenación para sí.
3 Porque los magistrados no son para temor al que bien hace, sino al malo. ¿Quieres pues no temer la potestad? haz lo bueno, y tendrás alabanza de ella;
4 Porque es ministro de Dios para tu bien. Mas si hicieres lo malo, teme: porque no en vano lleva el cuchillo; porque es ministro de Dios, vengador para castigo al que hace lo malo.
5 Por lo cual es necesario que le estéis sujetos, no solamente por la ira, mas aun por la conciencia.
6 Porque por esto pagáis también los tributos; porque son ministros de Dios que sirven a esto mismo.
7 Pagad a todos lo que debéis: al que tributo, tributo; al que pecho, pecho; al que temor, temor; al que honra, honra.
8 No debáis a nadie nada, sino amaros unos a otros; porque el que ama al prójimo, cumplió la ley.

13

1 Πᾶσα ψυχὴ ἐξουσίαις ὑπερεχούσαις ὑποτασσέσθω.
Toda alma a autoridades que gobiernan[81] sométase

οὐ γὰρ ἔστιν ἐξουσία εἰ μὴ ὑπὸ Θεοῦ·
no Porque hay autoridad si no por Dios

αἱ δὲ οὖσαι ἐξουσίαι[82] ὑπὸ τοῦ Θεοῦ τεταγμέναι εἰσίν·
las que - existen autoridades por - Dios establecidas están.

2 ὥστε ὁ ἀντιτασσόμενος τῇ ἐξουσίᾳ τῇ τοῦ Θεοῦ
Por tanto el que se opone a la autoridad a la de Dios

διαταγῇ ἀνθέστηκεν· οἱ δὲ ἀνθεστηκότες
ordenanza se ha opuesto. Los que - se oponen

ἑαυτοῖς κρίμα λήψονται.
para sí mismos juicio recibirán.

3 οἱ γὰρ ἄρχοντες οὐκ εἰσὶ φόβος τῶν ἀγαθῶν ἔργων,
los Porque gobernantes no son miedo de las buenas obras,[83]

ἀλλὰ τῶν κακῶν. θέλεις δὲ μὴ φοβεῖσθαι
sino de las malas. ¿Quieres - no temer

τὴν ἐξουσίαν; τὸ ἀγαθὸν ποίει, καὶ ἕξεις
la autoridad? Lo bueno haz, y tendrás

ἔπαινον ἐξ αὐτῆς·
alabanza de ella.

4 Θεοῦ γὰρ διάκονός ἐστι σοὶ εἰς τὸ ἀγαθόν.
de Dios Porque siervo es para ti para lo bueno,

ἐὰν δὲ τὸ κακὸν ποιῇς, φοβοῦ· οὐ γὰρ εἰκῇ
si Pero lo malo haces, teme. no Porque en vano

τὴν μάχαιραν φορεῖ· Θεοῦ γὰρ διάκονός ἐστιν,
la espada lleva. de Dios Porque servidor es,

ἔκδικος εἰς ὀργὴν τῷ τὸ κακὸν πράσσοντι.
vengador para ira para el que lo malo hace.

5 διὸ ἀνάγκη ὑποτάσσεσθαι, οὐ μόνον διὰ τὴν ὀργήν,
Por tanto necesario (es) someterse, no sólo por la ira,

ἀλλὰ καὶ διὰ τὴν συνείδησιν.
sino también por la conciencia.

6 διὰ τοῦτο γὰρ καὶ φόρους τελεῖτε· λειτουργοὶ γὰρ
por esto Porque también impuestos pagáis, siervos Porque

Θεοῦ εἰσιν εἰς αὐτὸ τοῦτο προσκαρτεροῦντες.
de Dios son a esto mismo atendiendo.

7 ἀπόδοτε οὖν πᾶσι τὰς ὀφειλάς,[84] τῷ τὸν φόρον
Pagad pues a todos las deudas, al que el impuesto

τὸν φόρον, τῷ τὸ τέλος τὸ τέλος,
el impuesto, al que el tributo el tributo,

τῷ τὸν φόβον τὸν φόβον, τῷ τὴν τιμὴν τὴν τιμήν.
al que el temor el temor, al que la honra la honra.

8 Μηδενὶ μηδὲν ὀφείλετε εἰ μὴ τὸ ἀγαπᾶν ἀλλήλους·
A nadie nada debáis sino el amar unos a otros,

ὁ γὰρ ἀγαπῶν τὸν ἕτερον νόμον πεπλήρωκε.
el que Porque ama al otro ley cumple.

---

81. O que dirigen.
82. La NU suprime "autoridades".
83. Es decir, no deben buscar el atemorizar a los que obran bien.
84. O lo debido.

9 τὸ γὰρ οὐ μοιχεύσεις, οὐ φονεύσεις, οὐ κλέψεις,
- porque no cometerás adulterio, no matarás, no robarás,

οὐ ψευδομαρτυρήσεις οὐκ ἐπιθυμήσεις, καὶ εἴ τις ἑτέρα
no darás falso testimonio no codiciarás, y si algún otro

ἐντολή, ἐν τούτῳ τῷ λόγῳ ἀνακεφαλαιοῦται,
mandamiento (hay) en esta - palabra se resume,

ἐν τῷ ἀγαπήσεις τὸν πλησίον σου ὡς σεαυτόν.
en la de que amarás al prójimo de ti como a ti mismo.

10 ἡ ἀγάπη τῷ πλησίον κακὸν οὐκ ἐργάζεται·
El amor al prójimo mal no hace,

πλήρωμα οὖν νόμου ἡ ἀγάπη.
plenitud pues de ley el amor (es).

11 Καὶ τοῦτο, εἰδότες τὸν καιρόν, ὅτι ὥρα ἡμᾶς⁸⁵ ἤδη
Y esto, conociendo el tiempo, que hora para nosotros (es) ya

ἐξ ὕπνου ἐγερθῆναι· νῦν γὰρ ἐγγύτερον
de sueño para levantarnos, ahora Porque más cerca (está)

ἡμῶν ἡ σωτηρία ἢ ὅτε ἐπιστεύσαμεν.
de nosotros la salvación que cuando creímos.

12 ἡ νὺξ προέκοψεν, ἡ δὲ ἡμέρα ἤγγικεν.
La noche avanzó, el - día ha llegado,

ἀποθώμεθα οὖν τὰ ἔργα τοῦ σκότους
quitémonos pues las obras de la oscuridad

καὶ ἐνδυσώμεθα τὰ ὅπλα τοῦ φωτός.
y pongámonos las armas de la luz.

13 ὡς ἐν ἡμέρᾳ εὐσχημόνως περιπατήσωμεν,
como en día apropiadamente caminemos,

μὴ κώμοις καὶ μέθαις, μὴ κοίταις
no en comilonas⁸⁶ y borracheras, no en camas⁸⁷

καὶ ἀσελγείαις, μὴ ἔριδι καὶ ζήλῳ·
y lascivias, no en contienda y envidia,

14 ἀλλ' ἐνδύσασθε τὸν Κύριον Ἰησοῦν Χριστόν,
sino vestíos del Señor Jesús Cristo,

καὶ τῆς σαρκὸς πρόνοιαν μὴ ποιεῖσθε εἰς ἐπιθυμίας.
y de la carne provisión no hagáis para ansias.

14 **1** Τὸν δὲ ἀσθενοῦντα τῇ πίστει προσλαμβάνεσθε,
Al - que es débil en la fe recibid,

μὴ εἰς διακρίσεις διαλογισμῶν.
no para disputas de razonamientos.

2 ὃς μὲν πιστεύει φαγεῖν πάντα, ὁ δὲ
(Hay) el que - cree (que puede) comer todo, el también

ἀσθενῶν λάχανα ἐσθίει.
siendo débil verduras⁸⁸ come.

3 ὁ ἐσθίων τὸν μὴ ἐσθίοντα μὴ ἐξουθενείτω,
El que come al que no come no desprecie,

καὶ ὁ μὴ ἐσθίων τὸν ἐσθίοντα μὴ κρινέτω·
y el que no come al que come no juzgue

ὁ Θεὸς γὰρ αὐτὸν προσελάβετο.
Dios Porque lo recibió.

9Porque: No adulterarás; no matarás; no hurtarás; no dirás falso testimonio; no codiciarás: y si hay algún otro mandamiento, en esta sentencia se comprende sumariamente: Amarás a tu prójimo como a ti mismo.
10La caridad no hace mal al prójimo: así que, el cumplimiento de la ley es la caridad.
11Y esto, conociendo el tiempo, que es ya hora de levantarnos del sueño; porque ahora nos está más cerca nuestra salud que cuando creímos.
12La noche ha pasado, y ha llegado el día: echemos, pues, las obras de las tinieblas, y vistámonos las armas de luz,
13Andemos como de día, honestamente: no en glotonerías y borracheras, no en lechos y disoluciones, no en pendencias y envidia:
14Mas vestíos del Señor Jesucristo, y no hagáis caso de la carne en *sus* deseos.

14 Recibid al flaco en la fe, *pero* no para contiendas de disputas.
2Porque uno cree que se ha de comer de todas cosas: otro que es débil, come legumbres.
3El que come, no menosprecie al que no come: y el que no come, no juzgue al que come; porque Dios le ha levantado.

---

85. La NU tiene "vosotros".
86. La palabra originalmente se refiere a banquetes celebrados en honor de un dios como Baco en los que se podía mezclar la idolatría con la lujuria y la gula.
87. Como en Lucas 11.7.
88. O vegetales.

4¿Tú quién eres que juzgas al siervo ajeno? para su señor está en pie, o cae: mas se afirmará; que poderoso es el Señor para afirmarle.
5Uno hace diferencia entre día y día; otro juzga *iguales* todos los días. Cada uno esté asegurado en su ánimo.
6El que hace caso del día, hácelo para el Señor: y el que no hace caso del día, no lo hace para el Señor. El que come, come para el Señor, porque da gracias a Dios; y el que no come, no come para el Señor, y da gracias a Dios.
7Porque ninguno de nosotros vive para sí, y ninguno muere para sí.
8Que si vivimos, para el Señor vivimos; y si morimos, para el Señor morimos. Así que, o que vivamos, o que muramos, del Señor somos.
9Porque Cristo para esto murió, y resucitó, y volvió a vivir, para ser Señor así de los muertos como de los que viven.
10Mas tú ¿por qué juzgas a tu hermano? o tú también, ¿por qué menosprecias a tu hermano? porque todos hemos de estar ante el tribunal de Cristo.
11Porque escrito está:
Vivo yo, dice el Señor, que a mí se doblará toda rodilla,
Y toda lengua confesará a Dios.

4 σὺ τίς εἶ ὁ κρίνων ἀλλότριον οἰκέτην;
¿Tú quién eres que juzgas al ajeno criado?
τῷ ἰδίῳ κυρίῳ στήκει ἢ πίπτει· σταθήσεται
para el propio señor está en pie o cae. Estará en pie
δέ· δυνατὸς γὰρ ἐστιν ὁ Θεὸς
no obstante poderoso Porque es Dios
στῆσαι αὐτόν.
para hacer estar en pie a él.

5 ὃς μὲν κρίνει ἡμέραν παρ' ἡμέραν,
(Hay) el que - considera día sobre día (distinto),
ὃς δὲ κρίνει πᾶσαν ἡμέραν.
El que también considera todo día (igual).
ἕκαστος ἐν τῷ ἰδίῳ νοῒ πληροφορείσθω.
cada uno en la propia mente esté convencido.

6 ὁ φρονῶν τὴν ἡμέραν Κυρίῳ φρονεῖ,[89] καὶ
El que observa el día para Señor observa y
ὁ μὴ φρονῶν τὴν ἡμέραν Κυρίῳ οὐ φρονεῖ.
el que no observa el día para Señor no observa.
καὶ ὁ ἐσθίων Κυρίῳ ἐσθίει· εὐχαριστεῖ γὰρ τῷ Θεῷ·
y el que come para Señor come, agradece Porque a Dios.
καὶ ὁ μὴ ἐσθίων Κυρίῳ οὐκ ἐσθίει, καὶ εὐχαριστεῖ τῷ Θεῷ.
y el que no come para Señor no come, y agradece a Dios.

7 οὐδεὶς γὰρ ἡμῶν ἑαυτῷ ζῇ καὶ οὐδεὶς
ninguno Porque de nosotros para sí mismo vive y ninguno
ἑαυτῷ ἀποθνήσκει.
para sí mismo muere.

8 ἐάν τε γὰρ ζῶμεν, τῷ Κυρίῳ ζῶμεν·
si - Porque vivimos, para el Señor vivimos.
ἐάν τε ἀποθνήσκωμεν, τῷ Κυρίῳ ἀποθνήσκομεν.
Si - morimos, para el Señor morimos.
ἐάν τε οὖν ζῶμεν ἐάν τε ἀποθνήσκωμεν, τοῦ Κυρίου ἐσμέν.
Si - pues vivimos si - morimos, del Señor somos.

9 εἰς τοῦτο γὰρ Χριστὸς καὶ ἀπέθανε καὶ ἀνέστη[90]
para esto Porque Cristo también murió y se levantó
καὶ ἔζησεν ἵνα καὶ νεκρῶν καὶ ζώντων κυριεύσῃ.
y vivió para que tanto sobre muertos como sobre vivos reine.

10 Σὺ δὲ τί κρίνεις τὸν ἀδελφόν σου; ἢ καὶ σὺ
¿Tú - por qué juzgas al hermano de ti? ¿o también tú
τί ἐξουθενεῖς τὸν ἀδελφόν σου; πάντες γὰρ
por qué desprecias al hermano de ti? todos Porque
παραστησόμεθα τῷ βήματι τοῦ Χριστοῦ.
compareceremos ante el tribunal de Cristo.

11 γέγραπται γάρ· ζῶ ἐγώ, λέγει Κύριος,
está escrito Porque: Vivo yo, dice Señor
ὅτι ἐμοὶ κάμψει πᾶν γόνυ, καὶ πᾶσα γλῶσσα
que a mí se doblará toda rodilla, y toda lengua
ἐξομολογήσεται τῷ Θεῷ.
confesará a Dios.

---

89. La NU omite el resto del versículo.
90. La NU omite "y se levantó".

12 ἄρα οὖν ἕκαστος ἡμῶν περὶ ἑαυτοῦ λόγον
Así pues cada uno de nosotros de sí mismo razón[91]
δώσει τῷ Θεῷ.
dará a Dios.

13 Μηκέτι οὖν ἀλλήλους κρίνωμεν, ἀλλὰ τοῦτο κρίνατε
No pues unos a otros juzguemos, sino esto juzgad
μᾶλλον, τὸ μὴ τιθέναι πρόσκομμα
más bien, el no poner tropiezo
τῷ ἀδελφῷ ἢ σκάνδαλον.
para el hermano ni escándalo.

14 οἶδα καὶ πέπεισμαι ἐν Κυρίῳ Ἰησοῦ ὅτι οὐδὲν
Sé y estoy persuadido en Señor Jesús que nada (es)
κοινὸν δι' ἑαυτοῦ· εἰ μὴ τῷ λογιζομένῳ
impuro de por sí; si no para el que juzga
τι κοινὸν εἶναι, ἐκείνῳ κοινόν.
que impuro es, para ése impuro (es).

15 εἰ δὲ διὰ βρῶμα ὁ ἀδελφός σου λυπεῖται,
Si pues por alimento el hermano de ti se entristece,
οὐκέτι κατὰ ἀγάπην περιπατεῖς.
no según amor caminas.
μὴ τῷ βρώματί σου ἐκεῖνον ἀπόλλυε,
No por el alimento de ti a aquel destruyas,
ὑπὲρ οὗ Χριστὸς ἀπέθανε.
por quien Cristo murió.

16 μὴ βλασφημείσθω οὖν ὑμῶν τὸ ἀγαθόν.
No sea blasfemado por tanto de vosotros lo bueno.

17 οὐ γὰρ ἐστιν ἡ βασιλεία τοῦ Θεοῦ βρῶσις καὶ πόσις,
no Porque es el reino de Dios comida y bebida,
ἀλλὰ δικαιοσύνη καὶ εἰρήνη καὶ
sino justicia y paz y
χαρὰ ἐν Πνεύματι Ἁγίῳ·
alegría en Espíritu Santo.

18 ὁ γὰρ ἐν τούτοις δουλεύων τῷ Χριστῷ
el que Porque en estas cosas sirve a Cristo
εὐάρεστος τῷ Θεῷ καὶ δόκιμος τοῖς ἀνθρώποις.
grato a Dios también aprobado (es) por los hombres.

19 ἄρα οὖν τὰ τῆς εἰρήνης διώκωμεν
Así pues las cosas de la paz persigamos[92]
καὶ τὰ τῆς οἰκοδομῆς τῆς εἰς ἀλλήλους.
y las cosas de la edificación que (es) de los unos para con los otros.

20 μὴ ἕνεκεν βρώματος κατάλυε τὸ ἔργον τοῦ Θεοῦ.
No por causa de alimento se pierda la obra de Dios.
πάντα μὲν καθαρά, ἀλλὰ κακὸν τῷ ἀνθρώπῳ
Todo - (es) limpio, pero malo (es) para el hombre
τῷ διὰ προσκόμματος ἐσθίοντι.
el con tropiezo comiendo.[93]

12 De manera que, cada uno de nosotros dará a Dios razón de sí.
13 Así que, no juzguemos más los unos de los otros: antes bien juzgad de no poner tropiezo o escándalo al hermano.
14 Yo sé, y confío en el Señor Jesús, que de suyo nada hay inmundo: mas a aquel que piensa alguna cosa ser inmunda, para él es inmunda.
15 Empero si por causa de la comida tu hermano es contristado, ya no andas conforme a la caridad. No arruines con tu comida a aquél por el cual Cristo murió.
16 No sea pues blasfemado vuestro bien:
17 Que el reino de Dios no es comida ni bebida, sino justicia y paz y gozo por el Espíritu Santo.
18 Porque el que en esto sirve a Cristo, agrada a Dios, y es acepto a los hombres.
19 Así que, sigamos lo que hace a la paz, y a la edificación de los unos a los otros.
20 No destruyas la obra de Dios por causa de la comida. Todas las cosas a la verdad son limpias: mas malo es al hombre que come con escándalo.

---

91. O cuenta.
92. Es decir, vayamos en pos de aquello que conduce a la paz.
93. Es decir, el comer causando tropiezo.

21 Bueno es no comer carne, ni beber vino, ni *nada* en que tu hermano tropiece, o se ofenda o sea debilitado.
22 ¿Tienes tú fe? Tenla para contigo delante de Dios. Bienaventurado el que no se condena a sí mismo con lo que aprueba.
23 Mas el que hace diferencia, si comiere, es condenado, porque no *comió* por fe: y todo lo que no es de fe, es pecado.

15

Así que, los que somos más firmes debemos sobrellevar las flaquezas de los flacos, y no agradarnos a nosotros mismos.
2 Cada uno de nosotros agrade a su prójimo en bien, a edificación.
3 Porque Cristo no se agradó a sí mismo; antes bien, como está escrito: Los vituperios de los que te vituperan, cayeron sobre mí.
4 Porque las cosas que antes fueron escritas, para nuestra enseñanza fueron escritas; para que por la paciencia, y por la consolación de las Escrituras, tengamos esperanza.
5 Mas el Dios de la paciencia y de la consolación os dé que entre vosotros seáis unánimes según Cristo Jesús;
6 Para que concordes, a una boca glorifiquéis al Dios y Padre de nuestro Señor Jesucristo.

---

21 καλὸν τὸ μὴ φαγεῖν κρέα μηδὲ πιεῖν οἶνον
Bueno (es) el no comer carne ni beber vino
μηδὲ ἐν ᾧ ὁ ἀδελφός σου προσκόπτει
ni (hacer aquello) en lo que el hermano de ti tropiece
ἢ σκανδαλίζεται ἢ ἀσθενεῖ.[94]
o se escandalice o se debilite.

22 σὺ πίστιν ἔχεις; κατὰ σεαυτὸν ἔχε ἐνώπιον τοῦ Θεοῦ·
¿Tú fe tienes? Para contigo mismo ten delante de Dios.
μακάριος ὁ μὴ κρίνων ἑαυτὸν ἐν ᾧ δοκιμάζει.
Dichoso el que no juzga a sí mismo en lo que aprueba.

23 ὁ δὲ διακρινόμενος, ἐὰν φάγῃ, κατακέκριται,
el que Pero (está) dudando si come, es condenado
ὅτι οὐκ ἐκ πίστεως· πᾶν δὲ ὃ οὐκ
porque no (procede) de fe. Todo pues lo que no (procede)
ἐκ πίστεως, ἁμαρτία ἐστίν.
de fe, pecado es.

15

1 Ὀφείλομεν δὲ ἡμεῖς οἱ δυνατοὶ τὰ ἀσθενήματα
Estamos obligados pues nosotros los fuertes las debilidades
τῶν ἀδυνάτων βαστάζειν, καὶ μὴ ἑαυτοῖς ἀρέσκειν.
de los débiles a llevar, y no a nosotros mismos a complacer.

2 ἕκαστος ἡμῶν τῷ πλησίον ἀρεσκέτω
Cada uno de nosotros al prójimo complazca
εἰς τὸ ἀγαθὸν πρὸς οἰκοδομήν·
para lo bueno para edificación.

3 καὶ γὰρ ὁ Χριστὸς οὐχ ἑαυτῷ ἤρεσεν, ἀλλὰ
también Porque Cristo no a sí mismo complació, sino que
καθὼς γέγραπται, οἱ ὀνειδισμοὶ τῶν ὀνειδιζόντων σε
como ha sido escrito, las injurias de los que injuriaban te
ἐπέπεσαν ἐπ' ἐμέ.
cayeron sobre mí.

4 ὅσα γὰρ προεγράφη, εἰς τὴν
cuantas cosas Porque fueron escritas previamente, para la
ἡμετέραν διδασκαλίαν προεγράφη, ἵνα διὰ τῆς
nuestra enseñanza fueron escritas previamente, para que por la
ὑπομονῆς καὶ τῆς παρακλήσεως τῶν γραφῶν
paciencia y el consuelo de las Escrituras
τὴν ἐλπίδα ἔχωμεν.
la esperanza tengamos.

5 ὁ δὲ Θεὸς τῆς ὑπομονῆς καὶ παρακλήσεως δῴη
El - Dios de la paciencia y del consuelo de
ὑμῖν τὸ αὐτὸ φρονεῖν ἐν ἀλλήλοις
os lo mismo para pensar entre vosotros
κατὰ Χριστὸν Ἰησοῦν,
según Cristo Jesús,

6 ἵνα ὁμοθυμαδὸν ἐν ἑνὶ στόματι δοξάζητε
para que unánimemente con una boca glorifiqueis
τὸν Θεὸν καὶ πατέρα τοῦ Κυρίου ἡμῶν Ἰησοῦ Χριστοῦ.
al Dios y Padre del Señor de nosotros Jesús Cristo.

---

94. La NU omite "o se escandalice o se debilite".

7 Διὸ προσλαμβάνεσθε ἀλλήλους, καθὼς καὶ
Por tanto recibíos los unos a los otros, como también
ὁ Χριστὸς προσελάβετο ὑμᾶς εἰς δόξαν Θεοῦ.
Cristo recibió os para gloria de Dios.

8 Λέγω δὲ Χριστὸν Ἰησοῦν διάκονον γεγενῆσθαι
Digo pues que Cristo Jesús siervo ha venido a ser
περιτομῆς ὑπὲρ ἀληθείας Θεοῦ, εἰς τὸ βεβαιῶσαι
de circuncisión por verdad de Dios, para confirmar
τὰς ἐπαγγελίας τῶν πατέρων,
las promesas de los padres,

9 τὰ δὲ ἔθνη ὑπὲρ ἐλέους δοξάσαι τὸν
(y para que) los También gentiles por misericordia glorifiquen a
Θεόν, καθὼς γέγραπται· διὰ τοῦτο ἐξομολογήσομαί
Dios como ha sido escrito: por esto confesaré
σοι ἐν ἔθνεσι, καὶ τῷ ὀνόματί σου ψαλῶ.
te entre gentiles, y en el nombre de ti cantaré.

10 καὶ πάλιν λέγει· εὐφράνθητε ἔθνη μετὰ τοῦ λαοῦ αὐτοῦ.
Y de nuevo dice: Regocijaos gentiles con el pueblo de Él.

11 καὶ πάλιν· αἰνεῖτε τὸν Κύριον πάντα τὰ ἔθνη,
y de nuevo: Alabad al Señor todos los gentiles,
καὶ ἐπαινέσατε αὐτὸν πάντες οἱ λαοί.
y alabad a Él todos los pueblos.

12 καὶ πάλιν Ἡσαΐας λέγει· ἔσται ἡ ῥίζα τοῦ Ἰεσσαί,
y de nuevo Isaías dice: estará la raíz de Jesé,
καὶ ὁ ἀνιστάμενος ἄρχειν ἐθνῶν·
y el que se alza para gobernar a los gentiles.
ἐπ' αὐτῷ ἔθνη ἐλπιοῦσιν.
En él gentiles esperarán.

13 ὁ δὲ Θεὸς τῆς ἐλπίδος πληρῶσαι ὑμᾶς πάσης χαρᾶς
El - Dios de la esperanza llene os de toda alegría
καὶ εἰρήνης ἐν τῷ πιστεύειν, εἰς τὸ περισσεύειν ὑμᾶς
y paz en el creer, para el abundar vosotros
ἐν τῇ ἐλπίδι ἐν δυνάμει Πνεύματος Ἁγίου.
en la esperanza en poder de Espíritu Santo.

14 Πέπεισμαι δέ, ἀδελφοί μου, καὶ αὐτὸς ἐγὼ
Estoy convencido -, hermanos de mí, ciertamente mismo yo
περὶ ὑμῶν, ὅτι καὶ αὐτοὶ μεστοί ἐστε
acerca de vosotros, de que también vosotros mismos llenos estáis
ἀγαθωσύνης πεπληρωμένοι πάσης γνώσεως,
de bondad habiendo sido llenados de todo conocimiento,
δυνάμενοι καὶ ἀλλήλους νουθετεῖν.
pudiendo también unos a otros amonestar.

15 τολμηρότερον δὲ ἔγραψα ὑμῖν, ἀδελφοί,[95] ἀπὸ μέρους,
Muy atrevidamente por tanto escribí os, hermanos, en parte,
ὡς ἐπαναμιμνήσκων ὑμᾶς, διὰ τὴν χάριν
como recordándo os, por la gracia
τὴν δοθεῖσάν μοι ὑπὸ τοῦ Θεοῦ
la dada a mí por Dios

7 Por tanto, sobrellevaos los unos a los otros, como también Cristo nos sobrellevó, para gloria de Dios.
8 Digo, pues, que Cristo Jesús fué hecho ministro de la circuncisión por la verdad de Dios, para confirmar las promesas *hechas* a los padres,
9 Y para que los Gentiles glorifiquen a Dios por la misericordia; como está escrito:
Por tanto yo te confesaré entre los Gentiles,
Y cantaré a tu nombre.
10 Y otra vez dice:
Alegraos, Gentiles, con su pueblo.
11 Y otra vez:
Alabad al Señor todos los Gentiles,
Y magnificadle, todos los pueblos.
12 Y otra vez, dice Isaías:
Estará la raíz de Jessé,
Y el que se levantará a regir los Gentiles:
Los Gentiles esperarán en él.
13 Y el Dios de esperanza os llene de todo gozo y paz creyendo, para que abundéis en esperanza por la virtud del Espíritu Santo.
14 Empero cierto estoy yo de vosotros, hermanos míos, que aun vosotros mismos estáis llenos de bondad, llenos de todo conocimiento, de tal manera que podáis amonestaros los unos a los otros.
15 Mas os he escrito, hermanos, en parte resueltamente, como amonestádoos por la gracia que de Dios me es dada,

---

95. La NU omite "hermanos".

16 Para ser ministro de Jesucristo a los Gentiles, ministrando el evangelio de Dios, para que la ofrenda de los Gentiles sea agradable, santificada por el Espíritu Santo.
17 Tengo, pues, de qué gloriarme en Cristo Jesús en lo que mira a Dios.
18 Porque no osaría hablar alguna cosa que Cristo no haya hecho por mí para la obediencia de los Gentiles, con la palabra y con las obras,
19 Con potencia de milagros y prodigios, en virtud del Espíritu de Dios: de manera que desde Jerusalem, y por los alrededores hasta Ilírico, he llenado *todo* del evangelio de Cristo.
20 Y de esta manera me esforcé a predicar el evangelio, no donde *antes* Cristo fuese nombrado, por no edificar sobre ajeno fundamento:
21 Sino, como esta escrito:
A los que no fué anunciado de él, verán:
Y los que no oyeron, entenderán.
22 Por lo cual aun he sido impedido muchas veces de venir a vosotros.
23 Mas ahora no teniendo más lugar en estas regiones, y deseando ir a vosotros muchos años há,

16 εἰς τὸ εἶναί με λειτουργὸν Ἰησοῦ Χριστοῦ εἰς τὰ ἔθνη,
para ser yo siervo de Jesús Cristo para los gentiles,
ἱερουργοῦντα τὸ εὐαγγέλιον τοῦ Θεοῦ,
sirviendo sagradamente el evangelio de Dios,
ἵνα γένηται ἡ προσφορὰ τῶν ἐθνῶν εὐπρόσδεκτος,
para que llegue a ser la ofrenda de los gentiles agradable,[96]
ἡγιασμένη ἐν Πνεύματι Ἁγίῳ.
santificados en Espíritu Santo.

17 ἔχω οὖν καύχησιν ἐν Χριστῷ Ἰησοῦ τὰ
Tengo pues jactancia en Cristo Jesús en lo que (es)
πρὸς τὸν Θεόν·
para con Dios.

18 οὐ γὰρ τολμήσω λαλεῖν τι ὧν οὐ κατειργάσατο
no Porque me atreveré a hablar algo de lo que no llevó a cabo
Χριστὸς δι' ἐμοῦ εἰς ὑπακοὴν ἐθνῶν
Cristo a través de mí para obediencia de gentiles
λόγῳ καὶ ἔργῳ,
en palabra y obra,

19 ἐν δυνάμει σημείων καὶ τεράτων, ἐν δυνάμει
con poder de señales y prodigios, con poder
Πνεύματος Θεοῦ, ὥστε με ἀπὸ Ἱερουσαλὴμ
de Espíritu de Dios, como yo desde Jerusalén
καὶ κύκλῳ μέχρι τοῦ Ἰλλυρικοῦ πεπληρωκέναι
y alrededores hasta el Ilírico he llenado con
τὸ εὐαγγέλιον τοῦ Χριστοῦ,
el evangelio de Cristo.

20 οὕτω δὲ φιλοτιμούμενον εὐαγγελίζεσθαι οὐχ
Así también esforzándome en evangelizar no
ὅπου ὠνομάσθη Χριστός, ἵνα μὴ ἐπ' ἀλλότριον
donde fuera nombrado Cristo,[97] para que no sobre otro
θεμέλιον οἰκοδομῶ
fundamento construya,

21 ἀλλὰ καθὼς γέγραπται, οἷς οὐκ ἀνηγγέλη
sino como ha sido escrito, a los que no se anunció
περὶ αὐτοῦ ὄψονται, καὶ οἳ οὐκ
acerca de él verán, y los que no
ἀκηκόασι συνήσουσι.
oyeron comprenderán.

22 Διὸ καὶ ἐνεκοπτόμην τὰ πολλὰ
Por tanto también fui impedido[98] muchas veces
τοῦ ἐλθεῖν πρὸς ὑμᾶς·
de venir a vosotros.

23 νυνὶ δὲ μηκέτι τόπον ἔχων ἐν τοῖς κλίμασι τούτοις,
ahora pues no lugar teniendo en las regiones estas
ἐπιποθίαν δὲ ἔχων τοῦ ἐλθεῖν πρὸς
deseo Pero teniendo de venir a
ὑμᾶς ἀπὸ πολλῶν ἐτῶν,
vosotros desde muchos años,

---

96. O aceptable.
97. Es decir: donde Cristo no hubiera sido nombrado con anterioridad.
98. U obstaculizado.

24 ὡς ἐὰν πορεύωμαι εἰς τὴν Σπανίαν, ἐλεύσομαι πρὸς ὑμᾶς.[99]
   cuando vaya   a España,   vendré   a vosotros,
ἐλπίζω γὰρ   διαπορευόμενος θεάσασθαι ὑμᾶς
espero Porque viajando   ver   os
καὶ ὑφ' ὑμῶν   προπεμφθῆναι ἐκεῖ, ἐὰν ὑμῶν
y   por vosotros ser enviado   allí, si de vosotros
πρῶτον ἀπὸ μέρους ἐμπλησθῶ.
primero un poco   disfrute.[100]

25 νυνὶ δὲ πορεύομαι εἰς Ἰερουσαλὴμ διακονῶν τοῖς ἁγίοις.
   Ahora - viajo   a Jerusalén   sirviendo a los santos.

26 εὐδόκησαν γὰρ   Μακεδονία καὶ Ἀχαΐα κοινωνίαν τινὰ
   pensaron Porque Macedonia y   Acaya comunión[101] alguna
ποιήσασθαι εἰς τοὺς πτωχοὺς τῶν ἁγίων τῶν   ἐν
hacer   para los pobres   de los santos los (que están) en
Ἰερουσαλήμ.
Jerusalén.

27 εὐδόκησαν γὰρ   καὶ   ὀφειλέται αὐτῶν εἰσίν.
   pensaron Porque también (que) deudores de ellos son.
εἰ γὰρ   τοῖς   πνευματικοῖς αὐτῶν ἐκοινώνησαν
si Porque en las cosas espirituales de ellos participaron
τὰ ἔθνη,   ὀφείλουσι καὶ   ἐν ταῖς
los gentiles, están obligados también en las
σαρκικοῖς λειτουργῆσαι αὐτοῖς.
carnales   a servir   los.

28 τοῦτο οὖν ἐπιτελέσας,   καὶ σφραγισάμενος αὐτοῖς
   Esto pues habiendo concluido y   habiendo sellado para ellos
τὸν καρπὸν τοῦτον, ἀπελεύσομαι δι' ὑμῶν   εἰς   Σπανίαν.
el fruto este,   marcharé   entre vosotros hacia España.

29 οἶδα δὲ   ὅτι ἐρχόμενος πρὸς ὑμᾶς ἐν πληρώματι
   sé   Pero que yendo   a vosotros en plenitud
εὐλογίας τοῦ εὐαγγελίου[102] τοῦ Χριστοῦ ἐλεύσομαι.
de bendición del evangelio   de Cristo   llegaré.

30 Παρακαλῶ δὲ   ὑμᾶς, ἀδελφοί, διὰ τοῦ Κυρίου ἡμῶν
   Ruego   pues os,   hermanos, por el Señor de nosotros
Ἰησοῦ Χριστοῦ καὶ διὰ τῆς ἀγάπης τοῦ Πνεύματος
Jesús Cristo y   por el amor   del Espíritu
συναγωνίσασθαί μοι   ἐν ταῖς προσευχαῖς
que luchéis   conmigo en las oraciones
ὑπὲρ ἐμοῦ πρὸς τὸν Θεόν,
por mí   a   Dios,

31 ἵνα ῥυσθῶ   ἀπὸ τῶν ἀπειθούντων ἐν τῇ Ἰουδαίᾳ
   para que me vea libre de los que no creen en Judea
καὶ ἵνα   ἡ διακονία μου ἡ εἰς Ἰερουσαλὴμ
y   para que el servicio de mí - hacia Jerusalén
εὐπρόσδεκτος γένηται τοῖς ἁγίοις,
aceptable   resulte a los santos,

32 ἵνα   ἐν χαρᾷ   ἔλθω πρὸς ὑμᾶς   διὰ θελήματος Θεοῦ
   para que con alegría llegue a   vosotros por voluntad de Dios
καὶ συναναπαύσωμαι ὑμῖν.
y   descanse con   vosotros.

---

24 Cuando partiere para España, iré a vosotros; porque espero que pasando os veré, y que seré llevado de vosotros allá, si empero antes hubiere gozado de vosotros.
25 Mas ahora parto para Jerusalem a ministrar a los santos.
26 Porque Macedonia y Acaya tuvieron por bien hacer una colecta para los pobres de los santos que están en Jerusalem.
27 Porque les pareció bueno, y son deudores a ellos: porque si los Gentiles han sido hechos participantes de sus bienes espirituales, deben también ellos servirles en los carnales.
28 Así que, cuando hubiere concluído esto, y les hubiere consignado este fruto, pasaré por vosotros a España.
29 Y sé que cuando llegue a vosotros, llegaré con abundancia de la bendición del evangelio de Cristo.
30 Ruégoos empero, hermanos, por el Señor nuestro Jesucristo, y por la caridad del Espíritu, que me ayudéis con oraciones por mí a Dios,
31 Que sea librado de los rebeldes que están en Judea, y que la ofrenda de mi servicio a los santos en Jerusalem sea acepta;
32 Para que con gozo llegue a vosotros por la voluntad de Dios, y que sea recreado juntamente con vosotros.

---

99. La NU suprime "vendré a vosotros".
100. Es decir: pero espero antes disfrutar un poco de vosotros.
101. Es decir, dar alguna muestra de comunión como realizar una colecta para ellos.
102. La NU suprime "del Evangelio".

33 Y el Dios de paz sea con todos vosotros. Amén.

16

Encomiéndoos empero a Febe nuestra hermana, la cual es diaconisa de la iglesia que está en Cencreas:
2 Que la recibáis en el Señor, como es digno a los santos, y que la ayudéis en cualquiera cosa en que os hubiere menester: porque ella ha ayudado a muchos, y a mí mismo.
3 Saludad a Priscila y Aquila, mis coadjutores en Cristo Jesús;
4 (Que pusieron sus cuellos por mi vida: a los cuales no doy gracias yo sólo, mas aun todas las iglesias de los Gentiles;)
5 Asimismo a la iglesia de su casa. Saludad a Epeneto, amado mío, que es las primicias de Acaya en Cristo.
6 Saludad a María, la cual ha trabajado mucho con vosotros.
7 Saludad a Andrónico y a Junia, mis parientes, y mis compañeros en la cautividad, los que son insignes entre los apóstoles; los cuales también fueron antes de mí en Cristo.
8 Saludad a Amplias, amado mío en el Señor.
9 Saludad a Urbano, nuestro ayudador en Cristo Jesús, y a Stachîs, amado mío.
10 Saludad a Apeles, probado en Cristo. Saludad a los que son de Aristóbulo.

33 ὁ δὲ Θεὸς τῆς εἰρήνης μετὰ πάντων ὑμῶν· ἀμήν.
El - Dios de la paz (esté) con todos vosotros. Amén.

16

1 Συνίστημι δὲ ὑμῖν Φοίβην τὴν ἀδελφὴν ἡμῶν,
Recomiendo ahora os a Febe la hermana de nosotros,

οὖσαν διάκονον τῆς ἐκκλησίας τῆς ἐν Κεγχρεαῖς,
que es diaconisa[103] de la iglesia que (está) en Cencrea,

2 ἵνα αὐτὴν προσδέξησθε ἐν Κυρίῳ ἀξίως τῶν ἁγίων
para que la recibáis en Señor dignamente de los santos

καὶ παραστῆτε αὐτῇ ἐν ᾧ ἂν ὑμῶν χρῄζῃ πράγματι·
y ayudéis la en lo que de vosotros necesite de obra

καὶ γὰρ αὕτη προστάτις πολλῶν ἐγενήθη
y porque ella ayudadora de muchos llegó a ser

καὶ αὐτοῦ ἐμοῦ.
y de mismo mí.

3 Ἀσπάσασθε Πρίσκιλλαν καὶ Ἀκύλαν τοὺς συνεργούς μου
Saludad a Priscila y Aquila los colaboradores de mí

ἐν Χριστῷ Ἰησοῦ,
en Cristo Jesús.

4 οἵτινες ὑπὲρ τῆς ψυχῆς μου τὸν ἑαυτῶν τράχηλον
que por la vida de mí el de ellos mismos cuello

ὑπέθηκαν, οἷς οὐκ ἐγὼ μόνος εὐχαριστῶ,
arriesgaron, a los cuales no yo solo doy gracias,

ἀλλὰ καὶ πᾶσαι αἱ ἐκκλησίαι τῶν ἐθνῶν,
sino también todas las iglesias de los gentiles,

5 καὶ τὴν κατ' οἶκον αὐτῶν ἐκκλησίαν. ἀσπάσασθε
y a la en casa de ellos iglesia. Saludad

Ἐπαίνετον τὸν ἀγαπητόν μου, ὅς ἐστιν ἀπαρχὴ τῆς
a Epeneto el amado de mí, el cual es primicia de

Ἀχαΐας εἰς Χριστόν.
Acaya para Cristo.

6 ἀσπάσασθε Μαριάμ, ἥτις πολλὰ ἐκοπίασεν εἰς ὑμᾶς.
Saludad a María, que mucho trabajó entre vosotros.

7 ἀσπάσασθε Ἀνδρόνικον καὶ Ἰουνίαν τοὺς συγγενεῖς μου
Saludad a Andrónico y a Junia los parientes de mí

καὶ συναιχμαλώτους μου, οἵτινές εἰσιν ἐπίσημοι
y co-cautivos de mí, que son conocidos

ἐν τοῖς ἀποστόλοις, οἳ καὶ πρὸ ἐμοῦ γεγόνασιν
entre los apóstoles, que también antes de mí llegaron a estar

ἐν Χριστῷ.
en Cristo.

8 ἀσπάσασθε Ἀμπλίαν τὸν ἀγαπητόν μου ἐν Κυρίῳ.
Saludad a Amplias el amado de mí en Señor.

9 ἀσπάσασθε Οὐρβανὸν τὸν συνεργὸν ἡμῶν ἐν Χριστῷ
Saludad a Urbano el colaborador de nosotros en Cristo

καὶ Στάχυν τὸν ἀγαπητόν μου.
y a Staquis el amado de mí.

10 ἀσπάσασθε Ἀπελλῆν τὸν δόκιμον ἐν Χριστῷ. ἀσπάσασθε
Saludad a Apeles el aprobado en Cristo. Saludad

τοὺς ἐκ τῶν Ἀριστοβούλου.
a los de los de Aristóbulo.

---

103. Literalmente: diácono.

11 ἀσπάσασθε Ἡρῳδίωνα τὸν συγγενῆ μου.
Saludad   a Herodión el pariente de mí.

ἀσπάσασθε τοὺς ἐκ τῶν Ναρκίσσου τοὺς ὄντας ἐν Κυρίῳ.
Saludad   a los   de los de Narciso que están en Señor.

12 ἀσπάσασθε Τρύφαιναν καὶ Τρυφῶσαν τὰς κοπιώσας
Saludad   a Trifena y Trifosa   las que trabajan duro

ἐν Κυρίῳ. ἀσπάσασθε Περσίδα τὴν ἀγαπητήν,
en Señor. Saludad   a Persída la amada,

ἥτις πολλὰ   ἐκοπίασεν ἐν Κυρίῳ.
que muchas cosas hizo   en Señor.

13 ἀσπάσασθε Ῥοῦφον τὸν ἐκλεκτὸν ἐν Κυρίῳ καὶ τὴν μητέρα αὐτοῦ
Saludad   a Rufo   el elegido en Señor y a la madre de él

καὶ ἐμοῦ.
y de mí.

14 ἀσπάσασθε Ἀσύγκριτον, Φλέγοντα, Ἑρμᾶν,   Πατρόβαν,
Saludad   a Asíncrito, a Flegonte, a Hermas, a Patrobas,

Ἑρμῆν καὶ τοὺς σὺν αὐτοῖς ἀδελφούς.
a Hermes y a los con ellos hermanos.

15 ἀσπάσασθε Φιλόλογον καὶ Ἰουλίαν, Νηρέα καὶ
Saludad   a Filólogo y   a Julia, Nereo y

τὴν ἀδελφὴν αὐτοῦ, καὶ Ὀλυμπᾶν
a la hermana de él,   y   a Olimpas

καὶ τοὺς σὺν αὐτοῖς πάντας ἁγίους.
y   a los con ellos   todos   santos.

16 Ἀσπάσασθε ἀλλήλους ἐν φιλήματι ἁγίῳ.
Saludad   unos a otros con beso   santo.

Ἀσπάζονται ὑμᾶς αἱ ἐκκλησίαι τοῦ Χριστοῦ.
Saludan   os   las iglesias   de Cristo.

17 Παρακαλῶ δὲ ὑμᾶς, ἀδελφοί, σκοπεῖν τοὺς τὰς διχοστασίας
Exhorto   pues os,   hermanos, observéis a los las divisiones

καὶ τὰ σκάνδαλα παρὰ τὴν διδαχὴν ἣν ὑμεῖς
y   los tropiezos contra la enseñanza que vosotros

ἐμάθετε   ποιοῦντας, καὶ ἐκκλίνατε ἀπ' αὐτῶν·
aprendisteis haciendo,   y   apartaos de ellos.

18 οἱ γὰρ   τοιοῦτοι τῷ Κυρίῳ ἡμῶν   Ἰησοῦ[104] Χριστῷ
los Porque estos   al Señor de nosotros Jesús   Cristo

οὐ δουλεύουσιν, ἀλλὰ τῇ ἑαυτῶν   κοιλίᾳ,
no sirven,   sino a los de sí mismos vientres,

καὶ διὰ τῆς χρηστολογίας καὶ εὐλογίας
y por el habla suave   y   alabanza[105]

ἐξαπατῶσι τὰς καρδίας τῶν ἀκάκων·
engañan   los corazones de los ingenuos.

11Saludad a Herodión, mi pariente. Saludad a los que son de *la casa de* Narciso, los que están en el Señor.
12Saludad a Trifena y a Trifosa, las cuales trabajan en el Señor. Saludad a Pérsida amada, la cual ha trabajado mucho en el Señor.
13Saludad a Rufo, escogido en el Señor, y a su madre y mía.
14Saludad a Asíncrito, y a Flegonte, a Hermas, a Patrobas, a Hermes, y a los hermanos que están con ellos.
15Saludad a Filólogo y a Julia, a Nereo y a su hermana, y a Olimpas, y a todos los santos que están con ellos.
16Saludaos los unos a los otros con ósculo santo. Os saludan todas las iglesias de Cristo.
17Y os ruego hermanos, que miréis los que causan disensiones y escándalos contra la doctrina que vosotros habéis aprendido; y apartaos de ellos.
18Porque los tales no sirven al Señor nuestro Jesucristo, sino a sus vientres; y con suaves palabras y bendiciones engañan los corazones de los simples.

---

104. La NU omite "Jesús".
105. En este caso en el sentido de adulación.

19 Porque vuestra obediencia ha venido a ser notoria a todos; así que me gozo de vosotros; mas quiero que seáis sabios en el bien, y simples en el mal.
20 Y el Dios de paz quebrantará presto a Satanás debajo de vuestros pies. La gracia del Señor nuestro Jesucristo sea con vosotros.
21 Os saludan Timoteo, mi coadjutor, y Lucio y Jasón y Sosipater, mis parientes.
22 Yo Tercio, que escribí la epístola, os saludo en el Señor.
23 Salúdaos Gayo, mi huésped, y de toda la iglesia. Salúdaos Erasto, tesorero de la ciudad, y el hermano Cuarto.
24 La gracia del Señor nuestro Jesucristo sea con todos vosotros. Amén.
25 Y al que puede confirmaros según mi evangelio y la predicación de Jesucristo, según la revelación del misterio encubierto desde tiempos eternos,
26 Mas manifestado ahora, y por las Escrituras de los profetas, según el mandamiento del Dios eterno, declarado a todas las gentes para que obedezcan a la fe;
27 Al sólo Dios sabio, sea gloria por Jesucristo para siempre. Amén.

19 ἡ γὰρ ὑμῶν ὑπακοὴ εἰς πάντας ἀφίκετο.[106]
la Porque de vosotros obediencia a todos ha alcanzado.
χαίρω οὖν τῷ ἐφ' ὑμῖν· θέλω δὲ
Me alegro por tanto en lo que (pasa) con vosotros. quiero Pero
ὑμᾶς σοφοὺς μὲν εἶναι εἰς τὸ ἀγαθόν,
que vosotros sabios no sólo seáis para lo bueno,
ἀκεραίους δὲ εἰς τὸ κακόν.
inocentes Sino también para lo malo.

20 ὁ δὲ Θεὸς τῆς εἰρήνης συντρίψει τὸν Σατανᾶν
El - Dios de la paz aplastará[107] a Satanás
ὑπὸ τοὺς πόδας ὑμῶν ἐν τάχει. ἡ χάρις τοῦ Κυρίου
bajo los pies de vosotros en breve, la gracia del Señor
ἡμῶν Ἰησοῦ Χριστοῦ[108] μεθ' ὑμῶν.
de nosotros Jesús Cristo con vosotros (sea).

21 Ἀσπάζονται ὑμᾶς Τιμόθεος ὁ συνεργός μου, καὶ Λούκιος
Saludan os Timoteo el colaborador de mí, y Lucio
καὶ Ἰάσων καὶ Σωσίπατρος οἱ συγγενεῖς μου.
y Jasón y Sosípater los parientes de mí.

22 ἀσπάζομαι ὑμᾶς ἐγὼ Τέρτιος ὁ γράψας τὴν ἐπιστολὴν
Saludo os yo Tercio el habiendo escrito la epístola
ἐν Κυρίῳ.
en Señor.

23 ἀσπάζεται ὑμᾶς Γάϊος ὁ ξένος μου καὶ τῆς ἐκκλησίας
Saluda os Gayo el hospedador de mí y de la iglesia
ὅλης. ἀσπάζεται ὑμᾶς Ἔραστος ὁ οἰκονόμος τῆς πόλεως καὶ
toda Saluda os Erasto el tesorero de la ciudad y
Κούαρτος ὁ ἀδελφός.
Cuarto el hermano.

24[109] Ἡ χάρις τοῦ Κυρίου ἡμῶν Ἰησοῦ Χριστοῦ μετὰ πάντων
La gracia del Señor de nosotros Jesús Cristo con todos
ἡμῶν· ἀμήν.
vosotros. Amén.

25 Τῷ δὲ δυναμένῳ ὑμᾶς στηρίξαι κατὰ τὸ εὐαγγέλιόν μου
Al - pudiendo os confirmar según el evangelio de mí
καὶ τὸ κήρυγμα Ἰησοῦ Χριστοῦ, κατὰ ἀποκάλυψιν
y la predicación de Jesús Cristo, según revelación
μυστηρίου χρόνοις αἰωνίοις σεσιγημένου,
de misterio en tiempos eónicos[110] oculto,

26 φανερωθέντος δὲ νῦν, διά τε γραφῶν προφητικῶν
manifestado sin embargo ahora, por - escritos proféticos
κατ' ἐπιταγὴν τοῦ αἰωνίου Θεοῦ εἰς ὑπακοὴν
y mandamiento del eterno Dios para obediencia
πίστεως εἰς πάντα τὰ ἔθνη γνωρισθέντος,
de fe a todos los gentiles dado a conocer,

27 μόνῳ σοφῷ Θεῷ διὰ Ἰησοῦ Χριστοῦ, ᾧ ἡ δόξα εἰς
Al único sabio Dios por Jesús Cristo, a Él la gloria por
τοὺς αἰῶνας· ἀμήν.
las edades. Amén.

---

106. Es decir, porque vuestra obediencia ha llegado a ser conocida por todos.
107. O quebrantará.
108. La NU omite "Cristo".
109. La NU omite el versículo 24 y coloca entre corchetes 16.25-27.
110. Es decir, de los eones, de las eras, de las edades.

LA PRIMERA EPÍSTOLA DEL APÓSTOL SAN PABLO
A LOS CORINTIOS

1

1 Παῦλος, κλητὸς ἀπόστολος Ἰησοῦ Χριστοῦ διὰ θελήματος
Pablo, llamado (a ser) apóstol de Jesús Cristo por voluntad
Θεοῦ, καὶ Σωσθένης ὁ ἀδελφός,
de Dios, y Sóstenes el hermano,

2 τῇ ἐκκλησίᾳ τοῦ Θεοῦ τῇ οὔσῃ ἐν Κορίνθῳ, ἡγιασμένοις ἐν
a la iglesia de Dios la que está en Corinto, santificados en
Χριστῷ Ἰησοῦ, κλητοῖς ἁγίοις, σὺν πᾶσι τοῖς
Cristo Jesús llamados (a ser) santos, con todos los
ἐπικαλουμένοις τὸ ὄνομα τοῦ Κυρίου ἡμῶν Ἰησοῦ Χριστοῦ
que invocan el nombre del Señor de nosotros Jesús Cristo
ἐν παντὶ τόπῳ αὐτῶν τε καὶ ἡμῶν·
en todo lugar, de ellos y también de nosotros.

3 χάρις ὑμῖν καὶ εἰρήνη ἀπὸ Θεοῦ πατρὸς ἡμῶν καὶ
Gracia a vosotros y paz de Dios Padre de nosotros y
Κυρίου Ἰησοῦ Χριστοῦ.
de Señor Jesús Cristo.

4 Εὐχαριστῶ τῷ Θεῷ μου πάντοτε περὶ ὑμῶν ἐπὶ τῇ χάριτι
Doy gracias al Dios de mí siempre por vosotros por la gracia
τοῦ Θεοῦ τῇ δοθείσῃ ὑμῖν ἐν Χριστῷ Ἰησοῦ·
del Dios la dada a vosotros en Cristo Jesús.

5 ὅτι ἐν παντὶ ἐπλουτίσθητε ἐν αὐτῷ, ἐν παντὶ λόγῳ
que en todo fuisteis enriquecidos en él, en toda palabra
καὶ πάσῃ γνώσει,
y todo conocimiento,

6 καθὼς τὸ μαρτύριον τοῦ Χριστοῦ ἐβεβαιώθη ἐν ὑμῖν,
como el testimonio de Cristo fue confirmado en vosotros,

7 ὥστε ὑμᾶς μὴ ὑστερεῖσθαι ἐν μηδενὶ χαρίσματι,
de manera que vosotros no carecer de ningún don,
ἀπεκδεχομένους τὴν ἀποκάλυψιν
esperando la revelación
τοῦ Κυρίου ἡμῶν Ἰησοῦ Χριστοῦ·
del Señor de nosotros Jesús Cristo,

8 ὃς καὶ βεβαιώσει ὑμᾶς ἕως τέλους ἀνεγκλήτους
el cual también confirmará os hasta fin irreprensibles[1]
ἐν τῇ ἡμέρᾳ τοῦ Κυρίου ἡμῶν Ἰησοῦ Χριστοῦ.
en el día del Señor de nosotros Jesús Cristo.

9 πιστὸς ὁ Θεὸς δι' οὗ ἐκλήθητε εἰς κοινωνίαν
Fiel (es) Dios por el cual fuisteis llamados para comunión
τοῦ υἱοῦ αὐτοῦ Ἰησοῦ Χριστοῦ τοῦ Κυρίου ἡμῶν.
del Hijo de él Jesús Cristo el Señor de nosotros.

1 Pablo, llamado a ser apóstol de Jesucristo por la voluntad de Dios, y Sóstenes el hermano,
2 A la iglesia de Dios que está en Corinto, santificados en Cristo Jesús, llamados santos, y a todos los que invocan el nombre de nuestro Señor Jesucristo en cualquier lugar, Señor de ellos y nuestro:
3 Gracia y paz de Dios nuestro Padre, y del Señor Jesucristo.
4 Gracias doy a mi Dios siempre por vosotros, por la gracia de Dios que os es dada en Cristo Jesús;
5 Que en todas las cosas sois enriquecidos en él, en toda lengua y en toda ciencia;
6 Así como el testimonio de Cristo ha sido confirmado en vosotros:
7 De tal manera que nada os falte en ningún don, esperando la manifestación de nuestro Señor Jesucristo:
8 El cual también os confirmará hasta el fin, para que seáis sin falta en el día de nuestro Señor Jesucristo.
9 Fiel es Dios, por el cual sois llamados a la participación de su Hijo Jesucristo nuestro Señor.

---

1. El término se refiere a la persona que no puede ser citada por la administración de justicia porque no ha cometido ningún hecho reprobable.

10 Os ruego pues, hermanos, por el nombre de nuestro Señor Jesucristo, que habléis todos una misma cosa, y que no haya entre vosotros disensiones, antes seáis perfectamente unidos en una misma mente y en un mismo parecer.
11 Porque me ha sido declarado de vosotros, hermanos míos, por los que son de Cloé, que hay entre vosotros contiendas;
12 Quiero decir, que cada uno de vosotros dice: Yo cierto soy de Pablo; pues yo de Apolos; y yo de Cefas; y yo de Cristo.
13 ¿Está dividido Cristo? ¿Fué crucificado Pablo por vosotros? ¿ó habéis sido bautizados en el nombre de Pablo?
14 Doy gracias a Dios, que a ninguno de vosotros he bautizado, sino a Crispo y a Gayo;
15 Para que ninguno diga que habéis sido bautizados en mi nombre.
16 Y también bauticé la familia de Estéfanas: mas no sé si he bautizado algún otro.
17 Porque no me envió Cristo a bautizar, sino a predicar el evangelio: no en sabiduría de palabras, porque no sea hecha vana la cruz de Cristo.
18 Porque la palabra de la cruz es locura a los que se pierden; mas a los que se salvan, es a saber, a nosotros, es potencia de Dios.
19 Porque está escrito:
Destruiré la sabiduría de los sabios,
Y desecharé la inteligencia de los entendidos.
20 ¿Qué es del sabio? ¿qué del escriba? ¿qué del escudriñador de este siglo? ¿no ha enloquecido Dios la sabiduría del mundo?

10 Παρακαλῶ δὲ ὑμᾶς, ἀδελφοί, διὰ τοῦ ὀνόματος τοῦ
Ruego pues a vosotros, hermanos, por el nombre del
Κυρίου ἡμῶν Ἰησοῦ Χριστοῦ, ἵνα τὸ αὐτὸ λέγητε
Señor de nosotros Jesús Cristo, para que lo mismo digáis
πάντες, καὶ μὴ ᾖ ἐν ὑμῖν σχίσματα, ἦτε δὲ
todos y no exista entre vosotros divisiones, sed sin embargo
κατηρτισμένοι ἐν τῷ αὐτῷ νοῒ καὶ ἐν τῇ αὐτῇ γνώμῃ.
restaurados[2] en la misma mente y en la misma opinión.

11 ἐδηλώθη γάρ μοι περὶ ὑμῶν, ἀδελφοί μου,
fue manifestado Porque a mí sobre vosotros, hermanos de mí,
ὑπὸ τῶν Χλόης, ὅτι ἔριδες ἐν ὑμῖν εἰσι.
por los de Cloe, que contiendas entre vosotros existen.

12 λέγω δὲ τοῦτο, ὅτι ἕκαστος ὑμῶν λέγει ἐγὼ μέν εἰμι
Digo pues esto: que cada uno de vosotros dice: yo - soy
Παύλου, ἐγὼ δὲ Ἀπολλῶ, ἐγὼ δὲ Κηφᾶ, ἐγὼ δὲ Χριστοῦ.
de Pablo, yo - de Apolos, yo - Cefas, yo - de Cristo.

13 μεμέρισται ὁ Χριστός; μὴ Παῦλος ἐσταυρώθη ὑπὲρ
¿Ha sido dividido Cristo? ¿acaso Pablo fue crucificado por
ὑμῶν; ἢ εἰς τὸ ὄνομα Παύλου ἐβαπτίσθητε;
vosotros? ¿o en el nombre de Pablo fuisteis bautizados?

14 εὐχαριστῶ τῷ Θεῷ ὅτι οὐδένα ὑμῶν
Agradezco a Dios que a ninguno de vosotros
ἐβάπτισα εἰ μὴ Κρίσπον καὶ Γάϊον,
bauticé si no a Crispo y a Gayo,

15 ἵνα μή τις εἴπῃ ὅτι εἰς τὸ ἐμὸν ὄνομα ἐβάπτισα.
para que no alguno dijera que en el mi nombre bauticé (lo).[3]

16 ἐβάπτισα δὲ καὶ τὸν Στεφανᾶ οἶκον· λοιπὸν οὐκ οἶδα
Bauticé - también a la de Estefanas casa. El resto no sé
εἴ τινα ἄλλον ἐβάπτισα.
si a algún otro bauticé.

17 οὐ γὰρ ἀπέστειλέ με Χριστὸς βαπτίζειν, ἀλλ' εὐαγγελίζεσθαι,
no Porque envió me Cristo a bautizar, sino a evangelizar,
οὐκ ἐν σοφίᾳ λόγου, ἵνα μὴ κενωθῇ
no en sabiduría de palabra, para que no fuera invalidada
ὁ σταυρὸς τοῦ Χριστοῦ.
la cruz de Cristo.

18 Ὁ λόγος γὰρ ὁ τοῦ σταυροῦ τοῖς μὲν ἀπολλυμένοις
la palabra Porque la de la cruz para los - que se pierden
μωρία ἐστί, τοῖς δὲ σῳζομένοις
locura es, para sin embargo los que están siendo salvados
ἡμῖν δύναμις Θεοῦ ἐστι.
para nosotros poder de Dios es.

19 γέγραπται γάρ· ἀπολῶ τὴν σοφίαν τῶν σοφῶν,
está escrito Porque: destruiré la sabiduría de los sabios,
καὶ τὴν σύνεσιν τῶν συνετῶν ἀθετήσω.
y el entendimiento de los entendidos rechazaré.

20 ποῦ σοφός; ποῦ γραμματεύς; ποῦ συζητητὴς τοῦ
¿dónde (está) sabio? ¿dónde escribas? ¿dónde disputador de la
αἰῶνος τούτου; οὐχὶ ἐμώρανεν ὁ Θεὸς τὴν σοφίαν
era esta? ¿no enloqueció Dios la sabiduría
τοῦ κόσμου τούτου;
del mundo este?

---

2. O reparados.
3. La NU lee "fuisteis bautizados".

21 ἐπειδὴ γὰρ ἐν τῇ σοφίᾳ τοῦ Θεοῦ οὐκ ἔγνω ὁ
puesto que Porque en la sabiduría de Dios no conoció el

κόσμος διὰ τῆς σοφίας τὸν Θεόν, εὐδόκησεν ὁ Θεὸς
mundo mediante la sabiduría a Dios, agradó a Dios

διὰ τῆς μωρίας τοῦ κηρύγματος σῶσαι
mediante la locura de la predicación salvar

τοὺς πιστεύοντας.
a los que creen.

22 ἐπειδὴ καὶ Ἰουδαῖοι σημεῖον αἰτοῦσι καὶ
Porque - judíos señal piden y

Ἕλληνες σοφίαν ζητοῦσιν,
griegos sabiduría buscan.

23 ἡμεῖς δὲ κηρύσσομεν Χριστὸν ἐσταυρωμένον,
Nosotros sin embargo predicamos a Cristo crucificado,

Ἰουδαίοις μὲν σκάνδαλον, Ἕλλησι⁴ δὲ μωρίαν,
para judíos - escándalo, para griegos - locura.⁵

24 αὐτοῖς δὲ τοῖς κλητοῖς, Ἰουδαίοις τε καὶ Ἕλλησι,
para ellos Sin embargo para los llamados, judíos - y griegos,

Χριστὸν Θεοῦ δύναμιν καὶ Θεοῦ σοφίαν·
Cristo de Dios poder y de Dios sabiduría,

25 ὅτι τὸ μωρὸν τοῦ Θεοῦ σοφώτερον τῶν ἀνθρώπων ἐστί,
porque lo loco de Dios más sabio que los hombres es,

καὶ τὸ ἀσθενὲς τοῦ Θεοῦ ἰσχυρότερον τῶν ἀνθρώπων ἐστί.
y lo débil de Dios más fuerte que los hombres es.

26 Βλέπετε γὰρ τὴν κλῆσιν ὑμῶν, ἀδελφοί, ὅτι
Mirad pues el llamamiento de vosotros, hermanos, porque

οὐ πολλοὶ σοφοὶ κατὰ σάρκα, οὐ πολλοὶ δυνατοί,
no muchos sabios según carne, no muchos poderosos,

οὐ πολλοὶ εὐγενεῖς,
no muchos nobles (sois),

27 ἀλλὰ τὰ μωρὰ τοῦ κόσμου ἐξελέξατο ὁ Θεὸς ἵνα τοὺς
pero lo necio del mundo eligió Dios para que a los

σοφοὺς καταισχύνῃ, καὶ τὰ ἀσθενῆ τοῦ κόσμου ἐξελέξατο
sabios avergüence, y lo débil del mundo eligió

ὁ Θεὸς ἵνα καταισχύνῃ τὰ ἰσχυρά,
Dios para que avergüence lo fuerte,

28 καὶ τὰ ἀγενῆ τοῦ κόσμου καὶ τὰ ἐξουθενημένα
y lo bajo⁶ del mundo y lo despreciado

ἐξελέξατο ὁ Θεός, τὰ μὴ ὄντα, ἵνα τὰ ὄντα
eligió Dios, lo que no es para que a lo que es

καταργήσῃ,
anule,

29 ὅπως μὴ καυχήσηται πᾶσα σὰρξ
para que no se jacte ninguna⁷ carne

ἐνώπιον τοῦ Θεοῦ.
delante de Dios.

21 Porque por no haber el mundo conocido en la sabiduría de Dios a Dios por sabiduría, agradó a Dios salvar a los creyentes por la locura de la predicación.
22 Porque los Judíos piden señales, y los Griegos buscan sabiduría:
23 Mas nosotros predicamos a Cristo crucificado, a los Judíos ciertamente tropezadero, y a los Gentiles locura;
24 Empero a los llamados, así Judíos como Griegos, Cristo potencia de Dios, y sabiduría de Dios.
25 Porque lo loco de Dios es más sabio que los hombres; y lo flaco de Dios es más fuerte que los hombres.
26 Porque mirad, hermanos, vuestra vocación, que no sois muchos sabios según la carne, no muchos poderosos, no muchos nobles;
27 Antes lo necio del mundo escogió Dios, para avergonzar a los sabios; y lo flaco del mundo escogió Dios, para avergonzar lo fuerte;
28 Y lo vil del mundo y lo menos preciado escogió Dios, y lo que no es, para deshacer lo que es:
29 Para que ninguna carne se jacte en su presencia.

---

4. La NU dice gentiles.
5. Es decir: "no sólo es un escándalo para los judíos, sino también una locura para los griegos".
6. Es decir, "vil, despreciado".
7. Lit: "toda", es decir, "para que toda carne no pueda jactarse".

30 Mas de él sois vosotros en Cristo Jesús, el cual nos ha sido hecho por Dios sabiduría, y justificación, y santificación, y redención:
31 Para que, como está escrito: El que se gloría, gloríese en el Señor.

2

Así que, hermanos, cuando fuí a vosotros, no fuí con altivez de palabra, o de sabiduría, a anunciaros el testimonio de Cristo.
2 Porque no me propuse saber algo entre vosotros, sino a Jesucristo, y a éste crucificado.
3 Y estuve yo con vosotros con flaqueza, y mucho temor y temblor;
4 Y ni mi palabra ni mi predicación fué con palabras persuasivas de humana sabiduría, mas con demostración del Espíritu y de poder;
5 Para que vuestra fe no esté fundada en sabiduría de hombres, mas en poder de Dios.
6 Empero hablamos sabiduría de Dios entre perfectos; y sabiduría, no de este siglo, ni de los príncipes de este siglo, que se deshacen:
7 Mas hablamos sabiduría de Dios en misterio, la sabiduría oculta, la cual Dios predestinó antes de los siglos para nuestra gloria:
8 La que ninguno de los príncipes de este siglo conoció; porque si la hubieran conocido, nunca hubieran crucificado al Señor de gloria:

30 ἐξ αὐτοῦ δὲ ὑμεῖς ἐστε ἐν Χριστῷ Ἰησοῦ, ὃς
Por él sin embargo vosotros estáis en Cristo Jesús, que

ἐγενήθη ἡμῖν σοφία ἀπὸ Θεοῦ, δικαιοσύνη τε καὶ
resultó para vosotros sabiduría de Dios, justicia - y

ἁγιασμὸς καὶ ἀπολύτρωσις,
santificación y redención,

31 ἵνα, καθὼς γέγραπται, ὁ καυχώμενος ἐν Κυρίῳ καυχάσθω.
para que, como está escrito, el que se jacta en Señor se jacte.

2

1 Κἀγὼ ἐλθὼν πρὸς ὑμᾶς, ἀδελφοί, ἦλθον οὐ καθ'
Y yo viniendo a vosotros, hermanos, vine no con

ὑπεροχὴν λόγου ἢ σοφίας καταγγέλλων ὑμῖν τὸ
excelencia de palabra o sabiduría anunciando os el

μαρτύριον[8] τοῦ Θεοῦ.
testimonio de Dios.

2 οὐ γὰρ ἔκρινά τοῦ εἰδέναι τι ἐν ὑμῖν εἰ μὴ
no Porque juzgué el conocer algo entre vosotros si no

Ἰησοῦν Χριστὸν, καὶ τοῦτον ἐσταυρωμένον.
a Jesús Cristo, y a éste crucificado.

3 κἀγὼ ἐν ἀσθενείᾳ καὶ ἐν φόβῳ καὶ ἐν τρόμῳ πολλῷ
y yo en debilidad y en temor y en temblor mucho

ἐγενόμην πρὸς ὑμᾶς,
llegué a estar con vosotros,

4 καὶ ὁ λόγος μου καὶ τὸ κήρυγμά μου οὐκ ἐν
y la palabra de mí y la predicación de mí no (fue) en

πειθοῖς ἀνθρωπίνης σοφίας λόγοις, ἀλλ' ἐν ἀποδείξει
persuasivas de humana sabiduría palabras, sino en demostración

Πνεύματος καὶ δυνάμεως,
de Espíritu y de poder,

5 ἵνα ἡ πίστις ὑμῶν μὴ ᾖ ἐν σοφίᾳ
para que la fe de vosotros no estuviera en sabiduría

ἀνθρώπων, ἀλλ' ἐν δυνάμει Θεοῦ.
de hombres, sino en poder de Dios.

6 Σοφίαν δὲ λαλοῦμεν ἐν τοῖς τελείοις, σοφίαν
Sabiduría sin embargo hablamos entre los maduros, sabiduría

δὲ οὐ τοῦ αἰῶνος τούτου, οὐδὲ τῶν ἀρχόντων
sin embargo no de la era esta, ni de los príncipes

τοῦ αἰῶνος τούτου, τῶν καταργουμένων·
de la era esta, de los que están siendo anulados,

7 ἀλλὰ λαλοῦμεν σοφίαν Θεοῦ ἐν μυστηρίῳ,
pero hablamos sabiduría de Dios en misterio

τὴν ἀποκεκρυμμένην, ἣν προώρισεν ὁ Θεὸς πρὸ
la oculta que predestinó - Dios antes de

τῶν αἰώνων εἰς δόξαν ἡμῶν·
las eras para gloria de nosotros

8 ἣν οὐδεὶς τῶν ἀρχόντων τοῦ αἰῶνος τούτου ἔγνωκεν·
la cual ninguno de los gobernantes de la era esta conoció

εἰ γὰρ ἔγνωσαν, οὐκ ἂν τὸν Κύριον τῆς δόξης
si Porque hubieran conocido, no - al Señor de la gloria

ἐσταύρωσαν·
habrían crucificado,

---

8. La NU lee misterio.

I CORINTIOS 3.1

9 ἀλλὰ καθὼς γέγραπται, ἃ ὀφθαλμὸς οὐκ εἶδε καὶ οὓς οὐκ
pero como está escrito, lo que ojo no vio y oído no

ἤκουσε καὶ ἐπὶ καρδίαν ἀνθρώπου οὐκ ἀνέβη,
oyó y sobre corazón de hombre no subió,

ἃ ἡτοίμασεν ὁ Θεὸς τοῖς ἀγαπῶσιν αὐτόν.
(es) lo que ha preparado Dios para los que aman lo.

10 ἡμῖν δὲ ὁ Θεὸς ἀπεκάλυψε διὰ τοῦ
A nosotros sin embargo Dios reveló mediante el

Πνεύματος αὐτοῦ· τὸ γὰρ Πνεῦμα πάντα ἐραυνᾷ καὶ τὰ
Espíritu de él. el Porque Espíritu todo escudriña, también lo

βάθη τοῦ Θεοῦ.
profundo de Dios.

11 τίς γὰρ οἶδεν ἀνθρώπων τὰ τοῦ ἀνθρώπου εἰ μὴ
¿quién Porque conoció de hombres las cosas del hombre si no

τὸ πνεῦμα τοῦ ἀνθρώπου τὸ ἐν αὐτῷ; οὕτω καὶ τὰ τοῦ
el espíritu del hombre el en él? Así también las cosas de

Θεοῦ οὐδεὶς εἴδεν εἰ μὴ τὸ Πνεῦμα τοῦ Θεοῦ.
Dios ninguno conoció si no el Espíritu de Dios.

12 ἡμεῖς δὲ οὐ τὸ πνεῦμα τοῦ κόσμου ἐλάβομεν,
Nosotros sin embargo no el Espíritu del mundo recibimos,

ἀλλὰ τὸ Πνεῦμα τὸ ἐκ τοῦ Θεοῦ, ἵνα εἰδῶμεν
sino el Espíritu el de Dios, para que sepamos

τὰ ὑπὸ τοῦ Θεοῦ χαρισθέντα ἡμῖν.
las cosas por Dios dadas a nosotros,

13 ἃ καὶ λαλοῦμεν οὐκ ἐν διδακτοῖς ἀνθρωπίνης
las que también hablamos no con enseñadas de humana

σοφίας λόγοις, ἀλλ' ἐν διδακτοῖς Πνεύματος Ἁγίου,
sabiduría palabras, sino con enseñadas de Espíritu Santo

πνευματικοῖς πνευματικὰ συγκρίνοντες.
a los espirituales[9] con lo espiritual comparando.

14 ψυχικὸς δὲ ἄνθρωπος οὐ δέχεται τὰ τοῦ
Anímico[10] sin embargo hombre no recibe las cosas del

Πνεύματος τοῦ Θεοῦ· μωρία γὰρ αὐτῷ ἐστι, καὶ οὐ δύναται
Espíritu de Dios, locura Porque para él son, y no puede

γνῶναι, ὅτι πνευματικῶς ἀνακρίνεται.
conocer (las), porque espiritualmente son entendidas.

15 ὁ δὲ πνευματικὸς ἀνακρίνει μὲν τὰ πάντα,
el Sin embargo espiritual entiende - - todo

αὐτὸς δὲ ὑπ' οὐδενὸς ἀνακρίνεται.
él sin embargo por ninguno es entendido.

16 τίς γὰρ ἔγνω νοῦν Κυρίου, ὃς συμβιβάσει αὐτόν;
¿quién Porque conoció mente de Señor, quién instruirá a Él?

ἡμεῖς δὲ νοῦν Χριστοῦ ἔχομεν.
Nosotros sin embargo mente de Cristo tenemos.

3 1 Κἀγώ, ἀδελφοί, οὐκ ἠδυνήθην λαλῆσαι ὑμῖν ὡς
Y yo, hermanos, no pude hablar a vosotros como

πνευματικοῖς, ἀλλ' ὡς σαρκίνοις, ὡς νηπίοις ἐν Χριστῷ.
a espirituales, sino como a carnales, como a niños en Cristo.

---

9 Antes, como está escrito:
Cosas que ojo no vió, ni oreja oyó,
Ni han subido en corazón de hombre,
Son las que ha Dios preparado para aquellos que le aman.
10 Empero Dios nos lo reveló a nosotros por el Espíritu: porque el Espíritu todo lo escudriña, aun lo profundo de Dios.
11 Porque ¿quién de los hombres sabe las cosas del hombre, sino el espíritu del hombre que está en él? Así tampoco nadie conoció las cosas de Dios, sino el Espíritu de Dios.
12 Y nosotros hemos recibido, no el espíritu del mundo, sino el Espíritu que es de Dios, para que conozcamos lo que Dios nos ha dado;
13 Lo cual también hablamos, no con doctas palabras de humana sabiduría, mas con doctrina del Espíritu, acomodando lo espiritual a lo espiritual.
14 Mas el hombre animal no percibe las cosas que son del Espíritu de Dios, porque le son locura: y no las puede entender, porque se han de examinar espiritualmente.
15 Empero el espiritual juzga todas las cosas; mas él no es juzgado de nadie.
16 Porque ¿quién conoció la mente del Señor? ¿quién le instruyó? Mas nosotros tenemos la mente de Cristo.

3 De manera que yo, hermanos, no pude hablaros como a espirituales, sino como a carnales, como a niños en Cristo.

---

9. O "a las cosas espirituales". La palabra puede estar tanto en género masculino como neutro y referirse tanto a personas –como indicamos arriba– como a cosas.
10. Se refiere a aquel que tiene como techo el alma, es decir, la razón humana careciendo de sensibilidad espiritual.

2 Os dí a beber leche, y no vianda: porque aun no podíais, ni aun podéis ahora;
3 Porque todavía sois carnales: pues habiendo entre vosotros celos, y contiendas, y disensiones, ¿no sois carnales, y andáis como hombres?
4 Porque diciendo el uno: Yo cierto soy de Pablo; y el otro: Yo de Apolos; ¿no sois carnales?
5 ¿Qué pues es Pablo? ¿y qué es Apolos? Ministros por los cuales habéis creído; y eso según que a cada uno ha concedido el Señor.
6 Yo planté, Apolos regó: mas Dios ha dado el crecimiento.
7 Así que, ni el que planta es algo, ni el que riega; sino Dios, que da el crecimiento.
8 Y el que planta y el que riega son una misma cosa; aunque cada uno recibirá su recompensa conforme a su labor.
9 Porque nosotros, coadjutores somos de Dios; y vosotros labranza de Dios sois, edificio de Dios sois.
10 Conforme a la gracia de Dios que me ha sido dada, yo como perito arquitecto puse el fundamento, y otro edifica encima: empero cada uno vea cómo sobreedifica.
11 Porque nadie puede poner otro fundamento que el que está puesto, el cual es Jesucristo.

2 γάλα ὑμᾶς ἐπότισα καὶ οὐ βρῶμα·
Leche os di a beber y no alimento sólido,
οὔπω γὰρ ἐδύνασθε. ἀλλ' οὔτε ἔτι νῦν δύνασθε·
todavía no Porque podíais, pero tampoco aún ahora podéis.

3 ἔτι γὰρ σαρκικοί ἐστε. ὅπου γὰρ ἐν ὑμῖν
aún Porque carnales sois. ¿cuándo Porque entre vosotros
ζῆλος καὶ ἔρις καὶ διχοστασίαι, οὐχὶ σαρκικοί ἐστε
(hay) envidia y contienda y disensiones,[11] no carnales sois
καὶ κατὰ ἄνθρωπον περιπατεῖτε;
y según hombre camináis?

4 ὅταν γὰρ λέγῃ τις, ἐγὼ μέν εἰμι Παύλου,
cuando Porque diga alguno, yo - soy de Pablo,
ἕτερος δὲ ἐγὼ Ἀπολλώ· οὐχὶ σαρκικοί[12] ἐστε;
otro sin embargo yo de Apolos, ¿no carnales sois?

5 Τίς οὖν ἐστι Παῦλος, τίς δὲ Ἀπολλὼς ἀλλ' ἢ διάκονοι
¿Quién pues es Pablo, quién - Apolos sino - servidores
δι' ὧν ἐπιστεύσατε, καὶ ἑκάστῳ ὡς
a través de los cuales creísteis, y a cada uno como
ὁ Κύριος ἔδωκεν;
el Señor dio?

6 ἐγὼ ἐφύτευσα, Ἀπολλὼς ἐπότισεν,
Yo planté, Apolos regó,
ἀλλ' ὁ Θεὸς ηὔξανεν·
pero Dios hizo crecer.

7 ὥστε οὔτε ὁ φυτεύων ἐστί τι οὔτε
Así ni el que planta es algo ni
ὁ ποτίζων, ἀλλ' ὁ αὐξάνων Θεός.
el que riega, sino el que hace crecer Dios.

8 ὁ φυτεύων δὲ καὶ ὁ ποτίζων ἕν εἰσιν· ἕκαστος
El que planta sin embargo y el que riega uno son. Cada uno
δὲ τὸν ἴδιον μισθὸν
sin embargo la propia recompensa
λήψεται κατὰ τὸν ἴδιον κόπον.
recibirá según el propio trabajo.

9 Θεοῦ γάρ ἐσμεν συνεργοί· Θεοῦ γεώργιον,
de Dios Porque somos colaboradores. De Dios campo,
Θεοῦ οἰκοδομή ἐστε.
de Dios edificio sois.

10 Κατὰ τὴν χάριν τοῦ Θεοῦ τὴν δοθεῖσάν μοι ὡς σοφὸς
Según la gracia de Dios la dada a mí como sabio
ἀρχιτέκτων θεμέλιον ἔθηκα, ἄλλος δὲ
arquitecto cimiento he colocado, otro sin embargo
ἐποικοδομεῖ. ἕκαστος δὲ βλεπέτω
construye encima Cada uno sin embargo mire
πῶς ἐποικοδομεῖ.
cómo construye encima.

11 θεμέλιον γὰρ ἄλλον οὐδεὶς δύναται θεῖναι
cimiento Porque otro ninguno puede colocar
παρὰ τὸν κείμενον, ὅς ἐστιν Ἰησοῦς Χριστός.
salvo el colocado, que es Jesús Cristo.

---

11. La NU omite "y disensiones".
12. La NU lee "hombres".

12 εἰ δέ τις ἐποικοδομεῖ ἐπὶ τὸν θεμέλιον τοῦτον
si Sin embargo alguno construye sobre el cimiento este
χρυσόν, ἄργυρον, λίθους τιμίους, ξύλα,
con oro, plata, piedras preciosas, maderas,
χόρτον, καλάμην,
hierba, paja,

13 ἑκάστου τὸ ἔργον φανερὸν γενήσεται· ἡ γὰρ ἡμέρα
de cada uno la obra manifiesta llegará a ser. el Porque día
δηλώσει· ὅτι ἐν πυρὶ[13] ἀποκαλύπτεται·
(lo) revelará, porque en fuego es revelada.
καὶ ἑκάστου τὸ ἔργον ὁποῖόν ἐστι τὸ πῦρ δοκιμάσει.
y de cada uno la obra cuál es el fuego probará.

14 εἴ τινος τὸ ἔργον μενεῖ ὃ ἐπῳκοδόμησε, μισθὸν
Si de uno la obra permanece lo que construyó, recompensa
λήψεται·
recibirá.

15 εἴ τινος τὸ ἔργον κατακαήσεται, ζημιωθήσεται,
Si de alguno la obra se abrasará, experimentará pérdida,
αὐτὸς δὲ σωθήσεται, οὕτως δὲ ὡς διὰ
éste sin embargo será salvado, así sin embargo como a través
πυρός.
de fuego.

16 Οὐκ οἴδατε ὅτι ναὸς Θεοῦ ἐστε καὶ
¿No sabéis que templo de Dios sois y
τὸ Πνεῦμα τοῦ Θεοῦ οἰκεῖ ἐν ὑμῖν;
el Espíritu de Dios mora en vosotros?

17 εἴ τις τὸν ναὸν τοῦ Θεοῦ φθείρει, φθερεῖ τοῦτον
Si alguno el templo de Dios destruirá, destruirá a éste
ὁ Θεός· ὁ γὰρ ναὸς τοῦ Θεοῦ ἅγιός ἐστιν,
Dios. el Porque templo de Dios santo es,
οἵτινές ἐστε ὑμεῖς.
que sois vosotros.

18 Μηδεὶς ἑαυτὸν ἐξαπατάτω· εἴ τις δοκεῖ σοφὸς εἶναι
Ninguno a sí mismo engañe. Si alguno considera sabio ser
ἐν ὑμῖν ἐν τῷ αἰῶνι τούτῳ, μωρὸς γενέσθω,
entre vosotros en la era esta, loco llegue a ser,
ἵνα γένηται σοφός.
para que llegue a ser sabio.

19 ἡ γὰρ σοφία τοῦ κόσμου τούτου μωρία παρὰ τῷ Θεῷ
la Porque sabiduría del mundo este locura para con Dios
ἐστι. γέγραπται γάρ· ὁ δρασσόμενος τοὺς σοφοὺς
es. está escrito Porque: El que atrapa a los sabios
ἐν τῇ πανουργίᾳ αὐτῶν·
en la astucia de ellos.

20 καὶ πάλιν· Κύριος γινώσκει τοὺς διαλογισμοὺς
Y de nuevo: Señor conoce los razonamientos
τῶν σοφῶν, ὅτι εἰσὶ μάταιοι.
de los sabios, que son vanos.

21 ὥστε μηδεὶς καυχάσθω ἐν ἀνθρώποις·
de manera que ninguno presuma de hombres,
πάντα γὰρ ὑμῶν ἐστιν,
todo Porque de vosotros es.

---

12 Y si alguno edificare sobre este fundamento oro, plata, piedras preciosas, madera, heno, hojarasca;
13 La obra de cada uno será manifestada: porque el día la declarará; porque por el fuego será manifestada; y la obra de cada uno cuál sea, el fuego hará la prueba.
14 Si permaneciere la obra de alguno que sobreedificó, recibirá recompensa.
15 Si la obra de alguno fuere quemada, será perdida: él empero será salvo, mas así como por fuego.
16 ¿No sabéis que sois templo de Dios, y que el Espíritu de Dios mora en vosotros?
17 Si alguno violare el templo de Dios, Dios destruirá al tal: porque el templo de Dios, el cual sois vosotros, santo es.
18 Nadie se engañe a sí mismo: si alguno entre vosotros parece ser sabio en este siglo, hágase simple, para ser sabio.
19 Porque la sabiduría de esta mundo es necedad para con Dios; pues escrito está: El que prende a los sabios en la astucia de ellos.
20 Y otra vez: El Señor conoce los pensamientos de los sabios, que son vanos.
21 Así que, ninguno se gloríe en los hombres; porque todo es vuestro,

---

13. La NU añade mismo.

22Sea Pablo, sea Apolos, sea Cefas, sea el mundo, sea la vida, sea la muerte, sea lo presente, sea lo por venir; todo es vuestro;
23Y vosotros de Cristo; y Cristo de Dios.

4 Ténganos los hombres por ministros de Cristo, y dispensadores de los misterios de Dios.
2Mas ahora se requiere en los dispensadores, que cada uno sea hallado fiel.
3Yo en muy poco tengo el ser juzgado de vosotros, o de juicio humano; y ni aun yo me juzgo.
4Porque aunque de nada tengo mala conciencia, no por eso soy justificado; mas el que me juzga, el Señor es.
5Así que, no juzguéis nada antes de tiempo, hasta que venga el Señor, el cual también aclarará lo oculto de las tinieblas, y manifestará los intentos de los corazones, y entonces cada uno tendrá de Dios la alabanza.
6Esto empero, hermanos, he pasado por ejemplo en mí y en Apolos por amor de vosotros; para que en nosotros aprendáis a no saber más de lo que está escrito, hinchándoos por causa de otro el uno contra el otro.
7Porque ¿quién te distingue? ¿ó qué tienes que no hayas recibido? Y si lo recibiste, ¿de qué te glorías como si no hubieras recibido?

22 εἴτε Παῦλος εἴτε Ἀπολλὼς εἴτε Κηφᾶς εἴτε κόσμος
Sea Pablo sea Apolos sea Cefas sea mundo

εἴτε ζωὴ εἴτε θάνατος εἴτε ἐνεστῶτα εἴτε μέλλοντα,
sea vida sea muerte sea presente sea venidero,

πάντα ὑμῶν ἐστιν,
todo de vosotros es.

23 ὑμεῖς δὲ Χριστοῦ, Χριστὸς δὲ Θεοῦ.
Vosotros sin embargo de Cristo, Cristo a su vez de Dios.

4 1 Οὕτως ἡμᾶς λογιζέσθω ἄνθρωπος, ὡς ὑπηρέτας Χριστοῦ
Así nos considere hombre,[14] como siervos de Cristo

καὶ οἰκονόμους μυστηρίων Θεοῦ.
y administradores de misterios de Dios.

2 ὃ δὲ λοιπὸν ζητεῖται ἐν τοῖς οἰκονόμοις,
Lo que - por lo de más se busca en los administradores (es)

ἵνα πιστός τις εὑρεθῇ.
que fiel alguno sea hallado.

3 ἐμοὶ δὲ εἰς ἐλάχιστόν ἐστιν ἵνα ὑφ' ὑμῶν
para mí sin embargo como pequeñísimo es[15] que por vosotros

ἀνακριθῶ ἢ ὑπὸ ἀνθρωπίνης ἡμέρας· ἀλλ' οὐδὲ
sea juzgado o por humano día. Sin embargo tampoco

ἐμαυτὸν ἀνακρίνω.
a mí mismo juzgo.

4 οὐδὲν γὰρ ἐμαυτῷ σύνοιδα· ἀλλ' οὐκ ἐν τούτῳ
nada Porque en mí mismo percibo, sin embargo no por esto

δεδικαίωμαι· ὁ δὲ ἀνακρίνων με
he sido justificado. El que sin embargo juzga a mí

Κύριός ἐστιν.
Señor es.

5 ὥστε μὴ πρὸ καιροῦ τι κρίνετε, ἕως ἂν ἔλθῃ ὁ
Así que no antes de tiempo algo juzguéis, hasta que venga el

Κύριος, ὃς καὶ φωτίσει τὰ κρυπτὰ τοῦ
Señor, el cual también iluminará lo oculto (separándolo) de la

σκότους καὶ φανερώσει τὰς βουλὰς τῶν καρδιῶν,
tiniebla y mostrará los propósitos de los corazones,

καὶ τότε ὁ ἔπαινος γενήσεται ἑκάστῳ ἀπὸ τοῦ Θεοῦ.
y entonces la alabanza resultará para cada uno de Dios.

6 Ταῦτα δέ, ἀδελφοί, μετεσχημάτισα εἰς ἐμαυτὸν
Esto -, hermanos, apliqué a mí mismo

καὶ Ἀπολλῶ δι' ὑμᾶς, ἵνα ἐν ἡμῖν μάθητε τὸ
y a Apolos por vosotros, para que en nosotros aprendáis a

μὴ ὑπὲρ ἃ γέγραπται φρονεῖν[16], ἵνα μὴ
no más allá de lo que está escrito pensar, para que no

εἷς ὑπὲρ τοῦ ἑνὸς φυσιοῦσθε κατὰ τοῦ ἑτέρου.
uno sobre uno se engría contra el otro.

7 τίς γάρ σε διακρίνει; τί δὲ ἔχεις ὃ οὐκ ἔλαβες;
¿quién Porque te distingue? ¿qué - tienes que no recibiste?

εἰ δὲ καὶ ἔλαβες, τί καυχᾶσαι ὡς μὴ
Si sin embargo también recibiste, ¿por qué presumes como no

λαβών;
recibiendo?

---

14. Es decir, que el hombre nos considere.
15. Es decir, considero de poquísima relevancia el ser juzgado por vosotros.
16. La NU omite pensar.

8 ἤδη κεκορεσμένοι ἐστέ. ἤδη ἐπλουτήσατε,
Ya saciados estáis, ya os enriquecéis,
χωρὶς ἡμῶν ἐβασιλεύσατε· καὶ ὄφελόν γε
sin nosotros reináis. Y ojalá ciertamente
ἐβασιλεύσατε, ἵνα καὶ ἡμεῖς ὑμῖν
reináseis, para que también nosotros con vosotros
συμβασιλεύσωμεν.
co-reináramos.

9 δοκῶ γὰρ ὅτι ὁ Θεὸς ἡμᾶς τοὺς ἀποστόλους ἐσχάτους
juzgo Porque que - Dios a nosotros los apóstoles a cada uno
ἀπέδειξεν ὡς ἐπιθανατίους, ὅτι θέατρον
exhibió como condenados a muerte, porque teatro
ἐγενήθημεν τῷ κόσμῳ, καὶ ἀγγέλοις καὶ
resultamos[17] para el mundo, y para ángeles y
ἀνθρώποις.
para hombres.

10 ἡμεῖς μωροὶ διὰ Χριστόν, ὑμεῖς δὲ φρόνιμοι ἐν
Nosotros locos por Cristo, vosotros sin embargo sabios en
Χριστῷ· ἡμεῖς ἀσθενεῖς, ὑμεῖς δὲ ἰσχυροί·
Cristo, nosotros débiles, vosotros sin embargo fuertes,
ὑμεῖς ἔνδοξοι, ἡμεῖς δὲ ἄτιμοι.
vosotros honrados, nosotros sin embargo deshonrados.

11 ἄχρι τῆς ἄρτι ὥρας καὶ πεινῶμεν
Hasta la presente hora también pasamos hambre
καὶ διψῶμεν καὶ γυμνητεύομεν καὶ κολαφιζόμεθα
y padecemos sed y estamos desnudos y somos golpeados
καὶ ἀστατοῦμεν
y carecemos de hogar

12 καὶ κοπιῶμεν ἐργαζόμενοι ταῖς ἰδίαις χερσί·
y nos fatigamos trabajando con las propias manos.
λοιδορούμενοι εὐλογοῦμεν,
Maldecidos bendecimos,
διωκόμενοι ἀνεχόμεθα,
perseguidos soportamos,

13 βλασφημούμενοι παρακαλοῦμεν· ὡς περικαθάρματα
blasfemados consolamos. Como basura
τοῦ κόσμου ἐγενήθημεν, πάντων περίψημα
del mundo hemos llegado a ser, de todos desperdicio
ἕως ἄρτι.
hasta ahora.

14 Οὐκ ἐντρέπων ὑμᾶς γράφω ταῦτα,
No avergonzando os escribo esto,
ἀλλ' ὡς τέκνα μου ἀγαπητὰ νουθετῶ.
sino como a hijos de mí amados amonesto.

15 ἐὰν γὰρ μυρίους παιδαγωγοὺς ἔχητε ἐν Χριστῷ,
si Porque decenas de miles de ayos tenéis en Cristo,
ἀλλ' οὐ πολλοὺς πατέρας· ἐν γὰρ Χριστῷ Ἰησοῦ
sin embargo no muchos padres. en Porque Cristo Jesús
διὰ τοῦ εὐαγγελίου ἐγὼ ὑμᾶς ἐγέννησα.
por el evangelio yo os engendré.

16 παρακαλῶ οὖν ὑμᾶς, μιμηταί μου γίνεσθε.
Exhorto pues a vosotros, imitadores de mí llegad a ser.

8Ya estáis hartos, ya estáis ricos, sin nosotros reináis; y ojalá reinéis, para que nosotros reinemos también juntamente con vosotros.
9Porque a lo que pienso, Dios nos ha mostrado a nosotros los apóstoles por los postreros, como a sentenciados a muerte: porque somos hechos espectáculo al mundo, y a los ángeles, y a los hombres.
10Nosotros necios por amor de Cristo, y vosotros prudentes en Cristo; nosotros flacos, y vosotros fuertes; vosotros nobles, y nosotros viles.
11Hasta esta hora hambreamos, y tenemos sed, y estamos desnudos, y somos heridos de golpes, y andamos vagabundos;
12Y trabajamos, obrando con nuestras manos: nos maldicen, y bendecimos: padecemos persecución, y sufrimos:
13Somos blasfemados, y rogamos: hemos venido a ser como la hez del mundo, el desecho de todos hasta ahora.
14No escribo esto para avergonzaros: mas amonéstoos como a mis hijos amados.
15Porque aunque tengáis diez mil ayos en Cristo, no tendréis muchos padres; que en Cristo Jesús yo os engendré por el evangelio.
16Por tanto, os ruego que me imitéis.

---

17. El tiempo es aoristo.

17 Por lo cual os he enviado a Timoteo, que es mi hijo amado y fiel en el Señor, el cual os amonestará de mis caminos cuáles sean en Cristo, de la manera que enseño en todas partes en todas las iglesias.
18 Mas algunos están envanecidos, como si nunca hubiese yo de ir a vosotros.
19 Empero iré presto a vosotros, si el Señor quisiere; y entenderé, no las palabras de los que andan hinchados, sino la virtud.
20 Porque el reino de Dios no consiste en palabras, sino en virtud.
21 ¿Qué queréis? ¿iré a vosotros con vara, o con caridad y espíritu de mansedumbre?

5

De cierto se oye que hay entre vosotros fornicación, y tal fornicación cual ni aun se nombra entre los Gentiles; tanto que alguno tenga la mujer de su padre.
2 Y vosotros estáis hinchados, y no más bien tuvisteis duelo, para que fuese quitado de en medio de vosotros el que hizo tal obra.
3 Y ciertamente, como ausente con el cuerpo, mas presente en espíritu, ya como presente he juzgado al que esto así ha cometido;
4 En el nombre del Señor nuestro Jesucristo, juntados vosotros y mi espíritu, con la facultad de nuestro Señor Jesucristo,

17 Διὰ τοῦτο ἔπεμψα ὑμῖν Τιμόθεον, ὅς ἐστί μου
Por esto envié a vosotros a Timoteo, el cual es de mí
τέκνον ἀγαπητὸν καὶ πιστὸν ἐν Κυρίῳ, ὅς ὑμᾶς ἀναμνήσει
hijo amado y fiel en Señor, el cual os recordará
τὰς ὁδούς μου τὰς ἐν Χριστῷ, καθὼς πανταχοῦ
los caminos de mí los en Cristo, como en todas partes
ἐν πάσῃ ἐκκλησίᾳ διδάσκω.
en toda iglesia enseño.

18 ὡς μὴ ἐρχομένου δέ μου πρὸς ὑμᾶς
Como no yendo sin embargo yo a vosotros
ἐφυσιώθησάν τινες·
se ensoberbecieron algunos.

19 ἐλεύσομαι δὲ ταχέως πρὸς ὑμᾶς, ἐὰν ὁ Κύριος
Iré sin embargo pronto a vosotros, si el Señor
θελήσῃ, καὶ γνώσομαι οὐ τὸν λόγον τῶν πεφυσιωμένων,
quiere, y conoceré no la palabra de los ensorbebecidos,
ἀλλὰ τὴν δύναμιν·
sino el poder.

20 οὐ γὰρ ἐν λόγῳ ἡ βασιλεία τοῦ Θεοῦ,
no Porque en palabra el reino de Dios,
ἀλλ' ἐν δυνάμει.
sino en poder (consiste).

21 τί θέλετε; ἐν ῥάβδῳ ἔλθω πρὸς ὑμᾶς, ἢ ἐν ἀγάπῃ
¿Qué queréis? ¿Con vara iré a vosotros, o con amor
πνεύματί τε πραότητος;
en espíritu y de mansedumbre?

5

1 Ὅλως ἀκούεται ἐν ὑμῖν πορνεία, καὶ τοιαύτη
Ciertamente se oye entre vosotros fornicación, y tal
πορνεία, ἥτις οὐδὲ ἐν τοῖς ἔθνεσιν ὀνομάζεται,
fornicación que ni entre los gentiles se nombra,
ὥστε γυναῖκά τινα τοῦ πατρὸς ἔχειν.[18]
como a mujer alguno del padre tener.

2 καὶ ὑμεῖς πεφυσιωμένοι ἐστέ, καὶ οὐχὶ μᾶλλον
Y vosotros ensoberbecidos estáis, y no más bien
ἐπενθήσατε, ἵνα ἐξαρθῇ ἐκ μέσου ὑμῶν
habéis sido apesadumbrados para que sea quitado de entre vosotros
ὁ τὸ ἔργον τοῦτο ποιήσας.
el que la obra esta hizo.

3 ἐγὼ μὲν γὰρ ὡς ἀπὼν τῷ σώματι, παρὼν
yo ciertamente Porque como ausente en el cuerpo, presente
δὲ τῷ πνεύματι, ἤδη κέκρικα ὡς παρὼν
sin embargo en el espíritu ya he juzgado como presente
τὸν οὕτω τοῦτο κατεργασάμενον,
al que así esto hizo.

4 ἐν τῷ ὀνόματι τοῦ Κυρίου ἡμῶν Ἰησοῦ Χριστοῦ[19]
En el nombre del Señor de nosotros Jesús Cristo
συναχθέντων ὑμῶν καὶ τοῦ ἐμοῦ πνεύματος
habiendo estado reunidos vosotros y el mi espíritu
σὺν τῇ δυνάμει τοῦ Κυρίου ἡμῶν Ἰησοῦ Χριστοῦ
con el poder del Señor de nosotros Jesús Cristo,

---

18. Es decir que alguno mantiene relaciones sexuales con la mujer de su padre.
19. Cristo es suprimido por NU.

5 παραδοῦναι τὸν τοιοῦτον τῷ Σατανᾷ εἰς ὄλεθρον τῆς σαρκός,
entregar al tal a Satanás para ruina de la carne

ἵνα τὸ πνεῦμα σωθῇ ἐν τῇ ἡμέρᾳ τοῦ Κυρίου Ἰησοῦ.
para que el espíritu sea salvado en el día del Señor Jesús.

6 Οὐ καλὸν τὸ καύχημα ὑμῶν. οὐκ οἴδατε
No (es) buena la jactancia de vosotros. ¿No sabéis

ὅτι μικρὰ ζύμη ὅλον τὸ φύραμα ζυμοῖ;
que poca levadura toda la masa leuda?

7 ἐκκαθάρατε οὖν τὴν παλαιὰν ζύμην, ἵνα ἦτε νέον
Limpiad pues la vieja levadura, para que seáis nueva

φύραμα, καθώς ἐστε ἄζυμοι. καὶ γὰρ τὸ πάσχα
masa, como sois ázimos, también Porque la pascua

ἡμῶν ὑπὲρ ἡμῶν²⁰ ἐτύθη Χριστός·
de nosotros por nosotros fue sacrificada: Cristo.

8 ὥστε ἑορτάζωμεν μὴ ἐν ζύμῃ παλαιᾷ, μηδὲ ἐν
Así que festejemos²¹ no con levadura vieja, ni con

ζύμῃ κακίας καὶ πονηρίας, ἀλλ' ἐν ἀζύμοις
levadura de malicia y de maldad, sino con ázimos

εἰλικρινείας καὶ ἀληθείας.
de sinceridad y de verdad.

9 Ἔγραψα ὑμῖν ἐν τῇ ἐπιστολῇ μὴ συναναμίγνυσθαι
Escribí os en la carta no juntarse²²

πόρνοις,
con fornicarios.

10 καὶ οὐ πάντως τοῖς πόρνοις τοῦ κόσμου τούτου ἢ τοῖς
y no totalmente con fornicarios del mundo este o con los

πλεονέκταις ἢ ἅρπαξιν ἢ εἰδωλολάτραις· ἐπεὶ ὠφείλετε
codiciosos o con estafadores o con idólatras, ya que deberíais

ἄρα ἐκ τοῦ κόσμου ἐξελθεῖν.
entonces de el mundo salir.

11 νυνὶ δὲ ἔγραψα ὑμῖν μὴ συναναμίγνυσθαι ἐάν τις
ahora Sin embargo escribí os no juntarse²³ si algún

ἀδελφὸς ὀνομαζόμενος ἢ πόρνος ἢ πλεονέκτης ἢ
hermano llamado o fornicario o codicioso o

εἰδωλολάτρης ἢ λοίδορος ἢ μέθυσος ἢ ἅρπαξ, τῷ τοιούτῳ
idólatra o ultrajador o borracho o ladrón, con el tal

μηδὲ συνεσθίειν.
ni siquiera comer.

12 τί γάρ μοι καὶ τοὺς ἔξω κρίνειν; οὐχὶ
¿por qué Porque a mí también a los de fuera juzgar?²⁴ ¿No a

τοὺς ἔσω ὑμεῖς κρίνετε;
los de dentro vosotros juzgáis?

13 τοὺς δὲ ἔξω ὁ Θεὸς κρίνει. καὶ ἐξαρεῖτε
a los Sin embargo de fuera Dios juzga. Y quitad

τὸν πονηρὸν ἐξ ὑμῶν αὐτῶν.
al malo de entre vosotros mismos.

6 1 Τολμᾷ τις ὑμῶν, πρᾶγμα ἔχων πρὸς τὸν ἕτερον,
¿Se atreve alguno de vosotros, pleito teniendo contra el otro,

κρίνεσθαι ἐπὶ τῶν ἀδίκων καὶ οὐχὶ ἐπὶ τῶν ἁγίων;
a ir a juicio ante los injustos y no ante los santos?

---

5 El tal sea entregado a Satanás para muerte de la carne, porque el espíritu sea salvo en el día del Señor Jesús. **6** No es buena vuestra jactancia. ¿No sabéis que un poco de levadura leuda toda la masa? **7** Limpiad pues la vieja levadura, para que seáis nueva masa, como sois sin levadura: porque nuestra pascua, que es Cristo, fué sacrificada por nosotros. **8** Así que hagamos fiesta, no en la vieja levadura, ni en la levadura de malicia y de maldad, sino en ázimos de sinceridad y de verdad. **9** Os he escrito por carta, que no os envolváis con los fornicarios: **10** No absolutamente con los fornicarios de este mundo, o con los avaros, o con los ladrones, o con los idólatras; pues en tal caso os sería menester salir del mundo. **11** Mas ahora os he escrito, que no os envolváis, es a saber, que si alguno llamándose hermano fuere fornicario, o avaro, o idólatra, o maldiciente, o borracho, o ladrón, con el tal ni aun comáis. **12** Porque ¿qué me va a mí en juzgar a los que están fuera? ¿No juzgáis vosotros a los que están dentro? **13** Porque a los que están fuera, Dios juzgará: quitad pues a ese malo de entre vosotros.

6 ¿Osa alguno de vosotros, teniendo algo con otro, ir a juicio delante de los injustos, y no delante de los santos?

---

20. Por nosotros es suprimido por NU.
21. Es decir "celebremos la fiesta".
22. Es decir, frecuentar el trato.
23. Es decir, frecuentar el trato.
24. Es decir, "¿por qué tengo yo que juzgar a los de fuera?".

2 ¿O no sabéis que los santos han de juzgar al mundo? Y si el mundo ha de ser juzgado por vosotros, ¿sois indignos de juzgar cosas muy pequeñas?
3 ¿O no sabéis que hemos de juzgar a los angeles? ¿cuánto más las cosas de este siglo?
4 Por tanto, si hubiereis de tener juicios de cosas de este siglo, poned para juzgar a los que son de menor estima en la iglesia.
5 Para avergonzaros lo digo. ¿Pues qué, no hay entre vosotros sabio, ni aun uno que pueda juzgar entre sus hermanos;
6 Sino que el hermano con el hermano pleitea en juicio, y esto ante los infieles?
7 Así que, por cierto es ya una falta en vosotros que tengáis pleitos entre vosotros mismos. ¿Por qué no sufrís antes la injuria? ¿por qué no sufrís antes ser defraudados?
8 Empero vosotros hacéis la injuria, y defraudáis, y esto a los hermanos.
9 ¿No sabéis que los injustos no poseerán el reino de Dios? No erréis, que ni los fornicarios, ni los idólatras, ni los adúlteros, ni los afeminados, ni los que se echan con varones,
10 Ni los ladrones, ni los avaros, ni los borrachos, ni los maldicientes, ni los robadores, heredarán el reino de Dios.

2 οὐκ οἴδατε ὅτι οἱ ἅγιοι τὸν κόσμον κρινοῦσι;
¿No sabéis que los santos al mundo juzgarán?

καὶ εἰ ἐν ὑμῖν κρίνεται ὁ κόσμος,
Y si por vosotros es juzgado el mundo,

ἀνάξιοί ἐστε κριτηρίων ἐλαχίστων;
¿indignos sois de juicios menores?[25]

3 οὐκ οἴδατε ὅτι ἀγγέλους κρινοῦμεν;
¿No sabéis que a ángeles juzgaremos?

μήτι γε βιωτικά;
¿Y no - lo cotidiano?

4 βιωτικὰ μὲν οὖν κριτήρια ἐὰν ἔχητε, τοὺς
relacionados con lo cotidiano - pues juicios si tenéis, a los

ἐξουθενημένους ἐν τῇ ἐκκλησίᾳ τούτους καθίζετε.
desdeñados[26] en la iglesia a esos designad (para juzgar)

5 πρὸς ἐντροπὴν ὑμῖν λέγω. οὕτως οὐκ ἔνι ἐν ὑμῖν
para vergüenza os digo. ¿Así no (hay) uno entre vosotros

σοφὸς οὐδὲ εἷς ὃς δυνήσεται διακρῖναι ἀνὰ
sabio ni uno que pueda juzgar -

μέσον τοῦ ἀδελφοῦ αὐτοῦ,[27]
entre el hermano de él,

6 ἀλλὰ ἀδελφὸς μετὰ ἀδελφοῦ κρίνεται,
sino que hermano con hermano pleitea,

καὶ τοῦτο ἐπὶ ἀπίστων;
y esto ante no-creyentes?

7 ἤδη μὲν οὖν ὅλως ἥττημα ὑμῖν ἐστιν ὅτι κρίματα
Ya - pues totalmente derrota para vosotros es que pleitos

ἔχετε μεθ' ἑαυτῶν. διὰ τί οὐχὶ μᾶλλον
tengáis entre vosotros. ¿Por qué no mejor

ἀδικεῖσθε; διὰ τί οὐχὶ μᾶλλον ἀποστερεῖσθε;
sois tratados injustamente?[28] ¿Por qué no mejor sois defraudados?

8 ἀλλὰ ὑμεῖς ἀδικεῖτε καὶ ἀποστερεῖτε,
Sin embargo vosotros tratáis injustamente[29] y defraudáis,

καὶ ταῦτα ἀδελφούς.
y esto a hermanos.

9 ἢ οὐκ οἴδατε ὅτι ἄδικοι βασιλείαν Θεοῦ οὐ κληρονομήσουσι;
¿O no sabéis que injustos reino de Dios no heredarán?

μὴ πλανᾶσθε· οὔτε πόρνοι οὔτε εἰδωλολάτραι οὔτε
No seáis engañados.[30] Ni fornicarios ni idólatras ni

μοιχοὶ οὔτε μαλακοὶ οὔτε ἀρσενοκοῖται
adúlteros ni sodomitas ni homosexuales[31]

10 οὔτε κλέπται οὔτε πλεονέκται οὔτε μέθυσοι
ni ladrones ni avaros ni borrachos

οὐ λοίδοροι οὐχ ἅρπαγες βασιλείαν Θεοῦ
ni ultrajadores ni estafadores reino de Dios

οὐ κληρονομήσουσι.
no heredarán.[32]

---

25. Es decir, de juzgar cosas de menor relevancia.
26. O menospreciados.
27. Es decir, entre hermanos.
28. O sufrís la injusticia.
29. O actuáis con injusticia.
30. Es decir: no dejéis que os engañen.
31. Los dos términos hacen referencia a la práctica homosexual, pero, en el primer caso, se refiere a la pasiva o que adopta un papel femenino y, en el segundo, a la activa o que adopta un papel masculino.
32. Es decir, no heredarán en absoluto, bajo ningún concepto.

11 καὶ ταῦτά τινες ἦτε· ἀλλὰ ἀπελούσασθε,
Y esto algunos erais. Pero fuisteis lavados,
ἀλλὰ ἡγιάσθητε, ἀλλ' ἐδικαιώθητε ἐν τῷ ὀνόματι
pero fuisteis santificados, pero fuisteis justificados en el nombre
τοῦ Κυρίου Ἰησοῦ Χριστοῦ καὶ ἐν τῷ Πνεύματι
del Señor Jesús Cristo y en el Espíritu
τοῦ Θεοῦ ἡμῶν.
del Dios de nosotros.

12 Πάντα μοι ἔξεστιν, ἀλλ' οὐ πάντα συμφέρει·
Todo para mí (es) lícito, pero no todo conviene.
πάντα μοι ἔξεστιν, ἀλλ' οὐκ ἐγὼ
Todo para mí (es) lícito, pero no yo
ἐξουσιασθήσομαι ὑπό τινος.
seré sometido a la autoridad de algo.[33]

13 τὰ βρώματα τῇ κοιλίᾳ καὶ ἡ κοιλία τοῖς βρώμασιν·
Los alimentos para el vientre y el vientre para los alimentos.
ὁ δὲ Θεὸς καὶ ταύτην καὶ ταῦτα καταργήσει.
- Sin embargo Dios tanto este como estos destruirá.
τὸ δὲ σῶμα οὐ τῇ πορνείᾳ, ἀλλὰ τῷ Κυρίῳ,
el Pero cuerpo no (es) para la fornicación, sino para el Señor,
καὶ ὁ Κύριος τῷ σώματι·
y el Señor para el cuerpo.

14 ὁ δὲ Θεὸς καὶ τὸν Κύριον ἤγειρε καὶ ἡμᾶς
- Pero Dios como al Señor levantó también a nosotros
ἐξεγερεῖ διὰ τῆς δυνάμεως αὐτοῦ.
levantará mediante el poder de él.

15 οὐκ οἴδατε ὅτι τὰ σώματα ὑμῶν μέλη Χριστοῦ
¿No sabéis que los cuerpos de vosotros miembros de Cristo
ἐστιν; ἄρας οὖν τὰ μέλη τοῦ Χριστοῦ ποιήσω
son? ¿Habiendo tomado pues los miembros de Cristo haré
πόρνης μέλη; μὴ γένοιτο.
de fornicación miembros? No acontezca.[34]

16 ἢ οὐκ οἴδατε ὅτι ὁ κολλώμενος τῇ πόρνῃ ἓν σῶμά
¿O no sabéis que el unido[35] con la prostituta un cuerpo
ἐστιν; ἔσονται γάρ, φησίν, οἱ δύο εἰς σάρκα μίαν·
es? serán Porque, dice, los dos en carne una.

17 ὁ δὲ κολλώμενος τῷ Κυρίῳ ἓν πνεῦμά ἐστι.
el Sin embargo unido al Señor un espíritu es.

18 φεύγετε τὴν πορνείαν. πᾶν ἁμάρτημα ὃ ἐὰν ποιήσῃ
Huid de la fornicación. Todo pecado que si haga[36]
ἄνθρωπος ἐκτὸς τοῦ σώματός ἐστιν· ὁ δὲ πορνεύων
hombre fuera del cuerpo está. El sin embargo fornicando
εἰς τὸ ἴδιον σῶμα ἁμαρτάνει.
contra el propio cuerpo peca.

19 ἢ οὐκ οἴδατε ὅτι τὸ σῶμα ὑμῶν ναὸς τοῦ ἐν
¿O no sabéis que el cuerpo de vosotros templo del en
ὑμῖν Ἁγίου Πνεύματός ἐστιν, οὗ ἔχετε ἀπὸ Θεοῦ,
vosotros Santo Espíritu es, que tenéis de Dios
καὶ οὐκ ἐστὲ ἑαυτῶν;
y no sois de vosotros mismos?

11 Y esto erais algunos: mas ya sois lavados, mas ya sois santificados, mas ya sois justificados en el nombre del Señor Jesús, y por el Espíritu de nuestro Dios.
12 Todas las cosas me son lícitas, mas no todas convienen: todas las cosas me son lícitas, mas yo no me meteré debajo de potestad de nada.
13 Las viandas para el vientre, y el vientre para las viandas; empero y a él y a ellas deshará Dios. Mas el cuerpo no es para la fornicación, sino para el Señor; y el Señor para el cuerpo:
14 Y Dios que levantó al Señor, también a nosotros nos levantará con su poder.
15 ¿No sabéis que vuestros cuerpos son miembros de Cristo? ¿Quitaré pues los miembros de Cristo, y los haré miembros de una ramera? Lejos sea.
16 ¿O no sabéis que el que se junta con una ramera, es hecho con ella un cuerpo? porque serán, dice, los dos en una carne.
17 Empero el que se junta con el Señor, un espíritu es.
18 Huid la fornicación. Cualquier otro pecado que el hombre hiciere, fuera del cuerpo es; mas el que fornica, contra su propio cuerpo peca.
19 ¿O ignoráis que vuestro cuerpo es templo del Espíritu Santo, el cual está en vosotros, el cual tenéis de Dios, y que no sois vuestros?

---

33. O alguien.
34. Es decir: en absoluto, nunca jamás.
35. También: pegado, adherido como en Lucas 10.11.
36. Es decir, "que llegue a cometer un hombre".

20 Porque comprados sois por precio: glorificad pues a Dios en vuestro cuerpo y en vuestro espíritu, los cuales son de Dios.

7

Cuanto a las cosas de que me escribisteis, bien es al hombre no tocar mujer.

2 Mas a causa de las fornicaciones, cada uno tenga su mujer, y cada una tenga su marido.

3 El marido pague a la mujer la debida benevolencia; y asimismo la mujer al marido.

4 La mujer no tiene potestad de su propio cuerpo, sino el marido: e igualmente tampoco el marido tiene potestad de su propio cuerpo, sino la mujer.

5 No os defraudéis el uno al otro, a no ser por algún tiempo de mutuo consentimiento, para ocuparos en la oración: y volved a juntaros en uno, porque no os tiente Satanás a causa de vuestra incontinencia.

6 Mas esto digo por permisión, no por mandamiento.

7 Quisiera más bien que todos los hombres fuesen como yo: empero cada uno tiene su propio don de Dios; uno a la verdad así, y otro así.

8 Digo pues a los solteros y a las viudas, que bueno les es si se quedaren como yo.

9 Y si no tienen don de continencia, cásense; que mejor es casarse que quemarse.

20 ἠγοράσθητε γὰρ τιμῆς· δοξάσατε δὴ τὸν
fuisteis comprados Porque por precio. Glorificad por tanto a
Θεὸν ἐν τῷ σώματι ὑμῶν[37] καὶ ἐν τῷ πνεύματι ὑμῶν,
Dios en el cuerpo de vosotros y en el espíritu de vosotros
ἅτινά ἐστι τοῦ Θεοῦ.
los cuales son de Dios.

7

1 Περὶ δὲ ὧν ἐγράψατέ μοι, καλὸν
sobre sin embargo lo que escribisteis a mí, bueno
ἀνθρώπῳ γυναικὸς μὴ ἅπτεσθαι·
para hombre (sería) mujer no tocar.

2 διὰ δὲ τὰς πορνείας ἕκαστος τὴν ἑαυτοῦ
por Sin embargo la fornicación cada uno la de sí mismo
γυναῖκα ἐχέτω, καὶ ἑκάστη τὸν ἴδιον ἄνδρα ἐχέτω.
mujer tenga, y cada una el propio marido tenga.

3 τῇ γυναικὶ ὁ ἀνὴρ τὴν ὀφειλομένην εὔνοιαν ἀποδιδότω·
A la mujer el marido el debido afecto dé.
ὁμοίως δὲ καὶ ἡ γυνὴ τῷ ἀνδρί.
igualmente Pero también la mujer al marido.

4 ἡ γυνὴ τοῦ ἰδίου σώματος οὐκ ἐξουσιάζε, ἀλλ' ὁ
La mujer sobre el propio cuerpo no tiene autoridad, sino el
ἀνήρ. ὁμοίως δὲ καὶ ὁ ἀνὴρ τοῦ ἰδίου
marido. Igualmente - también el marido sobre el propio
σώματος οὐκ ἐξουσιάζει, ἀλλ' ἡ γυνή.
cuerpo no tiene autoridad, sino la mujer.

5 μὴ ἀποστερεῖτε ἀλλήλους, εἰ μή τι ἂν ἐκ συμφώνου
No os privéis[38] el uno del otro, si no algo[39] - de acuerdo
πρὸς καιρόν, ἵνα σχολάζητε τῇ νηστείᾳ[40] καὶ τῇ προσευχῇ
por tiempo, para que os dediquéis al ayuno y a la oración
καὶ πάλιν ἐπὶ τὸ αὐτὸ συνέρχησθε, ἵνα μὴ πειράζῃ
y de nuevo en lo mismo juntaos,[41] para que no tiente
ὑμᾶς ὁ Σατανᾶς διὰ τὴν ἀκρασίαν ὑμῶν.
os Satanás por la incontinencia[42] de vosotros.

6 τοῦτο δὲ λέγω κατὰ συγγνώμην, οὐ κατ' ἐπιταγήν.
esto Sin embargo digo como concesión, no como mandato.

7 θέλω γὰρ πάντας ἀνθρώπους εἶναι ὡς καὶ ἐμαυτόν·
quiero Porque todos hombres ser como también yo mismo,
ἀλλ' ἕκαστος ἴδιον χάρισμα ἔχει ἐκ Θεοῦ,
pero cada uno propio don tiene de Dios,
ὁ μὲν οὕτως, ὁ δὲ οὕτως.
uno - así, otro sin embargo así.

8 Λέγω δὲ τοῖς ἀγάμοις καὶ ταῖς χήραις,
Digo sin embargo a los no casados y a las viudas,
καλὸν αὐτοῖς ἐστιν ἐὰν μείνωσιν ὡς κἀγώ.
bueno para ellos es si permanecen como también yo.

9 εἰ δὲ οὐκ ἐγκρατεύονται, γαμησάτωσαν·
si Sin embargo no se dominan, cásense,
κρεῖσσον γάρ ἐστι γαμῆσαι ἢ πυροῦσθαι.
mejor Porque es casarse que abrasarse.

---

37. Desde "y en el espíritu..." hasta "de Dios" es suprimido en la NU.
38. La palabra tiene un sentido fuerte que puede equivaler a defraudar, estafar o robar como en Marcos 10.19. La idea es que el cónyuge que priva al otro de las relaciones sexuales lo está robando.
39. Es decir, salvo por un lapso corto de tiempo y de común acuerdo.
40. Al ayuno y aparece suprimido en la NU.
41. Es decir, y volved a juntaos unánimemente.
42. O "falta de dominio propio".

10 τοῖς δὲ γεγαμηκόσι παραγγέλλω, οὐκ ἐγώ, ἀλλ' ὁ
a los Sin embargo casados ordeno, no yo, sino el
Κύριος, γυναῖκα ἀπὸ ἀνδρὸς μὴ χωρισθῆναι·
Señor, mujer de marido no separarse.

11 ἐὰν δὲ καὶ χωρισθῇ, μενέτω ἄγαμος ἢ
Si sin embargo también se separa, permanezca no casada o
τῷ ἀνδρὶ καταλλαγήτω·
con el marido reconcíliese,
καὶ ἄνδρα γυναῖκα μὴ ἀφιέναι.[43]
y marido a mujer no despachar.

12 τοῖς δὲ λοιποῖς λέγω ἐγώ, οὐχ ὁ Κύριος· εἴ τις
a los Sin embargo restantes digo yo, no el Señor. Si algún
ἀδελφὸς γυναῖκα ἔχει ἄπιστον, καὶ αὐτὴ συνευδοκεῖ
hermano mujer tiene no-creyente, y ésta consiente
οἰκεῖν μετ' αὐτοῦ, μὴ ἀφιέτω αὐτήν·
vivir con él, no despache la.

13 καὶ γυνὴ εἴ τις ἔχει ἄνδρα ἄπιστον, καὶ οὗτος συνευδοκεῖ
Y mujer si alguna tiene marido no-creyente, y éste consiente en
οἰκεῖν μετ' αὐτῆς, μὴ ἀφιέτω αὐτόν·
vivir con ella, no abandone lo,

14 ἡγίασται γὰρ ὁ ἀνὴρ ὁ ἄπιστος ἐν τῇ γυναικί, καὶ
es santificado Porque el marido el no-creyente en la mujer, y
ἡγίασται ἡ γυνὴ ἡ ἄπιστος ἐν τῷ ἀνδρί.[44] ἐπεὶ
es santificada la mujer la no-creyente en el marido. Porque
ἄρα τὰ τέκνα ὑμῶν
de otra manera los hijos de vosotros
ἀκάθαρτά ἐστι, νῦν δὲ ἅγιά ἐστιν.
inmundos son, ahora sin embargo santos son.

15 εἰ δὲ ὁ ἄπιστος χωρίζεται, χωριζέσθω. οὐ δεδούλωται
Si sin embargo el no-creyente se separa, sepárese. No ha sido
ὁ ἀδελφὸς ἢ ἡ ἀδελφὴ ἐν τοῖς τοιούτοις·
sujeto a servidumbre el hermano o la hermana en los tales.[45]
ἐν δὲ εἰρήνῃ κέκληκεν ἡμᾶς[46] ὁ Θεός.
a Sin embargo paz ha llamado a nosotros Dios.

16 τί γὰρ οἶδας, γύναι, εἰ τὸν ἄνδρα σώσεις; ἢ τί οἶδας,
¿qué Porque sabes, mujer, si al marido salvarás? ¿o qué sabes,
ἄνερ, εἰ τὴν γυναῖκα σώσεις;
marido, si a la mujer salvarás?

17 Εἰ μὴ ἑκάστῳ ὡς ἐμέρισεν ὁ Θεός, ἕκαστον ὡς
Si no a cada uno como repartió Dios, cada uno como
κέκληκεν ὁ Κύριος, οὕτως περιπατείτω. καὶ
ha llamado el Señor, así camine. Y
οὕτως ἐν ταῖς ἐκκλησίαις πάσαις διατάσσομαι.
así en las iglesias todas ordeno.

18 περιτετμημένος τις ἐκλήθη; μὴ ἐπισπάσθω.
¿Circuncidado alguno fue llamado? No se haga incircunciso.
ἐν ἀκροβυστίᾳ τις ἐκλήθη; μὴ περιτεμνέσθω.
¿En incircuncisión alguno fue llamado? No se circuncide.

10 Mas a los que están juntos en matrimonio, denuncio, no yo, sino el Señor: Que la mujer no se aparte del marido;
11 Y si se apartare, que se quede sin casar, o reconcíliese con su marido; y que el marido no despida a su mujer.
12 Y a los demás yo digo, no el Señor: si algún hermano tiene mujer infiel, y ella consiente en habitar con él, no la despida.
13 Y la mujer que tiene marido infiel, y él consiente en habitar con ella, no lo deje.
14 Porque el marido infiel es santificado en la mujer, y la mujer infiel en el marido: pues de otra manera vuestros hijos serían inmundos; empero ahora son santos.
15 Pero si el infiel se aparta, apártese: que no es el hermano o la hermana sujeto a servidumbre en semejante caso; antes a paz nos llamó Dios.
16 Porque ¿de dónde sabes, oh mujer, si quizá harás salva a tu marido? ¿ó de dónde sabes, oh marido, si quizá harás salvo a tu mujer?
17 Empero cada uno como el Señor le repartió, y como Dios llamó a cada uno, así ande: y así enseño en todas las iglesias.
18 ¿Es llamado alguno circuncidado? quédese circunciso. ¿Es llamado alguno incircuncidado? que no se circuncide.

---

43. Es decir, "que el marido no abandone a la mujer".
44. La NU dice hermano.
45. Es decir, "en situaciones semejantes".
46. La NU dice vosotros.

19La circuncisión nada es, y la incircuncisión nada es; sino la observancia de los mandamientos de Dios.
20Cada uno en la vocación en que fué llamado, en ella se quede.
21¿Eres llamado siendo siervo? no se te dé cuidado; mas también si puedes hacerte libre, procúralo más.
22Porque el que en el Señor es llamado siendo siervo, liberto es del Señor: asimismo también el que es llamado siendo libre, siervo es de Cristo.
23Por precio sois comprados; no os hagáis siervos de los hombres.
24Cada uno, hermanos, en lo que es llamado, en esto se quede para con Dios.
25Empero de las vírgenes no tengo mandamiento del Señor; mas doy mi parecer, como quien ha alcanzado misericordia del Señor para ser fiel.
26Tengo, pues, esto por bueno a causa de la necesidad que apremia, que bueno es al hombre estarse así.
27¿Estás ligado a mujer? no procures soltarte. ¿Estás suelto de mujer? no procures mujer.
28Mas también si tomares mujer, no pecaste; y si la doncella se casare, no pecó: pero aflicción de carne tendrán los tales; mas yo os dejo.
29Esto empero digo, hermanos, que el tiempo es corto: lo que resta es, que los que tienen mujeres sean como los que no las tienen,

19 ἡ περιτομὴ οὐδέν ἐστι, καὶ ἡ ἀκροβυστία οὐδέν ἐστιν,
La circuncisión nada es, y la incircuncisión nada es,
ἀλλὰ τήρησις ἐντολῶν Θεοῦ.
sino observancia de mandamientos de Dios.

20 ἕκαστος ἐν τῇ κλήσει ᾗ ἐκλήθη,
Cada uno en el llamamiento en que fue llamado,
ἐν ταύτῃ μενέτω.
en éste permanezca.

21 δοῦλος ἐκλήθης; μή σοι μελέτω· ἀλλ' εἰ καὶ δύνασαι
¿Siervo fuiste llamado? No te preocupe. Pero si también puedes
ἐλεύθερος γενέσθαι, μᾶλλον χρῆσαι.
libre llegar a ser, más aprovecha (lo).

22 ὁ γὰρ ἐν Κυρίῳ κληθεὶς δοῦλος
el que Porque en Señor ha sido llamado (siendo) esclavo
ἀπελεύθερος Κυρίου ἐστίν· ὁμοίως καὶ ὁ ἐλεύθερος
liberto de Señor es. igualmente también el libre
κληθεὶς δοῦλός ἐστι Χριστοῦ.
llamado, siervo es de Cristo.

23 τιμῆς ἠγοράσθητε· μὴ γίνεσθε δοῦλοι
Por precio fuisteis comprados. No os convirtáis en siervos
ἀνθρώπων.
de hombres.

24 ἕκαστος ἐν ᾧ ἐκλήθη, ἀδελφοί, ἐν τούτῳ
Cada uno en lo que fue llamado, hermanos, en esto
μενέτω παρὰ Θεῷ.
permanezca para con Dios.

25 Περὶ δὲ τῶν παρθένων ἐπιταγὴν Κυρίου οὐκ ἔχω·
Acerca sin embargo de las vírgenes mandato de Señor no tengo.
γνώμην δὲ δίδωμι ὡς ἠλεημένος ὑπὸ Κυρίου
Opinión sin embargo doy como compadecido[47] por Señor
πιστὸς εἶναι.
fiel para ser.

26 νομίζω οὖν τοῦτο καλὸν ὑπάρχειν διὰ τὴν ἐνεστῶσαν ἀνάγκην,
Considero pues esto bueno ser por la presente necesidad,
ὅτι καλὸν ἀνθρώπῳ τὸ οὕτως εἶναι.
que bueno para hombre (es) el así estar.

27 δέδεσαι γυναικί; μὴ ζήτει λύσιν.
¿Estás unido a mujer? No busques desatadura.
λέλυσαι ἀπὸ γυναικός; μὴ ζήτει γυναῖκα.
¿Has sido desatado de mujer? No busques mujer.

28 ἐὰν δὲ καὶ γήμῃς, οὐχ ἥμαρτες· καὶ ἐὰν γήμῃ
Si sin embargo también te casas, no pecaste. Y si se casa
ἡ παρθένος, οὐχ ἥμαρτε. θλῖψιν δὲ τῇ σαρκὶ
la virgen, no pecó. Tribulación sin embargo en la carne
ἕξουσιν οἱ τοιοῦτοι, ἐγὼ δὲ ὑμῶν φείδομαι.
tendrán los tales, yo sin embargo a vosotros evito[48] (esto).

29 τοῦτο δέ φημι, ἀδελφοί, ὁ καιρὸς συνεσταλμένος
Esto sin embargo digo, hermanos, el tiempo habiendo sido acortado
τὸ λοιπὸν ἐστίν· ἵνα καὶ οἱ ἔχοντες γυναῖκας
lo restante es para que también los que tienen mujeres
ὡς μὴ ἔχοντες ὦσι,
como no teniendo estén,

---
47. Es decir, "como alguien que ha sido objeto de la misericordia del Señor".
48. O ahorro.

30 καὶ οἱ κλαίοντες ὡς μὴ κλαίοντες, καὶ οἱ χαίροντες
y los llorando como no llorando, y los gozándose
ὡς μὴ χαίροντες, καὶ οἱ ἀγοράζοντες ὡς μὴ κατέχοντες,
como no gozándose, y los comprando como no poseyendo.

31 καὶ οἱ χρώμενοι τῷ κόσμῳ τούτῳ ὡς μὴ
Y los disfrutando[49] del mundo este como no
καταχρώμενοι· παράγει γὰρ τὸ σχῆμα τοῦ κόσμου τούτου.
aprovechando (lo). pasa Porque la apariencia del mundo este.

32 θέλω δὲ ὑμᾶς ἀμερίμνους εἶναι. ὁ ἄγαμος
Quiero sin embargo vosotros despreocupados estar.[50] El no casado
μεριμνᾷ τὰ τοῦ Κυρίου, πῶς ἀρέσῃ τῷ Κυρίῳ·
se ocupa de lo del Señor, como agrade al Señor.

33 ὁ δὲ γαμήσας μεριμνᾷ τὰ τοῦ κόσμου,
el Sin embargo casado se ocupa de lo del mundo,
πῶς ἀρέσῃ τῇ γυναικί.
como agrade a la mujer.

34 μεμέρισται καὶ ἡ γυνὴ καὶ ἡ παρθένος. ἡ
Hay diferencia también (entre) la mujer y la virgen. La
ἄγαμος μεριμνᾷ τὰ τοῦ Κυρίου, ἵνα ᾖ ἁγία καὶ
no casada se ocupa de lo del Señor, para que sea santa tanto
σώματι καὶ πνεύματι· ἡ δὲ γαμήσασα μεριμνᾷ
en cuerpo como en espíritu. la Sin embargo casada se ocupa
τὰ τοῦ κόσμου, πῶς ἀρέσῃ τῷ ἀνδρί.
de lo del mundo, como agrade al marido.

35 τοῦτο δὲ πρὸς τὸ ὑμῶν αὐτῶν σύμφορον
Esto sin embargo para el de vosotros mismos provecho
λέγω, οὐχ ἵνα βρόχον ὑμῖν ἐπιβάλω, ἀλλὰ πρὸς τὸ εὔσχημον
digo, no para lazo os ponga, sino para lo decente
καὶ εὐπάρεδρον τῷ Κυρίῳ ἀπερισπάστως.
y constante[51] para el Señor sin obstáculo (sigais)

36 Εἰ δέ τις ἀσχημονεῖν ἐπὶ τὴν παρθένον αὐτοῦ
Si sin embargo alguno ser impropio para la virgen[52] de él
νομίζει, ἐὰν ᾖ ὑπέρακμος, καὶ οὕτως ὀφείλει
juzga, si sea pasado[53] (el tiempo), y así es necesario
γίνεσθαι, ὃ θέλει ποιείτω· οὐχ ἁμαρτάνει· γαμείτωσαν.
suceder, lo que desea haga.[54] No peca. Cásese.

37 ὃς δὲ ἕστηκεν ἑδραῖος ἐν τῇ καρδίᾳ, μὴ ἔχων
El que sin embargo ha estado firme en el corazón, no teniendo
ἀνάγκην, ἐξουσίαν δὲ ἔχει περὶ τοῦ ἰδίου θελήματος,
necesidad, autoridad sin embargo tiene sobre la propia voluntad,
καὶ τοῦτο κέκρικεν ἐν τῇ καρδίᾳ αὐτοῦ,
y esto ha juzgado en el corazón de él,
τοῦ τηρεῖν τὴν ἑαυτοῦ παρθένον, καλῶς ποιεῖ.[55]
el guardar la de sí mismo virgen, bien hace.

38 ὥστε καὶ ὁ ἐκγαμίζων καλῶς ποιεῖ,
Así también el casándose bien hace,
ὁ δὲ μὴ ἐκγαμίζων κρεῖσσον ποιήσει.
el sin embargo no casándose mejor hará.

---

49. O utilizando, disponiendo de.
50. Es decir, "que estéis sin preocupaciones" (oración de infinitivo).
51. O fiel.
52. El texto admite diversas interpretaciones del término "virgen". Puede referirse a la hija virgen a la que su padre da en matrimonio, a la novia virgen con la que podría casarse, e incluso algún autor lo ha interpretado como el propio estado virgen, la propia virginidad que se conserva en la soltería o que se concluye al contraer matrimonio.
53. Se refiere al tiempo de contraer matrimonio.
54. Es decir: Si a alguno le parece impropio que su virgen –o virginidad– se pase del tiempo de casarse y considera necesario hacerlo, haga lo que desea. No peca.
55. La NU dice hará.

---

30 Y los que lloran, como los que no lloran; y los que se huelgan, como los que no se huelgan; y los que compran, como los que no poseen;
31 Y los que usan de este mundo, como los que no usan: porque la apariencia de este mundo se pasa.
32 Quisiera, pues, que estuvieseis sin congoja. El soltero tiene cuidado de las cosas que son del Señor, cómo ha de agradar al Señor:
33 Empero el que se casó tiene cuidado de las cosas que son del mundo, cómo ha de agradar a su mujer.
34 Hay asimismo diferencia entre la casada y la doncella: la doncella tiene cuidado de las cosas del Señor, para ser santa así en el cuerpo como en el espíritu: mas la casada tiene cuidado de las cosas del mundo, cómo ha de agradar a su marido.
35 Esto empero digo para vuestro provecho; no para echaros lazo, sino para lo honesto y decente, y para que sin impedimento os lleguéis al Señor.
36 Mas, si a alguno parece cosa fea en su hija virgen, que pase ya de edad, y que así conviene que se haga, haga lo que quisiere, no peca; cásese.
37 Pero el que está firme en su corazón, y no tiene necesidad, sino que tiene libertad de su voluntad, y determinó en su corazón esto, el guardar su hija virgen, bien hace.
38 Así que, el que la da en casamiento, bien hace; y el que no la da en casamiento, hace mejor.

39 La mujer casada está atada a la ley, mientras vive su marido; mas si su marido muriere, libre es: cásese con quien quisiere, con tal que sea en el Señor.
40 Empero más venturosa será si se quedare así, según mi consejo; y pienso que también yo tengo Espíritu de Dios.

8

1 Y por lo que hace a lo sacrificado a los ídolos, sabemos que todos tenemos ciencia. La ciencia hincha, mas la caridad edifica.
2 Y si alguno se imagina que sabe algo, aun no sabe nada como debe saber.
3 Mas si alguno ama a Dios, el tal es conocido de él.
4 Acerca, pues, de las viandas que son saacrificadas a los ídolos, sabemos que el ídolo nada es en el mundo, y que no hay más de un Dios.
5 Porque aunque haya algunos que se llamen dioses, o en el cielo, o en la tierra (como hay muchos dioses y muchos señores),
6 Nosotros empero no tenemos más de un Dios, el Padre, del cual son todas las cosas, y nosotros en él: y un Señor Jesucristo, por el cual son todas las cosas, y nosotros por él.
7 Mas no en todos hay esta ciencia: porque algunos con conciencia del ídolo hasta aquí, comen como sacrificado a ídolos; y su conciencia, siendo flaca, es contaminada.

39 Γυνὴ δέδεται νόμῳ[56] ἐφ' ὅσον χρόνον ζῇ ὁ ἀνὴρ
Mujer ha sido unida por ley por cuanto tiempo viva el marido
αὐτῆς· ἐὰν δὲ κοιμηθῇ ὁ ἀνήρ αὐτῆς· ἐλευθέρα
de ella. Si sin embargo duerme[57] el marido de ella, libre
ἐστὶν ᾧ θέλει γαμηθῆναι, μόνον ἐν Κυρίῳ.
es con quien quiera casarse,[58] sólo en Señor.

40 μακαριωτέρα δέ ἐστιν ἐὰν οὕτω μείνῃ,
Más bendecida sin embargo es si así permaneciera,
κατὰ τὴν ἐμὴν γνώμην· δοκῶ δὲ κἀγὼ
según la mi opinión. Pienso - también yo
Πνεῦμα Θεοῦ ἔχειν.
Espíritu de Dios tener.

8

1 Περὶ δὲ τῶν εἰδωλοθύτων, οἴδαμεν ὅτι πάντες
Acerca sin embargo de los idolotitos,[59] sabemos que todos
γνῶσιν ἔχομεν. ἡ γνῶσις φυσιοῖ,
conocimiento tenemos. El conocimiento provoca engreimiento,
ἡ δὲ ἀγάπη οἰκοδομεῖ.
el Sin embargo amor edifica.

2 εἰ δέ τις δοκεῖ εἰδέναι τι, οὐδέπω οὐδὲν
Si sin embargo alguno considera saber algo, aún nada
ἔγνωκε καθὼς δεῖ γνῶναι·
sabe como debe saber.

3 εἰ δέ τις ἀγαπᾷ τὸν Θεόν, οὗτος ἔγνωσται
Si sin embargo alguno ama a Dios, éste es conocido
ὑπ' αὐτοῦ.
por él.

4 Περὶ τῆς βρώσεως οὖν τῶν εἰδωλοθύτων,
Acerca de la comida pues de los idolotitos,
οἴδαμεν ὅτι οὐδὲν εἴδωλον ἐν κόσμῳ,
sabemos que nada (es) ídolo en mundo,
καὶ ὅτι οὐδεὶς Θεὸς ἕτερος[60] εἰ μὴ εἷς.
y que ningún Dios otro (hay) si no uno.

5 καὶ γὰρ εἴπερ εἰσὶ λεγόμενοι θεοὶ εἴτε ἐν οὐρανῷ
incluso Porque si hay llamados dioses ya en cielo
εἴτε ἐπὶ τῆς γῆς, ὥσπερ εἰσὶ θεοὶ πολλοὶ καὶ κύριοι πολλοί,
ya en la tierra, como hay dioses muchos y señores muchos,

6 ἀλλ' ἡμῖν εἷς Θεὸς ὁ πατήρ, ἐξ οὗ τὰ πάντα καὶ
sin embargo para nosotros un Dios el Padre, del cual el todo y
ἡμεῖς εἰς αὐτόν, καὶ εἷς Κύριος Ἰησοῦς Χριστός,
nosotros para Él, y un Señor Jesús Cristo,
δι' οὗ τὰ πάντα καὶ ἡμεῖς δι' αὐτοῦ.
por el cual el todo y nosotros por medio de Él.

7 Ἀλλ' οὐκ ἐν πᾶσιν ἡ γνῶσις· τινὲς δὲ τῇ
Sin embargo no en todos (hay) el conocimiento. Algunos - con
συνειδήσει[61] τοῦ εἰδώλου ἕως ἄρτι ὡς εἰδωλόθυτον ἐσθίουσι,
la conciencia del ídolo hasta ahora, como idolotito comen,
καὶ ἡ συνείδησις αὐτῶν ἀσθενὴς οὖσα μολύνεται.
y la conciencia de ellos débil siendo se contamina.

---

56. La NU suprime por ley.
57. Es decir, "muere".
58. Es decir, es libre de casarse con quien quiera.
59. Los idolotitos eran animales sacrificados a los dioses cuya carne era luego vendida para consumo. Hemos conservado el término original porque recoge todo el significado.
60. La NU suprime otro.
61. La NU tiene costumbre.

8 βρῶμα δὲ ἡμᾶς οὐ παρίστησι τῷ Θεῷ·
  alimento sin embargo a nosotros no presenta a Dios.
  οὔτε γὰρ ἐὰν φάγωμεν περισσεύομεν, οὔτε ἐὰν μὴ
  ni Porque si comemos tenemos abundancia, ni si no
  φάγωμεν ὑστερούμεθα.
  comemos estamos en escasez.

9 βλέπετε δὲ μή πως ἡ ἐξουσία ὑμῶν αὕτη
  Mirad sin embargo no como⁶² la autoridad de vosotros esta
  πρόσκομμα γένηται τοῖς ἀσθενέσιν.
  tropezadero resulte para los débiles.

10 ἐὰν γάρ τις ἴδῃ σὲ, τὸν ἔχοντα γνῶσιν,
   si Porque alguno ve te, el teniendo conocimiento,
   ἐν εἰδωλείῳ κατακείμενον, οὐχὶ ἡ συνείδησις αὐτοῦ
   en lugar de ídolos comiendo ¿no la conciencia de él
   ἀσθενοῦς ὄντος οἰκοδομηθήσεται
   débil siendo será edificada
   εἰς τὸ τὰ εἰδωλόθυτα ἐσθίειν;
   para el los idolotitos comer?⁶³

11 καὶ ἀπολεῖται ὁ ἀσθενῶν ἀδελφὸς ἐπὶ τῇ σῇ γνώσει,
   Y se perderá el débil hermano por el tuyo conocimiento
   δι' ὃν Χριστὸς ἀπέθανεν.
   (aquel) por el que Cristo murió.

12 οὕτω δὲ ἁμαρτάνοντες εἰς τοὺς ἀδελφοὺς καὶ
   así sin embargo pecando contra los hermanos e
   τύπτοντες αὐτῶν τὴν συνείδησιν ἀσθενοῦσαν
   hiriendo de ellos la conciencia débil
   εἰς Χριστὸν ἁμαρτάνετε.
   contra Cristo pecáis.

13 διόπερ εἰ βρῶμα σκανδαλίζει τὸν ἀδελφόν μου,
   Por tanto si alimento escandaliza al hermano de mí,
   οὐ μὴ φάγω κρέα εἰς τὸν αἰῶνα,
   no en absoluto coma carne por la edad,⁶⁴
   ἵνα μὴ τὸν ἀδελφόν μου σκανδαλίσω.
   para que no el hermano de mí se escandalice.

9
1 Οὐκ εἰμὶ ἀπόστολος; οὐκ εἰμὶ ἐλεύθερος; οὐχὶ Ἰησοῦν Χριστὸν⁶⁵
  ¿No soy apóstol? ¿No soy libre? ¿No a Jesús Cristo
  τὸν Κύριον ἡμῶν ἑώρακα; οὐ τὸ ἔργον μου ὑμεῖς ἐστε
  el Señor de nosotros he visto? ¿No la obra de mí vosotros sois
  ἐν Κυρίῳ;
  en Señor?

2 εἰ ἄλλοις οὐκ εἰμὶ ἀπόστολος, ἀλλά γε
  Si para otros no soy apóstol, sin embargo ciertamente
  ὑμῖν εἰμι· ἡ γὰρ σφραγίς τῆς ἐμῆς ἀποστολῆς
  para vosotros soy. el Porque sello del mí apostolado
  ὑμεῖς ἐστε ἐν Κυρίῳ.
  vosotros sois en Señor.

3 ἡ ἐμὴ ἀπολογία τοῖς ἐμὲ ἀνακρίνουσίν αὕτη ἐστί.
  La mi defensa para los que me acusan ésta es.

4 μὴ οὐκ ἔχομεν ἐξουσίαν φαγεῖν καὶ πεῖν;
  ¿Acaso no tenemos autoridad para comer y beber?

---

62. Es decir: "no sea que".
63. Es decir, su conciencia recibirá base para comer idolotitos.
64. Es decir, "nunca".
65. La NU omite Cristo.

8Si bien la vianda no nos hace más aceptos a Dios: porque ni que comamos, seremos más ricos; ni que no comamos, seremos más pobres. **9**Mas mirad que esta vuestra libertad no sea tropezadero a los que son flacos. **10**Porque si te ve alguno, a ti que tienes ciencia, que estás sentado a la mesa en el lugar de los ídolos, ¿la conciencia de aquel que es flaco, no será adelantada a comer de lo sacrificado a los ídolos? **11**Y por tu ciencia se perderá el hermano flaco por el cual Cristo murió. **12**De esta manera, pues, pecando contra los hermanos, e hiriendo su flaca conciencia, contra Cristo pecáis. **13**Por lo cual, si la comida es a mi hermano ocasión de caer, jamás comeré carne por no escandalizar a mi hermano.

9 ¿No soy apóstol? ¿no soy libre? ¿no he visto a Jesús el Señor nuestro? ¿no sois vosotros mi obra en el Señor? **2**Si a los otros no soy apóstol, a vosotros ciertamente lo soy: porque el sello de mi apostolado sois vosotros en el Señor. **3**Esta es mi respuesta a los que me preguntan. **4**Qué, ¿no tenemos potestad de comer y de beber?

5 ¿No tenemos potestad de traer con nosotros una hermana mujer también como los otros apóstoles, y los hermanos del Señor, y Cefas?
6 ¿O sólo yo y Bernabé no tenemos potestad de no trabajar?
7 ¿Quién jamás peleó a sus expensas? ¿quién planta viña, y no come de su fruto? ¿ó quién apacienta el ganado, y no come de la leche del ganado?
8 ¿Digo esto según los hombres? ¿no dice esto también la ley?
9 Porque en la ley de Moisés está escrito: No pondrás bozal al buey que trilla. ¿Tiene Dios cuidado de los bueyes?
10 ¿O dícelo enteramente por nosotros? Pues por nosotros está escrito: porque con esperanza ha de arar el que ara; y el que trilla, con esperanza de recibir el fruto.
11 Si nosotros os sembramos lo espiritual, ¿es gran cosa si segáremos lo vuestro carnal?
12 Si otros tienen en vosotros esta potestad, ¿no más bien nosotros? Mas no hemos usado de esta potestad: antes lo sufrimos todo, por no poner ningún obstáculo al evangelio de Cristo.
13 ¿No sabéis que los que trabajan en el santuario, comen del santuario; y que los que sirven al altar, del altar participan?

5 μὴ οὐκ ἔχομεν ἐξουσίαν ἀδελφὴν γυναῖκα περιάγειν,
¿Acaso no tenemos autoridad hermana esposa para llevar,
ὡς καὶ οἱ λοιποὶ ἀπόστολοι καὶ οἱ ἀδελφοὶ
como también los restantes apóstoles y los hermanos
τοῦ Κυρίου καὶ Κηφᾶς;
del Señor y Cefas?

6 ἢ μόνος ἐγὼ καὶ Βαρνάβας οὐκ ἔχομεν ἐξουσίαν
¿O solo yo y Bernabé no tenemos autoridad
τοῦ μὴ ἐργάζεσθαι;
para no trabajar?

7 τίς στρατεύεται ἰδίοις ὀψωνίοις ποτέ; τίς
¿Quién sirve como soldado a sus propias expensas nunca? ¿quién
φυτεύει ἀμπελῶνα καὶ ἐκ τοῦ καρποῦ αὐτοῦ οὐκ ἐσθίει;
planta viña y de el fruto de ella no come;
ἢ τίς ποιμαίνει ποίμνην καὶ ἐκ τοῦ γάλακτος
¿O quién pastorea rebaño y de la leche
τῆς ποίμνης οὐκ ἐσθίει;
del rebaño no come?

8 Μὴ κατὰ ἄνθρωπον ταῦτα λαλῶ; ἢ οὐχὶ
¿Acaso según hombre esto digo? ¿O no
καὶ ὁ νόμος ταῦτα λέγει;
también la ley esto dice?

9 ἐν γὰρ τῷ Μωϋσέως νόμῳ γέγραπται· οὐ φιμώσεις
¿en Porque la de Moisés ley ha sido escrito: no pondrás bozal
βοῦν ἀλοῶντα. μὴ τῶν βοῶν μέλει
a buey que trilla. ¿Acaso de los bueyes existe preocupación
τῷ Θεῷ;
para Dios?[66]

10 ἢ δι' ἡμᾶς πάντως λέγει; δι' ἡμᾶς γὰρ
¿O por nosotros ciertamente dice? por nosotros Porque
ἐγράφη, ὅτι ἐπ' ἐλπίδι ὀφείλει ὁ ἀροτριῶν ἀροτριᾶν,
fue escrito, porque con esperanza debe el que ara arar,
καὶ ὁ ἀλοῶν τῆς ἐλπίδος αὐτοῦ μετέχειν ἐπ' ἐλπίδι.
y el que trilla de la esperanza de él participar con esperanza.

11 Εἰ ἡμεῖς ὑμῖν τὰ πνευματικὰ ἐσπείραμεν,
¿Si nosotros para vosotros lo espiritual sembramos
μέγα εἰ ἡμεῖς ὑμῶν τὰ σαρκικὰ θερίσομεν;
grande (es) si nosotros de vosotros lo carnal cosechamos?

12 εἰ ἄλλοι τῆς ἐξουσίας ὑμῶν μετέχουσιν, οὐ μᾶλλον
¿Si otros de la autoridad de vosotros participan, no más
ἡμεῖς; ἀλλ' οὐκ ἐχρησάμεθα τῇ ἐξουσίᾳ ταύτῃ,
nosotros? Pero no utilizamos la autoridad esta,
ἀλλὰ πάντα στέγομεν, ἵνα μὴ ἐγκοπήν τινα
sino que todo soportamos, para que no obstáculo alguno
δῶμεν τῷ εὐαγγελίῳ τοῦ Χριστοῦ.
demos al evangelio de Cristo.

13 οὐκ οἴδατε ὅτι οἱ τὰ ἱερὰ ἐργαζόμενοι ἐκ τοῦ ἱεροῦ
¿No sabéis que los lo sagrado trabajando de lo sagrado[67]
ἐσθίουσιν, οἱ τῷ θυσιαστηρίῳ προσεδρεύοντες
comen, los en el altar sirviendo
τῷ θυσιαστηρίῳ συμμερίζονται;
del altar participan?

---

66. Es decir: ¿acaso Dios se preocupa por los bueyes?
67. O "los que trabajan en las cosas del templo, del templo comen".

14 οὕτω καὶ ὁ Κύριος διέταξε τοῖς τὸ εὐαγγέλιον
Así también el Señor ordenó a los el evangelio
καταγγέλλουσιν ἐκ τοῦ εὐαγγελίου ζῆν.
proclamando de el evangelio vivir.

15 ἐγὼ δὲ οὐδενὶ ἐχρησάμην τούτων. Οὐκ ἔγραψα
Yo sin embargo nada aproveché de esto. No escribí
δὲ ταῦτα ἵνα οὕτω γένηται ἐν ἐμοί·
sin embargo esto para que así acontezca en mí.
καλὸν γάρ μοι μᾶλλον ἀποθανεῖν
bueno Porque para mí (es) mejor morir
ἢ τὸ καύχημά μου ἵνα τις κενώσῃ.
que el motivo de jactancia de mí para que alguno vacíe[68]

16 ἐὰν γὰρ εὐαγγελίζωμαι, οὐκ ἔστι μοι καύχημα·
si Porque evangelizo, no es para mí motivo de jactancia.
ἀνάγκη γάρ μοι ἐπίκειται· οὐαὶ δέ
necesidad Porque sobre mí está impuesta. Ay sin embargo
μοι ἐστίν, ἐὰν μὴ εὐαγγελίζωμαι·
de mí -, si no evangelizara.

17 εἰ γὰρ ἑκὼν τοῦτο πράσσω, μισθὸν ἔχω·
si Porque voluntariamente esto hago, recompensa tengo.
εἰ δὲ ἄκων, οἰκονομίαν πεπίστευμαι.
si sin embargo involuntariamente, comisión[69] ha sido confiada.

18 τίς οὖν μοι ἐστὶν ὁ μισθός; ἵνα εὐαγγελιζόμενος
¿Cuál pues para mí es la recompensa? Que evangelizando
ἀδάπανον θήσω τὸ εὐαγγέλιον τοῦ Χριστοῦ,[70] εἰς τὸ μὴ
gratis presente el evangelio de Cristo, para - no
καταχρήσασθαι τῇ ἐξουσίᾳ μου ἐν τῷ εὐαγγελίῳ.
abusar de la autoridad de mí en el evangelio.

19 Ἐλεύθερος γὰρ ὢν ἐκ πάντων πᾶσιν ἐμαυτὸν
libre Porque siendo de todo para todos a mí mismo
ἐδούλωσα, ἵνα τοὺς πλείονας κερδήσω·
convertí en siervo, para que a los más gane.

20 καὶ ἐγενόμην τοῖς Ἰουδαίοις ὡς Ἰουδαῖος, ἵνα Ἰουδαίους
Y resulté[71] a los judíos como judío, para que a judíos
κερδήσω· τοῖς ὑπὸ νόμον ὡς ὑπὸ νόμον,[72]
gane. A los bajo ley como bajo ley,
ἵνα τοὺς ὑπὸ νόμον κερδήσω·
para que a los bajo ley gane.

21 τοῖς ἀνόμοις ὡς ἄνομος, μὴ ὢν ἄνομος Θεῷ,
a los sin ley como sin ley, no siendo sin ley para Dios,
ἀλλ' ἔννομος Χριστῷ, ἵνα κερδήσω ἀνόμους·
sino en ley para Cristo,[73] para que gane a sin ley.

22 ἐγενόμην τοῖς ἀσθενέσιν ὡς[74] ἀσθενής, ἵνα τοὺς
Resulté[75] para los débiles como débil, para que a los
ἀσθενεῖς κερδήσω· τοῖς πᾶσι γέγονα πάντα,
débiles gane. A todos he resultado[76] todo,
ἵνα πάντως τινὰς σώσω.
para que como sea a algunos salve.

14 Así también ordenó el Señor a los que anuncian el evangelio, que vivan del evangelio.
15 Mas yo de nada de esto me aproveché: ni tampoco he escrito esto para que se haga así conmigo; porque tengo por mejor morir, antes que nadie haga vana esta mi gloria.
16 Pues bien que anuncio el evangelio, no tengo por qué gloriarme porque me es impuesta necesidad; y ¡ay de mí si no anunciare el evangelio!
17 Por lo cual, si lo hago de voluntad, premio tendré; mas si por fuerza, la dispensación me ha sido encargada.
18 ¿Cuál, pues, es mi merced? Que predicando el evangelio, ponga el evangelio de Cristo de balde, para no usar mal de mi potestad en el evangelio.
19 Por lo cual, siendo libre para con todos, me he hecho siervo de todos por ganar a más.
20 Heme hecho a los Judíos como Judío, por ganar a los Judíos; a los que están sujetos a la ley (aunque yo no sea sujeto a la ley) como sujeto a la ley, por ganar a los que están sujetos a la ley;
21 A los que son sin ley, como si yo fuera sin ley, (no estando yo sin ley de Dios, mas en la ley de Cristo) por ganar a los que estaban sin ley.
22 Me he hecho a los flacos flaco, por ganar a los flacos: a todos me he hecho todo, para que de todo punto salve a algunos.

---

68. Es decir, "que alguno me prive de mi motivo de jactancia".
69. O encargo.
70. La NU omite de Cristo.
71. O llegué a ser.
72. La NU añade No estando yo mismo bajo ley.
73. La NU tiene de Cristo.
74. La NU suprime como.
75. O llegué a ser.
76. O he llegado a ser.

23 Y esto hago por causa del evangelio, por hacerme juntamente partícipe de él.
24 ¿No sabéis que los que corren en el estadio, todos a la verdad corren, mas uno lleva el premio? Corred de tal manera que lo obtengáis.
25 Y todo aquel que lucha, de todo se abstiene: y ellos, a la verdad, para recibir una corona corruptible; mas nosotros, incorruptible.
26 Así que, yo de esta manera corro, no como a cosa incierta; de esta manera peleo, no como quien hiere el aire:
27 Antes hiero mi cuerpo, y lo pongo en servidumbre; no sea que, habiendo predicado a otros, yo mismo venga a ser reprobado.

10 Porque no quiero, hermanos, que ignoréis que nuestros padres todos estuvieron bajo la nube, y todos pasaron la mar;
2 Y todos en Moisés fueron bautizados en la nube y en la mar;
3 Y todos comieron la misma vianda espiritual;
4 Y todos bebieron la misma bebida espiritual; porque bebían de la piedra espiritual que los seguía, y la piedra era Cristo.
5 Mas de muchos de ellos no se agradó Dios; por lo cual fueron postrados en el desierto.

23 Τοῦτο δὲ ποιῶ διὰ τὸ εὐαγγέλιον,
Esto sin embargo hago por el evangelio,
ἵνα συγκοινωνὸς αὐτοῦ γένωμαι.
para que partícipe de ello resulte.

24 Οὐκ οἴδατε ὅτι οἱ ἐν σταδίῳ τρέχοντες πάντες μὲν
¿No sabéis que los en estadio corriendo todos ciertamente
τρέχουσιν, εἷς δὲ λαμβάνει τὸ βραβεῖον; οὕτω τρέχετε,
corren, uno sin embargo recibe el premio? Así corred,
ἵνα καταλάβητε.
para que (lo) recibáis.

25 πᾶς δὲ ὁ ἀγωνιζόμενος πάντα ἐγκρατεύεται,
todo Sin embargo el que lucha todo controla.[77]
ἐκεῖνοι μὲν οὖν ἵνα φθαρτὸν στέφανον λάβωσιν,
Aquellos - pues para que corruptible corona reciban,
ἡμεῖς δὲ ἄφθαρτον.
nosotros sin embargo incorruptible.

26 ἐγὼ τοίνυν οὕτω τρέχω, ὡς οὐκ ἀδήλως,
Yo por lo tanto así corro, como no sin rumbo,[78]
οὕτω πυκτεύω, ὡς οὐκ ἀέρα δέρων,
así boxeo,[79] como no aire golpeando,

27 ἀλλὰ ὑπωπιάζω μου τὸ σῶμα καὶ δουλαγωγῶ,
sino que mortifico[80] de mí el cuerpo y esclavizo,[81]
μήπως ἄλλοις κηρύξας αὐτὸς ἀδόκιμος γένωμαι.
no sea que a otros predicando (yo) mismo descalificado[82] resulte.

10 1 Οὐ θέλω δὲ ὑμᾶς ἀγνοεῖν, ἀδελφοί, ὅτι οἱ
No quiero sin embargo vosotros desconocer,[83] hermanos, que los
πατέρες ἡμῶν πάντες ὑπὸ τὴν νεφέλην ἦσαν,
padres de nosotros todos bajo la nube estaban,
καὶ πάντες διὰ ἧς θαλάσσης διῆλθον,
y todos a través de el mar pasaron.

2 καὶ πάντες εἰς τὸν Μωϋσῆν ἐβαπτίσαντο ἐν τῇ νεφέλῃ
Y todos en - Moisés fueron bautizados en la nube
καὶ ἐν τῇ θαλάσσῃ,
y en el mar.

3 καὶ πάντες τὸ αὐτὸ βρῶμα πνευματικὸν ἔφαγον
Y todos el mismo alimento espiritual comieron,

4 καὶ πάντες τὸ αὐτὸ πόμα πνευματικὸν ἔπιον·
y todos la misma bebida espiritual bebieron.
ἔπινον γὰρ ἐκ πνευματικῆς ἀκολουθούσης
bebían Porque de espiritual que seguía
πέτρας, ἡ δὲ πέτρα ἦν ὁ Χριστός·
piedra la cual - piedra era - Cristo.

5 ἀλλ' οὐκ ἐν τοῖς πλείοσιν αὐτῶν εὐδόκησεν ὁ Θεός·
Pero no en los más de ellos se agradó - Dios.
κατεστρώθησαν γὰρ ἐν τῇ ἐρήμῳ.
fueron abatidos Porque en el desierto.

---

77. Es decir, "todo el que lucha ejerce sobre todo un autocontrol".
78. O confusamente.
79. Es decir, "boxeo de una manera distinta a si actuara desprovisto de rumbo".
80. Pablo sigue utilizando vocabulario típico de los púgiles. El verbo significa "golpear debajo del ojo". En otras palabras, el apóstol señala como mantiene el cuerpo a raya y abate los deseos de la carne.
81. O lo domino como si fuera mi esclavo.
82. Pablo continúa con la utilización de términos deportivos.
83. Es decir: que desconozcáis (oración de infinitivo).

6 ταῦτα δὲ τύποι ἡμῶν ἐγενήθησαν, εἰς τὸ μὴ
Esto - ejemplos para nosotros resultaron, para no

εἶναι ἡμᾶς ἐπιθυμητὰς κακῶν, καθὼς
ser nosotros ansiosos de males,[84] como

κἀκεῖνοι ἐπεθύμησαν.
también aquellos ansiaron.

7 μηδὲ εἰδωλολάτραι γίνεσθε, καθώς τινες αὐτῶν,
Ni idólatras resultéis, como algunos de ellos,

ὡς γέγραπται· ἐκάθισεν ὁ λαὸς φαγεῖν καὶ πεῖν,
como ha sido escrito: se sentó el pueblo a comer y beber,

καὶ ἀνέστησαν παίζειν.
y se levantaron a jugar.

8 μηδὲ πορνεύωμεν, καθώς τινες αὐτῶν ἐπόρνευσαν
Ni forniquemos, como algunos de ellos fornicaron

καὶ ἔπεσον ἐν μιᾷ ἡμέρᾳ εἰκοσιτρεῖς χιλιάδες.
y cayeron en un día veintitrés mil.

9 μηδὲ ἐκπειράζωμεν τὸν Χριστόν, καθὼς καὶ τινες αὐτῶν
Ni tentemos a Cristo, como también algunos de ellos

ἐπείρασαν καὶ ὑπὸ τῶν ὄφεων ἀπώλοντο.
tentaron y por las serpientes fueron destruidos.

10 μηδὲ γογγύζετε, καθὼς καὶ τινὲς αὐτῶν ἐγόγγυσαν
Ni murmuréis, como también algunos de ellos murmuraron

καὶ ἀπώλοντο ὑπὸ τοῦ ὀλοθρευτοῦ.
y fueron destruidos por el exterminador.

11 ταῦτα δὲ πάντα[85] τύποι συνέβαινεν ἐκείνοις,
Esto sin embargo todo (como) ejemplos sucedieron para aquellos,

ἐγράφη δὲ πρὸς νουθεσίαν ἡμῶν,
fue escrito sin embargo para instrucción de nosotros,

εἰς οὓς τὰ τέλη τῶν αἰώνων κατήντησεν.
a los que los finales de las eras alcanzaron.

12 Ὥστε ὁ δοκῶν ἑστάναι βλεπέτω μὴ πέσῃ.
De manera que el juzgando estar firme mire no caiga.

13 πειρασμὸς ὑμᾶς οὐκ εἴληφεν εἰ μὴ ἀνθρώπινος·
Tentación a vosotros no ha sobrevenido si no humana[86]

πιστὸς δὲ ὁ Θεός, ὃς οὐκ ἐάσει ὑμᾶς
fiel sin embargo (es) Dios, el cual no permitirá vosotros

πειρασθῆναι ὑπὲρ ὃ δύνασθε, ἀλλὰ ποιήσει σὺν
ser tentados[87] por encima de lo que podéis, sino que hará con

τῷ πειρασμῷ καὶ τὴν ἔκβασιν, τοῦ δύνασθαι ὑμᾶς ὑπενεγκεῖν.
la tentación también la salida para poder vosotros soportar.

14 Διόπερ, ἀγαπητοί μου, φεύγετε ἀπὸ τῆς εἰδωλολατρίας.
Por tanto, amados de mí, huid de la idolatría.

15 ὡς φρονίμοις λέγω· κρίνατε ὑμεῖς ὅ φημι.
Como a sabios hablo. Juzgad vosotros lo que digo.

16 τὸ ποτήριον τῆς εὐλογίας ὃ εὐλογοῦμεν, οὐχὶ κοινωνία τοῦ
La copa de la bendición que bendecimos, ¿no comunión de

αἵματος τοῦ Χριστοῦ ἐστι; τὸν ἄρτον ὃν κλῶμεν,
la sangre de Cristo es? ¿el pan que partimos,

οὐχὶ κοινωνία τοῦ σώματος τοῦ Χριστοῦ ἐστιν;
no comunión del cuerpo de Cristo es?

6Empero estas cosas fueron en figura de nosotros, para que no codiciemos cosas malas, como ellos codiciaron.
7Ni seáis honradores de ídolos, como algunos de ellos, según está escrito: Sentóse el pueblo a comer y a beber, y se levantaron a jugar.
8Ni forniquemos, como algunos de ellos fornicaron, y cayeron en un día veinte y tres mil.
9Ni tentemos a Cristo, como también algunos de ellos le tentaron, y perecieron por las serpientes.
10Ni murmuréis, como algunos de ellos murmuraron, y perecieron por el destructor.
11Y estas cosas les acontecieron en figura; y son escritas para nuestra admonición, en quienes los fines de los siglos han parado.
12Así que, el que piensa estar firme, mire no caiga.
13No os ha tomado tentación, sino humana: mas fiel es Dios, que no os dejará ser tentados más de lo que podéis llevar; antes dará también juntamente con la tentación la salida, para que podáis aguantar.
14Por tanto, amados míos, huid de la idolatría.
15Como a sabios hablo; juzgad vosotros lo que digo.
16La copa de bendición que bendecimos, ¿no es la comunión de la sangre de Cristo? El pan que partimos, ¿no es la comunión del cuerpo de Cristo?

---
84. O, más bien, de cosas que son malas.
85. La NU suprime todo.
86. Es decir, "la tentación que os ha sobrevenido entra dentro de lo humano, no supera lo humano".
87. Es decir: no permitirá que seáis tentados por encima de lo que podéis (oración de infinitivo).

17Porque un pan, es que muchos somos un cuerpo; pues todos participamos de aquel un pan.
18Mirad a Israel según la carne: los que comen de los sacrificios ¿no son partícipes con el altar?
19¿Qué pues digo? ¿Que el ídolo es algo? ¿ó que sea algo lo que es sacrificado a los ídolos?
20Antes digo que lo que los Gentiles sacrifican, a los demonios lo sacrifican, y no a Dios: y no querría que vosotros fueseis partícipes con los demonios.
21No podéis beber la copa del Señor, y la copa de los demonios: no podéis ser partícipes de la mesa del Señor, y de la mesa de los demonios.
22¿O provocaremos a celo al Señor? ¿Somos más fuertes que él?
23Todo me es lícito, mas no todo conviene: todo me es lícito, mas no todo edifica.
24Ninguno busque su propio bien, sino el del otro.
25De todo lo que se vende en la carnicería, comed, sin preguntar nada por causa de la conciencia;
26Porque del Señor es la tierra y lo que la hinche.
27Y si algún infiel os llama, y queréis ir, de todo lo que se os pone delante comed, sin preguntar nada por causa de la conciencia.

17 ὅτι εἷς ἄρτος, ἓν σῶμα οἱ πολλοί ἐσμεν·
Porque un pan, un cuerpo los muchos somos.

οἱ γὰρ πάντες ἐκ τοῦ ἑνὸς ἄρτου μετέχομεν.
los Porque todos de el uno pan participamos.

18 βλέπετε τὸν Ἰσραὴλ κατὰ σάρκα· οὐχὶ οἱ ἐσθίοντες
Mirad al Israel según carne. ¿No los comiendo

τὰς θυσίας κοινωνοὶ τοῦ θυσιαστηρίου εἰσί;
los sacrificios partícipes del altar son?

19 τί οὖν φημί; ὅτι εἴδωλον τί ἐστιν
¿Qué pues digo? ¿que ídolo algo es

ἢ ὅτι εἰδωλόθυτον τί ἐστιν;
o que idolotito[88] algo es?

20 ἀλλ' ὅτι ἃ θύει τὰ ἔθνη,[89] δαιμονίοις θύει
Sino que lo que sacrifican los gentiles, a demonios sacrifican

καὶ οὐ Θεῷ· οὐ θέλω δὲ ὑμᾶς
y no a Dios. No quiero sin embargo vosotros

κοινωνοὺς τῶν δαιμονίων γίνεσθαι.
partícipes de los demonios llegar a ser.[90]

21 οὐ δύνασθε ποτήριον Κυρίου πίνειν καὶ ποτήριον δαιμονίων·
No podéis copa de Señor beber y copa de demonios.

οὐ δύνασθε τραπέζης Κυρίου μετέχειν καὶ τραπέζης δαιμονίων.
No podéis de mesa de Señor participar y de mesa de demonios.

22 ἢ παραζηλοῦμεν τὸν Κύριον; μὴ ἰσχυρότεροι
¿O provocaremos a celos al Señor? ¿Acaso más poderosos

αὐτοῦ ἐσμεν;
que Él somos?

23 Πάντα μοι[91] ἔξεστιν, ἀλλ' οὐ πάντα συμφέρει·
Todo me (es) lícito, pero no todo conviene.

πάντα μοι ἔξεστιν, ἀλλ' οὐ πάντα οἰκοδομεῖ.
Todo me (es) lícito, pero no todo edifica.

24 μηδεὶς τὸ ἑαυτοῦ ζητείτω, ἀλλὰ
Ninguno lo de sí mismo busque, sino

τὸ τοῦ ἑτέρου ἕκαστος.
lo del otro cada uno (busque).

25 Πᾶν τὸ ἐν μακέλλῳ πωλούμενον ἐσθίετε
Todo lo en carnicería vendido comed

μηδὲν ἀνακρίνοντες διὰ τὴν συνείδησιν·
no preguntando por la conciencia.[92]

26 τοῦ γὰρ Κυρίου ἡ γῆ καὶ τὸ πλήρωμα αὐτῆς.
del Porque Señor la tierra y la plenitud de ella.

27 εἴ δέ τις καλεῖ ὑμᾶς τῶν ἀπίστων καὶ
Si sin embargo alguno llama os de los no-creyentes y

θέλετε πορεύεσθαι, πᾶν τὸ παρατιθέμενον ὑμῖν ἐσθίετε
queréis ir, todo lo colocado ante vosotros comed

μηδὲν ἀνακρίνοντες διὰ τὴν συνείδησιν.
no preguntando por la conciencia.[93]

---

88. Ved 8.1
89. La NU suprime los gentiles.
90. Es decir, "que os convirtáis en partícipes de los demonios" (oración de infinitivo).
91. La NU omite me.
92. Es decir, "no haciéndoos ninguna pregunta por motivos de conciencia".
93. Ver v. 25.

28 ἐὰν δέ   τις   ὑμῖν εἴπῃ, τοῦτο εἰδωλόθυτόν ἐστι,
Si sin embargo alguno os dice: esto idolotito es,

μὴ ἐσθίετε δι' ἐκεῖνον τὸν μηνύσαντα καὶ τὴν συνείδησιν·
no comáis por aquel que declaró y la conciencia,[94]

τοῦ γὰρ   Κυρίου ἡ γῆ καὶ τὸ πλήρωμα αὐτῆς.
de Porque Señor la tierra y la plenitud de ella.

29 συνείδησιν δὲ λέγω οὐχὶ τὴν ἑαυτοῦ,   ἀλλὰ τὴν τοῦ ἑτέρου.
Conciencia - digo no la de ti mismo, sino la del otro.

ἵνα τί   γὰρ ἡ ἐλευθερία μου κρίνεται
¿ - por qué Porque la libertad de mí es juzgada

ὑπὸ ἄλλης συνειδήσεως;
por otra conciencia?

30 εἰ ἐγὼ χάριτι   μετέχω, τί   βλασφημοῦμαι ὑπὲρ οὗ
Si yo de gracia[95] participo, ¿Por qué soy difamado por lo que

ἐγὼ εὐχαριστῶ;
yo doy gracias?

31 Εἴτε   οὖν   ἐσθίετε εἴτε   πίνετε εἴτε τι   ποιεῖτε,
Tanto si pues coméis como si bebéis como lo que hagáis,

πάντα εἰς   δόξαν Θεοῦ ποιεῖτε.
todo para gloria de Dios haced.

32 ἀπρόσκοποι   γίνεσθε   καὶ   Ἰουδαίοις καὶ
Incapaces de causar escándalo llegad a ser tanto para judíos como

Ἕλλησι   καὶ τῇ   ἐκκλησίᾳ τοῦ Θεοῦ,
para griegos y para la iglesia de Dios.

33 καθὼς κἀγὼ   πάντα πᾶσιν ἀρέσκω, μὴ ζητῶν τὸ
Como también yo en todo a todos complazco, no buscando el

ἐμαυτοῦ   συμφέρον, ἀλλὰ τὸ τῶν πολλῶν,
de mí mismo beneficio, sino el de muchos,

ἵνα   σωθῶσι.
para que sean salvados.

11 **1** Μιμηταί μου γίνεσθε, καθὼς κἀγὼ   Χριστοῦ.
Imitadores de mí llegad a ser, como también yo de Cristo (lo soy).

2 Ἐπαινῶ δὲ   ὑμᾶς,   ἀδελφοί,[96] ὅτι   πάντα μου
Alabo sin embargo a vosotros, hermanos, porque todo de mí

μέμνησθε, καὶ καθὼς παρέδωκα ὑμῖν τὰς παραδόσεις   κατέχετε.
recordáis, y como entregué os las instrucciones retenéis.

3 θέλω δὲ   ὑμᾶς   εἰδέναι ὅτι παντὸς ἀνδρὸς ἡ
Quiero sin embargo vosotros conocer[97] que de todo varón la

κεφαλὴ ὁ Χριστός ἐστι, κεφαλὴ δὲ   γυναικὸς ὁ ἀνήρ,
cabeza Cristo es, cabeza sin embargo de mujer el varón,

κεφαλὴ δὲ Χριστοῦ ὁ Θεός.
cabeza - de Cristo - Dios.

4 πᾶς ἀνὴρ προσευχόμενος ἢ προφητεύων κατὰ κεφαλῆς
Todo hombre orando o profetizando sobre cabeza

ἔχων   καταισχύνει τὴν κεφαλὴν αὐτοῦ.
teniendo (algo) deshonra la cabeza de él.

28 Mas si alguien os dijere: Esto fué sacrificado a los ídolos: no lo comáis, por causa de aquel que lo declaró, y por causa de la conciencia: porque del Señor es la tierra y lo que la hinche. **29** La conciencia, digo, no tuya, sino del otro. Pues ¿por qué ha de ser juzgada mi libertad por otra conciencia? **30** Y si yo con agradecimiento participo, ¿por qué he de ser blasfemado por lo que doy gracias? **31** Si pues coméis, o bebéis, o hacéis otra cosa, hacedlo todo a gloria de Dios. **32** Sed sin ofensa a Judíos, y a Gentiles, y a la iglesia de Dios: **33** Como también yo en todas las cosas complazco a todos, no procurando mi propio beneficio, sino el de muchos, para que sean salvos.

11 Sed imitadores de mí, así como yo de Cristo. **2** Y os alabo, hermanos, que en todo os acordáis de mi, y retenéis las instrucciones mías, de la manera que os enseñé. **3** Mas quiero que sepáis, que Cristo es la cabeza de todo varón; y el varón es la cabeza de la mujer; y Dios la cabeza de Cristo. **4** Todo varón que ora o profetiza cubierta la cabeza, afrenta su cabeza.

---

94. La NU suprime "de porque Señor la tierra y la plenitud de ella".
95. O con agradecimiento.
96. La NU omite hermanos.
97. Es decir, "que vosotros conozcáis" (oración de infinitivo).

5Mas toda mujer que ora o profetiza no cubierta su cabeza, afrenta su cabeza; porque lo mismo es que si se rayese.
6Porque si la mujer no se cubre, trasquílese también: y si es deshonesto a la mujer trasquilarse o raerse, cúbrase.
7Porque el varón no ha de cubrir la cabeza, porque es imagen y gloria de Dios: mas la mujer es gloria del varón.
8Porque el varón no es de la mujer, sino la mujer del varón.
9Porque tampoco el varón fué criado por causa de la mujer, sino la mujer por causa del varón.
10Por lo cual, la mujer debe tener señal de potestad sobre su cabeza, por causa de los ángeles.
11Mas ni el varón sin la mujer, ni la mujer sin el varón, en el Señor.
12Porque como la mujer es del varón, así también el varón es por la mujer: empero todo de Dios.
13Juzgad vosotros mismos: ¿es honesto orar la mujer a Dios no cubierta?
14La misma naturaleza ¿no os enseña que al hombre sea deshonesto criar cabello?

5 πᾶσα δὲ γυνὴ προσευχομένη ἢ προφητεύουσα ἀκατακαλύπτῳ
Toda - mujer orando o profetizando descubierta
τῇ κεφαλῇ καταισχύνει τὴν κεφαλὴν αὐτῆς·
de la cabeza deshonra[98] la cabeza de ella.
ἓν γάρ ἐστι καὶ τὸ αὐτὸ τῇ
uno Porque es también lo mismo con la (cabeza)
ἐξυρημένῃ.
afeitada (estar).[99]

6 εἰ γὰρ οὐ κατακαλύπτεται γυνή, καὶ κειράσθω·
si Porque no va cubierta mujer, también se corte (el pelo)
εἰ δὲ αἰσχρὸν γυναικὶ τὸ κείρασθαι
si sin embargo vergonzoso (es) para mujer el cortarse (el pelo)
ἢ ξυρᾶσθαι, κατακαλυπτέσθω.
o afeitarse (la cabeza), cúbrase.

7 ἀνὴρ μὲν γὰρ οὐκ ὀφείλει κατακαλύπτεσθαι τὴν κεφαλήν,
varón - Porque no debe cubrirse la cabeza,
εἰκὼν καὶ δόξα Θεοῦ ὑπάρχων·
imagen y gloria de Dios siendo.
ἡ γυνὴ δὲ δόξα ἀνδρός ἐστιν.
La mujer sin embargo gloria de varón es.

8 οὐ γάρ ἐστιν ἀνὴρ ἐκ γυναικός, ἀλλὰ γυνὴ ἐξ ἀνδρός·
no Porque es varón de mujer, sino mujer de varón.

9 καὶ γὰρ οὐκ ἐκτίσθη ἀνὴρ διὰ τὴν γυναῖκα,
y porque tampoco fue creado varón por la mujer,
ἀλλὰ γυνὴ διὰ τὸν ἄνδρα.
sino mujer por el varón.

10 διὰ τοῦτο ὀφείλει ἡ γυνὴ ἐξουσίαν ἔχειν
Por esto debe la mujer autoridad tener
ἐπὶ τῆς κεφαλῆς διὰ τοὺς ἀγγέλους.
sobre la cabeza a causa de los ángeles.

11 πλὴν οὔτε ἀνὴρ χωρὶς γυναικὸς
No obstante ni varón sin mujer
οὔτε γυνὴ χωρὶς ἀνδρὸς ἐν Κυρίῳ·
ni mujer sin varón en Señor.

12 ὥσπερ γὰρ ἡ γυνὴ ἐκ τοῦ ἀνδρός, οὕτω καὶ ὁ
como Porque la mujer de el varón (procede), así también el
ἀνὴρ διὰ τῆς γυναικός, τὰ δὲ πάντα ἐκ τοῦ Θεοῦ.
varón a través de la mujer, el Sin embargo todo de Dios.

13 ἐν ὑμῖν αὐτοῖς κρίνατε· πρέπον ἐστὶ γυναῖκα
Entre vosotros mismos juzgad. ¿Apropiado es mujer
ἀκατακάλυπτον τῷ Θεῷ προσεύχεσθαι;
descubierta a Dios orar?[100]

14 ἢ οὐδὲ αὐτὴ ἡ φύσις διδάσκει ὑμᾶς ὅτι ἀνὴρ μὲν
¿O no misma la naturaleza enseña nos que varón -
ἐὰν κομᾷ, ἀτιμία αὐτῷ ἐστι,
si se deja largo el cabello, deshonra para él es.

---

98. O avergüenza.
99. Es decir, "el que una mujer esté con la cabeza sin cubrir es como si la llevara afeitada".
100. Es decir, "que una mujer ore a Dios estando descubierta" (oración de infinitivo).

15 γυνὴ δὲ ἐὰν κομᾷ, δόξα αὐτῇ ἐστιν;
Mujer sin embargo si se deja largo el cabello, gloria para ella es?

ὅτι ἡ κόμη ἀντὶ περιβολαίου
Porque el cabello largo en lugar de velo

δέδοται αὐτῇ.[101]
ha sido dado a ella.

16 Εἰ δέ τις δοκεῖ φιλόνεικος εἶναι, ἡμεῖς
Si sin embargo alguno juzga[102] contencioso[103] ser, nosotros

τοιαύτην συνήθειαν οὐκ ἔχομεν, οὐδὲ αἱ ἐκκλησίαι τοῦ Θεοῦ.
tal costumbre no tenemos, ni las iglesias de Dios.

17 Τοῦτο δὲ παραγγέλλων οὐκ ἐπαινῶ ὅτι οὐκ εἰς τὸ
Esto ahora instruyendo[104] no (os) alabo porque no para lo

κρεῖττον ἀλλ' εἰς τὸ ἧττον συνέρχεσθε.
mejor sino para lo peor os juntáis.

18 πρῶτον μὲν γὰρ συνερχομένων ὑμῶν ἐν ἐκκλησίᾳ ἀκούω
primero - Porque juntándoos vosotros en iglesia oigo

σχίσματα ἐν ὑμῖν ὑπάρχειν, καὶ μέρος τι πιστεύω.
divisiones entre vosotros haber,[105] y en parte algo creo.

19 δεῖ γὰρ καὶ αἱρέσεις ἐν ὑμῖν εἶναι,
es preciso Porque también facciones entre vosotros haber,

ἵνα οἱ δόκιμοι φανεροὶ γένωνται ἐν ὑμῖν.
para que los aprobados manifiestos resulten entre vosotros.

20 συνερχομένων οὖν ὑμῶν ἐπὶ τὸ αὐτὸ
Juntándoos pues vosotros en el mismo (lugar)

οὐκ ἔστι Κυριακὸν δεῖπνον φαγεῖν·
no es del Señor cena comer.[106]

21 ἕκαστος γὰρ τὸ ἴδιον δεῖπνον προλαμβάνει
cada uno Porque la propia cena toma antes

ἐν τῷ φαγεῖν, καὶ ὃς μὲν πεινᾷ, ὃς δὲ
en el comer, y (hay) el que Tanto pasa hambre, el que Como

μεθύει.
se emborracha.

22 μὴ γὰρ οἰκίας οὐκ ἔχετε εἰς τὸ ἐσθίειν καὶ πίνειν;
¿no Porque casas no tenéis[107] para el comer y beber?

ἢ τῆς ἐκκλησίας τοῦ Θεοῦ καταφρονεῖτε,
¿O la iglesia de Dios despreciáis,

καὶ καταισχύνετε τοὺς μὴ ἔχοντας; τί ὑμῖν εἴπω;
y os avergonzáis de los que no tienen? ¿Qué os digo?

ἐπαινέσω ὑμᾶς ἐν τούτῳ; οὐκ ἐπαινῶ.
¿Alabaré os en esto? No (os) alabo.

23 ἐγὼ γὰρ παρέλαβον ἀπὸ τοῦ Κυρίου, ὃ καὶ
yo Porque recibí de el Señor, lo que también

παρέδωκα ὑμῖν, ὅτι ὁ Κύριος Ἰησοῦς ἐν τῇ νυκτὶ
entregué os, que el Señor Jesús en la noche

ᾗ παρεδίδετο ἔλαβεν ἄρτον
que fue entregado tomó pan

15 Por el contrario, a la mujer criar el cabello le es honroso; porque en lugar de velo le es dado el cabello.
16 Con todo eso, si alguno parece ser contencioso, nosotros no tenemos tal costumbre, ni las iglesias de Dios.
17 Esto empero os denuncio, que no alabo, que no por mejor sino por peor os juntáis.
18 Porque lo primero, cuando os juntáis en la iglesia, oigo que hay entre vosotros disensiones; y en parte lo creo.
19 Porque preciso es que haya entre vosotros aun herejías, para que los que son probados se manifiesten entre vosotros.
20 Cuando pues os juntáis en uno, esto no es comer la cena del Señor.
21 Porque cada uno toma antes para comer su propia cena; y el uno tiene hambre, y el otro está embriagado.
22 Pues qué, ¿no tenéis casas en que comáis y bebáis? ¿ó menospreciáis la iglesia de Dios, y avergonzáis a los que no tienen? ¿Qué os diré? ¿os alabaré? En esto no os alabo.
23 Porque yo recibí del Señor lo que también os he enseñado: Que el Señor Jesús, la noche que fué entregado, tomó pan;

---

101. La NU omite a ella.
102. Piensa, considera.
103. O amigo de discusiones.
104. O prescribiendo.
105. Es decir, "que hay divisiones entre vosotros" (oración de infinitivo).
106. Es decir, el simple hecho de reunirse para la Cena del Señor no significa que en verdad se esté celebrando la Cena del Señor.
107. ¿acaso no tenéis casas donde comer y beber?

24 Y habiendo dado gracias, lo partió, y dijo: Tomad, comed: esto es mi cuerpo que por vosotros es partido: haced esto en memoria de mí.
25 Asimismo tomó también la copa, después de haber cenado, diciendo: Esta copa es el nuevo pacto en mi sangre: haced esto todas las veces que bebiereis, en memoria de mí.
26 Porque todas las veces que comiereis este pan, y bebiereis esta copa, la muerte del Señor anunciáis hasta que venga.
27 De manera que, cualquiera que comiere este pan o bebiere esta copa del Señor indignamente, será culpado del cuerpo y de la sangre del Señor.
28 Por tanto, pruébese cada uno a sí mismo, y coma así de aquel pan, y beba de aquella copa.
29 Porque el que come y bebe indignamente, juicio come y bebe para sí, no discerniendo el cuerpo del Señor.
30 Por lo cual hay muchos enfermos y debilitados entre vosotros; y muchos duermen.
31 Que si nos examinásemos a nosotros mismos, cierto no seríamos juzgados.
32 Mas siendo juzgados, somos castigados del Señor, para que no seamos condenados con el mundo.
33 Así, que, hermanos míos, cuando os juntáis a comer, esperaos unos a otros.

24 καὶ εὐχαριστήσας ἔκλασε καὶ εἶπε· λάβετε φάγετε.[108]
y habiendo dado gracias partió y dijo: tomad comed.
τοῦτό μού ἐστι τὸ σῶμα τὸ ὑπὲρ ὑμῶν κλώμενον.[109]
Esto de mí es el cuerpo el por vosotros siendo partido.
τοῦτο ποιεῖτε εἰς τὴν ἐμὴν ἀνάμνησιν.
Esto haced en la mi memoria.

25 ὡσαύτως καὶ τὸ ποτήριον μετὰ τὸ δειπνῆσαι λέγων·
Igualmente también la copa después de cenar diciendo:
τοῦτο τὸ ποτήριον ἡ καινὴ διαθήκη ἐστὶν ἐν τῷ ἐμῷ αἵματι·
esta copa el nuevo pacto es en la mi sangre.
τοῦτο ποιεῖτε, ὁσάκις ἐὰν πίνητε,
Esto haced, cuantas veces cuando bebáis
εἰς τὴν ἐμὴν ἀνάμνησιν.
en la mi memoria.

26 ὁσάκις γὰρ ἐὰν ἐσθίητε τὸν ἄρτον τοῦτον καὶ τὸ
cuantas veces Porque cuando comáis el pan este y la
ποτήριον τοῦτο πίνητε, τὸν θάνατον τοῦ Κυρίου
copa esta bebáis, la muerte del Señor
καταγγέλλετε, ἄχρις οὗ ἂν ἔλθῃ.
anunciáis hasta que venga.

27 Ὥστε ὃς ἂν ἐσθίῃ τὸν ἄρτον τοῦτον ἢ πίνῃ τὸ
De manera que el que comiera el pan este o bebiera la
ποτήριον τοῦ Κυρίου ἀναξίως, ἔνοχος ἔσται τοῦ σώματος
copa del Señor indignamente, reo será del cuerpo
καὶ αἵματος τοῦ Κυρίου.
y sangre del Señor.

28 δοκιμαζέτω δὲ ἄνθρωπος ἑαυτόν, καὶ οὕτως ἐκ τοῦ ἄρτου
Examínese - hombre a sí mismo, y así de el pan
ἐσθιέτω καὶ ἐκ τοῦ ποτηρίου πινέτω·
coma y de la copa beba.

29 ὁ γὰρ ἐσθίων καὶ πίνων ἀναξίως κρίμα
el que Porque come y bebe indignamente juicio
ἑαυτῷ ἐσθίει καὶ πίνει, μὴ διακρίνων τὸ σῶμα
para sí mismo come y bebe, no discerniendo el cuerpo
τοῦ Κυρίου.[110]
del Señor.

30 διὰ τοῦτο ἐν ὑμῖν πολλοὶ ἀσθενεῖς
Por esto entre vosotros muchos débiles (hay)
καὶ ἄρρωστοι καὶ κοιμῶνται ἱκανοί.
y enfermos y duermen muchos.

31 εἰ γὰρ ἑαυτοὺς διεκρίνομεν,
si Porque a nosotros mismos examináramos,
οὐκ ἂν ἐκρινόμεθα·
no - seríamos juzgados.

32 κρινόμενοι δὲ ὑπὸ τοῦ Κυρίου παιδευόμεθα,
siendo juzgados Sin embargo por el Señor somos disciplinados,
ἵνα μὴ σὺν τῷ κόσμῳ κατακριθῶμεν.
para que no con el mundo seamos condenados.

33 Ὥστε, ἀδελφοί μου, συνερχόμενοι εἰς τὸ φαγεῖν
Así que, hermanos de mí, reuniéndoos para el comer
ἀλλήλους ἐκδέχεσθε·
unos a otros esperad.

---
108. La NU omite Tomad, comed.
109. La NU omite siendo partido.
110. La NU omite del Señor.

34 εἴ δέ τις πεινᾷ, ἐν οἴκῳ ἐσθιέτω, ἵνα μὴ
Si sin embargo alguno tiene hambre, en casa coma, para que no

εἰς κρίμα συνέρχησθε. Τὰ δὲ λοιπὰ ὡς ἂν
para juicio os reunáis. lo Pero demás cuando

ἔλθω διατάξομαι.
vaya pondré en orden.

12

1 Περὶ δὲ τῶν πνευματικῶν, ἀδελφοί, οὐ θέλω
Acerca sin embargo de las cosas espirituales, hermanos, no quiero

ὑμᾶς ἀγνοεῖν.[111]
vosotros ignorar

2 οἴδατε ὅτι, ὅτε ἔθνη ἦτε, πρὸς τὰ εἴδωλα
Sabéis que cuando gentiles erais, a los ídolos

τὰ ἄφωνα ὡς ἂν ἤγεσθε ἀπαγόμενοι.
los mudos como - erais conducidos arrastrados.

3 διὸ γνωρίζω ὑμῖν ὅτι οὐδεὶς ἐν Πνεύματι
Por tanto doy a conocer a vosotros que ninguno en Espíritu

Θεοῦ λαλῶν λέγει ἀνάθεμα Ἰησοῦν, καὶ
de Dios hablando dice maldito Jesús, y

οὐδεὶς δύναται εἰπεῖν Κύριον Ἰησοῦν εἰ μὴ
ninguno puede decir Señor (es) Jesús si no

ἐν Πνεύματι ἁγίῳ.
en Espíritu Santo.

4 Διαιρέσεις δὲ χαρισμάτων εἰσί, τὸ δὲ
Variedades sin embargo de dones hay, el Sin embargo

αὐτὸ Πνεῦμα·
mismo Espíritu (es).

5 καὶ διαιρέσεις διακονιῶν εἰσι, καὶ ὁ αὐτὸς Κύριος·
Y variedades de ministerios hay, y el mismo Señor,

6 καὶ διαιρέσεις ἐνεργημάτων εἰσίν, ὁ δὲ αὐτός ἐστι
y variedades de operaciones hay, el sin embargo mismo es

Θεός, ὁ ἐνεργῶν τὰ πάντα ἐν πᾶσιν.
Dios, el haciendo todo en todo.

7 ἑκάστῳ δὲ δίδοται ἡ φανέρωσις τοῦ Πνεύματος
A cada uno sin embargo es dada la manifestación del Espíritu

πρὸς τὸ συμφέρον.
para el provecho.

8 ᾧ μὲν γὰρ διὰ τοῦ Πνεύματος δίδοται λόγος
al cual - Porque a través del Espíritu se da palabra

σοφίας, ἄλλῳ δὲ λόγος γνώσεως κατὰ
de sabiduría, a otro sin embargo palabra de conocimiento según

τὸ αὐτὸ Πνεῦμα,
el mismo Espíritu,

9 ἑτέρῳ δὲ πίστις ἐν τῷ αὐτῷ Πνεύματι,
a otro sin embargo fe por el mismo Espíritu,

ἄλλῳ δὲ χαρίσματα ἰαμάτων ἐν τῷ αὐτῷ[112]
a otro sin embargo dones de curaciones por el mismo

Πνεύματι,
Espíritu,

34 Si alguno tuviere hambre, coma en su casa, porque no os juntéis para juicio. Las demás cosas ordenaré cuando llegare.

12

Y acerca de los dones espirituales, no quiero, hermanos, que ignoréis.

2 Sabéis que cuando erais Gentiles, ibais, como erais llevados, a los ídolos mudos.

3 Por tanto os hago saber, que nadie que hable por Espíritu de Dios, llama anatema a Jesús; y nadie puede llamar a Jesús Señor, sino por Espíritu Santo.

4 Empero hay repartimiento de dones; mas el mismo Espíritu es.

5 Y hay repartimiento de ministerios; mas el mismo Señor es.

6 Y hay repartimiento de operaciones; mas el mismo Dios es el que obra todas las cosas en todos.

7 Empero a cada uno le es dada manifestación del Espíritu para provecho.

8 Porque a la verdad, a éste es dada por el Espíritu palabra de sabiduría; a otro, palabra de ciencia según el mismo Espíritu;

9 A otro, fe por el mismo Espíritu, y a otro, dones de sanidades por el mismo Espíritu;

---

111. Es decir, "no quiero que vosotros ignoréis".
112. La NU tiene por un en lugar de por el mismo.

10 A otro, operaciones de milagros; y a otro, profecía; y a otro, discreción de espíritus; y a otro, géneros de lenguas; y a otro, interpretación de lenguas.
11 Mas todas estas cosas obra uno y el mismo Espíritu, repartiendo particularmente a cada uno como quiere.
12 Porque de la manera que el cuerpo es uno, y tiene muchos miembros, empero todos los miembros del cuerpo, siendo muchos, son un cuerpo, así también Cristo.
13 Porque por un Espíritu somos todos bautizados en un cuerpo, ora Judíos o Griegos, ora siervos o libres; y todos hemos bebido de un mismo Espíritu.
14 Pues ni tampoco el cuerpo es un miembro, sino muchos.
15 Si dijere el pie: Porque no soy mano, no soy del cuerpo: ¿por eso no será del cuerpo?
16 Y si dijere la oreja: Porque no soy ojo, no soy del cuerpo: ¿por eso no será del cuerpo?
17 Si todo el cuerpo fuese ojo, ¿dónde estaría el oído? Si todo fuese oído, ¿dónde estaría el olfato?
18 Mas ahora Dios ha colocado los miembros cada uno de ellos en el cuerpo, como quiso.
19 Que si todos fueran un miembro, ¿dónde estuviera el cuerpo?
20 Mas ahora muchos miembros son a la verdad, empero un cuerpo.

10 ἄλλῳ δὲ ἐνεργήματα δυνάμεων, ἄλλῳ δὲ
a otro sin embargo operaciones de poderes,[113] a otro sin embargo
προφητεία, ἄλλῳ δὲ διακρίσεις πνευμάτων,
profecía, a otro sin embargo discernimientos de espíritus,
ἑτέρῳ δὲ γένη γλωσσῶν,
a otro sin embargo géneros de lenguas,
ἄλλῳ δὲ ἑρμηνεία γλωσσῶν·
a otro sin embargo interpretación de lenguas.

11 πάντα δὲ ταῦτα ἐνεργεῖ τὸ ἓν καὶ τὸ αὐτὸ Πνεῦμα,
todo Sin embargo esto realiza el uno y el mismo Espíritu,
διαιροῦν ἰδίᾳ ἑκάστῳ καθὼς βούλεται.
distribuyendo (lo suyo) propio a cada uno como quiere.

12 Καθάπερ γὰρ τὸ σῶμα ἕν ἐστι καὶ μέλη ἔχει
como Porque el cuerpo uno es también miembros tiene
πολλά, πάντα δὲ τὰ μέλη τοῦ σώματος τοῦ
muchos, todos sin embargo los miembros del cuerpo del
ἑνός,[114] πολλὰ ὄντα, ἕν ἐστι σῶμα, οὕτω καὶ ὁ Χριστός·
uno, muchos siendo, uno es cuerpo, así también Cristo.

13 καὶ γὰρ ἐν ἑνὶ Πνεύματι ἡμεῖς πάντες εἰς ἓν σῶμα
también Porque en un Espíritu nosotros todos en un cuerpo
ἐβαπτίσθημεν, εἴτε Ἰουδαῖοι εἴτε Ἕλληνες, εἴτε δοῦλοι εἴτε
fuimos bautizados, sea judíos sea griegos, sea esclavos sea
ἐλεύθεροι, καὶ πάντες εἰς[115] ἓν Πνεῦμα ἐποτίσθημεν.
libres, y a todos de[116] un Espíritu se nos dio de beber.

14 καὶ γὰρ τὸ σῶμα οὐκ ἔστιν ἓν μέλος, ἀλλὰ πολλά.
además Porque el cuerpo no es un miembro, sino muchos.

15 ἐὰν εἴπῃ ὁ πούς, ὅτι οὐκ εἰμὶ χείρ, οὐκ εἰμὶ ἐκ τοῦ σώματος,
Si dice el pie, porque no soy mano, no soy de el cuerpo,
οὐ παρὰ τοῦτο οὐκ ἔστιν ἐκ τοῦ σώματος;
¿Acaso por eso no es de el cuerpo?

16 καὶ ἐὰν εἴπῃ τὸ οὖς, ὅτι οὐκ εἰμὶ ὀφθαλμός,
Y si dijera el oído, porque no soy ojo,
οὐκ εἰμὶ ἐκ τοῦ σώματος, οὐ παρὰ τοῦτο οὐκ
no soy de el cuerpo, ¿Acaso por esto no
ἔστιν ἐκ τοῦ σώματος;
es de el cuerpo?

17 εἰ ὅλον τὸ σῶμα ὀφθαλμός, ποῦ ἡ ἀκοή;
Si todo el cuerpo (es) ojo, ¿dónde el oído?
εἰ ὅλον ἀκοή, ποῦ ἡ ὄσφρησις;
Si todo oído, ¿dónde el olfato?

18 νυνὶ δὲ ὁ Θεὸς ἔθετο τὰ μέλη ἓν ἕκαστον
Ahora sin embargo Dios colocó los miembros uno cada
αὐτῶν ἐν τῷ σώματι καθὼς ἠθέλησεν.
de ellos en el cuerpo como quiso.

19 εἰ δὲ ἦν τὰ πάντα ἓν μέλος,
Si sin embargo fuera todo un miembro,
ποῦ τὸ σῶμα;
¿dónde el cuerpo (estaría)?

20 νῦν δὲ πολλὰ μὲν μέλη, ἓν
Ahora sin embargo muchos - miembros (hay), uno
δὲ σῶμα.
sin embargo cuerpo.

---

113. Es decir, "actos milagrosos".
114. La NU omite del uno.
115. La NU omite de.
116. O en.

21 οὐ δύναται δὲ ὁ ὀφθαλμὸς εἰπεῖν τῇ χειρί· χρείαν σου
No puede - el ojo decir a la mano: necesidad de ti
οὐκ ἔχω· ἢ πάλιν ἡ κεφαλὴ τοῖς ποσί·
no tengo, o de nuevo la cabeza a los pies:
χρείαν ὑμῶν οὐκ ἔχω.
necesidad de vosotros no tengo.

22 ἀλλὰ πολλῷ μᾶλλον τὰ δοκοῦντα μέλη τοῦ σώματος
sino mucho más los que aparentan miembros del cuerpo
ἀσθενέστερα ὑπάρχειν ἀναγκαῖά ἐστι,
más débiles ser necesarios son,

23 καὶ ἃ δοκοῦμεν ἀτιμότερα εἶναι τοῦ σώματος,
y los que consideramos menos honrosos ser del cuerpo,
τούτοις τιμὴν περισσοτέραν περιτίθεμεν,
a éstos honra mayor otorgamos,
καὶ τὰ ἀσχήμονα ἡμῶν εὐσχημοσύνην περισσοτέραν ἔχει·
y lo indecoroso de nosotros decoro mayor tiene.

24 τὰ δὲ εὐσχήμονα ἡμῶν οὐ χρείαν ἔχει. ἀλλ'
lo Sin embargo decoroso de nosotros no necesidad tiene, pero
ὁ Θεὸς συνεκέρασε τὸ σῶμα, τῷ ὑστεροῦντι
Dios conjuntó[117] el cuerpo, al carente
περισσοτέραν δοὺς τιμήν,
mayor dando honor,[118]

25 ἵνα μὴ ᾖ σχίσμα ἐν τῷ σώματι, ἀλλὰ τὸ αὐτὸ
para que no haya división en el cuerpo, sino que lo mismo
ὑπὲρ ἀλλήλων μεριμνῶσι τὰ μέλη.
por unos y otros se preocupen los miembros.

26 καὶ εἴτε πάσχει ἓν μέλος, συμπάσχει πάντα τὰ μέλη,
Y si padece un miembro, co-padecen todos los miembros,
εἴτε δοξάζεται ἓν μέλος, συγχαίρει
si es honrado un miembro, son co-honrados
πάντα τὰ μέλη.
todos los miembros.

27 Ὑμεῖς δέ ἐστε σῶμα Χριστοῦ καὶ μέλη
Vosotros sin embargo sois cuerpo de Cristo y miembros
ἐκ μέρους.
de (cada) parte.

28 Καὶ οὓς μὲν ἔθετο ὁ Θεὸς ἐν τῇ ἐκκλησίᾳ πρῶτον
Y a los cuales - puso Dios en la iglesia primero
ἀποστόλους, δεύτερον προφήτας, τρίτον διδασκάλους,
apóstoles, segundo profetas, tercero maestros,
ἔπειτα δυνάμεις, εἶτα χαρίσματα ἰαμάτων,
después poderes,[119] después dones de curaciones,
ἀντιλήμψεις, κυβερνήσεις, γένη γλωσσῶν.
ayudas, pilotos,[120] géneros de lenguas.

29 μὴ πάντες ἀπόστολοι; μὴ πάντες προφῆται;
¿Acaso todos apóstoles? ¿Acaso todos profetas?
μὴ πάντες διδάσκαλοι; μὴ πάντες δυνάμεις;
¿Acaso todos maestros? ¿Acaso todos poderes?

21 Ni el ojo puede decir a la mano: No te he menester: ni asimismo la cabeza a los pies: No tengo necesidad de vosotros.
22 Antes, mucho más los miembros del cuerpo que parecen más flacos, son necesarios;
23 Y a aquellos del cuerpo que estimamos ser más viles, a éstos vestimos más honrosamente; y los que en nosotros son menos honestos, tienen más compostura.
24 Porque los que en nosotros son más honestos, no tienen necesidad: mas Dios ordenó el cuerpo, dando más abundante honor al que le faltaba;
25 Para que no haya desavenencia en el cuerpo, sino que los miembros todos se interesen los unos por los otros.
26 Por manera que si un miembro padece, todos los miembros a una se duelen; y si un miembro es honrado, todos los miembros a una se gozan.
27 Pues vosotros sois el cuerpo de Cristo, y miembros en parte.
28 Y a unos puso Dios en la iglesia, primeramente apóstoles, luego profetas, lo tercero doctores; luego xacultades; luego dones de sanidades, ayudas, gobernaciones, géneros de lenguas.
29 ¿Son todos apóstoles? ¿son todos profetas? ¿todos doctores? ¿todos facultades?

---

117. O combinó, organizó.
118. Es decir, "otorgando mayor honra al que menos tenía".
119. Es decir, "milagros".
120. Literalmente. La referencia de Pablo puede ser tanto a los que pastorean como a los que administran.

30 ¿Tienen todos dones de sanidad? ¿hablan todos lenguas? ¿interpretan todos?
31 Empero procurad los mejores dones; mas aun yo os muestro un camino más excelente.

13 Si yo hablase lenguas humanas y angélicas, y no tengo caridad, vengo a ser como metal que resuena, o címbalo que retiñe.
2 Y si tuviese profecía, y entendiese todos los misterios y toda ciencia; y si tuviese toda la fe, de tal manera que traspasase los montes, y no tengo caridad, nada soy.
3 Y si repartiese toda mi hacienda para dar de comer a pobres, y si entregase mi cuerpo para ser quemado, y no tengo caridad, de nada me sirve.
4 La caridad es sufrida, es benigna; la caridad no tiene envidia, la caridad no hace sinrazón, no se ensancha;
5 No es injuriosa, no busca lo suyo, no se irrita, no piensa el mal;
6 No se huelga de la injusticia, mas se huelga de la verdad;
7 Todo lo sufre, todo lo cree, todo lo espera, todo lo soporta.
8 La caridad nunca deja de ser: mas las profecías se han de acabar, y cesarán las lenguas, y la ciencia ha de ser quitada;

30 μὴ πάντες χαρίσματα ἔχουσιν ἰαμάτων; μὴ πάντες
¿Acaso todos dones tienen de curaciones? ¿Acaso todos
γλώσσαις λαλοῦσι; μὴ πάντες διερμηνεύουσι;
en lenguas hablan? ¿Acaso todos interpretan?

31 ζηλοῦτε δὲ τὰ χαρίσματα τὰ κρείττονα.[121]
Anhelad[122] sin embargo los dones los mejores.
καὶ ἔτι καθ' ὑπερβολὴν ὁδὸν ὑμῖν δείκνυμι.
también Sin embargo según más excelente camino os enseño.[123]

13 1 Ἐὰν ταῖς γλώσσαις τῶν ἀνθρώπων λαλῶ καὶ τῶν ἀγγέλων,
Si con las lenguas de los hombres hablo y de los ángeles,
ἀγάπην δὲ μὴ ἔχω, γέγονα χαλκὸς ἠχῶν
amor sin embargo no tengo, he resultado bronce sonando
ἢ κύμβαλον ἀλαλάζον.
o címbalo retiñendo.

2 καὶ ἐὰν ἔχω προφητείαν καὶ εἰδῶ τὰ μυστήρια πάντα καὶ
Y si tengo profecía y conozco los misterios todos y
πᾶσαν τὴν γνῶσιν, καὶ ἐὰν ἔχω πᾶσαν τὴν πίστιν,
todo el conocimiento y si tengo toda la fe,
ὥστε ὄρη μεθιστάνειν, ἀγάπην δὲ μὴ ἔχω, οὐδέν εἰμι.
como para montañas trasladar, amor Pero no tengo, nada soy.

3 καὶ ἐὰν ψωμίσω πάντα τὰ ὑπάρχοντά μου, καὶ ἐὰν
Y si diera como limosna[124] todas las posesiones de mí, y si
παραδῶ τὸ σῶμά μου ἵνα καυθήσομαι,[125] ἀγάπην δὲ μὴ
entregara el cuerpo de mí para ser quemado, amor Pero no
ἔχω, οὐδὲν ὠφελοῦμαι.
tengo, de nada me sirve.

4 Ἡ ἀγάπη μακροθυμεῖ, χρηστεύεται, ἡ ἀγάπη οὐ ζηλοῖ,
El amor es paciente, es benigno, el amor no tiene envidia,
ἡ ἀγάπη οὐ περπερεύεται, οὐ φυσιοῦται,
el amor no presume,[126] no se envanece,

5 οὐκ ἀσχημονεῖ, οὐ ζητεῖ τὰ ἑαυτῆς,
no es indecoroso,[127] no busca lo de sí mismo,
οὐ παροξύνεται, οὐ λογίζεται τὸ κακόν,
no se irrita, no considera lo malo,[128]

6 οὐ χαίρει ἐπὶ τῇ ἀδικίᾳ, συγχαίρει δὲ
no se alegra por la injusticia, se alegra sin embargo
τῇ ἀληθείᾳ·
con la verdad.

7 πάντα στέγει, πάντα πιστεύει,
Todo aguanta, todo cree,
πάντα ἐλπίζει, πάντα ὑπομένει.
todo espera, todo soporta.

8 Ἡ ἀγάπη οὐδέποτε ἐκπίπτει. εἴτε δὲ προφητεῖαι,
El amor nunca cesa, si Pero profecías (hay),
καταργηθήσονται· εἴτε γλῶσσαι, παύσονται·
serán hechas desaparecer. Si lenguas, cesarán.
εἴτε γνῶσις, καταργηθήσεται.
Si conocimiento, será hecho desaparecer.

---

121. La NU sustituye por mayores.
122. Es decir, "esforzaos por imitar". El término indica "desear celosamente".
123. Como en Hechos 10.28, el término tiene el sentido de "enseñar".
124. O diera de comer.
125. La NU sustituye por para jactarme.
126. O no se ensoberbece, no se jacta.
127. O no hace cosas vergonzosas.
128. Es decir, "no guarda rencor".

9 ἐκ μέρους γὰρ γινώσκομεν καὶ
en parte   Porque conocemos y

ἐκ μέρους προφητεύομεν·
en parte   profetizamos.

10 ὅταν δὲ ἔλθῃ τὸ τέλειον, τότε τὸ ἐκ μέρους
Cuando sin embargo venga lo perfecto, entonces lo en parte

καταργηθήσεται.
será hecho desaparecer.

11 ὅτε ἤμην νήπιος, ὡς νήπιος ἐλάλουν, ὡς νήπιος ἐφρόνουν,
Cuando era niño, como niño hablaba, como niño pensaba,

ὡς νήπιος ἐλογιζόμην· ὅτε δὲ γέγονα
como niño razonaba. Cuando sin embargo he resultado

ἀνήρ, κατήργηκα τὰ τοῦ νηπίου.
hombre, he dejado aparte lo del niño.

12 βλέπομεν γὰρ ἄρτι δι᾽ ἐσόπτρου ἐν αἰνίγματι, τότε
vemos Porque ahora a través de espejo en enigma, después

δὲ πρόσωπον πρὸς πρόσωπον· ἄρτι γινώσκω
sin embargo cara a cara (veremos). Ahora conozco

ἐκ μέρους, τότε δὲ ἐπιγνώσομαι
en parte, después sin embargo conoceré

καθὼς καὶ ἐπεγνώσθην,
como también fui conocido.[129]

13 νυνὶ δὲ μένει πίστις, ἐλπίς, ἀγάπη, τὰ τρία
Ahora sin embargo permanece fe, esperanza, amor, los tres

ταῦτα· μείζων δὲ τούτων ἡ ἀγάπη.
éstos. Mayor sin embargo de estos (es) el amor.

14 1 Διώκετε τὴν ἀγάπην· ζηλοῦτε δὲ τὰ
Perseguid[130] el amor. Buscad con celo sin embargo los

πνευματικά, μᾶλλον δὲ ἵνα προφητεύητε.
espirituales (dones),[131] mayormente sin embargo que profeticéis.

2 ὁ γὰρ λαλῶν γλώσσῃ οὐκ ἀνθρώποις λαλεῖ, ἀλλὰ τῷ Θεῷ·
el Porque hablando lenguas no a hombres habla, sino a Dios

οὐδεὶς γὰρ ἀκούει, πνεύματι δὲ λαλεῖ
ninguno Porque escucha,[132] en espíritu sin embargo habla

μυστήρια·
misterios.

3 ὁ δὲ προφητεύων ἀνθρώποις λαλεῖ
El sin embargo profetizando a hombres habla

οἰκοδομὴν καὶ παράκλησιν καὶ παραμυθίαν.
para edificación y exhortación y consuelo.

4 ὁ λαλῶν γλώσσῃ ἑαυτὸν οἰκοδομεῖ, ὁ δὲ
El hablando lenguas a sí mismo edifica, el sin embargo

προφητεύων ἐκκλησίαν οἰκοδομεῖ.
profetizando a iglesia edifica.

9Porque en parte conocemos, y en parte profetizamos;
10Mas cuando venga lo que es perfecto, entonces lo que es en parte será quitado.
11Cuando yo era niño, hablaba como niño, pensaba como niño, juzgaba como niño, mas cuando ya fuí hombre hecho, dejé lo que era de niño.
12Ahora vemos por espejo, en obscuridad; mas entonces veremos cara a cara: ahora conozco en parte; mas entonces conoceré como soy conocido.
13Y ahora permanecen la fe, la esperanza, y la caridad, estas tres: empero la mayor de ellas es la caridad.

14 Seguid la caridad; y procurad los dones espirituales, mas sobre todo que profeticéis.
2Porque el que habla en lenguas, no habla a los hombres, sino a Dios; porque nadie le entiende, aunque en espíritu hable misterios.
3Mas el que profetiza, habla a los hombres para edificación, y exhortación, y consolación.
4El que habla lengua extraña, a sí mismo se edifica; mas el que porfetiza, edifica a la iglesia.

---

129. O comprenderé como también fui comprendido.
130. Es decir, "seguid el amor hasta que lo consigáis".
131. O simplemente lo espiritual.
132. Es decir, "entiende, capta lo que dice".

5 Así que, quisiera que todos vosotros hablaseis lenguas, empero más que profetizaseis: porque mayor es el que profetiza que el que habla lenguas, si también no interpretare, para que la iglesia tome edificación.
6 Ahora pues, hermanos, si yo fuere a vosotros hablando lenguas, ¿qué os aprovecharé, si no os hablare, o con revelación, o con ciencia, o con profecía, o con doctrina?
7 Ciertamente las cosas inanimadas que hacen sonidos, como la flauta o la vihuela, si no dieren distinción de voces, ¿comó se sabrá lo que se tañe con la flauta, o con la vihuela?
8 Y si la trompeta diere sonido incierto, ¿quién se apercibirá a la batalla?
9 Así también vosotros, si por la lengua no diereis palabra bien significante, ¿cómo se entenderá lo que se dice? porque hablaréis al aire.
10 Tantos géneros de voces, por ejemplo, hay en el mundo, y nada hay mudo;
11 Mas si yo ignorare el valor de la voz, seré bárbaro al que habla, y el que habla será bárbaro para mí.
12 Así también vosotros; pues que anheláis espirituales dones, procurad ser excelentes para la edificación de la iglesia.
13 Por lo cual, el que habla lengua extraña, pida que la interprete.

5 θέλω δὲ πάντας ὑμᾶς λαλεῖν γλώσσαις, μᾶλλον
Quiero sin embargo todos vosotros hablar en lenguas, más
δὲ ἵνα προφητεύητε· μείζων γὰρ[133]
sin embargo que profeticéis, mayor Porque (es)
ὁ προφητεύων ἢ ὁ λαλῶν γλώσσαις,
el que profetiza que el que habla en lenguas,
ἐκτὸς εἰ μὴ διερμηνεύῃ, ἵνα ἡ ἐκκλησία οἰκοδομὴν λάβῃ.
a menos que interprete, para que la iglesia edificación reciba.

6 νυνὶ δέ, ἀδελφοί, ἐὰν ἔλθω πρὸς ὑμᾶς γλώσσαις λαλῶν,
Ahora pues, hermanos, si voy a vosotros en lenguas hablando,
τί ὑμᾶς ὠφελήσω, ἐὰν μὴ ὑμῖν λαλήσω ἢ ἐν ἀποκαλύψει
¿qué os aprovechará, si no os hablara o con revelación
ἢ ἐν γνώσει ἢ ἐν προφητείᾳ ἢ ἐν διδαχῇ;
o con conocimiento o con profecía o con enseñanza?

7 ὅμως τὰ ἄψυχα φωνὴν διδόντα, εἴτε αὐλὸς εἴτε κιθάρα,
Igualmente lo inanimado voz[134] dando, sea flauta sea cítara,
ἐὰν διαστολὴν τοῖς φθόγγοις μὴ δῷ, πῶς γνωσθήσεται
si distinción a los tonos no da, ¿cómo será conocido
τὸ αὐλούμενον ἢ τὸ κιθαριζόμενον;
lo tocado con flauta o lo tocado con cítara?

8 καὶ γὰρ ἐὰν ἄδηλον φωνὴν σάλπιγξ δῷ,
también Porque si indistinto sonido trompeta diera,
τίς παρασκευάσεται εἰς πόλεμον;
¿quién se preparará para batalla?

9 οὕτω καὶ ὑμεῖς διὰ τῆς γλώσσης ἐὰν μὴ εὔσημον
Así también vosotros a través de la lengua si no comprensible
λόγον δῶτε, πῶς γνωσθήσεται τὸ λαλούμενον;
palabra dais, ¿cómo será conocido lo hablado?
ἔσεσθε γὰρ εἰς ἀέρα λαλοῦντες.
estaréis Porque a aire hablando.

10 τοσαῦτα, εἰ τύχοι, γένη φωνῶν ἐστιν ἐν κόσμῳ,
Tantos, si suceda,[135] géneros de lenguas hay en mundo,
καὶ οὐδὲν αὐτῶν[136] ἄφωνον.
y ninguno de ellos insonoro.

11 ἐὰν οὖν μὴ εἰδῶ τὴν δύναμιν τῆς φωνῆς, ἔσομαι
Si pues no conozco el poder[137] de la voz, seré
τῷ λαλοῦντι βάρβαρος καὶ ὁ λαλῶν ἐν ἐμοὶ βάρβαρος.
para el que habla bárbaro[138] y el que habla para mí bárbaro.

12 οὕτω καὶ ὑμεῖς ἐπεὶ ζηλωταί ἐστε πνευμάτων,
Así también vosotros puesto que deseosos sois de espíritus,[139]
πρὸς τὴν οἰκοδομὴν τῆς ἐκκλησίας ζητεῖτε
para la edificación de la iglesia buscad
ἵνα περισσεύητε.
para que abundéis.

13 Διόπερ ὁ λαλῶν γλώσσῃ προσευχέσθω
Por tanto el hablando en lengua ore
ἵνα διερμηνεύῃ.
para que interprete.

---

133. La NU sustituye por y.
134. O las cosas inanimadas.
135. Es decir, "quizá, posiblemente".
136. La NU omite de ellos.
137. Es decir, "el significado".
138. Es decir, "un extranjero de lenguaje incomprensible".
139. La expresión puede entenderse en sentido irónico y, menos probablemente, de "dones espirituales".

14 ἐὰν γὰρ προσεύχωμαι γλώσσῃ, τὸ πνεῦμά μου προσεύχεται,
si Porque oro en lengua, el espíritu de mí ora,
ὁ δὲ νοῦς μου ἄκαρπός ἐστι.
la Pero mente de mí estéril[140] es.

15 τί οὖν ἐστι; προσεύξομαι τῷ πνεύματι, προσεύξομαι
¿Qué pues hay? Oraré con el espíritu, oraré
δὲ καὶ τῷ νοΐ·
sin embargo también con la mente.
ψαλῶ τῷ πνεύματι, ψαλῶ δὲ καὶ
Cantaré con el espíritu, cantaré sin embargo también
τῷ νοΐ.
con la mente.

16 ἐπεὶ ἐὰν εὐλογήσῃς τῷ πνεύματι, ὁ ἀναπληρῶν τὸν
De otra manera si bendices con el espíritu, el que ocupa el
τόπον τοῦ ἰδιώτου πῶς ἐρεῖ τὸ ἀμὴν ἐπὶ τῇ σῇ,
lugar del no entendido ¿cómo dirá el amén por la tu
εὐχαριστίᾳ ἐπειδὴ τί λέγεις οὐκ οἶδε;
acción de gracias si lo que dices no sabe?

17 σὺ μὲν γὰρ καλῶς εὐχαριστεῖς, ἀλλ' ὁ ἕτερος
tú - Porque bien das gracias, pero el otro
οὐκ οἰκοδομεῖται.
no es edificado.

18 εὐχαριστῶ τῷ Θεῷ μου[141] πάντων ὑμῶν
Doy gracias al Dios de mí que todos vosotros
μᾶλλον γλώσσαις λαλῶν·
más en lenguas hablando,[142]

19 ἀλλ' ἐν ἐκκλησίᾳ θέλω πέντε λόγους διὰ τοῦ νοός μου
pero en iglesia quiero cinco palabras con la mente de mí
λαλῆσαι, ἵνα καὶ ἄλλους κατηχήσω, ἢ μυρίους
hablar, para que también a otros instruya que diez mil
λόγους ἐν γλώσσῃ.
palabras en lengua.

20 Ἀδελφοί, μὴ παιδία γίνεσθε ταῖς φρεσίν, ἀλλὰ τῇ
Hermanos, no niños resultéis en los pensamientos, sino en la
κακίᾳ νηπιάζετε, ταῖς δὲ φρεσὶ
malicia sed niños, en los Sin embargo pensamientos
τέλειοι γίνεσθε.
maduros resultad.

21 ἐν τῷ νόμῳ γέγραπται ὅτι ἐν ἑτερογλώσσοις καὶ ἐν
En la ley ha sido escrito que en otras lenguas y en
χείλεσιν ἑτέροις λαλήσω τῷ λαῷ τούτῳ,
labios otros hablaré al pueblo este,
καὶ οὐδ' οὕτως εἰσακούσονταί μου, λέγει Κύριος.
y ni siquiera así escucharán me, dice Señor.

22 ὥστε αἱ γλῶσσαι εἰς σημεῖόν εἰσιν οὐ τοῖς πιστεύουσιν,
Así que las lenguas para señal son no para los que creen
ἀλλὰ τοῖς ἀπίστοις· ἡ δὲ προφητεία οὐ
sino para los no-creyentes. la Sin embargo profecía no (es)
τοῖς ἀπίστοις, ἀλλὰ τοῖς πιστεύουσιν.
para los no-creyentes sino para los que creen.

14Porque si yo orare en lengua desconocida, mi espíritu ora; mas mi entendimiento es sin fruto.
15¿Qué pues? Oraré con el espíritu, mas oraré también con entendimiento; cantaré con el espíritu, mas cantaré también con entendimiento.
16Porque si bendijeres con el espíritu, el que ocupa lugar de un mero particular, ¿cómo dirá amén a tu acción de gracias? pues no sabe lo que has dicho.
17Porque tú, a la verdad, bien haces gracias; mas el otro no es edificado.
18Doy gracias a Dios que hablo lenguas más que todos vosotros:
19Pero en la iglesia más quiero hablar cinco palabras con mi sentido, para que enseñe también a los otros, que diez mil palabras en lengua desconocida.
20Hermanos, no seáis niños en el sentido, sino sed niños en la malicia: empero perfectos en el sentido.
21En la ley está escrito: En otras lenguas y en otros labios hablaré a este pueblo; y ni aun así me oirán, dice el Señor.
22Así que, las lenguas por señal son, no a los fieles, sino a los infieles: mas la profecía, no a los infieles, sino a los fieles.

---

140. Es decir, sin fruto.
141. La NU omite de mí.
142. Es decir, que hablo en lenguas más que todos vosotros.

23 De manera que, si toda la iglesia se juntare en uno, y todos hablan lenguas, y entran indoctos o infieles, ¿no dirán que estáis locos?
24 Mas si todos profetizan, y entra algún infiel o indocto, de todos es convencido, de todos es juzgado;
25 Lo oculto de su corazón se hace manifiesto: y así, postrándose sobre el rostro, adorará a Dios, declarando que verdaderamente Dios está en vosotros.
26 ¿Qué hay pues, hermanos? Cuando os juntáis, cada uno de vosotros tiene salmo, tiene doctrina, tiene lengua, tiene revelación, tiene interpretación: hágase todo para edificación.
27 Si hablare alguno en lengua extraña, sea esto por dos, o a lo más tres, y por turno; mas uno interprete.
28 Y si no hubiere intérprete, calle en la iglesia, y hable a sí mismo y a Dios.
29 Asimismo, los profetas hablen dos o tres, y los demás juzguen.
30 Y si a otro que estuviere sentado, fuere revelado, calle el primero.
31 Porque podéis todos profetizar uno por uno, para que todos aprendan, y todos sean exhortados.
32 Y los espíritus de los que profetizaren, sujétense a los profetas;

23 Ἐὰν οὖν συνέλθῃ ἡ ἐκκλησία ὅλη ἐπὶ τὸ αὐτὸ
Si pues se congregara la iglesia entera en el mismo (lugar)
καὶ πάντες γλώσσαις λαλῶσιν, εἰσέλθωσι δὲ
y todos en lenguas hablaran, entraran sin embargo
ἰδιῶται ἢ ἄπιστοι, οὐκ ἐροῦσιν ὅτι μαίνεσθε;
no entendidos o no-creyentes, ¿no dirán que estáis locos?

24 ἐὰν δὲ πάντες προφητεύωσιν, εἰσέλθῃ δέ
Si sin embargo todos profetizan, entra sin embargo
τις ἄπιστος ἢ ἰδιώτης, ἐλέγχεται
algún no-creyente o no entendido, es reprendido[143]
ὑπὸ πάντων, ἀνακρίνεται ὑπὸ πάντων,
por todos, es juzgado por todos,

25 καὶ οὕτω[144] τὰ κρυπτὰ τῆς καρδίας αὐτοῦ φανερὰ γίνεται·
Y así lo oculto del corazón de él manifiesto resulta.
καὶ οὕτω πεσὼν ἐπὶ πρόσωπον προσκυνήσει
Y así cayendo sobre rostro adorará
τῷ Θεῷ, ἀπαγγέλλων ὅτι ὁ Θεὸς ὄντως ἐν
a Dios, declarando que Dios verdaderamente entre
ὑμῖν ἐστι.
vosotros está.

26 Τί οὖν ἐστιν, ἀδελφοί; ὅταν συνέρχησθε, ἕκαστος
¿Qué pues hay, hermanos? Cuando os juntáis, cada uno
ὑμῶν[145] ψαλμὸν ἔχει, διδαχὴν ἔχει, γλῶσσαν ἔχει,
de vosotros salmo tiene, enseñanza tiene, lengua tiene,
ἀποκάλυψιν ἔχει, ἑρμηνείαν ἔχει· πάντα
revelación tiene, interpretación tiene. Todo
πρὸς οἰκοδομὴν γινέσθω.
para edificación resulte.

27 εἴτε γλώσσῃ τις λαλεῖ, κατὰ δύο ἢ τὸ πλεῖστον τρεῖς,
Si en lengua alguien habla, por dos o a lo sumo tres,
καὶ ἀνὰ μέρος, καὶ εἷς διερμηνευέτω·
y por turno, y uno interprete.

28 ἐὰν δὲ μὴ ᾖ διερμηνευτής, σιγάτω ἐν ἐκκλησίᾳ,
Si sin embargo no hay intérprete, calle en iglesia,
ἑαυτῷ δὲ λαλείτω καὶ τῷ Θεῷ.
para sí mismo sin embargo hable y para Dios.

29 προφῆται δὲ δύο ἢ τρεῖς λαλείτωσαν,
Profetas sin embargo dos o tres hablen,
καὶ οἱ ἄλλοι διακρινέτωσαν·
y los otros juzguen.

30 ἐὰν δὲ ἄλλῳ ἀποκαλυφθῇ καθημένῳ,
Si sin embargo a otro es revelado (algo) sentado,
ὁ πρῶτος σιγάτω.
el primero calle.

31 δύνασθε γὰρ καθ' ἕνα πάντες προφητεύειν,
podéis Porque de uno en uno todos profetizar,
ἵνα πάντες μανθάνωσι καὶ πάντες παρακαλῶνται·
para que todos aprendan y todos sean exhortados.

32 καὶ πνεύματα προφητῶν προφήταις ὑποτάσσεται·
También espíritus de profetas a profetas están sujetos.

---

143. O refutado, convencido.
144. La NU omite Y así.
145. La NU omite de vosotros.

33 οὐ γάρ ἐστιν ἀκαταστασίας ὁ Θεὸς, ἀλλ' εἰρήνης.
no Porque es de confusión - Dios, sino de paz.

Ὡς ἐν πάσαις ταῖς ἐκκλησίαις τῶν ἁγίων,
Como en todas las iglesias de los santos,

34 αἱ γυναῖκες ὑμῶν[146] ἐν ταῖς ἐκκλησίαις σιγάτωσαν·
las mujeres de vosotros en las iglesias callen.

οὐ γάρ ἐπιτέτραπται αὐταῖς λαλεῖν, ἀλλ' ὑποτάσεσθαι,
no Porque ha sido permitido hablar, sino estar en sujeción

καθὼς καὶ ὁ νόμος λέγει.
como también la ley dice.

35 εἰ δέ τι μαθεῖν θέλουσιν, ἐν οἴκῳ τοὺς ἰδίους
Si sin embargo algo aprender quieren, en casa a los propios

ἄνδρας ἐπερωτάτωσαν· αἰσχρὸν γάρ ἐστι γυναιξὶν
maridos pregunten, indecoroso Porque es para mujeres

ἐν ἐκκλησίᾳ λαλεῖν.
en iglesia hablar.

36 ἢ ἀφ' ὑμῶν ὁ λόγος τοῦ Θεοῦ ἐξῆλθεν,
¿O de nosotros la palabra de Dios salió,

ἢ εἰς ὑμᾶς μόνους κατήντησεν;
o a nosotros solos alcanzó?

37 Εἴ τις δοκεῖ προφήτης εἶναι ἢ πνευματικός, ἐπιγινωσκέτω
Si alguno piensa profeta ser o espiritual, reconozca

ἃ γράφω ὑμῖν, ὅτι τοῦ Κυρίου εἰσὶν ἐντολαί·
lo que escribo a vosotros, porque del Señor son mandamientos.

38 εἰ δέ τις ἀγνοεῖ, ἀγνοείτω.[147]
Si sin embargo alguno ignora, ignore.

39 Ὥστε, ἀδελφοί, ζηλοῦτε τὸ προφητεύειν,
Así que, hermanos, buscad con celo el profetizar,

καὶ τὸ λαλεῖν γλώσσαις μὴ κωλύετε·
y el hablar en lenguas no impidáis.

40 πάντα εὐσχημόνως καὶ κατὰ τάξιν γινέσθω.
Todo decentemente y con orden resulte.

15 **1** Γνωρίζω δὲ ὑμῖν, ἀδελφοί, τὸ εὐαγγέλιον
Declaro sin embargo a vosotros, hermanos, el evangelio

ὃ εὐηγγελισάμην ὑμῖν, ὃ καὶ παρελάβετε,
que evangelicé a vosotros, que también recibisteis,

ἐν ᾧ καὶ ἑστήκατε,
en el que también permanecéis.

2 δι' οὗ καὶ σῴζεσθε, τίνι λόγῳ
por el cual también sois salvados, por la palabra con que

εὐηγγελισάμην ὑμῖν εἰ κατέχετε, ἐκτὸς εἰ μὴ εἰκῇ
evangelicé os. si (la) retenéis, salvo si no en vano

ἐπιστεύσατε.
creísteis.[148]

3 παρέδωκα γὰρ ὑμῖν ἐν πρώτοις, ὃ καὶ παρέλαβον,
entregué Porque os primero, lo que también recibí,

ὅτι Χριστὸς ἀπέθανεν ὑπὲρ τῶν ἁμαρτιῶν ἡμῶν
que Cristo murió por los pecados de nosotros

κατὰ τὰς γραφάς,
según las Escrituras,

33 Porque Dios no es Dios de disensión, sino de paz; como en todas las iglesias de los santos.
34 Vuestras mujeres callen en las congregaciones; porque no les es permitido hablar, sino que estén sujetas, como también la ley dice.
35 Y si quieren aprender alguna cosa, pregunten en casa a sus maridos; porque deshonesta cosa es hablar una mujer en la congregación.
36 Qué, ¿ha salido de vosotros la palabra de Dios? ¿ó a vosotros solos ha llegado?
37 Si alguno a su parecer, es profeta, o espiritual, reconozca lo que os escribo, porque son mandamientos del Señor.
38 Mas el que ignora, ignore.
39 Así que, hermanos, procurad profetizar; y no impidáis el hablar lenguas.
40 Empero hagáse todo decentemente y con orden.

15 Además os declaro, hermanos, el evangelio que os he predicado, el cual también recibisteis, en el cual también perseveráis;
2 Por el cual asimismo, si retenéis la palabra que os he predicado, sois salvos, si no creísteis en vano.
3 Porque primeramente os he enseñado lo que asimismo recibí: Que Cristo fué muerto por nuestros pecados conforme a las Escrituras;

---

146. La NU omite de vosotros.
147. La NU cambia por si alguno no reconoce esto, no es reconocido.
148. Es decir, la que retenéis porque si no es así significa que no, en absoluto, creísteis.

4 Y que fué sepultado, y que resucitó al tercer día, conforme a las Escrituras;
5 Y que apareció a Cefas, y después a los doce.
6 Después apareció a más de quinientos hermanos juntos; de los cuales muchos viven aún, y otros son muertos.
7 Después apareció a Jacobo; después a todos los apóstoles.
8 Y el postrero de todos, como a un abortivo, me apareció a mí.
9 Porque yo soy el más pequeño de los apóstoles, que no soy digno de ser llamado apóstol, porque perseguí la iglesia de Dios.
10 Empero por la gracia de Dios soy lo que soy: y su gracia no ha sido en vano para conmigo; antes he trabajado más que todos ellos: pero no yo, sino la gracia de Dios que fué conmigo.
11 Porque, o sea yo o sean ellos, así predicamos, y así habéis creído.
12 Y si Cristo es predicado que resucitó de los muertos ¿cómo dicen algunos entre vosotros que no hay resurrección de muertos?
13 Porque si no hay resurrección de muertos, Cristo tampoco resucitó:
14 Y si Cristo no resucitó, vana es entonces nuestra predicación, vana es también vuestra fe.

4 καὶ ὅτι ἐτάφη, καὶ ὅτι ἐγήγερται τῇ τρίτῃ ἡμέρᾳ κατὰ τὰς γραφάς,
y que fue enterrado, también que ha sido levantado al tercer día según las Escrituras,

5 καὶ ὅτι ὤφθη Κηφᾷ, εἶτα τοῖς δώδεκα·
y que se apareció a Cefas, después a los doce.

6 ἔπειτα ὤφθη ἐπάνω πεντακοσίοις ἀδελφοῖς ἐφάπαξ, ἐξ ὧν οἱ πλείους μένουσιν ἕως ἄρτι, τινὲς δὲ καὶ ἐκοιμήθησαν·
Después se apareció a más de quinientos hermanos a la vez, de los cuales los más permanecen hasta ahora, algunos sin embargo también durmieron.

7 ἔπειτα ὤφθη Ἰακώβῳ, εἶτα τοῖς ἀποστόλοις πᾶσιν·
Después se apareció a Santiago, después a los apóstoles todos.

8 ἔσχατον δὲ πάντων ὡσπερεὶ τῷ ἐκτρώματι ὤφθη κἀμοί.
Último sin embargo de todos como al prematuro[149] se manifestó también a mí.

9 Ἐγὼ γάρ εἰμι ὁ ἐλάχιστος τῶν ἀποστόλων, ὃς οὐκ εἰμὶ ἱκανὸς καλεῖσθαι ἀπόστολος, διότι ἐδίωξα τὴν ἐκκλησίαν τοῦ Θεοῦ·
yo Porque soy el último de los apóstoles, que no soy digno de ser llamado apóstol, porque perseguí la iglesia de Dios.

10 χάριτι δὲ Θεοῦ εἰμι ὅ εἰμι· καὶ ἡ χάρις αὐτοῦ ἡ εἰς ἐμὲ οὐ κενὴ ἐγενήθη, ἀλλὰ περισσότερον αὐτῶν πάντων ἐκοπίασα, οὐκ ἐγὼ δέ, ἀλλὰ ἡ χάρις τοῦ Θεοῦ ἡ σὺν ἐμοί.
por gracia Sin embargo de Dios soy lo que soy. Y la gracia de él la para mí no vacía resultó, sino que más que ellos todos trabajé, no yo sin embargo, sino la mano de Dios la conmigo.

11 εἴτε οὖν ἐγὼ εἴτε ἐκεῖνοι, οὕτω κηρύσσομεν καὶ οὕτως ἐπιστεύσατε.
Tanto pues yo como aquellos, así predicamos y así creísteis.

12 Εἰ δὲ Χριστὸς κηρύσσεται ὅτι ἐκ νεκρῶν ἐγήγερται, πῶς λέγουσι τινες ἐν ὑμῖν ὅτι ἀνάστασις νεκρῶν οὐκ ἔστιν;
Si sin embargo Cristo es predicado que de muertos ha sido levantado ¿cómo dicen algunos entre vosotros que resurrección de muertos no hay?

13 εἰ δὲ ἀνάστασις νεκρῶν οὐκ ἔστιν, οὐδὲ Χριστὸς ἐγήγερται·
Si pues resurrección de muertos no hay, tampoco Cristo ha sido resucitado.

14 εἰ δὲ Χριστὸς οὐκ ἐγήγερται, κενὸν ἄρα τὸ κήρυγμα ἡμῶν, κενὴ δὲ καὶ ἡ πίστις ὑμῶν.
Sin pues Cristo no ha sido resucitado, vacía entonces la predicación de nosotros, vacía pues también la fe de vosotros.

---

149. El término se refiere tanto al que nace prematuramente sin estar plenamente gestado como al que es abortado.

15 εὑρισκόμεθα δὲ καὶ ψευδομάρτυρες τοῦ Θεοῦ,
Somos encontrados - también falsos testigos de Dios

ὅτι ἐμαρτυρήσαμεν κατὰ τοῦ Θεοῦ ὅτι ἤγειρε τὸν Χριστόν,
porque testificamos contra Dios que levantó a Cristo

ὃν οὐκ ἤγειρεν, εἴπερ ἄρα νεκροὶ οὐκ
al cual no levantó, si ciertamente entonces muertos no

ἐγείρονται.
son levantados.

16 εἰ γὰρ νεκροὶ οὐκ ἐγείρονται, οὐδὲ Χριστὸς
si Porque muertos no son levantados, tampoco Cristo

ἐγήγερται·
ha sido levantado.

17 εἰ δὲ Χριστὸς οὐκ ἐγήγερται, ματαία ἡ πίστις
si por tanto Cristo no ha sido levantado, (es) vana la fe

ὑμῶν· ἔτι ἐστὲ ἐν ταῖς ἁμαρτίαις ὑμῶν.
de nosotros. Todavía estáis en los pecados de vosotros.

18 ἄρα καὶ οἱ κοιμηθέντες ἐν Χριστῷ ἀπώλοντο.
Entonces también los que duermen en Cristo perecieron.

19 εἰ ἐν τῇ ζωῇ ταύτῃ ἠλπικότες ἐσμὲν ἐν Χριστῷ μόνον,
Si en la vida esta esperando estamos en Cristo sólo,

ἐλεεινότεροι πάντων ἀνθρώπων ἐσμέν.
los más dignos de compasión de todos hombres somos.

20 Νυνὶ δὲ Χριστὸς ἐγήγερται ἐκ νεκρῶν,
Ahora sin embargo Cristo ha sido levantado de muertos,

ἀπαρχὴ τῶν κεκοιμημένων ἐγένετο.¹⁵⁰
primicia de los que han dormido resultó.

21 ἐπειδὴ γὰρ δι' ἀνθρώπου ὁ θάνατος,
por cuanto Porque a través de hombre la muerte (apareció)

καὶ δι' ἀνθρώπου ἀνάστασις νεκρῶν.
también a través de hombre resurrección de muertos (surgió)

22 ὥσπερ γὰρ ἐν τῷ Ἀδὰμ πάντες ἀποθνήσκουσιν,
como Porque en el Adán todos mueren,

οὕτω καὶ ἐν τῷ Χριστῷ πάντες ζωοποιηθήσονται.
así también en Cristo todos serán vivificados.

23 ἕκαστος δὲ ἐν τῷ ἰδίῳ τάγματι· ἀπαρχὴ Χριστός,
Cada uno sin embargo en el propio orden. Primicia Cristo,

ἔπειτα οἱ Χριστοῦ ἐν τῇ παρουσίᾳ αὐτοῦ·
después los de Cristo en la venida de él.

24 εἶτα τὸ τέλος, ὅταν παραδῷ τὴν βασιλείαν τῷ Θεῷ καὶ
Después el final, cuando entregue el reino al Dios y

Πατρί, ὅταν καταργήσῃ πᾶσαν ἀρχὴν καὶ πᾶσαν
Padre, cuando haya anulado todo principio¹⁵¹ y toda

ἐξουσίαν καὶ δύναμιν.
autoridad y poder.

25 δεῖ γὰρ αὐτὸν βασιλεύειν ἄχρις οὗ ἂν θῇ πάντας
debe Porque él reinar hasta que ponga a todos

τοὺς ἐχθροὺς ὑπὸ τοὺς πόδας αὐτοῦ.
los enemigos bajo los pies de él.

26 ἔσχατος ἐχθρὸς καταργεῖται ὁ θάνατος·
Último enemigo es anulado la muerte.

15Y aun somos hallados falsos testigos de Dios; porque hemos testificado de Dios que él haya levantado a Cristo; al cual no levantó, si en verdad los muertos no resucitan.
16Porque si los muertos no resucitan, tampoco Cristo resucitó.
17Y si Cristo no resucitó, vuestra fe es vana; aun estáis en vuestros pecados.
18Entonces también los que durmieron en Cristo son perdidos.
19Si en esta vida solamente esperamos en Cristo, los más miserables somos de todos los hombres.
20Mas ahora Cristo ha resucitado de los muertos; primicias de los que durmieron es hecho.
21Porque por cuanto la muerte entró por un hombre, también por un hombre la resurrección de los muertos.
22Porque así como en Adam todos mueren, así también en Cristo todos serán vivificados.
23Mas cada uno en su orden: Cristo las primicias; luego los que son de Cristo, en su venida.
24Luego el fin; cuando entregará el reino a Dios y al Padre, cuando habrá quitado todo imperio, y toda potencia y potestad.
25Porque es menester que él reine, hasta poner a todos sus enemigos debajo de sus pies.
26Y el postrer enemigo que será deshecho, será la muerte.

---

150. La NU omite resultó.
151. O principado.

27 Porque todas las cosas sujetó debajo de sus pies. Y cuando dice: Todas las cosas son sujetadas a él, claro está exceptuado aquel que sujetó a él todas las cosas.
28 Mas luego que todas las cosas le fueren sujetas, entonces también el mismo Hijo se sujetará al que le sujetó a él todas las cosas, para que Dios sea todas las cosas en todos.
29 De otro modo, ¿qué harán los que se bautizan por los muertos, si en ninguna manera los muertos resucitan? ¿Por qué pues se bautizan por los muertos?
30 ¿Y por qué nosotros peligramos a toda hora?
31 Sí, por la gloria que en orden a vosotros tengo en Cristo Jesús Señor nuestro, cada día muero.
32 Si como hombre batallé en Efeso contra las bestias, ¿qué me aprovecha? Si los muertos no resucitan, comamos y bebamos, que mañana moriremos.
33 No erréis: las malas conversaciones corrompen las buenas costumbres.
34 Velad debidamente, y no pequéis; porque algunos no conocen a Dios: para vergüenza vuestra hablo.
35 Mas dirá alguno: ¿Cómo resucitarán los muertos? ¿Con qué cuerpo vendrán?
36 Necio, lo que tú siembras no se vivifica, si no muriere antes.

27 πάντα γὰρ ὑπέταξεν ὑπὸ τοὺς πόδας αὐτοῦ. ὅταν
todo Porque sujetó bajo los pies de él. Cuando
δὲ εἴπῃ ὅτι πάντα ὑποτέτακται, δῆλον ὅτι ἐκτὸς
- dijo que todo sea sujeto, evidente (es) que excepto
τοῦ ὑποτάξαντος αὐτῷ τὰ πάντα.
el que sujetó a él todo.

28 ὅταν δὲ ὑποταγῇ αὐτῷ τὰ πάντα, τότε
Cuando sin embargo sea sujeto a él todo, entonces
καὶ αὐτὸς ὁ υἱὸς ὑποταγήσεται τῷ ὑποτάξαντι
también mismo el Hijo será sujeto al que sujetó
αὐτῷ τὰ πάντα, ἵνα ᾖ ὁ Θεὸς τὰ πάντα ἐν πᾶσιν.
a él todo, para que sea Dios el todo en todo.

29 Ἐπεὶ τί ποιήσουσιν οἱ βαπτιζόμενοι ὑπὲρ τῶν
De otro modo, ¿qué harán los bautizados por los
νεκρῶν,[152] εἰ ὅλως νεκροὶ οὐκ ἐγείρονται;
muertos, si en absoluto muertos no son levantados?
τί καὶ βαπτίζονται ὑπὲρ τῶν νεκρῶν;
¿Por qué también son bautizados por los muertos?

30 τί καὶ ἡμεῖς κινδυνεύομεν πᾶσαν ὥραν;
¿Por qué también nosotros peligramos (en) toda hora?

31 καθ' ἡμέραν ἀποθνῄσκω, νὴ τὴν ὑμετέραν καύχησιν
cada día muero, por la vuestra jactancia
ἣν ἔχω ἐν Χριστῷ Ἰησοῦ τῷ Κυρίῳ ἡμῶν.
que tengo en Cristo Jesús el Señor de nosotros.

32 εἰ κατὰ ἄνθρωπον ἐθηριομάχησα ἐν Ἐφέσῳ,
Si como hombre combatí fieras en Éfeso,
τί μοι τὸ ὄφελος; εἰ νεκροὶ οὐκ ἐγείρονται
¿Cuál para mí la ventaja? Si muertos no son levantados
φάγωμεν καὶ πίωμεν, αὔριον γὰρ ἀποθνῄσκομεν.
comamos y bebamos, mañana Porque morimos.

33 μὴ πλανᾶσθε· φθείρουσιν ἤθη χρηστὰ
No erréis. Corrompen hábitos útiles
ὁμιλίαι κακαί.
compañías[153] malas.

34 ἐκνήψατε δικαίως καὶ μὴ ἁμαρτάνετε· ἀγνωσίαν
Sed sobrios justamente y no pequéis. ignorancia
γὰρ Θεοῦ τινες ἔχουσι· πρὸς ἐντροπὴν ὑμῖν
Porque de Dios algunos tienen. Para vergüenza para vosotros
λέγω.
digo.

35 Ἀλλ' ἐρεῖ τις· πῶς ἐγείρονται οἱ νεκροί;
Pero dirá alguno: ¿cómo sean resucitados los muertos?
ποίῳ δὲ σώματι ἔρχονται;
¿Con qué - cuerpo vienen?

36 ἄφρων, σὺ ὃ σπείρεις, οὐ ζῳοποιεῖται
Necio, tú lo que siembras, no se hace vivo
ἐὰν μὴ ἀποθάνῃ·
si no muere.

---

152. La NU cambia por ellos.
153. O "conversaciones".

37 καὶ ὃ σπείρεις, οὐ τὸ σῶμα τὸ γενησόμενον σπείρεις,
Y lo que siembras, no el cuerpo el que resultará siembras,
ἀλλὰ γυμνὸν κόκκον, εἰ τύχοι σίτου
sino desnudo grano, si acaso de trigo
ἤ τινος τῶν λοιπῶν·
o de alguno de los restantes (granos).

38 ὁ δὲ Θεὸς αὐτῷ δίδωσι σῶμα καθὼς ἠθέλησε,
- Sin embargo Dios le da cuerpo como quiso,
καὶ ἑκάστῳ τῶν σπερμάτων τὸ ἴδιον σῶμα.
y a cada una de las semillas el propio cuerpo.

39 οὐ πᾶσα σὰρξ ἡ αὐτὴ σάρξ, ἀλλὰ ἄλλη μὲν ἀνθρώπων,
No toda carne la misma carne, sino una - de hombres,
ἄλλη δὲ σὰρξ κτηνῶν, ἄλλη δὲ ἰχθύων, ἄλλη δὲ σὰρξ πτηνῶν.
otra - carne de bestias, otra - de peces, otra - carne de aves.

40 καὶ σώματα ἐπουράνια, καὶ σώματα ἐπίγεια·
También (hay) cuerpos celestiales, y cuerpos terrenales,
ἀλλ' ἑτέρα μὲν ἡ τῶν ἐπουρανίων δόξα,
pero una - la de los celestiales gloria,
ἑτέρα δὲ ἡ τῶν ἐπιγείων.
otra sin embargo la de los terrenales.

41 ἄλλη δόξα ἡλίου, καὶ ἄλλη δόξα σελήνης,
Una (es) gloria de sol, y otra gloria de luna,
καὶ ἄλλη δόξα ἀστέρων· ἀστὴρ γὰρ ἀστέρος
y otra gloria de estrellas. estrella Porque de estrella
διαφέρει ἐν δόξῃ.
difiere en gloria.

42 οὕτω καὶ ἡ ἀνάστασις τῶν νεκρῶν.
Así también la resurrección de los muertos.
σπείρεται ἐν φθορᾷ, ἐγείρεται ἐν ἀφθαρσίᾳ·
Es sembrado en corrupción, es levantado en incorrupción.

43 σπείρεται ἐν ἀτιμίᾳ, ἐγείρεται ἐν δόξῃ·
Es sembrado en deshonra, es levantado en gloria.
σπείρεται ἐν ἀσθενείᾳ, ἐγείρεται ἐν δυνάμει·
Es sembrado en debilidad, es levantado en poder.

44 σπείρεται σῶμα ψυχικόν, ἐγείρεται σῶμα πνευματικόν.
Es sembrado cuerpo natural,[154] es levantado cuerpo espiritual.
ἔστι[155] σῶμα ψυχικόν, καὶ ἔστι σῶμα πνευματικόν.
Hay cuerpo natural, y hay cuerpo espiritual.

45 οὕτω καὶ γέγραπται· ἐγένετο ὁ πρῶτος ἄνθρωπος
Así también se ha escrito: resultó el primer hombre
Ἀδὰμ εἰς ψυχὴν ζῶσαν· ὁ ἔσχατος Ἀδὰμ
Adán en alma viva. El último Adán
εἰς πνεῦμα ζῳοποιοῦν.
en espíritu vivificante.

46 ἀλλ' οὐ πρῶτον τὸ πνευματικόν, ἀλλὰ τὸ ψυχικόν,
pero no primero el espiritual, sino el natural,
ἔπειτα τὸ πνευματικόν.
después el espiritual.

37 Y lo que siembras, no siembras el cuerpo que ha de salir, sino el grano desnudo, acaso de trigo, o de otro grano: **38** Mas Dios le da el cuerpo como quiso, y a cada simiente su propio cuerpo. **39** Toda carne no es la misma carne; mas una carne ciertamente es la de los hombres, y otra carne la de los animales, y otra la de los peces, y otra la de las aves. **40** Y cuerpos hay celestiales, y cuerpos terrestres; mas ciertamente una es la gloria de los celestiales, y otra la de los terrestres: **41** Otra es la gloria del sol, y otra la gloria de la luna, y otra la gloria de las estrellas: porque una estrella es diferente de otra en gloria. **42** Así también es la resurrección de los muertos. Se siembra en corrupción, se levantará en incorrupción; **43** Se siembra en vergüenza, se levantará con gloria; se siembra en flaqueza, se levantará con potencia; **44** Se siembra cuerpo animal, resucitará espiritual cuerpo. Hay cuerpo animal, y hay cuerpo espiritual. **45** Así también está escrito: Fué hecho el primer hombre Adam en ánima viviente; el postrer Adam en espíritu vivificante. **46** Mas lo espiritual no es primero, sino lo animal; luego lo espiritual.

---

154. O "anímico".
155. La NU sustituye por Si hay.

47El primer hombre, es de la tierra, terreno: el segundo hombre, que es el Señor, es del cielo.
48Cual el terreno, tales también los terrenos; y cual el celestial, tales también los celestiales.
49Y como trajimos la imagen del terreno, traeremos también la imagen del celestial.
50Esto empero digo, hermanos: que la carne y la sangre no pueden heredar el reino de Dios; ni la corrupción hereda la incorrupción.
51He aquí, os digo un misterio: Todos ciertamente no dormiremos, mas todos seremos transformados.
52En un momento, en un abrir de ojo, a la final trompeta; porque será tocada la trompeta, y los muertos serán levantados sin corrupción, y nosotros seremos transformados.
53Porque es menester que esto corruptible sea vestido de incorrupción, y esto mortal sea vestido de inmortalidad.
54Y cuando esto corruptible fuere vestido de incorrupción, y esto mortal fuere vestido de inmortalidad, entonces se efectuará la palabra que está escrita: Sorbida es la muerte con victoria.
55¿Dónde está, oh muerte, tu aguijón? ¿dónde, oh sepulcro, tu victoria?
56Ya que el aguijón de la muerte es el pecado, y la potencia del pecado, la ley.
57Mas a Dios gracias, que nos da la victoria por el Señor nuestro Jesucristo.

47 ὁ πρῶτος ἄνθρωπος ἐκ γῆς χοϊκός, ὁ δεύτερος ἄνθρωπος
El primer hombre de tierra arcilloso,[156] el segundo hombre
ὁ Κύριος[157] ἐξ οὐρανοῦ.
el Señor de cielo.

48 οἷος ὁ χοϊκός, τοιοῦτοι καὶ οἱ χοϊκοί, καὶ οἷος ὁ
Como el arcilloso, tales también los arcillosos, y como el
ἐπουράνιος, τοιοῦτοι καὶ οἱ ἐπουράνιοι·
celestial, tales también los celestiales.

49 καὶ καθὼς ἐφορέσαμεν τὴν εἰκόνα τοῦ χοϊκοῦ,
Y como llevamos la imagen del arcilloso
φορέσομεν καὶ τὴν εἰκόνα τοῦ ἐπουρανίου.
llevaremos también la imagen del celestial.

50 Τοῦτο δέ φημι, ἀδελφοί, ὅτι σὰρξ καὶ αἷμα
Esto sin embargo digo, hermanos, que carne y sangre
βασιλείαν Θεοῦ κληρονομῆσαι οὐ δύνανται, οὐδὲ ἡ φθορὰ
reino de Dios heredar no pueden, ni la corrupción
τὴν ἀφθαρσίαν κληρονομεῖ.
la incorrupción hereda.

51 ἰδοὺ μυστήριον ὑμῖν λέγω· πάντες μὲν οὐ κοιμηθησόμεθα,
Mira misterio os digo: todos - no dormiremos,
πάντες δὲ ἀλλαγησόμεθα,
todos sin embargo seremos cambiados.

52 ἐν ἀτόμῳ, ἐν ῥιπῇ ὀφθαλμοῦ, ἐν τῇ ἐσχάτῃ σάλπιγγι·
En instante, en parpadeo de ojo, en la última trompeta.
σαλπίσει γάρ, καὶ οἱ νεκροὶ ἐγερθήσονται
sonará trompeta Porque, y los muertos serán levantados
ἄφθαρτοι, καὶ ἡμεῖς ἀλλαγησόμεθα.
incorruptibles, y nosotros seremos cambiados.

53 δεῖ γὰρ τὸ φθαρτὸν τοῦτο ἐνδύσασθαι ἀφθαρσίαν
debe Porque lo corruptible esto vestirse de incorrupción
καὶ τὸ θνητὸν τοῦτο ἐνδύσασθαι ἀθανασίαν.
y lo mortal esto vestirse de inmortalidad.

54 ὅταν δὲ τὸ φθαρτὸν τοῦτο ἐνδύσηται
Cuando sin embargo lo corruptible esto se vista
ἀφθαρσίαν καὶ τὸ θνητὸν τοῦτο ἐνδύσηται ἀθανασίαν,
de incorrupción y lo mortal esto se vista de inmortalidad,
τότε γενήσεται ὁ λόγος ὁ γεγραμμένος·
entonces acontecerá la palabra la escrita:
κατεπόθη ὁ θάνατος εἰς νῖκος.
"Fue devorada la Muerte en victoria.

55 ποῦ σου, θάνατε, τὸ κέντρον;
¿Dónde de ti, Muerte, el aguijón?
ποῦ σου, ᾅδη,[158] τὸ νῖκος;
¿Dónde de ti, Hades, la victoria?"

56 τὸ δὲ κέντρον τοῦ θανάτου ἡ ἁμαρτία,
el Sin embargo aguijón de la muerte (es) el pecado,
ἡ δὲ δύναμις τῆς ἁμαρτίας ὁ νόμος.
el - poder del pecado (es) la ley.

57 τῷ δὲ Θεῷ χάρις τῷ διδόντι ἡμῖν τὸ νῖκος
a Sin embargo Dios gracias al que da nos la victoria
διὰ τοῦ Κυρίου ἡμῶν Ἰησοῦ Χριστοῦ.
a través del Señor de nosotros Jesús Cristo.

---
156. O "de polvo".
157. La NU suprime el Señor.
158. La NU sustituye por muerte.

58 Ὥστε, ἀδελφοί μου ἀγαπητοί, ἑδραῖοι γίνεσθε,
Así que, hermanos de mí amados, firmes resultad,

ἀμετακίνητοι, περισσεύοντες ἐν τῷ ἔργῳ τοῦ Κυρίου πάντοτε,
inconmovibles, creciendo en la obra del Señor siempre,

εἰδότες ὅτι ὁ κόπος ὑμῶν οὐκ ἔστι κενὸς ἐν Κυρίῳ.
viendo que el trabajo de vosotros no es vacío en Señor.

16 1 Περὶ δὲ τῆς λογίας τῆς εἰς τοὺς ἁγίους, ὥσπερ
Acerca sin embargo de la ofrenda[159] la para los santos, como

διέταξα ταῖς ἐκκλησίαις τῆς Γαλατίας οὕτω
ordené a las iglesias de Galacia así

καὶ ὑμεῖς ποιήσατε.
también vosotros haced.

2 κατὰ μίαν σαββάτων ἕκαστος ὑμῶν παρ'
Cada primer (día) de semana[160] cada uno de vosotros de

ἑαυτῷ τιθέτω θησαυρίζων ὅ τι ἐὰν εὐοδῶται, ἵνα
sí mismo ponga atesorando - algo si prospera, para que

μὴ ὅταν ἔλθω τότε λογίαι γίνωνται.
no cuando venga entonces ofrendas[161] se hagan.

3 ὅταν δὲ παραγένωμαι, οὓς ἐὰν δοκιμάσητε,
Cuando sin embargo llegue, a los que acaso aprobéis,

δι' ἐπιστολῶν τούτους πέμψω ἀπενεγκεῖν
mediante epístolas a estos enviaré para llevar

τὴν χάριν ὑμῶν εἰς Ἰερουσαλήμ·
el don de vosotros a Jerusalén.

4 ἐὰν δὲ ᾖ ἄξιον τοῦ κἀμὲ πορεύεσθαι,
Si sin embargo sea apropiado el también yo ir,

σὺν ἐμοὶ πορεύσονται.
conmigo irán.

5 Ἐλεύσομαι δὲ πρὸς ὑμᾶς, ὅταν Μακεδονίαν
Vendré sin embargo a vosotros, cuando Macedonia

διέλθω· Μακεδονίαν γὰρ διέρχομαι·
atraviese. por Macedonia Porque atravieso.

6 πρὸς ὑμᾶς δὲ τυχὸν παραμενῶ, ἢ καὶ
Con vosotros sin embargo quizá permaneceré o también

παραχειμάσω, ἵνα ὑμεῖς με προπέμψητε
pasaré el invierno para que vosotros me enviéis

οὗ ἐὰν πορεύωμαι.
donde acaso vaya.[162]

7 οὐ θέλω γὰρ ὑμᾶς ἄρτι ἐν παρόδῳ ἰδεῖν, ἐλπίζω
no quiero Porque a vosotros ahora de paso ver, espero

δὲ χρόνον τινὰ ἐπιμεῖναι πρὸς ὑμᾶς,
sin embargo tiempo alguno permanecer con vosotros,

ἐὰν ὁ Κύριος ἐπιτρέπῃ.
si el Señor permite.

8 ἐπιμενῶ δὲ ἐν Ἐφέσῳ ἕως τῆς πεντηκοστῆς·
Permaneceré sin embargo en Éfeso hasta el Pentecostés.

9 θύρα γάρ μοι ἀνέῳγε μεγάλη καὶ ἐνεργής,
puerta Porque para mí se ha abierto grande y efectiva,

καὶ ἀντικείμενοι πολλοί.
y adversarios (son) muchos.

---

159. O colecta.
160. Es decir, "cada domingo".
161. O colectas.
162. Es decir: adonde tenga que ir.

58Así que, hermanos míos amados, estad firmes y constantes, creciendo en la obra del Señor siempre, sabiendo que vuestro trabajo en el Señor no es vano.

16 Cuanto a la colecta para los santos, haced vosotros también de la manera que ordené en las iglesias de Galacia. **2**Cada primer día de la semana cada uno de vosotros aparte en su casa, guardando lo que por la bondad de Dios pudiere; para que cuando yo llegare, no se hagan entonces colectas. **3**Y cuando habré llegado, los que aprobareis por cartas, a éstos enviaré que lleven vuestro beneficio a Jerusalem. **4**Y si fuere digno el negocio de que yo también vaya, irán conmigo. **5**Y a vosotros iré, cuando hubiere pasado por Macedonia, porque por Macedonia tengo de pasar. **6**Y podrá ser que me quede con vosotros, o invernaré también, para que vosotros me llevéis a donde hubiere de ir. **7**Porque no os quiero ahora ver de paso; porque espero estar con vosotros algún tiempo, si el Señor lo permitiere. **8**Empero estaré en Efeso hasta Pentecostés; **9**Porque se me ha abierto puerta grande y eficaz, y muchos son los adversarios.

10 Y si llegare Timoteo, mirad que esté con vosotros seguramente; porque la obra del Señor hace también como yo.
11 Por tanto, nadie le tenga en poco; antes, llevadlo en paz, para que venga a mí: porque lo espero con los hermanos.
12 Acerca del hermano Apolos, mucho le he rogado que fuese a vosotros con los hermanos; mas en ninguna manera tuvo voluntad de ir por ahora; pero irá cuando tuviere oportunidad.
13 Velad, estad firmes en la fe; portaos varonilmente, y esforzaos.
14 Todas vuestras cosas sean hechas con caridad.
15 Y os ruego, hermanos, (ya sabéis que la casa de Estéfanas es las primicias de Acaya, y que se han dedicado al ministerio de los santos,)
16 Que vosotros os sujetéis a los tales, y a todos los que ayudan y trabajan.
17 Huélgome de la venida de Estéfanas y de Fortunato y de Achâico: porque éstos suplieron lo que a vosotros faltaba.
18 Porque recrearon mi espíritu y el vuestro: reconoced pues a los tales.

10 Ἐὰν δὲ ἔλθῃ Τιμόθεος, βλέπετε ἵνα ἀφόβως
Si sin embargo viene Timoteo, mirad para que sin miedo
γένηται πρὸς ὑμᾶς· τὸ γὰρ ἔργον Κυρίου ἐργάζεται
esté con vosotros. la Porque obra de Señor realiza
ὡς κἀγώ·
como yo.

11 μή τις οὖν αὐτὸν ἐξουθενήσῃ. προπέμψατε δὲ
Ninguno pues lo desprecie. Enviad sin embargo
αὐτὸν ἐν εἰρήνῃ ἵνα ἔλθῃ πρός με·
a él en paz para que venga a mí.
ἐκδέχομαι γὰρ αὐτὸν μετὰ τῶν ἀδελφῶν.
espero Porque lo con los hermanos.

12 Περὶ δὲ Ἀπολλῶ τοῦ ἀδελφοῦ, πολλὰ παρεκάλεσα
Acerca sin embargo de Apolo el hermano, mucho rogué
αὐτὸν ἵνα ἔλθῃ πρὸς ὑμᾶς μετὰ τῶν ἀδελφῶν·
a él para que fuera a vosotros con los hermanos.
καὶ πάντως οὐκ ἦν θέλημα ἵνα νῦν ἔλθῃ,
Y en absoluto fue voluntad[163] para que ahora venga,
ἐλεύσεται δὲ ὅταν εὐκαιρήσῃ.
vendrá sin embargo cuando tenga oportunidad.

13 Γρηγορεῖτε, στήκετε ἐν τῇ πίστει,
Velad, estad firmes en la fe,
ἀνδρίζεσθε, κραταιοῦσθε.
portáos varonilmente, fortaleceos.

14 πάντα ὑμῶν ἐν ἀγάπῃ γινέσθω.
Todo de vosotros en amor resulte.

15 Παρακαλῶ δὲ ὑμᾶς, ἀδελφοί· οἴδατε τὴν
Ruego sin embargo a vosotros, hermanos - conocéis la
οἰκίαν Στεφανᾶ, ὅτι ἐστὶν ἀπαρχὴ τῆς Ἀχαΐας
casa de Estéfanas que es primicia de Acaya
καὶ εἰς διακονίαν
y a servicio
τοῖς ἁγίοις ἔταξαν ἑαυτούς·
para santos dispusieron a sí mismos -

16 ἵνα καὶ ὑμεῖς ὑποτάσσησθε τοῖς τοιούτοις
para que también vosotros os sometáis a los tales[164]
καὶ παντὶ τῷ συνεργοῦντι καὶ κοπιῶντι.
y a todo el que colabora y trabaja.

17 χαίρω δὲ ἐπὶ τῇ παρουσίᾳ Στεφανᾶ καὶ
Me regocijo sin embargo por la venida de Estefanas y
Φορτουνάτου καὶ Ἀχαϊκοῦ, ὅτι τὸ ὑμῶν ὑστέρημα
Fortunato y Acaico, porque la de vosotros ausencia
οὗτοι ἀνεπλήρωσαν·
éstos suplieron.

18 ἀνέπαυσαν γὰρ τὸ ἐμὸν πνεῦμα καὶ τὸ ὑμῶν.
confortaron[165] Porque el mi espíritu y el de vosotros.
ἐπιγινώσκετε οὖν τοὺς τοιούτους.
Reconoced pues a los tales.[166]

---

163. Es decir, "no quiso en absoluto".
164. Es decir, "a los que son semejantes" a gente tan ejemplar como Estéfanas y su familia.
165. O aliviaron o proporcionaron reposo.
166. Es decir, "a los que son como ellos".

19 Ἀσπάζονται ὑμᾶς αἱ ἐκκλησίαι τῆς Ἀσίας.
 Saludan   os   las iglesias   de Asia.

ἀσπάζονται ὑμᾶς ἐν Κυρίῳ πολλὰ Ἀκύλας καὶ Πρίσκιλλα
Saludan   os   en Señor mucho Aquila y Priscila

σὺν τῇ κατ' οἶκον αὐτῶν ἐκκλησίᾳ.
con la en casa de ellos iglesia.[167]

20 ἀσπάζονται ὑμᾶς οἱ ἀδελφοὶ   πάντες.
 Saludan   os   los hermanos   todos.

Ἀσπάσασθε ἀλλήλους   ἐν φιλήματι ἁγίῳ.
Saludad   unos a otros con beso   santo.

21 Ὁ ἀσπασμὸς τῇ ἐμῇ χειρὶ   Παύλου.
 El saludo   el mío por mano de Pablo.

22 εἴ τις   οὐ φιλεῖ τὸν Κύριον Ἰησοῦν Χριστόν,[168]
 Si alguno no ama al Señor Jesús Cristo,

ἤτω ἀνάθεμα. Μαρὰν ἀθά.
sea anatema. Maran azá.[169]

23 Ἡ χάρις τοῦ Κυρίου Ἰησοῦ Χριστοῦ[170] μεθ' ὑμῶν.
 La gracia del Señor Jesús Cristo   con vosotros.

24 ἡ ἀγάπη μου   μετὰ πάντων ὑμῶν   ἐν Χριστῷ Ἰησοῦ.
 El amor de mí (esté) con todos vosotros en Cristo Jesús.

ἀμήν.[171]
Amén.

19 Las iglesias de Asia os saludan. Os saludan mucho en el Señor Aquila y Priscila, con la iglesia que está en su casa.
20 Os saludan todos los hermanos. Saludaos los unos a los otros con ósculo santo.
21 La salutación de mí, Pablo, de mi mano.
22 El que no amare al Señor Jesucristo, sea anatema. Maranatha.
23 La gracia del Señor Jesucristo sea con vosotros.
24 Mi amor en Cristo Jesús sea con todos vosotros. Amén.

---

167. Es decir, "la iglesia que se reúne en su casa".
168. La NU omite Jesús Cristo.
169. En arameo: el Señor viene.
170. La NU omite Cristo.
171. La NU omite Amén.

LA SEGUNDA EPÍSTOLA DEL APÓSTOL SAN PABLO
A LOS CORINTIOS

1 Pablo, apóstol de Jesucristo por la voluntad de Dios, y Timoteo el hermano, a la iglesia de Dios que está en Corinto, juntamente con todos los santos que están por toda la Acaya:
2 Gracia y paz a vosotros de Dios nuestro Padre, y del Señor Jesucristo.
3 Bendito sea el Dios y Padre del Señor Jesucristo, el Padre de misericordias, y el Dios de toda consolación,
4 El cual nos consuela en todas nuestras tribulaciones, para que podamos también nosotros consolar a los que están en cualquiera angustia, con la consolación con que nosotros somos consolados de Dios.
5 Porque de la manera que abundan en nosotros las aflicciones de Cristo, así abunda también por el mismo Cristo nuestra consolación.
6 Mas si somos atribulados, es por vuestra consolación y salud; la cual es obrada en el sufrir las mismas aflicciones que nosotros también padecemos: o si somos consolados, es por vuestra consolación y salud;
7 Y nuestra esperanza de vosotros es firme; estando ciertos que como sois compañeros de las aflicciones, así también lo sois de la consolación.

1

1 Παῦλος, ἀπόστολος Ἰησοῦ Χριστοῦ διὰ θελήματος Θεοῦ,
Pablo, apóstol de Jesús Cristo por voluntad de Dios,

καὶ Τιμόθεος ὁ ἀδελφός, τῇ ἐκκλησίᾳ τοῦ Θεοῦ
y Timoteo el hermano, a la iglesia de Dios

τῇ οὔσῃ ἐν Κορίνθῳ σὺν τοῖς ἁγίοις πᾶσι τοῖς οὖσι
la que está en Corinto con los santos todos los que están

ἐν ὅλῃ τῇ Ἀχαΐᾳ,
en toda la Acaya.

2 χάρις ὑμῖν καὶ εἰρήνη ἀπὸ Θεοῦ πατρὸς ἡμῶν
Gracia a vosotros y paz de Dios Padre de nosotros

καὶ Κυρίου Ἰησοῦ Χριστοῦ.
y de Señor Jesús Cristo.

3 Εὐλογητὸς ὁ Θεὸς καὶ πατὴρ τοῦ Κυρίου ἡμῶν
Bendito el Dios y Padre del Señor de nosotros

Ἰησοῦ Χριστοῦ, ὁ πατὴρ τῶν οἰκτιρμῶν
Jesús Cristo, el Padre de las misericordias

καὶ Θεὸς πάσης παρακλήσεως,
y Dios de toda consolación,

4 ὁ παρακαλῶν ἡμᾶς ἐπὶ πάσῃ τῇ θλίψει ἡμῶν,
el que consuela nos en toda la tribulación de nosotros,

εἰς τὸ δύνασθαι ἡμᾶς παρακαλεῖν τοὺς ἐν πάσῃ θλίψει
para el poder nosotros consolar a los en toda tribulación

διὰ τῆς παρακλήσεως ἧς παρακαλούμεθα
mediante la consolación con la que somos consolados

αὐτοὶ ὑπὸ τοῦ Θεοῦ·
nosotros mismos por Dios.

5 ὅτι καθὼς περισσεύει τὰ παθήματα τοῦ Χριστοῦ εἰς
porque como abundan los padecimientos de Cristo para

ἡμᾶς, οὕτω διὰ Χριστοῦ περισσεύει καὶ
nosotros, así por Cristo abunda también

ἡ παράκλησις ἡμῶν.
la consolación de nosotros.

6 εἴτε δὲ θλιβόμεθα, ὑπὲρ τῆς ὑμῶν παρακλήσεως
Si sin embargo somos afligidos (es) por la de vosotros consolación

καὶ σωτηρίας τῆς ἐνεργουμένης ἐν ὑπομονῇ τῶν
y salvación la que es hecha efectiva en aguante de los

αὐτῶν παθημάτων ὧν καὶ ἡμεῖς πάσχομεν·
mismos padecimientos que también nosotros padecemos.

εἴτε παρακαλούμεθα, ὑπὲρ τῆς ὑμῶν
Si somos consolados (es) por la de vosotros

παρακλήσεως καὶ σωτηρίας·
consolación y salvación.

7 καὶ ἡ ἐλπὶς ἡμῶν βεβαία ὑπὲρ ὑμῶν· εἰδότες
Y la esperanza de nosotros (es) firme respecto a vosotros, sabiendo

ὅτι ὥσπερ κοινωνοί ἐστε τῶν παθημάτων,
que como colaboradores[1] sois de los padecimientos

οὕτω καὶ τῆς παρακλήσεως.
así también de la consolación.

---

1. O compañeros, copartícipes.

8 Οὐ γὰρ θέλομεν ὑμᾶς ἀγνοεῖν, ἀδελφοί, ὑπὲρ
no Porque deseamos vosotros desconocer,[2] hermanos, acerca de

τῆς θλίψεως ἡμῶν τῆς γενομένης ἡμῖν[3] ἐν τῇ Ἀσίᾳ,
la tribulación de nosotros la acontecida a nosotros en el Asia,

ὅτι καθ' ὑπερβολὴν ἐβαρήθημεν ὑπὲρ δύναμιν,
porque según extraordinario[4] fuimos cargados más allá de poder,[5]

ὥστε ἐξαπορηθῆναι ἡμᾶς καὶ
de manera que llegar a perder esperanza nosotros[6] incluso

τοῦ ζῆν·
de vivir.

9 ἀλλὰ αὐτοὶ ἐν ἑαυτοῖς τὸ ἀπόκριμα
Sin embargo, nosotros mismos en nosotros mismos la sentencia

τοῦ θανάτου ἐσχήκαμεν, ἵνα μὴ πεποιθότες
de muerte hemos tenido, para que no teniendo confianza

ὦμεν ἐφ' ἑαυτοῖς,
estemos en nosotros mismos,

ἀλλ' ἐπὶ τῷ Θεῷ τῷ ἐγείροντι τοὺς νεκρούς·
sino en Dios que levanta a los muertos.

10 ὃς ἐκ τηλικούτου θανάτου ἐρρύσατο ἡμᾶς
el cual de tan grande muerte libró nos

καὶ ῥύεται,[7] εἰς ὃν ἠλπίκαμεν ὅτι καὶ ἔτι ῥύσεται,
y libra, en el cual hemos esperado que también librará,

11 συνυπουργούντων καὶ ὑμῶν ὑπὲρ ἡμῶν τῇ δεήσει,
colaborando también vosotros por nosotros en la oración,

ἵνα ἐκ πολλῶν προσώπων τὸ εἰς ἡμᾶς
para que (procediendo) de muchas personas el a nosotros

χάρισμα διὰ πολλῶν εὐχαριστηθῇ ὑπὲρ ἡμῶν.
don a través de muchas sea agradecido por nosotros.

12 Ἡ γὰρ καύχησις ἡμῶν αὕτη ἐστί, τὸ μαρτύριον
la Porque jactancia de nosotros ésta es, el testimonio

τῆς συνειδήσεως ἡμῶν, ὅτι ἐν ἁπλότητι καὶ
de la conciencia de nosotros, porque en sencillez y

εἰλικρινείᾳ Θεοῦ, οὐκ ἐν σοφίᾳ σαρκικῇ,
sinceridad de Dios, no en sabiduría carnal,

ἀλλ' ἐν χάριτι Θεοῦ ἀνεστράφημεν ἐν τῷ κόσμῳ,
sino en gracia de Dios nos condujimos en el mundo,

περισσοτέρως δὲ πρὸς ὑμᾶς·
especialmente sin embargo para con vosotros.

13 οὐ γὰρ ἄλλα γράφομεν ὑμῖν, ἀλλ' ἢ ἃ
no Porque otras cosas escribimos a vosotros, sino las que

ἀναγινώσκετε ἢ καὶ ἐπιγινώσκετε, ἐλπίζω δὲ
conocéis las que también comprendéis, espero sin embargo

ὅτι καὶ ἕως τέλους ἐπιγνώσεσθε,
que también hasta final comprenderéis,

14 καθὼς καὶ ἐπέγνωτε ἡμᾶς ἀπὸ μέρους, ὅτι
como también comprendisteis nos en parte, porque

καύχημα ὑμῶν ἐσμεν, καθάπερ καὶ ὑμεῖς
jactancia de vosotros somos, como también vosotros

ἡμῶν, ἐν τῇ ἡμέρᾳ τοῦ Κυρίου Ἰησοῦ.
de nosotros, en el día del Señor Jesús.

8 Porque hermanos, no queremos que ignoréis de nuestra tribulación que nos fué hecha en Asia; que sobremanera fuimos cargados sobre nuestras fuerzas de tal manera que estuviésemos en duda de la vida.
9 Mas nosotros tuvimos en nosotros mismos respuesta de muerte, para que no confiemos en nosotros mismos, sino en Dios que levanta los muertos:
10 El cual nos libró y libra de tanta muerte; en el cual esperamos que aun nos librará;
11 Ayudándonos también vosotros con oración por nosotros, para que por la merced hecha a nos por respeto de muchos, por muchos sean hechas gracias por nosotros.
12 Porque nuestra gloria es esta: el testimonio de nuestra conciencia, que con simplicidad y sinceridad de Dios, no con sabiduría carnal, mas con la gracia de Dios, hemos conversado en el mundo, y muy más con vosotros.
13 Porque no os escribimos otras cosas de las que leéis, o también conocéis: y espero que aun hasta el fin las conoceréis:
14 Como también en parte habéis conocido que somos vuestra gloria, así como también vosotros la nuestra, para el día del Señor Jesús.

---

2. Es decir, que vosotros desconozcáis (oración de infinitivo).
3. La NU omite a nosotros.
4. Es decir, de manera extraordinaria.
5. Es decir, más allá de lo que podíamos.
6. Es decir, que llegamos incluso a perder la esperanza de que podríamos seguir vivos (oración de infinitivo).
7. La NU sustituye por librará.

15Y con esta confianza quise primero ir a vosotros, para que tuvieseis una segunda gracia;
16Y por vosotros pasar a Macedonia, y de Macedonia venir otra vez a vosotros, y ser vuelto de vosotros a Judea.
17Así que, pretendiendo esto, ¿usé quizá de liviandad? o lo que pienso hacer, ¿piénsolo según la carne, para que haya en mí Sí y No?
18Antes, Dios fiel sabe que nuestra palabra para con vosotros no es Sí y No.
19Porque el Hijo de Dios, Jesucristo, que por nosotros ha sido entre vosotros predicado, por mí y Silvano y Timoteo, no ha sido Sí y No; mas ha sido Sí en él.
20Porque todas las promesas de Dios son en él Sí, y en él Amén, por nosotros a gloria de Dios.
21Y el que nos confirma con vosotros en Cristo, y el que nos ungió, es Dios;
22El cual también nos ha sellado, y dado la prenda del Espíritu en nuestros corazones.
23Mas yo llamo a Dios por testigo sobre mi alma, que por ser indulgente con vosotros no he pasado todavía a Corinto.

15 Καὶ ταύτῃ τῇ πεποιθήσει ἐβουλόμην πρὸς ὑμᾶς
Y en esta la confianza deseé a vosotros
πρότερον ἐλθεῖν, ἵνα δευτέραν χάριν ἔχητε,
primero ir, para que segunda gracia tengáis,

16 καὶ δι' ὑμῶν διελθεῖν εἰς Μακεδονίαν, καὶ πάλιν
y a través de vosotros pasar a Macedonia, y de nuevo
ἀπὸ Μακεδονίας ἐλθεῖν πρὸς ὑμᾶς καὶ ὑφ' ὑμῶν
de Macedonia ir a vosotros y por vosotros
προπεμφθῆναι εἰς τὴν Ἰουδαίαν.
ser enviado a la Judea.

17 τοῦτο οὖν βουλόμενος μήτι ἄρα τῇ ἐλαφρίᾳ ἐχρησάμην;
Esto pues decidiendo ¿acaso de la ligereza me valí?
ἢ ἃ βουλεύομαι, κατὰ σάρκα βουλεύομαι,
o lo que decido, ¿según carne decido,
ἵνα ᾖ παρ' ἐμοὶ τὸ ναὶ ναὶ καὶ τὸ οὒ οὔ;
para que esté conmigo el sí sí y el no no?

18 πιστὸς δὲ ὁ Θεὸς ὅτι ὁ λόγος ἡμῶν ὁ
Fiel sin embargo (es) Dios porque la palabra de nosotros la
πρὸς ὑμᾶς οὐκ ἐγένετο[8] ναὶ καὶ οὔ.
para vosotros no resultó sí y no.

19 ὁ γὰρ τοῦ Θεοῦ υἱὸς Ἰησοῦς Χριστὸς ὁ ἐν ὑμῖν
el Porque de Dios Hijo Jesús Cristo el que en vosotros
δι' ἡμῶν κηρυχθείς, δι' ἐμοῦ καὶ Σιλουανοῦ
a través de nosotros siendo predicado, por mí y Silvano
καὶ Τιμοθέου, οὐκ ἐγένετο ναὶ καὶ οὔ,
y Timoteo, no resultó sí y no,
ἀλλὰ ναὶ ἐν αὐτῷ γέγονεν.
sino que sí en él ha resultado.

20 ὅσαι γὰρ ἐπαγγελίαι Θεοῦ, ἐν αὐτῷ τὸ ναί
cuantas Porque promesas (son) de Dios, en él el sí
καὶ ἐν αὐτῷ τὸ ἀμήν, τῷ Θεῷ πρὸς δόξαν
y en él el amén (son), a Dios para gloria
δι' ἡμῶν.
a través de nosotros.

21 ὁ δὲ βεβαιῶν ἡμᾶς σὺν ὑμῖν εἰς Χριστὸν
el Sin embargo estableciendo nos con vosotros para Cristo
καὶ χρίσας ἡμᾶς Θεός,
y habiendo ungido nos (es) Dios,

22 ὁ καὶ σφραγισάμενος ἡμᾶς καὶ δοὺς τὸν
el cual también habiendo sellado nos y habiendo dado la
ἀρραβῶνα τοῦ Πνεύματος ἐν ταῖς καρδίαις ἡμῶν.
garantía del Espíritu en los corazones de nosotros.

23 Ἐγὼ δὲ μάρτυρα τὸν Θεὸν ἐπικαλοῦμαι ἐπὶ τὴν ἐμὴν
Yo sin embargo testigo a Dios invoco sobre la mi
ψυχήν, ὅτι φειδόμενος ὑμῶν οὐκέτι ἦλθον εἰς
alma, que siendo indulgente con vosotros no vine a
Κόρινθον.
Corinto.

---

8. La NU sustituye por es.

24 οὐχ ὅτι κυριεύομεν ὑμῶν τῆς πίστεως, ἀλλὰ
no que nos enseñoreemos de vosotros de la fe, sino que
συνεργοί ἐσμεν τῆς χαρᾶς ὑμῶν· τῇ γὰρ πίστει
colaboradores somos del gozo de vosotros, por la Porque fe
ἑστήκατε.
estáis firmes.

2

1 Ἔκρινα δὲ ἐμαυτῷ τοῦτο, τὸ μὴ πάλιν ἐν
Juzgué sin embargo en mí mismo esto, el no otra vez con
λύπῃ ἐλθεῖν πρὸς ὑμᾶς.
tristeza ir a vosotros,

2 εἰ γὰρ ἐγὼ λυπῶ ὑμᾶς, καὶ τίς ὁ
si Porque yo entristezco a vosotros, entonces ¿quién (es) el
εὐφραίνων με εἰ μὴ ὁ λυπούμενος ἐξ ἐμοῦ;
que alegra a mí si no el siendo entristecido por mí?

3 καὶ ἔγραψα ὑμῖν[9] τοῦτο αὐτό, ἵνα μὴ ἐλθὼν λύπην ἔχω
Y escribí os esto mismo, para que no viniendo tristeza tenga[10]
ἀφ' ὧν ἔδει με χαίρειν, πεποιθὼς ἐπὶ πάντας
de los que es necesario a mí alegrarme, confiando en todos
ὑμᾶς ὅτι ἡ ἐμὴ χαρὰ πάντων ὑμῶν ἐστιν.
vosotros que el mi gozo de todos vosotros es.

4 ἐκ γὰρ πολλῆς θλίψεως καὶ συνοχῆς καρδίας ἔγραψα
con Porque mucha tribulación y angustia de corazón escribí
ὑμῖν διὰ πολλῶν δακρύων, οὐχ ἵνα λυπηθῆτε,
os con muchas lágrimas, no Para que seáis entristecidos,
ἀλλὰ τὴν ἀγάπην ἵνα γνῶτε ἣν ἔχω
sino el amor Para que conozcáis que tengo
περισσοτέρως εἰς ὑμᾶς.
sobreabundantemente por vosotros.

5 Εἰ δέ τις λελύπηκεν, οὐκ ἐμὲ λελύπηκεν,
si Sin embargo alguno ha causado tristeza, no a mí ha entristecido,
ἀλλὰ ἀπὸ μέρους, ἵνα μὴ ἐπιβαρῶ, πάντας ὑμᾶς.
sino en parte - para que no cargue - a todos vosotros.

6 ἱκανὸν τῷ τοιούτῳ ἡ ἐπιτιμία αὕτη ἡ
Suficiente para el tal el castigo este que (fue impuesto)
ὑπὸ τῶν πλειόνων·
por los muchos.

7 ὥστε τοὐναντίον μᾶλλον ὑμᾶς
de manera que por otro lado más (corresponde) a vosotros
χαρίσασθαι καὶ παρακαλέσαι, μή πως τῇ
perdonar y consolar, para que no por la
περισσοτέρᾳ λύπῃ καταποθῇ ὁ τοιοῦτος.
sobreabundante tristeza sea devorado el tal.

8 διὸ παρακαλῶ ὑμᾶς κυρῶσαι εἰς αὐτὸν ἀγάπην.
Por tanto ruego os confirmar a él amor.

9 εἰς τοῦτο γὰρ καὶ ἔγραψα, ἵνα γνῶ τὴν
para esto Porque también escribí, para que conozca la
δοκιμὴν ὑμῶν, εἰ εἰς πάντα ὑπήκοοί ἐστε.
prueba de vosotros,[11] si en todo obedientes sois.

24 No que nos enseñoreemos de vuestra fe, mas somos ayudadores de vuestro gozo: porque por la fe estáis firmes.

2 Esto pues determiné para conmigo, no venir otra vez a vosotros con tristeza. **2** Porque si yo os contristo, ¿quién será luego el que me alegrará, sino aquel a quien yo contristare? **3** Y esto mismo os escribí, porque cuando llegare no tenga tristeza sobre tristeza de los que me debiera gozar; confiando en vosotros todos que mi gozo es el de todos vosotros. **4** Porque por la mucha tribulación y angustia del corazón os escribí con muchas lágrimas; no para que fueseis contristados, mas para que supieseis cuánto más amor tengo para con vosotros. **5** Que si alguno me contristó, no me contristó a mí, sino en parte, por no cargaros, a todos vosotros. **6** Bástale al tal esta represión hecha de muchos; **7** Así que, al contrario, vosotros más bien lo perdonéis y consoléis, porque no sea el tal consumido de demasiada tristeza. **8** Por lo cual os ruego que confirméis el amor para con él. **9** Porque también por este fin os escribí, para tener experiencia de vosotros si sois obedientes en todo.

---

9. La NU omite os.
10. Es decir, para que cuando venga no tenga tristeza.
11. Es decir, para comprobar si en todo sois obedientes.

10Y al que vosotros perdonareis, yo también: porque también yo lo que he perdonado, si algo he perdonado, por vosotros lo he hecho en persona de Cristo;
11Porque no seamos engañados de Satanás: pues no ignoramos sus maquinaciones.
12Cuando vine a Troas para el evangelio de Cristo, aunque me fué abierta puerta en el Señor,
13No tuve reposo en mi espíritu, por no haber hallado a Tito mi hermano: así, despidiéndome de ellos, partí para Macedonia.
14Mas a Dios gracias, el cual hace que siempre triunfemos en Cristo Jesús, y manifiesta el olor de su conocimiento por nosotros en todo lugar.
15Porque para Dios somos buen olor de Cristo en los que se salvan, y en los que se pierden:
16A éstos ciertamente olor de muerte para muerte; y a aquéllos olor de vida para vida. Y para estas cosas ¿quién es suficiente?
17Porque no somos como muchos, mercaderes falsos de la palabra de Dios: antes con sinceridad, como de Dios, delante de Dios, hablamos en Cristo.

3 ¿Comenzamos otra vez a alabarnos a nosotros mismos? ¿ó tenemos necesidad, como algunos, de letras de recomendación para vosotros, o de recomendación de vosotros?

10 ᾧ δέ τι χαρίζεσθε, καὶ ἐγώ·
al cual sin embargo lo que perdonéis, también yo (perdono).
καὶ γὰρ ἐγὼ εἴ τι[12] κεχάρισμαι, ὃ κεχάρισμαι,
también Porque yo si algo he perdonado, lo he perdonado
δι' ὑμᾶς ἐν προσώπῳ Χριστοῦ,
por vosotros en presencia de Cristo,

11 ἵνα μὴ πλεονεκτηθῶμεν ὑπὸ τοῦ σατανᾶ·
para que no nos veamos aventajados[13] por Satanás
οὐ γὰρ αὐτοῦ τὰ νοήματα ἀγνοοῦμεν.
no Porque de él los pensamientos ignoramos.

12 Ἐλθὼν δὲ εἰς τὴν Τρῳάδα εἰς τὸ εὐαγγέλιον τοῦ
Viniendo sin embargo a - Troas para el evangelio de
Χριστοῦ, καὶ θύρας μοι ἀνεῳγμένης ἐν Κυρίῳ,
Cristo, también puerta a mí habiendo sido abierta en Señor,

13 οὐκ ἔσχηκα ἄνεσιν τῷ πνεύματί μου τῷ μὴ εὑρεῖν με
no tuve descanso en el espíritu de mí al no encontrar yo
Τίτον τὸν ἀδελφόν μου, ἀλλὰ ἀποταξάμενος
a Tito el hermano de mí, sino habiendo dejado
αὐτοῖς ἐξῆλθον εἰς Μακεδονίαν.
los salí hacia Macedonia.

14 Τῷ δὲ Θεῷ χάρις τῷ πάντοτε θριαμβεύοντι
- Sin embargo a Dios gracias al que siempre lleva en triunfo
ἡμᾶς ἐν τῷ Χριστῷ καὶ τὴν ὀσμὴν τῆς γνώσεως αὐτοῦ
a nosotros en - Cristo y la fragancia del conocimiento de él
φανεροῦντι δι' ἡμῶν ἐν παντὶ τόπῳ·
manifestándose a través de nosotros en todo lugar.

15 ὅτι Χριστοῦ εὐωδία ἐσμὲν τῷ Θεῷ ἐν τοῖς
porque de Cristo fragancia somos para Dios entre los
σῳζομένοις καὶ ἐν τοῖς ἀπολλυμένοις·
que están siendo salvados y entre los que se pierden.

16 οἷς μὲν ὀσμὴ θανάτου εἰς θάνατον,
para unos ciertamente (es) olor de muerte para muerte,
οἷς δὲ ὀσμὴ ζωῆς εἰς ζωήν.
para otros sin embargo olor de vida para vida.
καὶ πρὸς ταῦτα τίς ἱκανός;
y ¿para esto quién (es) suficiente?

17 οὐ γάρ ἐσμεν ὡς οἱ πολλοὶ καπηλεύοντες τὸν λόγον
no Porque somos como los muchos negociando[14] con la palabra
τοῦ Θεοῦ, ἀλλ' ὡς ἐξ εἰλικρινείας,
de Dios, sino como (los que se comportan) con sinceridad,
ἀλλ' ὡς ἐκ Θεοῦ κατενώπιον τοῦ Θεοῦ ἐν
sino como de parte de Dios delante de Dios en
Χριστῷ λαλοῦμεν.
Cristo hablamos.

3 **1** Ἀρχόμεθα πάλιν ἑαυτοὺς συνιστάνειν; ἢ
¿Empezamos de nuevo a nosotros mismos a recomendar? ¿O
μὴ χρῄζομεν, ὥς τινες συστατικῶν[15]
acaso necesitamos, como algunos de recomendación
ἐπιστολῶν πρὸς ὑμᾶς ἢ ἐξ ὑμῶν συστατικῶν;
cartas para vosotros o de vosotros recomendaciones?

---

12. La NU sustituye si algo por que.
13. O engañados.
14. O traficando.
15. La NU suprime de recomendación.

2 ἡ ἐπιστολὴ ἡμῶν ὑμεῖς ἐστε, ἐγγεγραμμένη
La carta de nosotros vosotros sois, habiendo sido escrita

ἐν ταῖς καρδίαις ἡμῶν, γινωσκομένη καὶ
en los corazones de nosotros, siendo conocida y

ἀναγινωσκομένη ὑπὸ πάντων ἀνθρώπων,
siendo leída por todos hombres,

3 φανερούμενοι ὅτι ἐστὲ ἐπιστολὴ Χριστοῦ διακονηθεῖσα
siendo manifestados que sois carta de Cristo que fue servida

ὑφ' ἡμῶν, ἐγγεγραμμένη οὐ μέλανι, ἀλλὰ
por nosotros, que ha sido escrita no con tinta, sino

Πνεύματι Θεοῦ ζῶντος, οὐκ ἐν πλαξὶ λιθίναις,
con Espíritu de Dios viviente, no en tablas pétreas,

ἀλλ' ἐν πλαξὶ καρδίαις σαρκίναις.
sino en tablas (que son) corazones de carne.

4 Πεποίθησιν δὲ τοιαύτην ἔχομεν διὰ τοῦ Χριστοῦ
confianza Sin embargo tal tenemos a través de Cristo

πρὸς τὸν Θεόν.
para con Dios.

5 οὐχ ὅτι ἱκανοί ἐσμεν ἀφ' ἑαυτῶν λογίσασθαί
No que suficientes somos por nosotros mismos para considerar

τι ὡς ἐξ ἑαυτῶν, ἀλλ' ἡ ἱκανότης
algo como de nosotros mismos, sino que la competencia

ἡμῶν ἐκ τοῦ Θεοῦ,
de nosotros (procede) de Dios,

6 ὃς καὶ ἱκάνωσεν ἡμᾶς διακόνους καινῆς διαθήκης,
el cual también capacitó nos (como) siervos[16] de nuevo pacto

οὐ γράμματος, ἀλλὰ πνεύματος· τὸ γὰρ γράμμα
no de letra, sino de Espíritu, la Porque letra

ἀποκτέννει, τὸ δὲ πνεῦμα ζῳοποιεῖ.
mata, el Sin embargo Espíritu da vida.

7 Εἰ δὲ ἡ διακονία τοῦ θανάτου ἐν γράμμασιν
si Sin embargo el servicio[17] de la muerte en letras

ἐντετυπωμένη ἐν λίθοις ἐγενήθη ἐν δόξῃ,
habiendo sido grabado en piedras resultó en gloria,

ὥστε μὴ δύνασθαι ἀτενίσαι τοὺς υἱοὺς Ἰσραὴλ
cómo no poder mirar los hijos de Israel

εἰς τὸ πρόσωπον Μωϋσέως διὰ τὴν δόξαν
a el rostro de Moisés por la gloria[18]

τοῦ προσώπου αὐτοῦ τὴν καταργουμένην,
del rostro de él la que iba desapareciendo,

8 πῶς οὐχὶ μᾶλλον ἡ διακονία τοῦ πνεύματος
¿Cómo no más el servicio del Espíritu

ἔσται ἐν δόξῃ;
será en gloria?

9 εἰ γὰρ ἡ διακονία τῆς κατακρίσεως δόξα, πολλῷ
si Porque la con servicio de la condenación gloria (hubo), mucho

μᾶλλον περισσεύει ἡ διακονία τῆς δικαιοσύνης ἐν δόξῃ.
más abunda el ministerio de la justicia en gloria.

10 καὶ γὰρ οὐ δεδόξασται τὸ δεδοξασμένον ἐν τούτῳ
incluso Porque no ha sido glorificado lo glorificado en esto

τῷ μέρει ἕνεκεν τῆς ὑπερβαλλούσης δόξης.
en parte en relación con la que sobrepasa gloria.

2 Nuestras letras sois vosotros, escritas en nuestros corazones, sabidas y leídas de todos los hombres;
3 Siendo manifiesto que sois letra de Cristo administrada de nosotros, escrita no con tinta, mas con el Espíritu del Dios vivo; no en tablas de piedra, sino en tablas de carne del corazón.
4 Y tal confianza tenemos por Cristo para con Dios:
5 No que seamos suficientes de nosotros mismos para pensar algo como de nosotros mismos, sino que nuestra suficiencia es de Dios;
6 El cual asimismo nos hizo ministros suficientes de un nuevo pacto: no de la letra, mas del espíritu; porque la letra mata, mas el espíritu vivifica.
7 Y si el ministerio de muerte en la letra grabado en piedras, fué con gloria, tanto que los hijos de Israel no pudiesen poner los ojos en la faz de Moisés a causa de la gloria de su rostro, la cual había de perecer,
8 ¿Cómo no será más bien con gloria el ministerio del espíritu?
9 Porque si el ministerio de condenación fué con gloria, mucho más abundará en gloria el ministerio de justicia.
10 Porque aun lo que fué glorioso, no es glorioso en esta parte, en comparación de la excelente gloria.

---

16. O ministros.
17. O ministerio.
18. Es decir, una gloria tan grande que los hijos de Israel no podían mirar al rostro de Moisés por la gloria que tenía en él y a pesar de que iba desapareciendo.

11 Porque si lo que perece tuvo gloria, mucho más será en gloria lo que permanece.
12 Así que, teniendo tal esperanza, hablamos con mucha confianza;
13 Y no como Moisés, que ponía un velo sobre su faz, para que los hijos de Israel no pusiesen los ojos en el fin de lo que había de ser abolido.
14 Empero los sentidos de ellos se embotaron; porque hasta el día de hoy les queda el mismo velo no descubierto en la lección del antiguo testamento, el cual por Cristo es quitado.
15 Y aun hasta el día de hoy, cuando Moisés es leído, el velo está puesto sobre el corazón de ellos.
16 Mas cuando se convirtieren al Señor, el velo se quitará.
17 Porque el Señor es el Espíritu; y donde hay el Espíritu del Señor, allí hay libertad.
18 Por tanto, nosotros todos, mirando a cara descubierta como en un espejo la gloria del Señor, somos transformados de gloria en gloria en la misma semejanza, como por el Espíritu del Señor.

4 Por lo cual teniendo nosotros esta administración según la misericordia que hemos alcanzado, no desmayamos;

---

11 εἰ γὰρ τὸ καταργούμενον διὰ δόξης,
si Porque lo que pasa (fue) con gloria,
πολλῷ μᾶλλον τὸ μένον ἐν δόξῃ.
mucho más lo que permanece en gloria.

12 Ἔχοντες οὖν τοιαύτην ἐλπίδα πολλῇ παρρησίᾳ
Teniendo por tanto tal esperanza de mucha confianza
χρώμεθα,
nos valemos,

13 καὶ οὐ καθάπερ Μωϋσῆς ἐτίθει κάλυμμα ἐπὶ τὸ πρόσωπον
y no como Moisés se ponía velo sobre el rostro
ἑαυτοῦ πρὸς τὸ μὴ ἀτενίσαι τοὺς υἱοὺς Ἰσραὴλ
de él mismo para - no mirar los hijos de Israel
εἰς τὸ τέλος τοῦ καταργουμένου.[19]
a el final de lo que pasa.

14 ἀλλ' ἐπωρώθη τὰ νοήματα αὐτῶν. ἄχρι
sino que fueron endurecidos los pensamientos de ellos, hasta
γὰρ τῆς σήμερον[20] τὸ αὐτὸ κάλυμμα ἐπὶ τῇ ἀναγνώσει
Porque - hoy el mismo velo durante la lectura
τῆς παλαιᾶς διαθήκης μένει, μὴ ἀνακαλυπτόμενον
del Antiguo pacto permanece,[21] no siendo desvelado
ὅτι ἐν Χριστῷ καταργεῖται,
porque en Cristo pasa,[22]

15 ἀλλ' ἕως σήμερον, ἡνίκα ἀναγινώσκηται Μωϋσῆς,
pero hasta hoy, cuando es leído Moisés,
κάλυμμα ἐπὶ τὴν καρδίαν αὐτῶν κεῖται·
velo sobre el corazón de ellos está puesto.

16 ἡνίκα δ' ἂν ἐπιστρέψῃ πρὸς Κύριον,
cuando sin embargo se vuelva a Señor,
περιαιρεῖται τὸ κάλυμμα.
es quitado el velo.

17 ὁ δὲ Κύριος τὸ Πνεῦμά ἐστιν· οὗ δὲ
el Ciertamente Señor el Espíritu es. Donde ciertamente (está)
τὸ Πνεῦμα Κυρίου, ἐκεῖ[23] ἐλευθερία.
el Espíritu de Señor, allí (hay) libertad.

18 ἡμεῖς δὲ πάντες ἀνακεκαλυμμένῳ προσώπῳ τὴν
Nosotros sin embargo todos con desvelado rostro la
δόξαν Κυρίου κατοπτριζόμενοι τὴν αὐτὴν
gloria de Señor contemplando como en un espejo en la misma
εἰκόνα μεταμορφούμεθα ἀπὸ δόξης εἰς δόξαν,
imagen estamos siendo transformados de gloria en gloria,
καθάπερ ἀπὸ Κυρίου Πνεύματος.
como (procedente) de Señor Espíritu.

4 **1** Διὰ τοῦτο, ἔχοντες τὴν διακονίαν ταύτην καθὼς
Por esto, teniendo el servicio este ya que
ἠλεήθημεν, οὐκ ἐκκακοῦμεν,
fuimos objeto de compasión, no nos desalentamos,

---

19. Es decir, para que los hijos de Israel no fijaran la vista en el final de lo que estaba destinado a pasar.
20. La NU añade día.
21. Es decir, hasta el día de hoy permanece el velo cuando leen el Antiguo Pacto o Testamento.
22. Es decir, sólo en Cristo desaparece o se quita el velo.
23. La NU suprime allí.

2 ἀλλ' ἀπειπάμεθα τὰ κρυπτὰ τῆς αἰσχύνης, μὴ
sino que hemos renunciado a lo oculto de la vergüenza, no

περιπατοῦντες ἐν πανουργίᾳ μηδὲ δολοῦντες τὸν λόγον τοῦ
caminando con astucia ni falseando la palabra de

Θεοῦ, ἀλλὰ τῇ φανερώσει τῆς ἀληθείας συνιστῶντες
Dios, sino con la manifestación de la verdad recomendando

ἑαυτοὺς πρὸς πᾶσαν συνείδησιν ἀνθρώπων ἐνώπιον
a nosotros mismos a toda conciencia de hombres delante

τοῦ Θεοῦ.
de Dios.

3 εἰ δὲ καὶ ἔστι κεκαλυμμένον τὸ εὐαγγέλιον
Si sin embargo también está oculto el evangelio

ἡμῶν, ἐν τοῖς ἀπολλυμένοις ἐστὶ κεκαλυμμένον,
de nosotros, en los que se pierden está oculto,

4 ἐν οἷς ὁ θεὸς τοῦ αἰῶνος τούτου ἐτύφλωσε τὰ νοήματα
en los cuales el dios de la era esta cegó las mentes

τῶν ἀπίστων εἰς τὸ μὴ αὐγάσαι αὐτοῖς²⁴ τὸν φωτισμὸν
de los que no creen para que no ilumine a ellos la luz

τοῦ εὐαγγελίου τῆς δόξης τοῦ Χριστοῦ,
del evangelio de la gloria de Cristo,

ὅς ἐστι εἰκὼν τοῦ Θεοῦ.
el cual es imagen de Dios.

5 οὐ γὰρ ἑαυτοὺς κηρύσσομεν ἀλλὰ Χριστὸν Ἰησοῦν
no Porque a nosotros mismos predicamos sino a Cristo Jesús

Κύριον, ἑαυτοὺς δὲ δούλους
Señor, a nosotros mismos sin embargo (consideramos) siervos

ὑμῶν διὰ Ἰησοῦν.
vuestros por Jesús.

6 ὅτι ὁ Θεὸς ὁ εἰπών ἐκ σκότους φῶς λάμψαι,
porque Dios el que dijo desde tinieblas luz resplandecer, (es)

ὅς ἔλαμψεν ἐν ταῖς καρδίαις ἡμῶν πρὸς φωτισμὸν
el que resplandeció en los corazones de nosotros para iluminación

τῆς γνώσεως τῆς δόξης τοῦ Θεοῦ ἐν προσώπῳ
del conocimiento de la gloria de Dios en rostro

Ἰησοῦ Χριστοῦ.
de Jesús Cristo.

7 Ἔχομεν δὲ τὸν θησαυρὸν τοῦτον ἐν ὀστρακίνοις
Tenemos sin embargo el tesoro este en de barro

σκεύεσιν, ἵνα ἡ ὑπερβολὴ τῆς δυνάμεως ᾖ
vasijas, para que la excelencia del poder sea

τοῦ Θεοῦ καὶ μὴ ἐξ ἡμῶν.
de Dios y no de nosotros.

8 ἐν παντὶ θλιβόμενοι ἀλλ' οὐ στενοχωρούμενοι,
En todo siendo atribulados pero no angustiados,

ἀπορούμενοι ἀλλ' οὐκ ἐξαπορούμενοι,
estando en incertidumbre pero no desesperados,

9 διωκόμενοι ἀλλ' οὐκ ἐγκαταλειπόμενοι,
siendo perseguidos pero no desamparados,

καταβαλλόμενοι ἀλλ' οὐκ ἀπολλύμενοι,
golpeados pero no pereciendo,

2 Antes quitamos los escondrijos de vergüenza, no andando con astucia, ni adulterando la palabra de Dios, sino por manifestación de la verdad encomendándonos a nosotros mismos a toda conciencia humana delante de Dios.
3 Que si nuestro evangelio está aún encubierto, entre los que se pierden está encubierto:
4 En los cuales el dios de este siglo cegó los entendimientos de los incrédulos, para que no les resplandezca la lumbre del evangelio de la gloria de Cristo, el cual es la imagen de Dios.
5 Porque no nos predicamos a nosotros mismos, sino a Jesucristo, el Señor; y nosotros vuestros siervos por Jesús.
6 Porque Dios, que mandó que de las tinieblas resplandeciese la luz, es el que resplandeció en nuestros corazones, para iluminación del conocimiento de la gloria de Dios en la faz de Jesucristo.
7 Tenemos empero este tesoro en vasos de barro, para que la alteza del poder sea de Dios, y no de nosotros:
8 Estando atribulados en todo, mas no angustiados; en apuros, mas no desesperamos;
9 Perseguidos, mas no desamparados; abatidos, mas no perecemos;

---

24. La NU suprime a ellos.

10 Llevando siempre por todas partes la muerte de Jesús en el cuerpo, para que también la vida de Jesús sea manifestada en nuestros cuerpos.
11 Porque nosotros que vivimos, siempre estamos entregados a muerte por Jesús, para que también la vida de Jesús sea manifestada en nuestra carne mortal.
12 De manera que la muerte obra en nosotros, y en vosotros la vida.
13 Empero teniendo el mismo espíritu de fe, conforme a lo que está escrito: Creí, por lo cual también hablé: nosotros también creemos, por lo cual también hablamos;
14 Estando ciertos que el que levantó al Señor Jesús, a nosotros también nos levantará por Jesús, y nos pondrá con vosotros.
15 Porque todas estas cosas padecemos por vosotros, para que abundando la gracia por muchos, en el hacimiento de gracias sobreabunde a gloria de Dios.
16 Por tanto, no desmayamos: antes aunque este nuestro hombre exterior se va desgastando, el interior empero se renueva de día en día.
17 Porque lo que al presente es momentáneo y leve de nuestra tribulación, nos obra un sobremanera alto y eterno peso de gloria;
18 No mirando nosotros a las cosas que se ven, sino a las que no se ven: porque las cosas que se ven son temporales, mas las que no se ven son eternas.

10 πάντοτε τὴν νέκρωσιν τοῦ Κυρίου²⁵ Ἰησοῦ ἐν τῷ σώματι
siempre la muerte²⁶ del Señor Jesús en el cuerpo
περιφέροντες, ἵνα καὶ ἡ ζωὴ τοῦ Ἰησοῦ
llevando a todas partes, para que también la vida de Jesús
ἐν τῷ σώματι ἡμῶν φανερωθῇ.
en el cuerpo de nosotros sea manifestada.

11 ἀεὶ γὰρ ἡμεῖς οἱ ζῶντες εἰς θάνατον
siempre Porque nosotros los que vivimos a muerte
παραδιδόμεθα διὰ Ἰησοῦν, ἵνα καὶ ἡ ζωὴ τοῦ Ἰησοῦ
somos entregados por Jesús, para que también la vida de Jesús
φανερωθῇ ἐν τῇ θνητῇ σαρκὶ ἡμῶν.
sea manifestada en la mortal carne de nosotros.

12 ὥστε ὁ μὲν θάνατος ἐν ἡμῖν ἐνεργεῖται,
de manera que la ciertamente muerte en nosotros es actuada,
ἡ δὲ ζωὴ ἐν ὑμῖν.
la Sin embargo vida en vosotros (está).

13 ἔχοντες δὲ τὸ αὐτὸ πνεῦμα τῆς πίστεως κατὰ τὸ
teniendo sin embargo el mismo Espíritu de la fe según lo
γεγραμμένον, ἐπίστευσα, διὸ ἐλάλησα, καὶ ἡμεῖς
escrito, creí por lo cual hablé, también nosotros
πιστεύομεν, διὸ καὶ λαλοῦμεν,
creemos, por lo cual también hablamos,

14 εἰδότες ὅτι ὁ ἐγείρας τὸν Κύριον Ἰησοῦν καὶ ἡμᾶς
sabiendo que el que levantó al Señor Jesús también a nosotros
διὰ²⁷ Ἰησοῦ ἐγερεῖ καὶ παραστήσει σὺν ὑμῖν.
mediante Jesús levantará y presentará junto con vosotros.

15 τὰ γὰρ πάντα δι' ὑμᾶς, ἵνα ἡ χάρις
- Porque todo por vosotros (padecemos), para que la gracia
πλεονάσασα διὰ τῶν πλειόνων τὴν εὐχαριστίαν
aumentando, a través de los más, la acción de gracias
περισσεύσῃ εἰς τὴν δόξαν τοῦ Θεοῦ.
sobreabunde para la gloria de Dios.

16 Διὸ οὐκ ἐκκακοῦμεν, ἀλλ' εἰ καὶ ὁ ἔξω ἡμῶν
Por lo cual no desmayamos, no sólo el exterior de nosotros
ἄνθρωπος διαφθείρεται, ἀλλ' ὁ ἔσωθεν²⁸
hombre está siendo destruido, sino que también el interior
ἀνακαινοῦται ἡμέρᾳ καὶ ἡμέρᾳ.
está siendo renovado día y día.

17 τὸ γὰρ παραυτίκα ἐλαφρὸν τῆς θλίψεως ἡμῶν
lo Porque en este instante ligero²⁹ de la tribulación de nosotros
καθ' ὑπερβολὴν εἰς ὑπερβολὴν³⁰ αἰώνιον
de exceso a exceso eterno
βάρος δόξης κατεργάζεται ἡμῖν,
peso de gloria produce para nosotros,

18 μὴ σκοπούντων ἡμῶν τὰ βλεπόμενα, ἀλλὰ τὰ μὴ
no mirando nosotros las cosas que se ven, sino las que no
βλεπόμενα· τὰ γὰρ βλεπόμενα πρόσκαιρα,
se ven, las Porque que se ven (son) temporales,
τὰ δὲ μὴ βλεπόμενα αἰώνια.
las que sin embargo no se ven (son) eternas.

---

25. La NU omite del Señor.
26. Como en Romanos 4.19.
27. La NU sustituye por con.
28. La NU añade de nosotros.
29. O llevadero.
30. La expresión es extraordinariamente fuerte para indicar el contraste entre una tribulación que se da ahora y que es llevadera con un peso de gloria que disfrutará el creyente y que resulta hiperbólicamente excesivo.

5 **1** Οἴδαμεν γὰρ ὅτι ἐὰν ἡ ἐπίγειος ἡμῶν οἰκία τοῦ
sabemos Porque que si la terrenal de nosotros casa de la

σκήνους καταλυθῇ, οἰκοδομὴν ἐκ Θεοῦ ἔχομεν,
tienda es destruida, edificio de Dios tenemos,[31]

οἰκίαν ἀχειροποίητον αἰώνιον ἐν τοῖς οὐρανοῖς.
casa no hecha con manos eterna en los cielos.

2 καὶ γὰρ ἐν τούτῳ στενάζομεν, τὸ οἰκητήριον ἡμῶν
también Porque en esto gemimos, de la morada de nosotros

τὸ ἐξ οὐρανοῦ ἐπενδύσασθαι ἐπιποθοῦντες,
la de cielos ser revestidos deseando,

3 εἴ γε καὶ ἐνδυσάμενοι οὐ γυμνοὶ
Si ciertamente también habiendo sido revestidos no desnudos

εὑρεθησόμεθα.
seremos encontrados.

4 καὶ γὰρ οἱ ὄντες ἐν τῷ σκήνει στενάζομεν,
también Porque los que estamos en la tienda gemimos,

βαρούμενοι ἐφ' ᾧ οὐ θέλομεν ἐκδύσασθαι,
estando cargados por lo cual no queremos ser desnudados,

ἀλλ' ἐπενδύσασθαι, ἵνα καταποθῇ τὸ θνητὸν
sino ser vestidos, para que sea tragado lo mortal

ὑπὸ τῆς ζωῆς.
por la vida.

5 ὁ δὲ κατεργασάμενος ἡμᾶς εἰς αὐτὸ τοῦτο
El que sin embargo preparó nos para mismo esto (es)

Θεός, ὁ καὶ δοὺς ἡμῖν τὸν ἀρραβῶνα τοῦ Πνεύματος.
Dios, el que también da nos la garantía[32] del Espíritu.

6 Θαρροῦντες οὖν πάντοτε καὶ εἰδότες ὅτι ἐνδημοῦντες
Confiando pues siempre y sabiendo que estando en casa

ἐν τῷ σώματι ἐκδημοῦμεν ἀπὸ τοῦ Κυρίου·
en el cuerpo estamos fuera de casa de el Señor.[33]

7 διὰ πίστεως γὰρ περιπατοῦμεν, οὐ διὰ εἴδους·
por fe Porque caminamos, no por vista.

8 θαρροῦμεν δὲ καὶ εὐδοκοῦμεν μᾶλλον
confiamos sin embargo y preferimos más

ἐκδημῆσαι ἐκ τοῦ σώματος καὶ ἐνδημῆσαι πρὸς τὸν Κύριον.
salir de casa de el cuerpo y estar en casa con el Señor.[34]

9 διὸ καὶ φιλοτιμούμεθα, εἴτε ἐνδημοῦντες εἴτε
Por tanto también procuramos, sea estando en casa o

ἐκδημοῦντες, εὐάρεστοι αὐτῷ εἶναι.
fuera de casa, gratos a El ser.

10 τοὺς γὰρ πάντας ἡμᾶς φανερωθῆναι
a los Porque todos nosotros ser manifestados

δεῖ ἔμπροσθεν τοῦ βήματος τοῦ Χριστοῦ,
es necesario delante del tribunal de Cristo,

ἵνα κομίσηται ἕκαστος τὰ διὰ τοῦ σώματος
para que reciba cada uno lo en el cuerpo

πρὸς ἃ ἔπραξεν, εἴτε ἀγαθὸν εἴτε κακόν.
según lo que hizo, ya bueno ya malo.

5 Porque sabemos, que si la casa terrestre de nuestra habitación se deshiciere, tenemos de Dios un edificio, una casa no hecha de manos, eterna en los cielos.

2 Y por esto también gemimos, deseando ser sobrevestidos de aquella nuestra habitación celestial;

3 Puesto que en verdad habremos sido hallados vestidos, y no desnudos.

4 Porque asimismo los que estamos en este tabernáculo, gemimos agravados; porque no quisiéramos ser desnudados; sino sobrevestidos, para que lo mortal sea absorbido por la vida.

5 Mas el que nos hizo para esto mismo, es Dios; el cual nos ha dado la prenda del Espíritu.

6 Así que vivimos confiados siempre, y sabiendo, que entre tanto que estamos en el cuerpo, peregrinamos ausentes del Señor;

7 (Porque por fe andamos, no por vista;)

8 Mas confiamos, y más quisiéramos partir del cuerpo, y estar presentes al Señor.

9 Por tanto procuramos también, o ausentes, o presentes, serle agradables:

10 Porque es menester que todos nosotros parezcamos ante el tribunal de Cristo, para que cada uno reciba según lo que hubiere hecho por medio del cuerpo, ora sea bueno o malo.

---

31. Obsérvese que Pablo está contrastando nuestro cuerpo actual que recuerda por su fragilidad a una tienda de campaña con el de la resurrección que tendrá la estabilidad y solidez de un edificio eterno.
32. O arras.
33. Es decir, mientras nuestra casa está en el cuerpo mortal presente no estamos en la casa que nos ha preparado el Señor.
34. Nótese, sin las imágenes de las distintas moradas, el paralelismo con lo expresado por Pablo en Filipenses 1.21-23.

11Estando pues poseídos del temor del Señor, persuadimos a los hombres, mas a Dios somos manifiestos; y espero que también en vuestras conciencias somos manifiestos.
12No nos encomendamos pues otra vez a vosotros, sino os damos ocasión de gloriaros por nosotros, para que tengáis qué responder contra los que se glorían en las apariencias, y no en el corazón.
13Porque si loqueamos, es para Dios; y si estamos en seso, es para vosotros.
14Porque el amor de Cristo nos constriñe, pensando esto: Que si uno murió por todos, luego todos son muertos;
15Y por todos murió, para que los que viven, ya no vivan para sí, mas para aquel que murió y resucitó por ellos.
16De manera que nosotros de aquí adelante a nadie conocemos según la carne: y aun si a Cristo conocimos según la carne, empero ahora ya no le conocemos.
17De modo que si alguno está en Cristo, nueva criatura es: las cosas viejas pasaron; he aquí todas son hechas nuevas.
18Y todo esto es de Dios, el cual nos reconcilió a sí por Cristo; y nos dió el ministerio de la reconciliación.

11 Εἰδότες   οὖν τὸν φόβον τοῦ Κυρίου ἀνθρώπους πείθομεν,
Conociendo pues el temor del Señor a hombres persuadimos,

Θεῷ   δὲ   πεφανερώμεθα,   ἐλπίζω
a Dios sin embargo hemos sido hechos manifiestos, espero

δὲ   καὶ   ἐν ταῖς συνειδήσεσιν
sin embargo también en las conciencias

ὑμῶν   πεφανερῶσθαι.
de vosotros haber sido hechos manifiestos.

12 οὐ γὰρ   πάλιν ἑαυτοὺς   συνιστάνομεν ὑμῖν,
no Porque otra vez a nosotros mismos recomendamos a vosotros,

ἀλλὰ   ἀφορμὴν   διδόντες ὑμῖν   καυχήματος
sino que oportunidad (estamos) dando a vosotros de jactarse

ὑπὲρ ἡμῶν,   ἵνα   ἔχητε   πρὸς τοὺς
por nosotros, para que tengáis (respuesta) para con los

ἐν προσώπῳ καυχωμένους καὶ οὐ καρδίᾳ.
que en rostro[35] se jactan   y no de corazón.

13 εἴτε γὰρ   ἐξέστημεν,   Θεῷ·   εἴτε
si Porque estamos transtornados, para Dios (lo estamos). Si

σωφρονοῦμεν,   ὑμῖν.
estamos cuerdos, (es) para vosotros.

14 ἡ γὰρ   ἀγάπη τοῦ Χριστοῦ συνέχει ἡμᾶς, κρίναντας
el Porque amor de Cristo urge[36]   nos, juzgando

τοῦτο, ὅτι εἰ[37] εἷς ὑπὲρ πάντων ἀπέθανεν,
esto,   que si uno por todos   murió,

ἄρα   οἱ πάντες ἀπέθανον·
entonces los todos murieron.

15 καὶ ὑπὲρ πάντων ἀπέθανεν, ἵνα   οἱ ζῶντες   μηκέτι
Y por todos   murió,   para que los que viven ya no

ἑαυτοῖς   ζῶσιν, ἀλλὰ τῷ   ὑπὲρ αὐτῶν ἀποθανόντι
para sí mismos vivan, sino para el que por ellos murió

καὶ ἐγερθέντι.
y fue levantado.

16 Ὥστε   ἡμεῖς   ἀπὸ τοῦ νῦν οὐδένα οἴδαμεν   κατὰ
Por tanto nosotros desde el ahora a nadie conocemos según

σάρκα· εἰ δὲ   καὶ   ἐγνώκαμεν   κατὰ σάρκα
carne. si Sin embargo ciertamente hemos conocido según carne

Χριστόν, ἀλλὰ   νῦν οὐκέτι   γινώσκομεν.
a Cristo, sin embargo ahora de ninguna manera conocemos.

17 ὥστε   εἴ τις   ἐν Χριστῷ, καινὴ κτίσις·   τὰ
Por tanto si alguno (está) en Cristo, nueva creación (es). Lo

ἀρχαῖα   παρῆλθεν, ἰδοὺ γέγονε   καινὰ τὰ πάντα.[38]
antiguo[39] pasó,   mirá ha resultado nuevo el todo.

18 τὰ δὲ   πάντα   ἐκ τοῦ Θεοῦ τοῦ καταλλάξαντος
el Sin embargo todo (procede) de Dios el que reconcilió

ἡμᾶς ἑαυτῷ διὰ   Ἰησοῦ[40] Χριστοῦ καὶ δόντος ἡμῖν
nos consigo a través de Jesús Cristo y el que dio a nosotros

τὴν διακονίαν τῆς καταλλαγῆς,
el servicio de la reconciliación,

---

35. Es decir, en apariencia.
36. La palabra griega tiene un contenido semántico muy amplio que incluye tener cautivo (Lucas 22.63), poner en estrecho (Filipenses 1.23), estar absorbido o entregado (Hechos 18.5). Una suma de todos estos sentimientos y sensaciones es lo que provoca en el creyente el amor que Cristo le ha otorgado.
37. La NU suprime si.
38. La NU suprime el todo.
39. También, lo primero.
40. La NU suprime de Jesús.

19 ὡς   ὅτι Θεὸς ἦν   ἐν Χριστῷ κόσμον   καταλλάσσων
   como que Dios estaba en Cristo a mundo reconciliando

   ἑαυτῷ,   μὴ λογιζόμενος αὐτοῖς τὰ παραπτώματα
   consigo mismo, no imputando a ellos las transgresiones

   αὐτῶν, καὶ θέμενος   ἐν ἡμῖν   τὸν λόγον τῆς
   de ellos, y ofreciendo⁴¹ en nosotros la palabra de la

   καταλλαγῆς.
   reconciliación.

20 Ὑπὲρ   Χριστοῦ οὖν πρεσβεύομεν   ὡς
   En nombre de Cristo pues servimos como embajadores como

   τοῦ Θεοῦ παρακαλοῦντος δι' ἡμῶν   δεόμεθα ὑπὲρ
   Dios   rogando   a través de nosotros: (os) rogamos por

   Χριστοῦ, καταλλάγητε τῷ Θεῷ·
   Cristo, reconciliaos con Dios.

21 τὸν γὰρ μὴ γνόντα ἁμαρτίαν ὑπὲρ ἡμῶν
   al que Porque no conoció pecado por nosotros

   ἁμαρτίαν ἐποίησεν, ἵνα ἡμεῖς γενώμεθα δικαιοσύνη
   pecado   hizo,⁴² para que nosotros llegáramos a ser justicia

   Θεοῦ ἐν αὐτῷ.
   de Dios en él.

6 1 Συνεργοῦντες δὲ   καὶ   παρακαλοῦμεν μὴ εἰς κενὸν
   Colaborando sin embargo también exhortamos no en vano

   τὴν χάριν τοῦ Θεοῦ δέξασθαι ὑμᾶς·
   la gracia de Dios a recibir vosotros.⁴³

2 λέγει γάρ· καιρῷ δεκτῷ ἐπήκουσά σου καὶ ἐν ἡμέρᾳ
   dice Porque: en tiempo aceptable escuché te y en día

   σωτηρίας ἐβοήθησά σοι· ἰδοὺ νῦν   καιρὸς
   de salvación ayudé te. Mira ahora (es) tiempo

   εὐπρόσδεκτος, ἰδοὺ νῦν ἡμέρα σωτηρίας·
   aceptable,   mira ahora día de salvación.

3 μηδεμίαν   ἐν μηδενὶ διδόντες προσκοπήν,
   De ninguna manera en nada dando ocasión de tropiezo⁴⁴

   ἵνα μὴ μωμηθῇ ἡ διακονία,
   para que no sea vituperado el servicio,⁴⁵

4 ἀλλ' ἐν παντὶ συνιστῶντες ἑαυτοὺς
   sino en todo recomendando a nosotros mismos

   ὡς Θεοῦ διάκονοι, ἐν ὑπομονῇ πολλῇ,
   como de Dios siervos, en aguante mucho,

   ἐν θλίψεσιν,   ἐν ἀνάγκαις, ἐν στενοχωρίαις,
   en tribulaciones, en calamidades, en apuros,

5 ἐν πληγαῖς, ἐν φυλακαῖς, ἐν ἀκαταστασίαις,
   en golpes, en prisiones, en agitaciones,

   ἐν κόποις, ἐν ἀγρυπνίαις, ἐν νηστείαις,
   en bregas, en noches sin sueño, en ayunos,

6 ἐν ἁγνότητι, ἐν γνώσει,   ἐν μακροθυμίᾳ, ἐν χρηστότητι,
   en pureza, en conocimiento, en longanimidad, en honradez,⁴⁶

   ἐν Πνεύματι Ἁγίῳ, ἐν ἀγάπῃ ἀνυποκρίτῳ,
   en Espíritu Santo, en amor sin hipocresía,

19Porque ciertamente Dios estaba en Cristo reconciliando el mundo a sí, no imputándole sus pecados, y puso en nosotros la palabra de la reconciliación. 20Así que, somos embajadores en nombre de Cristo, como si Dios rogase por medio nuestro; os rogamos en nombre de Cristo: Reconciliaos con Dios. 21Al que no conoció pecado, hizo pecado por nosotros, para que nosotros fuésemos hechos justicia de Dios en él.

6 Y así nosotros, como ayudadores juntamente con él, os exhortamos también a que no recibáis en vano la gracia de Dios, 2(Porque dice:
En tiempo aceptable te he oído,
Y en día de salud te he socorrido: he aquí ahora el tiempo aceptable; he aquí ahora el día de salud:) 3No dando a nadie ningún escándalo, porque el ministerio nuestro no sea vituperado: 4Antes habiéndonos en todas cosas como ministros de Dios, en mucha paciencia, en tribulaciones, en necesidades, en angustias; 5En azotes, en cárceles, en alborotos, en trabajos, en vigilias, en ayunos; 6En castidad, en ciencia, en longanimidad, en bondad, en Espíritu Santo, en amor no fingido;

---

41. O presentando como en I Corintios 9.18.
42. No que él cometiera pecado, sino que fue convertido en pecado por nosotros al cargar con nuestros pecados.
43. Es decir, a que no recibáis en vano la gracia de Dios.
44. O de ofensa.
45. O ministerio.
46. También bondad.

7 En palabra de verdad, en potencia de Dios, en armas de justicia a diestro y a siniestro;
8 Por honra y por deshonra, por infamia y por buena fama; como engañadores, mas hombres de verdad;
9 Como ignorados, mas conocidos; como muriendo, mas he aquí vivimos; como castigados, mas no muertos;
10 Como doloridos, mas siempre gozosos; como pobres, mas enriqueciendo a muchos; como no teniendo nada, mas poseyéndolo todo.
11 Nuestra boca está abierta a vosotros, oh Corintios: nuestro corazón es ensanchado.
12 No estáis estrechos en nosotros, mas estáis estrechos en vuestras propias entrañas.
13 Pues, para corresponder al propio modo (como a hijos hablo), ensanchaos también vosotros.
14 No os juntéis en yugo con los infieles: porque ¿qué compañía tienes la justicia con la injusticia? ¿y qué comunión la luz con las tinieblas?
15 ¿Y qué concordia Cristo con Belial? ¿ó qué parte el fiel con el infiel?
16 ¿Y qué concierto el templo de Dios con los ídolos? porque vosotros sois el templo del Dios viviente, como Dios dijo: Habitaré y andaré en ellos; y seré el Dios de ellos, y ellos serán mi pueblo.

7 ἐν λόγῳ ἀληθείας, ἐν δυνάμει Θεοῦ, διὰ τῶν ὅπλων
en palabra de verdad, en poder de Dios, con las armas
τῆς δικαιοσύνης τῶν δεξιῶν καὶ ἀριστερῶν,
de la justicia de la derecha y de izquierda,

8 διὰ δόξης καὶ ἀτιμίας, διὰ δυσφημίας
con gloria y deshonra, con mala reputación
καὶ εὐφημίας· ὡς πλάνοι καὶ ἀληθεῖς,
y buena reputación, como engañadores y veraces,

9 ὡς ἀγνοούμενοι καὶ ἐπιγινωσκόμενοι, ὡς
como siendo desconocidos y siendo bien conocidos, como
ἀποθνήσκοντες καὶ ἰδοὺ ζῶμεν, ὡς παιδευόμενοι
muriendo y mira vivimos, como siendo educados[47]
καὶ μὴ θανατούμενοι,
y no siendo muertos,

10 ὡς λυπούμενοι ἀεὶ δὲ χαίροντες, ὡς πτωχοὶ
como entristecidos siempre Pero alegrándose, como pobres
πολλοὺς δὲ πλουτίζοντες, ὡς μηδὲν ἔχοντες
a muchos Sin embargo enriqueciendo, como nada teniendo
καὶ πάντα κατέχοντες.
y todo poseyendo.

11 Τὸ στόμα ἡμῶν ἀνέῳγε πρὸς ὑμᾶς, Κορίνθιοι,
La boca de nosotros se ha abierto a vosotros, corintios,
ἡ καρδία ἡμῶν πεπλάτυνται·
el corazón de nosotros se ha abierto de par en par.

12 οὐ στενοχωρεῖσθε ἐν ἡμῖν, στενοχωρεῖσθε
No estáis apretados en nosotros, estáis apretados
δὲ ἐν τοῖς σπλάγχνοις ὑμῶν·
sin embargo en las entrañas de vosotros.

13 τὴν δὲ αὐτὴν ἀντιμισθίαν, ὡς τέκνοις
la Sin embargo misma remuneración (ofreced), como a hijos
λέγω, πλατύνθητε καὶ ὑμεῖς.
hablo, Abríos de par en par también vosotros.

14 Μὴ γίνεσθε ἑτεροζυγοῦντες ἀπίστοις· τίς γὰρ
No resultéis unidos en otro yugo con los que no creen. ¿qué Porque
μετοχὴ δικαιοσύνῃ καὶ ἀνομίᾳ; τίς
asociación (puede haber) entre justicia e iniquidad? ¿qué
δὲ κοινωνία φωτὶ πρὸς σκότος;
Sin embargo comunión para luz con oscuridad?

15 τίς δὲ συμφώνησις Χριστῷ πρὸς Βελίαλ;
¿qué Sin embargo acuerdo para Cristo con Belial
ἢ τίς μερὶς πιστῷ μετὰ ἀπίστου;
o qué parte para creyente con quien no cree?

16 τίς δὲ συγκατάθεσις ναῷ Θεοῦ μετὰ
¿qué sin embargo acuerdo para templo de Dios con
εἰδώλων; ὑμεῖς[48] γὰρ ναὸς Θεοῦ ἐστε ζῶντος, καθὼς
ídolos? vosotros Porque templo de Dios sois viviente, como
εἶπεν ὁ Θεὸς ὅτι ἐνοικήσω ἐν αὐτοῖς καὶ ἐμπεριπατήσω,
dijo Dios que moraré en ellos y caminaré en medio (de ellos)
καὶ ἔσομαι αὐτῶν Θεός, καὶ αὐτοὶ
y seré de ellos Dios, y ellos
ἔσονταί μου λαός.
serán de mí pueblo.

---

47. O disciplinados.
48. La NU sustituye por nosotros.

17 διὸ ἐξέλθατε ἐκ μέσου αὐτῶν καὶ ἀφορίσθητε, λέγει
Por tanto salid de en medio de ellos y separaos, dice
Κύριος, καὶ ἀκαθάρτου μὴ ἅπτεσθε, κἀγὼ εἰσδέξομαι ὑμᾶς,
Señor, e impuro no toquéis, y yo recibiré os.

18 καὶ ἔσομαι ὑμῖν εἰς πατέρα, καὶ ὑμεῖς ἔσεσθέ μοι
Y seré para vosotros por padre, y vosotros seréis para mí
εἰς υἱοὺς καὶ θυγατέρας, λέγει Κύριος παντοκράτωρ.
por hijos e hijas, dice Señor todopoderoso.

7 **1** ταύτας οὖν ἔχοντες τὰς ἐπαγγελίας, ἀγαπητοί,
Estas pues teniendo las promesas, amados,
καθαρίσωμεν ἑαυτοὺς ἀπὸ παντὸς μολυσμοῦ
limpiemos a nosotros mismos de toda contaminación
σαρκὸς καὶ πνεύματος, ἐπιτελοῦντες ἁγιωσύνην
de carne y de espíritu, completando santidad
ἐν φόβῳ Θεοῦ.
en temor de Dios.

2 Χωρήσατε ἡμᾶς· οὐδένα ἠδικήσαμεν,
Comprended nos. A ninguno tratamos injustamente,
οὐδένα ἐφθείραμεν, οὐδένα ἐπλεονεκτήσαμεν.
a ninguno corrompimos, a ninguno estafamos,

3 οὐ πρὸς κατάκρισιν λέγω· προείρηκα γὰρ ὅτι
no por condena digo: he dicho antes Porque que
ἐν ταῖς καρδίαις ἡμῶν ἐστε
en los corazones de nosotros estáis
εἰς τὸ συναποθανεῖν καὶ συζῆν.
para el morir juntos y vivir juntos.

4 πολλή μοι παρρησία πρὸς ὑμᾶς, πολλή μοι
Mucha para mí confianza hacia vosotros,[49] mucha para mí
καύχησις ὑπὲρ ὑμῶν· πεπλήρωμαι τῇ παρακλήσει,
jactancia por vosotros.[50] he sido llenado con la consolación,
ὑπερπερισσεύομαι τῇ χαρᾷ
sobreabundo en la alegría
ἐπὶ πάσῃ τῇ θλίψει ἡμῶν.
en toda la tribulación de nosotros.

5 Καὶ γὰρ ἐλθόντων ἡμῶν εἰς Μακεδονίαν οὐδεμίαν
ciertamente Porque viniendo nosotros a Macedonia ningún
ἔσχηκεν ἄνεσιν ἡ σὰρξ ἡμῶν, ἀλλ' ἐν παντὶ
tuvo descanso la carne de nosotros, sino en todo
θλιβόμενοι· ἔξωθεν μάχαι, ἔσωθεν φόβοι.
siendo afligidos. Fuera (había) luchas, dentro miedos.

6 ἀλλ' ὁ παρακαλῶν τοὺς ταπεινοὺς παρεκάλεσεν
Pero el que consuela a los humildes consoló
ἡμᾶς ὁ Θεὸς ἐν τῇ παρουσίᾳ Τίτου·
a nosotros - Dios con la venida de Tito.

17 Por lo cual Salid de en medio de ellos, y apartaos, dice el Señor, Y no toquéis lo inmundo; Y yo os recibiré,

18 Y seré a vosotros Padre, Y vosotros me seréis a mí hijos e hijas, dice el Señor Todopoderoso.

7 Así que, amados, pues tenemos tales promesas, limpiémonos de toda inmundicia de carne y de espíritu, perfeccionando la santificación en temor de Dios. **2** Admitidnos: a nadie hemos injuriado, a nadie hemos corrompido, a nadie hemos engañado. **3** No para condenaros lo digo; que ya he dicho antes que estáis en nuestros corazones, para morir y para vivir juntamente. **4** Mucha confianza tengo de vosotros, tengo de vosotros mucha gloria; lleno estoy de consolación, sobreabundo de gozo en todas nuestras tribulaciones. **5** Porque aun cuando vinimos a Macedonia, ningún reposo tuvo nuestra carne; antes, en todo fuimos atribulados: de fuera, cuestiones; de dentro, temores. **6** Mas Dios, que consuela a los humildes, nos consoló con la venida de Tito:

---

49. Es decir, tengo mucha confianza en vosotros.
50. Es decir, tengo mucho motivo de jactancia en vosotros.

7 Y no sólo con su venida, sino también con la consolación con que él fué consolado acerca de vosotros, haciéndonos saber vuestro deseo grande, vuestro lloro, vuestro celo por mí, para que así me gozase más.
8 Porque aunque os contristé por la carta, no me arrepiento, bien que me arrepentí; porque veo que aquella carta, aunque por algún tiempo os contristó,
9 Ahora me gozo, no porque hayáis sido contristados, sino porque fuisteis contristados para arrepentimiento; porque habéis sido contristados según Dios, para que ninguna pérdida padecieseis por nuestra parte.
10 Porque el dolor que es según Dios, obra arrepentimiento saludable, de que no hay que arrepentirse; mas el dolor del siglo obra muerte.
11 Porque he aquí, esto mismo que según Dios fuisteis contristados, cuánta solicitud ha obrado en vosotros, y aun defensa, y aun enojo, y aun temor, y aun gran deseo, y aun celo, y aun vindicación. En todo os habéis mostrado limpios en el negocio.
12 Así que, aunque os escribí, no fué por causa del que hizo la injuria, ni por causa del que la padeció, mas para que os fuese manifiesta nuestra solicitud que tenemos por vosotros delante de Dios.

7 οὐ μόνον δὲ ἐν τῇ παρουσίᾳ αὐτοῦ, ἀλλὰ καὶ
no sólo sin embargo con la venida de él, sino también
ἐν τῇ παρακλήσει ᾗ παρεκλήθη ἐφ' ὑμῖν,
con la consolación con la que fue consolado respecto a vosotros,
ἀναγγέλλων ἡμῖν τὴν ὑμῶν ἐπιπόθησιν,
informando nos de el de vosotros anhelo,
τὸν ὑμῶν ὀδυρμόν, τὸν ὑμῶν ζῆλον ὑπὲρ ἐμοῦ,
el de vosotros llanto, el de vosotros celo por mí,
ὥστε με μᾶλλον χαρῆναι,
de manera que yo más me regocijé,

8 ὅτι εἰ καὶ ἐλύπησα ὑμᾶς ἐν τῇ ἐπιστολῇ,
Porque aunque entristecí os con la carta,
οὐ μεταμέλομαι, εἰ καὶ μετεμελόμην·
no lamento, aunque lamenté (antes).
βλέπω γὰρ ὅτι ἡ ἐπιστολὴ ἐκείνη,
veo Porque que la carta aquella,
εἰ καὶ πρὸς ὥραν ἐλύπησεν ὑμᾶς.
aunque por (una) hora entristeció os.

9 νῦν χαίρω, οὐχ ὅτι ἐλυπήθητε, ἀλλ' ὅτι
Ahora me alegro, no porque fuisteis entristecidos, sino porque
ἐλυπήθητε εἰς μετάνοιαν· ἐλυπήθητε
fuisteis entristecidos para arrepentimiento. fuisteis entristecidos
γὰρ κατὰ Θεόν, ἵνα ἐν μηδενὶ ζημιωθῆτε ἐξ ἡμῶν.[51]
Porque según Dios, para que en nada perdierais por nosotros.

10 ἡ γὰρ κατὰ Θεὸν λύπη μετάνοιαν εἰς σωτηρίαν
la Porque según Dios tristeza arrepentimiento para salvación
ἀμεταμέλητον κατεργάζεται· ἡ δὲ τοῦ κόσμου
sin tristeza produce. la Sin embargo del mundo
λύπη θάνατον κατεργάζεται.
tristeza muerte produce.

11 ἰδοὺ γὰρ αὐτὸ τοῦτο, τὸ κατὰ Θεὸν λυπηθῆναι ὑμᾶς,[52]
mira Porque esto mismo, el según Dios ser entristecidos vosotros,
πόσην κατειργάσατο ὑμῖν σπουδήν,
cuanta mayor produjo a vosotros diligencia,
ἀλλὰ ἀπολογίαν, ἀλλὰ ἀγανάκτησιν, ἀλλὰ φόβον,
además de defensa, además de indignación, además de miedo,
ἀλλὰ ἐπιπόθησιν, ἀλλὰ ζῆλον, ἀλλὰ ἐκδίκησιν.
además de afecto, además de celo, además de vindicación.[53]
ἐν παντὶ συνεστήσατε ἑαυτοὺς ἁγνοὺς
En todo mostrasteis a vosotros mismos puros
εἶναι ἐν τῷ πράγματι.[54]
ser en el asunto.

12 ἄρα εἰ καὶ ἔγραψα ὑμῖν, οὐχ εἵνεκεν
Entonces si también escribí os, no por causa
τοῦ ἀδικήσαντος οὐδὲ εἵνεκεν τοῦ ἀδικηθέντος,
del que se comportó mal ni por causa del que fue agraviado,
ἀλλ' εἵνεκεν τοῦ φανερωθῆναι τὴν σπουδὴν
(lo hice) sino por causa de ser manifestada la diligencia
ὑμῶν τὴν ὑπὲρ ἡμῶν πρὸς ὑμᾶς ἐνώπιον τοῦ Θεοῦ.
de vosotros la por nosotros hacia vosotros delante de Dios.

---

51. O a causa de algo que procediera de nosotros.
52. La NU omite vosotros.
53. O de castigo.
54. Es decir, en todo dejasteis de manifiesto que erais puros en relación con ese asunto.

13 Διὰ τοῦτο παρακεκλήμεθα. ἐπὶ δὲ τῇ παρακλήσει
Por esto hemos sido consolados, por - la consolación
ὑμῶν περισσοτέρως μᾶλλον ἐχάρημεν
de vosotros sobresalientemente más nos alegramos
ἐπὶ τῇ χαρᾷ Τίτου, ὅτι ἀναπέπαυται
por la alegría de Tito, porque ha sido confortado
τὸ πνεῦμα αὐτοῦ ἀπὸ πάντων ὑμῶν·
el espíritu de él de todos vosotros.

14 ὅτι εἴ τι αὐτῷ ὑπὲρ ὑμῶν κεκαύχημαι, οὐ
Porque si algo a él por vosotros me he jactado,[55] no
κατῃσχύνθην, ἀλλ' ὡς πάντα ἐν ἀληθείᾳ
fui avergonzado, sino que como todo en verdad
ἐλαλήσαμεν ὑμῖν, οὕτως καὶ ἡ καύχησις ἡμῶν
hemos hablado a vosotros, así también la jactancia de nosotros
ἡ ἐπὶ Τίτου ἀλήθεια ἐγενήθη.
la por Tito verdad resultó.

15 καὶ τὰ σπλάγχνα αὐτοῦ περισσοτέρως εἰς ὑμᾶς
Y las entrañas[56] de él sobresalientemente para vosotros
ἐστιν ἀναμιμνῃσκομένου τὴν πάντων ὑμῶν ὑπακοήν,
son recordando la de todos vosotros obediencia,
ὡς μετὰ φόβου καὶ τρόμου ἐδέξασθε αὐτόν.
como con temor y temblor recibisteis lo.

16 χαίρω ὅτι ἐν παντὶ θαρρῶ ἐν ὑμῖν.
me alegro porque en todo tengo confianza en vosotros.

8 **1** Γνωρίζομεν δὲ ὑμῖν, ἀδελφοί, τὴν χάριν
Damos a conocer sin embargo a vosotros, hermanos, la gracia
τοῦ θεοῦ τὴν δεδομένην ἐν ταῖς ἐκκλησίαις τῆς
de Dios la que ha sido dada en las iglesias de la
Μακεδονίας,
Macedonia,

2 ὅτι ἐν πολλῇ δοκιμῇ θλίψεως ἡ περισσεία τῆς
porque en mucha prueba de tribulación la abundancia de la
χαρᾶς αὐτῶν καὶ ἡ κατὰ βάθους πτωχεία αὐτῶν
alegría de ellos y la hasta profundidad pobreza de ellos
ἐπερίσσευσεν εἰς τὸν πλοῦτον τῆς ἁπλότητος αὐτῶν·
abundaron para la riqueza de la generosidad de ellos.

3 ὅτι κατὰ δύναμιν, μαρτυρῶ, καὶ ὑπὲρ δύναμιν
porque según poder, testifico, y sobre poder
αὐθαίρετοι,
voluntarios (fueron),[57]

4 μετὰ πολλῆς παρακλήσεως δεόμενοι ἡμῶν τὴν χάριν
con mucho ruego pidiendo de nosotros la gracia
καὶ τὴν κοινωνίαν τῆς διακονίας τῆς εἰς τοὺς ἁγίους,
y la comunión del servicio la para los santos,

5 καὶ οὐ καθὼς ἠλπίσαμεν, ἀλλ' ἑαυτοὺς ἔδωκαν
y no como esperábamos, sino que a sí mismos dieron
πρῶτον τῷ Κυρίῳ καὶ ἡμῖν διὰ θελήματος Θεοῦ,
primero al Señor y a nosotros por voluntad de Dios,

13 Por tanto, tomamos consolación de vuestra consolación: empero mucho más nos gozamos por el gozo de Tito, que haya sido recreado su espíritu de todos vosotros.
14 Pues si algo me he gloriado para con él de vosotros, no he sido avergonzado; antes, como todo lo que habíamos dicho de vosotros era con verdad, así también nuestra gloria delante de Tito fué hallada verdadera.
15 Y sus entrañas son más abundantes para con vosotros, cuando se acuerda de la obediencia de todos vosotros, de cómo lo recibisteis con temor y temblor.
16 Me gozo de que en todo estoy confiado de vosotros.

8 Asimismo, hermanos, os hacemos saber la gracia de Dios que ha sido dada a las iglesias de Macedonia:
2 Que en grande prueba de tribulación, la abundancia de su gozo y su profunda pobreza abundaron en riquezas de su bondad.
3 Pues de su grado han dado conforme a sus fuerzas, yo testifico, y aun sobre sus fuerzas;
4 Pidiéndonos con muchos ruegos, que aceptásemos la gracia y la comunicación del servicio para los santos.
5 Y no como lo esperábamos, mas aun a sí mismos se dieron primeramente al Señor, y a nosotros por la voluntad de Dios.

---

55. Es decir, porque si de algo vuestro me he jactado delante de él.
56. En el sentido de afecto. Es decir, su afecto hacia vosotros es enormemente sobresaliente.
57. Es decir, dieron con toda su voluntad de acuerdo con lo que podían y más allá de lo que podían.

6 De manera que exhortamos a Tito, que como comenzó antes, así también acabe esta gracia entre vosotros también.
7 Por tanto, como en todo abundáis, en fe, y en palabra, y en ciencia, y en toda solicitud, y en vuestro amor para con nosotros, que también abundéis en esta gracia.
8 No hablo como quien manda, sino para poner a prueba, por la eficacia de otros, la sinceridad también de la caridad vuestra.
9 Porque ya sabéis la gracia de nuestro Señor Jesucristo, que por amor de vosotros se hizo pobre, siendo rico; para que vosotros con su pobreza fueseis enriquecidos.
10 Y en esto doy mi consejo; porque esto os conviene a vosotros, que comenzasteis antes, no sólo a hacerlo, mas aun a quererlo desde el año pasado.
11 Ahora pues, llevad también a cabo el hecho, para que como estuvisteis prontos a querer, así también lo estéis en cumplir conforme a lo que tenéis.
12 Porque si primero hay la voluntad pronta, será acepta por lo que tiene, no por lo que no tiene.
13 Porque no digo esto para que haya para otros desahogo, y para vosotros apretura;
14 Sino para que en este tiempo, con igualdad, vuestra abundancia supla la falta de ellos, para que también la abundancia de ellos supla vuestra falta, porque haya igualdad;

6 εἰς τὸ παρακαλέσαι ἡμᾶς Τίτον, ἵνα καθὼς
   para el exhortar nosotros a Tito, para que como
   προενήρξατο οὕτω καὶ ἐπιτελέσῃ εἰς ὑμᾶς
   empezó previamente así también concluya en vosotros
   καὶ τὴν χάριν ταύτην.
   también la gracia esta.

7 ἀλλ' ὥσπερ ἐν παντὶ περισσεύετε, πίστει καὶ
   pero como en todo abundáis, en fe y
   λόγῳ καὶ γνώσει καὶ πάσῃ σπουδῇ καὶ τῇ
   en palabra y en conocimiento y en toda diligencia y en
   ἐξ ὑμῶν ἐν ἡμῖν ἀγάπῃ, ἵνα καὶ ἐν
   el de vosotros hacia nosotros amor, para que también en
   ταύτῃ τῇ χάριτι περισσεύητε.
   esta la gracia abundéis.

8 Οὐ κατ' ἐπιταγὴν λέγω, ἀλλὰ διὰ τῆς ἑτέρων
   No según mandato digo, sino por la de otros
   σπουδῆς καὶ τὸ τῆς ὑμετέρας ἀγάπης γνήσιον δοκιμάζων·
   diligencia y lo del vuestro amor genuino probando.

9 γινώσκετε γὰρ τὴν χάριν τοῦ Κυρίου ἡμῶν Ἰησοῦ
   conocéis Porque la gracia del Señor de nosotros Jesús
   Χριστοῦ, ὅτι δι' ὑμᾶς ἐπτώχευσε πλούσιος ὤν,
   Cristo, porque por vosotros se empobreció rico siendo,
   ἵνα ὑμεῖς τῇ ἐκείνου πτωχείᾳ πλουτήσητε.
   para que vosotros por la de aquel pobreza seáis enriquecidos.

10 καὶ γνώμην ἐν τούτῳ δίδωμι· τοῦτο γὰρ ὑμῖν συμφέρει,
   Y opinión en esto doy. esto Porque os aprovecha,
   οἵτινες οὐ μόνον τὸ ποιῆσαι, ἀλλὰ καὶ
   que no sólo el hacer, sino también
   τὸ θέλειν προενήρξασθε ἀπὸ πέρυσι·
   el querer comenzasteis desde año pasado.

11 νυνὶ δὲ καὶ τὸ ποιῆσαι ἐπιτελέσατε, ὅπως
   Ahora sin embargo también el hacer terminad, así
   καθάπερ ἡ προθυμία τοῦ θέλειν, οὕτω καὶ
   como (hubo) la disposición del querer, así también
   τὸ ἐπιτελέσαι ἐκ τοῦ ἔχειν.[58]
   el terminar según el tener.

12 εἰ γὰρ ἡ προθυμία πρόκειται, καθὸ ἐὰν ἔχῃ
   si Porque la disposición está presente, según lo que si tenga
   τις εὐπρόσδεκτος, οὐ καθὸ οὐκ ἔχει.
   alguno aceptable (es), no según lo que no tiene.

13 οὐ γὰρ ἵνα ἄλλοις ἄνεσις,
   no Porque (puede ser que) para que para otros (haya) amplitud,[59]
   ὑμῖν δὲ θλῖψις,
   para vosotros sin embargo tribulación,

14 ἀλλ' ἐξ ἰσότητος ἐν τῷ νῦν καιρῷ τὸ ὑμῶν περίσσευμα
   sino con igualdad en el ahora tiempo la de vosotros abundancia
   εἰς τὸ ἐκείνων ὑστέρημα, ἵνα καὶ τὸ ἐκείνων
   para la de aquellos necesidad, para que también la de aquellos
   περίσσευμα γένηται εἰς τὸ ὑμῶν ὑστέρημα,
   necesidad resulte en la de vosotros abundancia,
   ὅπως γένηται ἰσότης,
   para que resulte igualdad.

---

58. Es decir, de la misma manera que tuvisteis disposición para querer hacerlo ahora hacedlo hasta el final de acuerdo con lo que tengáis.
59. O desahogo.

15 καθὼς γέγραπται· ὁ   τὸ πολὺ οὐκ
Como ha sido escrito: el que (recogió) lo mucho no

ἐπλεόνασε, καὶ ὁ   τὸ ὀλίγον οὐκ ἠλαττόνησε.
tuvo en exceso, y el que (recogió) lo poco no careció.

16 Χάρις δὲ   τῷ Θεῷ τῷ διδόντι[60] τὴν αὐτὴν σπουδὴν
Gracias sin embargo a Dios el que da la misma diligencia

ὑπὲρ ὑμῶν   ἐν τῇ καρδίᾳ Τίτου,
por vosotros en el corazón de Tito,

17 ὅτι   τὴν μὲν   παράκλησιν ἐδέξατο, σπουδαιότερος
porque la no sólo exhortación recibió, más diligente

δὲ   ὑπάρχων αὐθαίρετος ἐξῆλθε πρὸς ὑμᾶς.
Sino que también siendo voluntario vino a vosotros.

18 συνεπέμψαμεν   δὲ μετ᾽ αὐτοῦ τὸν ἀδελφὸν οὗ ὁ
Envíamos conjuntamente - con él al hermano del cual la

ἔπαινος ἐν τῷ εὐαγγελίῳ   διὰ πασῶν τῶν ἐκκλησιῶν·
alabanza en el evangelio (se oye) por todas las iglesias.

19 οὐ μόνον δὲ, ἀλλὰ καὶ   χειροτονηθεὶς   ὑπὸ τῶν
No sólo -, sino también habiendo sido elegido por las

ἐκκλησιῶν συνέκδημος ἡμῶν   σὺν τῇ χάριτι ταύτῃ τῇ
iglesias co-viajero de nosotros con el donativo este el

διακονουμένῃ ὑφ᾽ ἡμῶν πρὸς τὴν αὐτοῦ τοῦ Κυρίου δόξαν
administrado por nosotros para la del mismo Señor gloria

καὶ προθυμίαν ἡμῶν·
y disposición de nosotros.

20 στελλόμενοι τοῦτο, μή   τις   ἡμᾶς μωμήσηται
evitando esto, para que no alguno nos culpe

ἐν τῇ ἁδρότητι   ταύτῃ τῇ διακονουμένῃ
en la abundancia esta la administrada

ὑφ᾽ ἡμῶν,
por nosotros,

21 προνοούμενοι καλὰ   οὐ μόνον ἐνώπιον Κυρίου,
previendo[61] lo bueno no sólo delante de Señor,

ἀλλὰ καὶ   ἐνώπιον ἀνθρώπων.
sino también delante de hombres.

22 συνεπέμψαμεν   δὲ   αὐτοῖς τὸν ἀδελφὸν
Envíamos juntamente sin embargo con ellos al hermano

ἡμῶν,   ὃν   ἐδοκιμάσαμεν ἐν πολλοῖς   πολλάκις
de nosotros, al que comprobamos[62] en muchas cosas muchas veces

σπουδαῖον ὄντα, νυνὶ δὲ   πολὺ σπουδαιότερον
diligente siendo, ahora sin embargo mucho más diligente

πεποιθήσει   πολλῇ τῇ εἰς ὑμᾶς.
por confianza mucha la en vosotros.[63]

23 εἴτε   ὑπὲρ Τίτου,   κοινωνὸς ἐμὸς καὶ εἰς ὑμᾶς
En cuanto a Tito, (es) compañero mío y para vosotros

συνεργός· εἴτε   ἀδελφοὶ ἡμῶν,   ἀπόστολοι
colaborador, en cuanto hermanos de nosotros, (son) apóstoles[64]

ἐκκλησιῶν, δόξα Χριστοῦ.
de iglesias, gloria de Cristo.

15Como está escrito: El que recogió mucho, no tuvo más; y el que poco, no tuvo menos.
16Empero gracias a Dios que dió la misma solicitud por vosotros en el corazón de Tito.
17Pues a la verdad recibió la exhortación; mas estando también muy solícito, de su voluntad partió para vosotros.
18Y enviamos juntamente con él al hermano cuya alabanza en el evangelio es por todas las iglesias;
19Y no sólo esto, mas también fué ordenado por las iglesias el compañero de nuestra peregrinación para llevar esta gracia, que es administrada de nosotros para gloria del mismo Señor, y para demostrar vuestro pronto ánimo:
20Evitando que nadie nos vitupere en esta abundancia que ministramos;
21Procurando las cosas honestas, no sólo delante del Señor, mas aun delante de los hombres.
22Enviamos también con ellos a nuestro hermano, al cual muchas veces hemos experimentado diligente, mas ahora mucho más con la mucha confianza que tiene en vosotros.
23Ora en orden a Tito, es mi compañero y coadjutor para con vosotros; o acerca de nuestros hermanos, los mensajeros son de las iglesias, y la gloria de Cristo.

---

60. La NU sustituye por el que ha dado.
61. La NU sustituye por hemos previsto.
62. En el mismo sentido de Lucas 14.19.
63. Es decir, si en el pasado tuvimos ocasión de comprobar que era diligente, ahora lo comprobamos mucho más por la confianza que tenéis en él.
64. En el sentido, posiblemente, de mensajero y no del ministerio apostólico en sentido estricto (Hechos 1.21-26).

24Mostrad pues, para con ellos a la faz de las iglesias la prueba de vuestro amor, y de nuestra gloria acerca de vosotros.

9 Porque cuanto a la suministración para los santos, por demás me es escribiros;
2Pues conozco vuestro pronto ánimo, del cual me glorío yo entre los de Macedonia, que Acaya está apercibida desde el año pasado; y vuestro ejemplo ha estimulado a muchos.
3Mas he enviado los hermanos, porque nuestra gloria de vosotros no sea vana en esta parte; para que, como lo he dicho, estéis apercibidos;
4No sea que, si vinieren conmigo Macedonios, y os hallaren desapercibidos, nos avergoncemos nosotros, por no decir vosotros, de este firme gloriarnos.
5Por tanto, tuve por cosa necesaria exhortar a los hermanos que fuesen primero a vosotros, y apresten primero vuestra bendición antes prometida para que esté aparejada como de bendición, y no como de mezquindad.
6Esto empero digo: El que siembra escasamente, también segará escasamente; y el que siembra en bendiciones, en bendiciones también segará.
7Cada uno dé como propuso en su corazón: no con tristeza, o por necesidad; porque Dios ama el dador alegre.

24 Τὴν οὖν ἔνδειξιν τῆς ἀγάπης ὑμῶν καὶ ἡμῶν
la Por tanto prueba del amor de vosotros y de nosotros
καυχήσεως ὑπὲρ ὑμῶν εἰς αὐτοὺς ἐνδείξασθε εἰς πρόσωπον
de jactancia⁶⁵ por vosotros a ellos mostrad en rostro⁶⁶
τῶν ἐκκλησιῶν.
de las iglesias.

9 1 Περὶ μὲν γὰρ τῆς διακονίας τῆς εἰς τοὺς ἁγίους περισσόν
acerca - Porque del servicio el para los santos preciso
μοί ἐστι τὸ γράφειν ὑμῖν.
me es el escribir os.

2 οἶδα γὰρ τὴν προθυμίαν ὑμῶν ἣν ὑπὲρ ὑμῶν
conozco Porque la diligencia de vosotros de la cual por vosotros
καυχῶμαι Μακεδόσιν, ὅτι Ἀχαΐα παρεσκεύασται
me jacto entre macedonios, porque Acaya ha estado preparada
ἀπὸ πέρυσι· καὶ ὁ ὑμῶν ζῆλος ἠρέθισε τοὺς πλείονας.
desde el año pasado. Y el de vosotros celo estimuló a los más.

3 ἔπεμψα δὲ τοὺς ἀδελφούς, ἵνα μὴ τὸ καύχημα
Envié sin embargo a los hermanos, para que no la jactancia
ἡμῶν τὸ ὑπὲρ ὑμῶν κενωθῇ ἐν τῷ μέρει τούτῳ·
de vosotros la por vosotros fuera vaciada⁶⁷ en la parte esta
ἵνα, καθὼς ἔλεγον, παρεσκευασμένοι ἦτε,
para que, como dije, preparados estéis.

4 Μή πως ἐὰν ἔλθωσι σὺν ἐμοὶ Μακεδόνες καὶ εὕρωσιν
no sea que si vienen conmigo macedonios y encuentran
ὑμᾶς ἀπαρασκευάστους, καταισχυνθῶμεν ἡμεῖς,
os no preparados, nos avergoncemos nosotros,
ἵνα μὴ λέγωμεν⁶⁸ ὑμεῖς, ἐν τῇ ὑποστάσει ταύτῃ
- para que no digamos vosotros - en la confianza esta
τῆς καυχήχεως.⁶⁹
de la jactancia.

5 ἀναγκαῖον οὖν ἡγησάμην παρακαλέσαι τοὺς ἀδελφοὺς
Necesario pues consideré exhortar a los hermanos
ἵνα προέλθωσιν εἰς ὑμᾶς καὶ
para que (me) precedieran (yendo) a vosotros y
προκαταρτίσωσι τὴν προκατηγγελμένην εὐλογίαν
prepararse con antelación la previamente prometida generosidad
ὑμῶν, ταύτην ἑτοίμην εἶναι, οὕτως ὡς εὐλογίαν
de vosotros, ésta dispuesta estar,⁷⁰ así como generosidad
καὶ μὴ ὡς πλεονεξίαν.
y no como codicia.

6 Τοῦτο δέ, ὁ σπείρων φειδομένως φειδομένως
Esto (digo) sin embargo: el que siembra escasamente, escasamente
καὶ θερίσει, καὶ ὁ σπείρων ἐπ' εὐλογίαις
también cosechará, y el que siembra con generosidades
ἐπ' εὐλογίαις καὶ θερίσει.
con generosidades también cosechará.

7 ἕκαστος καθὼς προαιρεῖται τῇ καρδίᾳ, μὴ ἐκ λύπης
Cada uno como decida en el corazón, no por tristeza
ἢ ἐξ ἀνάγκης· ἱλαρὸν γὰρ δότην ἀγαπᾷ ὁ Θεός.
ni por necesidad. alegre Porque dador ama Dios.

---

65. Es decir, mostrad ante las iglesias la prueba de nuestro amor y del motivo de jactancia que tenemos en vosotros.
66. Es decir, ante las iglesias.
67. O resultará vana, vacía.
68. La NU sustituye por diga.
69. La NU suprime de la jactancia.
70. Es decir, que ésta se encontrara dispuesta (oración de infinitivo).

8 δυνατὸς δὲ ὁ Θεὸς πᾶσαν χάριν
Poderoso (es) sin embargo Dios toda gracia
περισσεῦσαι εἰς ὑμᾶς, ἵνα ἐν παντὶ πάντοτε
para hacer abundar para vosotros, para que en todo siempre
πᾶσαν αὐτάρκειαν ἔχοντες περισσεύητε εἰς πᾶν
toda autosuficiencia teniendo abundéis para toda
ἔργον ἀγαθόν,
obra buena.

9 καθὼς γέγραπται· ἐσκόρπισεν, ἔδωκε τοῖς πένησιν·
Como ha sido escrito: dispersó,⁷¹ dio a los pobres.
ἡ δικαιοσύνη αὐτοῦ μένει εἰς τὸν αἰῶνα.
La justicia de Él permanece para el eón.

10 ὁ δὲ ἐπιχορηγῶν σπέρμα τῷ σπείροντι καὶ ἄρτον
El que - proporciona semilla al que siembra también pan
εἰς βρῶσιν χορηγήσαι⁷² καὶ πληθύναι⁷³ τὸν σπόρον
para comida proporcione y multiplique la sementera
ὑμῶν καὶ αὐξήσαι τὰ γενήματα τῆς
de vosotros y aumente los frutos de la
δικαιοσύνης ὑμῶν·
justicia de vosotros.

11 ἐν παντὶ πλουτιζόμενοι εἰς πᾶσαν ἁπλότητα,
en todo siendo enriquecidos para toda liberalidad,
ἥτις κατεργάζεται δι' ἡμῶν εὐχαριστίαν τῷ Θεῷ.
que produce a través de nosotros acción de gracias para Dios.

12 ὅτι ἡ διακονία τῆς λειτουργίας ταύτης οὐ μόνον
porque el ministerio del servicio este no sólo
ἐστὶ προσαναπληροῦσα τὰ ὑστερήματα τῶν ἁγίων,
está supliendo las necesidades de los santos,
ἀλλὰ καὶ περισσεύουσα διὰ πολλῶν
sino también abundando por medio de muchos
εὐχαριστιῶν τῷ Θεῷ·
acciones de gracias para Dios.

13 διὰ τῆς δοκιμῆς τῆς διακονίας ταύτης δοξάζοντες
A través de la comprobación del ministerio este glorificando
τὸν Θεὸν ἐπὶ τῇ ὑποταγῇ τῆς ὁμολογίας ὑμῶν
a Dios por la obediencia de la confesión de vosotros
εἰς τὸ εὐαγγέλιον τοῦ Χριστοῦ καὶ ἁπλότητι
para el evangelio de Cristo y por liberalidad
τῆς κοινωνίας εἰς αὐτοὺς καὶ εἰς πάντας,
de la comunión para ellos y para todos,

14 καὶ αὐτῶν δεήσει ὑπὲρ ὑμῶν, ἐπιποθούντων ὑμᾶς
y de ellos en oración por vosotros, anhelando os
διὰ τὴν ὑπερβάλλουσαν χάριν τοῦ Θεοῦ ἐφ' ὑμῖν.
por la superabundante gracia de Dios sobre vosotros.

15 χάρις τῷ Θεῷ ἐπὶ τῇ ἀνεκδιηγήτῳ αὐτοῦ δωρεᾷ.
Gracias a Dios por el indescriptible de Él don.

8 Y poderoso es Dios para hacer que abunde en vosotros toda gracia; a fin de que, teniendo siempre en todas las cosas todo lo que basta, abundéis para toda buena obra: **9** Como está escrito:
Derramó, dió a los pobres;
Su justicia permanece para siempre.
10 Y el que da simiente al que siembra, también dará pan para comer, y multiplicará vuestra sementera, y aumentará los crecimientos de los frutos de vuestra justicia; **11** Para que estéis enriquecidos en todo para toda bondad, la cual obra por nosotros hacimiento de gracias a Dios. **12** Porque la suministración de este servicio, no solamente suple lo que a los santos falta, sino también abunda en muchos hacimientos de gracias a Dios: **13** Que por la experiencia de esta suministración glorifican a Dios por la obediencia que profesáis al evangelio de Cristo, y por la bondad de contribuir para ellos y para todos; **14** Asimismo por la oración de ellos a favor vuestro, los cuales os quieren a causa de la eminente gracia de Dios en vosotros. **15** Gracias a Dios por su don inefable.

---

71. O diseminó, derramó.
72. La NU sustituye por proporcionará.
73. La NU sustituye por multiplicará.

10 Empero yo Pablo, os ruego por la mansedumbre y modestia de Cristo, yo que presente ciertamente soy bajo entre vosotros, mas ausente soy confiado entre vosotros:

2 Ruego pues, que cuando estuviere presente, no tenga que ser atrevido con la confianza con que estoy en ánimo de ser resuelto para con algunos, que nos tienen como si anduviésemos según la carne.

3 Pues aunque andamos en la carne, no militamos según la carne.

4 (Porque las armas de nuestra milicia no son carnales, sino poderosas en Dios para la destrucción de fortalezas;)

5 Destruyendo consejos, y toda altura que se levanta contra la ciencia de Dios, y cautivando todo intento a la obediencia, de Cristo;

6 Y estando prestos para castigar toda desobediencia, cuando vuestra obediencia fuere cumplida.

7 Miráis las cosas según la apariencia. Si alguno está confiado en sí mismo que es de Cristo, esto también piense por sí mismo, que como él es de Cristo, así también nosotros somos de Cristo.

8 Porque aunque me glorié aún un poco de nuestra potestad (la cual el Señor nos dió para edificación y no para vuestra destrucción), no me avergonzaré;

10 **1** Αὐτὸς δὲ ἐγὼ Παῦλος παρακαλῶ ὑμᾶς διὰ τῆς
Yo mismo sin embargo yo Pablo ruego os por la

πραότητος καὶ ἐπιεικείας τοῦ Χριστοῦ, ὃς κατὰ
mansedumbre y bondad de Cristo, el cual (yo) según

πρόσωπον μὲν ταπεινὸς ἐν ὑμῖν, ἀπὼν
rostro[74] - humilde (soy) entre vosotros, estando ausente

δὲ θαρρῶ εἰς ὑμᾶς·
sin embargo soy atrevido con vosotros.

2 δέομαι δὲ τὸ μὴ παρὼν θαρρῆσαι τῇ
ruego sin embargo el no estando presente ser atrevido[75] con la

πεποιθήσει ᾗ λογίζομαι τολμῆσαι ἐπί τινας τοὺς
confianza con la que considero ser resuelto con algunos los que

λογιζομένους ἡμᾶς ὡς κατὰ σάρκα περιπατοῦντας.
consideran nos como según carne caminando.

3 Ἐν σαρκὶ γὰρ περιπατοῦντες οὐ κατὰ σάρκα
en carne Porque caminando no según carne

στρατευόμεθα·
guerreamos.

4 τὰ γὰρ ὅπλα τῆς στρατείας ἡμῶν οὐ σαρκικὰ
las Porque armas de la campaña[76] de nosotros no (son) carnales,

ἀλλὰ δυνατὰ τῷ Θεῷ πρὸς καθαίρεσιν ὀχυρωμάτων·
sino poderosas en Dios[77] para destrucción de fortalezas.

5 λογισμοὺς καθαιροῦντες καὶ πᾶν ὕψωμα ἐπαιρόμενον
razonamientos destruyendo y toda exaltación[78] siendo alzada

κατὰ τῆς γνώσεως τοῦ Θεοῦ, καὶ αἰχμαλωτίζοντες
contra el conocimiento de Dios y haciendo prisionero

πᾶν νόημα εἰς τὴν ὑπακοὴν τοῦ Χριστοῦ,
todo pensamiento para la obediencia de Cristo,

6 καὶ ἐν ἑτοίμῳ ἔχοντες ἐκδικῆσαι πᾶσαν παρακοήν,
Y con rapidez teniendo[79] para castigar toda desobediencia

ὅταν πληρωθῇ ὑμῶν ἡ ὑπακοή.
cuando sea cumplida de vosotros la obediencia.

7 Τὰ κατὰ πρόσωπον βλέπετε. εἴ τις πέποιθεν
Las cosas según rostro veis.[80] Si alguno ha persuadido

ἑαυτῷ Χριστοῦ εἶναι, τοῦτο λογιζέσθω πάλιν ἀφ' ἑαυτοῦ,
a sí mismo de Cristo ser, esto juzgue de nuevo por sí mismo,

ὅτι καθὼς αὐτὸς Χριστοῦ, οὕτω καὶ ἡμεῖς
que como él (es) de Cristo, así también nosotros (somos)

Χριστοῦ.[81]
de Cristo.

8 ἐάν τε γὰρ καὶ περισσότερόν τι καυχήσωμαι
aunque - Porque también más de algo jactara

περὶ τῆς ἐξουσίας ἡμῶν, ἧς ἔδωκεν ὁ Κύριος ἡμῖν[82]
de la autoridad de nosotros, que dio el Señor a nosotros

εἰς οἰκοδομὴν καὶ οὐκ εἰς καθαίρεσιν ὑμῶν,
para edificación y no para destrucción de vosotros,

---

74. Es decir, cuando se me puede ver la cara, cuando estoy presente, por aspecto.
75. Es decir, os ruego no tener que ser atrevido cuando esté presente valiéndome de la confianza que estimo que me hace resuelto. En otras palabras, el apóstol espera no tener que valerse de su resolución cuando se encuentre entre los corintios.
76. O expedición militar.
77. O por Dios.
78. O altivez.
79. Es decir, estando dispuestos para, con rapidez, castigar.
80. Es decir, juzgáis las cosas según la apariencia.
81. La NU omite de Cristo.
82. La NU omite a nosotros.

οὐκ αἰσχυνθήσομαι,
no me avergonzaré,

9 ἵνα μὴ δόξω ὡς ἂν ἐκφοβεῖν ὑμᾶς
para que no parezca como si (pretendiera) aterrar a vosotros

διὰ τῶν ἐπιστολῶν.
mediante las cartas.

10 ὅτι αἱ μὲν ἐπιστολαί, φησί, βαρεῖαι καὶ ἰσχυραί,
Porque las - cartas, dicen, (son) pesadas y fuertes,

ἡ δὲ παρουσία τοῦ σώματος ἀσθενὴς
la Sin embargo presencia del cuerpo débil

καὶ ὁ λόγος ἐξουθενημένος.
y la palabra despreciable.[83]

11 τοῦτο λογιζέσθω ὁ τοιοῦτος, ὅτι οἷοί ἐσμεν
Esto considere el tal, que (si) tales somos

τῷ λόγῳ δι' ἐπιστολῶν ἀπόντες, τοιοῦτοι
con la palabra mediante epístolas estando ausentes, tales

καὶ παρόντες τῷ ἔργῳ.
también estando presentes en la obra.[84]

12 Οὐ γὰρ τολμῶμεν ἐγκρῖναι ἢ συγκρῖναι ἑαυτούς
no Porque nos atrevemos a clasificar o a comparar a nosotros

τισι τῶν ἑαυτοὺς συνιστανόντων·
mismos con algunos de los que a sí mismos se alaban.

ἀλλὰ αὐτοὶ ἐν ἑαυτοῖς ἑαυτοὺς μετροῦντες καὶ
pero ellos en sí mismos con ellos mismos midiendo y

συγκρίνοντες ἑαυτοὺς ἑαυτοῖς οὐ συνιοῦσιν.
comparando a sí mismos con ellos mismos no comprenden.[85]

13 ἡμεῖς δὲ οὐχὶ εἰς τὰ ἄμετρα
Nosotros sin embargo no en lo que no se mide

καυχησόμεθα, ἀλλὰ κατὰ τὸ μέτρον τοῦ κανόνος οὗ ἐμέρισεν
nos jactaremos, sino en la medida del modelo que asignó

ἡμῖν ὁ Θεὸς μέτρου, ἐφικέσθαι ἄχρι
a nosotros Dios como medida, para alcanzar hasta

καὶ ὑμῶν.
también vosotros.

14 οὐ γὰρ ὡς μὴ ἐφικνούμενοι εἰς ὑμᾶς
no Porque como no alcanzando hasta vosotros

ὑπερεκτείνομεν ἑαυτούς· ἄχρι γὰρ καὶ
nos hemos extendido a nosotros mismos, hasta Porque también

ὑμῶν ἐφθάσαμεν ἐν τῷ εὐαγγελίῳ τοῦ Χριστοῦ,
vosotros llegamos con el evangelio de Cristo,

15 οὐκ εἰς τὰ ἄμετρα καυχώμενοι ἐν ἀλλοτρίοις κόποις,
no para lo inmensurable[86] jactándonos en ajenos trabajos,

ἐλπίδα δὲ ἔχοντες, αὐξανομένης τῆς πίστεως
esperanza sin embargo teniendo, siendo aumentada la fe

ὑμῶν, ἐν ὑμῖν μεγαλυνθῆναι κατὰ τὸν κανόνα
de vosotros, en vosotros ser engrandecida[87] según el modelo

ἡμῶν εἰς περισσείαν,
de nosotros para abundancia,

9 Porque no parezca como que os quiero espantar por cartas.
10 Porque a la verdad, dicen, las cartas son graves y fuertes; mas la presencia corporal flaca, y la palabra menospreciable.
11 Esto piense el tal, que cuales somos en la palabra por cartas estando ausentes, tales seremos también en hechos, estando presentes.
12 Porque no osamos entremeternos o compararnos con algunos que se alaban a sí mismos: mas ellos, midiéndose a sí mismos por sí mismos, y comparándose consigo mismos no son juiciosos.
13 Nosotros empero, no nos gloriaremos fuera de nuestra medida, sino conforme a la medida de la regla, de la medida que Dios nos repartió, para llegar aun hasta vosotros.
14 Porque no nos extendemos sobre nuestra medida, como si no llegásemos hasta vosotros: porque también hasta vosotros hemos llegado en el evangelio de Cristo:
15 No gloriándonos fuera de nuestra medida en trabajos ajenos; mas teniendo esperanza del crecimiento de vuestra fe, que seremos muy engrandecidos entre vosotros, conforme a nuestra regla.

---

83. Es decir, digna de desprecio.
84. Es decir, ése debería considerar que si somos así de fuertes estando ausentes y por carta, ¡cómo no llegaremos a ser en persona en hechos!
85. Es decir, no actúan con sensatez.
86. Es decir, de manera desmedida.
87. El tiempo es un infinitivo impersonal y por ello el texto puede indicar que a medida que aumente la fe de los corintios cabe esperarse "ser engrandecida" (la fe) o "ser engrandecidos" (nosotros).

16 Y que anunciaremos el evangelio en los lugares más allá de vosotros, sin entrar en la medida de otro para gloriarnos en lo que ya estaba aparejado.
17 Mas el que se gloría, gloríese en el Señor.
18 Porque no el que se alaba a sí mismo, el tal es aprobado; mas aquel a quien Dios alaba.

11

1 Ojalá toleraseis un poco mi locura; empero toleradme.
2 Pues que os celo con celo de Dios; porque os he desposado a un marido, para presentaros como una virgen pura a Cristo.
3 Mas temo que como la serpiente engaño a Eva con su astucia, sean corrompidos así vuestros sentidos en alguna manera, de la simplicidad que es en Cristo.
4 Porque si el que viene, predicare otro Jesús que el que hemos predicado, o recibiereis otro espíritu del que habéis recibido, u otro evangelio del que habéis aceptado, lo sufrierais bien.
5 Cierto pienso que en nada he sido inferior a aquellos grandes apóstoles.
6 Porque aunque soy basto en la palabra, empero no en la ciencia: mas en todo somos ya del todo manifiestos a vosotros.

16 καὶ εἰς τὰ ὑπερέκεινα ὑμῶν
y a las (regiones) situadas más allá de vosotros
εὐαγγελίσασθαι, οὐκ ἐν ἀλλοτρίῳ κανόνι εἰς τὰ
ser predicado el evangelio, no en ajena esfera en lo
ἕτοιμα καυχήσασθαι.
preparado para jactarse.⁸⁸

17 Ὁ δὲ καυχώμενος ἐν Κυρίῳ καυχάσθω·
El que - se jacte en Señor jáctese.

18 οὐ γὰρ ὁ ἑαυτὸν συνιστῶν, ἐκεῖνός ἐστι δόκιμος,
no Porque el que a sí mismo recomienda, éste es aprobado,
ἀλλ' ὃν ὁ Κύριος συνίστησιν
sino al que el Señor recomienda.

11

1 Ὄφελον ἀνείχεσθέ μου μικρόν τι τῆς ἀφροσύνης·
Ojalá toleréis a mí un poco algo de la locura,
ἀλλὰ καὶ ἀνέχεσθέ μου.
pero también toleráis a mí.

2 ζηλῶ γὰρ ὑμᾶς Θεοῦ ζήλῳ· ἡρμοσάμην
tengo celo Porque por vosotros de Dios con celo. desposé
γὰρ ὑμᾶς ἑνὶ ἀνδρὶ, παρθένον ἁγνὴν παραστῆσαι
Porque a vosotros con un varón, virgen pura para presentar
τῷ Χριστῷ.
a Cristo.

3 φοβοῦμαι δὲ μήπως, ὡς ὁ ὄφις Εὔαν
Temo sin embargo que quizás, como la serpiente a Eva
ἐξηπάτησεν ἐν τῇ πανουργίᾳ αὑτοῦ, οὕτω φθαρῇ
engañó con la astucia de ella, así se corrompan
τὰ νοήματα ὑμῶν ἀπὸ τῆς ἁπλότητος⁸⁹
las mentes de vosotros (apartándose) de la sencillez
τῆς εἰς τὸν Χριστόν.
la en Cristo.

4 εἰ μὲν γὰρ ὁ ἐρχόμενος ἄλλον Ἰησοῦν κηρύσσει
si - Porque el que viene otro Jesús predica
ὃν οὐκ ἐκηρύξαμεν, ἢ πνεῦμα ἕτερον λαμβάνετε
que no predicamos, o espíritu otro recibís
ὃ οὐκ ἐλάβετε, ἢ εὐαγγέλιον ἕτερον ὃ οὐκ ἐδέξασθε,
que no recibisteis, o evangelio otro que no recibisteis,
καλῶς ἀνήχεσθε
bien soportáis.

5 λογίζομαι γὰρ μηδὲν ὑστερηκέναι
considero Porque en nada haber sido inferior
τῶν ὑπερλίαν ἀποστόλων.
que los incomparablemente apóstoles.

6 εἰ δὲ καὶ ἰδιώτης τῷ λόγῳ,
si Sin embargo también inexperto (pudiera ver) en la palabra,
ἀλλ' οὐ τῇ γνώσει, ἀλλ' ἐν παντὶ
sin embargo no en el conocimiento sino con todo
φανερωθέντες⁹⁰ ἐν πᾶσιν εἰς ὑμᾶς.
habiendo sido manifiestos⁹¹ en todo a vosotros.

---

88. Es decir, proclamarán el Evangelio en lugar donde no haya estado otro para no gloriarse en lo que otro ya preparó. Pablo, pues, no considera adecuado ni digno el aprovecharse de lo que otro ya hizo, sino, más bien, el entrar a predicar el Evangelio donde nadie estuvo antes.
89. La NU añade y de la pureza.
90. La NU tiene habiendo dejado.
91. Es decir, habiendo quedado más que de manifiesto cómo somos.

7 Ἢ ἁμαρτίαν ἐποίησα ἐμαυτὸν ταπεινῶν ἵνα ὑμεῖς
¿O pecado hice a mí mismo humillando (me) para que vosotros

ὑψωθῆτε, ὅτι δωρεὰν τὸ τοῦ Θεοῦ εὐαγγέλιον
fuerais ensalzados, porque gratis el de Dios evangelio

εὐηγγελισάμην ὑμῖν;
evangelizamos a vosotros?

8 ἄλλας ἐκκλησίας ἐσύλησα λαβὼν
A otras iglesias despojé tomando

ὀψώνιον πρὸς τὴν ὑμῶν διακονίαν,
salario para el de vosotros servicio,

9 καὶ παρὼν πρὸς ὑμᾶς καὶ ὑστερηθεὶς
y estando presente con vosotros y sufriendo carencia

οὐ κατενάρκησα οὐθενός· τὸ γὰρ ὑστέρημά μου
no cargué a ninguno. la Porque necesidad de mí

προσανεπλήρωσαν οἱ ἀδελφοὶ ἐλθόντες
suplieron los hermanos viniendo

ἀπὸ Μακεδονίας· καὶ ἐν παντὶ ἀβαρῆ ὑμῖν
desde Macedonia. Y en todo liviano⁹² para vosotros

ἐμαυτὸν ἐτήρησα καὶ τηρήσω.
a mí mismo mantuve y mantendré.

10 ἔστιν ἀλήθεια Χριστοῦ ἐν ἐμοὶ ὅτι ἡ καύχησις αὕτη
Es verdad de Cristo en mí que la jactancia ésta

οὐ φραγήσεται εἰς ἐμὲ ἐν τοῖς κλίμασι
no se cerrará para mí en las regiones

τῆς Ἀχαΐας.
de Acaya.

11 Διὰ τί; ὅτι οὐκ ἀγαπῶ ὑμᾶς; ὁ Θεὸς οἶδεν.
¿Por qué? ¿Porque no amo os? Dios (lo) sabe.

12 Ὃ δὲ ποιῶ, καὶ ποιήσω, ἵνα ἐκκόψω τὴν
Lo que sin embargo hago, también haré, para que corte la

ἀφορμὴν τῶν θελόντων ἀφορμήν, ἵνα ἐν ᾧ
oportunidad⁹³ de los que desean oportunidad, para que en lo

καυχῶνται εὑρεθῶσι καθὼς καὶ ἡμεῖς.
que se jactan sean hallados como también nosotros.

13 οἱ γὰρ τοιοῦτοι ψευδαπόστολοι, ἐργάται δόλιοι,
los Porque tales (son) falsos apóstoles, obreros engañosos,⁹⁴

μετασχηματιζόμενοι εἰς ἀποστόλους Χριστοῦ.
transformándose en apóstoles de Cristo.

14 καὶ οὐ θαυμαστόν· αὐτὸς γὰρ ὁ Σατανᾶς
Y no (resulta) maravilloso. el mismo Porque Satanás

μετασχηματίζεται εἰς ἄγγελον φωτός.
se transforma en ángel de luz.

15 οὐ μέγα οὖν εἰ καὶ οἱ διάκονοι αὐτοῦ
No (es) grande pues si también los siervos de él

μετασχηματίζονται ὡς διάκονοι δικαιοσύνης,
se transforman como siervos de justicia,

ὧν τὸ τέλος ἔσται κατὰ τὰ ἔργα αὐτῶν.
de los cuales el fin será según las obras de ellos.

7¿Pequé yo humillándome a mí mismo, para que vosotros fueseis ensalzados, porque os he predicado el evangelio de Dios de balde? **8**He despojado las otras iglesias, recibiendo salario para ministraros a vosotros. **9**Y estando con vosotros y teniendo necesidad, a ninguno fuí carga; porque lo que me faltaba, suplieron los hermanos que vinieron de Macedonia: y en todo me guardé de seros gravoso, y me guardaré. **10**Es la verdad de Cristo en mí, que esta gloria no me será cerrada en las partes de Acaya. **11**¿Por qué? ¿porque no os amo? Dios lo sabe. **12**Mas lo que hago, haré aún, para cortar la ocasión de aquellos que la desean, a fin de que en aquello que se glorían, sean hallados semejantes a nosotros. **13**Porque éstos son falsos apóstoles, obreros fraudulentos, trasfigurándose en apóstoles de Cristo. **14**Y no es maravilla, porque el mismo Satanás se transfigura en ángel de luz. **15**Así que, no es mucho si también sus ministros se transfiguran como ministros de justicia; cuyo fin será conforme a sus obras.

---

92. Es decir, sin ser pesado, sin ser una carga.
93. O quite la ocasión.
94. O fraudulentos, falaces.

16 Otra vez digo: Que nadie me estime ser loco; de otra manera, recibidme como a loco, para que aun me gloríe yo un poquito.
17 Lo que hablo, no lo hablo según el Señor, sino como en locura, con esta confianza de gloria.
18 Pues que muchos se glorían según la carne, también yo me gloriaré.
19 Porque de buena gana toleráis los necios, siendo vosotros sabios:
20 Porque toleráis si alguno os pone en servidumbre, si alguno os devora, si alguno toma, si alguno se ensalza, si alguno os hiere en la cara.
21 Dígolo cuanto a la afrenta, como si nosotros hubiésemos sido flacos. Empero en lo que otro tuviere osadía (hablo con locura), también yo tengo osadía.
22 ¿Son Hebreos? yo también. ¿Son Israelitas? yo también. ¿Son simiente de Abraham? también yo.
23 ¿Son ministros de Cristo? (como poco sabio hablo) yo más: en trabajos más abundante; en azotes sin medida; en cárceles más; en muertes, muchas veces.
24 De los judíos cinco veces he recibido cuarenta azotes menos uno.
25 Tres veces he sido azotado con varas; una vez apedreado; tres veces he padecido naufragio; una noche y un día he estado en lo profundo de la mar;

16 Πάλιν λέγω, μή τίς με δόξῃ ἄφρονα εἶναι· εἰ δὲ μή γε,
De nuevo digo, ninguno me juzgue necio ser. De lo contrario,

κἂν ὡς ἄφρονα δέξασθέ με,
al menos como a necio recibid me,

ἵνα κἀγὼ μικρόν τι καυχήσωμαι.
para que también yo un poco algo me jacte.

17 ὃ λαλῶ, οὐ λαλῶ κατὰ Κύριον, ἀλλ᾽ ὡς ἐν ἀφροσύνῃ,
Lo que hablo, no hablo según Señor, sino como con necedad,

ἐν ταύτῃ τῇ ὑποστάσει τῆς καυχήσεως.
en esta la confianza de la jactancia.

18 ἐπεὶ πολλοὶ καυχῶνται κατὰ σάρκα,
Puesto que muchos se jactan según carne,

κἀγὼ καυχήσομαι.
yo también me jactaré.

19 ἡδέως γὰρ ἀνέχεσθε τῶν ἀφρόνων
placenteramente Porque soportáis a los necios

φρόνιμοι ὄντες·
sensatos siendo.

20 ἀνέχεσθε γὰρ εἴ τις ὑμᾶς καταδουλοῖ,
soportáis Porque si alguno os esclaviza,

εἴ τις κατεσθίει, εἴ τις λαμβάνει, εἴ
si alguno (os) devora, si alguno toma (lo vuestro), si

τις ἐπαίρεται, εἴ τις ὑμᾶς εἰς πρόσωπον δέρει.
alguno se coloca por encima, si alguno os en rostro golpea.

21 κατὰ ἀτιμίαν λέγω, ὡς ὅτι ἡμεῖς ἠσθενήσαμεν.
Para deshonra digo, como que nosotros fuimos débiles.

ἐν ᾧ δ᾽ ἄν τις τολμᾷ, ἐν ἀφροσύνῃ λέγω,
En lo que sin embargo alguno se atreva, con necedad hablo,

τολμῶ κἀγώ.
me atrevo también yo.

22 Ἑβραῖοί εἰσι; κἀγώ· Ἰσραηλῖταί εἰσι;
¿Hebreos son? También yo. ¿Israelitas son?

κἀγώ· σπέρμα Ἀβραάμ εἰσι; κἀγώ·
También yo. ¿Semilla[95] de Abraham son? También yo.

23 διάκονοι Χριστοῦ εἰσι; παραφρονῶν λαλῶ,
¿Siervos de Cristo son? Siendo insensato hablo,

ὑπὲρ ἐγώ· ἐν κόποις περισσοτέρως,
Más yo. En trabajos más abundantemente,

ἐν πληγαῖς ὑπερβαλλόντως, ἐν φυλακαῖς περισσοτέρως,
en azotes inmensurablemente, en prisiones mucho más,

ἐν θανάτοις πολλάκις.
en muertes muchas veces.

24 ὑπὸ Ἰουδαίων πεντάκις τεσσεράκοντα
Por judíos cinco veces cuarenta (azotes)

παρὰ μίαν ἔλαβον,
menos uno recibí.

25 τρὶς ἐραβδίσθην, ἅπαξ ἐλιθάσθην, τρὶς
Tres (veces) fui azotado con varas, una fui apedreado, tres

ἐναυάγησα, νυχθήμερον ἐν τῷ
naufragué, una noche y un día en lo

βυθῷ πεποίηκα·
profundo (del mar)[96] he pasado.

---

95. Es decir, descendencia, simiente.
96. Es decir, en alta mar.

26 ὁδοιπορίαις πολλάκις, κινδύνοις ποταμῶν, κινδύνοις
En viajes muchas veces, en peligros de ríos, en peligros

λῃστῶν, κινδύνοις ἐκ γένους,
de ladrones, en peligros de (mi) pueblo,⁹⁷

κινδύνοις ἐξ ἐθνῶν, κινδύνοις ἐν πόλει,
en peligros (procedentes) de gentiles, en peligros en ciudades,

κινδύνοις ἐν ἐρημίᾳ, κινδύνοις
en peligros en desierto, en peligros

ἐν θαλάσσῃ, κινδύνοις ἐν ψευδαδέλφοις·
en mar, en peligros entre falsos hermanos,

27 ἐν κόπῳ καὶ μόχθῳ, ἐν ἀγρυπνίαις πολλάκις, ἐν λιμῷ καὶ
en trabajo y fatiga, en insomnios muchas veces, en hambre y

δίψει, ἐν νηστείαις πολλάκις, ἐν ψύχει καὶ γυμνότητι·
sed, en ayunos muchas veces, en frío y en desnudez.

28 χωρὶς τῶν παρεκτὸς ἡ ἐπισύστασίς⁹⁸
Además de las cosas aparte⁹⁹ la multitud¹⁰⁰ (de problemas)

μου ἡ καθ᾽ ἡμέραν, ἡ μέριμνα πασῶν τῶν ἐκκλησιῶν.
de mí la cada día, la preocupación de todas las iglesias.

29 τίς ἀσθενεῖ, καὶ οὐκ ἀσθενῶ; τίς σκανδαλίζεται,
¿Quién enferma, y no enfermo? ¿Quién se escandaliza,

καὶ οὐκ ἐγὼ πυροῦμαι;
y no yo ardo (de indignación)?

30 εἰ καυχᾶσθαι δεῖ, τὰ τῆς ἀσθενείας μου
Si jactarse es necesario, de las cosas de la debilidad de mí

καυχήσομαι.
me jactaré.

31 ὁ Θεὸς καὶ πατὴρ τοῦ Κυρίου ἡμῶν Ἰησοῦ Χριστοῦ¹⁰¹ οἶδεν,
El Dios y Padre del Señor de nosotros Jesús Cristo sabe,

ὁ ὢν εὐλογητὸς εἰς τοὺς αἰῶνας, ὅτι οὐ ψεύδομαι.
el siendo bendito por las eras, que no miento.

32 ἐν Δαμασκῷ ὁ ἐθνάρχης Ἀρέτα τοῦ βασιλέως ἐφρούρει
En Damasco el etnarca de Aretas el rey custodiaba

τὴν Δαμασκηνῶν πόλιν, πιάσαι με θέλων,¹⁰²
la de damascenos ciudad, arrestar me deseando,

33 καὶ διὰ θυρίδος ἐν σαργάνῃ ἐχαλάσθην
y a través de ventana en cesta fui descolgado

διὰ τοῦ τείχους καὶ ἐξέφυγον τὰς χεῖρας αὐτοῦ.
por el muro y escapé de las manos de él.

12 1 Καυχᾶσθαι δὴ¹⁰³ οὐ συμφέρει¹⁰⁴ μοι·
Jactarme ciertamente no conviene a mí.

ἐλεύσομαι γὰρ εἰς ὀπτασίας καὶ ἀποκαλύψεις Κυρίου.
vendré Porque a visiones y revelaciones de Señor.

2 οἶδα ἄνθρωπον ἐν Χριστῷ πρὸ ἐτῶν δεκατεσσάρων,
Conozco hombre en Cristo atrás años catorce,¹⁰⁵

εἴτε ἐν σώματι οὐκ οἶδα, εἴτε ἐκτὸς τοῦ σώματος οὐκ οἶδα· ὁ Θεὸς
si en cuerpo no sé, si fuera del cuerpo no sé, Dios

οἶδεν· ἁρπαγέντα τὸν τοιοῦτον ἕως τρίτου οὐρανοῦ.
sabe, siendo arrebatado el tal hasta tercer cielo.

---

26 En caminos muchas veces, peligros de ríos, peligros de ladrones, peligros de los de mi nación, peligros de los Gentiles, peligros en la ciudad, peligros en el desierto, peligros en la mar, peligros entre falsos hermanos;
27 En trabajo y fatiga, en muchas vigilias, en hambre y sed, en muchos ayunos, en frío y en desnudez;
28 Sin otras cosas además, lo que sobre mí se agolpa cada día, la solicitud de todas las iglesias.
29 ¿Quién enferma, y yo no enfermo? ¿Quién se escandaliza, y yo no me quemo?
30 Si es menester gloriarse, me gloriaré yo de lo que es de mi flaqueza.
31 El Dios y Padre del Señor nuestro Jesucristo, que es bendito por siglos, sabe que no miento.
32 En Damasco, el gobernador de la provincia del rey Aretas guardaba la ciudad de los Damascenos para prenderme;
33 Y fuí descolgado del muro en un serón por una ventana, y escapé de sus manos.

12 Cierto no me es conveniente gloriarme; mas vendré a las visiones y a las revelaciones del Señor.
2 Conozco a un hombre en Cristo, que hace catorce años (si en el cuerpo, no lo sé; si fuera del cuerpo, no lo sé: Dios lo sabe) fué arrebatado hasta el tercer cielo.

---

97. O nación.
98. La NU sustituye por presión.
99. Es decir, y además de cosas no mencionadas.
100. Como en Hechos 24.12.
101. La NU suprime de Cristo.
102. La NU suprime deseando.
103. La NU sustituye por es necesario.
104. La NU sustituye por conveniente.
105. Es decir, hace catorce años.

3 Y conozco tal hombre, (si en el cuerpo, o fuera del cuerpo, no lo sé: Dios lo sabe,)
4 Que fué arrebatado al paraíso, donde oyó palabras secretas que el hombre no puede decir.
5 De este tal me gloriaré, mas de mí mismo nada me gloriaré, sino en mis flaquezas.
6 Por lo cual si quisiere gloriarme, no seré insensato: porque diré verdad: empero lo dejo, porque nadie piense de mí más de lo que en mí ve, u oye de mí.
7 Y porque la grandeza de las revelaciones no me levante descomedidamente, me es dado un aguijón en mi carne, un mensajero de Satanás que me abofetee, para que no me enaltezca sobremanera.
8 Por lo cual tres veces he rogado al Señor, que se quite de mí.
9 Y me ha dicho: Bástate mi gracia; porque mi potencia en la flaqueza se perfecciona. Por tanto, de buena gana me gloriaré más bien en mis flaquezas, porque habite en mí la potencia de Cristo.
10 Por lo cual me gozo en las flaquezas, en afrentas, en necesidades, en persecuciones, en angustias por Cristo; porque cuando soy flaco, entonces soy poderoso.
11 Heme hecho un necio en gloriarme: vosotros me constreñisteis; pues yo había de ser alabado de vosotros: porque en nada he sido menos que los sumos apóstoles, aunque soy nada.

3 καὶ οἶδα τὸν τοιοῦτον ἄνθρωπον, εἴτε ἐν σώματι
y conozco al tal hombre, si en cuerpo
εἴτε ἐκτὸς[106] τοῦ σώματος οὐκ οἶδα, ὁ Θεὸς οἶδεν,
o fuera del cuerpo no sé, Dios sabe,

4 ὅτι ἡρπάγη εἰς τὸν παράδεισον καὶ ἤκουσεν
que fue arrebatado al paraíso y escuchó
ἄρρητα ῥήματα, ἃ οὐκ ἐξὸν ἀνθρώπῳ λαλῆσαι.
inefables palabras, que no siendo lícito a hombre hablar.

5 ὑπὲρ τοῦ τοιούτου καυχήσομαι, ὑπὲρ δὲ ἐμαυτοῦ
De el tal me jactaré, de sin embargo mí mismo
οὐ καυχήσομαι εἰ μὴ ἐν ταῖς ἀσθενείαις μου.[107]
no me jactaré si no en las debilidades de mí.

6 ἐὰν γὰρ θελήσω καυχήσασθαι, οὐκ ἔσομαι ἄφρων,
si Porque quisiera jactarme, no seré necio,
ἀλήθειαν γὰρ ἐρῶ· φείδομαι δέ μή τις εἰς ἐμὲ
verdad Porque diré. dejo sin embargo no alguno de mí
λογίσηται ὑπὲρ ὃ βλέπει με ἢ ἀκούει τι ἐξ ἐμοῦ.
considere más de lo que ve me u oye algo de mí.

7 Καὶ τῇ ὑπερβολῇ τῶν ἀποκαλύψεων, ἵνα μὴ ὑπεραίρωμαι,
Y por el exceso de las revelaciones, para que no me exaltara,
ἐδόθη μοι σκόλοψ τῇ σαρκί, ἄγγελος Σατᾶν[108] ἵνα
fue dado a mí aguijón en la carne, ángel de Satanás para que
με κολαφίζῃ ἵνα μὴ ὑπεραίρωμαι.
me abofetee para que no me exalte.

8 ὑπὲρ τούτου τρὶς τὸν Κύριον παρεκάλεσα
Respecto a esto tres veces al Señor supliqué
ἵνα ἀποστῇ ἀπ' ἐμοῦ·
para que (lo) apartara de mí.

9 καὶ εἴρηκέ μοι· ἀρκεῖ σοι ἡ χάρις μου· ἡ γὰρ δύναμις
Y ha dicho a mí: Basta te la gracia de mí. el Porque poder
μου[109] ἐν ἀσθενείᾳ τελειοῦται. ἥδιστα οὖν μᾶλλον
de mí en debilidad es perfeccionado. Gratamente[110] pues más
καυχήσομαι ἐν ταῖς ἀσθενείαις μου, ἵνα ἐπισκηνώσῃ
me jactaré en las debilidades de mí, para que repose
ἐπ' ἐμὲ ἡ δύναμις τοῦ Χριστοῦ.
sobre mí el poder de Cristo.

10 διὸ εὐδοκῶ ἐν ἀσθενείαις, ἐν ὕβρεσιν,
Por tanto me complazco en debilidades, en insultos,
ἐν ἀνάγκαις, ἐν διωγμοῖς, ἐν στενοχωρίαις, ὑπὲρ Χριστοῦ·
en necesidades, en persecuciones, en angustias, por Cristo.
ὅταν γὰρ ἀσθενῶ, τότε δυνατός εἰμι.
siempre que Porque soy débil, entonces fuerte soy.

11 Γέγονα ἄφρων καυχώμενος.[111] ὑμεῖς με ἠναγκάσατε.
Me he hecho necio jactándome. Vosotros me obligasteis.
ἐγὼ γὰρ ὤφειλον ὑφ' ὑμῶν συνίστασθαι·
yo Porque debía por vosotros ser recomendado.
οὐδὲν γὰρ ὑστέρησα τῶν ὑπερλίαν
nada Porque he sido inferior a los incomparablemente
ἀποστόλων, εἰ καὶ οὐδέν εἰμι.
apóstoles, aunque tampoco nada soy.

---

106. La NU sustituye por aparte.
107. La NU suprime de mí.
108. O mensajero.
109. La NU omite de mí.
110. Es decir, con placer, con agrado.
111. La NU omite jactándome.

12 τὰ μὲν σημεῖα τοῦ ἀποστόλου κατειργάσθη ἐν ὑμῖν
Las - señales del apóstol fueron operadas[112] entre vosotros
ἐν πάσῃ ὑπομονῇ, ἐν σημείοις καὶ
con toda paciencia, con señales y
τέρασι καὶ δυνάμεσι.
prodigios y milagros.

13 τί γάρ ἐστιν ὃ ἡττήθητε ὑπὲρ τὰς
¿en qué Porque es en lo que fuisteis inferiores a las
λοιπὰς ἐκκλησίας, εἰ μὴ ὅτι αὐτὸς ἐγὼ οὐ
restantes iglesias, si no porque mismo yo no
κατενάρκησα ὑμῶν; χαρίσασθέ μοι τὴν ἀδικίαν ταύτην.
cargué[113] os? Perdonad me el agravio éste.

14 Ἰδοὺ τρίτον ἑτοίμως ἔχω ἐλθεῖν πρὸς ὑμᾶς,
Mirad por tercera vez pronto[114] tengo que ir a vosotros,
καὶ οὐ καταναρκήσω ὑμῶν.[115] οὐ γὰρ ζητῶ τὰ ὑμῶν,
y no cargaré[116] os. no Porque busco lo de vosotros,
ἀλλ' ὑμᾶς. οὐ γὰρ ὀφείλει τὰ τέκνα τοῖς γονεῦσι
sino a vosotros. no Porque deben los hijos para los padres
θησαυρίζειν, ἀλλ' οἱ γονεῖς τοῖς τέκνοις.
atesorar, sino los padres para los hijos.

15 ἐγὼ δὲ ἥδιστα δαπανήσω καὶ ἐκδαπανηθήσομαι
Yo sin embargo gratamente[117] gastaré y seré gastado
ὑπὲρ τῶν ψυχῶν ὑμῶν, εἰ καὶ περισσοτέρως
por las almas de vosotros, aunque incluso cuanto más
ὑμᾶς ἀγαπῶν ἧττον ἀγαπῶμαι.
os (esté) amando menos sea amado.

16 Ἔστω δέ, ἐγὼ οὐ κατεβάρησα ὑμᾶς,
Sea sin embargo yo no carga a vosotros,
ἀλλ' ὑπάρχων πανοῦργος δόλῳ ὑμᾶς ἔλαβον.
sino que siendo astuto con engaño os prendí.

17 μή τινα ὧν ἀπέσταλκα πρὸς ὑμᾶς,
¿Acaso alguno de los que he enviado a vosotros,
δι' αὐτοῦ ἐπλεονέκτησα ὑμᾶς;
mediante él engañe[118] os?

18 παρεκάλεσα Τίτον καὶ συναπέστειλα τὸν ἀδελφόν·
Rogué a Tito y lo envié juntamente con el hermano.
μήτι ἐπλεονέκτησεν ὑμᾶς Τίτος; οὐ τῷ αὐτῷ
¿Acaso engañó os[119] Tito? ¿No con el mismo
πνεύματι περιεπατήσαμεν; οὐ τοῖς αὐτοῖς ἴχνεσι;
espíritu caminamos? ¿No en las mismas pisadas?

19 Πάλιν[120] δοκεῖτε ὅτι ὑμῖν ἀπολογούμεθα;
¿De nuevo juzgáis que ante vosotros nos defendemos?
κατενώπιον τοῦ Θεοῦ ἐν Χριστῷ λαλοῦμεν·
Ante - Dios en Cristo hablamos.
τὰ δὲ πάντα, ἀγαπητοί, ὑπὲρ τῆς ὑμῶν οἰκοδομῆς.
- - Todo, amados, por la de vosotros edificación (hacemos).

12Con todo esto, las señales de apóstol han sido hechas entre vosotros en toda paciencia, en señales, y en prodigios, y en maravillas. **13**Porque ¿qué hay en que habéis sido menos que las otras iglesias, sino en que yo mismo no os he sido carga? Perdonadme esta injuria. **14**He aquí estoy aparejado para ir a vosotros la tercera vez, y no os seré gravoso; porque no busco vuestras cosas, sino a vosotros: porque no han de atesorar los hijos para los padres sino los padres para los hijos. **15**Empero yo de muy buena gana despenderé y seré despendido por vuestras almas, aunque amándoos más, sea amado menos. **16**Mas sea así, yo no os he agraviado: sino que, como soy astuto, os he tomado por engaño. **17**¿Acaso os he engañado por alguno de los que he enviado a vosotros? **18**Rogué a Tito, y envié con él al hermano. ¿Os engañó quizá Tito? ¿no hemos procedido con el mismo espíritu y por las mismas pisadas? **19**¿Pensáis aún que nos excusamos con vosotros? Delante de Dios en Cristo hablamos: mas todo, muy amados, por vuestra edificación.

---

112. Es decir, actuaron.
113. Es decir, porque yo no fui carga para vosotros.
114. O dispuesto.
115. La NU suprime os.
116. Es decir, no seré carga para vosotros.
117. O con agrado, con placer.
118. O me aproveché de vosotros.
119. O se aprovechó de vosotros.
120. La NU sustituye por durante mucho tiempo y suprime la interrogación.

20 Porque temo que cuando llegare, no os halle tales como quiero, y yo sea hallado de vosotros cual no queréis; que haya entre vosotros contiendas, envidias, iras, disensiones, detracciones, murmuaciones, elaciones, bandos:
21 Que cuando volviere, me humille Dios entre vosotros, y haya de llorar por muchos de los que antes habrán pecado, y no se han arrepentido de la inmundicia y fornicación y deshonestidad que han cometido.

13 Esta tercera vez voy a vosotros. En la boca de dos o de tres testigos consistirá todo negocio.
2 He dicho antes, y ahora digo otra vez como presente, y ahora ausente lo escribo a los que antes pecaron, y a todos los demás, que si voy otra vez, no perdonaré;
3 Pues buscáis una prueba de Cristo que habla en mí, el cual no es flaco para con vosotros, antes es poderoso en vosotros.
4 Porque aunque fué crucificado por flaqueza, empero vive por potencia de Dios. Pues también nosotros somos flacos con él, mas viviremos con él por la potencia de Dios para con vosotros.
5 Examinaos a vosotros mismos si estáis en fe; probaos a vosotros mismos. ¿No os conocéis a vosotros mismos, que Jesucristo está en vosotros? si ya no sois reprobados.

20 φοβοῦμαι γὰρ μή πως ἐλθὼν οὐχ οἵους θέλω
 temo Porque acaso quizá viniendo no tal y como deseo
εὕρω ὑμᾶ, κἀγὼ εὑρεθῶ ὑμῖν οἷον οὐ
encuentre os, y yo seré encontrado por vosotros tal y como no
θέλετε, μή πως ἔρεις,[121] ζῆλοι, θυμοί, ἐριθεῖαι,
deseáis, acaso quizá (haya) contiendas, envidias, iras, disputas,
καταλαλιαί, ψιθυρισμοί, φυσιώσεις,
calumnias, murmuraciones, insolencias,[122]
ἀκαταστασίαι,
desórdenes,

21 μή πάλιν ἐλθόντα με ταπεινώσῃ ὁ Θεός μου
 acaso de nuevo viniendo me humillará el Dios de mí
πρὸς ὑμᾶς καὶ πενθήσω πολλοὺς τῶν
entre vosotros y lloraré por muchos de los
προημαρτηκότων καὶ μὴ μετανοησάντων
que han pecado previamente y no se han arrepentido
ἐπὶ τῇ ἀκαθαρσίᾳ καὶ πορνείᾳ καὶ ἀσελγείᾳ ᾗ ἔπραξαν.
de la impureza y prostitución[123] y licenciosidad que cometieron.

13 1 Τρίτον τοῦτο ἔρχομαι πρὸς ὑμᾶς· ἐπὶ στόματος δύο
 Tercera esta (vez) vengo a vosotros. Por boca de dos
μαρτύρων καὶ τριῶν σταθήσεται πᾶν ῥῆμα.
testigos y de tres será sostenida toda palabra.

2 προείρηκα καὶ προλέγω, ὡς παρὼν
He dicho previamente y digo previamente, como estando
τὸ δεύτερον, καὶ ἀπὼν νῦν γράφω[124]
presente la segunda (vez), y estando ausente ahora escribo
τοῖς προημαρτηκόσι καὶ τοῖς λοιποῖς πᾶσιν,
a los que han pecado anteriormente y a los demás todos,
ὅτι ἐὰν ἔλθω εἰς τὸ πάλιν οὐ φείσομαι·
que si vengo a ello de nuevo no ahorraré (reprensión),

3 ἐπεὶ δοκιμὴν ζητεῖτε τοῦ ἐν ἐμοὶ λαλοῦντος Χριστοῦ,
ya que prueba buscáis de que en mí habla Cristo,
ὃς εἰς ὑμᾶς οὐκ ἀσθενεῖ, ἀλλὰ δυνατεῖ ἐν ὑμῖν.
el cual para vosotros no es débil, sino que es fuerte en vosotros.

4 καὶ γὰρ εἰ[125] ἐσταυρώθη ἐξ ἀσθενείας, ἀλλὰ
también Porque si fue crucificado por debilidad, sin embargo
ζῇ ἐκ δυνάμεως Θεοῦ. καὶ γὰρ ἡμεῖς ἀσθενοῦμεν
vive por poder de Dios y porque nosotros somos débiles
ἐν αὐτῷ, ἀλλὰ ζησόμεθα σὺν αὐτῷ ἐκ δυνάμεως
en él, sin embargo viviremos con él por poder
Θεοῦ εἰς ὑμᾶς.
de Dios para con vosotros.

5 Ἑαυτοὺς πειράζετε εἰ ἐστὲ ἐν τῇ πίστει, ἑαυτοὺς
A vosotros mismos examinad si estáis en la fe, a vosotros
δοκιμάζετε. ἢ οὐκ ἐπιγινώσκετε ἑαυτοὺς ὅτι
mismos probad. ¿O no conocéis a vosotros mismos que
Ἰησοῦς Χριστὸς ἐν ὑμῖν ἐστιν; εἰ μήτι ἀδόκιμοί ἐστε.
Jesús Cristo en vosotros está? Si no réprobos sois.[126]

---

121. La NU sustituye por contienda.
122. O engreimientos.
123. O fornicación.
124. La NU omite escribo.
125. La NU suprime si.
126. Es decir, tenéis que saber que Cristo está en vosotros, a menos que forméis parte del grupo de los réprobos.

6 ἐλπίζω δὲ   ὅτι γνώσεσθε ὅτι ἡμεῖς
  Espero sin embargo que sabréis   que nosotros
  οὐκ ἐσμὲν ἀδόκιμοι.
  no somos réprobos.

7 εὔχομαι¹²⁷ δὲ   πρὸς τὸν Θεὸν μὴ ποιῆσαι ὑμᾶς   κακὸν
  Oro   sin embargo a   -   Dios no hacer vosotros malo
  μηδέν, οὐχ ἵνα   ἡμεῖς   δόκιμοι   φανῶμεν,   ἀλλ'
  nada, no para que vosotros aprobados os manifestéis, sino
  ἵνα   ὑμεῖς   τὸ καλὸν ποιῆτε, ἡμεῖς   δὲ
  para que vosotros lo bueno hagáis, nosotros Aunque
  ὡς   ἀδόκιμοι ὦμεν.
  como réprobos seamos.

8 οὐ γὰρ   δυνάμεθά τι κατὰ τῆς ἀληθείας,
  no Porque podemos algo contra la verdad,
  ἀλλ' ὑπὲρ τῆς ἀληθείας.
  sino por la   verdad.

9 χαίρομεν   γὰρ   ὅταν ἡμεῖς ἀσθενῶμεν, ὑμεῖς
  nos alegramos Porque cuando nosotros somos débiles, vosotros
  δὲ   δυνατοὶ ἦτε· τοῦτο δὲ   καὶ   εὐχόμεθα,
  sin embargo fuertes sois. Por esto sin embargo también oramos,
  τὴν ὑμῶν   κατάρτισιν.
  por la de vosotros perfección.

10 Διὰ τοῦτο ταῦτα   ἀπὼν   γράφω, ἵνα
   Por estas cosas estando ausente escribo, para que
   παρὼν   μὴ ἀποτόμως χρήσωμαι κατὰ τὴν ἐξουσίαν
   estando presente no severamente use   de la autoridad
   ἣν ἔδωκέ μοι ὁ Κύριος εἰς   οἰκοδομὴν καὶ
   que dio a mí el Señor para edificación y
   οὐκ εἰς   καθαίρεσιν.
   no para destrucción.

11 Λοιπόν,   ἀδελφοί, χαίρετε, καταρτίζεσθε, παρακαλεῖσθε,
   Por lo demás, hermanos, alegraos, reparaos,¹²⁸ consolaos,
   τὸ αὐτὸ   φρονεῖτε, εἰρηνεύετε· καὶ ὁ Θεὸς
   lo mismo pensad,   estad en paz. Y el Dios
   τῆς ἀγάπης καὶ εἰρήνης ἔσται μεθ' ὑμῶν.
   del amor   y de paz   estará con vosotros.

12 Ἀσπάσασθε ἀλλήλους ἐν ἁγίῳ   φιλήματι.
   Saludad   unos a otros con santo beso.

13 ἀσπάζονται ὑμᾶς οἱ ἅγιοι πάντες.
   Saludan   os   los santos todos.

14 Ἡ χάρις τοῦ Κυρίου Ἰησοῦ Χριστοῦ καὶ ἡ ἀγάπη
   La gracia del Señor Jesús Cristo y el amor
   τοῦ Θεοῦ καὶ ἡ κοινωνία   τοῦ Ἁγίου Πνεύματος
   de Dios y la comunión del Santo Espíritu   (esté)
   μετὰ πάντων ὑμῶν.   ἀμήν.¹²⁹
   con todos vosotros. Amén.¹³⁰

6Mas espero que conoceréis que nosotros no somos reprobados.

7Y oramos a Dios que ninguna cosa mala hagáis; no para que nosotros seamos hallados aprobados, mas para que vosotros hagáis lo que es bueno, aunque nosotros seamos como reprobados.

8Porque ninguna cosas podemos contra la verdad, sino por la verdad.

9Por lo cual nos gozamos que seamos nosotros flacos, y que vosotros estéis fuertes; y aun deseamos vuestra perfección.

10Por tanto os escribo esto ausente, por no tratar presente con dureza, conforme a la potestad que el Señor me ha dado para edificación, y no para destrucción.

11Resta, hermanos, que tengáis gozo, seáis perfectos, tengáis consolación, sintáis una misma cosa, tengáis paz; y el Dios de paz y de caridad será con vosotros.

12Saludaos los unos a los otros con ósculo santo. Todos los santos os saludan.

13La gracia del Señor Jesucristo, y el amor de Dios, y la participación del Espíritu Santo sea con vosotros todos. Amén.

---

127. La NU sustituye por oramos.
128. Como en Mateo 4.21.
129. La NU omite Amén.
130. Algunas versiones engloban en un solo v. 13, los vv. 13 y 14.

LA EPÍSTOLA DEL APÓSTOL SAN PABLO
A LOS GÁLATAS

1 Pablo, apóstol, (no de los hombres ni por hombre, mas por Jesucristo y por Dios el Padre, que lo resucitó de los muertos),
2 Y todos los hermanos que están conmigo, a las iglesias de Galacia:
3 Gracia sea á vosotros, y paz de Dios el Padre, y de nuestro Señor Jesucristo,
4 El cual se dió a sí mismo por nuestros pecados para librarnos de este presente siglo malo, conforme a la voluntad de Dios y Padre nuestro;
5 Al cual sea la gloria por siglos de siglos. Amén.
6 Estoy maravillado de que tan pronto os hayáis traspasado del que os llamó a la gracia de Cristo, a otro evangelio:
7 No que hay otro, sino que hay algunos que os inquietan, y quieren pervertir el evangelio de Cristo.
8 Mas aun si nosotros o un ángel del cielo os anunciare otro evangelio del que os hemos anunciado, sea anatema.
9 Como antes hemos dicho, también ahora decimos otra vez: Si alguno os anunciare otro evangelio del que habéis recibido, sea anatema.

1
1 Παῦλος ἀπόστολος οὐκ ἀπ' ἀνθρώπων, οὐδὲ δι' ἀνθρώπου,
Pablo apóstol no de hombres, ni por hombre,
ἀλλὰ διὰ Ἰησοῦ Χριστοῦ καὶ Θεοῦ πατρὸς
sino por Jesús Cristo y Dios Padre
τοῦ ἐγείραντος αὐτὸν ἐκ νεκρῶν,
el que levantó lo de muertos,

2 καὶ οἱ σὺν ἐμοὶ πάντες ἀδελφοί, ταῖς ἐκκλησίαις τῆς Γαλατίας·
Y los conmigo todos hermanos, a las iglesias de la Galacia.

3 χάρις ὑμῖν καὶ εἰρήνη ἀπὸ Θεοῦ πατρὸς
Gracia a vosotros y paz de Dios Padre
καὶ Κυρίου Ἰησοῦ Χριστοῦ,
y de Señor Jesús Cristo,

4 τοῦ δόντος ἑαυτὸν ὑπὲρ τῶν ἁμαρτιῶν ἡμῶν,
el que dio a sí mismo por los pecados de nosotros,
ὅπως ἐξέληται ἡμᾶς ἐκ τοῦ ἐνεστῶτος αἰῶνος πονηροῦ
para que libere nos de la presente era mala
κατὰ τὸ θέλημα τοῦ Θεοῦ καὶ πατρὸς ἡμῶν,
según la voluntad del Dios y Padre de nosotros,

5 ᾧ ἡ δόξα εἰς τοὺς αἰῶνας τῶν αἰώνων· ἀμήν.
al cual la gloria por las edades de las edades. Amén.

6 Θαυμάζω ὅτι οὕτω ταχέως μετατίθεσθε
Me maravillo que así rápidamente os apartáis
ἀπὸ τοῦ καλέσαντος ὑμᾶς ἐν χάριτι Χριστοῦ
de el que llamó os en gracia de Cristo
εἰς ἕτερον εὐαγγέλιον,
para otro evangelio,

7 ὃ οὐκ ἔστιν ἄλλο, εἰ μή τινές εἰσιν οἱ ταράσσοντες
que no existe otro, si no algunos hay que turban
ὑμᾶς καὶ θέλοντες μεταστρέψαι τὸ εὐαγγέλιον τοῦ Χριστοῦ.
os también queriendo cambiar el evangelio de Cristo.

8 ἀλλὰ καὶ ἐὰν ἡμεῖς ἢ ἄγγελος ἐξ οὐρανοῦ
pero incluso si nosotros o ángel de cielo
εὐαγγελίζηται ὑμῖν παρ' ὃ
anuncia evangelio a vosotros aparte de lo que
εὐηγγελισάμεθα ὑμῖν, ἀνάθεμα ἔστω.
anunciamos como evangelio a vosotros, anatema sea.

9 ὡς προειρήκαμεν, καὶ ἄρτι πάλιν λέγω·
como hemos dicho anticipadamente, y ahora de nuevo digo:
εἴ τις ὑμᾶς εὐαγγελίζεται παρ' ὃ παρελάβετε,
si alguno os anuncia evangelio fuera del que recibisteis,
ἀνάθεμα ἔστω.
anatema sea.

10 ἄρτι γὰρ ἀνθρώπους πείθω ἢ τὸν Θεόν;
ahora Porque ¿a hombres busco agradar o a Dios?

ἢ ζητῶ ἀνθρώποις ἀρέσκειν; εἰ γὰρ ἔτι ἀνθρώποις
¿O busco a hombres agradar? si Porque todavía a hombres

ἤρεσκον, Χριστοῦ δοῦλος οὐκ ἂν ἤμην.
agradé, de Cristo siervo no en alguna ocasión sería.

11 Γνωρίζω δὲ ὑμῖν, ἀδελφοί, τὸ εὐαγγέλιον τὸ
Hago conocido sin embargo a vosotros, hermanos, el evangelio el

εὐαγγελισθὲν ὑπ' ἐμοῦ ὅτι οὐκ ἔστι κατὰ ἄνθρωπον·
evangelizado por mí que no es según hombre.

12 οὐδὲ γὰρ ἐγὼ παρὰ ἀνθρώπου παρέλαβον αὐτὸ
tampoco Porque yo de hombre recibí lo

οὔτε ἐδιδάχθην, ἀλλὰ δι' ἀποκαλύψεως Ἰησοῦ Χριστοῦ.
ni me fue enseñado, sino por revelación de Jesús Cristo.

13 Ἠκούσατε γὰρ τὴν ἐμὴν ἀναστροφήν ποτε τῷ Ἰουδαϊσμῷ,
escuchasteis Porque la mi conducta entonces en el judaísmo,

ὅτι καθ' ὑπερβολὴν ἐδίωκον τὴν ἐκκλησίαν
porque según exceso perseguía a la iglesia

τοῦ Θεοῦ καὶ ἐπόρθουν αὐτήν,
de Dios y devastaba la,

14 καὶ προέκοπτον ἐν τῷ Ἰουδαϊσμῷ ὑπὲρ πολλοὺς
Y aventajaba en el judaísmo sobre muchos

συνηλικιώτας ἐν τῷ γένει μου, περισσοτέρως ζηλωτὴς
coetáneos en la raza[1] de mí, mucho más celoso

ὑπάρχων τῶν πατρικῶν μου παραδόσεων.
siendo de las de padres de mí tradiciones.

15 Ὅτε δὲ εὐδόκησεν ὁ θεὸς ὁ ἀφορίσας με ἐκ
Cuando sin embargo se complació Dios el que apartó me desde

κοιλίας μητρός μου καὶ καλέσας διὰ τῆς χάριτος αὐτοῦ
vientre de madre de mí y que llamó por la gracia de él

16 ἀποκαλύψαι τὸν υἱὸν αὐτοῦ ἐν ἐμοί, ἵνα εὐαγγελίζωμαι
revelar al Hijo de él en mí, para que predique

αὐτὸν ἐν τοῖς ἔθνεσι, εὐθέως οὐ προσανεθέμην
lo entre las naciones, inmediatamente no consulté

σαρκὶ καὶ αἵματι,
con carne y con sangre,

17 οὐδὲ ἀνῆλθον εἰς Ἱεροσόλυμα πρὸς τοὺς πρὸ ἐμοῦ
ni subí a Jerusalén a los antes de mí

ἀποστόλους, ἀλλὰ ἀπῆλθον εἰς Ἀραβίαν,
apóstoles, sino que fui a Arabia

καὶ πάλιν ὑπέστρεψα εἰς Δαμασκόν.
y de nuevo regresé a Damasco.

18 Ἔπειτα μετὰ ἔτη τρία ἀνῆλθον εἰς Ἱεροσόλυμα
Entonces después de años tres subí a Jerusalén

ἱστορῆσαι Πέτρον,[2] καὶ ἐπέμεινα
para visitar a Pedro, y permanecí

πρὸς αὐτὸν ἡμέρας δεκαπέντε·
con él días quince.

19 ἕτερον δὲ τῶν ἀποστόλων οὐκ εἶδον,
A otro sin embargo de los apóstoles no vi,

εἰ μὴ Ἰάκωβον τὸν ἀδελφὸν τοῦ Κυρίου.
si no a Santiago[3] el hermano del Señor.

10Porque, ¿persuado yo ahora a hombres o á Dios? ¿ó busco de agradar a hombres? Cierto, que si todavía agradara a los hombres, no sería siervo de Cristo.
11Mas os hago saber, hermanos, que el evangelio que ha sido anunciado por mí, no es según hombre;
12Pues ni yo lo recibí, ni lo aprendí de hombre, sino por revelación de Jesucristo.
13Porque ya habéis oído acerca de mi conducta otro tiempo en el Judaismo, que perseguía sobremanera la iglesia de Dios, y la destruía;
14Y aprovechaba en el Judaismo sobre muchos de mis iguales en mi nación, siendo muy más celador que todos de las tradiciones de mis padres.
15Mas cuando plugo a Dios, que me apartó desde el vientre de mi madre, y me llamó por su gracia,
16Revelar a su Hijo en mí, para que le predicase entre los Gentiles, luego no conferí con carne y sangre;
17Ni fuí a Jerusalem a los que eran apóstoles antes que yo; sino que me fuí a la Arabia, y volví de nuevo a Damasco.
18Depués, pasados tres años, fuí a Jerusalem a ver a Pedro, y estuve con él quince días.
19Mas a ningún otro de los apóstoles vi, sino a Jacobo el hermano del Señor.

---
1. O estirpe.
2. La NU lee Cefas.
3. O Jacobo.

20Y en esto que os escribo, he aquí delante de Dios, no miento.
21Después fuí a las partes de Siria y de Cilicia;
22Y no era conocido de vista a las iglesias de Judea, que eran en Cristo;
23Solamente habían oído decir: Aquel que en otro tiempo nos perseguía, ahora anuncia la fe que en otro tiempo destruía.
24Y glorificaban a Dios en mí.

2 Después, pasados catorce años, fuí otra vez a Jerusalem juntamente con Bernabé, tomando también conmigo a Tito.
2Empero fuí por revelación, y comuniquéles el evangelio que predico entre los Gentiles; mas particularmente a los que parecían ser algo, por no correr en vano, o haber corrido.
3Mas ni aun Tito, que estaba conmigo, siendo Griego, fué compelido a circuncidarse.
4Y eso por causa de los falsos hermanos, que se entraban secretamente para espiar nuestra libertad que tenemos en Cristo Jesús, para ponernos en servidumbre;
5A los cuales ni aun por una hora cedimos sujetándonos, para que la verdad del evangelio permaneciese con vosotros.
6Empero de aquellos que parecían ser algo (cuáles hayan sido algún tiempo, no tengo que ver; Dios no acepta apariencia de hombre), a mí ciertamente los que parecían ser algo, nada me dieron.

20 ἃ δὲ γράφω ὑμῖν, ἰδοὺ ἐνώπιον τοῦ
Lo que sin embargo escribo a vosotros, mira delante de
Θεοῦ ὅτι οὐ ψεύδομαι.
Dios (escribo) porque no miento.

21 ἔπειτα ἦλθον εἰς τὰ κλίματα τῆς Συρίας καὶ τῆς Κιλικίας.
Entonces fui a las regiones de la Siria y de la Cilicia.

22 ἤμην δὲ ἀγνοούμενος τῷ προσώπῳ ταῖς ἐκκλησίαις
Era sin embargo desconocido de cara a iglesias[4]
τῆς Ἰουδαίας ταῖς ἐν Χριστῷ·
de la Judea las en Cristo.

23 μόνον δὲ ἀκούοντες ἦσαν ὅτι ὁ διώκων ἡμᾶς
Sólo sin embargo oyendo estaban que el persiguiendo nos
ποτε νῦν εὐαγγελίζεται τὴν πίστιν ἥν ποτε ἐπόρθει,
entonces ahora predica la fe que entonces devastaba,

24 καὶ ἐδόξαζον ἐν ἐμοὶ τὸν Θεόν.
y glorificaban en mí a Dios.

2 1 Ἔπειτα διὰ δεκατεσσάρων ἐτῶν πάλιν ἀνέβην
Después tras catorce años de nuevo subí
εἰς Ἱεροσόλυμα μετὰ Βαρνάβα, συμπαραλαβὼν καὶ Τίτον·
a Jerusalén con Bernabé, co-llevando[5] también a Tito.

2 ἀνέβην δὲ κατὰ ἀποκάλυψιν· καὶ ἀνεθέμην αὐτοῖς
subí sin embargo según revelación. Y puse ante ellos
τὸ εὐαγγέλιον ὃ κηρύσσω ἐν τοῖς ἔθνεσι, κατ' ἰδίαν
el evangelio que predico entre los gentiles, privadamente
δὲ τοῖς δοκοῦσι, μή πως εἰς κενὸν τρέχω ἢ ἔδραμον.
sin embargo a los influyentes,[6] no como en vano corro o corrí.

3 ἀλλ' οὐδὲ Τίτος ὁ σὺν ἐμοί, Ἕλλην ὤν,
pero ni Tito el conmigo, griego siendo,
ἠναγκάσθη περιτμηθῆναι,
fue obligado a ser circuncidado.

4 διὰ δὲ τοὺς παρεισάκτους
(esto fue) por Sin embargo los secretamente introducidos
ψευδαδέλφους, οἵτινες παρεισῆλθον κατασκοπῆσαι
falsos hermanos que se infiltraron para espiar
τὴν ἐλευθερίαν ἡμῶν ἣν ἔχομεν ἐν Χριστῷ Ἰησοῦ,
la libertad de nosotros que tenemos en Cristo Jesús,
ἵνα ἡμᾶς καταδουλώσωνται·
para que nos sometan a esclavitud.

5 οἷς οὐδὲ πρὸς ὥραν εἴξαμεν τῇ ὑποταγῇ, ἵνα ἡ
a los cuales ni por hora accedimos en la sumisión, para que la
ἀλήθεια τοῦ εὐαγγελίου διαμείνῃ πρὸς ὑμᾶς.
verdad del evangelio permanezca con vosotros.

6 ἀπὸ δὲ τῶν δοκούντων εἶναί τι, ὁποῖοί ποτε
de Sin embargo los que parecen ser algo, lo que entonces
ἦσαν οὐδέν μοι διαφέρει· πρόσωπον Θεὸς ἀνθρώπου
eran nada a mí importa. Rostro Dios de hombre
οὐ λαμβάνει· ἐμοὶ γὰρ οἱ δοκοῦντες οὐδὲν προσανέθεντο,
no recibe,[7] a mí Porque los que influían nada contribuyeron,

---

4. Es decir, las iglesias no habían tenido ocasión de conocerme en persona.
5. Es decir, llevando con nosotros.
6. Lit: a los pareciendo, se sobreentiende que tenían importancia.
7. Es decir, Dios no hace acepción de personas.

7 ἀλλὰ τοὐναντίον ἰδόντες ὅτι πεπίστευμαι
Sin embargo por el contrario viendo que me ha sido confiado[8]
τὸ εὐαγγέλιον τῆς ἀκροβυστίας καθὼς Πέτρος τῆς περιτομῆς·
el evangelio de la incircuncisión como Pedro de la circuncisión.

8 ὁ γὰρ ἐνεργήσας Πέτρῳ εἰς ἀποστολὴν τῆς περιτομῆς
el Porque que operó en Pedro para apostolado de la circuncisión
ἐνήργησε καὶ ἐμοὶ εἰς τὰ ἔθνη·
operó también en mí para las naciones.

9 καὶ γνόντες τὴν χάριν τὴν δοθεῖσάν μοι, Ἰάκωβος καὶ
y conociendo la gracia la dada a mí, Santiago y
Κηφᾶς καὶ Ἰωάννης, οἱ δοκοῦντες στῦλοι εἶναι,
Cefas y Juan, los que parecían pilares ser
δεξιὰς ἔδωκαν ἐμοὶ καὶ Βαρνάβᾳ κοινωνίας,
diestras dieron a mí y a Bernabé de comunión,
ἵνα ἡμεῖς εἰς τὰ ἔθνη, αὐτοὶ δὲ εἰς
para que nosotros a las naciones,[9] ellos sin embargo a
τὴν περιτομήν·
la circuncisión.

10 μόνον τῶν πτωχῶν ἵνα μνημονεύωμεν, ὃ καὶ
sólo de los pobres para que nos acordáramos, lo que también
ἐσπούδασα αὐτὸ τοῦτο ποιῆσαι.
me esforcé mismo esto en hacer.

11 Ὅτε δὲ ἦλθε Πέτρος[10] εἰς Ἀντιόχειαν, κατὰ πρόσωπον
Cuando sin embargo vino Pedro a Antioquía, en cara
αὐτῷ ἀντέστην, ὅτι κατεγνωσμένος ἦν.
a él me opuse, porque condenado era.

12 πρὸ τοῦ γὰρ ἐλθεῖν τινας ἀπὸ Ἰακώβου μετὰ τῶν ἐθνῶν
antes de Porque venir algunos de Santiago con los gentiles
συνήσθιεν· ὅτε δὲ ἦλθον, ὑπέστελλε
comía conjuntamente. cuando Sin embargo vinieron, se apartó
καὶ ἀφώριζεν ἑαυτόν, φοβούμενος τοὺς ἐκ περιτομῆς.
y separó a sí mismo, temiendo a los de circuncisión.

13 καὶ συνυπεκρίθησαν αὐτῷ καὶ οἱ λοιποὶ Ἰουδαῖοι,
Y se unieron en hipocresía con él también los restantes judíos,
ὥστε καὶ Βαρνάβας συναπήχθη
como también Bernabé fue arrastrado conjuntamente con
αὐτῶν τῇ ὑποκρίσει.
de ellos a la hipocresía.

14 ἀλλ' ὅτε εἶδον ὅτι οὐκ ὀρθοποδοῦσι πρὸς
Sin embargo cuando vi que no actuaban rectamente para
τὴν ἀλήθειαν τοῦ εὐαγγελίου, εἶπον τῷ Πέτρῳ[11] ἔμπροσθεν
con la verdad del evangelio, dije a Pedro delante
πάντων· εἰ σὺ Ἰουδαῖος ὑπάρχων ἐθνικῶς ζῇς
de todos. si tú judío siendo gentilmente[12] vives
καὶ οὐκ Ἰουδαϊκῶς, τί[13] τὰ ἔθνη ἀναγκάζεις Ἰουδαΐζειν;
y no judaicamente, ¿por qué a los gentiles obligas a judaizar?

15 Ἡμεῖς φύσει Ἰουδαῖοι καὶ οὐκ
Nosotros por naturaleza (somos) judíos y no
ἐξ ἐθνῶν ἁμαρτωλοί,
de entre gentiles pecadores,

7 Antes por el contrario, como vieron que el evangelio de la incircuncisión me era encargado, como a Pedro el de la circuncisión, **8** (Porque el que hizo por Pedro para el apostolado de la circuncisión, hizo también por mí para con los Gentiles;) **9** Y como vieron la gracia que me era dada, Jacobo y Cefas y Juan, que parecían ser las columnas, nos dieron las diestras de compañía a mí y a Bernabé, para que nosotros fuésemos a los Gentiles, y ellos a la circuncisión. **10** Solamente nos pidieron que nos acordásemos de los pobres; lo mismo que fuí también solícito en hacer. **11** Empero viniendo Pedro a Antioquía, le resistí en la cara, porque era de condenar. **12** Porque antes que viniesen unos de parte de Jacobo, comía con los Gentiles; mas después que vinieron, se retraía y apartaba, teniendo miedo de los que eran de la circuncisión. **13** Y a su disimulación consentían también los otros Judíos; de tal manera que aun Bernabé fué también llevado de ellos en su simulación. **14** Mas cuando vi que no andaban derechamente conforme a la verdad del evangelio, dije a Pedro delante de todos: Si tú, siendo Judío, vives como los Gentiles y no como Judío, ¿por qué constriñes a los Gentiles a judaizar? **15** Nosotros Judíos naturales, y no pecadores de los Gentiles,

---
8. Literalmente "he sido confiado".
9. O a los gentiles.
10. La NU lee Cefas.
11. La NU lee Cefas.
12. Es decir, como un gentil.
13. La NU sustituye por cómo.

16 Sabiendo que el hombre no es justificado por las obras de la ley, sino por la fe de Jesucristo, nosotros también hemos creído en Jesucristo, para que fuésemos justificados por la fe de Cristo, y no por las obras de la ley; por cuanto por las obras de la ley ninguna carne será justificada.
17 Y si buscando nosotros ser justificados en Cristo, también nosotros somos hallados pecadores, ¿es por eso Cristo ministro de pecado? En ninguna manera.
18 Porque si las cosas que destruí, las mismas vuelvo a edificar, transgresor me hago.
19 Porque yo por la ley soy muerto a la ley, para vivir a Dios.
20 Con Cristo estoy juntamente crucificado, y vivo, no ya yo, mas vive Cristo en mí: y lo que ahora vivo en la carne, lo vivo en la fe del Hijo de Dios, el cual me amó, y se entregó a sí mismo por mí.
21 No desecho la gracia de Dios: porque si por la ley fuese la justicia, entonces por demás murió Cristo.

3 ¡Oh Gálatas insensatos! ¿quién os fascinó, para no obedecer a la verdad, ante cuyos ojos Jesucristo fué ya descrito como crucificado entre vosotros?
2 Esto solo quiero saber de vosotros: ¿Recibisteis el Espíritu por las obras de la ley, o por el oir de la fe?
3 ¿Tan necios sois? ¿habiendo comenzado por el Espíritu, ahora os perfeccionáis por la carne?

16 εἰδότες δὲ ὅτι οὐ δικαιοῦται ἄνθρωπος ἐξ ἔργων
sabiendo sin embargo que no es justificado hombre por obras
νόμου ἐὰν μὴ διὰ πίστεως Ἰησοῦ Χριστοῦ, καὶ ἡμεῖς
de ley si no por fe en Jesús Cristo, también nosotros
εἰς Χριστὸν Ἰησοῦν ἐπιστεύσαμεν, ἵνα δικαιωθῶμεν
en Cristo Jesús creímos, para que seamos justificados
ἐκ πίστεως Χριστοῦ καὶ οὐκ ἐξ ἔργων νόμου,
por fe en Cristo y no por obras de ley,
διότι οὐ δικαιωθήσεται ἐξ ἔργων νόμου πᾶσα σάρξ.
por cuanto no será justificada por obras de ley toda carne.[14]

17 εἰ δὲ ζητοῦντες δικαιωθῆναι ἐν Χριστῷ
Si sin embargo buscando ser justificados en Cristo
εὑρέθημεν καὶ αὐτοὶ ἁμαρτωλοί, ἆρα
fuimos encontrados también nosotros mismos pecadores, ¿acaso
Χριστὸς ἁμαρτίας διάκονος; μὴ γένοιτο.
Cristo de pecado siervo (es)? No acontezca.[15]

18 εἰ γὰρ ἃ κατέλυσα ταῦτα πάλιν οἰκοδομῶ,
si Porque lo que destruí esto de nuevo edifico,
παραβάτην ἐμαυτὸν συνίστημι.
transgresor a mí mismo demuestro,[16]

19 ἐγὼ γὰρ διὰ νόμου νόμῳ ἀπέθανον, ἵνα Θεῷ ζήσω.
yo Porque por ley a ley morí, para que a Dios viva.

20 Χριστῷ συνεσταύρωμαι· ζῶ δὲ οὐκέτι ἐγώ, ζῇ
Con Cristo estoy co-crucificado. Vivo sin embargo no yo, vive
δὲ ἐν ἐμοὶ Χριστός· ὃ δὲ νῦν
sin embargo en mí Cristo, lo que sin embargo ahora
ζῶ ἐν σαρκί, ἐν πίστει ζῶ τῇ τοῦ υἱοῦ τοῦ Θεοῦ τοῦ
vivo en carne, en fe vivo la del Hijo de Dios el
ἀγαπήσαντός με καὶ παραδόντος ἑαυτὸν ὑπὲρ ἐμοῦ.
que amó me y que entregó a sí mismo por mí.

21 Οὐκ ἀθετῶ τὴν χάριν τοῦ Θεοῦ· εἰ γὰρ διὰ νόμου
No anulo[17] la gracia de Dios, si Porque por ley (fuera)
δικαιοσύνη, ἄρα Χριστὸς δωρεὰν ἀπέθανεν.
justicia, entonces Cristo en vano murió.

3 1 Ὦ ἀνόητοι Γαλάται, τίς ὑμᾶς ἐβάσκανε τῇ ἀληθείᾳ
O necios gálatas, ¿quién os fascinó (para que) la verdad
μὴ πείθεσθε,[18] οἷς κατ' ὀφθαλμοὺς[19] Ἰησοῦς Χριστὸς
no obedezcáis, los cuales Ante ojos Jesús Cristo
προεγράφη ἐν ὑμῖν[20] ἐσταυρωμένος;
fue presentado entre vosotros crucificado?

2 τοῦτο μόνον θέλω μαθεῖν ἀφ' ὑμῶν· ἐξ ἔργων νόμου
Esto sólo quiero aprender de vosotros: ¿por obras de ley
τὸ Πνεῦμα ἐλάβετε ἢ ἐξ ἀκοῆς πίστεως;
el Espíritu recibisteis o por audición con fe?

3 οὕτως ἀνόητοί ἐστε; ἐναρξάμενοι πνεύματι
¿Así necios sois? ¿Empezando en Espíritu
νῦν σαρκὶ ἐπιτελεῖσθε;
ahora en carne acabáis?

---

14. Es decir, ningún ser será justificado por las obras de la ley.
15. Es decir, de ninguna manera.
16. Es decir, demuestro que yo mismo soy un transgresor.
17. O rechazo, o frustro.
18. La NU sustituye por para no obedecer la verdad.
19. Es decir, visteis con vuestros ojos cómo se presentaba entre vosotros a Cristo crucificado.
20. La NU omite entre vosotros.

4 τοσαῦτα ἐπάθετε εἰκῇ; εἴ γε καὶ
¿Tanto padecisteis vanamente? Si ciertamente también (fue)
εἰκῇ.
vanamente?

5 ὁ οὖν ἐπιχορηγῶν ὑμῖν τὸ Πνεῦμα καὶ ἐνεργῶν δυνάμεις
El pues que suministra os el Espíritu y que realiza milagros
ἐν ὑμῖν, ἐξ ἔργων νόμου ἢ ἐξ ἀκοῆς πίστεως;
en vosotros, ¿(lo hace) por obras de ley o por audición con fe?

6 καθὼς Ἀβραὰμ ἐπίστευσε τῷ Θεῷ,
Como Abraham creyó en Dios
καὶ ἐλογίσθη αὐτῷ εἰς δικαιοσύνην.
y fue considerado para él por justicia.

7 Γινώσκετε ἄρα ὅτι οἱ ἐκ πίστεως,
Sabed por tanto que los de fe,
οὗτοί εἰσιν υἱοί Ἀβραάμ.
éstos son hijos de Abraham.

8 προϊδοῦσα δὲ ἡ γραφὴ ὅτι ἐκ πίστεως δικαιοῖ
Previendo sin embargo la Escritura que por fe justifica
τὰ ἔθνη ὁ Θεός, προευηγγελίσατο
a los gentiles Dios, predicó el evangelio previamente
τῷ Ἀβραὰμ ὅτι ἐνευλογηθήσονται ἐν σοὶ
a Abraham (diciendo) que serán bendecidas en ti
πάντα τὰ ἔθνη.
todas las naciones.

9 ὥστε οἱ ἐκ πίστεως εὐλογοῦνται σὺν τῷ πιστῷ Ἀβραάμ.
Por tanto los de fe serán bendecidos con el fiel Abraham.

10 Ὅσοι γὰρ ἐξ ἔργων νόμου εἰσὶν, ὑπὸ κατάραν εἰσί·
cuantos Porque de obras de ley son, bajo maldición están.
γέγραπται γὰρ· ἐπικατάρατος πᾶς ὃς οὐκ ἐμμένει
escrito está Porque: Maldito todo el que no permanece
ἐν πᾶσι τοῖς γεγραμμένοις ἐν τῷ βιβλίῳ
en todo lo que ha sido escrito en el libro
τοῦ νόμου τοῦ ποιῆσαι αὐτά.
de la ley para hacer lo.

11 ὅτι δὲ ἐν νόμῳ οὐδεὶς δικαιοῦται παρὰ τῷ
que no obstante por ley ninguno será justificado para con
Θεῷ, δῆλον· ὅτι ὁ δίκαιος ἐκ πίστεως ζήσεται·
Dios evidente (es). porque el justo por fe vivirá.

12 ὁ δὲ νόμος οὐκ ἔστιν ἐκ πίστεως, ἀλλ' ὁ ποιήσας
la Sin embargo ley no es por fe, sino que el que hizo
αὐτὰ ἄνθρωπος²¹ ζήσεται ἐν αὐτοῖς.
lo hombre vivirá por ello.

13 Χριστὸς ἡμᾶς ἐξηγόρασεν ἐκ τῆς κατάρας τοῦ νόμου
Cristo nos redimió de la maldición de la ley
γενόμενος ὑπὲρ ἡμῶν κατάρα· γέγραπται γὰρ·
convirtiéndose por nosotros en maldición. está escrito Porque:
ἐπικατάρατος πᾶς ὁ κρεμάμενος ἐπὶ ξύλου.
Maldito todo el que cuelga en árbol.²²

4¿Tantas cosas habéis padecido en vano? si empero en vano. **5**Aquel, pues, que os daba el Espíritu, y obraba maravillas entre vosotros ¿hacíalo por las obras de la ley, o por el oir de la fe? **6**Como Abraham creyó a Dios, y le fué imputado a justicia. **7**Sabéis por tanto, que los que son de fe, los tales son hijos de Abraham. **8**Y viendo antes la Escritura que Dios por la fe había de justificar a los Gentiles, evangelizó antes a Abraham, diciendo: En ti serán benditas todas las naciones. **9**Luego los de la fe son benditos con el creyente Abraham. **10**Porque todos los que son de las obras de la ley, están bajo de maldición. Porque escrito está: Maldito todo aquel que no permaneciere en todas las cosas que están escritas en el libro de la ley, para hacerlas. **11**Mas por cuanto por la ley ninguno se justifica para con Dios, queda manifiesto: Que el justo por la fe vivirá. **12**La ley también no es de la fe; sino, El hombre que los hiciere, vivirá en ellos. **13**Cristo nos redimió de la maldición de la ley, hecho por nosotros maldición; (porque está escrito: Maldito cualquiera que es colgado en madero:)

---

21. La NU omite hombre.
22. O madera.

14 Para que la bendición de Abraham fuese sobre los Gentiles en Cristo Jesús; para que por la fe recibamos la promesa del Espíritu.
15 Hermanos, hablo como hombre: Aunque un pacto sea de hombre, con todo, siendo confirmado, nadie lo cancela, o le añade.
16 A Abraham fueron hechas las promesas, y a su simiente. No dice: Y a las simientes, como de muchos; sino como de uno: Y a tu simiente, la cual es Cristo.
17 Esto pues digo: Que el contrato confirmado de Dios para con Cristo, la ley que fué hecha cuatrocientos treinta años después, no lo abroga, para invalidar la promesa.
18 Porque si la herencia es por la ley, ya no es por la promesa: empero Dios por la promesa hizo la donación a Abraham.
19 ¿Pues de qué sirve la ley? Fué puesta por causa de las rebeliones, hasta que viniese la simiente a quien fué hecha la promesa, ordenada aquélla por los ángeles en la mano de un mediador.
20 Y el mediador no es de uno, pero Dios es uno.
21 ¿Luego la ley es contra las promesas de Dios? En ninguna manera: porque si la ley dada pudiera vivificar, la justicia fuera verdaderamente por la ley.

14 ἵνα εἰς τὰ ἔθνη ἡ εὐλογία τοῦ Ἀβραὰμ γένηται
para que para los gentiles la bendición de Abraham resulte
ἐν Χριστῷ Ἰησοῦ, ἵνα τὴν ἐπαγγελίαν τοῦ Πνεύματος
en Cristo Jesús, para que la promesa del Espíritu
λάβωμεν διὰ τῆς πίστεως.
recibamos a través de la fe.

15 Ἀδελφοί, κατὰ ἄνθρωπον λέγω· ὅμως ἀνθρώπου
Hermanos, como hombre digo: aunque de hombre
κεκυρωμένην διαθήκην οὐδεὶς ἀθετεῖ
habiendo sido confirmado pacto ninguno anula
ἢ ἐπιδιατάσσεται.
o añade.

16 τῷ δὲ Ἀβραὰμ ἐρρέθησαν αἱ ἐπαγγελίαι καὶ
a Sin embargo Abraham fueron habladas las promesas y
τῷ σπέρματι αὐτοῦ. οὐ λέγει, καὶ τοῖς σπέρμασιν,
a la simiente[23] de él, no dice, y a las simientes,
ὡς ἐπὶ πολλῶν, ἀλλ' ὡς ἐφ' ἑνός, καὶ τῷ σπέρματί σου,
como a muchos, sino como a uno, y a la simiente de ti,
ὅς ἐστι Χριστός.
que es Cristo.

17 τοῦτο δὲ λέγω· διαθήκην προκεκυρωμένην ὑπὸ
Esto Sin embargo digo: pacto previamente confirmado por
τοῦ Θεοῦ εἰς Χριστὸν[24] ὁ μετὰ ἔτη τετρακόσια καὶ
Dios para Cristo la tras años cuatrocientos y
τριάκοντα γεγονὼς νόμος οὐκ ἀκυροῖ, εἰς τὸ καταργῆσαι
treinta hecha ley no anula, para el invalidar
τὴν ἐπαγγελίαν.
la promesa.

18 εἰ γὰρ ἐκ νόμου ἡ κληρονομία, οὐκέτι ἐξ
si Porque por ley la herencia (viniera), no por
ἐπαγγελίας· τῷ δὲ Ἀβραὰμ δι'
promesa (sería). a Sin embargo Abraham por
ἐπαγγελίας κεχάρισται ὁ θεός.
promesa ha dado - Dios.

19 Τί οὖν ὁ νόμος; τῶν παραβάσεων χάριν
¿Por qué pues la ley? de las transgresiones Por causa
προσετέθη, ἄχρις οὗ ἔλθῃ τὸ σπέρμα ᾧ ἐπήγγελται,
fue añadida hasta que viniera la simiente[25] que fue prometida,
διαταγεὶς δι' ἀγγέλων ἐν χειρὶ μεσίτου·
siendo ordenada a través de ángeles por mano de mediador.

20 ὁ δὲ μεσίτης ἑνὸς οὐκ ἔστιν, ὁ δὲ
el Sin embargo mediador de uno no es, - sin embargo
Θεὸς εἷς ἐστιν.
Dios uno es.

21 ὁ οὖν νόμος κατὰ τῶν ἐπαγγελιῶν τοῦ Θεοῦ;
¿la Luego ley (es) contra las promesas de Dios?
μὴ γένοιτο. εἰ γὰρ ἐδόθη νόμος ὁ δυνάμενος
No acontezca.[26] si Porque fue dada ley la pudiendo
ζῳοποιῆσαι, ὄντως ἂν ἐκ νόμου ἦν ἡ δικαιοσύνη·
dar vida, ciertamente - por ley sería la justicia.

---

23. O descendencia.
24. La NU omite para Cristo.
25. O descendencia.
26. Es decir, de ninguna manera.

22 ἀλλὰ συνέκλεισεν ἡ γραφὴ τὰ πάντα ὑπὸ ἁμαρτίαν,
Pero encerró la Escritura el todo bajo pecado,
ἵνα ἡ ἐπαγγελία ἐκ πίστεως Ἰησοῦ Χριστοῦ
para que la promesa por fe en Jesús Cristo
δοθῇ τοῖς πιστεύουσι.
fuera dada a los que creen.

23 Πρὸ τοῦ δὲ ἐλθεῖν τὴν πίστιν ὑπὸ νόμον
Antes de sin embargo venir la fe bajo ley
ἐφρουρούμεθα συγκεκλεισμένοι
estábamos custodiados habiendo sido confinados
εἰς τὴν μέλλουσαν πίστιν ἀποκαλυφθῆναι.
para la venidera fe para ser revelada.[27]

24 ὥστε ὁ νόμος παιδαγωγὸς ἡμῶν γέγονεν
Por tanto la ley pedagogo[28] de nosotros ha resultado
εἰς Χριστόν, ἵνα ἐκ πίστεως δικαιωθῶμεν·
para Cristo, para que por fe fuéramos justificados.

25 ἐλθούσης δὲ τῆς πίστεως οὐκέτι ὑπὸ παιδαγωγόν ἐσμεν.
Venida sin embargo la ley ya no bajo pedagogo estamos.

26 Πάντες γὰρ υἱοὶ Θεοῦ ἐστε διὰ τῆς πίστεως
todos Porque hijos de Dios sois mediante la fe
ἐν Χριστῷ Ἰησοῦ·
en Cristo Jesús.

27 ὅσοι γὰρ εἰς Χριστὸν ἐβαπτίσθητε,
cuantos Porque en Cristo fuisteis bautizados,
Χριστὸν ἐνεδύσασθε.
de Cristo os vestisteis.

28 οὐκ ἔνι Ἰουδαῖος οὐδὲ Ἕλλην, οὐκ ἔνι δοῦλος οὐδὲ
No hay judío ni griego, no hay esclavo ni
ἐλεύθερος, οὐκ ἔνι ἄρσεν καὶ θῆλυ·
libre, no hay varón ni mujer.
πάντες γὰρ ὑμεῖς εἷς ἐστε ἐν Χριστῷ Ἰησοῦ.
todos Porque vosotros uno sois en Cristo Jesús.

29 εἰ δὲ ὑμεῖς Χριστοῦ, ἄρα τοῦ Ἀβραὰμ
Si sin embargo vosotros (sois) de Cristo, entonces de Abraham
σπέρμα ἐστέ καὶ κατ' ἐπαγγελίαν κληρονόμοι.
simiente[29] sois y según promesa herederos.

4

1 Λέγω δέ, ἐφ' ὅσον χρόνον ὁ κληρονόμος νήπιός[30] ἐστιν,
Digo sin embargo, por cuanto tiempo el heredero menor es,
οὐδὲν διαφέρει δούλου, κύριος πάντων ὤν,
nada difiere de esclavo, señor de todo siendo,

2 ἀλλὰ ὑπὸ ἐπιτρόπους ἐστὶ καὶ οἰκονόμους
sino que bajo tutores está y administradores
ἄχρι τῆς προθεσμίας τοῦ πατρός.
hasta el fijado (tiempo) del padre.

3 οὕτω καὶ ἡμεῖς, ὅτε ἦμεν νήπιοι, ὑπὸ τὰ
Así también nosotros, cuando éramos menores, por los
στοιχεῖα τοῦ κόσμου ἦμεν δεδουλωμένοι·
rudimentos[31] del mundo estábamos esclavizados.

22Mas encerró la Escritura todo bajo pecado, para que la promesa fuese dada a los creyentes por la fe de Jesucristo.
23Empero antes que viniese la fe, estábamos guardados bajo la ley, encerrados para aquella fe que había de ser descubierta.
24De manera que la ley nuestro ayo fué para llevarnos á Cristo, para que fuésemos justificados por la fe.
25Mas venida la fe, ya no estamos bajo ayo;
26Porque todos sois hijos de Dios por la fe en Cristo Jesús.
27Porque todos los que habéis sido bautizados en Cristo, de Cristo estáis vestidos.
28No hay Judío, ni Griego; no hay siervo, ni libre; no hay varón, ni hembra: porque todos vosotros sois uno en Cristo Jesús.
29Y si vosotros sois de Cristo, ciertamente la simiente de Abraham sois, y conforme a la promesa los herederos.

4 También digo: Entre tanto que el heredero es niño, en nada difiere del siervo, aunque es señor de todo;
2Mas está debajo de tutores y curadores hasta el tiempo señalado por el padre.
3Así también nosotros, cuando éramos niños, éramos siervos bajo los rudimentos del mundo.

---

27. Es decir, para la venidera fe que había de ser revelada.
28. El término se utilizaba para designar a un esclavo que llevaba a los niños hasta la casa del maestro para recibir su educación.
29. O descendencia.
30. O niño.
31. O principios elementales.

4Mas venido el cumplimiento del tiempo, Dios envió su Hijo, hecho de mujer, hecho súbdito a la ley,
5Para que redimiese a los que estaban debajo de la ley, a fin de que recibiésemos la adopción de hijos.
6Y por cuanto sois hijos, Dios envió el Espíritu de su Hijo en vuestros corazones, el cual clama: Abba, Padre.
7Así que ya no eres más siervo, sino hijo, y si hijo, también heredero de Dios por Cristo.
8Antes, en otro tiempo, no conociendo a Dios, servíais a los que por naturaleza no son dioses:
9Mas ahora, habiendo conocido a Dios, o más bien, siendo conocidos de Dios, ¿cómo os volvéis de nuevo a los flacos y pobres rudimentos, en los cuales queréis volver a servir?
10Guardáis los días, y los meses, y los tiempos, y los años.
11Temo de vosotros, que no haya trabajado en vano en vosotros.
12Hermanos, os ruego, sed como yo, porque yo soy como vosotros: ningún agravio me habéis hecho.
13Que vosotros sabéis que por flaqueza de carne os anuncié el evangelio al principio:

4 ὅτε δὲ ἦλθεν τὸ πλήρωμα τοῦ χρόνου, ἐξαπέστειλεν
Cuando sin embargo vino la plenitud del tiempo, envió
ὁ Θεὸς τὸν υἱὸν αὐτοῦ, γενόμενον ἐκ γυναικός,
Dios al Hijo de Él, resultado de mujer,
γενόμενον ὑπὸ νόμον,
resultado bajo ley,

5 ἵνα τοὺς ὑπὸ νόμον ἐξαγοράσῃ, ἵνα τὴν υἱοθεσίαν
para que a los bajo ley redimiera, para que la adopción
ἀπολάβωμεν.
recibamos.

6 Ὅτι δέ ἐστε υἱοί, ἐξαπέστειλεν ὁ Θεὸς τὸ Πνεῦμα
Porque sin embargo sois hijos, envió Dios el Espíritu
τοῦ υἱοῦ αὐτοῦ εἰς τὰς καρδίας ὑμῶν,[32] κρᾶζον·
del Hijo de Él a los corazones de vosotros, gritando:
ἀββᾶ ὁ πατήρ.
Abba - Padre.

7 ὥστε οὐκέτι εἶ δοῦλος, ἀλλὰ υἱός· εἰ δὲ υἱὸς,
Por tanto ya no eres esclavo, sino hijo. Si sin embargo hijo,
καὶ κληρονόμος Θεοῦ διὰ Χριστοῦ.[33]
también heredero de Dios a través de Cristo.

8 Ἀλλὰ τότε μὲν οὐκ εἰδότες Θεὸν ἐδουλεύσατε
Pero entonces ciertamente no conociendo a Dios erais esclavos[34]
τοῖς μὴ φύσει οὖσι θεοῖς·
de los que no por naturaleza son dioses.

9 νῦν δὲ γνόντες Θεόν, μᾶλλον δὲ
Ahora sin embargo conociendo a Dios, más bien sin embargo
γνωσθέντες ὑπὸ Θεοῦ, πῶς ἐπιστρέφετε πάλιν ἐπὶ
siendo conocidos por Dios, ¿cómo os volvéis de nuevo a
τὰ ἀσθενῆ καὶ πτωχὰ στοιχεῖα, οἷς πάλιν
los débiles y pobres[35] rudimentos, a los cuales otra vez de
ἄνωθεν δουλεύειν θέλετε;
nuevo servir queréis?

10 ἡμέρας παρατηρεῖσθε καὶ μῆνας καὶ καιροὺς καὶ ἐνιαυτούς.
Días observáis y meses y estaciones y años.

11 φοβοῦμαι ὑμᾶς, μήπως εἰκῇ
Temo por vosotros, no sea que vanamente
κεκοπίακα εἰς ὑμᾶς.
haya trabajado[36] por vosotros.

12 Γίνεσθε ὡς ἐγώ, ὅτι κἀγὼ ὡς ὑμεῖς,
Llegad a ser como yo, porque yo también como vosotros,
ἀδελφοί, δέομαι ὑμῶν. οὐδέν με ἠδικήσατε·
hermanos, (me hice) ruego os.[37] Nada me agraviasteis.

13 οἴδατε δὲ ὅτι δι' ἀσθένειαν τῆς σαρκὸς
Sabéis sin embargo que por debilidad de la carne
εὐηγγελισάμην ὑμῖν τὸ πρότερον,
prediqué el evangelio a vosotros al principio.

---

32. La NU tiene de nosotros.
33. La NU lee a través de Dios.
34. O servíais.
35. La palabra indica una pobreza extrema similar a la mendicidad.
36. El término tiene el sentido de trabajar arduamente.
37. Es decir: os ruego que lleguéis a ser como yo de la misma manera que yo llegué a ser como vosotros, hermanos.

14 καὶ τὸν πειρασμὸν μου τὸν ἐν τῇ σαρκί μου οὐκ ἐξουθενήσατε
Y la prueba[38] de mí la en la carne de mí no despreciasteis
οὐδὲ ἐξεπτύσατε, ἀλλ' ὡς ἄγγελον Θεοῦ
ni desechasteis, sino como a ángel de Dios
ἐδέξασθέ με, ὡς Χριστὸν Ἰησοῦν.
recibisteis me, como a Cristo Jesús.

15 τίς[39] οὖν ἦν[40] ὁ μακαρισμὸς ὑμῶν; μαρτυρῶ γὰρ ὑμῖν
¿Cuál pues era la bendición de vosotros? testifico Porque os
ὅτι εἰ δυνατὸν τοὺς ὀφθαλμοὺς ὑμῶν
que si posible (hubiera sido) los ojos de vosotros
ἐξορύξαντες ἂν ἐδώκατέ μοι.
arrancando - habríais dado a mí.

16 ὥστε ἐχθρὸς ὑμῶν γέγονα
Por tanto ¿enemigo de vosotros he resultado
ἀληθεύων ὑμῖν;
diciendo la verdad a vosotros?

17 ζηλοῦσιν ὑμᾶς οὐ καλῶς, ἀλλὰ ἐκκλεῖσαι ὑμᾶς
Tienen celo por vosotros no bien, sino que apartar os
θέλουσιν, ἵνα αὐτοὺς ζηλοῦτε.
quieren, para que por ellos tengáis celo.

18 καλὸν δὲ τὸ ζηλοῦσθαι ἐν καλῷ πάντοτε
Bueno sin embargo (es) el manifestar celo en bueno siempre
καὶ μὴ μόνον ἐν τῷ παρεῖναί με πρὸς ὑμᾶς.
y no sólo al estar presente yo con vosotros.

19 τεκνία[41] μου, οὓς πάλιν ὠδίνω, μέχρις
Hijitos de mí, por los que otra vez sufro dolores de parto, hasta
οὗ μορφωθῇ Χριστὸς ἐν ὑμῖν·
que haya sido formado Cristo en vosotros.

20 ἤθελον δὲ παρεῖναι πρὸς ὑμᾶς ἄρτι καὶ
Quise sin embargo estar presente con vosotros hasta ahora y
ἀλλάξαι τὴν φωνήν μου,[42] ὅτι ἀποροῦμαι[43]
cambiar la voz de mí, porque estoy dubitativo
ἐν ὑμῖν.
respecto a vosotros.

21 Λέγετέ μοι οἱ ὑπὸ νόμον θέλοντες εἶναι· τὸν νόμον οὐκ ἀκούετε;
Decid me los bajo ley deseando estar, ¿la ley no escucháis?

22 γέγραπται γὰρ ὅτι Ἀβραὰμ δύο υἱοὺς ἔσχεν,
está escrito Porque que Abraham dos hijos tuvo,
ἕνα ἐκ τῆς παιδίσκης καὶ ἕνα ἐκ τῆς ἐλευθέρας.
uno de la sierva y uno de la libre.

23 ἀλλ' ὁ μὲν ἐκ τῆς παιδίσκης κατὰ σάρκα
pero uno ciertamente de la sierva según carne
γεγέννηται, ὁ δὲ ἐκ τῆς ἐλευθέρας διὰ
ha llegado a ser, el sin embargo de la libre por medio de
τῆς ἐπαγγελίας.
la promesa.

14Y no desechasteis ni menospreciasteis mi tentación que estaba en mi carne: antes me recibisteis como a un ángel de Dios, como a Cristo Jesús.
15¿Dónde está pues vuestra bienaventuranza? porque yo os doy testimonio que si se pudiera hacer, os hubierais sacado vuestros ojos para dármelos.
16¿Heme pues hecho vuestro enemigo, diciéndoos la verdad?
17Tienen celos de vosotros, pero no bien: antes os quieren echar fuera para que vosotros los celéis a ellos.
18Bueno es ser celosos en bien siempre; y no solamente cuando estoy presente con vosotros.
19Hijitos míos, que vuelvo otra vez a estar de parto de vosotros, hasta que Cristo sea formado en vosotros;
20Querría cierto estar ahora con vosotros, y mudar mi voz; porque estoy perplejo en cuanto a vosotros.
21Decidme, los que queréis estar debajo de la ley, ¿no habéis oído la ley?
22Porque escrito está que Abraham tuvo dos hijos; uno de la sierva, el otro de la libre.
23Mas el de la sierva nació según la carne; pero el de la libre nació por la promesa.

---

38. O tentación.
39. La NU sustituye por dónde.
40. La NU omite era.
41. La NU sustituye por hijos.
42. Es decir, el tono.
43. O perplejo.

24 Las cuales cosas son dichas por alegoría: porque estas mujeres son los dos pactos; el uno ciertamente del monte Sinaí, el cual engendró para servidumbre, que es Agar.
25 Porque Agar o Sinaí es un monte de Arabia, el cual es conjunto a la que ahora es Jerusalem, la cual sirve con sus hijos.
26 Mas la Jerusalem de arriba libre es; la cual es la madre de todos nosotros.
27 Porque está escrito:
Alégrate, estéril, que no pares:
Prorrumpe y clama, la que no estás de parto;
Porque más son los hijos de la dejada, que de la que tiene marido.
28 Así que, hermanos, nosotros como Isaac somos hijos de la promesa.
29 Empero como entonces el que era engendrado según la carne, perseguía al que había nacido según el Espíritu, así también ahora.
30 Mas ¿qué dice la Escritura? Echa fuera a la sierva y a su hijo; porque no será heredero el hijo de la sierva con el hijo de la libre.
31 De manera, hermanos, que no somos hijos de la sierva, mas de la libre.

5 Estad, pues, firmes en la libertad con que Cristo nos hizo libres, y no volváis otra vez a ser presos en el yugo de servidumbre.

---

24 ἅτινά ἐστιν ἀλληγορούμενα· αὗται γάρ εἰσι δύο διαθῆκαι,
lo que es dicho en alegoría. éstos Porque son dos pactos,
μία μὲν ἀπὸ ὄρους Σινᾶ, εἰς δουλείαν γεννῶσα,
uno ciertamente de monte Sinaí, para servidumbre dando a luz,
ἥτις ἐστὶν Ἄγαρ.
que es Agar.

25 τὸ γὰρ Ἄγαρ Σινᾶ ὄρος ἐστὶν ἐν τῇ Ἀραβίᾳ,
el Porque Agar Sinaí monte es en la Arabia,
συστοιχεῖ δὲ τῇ νῦν Ἰερουσαλήμ, δουλεύει
corresponde ciertamente a la ahora Jerusalén, sirve
δὲ μετὰ τῶν τέκνων αὐτῆς·
sin embargo con los hijos de ella.

26 ἡ δὲ ἄνω Ἰερουσαλὴμ ἐλευθέρα ἐστίν,
La sin embargo de arriba Jerusalén libre es,
ἥτις ἐστὶ μήτηρ πάντων[44] ἡμῶν.
la cual es madre de todos nosotros.

27 γέγραπται γάρ· εὐφράνθητι στεῖρα ἡ οὐ τίκτουσα,
está escrito Porque: regocíjate estéril la que no dio a luz,
ῥῆξον καὶ βόησον ἡ οὐκ ὠδίνουσα·
rompe a gritar y clama la que no tiene dolores de parto.
ὅτι πολλὰ τὰ τέκνα τῆς ἐρήμου μᾶλλον ἢ
Porque muchos los hijos de la desolada más que (los)
τῆς ἐχούσης τὸν ἄνδρα.
de la que tiene el marido.

28 ἡμεῖς[45] δέ, ἀδελφοί, κατὰ Ἰσαὰκ ἐπαγγελίας
Nosotros sin embargo, hermanos, como Isaac de promesa
τέκνα ἐσμεν.
hijos somos.

29 ἀλλ' ὥσπερ τότε ὁ κατὰ σάρκα γεννηθεὶς ἐδίωκε
Pero como entonces el según carne siendo nacido persiguió
τὸν κατὰ πνεῦμα, οὕτως καὶ νῦν.
al según espíritu, así también ahora.

30 ἀλλὰ τί λέγει ἡ γραφή; ἔκβαλε τὴν παιδίσκην
Sin embargo ¿qué dice la Escritura? Expulsa a la sierva
καὶ τὸν υἱὸν αὐτῆς·
y al hijo de ella.
οὐ γὰρ μὴ κληρονομήσει ὁ υἱὸς
no Porque de ninguna manera heredará el hijo
τῆς παιδίσκης μετὰ τοῦ υἱοῦ τῆς ἐλευθέρας.
de la esclava con el hijo de la libre.

31 Ἄρα, ἀδελφοί, οὐκ ἐσμὲν παιδίσκης
Así que, hermanos, no somos de criada
τέκνα, ἀλλὰ τῆς ἐλευθέρας.
hijos, sino de la libre.

5 1 τῇ ἐλευθερίᾳ οὖν,[46] ᾗ Χριστὸς ἡμᾶς ἠλευθέρωσε,
En la libertad pues con que Cristo nos libertó,
στήκετε,[47] καὶ μὴ πάλιν ζυγῷ
manteneos firmes y no de nuevo a yugo
δουλείας ἐνέχεσθε.
de servidumbre os sujetéis.

---

44. La NU omite de todos.
45. La NU sustituye por vosotros.
46. La NU suprime pues con que.
47. La NU añade por lo tanto.

2 Ἴδε ἐγὼ Παῦλος λέγω ὑμῖν ὅτι ἐὰν περιτέμνησθε,
  Mira yo Pablo digo os que si sois circuncidados,
  Χριστὸς ὑμᾶς οὐδὲν ὠφελήσει.
  Cristo a vosotros de nada aprovechará.

3 μαρτύρομαι δὲ πάλιν παντὶ ἀνθρώπῳ
  Testifico sin embargo de nuevo a todo hombre
  περιτεμνομένῳ ὅτι ὀφειλέτης ἐστὶν ὅλον τὸν νόμον ποιῆσαι.
  siendo circuncidado porque obligado está toda la ley a hacer.[48]

4 κατηργήθητε ἀπὸ τοῦ Χριστοῦ οἵτινες ἐν νόμῳ
  fuisteis desvinculados de Cristo los que en ley
  δικαιοῦσθε, τῆς χάριτος ἐξεπέσατε·
  sois justificados, de la gracia caísteis.

5 ἡμεῖς γὰρ Πνεύματι ἐκ πίστεως ἐλπίδα
  nosotros Porque por Espíritu por fe esperanza
  δικαιοσύνης ἀπεκδεχόμεθα.
  de justicia esperamos.

6 ἐν γὰρ Χριστῷ Ἰησοῦ οὔτε περιτομή τι ἰσχύει
  en Porque Cristo Jesús ni circuncisión algo significa
  οὔτε ἀκροβυστία, ἀλλὰ πίστις δι' ἀγάπης ἐνεργουμένη.
  ni incircuncisión, sino fe mediante amor actuando.

7 Ἐτρέχετε καλῶς· τίς ὑμᾶς ἐνέκοψεν
  Corríais bien. ¿Quién os impidió
  τῇ ἀληθείᾳ μὴ πείθεσθαι;
  la verdad no obedecer?[49]

8 ἡ πεισμονὴ οὐκ ἐκ τοῦ καλοῦντος ὑμᾶς.
  La persuasión no (es) de el que llama os.

9 μικρὰ ζύμη ὅλον τὸ φύραμα ζυμοῖ.
  Poca levadura toda la masa leuda.

10 ἐγὼ πέποιθα εἰς ὑμᾶς ἐν Κυρίῳ ὅτι οὐδὲν ἄλλο
   Yo estoy persuadido sobre vosotros en Señor que nada otro
   φρονήσετε· ὁ δὲ ταράσσων ὑμᾶς βαστάσει τὸ κρίμα,
   pensareis. el que sin embargo perturba os llevará el juicio,
   ὅστις ἂν ᾖ.
   cualquiera que acaso sea.

11 ἐγὼ δέ, ἀδελφοί, εἰ περιτομὴν ἔτι κηρύσσω, τί
   Yo sin embargo, hermanos, si circuncisión todavía predico, ¿por
   ἔτι διώκομαι; ἄρα κατήργηται τὸ σκάνδαλον
   qué aún soy perseguido? Entonces se ha anulado el escándalo
   τοῦ σταυροῦ.
   de la cruz.

12 ὄφελον καὶ ἀποκόψονται οἱ ἀναστατοῦντες ὑμᾶς.
   Ojalá también se corten[50] los que perturban os.

13 Ὑμεῖς γὰρ ἐπ' ἐλευθερίᾳ ἐκλήθητε, ἀδελφοί· μόνον
   vosotros Porque a libertad fuisteis llamados, hermanos. Sólo
   μὴ τὴν ἐλευθερίαν εἰς ἀφορμὴν τῇ σαρκί,
   no (utiliceis) la libertad para oportunidad para la carne,
   ἀλλὰ διὰ τῆς ἀγάπης δουλεύετε ἀλλήλοις.
   sino mediante el amor servíos los unos a los otros.

2He aquí yo Pablo os digo, que si os circuncidareis, Cristo no os aprovechará nada.
3Y otra vez vuelvo a protestar a todo hombre que se circuncidare, que está obligado a hacer toda la ley.
4Vacíos sois de Cristo los que por la ley os justificáis; de la gracia habéis caído.
5Porque nosotros por el Espíritu esperamos la esperanza de la justicia por la fe.
6Porque en Cristo Jesús ni la circuncisión vale algo, ni la incircuncisión; sino la fe que obra por la caridad.
7Vosotros corríais bien: ¿quién os embarazó para no obedecer a la verdad?
8Esta persuasión no es de aquel que os llama.
9Un poco de levadura leuda toda la masa.
10Yo confío de vosotros en el Señor, que ninguna otra cosa sentiréis: mas el que os inquieta, llevará el juicio, quienquiera que él sea.
11Y yo, hermanos, si aun predico la circuncisión, ¿por qué padezco pesecución todavía? pues que quitado es el escándalo de la cruz.
12Ojalá fuesen también cortados los que os inquietan.
13Porque vosotros, hermanos, a libertad habéis sido llamados; solamente que no uséis la libertad como ocasión a la carne, sino servíos por amor los unos a los otros.

---

48. Es decir, a obedecer.
49. Es decir, ¿quién os puso obstáculo para que no obedecierais la verdad?
50. Es decir, se mutilen o se castren.

14 Porque toda la ley en aquesta sola palabra se cumple: Amarás a tu prójimo como a ti mismo.
15 Y si os mordéis y os coméis los unos a los otros, mirad que también no os consumáis los unos a los otros.
16 Digo pues: Andad en el Espíritu, y no satisfagáis la concupiscencia de la carne.
17 Porque la carne codicia contra el Espíritu, y el Espíritu contra la carne: y estas cosas se oponen la una a la otra, para que no hagáis lo que quisieres.
18 Mas si sois guiados del Espíritu, no estáis bajo la ley.
19 Y manifiestas son las obras de la carne, que son: adulterio, fornicación, inmundicia, disolución,
20 Idolatría, hechicerías, enemistades, pleitos, celos, iras, contiendas, disensiones, herejías,
21 Envidias, homicidios, borracheras, banqueteos, y cosas semejantes a éstas: de las cuales os denuncio, como ya os he anunciado, que los que hacen tales cosas no heredarán el reino de Dios.
22 Mas el fruto del Espíritu es: caridad, gozo, paz, tolerancia, benignidad, bondad, fe,
23 Mansedumbre, templanza: contra tales cosas no hay ley.

14 ὁ γὰρ πᾶς νόμος ἐν ἑνὶ λόγῳ πληροῦται,⁵¹
la Porque toda ley en una palabra se cumple,
ἐν τῷ, ἀγαπήσεις τὸν πλησίον σου ὡς σεαυτόν.
en la que (dice), amarás al prójimo de ti como a ti mismo.

15 εἰ δὲ ἀλλήλους δάκνετε καὶ κατεσθίετε,
Si sin embargo unos a otros mordéis y devoráis,
βλέπετε μὴ ὑπ' ἀλλήλων ἀναλωθῆτε.
mirad no unos por otros seáis consumidos.

16 Λέγω δέ, Πνεύματι περιπατεῖτε καὶ ἐπιθυμίαν
Digo sin embargo, por Espíritu caminad y deseo
σαρκὸς οὐ μὴ τελέσητε.
de carne no de ninguna manera consuméis.⁵²

17 ἡ γὰρ σὰρξ ἐπιθυμεῖ κατὰ τοῦ Πνεύματος,
la Porque carne desea contra el Espíritu,
τὸ δὲ Πνεῦμα κατὰ τῆς σαρκός· ταῦτα
el Sin embargo Espíritu contra la carne. Éstas
δὲ ἀντίκειται ἀλλήλοις, ἵνα μὴ
sin embargo se oponen entre sí, para que no
ἃ ἂν θέλητε ταῦτα ποιῆτε.
lo que acaso deseáis esto hagáis.⁵³

18 εἰ δὲ Πνεύματι ἄγεσθε, οὐκ ἐστὲ ὑπὸ νόμον.
Si sin embargo por Espíritu sois guiados, no estáis bajo ley.

19 φανερὰ δέ ἐστι τὰ ἔργα τῆς σαρκός, ἅτινά
Manifiestas sin embargo son las obras de la carne, las cuáles
ἐστι μοιχεία,⁵⁴ πορνεία, ἀκαθαρσία, ἀσέλγεια,
son adulterio, fornicación, impureza, lascivia,

20 εἰδωλολατρία, φαρμακεία, ἔχθραι, ἔρεις,
idolatría, hechicería, enemistades, contiendas,
ζῆλοι, θυμοί, ἐριθεῖαι, διχοστασίαι, αἱρέσεις,
envidias, explosiones de cólera, rivalidades, disensiones, divisiones,

21 φθόνοι, φόνοι,⁵⁵ μέθαι, κῶμοι καὶ τὰ ὅμοια
envidias, asesinatos, borracheras, comilonas⁵⁶ y lo semejante
τούτοις, ἃ προλέγω ὑμῖν καθὼς
a estas cosas, lo que dije previamente a vosotros como
καὶ προεῖπον, ὅτι οἱ τὰ τοιαῦτα
también dije entonces, que los las tales cosas
πράσσοντες βασιλείαν Θεοῦ οὐ κληρονομήσουσιν.
practicando reino de Dios no heredarán.

22 ὁ δὲ καρπὸς τοῦ Πνεύματός ἐστιν ἀγάπη, χαρά, εἰρήνη,
el Sin embargo fruto del Espíritu es amor, gozo, paz,
μακροθυμία, χρηστότης, ἀγαθωσύνη, πίστις,
longanimidad, benignidad, bondad, fe,

23 πραότης, ἐγκράτεια· κατὰ τῶν τοιούτων οὐκ
mansedumbre, dominio propio. Contra las cosas estas no
ἔστι νόμος.
hay ley.

---

51. La NU sustituye por ha sido cumplida.
52. O realicéis.
53. Es decir, para que no hagáis lo que queréis.
54. La NU suprime adulterio.
55. La NU suprime asesinatos.
56. Como en Romanos 13.13, es decir, banquetes donde además se daban cita la inmoralidad y la idolatría.

24 οἱ δὲ   τοῦ Χριστοῦ τὴν σάρκα ἐσταύρωσαν σὺν τοῖς
los Sin embargo de Cristo   la   carne crucificaron con las
παθήμασι καὶ ταῖς ἐπιθυμίαις.
pasiones y los deseos.

25 Εἰ ζῶμεν Πνεύματι, Πνεύματι καὶ   στοιχῶμεν.⁵⁷
Si vivimos en Espíritu, en Espíritu también sigamos (los pasos).

26 μὴ γινώμεθα κενόδοξοι, ἀλλήλους προκαλούμενοι,
No resultemos vanagloriosos, unos a otros provocando,
ἀλλήλοις   φθονοῦντες.
unos a otros envidiando.

6

1 Ἀδελφοί, ἐὰν καὶ   προλημφθῇ   ἄνθρωπος ἔν τινι
Hermanos, si también es sorprendido hombre en alguna
παραπτώματι, ὑμεῖς οἱ πνευματικοὶ καταρτίζετε τὸν τοιοῦτον
transgresión vosotros los espirituales restaurad al tal
ἐν πνεύματι πραότητος,   σκοπῶν   σεαυτόν,
en espíritu de mansedumbre examinando a ti mismo,
μὴ καὶ   σὺ πειρασθῇς.
no también tú caigas.

2 Ἀλλήλων   τὰ βάρη βαστάζετε, καὶ οὕτως ἀναπληρώσατε
Los unos de los otros las cargas llevad, y así   cumplid⁵⁸
τὸν νόμον τοῦ Χριστοῦ.
la ley de Cristo.

3 εἰ γὰρ δοκεῖ τις   εἶναί τι μηδὲν ὤν,
si Porque considera alguno ser algo nada siendo,
ἑαυτόν   φρεναπατᾷ.
a sí mismo engaña.

4 τὸ δὲ   ἔργον ἑαυτοῦ δοκιμαζέτω ἕκαστος, καὶ
la Sin embargo obra de sí mismo examine cada uno y
τότε   εἰς ἑαυτὸν μόνον τὸ καύχημα ἕξει
entonces hacia sí mismo sólo la jactancia⁵⁹ tendrá
καὶ οὐκ εἰς   τὸν ἕτερον·
y no hacia el otro.

5 ἕκαστος γὰρ   τὸ ἴδιον φορτίον βαστάσει.
cada uno Porque la propia carga   llevará.

6 Κοινωνείτω δὲ   ὁ κατηχούμενος τὸν λόγον
Comparta sin embargo el que es enseñado la palabra
τῷ κατηχοῦντι ἐν πᾶσιν ἀγαθοῖς.
con el que enseña en todo bueno.⁶⁰

7 Μὴ πλανᾶσθε, Θεὸς οὐ μυκτηρίζεται· ὃ γὰρ ἐὰν
No os engañéis, Dios no es burlado. lo que Porque siempre
σπείρῃ ἄνθρωπος, τοῦτο καὶ   θερίσει·
siembra hombre, esto también cosechará.

8 ὅτι   ὁ σπείρων εἰς τὴν σάρκα ἑαυτοῦ ἐκ τῆς σαρκὸς
porque el sembrando para la carne de sí mismo de la carne
θερίσει φθοράν, ὁ δὲ   σπείρων εἰς τὸ
cosechará corrupción, el - sin embargo sembrando para el
πνεῦμα ἐκ τοῦ πνεύματος θερίσει   ζωὴν αἰώνιον.
Espíritu de el Espíritu cosechará vida eterna.

---

24 Porque los que son de Cristo, han crucificado la carne con los afectos y concupiscencias.
25 Si vivimos en el Espíritu, andemos también en el Espíritu.
26 No seamos codiciosos de vana gloria, irritando los unos a los otros, envidiándose los unos a los otros.

6

Hermanos, si alguno fuere tomado en alguna falta, vosotros que sois espirituales, restaurad al tal con el espíritu de mansedumbre; considerándote a ti mismo, porque tú no seas también tentado.
2 Sobrellevad los unos las cargas de los otros; y cumplid así la ley de Cristo.
3 Porque el que estima de sí que es algo, no siendo nada, a sí mismo se engaña.
4 Así que cada uno examine su obra, y entonces tendrá gloria sólo respecto de sí mismo, y no en otro.
5 Porque cada cual llevará su carga.
6 Y el que es enseñado en la palabra, comunique en todos los bienes al que lo instruye.
7 No os engañéis: Dios no puede ser burlado: que todo lo que el hombre sembrare, eso también segará.
8 Porque el que siembra para su carne, de la carne segará corrupción; mas el que siembra para el Espíritu, del Espíritu segará vida eterna.

---

57. Como en Romanos 4.12.
58. La NU sustituye por cumpliréis.
59. O motivo de gloriarse.
60. Es decir, el que es enseñado comparta todo lo bueno con el que le enseña la palabra.

9 No nos cansemos, pues, de hacer bien; que a su tiempo segaremos, si no hubiéremos desmayado.
10 Así que, entre tanto que tenemos tiempo, hagamos bien a todos, y mayormente a los domésticos de la fe.
11 Mirad en cuán grandes letras os he escrito de mi mano.
12 Todos los que quieren agradar en al carne, éstos os constriñen a que os circuncidéis, solamente por no padecer persecución por la cruz de Cristo.
13 Porque ni aun los mismos que se circuncidan guardan la ley; sino que quieren que vosotros seáis circuncidados, para gloriarse en vuestra carne.
14 Mas lejos esté de mí gloriarme, sino en la cruz de nuestro Señor Jesucristo, por el cual el mundo me es crucificado a mí, y yo al mundo.
15 Porque en Cristo Jesús, ni la circuncisión vale nada, ni la incircuncisión, sino la nueva criatura.
16 Y todos los que anduvieren conforme a esta regla, paz sobre ellos, y misericordia, y sobre el Israel de Dios.
17 De aquí adelante nadie me sea molesto; porque yo traigo en mi cuerpo las marcas del Señor Jesús.
18 Hermanos, la gracia de nuestro Señor Jesucristo sea con vuestro espíritu. Amén.

9 τὸ δὲ καλὸν ποιοῦντες μὴ ἐκκακῶμεν· καιρῷ
lo Sin embargo bueno haciendo no desfallezcamos. en tiempo
γὰρ ἰδίῳ θερίσομεν μὴ ἐκλυόμενοι.
Porque propio cosecharemos no desmayando.[61]

10 Ἄρα οὖν ὡς καιρὸν ἔχομεν, ἐργαζώμεθα τὸ ἀγαθὸν
Así pues como ocasión tengamos, hagamos lo bueno
πρὸς πάντας, μάλιστα δὲ πρὸς τοὺς
para con todos, mayormente sin embargo para con los
οἰκείους τῆς πίστεως.
familiares de la fe.

11 Ἴδετε πηλίκοις ὑμῖν γράμμασιν ἔγραψα
Ved con grandes a vosotros letras escribí
τῇ ἐμῇ χειρί.
con la mi mano.

12 ὅσοι θέλουσιν εὐπροσωπῆσαι ἐν σαρκί, οὗτοι
Cuantos desean dar una buena apariencia en carne, éstos
ἀναγκάζουσιν ὑμᾶς περιτέμνεσθαι, μόνον ἵνα
fuerzan os a ser circuncidados, sólo para que
μὴ τῷ σταυρῷ τοῦ Χριστοῦ διώκωνται.
no por la cruz de Cristo sean perseguidos.

13 οὐδὲ γὰρ οἱ περιτεμνόμενοι[62] αὐτοὶ νόμον
ni Porque los que han sido circuncidados éstos ley
φυλάσσουσιν· ἀλλὰ θέλουσιν ὑμᾶς περιτέμνεσθαι,
guardan, pero quieren vosotros ser circuncidados,[63]
ἵνα ἐν τῇ ὑμετέρᾳ σαρκὶ καυχήσωνται.
para que en la vuestra carne se jacten.

14 ἐμοὶ δὲ μὴ γένοιτο καυχᾶσθαι εἰ μὴ ἐν τῷ σταυρῷ
A mí sin embargo no suceda jactarme si no en la cruz
τοῦ Κυρίου ἡμῶν Ἰησοῦ Χριστοῦ, δι' οὗ ἐμοὶ
del Señor de nosotros Jesús Cristo, a través del cual para mí
κόσμος ἐσταύρωται κἀγὼ τῷ κόσμῳ.
mundo ha sido crucificado y yo para el mundo.

15 ἐν γὰρ Χριστῷ Ἰησοῦ οὔτε περιτομή τί ἰσχύει[64] οὔτε
en Porque Cristo Jesús ni circuncisión algo sirve ni
ἀκροβυστία, ἀλλὰ καινὴ κτίσις.
Incircuncisión, sino nueva creación.

16 καὶ ὅσοι τῷ κανόνι τούτῳ στοιχήσουσιν, εἰρήνη ἐπ' αὐτοὺς
Y cuantos a la regla esta se ajustan, paz sobre ellos
καὶ ἔλεος, καὶ ἐπὶ τὸν Ἰσραὴλ τοῦ Θεοῦ.
y misericordia, y sobre el Israel de Dios.

17 Τοῦ λοιποῦ κόπους μοι μηδεὶς παρεχέτω· ἐγὼ γὰρ τὰ
Por lo demás molestias[65] a mí ninguno cause. yo Porque las
στίγματα τοῦ Κυρίου[66] Ἰησοῦ ἐν τῷ σώματί μου βαστάζω.
marcas del Señor Jesús en el cuerpo de mí llevo.[67]

18 Ἡ χάρις τοῦ Κυρίου ἡμῶν Ἰησοῦ Χριστοῦ μετὰ
La gracia del Señor de nosotros Jesús Cristo (esté) con
τοῦ πνεύματος ὑμῶν, ἀδελφοί· ἀμήν.
el espíritu de vosotros, hermanos. Amén.

---

61. Es decir, si no desmayamos acabaremos recogiendo la cosecha.
62. La NU sustituye por los que son circuncidados.
63. Es decir, quieren que vosotros os circuncidéis (oración de infinitivo).
64. La NU sustituye por es.
65. También trabajos o penalidades.
66. La NU suprime Señor.
67. O soporto.

LA EPÍSTOLA DEL APÓSTOL SAN PABLO
A LOS EFESIOS

1

1 Παῦλος, ἀπόστολος Ἰησοῦ Χριστοῦ διὰ θελήματος Θεοῦ,
Pablo, apóstol de Jesús Cristo por voluntad de Dios,
τοῖς ἁγίοις τοῖς οὖσιν ἐν Ἐφέσῳ καὶ πιστοῖς
a los santos a los que están en Éfeso y a los fieles
ἐν Χριστῷ Ἰησοῦ·
en Cristo Jesús.

2 χάρις ὑμῖν καὶ εἰρήνη ἀπὸ Θεοῦ πατρὸς ἡμῶν καὶ
Gracia a vosotros y paz de Dios padre de nosotros y
Κυρίου Ἰησοῦ Χριστοῦ.
de Señor Jesús Cristo.

3 Εὐλογητὸς ὁ Θεὸς καὶ πατὴρ τοῦ Κυρίου ἡμῶν Ἰησοῦ
Bendito el Dios y padre del Señor de nosotros Jesús
Χριστοῦ, ὁ εὐλογήσας ἡμᾶς ἐν πάσῃ εὐλογίᾳ πνευματικῇ
Cristo, que bendijo nos con toda bendición espiritual
ἐν τοῖς ἐπουρανίοις ἐν Χριστῷ,
en lo celestial[1] en Cristo,

4 καθὼς ἐξελέξατο ἡμᾶς ἐν αὐτῷ πρὸ καταβολῆς
como escogió nos en él antes de fundación
κόσμου εἶναι ἡμᾶς ἁγίους καὶ ἀμώμους
de mundo para ser nosotros santos e intachables
κατενώπιον αὐτοῦ, ἐν ἀγάπῃ
delante de él, en amor

5 προορίσας ἡμᾶς εἰς υἱοθεσίαν διὰ Ἰησοῦ
habiendo predestinado nos a filiación[2] a través de Jesús
Χριστοῦ εἰς αὐτόν, κατὰ τὴν εὐδοκίαν τοῦ θελήματος αὐτοῦ,
Cristo para él, según la benevolencia de la voluntad de él,

6 εἰς ἔπαινον δόξης τῆς χάριτος αὐτοῦ, ἐν ᾗ[3]
para alabanza de gloria de la gracia de él, en la cual
ἐχαρίτωσεν ἡμᾶς ἐν τῷ ἠγαπημένῳ.
dio gracia a nosotros en el amado.

7 ἐν ᾧ ἔχομεν τὴν ἀπολύτρωσιν διὰ τοῦ αἵματος αὐτοῦ,
en el que tenemos la redención a través de la sangre de él,
τὴν ἄφεσιν τῶν παραπτωμάτων, κατὰ τὸ πλοῦτος
el perdón de las transgresiones,[4] según la riqueza
τῆς χάριτος αὐτοῦ,
de la gracia de él,

8 ἧς ἐπερίσσευσεν εἰς ἡμᾶς ἐν πάσῃ σοφίᾳ καὶ φρονήσει,
que sobreabundó para nosotros con toda sabiduría e inteligencia,

9 γνωρίσας ἡμῖν τὸ μυστήριον τοῦ θελήματος
habiendo dado a conocer a nosotros el misterio de la voluntad
αὐτοῦ κατὰ τὴν εὐδοκίαν αὐτοῦ, ἣν προέθετο ἐν αὐτῷ
de él según la benevolencia de él, que propuso en él

1 Pablo, apóstol de Jesucristo por la voluntad de Dios, a los santos y fieles en Cristo Jesús que están en Éfeso:
2 Gracia sea á vosotros, y paz de Dios Padre nuestro, y del Señor Jesucristo.
3 Bendito el Dios y Padre del Señor nuestro Jesucristo, el cual nos bendijo con toda bendición espiritual en lugares celestiales en Cristo:
4 Según nos escogió en él antes de la fundación del mundo, para que fuésemos santos y sin mancha delante de él en amor;
5 Habiéndonos predestinado para ser adoptados hijos por Jesucristo a sí mismo, según el puro afecto de su voluntad,
6 Para alabanza de la gloria de su gracia, con la cual nos hizo aceptos en el Amado:
7 En el cual tenemos redención por su sangre, la remisión de pecados por las riquezas de su gracia,
8 Que sobreabundó en nosotros en toda sabiduría e inteligencia;
9 Descubriéndonos el misterio de su voluntad, según su beneplácito, que se había propuesto en sí mismo,

---

1. O "en los ámbitos celestiales".
2. Es decir, a ser adoptados como hijos, a convertirnos en Sus hijos.
3. La NU sustituye por la cual.
4. O delitos.

10 De reunir todas las cosas en Cristo, en la dispensación del cumplimiento de los tiempos, así las que están en los cielos, como las que están en la tierra:

11 En él digo, en quien asimismo tuvimos suerte, habiendo sido predestinados conforme al propósito del que hace todas las cosas según el consejo de su voluntad,

12 Para que seamos para alabanza de su gloria, nosotros que antes esperamos en Cristo.

13 En el cual esperasteis también vosotros en oyendo la palabra de verdad, el evangelio de vuestra salud: en el cual también desde que creísteis, fuisteis sellados con el Espíritu Santo de la promesa,

14 Que es las arras de nuestra herencia, para la redención de la posesión adquirida para alabanza de su gloria.

15 Por lo cual también yo, habiendo oído de vuestra fe en el Señor Jesús, y amor para con todos los santos,

16 No ceso de dar gracias por vosotros, haciendo memoria de vosotros en mis oraciones;

17 Que el Dios del Señor nuestro Jesucristo, el Padre de gloria, os dé espíritu de sabiduría y de revelación para su conocimiento;

18 Alumbrando los ojos de vuestro entendimiento, para que sepáis cuál sea la esperanza de su vocación, y cuáles las riquezas de la gloria de su herencia en los santos,

10 εἰς οἰκονομίαν τοῦ πληρώματος τῶν καιρῶν,
para administración de la plenitud de los tiempos,
ἀνακεφαλαιώσασθαι τὰ πάντα ἐν τῷ Χριστῷ,
para recapitular el todo en el Cristo,
τὰ ἐπὶ τοῖς οὐρανοῖς καὶ τὰ ἐπὶ τῆς γῆς, ἐν αὐτῷ,
lo sobre los cielos y lo sobre la tierra, en él,

11 ἐν ᾧ καὶ ἐκληρώθημεν
en quien también fuimos designados herederos
προορισθέντες κατὰ πρόθεσιν
habiendo sido predestinados según propósito
τοῦ τὰ πάντα ἐνεργοῦντος κατὰ τὴν βουλὴν
del que el todo ejecuta según el consejo
τοῦ θελήματος αὐτοῦ,
de la voluntad de él.

12 εἰς τὸ εἶναι ἡμᾶς εἰς ἔπαινον δόξης αὐτοῦ,
para ser nosotros para alabanza de gloria de él,
τοὺς προηλπικότας ἐν τῷ Χριστῷ·
los esperando antes en el Cristo.

13 ἐν ᾧ καὶ ὑμεῖς ἀκούσαντες τὸν λόγον τῆς
en quien no sólo vosotros habiendo oído la palabra de la
ἀληθείας, τὸ εὐαγγέλιον τῆς σωτηρίας ὑμῶν, ἐν ᾧ
verdad, el evangelio de la salvación de vosotros, en que
καὶ πιστεύσαντες ἐσφραγίσθητε τῷ Πνεύματι
Sino también habiendo creído fuisteis sellados con el Espíritu
τῆς ἐπαγγελίας τῷ Ἁγίῳ,
de la promesa el Santo,

14 ὅς ἐστιν ἀρραβὼν τῆς κληρονομίας ἡμῶν,
que es arras de la herencia de nosotros,
εἰς ἀπολύτρωσιν τῆς περιποιήσεως,
para redención de la posesión,
εἰς ἔπαινον τῆς δόξης αὐτοῦ.
para alabanza de la gloria de él.

15 Διὰ τοῦτο κἀγώ, ἀκούσας τὴν καθ' ὑμᾶς πίστιν
Por esto también yo, habiendo oído de la según vosotros fe
ἐν τῷ Κυρίῳ Ἰησοῦ καὶ τὴν ἀγάπην τὴν εἰς πάντας τοὺς ἁγίους,
en el Señor Jesús y del amor el hacia todos los santos,

16 οὐ παύομαι εὐχαριστῶν ὑπὲρ ὑμῶν μνείαν ὑμῶν[5]
no ceso de dar gracias por vosotros memoria de vosotros
ποιούμενος ἐπὶ τῶν προσευχῶν μου,
haciendo en las oraciones de mí.

17 ἵνα ὁ Θεὸς τοῦ Κυρίου ἡμῶν Ἰησοῦ Χριστοῦ, ὁ πατὴρ
para que el Dios del Señor de nosotros Jesús Cristo, el Padre
τῆς δόξης, δῴη ὑμῖν πνεῦμα σοφίας καὶ
de la gloria, dé a vosotros espíritu de sabiduría y
ἀποκαλύψεως ἐν ἐπιγνώσει αὐτοῦ,
de revelación en conocimiento de él,

18 πεφωτισμένους τοὺς ὀφθαλμοὺς τῆς καρδίας ὑμῶν,
habiendo sido iluminados los ojos del corazón de vosotros,
εἰς τὸ εἰδέναι ὑμᾶς τίς ἐστιν ἡ ἐλπὶς τῆς κλήσεως
para saber vosotros cuál es la esperanza del llamamiento
αὐτοῦ, τίς ὁ πλοῦτος τῆς δόξης τῆς κληρονομίας
de él, cuál la riqueza de la gloria de la herencia
αὐτοῦ ἐν τοῖς ἁγίοις,
de él en los santos,

---

5. La NU suprime de vosotros.

19 καὶ τί τὸ ὑπερβάλλον μέγεθος τῆς δυνάμεως αὐτοῦ y cual la sobresaliente grandeza del poder de él εἰς ἡμᾶς τοὺς πιστεύοντας κατὰ τὴν ἐνέργειαν[6] para nosotros los que creemos según la energía τοῦ κράτους τῆς ἰσχύος αὐτοῦ, del poder de la fuerza de él,	**19**Y cuál aquella supereminente grandeza de su poder para con nosotros los que creemos, por la operación de la potencia de su fortaleza, **20**La cual obró en Cristo, resucitándole de los muertos, y colocándole a su diestra en los cielos, **21**Sobre todo principado, y potestad, y potencia, y señorío, y todo nombre que se nombra, no sólo en este siglo, mas aun en el venidero: **22**Y sometió todas las cosas debajo de sus pies, y diólo por cabeza sobre todas las cosas a la iglesia, **23**La cual es su cuerpo, la plenitud de Aquel que hinche todas las cosas en todos.
20 ἣν ἐνήργησεν ἐν τῷ Χριστῷ ἐγείρας αὐτὸν que operó en el Cristo levantando lo ἐκ νεκρῶν, καὶ ἐκάθισας ἐν δεξιᾷ αὐτοῦ ἐν τοῖς ἐπουρανίοις de muertos, y sentando (lo) a diestra de él en lo celestial	
21 ὑπεράνω πάσης ἀρχῆς καὶ ἐξουσίας καὶ δυνάμεως sobre todo principado[7] y autoridad y poder καὶ κυριότητος καὶ παντὸς ὀνόματος ὀνομαζομένου y señorío y todo nombre nombrado οὐ μόνον ἐν τῷ αἰῶνι τούτῳ, ἀλλὰ καὶ ἐν τῷ μέλλοντι· no sólo en la era esta, sino también en la venidera,	
22 καὶ πάντα ὑπέταξεν ὑπὸ τοὺς πόδας αὐτοῦ, καὶ αὐτὸν y todo sometió bajo los pies de él y lo ἔδωκε κεφαλὴν ὑπὲρ πάντα τῇ ἐκκλησίᾳ, dio (como) cabeza sobre todo para la iglesia,	**2** Y de ella recibisteis vosotros, que estabais muertos en vuestros delitos y pecados, **2**En que en otro tiempo anduvisteis conforme a la condición de este mundo, conforme al príncipe de la potestad del aire, el espíritu que ahora obra en los hijos de desobediencia; **3**Entre los cuales todos nosotros también vivimos en otro tiempo en los deseos de nuestra carne, haciendo la voluntad de la carne y de los pensamientos; y éramos por naturaleza hijos de ira, también como los demás. **4**Empero Dios, que es rico en misericordia, por su mucho amor con que nos amó, **5**Aun estando nosotros muertos en pecados, nos dió vida juntamente con Cristo; por gracia sois salvos;
23 ἥτις ἐστὶ τὸ σῶμα αὐτοῦ, τὸ πλήρωμα τοῦ que es el cuerpo de él, la plenitud del τὰ πάντα ἐν πᾶσι πληρουμένου. el todo en todo llenando.	
2 **1** Καὶ ὑμᾶς ὄντας νεκροὺς τοῖς παραπτώμασι[8] Y a vosotros estando muertos en los delitos καὶ ταῖς ἁμαρτίαις,[9] y los pecados,	
2 ἐν αἷς ποτε περιεπατήσατε κατὰ τὸν αἰῶνα τοῦ en los que en un tiempo anduvisteis según la era del κόσμου τούτου, κατὰ τὸν ἄρχοντα τῆς ἐξουσίας τοῦ ἀέρος, mundo este, según el príncipe de la autoridad del aire, τοῦ πνεύματος τοῦ νῦν ἐνεργοῦντος ἐν τοῖς υἱοῖς τῆς ἀπειθείας· del espíritu del ahora operando en los hijos de la desobediencia,	
3 ἐν οἷς καὶ ἡμεῖς πάντες ἀνεστράφημέν ποτε entre quienes también vosotros todos os condujisteis en un ἐν ταῖς ἐπιθυμίαις τῆς σαρκὸς ἡμῶν, ποιοῦντες tiempo en las ansias de la carne de nosotros, haciendo τὰ θελήματα τῆς σαρκὸς καὶ τῶν διανοιῶν, καὶ ἦμεν las voluntades de la carne y de los pensamientos, y éramos τέκνα φύσει ὀργῆς, ὡς καὶ οἱ λοιποί· hijos por naturaleza de ira, como también los demás.	
4 ὁ δὲ Θεὸς πλούσιος ὢν ἐν ἐλέει, διὰ τὴν - Sin embargo Dios rico siendo en misericordia, por el πολλὴν ἀγάπην αὐτοῦ ἣν ἠγάπησεν ἡμᾶς, mucho amor de él con que amó nos,	
5 καὶ ὄντας ἡμᾶς νεκροὺς τοῖς παραπτώμασι y estando nosotros muertos en las transgresiones συνεζωοποίησε τῷ Χριστῷ· χάριτί ἐστε dio vida juntamente con el Cristo. Por gracia estáis σεσῳσμένοι·[10] habiendo sido salvados.	

---

6. U operación.
7. Lit: "principio".
8. O transgresiones.
9. La NU añade de vosotros.
10. La salvación no es algo futuro sino ya presente que se operó en el pasado, es decir, ahora sois salvos por que ya fuisteis salvados.

6 Y juntamente nos resucitó, y asimismo nos hizo sentar en los cielos con Cristo Jesús,
7 Para mostrar en los siglos venideros las abundantes riquezas de su gracia en su bondad para con nosotros en Cristo Jesús.
8 Porque por gracia sois salvos por la fe; y esto no de vosotros, pues es don de Dios:
9 No por obras, para que nadie se gloríe.
10 Porque somos hechura suya, criados en Cristo Jesús para buenas obras, las cuales Dios preparó para que anduviésemos en ellas.
11 Por tanto, acordaos que en otro tiempo vosotros los Gentiles en la carne, que erais llamados incircuncisión por la que se llama circuncisión, hecha con mano en la carne;
12 Que en aquel tiempo estabais sin Cristo, alejados de la república de Israel, y extranjeros a los pactos de la promesa, sin esperanza y sin Dios en el mundo.
13 Mas ahora en Cristo Jesús, vosotros que en otro tiempo estabais lejos, habéis sido hechos cercanos por la sangre de Cristo.
14 Porque él es nuestra paz, que de ambos hizo uno, derribando la pared intermedia de separación;
15 Dirimiendo en su carne las enemistades, la ley de los mandamientos en orden a ritos, para edificar en sí mismo los dos en un nuevo hombre, haciendo la paz,

6 καὶ συνήγειρε καὶ συνεκάθισεν ἐν τοῖς ἐπουρανίοις
y co-levantó[11] y co-sentó en lo celestial
ἐν Χριστῷ Ἰησοῦ,
en Cristo Jesús,

7 ἵνα ἐνδείξηται ἐν τοῖς αἰῶσι τοῖς ἐπερχομένοις τὸν
para que mostrara en las eras las que vienen la
ὑπερβάλλοντα πλοῦτον τῆς χάριτος αὐτοῦ ἐν χρηστότητι
sobresaliente riqueza de la gracia de él en bondad
ἐφ' ἡμᾶς ἐν Χριστῷ Ἰησοῦ.
hacia nosotros en Cristo Jesús.

8 τῇ γὰρ χάριτί ἐστε σεσῳσμένοι διὰ
por la Porque gracia estáis habiendo sido salvados[12] a través de
πίστεως· καὶ τοῦτο οὐκ ἐξ ὑμῶν, Θεοῦ τὸ δῶρον·
fe, y esto no de vosotros, de Dios el don,

9 οὐκ ἐξ ἔργων, ἵνα μή τις καυχήσηται.
no por obras, para que no alguno se jacte,

10 αὐτοῦ γὰρ ἐσμεν ποίημα, κτισθέντες ἐν Χριστῷ Ἰησοῦ
de él Porque somos hechura, creados en Cristo Jesús
ἐπὶ ἔργοις ἀγαθοῖς, οἷς προητοίμασεν
para obras buenas, que preparó anticipadamente
ὁ Θεὸς ἵνα ἐν αὐτοῖς περιπατήσωμεν.
Dios para que en ellas caminaramos.

11 Διὸ μνημονεύετε ὅτι ὑμεῖς ποτὲ τὰ ἔθνη ἐν
Por tanto recordad que vosotros en un tiempo los gentiles en
σαρκί, οἱ λεγόμενοι ἀκροβυστία ὑπὸ τῆς λεγομένης
carne, los llamados incircuncisión por la llamada
περιτομῆς ἐν σαρκὶ χειροποιήτου,
circuncisión en carne realizada con mano,

12 ὅτι ἦτε ἐν τῷ καιρῷ ἐκείνῳ χωρὶς Χριστοῦ,
que estábais en el tiempo aquel sin Cristo,
ἀπηλλοτριωμένοι τῆς πολιτείας τοῦ Ἰσραὴλ καὶ ξένοι
alejados de la ciudadanía de Israel y extranjeros
τῶν διαθηκῶν τῆς ἐπαγγελίας, ἐλπίδα μὴ ἔχοντες
de los pactos de la promesa, esperanza no teniendo
καὶ ἄθεοι ἐν τῷ κόσμῳ.
y ateos[13] en el mundo.

13 νυνὶ δὲ ἐν Χριστῷ Ἰησοῦ ὑμεῖς οἵ ποτε
ahora sin embargo en Cristo Jesús vosotros los en un tiempo
ὄντες μακρὰν ἐγγὺς ἐγενήθητε ἐν τῷ αἵματι τοῦ Χριστοῦ.
estando lejos cerca habéis llegado a estar en la sangre de Cristo.

14 αὐτὸς γὰρ ἐστιν ἡ εἰρήνη ἡμῶν, ὁ ποιήσας τὰ
éste Porque es la paz de nosotros, el que hizo de los
ἀμφότερα ἓν καὶ τὸ μεσότοιχον τοῦ φραγμοῦ λύσας,
ambos uno y la mediana[14] del muro destruyendo,

15 τὴν ἔχθραν, ἐν τῇ σαρκὶ αὐτοῦ τὸν νόμον τῶν ἐντολῶν
la enemistad, en la carne de él la ley de los mandamientos
ἐν δόγμασι καταργήσας, ἵνα τοὺς δύο κτίσῃ
en dogmas[15] habiendo abolido para que a los dos cree
ἐν ἑαυτῷ εἰς ἕνα καινὸν ἄνθρωπον ποιῶν εἰρήνην,
en sí mismo en un nuevo hombre haciendo paz,

---

11. O co-resucitó.
12. Ver v. 5.
13. Es decir, "sin Dios". Nótese que se considera ateo no al que no cree en alguna divinidad sino al que no está vinculado con el único Dios verdadero.
14. Es decir, "el muro de en medio" o "muro que separa".
15. Es decir, "ordenanzas".

16 καὶ ἀποκαταλλάξῃ τοὺς ἀμφοτέρους ἐν ἑνὶ σώματι
y reconcilie a los ambos en un cuerpo
τῷ Θεῷ διὰ τοῦ σταυροῦ,
con Dios a través de la cruz
ἀποκτείνας τὴν ἔχθραν ἐν αὐτῷ.
matando la enemistad en él.

17 καὶ ἐλθὼν εὐηγγελίσατο εἰρήνην ὑμῖν
y viniendo evangelizó paz a vosotros
τοῖς μακρὰν καὶ τοῖς ἐγγύς·
a los de lejos y a los de cerca,

18 ὅτι δι' αὐτοῦ ἔχομεν τὴν προσαγωγὴν
porque a través de él tenemos la entrada
οἱ ἀμφότεροι ἐν ἑνὶ Πνεύματι πρὸς τὸν πατέρα.
ambos en un Espíritu a el Padre.

19 ἄρα οὖν οὐκέτι ἐστὲ ξένοι καὶ πάροικοι,
Entonces por lo tanto ya no sois extranjeros y ajenos
ἀλλὰ συμπολῖται τῶν ἁγίων
sino conciudadanos de los santos
καὶ οἰκεῖοι τοῦ Θεοῦ,
y miembros de la casa¹⁶ de Dios,

20 ἐποικοδομηθέντες ἐπὶ τῷ θεμελίῳ τῶν ἀποστόλων
siendo edificados sobre el fundamento de los apóstoles
καὶ προφητῶν, ὄντος ἀκρογωνιαίου αὐτοῦ
y profetas, siendo principal piedra angular de él
Ἰησοῦ Χριστοῦ,
Jesús Cristo,

21 ἐν ᾧ πᾶσα οἰκοδομὴ συναρμολογουμένη
en quien todo edificio coordinado
αὔξει εἰς ναὸν ἅγιον ἐν Κυρίῳ·
crece a templo santo¹⁷ en Señor.

22 ἐν ᾧ καὶ ὑμεῖς συνοικοδομεῖσθε εἰς
en quien también vosotros sois conjuntamente edificados para
κατοικητήριον τοῦ Θεοῦ ἐν Πνεύματι.
morada de Dios en Espíritu.

3 **1** Τούτου χάριν ἐγὼ Παῦλος ὁ δέσμιος τοῦ Χριστοῦ Ἰησοῦ
de esto A causa yo Pablo el preso de Cristo Jesús (soy)
ὑπὲρ ὑμῶν τῶν ἐθνῶν,
por vosotros los gentiles,

2 εἴ γε ἠκούσατε τὴν οἰκονομίαν τῆς χάριτος
si ciertamente oísteis la administración de la gracia
τοῦ Θεοῦ τῆς δοθείσης μοι εἰς ὑμᾶς,
de Dios la siendo dada a mí para vosotros,

3 ὅτι κατὰ ἀποκάλυψιν ἐγνωρίσέ μοι τὸ μυστήριον,
porque según revelación manifestó me el misterio,
καθὼς προέγραψα ἐν ὀλίγῳ,
como escribí antes en breve,

4 πρὸς ὃ δύνασθε ἀναγινώσκοντες νοῆσαι τὴν σύνεσίν
sobre lo que podéis leyendo entender la comprensión
μου ἐν τῷ μυστηρίῳ τοῦ Χριστοῦ,
de mí en el misterio de Cristo,

16Y reconciliar por la cruz con Dios a ambos en un mismo cuerpo, matando en ella las enemistades.
17Y vino, y anunció la paz a vosotros que estabais lejos, y a los que estaban cerca:
18Que por él los unos y los otros tenemos entrada por un mismo Espíritu al Padre.
19Así que ya no sois extranjeros ni advenedizos, sino juntamente ciudadanos con los santos, y domésticos de Dios;
20Edificados sobre el fundamento de los apóstoles y profetas, siendo la principal piedra del ángulo Jesucristo mismo;
21En el cual, compaginado todo el edificio, va creciendo para ser un templo santo en el Señor:
22En el cual vosotros también sois juntamente edificados, para morada de Dios en Espíritu.

3 Por esta causa yo Pablo, prisionero de Cristo Jesús por vosotros los Gentiles,
2Si es que habéis oído la dispensación de la gracia de Dios que me ha sido dada para con vosotros,
3A saber, que por revelación me fué declarado el misterio, como antes he escrito en breve;
4Leyendo lo cual podéis entender cuál sea mi inteligencia en el misterio de Cristo:

---

16. Casa en el sentido de familia.
17. Es decir, hasta llegar a ser templo.

5El cual misterio en los otros siglos no se dió a conocer a los hijos de los hombres como ahora es revelado a sus santos apóstoles y profetas en el Espíritu:
6Que los Gentiles sean juntamente herederos, e incorporados, y consortes de su promesa en Cristo por el evangelio:
7Del cual yo soy hecho ministro por el don de la gracia de Dios que me ha sido dado según la operación de su potencia.
8A mí, que soy menos que el más pequeño de todos los santos, es dada esta gracia de anunciar entre los Gentiles el evangelio de las inescrutables riquezas de Cristo,
9Y de aclarar a todos cuál sea la dispensación del misterio escondido desde los siglos en Dios, que crió todas las cosas.
10Para que la multiforme sabiduría de Dios sea ahora notificada por la iglesia a los principados y potestades en los cielos,
11Conforme a la determinación eterna, que hizo en Cristo Jesús nuestro Señor:
12En el cual tenemos seguridad y entrada con confianza por la fe de él.
13Por tanto, pido que no desmayéis a causa de mis tribulaciones por vosotros, las cuales son vuestra gloria.
14Por esta causa doblo mis rodillas al Padre de nuestro Señor Jesucristo,

5 ὃ ἑτέραις γενεαῖς οὐκ ἐγνωρίσθη τοῖς υἱοῖς τῶν
que en otras generaciones no fue conocido a los hijos de los
ἀνθρώπων ὡς νῦν ἀπεκαλύφθη τοῖς ἁγίοις ἀποστόλοις
hombres como ahora ha sido revelado a los santos apóstoles
αὐτοῦ καὶ προφήταις ἐν Πνεύματι,
de él y profetas por Espíritu,

6 εἶναι τὰ ἔθνη συγκληρονόμα καὶ σύσσωμα καὶ συμμέτοχα
ser[18] los gentiles co-herederos y co-cuerpo[19] y partícipes
τῆς ἐπαγγελίας αὐτοῦ[20] ἐν τῷ Χριστῷ διὰ τοῦ εὐαγγελίου,
de la promesa de él en el Cristo mediante el Evangelio,

7 οὗ ἐγενόμην διάκονος κατὰ τὴν δωρεὰν τῆς
del cual vine a ser siervo de acuerdo con el don de la
χάριτος τοῦ Θεοῦ τὴν δοθεῖσάν μοι κατὰ τὴν ἐνέργειαν
gracia de Dios la dada a mí según la energía[21]
τῆς δυνάμεως αὐτοῦ.
del poder de él.

8 ἐμοὶ τῷ ἐλαχιστοτέρῳ πάντων ἁγίων ἐδόθη
a mí al ultimísimo de todos los santos fue dada
ἡ χάρις αὕτη, ἐν τοῖς ἔθνεσιν εὐαγγελίσασθαι
la gracia esta, entre los gentiles evangelizar
τὸ ἀνεξιχνίαστον πλοῦτος τοῦ Χριστοῦ
la impenetrable[22] riqueza de Cristo

9 καὶ φωτίσαι πάντας τίς ἡ οἰκονομία τοῦ μυστηρίου
e iluminar a todos cuál (es) la administración del misterio
τοῦ ἀποκεκρυμμένου ἀπὸ τῶν αἰώνων
el que ha estado escondido desde las eras
ἐν τῷ Θεῷ, τῷ τὰ πάντα κτίσαντι διὰ Ἰησοῦ Χριστοῦ,[23]
en Dios, que todo creó a través de Jesús Cristo,

10 ἵνα γνωρισθῇ νῦν ταῖς ἀρχαῖς καὶ ταῖς ἐξουσίαις
para que sea conocido ahora a los principados y a las autoridades
ἐν τοῖς ἐπουρανίοις διὰ τῆς ἐκκλησίας
en lo celestial a través de la iglesia
ἡ πολυποίκιλος σοφία τοῦ Θεοῦ,
la polícroma sabiduría de Dios,

11 κατὰ πρόθεσιν τῶν αἰώνων ἣν ἐποίησεν
según propósito de las eras[24] que hizo
ἐν τῷ Χριστῷ Ἰησοῦ τῷ Κυρίῳ ἡμῶν,
en - Cristo Jesús el Señor de nosotros,

12 ἐν ᾧ ἔχομεν τὴν παρρησίαν καὶ προσαγωγὴν
en quien tenemos la libertad y entrada
ἐν πεποιθήσει διὰ τῆς πίστεως αὐτοῦ.
en confianza mediante la fe de él.

13 διὸ αἰτοῦμαι μὴ ἐγκακεῖν ἐν ταῖς θλίψεσί μου
por lo que pido no desfallecer en las tribulaciones de mí
ὑπὲρ ὑμῶν, ἥτις ἐστὶ δόξα ὑμῶν.
por vosotros, que es gloria de vosotros.

14 Τούτου χάριν κάμπτω τὰ γόνατά μου
de esto A causa doblo las rodillas de mí
πρὸς τὸν πατέρα τοῦ Κυρίου ἡμῶν Ἰησοῦ Χριστοῦ,[25]
ante el Padre del Señor de nosotros Jesús Cristo,

---

18. Es decir, que los gentiles son (oración de infinitivo).
19. Es decir, "el mismo cuerpo".
20. La NU omite de él.
21. U operación.
22. En el sentido de imposible de abarcar con la mente humana.
23. La NU omite a través de Jesús Cristo.
24. Es decir, según decisión previa al tiempo.
25. La NU omite del Señor de nosotros Jesús Cristo.

15 ἐξ οὗ πᾶσα πατριὰ ἐν οὐρανοῖς καὶ ἐπὶ γῆς ὀνομάζεται,
de quien toda familia en cielos y sobre tierra es nombrada,

16 ἵνα δῴη ὑμῖν κατὰ τὸν πλοῦτον τῆς δόξης αὐτοῦ
para que dé a vosotros según la riqueza de la gloria de él
δυνάμει κραταιωθῆναι διὰ τοῦ Πνεύματος αὐτοῦ
con poder ser fortalecidos mediante el Espíritu de él
εἰς τὸν ἔσω ἄνθρωπον,
en el interior hombre,

17 κατοικῆσαι τὸν Χριστὸν διὰ τῆς πίστεως ἐν ταῖς καρδίαις
para habitar Cristo mediante la fe en los corazones
ὑμῶν, ἐν ἀγάπῃ ἐρριζωμένοι καὶ τεθεμελιωμένοι,
de vosotros, en amor habiendo sido enraizados y cimentados,

18 ἵνα ἐξισχύσητε καταλαβέσθαι σὺν πᾶσι τοῖς ἁγίοις
para que podáis captar con todos los santos
τί τὸ πλάτος καὶ μῆκος καὶ βάθος καὶ ὕψος,
cuál (es) la anchura y longitud y profundidad y altura,

19 γνῶναί τε τὴν ὑπερβάλλουσαν τῆς γνώσεως ἀγάπην
conocer también el que excede el conocimiento amor
τοῦ Χριστοῦ, ἵνα[26] πληρωθῆτε εἰς πᾶν πλήρωμα τοῦ Θεοῦ.
de Cristo, para que seáis llenos de toda plenitud de Dios.

20 Τῷ δὲ δυναμένῳ ὑπὲρ πάντα ποιῆσαι ὑπερεκπερισσοῦ
Al - que puede por encima de todo hacer muchísimo más
ὧν αἰτούμεθα ἢ νοοῦμεν, κατὰ τὴν δύναμιν
de lo que pedimos o pensamos, según el poder
τὴν ἐνεργουμένην ἐν ἡμῖν,
que actúa en nosotros,

21 αὐτῷ ἡ δόξα ἐν τῇ ἐκκλησίᾳ καὶ ἐν Χριστῷ Ἰησοῦ
a Él la gloria en la iglesia y en Cristo Jesús
εἰς πάσας τὰς γενεὰς τοῦ αἰῶνος τῶν αἰώνων· ἀμήν.
para todas las generaciones de la era de las eras. Amén.

4

1 Παρακαλῶ οὖν ὑμᾶς ἐγὼ ὁ δέσμιος ἐν κυρίῳ ἀξίως
Exhorto pues a vosotros yo el prisionero en Señor dignamente
περιπατῆσαι τῆς κλήσεως ἧς ἐκλήθητε,
a caminar del llamamiento con que fuisteis llamados,

2 μετὰ πάσης ταπεινοφροσύνης καὶ πραότητος,
con toda humildad y mansedumbre,
μετὰ μακροθυμίας, ἀνεχόμενοι ἀλλήλων ἐν ἀγάπῃ,
con paciencia, soportando unos a otros en amor,

3 σπουδάζοντες τηρεῖν τὴν ἑνότητα τοῦ Πνεύματος
esmerándoos en guardar la unidad del Espíritu
ἐν τῷ συνδέσμῳ τῆς εἰρήνης.
en el vínculo de la paz.

4 ἓν σῶμα καὶ ἓν Πνεῦμα, καθὼς καὶ ἐκλήθητε
un cuerpo y un Espíritu, como también fuisteis llamados
ἐν μιᾷ ἐλπίδι τῆς κλήσεως ὑμῶν·
en una esperanza del llamamiento de vosotros.

---

15 Del cual es nombrada toda la parentela en los cielos y en la tierra,
16 Que os dé, conforme a las riquezas de su gloria, el ser corroborados con potencia en el hombre interior por su Espíritu.
17 Que habite Cristo por la fe en vuestros corazones; para que, arraigados y fundados en amor,
18 Podáis bien comprender con todos los santos cuál sea la anchura y la longura y la profundidad y la altura,
19 Y conocer el amor de Cristo, que excede a todo conocimiento, para que seáis llenos de toda la plenitud de Dios.
20 Y a Aquel que es poderoso para hacer todas las cosas mucho más abundantemente de lo que pedimos o entendemos, por la potencia que obra en nosotros,
21 A él sea gloria en la iglesia por Cristo Jesús, por todas edades del siglo de los siglos. Amén.

4 Yo pues, preso en el Señor, os ruego que andéis como es digno de la vocación con que sois llamados;
2 Con toda humildad y mansedumbre, con paciencia soportando los unos a los otros en amor;
3 Solícitos a guardar la unidad del Espíritu en el vínculo de la paz.
4 Un cuerpo, y un Espíritu; como sois también llamados a una misma esperanza de vuestra vocación:

---

26. Es decir, y conocer el amor de Cristo que excede el conocimiento.

5 Un Señor, una fe, un bautismo,
6 Un Dios y Padre de todos, el cual es sobre todas las cosas, y por todas las cosas, y en todos vosotros.
7 Empero a cada uno de nosotros es dada la gracia conforme a la medida del don de Cristo.
8 Por lo cual dice:
 Subiendo a lo alto, llevó cautiva la cautividad,
 Y dió dones a los hombres.
9 (Y que subió, ¿qué es, sino que también había descendido primero a las partes más bajas de la tierra?
10 El que descendió, él mismo es el que también subió sobre todos los cielos para cumplir todas las cosas.)
11 Y él mismo dió unos, ciertamente apóstoles; y otros, profetas; y otros, evangelistas; y otros, pastores y doctores;
12 Para perfección de los santos, para la obra del ministerio, para edificación del cuerpo de Cristo;
13 Hasta que todos lleguemos a la unidad de la fe y del conocimiento del Hijo de Dios, a un varón perfecto, a la medida de la edad de la plenitud de Cristo;
14 Que ya no seamos niños fluctuantes, y llevados por doquiera de todo viento de doctrina, por estratagema de hombres que, para engañar, emplean con astucia los artificios del error:
15 Antes siguiendo la verdad en amor, crezcamos en todas cosas en aquel que es la cabeza, a saber, Cristo;

5 εἷς Κύριος, μία πίστις, ἕν βάπτισμα·
un Señor, una fe, un bautismo.

6 εἷς Θεὸς καὶ πατὴρ πάντων, ὁ ἐπὶ πάντων,
un Dios y Padre de todos, que (está) sobre todos,[27]
καὶ διὰ πάντων, καὶ ἐν πᾶσιν ὑμῖν.[28]
y por todos, y en todos vosotros.

7 Ἑνὶ δὲ ἑκάστῳ ἡμῶν ἐδόθη ἡ χάρις κατὰ τὸ μέτρον
a uno Pero cada de nosotros fue dada la gracia según la medida
τῆς δωρεᾶς τοῦ Χριστοῦ.
del don de Cristo.

8 διὸ λέγει· ἀναβὰς εἰς ὕψος ᾐχμαλώτευσεν αἰχμαλωσίαν
Por lo cual dice: subiendo a altura llevó cautiva cautividad
καὶ ἔδωκε δόματα τοῖς ἀνθρώποις.
y dio dones a los hombres.

9 τὸ δὲ ἀνέβη τί ἐστιν εἰ μὴ ὅτι καὶ κατέβη πρῶτον[29]
El subió ¿qué es si no que también descendió primero
εἰς τὰ κατώτερα μέρη τῆς γῆς;
a las más bajas partes de la tierra?

10 ὁ καταβὰς αὐτός ἐστι καὶ ὁ ἀναβὰς ὑπεράνω
El que descendió él es también el que ascendió por encima
πάντων τῶν οὐρανῶν, ἵνα πληρώσῃ τὰ πάντα.
de todos los cielos, para que consumara todo.

11 καὶ αὐτὸς ἔδωκε τοὺς μὲν ἀποστόλους, τοὺς δὲ προφήτας,
y él dio a los - apóstoles, a los - profetas,
τοὺς δὲ εὐαγγελιστάς, τοὺς δὲ ποιμένας καὶ διδασκάλους,
a los - evangelistas, a los - pastores y maestros,

12 πρὸς τὸν καταρτισμὸν τῶν ἁγίων εἰς ἔργον διακονίας,
para el equipamiento de los santos para obra de servicio,
εἰς οἰκοδομὴν τοῦ σώματος τοῦ Χριστοῦ,
para edificación del cuerpo de Cristo,

13 μέχρι καταντήσωμεν οἱ πάντες εἰς τὴν ἑνότητα τῆς πίστεως
hasta que lleguemos todos a la unidad de la fe
καὶ τῆς ἐπιγνώσεως τοῦ υἱοῦ τοῦ Θεοῦ, εἰς ἄνδρα τέλειον,
y del conocimiento del Hijo de Dios, para hombre completo,
εἰς μέτρον ἡλικίας τοῦ πληρώματος τοῦ Χριστοῦ,
a medida de estatura de la plenitud de Cristo,

14 ἵνα μηκέτι ὦμεν νήπιοι, κλυδωνιζόμενοι καὶ
para que ya no seamos niños, siendo agitados por las olas y
περιφερόμενοι παντὶ ἀνέμῳ τῆς διδασκαλίας, ἐν τῇ
llevados por todo viento de la enseñanza, por la
κυβείᾳ[30] τῶν ἀνθρώπων, ἐν πανουργίᾳ πρὸς τὴν
estratagema de los hombres, en astucia según el
μεθοδείαν τῆς πλάνης,
método del engaño,

15 ἀληθεύοντες δὲ ἐν ἀγάπῃ αὐξήσωμεν εἰς αὐτὸν
diciendo la verdad[31] sin embargo en amor crezcamos hacia él
τὰ πάντα, ὅς ἐστιν ἡ κεφαλή, ὁ Χριστός,
(en) todo, el cual es la cabeza, el Cristo,

---

27. O todo.
28. La NU omite vosotros.
29. La NU omite primero.
30. O "audacia". El término está tomado del juego de dados.
31. O "siendo veraces".

16 ἐξ οὗ πᾶν τὸ σῶμα συναρμολογούμενον καὶ συμβιβαζόμενον
del cual todo el cuerpo concertado y unido
διὰ πάσης ἁφῆς τῆς ἐπιχορηγίας κατ᾽ ἐνέργειαν
por toda coyuntura de la ayuda según energía[32]
ἐν μέτρῳ ἑνὸς ἑκάστου μέρους τὴν αὔξησιν
en medida de uno de cada parte el crecimiento
τοῦ σώματος ποιεῖται εἰς οἰκοδομὴν ἑαυτοῦ ἐν ἀγάπῃ.
del cuerpo hace para edificación de sí mismo en amor.[33]

17 Τοῦτο οὖν λέγω καὶ μαρτύρομαι ἐν Κυρίῳ, μηκέτι ὑμᾶς
Esto pues digo y testifico en Señor, ya no nosotros
περιπατεῖν, καθὼς καὶ τὰ λοιπὰ[34] ἔθνη περιπατεῖ
andar,[35] como también los demás gentiles caminan
ἐν ματαιότητι τοῦ νοὸς αὐτῶν,
en vanidad de la mente de ellos,

18 ἐσκοτωμένοι τῇ διανοίᾳ, ὄντες
habiendo sido oscurecidos en la mente, estando
ἀπηλλοτριωμένοι τῆς ζωῆς
alejados de la vida
τοῦ Θεοῦ διὰ τὴν ἄγνοιαν τὴν οὖσαν ἐν αὐτοῖς
de Dios por la ignorancia la que es en ellos
διὰ τὴν πώρωσιν τῆς καρδίας αὐτῶν,
por el endurecimiento del corazón de ellos,

19 οἵτινες, ἀπηλγηκότες, ἑαυτοὺς παρέδωκαν τῇ
que habiéndose insensibilizado, a sí mismos entregaron a la
ἀσελγείᾳ εἰς ἐργασίαν ἀκαθαρσίας πάσης ἐν πλεονεξίᾳ.
lascivia para comisión de impureza toda con avaricia.[36]

20 ὑμεῖς δὲ οὐχ οὕτως ἐμάθετε τὸν Χριστόν,
Vosotros sin embargo no así aprendisteis a Cristo,

21 εἴ γε αὐτὸν ἠκούσατε καὶ ἐν αὐτῷ ἐδιδάχθητε,
si en verdad lo escuchasteis y por él fuisteis enseñados,
καθώς ἐστιν ἀλήθεια ἐν τῷ Ἰησοῦ,
como es verdad en - Jesús,

22 ἀποθέσθαι ὑμᾶς κατὰ τὴν προτέραν ἀναστροφὴν
despojarse vosotros[37] según la antigua manera de vivir
τὸν παλαιὸν ἄνθρωπον τὸν φθειρόμενον
del viejo hombre el que está corrompido
κατὰ τὰς ἐπιθυμίας τῆς ἀπάτης,
según las ansias del engaño,

23 ἀνανεοῦσθαι δὲ τῷ πνεύματι τοῦ νοὸς ὑμῶν
ser renovados[38] sin embargo en el espíritu de la mente de vosotros

24 καὶ ἐνδύσασθαι τὸν καινὸν ἄνθρωπον τὸν κατὰ Θεὸν
y vestirse[39] del nuevo hombre el según Dios
κτισθέντα ἐν δικαιοσύνῃ καὶ ὁσιότητι τῆς ἀληθείας.
siendo creado en justicia y santidad de la verdad.

16Del cual, todo el cuerpo compuesto y bien ligado entre sí por todas las junturas de su alimento, que recibe según la operación, cada miembro conforme a su medida toma aumento de cuerpo edificándose en amor.
17Esto pues digo, y requiero en el Señor, que no andéis más como los otros Gentiles, que andan en la vanidad de su sentido.
18Teniendo el entendimiento entenebrecido, ajenos de la vida de Dios por la ignorancia que en ellos hay, por la dureza de su corazón:
19Los cuales después que perdieron el sentido de la conciencia, se entregaron a la desvergüenza para cometer con avidez toda suerte de impureza.
20Mas vosotros no habéis aprendido así a Cristo:
21Si empero lo habéis oído, y habéis sido por él enseñados, como la verdad está en Jesús,
22A que dejéis, cuanto a la pasada manera de vivir; el viejo hombre que está viciado conforme a los deseos de error;
23Y a renovarnos en el espíritu de vuestra mente,
24Y vestir el nuevo hombre que es criado conforme a Dios en justicia y en santidad de verdad.

---

32. U operación.
33. Es decir, hace (Cristo) el crecimiento de cada parte del cuerpo en su medida para edificación suya en amor.
34. La NU omite demás.
35. Es decir, "que ya no andemos nosotros".
36. Es decir, "con avidez".
37. Es decir "que os despojéis" (oración de infinitivo).
38. Es decir, "que seáis renovados" (oración de infinitivo).
39. Es decir "que os vistáis" (oración de infinitivo).

25 Por lo cual, dejada la mentira, hablad verdad cada uno con su prójimo; porque somos miembros los unos de los otros.
26 Airaos, y no pequéis; no se ponga el sol sobre vuestro enojo;
27 Ni deis lugar al diablo.
28 El que hurtaba, no hurte más; antes trabaje, obrando con sus manos lo que es bueno, para que tenga de qué dar al que padeciere necesidad.
29 Ninguna palabra torpe salga de vuestra boca, sino la que sea buena para edificación, para que dé gracia a los oyentes.
30 Y no contristéis al Espíritu Santo de Dios, con el cual estáis sellados para el día de la redención.
31 Toda amargura, y enojó, e ira, y voces, y maledicencia sea quitada de vosotros, y toda malicia:
32 Antes sed los unos con los otros benignos, misericordiosos, perdonándoos los unos a los otros, como también Dios os perdonó en Cristo.

5

Sed, pues, imitadores de Dios como hijos amados:
2 Y andad en amor, como también Cristo nos amó, y se entregó a sí mismo por nosotros, ofrenda y sacrificio a Dios en olor suave.
3 Pero fornicación y toda inmundicia, o avaricia, ni aun se nombre entre vosotros, como conviene a santos;

---

25 Διὸ ἀποθέμενοι τὸ ψεῦδος λαλεῖτε ἀλήθειαν ἕκαστος
Por tanto desechando la mentira hablad verdad cada uno
μετὰ τοῦ πλησίον αὐτοῦ·
con el prójimo de él,
ὅτι ἐσμὲν ἀλλήλων μέλη.
porque somos los unos de los otros miembros

26 ὀργίζεσθε καὶ μὴ ἁμαρτάνετε· ὁ ἥλιος μὴ ἐπιδυέτω
Airaos y no pequéis. El sol no se ponga
ἐπὶ τῷ παροργισμῷ ὑμῶν,
sobre el enojo de vosotros,

27 μηδὲ δίδοτε τόπον τῷ διαβόλῳ.
ni deis lugar al Diablo.

28 ὁ κλέπτων μηκέτι κλεπτέτω, μᾶλλον δὲ κοπιάτω
El que roba ya no robe, más bien sin embargo trabaje
ἐργαζόμενος τὸ ἀγαθὸν ταῖς[40] χερσὶν,
haciendo lo bueno con las manos,
ἵνα ἔχῃ μεταδιδόναι τῷ χρείαν ἔχοντι.
para que tenga para compartir con el que necesidad tiene.

29 πᾶς λόγος σαπρὸς ἐκ τοῦ στόματος ὑμῶν μὴ
Toda palabra podrida[41] de la boca de vosotros no
ἐκπορευέσθω, ἀλλὰ εἴ τις ἀγαθὸς πρὸς οἰκοδομὴν τῆς
salga, sino acaso algo bueno para edificación de la
χρείας, ἵνα δῷ χάριν τοῖς ἀκούουσι.
necesidad, para que dé gracia a los que oyen,

30 καὶ μὴ λυπεῖτε τὸ Πνεῦμα τὸ Ἅγιον τοῦ Θεοῦ,
y no entristezcáis al Espíritu el Santo de Dios,
ἐν ᾧ ἐσφραγίσθητε εἰς ἡμέραν ἀπολυτρώσεως.
con el que fuisteis sellados para día de redención.

31 πᾶσα πικρία καὶ θυμὸς καὶ ὀργὴ καὶ κραυγὴ καὶ βλασφημία
Toda amargura y cólera e ira y grito y blasfemia
ἀρθήτω ἀφ' ὑμῶν σὺν πάσῃ κακίᾳ·
quítese de vosotros con toda maldad.

32 γίνεσθε δὲ εἰς ἀλλήλους χρηστοί,
llegad a ser sin embargo unos para con otros benignos,
εὔσπλαγχνοι, χαριζόμενοι ἑαυτοῖς, καθὼς καὶ ὁ Θεὸς
misericordiosos[42] perdonando unos a otros, como también Dios
ἐν Χριστῷ ἐχαρίσατο ὑμῖν.
en Cristo perdonó a vosotros.

5

1 Γίνεσθε οὖν μιμηταὶ τοῦ Θεοῦ ὡς τέκνα ἀγαπητά,
Llegad a ser por tanto imitadores de Dios como hijos amados,

2 καὶ περιπατεῖτε ἐν ἀγάπῃ, καθὼς καὶ ὁ Χριστὸς ἠγάπησεν
y caminad en amor, como también Cristo amó
ἡμᾶς καὶ παρέδωκεν ἑαυτὸν ὑπὲρ ἡμῶν προσφορὰν
nos y entregó a sí mismo por nosotros ofrenda
καὶ θυσίαν τῷ Θεῷ εἰς ὀσμὴν εὐωδίας.
y sacrificio a Dios en olor de fragancia.

3 πορνεία δὲ καὶ πᾶσα ἀκαθαρσία ἢ πλεονεξία
Fornicación sin embargo y toda impureza o avaricia
μηδὲ ὀνομαζέσθω ἐν ὑμῖν, καθὼς πρέπει ἁγίοις,
ni se nombre entre vosotros, como conviene a santos,

---

40. La NU añade propias.
41. O "corrompida".
42. Lit: "de buenas entrañas".

4 καὶ αἰσχρότης καὶ μωρολογία ἢ εὐτραπελία,
ni fealdad[43] ni conversación necia o grosería,
τὰ οὐκ ἀνήκοντα, ἀλλὰ μᾶλλον εὐχαριστία.
lo que no conviene, sino más bien acción de gracias,[44]

5 τοῦτο γὰρ ἐστὲ[45] γινώσκοντες, ὅτι πᾶς πόρνος
esto Porque estáis conociendo que todo fornicador
ἢ ἀκάθαρτος ἢ πλεονέκτης, ὅ ἐστιν εἰδωλολάτρης,
o impuro o avaricioso, que es idólatra,
οὐκ ἔχει κληρονομίαν ἐν τῇ βασιλείᾳ τοῦ Χριστοῦ καὶ Θεοῦ.
no tiene herencia en el reino de Cristo y Dios.

6 Μηδεὶς ὑμᾶς ἀπατάτω κενοῖς λόγοις· διὰ ταῦτα
Nadie os engañe con vacías palabras. por esto
γὰρ ἔρχεται ἡ ὀργὴ τοῦ Θεοῦ
Porque viene la ira de Dios
ἐπὶ τοὺς υἱοὺς τῆς ἀπειθείας.
sobre los hijos de la desobediencia.

7 μὴ οὖν γίνεσθε συμμέτοχοι αὐτῶν.
no Por tanto lleguéis a ser partícipes de ellos.

8 ἦτε γάρ ποτε σκότος, νῦν δὲ φῶς ἐν
erais Porque un tiempo oscuridad, ahora sin embargo luz en
Κυρίῳ· ὡς τέκνα φωτὸς περιπατεῖτε·
Señor: como hijos de luz caminad.

9 ὁ γὰρ καρπὸς τοῦ Πνεύματος ἐν πάσῃ
el Porque fruto del Espíritu (es) en toda
ἀγαθωσύνῃ καὶ δικαιοσύνῃ καὶ ἀληθείᾳ·
bondad y justicia y verdad,

10 δοκιμάζοντες τί ἐστιν εὐάρεστον τῷ Κυρίῳ.
comprobando lo que es agradable para el Señor.

11 καὶ μὴ συγκοινωνεῖτε τοῖς ἔργοις τοῖς ἀκάρποις
y no participéis en las obras las estériles
τοῦ σκότους, μᾶλλον δὲ καὶ ἐλέγχετε.
de la oscuridad, más bien sin embargo también refutad (las)[46]

12 τὰ γὰρ κρυφῇ γινόμενα ὑπ' αὐτῶν αἰσχρόν
lo Porque en secreto teniendo lugar por ellos, vergonzoso
ἐστιν καὶ λέγειν·
es incluso hablar.

13 τὰ δὲ πάντα ἐλεγχόμενα ὑπὸ τοῦ φωτὸς
lo Sin embargo todo refutado[47] por la luz
φανεροῦται· πᾶν γὰρ τὸ φανερούμενον
queda de manifiesto, todo Porque lo que queda de manifiesto
φῶς ἐστι.
luz es.

14 διὸ λέγει·
Por lo cual dice:
ἔγειρε ὁ καθεύδων, καὶ ἀνάστα ἐκ τῶν νεκρῶν,
Despiértate el que duermes, y levántate de los muertos,
καὶ ἐπιφαύσει σοι ὁ Χριστός.
e iluminará te Cristo.

4 Ni palabras torpes, ni necedades, ni truhanerías, que no convienen; sino antes bien acciones de gracias.
5 Porque sabéis esto, que ningún fornicario, o inmundo, o avaro, que es servidor de ídolos, tiene herencia en el reino de Cristo y de Dios.
6 Nadie os engañe con palabras vanas; porque por estas cosas viene la ira de Dios sobre los hijos de desobediencia.
7 No seáis pues aparceros con ellos;
8 Porque en otro tiempo erais tinieblas; mas ahora sois luz en el Señor: andad como hijos de luz,
9 (Porque el fruto del Espíritu es en toda bondad, y justicia, y verdad;)
10 Aprobando lo que es agradable al Señor.
11 Y no comuniquéis con las obras infructuosas de las tinieblas; sino antes bien redargüidlas.
12 Porque torpe cosa es aun hablar de lo que ellos hacen en oculto.
13 Mas todas las cosas cuando son redargüidas, son manifestadas por la luz; porque lo que manifiesta todo, la luz es.
14 Por lo cual dice: Despiértate, tú que duermes, y levántate de los muertos, y te alumbrará Cristo.

---

43. U "obscenidad".
44. O "gratitud".
45. La NU sustituye por sabéis.
46. O "reprendedlas".
47. O "reprendido".

15 Mirad, pues, cómo andéis avisadamente; no como necios, mas como sabios;
16 Redimiendo el tiempo, porque los días son malos.
17 Por tanto, no seáis imprudentes, sino entendidos de cuál sea la voluntad del Señor.
18 Y no os embriaguéis de vino, en lo cual hay disolución; mas sed llenos de Espíritu;
19 Hablando entre vosotros con salmos, y con himnos, y canciones espirituales, cantando y alabando al Señor en vuestros corazones;
20 Dando gracias siempre de todo al Dios y Padre en el nombre de nuestro Señor Jesucristo:
21 Sujetados los unos a los otros en el temor de Dios.
22 Las casadas estén sujetas a sus propios maridos, como al Señor.
23 Porque el marido es cabeza de la mujer, así como Cristo es cabeza de la iglesia; y él es el que da la salud al cuerpo.
24 Así que, como la iglesia está sujeta a Cristo, así también las casadas lo estén á sus maridos en todo.
25 Maridos, amad a vuestras mujeres, así como Cristo amó a la iglesia, y se entregó a sí mismo por ella,
26 Para santificarla limpiándola en el lavacro del agua por la palabra,

15 Βλέπετε οὖν πῶς ἀκριβῶς περιπατεῖτε,
Vigilad pues como diligentemente camináis,
μὴ ὡς ἄσοφοι, ἀλλ᾽ ὡς σοφοί,
no como no-sabios, sino como sabios,

16 ἐξαγοραζόμενοι τὸν καιρόν, ὅτι αἱ ἡμέραι πονηραί εἰσι.
comprando[48] el tiempo, porque los días malos son.

17 διὰ τοῦτο μὴ γίνεσθε ἄφρονες, ἀλλὰ συνιέντες
Por esto no lleguéis a ser insensatos, sino comprendiendo
τί τὸ θέλημα τοῦ Κυρίου.
cuál (es) la voluntad del Señor.

18 καὶ μὴ μεθύσκεσθε οἴνῳ, ἐν ᾧ ἐστιν ἀσωτία,
y no os embriaguéis con vino, en lo cual hay perdición,
ἀλλὰ πληροῦσθε ἐν Πνεύματι,
sino sed llenos de Espíritu,

19 λαλοῦντες ἑαυτοῖς ψαλμοῖς καὶ ὕμνοις καὶ ᾠδαῖς
hablando unos con otros con salmos e himnos y canciones
πνευματικαῖς, ᾄδοντες καὶ ψάλλοντες
espirituales, cantando y entonando canciones
ἐν τῇ καρδίᾳ ὑμῶν τῷ Κυρίῳ,
en el corazón de vosotros al Señor,

20 εὐχαριστοῦντες πάντοτε ὑπὲρ πάντων ἐν ὀνόματι
dando gracias siempre por todo en nombre
τοῦ Κυρίου ἡμῶν Ἰησοῦ Χριστοῦ τῷ Θεῷ καὶ πατρί.
del Señor de nosotros Jesús Cristo al Dios y Padre,

21 Ὑποτασσόμενοι ἀλλήλοις ἐν φόβῳ Θεοῦ[49]
sometidos unos a otros en temor de Dios.

22 Αἱ γυναῖκες τοῖς ἰδίοις ἀνδράσιν ὑποτάσσεσθε[50]
Las esposas a los propios maridos estén sometidas
ὡς τῷ Κυρίῳ,
como al Señor,

23 ὅτι ὁ ἀνήρ ἐστι κεφαλὴ τῆς γυναικὸς, ὡς καὶ
porque el marido es cabeza de la esposa, como también
ὁ Χριστὸς κεφαλὴ τῆς ἐκκλησίας, καὶ αὐτός ἐστι
Cristo cabeza de la iglesia, y él es
σωτὴρ τοῦ σώματος.
salvador del cuerpo.

24 ἀλλ᾽ ὥσπερ ἡ ἐκκλησία ὑποτάσσεται τῷ Χριστῷ,
pero como la iglesia se somete a Cristo,
οὕτω καὶ αἱ γυναῖκες τοῖς ἰδίοις[51] ἀνδράσιν ἐν παντί.
así también las esposas a los propios maridos en todo.

25 Οἱ ἄνδρες ἀγαπᾶτε τὰς γυναῖκας ἑαυτῶν, καθὼς
Los maridos amad a las esposas de vosotros mismos, como
καὶ ὁ Χριστὸς ἠγάπησεν τὴν ἐκκλησίαν καὶ
también Cristo amó a la iglesia y
ἑαυτὸν παρέδωκεν ὑπὲρ αὐτῆς,
a sí mismo dio por ella,

26 ἵνα αὐτὴν ἁγιάσῃ καθαρίσας τῷ λουτρῷ τοῦ
para que la santificara limpiándo(la) con el lavamiento del
ὕδατος ἐν ῥήματι,
agua por palabra,

---

48. O rescatando.
49. La NU sustituye por de Cristo.
50. La NU suprime estén sometidas.
51. La NU omite propios.

27 ἵνα παραστήσῃ αὐτὴν ἑαυτῷ ἔνδοξον τὴν ἐκκλησίαν,
para que presente la a sí mismo gloriosa la iglesia,
μὴ ἔχουσαν σπίλον ἢ ῥυτίδα ἤ τι τῶν τοιούτων,
no teniendo mancha o arruga o algo de esto,
ἀλλ' ἵνα ᾖ ἁγία καὶ ἄμωμος.
sino para que sea santa e inmaculada.[52]

28 οὕτως ὀφείλουσιν οἱ ἄνδρες ἀγαπᾶν τὰς ἑαυτῶν γυναῖκας
Así deben los maridos amar las de ellos esposas
ὡς τὰ ἑαυτῶν σώματα. ὁ ἀγαπῶν τὴν ἑαυτοῦ
como los de sí mismos cuerpos. El que ama la de sí mismo
γυναῖκα ἑαυτὸν ἀγαπᾷ·
esposa a sí mismo ama.

29 οὐδεὶς γὰρ ποτε τὴν ἑαυτοῦ σάρκα ἐμίσησεν,
nadie Porque nunca la de sí mismo carne odió,
ἀλλ' ἐκτρέφει καὶ θάλπει αὐτήν,
sino que alimenta y cuida la,
καθὼς καὶ ὁ Κύριος τὴν ἐκκλησίαν·
como también el Señor a la iglesia.

30 ὅτι μέλη ἐσμὲν τοῦ σώματος αὐτοῦ,[53] ἐκ τοῦ σαρκὸς
porque miembros somos del cuerpo de él, de la carne
αὐτοῦ καὶ ἐκ τῶν ὀστέων αὐτοῦ.
de él y de los huesos de él.

31 ἀντὶ τούτου καταλείψει ἄνθρωπος τὸν πατέρα αὐτοῦ
Por esto dejará hombre al padre de él
καὶ τὴν μητέρα καὶ προσκολληθήσεται
y la madre y será unido
πρὸς τὴν γυναῖκα αὐτοῦ, καὶ ἔσονται
a la mujer de él, y serán
οἱ δύο εἰς σάρκα μίαν.
los dos para carne una.

32 τὸ μυστήριον τοῦτο μέγα ἐστίν, ἐγὼ δὲ λέγω
El misterio este grande es, yo sin embargo digo
εἰς Χριστὸν καὶ εἰς τὴν ἐκκλησίαν.
sobre Cristo y sobre la iglesia.

33 πλὴν καὶ ὑμεῖς οἱ καθ' ἕνα ἕκαστος τὴν
No obstante también vosotros - cada uno cada uno la
ἑαυτοῦ γυναῖκα οὕτως ἀγαπάτω ὡς ἑαυτόν,
de sí mismo esposa así ame como a sí mismo,
ἡ δὲ γυνὴ ἵνα φοβῆται τὸν ἄνδρα.
la Sin embargo esposa que respete[54] al marido.

6

1 Τὰ τέκνα ὑπακούετε τοῖς γονεῦσιν ὑμῶν ἐν Κυρίῳ·
Los hijos obedeced a los padres de vosotros en Señor,
τοῦτο γάρ ἐστι δίκαιον.
esto Porque es justo.

2 τίμα τὸν πατέρα σου καὶ τὴν μητέρα,
Honra al padre de ti y la madre,
ἥτις ἐστὶν ἐντολὴ πρώτη ἐν ἐπαγγελίᾳ,
que es mandamiento primero con promesa,

27 Para presentársela gloriosa para sí, una iglesia que no tuviese mancha ni arruga, ni cosa semejante; sino que fuese santa y sin mancha.
28 Así también los maridos deben amar a sus mujeres como a sus mismos cuerpos. El que ama a su mujer, a sí mismo se ama.
29 Porque ninguno aborreció jamás a su propia carne, antes la sustenta y regala, como también Cristo a la iglesia;
30 Porque somos miembros de su cuerpo, de su carne y de sus huesos.
31 Por esto dejará el hombre a su padre y a su madre, y se allegará a su mujer, y serán dos en una carne.
32 Este misterio grande es: mas yo digo esto con respecto a Cristo y a la iglesia.
33 Cada uno empero de vosotros de por sí, ame también a su mujer como a sí mismo; y la mujer reverencie a su marido.

6 Hijos, obedeced en el Señor a vuestros padres; porque esto es justo.
2 Honra a tu padre y a tu madre, que es el primer mandamiento con promesa,

---

52. Es decir "sin mancha".
53. La NU suprime desde de la carne hasta el final del versículo.
54. La palabra tiene un contenido muy fuerte que implica profunda reverencia y acentuada consideración. Véase el uso de ese mismo verbo en Marcos 16.8 o Hechos 10.35.

3 Para que te vaya bien, y seas de larga vida sobre la tierra.
4 Y vosotros, padres, no provoquéis a ira a vuestros hijos; sino criadlos en disciplina y amonestación del Señor.
5 Siervos, obedeced a vuestros amos según la carne con temor y temblor, con sencillez de vuestro corazón, como a Cristo;
6 No sirviendo al ojo, como los que agradan a los hombres; sino como siervos de Cristo, haciendo de ánimo la voluntad de Dios;
7 Sirviendo con buena voluntad, como al Señor, y no a los hombres;
8 Sabiendo que el bien que cada uno hiciere, esto recibirá del Señor, sea siervo o sea libre.
9 Y vosotros, amos, haced a ellos lo mismo, dejando las amenazas: sabiendo que el Señor de ellos y vuestro está en los cielos, y que no hay acepción de personas con él.
10 Por lo demás, hermanos míos, confortaos en el Señor, y en la potencia de su fortaleza.
11 Vestíos de toda la armadura de Dios, para que podáis estar firmes contra las asechanzas del diablo.

3 ἵνα εὖ σοι γένηται καὶ ἔσῃ μακροχρόνιος
para que bien te acontezca y seas longevo[55]
ἐπὶ τῆς γῆς.
sobre la tierra.

4 Καὶ οἱ πατέρες μὴ παροργίζετε τὰ τέκνα ὑμῶν,
Y los padres no airéis a los hijos de vosotros,
ἀλλ' ἐκτρέφετε αὐτὰ ἐν παιδείᾳ καὶ
sino nutrid los con educación e
νουθεσίᾳ Κυρίου.
instrucción de Señor.

5 Οἱ δοῦλοι ὑπακούετε τοῖς κυρίοις κατὰ σάρκα
Los siervos obedeced a los señores según carne
μετὰ φόβου καὶ τρόμου ἐν ἁπλότητι
con temor y temblor con sencillez
τῆς καρδίας ὑμῶν ὡς τῷ Χριστῷ,
del corazón de vosotros como a Cristo,

6 μὴ κατ' ὀφθαλμοδουλίαν ὡς ἀνθρωπάρεσκοι,
no según servicio para ser visto como agradadores de hombres,
ἀλλ' ὡς δοῦλοι τοῦ Χριστοῦ, ποιοῦντες
sino como siervos de Cristo, haciendo
τὸ θέλημα τοῦ Θεοῦ ἐκ ψυχῆς,
la voluntad de Dios de alma,[56]

7 μετ' εὐνοίας δουλεύοντες ὡς τῷ Κυρίῳ
con buena voluntad sirviendo como al Señor
καὶ οὐκ ἀνθρώποις,
y no a hombres,

8 εἰδότες ὅτι ὃ ἐάν τι ἕκαστος ποιήσῃ ἀγαθόν,
sabiendo que lo que acaso algo cada uno haga bueno,
τοῦτο κομιεῖται παρὰ τοῦ Κυρίου,
esto recibirá de el Señor,
εἴτε δοῦλος εἴτε ἐλεύθερος.
sea siervo sea libre.

9 Καὶ οἱ κύριοι τὰ αὐτὰ ποιεῖτε πρὸς αὐτούς,
y los señores lo mismo haced con ellos,
ἀνιέντες τὴν ἀπειλήν, εἰδότες ὅτι καὶ ὑμῶν αὐτῶν
dejando la amenaza, sabiendo que también de vosotros mismos
ὁ Κύριός ἐστιν ἐν οὐρανοῖς, καὶ προσωποληψία
el Señor está en cielos, y acepción de personas
οὐκ ἔστι παρ' αὐτῷ.
no hay en él.

10 Τὸ λοιπόν, ἀδελφοί μου, ἐνδυναμοῦσθε ἐν Κυρίῳ
Por lo demás, hermanos, fortaleceos en Señor
καὶ ἐν τῷ κράτει τῆς ἰσχύος αὐτοῦ.
y en el poder de la fuerza de él.

11 ἐνδύσασθε τὴν πανοπλίαν τοῦ Θεοῦ
Vestíos la panoplia[57] de Dios
πρὸς τὸ δύνασθαι ὑμᾶς στῆναι
para poder vosotros aguantar con firmeza
πρὸς τὰς μεθοδείας τοῦ διαβόλου·
contra las estratagemas del Diablo.

---

55. Es decir "de edad prolongada".
56. Es decir, saliéndoos del alma, del corazón.
57. Es decir, "la armadura completa".

12 ὅτι οὐκ ἔστιν ἡμῖν ἡ πάλη πρὸς αἷμα καὶ σάρκα,
porque no hay para nosotros⁵⁸ la lucha contra sangre y carne,
ἀλλὰ πρὸς τὰς ἀρχάς, πρὸς τὰς ἐξουσίας,
sino contra los príncipes, contra las autoridades,
πρὸς τοὺς κοσμοκράτορας τοῦ σκότους τοῦ αἰῶνος⁵⁹
contra los dominadores cósmicos de la oscuridad de la era
τούτου, πρὸς τὰ πνευματικὰ τῆς πονηρίας
esta, contra lo espiritual de la maldad
ἐν τοῖς ἐπουρανίοις.
en lo celestial.

13 διὰ τοῦτο ἀναλάβετε τὴν πανοπλίαν τοῦ Θεοῦ,
Por esto tomad la panoplia⁶⁰ de Dios
ἵνα δυνηθῆτε ἀντιστῆναι ἐν τῇ ἡμέρᾳ τῇ πονηρᾷ
para que podáis resistir en el día el malo
καὶ ἅπαντα κατεργασάμενοι στῆναι.
y todo realizando⁶¹ permanecer firmes.

14 στῆτε οὖν περιζωσάμενοι τὴν ὀσφὺν ὑμῶν
Estad firmes pues ciñéndoos la cintura de vosotros
ἐν ἀληθείᾳ, καὶ ἐνδυσάμενοι τὸν θώρακα τῆς δικαιοσύνης,
en verdad, y vistiéndoos la coraza de la justicia,

15 καὶ ὑποδησάμενοι τοὺς πόδας ἐν ἑτοιμασίᾳ
y calzándoos los pies con preparación
τοῦ εὐαγγελίου τῆς εἰρήνης,
del Evangelio de la paz,

16 ἐπὶ πᾶσιν ἀναλαβόντες τὸν θυρεὸν τῆς πίστεως,
sobre todo tomando el escudo de la fe
ἐν ᾧ δυνήσεσθε πάντα τὰ βέλη τοῦ πονηροῦ
con el que podréis todas las flechas del Maligno
τὰ πεπυρωμένα σβέσαι·
que han sido encendidas extinguir.

17 καὶ τὴν περικεφαλαίαν τοῦ σωτηρίου δέξασθε,
y el yelmo de la salvación recibid,
καὶ τὴν μάχαιραν τοῦ Πνεύματος,
y la espada del Espíritu,
ὅ ἐστιν ῥῆμα Θεοῦ.
que es palabra de Dios.

18 διὰ πάσης προσευχῆς καὶ δεήσεως, προσευχόμενοι
con toda oración y petición orando
ἐν παντὶ καιρῷ ἐν Πνεύματι, καὶ εἰς αὐτὸ τοῦτο
en todo tiempo en Espíritu, y para esto mismo
ἀγρυπνοῦντες ἐν πάσῃ προσκαρτερήσει
velando con toda perseverancia
καὶ δεήσει περὶ πάντων τῶν ἁγίων,
y petición por todos los santos,

19 καὶ ὑπὲρ ἐμοῦ, ἵνα μοι δοθῇ λόγος ἐν ἀνοίξει
y por mí, para que me sea dada palabra en apertura
τοῦ στόματός μου, ἐν παρρησίᾳ γνωρίσαι
de la boca de mí, con confianza⁶² para dar a conocer
τὸ μυστήριον τοῦ εὐαγγελίου,
el misterio del Evangelio,

12Porque no tenemos lucha contra sangre y carne; sino contra principados, contra potestades, contra señores del mundo, gobernadores de estas tinieblas, contra malicias espirituales en los aires.
13Por tanto, tomad toda la armadura de Dios, para que podáis resistir en el día ma-lo, y estar firmes, habiendo acabado todo.
14Estad pues firmes, ceñidos vuestros lomos de verdad, y vestidos de la cota de justicia.
15Y calzados los pies con el apresto del evangelio de paz;
16Sobre todo, tomando el escudo de la fe, con que podáis apagar todos los dardos de fuego del maligno.
17Y tomad el yelmo de salud, y la espada del Espíritu; que es la palabra de Dios;
18Orando en todo tiempo con toda deprecación y súplica en el Espíritu, y velando en ello con toda instancia y suplicación por todos los santos,
19Y por mí, para que me sea dada palabra en el abrir de mi boca con confianza, para hacer notorio el misterio del evangelio,

---

58. Es decir, "tenemos", la traducción habitual de "ser (eimi) con dativo".
59. La NU omite de la era.
60. Es decir, "la armadura completa".
61. O acabando.
62. O valentía, libertad.

20Por el cual soy embajador en cadenas; que resueltamente hable de él, como debo hablar.
21Mas para que también vosotros sepáis mis negocios, y cómo lo paso, todo os lo hará saber Tichîco, hermano amado y fiel ministro en el Señor:
22Al cual os he enviado para esto mismo, para que entendáis lo tocante a nosotros, y que consuele vuestros corazones.
23Paz sea a los hermanos y amor con fe, de Dios Padre y del Señor Jesucristo.
24Gracia sea con todos los que aman a nuestro Señor Jesucristo en sinceridad. Amén.

20 ὑπὲρ οὗ   πρεσβεύω   ἐν ἁλύσει, ἵνα   ἐν αὐτῷ
   por el cual sirvo como embajador en cadena, para que de él
   παρρησιάσωμαι   ὡς   δεῖ   με   λαλῆσαι.
   hable confiadamente[63] como es conveniente para mí hablar.[64]

21 Ἵνα   δὲ   εἰδῆτε καὶ   ὑμεῖς   τὰ
   para que ahora veáis también vosotros lo (relacionado)
   κατ' ἐμέ, τί   πράσσω, πάντα ὑμῖν γνωρίσει   Τυχικὸς
   conmigo, qué hago.   Todo os dará a conocer Tíquico
   ὁ ἀγαπητὸς ἀδελφὸς καὶ πιστὸς διάκονος ἐν Κυρίῳ,
   el amado   hermano   y fiel   siervo   en Señor,

22 ὃν   ἔπεμψα πρὸς ὑμᾶς   εἰς αὐτὸ τοῦτο, ἵνα   γνῶτε
   al que envié a vosotros para esto mismo, para que conozcáis
   τὰ περὶ   ἡμῶν   καὶ παρακαλέσῃ τὰς καρδίας ὑμῶν.
   lo referente a nosotros y consuele los corazones de vosotros.

23 Εἰρήνη τοῖς ἀδελφοῖς καὶ ἀγάπη μετὰ πίστεως
   Paz   a los hermanos y amor con fe
   ἀπὸ Θεοῦ πατρὸς καὶ Κυρίου   Ἰησοῦ Χριστοῦ.
   de Dios Padre   y de Señor   Jesús Cristo.

24 Ἡ χάρις   μετὰ πάντων τῶν ἀγαπώντων τὸν Κύριον
   La gracia (sea) con todos los que aman   al Señor
   ἡμῶν   Ἰησοῦν Χριστὸν ἐν ἀφθαρσίᾳ·   ἀμήν.
   de nosotros Jesús Cristo en incorruptibilidad. Amén.

---

63. O valerosamente, libremente.
64. Es decir: "como conviene que yo hable" (oración de infinitivo).

LA EPÍSTOLA DEL APÓSTOL SAN PABLO
A LOS FILIPENSES

1

1 Παῦλος καὶ Τιμόθεος, δοῦλοι Χριστοῦ, Ἰησοῦ πᾶσι τοῖς ἁγίοις
Pablo y Timoteo, siervos de Cristo Jesús a todos los santos

ἐν Χριστῷ Ἰησοῦ τοῖς οὖσιν ἐν Φιλίπποις
en Cristo Jesús a los que están en Filipos

σὺν ἐπισκόποις καὶ διακόνοις·
con supervisores y siervos.[1]

2 Χάρις ὑμῖν καὶ εἰρήνη ἀπὸ Θεοῦ πατρὸς ἡμῶν
Gracia a vosotros y paz de Dios padre de nosotros

καὶ Κυρίου Ἰησοῦ Χριστοῦ.
y de Señor Jesús Cristo.

3 Εὐχαριστῶ τῷ Θεῷ μου ἐπὶ πάσῃ τῇ μνείᾳ ὑμῶν,
Agradezco al Dios de mi en todo el recuerdo de vosotros,

4 πάντοτε ἐν πάσῃ δεήσει μου ὑπὲρ πάντων ὑμῶν
siempre en toda oración de mí por todos vosotros

μετὰ χαρᾶς τὴν δέησιν ποιούμενος,
con alegría la oración haciendo,

5 ἐπὶ τῇ κοινωνίᾳ ὑμῶν εἰς τὸ εὐαγγέλιον
por la comunión de vosotros en el Evangelio

ἀπὸ τῆς πρώτης ἡμέρας ἄχρι τοῦ νῦν,
desde el primer día hasta el ahora,

6 πεποιθὼς αὐτὸ τοῦτο, ὅτι ὁ ἐναρξάμενος ἐν
habiendo sido persuadido de esto mismo, que el que comenzó en

ὑμῖν ἔργον ἀγαθὸν ἐπιτελέσει ἄχρι
vosotros obra buena completará hasta

ἡμέρας Ἰησοῦ Χριστοῦ,
día de Jesús Cristo,

7 καθώς ἐστι δίκαιον ἐμοὶ τοῦτο φρονεῖν ὑπὲρ πάντων ὑμῶν
como es justo para mí esto pensar sobre todos vosotros

διὰ τὸ ἔχειν με ἐν τῇ καρδίᾳ ὑμᾶς, ἔν τε τοῖς δεσμοῖς μου
por tener yo en el corazón a vosotros, en - las cadenas[2] de mí

καὶ ἐν τῇ ἀπολογίᾳ καὶ βεβαιώσει τοῦ εὐαγγελίου
y en la defensa y confirmación del Evangelio

συγκοινωνούς μου τῆς χάριτος πάντας ὑμᾶς ὄντας.
co-partícipes conmigo de la gracia todos vosotros siendo.

8 μάρτυς γάρ μού ἐστιν ὁ θεός, ὡς ἐπιποθῶ πάντας ὑμᾶς
testigo Porque de mí es Dios, como ansío a todos vosotros

ἐν σπλάγχνοις Ἰησοῦ Χριστοῦ.
en entrañas de Jesús Cristo.

9 καὶ τοῦτο προσεύχομαι, ἵνα ἡ ἀγάπη ὑμῶν ἔτι
Y esto oro, para que el amor de vosotros todavía

μᾶλλον καὶ μᾶλλον περισσεύῃ ἐν ἐπιγνώσει
más y más abunde en conocimiento

καὶ πάσῃ αἰσθήσει,[3]
y en toda percepción,

1 Pablo y Timoteo, siervos de Jesucristo, a todos los santos en Cristo Jesús que están en Filipos, con los obispos y diáconos:
2 Gracia sea a vosotros, y paz de Dios nuestro Padre y del Señor Jesucristo.
3 Doy gracias a mi Dios en toda memoria de vosotros,
4 Siempre en todas mis oraciones haciendo oración por todos vosotros con gozo,
5 Por vuestra comunión en el evangelio, desde el primer día hasta ahora:
6 Estando confiado de esto, que el que comenzó en vosotros la buena obra, la perfeccionará hasta el día de Jesucristo;
7 Como me es justo sentir esto de todos vosotros, por cuanto os tengo en el corazón; y en mis prisiones, y en la defensa y confirmación del evangelio, sois todos vosotros compañeros de mi gracia.
8 Porque Dios me es testigo de cómo os amo a todos vosotros en las entrañas de Jesucristo.
9 Y esto ruego, que vuestro amor abunde aun más y más en ciencia y en todo conocimiento,

---

1. O "obispos y diáconos".
2. Cómo en Lucas 8.29.
3. O sensibilidad.

10Para que discernáis lo mejor; que seáis sinceros y sin ofensa para el día de Cristo;
11Llenos de frutos de justicia, que son por Jesucristo, a gloria y loor de Dios.
12Y quiero, hermanos, que sepáis que las cosas que me han sucedido, han redundado más en provecho del evangelio;
13De manera que mis prisiones han sido célebres en Cristo en todo el pretorio, y a todos los demás;
14Y muchos de los hermanos en el Señor, tomando ánimo con mis prisiones, se atreven mucho más a hablar la palabra sin temor.
15Y algunos, a la verdad, predican a Cristo por envidia y porfía; mas algunos también por buena voluntad.
16Los unos anuncian a Cristo por contención, no sinceramente, pensando añadir aflicción a mis prisiones;
17Pero los otros por amor, sabiendo que soy puesto por la defensa del evangelio.
18¿Qué pues? Que no obstante, en todas maneras, o por pretexto o por verdad, es anunciado Cristo; y en esto me huelgo, y aun me holgaré.
19Porque sé que esto se me tornará a salud, por vuestra oración, y por la suministración del Espíritu de Jesucristo;

10 εἰς τὸ δοκιμάζειν ὑμᾶς τὰ διαφέροντα, ἵνα ἦτε
para comprobar vosotros lo excelente, para que seáis
εἰλικρινεῖς καὶ ἀπρόσκοποι εἰς ἡμέραν Χριστοῦ,
sinceros e intachables para día de Cristo,

11 πεπληρωμένοι καρπῶν[4] δικαιοσύνης τῶν
habiendo sido llenados de frutos de justicia los
διὰ Ἰησοῦ Χριστοῦ εἰς δόξαν καὶ ἔπαινον Θεοῦ.
a través de Jesús Cristo para gloria y alabanza de Dios.

12 Γινώσκειν δὲ ὑμᾶς βούλομαι, ἀδελφοί, ὅτι τὰ κατ' ἐμὲ
Conocer - vosotros quiero,[5] hermanos, que lo contra mí
μᾶλλον εἰς προκοπὴν τοῦ εὐαγγελίου ἐλήλυθεν,
más para avance del evangelio ha venido,

13 ὥστε τοὺς δεσμούς μου φανεροὺς ἐν Χριστῷ
de manera que las cadenas[6] de mí manifiestas en Cristo
γενέσθαι ἐν ὅλῳ τῷ πραιτωρίῳ καὶ τοῖς λοιποῖς πᾶσι,
llegar a ser[7] en todo el pretorio y a los demás todos,

14 καὶ τοὺς πλείονας τῶν ἀδελφῶν ἐν Κυρίῳ
y los más de los hermanos en Señor
πεποιθότας τοῖς δεσμοῖς μου
habiendo sido persuadidos con las cadenas[8] de mí
περισσοτέρως τολμᾶν[9] ἀφόβως τὸν λόγον λαλεῖν.
mucho más atreverse sin miedo la palabra a hablar.

15 Τινὲς μὲν καὶ διὰ φθόνον καὶ ἔριν, τινὲς δὲ
Algunos ciertamente - por envidia y contienda, algunos Pero
καὶ δι' εὐδοκίαν τὸν Χριστὸν κηρύσσουσιν·
también por buena voluntad a Cristo predican.

16 οἱ μὲν ἐξ ἐριθείας τὸν Χριστὸν καταγγέλλουσιν,
Los (unos) ciertamente por rivalidad a Cristo anuncian,
οὐχ ἁγνῶς, οἰόμενοι θλῖψιν ἐπιφέρειν[10]
no sinceramente, suponiendo tribulación añadir
τοῖς δεσμοῖς μου·
a las cadenas[11] de mí.

17[12]οἱ δὲ ἀγάπης, εἰδότες ὅτι εἰς ἀπολογίαν
Los (otros) ciertamente por amor, sabiendo que para defensa
τοῦ εὐαγγελίου κεῖμαι.
del evangelio estoy puesto.

18 τί γάρ; πλὴν παντὶ τρόπῳ, εἴτε προφάσει
¿qué pues? No obstante de toda manera, o por excusa[13]
εἴτε ἀληθείᾳ, Χριστὸς καταγγέλλεται· καὶ ἐν τούτῳ χαίρω,
o por verdad, Cristo es anunciado. Y en esto me alegro,
ἀλλὰ καὶ χαρήσομαι.
pero también me alegraré.

19 οἶδα γὰρ ὅτι τοῦτό μοι ἀποβήσεται εἰς σωτηρίαν
sé Porque que esto me resultará para salvación
διὰ τῆς ὑμῶν δεήσεως καὶ ἐπιχορηγίας
mediante la de vosotros oración y suministración
τοῦ Πνεύματος Ἰησοῦ Χριστοῦ,
del Espíritu de Jesús Cristo,

---

4. La NU sustituye por fruto.
5. Es decir "quiero que conozcáis" (oración de infinitivo).
6. Como en Lucas 8.29.
7. Es decir, han llegado a ser (oración de infinitivo).
8. Como en Lucas 8.29.
9. Es decir, se han atrevido (oración de infinitivo).
10. La NU sustituye por levantar.
11. Como en Lucas 8.29.
12. La NU trastoca los versículos 16 y 17.
13. O pretexto.

20 κατὰ τὴν ἀποκαραδοκίαν καὶ ἐλπίδα μου ὅτι ἐν οὐδενὶ
según el anhelo y esperanza de mí que en nada

αἰσχυνθήσομαι, ἀλλ' ἐν πάσῃ παρρησίᾳ, ὡς πάντοτε,
seré avergonzado, sino que con toda confianza,[14] como siempre,

καὶ νῦν μεγαλυνθήσεται Χριστὸς ἐν τῷ σώματί μου
también ahora será engrandecido Cristo en el cuerpo de mí

εἴτε διὰ ζωῆς εἴτε διὰ θανάτου.
ya por vida, ya por muerte.

21 Ἐμοὶ γὰρ τὸ ζῆν Χριστὸς καὶ τὸ ἀποθανεῖν κέρδος.
para mí Porque el vivir (es) Cristo y el morir ganancia.

22 εἰ δὲ τὸ ζῆν ἐν σαρκί, τοῦτό μοι καρπὸς ἔργου,
si Pero el vivir en carne, esto para mi fruto de trabajo,

καὶ τί αἱρήσομαι οὐ γνωρίζω.
entonces qué escogeré no sé.

23 συνέχομαι δὲ ἐκ τῶν δύο, τὴν ἐπιθυμίαν ἔχων
estoy apretado Pero de los dos, el deseo teniendo

εἰς τὸ ἀναλῦσαι καὶ σὺν Χριστῷ εἶναι·
de partir y con Cristo estar;

πολλῷ γὰρ μᾶλλον κρεῖσσον·
con mucho Porque más mejor (es).

24 τὸ δὲ ἐπιμένειν ἐν τῇ σαρκὶ ἀναγκαιότερον
El sin embargo permanecer en la carne más necesario (es)

δι' ὑμᾶς.
por vosotros.

25 καὶ τοῦτο πεποιθὼς οἶδα ὅτι μενῶ καὶ
y de esto habiendo sido persuadido sé que permaneceré y

συμπαραμενῶ[15] πᾶσιν ὑμῖν εἰς τὴν ὑμῶν προκοπὴν
seguiré con todos vosotros para el de vosotros provecho

καὶ χαρὰν τῆς πίστεως,
y alegría de la fe,

26 ἵνα τὸ καύχημα ὑμῶν περισσεύῃ ἐν
para que el motivo de glorificación de vosotros abunde en

Χριστῷ Ἰησοῦ ἐν ἐμοὶ διὰ τῆς ἐμῆς παρουσίας
Cristo Jesús en mí por la mi venida

πάλιν πρὸς ὑμᾶς.
de nuevo a vosotros.

27 Μόνον ἀξίως τοῦ εὐαγγελίου τοῦ Χριστοῦ πολιτεύεσθε,
Sólo dignamente del evangelio de Cristo conducíos,

ἵνα εἴτε ἐλθὼν καὶ ἰδὼν ὑμᾶς εἴτε ἀπὼν
para que ya viniendo y viendo os ya estando ausente

ἀκούσω[16] τὰ περὶ ὑμῶν, ὅτι στήκετε ἐν ἑνὶ πνεύματι,
oiga lo acerca de vosotros, que estáis firmes en un espíritu,

μιᾷ ψυχῇ συναθλοῦντες τῇ πίστει τοῦ εὐαγγελίου,
en un alma combatiendo juntos por la fe del evangelio,

28 καὶ μὴ πτυρόμενοι ἐν μηδενὶ ὑπὸ τῶν ἀντικειμένων,
y no siendo consternados en nada por los que se oponen,

ἥτις αὐτοῖς μέν ἐστιν ἔνδειξις ἀπωλείας,
que para ellos ciertamente es demostración de perdición,

ὑμῖν[17] δὲ σωτηρίας, καὶ τοῦτο ἀπὸ Θεοῦ·
para vosotros sin embargo de salvación, y esto de Dios;

20Conforme a mi mira y esperanza, que en nada seré confundido; antes bien con toda confianza, como siempre, ahora también será engrandecido Cristo en mi cuerpo, o por vida, o por muerte.
21Porque para mí el vivir es Cristo, y el morir es ganancia.
22Mas si el vivir en la carne, esto me será para fruto de la obra, no sé entonces qué escoger;
23Porque de ambas cosas estoy puesto en estrecho, teniendo deseo de ser desatado, y estar con Cristo, lo cual es mucho mejor:
24Empero quedar en la carne es más necesario por causa de vosotros.
25Y confiado en esto, sé que quedaré, que aun permaneceré con todos vosotros, para provecho vuestro y gozo de la fe;
26Para que crezca vuestra gloria de mí en Cristo Jesús por mi venida otra vez a vosotros.
27Solamente que converséis como es digno del evangelio de Cristo; para que, o sea que vaya a veros, o que esté ausente, oiga de vosotros que estáis firmes en un mismo espíritu, unánimes combatiendo juntamente por la fe del evangelio,
28Y en nada intimidados de los que se oponen: que a ellos ciertamente es indicio de perdición, mas a vosotros de salud; y esto de Dios;

---

14. O valentía o libertad.
15. La NU sustituye por me quedaré.
16. La NU tiene oigo.
17. La NU sustituye por de vosotros.

29Porque a vosotros es concedido por Cristo, no sólo que creáis en él, sino también que padezcáis por él, 30Teniendo el mismo conflicto que habéis visto en mí, y ahora oís estar en mí.

2Por tanto, si hay alguna consolación en Cristo; si algún refrigerio de amor; si alguna comunión del Espíritu; si algunas entrañas y misericordias, 2Cumplid mi gozo; que sintáis lo mismo, teniendo el mismo amor, unánimes, sintiendo una misma cosa. 3Nada hagáis por contienda o por vanagloria; antes bien en humildad, estimándoos inferiores los unos a los otros: 4No mirando cada uno a lo suyo propio, sino cada cual también a lo de los otros. 5Haya, pues, en vosotros este sentir que hubo también en Cristo Jesús: 6El cual, siendo en forma de Dios, no tuvo por usurpación ser igual a Dios: 7Sin embargo, se anonadó a sí mismo, tomando forma de siervo, hecho semejante a los hombres; 8Y hallado en la condición como hombre, se humilló a sí mismo, hecho obediente hasta la muerte, y muerte de cruz. 9Por lo cual Dios también le ensalzó a lo sumo, y dióle un nombre que es sobre todo nombre; 10Para que en el nombre de Jesús se doble toda rodilla de los que están en los cielos, y de los que en la tierra, y de los que debajo de la tierra;

29 ὅτι ὑμῖν ἐχαρίσθη τὸ ὑπὲρ Χριστοῦ, οὐ μόνον
porque os fue concedido - por Cristo no sólo
τὸ εἰς αὐτὸν πιστεύειν, ἀλλὰ καὶ τὸ ὑπὲρ αὐτοῦ πάσχειν,
el en él creer, sino también el por él padecer,

30 τὸν αὐτὸν ἀγῶνα ἔχοντες, οἷον εἴδετε ἐν ἐμοὶ
la misma lucha teniendo, la cual visteis en mí
καὶ νῦν ἀκούετε ἐν ἐμοί.
y ahora oís en mí.

2 1 Εἴ τις οὖν παράκλησις ἐν Χριστῷ, εἴ τι παραμύθιον
Si alguna pues consolación en Cristo, si algún consuelo[18]
ἀγάπης, εἴ τις κοινωνία Πνεύματος, εἴ τις σπλάγχνα καὶ
de amor, si alguna comunión de Espíritu, si alguna entraña[19] y
οἰκτιρμοί,
misericordias,

2 πληρώσατέ μου τὴν χαράν, ἵνα τὸ αὐτὸ φρονῆτε,
llenad de mí la alegría, para que lo mismo penséis,
τὴν αὐτὴν ἀγάπην ἔχοντες, σύμψυχοι τὸ ἓν φρονοῦντες,
el mismo amor teniendo, unánimes,[20] lo uno pensando,[21]

3 μηδὲν κατ' ἐρίθειαν ἢ κενοδοξίαν, ἀλλὰ τῇ ταπεινοφροσύνῃ
nada por contienda o vanagloria, sino con la humildad,
ἀλλήλους ἡγούμενοι ὑπερέχοντας ἑαυτῶν,
unos a otros estimando superiores a sí mismos,

4 μὴ τὰ ἑαυτῶν ἕκαστος σκοπεῖτε[22] ἀλλὰ
no las cosas de vosotros mismos cada uno mirad sino
καὶ τὰ ἑτέρων ἕκαστος.
también las de otros cada uno,

5 τοῦτο γὰρ φρονείσθω ἐν ὑμῖν ὃ καὶ ἐν Χριστῷ Ἰησοῦ,
esto Porque sentid en vosotros lo que también en Cristo Jesús,

6 ὃς ἐν μορφῇ Θεοῦ ὑπάρχων οὐχ ἁρπαγμὸν ἡγήσατο
el cual en forma de Dios existiendo no robo consideró
τὸ εἶναι ἴσα Θεῷ,
el ser igual a Dios,

7 ἀλλὰ ἑαυτὸν ἐκένωσεν μορφὴν δούλου λαβών,
sino que a sí mismo vació forma de siervo tomando,
ἐν ὁμοιώματι ἀνθρώπων γενόμενος,
en semejanza de hombres llegando a estar,

8 καὶ σχήματι εὑρεθεὶς ὡς ἄνθρωπος
y en semejanza siendo hallado como hombre
ἐταπείνωσεν ἑαυτὸν γενόμενος ὑπήκοος
se humilló a sí mismo llegando a ser obediente
μέχρι θανάτου, θανάτου δὲ σταυροῦ.
hasta muerte, muerte ciertamente de cruz.

9 διὸ καὶ ὁ Θεὸς αὐτὸν ὑπερύψωσε καὶ ἐχαρίσατο
por esto también - Dios lo hiperexaltó[23] y dio
αὐτῷ ὄνομα τὸ ὑπὲρ πᾶν ὄνομα,
le nombre el sobre todo nombre,

10 ἵνα ἐν τῷ ὀνόματι Ἰησοῦ πᾶν γόνυ κάμψῃ
para que en el nombre de Jesús toda rodilla se doble
ἐπουρανίων καὶ ἐπιγείων καὶ καταχθονίων,
de los celestiales y de los terrenales y de los subterráneos,

---

18. O estímulo.
19. En el sentido de amor que afecta hasta las entrañas.
20. Es decir, estando "unidos en el alma".
21. Es decir, "pensando lo mismo".
22. La NU sustituye por mirando.
23. Es decir, lo superensalzó, lo ensalzó sobremanera.

11 καὶ πᾶσα γλῶσσα ἐξομολογήσηται ὅτι Κύριος
   y toda lengua confiese   que Señor (es)
   Ἰησοῦς Χριστὸς εἰς δόξαν Θεοῦ πατρός.
   Jesús Cristo para gloria de Dios Padre.

12 Ὥστε,   ἀγαπητοί μου, καθὼς πάντοτε ὑπηκούσατε,
   Por tanto, amados de mí, como siempre obedecisteis
   μὴ ὡς ἐν τῇ παρουσίᾳ μου μόνον, ἀλλὰ νῦν πολλῷ μᾶλλον
   no como en la presencia de mí sólo, sino ahora mucho más
   ἐν τῇ ἀπουσίᾳ μου, μετὰ φόβου καὶ τρόμου τὴν ἑαυτῶ
   en la ausencia de mí, con temor y temblor la de vosotros
   ν   σωτηρίαν κατεργάζεσθε·
   mismos   salvación consumad,[24]

13 ὁ Θεὸς γάρ   ἐστιν ὁ ἐνεργῶν ἐν ὑμῖν καὶ τὸ θέλειν
   Dios Porque es el que realiza en nosotros tanto el querer
   καὶ τὸ ἐνεργεῖν ὑπὲρ τῆς εὐδοκίας.
   como el realizar por la benevolencia.

14 πάντα ποιεῖτε χωρὶς γογγυσμῶν καὶ διαλογισμῶν,
   Todo haced sin murmuraciones y disputas,

15 ἵνα γένησθε ἄμεμπτοι καὶ ἀκέραιοι, τέκνα Θεοῦ
   para que lleguéis a ser intachables e inocentes, hijos de Dios
   ἀμώμητα ἐν μέσῳ γενεᾶς σκολιᾶς καὶ διεστραμμένης,
   inmaculados en medio de generación depravada y pervertida
   ἐν οἷς   φαίνεσθε ὡς φωστῆρες ἐν κόσμῳ,
   en medio de lo[25] que brilláis como luminarias en mundo,

16 λόγον ζωῆς ἐπέχοντες, εἰς καύχημα ἐμοὶ εἰς ἡμέραν
   palabra de vida agarrando, para jactancia para mí[26] en día
   Χριστοῦ, ὅτι οὐκ εἰς κενὸν ἔδραμον οὐδὲ εἰς κενὸν ἐκοπίασα.
   de Cristo, de que no en vano corrí ni en vano trabajé.

17 ἀλλὰ εἰ καὶ σπένδομαι ἐπὶ τῇ θυσίᾳ καὶ λειτουργίᾳ
   pero si también soy derramado en el sacrificio y servicio
   τῆς πίστεως ὑμῶν, χαίρω καὶ συγχαίρω πᾶσιν ὑμῖν·
   de la fe de vosotros, me alegro y co-alegro con todos vosotros.

18 τὸ δ' αὐτὸ καὶ ὑμεῖς χαίρετε καὶ συγχαίρετέ μοι.
   esto Por mismo también vosotros os alegráis y co-alegráis conmigo.

19 Ἐλπίζω δὲ ἐν Κυρίῳ Ἰησοῦ Τιμόθεον ταχέως πέμψαι
   Espero ahora en Señor Jesús a Timoteo rápidamente enviar
   ὑμῖν, ἵνα κἀγὼ εὐψυχῶ γνοὺς τὰ
   os, para que también yo sea animado sabiendo lo (que es)
   περὶ ὑμῶν·
   acerca de vosotros.

20 οὐδένα γὰρ ἔχω ἰσόψυχον, ὅστις γνησίως
   a ninguno Porque tengo de alma igual, que genuinamente
   τὰ   περὶ ὑμῶν μεριμνήσει·
   por lo (que es) acerca de vosotros se interese.

21 οἱ πάντες γὰρ τὰ ἑαυτῶν ζητοῦσιν, οὐ τὰ Χριστοῦ Ἰησοῦ·
   los todos Porque lo de sí mismos buscan, no lo de Cristo Jesús.

22 τὴν δὲ δοκιμὴν αὐτοῦ γινώσκετε, ὅτι ὡς πατρὶ τέκνον
   la Pues prueba[27] de él conocéis, que como a padre hijo[28]
   σὺν ἐμοὶ ἐδούλευσεν εἰς τὸ εὐαγγέλιον.
   conmigo sirvió para el evangelio.

---

24. Como en Efesios 6.13.
25. O en medio de los que...
26. Es decir "para que os convirtáis en algo de lo que yo pueda jactarme".
27. En el sentido, del "carácter que ya ha sido probado" o "que ha dado pruebas suficientes de cómo es".
28. Es decir, "sirvió a mi lado de la misma manera que un hijo serviría a su padre".

11Y toda lengua confiese que Jesucristo es el Señor, a la gloria de Dios Padre.
12Por tanto, amados míos, como siempre habéis obedecido, no como en mi presencia solamente, sino mucho más ahora en mi ausencia, ocupaos en vuestra salvación con temor y temblor;
13Porque Dios es el que en vosotros obra así el querer como el hacer, por su buena voluntad.
14Haced todo sin murmuraciones y contiendas,
15Para que seáis irreprensibles y sencillos, hijos de Dios sin culpa en medio de la nación maligna y perversa, entre los cuales resplandecéis como luminares en el mundo;
16Reteniendo la palabra de vida para que yo pueda gloriarme en el día de Cristo, que no he corrido en vano, ni trabajado en vano.
17Y aun si soy derramado en libación sobre el sacrificio y servicio de vuestra fe, me gozo y congratulo por todos vosotros.
18Y asimismo gozaos también vosotros, y regocijaos conmigo.
19Mas espero en el Señor Jesús enviaros presto a Timoteo, para que yo también esté de buen ánimo, entendido vuestro estado.
20Porque a ninguno tengo tan unánime, y que con sincera afición esté solícito por vosotros.
21Porque todos buscan lo suyo propio, no lo que es de Cristo Jesús.
22Pero la experiencia de él habéis conocido, que como hijo a padre ha servido conmigo en el evangelio.

23Así que a éste espero enviaros, luego que yo viere cómo van mis negocios;
24Y confío en el Señor que yo también iré presto a vosotros.
25Mas tuve por cosa necesaria enviaros a Epafrodito, mi hermano, y colaborador y compañero de milicia, y vuestro mensajero, y ministrador de mis necesidades;
26Porque tenía gran deseo de ver a todos vosotros, y gravemente se angustió porque habíais oído que había enfermado.
27Pues en verdad estuvo enfermo a la muerte: mas Dios tuvo misericordia de él; y no solamente de él, sino aun de mí, para que yo no tuviese tristeza sobre tristeza.
28Así que le envío más presto, para que viéndole os volváis a gozar, y yo esté con menos tristeza.
29Recibidle pues en el Señor con todo gozo; y tened en estima a los tales;
30Porque por la obra de Cristo estuvo cercano a la muerte, poniendo su vida para suplir vuestra falta en mi servicio.

3 Resta, hermanos, que os gocéis en el Señor. A mí, a la verdad, no es molesto el escribiros las mismas cosas, y para vosotros es seguro.
2Guardaos de los perros, guardaos de los malos obreros, guardaos del cortamiento.

23 τοῦτον μὲν οὖν ἐλπίζω πέμψαι ὡς ἂν ἀπίδω
A éste - pues espero enviar cuanto antes para que vea (yo)
τὰ περὶ ἐμὲ ἐξαυτῆς·
lo referente a mí inmediatamente.

24 πέποιθα δὲ ἐν Κυρίῳ ὅτι καὶ αὐτὸς
he sido persuadido Pero en Señor que también yo mismo
ταχέως ἐλεύσομαι.
pronto vendré.

25 Ἀναγκαῖον δὲ ἡγησάμην Ἐπαφρόδιτον τὸν ἀδελφὸν
Necesario sin embargo consideré a Epafrodito el hermano
καὶ συνεργὸν καὶ συστρατιώτην μου, ὑμῶν δὲ
y colaborador y compañero de combate de mí, de vosotros Pero
ἀπόστολον καὶ λειτουργὸν τῆς χρείας μου,
apóstol y servidor de la necesidad de mí,
πέμψαι πρὸς ὑμᾶς,
enviar a vosotros,

26 ἐπειδὴ ἐπιποθῶν ἦν πάντας ὑμᾶς, καὶ ἀδημονῶν
porque ansiando estaba (veros) a todos vosotros, y atormentándose
διότι ἠκούσατε ὅτι ἠσθένησε.
porque escuchasteis que enfermó.

27 καὶ γὰρ ἠσθένησε παραπλήσιον θανάτῳ· ἀλλ' ὁ Θεὸς
ciertamente Porque enfermó acercándose a muerte, pero Dios
αὐτὸν ἠλέησεν, οὐκ αὐτὸν δὲ μόνον ἀλλὰ
de él se compadeció, no de él sin embargo sólo sino
καὶ ἐμέ, ἵνα μὴ λύπην ἐπὶ λύπην σχῶ.
también de mí, para que no tristeza sobre tristeza tuviera.

28 σπουδαιοτέρως οὖν ἔπεμψα αὐτόν, ἵνα ἰδόντες αὐτὸν
Más solícitamente pues envié lo, para que viendo lo
πάλιν χαρῆτε, κἀγὼ ἀλυπότερος ὦ.
de nuevo os alegréis, y yo sin tristeza esté.

29 προσδέχεσθε οὖν αὐτὸν ἐν Κυρίῳ μετὰ πάσης χαρᾶς,
Recibid pues lo en Señor con toda alegría,
καὶ τοὺς τοιούτους ἐντίμους ἔχετε,
y a los tales honrados tened,[29]

30 ὅτι διὰ τὸ ἔργον τοῦ Χριστοῦ μέχρι θανάτου ἤγγισε
porque por la obra de Cristo hasta muerte se acercó
παραβολευσάμενος τῇ ψυχῇ ἵνα ἀναπληρώσῃ
arriesgando la vida para que supliera
τὸ ὑμῶν ὑστέρημα τῆς πρός με λειτουργίας.
la de vosotros deficiencia del por mi servicio.

3 1 Τὸ λοιπόν, ἀδελφοί μου, χαίρετε ἐν Κυρίῳ. τὰ αὐτὰ γράφειν
Lo restante, hermanos de mí, alegraos en Señor. Lo mismo escribir
ὑμῖν ἐμοὶ μὲν οὐκ ὀκνηρόν, ὑμῖν δὲ ἀσφαλές.
os a mí - no molesto (es), a vosotros - seguro (es).

2 Βλέπετε τοὺς κύνας, βλέπετε τοὺς κακοὺς ἐργάτας,
Guardaos de los perros, guardaos de los malos obreros,
βλέπετε τὴν κατατομήν·
guardaos de la mutilación.

---

29. Es decir: "dispensad honra a los que son como él".

3 ἡμεῖς   γάρ   ἐσμεν ἡ περιτομή,   οἱ   Πνεύματι Θεῷ,
nosotros Porque somos la circuncisión, los en Espíritu a Dios

λατρεύοντες καὶ καυχώμενοι ἐν Χριστῷ   Ἰησοῦ
adorando   y jactándonos en Cristo   Jesús

καὶ οὐκ ἐν σαρκὶ πεποιθότες,
y no en carne confiando,

4 καίπερ ἐγὼ ἔχων   πεποίθησιν καὶ   ἐν σαρκί. εἴ τις
aunque yo teniendo confianza también en carne, si alguno

δοκεῖ   ἄλλος   πεποιθέναι ἐν σαρκί, ἐγὼ μᾶλλον·
considera otro (puede) confiar en carne, yo más.

5 περιτομῇ   ὀκταήμερος, ἐκ γένους Ἰσραήλ,
En circuncisión al octavo día, de nación de Israel,

φυλῆς Βενιαμίν,   Ἑβραῖος ἐξ Ἑβραίων,
de tribu de Benjamín, hebreo de hebreos,

κατὰ   νόμον Φαρισαῖος,
según ley fariseo,

6 κατὰ ζῆλον διώκων   τὴν ἐκκλησίαν,
según celo persiguiendo a la iglesia,

κατὰ δικαιοσύνην τὴν ἐν νόμῳ
según justicia   la en ley

γενόμενος   ἄμεμπτος.
llegando a ser intachable.

7 ἀλλ᾽ ἅτινα   ἦν μοι   κέρδη,   ταῦτα ἥγημαι
Pero cuanto era para mi ganancia, esto he considerado

διὰ τὸν Χριστὸν ζημίαν·
por Cristo   pérdida.

8 ἀλλὰ μενοῦνγε   καὶ   ἡγοῦμαι   πάντα ζημίαν εἶναι
Pero ciertamente también he considerado todo pérdida ser

διὰ τὸ ὑπερέχον τῆς γνώσεως   Χριστοῦ Ἰησοῦ
por la excelencia del conocimiento de Cristo Jesús

τοῦ Κυρίου μου,   δι᾽ ὃν   τὰ πάντα ἐζημιώθην,
el Señor de mí, por el cual todo   sufrí como pérdida,

καὶ ἡγοῦμαι   σκύβαλα εἶναι ἵνα   Χριστὸν κερδήσω
y he considerado basura   ser para que a Cristo gane

9 καὶ εὑρεθῶ   ἐν αὐτῷ μὴ ἔχων   ἐμὴν δικαιοσύνην τὴν ἐκ νόμου,
y sea hallado en él   no teniendo mi justicia   la de ley,

ἀλλὰ τὴν διὰ   πίστεως Χριστοῦ, τὴν ἐκ Θεοῦ
sino la a través de fe   en Cristo, la de Dios

δικαιοσύνην ἐπὶ τῇ πίστει,
justicia   por la fe,

10 τοῦ γνῶναι αὐτὸν καὶ τὴν δύναμιν τῆς   ἀναστάσεως αὐτοῦ
para conocer lo y el poder   de la resurrección de él

καὶ τὴν κοινωνίαν τῶν   παθημάτων αὐτοῦ,
y la comunión de los sufrimientos de él,

συμμορφούμενος τῷ   θανάτῳ αὐτοῦ,
conformado   a la muerte de él,

11 εἴ πως   καταντήσω εἰς τὴν ἐξανάστασιν
si de alguna manera llego   a la resurrección

τῶν νεκρῶν.
de los muertos.

3Porque nosotros somos la circuncisión, los que servimos en espíritu a Dios, y nos gloriamos en Cristo Jesús, no teniendo confianza en la carne.
4Aunque yo tengo también de qué confiar en la carne. Si alguno parece que tiene de qué confiar en la carne, yo más:
5Circuncidado al octavo día, del linaje de Israel, de la tribu de Benjamín, Hebreo de Hebreos; cuanto a la ley, Fariseo;
6Cuanto al celo, perseguidor de la iglesia; cuanto a la justicia que es en la ley, irreprensible.
7Pero las cosas que para mí eran ganancias, helas reputado pérdidas por amor de Cristo.
8Y ciertamente, aun reputo todas las cosas pérdida por el eminente conocimiento de Cristo Jesús, mi Señor, por amor del cual lo he perdido todo, y téngolo por estiércol, para ganar a Cristo,
9Y ser hallado en él, no teniendo mi justicia, que es por la ley, sino la que es por la fe de Cristo, la justicia que es de Dios por la fe;
10A fin de conocerle, y la virtud de su resurrección, y la participación de sus padecimientos, en conformidad a su muerte,
11Si en alguna manera llegase a la resurrección de los muertos.

12 No que ya haya alcanzado, ni que ya sea perfecto; sino que prosigo, por ver si alcanzo aquello para lo cual fuí también alcanzado de Cristo Jesús.
13 Hermanos, yo mismo no hago cuenta de haberlo ya alcanzado; pero una cosa hago: olvidando ciertamente lo que queda atrás, y extendiéndome a lo que está delante,
14 Prosigo al blanco, al premio de la soberana vocación de Dios en Cristo Jesús.
15 Así que, todos los que somos perfectos, esto mismo sintamos: y si otra cosa sentís, esto también os revelará Dios.
16 Empero en aquello a que hemos llegado, vamos por la misma regla, sintamos una misma cosa.
17 Hermanos, sed imitadores de mí, y mirad los que así anduvieren como nos tenéis por ejemplo.
18 Porque muchos andan, de los cuales os dije muchas veces, y aun ahora lo digo llorando, que son enemigos de la cruz de Cristo:
19 Cuyo fin será perdición, cuyo dios es el vientre, y su gloria es en confusión; que sienten lo terreno.
20 Mas nuestra vivienda es en los cielos; de donde también esperamos al Salvador, al Señor Jesucristo;

12 Οὐχ ὅτι ἤδη ἔλαβον ἢ ἤδη τετελείωμαι, διώκω δὲ
No que ya obtuve o ya haya sido perfeccionado, prosigo Pero

εἰ καὶ καταλάβω, ἐφ' ᾧ καὶ
por si también alcanzo (aquello) para lo que también

κατελήμφθην ὑπὸ τοῦ Χριστοῦ Ἰησοῦ.
fui alcanzado por Cristo Jesús.

13 ἀδελφοί, ἐγὼ ἐμαυτὸν οὐ λογίζομαι κατειληφέναι·
hermanos, yo mismo no considero haber alcanzado.

ἓν δέ, τὰ μὲν ὀπίσω ἐπιλανθανόμενος
una cosa sin embargo (hago), lo - de detrás olvidando

τοῖς δὲ ἔμπροσθεν ἐπεκτεινόμενος
a lo - de delante lanzándome

14 κατὰ σκοπὸν διώκω ἐπὶ τὸ βραβεῖον τῆς ἄνω
hacia meta prosigo por el premio del superior

κλήσεως τοῦ Θεοῦ ἐν Χριστῷ Ἰησοῦ.
llamamiento de Dios en Cristo Jesús.

15 Ὅσοι οὖν τέλειοι, τοῦτο φρονῶμεν· καὶ εἴ
Cuantos por lo tanto perfectos (somos) esto pensemos, y si

τι ἑτέρως φρονεῖτε, καὶ τοῦτο ὁ Θεὸς
algo de otra manera pensáis, también esto Dios

ὑμῖν ἀποκαλύψει.
os revelará.

16 πλὴν εἰς ὃ ἐφθάσαμεν, τῷ αὐτῷ στοιχεῖν κανόνι,
Pero a lo que llegamos,[30] con la misma seguir regla

τὸ αὐτὸ φρονεῖν.[31]
lo mismo pensar.

17 Συμμιμηταί μου γίνεσθε, ἀδελφοί, καὶ σκοπεῖτε
Co-imitadores de mí llegad a ser, hermanos, y mirad

τοὺς οὕτω περιπατοῦντας,
a los que así caminan

καθὼς ἔχετε τύπον ἡμᾶς.
como tenéis (como) modelo a nosotros.

18 πολλοὶ γὰρ περιπατοῦσιν, οὓς πολλάκις ἔλεγον
muchos Porque caminan, de los cuales muchas veces hablé

ὑμῖν, νῦν δὲ καὶ κλαίων λέγω, τοὺς ἐχθροὺς
a vosotros, ahora - también llorando digo, (que son) los enemigos

τοῦ σταυροῦ τοῦ Χριστοῦ,
de la cruz de Cristo.

19 ὧν τὸ τέλος ἀπώλεια, ὧν ὁ Θεὸς ἡ
de los cuales el fin (es) destrucción, de los cuales el dios el

κοιλία, καὶ ἡ δόξα ἐν τῇ αἰσχύνῃ αὐτῶν,
vientre (es), y la gloria (está) en la vergüenza de ellos[32]

οἱ τὰ ἐπίγεια φρονοῦντες.
los que lo terrenal piensan.

20 ἡμῶν γὰρ τὸ πολίτευμα ἐν οὐρανοῖς ὑπάρχει,
de nosotros Porque la ciudadanía en cielos existe,

ἐξ οὗ καὶ σωτῆρα ἀπεκδεχόμεθα
de donde[33] también salvador esperamos

Κύριον Ἰησοῦν Χριστόν,
a Señor Jesús Cristo,

---

30. Es decir, "hemos llegado ya".
31. La NU omite lo mismo pensar.
32. Es decir que aquello de lo que se glorían, en realidad, es vergonzoso.
33. Como en Mateo 18.20.

21 ὃς μετασχηματίσει τὸ σῶμα τῆς ταπεινώσεως ἡμῶν
el cual transformará el cuerpo de la humillación de nosotros

εἰς τὸ γενέσθαι αὐτὸ[34] σύμμορφον τῷ σώματι
para llegar a ser él[35] conforme[36] al cuerpo

τῆς δόξης αὐτοῦ κατὰ τὴν ἐνέργειαν τοῦ δύνασθαι
de la gloria de él según la energía[37] con la que poder

αὐτὸν καὶ ὑποτάξαι αὐτῷ τὰ πάντα.
él[38] también someter a él todo.

4

1 Ὥστε, ἀδελφοί μου ἀγαπητοὶ καὶ ἐπιπόθητοι,
Así que, hermanos de mí amados y deseados,

χαρὰ καὶ στέφανός μου, οὕτω στήκετε
alegría y corona de mí, así estad firmes

ἐν Κυρίῳ, ἀγαπητοί.
en Señor, amados.

2 Εὐοδίαν παρακαλῶ καὶ Συντύχην παρακαλῶ
A Evodia suplico y a Síntique suplico

τὸ αὐτὸ φρονεῖν ἐν Κυρίῳ.
lo mismo pensar en Señor.

3 καὶ ἐρωτῶ καὶ σέ, σύζυγε γνήσιε, συλλαμβάνου
Y pido también a ti, compañero[39] genuino, co-asiste

αὐταῖς, αἵτινες ἐν τῷ εὐαγγελίῳ συνήθλησάν μοι μετὰ
con ellas las cuales en el evangelio co-lucharon conmigo con

καὶ Κλήμεντος καὶ τῶν λοιπῶν συνεργῶν μου,
también Clemente y los restantes colaboradores de mí,

ὧν τὰ ὀνόματα ἐν βίβλῳ ζωῆς.
de los cuales los nombres (están) en libro de vida.

4 Χαίρετε ἐν Κυρίῳ πάντοτε· πάλιν ἐρῶ, χαίρετε.
Alegraos en Señor siempre. De nuevo digo: alegraos.

5 τὸ ἐπιεικὲς ὑμῶν γνωσθήτω πᾶσιν ἀνθρώποις.
La bondad de vosotros sea conocida a todos hombres.

ὁ Κύριος ἐγγύς.
El Señor (está) cerca.

6 μηδὲν μεριμνᾶτε, ἀλλ' ἐν παντὶ τῇ προσευχῇ
Por nada sintáis ansiedad, sino en toda la oración

καὶ τῇ δεήσει μετὰ εὐχαριστίας τὰ αἰτήματα ὑμῶν
y el ruego con acción de gracias las peticiones de vosotros

γνωριζέσθω πρὸς τὸν Θεόν.
sean conocidas a Dios.

7 καὶ ἡ εἰρήνη τοῦ Θεοῦ ἡ ὑπερέχουσα πάντα νοῦν
Y la paz de Dios la que sobrepasa toda comprensión

φρουρήσει τὰς καρδίας ὑμῶν καὶ
guardará los corazones de vosotros y

τὰ νοήματα ὑμῶν ἐν Χριστῷ Ἰησοῦ.
los pensamientos de vosotros en Cristo Jesús.

21El cual transformará el cuerpo de nuestra bajeza, para ser semejante al cuerpo de su gloria, por la operación con la cual puede también sujetar a sí todas las cosas.

4 Así que, hermanos míos amados y deseados, gozo y corona mía, estad así firmes en el Señor, amados. 2A Euodias ruego, y a Syntychê exhorto, que sientan lo mismo en el Señor. 3Asimismo te ruego también a ti, hermano compañero, ayuda a las que trabajaron juntamente conmigo en el evangelio, con Clemente también, y los demás mis colaboradores, cuyos nombres están en el libro de la vida. 4Gozaos en el Señor siempre: otra vez digo: Que os gocéis. 5Vuestra modestia sea conocida de todos los hombres. El Señor está cerca. 6Por nada estéis afanosos; sino sean notorias vuestras peticiones delante de Dios en toda oración y ruego, con hacimiento de gracias. 7Y la paz de Dios, que sobrepuja todo entendimiento, guardará vuestros corazones y vuestros entendimientos en Cristo Jesús.

---

34. La NU omite para llegar a ser él.
35. Es decir, para que nuestro cuerpo llegue a ser (oración de infinitivo).
36. Es decir, "con una forma semejante"
37. U operación.
38. Es decir, "él puede" (oración de infinitivo).
39. El término literalmente significa "compañero de yugo".

8Por lo demás, hermanos, todo lo que es verdadero, todo lo honesto, todo lo justo, todo lo puro, todo lo amable, todo lo que es de buen nombre; si hay virtud alguna, si alguna alabanza, en esto pensad.
9Lo que aprendisteis y recibisteis y oísteis y visteis en mí, esto haced; y el Dios de paz será con vosotros.
10Mas en gran manera me gocé en el Señor de que ya al fin ha reflorecido vuestro cuidado de mí; de lo cual aun estabais solícitos, pero os faltaba la oportunidad.
11No lo digo en razón de indigencia, pues he aprendido a contentarme con lo que tengo.
12Sé estar humillado, y sé tener abundancia: en todo y por todo estoy enseñado, así para hartura como para hambre, así para tener abundancia como para padecer necesidad.
13Todo lo puedo en Cristo que me fortalece.
14Sin embargo, bien hicisteis que comunicasteis juntamente a mi tribulación.
15Y sabéis también vosotros, oh Filipenses, que al principio del evangelio, cuando partí de Macedonia, ninguna iglesia me comunicó en razón de dar y recibir, sino vosotros solos.
16Porque aun a Tesalónica me enviasteis lo necesario una y dos veces.

8 Τὸ λοιπόν, ἀδελφοί, ὅσα ἐστὶν ἀληθῆ, ὅσα
Por lo demás, hermanos, cuanto es verdadero, cuanto

σεμνά, ὅσα δίκαια, ὅσα ἁγνά, ὅσα προσφιλῆ,
honorable, cuanto justo, cuanto puro, cuanto digno de amor,

ὅσα εὔφημα, εἴ τις ἀρετὴ καὶ εἴ τις ἔπαινος,
cuanto de buen nombre, si alguna virtud y si alguna alabanza,[40]

ταῦτα λογίζεσθε·
esto considerad.

9 ἃ καὶ ἐμάθετε καὶ παρελάβετε καὶ ἠκούσατε
Lo que también aprendisteis y recibisteis y oísteis

καὶ εἴδετε ἐν ἐμοί, ταῦτα πράσσετε·
y visteis en mí, esto practicad,

καὶ ὁ Θεὸς τῆς εἰρήνης ἔσται μεθ' ὑμῶν.
y el Dios de la paz estará con vosotros.

10 Ἐχάρην δὲ ἐν Κυρίῳ μεγάλως ὅτι ἤδη ποτὲ
Me alegré sin embargo en Señor grandemente porque ahora ya

ἀνεθάλετε τὸ ὑπὲρ ἐμοῦ φρονεῖν· ἐφ' ᾧ καὶ ἐφρονεῖτε,
revivisteis el por mí pensar, en lo cual también pensabais,

ἠκαιρεῖσθε δέ.
carecisteis de oportunidad sin embargo.

11 οὐχ ὅτι καθ' ὑστέρησιν λέγω· ἐγὼ γὰρ ἔμαθον
No que por carencia digo yo Porque aprendí

ἐν οἷς εἰμι αὐτάρκης εἶναι.
en lo que estoy contento a estar.[41]

12 οἶδα καὶ ταπεινοῦσθαι, οἶδα καὶ
Sé no sólo vivir humildemente, sé Sino también

περισσεύειν· ἐν παντὶ καὶ ἐν πᾶσι μεμύημαι
vivir con abundancia[42] En todo y en todas las cosas he aprendido

καὶ χορτάζεσθαι καὶ πεινᾶν,
tanto a estar saciado como a pasar hambre,

καὶ περισσεύειν καὶ ὑστερεῖσθαι·
tanto a tener abundancia como a pasar privaciones.

13 πάντα ἰσχύω ἐν τῷ ἐνδυναμοῦντί με Χριστῷ.[43]
Todo puedo en el que da poder a mí Cristo.

14 πλὴν καλῶς ἐποιήσατε συγκοινωνήσαντές μου
No obstante, bien hicisteis co-participando conmigo

τῇ θλίψει.
en la tribulación.

15 Οἴδατε δὲ καὶ ὑμεῖς, Φιλιππήσιοι, ὅτι ἐν ἀρχῇ
sabéis Pero también vosotros, filipenses, que en inicio

τοῦ εὐαγγελίου, ὅτε ἐξῆλθον ἀπὸ Μακεδονίας,
del evangelio, cuando salí de Macedonia,

οὐδεμία μοι ἐκκλησία ἐκοινώνησεν
ninguna para mí iglesia compartió

εἰς λόγον δόσεως καὶ λήψεως εἰ μὴ ὑμεῖς μόνοι,
en cuestión de dar y recibir si no vosotros solos,

16 ὅτι καὶ ἐν Θεσσαλονίκῃ καὶ ἅπαξ
porque también en Tesalónica no sólo una

καὶ δὶς εἰς τὴν χρείαν μοι ἐπέμψατε.
sino también dos veces para la necesidad a mí enviasteis.

---

40. Es decir, "digno de ser alabado".
41. Es decir, estar contento con la situación en la que estoy.
42. Es decir, "sé vivir no sólo con recursos abundantes sino también con recursos humildes".
43. La NU suprime Cristo.

17 οὐχ ὅτι ἐπιζητῶ τὸ δόμα, ἀλλὰ ἐπιζητῶ
No porque busco el don, sino que busco

τὸν καρπὸν τὸν πλεονάζοντα εἰς λόγον ὑμῶν.
el fruto el que aumenta para cuenta de vosotros.

18 ἀπέχω δὲ πάντα, καὶ περισσεύω· πεπλήρωμαι δεξάμενος
tengo Pero todo, y abundo. He sido colmado recibiendo

παρὰ Ἐπαφροδίτου τὰ παρ' ὑμῶν, ὀσμὴν εὐωδίας,
de Epafrodito lo de vosotros, aroma de fragancia,

θυσίαν δεκτήν, εὐάρεστον τῷ Θεῷ.
sacrificio aceptable, agradable a Dios.

19 ὁ δὲ θεός μου πληρώσει πᾶσαν χρείαν ὑμῶν κατὰ
el Pero Dios de mí colmará toda necesidad de vosotros según

τὸ πλοῦτος αὐτοῦ ἐν δόξῃ ἐν Χριστῷ Ἰησοῦ.
la riqueza de él en gloria en Cristo Jesús.

20 τῷ δὲ Θεῷ καὶ πατρὶ ἡμῶν ἡ δόξα εἰς τοὺς αἰῶνας
Al - Dios y Padre de nosotros la gloria por las eras

τῶν αἰώνων· ἀμήν.
de las eras. Amén.

21 Ἀσπάσασθε πάντα ἅγιον ἐν Χριστῷ Ἰησοῦ.
Saludad a todo santo en Cristo Jesús.

ἀσπάζονται ὑμᾶς οἱ σὺν ἐμοὶ ἀδελφοί.
Saludan os los conmigo hermanos.

22 ἀσπάζονται ὑμᾶς πάντες οἱ ἅγιοι, μάλιστα δὲ
Saludan os todos los santos, mayormente -

οἱ ἐκ τῆς Καίσαρος οἰκίας.
los de la de César casa.

23 ἡ χάρις τοῦ Κυρίου Ἰησοῦ Χριστοῦ μετὰ πάντων ὑμῶν.[44]
La gracia del Señor Jesús Cristo con todos vosotros.

ἀμήν.
Amén.[45]

17 No porque busque dádivas; mas busco fruto que abunde en vuestra cuenta.
18 Empero todo lo he recibido, y tengo abundancia: estoy lleno, habiendo recibido de Epafrodito lo que enviasteis, olor de suavidad, sacrificio acepto, agradable a Dios.
19 Mi Dios, pues, suplirá todo lo que os falta conforme a sus riquezas en gloria en Cristo Jesús.
20 Al Dios pues y Padre nuestro sea gloria por los siglos de los siglos. Amén.
21 Saludad a todos los santos en Cristo Jesús. Los hermanos que están conmigo os saludan.
22 Todos los santos os saludan, y mayormente los que son de casa de César.
23 La gracia de nuestro Señor Jesucristo sea con todos vosotros. Amén.

---

44. La NU sustituye por el espíritu de vosotros.
45. La NU omite Amén.

LA EPÍSTOLA DEL APÓSTOL SAN PABLO
A LOS COLOSENSES

1 Pablo, apóstol de Jesucristo por la voluntad de Dios, y el hermano Timoteo,

2 A los santos y hermanos fieles en Cristo que están en Colosas: Gracia y paz a vosotros de Dios Padre nuestro, y del Señor Jesucristo.

3 Damos gracias al Dios y Padre del Señor nuestro Jesucristo, siempre orando por vosotros:

4 Habiendo oído vuestra fe en Cristo Jesús, y el amor que tenéis a todos los santos,

5 A causa de la esperanza que os está guardada en los cielos, de la cual habéis oído ya por la palabra verdadera del evangelio:

6 El cual ha llegado hasta vosotros, como por todo el mundo; y fructifica y crece, como también en vosotros, desde el día que oísteis y conocisteis la gracia de Dios en verdad,

7 Como habéis aprendido de Epafras, nuestro consiervo amado, el cual es un fiel ministro de Cristo a favor vuestro;

8 El cual también nos ha declarado vuestro amor en el Espíritu.

1

1 Παῦλος ἀπόστολος Ἰησοῦ Χριστοῦ διὰ θελήματος Θεοῦ,
Pablo apóstol de Jesús Cristo por voluntad de Dios
καὶ Τιμόθεος ὁ ἀδελφὸς,
y Timoteo el hermano,

2 τοῖς ἐν Κολοσσαῖς ἁγίοις καὶ πιστοῖς ἀδελφοῖς ἐν Χριστῷ·
a los en Colosas santos y fieles hermanos en Cristo.
χάρις ὑμῖν καὶ εἰρήνη ἀπὸ Θεοῦ πατρὸς ἡμῶν
Gracia a vosotros y paz de Dios Padre de nosotros
καὶ Κυρίου Ἰησοῦ Χριστου.[1]
y de Señor Jesús Cristo.

3 Εὐχαριστοῦμεν τῷ Θεῷ καὶ πατρὶ τοῦ Κυρίου ἡμῶν
Damos gracias al Dios y Padre del Señor de nosotros
Ἰησοῦ Χριστοῦ πάντοτε περὶ ὑμῶν προσευχόμενοι,
Jesús Cristo siempre por vosotros orando,

4 ἀκούσαντες τὴν πίστιν ὑμῶν ἐν Χριστῷ Ἰησοῦ
oyendo la fe de vosotros en Cristo Jesús
καὶ τὴν ἀγάπην τὴν εἰς πάντας τοὺς ἁγίους,
y el amor el hacia todos los santos,

5 διὰ τὴν ἐλπίδα τὴν ἀποκειμένην ὑμῖν ἐν τοῖς οὐρανοῖς,
por la esperanza la reservada[2] para vosotros en los cielos,
ἣν προηκούσατε ἐν τῷ λόγῳ τῆς ἀληθείας τοῦ
que escuchasteis anteriormente en la palabra de la verdad del
εὐαγγελίου
Evangelio

6 τοῦ παρόντος εἰς ὑμᾶς, καθὼς καὶ ἐν παντὶ τῷ κόσμῳ,
la que viene a vosotros, como también en todo el mundo,
καὶ ἔστι καρποφορούμενον καὶ αὐξανόμενον[3]
y está dando fruto y creciendo
καθὼς καὶ ἐν ὑμῖν, ἀφ' ἧς ἡμέρας ἠκούσατε
como también en vosotros, desde el cual día[4] escuchasteis
καὶ ἐπέγνωτε τὴν χάριν τοῦ Θεοῦ ἐν ἀληθείᾳ,
y conocisteis plenamente la gracia de Dios en verdad,

7 καθὼς καὶ ἐμάθετε ἀπὸ Ἐπαφρᾶ τοῦ ἀγαπητοῦ
como también aprendisteis de Epafras el amado
συνδούλου ἡμῶν, ὅς ἐστι πιστὸς
co-siervo de nosotros, el cual es fiel
ὑπὲρ ὑμῶν διάκονος τοῦ Χριστοῦ,
por vosotros siervo de Cristo,

8 ὁ καὶ δηλώσας ἡμῖν τὴν ὑμῶν ἀγάπην ἐν
que también mostró a nosotros el de vosotros amor en
Πνεύματι.
Espíritu.

---

1. La NU omite y de Señor Jesús Cristo.
2. En el sentido de "guardada como depósito".
3. TR no contiene y creciendo, que falta en algunos mss.
4. Es decir "desde el día que".

9 Διὰ τοῦτο καὶ ἡμεῖς, ἀφ' ἧς ἡμέρας ἠκούσαμεν,
Por esto también nosotros, desde el cual día[5] escuchasteis,

οὐ παυόμεθα ὑπὲρ ὑμῶν προσευχόμενοι
no cesamos por vosotros de orar[6]

καὶ αἰτούμενοι ἵνα πληρωθῆτε τὴν ἐπίγνωσιν τοῦ
y de pedir[7] para que seáis llenos del conocimiento de la

θελήματος αὐτοῦ ἐν πάσῃ σοφίᾳ καὶ συνέσει πνευματικῇ,
voluntad de él en toda sabiduría e inteligencia espiritual,

10 περιπατῆσαι ὑμᾶς ἀξίως τοῦ Κυρίου εἰς πᾶσαν
para andar vosotros[8] dignamente del Señor para toda

ἀρεσκείαν, ἐν παντὶ ἔργῳ ἀγαθῷ καρποφοροῦντες καὶ
satisfacción[9] en toda obra buena dando fruto y

αὐξανόμενοι εἰς τὴν ἐπίγνωσιν τοῦ Θεοῦ,
creciendo hacia el conocimiento de Dios,

11 ἐν πάσῃ δυνάμει δυναμούμενοι κατὰ τὸ κράτος
con toda fuerza siendo fortalecidos según el poder

τῆς δόξης αὐτοῦ εἰς πᾶσαν ὑπομονὴν καὶ μακροθυμίαν.
de la gloria de él para toda paciencia y longanimidad

μετὰ χαρᾶς
con alegría

12 εὐχαριστοῦντες τῷ πατρὶ τῷ ἱκανώσαντι ἡμᾶς[10]
dando gracias al Padre el que cualificó nos[11]

εἰς τὴν μερίδα τοῦ κλήρου τῶν ἁγίων ἐν τῷ φωτί,
para la parte de la herencia de los santos en la luz,

13 ὃς ἐρρύσατο ἡμᾶς ἐκ τῆς ἐξουσίας τοῦ σκότους καὶ
el cual rescató nos de la autoridad de la oscuridad y

μετέστησεν εἰς τὴν βασιλείαν τοῦ υἱοῦ τῆς ἀγάπης αὐτοῦ·
trasladó a el reino del Hijo del amor de él.

14 ἐν ᾧ ἔχομεν τὴν ἀπολύτρωσιν,
en el cual tenemos la redención,

διὰ τοῦ αἵματος αὐτοῦ, τὴν ἄφεσιν τῶν ἁμαρτιῶν·
a través de la sangre de él,[12] el perdón de los pecados,

15 ὅς ἐστιν εἰκὼν τοῦ Θεοῦ τοῦ ἀοράτου, πρωτότοκος πάσης
el cual es imagen del Dios invisible, primogénito de toda

κτίσεως,
creación,

16 ὅτι ἐν αὐτῷ ἐκτίσθη τὰ πάντα, τὰ ἐν τοῖς οὐρανοῖς
porque por él fue creado el todo, lo en los cielos

καὶ τὰ ἐπὶ τῆς γῆς, τὰ ὁρατὰ καὶ τὰ ἀόρατα,
y lo sobre la tierra, lo visible y lo invisible,

εἴτε θρόνοι, εἴτε κυριότητες εἴτε ἀρχαὶ εἴτε ἐξουσίαι·
sea tronos, sea señoríos sea príncipes[13] sea autoridades.

τὰ πάντα δι' αὐτοῦ καὶ εἰς αὐτὸν ἔκτισται·
El todo a través de él y para él ha sido creado.

17 καὶ αὐτός ἐστι πρὸ πάντων καὶ τὰ πάντα ἐν αὐτῷ
y él existe antes de todo y el todo en él

συνέστηκε,
fue cohesionado,[14]

---

5. Es decir "desde el día que".
6. Lit: orando.
7. Lit: pidiendo.
8. Es decir "para que vosotros andéis" (oración de infinitivo).
9. O "complacencia".
10. La NU sustituye por ος.
11. O nos hizo aptos.
12. La NU suprime a través de la sangre de él.
13. O principios.
14. Es decir, todo fue unido y tiene su consistencia en Cristo.

---

9 Por lo cual también nosotros, desde el día que lo oímos, no cesamos de orar por vosotros, y de pedir que seáis llenos del conocimiento de su voluntad, en toda sabiduría y espiritual inteligencia; **10** Para que andéis como es digno del Señor, agradándole en todo, fructificando en toda buena obra, y creciendo en el conocimiento de Dios; **11** Corroborados de toda fortaleza, conforme a la potencia de su gloria, para toda tolerancia y largura de ánimo con gozo; **12** Dando gracias al Padre que nos hizo aptos para participar de la suerte de los santos en luz: **13** Que nos ha librado de la potestad de las tinieblas, y trasladado al reino de su amado Hijo; **14** En el cual tenemos redención por su sangre, la remisión de pecados: **15** El cual es la imagen del Dios invisible, el primogénito de toda criatura. **16** Porque por él fueron criadas todas las cosas que están en los cielos, y que están en la tierra, visibles e invisibles; sean tronos, sean dominios, sean principados, sean potestades; todo fué criado por él y para él. **17** Y él es antes de todas las cosas, y por él todas las cosas subsisten:

18 Y él es la cabeza del cuerpo que es la iglesia; él que es el principio, el primogénito de los muertos, para que en todo tenga el primado.
19 Por cuanto agradó al Padre que en él habitase toda plenitud,
20 Y por él reconciliar todas las cosas a sí, pacificando por la sangre de su cruz, así lo que está en la tierra como lo que está en los cielos.
21 A vosotros también, que erais en otro tiempo extraños y enemigos de ánimo en malas obras, ahora empero os ha reconciliado
22 En el cuerpo de su carne por medio de muerte, para haceros santos, y sin mancha, e irreprensibles delante de él:
23 Si empero permanecéis fundados y firmes en la fe, y sin moveros de la esperanza del evangelio que habéis oído; el cual es predicado a toda criatura que está debajo del cielo; del cual yo Pablo soy hecho ministro.
24 Que ahora me gozo en lo que padezco por vosotros, y cumplo en mi carne lo que falta de las aflicciones de Cristo por su cuerpo, que es la iglesia;
25 De la cual soy hecho ministro, según la dispensación de Dios que me fué dada en orden a vosotros, para que cumpla la palabra de Dios;
26 A saber, el misterio que había estado oculto desde los siglos y edades, mas ahora ha sido manifestado a sus santos:

18 καὶ αὐτός ἐστιν ἡ κεφαλὴ τοῦ σώματος, τῆς ἐκκλησίας·
y él es la cabeza del cuerpo, de la iglesia,
ὅς ἐστιν ἀρχή, πρωτότοκος ἐκ τῶν νεκρῶν,
el cual es principio, primogénito de los muertos,
ἵνα γένηται ἐν πᾶσιν αὐτὸς πρωτεύων,
para que llegue a ser en todo él que tiene el primer lugar,

19 ὅτι ἐν αὐτῷ εὐδόκησε πᾶν τὸ πλήρωμα κατοικῆσαι
porque en él se complació toda la plenitud en morar,

20 καὶ δι' αὐτοῦ ἀποκαταλλάξαι τὰ πάντα εἰς αὐτόν,
y a través de él reconciliar el todo con él,
εἰρηνοποιήσας διὰ τοῦ αἵματος τοῦ σταυροῦ αὐτοῦ,
haciendo la paz mediante la sangre de la cruz de él,
δι' αὐτοῦ εἴτε τὰ ἐπὶ τῆς γῆς εἴτε τὰ ἐν τοῖς οὐρανοῖς.
a través de él sea lo sobre la tierra sea lo en los cielos,

21 Καὶ ὑμᾶς ποτε ὄντας ἀπηλλοτριωμένους καὶ
Y a vosotros en un tiempo siendo declarados extranjeros y
ἐχθροὺς τῇ διανοίᾳ ἐν τοῖς ἔργοις τοῖς πονηροῖς,
enemigos en la mente en las obras las malas,
νυνὶ δὲ ἀποκατήλλαξεν
ahora sin embargo reconcilió

22 ἐν τῷ σώματι τῆς σαρκὸς αὐτοῦ
en el cuerpo de la carne de él
διὰ τοῦ θανάτου, παραστῆσαι ὑμᾶς ἁγίους
a través de la muerte, para presentar os santos
καὶ ἀμώμους καὶ ἀνεγκλήτους κατενώπιον αὐτοῦ,
e inmaculados e irreprensibles delante de él,

23 εἴ γε ἐπιμένετε τῇ πίστει τεθεμελιωμένοι καὶ
si ciertamente permanecéis en la fe cimentados y
ἑδραῖοι καὶ μὴ μετακινούμενοι ἀπὸ τῆς ἐλπίδος τοῦ εὐαγγελίου
firmes y no moviéndoos de la esperanza del Evangelio
οὗ ἠκούσατε, τοῦ κηρυχθέντος ἐν πάσῃ τῇ κτίσει
que escuchasteis, el proclamado en toda la creación
τῇ ὑπὸ τὸν οὐρανόν, οὗ ἐγενόμην ἐγὼ Παῦλος διάκονος.
la bajo el cielo, del cual llegué a ser yo Pablo siervo.

24 Νῦν χαίρω ἐν τοῖς παθήμασί μου ὑπὲρ ὑμῶν,
Ahora me alegro en los padecimientos de mí por vosotros,
καὶ ἀνταναπληρῶ τὰ ὑστερήματα τῶν θλίψεων
y suplo lo que falta de las tribulaciones
τοῦ Χριστοῦ ἐν τῇ σαρκί μου ὑπὲρ τοῦ σώματος
de Cristo en la carne de mi por el cuerpo
αὐτοῦ, ὅ ἐστιν ἡ ἐκκλησία,
de él, que es la iglesia,

25 ἧς ἐγενόμην ἐγὼ διάκονος κατὰ τὴν οἰκονομίαν
de la cual llegué a ser yo siervo según la administración
τοῦ Θεοῦ τὴν δοθεῖσάν μοι εἰς ὑμᾶς,
de Dios la dada a mí para vosotros,
πληρῶσαι τὸν λόγον τοῦ Θεοῦ,
para cumplir la palabra de Dios,

26 τὸ μυστήριον τὸ ἀποκεκρυμμένον ἀπὸ τῶν αἰώνων
el misterio el que ha estado oculto desde las eras
καὶ ἀπὸ τῶν γενεῶν, νυνὶ δὲ ἐφανερώθη
y desde las generaciones, ahora sin embargo fue manifestado
τοῖς ἁγίοις αὐτοῦ,
a los santos de él,

27 οἷς   ἠθέλησεν ὁ Θεὸς γνωρίσαι   τίς   ὁ πλοῦτος τῆς
a los que quiso   Dios   dar a conocer cuál (es) la riqueza de la

δόξης   τοῦ μυστηρίου τούτου ἐν τοῖς ἔθνεσιν,
gloria   del misterio   éste   en las naciones,[15]

ὅς   ἐστι Χριστὸς ἐν ὑμῖν,   ἡ ἐλπὶς   τῆς δόξης·
el cual es   Cristo   en nosotros, la esperanza de la gloria,

28 ὃν   ἡμεῖς   καταγγέλλομεν νουθετοῦντες πάντα ἄνθρωπον
al cual nosotros proclamamos   advirtiendo[16] a todo hombre

καὶ διδάσκοντες πάντα ἄνθρωπον ἐν   πάσῃ σοφίᾳ,
y   enseñando   a todo   hombre   en toda   sabiduría,

ἵνα   παραστήσωμεν πάντα ἄνθρωπον τέλειον
para que presentemos   a todo hombre   perfecto

ἐν Χριστῷ Ἰησοῦ·
en Cristo   Jesús,

29 εἰς ὃ   καὶ   κοπιῶ ἀγωνιζόμενος κατὰ τὴν ἐνέργειαν
para lo cual también brego luchando   según   la energía[17]

αὐτοῦ τὴν ἐνεργουμένην ἐν ἐμοὶ ἐν δυνάμει.
de él   la que opera   en mí en poder.

2 1 Θέλω γὰρ   ὑμᾶς   εἰδέναι ἡλίκον   ἀγῶνα ἔχω
quiero Porque que vosotros sepáis cuán grande lucha tengo

ὑπὲρ ὑμῶν   καὶ τῶν ἐν Λαοδικείᾳ καὶ ὅσοι   οὐχ ἑοράκασι
por vosotros y   los en Laodicea   y cuantos no han visto

τὸ πρόσωπόν μου   ἐν σαρκί,
el   rostro   de mí en carne,

2 ἵνα   παρακληθῶσιν αἱ καρδίαι   αὐτῶν, συμβιβασθέντων
para que sean confortados los corazones de ellos, conjuntados

ἐν ἀγάπῃ καὶ εἰς   πάντα πλοῦτον τῆς πληροφορίας
en amor   y   para toda   riqueza   de la seguridad plena

τῆς συνέσεως,   εἰς   ἐπίγνωσιν τοῦ μυστηρίου τοῦ Θεοῦ
del entendimiento, para conocimiento del misterio   del Dios

καὶ πατρὸς καὶ τοῦ[18] Χριστοῦ,
y   Padre   y de   Cristo,

3 ἐν ᾧ   εἰσι πάντες οἱ θησαυροὶ τῆς   σοφίας
en el cual están todos los tesoros   de la sabiduría

καὶ γνώσεως   ἀπόκρυφοι.
y   conocimiento escondidos.

4 Τοῦτο λέγω ἵνα   μή τις   ὑμᾶς
Esto   digo para que no alguno os

παραλογίζηται ἐν   πιθανολογίᾳ·
engañe   con discurso persuasivo.

5 εἰ γὰρ   καὶ   τῇ   σαρκὶ ἄπειμι,   ἀλλὰ   τῷ
si Porque también en la carne estoy ausente, sin embargo en el

πνεύματι σὺν ὑμῖν   εἰμι, χαίρων   καὶ βλέπων
espíritu con vosotros estoy, alegrándome y   viendo

ὑμῶν   τὴν τάξιν καὶ τὸ στερέωμα τῆς   εἰς Χριστὸν πίστεως
de vosotros el orden y la firmeza   de la en Cristo   fe

ὑμῶν.
de vosotros.

6 Ὡς   οὖν παρελάβετε τὸν Χριστὸν Ἰησοῦν τὸν Κύριον,
Como pues recibisteis   a Cristo   Jesús   el Señor,

ἐν αὐτῷ περιπατεῖτε,
en él   andad.

---

15. O entre los gentiles.
16. O amonestando.
17. U operación.
18. La NU suprime y de Padre y del.

7Arraigados y sobreedificados en él, y confirmados en la fe, así como habéis aprendido, creciendo en ella con hacimiento de gracias.
8Mirad que ninguno os engañe por filosofías y vanas sustilezas, según las tradiciones de los hombres, conforme a los elementos del mundo, y no según Cristo:
9Porque en él habita toda la plenitud de la divinidad corporalmente:
10Y en él estáis cumplidos, el cual es la cabeza de todo principado y potestad:
11En el cual también sois circuncidados de circuncisión no hecha con manos, con el despojamiento del cuerpo de los pecados de la carne, en la circuncisión de Cristo;
12Sepultados juntamente con él en el bautismo, en el cual también resucitasteis con él, por la fe de la operación de Dios que le levantó de los muertos.
13Y a vosotros, estando muertos en pecados y en la incircuncisión de vuestra carne, os vivificó juntamente con él, perdonándoos todos los pecados,
14Rayendo la cédula de los ritos que nos era contraria, que era contra nosotros, quitándola de en medio y enclavándola en la cruz;
15Y despojando los principados y las potestades, sacólos a la vergüenza en público, triunfando de ellos en sí mismo.

7 ἐρριζωμένοι   καὶ ἐποικοδομούμενοι ἐν αὐτῷ καὶ
habiendo sido arraigados   y   estando edificados en él   y
βεβαιούμενοι ἐν τῇ πίστει καθὼς ἐδιδάχθητε,
confirmados en la fe   como fuisteis enseñados,
περισσεύοντες ἐν αὐτῇ ἐν   εὐχαριστίᾳ.
abundando   en ella con acción de gracias.

8 Βλέπετε   μή τις   ὑμᾶς ἔσται ὁ συλαγωγῶν
Mirad (que)   no alguno os estará capturando
διὰ   τῆς φιλοσοφίας καὶ κενῆς ἀπάτης,
mediante la   filosofía   y vacío engaño,[19]
κατὰ τὴν παράδοσιν τῶν ἀνθρώπων,
según la tradición de los hombres,
κατὰ τὰ στοιχεῖα   τοῦ κόσμου καὶ οὐ κατὰ Χριστόν·
según los rudimentos[20] del mundo y no según Cristo.

9 ὅτι   ἐν αὐτῷ κατοικεῖ πᾶν τὸ πλήρωμα
porque en él   mora   toda la plenitud
τῆς θεότητος σωματικῶς,
de la Divinidad corporalmente,

10 καὶ ἐστὲ ἐν αὐτῷ πεπληρωμένοι, ὅς   ἐστιν
y estáis en él completos,   el cual es
ἡ κεφαλὴ πάσης ἀρχῆς καὶ ἐξουσίας,
la cabeza de todo príncipe y autoridad,

11 ἐν ᾧ   καὶ   περιετμήθητε   περιτομῇ
en el cual también fuisteis circuncidados con circuncisión
ἀχειροποιήτῳ   ἐν τῇ ἀπεκδύσει   τοῦ σώματος
no hecha con manos en el despojamiento del cuerpo
τῶν ἁμαρτιῶν[21] τῆς σαρκός, ἐν τῇ περιτομῇ τοῦ Χριστοῦ,
de los pecados de la carne, en la circuncisión de Cristo,

12 συνταφέντες αὐτῷ ἐν τῷ βαπτίσματι,
co-sepultados con él en el bautismo,
ἐν ᾧ   καὶ   συνηγέρθητε   διὰ   τῆς πίστεως
en el cual también fuimos co-resucitados a través de la fe
τῆς ἐνεργείας τοῦ Θεοῦ τοῦ ἐγείραντος αὐτὸν ἐκ νεκρῶν.
en la energía[22] de Dios que levantó lo de muertos.

13 καὶ ὑμᾶς   νεκροὺς ὄντας ἐν τοῖς παραπτώμασι
y a vosotros muertos estando en las transgresiones
καὶ τῇ ἀκροβυστίᾳ   τῆς σαρκὸς ὑμῶν,
y en la incircuncisión de la carne de vosotros,
συνεζωοποίησεν ὑμᾶς   σὺν   αὐτῷ, χαρισάμενος
co-vivificó   a vosotros juntamente con él, perdonando
ἡμῖν πάντα τὰ παραπτώματα,
nos todas las transgresiones,

14 ἐξαλείψας τὸ καθ' ἡμῶν   χειρόγραφον τοῖς δόγμασιν
borrando el contra nosotros   manuscrito[23] con las ordenanzas
ὃ   ἦν ὑπεναντίον ἡμῖν,   καὶ αὐτὸ ἦρκεν   ἐκ τοῦ μέσου,
que era contrario a nosotros, y lo ha quitado de el medio,
προσηλώσας αὐτὸ τῷ   σταυρῷ·
clavando lo en la cruz,

15 ἀπεκδυσάμενος   τὰς ἀρχὰς   καὶ τὰς ἐξουσίας
habiendo desarmado a los príncipes y las autoridades
ἐδειγμάτισεν ἐν παρρησίᾳ, θριαμβεύσας αὐτοὺς ἐν αὐτῷ.
expuso   con confianza, triunfando sobre ellas en ella.[24]

---

19. Como en Mateo 13.22.
20. O "principios fundamentales".
21. La NU omite de los pecados.
22. U operación.
23. El término tiene un significado técnico en el sentido de documento en el que se recoge una deuda.
24. Obviamente, en la cruz.

16 Μὴ οὖν τις ὑμᾶς κρινέτω ἐν βρώσει ἢ ἐν πόσει
No por lo tanto alguno os juzgue en comida o en bebida
ἢ ἐν μέρει ἑορτῆς ἢ νεομηνίας ἢ σαββάτων,
o en asunto de fiesta o de luna nueva o de sábados,

17 ἅ ἐστι σκιὰ τῶν μελλόντων,
las cuales cosas son sombra de lo venidero,
τὸ δὲ σῶμα τοῦ Χριστοῦ.
el Pero cuerpo (es) de Cristo.

18 μηδεὶς ὑμᾶς καταβραβευέτω θέλων ἐν
Nadie os prive injustamente del premio[25] queriendo con
ταπεινοφροσύνῃ καὶ θρησκείᾳ τῶν ἀγγέλων, ἃ μὴ[26]
humildad y adoración de los ángeles, en lo que no
ἑόρακεν ἐμβατεύων, εἰκῇ φυσιούμενος ὑπὸ τοῦ νοὸς
vio entrometiéndose, en vano hinchado por la mente
τῆς σαρκὸς αὐτοῦ,
de la carne de él,

19 καὶ οὐ κρατῶν τὴν κεφαλήν, ἐξ οὗ πᾶν τὸ σῶμα
y no aferrándose a la cabeza, de la que todo el cuerpo
διὰ τῶν ἁφῶν καὶ συνδέσμων ἐπιχορηγούμενον
mediante las coyunturas y ligamentos alimentado
καὶ συμβιβαζόμενον αὔξει τὴν αὔξησιν τοῦ Θεοῦ.
y conjuntado crece el crecimiento de Dios.

20 Εἰ οὖν[27] ἀπεθάνετε σὺν τῷ Χριστῷ ἀπὸ τῶν στοιχείων
Si pues moristeis con Cristo a los rudimentos[28]
τοῦ κόσμου, τί ὡς ζῶντες ἐν κόσμῳ
del mundo, ¿por qué como viviendo en mundo
δογματίζεσθε,
os sometéis a ordenanzas,

21 μὴ ἅψῃ μηδὲ γεύσῃ μηδὲ θίγῃς,
no manejes ni gustes ni toques,

22 ἅ ἐστι πάντα εἰς φθορὰν τῇ ἀποχρήσει,
las cuales cosas son todas para corrupción con el uso,
κατὰ τὰ ἐντάλματα καὶ διδασκαλίας τῶν ἀνθρώπων·
según los mandamientos y enseñanzas de los hombres?

23 ἅτινά ἐστι λόγον μὲν ἔχοντα σοφίας[29]
Las cuales cosas son palabra ciertamente teniendo de sabiduría
ἐν ἐθελοθρησκίᾳ καὶ ταπεινοφροσύνῃ καὶ ἀφειδίᾳ
en religión autoimpuesta y humildad y severidad
σώματος, οὐκ ἐν τιμῇ τινι πρὸς πλησμονὴν τῆς σαρκός.
de cuerpo, no en valor alguno frente apetito de la carne.

3

1 Εἰ οὖν συνηγέρθητε τῷ Χριστῷ, τὰ ἄνω ζητεῖτε,
Si pues fuisteis resucitados con Cristo, las cosas de arriba buscad,
οὗ ὁ Χριστός ἐστιν ἐν δεξιᾷ τοῦ Θεοῦ καθήμενος.
donde Cristo está a diestra de Dios sentado.

2 τὰ ἄνω φρονεῖτε, μὴ τὰ ἐπὶ τῆς γῆς.
Lo de arriba pensad, no lo sobre la tierra.

3 ἀπεθάνετε γάρ, καὶ ἡ ζωὴ ὑμῶν κέκρυπται
moristeis Porque, también la vida de vosotros ha sido escondida
σὺν τῷ Χριστῷ ἐν τῷ Θεῷ·
con - Cristo en - Dios.

16Por tanto, nadie os juzgue en comida, o en bebida, o en parte de día de fiesta, o de nueva luna, o de sábados:
17Lo cual es la sombra de lo por venir; mas el cuerpo es de Cristo.
18Nadie os prive de vuestro premio, afectando humildad y culto a los ángeles, metiéndose en lo que no ha visto, vanamente hinchado en el sentido de su propia carne,
19Y no teniendo la cabeza, de la cual todo el cuerpo, alimentado y conjunto por las ligaduras y conjunturas, crece en aumento de Dios.
20Pues si sois muertos con Cristo cuanto a los rudimentos del mundo, ¿por qué como si vivieseis al mundo, os sometéis a ordenanzas,
21Tales como, No manejes, ni gustes, ni aun toques,
22(Las cuales cosas son todas para destrucción en el uso mismo), en conformidad a mandamientos y doctrinas de hombres?
23Tales cosas tienen a la verdad cierta reputación de sabiduría en culto voluntario, y humildad, y en duro trato del cuerpo; no en alguna honra para el saciar de la carne.

3 Si habéis pues resucitado con Cristo, buscad las cosas de arriba, donde está Cristo sentado a la diestra de Dios.
2Poned la mira en las cosas de arriba, no en las de la tierra.
3Porque muertos sois, y vuestra vida está escondida con Cristo en Dios.

---
25. El término hace referencia al árbitro que, en lugar de dictaminar en favor del justo vencedor, le quita injustamente el triunfo que se merece.
26. La NU suprime no.
27. La NU suprime pues.
28. O "principios básicos".
29. Es decir: "esas cosas tienen ciertamente reputación de sabiduría".

4 Cuando Cristo, vuestra vida, se manifestare, entonces vosotros también seréis manifestados con él en gloria.
5 Amortiguad, pues, vuestros miembros que están sobre la tierra: fornicación, inmundicia, molicie, mala concupiscencia, y avaricia, que es idolatría:
6 Por las cuales cosas la ira de Dios viene sobre los hijos de rebelión.
7 En las cuales vosotros también anduvisteis en otro tiempo viviendo en ellas.
8 Mas ahora, dejad también vosotros todas estas cosas: ira, enojo, malicia, maledicencia, torpes palabras de vuestra boca.
9 No mintáis los unos a los otros, habiéndoos despojado del viejo hombre con sus hechos,
10 Y revestídoos del nuevo, el cual por el conocimiento es renovado conforme a la imagen del que lo crió;
11 Donde no hay Griego ni Judío, circuncisión ni incircuncisión, bárbaro ni Scytha, siervo ni libre; mas Cristo es el todo, y en todos.
12 Vestíos pues, como escogidos de Dios, santos y amados, de entrañas de misericordia, de benignidad, de humildad, de mansedumbre, de tolerancia;
13 Sufriéndoos los unos a los otros, y perdonándoos los unos a los otros si alguno tuviere queja del otro: de la manera que Cristo os perdonó, así también hacedlo vosotros.

4 ὅταν ὁ Χριστὸς φανερωθῇ, ἡ ζωὴ ἡμῶν τότε
Cuando Cristo sea manifestado, la vida de nosotros,[30] entonces
καὶ ὑμεῖς σὺν αὐτῷ φανερωθήσεσθε ἐν δόξῃ.
también vosotros con él seréis manifestados en gloria.

5 Νεκρώσατε οὖν τὰ μέλη ὑμῶν τὰ ἐπὶ τῆς γῆς,
Haced morir pues los miembros de vosotros los sobre la tierra,
πορνείαν, ἀκαθαρσίαν, πάθος, ἐπιθυμίαν κακήν,
fornicación, impureza, pasión,[31] deseo malo,
καὶ τὴν πλεονεξίαν, ἥτις ἐστὶν εἰδωλολατρία,
y la avaricia, que es idolatría,

6 δι' ἃ ἔρχεται ἡ ὀργὴ τοῦ Θεοῦ ἐπὶ τοὺς
por las cuales cosas viene la ira de Dios sobre los
υἱοὺς τῆς ἀπειθείας.
hijos de la desobediencia.

7 ἐν οἷς καὶ ὑμεῖς περιεπατήσατέ ποτε,
en las cuales cosas también vosotros caminasteis en un tiempo,
ὅτε ἐζῆτε ἐν τούτοις·
cuando vivíais en ellas.

8 νυνὶ δὲ ἀπόθεσθε καὶ ὑμεῖς τὰ πάντα, ὀργήν,
Ahora pues abandonad también vosotros todo, ira,
θυμόν, κακίαν, βλασφημίαν, αἰσχρολογίαν
cólera, maldad, blasfemia, lenguaje sucio
ἐκ τοῦ στόματος ὑμῶν·
de la boca de vosotros (procedente).

9 μὴ ψεύδεσθε εἰς ἀλλήλους, ἀπεκδυσάμενοι
No mintáis los unos a los otros, habiéndoos desnudado
τὸν παλαιὸν ἄνθρωπον σὺν ταῖς πράξεσιν αὐτοῦ
del viejo hombre con las prácticas de él

10 καὶ ἐνδυσάμενοι τὸν νέον τὸν ἀνακαινούμενον εἰς
y habiéndoos vestidos del nuevo el que es renovado para
ἐπίγνωσιν κατ' εἰκόνα τοῦ κτίσαντος αὐτόν,
conocimiento pleno según imagen del que creó lo,

11 ὅπου οὐκ ἔνι Ἕλλην καὶ Ἰουδαῖος, περιτομὴ καὶ
donde no hay griego ni judío, circuncisión ni
ἀκροβυστία, βάρβαρος, Σκύθης, δοῦλος,
incircuncisión, bárbaro, escita, esclavo,
ἐλεύθερος, ἀλλὰ τὰ πάντα καὶ ἐν πᾶσι Χριστός.
libre, sino todo y en todo Cristo (es).

12 Ἐνδύσασθε οὖν, ὡς ἐκλεκτοὶ τοῦ Θεοῦ ἅγιοι
Vestíos pues, como elegidos de Dios santos
καὶ ἠγαπημένοι, σπλάγχνα οἰκτιρμοῦ, χρηστότητα,
y amados, de entrañas de compasión, de benignidad,
ταπεινοφροσύνην, πραότητα, μακροθυμίαν,
de humildad, de mansedumbre, de longanimidad,

13 ἀνεχόμενοι ἀλλήλων καὶ χαριζόμενοι ἑαυτοῖς ἐάν
soportándoos unos a otros y perdonando os si
τις πρός τινα ἔχῃ μομφήν· καθὼς καὶ
alguno contra alguno tiene queja, como también
ὁ Χριστὸς[32] ἐχαρίσατο ὑμῖν, οὕτω καὶ ὑμεῖς·
Cristo perdonó os, así también vosotros (haced).

---

30. La NU sustituye por vosotros.
31. El término se emplea en sentido negativo.
32. La NU lee el Señor.

14 ἐπὶ πᾶσι δὲ τούτοις τὴν ἀγάπην,
sobre todo Pero esto el amor,
ἥτις ἐστὶ σύνδεσμος τῆς τελειότητος.
que es vínculo de la perfección.

15 καὶ ἡ εἰρήνη τοῦ Θεοῦ[33] βραβευέτω ἐν ταῖς καρδίαις ὑμῶν,
y la paz de Dios rija en los corazones de vosotros,
εἰς ἣν καὶ ἐκλήθητε ἐν ἑνὶ σώματι·
a la cual también fuisteis llamados en un cuerpo,
καὶ εὐχάριστοι γίνεσθε.
y agradecidos llegad a ser.

16 ὁ λόγος τοῦ Χριστοῦ ἐνοικείτω ἐν ὑμῖν πλουσίως
La palabra de Cristo more en vosotros ricamente
ἐν πάσῃ σοφίᾳ· διδάσκοντες καὶ νουθετοῦντες
en toda sabiduría, enseñándoos y exhortándoos
ἑαυτοὺς ψαλμοῖς ὕμνοις ᾠδαῖς πνευματικαῖς,
unos a otros con salmos con himnos con cánticos espirituales,
ἐν χάριτι ᾄδοντες ἐν τῇ καρδίᾳ ὑμῶν τῷ Κυρίῳ.[34]
con gracia cantando en el corazón de vosotros al Señor.

17 καὶ πᾶν ὅ τι ἂν ποιῆτε ἐν λόγῳ ἢ ἐν ἔργῳ,
y todo lo que pues hacéis en palabra o en obra,
πάντα ἐν ὀνόματι Κυρίου Ἰησοῦ,
todo en nombre de Señor Jesús (haced),
εὐχαριστοῦντες τῷ Θεῷ καὶ πατρὶ δι᾽ αὐτοῦ.
agradeciendo al Dios y Padre a través de él.

18 Αἱ γυναῖκες ὑποτάσσεσθε τοῖς ἰδίοις ἀνδράσιν,
Las esposas sométanse a los propios maridos,
ὡς ἀνῆκεν ἐν Κυρίῳ.
como conviene en Señor.

19 Οἱ ἄνδρες, ἀγαπᾶτε τὰς γυναῖκας καὶ
Los maridos, amad a las esposas y
μὴ πικραίνεσθε πρὸς αὐτάς.
no seáis agrios para con ellas.

20 Τὰ τέκνα ὑπακούετε τοῖς γονεῦσι κατὰ πάντα·
Los hijos obedeced a los padres en todo,
τοῦτο γὰρ ἐστιν εὐάρεστόν ἐν Κυρίῳ.
esto Porque es grato a Señor.

21 Οἱ πατέρες μὴ ἐρεθίζετε τὰ τέκνα ὑμῶν,
Los padres no irritéis a los hijos de vosotros,
ἵνα μὴ ἀθυμῶσιν.
para que no se desalienten.

22 Οἱ δοῦλοι ὑπακούετε κατὰ πάντα τοῖς κατὰ σάρκα
Los siervos obedeced en todo a los según carne
κυρίοις, μὴ ἐν ὀφθαλμοδουλίᾳ ὡς ἀνθρωπάρεσκοι,
señores, no en servicio de los ojos como agradadores de hombres,
ἀλλ᾽ ἐν ἁπλότητι καρδίας, φοβούμενοι τὸν Θεόν.[35]
sino en sinceridad[36] de corazón, temiendo a Dios.

23 καὶ πᾶν ὅτι ἐὰν ποιῆτε, ἐκ ψυχῆς
y todo que acaso hagáis[37] de alma[38]
ἐργάζεσθε, ὡς τῷ Κυρίῳ καὶ οὐκ ἀνθρώποις,
obrad, como para el Señor y no para hombres,

14 Y sobre todas estas cosas vestíos de caridad, la cual es el vínculo de la perfección.
15 Y la paz de Dios gobierne en vuestros corazones, a la cual asimismo sois llamados en un cuerpo; y sed agradecidos.
16 La palabra de Cristo habite en vosotros en abundancia en toda sabiduría, enseñándoos y exhortándoos los unos a los otros con salmos e himnos y canciones espirituales, con gracia cantando en vuestros corazones al Señor.
17 Y todo lo que hacéis, sea de palabra, o de hecho, hacedlo todo en el nombre del Señor Jesús, dando gracias a Dios Padre por él.
18 Casadas, estad sujetas a vuestros maridos, como conviene en el Señor.
19 Maridos, amad a vuestras mujeres, y no seáis desapacibles con ellas.
20 Hijos, obedeced a vuestros padres en todo; porque esto agrada al Señor.
21 Padres, no irritéis a vuestros hijos, porque no se hagan de poco ánimo.
22 Siervos, obedeced en todo a vuestros amos carnales, no sirviendo al ojo, como los que agradan a los hombres, sino con sencillez de corazón, temiendo a Dios:
23 Y todo lo que hagáis, hacedlo de ánimo, como al Señor, y no a los hombres;

---
33. La NU lee de Cristo.
34. La NU lee a Dios.
35. La NU lee el Señor.
36. También "generosidad".
37. Es decir, "todo lo que lleguéis a hacer".
38. Es decir, que os salga del alma, del corazón.

24 Sabiendo que del Señor recibiréis la compensación de la herencia: porque al Señor Cristo servís.
25 Mas el que hace injuria, recibirá la injuria que hiciere; que no hay acepción de personas.

4 Amos, haced lo que es justo y derecho con vuestros siervos, sabiendo que también vosotros tenéis amo en los cielos.
2 Perseverad en oración, velando en ella con hacimiento de gracias;
3 Orando también juntamente por nosotros, que el Señor nos abra la puerta de la palabra, para hablar el misterio de Cristo, por el cual aun estoy preso,
4 Para que lo manifieste como me conviene hablar.
5 Andad en sabiduría para con los extraños, redimiendo el tiempo.
6 Sea vuestra palabra siempre con gracia, sazonada con sal; para que sepáis cómo os conviene responder a cada uno.
7 Todos mis negocios os hará saber Tichîco, hermano amado y fiel ministro y consiervo en el Señor:
8 El cual os he enviado a esto mismo, para que entienda vuestros negocios, y consuele vuestros corazones;
9 Con Onésimo, amado y fiel hermano, el cual es de vosotros. Todo lo que acá pasa, os harán saber.

24 εἰδότες ὅτι ἀπὸ Κυρίου λήψεσθε τὴν ἀνταπόδοσιν
sabiendo que de Señor recibiréis la recompensa
τῆς κληρονομίας· τῷ γὰρ Κυρίῳ Χριστῷ δουλεύετε.
de la herencia, al Porque Señor Cristo servís.

25 ὁ γὰρ ἀδικῶν κομιεῖται ὃ ἠδίκησε,
el Porque que hace injusticia recibirá lo que hizo con injusticia,
καὶ οὐκ ἔστι προσωπολημψία.
y no hay parcialidad.[39]

4 **1** Οἱ κύριοι τὸ δίκαιον καὶ τὴν ἰσότητα τοῖς δούλοις παρέχεσθε,
Los señores lo justo y la igualdad[40] a los siervos proveed,
εἰδότες ὅτι καὶ ὑμεῖς ἔχετε Κύριον ἐν οὐρανοῖς.
sabiendo que también vosotros tenéis Señor en cielos.

2 Τῇ προσευχῇ προσκαρτερεῖτε,
En la oración perseverad,
γρηγοροῦντες ἐν αὐτῇ ἐν εὐχαριστίᾳ,
vigilando en ella con acción de gracias,

3 προσευχόμενοι ἅμα καὶ περὶ ἡμῶν,
orando al mismo tiempo también por nosotros,
ἵνα ὁ Θεὸς ἀνοίξῃ ἡμῖν θύραν τοῦ λόγου,
para que Dios abra a nosotros puerta para la palabra,
λαλῆσαι τὸ μυστήριον τοῦ Χριστοῦ,
para hablar el misterio de Cristo,
δι' ὃ καὶ δέδεμαι,
por el cual también he sido ligado,[41]

4 ἵνα φανερώσω αὐτὸ ὡς δεῖ με λαλῆσαι.
para que manifieste lo como debo yo hablar.

5 Ἐν σοφίᾳ περιπατεῖτε πρὸς τοὺς ἔξω,
En sabiduría caminad hacia los de fuera,
τὸν καιρὸν ἐξαγοραζόμενοι.
el tiempo comprando.[42]

6 ὁ λόγος ὑμῶν πάντοτε ἐν χάριτι, ἅλατι ἠρτυμένος,
La palabra de vosotros siempre (sea) con gracia, con sal sazonada,
εἰδέναι πῶς δεῖ ὑμᾶς ἑνὶ ἑκάστῳ ἀποκρίνεσθαι.
para saber cómo debéis vosotros uno a cada uno responder.

7 Τὰ κατ' ἐμὲ πάντα γνωρίσει ὑμῖν Τυχικὸς ὁ
Lo referente a mí todo dará a conocer a vosotros Tíquico el
ἀγαπητὸς ἀδελφὸς καὶ πιστὸς διάκονος καὶ σύνδουλος ἐν Κυρίῳ,
amado hermano y fiel siervo y consiervo en Señor,

8 ὃν ἔπεμψα πρὸς ὑμᾶς εἰς αὐτὸ τοῦτο, ἵνα γνῷ[43]
al cual envié a vosotros para esto mismo, para que conozca
τὰ περὶ ὑμῶν καὶ παρακαλέσῃ τὰς καρδίας ὑμῶν,
las cosas sobre vosotros y conforte los corazones de vosotros,

9 σὺν Ὀνησίμῳ τῷ πιστῷ καὶ ἀγαπητῷ ἀδελφῷ,
con Onésimo el fiel y amado hermano,
ὅς ἐστιν ἐξ ὑμῶν· πάντα ὑμῖν γνωριοῦσι
que es de nosotros. Todo os darán a conocer
τὰ ὧδε.
lo (que sucede) aquí.

---

39. Lit: "diferencia según la persona".
40. Como en 2 Corintios 8.14.
41. El término que también aparece en I Corintios 7.27 es aquí una referencia a las cadenas que sufre Pablo en el momento de redacción de la carta.
42. O rescatando.
43. La NU sustituye por conocéis.

10 Ἀσπάζεται ὑμᾶς Ἀρίσταρχος ὁ συναιχμάλωτός μου,
Saluda os Aristarco el co-prisionero de mí,

καὶ Μᾶρκος ὁ ἀνεψιὸς Βαρναβᾶ, περὶ οὗ ἐλάβετε
y Marcos el primo de Bernabé, acerca del cual recibisteis

ἐντολάς· ἐὰν ἔλθῃ πρὸς ὑμᾶς, δέξασθε αὐτόν,
órdenes, si viene a vosotros, recibid lo,

11 καὶ Ἰησοῦς ὁ λεγόμενος Ἰοῦστος, οἱ ὄντες ἐκ περιτομῆς,
y Jesús el llamado Justo, que son de circuncisión,

οὗτοι μόνοι συνεργοὶ εἰς τὴν βασιλείαν τοῦ Θεοῦ,
estos solos (son) colaboradores para el reino de Dios,

οἵτινες ἐγενήθησάν μοι παρηγορία.
los cuales llegaron a ser para mí consuelo.

12 ἀσπάζεται ὑμᾶς Ἐπαφρᾶς ὁ ἐξ ὑμῶν, δοῦλος Χριστοῦ,
Saluda os Epafras el de nosotros, siervo de Cristo,

πάντοτε ἀγωνιζόμενος ὑπὲρ ὑμῶν ἐν ταῖς προσευχαῖς,
siempre luchando por vosotros en las oraciones,

ἵνα σταθῆτε τέλειοι καὶ πεπληρωμένοι⁴⁴
para que os sostengáis perfectos y completados

ἐν παντὶ θελήματι τοῦ Θεοῦ·
en toda voluntad de Dios.

13 μαρτυρῶ γὰρ αὐτῷ ὅτι ἔχει ζῆλον πολὺν⁴⁵ ὑπὲρ ὑμῶν
testifico Porque de él que tiene celo mucho por vosotros

καὶ τῶν ἐν Λαοδικείᾳ καὶ τῶν ἐν Ἱεραπόλει.
y por los en Laodicea y por los en Hierápolis.

14 ἀσπάζεται ὑμᾶς Λουκᾶς ὁ ἰατρὸς ὁ ἀγαπητὸς καὶ Δημᾶς.
Saluda os Lucas el médico el amado y Demas.

15 Ἀσπάσασθε τοὺς ἐν Λαοδικείᾳ ἀδελφοὺς καὶ
Saludad a los en Laodicea hermanos y

Νύμφαν καὶ τὴν κατ' οἶκον αὐτοῦ⁴⁶ ἐκκλησίαν·
a Ninfas y a la en casa de él iglesia.⁴⁷

16 καὶ ὅταν ἀναγνωσθῇ παρ' ὑμῖν ἡ ἐπιστολή,
y cuando haya sido leída ante vosotros la carta,

ποιήσατε ἵνα καὶ ἐν τῇ Λαοδικέων ἐκκλησίᾳ
haced para que también en la de los laodicenses iglesia

ἀναγνωσθῇ, καὶ τὴν ἐκ Λαοδικείας ἵνα καὶ
sea leída, y la de Laodicea para que también

ὑμεῖς ἀναγνῶτε.
vosotros leáis.

17 καὶ εἴπατε Ἀρχίππῳ· βλέπε τὴν διακονίαν ἣν παρέλαβες
y decid a Arquipo: mira el servicio que recibiste

ἐν Κυρίῳ, ἵνα αὐτὴν πληροῖς.
en Señor, para que lo cumplas.

18 Ὁ ἀσπασμὸς τῇ ἐμῇ χειρὶ Παύλου. μνημονεύετέ
El saludo con la mía mano de Pablo. Recordad

μου τῶν δεσμῶν. ἡ χάρις μεθ' ὑμῶν. ἀμήν.⁴⁸
de mí las cadenas.⁴⁹ La gracia con vosotros. Amén.

10Aristarchô, mi compañero en la prisión, os saluda, y Marcos, el sobrino de Bernabé (acerca del cual habéis recibido mandamientos; si fuere a vosotros, recibidle), **11**Y Jesús, el que se llama Justo; los cuales son de la circuncisión: éstos solos son los que me ayudan en el reino de Dios, y me han sido consuelo. **12**Os saluda Epafras, el cual es de vosotros, siervo de Cristo, siempre solícito por vosotros en oraciones, para que estéis firmes, perfectos y cumplidos en todo lo que Dios quiere. **13**Porque le doy testimonio, que tiene gran celo por vosotros, y por los que están en Laodicea, y los que en Hierápolis. **14**Os saluda Lucas, el médico amado, y Demas. **15**Saludad a los hermanos que están en Laodicea, y a Nimfas, y a la iglesia que está en su casa. **16**Y cuando esta carta fuere leída entre vosotros, haced que también sea leída en la iglesia de los Laodicenses; y la de Laodicea que la leáis también vosotros. **17**Y decid a Archipo: Mira que cumplas el ministerio que has recibido del Señor. **18**La salutación de mi mano, de Pablo. Acordaos de mis prisiones. La gracia sea con vosotros. Amén.

---

44. La NU sustituye por habiendo sido plenamente asegurados.
45. La NU sustituye por mucha ansiedad.
46. La NU sustituye por de ella.
47. Es decir, a la iglesia que se reunía en su casa.
48. La NU omite Amén.
49. Como en Lucas 8.29.

> # LA PRIMERA EPÍSTOLA DEL APÓSTOL SAN PABLO
A LOS TESALONICENSES

1 1 Pablo, y Silvano, y Timoteo, a la iglesia de los Tesalonicenses que es en Dios Padre y en el Señor Jesucristo: Gracia y paz a vosotros de Dios nuestro Padre y del Señor Jesucristo.

2 Damos siempre gracias a Dios por todos vosotros, haciendo memoria de vosotros en nuestras oraciones;

3 Sin cesar acordándonos delante del Dios y Padre nuestro de la obra de vuestra fe, y del trabajo de amor, y de la tolerancia de la esperanza del Señor nuestro Jesucristo:

4 Sabiendo, hermanos amados de Dios, vuestra elección:

5 Por cuanto nuestro evangelio no fué a vosotros en palabra solamente, mas también en potencia, y en Espíritu Santo, y en gran plenitud; como sabéis cuáles fuimos entre vosotros por amor de vosotros.

6 Y vosotros fuisteis hechos imitadores de nosotros, y del Señor, recibiendo la palabra con mucha tribulación, con gozo del Espíritu Santo:

7 En tal manera que habéis sido ejemplo a todos los que han creído en Macedonia y en Acaya.

1 1 Παῦλος καὶ Σιλουανὸς καὶ Τιμόθεος τῇ ἐκκλησίᾳ
Pablo y Silvano y Timoteo a la iglesia
Θεσσαλονικέων ἐν Θεῷ πατρὶ καὶ Κυρίῳ Ἰησοῦ Χριστῷ· χάρις
de los tesalonicenses en Dios Padre y Señor Jesús Cristo, gracia
ὑμῖν καὶ εἰρήνη[1] ἀπὸ Θεοῦ πατρὸς ἡμῶν καὶ Κυρίου
a vosotros y paz de Dios Padre de nosotros y de Señor
Ἰησοῦ Χριστοῦ.
Jesús Cristo.

2 Εὐχαριστοῦμεν τῷ Θεῷ πάντοτε περὶ πάντων ὑμῶν,
Agradecemos a Dios siempre por todos vosotros,
μνείαν ὑμῶν ποιούμενοι ἐπὶ τῶν προσευχῶν ἡμῶν,
recuerdo de vosotros haciendo en las oraciones de nosotros,

3 ἀδιαλείπτως μνημονεύοντες ὑμῶν τοῦ ἔργου τῆς πίστεως
constantemente recordando de vosotros la obra de la fe
καὶ τοῦ κόπου τῆς ἀγάπης καὶ τῆς ὑπομονῆς τῆς ἐλπίδος
y el trabajo del amor y la perseverancia de la esperanza
τοῦ Κυρίου ἡμῶν Ἰησοῦ Χριστοῦ
del Señor de nosotros Jesús Cristo
ἔμπροσθεν τοῦ Θεοῦ καὶ πατρὸς ἡμῶν,
delante del Dios y Padre de nosotros,

4 εἰδότες, ἀδελφοὶ ἠγαπημένοι ὑπὸ Θεοῦ,
conociendo, hermanos amados por Dios,
τὴν ἐκλογὴν ὑμῶν,
la elección de vosotros,

5 ὅτι τὸ εὐαγγέλιον ἡμῶν οὐκ ἐγενήθη εἰς ὑμᾶς ἐν
porque el evangelio de nosotros no vino a vosotros en
λόγῳ μόνον, ἀλλὰ καὶ ἐν δυνάμει καὶ ἐν Πνεύματι Ἁγίῳ
palabra sólo sino también en poder y en Espíritu Santo
καὶ ἐν πληροφορίᾳ πολλῇ, καθὼς οἴδατε
y en seguridad plena mucha, como sabéis
οἷοι ἐγενήθημεν ἐν ὑμῖν δι' ὑμᾶς.
cómo llegamos a estar entre vosotros a causa de vosotros.

6 Καὶ ὑμεῖς μιμηταὶ ἡμῶν ἐγενήθητε καὶ τοῦ Κυρίου,
Y vosotros imitadores de nosotros llegasteis a ser y del Señor,
δεξάμενοι τὸν λόγον ἐν θλίψει πολλῇ
recibiendo la palabra en medio de tribulación mucha
μετὰ χαρᾶς Πνεύματος Ἁγίου,
con alegría de Espíritu Santo,

7 ὥστε γενέσθαι ὑμᾶς τύπους πᾶσι τοῖς
de manera que llegar a ser vosotros[2] ejemplos[3] para todos los
πιστεύουσιν ἐν τῇ Μακεδονίᾳ καὶ ἐν τῇ Ἀχαΐᾳ.
que creen en la Macedonia y en la Acaya.

---

1. La NU suprime desde de Dios padre hasta el final del versículo.
2. Es decir, "que vosotros habéis llegado a ser" (oración de infinitivo).
3. La NU sustituye por ejemplo.

8 ἀφ' ὑμῶν γὰρ ἐξήχηται ὁ λόγος τοῦ Κυρίου οὐ μόνον
desde vosotros Porque resonó la palabra del Señor no sólo
ἐν τῇ Μακεδονίᾳ καὶ ἐν τῇ Ἀχαΐᾳ, ἀλλὰ καὶ
en la Macedonia y en la Acaya, sino también
ἐν παντὶ τόπῳ ἡ πίστις ὑμῶν ἡ πρὸς τὸν Θεὸν
en todo lugar la fe de vosotros la hacia Dios
ἐξελήλυθεν, ὥστε μὴ χρείαν ἡμᾶς
salió, de tal manera que no necesidad nosotros
ἔχειν λαλεῖν τι.[4]
tener de hablar algo.

9 αὐτοὶ γὰρ περὶ ἡμῶν ἀπαγγέλλουσιν ὁποίαν
ellos mismos Porque acerca de nosotros informan qué
εἴσοδον ἔσχομεν πρὸς ὑμᾶς, καὶ πῶς ἐπεστρέψατε
entrada tuvimos a vosotros y cómo os volvisteis
πρὸς τὸν Θεὸν ἀπὸ τῶν εἰδώλων δουλεύειν
hacia Dios de los ídolos para servir
Θεῷ ζῶντι καὶ ἀληθινῷ,
a Dios vivo y verdadero,

10 καὶ ἀναμένειν τὸν υἱὸν αὐτοῦ ἐκ τῶν οὐρανῶν,
y esperar al Hijo de él de los cielos,
ὃν ἤγειρεν ἐκ τῶν νεκρῶν, Ἰησοῦν τὸν ῥυόμενον
al cual levantó de los muertos, a Jesús el que libra
ἡμᾶς ἀπὸ τῆς ὀργῆς τῆς ἐρχομένης.
nos de la ira la que viene.

2

1 Αὐτοὶ γὰρ οἴδατε, ἀδελφοί, τὴν εἴσοδον ἡμῶν
vosotros mismos Porque sabéis, hermanos, la entrada de nosotros
τὴν πρὸς ὑμᾶς ὅτι οὐ κενὴ γέγονεν,
la a vosotros que no vana fue,

2 ἀλλὰ καὶ προπαθόντες καὶ ὑβρισθέντες,
sino también sufriendo antes y siendo tratados de manera insultante,
καθὼς οἴδατε, ἐν Φιλίπποις, ἐπαρρησιασάμεθα ἐν τῷ Θεῷ
como sabéis en Filipos, confiamos en el Dios
ἡμῶν λαλῆσαι πρὸς ὑμᾶς τὸ εὐαγγέλιον
de nosotros para hablar a vosotros el evangelio
τοῦ Θεοῦ ἐν πολλῷ ἀγῶνι.
de Dios en medio de mucha lucha.

3 ἡ γὰρ παράκλησις ἡμῶν οὐκ ἐκ πλάνης
la Porque exhortación de nosotros no de error
οὐδὲ ἐξ ἀκαθαρσίας, οὔτε ἐν δόλῳ,
ni de impureza, ni con engaño (vino),

4 ἀλλὰ καθὼς δεδοκιμάσμεθα ὑπὸ τοῦ Θεοῦ
sino que como hemos sido aprobados por Dios
πιστευθῆναι τὸ εὐαγγέλιον, οὕτω λαλοῦμεν, οὐχ ὡς
para ser confiado el evangelio, así hablamos, no como
ἀνθρώποις ἀρέσκοντες, ἀλλὰ Θεῷ τῷ δοκιμάζοντι
a hombres complaciendo, sino a Dios el que prueba
τὰς καρδίας ἡμῶν.
los corazones de nosotros.

5 οὔτε γάρ ποτε ἐν λόγῳ κολακείας ἐγενήθημεν
ni Porque alguna vez en palabra de adulación estuvimos,
καθὼς οἴδατε, οὔτε ἐν προφάσει πλεονεξίας, Θεὸς μάρτυς,
como sabéis, ni en pretexto de avaricia, Dios testigo (es),

8Porque de vosotros ha sido divulgada la palabra del Señor no sólo en Macedonia y en Acaya, mas aun en todo lugar vuestra fe en Dios se ha extendido; de modo que no tenemos necesidad de hablar nada.
9Porque ellos cuentan de nosotros cuál entrada tuvimos a vosotros; y cómo os convertisteis de los ídolos a Dios, para servir al Dios vivo y verdadero.
10Y esperar a su Hijo de los cielos, al cual resucitó de los muertos; a Jesús, el cual nos libró de la ira que ha de venir.

2 Porque, hermanos, vosotros mismos sabéis que nuestra entrada a vosotros no fué vana:
2Pues aun habiendo padecido antes, y sido afrentados en Filipos, como sabéis, tuvimos denuedo en Dios nuestro para anunciaros el evangelio de Dios con gran combate.
3Porque nuestra exhortación no fué de error, ni de inmundicia, ni por engaño;
4Sino según fuimos aprobados de Dios para que se nos encargase el evangelio, así hablamos; no como los que agradan a los hombres, sino a Dios, el cual prueba nuestros corazones.
5Porque nunca fuimos lisonjeros en la palabra, como sabéis, ni tocados de avaricia; Dios es testigo;

---

4. Es decir "de tal manera que no tenemos necesidad de decir nada" (oración de infinitivo).

6 Ni buscamos de los hombres gloria, ni de vosotros, ni de otros, aunque podíamos seros carga como apóstoles de Cristo.
7 Antes fuimos blandos entre vosotros como la que cría, que regala a sus hijos:
8 Tan amadores de vosotros, que quisiéramos entregaros no sólo el evangelio de Dios, mas aun nuestras propias almas; porque nos erais carísimos.
9 Porque ya, hermanos, os acordáis de nuestro trabajo y fatiga: que trabajando de noche y de día por no ser gravosos a ninguno de vosotros, os predicamos el evangelio de Dios.
10 Vosotros sois testigos, y Dios, de cuán santa y justa e irreprensiblemente nos condujimos con vosotros que creísteis:
11 Así como sabéis de qué modo exhortábamos y consolábamos a cada uno de vosotros, como el padre a sus hijos,
12 Y os protestábamos que anduvieseis como es digno de Dios, que os llamó a su reino y gloria.
13 Por lo cual, también nosotros damos gracias a Dios sin cesar, de que habiendo recibido la palabra de Dios que oísteis de nosotros, recibisteis no palabra de hombres, sino según es en verdad, la palabra de Dios, el cual obra en vosotros los que creísteis.

6 οὔτε ζητοῦντες ἐξ ἀνθρώπων δόξαν, οὔτε ἀφ' ὑμῶν οὔτε ἀπ'
ni buscando de hombres gloria, ni de vosotros ni de

ἄλλων, δυνάμενοι ἐν βάρει εἶναι ὡς Χριστοῦ ἀπόστολοι,
otros, pudiendo en carga ser como de Cristo apóstoles,

7 ἀλλ' ἐγενήθημεν ἤπιοι[5] ἐν μέσῳ ὑμῶν,
sin embargo llegamos a ser tiernos en medio de vosotros,

ὡς ἂν τροφὸς θάλπῃ τὰ ἑαυτῆς τέκνα·
como - nodriza quiere con cariño[6] los de sí misma hijos.

8 οὕτως ὁμειρόμενοι ὑμῶν
así estando llenos de benevolencia hacia vosotros

εὐδοκοῦμεν μεταδοῦναι ὑμῖν οὐ μόνον τὸ εὐαγγέλιον
estuvimos complacidos de dar os no sólo el evangelio

τοῦ Θεοῦ, ἀλλὰ καὶ τὰς ἑαυτῶν ψυχάς, διότι
de Dios sino también las de nosotros mismos almas, porque

ἀγαπητοὶ ἡμῖν γεγένησθε.[7]
amados para nosotros habéis llegado a ser.

9 μνημονεύετε γάρ, ἀδελφοί, τὸν κόπον ἡμῶν
recordad Porque, hermanos, el trabajo de nosotros

καὶ τὸν μόχθον· νυκτὸς γὰρ καὶ ἡμέρας ἐργαζόμενοι
y la brega. de noche Porque y de día trabajando

πρὸς τὸ μὴ ἐπιβαρῆσαί τινα ὑμῶν ἐκηρύξαμεν
para el no cargar a alguno de vosotros predicamos

εἰς ὑμᾶς τὸ εὐαγγέλιον τοῦ Θεοῦ.
a vosotros el evangelio de Dios.

10 ὑμεῖς μάρτυρες καὶ ὁ Θεός, ὡς ὁσίως καὶ
Vosotros (sois) testigos y - Dios, como santamente y

δικαίως καὶ ἀμέμπτως ὑμῖν τοῖς πιστεύουσιν
justamente e intachablemente para vosotros los que creéis

ἐγενήθημεν,
llegamos a ser,

11 καθάπερ οἴδατε ὡς ἕνα ἕκαστον ὑμῶν
como sabéis como a cada uno de vosotros

ὡς πατὴρ τέκνα ἑαυτοῦ
como padre a hijos de sí mismo (tratamos)

παρακαλοῦντες ὑμᾶς καὶ παραμυθούμενοι καὶ μαρτυρόμενοι
exhortando os y consolando e implorando

12 εἰς τὸ περιπατῆσαι ὑμᾶς ἀξίως τοῦ Θεοῦ τοῦ καλοῦντος
para caminar vosotros[7] dignamente del Dios que llamó

ὑμᾶς εἰς τὴν ἑαυτοῦ βασιλείαν καὶ δόξαν.
os para el de sí mismo reino y gloria.

13 Διὰ τοῦτο καὶ ἡμεῖς εὐχαριστοῦμεν τῷ Θεῷ
Por esto también nosotros damos gracias a Dios

ἀδιαλείπτως, ὅτι παραλαβόντες λόγον ἀκοῆς παρ'
incesantemente porque recibiendo palabra de obediencia de

ἡμῶν τοῦ Θεοῦ ἐδέξασθε οὐ λόγον ἀνθρώπων,
nosotros de Dios recibisteis no (como) palabra de hombres,

ἀλλὰ καθώς ἐστιν ἀληθῶς, λόγον Θεοῦ, ὃς καὶ
sino como es verdaderamente, palabra de Dios, que también

ἐνεργεῖται ἐν ὑμῖν τοῖς πιστεύουσιν.
opera en vosotros los que creéis.

---

5. La NU sustituye por niños.
6. El término tiene también el sentido de "calentar con ternura".
7. Es decir, "para que vosotros caminéis" (oración de infinitivo).

14 ὑμεῖς γὰρ μιμηταὶ ἐγενήθητε, ἀδελφοί, τῶν
vosotros Porque imitadores llegasteis a ser, hermanos, de las

ἐκκλησιῶν τοῦ Θεοῦ τῶν οὐσῶν ἐν τῇ Ἰουδαίᾳ ἐν Χριστῷ Ἰησοῦ,
iglesias de Dios las que están en la Judea en Cristo Jesús,

ὅτι τὰ αὐτὰ ἐπάθετε καὶ ὑμεῖς ὑπὸ τῶν ἰδίων
porque lo mismo padecisteis también vosotros por los mismos

συμφυλετῶν καθὼς καὶ αὐτοὶ ὑπὸ τῶν Ἰουδαίων,
compatriotas como también ellos por los judíos,

15 τῶν καὶ τὸν Κύριον ἀποκτεινάντων Ἰησοῦν καὶ τοὺς ἰδίους[8]
los también al Señor matando Jesús y a los mismos

προφήτας, καὶ ἡμᾶς ἐκδιωξάντων, καὶ Θεῷ μὴ ἀρεσκόντων,
profetas, y a nosotros persiguiendo, y a Dios no agradando,

καὶ πᾶσιν ἀνθρώποις ἐναντίων,
y de todos hombres en contra,

16 κωλυόντων ἡμᾶς τοῖς ἔθνεσι λαλῆσαι ἵνα σωθῶσιν,
prohibiendo nos a los gentiles hablar para que se salven,

εἰς τὸ ἀναπληρῶσαι αὐτῶν τὰς ἁμαρτίας πάντοτε.
para el colmar de ellos los pecados siempre.

ἔφθασε δὲ ἐπ' αὐτοὺς ἡ ὀργὴ εἰς τέλος.
Vino sin embargo sobre ellos la ira hasta fin.

17 Ἡμεῖς δέ, ἀδελφοί, ἀπορφανισθέντες ἀφ'
nosotros Pero, hermanos, separados como huérfanos[9] de

ὑμῶν πρὸς καιρὸν ὥρας, προσώπῳ οὐ καρδίᾳ,
vosotros por tiempo de hora,[10] en rostro no en corazón,[11]

περισσοτέρως ἐσπουδάσαμεν τὸ πρόσωπον ὑμῶν
más abundantemente nos esforzamos por el rostro de vosotros

ἰδεῖν ἐν πολλῇ ἐπιθυμίᾳ.
ver en mucho deseo.

18 διὸ ἠθελήσαμεν ἐλθεῖν πρὸς ὑμᾶς, ἐγὼ μὲν Παῦλος,
Por lo cual quisimos venir a vosotros, yo - Pablo,

καὶ ἅπαξ καὶ δίς, καὶ ἐνέκοψεν ἡμᾶς ὁ Σατανᾶς.
y una vez y dos, y obstaculizó nos Satanás.

19 τίς γὰρ ἡμῶν ἐλπὶς ἢ χαρὰ ἢ στέφανος
¿cuál Porque (es) de nosotros esperanza o alegría o corona

καυχήσεως, ἢ οὐχὶ καὶ ὑμεῖς ἔμπροσθεν τοῦ Κυρίου
de jactancia, o no (sois) también vosotros delante del Señor

ἡμῶν Ἰησοῦ Χριστοῦ ἐν τῇ αὐτοῦ παρουσίᾳ;
de nosotros Jesús Cristo en la de él venida?

20 ὑμεῖς γὰρ ἐστε ἡ δόξα ἡμῶν καὶ ἡ χαρά.
vosotros Porque sois la gloria de nosotros y la alegría.

3 **1** Διὸ μηκέτι στέγοντες εὐδοκήσαμεν
Por lo cual ya no soportando pareciónos bien

καταλειφθῆναι ἐν Ἀθήναις μόνοι,
ser dejados en Atenas solos,

14 Porque vosotros, hermanos, habéis sido imitadores de las iglesias de Dios en Cristo Jesús que están en Judea; pues habéis padecido también vosotros las mismas cosas de los de vuestra propia nación, como también ellos de los Judíos;
15 Los cuales aun mataron al Señor Jesús y a sus propios profetas, y a nosotros nos han perseguido; y no agradan a Dios, y se oponen a todos los hombres;
16 Prohibiéndonos hablar a los Gentiles, a fin de que se salven, para henchir la medida de sus pecados siempre: pues vino sobre ellos la ira hasta el extremo.
17 Mas nosotros, hermanos, privados de vosotros por un poco de tiempo, de vista, no de corazón, tanto más procuramos con mucho deseo ver vuestro rostro.
18 Por lo cual quisimos ir a vosotros, yo Pablo a la verdad, una vez y otra; mas Satanás nos embarazó.
19 Porque ¿cuál es nuestra esperanza, o gozo, o corona de que me glorié? ¿No sois vosotros, delante de nuestro Señor Jesucristo en su venida?
20 Que vosotros sois nuestra gloria y gozo.

3 Por lo cual, no pudiendo esperar más, acordamos quedarnos solos en Atenas,

---

8. La NU suprime mismos.
9. Es decir, separados tan dolorosa e involuntariamente de vosotros como lo sería un huérfano de sus padres.
10. Es decir, por poco tiempo.
11. Es decir, que aunque en persona, corporalmente estaban ausentes, no lo estaban en corazón.

2Y enviamos a Timoteo, nuestro hermano, y ministro de Dios, y colaborador nuestro en el evangelio de Cristo, a confirmaros y exhortaros en vuestra fe,
3Para que nadie se conmueva por estas tribulaciones; porque vosotros sabéis que nosotros somos puestos para esto.
4Que aun estando con vosotros, os predecíamos que habíamos de pasar tribulaciones, como ha acontecido y sabéis.
5Por lo cual, también yo, no esperando más, he enviado a reconocer vuestra fe, no sea que os haya tentado el tentador, y que nuestro trabajo haya sido en vano.
6Empero volviendo de vosotros a nosotros Timoteo, y haciéndonos saber vuestra fe y caridad, y que siempre tenéis buena memoria de nosotros, deseando vernos, como también nosotros a vosotros,
7En ello, hermanos, recibimos consolación de vosotros en toda nuestra necesidad y aflicción por causa de vuestra fe:
8Porque ahora vivimos, si vosotros estáis firmes en el Señor.
9Por lo cual, ¿qué hacimiento de gracias podremos dar a Dios por vosotros, por todo el gozo con que nos gozamos a causa de vosotros delante de nuestro Dios,

2 καὶ ἐπέμψαμεν Τιμόθεον, τὸν ἀδελφὸν ἡμῶν καὶ διάκονον[12]
y enviamos a Timoteo, el hermano de nosotros y siervo
τοῦ Θεοῦ καὶ συνεργὸν ἡμῶν ἐν τῷ εὐαγγελίῳ τοῦ Χριστοῦ,
de Dios y colaborador de nosotros en el evangelio de Cristo,
εἰς τὸ στηρίξαι ὑμᾶς καὶ παρακαλέσαι ὑμᾶς
para confirmar os y exhortar os
περὶ τῆς πίστεως ὑμῶν,
acerca de la fe de vosotros.

3 τὸ μηδένα σαίνεσθαι ἐν ταῖς θλίψεσι ταύταις.
para que ninguno sea perturbado en las tribulaciones estas
αὐτοὶ γὰρ οἴδατε ὅτι εἰς τοῦτο κείμεθα·
vosotros mismos Porque sabéis que para esto estamos puestos.

4 καὶ γὰρ ὅτε πρὸς ὑμᾶς ἦμεν,
también Porque cuando con vosotros estábamos,
προελέγομεν ὑμῖν ὅτι μέλλομεν θλίβεσθαι,
previamente dijimos a vosotros que íbamos a ser atribulados,
καθὼς καὶ ἐγένετο καὶ οἴδατε.
como también sucedió y sabéis.

5 διὰ τοῦτο κἀγὼ μηκέτι στέγων ἔπεμψα εἰς τὸ γνῶναι
Por esto yo también ya no soportando envié a conocer
τὴν πίστιν ὑμῶν, μή πως ἐπείρασεν
la fe de vosotros, no (fuera que) de alguna manera tentara
ὑμᾶς ὁ πειράζων καὶ εἰς κενὸν γένηται ὁ κόπος ἡμῶν.
os el tentador y en vano resultara el trabajo de nosotros.

6 Ἄρτι δὲ ἐλθόντος Τιμοθέου πρὸς ἡμᾶς ἀφ' ὑμῶν
Ahora sin embargo viniendo Timoteo a nosotros de vosotros
καὶ εὐαγγελισαμένου ἡμῖν τὴν πίστιν καὶ τὴν ἀγάπην
y dando buenas noticias a nosotros de la fe y el amor
ὑμῶν, καὶ ὅτι ἔχετε μνείαν ἡμῶν ἀγαθὴν πάντοτε,
de vosotros, y que tenéis memoria de nosotros buena siempre,
ἐπιποθοῦντες ἡμᾶς ἰδεῖν καθάπερ καὶ ἡμεῖς ὑμᾶς,
deseando a nosotros ver como también nosotros a vosotros,

7 διὰ τοῦτο παρεκλήθημεν, ἀδελφοί, ἐφ' ὑμῖν
Por esto fuimos confortados, hermanos, en relación con vosotros
ἐπὶ πάσῃ τῇ θλίψει καὶ ἀνάγκῃ ἡμῶν διὰ
en toda la tribulación y necesidad de nosotros por
τῆς ὑμῶν πίστεως·
la de vosotros fe.

8 ὅτι νῦν ζῶμεν, ἐὰν ὑμεῖς στήκετε ἐν Κυρίῳ·
porque ahora vivimos, si vosotros permanecéis firmes en Señor.

9 τίνα γὰρ εὐχαριστίαν δυνάμεθα τῷ Θεῷ ἀνταποδοῦναι
¿qué Porque acción de gracias podemos a Dios dar
περὶ ὑμῶν ἐπὶ πάσῃ τῇ χαρᾷ ᾗ χαίρομεν δι'
por vosotros por toda la alegría con que nos alegramos por
ὑμᾶς ἔμπροσθεν τοῦ Θεοῦ ἡμῶν,
vosotros delante del Dios de nosotros,

---

12. La NU sustituye por colaborador y luego omite colaborador de nosotros.

10 νυκτὸς καὶ ἡμέρας ὑπερεκπερισσοῦ δεόμενοι εἰς
de noche y de día desmedidamente[13] orando
τὸ ἰδεῖν ὑμῶν τὸ πρόσωπον καὶ καταρτίσαι
para ver de vosotros el rostro y completar
τὰ ὑστερήματα τῆς πίστεως ὑμῶν;
las carencias de la fe de vosotros?

11 Αὐτὸς δὲ ὁ Θεὸς καὶ πατὴρ ἡμῶν
el mismo Pero Dios y Padre de nosotros
καὶ ὁ Κύριος ἡμῶν Ἰησοῦς Χριστὸς[14] κατευθύναι τὴν ὁδὸν
y el Señor de nosotros Jesús Cristo rectifique el camino
ἡμῶν πρὸς ὑμᾶς·
de nosotros a vosotros.

12 ὑμᾶς δὲ ὁ Κύριος πλεονάσαι καὶ περισσεύσαι τῇ ἀγάπῃ
Os - el Señor haga abundar y rebosar en el amor
εἰς ἀλλήλους καὶ εἰς πάντας, καθάπερ καὶ
los unos con los otros y hacia todos, como también
ἡμεῖς εἰς ὑμᾶς,
nosotros hacia vosotros,

13 εἰς τὸ στηρίξαι ὑμῶν τὰς καρδίας ἀμέμπτους ἐν
para afirmar de vosotros los corazones inmaculados en
ἁγιωσύνῃ ἔμπροσθεν τοῦ Θεοῦ καὶ πατρὸς ἡμῶν ἐν τῇ
santidad delante del Dios y Padre de nosotros en la
παρουσίᾳ τοῦ Κυρίου ἡμῶν Ἰησοῦ Χριστοῦ[15]
venida del Señor de nosotros Jesús Cristo
μετὰ πάντων τῶν ἁγίων αὐτοῦ.
con todos los santos de él.

4

1 Τὸ λοιπὸν οὖν, ἀδελφοί, ἐρωτῶμεν ὑμᾶς καὶ παρακαλοῦμεν
Por lo demás pues, hermanos, rogamos os y exhortamos
ἐν Κυρίῳ Ἰησοῦ, καθὼς παρελάβετε παρ' ἡμῶν
en Señor Jesús, como recibisteis de nosotros
τὸ πῶς δει ὑμᾶς περιπατεῖν καὶ ἀρέσκειν Θεῷ[16]
el como hay que nosotros caminar y agradar a Dios
ἵνα περισσεύητε μᾶλλον·
para que abundéis más.

2 οἴδατε γὰρ τίνας παραγγελίας ἐδώκαμεν ὑμῖν
conocéis Porque qué mandamientos dimos os
διὰ τοῦ Κυρίου Ἰησοῦ.
a través del Señor Jesús.

3 τοῦτο γὰρ ἐστι θέλημα τοῦ Θεοῦ, ὁ ἁγιασμὸς
esta Porque es voluntad de Dios la santificación
ὑμῶν, ἀπέχεσθαι ὑμᾶς ἀπὸ τῆς πορνείας,
de vosotros, abstenerse vosotros[17] de la fornicación,

4 εἰδέναι ἕκαστον ὑμῶν τὸ ἑαυτοῦ σκεῦος κτᾶσθαι
saber cada uno de vosotros el de sí mismo vaso poseer[18]
ἐν ἁγιασμῷ καὶ τιμῇ,
en santificación y honor,

10 Orando de noche y de día con grande instancia, que veamos vuestro rostro, y que cumplamos lo que falta a vuestra fe?
11 Mas el mismo Dios y Padre nuestro, y el Señor nuestro Jesucristo, encamine nuestro viaje a vosotros.
12 Y a vosotros multiplique el Señor, y haga abundar el amor entre vosotros, y para con todos, como es también de nosotros para con vosotros;
13 Para que sean confirmados vuestros corazones en santidad, irreprensibles delante de Dios y nuestro Padre, para la venida de nuestro Señor Jesucristo con todos sus santos.

4 Resta pues, hermanos, que os roguemos y exhortemos en el Señor Jesús, que de la manera que fuisteis enseñados de nosotros de cómo os conviene andar, y agradar a Dios, así vayáis creciendo.
2 Porque ya sabéis qué mandamientos os dimos por el Señor Jesús.
3 Porque la voluntad de Dios es vuestra santificación: que os apartéis de fornicación:
4 Que cada uno de vosotros sepa tener su vaso en santificación y honor;

---

13. Lit: "más allá de medida alguna".
14. La NU omite Cristo.
15. La NU omite Cristo.
16. La NU añade como camináis.
17. Es decir, "que os abstengáis".
18. Es decir, "que sepáis poseer..." (oración de infinitivo).

5 No con afecto de concupiscencia, como los Gentiles que no conocen a Dios:
6 Que ninguno oprima, ni engañe en nada a su hermano: porque el Señor es vengador de todo esto, como ya os hemos dicho y protestado.
7 Porque no nos ha llamado Dios a inmundicia, sino a santificación.
8 Así que, el que menosprecia, no menosprecia a hombre, sino a Dios, el cual también nos dió su Espíritu Santo.
9 Mas acerca de la caridad fraterna no habéis menester que os escriba: porque vosotros mismos habéis aprendido de Dios que os améis los unos a los otros;
10 Y también lo hacéis así con todos los hermanos que están por toda Macedonia. Empero os rogamos, hermanos, que abundéis más;
11 Y que procuréis tener quietud, y hacer vuestros negocios, y obréis de vuestras manos de la manera que os hemos mandado;
12 A fin de que andéis honestamente para con los extraños, y no necesitéis de nada.
13 Tampoco, hermanos, queremos que ignoréis acerca de los que duermen, que no os entristezcáis como los otros que no tienen esperanza.

5 μὴ ἐν πάθει ἐπιθυμίας καθάπερ καὶ τὰ ἔθνη
no en pasión de deseo como también los gentiles

τὰ μὴ εἰδότα τὸν Θεόν,
los no conociendo a Dios.

6 τὸ μὴ ὑπερβαίνειν καὶ πλεονεκτεῖν ἐν τῷ πράγματι
el no pasar por encima y defraudar en la acción

τὸν ἀδελφὸν αὐτοῦ, διότι ἔκδικος Κύριος
al hermano de él, porque vengador Señor (es)

περὶ πάντων τούτων, καθὼς καὶ προείπαμεν
de todo esto, como también dijimos con antelación

ὑμῖν καὶ διεμαρτυράμεθα.
a vosotros y dimos testimonio.

7 οὐ γὰρ ἐκάλεσεν ἡμᾶς ὁ Θεὸς
no Porque llamó nos Dios

ἐπὶ ἀκαθαρσίᾳ, ἀλλ' ἐν ἁγιασμῷ.
a impureza, sino a santificación.

8 τοιγαροῦν ὁ ἀθετῶν οὐκ ἄνθρωπον ἀθετεῖ,
Por tanto el que rechaza no a hombre rechaza,

ἀλλὰ τὸν Θεὸν τὸν καὶ δόντα[19] τὸ Πνεῦμα
sino a Dios el que también ha dado el Espíritu

αὐτοῦ τὸ Ἅγιον εἰς ὑμᾶς.[20]
de él el Santo a nosotros.

9 Περὶ δὲ τῆς φιλαδελφίας οὐ χρείαν ἔχετε
Acerca - del amor fraternal no necesidad tenéis

γράφειν ὑμῖν· αὐτοὶ γὰρ ὑμεῖς θεοδίδακτοί
de escribir[21] os, mismos Porque vosotros enseñados por Dios

ἐστε εἰς τὸ ἀγαπᾶν ἀλλήλους·
estáis a amar unos a otros.

10 καὶ γὰρ ποιεῖτε αὐτὸ εἰς πάντας τοὺς ἀδελφοὺς
también Porque hacéis esto a todos los hermanos

τοὺς ἐν ὅλῃ τῇ Μακεδονίᾳ. παρακαλοῦμεν
los en toda la Macedonia, rogamos

δὲ ὑμᾶς, ἀδελφοί, περισσεύειν μᾶλλον
- os, hermanos, abundar más

11 καὶ φιλοτιμεῖσθαι ἡσυχάζειν καὶ πράσσειν τὰ ἴδια
y ambicionar estar tranquilos y hacer las cosas propias

καὶ ἐργάζεσθαι ταῖς ἰδίαις χερσὶν ὑμῶν,
y ocuparse con las propias manos de vosotros,

καθὼς ὑμῖν παρηγγείλαμεν,
como os mandamos,

12 ἵνα περιπατῆτε εὐσχημόνως πρὸς τοὺς ἔξω
para que andéis dignamente en relación con los de fuera

καὶ μηδενὸς χρείαν ἔχητε.
y de nada necesidad tengáis.

13 Οὐ θέλομεν δὲ ὑμᾶς ἀγνοεῖν, ἀδελφοί, περὶ τῶν
No queremos - vosotros ignorar,[22] hermanos, acerca de los

κεκοιμημένων, ἵνα μὴ λυπῆσθε καθὼς
que han dormido, para que no estéis entristecidos como

καὶ οἱ λοιποὶ οἱ μὴ ἔχοντες ἐλπίδα.
también los demás los que no tienen esperanza.

---

19. La NU lee da.
20. La NU sustituye por vosotros.
21. Es decir, "de que os escriba" (oración de infinitivo).
22. Es decir, "que vosotros ignoréis" (oración de infinitivo).

14 εἰ γὰρ πιστεύομεν ὅτι Ἰησοῦς ἀπέθανε καὶ ἀνέστη,
si Porque creemos que Jesús murió y resucitó,

οὕτω καὶ ὁ Θεὸς τοὺς κοιμηθέντας
así también Dios a los que durmieron

διὰ τοῦ Ἰησοῦ ἄξει σὺν αὐτῷ.
a través de Jesús traerá con él.

15 Τοῦτο γὰρ ὑμῖν λέγομεν ἐν λόγῳ Κυρίου
esto Porque os decimos en palabra de Señor

ὅτι ἡμεῖς οἱ ζῶντες, οἱ περιλειπόμενοι εἰς
que nosotros los que vivimos, los que hayamos permanecido hasta

τὴν παρουσίαν τοῦ Κυρίου οὐ μὴ φθάσωμεν
la venida del Señor no de ninguna manera precederemos

τοὺς κοιμηθέντας·
a los habiendo dormido.

16 ὅτι αὐτὸς ὁ Κύριος ἐν κελεύσματι, ἐν φωνῇ
Porque el mismo el Señor con voz de mando, con voz

ἀρχαγγέλου καὶ ἐν σάλπιγγι Θεοῦ καταβήσεται ἀπ' οὐρανοῦ,
de arcángel y con trompeta de Dios descenderá de cielo,

καὶ οἱ νεκροὶ ἐν Χριστῷ ἀναστήσονται πρῶτον,
y los muertos en Cristo resucitarán primero,

17 ἔπειτα ἡμεῖς οἱ ζῶντες οἱ περιλειπόμενοι
Entonces nosotros los vivientes los que hayamos permanecido

ἅμα σὺν αὐτοῖς ἁρπαγησόμεθα ἐν νεφέλαις
junto con ellos seremos arrebatados en nubes

εἰς ἀπάντησιν τοῦ Κυρίου εἰς ἀέρα,
para reunión del Señor en aire,

καὶ οὕτω πάντοτε σὺν Κυρίῳ ἐσόμεθα.
y así siempre con Señor estaremos.

18 Ὥστε παρακαλεῖτε ἀλλήλους ἐν τοῖς λόγοις τούτοις.
Por tanto consolad unos a otros con las palabras estas.

5 1 Περὶ δὲ τῶν χρόνων καὶ τῶν καιρῶν, ἀδελφοί,
acerca Pero de los tiempos y de las épocas, hermanos,

οὐ χρείαν ἔχετε ὑμῖν γράφεσθαι·
no necesidad tenéis a vosotros escribir.[23]

2 αὐτοὶ γὰρ ἀκριβῶς οἴδατε ὅτι ἡ ἡμέρα
vosotros mismos Porque perfectamente sabéis que el día

Κυρίου ὡς κλέπτης ἐν νυκτὶ οὕτως ἔρχεται.
de Señor como ladrón en noche así viene.

3 ὅταν γὰρ λέγωσιν, εἰρήνη καὶ ἀσφάλεια, τότε
cuando Porque digan, paz y seguridad, entonces

αἰφνίδιος αὐτοῖς ἐφίσταται ὄλεθρος, ὥσπερ ἡ ὠδὶν
repentina les sobrevendrá destrucción, como el dolor

τῇ ἐν γαστρὶ ἐχούσῃ, καὶ οὐ μὴ ἐκφύγωσιν.
para la en vientre teniendo[24] y no de ninguna manera escaparán.

4 ὑμεῖς δέ, ἀδελφοί, οὐκ ἐστὲ ἐν σκότει, ἵνα ἡ ἡμέρα
vosotros Pero, hermanos, no estáis en oscuridad, para que el día

ὑμᾶς ὡς κλέπτης καταλάβῃ·
os como ladrón sobrevenga.

---

14 Porque si creemos que Jesús murió y resucitó, así también traerá Dios con él a los que durmieron en Jesús.
15 Por lo cual, os decimos esto en palabra del Señor: que nosotros que vivimos, que habremos quedado hasta la venida del Señor, no seremos delanteros a los que durmieron.
16 Porque el mismo Señor con aclamación, con voz de arcángel, y con trompeta de Dios, descenderá del cielo; y los muertos en Cristo resucitarán primero:
17 Luego nosotros, los que vivimos, los que quedamos, juntamente con ellos seremos arrebatados en las nubes a recibir al Señor en el aire, y así estaremos siempre con el Señor.
18 Por tanto, consolaos los unos a los otros en estas palabras.

5 Empero acerca de los tiempos y de los momentos, no tenéis, hermanos, necesidad de que yo os escriba:
2 Porque vosotros sabéis bien, que el día del Señor vendrá así como ladrón de noche,
3 Que cuando dirán, Paz y seguridad, entonces vendrá sobre ellos destrucción de repente, como los dolores a la mujer preñada; y no escaparán.
4 Mas vosotros, hermanos, no estáis en tinieblas, para que aquel día os sobrecoja como ladrón;

---

23. Es decir, "de que os escriba".
24. Es decir, "para la que está encinta".

5Porque todos vosotros sois hijos de luz, e hijos del día; no somos de la noche, ni de las tinieblas.
6Por tanto, no durmamos como los demás; antes velemos y seamos sobrios.
7Porque los que duermen, de noche duermen; y los que están borrachos, de noche están borrachos.
8Mas nosotros, que somos del día, estemos sobrios, vestidos de cota de fe y de caridad, y la esperanza de salud por yelmo.
9Porque no nos ha puesto Dios para ira, sino para alcanzar salud por nuestro Señor Jesucristo;
10El cual murió por nosotros, para que o que velemos, o que durmamos, vivamos juntamente con él.
11Por lo cual, consolaos los unos a los otros, y edificaos los unos a los otros, así como lo hacéis.
12Y os rogamos, hermanos, que reconozcáis a los que trabajan entre vosotros, y os presiden en el Señor, y os amonestan:
13Y que los tengáis en mucha estima por amor de su obra. Tened paz los unos con los otros.
14También os rogamos, hermanos, que amonestéis a los que andan desordenadamente, que consoléis a los de poco ánimo, que soportéis a los flacos, que seáis sufridos para con todos.

5 πάντες ὑμεῖς υἱοὶ φωτός ἐστε καὶ υἱοὶ ἡμέρας.
Todos vosotros hijos de luz sois e hijos de día.
οὐκ ἐσμὲν νυκτὸς οὐδὲ σκότους.
No somos de noche ni de oscuridad.

6 Ἄρα οὖν μὴ καθεύδωμεν ὡς καὶ οἱ λοιποί,
Así pues no durmamos como también los demás,
ἀλλὰ γρηγορῶμεν καὶ νήφωμεν.
sino vigilemos y seamos sobrios.

7 οἱ γὰρ καθεύδοντες νυκτὸς καθεύδουσι,
los Porque que duermen de noche duermen,
καὶ οἱ μεθυσκόμενοι νυκτὸς μεθύουσιν·
y los que se embriagan de noche se embriagan.

8 ἡμεῖς δὲ ἡμέρας ὄντες νήφωμεν,
nosotros Sin embargo de día siendo seamos sobrios,
ἐνδυσάμενοι θώρακα πίστεως καὶ ἀγάπης καὶ
habiéndonos vestido con coraza de fe y de amor y
περικεφαλαίαν ἐλπίδα σωτηρίας·
como yelmo esperanza de salvación.

9 ὅτι οὐκ ἔθετο ἡμᾶς ὁ Θεὸς εἰς ὀργὴν,
Porque no puso nos Dios para ira,
ἀλλ' εἰς περιποίησιν σωτηρίας
sino para obtención de salvación
διὰ τοῦ Κυρίου ἡμῶν Ἰησοῦ Χριστοῦ,
mediante el Señor de nosotros Jesús Cristo,

10 τοῦ ἀποθανόντος ὑπὲρ ἡμῶν, ἵνα εἴτε γρηγορῶμεν
el que murió por nosotros, para que ya vigilemos
εἴτε καθεύδωμεν ἅμα σὺν αὐτῷ ζήσωμεν.
ya durmamos junto con él vivamos.

11 Διὸ παρακαλεῖτε ἀλλήλους καὶ οἰκοδομεῖτε
Por tanto consolad unos a otros y edificad
εἰς τὸν ἕνα, καθὼς καὶ ποιεῖτε.
uno al otro, como también hacéis.

12 Ἐρωτῶμεν δὲ ὑμᾶς, ἀδελφοί, εἰδέναι τοὺς κοπιῶντας
Rogamos - os, hermanos, reconocer a los que trabajan
ἐν ὑμῖν καὶ προϊσταμένους ὑμῶν ἐν Κυρίῳ
entre vosotros y a los que presiden a vosotros en Señor
καὶ νουθετοῦντας ὑμᾶς,
y los que amonestan a vosotros,

13 καὶ ἡγεῖσθαι αὐτοὺς ὑπερεκπερισσοῦ ἐν ἀγάπῃ
y considerar los por encima de toda medida en amor
διὰ τὸ ἔργον αὐτῶν. εἰρηνεύετε ἐν ἑαυτοῖς.
por la obra de ellos. Tened paz entre vosotros mismos.

14 παρακαλοῦμεν δὲ ὑμᾶς, ἀδελφοί, νουθετεῖτε τοὺς
Exhortamos - a vosotros, hermanos, instruid a los
ἀτάκτους,[25] παραμυθεῖσθε τοὺς ὀλιγοψύχους, ἀντέχεσθε τῶν
desordenados, animad a los de poco ánimo, sostened a
ἀσθενῶν, μακροθυμεῖτε πρὸς πάντας.
los débiles, sed longánimes[26] con todos.

---

25. O "indisciplinados".
26. Es decir, "soportad con gran paciencia a todos".

15 ὁρᾶτε μή   τις   κακὸν ἀντὶ κακοῦ τινι   ἀποδῷ,   ἀλλὰ
Ved que no   alguien mal   por mal a alguno devuelva, sino
πάντοτε τὸ ἀγαθὸν διώκετε   καὶ   εἰς ἀλλήλους
siempre lo bueno perseguid tanto de los unos para con los otros
καὶ   εἰς   πάντας.
como para con todos.

16 Πάντοτε χαίρετε,
Siempre alegraos.

17 ἀδιαλείπτως   προσεύχεσθε,
Incesantemente   orad.

18 ἐν παντὶ εὐχαριστεῖτε· τοῦτο γὰρ
En todo dad gracias. esto   Porque (es)
θέλημα Θεοῦ ἐν Χριστῷ Ἰησοῦ εἰς   ὑμᾶς.
voluntad de Dios en Cristo Jesús para nosotros.

19 τὸ Πνεῦμα μὴ σβέννυτε,
El Espíritu no extingáis.

20 προφητείας μὴ ἐξουθενεῖτε.
Profecías   no despreciéis.

21 πάντα δοκιμάζετε, τὸ καλὸν κατέχετε,
Todo considerad, lo bueno retened.

22 ἀπὸ παντὸς εἴδους πονηροῦ ἀπέχεσθε.
De toda   forma de mal   absteneos.

23 Αὐτὸς   δὲ ὁ Θεὸς τῆς εἰρήνης ἁγιάσαι   ὑμᾶς ὁλοτελεῖς,
El mismo - Dios de la paz   santifique os   completos
καὶ ὁλόκληρον ὑμῶν   τὸ πνεῦμα καὶ ἡ ψυχὴ
y   todo   de vosotros el espíritu y el alma
καὶ τὸ σῶμα   ἀμέμπτως   ἐν τῇ παρουσίᾳ
y   el cuerpo inmaculadamente²⁷   en la venida
τοῦ Κυρίου ἡμῶν   Ἰησοῦ Χριστοῦ τηρηθείη.
del Señor de nosotros   Jesús Cristo   sea guardado.

24 πιστὸς ὁ καλῶν   ὑμᾶς, ὃς   καὶ   ποιήσει.
Fiel   el que llamó os,   el que también hará.

25 Ἀδελφοί,   προσεύχεσθε περὶ ἡμῶν.
Hermanos, orad   por nosotros.

26 Ἀσπάσασθε τοὺς ἀδελφοὺς πάντας
Saludad   a los hermanos todos
ἐν φιλήματι ἁγίῳ.
con beso   santo.

27 Ὁρκίζω ὑμᾶς τὸν   Κύριον ἀναγνωσθῆναι
Conjuro os   por el Señor ser leída
τὴν ἐπιστολὴν πᾶσι   τοῖς ἁγίοις²⁸ ἀδελφοῖς.
la carta   a todos los santos   hermanos.²⁹

28 Ἡ χάρις τοῦ Κυρίου ἡμῶν   Ἰησοῦ Χριστοῦ
La gracia del Señor de nosotros   Jesús Cristo
μεθ' ὑμῶν.   ἀμήν.³⁰
con vosotros (sea). Amén.

15Mirad que ninguno dé a otro mal por mal; antes seguid lo bueno siempre los unos para con los otros, y para con todos.
16Estad siempre gozosos.
17Orad sin cesar.
18Dad gracias en todo; porque esta es la voluntad de Dios para con vosotros en Cristo Jesús.
19No apaguéis el Espíritu.
20No menospreciéis las profecías.
21Examinadlo todo; retened lo bueno.
22Apartaos de toda especie de mal.
23Y el Dios de paz os santifique en todo; para que vuestro espíritu y alma y cuerpo sea guardado entero sin represión para la venida de nuestro Señor Jesucristo.
24Fiel es el que os ha llamado; el cual también lo hará.
25Hermanos, orad por nosotros.
26Saludad a todos los hermanos en ósculo santo.
27Conjúroos por el Señor, que esta carta sea leída a todos los santos hermanos.
28La gracia de nuestro Señor Jesucristo sea con vosotros. Amén.

---

27. Es decir, "sin mancha".
28. La NU omite santos.
29. Es decir, "que la carta sea leída a todos los santos hermanos" (oración de infinitivo).
30. La NU omite Amén.

LA SEGUNDA EPÍSTOLA DEL APÓSTOL SAN PABLO
A LOS TESALONICENSES

1 Pablo, y Silvano, y Timoteo, a la iglesia de los Tesalonicenses que es en Dios nuestro Padre y en el Señor Jesucristo:

2 Gracia y paz a vosotros de Dios nuestro Padre y del Señor Jesucristo.

3 Debemos siempre dar gracias a Dios de vosotros, hermanos, como es digno, por cuanto vuestra fe va creciendo, y la caridad de cada uno de todos vosotros abunda entre vosotros;

4 Tanto, que nosotros mismos nos gloriamos de vosotros en las iglesias de Dios, de vuestra paciencia y fe en todas vuestras persecuciones y tribulaciones que sufrís:

5 Una demostración del justo juicio de Dios, para que seáis tenidos por dignos del reino de Dios, por el cual asimismo padecéis.

6 Porque es justo para con Dios pagar con tribulación a los que os atribulan;

7 Y a vosotros, que sois atribulados, dar reposo con nosotros, cuando se manifestará el Señor Jesús del cielo con los ángeles de su potencia,

8 En llama de fuego, para dar el pago a los que no conocieron a Dios, ni obedecen al evangelio de nuestro Señor Jesucristo;

1

1 Παῦλος καὶ Σιλουανὸς καὶ Τιμόθεος τῇ ἐκκλησίᾳ Θεσσαλονικέων
Pablo y Silvano y Timoteo a la iglesia de los tesalonicenses
ἐν Θεῷ πατρὶ ἡμῶν καὶ Κυρίῳ Ἰησοῦ Χριστῷ·
en Dios Padre de nosotros y Señor Jesús Cristo.

2 χάρις ὑμῖν καὶ εἰρήνη ἀπὸ Θεοῦ πατρὸς ἡμῶν
Gracia a vosotros y paz de Dios Padre de nosotros
καὶ Κυρίου Ἰησοῦ Χριστοῦ.
y de Señor Jesús Cristo.

3 Εὐχαριστεῖν ὀφείλομεν τῷ Θεῷ πάντοτε περὶ ὑμῶν, ἀδελφοί,
Dar gracias debemos a Dios siempre por vosotros, hermanos,
καθὼς ἄξιόν ἐστιν, ὅτι ὑπεραυξάνει ἡ πίστις ὑμῶν καὶ
como digno es, porque sobre-crece la fe de vosotros y
πλεονάζει ἡ ἀγάπη ἑνὸς ἑκάστου πάντων ὑμῶν εἰς ἀλλήλους,
abunda el amor de cada uno de todos vosotros hacia los otros,

4 ὥστε ἡμᾶς αὐτοὺς ἐν ὑμῖν ἐγκαυχᾶσθαι ἐν ταῖς
de manera que nosotros mismos en vosotros gloriarse[1] en las
ἐκκλησίαις τοῦ Θεοῦ ὑπὲρ τῆς ὑπομονῆς ὑμῶν καὶ πίστεως
iglesias de Dios por la paciencia de vosotros y fe
ἐν πᾶσι τοῖς διωγμοῖς ὑμῶν
en todas las persecuciones de vosotros
καὶ ταῖς θλίψεσιν αἷς ἀνέχεσθε,
y las tribulaciones que soportáis.

5 ἔνδειγμα τῆς δικαίας κρίσεως τοῦ Θεοῦ, εἰς τὸ
(Esto es) prueba del justo juicio de Dios, para ser
καταξιωθῆναι ὑμᾶς τῆς βασιλείας τοῦ Θεοῦ,
considerados dignos vosotros del reino de Dios,
ὑπὲρ ἧς καὶ πάσχετε,
por el cual también sufrís.

6 εἴπερ δίκαιον παρὰ Θεῷ ἀνταποδοῦναι
ya que (es) justo ante Dios pagar
τοῖς θλίβουσιν ὑμᾶς θλῖψιν,
a los que atribulan a vosotros con tribulación,

7 καὶ ὑμῖν τοῖς θλιβομένοις ἄνεσιν μεθ᾽
y a vosotros los que sois atribulados con descanso con
ἡμῶν ἐν τῇ ἀποκαλύψει τοῦ Κυρίου Ἰησοῦ ἀπ᾽ οὐρανοῦ
nosotros en la revelación del Señor Jesús desde cielo
μετ᾽ ἀγγέλων δυνάμεως αὐτοῦ
con ángeles de poder de él.

8 ἐν πυρὶ φλογός, διδόντος ἐκδίκησιν τοῖς μὴ εἰδόσιν
en fuego de llama, dando retribución a los que no conocen
Θεὸν καὶ τοῖς μὴ ὑπακούουσι τῷ εὐαγγελίῳ
a Dios y a los que no obedecen el Evangelio
τοῦ Κυρίου ἡμῶν Ἰησοῦ Χριστοῦ,[2]
del Señor de nosotros Jesús Cristo,

---

1. Es decir, "nos gloriamos" (oración de infinitivo).
2. La NU omite Cristo.

9 οἵτινες δίκην τίσουσιν ὄλεθρον αἰώνιον ἀπὸ
los cuales justicia pagarán:[3] destrucción eterna (apartados) de

προσώπου τοῦ Κυρίου καὶ ἀπὸ τῆς δόξης τῆς ἰσχύος αὐτοῦ,
rostro del Señor y de la gloria del poder de él,

10 ὅταν ἔλθῃ ἐνδοξασθῆναι ἐν τοῖς ἁγίοις αὐτοῦ καὶ
cuando venga a ser glorificado entre los santos de él y

θαυμασθῆναι ἐν πᾶσι τοῖς πιστεύσασιν,[4] ὅτι ἐπιστεύθη
a ser admirado entre todos los que creyeron, porque fue creído

τὸ μαρτύριον ἡμῶν ἐφ᾽ ὑμᾶς, ἐν τῇ ἡμέρᾳ ἐκείνῃ.
el testimonio de nosotros a vosotros, en el día aquel.

11 εἰς ὃ καὶ προσευχόμεθα πάντοτε περὶ ὑμῶν,
Por lo cual también oramos siempre por vosotros,

ἵνα ὑμᾶς ἀξιώσῃ τῆς κλήσεως ὁ Θεὸς
para que os tenga por dignos del llamamiento el Dios

ἡμῶν καὶ πληρώσῃ πᾶσαν εὐδοκίαν ἀγαθωσύνης
de nosotros y cumpla toda buena intención de bondad

καὶ ἔργον πίστεως ἐν δυνάμει,
y obra de fe en poder,

12 ὅπως ἐνδοξασθῇ τὸ ὄνομα τοῦ Κυρίου ἡμῶν
para que sea glorificado el nombre del Señor de nosotros

Ἰησοῦ Χριστοῦ[5] ἐν ὑμῖν, καὶ ὑμεῖς ἐν αὐτῷ, κατὰ τὴν
Jesús Cristo en vosotros, y vosotros en él, según la

χάριν τοῦ Θεοῦ ἡμῶν καὶ Κυρίου Ἰησοῦ Χριστοῦ.
gracia del Dios de nosotros y de Señor Jesús Cristo.

2 **1** Ἐρωτῶμεν δὲ ὑμᾶς, ἀδελφοί, ὑπὲρ τῆς παρουσίας
Rogamos - os, hermanos, sobre la venida

τοῦ Κυρίου ἡμῶν Ἰησοῦ Χριστοῦ καὶ
del Señor de nosotros Jesús Cristo y

ἡμῶν ἐπισυναγωγῆς ἐπ᾽ αὐτόν,
de nosotros reunión con él,

2 εἰς τὸ μὴ ταχέως σαλευθῆναι ὑμᾶς ἀπὸ τοῦ νοὸς
para no fácilmente ser sacudidos vosotros de la mente[6]

μήτε θροεῖσθαι, μήτε διὰ πνεύματος μήτε διὰ λόγου
ni ser perturbados, ni por espíritu ni por palabra

μήτε δι᾽ ἐπιστολῆς ὡς δι᾽ ἡμῶν, ὡς ὅτι
ni por carta como (si fuera) de nosotros, como que

ἐνέστηκεν[7] ἡ ἡμέρα τοῦ Χριστοῦ.[8]
se ha hecho presente el día de Cristo.

3 μή τις ὑμᾶς ἐξαπατήσῃ κατὰ μηδένα τρόπον·
No alguno os engañe de alguna manera,

ὅτι ἐὰν μὴ ἔλθῃ ἡ ἀποστασία πρῶτον
porque (no se hará presente) si no viene la apostasía primero

καὶ ἀποκαλυφθῇ ὁ ἄνθρωπος τῆς ἁμαρτίας,[9]
y es revelado el hombre del pecado,

ὁ υἱὸς τῆς ἀπωλείας,
el hijo de la perdición,

9 Los cuales serán castigados de eterna perdición por la presencia del Señor, y por la gloria de su potencia,
10 Cuando viniere para ser glorificado en sus santos, y a hacerse admirable en aquel día en todos los que creyeron: (por cuanto nuestro testimonio ha sido creído entre vosotros.)
11 Por lo cual, asimismo oramos siempre por vosotros, que nuestro Dios os tenga por dignos de su vocación, e hincha de bondad todo buen intento, y toda obra de fe con potencia,
12 Para que el nombre de nuestro Señor Jesucristo sea glorificado en vosotros, y vosotros en él, por la gracia de nuestro Dios y del Señor Jesucristo.

2 Empero os rogamos, hermanos, cuanto a la venida de nuestro Señor Jesucristo, y nuestro recogimiento a él,
2 Que no os mováis fácilmente de vuestro sentimiento, ni os conturbéis ni por espíritu, ni por palabra, ni por carta como nuestra, como que el día del Señor esté cerca.
3 No os engañe nadie en ninguna manera; porque no vendrá sin que venga antes la apostasía, y se manifieste el hombre de pecado, el hijo de perdición,

---
3. Es decir, "recibirán la pena" o "serán objeto de castigo".
4. La TR tiene creen.
5. La NU suprime Cristo.
6. Es decir, "no estéis tan agitados que perdáis la cabeza".
7. En el mismo sentido que en Romanos 8.38.
8. NU tiene "del Señor".
9. La NU sustituye por iniquidad.

4 Oponiéndose, y levantándose contra todo lo que se llama Dios, o que se adora; tanto que se asiente en el templo de Dios como Dios, haciéndose parecer Dios.
5 ¿No os acordáis que cuando estaba todavía con vosotros, os decía esto?
6 Y ahora vosotros sabéis lo que impide, para que a su tiempo se manifieste.
7 Porque ya está obrando el misterio de iniquidad: solamente espera hasta que sea quitado de en medio el que ahora impide;
8 Y entonces será manifestado aquel inicuo, al cual el Señor matará con el espíritu de su boca, y destruirá con el resplandor de su venida;
9 A aquel inicuo, cuyo advenimiento es según operación de Satanás, con grande potencia, y señales, y milagros mentirosos,
10 Y con todo engaño de iniquidad en los que perecen; por cuanto no recibieron el amor de la verdad para ser salvos.
11 Por tanto, pues, les envía Dios operación de error, para que crean a la mentira;
12 Para que sean condenados todos los que no creyeron a la verdad, antes consintieron a la iniquidad.

4 ὁ ἀντικείμενος καὶ ὑπεραιρόμενος ἐπὶ πάντα λεγόμενον Θεὸν
el que se opone y se exalta sobre todo llamado Dios
ἢ σέβασμα, ὥστε αὐτὸν εἰς τὸν ναὸν τοῦ Θεοῦ
o (es) objeto de culto, como que él sobre el templo de Dios
ὡς Θεὸν[10] καθίσαι, ἀποδεικνύντα ἑαυτὸν
como Dios se sienta,[11] acreditando[12] de sí mismo
ὅτι ἐστὶ Θεός.
que es Dios.

5 Οὐ μνημονεύετε ὅτι ἔτι ὢν πρὸς ὑμᾶς
¿No recordáis que mientras estando con vosotros
ταῦτα ἔλεγον ὑμῖν;
esto decía a vosotros?

6 καὶ νῦν τὸ κατέχον οἴδατε, εἰς τὸ ἀποκαλυφθῆναι
Y ahora lo que retiene[13] sabéis, para ser revelado
αὐτὸν ἐν τῷ ἑαυτοῦ καιρῷ.
él en el de sí mismo tiempo.

7 τὸ γὰρ μυστήριον ἤδη ἐνεργεῖται τῆς ἀνομίας,
el Porque misterio ya opera de la iniquidad,
μόνον ὁ κατέχων ἄρτι ἕως ἐκ μέσου γένηται·
sólo el que retiene ahora hasta que de en medio llegue a ser (quitado),

8 καὶ τότε ἀποκαλυφθήσεται ὁ ἄνομος, ὃν ὁ Κύριος
y entonces será revelado el inicuo, al que el Señor
ἀναλώσει[14] τῷ πνεύματι τοῦ στόματος αὐτοῦ καὶ
consumirá[15] con el espíritu de la boca de él y
καταργήσει τῇ ἐπιφανείᾳ τῆς παρουσίας αὐτοῦ·
destruirá con la manifestación de la venida de él.

9 οὗ ἐστιν ἡ παρουσία κατ' ἐνέργειαν τοῦ Σατανᾶ
Del cual es la venida según energía[16] de Satanás
ἐν πάσῃ δυνάμει καὶ σημείοις καὶ τέρασι ψεύδους
en todo poder y señales y prodigios de mentira

10 καὶ ἐν πάσῃ ἀπάτῃ ἀδικίας ἐν οἷς ἀπολλυμένοις,
y en todo engaño de iniquidad en los que se pierden,
ἀνθ' ὧν τὴν ἀγάπην τῆς ἀληθείας
porque el amor a la verdad
οὐκ ἐδέξαντο εἰς τὸ σωθῆναι αὐτούς·
no recibieron para ser salvos ellos.

11 καὶ διὰ τοῦτο πέμψει[17] αὐτοῖς ὁ Θεὸς ἐνέργειαν
y por esto enviará les - Dios energía[18]
πλάνης εἰς τὸ πιστεῦσαι αὐτοὺς τῷ ψεύδει,
de engaño para creer ellos en la mentira,

12 ἵνα κριθῶσι πάντες οἱ μὴ πιστεύσαντες
para que sean condenados todos los que no creyeron
τῇ ἀληθείᾳ, ἀλλ' εὐδοκήσαντες ἐν τῇ ἀδικίᾳ.
la verdad, sino que se complacieron en la iniquidad.

---

10. La NU omite como Dios.
11. Lit, "sentarse" (oración de infinitivo).
12. Como en Hechos 2.22.
13. Como en Santiago 5.4.
14. La NU sustituye por destruirá.
15. Como en Lucas 9.54 y Gálatas 5.15.
16. U operación.
17. La NU y la RV60 tienen envía.
18. U operación.

13 Ἡμεῖς δὲ ὀφείλομεν εὐχαριστεῖν τῷ Θεῷ πάντοτε
nosotros Sin embargo debemos dar gracias a Dios siempre
περὶ ὑμῶν, ἀδελφοὶ ἠγαπημένοι ὑπὸ Κυρίου,
por vosotros, hermanos amados por Señor,
ὅτι εἵλετο ὑμᾶς ὁ Θεὸς ἀπ' ἀρχῆς[19] εἰς σωτηρίαν
porque escogió os Dios desde principio para salvación
ἐν ἁγιασμῷ Πνεύματος καὶ πίστει ἀληθείας,
en santificación de Espíritu y fe en verdad,

14 εἰς ὃ ἐκάλεσεν ὑμᾶς διὰ τοῦ εὐαγγελίου ἡμῶν
para lo que llamó os por el evangelio de nosotros
εἰς περιποίησιν δόξης τοῦ Κυρίου ἡμῶν Ἰησοῦ Χριστοῦ.
para obtención de gloria del Señor de nosotros Jesús Cristo.

15 Ἄρα οὖν, ἀδελφοί, στήκετε, καὶ κρατεῖτε τὰς
Así que, hermanos, estad firmes, y retened las
παραδόσεις ἃς ἐδιδάχθητε εἴτε διὰ
enseñanzas transmitidas en las que fuisteis enseñados ya por
λόγου εἴτε δι' ἐπιστολῆς ἡμῶν.
palabra ya por carta de nosotros.

16 Αὐτὸς δὲ ὁ Κύριος ἡμῶν Ἰησοῦς Χριστὸς καὶ ὁ Θεὸς
El mismo - Señor de nosotros Jesús Cristo y el Dios
καὶ πατὴρ ἡμῶν, ὁ ἀγαπήσας ἡμᾶς καὶ
y Padre de nosotros, el que amó nos y
δοὺς παράκλησιν αἰωνίαν καὶ ἐλπίδα ἀγαθὴν ἐν χάριτι,
dio consolación eterna y esperanza buena en gracia,

17 παρακαλέσαι ὑμῶν τὰς καρδίας καὶ στηρίξαι ὑμᾶς
consuele de vosotros los corazones y afiance os
ἐν παντὶ λόγῳ καὶ ἔργῳ ἀγαθῷ.
en toda palabra y obra buena.

3

1 Τὸ λοιπὸν προσεύχεσθε, ἀδελφοί, περὶ ἡμῶν,
Por lo demás, orad, hermanos, por nosotros,
ἵνα ὁ λόγος τοῦ Κυρίου τρέχῃ καὶ δοξάζηται,
para que la palabra del Señor corra y sea glorificada
καθὼς καὶ πρὸς ὑμᾶς,
como también (ha sucedido) con vosotros,

2 καὶ ἵνα ῥυσθῶμεν ἀπὸ τῶν ἀτόπων καὶ
y para que seamos librados de los anormales[20] y
πονηρῶν ἀνθρώπων· οὐ γὰρ πάντων ἡ πίστις.
malos hombres, no Porque de todos la fe (es).

3 πιστὸς δέ ἐστιν ὁ Κύριος, ὃς στηρίξει ὑμᾶς
Fiel sin embargo es el Señor, quien afianzará os
καὶ φυλάξει ἀπὸ τοῦ πονηροῦ.
y guardará de el mal.

4 πεποίθαμεν δὲ ἐν Κυρίῳ ἐφ' ὑμᾶς ὅτι ἃ
Confíamos sin embargo en Señor respecto a vosotros que lo que
παραγγέλλομεν ὑμῖν καὶ ποιεῖτε καὶ ποιήσετε.
mandamos os no sólo hacéis sino también haréis.

5 Ὁ δὲ Κύριος κατευθύναι ὑμῶν τὰς καρδίας εἰς
el Sin embargo Señor dirija de vosotros los corazones a
τὴν ἀγάπην τοῦ Θεοῦ καὶ εἰς τὴν ὑπομονὴν τοῦ Χριστοῦ.
el amor de Dios y a la paciencia de Cristo.

13 Mas nosotros debemos dar siempre gracias a Dios por vosotros, hermanos amados del Señor, de que Dios os haya escogido desde el principio para salud, por la santificación del Espíritu y fe de la verdad:
14 A lo cual os llamó por nuestro evangelio, para alcanzar la gloria de nuestro Señor Jesucristo.
15 Así que, hermanos, estad firmes, y retened la doctrina que habéis aprendido, sea por palabra, o por carta nuestra.
16 Y el mismo Señor nuestro Jesucristo, y Dios y Padre nuestro, el cual nos amó, y nos dió consolación eterna, y buena esperanza por gracia,
17 Consuele vuestros corazones, y os confirme en toda buena palabra y obra.

3 Resta, hermanos, que oréis por nosotros, que la palabra del Señor corra y sea glorificada así como entre vosotros:
2 Y que seamos librados de hombres importunos y malos; porque no es de todos la fe.
3 Mas fiel es el Señor, que os confirmará y guardará del mal.
4 Y tenemos confianza de vosotros en el Señor, que hacéis y haréis lo que os hemos mandado.
5 Y el Señor enderece vuestros corazones en el amor de Dios, y en la paciencia de Cristo.

---
19. La NU sustituye por primicias.
20. Es decir, que actúan de una manera que no es normal, que está fuera de lugar.

2 TESALONICENSES 3.6

6 Empero os denunciamos, hermanos, en el nombre de nuestro Señor Jesucristo, que os apartéis de todo hermano que anduviere fuera de orden, y no conforme a la doctrina que recibieron de nosotros:
7 Porque vosotros mismos sabéis de qué manera debéis imitarnos: porque no anduvimos desordenadamente entre vosotros,
8 Ni comimos el pan de ninguno de balde; antes, obrando con trabajo y fatiga de noche y de día, por no ser gravosos a ninguno de vosotros;
9 No porque no tuviésemos potestad, sino por daros en nosotros un dechado, para que nos imitaseis.
10 Porque aun estando con vosotros, os denunciábamos esto: Que si alguno no quisiere trabajar, tampoco coma.
11 Porque oímos que andan algunos entre vosotros fuera de orden, no trabajando en nada, sino ocupados en curiosear.
12 Y a los tales requerimos y rogamos por nuestro Señor Jesucristo, que, trabajando con reposo, coman su pan.
13 Y vosotros, hermanos, no os canséis de hacer bien.

6 Παραγγέλλομεν δὲ ὑμῖν, ἀδελφοί, ἐν ὀνόματι
Ordenamos sin embargo a vosotros, hermanos, en nombre
τοῦ Κυρίου ἡμῶν Ἰησοῦ Χριστοῦ, στέλλεσθαι ὑμᾶς
del Señor de nosotros Jesús Cristo, apartarse vosotros
ἀπὸ παντὸς ἀδελφοῦ ἀτάκτως περιπατοῦντος καὶ μὴ
de todo hermano desordenadamente caminando y no
κατὰ τὴν παράδοσιν ἣν παρελάβοσαν[21] παρ' ἡμῶν.
según la enseñanza transmitida que recibieron de nosotros.

7 αὐτοὶ γὰρ οἴδατε πῶς δεῖ μιμεῖσθαι ἡμᾶς,
vosotros mismos Porque sabéis cómo hay que imitar nos,
ὅτι οὐκ ἠτακτήσαμεν ἐν ὑμῖν,
porque no nos comportamos desordenadamente entre vosotros,

8 οὐδὲ δωρεὰν ἄρτον ἐφάγομεν παρά τινος,
ni de balde pan comimos de alguno,
ἀλλ' ἐν κόπῳ καὶ μόχθῳ, νύκτα καὶ ἡμέραν ἐργαζόμενοι,
sino que en trabajo y fatiga, de noche y de día trabajando
πρὸς τὸ μὴ ἐπιβαρῆσαί τινα ὑμῶν·
para no cargar[22] a alguno de vosotros.

9 οὐχ ὅτι οὐκ ἔχομεν ἐξουσίαν, ἀλλ' ἵνα
no porque no tengamos autoridad, sino para que
ἑαυτοὺς τύπον δῶμεν ὑμῖν
a nosotros mismos (como) ejemplo demos a vosotros
εἰς τὸ μιμεῖσθαι ἡμᾶς.
para ser imitados nosotros.

10 καὶ γὰρ ὅτε ἦμεν πρὸς ὑμᾶς, τοῦτο
también Porque cuando estábamos con vosotros, esto
παρηγγέλλομεν ὑμῖν, ὅτι εἴ τις οὐ θέλει
ordenábamos a vosotros, que si alguno no quiere
ἐργάζεσθαι, μηδὲ ἐσθιέτω.
trabajar, tampoco coma.

11 ἀκούομεν γάρ τινας περιπατοῦντας ἐν ὑμῖν
oímos Porque que algunos andan entre vosotros
ἀτάκτως, μηδὲν ἐργαζομένους,
desordenadamente, no trabajando,
ἀλλὰ περιεργαζομένους·
sino haciendo lo que no es necesario.[23]

12 τοῖς δὲ τοιούτοις παραγγέλλομεν καὶ παρακαλοῦμεν διὰ τοῦ
A los - tales mandamos y exhortamos por el
Κυρίου Ἡμῶν Ἰησοῦ Χριστοῦ,[24] ἵνα μετὰ ἡσυχίας
Señor de nosotros Jesús Cristo para que con sosiego
ἐργαζόμενοι τὸν ἑαυτῶν ἄρτον ἐσθίωσιν.
trabajando el de sí mismos pan coman.

13 Ὑμεῖς δέ, ἀδελφοί, μὴ ἐκκακήσητε καλοποιοῦντες.
Vosotros sin embargo, hermanos, no desfallezcáis haciendo el bien.

---

21. TR tiene recibió.
22. Es decir, "ser una carga" o "resultar gravosos".
23. Es decir, "haciendo aquello que sólo sirve para perder el tiempo o que es inútil".
24. La NU sustituye por en Señor.

14 εἰ δέ τις οὐχ ὑπακούει τῷ λόγῳ ἡμῶν διὰ τῆς
Si - alguno no obedece a la palabra de nosotros por medio de

ἐπιστολῆς, τοῦτον σημειοῦσθε μὴ
la carta (esta), a ése señalad para no

συναναμίγνυσθαι αὐτῷ, ἵνα ἐντραπῇ·
frecuentar el trato[25] con él, para que se avergüence.

15 καὶ μὴ ὡς ἐχθρὸν ἡγεῖσθε, ἀλλὰ νουθετεῖτε
y no como enemigo considerad (lo), sino amonestad (lo)

ὡς ἀδελφόν.
como hermano.

16 Αὐτὸς δὲ ὁ Κύριος τῆς εἰρήνης δῴη ὑμῖν τὴν εἰρήνην
El mismo - Señor de la paz de os la paz

διὰ παντὸς ἐν παντὶ τρόπῳ. ὁ Κύριος
en todo en toda manera. El Señor (esté)

μετὰ πάντων ὑμῶν.
con todos vosotros.

17 Ὁ ἀσπασμὸς τῇ ἐμῇ χειρὶ Παύλου, ὅ ἐστιν σημεῖον
El saludo con la mía mano de Pablo, que es señal

ἐν πάσῃ ἐπιστολῇ· οὕτω γράφω.
en toda epístola. Así escribo.

18 Ἡ χάρις τοῦ Κυρίου ἡμῶν Ἰησοῦ Χριστοῦ
La gracia del Señor de nosotros Jesús Cristo (esté)

μετὰ πάντων ὑμῶν· ἀμήν.
con todos vosotros. Amén.

14Y si alguno no obedeciere a nuestra palabra por carta, notad al tal, y no os juntéis con él, para que se avergüence. **15**Mas no lo tengáis como a enemigo, sino amonestadle como a hermano. **16**Y el mismo Señor de paz os dé siempre paz en toda manera. El Señor sea con todos vosotros. **17**Salud de mi mano, Pablo, que es mi signo en toda carta mía: así escribo. **18**La gracia de nuestro Señor Jesucristo sea con todos vosotros. Amén.

---

25. Como en I Corintios 5.9.

LA PRIMERA EPÍSTOLA DEL APÓSTOL SAN PABLO
A TIMOTEO

1

1 Pablo, apóstol de Jesucristo por la ordenación de Dios nuestro Salvador, y del Señor Jesucristo, nuestra esperanza;
2 A Timoteo, verdadero hijo en la fe: Gracia, misericordia y paz de Dios nuestro Padre, y de Cristo Jesús nuestro Señor.
3 Como te rogué que te quedases en Efeso, cuando partí para Macedonia, para que requirieses a algunos que no enseñen diversa doctrina,
4 Ni presten atención a fábulas y genealogías sin término, que antes engendran cuestiones que la edificación de Dios que es por fe; así te encargo ahora.
5 Pues el fin del mandamiento es la caridad nacida de corazón limpio, y de buena conciencia, y de fe no fingida:
6 De lo cual distrayéndose algunos, se apartaron a vanas pláticas;
7 Queriendo ser doctores de la ley, sin entender ni lo que hablan, ni lo que afirman.
8 Sabemos empero que la ley es buena, si alguno usa de ella legítimamente;

1

1 Παῦλος, ἀπόστολος Ἰησοῦ Χριστοῦ κατ' ἐπιταγὴν Θεοῦ
Pablo, apóstol de Jesús Cristo según mandato de Dios
σωτῆρος ἡμῶν καὶ Κυρίου[1] Ἰησοῦ τῆς ἐλπίδος ἡμῶν,
salvador de nosotros y de Señor Jesús la esperanza de nosotros,

2 Τιμοθέῳ γνησίῳ τέκνῳ ἐν πίστει, χάρις, ἔλεος, εἰρήνη
a Timoteo genuino hijo en fe, gracia, misericordia, paz
ἀπὸ Θεοῦ πατρὸς ἡμῶν[2] καὶ Χριστοῦ Ἰησοῦ
de Dios Padre de nosotros y de Cristo Jesús
τοῦ Κυρίου ἡμῶν.
el Señor de nosotros.

3 Καθὼς παρεκάλεσά σε προσμεῖναι ἐν Ἐφέσῳ, πορευόμενος
Como rogué te quedarte[3] en Éfeso, yendo
εἰς Μακεδονίαν, ἵνα παραγγείλῃς τισὶ μὴ
a Macedonia, para que ordenes a algunos no
ἑτεροδιδασκαλεῖν
enseñar de otra manera.

4 μηδὲ προσέχειν μύθοις καὶ γενεαλογίαις ἀπεράντοις,
ni atender a mitos y genealogías interminables
αἵτινες ζητήσεις παρέχουσι μᾶλλον ἢ οἰκονομίαν
que disputas proporcionan más que edificación
Θεοῦ τὴν ἐν πίστει·
de Dios la en fe.

5 τὸ δὲ τέλος τῆς παραγγελίας ἐστὶν ἀγάπη ἐκ καθαρᾶς
El - objetivo[4] del mandato es amor de limpio
καρδίας καὶ συνειδήσεως ἀγαθῆς καὶ πίστεως ἀνυποκρίτου,
corazón y conciencia buena y fe sin hipocresía.

6 ὧν τινες ἀστοχήσαντες ἐξετράπησαν
de las cuales cosas algunos desviándose se apartaron
εἰς ματαιολογίαν,
hacia la conversación vana.

7 θέλοντες εἶναι νομοδιδάσκαλοι, μὴ νοοῦντες μήτε ἃ
queriendo ser maestros de la ley, no comprendiendo ni las
λέγουσι μήτε περὶ τίνων διαβεβαιοῦνται.
cosas que dicen ni acerca de las que afirman.

8 Οἴδαμεν δὲ ὅτι καλὸς ὁ νόμος, ἐάν τις αὐτῷ
sabemos Pero que buena (es) la ley, si alguno la
νομίμως χρῆται,
legalmente utiliza,

---

1. La NU suprime Señor.
2. La NU suprime de nosotros.
3. Es decir, que te quedaras (oración de infinitivo).
4. O finalidad, fin.

9 εἰδὼς τοῦτο, ὅτι δικαίῳ νόμος οὐ κεῖται,
sabiendo esto que para justo ley no está puesta,
ἀνόμοις δὲ καὶ ἀνυποτάκτοις, ἀσεβέσι καὶ
para los sin ley Pero e insubordinados, impíos y
ἁμαρτωλοῖς, ἀνοσίοις καὶ βεβήλοις, πατρολῴαις καὶ
pecadores, sacrílegos y profanos, parricidas y
μητρολῴαις, ἀνδροφόνοις
matricidas, homicidas,

10 πόρνοις, ἀρσενοκοίταις, ἀνδραποδισταῖς, ψεύσταις,
fornicadores, homosexuales, traficante de hombres, mentirosos,
ἐπιόρκοις, καὶ εἴ τι ἕτερον τῇ ὑγιαινούσῃ
perjuros, y si algo diferente a la sana
διδασκαλίᾳ ἀντίκειται,
doctrina se opone,

11 κατὰ τὸ εὐαγγέλιον τῆς δόξης τοῦ μακαρίου Θεοῦ,
según el evangelio de la gloria del bendito Dios,
ὃ ἐπιστεύθην ἐγώ.
que fue confiado a mí.

12 Καὶ Χάριν ἔχω τῷ ἐνδυναμώσαντί με Χριστῷ Ἰησοῦ
Y gracias doy al que fortaleció me, a Cristo Jesús
τῷ Κυρίῳ ἡμῶν, ὅτι πιστόν με ἡγήσατο,
el Señor de nosotros, porque fiel me consideró,
θέμενος εἰς διακονίαν,
poniendo (me) para servicio,

13 τὸ πρότερον ὄντα βλάσφημον καὶ διώκτην
- primero siendo blasfemo y perseguidor,
καὶ ὑβριστήν· ἀλλ' ἠλεήθην,
e insolente, pero fui compadecido
ὅτι ἀγνοῶν ἐποίησα ἐν ἀπιστίᾳ,
porque ignorando hice en incredulidad,

14 ὑπερεπλεόνασε δὲ ἡ χάρις τοῦ Κυρίου ἡμῶν
superabundó sin embargo la gracia del Señor de nosotros
μετὰ πίστεως καὶ ἀγάπης τῆς ἐν Χριστῷ Ἰησοῦ.
con fe y amor el en Cristo Jesús.

15 Πιστὸς ὁ λόγος καὶ πάσης ἀποδοχῆς ἄξιος,
Fiel (es) la palabra y de toda aceptación digna,
ὅτι Χριστὸς Ἰησοῦς ἦλθεν εἰς τὸν κόσμον
que Cristo Jesús vino a el mundo
ἁμαρτωλοὺς σῶσαι, ὧν πρῶτός εἰμι ἐγώ.
a pecadores salvar, de los que primero soy yo.

16 ἀλλὰ διὰ τοῦτο ἠλεήθην, ἵνα ἐν ἐμοὶ πρώτῳ
pero por esto fui compadecido, para que en mí primero
ἐνδείξηται Ἰησοῦς Χριστὸς τὴν ἅπασαν μακροθυμίαν, πρὸς
mostrara Jesús Cristo la toda paciencia, como
ὑποτύπωσιν τῶν μελλόντων πιστεύειν ἐπ' αὐτῷ εἰς
ejemplo de los que van a creer en él para
ζωὴν αἰώνιον.
vida eterna.

9Conociendo esto, que la ley no es puesta para el justo, sino para los injustos y para los desobedientes, para los impíos y pecadores, para los malos y profanos, para los parricidas y matricidas, para los homicidas,
10Para los fornicarios, para los sodomitas, para los ladrones de hombres, para los mentirosos y perjuros, y si hay alguna otra cosa contraria a la sana doctrina;
11Según el evangelio de la gloria del Dios bendito, el cual a mí me ha sido encargado.
12Y doy gracias al que me fortificó, a Cristo Jesús nuestro Señor, de que me tuvo por fiel, poniéndome en el ministerio:
13Habiendo sido antes blasfemo y perseguidor e injuriador: mas fuí recibido a misericordia, porque lo hice con ignorancia en incredulidad.
14Mas la gracia de nuestro Señor fué más abundante con la fe y amor que es en Cristo Jesús.
15Palabra fiel y digna de ser recibida de todos: que Cristo Jesús vino al mundo para salvar a los pecadores, de los cuales yo soy el primero.
16Mas por esto fuí recibido a misericordia, para que Jesucristo mostrase en mí el primero toda su clemencia, para ejemplo de los que habían de creer en él para vida eterna.

17 Por tanto, al Rey de siglos, inmortal, invisible, al solo sabio Dios sea honor y gloria por los siglos de los siglos. Amén.
18 Este mandamiento, hijo Timoteo, te encargo, para que, conforme a las profecías pasadas de ti, milites por ellas buena milicia;
19 Manteniendo la fe y buena conciencia, la cual echando de sí algunos, hicieron naufragio en la fe:
20 De los cuales son Himeneo y Alejandro, los cuales entregué a Satanás, para que aprendan a no blasfemar.

2

1 Amonesto pues, ante todas cosas, que se hagan rogativas, oraciones, peticiones, hacimientos de gracias, por todos los hombres;
2 Por los reyes y por todos los que están en eminencia, para que vivamos quieta y reposadamente en toda piedad y honestidad.
3 Porque esto es bueno y agradable delante de Dios nuestro Salvador;
4 El cual quiere que todos los hombres sean salvos, y que vengan al conocimiento de la verdad.
5 Porque hay un Dios, asimismo un mediador entre Dios y los hombres, Jesucristo hombre;
6 El cual se dió a sí mismo en precio del rescate por todos, para testimonio en sus tiempos:

17 τῷ δὲ βασιλεῖ τῶν αἰώνων, ἀφθάρτῳ, ἀοράτῳ,
Al - rey de las eras, incorruptible, invisible,
μόνῳ σοφῷ[5] Θεῷ, τιμὴ καὶ δόξα
único sabio Dios, honor y gloria
εἰς τοὺς αἰῶνας τῶν αἰώνων· ἀμήν.
por las eras de las eras. Amén.

18 Ταύτην τὴν παραγγελίαν παρατίθεμαί σοι,
Este el mandamiento encomiendo te,
τέκνον Τιμόθεε, κατὰ τὰς προαγούσας ἐπὶ σὲ προφητείας,
hijo Timoteo, según las precedentes sobre ti profecías,
ἵνα στρατεύῃ ἐν αὐταῖς τὴν καλὴν στρατείαν
para que milites con ellas la buena milicia,

19 ἔχων πίστιν καὶ ἀγαθὴν συνείδησιν, ἥν τινες ἀπωσάμενοι
teniendo fe y buena conciencia, que algunos rechazando
περὶ τὴν πίστιν ἐναυάγησαν·
en relación con la fe naufragaron,

20 ὧν ἐστιν Ὑμέναιος καὶ Ἀλέξανδρος,
de los cuales es Himeneo y Alejandro,
οὓς παρέδωκα τῷ Σατανᾷ, ἵνα παιδευθῶσι
a los que entregué a Satanás, para que fueran enseñados
μὴ βλασφημεῖν.
a no blasfemar.

2

1 Παρακαλῶ οὖν πρῶτον πάντων ποιεῖσθαι δεήσεις,
Exhorto pues primero por todos ser hechas súplicas,
προσευχάς, ἐντεύξεις, εὐχαριστίας,
oraciones, intercesiones, acciones de gracias
ὑπὲρ πάντων ἀνθρώπων,
por todos hombres.

2 ὑπὲρ βασιλέων καὶ πάντων τῶν ἐν ὑπεροχῇ ὄντων,
por reyes y todos los en prominencia estando
ἵνα ἤρεμον καὶ ἡσύχιον βίον διάγωμεν
para que tranquila y reposada vida llevemos
ἐν πάσῃ εὐσεβείᾳ καὶ σεμνότητι.
en toda piedad y dignidad.

3 τοῦτο γὰρ καλὸν καὶ ἀπόδεκτον ἐνώπιον
esto Porque bueno y aceptable (es) delante
τοῦ σωτῆρος ἡμῶν Θεοῦ,
del salvador de nosotros Dios,

4 ὃς πάντας ἀνθρώπους θέλει σωθῆναι
el cual todos hombres quiere que sean salvos
καὶ εἰς ἐπίγνωσιν ἀληθείας ἐλθεῖν.
y a conocimiento de verdad vengan.

5 εἷς γὰρ Θεός, εἷς καὶ μεσίτης Θεοῦ καὶ
un Porque Dios (hay), un también mediador de Dios y
ἀνθρώπων, ἄνθρωπος Χριστὸς Ἰησοῦς,
hombres. hombre Cristo Jesús.

6 ὁ δοὺς ἑαυτὸν ἀντίλυτρον ὑπὲρ πάντων,
El que dio a sí mismo (como) rescate por todos, (como)
τὸ μαρτύριον καιροῖς ἰδίοις,
el testimonio en eras suyas,

---

5. La NU suprime sabio.

7 εἰς ὃ ἐτέθην ἐγὼ κήρυξ καὶ ἀπόστολος,
para lo cual fui constituido yo heraldo[6] y apóstol,

ἀλήθειαν λέγω ἐν Χριστῷ,[7] οὐ ψεύδομαι, διδάσκαλος
verdad digo en Cristo, no miento, maestro

ἐθνῶν ἐν πίστει καὶ ἀληθείᾳ.
de gentiles en fe y verdad.

8 Βούλομαι οὖν προσεύχεσθαι τοὺς ἄνδρας ἐν παντὶ τόπῳ,
Deseo pues que oren los hombres en todo lugar,

ἐπαίροντας ὁσίους χεῖρας χωρὶς ὀργῆς καὶ διαλογισμοῦ.
alzando santas manos sin ira ni contienda.

9 ὡσαύτως καὶ τὰς γυναῖκας ἐν καταστολῇ κοσμίῳ,
De manera semejante también las mujeres en atavío modesto

μετὰ αἰδοῦς καὶ σωφροσύνης κοσμεῖν ἑαυτάς, μὴ ἐν
con pudor y discreción para arreglarse a sí mismas, no con

πλέγμασιν ἢ χρυσῷ ἢ μαργαρίταις ἢ ἱματισμῷ πολυτελεῖ,
peinados ostentosos ni con oro ni perlas ni ropa cara,

10 ἀλλ' ὃ πρέπει γυναιξὶν ἐπαγγελλομέναις θεοσέβειαν,
sino lo que corresponde a mujeres que profesan piedad

δι' ἔργων ἀγαθῶν.
con obras buenas.

11 Γυνὴ ἐν ἡσυχίᾳ μανθανέτω ἐν πάσῃ ὑποταγῇ·
Mujer en silencio aprenda en toda sumisión.

12 γυναικὶ δὲ διδάσκειν οὐκ ἐπιτρέπω, οὐδὲ αὐθεντεῖν ἀνδρός,
A mujer - enseñar no permito, ni tener poder[8] sobre varón,

ἀλλ' εἶναι ἐν ἡσυχίᾳ.
sino estar en silencio.

13 Ἀδὰμ γὰρ πρῶτος ἐπλάσθη, εἶτα Εὔα.
Adán Porque primero fue formado, después Eva.

14 καὶ Ἀδὰμ οὐκ ἠπατήθη, ἡ δὲ γυνὴ
Y Adán no fue engañado, la Pero mujer

ἐξαπατηθεῖσα ἐν παραβάσει γέγονε·
habiendo sido engañada en transgresión llegó a estar.

15 σωθήσεται δὲ διὰ τῆς τεκνογονίας, ἐὰν μείνωσιν
Será salvada sin embargo mediante el dar a luz, si permanecen

ἐν πίστει καὶ ἀγάπῃ καὶ ἁγιασμῷ μετὰ σωφροσύνης.
en fe y amor y santificación con discreción.

3

1 Πιστὸς ὁ λόγος· εἴ τις ἐπισκοπῆς ὀρέγεται,
Fiable[9] (es) la palabra: si alguno a supervisión[10] aspira,

καλοῦ ἔργου ἐπιθυμεῖ.
buena obra desea.

2 δεῖ οὖν τὸν ἐπίσκοπον ἀνεπίλημπτον εἶναι, μιᾶς
Es preciso pues que el supervisor[11] irreprochable sea, de una

γυναικὸς ἄνδρα, νηφάλιον, σώφρονα,
mujer marido, sobrio, prudente,

κόσμιον, φιλόξενον, διδακτικόν,
modesto, hospitalario, capaz de enseñar,

7De lo que yo soy puesto por predicador y apóstol, (digo verdad en Cristo, no miento) doctor de los Gentiles en fidelidad y verdad.
8Quiero, pues, que los hombres oren en todo lugar, levantando manos limpias, sin ira ni contienda.
9Asimismo también las mujeres, ataviándose en hábito honesto, con vergüenza y modestia; no con cabellos encrespados, u oro, o perlas, o vestidos costosos.
10Sino de buenas obras, como conviene a mujeres que profesan piedad.
11La mujer aprenda en silencio, con toda sujeción.
12Porque no permito a la mujer enseñar, ni tomar autoridad sobre el hombre, sino estar en silencio.
13Porque Adam fué formado el primero, después Eva;
14Y Adam no fué engañado, sino la mujer, siendo seducida, vino a ser envuelta en transgresión:
15Empero se salvará engendrando hijos, si permaneciere en la fe y caridad y santidad, con modestia.

3 Palabra fiel: Si alguno apetece obispado, buena obra desea.
2Conviene, pues, que el obispo sea irreprensible, marido de una mujer, solícito, templado, compuesto, hospedador, apto para enseñar;

---

6. O predicador.
7. La NU suprime en Cristo.
8. O dominar.
9. O fiel.
10. En el sentido de obispado.
11. U obispo.

3 No amador del vino, no heridor, no codicioso de torpes ganancias, sino moderado, no litigioso, ajeno de avaricia;
4 Que gobierne bien su casa, que tenga sus hijos en sujeción con toda honestidad;
5 (Porque el que no sabe gobernar su casa, ¿cómo cuidará de la iglesia de Dios?)
6 No un neófito, porque inflándose no caiga en juicio del diablo.
7 También conviene que tenga buen testimonio de los extraños, porque no caiga en afrenta y en lazo del diablo.
8 Los diáconos asimismo, deben ser honestos, no bilingües, no dados a mucho vino, no amadores de torpes ganancias;
9 Que tengan el misterio de la fe con limpia conciencia.
10 Y éstos también sean antes probados; y así ministren, si fueren sin crimen.
11 Las mujeres asimismo, honestas, no detractoras, templadas, fieles en todo.
12 Los diáconos sean maridos de una mujer, que gobiernen bien sus hijos y sus casas.
13 Porque los que bien ministraren, ganan para sí buen grado, y mucha confianza en la fe que es en Cristo Jesús.
14 Esto te escribo con esperanza que iré presto a ti:

3 μὴ πάροινον,   μὴ πλήκτην, μὴ αἰσχροκερδῆ,[12]
no dado al vino, no violento, no codicioso de baja ganancia,[13]

ἀλλ' ἐπιεικῆ, ἄμαχον, ἀφιλάργυρον,
sino amable, pacífico, no amador del dinero,

4 τοῦ ἰδίου οἴκου καλῶς προϊστάμενον, τέκνα ἔχοντα
la propia casa bien gobernando, hijos teniendo

ἐν ὑποταγῇ, μετὰ πάσης σεμνότητος·
en sumisión, con toda reverencia,

5 εἰ δέ τις   τοῦ ἰδίου   οἴκου προστῆναι οὐκ οἶδε,
si - alguno la propia casa gobernar no sabe,

πῶς ἐκκλησίας Θεοῦ ἐπιμελήσεται;
¿cómo iglesia de Dios cuidará?

6 μὴ νεόφυτον, ἵνα   μὴ τυφωθεὶς   εἰς κρῖμα
No neófito, para que no, hinchándose, en juicio

ἐμπέσῃ τοῦ διαβόλου.
caiga del diablo.

7 δεῖ δὲ αὐτὸν καὶ   μαρτυρίαν καλὴν ἔχειν ἀπὸ τῶν ἔξωθεν,
Debe pues él también testimonio bueno tener de los de fuera,

ἵνα   μὴ εἰς ὀνειδισμὸν ἐμπέσῃ καὶ παγίδα τοῦ   διαβόλου.[14]
para que no en reproche caiga y trampa del diablo.

8 Διακόνους ὡσαύτως   σεμνούς,   μὴ διλόγους,   μὴ οἴνῳ
Diáconos igualmente reverentes, no de doble lengua, no al vino

πολλῷ προσέχοντας, μὴ αἰσχροκερδεῖς,
mucho dados,   no codiciosos de baja ganancia,[15]

9 ἔχοντας τὸ μυστήριον τῆς   πίστεως ἐν καθαρᾷ συνειδήσει.
teniendo el misterio de la fe en pura conciencia.

10 καὶ οὗτοι δὲ δοκιμαζέσθωσαν πρῶτον,
y éstos - sean examinados primero,

εἶτα διακονείτωσαν ἀνέγκλητοι ὄντες.
después ejerzan el diaconado irreprensibles siendo.

11 Γυναῖκας ὡσαύτως   σεμνάς,   μὴ διαβόλους,
Mujeres igualmente reverentes, no calumniadoras,

νηφαλίους, πιστὰς ἐν πᾶσι.
templadas, fieles en todo.

12 Διάκονοι ἔστωσαν μιᾶς   γυναικὸς ἄνδρες, τέκνων καλῶς
Diáconos sean de una mujer maridos, hijos bien

προϊστάμενοι καὶ τῶν ἰδίων   οἴκων.
gobernando y las propias casas.

13 οἱ   γὰρ   καλῶς διακονήσαντες   βαθμὸν ἑαυτοῖς
los que Porque bien ejercen el diaconado grado para sí mismos

καλὸν περιποιοῦνται καὶ πολλὴν παρρησίαν
bueno consiguen y mucha confianza

ἐν πίστει τῇ ἐν Χριστῷ Ἰησοῦ.
en fe la en Cristo Jesús.

14 Ταῦτά σοι γράφω ἐλπίζων   ἐλθεῖν πρὸς σὲ ἐν τάχιον·
Esto te escribo esperando ir a ti en breve.

---

12. La NU omite no codicioso de ganancias deshonestas.
13. Es decir, de ganancias obtenidas con medios que desdicen de la dignidad pastoral.
14. O: "del calumniador".
15. Es decir, de ganancias obtenidas con medios que desdicen de la dignidad pastoral.

15 ἐὰν δὲ βραδύνω, ἵνα εἰδῇς πῶς δεῖ ἐν οἴκῳ
Si sin embargo me retraso, para que veas cómo hay que en casa
Θεοῦ ἀναστρέφεσθαι, ἥτις ἐστὶν ἐκκλησία Θεοῦ ζῶντος,
de Dios conducirse, que es iglesia de Dios viviente,
στῦλος καὶ ἑδραίωμα τῆς ἀληθείας.
columna y apoyo de la verdad.

16 καὶ ὁμολογουμένως μέγα ἐστὶ τὸ τῆς εὐσεβείας μυστήριον·
Y confesamente[16] grande es el de la piedad misterio:
Θεὸς[17] ἐφανερώθη ἐν σαρκί, ἐδικαιώθη ἐν Πνεύματι,
Dios fue manifestado en carne, fue justificado en Espíritu,
ὤφθη ἀγγέλοις, ἐκηρύχθη ἐν ἔθνεσιν,
fue visto por ángeles, fue predicado entre naciones,
ἐπιστεύθη ἐν κόσμῳ, ἀνελήμφθη ἐν δόξῃ.
fue creído en mundo, fue recibido arriba en gloria.

4

1 Τὸ δὲ Πνεῦμα ῥητῶς λέγει ὅτι ἐν ὑστέροις καιροῖς
el Pero Espíritu claramente dice que en últimos tiempos
ἀποστήσονταί τινες τῆς πίστεως προσέχοντες πνεύμασι
se apartarán algunos de la fe escuchando a espíritus
πλάνοις καὶ διδασκαλίαις δαιμονίων,
engañadores y enseñanzas de demonios,

2 ἐν ὑποκρίσει ψευδολόγων, κεκαυστηριασμένων
en hipocresía de embusteros, habiendo cauterizado
τὴν ἰδίαν συνείδησιν,
la propia conciencia,

3 κωλυόντων γαμεῖν, ἀπέχεσθαι βρωμάτων ἃ ὁ
prohibiendo casarse, (ordenando) abstenerse de alimentos que
Θεὸς ἔκτισεν εἰς μετάληψιν μετὰ εὐχαριστίας τοῖς
Dios creó para participación con acción de gracias por los
πιστοῖς καὶ ἐπεγνωκόσι τὴν ἀλήθειαν.
fieles y que han llegado a conocer la verdad.

4 ὅτι πᾶν κτίσμα Θεοῦ καλόν, καὶ οὐδὲν ἀπόβλητον
porque toda creación de Dios (es) buena, y nada rechazable
μετὰ εὐχαριστίας λαμβανόμενον·
con acción de gracias recibido.

5 ἁγιάζεται γὰρ διὰ λόγου Θεοῦ καὶ ἐντεύξεως.
es santificado Porque por palabra de Dios y ruego.

15 Y si no fuere tan presto, para que sepas cómo te conviene conversar en la casa de Dios, que es la iglesia del Dios vivo, columna y apoyo de la verdad.
16 Y sin contradicción, grande es el misterio de la piedad: Dios ha sido manifestado en carne; ha sido justificado con el Espíritu; ha sido visto de los ángeles; ha sido predicado a los Gentiles; ha sido creído en el mundo; ha sido recibido en gloria.

4 Empero el Espíritu dice manifiestamente, que en los venideros tiempos alguno apostatarán de la fe escuchando a espíritus de error y a doctrinas de demonios;
2 Que con hipocresía hablarán mentira, teniendo cauterizada la conciencia.
3 Que prohibirán casarse, y mandarán abstenerse de las viandas que Dios crió para que con hacimiento de gracias participasen de ellas los fieles, y los que han conocido la verdad.
4 Porque todo lo que Dios crió es bueno, y nada hay que desechar, tomándose con hacimiento de gracias:
5 Porque por la palabra de Dios y por la oración es santificado.

---

16. Es decir, se trata de un misterio que puede ser confesado.
17. La NU sustituye Dios por el cual. Las razones para esa sustitución –por más que se haya extendido a numerosas traducciones– carecen de solidez. De entrada, todos los manuscritos unciales (salvo Alef que da el cual y D que presenta lo cual) tienen Dios y no el cual. Lo mismo sucede con los cursivos, de los que todos menos uno tienen Dios y no el cual. Por añadidura, todos los leccionarios eclesiásticos del s. VI o V leen Dios en lugar de el cual. El testimonio de los Padres de la iglesia resulta también muy claro. Gregorio de Nisa cita el texto 22 veces usando Dios y no el cual. Gregorio de Nacianzo da Dios dos veces. Dídimo de Alejandría lo cita con Dios tres veces. El Pseudo-Dionisio de Alejandría cita el pasaje con Dios cuatro veces. Diodoro de Tarso lo cita con Dios cinco veces. Juan Crisóstomo lo cita con Dios y no con el cual al menos tres veces. Esa misma referencia al texto siempre con Dios y no con el cual volvemos a encontrarla en Cirilo de Alejandría (7 veces), Teodoro (4), Severo de Antioquía (1), Macedonio (506 d. de C.), al que absurdamente se le ha atribuido la lectura Dios, por supuesto también la reproduce; Eutalio y Juan Damasceno, 2 veces cada uno y a todos ellos hay que añadir Epifanio en el VII concilio de Nicea (787), Ecumenio y Teofilacto. Finalmente, la lectura "el cual" plantea el problema de saber cuál es el antecedente al que se refiere el pronombre relativo. Todo lo anterior lleva a pensar que "el cual" es una lectura defectuosa que, muy posiblemente, pretendía borrar del texto del Nuevo Testamento un pasaje claramente conectado con la doctrina bíblica de la encarnación de Dios.

6Si esto propusieres a los hermanos, serás buen ministro de Jesucristo, criado en las palabras de la fe y de la buena doctrina, la cual has alcanzado.
7Mas las fábulas profanas y de viejas desecha, y ejercítate para la piedad.
8Porque el ejercicio corporal para poco es provechoso; mas la piedad para todo aprovecha, pues tiene promesa de esta vida presente, y de la venidera.
9Palabra fiel es esta, y digna de ser recibida de todos.
10Que por esto aun trabajamos y sufrimos oprobios, porque esperamos en el Dios viviente, el cual es Salvador de todos los hombres, mayormente de los que creen.
11Esto manda y enseña.
12Ninguno tenga en poco tu juventud; pero sé ejemplo de los fieles en palabra, en conversación, en caridad, en espíritu, en fe, en limpieza.
13Entre tanto que voy, ocúpate en leer, en exhortar, en enseñar.
14No descuides el don que está en ti, que te es dado por profecía con la imposición de las manos del presbiterio.
15Medita estas cosas; ocúpate en ellas; para que tu aprovechamiento sea manifiesto a todos.
16Ten cuidado de ti mismo y de la doctrina; persiste en ello; pues haciendo esto, a ti mismo salvarás y a los que te oyeren.

6 Ταῦτα ὑποτιθέμενος τοῖς ἀδελφοῖς καλὸς ἔσῃ διάκονος
Esto instruyendo a los hermanos buen serás siervo

Ἰησοῦ Χριστοῦ, ἐντρεφόμενος τοῖς λόγοις τῆς πίστεως
de Jesús Cristo, alimentado con las palabras de la fe

καὶ τῆς καλῆς διδασκαλίας ᾗ παρηκολούθηκας.
y de la buena doctrina que has seguido.

7 τοὺς δὲ βεβήλους καὶ γραώδεις μύθους παραιτοῦ,
los Pero profanos y de viejas mitos rechaza.

γύμναζε δὲ σεαυτὸν πρὸς εὐσέβειαν·
Ejercita sin embargo a ti mismo para piedad.

8 ἡ γὰρ σωματικὴ γυμνασία πρὸς ὀλίγον ἐστὶν ὠφέλιμος,
la Porque corporal gimnasia para poco es útil,

ἡ δὲ εὐσέβεια πρὸς πάντα ὠφέλιμός ἐστιν,
la Pero piedad para todo útil es,

ἐπαγγελίαν ἔχουσα ζωῆς τῆς νῦν καὶ τῆς μελλούσης.
promesa teniendo de vida de la de ahora y de la venidera.

9 πιστὸς ὁ λόγος καὶ πάσης ἀποδοχῆς ἄξιος·
Fiel[18] la palabra y de toda aceptación digna.

10 εἰς τοῦτο γὰρ καὶ κοπιῶμεν καὶ ὀνειδιζόμεθα,[19] ὅτι
para esto Porque también bregamos y sufrimos oprobio porque

ἠλπίκαμεν ἐπὶ Θεῷ ζῶντι, ὅς ἐστι σωτὴρ πάντων
hemos esperado en Dios viviente, que es salvador de todos

ἀνθρώπων, μάλιστα πιστῶν.
hombres, mayormente de creyentes.

11 Παράγγελλε ταῦτα καὶ δίδασκε.
Ordena esto y enseña.

12 μηδείς σου τῆς νεότητος καταφρονείτω, ἀλλὰ τύπος
Ninguno de ti la juventud desprecie, sino modelo

γίνου τῶν πιστῶν ἐν λόγῳ, ἐν ἀναστροφῇ,
llega a ser de los creyentes en palabra, en conducta,

ἐν ἀγάπῃ, ἐν πνεύματι,[20] ἐν πίστει, ἐν ἁγνείᾳ.
en amor, en espíritu, en fe, en pureza.

13 ἕως ἔρχομαι, πρόσεχε τῇ ἀναγνώσει,
Hasta que venga, ocúpate de la lectura,

τῇ παρακλήσει, τῇ διδασκαλίᾳ.
de la exhortación, de la enseñanza.

14 μὴ ἀμέλει τοῦ ἐν σοὶ χαρίσματος, ὃ ἐδόθη σοι διὰ
No descuides el en ti don, que fue dado te por

προφητείας μετὰ ἐπιθέσεως τῶν χειρῶν τοῦ πρεσβυτερίου.
profecía con imposición de las manos del consejo de ancianos.[21]

15 ταῦτα μελέτα, ἐν τούτοις ἴσθι,
De esto ocúpate, en esto estate[22]

ἵνα σου ἡ προκοπὴ φανερὰ ᾖ πᾶσιν.
para que de ti el progreso evidente sea para todos.

16 ἔπεχε σεαυτῷ καὶ τῇ διδασκαλίᾳ, ἐπίμενε αὐτοῖς·
Cuida de ti mismo y de la enseñanza, persiste en ello;

τοῦτο γὰρ ποιῶν καὶ σεαυτὸν σώσεις
esto Porque haciendo no sólo a ti mismo salvarás

καὶ τοὺς ἀκούοντάς σου.
sino también a los que escuchan te.

---

18. O fiable.
19. La NU tiene luchamos.
20. La NU suprime en espíritu.
21. Lit: presbiterio.
22. O mantente.

1 Πρεσβυτέρῳ μὴ ἐπιπλήξῃς, ἀλλὰ παρακάλει ὡς πατέρα,
A anciano no reprendas, sino exhorta como padre,

νεωτέρους ὡς ἀδελφούς,
a jóvenes como hermanos,

2 πρεσβυτέρας ὡς μητέρας, νεωτέρας
a ancianas como madres, a jóvenes

ὡς ἀδελφὰς ἐν πάσῃ ἁγνείᾳ.
como hermanas en toda pureza.

3 Χήρας τίμα τὰς ὄντως χήρας.
A viudas honra las que son viudas.

4 εἰ δέ τις χήρα τέκνα ἢ ἔκγονα ἔχει, μανθανέτωσαν
si Pero alguna viuda hijos o nietos tiene, aprendan

πρῶτον τὸν ἴδιον οἶκον εὐσεβεῖν καὶ ἀμοιβὰς ἀποδιδόναι
primero a la propia casa mostrar piedad y pagos devolver

τοῖς προγόνοις· τοῦτο γάρ ἐστι καλὸν
a los antepasados. esto Porque es bueno

καὶ²³ ἀπόδεκτον ἐνώπιον τοῦ Θεοῦ.
y aceptable delante de Dios.

5 ἡ δὲ ὄντως χήρα καὶ μεμονωμένη ἤλπικεν ἐπὶ
la Pero que es viuda y habiendo quedado sola ha esperado en

τὸν Θεὸν καὶ προσμένει ταῖς δεήσεσι καὶ ταῖς προσευχαῖς
Dios y continúa en las súplicas y en las oraciones

νυκτὸς καὶ ἡμέρας·
noche y día.

6 ἡ δὲ σπαταλῶσα ζῶσα τέθνηκε.
La que sin embargo vive para el placer viviendo ha muerto.

7 καὶ ταῦτα παράγγελλε, ἵνα ἀνεπίληπτοι ὦσιν.
También esto manda, para que irreprochables sean.

8 εἰ δέ τις τῶν ἰδίων καὶ μάλιστα τῶν οἰκείων οὐ
si - alguno de los suyos y mayormente de los de la casa no

προνοεῖ, τὴν πίστιν ἤρνηται καὶ ἔστιν ἀπίστου χείρων.
provee la fe ha negado y es que un incrédulo peor.

9 Χήρα καταλεγέσθω μὴ ἔλαττον ἐτῶν ἑξήκοντα
Viuda sea colocada en lista no menos años setenta

γεγονυῖα, ἑνὸς ἀνδρὸς γυνή,
habiendo llegado a ser, de un marido mujer,

10 ἐν ἔργοις καλοῖς μαρτυρουμένη, εἰ ἐτεκνοτρόφησεν,
en obras buenas habiendo dado testimonio, si dio a luz hijos,

εἰ ἐξενοδόχησεν, εἰ ἁγίων πόδας ἔνιψεν,
si fue hospitalaria, si de santos pies lavó,

εἰ θλιβομένοις ἐπήρκεσεν, εἰ παντὶ ἔργῳ ἀγαθῷ ἐπηκολούθησε.
si afligidos socorrió, si toda obra buena siguió.

11 νεωτέρας δὲ χήρας παραιτοῦ· ὅταν γὰρ
más jóvenes Pero viudas rechaza. cuando Porque se inflaman

καταστρηνιάσωσι τοῦ Χριστοῦ, γαμεῖν θέλουσιν,
de deseos contra Cristo, casarse quieren,

12 ἔχουσαι κρῖμα ὅτι τὴν πρώτην πίστιν ἠθέτησαν·
teniendo juicio porque la primera fe transgredieron.

5 No reprendas al anciano, sino exhórtale como a padre: a los más jóvenes, como a hermanos;

2 A las ancianas, como a madres; a las jovencitas, como a hermanas, con toda pureza.

3 Honra a las viudas que en verdad son viudas.

4 Pero si alguna viuda tuviere hijos, o nietos, aprendan primero a gobernar su casa piadosamente, y a recompensar a sus padres: porque esto es lo honesto y agradable delante de Dios.

5 Ahora, la que en verdad es viuda y solitaria, espera en Dios, y es diligente en suplicaciones y oraciones noche y día.

6 Pero la que vive en delicias, viviendo está muerta.

7 Denuncia pues estas cosas, para que sean sin reprensión.

8 Y si alguno no tiene cuidado de los suyos, y mayormente de los de su casa, la fe negó, y es peor que un infiel.

9 La viuda sea puesta en clase especial, no menos que de sesenta años, que haya sido esposa de un solo marido.

10 Que tenga testimonio en buenas obras; si crió hijos; si ha ejercitado la hospitalidad; si ha lavado los pies de los santos; si ha socorrido a los afligidos; si ha seguido toda buena obra.

11 Pero viudas más jóvenes no admitas: porque después de hacerse licenciosas contra Cristo, quieren casarse.

12 Condenadas ya, por haber falseado la primera fe.

---

23. La NU suprime bueno y.

13 Y aun también se acostumbran a ser ociosas, a andar de casa en casa; y no solamente ociosas, sino también parleras y curiosas, hablando lo que no conviene.
14 Quiero pues, que las que son jóvenes se casen, críen hijos, gobiernen la casa; que ninguna ocasión den al adversario para maldecir.
15 Porque ya algunas han vuelto atrás en pos de Satanás.
16 Si algún fiel o alguna fiel tiene viudas, manténgalas, y no sea gravada la iglesia; a fin de que haya lo suficiente para las que de verdad son viudas.
17 Los ancianos que gobiernan bien, sean tenidos por dignos de doblada honra; mayormente los que trabajan en predicar y enseñar.
18 Porque la Escritura dice: No embozarás al buey que trilla; y: Digno es el obrero de su jornal.
19 Contra el anciano no recibas acusación sino con dos o tres testigos.
20 A los que pecaren, repréndelos delante de todos, para que los otros también teman.
21 Te requiero delante de Dios y del Señor Jesucristo, y de sus ángeles escogidos, que guardes estas cosas sin perjuicio de nadie, que nada hagas inclinándote a la una parte.
22 No impongas de ligero las manos a ninguno, ni comuniques en pecados ajenos: consérvate en limpieza.

---

13 ἅμα δὲ καὶ ἀργαὶ μανθάνουσι περιερχόμεναι τὰς
a la vez Pero también ociosas aprenden ir por las

οἰκίας, οὐ μόνον δὲ ἀργαὶ, ἀλλὰ καὶ φλύαροι
casas, no sólo Pero ociosas, sino también chismosas

καὶ περίεργοι, λαλοῦσαι τὰ μὴ δέοντα.
y entrometidas, hablando lo no necesario.[24]

14 βούλομαι οὖν νεωτέρας γαμεῖν, τεκνογονεῖν,
Deseo pues más jóvenes casarse,[25] dar a luz hijos,

οἰκοδεσποτεῖν, μηδεμίαν ἀφορμὴν διδόναι
atender la casa, ninguna oportunidad[26] dar

τῷ ἀντικειμένῳ λοιδορίας χάριν.
al adversario de maledicencia oportunidad.

15 ἤδη γάρ τινες ἐξετράπησαν ὀπίσω τοῦ Σατανᾶ.
ya Porque algunas se apartaron tras Satanás.

16 εἴ τις πιστὸς ἤ[27] πιστὴ ἔχει χήρας, ἐπαρκείτω αὐταῖς,
Si algún creyente o creyente[28] tiene viudas, mantenga las,

καὶ μὴ βαρείσθω ἡ ἐκκλησία, ἵνα
y no sea cargada la iglesia, para que

ταῖς ὄντως χήραις ἐπαρκέσῃ.
a las realmente viudas mantenga.

17 Οἱ καλῶς προεστῶτες πρεσβύτεροι διπλῆς τιμῆς
Los bien habiendo gobernado ancianos de doble honra

ἀξιούσθωσαν, μάλιστα οἱ κοπιῶντες
sean considerados dignos, mayormente los que se ocupan

ἐν λόγῳ καὶ διδασκαλίᾳ·
en palabra y enseñanza.

18 λέγει γὰρ ἡ γραφή· βοῦν ἀλοῶντα οὐ φιμώσεις·
dice Porque la Escritura: a buey trillando no pondrás bozal

καί· ἄξιος ὁ ἐργάτης τοῦ μισθοῦ αὐτοῦ.
y digno el obrero del salario de él.

19 κατὰ πρεσβυτέρου κατηγορίαν μὴ παραδέχου ἐκτὸς
Contra anciano acusación no recibas salvo

εἰ μὴ ἐπὶ δύο ἢ τριῶν μαρτύρων.
si no (es) sobre dos o tres testigos.

20 τοὺς ἁμαρτάνοντας ἐνώπιον πάντων ἔλεγχε,
A los que pecan delante de todos reprende,

ἵνα καὶ οἱ λοιποὶ φόβον ἔχωσι.
para que también los restantes temor tengan.

21 Διαμαρτύρομαι ἐνώπιον τοῦ Θεοῦ καὶ Κυρίου[29] Ἰησοῦ Χριστοῦ
Encargo ante Dios y Señor Jesús Cristo

καὶ τῶν ἐκλεκτῶν ἀγγέλων, ἵνα ταῦτα φυλάξῃς,
y los elegidos ángeles, para que esto guardes,

χωρὶς προκρίματος μηδὲν ποιῶν κατὰ πρόσκλισιν.
sin prejuicio nada haciendo con parcialidad.

22 χεῖρας ταχέως μηδενὶ ἐπιτίθει, μηδὲ κοινώνει
Manos rápidamente a ninguno impongas, ni compartas

ἁμαρτίαις ἀλλοτρίαις· σεαυτὸν ἁγνὸν τήρει.
pecados ajenos. A ti mismo puro guarda.

---

24. O "lo que no se debe".
25. Es decir, que se casen, que den a luz hijos, que atiendan. Es una sucesión de oraciones de infinitivo.
26. U ocasión, como en 2 Corintios 11.12.
27. La NU omite creyente y.
28. La palabra "creyente" aparece, primero, en género masculino y a continuación en género femenino.
29. La NU suprime Señor.

23 Μηκέτι ὑδροπότει, ἀλλὰ οἴνῳ ὀλίγῳ χρῶ διὰ τὸν στόμαχόν σου
Ya no bebas agua, sino vino poco usa por el estómago de ti
καὶ τὰς πυκνάς σου ἀσθενείας.
y las frecuentes de ti enfermedades.

24 Τινῶν ἀνθρώπων αἱ ἁμαρτίαι πρόδηλοί εἰσι,
De algunos hombres los pecados evidentes anticipadamente son,
προάγουσαι εἰς κρίσιν, τισὶν δὲ καὶ ἐπακολουθοῦσιν.
precediendo a juicio, a otros sin embargo también siguen.

25 ὡσαύτως καὶ τὰ καλὰ ἔργα
De manera semejante también las buenas obras
πρόδηλά ἐστι, καὶ τὰ ἄλλως
evidentes anticipadamente son, y las de otra manera
ἔχοντα κρυβῆναι οὐ δύναται.
teniendo que ser escondidas no pueden.

6

1 Ὅσοι εἰσὶν ὑπὸ ζυγὸν δοῦλοι, τοὺς ἰδίους δεσπότας
Cuantos están bajo yugo siervos, a los suyos dueños
πάσης τιμῆς ἀξίους ἡγείσθωσαν, ἵνα μὴ τὸ ὄνομα τοῦ Θεοῦ
de toda honra dignos consideren, para que no el nombre de Dios
καὶ ἡ διδασκαλία βλασφημῆται.
y la enseñanza sea blasfemada.

2 οἱ δὲ πιστοὺς ἔχοντες δεσπότας μὴ καταφρονείτωσαν,
Los - creyentes teniendo dueños no desprecien,
ὅτι ἀδελφοί εἰσιν, ἀλλὰ μᾶλλον δουλευέτωσαν,
porque hermanos son, sino más sirvan (los)
ὅτι πιστοί εἰσι καὶ ἀγαπητοὶ οἱ τῆς εὐεργεσίας
porque creyentes son y amados los el buen servicio
ἀντιλαμβανόμενοι. Ταῦτα δίδασκε καὶ παρακάλει.
habiendo recibido. Esto enseña y exhorta.

3 Εἴ τις ἑτεροδιδασκαλεῖ καὶ μὴ προσέρχεται ὑγιαίνουσι
Si alguno enseña de manera diferente y no se conforma a sanas
λόγοις τοῖς τοῦ Κυρίου ἡμῶν Ἰησοῦ Χριστοῦ καὶ
palabras, las del Señor de nosotros Jesús Cristo y
τῇ κατ' εὐσέβειαν διδασκαλίᾳ,
la según piedad enseñanza,

4 τετύφωται, μηδὲν ἐπιστάμενος, ἀλλὰ νοσῶν περὶ
se ha hinchado, nada entendiendo, sino delirando acerca de
ζητήσεις καὶ λογομαχίας, ἐξ ὧν γίνεται φθόνος,
disputas y batallas de palabras, de las que surge envidia,
ἔρις, βλασφημίαι, ὑπόνοιαι πονηραί,
contienda, blasfemias, sospechas malas,

5 Παραδιατριβαὶ[30] διεφθαρμένων ἀνθρώπων τὸν
ocupaciones inútiles de habiendo corrompido hombres la
νοῦν[31] καὶ ἀπεστερημένων[33] τῆς ἀληθείας, νομιζόντων
mente[32] y habiendo sido privados de la verdad, considerando
πορισμὸν εἶναι τὴν εὐσέβειαν. ἀφίστασο ἀπὸ τῶν τοιούτων.
ganancia ser la piedad.[34] Apártate de los estos.

23 No bebas de aquí adelante agua, sino usa de un poco de vino por causa del estómago, y de tus continuas enfermedades.
24 Los pecados de algunos hombres, antes que vengan ellos a juicio, son manifiestos; mas a otros les vienen después.
25 Asimismo las buenas obras antes son manifiestas; y las que son de otra manera, no pueden esconderse.

6 Todos los que están debajo del yugo de servidumbre, tengan a sus señores por dignos de toda honra, porque no sea blasfemado el nombre del Señor y la doctrina.
2 Y los que tienen amos fieles, no los tengan en menos, por ser hermanos; antes sírvanles mejor, por cuanto son fieles y amados, y partícipes del beneficio. Esto enseña y exhorta.
3 Si alguno enseña otra cosa, y no asiente a sanas palabras de nuestro Señor Jesucristo, y a la doctrina que es conforme a la piedad;
4 Es hinchado, nada sabe, y enloquece acerca de cuestiones y contiendas de palabras, de las cuales nacen envidias, pleitos, maledicencias, malas sospechas,
5 Porfías de hombres corruptos de entendimiento y privados de la verdad, que tienen la piedad por granjería: apártate de los tales.

---

30. La NU sustituye por luchas constantes.
31. La NU suprime todo el párrafo desde de habiendo corrompido a la mente.
32. Es decir, propias de hombres cuya mente ya está corrompida.
33. "O habiendo sido robados - o defraudados - de la verdad", es decir, que la Verdad les ha sido quitada.
34. Es decir, se trata de hombres corrompidos y privados de la verdad que se caracterizan por enseñar que la piedad debe producir fundamentalmente beneficios económicos.

6 Empero grande granjería es la piedad con contentamiento.
7 Porque nada hemos traído a este mundo, y sin duda nada podremos sacar.
8 Así que, teniendo sustento y con qué cubrirnos, seamos contentos con esto.
9 Porque los que quieren enriquecerse, caen en tentación y lazo, y en muchas codicias locas y dañosas, que hunden a los hombres en perdición y muerte.
10 Porque el amor del dinero es la raíz de todos los males: el cual codiciando algunos, se descaminaron de la fe, y fueron traspasados de muchos dolores.
11 Mas tú, oh hombre de Dios, huye de estas cosas, y sigue la justicia, la piedad, la fe, la caridad, la paciencia, la mansedumbre.
12 Pelea la buena batalla de la fe, echa mano de la vida eterna, a la cual asimismo eres llamado, habiendo hecho buena profesión delante de muchos testigos.
13 Te mando delante de Dios, que da vida a todas las cosas, y de Jesucristo, que testificó la buena profesión delante de Poncio Pilato,
14 Que guardes el mandamiento sin mácula ni represión, hasta la aparición de nuestro Señor Jesucristo:

6 ἔστι δὲ πορισμὸς μέγας ἡ εὐσέβεια μετὰ αὐταρκείας.
Es sin embargo ganancia grande la piedad con contentamiento,

7 οὐδὲν γὰρ εἰσηνέγκαμεν εἰς τὸν κόσμον,
nada Porque hemos traído a el mundo,
δῆλον[35] ὅτι οὐδὲ ἐξενεγκεῖν τι δυνάμεθα·
seguro (es) que tampoco sacar algo podemos.

8 ἔχοντες δὲ διατροφὰς καὶ σκεπάσματα,
teniendo pues alimentos y coberturas,[36]
τούτοις ἀρκεσθησόμεθα.
con esto estaremos contentos.

9 οἱ δὲ βουλόμενοι πλουτεῖν ἐμπίπτουσιν εἰς
Los sin embargo deseando enriquecerse caen en
πειρασμὸν καὶ παγίδα καὶ ἐπιθυμίας πολλὰς ἀνοήτους
tentación y trampa y ansias muchas estúpidas
καὶ βλαβεράς, αἵτινες βυθίζουσι τοὺς ἀνθρώπους
y dañinas, que hunden a los hombres
εἰς ὄλεθρον καὶ ἀπώλειαν.
en destrucción y perdición.

10 ῥίζα γὰρ πάντων τῶν κακῶν ἐστιν ἡ φιλαργυρία,
raíz Porque de todos los males es el amor al dinero,
ἧς τινες ὀρεγόμενοι ἀπεπλανήθησαν ἀπὸ τῆς
por el cual algunos habiendo suspirado fueron desviados de la
πίστεως καὶ ἑαυτοὺς περιέπειραν ὀδύναις πολλαῖς.
fe y a sí mismos se traspasaron con dolores muchos.

11 Σὺ δέ, ὦ ἄνθρωπε Θεοῦ, ταῦτα φεῦγε· δίωκε
Tú sin embargo, oh hombre de Dios, de esto huye. Persigue
δὲ δικαιοσύνην, εὐσέβειαν, πίστιν, ἀγάπην, ὑπομονήν,
sin embargo justicia, piedad, fe, amor, paciencia,
πραότητα.
mansedumbre.

12 ἀγωνίζου τὸν καλὸν ἀγῶνα τῆς πίστεως·
Pelea la buena pelea de la fe
ἐπιλαβοῦ τῆς αἰωνίου ζωῆς, εἰς ἣν καὶ[37] ἐκλήθης
aférrate a la eterna vida, a la que también fuiste llamado
καὶ ὡμολόγησας τὴν καλὴν ὁμολογίαν
y confesaste la buena confesión
ἐνώπιον πολλῶν μαρτύρων.
delante de muchos testigos.

13 παραγγέλλω σοι ἐνώπιον τοῦ Θεοῦ τοῦ ζῳογονοῦντος
Encargo te delante de Dios el que da vida[38]
τὰ πάντα, καὶ Χριστοῦ Ἰησοῦ τοῦ μαρτυρήσαντος
a todo, y de Cristo Jesús el que testificó
ἐπὶ Ποντίου Πιλάτου τὴν καλὴν ὁμολογίαν,
bajo Poncio Pilato la buena confesión,

14 τηρῆσαί σε τὴν ἐντολὴν ἄσπιλον, ἀνεπίληπτον μέχρι τῆς
guardar[39] tú el mandamiento sin mancha, irreprochable hasta la
ἐπιφανείας τοῦ Κυρίου ἡμῶν Ἰησοῦ Χριστοῦ,
aparición del Señor de nosotros Jesús Cristo,

---
35. La NU suprime seguro.
36. El término indica lo mismo un techo bajo el que resguardarse que la ropa con la que cubrirse.
37. La NU suprime también.
38. Lit: "el que hace vida."
39. Es decir, que guardes (oración de infinitivo).

15 ἦν καιροῖς ἰδίοις δείξει ὁ μακάριος καὶ μόνος
que en tiempos propios mostrará el bendito y único

δυνάστης, ὁ βασιλεὺς τῶν βασιλευόντων καὶ Κύριος τῶν
soberano   el rey   de los que reinan   y Señor de los que

κυριευόντων,
señorean,

16 ὁ μόνος ἔχων ἀθανασίαν, φῶς οἰκῶν ἀπρόσιτον,
el único que tiene inmortalidad, luz habitando inaccesible,

ὃν εἶδεν οὐδεὶς ἀνθρώπων οὐδὲ ἰδεῖν δύναται·
al cual vio ninguno de hombres ni ver puede,

ᾧ τιμὴ καὶ κράτος αἰώνιον· ἀμήν.
al cual (sea) honra y poder eterno. Amén.

17 Τοῖς πλουσίοις ἐν τῷ νῦν αἰῶνι παράγγελλε μὴ ὑψηλοφρονεῖν,
A los ricos   en la ahora era ordena   no ser altivos,

μηδὲ ἠλπικέναι ἐπὶ πλούτου ἀδηλότητι, ἀλλ' ἐν τῷ Θεῷ ζῶντι,⁴⁰
ni esperar   en de riqueza inseguridad, sino en el Dios que vive,

τῷ παρέχοντι ἡμῖν πάντα πλουσίως εἰς ἀπόλαυσιν,
en el que provee nos todo ricamente para disfrute,

18 ἀγαθοεργεῖν, πλουτεῖν ἐν ἔργοις καλοῖς,
hacer bien,⁴¹ ser ricos en obras buenas,

εὐμεταδότους εἶναι, κοινωνικούς,
generosos ser, solidarios⁴²

19 ἀποθησαυρίζοντας ἑαυτοῖς θεμέλιον καλὸν εἰς τὸ μέλλον,
atesorando   para sí fundamento bueno para lo venidero,

ἵνα ἐπιλάβωνται τῆς αἰωνίου⁴³ ζωῆς.
para que agarren   la eterna vida.

20 Ὦ Τιμόθεε, τὴν παραθήκην φύλαξον, ἐκτρεπόμενος
Oh Timoteo, el depósito guarda, apartándote

τὰς βεβήλους κενοφωνίας καὶ ἀντιθέσεις τῆς
de las profanas conversaciones vacías y objeciones del

ψευδωνύμου γνώσεως,
mal llamado conocimiento,⁴⁴

21 ἥν τινες ἐπαγγελλόμενοι περὶ τὴν πίστιν ἠστόχησαν.
que algunos profesando   de la fe se extraviaron.

Ἡ χάρις μετὰ σοῦ.⁴⁵ ἀμήν.⁴⁶
La gracia (sea) contigo. Amén.

15La cual a su tiempo mostrará el Bienaventurado y solo Poderoso, Rey de reyes, y Señor de señores; **16**Quien sólo tiene inmortalidad, que habita en luz inaccesible; a quien ninguno de los hombres ha visto ni puede ver: al cual sea la honra y el imperio sempiterno. Amén.
17A los ricos de este siglo manda que no sean altivos, ni pongan la esperanza en la incertidumbre de las riquezas, sino en el Dios vivo, que nos da todas las cosas en abundancia de que gocemos:
18Que hagan bien, que sean ricos en buenas obras, dadivosos, que con facilidad comuniquen;
19Atesorando para sí buen fundamento para lo por venir, que echen mano a la vida eterna.
20Oh Timoteo, guarda lo que se te ha encomendado, evitando las profanas pláticas de vanas cosas, y los argumentos de la falsamente llamada ciencia:
21La cual profesando algunos, fueron descaminados acerca de la fe. La gracia sea contigo. Amén.

---

40. La NU suprime que vive.
41. Es decir: que hagan bien, que sean ricos... (oraciones de infinitivo).
42. Lit: "de los que comparten con otros".
43. La NU sustituye eterna por lo que es.
44. También "ciencia" o "Gnosis".
45. La NU sustituye por con vosotros.
46. La NU suprime Amén.

LA SEGUNDA EPÍSTOLA DEL APÓSTOL SAN PABLO
A TIMOTEO

1

1 Pablo, apóstol de Jesucristo por la voluntad de Dios, según la promesa de la vida que es en Cristo Jesús,
2 A Timoteo, amado hijo: Gracia, misericordia, y paz de Dios el Padre y de Jesucristo nuestro Señor.
3 Doy gracias a Dios, al cual sirvo desde mis mayores con limpia conciencia, de que sin cesar tengo memoria de ti en mis oraciones noche y día;
4 Deseando verte, acordándome de tus lágrimas, para ser lleno de gozo;
5 Trayendo a la memoria la fe no fingida que hay en ti, la cual residió primero en tu abuela Loida, y en tu madre Eunice; y estoy cierto que en ti también.
6 Por lo cual te aconsejo que despiertes el don de Dios, que está en ti por la imposición de mis manos.
7 Porque no nos ha dado Dios el espíritu de temor, sino el de fortaleza, y de amor, y de templanza.
8 Por tanto no te avergüences del testimonio de nuestro Señor, ni de mí, preso suyo; antes sé participante de los trabajos del evangelio según la virtud de Dios,

1

1 Παῦλος, ἀπόστολος Χριστοῦ Ἰησοῦ διὰ θελήματος Θεοῦ
Pablo, apóstol de Cristo Jesús por voluntad de Dios
κατ' ἐπαγγελίαν ζωῆς τῆς ἐν Χριστῷ Ἰησοῦ,
según promesa de vida la en Cristo Jesús,

2 Τιμοθέῳ ἀγαπητῷ τέκνῳ· χάρις, ἔλεος, εἰρήνη ἀπὸ Θεοῦ
a Timoteo, amado hijo. Gracia, misericordia, paz de Dios
πατρὸς καὶ Χριστοῦ Ἰησοῦ τοῦ Κυρίου ἡμῶν.
padre y de Cristo Jesús el Señor de nosotros.

3 Χάριν ἔχω τῷ Θεῷ, ᾧ λατρεύω ἀπὸ προγόνων
Gracias doy al Dios, al que sirvo desde antepasados
ἐν καθαρᾷ συνειδήσει, ὡς ἀδιάλειπτον ἔχω
con pura conciencia como incesantemente tengo
τὴν περὶ σοῦ μνείαν ἐν ταῖς δεήσεσί μου
el acerca de ti recuerdo en las peticiones de mí
νυκτὸς καὶ ἡμέρας,
noche y día,

4 ἐπιποθῶν σε ἰδεῖν, μεμνημένος σου τῶν δακρύων,
ansiando te ver, habiendo recordado de ti las lágrimas,
ἵνα χαρᾶς πληρωθῶ,
para que de gozo me llene,

5 ὑπόμνησιν λαμβάνων τῆς ἐν σοὶ ἀνυποκρίτου πίστεως,
recuerdo teniendo de la en ti sin hipocresía fe
ἥτις ἐνῴκησε πρῶτον ἐν τῇ μάμμῃ σου Λωΐδι καὶ τῇ
que moró primero en la abuela de ti Loida y en la
μητρί σου Εὐνίκῃ, πέπεισμαι δὲ ὅτι καὶ ἐν σοί.
madre de ti Eunice, he sido persuadido - que también en ti.

6 δι' ἣν αἰτίαν ἀναμιμνήσκω σε ἀναζωπυρεῖν τὸ χάρισμα
por la cual causa recuerdo te inflamar el don
τοῦ Θεοῦ, ὅ ἐστιν ἐν σοὶ διὰ τῆς ἐπιθέσεως
de Dios, que está en ti por la imposición
τῶν χειρῶν μου·
de las manos de mí.

7 οὐ γὰρ ἔδωκεν ἡμῖν ὁ Θεὸς πνεῦμα δειλίας,
no Porque dio nos Dios espíritu de cobardía,
ἀλλὰ δυνάμεως καὶ ἀγάπης καὶ σωφρονισμοῦ.
sino de poder y de amor y de dominio propio.

8 μὴ οὖν ἐπαισχυνθῇς τὸ μαρτύριον τοῦ Κυρίου ἡμῶν
No pues te avergüences del testimonio del Señor de nosotros
μηδὲ ἐμὲ τὸν δέσμιον αὐτοῦ, ἀλλὰ συγκακοπάθησον
ni de mí el prisionero de Él, sino comparte las aflicciones
τῷ εὐαγγελίῳ κατὰ δύναμιν Θεοῦ,
por el Evangelio según poder de Dios,

9 τοῦ σώσαντος ἡμᾶς καὶ καλέσαντος
el que habiendo salvado nos y habiendo llamado con

κλήσει ἁγίᾳ, οὐ κατὰ τὰ ἔργα ἡμῶν, ἀλλὰ
llamamiento santo, no según las obras de nosotros, sino

κατὰ ἰδίαν πρόθεσιν καὶ χάριν, τὴν δοθεῖσαν ἡμῖν
según propio propósito y gracia, la que ha sido dada nos

ἐν Χριστῷ Ἰησοῦ πρὸ χρόνων αἰωνίων,
en Cristo Jesús antes de tiempos eternos,

10 φανερωθεῖσαν δὲ νῦν διὰ τῆς ἐπιφανείας
habiendo sido manifestada sin embargo ahora por la aparición

τοῦ σωτῆρος ἡμῶν Ἰησοῦ Χριστοῦ, καταργήσαντος μὲν
del salvador de nosotros Jesús Cristo, habiendo anulado no

τὸν θάνατον, φωτίσαντος δὲ ζωὴν
sólo la muerte, habiendo traído Sino también vida

καὶ ἀφθαρσίαν διὰ τοῦ εὐαγγελίου,
e incorrupción por el Evangelio,

11 εἰς ὃ ἐτέθην ἐγὼ κῆρυξ καὶ ἀπόστολος καὶ
para lo cual fui constituido yo predicador y apóstol y

διδάσκαλος ἐθνῶν,¹
maestro de gentiles,

12 δι᾽ ἣν αἰτίαν καὶ ταῦτα πάσχω, ἀλλ᾽ οὐκ
por la cual causa también esto padezco, pero no

ἐπαισχύνομαι, οἶδα γὰρ ᾧ πεπίστευκα, καὶ
estoy avergonzado, sé Porque en quien he creído, y

πέπεισμαι ὅτι δυνατός ἐστι
he sido persuadido de que poderoso es

τὴν παραθήκην μου φυλάξαι εἰς ἐκείνην τὴν ἡμέραν.
el depósito de mí para guardar para aquel el día.

13 ὑποτύπωσιν ἔχε ὑγιαινόντων λόγων ὧν παρ᾽ ἐμοῦ ἤκουσας,
Patrón² retén de sanas palabras que de mí has oído,

ἐν πίστει καὶ ἀγάπῃ τῇ ἐν Χριστῷ Ἰησοῦ.
en fe y amor el en Cristo Jesús.

14 τὴν καλὴν παραθήκην φύλαξον διὰ Πνεύματος Ἁγίου τοῦ
El buen depósito guarda por Espíritu Santo el

ἐνοικοῦντος ἐν ἡμῖν.
morando en nosotros.

15 Οἶδας τοῦτο, ὅτι ἀπεστράφησάν με πάντες οἱ ἐν τῇ Ἀσίᾳ,
Sabes esto, que se apartaron de mí todos los en el Asia,

ὧν ἐστι Φύγελος καὶ Ἑρμογένης.
de los cuales es Fígelo y Hermógenes.

16 δῴη ἔλεος ὁ Κύριος τῷ Ὀνησιφόρου οἴκῳ, ὅτι
Dé misericordia el Señor a la de Onesíforo casa, porque

πολλάκις με ἀνέψυξε καὶ τὴν ἅλυσίν μου οὐκ ἐπαισχύνθη,
muchas veces me confortó y de la cadena de mí no se avergonzó,

17 ἀλλὰ γενόμενος ἐν Ῥώμῃ σπουδαιότερον ἐζήτησέ με
pero llegando a estar en Roma celosísimamente buscó me

καὶ εὗρε·
y encontró.

9 Que nos salvó y llamó con vocación santa, no conforme a nuestras obras, mas según el intento suyo y gracia, la cual nos es dada en Cristo Jesús antes de los tiempos de los siglos,
10 Mas ahora es manifestada por la aparición de nuestro Salvador Jesucristo, el cual quitó la muerte, y sacó a la luz la vida y la inmortalidad por el evangelio;
11 Del cual yo soy puesto predicador, y apóstol, y maestro de los Gentiles.
12 Por lo cual asimismo padezco esto: mas no me avergüenzo; porque yo sé a quien he creído, y estoy cierto que es poderoso para guardar mi depósito para aquel día.
13 Retén la forma de las sanas palabras que de mi oíste, en la fe y amor que es en Cristo Jesús.
14 Guarda el buen depósito por el Espíritu Santo que habita en nosotros.
15 Ya sabes esto, que me han sido contrarios todos los que son en Asia, de los cuales son Figello y Hermógenes.
16 Dé el Señor misericordia a la casa de Onesíforo; que muchas veces me refrigeró, y no se avergonzó de mi cadena:
17 Antes, estando él en Roma, me buscó solícitamente, y me halló.

---

1. La NU suprime de gentiles.
2. Es decir, el modelo.

18 Déle el Señor que halle misericordia cerca del Señor en aquel día. Y cuánto nos ayudó en Efeso, tú lo sabes mejor.

2 Pues tú, hijo mío, esfuérzate en la gracia que es en Cristo Jesús.
2 Y lo que has oído de mí entre muchos testigos, esto encarga a los hombres fieles que serán idóneos para enseñar también a otros.
3 Tú pues, sufre trabajos como fiel soldado de Jesucristo.
4 Ninguno que milita se embaraza en los negocios de la vida; a fin de agradar a aquel que lo tomó por soldado.
5 Y aun también el que lidia, no es coronado si no lidiare legítimamente.
6 El labrador, para recibir los frutos, es menester que trabaje primero.
7 Considera lo que digo; y el Señor te dé entendimiento en todo.
8 Acuérdate que Jesucristo, el cual fué de la simiente de David, resucitó de los muertos conforme a mi evangelio;
9 En el que sufro trabajo, hasta las prisiones a modo de malhechor; mas la palabra de Dios no está presa.
10 Por tanto, todo lo sufro por amor de los escogidos, para que ellos también consigan la salud que es en Cristo Jesús con gloria eterna.

18 δῴη αὐτῷ Κύριος εὑρεῖν ἔλεος παρὰ Κυρίου ἐν ἐκείνῃ
Dé le Señor encontrar misericordia de Señor en aquel

τῇ ἡμέρᾳ· καὶ ὅσα ἐν Ἐφέσῳ διηκόνησε, βέλτιον σὺ γινώσκεις
el día Y cuanto en Éfeso sirvió, mejor tú sabes.

2 **1** Σὺ οὖν, τέκνον μου, ἐνδυναμοῦ ἐν τῇ χάριτι τῇ
Tú pues, hijo de mí, fortalécete en la gracia la

ἐν Χριστῷ Ἰησοῦ,
en Cristo Jesús,

2 καὶ ἃ ἤκουσας παρ' ἐμοῦ διὰ πολλῶν μαρτύρων,
y lo que oíste de mí a través de muchos testigos,

ταῦτα παράθου πιστοῖς ἀνθρώποις,
esto encomienda a fieles hombres,

οἵτινες ἱκανοὶ ἔσονται καὶ ἑτέρους διδάξαι.
que competentes serán también a otros para enseñar.

3 σὺ οὖν κακοπάθησον³ ὡς καλὸς στρατιώτης
Tú pues padece aflicciones como buen soldado

Ἰησοῦ Χριστοῦ.
de Jesús Cristo.

4 οὐδεὶς στρατευόμενος ἐμπλέκεται ταῖς τοῦ βίου
Nadie sirviendo como soldado se enreda en los de la vida

πραγματείαις, ἵνα τῷ στρατολογήσαντι ἀρέσῃ.
asuntos, para que al que reclutó agrade.

5 ἐὰν δὲ καὶ ἀθλῇ τις, οὐ στεφανοῦται ἐὰν
Si - también compite⁴ alguno, no es coronado si

μὴ νομίμως ἀθλήσῃ.
no legalmente compite.

6 τὸν κοπιῶντα γεωργὸν δεῖ πρῶτον τῶν καρπῶν
El que se fatiga labrador debe primero de los frutos

μεταλαμβάνειν.
recibir.⁵

7 νόει ὃ λέγω· δῴη⁶ γάρ σοι ὁ Κύριος σύνεσιν
Considera lo que digo, dé Porque te el Señor entendimiento

ἐν πᾶσι.
en todo.

8 Μνημόνευε Ἰησοῦν Χριστὸν ἐγηγερμένον ἐκ νεκρῶν,
Acuérdate de Jesús Cristo habiendo sido levantado de muertos,

ἐκ σπέρματος Δαυΐδ, κατὰ τὸ εὐαγγέλιόν μου·
de linaje de David, según el evangelio de mí,

9 ἐν ᾧ κακοπαθῶ μέχρι δεσμῶν ὡς κακοῦργος·
en el que padezco aflicciones hasta cadenas como malhechor,

ἀλλ' ὁ λόγος τοῦ Θεοῦ οὐ δέδεται·
pero la palabra de Dios no ha sido encadenada.

10 διὰ τοῦτο πάντα ὑπομένω διὰ τοὺς ἐκλεκτούς, ἵνα
Por esto todo soporto por causa de los elegidos, para que

καὶ αὐτοὶ σωτηρίας τύχωσι τῆς ἐν Χριστῷ Ἰησοῦ
también ellos salvación obtengan la en Cristo Jesús

μετὰ δόξης αἰωνίου.
con gloria eterna.

---

3. La NU sustituye por padece conjuntamente aflicciones.
4. En el sentido de competición en deportes.
5. Es decir: el labrador debe fatigarse antes para luego recibir los frutos.
6. La NU sustituye por dará.

11 πιστὸς ὁ λόγος· εἰ γὰρ συναπεθάνομεν,
Fiel[7] la palabra. si Porque co-morimos,[8]

καὶ συζήσομεν·
también co-viviremos,[9]

12 εἰ ὑπομένομεν, καὶ συμβασιλεύσομεν· εἰ ἀρνούμεθα,
si aguantamos, también co-reinaremos, si negamos

κἀκεῖνος ἀρνήσεται ἡμᾶς·
también Aquel negará nos,

13 εἰ ἀπιστοῦμεν, ἐκεῖνος πιστὸς μένει·
si somos infieles, Aquel fiel permanece,

ἀρνήσασθαι[10] ἑαυτὸν οὐ δύναται.
negarse a sí mismo no puede.

14 Ταῦτα ὑπομίμνῃσκε, διαμαρτυρόμενος ἐνώπιον τοῦ Κυρίου[11] μὴ
Esto recuerda, exhortando delante del Señor no

λογομαχεῖν,
contender con palabras, (que es)

εἰς οὐδὲν χρήσιμον, ἐπὶ καταστροφῇ τῶν ἀκουόντων.
para nada útil, para catástrofe de los que oyen.

15 σπούδασον σεαυτὸν δόκιμον παραστῆσαι τῷ Θεῷ,[12]
Esmera te aprobado presentarte a Dios,

ἐργάτην ἀνεπαίσχυντον, ὀρθοτομοῦντα
obrero que no tiene de qué avergonzarse, que traza rectamente

τὸν λόγον τῆς ἀληθείας.
la palabra de la verdad.

16 τὰς δὲ βεβήλους κενοφωνίας περιΐστασο·
las Pero profanas palabras vacías evita.

ἐπὶ πλεῖον γὰρ προκόψουσιν ἀσεβείας,
a más Porque avanzarán de impiedad,

17 καὶ ὁ λόγος αὐτῶν ὡς γάγγραινα νομὴν ἕξει·
y la palabra de ellos como gangrena pasto tendrá,

ὧν ἐστιν Ὑμέναιος καὶ Φίλητος,
de los cuales es Himeneo y Fileto,

18 οἵτινες περὶ τὴν ἀλήθειαν ἠστόχησαν,
que respecto a la verdad se desviaron,

λέγοντες τὴν ἀνάστασιν ἤδη γεγονέναι,
diciendo la resurrección ya haber acontecido

καὶ ἀνατρέπουσι τὴν τινων πίστιν.
y trastornan la de algunos fe.

19 ὁ μέντοι στερεὸς θεμέλιος τοῦ Θεοῦ ἕστηκεν,
el No obstante firme fundamento de Dios ha permanecido,

ἔχων τὴν σφραγῖδα ταύτην· ἔγνω Κύριος
teniendo el sello este: conoció Señor

τοὺς ὄντας αὐτοῦ, καί· ἀποστήτω ἀπὸ ἀδικίας
a los que son de Él, y apártese de injusticia

πᾶς ὁ ὀνομάζων τὸ ὄνομα Κυρίου.
todo el que nombra el nombre de Señor.

11 Es palabra fiel: Que si somos muertos con él, también viviremos con él:
12 Si sufrimos, también reinaremos con él: si negáremos, él también nos negará:
13 Si fuéremos infieles, él permanece fiel: no se puede negar a sí mismo.
14 Recuérdales esto, protestando delante del Señor que no contiendan en palabras, lo cual para nada aprovecha, antes trastorna a los oyentes.
15 Procura con diligencia presentarte a Dios aprobado, como obrero que no tiene de qué avergonzarse, que traza bien la palabra de verdad.
16 Mas evita profanas y vanas parlerías; porque muy adelante irán en la impiedad.
17 Y la palabra de ellos carcomerá como gangrena: de los cuales es Himeneo y Fileto;
18 Que se han descaminado de la verdad, diciendo que la resurrección es ya hecha, y trastornan la fe de algunos.
19 Pero el fundamento de Dios está firme, teniendo este sello: Conoce el Señor a los que son suyos; y: Apártese de iniquidad todo aquel que invoca el nombre de Cristo.

---

7. O fiable.
8. Es decir, "si morimos junto con Cristo".
9. Es decir, viviremos con él.
10. La NU añade porque.
11. La NU sustituye por de Dios.
12. Es decir, esmérate por presentarte aprobado a Dios.

20Mas en una casa grande, no solamente hay vasos de oro y de plata, sino también de madera y de barro: y asimismo unos para honra, y otros para deshonra.
21Así que, si alguno se limpiare de estas cosas, será vaso para honra, santificado, y útil para los usos del Señor, y aparejado para todo buena obra.
22Huye también los deseos juveniles; y sigue la justicia, la fe, la caridad, la paz, con los que invocan al Señor de puro corazón.
23Empero las cuestiones necias y sin sabiduría desecha, sabiendo que engendran contiendas.
24Que el siervo del Señor no debe ser litigioso, sino manso para con todos, apto para enseñar, sufrido;
25Que con mansedumbre corrija a los que se oponen: si quizá Dios les dé que se arrepientan para conocer la verdad,
26Y se zafen del lazo del diablo, en que están cautivos a voluntad de él.

3 Esto también sepas, que en los postreros días vendrán tiempos peligrosos:
2Que habrá hombres amadores de sí mismos, avaros, vanagloriosos, soberbios, detractores, desobedientes a los padres, ingratos, sin santidad,

20 ἐν μεγάλῃ δὲ οἰκίᾳ οὐκ ἔστι μόνον σκεύη χρυσᾶ,
En gran - casa no hay sólo vasos de oro,
ἀλλὰ καὶ ξύλινα καὶ ὀστράκινα,
sino también de madera y de barro,
καὶ ἃ μὲν εἰς τιμήν, ἃ δὲ
y algunos ciertamente para honra, otros sin embargo
εἰς ἀτιμίαν.
para deshonra.

21 ἐὰν οὖν τις ἐκκαθάρῃ ἑαυτὸν ἀπὸ τούτων,
Si pues alguno limpiara a sí mismo de esto,
ἔσται σκεῦος εἰς τιμήν, ἡγιασμένον καὶ εὔχρηστον
será vaso para honra, habiendo sido consagrado y útil
τῷ δεσπότῃ, εἰς πᾶν ἔργον ἀγαθὸν
para el Dueño, para toda obra buena
ἡτοιμασμένον.
habiendo sido preparado.

22 τὰς δὲ νεωτερικὰς ἐπιθυμίας φεῦγε, δίωκε δὲ
De las - juveniles ansias huye, sigue sin embargo
δικαιοσύνην, πίστιν, ἀγάπην, εἰρήνην μετὰ τῶν ἐπικαλουμένων
justicia, fe, amor, paz con los que invocan
τὸν Κύριον ἐκ καθαρᾶς καρδίας.
al Señor de limpio corazón.

23 τὰς δὲ μωρὰς καὶ ἀπαιδεύτους ζητήσεις παραιτοῦ,
las Pero estúpidas e ignorantes disputas rechaza,
εἰδὼς ὅτι γεννῶσι μάχας·
sabiendo que engendran contiendas.

24 δοῦλον δὲ Κυρίου οὐ δεῖ μάχεσθαι, ἀλλ' ἤπιον
Siervo - de Señor no debe contender, sino amable
εἶναι πρὸς πάντας, διδακτικόν, ἀνεξίκακον,
ser hacia todos, capaz de enseñar, sufrido,

25 ἐν πραότητι παιδεύοντα τοὺς ἀντιδιατιθεμένους,
en mansedumbre enseñando a los que se oponen,
μήποτε δῷ αὐτοῖς ὁ Θεὸς μετάνοιαν
por si conceda les Dios arrepentimiento
εἰς ἐπίγνωσιν ἀληθείας,
para conocimiento de verdad,

26 καὶ ἀνανήψωσιν ἐκ τῆς τοῦ διαβόλου παγίδος,
y volvieran en sí (escapando) de la del diablo trampa
ἐζωγρημένοι ὑπ' αὐτοῦ εἰς
habiendo sido capturados vivos por él para
τὸ ἐκείνου θέλημα.
la de aquel voluntad.

3 1 Τοῦτο δὲ γίνωσκε, ὅτι ἐν ἐσχάταις ἡμέραις
Esto sin embargo conoce, que en últimos días
ἐνστήσονται καιροὶ χαλεποί·
se presentarán tiempos peligrosos,

2 ἔσονται γὰρ οἱ ἄνθρωποι φίλαυτοι,
habrá Porque los hombres amantes de sí mismos,
φιλάργυροι, ἀλαζόνες, ὑπερήφανοι, βλάσφημοι,
amantes del dinero, jactanciosos, altivos, blasfemos,
γονεῦσιν ἀπειθεῖς, ἀχάριστοι, ἀνόσιοι,
a padres desobedientes, desagradecidos, impíos,

3 ἄστοργοι,   ἄσπονδοι,   διάβολοι,
sin afecto natural, sin capacidad para perdonar, calumniadores,

ἀκρατεῖς,   ἀνήμεροι, ἀφιλάγαθοι,
sin dominio propio, feroces, sin amar lo bueno,

4 προδόται, προπετεῖς, τετυφωμένοι,
traidores, precipitados, habiendo sido hinchados,

φιλήδονοι   μᾶλλον ἢ   φιλόθεοι,
amadores del placer más   que amadores de Dios,

5 ἔχοντες μόρφωσιν εὐσεβείας, τὴν δὲ   δύναμιν αὐτῆς
teniendo apariencia de piedad, el sin embargo poder de ella

ἠρνημένοι. καὶ τούτους ἀποτρέπου.
negando,   y   de estos apártate.[13]

6 ἐκ τούτων γάρ   εἰσιν οἱ ἐνδύνοντες   εἰς τὰς οἰκίας
de éstos Porque son los que se introducen en las casas

καὶ αἰχμαλωτεύοντες γυναικάρια σεσωρευμένα
y   que cautivan   a mujercillas habiendo sido cargadas

ἁμαρτίαις, ἀγόμενα ἐπιθυμίαις ποικίλαις,
de pecados, arrastradas por ansias diversas,

7 πάντοτε μανθάνοντα καὶ μηδέποτε εἰς ἐπίγνωσιν
siempre aprendiendo y nunca   a conocimiento

ἀληθείας ἐλθεῖν δυνάμενα.
de verdad venir pudiendo.

8 ὃν   τρόπον δὲ Ἰαννῆς καὶ Ἰαμβρῆς ἀντέστησαν Μωϋσεῖ,
De la cual manera - Jannes y Jambres resistieron a Moisés,

οὕτως καὶ   οὗτοι ἀνθίστανται τῇ ἀληθείᾳ, ἄνθρωποι
así   también éstos resisten   la verdad, hombres

κατεφθαρμένοι   τὸν νοῦν, ἀδόκιμοι
que han sido corrompidos en la mente, reprobados

περὶ   τὴν πίστιν.
respecto a la fe.

9 ἀλλ' οὐ προκόψουσιν ἐπὶ πλεῖον· ἡ γὰρ   ἄνοια
pero no avanzarán   a más,   la Porque insensatez

αὐτῶν ἔκδηλος ἔσται πᾶσιν,
de ellos manifiesta será para todos,

ὡς   καὶ ἡ ἐκείνων   ἐγένετο.
como también la de aquellos llegó a ser.

10 Σὺ δὲ   παρηκολούθησάς μου τῇ διδασκαλίᾳ, τῇ ἀγωγῇ,
Tú sin embargo seguiste   de mí la enseñanza, la conducta,

τῇ προθέσει, τῇ πίστει, τῇ μακροθυμίᾳ, τῇ ἀγάπῃ, τῇ ὑπομονῇ,
el propósito, la fe, la longanimidad, el amor, el aguante,

11 τοῖς διωγμοῖς, τοῖς παθήμασιν, οἷά μοι ἐγένετο
las persecuciones, los padecimientos, que a mí sucedieron

ἐν Ἀντιοχείᾳ, ἐν Ἰκονίῳ, ἐν Λύστροις· οἵους διωγμοὺς
en Antioquía, en Iconio, en Listra, los cuales persecuciones

ὑπήνεγκα, καὶ ἐκ πάντων με ἐρρύσατο ὁ Κύριος.
sobrellevé,[14] y de todas me rescató el Señor.

12 καὶ   πάντες δὲ οἱ θέλοντες εὐσεβῶς   ζῆν
Ciertamente todos - los queriendo piadosamente vivir

ἐν Χριστῷ Ἰησοῦ διωχθήσονται·
en Cristo Jesús serán perseguidos.

---

13. O a éstos evita.
14. O soporté.

3Sin afecto, desleales, calumniadores, destemplados, crueles, aborrecedores de lo bueno, **4**Traidores, arrebatados, hinchados, amadores de los deleites más que de Dios; **5**Teniendo apariencia de piedad, mas habiendo negado la eficacia de ella: y a éstos evita. **6**Porque de éstos son los que se entran por las casas, y llevan cautivas las mujercillas cargadas de pecados, llevadas de diversas concupiscencias; **7**Que siempre aprenden, y nunca pueden acabar de llegar al conocimiento de la verdad. **8**Y de la manera que Jannes y Jambres resistieron a Moisés, así también estos resisten a la verdad; hombres corruptos de entendimiento, réprobos acerca de la fe. **9**Mas no prevalecerán; porque su insensatez será manifiesta a todos, como también lo fué la de aquéllos. **10**Pero tú has comprendido mi doctrina, instrucción, intento, fe, largura de ánimo, caridad, paciencia, **11**Persecuciones, aflicciones, cuales me sobrevinieron en Antioquía, en Iconio, en Listra, cuales persecuciones he sufrido; y de todas me ha librado el Señor. **12**Y también todos los que quieren vivir píamente en Cristo Jesús, padecerán persecución.

13 Mas los malos hombres y los engañadores, irán de mal en peor, engañando y siendo engañados.
14 Empero persiste tú en lo que has aprendido y te persuadiste, sabiendo de quién has aprendido;
15 Y que desde la niñez has sabido las Sagradas Escrituras, las cuales te pueden hacer sabio para la salud por la fe que es en Cristo Jesús.
16 Toda Escritura es inspirada divinamente y útil para enseñar, para redargüir, para corregir, para instituir en justicia,
17 Para que el hombre de Dios sea perfecto, enteramente instruído para toda buena obra.

4 Requiero yo pues delante de Dios, y del Señor Jesucristo, que ha de juzgar a los vivos y los muertos en su manifestación y en su reino.
2 Que prediques la palabra; que instes a tiempo y fuera de tiempo; redarguye, reprende; exhorta con toda paciencia y doctrina.
3 Porque vendrá tiempo cuando ni sufrirán la sana doctrina; antes, teniendo comezón de oir, se amontonarán maestros conforme a sus concupiscencias,
4 Y apartarán de la verdad el oído y se volverán a las fábulas.

---

13 πονηροὶ δὲ ἄνθρωποι καὶ γόητες προκόψουσιν
malos Pero hombres e impostores avanzarán
ἐπὶ τὸ χεῖρον, πλανῶντες καὶ πλανώμενοι.
hacia lo peor, engañando y siendo engañados.

14 σὺ δὲ μένε ἐν οἷς ἔμαθες καὶ
Tú sin embargo permanece en las cosas que aprendiste y
ἐπιστώθης, εἰδὼς παρὰ τίνος¹⁵ ἔμαθες,
fuiste asegurado sabiendo de quién aprendiste,

15 καὶ ὅτι ἀπὸ βρέφους τὰ ἱερὰ γράμματα οἶδας,
y que desde niño las Sagradas Letras conoces
τὰ δυνάμενά σε σοφίσαι εἰς σωτηρίαν
las que pueden a ti hacer sabio para salvación
διὰ πίστεως τῆς ἐν Χριστῷ Ἰησοῦ.
por fe la en Cristo Jesús.

16 πᾶσα γραφὴ θεόπνευστος καὶ ὠφέλιμος πρὸς διδασκαλίαν,
Toda Escritura (es) inspirada por Dios y útil para enseñanza,
πρὸς ἐλεγμόν, πρὸς ἐπανόρθωσιν, πρὸς παιδείαν τὴν
para convicción, para corrección, para instrucción la
ἐν δικαιοσύνῃ,
en justicia,

17 ἵνα ἄρτιος ᾖ ὁ τοῦ Θεοῦ ἄνθρωπος, πρὸς πᾶν ἔργον
para que perfecto sea el de Dios hombre, para toda obra
ἀγαθὸν ἐξηρτισμένος.
buena habiendo sido plenamente equipado.

4
1 Διαμαρτύρομαι οὖν ἐγὼ ἐνώπιον τοῦ Θεοῦ καὶ
Encargo pues yo delante de Dios y
τοῦ Κυρίου¹⁶ Ἰησοῦ Χριστοῦ, τοῦ μέλλοντος κρίνειν
del Señor Jesús Cristo, el que ha de venir a juzgar
ζῶντας καὶ νεκρούς κατὰ τὴν ἐπιφάνειαν αὐτοῦ
vivos y muertos en la manifestación de él
καὶ τὴν βασιλείαν αὐτοῦ·
y el reino de él.

2 κήρυξον τὸν λόγον, ἐπίστηθι εὐκαίρως ἀκαίρως,
predica la palabra, insta en buen tiempo fuera de tiempo
ἔλεγξον, ἐπιτίμησον, παρακάλεσον,
refuta, amonesta, exhorta,
ἐν πάσῃ μακροθυμίᾳ καὶ διδαχῇ.
con toda longanimidad¹⁷ y enseñanza.

3 ἔσται γὰρ καιρὸς ὅτε τῆς ὑγιαινούσης διδασκαλίας οὐκ
habrá Porque tiempo cuando la sana doctrina no
ἀνέξονται, ἀλλὰ κατὰ τὰς ἐπιθυμίας τὰς ἰδίας ἑαυτοῖς
soportarán, sino que según las ansias las propias para sí mismos
ἐπισωρεύσουσι διδασκάλους κνηθόμενοι τὴν ἀκοήν,
amontonarán maestros picándoles el oído,¹⁸

4 καὶ ἀπὸ μὲν τῆς ἀληθείας τὴν ἀκοὴν ἀποστρέψουσιν,
y de no sólo la verdad el oír se apartarán
ἐπὶ δὲ τοὺς μύθους ἐκτραπήσονται.
hacia Sino también los mitos se volverán.

---

15. La NU sustituye por de quienes.
16. La NU suprime del Señor.
17. Es decir, gran paciencia.
18. Es decir, teniendo picor, deseo de oír cosas según su gusto.

5 σὺ δὲ νῆφε ἐν πᾶσι, κακοπάθησον, ἔργον ποίησον
Tú sin embargo sé sobrio[19] en todo, soporta lo malo, obra

εὐαγγελιστοῦ, τὴν διακονίαν σου πληροφόρησον.
de evangelista, el servicio de ti cumple.

6 ἐγὼ γὰρ ἤδη σπένδομαι, καὶ ὁ καιρὸς
yo Porque ya soy derramado,[20] y el tiempo

τῆς ἐμῆς ἀναλύσεώς ἐφέστηκε.
de la mi partida ha llegado.

7 τὸν ἀγῶνα τὸν καλὸν ἠγώνισμαι, τὸν δρόμον
La lucha la buena he combatido, la carrera

τετέλεκα, τὴν πίστιν τετήρηκα·
he terminado, la fe he guardado.

8 λοιπὸν ἀπόκειταί μοι ὁ τῆς δικαιοσύνης στέφανος,
Por lo demás está guardada para mí la de la justicia corona,

ὃν ἀποδώσει μοι ὁ Κύριος ἐν ἐκείνῃ τῇ ἡμέρᾳ,
que dará me el Señor en aquel el día,

ὁ δίκαιος κριτής, οὐ μόνον δὲ ἐμοί, ἀλλὰ
el justo juez, no sólo Sin embargo, a mí, sino

καὶ πᾶσι τοῖς ἠγαπηκόσι τὴν ἐπιφάνειαν αὐτοῦ.
también a todos los que han amado la aparición de él.

9 Σπούδασον ἐλθεῖν πρός με ταχέως·
Esfuérzate por venir a mí pronto.

10 Δημᾶς γάρ με ἐγκατέλιπεν ἀγαπήσας τὸν νῦν αἰῶνα,
Demas Porque me abandonó, amando la de ahora era

καὶ ἐπορεύθη εἰς Θεσσαλονίκην, Κρήσκης
y se fue a Tesalónica, Crescente

εἰς Γαλατίαν, Τίτος εἰς Δαλματίαν·
a Galacia, Tito a Dalmacia.

11 Λουκᾶς ἐστὶ μόνος μετ' ἐμοῦ. Μᾶρκον ἀναλαβὼν
Lucas es único conmigo. A Marcos tomando

ἄγε μετὰ σεαυτοῦ· ἔστιν
trae contigo, es

γάρ μοι εὔχρηστος εἰς διακονίαν.
Porque para mí útil para servicio.

12 Τυχικὸν δὲ ἀπέστειλα εἰς Ἔφεσον.
A Tíquico sin embargo envié a Éfeso.

13 τὸν φελόνην, ὃν ἀπέλιπον ἐν Τρῳάδι παρὰ Κάρπῳ,
El capote, que dejé en Troas con Carpo,

ἐρχόμενος φέρε, καὶ τὰ βιβλία,
viniendo trae, y los libros,

μάλιστα τὰς μεμβράνας.
especialmente los pergaminos.

14 Ἀλέξανδρος ὁ χαλκεὺς πολλά μοι κακὰ ἐνεδείξατο·
Alejandro el broncista muchas cosas a mí malas hizo.

ἀποδῴη[21] αὐτῷ ὁ Κύριος κατὰ τὰ ἔργα αὐτοῦ·
Pague le el Señor según las obras de él.

15 ὃν καὶ σὺ φυλάσσου· λίαν γὰρ ἀνθέστηκε
del cual también tú guárdate, grandemente Porque resistió

τοῖς ἡμετέροις λόγοις.
las nuestras palabras.

---

19. Como en 1 Tesalonicenses 5.6.
20. Como una libación ofrecida a Dios.
21. La NU sustituye por pagará.

5Pero tú vela en todo, soporta las aflicciones, haz la obra de evangelista, cumple tu ministerio.
6Porque yo ya estoy para ser ofrecido, y el tiempo de mi partida está cercano.
7He peleado la buena batalla, he acabado la carrera, he guardado la fe.
8Por lo demás, me está guardada la corona de justicia, la cual me dará el Señor, juez justo, en aquel día; y no sólo a mí, sino también a todos los que aman su venida.
9Procura venir presto a mí:
10Porque Demas me ha desamparado, amando este siglo, y se ha ido a Tesalónica; Crescente a Galacia, Tito a Dalmacia.
11Lucas solo está conmigo. Toma a Marcos, y traéle contigo; porque me es útil para el ministerio.
12A Tychîco envié a Efeso.
13Trae, cuando vinieres, el capote que dejé en Troas en casa de Carpo: y los libros, mayormente los pergaminos.
14Alejandro el calderero me ha causado muchos males: el Señor le pague conforme a sus hechos.
15Guárdate tú también de él; que en grande manera ha resistido a nuestras palabras.

16 En mi primera defensa ninguno me ayudó, antes me desampararon todos: no les sea imputado.
17 Mas el Señor me ayudó, y me esforzó para que por mí fuese cumplida la predicación, y todos los Gentiles oyesen; y fui librado de la boca del león.
18 Y el Señor me librará de toda obra mala, y me preservará para su reino celestial: al cual sea gloria por los siglos de los siglos. Amén.
19 Saluda a Prisca y a Aquila, y a la casa de Onesíforo.
20 Erasto se quedó en Corinto; y a Trófimo dejé en Mileto enfermo.
21 Procura venir antes del invierno. Eubulo te saluda, y Pudente, y Lino, y Claudia, y todos los hermanos.
22 El Señor Jesucristo sea con tu espíritu. La gracia sea con vosotros. Amén.

16 Ἐν τῇ πρώτῃ μου ἀπολογίᾳ οὐδείς μοι συμπαρεγένετο,
En la primera de mí defensa nadie a mí acudió para ayudar,
ἀλλὰ πάντες με ἐγκατέλιπον· μὴ αὐτοῖς λογισθείη·
sino que todos me abandonaron. No les sea tenido en cuenta.

17 ὁ δὲ Κύριός μοι παρέστη καὶ ἐνεδυνάμωσέ με,
el Sin embargo Señor me asistió y fortaleció me,
ἵνα δι' ἐμοῦ τὸ κήρυγμα πληροφορηθῇ καὶ ἀκούσῃ
para que a través de mí la predicación fuera cumplida y oyesen
πάντα τὰ ἔθνη. καὶ ἐρρύσθην ἐκ στόματος λέοντος.
todos los gentiles. También fui librado de boca de león.

18 ῥύσεταί με ὁ Κύριος ἀπὸ παντὸς ἔργου πονηροῦ
Librará me el Señor de toda obra mala
καὶ σώσει εἰς τὴν βασιλείαν αὐτοῦ τὴν ἐπουράνιον·
y salvará para el reino de él el celestial,
ᾧ ἡ δόξα εἰς τοὺς αἰῶνας τῶν αἰώνων· ἀμήν.
(sea) al cual la gloria por las eras de las eras. Amén.

19 Ἄσπασαι Πρίσκαν καὶ Ἀκύλαν καὶ
Saluda a Prisca y a Aquila y
τὸν Ὀνησιφόρου οἶκον.
a la de Onesíforo casa.

20 Ἔραστος ἔμεινεν ἐν Κορίνθῳ, Τρόφιμον δὲ
Erasto permaneció en Corinto, a Trófimo sin embargo
ἀπέλιπον ἐν Μιλήτῳ ἀσθενοῦντα.
dejé en Mileto enfermo.

21 Σπούδασον πρὸ χειμῶνος ἐλθεῖν. Ἀσπάζεταί σε Εὔβουλος
Procura antes de invierno venir. Saluda te Eubulo
καὶ Πούδης καὶ Λῖνος καὶ Κλαυδία καὶ οἱ ἀδελφοὶ πάντες.
y Pudente y Lino y Claudia y los hermanos todos.

22 Ὁ Κύριος Ἰησοῦς Χριστὸς[22] μετὰ τοῦ πνεύματός σου.
El Señor Jesús Cristo (esté) con el Espíritu de ti.
Ἡ χάρις μεθ' ὑμῶν· ἀμήν.[23]
La gracia (sea) con vosotros. Amén.

---

22. La NU suprime Jesús Cristo.
23. La NU suprime Amén.

LA EPÍSTOLA DEL APÓSTOL SAN PABLO
A TITO

1 ¹Pablo, siervo de Dios, y apóstol de Jesucristo, según la fe de los escogidos de Dios, y el conocimiento de la verdad que es según la piedad,
²Para la esperanza de la vida eterna, la cual Dios, que no puede mentir, prometió antes de los tiempos de los siglos,
³Y manifestó a sus tiempos su palabra por la predicación, que me es a mí encomendada por mandamiento de nuestro Salvador Dios;
⁴A Tito, verdadero hijo en la común fe: Gracia, misericordia, y paz de Dios Padre, y del Señor Jesucristo Salvador nuestro.
⁵Por esta causa te dejé en Creta, para que corrigieses lo que falta, y pusieses ancianos por las villas, así como yo te mandé:
⁶El que fuere sin crimen, marido de una mujer, que tenga hijos fieles que no estén acusados de disolución, o contumaces.
⁷Porque es menester que el obispo sea sin crimen, como dispensador de Dios; no soberbio, no iracundo, no amador del vino, no heridor, no codicioso de torpes ganancias;

1 ¹ Παῦλος, δοῦλος Θεοῦ, ἀπόστολος δὲ Ἰησοῦ Χριστοῦ
Pablo, siervo de Dios, apóstol - de Jesús Cristo
κατὰ πίστιν ἐκλεκτῶν Θεοῦ καὶ ἐπίγνωσιν ἀληθείας
según fe de elegidos de Dios y conocimiento de verdad
τῆς κατ' εὐσέβειαν
la según piedad

² ἐπ' ἐλπίδι ζωῆς αἰωνίου, ἣν ἐπηγγείλατο ὁ ἀψευδὴς Θεὸς
en esperanza de vida eterna, que prometió el veraz¹ Dios
πρὸ χρόνων αἰωνίων,
antes de tiempos eternos,

³ ἐφανέρωσε δὲ καιροῖς ἰδίοις τὸν λόγον αὐτοῦ ἐν
manifestó Sin embargo en tiempos propios la palabra de él en
κηρύγματι, ὃ ἐπιστεύθην ἐγὼ κατ' ἐπιταγὴν
predicación, de la que fui encomendado yo² según mandato³
τοῦ σωτῆρος ἡμῶν Θεοῦ,
del salvador de nosotros Dios,

⁴ Τίτῳ γνησίῳ τέκνῳ κατὰ κοινὴν πίστιν· χάρις, ἔλεος,⁴
a Tito genuino hijo según común fe: gracia, misericordia,
εἰρήνη ἀπὸ Θεοῦ πατρὸς καὶ Κυρίου⁵ Ἰησοῦ Χριστοῦ
paz de Dios Padre y de Señor Jesús Cristo
τοῦ σωτῆρος ἡμῶν.
el salvador de nosotros.

⁵ Τούτου χάριν κατέλιπόν σε ἐν Κρήτῃ, ἵνα τὰ λείποντα
de esto A causa dejé te en Creta, para que lo deficiente
ἐπιδιορθώσῃ καὶ καταστήσῃς κατὰ πόλιν πρεσβυτέρους,
ordenaras y establecieras por ciudad ancianos,
ὡς ἐγώ σοι διεταξάμην,
como yo te ordené,

⁶ εἴ τίς ἐστιν ἀνέγκλητος, μιᾶς γυναικὸς ἀνήρ,
si alguno es intachable,⁶ de una mujer varón,
τέκνα ἔχων πιστά, μὴ ἐν κατηγορίᾳ ἀσωτίας
a hijos teniendo creyentes, no en acusación de disipación
ἢ ἀνυπότακτα.
o insubordinado.

⁷ δεῖ γὰρ τὸν ἐπίσκοπον ἀνέγκλητον εἶναι ὡς Θεοῦ
debe Porque el obispo intachable⁷ ser como de Dios
οἰκονόμον, μὴ αὐθάδη, μὴ ὀργίλον, μὴ πάροινον,
administrador, no arrogante, no iracundo, no dado al vino,
μὴ πλήκτην, μὴ αἰσχροκερδῆ,
no pendenciero, no codicioso de baja ganancia,⁸

---

1. O: "sin mentira", "que no miente".
2. Es decir "se me confió".
3. Puede también tener el sentido de "autoridad" como en 2.15.
4. La NU omite misericordia.
5. La NU suprime Señor.
6. Lit: "que no puede ser citado por la justicia".
7. Lit: "que no puede ser citado por la justicia".
8. Es decir, de ganancias conseguidas a través de medios que desdicen de la dignidad pastoral.

8Sino hospedador, amador de lo bueno, templado, justo, santo, continente;
9Retenedor de la fiel palabra que es conforme a la doctrina: para que también pueda exhortar con sana doctrina, y convencer a los que contradijeren.
10Porque hay aún muchos contumaces, habladores de vanidades, y engañadores de las almas, mayormente los que son de la circuncisión,
11A los cuales es preciso tapar la boca; que trastornan casas enteras; enseñando lo que no conviene, por torpe ganancia.
12Dijo uno de ellos, propio profeta de ellos: Los Cretenses, siempre mentirosos, malas bestias, vientres perezosos.
13Este testimonio es verdadero: por tanto, repréndelos duramente, para que sean sanos en la fe,
14No atendiendo a fábulas judaicas, y a mandamientos de hombres que se apartan de la verdad.
15Todas las cosas son limpias a los limpios; mas a los contaminados e infieles nada es limpio: antes su alma y conciencia están contaminadas.
16Profésanse conocer a Dios; mas con los hechos lo niegan, siendo abominables y rebeldes, reprobados para toda buena obra.

2 Empero tú, habla lo que conviene a la sana doctrina:

8 ἀλλὰ φιλόξενον, φιλάγαθον, σώφρονα, δίκαιον,
sino hospitalario, amante de lo bueno, sensato, justo,
ὅσιον, ἐγκρατῆ,
santo, dotado de dominio propio,

9 ἀντεχόμενον τοῦ κατὰ τὴν διδαχὴν πιστοῦ λόγου,
aferrándose a la según la enseñanza fiel palabra,
ἵνα δυνατὸς ᾖ καὶ παρακαλεῖν ἐν τῇ διδασκαλίᾳ
para que sea capaz sea también de exhortar en la enseñanza
τῇ ὑγιαινούσῃ καὶ τοὺς ἀντιλέγοντας ἐλέγχειν.
la sana y a los que contradicen convencer.

10 Εἰσὶ γὰρ πολλοὶ καὶ ἀνυπότακτοι
hay Porque muchos también insubordinados,
ματαιολόγοι καὶ φρεναπάται, μάλιστα οἱ
habladores de vanidades y engañadores, especialmente los
ἐκ τῆς περιτομῆς,
de la circuncisión,

11 οὓς δεῖ ἐπιστομίζειν, οἵτινες ὅλους οἴκους
a los cuales hay que tapar la boca, los cuales completas casas
ἀνατρέπουσι διδάσκοντες ἃ μὴ δεῖ αἰσχροῦ κέρδους
trastornan enseñando lo que no se debe de baja ganancia[9]
χάριν.
por causa.

12 εἶπέ τις ἐξ αὐτῶν ἴδιος αὐτῶν προφήτης· Κρῆτες
Dijo uno de ellos propio de ellos profeta: "Cretenses
ἀεὶ ψεῦσται, κακὰ θηρία, γαστέρες ἀργαί.
siempre mentirosos, malas fieras, vientres holgazanes".

13 ἡ μαρτυρία αὕτη ἐστὶν ἀληθής. δι' ἣν αἰτίαν ἔλεγχε
El testimonio éste es verdadero. Por la cual causa reprende
αὐτοὺς ἀποτόμως, ἵνα ὑγιαίνωσιν ἐν τῇ πίστει,
los duramente, para que sean sanos en la fe,

14 μὴ προσέχοντες Ἰουδαϊκοῖς μύθοις καὶ ἐντολαῖς
no escuchando a los judíos mitos y a mandamientos
ἀνθρώπων ἀποστρεφομένων τὴν ἀλήθειαν.
de hombres que se apartan de la verdad.

15 πάντα μὲν[10] καθαρὰ τοῖς καθαροῖς· τοῖς
Todo ciertamente (es) puro para los puros, para los
δὲ μεμιαμμένοις καὶ ἀπίστοις οὐδὲν καθαρόν,
Sin embargo corrompidos e incrédulos nada (es) puro,
ἀλλὰ μεμίανται αὐτῶν καὶ ὁ νοῦς
Sino que han sido contaminadas de ellos tanto la mente
καὶ ἡ συνείδησις.
como la conciencia.

16 Θεὸν ὁμολογοῦσιν εἰδέναι, τοῖς δὲ ἔργοις ἀρνοῦνται,
A Dios confiesan conocer, con las Sin embargo obras niegan,
βδελυκτοὶ ὄντες καὶ ἀπειθεῖς καὶ πρὸς πᾶν ἔργον
abominables siendo y desobedientes y para toda obra
ἀγαθὸν ἀδόκιμοι.
buena reprobados.[11]

2 1 Σὺ δὲ λάλει ἃ πρέπει τῇ ὑγιαινούσῃ
Tú sin embargo habla lo que concuerda con la sana
διδασκαλίᾳ.
enseñanza.

---
9. Ver 1.7.
10. La NU omite ciertamente.
11. O también: "estériles".

2 Πρεσβύτας νηφαλίους εἶναι, σεμνούς, σώφρονας,
Ancianos   sobrios   ser,[12] serios, sensatos,

ὑγιαίνοντας τῇ πίστει, τῇ ἀγάπῃ, τῇ ὑπομονῇ.
sanos   en la fe, en el amor, en la paciencia.

3 Πρεσβύτιδας ὡσαύτως ἐν καταστήματι ἱεροπρεπεῖς,
Ancianas   igualmente en apariencia[13] reverentes,

μὴ διαβόλους,   μὴ οἴνῳ πολλῷ δεδουλωμένας,
no calumniadoras, no a vino mucho esclavizadas,

καλοδιδασκάλους,
maestras de lo bueno,

4 ἵνα σωφρονίζωσι τὰς νέας φιλάνδρους   εἶναι,
para que enseñen a las jóvenes amantes de sus maridos a ser,

φιλοτέκνους,
amantes de sus hijos,

5 σώφρονας, ἁγνάς, οἰκουρούς, ἀγαθάς, ὑποτασσομένας τοῖς
sensatas, castas,[14] hogareñas, buenas, sometidas   a los

ἰδίοις ἀνδράσιν, ἵνα μὴ ὁ λόγος τοῦ Θεοῦ βλασφημῆται.
propios maridos, para que no la palabra de Dios sea blasfemada.

6 Τοὺς νεωτέρους ὡσαύτως παρακάλει σωφρονεῖν,
A los jóvenes   igualmente exhorta   a ser sensatos,

7 περὶ πάντα σεαυτὸν παρεχόμενος τύπον καλῶν
respecto a todo a ti mismo mostrando (ser) ejemplo de buenas

ἔργων, ἐν τῇ διδασκαλίᾳ ἀδιαφθορίαν,[15] σεμνότητα, ἀφθαρσίαν,[16]
obras, en la enseñanza integridad, dignidad, incorruptibilidad,

8 λόγον ὑγιῆ, ἀκατάγνωστον, ἵνα ὁ ἐξ ἐναντίας
palabra sana, irreprensible, para que el de oposición

ἐντραπῇ μηδὲν ἔχων περὶ ὑμῶν[17] λέγειν φαῦλον.
se avergüence no teniendo sobre vosotros que decir malo.

9 δούλους ἰδίοις δεσπόταις ὑποτάσσεσθαι ἐν πᾶσιν
(Exhorta) A siervos a propios amos a someterse en todo

εὐαρέστους εἶναι, μὴ ἀντιλέγοντας,
agradables a ser, no contradiciendo,

10 μὴ νοσφιζομένους, ἀλλὰ πίστιν πᾶσαν ἐνδεικνυμένους ἀγαθήν,
no defraudando,[18] sino fidelidad toda mostrando   buena,

ἵνα τὴν διδασκαλίαν τὴν τοῦ σωτῆρος ἡμῶν
para que la enseñanza la del salvador de nosotros

Θεοῦ κοσμῶσιν ἐν πᾶσιν.
Dios adornen en todo.

11 Ἐπεφάνη γὰρ ἡ χάρις τοῦ Θεοῦ ἡ σωτήριος πᾶσιν
se manifestó Porque la gracia de Dios la salvación para todos

ἀνθρώποις,
hombres,

12 παιδεύουσα ἡμᾶς, ἵνα ἀρνησάμενοι τὴν ἀσέβειαν
enseñando nos, para que renunciando a la impiedad

καὶ τὰς κοσμικὰς ἐπιθυμίας σωφρόνως καὶ δικαίως
y a las mundanas ansias sensatamente y justamente

καὶ εὐσεβῶς ζήσωμεν ἐν τῷ νῦν αἰῶνι,
y piadosamente vivamos en la de ahora era,

2Que los viejos sean templados, graves, prudentes, sanos en la fe, en la caridad, en la paciencia.

3Las viejas, asimismo, se distingan en un porte santo; no calumniadoras, no dadas a mucho vino, maestras de honestidad:

4Que enseñen a las mujeres jóvenes a ser predentes, a que amen a sus maridos, a que amen a sus hijos,

5A ser templadas, castas, que tengan cuidado de la casa, buenas, sujetas a sus maridos; porque la palabra de Dios no sea blasfemada.

6Exhorta asimismo a los mancebos a que sean comedidos;

7Mostrándote en todo por ejemplo de buenas obras; en doctrina haciendo ver integridad, gravedad,

8Palabra sana, e irreprensible; que el adversario se avergüence, no teniendo mal ninguno que decir de vosotros.

9Exhorta á los siervos a que sean sujetos a sus señores, que agraden en todo, no respondones;

10No defraudando, antes mostrando toda buena lealtad, para que adornen en todo la doctrina de nuestro Salvador Dios.

11Porque la gracia de Dios que trae salvación a todos los hombres, se manifestó.

12Enseñándonos que, renunciando a la im-piedad y a los deseos mundanos, vivamos en este siglo templada, y justa, y píamente,

---
12. Es decir, que los ancianos sean sobrios (oración de infinitivos).
13. O también: "estilo de vida" o "aspecto".
14. O también: "inocentes, puras".
15. La NU sustituye por solidez.
16. Algunas mss omiten incorruptibilidad.
17. La NU tiene nosotros.
18. Lit: "quedándose con parte del dinero", "sisando".

13 Esperando aquella esperanza bienaventurada, y la manifestación gloriosa del gran Dios y Salvador nuestro Jesucristo.
14 Que se dió a sí mismo por nosotros para redimirnos de toda iniquidad, y limpiar para sí un pueblo propio, celoso de buenas obras.
15 Esto habla y exhorta, y reprende con toda autoridad. Nadie te desprecie.

3 Amonéstales que se sujeten a los príncipes y potestades, que obedezcan, que estén prontos a toda buena obra.
2 Que a nadie infamen, que no sean pendencieros, sino modestos, mostrando toda mansedumbre para con todos los hombres.
3 Porque también éramos nosotros necios en otro tiempo, rebeldes, extraviados, sirviendo a concupiscencias y deleites diversos, viviendo en malicia y en envidia, aborrecibles, aborreciendo los unos a los otros.
4 Mas cuando se manifestó la bondad de Dios nuestro Salvador, y su amor para con los hombres,
5 No por obras de justicia que nosotros habíamos hecho, mas por su misericordia nos salvó, por el lavacro de la regeneración, y de la renovación del Espíritu Santo;
6 El cual derramó en nosotros abundantemente por Jesucristo nuestro Salvador,
7 Para que, justificados por su gracia, seamos hechos herederos según la esperanza de la vida eterna.

13 προσδεχόμενοι τὴν μακαρίαν ἐλπίδα καὶ ἐπιφάνειαν
aguardando la bendita esperanza y manifestación

τῆς δόξης τοῦ μεγάλου Θεοῦ
de la gloria del gran Dios

καὶ σωτῆρος ἡμῶν Ἰησοῦ Χριστοῦ,
y salvador de nosotros Jesús Cristo,

14 ὃς ἔδωκεν ἑαυτὸν ὑπὲρ ἡμῶν, ἵνα λυτρώσηται ἡμᾶς
que dio a sí mismo por nosotros, para redimir nos

ἀπὸ πάσης ἀνομίας καὶ καθαρίσῃ ἑαυτῷ λαὸν
de toda iniquidad y purificar para sí mismo pueblo

περιούσιον, ζηλωτὴν καλῶν ἔργων.
propio, celoso de buenas obras.

15 Ταῦτα λάλει καὶ παρακάλει καὶ ἔλεγχε
Esto habla y exhorta y reprende

μετὰ πάσης ἐπιταγῆς· μηδείς σου περιφρονείτω.
con toda autoridad.[19] Ninguno te desprecie.

3 **1** Ὑπομίμνῃσκε αὐτοὺς ἀρχαῖς καὶ[20] ἐξουσίαις ὑποτάσσεσθαι,
Recuerda les a gobernantes y autoridades someterse,

πειθαρχεῖν, πρὸς πᾶν ἔργον ἀγαθὸν ἑτοίμους εἶναι,
obedecer, para toda obra buena dispuestos estar,

2 μηδένα βλασφημεῖν, ἀμάχους εἶναι, ἐπιεικεῖς,
a ninguno difamar, no agresivos ser, moderados,

πᾶσαν ἐνδεικνυμένους πραότητα πρὸς πάντας ἀνθρώπους.
toda demostrando mansedumbre hacia todos hombres.

3 Ἦμεν γάρ ποτε καὶ ἡμεῖς ἀνόητοι, ἀπειθεῖς,
éramos Porque entonces también nosotros insensatos, rebeldes,

πλανώμενοι, δουλεύοντες ἐπιθυμίαις καὶ ἡδοναῖς ποικίλαις,
extraviados, esclavizados a ansias y placeres diversos

ἐν κακίᾳ καὶ φθόνῳ διάγοντες, στυγητοί,
en maldad y envidia viviendo, aborrecibles,

μισοῦντες ἀλλήλους.
odiando (nos) unos a otros.

4 ὅτε δὲ ἡ χρηστότης καὶ ἡ φιλανθρωπία
Cuando sin embargo la bondad y el amor hacia los hombres se

ἐπεφάνη τοῦ σωτῆρος ἡμῶν Θεοῦ,
manifestó del salvador de nosotros Dios,

5 οὐκ ἐξ ἔργων τῶν ἐν δικαιοσύνῃ ὧν ἐποιήσαμεν
no por obras de las en justicia que hicimos

ἡμεῖς, ἀλλὰ κατὰ τὸν αὐτοῦ ἔλεον ἔσωσεν
nosotros, sino por la de él compasión salvó

ἡμᾶς διὰ λουτροῦ παλιγγενεσίας καὶ
nos mediante baño de regeneración y

ἀνακαινώσεως Πνεύματος Ἁγίου,
renovación de Espíritu Santo,

6 οὗ ἐξέχεεν ἐφ' ἡμᾶς πλουσίως
que derramó sobre nosotros ricamente

διὰ Ἰησοῦ Χριστοῦ τοῦ σωτῆρος ἡμῶν,
a través de Jesús Cristo el salvador de nosotros,

7 ἵνα δικαιωθέντες τῇ ἐκείνου χάριτι
para que habiendo sido justificados por la de aquel gracia

κληρονόμοι γενώμεθα κατ' ἐλπίδα ζωῆς αἰωνίου.
herederos llegáramos a ser según esperanza de vida eterna.

---

19. Lit: "mandato" como en Tito 1.3.
20. La NU omite y.

8 Πιστὸς ὁ λόγος· καὶ περὶ τούτων βούλομαί σε
Fiel[21] la palabra, y acerca de esto quiero que tú
διαβεβαιοῦσθαι, ἵνα φροντίζωσι καλῶν ἔργων
firmemente afirmes, para que pongan empeño de buenas obras
προΐστασθαι οἱ πεπιστευκότες τῷ Θεῷ.
en preocuparse los que han creído en Dios.
ταῦτά ἐστι τὰ καλὰ καὶ ὠφέλιμα τοῖς ἀνθρώποις·
Esto es lo bueno y provechoso para los hombres.

9 μωρὰς δὲ ζητήσεις καὶ γενεαλογίας καὶ ἔρεις
necias Sin embargo disputas y genealogías y discordias
καὶ μάχας νομικὰς περιΐστασο· εἰσὶ γὰρ ἀνωφελεῖς καὶ μάταιοι.
y contiendas legales[22] evita, son Porque inútiles y vanas.

10 αἱρετικὸν ἄνθρωπον μετὰ μίαν καὶ δευτέραν νουθεσίαν παραιτοῦ,
Divisor[23] hombre tras una y segunda amonestación desecha,

11 εἰδὼς ὅτι ἐξέστραπται ὁ τοιοῦτος καὶ
sabiendo que ha sido pervertido el tal y
ἁμαρτάνει ὢν αὐτοκατάκριτος.
peca siendo autocondenado.

12 Ὅταν πέμψω Ἀρτεμᾶν πρὸς σὲ ἢ Τυχικόν, σπούδασον
Cuando enviaré a Artemas a ti o a Tíquico, apresúrate a
ἐλθεῖν πρός με εἰς Νικόπολιν·
venir a mí a Nicópolis.
ἐκεῖ γὰρ κέκρικα παραχειμάσαι.
allí Porque he juzgado pasar el invierno.

13 Ζηνᾶν τὸν νομικὸν καὶ Ἀπολλὼ σπουδαίως
A Zenas el jurista y a Apolos diligentemente
πρόπεμψον, ἵνα μηδὲν αὐτοῖς λείπῃ.
envía, para que nada a ellos falte.

14 μανθανέτωσαν δὲ καὶ οἱ ἡμέτεροι καλῶν ἔργων
aprendan Y también los nuestros de buenas obras
προΐστασθαι εἰς τὰς ἀναγκαίας χρείας,
a ocuparse para las acuciantes necesidades,
ἵνα μὴ ὦσιν ἄκαρποι.
para que no sean sin fruto.

15 Ἀσπάζονταί σε οἱ μετ᾽ ἐμοῦ πάντες. ἄσπασαι
Saludan te los conmigo todos. Saluda
τοὺς φιλοῦντας ἡμᾶς ἐν πίστει.
a los que aman nos en fe.
Ἡ χάρις μετὰ πάντων ὑμῶν· ἀμήν.[24]
La gracia con todos vosotros. Amén.

8Palabra fiel, y estas cosas quiero que afirmes, para que los que creen a Dios procuren gobernarse en buenas obras. Estas cosas son buenas y útiles a los hombres. **9**Mas las cuestiones necias, y genealogías, y contenciones, y debates acerca de la ley, evita; porque son sin provecho y vanas. **10**Rehusa hombre hereje, después de una y otra amonestación; **11**Estando cierto que el tal es trastornado, y peca, siendo condenado de su propio juicio. **12**Cuando enviare a ti a Artemas, o á Tichîco, procura venir a mí, a Nicópolis: porque allí he determinado invernar. **13**A Zenas doctor de la ley, y a Apolos, envía delante, procurando que nada les falte. **14**Y aprendan asimismo los nuestros a gobernarse en buenas obras para los usos necesarios, para que no sean sin fruto. **15**Todos los que están conmigo te saludan. Saluda a los que nos aman en la fe. La gracia sea con todos vosotros. Amén.

---

21. O fiable
22. Es decir, "sobre la Ley".
23. Es decir, "que crea divisiones" o "que forma bandos".
24. La NU omite Amén.

LA EPÍSTOLA DEL APÓSTOL SAN PABLO A
FILEMÓN

1 Pablo, prisionero de Jesucristo, y el hermano Timoteo, a Filemón amado, y coadjutor nuestro;
2 Y a la amada Apphia, y a Archîpo, compañero de nuestra milicia, y a la iglesia que está en tu casa:
3 Gracia a vosotros y paz de Dios nuestro Padre, y del Señor Jesucristo.
4 Doy gracias a mi Dios, haciendo siempre memoria de ti en mis oraciones.
5 Oyendo tu caridad, y la fe que tienes en el Señor Jesús, y para con todos los santos;
6 Para que la comunicación de tu fe sea eficaz, en el conocimiento de todo el bien que está en vosotros, por Cristo Jesús.
7 Porque tenemos gran gozo y consolación de tu caridad, de que por ti, oh hermano, han sido recreadas las entrañas de los santos.
8 Por lo cual, aunque tengo mucha resolución en Cristo para mandarte lo que conviene,
9 Ruégo te más bien por amor, siendo tal cual soy, Pablo viejo, y aun ahora prisionero de Jesucristo:
10 Ruégote por mi hijo Onésimo, que he engendrado en mis prisiones,

1 Παῦλος, δέσμιος Χριστοῦ Ἰησοῦ, καὶ Τιμόθεος ὁ ἀδελφὸς,
Pablo, prisionero de Cristo Jesús, y Timoteo el hermano,
Φιλήμονι τῷ ἀγαπητῷ καὶ συνεργῷ ἡμῶν
a Filemón el amado y colaborador de nosotros

2 καὶ Ἀπφίᾳ τῇ ἀγαπητῇ[1] καὶ Ἀρχίππῳ τῷ συστρατιώτῃ
y a Apfia la amada y a Arquipo el compañero de batalla
ἡμῶν καὶ τῇ κατ' οἶκόν σου ἐκκλησίᾳ·
de nosotros y a la en casa de ti iglesia.

3 χάρις ὑμῖν καὶ εἰρήνη ἀπὸ Θεοῦ πατρὸς ἡμῶν καὶ
Gracia a vosotros y paz de Dios padre de nosotros y
Κυρίου Ἰησοῦ Χριστοῦ.
de Señor Jesús Cristo.

4 Εὐχαριστῶ τῷ Θεῷ μου πάντοτε μνείαν σου ποιούμενος
Agradezco al Dios de mí siempre recuerdo de ti haciendo
ἐπὶ τῶν προσευχῶν μου,
en las oraciones de mí,

5 ἀκούων σου τὴν ἀγάπην καὶ τὴν πίστιν, ἣν ἔχεις πρὸς
oyendo de ti el amor y la fe, que tienes para con
τὸν Κύριον Ἰησοῦν καὶ εἰς πάντας τοὺς ἁγίους,
el Señor Jesús y hacia todos los santos,

6 ὅπως ἡ κοινωνία τῆς πίστεώς σου ἐνεργὴς γένηται
para que la comunión de la fe de ti efectiva llegue a ser
ἐν ἐπιγνώσει παντὸς ἀγαθοῦ τοῦ ἐν ὑμῖν εἰς
en conocimiento de todo bien que (hay) en vosotros por
Χριστὸν Ἰησοῦν.
Cristo Jesús.

7 χαρὰν γὰρ ἔχομεν[2] πολλὴν καὶ παράκλησιν ἐπὶ τῇ ἀγάπῃ
alegría Porque tenemos mucha y consolación en el amor
σου, ὅτι τὰ σπλάγχνα τῶν ἁγίων ἀναπέπαυται
de ti, porque las entrañas de los santos han sido consoladas
διὰ σοῦ, ἀδελφέ.
por ti, hermano.

8 Διό, πολλὴν ἐν Χριστῷ παρρησίαν ἔχων ἐπιτάσσειν σοι
Por tanto, mucha en Cristo confianza teniendo para ordenar te
τὸ ἀνῆκον,
lo conveniente,

9 διὰ τὴν ἀγάπην μᾶλλον παρακαλῶ, τοιοῦτος ὢν ὡς Παῦλος
por el amor más bien ruego, esto siendo como Pablo
πρεσβύτης, νυνὶ δὲ καὶ δέσμιος Ἰησοῦ Χριστοῦ,
anciano, ahora Pero también prisionero de Jesús Cristo,

10 παρακαλῶ σε περὶ τοῦ ἐμοῦ τέκνου, ὃν ἐγέννησα
Exhorto te acerca de mi hijo, que engendré
ἐν τοῖς δεσμοῖς μου, Ὀνήσιμον,
en las cadenas de mí, Onésimo.

---
1. La NU sustituye por hermana.
2. La NU sustituye por tuve.

11 τόν ποτέ σοι ἄχρηστον, νυνὶ δὲ σοὶ καὶ ἐμοὶ
el entonces para ti inútil, ahora sin embargo para ti y para mí
εὔχρηστον,
útil,

12 ὃν ἀνέπεμψά· σὺ δὲ αὐτόν, τοῦτ' ἔστιν τὰ ἐμὰ
que devolví. Tú sin embargo a él, que es las mis
σπλάγχνα, προσλαβοῦ.[3,4]
entrañas, recibe.

13 ὃν ἐγὼ ἐβουλόμην πρὸς ἐμαυτὸν κατέχειν, ἵνα ὑπὲρ
al cual yo deseé conmigo mismo retener, para que por
σοῦ διακονῇ μοι ἐν τοῖς δεσμοῖς τοῦ εὐαγγελίου·
ti sirva me en las cadenas del Evangelio.

14 χωρὶς δὲ τῆς σῆς γνώμης οὐδὲν ἠθέλησα ποιῆσαι,
sin Sin embargo el tu consentimiento nada quise hacer,
ἵνα μὴ ὡς κατὰ ἀνάγκην τὸ ἀγαθόν σου ᾖ,
para que no como como obligación lo bueno de ti sea,
ἀλλὰ κατὰ ἑκούσιον.
sino como voluntario.

15 τάχα γὰρ διὰ τοῦτο ἐχωρίσθη πρὸς ὥραν
quizá Porque por esto fue separado por tiempo
ἵνα αἰώνιον αὐτὸν ἀπέχῃς,[5]
para que eterno lo recibas,

16 οὐκέτι ὡς δοῦλον, ἀλλ' ὑπὲρ δοῦλον, ἀδελφὸν ἀγαπητόν,
Ya no como siervo, sino en vez de siervo, hermano amado,
μάλιστα ἐμοί, πόσῳ δὲ μᾶλλον σοὶ καὶ
especialmente para mí, cuanto - más para ti no sólo
ἐν σαρκὶ καὶ ἐν Κυρίῳ.
en carne sino también en Señor.

17 Εἰ οὖν με ἔχεις κοινωνόν, προσλαβοῦ αὐτὸν ὡς ἐμέ.
Si pues me tienes (como) compañero, recibe lo como a mí.

18 εἰ δέ τι ἠδίκησέ σε ἢ ὀφείλει, τοῦτο ἐμοὶ ἐλλόγει·
si Pero algo dañó te O debe, esto a mi carga.

19 ἐγὼ Παῦλος ἔγραψα τῇ ἐμῇ χειρί, ἐγὼ ἀποτίσω·
Yo Pablo escribí con la mi mano, yo pagaré.
ἵνα μὴ λέγω σοι ὅτι καὶ σεαυτόν μοι προσοφείλεις.
para que no digo te que también tú mismo a mí debes.

20 ναί, ἀδελφέ, ἐγώ σου ὀναίμην ἐν Κυρίῳ·
Sí, hermano, yo de ti me beneficié en Señor.
ἀνάπαυσόν μου τὰ σπλάγχνα ἐν Κυρίῳ.[6]
Consuela de mí las entrañas en Señor.

21 Πεποιθὼς τῇ ὑπακοῇ σου ἔγραψά σοι, εἰδὼς
Estando convencido de la obediencia de ti escribí te, sabiendo
ὅτι καὶ ὑπὲρ ὃ λέγω ποιήσεις.
que también según lo que digo harás.

22 ἅμα δὲ καὶ ἑτοίμαζέ μοι ξενίαν· ἐλπίζω γὰρ
Mientras tanto - también prepara me alojamiento. espero Porque
ὅτι διὰ τῶν προσευχῶν ὑμῶν χαρισθήσομαι ὑμῖν.
que por las oraciones de vosotros seré regalado[7] a vosotros.

11 El cual en otro tiempo te fué inútil, mas ahora a ti y a mí es útil;
12 El cual te vuelvo a enviar; tu pues, recíbele como a mis entrañas.
13 Yo quisiera detenerle conmigo, para que en lugar de ti me sirviese en las prisiones del evangelio;
14 Mas nada quise hacer sin tu consejo, porque tu beneficio no fuese como de necesidad, sino voluntario.
15 Porque acaso por esto se ha apartado de ti por algún tiempo, para que le recibieses para siempre;
16 No ya como siervo, antes más que siervo, como hermano amado, mayormente de mí, pero cuánto más de ti, en la carne y en el Señor.
17 Así que, si me tienes por compañero, recíbele como a mi.
18 Y si en algo te dañó, o te debe, ponlo a mi cuenta.
19 Yo Pablo lo escribí de mi mano, yo lo pagaré: por no decirte que aun a ti mismo te me debes demás.
20 Sí, hermano, góceme yo de ti en el Señor; recrea mis entrañas en el Señor.
21 Te he escrito confiando en tu obediencia, sabiendo que aun harás más de lo que digo.
22 Y asimismo prepárame también alojamiento; porque espero que por vuestras oraciones os tengo de ser concedido.

---

3. La NU añade al que os envié de regreso.
4. La NU omite recibe.
5. Lit: por el eón.
6. La NU sustituye por Cristo.
7. O concedido.

23Te saludan Epafras, mi compañero en la prisión por Cristo Jesús,
24Marcos, Aristarco, Demas y Lucas, mis cooperadores.
25La gracia de nuestro Señor Jesucristo sea con vuestro espíritu. Amén.

23 Ἀσπάζεταί σε Ἐπαφρᾶς ὁ συναιχμάλωτός μου
    Saludan te Eprafas el compañero de prisión de mí

ἐν Χριστῷ Ἰησοῦ,
en Cristo Jesús,

24 Μᾶρκος, Ἀρίσταρχος, Δημᾶς, Λουκᾶς, οἱ συνεργοί μου.
    Marcos, Aristarco, Demas, Lucas, los colaboradores de mí.

25 Ἡ χάρις τοῦ Κυρίου Ἰησοῦ Χριστοῦ μετὰ τοῦ πνεύματος
    La gracia del Señor Jesús Cristo (esté) con el espíritu

ὑμῶν· ἀμήν.
de vosotros. Amén.

LA EPÍSTOLA DEL APÓSTOL SAN PABLO A
LOS HEBREOS

1

1 Dios, habiendo hablado muchas veces y en muchas maneras en otro tiempo a los padres por los profetas,
2 En estos postreros días nos ha hablado por el Hijo, al cual constituyó heredero de todo, por el cual asimismo hizo el universo:
3 El cual siendo el resplandor de su gloria, y la misma imagen de su sustancia, y sustentando todas las cosas con la palabra de su potencia, habiendo hecho la purgación de nuestros pecados por sí mismo, se sentó a la diestra de la Majestad en las alturas,
4 Hecho tanto más excelente que los ángeles, cuanto alcanzó por herencia más excelente nombre que ellos.
5 Porque ¿á cuál de los ángeles dijo Dios jamás:
  Mi hijo eres tú,
  Hoy yo te he engendrado?
Y otra vez:
  Yo seré a él Padre,
  Y él me será a mí hijo?
6 Y otra vez, cuando introduce al Primogénito en la tierra, dice: Y adórenle todos los ángeles de Dios.

1

1 Πολυμερῶς καὶ πολυτρόπως πάλαι
  Muchas veces y de muchas maneras antaño
ὁ Θεὸς λαλήσας τοῖς πατράσιν
  - Dios habiendo hablando a los padres
ἐν τοῖς προφήταις,
  mediante los profetas,

2 ἐπ' ἐσχάτου τῶν ἡμερῶν τούτων ἐλάλησεν ἡμῖν
  en último de los días estos habló a nosotros
ἐν υἱῷ, ὃν ἔθηκε κληρονόμον πάντων,
  en Hijo, al cual constituyó heredero de todo,
δι' οὗ καὶ τοὺς αἰῶνας ἐποίησεν·
  mediante el cual también las eras hizo,

3 ὃς ὢν ἀπαύγασμα τῆς δόξης καὶ χαρακτὴρ
  el cual siendo resplandor de la gloria y representación exacta
τῆς ὑποστάσεως αὐτοῦ, φέρων τε τὰ πάντα
  de la seguridad[1] de él, sosteniendo también el todo
τῷ ῥήματι τῆς δυνάμεως αὐτοῦ, δι' ἑαυτοῦ[2]
  con la palabra del poder de él, mediante sí mismo
καθαρισμὸν ποιησάμενος τῶν ἁμαρτιῶν ἡμῶν[3]
  purificación habiendo hecho de los pecados de nosotros
ἐκάθισεν ἐν δεξιᾷ τῆς μεγαλωσύνης ἐν ὑψηλοῖς,
  se sentó a derecha de la majestad en alturas,

4 τοσούτῳ κρείττων γενόμενος τῶν ἀγγέλων,
  tanto superior habiendo resultado a los ángeles
ὅσῳ διαφορώτερον παρ' αὐτοὺς
  cuanto más excelente que para ellos
κεκληρονόμηκεν ὄνομα.
  ha heredado nombre.

5 τίνι γὰρ εἶπέ ποτε τῶν ἀγγέλων· υἱός μου
  ¿a alguno Porque dijo alguna vez de los ángeles: Hijo de mí
εἶ σύ, ἐγὼ σήμερον γεγέννηκά σε; καὶ πάλιν· ἐγὼ ἔσομαι
  eres tú, yo hoy he engendrado te? Y de nuevo: yo seré
αὐτῷ εἰς πατέρα, καὶ αὐτὸς ἔσται μοι εἰς υἱόν;
  a él por Padre, y él será a mí por Hijo?

6 ὅταν δὲ πάλιν εἰσαγάγῃ τὸν πρωτότοκον εἰς τὴν
  Cuando sin embargo de nuevo introduce al primogénito en el
οἰκουμένην, λέγει· καὶ προσκυνησάτωσαν αὐτῷ
  mundo, dice: y adoren a él
πάντες ἄγγελοι Θεοῦ.
  todos ángeles de Dios.

---

1. O confianza, como en Hebreos 3.14.
2. La NU omite por Sí mismo.
3. La NU omite de nosotros.

7 Y ciertamente de los ángeles dice:
  El que hace a sus ángeles espíritus,
  Y a sus ministros llama de fuego.
8 Mas al hijo:
  Tu trono, oh Dios, por el siglo del siglo;
  Vara de equidad la vara de tu reino;
9 Has amado la justicia, y aborrecido la maldad;
  Por lo cual te ungió Dios, el Dios tuyo,
  Con óleo de alegría más que a tus compañeros.
10 Y:
  Tú, oh Señor, en el principio fundaste la tierra;
  Y los cielos son obras de tus manos.
11 Ellos perecerán, mas tú eres permanente;
  Y todos ellos se envejecerán como una vestidura;
12 Y como un vestido los envolverás, y serán mudados;
  Empero tú eres el mismo,
  Y tus años no acabarán.
13 Pues, ¿á cuál de los ángeles dijo jamás:
  Siéntate a mi diestra,
  Hasta que ponga a tus enemigos por estrado de tus pies?
14 ¿No son todos espíritus administradores, enviados para servicio a favor de los que serán herederos de salud?

2 Por tanto, es menester que con más diligencia atendamos a las cosas que hemos oído, porque acaso no nos escurramos.

7 καὶ πρὸς μὲν τοὺς ἀγγέλους λέγει· ὁ ποιῶν
Y respecto sin embargo a los ángeles dice: el que hace
τοὺς ἀγγέλους αὐτοῦ πνεύματα,
a los ángeles de él espíritus,
καὶ τοὺς λειτουργοὺς αὐτοῦ πυρὸς φλόγα·
y a los siervos de Él de fuego llamas.

8 πρὸς δὲ τὸν υἱόν· ὁ θρόνος σου, ὁ Θεός,
Respecto sin embargo del Hijo (dice): el trono de ti, oh Dios,
εἰς τὸν αἰῶνα τοῦ αἰῶνος· ῥάβδος εὐθύτητος
por la era de la era. Cetro de justicia (es)
ἡ ῥάβδος τῆς βασιλείας σου.
el cetro del reino de ti.

9 ἠγάπησας δικαιοσύνην καὶ ἐμίσησας ἀνομίαν·
Amaste justicia y odiaste iniquidad,
διὰ τοῦτο ἔχρισέ σε, ὁ Θεός, ὁ Θεός σου ἔλαιον
por esto ungió a ti, Dios, el Dios de ti con aceite
ἀγαλλιάσεως παρὰ τοὺς μετόχους σου·
de júbilo más allá que los compañeros de ti.

10 καί· σὺ κατ' ἀρχάς, Κύριε, τὴν γῆν ἐθεμελίωσας,
Y: tú en principio, Señor, la tierra fundamentaste,[4]
καὶ ἔργα τῶν χειρῶν σού εἰσιν οἱ οὐρανοί·
y obras de las manos de ti son los cielos.

11 αὐτοὶ ἀπολοῦνται, σὺ δὲ διαμένεις·
Éstos perecerán, tú sin embargo permaneces.
καὶ πάντες ὡς ἱμάτιον παλαιωθήσονται,
y todos como vestimenta envejecerán,

12 καὶ ὡσεὶ περιβόλαιον ἑλίξεις αὐτούς, καὶ ἀλλαγήσονται·
y como velo[5] plegarás los, y serán cambiados,
σὺ δὲ ὁ αὐτὸς εἶ καὶ τὰ ἔτη σου οὐκ ἐκλείψουσι.
tú sin embargo el mismo eres y los años de ti no faltarán.[6]

13 πρὸς τίνα δὲ τῶν ἀγγέλων εἴρηκέ ποτε·
¿Respecto de cuál - de los ángeles ha dicho alguna vez,
κάθου ἐκ δεξιῶν μου ἕως ἂν θῶ τοὺς ἐχθρούς σου
siéntate a derechas de mí hasta que ponga a los enemigos de ti
ὑποπόδιον τῶν ποδῶν σου;
(como) estrado de los pies de ti?

14 οὐχὶ πάντες εἰσὶ λειτουργικὰ πνεύματα
¿No todos son servidores espíritus
εἰς διακονίαν ἀποστελλόμενα διὰ τοὺς μέλλοντας
para servicio enviados por causa de los que han de
κληρονομεῖν σωτηρίαν;
heredar salvación?

2 1 Διὰ τοῦτο δεῖ περισσοτέρως ἡμᾶς προσέχειν
Por esto es necesario mucho más nosotros atender[7]
τοῖς ἀκουσθεῖσι, μήποτε παραρυῶμεν.
a lo que ha sido oído, para que no nos deslicemos.

---

4. Es decir, diste fundamento.
5. Como en I Corintios 11.15.
6. Igual que en Lucas 16.9 y 22.32. El sentido es el de que no acabarán, no se agotarán.
7. Es decir, "que nosotros atendamos" (oración de infinitivo).

2 εἰ γὰρ ὁ δι' ἀγγέλων λαληθεὶς λόγος
si Porque la a través de ángeles habiendo sido hablada palabra

ἐγένετο βέβαιος, καὶ πᾶσα παράβασις καὶ παρακοὴ
resultó firme, y toda transgresión y desobediencia

ἔλαβεν ἔνδικον μισθαποδοσίαν,
recibió justa retribución,

3 πῶς ἡμεῖς ἐκφευξόμεθα τηλικαύτης ἀμελήσαντες σωτηρίας;
¿Cómo nosotros escaparemos tan grande descuidando salvación?

ἥτις ἀρχὴν λαβοῦσα λαλεῖσθαι
la cual en un principio habiendo recibido para ser hablado

διὰ τοῦ Κυρίου, ὑπὸ τῶν ἀκουσάντων εἰς
a través del Señor, por los que habían escuchado (a Él) a

ἡμᾶς ἐβεβαιώθη,
nosotros fue confirmada,

4 συνεπιμαρτυροῦντος τοῦ Θεοῦ σημείοις τε καὶ
dando testimonio Dios con señales - y

τέρασι καὶ ποικίλαις δυνάμεσι καὶ Πνεύματος Ἁγίου
con prodigios y diversos poderes[8] y de Espíritu Santo

μερισμοῖς κατὰ τὴν αὐτοῦ θέλησιν.
distribuciones según la de Él voluntad.

5 Οὐ γὰρ ἀγγέλοις ὑπέταξε τὴν οἰκουμένην
no Porque a ángeles sometió el mundo

τὴν μέλλουσαν, περὶ ἧς λαλοῦμεν.
el venidero, acerca del cual hablamos.

6 διεμαρτύρατο δέ πού τις λέγων·
Testificó sin embargo en algún lugar alguno diciendo:

τί ἐστιν ἄνθρωπος ὅτι μιμνήσκῃ αὐτοῦ,
¿qué es hombre para que recuerdes lo,

ἢ υἱὸς ἀνθρώπου ὅτι ἐπισκέπτῃ αὐτόν;
el hijo de hombre para que te preocupes[9] de él?

7 ἠλάττωσας αὐτὸν βραχύ τι παρ' ἀγγέλους,
Hiciste más bajo[10] a él por un tiempo corto algo que ángeles

δόξῃ καὶ τιμῇ ἐστεφάνωσας αὐτόν, καὶ
con gloria y honra coronaste lo, y[11]

κατέστησας αὐτὸν ἐπὶ τὰ ἔργα τῶν χειρῶν σου·
colocaste lo sobre las obras de las manos de ti.

8 πάντα ὑπέταξας ὑποκάτω τῶν ποδῶν αὐτοῦ.
Todo sujetaste bajo los pies de él.

ἐν γὰρ τῷ ὑποτάξαι αὐτῷ τὰ πάντα οὐδὲν ἀφῆκεν αὐτῷ
en Porque el someter a él el todo nada dejó a él

ἀνυπότακτον. νῦν δὲ οὔπω ὁρῶμεν αὐτῷ
insubordinado.[12] Ahora sin embargo todavía no vemos a él

τὰ πάντα ὑποτεταγμένα·
el todo habiendo sido sometido.

2Porque si la palabra dicha por los ángeles fué firme, y toda rebelión y desobediencia recibió justa paga de retribución, **3**¿Cómo escaparemos nosotros, si tuviéremos en poco una salud tan grande? La cual, habiendo comenzado a ser publicada por el Señor, ha sido confirmada hasta nosotros por los que oyeron; **4**Testificando juntamente con ellos Dios, con señales y milagros, y diversas maravillas, y repartimientos del Espíritu Santo según su voluntad. **5**Porque no sujetó a los ángeles el mundo venidero, del cual hablamos. **6**Testificó empero uno en cierto lugar, diciendo:

¿Qué es el hombre, que te acuerdas de él?
¿O el hijo del hombre, que le visitas?

7 Tú le hiciste un poco menor que los ángeles,
Coronástele de gloria y de honra,
Y pusístete sobre las obras de tus manos;

8 Todas las cosas sujetaste debajo de sus pies.

Porque en cuanto le sujetó todas las cosas, nada dejó que no sea sujeto a él; mas aun no vemos que todas las cosas le sean sujetas.

---

8. Es decir, "milagros, obras poderosas".
9. O elijas como en Hechos 6.3.
10. O menor.
11. Desde y hasta el final del versículo aparece suprimido en la NU.
12. O no sometido. Véase Tito 1.10.

9Empero vemos coronado de gloria y de honra, por el padecimiento de muerte, a aquel Jesús que es hecho un poco menor que los ángeles, para que por gracia de Dios gustase la muerte por todos.
10Porque convenía que aquel por cuya causa son todas las cosas, y por el cual todas las cosas subsisten, habiendo de llevar a la gloria a muchos hijos, hiciese consumado por aflicciones al autor de la salud de ellos.
11Porque el que santifica y los que son santificados, de uno son todos: por lo cual no se avergüenza de llamarlos hermanos,
12Diciendo:
  Anunciaré a mis hermanos tu nombre,
  En medio de la congregación te alabaré.
13Y otra vez: Yo confiaré en él. Y otra vez: He aquí, yo y los hijos que me dió Dios.
14Así que, por cuanto los hijos participaron de carne y sangre, él también participó de lo mismo, para destruir por la muerte al que tenía el imperio de la muerte, es a saber, al diablo,
15Y librar a los que por el temor de la muerte estaban por toda la vida sujetos a servidumbre.
16Porque ciertamente no tomó a los ángeles, sino a la simiente de Abraham tomó.

9 τὸν δὲ βραχύ τι παρ' ἀγγέλους
El sin embargo por corto tiempo algo a ángeles
ἠλαττωμένον βλέπομεν Ἰησοῦν διὰ
habiendo sido hecho inferior contemplamos a Jesús a través
τὸ πάθημα τοῦ θανάτου δόξῃ καὶ τιμῇ
del padecimiento de la muerte con gloria y honor
ἐστεφανωμένον, ὅπως χάριτι
habiendo sido coronado, de manera que por gracia
Θεοῦ ὑπὲρ παντὸς γεύσηται θανάτου.
de Dios por todos gustara muerte.

10 ἔπρεπε γὰρ αὐτῷ, δι' ὃν τὰ πάντα καὶ
era adecuado Porque para él, por el cual (existe) el todo y
δι' οὗ τὰ πάντα, πολλοὺς υἱοὺς εἰς δόξαν
a través del cual el todo, a muchos hijos a gloria
ἀγαγόντα, τὸν ἀρχηγὸν τῆς σωτηρίας αὐτῶν
llevando, al Originador de la salvación de ellos
διὰ παθημάτων τελειῶσαι.
mediante padecimientos consumar.

11 ὅ τε γὰρ ἁγιάζων καὶ οἱ ἁγιαζόμενοι ἐξ
el tanto Porque que santifica como los siendo santificados de
ἑνὸς πάντες· δι' ἣν αἰτίαν οὐκ
uno todos (son) por la cual causa no
ἐπαισχύνεται ἀδελφοὺς αὐτοὺς καλεῖν,
se avergüenza de hermanos a ellos llamar,

12 λέγων· ἀπαγγελῶ τὸ ὄνομά σου τοῖς ἀδελφοῖς μου,
diciendo: anunciaré el nombre de ti a los hermanos de mí,
ἐν μέσῳ ἐκκλησίας ὑμνήσω σε·
en medio de iglesia[13] alabaré te.

13 καὶ πάλιν· ἐγὼ ἔσομαι πεποιθὼς ἐπ' αὐτῷ· καὶ πάλιν·
y de nuevo: yo estaré habiendo confiado en él. Y de nuevo:
ἰδοὺ ἐγὼ καὶ τὰ παιδία ἅ μοι ἔδωκεν ὁ Θεός.
Mira yo y los hijos que me dio Dios.

14 ἐπεὶ οὖν τὰ παιδία κεκοινώνηκε σαρκὸς καὶ αἵματος,
Así que por cuanto los hijos han compartido carne y sangre,
καὶ αὐτὸς παραπλησίως μετέσχε τῶν αὐτῶν,
también él mismo de manera similar compartió lo mismo,
ἵνα διὰ τοῦ θανάτου καταργήσῃ τὸν τὸ κράτος
para que a través de la muerte anulara al que el poder
ἔχοντα τοῦ θανάτου, τοῦτ' ἔστι τὸν διάβολον,
tiene de la muerte, esto es al diablo,

15 καὶ ἀπαλλάξῃ τούτους, ὅσοι φόβῳ θανάτου
y liberara a estos, cuantos por miedo de muerte
διὰ παντὸς τοῦ ζῆν ἔνοχοι ἦσαν δουλείας.
a través de todo el vivir sometidos estaban a servidumbre.

16 οὐ γὰρ δήπου ἀγγέλων ἐπιλαμβάνεται,
no Porque con seguridad a ángeles ayuda,
ἀλλὰ σπέρματος Ἀβραὰμ ἐπιλαμβάνεται.
sino a descendencia de Abraham ayuda.

---
13. Es decir, congregación.

17 ὅθεν ὤφειλε κατὰ πάντα τοῖς
Por lo cual estaba obligado respecto a todo a los
ἀδελφοῖς ὁμοιωθῆναι, ἵνα ἐλεήμων
hermanos a ser asemejado, para que misericordioso
γένηται καὶ πιστὸς ἀρχιερεὺς τὰ πρὸς
resultara y fiel sumo sacerdote en lo respecto
τὸν Θεόν, εἰς τὸ ἱλάσκεσθαι τὰς ἁμαρτίας τοῦ λαοῦ.
a Dios, para el propiciar los pecados del pueblo.

18 ἐν ᾧ γὰρ πέπονθεν αὐτὸς πειρασθείς, δύναται
en cuanto Porque ha padecido él mismo siendo tentado, puede
τοῖς πειραζομένοις βοηθῆσαι.
a los que están siendo tentados ayudar.

3

1 Ὅθεν, ἀδελφοὶ ἅγιοι, κλήσεως ἐπουρανίου μέτοχοι,
Por tanto, hermanos santos, de llamamiento celestial partícipes,
κατανοήσατε τὸν ἀπόστολον καὶ ἀρχιερέα
considerad al apóstol y sumo sacerdote
τῆς ὁμολογίας ἡμῶν Χριστὸν Ἰησοῦν,[14]
de la confesión de nosotros Cristo Jesús,

2 πιστὸν ὄντα τῷ ποιήσαντι αὐτόν, ὡς καὶ
fiel siendo al que preparó a él, como también (fue)
Μωϋσῆς ἐν ὅλῳ τῷ οἴκῳ αὐτοῦ.
Moisés en toda la casa de él.

3 πλείονος γὰρ δόξης οὗτος παρὰ Μωϋσῆν
de mayor Porque gloria éste que Moisés
ἠξίωται, καθ' ὅσον πλείονα
ha sido considerado digno, por cuanto mayor
τιμὴν ἔχει τοῦ οἴκου ὁ κατασκευάσας[15] αὐτόν.
honra tiene de la casa el que ha aparejado la.

4 πᾶς γὰρ οἶκος κατασκευάζεται ὑπό τινος,
toda Porque casa es aparejada por alguien,
ὁ δὲ τὰ πάντα κατασκευάσας Θεός.
el que Sin embargo el todo aparejó (fue) Dios.

5 καὶ Μωϋσῆς μὲν πιστὸς ἐν ὅλῳ τῷ οἴκῳ αὐτοῦ
Y Moisés ciertamente (fue) fiel en toda la casa de él
ὡς θεράπων, εἰς μαρτύριον τῶν λαληθησομένων,
como siervo, para testimonio de lo que será dicho,

6 Χριστὸς δὲ ὡς υἱὸς ἐπὶ τὸν οἶκον αὐτοῦ,
Cristo sin embargo como hijo sobre la casa de él,
οὗ οἶκός ἐσμεν ἡμεῖς, ἐάνπερ τὴν παρρησίαν
cuya casa somos nosotros, con tal que la confianza
καὶ τὸ καύχημα τῆς ἐλπίδος μέχρι
y la jactancia[16] de la esperanza hasta
τέλους βεβαίαν[17] κατάσχωμεν.
fin firme retengamos.

7 Διό, καθὼς λέγει τὸ Πνεῦμα τὸ Ἅγιον·
Por lo cual, como dice el Espíritu el Santo:
σήμερον ἐὰν τῆς φωνῆς αὐτοῦ ἀκούσητε,
hoy si la voz de él escucháis,

17Por lo cual, debía ser en todo semejante a los hermanos, para venir a ser misericordioso y fiel Pontífice en lo que es para con Dios, para expiar los pecados del pueblo.
18Porque en cuanto él mismo padeció siendo tentado, es poderoso para socorrer a los que son tentados.

3 Por tanto, hermanos santos, participantes de la vocación celestial, considerad al Apóstol y Pontífice de nuestra profesión, Cristo Jesús;
2El cual es fiel al que le constituyó, como también lo fué Moisés sobre toda su casa.
3Porque de tanto mayor gloria que Moisés éste es estimado digno, cuanto tiene mayor dignidad que la casa el que la fabricó.
4Porque toda casa es edificada de alguno: mas el que crió todas las cosas es Dios.
5Y Moisés a la verdad fué fiel sobre toda su casa, como siervo, para testificar lo que se había de decir;
6Mas Cristo como hijo, sobre su casa; la cual casa somos nosotros, si hasta el cabo retuviéremos firme la confianza y la gloria de la esperanza.
7Por lo cual, como dice el Espíritu Santo:
  Si oyereis hoy su voz,

---

14. La NU omite Cristo.
15. O "preparado" como en Marcos 1.2.
16. O motivo de orgullo, causa de gloriarnos.
17. La NU omite hasta fin firme.

8 No endurezcáis vuestros corazones
  Como en la provocación, en el día de la tentación en el desierto,
9 Donde me tentaron vuestros padres; me probaron,
  Y vieron mis obras cuarenta años.
10 A causa de lo cual me enemisté con esta generación,
  Y dije: Siempre divagan ellos de corazón,
  Y no han conocido mis caminos.
11 Juré, pues, en mi ira:
  No entrarán en mi reposo.
12 Mirad, hermanos, que en ninguno de vosotros haya corazón malo de incredulidad para apartarse del Dios vivo:
13 Antes exhortaos los unos a los otros cada día, entre tanto que se dice Hoy; porque ninguno de vosotros se endurezca con engaño de pecado:
14 Porque participantes de Cristo somos hechos, con tal que conservemos firme hasta el fin el principio de nuestra confianza;
15 Entre tanto que se dice:
  Si oyereis hoy su voz,
  No endurezcáis vuestros corazones, como en la provocación.
16 Porque algunos de los que habían salido de Egipto con Moisés, habiendo oído, provocaron, aunque no todos.

8 μὴ σκληρύνητε τὰς καρδίας ὑμῶν ὡς ἐν
  no endurezcáis los corazones de vosotros como en
  τῷ παραπικρασμῷ, κατὰ τὴν ἡμέραν τοῦ
  la rebelión, en el día de la
  πειρασμοῦ ἐν τῇ ἐρήμῳ,
  prueba en el desierto.

9 οὗ ἐπείρασάν με οἱ πατέρες ὑμῶν,
  Donde tentaron me los padres de vosotros,
  ἐδοκίμασάν με, καὶ εἶδον τὰ ἔργα μου
  probaron[18] me, y vieron las obras de mí
  τεσσεράκοντα ἔτη·
  cuarenta años.

10 διὸ προσώχθισα τῇ γενεᾷ ἐκείνῃ
  Por tanto me enojé con la generación aquella
  καὶ εἶπον· ἀεὶ πλανῶνται τῇ καρδίᾳ,
  y dije: siempre se extravían en el corazón,
  αὐτοὶ δὲ οὐκ ἔγνωσαν τὰς ὁδούς μου·
  ellos sin embargo no conocieron los caminos de mí.

11 ὡς ὤμοσα ἐν τῇ ὀργῇ μου, εἰ εἰσελεύσονται εἰς
  Como juré en la ira de mí, no[19] entrarán en
  τὴν κατάπαυσίν μου.
  el descanso de mí.

12 Βλέπετε, ἀδελφοί, μήποτε ἔσται ἔν τινι ὑμῶν
  Mirad, hermanos, no haya en alguno de vosotros
  καρδία πονηρὰ ἀπιστίας ἐν τῷ ἀποστῆναι
  corazón malo de incredulidad en el apartarse
  ἀπὸ Θεοῦ ζῶντος,
  de Dios que vive,

13 ἀλλὰ παρακαλεῖτε ἑαυτοὺς καθ' ἑκάστην ἡμέραν
  sino exhortaos a vosotros mismos según cada día
  ἄχρις οὗ τὸ σήμερον καλεῖται, ἵνα μὴ σκληρυνθῇ
  hasta cuando el hoy es llamado[20] para que no sea endurecido
  τις ἐξ ὑμῶν ἀπάτῃ τῆς ἁμαρτίας·
  alguno de vosotros por engaño del pecado.

14 μέτοχοι γὰρ γεγόναμεν τοῦ Χριστοῦ, ἐάνπερ τὴν
  partícipes Porque hemos resultado de Cristo, con tal que el
  ἀρχὴν τῆς ὑποστάσεως μέχρι τέλους βεβαίαν κατάσχωμεν,
  principio de la seguridad[21] hasta final firme retengamos,

15 ἐν τῷ λέγεσθαι· σήμερον ἐὰν τῆς φωνῆς αὐτοῦ
  al ser dicho: hoy si la voz de él
  ἀκούσητε, μὴ σκληρύνητε τὰς καρδίας ὑμῶν
  oís, no endurezcáis los corazones de vosotros
  ὡς ἐν τῷ παραπικρασμῷ.
  como en la rebelión.

16 τίνες γὰρ ἀκούσαντες παρεπίκραναν· ἀλλ'
  algunos Porque habiendo oído se rebelaron. Sin embargo,
  οὐ πάντες οἱ ἐξελθόντες ἐξ Αἰγύπτου
  no (fueron) todos los que salieron de Egipto
  διὰ Μωϋσέως;
  a través de Moisés.

---

18. Como en Lucas 14.19.
19. Literalmente: si, conjunción condicional.
20. Es decir, mientras aún el día es el de hoy.
21. O confianza.

17 τίσι δὲ προσώχθισε τεσσεράκοντα ἔτη;
¿Con quiénes sin embargo estuvo irritado cuarenta años?

οὐχὶ τοῖς ἁμαρτήσασιν, ὧν τὰ κῶλα
¿No (fue) con los que pecaron, de los cuales los cuerpos

ἔπεσεν ἐν τῇ ἐρήμῳ;
cayeron en el desierto?

18 τίσι δὲ ὤμοσε μὴ εἰσελεύσεσθαι
¿A quiénes sin embargo juró no entrar

εἰς τὴν κατάπαυσιν αὐτοῦ, εἰ μὴ τοῖς ἀπειθήσασι;
en el descanso de Él, si no a los que habían desobedecido?

19 καὶ βλέπομεν ὅτι οὐκ ἠδυνήθησαν εἰσελθεῖν δι' ἀπιστίαν.
Y vemos que no pudieron entrar por incredulidad.

4

1 Φοβηθῶμεν οὖν μήποτε, καταλειπομένης ἐπαγγελίας
Temamos pues no sea que siendo dejada promesa

εἰσελθεῖν εἰς τὴν κατάπαυσιν αὐτοῦ,
de entrar en el descanso de Él,

δοκῇ τις ἐξ ὑμῶν ὑστερηκέναι.
parezca alguno de vosotros no haber alcanzado.

2 καὶ γάρ ἐσμεν εὐηγγελισμένοι, καθάπερ
también Porque somos evangelizados, como

κἀκεῖνοι· ἀλλ' οὐκ ὠφέλησεν ὁ λόγος
también aquellos, pero no aprovechó la palabra

τῆς ἀκοῆς ἐκείνους μὴ συγκεκραμένους τῇ
de la escucha²² a aquellos no habiendo juntado con la

πίστει τοῖς ἀκούσασιν.
fe los que (la) oyeron.²³

3 εἰσερχόμεθα γὰρ εἰς τὴν κατάπαυσιν οἱ πιστεύσαντες,
entramos Porque en el descanso los que creímos

καθὼς εἴρηκεν· ὡς ὤμοσα ἐν τῇ ὀργῇ μου,
como dijo: Como juré en la ira de mí,

εἰ εἰσελεύσονται εἰς τὴν κατάπαυσίν μου·
no entrarán en el descanso de mí.

καίτοι τῶν ἔργων ἀπὸ καταβολῆς κόσμου γενηθέντων.
aunque las obras desde fundación de mundo acontezcan.

4 εἴρηκε γάρ που περὶ τῆς ἑβδόμης οὕτω·
dijo Porque en algún lugar acerca del séptimo (día) así:

καὶ κατέπαυσεν ὁ Θεὸς ἐν τῇ ἡμέρᾳ τῇ ἑβδόμῃ
"Y descansó Dios en el día el séptimo

ἀπὸ πάντων τῶν ἔργων αὐτοῦ·
de todas las obras de Él".

5 καὶ ἐν τούτῳ πάλιν· εἰ εἰσελεύσονται
Y en este (lugar) de nuevo: no entrarán

εἰς τὴν κατάπαυσίν μου.
en el descanso de mí.

6 ἐπεὶ οὖν ἀπολείπεται τινὰς εἰσελθεῖν εἰς
puesto que Por tanto permanece para algunos entrar en

αὐτήν, καὶ οἱ πρότερον εὐαγγελισθέντες
él, y los que antiguamente fueron evangelizados

οὐκ εἰσῆλθον δι' ἀπείθειαν,
no entraron por desobediencia,

17 Mas ¿con cuáles estuvo enojado cuarenta años? ¿No fué con los que pecaron, cuyos cuerpos cayeron en el desierto? **18** ¿Y a quiénes juró que no entrarían en su reposo, sino a aquellos que no obedecieron? **19** Y vemos que no pudieron entrar a causa de incredulidad.

4 Temamos, pues, que quedando aún la promesa de entrar en su reposo, parezca alguno de vosotros haberse apartado. **2** Porque también a nosotros se nos ha evangelizado como a ellos; mas no les aprovechó el oir la palabra a los que la oyeron sin mezclar fe. **3** Empero entramos en el reposo los que hemos creído, de la manera que dijo:

Como juré en mi ira,
No entrarán en mi reposo: aun acabadas las obras desde el principio del mundo.

4 Porque en un cierto lugar dijo así del séptimo día: Y reposó Dios de todas sus obras en el séptimo día. **5** Y otra vez aquí:

No entrarán en mi reposo.

6 Así que, pues que resta que algunos han de entrar en él, y aquellos a quienes primero fué anunciado no entraron por causa de desobediencia,

---

22. Es decir, la palabra que oyeron.
23. Es decir, no les sirvió de nada oír porque no respondieron con fe.

7 Determina otra vez un cierto día, diciendo por David: Hoy, después de tanto tiempo; como está dicho:
    Si oyereis su voz hoy,
    No endurezcáis vuestros corazones.
8 Porque si Josué les hubiera dado el reposo, no hablaría después de otro día.
9 Por tanto, queda un reposo para el pueblo de Dios.
10 Porque el que ha entrado en su reposo, también él ha reposado de sus obras, como Dios de las suyas.
11 Procuremos pues de entrar en aquel reposo; que ninguno caiga en semejante ejemplo de desobediencia.
12 Porque la palabra de Dios es viva y eficaz, y más penetrante que toda espada de dos filos: y que alcanza hasta partir el alma, y aun el espíritu, y las coyunturas y tuétanos, y discierne los pensamientos y las intenciones del corazón.
13 Y no hay cosa criada que no sea manifiesta en su presencia; antes todas las cosas están desnudas y abiertas a los ojos de aquel a quien tenemos que dar cuenta.
14 Por tanto, teniendo un gran Pontífice, que penetró los cielos, Jesús el Hijo de Dios, retengamos nuestra profesión.

7 πάλιν τινὰ ὁρίζει ἡμέραν, σήμερον, ἐν Δαυῒδ λέγων,
de nuevo un designa día, hoy, a través de David diciendo:
μετὰ τοσοῦτον χρόνον, καθὼς εἴρηται·
después de este tiempo, como se ha dicho:
σήμερον ἐὰν τῆς φωνῆς αὐτοῦ ἀκούσητε, μὴ σκληρύνητε
hoy si la voz de Él escucháis, no endurezcáis
τὰς καρδίας ὑμῶν.
los corazones de vosotros.

8 εἰ γὰρ αὐτοὺς Ἰησοῦς κατέπαυσεν, οὐκ ἂν
si Porque a ellos Josué hubiera dado descanso, no en absoluto
περὶ ἄλλης ἐλάλει μετὰ ταῦτα ἡμέρας.
sobre otro hablaría después de esto día.

9 ἄρα ἀπολείπεται σαββατισμὸς τῷ λαῷ τοῦ Θεοῦ.
Entonces permanece[24] descanso para el pueblo de Dios.

10 ὁ γὰρ εἰσελθὼν εἰς τὴν κατάπαυσιν αὐτοῦ καὶ αὐτὸς
el que Porque entró en el descanso de Él también él mismo
κατέπαυσεν ἀπὸ τῶν ἔργων αὐτοῦ, ὥσπερ
descansó de las obras de él, como
ἀπὸ τῶν ἰδίων ὁ Θεός.
de las propias (descansó) Dios.

11 Σπουδάσωμεν οὖν εἰσελθεῖν εἰς ἐκείνην τὴν κατάπαυσιν,
Esforcémonos por tanto para entrar en aquel - descanso
ἵνα μὴ ἐν τῷ αὐτῷ τις ὑποδείγματι πέσῃ τῆς
para que no en el mismo alguno ejemplo caiga de la
ἀπειθείας.
desobediencia.

12 Ζῶν γὰρ ὁ λόγος τοῦ Θεοῦ καὶ ἐνεργὴς καὶ τομώτερος
viviente Porque la palabra de Dios y poderosa y más aguda (es)
ὑπὲρ πᾶσαν μάχαιραν δίστομον καὶ διϊκνούμενος
que toda espada de dos filos y que atraviesa
ἄχρι μερισμοῦ ψυχῆς τε καὶ πνεύματος,
hasta división de alma tanto como de espíritu,
ἁρμῶν τε καὶ μυελῶν, καὶ κριτικὸς
de coyunturas tanto como de tuétanos, y capaz de discernir
ἐνθυμήσεων καὶ ἐννοιῶν καρδίας·
pensamientos e intenciones de corazón.

13 καὶ οὐκ ἔστι κτίσις ἀφανὴς ἐνώπιον αὐτοῦ,
Y no hay creación oculta delante de Él,
πάντα δὲ γυμνὰ καὶ τετραχηλισμένα
todo sin embargo (está) desnudo y habiendo sido abierto
τοῖς ὀφθαλμοῖς αὐτοῦ, πρὸς ὃν ἡμῖν ὁ λόγος.
a los ojos de Él, al que para nosotros el relato.[25]

14 Ἔχοντες οὖν ἀρχιερέα μέγαν διεληλυθότα
Teniendo por tanto sumo sacerdote grande habiendo atravesado
τοὺς οὐρανούς, Ἰησοῦν τὸν υἱὸν τοῦ Θεοῦ,
los cielos, Jesús el Hijo de Dios,
κρατῶμεν τῆς ὁμολογίας.
retengamos la confesión.

---
24. O queda.
25. Es decir, ante el que nos corresponde dar cuenta.

15 οὐ γὰρ ἔχομεν ἀρχιερέα μὴ δυνάμενον συμπαθῆσαι
no Porque tenemos sumo sacerdote no pudiendo compadecerse
ταῖς ἀσθενείαις ἡμῶν, πεπειρασμένον δὲ
de la debilidad de nosotros, habiendo sido probado Sino
κατὰ πάντα καθ᾽ ὁμοιότητα χωρὶς ἁμαρτίας.
en todo según semejanza sin pecado.[26]

16 προσερχώμεθα οὖν μετὰ παρρησίας τῷ θρόνῳ τῆς χάριτος,
Acerquémonos por tanto con confianza al trono de la gracia
ἵνα λάβωμεν ἔλεον καὶ χάριν εὕρωμεν
para que recibamos misericordia y gracia encontremos
εἰς εὔκαιρον βοήθειαν.
para oportuna[27] ayuda.

5 1 Πᾶς γὰρ ἀρχιερεὺς ἐξ ἀνθρώπων λαμβανόμενος
todo Porque sumo sacerdote de hombres siendo tomado
ὑπὲρ ἀνθρώπων καθίσταται τὰ πρὸς τὸν Θεόν,
por hombres es designado para lo respecto a Dios,
ἵνα προσφέρῃ δῶρά τε καὶ θυσίας ὑπὲρ ἁμαρτιῶν,
para que presente dones y también sacrificios por pecados,

2 μετριοπαθεῖν δυνάμενος τοῖς ἀγνοοῦσι
ser indulgente pudiendo con los siendo ignorantes
καὶ πλανωμένοις, ἐπεὶ καὶ αὐτὸς περίκειται
y extraviándose,[28] puesto que también él mismo está rodeado
ἀσθένειαν·
de debilidad.

3 καὶ δι᾽ αὐτὴν ὀφείλει, καθὼς περὶ τοῦ λαοῦ,
y por ésta debe, tanto por el pueblo,
οὕτω καὶ περὶ ἑαυτοῦ προσφέρειν ὑπὲρ ἁμαρτιῶν.
como también por sí mismo ofrecer por pecados.

4 καὶ οὐχ ἑαυτῷ τις λαμβάνει τὴν τιμήν, ἀλλὰ
Y no para sí mismo alguien toma la honra, sino (el)
καλούμενος ὑπὸ τοῦ Θεοῦ, καθάπερ καὶ Ἀαρών.
llamado por Dios, como también Aarón (lo fue).

5 οὕτω καὶ ὁ Χριστὸς οὐχ ἑαυτὸν ἐδόξασε
Así también Cristo no a sí mismo glorificó
γενηθῆναι ἀρχιερέα, ἀλλ᾽ ὁ
para llegar a ser sumo sacerdote, sino que Él
λαλήσας πρὸς αὐτόν·
habiendo hablado a él (dijo):
υἱός μου εἶ σύ, ἐγὼ σήμερον γεγέννηκά σε·
Hijo de mí eres tú. Yo hoy he engendrado te.

6 καθὼς καὶ ἐν ἑτέρῳ λέγει· σὺ, ἱερεὺς
Como también en otro (lugar) dice: tú, sacerdote
εἰς τὸν αἰῶνα κατὰ τὴν τάξιν Μελχισέδεκ.
para la era según el orden de Melquisedec.

15Porque no tenemos un Pontífice que no se pueda compadecer de nuestras flaquezas; mas tentado en todo según nuestra semejanza, pero sin pecado. 16Lleguémonos pues confiadamente al trono de la gracia, para alcanzar misericordia, y hallar gracia para el oportuno socorro.

5 Porque todo pontífice, tomado de entre los hombres, es constituído a favor de los hombres en lo que a Dios toca, para que ofrezca presentes y sacrificios por los pecados: 2Que se pueda compadecer de los ignorantes y extraviados, pues que él también está rodeado de flaqueza; 3Y por causa de ella debe, como por sí mismo, así también por el pueblo, ofrecer por los pecados. 4Ni nadie toma para sí la honra, sino el que es llamado de Dios, como Aarón. 5Así también Cristo no se glorificó a sí mismo haciéndose Pontífice, mas el que le dijo:
Tú eres mi Hijo,
Yo te he engendrado hoy;
6Como también dice en otro lugar:
Tú eres sacerdote eternamente,
Según el orden de Melchîsedec.

---

26. Es decir, semejante en todo a nosotros, pero sin pecado.
27. Lit: de buen tiempo, de tiempo adecuado.
28. Es decir con los que son ignorantes y andan extraviados.

7 El cual en los días de su carne, ofreciendo ruegos y súplicas con gran clamor y lágrimas al que le podía librar de la muerte, fué oído por su reverencial miedo.
8 Y aunque era Hijo, por lo que padeció aprendió la obediencia;
9 Y consumado, vino a ser causa de eterna salud a todos los que le obedecen;
10 Nombrado de Dios pontífice según el orden de Melchîsedec.
11 Del cual tenemos mucho que decir, y dificultoso de declarar, por cuanto sois flacos para oir.
12 Porque debiendo ser ya maestros a causa del tiempo, tenéis necesidad de volver a ser enseñados cuáles sean los primeros rudimentos de las palabras de Dios; y habéis llegado a ser tales que tengáis necesidad de leche, y no de manjar sólido.
13 Que cualquiera que participa de la leche, es inhábil para la palabra de la justicia, porque es niño;
14 Mas la vianda firme es para los perfectos, para los que por la costumbre tienen los sentidos ejercitados en el discernimiento del bien y del mal.

7 ὃς ἐν ταῖς ἡμέραις τῆς σαρκὸς αὐτοῦ δεήσεις
quien en los días de la carne de él oraciones

τε καὶ ἱκετηρίας πρὸς τὸν δυνάμενον σῴζειν αὐτὸν
y también súplicas a el que podía salvar lo

ἐκ θανάτου μετὰ κραυγῆς ἰσχυρᾶς καὶ δακρύων
de muerte con clamor fuerte y lágrimas

προσενέγκας, καὶ εἰσακουσθεὶς ἀπὸ τῆς
habiendo ofrecido, también siendo escuchado por el

εὐλαβείας,
temor (de Dios),[29]

8 καίπερ ὢν υἱός, ἔμαθεν ἀφ' ὧν ἔπαθε τὴν ὑπακοήν,
aunque siendo hijo, aprendió de lo que sufrió la obediencia.

9 καὶ τελειωθεὶς ἐγένετο τοῖς ὑπακούουσιν αὐτῷ
Y habiendo sido madurado[30] resultó para los que obedecen a él

πᾶσιν αἴτιος σωτηρίας αἰωνίου,
todos fuente de salvación eterna,

10 προσαγορευθεὶς ὑπὸ τοῦ Θεοῦ ἀρχιερεὺς
habiendo sido declarado por Dios sumo sacerdote

κατὰ τὴν τάξιν Μελχισεδέκ.
según el orden de Melquisedec.

11 Περὶ οὗ πολὺς ἡμῖν ὁ λόγος καὶ
Acerca del cual mucha a nosotros la palabra también

δυσερμήνευτος λέγειν, ἐπεὶ νωθροὶ
difícil de explicar decir,[31] puesto que indolentes

γεγόνατε ταῖς ἀκοαῖς.
habéis resultado para las escuchas.[32]

12 καὶ γὰρ ὀφείλοντες εἶναι διδάσκαλοι διὰ τὸν χρόνον,
y porque estando obligados a ser maestros por el tiempo,

πάλιν χρείαν ἔχετε τοῦ διδάσκειν ὑμᾶς τινα τὰ
de nuevo necesidad tenéis de enseñar os[33] alguno los

στοιχεῖα τῆς ἀρχῆς τῶν λογίων τοῦ Θεοῦ,
rudimentos del principio de las palabras de Dios,

καὶ γεγόνατε χρείαν ἔχοντες γάλακτος καὶ
y habéis resultado necesidad teniendo de leche y

οὐ στερεᾶς τροφῆς.
no de sólido alimento.

13 πᾶς γὰρ ὁ μετέχων γάλακτος ἄπειρος
todo Porque el que comparte leche (es) desconocedor

λόγου δικαιοσύνης· νήπιος γάρ ἐστι·
de palabra de justicia. niño Porque es.

14 τελείων δέ ἐστιν ἡ στερεὰ τροφή, τῶν
de maduros sin embargo es el sólido alimento, de los que

διὰ τὴν ἕξιν τὰ αἰσθητήρια γεγυμνασμένα ἐχόντων
a través de la práctica los sentidos entrenados tienen

πρὸς διάκρισιν καλοῦ τε καὶ κακοῦ.
para distinción de bien y también de mal.

---

29. O reverencia.
30. O acabado, consumado, perfeccionado. La idea es que la obediencia a través del sufrimiento llevó al Cristo hombre, el que debía morir en la cruz, hasta el punto ideal de madurez. Un paralelo de este aspecto en Lucas 2.39-40.
31. Es decir, tenemos que decir mucha palabra que además es difícil de explicar.
32. Es decir, os habéis hecho indolentes para escuchar.
33. Es decir, de que alguien os enseñe (oración de infinitivo).

6

1 Διὸ ἀφέντες τὸν τῆς ἀρχῆς τοῦ Χριστοῦ λόγον ἐπὶ
Por lo cual dejando la del principio de Cristo palabra hacia
τὴν τελειότητα φερώμεθα, μὴ πάλιν θεμέλιον
la madurez movámonos, no de nuevo fundamento
καταβαλλόμενοι μετανοίας ἀπὸ νεκρῶν ἔργων,
colocando de arrepentimiento de muertas obras,
καὶ πίστεως ἐπὶ Θεόν,
y de fe en Dios,

2 βαπτισμῶν διδαχῆς, ἐπιθέσεώς τε χειρῶν,
de inmersiones de enseñanza,³⁴ de imposición - de manos,
ἀναστάσεώς τε νεκρῶν, καὶ κρίματος αἰωνίου.
de resurrección de muertos, y de juicio de la era.³⁵

3 καὶ τοῦτο ποιήσομεν, ἐάνπερ ἐπιτρέπῃ ὁ Θεός.
Y esto haremos, si ciertamente permite Dios.

4 Ἀδύνατον γὰρ τοὺς ἅπαξ φωτισθέντας,
imposible Porque a los que una vez fueron iluminados,
γευσαμένους τε τῆς δωρεᾶς τῆς ἐπουρανίου καὶ
habiendo gustado también el don el celestial y
μετόχους γενηθέντας Πνεύματος Ἁγίου
partícipes fueron hechos de Espíritu Santo,

5 καὶ καλὸν γευσαμένους Θεοῦ ῥῆμα
y buena habiendo gustado de Dios palabra
δυνάμεις τε μέλλοντος αἰῶνος,
poderes también de venidera era,

6 καὶ παραπεσόντας, πάλιν ἀνακαινίζειν εἰς μετάνοιαν,
y habiendo caído, de nuevo renovar para arrepentimiento,
ἀνασταυροῦντας ἑαυτοῖς τὸν υἱὸν τοῦ Θεοῦ
crucificando de nuevo³⁶ para sí mismos al Hijo de Dios
καὶ παραδειγματίζοντας.
y exponiendo a ignominia.³⁷

7 γῆ γὰρ ἡ πιοῦσα τὸν ἐπ' αὐτῆς πολλάκις ἐρχόμενον
tierra Porque la que bebe la sobre ella muchas veces viniendo
ὑετὸν καὶ τίκτουσα βοτάνην εὔθετον ἐκείνοις
lluvia y produciendo vegetación adecuada para aquellos
δι' οὓς καὶ γεωργεῖται, μεταλαμβάνει
para los cuales también es cultivada, recibe
εὐλογίας ἀπὸ τοῦ Θεοῦ·
bendiciones de Dios.

8 ἐκφέρουσα δὲ ἀκάνθας καὶ τριβόλους, ἀδόκιμος
produciendo sin embargo espinos y abrojos, estéril³⁸ (es)
καὶ κατάρας ἐγγύς, ἧς τὸ τέλος εἰς καῦσιν.
y (está) de maldición cerca, de la cual el final (es) para fuego.

6 Por tanto, dejando la palabra del comienzo en la doctrina de Cristo, vamos adelante a la perfección; no echando otra vez el fundamento del arrepentimiento de obras muertas, y de la fe en Dios,
2 De la doctrina de bautismos, y de la imposición de manos, y de la resurrección de los muertos, y del juicio eterno.
3 Y esto haremos a la verdad, si Dios lo permitiere.
4 Porque es imposible que los que una vez fueron iluminados y gustaron el don celestial, y fueron hechos partícipes del Espíritu Santo.
5 Y asimismo gustaron la buena palabra de Dios, y las virtudes del siglo venidero,
6 Y recayeron, sean otra vez renovados para arrepentimiento, crucificando de nuevo para sí mismos al Hijo de Dios, y exponiéndole a vituperio.
7 Porque la tierra que embebe el agua que muchas veces vino sobre ella, y produce hierba provechosa a aquellos de los cuales es labrada, recibe bendición de Dios:
8 Mas la que produce espinas y abrojos, es reprobada, y cercana de maldición; cuyo fin será el ser abrasada.

---

34. O, mucho menos probable por la colocación de los otros complementos semejantes en la frase, "de enseñanza de bautismos".
35. Como en v. 5.
36. El tiempo verbal es un participio presente y tiene el sentido de "mientras están crucificando de nuevo."
37. El tiempo verbal es un participio presente con el sentido de : "mientras están exponiendo a ignominia."
38. O réproba.

9 Pero de vosotros, oh amados, esperamos mejores cosas, y más cercanas a salud, aunque hablamos así.
10 Porque Dios no es injusto para olvidar vuestra obra y el trabajo de amor que habéis mostrado a su nombre, habiendo asistido y asistiendo aún a los santos.
11 Mas deseamos que cada uno de vosotros muestre la misma solicitud hasta el cabo, para cumplimiento de la esperanza:
12 Que no os hagáis perezosos, mas imitadores de aquellos que por la fe y la paciencia heredan las promesas.
13 Porque prometiendo Dios a Abraham, no pudiendo jurar por otro mayor, juró por sí mismo,
14 Diciendo: De cierto te bendeciré bendiciendo, y multiplicando te multiplicaré.
15 Y así, esperando con largura de ánimo, alcanzó la promesa.
16 Porque los hombres ciertamente por el mayor que ellos juran: y el fin de todas sus controversias es el juramento para confirmación.
17 Por lo cual, queriendo Dios mostrar más abundantemente a los herederos de la promesa la inmutabilidad de su consejo, interpuso juramento;

9 Πεπείσμεθα δὲ περὶ ὑμῶν, ἀγαπητοί,
Hemos sido persuadidos sin embargo acerca de vosotros, amados,

τὰ κρείττονα καὶ ἐχόμενα σωτηρίας, εἰ καὶ οὕτω
de lo mejor y que tiene salvación,[39] aunque también así

λαλοῦμεν.
hablamos.

10 οὐ γὰρ ἄδικος ὁ Θεὸς ἐπιλαθέσθαι τοῦ ἔργου ὑμῶν
no Porque (es) injusto Dios para olvidar la obra de vosotros

καὶ τοῦ κόπου[40] τῆς ἀγάπης ἧς ἐνεδείξασθε εἰς
y el trabajo del amor que mostrasteis hacia

τὸ ὄνομα αὐτοῦ, διακονήσαντες τοῖς ἁγίοις καὶ διακονοῦντες.
el nombre de Él, habiendo servido a los santos y sirviendo.

11 ἐπιθυμοῦμεν δὲ ἕκαστον ὑμῶν τὴν αὐτὴν
Deseamos sin embargo cada uno de vosotros la misma

ἐνδείκνυσθαι σπουδὴν πρὸς τὴν πληροφορίαν
mostrar diligencia[41] para la plena seguridad

τῆς ἐλπίδος ἄχρι τέλους,
de la esperanza hasta fin,

12 ἵνα μὴ νωθροὶ γένησθε, μιμηταὶ δὲ
para que no indolentes resultéis, imitadores sino

τῶν διὰ πίστεως καὶ μακροθυμίας κληρονομούντων
de los que a través de fe y paciencia heredan

τὰς ἐπαγγελίας.
las promesas.

13 Τῷ γὰρ Ἀβραὰμ ἐπαγγειλάμενος ὁ Θεός, ἐπεὶ
a Porque Abraham habiendo prometido Dios puesto que

κατ' οὐδενὸς εἶχε μείζονος ὀμόσαι, ὤμοσε καθ' ἑαυτοῦ,
por ninguno tenía mayor para jurar, juró por sí mismo,

14 λέγων· ἦ μὴν εὐλογῶν εὐλογήσω σε
diciendo: Ciertamente bendiciendo bendeciré te

καὶ πληθύνων πληθυνῶ σε·
y multiplicando multiplicaré te.

15 καὶ οὕτω μακροθυμήσας ἐπέτυχε τῆς ἐπαγγελίας.
Y así teniendo paciencia obtuvo la promesa.

16 ἄνθρωποι μὲν γὰρ κατὰ τοῦ μείζονος ὀμνύουσι
hombres ciertamente Porque según del mayor juramento[42] (juran)

καὶ πάσης αὐτοῖς ἀντιλογίας πέρας
y de toda para ellos discusión fin (es)

εἰς βεβαίωσιν ὁ ὅρκος·
para confirmación el juramento.

17 ἐν ᾧ περισσότερον βουλόμενος ὁ Θεὸς ἐπιδεῖξαι
Por lo cual más claramente deseando Dios mostrar

τοῖς κληρονόμοις τῆς ἐπαγγελίας τὸ ἀμετάθετον τῆς
a los herederos de la promesa lo inmutable de la

βουλῆς αὐτοῦ, ἐμεσίτευσεν ὅρκῳ,
voluntad de Él garantizó[43] con juramento,

---

39. El autor de la carta diferencia claramente en este versículo entre aquellos que han disfrutado de alguna manifestación espiritual y no son salvos de los destinatarios de la carta, que están en posición mejor y disfrutan de la salvación.
40. La NU omite el trabajo.
41. Es decir "que cada uno de vosotros muestre la misma diligencia" (oración de infinitivo).
42. Es decir, según juramento del mayor.
43. Lit: interpuso, colocó en medio juramento en señal de que era fiable la promesa.

18 ἵνα διὰ δύο πραγμάτων ἀμεταθέτων,
para que mediante dos hechos inmutables,

ἐν οἷς ἀδύνατον ψεύσασθαι Θεόν, ἰσχυρὰν παράκλησιν
en los cuales imposible (es) mentir Dios[44] fuerte consuelo

ἔχωμεν οἱ καταφυγόντες κρατῆσαι
tengamos los que hemos huido para apoderarnos

τῆς προκειμένης ἐλπίδος·
de la puesta delante de nosotros esperanza,

19 ἣν ὡς ἄγκυραν ἔχομεν τῆς ψυχῆς ἀσφαλῆ τε καὶ
la cual como ancla tenemos del alma sólida y también

βεβαίαν καὶ εἰσερχομένην εἰς τὸ ἐσώτερον τοῦ καταπετάσματος,
firme y que entra a el interior del velo,

20 ὅπου πρόδρομος ὑπὲρ ἡμῶν εἰσῆλθεν Ἰησοῦς,
donde Precursor por nosotros entró Jesús,

κατὰ τὴν τάξιν Μελχισεδέκ ἀρχιερεὺς
según el orden de Melquisedec sumo sacerdote

γενόμενος εἰς τὸν αἰῶνα.
resultando para la era.

7

1 Οὗτος γὰρ ὁ Μελχισεδέκ, βασιλεὺς Σαλήμ, ἱερεὺς τοῦ
este Porque Melquisedec, rey de Salem, sacerdote de

Θεοῦ τοῦ ὑψίστου, ὁ συναντήσας Ἀβραὰμ
Dios el Altísimo, habiéndose encontrado con Abraham

ὑποστρέφοντι ἀπὸ τῆς κοπῆς τῶν βασιλέων καὶ
regresando de el golpe[45] de los reyes y

εὐλογήσας αὐτόν,
habiendo bendecido lo,

2 ᾧ καὶ δεκάτην ἀπὸ πάντων ἐμέρισε Ἀβραάμ,
al cual también diezmo de todo dividió Abraham,

πρῶτον μὲν ἑρμηνευόμενος βασιλεὺς δικαιοσύνης,
primero por un lado siendo interpretado rey de justicia,

ἔπειτα δὲ καὶ βασιλεὺς Σαλήμ,
después por otro lado también rey de Salem,

ὅ ἐστι βασιλεὺς εἰρήνης,
lo que es rey de paz.

3 ἀπάτωρ, ἀμήτωρ, ἀγενεαλόγητος, μήτε ἀρχὴν ἡμερῶν
sin padre, sin madre, sin genealogía, ni principio de días

μήτε ζωῆς τέλος ἔχων, ἀφωμοιωμένος
ni de vida fin teniendo, habiendo sido asemejado

δὲ τῷ υἱῷ τοῦ Θεοῦ, μένει ἱερεὺς
sin embargo al Hijo de Dios, permanece sacerdote

εἰς τὸ διηνεκές.
para el continuo (tiempo).

4 Θεωρεῖτε δὲ πηλίκος οὗτος, ᾧ καὶ
Observad sin embargo cuán grande éste (era), al cual también

δεκάτην Ἀβραὰμ ἔδωκεν ἐκ τῶν ἀκροθινίων ὁ πατριάρχης.
diezmo Abraham dio de los botines el patriarca.

18Para que por dos cosas inmutables, en las cuales es imposible que Dios mienta, tengamos un fortísimo consuelo, los que nos acogemos a trabarnos de la esperanza propuesta:
19La cual tenemos como segura y firme ancla del alma, y que entra hasta dentro del velo;
20Donde entró por nosotros como precursor Jesús, hecho Pontífice eternalmente según el orden de Melchîsedec.

7 Porque este Melchîsedec, rey de Salem, sacerdote del Dios Altísimo, el cual salió a recibir a Abraham que volvía de la derrota de los reyes, y le bendijo,
2Al cual asimismo dió Abraham los diezmos de todo, primeramente él se interpreta Rey de justicia; y luego también Rey de Salem, que es, Rey de paz;
3Sin padre, sin madre, sin linaje; que ni tiene principio de días, ni fin de vida, mas hecho semejante al Hijo de Dios, permanece sacerdote para siempre.
4Mirad pues cuán grande fué éste, al cual aun Abraham el patriarca dió diezmos de los despojos.

---

44. Es decir, que Dios mienta (oración de infinitivo).
45. O matanza, o derrota.

5 Y ciertamente los que de los hijos de Leví toman el sacerdocio, tienen mandamiento de tomar del pueblo los diezmos según la ley, es a saber, de sus hermanos aunque también hayan salido de los lomos de Abraham.
6 Mas aquél cuya genealogía no es contada de ellos, tomó de Abraham los diezmos, y bendijo al que tenía las promesas.
7 Y sin contradicción alguna, lo que es menos es bendecido de lo que es más.
8 Y aquí ciertamente los hombres mortales toman los diezmos: mas allí, aquel del cual está dado testimonio que vive.
9 Y, por decirlo así, en Abraham fué diezmado también Leví, que recibe los diezmos;
10 Porque aun estaba en los lomos de su padre cuando Melchîsedec le salió al encuentro.
11 Si pues la perfección era por el sacerdocio Levítico (porque debajo de él recibió el pueblo la ley) ¿qué necesidad había aún de que se levantase otro sacerdote según el orden de Melchîsedec, y que no fuese llamado según el orden de Aarón?
12 Pues mudado el sacerdocio, necesario es que se haga también mudanza de la ley.
13 Porque aquel del cual esto se dice, de otra tribu es, de la cual nadie asistió al altar.

5 καὶ οἱ μὲν ἐκ τῶν υἱῶν Λευῖ τὴν ἱερατείαν λαμβάνοντες
Y los - de los hijos de Leví el sacerdocio recibiendo
ἐντολὴν ἔχουσιν ἀποδεκατοῦν τὸν λαὸν κατὰ
mandamiento tienen de recoger diezmos al pueblo según
τὸν νόμον, τοῦτ' ἔστι τοὺς ἀδελφοὺς αὐτῶν, καίπερ
la ley, esto es a los hermanos de ellos, aunque
ἐξεληλυθότας ἐκ τῆς ὀσφύος Ἀβραάμ·
habiendo salido de la cintura de Abraham.

6 ὁ δὲ μὴ γενεαλογούμενος ἐξ αὐτῶν
el cual sin embargo no descendiendo de ellos
δεδεκάτωκε τὸν Ἀβραάμ, καὶ τὸν ἔχοντα
ha recibido diezmos de Abraham, y al que tiene
τὰς ἐπαγγελίας εὐλόγηκε·
las promesas ha bendecido.

7 χωρὶς δὲ πάσης ἀντιλογίας τὸ ἔλαττον ὑπὸ
sin Sin embargo ninguna contradicción el menor por
τοῦ κρείττονος εὐλογεῖται.
el mayor[46] es bendecido.

8 καὶ ὧδε μὲν δεκάτας ἀποθνῄσκοντες ἄνθρωποι
y aquí por un lado diezmos mortales hombres
λαμβάνουσιν, ἐκεῖ δὲ
reciben, allí por otro lado (hay uno que)
μαρτυρούμενος ὅτι ζῇ.
es testificado que vive.

9 καὶ ὡς ἔπος εἰπεῖν, δι' Ἀβραὰμ καὶ
Y como palabra decir,[47] a través de Abraham también
Λευῖ ὁ δεκάτας λαμβάνων δεδεκάτωται·
Leví el diezmo recibiendo ha dado el diezmo.

10 ἔτι γὰρ ἐν τῇ ὀσφύϊ τοῦ πατρὸς ἦν ὅτε
todavía Porque en la cintura del padre estaba cuando
συνήντησεν αὐτῷ ὁ Μελχισεδέκ.
se encontró con él Melquisedec.

11 Εἰ μὲν οὖν τελείωσις διὰ τῆς Λευϊτικῆς ἱερωσύνης ἦν·
Si - por tanto perfección a través del levítico sacerdocio fuera -
ὁ λαὸς γὰρ ἐπ' αὐτῇ νενομοθέτητο·
- el pueblo Porque bajo él ha recibido la ley -
τίς ἔτι χρεία κατὰ τὴν τάξιν Μελχισεδέκ
¿Por qué hay todavía necesidad según el orden de Melquisedec
ἕτερον ἀνίστασθαι ἱερέα
otro levantarse sacerdote
καὶ οὐ κατὰ τὴν τάξιν Ἀαρὼν λέγεσθαι;
y no según el orden de Aarón ser llamado?[48]

12 μετατιθεμένης γὰρ τῆς ἱερωσύνης ἐξ ἀνάγκης
cambiado Porque el sacerdocio por necesidad
καὶ νόμου μετάθεσις γίνεται.
también de ley cambio resulta.

13 ἐφ' ὃν γὰρ λέγεται ταῦτα, φυλῆς ἑτέρας μετέσχηκεν,
por el cual Porque se dice esto, de tribu otra ha sido parte,
ἀφ' ἧς οὐδεὶς προσέσχηκε τῷ θυσιαστηρίῳ·
de la cual ninguno se ha dedicado[49] al altar.

---

46. O superior.
47. Es decir: "Y por así decir".
48. Es decir: "¿Por qué sigue habiendo necesidad de que se levante otro sacerdote según el orden de Melquisedec y que no fuese llamado según el orden de Aarón?" (oraciones de infinitivo).
49. O ha atendido.

14 πρόδηλον γὰρ ὅτι ἐξ Ἰούδα ἀνατέταλκεν ὁ Κύριος
evidente (es) Porque que de Judá ha salido el Señor
ἡμῶν, εἰς ἣν φυλὴν οὐδὲν περὶ ἱερωσύνης⁵⁰
de nosotros, respecto a la cual tribu nada sobre sacerdocio
Μωϋσῆς ἐλάλησε.
Moisés habló.

15 Καὶ περισσότερον ἔτι κατάδηλόν ἐστι, εἰ κατὰ τὴν ὁμοιότητα
E incluso aún más claro es, si según la semejanza
Μελχισεδὲκ ἀνίσταται ἱερεὺς ἕτερος,
de Melquisedec se levanta sacerdote otro,

16 ὃς οὐ κατὰ νόμον ἐντολῆς σαρκικῆς γέγονεν,
el cual no según ley de mandamiento carnal ha resultado,
ἀλλὰ κατὰ δύναμιν ζωῆς ἀκαταλύτου·
sino según poder de vida indestructible.

17 μαρτυρεῖ⁵¹ γὰρ ὅτι σὺ ἱερεὺς εἰς τὸν αἰῶνα
testifica Porque que tú (eres) sacerdote para la era
κατὰ τὴν τάξιν Μελχισεδέκ.
según el orden de Melquisedec.

18 ἀθέτησις μὲν γὰρ γίνεται προαγούσης ἐντολῆς
anulación por un lado Porque acontece de precedente mandamiento
διὰ τὸ αὐτῆς ἀσθενὲς καὶ ἀνωφελές·
por la de él debilidad e inutilidad,

19 οὐδὲν γὰρ ἐτελείωσεν ὁ νόμος, ἐπεισαγωγὴ
- nada Porque perfeccionó la ley - (sino) introducción
δὲ κρείττονος ἐλπίδος, δι' ἧς
por otro lado de mejor esperanza, a través de la cual
ἐγγίζομεν τῷ Θεῷ.
nos acercamos a Dios.

20 Καὶ καθ' ὅσον οὐ χωρὶς ὁρκωμοσίας·
Y por tanto no sin toma de juramento

21 οἱ μὲν γὰρ χωρὶς ὁρκωμοσίας
estos por un lado Porque sin toma de juramento
εἰσὶν ἱερεῖς γεγονότες, ὁ δὲ μετὰ
han sacerdotes resultado, aquel por otro lado con
ὁρκωμοσίας διὰ τοῦ λέγοντος πρὸς αὐτόν· ὤμοσε
toma de juramento por Él que dice a él: Juró
Κύριος, καὶ οὐ μεταμεληθήσεται· σὺ ἱερεὺς εἰς
Señor, y no cambiará de opinión:⁵² tú (eres) sacerdote para
τὸν αἰῶνα κατά⁵³ τὴν τάξιν Μελχισεδέκ·
la era según el orden de Melquisedec.

22 κατὰ τοσοῦτον κρείττονος διαθήκης
Según esto de mejor pacto
γέγονεν ἔγγυος Ἰησοῦς.
ha resultado fiador Jesús.

23 Καὶ οἱ μὲν πλείονές εἰσιν γεγονότες ἱερεῖς
Y los - muchos han llegado a ser sacerdotes
διὰ τὸ θανάτῳ κωλύεσθαι παραμένειν·
por la muerte ser impedidos continuar.⁵⁴

---
50. La NU sustituye por sacerdotes.
51. La NU sustituye por es testificado.
52. O se arrepentirá.
53. La NU omite desde según hasta el final del versículo.
54. Es decir: "y muchos llegaron a ser sacerdotes porque no podían continuar a causa de la muerte".

14Porque notorio es que el Señor nuestro nació de la tribu de Judá, sobre cuya tribu nada habló Moisés tocante al sacerdocio.
15Y aun más manifiesto es, si a semejanza de Melchîsedec se levanta otro sacerdote,
16El cual no es hecho conforme a la ley del mandamiento carnal, sino según la virtud de vida indisoluble;
17Pues se da testimonio de él:
Tú eres sacerdote para siempre,
Según el orden de Melchîsedec.
18El mandamiento precedente, cierto se abroga por su flaqueza e inutilidad;
19Porque nada perfeccionó la ley; mas hízolo la introducción de mejor esperanza, por la cual nos acercamos a Dios.
20Y por cuanto no fué sin juramento,
21(Porque los otros cierto sin juramento fueron hechos sacerdotes; mas éste, con juramento por el que le dijo:
Juró el Señor, y no se arrepentirá:
Tú eres sacerdote eternamente
Según el orden de Melchîsedec:)
22Tanto de mejor testamento es hecho fiador Jesús.
23Y los otros cierto fueron muchos sacerdotes, en cuanto por la muerte no podían permanecer.

24Mas éste, por cuanto permanece para siempre, tiene un sacerdocio inmutable:
25Por lo cual puede también salvar eternamente a los que por él se allegan a Dios, viviendo siempre para interceder por ellos.
26Porque tal pontífice nos convenía: santo, inocente, limpio, apartado de los pecadores, y hecho más sublime de los cielos;
27Que no tiene necesidad cada día, como los otros sacerdotes, de ofrecer primero sacrificios por sus pecados, y luego por los del pueblo: porque esto lo hizo una sola vez, ofreciéndose a sí mismo.
28Porque la ley constituye sacerdotes a hombres flacos; mas la palabra del juramento, después de la ley, constituye al Hijo, hecho perfecto para siempre.

8 Así que, la suma acerca de lo dicho es: Tenemos tal pontífice que se asentó a la diestra del trono de la Majestad en los cielos;
2Ministro del santuario, y de aquel verdadero tabernáculo que el Señor asentó, y no hombre.
3Porque todo pontífice es puesto para ofrecer presentes y sacrificios; por lo cual es necesario que también éste tuviese algo que ofrecer.

24 ὁ δὲ διὰ τὸ μένειν αὐτὸν εἰς τὸν αἰῶνα
éste sin embargo por el permanecer él para la era
ἀπαράβατον ἔχει τὴν ἱερωσύνην·
inmutable tiene el sacerdocio,[55]

25 ὅθεν καὶ σῴζειν εἰς τὸ παντελὲς δύναται τοὺς
por lo cual también salvar a el completo[56] puede a los
προσερχομένους δι' αὐτοῦ τῷ Θεῷ, πάντοτε ζῶν
que van a través de él a Dios, siempre viviendo
εἰς τὸ ἐντυγχάνειν ὑπὲρ αὐτῶν.
para el interceder por ellos.

26 Τοιοῦτος γὰρ ἡμῖν ἔπρεπεν ἀρχιερεύς, ὅσιος,
tal Porque a nosotros convenía sumo sacerdote, santo,
ἄκακος, ἀμίαντος, κεχωρισμένος ἀπὸ τῶν
inocente, incontaminado, habiendo sido separado de los
ἁμαρτωλῶν καὶ ὑψηλότερος τῶν οὐρανῶν γενόμενος,
pecadores y más elevado que los cielos resultando,

27 ὃς οὐκ ἔχει καθ' ἡμέραν ἀνάγκην, ὥσπερ
el cual no tiene cada día necesidad, como
οἱ ἀρχιερεῖς, πρότερον ὑπὲρ τῶν ἰδίων
los sumos sacerdotes primero por los propios
ἁμαρτιῶν θυσίας ἀναφέρειν,
pecados sacrificios de ofrecer,
ἔπειτα τῶν τοῦ λαοῦ· τοῦτο γὰρ ἐποίησεν
después por los del pueblo, esto Porque hizo
ἐφάπαξ ἑαυτὸν ἀνενέγκας.
una vez por todas a sí mismo habiéndose colocado sobre el altar.[57]

28 ὁ νόμος γὰρ ἀνθρώπους καθίστησιν ἀρχιερεῖς
la ley Porque a hombres designa sumos sacerdotes
ἔχοντας ἀσθένειαν, ὁ λόγος δὲ
que tienen debilidades, la palabra sin embargo
τῆς ὁρκωμοσίας τῆς μετὰ τὸν νόμον,
de la toma de juramento la después de la ley, (designa) a Hijo
υἱὸν εἰς τὸν αἰῶνα τετελειωμένον.
para la era habiendo sido perfeccionado.

8 1 Κεφάλαιον δὲ ἐπὶ τοῖς λεγομένοις,
Punto principal sin embargo de lo dicho (es que)
τοιοῦτον ἔχομεν ἀρχιερέα, ὃς ἐκάθισεν ἐν
tal tenemos sumo sacerdote el cual se sentó a
δεξιᾷ τοῦ θρόνου τῆς μεγαλωσύνης ἐν τοῖς οὐρανοῖς,
diestra del trono de la majestad en los cielos,

2 τῶν ἁγίων λειτουργὸς καὶ τῆς σκηνῆς τῆς ἀληθινῆς,
del santuario ministro y del tabernáculo el verdadero
ἣν ἔπηξεν ὁ Κύριος, καὶ οὐκ ἄνθρωπος.
que dispuso el Señor, y no hombre.

3 πᾶς γὰρ ἀρχιερεὺς εἰς τὸ προσφέρειν δῶρά τε
todo Porque sumo sacerdote para el ofrecer dones tanto
καὶ θυσίας καθίσταται· ὅθεν ἀναγκαῖον
como sacrificios es constituido. Por tanto necesario (es)
ἔχειν τι καὶ τοῦτον ὃ προσενέγκῃ.
tener algo también que este lo cual ofrezca.

---

55. Es decir, tiene el sacerdocio que no experimenta cambios ni mutaciones.
56. Es decir, de manera definitiva, para siempre.
57. Es decir, "ofrecido".

4 εἰ μὲν γὰρ ἦν ἐπὶ γῆς, οὐδ' ἂν ἦν ἱερεύς,
si - Porque estuviera sobre tierra, no sería sacerdote,

ὄντων τῶν ἱερέων τῶν προσφερόντων κατὰ νόμον τὰ δῶρα,
siendo los sacerdotes los que ofrecen según ley los dones,

5 οἵτινες ὑποδείγματι καὶ σκιᾷ λατρεύουσι τῶν ἐπουρανίων,
los cuales copia y sombra sirven de lo celestial,

καθὼς κεχρημάτισται Μωϋσῆς μέλλων ἐπιτελεῖν
como ha sido advertido a Moisés debiendo completar

τὴν σκηνήν· ὅρα γάρ φησι, ποιήσεις πάντα
el tabernáculo. "Mira", Porque dice, "harás todo

κατὰ τὸν τύπον τὸν δειχθέντα σοι ἐν τῷ ὄρει·
según el modelo el que ha sido mostrado a ti en el monte".

6 νυνὶ δὲ διαφορωτέρας τέτευχε λειτουργίας, ὅσῳ
Ahora sin embargo más excelente ha obtenido servicio, cuanto

καὶ κρείττονός ἐστι διαθήκης μεσίτης,
también de mejor es pacto mediador,

ἥτις ἐπὶ κρείττοσιν ἐπαγγελίαις νενομοθέτηται.
el cual sobre mejores promesas ha sido legislado.

7 Εἰ γὰρ ἡ πρώτη ἐκείνη ἦν ἄμεμπτος,
si Porque el primer (pacto) aquel fue irreprochable[58]

οὐκ ἂν δευτέρας ἐζητεῖτο τόπος.
no en absoluto para segundo sería buscado lugar.

8 μεμφόμενος γὰρ αὐτοῖς λέγει· ἰδοὺ ἡμέραι ἔρχονται,
encontrando falta Porque en ellos dice: mira días vienen

λέγει Κύριος, καὶ συντελέσω ἐπὶ τὸν οἶκον Ἰσραὴλ
dice Señor, y concluiré con la casa de Israel

καὶ ἐπὶ τὸν οἶκον Ἰούδα διαθήκην καινήν,
y con la casa de Judá pacto nuevo,

9 οὐ κατὰ τὴν διαθήκην, ἣν ἐποίησα τοῖς πατράσιν αὐτῶν
no según el pacto, que hice con los padres de ellos

ἐν ἡμέρᾳ ἐπιλαβομένου μου τῆς χειρὸς αὐτῶν
en día habiendo tomado yo[59] de la mano de ellos[60]

ἐξαγαγεῖν αὐτοὺς ἐκ γῆς Αἰγύπτου· ὅτι αὐτοὶ
para sacar los de tierra de Egipto, porque ellos

οὐκ ἐνέμειναν ἐν τῇ διαθήκῃ μου,
no permanecieron el el pacto de mí,

κἀγὼ ἠμέλησα αὐτῶν, λέγει Κύριος.
Y yo me despreocupé de ellos, dice Señor.

10 ὅτι αὕτη ἡ διαθήκη ἣν διαθήσομαι τῷ οἴκῳ Ἰσραὴλ
porque éste el pacto que pactaré con la casa de Israel

μετὰ τὰς ἡμέρας ἐκείνας, λέγει Κύριος· διδοὺς
después de los días aquellos, dice Señor, dando

νόμους μου εἰς τὴν διάνοιαν αὐτῶν, καὶ ἐπὶ καρδίας αὐτῶν
leyes de mí en la mente de ellos, y en corazones de ellos

ἐπιγράψω αὐτούς, καὶ ἔσομαι αὐτοῖς εἰς Θεόν,
escribiré las, y seré para ellos - Dios,

καὶ αὐτοὶ ἔσονταί μοι εἰς λαόν.
y ellos serán para mí un pueblo.

4Así que, si estuviese sobre la tierra, ni aun sería sacerdote, habiendo aún los sacerdotes que ofrecen los presentes según la ley;
5Los cuales sirven de bosquejo y sombra de las cosas celestiales, como fué respondido a Moisés cuando había de acabar el tabernáculo: Mira, dice, haz todas las cosas conforme al dechado que te ha sido mostrado en el monte.
6Mas ahora tanto mejor ministerio es el suyo, cuanto es mediador de un mejor pacto, el cual ha sido formado sobre mejores promesas.
7Porque si aquel primero fuera sin falta, cierto no se hubiera procurado lugar de segundo.
8Porque reprendiéndolos dice:
He aquí vienen días, dice el Señor,
Y consumaré para con la casa de Israel y para con la casa de Judá un nuevo pacto;
9 No como el pacto que hice con sus padres
El día que los tomé por la mano para sacarlos de la tierra de Egipto:
Porque ellos no permanecieron en mi pacto,
Y yo los menosprecié, dice el Señor.
10 Por lo cual, este es el pacto que ordenaré a la casa de Israel
Después de aquellos días, dice el Señor:
Daré mis leyes en el alma de ellos,
Y sobre el corazón de ellos las escribiré;
Y seré a ellos por Dios,
Y ellos me serán a mí por pueblo:

---

58. Como en Lucas 1.6.
59. Oración de genitivo absoluto.
60. Es decir, que los tomé de la mano.

11 Y ninguno enseñará a su prójimo,
Ni ninguno a su hermano, diciendo: Conoce al Señor: Porque todos me conocerán, Desde el menor de ellos hasta el mayor.
12 Porque seré propicio a sus injusticias,
Y de sus pecados y de sus iniquidades no me acordaré más.
13 Diciendo, Nuevo pacto, dió por viejo al primero; y lo que es dado por viejo y se envejece, cerca está de desvanecerse.

9

Tenía empero también el primer pacto reglamentos del culto, y santuario mundano.
2 Porque el tabernáculo fué hecho: el primero, en que estaban las lámparas, y la mesa, y los panes de la proposición; lo que llaman el Santuario.
3 Tras el segundo velo estaba el tabernáculo, que llaman el Lugar Santísimo;
4 El cual tenía un incensario de oro, y el arca del pacto cubierta de todas partes alrededor de oro; en la que estaba una urna de oro que contenía el maná, y la vara de Aarón que reverdeció, y las tablas del pacto;

11 καὶ οὐ μὴ διδάξωσιν ἕκαστος τὸν πλησίον[61] αὐτοῦ
y no en absoluto enseñarán cada uno al prójimo de él
καὶ ἕκαστος τὸν ἀδελφὸν αὐτοῦ, λέγων·
ni cada uno al hermano de él, diciendo:
γνῶθι τὸν Κύριον· ὅτι πάντες εἰδήσουσί με
conoce al Señor, porque todos conocerán me
ἀπὸ μικροῦ αὐτῶν ἕως μεγάλου αὐτῶν·
desde pequeño de ellos hasta grande de ellos.

12 ὅτι ἵλεως ἔσομαι ταῖς ἀδικίαις αὐτῶν,
porque propicio[62] seré a las injusticias de ellos,
καὶ τῶν ἁμαρτιῶν αὐτῶν καὶ τῶν ἀνομιῶν αὐτῶν[63]
y de los pecados de ellos y de las iniquidades[64] de ellos
οὐ μὴ μνησθῶ ἔτι.
no en absoluto me acordaré ya.

13 ἐν τῷ λέγειν καινὴν, πεπαλαίωκε τὴν πρώτην·
Al decir nuevo, ha declarado viejo el primero.
τὸ δὲ παλαιούμενον καὶ γηράσκον ἐγγὺς
lo Sin embargo declarado viejo y envejecido cerca (está)
ἀφανισμοῦ.
de destrucción.[65]

9

1 Εἶχε μὲν οὖν καὶ ἡ πρώτη σκηνὴ[66]
Tenía ciertamente pues también el primer tabernáculo[67]
δικαιώματα λατρείας τό τε ἅγιον κοσμικόν.
ordenanzas de culto el y santuario material.[68]

2 σκηνὴ γὰρ κατεσκευάσθη ἡ πρώτη, ἐν ᾗ ἥ
tabernáculo Porque fue preparado el primero, en el cual el
τε λυχνία καὶ ἡ τράπεζα καὶ ἡ πρόθεσις
no sólo candelabro sino también la mesa y la presentación
τῶν ἄρτων, ἥτις λέγεται Ἅγια.
de los panes (estaban), que se llama Santo.

3 μετὰ δὲ τὸ δεύτερον καταπέτασμα
después Sin embargo del segundo velo (había)
σκηνὴ ἡ λεγομένη Ἅγια Ἁγίων,
tabernáculo el llamado Santo de los santos,

4 χρυσοῦν ἔχουσα θυμιατήριον καὶ τὴν κιβωτὸν
de oro teniendo altar[69] y el arca
τῆς διαθήκης περικεκαλυμμένην πάντοθεν χρυσίῳ,
del pacto cubierta por todas partes de oro,
ἐν ᾗ στάμνος χρυσῆ ἔχουσα τὸ μάννα καὶ
en la cual (estaban) jarro de oro teniendo el maná y
ἡ ῥάβδος Ἀαρὼν ἡ βλαστήσασα καὶ
la vara de Aarón la que floreció y
αἱ πλάκες τῆς διαθήκης,
las tablas del pacto,

---

61. La NU sustituye por ciudadano.
62. O clemente.
63. La NU omite y de las iniquidades de ellos.
64. O rebeldías.
65. O aniquilamiento, desaparición.
66. La NU omite tabernáculo.
67. O tienda.
68. O de este mundo.
69. Era el altar específico para quemar incienso.

5 ὑπεράνω δὲ αὐτῆς Χερουβὶμ δόξης
encima sin embargo de ella querubines de gloria
κατασκιάζοντα τὸ ἱλαστήριον· περὶ
cubriendo con su sombra el propiciatorio. Respecto
ὧν οὐκ ἔστι νῦν λέγειν κατὰ μέρος.
a lo cual no hay ahora para hablar con detalle.

6 Τούτων δὲ οὕτως κατεσκευασμένων εἰς μὲν τὴν πρώτην
Esto sin embargo así dispuesto en - el primer
σκηνὴν διὰ παντὸς εἰσίασιν οἱ ἱερεῖς
tabernáculo siempre entran los sacerdotes
τὰς λατρείας ἐπιτελοῦντες,
los cultos realizando,

7 εἰς δὲ τὴν δευτέραν ἅπαξ τοῦ ἐνιαυτοῦ μόνος ὁ
en sin embargo el segundo una vez al año sólo el
ἀρχιερεύς, οὐ χωρὶς αἵματος, ὃ προσφέρει ὑπὲρ ἑαυτοῦ
sumo sacerdote no sin sangre, que ofrece por sí mismo
καὶ τῶν τοῦ λαοῦ ἀγνοημάτων,
y por los del pueblo pecados de ignorancia,

8 τοῦτο δηλοῦντος τοῦ Πνεύματος τοῦ Ἁγίου, μήπω
esto indicando el Espíritu el Santo, todavía no
πεφανερῶσθαι τὴν τῶν ἁγίων ὁδὸν,[70] (mientras) todavía
haber sido manifestado el del santuario camino,
τῆς πρώτης σκηνῆς ἐχούσης στάσιν·
el primer tabernáculo (esté) teniendo existencia.

9 ἥτις παραβολὴ εἰς τὸν καιρὸν τὸν ἐνεστηκότα,
la cual (es) parábola para el tiempo el presente,
καθ' ὃν δῶρά τε καὶ θυσίαι προσφέρονται μὴ
según el cual ofrendas - y sacrificios se presentan no
δυνάμεναι κατὰ συνείδησιν τελειῶσαι τὸν λατρεύοντα,
pudiendo respecto a conciencia perfeccionar al que rinde culto,

10 μόνον ἐπὶ βρώμασι καὶ πόμασι καὶ διαφόροις
sólo en comidas y bebidas y diferentes
βαπτισμοῖς καὶ δικαιώματα σαρκὸς,
abluciones[71] y ordenanzas de carne,
μέχρι καιροῦ διορθώσεως ἐπικείμενα.
hasta tiempo de reforma siendo impuestas.

11 Χριστὸς δὲ παραγενόμενος ἀρχιερεὺς τῶν
Cristo sin embargo habiendo llegado sumo sacerdote de los
μελλόντων[72] ἀγαθῶν διὰ τῆς μείζονος καὶ
venideros bienes a través del mayor y
τελειοτέρας σκηνῆς, οὐ χειροποιήτου, τοῦτ'
más perfecto tabernáculo, no hecho por manos, esto
ἔστιν οὐ ταύτης τῆς κτίσεως,
es no de esta - creación,

12 οὐδὲ δι' αἵματος τράγων καὶ μόσχων,
ni mediante sangre de carneros y becerros,
διὰ δὲ τοῦ ἰδίου αἵματος,
mediante sin embargo la propia sangre,
εἰσῆλθεν ἐφάπαξ εἰς τὰ ἅγια, αἰωνίαν
entró una vez y para siempre en el santuario, eterna
λύτρωσιν εὑράμενος.
redención habiendo obtenido.

5Y sobre ella los querubines de gloria que cubrían el propiciatorio; de las cuales cosas no se puede ahora hablar en particular.
6Y estas cosas así ordenadas, en el primer tabernáculo siempre entraban los sacerdotes para hacer los oficios del culto;
7Mas en el segundo, sólo el pontífice una vez en el año, no sin sangre, la cual ofrece por sí mismo, y por los pecados de ignorancia del pueblo:
8Dando en esto a entender el Espíritu Santo, que aun no estaba descubierto el camino para el santuario, entre tanto que el primer tabernáculo estuviese en pie.
9Lo cual era figura de aquel tiempo presente, en el cual se ofrecían presentes y sacrificios que no podían hacer perfecto, cuanto a la conciencia, al que servía con ellos;
10Consistiendo sólo en viandas y en bebidas, y en diversos lavamientos, y ordenanzas acerca de la carne, impuestas hasta el tiempo de la corrección.
11Mas estando ya presente Cristo, pontífice de los bienes que habían de venir, por el más amplio y más perfecto tabernáculo, no hecho de manos, es a saber, no de esta creación;
12Y no por sangre de machos cabríos ni de becerros, mas por su propia sangre, entró una sola vez en el santuario, habiendo obtenido eterna redención.

---

70. Es decir, que no había sido manifestado el camino del santísimo.
71. Lit: bautismos.
72. La NU sustituye por acontecidos.

13 Porque si la sangre de los toros y de los machos cabríos, y la ceniza de la becerra, rociada a los inmundos, santifica para la purificación de la carne,
14 ¿Cuánto más la sangre de Cristo, el cual por el Espíritu eterno se ofreció a sí mismo sin mancha a Dios, limpiará vuestras conciencias de las obras de muerte para que sirváis al Dios vivo?
15 Así que, por eso es mediador del nuevo testamento, para que interviniendo muerte para la remisión de las rebeliones que había bajo del primer testamento, los que son llamados reciban la promesa de la herencia eterna.
16 Porque donde hay testamento, necesario es que intervenga muerte del testador.
17 Porque el testamento con la muerte es confirmado; de otra manera no es válido entre tanto que el testador vive.
18 De donde vino que ni aun el primero fué consagrado sin sangre.
19 Porque habiendo leído Moisés todos los mandamientos de la ley a todo el pueblo, tomando la sangre de los becerros y de los machos cabríos, con agua, y lana de grana, e hisopo, roció al mismo libro, y también a todo el pueblo,
20 Diciendo: Esta es la sangre del testamento que Dios os ha mandado.

13 εἰ γὰρ τὸ αἷμα ταύρων καὶ τράγων καὶ σποδὸς
si Porque la sangre de toros y de carneros y cenizas

δαμάλεως ῥαντίζουσα τοὺς κεκοινωμένους
de becerra salpicando a los que han sido contaminados

ἁγιάζει πρὸς τὴν τῆς σαρκὸς καθαρότητα,
santifica para la de la carne purificación,

14 πόσῳ μᾶλλον τὸ αἷμα τοῦ Χριστοῦ, ὃς διὰ
¿cuánto más la sangre de Cristo - el cual mediante

Πνεύματος αἰωνίου ἑαυτὸν προσήνεγκεν ἄμωμον
Espíritu eterno a sí mismo ofreció inmaculado a

τῷ Θεῷ, καθαριεῖ τὴν συνείδησιν ὑμῶν⁷³ ἀπὸ νεκρῶν
Dios - limpiará la conciencia de vosotros de muertas

ἔργων εἰς τὸ λατρεύειν Θεῷ ζῶντι;
obras para el adorar a Dios viviente?

15 Καὶ διὰ τοῦτο διαθήκης καινῆς μεσίτης ἐστίν,
Y por esto de pacto nuevo mediador es,

ὅπως, θανάτου γενομένου εἰς ἀπολύτρωσιν
así, muerte habiendo acontecido para redención

τῶν ἐπὶ τῇ πρώτῃ διαθήκῃ παραβάσεων,
de las bajo el primer pacto transgresiones,

τὴν ἐπαγγελίαν λάβωσιν οἱ κεκλημένοι
la promesa reciban los que han sido llamados

τῆς αἰωνίου κληρονομίας.
de la eterna herencia.

16 ὅπου γὰρ διαθήκη, θάνατον ἀνάγκη
donde Porque (hay) testamento,⁷⁴ muerte necesario (es)

φέρεσθαι τοῦ διαθεμένου·
ser ofrecida del testador.⁷⁵

17 διαθήκη γὰρ ἐπὶ νεκροῖς βεβαία,
testamento Porque sobre muertos firme (llega a ser),

ἐπεὶ μήποτε ἰσχύει ὅτε ζῇ ὁ διαθέμενος.
puesto que nunca es válido cuando vive el testador.

18 Ὅθεν οὐδ' ἡ πρώτη χωρὶς αἵματος ἐγκεκαίνισται·
Por tanto ni el primero sin sangre ha sido consagrado.

19 λαληθείσης γὰρ πάσης ἐντολῆς κατὰ τὸν νόμον
habiendo sido hablado Porque todo mandamiento según la ley

ὑπὸ Μωϋσέως παντὶ τῷ λαῷ, λαβὼν τὸ αἷμα
por Moisés a todo el pueblo, habiendo tomado la sangre

τῶν μόσχων καὶ τράγων μετὰ ὕδατος καὶ ἐρίου κοκκίνου
de los becerros y carneros con agua y lana escarlata

καὶ ὑσσώπου, αὐτό τε τὸ βιβλίον
e hisopo, mismo - el libro

καὶ πάντα τὸν λαὸν ἐράντισε,
y a todo el pueblo roció,

20 λέγων· τοῦτο τὸ αἷμα τῆς διαθήκης
diciendo: esta la sangre del pacto

ἧς ἐνετείλατο πρὸς ὑμᾶς ὁ Θεός·
que ordenó a vosotros Dios.

---

73. La NU sustituye por nosotros.
74. Obsérvese que en griego se utiliza la misma palabra para "testamento" y para "pacto".
75. Es decir, que para que haya un testamento resulta necesario que tenga lugar la muerte del que lo otorga (oración de infinitivo).

21 καὶ τὴν σκηνὴν δὲ καὶ πάντα τὰ σκεύη
y el tabernáculo - y todos los objetos
τῆς λειτουργίας τῷ αἵματι ὁμοίως ἐράντισε.
del culto con la sangre igualmente roció.

22 καὶ σχεδὸν ἐν αἵματι πάντα καθαρίζεται
y casi con sangre todo es purificado
κατὰ τὸν νόμον, καὶ χωρὶς αἱματεκχυσίας
según la ley, y sin derramamiento de sangre
οὐ γίνεται ἄφεσις.
no acontece remisión.

23 Ἀνάγκη οὖν τὰ μὲν ὑποδείγματα τῶν ἐν τοῖς οὐρανοῖς
Necesario pues los - modelos de las cosas en los cielos
τούτοις καθαρίζεσθαι, αὐτὰ δὲ τὰ ἐπουράνια
por estos ser limpiados, las mismas sin embargo cosas celestiales
κρείττοσι θυσίαις παρὰ ταύτας.
por mejores sacrificios que éstos.

24 οὐ γὰρ εἰς χειροποίητα ἅγια εἰσῆλθεν ὁ Χριστός,
no Porque en hecho por mano santuario entró Cristo
ἀντίτυπα τῶν ἀληθινῶν, ἀλλ' εἰς αὐτὸν τὸν οὐρανόν,
copia del verdadero, sino en mismo el cielo,
νῦν ἐμφανισθῆναι τῷ προσώπῳ τοῦ Θεοῦ ὑπὲρ ἡμῶν·
ahora para aparecer[76] en la presencia de Dios por nosotros.

25 οὐδ' ἵνα πολλάκις προσφέρῃ ἑαυτόν, ὥσπερ ὁ
No para que muchas veces ofrezca a sí mismo, como el
ἀρχιερεὺς εἰσέρχεται εἰς τὰ ἅγια κατ' ἐνιαυτὸν
sumo sacerdote entra en el Santísimo cada año
ἐν αἵματι ἀλλοτρίῳ·
con sangre ajena,

26 ἐπεὶ ἔδει αὐτὸν πολλάκις παθεῖν
puesto que hubiera sido necesario para él muchas veces padecer
ἀπὸ καταβολῆς κόσμου· νῦν δὲ ἅπαξ ἐπὶ
desde fundación de mundo. Ahora sin embargo una vez en
συντελείᾳ τῶν αἰώνων εἰς ἀθέτησιν
consumación de las eras para abolición
ἁμαρτίας διὰ τῆς θυσίας αὐτοῦ πεφανέρωται.
de pecado por el sacrificio de él ha sido manifestado.

27 καὶ καθ' ὅσον ἀπόκειται τοῖς ἀνθρώποις
e igual que está establecido para hombres
ἅπαξ ἀποθανεῖν, μετὰ δὲ τοῦτο κρίσις,
una vez morir, después sin embargo de esto juicio,

28 οὕτως καὶ ὁ Χριστός, ἅπαξ προσενεχθεὶς εἰς
así también Cristo, una vez habiendo sido ofrecido para -
τὸ πολλῶν ἀνενεγκεῖν ἁμαρτίας, ἐκ δευτέρου
de muchos llevar pecados, por segunda vez
χωρὶς ἁμαρτίας ὀφθήσεται τοῖς αὐτὸν ἀπεκδεχομένοις
sin pecado aparecerá a los que a él esperan
εἰς σωτηρίαν.
para salvación.

21 Y además de esto roció también con la sangre el tabernáculo y todos los vasos del ministerio.
22 Y casi todo es purificado según la ley con sangre; y sin derramamiento de sangre no se hace remisión.
23 Fué, pues, necesario que las figuras de las cosas celestiales fuesen purificadas con estas cosas; empero las mismas cosas ce-lestiales con mejores sacrificios que éstos.
24 Porque no entró Cristo en el santuario hecho de mano, figura del verdadero, sino en el mismo cielo para presentarse ahora por nosotros en la presencia de Dios.
25 Y no para ofrecerse muchas veces a sí mismo, como entra el pontífice en el santuario cada año con sangre ajena;
26 De otra manera fuera necesario que hubiera padecido muchas veces desde el principio del mundo: mas ahora una vez en la consumación de los siglos, para deshacimiento del pecado se presentó por el sacrificio de sí mismo.
27 Y de la manera que está establecido a los hombres que mueran una vez, y después el juicio;
28 Así también Cristo fué ofrecido una vez para agotar los pecados de muchos; y la segunda vez, sin pecado, será visto de los que le esperan para salud.

---

76. O mostrarse.

10 Porque la ley, teniendo la sombra de los bienes venideros, no la imagen misma de las cosas, nunca puede, por los mismos sacrificios que ofrecen continuamente cada año, hacer perfectos a los que se allegan.
2 De otra manera cesarían de ofrecerse; porque los que tributan este culto, limpios de una vez, no tendrían más conciencia de pecado.
3 Empero en estos sacrificios cada año se hace conmemoración de los pecados.
4 Porque la sangre de los toros y de los machos cabríos no puede quitar los pecados.
5 Por lo cual, entrando en el mundo, dice:
Sacrificio y presente no quisiste;
Mas me apropiaste cuerpo:
6 Holocaustos y expiaciones por el pecado no te agradaron.
7 Entonces dije: Heme aquí
(En la cabecera del libro está escrito de mí)
Para que haga, oh Dios, tu voluntad.
8 Diciendo arriba: Sacrificio y presente, y holocaustos y expiaciones por el pecado no quisiste, ni te agradaron, (las cuales cosas se ofrecen según la ley,)
9 Entonces dijo: Heme aquí para que haga, oh Dios, tu voluntad. Quita lo primero, para establecer lo postrero.
10 En la cual voluntad somos santificados por la ofrenda del cuerpo de Jesucristo hecha una sola vez.

10 **1** Σκιὰν γὰρ ἔχων ὁ νόμος τῶν μελλόντων ἀγαθῶν,
sombra Porque teniendo la ley de los venideros bienes,
οὐκ αὐτὴν τὴν εἰκόνα τῶν πραγμάτων, κατ' ἐνιαυτὸν
no la misma la imagen de las cosas, cada año
ταῖς αὐταῖς θυσίαις ἃς προσφέρουσιν εἰς τὸ διηνεκὲς,
con los mismos sacrificios que ofrecen de continuo
οὐδέποτε δύναται τοὺς προσερχομένους τελειῶσαι.
nunca puede a los que se acercan perfeccionar.

2 ἐπεὶ οὐκ ἂν ἐπαύσαντο προσφερόμεναι,
De otra manera ¿no en absoluto dejarían de ser ofrecidos,
διὰ τὸ μηδεμίαν ἔχειν ἔτι συνείδησιν ἁμαρτιῶν
por ninguna tener ya conciencia de pecados,
τοὺς λατρεύοντας, ἅπαξ κεκαθαρμένους·
los que sirven, una vez habiendo sido limpiados?

3 ἀλλ' ἐν αὐταῖς ἀνάμνησις ἁμαρτιῶν κατ' ἐνιαυτόν·
Sin embargo en ellos (hay) recuerdo de pecados cada año.

4 ἀδύνατον γὰρ αἷμα ταύρων καὶ τράγων ἀφαιρεῖν
imposible Porque (es) sangre de toros y de cabras quitar
ἁμαρτίας.
pecados.[77]

5 Διὸ εἰσερχόμενος εἰς τὸν κόσμον λέγει· θυσίαν καὶ
Por tanto entrando en el mundo dice: Sacrificio y
προσφορὰν οὐκ ἠθέλησας, σῶμα δὲ
ofrenda no quisiste, cuerpo sin embargo
κατηρτίσω μοι·
preparaste para mí.

6 ὁλοκαυτώματα καὶ περὶ ἁμαρτίας οὐκ εὐδόκησας·
con los holocaustos Y (ofrendas) por pecado no te complaciste.

7 τότε εἶπον· ἰδοὺ ἥκω, ἐν κεφαλίδι βιβλίου γέγραπται
Entonces dije: mira he venido. En rollo de libro está escrito
περὶ ἐμοῦ, τοῦ ποιῆσαι, ὁ Θεός, τὸ θέλημά σου.
sobre mí, el hacer, oh Dios, la voluntad de ti.

8 ἀνώτερον λέγων ὅτι Θυσίαν καὶ προσφορὰν καὶ
Anteriormente diciendo que sacrificio y ofrenda y
ὁλοκαυτώματα καὶ περὶ ἁμαρτίας οὐκ ἠθέλησας
holocaustos y (ofrendas) por pecado no quisiste
οὐδὲ εὐδόκησας, αἵτινες κατὰ τὸν νόμον προσφέρονται,
ni te complaciste, los cuales según la ley son ofrecidos,

9 τότε εἴρηκεν· ἰδοὺ ἥκω τοῦ ποιῆσαι, ὁ Θεός,[78]
Entonces ha dicho: mira he venido a hacer, oh Dios,
τὸ θέλημά σου. ἀναιρεῖ τὸ πρῶτον
la voluntad de Ti. Quita lo primero
ἵνα τὸ δεύτερον στήσῃ.
para que lo segundo establezca.

10 ἐν ᾧ θελήματι ἡγιασμένοι ἐσμὲν διὰ τῆς
En la cual voluntad santificados somos mediante la
προσφορᾶς τοῦ σώματος τοῦ Ἰησοῦ Χριστοῦ ἐφάπαξ.
ofrenda del cuerpo de Jesús Cristo una vez y para siempre.

---

77. Es decir, que la sangre de toros y cabras quite el pecado (oración de infinitivo).
78. La NU omite, oh Dios.

11 Καὶ πᾶς μὲν ἱερεὺς ἕστηκε καθ' ἡμέραν λειτουργῶν
Y todo - sacerdote ha estado cada día sirviendo

καὶ τὰς αὐτὰς πολλάκις προσφέρων θυσίας,
y los mismos muchas veces ofreciendo sacrificios,

αἵτινες οὐδέποτε δύνανται περιελεῖν ἁμαρτίας·
los cuales de ninguna manera pueden quitar pecados.

12 αὐτὸς δὲ μίαν ὑπὲρ ἁμαρτιῶν προσενέγκας
El mismo sin embargo un por pecados habiendo ofrecido

θυσίαν εἰς τὸ διηνεκὲς ἐκάθισεν ἐν δεξιᾷ
sacrificio por el ininterrumpido (tiempo)[79] se sentó a diestra

τοῦ Θεοῦ,
de Dios.

13 τὸ λοιπὸν ἐκδεχόμενος ἕως τεθῶσιν οἱ ἐχθροὶ
lo restante esperando hasta que sean puestos los enemigos

αὐτοῦ ὑποπόδιον τῶν ποδῶν αὐτοῦ.
de él (como) estrado de los pies de él.

14 μιᾷ γὰρ προσφορᾷ τετελείωκεν εἰς
con una Porque ofrenda ha perfeccionado para

τὸ διηνεκὲς τοὺς ἁγιαζομένους.
lo ininterrumpido a los que están siendo santificados.

15 Μαρτυρεῖ δὲ ἡμῖν καὶ τὸ Πνεῦμα τὸ
Da testimonio sin embargo a nosotros también el Espíritu el

Ἅγιον· μετὰ γὰρ τὸ προειρηκέναι,
Santo. después de Porque el haber dicho antes:

16 αὕτη ἡ διαθήκη ἣν διαθήσομαι πρὸς αὐτοὺς
Éste (es) el pacto que pactaré con ellos

μετὰ τὰς ἡμέρας ἐκείνας, λέγει Κύριος·
después del día aquel, dice Señor.

διδοὺς νόμους μου ἐπὶ καρδίας αὐτῶν
Dando leyes de mí sobre corazones de ellos

καὶ ἐπὶ τὴν διάνοιαν αὐτῶν ἐπιγράψω αὐτούς,
y sobre las mentes de ellos escribiré las,

17 :καὶ τῶν ἁμαρτιῶν αὐτῶν καὶ τῶν ἀνομιῶν αὐτῶν
y de los pecados de ellos y de las iniquidades de ellos

οὐ μὴ μνησθῶ ἔτι.
no en absoluto me acordaré ya.

18 ὅπου δὲ ἄφεσις τούτων, οὐκέτι προσφορὰ
Donde sin embargo (hay) perdón de estos, ya no (hay) ofrenda

περὶ ἁμαρτίας.
referente a pecado.

19 Ἔχοντες οὖν, ἀδελφοί, παρρησίαν εἰς τὴν εἴσοδον
Teniendo pues, hermanos, confianza para la entrada

τῶν ἁγίων ἐν τῷ αἵματι Ἰησοῦ,[80]
del santuario en la sangre de Jesús,

20 ἣν ἐνεκαίνισεν ἡμῖν ὁδὸν πρόσφατον
la cual inauguró para nosotros mediante camino reciente

καὶ ζῶσαν διὰ τοῦ καταπετάσματος, τοῦτ' ἔστι
y vivo a través del velo, esto es

τῆς σαρκὸς αὐτοῦ,
de la carne de él,

11 Así que, todo sacerdote se presenta cada día ministrando y ofreciendo muchas veces los mismos sacrificios, que nunca pueden quitar los pecados:
12 Pero éste, habiendo ofrecido por los pecados un solo sacrificio para siempre, está sentado a la diestra de Dios,
13 Esperando lo que resta, hasta que sus enemigos sean puestos por estrado de sus pies.
14 Porque con una sola ofrenda hizo perfectos para siempre a los santificados.
15 Y atestíguanos lo mismo el Espíritu Santo; que después que dijo:
16 Y este es el pacto que haré con ellos
Después de aquellos días, dice el Señor:
Daré mis leyes en sus corazones,
Y en sus almas las escribiré:
17 Añade:
Y nunca más me acordaré de sus pecados e iniquidades.
18 Pues donde hay remisión de éstos, no hay más ofrenda por pecado.
19 Así que, hermanos, teniendo libertad para entrar en el santuario por la sangre de Jesucristo,
20 Por el camino que él nos consagró nuevo y vivo, por el velo, esto es, por su carne;

---

79. Es decir, con un valor que dura para siempre a diferencia de los sacrificios del Templo.
80. Es decir, teniendo confianza para entrar en el santuario gracias a la sangre de Jesús.

21 Y teniendo un gran sacerdote sobre la casa de Dios,
22 Lleguémonos con corazón verdadero, en plena certidumbre de fe, purificados los corazones de mala conciencia, y lavados los cuerpos con agua limpia.
23 Mantengamos firme la profesión de nuestra fe sin fluctuar; que xiel es el que prometió:
24 Y considerémonos los unos a los otros para provocarnos al amor y a las buenas obras;
25 No dejando nuestra congregación, como algunos tienen por costumbre, mas exhortándonos; y tanto más, cuanto veis que aquel día se acerca.
26 Porque si pecáremos voluntariamente después de haber recibido el conocimiento de la verdad, ya no queda sacrificio por el pecado,
27 Sino una horrenda esperanza de juicio, y hervor de fuego que ha de devorar a los adversarios.
28 El que menospreciare la ley de Moisés, por el testimonio de dos o de tres testigos muere sin ninguna misericordia:
29 ¿Cuánto pensáis que será más digno de mayor castigo, el que hollare al Hijo de Dios, y tuviere por inmunda la sangre del testamento, en la cual fué santificado, e hiciere afrenta al Espíritu de gracia?

21 καὶ ἱερέα μέγαν ἐπὶ τὸν οἶκον τοῦ Θεοῦ,
y (teniendo) sacerdote grande sobre la casa de Dios,

22 προσερχώμεθα μετὰ ἀληθινῆς καρδίας ἐν πληροφορίᾳ
aproximémonos con veraz corazón con plena seguridad
πίστεως, ἐρραντισμένοι τὰς καρδίας ἀπὸ
de fe, habiendo sido rociados[81] los corazones de
συνειδήσεως πονηρᾶς καὶ λελουσμένοι
conciencia mala y habiendo sido lavados (en lo relativo)
τὸ σῶμα ὕδατι καθαρῷ·
al cuerpo con agua limpia.

23 κατέχωμεν τὴν ὁμολογίαν τῆς ἐλπίδος
Aferrémonos a la confesión de la esperanza
ἀκλινῆ· πιστὸς γὰρ ὁ ἐπαγγειλάμενος·
sin vacilar. fiel Porque (es) el que ha prometido.

24 καὶ κατανοῶμεν ἀλλήλους εἰς παροξυσμὸν
Y considerémonos los unos a los otros para estallido[82]
ἀγάπης καὶ καλῶν ἔργων,
de amor y de buenas obras,

25 μὴ ἐγκαταλείποντες τὴν ἐπισυναγωγὴν ἑαυτῶν,
no olvidando la reunión de nosotros,
καθὼς ἔθος τισίν, ἀλλὰ παρακαλοῦντες, καὶ
como costumbre (es) para algunos, sino exhortando y
τοσούτῳ μᾶλλον, ὅσῳ βλέπετε ἐγγίζουσαν τὴν ἡμέραν.
mucho más cuanto véis acercándose el día.

26 Ἑκουσίως γὰρ ἁμαρτανόντων ἡμῶν μετὰ τὸ λαβεῖν
voluntariamente Porque pecando nosotros tras el recibir
τὴν ἐπίγνωσιν τῆς ἀληθείας, οὐκέτι περὶ ἁμαρτιῶν
el conocimiento de la verdad, ya no por pecados
ἀπολείπεται θυσία,
queda sacrificio,

27 φοβερὰ δέ τις ἐκδοχὴ κρίσεως καὶ πυρὸς
temible si no alguna expectativa de juicio y de fuego
ζῆλος ἐσθίειν μέλλοντος τοὺς ὑπεναντίους.
ardor para devorar venidero a los adversarios.

28 ἀθετήσας τις νόμον Μωϋσέως χωρὶς οἰκτιρμῶν
Violando alguno ley de Moisés sin misericordia[83]
ἐπὶ δυσὶν ἢ τρισὶ μάρτυσιν ἀποθνήσκει·
por dos o tres testigos muere.[84]

29 πόσῳ δοκεῖτε χείρονος ἀξιωθήσεται τιμωρίας
¿Cuánto juzgáis peor será digno de castigo
ὁ τὸν υἱὸν τοῦ Θεοῦ καταπατήσας καὶ τὸ αἷμα τῆς διαθήκης
el que al Hijo de Dios pisoteando y la sangre del pacto
κοινὸν ἡγησάμενος, ἐν ᾧ ἡγιάσθη, καὶ
común habiendo considerado, en la cual fue santificado, y
τὸ Πνεῦμα τῆς χάριτος ἐνυβρίσας;
el Espíritu de la gracia habiendo insultado?

---

81. El término griego incluye tanto la idea de rociar como la de experimentar la purificación como consecuencia de ese rociamiento. En el mismo sentido, véase Marcos 7.4.
82. El término resulta extraordinariamente poderoso y recuerda, en cierta medida, nuestra idea de explosión. En un sentido negativo, describe el estallido que llevó a separarse a Pablo de uno de sus colaboradores (Hechos 15.39) o la cólera que sentía el apóstol viendo la idolatría en Atenas (Hechos 17.16). Pero, en un sentido positivo, es la explosión, el paroxismo, que provoca reacciones extraordinariamente buenas. A eso son llamados los que creen en Jesús.
83. Como en Romanos 12.1.
84. Es decir, cuando alguno viola la ley de Moisés basta el testimonio de dos o tres personas para darle muerte.

30 οἴδαμεν γὰρ τὸν εἰπόντα· ἐμοὶ ἐκδίκησις, ἐγὼ
conocemos Porque al que dijo: para mí venganza,[85] yo
ἀνταποδώσω λέγει Κύριος· καὶ πάλιν· Κύριος κρινεῖ
retribuiré dice Señor. Y de nuevo: Señor juzga
τὸν λαὸν αὐτοῦ.
al pueblo de Él.

31 φοβερὸν τὸ ἐμπεσεῖν εἰς χεῖρας Θεοῦ ζῶντος.
Temible (es) el caer en manos de Dios viviente.

32 Ἀναμιμνῄσκεσθε δὲ τὰς πρότερον ἡμέρας,
Recordad sin embargo los del inicio días,
ἐν αἷς φωτισθέντες πολλὴν ἄθλησιν
en los cuales habiendo sido iluminados gran lucha
ὑπεμείνατε παθημάτων,
soportasteis de padecimientos,

33 τοῦτο μὲν ὀνειδισμοῖς τε καὶ θλίψεσι
por un lado no sólo a reproches sino también a tribulaciones
θεατριζόμενοι, τοῦτο δὲ
siendo expuestos públicamente, por otro sin embargo
κοινωνοὶ τῶν οὕτως ἀναστρεφομένων γενηθέντες.
compañeros de los que así se comportan resultando.

34 καὶ γὰρ τοῖς δεσμίοις μου συνεπαθήσατε καὶ
también Porque en las cadenas de mí co-padecisteis y
τὴν ἁρπαγὴν τῶν ὑπαρχόντων ὑμῶν μετὰ χαρᾶς
el despojo de las posesiones de vosotros con alegría
προσεδέξασθε, γινώσκοντες ἔχειν ἐν ἑαυτοῖς
recibisteis, sabiendo tener[86] en vosotros mismos
κρείττονα ὕπαρξιν ἐν οὐρανοῖς[87] καὶ μένουσαν.
mejor propiedad en cielos y permanente.

35 Μὴ ἀποβάλητε οὖν τὴν παρρησίαν ὑμῶν,
No arrojéis pues la confianza de vosotros,
ἥτις ἔχει μισθαποδοσίαν μεγάλην.
la cual tiene recompensa grande.

36 ὑπομονῆς γὰρ ἔχετε χρείαν, ἵνα τὸ θέλημα
de aguante Porque tenéis necesidad, para que la voluntad
τοῦ Θεοῦ ποιήσαντες κομίσησθε τὴν ἐπαγγελίαν.
de Dios habiendo hecho recibáis la promesa.

37 ἔτι γὰρ μικρὸν ὅσον ὅσον, ὁ ἐρχόμενος
más Porque poco aún aún[88] el que viene
ἥξει καὶ οὐ χρονιεῖ.
vendrá y no se retrasará.

38 ὁ δὲ δίκαιος[89] ἐκ πίστεως ζήσεται· καὶ ἐὰν
el Sin embargo justo por fe vivirá. Y si
ὑποστείληται, οὐκ εὐδοκεῖ ἡ ψυχή μου ἐν αὐτῷ.
retrocediere, no se complace el alma de mí en él.

39 ἡμεῖς δὲ οὐκ ἐσμὲν ὑποστολῆς εἰς ἀπώλειαν,
Nosotros sin embargo no somos de retirada[90] para destrucción,
ἀλλὰ πίστεως εἰς περιποίησιν ψυχῆς.
sino de fe para conservación[91] de alma.

30 Sabemos quién es el que dijo: Mía es la venganza, yo daré el pago, dice el Señor. Y otra vez: El Señor juzgará su pueblo.
31 Horrenda cosa es caer en las manos del Dios vivo.
32 Empero traed a la memoria los días pasados, en los cuales, después de haber sido iluminados, sufristeis gran combate de aflicciones:
33 Por una parte, ciertamente, con vituperios y tribulaciones fuisteis hechos espectáculo; y por otra parte hechos compañeros de los que estaban en tal estado.
34 Porque de mis prisiones también os resentisteis conmigo, y el robo de vuestros bienes padecisteis con gozo, conociendo que tenéis en vosotros una mejor sustancia en los cielos, y que permanece.
35 No perdáis pues vuestra confianza, que tiene grande remuneración de galardón:
36 Porque la paciencia os es necesaria; para que, habiendo hecho la voluntad de Dios, obtengáis la promesa.
37 Porque aun un poquito,
Y el que ha de venir vendrá, y no tardará.
38 Ahora el justo vivirá por fe;
Mas si se retirare, no agradará a mi alma.
39 Pero nosotros no somos tales que nos retiremos para perdición, sino fieles para ganancia del alma.

---
85. Es decir, el derecho a la venganza es sólo mío.
86. Es decir, que tenéis.
87. La NU omite en cielos.
88. Es decir, aún todavía.
89. La NU añade de mí.
90. La palabra incluye el concepto de retirada unido al de cobardía o pusilanimidad.
91. La palabra tiene la idea de preservación, obtención y conservación. Obsérvese su forma verbal en I Timoteo 3.13 o Hechos 20.28.

11

1 Es pues la fe la sustancia de las cosas que se esperan, la demostración de las cosas que no se ven.
2 Porque por ella alcanzaron testimonio los antiguos.
3 Por la fe entendemos haber sido compuestos los siglos por la palabra de Dios, siendo hecho lo que se ve, de lo que no se veía.
4 Por la fe Abel ofreció a Dios mayor sacrificio que Caín, por la cual alcanzó testimonio de que era justo, dando Dios testimonio a sus presentes; y difunto, aun habla por ella.
5 Por la fe Enoc fué traspuesto para no ver muerte, y no fué hallado, porque lo traspuso Dios. Y antes que fuese traspuesto, tuvo testimonio de haber agradado a Dios.
6 Empero sin fe es imposible agradar a Dios; porque es menester que el que a Dios se allega, crea que le hay, y que es galardonador de los que le buscan.
7 Por la fe Noé, habiendo recibido respuesta de cosas que aun no se veían, con temor aparejó el arca en que su casa se salvase: por la cual fe condenó al mundo, y fué hecho heredero de la justicia que es por la fe.

11

1 Ἔστι δὲ πίστις ἐλπιζομένων ὑπόστασις πραγμάτων
Es pues fe de las esperadas (cosas) seguridad de hechos
ἔλεγχος οὐ βλεπομένων.
convicción[92] no vistos.

2 ἐν ταύτῃ γὰρ ἐμαρτυρήθησαν οἱ πρεσβύτεροι.
por ésta Porque fueron objeto de testimonio los antiguos.

3 Πίστει νοοῦμεν κατηρτίσθαι τοὺς αἰῶνας
Por fe comprendemos haber sido preparadas las eras
ῥήματι Θεοῦ, εἰς τὸ μὴ ἐκ φαινομένων τὰ
por palabra de Dios, para - no de cosas que se ven lo
βλεπόμενα γεγονέναι.
que se ve haya llegado a ser.

4 Πίστει πλείονα θυσίαν Ἄβελ παρὰ Κάϊν προσήνεγκεν
Por fe mayor sacrificio Abel que Caín ofreció
τῷ Θεῷ, δι' ἧς ἐμαρτυρήθη εἶναι δίκαιος, μαρτυροῦντος
a Dios, por el cual fue testificado ser justo, testificando
ἐπὶ τοῖς δώροις αὐτοῦ τοῦ Θεοῦ, καὶ δι' αὐτῆς
de los dones de él - Dios,[93] y por el cual
ἀποθανὼν ἔτι λαλεῖται.
habiendo muerto todavía habla.

5 Πίστει Ἐνὼχ μετετέθη τοῦ μὴ ἰδεῖν θάνατον,
Por fe Enoc fue trasladado para no ver muerte,
καὶ οὐχ ηὑρίσκετο, διότι μετέθηκεν αὐτὸν ὁ Θεός.
y no fue encontrado, porque trasladó lo Dios.
πρὸ γὰρ τῆς μεταθέσεως αὐτοῦ[94] μεμαρτύρηται
antes Porque del traslado de él había obtenido testimonio
εὐαρεστηκέναι τῷ Θεῷ·
de complacer a Dios.

6 χωρὶς δὲ πίστεως ἀδύνατον εὐαρεστῆσαι·
sin Pero fe imposible (es) agradar.[95]
πιστεῦσαι γὰρ δεῖ τὸν προσερχόμενον τῷ Θεῷ
creer Porque es preciso para el que se acerca a Dios
ὅτι ἐστὶ καὶ τοῖς ἐκζητοῦσιν αὐτὸν
que hay y a los que buscan lo
μισθαποδότης γίνεται.
recompensador resulta.

7 Πίστει χρηματισθεὶς Νῶε περὶ τῶν
Por fe habiendo sido advertido Noé respecto a lo que
μηδέπω βλεπομένων, εὐλαβηθεὶς κατεσκεύασε
de ninguna manera se ve, siendo reverente[96] preparó
κιβωτὸν εἰς σωτηρίαν τοῦ οἴκου αὐτοῦ,
arca para salvación de la casa de él,
δι' ἧς κατέκρινε τὸν κόσμον, καὶ τῆς κατὰ πίστιν
mediante la cual condenó al mundo, y de la según fe
δικαιοσύνης ἐγένετο κληρονόμος.
justicia llegó a ser heredero.

---

92. El término griego conjuga la idea de convicción, de persuasión y de prueba. Podría decirse que la fe nace de una persuasión que crea convicción y que resulta tan firme como la suma más exhaustiva de pruebas a favor de aquello que se cree.
93. Dios es el que da testimonio (oración de genitivo absoluto).
94. La NU omite de él.
95. Se sobreentiende que a Dios.
96. O habiendo tenido temor de Dios o habiendo experimentado temor reverente.

8 Πίστει καλούμενος Ἀβραὰμ ὑπήκουσεν ἐξελθεῖν
Por fe habiendo sido llamado Abraham obedeció para salir

εἰς τὸν τόπον ὃν ἤμελλε λαμβάνειν εἰς κληρονομίαν,
a el lugar que iba a recibir por herencia,

καὶ ἐξῆλθεν μὴ ἐπιστάμενος ποῦ ἔρχεται.
y salió no entendiendo donde iba.

9 Πίστει παρῴκησεν εἰς τὴν γῆν τῆς ἐπαγγελίας
Por fe residió como extranjero en la tierra de la promesa

ὡς ἀλλοτρίαν, ἐν σκηναῖς κατοικήσας μετὰ Ἰσαὰκ
como extranjera, en tiendas morando con Isaac

καὶ Ἰακὼβ τῶν συγκληρονόμων
y Jacob los coherederos

τῆς ἐπαγγελίας τῆς αὐτῆς·
de la promesa la misma.

10 ἐξεδέχετο γὰρ τὴν τοὺς θεμελίους ἔχουσαν
esperaba Porque la los cimientos teniendo

πόλιν ἧς τεχνίτης καὶ δημιουργὸς ὁ Θεός.
ciudad de la cual diseñador y hacedor (es) Dios.

11 Πίστει καὶ αὐτὴ Σάρρα⁹⁷ δύναμιν εἰς καταβολὴν
Por fe también la misma Sara poder para asentamiento

σπέρματος ἔλαβε καὶ παρὰ καιρὸν ἡλικίας ἔτεκεν,
de semilla⁹⁸ recibió y más allá de tiempo de edad dio a luz,⁹⁹

ἐπεὶ πιστὸν ἡγήσατο τὸν ἐπαγγειλάμενον.
puesto que fiel consideró al que había prometido.

12 διὸ καὶ ἀφ' ἑνὸς ἐγεννήθησαν, καὶ
Por lo tanto también de uno nacieron, también

ταῦτα νενεκρωμένου, καθὼς τὰ ἄστρα τοῦ
éstos habiendo estado muerto,¹⁰⁰ como los astros del

οὐρανοῦ τῷ πλήθει καὶ ὡς ἡ ἄμμος ἡ παρὰ τὸ
cielo en la cantidad y como la arena la al lado de la

χεῖλος τῆς θαλάσσης ἡ ἀναρίθμητος.
orilla del mar la innumerable.

13 Κατὰ πίστιν ἀπέθανον οὗτοι πάντες, μὴ λαβόντες
Según fe murieron éstos todos, no recibiendo

τὰς ἐπαγγελίας, ἀλλὰ πόρρωθεν αὐτὰς ἰδόντες,¹⁰¹
las promesas, sino de lejos las viendo,

καὶ ἀσπασάμενοι, καὶ ὁμολογήσαντες ὅτι ξένοι καὶ
y saludando, y confesando que extranjeros y

παρεπίδημοί εἰσι ἐπὶ τῆς γῆς.
peregrinos son sobre la tierra.

14 οἱ γὰρ τοιαῦτα λέγοντες ἐμφανίζουσιν
los Porque tales cosas diciendo dejan de manifiesto

ὅτι πατρίδα ἐπιζητοῦσι.
que patria buscan.

15 καὶ εἰ μὲν ἐκείνης ἐμνημόνευον, ἀφ' ἧς ἐξῆλθον,
Y si ciertamente aquella recordaron de la que salieron,

εἶχον ἂν καιρὸν ἀνακάμψαι·
tenían ciertamente tiempo para volverse.

8Por la fe Abraham, siendo llamado, obedeció para salir al lugar que había de recibir por heredad; y salió sin saber dónde iba.
9Por fe habitó en la tierra prometida como en tierra ajena, morando en cabañas con Isaac y Jacob, herederos juntamente de la misma promesa:
10Porque esperaba ciudad con fundamentos, el artífice y hacedor de la cual es Dios.
11Por la fe también la misma Sara, siendo estéril, recibió fuerza para concebir simiente; y parió aun fuera del tiempo de la edad, porque creyó ser fiel el que lo había prometido.
12Por lo cual también, de uno, y ése ya amortecido, salieron como las estrellas del cielo en multitud, y como la arena inmunerable que está a la orilla de la mar.
13Conforme a la fe murieron todos éstos sin haber recibido las promesas, sino mirándolas de lejos, y creyéndolas, y saludándolas, y confesando que eran peregrinos y advenedizos sobre la tierra.
14Porque los que esto dicen, claramente dan a entender que buscan una patria.
15Que si se acordaran de aquella de donde salieron, cierto tenían tiempo para volverse:

---
97. La NU omite estéril con lo que el v. 11 se refiere a Abraham.
98. Es decir, para concebir.
99. La NU suprime dio a luz.
100. Se entiende su poder de tener hijos.
101. Algunos manuscritos tienen a continuación estando convencidos.

16 Empero deseaban la mejor, es a saber, la celestial; por lo cual Dios no se avergüenza de llamarse Dios de ellos: porque les había aparejado ciudad.
17 Por fe ofreció Abraham a Isaac cuando fué probado, y ofrecía al unigénito el que había recibido las promesas,
18 Habiéndole sido dicho: En Isaac te será llamada simiente:
19 Pensando que aun de los muertos es Dios poderoso para levantar; de donde también le volvió a recibir por figura.
20 Por fe bendijo Isaac a Jacob y a Esaú respecto a cosas que habían de ser.
21 Por fe Jacob, muriéndose, bendijo a cada uno de los hijos de José, y adoró estribando sobre la punta de su bordón.
22 Por fe José, muriéndose, se acordó de la partida de los hijos de Israel; y dió mandamiento acerca de sus huesos.
23 Por fe Moisés, nacido, fué escondido de sus padres por tres meses, porque le vieron hermoso niño; y no temieron el mandamiento del rey.
24 Por fe Moisés, hecho ya grande, rehusó ser llamado hijo de la hija de Faraón;
25 Escogiendo antes ser afligido con el pueblo de Dios, que gozar de comodidades temporales de pecado.

16 νῦν δὲ κρείττονος ὀρέγονται, τοῦτ' ἔστιν,
Ahora sin embargo a mejor aspiran, esto es,

ἐπουρανίου. διὸ οὐκ ἐπαισχύνεται αὐτοὺς
celestial. Por tanto no se avergüenza de ellos

ὁ Θεὸς Θεὸς ἐπικαλεῖσθαι αὐτῶν·
Dios, Dios de ser llamado de ellos[102]

ἡτοίμασε γὰρ αὐτοῖς πόλιν.
preparó Porque a ellos ciudad.

17 Πίστει προσενήνοχεν Ἀβραὰμ τὸν Ἰσαὰκ
Por fe ofrecía Abraham a Isaac

πειραζόμενος, καὶ τὸν μονογενῆ
siendo probado, y al unigénito

προσέφερεν ὁ τὰς ἐπαγγελίας ἀναδεξάμενος,
ofreció el las promesas habiendo recibido,

18 πρὸς ὃν ἐλαλήθη ὅτι ἐν Ἰσαὰκ κληθήσεταί
Respecto al cual fue dicho que en Isaac será llamada

σοι σπέρμα,
a ti descendencia,

19 λογισάμενος ὅτι καὶ ἐκ νεκρῶν ἐγείρειν δυνατὸς
considerando que también de muertos para levantar poderoso (es)

ὁ Θεός· ὅθεν αὐτὸν καὶ ἐν παραβολῇ ἐκομίσατο.
Dios. de donde lo también en figura recibió.

20 Πίστει περὶ μελλόντων εὐλόγησεν Ἰσαὰκ
Por fe acerca de cosas venideras bendijo Isaac

τὸν Ἰακὼβ καὶ τὸν Ἡσαῦ.
a Jacob y a Esaú.

21 Πίστει Ἰακὼβ ἀποθνῄσκων ἕκαστον τῶν υἱῶν Ἰωσὴφ εὐλόγησε,
Por fe Jacob muriendo a cada uno de los hijos de José bendijo,

καὶ προσεκύνησεν ἐπὶ τὸ ἄκρον τῆς ῥάβδου αὐτοῦ.
y adoró (apoyado) en el extremo del cayado de él.

22 Πίστει Ἰωσὴφ τελευτῶν περὶ τῆς ἐξόδου τῶν υἱῶν
Por fe José acabando[103] sobre el éxodo de los hijos

Ἰσραὴλ ἐμνημόνευσε καὶ περὶ τῶν ὀστέων
de Israel recordó y acerca de los huesos

αὐτοῦ ἐνετείλατο.
de él ordenó.

23 Πίστει Μωϋσῆς γεννηθεὶς ἐκρύβη τρίμηνον
Por fe Moisés habiendo nacido fue escondido tres meses

ὑπὸ τῶν πατέρων αὐτοῦ, διότι εἶδον ἀστεῖον τὸ παιδίον,
por los padres de él, porque vieron hermoso al niño,

καὶ οὐκ ἐφοβήθησαν τὸ διάταγμα τοῦ βασιλέως.
y no temieron el edicto del rey.

24 Πίστει Μωϋσῆς μέγας γενόμενος ἠρνήσατο
Por fe Moisés grande habiendo llegado a ser rehusó

λέγεσθαι υἱὸς θυγατρὸς Φαραώ,
ser llamado hijo de hija de Faraón,

25 μᾶλλον ἑλόμενος συγκακουχεῖσθαι τῷ λαῷ τοῦ Θεοῦ
más escogiendo co-ser maltratado con el pueblo de Dios

ἢ πρόσκαιρον ἔχειν ἁμαρτίας ἀπόλαυσιν,
que temporal tener de pecado disfrute.

---

102. Es decir, Dios no se avergüenza de que ellos le llamen su Dios.
103. Es decir, acabando su vida o muriendo.

26 μείζονα πλοῦτον ἡγησάμενος τῶν ἐν Αἰγύπτῳ[104]
mayor riqueza considerando que los en Egipto

θησαυρῶν τὸν ὀνειδισμὸν τοῦ Χριστοῦ·
tesoros el oprobio de Cristo,

ἀπέβλεπε γὰρ εἰς τὴν μισθαποδοσίαν.
miraba Porque hacia la recompensa.

27 Πίστει κατέλιπεν Αἴγυπτον μὴ φοβηθεὶς
Por fe dejó Egipto no temiendo

τὸν θυμὸν τοῦ βασιλέως· τὸν γὰρ ἀόρατον
la ira del rey, lo Porque no visto

ὡς ὁρῶν ἐκαρτέρησε
como viendo aguantó.

28 Πίστει πεποίηκε τὸ πάσχα καὶ τὴν πρόσχυσιν
Por fe ha hecho la pascua y la aspersión

τοῦ αἵματος, ἵνα μὴ ὁ ὀλοθρεύων
de la sangre, para que no el destruyendo

τὰ πρωτότοκα θίγῃ αὐτῶν.
al primogénito tocara los.

29 Πίστει διέβησαν τὴν Ἐρυθρὰν Θάλασσαν
Por fe atravesaron el Rojo mar

ὡς διὰ ξηρᾶς, ἧς πεῖραν λαβόντες
como a través de (tierra) seca, lo que intento haciendo

οἱ Αἰγύπτιοι, κατεπόθησαν.
los egipcios, fueron tragados.

30 Πίστει τὰ τείχη Ἰεριχὼ ἔπεσαν
Por fe los muros de Jericó cayeron

κυκλωθέντα ἐπὶ ἑπτὰ ἡμέρας.
habiendo sido rodeados en círculo por siete días.

31 Πίστει Ῥαὰβ ἡ πόρνη οὐ συναπώλετο τοῖς
Por fe Rahab la prostituta no co-pereció con los

ἀπειθήσασι, δεξαμένη τοὺς κατασκόπους
que desobedecieron, habiendo recibido a los espías

μετ' εἰρήνης.
con paz.

32 Καὶ τί ἔτι λέγω; ἐπιλείψει γὰρ με διηγούμενον ὁ χρόνος
Y ¿qué más digo? faltará Porque me relatando el tiempo

περὶ Γεδεών, Βαράκ τε καὶ Σαμψὼν καὶ Ἰεφθάε,
sobre Gedeón, Barac no sólo Sansón y Jefté,

Δαυΐδ τε καὶ Σαμουὴλ καὶ τῶν προφητῶν,
David Sino también Samuel y los profetas,

33 οἳ διὰ πίστεως κατηγωνίσαντο βασιλείας,
los cuales mediante fe conquistaron reinos,

εἰργάσαντο δικαιοσύνην, ἐπέτυχον ἐπαγγελιῶν,
hicieron justicia, obtuvieron promesas,

ἔφραξαν στόματα λεόντων,
sellaron bocas de leones.

26Teniendo por mayores riquezas el vituperio de Cristo que los tesoros de los Egipcios; porque miraba a la remuneración.
27Por fe dejó a Egipto, no temiendo la ira del rey; porque se sostuvo como viendo al Invisible.
28Por fe celebró la pascua y el derramamiento de la sangre, para que el que mataba los primogénitos no los tocase.
29Por fe pasaron el mar Bermejo como por tierra seca: lo cual probando los Egipcios, fueron sumergidos.
30Por fe cayeron los muros de Jericó con rodearlos siete días.
31Por fe Rahab la ramera no pereció juntamente con los incrédulos, habiendo recibido a los espías con paz.
32¿Y qué más digo? porque el tiempo me faltará contando de Gedeón, de Barac, de Samsón, de Jephté, de David, de Samuel, y de los profetas:
33Que por fe ganaron reinos, obraron justicia, alcanzaron promesas, taparon las bocas de leones,

---

104. La NU sustituye por de Egipto.

34 Apagaron fuegos impetuosos, evitaron filo de cuchillo, convalecieron de enfermedades, fueron hechos fuertes en batallas, trastornaron campos de extraños.
35 Las mujeres recibieron sus muertos por resurrección; unos fueron estirados, no aceptando el rescate, para ganar mejor resurrección;
36 Otros experimentaron vituperios y azotes; y a más de esto prisiones y cárceles;
37 Fueron apedreados, aserrados, tentados, muertos a cuchillo; anduvieron de acá para allá cubiertos de pieles de ovejas y de cabras, pobres, angustiados, maltratados;
38 De los cuales el mundo no era digno; perdidos por los desiertos, por los montes, por las cuevas y por las cavernas de la tierra.
39 Y todos éstos, aprobados por testimonio de la fe, no recibieron la promesa;
40 Proveyendo Dios alguna cosa mejor para nosotros, para que no fuesen perfeccionados sin nosotros.

12 Por tanto nosotros también, teniendo en derredor nuestro una tan grande nube de testigos, dejando todo el peso del pecado que nos rodea, corramos con paciencia la carrera que nos es propuesta,

34 ἔσβεσαν δύναμιν πυρός, ἔφυγον στόματα μαχαίρας,
extinguieron poder de fuego, escaparon filos[105] de espada

ἐνεδυναμώθησαν ἀπὸ ἀσθενείας, ἐγενήθησαν
fueron fortalecidos desde debilidad, llegaron a ser

ἰσχυροὶ ἐν πολέμῳ, παρεμβολὰς ἔκλιναν ἀλλοτρίων.
fuertes en combate, ejércitos pusieron en fuga de extranjeros.

35 ἔλαβον γυναῖκες ἐξ ἀναστάσεως τοὺς νεκροὺς αὐτῶν·
Recibieron mujeres por resurrección a los muertos de ellas.

ἄλλοι δὲ ἐτυμπανίσθησαν, οὐ προσδεξάμενοι
Otros sin embargo fueron torturados, no habiendo aceptado

τὴν ἀπολύτρωσιν, ἵνα κρείττονος
la liberación,[106] para que mayor

ἀναστάσεως τύχωσιν·
resurrección obtuvieran.

36 ἕτεροι δὲ ἐμπαιγμῶν καὶ μαστίγων πεῖραν ἔλαβον,
Otros no sólo de burlas y azotes experiencia recibieron,

ἔτι δὲ δεσμῶν καὶ φυλακῆς·
más Sino también de cadenas y de prisión.

37 ἐλιθάσθησαν, ἐπρίσθησαν, ἐπειράσθησαν,[107] ἐν
fueron apedreados, fueron aserrados, fueron probados, con

φόνῳ μαχαίρας ἀπέθανον, περιῆλθον
asesinato de espada murieron, fueron de un lado a otro

ἐν μηλωταῖς, ἐν αἰγείοις δέρμασιν,
en de carnero, en de cabra pieles,

ὑστερούμενοι, θλιβόμενοι, κακουχούμενοι,
careciendo,[108] siendo afligidos, siendo mal tratados.

38 ὧν οὐκ ἦν ἄξιος ὁ κόσμος, ἐν ἐρημίαις πλανώμενοι
De los cuales no era digno el mundo, por desiertos vagando

καὶ ὄρεσι καὶ σπηλαίοις καὶ ταῖς ὀπαῖς τῆς γῆς.
y por montañas y cuevas y los agujeros de la tierra.

39 Καὶ οὗτοι πάντες μαρτυρηθέντες διὰ
Y éstos todos habiendo obtenido testimonio mediante

τῆς πίστεως οὐκ ἐκομίσαντο τὴν ἐπαγγελίαν,
la fe no recibieron la promesa,

40 τοῦ Θεοῦ περὶ ἡμῶν κρεῖττόν τι προβλεψαμένου,
Dios referente a nosotros mejor algo habiendo provisto,[109]

ἵνα μὴ χωρὶς ἡμῶν τελειωθῶσι.
para que no sin nosotros fueran perfeccionados.

12 **1** Τοιγαροῦν καὶ ἡμεῖς, τοσοῦτον ἔχοντες
Por tanto también nosotros, tan grande teniendo

περικείμενον ἡμῖν νέφος μαρτύρων, ὄγκον
circundando nos nube de testigos, impedimento

ἀποθέμενοι πάντα καὶ τὴν εὐπερίστατον ἁμαρτίαν,
apartando todo y el asediador pecado,

δι' ὑπομονῆς τρέχωμεν τὸν προκείμενον ἡμῖν ἀγῶνα,
con aguante corramos la puesta delante de nosotros carrera,

---

105. Lit: bocas.
106. O rescate, redención.
107. La NU omite fueron probados.
108. Es decir, viéndose abocados a una inmensa pobreza como Lucas 15.14.
109. Oración de genitivo absoluto.

2 ἀφορῶντες εἰς τὸν τῆς πίστεως ἀρχηγὸν καὶ τελειωτὴν
mirando hacia el de la fe originador y perfeccionador
Ἰησοῦν, ὃς ἀντὶ τῆς προκειμένης αὐτῷ χαρᾶς
Jesús, el cual a causa de la colocada por delante de él alegría
ὑπέμεινε σταυρὸν, αἰσχύνης καταφρονήσας, ἐν δεξιᾷ
soportó cruz, vergüenza despreciando, a diestra
τε τοῦ θρόνου τοῦ Θεοῦ κεκάθικεν.
Y del trono de Dios se ha sentado.

3 ἀναλογίσασθε γὰρ τὸν τοιαύτην ὑπομεμενηκότα
considerad Porque al que tal habiendo soportado
ὑπὸ τῶν ἁμαρτωλῶν εἰς αὐτὸν ἀντιλογίαν,
por los pecadores contra el mismo hostilidad
ἵνα μὴ κάμητε ταῖς ψυχαῖς ὑμῶν ἐκλυόμενοι.
para que no os canséis en las almas de vosotros desfalleciendo.

4 Οὔπω μέχρις αἵματος ἀντικατέστητε πρὸς τὴν ἁμαρτίαν
Todavía no hasta sangre habéis resistido contra el pecado
ἀνταγωνιζόμενοι.
combatiendo.

5 καὶ ἐκλέλησθε τῆς παρακλήσεως, ἥτις ὑμῖν ὡς υἱοῖς
Y habéis olvidado la exhortación, que a vosotros como hijos
διαλέγεται· υἱέ μου, μὴ ὀλιγώρει παιδείας Κυρίου,
habla: Hijo de mí, no tengas en poco educación[110] de Señor,
μηδὲ ἐκλύου ὑπ' αὐτοῦ ἐλεγχόμενος.[111]
ni te desalientes por Él siendo reprendido.

6 ὃν γὰρ ἀγαπᾷ Κύριος παιδεύει, μαστιγοῖ
al que Porque ama Señor educa, azota
δὲ πάντα υἱὸν ὃν παραδέχεται.
sin embargo a todo hijo al que recibe.

7 εἰ[112] παιδείαν ὑπομένετε, ὡς υἱοῖς ὑμῖν προσφέρεται
Si educación soportáis, como a hijos a vosotros trata
ὁ Θεός· τίς γὰρ ἐστιν υἱὸς ὃν οὐ παιδεύει πατήρ;
Dios. ¿quién Porque es hijo al que no educa padre?

8 εἰ δὲ χωρίς ἐστε παιδείας, ἧς μέτοχοι
Si sin embargo sin estáis educación, de la cual partícipes
γεγόνασι πάντες, ἄρα νόθοι ἐστὲ καὶ οὐχ υἱοί.
habéis llegado a ser todos, entonces bastardos sois y no hijos.

9 εἶτα τοὺς μὲν τῆς σαρκὸς ἡμῶν πατέρας εἴχομεν
Por otra parte a los - de la carne de nosotros padres teníamos
παιδευτὰς καὶ ἐνετρεπόμεθα· οὐ πολλῷ μᾶλλον
(como) educadores y (los) respetábamos. ¿No mucho más
ὑποταγησόμεθα τῷ πατρὶ τῶν πνευμάτων καὶ ζήσομεν;
estaremos sometidos al Padre de los espíritus y viviremos?

10 οἱ μὲν γὰρ πρὸς ὀλίγας ἡμέρας κατὰ τὸ δοκοῦν
ellos ciertamente Porque por pocos días según lo que parecía
αὐτοῖς ἐπαίδευον, ὁ δὲ ἐπὶ τὸ συμφέρον,
a ellos educaban, Él sin embargo por lo conveniente,
εἰς τὸ μεταλαβεῖν τῆς ἁγιότητος αὐτοῦ.
para el participar de la santidad de Él.

2 Puestos los ojos en al autor y consumador de la fe, en Jesús; el cual, habiéndole sido propuesto gozo, sufrió la cruz, menospreciando la vergüenza, y sentóse a la diestra del trono de Dios.
3 Reducid pues a vuestro pensameinto a aquel que sufrió tal contradicción de pecadores contra sí mismo, porque no os fatiguéis en vuestros ánimos desmayando.
4 Que aun no habéis resistido hasta la sangre, combatiendo contra el pecado:
5 Y estáis ya olvidados de la exhortación que como con hijos habla con vosotros, diciendo:
Hijo mío, no menosprecies el castigo del Señor,
Ni desmayes cuando eres de él reprendido.
6 Porque el Señor al que ama castiga,
Y azota a cualquiera que recibe por hijo.
7 Si sufrís el castigo, Dios se os presenta como a hijos; porque ¿qué hijo es aquel á quien el padre no castiga?
8 Mas si estáis fuera del castigo, del cual todos han sido hechos participantes, luego sois bastardos, y no hijos.
9 Por otra parte, tuvimos por castigadores a los padres de nuestra carne, y los reverenciábamos, ¿por qué no obedeceremos mucho mejor al Padre de los espíritus, y viviremos?
10 Y aquéllos, a la verdad, por pocos días nos castigaban como a ellos les parecía, mas éste para lo que nos es provechoso, para que recibamos su santificación.

---

110. La palabra deriva del término para niño "pais" y tiene un contenido muy amplio y rico que incluye junto a la idea de educación las de instrucción y disciplina.
111. Es decir, cuando Él te reprenda.
112. La NU sustituye por para.

11Es verdad que ningún castigo al presente parece ser causa de gozo, sino de tristeza; mas después da fruto apacible de justicia a los que en él son ejercitados.
12Por lo cual alzad las manos caídas y las rodillas paralizadas;
13Y haced derechos pasos a vuestros pies, porque lo que es cojo no salga fuera de camino, antes sea sanado.
14Seguid la paz con todos, y la santidad, sin la cual nadie verá al Señor:
15Mirando bien que ninguno se aparte de la gracia de Dios, que ninguna raíz de amargura brotando os impida, y por ella muchos sean contaminados;
16Que ninguno sea fornicario, o profano, como Esaú, que por una vianda vendió su primogenitura.
17Porque ya sabéis que aun después, deseando heredar la bendición, fue reprobado (que no halló lugar de arrepentimiento), aunque la procuró con lágrimas.
18Porque no os habéis llegado al monte que se podía tocar, y al fuego encendido, y al turbión, y a la oscuridad, y a la tempestad,
19Y al sonido de la trompeta, y a la voz de las palabras, la cual los que la oyeron rogaron que no se les hablase más;

11 πᾶσα δὲ παιδεία πρὸς μὲν τὸ παρὸν οὐ δοκεῖ
toda Sin embargo disciplina por - el presente no parece
χαρᾶς εἶναι, ἀλλὰ λύπης, ὕστερον δὲ καρπὸν
de alegría ser, sino de tristeza, más tarde sin embargo fruto
εἰρηνικὸν τοῖς δι' αὐτῆς γεγυμνασμένοις
pacífico a los que con ella han sido entrenados[113]
ἀποδίδωσι δικαιοσύνης.
da de justicia.

12 Διὸ τὰς παρειμένας χεῖρας καὶ τὰ παραλελυμένα
Por tanto las debilitadas manos y las paralizadas
γόνατα ἀνορθώσατε,
rodillas fortaleced,

13 καὶ τροχιὰς ὀρθὰς ποιήσατε τοῖς ποσὶν ὑμῶν,
y caminos rectos haced para los pies de vosotros,
ἵνα μὴ τὸ χωλὸν ἐκτραπῇ, ἰαθῇ δὲ μᾶλλον.
para que no lo cojo sea desviado, sea sanado Sino que más bien.

14 Εἰρήνην διώκετε μετὰ πάντων, καὶ τὸν ἁγιασμόν,
Paz seguid con todos, y la santidad,
οὗ χωρὶς οὐδεὶς ὄψεται τὸν Κύριον,
sin la cual nadie verá al Señor.

15 ἐπισκοποῦντες μή τις ὑστερῶν ἀπὸ τῆς χάριτος
supervisando (que) no alguno cayendo de la gracia
τοῦ Θεοῦ, μή τις ῥίζα πικρίας ἄνω φύουσα
de Dios, (que) no alguna raíz de amargura arriba creciendo
ἐνοχλῇ καὶ διὰ ταύτης μιανθῶσι πολλοί,
estorbe y por ésta sean contaminados muchos,

16 μή τις πόρνος ἢ βέβηλος ὡς Ἠσαῦ,
(que) no (haya) algún fornicador o profano como Esaú,
ὃς ἀντὶ βρώσεως μιᾶς ἀπέδοτο τὰ
el cual a cambio de comida una vendió los
πρωτοτόκια αὐτοῦ.
derechos de primogenitura de él.

17 ἴστε γὰρ ὅτι καὶ μετέπειτα θέλων
sabéis Porque que ciertamente después deseando
κληρονομῆσαι τὴν εὐλογίαν ἀπεδοκιμάσθη, μετανοίας
heredar la bendición fue rechazado, de arrepentimiento
γὰρ τόπον οὐχ εὗρε, καίπερ μετὰ δακρύων
Porque lugar no encontró, aún con lágrimas
ἐκζητήσας αὐτήν.
habiendo buscado la.

18 Οὐ γὰρ προσεληλύθατε ψηλαφωμένῳ ὄρει[114] καὶ
no Porque habéis venido a siendo tocado monte y
κεκαυμένῳ πυρὶ καὶ γνόφῳ καὶ σκότῳ
habiendo sido quemado por fuego y tiniebla y oscuridad
καὶ θυέλλῃ
y tempestad

19 καὶ σάλπιγγος ἤχῳ καὶ φωνῇ ῥημάτων, ἧς
y de trompeta a sonido y a voz de dichos, la cual
οἱ ἀκούσαντες παρῃτήσαντο μὴ προστεθῆναι αὐτοῖς λόγον·
los que oyeron suplicaron no ser añadida a ellos palabra,

---

113. El término griego tiene la misma raíz que nuestra palabra "gimnasio".
114. La NU omite monte.

20 οὐκ ἔφερον γὰρ τὸ διαστελλόμενον·
no soportaban Porque lo que estaba siendo ordenado:
ἢ βολίδι κατατοξευθήσεται
o por flecha será atravesada

21 καί, οὕτω φοβερὸν ἦν τὸ φανταζόμενον,
Y así temible era lo manifestado, (que)
Μωϋσῆς εἶπεν· ἔκφοβός εἰμι καὶ ἔντρομος·
Moisés dijo: aterrado estoy y tembloroso.

22 ἀλλὰ προσεληλύθατε Σιὼν ὄρει καὶ πόλει Θεοῦ
Sin embargo habéis venido a Sión monte y a ciudad de Dios
ζῶντος, Ἰερουσαλὴμ ἐπουρανίῳ, καὶ μυριάσιν ἀγγέλων,
viviente, a Jerusalén celestial, y a miríadas de ángeles,

23 πανηγύρει καὶ ἐκκλησίᾳ πρωτοτόκων ἐν οὐρανοῖς
a asamblea y a congregación[115] de primogénitos en cielos
ἀπογεγραμμένων, καὶ κριτῇ Θεῷ πάντων,
inscritos, y a juez Dios de todos,
καὶ πνεύμασι δικαίων τετελειωμένων,
y a espíritus de justos habiendo sido hechos perfectos,

24 καὶ διαθήκης νέας μεσίτῃ Ἰησοῦ, καὶ αἵματι ῥαντισμοῦ
y de pacto nuevo a mediador Jesús, y a sangre de aspersión
κρεῖττον λαλοῦντι παρὰ τὸν Ἄβελ.
mejor hablando que la de Abel.

25 Βλέπετε μὴ παραιτήσησθε τὸν λαλοῦντα,
Mirad no rechacéis al que habla,
εἰ γὰρ ἐκεῖνοι οὐκ ἔφυγον τὸν ἐπὶ τῆς γῆς
si Porque aquellos no escaparon al que sobre la tierra
παραιτησάμενοι χρηματίζοντα, πολλῷ μᾶλλον
habiendo rechazado[116] advirtió, mucho más
ἡμεῖς οἱ τὸν ἀπ' οὐρανῶν ἀποστρεφόμενοι·
nosotros los lo de cielos rechazando.

26 οὗ ἡ φωνὴ τὴν γῆν ἐσάλευσε τότε, νῦν
del cual la voz la tierra sacudió entonces, ahora
δὲ ἐπήγγελται λέγων· ἔτι ἅπαξ ἐγὼ σείω[117]
sin embargo ha sido prometido diciendo: pero una vez yo sacudo
οὐ μόνον τὴν γῆν, ἀλλὰ καὶ τὸν οὐρανόν.
no sólo la tierra, sino también el cielo.

27 τὸ δέ ἔτι ἅπαξ δηλοῖ τῶν σαλευομένων
lo de Sin embargo todavía una vez declara de lo que es sacudido
μετάθεσιν ὡς πεποιημένων, ἵνα μείνῃ τὰ
remoción como habiendo sido hecho, para que permanezca lo
μὴ σαλευόμενα.
no sacudido.

28 Διὸ βασιλείαν ἀσάλευτον παραλαμβάνοντες
Por tanto reino inconmovible recibiendo
ἔχωμεν χάριν, δι' ἧς λατρεύωμεν εὐαρέστως
tengamos gratitud,[118] por la cual sirvamos agradablemente
τῷ Θεῷ μετὰ αἰδοῦς[119] καὶ εὐλαβείας·
a Dios con esmero[120] y reverencia.[121]

---

115. O iglesia.
116. El sujeto de "habiendo rechazado" es aquellos.
117. La NU tiene sacudiré.
118. Como en Lucas 17.9.
119. La NU sustituye por miedo.
120. O reverencia.
121. O temor piadoso, de Dios.

20Porque no podían tolerar lo que se mandaba: Si bestia tocare al monte, será apedreada, o pasada con dardo.
21Y tan terrible cosa era lo que se veía, que Moisés dijo: Estoy asombrado y temblando.
22Mas os habéis llegado al monte de Sión, y a la ciudad del Dios vivo, Jerusalem la celestial, y a la compañía de muchos millares de ángeles,
23Y a la congregación de los primogénitos que están alistados en los cielos, y a Dios el Juez de todos, y a los espíritus de los justos hechos perfectos,
24Y a Jesús el Mediador del nuevo testamento, y a la sangre del esparcimiento que habla mejor que la de Abel.
25Mirad que no desechéis al que habla. Porque si aquellos no escaparon que desecharon al que hablaba en la tierra, mucho menos nosotros, si desecháramos al que habla de los cielos.
26La voz del cual entonces conmovió la tierra; mas ahora ha denunciado, diciendo: Aun una vez, y yo conmoveré no solamente la tierra, mas aun el cielo.
27Y esta palabra, Aun una vez, declara la mudanza de las cosas movibles, como de cosas hechas, para que queden las cosas que son firmes.
28Así que, tomando el reino inmóvil, retengamos la gracia por la cual vamos a Dios agradándole con temor y reverencia;

29Porque nuestro Dios es fuego consumidor.

13 Permanezca el amor fraternal. **2**No olvidéis la hospitalidad, porque por ésta algunos, sin saberlo, hospedaron ángeles. **3**Acordaos de los presos, como presos juntamente con ellos; y de los afligidos, como que también vosotros mismos sois del cuerpo. **4**Honroso es en todos el matrimonio, y el lecho sin mancilla; mas a los fornicarios y a los adúlteros juzgará Dios. **5**Sean las costumbres vuestras sin avaricia; contentos de lo presente; porque él dijo: No te desampararé, ni te dejaré. **6**De tal manera que digamos confiadamente:

El Señor es mi ayudador; no temeré
Lo que me hará el hombre.

7Acordaos de vuestros pastores, que os hablaron la palabra de Dios; la fe de los cuales imitad, considerando cuál haya sido el éxito de su conducta. **8**Jesucristo es el mismo ayer, y hoy, y por los siglos.

13

29 καὶ γὰρ ὁ Θεὸς ἡμῶν πῦρ καταναλίσκον.
ciertamente Porque el Dios de nosotros (es) fuego consumidor.

1 Ἡ φιλαδελφία μενέτω.
El amor fraternal permanezca.

2 τῆς φιλοξενίας μὴ ἐπιλανθάνεσθε· διὰ ταύτης
De la hospitalidad no os olvidéis. por ésta

γὰρ ἔλαθόν τινες ξενίσαντες ἀγγέλους.
Porque no advirtieron[122] algunos hospedando ángeles.

3 μιμνήσκεσθε τῶν δεσμίων ὡς
Acordaos de los presos como

συνδεδεμένοι, τῶν
habiendo sido encarcelados con ellos, de los

κακουχουμένων ὡς καὶ αὐτοὶ
que están siendo maltratados como también vosotros mismos

ὄντες ἐν σώματι.
estando en cuerpo.[123]

4 Τίμιος ὁ γάμος ἐν πᾶσι καὶ ἡ κοίτη ἀμίαντος·
Honroso (sea) el matrimonio en todo[124] y el lecho inmaculado.

πόρνους δὲ καὶ μοιχοὺς κρινεῖ ὁ Θεός.
A fornicadores sin embargo y a adúlteros juzgará Dios.

5 Ἀφιλάργυρος ὁ τρόπος, ἀρκούμενοι τοῖς
No amando el dinero (sea) la conducta, estando satisfechos con

παροῦσιν·
lo que está presente[125]

αὐτὸς γὰρ εἴρηκεν· οὐ μή σε ἀνῶ
El mismo Porque ha dicho: no en absoluto te dejaré

οὐδ' οὐ μή σε ἐγκαταλίπω·
ni tampoco en absoluto te desampararé.

6 ὥστε θαρροῦντας ἡμᾶς λέγειν· Κύριος
de manera que estemos confiados nosotros para decir: Señor (es)

ἐμοὶ βοηθός, καὶ οὐ φοβηθήσομαι·
para mí ayudador, y no temeré.

τί ποιήσει μοι ἄνθρωπος;
¿qué hará a mí hombre?[126]

7 Μνημονεύετε τῶν ἡγουμένων ὑμῶν, οἵτινες ἐλάλησαν
Acordaos de los que guían os, los cuales hablaron

ὑμῖν τὸν λόγον τοῦ Θεοῦ, ὧν
os la palabra de Dios, de los cuales

ἀναθεωροῦντες τὴν ἔκβασιν τῆς
contemplando de abajo a arriba.[127] el resultado de la

ἀναστροφῆς μιμεῖσθε τὴν πίστιν.
conducta imitad la fe.

8 Ἰησοῦς Χριστὸς χθὲς καὶ σήμερον ὁ αὐτός
Jesús Cristo (es) ayer y hoy el mismo

καὶ εἰς τοὺς αἰῶνας.
y por las eras.

---

122. Es decir, no se percataron, no se dieron cuenta de que estaban brindando alojamiento a ángeles.
123. Es decir, como miembros que están en el mismo cuerpo.
124. O entre todos, o en todos.
125. Como en Lucas 13.1.
126. O: "no temeré lo que me hará el hombre".
127. El verbo indica la idea de admiración con que se contempla a alguien que está por encima de nosotros.

9 διδαχαῖς ποικίλαις καὶ ξέναις μὴ
Con enseñanzas diversas y extrañas no

περιφέρεσθε.[128] καλὸν γὰρ χάριτι
seáis arrastrados a uno y otro sitio. bueno Porque por gracia

βεβαιοῦσθαι τὴν καρδίαν, οὐ βρώμασιν, ἐν οἷς
ser establecido el corazón[129] no por alimentos, de los cuales

οὐκ ὠφελήθησαν οἱ περιπατήσαντες.
no se aprovecharon los que caminaron.

10 ἔχομεν θυσιαστήριον ἐξ οὗ φαγεῖν οὐκ ἔχουσιν
Tenemos altar de el cual para comer no tienen

ἐξουσίαν οἱ τῇ σκηνῇ λατρεύοντες.
autoridad los que en el tabernáculo sirven.

11 ὧν γὰρ εἰσφέρεται ζῴων τὸ αἷμα περὶ
de los cuales Porque es introducida de vivientes la sangre por

ἁμαρτίας εἰς τὰ ἅγια διὰ τοῦ ἀρχιερέως,
pecado a el Santísimo mediante el sumo sacerdote,

τούτων τὰ σώματα κατακαίεται ἔξω τῆς παρεμβολῆς.
de éstos los cuerpos son quemados fuera del campamento.

12 διὸ καὶ Ἰησοῦς, ἵνα ἁγιάσῃ διὰ τοῦ
Por tanto también Jesús, para que santifique mediante de sí

ἰδίου αἵματος τὸν λαόν, ἔξω τῆς πύλης ἔπαθε.
mismo sangre[130] al pueblo, fuera de la puerta padeció.

13 τοίνυν ἐξερχώμεθα πρὸς αὐτὸν ἔξω τῆς παρεμβολῆς
De manera que salgamos hacia él fuera del campamento,

τὸν ὀνειδισμὸν αὐτοῦ φέροντες·
el reproche de él llevando.

14 οὐ γὰρ ἔχομεν ὧδε μένουσαν πόλιν.
no Porque tenemos aquí permanente ciudad,

ἀλλὰ τὴν μέλλουσαν ἐπιζητοῦμεν.
sino que la venidera buscamos.

15 δι᾽ αὐτοῦ οὖν ἀναφέρωμεν θυσίαν αἰνέσεως
A través de él por tanto ofrezcamos sacrificio de alabanza

διὰ παντὸς τῷ Θεῷ, τοῦτ᾽ ἔστι καρπὸν χειλέων
en todo a Dios, esto es fruto de labios

ὁμολογούντων τῷ ὀνόματι αὐτοῦ.
confesando en el nombre de él.

16 τῆς δὲ εὐποιΐας καὶ κοινωνίας μὴ ἐπιλανθάνεσθε·
el Sin embargo hacer bien y comunión no olvidéis,

τοιαύταις γὰρ θυσίαις εὐαρεστεῖται ὁ Θεός.
de tales Porque sacrificios se agrada Dios.

17 Πείθεσθε τοῖς ἡγουμένοις ὑμῶν καὶ ὑπείκετε·
Obedeced a los que guían os y sed dóciles.[131]

αὐτοὶ γὰρ ἀγρυπνοῦσιν ὑπὲρ τῶν ψυχῶν ὑμῶν
ellos Porque velan por las almas de vosotros

ὡς λόγον ἀποδώσοντες. ἵνα μετὰ χαρᾶς τοῦτο
como cuenta habiendo de dar para que con alegría esto

ποιῶσι καὶ μὴ στενάζοντες·
hagan y no quejándose,

ἀλυσιτελὲς γὰρ ὑμῖν τοῦτο.
inconveniente Porque para vosotros esto (sería).

---

128. La NU tiene no seáis llevados.
129. Es decir, porque es bueno que el corazón sea establecido por gracia (oración de infinitivo).
130. Obsérvese que es la misma expresión que en Hechos 20.28, lo que significa una clara afirmación de la Deidad del Hijo.
131. El término griego va ligado a la idea de obediencia, pero una obediencia de buena gana.

9No seáis llevados de acá para allá por doctrinas diversas y extrañas; porque buena cosa es afirmar el corazón en la gracia, no en viandas, que nunca aprovecharon a los que anduvieron en ellas.
10Tenemos un altar, del cual no tienen facultad de comer los que sirven al tabernáculo.
11Porque los cuerpos de aquellos animales, la sangre de los cuales es metida por el pecado en el santuario por el pontífice, son quemados fuera del real.
12Por lo cual también Jesús, para santificar al pueblo por su propia sangre, padeció fuera de la puerta.
13Salgamos pues a él fuera del real, llevando su vituperio.
14Porque no tenemos aquí ciudad permanente, mas buscamos la por venir.
15Así que, ofrezcamos por medio de él a Dios siempre sacrificio de alabanza, es a saber, fruto de labios que confiesen a su nombre.
16Y de hacer bien y de la comunicación no os olvidéis: porque de tales sacrificios se agrada Dios.
17Obedeced a vuestros pastores, y sujetaos a ellos; porque ellos velan por vuestras almas, como aquellos que han de dar cuenta; para que lo hagan con alegría, y no gimiendo; porque esto no os es útil.

18 Orad por nosotros: porque confiamos que tenemos buena conciencia, deseando conversar bien en todo.
19 Y más os ruego que lo hagáis así, para que yo os sea más presto restituído.
20 Y el Dios de paz que sacó de los muertos a nuestro Señor Jesucristo, el gran pastor de las ovejas, por la sangre del testamento eterno,
21 Os haga aptos en toda obra buena para que hagáis su voluntad, haciendo él en vosotros lo que es agradable delante de él por Jesucristo: al cual sea gloria por los siglos de los siglos. Amén.
22 Empero os ruego, hermanos, que soportéis la palabra de exhortación; porque os he escrito en breve.
23 Sabed que nuestro hermano Timoteo está suelto; con el cual, si viniere más presto, os iré á ver.
24 Saludad a todos vuestros pastores, y a todos los santos. Los de Italia os saludan.
25 La gracia sea con todos vosotros. Amén.

18 Προσεύχεσθε περὶ ἡμῶν· πεποίθαμεν γὰρ ὅτι
Orad por nosotros. estamos convencidos Porque que

καλὴν συνείδησιν ἔχομεν, ἐν πᾶσι καλῶς
buena conciencia tenemos, en todo bien

θέλοντες ἀναστρέφεσθαι.
queriendo conducirnos.

19 περισσοτέρως δὲ παρακαλῶ τοῦτο ποιῆσαι,
Aún más sin embargo ruego esto hacer,

ἵνα τάχιον ἀποκατασταθῶ ὑμῖν.
para que más rápidamente sea restaurado a vosotros.

20 Ὁ δὲ Θεὸς τῆς εἰρήνης, ὁ ἀναγαγὼν ἐκ νεκρῶν
el Sin embargo Dios de la paz, el que trajo[132] de muertos

τὸν ποιμένα τῶν προβάτων τὸν μέγαν ἐν αἵματι
al pastor de las ovejas al grande por sangre

διαθήκης αἰωνίου, τὸν Κύριον ἡμῶν Ἰησοῦν,
de pacto eterno, al Señor de nosotros Jesús.

21 καταρτίσαι ὑμᾶς ἐν παντὶ ἔργῳ[133] ἀγαθῷ εἰς τὸ ποιῆσαι
componga[134] os en toda obra buena para el hacer

τὸ θέλημα αὐτοῦ, ποιῶν ἐν ὑμῖν[135] τὸ εὐάρεστον
la voluntad de él, haciendo en vosotros lo que complace

ἐνώπιον αὐτοῦ διὰ Ἰησοῦ Χριστοῦ, ᾧ ἡ δόξα
delante de él por medio de Jesús Cristo, al cual (sea) la gloria

εἰς τοὺς αἰῶνας τῶν αἰώνων· ἀμήν.
por las eras de las eras. Amén.

22 Παρακαλῶ δὲ ὑμᾶς, ἀδελφοί, ἀνέχεσθε
Ruego sin embargo a vosotros, hermanos, soportad

τοῦ λόγου τῆς παρακλήσεως· καὶ γὰρ διὰ
la palabra de la exhortación. ciertamente Porque a través de

βραχέων ἐπέστειλα ὑμῖν.
pocas[136] (palabras) escribí a vosotros.

23 Γινώσκετε τὸν ἀδελφὸν[137] Τιμόθεον ἀπολελυμένον,
Sabed el hermano Timoteo habiendo sido liberado[138]

μεθ' οὗ, ἐὰν τάχιον ἔρχηται, ὄψομαι ὑμᾶς.
con el cual, si rápidamente viene, veré os.

24 Ἀσπάσασθε πάντας τοὺς ἡγουμένους ὑμῶν
Saludad a todos los que guían os

καὶ πάντας τοὺς ἁγίους. Ἀσπάζονται ὑμᾶς
y a todos los santos. Saludan os

οἱ ἀπὸ τῆς Ἰταλίας.
los de la Italia.

25 Ἡ χάρις μετὰ πάντων ὑμῶν· ἀμήν.
La gracia (sea) con todos vosotros. Amén.

---

132. Como en Lucas 2.22.
133. La NU omite obra.
134. O repare, en el sentido de que podáis ser útiles para vuestra función. El término aparece también utilizado en Mateo 4.21.
135. La NU sustituye por nosotros.
136. O breves.
137. La NU añade de nosotros.
138. Es decir, sabed que el hermano Timoteo ha sido liberado (oración de infinitivo).

LA EPÍSTOLA UNIVERSAL DE
SANTIAGO

1

1 Ἰάκωβος, Θεοῦ καὶ Κυρίου Ἰησοῦ Χριστοῦ δοῦλος,
Santiago, de Dios y Señor Jesús Cristo siervo,

ταῖς δώδεκα φυλαῖς ταῖς ἐν τῇ διασπορᾷ, χαίρειν.
a las doce tribus las en la diáspora: salud.

2 Πᾶσαν χαρὰν ἡγήσασθε, ἀδελφοί μου,
Toda alegría considerad, hermanos de mí,

ὅταν πειρασμοῖς περιπέσητε ποικίλοις,
cuando en pruebas caéis muchas,

3 γινώσκοντες ὅτι τὸ δοκίμιον ὑμῶν
sabiendo que la prueba de vosotros

τῆς πίστεως κατεργάζεται ὑπομονήν.
de la fe produce aguante.[1]

4 ἡ δὲ ὑπομονὴ ἔργον τέλειον ἐχέτω, ἵνα ἦτε τέλειοι
El - aguante obra acabada[2] tenga, para que seáis acabados[3]

καὶ ὁλόκληροι, ἐν μηδενὶ λειπόμενοι.
y completos, en nada carentes.

5 Εἰ δέ τις ὑμῶν λείπεται σοφίας, αἰτείτω
Si sin embargo alguno de vosotros carece de sabiduría, pida

παρὰ τοῦ διδόντος Θεοῦ πᾶσιν ἁπλῶς
de el que da Dios a todos sencillamente

καὶ μὴ ὀνειδίζοντος, καὶ δοθήσεται αὐτῷ.
y no reprochando, y será dada a él.

6 αἰτείτω δὲ ἐν πίστει, μηδὲν διακρινόμενος·
Pida sin embargo con fe, no dudando[4]

ὁ γὰρ διακρινόμενος ἔοικε κλύδωνι θαλάσσης
el que Porque duda es como ola de mar

ἀνεμιζομένῳ καὶ ῥιπιζομένῳ.
movida por viento y agitada.

7 μὴ γὰρ οἰέσθω ὁ ἄνθρωπος ἐκεῖνος
no Porque suponga el hombre aquel

ὅτι λήμψεταί τι παρὰ τοῦ Κυρίου.
que recibirá algo de el Señor.

8 ἀνὴρ δίψυχος ἀκατάστατος ἐν πάσαις ταῖς ὁδοῖς αὐτοῦ.
Varón de alma doble inestable en todos los caminos de él.

9 Καυχάσθω δὲ ὁ ἀδελφὸς ὁ ταπεινὸς ἐν τῷ
Jáctese sin embargo el hermano el humilde en la

ὕψει αὐτοῦ,
alta posición de él.

10 ὁ δὲ πλούσιος ἐν τῇ ταπεινώσει αὐτοῦ,
el Sin embargo rico en la baja posición[5] de él,

ὅτι ὡς ἄνθος χόρτου παρελεύσεται.
porque como flor de hierba pasará.

---

1 Jacobo, siervo de Dios y del Señor Jesucristo, a las doce tribus que están esparcidas, salud. 2 Hermanos míos, tened por sumo gozo cuando cayereis en diversas tentaciones; 3 Sabiendo que la prueba de vuestra fe obra paciencia. 4 Mas tenga la paciencia perfecta su obra, para que seáis perfectos y cabales, sin faltar en alguna cosa. 5 Y si alguno de vosotros tiene falta de sabiduría, demándela a Dios, el cual da a todos abundantemente, y no zahiere; y le será dada. 6 Pero pida en fe, no dudando nada: porque el que duda es semejante a la onda de la mar, que es movida del viento, y echada de una parte a otra. 7 No piense pues el tal hombre que recibirá ninguna cosa del Señor. 8 El hombre de doblado ánimo es inconstante en todos sus caminos. 9 El hermano que es de baja suerte, gloríese en su alteza: 10 Mas el que es rico, en su bajeza; porque él se pasará como la flor de la hierba.

---

1. El término griego indica una petición o carga colocada sobre el sujeto que la soporta adecuadamente.
2. O perfecta.
3. O perfectos.
4. O "disputando" como en Hechos 11.2.
5. Como en Lucas 1.48.

11 Porque salido el sol con ardor, la hierba se secó, y su flor se cayó, y pereció su hermosa apariencia: así también se marchitará el rico en todos sus caminos.
12 Bienaventurado el varón que sufre la tentación; porque cuando fuere probado, recibirá la corona de vida, que Dios ha prometido a los que le aman.
13 Cuando alguno es tentado, no diga que es tentado de Dios: porque Dios no puede ser tentado de los malos, ni él tienta a alguno:
14 Sino que cada uno es tentado, cuando de su propia concupiscencia es atraído, y cebado.
15 Y la concupiscencia, después que ha concebido, pare el pecado: y el pecado, siendo cumplido, engendra muerte.
16 Amados hermanos míos, no erréis.
17 Toda buena dádiva y todo don perfecto es de lo alto, que desciende del Padre de las luces, en el cual no hay mudanza, ni sombra de variación.
18 El, de su voluntad nos ha engendrado por la palabra de verdad, para que seamos primicias de sus criaturas.
19 Por esto, mis amados hermanos, todo hombre sea pronto para oir, tardío para hablar, tardío para airarse:
20 Porque la ira del hombre no obra la justicia de Dios.
21 Por lo cual, dejando toda inmundicia y superfluidad de malicia, recibid con mansedumbre la palabra ingerida, la cual puede hacer salvas vuestras almas.

11 ἀνέτειλε γὰρ ὁ ἥλιος σὺν τῷ καύσωνι καὶ ἐξήρανε τὸν
Porque el sol con el calor abrasador y se secó la

χόρτον, καὶ τὸ ἄνθος αὐτοῦ ἐξέπεσε, καὶ ἡ εὐπρέπεια τοῦ
hierba, y la flor de ella cayó, y la belleza de la

προσώπου αὐτοῦ ἀπώλετο, οὕτω καὶ ὁ πλούσιος
apariencia[6] de ella pereció, así también el rico

ἐν ταῖς πορείαις αὐτοῦ μαρανθήσεται.
en los trayectos de él se marchitará.

12 Μακάριος ἀνὴρ ὃς ὑπομένει πειρασμόν· ὅτι δόκιμος
Feliz varón que aguanta tentación, porque aprobado

γενόμενος λήψεται τὸν στέφανον τῆς ζωῆς, ὃν ἐπηγγείλατο
resultando recibirá la corona de la vida, la cual prometió

ὁ Κύριος[7] τοῖς ἀγαπῶσιν αὐτόν.
el Señor a los que aman a Él.

13 Μηδεὶς πειραζόμενος λεγέτω ὅτι ἀπὸ Θεοῦ πειράζομαι·
Ninguno siendo tentado diga que de Dios es tentado.

ὁ γὰρ Θεὸς ἀπείραστός ἐστι κακῶν,
- porque Dios no-tentador es de cosas malas,

πειράζει δὲ αὐτὸς οὐδένα.
tienta Ni Él a ninguno.

14 ἕκαστος δὲ πειράζεται ὑπὸ τῆς ἰδίας ἐπιθυμίας
Cada uno sin embargo es tentado por la propia ansia

ἐξελκόμενος καὶ δελεαζόμενος·
siendo arrastrado y siendo seducido.

15 εἶτα ἡ ἐπιθυμία συλλαβοῦσα τίκτει ἁμαρτίαν,
Después el ansia concibiendo pare pecado,

ἡ δὲ ἁμαρτία ἀποτελεσθεῖσα ἀποκύει θάνατον.
el También pecado siendo consumado engendra muerte.

16 Μὴ πλανᾶσθε, ἀδελφοί μου ἀγαπητοί.
No os engañéis, hermanos de mí amados.

17 πᾶσα δόσις ἀγαθὴ καὶ πᾶν δώρημα τέλειον ἄνωθέν
Toda dádiva buena y todo don perfecto de alto

ἐστι καταβαῖνον ἀπὸ τοῦ πατρὸς τῶν φώτων,
es descendiendo de el Padre de las luces,

παρ' ᾧ οὐκ ἔνι παραλλαγὴ ἢ τροπῆς ἀποσκίασμα.
en el que no (hay) ningun cambio[8] o de variación sombra.

18 βουληθεὶς ἀπεκύησεν ἡμᾶς λόγῳ ἀληθείας εἰς τὸ εἶναι
Queriendo[9] engendró nos con palabra de verdad para - ser

ἡμᾶς ἀπαρχήν τινα τῶν αὐτοῦ κτισμάτων.
nosotros primicia alguna de las de Él criaturas.

19 Ὥστε,[10] ἀδελφοί μου ἀγαπητοί, ἔστω πᾶς ἄνθρωπος
Así que, hermanos de mí amados, sea todo hombre

ταχὺς εἰς τὸ ἀκοῦσαι, βραδὺς εἰς τὸ λαλῆσαι, βραδὺς εἰς ὀργήν·
rápido para el oír, lento para el hablar, lento para ira.

20 ὀργὴ γὰρ ἀνδρὸς δικαιοσύνην Θεοῦ οὐκ κατεργάζεται.
ira Porque de varón justicia de Dios no obra.

21 διὸ ἀποθέμενοι πᾶσαν ῥυπαρίαν καὶ περισσείαν
Por tanto desechando toda inmundicia y abundancia

κακίας ἐν πραΰτητι δέξασθε τὸν ἔμφυτον λόγον
de malicia con mansedumbre recibid la implantada palabra

τὸν δυνάμενον σῶσαι τὰς ψυχὰς ὑμῶν.
la que puede salvar las almas de vosotros.

---

6. Lit: "del rostro"
7. La NU omite el Señor.
8. O fase.
9. Es decir, "en el ejercicio de Su voluntad", "porque lo deseó".
10. La NU sustituye por Sabed o Sabéis.

22 Γίνεσθε δὲ ποιηταὶ λόγου καὶ μὴ μόνον
Resultad sin embargo hacedores de palabra y no sólo
ἀκροαταὶ παραλογιζόμενοι ἑαυτούς.
oidores engañando a vosotros mismos.

23 ὅτι εἴ τις ἀκροατὴς λόγου ἐστὶ καὶ οὐ ποιητής,
Porque si alguno oidor de palabra es y no hacedor,
οὗτος ἔοικεν ἀνδρὶ κατανοοῦντι τὸ πρόσωπον
éste es como hombre observando el rostro
τῆς γενέσεως αὐτοῦ ἐν ἐσόπτρῳ·
de la naturaleza de él en espejo.

24 κατενόησε γὰρ ἑαυτὸν καὶ ἀπελήλυθε, καὶ εὐθέως
observó Porque a sí mismo y se ha ido, e inmediatamente
ἐπελάθετο ὁποῖος ἦν.
olvidó cuál[11] es.

25 ὁ δὲ παρακύψας εἰς νόμον τέλειον τὸν τῆς
El que sin embargo habiendo mirado a ley perfecta la de la
ἐλευθερίας καὶ παραμείνας, οὗτος οὐκ
libertad y habiendo perseverado, éste no
ἀκροατὴς ἐπιλησμονῆς γενόμενος, ἀλλὰ ποιητὴς ἔργου,
oidor de olvido resultando, sino hacedor de palabra,
οὗτος μακάριος ἐν τῇ ποιήσει αὐτοῦ ἔσται.
así dichoso en la acción de él[12] será.

26 Εἴ τις δοκεῖ θρησκὸς εἶναι ἐν ὑμῖν,[13] μὴ
Si alguno considera devoto[14] ser entre vosotros, no
χαλιναγωγῶν γλῶσσαν αὐτοῦ ἀλλ᾽ ἀπατῶν καρδίαν αὐτοῦ,
embridando lengua de él sino engañando corazón de él,
τούτου μάταιος ἡ θρησκεία.
de éste vana la devoción[15] (es).

27 θρησκεία καθαρὰ καὶ ἀμίαντος παρὰ τῷ Θεῷ καὶ
Devoción pura e inmaculada delante de Dios y
πατρὶ αὕτη ἐστίν, ἐπισκέπτεσθαι ὀρφανοὺς καὶ χήρας ἐν τῇ
Padre ésta es: visitar[16] huérfanos y viudas en la
θλίψει αὐτῶν, ἄσπιλον ἑαυτὸν τηρεῖν ἀπὸ τοῦ κόσμου.
tribulación de ellos, impoluto a sí mismo guardar de el mundo.

2

1 Ἀδελφοί μου, μὴ ἐν προσωποληψίαις ἔχετε τὴν πίστιν
Hermanos de mí, no en parcialidades tengáis la fe
τοῦ Κυρίου ἡμῶν Ἰησοῦ Χριστοῦ τῆς δόξης.
en el Señor de nosotros Jesús Cristo de la gloria.

2 ἐὰν γὰρ εἰσέλθῃ εἰς τὴν συναγωγὴν ὑμῶν ἀνὴρ
si Porque entra en la sinagoga de vosotros varón
χρυσοδακτύλιος ἐν ἐσθῆτι λαμπρᾷ, εἰσέλθῃ
con anillo de oro con vestimenta resplandeciente, entra
δὲ καὶ πτωχὸς ἐν ῥυπαρᾷ ἐσθῆτι,
sin embargo también pobre con sucia vestimenta,

3 καὶ ἐπιβλέψητε ἐπὶ τὸν φοροῦντα τὴν ἐσθῆτα
y miráis sobre el que lleva la vestimenta
τὴν λαμπρὰν καὶ εἴπητε αὐτῷ, σὺ κάθου ὧδε καλῶς,
la resplandeciente y decís a él: tú siéntate aquí bien,
καὶ τῷ πτωχῷ εἴπητε, σὺ στῆθι ἐκεῖ ἢ κάθου ὧδε ὑπὸ
y al pobre decís: tu quédate en pie allí o siéntate aquí bajo
τὸ ὑποπόδιόν μου,
el estrado[17] de mí,

22Mas sed hacedores de la palabra, y no tan solamente oidores, engañándoos a vosotros mismos.
23Porque si alguno oye la palabra, y no la pone por obra, este tal es semejante al hombre que considera en un espejo su rostro natural.
24Porque él se consideró a sí mismo, y se fué, y luego se olvidó qué tal era.
25Mas el que hubiere mirado atentamente en la perfecta ley, que es la de la libertad, y perseverado en ella, no siendo oidor olvidadizo, sino hacedor de la obra, este tal será bienaventurado en su hecho.
26Si alguno piensa ser religioso entre vosotros, y no refrena su lengua, sino engañando su corazón, la religión del tal es vana.
27La religión pura y sin mácula delante de Dios y Padre es esta: Visitar los huérfanos y las viudas en sus tribulaciones, y guardarse sin mancha de este mundo.

2 Hermanos míos, no tengáis la fe de nuestro Señor Jesucristo glorioso en acepción de personas.
2Porque si en vuestra congregación entra un hombre con anillo de oro, y de preciosa ropa, y también entra un pobre con vestidura vil,
3Y tuviereis respeto al que trae la vestidura preciosa, y le dijereis: Siéntate tú aquí en buen lugar: y dijereis al pobre: Estáte tú allí en pie; o siéntate aquí debajo de mi estrado:

---

11. Es decir, "como es".
12. Es decir, "en lo que haga".
13. La NU ha eliminado entre vosotros.
14. O religioso.
15. O culto.
16. Como en Mateo 25.36 en el sentido de asistir, socorrer o ayudar.
17. Como en Lucas 20.43.

4 ¿No juzgáis en vosotros mismos, y venís a ser jueces de pensamientos malos?
5 Hermanos míos amados, oid: ¿No ha elegido Dios los pobres de este mundo, ricos en fe, y herederos del reino que ha prometido a los que le aman?
6 Mas vosotros habéis afrentado al pobre. ¿No os oprimen los ricos, y no son ellos los mismos que os arrastran a los juzgados?
7 ¿No blasfeman ellos el buen nombre que fué invocado sobre vosotros?
8 Si en verdad cumplís vosotros la ley real, conforme a la Escritura: Amarás a tu prójimo como a ti mismo, bien hacéis:
9 Mas si hacéis acepción de personas, cometéis pecado, y sois reconvenidos de la ley como transgresores.
10 Porque cualquiera que hubiere guardado toda la ley, y ofendiere en un punto, es hecho culpado de todos.
11 Porque el que dijo: No cometerás adulterio, también ha dicho: No matarás. Ahora bien, si no hubieres cometido adulterio, pero hubiereis matado, ya eres hecho transgresor de la ley.
12 Así hablad, y así obrad, como los que habéis de ser juzgados por la ley de libertad.
13 Porque juicio sin misericordia será hecho con aquel que no hiciere misericordia: y la misericordia se gloría contra el juicio.
14 Hermanos míos, ¿qué aprovechará si alguno dice que tiene fe, y no tiene obras? ¿Podrá la fe salvarle?

4 καὶ οὐ διεκρίθητε ἐν ἑαυτοῖς καὶ ἐγένεσθε κριταὶ
¿acaso no distinguís entre ellos y resultáis jueces
διαλογισμῶν πονηρῶν;
de pensamientos malos?

5 Ἀκούσατε, ἀδελφοί μου ἀγαπητοί· οὐχ ὁ Θεὸς ἐξελέξατο
Escuchad, hermanos de mí amados. ¿No Dios escogió
τοὺς πτωχοὺς τοῦ κόσμου πλουσίους ἐν πίστει
a los pobres del mundo ricos en fe
καὶ κληρονόμους τῆς βασιλείας ἧς ἐπηγγείλατο
y herederos del reino que prometió
τοῖς ἀγαπῶσιν αὐτόν;
a los que aman lo?

6 ὑμεῖς δὲ ἠτιμάσατε τὸν πτωχόν. οὐχ οἱ πλούσιοι
Vosotros sin embargo deshonráis al pobre. ¿No los ricos
καταδυναστεύουσιν ὑμῶν, καὶ αὐτοὶ
oprimen a vosotros, y ellos
ἕλκουσιν ὑμᾶς εἰς κριτήρια;
arrastran os a tribunales?

7 οὐκ αὐτοὶ βλασφημοῦσι τὸ καλὸν ὄνομα
¿No ellos blasfeman el buen nombre
τὸ ἐπικληθὲν ἐφ' ὑμᾶς;
el invocado sobre vosotros?

8 εἰ μέντοι νόμον τελεῖτε βασιλικὸν κατὰ τὴν γραφήν,
Si realmente ley cumplís regia según la Escritura:
ἀγαπήσεις τὸν πλησίον σου ὡς σεαυτόν, καλῶς ποιεῖτε·
amarás al prójimo de ti como a ti mismo, bien hacéis.

9 εἰ δὲ προσωπολημπτεῖτε, ἁμαρτίαν ἐργάζεσθε,
Si sin embargo sois parciales, pecado cometéis
ἐλεγχόμενοι ὑπὸ τοῦ νόμου ὡς παραβάται.
siendo convictos por la ley como transgresores.

10 ὅστις γὰρ ὅλον τὸν νόμον τηρήσῃ, πταίσῃ
cualquiera que Porque toda la ley guarda, tropezara
δὲ ἐνί, γέγονε πάντων ἔνοχος.
sin embargo en uno, ha resultado de todo culpable.

11 ὁ γὰρ εἰπών μὴ μοιχεύσῃς, εἶπε καί μὴ
el Porque diciendo no cometerás adulterio, dijo también no
φονεύσῃς· εἰ δὲ οὐ μοιχεύσεις, φονεύσεις δέ,
matarás. si pues no cometerás adulterio, matarás Pero
γέγονας παραβάτης νόμου.
has resultado transgresor de ley.

12 οὕτω λαλεῖτε καὶ οὕτω ποιεῖτε, ὡς διὰ νόμου
Así hablad y así haced, como por ley
ἐλευθερίας μέλλοντες κρίνεσθαι.
de libertad debiendo ser juzgados.

13 ἡ γὰρ κρίσις ἀνέλεος τῷ μὴ ποιήσαντι
el Porque juicio inmisericorde (será) para el que no hizo
ἔλεος· κατακαυχᾶται ἔλεος κρίσεως.
misericordia. Triunfa[18] misericordia sobre juicio.

14 Τί τὸ ὄφελος, ἀδελφοί μου, ἐὰν πίστιν λέγῃ τις
¿Cuál (es) la utilidad, hermanos de mí, si fe dice alguno
ἔχειν, ἔργα δὲ μὴ ἔχῃ; μὴ δύναται ἡ πίστις σῶσαι αὐτόν;
tener, obras sin embargo no tiene? ¿No puede la fe salvar lo?

---

18. O se gloría contra el juicio.

15 ἐὰν δὲ   ἀδελφὸς ἢ ἀδελφὴ γυμνοὶ   ὑπάρχωσι
Si sin embargo hermano o hermana desnudos se encuentran

καὶ λειπόμενοι ὦσι   τῆς ἐφημέρου τροφῆς,
y carentes   estando del cotidiano alimento,

16 εἴπῃ δέ   τις   αὐτοῖς ἐξ ὑμῶν, ὑπάγετε ἐν εἰρήνῃ,
dice sin embargo alguno a ellos de vosotros, "Id   en paz.

θερμαίνεσθε καὶ χορτάζεσθε, μὴ δῶτε δὲ   αὐτοῖς
calentaos   y   saciaos",   no dais Pero a ellos

τὰ ἐπιτήδεια τοῦ σώματος, τί   τὸ ὄφελος;
lo necesario del cuerpo, ¿cuál (es) la utilidad?

17 οὕτω καὶ   ἡ πίστις, ἐὰν μὴ ἔργα ἔχῃ   νεκρά
Así también la fe,   si no obras tiene muerta

ἐστι καθ᾽ ἑαυτήν.
está en sí misma.

18 Ἀλλ᾽   ἐρεῖ τις· σὺ πίστιν ἔχεις, κἀγὼ ἔργα ἔχω·
Sin embargo dirá alguno: tú   fe   tienes, y yo obras tengo.

δεῖξόν μοι τὴν πίστιν σου[19] ἐκ τῶν ἔργων σου,
muestra me la   fe   de ti por las obras de ti,

κἀγὼ δείξω   σοι ἐκ τῶν ἔργων μου[20] τὴν πίστιν μου.
y yo mostraré a ti por las obras de mí   la   fe   de mí.

19 σὺ πιστεύεις ὅτι ὁ Θεός εἷς ἐστι· καλῶς ποιεῖς·
Tú crees   que Dios uno hay. Bien haces.

καὶ   τὰ δαιμόνια πιστεύουσι καὶ φρίσσουσι.
También los demonios creen   y   tiemblan.

20 θέλεις δὲ   γνῶναι, ὦ ἄνθρωπε κενέ, ὅτι ἡ πίστις
¿Quieres sin embargo saber, oh hombre vacío, que la fe

χωρὶς τῶν ἔργων νεκρά ἐστιν;
sin   las obras muerta está?

21 Ἀβραὰμ ὁ πατὴρ ἡμῶν   οὐκ ἐξ ἔργων ἐδικαιώθη,
¿Abraham el padre de nosotros no por obras fue justificado,

ἀνενέγκας Ἰσαὰκ τὸν υἱὸν αὐτοῦ ἐπὶ τὸ θυσιαστήριον;
ofreciendo a Isaac el hijo de él en el altar?

22 βλέπεις ὅτι ἡ πίστις συνήργει τοῖς ἔργοις αὐτοῦ,
¿Ves   que la fe   cooperaba con las obras de él,

καὶ ἐκ τῶν ἔργων ἡ πίστις ἐτελειώθη,
y con las obras la fe   fue perfeccionada?

23 καὶ ἐπληρώθη ἡ γραφὴ ἡ λέγουσα· ἐπίστευσεν δὲ
Y se cumplió la Escritura que dice: creyó   sin embargo

Ἀβραὰμ τῷ Θεῷ, καὶ ἐλογίσθη αὐτῷ εἰς δικαιοσύνην,
Abraham a Dios, y fue contado a él para justicia,

καὶ φίλος Θεοῦ ἐκλήθη.
y amigo de Dios fue llamado.

24 ὁρᾶτε τοίνυν[21] ὅτι ἐξ ἔργων
Veis   pues   que por obras

δικαιοῦται ἄνθρωπος καὶ οὐκ ἐκ πίστεως μόνον.
es justificado hombre, y no por fe   sola (lo veis).[22]

25 ὁμοίως δὲ καὶ   Ῥαὰβ ἡ πόρνη   οὐκ ἐξ ἔργων
¿Igualmente - también Rahab la prostituta no por obras

ἐδικαιώθη, ὑποδεξαμένη τοὺς ἀγγέλους καὶ ἑτέρᾳ
fue justificada, recibiendo a los mensajeros y por otro

ὁδῷ ἐκβαλοῦσα;
camino enviando?

---

19. La NU suprime de ti.
20. La NU suprime de mí.
21. La NU omite pues.
22. Es decir, "gracias a las obras podéis ver que el hombre es justificado y no sólo lo veis por la fe". Santiago no dice que el hombre es justificado por las obras sino que las obras, y no sólo la fe, permiten ver que está justificado.

---

15 Y si el hermano o la hermana están desnudos, y tienen necesidad del mantenimiento de cada día, **16** Y alguno de vosotros les dice: Id en paz, calentaos y hartaos; pero no les diereis las cosas que son necesarias para el cuerpo: ¿qué aprovechará? **17** Así también la fe, si no tuviere obras, es muerta en sí misma. **18** Pero alguno dirá: Tú tienes fe, y yo tengo obras: muéstrame tu fe sin tus obras, y yo te mostraré mi fe por mis obras. **19** Tú crees que Dios es uno; bien haces: también los demonios creen, y tiemblan. **20** ¿Mas quieres saber, hombre vano, que la fe sin obras es muerta? **21** ¿No fué justificado por las obras Abraham nuestro padre, cuando ofreció a su hijo Isaac sobre el altar? **22** ¿No ves que la fe obró con sus obras, y que la fe fué perfecta por las obras? **23** Y fué cumplida la Escritura que dice: Abraham creyó a Dios, y le fué imputado a justicia, y fué llamado amigo de Dios. **24** Vosotros veis, pues, que el hombre es justificado por las obras, y no solamente por la fe. **25** Asimismo también Rahab la ramera, ¿no fué justificada por obras, cuando recibió los mensajeros, y los echó fuera por otro camino?

26 Porque como el cuerpo sin espíritu está muerto, así también la fe sin obras es muerta.

3 Hermanos míos, no os hagáis muchos maestros, sabiendo que recibiremos mayor condenación.
2 Porque todos ofendemos en muchas cosas. Si alguno no ofende en palabra, éste es varón perfecto, que también puede con freno gobernar todo el cuerpo.
3 He aquí nosotros ponemos frenos en las bocas de los caballos para que nos obedezcan, y gobernamos todo su cuerpo.
4 Mirad también las naves: aunque tan grandes, y llevadas de impetuosos vientos, son gobernadas con un muy pequeño timón por donde quisiere el que las gobierna.
5 Así también, la lengua es un miembro pequeño, y se gloría de grandes cosas. He aquí, un pequeño fuego ¡cuán grande bosque enciende!
6 Y la lengua es un fuego, un mundo de maldad. Así la lengua está puesta entre nuestros miembros, la cual contamina todo el cuerpo, e inflama la rueda de la creación, y es inflamada del infierno.
7 Porque toda naturaleza de bestias, y de aves, y de serpientes, y de seres de la mar, se doma y es domada de la naturaleza humana:
8 Pero ningún hombre puede domar la lengua, que es un mal que no puede ser refrenado; llena de veneno mortal.

26 ὥσπερ γὰρ τὸ σῶμα χωρὶς πνεύματος νεκρόν ἐστιν,
como Porque el cuerpo sin espíritu muerto está,

οὕτω καὶ ἡ πίστις χωρὶς τῶν ἔργων νεκρά ἐστι.
así también la fe sin las obras muerta está.

3
1 Μὴ πολλοὶ διδάσκαλοι γίνεσθε, ἀδελφοί μου,
No muchos maestros resultad, hermanos de mí,

εἰδότες ὅτι μεῖζον κρίμα λημψόμεθα·
sabiendo que mayor juicio recibiremos.

2 πολλὰ γὰρ πταίομεν ἅπαντες. εἴ τις ἐν λόγῳ οὐ
en mucho Porque tropezamos todos. Si alguno en palabra no

πταίει, οὗτος τέλειος ἀνήρ, δυνατὸς χαλιναγωγῆσαι
tropieza éste maduro varón (es), capaz de embridar

καὶ ὅλον τὸ σῶμα.
también todo el cuerpo.

3 ἰδὲ[23] τῶν ἵππων τοὺς χαλινοὺς εἰς τὰ στόματα βάλλομεν
Ved de los caballos los bocados para las bocas ponemos

πρὸς τὸ πείθεσθαι αὐτοὺς ἡμῖν,
para el obedecer ellos a nosotros.

καὶ ὅλον τὸ σῶμα αὐτῶν μετάγομεν.
Y todo el cuerpo de ellos guiamos.

4 ἰδοὺ καὶ τὰ πλοῖα, τηλικαῦτα ὄντα καὶ ὑπὸ
Mirad también las naves, tan grandes siendo también por

σκληρῶν ἀνέμων ἐλαυνόμενα, μετάγεται ὑπὸ ἐλαχίστου
impetuosos vientos llevadas, son guiadas por mínimo

πηδαλίου ὅπου ἂν ἡ ὁρμὴ τοῦ εὐθύνοντος βούληται.
timón por donde - el impulso del que gobierna quiere.

5 οὕτω καὶ ἡ γλῶσσα μικρὸν μέλος ἐστὶ καὶ
Así también la lengua pequeño miembro es y

μεγαλαυχεῖ. Ἰδοὺ ὀλίγον[24] πῦρ ἡλίκην
se jacta de grandes cosas Mirad pequeño fuego cuán gran

ὕλην ἀνάπτει·
bosque enciende.

6 καὶ ἡ γλῶσσα πῦρ, ὁ κόσμος τῆς ἀδικίας. οὕτως ἡ γλῶσσα
Y la lengua (es) fuego, el mundo de la injusticia. Así la lengua

καθίσταται ἐν τοῖς μέλεσιν ἡμῶν ἡ σπιλοῦσα
está puesta entre los miembros de nosotros contaminando

ὅλον τὸ σῶμα καὶ φλογίζουσα τὸν τροχὸν τῆς γενέσεως
todo el cuerpo e incendiando el curso[25] del origen[26]

καὶ φλογιζομένη ὑπὸ τῆς γεέννης.
también siendo incendiada por la Guehenna.

7 πᾶσα γὰρ φύσις θηρίων τε καὶ πετεινῶν ἑρπετῶν
toda Porque naturaleza de fieras tanto como de aves, de reptiles

τε καὶ ἐναλίων δαμάζεται καὶ δεδάμασται
tanto como de seres marinos se doma y ha sido domada

τῇ φύσει τῇ ἀνθρωπίνῃ,
por la especie la humana.

8 τὴν δὲ γλῶσσαν οὐδεὶς δύναται ἀνθρώπων δαμάσαι·
la Sin embargo lengua ningún puede hombre domar.

ἀκατάσχετον κακόν, μεστὴ ἰοῦ θανατηφόρου.
incontrolable mal, llena de veneno mortal.

---

23. La NU sustituye por Ahora si.
24. La NU sustituye por grande.
25. O rueda, ciclo.
26. Como en Mateo 1.1.

9 ἐν αὐτῇ εὐλογοῦμεν τὸν Θεὸν καὶ πατέρα, καὶ ἐν αὐτῇ
Con ella bendecimos al Dios y Padre, y con ella

καταρώμεθα τοὺς ἀνθρώπους τοὺς καθ᾽ ὁμοίωσιν
maldecimos a los hombres a los a semejanza

Θεοῦ γεγονότας·
de Dios habiendo sido hechos.

10 ἐκ τοῦ αὐτοῦ στόματος ἐξέρχεται εὐλογία καὶ κατάρα.
De la misma boca salen bendición y maldición.

οὐ χρή, ἀδελφοί μου, ταῦτα οὕτω γίνεσθαι.
No debería, hermanos de mí, esto así acontecer.

11 μήτι ἡ πηγὴ ἐκ τῆς αὐτῆς ὀπῆς βρύει τὸ γλυκὺ
¿Acaso la fuente de la misma abertura echa lo dulce

καὶ τὸ πικρόν;
y lo amargo?

12 μὴ δύναται, ἀδελφοί μου, συκῆ ἐλαίας ποιῆσαι
¿Acaso puede, hermanos de mí, higuera aceitunas producir

ἢ ἄμπελος σῦκα; οὕτως οὐδεμία πηγὴ ἁλυκὸν
o vid higos? Así ninguna fuente salada

καὶ γλυκὺ ποιῆσαι ὕδωρ.²⁷
y dulce producir agua (puede).

13 Τίς σοφὸς καὶ ἐπιστήμων ἐν ὑμῖν; δειξάτω ἐκ τῆς
¿Quién sabio y entendido entre vosotros (es)? Muestre por la

καλῆς ἀναστροφῆς τὰ ἔργα αὐτοῦ ἐν
buena conducta las obras de él en

πραΰτητι σοφίας.
mansedumbre de sabiduría.

14 εἰ δὲ ζῆλον πικρὸν ἔχετε καὶ ἐριθείαν ἐν τῇ καρδίᾳ
Si sin embargo envidia amarga tenéis y contienda en el corazón

ὑμῶν, μὴ κατακαυχᾶσθε καὶ ψεύδεσθε κατὰ τῆς ἀληθείας.
de vosotros, no os jactéis y presumáis contra la verdad.

15 οὐκ ἔστιν αὕτη ἡ σοφία ἄνωθεν κατερχομένη,
No es ésta la sabiduría de arriba descendida,

ἀλλ᾽ ἐπίγειος, ψυχική,²⁸ δαιμονιώδης.
sino terrenal, anímica,²⁸ demoníaca.

16 ὅπου γὰρ ζῆλος καὶ ἐριθεία, ἐκεῖ ἀκαταστασία
donde Porque envidia y contienda (hay), allí inestabilidad²⁹

καὶ πᾶν φαῦλον πρᾶγμα.
y toda perversa acción.

17 ἡ δὲ ἄνωθεν σοφία πρῶτον μὲν ἁγνή ἐστιν,
la Sin embargo de arriba sabiduría primero - pura es,

ἔπειτα εἰρηνική, ἐπιεικής, εὐπειθής, μεστὴ ἐλέους
después pacífica, amable,³⁰ benigna, llena de misericordia

καὶ καρπῶν ἀγαθῶν, ἀδιάκριτος καὶ ἀνυπόκριτος.
y de frutos buenos, imparcial³¹ y sin hipocresía.

18 καρπὸς δὲ τῆς δικαιοσύνης ἐν εἰρήνῃ σπείρεται
fruto Sin embargo de la justicia en paz se siembra

τοῖς ποιοῦσιν εἰρήνην.
para los que hacen paz.

9 Con ella bendecimos al Dios y Padre, y con ella maldecimos a los hombres, los cuales son hechos a la semejanza de Dios.
10 De una misma boca proceden bendición y maldición. Hermanos míos, no conviene que estas cosas sean así hechas.
11 ¿Echa alguna fuente por una misma abertura agua dulce y amarga?
12 Hermanos míos, ¿puede la higuera producir aceitunas, o la vid higos? Así ninguna fuente puede hacer agua salada y dulce.
13 ¿Quién es sabio y avisado entre vosotros? muestre por buena conversación sus obras en mansedumbre de sabiduría.
14 Pero si tenéis envidia amarga y contención en vuestros corazones, no os gloriés, ni seáis mentirosos contra la verdad:
15 Que esta sabiduría no es la que desciende de lo alto, sino terrena, animal, diabólica.
16 Porque donde hay envidia y contención, allí hay perturbación y toda obra perversa.
17 Mas la sabiduría que es de lo alto, primeramente es pura, después pacífica, modesta, benigna, llena de misericordia y de buenos frutos, no juzgadora, no fingida.
18 Y el fruto de justicia se siembra en paz para aquellos que hacen paz.

---

27. La NU añade ni salada (puede producir dulce).
28. Es decir, propia de la parte del hombre que no tiene contacto con Dios. Ej: 1 Corintios 15.46, en contraposición a lo verdaderamente espiritual porque tiene contacto con el Espíritu Santo.
29. O "agitación".
30. O "considerada".
31. Que no se deja llevar por los prejuicios.

4 ¿De dónde vienen las guerras y los pleitos entre vosotros? ¿No son de vuestras concupiscencias, las cuales combaten en vuestros miembros?
2 Codiciáis, y no tenéis; matáis y ardéis de envidia, y no podéis alcanzar; combatís y gerreáis, y no tenéis lo que deseáis, porque no pedís.
3 Pedís, y no recibís, porque pedís mal, para gastar en vuestros deleites.
4 Adúlteros y adúlteras, ¿no sabéis que la amistad del mundo es enemistad con Dios? Cualquiera pues que quisiere ser amigo del mundo, se constituye enemigo de Dios.
5 ¿Pensáis que la Escritura dice sin causa: El espíritu que mora en nosotros codicia para envidia?
6 Mas él da mayor gracia. Por esto dice: Dios resiste a los soberbios, y da gracia a los humildes.
7 Someteos pues a Dios; resistid al diablo, y de vosotros huirá.
8 Allegaos a Dios, y él se allegará a vosotros. Pecadores, limpiad las manos; y vosotros de doblado ánimo, purificad los corazones.
9 Afligíos, y lamentad, y llorad. Vuestra risa se convierta en lloro, y vuestro gozo en tristeza.
10 Humillaos delante del Señor, y él os ensalzará.

4 1 Πόθεν πόλεμοι καὶ πόθεν μάχαι ἐν ὑμῖν; οὐκ
¿De dónde guerras y de dónde luchas entre vosotros? ¿No de
ἐντεῦθεν, ἐκ τῶν ἡδονῶν ὑμῶν τῶν στρατευομένων
aquí de los placeres de vosotros los que combaten
ἐν τοῖς μέλεσιν ὑμῶν;
en los miembros de vosotros?

2 ἐπιθυμεῖτε, καὶ οὐκ ἔχετε· φονεύετε καὶ ζηλοῦτε,
Deseáis, y no tenéis. Matáis y envidiáis,
καὶ οὐ δύνασθε ἐπιτυχεῖν· μάχεσθε καὶ πολεμεῖτε·
y no podéis conseguir. Lucháis y guerreáis.
οὐκ ἔχετε δὲ διὰ τὸ μὴ αἰτεῖσθαι ὑμᾶς·
No tenéis sin embargo por el no pedir vosotros.

3 αἰτεῖτε καὶ οὐ λαμβάνετε, διότι κακῶς αἰτεῖσθε,
Pedís y no recibís, porque mal pedís,
ἵνα ἐν ταῖς ἡδοναῖς ὑμῶν δαπανήσητε.
para que en los placeres de vosotros gastéis.

4 Μοιχοὶ[32] καὶ μοιχαλίδες, οὐκ οἴδατε ὅτι ἡ φιλία τοῦ κόσμου
Adúlteros y adúlteras, ¿no sabéis que la amistad del mundo
ἔχθρα τοῦ Θεοῦ ἐστιν; ὃς ἂν οὖν βουληθῇ
enemistad de Dios es? El que en alguna ocasión pues desea
φίλος εἶναι τοῦ κόσμου, ἐχθρὸς τοῦ Θεοῦ καθίσταται.
amigo ser del mundo, enemigo de Dios se constituye.

5 ἢ δοκεῖτε ὅτι κενῶς ἡ γραφὴ λέγει, πρὸς φθόνον
¿O consideráis que vacíamente la Escritura dice: con celo
ἐπιποθεῖ τὸ πνεῦμα ὃ κατῴκησεν[33] ἐν ἡμῖν;
anhela el Espíritu que mora en nosotros?

6 μείζονα δὲ δίδωσι χάριν· διὸ λέγει· ὁ Θεὸς
Mayor sin embargo da gracia. Por esto dice: Dios
ὑπερηφάνοις ἀντιτάσσεται, ταπεινοῖς δὲ δίδωσι χάριν.
a soberbios se opone,[34] a humildes sin embargo da gracia.

7 Ὑποτάγητε οὖν τῷ Θεῷ. ἀντίστητε τῷ διαβόλῳ,
Someteos pues a Dios. Oponeos[35] al diablo,
καὶ φεύξεται ἀφ' ὑμῶν·
y huirá de vosotros.

8 ἐγγίσατε τῷ Θεῷ, καὶ ἐγγιεῖ ὑμῖν. καθαρίσατε χεῖρας
Acercaos a Dios, y se acercará a vosotros. Limpiad manos,
ἁμαρτωλοί καὶ ἁγνίσατε καρδίας δίψυχοι.
pecadores, Y purificad corazones, dobles de ánimo.

9 ταλαιπωρήσατε καὶ πενθήσατε καὶ κλαύσατε·
Afligíos y lamentaos y llorad.
ὁ γέλως ὑμῶν εἰς πένθος μεταστραφήτω
La risa de vosotros en lamento se convierta
καὶ ἡ χαρὰ εἰς κατήφειαν.
y la alegría en tristeza.[36]

10 ταπεινώθηκε ἐνώπιον τοῦ Κυρίου, καὶ ὑψώσει ὑμᾶς.
Humillaos delante del Señor, y ensalzará os.

---

32. La NU omite Adúlteros y.
33. La NU sustituye por hizo morar.
34. O "resiste".
35. O "resistid".
36. O "en mirada baja" por el pesar.

11 Μὴ καταλαλεῖτε ἀλλήλων, ἀδελφοί.
No habléis en contra unos de otros, hermanos,

ὁ καταλαλῶν ἀδελφοῦ καὶ κρίνων τὸν ἀδελφὸν αὐτοῦ
el que habla contra hermano y juzga al hermano de él

καταλαλεῖ νόμου, καὶ κρίνει νόμον· εἰ δὲ νόμον κρίνεις,
habla contra ley, y juzga ley. Si pues ley juzgas,

οὐκ εἶ ποιητὴς νόμου, ἀλλὰ κριτής.
no eres hacedor de ley, sino juez.

12 εἷς ἐστιν ὁ νομοθέτης ὁ δυνάμενος σῶσαι
Uno es el dador de la ley el que puede salvar

καὶ ἀπολέσαι· σὺ τίς εἶ ὃς κρίνεις τὸν ἕτερον;[37]
y perder. ¿Tú quien eres que juzgas al otro?

13 Ἄγε νῦν οἱ λέγοντες· σήμερον ἢ αὔριον πορευσόμεθα
Venid ahora los que decís: hoy o mañana viajaremos

εἰς τήνδε τὴν πόλιν καὶ ποιήσομεν ἐκεῖ ἐνιαυτὸν ἕνα
a esta la ciudad y haremos allí año uno[38]

καὶ ἐμπορευσόμεθα, καὶ κερδήσομεν·
y comerciaremos, y ganaremos.

14 οἵτινες οὐκ ἐπίστασθε τὸ τῆς αὔριον·
que no sabéis lo de la (vida) de mañana.

ποία γὰρ ἡ ζωὴ ὑμῶν; ἀτμὶς γάρ ἐστιν
¿cuál Porque la vida de vosotros? vapor Porque es

ἡ πρὸς ὀλίγον φαινομένη, ἔπειτα καὶ ἀφανιζομένη·
la por poco apareciendo,[39] después también desvaneciéndose.

15 ἀντὶ τοῦ λέγειν ὑμᾶς, ἐὰν ὁ Κύριος θελήσῃ,
En vez de decir vosotros, si el Señor quiere,

καὶ ζήσομεν καὶ ποιήσομεν τοῦτο ἢ ἐκεῖνο.
también viviremos y haremos esto o aquello.

16 νῦν δὲ καυχᾶσθε ἐν ταῖς ἀλαζονείαις ὑμῶν·
Ahora sin embargo os jactáis en las pretensiones de vosotros.

πᾶσα καύχησις τοιαύτη πονηρά ἐστιν.
Toda jactancia semejante mala es.

17 εἰδότι οὖν καλὸν ποιεῖν καὶ μὴ ποιοῦντι, ἁμαρτία αὐτῷ ἐστιν.
El que sabe pues bueno hacer y no lo hace, pecado para él es.[40]

5 1 Ἄγε νῦν οἱ πλούσιοι, κλαύσατε ὀλολύζοντες
Venid ahora los ricos, llorad aullando

ἐπὶ ταῖς ταλαιπωρίαις ὑμῶν ταῖς ἐπερχομέναις.
por las miserias de vosotros las que sobrevienen.

2 ὁ πλοῦτος ὑμῶν σέσηπεν καὶ τὰ ἱμάτια ὑμῶν
La riqueza de vosotros se ha podrido y las ropas de vosotros

σητόβρωτα γέγονεν,
apolilladas han resultado.

3 ὁ χρυσὸς ὑμῶν καὶ ὁ ἄργυρος κατίωται, καὶ ὁ
El oro de vosotros y la plata se han enmohecido, y el

ἰὸς αὐτῶν εἰς μαρτύριον ὑμῖν ἔσται καὶ
moho de ellos por testimonio para vosotros será y

φάγεται τὰς σάρκας ὑμῶν ὡς πῦρ. ἐθησαυρίσατε
comerá las carnes de vosotros como fuego. Atesorasteis

ἐν ἐσχάταις ἡμέραις.
en últimos días.

11 Hermanos, no murmuréis los unos de los otros. El que murmura del hermano, y juzga a su hermano, este tal murmura de la ley, y juzga a la ley; pero si tú juzgas a la ley, no eres guardador de la ley, sino juez.
12 Uno es el dador de la ley, que puede salvar y perder: ¿quién eres tú que juzgas a otro?
13 Ea ahora, los que decís: Hoy y mañana iremos a tal ciudad, y estaremos allá un año, y compraremos mercadería, y ganaremos:
14 Y no sabéis lo que será mañana. Porque ¿qué es vuestra vida? Ciertamente es un vapor que se aparece por un poco de tiempo, y luego se desvanece.
15 En lugar de lo cual deberíais decir: Si el Señor quisiere, y si viviéremos, haremos esto o aquello.
16 Mas ahora os jactáis en vuestras soberbias. Toda jactancia semejante es mala.
17 El pecado, pues, está en aquel que sabe hacer lo bueno, y no lo hace.

5 Ea ya ahora, oh ricos, llorad aullando por vuestras miserias que os vendrán.
2 Vuestras riquezas están podridas: vuestras ropas están comidas de polilla.
3 Vuestro oro y plata están corrompidos de orín; y su orín os será en testimonio, y comerá del todo vuestras carnes como fuego. Os habéis allegado tesoro para en los postreros días.

---

37. En algunos mss "otro".
38. Es decir, "pasaremos allí un año".
39. Es decir, "es como una neblina que aparece por poco tiempo".
40. O "tiene pecado".

4 He aquí, el jornal de los obreros que han segado vuestras tierras, el cual por engaño no les ha sido pagado de vosotros, clama; y los clamores de los que habían segado, han entrado en los oídos del Señor de los ejércitos.
5 Habéis vivido en deleites sobre la tierra, y sido disolutos; habéis cebado vuestros corazones como en el día de sacrificios.
6 Habéis condenado y muerto al justo; y él no os resiste.
7 Pues, hermanos, tened paciencia hasta la venida del Señor. Mirad cómo el labrador espera el precioso fruto de la tierra, aguardando con paciencia, hasta que reciba la lluvia temprana y tardía.
8 Tened también vosotros paciencia; confirmad vuestros corazones: porque la venida del Señor se acerca.
9 Hermanos, no os quejéis unos contra otros, porque no seáis condenados; he aquí, el juez está delante de la puerta.
10 Hermanos míos, tomad por ejemplo de aflicción y de paciencia, a los profetas que hablaron en nombre del Señor.
11 He aquí, tenemos por bienaventurados a los que sufren. Habéis oído la paciencia de Job, y habéis visto el fin del Señor, que el Señor es muy misericordioso y piadoso.
12 Mas sobre todo, hermanos míos, no juréis, ni por el cielo, ni por la tierra, ni por otro cualquier juramento; sino vuestro sí sea sí, y vuestro no sea no; porque no caigáis en condenación.

4 ἰδοὺ ὁ μισθὸς τῶν ἐργατῶν τῶν ἀμησάντων τὰς χώρας
Mira la paga de los obreros los que cosecharon los campos de

ὑμῶν ὁ ἀπεστερημένος ἀφ' ὑμῶν κράζει, καὶ αἱ βοαὶ
vosotros la retenida por vosotros grita, y los gritos

τῶν θερισάντων εἰς τὰ ὦτα Κυρίου Σαβαὼθ εἰσεληλύθασιν.
de los que cosechan en los oídos de Señor Sabaot[41] han entrado.

5 ἐτρυφήσατε ἐπὶ τῆς γῆς καὶ
Habéis vivido lujosamente sobre la tierra y

ἐσπαταλήσατε, ἐθρέψατε τὰς καρδίας
habéis vivido en molicie, habéis alimentado los corazones

ὑμῶν ὡς[42] ἐν ἡμέρᾳ σφαγῆς.
de vosotros como en día de matanza.

6 κατεδικάσατε, ἐφονεύσατε τὸν δίκαιον· οὐκ ἀντιτάσσεται ὑμῖν.
Condenasteis, matasteis al justo. No se opone a vosotros.

7 Μακροθυμήσατε οὖν, ἀδελφοί, ἕως τῆς παρουσίας τοῦ Κυρίου.
Tened paciencia pues, hermanos, hasta la venida del Señor

ἰδοὺ ὁ γεωργὸς ἐκδέχεται τὸν τίμιον καρπὸν τῆς γῆς,
mira el agricultor espera el precioso fruto de la tierra,

μακροθυμῶν ἐπ' αὐτῷ ἕως λάβῃ ὑετὸν πρώϊμον
esperando pacientemente por él hasta que reciba lluvia primera

καὶ ὄψιμον·
y tardía.

8 μακροθυμήσατε καὶ ὑμεῖς, στηρίξατε τὰς καρδίας
Tened paciencia también vosotros, afirmad los corazones

ὑμῶν, ὅτι ἡ παρουσία τοῦ Κυρίου ἤγγικε.
de vosotros, porque la venida del Señor se ha acercado.

9 μὴ στενάζετε κατ' ἀλλήλων, ἀδελφοί, ἵνα μὴ
No murmuréis unos contra otros, hermanos, para que no

κατακριθῆτε· ἰδοὺ ὁ κριτὴς πρὸ τῶν θυρῶν ἕστηκεν.
seáis condenados. Mira el juez ante las puertas se ha colocado.

10 ὑπόδειγμα λάβετε, ἀδελφοί μου, τῆς κακοπαθείας
Como ejemplo tomad, hermanos míos, del padecimiento

καὶ τῆς μακροθυμίας τοὺς προφήτας,
y la longanimidad[43] a los profetas,

οἳ ἐλάλησαν τῷ ὀνόματι Κυρίου.
los cuales hablaron en el nombre de Señor.

11 ἰδοὺ μακαρίζομεν τοὺς ὑπομένοντας· τὴν ὑπομονὴν
Mirad tengamos por dichosos a los que aguantaron. Del aguante

Ἰὼβ ἠκούσατε, καὶ τὸ τέλος Κυρίου εἴδετε, ὅτι
de Job oísteis, y el final de Señor conocéis, porque

πολύσπλαγχνός ἐστιν ὁ Κύριος καὶ οἰκτίρμων.
multientrañable[44] es el Señor y misericordioso.

12 Πρὸ πάντων δέ, ἀδελφοί μου, μὴ ὀμνύετε μήτε τὸν
Sobre todo sin embargo, hermanos de mí, no juréis ni por

οὐρανὸν μήτε τὴν γῆν μήτε ἄλλον τινὰ ὅρκον·
el cielo ni por la tierra ni por otro algún juramento.

ἤτω δὲ ὑμῶν τὸ ναὶ ναί, καὶ τὸ οὒ οὔ,
Sea sin embargo de vosotros el sí sí, y el no no,

ἵνα μὴ ὑπὸ κρίσιν[45] πέσητε.
para que no bajo juicio caigáis.

---

41. El término hebreo que se traduce "de los ejércitos" o "de las huestes".
42. La NU omite como.
43. Es decir, de un aguante que se sigue prolongando aunque pase el tiempo.
44. El adjetivo tiene una enorme fuerza ya que indica no sólo que Dios ama con amor entrañable sino también que ese amor se manifiesta de multitud de maneras.
45. La NU tiene en hipocresía.

13 Κακοπαθεῖ τις ἐν ὑμῖν; προσευχέσθω· εὐθυμεῖ
¿Sufre   alguno entre vosotros? Ore.   ¿Está contento
τις;   ψαλλέτω·
alguno?   Cante.

14 ἀσθενεῖ   τις   ἐν   ὑμῖν;   προσκαλεσάσθω τοὺς
¿Enfermo (está) alguno entre vosotros? Convoque   a los
πρεσβυτέρους τῆς   ἐκκλησίας, καὶ προσευξάσθωσαν
ancianos   de la iglesia,   y   oren
ἐπ' αὐτὸν ἀλείψαντες αὐτὸν ἐλαίῳ   ἐν τῷ
sobre él ungiendo lo   con aceite en el
ὀνόματι τοῦ Κυρίου.
nombre del Señor.

15 καὶ ἡ εὐχὴ   τῆς πίστεως σώσει τὸν κάμνοντα,
Y   la oración de la fe   salvará al que está enfermo,
καὶ ἐγερεῖ   αὐτὸν ὁ Κύριος· κἂν   ἁμαρτίας
y   levantará lo   el Señor y si también pecados
ᾖ πεποιηκώς, ἀφεθήσεται   αὐτῷ.
los ha cometido, serán perdonados a él.

16 ἐξομολογεῖσθε⁴⁶ ἀλλήλοις   τὰ παραπτώματα,⁴⁷ καὶ εὔχεσθε
Confesaos   los unos a los otros las transgresiones, y orad
ὑπὲρ ἀλλήλων, ὅπως ἰαθῆτε·   πολὺ ἰσχύει
unos por otros, así habréis sido sanados. Mucho puede
δέησις δικαίου ἐνεργουμένη.
oración de justo habiendo sido activada.⁴⁸

17 Ἠλίας ἄνθρωπος ἦν ὁμοιοπαθὴς   ἡμῖν,
Elías hombre   era padeciendo igual que nosotros,
καὶ προσευχῇ προσηύξατο τοῦ μὴ βρέξαι, καὶ οὐκ
y   con oración oró   para no llover, y   no
ἔβρεξεν ἐπὶ τῆς γῆς ἐνιαυτοὺς τρεῖς καὶ μῆνας ἕξ·
llovió sobre la tierra por años tres y   meses seis.

18 καὶ πάλιν προσηύξατο, καὶ ὁ οὐρανὸς ὑετὸν ἔδωκε
y   de nuevo oró,   y   el cielo   lluvia dio
καὶ ἡ γῆ   ἐβλάστησε τὸν καρπὸν αὐτῆς.
y   la tierra produjo el fruto de ella.

19 Ἀδελφοί, ἐάν τις   ἐν   ὑμῖν   πλανηθῇ   ἀπὸ τῆς ἀληθείας
Hermanos, si alguno entre vosotros se extravía⁴⁹ de la verdad
καὶ ἐπιστρέψῃ   τις αὐτόν,
y   lo hace volver alguno a él,

20 γινωσκέτω ὅτι ὁ   ἐπιστρέψας ἁμαρτωλὸν ἐκ πλάνης
sepa   que el que hace volver a pecador de extravío
ὁδοῦ   αὐτοῦ σώσει ψυχὴν⁵⁰ ἐκ θανάτου
de camino de él salvará alma   de muerte
καὶ καλύψει πλῆθος ἁμαρτιῶν.
y   cubrirá multitud de pecados.

13¿Está alguno entre vosotros afligido? haga oración. ¿Está alguno alegre? cante salmos.
14¿Está alguno enfermo entre vosotros? llame a los ancianos de la iglesia, y oren por él, ungiéndole con aceite en el nombre del Señor. **15**Y la oración de fe salvará al enfermo, y el Señor lo levantará; y si estuviere en pecados, le serán perdonados. **16**Confesaos vuestras faltas unos a otros, y rogad los unos por los otros, para que seáis sanos; la oración del justo, obrando eficazmente, puede mucho.
17Elías era hombre sujeto a semejantes pasiones que nosotros, y rogó con oración que no lloviese, y no llovió sobre la tierra en tres años y seis meses. **18**Y otra vez oró, y el cielo dió lluvia, y la tierra produjo su fruto.
19Hermanos, si alguno de entre vosotros ha errado de la verdad, y alguno le convirtiere, **20**Sepa que el que hubiere hecho convertir al pecador del error de su camino, salvará un alma de muerte, y cubrirá multitud de pecados.

---

46. La NU añade pues.
47. La NU sustituye por los pecados.
48. Es decir, una vez que se activa la oración del justo tiene mucho poder.
49. La palabra incluye también el sentido de ir errante.
50. La NU añade de él.

LA PRIMERA EPÍSTOLA UNIVERSAL DE
SAN PEDRO APÓSTOL

1

1 Pedro, apóstol de Jesucristo, a los extranjeros esparcidos en Ponto, en Galacia, en Capadocia, en Asia, y en Bithinia,
2 Elegidos según la presciencia de Dios Padre en santificación del Espíritu, para obedecer y ser rociados con la sangre de Jesucristo: Gracia y paz os sea multiplicada.
3 Bendito el Dios y Padre de nuestro Señor Jesucristo, que según su grande misericordia nos ha regenerado en esperanza viva, por la resurrección de Jesucristo de los muertos,
4 Para una herencia incorruptible, y que no puede contaminarse, ni marchitarse, reservada en los cielos
5 Para nosotros que somos guardados en la virtud de Dios por fe, para alcanzar la salud que está aparejada para ser manifestada en el postrimero tiempo.
6 En lo cual vosotros os alegráis, estando al presente un poco de tiempo afligidos en diversas tentaciones, si es necesario,
7 Para que la prueba de vuestra fe, mucho más preciosa que el oro, el cual perece, bien que sea probado con fuego, sea hallada en alabanza, gloria y honra, cuando Jesucristo fuere manifestado:

1

1 Πέτρος, ἀπόστολος Ἰησοῦ Χριστοῦ, ἐκλεκτοῖς
Pedro, apóstol de Jesús Cristo, a elegidos
παρεπιδήμοις διασπορᾶς Πόντου, Γαλατίας,
residentes en país extranjero de dispersión de Ponto, de Galacia,
Καππαδοκίας, Ἀσίας καὶ Βιθυνίας,
de Capadocia, de Asia y de Bitinia,

2 κατὰ πρόγνωσιν Θεοῦ πατρός, ἐν ἁγιασμῷ Πνεύματος,
según presciencia de Dios Padre, en santificación de Espíritu,
εἰς ὑπακοὴν καὶ ῥαντισμὸν αἵματος Ἰησοῦ Χριστοῦ·
para obediencia y aspersión de sangre de Jesús Cristo.
χάρις ὑμῖν καὶ εἰρήνη πληθυνθείη.
Gracia a vosotros y paz sean multiplicadas.

3 Εὐλογητὸς ὁ Θεὸς καὶ πατὴρ τοῦ Κυρίου ἡμῶν Ἰησοῦ Χριστοῦ,
Bendito el Dios y Padre del Señor de nosotros Jesús Cristo,
ὁ κατὰ τὸ πολὺ αὐτοῦ ἔλεος ἀναγεννήσας
el cual según la gran de Él misericordia habiendo reengendrado[1]
ἡμᾶς εἰς ἐλπίδα ζῶσαν δι᾽ ἀναστάσεως Ἰησοῦ
nos para esperanza viva por resurrección de Jesús
Χριστοῦ ἐκ νεκρῶν,
Cristo de muertos.

4 εἰς κληρονομίαν ἄφθαρτον καὶ ἀμίαντον καὶ
para herencia incorruptible e incontaminada e
ἀμάραντον, τετηρημένην ἐν οὐρανοῖς
imposible de marchitarse que ha sido reservada en cielos
εἰς ὑμᾶς
para nosotros.

5 τοὺς ἐν δυνάμει Θεοῦ φρουρουμένους διὰ πίστεως
los por poder de Dios siendo guardados mediante fe
εἰς σωτηρίαν ἑτοίμην ἀποκαλυφθῆναι ἐν καιρῷ ἐσχάτῳ·
para salvación lista para ser revelada en tiempo último.

6 ἐν ᾧ ἀγαλλιᾶσθε, ὀλίγον ἄρτ, εἰ δέον ἐστί,
en la cual os alegráis, poco ahora, si necesario es,
λυπηθέντες ἐν ποικίλοις πειρασμοῖς,
habiendo sido entristecidos en varias pruebas,

7 ἵνα τὸ δοκίμιον ὑμῶν τῆς πίστεως
para que la genuinidad de vosotros de la fe,
πολὺ τιμότερον χρυσίου τοῦ ἀπολλυμένου διὰ πυρὸς
mucho más preciosa que oro el que perece, a través de fuego
δὲ δοκιμαζομένου εὑρεθῇ εἰς ἔπαινον καὶ
sin embargo siendo probada sea hallada para alabanza y
τιμὴν καὶ δόξαν ἐν ἀποκαλύψει Ἰησοῦ Χριστοῦ,
honra y gloria en manifestación de Jesús Cristo,

---

1. Es decir, que nos hizo nacer de nuevo.

8 ὃν οὐκ ἰδόντες ἀγαπᾶτε, εἰς ὃν ἄρτι μὴ ὁρῶντες,
al que no habiendo visto amáis, al que ahora no contemplando,
πιστεύοντες δὲ ἀγαλλιᾶσθε χαρᾷ
creyendo sin embargo os alegráis con alegría
ἀνεκλαλήτῳ καὶ δεδοξασμένῃ,
que no se puede expresar con palabras y que ha sido glorificada,

9 κομιζόμενοι τὸ τέλος τῆς πίστεως ὑμῶν, σωτηρίαν ψυχῶν.
obteniendo el final de la fe de vosotros, salvación de almas.

10 Περὶ ἧς σωτηρίας ἐξεζήτησαν καὶ ἐξηραύνησαν προφῆται
Acerca de la cual salvación buscaron e indagaron profetas
οἱ περὶ τῆς εἰς ὑμᾶς χάριτος προφητεύσαντες,
los cuales acerca de la para vosotros gracia habiendo profetizado,

11 ἐραυνῶντες εἰς τίνα ἢ ποῖον καιρὸν ἐδήλου τὸ ἐν αὐτοῖς
indagando por quién o qué tiempo² revelaba el en ellos
Πνεῦμα Χριστοῦ προμαρτυρόμενον τὰ εἰς
Espíritu de Cristo dando testimonio con antelación de los para
Χριστὸν παθήματα καὶ τὰς μετὰ ταῦτα δόξας·
Cristo padecimientos y las después de éstos glorias.

12 οἷς ἀπεκαλύφθη ὅτι οὐχ ἑαυτοῖς, ὑμῖν
a los cuales fue revelado que no para sí mismos, para vosotros
δὲ διηκόνουν αὐτά, ἃ νῦν ἀνηγγέλη
Sino servían estas cosas, las cuales ahora fueron anunciadas
ὑμῖν διὰ τῶν εὐαγγελισαμένων ὑμᾶς
a vosotros a través de los que evangelizaron a vosotros
ἐν³ Πνεύματι Ἁγίῳ ἀποσταλέντι ἀπ' οὐρανοῦ,
en³ Espíritu Santo enviado desde cielo,
εἰς ἃ ἐπιθυμοῦσιν ἄγγελοι παρακύψαι.
en las cuales cosas ansían ángeles haberse asomado a mirar.⁴

13 Διὸ ἀναζωσάμενοι τὰς ὀσφύας τῆς διανοίας ὑμῶν,
Por tanto habiendo ceñido los lomos de la mente de vosotros,
νήφοντες, τελείως ἐλπίσατε ἐπὶ τὴν
siendo sobrios, completamente esperad en la
φερομένην ὑμῖν χάριν ἐν ἀποκαλύψει
que está siendo llevada a vosotros gracia en revelación
Ἰησοῦ Χριστοῦ.
de Jesús Cristo.

14 ὡς τέκνα ὑπακοῆς μὴ συσχηματιζόμενοι ταῖς πρότερον
como hijos de obediencia no siendo conformados a las antes
ἐν τῇ ἀγνοίᾳ ὑμῶν ἐπιθυμίαις,
en la ignorancia de vosotros ansias,

15 ἀλλὰ κατὰ τὸν καλέσαντα ὑμᾶς ἅγιον καὶ
sino según el que llamó a vosotros santo también
αὐτοὶ ἅγιοι ἐν πάσῃ ἀναστροφῇ γενήθητε·
vosotros mismos santos en todo comportamiento⁵ resultad.

16 διότι γέγραπται· ἅγιοι γένεσθε, ὅτι ἐγὼ ἅγιός εἰμι.
Porque ha sido escrito: santos resultad, porque yo santo soy.

8Al cual, no habiendo visto, le amáis; en el cual creyendo, aunque al presente no lo veáis, os alegráis con gozo inefable y glorificado; 9Obteniendo el fin de vuestra fe, que es la salud de vuestras almas. 10De la cual salud los profetas que profetizaron de la gracia que había de venir a vosotros, han inquirido y diligentemente buscado, 11Escudriñando cuándo y en qué punto de tiempo significaba el Espíritu de Cristo que estaba en ellos, el cual prenunciaba las aflicciones que habían de venir a Cristo, y las glorias después de ellas. 12A los cuales fué revelado, que no para sí mismos, sino para nosotros administraban las cosas que ahora os son anunciadas de los que os han predicado el evangelio por el Espíritu Santo enviado del cielo; en las cuales desean mirar los ángeles. 13Por lo cual, teniendo los lomos de vuestro entendimiento ceñidos, con templanza, esperad perfectamente en la gracia que os es presentada cuando Jesucristo os es manifestado: 14Como hijos obedientes, no conformándoos con los deseos que antes teníais estando en vuestra ignorancia; 15Sino como aquel que os ha llamado es santo, sed también vosotros santos en toda conversación: 16Porque escrito está: Sed santos, porque yo soy santo.

---

2. O "por qué tiempo o qué clase de tiempo".
3. O "con".
4. Como en Lucas 24.12.
5. O "forma de vida", "conducta".

17 Y si invocáis por Padre a aquel que sin acepción de personas juzga según la obra de cada uno, conversad en temor todo el tiempo de vuestra peregrinación:
18 Sabiendo que habéis sido rescatados de vuestra vana conversación, la cual recibisteis de vuestros padres, no con cosas corruptibles, como oro o plata;
19 Sino con la sangre preciosa de Cristo, como de un cordero sin mancha y sin contaminación:
20 Ya ordenado de antes de la fundación del mundo, pero manifestado en los postrimeros tiempos por amor de vosotros,
21 Que por él creéis a Dios, el cual le resucitó de los muertos, y le ha dado gloria, para que vuestra fe y esperanza sea en Dios.
22 Habiendo purificado vuestras almas en la obediencia de la verdad, por el Espíritu, en caridad hermanable sin fingimiento, amaos unos a otros entrañablemente de corazón puro:
23 Siendo renacidos, no de simiente corruptible, sino de incorruptible, por la palabra de Dios, que vive y permanece para siempre.
24 Porque
    Toda carne es como la hierba,
    Y toda la gloria del hombre como la flor de la hierba:
    Secóse la hierba, y la flor se cayó;
25 Mas la palabra del Señor permanece perpetuamente.
    Y esta es la palabra que por el evangelio os ha sido anunciada.

17 Καὶ εἰ πατέρα ἐπικαλεῖσθε τὸν ἀπροσωπολήμπτως
Y si a Padre invocáis al que imparcialmente
κρίνοντα κατὰ τὸ ἑκάστου ἔργον, ἐν φόβῳ τὸν τῆς
juzga según la de cada uno obra, con temor el de la
παροικίας ὑμῶν χρόνον ἀναστράφητε,
peregrinación de vosotros tiempo conducíos,

18 εἰδότες ὅτι οὐ φθαρτοῖς, ἀργυρίῳ ἢ χρυσίῳ,
sabiendo que no con cosas corruptibles, con oro o con plata,
ἐλυτρώθητε ἐκ τῆς ματαίας ὑμῶν ἀναστροφῆς
fuisteis redimidos de la vanidad de vosotros de conducta[6]
πατροπαραδότου,
recibida de vuestros padres,

19 ἀλλὰ τιμίῳ αἵματι ὡς ἀμνοῦ ἀμώμου
sino con preciosa sangre como de cordero inmaculado
καὶ ἀσπίλου Χριστοῦ,
e intachable de Cristo,

20 προεγνωσμένου μὲν πρὸ καταβολῆς
habiendo sido anticipadamente conocido antes de fundación
κόσμου, φανερωθέντος δὲ ἐπ' ἐσχάτου
de mundo siendo manifestado sin embargo en último
τῶν χρόνων δι' ὑμᾶς
de los tiempos a través de nosotros

21 τοὺς δι' αὐτοῦ πιστεύοντας εἰς Θεὸν τὸν ἐγείραντα
a los que a través de él creyeron en Dios el que resucitó
αὐτὸν ἐκ νεκρῶν καὶ δόξαν αὐτῷ δόντα, ὥστε τὴν
a él de muertos y gloria a él dando, de manera que la
πίστιν ὑμῶν καὶ ἐλπίδα εἶναι εἰς Θεόν.
fe de vosotros y esperanza estén[7] en Dios.

22 Τὰς ψυχὰς ὑμῶν ἡγνικότες ἐν τῇ ὑπακοῇ τῆς
Las almas de vosotros habiendo purificado en la obediencia de
ἀληθείας διὰ Πνεύματος[8] εἰς φιλαδελφίαν ἀνυπόκριτον,
verdad a través de Espíritu para amor fraternal sin hipocresía,
ἐκ καθαρᾶς καρδίας ἀλλήλους ἀγαπήσατε ἐκτενῶς,
de corazón limpio unos a otros amaos intensamente.

23 ἀναγεγεννημένοι οὐκ ἐκ σπορᾶς φθαρτῆς,
habiendo sido nacidos de nuevo no de semilla corruptible[9]
ἀλλὰ ἀφθάρτου, διὰ λόγου ζῶντος Θεοῦ
sino incorruptible, mediante palabra viviente de Dios
καὶ μένοντος εἰς τὸν αἰῶνα.[10]
y que permanece por la era.

24 διότι πᾶσα σὰρξ ὡς χόρτος, καὶ πᾶσα δόξα ἀνθρώπου[11]
Porque toda carne como hierba, y toda gloria de hombre
ὡς ἄνθος χόρτου. ἐξηράνθη ὁ χόρτος,
como flor de hierba. Se secó la hierba
καὶ τὸ ἄνθος αὐτοῦ ἐξέπεσε·
y la flor de ella cayó,

25 τὸ δὲ ῥῆμα Κυρίου μένει εἰς τὸν αἰῶνα.
la Sin embargo palabra de Señor permanece para la era.
τοῦτο δέ ἐστι τὸ ῥῆμα τὸ εὐαγγελισθὲν εἰς ὑμᾶς.
Esta sin embargo es la palabra la evangelizada a nosotros.

---

6. O forma de vida, comportamiento.
7. Lit: estar, al ser oración de infinitivo.
8. La NU omite a través del Espíritu.
9. O "perecedera".
10. La NU omite por la era.
11. La NU sustituye por de ella.

2

1 Ἀποθέμενοι οὖν πᾶσαν κακίαν καὶ πάντα δόλον
Desechando pues toda malicia y todo engaño
καὶ ὑποκρίσεις καὶ φθόνους καὶ πάσας καταλαλιάς,
e hipocresías y envidias y todas maledicencias,

2 ὡς ἀρτιγέννητα βρέφη τὸ λογικὸν ἄδολον γάλα
como recién nacidos niños la auténtica sin adulteración[12] leche
ἐπιποθήσατε, ἵνα ἐν αὐτῷ αὐξηθῆτε,[13]
desead, para que con ella crezcáis,

3 εἴπερ ἐγεύσασθε ὅτι χρηστὸς ὁ Κύριος.
si ciertamente gustasteis que dulce[14] el Señor (es).

4 πρὸς ὃν προσερχόμενοι, λίθον ζῶντα, ὑπὸ ἀνθρώπων
hacia el cual habiéndoos aproximado, piedra viva, por hombres
μὲν ἀποδεδοκιμασμένον, παρὰ δὲ Θεῷ
- habiendo sido rechazado, ante Sin embargo Dios
ἐκλεκτὸν, ἔντιμον,
elegido, precioso,

5 καὶ αὐτοὶ ὡς λίθοι ζῶντες
también vosotros mismos como piedras vivientes
οἰκοδομεῖσθε οἶκος πνευματικὸς, ἱεράτευμα ἅγιον,
estáis siendo edificados edificio espiritual, sacerdocio santo,
ἀνενέγκαι πνευματικὰς θυσίας εὐπροσδέκτους τῷ
para ofrecer espirituales sacrificios aceptables a
Θεῷ διὰ Ἰησοῦ Χριστοῦ·
Dios por medio de Jesús Cristo.

6 διότι περιέχει ἐν γραφῇ· ἰδοὺ τίθημι ἐν Σιὼν
Porque está contenido en Escritura: mira coloco en Sión
λίθον ἀκρογωνιαῖον, ἐκλεκτὸν, ἔντιμον,
piedra angular, elegida, preciosa,
καὶ ὁ πιστεύων ἐπ᾽ αὐτῷ οὐ μὴ καταισχυνθῇ.
y el que cree en ella no en absoluto será avergonzado.

7 ὑμῖν οὖν ἡ τιμὴ τοῖς πιστεύουσιν,
Para vosotros pues la honra para los que creéis,
ἀπειθοῦσιν[15] δὲ λίθον
para los que desobedecen sin embargo piedra
ὃν ἀπεδοκίμασαν οἱ οἰκοδομοῦντες,
que rechazaron los que edifican.
οὗτος ἐγενήθη εἰς κεφαλὴν γωνίας
Éste fue hecho - cabeza de ángulo.

8 καὶ λίθος προσκόμματος καὶ πέτρα σκανδάλου·
Y piedra de tropiezo y roca de caída[16]
οἳ προσκόπτουσι τῷ λόγῳ ἀπειθοῦντες,
los que tropiezan en la palabra desobedeciendo,
εἰς ὃ καὶ ἐτέθησαν·
para lo cual también fueron destinados.

2 Dejando pues toda malicia, y todo engaño, y fingimientos, y envidias, y todas las detracciones, 2 Desead, como niños recién nacidos, la leche espiritual, sin engaño, para que por ella crezcáis en salud; 3 Si empero habéis gustado que el Señor es benigno; 4 Al cual allegándoos, piedra viva, reprobada cierto de los hombres, empero elegida de Dios, preciosa, 5 Vosotros también, como piedras vivas, sed edificados una casa espiritual, y un sacerdocio santo, para ofrecer sacrificios espirituales, agradables a Dios por Jesucristo. 6 Por lo cual también contiene la Escritura:
He aquí, pongo en Sión la principal piedra del ángulo, escogida, preciosa;
Y el que creyere en ella, no será confundido.
7 Ella es pues honor a vosotros que creéis: mas para los desobedientes,
La piedra que los edificadores reprobaron,
Esta fué hecha la cabeza del ángulo;
8 Y
Piedra de tropiezo, y roca de escándalo
a aquellos que tropiezan en la palabra, siendo desobedientes; para lo cual fueron también ordenados.

---

12. Lit: sin engaño.
13. La NU añade "para salvación".
14. O "suave".
15. La NU sustituye por los que no creen.
16. En el sentido de tropiezo o trampa que provoca la caída.

9 Mas vosotros sois linaje escogido, real sacerdocio, gente santa, pueblo adquirido, para que anunciéis las virtudes de aquel que os ha llamado de las tinieblas a su luz admirable.
10 Vosotros, que en el tiempo pasado no erais pueblo, mas ahora sois pueblo de Dios; que en el tiempo pasado no habíais alcanzado misericordia.
11 Amados, yo os ruego como a extranjeros y peregrinos, os abstengáis de los deseos carnales que batallan contra el alma,
12 Teniendo vuestra conversación honesta entre los Gentiles; para que, en lo que ellos murmuran de vosotros como de malhechores, glorifiquen a Dios en el día de la visitación, estimándoos por las buenas obras.
13 Sed pues sujetos a toda ordenación humana por respeto a Dios: ya sea al rey, como a superior,
14 Ya a los gobernadores, como de él enviados para venganza de los malhechores, y para loor de los que hacen bien.
15 Porque esta es la voluntad de Dios; que haciendo bien, hagáis callara la ignorancia de los hombres vanos:
16 Como libres, y no como teniendo la libertad por cobertura de malicia, sino como siervos de Dios.
17 Honrad a todos. Amad la fraternidad. Temed a Dios. Honrad al rey.

9 ὑμεῖς δὲ γένος ἐκλεκτόν, βασίλειον ἱεράτευμα,
Vosotros sin embargo raza escogida, regio sacerdocio,

ἔθνος ἅγιον, λαὸς εἰς περιποίησιν, ὅπως τὰς
nación santa, pueblo para posesión, de manera que

ἀρετὰς ἐξαγγείλητε τοῦ ἐκ σκότους ὑμᾶς
virtudes anunciéis del que de oscuridad a vosotros

καλέσαντος εἰς τὸ θαυμαστὸν αὐτοῦ φῶς·
llamó a la admirable de él luz.

10 οἵ ποτε οὐ λαός, νῦν δὲ
los que en otro tiempo no (erais) pueblo, ahora sin embargo (sois)

λαὸς Θεοῦ, οἱ οὐκ ἠλεημένοι,
pueblo de Dios, los que no habiendo sido objeto de misericordia,

νῦν δὲ ἐλεηθέντες.
ahora sin embargo habiendo sido objeto de misericordia.

11 Ἀγαπητοί, παρακαλῶ ὡς παροίκους καὶ παρεπιδήμους,
Amados, ruego como extranjeros y peregrinos

ἀπέχεσθαι τῶν σαρκικῶν ἐπιθυμιῶν,
abstenerse[17] de las carnales ansias,

αἵτινες στρατεύονται κατὰ τῆς ψυχῆς,
las cuales guerrean contra el alma,

12 τὴν ἀναστροφὴν ὑμῶν ἐν τοῖς ἔθνεσιν ἔχοντες καλήν,
la conducta de vosotros entre las naciones teniendo buena,

ἵνα, ἐν ᾧ καταλαλοῦσιν ὑμῶν ὡς κακοποιῶν,
de manera que, en lo que hablan contra vosotros como haciendo mal,

ἐκ τῶν καλῶν ἔργων ἐποπτεύοντες
por las buenas obras habiendo observado

δοξάσωσι τὸν Θεὸν ἐν ἡμέρᾳ ἐπισκοπῆς.[18]
glorificarán a Dios en día de visitación.

13 Ὑποτάγητε οὖν πάσῃ ἀνθρωπίνῃ κτίσει διὰ τὸν Κύριον·
Someteos pues a toda humana creación a causa del Señor.

εἴτε βασιλεῖ, ὡς ὑπερέχοντι,
ya sea a rey como estando en posición superior,

14 εἴτε ἡγεμόσιν, ὡς δι' αὐτοῦ πεμπομένοις εἰς
ya sea a gobernadores, como por él siendo enviados para

ἐκδίκησιν μὲν κακοποιῶν, ἔπαινον δὲ
castigo - de malhechores, para alabanza sin embargo

ἀγαθοποιῶν·
de los que hacen bien.

15 ὅτι οὕτως ἐστὶ τὸ θέλημα τοῦ Θεοῦ, ἀγαθοποιοῦντας
porque así es la voluntad de Dios, haciendo bien (vosotros)

φιμοῦν τὴν τῶν ἀφρόνων ἀνθρώπων ἀγνωσίαν·
silenciar la de los insensatos hombres ignorancia.

16 ὡς ἐλεύθεροι, καὶ μὴ ὡς ἐπικάλυμμα ἔχοντες τῆς κακίας
como libres, y no como tapadera teniendo de la malicia

τὴν ἐλευθερίαν,[19] ἀλλ' ὡς Θεοῦ δοῦλοι.
la libertad, sino como de Dios siervos.

17 πάντας τιμήσατε, τὴν ἀδελφότητα ἀγαπᾶτε,
A todos honrad, a la hermandad amad,

τὸν Θεὸν φοβεῖσθε, τὸν βασιλέα τιμᾶτε.
a Dios temed, al rey honrad.

---

17. Es decir, que os abstengáis (oración de infinitivo).
18. Como en Lucas 19.44. El término se puede traducir también "supervisión" y es utilizado para referirse a las funciones de los obispos o supervisores (I Timoteo 3.1).
19. Es decir, no utilizando la libertad como un velo con el que cubrir la malicia.

18 Οἱ οἰκέται, ὑποτασσόμενοι ἐν παντὶ φόβῳ τοῖς δεσπόταις,
Los criados, sometiéndose en todo temor a los amos,

οὐ μόνον τοῖς ἀγαθοῖς καὶ ἐπιεικέσιν, ἀλλὰ καὶ τοῖς
no sólo a los buenos e indulgentes, sino también a los

σκολιοῖς.
retorcidos.

19 τοῦτο γὰρ χάρις, εἰ διὰ συνείδησιν Θεοῦ
esto Porque gracia, si por conciencia de Dios

ὑποφέρει τις λύπας, πάσχων ἀδίκως.
sobrelleva alguien tristezas,[20] padeciendo injustamente.

20 ποῖον γὰρ κλέος, εἰ ἁμαρτάνοντες καὶ
¿qué Porque fama[21] (merecéis), si pecando y

κολαφιζόμενοι ὑπομενεῖτε; ἀλλ' εἰ ἀγαθοποιοῦντες
siendo golpeados soportáis? Pero si haciendo bien

καὶ πάσχοντες ὑπομενεῖτε, τοῦτο χάρις παρὰ Θεῷ.
y padeciendo soportáis, esto gracia para con Dios.

21 εἰς τοῦτο γὰρ ἐκλήθητε, ὅτι καὶ Χριστὸς
a esto Porque fuisteis llamados, porque también Cristo

ἔπαθεν ὑπὲρ ἡμῶν,[22] ἡμῖν ὑπολιμπάνων ὑπογραμμὸν
padeció por nosotros, a nosotros dejando modelo[23]

ἵνα ἐπακολουθήσητε τοῖς ἴχνεσιν αὐτοῦ·
para que sigáis los pasos de él,

22 ὃς ἁμαρτίαν οὐκ ἐποίησεν, οὐδὲ εὑρέθη δόλος
el cual pecado no hizo, ni fue hallado engaño

ἐν τῷ στόματι αὐτοῦ·
en la boca de él,

23 ὃς λοιδορούμενος οὐκ ἀντελοιδόρει, πάσχων οὐκ
el cual siendo insultado no devolvía el insulto, padeciendo no

ἠπείλει, παρεδίδου δὲ τῷ κρίνοντι δικαίως·
amenazaba, se encomendaba sin embargo al que juzga justamente,

24 ὃς τὰς ἁμαρτίας ἡμῶν αὐτὸς ἀνήνεγκεν ἐν τῷ σώματι
el cual los pecados de nosotros él mismo llevó en el cuerpo

αὐτοῦ ἐπὶ τὸ ξύλον, ἵνα ταῖς ἁμαρτίαις ἀπογενόμενοι
de él sobre el madero, para que a los pecados habiendo muerto,

τῇ δικαιοσύνῃ ζήσωμεν· οὗ τῷ μώλωπι
a la justicia vivamos. Del cual por la herida

αὐτοῦ ἰάθητε.
de él fuisteis sanados.

25 ἦτε γὰρ ὡς πρόβατα πλανώμενα, ἀλλ' ἐπεστράφητε νῦν
erais Porque como ovejas extraviadas, pero volvisteis ahora

ἐπὶ τὸν ποιμένα καὶ ἐπίσκοπον τῶν ψυχῶν ὑμῶν.
a el pastor y obispo[24] de las almas de vosotros.

3 **1** Ὁμοίως αἱ γυναῖκες ὑποτασσόμεναι τοῖς ἰδίοις ἀνδράσιν,
Igualmente las mujeres sometiéndoos a los propios maridos,

ἵνα καὶ εἴ τινες ἀπειθοῦσι τῷ λόγῳ, διὰ τῆς τῶν
para que también si algunos desobedecen a la palabra, por la de

γυναικῶν ἀναστροφῆς ἄνευ λόγου κερδηθήσονται,
las mujeres conducta sin palabra serán ganados,

---

18 Siervos, sed sujetos con todo temor a vuestros amos; no solamente a los buenos y humanos, sino también a los rigurosos.
19 Porque esto es agradable, si alguno a causa de la conciencia delante de Dios, sufre molestias padeciendo injustamente.
20 Porque ¿qué gloria es, si pecando vosotros sois abofeteados, y lo sufrís? mas si haciendo bien sois afligidos, y lo sufrís, esto ciertamente es agradable delante de Dios.
21 Porque para esto sois llamados; pues que también Cristo padeció por nosotros, dejándonos ejemplo, para que vosotros sigáis sus pisadas:
22 El cual no hizo pecado; ni fué hallado engaño en su boca:
23 Quien cuando le maldecían no retornaba maldición: cuando padecía, no amenazaba, sino remitía la causa al que juzga justamente:
24 El cual mismo llevó nuestros pecados en su cuerpo sobre el madero, para que nosotros siendo muertos a los pecados, vivamos a la justicia: por la herida del cual habéis sido sanados.
25 Porque vosotros erais como ovejas descarriadas; mas ahora habéis vuelto al Padre y Obispo de vuestras almas.

3 Asimismo vosotras, mujeres, sed sujetas a vuestros maridos; para que también los que no creen a la palabra, sean ganados sin palabra por la conversación de sus mujeres,

---

20. Como en Lucas 22.45.
21. O celebridad, o distinción.
22. La NU sustituye por vosotros.
23. O "patrón" en el sentido de falsilla sobre la que realizar una obra.
24. En el sentido de supervisor.

2 Considerando vuestra casta conversación, que es en temor.
3 El adorno de las cuales no sea exterior con encrespamiento del cabello, y atavío de oro, ni en compostura de ropas;
4 Sino el hombre del corazón que está encubierto, en incorruptible ornato de espíritu agradable y pacífico, lo cual es de grande estima delante de Dios.
5 Porque así también se ataviaban en el tiempo antiguo aquellas santas mujeres que esperaban en Dios, siendo sujetas a sus maridos:
6 Como Sara obedecía a Abraham, llamándole señor; de la cual vosotras sois hechas hijas, haciendo bien, y no sois espantadas de ningún pavor.
7 Vosotros maridos, semejantemente, habitad con ellas según ciencia, dando honor a la mujer como a vaso más frágil, y como a herederas juntamente de la gracia de la vida; para que vuestras oraciones no sean impedidas.
8 Y finalmente, sed todos de un mismo corazón, compasivos, amándoos fraternalmente, misericordiosos, amigables;
9 No volviendo mal por mal, ni maldición por maldición, sino antes por el contrario, bendiciendo; sabiendo que vosotros sois llamados para que poseáis bendición en herencia.
10 Porque
El que quiere amar la vida,
Y ver días buenos,
Refrene su lengua de mal,
Y sus labios no hablen engaño;

2 ἐποπτεύσαντες τὴν ἐν φόβῳ ἁγνὴν ἀναστροφὴν ὑμῶν.
habiendo observado la en temor casta[25] conducta de vosotras.

3 ὧν ἔστω οὐχ ὁ ἔξωθεν ἐμπλοκῆς τριχῶν καὶ
de las cuales sea no lo externo de rizado de cabellos y

περιθέσεως χρυσίων ἢ ἐνδύσεως ἱματίων κόσμος,
de aderezo[26] de oro o atavío de vestidos adorno,

4 ἀλλ' ὁ κρυπτὸς τῆς καρδίας ἄνθρωπος ἐν τῷ ἀφθάρτῳ τοῦ
sino el oculto del corazón hombre con lo incorruptible del

πραέος καὶ ἡσυχίου πνεύματος, ὅ ἐστιν ἐνώπιον
manso y apacible espíritu, lo cual es delante

τοῦ Θεοῦ πολυτελές.
de Dios muy valioso.

5 οὕτω γὰρ ποτε καὶ αἱ ἅγιαι γυναῖκες αἱ
así Porque en otro tiempo también las santas mujeres las

ἐλπίζουσαι ἐπὶ τὸν Θεὸν ἐκόσμουν ἑαυτάς,
que esperaban en Dios se adornaban a sí mismas,

ὑποτασσόμεναι τοῖς ἰδίοις ἀνδράσιν,
habiéndose sometido a los propios maridos,

6 ὡς Σάρρα ὑπήκουσε τῷ Ἀβραάμ, κύριον αὐτὸν καλοῦσα·
como Sara obedecía a Abraham, señor a él llamando,

ἧς ἐγενήθητε τέκνα, ἀγαθοποιοῦσαι
de la cual habéis llegado a ser hijas, haciendo el bien,

καὶ μὴ φοβούμεναι μηδεμίαν πτόησιν.
y no temiendo ningún terror.[27]

7 Οἱ ἄνδρες ὁμοίως συνοικοῦντες κατὰ γνῶσιν,
Los maridos igualmente conviviendo según conocimiento,

ὡς ἀσθενεστέρῳ σκεύει τῷ γυναικείῳ ἀπονέμοντες τιμήν,
como más débil vasija a lo femenino[28] otorgando honor,

ὡς καὶ συγκληρονόμοι χάριτος ζωῆς,
como también coherederos de gracia de vida,

εἰς τὸ μὴ ἐγκόπτεσθαι τὰς προσευχὰς ὑμῶν.
para - no ser obstaculizadas las oraciones de vosotros.

8 Τὸ δὲ τέλος, πάντες ὁμόφρονες, συμπαθεῖς,
el Sin embargo final (es), todos (sed) de la misma mente, compasivos,

φιλάδελφοι, εὔσπλαγχνοι, φιλόφρονες,[29]
amando a los hermanos, de buenas entrañas, de mentes que aman,

9 μὴ ἀποδιδόντες κακὸν ἀντὶ κακοῦ ἢ λοιδορίαν ἀντὶ λοιδορίας,
no devolviendo mal por mal o maldición por maldición,

τοὐναντίον δὲ εὐλογοῦντες, εἰδότες ὅτι εἰς τοῦτο
por el contrario Sino bendiciendo, sabiendo que para esto

ἐκλήθητε, ἵνα εὐλογίαν κληρονομήσητε.
fuisteis llamados para que bendición heredéis

10 ὁ γὰρ θέλων ζωὴν ἀγαπᾶν καὶ ἰδεῖν ἡμέρας ἀγαθὰς
el que Porque quiere vida amar y ver días buenos

παυσάτω τὴν γλῶσσαν αὐτοῦ ἀπὸ κακοῦ
frene la lengua de él de mal

καὶ χείλη αὐτοῦ τοῦ μὴ λαλῆσαι δόλον,
y labios de él para no hablar engaño,

---

25. O "pura".
26. Es decir collares, pulseras.
27. Es decir, no teniendo miedo ni siquiera de situaciones o cosas realmente pavorosas.
28. Es decir, a la mujer, o más bien, a lo relacionado con la mujer.
29. La NU sustituye por humildes.

11 ἐκκλινάτω ἀπὸ κακοῦ καὶ ποιησάτω ἀγαθόν,
   Apártese de mal y haga   bien,
ζητησάτω εἰρήνην καὶ διωξάτω αὐτήν.
busque   paz   y siga   la.

12 ὅτι ὀφθαλμοὶ Κυρίου ἐπὶ δικαίους καὶ ὦτα αὐτοῦ
   porque ojos   de Señor sobre justos   y oídos de él
εἰς δέησιν αὐτῶν, πρόσωπον δὲ   Κυρίου
sobre oración de ellos, rostro Sin embargo de Señor
ἐπὶ ποιοῦντας κακά.
sobre los que hacen mal.

13 Καὶ τίς ὁ κακώσων ὑμᾶς, ἐὰν τοῦ ἀγαθοῦ
   Y ¿quién el que hará daño a vosotros, si del bien³⁰
μιμηταὶ   γένησθε;
imitadores resultáis?

14 ἀλλ᾽ εἰ καὶ πάσχοιτε διὰ δικαιοσύνην, μακάριοι.
   Pero si también padecéis por justicia, dichosos (sois).
τὸν δὲ   φόβον αὐτῶν μὴ φοβηθῆτε μηδὲ ταραχθῆτε,
el Sin embargo miedo de ellos no temáis ni os turbéis.

15 Κύριον δὲ   τὸν Θεὸν³¹ ἁγιάσατε ἐν ταῖς καρδίαις
   a Señor Sin embargo Dios   santificad en los corazones
ὑμῶν,   ἕτοιμοι δὲ   ἀεὶ πρὸς ἀπολογίαν
de vosotros, preparados sin embargo siempre para defensa
παντὶ τῷ αἰτοῦντι ὑμᾶς λόγον περὶ τῆς ἐν ὑμῖν
para todo el que pida a vosotros razón acerca de la en vosotros
ἐλπίδος μετὰ πρᾳότητος καὶ φόβου,
esperanza con mansedumbre y temor,

16 συνείδησιν ἔχοντες ἀγαθήν, ἵνα ἐν ᾧ καταλαλοῦσιν
   conciencia teniendo buena, para que en lo que hablen contra
ὑμῶν ὡς κακοποιῶν, καταισχυνθῶσιν
vosotros como haciendo mal, sean avergonzados
οἱ ἐπηρεάζοντες ὑμῶν τὴν ἀγαθὴν ἐν Χριστῷ ἀναστροφήν.
los que calumnian de vosotros la buena en Cristo conducta.

17 κρεῖττον γὰρ ἀγαθοποιοῦντας, εἰ θέλοι τὸ
   mejor Porque haciendo bien, si quiere la
θέλημα τοῦ Θεοῦ, πάσχειν ἢ κακοποιοῦντας.
voluntad de Dios, padecer que haciendo mal.

18 ὅτι καὶ Χριστὸς ἅπαξ περὶ ἁμαρτιῶν
   porque también Cristo una vez y para siempre por pecados
ἔπαθε, δίκαιος ὑπὲρ ἀδίκων, ἵνα ὑμᾶς προσαγάγῃ
padeció, justo por injustos, para que os condujera
τῷ Θεῷ, θανατωθεὶς μὲν σαρκί,
a Dios, habiendo sido muerto - en carne,
ζωοποιηθεὶς   δὲ   πνεύματι·
habiendo sido vivificado sin embargo en espíritu.

19 ἐν ᾧ καὶ τοῖς ἐν φυλακῇ πνεύμασι
   en el cual también a los en prisión espíritus
πορευθεὶς ἐκήρυξεν,
habiendo ido predicó,

---

11 Apártase del mal, y haga bien; Busque la paz, y sígala.
12 Porque los ojos del Señor están sobre los justos,
   Y sus oídos atentos á sus oraciones:
   Pero el rostro del Señor está sobre aquellos que hacen mal.
13 ¿Y quién es aquel que os podrá dañar, si vosotros seguís el bien?
14 Mas también si alguna cosa padecéis por hacer bien, sois bienaventurados. Por tanto, no temáis por el temor de ellos, ni seáis turbados;
15 Sino santificad al Señor Dios en vuestros corazones, y estad siempre aparejados para responder con masedumbre y reverencia a cada uno que os demande razón de la esperanza que hay en vosotros:
16 Teniendo buena conciencia, para que en lo que murmuran de vosotros como de malhechores, sean confundidos los que blasfeman vuestra buena conversación en Cristo.
17 Porque mejor es que padezcáis haciendo bien, si la voluntad de Dios así lo quiere, que haciendo mal.
18 Porque también Cristo padeció una vez por los pecados, el justo por los injustos, para llevarnos a Dios, siendo en la verdad muerto en la carne, pero vivificado en espíritu;
19 En el cual también fué y predicó a los espíritus encarcelados;

---

30. O: "del bueno".
31. La NU sustituye Dios por Cristo Jesús.

20Los cuales en otro tiempo fueron desobedientes, cuando una vez esperaba la paciencia de Dios en los días de Noé, cuando se aparejaba el arca; en la cual pocas, es a saber, ocho personas fueron salvas por agua.
21A la figura de la cual el bautismo que ahora corresponde nos salva (no quitando las inmundicias de la carne, sino como demanda de una buena conciencia delante de Dios,) por la resurrección de Jesucristo:
22El cual está a la diestra de Dios, habiendo subido al cielo; estando a él sujetos los ángeles, y las potestades, y virtudes.

4 Pues que Cristo ha padecido por nosotros en la carne, vosotros también estad armados del mismo pensamiento: que el que ha padecido en la carne, cesó de pecado;
2Para que ya el tiempo que queda en carne, viva, no a las concupiscencias de los hombres, sino a la voluntad de Dios.
3Porque nos debe bastar que el tiempo pasado de nuestra vida hayamos hecho la voluntad de los Gentiles, cuando conversábamos en lascivias, en concupiscencias, en embriagueces, y en abominables idolatrías.
4En lo cual les parece cosa extraña que vosotros no corráis con ellos en el mismo desenfrenamiento de disolución, ultrajándoos:
5Los cuales darán cuenta al que está aparejado para juzgar los vivos y los muertos.

20 ἀπειθήσασί ποτε, ὅτε ἅπαξ
habiendo desobedecido[32] en otro tiempo, cuando una vez

ἐξεδέχετο[33] ἡ τοῦ Θεοῦ μακροθυμία ἐν ἡμέραις Νῶε,
esperaba la de Dios paciencia en días de Noé,

κατασκευαζομένης κιβωτοῦ, εἰς ἣν ὀλίγαι,
estando siendo preparada arca, en la cual pocas,

τοῦτ' ἔστιν ὀκτὼ ψυχαί, διεσώθησαν δι' ὕδατος.
esto es ocho almas, fueron salvadas a través de agua.

21 ὃ καὶ ὑμᾶς ἀντίτυπον νῦν σῴζει βάπτισμα,
el cual también nos como antitipo ahora salva bautismo,

οὐ σαρκὸς ἀπόθεσις ῥύπου, ἀλλὰ συνειδήσεως ἀγαθῆς
no de carne eliminación de inmundicia, sino de conciencia buena

ἐπερώτημα εἰς Θεόν,
petición a Dios,

δι' ἀναστάσεως Ἰησοῦ Χριστοῦ,
mediante resurrección de Jesús Cristo,

22 ὅς ἐστιν ἐν δεξιᾷ τοῦ Θεοῦ πορευθεὶς εἰς οὐρανόν,
el cual está a diestra de Dios habiendo ido a cielo,

ὑποταγέντων αὐτῷ ἀγγέλων καὶ ἐξουσιῶν
estando sujetos a él ángeles y autoridades

καὶ δυνάμεων.
y poderes.

4 1 Χριστοῦ οὖν παθόντος ὑπὲρ ἡμῶν[34] σαρκὶ καὶ
Cristo por tanto habiendo sufrido por nosotros en carne y

ὑμεῖς τὴν αὐτὴν ἔννοιαν ὁπλίσασθε, ὅτι ὁ
vosotros con el mismo pensamiento armaos, porque el

παθὼν σαρκὶ πέπαυται ἁμαρτίας,
que padece en carne ha desistido de pecado,

2 εἰς τὸ μηκέτι ἀνθρώπων ἐπιθυμίαις, ἀλλὰ θελήματι Θεοῦ
para - ya no de hombres para ansias, sino para voluntad de Dios

τὸν ἐπίλοιπον ἐν σαρκὶ βιῶσαι χρόνον.
el restante en carne vivir tiempo.

3 ἀρκετὸς γὰρ ἡμῖν ὁ παρεληλυθὼς χρόνος τοῦ
suficiente (es) Porque para nosotros el pasado tiempo de la

βίου[35] τὸ θέλημα τῶν ἐθνῶν κατειργάσασθαι, πεπορευμένους
vida la voluntad de los gentiles de cumplir, habiendo caminado

ἐν ἀσελγείαις, ἐπιθυμίαις, οἰνοφλυγίαις, κώμοις,
en indecencias, ansias, borracheras, banquetes,

πότοις, καὶ ἀθεμίτοις εἰδωλολατρίαις.
fiestas para beber, e inicuas idolatrías.

4 ἐν ᾧ ξενίζονται μὴ συντρεχόντων ὑμῶν εἰς τὴν
en lo cual se sorprenden no corriendo con ellos[36] vosotros a el

αὐτὴν τῆς ἀσωτίας ἀνάχυσιν, βλασφημοῦντες·
mismo de la disolución desenfreno, blasfemando,

5 οἳ ἀποδώσουσι λόγον τῷ ἑτοίμως
los cuales darán cuenta al en disposición

ἔχοντι κρῖναι ζῶντας καὶ νεκρούς.
teniendo que juzgar a los que viven y a muertos.

---

32. Los espíritus son el sujeto de la desobediencia.
33. La NU tiene esperaba en vez de una vez esperaba.
34. La NU suprime por nosotros.
35. La NU omite de la vida.
36. Es decir, que no corráis.

6 εἰς τοῦτο γὰρ καὶ νεκροῖς εὐηγγελίσθη, ἵνα
para esto Porque también a muertos se evangelizó, para que
κριθῶσι μὲν κατὰ ἀνθρώπους σαρκὶ, ζῶσι δὲ
sean juzgados no sólo según hombres en carne, vivan Sino también
κατὰ Θεὸν πνεύματι.
según Dios en espíritu.

7 Πάντων δὲ τὸ τέλος ἤγγικε. σωφρονήσατε
De todo sin embargo el final ha llegado. Sed sobrios
οὖν καὶ νήψατε εἰς προσευχάς.
pues y velad en oraciones.

8 πρὸ πάντων δὲ τὴν εἰς ἑαυτοὺς ἀγάπην
Sobre todo sin embargo el de unos hacia otros amor
ἐκτενῆ ἔχοντες, ὅτι ἡ ἀγάπη καλύψει
constante teniendo, porque el amor cubrirá
πλῆθος ἁμαρτιῶν·
multitud de pecados.

9 φιλόξενοι εἰς ἀλλήλους ἄνευ γογγυσμῶν·
Hospitalarios (sed) los unos para con los otros sin murmuraciones.

10 ἕκαστος καθὼς ἔλαβε χάρισμα, εἰς ἑαυτοὺς
Cada uno como recibió carisma,[37] a vosotros mismos
αὐτὸ διακονοῦντες ὡς καλοὶ οἰκονόμοι
lo sirviendo como buenos administradores
ποικίλης χάριτος Θεοῦ·
de polícroma gracia de Dios.

11 εἴ τις λαλεῖ, ὡς λόγια Θεοῦ· εἴ τις διακονεῖ, ὡς
Si alguno habla, como palabras de Dios. Si alguno sirve, como
ἐξ ἰσχύος ἧς χορηγεῖ ὁ Θεός· ἵνα ἐν πᾶσι δοξάζηται
según poder que otorga Dios, para que en todo sea glorificado
ὁ Θεὸς διὰ Ἰησοῦ Χριστοῦ, ᾧ ἐστιν ἡ δόξα
Dios a través de Jesús Cristo, para el que es la gloria
καὶ τὸ κράτος εἰς τοὺς αἰῶνας τῶν αἰώνων· ἀμήν.
y el poder por las edades de las edades. Amén.

12 Ἀγαπητοί, μὴ ξενίζεσθε τῇ ἐν ὑμῖν πυρώσει
Amados, no estéis sorprendidos por el entre vosotros incendio
πρὸς πειρασμὸν ὑμῖν γινομένῃ, ὡς ξένου
para prueba a vosotros acontecido, como extraño
ὑμῖν συμβαίνοντος,
a vosotros sucediendo,

13 ἀλλὰ καθὸ κοινωνεῖτε τοῖς τοῦ Χριστοῦ
sino que en la medida en que compartís los de Cristo
παθήμασι, χαίρετε, ἵνα καὶ ἐν τῇ ἀποκαλύψει
padecimientos, alegraos, para que también en la revelación
τῆς δόξης αὐτοῦ χαρῆτε ἀγαλλιώμενοι.
de la gloria de él os alegréis regocijándoos.

14 εἰ ὀνειδίζεσθε ἐν ὀνόματι Χριστοῦ, μακάριοι,
Si sois vituperados en nombre de Cristo, dichosos (sois),
ὅτι τὸ τῆς δόξης καὶ τὸ τοῦ Θεοῦ Πνεῦμα ἐφ᾽ ὑμᾶς
porque el de la gloria y el de Dios Espíritu sobre vosotros
ἀναπαύεται· κατὰ[38] μὲν αὐτοὺς βλασφημεῖται,
reposa. De acuerdo con - ellos es blasfemado,
κατὰ δὲ ὑμᾶς δοξάζεται.
de acuerdo con - vosotros es glorificado.

6Porque por esto también ha sido predicado el evangelio a los muertos; para que sean juzgados en carne según los hombres, y vivan en espíritu según Dios.
7Mas el fin de todas las cosas se acerca: sed pues templados, y velad en oración.
8Y sobre todo, tened entre vosotros ferviente caridad; porque la caridad cubrirá multitud de pecados.
9Hospedaos los unos a los otros sin murmuraciones.
10Cada uno según el don que ha recibido, adminístrelo a los otros, como buenos dispensadores de las diferentes gracias de Dios.
11Si alguno habla, hable conforme a las palabras de Dios; si alguno ministra, ministre conforme a la virtud que Dios suministra: para que en todas cosas sea Dios glorificado por Jesucristo, al cual es gloria e imperio para siempre jamás. Amén.
12Carísimos, no os maravilléis cuando sois examinados por fuego, lo cual se hace para vuestra prueba, como si alguna cosa peregrina os aconteciese;
13Antes bien gozaos en que sois participantes de las aflicciones de Cristo; para que también en la revelación de su gloria os gocéis en triunfo.
14Si sois vituperados en el nombre de Cristo, sois bienaventurados; porque la gloria y el Espíritu de Dios reposan sobre vosotros. Cierto, según ellos, él es blasfemado, mas según vosotros es glorificado.

---

37. O don.
38. La NU suprime desde de acuerdo hasta el final del versículo.

15 Así que, ninguno de vosotros padezca como homicida, o ladrón, o malhechor, o por meterse en negocios ajenos.
16 Pero si alguno padece como Cristiano, no se avergüence; antes glorifique a Dios en esta parte.
17 Porque es tiempo de que el juicio comience de la casa de Dios: y si primero comienza por nosotros, ¿qué será el fin de aquellos que no obedecen al evangelio de Dios?
18 Y si el justo con dificultad se salva; ¿á dónde aparecerá el infiel y el pecador?
19 Y por eso los que son afligidos según la voluntad de Dios, encomiéndenle sus almas, como a fiel Criador, haciendo bien.

5 Ruego a los ancianos que están entre vosotros, yo anciano también con ellos, y testigo de las aflicciones de Cristo, que soy también participante de la gloria que ha de ser revelada:
2 Apacentad la grey de Dios que está entre vosotros, teniendo cuidado de ella, no por fuerza, sino voluntariamente; no por ganancia deshonesta, sino de un ánimo pronto;
3 Y no como teniendo señorío sobre las heredades del Señor, sino siendo dechados de la grey.
4 Y cuando apareciere el Príncipe de los pastores, vosotros recibiréis la corona incorruptible de gloria.

15 μὴ γάρ τις ὑμῶν πασχέτω ὡς φονεὺς ἢ κλέπτης
no Porque alguno de vosotros padezca como asesino o ladrón
ἢ κακοποιὸς ἢ ὡς ἀλλοτριεπίσκοπος·
o malhechor o como entrometido en los asuntos de otros.

16 εἰ δὲ ὡς Χριστιανός, μὴ αἰσχυνέσθω,
Si sin embargo como cristiano, no se avergüence
δοξαζέτω δὲ τὸν Θεὸν ἐν τῷ μέρει[39] τούτῳ.
glorifique Sino a Dios en la parte esta.

17 ὅτι ὁ καιρὸς τοῦ ἄρξασθαι τὸ κρίμα ἀπὸ τοῦ οἴκου
porque el tiempo (es) de comenzar el juicio desde la casa
τοῦ Θεοῦ· εἰ δὲ πρῶτον ἀφ' ἡμῶν, τί
de Dios. Si sin embargo primero (empieza) desde nosotros, ¿cuál
τὸ τέλος τῶν ἀπειθούντων τῷ τοῦ Θεοῦ εὐαγγελίῳ;
el final de los que desobedecen el de Dios evangelio (será)?

18 καὶ εἰ ὁ δίκαιος μόλις σῴζεται, ὁ ἀσεβὴς
Y si el justo difícilmente es salvado, el impío
καὶ ἁμαρτωλὸς ποῦ φανεῖται;
y pecador ¿dónde aparecerá?

19 ὥστε καὶ οἱ πάσχοντες κατὰ τὸ θέλημα τοῦ
Como también los que padecen de acuerdo con la voluntad de
Θεοῦ, ὡς πιστῷ κτίστῃ παρατιθέσθωσαν τὰς ψυχὰς
Dios, como a fiel Creador encomienden las almas
αὐτῶν ἐν ἀγαθοποιΐᾳ.
de ellos en bien hacer.[40]

5

1 Πρεσβυτέρους τοὺς ἐν ὑμῖν παρακαλῶ
ancianos A los entre vosotros exhorto (como)
ὁ συμπρεσβύτερος καὶ μάρτυς τῶν τοῦ Χριστοῦ παθημάτων,
co-anciano y testigo de los de Cristo padecimientos,
ὁ καὶ τῆς μελλούσης ἀποκαλύπτεσθαι
(como) el también de la venidera para ser manifestada
δόξης κοινωνός,
gloria participante,

2 ποιμάνατε τὸ ἐν ὑμῖν ποίμνιον τοῦ Θεοῦ, ἐπισκοποῦντες
Pastoread el entre vosotros rebaño de Dios, supervisando[41]
μὴ ἀναγκαστῶς ἀλλ' ἑκουσίως,[42] μηδὲ
no forzadamente, sino voluntariamente, no
αἰσχροκερδῶς ἀλλὰ προθύμως,
por deseo de ganancia sórdida[43] sino de buena gana,

3 μηδ' ὡς κατακυριεύοντες τῶν κλήρων
no como enseñoreándoos de los lotes[44]
ἀλλὰ τύποι γινόμενοι τοῦ ποιμνίου·
sino ejemplos llegando a ser del rebaño.

4 καὶ φανερωθέντος τοῦ ἀρχιποίμενος κομιεῖσθε
y apareciendo el Archipastor,[45] recibiréis
τὸν ἀμαράντινον τῆς δόξης στέφανον.
la incorruptible de la gloria corona.

---

39. La NU sustituye por nombre.
40. O "buena conducta".
41. La palabra tiene la misma raíz que "epískopos" de donde viene nuestro "obispo".
42. La NU añade según Dios.
43. Es decir, una ganancia que procede de la codicia.
44. Es decir, "de las partes o porciones que os han correspondido o caído en suerte".
45. Es decir, "el Pastor jefe".

5 Ὁμοίως,   νεώτεροι,   ὑποταασόμεοι πρεσβυτέροις,
Igualmente, los más jóvenes, someteos   a ancianos

πάντες δὲ   ἀλλήλοις   ὑποτασσόμενοι τὴν
todos Sin embargo unos a otros sometiéndoos   con el

ταπεινοφροσύνην ἐγκομβώσασθε· ὅτι   ὁ Θεὸς ὑπερηφάνοις
sometimiento   revestíos,   porque Dios a altivos

ἀντιτάσσεται, ταπεινοῖς δὲ   δίδωσι χάριν.
se opone,   a sumisos⁴⁶ sin embargo da   gracia.

6 Παπεινώθητε οὖν ὑπὸ τὴν κραταιὰν χεῖρα
Someteos   pues bajo la   poderosa   mano

τοῦ Θεοῦ, ἵνα   ὑμᾶς ὑψώσῃ ἐν καιρῷ,
de Dios, para que os ensalce en tiempo,

7 πᾶσαν τὴν μέριμναν ὑμῶν   ἐπιρρίψαντες
toda la ansiedad de vosotros arrojando

ἐπ' αὐτόν, ὅτι   αὐτῷ μέλει   περὶ ὑμῶν.
sobre él, porque él se preocupa por vosotros.

8 νήψατε, γρηγορήσατε· ὅτι ὁ ἀντίδικος ὑμῶν   διάβολος
Velad, vigilad.   Porque el adversario de vosotros diablo

ὡς   λέων ὠρυόμενος περιπατεῖ ζητῶν   τινα καταπίῃ·
como león rugiente merodea   buscando a quien devore:

9 ᾧ   ἀντίστητε στερεοὶ τῇ   πίστει, εἰδότες   τὰ   αὐτὰ
al cual oponeos   firmes   en la fe,   conociendo lo   mismo

τῶν   παθημάτων τῇ   ἐν κόσμῳ ὑμῶν
de los padecimientos la en mundo de vosotros

ἀδελφότητι ἐπιτελεῖσθαι.
fraternidad ser cumplido.⁴⁷

10 Ὁ δὲ   Θεὸς πάσης χάριτος, ὁ καλέσας ἡμᾶς
el Sin embargo Dios de toda gracia, el que llamó a nosotros

εἰς τὴν αἰώνιον αὐτοῦ δόξαν ἐν Χριστῷ Ἰησοῦ
para la de eras de él gloria en Cristo Jesús

ὀλίγον παθόντας,   αὐτὸς καταρτίσαι
poco habiendo padeciendo, él mismo habiendo reparado⁴⁸, ⁴⁹

ὑμᾶς,   στηρίξει,   σθενώσει,   θεμελιώσει·
a vosotros afianzará, fortalecerá, fundamentará.

11 αὐτῷ ἡ δόξα καὶ τὸ κράτος εἰς τοὺς αἰῶνας
A Él la gloria y el poder por las edades

τῶν αἰώνων· ἀμήν.
de las edades. Amén.

12 Διὰ   Σιλουανοῦ ὑμῖν   τοῦ πιστοῦ ἀδελφοῦ, ὡς
A través de Silvano a vosotros el fiel hermano, como

λογίζομαι,   δι' ὀλίγων   ἔγραψα,
considero (a él), con pocas (palabras) escribí,

παρακαλῶν καὶ ἐπιμαρτυρῶν ταύτην
exhortando y testificando ésta

εἶναι ἀληθῆ   χάριν τοῦ Θεοῦ εἰς ἣν
ser⁵⁰ verdadera gracia de Dios en la cual

ἐστήκατε.
habéis permanecido firmes.

5Igualmente, mancebos, sed sujetos a los ancianos; y todos sumisos unos a otros, revestíos de humildad; porque Dios resiste a los soberbios, y da gracia a los humildes.
6Humillaos pues bajo la poderosa mano de Dios, para que él os ensalce cuando fuere tiempo;
7Echando toda vuestra solicitud en él, porque él tiene cuidado de vosotros.
8Sed templados, y velad; porque vuestro adversario el diablo, cual león rugiente, anda alrededor buscando a quien devore:
9Al cual resistid firmes en la fe, sabiendo que las mismas aflicciones han de ser cumplidas en la compañía de vuestros hermanos que están en el mundo.
10Mas el Dios de toda gracia, que nos ha llamado a su gloria eterna por Jesucristo, después que hubiereis un poco de tiempo padecido, él mismo os perfeccione, confirme, corrobore y establezca.
11A él sea gloria e imperio para siempre. Amén.
12Por Silvano, el hermano fiel, según yo pienso, os he escrito brevemente, amonestándoos, y testificando que ésta es la verdadera gracia de Dios, en la cual estáis.

---

46. O "humildes". Debe tenerse en cuenta que todas las palabras del versículo proceden de una misma raíz que indica "sumisión" y "someterse".
47. Es decir, "que entre vuestros hermanos en todo el mundo se cumplen los mismos sufrimientos".
48. Como en Mateo 4.21.
49. Es un aoristo optativo que podría traducirse también como tras haberos reparado, os afianzará, fortalecerá, etc.
50. Es decir, "que ésta es".

13La iglesia que está en Babilonia, juntamente elegida con vosotros, os saluda, y Marcos mi hijo.
14Saludaos unos a otros con ósculo de caridad. Paz sea con todos vosotros los que estáis en Jesucristo. Amén.

13 Ἀσπάζεται ὑμᾶς ἡ ἐν Βαβυλῶνι
Saluda a vosotros la en Babilonia

συνεκλεκτὴ
elegida conjuntamente (con vosotros)

καὶ Μᾶρκος ὁ υἱός μου.
y Marcos el hijo de mí.

14 ἀσπάσασθε ἀλλήλους ἐν φιλήματι ἀγάπης.
Saludaos unos a otros con beso de amor.

Εἰρήνη ὑμῖν πᾶσι τοῖς ἐν Χριστῷ Ἰησοῦ· ἀμήν.
Paz a vosotros todos los en Cristo Jesús. Amén.

LA SEGUNDA EPÍSTOLA UNIVERSAL DE
SAN PEDRO APÓSTOL

1

1 Συμεὼν Πέτρος, δοῦλος καὶ ἀπόστολος Ἰησοῦ Χριστοῦ,
Simeón Pedro, siervo y apóstol de Jesús Cristo,
τοῖς ἰσότιμον ἡμῖν λαχοῦσι πίστιν ἐν
a los misma con nosotros habiendo obtenido fe[1] en
δικαιοσύνῃ τοῦ Θεοῦ ἡμῶν καὶ σωτῆρος Ἰησοῦ Χριστοῦ·
justicia del Dios de nosotros y salvador Jesús Cristo.

2 χάρις ὑμῖν καὶ εἰρήνη πληθυνθείη ἐν ἐπιγνώσει
Gracia a vosotros y paz sea multiplicada en conocimiento
τοῦ Θεοῦ καὶ Ἰησοῦ τοῦ Κυρίου ἡμῶν.
de Dios y Jesús el Señor de nosotros.

3 Ὡς πάντα ἡμῖν τῆς θείας δυνάμεως αὐτοῦ τὰ
como todas a vosotros el divino poder de Él las cosas
πρὸς ζωὴν καὶ εὐσέβειαν δεδωρημένης
relativas a vida y piedad habiendo sido dado[2]
διὰ τῆς ἐπιγνώσεως τοῦ καλέσαντος ἡμᾶς
mediante el conocimiento del que llamó a nosotros
διὰ δόξης καὶ ἀρετῆς,
a través de gloria y virtud,

4 δι' ὧν τὰ τίμια ἡμῖν καὶ μέγιστα
por medio de las cuales las preciosas a nosotros y grandísimas
ἐπαγγέλματα δεδώρηται, ἵνα διὰ τούτων γένησθε
promesas han sido dadas, para que a través de ellas resultéis
θείας κοινωνοὶ φύσεως, ἀποφυγόντες τῆς ἐν
de divina partícipes naturaleza, habiendo huido de la en
κόσμῳ ἐν ἐπιθυμίᾳ φθορᾶς.
mundo por ansia corrupción.[3]

5 καὶ αὐτὸ τοῦτο δὲ σπουδὴν πᾶσαν
también (por) esto mismo sin embargo diligencia toda
παρεισενέγκαντες ἐπιχορηγήσατε ἐν τῇ πίστει ὑμῶν
habiendo añadido nutrid[4] con la fe de vosotros
τὴν ἀρετήν, ἐν δὲ τῇ ἀρετῇ τὴν γνῶσιν,
la virtud, con Pero la virtud el conocimiento,

6 ἐν δὲ τῇ γνώσει τὴν ἐγκράτειαν, ἐν δὲ τῇ
con Pero el conocimiento el dominio propio, con Pero el
ἐγκρατείᾳ τὴν ὑπομονήν, ἐν δὲ τῇ ὑπομονῇ τὴν εὐσέβειαν,
dominio propio la paciencia, con Pero la paciencia la piedad,

7 ἐν δὲ τῇ εὐσεβείᾳ τὴν φιλαδελφίαν,
con Pero la piedad el afecto[5] fraternal,
ἐν δὲ τῇ φιλαδελφίᾳ τὴν ἀγάπην.
con Pero el amor fraternal el amor.

1 Simón Pedro, siervo y apóstol de Jesucristo, a los que habéis alcanzado fe igualmente preciosa con nosotros en la justicia de nuestro Dios y Salvador Jesucristo: 2Gracia y paz os sea multiplicada en el conocimiento de Dios, y de nuestro Señor Jesús. 3Como todas las cosas que pertenecen a la vida y a la piedad nos sean dadas de su divina potencia, por el conocimiento de aquel que nos ha llamado por su gloria y virtud: 4Por las cuales nos son dadas preciosas y grandísimas promesas, para que por ellas fueseis hechos participantes de la naturaleza divina, habiendo huído de la corrupción que está en el mundo por concupiscencia. 5Vosotros también, poniendo toda diligencia por esto mismo, mostrad en vuestra fe virtud, y en la virtud ciencia; 6Y en la ciencia templanza, y en la templanza paciencia, y en la paciencia temor de Dios; 7Y en el temor de Dios, amor fraternal, y en el amor fraternal caridad.

---

1. Es decir, "a los que han obtenido la misma fe con o que nosotros".
2. Es decir, "os ha sido dado el divino poder que procede de Dios como todas las cosas relacionadas con la vida y la piedad".
3. Es decir, "de la corrupción que hay en el mundo por el ansia".
4. Como en Colosenses 2.19. Puede tener también el sentido de "añadir".
5. O "amor fraternal". Se trata del amor natural y lógico entre hermanos, un escalón por debajo del amor "agape" que se dispensa incluso a los enemigos y que es el que tiene Dios (Romanos 5.5-11).

8 Porque si en vosotros hay estas cosas, y abundan, no os dejarán estar ociosos, ni estériles en el conocimiento de nuestro Señor Jesucristo.
9 Mas el que no tiene estas cosas, es ciego, y tiene la vista muy corta, habiendo olvidado la purificación de sus antiguos pecados.
10 Por lo cual, hermanos, procurad tanto más de hacer firme vuestra vocación y elección; porque haciendo estas cosas, no caeréis jamás.
11 Porque de esta manera os será abundantemente administrada la entrada en el reino eterno de nuestro Señor y Salvador Jesucristo.
12 Por esto, yo no dejaré de amonestaros siempre de estas cosas, aunque vosotros las sepáis, y estéis confirmados en la verdad presente.
13 Porque tengo por justo, en tanto que estoy en este tabernáculo, de incitaros con amonestación:
14 Sabiendo que brevemente tengo de dejar mi tabernáculo, como nuestro Señor Jesucristo me ha declarado.
15 También yo procuraré con diligencia, que después de mi fallecimiento, vosotros podáis siempre tener memoria de estas cosas.

8 ταῦτα γὰρ ὑμῖν ὑπάρχοντα καὶ
estas cosas Porque en vosotros estando a disposición y
πλεονάζοντα οὐκ ἀργοὺς οὐδὲ ἀκάρπους καθίστησιν εἰς τὴν
aumentando no inútil ni sin fruto dejarán para el
τοῦ Κυρίου ἡμῶν Ἰησοῦ Χριστοῦ ἐπίγνωσιν·
del Señor de nosotros Jesús Cristo conocimiento.

9 ᾧ γὰρ μὴ πάρεστι ταῦτα, τυφλός ἐστι
en el que Porque no están presentes estas cosas, ciego es
μυωπάζων, λήθην λαβὼν τοῦ καθαρισμοῦ
corto de vista, olvido recibiendo de la limpieza
τῶν πάλαι αὐτοῦ ἁμαρτιῶν.
de los en tiempo pasado de él pecados.

10 διὸ μᾶλλον, ἀδελφοί, σπουδάσατε βεβαίαν ὑμῶν
Por tanto más, hermano, procurad firme de vosotros
τὴν κλῆσιν καὶ ἐκλογὴν ποιεῖσθαι· ταῦτα γὰρ ποιοῦντες
el llamado y elección hacer, esto Porque haciendo
οὐ μὴ πταίσητέ ποτε.
no de ninguna manera tropezaréis[6] entonces.

11 οὕτω γὰρ πλουσίως ἐπιχορηγηθήσεται ὑμῖν ἡ εἴσοδος
así Porque ricamente os será nutrida[7] a vosotros la entrada
εἰς τὴν αἰώνιον βασιλείαν τοῦ Κυρίου ἡμῶν
a el eterno[8] reino del Señor de nosotros
καὶ σωτῆρος Ἰησοῦ Χριστοῦ.
y salvador Jesús Cristo.

12 Διὸ οὐκ ἀμελήσω[9] ἀεὶ ὑμᾶς
Por tanto no descuidaré constantemente a vosotros
ὑπομιμνήσκειν περὶ τούτων, καίπερ εἰδότας καὶ
recordar sobre estas cosas, aunque sabiendo y
ἐστηριγμένους ἐν τῇ παρούσῃ ἀληθείᾳ.
habiendo sido establecidos[10] en la presente verdad.

13 δίκαιον δὲ ἡγοῦμαι, ἐφ' ὅσον εἰμὶ ἐν τούτῳ
Justo sin embargo considero, mientras estoy en esta
τῷ σκηνώματι, διεγείρειν ὑμᾶς ἐν ὑπομνήσει,
- tienda,[11] despertar os con recuerdo,

14 εἰδὼς ὅτι ταχινή ἐστιν ἡ ἀπόθεσις τοῦ σκηνώματός μου,
sabiendo que pronto es el abandono de la tienda de mí,
καθὼς καὶ ὁ Κύριος ἡμῶν Ἰησοῦς Χριστὸς ἐδήλωσέ μοι,
como también el Señor de nosotros Jesús Cristo declaró a mí.

15 σπουδάσω δὲ καὶ ἑκάστοτε ἔχειν
Me esforzaré sin embargo también en cualquier tiempo para tener
ὑμᾶς μετὰ τὴν ἐμὴν ἔξοδον
vosotros después de la mi salida
τὴν τούτων μνήμην ποιεῖσθαι.
el de estas cosas recuerdo hacer.[12]

---

6. O caeréis, pecaréis.
7. Como en Colosenses 2.19.
8. Lit, "de las eras".
9. La NU sustituye no descuidaré por pretendo.
10. Es decir, "aunque las sepáis y hayáis sido establecidos".
11. Una referencia al cuerpo como una tienda de campaña en la que habita el espíritu.
12. Es decir, "para que podáis recordar estas cosas después de mi salida".

16 οὐ γὰρ σεσοφισμένοις μύθοις ἐξακολουθήσαντες
no Porque astutamente elaborados mitos[13] siguiendo
ἐγνωρίσαμεν ὑμῖν τὴν τοῦ Κυρίου ἡμῶν Ἰησοῦ
dimos a conocer a vosotros el del Señor de vosotros Jesús
Χριστοῦ δύναμιν καὶ παρουσίαν, ἀλλ' ἐπόπται γενηθέντες
Cristo poder y venida, sino testigos oculares resultando
τῆς ἐκείνου μεγαλειότητος
de aquella majestad[14]

17 λαβὼν γὰρ παρὰ Θεοῦ πατρὸς τιμὴν καὶ δόξαν φωνῆς
recibiendo Porque de Dios Padre honra y gloria voz
ἐνεχθείσης αὐτῷ τοιᾶσδε ὑπὸ τῆς μεγαλοπρεποῦς δόξης,
siendo enviada a él tan maravillosa por la magnífica gloria:
οὗτός ἐστιν ὁ υἱός μου ὁ ἀγαπητός, εἰς ὃν ἐγὼ εὐδόκησα·
éste es el hijo de mí el amado, en el cual yo me complací:

18 καὶ ταύτην τὴν φωνὴν ἡμεῖς ἠκούσαμεν ἐξ οὐρανοῦ
y esta la voz nosotros escuchamos desde cielo
ἐνεχθεῖσαν, σὺν αὐτῷ ὄντες ἐν τῷ ὄρει τῷ ἁγίῳ.
habiendo sido traida con él estando en el monte el santo.

19 καὶ ἔχομεν βεβαιότερον τὸν προφητικὸν λόγον,
Y tenemos más segura la profética palabra,
ᾧ καλῶς ποιεῖτε προσέχοντες ὡς λύχνῳ φαίνοντι
como bien hacéis recibiendo como lámpara iluminando
ἐν αὐχμηρῷ τόπῳ ἕως οὗ ἡμέρα διαυγάσῃ
en oscuro lugar hasta que día amanezca
καὶ φωσφόρος ἀνατείλῃ ἐν ταῖς καρδίαις ὑμῶν·
y lucero se alce en los corazones de vosotros.

20 τοῦτο πρῶτον γινώσκοντες, ὅτι πᾶσα προφητεία
Esto primero conociendo que toda profecía
γραφῆς ἰδίας ἐπιλύσεως οὐ γίνεται·
de Escritura de uno mismo de interpretación no resulta.

21 οὐ γὰρ θελήματι ἀνθρώπου ἠνέχθη ποτέ προφητεία,
no Porque por deseo de hombre fue traída nunca profecía,
ἀλλὰ ὑπὸ Πνεύματος Ἁγίου φερόμενοι
sino por Espíritu Santo siendo llevados
ἐλάλησαν ἅγιοι Θεοῦ[15] ἄνθρωποι.
hablaron santos de Dios hombres.

2

1 Ἐγένοντο δὲ καὶ ψευδοπροφῆται ἐν τῷ λαῷ, ὡς
Resultaron sin embargo también falsos profetas en el pueblo, como
καὶ ἐν ὑμῖν ἔσονται ψευδοδιδάσκαλοι, οἵτινες
también entre vosotros habrá falsos maestros, los cuales
παρεισάξουσιν αἱρέσεις ἀπωλείας, καὶ τὸν
introducirán encubiertamente opiniones de destrucción, y al
ἀγοράσαντα αὐτοὺς δεσπότην ἀρνούμενοι,
que compró los dueño negando
ἐπάγοντες ἑαυτοῖς ταχινὴν ἀπώλειαν·
atrayendo sobre sí mismos rápida destrucción.

16 Porque no os hemos dado a conocer la potencia y la venida de nuestro Señor Jesucristo, siguiendo fábulas por arte compuestas; sino como habiendo con nuestros propios ojos visto su majestad.
17 Porque él había recibido de Dios Padre honra y gloria, cuando una tal voz fué a él enviada de la magnífica gloria: Este es el amado Hijo mío, en el cual yo me he agradado.
18 Y nosotros oímos esta voz enviada del cielo, cuando estábamos juntamente con él en el monte santo.
19 Tenemos también la palabra profética más permanente, a la cual hacéis bien de estar atentos como a una antorcha que alumbra en lugar oscuro hasta que el día esclarezca, y el lucero de la mañana salga en vuestros corazones:
20 Entendiendo primero esto, que ninguna profecía de la Escritura es de particular interpretación;
21 Porque la profecía no fué en los tiempos pasados traída por voluntad humana, sino los santos hombres de Dios hablaron siendo inspirados del Espíritu Santo.

2 Pero hubo también falsos profetas en el pueblo, como habrá entre vosotros falsos doctores, que introducirán encubiertamente herejías de perdición, y negarán al Señor que los rescató, atrayendo sobre sí mismos perdición acelerada.

---

13. En el sentido griego no tanto de fábula o relato ficticio como de explicación teológica.
14. O "magnificencia".
15. La NU añade de parte de Dios.

2 Y muchos seguirán sus disoluciones, por los cuales el camino de la verdad será blasfemado;
3 Y por avaricia harán mercadería de vosotros con palabras fingidas, sobre los cuales la condenación ya de largo tiempo no se tarda, y su perdición no se duerme.
4 Porque si Dios no perdonó a los ángeles que habían pecado, sino que habiéndolos despeñado en el infierno con cadenas de oscuridad, los entregó para ser reservados al juicio;
5 Y si no perdonó al mundo viejo, mas guardó a Noé, pregonero de justicia, con otras siete personas, trayendo el diluvio sobre el mundo de malvados;
6 Y si condenó por destrucción las ciudades de Sodoma y de Gomorra, tornándolas en ceniza, y poniéndolas por ejemplo a los que habían de vivir sin temor y reverencia de Dios,
7 Y libró al justo Lot, acosado por la nefanda conducta de los malvados;
8 (Porque este justo, con ver y oir, morando entre ellos, afligía cada día su alma justa con los hechos de aquellos injustos;)
9 Sabe el Señor librar de tentación a los píos, y reservar a los injustos para ser atormentados en el día del juicio;
10 Y principalmente a aquellos que, siguiendo la carne, andan en concupiscencia e inmundicia, y desprecian la potestad; atrevidos, contumaces, que no temen decir mal de las potestades superiores:

2 καὶ πολλοὶ ἐξακολουθήσουσιν αὐτῶν
Y muchos seguirán de ellos
ταῖς ἀπωλείαις, δι' οὓς ἡ ὁδὸς τῆς
las condenaciones[16] a causa de los cuales el camino de la
ἀληθείας βλασφημηθήσεται·
verdad será blasfemado.

3 καὶ ἐν πλεονεξίᾳ πλαστοῖς λόγοις ὑμᾶς ἐμπορεύσονται,
Y con codicia con artificiosas palabras os explotarán,[17]
οἷς τὸ κρῖμα ἔκπαλαι οὐκ ἀργεῖ,
para los cuales el juicio largo tiempo no tarda,
καὶ ἡ ἀπώλεια αὐτῶν οὐ νυστάζει.
y la destrucción de ellos no se dormirá.[18]

4 εἰ γὰρ ὁ Θεὸς ἀγγέλων ἁμαρτησάντων οὐκ ἐφείσατο,
si Porque Dios a ángeles que pecaron no pasó por alto,
ἀλλὰ σειραῖς ζόφου ταρταρώσας παρέδωκεν
sino que a cadenas de oscuridad confinando en el Tártaro entregó
εἰς κρίσιν τηρουμένους,
para juicio siendo guardados,

5 καὶ ἀρχαίου κόσμου οὐκ ἐφείσατο, ἀλλὰ ὄγδοον Νῶε
y a antiguo mundo no pasó por alto, sino que octavo Noé[19]
δικαιοσύνης κήρυκα ἐφύλαξε,
de justicia heraldo guardó,
κατακλυσμὸν κόσμῳ ἀσεβῶν ἐπάξας,
cataclismo sobre mundo de impíos habiendo traído,

6 καὶ πόλεις Σοδόμων καὶ Γομόρρας τεφρώσας
y ciudades de Sodoma y Gomorra reduciendo a cenizas
καταστροφῇ κατέκρινεν, ὑπόδειγμα
a destrucción condenó, (como) ejemplo
μελλόντων ἀσεβεῖν τεθεικώς,
de los que tendrían que ser impíos poniendo,

7 καὶ δίκαιον Λὼτ καταπονούμενον ὑπὸ τῆς τῶν ἀθέσμων
y a justo Lot siendo oprimido por la de los malvados
ἐν ἀσελγείᾳ ἀναστροφῆς ἐρρύσατο·
en desvergüenza conducta libró,

8 βλέμματι γὰρ καὶ ἀκοῇ ὁ δίκαιος, ἐγκατοικῶν ἐν
en vista Porque y en en escucha el justo[20] morando entre
αὐτοῖς, ἡμέραν ἐξ ἡμέρας ψυχὴν δικαίαν ἀνόμοις
ellos día tras día alma justa con inicuas
ἔργοις ἐβασάνιζεν·
obras atormentaba.

9 οἶδε Κύριος εὐσεβεῖς ἐκ πειρασμοῦ ῥύεσθαι, ἀδίκους
Sabe Señor a piadosos de tentación librar, a injustos
δὲ εἰς ἡμέραν κρίσεως κολαζομένους τηρεῖν,
sin embargo para día de juicio para ser castigados guardar,

10 μάλιστα δὲ τοὺς ὀπίσω σαρκὸς ἐν ἐπιθυμίᾳ
mayormente sin embargo a los que detrás de carne en ansia
μιασμοῦ πορευομένους καὶ κυριότητος καταφρονοῦντας.
de impureza van y señorío despreciando.
τολμηταί αὐθάδεις, δόξας οὐ τρέμουσι
Temerarios, presuntuosos,[21] contra glorias no tiemblan
βλασφημοῦντες,
blasfemando,

---
16. La NU sustituye por desvergüenzas.
17. O comerciarán con vosotros. Ej: Santiago 4.13.
18. O no se queda dormida (presente).
19. Es decir que Noé era el octavo que se salvaba, luego había otros siete más con él.
20. Es decir, tanto por lo que veía como por lo que escuchaba.
21. O arrogantes.

11 ὅπου ἄγγελοι, ἰσχύϊ καὶ δυνάμει μείζονες ὄντες,
donde ángeles, en fuerza y poder mayores siendo,

οὐ φέρουσι κατ᾽ αὐτῶν παρὰ Κυρίῳ βλάσφημον κρίσιν.
no traen contra ellos ante Señor blasfemo juicio.

12 οὗτοι δέ, ὡς ἄλογα ζῷα φυσικὰ
Estos sin embargo, como irracionales animales naturales

γεγεννημένα εἰς ἅλωσιν καὶ φθοράν, ἐν οἷς
habiendo nacido para captura y destrucción, de lo que

ἀγνοοῦσι βλασφημοῦντες, ἐν τῇ φθορᾷ
ignoran blasfemando, en la destrucción

αὐτῶν καταφθαρήσονται,²²
de ellos serán destruidos,

13 κομιούμενοι²³ μισθὸν ἀδικίας· ἡδονὴν ἡγούμενοι
recibiendo recompensa de injusticia, (como) placer teniendo

τὴν ἐν ἡμέρᾳ τρυφήν, σπίλοι καὶ μῶμοι,
el cada día disfrute, inmundicias y manchas (siendo),

ἐντρυφῶντες ἐν ταῖς ἀπάταις αὐτῶν
disfrutando en los engaños de ellos

συνευωχούμενοι ὑμῖν,
habiendo comido con vosotros,

14 ὀφθαλμοὺς ἔχοντες μεστοὺς μοιχαλίδος καὶ
ojos teniendo llenos de adúltera²⁴ y

ἀκαταπαύστους ἁμαρτίας, δελεάζοντες ψυχὰς ἀστηρίκτους,
no saciándose de pecado, enredando a almas inestables,²⁵

καρδίαν γεγυμνασμένην πλεονεξίας
corazón habiendo sido habituado a codicia

ἔχοντες, κατάρας τέκνα·
teniendo, de maldición hijos (siendo).

15 καταλείποντες εὐθεῖαν ὁδὸν ἐπλανήθησαν, ἐξακολουθήσαντες
habiendo dejado recto camino se extraviaron, siguiendo

τῇ ὁδῷ τοῦ Βαλαὰμ τοῦ Βοσόρ,
el camino de Balaam de Bosor,

ὃς μισθὸν ἀδικίας ἠγάπησεν,
el cual recompensa de injusticia amó.

16 ἔλεγξιν δὲ ἔσχεν ἰδίας παρανομίας·
refutación sin embargo tuvo de su propia iniquidad.

ὑποζύγιον ἄφωνον ἐν ἀνθρώπου φωνῇ
Acémila²⁶ muda con de hombre voz

φθεγξάμενον ἐκώλυσε τὴν τοῦ προφήτου παραφρονίαν.
habiendo emitido sonidos frenó la del profeta locura.

17 οὗτοί εἰσι πηγαὶ ἄνυδροι, νεφέλαι²⁷ ὑπὸ λαίλαπος
Éstos son fuentes sin agua, nubes por tormenta

ἐλαυνόμεναι, οἷς ὁ ζόφος τοῦ σκότους
siendo empujadas, para los cuales la tiniebla de la oscuridad

εἰς αἰῶνα²⁸ τετήρηται.
para era ha sido reservada.

11Como quiera que los mismos ángeles, que son mayores en fuerza y en potencia, no pronuncian juicio de maldición contra ellas delante del Señor.
12Mas éstos, diciendo mal de las cosas que no entienden, como bestias brutas, que naturalmente son hechas para presa y destrucción, perecerán en su perdición,
13Recibiendo el galardón de su injusticia, ya que reputan por delicia poder gozar de deleites cada día. Estos son suciedades y manchas, los cuales comiendo con vosotros, juntamente se recrean en sus errores;
14Teniendo los ojos llenos de adulterio, y no saben cesar de pecar; cebando las almas inconstantes; teniendo el corazón ejercitado en codicias, siendo hijos de maldición;
15Que han dejado el camino derecho, y se han extraviado, siguiendo el camino de Balaam, hijo de Bosor, el cual amó el premio de la maldad.
16Y fué reprendido por su iniquidad: una muda bestia de carga, hablando en voz de hombre, refrenó la locura del profeta.
17Estos son fuentes sin agua, y nubes traídas de torbellino de viento: para los cuales está guardada la oscuridad de las tinieblas para siempre.

---

22. La NU sustituye por serán arruinados.
23. La NU sustituye por sufriendo.
24. Como en Romanos 7.3. La idea es que tienen la mirada dirigida hacia las mujeres que podrían caer en adulterio con ellos.
25. O inconstantes.
26. O "bestia de carga".
27. La NU añade y nieblas.
28. La NU suprime para era.

18Porque hablando arrogantes palabras de vanidad, ceban con las concupiscencias de la carne en disoluciones a los que verdaderamente habían huído de los que conversan en error;
19Prometiéndoles libertad, siendo ellos mismos siervos de corrupción. Porque el que es de alguno vencido, es sujeto a la servidumbre del que lo venció.
20Ciertamente, si habiéndose ellos apartado de las contaminaciones del mundo, por el conocimiento del Señor y Salvador Jesucristo, y otra vez envolviéndose en ellas, son vencidos, sus postrimerías les son hechas peores que los principios.
21Porque mejor les hubiera sido no haber conocido el camino de la justicia, que después de haberlo conocido, tornarse atrás del santo mandamiento que les fué dado.
22Pero les ha acontecido lo del verdadero proverbio: El perro se volvió a su vómito, y la puerca lavada a revolcarse en el cieno.

3 Carísimos, yo os escribo ahora esta segunda carta, por las cuales ambas despierto con exhortación vuestro limpio entendimiento;
2Para que tengáis memoria de las palabras que antes han sido dichas por los santos profetas, y de nuestro mandamiento, que somos apóstoles del Señor y Salvador:
3Sabiendo primero esto, que en los postrimeros días vendrán burladores, andando según sus propias concupiscencias,

18 ὑπέρογκα γὰρ ματαιότητος φθεγγόμενοι δελεάζουσιν
hinchadas (palabras) Porque de vanidad hablando seducen

ἐν ἐπιθυμίαις σαρκὸς ἀσελγείαις τοὺς ὄντως
con deseos de carne con desvergüenzas a los que realmente

ἀποφυγόντας[29] τοὺς ἐν πλάνῃ ἀναστρεφομένους,
habiendo escapado a los que en error conduciéndose,[30]

19 ἐλευθερίαν αὐτοῖς ἐπαγγελλόμενοι, αὐτοὶ δοῦλοι
libertad a ellos prometiendo, ellos mismos siervos

ὑπάρχοντες τῆς φθορᾶς· ᾧ γὰρ τις
siendo de la corrupción, por alguno Porque uno

ἥττηται, τούτῳ καὶ δεδούλωται.
ha sido vencido, por éste también ha sido esclavizado.

20 εἰ γὰρ ἀποφυγόντες τὰ μιάσματα τοῦ κόσμου
si Porque habiendo escapado de las contaminaciones del mundo

ἐν ἐπιγνώσει τοῦ Κυρίου[31] καὶ σωτῆρος Ἰησοῦ Χριστοῦ,
por conocimiento del Señor y salvador Jesús Cristo,

τούτοις δὲ πάλιν ἐμπλακέντες ἡττῶνται,
en éstas sin embargo de nuevo enredándose son vencidos,

γέγονεν αὐτοῖς τὰ ἔσχατα χείρονα τῶν πρώτων.
ha resultado para ellos lo último peor que primeras cosas.

21 κρεῖττον γὰρ ἦν αὐτοῖς μὴ ἐπεγνωκέναι τὴν ὁδὸν
mejor Porque era para ellos no haber conocido el camino

τῆς δικαιοσύνης ἢ ἐπιγνοῦσιν ὑποστρέψαι
de la justicia que conociendo (lo) apartarse

ἐκ τῆς παραδοθείσης αὐτοῖς ἁγίας ἐντολῆς.
de el entregado a ellos santo mandamiento.

22 συμβέβηκεν δὲ αὐτοῖς τὸ τῆς ἀληθοῦς παροιμίας,
Ha sucedido sin embargo a ello lo del verdadero proverbio:

κύων ἐπιστρέψας ἐπὶ τὸ ἴδιον ἐξέραμα,
perro volviendo a el propio vómito,

καί, ὗς λουσαμένη εἰς κυλισμὸν βορβόρου.
y cerda lavada a revolcamiento en cieno.

3

1 Ταύτην ἤδη, ἀγαπητοί, δευτέραν ὑμῖν γράφω ἐπιστολήν,
Esta ya, amados, segunda a vosotros escribo epístola,

ἐν αἷς διεγείρω ὑμῶν ἐν ὑπομνήσει
en las cuales levanto[32] de vosotros en recuerdo

τὴν εἰλικρινῆ διάνοιαν,
la pura mente,

2 μνησθῆναι τῶν προειρημένων ῥημάτων
para recordar las previamente habladas palabras

ὑπὸ τῶν ἁγίων προφητῶν καὶ τῆς τῶν ἀποστόλων ἡμῶν[33]
por los santos profetas y el de los apóstoles de nosotros[34]

ἐντολῆς τοῦ Κυρίου καὶ σωτῆρος·
mandamiento del Señor y salvador.

3 τοῦτο πρῶτον γινώσκοντες ὅτι ἐλεύσονται ἐπ' ἐσχάτων
Esto primero sabiendo que vendrán en últimos

τῶν ἡμερῶν ἐμπαῖκται, κατὰ τὰς ἰδίας ἐπιθυμίας
de los días engañadores[35] según los propios deseos

αὐτῶν πορευόμενοι
de ellos yendo,

---

29. La NU sustituye por los que a duras penas escapan.
30. Es decir, seducen a los que habían escapado de los que se conducen en el error.
31. La NU añade de nosotros.
32. O despierto, estímulo.
33. La NU sustituye por de vosotros.
34. Es decir, el de nosotros los apóstoles.
35. O "burladores".

4 καὶ λέγοντες· ποῦ ἐστὶν ἡ ἐπαγγελία τῆς παρουσίας
y diciendo: ¿Dónde está la promesa de la venida

αὐτοῦ; ἀφ' ἧς γὰρ οἱ πατέρες ἐκοιμήθησαν,
de él? desde la cual Porque los padres durmieron,

πάντα οὕτω διαμένει ἀπ' ἀρχῆς κτίσεως.
todo así permanece desde inicio de creación.

5 λανθάνει γὰρ αὐτοὺς τοῦτο θέλοντας ὅτι οὐρανοὶ ἦσαν
pasa inadvertido Porque a ellos esto deseando³⁶ que cielos eran

ἔκπαλαι καὶ γῆ ἐξ ὕδατος καὶ δι' ὕδατος
desde hacía tiempo y tierra de agua y a través de agua

συνεστῶσα τῷ τοῦ Θεοῦ λόγῳ,
subsistiendo por la de Dios palabra.

6 δι' ὧν ὁ τότε κόσμος ὕδατι κατακλυσθεὶς ἀπώλετο·
por lo cual el entonces mundo por agua siendo inundado pereció.

7 οἱ δὲ νῦν οὐρανοὶ καὶ ἡ γῆ τῷ αὐτοῦ³⁷
los Sin embargo de ahora cielos y la tierra por la de Él

λόγῳ τεθησαυρισμένοι εἰσὶ πυρὶ τηρούμενοι
palabra atesorados están para fuego guardados

εἰς ἡμέραν κρίσεως καὶ ἀπωλείας τῶν ἀσεβῶν ἀνθρώπων.
para día de juicio y destrucción de los impíos hombres.

8 Ἓν δὲ τοῦτο μὴ λανθανέτω ὑμᾶς, ἀγαπητοί,
en Sin embargo esto no pase inadvertido os, amados,

ὅτι μία ἡμέρα παρὰ Κυρίῳ ὡς χίλια ἔτη,
porque un día para con Señor como mil años,

καὶ χίλια ἔτη ὡς ἡμέρα μία.
y mil años como día uno.

9 οὐ βραδύνει Κύριος τῆς ἐπαγγελίας, ὥς τινες βραδύτητα
No retrasa Señor la promesa, como algunos retraso

ἡγοῦνται, ἀλλὰ μακροθυμεῖ εἰς ἡμᾶς,³⁸ μὴ βουλόμενός
consideran, sino que es longánime³⁹ hacia nosotros, no queriendo

τινας ἀπολέσθαι, ἀλλὰ πάντας εἰς μετάνοιαν
que alguno se pierda, sino que todos a arrepentimiento

χωρῆσαι.
den cabida.⁴⁰

10 Ἥξει δὲ ἡμέρα Κυρίου ὡς κλέπτης ἐν νυκτί,⁴¹
Vendrá sin embargo día de Señor como ladrón en noche,

ἐν ᾗ οὐρανοὶ ῥοιζηδὸν παρελεύσονται, στοιχεῖα
en el cual cielos estrepitosamente⁴² pasarán, elementos

δὲ καυσούμενα λυθήσονται, καὶ γῆ καὶ τὰ ἐν
sin embargo abrasándose serán destruidos, y tierra y las en

αὐτῇ ἔργα κατακαήσεται.⁴³
ella obras serán abrasadas por completo.

11 Τούτων οὖν πάντων λυομένων ποταποὺς
Estas cosas pues todas siendo destruidas, ¿Qué clase (de gente)

δεῖ ὑπάρχειν ὑμᾶς ἐν ἁγίαις ἀναστροφαῖς καὶ
es necesario ser nosotros en santas conductas y

εὐσεβείαις,
piedades,

4 Y diciendo: ¿Dónde está la promesa de su advenimiento? porque desde el día en que los padres durmieron, todas las cosas permanecen así como desde el principio de la creación.
5 Cierto ellos ignoran voluntariamente, que los cielos fueron en el tiempo antiguo, y la tierra que por agua y en agua está asentada, por la palabra de Dios;
6 Por lo cual el mundo de entonces pereció anegado en agua:
7 Mas los cielos que son ahora, y la tierra, son conservados por la misma palabra, guardados para el fuego en el día del juicio, y de la perdición de los hombres impíos.
8 Mas, oh amados, no ignoréis esta una cosa: que un día delante del Señor es como mil años y mil años como un día.
9 El Señor no tarda su promesa, como algunos la tienen por tardanza; sino que es paciente para con nosotros, no queriendo que ninguno perezca, sino que todos procedan al arrepentimiento.
10 Mas el día del Señor vendrá como ladrón en la noche; en el cual los cielos pasarán con grande estruendo, y los elementos ardiendo serán deshechos, y la tierra y las obras que en ella están serán quemadas.
11 Pues como todas estas cosas han de ser deshechas, ¿qué tales conviene que vosotros seáis en santas y pías conversaciones,

---

36. Es decir, les pasa inadvertido porque desean pasar por alto los hechos objetivos.
37. La NU sustituye por la misma.
38. La NU sustituye por vosotros.
39. Es decir, "muy paciente".
40. Como en Juan 2.6.
41. La NU omite en noche.
42. El adverbio indica estrépito, pero también el ruido que hace un objeto cuando, atravesando el aire, lo corta con un silbido.
43. La NU sustituye por serán expuestas.

12 Esperando y apresurándoos para la venida del día de Dios, en el cual los cielos siendo encendidos serán deshechos, y los elementos siendo abrasados, se fundirán?
13 Bien que esperamos cielos nuevos y tierra nueva, según sus promesas, en los cuales mora la justicia.
14 Por lo cual, oh amados, estando en esperanza de estas cosas, procurad con diligencia que seáis hallados de él sin mácula, y sin reprensión, en paz.
15 Y tened por salud la paciencia de nuestro Señor; como también nuestro amado hermano Pablo, según la sabiduría que le ha sido dada, os ha escrito también;
16 Casi en todas sus epístolas, hablando en ellas de estas cosas; entre las cuales hay algunas difíciles de entender, las cuales los indoctos e inconstantes tuercen, como también las otras Escrituras, para perdición de sí mismos.
17 Así que vosotros, oh amados, pues estáis amonestados, guardaos que por el error de los abominables no seáis juntamente extraviados, y caigáis de vuestra firmeza.
18 Mas creced en la gracia y conocimiento de nuestro Señor y Salvador Jesucristo. A él sea gloria ahora y hasta el día de la eternidad. Amén.

12 προσδοκῶντας καὶ σπεύδοντας τὴν παρουσίαν τῆς τοῦ Θεοῦ
esperando y anhelando la venida del de Dios
ἡμέρας, δι' ἣν οὐρανοὶ πυρούμενοι λυθήσονται
día, a través del cual cielos ardiendo serán destruidos
καὶ στοιχεῖα καυσούμενα τήκεται;
y elementos quemados se fundirán?

13 καινοὺς δὲ οὐρανοὺς καὶ γῆν καινὴν κατὰ τὸ
Nuevos sin embargo cielos y tierra nueva según la
ἐπάγγελμα αὐτοῦ προσδοκῶμεν, ἐν οἷς
promesa de él esperamos, en los cuales
δικαιοσύνη κατοικεῖ.
justicia mora.

14 Διό, ἀγαπητοί, ταῦτα προσδοκῶντες, σπουδάσατε
Por tanto, amados, esto esperando, anhelad
ἄσπιλοι καὶ ἀμώμητοι αὐτῷ εὑρεθῆναι ἐν εἰρήνῃ,
intachables e irreprochables ser hallados en paz,

15 καὶ τὴν τοῦ Κυρίου ἡμῶν μακροθυμίαν σωτηρίαν
y la del Señor de nosotros paciencia para salvación
ἡγεῖσθε, καθὼς καὶ ὁ ἀγαπητὸς ἡμῶν ἀδελφὸς
considerad, como también el amado de nosotros hermano
Παῦλος κατὰ τὴν αὐτῷ δοθεῖσαν σοφίαν ἔγραψεν ὑμῖν,
Pablo según la a él dada sabiduría escribió a vosotros.

16 ὡς καὶ ἐν πάσαις ἐπιστολαῖς λαλῶν ἐν αὐταῖς
Como también en todas cartas hablando en ellas
περὶ τούτων, ἐν αἷς ἐστι
acerca de estas cosas, en las cuales hay
δυσνόητά τινα, ἃ οἱ ἀμαθεῖς
cosas difíciles de entender algunas, las cuales los indoctos
καὶ ἀστήρικτοι στρεβλοῦσιν ὡς καὶ τὰς
e inconstantes tuercen como también las
λοιπὰς γραφὰς πρὸς τὴν ἰδίαν αὐτῶν ἀπώλειαν.
restantes escrituras para la propia de ellos destrucción.

17 Ὑμεῖς οὖν, ἀγαπητοί, προγινώσκοντες φυλάσσεσθε,
Vosotros pues, amados, conociendo previamente guardaos
ἵνα μὴ τῇ τῶν ἀθέσμων πλάνῃ
para que no en el de los inicuos error
συναπαχθέντες ἐκπέσητε τοῦ ἰδίου στηριγμοῦ,
siendo arrastrados conjuntamente caigáis de la propia firmeza,

18 αὐξάνετε δὲ ἐν χάριτι καὶ γνώσει
Creced sin embargo en gracia y conocimiento
τοῦ Κυρίου ἡμῶν καὶ σωτῆρος Ἰησοῦ Χριστοῦ.
del Señor de nosotros y Salvador Jesús Cristo.
αὐτῷ ἡ δόξα καὶ νῦν καὶ εἰς ἡμέραν αἰῶνος· ἀμήν.
A él (sea) la gloria tanto ahora como para día de era. Amén.

LA PRIMERA EPÍSTOLA UNIVERSAL DE
SAN JUAN APÓSTOL

1

1 Lo que era desde el principio, lo que hemos oído, lo que hemos visto con nuestros ojos, lo que hemos mirado, y palparon nuestras manos tocante al Verbo de vida;
2 (Porque la vida fué manifestada, y vimos, y testificamos, y os anunciamos aquella vida eterna, la cual estaba con el Padre, y nos ha aparecido;)
3 Lo que hemos visto y oído, eso os anunciamos, para que también vosotros tengáis comunión con nosotros: y nuestra comunión verdaderamente es con el Padre, y con su Hijo Jesucristo.
4 Y estas cosas os escribimos, para que vuestro gozo sea cumplido.
5 Y este es el mensaje que oímos de él, y os anunciamos: Que Dios es luz, y en él no hay ningunas tinieblas.
6 Si nosotros dijéremos que tenemos comunión con él, y andamos en tinieblas, mentimos, y no hacemos la verdad;
7 Mas si andamos en luz, como él está en luz, tenemos comunión entre nosotros, y la sangre de Jesucristo su Hijo nos limpia de todo pecado.

1

1 Ὅ ἦν ἀπ' ἀρχῆς, ὃ ἀκηκόαμεν,
Lo que era desde principio, lo que hemos escuchado,

ὃ ἑωράκαμεν τοῖς ὀφθαλμοῖς ἡμῶν,
lo que hemos visto con los ojos de nosotros

ὃ ἐθεασάμεθα καὶ αἱ χεῖρες ἡμῶν ἐψηλάφησαν,
lo que hemos contemplado y las manos de nosotros palparon

περὶ τοῦ λόγου τῆς ζωῆς·
acerca de la palabra de la vida.

2 καὶ ἡ ζωὴ ἐφανερώθη, καὶ ἑωράκαμεν καὶ μαρτυροῦμεν
y la vida fue manifestada, y vimos y damos testimonio

καὶ ἀπαγγέλλομεν ὑμῖν τὴν ζωὴν τὴν αἰώνιον,
y declaramos os la vida la eterna

ἥτις ἦν πρὸς τὸν πατέρα καὶ ἐφανερώθη ἡμῖν·
que estaba con el Padre y fue manifestada a nosotros.

3 ὃ ἑωράκαμεν καὶ ἀκηκόαμεν, ἀπαγγέλλομεν
lo que hemos visto y hemos escuchado, declaramos

ὑμῖν, ἵνα καὶ ὑμεῖς κοινωνίαν
a vosotros para que también vosotros comunión

ἔχητε μεθ' ἡμῶν· καὶ ἡ κοινωνία δὲ ἡ ἡμετέρα μετὰ
tengáis con nosotros y la comunión - la nuestra (es) con

τοῦ πατρὸς καὶ μετὰ τοῦ υἱοῦ αὐτοῦ Ἰησοῦ Χριστοῦ.
el Padre y con el Hijo de Él Jesús Cristo.

4 καὶ ταῦτα γράφομεν ὑμῖν, ἵνα ἡ χαρὰ ὑμῶν[1]
y estas cosas escribimos os, para que el gozo de vosotros

ᾖ πεπληρωμένη.
sea cumplido.

5 Καὶ αὕτη ἐστὶν ἡ ἀγγελία ἣν ἀκηκόαμεν
y éste es el mensaje que hemos escuchado

ἀπ' αὐτοῦ καὶ ἀναγγέλλομεν ὑμῖν, ὅτι ὁ Θεὸς φῶς ἐστι
de él y anunciamos a vosotros que Dios luz es

καὶ σκοτία ἐν αὐτῷ οὐκ ἔστιν οὐδεμία.
y oscuridad en Él no existe ninguna.

6 ἐὰν εἴπωμεν ὅτι κοινωνίαν ἔχομεν μετ' αὐτοῦ
Si decimos que comunión tenemos con Él

καὶ ἐν τῷ σκότει περιπατῶμεν, ψευδόμεθα
y en la oscuridad caminamos, mentimos

καὶ οὐ ποιοῦμεν τὴν ἀλήθειαν·
y no hacemos la verdad.

7 ἐὰν δὲ ἐν τῷ φωτὶ περιπατῶμεν, ὡς αὐτός ἐστιν
Si - en la luz caminamos, como Él está

ἐν τῷ φωτί, κοινωνίαν ἔχομεν μετ' ἀλλήλων,
en la luz, comunión tenemos los unos con los otros,

καὶ τὸ αἷμα Ἰησοῦ Χριστοῦ τοῦ υἱοῦ αὐτοῦ
y la sangre de Jesús Cristo el Hijo de Él

καθαρίζει ἡμᾶς ἀπὸ πάσης ἁμαρτίας.
limpia nos de todo pecado.

---

1. La NU sustituye por de nosotros.

8 Si dijéremos que no tenemos pecado, nos engañamos a nosotros mismos, y no hay verdad en nosotros.
9 Si confesamos nuestros pecados, él es fiel y justo para que nos perdone nuestros pecados, y nos limpie de toda maldad.
10 Si dijéremos que no hemos pecado, lo hacemos a él mentiroso, y su palabra no está en nosotros.

2 Hijitos míos, estas cosas os escribo, para que no pequéis; y si alguno hubiere pecado, abogado tenemos para con el Padre, a Jesucristo el justo;
2 Y él es la propiciación por nuestros pecados: y no solamente por los nuestros, sino también por los de todo el mundo.
3 Y en esto sabemos que nosotros le hemos conocido, si guardamos sus mandamientos.
4 El que dice, Yo le he conocido, y no guarda sus mandamientos, el tal es mentiroso, y no hay verdad en él;
5 Mas el que guarda su palabra, la caridad de Dios está verdaderamente perfecta en él: por esto sabemos que estamos en él.
6 El que dice que está en él, debe andar como él anduvo.

8 ἐὰν εἴπωμεν ὅτι ἁμαρτίαν οὐκ ἔχομεν,
Si decimos que pecado no tenemos,
ἑαυτοὺς πλανῶμεν καὶ ἡ ἀλήθεια οὐκ ἔστιν ἐν ἡμῖν.
a nosotros mismos engañamos y la verdad no está en nosotros.

9 ἐὰν ὁμολογῶμεν τὰς ἁμαρτίας ἡμῶν,
Si confesamos los pecados de nosotros
πιστός ἐστι καὶ δίκαιος, ἵνα ἀφῇ ἡμῖν τὰς ἁμαρτίας
fiel es y justo, para que perdone nos los pecados
καὶ καθαρίσῃ ἡμᾶς ἀπὸ πάσης ἀδικίας.
y limpie nos de toda injusticia.

10 ἐὰν εἴπωμεν ὅτι οὐχ ἡμαρτήκαμεν,
si decimos que no hemos pecado,
ψεύστην ποιοῦμεν αὐτόν, καὶ ὁ λόγος αὐτοῦ
mentiroso hacemos a Él, y la palabra de Él
οὐκ ἔστιν ἐν ἡμῖν.
no está en nosotros.

2 1 Τεκνία μου, ταῦτα γράφω ὑμῖν ἵνα μὴ ἁμάρτητε.
Hijitos de mí, esto escribo os para que no pequéis,
καὶ ἐάν τις ἁμάρτῃ, παράκλητον ἔχομεν
y si alguno peca, ayudador² tenemos
πρὸς τὸν πατέρα, Ἰησοῦν Χριστὸν δίκαιον·
para con el Padre, Jesús Cristo justo.

2 καὶ αὐτὸς ἱλασμός ἐστι περὶ τῶν ἁμαρτιῶν ἡμῶν,
y éste expiación es por los pecados de nosotros,
οὐ περὶ τῶν ἡμετέρων δὲ μόνον,
no por los nuestros - sólo,
ἀλλὰ καὶ περὶ ὅλου τοῦ κόσμου.
sino también por todo el mundo.

3 καὶ ἐν τούτῳ γινώσκομεν ὅτι ἐγνώκαμεν αὐτόν,
y en esto conocemos que hemos conocido lo,
ἐὰν τὰς ἐντολὰς αὐτοῦ τηρῶμεν.
si los mandamientos de Él guardamos.

4 ὁ λέγων, ἔγνωκα αὐτόν, καὶ τὰς ἐντολὰς αὐτοῦ
El que dice: he conocido a Él, y los mandamientos de Él
μὴ τηρῶν, ψεύστης ἐστί, καὶ ἐν τούτῳ
no guardando, mentiroso es, y en éste
ἡ ἀλήθεια οὐκ ἔστιν·
la verdad no está.

5 ὃς δ' ἂν τηρῇ αὐτοῦ τὸν λόγον, ἀληθῶς
El que - guarda de Él la palabra, verdaderamente
ἐν τούτῳ ἡ ἀγάπη τοῦ Θεοῦ τετελείωται.
en ése el amor de Dios se ha perfeccionado
ἐν τούτῳ γινώσκομεν ὅτι ἐν αὐτῷ ἐσμεν.
en esto conocemos que en Él estamos.

6 ὁ λέγων ἐν αὐτῷ μένειν ὀφείλει,
El que dice en él permanecer está obligado a
καθὼς ἐκεῖνος περιεπάτησε, καὶ αὐτὸς οὕτως περιπατεῖν.
como aquel caminó, también éste así caminar.

---

2. O "abogado". La palabra tiene un riquísimo significado porque se refiere a alguien al que se puede recurrir en caso de necesitar ayuda u orientación. Así se utilizaba como sinónimo de ayudante, asesor e incluso abogado.

7 Ἀδελφοί,[3] οὐκ ἐντολὴν καινὴν γράφω ὑμῖν,
Hermanos, no mandamiento nuevo escribo os,

ἀλλ' ἐντολὴν παλαιάν, ἣν εἴχετε ἀπ' ἀρχῆς.[4]
sino mandamiento antiguo, que teníais desde principio

ἡ ἐντολὴ ἡ παλαιά ἐστιν ὁ λόγος ὃν
el mandamiento el antiguo es la palabra que

ἠκούσατε ἀπ' ἀρχῆς.[5]
escuchasteis desde principio.

8 πάλιν ἐντολὴν καινὴν γράφω ὑμῖν,
De nuevo mandamiento nuevo escribo os,

ὅ ἐστιν ἀληθὲς ἐν αὐτῷ καὶ ἐν ὑμῖν,
que es verdadero en Él y en vosotros,

ὅτι ἡ σκοτία παράγεται καὶ
que la oscuridad pasa y

τὸ φῶς τὸ ἀληθινὸν ἤδη φαίνει.
la luz la verdadera ya brilla.

9 ὁ λέγων ἐν τῷ φωτὶ εἶναι, καὶ τὸν ἀδελφὸν
El que dice en la luz estar, y al hermano

αὐτοῦ μισῶν, ἐν τῇ σκοτίᾳ ἐστὶν ἕως ἄρτι.
de él odiando, en la oscuridad está hasta ahora.

10 ὁ ἀγαπῶν τὸν ἀδελφὸν αὐτοῦ ἐν τῷ φωτὶ μένει,
El que ama al hermano de él en la luz permanece,

καὶ σκάνδαλον ἐν αὐτῷ οὐκ ἔστιν·
y tropiezo en él no hay.

11 ὁ δὲ μισῶν τὸν ἀδελφὸν αὐτοῦ ἐν τῇ σκοτίᾳ ἐστὶ
El - que odia al hermano de él en la oscuridad está

καὶ ἐν τῇ σκοτίᾳ περιπατεῖ, καὶ οὐκ οἶδε ποῦ ὑπάγει,
y en la oscuridad camina, y no sabe donde va

ὅτι ἡ σκοτία ἐτύφλωσε τοὺς ὀφθαλμοὺς αὐτοῦ.
porque la oscuridad cegó los ojos de él.

12 Γράφω ὑμῖν, τεκνία, ὅτι ἀφέωνται ὑμῖν
Escribo os, hijitos, porque han sido perdonados os

αἱ ἁμαρτίαι διὰ τὸ ὄνομα αὐτοῦ.
los pecados por el nombre de él.

13 γράφω ὑμῖν, πατέρες, ὅτι ἐγνώκατε τὸν ἀπ' ἀρχῆς.
Escribo os, padres, porque conocéis al que (es) desde principio.

γράφω ὑμῖν, νεανίσκοι, ὅτι νενικήκατε τὸν πονηρόν.
Escribo os, jóvenes, porque habéis vencido al maligno.

γράφω[6] ὑμῖν, παιδία, ὅτι ἐγνώκατε τὸν πατέρα.
Escribo os, hijitos, porque habéis conocido al Padre.

14 ἔγραψα ὑμῖν, πατέρες, ὅτι ἐγνώκατε τὸν ἀπ'
Escribí os, padres, porque habéis conocido al que (es) desde

ἀρχῆς. ἔγραψα ὑμῖν, νεανίσκοι, ὅτι ἰσχυροί ἐστε καὶ
principio. Escribí os, jóvenes, porque fuertes sois y

ὁ λόγος τοῦ Θεοῦ ἐν ὑμῖν μένει καὶ νενικήκατε
la palabra de Dios en vosotros mora y habéis vencido

τὸν πονηρόν.
al maligno.

7 Hermanos, no os escribo mandamiento nuevo, sino el mandamiento antiguo que habéis tenido desde el principio: el mandamiento antiguo es la palabra que habéis oído desde el principio.
8 Otra vez os escribo un mandamiento nuevo, que es verdadero en él y en vosotros; porque las tinieblas son pasadas, y la verdadera luz ya alumbra.
9 El que dice que está en luz, y aborrece a su hermano, el tal aun está en tinieblas todavía.
10 El que ama a su hermano, está en luz, y no hay tropiezo en él.
11 Mas el que aborrece a su hermano, está en tinieblas, y anda en tinieblas, y no sabe a donde va; porque las tinieblas le han cegado los ojos.
12 Os escribo a vosotros, hijitos, porque vuestros pecados os son perdonados por su nombre.
13 Os escribo a vosotros, padres, porque habéis conocido a aquel que es desde el principio. Os escribo a vosotros, mancebos, porque habéis vencido al maligno. Os escribo a vosotros, hijitos, porque habéis conocido al Padre.
14 Os he escrito a vosotros, padres, porque habéis conocido al que es desde el principio. Os he escrito a vosotros, mancebos, porque sois fuertes, y la palabra de Dios mora en vosotros, y habéis vencido al maligno.

---

3. La NU lee amados.
4. La NU omite "desde principio".
5. La NU omite "desde principio".
6. La NU tiene "escribí" en lugar de "escribo".

15 No améis al mundo, ni las cosas que están en el mundo. Si alguno ama al mundo, el amor del Padre no está en él.
16 Porque todo lo que hay en el mundo, la concupiscencia de la carne, y la concupiscencia de los ojos, y la soberbia de la vida, no es del Padre, mas es del mundo.
17 Y el mundo se pasa, y su concupiscencia; mas el que hace la voluntad de Dios, permanece para siempre.
18 Hijitos, ya es el último tiempo: y como vosotros habéis oído que el anticristo ha de venir, así también al presente han comenzado a ser muchos anticristos; por lo cual sabemos que es el último tiempo.
19 Salieron de nosotros, mas no eran de nosotros; porque si fueran de nosotros, hubieran cierto permanecido con nosotros; pero salieron para que se manifestase que todos no son de nosotros.
20 Mas vosotros tenéis la unción del Santo, y conocéis todas las cosas.
21 No os he escrito como si ignoraseis la verdad, sino como a los que la conocéis, y que ninguna mentira es de la verdad.
22 ¿Quién es mentiroso, sino el que niega que Jesús es el Cristo? Este tal es anticristo, que niega al Padre y al Hijo.
23 Cualquiera que niega al Hijo, este tal tampoco tiene al Padre. Cualquiera que confiesa al Hijo tiene también al Padre.
24 Pues lo que habéis oído desde el principio, sea permaneciente en vosotros. Si lo que habéis oído desde el principio fuere permaneciente en vosotros, también vosotros permaneceréis en el Hijo y en el Padre.

15 Μὴ ἀγαπᾶτε τὸν κόσμον μηδὲ τὰ ἐν τῷ κόσμῳ.
No améis el mundo ni las cosas (que están) en el mundo.
ἐάν τις ἀγαπᾷ τὸν κόσμον, οὐκ ἔστιν
Si alguien ama el mundo, no está
ἡ ἀγάπη τοῦ πατρὸς ἐν αὐτῷ·
el amor del Padre en él.

16 ὅτι πᾶν τὸ ἐν τῷ κόσμῳ, ἡ ἐπιθυμία τῆς σαρκὸς
porque todo lo que (hay) en el mundo, el deseo de la carne
καὶ ἡ ἐπιθυμία τῶν ὀφθαλμῶν καὶ ἡ ἀλαζονεία τοῦ βίου,
y el deseo de los ojos y la vanagloria de la vida,
οὐκ ἔστιν ἐκ τοῦ πατρὸς, ἀλλ' ἐκ τοῦ κόσμου ἐστί.
no es de el Padre, sino de el mundo es.

17 καὶ ὁ κόσμος παράγεται καὶ ἡ ἐπιθυμία αὐτοῦ·
y el mundo pasa y el deseo de él,
ὁ δὲ ποιῶν τὸ θέλημα τοῦ Θεοῦ μένει εἰς τὸν αἰῶνα.
el que Pero hace la voluntad de Dios permanece para la era.

18 Παιδία, ἐσχάτη ὥρα ἐστί, καὶ καθὼς ἠκούσατε ὅτι
Hijitos, última hora es, y como habéis oído que
ὁ[7] ἀντίχριστος ἔρχεται, καὶ νῦν ἀντίχριστοι πολλοὶ
el anticristo viene, y ahora anticristos muchos
γεγόνασιν· ὅθεν γινώσκομεν ὅτι ἐσχάτη ὥρα ἐστίν.
han llegado a ser, por esto sabemos que última hora es.

19 ἐξ ἡμῶν ἐξῆλθον, ἀλλ' οὐκ ἦσαν ἐξ ἡμῶν·
De nosotros salieron, porque no eran de nosotros,
εἰ γὰρ ἦσαν ἐξ ἡμῶν, μεμενήκεισαν ἂν
si Porque hubieran sido de nosotros, habrían permanecido -
μεθ' ἡμῶν· ἀλλ' ἵνα φανερωθῶσιν ὅτι οὐκ εἰσὶ
con nosotros, pero para que se manifestaran que no son
πάντες ἐξ ἡμῶν.
todos de nosotros.

20 καὶ ὑμεῖς χρῖσμα ἔχετε ἀπὸ τοῦ ἁγίου, καὶ οἴδατε πάντα.[8]
y vosotros unción tenéis de el Santo, y conocéis todo.

21 οὐκ ἔγραψα ὑμῖν ὅτι οὐκ οἴδατε τὴν ἀλήθειαν,
No escribí os porque no conocéis la verdad,
ἀλλ' ὅτι οἴδατε αὐτήν, καὶ ὅτι πᾶν ψεῦδος
sino que conocéis la, y porque toda falsedad
ἐκ τῆς ἀληθείας οὐκ ἔστι.
de la verdad no es.

22 Τίς ἐστιν ὁ ψεύστης, εἰ μὴ ὁ ἀρνούμενος
¿Quién es el mentiroso, si no el negando
ὅτι Ἰησοῦς οὐκ ἔστιν ὁ Χριστός; οὗτός ἐστιν
que Jesús no es el Cristo?[9] Éste es
ὁ ἀντίχριστος, ὁ ἀρνούμενος τὸν πατέρα καὶ τὸν υἱόν.
el anticristo, el que niega al Padre y al Hijo.

23 ὁ ὁμολογῶν τὸν υἱὸν καὶ τὸν πατέρα ἔχει.
El confesando al Hijo también al Padre tiene.

24 ὑμεῖς οὖν ὃ ἠκούσατε ἀπ' ἀρχῆς, ἐν ὑμῖν
Vosotros pues lo que escuchasteis desde principio, en vosotros
μενέτω. ἐὰν ἐν ὑμῖν μείνῃ ὃ ἀπ' ἀρχῆς
permanezca, si en vosotros permanece lo que desde principio
ἠκούσατε, καὶ ὑμεῖς ἐν τῷ υἱῷ καὶ ἐν τῷ πατρὶ μενεῖτε.
habéis oído también vosotros en el Hijo y en el Padre permaneceréis.

---

7. La NU omite "el".
8. La NU tiene todos.
9. Es decir, el que niega que Jesús es el mesías.

25 καὶ αὕτη ἐστὶν ἡ ἐπαγγελία ἣν αὐτὸς
y ésta es la promesa que él
ἐπηγγείλατο ἡμῖν, τὴν ζωὴν τὴν αἰώνιον.
prometió nos, la vida la eterna.

26 Ταῦτα ἔγραψα ὑμῖν περὶ τῶν πλανώντων ὑμᾶς.
Esto escribí os acerca de los que engañan os.

27 καὶ ὑμεῖς τὸ χρῖσμα ὃ ἐλάβετε ἀπ᾽ αὐτοῦ ἐν ὑμῖν
y vosotros la unción que recibisteis de él en vosotros
μένει, καὶ οὐ χρείαν ἔχετε ἵνα τις διδάσκῃ ὑμᾶς·
permanece, y no necesidad tenéis para que alguien enseñe os,
ἀλλ᾽ ὡς τὸ αὐτὸ χρῖσμα διδάσκει ὑμᾶς περὶ πάντων,
sino que la misma unción enseña os acerca de todas las cosas,
καὶ ἀληθές ἐστι καὶ οὐκ ἔστι ψεῦδος,
y verdadero es y no es mentiroso,
καὶ καθὼς ἐδίδαξεν ὑμᾶς, μενεῖτε[10] ἐν αὐτῷ.
y como enseñó os, permaneceréis en él.

28 Καὶ νῦν, τεκνία, μένετε ἐν αὐτῷ,
Y ahora, hijitos, permaneced en él,
ἵνα ὅταν[11] φανερωθῇ ἔχωμεν παρρησίαν
para que cuando sea manifestado tengamos confianza
καὶ μὴ αἰσχυνθῶμεν ἀπ᾽ αὐτοῦ
y no seamos avergonzados lejos de él
ἐν τῇ παρουσίᾳ αὐτοῦ.
en la venida de él.

29 ἐὰν εἰδῆτε ὅτι δίκαιός ἐστι, γινώσκετε ὅτι πᾶς
Si sabéis que justo es, conoced que todo
ὁ ποιῶν τὴν δικαιοσύνην ἐξ αὐτοῦ γεγέννηται
el que hace la justicia de él ha nacido.

3 **1** Ἴδετε ποταπὴν ἀγάπην δέδωκεν ἡμῖν ὁ πατὴρ
Mirad cuánto amor ha dado nos el Padre
ἵνα τέκνα Θεοῦ κληθῶμεν.[12] διὰ τοῦτο ὁ κόσμος
para que hijos de Dios seamos llamados. Por esto el mundo
οὐ γινώσκει ὑμᾶς,[13] ὅτι οὐκ ἔγνω αὐτόν.
no conoce os, porque no conoció lo.

2 Ἀγαπητοί, νῦν τέκνα Θεοῦ ἐσμεν, καὶ
Amados, ahora hijos de Dios somos, y
οὔπω ἐφανερώθη τί ἐσόμεθα. οἴδαμεν δὲ ὅτι ἐὰν
todavía no se ha manifestado qué seremos. Sabemos - que si
φανερωθῇ, ὅμοιοι αὐτῷ ἐσόμεθα, ὅτι ὀψόμεθα αὐτὸν
se manifiesta, semejantes a él Seremos, porque veremos lo
καθώς ἐστι.
como es.

3 καὶ πᾶς ὁ ἔχων τὴν ἐλπίδα ταύτην ἐπ᾽ αὐτῷ
y todo el que tiene la esperanza esta en sí
ἁγνίζει ἑαυτὸν, καθὼς ἐκεῖνος ἁγνός ἐστι.
purifica a sí mismo, como Aquel puro es.

4 Πᾶς ὁ ποιῶν τὴν ἁμαρτίαν καὶ τὴν ἀνομίαν
Todo el que hace el pecado también la iniquidad
ποιεῖ, καὶ ἡ ἁμαρτία ἐστὶν ἡ ἀνομία.
hace, y el pecado es la iniquidad.[14]

25 Y esta es la promesa, la cual él nos prometió, la vida eterna.
26 Os he escrito esto sobre los que os engañan.
27 Pero la unción que vosotros habéis recibido de él, mora en vosotros, y no tenéis necesidad que ninguno os enseñe; mas como la unción misma os enseña de todas cosas, y es verdadera, y no es mentira, así como os ha enseñado, perseveraréis en él.
28 Y ahora, hijitos, perseverad en él; para que cuando apareciere, tengamos confianza, y no seamos confundidos de él en su venida.
29 Si sabéis que él es justo, sabed también que cualquiera que hace justicia, es nacido de él.

3 Mirad cuál amor nos ha dado el Padre, que seamos llamados hijos de Dios: por esto el mundo no nos conoce, porque no le conoce a él.
2 Muy amados, ahora somos hijos de Dios, y aun no se ha manifestado lo que hemos de ser; pero sabemos que cuando él apareciere, seremos semejantes a él, porque le veremos como él es.
3 Y cualquiera que tiene esta esperanza en él, se purifica, como él también es limpio.
4 Cualquiera que hace pecado, traspasa también la ley; pues el pecado es transgresión de la ley.

---
10. La NU sustituye por permanecéis.
11. La NU sustituye "cuando" por "si".
12. La NU añade "y somos".
13. La NU tiene nos.
14. Es decir, la acción contra la ley.

5 Y sabéis que él apareció para quitar nuestros pecados, y no hay pecado en él.
6 Cualquiera que permanece en él, no peca; cualquiera que peca, no le ha visto, ni le ha conocido.
7 Hijitos, no os engañe ninguno: el que hace justicia, es justo, como él también es justo.
8 El que hace pecado, es del diablo; porque el diablo peca desde el principio. Para esto apareció el Hijo de Dios, para deshacer las obras del diablo.
9 Cualquiera que es nacido de Dios, no hace pecado, porque su simiente está en él; y no puede pecar, porque es nacido de Dios.
10 En esto son manifiestos los hijos de Dios, y los hijos del diablo: cualquiera que no hace justicia, y que no ama a su hermano, no es de Dios.
11 Porque, este es el mensaje que habéis oído desde el principio: Que nos amemos unos a otros.
12 No como Caín, que era del maligno, y mató a su hermano. ¿Y por qué causa le mató? Porque sus obras eran malas, y las de su hermano justas.
13 Hermanos míos, no os maravilléis si el mundo os aborrece.

5 καὶ οἴδατε ὅτι ἐκεῖνος ἐφανερώθη
y sabéis que Aquel fue manifestado
ἵνα τὰς ἁμαρτίας ἡμῶν ἄρῃ,
para que los pecados de nosotros quitara
καὶ ἁμαρτία ἐν αὐτῷ οὐκ ἔστι.
y pecado en él no hay.

6 πᾶς ὁ ἐν αὐτῷ μένων οὐχ ἁμαρτάνει·
Todo el que en él permanece no peca.
πᾶς ὁ ἁμαρτάνων οὐχ ἑώρακεν αὐτὸν
Todo el que peca no ha visto lo
οὐδὲ ἔγνωκεν αὐτόν.
ni ha conocido lo.

7 Τεκνία, μηδεὶς πλανάτω ὑμᾶς· ὁ ποιῶν τὴν δικαιοσύνην
Hijitos, ninguno engañe os. El que hace la justicia
δίκαιός ἐστι, καθὼς ἐκεῖνος δίκαιός ἐστιν·
justo es, como aquel justo es.

8 ὁ ποιῶν τὴν ἁμαρτίαν ἐκ τοῦ διαβόλου ἐστίν,
El que hace el pecado de el diablo es,
ὅτι ἀπ' ἀρχῆς ὁ διάβολος ἁμαρτάνει.
porque desde principio el diablo peca.
εἰς τοῦτο ἐφανερώθη ὁ υἱὸς τοῦ Θεοῦ,
Para esto fue manifestado el Hijo de Dios
ἵνα λύσῃ τὰ ἔργα τοῦ διαβόλου.
para que deshaga las obras del diablo.

9 Πᾶς ὁ γεγεννημένος ἐκ τοῦ Θεοῦ ἁμαρτίαν
Todo el nacido de - Dios pecado
οὐ ποιεῖ, ὅτι σπέρμα αὐτοῦ ἐν αὐτῷ μένει·
no hace, porque simiente de Él en él permanece,
καὶ οὐ δύναται ἁμαρτάνειν, ὅτι ἐκ τοῦ Θεοῦ γεγέννηται.
y no puede pecar, porque de Dios ha nacido.

10 ἐν τούτῳ φανερά ἐστι τὰ τέκνα τοῦ Θεοῦ
En esto manifiestos son los hijos de Dios
καὶ τὰ τέκνα τοῦ διαβόλου· πᾶς ὁ μὴ ποιῶν
y los hijos del diablo. Todo el no haciendo
δικαιοσύνην οὐκ ἔστιν ἐκ τοῦ Θεοῦ,
justicia no es de Dios,
καὶ ὁ μὴ ἀγαπῶν τὸν ἀδελφὸν αὐτοῦ.
y el no amando al hermano de él.

11 Ὅτι αὕτη ἐστὶν ἡ ἀγγελία ἣν ἠκούσατε
Porque éste es el mensaje que escuchamos
ἀπ' ἀρχῆς, ἵνα ἀγαπῶμεν ἀλλήλους·
desde principio, que amemos unos a otros.

12 οὐ καθὼς Κάϊν ἐκ τοῦ πονηροῦ ἦν
No como Caín de el maligno era
καὶ ἔσφαξε τὸν ἀδελφὸν αὐτοῦ· καὶ χάριν
y mató al hermano de él ¿y a causa
τίνος ἔσφαξεν αὐτόν; ὅτι τὰ ἔργα αὐτοῦ
de qué mató lo? Porque las obras de él
πονηρὰ ἦν, τὰ δὲ τοῦ ἀδελφοῦ αὐτοῦ δίκαια.
malas eran, las Pero del hermano de él justas.

13 Μὴ θαυμάζετε, ἀδελφοί μου, εἰ μισεῖ ὑμᾶς ὁ κόσμος.
No os maravilléis, hermanos de mí, si odia os el mundo.

14 ἡμεῖς οἴδαμεν ὅτι μεταβεβήκαμεν ἐκ τοῦ θανάτου
Nosotros sabemos que hemos pasado de la muerte

εἰς τὴν ζωήν, ὅτι ἀγαπῶμεν τοὺς ἀδελφούς·
a la vida, porque amamos a los hermanos.

ὁ μὴ ἀγαπῶν τὸν ἀδελφὸν[15] αὐτοῦ μένει ἐν τῷ θανάτῳ.
El que no ama al hermano de él permanece en la muerte.

15 πᾶς ὁ μισῶν τὸν ἀδελφὸν αὐτοῦ ἀνθρωποκτόνος ἐστί·
Todo el odiando al hermano de él homicida es,

καὶ οἴδατε ὅτι πᾶς ἀνθρωποκτόνος οὐκ ἔχει
y sabéis que todo homicida no tiene

ζωὴν αἰώνιον ἐν ἑαυτῷ μένουσαν.
vida eterna en él permaneciendo.

16 ἐν τούτῳ ἐγνώκαμεν τὴν ἀγάπην, ὅτι ἐκεῖνος
En esto hemos conocido el amor, que aquel

ὑπὲρ ἡμῶν τὴν ψυχὴν αὐτοῦ ἔθηκε·
por nosotros la vida de él puso,

καὶ ἡμεῖς ὀφείλομεν ὑπὲρ τῶν ἀδελφῶν τὰς ψυχὰς θεῖναι.
y nosotros debemos por los hermanos las vidas poner.

17 ὃς δ' ἂν ἔχῃ τὸν βίον τοῦ κόσμου καὶ
El que sin embargo tiene el recurso[16] del mundo y

θεωρῇ τὸν ἀδελφὸν αὐτοῦ χρείαν ἔχοντα
ve al hermano de él necesidad teniendo

καὶ κλείσῃ τὰ σπλάγχνα αὐτοῦ ἀπ' αὐτοῦ,
y cierra las entrañas de él de él[17]

πῶς ἡ ἀγάπη τοῦ Θεοῦ μένει ἐν αὐτῷ;
¿Cómo el amor de Dios permanece en él?

18 Τεκνία μου, μὴ ἀγαπῶμεν λόγῳ μηδὲ τῇ γλώσσῃ,
Hijitos de mí, no amemos de palabra ni con la lengua,

ἀλλὰ ἐν ἔργῳ καὶ ἀληθείᾳ.
sino en obra y en verdad.

19 καὶ ἐν τούτῳ γινώσκομεν[18] ὅτι ἐκ τῆς ἀληθείας
Y en esto conocemos que de la verdad

ἐσμέν, καὶ ἔμπροσθεν αὐτοῦ πείσομεν
somos, y delante de él aseguraremos[19]

τὰς καρδίας ἡμῶν,
los corazones de nosotros,

20 ὅτι ἐὰν καταγινώσκῃ ἡμῶν ἡ καρδία, ὅτι μείζων
porque si condena de nosotros el corazón, - mayor

ἐστὶν ὁ Θεὸς τῆς καρδίας ἡμῶν καὶ γινώσκει πάντα.
es - Dios que el corazón de nosotros y conoce todo.

21 ἀγαπητοί, ἐὰν ἡ καρδία ἡμῶν μὴ καταγινώσκῃ ἡμῶν,
Amados, si el corazón de nosotros no condena nos

παρρησίαν ἔχομεν πρὸς τὸν Θεόν,
confianza tenemos para con - Dios,

22 καὶ ὃ ἐὰν αἰτῶμεν λαμβάνομεν παρ' αὐτοῦ,
y lo que - pidamos recibimos de Él

ὅτι τὰς ἐντολὰς αὐτοῦ τηροῦμεν
porque los mandamientos de Él guardamos

καὶ τὰ ἀρεστὰ ἐνώπιον αὐτοῦ ποιοῦμεν.
y lo agradable ante Él hacemos.

14Nosotros sabemos que hemos pasado de muerte a vida, en que amamos a los hermanos. El que no ama a su hermano, está en muerte.
15Cualquiera que aborrece a su hermano, es homicida; y sabéis que ningún homicida tiene vida eterna permaneciente en sí.
16En esto hemos conocido el amor, porque él puso su vida por nosotros: también nosotros debemos poner nuestras vidas por los hermanos.
17Mas el que tuviere bienes de este mundo, y viere a su hermano tener necesidad, y le cerrare sus entrañas, ¿cómo está el amor de Dios en él?
18Hijitos míos, no amemos de palabra ni de lengua, sino de obra y en verdad.
19Y en esto conocemos que somos de la verdad, y tenemos nuestros corazones certificados delante de él.
20Porque si nuestro corazón nos reprendiere, mayor es Dios que nuestro corazón, y conoce todas las cosas.
21Carísimos, si nuestro corazón no nos reprende, confianza tenemos en Dios;
22Y cualquier cosa que pidiéremos, la recibiremos de él, porque guardamos sus mandamientos, y hacemos las cosas que son agradables delante de él.

---

15. La NU suprime "al hermano".
16. Es decir, los medios para vivir.
17. Es decir, si cierra sus entrañas a su hermano.
18. La NU dice "conoceremos".
19. Es decir, tendremos seguros.

23 Y éste es su mandamiento: Que creamos en el nombre de su Hijo Jesucristo, y nos amemos unos a otros como nos lo ha mandado.
24 Y el que guarda sus mandamientos, está en él, y él en él. Y en esto sabemos que él permanece en nosotros, por el Espíritu que nos ha dado.

4 Amados, no creáis a todo espíritu, sino probad los espíritus si son de Dios; porque muchos falsos profetas son salidos en el mundo.
2 En esto conoced el Espíritu de Dios: todo espíritu que confiesa que Jesucristo es venido en carne es de Dios:
3 Y todo espíritu que no confiesa que Jesucristo es venido en carne, no es de Dios: y éste es el espíritu del anticristo, del cual vosotros habéis oído que ha de venir, y que ahora ya está en el mundo.
4 Hijitos, vosotros sois de Dios, y los habéis vencido; porque el que en vosotros está, es mayor que el que está en el mundo.
5 Ellos son del mundo; por eso hablan del mundo, y el mundo los oye.
6 Nosotros somos de Dios: el que conoce a Dios, nos oye: el que no es de Dios, no nos oye. Por esto conocemos el espíritu de verdad y el espíritu de error.

23 καὶ αὕτη ἐστὶν ἡ ἐντολὴ αὐτοῦ, ἵνα πιστεύσωμεν
Y éste es el mandamiento de Él, que creamos
τῷ ὀνόματι τοῦ υἱοῦ αὐτοῦ Ἰησοῦ Χριστοῦ
en el nombre del Hijo de Él Jesús Cristo
καὶ ἀγαπῶμεν ἀλλήλους καθὼς ἔδωκεν ἐντολὴν ἡμῖν.
y amemos unos a otros como dio mandamiento a nosotros.

24 καὶ ὁ τηρῶν τὰς ἐντολὰς αὐτοῦ ἐν αὐτῷ μένει,
Y el que guarda los mandamientos de Él en Él permanece
καὶ αὐτὸς ἐν αὐτῷ. καὶ ἐν τούτῳ γινώσκομεν
y Él en él y en esto conocemos
ὅτι μένει ἐν ἡμῖν, ἐκ τοῦ Πνεύματος οὗ ἡμῖν ἔδωκεν.
que permanece en nosotros, por el Espíritu que nos dio.

4 1 Ἀγαπητοί, μὴ παντὶ πνεύματι πιστεύετε,
Amados, no a todo espíritu creáis,
ἀλλὰ δοκιμάζετε τὰ πνεύματα εἰ ἐκ τοῦ Θεοῦ ἐστιν·
sino probad los espíritus si de Dios son,
ὅτι πολλοὶ ψευδοπροφῆται ἐξεληλύθασιν εἰς τὸν κόσμον.
porque muchos falsos profetas han salido a el mundo.

2 ἐν τούτῳ γινώσκετε τὸ πνεῦμα τοῦ Θεοῦ· πᾶν πνεῦμα
En esto conoced el Espíritu de Dios: todo espíritu
ὃ ὁμολογεῖ Ἰησοῦν Χριστὸν ἐν σαρκὶ ἐληλυθότα,
que confiesa a Jesús Cristo en carne habiendo venido
ἐκ τοῦ Θεοῦ ἐστι·
de Dios es.

3 καὶ πᾶν πνεῦμα ὃ μὴ ὁμολογεῖ τὸν Ἰησοῦν Χριστὸν ἐν σαρκὶ
y todo espíritu que no confiesa a Jesús Cristo en carne
ἐν σαρκὶ ἐληλυθότα,[20] ἐκ τοῦ Θεοῦ οὐκ ἐστι·
en carne habiendo venido, de - Dios no es.
καὶ τοῦτό ἐστι τὸ τοῦ ἀντιχρίστου, ὃ ἀκηκόατε
Y éste es el (espíritu) del anticristo, que habéis oído
ὅτι ἔρχεται, καὶ νῦν ἐν τῷ κόσμῳ ἐστὶν ἤδη.
que viene, y ahora en el mundo está ya.

4 Ὑμεῖς ἐκ τοῦ Θεοῦ ἐστε, τεκνία, καὶ νενικήκατε
Vosotros de - Dios sois, hijitos, y habéis vencido
αὐτούς, ὅτι μείζων ἐστὶν ὁ ἐν ὑμῖν
los, porque mayor es el que en vosotros
ἢ ὁ ἐν τῷ κόσμῳ.
está que el que en el mundo.

5 αὐτοὶ ἐκ τοῦ κόσμου εἰσί· διὰ τοῦτο
Estos de el mundo son. Por esto
ἐκ τοῦ κόσμου λαλοῦσι καὶ ὁ κόσμος αὐτῶν ἀκούει.
de el mundo hablan y el mundo los escucha.

6 ἡμεῖς ἐκ τοῦ Θεοῦ ἐσμεν· ὁ γινώσκων τὸν Θεὸν
Nosotros de Dios somos. El que conoce a Dios
ἀκούει ἡμῶν. ὃς οὐκ ἔστιν ἐκ τοῦ Θεοῦ
oye nos. El que no es de Dios
οὐκ ἀκούει ἡμῶν. ἐκ τούτου γινώσκομεν τὸ πνεῦμα
no oye nos. De esto conocemos el espíritu
τῆς ἀληθείας καὶ τὸ πνεῦμα τῆς πλάνης.
de la verdad y el espíritu del error.

---

20. La NU omite "que Cristo en carne ha venido".

7 Ἀγαπητοί, ἀγαπῶμεν ἀλλήλους, ὅτι ἡ ἀγάπη
Amados, amémonos los unos a los otros, porque el amor
ἐκ τοῦ Θεοῦ ἐστι, καὶ πᾶς ὁ ἀγαπῶν
de Dios es, y todo el amando
ἐκ τοῦ Θεοῦ γεγέννηται καὶ γινώσκει τὸν Θεόν.
de - Dios ha nacido y conoce a Dios.

8 ὁ μὴ ἀγαπῶν οὐκ ἔγνω τὸν Θεόν, ὅτι ὁ Θεὸς ἀγάπη ἐστίν.
El no amando no conoce a Dios, porque Dios amor es.

9 ἐν τούτῳ ἐφανερώθη ἡ ἀγάπη τοῦ Θεοῦ
En esto ha sido manifestado el amor de Dios
ἐν ἡμῖν, ὅτι τὸν υἱὸν αὐτοῦ τὸν μονογενῆ
en nosotros, que al Hijo de él al unigénito
ἀπέσταλκεν ὁ Θεὸς εἰς τὸν κόσμον ἵνα ζήσωμεν δι᾽ αὐτοῦ.
envió - Dios a el mundo para que vivamos por él.

10 ἐν τούτῳ ἐστὶν ἡ ἀγάπη, οὐχ ὅτι ἡμεῖς
En esto está el amor, no que nosotros
ἠγαπήσαμεν τὸν Θεόν, ἀλλ᾽ ὅτι αὐτὸς ἠγάπησεν
amamos²¹ a Dios, sino que Él amó
ἡμᾶς καὶ ἀπέστειλεν τὸν υἱὸν αὐτοῦ ἱλασμὸν περὶ
nos y envió al Hijo de Él (como) expiación por
τῶν ἁμαρτιῶν ἡμῶν.
los pecados de nosotros.

11 Ἀγαπητοί, εἰ οὕτως ὁ Θεὸς ἠγάπησεν ἡμᾶς, καὶ ἡμεῖς
Amados, si así - Dios amó nos, también nosotros
ὀφείλομεν ἀλλήλους ἀγαπᾶν.
debemos unos a otros amar.

12 Θεὸν οὐδεὶς πώποτε τεθέαται· ἐὰν ἀγαπῶμεν
A Dios nadie nunca ha visto. Si amamos
ἀλλήλους, ὁ Θεὸς ἐν ἡμῖν μένει καὶ ἡ ἀγάπη αὐτοῦ
unos a otros, - Dios en nosotros permanece y el amor de Él
τετελειωμένη ἐστιν ἐν ἡμῖν.
habiendo sido perfeccionado está en nosotros.

13 ἐν τούτῳ γινώσκομεν ὅτι ἐν αὐτῷ μένομεν καὶ αὐτὸς
En esto conocemos que en él permanecemos y Él
ἐν ἡμῖν, ὅτι ἐκ τοῦ πνεύματος αὐτοῦ δέδωκεν ἡμῖν.
en nosotros, que de el Espíritu de Él dio nos.

14 καὶ ἡμεῖς τεθεάμεθα καὶ μαρτυροῦμεν ὅτι
Y nosotros hemos visto y testificamos que
ὁ πατὴρ ἀπέσταλκε τὸν υἱὸν σωτῆρα τοῦ κόσμου.
el Padre envió al Hijo (como) salvador del mundo.

15 ὃς ἂν ὁμολογήσῃ ὅτι Ἰησοῦς ἐστιν ὁ υἱὸς τοῦ Θεοῦ,
Cualquiera que confiesa que Jesús es el Hijo de Dios
ὁ Θεὸς ἐν αὐτῷ μένει καὶ αὐτὸς ἐν τῷ Θεῷ.
- Dios en él permanece y él en - Dios.

16 καὶ ἡμεῖς ἐγνώκαμεν καὶ πεπιστεύκαμεν τὴν ἀγάπην
Y nosotros hemos conocido y hemos creído el amor
ἣν ἔχει ὁ Θεὸς ἐν ἡμῖν. Ὁ Θεὸς ἀγάπη ἐστί,
que tiene Dios en nosotros. - Dios amor es,
καὶ ὁ μένων ἐν τῇ ἀγάπῃ ἐν τῷ Θεῷ μένει
y el permaneciendo en el amor en - Dios permanece
καὶ ὁ Θεὸς ἐν αὐτῷ.
también - Dios en él.

7Carísimos, amémonos unos a otros; porque el amor es de Dios. Cualquiera que ama, es nacido de Dios, y conoce a Dios. 8El que no ama, no conoce a Dios; porque Dios es amor. 9En esto se mostró el amor de Dios para con nosotros, en que Dios envió a su Hijo unigénito al mundo, para que vivamos por él. 10En esto consiste el amor: no que nosotros hayamos amado a Dios, sino que él nos amó a nosotros, y ha enviado a su Hijo en propiciación por nuestros pecados. 11Amados, si Dios así nos ha amado, debemos también nosotros amarnos unos a otros. 12Ninguno vió jamás a Dios. Si nos amamos unos a otros, Dios está en nosotros, y su amor es perfecto en nosotros: 13En esto conocemos que estamos en él, y él en nosotros, en que nos ha dado de su Espíritu. 14Y nosotros hemos visto y testificamos que el Padre ha enviado al Hijo para ser Salvador del mundo. 15Cualquiera que confesare que Jesús es el Hijo de Dios, Dios está en él, y él en Dios. 16Y nosotros hemos conocido y creído el amor que Dios tiene para con nosotros. Dios es amor; y el que vive en amor, vive en Dios, y Dios en él.

---

21. El tiempo es aoristo y, por lo tanto, tiene significado de pasado, es decir, hemos o hayamos amado.

17En esto es perfecto el amor con nosotros, para que tengamos confianza en el día del juicio; pues como él es, así somos nosotros en este mundo.
18En amor no hay temor; mas el perfecto amor echa fuera el temor: porque el temor tiene pena. De donde el que teme, no está perfecto en el amor.
19Nosotros le amamos a él, porque él nos amó primero.
20Si alguno dice, Yo amo a Dios, y aborrece a su hermano, es mentiroso. Porque el que no ama a su hermano al cual ha visto, ¿cómo puede amar a Dios a quien no ha visto?
21Y nosotros tenemos este mandamiento de él: Que el que ama a Dios, ame también a su hermano.

5 Todo aquel que cree que Jesús es el Cristo, es nacido de Dios: y cualquiera que ama al que ha engendrado, ama también al que es nacido de él.
2En esto conocemos que amamos a los hijos de Dios, cuando amamos a Dios, y guardamos sus mandamientos.
3Porque este es el amor de Dios, que guardemos sus mandamientos; y sus mandamientos no son penosos.

17 ἐν τούτῳ τετελείωται ἡ ἀγάπη μεθ' ἡμῶν,
En esto se ha perfeccionado el amor con nosotros,
ἵνα παρρησίαν ἔχωμεν ἐν τῇ ἡμέρᾳ τῆς κρίσεως,
para que confianza tengamos en el día del juicio,
ὅτι καθὼς ἐκεῖνός ἐστι καὶ ἡμεῖς ἐσμεν
porque como Aquel es también nosotros somos
ἐν τῷ κόσμῳ τούτῳ.
en el mundo este.

18 φόβος οὐκ ἔστιν ἐν τῇ ἀγάπῃ, ἀλλ' ἡ τελεία ἀγάπη ἔξω
Miedo no existe en el amor, sino que el perfecto amor fuera
βάλλει τὸν φόβον, ὅτι ὁ φόβος κόλασιν ἔχει·
echa el miedo, porque el miedo castigo tiene.
ὁ δὲ φοβούμενος οὐ τετελείωται ἐν τῇ ἀγάπῃ.
El que teme no ha sido perfeccionado en el amor.

19 Ἡμεῖς ἀγαπῶμεν αὐτόν,²² ὅτι
Nosotros amamos lo, porque
αὐτὸς πρῶτος ἠγάπησεν ἡμᾶς.
El primero amó nos.

20 ἐάν τις εἴπῃ ὅτι ἀγαπῶ τὸν Θεόν,
Si alguno dice que amo a Dios
καὶ τὸν ἀδελφὸν αὐτοῦ μισῇ, ψεύστης ἐστίν·
y al hermano de él odia, embustero es.
ὁ γὰρ μὴ ἀγαπῶν τὸν ἀδελφὸν ὃν ἑώρακε,
el Porque no amando al hermano al que ha visto,
τὸν Θεὸν ὃν οὐχ ἑώρακε πῶς²³ δύναται ἀγαπᾶν;
¿al Dios al que no ha visto cómo puede amar?

21 καὶ ταύτην τὴν ἐντολὴν ἔχομεν ἀπ' αὐτοῦ,
Y este el mandamiento tenemos de él.
ἵνα ὁ ἀγαπῶν τὸν Θεὸν ἀγαπᾷ καὶ τὸν ἀδελφὸν αὐτοῦ.
para que el que ama a Dios ame también al hermano de él.

5 1 Πᾶς ὁ πιστεύων ὅτι Ἰησοῦς ἐστιν ὁ Χριστὸς,
Todo el que cree que Jesús es el Cristo,
ἐκ τοῦ Θεοῦ γεγέννηται, καὶ πᾶς ὁ ἀγαπῶν
de Dios ha nacido, y todo el que ama
τὸν γεννήσαντα ἀγαπᾷ καὶ τὸν γεγεννημένον ἐξ αὐτοῦ.
al que ha engendrado ama y al que ha nacido de Él.

2 ἐν τούτῳ γινώσκομεν ὅτι ἀγαπῶμεν τὰ τέκνα
En esto conocemos que amamos a los hijos
τοῦ Θεοῦ, ὅταν τὸν Θεὸν ἀγαπῶμεν καὶ
de Dios, cuando a Dios amamos y
τὰς ἐντολὰς αὐτοῦ τηρῶμεν.
los mandamientos de él guardamos.

3 αὕτη γάρ ἐστιν ἡ ἀγάπη τοῦ Θεοῦ,
éste Porque es el amor de Dios,
ἵνα τὰς ἐντολὰς αὐτοῦ τηρῶμεν·
que los mandamientos de él guardemos,
καὶ αἱ ἐντολαὶ αὐτοῦ βαρεῖαι οὐκ εἰσίν,
y los mandamientos de él pesados no son.

---

22. La NU omite "lo".
23. La NU sustituye cómo por no.

4 ὅτι πᾶν τὸ γεγεννημένον ἐκ τοῦ Θεοῦ
porque todo lo nacido de - Dios

νικᾷ τὸν κόσμον· καὶ αὕτη ἐστὶν ἡ νίκη
vence al mundo, y ésta es la victoria

ἡ νικήσασα τὸν κόσμον, ἡ πίστις ἡμῶν.[24]
que ha vencido al mundo, la fe de nosotros.

5 τίς ἐστιν ὁ νικῶν τὸν κόσμον
¿Quién es el que vence al mundo

εἰ μὴ ὁ πιστεύων ὅτι Ἰησοῦς ἐστιν
si no el que cree que Jesús es

ὁ υἱὸς τοῦ Θεοῦ;
el Hijo de Dios?

6 Οὗτός ἐστιν ὁ ἐλθὼν δι' ὕδατος καὶ αἵματος, '
Éste es el que viene mediante agua y sangre,

Ἰησοῦς Χριστός, οὐκ ἐν τῷ ὕδατι μόνον,
Jesús Cristo, no en el agua sólo

ἀλλ' ἐν τῷ ὕδατι καὶ ἐν τῷ αἵματι· καὶ τὸ Πνεῦμά
sino en el agua y en la sangre, y el Espíritu

ἐστι τὸ μαρτυροῦν, ὅτι τὸ Πνεῦμά ἐστιν ἡ ἀλήθεια.
es el que testifica, porque el Espíritu es la verdad.

7 ὅτι τρεῖς εἰσιν οἱ μαρτυροῦντες ἐν τῷ οὐρανῷ,
Porque tres son los que testifican en el cielo

ὁ Πατήρ, ὁ Λόγος καὶ τὸ Ἅγιον Πνεῦμα, καὶ οὗτοι οἱ
el Padre, la Palabra[25] y el Santo Espíritu, y éstos -

τρεῖς ἕν εἰσι.[26]
tres uno son.

4 Porque todo aquello que es nacido de Dios vence al mundo: y esta es la victoria que vence al mundo, nuestra fe.
5 ¿Quién es el que vence al mundo, sino el que cree que Jesús es el Hijo de Dios?
6 Este es Jesucristo, que vino por agua y sangre: no por agua solamente, sino por agua y sangre. Y el Espíritu es el que da testimonio: porque el Espírtiu es la verdad.
7 Porque tres son los que dan testimonio en el cielo, el Padre, el Verbo, y el Espíritu Santo: y estos tres son uno.

---

24. La NU sustituye por vosotros.
25. O el Verbo.
26. Este pasaje constituye el denominado Comma Johanneum acerca de cuya autenticidad existen enormes controversias. La NU, por ejemplo, lo omite. Erasmo lo omitió en su primera edición del Textus Receptus del Nuevo Testamento (1516), pero la controversia que provocó esa acción y, sobre todo, el hecho de que se pudieran aducir manuscritos griegos donde aparecía lo llevaron a incluirlo en la edición de 1522. El texto que parece haber convencido a Erasmo para dar ese paso fue el manuscrito 61 conservado en el Trinity College de Dublín. El Comma se encuentra también en el Codex Ravianus, en el margen del 88 y en el 629. Existen igualmente referencias patrísticas al Comma en Cipriano de Cartago (c. 250), el español Prisciliano (m. 385) e Idacio Claro. Durante el s. V, el Comma fue utilizado por diferentes autores norteafricanos para contrarrestar las afirmaciones de los invasores vándalos que negaban la doctrina de la Trinidad (439-534). En fecha muy cercana, el Comma aparece citado por Casiodoro (480-570) en Italia. El Comma aparece también en r, un antiguo manuscrito latino del s. V-VI, y en el Speculum, un tratado que contiene el viejo texto latino. A partir del s. VIII, también lo encontramos en la Vulgata latina.

Algunos autores han sostenido que se trata de una interpolación trinitaria, pero semejante teoría presenta notables problemas textuales y gramaticales. En primer lugar, de ser una interpolación habría resultado más lógico que siguiera la formulación habitual del Padre, el Hijo y el Espíritu Santo y no el Padre, el Verbo y el Espíritu Santo. Sin embargo, vemos una referencia al Verbo, algo muy propio de los escritos de Juan. En segundo lugar, la omisión del Comma deja el pasaje incompleto. De hecho, es normal en la Biblia que la repetición de términos aparezca tres veces como mínimo. Si el Comma es auténtico así sucedería efectivamente en los vv. 6, 7 y 8. La supresión del Comma, por el contrario, dejaría la repetición en un solo caso lo que resulta poco aceptable. En tercer lugar, la omisión del Comma plantea un serio problema gramatical. Las palabras espíritu, agua y sangre son del género neutro, pero en I Juan 5.8 son tratadas como si pertenecieran al género masculino. Semejante circunstancia tiene lógica si el Comma es auténtico y el antecedente del género masculino son el Padre, el Verbo y el Espíritu. Si se suprime el Comma no hay forma de explicar esa irregularidad gramatical.

Desde nuestro punto de vista, lo más posible es que el Comma sea auténtico, pero se procediera a su supresión durante los siglos II y III como forma de privar de argumentos al sabelianismo –ya que esta herejía sostenía que el Padre, el Hijo y el Espíritu no eran personas distintas sino idénticas– y al patripasianismo que no distinguía entre las personas y afirmaba por ello que el Padre había padecido y muerto en la cruz. Extirpado de los textos de Europa oriental, donde la controversia con el sabelianismo tuvo especial virulencia, se habría mantenido, sin embargo, en los textos latinos de Europa occidental –especialmente España– y norte de África donde el sabelianismo prácticamente no planteó problema alguno.

8 Y tres son los que dan testimonio en la tierra, el Espíritu, y el agua, y la sangre: y estos tres concuerdan en uno.

9 Si recibimos el testimonio de los hombres, el testimonio de Dios es mayor; porque éste es el testimonio de Dios, que ha testificado de su Hijo.

10 El que cree en el Hijo de Dios, tiene el testimonio en sí mismo: el que no cree a Dios, le ha hecho mentiroso; porque no ha creído en el testimonio que Dios ha testificado de su Hijo.

11 Y este es el testimonio: Que Dios nos ha dado vida eterna; y esta vida está en su Hijo.

12 El que tiene al Hijo, tiene al vida: el que no tiene la Hijo de Dios, no tiene la vida.

13 Estas cosas he escrito a vosotros que creéis en el nombre del Hijo de Dios, para que sepáis que tenéis vida eterna, y para que creáis en el nombre del Hijo de Dios.

14 Y esta es la confianza que tenemos en él, que si demandáremos alguna cosa conforme a su voluntad, él nos oye.

15 Y si sabemos que él nos oye en cualquiera cosa que demandáremos, sabemos que tenemos las peticiones que le hubiéremos demandado.

8 καὶ τρεῖς εἰσιν οἱ μαρτυροῦντες ἐν τῇ γῇ,
y tres son los que testifican en la tierra,
τὸ Πνεῦμα καὶ τὸ ὕδωρ καὶ τὸ αἷμα,
el Espíritu y el agua y la sangre,
καὶ οἱ τρεῖς εἰς τὸ ἕν εἰσιν.
y los tres en el uno son.[27]

9 εἰ τὴν μαρτυρίαν τῶν ἀνθρώπων λαμβάνομεν,
Si el testimonio de los hombres recibimos,
ἡ μαρτυρία τοῦ Θεοῦ μείζων ἐστίν· ὅτι αὕτη
el testimonio de Dios mayor es, porque éste
ἐστὶν ἡ μαρτυρία τοῦ Θεοῦ ἣν
es el testimonio de Dios que
μεμαρτύρηκε περὶ τοῦ υἱοῦ αὐτοῦ.
ha testificado sobre el Hijo de Él.

10 ὁ πιστεύων εἰς τὸν υἱὸν τοῦ Θεοῦ ἔχει
El que cree en el Hijo de Dios tiene
τὴν μαρτυρίαν ἐν αὐτῷ· ὁ μὴ πιστεύων τῷ Θεῷ
el testimonio en él, el que no cree en Dios
ψεύστην πεποίηκεν αὐτόν, ὅτι οὐ πεπίστευκεν
embustero ha hecho lo, porque no ha creído
εἰς τὴν μαρτυρίαν ἣν μεμαρτύρηκεν ὁ Θεὸς
en el testimonio que ha testificado Dios
περὶ τοῦ υἱοῦ αὐτοῦ.
sobre el Hijo de Él.

11 καὶ αὕτη ἐστὶν ἡ μαρτυρία, ὅτι ζωὴν αἰώνιον ἔδωκεν ἡμῖν
y éste es el testimonio, que vida eterna dio nos
ὁ Θεός, καὶ αὕτη ἡ ζωὴ ἐν τῷ υἱῷ αὐτοῦ ἐστιν.
Dios, y esta - vida en el Hijo de Él está.

12 ὁ ἔχων τὸν υἱὸν ἔχει τὴν ζωήν· ὁ μὴ ἔχων
El que tiene al Hijo tiene la vida. El que no tiene
τὸν υἱὸν τοῦ Θεοῦ τὴν ζωὴν οὐκ ἔχει.
al Hijo de Dios la vida no tiene.

13 Ταῦτα ἔγραψα ὑμῖν τοῖς πιστεύουσιν εἰς τὸ ὄνομα
Esto escribí os a los que creéis en el nombre
τοῦ υἱοῦ τοῦ Θεοῦ, ἵνα εἰδῆτε ὅτι ζωὴν ἔχετε αἰώνιον,
del Hijo de Dios, para que sepáis que vida tenéis eterna,[28]
καὶ[29] ἵνα πιστεύητε εἰς τὸ ὄνομα τοῦ υἱοῦ τοῦ Θεοῦ.
y para que creáis en el nombre del Hijo de Dios.

14 καὶ αὕτη ἐστὶν ἡ παρρησία ἣν ἔχομεν
Y ésta es la confianza[30] que tenemos
πρὸς αὐτόν, ὅτι ἐάν τι αἰτώμεθα κατὰ τὸ θέλημα αὐτοῦ,
hacia Él, que si algo pedimos según la voluntad de Él,
ἀκούει ἡμῶν.
escucha nos.

15 καὶ ἐὰν οἴδαμεν ὅτι ἀκούει ἡμῶν ὃ ἐὰν αἰτώμεθα,
Y si sabemos que escucha nos lo que pidamos,
οἴδαμεν ὅτι ἔχομεν τὰ αἰτήματα ἃ ᾐτήκαμεν παρ' αὐτοῦ.
sabemos que tenemos las peticiones que hemos pedido de Él.

---

27. Es decir, los tres concuerdan en uno.
28. La NU omite el resto del versículo.
29. Desde y hasta el final del versículo aparece omitido en la NU.
30. O libertad.

16 Ἐάν τις ἴδῃ τὸν ἀδελφὸν αὐτοῦ ἁμαρτάνοντα ἁμαρτίαν
Si alguno ve al hermano de él pecando pecado

μὴ πρὸς θάνατον, αἰτήσει, καὶ δώσει αὐτῷ ζωήν,
no para muerte, pedirá y dará a él vida, (me refiero)

τοῖς ἁμαρτάνουσι μὴ πρὸς θάνατον. ἔστιν ἁμαρτία
a los que pecan no para muerte. Hay pecado

πρὸς θάνατον· οὐ περὶ ἐκείνης
para muerte. No acerca de aquel

λέγω ἵνα ἐρωτήσῃ.
digo que se pida.

17 πᾶσα ἀδικία ἁμαρτία ἐστίν· καὶ ἔστιν ἁμαρτία οὐ
Toda injusticia pecado es. Y hay pecado no

πρὸς θάνατον.
para muerte.

18 Οἴδαμεν ὅτι πᾶς ὁ γεγεννημένος ἐκ τοῦ Θεοῦ
Sabemos que todo el que ha nacido de - Dios

οὐχ ἁμαρτάνει, ἀλλ' ὁ γεννηθεὶς ἐκ τοῦ Θεοῦ
no peca, sino que el que ha sido engendrado de - Dios

τηρεῖ ἑυτόν, καὶ ὁ πονηρὸς οὐχ ἅπτεται αὐτοῦ.
guarda asimismo y el maligno no toca lo.

19 οἴδαμεν ὅτι ἐκ τοῦ Θεοῦ ἐσμεν, καὶ ὁ κόσμος ὅλος
Sabemos que de - Dios somos, y el mundo entero

ἐν τῷ πονηρῷ κεῖται.
en el maligno[31] yace.

20 οἴδαμεν δὲ ὅτι ὁ υἱὸς τοῦ Θεοῦ ἥκει καὶ δέδωκεν
sabemos Pero que el Hijo de Dios ha venido y ha dado

ἡμῖν διάνοιαν ἵνα γινώσκωμεν τὸν ἀληθινόν·
nos entendimiento para que conozcamos al Verdadero,

καὶ ἐσμὲν ἐν τῷ ἀληθινῷ, ἐν τῷ υἱῷ αὐτοῦ Ἰησοῦ Χριστῷ.
y estamos en el Verdadero, en el Hijo de Él Jesús Cristo.

οὗτός ἐστιν ὁ ἀληθινὸς Θεὸς καὶ ζωὴ αἰώνιος.
Éste es el Verdadero Dios y vida eterna.

21 Τεκνία, φυλάξατε ἑαυτοὺς ἀπὸ τῶν εἰδώλων· ἀμήν.
Hijitos, guarda os de los ídolos. Amén.

16 Si alguno viere cometer a su hermano pecado no de muerte, demandará y se le dará vida; digo á los que pecan no de muerte. Hay pecado de muerte, por el cual yo no digo que ruegue.
17 Toda maldad es pecado; mas hay pecado no de muerte.
18 Sabemos que cualquiera que es nacido de Dios, no peca; mas el que es engendrado de Dios, se guarda a sí mismo, y el maligno no le toca.
19 Sabemos que somos de Dios, y todo el mundo está puesto en maldad.
20 Empero sabemos que el Hijo de Dios es venido, y nos ha dado entendimiento para conocer al que es verdadero: y estamos en el verdadero, en su Hijo Jesucristo. Este es el verdadero Dios, y la vida eterna.
21 Hijitos, guardaos de los ídolos. Amén.

---

31. O en lo malo.

LA SEGUNDA EPÍSTOLA UNIVERSAL DE
SAN JUAN APÓSTOL

1 EL anciano a la señora elegida y a sus hijos, a los cuales yo amo en verdad y no yo solo, sino también todos los que han conocido la verdad,
2 Por la verdad que está en nosotros, y será perpetuamente con nosotros:
3 Sea con vosotros gracia, misericordia, y paz de Dios Padre, y del Señor Jesucristo, Hijo del Padre, en verdad y en amor.
4 Mucho me he gozado, porque he hallado de tus hijos, que andan en verdad, como nosotros hemos recibido el mandamiento del Padre.
5 Y ahora te ruego, señora, no como escribiéndote un nuevo mandamiento, sino aquel que nosotros hemos tenido desde el principio, que nos amemos unos a otros.
6 Y este es amor, que andemos según sus mandamientos. Este es el mandamiento: Que andéis en él, como vosotros habéis oído desde el principio.
7 Porque muchos engañadores son entrados en el mundo, los cuales no confiesan que Jesucristo ha venido en carne. Este tal el engañador es, y el anticristo.
8 Mirad por vosotros mismos, porque no perdamos las cosas que hemos obrado, sino que recibamos galardón cumplido.

1 Ὁ πρεσβύτερος ἐκλεκτῇ κυρίᾳ καὶ τοῖς τέκνοις αὐτῆς,
El anciano   a elegida señora y a los hijos de ella,

οὓς   ἐγὼ ἀγαπῶ ἐν ἀληθείᾳ, καὶ οὐκ ἐγὼ μόνος,
a los que yo amo en verdad, y no yo solo,

ἀλλὰ καὶ   πάντες οἱ ἐγνωκότες τὴν ἀλήθειαν,
sino también todos los que han conocido la verdad,

2 διὰ τὴν ἀλήθειαν τὴν   μένουσαν ἐν ἡμῖν,
por la verdad   la que permanece en nosotros,

καὶ μεθ' ἡμῶν   ἔσται εἰς τὸν αἰῶνα·
y con nosotros estará por la Era.

3 ἔσται μεθ' ὑμῶν   χάρις, ἔλεος,   εἰρήνη
Estará con vosotros gracia, compasión, paz

παρὰ Θεοῦ πατρός καὶ παρὰ Κυρίου[1] Ἰησοῦ Χριστοῦ
de Dios Padre y de Señor Jesús Cristo

τοῦ υἱοῦ τοῦ πατρός, ἐν ἀληθείᾳ καὶ ἀγάπῃ.
el Hijo del Padre, en verdad y amor.

4 Ἐχάρην λίαν ὅτι εὕρηκα   ἐκ τῶν τέκνων σου
Me alegré mucho porque he encontrado (a los) de los hijos de ti

περιπατοῦντας ἐν ἀληθείᾳ, καθὼς ἐντολὴν
caminando   en verdad, como mandamiento

ἐλάβομεν παρὰ τοῦ πατρός.
recibimos de   el Padre.

5 καὶ νῦν   ἐρωτῶ σε, κυρία, οὐχ ὡς   ἐντολὴν
y ahora pido te, señora, no como mandamiento

γράφων   σοι καινήν, ἀλλὰ ἣν   εἴχομεν
escribiendo te nuevo, sino el que teníamos

ἀπ' ἀρχῆς, ἵνα ἀγαπῶμεν ἀλλήλους.
desde principio, para que amemos unos a otros.

6 καὶ αὕτη ἐστὶν ἡ ἀγάπη, ἵνα περιπατῶμεν κατὰ
y éste es   el amor, que caminemos según

τὰς ἐντολὰς   αὐτοῦ. αὕτη ἐστιν ἡ ἐντολή,
los mandamientos de Él, éste es   el mandamiento.

καθὼς ἠκούσατε ἀπ' ἀρχῆς, ἵνα   ἐν αὐτῇ περιπατῆτε.
Como oísteis desde principio, para que en él caminéis.

7 ὅτι   πολλοὶ πλάνοι   εἰσῆλθον εἰς τὸν κόσμον,
Porque muchos impostores entraron en el mundo,

οἱ μὴ ὁμολογοῦντες Ἰησοῦν Χριστὸν ἐρχόμενον
los no confesando a Jesús Cristo venido

ἐν σαρκί· οὗτός ἐστιν ὁ πλάνος καὶ ὁ ἀντίχριστος.
en carne. Éste es el impostor[2] y el anticristo.

8 βλέπετε ἑαυτούς,   ἵνα   μὴ ἀπολέσωμεν[3] ἃ
Mirad a vosotros mismos para que no perdamos las cosas que

εἰργασάμεθα, ἀλλὰ μισθὸν   πλήρη ἀπολάβωμεν.[4]
trabajamos, sino recompensa plena recibamos.

---

1. La NU omite Señor.
2. También seductor, el que tiene capacidad para inducir al error.
3. La NU sustituye por perdáis.
4. La NU sustituye por recibáis.

9 πᾶς ὁ παραβαίνων⁵   καὶ μὴ μένων   ἐν τῇ διδαχῇ
Todo el transgrediendo y no permaneciendo en la enseñanza

τοῦ Χριστοῦ Θεὸν οὐκ ἔχει· ὁ   μένων
de Cristo a Dios no tiene. El que permanece

ἐν τῇ διδαχῇ   τοῦ Χριστοῦ, οὗτος καὶ
en la enseñanza de Cristo,   éste no sólo

τὸν πατέρα καὶ   τὸν υἱὸν ἔχει.
al Padre sino también al Hijo tiene.

10 εἴ τις   ἔρχεται πρὸς ὑμᾶς καὶ ταύτην τὴν διδαχὴν
Si alguno viene a vosotros y esta la enseñanza

οὐ φέρει, μὴ λαμβάνετε αὐτὸν εἰς οἰκίαν,
no lleva, no recibáis lo en casa,

καὶ χαίρειν αὐτῷ μὴ λέγετε·
y saludar a él no digáis.⁶

11 ὁ   γὰρ   λέγων αὐτῷ χαίρειν κοινωνεῖ
el que Porque dice a él saludar⁷ comparte

τοῖς ἔργοις αὐτοῦ τοῖς πονηροῖς.
las obras de él las malas.

12 Πολλὰ ἔχων   ὑμῖν   γράφειν,   οὐκ ἠβουλήθην
Mucho teniendo a vosotros para escribir, no quise   (hacerlo)

διὰ χάρτου καὶ μέλανος, ἀλλὰ   ἐλπίζω ἐλθεῖν
por carta y tinta, sino que espero ir

πρὸς ὑμᾶς   καὶ στόμα πρὸς στόμα λαλῆσαι,
a vosotros y boca a boca⁸ hablar,

ἵνα   ἡ χαρὰ ἡμῶν   ᾖ πεπληρωμένη.
para que la alegría de nosotros sea cumplida.

13 ἀσπάζεταί σε τὰ τέκνα τῆς ἀδελφῆς σου τῆς ἐκλεκτῆς· ἀμήν.⁹
Saludan te los hijos de la hermana de ti la elegida. Amén.

9Cualquiera que se rebela, y no persevera en la doctrina de Cristo, no tiene a Dios: el que persevera en la doctrina de Cristo, el tal tiene al Padre y al Hijo.
10Si alguno viene a vosotros, y no trae esta doctrina, no lo recibáis en casa, ni le digáis: ¡bienvenido!
11Porque el que le dice bienvenido, comunica con sus malas obras.
12Aunque tengo muchas cosas que escribiros, no he querido comunicarlas por medio de papel y tinta; mas espero ir a vosotros, y hablar boca a boca, para que nuestro gozo sea cumplido.
13Los hijos de tu hermana elegida te saludan. Amén.

---

5. La NU sustituye por se adelanta.
6. Es decir: no lo saludéis, no le deis la bienvenida.
7. Es decir: no lo saludéis, no le deis la bienvenida.
8. Es decir, en persona.
9. La NU elimina Amén.

LA TERCERA EPÍSTOLA UNIVERSAL DE
SAN JUAN APÓSTOL

1 EL anciano al muy amado Gaio, al cual yo amo en verdad.

2 Amado, yo deseo que tú seas prosperado en todas cosas, y que tengas salud, así como tu alma está en prosperidad.

3 Ciertamente me gocé mucho cuando vinieron los hermanos y dieron testimonio de tu verdad, así como tú andas en la verdad.

4 No tengo yo mayor gozo que éste, el oir que mis hijos andan en la verdad.

5 Amado, fielmente haces todo lo que haces para con los hermanos, y con los extranjeros,

6 Los cuales han dado testimonio de tu amor en presencia de la iglesia: a los cuales si ayudares como conviene según Dios, harás bien.

7 Porque ellos partieron por amor de su nombre, no tomando nada de los Gentiles.

8 Nosotros, pues, debemos recibir a los tales, para que seamos cooperadores a la verdad.

9 Yo he escrito a la iglesia: mas Diótrefes, que ama tener el primado entre ellos, no nos recibe.

1 Ὁ πρεσβύτερος Γαΐῳ τῷ ἀγαπητῷ, ὃν ἐγὼ ἀγαπῶ ἐν ἀληθείᾳ.
El anciano a Gayo el amado, al que yo amo en verdad.

2 Ἀγαπητέ, περὶ πάντων εὔχομαί σε εὐοδοῦσθαι
Amado, acerca de todo oro que tú prosperes[1]
καὶ ὑγιαίνειν, καθὼς εὐοδοῦταί σου ἡ ψυχή.
y tengas buena salud, igual que prospera de ti el alma.

3 ἐχάρην γὰρ λίαν ἐρχομένων ἀδελφῶν καὶ
me alegré Porque mucho por los que vinieron hermanos y
μαρτυρούντων σου τῇ ἀληθείᾳ, καθὼς σὺ
dieron testimonio de ti en la verdad, como tú
ἐν ἀληθείᾳ περιπατεῖς.
en verdad caminas.

4 μειζοτέραν τούτων οὐκ ἔχω χαράν, ἵνα ἀκούω
Mayor que esto no tengo alegría, que escucho
τὰ ἐμὰ τέκνα ἐν τῇ ἀληθείᾳ περιπατοῦντα.
los mis hijos en la verdad caminando.

5 Ἀγαπητέ, πιστὸν ποιεῖς ὃ ἐὰν ἐργάσῃ εἰς τοὺς ἀδελφοὺς
Amado, lo fiel haces lo Si obras para los hermanos
καὶ εἰς[2] τοὺς ξένους,
y para los extraños.

6 οἳ ἐμαρτύρησάν σου τῇ ἀγάπῃ ἐνώπιον ἐκκλησίας,
los cuales testificaron de ti del amor delante de la iglesia,
οὓς καλῶς ποιήσεις προπέμψας ἀξίως τοῦ Θεοῦ.
a los cuales bien harás enviando como corresponde a Dios

7 ὑπὲρ γὰρ τοῦ ὀνόματος αὐτοῦ ἐξῆλθον,
por Porque el nombre de Él salieron,
μηδὲν λαμβάνοντες ἀπὸ τῶν ἐθνῶν.
no recibiendo de los gentiles.

8 ἡμεῖς οὖν ὀφείλομεν ὑπολαμβάνειν[3] τοὺς τοιούτους,
Vosotros pues debéis recibir a los tales
ἵνα συνεργοὶ γινώμεθα τῇ ἀληθείᾳ.
para que colaboradores lleguemos a ser en la verdad.

9 Ἔγραψά τῇ ἐκκλησίᾳ· ἀλλ' ὁ φιλοπρωτεύων αὐτῶν
Escribí a la iglesia, pero el que ama la preeminencia[4] de ellos,
Διοτρεφής οὐκ ἐπιδέχεται ἡμᾶς.
Diótrefes, no recibe nos.

---

1. Es decir, oro para que tú prosperes en todo.
2. La NU añade esto.
3. La NU sustituye por apoyar.
4. O el que desea ocupar el primer puesto.

10 διὰ τοῦτο, ἐὰν ἔλθω, ὑπομνήσω αὐτοῦ τὰ ἔργα
Por esto, si voy, recordaré de él las obras

ἃ ποιεῖ, λόγοις πονηροῖς φλυαρῶν ἡμᾶς·
que hace, con palabras malas calumniando nos,

καὶ μὴ ἀρκούμενος ἐπὶ τούτοις, οὔτε αὐτὸς
y no contentándose con esto, ni él

ἐπιδέχεται τοὺς ἀδελφοὺς καὶ τοὺς βουλομένους
recibe a los hermanos y a los que desean (hacerlo)

κωλύει καὶ ἐκ τῆς ἐκκλησίας ἐκβάλλει.
impide y de la iglesia expulsa.

11 Ἀγαπητέ, μὴ μιμοῦ τὸ κακὸν, ἀλλὰ τὸ ἀγαθόν.
Amado, no imites lo malo, sino lo bueno.

ὁ ἀγαθοποιῶν ἐκ τοῦ Θεοῦ ἐστιν·
El que hace lo bueno de Dios es.

ὁ κακοποιῶν οὐχ ἑώρακε τὸν Θεόν.
El que hace lo malo no ha visto a Dios.

12 Δημητρίῳ μεμαρτύρηται ὑπὸ πάντων καὶ
De Demetrio ha sido testificado[5] por todos y

ὑπ' αὐτῆς τῆς ἀληθείας· καὶ ἡμεῖς δὲ μαρτυροῦμεν,
por la misma la verdad y nosotros también testificamos,

καὶ οἴδατε ὅτι ἡ μαρτυρία ἡμῶν ἀληθής ἐστι.
y sabéis que el testimonio de nosotros verdadero es.

13 Πολλὰ εἶχον γράφειν, ἀλλ' οὐ θέλω διὰ μέλανος
Mucho tenía para escribir, pero no quiero por tinta

καὶ καλάμου σοι γράψαι·
y pluma a ti escribir.

14 ἐλπίζω δὲ εὐθέως ἰδεῖν σε, καὶ στόμα πρὸς στόμα
Espero pero pronto ver te, y boca a boca[6]

λαλήσομεν.
hablaremos.

εἰρήνη σοι. ἀσπάζονταί σε οἱ φίλοι. ἀσπάζου
Paz a ti. Saludan te los amigos. Saluda

τοὺς φίλους κατ ὄνομα.
a los amigos por nombre.

10Por esta causa, si yo viniere, recordaré las obras que hace parlando con palabras maliciosas contra nosotros; y no contento con estas cosas, no recibe a los hermanos, y prohibe a los que los quieren recibir, y los echa de la iglesia.
11Amado, no sigas lo que es malo, sino lo que es bueno. El que hace bien es de Dios: mas el que hace mal, no ha visto a Dios.
12Todos dan testimonio de Demetrio, y aun la misma verdad: y también nosotros damos testimonio; y vosotros habéis conocido que nuestro testimonio es verdadero.
13Yo tenía muchas cosas que escribirte; empero no quiero escribirte por tinta y pluma:
14Porque espero verte en breve, y hablaremos boca a boca.
15Paz sea contigo. Los amigos te saludan. Saluda tú a los amigos por nombre.

---

5. Es decir, todos dan testimonio de Demetrio.
6. Es decir, en persona.

LA EPÍSTOLA UNIVERSAL DE
SAN JUDAS APÓSTOL

1Judas, siervo de Jesucristo, y hermano de Jacobo, a los llamados, santificados en Dios Padre, y conservados en Jesucristo:
2Misericordia, y paz, y amor os sean multiplicados.
3Amados, por la gran solicitud que tenía de escribiros de la común salud, me ha sido necesario escribiros amonestándoos que contendáis eficazmente por la fe que ha sido una vez dada a los santos.
4Porque algunos hombres han entrado encubiertamente, los cuales desde antes habían estado ordenados para esta condenación, hombres impíos, convirtiendo la gracia de nuestro Dios en disolución, y negando a Dios que solo es el que tiene dominio, y a nuestro Señor Jesucristo.
5Os quiero pues amonestar, ya que alguna vez habéis sabido esto, que el Señor habiendo salvado al pueblo de Egipto, después destruyó a los que no creían:
6Y a los ángeles que no guardaron su dignidad, mas dejaron su habitación, los ha reservado debajo de oscuridad en prisiones eternas hasta el juicio del gran día:

1 Ἰούδας, Ἰησοῦ Χριστοῦ δοῦλος, ἀδελφὸς δὲ
Judas, de Jesús Cristo siervo, hermano sin embargo
Ἰακώβου, τοῖς ἐν Θεῷ πατρὶ ἡγιασμένοις¹
de Santiago, a los en Dios padre santificados
καὶ Ἰησοῦ Χριστῷ τετηρημένοις κλητοῖς·
y en Jesús Cristo guardados llamados.

2 ἔλεος ὑμῖν καὶ εἰρήνη καὶ ἀγάπη πληθυνθείη.
Misericordia a vosotros y paz y amor sean multiplicados.

3 Ἀγαπητοί, πᾶσαν σπουδὴν ποιούμενος γράφειν ὑμῖν
Amados, toda diligencia haciendo para escribir a vosotros
περὶ τῆς κοινῆς σωτηρίας ἡμῶν,² ἀνάγκην ἔσχον
acerca de la común salvación de nosotros, necesidad tenía
γράψαι ὑμῖν παρακαλῶν ἐπαγωνίζεσθαι
de escribir a vosotros exhortando para luchar ardientemente
τῇ ἅπαξ παραδοθείσῃ τοῖς ἁγίοις πίστει.
por la una vez y para siempre entregada a los santos fe.

4 παρεισέδυσαν γάρ τινες ἄνθρωποι, οἱ πάλαι
se infiltraron Porque algunos hombres, los cuales hace mucho
προγεγραμμένοι εἰς τοῦτο τὸ κρῖμα, ἀσεβεῖς,
habiendo sido escritos con antelación para este el juicio,³ impíos,
τὴν τοῦ Θεοῦ ἡμῶν χάριτα μετατιθέντες εἰς ἀσέλγειαν
la de Dios de vosotros gracia cambiando por desvergüenza
καὶ τὸν μόνον δεσπότην Θεόν⁴ καὶ Κύριον ἡμῶν
y al único Dueño Dios y Señor de nosotros
Ἰησοῦν Χριστὸν ἀρνούμενοι.
Jesús Cristo negando.

5 Ὑπομνῆσαι δὲ ὑμᾶς βούλομαι, εἰδότας ὑμᾶς
Recordar sin embargo a vosotros quiero, sabiendo vosotros
ἅπαξ τοῦτο, ὅτι ὁ Κύριος λαὸν ἐκ γῆς
una vez y por todas esto, que el Señor pueblo de tierra
Αἰγύπτου σώσας, τὸ δεύτερον τοὺς μὴ
de Egipto habiendo salvado, la segunda (vez) a los que no
πιστεύσαντας ἀπώλεσεν·
creyeron destruyó,

6 ἀγγέλους τε τοὺς μὴ τηρήσαντας τὴν ἑαυτῶν ἀρχήν,
a ángeles y a los que no guardaron el de sí mismos principio,
ἀλλὰ ἀπολιπόντας τὸ ἴδιον οἰκητήριον εἰς κρίσιν
sino que habiendo dejado la propia morada para juicio
μεγάλης ἡμέρας δεσμοῖς ἀϊδίοις ὑπὸ ζόφον τετήρηκεν·
de gran día en cadenas eternas⁵ bajo oscuridad ha guardado.

---

1. La NU sustituye por amados.
2. La NU suprime de nosotros.
3. Es decir, acerca de los cuales se había escrito anticipadamente.
4. La NU suprime Dios.
5. Como en Romanos 1.20.

7 ὡς Σόδομα καὶ Γόμορρα καὶ αἱ περὶ αὐτὰς πόλεις
Como Sodoma y Gomorra y las alrededor de éstas ciudades
τὸν ὅμοιον τούτοις τρόπον ἐκπορνεύσασαι
en semejante a éstas manera habiéndose prostituido
καὶ ἀπελθοῦσαι ὀπίσω σαρκὸς ἑτέρας πρόκεινται
y habiendo ido detrás de carne otra son exhibidas
δεῖγμα, πυρὸς αἰωνίου δίκην ὑπέχουσαι.
(como) ejemplo, de fuego de eón justicia sufriendo.

8 Ὁμοίως μέντοι καὶ οὗτοι ἐνυπνιαζόμενοι σάρκα
Igualmente sin duda también éstos soñando carne
μὲν μιαίνουσι, κυριότητα δὲ ἀθετοῦσι,
- contaminan, señorío sin embargo rechazan,
δόξας δὲ βλασφημοῦσιν.
contra glorias sin embargo blasfeman.

9 ὁ δὲ Μιχαὴλ ὁ ἀρχάγγελος, ὅτε τῷ διαβόλῳ
- Sin embargo Miguel el arcángel, cuando con el diablo
διακρινόμενος διελέγετο περὶ τοῦ Μωϋσέως σώματος,
contendiendo discutía acerca de de Moisés cuerpo
οὐκ ἐτόλμησε κρίσιν ἐπενεγκεῖν βλασφημίας,
no se atrevió juicio a proferir de blasfemia
ἀλλὰ εἶπεν· ἐπιτιμήσαι σοι Κύριος.
sino que dijo: reprenda te Señor.

10 οὗτοι δὲ ὅσα μὲν οὐκ οἴδασι βλασφημοῦσιν,
Éstos sin embargo cuanto - no conocen blasfeman,
ὅσα δὲ φυσικῶς ὡς τὰ ἄλογα
cuanto sin embargo de manera natural⁶ como los irracionales
ζῷα ἐπίστανται, ἐν τούτοις φθείρονται.
seres vivos entienden con esto corrompen.⁷

11 οὐαὶ αὐτοῖς, ὅτι τῇ ὁδῷ τοῦ Κάϊν ἐπορεύθησαν,
Ay de ellos, porque por el camino de Caín van,
καὶ τῇ πλάνῃ τοῦ Βαλαὰμ μισθοῦ ἐξεχύθησαν,
y en el error de Balaam por recompensa se lanzaron,
καὶ τῇ ἀντιλογίᾳ τοῦ Κορὲ ἀπώλοντο.
y en la contradicción de Coré perecieron.

12 Οὗτοί εἰσιν οἱ ἐν ταῖς ἀγάπαις ὑμῶν σπιλάδες,
Éstos son las en los ágapes de vosotros manchas,
συνευωχούμενοι ἀφόβως, ἑαυτοὺς
comiendo con vosotros irrespetuosamente,⁸ a sí mismos
ποιμαίνοντες, νεφέλαι ἄνυδροι ὑπὸ ἀνέμων παραφερόμεναι,
pastoreándose, nubes sin agua por vientos siendo arrastrados,
δένδρα φθινοπωρινὰ, ἄκαρπα,
árboles otoñales, sin frutos,
δὶς ἀποθανόντα, ἐκριζωθέντα,
dos veces muertos, habiendo sido desarraigados,

13 κύματα ἄγρια θαλάσσης ἐπαφρίζοντα τὰς ἑαυτῶν αἰσχύνας,
olas fieras de mar espumeando las de sí mismos vergüenzas,
ἀστέρες πλανῆται, οἷς ὁ ζόφος τοῦ σκότους
estrellas errantes, para los cuales la oscuridad de la tiniebla
εἰς αἰῶνα τετήρηται.
para era ha sido guardada.

7Como Sodoma y Gomorra, y las ciudades comarcanas, las cuales de la misma manera que ellos habían fornicado, y habían seguido la carne extraña, fueron puestas por ejemplo, sufriendo el juicio del fuego eterno.
8De la misma manera también estos soñadores amancillan la carne, y menosprecian la potestad, y vituperan las potestades superiores.
9Pero cuando el arcángel Miguel contendía con el diablo, disputando sobre el cuerpo de Moisés, no se atrevió a usar de juicio de maldición contra él, sino que dijo: El Señor te reprenda.
10Pero éstos maldicen las cosas que no conocen; y las cosas que naturalmente conocen, se corrompen en ellas, como bestias brutas.
11¡Ay de ellos! porque han seguido el camino de Caín, y se lanzaron en el error de Balaam por recompensa, y perecieron en la contradicción de Coré.
12Estos son manchas en vuestros convites, que banquetean juntamente, apacentándose a sí mismos sin temor alguno: nubes sin agua, las cuales son llevadas de acá para allá de los vientos: árboles marchitos como en otoño, sin fruto, dos veces muertos y desarraigados;
13Fieras ondas de la mar, que espuman sus mismas abominaciones; estrellas erráticas, a las cuales es reservada eternamente la oscuridad de las tinieblas.

---
6. Es decir, de acuerdo con la naturaleza animal o física del ser humano.
7. O destruyen como en I Corintios 3.17.
8. O sin temor (de Dios), de forma irreverente.

14 De los cuales también profetizó Enoc, séptimo desde Adam, diciendo: He aquí, el Señor es venido con sus santos millares,
15 A hacer juicio contra todos, y a convencer a todos los impíos de entre ellos tocante a todas sus obras de impiedad que han hecho impíamente, y a todas las cosas duras que los pecadores impíos han hablado contra él.
16 Estos son murmuradores, querellosos, andando según sus deseos; y su boca habla cosas soberbias, teniendo en admiración las personas por causa del provecho.
17 Mas vosotros, amados, tened memoria de las palabras que antes han sido dichas por los apóstoles de nuestro Señor Jesucristo;
18 Como os decían: Que en el postrer tiempo habría burladores, que andarían según sus malvados deseos.
19 Estos son los que hacen divisiones, sensuales, no teniendo el Espíritu.
20 Mas vosotros, oh amados, edificándoos sobre vuestra santísima fe, orando por el Espíritu Santo,
21 Conservaos en el amor de Dios, esperando la misericordia de nuestro Señor Jesucristo, para vida eterna.

14 προεφήτευσε δὲ καὶ τούτοις ἕβδομος
Profetizó sin embargo también sobre éstos séptimo

ἀπὸ Ἀδὰμ Ἐνὼχ λέγων· ἰδοὺ ἦλθε Κύριος
desde Adán Enoc diciendo: mira vino Señor

ἐν ἁγίαις μυριάσιν αὐτοῦ,
con santas miríadas de Él,

15 ποιῆσαι κρίσιν κατὰ πάντων καὶ ἐλέγξαι πάντας τοὺς
para hacer juicio contra todos y reprender[9] a todos los

ἀσεβεῖς αὐτῶν[10] περὶ πάντων τῶν ἔργων ἀσεβείας αὐτῶν
impíos de ellos por todas las obras de impiedad de ellos

ὧν ἠσέβησαν καὶ περὶ πάντων τῶν σκληρῶν
que cometieron impíamente y por todas las duras (palabras)

ὧν ἐλάλησαν κατ' αὐτοῦ ἁμαρτωλοὶ ἀσεβεῖς.
que hablaron contra Él pecadores impíos.

16 Οὗτοί εἰσι γογγυσταί, μεμψίμοιροι, κατὰ τὰς
Éstos son murmuradores, descontentos de su suerte, según los

ἐπιθυμίας ἑαυτῶν πορευόμενοι, καὶ τὸ στόμα αὐτῶν
deseos de sí mismos yendo, y la boca de ellos

λαλεῖ ὑπέρογκα, θαυμάζοντες πρόσωπα
habla hinchadas (palabras), adulando rostros[11]

ὠφελείας χάριν.
de provecho por causa de.[12]

17 Ὑμεῖς δέ, ἀγαπητοί, μνήσθητε τῶν ῥημάτων τῶν
Vosotros sin embargo, amados, acordaos de las palabras de las

προειρημένων ὑπὸ τῶν ἀποστόλων τοῦ Κυρίου
habladas previamente por los apóstoles del Señor

ἡμῶν Ἰησοῦ Χριστοῦ,
de nosotros Jesús Cristo,

18 ὅτι ἔλεγον ὑμῖν ὅτι ἐν ἐσχάτῳ χρόνῳ ἔσονται
porque decían os que en último tiempo habrá

ἐμπαῖκται κατὰ τὰς ἑαυτῶν ἐπιθυμίας
engañadores según las de sí mismos ansias

πορευόμενοι τῶν ἀσεβειῶν.
yendo los impíos.

19 Οὗτοί εἰσιν οἱ ἀποδιορίζοντες, ψυχικοί,
Estos son los que causan división, naturales,[13]

Πνεῦμα μὴ ἔχοντες.
Espíritu no teniendo.

20 Ὑμεῖς δέ, ἀγαπητοί, τῇ ἁγιωτάτῃ ὑμῶν πίστει
Vosotros sin embargo, amados, en la más santa de vosotros fe

ἐποικοδομοῦντες ἑαυτούς, ἐν Πνεύματι Ἁγίῳ
edificando a vosotros mismos, en Espíritu Santo

προσευχόμενοι,
orando,

21 ἑαυτοὺς ἐν ἀγάπῃ Θεοῦ τηρήσατε, προσδεχόμενοι
a vosotros mismos en amor de Dios guardad, esperando

τὸ ἔλεος τοῦ Κυρίου ἡμῶν Ἰησοῦ Χριστοῦ,
la misericordia del Señor de nosotros Jesús Cristo,

εἰς ζωὴν αἰώνιον.[14]
para vida eterna.

---

9. Como en Lucas 3.19.
10. La NU sustituye por toda alma.
11. Es decir, personas.
12. Es decir, para obtener un provecho o para sacar un beneficio.
13. Es decir, que se comportan únicamente de acuerdo con su naturaleza animal.
14. El adjetivo hace referencia a "eras" como en el versículo 25.

22	καὶ οὓς	μὲν ἐλεεῖτε		διακρινόμενοι,[15]	
	y de unos	- tened misericordia		discerniendo,	

23 οὓς δὲ ἐν φόβῳ σώζετε, ἐκ πυρὸς ἁρπάζοντες,[16]
a otros sin embargo con temor salvad, de fuego arrebatando,

μισοῦντες καὶ τὸν ἀπὸ τῆς σαρκὸς
odiando incluso la por la carne

ἐσπιλωμένον χιτῶνα.
contaminada vestidura.[17]

24 Τῷ δὲ δυναμένῳ φυλάξαι ὑμᾶς ἀπταίστους καὶ
Al que sin embargo puede guardar os sin tropiezo[18] y

στῆσαι κατενώπιον τῆς δόξης αὐτοῦ
haber sostenido[19] delante de la gloria de él

ἀμώμους ἐν ἀγαλλιάσει,
inmaculados con júbilo,

25 μόνῳ σοφῷ[20] Θεῷ σωτῆρι ἡμῶν,[21] δόξα καὶ
a único sabio Dios salvador de nosotros, (sea) gloria y

μεγαλωσύνη, κράτος καὶ ἐξουσία[22] καὶ νῦν
majestad, poder y autoridad no sólo ahora

καὶ εἰς πάντας τοὺς αἰῶνας· ἀμήν.
sino también por todas las eras. Amén.

22Y recibid a los unos en piedad, discerniendo:
23Mas haced salvos a los otros por temor, arrebatándolos del fuego; aborreciendo aun la ropa que es contaminada de la carne.
24A aquel, pues, que es poderoso para guardaros sin caída, y presentaros delante de su gloria irreprensibles, con grande alegría,
25Al Dios solo sabio, nuestro Salvador, sea gloria y magnificencia, imperio y potencia, ahora y en todos los siglos. Amén.

---

15. La NU sustituye por los que están dudando.
16. La NU añade tened misericordia con temor.
17. Lit: túnica.
18. La palabra es un adjetivo que podría traducirse como "los que no caen o los que no tropiezan".
19. El tiempo del verbo –aoristo– no sitúa la acción en el futuro sino en el pasado. Dios, a través del sacrificio expiatorio de Cristo, ya nos considera delante de Él en gloria. Comp. con Efesios 2.5-6.
20. La NU omite sabio.
21. La NU añade a través de Jesús Cristo el Señor de nosotros.
22. La NU añade antes de toda la era.

EL APOCALIPSIS
DE JUAN

1 La revelación de Jesucristo, que Dios le dió, para manifestar a sus siervos las cosas que deben suceder presto; y la declaró, enviándola por su ángel a Juan su siervo,
2 El cual ha dado testimonio de la palabra de Dios, y del testimonio de Jesucristo, y de todas las cosas que ha visto.
3 Bienaventurado el que lee, y los que oyen las palabras de esta profecía, y guardan las cosas en ella escritas: porque el tiempo está cerca.
4 Juan a las siete iglesias que están en Asia: Gracia sea con vosotros, y paz del que es y que era y que ha de venir, y de los siete Espíritus que están delante de su trono;
5 Y de Jesucristo, el testigo fiel, el primogénito de los muertos, y príncipe de los reyes de la tierra. Al que nos amó, y nos ha lavado de nuestros pecados con su sangre,
6 Y nos ha hecho reyes y sacerdotes para Dios y su Padre; a él sea gloria e imperio para siempre jamás. Amén.

1

1 Ἀποκάλυψις Ἰησοῦ Χριστοῦ, ἣν ἔδωκεν αὐτῷ ὁ Θεός,
Revelación de Jesús Cristo, que dio le Dios
δεῖξαι τοῖς δούλοις αὐτοῦ ἃ δεῖ γενέσθαι ἐν τάχει,
para mostrar a los siervos de él lo que debe suceder en breve,
καὶ ἐσήμανεν ἀποστείλας διὰ τοῦ ἀγγέλου αὐτοῦ
y dio a conocer enviando mediante el ángel de Él
τῷ δούλῳ αὐτοῦ Ἰωάννῃ,
al siervo de Él Juan.

2 ὃς ἐμαρτύρησε τὸν λόγον τοῦ Θεοῦ καὶ τὴν μαρτυρίαν
que dio testimonio de la palabra de Dios y del testimonio
Ἰησοῦ Χριστοῦ, ὅσα εἶδε.
de Jesús Cristo, de cuanto vio.

3 μακάριος ὁ ἀναγινώσκων καὶ οἱ ἀκούοντες τοὺς λόγους
Feliz el que lea y los que escuchan las palabras
τῆς προφητείας καὶ τηροῦντες τὰ ἐν αὐτῇ
de la profecía y guardan lo en ella
γεγραμμένα· ὁ γὰρ καιρὸς ἐγγύς.
escrito. el Porque tiempo cerca (está).

4 Ἰωάννης ταῖς ἑπτὰ ἐκκλησίαις ταῖς ἐν τῇ Ἀσίᾳ·
Juan a las siete iglesias las que en el Asia (están)
χάρις ὑμῖν καὶ εἰρήνη ἀπὸ ὁ ὢν καὶ ὁ ἦν καὶ
Gracia a vosotras y paz del que es y el que era y
ὁ ἐρχόμενος, καὶ ἀπὸ τῶν ἑπτὰ πνευμάτων,
el que viene, y de los siete espíritus,
ἃ ἐνώπιον τοῦ θρόνου αὐτοῦ,
que (están) delante del trono de Él.

5 καὶ ἀπὸ Ἰησοῦ Χριστοῦ, ὁ μάρτυς ὁ πιστός,
y de Jesús Cristo, el testigo el fiel,
ὁ πρωτότοκος τῶν νεκρῶν καὶ ὁ ἄρχων[1]
el primogénito de los muertos y el príncipe
τῶν βασιλέων τῆς γῆς. τῷ ἀγαπῶντι ἡμᾶς
de los reyes de la tierra. Al amando nos
καὶ λούσαντι[2] ἡμᾶς ἀπὸ τῶν ἁμαρτιῶν ἡμῶν
y al habiendo lavado nos de los pecados de nosotros
ἐν τῷ αἵματι αὐτοῦ,
con la sangre de él,

6 καὶ ἐποίησεν ἡμᾶς βασιλείαν, ἱερεῖς τῷ Θεῷ καὶ
e hizo nos reino, sacerdotes para Dios y
πατρὶ αὐτοῦ, αὐτῷ ἡ δόξα καὶ τὸ κράτος
para Padre de él, a él la gloria y el poder
εἰς τοὺς αἰῶνας τῶν αἰώνων· ἀμήν.
por las eras de las eras. Amén.

---

1. Lit: arconte.
2. La NU sustituye por soltó.

7 Ἰδοὺ ἔρχεται μετὰ τῶν νεφελῶν, καὶ ὄψεται αὐτὸν πᾶς ὀφθαλμὸς
  Mira viene con las nubes,   y verá lo   todo ojo

  καὶ οἵτινες αὐτὸν ἐξεκέντησαν, καὶ κόψονται
  y los que lo   traspasaron, y se lamentarán

  ἐπ' αὐτὸν πᾶσαι αἱ φυλαὶ τῆς γῆς. ναί, ἀμήν.
  por él   todas las tribus de la tierra, sí. Amén.

8 Ἐγώ εἰμι τὸ Α   καὶ τὸ Ω,   λέγει Κύριος ὁ Θεός,
  Yo   soy el Alfa y la Omega, dice Señor Dios

  ὁ ὢν καὶ ὁ   ἦν καὶ ὁ   ἐρχόμενος, ὁ παντοκράτωρ.
  el que es y el que era y el que viene, el Todopoderoso.

9 Ἐγὼ Ἰωάννης, ὁ ἀδελφὸς ὑμῶν   καὶ συγκοινωνὸς
  Yo Juan,   el hermano de vosotros y compañero

  ἐν τῇ θλίψει   καὶ βασιλείᾳ καὶ ὑπομονῇ
  en la tribulación y reino   y perseverancia

  ἐν Ἰησοῦ Χριστῷ,³ ἐγενόμην ἐν τῇ νήσῳ τῇ καλουμένῳ
  en Jesús Cristo,   me hallaba en la isla la llamada

  Πάτμῳ διὰ   τὸν λόγον τοῦ Θεοῦ καὶ
  Patmos a causa de la palabra de Dios y

  διὰ   τὴν μαρτυρίαν Ἰησοῦ Χριστοῦ.
  a causa del testimonio de Jesús Cristo.

10 ἐγενόμην   ἐν πνεύματι ἐν τῇ κυριακῇ   ἡμέρᾳ,
   Llegué a estar en Espíritu en el dominical día,⁴

   καὶ ἤκουσα ὀπίσω μου   φωνὴν μεγάλην
   y escuché detrás de mí voz   grande

   ὡς σάλπιγγος
   como de trompeta.

11 λεγούσης· ὃ βλέπεις γράψον εἰς βιβλίον
   diciendo: lo que ves escribe en libro

   καὶ πέμψον ταῖς ἑπτὰ ἐκκλησίαις, ταῖς ἐν Ἀσίᾳ⁵ εἰς Ἔφεσον
   y envía a las siete iglesias,   las en Asia a Éfeso,

   καὶ εἰς Σμύρναν καὶ εἰς Πέργαμον καὶ εἰς Θυάτειρα
   y a Esmirna y a Pérgamo y a Tiatira

   καὶ εἰς Σάρδεις καὶ εἰς Φιλαδέλφειαν καὶ εἰς Λαοδίκειαν.
   y a Sardis y a Filadelfia   y a Laodicea.

12 Καὶ ἐπέστρεψα βλέπειν τὴν φωνὴν ἥτις ἐλάλει
   Y me volví a ver la voz   que hablaba

   μετ' ἐμοῦ· καὶ ἐπιστρέψας   εἶδον
   conmigo y habiéndome vuelto vi

   ἑπτὰ λυχνίας   χρυσᾶς,
   siete candelabros de oro,

13 καὶ ἐν μέσῳ τῶν ἑπτὰ λυχνιῶν ὅμοιον υἱῷ
   y en medio de los siete candelabros a semejante a hijo

   ἀνθρώπου, ἐνδεδυμένον ποδήρη   καὶ περιεζωσμένον
   de hombre vestido   hasta los pies y habiendo sido ceñido

   πρὸς τοῖς μαστοῖς ζώνην   χρυσῆν·
   en los pechos   con un cinto de oro.

14 ἡ δὲ κεφαλὴ αὐτοῦ καὶ αἱ τρίχες   λευκαὶ
   La - cabeza de él y los cabellos blancos (eran)

   ὡς ἔριον λευκόν, ὡς χιών· καὶ οἱ ὀφθαλμοὶ
   como lana blanca, como nieve, y los ojos

   αὐτοῦ ὡς φλὸξ πυρός,
   de él como llama de fuego.

---

3. La NU suprime Cristo.
4. Es decir, el domingo.
5. La NU suprime las en Asia.

7He aquí que viene con las nubes, y todo ojo le verá, y los que le traspasaron; y todos los linajes de la tierra se lamentarán sobre él. Así sea. Amén.
8Yo soy el Alpha y la Omega, principio y fin, dice el Señor, que es y que era y que ha de venir, el Todopoderoso.
9Yo Juan, vuestro hermano, y participante en la tribulación y en el reino, y en la paciencia de Jesucristo, estaba en la isla que es llamada Patmos, por la palabra de Dios y el testimonio de Jesucristo.
10Yo fuí en el Espíritu en el día del Señor, y oí detrás de mí una gran voz como de trompeta,
11Que decía: Yo soy el Alpha y Omega, el primero y el último. Escribe en un libro lo que ves, y envíalo á las siete iglesias que están en Asia; a Efeso, y a Smirna, y a Pérgamo, y a Tiatira, y a Sardis, y a Filadelfia, y a Laodicea.
12Y me volví a ver la voz que hablaba conmigo: y vuelto, vi siete candeleros de oro;
13Y en medio de los siete candeleros, uno semejante al Hijo del hombre, vestido de una ropa que llegaba hasta los pies, y ceñido por los pechos con una cinta de oro.
14Y su cabeza y sus cabellos eran blancos como la lana blanca, como la nieve; y sus ojos como llama de fuego;

15 Y sus pies semejantes al latón fino, ardientes como en un horno; y su voz como ruido de muchas aguas.
16 Y tenía en su diestra siete estrellas: y de su boca salía una espada aguda de dos filos. Y su rostro era como el sol cuando resplandece en su fuerza.
17 Y cuando yo le vi, caí como muerto a sus pies. Y él puso su diestra sobre mí, diciéndome: No temas: yo soy el primero y el último;
18 Y el que vivo, y he sido muerto; y he aquí que vivo por siglos de siglos, Amén. Y tengo las llaves del infierno y de la muerte.
19 Escribe las cosas que has visto, y las que son, y las que han de ser después de éstas:
20 El misterio de las siete estrellas que has visto en mi diestra, y los siete candeleros de oro. Las siete estrellas son los ángeles de las siete iglesias; y los siete candeleros que has visto, son las siete iglesias.

2 Escribe al ángel de la iglesia en EFESO: El que tiene las siete estrellas en su diestra, el cual anda en medio de los siete candeleros de oro, dice estas cosas:

15 καὶ οἱ πόδες αὐτοῦ ὅμοιοι χαλκολιβάνῳ, ὡς ἐν καμίνῳ
y los pies de él semejantes a bronce bruñido, como en horno
πεπυρωμένοι, καὶ ἡ φωνὴ αὐτοῦ
habiendo sido calentados, y la voz de él
ὡς φωνὴ ὑδάτων πολλῶν,
como voz de aguas muchas,

16 καὶ ἔχων ἐν τῇ δεξιᾷ χειρὶ αὐτοῦ ἀστέρας ἑπτά,
y teniendo en la derecha mano de él estrellas siete
καὶ ἐκ τοῦ στόματος αὐτοῦ ῥομφαία δίστομος
y de la boca de él espada de doble filo
ὀξεῖα ἐκπορευομένη, καὶ ἡ ὄψις αὐτοῦ
aguda saliendo, y el rostro de él
ὡς ὁ ἥλιος φαίνει ἐν τῇ δυνάμει αὐτοῦ.
como el sol (cuando) ilumina[6] en el poder de él.

17 Καὶ ὅτε εἶδον αὐτόν, ἔπεσα πρὸς τοὺς πόδας αὐτοῦ
Y cuando vi lo, caí a los pies de él
ὡς νεκρός, καὶ ἔθηκε τὴν δεξιὰν αὐτοῦ
como muerto, y puso la diestra de él
ἐπ' ἐμὲ λέγων μοι· μὴ φοβοῦ·
sobre mí diciendo a mí: no temas.
ἐγώ εἰμι ὁ πρῶτος καὶ ὁ ἔσχατος
Yo soy el primero y el último.

18 καὶ ὁ ζῶν, καὶ ἐγενόμην νεκρός, καὶ ἰδοὺ ζῶν εἰμι
y el que vivo, y llegué a estar muerto, y mira vivo estoy
εἰς τοὺς αἰῶνας τῶν αἰώνων. ἀμήν.[7] καὶ ἔχω
por las eras de las eras, Amén. Y tengo
τὰς κλεῖς τοῦ θανάτου καὶ τοῦ ᾅδου.
las llaves de la muerte y del Hades.

19 γράψον οὖν ἃ εἶδες, καὶ ἃ εἰσὶ καὶ ἃ μέλλει
Escribe pues lo que viste, y lo que es y lo que debe
γενέσθαι μετὰ ταῦτα·
suceder después de esto.

20 τὸ μυστήριον τῶν ἑπτὰ ἀστέρων ὧν εἶδες
El misterio de las siete estrellas que viste
ἐπὶ τῆς δεξιᾶς μου, καὶ τὰς ἑπτὰ λυχνίας
en la diestra de mí, y los siete candelabros
τὰς χρυσᾶς. οἱ ἑπτὰ ἀστέρες ἃς εἶδες[8] ἄγγελοι τῶν ἑπτὰ
los de oro (es): las siete estrellas que viste ángeles de las siete
ἐκκλησιῶν εἰσι, καὶ αἱ λυχνίαι αἱ ἑπτὰ ἐκκλησίαι εἰσίν.
iglesias son, y los candelabros las siete iglesias son.

2 1 Τῷ ἀγγέλῳ τῆς ἐν Ἐφέσῳ ἐκκλησίας γράψον·
Al ángel de la en Éfeso iglesia escribe:
τάδε λέγει ὁ κρατῶν τοὺς ἑπτὰ ἀστέρας
esto dice el que sujeta las siete estrellas
ἐν τῇ δεξιᾷ αὐτοῦ, ὁ περιπατῶν ἐν μέσῳ
en la mano de él, el que camina en medio
τῶν ἑπτὰ λυχνιῶν τῶν χρυσῶν·
de los siete candelabros los de oro.

---

6. O resplandece.
7. La NU suprime Amén.
8. La NU suprime que viste.

2 οἶδα τὰ ἔργα σου καὶ τὸν κόπον σου καὶ τὴν ὑπομονήν
Conozco las obras de ti y el trabajo de ti y la perseverancia

σου, καὶ ὅτι οὐ δύνη βαστάσαι κακούς, καὶ ἐπείρασας
de ti, y que no puedes soportar a malos, y probaste

τοὺς λέγοντας ἑαυτοὺς ἀποστόλους εἶναι,
a los que dicen ellos mismos apóstoles ser,[9]

καὶ οὐκ εἰσί, καὶ εὗρες αὐτοὺς ψευδεῖς·
y no son, y hallaste los falsos.

3 καὶ ὑπομονὴν ἔχεις, καὶ ἐβάστασας διὰ τὸ ὄνομά μου,
y perseverancia tienes, y aguantaste a causa del nombre de mí,

καὶ οὐ κεκοπίακας.
y no has desfallecido.

4 ἀλλ' ἔχω κατὰ σοῦ, ὅτι τὴν ἀγάπην σου τὴν
pero tengo contra ti, que el amor de ti el

πρώτην ἀφῆκας.
primero has dejado.

5 μνημόνευε οὖν πόθεν πέπτωκας, καὶ μετανόησον καὶ
Recuerda pues de donde has caído y arrepiéntete y

τὰ πρῶτα ἔργα ποίησον· εἰ δὲ μή, ἔρχομαί σοι
las primeras obras haz. Si - no, vengo a ti

ταχὺ[10] καὶ κινήσω τὴν λυχνίαν σου
rápidamente y moveré el candelabro de ti

ἐκ τοῦ τόπου αὐτῆς, ἐὰν μὴ μετανοήσῃς.
de el lugar de él, si no te arrepientes.

6 ἀλλὰ τοῦτο ἔχεις, ὅτι μισεῖς τὰ ἔργα
pero esto tienes, que odias las obras

τῶν Νικολαϊτῶν, ἃ κἀγὼ μισῶ.
de los nicolaítas, que también yo odio.

7 Ὁ ἔχων οὖς ἀκουσάτω τί τὸ Πνεῦμα λέγει ταῖς ἐκκλησίαις.
El que tiene oídos escuche lo que el Espíritu dice a las iglesias.

Τῷ νικῶντι δώσω αὐτῷ φαγεῖν ἐκ τοῦ ξύλου
Al que venza daré le comer de el árbol

τῆς ζωῆς, ὅ ἐστιν ἐν τῷ παραδείσῳ[11] τοῦ Θεοῦ.
de la vida, que está en el paraíso de Dios.

8 Καὶ τῷ ἀγγέλῳ τῆς ἐν Σμύρνῃ ἐκκλησίας γράψον·
Y al ángel de la en Esmirna iglesia escribe:

τάδε λέγει ὁ πρῶτος καὶ ὁ ἔσχατος,
esto dice el primero y el último,

ὃς ἐγένετο νεκρὸς καὶ ἔζησεν·
el que llegó a estar muerto y vivió.

9 οἶδά σου τὰ ἔργα[12] καὶ τὴν θλῖψιν καὶ τὴν πτωχείαν·
Conozco de ti las obras y la tribulación y la pobreza

ἀλλὰ πλούσιος εἶ· καὶ τὴν βλασφημίαν
pero rico eres. Y la blasfemia

ἐκ τῶν λεγόντων Ἰουδαίους εἶναι ἑαυτούς, καὶ οὐκ εἰσὶν,
de los que dicen judíos ser ellos mismos, y no son,

ἀλλὰ συναγωγὴ τοῦ Σατανᾶ.
sino sinagoga de Satanás.

2Yo sé tus obras, y tu trabajo y paciencia; y que tú no puedes sufrir los malos, y has probado a los que se dicen ser apóstoles, y no lo son, y los has hallado mentirosos;
3Y has sufrido, y has tenido paciencia, y has trabajado por mi nombre, y no has desfallecido.
4Pero tengo contra ti que has dejado tu primer amor.
5Recuerda por tanto de dónde has caído, y arrepiéntete, y haz las primeras obras; pues si no, vendré presto a ti, y quitaré tu candelero de su lugar, si no te hubieres arrepentido.
6Mas tienes esto, que aborreces los hechos de los Nicolaítas; los cuales yo también aborrezco.
7El que tiene oído, oiga lo que el Espíritu dice a las iglesias. Al que venciere, daré a comer del árbol de la vida, el cual está en medio del paraíso de Dios.
8Y escribe al ángel de la iglesia en SMIRNA: El primero y postrero, que fué muerto, y vivió, dice estas cosas:
9Yo sé tus obras, y tu tribulación, y tu pobreza (pero tú eres rico), y la blasfemia de los que se dicen ser Judíos, y no lo son, mas son sinagoga de Satanás.

---
9. Es decir, que ellos mismos son apóstoles (oración de infinitivo).
10. La NU omite rápidamente.
11. En algunos mss se lee en medio del Paraíso de Dios.
12. La NU omite las obras.

10 No tengas ningún temor de las cosas que has de padecer. He aquí, el diablo ha de enviar algunos de vosotros a la cárcel, para que seáis probados, y tendréis tribulación de diez días. Sé fiel hasta la muerte, y yo te daré la corona de la vida.
11 El que tiene oído, oiga lo que el Espíritu dice a las iglesias. El que venciere, no recibirá daño de la muerte segunda.
12 Y escribe al ángel de la iglesia en PÉRGAMO: El que tiene la espada aguda de dos filos, dice estas cosas:
13 Yo sé tus obras, y dónde moras, donde está la silla de Satanás; y retienes mi nombre, y no has negado mi fe, aun en los días en que fué Antipas mi testigo fiel, el cual ha sido muerto entre vosotros, donde Satanás mora.
14 Pero tengo unas pocas cosas contra ti: porque tú tienes ahí los que tienen la doctrina de Balaam, el cual enseñaba a Balac a poner escándalo delante de los hijos de Israel, a comer de cosas sacrificadas a los ídolos, y a cometer fornicación.
15 Así también tú tienes a los que tienen la doctrina de los Nicolaítas, lo cual yo aborrezco.
16 Arrepiéntete, porque de otra manera vendré a ti presto, y pelearé contra ellos con la espada de mi boca.

10 μηδὲν φοβοῦ ἃ μέλλεις πάσχειν. ἰδοὺ μέλλει βάλλειν
No temas lo que vas a padecer. Mira va a arrojar
ὁ διάβολος ἐξ ὑμῶν εἰς φυλακὴν ἵνα πειρασθῆτε,
el diablo de vosotros a cárcel para que seáis probados
καὶ ἕξετε θλῖψιν ἡμερῶν δέκα. γίνου πιστὸς
y tendréis tribulación días diez. Resulta fiel
ἄχρι θανάτου, καὶ δώσω σοι τὸν στέφανον τῆς ζωῆς.
hasta muerte, y daré te la corona de la vida.

11 ὁ ἔχων οὖς ἀκουσάτω τί τὸ Πνεῦμα λέγει
El que tiene oídos escuche lo que el Espíritu dice
ταῖς ἐκκλησίαις. Ὁ νικῶν οὐ μὴ ἀδικηθῇ
a las iglesias. El que venza no en absoluto será dañado
ἐκ τοῦ θανάτου τοῦ δευτέρου.
por la muerte la segunda.

12 Καὶ τῷ ἀγγέλῳ τῆς ἐν Περγάμῳ ἐκκλησίας γράψον·
Y al ángel de la en Pérgamo iglesia escribe:
τάδε λέγει ὁ ἔχων τὴν ῥομφαίαν τὴν δίστομον τὴν ὀξεῖαν·
Esto dice el que tiene la espada la de doble filo la aguda

13 οἶδα τὰ ἔργα σου¹³ καὶ ποῦ κατοικεῖς·
Conozco las obras de ti y donde habitas
ὅπου ὁ θρόνος τοῦ Σατανᾶ· καὶ κρατεῖς τὸ ὄνομά μου,
donde el trono de Satanás. Y mantienes el nombre de mí,
καὶ οὐκ ἠρνήσω τὴν πίστιν μου καὶ ἐν ταῖς ἡμέραις
y no negaste la fe de mí incluso en los días
ἐν αἷς Ἀντίπας ὁ μάρτυς μου ὁ πιστός, ὃς
en los cuales (vivió) Antipas el testigo de mí el fiel, que
ἀπεκτάνθη παρ' ὑμῖν, ὅπου ὁ Σατανᾶς κατοικεῖ.
fue asesinado entre vosotros, donde Satanás habita.

14 ἀλλ' ἔχω κατὰ σοῦ ὀλίγα, ὅτι ἔχεις ἐκεῖ
pero tengo contra ti unas pocas cosas, que tienes allí
κρατοῦντας τὴν διδαχὴν Βαλαάμ, ὃς
a los que mantienen la enseñanza de Balaam, el que
ἐδίδασκε τὸν Βαλὰκ βαλεῖν σκάνδαλον ἐνώπιον
enseñó a Balac a poner tropiezo delante
τῶν υἱῶν Ἰσραὴλ καὶ φαγεῖν εἰδωλόθυτα
de los hijos de Israel y a comer lo sacrificado a los ídolos
καὶ πορνεῦσαι.
y a prostituirse.¹⁴

15 οὕτως ἔχεις καὶ σὺ κρατοῦντας τὴν διδαχὴν
Así tienes también tú a los que mantienen la enseñanza
τῶν Νικολαϊτῶν ὁμοίως.¹⁵
de los nicolaítas igualmente.

16 μετανόησον οὖν· εἰ δὲ μή, ἔρχομαί σοι ταχύ
Arrepiéntete pues. Si - no, vengo a ti pronto
καὶ πολεμήσω μετ' αὐτῶν ἐν τῇ ῥομφαίᾳ
y combatiré con ellos con la espada
τοῦ στόματός μου.
de la boca de mí.

---

13. La NU omite las obras de ti y.
14. El texto parece referirse a la prostitución espiritual o idolatría como en Ezequiel 16.23ss.
15. Algunos mss añaden que yo odio.

17 Ὁ ἔχων οὖς ἀκουσάτω τί τὸ Πνεῦμα λέγει ταῖς
El que tiene oídos escuche lo que el Espíritu dice a las

ἐκκλησίαις. τῷ νικῶντι δώσω αὐτῷ φαγεῖν ἀπὸ τοῦ μάννα
iglesias al que venza daré le comer de del maná

τοῦ κεκρυμμένου, καὶ δώσω αὐτῷ ψῆφον λευκὴν,
escondido y daré le guijarro blanco,

καὶ ἐπὶ τὴν ψῆφον ὄνομα καινὸν γεγραμμένον, ὃ οὐδεὶς
y sobre el guijarro nombre nuevo escrito, que ninguno

οἶδεν εἰ μὴ ὁ λαμβάνων.
conoce si no el que recibe.

18 Καὶ τῷ ἀγγέλῳ τῆς ἐν Θυατείροις ἐκκλησίας γράψον·
Y al ángel de la en Tiatira iglesia escribe:

τάδε λέγει ὁ υἱὸς τοῦ Θεοῦ, ὁ ἔχων τοὺς ὀφθαλμοὺς αὐτοῦ
esto dice el Hijo de Dios, el que tiene los ojos de él

ὡς φλόγα πυρός, καὶ οἱ πόδες αὐτοῦ
como llama de fuego, y los pies de él

ὅμοιοι χαλκολιβάνῳ·
semejantes a bronce bruñido.

19 οἶδά σου τὰ ἔργα καὶ τὴν ἀγάπην καὶ τὴν πίστιν
Conozco de ti las obras y el amor y la fe

καὶ τὴν διακονίαν καὶ τὴν ὑπομονήν σου, καὶ τὰ
y el servicio y el aguante de ti, y las

ἔργα σου τὰ ἔσχατα πλείονα τῶν πρώτων.
obras de ti (siendo) las últimas mayores que las primeras.

20 ἀλλ' ἔχω κατὰ σοῦ ὀλίγα, ὅτι ἀφεῖς τὴν γυναῖκα
pero tengo contra ti unas pocas cosas, que toleras a la mujer

Ἰεζάβελ, ἣ λέγει ἑαυτὴν προφῆτιν, καὶ διδάσκει καὶ
Jezabel que dice (que) ella misma (es) profeta, y enseña y

πλανᾷ τοὺς ἐμοὺς δούλους πορνεῦσαι
engaña a los mis siervos a prostituirse[16]

καὶ φαγεῖν εἰδωλόθυτα.
y comer de lo sacrificado a los ídolos.

21 καὶ ἔδωκα αὐτῇ χρόνον ἵνα μετανόησεν.
y di le tiempo para que se arrepintiera.

ἐκ τῆς πορνείας αὐτῆς, καὶ οὐ μετανόησεν.
de la prostitución[17] de ella, y no se arrepintió.

22 ἰδοὺ βάλλω αὐτὴν εἰς κλίνην καὶ τοὺς μοιχεύοντας
Mira arrojo la a lecho y a los que cometen adulterio

μετ' αὐτῆς εἰς θλῖψιν μεγάλην, ἐὰν μὴ μετανοήσωσιν
con ella para tribulación grande, si no se arrepiente

ἐκ τῶν ἔργων αὐτῶν.
de las obras de ellos.

23 καὶ τὰ τέκνα αὐτῆς ἀποκτενῶ ἐν θανάτῳ,
y los hijos de ella mataré con muerte,

καὶ γνώσονται πᾶσαι αἱ ἐκκλησίαι ὅτι ἐγώ εἰμι ὁ ἐραυνῶν
y sabrán todas las iglesias que yo soy el que escudriño

νεφροὺς καὶ καρδίας, καὶ δώσω ὑμῖν ἑκάστῳ
riñones y corazones, y daré os a cada uno

κατὰ τὰ ἔργα ὑμῶν.
según las obras de vosotros.

---

17 El que tiene oído, oiga lo que el Espíritu dice a las iglesias. Al que venciere, daré a comer del maná escondido, y le daré una piedrecita blanca, y en la piedrecita un nombre nuevo escrito, el cual ninguno conoce sino aquel que lo recibe.
18 Y escribe al ángel de la iglesia en TIATIRA: El Hijo de Dios, que tiene sus ojos como llama de fuego, y sus pies semejantes al latón fino, dice estas cosas:
19 Yo he conocido tus obras, y caridad, y servicio, y fe, y tu paciencia, y que tus obras postreras son más que las primeras.
20 Mas tengo unas pocas cosas contra ti: porque permites aquella mujer Jezabel (que se dice profetisa) enseñar, y engañar a mis siervos, a fornicar, y a comer cosas ofrecidas a los ídolos.
21 Y le he dado tiempo para que se arrepienta de la fornicación; y no se ha arrepentido.
22 He aquí, yo la echo en cama, y a los que adulteran con ella, en muy grande tribulación, si no se arrepintieren de sus obras:
23 Y mataré a sus hijos con muerte; y todas las iglesias sabrán que yo soy el que escudriño los riñones y los corazones: y daré a cada uno de vosotros según sus obras.

---

16. Ver 2.14.
17. Ver 2.14.

24Pero yo digo a vosotros, y a los demás que estáis en Tiatira, cualesquiera que no tienen esta doctrina, y que no han conocido las profundidades de Satanás, como dicen: Yo no enviaré sobre vosotros otra carga.
25Empero la que tenéis, tenedla hasta que yo venga.
26Y al que hubiere vencido, y hubiere guardado mis obras hasta el fin, yo le daré potestad sobre las gentes;
27Y las regirá con vara de hierro, y serán quebrantados como vaso de alfarero, como también yo he recibido de mi Padre:
28Y le daré la estrella de la mañana.
29El que tiene oído, oiga lo que el Espíritu dice a las iglesias.

3 Y escribe al ángel de la iglesia en SARDIS: El que tiene los siete Espíritus de Dios, y las siete estrellas, dice estas cosas: Yo conozco tus obras que tienes nombre que vives, y estás muerto.
2Sé vigilante y confirma las otras cosas que están para morir; porque no he hallado tus obras perfectas delante de Dios.
3Acuérdate pues de lo que has recibido y has oído, y guárdalo, y arrepiéntete. Y si no velares, vendré a ti como ladrón, y no sabrás en qué hora vendré a ti.

24 ὑμῖν δὲ λέγω τοῖς λοιποῖς τοῖς ἐν Θυατείροις,
Os - digo a los restantes a los (que están) en Tiatira,

ὅσοι οὐκ ἔχουσι τὴν διδαχὴν ταύτην, οἵτινες οὐκ ἔγνωσαν
los que no tienen la enseñanza esta, que no conocieron

τὰ βαθέα τοῦ Σατανᾶ, ὡς λέγουσιν·
las profundidades de Satanás, como dicen,

οὐ βάλω ἐφ' ὑμᾶς ἄλλο βάρος·
no pondré sobre vosotros otra carga.

25 πλὴν ὃ ἔχετε κρατήσατε ἄχρις οὗ ἂν ἥξω.
Sólo lo que tenéis mantened hasta que - venga

26 Καὶ ὁ νικῶν καὶ ὁ τηρῶν ἄχρι τέλους τὰ ἔργα μου,
Y el venciendo y el guardando hasta final las obras de mí,

δώσω αὐτῷ ἐξουσίαν ἐπὶ τῶν ἐθνῶν,
daré le autoridad sobre las naciones,

27 καὶ ποιμανεῖ αὐτοὺς ἐν ῥάβδῳ σιδηρᾷ, ὡς τὰ σκεύη
y pastoreará las con cayado férreo, como las vasijas

τὰ κεραμικὰ συντρίβεται,
las de barro serán quebradas.

28 ὡς κἀγὼ εἴληφα παρὰ τοῦ πατρός μου,
Como también yo recibí de el Padre de mí,

καὶ δώσω αὐτῷ τὸν ἀστέρα τὸν πρωϊνόν.
y daré le la estrella la matutina

29 Ὁ ἔχων οὖς ἀκουσάτω τί τὸ Πνεῦμα λέγει ταῖς ἐκκλησίαις.
El que tiene oídos escuche lo que el Espíritu dice a las iglesias.

3 1 Καὶ τῷ ἀγγέλῳ τῆς ἐν Σάρδεσιν ἐκκλησίας γράψον·
Y al ángel de la en Sardis iglesia escribe:

τάδε λέγει ὁ ἔχων τὰ ἑπτὰ πνεύματα τοῦ Θεοῦ
Esto dice el que tiene los siete espíritus de Dios

καὶ τοὺς ἑπτὰ ἀστέρας· οἶδά σου τὰ ἔργα,
y las siete estrellas. Conozco de ti las obras,

ὅτι ὄνομα ἔχεις ὅτι ζῇς, καὶ νεκρὸς εἶ.
que nombre tienes que vives, y muerto estás.

2 γίνου γρηγορῶν, καὶ στήρισον τὰ λοιπὰ ἃ μέλλει
Resulta vigilante, y fortalece lo restante que va a

ἀποθανεῖν· οὐ γὰρ εὕρηκά σου τὰ ἔργα
morir. no Porque he hallado de ti las obras

πεπληρωμένα ἐνώπιον τοῦ Θεοῦ.
habiendo sido completadas delante de Dios.

3 μνημόνευε οὖν πῶς εἴληφας καὶ ἤκουσας,
Recuerda pues como has recibido y has oído

καὶ τήρει, καὶ μετανόησον. ἐὰν οὖν μὴ γρηγορήσῃς,
y guarda y arrepiéntete. Si pues no vigilas

ἥξω ἐπί σε[18] ὡς κλέπτης, καὶ οὐ μὴ γνῷς
vendré sobre ti como ladrón, y no en absoluto conocerás

ποίαν ὥραν ἥξω ἐπὶ σε.
en qué hora vendré sobre ti.

---

18. La NU omite sobre ti.

4 ἀλλὰ ἔχεις ὀλίγα ὀνόματα ἐν Σάρδεσιν,
pero tienes unos pocos nombres en Sardis,

ἃ οὐκ ἐμόλυναν τὰ ἱμάτια αὐτῶν, καὶ περιπατήσουσι
que no contaminaron las vestiduras de ellos, y caminarán

μετ' ἐμοῦ ἐν λευκοῖς, ὅτι ἄξιοί εἰσιν.
conmigo en blancas (vestiduras), porque dignos son.

5 Ὁ νικῶν οὗτος[19] περιβαλεῖται ἐν ἱματίοις λευκοῖς,
El que vence éste será vestido de vestiduras blancas

καὶ οὐ μὴ ἐξαλείψω τὸ ὄνομα αὐτοῦ ἐκ τῆς βίβλου
y no en absoluto borraré el nombre de él de el libro

τῆς ζωῆς, καὶ ὁμολογήσω τὸ ὄνομα αὐτοῦ
de la vida, y confesaré el nombre de él

ἐνώπιον τοῦ πατρός μου καὶ ἐνώπιον τῶν ἀγγέλων αὐτοῦ.
delante del padre de mí y delante de los ángeles de Él.

6 Ὁ ἔχων οὖς ἀκουσάτω τί τὸ Πνεῦμα λέγει
El que tiene oídos escuche lo que el Espíritu dice

ταῖς ἐκκλησίαις.
a las iglesias.

7 Καὶ τῷ ἀγγέλῳ τῆς ἐν Φιλαδελφείᾳ ἐκκλησίας γράψον·
Y al ángel de la en Filadelfia iglesia escribe:

τάδε λέγει ὁ ἅγιος, ὁ ἀληθινός, ὁ ἔχων τὴν κλεῖδα τοῦ Δαβίδ,
esto dice el Santo, el verdadero, el teniendo la llave de David,

ὁ ἀνοίγων καὶ οὐδεὶς κλείει, καὶ κλείει καὶ
el que abre y ninguno cierra,[20] y cierra y

οὐδεὶς ἀνοίγει·
ninguno abre.

8 οἶδά σου τὰ ἔργα· ἰδοὺ δέδωκα ἐνώπιόν σου θύραν
Conozco de ti las obras. Mira he dado delante de ti puerta

ἀνεῳγμένην, ἣν οὐδεὶς δύναται κλεῖσαι αὐτήν·
abierta, que nadie puede cerrar la,

ὅτι μικρὰν ἔχεις δύναμιν, καὶ ἐτήρησάς μου
porque pequeña tienes fuerza, y guardaste de mí

τὸν λόγον καὶ οὐκ ἠρνήσω τὸ ὄνομά μου.
la palabra y no negaste el nombre de mí.

9 ἰδοὺ διδωμι ἐκ τῆς συναγωγῆς τοῦ Σατανᾶ
Mira doy de la sinagoga de Satanás

τῶν λεγόντων ἑαυτοὺς Ἰουδαίους εἶναι,
de los que dicen ellos mismos judíos ser,[21]

καὶ οὐκ εἰσὶν, ἀλλὰ ψεύδονται· ἰδοὺ ποιήσω αὐτοὺς
y no son, sino que mienten. Mira haré los

ἵνα ἥξουσι καὶ προσκυνήσουσιν ἐνώπιον τῶν ποδῶν σου,
para que vengan y adoren ante los pies de ti,

καὶ γνῶσιν ὅτι ἐγὼ ἠγάπησά σε.
y conocerán que yo amé te.

10 ὅτι ἐτήρησας τὸν λόγον τῆς ὑπομονῆς μου,
porque guardaste la palabra del aguante de mí,

κἀγώ σε τηρήσω ἐκ τῆς ὥρας τοῦ πειρασμοῦ
y yo te guardaré de la hora de la prueba

τῆς μελλούσης ἔρχεσθαι ἐπὶ τῆς οἰκουμένης ὅλης,
la que ha de venir sobre la tierra habitada toda

πειράσαι τοὺς κατοικοῦντας ἐπὶ τῆς γῆς.
para probar a los que moran sobre la tierra.

4 Mas tienes unas pocas personas en Sardis que no han ensuciado sus vestiduras: y andarán conmigo en vestiduras blancas; porque son dignos.
5 El que venciere, será vestido de vestiduras blancas; y no borraré su nombre del libro de la vida, y confesaré su nombre delante de mi Padre, y delante de sus ángeles.
6 El que tiene oído, oiga lo que el Espíritu dice a las iglesias.
7 Y escribe al ángel de la iglesia en FILADELFIA: Estas cosas dice el Santo, el Verdadero, el que tiene la llave de David, el que abre y ninguno cierra, y cierra y ninguno abre:
8 Yo conozco tus obras: he aquí, he dado una puerta abierta delante de ti, la cual ninguno puede cerrar; porque tienes un poco de potencia, y has guardado mi palabra, y no has negado mi nombre.
9 He aquí, yo doy de la sinagoga de Satanás, los que se dicen ser Judíos, y no lo son, mas mienten; he aquí, yo los constreñiré a que vengan y adoren delante de tus pies, y sepan que yo te he amado.
10 Porque has guardado la palabra de mi paciencia, yo también te guardaré de la hora de la tentación que ha de venir en todo el mundo, para probar a los que moran en la tierra.

---

19. La NU sustituye por así.
20. La NU sustituye por y ninguno abrirá y cerrando y ninguno abre.
21. Es decir, que ellos mismos son judíos (oración de infinitivo).

11 He aquí, yo vengo presto; retén lo que tienes, para que ninguno tome tu corona.
12 Al que venciere, yo lo haré columna en el templo de mi Dios, y nunca más saldrá fuera; y escribiré sobre él el nombre de mi Dios, y el nombre de la ciudad de mi Dios, la nueva Jerusalem, la cual desciende del cielo de con mi Dios, y mi nombre nuevo.
13 El que tiene oído, oiga lo que el Espíritu dice a las iglesias.
14 Y escribe al ángel de la iglesia en LAODICEA: He aquí dice el Amén, el testigo fiel y verdadero, el principio de la creación de Dios:
15 Yo conozco tus obras, que ni eres frío, ni caliente. ¡Ojalá fueses frío, o caliente!
16 Mas porque eres tibio, y no frío ni caliente, te vomitaré de mi boca.
17 Porque tú dices: Yo soy rico, y estoy enriquecido, y no tengo necesidad de ninguna cosa; y no conoces que tú eres un cuitado y miserable y pobre y ciego y desnudo;
18 Yo te amonesto que de mí compres oro afinado en fuego, para que seas hecho rico, y seas vestido de vestiduras blancas, para que no se descubra la vergüenza de tu desnudez; y unge tus ojos con colirio, para que veas.

11 ἰδοὺ[22] ἔρχομαι ταχύ· κράτει ὃ ἔχεις, ἵνα μηδεὶς
    Mira   Vengo pronto. Mantén lo que tienes, para que ninguno
λάβῃ τὸν στέφανόν σου.
tome la corona de ti.

12 Ὁ νικῶν, ποιήσω αὐτὸν στῦλον ἐν τῷ ναῷ τοῦ Θεοῦ μου,
    El que vence, haré lo columna en el templo del Dios de mí,
καὶ ἔξω οὐ μὴ ἐξέλθῃ ἔτι, καὶ γράψω ἐπ' αὐτὸν
y fuera no en absoluto saldrá ya, y escribiré sobre él
τὸ ὄνομα τοῦ Θεοῦ μου, καὶ τὸ ὄνομα τῆς πόλεως
el nombre del Dios de mí y el nombre de la ciudad
τοῦ Θεοῦ μου, τῆς καινῆς Ἰερουσαλήμ, ἣ καταβαίνει
del Dios de mí, de la nueva Jerusalén, que desciende
ἐκ τοῦ οὐρανοῦ ἀπὸ τοῦ Θεοῦ μου, καὶ
de el cielo de el Dios de mí, y
τὸ ὄνομά μου τὸ καινόν.
el nombre de mí el nuevo.

13 Ὁ ἔχων οὖς ἀκουσάτω τί τὸ Πνεῦμα λέγει
    El que tiene oídos escuche lo que el Espíritu dice
ταῖς ἐκκλησίαις.
a las iglesias.

14 Καὶ τῷ ἀγγέλῳ τῆς ἐν Λαοδικείᾳ ἐκκλησίας[23] γράψον·
    Y al ángel de la en Laodicea iglesia escribe:
τάδε λέγει ὁ ἀμήν, ὁ μάρτυς ὁ πιστὸς καὶ ἀληθινός,
esto dice el Amén, el testigo fiel y verdadero
ἡ ἀρχὴ τῆς κτίσεως τοῦ Θεοῦ·
el origen de la creación de Dios.

15 οἶδά σου τὰ ἔργα, ὅτι οὔτε ψυχρὸς εἶ οὔτε ζεστός·
    Conozco de ti las obras, que ni frío eres ni caliente
ὄφελον ψυχρὸς ἧς ἢ ζεστός·
Desearía (que) frío fueras o caliente.

16 οὕτως ὅτι χλιαρὸς εἶ, καὶ οὔτε ζεστὸς οὔτε ψυχρός,
    Así que porque tibio eres, y no caliente ni frío
μέλλω σε ἐμέσαι ἐκ τοῦ στόματός μου.
voy a ti a vomitar de la boca de mí.

17 ὅτι λέγεις ὅτι Πλούσιός εἰμι καὶ πεπλούτηκα
    porque dices que rico soy y me he enriquecido
καὶ οὐδὲν χρείαν ἔχω, καὶ οὐκ οἶδας
y de nada necesidad tengo, y no conoces
ὅτι σὺ εἶ ὁ ταλαίπωρος καὶ ἐλεεινὸς
que tú eres el más desgraciado y miserable
καὶ πτωχὸς καὶ τυφλὸς καὶ γυμνός,
y pobre y ciego y desnudo.

18 συμβουλεύω σοι ἀγοράσαι παρ' ἐμοῦ χρυσίον
    Aconsejo te comprar de mí oro
πεπυρωμένον ἐκ πυρὸς ἵνα πλουτήσῃς,
refinado con fuego, para que te enriquezcas,
καὶ ἱμάτια λευκὰ ἵνα περιβάλῃ καὶ μὴ φανερωθῇ
y vestiduras blancas para que seas vestido y no se manifieste
ἡ αἰσχύνη τῆς γυμνότητός σου, καὶ κολλούριον
la vergüenza de la desnudez de ti, y con colirio
ἔγχρισον τοὺς ὀφθαλμούς σου ἵνα βλέπῃς.
unge los ojos de ti para que veas.

---

22. La NU suprime mira.
23. Algunos mss leen iglesia de los laodiceos.

19 ἐγὼ ὅσους ἐὰν φιλῶ, ἐλέγχω καὶ παιδεύω·
Yo a cuantos - amo, amonesto y disciplino *
ζήλευε οὖν καὶ μετανόησον.
Ten celo por lo tanto y arrepiéntete.

20 ἰδοὺ ἕστηκα ἐπὶ τὴν θύραν καὶ κρούω· ἐάν τις ἀκούσῃ
Mira estoy a la puerta y llamo. Si alguno oye
τῆς φωνῆς μου καὶ ἀνοίξῃ τὴν θύραν, εἰσελεύσομαι
la voz de mí y abre la puerta, vendré
πρὸς αὐτὸν καὶ δειπνήσω μετ' αὐτοῦ καὶ αὐτὸς μετ' ἐμοῦ.
a él y cenaré con él y él conmigo.

21 Ὁ νικῶν, δώσω αὐτῷ καθίσαι μετ' ἐμοῦ ἐν τῷ θρόνῳ μου,
El que vence, daré le sentarse conmigo en el trono de mí,
ὡς κἀγὼ ἐνίκησα καὶ ἐκάθισα μετὰ τοῦ πατρός
como yo vencí y me senté con el Padre
μου ἐν τῷ θρόνῳ αὐτοῦ.
de mí en el trono de Él.

22 Ὁ ἔχων οὖς ἀκουσάτω τί τὸ Πνεῦμα λέγει
El que tiene oídos escuche lo que el Espíritu dice
ταῖς ἐκκλησίαις.
a las iglesias.

4

1 Μετὰ ταῦτα εἶδον, καὶ ἰδοὺ θύρα ἀνεῳγμένη ἐν τῷ οὐρανῷ,
Después de esto miré, y mira puerta abierta en el cielo
καὶ ἡ φωνὴ ἡ πρώτη ἣν ἤκουσα ὡς σάλπιγγος λαλούσης
y la voz la primera que escuché como trompeta hablando
μετ' ἐμοῦ, λέγων· ἀνάβα ὧδε καὶ δείξω σοι ἃ
conmigo, diciendo: Sube aquí y mostraré te lo que
δεῖ γενέσθαι μετὰ ταῦτα.
tiene que suceder después de esto.

2 καὶ εὐθέως ἐγενόμην ἐν πνεύματι· καὶ ἰδοὺ θρόνος
E inmediatamente resulté en espíritu. Y mira trono
ἔκειτο ἐν τῷ οὐρανῷ, καὶ ἐπὶ τὸν θρόνον καθήμενος·
puesto en el cielo y en el trono (uno) sentado.

3 καὶ ὁ καθήμενος ἦν ὅμοιος ὁράσει λίθῳ ἰάσπιδι
Y el sentado era semejante a apariencia de piedra de jaspe
καὶ σαρδίῳ· καὶ ἶρις κυκλόθεν τοῦ θρόνου
y sardio y (había) arco iris alrededor del trono
ὁμοία ὁράσει σμαραγδίνῳ.
semejante a la apariencia de esmeralda.

4 καὶ κυκλόθεν τοῦ θρόνου θρόνοι εἴκοσι τέσσαρες·
Y alrededor del trono (había) tronos veinticuatro
καὶ ἐπὶ τοὺς θρόνους εἶδον²⁴ τοὺς εἴκοσι τέσσαρας
y en los tronos vi a los veinticuatro
πρεσβυτέρους καθημένους, περιβεβλημένους
ancianos sentados, habiendo sido vestidos
ἐν ἱματίοις λευκοῖς, καὶ ἔσχον ἐπὶ τὰς κεφαλὰς αὐτῶν
con túnicas blancas, y tenían en las cabezas de ellos
στεφάνους χρυσοῦς.
coronas de oro.

---

19 Yo reprendo y castigo a todos los que amo: sé pues celoso, y arrepiéntete.
20 He aquí, yo estoy a la puerta y llamo: si alguno oyere mi voz y abriere la puerta, entraré a él, y cenaré con él, y él conmigo.
21 Al que venciere, yo le daré que se siente conmigo en mi trono; así como yo he vencido, y me he sentado con mi Padre en su trono.
22 El que tiene oído, oiga lo que el Espíritu dice a las iglesias.

4

Después de estas cosas miré, y he aquí una puerta abierta en el cielo: y la primera voz que oí, era como de trompeta que hablaba conmigo, diciendo: Sube acá, y yo te mostraré las cosas que han de ser después de éstas.
2 Y luego yo fuí en Espíritu: y he aquí, un trono que estaba puesto en el cielo, y sobre el trono estaba uno sentado.
3 Y el que estaba sentado, era al parecer semejante a una piedra de jaspe y de sardio: y un arco celeste había alrededor del trono, semejante en el aspecto a la esmeralda.
4 Y alrededor del trono había veinticuatro sillas: y vi sobre las sillas veinticuatro ancianos sentados, vestidos de ropas blancas; y tenían sobre sus cabezas coronas de oro.

---

24. La NU suprime vi.

5 Y del trono salían relámpagos y truenos y voces: y siete lámparas de fuego estaban ardiendo delante del trono, las cuales son los siete Espíritus de Dios.
6 Y delante del trono había como un mar de vidrio semejante al cristal; y en medio del trono, y alrededor del trono, cuatro animales llenos de ojos delante y detrás.
7 Y el primer animal era semejante a un león; y el segundo animal, semejante a un becerro; y el tercer animal tenía la cara como de hombre; y el cuarto animal, semejante a un águila volando.
8 Y los cuatro animales tenían cada uno por sí seis alas alrededor, y de dentro estaban llenos de ojos; y no tenían reposo día ni noche, diciendo: Santo, santo, santo el Señor Dios Todopoderoso, que era, y que es, y que ha de venir.
9 Y cuando aquellos animales daban gloria y honra y alabanza al que estaba sentado en el trono, al que vive para siempre jamás,
10 Los veinticuatro ancianos se postraban delante del que estaba sentado en el trono, y adoraban al que vive para siempre jamás, y echaban sus coronas delante del trono, diciendo:

5 καὶ ἐκ τοῦ θρόνου ἐκπορεύονται ἀστραπαὶ καὶ φωναὶ
Y de el trono salen destellos y voces
καὶ βρονταί· καὶ ἑπτὰ λαμπάδες πυρὸς καιόμεναι
y truenos. Y siete lámparas de fuego (estaban) ardiendo
ἐνώπιον τοῦ θρόνου, αἵ εἰσι τὰ ἑπτὰ πνεύματα
delante del trono, las cuales son los siete espíritus
τοῦ Θεοῦ·
de Dios.

6 καὶ ἐνώπιον τοῦ θρόνου ὡς[25] θάλασσα ὑαλίνη,
Y delante del trono (había) como mar transparente,
ὁμοία κρυστάλλῳ. καὶ ἐν μέσῳ τοῦ θρόνου
semejante a cristal y en medio del trono
καὶ κύκλῳ τοῦ θρόνου τέσσαρα ζῷα γέμοντα
y en torno al trono cuatro vivientes estando llenos
ὀφθαλμῶν ἔμπροσθεν καὶ ὄπισθεν.
de ojos por delante y por detrás.

7 καὶ τὸ ζῷον τὸ πρῶτον ὅμοιον λέοντι,
Y el viviente el primero semejante a león (era),
καὶ τὸ δεύτερον ζῷον ὅμοιον μόσχῳ, καὶ τὸ τρίτον
y el segundo viviente semejante a ternero, y el tercer
ζῷον ἔχων τὸ πρόσωπον ὡς ἀνθρώπου, καὶ τὸ τέταρτον
viviente teniendo el rostro como de hombre, y el cuarto
ζῷον ὅμοιον ἀετῷ πετωμένῳ.
viviente semejante a águila volando.

8 καὶ τὰ τέσσαρα ζῷα, ἓν καθ' ἓν αὐτῶν ἔχων ἀνὰ
Y los cuatro vivientes, uno por uno de ellos teniendo cada
πτέρυγας ἕξ, κυκλόθεν καὶ ἔσωθεν γέμουσιν ὀφθαλμῶν,
uno alas seis, alrededor y por dentro están llenos de ojos.
καὶ ἀνάπαυσιν οὐκ ἔχουσιν ἡμέρας καὶ νυκτὸς
Y descanso no tienen de día y de noche
λέγοντες· ἅγιος, ἅγιος, ἅγιος Κύριος ὁ Θεὸς
diciendo: Santo, santo, santo Señor Dios
ὁ παντοκράτωρ, ὁ ἦν καὶ ὁ ὢν καὶ ὁ ἐρχόμενος.
el todopoderoso, el que era y el que es y el que viene.

9 καὶ ὅταν δώσουσι τὰ ζῷα δόξαν καὶ τιμὴν
Y cuando darán los vivientes gloria y honra
καὶ εὐχαριστίαν τῷ καθημένῳ ἐπὶ τοῦ θρόνου,
y acción de gracias al sentado en el trono,
τῷ ζῶντι εἰς τοὺς αἰῶνας τῶν αἰώνων,
al que vive por las Eras de las eras,

10 πεσοῦνται οἱ εἴκοσι τέσσαρες πρεσβύτεροι
caerán los veinticuatro ancianos
ἐνώπιον τοῦ καθημένου ἐπὶ τοῦ θρόνου,
delante del sentado en el trono,
καὶ προσκυνήσουσι τῷ ζῶντι εἰς τοὺς αἰῶνας
y adorarán al que vive por las Eras
τῶν αἰώνων, καὶ βαλοῦσι τοὺς στεφάνους αὐτῶν
de las eras, y arrojarán las coronas de ellos
ἐνώπιον τοῦ θρόνου λέγοντες·
delante del trono diciendo:

---

25. Algunos mss recogidos en la TR omiten como.

11 ἄξιος εἶ, ὁ Κύριος καὶ ὁ Θεὸς ἡμῶν,[26] λαβεῖν τὴν δόξαν
Digno eres, el Señor y Dios de nosotros, de recibir la gloria
καὶ τὴν τιμὴν καὶ τὴν δύναμιν, ὅτι σὺ ἔκτισας
y la honra y el poder, porque tú creaste
τὰ πάντα, καὶ διὰ τὸ θέλημά σου ἦσαν[27] καὶ ἐκτίσθησαν.
el todo, y por la voluntad de Ti existió y fue creado.

5

1 Καὶ εἶδον ἐπὶ τὴν δεξιὰν τοῦ καθημένου ἐπὶ τοῦ θρόνου
Y vi en la diestra del sentado en el trono
βιβλίον γεγραμμένον ἔσωθεν καὶ ὄπισθεν,
libro habiendo sido escrito dentro y fuera
κατεσφραγισμένον σφραγῖσιν ἑπτά.
habiendo sido sellado con sellos siete.

2 καὶ εἶδον ἄγγελον ἰσχυρὸν κηρύσσοντα ἐν φωνῇ
Y vi ángel fuerte predicando con voz
μεγάλῃ· τίς ἄξιος ἐστιν ἀνοῖξαι τὸ βιβλίον
grande. ¿Quién digno es de abrir el libro[28]
καὶ λῦσαι τὰς σφραγῖδας αὐτοῦ;
y soltar los sellos de él?

3 καὶ οὐδεὶς ἐδύνατο ἐν τῷ οὐρανῷ οὔτε ἐπὶ τῆς γῆς
Y ninguno podía en el cielo ni en la tierra
οὔτε ὑποκάτω τῆς γῆς ἀνοῖξαι τὸ βιβλίον
ni debajo de la tierra abrir el libro
οὔτε βλέπειν αὐτό.
ni mirar lo.

4 καὶ ἐγὼ ἔκλαιον πολύ, ὅτι οὐδεὶς ἄξιος εὑρέθη
Y yo lloraba mucho, porque ninguno digno fue hallado
ἀνοῖξαι τὸ βιβλίον οὔτε βλέπειν αὐτό.
de abrir el libro ni de mirar lo.

5 καὶ εἷς ἐκ τῶν πρεσβυτέρων λέγει μοι·
Y uno de los ancianos dice me:
μὴ κλαῖε· ἰδοὺ ἐνίκησεν ὁ λέων ὁ ἐκ τῆς φυλῆς Ἰούδα,
No llores. Mira ha vencido el león el de la tribu de Judá,
ἡ ῥίζα Δαυΐδ, ἀνοῖξαι τὸ βιβλίον καὶ λῦσαι[29] τὰς ἑπτὰ
la raíz de David, para abrir el libro y soltar los siete
σφραγῖδας αὐτοῦ.
sellos de él.

6 Καὶ εἶδον ἐν μέσῳ τοῦ θρόνου καὶ τῶν τεσσάρων ζῴων
Y vi en medio del trono y de los cuatro vivientes
καὶ ἐν μέσῳ τῶν πρεσβυτέρων ἀρνίον ἑστηκὸς
y en medio de los ancianos cordero en pie
ὡς ἐσφαγμένον, ἔχων κέρατα ἑπτὰ καὶ ὀφθαλμοὺς ἑπτά,
como degollado, teniendo cuernos siete y ojos siete,
οἵ εἰσι τὰ ἑπτὰ πνεύματα τοῦ Θεοῦ ἀπεσταλμένα
que son los siete espíritus de Dios enviados
εἰς πᾶσαν τὴν γῆν.
sobre toda la tierra.

7 καὶ ἦλθε καὶ εἴληφεν τὸ βιβλίον[30] ἐκ τῆς δεξιᾶς τοῦ καθημένου
Y vino y ha tomado el libro de la diestra del sentado
ἐπὶ τοῦ θρόνου.
en el trono.

---

26. Algunos mss leen sólo Señor.
27. Algunos mss leen existe.
28. O, menos acertadamente, rollo.
29. La NU suprime soltar.
30. La NU suprime el rollo.

---

11 Señor, digno eres de recibir gloria y honra y virtud: porque tú criaste todas las cosas, y por tu voluntad tienen ser y fueron criadas.

5 Y vi en la mano derecha del que estaba sentado sobre el trono un libro escrito de dentro y de fuera, sellado con siete sellos.
2 Y vi un fuerte ángel predicando en alta voz: ¿Quién es digno de abrir el libro, y de desatar sus sellos?
3 Y ninguno podía, ni en el cielo, ni en la tierra, ni debajo de la tierra, abrir el libro, ni mirarlo.
4 Y yo lloraba mucho, porque no había sido hallado ninguno digno de abrir el libro, ni de leerlo, ni de mirarlo.
5 Y uno de los ancianos me dice: No llores; he aquí el león de la tribu de Judá, la raíz de David, que ha vencido para abrir el libro, y desatar sus siete sellos.
6 Y miré; y he aquí en medio del trono y de los cuatro animales, y en medio de los ancianos, estaba un Cordero como inmolado, que tenía siete cuernos, y siete ojos, que son los siete Espíritus de Dios enviados en toda la tierra.
7 Y él vino, y tomó el libro de la mano derecha de aquel que estaba sentado en el trono.

8 Y cuando hubo tomado el libro, los cuatro animales y los veinticuatro ancianos se postraron delante del Cordero, teniendo cada uno arpas, y copas de oro llenas de perfumes, que son las oraciones de los santos:
9 Y cantaban un nuevo cántico, diciendo: Digno eres de tomar el libro, y de abrir sus sellos; porque tú fuiste inmolado, y nos has redimido para Dios con tu sangre, de todo linaje y lengua y pueblo y nación;
10 Y nos has hecho para nuestro Dios reyes y sacerdotes, y reinaremos sobre la tierra.
11 Y miré, y oí voz de muchos ángeles alrededor del trono, y de los animales, y de los ancianos; y la multitud de ellos era millones de millones,
12 Que decían en alta voz: El Cordero que fué inmolado es digno de tomar el poder y riquezas y sabiduría, y fortaleza y honra y gloria y alabanza.
13 Y oí a toda criatura que está en el cielo, y sobre la tierra, y debajo de la tierra, y que está en el mar, y todas las cosas que en ellos están, diciendo: Al que está sentado en el trono, y al Cordero, sea la bendición, y la honra, y la gloria, y el poder, para siempre jamás.
14 Y los cuatro animales decían: Amén. Y los veinticuatro ancianos cayeron sobre sus rostros, y adoraron al que vive para siempre jamás.

8 καὶ ὅτε ἔλαβεν τὸ βιβλίον, τὰ τέσσαρα ζῷα καὶ
Y cuando tomó el libro, los cuatro vivientes y

οἱ εἴκοσι τέσσαρες πρεσβύτεροι ἔπεσαν ἐνώπιον τοῦ ἀρνίου,
los veinticuatro ancianos cayeron delante del cordero,

ἔχοντες ἕκαστος κιθάραν καὶ φιάλας χρυσᾶς γεμούσας
teniendo cada uno cítara y copas de oro llenas

θυμιαμάτων, αἵ εἰσιν αἱ προσευχαὶ τῶν ἁγίων·
de inciensos que son las oraciones de los santos.

9 καὶ ᾄδουσιν ᾠδὴν καινὴν λέγοντες· ἄξιος εἶ λαβεῖν
Y cantan canción nueva diciendo: digno eres de tomar

τὸ βιβλίον καὶ ἀνοῖξαι τὰς σφραγῖδας αὐτοῦ, ὅτι
el libro y abrir los sellos de él, porque

ἐσφάγης καὶ ἠγόρασας τῷ Θεῷ ἡμᾶς ἐν τῷ
fuiste inmolado y compraste para Dios nos con la

αἵματί σου ἐκ πάσης φυλῆς καὶ γλώσσης καὶ λαοῦ καὶ ἔθνους,
sangre de ti de toda tribu y lengua y pueblo y nación.

10 καὶ ἐποίησας αὐτοὺς τῷ Θεῷ ἡμῶν βασιλεῖς
Y hizo los para Dios de nosotros reyes

καὶ ἱερεῖς, καὶ βασιλεύσομεν[31] ἐπὶ τῆς γῆς.
y sacerdotes, y reinaremos sobre la tierra.

11 Καὶ εἶδον καὶ ἤκουσα φωνὴν ἀγγέλων πολλῶν
Y ví y escuché voz de ángeles muchos

κύκλῳ τοῦ θρόνου καὶ τῶν ζῴων καὶ τῶν πρεσβυτέρων,
alrededor del trono y de los vivientes y de los ancianos,

καὶ ἦν ὁ ἀριθμὸς αὐτῶν μυριάδες μυριάδων καὶ
y era el número de ellos miríadas de miríadas y

χιλιάδες χιλιάδων
miles de miles,

12 λέγοντες φωνῇ μεγάλῃ· ἄξιόν ἐστι τὸ ἀρνίον τὸ ἐσφαγμένον
diciendo con voz grande: Digno es el cordero el inmolado

λαβεῖν τὴν δύναμιν καὶ πλοῦτον καὶ σοφίαν
de tomar el poder y riqueza y sabiduría

καὶ ἰσχὺν καὶ τιμὴν καὶ δόξαν καὶ εὐλογίαν.
y fuerza y honra y gloria y bendición.

13 καὶ πᾶν κτίσμα ὃ ἐν τῷ οὐρανῷ καὶ ἐπὶ τῆς γῆς
Y a toda criatura que en el cielo y en la tierra

καὶ ὑποκάτω τῆς γῆς καὶ ἐπὶ τῆς θαλάσσης ἐστί,
y debajo de la tierra y sobre el mar está,

καὶ τὰ ἐν αὐτοῖς πάντα, ἤκουσα λέγοντας·
y a las cosas (que hay) en ellos todas escuché diciendo:

τῷ καθημένῳ ἐπὶ τοῦ θρόνου καὶ τῷ ἀρνίῳ ἡ εὐλογία
Al sentado en el trono y al cordero la bendición

καὶ ἡ τιμὴ καὶ ἡ δόξα καὶ τὸ κράτος εἰς τοὺς
y la honra y la gloria y el poder (sean) por las

αἰῶνας τῶν αἰώνων.
eras de las eras".

14 καὶ τὰ τέσσαρα ζῷα ἔλεγον, Ἀμήν. καὶ
y los cuatro vivientes dijeron: Amén. Y

οἱ εἰκοσιτέσσαρες πρεσβύτεροι ἔπεσαν, καὶ
los veinticuatro ancianos cayeron, y

προσεκύνησαν ζῶντι εἰς τοὺς αἰῶνας τῶν αἰώνων
adoraron al viviendo por las eras de las eras.

---

31. La NU sustituye por reinarán.

1 Καὶ εἶδον ὅτε ἤνοιξε τὸ ἀρνίον μίαν ἐκ τῶν³² σφραγίδων·
Y miré cuando abrió el cordero uno de los sellos.

καὶ ἤκουσα ἑνὸς ἐκ τῶν τεσσάρων ζῴων λέγοντος
Y escuché a uno de los cuatro vivientes diciendo

ὡς φωνὴ βροντῆς· ἔρχου καὶ ἰδοὺ *
como voz de trueno: "Ven y mira".

2 καὶ εἶδον, καὶ ἰδοὺ ἵππος λευκός, καὶ ὁ καθήμενος
Y miré, y mira caballo blanco, y el sentado

ἐπ' αὐτὸν ἔχων τόξον· καὶ ἐδόθη αὐτῷ στέφανος,
en él teniendo arco. Y fue dado a él corona,

καὶ ἐξῆλθε νικῶν καὶ ἵνα νικήσῃ.
y salió venciendo y para que venciera.

3 Καὶ ὅτε ἤνοιξεν τὴν σφραγῖδα τὴν δευτέραν,
Y cuando abrió el sello el segundo,

ἤκουσα τοῦ δευτέρου ζῴου λέγοντος· Ἔρχου καὶ βλέπε
escuché al segundo viviente diciendo: "Ven y mira".

4 καὶ ἐξῆλθεν ἄλλος ἵππος πυρρός, καὶ τῷ καθημένῳ ἐπ' αὐτὸν
y salió otro caballo rojo y al sentado en él

ἐδόθη αὐτῷ λαβεῖν τὴν εἰρήνην ἐκ τῆς γῆς
fue dado le quitar la paz de la tierra

καὶ ἵνα ἀλλήλους σφάξωσι,
y que unos a otros se matasen

καὶ ἐδόθη αὐτῷ μάχαιρα μεγάλη.
y fue dada a él espada grande.

5 Καὶ ὅτε ἤνοιξεν τὴν σφραγῖδα τὴν τρίτην, ἤκουσα
Y cuando abrió el sello el tercero, escuché

τοῦ τρίτου ζῴου λέγοντος· Ἔρχου καὶ βλέπε. καὶ εἶδον,
al tercer viviente diciendo: ven y mira. Y vi

καὶ ἰδοὺ ἵππος μέλας, καὶ ὁ καθήμενος ἐπ' αὐτὸν
y mira caballo negro y el sentado en él

ἔχων ζυγὸν ἐν τῇ χειρὶ αὐτοῦ.
teniendo balanza en la mano de él.

6 καὶ ἤκουσα ὡς φωνὴν ἐν μέσῳ τῶν τεσσάρων ζῴων
Y escuché como voz en medio de los cuatro vivientes

λέγουσαν· χοῖνιξ σίτου δηναρίου, καὶ τρεῖς χοίνικες
diciendo: quenice³³ de trigo por denario, y tres quenices

κριθῆς δηναρίου· καὶ τὸ ἔλαιον καὶ τὸν οἶνον
de cebada por denario. Y el aceite y el vino

μὴ ἀδικήσῃς.
no dañes.

7 Καὶ ὅτε ἤνοιξε τὴν σφραγῖδα τὴν τετάρτην, ἤκουσα φωνὴν
Y cuando abrió el sello el cuarto, escuché voz

τοῦ τετάρτου ζῴου λέγοντος· Ἔρχου καὶ βλέπε.
del cuarto viviente diciendo: ven y mira.

6 Y miré cuando el Cordero abrió uno de los sellos, y oí a uno de los cuatro animales diciendo como con una voz de trueno: Ven y ve. **2** Y miré, y he aquí un caballo blanco: y el que estaba sentado encima de él, tenía un arco; y le fué dada una corona, y salió victorioso, para que también venciese. **3** Y cuando él abrió el segundo sello, oí al segundo animal, que decía: Ven y ve. **4** Y salió otro caballo bermejo: y al que estaba sentado sobre él, fué dado poder de quitar la paz de la tierra, y que se maten unos a otros: y fuéle dada una grande espada. **5** Y cuando él abrió el tercer sello, oí al tercer animal, que decía: Ven y ve. Y miré, y he aquí un caballo negro: y el que estaba sentado encima de él, tenía un peso en su mano. **6** Y oí una voz en medio de los cuatro animales, que decía: Dos libras de trigo por un denario, y seis libras de cebada por un denario: y no hagas daño al vino ni al aceite. **7** Y cuando él abrió el cuarto sello, oí la voz del cuarto animal, que decía: Ven y ve.

---

32. Algunos mss añaden siete.
33. El quenice era una medida griega de capacidad equivalente a 1,094 litros.

8 Y miré, y he aquí un caballo amarillo: y el que estaba sentado sobre él tenía por nombre Muerte; y el infierno le seguía: y le fué dada potestad sobre la cuarta parte de la tierra, para matar con espada, con hambre, con mortandad, y con las bestias de la tierra.
9 Y cuando él abrió el quinto sello, vi debajo del altar las almas de los que habían sido muertos por la palabra de Dios y por el testimonio que ellos tenían.
10 Y clamaban en alta voz diciendo: ¿Hasta cuándo, Señor, santo y verdadero, no juzgas y vengas nuestra sangre de los que moran en la tierra?
11 Y les fueron dadas sendas ropas blancas, y fuéles dicho que reposasen todavía un poco de tiempo, hasta que se completaran sus consiervos y sus hermanos, que también habían de ser muertos como ellos.
12 Y miré cuando él abrió el sexto sello, y he aquí fué hecho un gran terremoto; y el sol se puso negro como un saco de cilicio, y la luna se puso toda como sangre;
13 Y las estrellas del cielo cayeron sobre la tierra, como la higuera echa sus higos cuando es movida de gran viento.

8 καὶ εἶδον, καὶ ἰδοὺ ἵππος χλωρός,   καὶ ὁ καθήμενος
   Y   miré,   y mira caballo verde-amarillento, y el sentado

   ἐπάνω αὐτοῦ, ὄνομα αὐτῷ   ὁ θάνατος, καὶ ὁ ᾅδης
   sobre él,   nombre para él[34] la muerte, y el Hades

   ἠκολούθει μετ' αὐτοῦ· καὶ ἐδόθη   αὐτοῖς ἐξουσία
   seguía   lo.   Y fue dada les   autoridad

   ἐπὶ   τὸ τέταρτον   τῆς γῆς,   ἀποκτεῖναι ἐν ῥομφαίᾳ
   sobre el cuarto   de la tierra, para matar con espada

   καὶ ἐν λιμῷ   καὶ ἐν θανάτῳ καὶ
   y   con hambre y   con muerte y

   ὑπὸ τῶν θηρίων τῆς γῆς.
   por las fieras de la tierra.

9 Καὶ ὅτε   ἤνοιξε τὴν πέμπτην σφραγῖδα,
   Y   cuando abrió el   quinto   sello,

   εἶδον ὑποκάτω τοῦ θυσιαστηρίου τὰς ψυχὰς
   vi   bajo   el altar   las almas

   τῶν ἐσφαγμένων   διὰ   τὸν λόγον τοῦ Θεοῦ
   de los habían sido asesinados a causa de la palabra de Dios

   καὶ διὰ   τὴν μαρτυρίαν ἣν εἶχον.
   y   a causa del testimonio que tenían.

10 καὶ ἔκραξαν φωνῇ μεγάλῳ λέγοντες· ἕως πότε,
   Y   gritaban con voz grande diciendo: ¿Hasta cuándo

   ὁ   δεσπότης ὁ ἅγιος καὶ ὁ ἀληθινός, οὐ κρίνεις
   oh Soberano el Santo y el Verdadero, no juzgas

   καὶ ἐκδικεῖς   τὸ   αἷμα ἡμῶν   ἐκ   τῶν κατοικούντων
   y haces justicia con la sangre de nosotros entre los que moran

   ἐπὶ τῆς γῆς;
   en la tierra?

11 καὶ ἐδόθη   αὐτοῖς ἑκάστῳ   στολὴ λευκή,[35] καὶ ἐρρέθη
   Y fue dada a ellos a cada uno túnica blanca,   y fue dicho

   αὐτοῖς ἵνα ἀναπαύσονται ἔτι χρόνον μικρόν,
   a ellos que descansaran   por tiempo breve,

   ἕως πληρώσωσι καὶ οἱ σύνδουλοι αὐτῶν καὶ
   hasta que se completaran también los consiervos de ellos   y

   οἱ ἀδελφοὶ αὐτῶν οἱ μέλλοντες ἀποκτέννεσθαι
   los hermanos de ellos los que debían ser asesinados

   ὡς   καὶ   αὐτοί.
   como también ellos (lo habían sido).

12 Καὶ εἶδον ὅτε   ἤνοιξε τὴν σφραγῖδα τὴν ἕκτην,
   Y   vi   cuando abrió el   sello   el sexto,

   καὶ σεισμὸς μέγας ἐγένετο, καὶ ὁ ἥλιος μέλας
   y   seísmo grande aconteció, y el sol   negro

   ἐγένετο   ὡς σάκκος τρίχινος, καὶ ἡ σελήνη ὅλη
   llegó a estar como tela de crín, y la luna   toda

   ἐγένετο   ὡς αἷμα,
   llegó a estar como sangre,

13 καὶ οἱ ἀστέρες τοῦ οὐρανοῦ ἔπεσαν εἰς τὴν γῆν,
   Y   las estrellas del cielo   cayeron sobre la tierra,

   ὡς   συκῆ   βάλλει τοὺς ὀλύνθους   αὐτῆς,
   como higuera arroja los higos últimos de ella,

   ὑπὸ ἀνέμου μεγάλου σειομένη,
   por vendaval grande sacudida.

---

34. Es decir, se llamaba.
35. Algunos manuscritos consignan la frase en plural.

14 καὶ ὁ οὐρανὸς ἀπεχωρίσθη ὡς βιβλίον ἑλισσόμενον,
Y el cielo fue retirado como libro que se enrolla,
καὶ πᾶν ὄρος καὶ νῆσος ἐκ τῶν τόπων αὐτῶν
y toda montaña y isla de los lugares de ellos
ἐκινήθησαν·
fueron movidas.

15 καὶ οἱ βασιλεῖς τῆς γῆς καὶ οἱ μεγιστᾶνες καὶ οἱ χιλίαρχοι
Y los reyes de la tierra y los magnates y los generales
καὶ οἱ πλούσιοι καὶ οἱ ἰσχυροὶ καὶ πᾶς δοῦλος
y los ricos y los poderosos y todo siervo
καὶ ἐλεύθερος ἔκρυψαν ἑαυτοὺς εἰς τὰ σπήλαια
y libre encerraron se en las cuevas
καὶ εἰς τὰς πέτρας τῶν ὀρέων,
y en las rocas de las montañas,

16 καὶ λέγουσι τοῖς ὄρεσι καὶ ταῖς πέτραις·
Y dicen a las montañas y a las rocas
πέσετε ἐφ' ἡμᾶς καὶ κρύψατε ἡμᾶς ἀπὸ προσώπου
caed sobre nosotros y esconded nos de rostro
τοῦ καθημένου ἐπὶ τοῦ θρόνου καὶ
del sentado en el trono y
ἀπὸ τῆς ὀργῆς τοῦ ἀρνίου,
de la ira del cordero.

17 ὅτι ἦλθεν ἡ ἡμέρα ἡ μεγάλη τῆς ὀργῆς αὐτοῦ,
Porque vino el día el grande de la ira de él,
καὶ τίς δύναται σταθῆναι;
y ¿quién puede estar en pie?

7 1 Μετὰ τοῦτο[36] εἶδον τέσσαρας ἀγγέλους ἑστῶτας
Tras esto vi cuatro ángeles en pie
ἐπὶ τὰς τέσσαρας γωνίας τῆς γῆς, κρατοῦντας
sobre las cuatro esquinas de la tierra, sujetando
τοὺς τέσσαρας ἀνέμους τῆς γῆς, ἵνα μὴ πνέῃ ἄνεμος
los cuatro vientos de la tierra, para que no sople viento
ἐπὶ τῆς γῆς μήτε ἐπὶ τῆς θαλάσσης μήτε ἐπὶ πᾶν δένδρον.
sobre la tierra ni sobre el mar ni sobre todo árbol.

2 καὶ εἶδον ἄλλον ἄγγελον ἀναβαίνοντα ἀπὸ ἀνατολῆς ἡλίου,
y vi otro ángel subiendo de salida de sol
ἔχοντα σφραγῖδα Θεοῦ ζῶντος, καὶ ἔκραξε φωνῇ
teniendo sello de Dios vivo, y gritó con voz
μεγάλῃ τοῖς τέσσαρσιν ἀγγέλοις, οἷς ἐδόθη αὐτοῖς
grande a los cuatro ángeles, a los que fue dado a ellos
ἀδικῆσαι τὴν γῆν καὶ τὴν θάλασσαν,
dañar la tierra y el mar.

3 λέγων· μὴ ἀδικήσητε τὴν γῆν μήτε τὴν θάλασσαν
diciendo: no dañes la tierra ni el mar
μήτε τὰ δένδρα, ἄχρι οὗ σφραγίσωμεν τοὺς δούλους
ni los árboles, hasta que no sellemos a los siervos
τοῦ Θεοῦ ἡμῶν ἐπὶ τῶν μετώπων αὐτῶν.
de Dios de nosotros en las frentes de ellos.

14 Y el cielo se apartó como un libro que es envuelto; y todo monte y las islas fueron movidas de sus lugares.
15 Y los reyes de la tierra, y los príncipes, y los ricos, y los capitanes, y los fuertes, y todo siervo y todo libre, se escondieron en las cuevas y entre las peñas de los montes;
16 Y decían a los montes y a las peñas: Caed sobre nosotros, y escondednos de la cara de aquél que está sentado sobre el trono, y de la ira del Cordero:
17 Porque el gran día de su ira es venido; ¿y quién podrá estar firme?

7 Y después de estas cosas vi cuatro ángeles que estaban sobre los cuatro ángulos de la tierra, deteniendo los cuatro vientos de la tierra, para que no soplase viento sobre la tierra, ni sobre la mar, ni sobre ningún árbol.
2 Y vi otro ángel que subía del nacimiento del sol, teniendo el sello del Dios vivo: y clamó con gran voz a los cuatro ángeles, a los cuales era dado hacer daño a la tierra y a la mar,
3 Diciendo: No hagáis daño a la tierra, ni al mar, ni a los árboles, hasta que señalemos a los siervos de nuestro Dios en sus frentes.

---

36. Algunos mss recogidos en TR leen estas cosas.

4 Y oí el número de los señalados: ciento cuarenta y cuatro mil señalados de todas las tribus de los hijos de Israel.
5 De la tribu de Judá, doce mil señalados.
    De la tribu de Rubén, doce mil señalados.
    De la tribu de Gad, doce mil señalados.
6 De la tribu de Aser, doce mil señalados.
    De la tribu de Neftalí, doce mil señalados.
    De la tribu de Manasés, doce mil señalados.
7 De la tribu de Simeón, doce mil señalados.
    De la tribu de Leví, doce mil señalados.
    De la tribu de Issachâr, doce mil señalados.
8 De la tribu de Zabulón, doce mil señalados.
    De la tribu de José, doce mil señalados.
    De la tribu de Benjamín, doce mil señalados.
9 Después de estas cosas miré, y he aquí una gran compañía, la cual ninguno podía contar, de todas gentes y linajes y pueblos y lenguas, que estaban delante del trono y en la presencia del Cordero, vestidos de ropas blancas, y palmas en sus manos;
10 Y clamaban en alta voz, diciendo: Salvación a nuestro Dios que está sentado sobre el trono, y al Cordero.
11 Y todos los ángeles estaban alrededor del trono, y de los ancianos y los cuatro animales; y postráronse sobre sus rostros delante del trono, y adoraron a Dios,

4 καὶ ἤκουσα τὸν ἀριθμὸν τῶν ἐσφραγισμένων·
    Y escuché el número de los sellados:

ἑκατὸν τεσσεράκοντα τέσσαρες χιλιάδες
ciento cuarenta cuatro mil

ἐσφραγισμένοι ἐκ πάσης φυλῆς υἱῶν Ἰσραήλ·
sellados de toda tribu de hijos de Israel.

5 ἐκ φυλῆς Ἰούδα δώδεκα χιλιάδες ἐσφραγισμένοι,
de tribu de Judá doce mil sellados,

ἐκ φυλῆς Ῥουβὴν δώδεκα χιλιάδες,[37] ἐκ φυλῆς
de tribu de Rubén doce mil, de tribu

Γὰδ δώδεκα χιλιάδες,
de Gad doce mil,

6 ἐκ φυλῆς Ἀσὴρ δώδεκα χιλιάδες, ἐκ φυλῆς Νεφθαλεὶμ
de tribu de Aser doce mil, de tribu de Neftalí

δώδεκα χιλιάδες, ἐκ φυλῆς Μανασσῆ δώδεκα χιλιάδες,
doce mil, de tribu de Manasés doce mil.

7 ἐκ φυλῆς Συμεὼν δώδεκα χιλιάδες, ἐκ φυλῆς Λευΐ δώδεκα
de tribu de Simeón doce mil, de tribu de Leví doce

χιλιάδες, ἐκ φυλῆς Ἰσσάχαρ δώδεκα χιλιάδες,
mil, de tribu de Isacar doce mil.

8 ἐκ φυλῆς Ζαβουλὼν δώδεκα χιλιάδες, ἐκ φυλῆς Ἰωσὴφ δώδεκα
de tribu de Zabulón doce mil, de tribu de José doce

χιλιάδες, ἐκ φυλῆς Βενιαμὶν δώδεκα χιλιάδες ἐσφραγισμένοι.
mil, de tribu de Benjamín doce mil sellados.

9 Μετὰ ταῦτα εἶδον, καὶ ἰδοὺ ὄχλος πολύς,
Tras esto miré, y mira multitud grande

ὃν ἀριθμῆσαι αὐτὸν οὐδεὶς ἐδύνατο, ἐκ παντὸς ἔθνους
que numerar la nadie podía, de toda nación

καὶ φυλῶν καὶ λαῶν καὶ γλωσσῶν, ἑστῶτες ἐνώπιον
y de tribus y de pueblos y de lenguas, en pie delante

τοῦ θρόνου καὶ ἐνώπιον τοῦ ἀρνίου, περιβεβλημένους
del trono y delante del cordero, habiendo sido vestidos

στολὰς λευκάς, καὶ φοίνικες ἐν ταῖς χερσὶν αὐτῶν·
con túnicas blancas, y palmas en las manos de ellos.

10 καὶ κράζουσι φωνῇ μεγάλῃ λέγοντες· ἡ σωτηρία
y gritan con voz grande diciendo: la salvación (es)

τῷ Θεῷ ἡμῶν τῷ καθημένῳ ἐπὶ τῷ θρόνῳ
de Dios de nosotros el sentado en el trono

καὶ τῷ ἀρνίῳ.
y del cordero.

11 καὶ πάντες οἱ ἄγγελοι εἱστήκεισαν κύκλῳ τοῦ θρόνου
Y todos los ángeles estaban en pie alrededor del trono

καὶ τῶν πρεσβυτέρων καὶ τῶν τεσσάρων ζῴων,
y de los ancianos y de los cuatro vivientes,

καὶ ἔπεσαν ἐνώπιον τοῦ θρόνου ἐπὶ τὰ πρόσωπα
y cayeron delante del trono sobre los rostros

αὐτῶν καὶ προσεκύνησαν τῷ Θεῷ
de ellos y adoraron a Dios.

---

37. Algunos mss añaden tras la mención del número de cada tribu "sellados".

12 λέγοντες· ἀμήν· ἡ εὐλογία καὶ ἡ δόξα καὶ ἡ σοφία
diciendo: Amén. La bendición y la gloria y la sabiduría
καὶ ἡ εὐχαριστία καὶ ἡ τιμὴ καὶ ἡ δύναμις
y la acción de gracias y la honra y el poder
καὶ ἡ ἰσχὺς τῷ Θεῷ ἡμῶν εἰς τοὺς αἰῶνας
y la fortaleza (son) del Dios nuestro por las Eras
τῶν αἰώνων· ἀμήν.
de las Eras. Amén.

13 Καὶ ἀπεκρίθη εἷς ἐκ τῶν πρεσβυτέρων λέγων μοι·
Y respondió uno de los ancianos diciendo me:
οὗτοι οἱ περιβεβλημένοι τὰς στολὰς τὰς λευκὰς
estos los que han sido vestidos con las túnicas las blancas
τίνες εἰσὶ καὶ πόθεν ἦλθον;
¿quiénes son y de dónde vinieron?

14 καὶ εἴρηκα αὐτῷ· κύριέ μου, σὺ οἶδας. καὶ εἶπέ μοι·
Y dije le: señor de mí, tú sabes. Y dijo me:
οὗτοί εἰσιν οἱ ἐρχόμενοι ἐκ τῆς θλίψεως τῆς μεγάλης,
Estos son los que vienen de la tribulación la grande,
καὶ ἔπλυναν τὰς στολὰς αὐτῶν καὶ ἐλεύκαναν αὐτὰς
y lavaron las túnicas de ellos y blanquearon las
ἐν τῷ αἵματι τοῦ ἀρνίου.
en la sangre del cordero.

15 διὰ τοῦτό εἰσιν ἐνώπιον τοῦ θρόνου τοῦ Θεοῦ
Por esto están delante del trono de Dios
καὶ λατρεύουσιν αὐτῷ ἡμέρας καὶ νυκτὸς ἐν τῷ ναῷ
y servirán a Él día y noche en el templo
αὐτοῦ. καὶ ὁ καθήμενος ἐπὶ τοῦ θρόνου
de Él y el que se sienta en el trono
σκηνώσει ἐπ' αὐτούς.
morará[38] sobre ellos.

16 οὐ πεινάσουσιν ἔτι οὐδὲ διψήσουσιν ἔτι,
No tendrán hambre ya ni tendrán sed ya,
οὐδὲ μὴ πέσῃ ἐπ' αὐτοὺς ὁ ἥλιος οὐδὲ πᾶν καῦμα,
ni tampoco caerá sobre ellos el sol ni todo calor,

17 ὅτι τὸ ἀρνίον τὸ ἀνὰ μέσον τοῦ θρόνου ποιμανεῖ αὐτούς,
porque el cordero el en el medio del trono pastoreará los
καὶ ὁδηγήει[39] αὐτοὺς ἐπὶ ζωῆς πηγὰς ὑδάτων,
y conduce los a de vida fuentes de aguas,
καὶ ἐξαλείψει ὁ Θεὸς πᾶν δάκρυον ἐκ τῶν ὀφθαλμῶν αὐτῶν.
y borrará Dios toda lágrima de los ojos de ellos.

8

1 Καὶ ὅταν ἤνοιξε τὴν σφραγῖδα τὴν ἑβδόμην,
Y cuando abrió el sello el séptimo,
ἐγένετο σιγὴ ἐν τῷ οὐρανῷ ὡς ἡμιώριον.
aconteció silencio en el cielo como media hora.

2 Καὶ εἶδον τοὺς ἑπτὰ ἀγγέλους οἳ ἐνώπιον τοῦ Θεοῦ
Y vi a los siete ángeles que delante de Dios
ἑστήκασι, καὶ ἐδόθησαν αὐτοῖς ἑπτὰ σάλπιγγες.
estaban de pie y fueron dadas a ellos siete trompetas.

12Diciendo: Amén: La bendición y la gloria y la sabiduría, y la acción de gracias y la honra y la potencia y la fortaleza, sean á nuestro Dios para siempre jamás. Amén.

13Y respondió uno de los ancianos, diciéndome: Estos que están vestidos de ropas blancas, ¿quiénes son, y de dónde han venido?

14Y yo le dije: Señor, tú lo sabes. Y él me dijo: Estos son los que han venido de grande tribulación, y han lavado sus ropas, y las han blanqueado en la sangre del Cordero.

15Por esto están delante del trono de Dios, y le sirven día y noche en su templo: y el que está sentado en el trono tenderá su pabellón sobre ellos.

16No tendrán más hambre, ni sed, y el sol no caerá más sobre ellos, ni otro ningún calor.

17Porque el Cordero que está en medio del trono los pastoreará, y los guiará a fuentes vivas de aguas: y Dios limpiará toda lágrima de los ojos de ellos.

8 Y cuando él abrió el séptimo sello, fué hecho silencio en el cielo casi por media hora.

2Y vi los siete ángeles que estaban delante de Dios; y les fueron dadas siete trompetas.

---

38. O extenderá su tienda.
39. La NU lee conducirá.

3 Y otro ángel vino, y se paró delante del altar, teniendo un incensario de oro; y le fué dado mucho incienso para que lo añadiese a las oraciones de todos los santos sobre el altar de oro que estaba delante del trono.
4 Y el humo del incienso subió de la mano del ángel delante de Dios, con las oraciones de los santos.
5 Y el ángel tomó el incensario, y lo llenó del fuego del altar, y echólo en la tierra; y fueron hechos truenos y voces y relámpagos y terremotos.
6 Y los siete ángeles que tenían las siete trompetas, se aparejaron para tocar.
7 Y el primer ángel tocó la trompeta, y fué hecho granizo y fuego, mezclado con sangre, y fueron arrojados a la tierra; y la tercera parte de los árboles fué quemada, y quemóse toda la hierba verde.
8 Y el segundo ángel tocó la trompeta, y como un grande monte ardiendo con fuego fué lanzado en la mar; y la tercera parte de la mar se tornó en sangre.
9 Y murió la tercera parte de las criaturas que estaban en la mar, las cuales tenían vida; y la tercera parte de los navíos pereció.
10 Y el tercer ángel tocó la trompeta, y cayó del cielo una grande estrella, ardiendo como una antorcha, y cayó en la tercera parte de los ríos, y en las fuentes de las aguas.

3 καὶ ἄλλος ἄγγελος ἦλθε καὶ ἐστάθη ἐπὶ τοῦ θυσιαστηρίου
y otro ángel vino y se colocó sobre el altar
ἔχων λιβανωτὸν χρυσοῦν, καὶ ἐδόθη αὐτῷ θυμιάματα
teniendo incensario de oro, y fueron dados a él inciensos
πολλά, ἵνα δώσει ταῖς προσευχαῖς τῶν ἁγίων πάντων
muchos, para que diera con las oraciones de los santos todos
ἐπὶ τὸ θυσιαστήριον τὸ χρυσοῦν τὸ ἐνώπιον τοῦ θρόνου.
sobre el altar el de oro el (que está) delante del trono.

4 καὶ ἀνέβη ὁ καπνὸς τῶν θυμιαμάτων ταῖς προσευχαῖς
Y subió el humo de los inciensos con las oraciones
τῶν ἁγίων ἐκ χειρὸς τοῦ ἀγγέλου ἐνώπιον τοῦ Θεοῦ.
de los santos de mano del ángel delante de Dios.

5 καὶ εἴληφεν ὁ ἄγγελος τὸν λιβανωτὸν καὶ ἐγέμισεν
y ha tomado el ángel el incensario y llenó
αὐτὸν ἐκ τοῦ πυρὸς τοῦ θυσιαστηρίου καὶ ἔβαλεν
lo de el fuego del altar y lanzó
εἰς τὴν γῆν, καὶ ἐγένοντο βρονταὶ καὶ φωναὶ
a la tierra, y acontecieron truenos y voces
καὶ ἀστραπαὶ καὶ σεισμός.
y relámpagos y seísmo.

6 Καὶ οἱ ἑπτὰ ἄγγελοι οἱ ἔχοντες τὰς ἑπτὰ σάλπιγγας
Y los siete ángeles que tienen las siete trompetas
ἡτοίμασαν ἑαυτοὺς ἵνα σαλπίσωσι.
prepararon se para tocar la trompeta.

7 Καὶ ὁ πρῶτος[40] ἐσάλπισε· καὶ ἐγένετο χάλαζα
Y el primero tocó la trompeta. Y aconteció granizo
καὶ πῦρ μεμιγμένα ἐν αἵματι, καὶ ἐβλήθη εἰς τὴν γῆν·
y fuego mezclado con sangre. Y fueron arrojados a la tierra.
καὶ τὸ τρίτον τῆς γῆς κατεκάη,[41] καὶ τὸ τρίτον τῶν δένδρων
Y el tercio de la tierra fue abrasado, y el tercio de los árboles
κατεκάη, καὶ πᾶς χόρτος χλωρὸς κατεκάη.
fue abrasado y toda hierba verde fue abrasada.

8 Καὶ ὁ δεύτερος ἄγγελος ἐσάλπισε· καὶ ὡς ὄρος μέγα
Y el segundo ángel tocó la trompeta. Y como monte grande
πυρὶ καιόμενον ἐβλήθη εἰς τὴν θάλασσαν,
con fuego ardiendo fue arrojado a el mar,
καὶ ἐγένετο τὸ τρίτον τῆς θαλάσσης αἷμα,
y se convirtió el tercio del mar en sangre.

9 καὶ ἀπέθανε τὸ τρίτον τῶν κτισμάτων τῶν
Y murió el tercio de las criaturas de los
ἐν τῇ θαλάσσῃ, τὰ ἔχοντα ψυχάς,
en el mar, los que tienen vidas,
καὶ τὸ τρίτον τῶν πλοίων διεφθάρη.
y el tercio de las embarcaciones fue destruido.

10 Καὶ ὁ τρίτος ἄγγελος ἐσάλπισε, καὶ ἔπεσεν
Y el tercer ángel tocó la trompeta, y cayó
ἐκ τοῦ οὐρανοῦ ἀστὴρ μέγας καιόμενος ὡς λαμπάς,
de el cielo estrella grande ardiendo como antorcha,
καὶ ἔπεσεν ἐπὶ τὸ τρίτον τῶν ποταμῶν,
y cayó sobre el tercio de los ríos,
καὶ ἐπὶ τὰς πηγὰς τῶν ὑδάτων·
y sobre las fuentes de las aguas.

---

40. Algunos mss añaden ángel.
41. Algunos mss omiten y la tercera parte de la tierra fue abrasada.

11 καὶ τὸ ὄνομα τοῦ ἀστέρος λέγεται ὁ Ἄψινθος·
Y el nombre de la estrella se llama Ajenjo.

καὶ ἐγένετο τὸ τρίτον τῶν ὑδάτων εἰς ἄψινθον.
y se convirtió el tercio de las aguas en ajenjo.

καὶ πολλοὶ τῶν ἀνθρώπων ἀπέθανον ἐκ τῶν ὑδάτων
Y muchos de los hombres murieron por las aguas,

ὅτι ἐπικράνθησαν.
porque se hicieron amargas.

12 Καὶ ὁ τέταρτος ἄγγελος ἐσάλπισε, καὶ ἐπλήγη τὸ τρίτον
Y el cuarto ángel tocó la trompeta, y fue herido el tercio

τοῦ ἡλίου καὶ τὸ τρίτον τῆς σελήνης καὶ τὸ τρίτον
del sol y el tercio de la luna y el tercio

τῶν ἀστέρων, ἵνα σκοτισθῇ τὸ τρίτον αὐτῶν,
de las estrellas, para que se oscureciera el tercio de ellas,

καὶ τὸ τρίτον αὐτῆς μὴ φάνῃ ἡ ἡμέρα, καὶ
y el tercio de él no alumbrara el día, ni

ἡ νὺξ ὁμοίως.
la noche igualmente.[42]

13 Καὶ εἶδον, καὶ ἤκουσα ἑνὸς ἀγγέλου[43] πετομένου
Y vi, y escuché un ángel volando

ἐν μεσουρανήματι, λέγοντος φωνῇ μεγάλῃ·
en medio del cielo, diciendo con voz grande:

οὐαί, οὐαί, οὐαὶ τοὺς κατοικοῦντας ἐπὶ τῆς γῆς
"Ay, ay, ay de los que moran en la tierra

ἐκ τῶν λοιπῶν φωνῶν τῆς σάλπιγγος τῶν τριῶν ἀγγέλων
por los restantes toques de la trompeta de los tres ángeles

τῶν μελλόντων σαλπίζειν.
que han de tocar la trompeta.

9

1 Καὶ ὁ πέμπτος ἄγγελος ἐσάλπισε· καὶ εἶδον ἀστέρα ἐκ τοῦ
Y el quinto ángel tocó la trompeta. Y vi estrella de el

οὐρανοῦ πεπτωκότα εἰς τὴν γῆν, καὶ ἐδόθη αὐτῷ
cielo habiendo caído sobre la tierra. Y fue dada a él

ἡ κλεὶς τοῦ φρέατος τῆς ἀβύσσου.
la llave del pozo del abismo.

2 καὶ ἤνοιξε τὸ φρέαρ τῆς ἀβύσσου. καὶ ἀνέβη καπνὸς
y abrió el pozo del abismo. Y ascendió humo

ἐκ τοῦ φρέατος ὡς καπνὸς καμίνου μεγάλης,
de el pozo como humo de horno grande.

καὶ ἐσκοτίσθη ὁ ἥλιος καὶ ὁ ἀὴρ ἐκ τοῦ καπνοῦ
Y fue oscurecido el sol y el aire por el humo

τοῦ φρέατος.
del pozo.

3 καὶ ἐκ τοῦ καπνοῦ ἐξῆλθον ἀκρίδες εἰς τὴν γῆν,
Y de el humo salieron langostas hacia la tierra,

καὶ ἐδόθη αὐταῖς ἐξουσία ὡς ἔχουσιν ἐξουσίαν
y fue dada a ellas autoridad como tienen autoridad

οἱ σκορπίοι τῆς γῆς·
los escorpiones de la tierra.

11Y el nombre de la estrella se dice Ajenjo. Y la tercera parte de las aguas fué vuelta en ajenjo: y muchos murieron por las aguas, porque fueron hechas amargas.
12Y el cuarto ángel tocó la trompeta, y fué herida la tercera parte del sol, y la tercera parte de la luna, y la tercera parte de las estrellas; de tal manera que se oscureció la tercera parte de ellos, y no alumbraba la tercera parte del día, y lo mismo de la noche.
13Y miré, y oí un ángel volar por medio del cielo, diciendo en alta voz: ¡Ay! ¡ay! ¡ay! de los que moran en la tierra, por razón de las otras voces de trompeta de los tres ángeles que han de tocar!

9 Y el quinto ángel tocó la trompeta, y vi una estrella que cayó del cielo en la tierra; y le fué dada la llave del pozo del abismo.
2Y abrió el pozo del abismo, y subió humo del pozo como el humo de un gran horno; y oscurecióse el sol y el aire por el humo del pozo.
3Y del humo salieron langostas sobre la tierra; y fuéles dada potestad, como tienen potestad los escorpiones de la tierra.

---

42. Es decir, y tampoco la noche.
43. Algunos mss leen águila en lugar de ángel.

4 Y les fué mandado que no hiciesen daño a la hierba de la tierra, ni a ninguna cosa verde, ni a ningún árbol, sino solamente a los hombres que no tienen la señal de Dios en sus frentes.

5 Y le fué dado que no los matasen, sino que los atormentasen cinco meses; y su tormento era como tormento de escorpión, cuando hiere al hombre.

6 Y en aquellos días buscarán los hombres la muerte, y no la hallarán; y desearán morir, y la muerte huirá de ellos.

7 Y el parecer de las langostas era semejante a caballos aparejados para la guerra: y sobre sus cabezas tenían como coronas semejantes al oro; y sus caras como caras de hombres.

8 Y tenían cabellos como cabellos de mujeres: y sus dientes eran como dientes de leones.

9 Y tenían corazas como corazas de hierro; y el estruendo de sus alas, como el ruido de carros que con muchos caballos corren a la batalla.

10 Y tenían colas semejantes a las de los escorpiones, y tenían en sus colas aguijones; y su poder era de hacer daño a los hombres cinco meses.

11 Y tienen sobre sí por rey al ángel del abismo, cuyo nombre en hebraico es Abaddon, y en griego, Apollyon.

4 καὶ ἐρρέθη αὐταῖς ἵνα μὴ ἀδικήσωσι τὸν χόρτον τῆς γῆς
Y fue dicho a ellas que no dañaran la hierba de la tierra

οὐδὲ πᾶν χλωρὸν οὐδὲ πᾶν δένδρον, εἰ μὴ τοὺς ἀνθρώπους[44]
ni nada verde ni ningún árbol, si no a los hombres

οἵτινες οὐκ ἔχουσι τὴν σφραγῖδα τοῦ Θεοῦ
que no tienen el sello de Dios

ἐπὶ τῶν μετώπων αὐτῶν.
sobre las frentes de ellos.

5 καὶ ἐδόθη αὐτοῖς ἵνα μὴ ἀποκτείνωσιν αὐτούς,
y fue dado a ellas que no mataran los

ἀλλ' ἵνα βασανισθῶσι μῆνας πέντε· καὶ ὁ βασανισμὸς αὐτῶν
sino que atormentaran meses cinco. Y el tormento de ellas (es)

ὡς βασανισμὸς σκορπίου, ὅταν παίσῃ ἄνθρωπον.
como tormento de escorpión, cuando hiere hombre.

6 καὶ ἐν ταῖς ἡμέραις ἐκείναις ζητήσουσιν οἱ ἄνθρωποι
Y en los días aquellos buscarán los hombres

τὸν θάνατον καὶ οὐ μὴ εὑρήσουσιν αὐτόν, καὶ
la muerte y no en absoluto encontrarán la, y

ἐπιθυμήσουσιν ἀποθανεῖν, καὶ φεύξεται[45] ὁ θάνατος ἀπ' αὐτῶν.
ansiarán morir, y huirá la muerte de ellos.

7 καὶ τὰ ὁμοιώματα τῶν ἀκρίδων ὅμοια
Y las apariencias de las langostas semejante

ἵπποις ἡτοιμασμένοις εἰς πόλεμον, καὶ ἐπὶ τὰς κεφαλὰς
a caballos preparados para guerra, y sobre las cabezas

αὐτῶν ὡς στέφανοι ὅμοιοι χρυσῷ, καὶ τὰ πρόσωπα αὐτῶν
de ellas como coronas semejantes a oro, y los rostros de ellas

ὡς πρόσωπα ἀνθρώπων,
como rostros de hombres.

8 καὶ εἶχον τρίχας ὡς τρίχας γυναικῶν, καὶ οἱ ὀδόντες
Y tenían cabellos como cabellos de mujeres. Y los dientes

αὐτῶν ὡς λεόντων ἦσαν,
de ellas como de leones eran.

9 καὶ εἶχον θώρακας ὡς θώρακας σιδηροῦς, καὶ ἡ φωνὴ
Y tenían corazas como corazas de hierro, y la voz

τῶν πτερύγων αὐτῶν ὡς φωνὴ ἁρμάτων ἵππων πολλῶν
de las alas de ellas como voz de carros de caballos muchos

τρεχόντων εἰς πόλεμον.
corriendo a guerra.

10 καὶ ἔχουσιν οὐρὰς ὁμοίας σκορπίοις καὶ κέντρα,
Y tienen colas semejantes a escorpiones y aguijones.

καὶ[46] ἐν ταῖς οὐραῖς αὐτῶν ἡ ἐξουσία αὐτῶν
Y en las colas de ellas la autoridad de ellas

ἀδικῆσαι τοὺς ἀνθρώπους μῆνας πέντε,
para dañar a los hombres meses cinco,

11 ἔχουσιν ἐπ' αὐτῶν βασιλέα τὸν ἄγγελον τῆς ἀβύσσου·
Tienen sobre ellas rey al ángel del abismo.

ὄνομα αὐτῷ Ἑβραϊστὶ Ἀβαδδὼν, καὶ ἐν τῇ Ἑλληνικῇ
Nombre para él en hebreo Abaddón y en el griego

ὄνομα ἔχει Ἀπολλύων.
nombre tiene Apolión.[47]

---

44. Algunos mss recogidos leen hombres solos.
45. La NU sustituye por huye.
46. Algunos mss recogidos leen había o estaba.
47. Es decir, que se llama en hebreo Abaddón y en griego Apolión.

12 Ἡ οὐαὶ ἡ μία ἀπῆλθεν. ἰδοὺ ἔρχονται ἔτι δύο οὐαὶ
El ay el uno pasó. Mira vienen todavía dos ayes
μετὰ ταῦτα.
después de ésto.

13 Καὶ ὁ ἕκτος ἄγγελος ἐσάλπισε· καὶ ἤκουσα φωνὴν
Y el sexto ángel tocó la trompeta. Y escuché voz
μίαν ἐκ τῶν τεσσάρων κεράτων τοῦ θυσιαστηρίου
una (procedente) de los cuatro cuernos del altar
τοῦ χρυσοῦ τοῦ ἐνώπιον τοῦ Θεοῦ,
el de oro el de delante de Dios.

14 λέγοντος τῷ ἕκτῳ ἀγγέλῳ, ὁ ἔχων τὴν σάλπιγγα·
diciendo al sexto ángel, el que tiene la trompeta:
λῦσον τοὺς τέσσαρας ἀγγέλους τοὺς δεδεμένους
suelta a los cuatro ángeles los que han sido atados
ἐπὶ τῷ ποταμῷ τῷ μεγάλῳ Εὐφράτῃ.
en el río el grande Eufrates.

15 καὶ ἐλύθησαν οἱ τέσσαρες ἄγγελοι οἱ
Y fueron soltados los cuatro ángeles que
ἡτοιμασμένοι εἰς τὴν ὥραν καὶ ἡμέραν καὶ μῆνα καὶ
han sido preparados para la hora y día y mes y
ἐνιαυτόν, ἵνα ἀποκτείνωσι τὸ τρίτον τῶν ἀνθρώπων.
año para que maten al tercio de los hombres.

16 καὶ ὁ ἀριθμὸς τῶν στρατευμάτων τοῦ ἱππικοῦ δύο⁴⁸ μυριάδες
Y el número de las tropas de caballería dos miríadas
μυριάδων· ἤκουσα τὸν ἀριθμὸν αὐτῶν.
de miríadas. Escuché el número de ellos.

17 καὶ οὕτως εἶδον τοὺς ἵππους ἐν τῇ ὁράσει
Y así vi los caballos en la visión
καὶ τοὺς καθημένους ἐπ᾽ αὐτῶν, ἔχοντας θώρακας πυρίνους
y a los sentados sobre ellos, teniendo corazas de fuego
καὶ ὑακινθίνους καὶ θειώδεις· καὶ αἱ κεφαλαὶ
y de jacinto y de azufre. Y las cabezas
τῶν ἵππων ὡς κεφαλαὶ λεόντων, καὶ ἐκ τῶν στομάτων
de los caballos como cabezas de leones, y de las bocas
αὐτῶν ἐκπορεύεται πῦρ καὶ καπνὸς καὶ θεῖον.
de ellos sale fuego y humo y azufre.

18 ἀπὸ τῶν τριῶν πληγῶν τούτων ἀπεκτάνθησαν
De las tres plagas estas fue muerto
τὸ τρίτον τῶν ἀνθρώπων, ἐκ τοῦ πυρὸς καὶ
el tercio de los hombres, de el fuego y
τοῦ καπνοῦ καὶ τοῦ θείου τοῦ ἐκπορευομένου
del humo y del azufre que sale
ἐκ τῶν στομάτων αὐτῶν.
de las bocas de ellos.

19 ἡ γὰρ ἐξουσία τῶν ἵππων ἐν τῷ στόματι αὐτῶν ἐστι
la Porque autoridad de los caballos en la boca de ellos está
καὶ ἐν ταῖς οὐραῖς αὐτῶν· αἱ γὰρ οὐραὶ αὐτῶν
y en las colas de ellos. las Porque colas de ellos (son)
ὅμοιαι ὄφεσιν, ἔχουσαι κεφαλάς,
semejantes a serpientes, teniendo cabezas
καὶ ἐν αὐταῖς ἀδικοῦσι.
y con ellas dañan.

12 El primer ¡Ay! es pasado: he aquí, vienen aún dos ayes después de estas cosas.
13 Y el sexto ángel tocó la trompeta; y oí una voz de los cuatro cuernos del altar de oro que estaba delante de Dios,
14 Diciendo al sexto ángel que tenía la trompeta: Desata los cuatro ángeles que están atados en el gran río Eufrates.
15 Y fueron desatados los cuatro ángeles que estaban aparejados para la hora y día y mes y año, para matar la tercera parte de los hombres.
16 Y el número del ejército de los de a caballo era doscientos millones. Y oí el número de ellos.
17 Y así vi los caballos en visión, y los que sobre ellos estaban sentados, los cuales tenían corazas de fuego, de jacinto, y de azufre. Y las cabezas de los caballos eran como cabezas de leones; y de la boca de ellos salía fuego y humo y azufre.
18 De estas tres plagas fué muerta la tercera parte de los hombres: del fuego, y del humo, y del azufre, que salían de la boca de ellos.
19 Porque su poder está en su boca y en sus colas: porque sus colas eran semejantes a serpientes, y tenían cabezas, y con ellas dañan.

---
48. La NU suprime dos.

20 Y los otros hombres que no fueron muertos con estas plagas, aun no se arrepintieron de las obras de sus manos, para que no adorasen a los demonios, y a las imágenes de oro, y de plata, y de metal, y de piedra, y de madera; las cuales no pueden ver, ni oir, ni andar:
21 Y no se arrepintieron de sus homicidios, ni de sus hechicerías, ni de su fornicación, ni de sus hurtos.

10 Y vi otro ángel fuerte descender del cielo, cercado de una nube, y el arco celeste sobre su cabeza; y su rostro era como el sol, y sus pies como columnas de fuego.
2 Y tenía en su mano un librito abierto: y puso su pie derecho sobre el mar, y el izquierdo sobre la tierra;
3 Y clamó con grande voz, como cuando un león ruge: y cuando hubo clamado, siete truenos hablaron sus voces.
4 Y cuando los siete truenos hubieron hablado sus voces, yo iba a escribir, y oí una voz del cielo que me decía: Sella las cosas que los siete truenos han hablado, y no las escribas.
5 Y el ángel que vi estar sobre el mar y sobre la tierra, levantó su mano al cielo,

20 καὶ οἱ λοιποὶ τῶν ἀνθρώπων, οἳ οὐκ ἀπεκτάνθησαν
Y los restantes de los hombres, los que no fueron muertos

ἐν ταῖς πληγαῖς ταύταις, οὐ μετενόησαν ἐκ τῶν ἔργων
en las plagas estas, no se arrepintieron de las obras

τῶν χειρῶν αὐτῶν, ἵνα μὴ προσκυνήσουσι τὰ δαιμόνια
de las manos de ellos, para que no adoraran los demonios

καὶ τὰ εἴδωλα τὰ χρυσᾶ καὶ τὰ ἀργυρᾶ καὶ τὰ χαλκᾶ
y los ídolos los de oro y los de plata y los de bronce

καὶ τὰ λίθινα καὶ τὰ ξύλινα, ἃ οὔτε βλέπειν
y los de piedra y los de madera, que ni ver

δύνανται οὔτε ἀκούειν οὔτε περιπατεῖν,
pueden ni oír ni caminar.

21 καὶ οὐ μετενόησαν ἐκ τῶν φόνων αὐτῶν
Y no se arrepintieron de los homicidios de ellos

οὔτε ἐκ τῶν φαρμακείων[49] αὐτῶν οὔτε ἐκ τῆς πορνείας αὐτῶν
ni de las hechicerías de ellos ni de la prostitución de ellos

οὔτε ἐκ τῶν κλεμμάτων αὐτῶν.
ni de los robos de ellos.

10 **1** Καὶ εἶδον ἄλλον ἄγγελον ἰσχυρὸν καταβαίνοντα
Y vi otro ángel fuerte descendiendo

ἐκ τοῦ οὐρανοῦ, περιβεβλημένον νεφέλην,
de el cielo, vestido con nube,

καὶ ἡ Ἶρις ἐπὶ τῆς κεφαλῆς αὐτοῦ, καὶ τὸ πρόσωπον αὐτοῦ
y el arco iris sobre la cabeza de él, y el rostro de él

ὡς ὁ ἥλιος, καὶ οἱ πόδες αὐτοῦ ὡς στῦλοι πυρός,
como el sol, y los pies de él como columnas de fuego.

2 καὶ ἔχων ἐν τῇ χειρὶ αὐτοῦ βιβλαρίδιον ἀνεῳγμένον.
Y teniendo en la mano de él librito abierto

καὶ ἔθηκε τὸν πόδα αὐτοῦ τὸν δεξιὸν ἐπὶ τῆς θαλάσσης,
y puso el pie de él el derecho sobre el mar,

τὸν δὲ εὐώνυμον ἐπὶ τῆς γῆς,
el - izquierdo sobre la tierra,

3 καὶ ἔκραξε φωνῇ μεγάλῃ ὥσπερ λέων μυκᾶται.
Y gritó con voz grande como león ruge.

καὶ ὅτε ἔκραξεν, ἐλάλησαν αἱ ἑπτὰ βρονταὶ
Y cuando gritó, hablaron los siete truenos

τὰς ἑαυτῶν φωνάς.
las de ellos voces.

4 καὶ ὅτε ἐλάλησαν αἱ ἑπτὰ βρονταί, ἔμελλον γράφειν·
Y cuando hablaron los siete truenos, iba a escribir,

καὶ ἤκουσα φωνὴν ἐκ τοῦ οὐρανοῦ λέγουσαν μοι·
y escuché voz de el cielo diciendo a mí:

σφράγισον ἃ ἐλάλησαν αἱ ἑπτὰ βρονταί,
sella lo que hablaron los siete truenos,

καὶ μὴ αὐτὰ γράψῃς.
y no lo escribas.

5 Καὶ ὁ ἄγγελος, ὃν εἶδον ἑστῶτα ἐπὶ τῆς θαλάσσης καὶ
Y el ángel que vi en pie sobre el mar y

ἐπὶ τῆς γῆς, ἦρεν τὴν χεῖρα αὐτοῦ τὴν δεξιὰν[50]
sobre la tierra levantó la mano de él la derecha

εἰς τὸν οὐρανὸν
hacia el cielo.

---

49. La NU sustituye por drogas.
50. La derecha no aparece en algunos mss reflejados en TR.

6 καὶ ὤμοσεν ἐν τῷ ζῶντι εἰς τοὺς αἰῶνας τῶν αἰώνων,
Y juró por el que vive por las Eras de las Eras
ὃς ἔκτισε τὸν οὐρανὸν καὶ τὰ ἐν αὐτῷ καὶ τὴν γῆν
el que creó el cielo y lo que en él (hay) y la tierra
καὶ ἐν αὐτῇ καὶ τὴν θάλασσαν καὶ τὰ ἐν αὐτῇ,
y lo que en ella (hay) y el mar y lo que en él (hay),
ὅτι χρόνος οὐκέτι ἔσται,
que tiempo ya no habrá,

7 ἀλλ' ἐν ταῖς ἡμέραις τῆς φωνῆς τοῦ ἑβδόμου ἀγγέλου,
sino en los días de la voz del séptimo ángel,
ὅταν μέλλῃ σαλπίζειν, καὶ τελέσθη τὸ μυστήριον
cuando vaya a tocar la trompeta, y sea concluido el misterio
τοῦ Θεοῦ, ὡς εὐηγγέλισε τοὺς δούλους αὐτοῦ
de Dios, como dio la buena noticia a los siervos de Él
τοὺς προφήτας.
los profetas.

8 Καὶ ἡ φωνὴ ἣν ἤκουσα ἐκ τοῦ οὐρανοῦ, πάλιν λαλοῦσα
Y la voz que escuché de el cielo, de nuevo hablando
μετ' ἐμοῦ καὶ λέγουσα· ὕπαγε λάβε τὸ βιβλιαρίδιον
conmigo y diciendo: Ve, toma el librito
τὸ ἠνεῳγμένον ἐν τῇ χειρὶ τοῦ ἀγγέλου
el que ha sido abierto (que está) en la mano del ángel
τοῦ ἑστῶτος ἐπὶ τῆς θαλάσσης καὶ ἐπὶ τῆς γῆς.
que está en pie sobre el mar y sobre la tierra.

9 καὶ ἀπῆλθα πρὸς τὸν ἄγγελον, λέγων αὐτῷ δος μοι
Y fui hacia el ángel, diciendo le da me
τὸ βιβλαρίδιον. καὶ λέγει μοι· λάβε καὶ κατάφαγε αὐτό,
el librito. Y dice me: toma y come lo,
καὶ πικρανεῖ σου τὴν κοιλίαν, ἀλλ' ἐν τῷ στόματί σου ἔσται
y amargará de ti el vientre, pero en la boca de ti será
γλυκὺ ὡς μέλι.
dulce como miel.

10 καὶ ἔλαβον τὸ βιβλαρίδιον ἐκ τῆς χειρὸς τοῦ ἀγγέλου
Y tomé el librito de la mano del ángel
καὶ κατέφαγον αὐτό, καὶ ἦν ἐν τῷ στόματί μου ὡς μέλι γλυκύ·
y comí lo, y fue en la boca de mí como miel dulce;
καὶ ὅτε ἔφαγον αὐτό, ἐπικράνθη ἡ κοιλία μου.
Y cuando comí lo, fue amargado el vientre de mí.

11 καὶ λέγει μοι· δεῖ σε πάλιν προφητεῦσαι ἐπὶ
Y dice a mí: es necesario tú de nuevo profetizar[51] sobre
λαοῖς καὶ ἔθνεσι καὶ γλώσσαις καὶ βασιλεῦσι πολλοῖς.
pueblos y naciones y lenguas y reinos muchos.

11

1 Καὶ ἐδόθη μοι κάλαμος ὅμοιος ῥάβδῳ, λέγων·
Y fue dada a mí caña semejante a cayado diciendo:
ἔγειρε καὶ μέτρησον τὸν ναὸν τοῦ Θεοῦ καὶ τὸ θυσιαστήριον
Levántate y mide el templo de Dios y el altar
καὶ τοὺς προσκυνοῦντας ἐν αὐτῷ·
y a los que adoran en él.

6Y juró por el que vive para siempre jamás, que ha criado el cielo y las cosas que están en él, y la tierra y las cosas que están en ella, y el mar y las cosas que están en él, que el tiempo no será más.
7Pero en los días de la voz del séptimo ángel, cuando él comenzare a tocar la trompeta, el misterio de Dios será consumado, como él lo anunció a sus siervos los profetas.
8Y la voz que oí del cielo hablaba otra vez conmigo, y decía: Ve, y toma el librito abierto de la mano del ángel que está sobre el mar y sobre la tierra.
9Y fuí al ángel, diciéndole que me diese el librito, y él me dijo: Toma, y trágalo; y él te hará amargar tu vientre, pero en tu boca será dulce como la miel.
10Y tomé el librito de la mano del ángel, y lo devoré; y era dulce en mi boca como la miel; y cuando lo hube devorado, fué amargo mi vientre.
11Y él me dice: Necesario es que otra vez profetices a muchos pueblos y gentes y lenguas y reyes.

11 Y me fué dada una caña semejante a una vara, y se me dijo: Levántate, y mide el templo de Dios, y el altar, y a los que adoran en él.

---

51. Es decir, que tú de nuevo profetices (oración de infinitivo).

2Y echa fuera el patio que está fuera del templo, y no lo midas, porque es dado a los Gentiles; y hollarán la ciudad santa cuarenta y dos meses.
3Y daré a mis dos testigos, y ellos profetizarán por mil doscientos y sesenta días, vestidos de sacos.
4Estas son las dos olivas, y los dos candeleros que están delante del Dios de la tierra.
5Y si alguno les quisiere dañar, sale fuego de la boca de ellos, y devora a sus enemigos: y si alguno les quisiere hacer daño, es necesario que él sea así muerto.
6Estos tienen potestad de cerrar el cielo, que no llueva en los días de su profecía, y tienen poder sobre las aguas para convertirlas en sangre, y para herir la tierra con toda plaga cuantas veces quisieren.
7Y cuando ellos hubieren acabado su testimonio, la bestia que sube del abismo hará guerra contra ellos, y los vencerá, y los matará.
8Y sus cuerpos serán echados en las plazas de la grande ciudad, que espiritualmente es llamada Sodoma y Egipto, donde también nuestro Señor fué crucificado.

2 καὶ τὴν αὐλὴν τὴν ἔξωθεν τοῦ ναοῦ ἔκβαλε ἔξω
y el patio el exterior del templo déjalo fuera
καὶ μὴ αὐτὴν μετρήσῃς, ὅτι ἐδόθη τοῖς ἔθνεσι,
y no lo midas, porque fue dado a los gentiles
καὶ τὴν πόλιν τὴν ἁγίαν πατήσουσι μῆνας
y la ciudad la santa pisarán meses
τεσσεράκοντα δύο.
cuarenta dos.

3 καὶ δώσω τοῖς δυσὶ μάρτυσί μου, καὶ προφητεύσουσιν ἡμέρας
Y daré a los dos testigos de mí, y profetizarán días
χιλίας διακοσίας ἑξήκοντα, περιβεβλημένοι σάκκους.
mil doscientos sesenta vestidos de saco.

4 οὗτοί εἰσιν αἱ δύο ἐλαῖαι καὶ αἱ δύο λυχνίαι
Éstos son los dos olivos y los dos candelabros
αἱ ἐνώπιον τοῦ Θεοῦ τῆς γῆς ἑστῶσαι.
los delante del Dios de la tierra habiendo estado.

5 καὶ εἴ τις θέλει αὐτοὺς ἀδικῆσαι. πῦρ ἐκπορεύεται
Y si alguno quiere los dañar, fuego sale
ἐκ τοῦ στόματος αὐτῶν καὶ κατεσθίει τοὺς ἐχθροὺς αὐτῶν·
de la boca de ellos y devora a los enemigos de ellos.
καὶ εἴ τις θέλει αὐτοὺς ἀδικῆσαι, οὕτως δεῖ αὐτὸν
Y si alguno quiere los dañar, así debe él
ἀποκτανθῆναι.
ser muerto.

6 οὗτοι ἔχουσιν τὴν ἐξουσίαν κλεῖσαι τὸν οὐρανόν,
Éstos tienen la autoridad para cerrar el cielo,
ἵνα μὴ ὑετὸς βρέχῃ τὰς ἡμέρας τῆς προφητείας αὐτῶν,
para que no lluvia llueva los días de la profecía de ellos,
καὶ ἐξουσίαν ἔχουσιν ἐπὶ τῶν ὑδάτων στρέφειν αὐτὰ
y autoridad tienen sobre las aguas para volver las
εἰς αἷμα καὶ πατάξαι τὴν γῆν ἐν πάσῃ πληγῇ,
en sangre y golpear la tierra con toda plaga,
ὁσάκις ἐὰν θελήσωσι.
cuantas veces - quieran.

7 καὶ ὅταν τελέσωσι τὴν μαρτυρίαν αὐτῶν,
Y cuando acaben el testimonio de ellos,
τὸ θηρίον τὸ ἀναβαῖνον ἐκ τῆς ἀβύσσου ποιήσει
la fiera la que sube de el abismo hará
μετ' αὐτῶν πόλεμον καὶ νικήσει αὐτοὺς
con ellos guerra y vencerá los
καὶ ἀποκτενεῖ αὐτούς.
y matará los.

8 καὶ τὰ πτώματα αὐτῶν ἐπὶ τῆς πλατείας τῆς πόλεως
Y los cadáveres de ellos (estarán) sobre la calle de la ciudad
τῆς μεγάλης, ἥτις καλεῖται πνευματικῶς Σόδομα καὶ
la grande, que se llama espiritualmente Sodoma y
Αἴγυπτος, ὅπου καὶ ὁ Κύριος αὐτῶν ἐσταυρώθη.
Egipto, donde también el Señor de ellos fue crucificado.

9 καὶ βλέψουσιν⁵² ἐκ τῶν λαῶν καὶ φυλῶν καὶ γλωσσῶν καὶ
   Y mirarán de los pueblos y de tribus y de lenguas y
   ἐθνῶν τὰ πτώματα αὐτῶν ἡμέρας τρεῖς καὶ ἥμισυ, καὶ τὰ
   de naciones los cadáveres de ellos días tres y medio, y los
   πτώματα αὐτῶν οὐκ ἀφήσουσι⁵³ τεθῆναι εἰς μνήματα.
   cadáveres de ellos no dejarán ser puestos en sepulcros.

10 καὶ οἱ κατοικοῦντες ἐπὶ τῆς γῆς χαίρουσιν ἐπ' αὐτοῖς,
   Y los que moran en la tierra se alegrarán por ellos
   καὶ εὐφραθήσονται⁵⁴ καὶ δῶρα πέμψουσιν ἀλλήλοις,
   y se regocijarán y regalos enviarán los unos a los otros,
   ὅτι οὗτοι οἱ δύο προφῆται ἐβασάνισαν τοὺς κατοικοῦντας
   porque éstos los dos profetas atormentaban a los que moraban
   ἐπὶ τῆς γῆς.
   en la tierra.

11 καὶ μετὰ τὰς τρεῖς ἡμέρας καὶ ἥμισυ, πνεῦμα ζωῆς
   y tras los tres días y medio, espíritu de vida
   ἐκ τοῦ Θεοῦ εἰσῆλθεν ἐν αὐτοῖς, καὶ ἔστησαν ἐπὶ τοὺς πόδας
   de Dios entró en ellos, y se pusieron sobre los pies
   αὐτῶν, καὶ φόβος μέγας ἐπέπεσεν ἐπὶ
   de ellos, y temor grande cayó sobre
   τοὺς θεωροῦντας αὐτούς.
   los que contemplaban los.

12 καὶ ἤκουσαν φωνὴν μεγάλην ἐκ τοῦ οὐρανοῦ λέγουσαν αὐτοῖς·
   Y oí voz grande del cielo diciendo les:
   ἀνάβητε ὧδε, καὶ ἀνέβησαν εἰς τὸν οὐρανὸν ἐν τῇ νεφέλῃ,
   Subid aquí. Y subieron al cielo en la nube
   καὶ ἐθεώρησαν αὐτοὺς οἱ ἐχθροὶ αὐτῶν.
   y contemplaron los los enemigos de ellos.

13 Καὶ ἐν ἐκείνῳ τῇ ὥρᾳ ἐγένετο σεισμὸς μέγας,
   Y en aquella hora aconteció seísmo grande.
   καὶ τὸ δέκατον τῆς πόλεως ἔπεσε, καὶ ἀπεκτάνθησαν
   Y la décima parte de la ciudad cayó, y fueron muertos
   ἐν τῷ σεισμῷ ὀνόματα ἀνθρώπων χιλιάδες ἑπτά,
   en el seísmo números de hombres millares siete
   καὶ οἱ λοιποὶ ἔμφοβοι ἐγένοντο καὶ ἔδωκαν δόξαν
   y los restantes temerosos se hicieron y dieron gloria
   τῷ Θεῷ τοῦ οὐρανοῦ.
   al Dios del cielo.

14 Ἡ οὐαὶ ἡ δευτέρα ἀπῆλθεν· ἰδοὺ ἡ οὐαὶ ἡ τρίτη
   El ay el segundo pasó. Mira el ay el tercero
   ἔρχεται ταχύ.
   viene rápidamente.

15 Καὶ ὁ ἕβδομος ἄγγελος ἐσάλπισε· καὶ ἐγένοντο φωναὶ
   Y el séptimo ángel tocó la trompeta. Y acontecieron voces
   μεγάλαι ἐν τῷ οὐρανῷ λέγουσαι· ἐγένετο ἡ βασιλεία⁵⁵
   grandes en el cielo diciendo: Ha llegado a ser el reino
   τοῦ κόσμου τοῦ Κυρίου ἡμῶν καὶ τοῦ Χριστοῦ αὐτοῦ,
   del mundo (el) del Señor de nosotros y del Cristo de Él.
   καὶ βασιλεύσει εἰς τοὺς αἰῶνας τῶν αἰώνων.
   Y reinará por las Eras de las Eras.

9Y los de los linajes, y de los pueblos, y de las lenguas, y de los Gentiles verán los cuerpos de ellos por tres días y medio, y no permitirán que sus cuerpos sean puestos en sepulcros.
10Y los moradores de la tierra se gozarán sobre ellos, y se alegrarán, y se enviarán dones los unos a los otros; porque estos dos profetas han atormentado a los que moran sobre la tierra.
11Y después de tres días y medio el espíritu de vida enviado de Dios, entró en ellos, y se alzaron sobre sus pies, y vino gran temor sobre los que los vieron.
12Y oyeron una grande voz del cielo, que les decía: Subid acá. Y subieron al cielo en una nube, y sus enemigos los vieron.
13Y en aquella hora fué hecho gran temblor de tierra, y la décima parte de la ciudad cayó, y fueron muertos en el temblor de tierra en número de siete mil hombres: y los demás fueron espantados, y dieron gloria al Dios del cielo.
14El segundo ¡Ay! es pasado: he aquí, el tercer ¡Ay! vendrá presto.
15Y el séptimo ángel tocó la trompeta, y fueron hechas grandes voces en el cielo, que decían: Los reinos del mundo han venido a ser los reinos de nuestro Señor, y de su Cristo: y reinará para siempre jamás.

---

52. La NU sustituye por miran.
53. La NU sustituye por dejan.
54. La NU sustituye por se regocijan.
55. En otros mss se lee los reinos del mundo han llegado a ser.

16 Y los veinticuatro ancianos que estaban sentados delante de Dios en sus sillas, se postraron sobre sus rostros, y adoraron a Dios,

17 Diciendo: Te damos gracias, Señor Dios Todopoderoso, que eres y que eras y que has de venir, porque has tomado tu grande potencia, y has reinado.

18 Y se han airado las naciones, y tu ira es venida, y el tiempo de los muertos, para que sean juzgados, y para que des el galardón a tus siervos los profetas, y a los santos, y a los que temen tu nombre, a los pequeñitos y a los grandes, y para que destruyas los que destruyen la tierra.

19 Y el templo de Dios fué abierto en el cielo, y el arca de su testamento fué vista en su templo. Y fueron hechos relámpagos y voces y truenos y terremotos y grande granizo.

12 Y una grande señal apareció en el cielo: una mujer vestida del sol, y la luna debajo de sus pies, y sobre su cabeza una corona de doce estrellas.

2 Y estando preñada, clamaba con dolores de parto, y sufría tormento por parir.

3 Y fué vista otra señal en el cielo: y he aquí un grande dragón bermejo, que tenía siete cabezas y diez cuernos, y en sus cabezas siete diademas.

---

16 καὶ οἱ εἴκοσι τέσσαρες πρεσβύτεροι, οἱ ἐνώπιον τοῦ Θεοῦ
Y los veinticuatro ancianos, los que delante de Dios

καθήμενοι ἐπὶ τοὺς θρόνους αὐτῶν, ἔπεσαν ἐπὶ τὰ
están sentados sobre los tronos de ellos, cayeron sobre los

πρόσωπα αὐτῶν καὶ προσεκύνησαν τῷ Θεῷ
rostros de ellos y adoraron a Dios.

17 λέγοντες· εὐχαριστοῦμέν σοι, Κύριε ὁ Θεὸς ὁ παντοκράτωρ,
diciendo: Damos gracias a ti, Señor el Dios el Todopoderoso,

ὁ ὢν καὶ ὁ ἦν καὶ ὁ ἐρχόμενος,[56] ὅτι εἴληφας
el que es y el que era y el que viene, porque has recibido

τὴν δύναμίν σου τὴν μεγάλην καὶ ἐβασίλευσας,
el poder de ti el grande y reinaste.

18 καὶ τὰ ἔθνη ὠργίσθησαν, καὶ ἦλθεν ἡ ὀργή σου,
Y las naciones se encolerizaron, y vino la ira de ti,

καὶ ὁ καιρὸς τῶν νεκρῶν κριθῆναι καὶ δοῦναι τὸν
y el tiempo de los muertos para ser juzgados y dar la

μισθὸν τοῖς δούλοις σου τοῖς προφήταις καὶ τοῖς ἁγίοις καὶ
recompensa a los siervos de ti a los profetas y a los santos y

τοῖς φοβουμένοις τὸ ὄνομά σου, τοῖς μικροῖς
a los que temen el nombre de ti, a los pequeños

καὶ τοῖς μεγάλοις, καὶ διαφθεῖραι τοὺς διαφθείροντας τὴν γῆν.
y a los grandes, y destruir a los que destruyen la tierra.

19 καὶ ἠνοίγη ὁ ναὸς τοῦ Θεοῦ ὁ ἐν τῷ οὐρανῷ,
Y fue abierto el templo de Dios el en el cielo,

καὶ ὤφθη ἡ κιβωτὸς τῆς διαθήκης αὐτοῦ ἐν τῷ ναῷ αὐτοῦ,
y fue vista el arca del pacto de Él en el templo de Él,

καὶ ἐγένοντο ἀστραπαὶ καὶ φωναὶ καὶ βρονταὶ
y acontecieron relámpagos y voces y truenos

καὶ σεισμὸς καὶ χάλαζα μεγάλη.
y seísmo y granizo grande.

12 **1** Καὶ σημεῖον μέγα ὤφθη ἐν τῷ οὐρανῷ, γυνὴ
Y señal grande fue vista en el cielo, mujer

περιβεβλημένη τὸν ἥλιον, καὶ ἡ σελήνη ὑποκάτω τῶν
habiendo sido vestida con el sol, y la luna bajo los

ποδῶν αὐτῆς, καὶ ἐπὶ τῆς κεφαλῆς αὐτῆς στέφανος
pies de ella, y sobre la cabeza de ella corona

ἀστέρων δώδεκα,
de estrellas doce.

2 καὶ ἐν γαστρὶ ἔχουσα κράζει ὠδίνουσα καὶ
Y en vientre teniendo[57] grita sufriendo dolores de parto y

βασανιζομένη τεκεῖν.
atormentada para parir.

3 καὶ ὤφθη ἄλλο σημεῖον ἐν τῷ οὐρανῷ, καὶ ἰδοὺ
y fue vista otra señal en el cielo, y mira

δράκων πυρρός μέγας, ἔχων κεφαλὰς ἑπτὰ καὶ κέρατα δέκα,
dragón rojo grande, teniendo cabezas siete y cuernos diez,

καὶ ἐπὶ τὰς κεφαλὰς αὐτοῦ ἑπτὰ διαδήματα,
y sobre las cabezas de él siete diademas.

---

56. La NU omite el que viene.
57. Es decir, y estando encinta.

4 καὶ ἡ οὐρὰ αὐτοῦ σύρει τὸ τρίτον τῶν ἀστέρων τοῦ οὐρανοῦ,
Y la cola de él arrastra el tercio de las estrellas del cielo,

καὶ ἔβαλεν αὐτοὺς ἐπὶ τὴν γῆν. καὶ ὁ δράκων ἔστηκεν
y llevó las a la tierra. Y el dragón se colocó

ἐνώπιον τῆς γυναικὸς τῆς μελλούσης τεκεῖν, ἵνα,
delante de la mujer la que había de dar a luz, para que,

ὅταν τέκῃ, τὸ τέκνον αὐτῆς καταφάγῃ.
cuando diera a luz, el hijo de ella se comiera.

5 καὶ ἔτεκεν υἱὸν ἄρρενα, ὃς μέλλει ποιμαίνειν
Y dio a luz hijo varón, que ha de pastorear

πάντα τὰ ἔθνη ἐν ῥάβδῳ σιδηρᾷ. καὶ ἡρπάσθη τὸ
todas las naciones con cayado de hierro. Y fue arrebatado el

τέκνον αὐτῆς πρὸς τὸν Θεὸν καὶ πρὸς τὸν θρόνον αὐτοῦ.
hijo de ella hacia Dios y hacia el trono de Él.

6 καὶ ἡ γυνὴ ἔφυγεν εἰς τὴν ἔρημον, ὅπου ἔχει ἐκεῖ
Y la mujer huyó a el desierto, donde tiene allí

τόπον ἡτοιμασμένον ὑπὸ τοῦ Θεοῦ, ἵνα ἐκεῖ
lugar habiendo sido preparado por Dios, para que allí

τρέφωσιν αὐτὴν ἡμέρας χιλίας διακοσίας ἑξήκοντα.
alimenten la días mil doscientos sesenta.

7 Καὶ ἐγένετο πόλεμος ἐν τῷ οὐρανῷ· ὁ Μιχαὴλ
Y aconteció guerra en el cielo. Miguel

καὶ οἱ ἄγγελοι αὐτοῦ τοῦ πολεμῆσαι μετὰ
y los ángeles de él (se pusieron) a combatir con

τοῦ δράκοντος· καὶ ὁ δράκων ἐπολέμησε καὶ οἱ ἄγγελοι αὐτοῦ,
el dragón. Y el dragón guerreó y los ángeles de él.

8 καὶ οὐκ ἴσχυσαν, οὔτε τόπος εὑρέθη αὐτῶν
Y no se hicieron fuertes,[58] ni lugar fue encontrado para ellos

ἔτι ἐν τῷ οὐρανῷ.
ya en el cielo.

9 καὶ ἐβλήθη ὁ δράκων ὁ μέγας, ὁ ὄφις ὁ ἀρχαῖος,
Y fue arrojado el dragón el grande, la serpiente la antigua,

ὁ καλούμενος Διάβολος καὶ ὁ Σατανᾶς, ὁ πλανῶν
el llamado Diablo y Satanás, el que engaña

τὴν οἰκουμένην ὅλην, ἐβλήθη εἰς τὴν γῆν, καὶ οἱ ἄγγελοι
al mundo entero, fue arrojado a la tierra, y los ángeles

αὐτοῦ μετ' αὐτοῦ ἐβλήθησαν.
de él con él fueron arrojados.

10 καὶ ἤκουσα φωνὴν μεγάλην ἐν τῷ οὐρανῷ λέγουσαν·
Y escuché voz grande en el cielo diciendo:

ἄρτι ἐγένετο ἡ σωτηρία καὶ ἡ δύναμις καὶ ἡ βασιλεία
Ahora aconteció la salvación y el poder y el reino

τοῦ Θεοῦ ἡμῶν καὶ ἡ ἐξουσία τοῦ Χριστοῦ αὐτοῦ, ὅτι
del Dios de nosotros y la autoridad del Cristo de Él, porque

κατεβλήθη[59] ὁ κατήγορος τῶν ἀδελφῶν ἡμῶν,
fue arrojado abajo el acusador de los hermanos de nosotros,

ὁ κατηγορῶν αὐτῶν ἐνώπιον τοῦ Θεοῦ
el que acusa a ellos delante del Dios

ἡμῶν ἡμέρας καὶ νυκτός.
de nosotros día y noche.

4Y su cola arrastraba la tercera parte de las estrellas del cielo, y las echó en tierra. Y el dragón se paró delante de la mujer que estaba para parir, á fin de devorar á su hijo cuando hubiese parido.
5Y ella parió un hijo varón, el cual había de regir todas las gentes con vara de hierro: y su hijo fué arrebatado para Dios y á su trono.
6Y la mujer huyó al desierto, donde tiene lugar aparejado de Dios, para que allí la mantengan mil doscientos y sesenta días.
7Y fué hecha una grande batalla en el cielo: Miguel y sus ángeles lidiaban contra el dragón; y lidiaba el dragón y sus ángeles.
8Y no prevalecieron, ni su lugar fué más hallado en el cielo.
9Y fué lanzado fuera aquel gran dragón, la serpiente antigua, que se llama Diablo y Satanás, el cual engaña á todo el mundo; fué arrojado en tierra, y sus ángeles fueron arrojados con él.
10Y oí una grande voz en el cielo que decía: Ahora ha venido la salvación, y la virtud, y el reino de nuestro Dios, y el poder de su Cristo; porque el acusador de nuestros hermanos ha sido arrojado, el cual los acusaba delante de nuestro Dios día y noche.

---

58. Es decir, no pudieron resistir.
59. La NU sustituye por fue arrojado.

11Y ellos le han vencido por la sangre del Cordero, y por la palabra de su testimonio; y no han amado sus vidas hasta la muerte.
12Por lo cual alegraos, cielos, y los que moráis en ellos. ¡Ay de los moradores de la tierra y del mar! porque el diablo ha descendido a vosotros, teniendo grande ira, sabiendo que tiene poco tiempo.
13Y cuando vió el dragón que él había sido arrojado a la tierra, persiguió a la mujer que había parido al hijo varón.
14Y fueron dadas a la mujer dos alas de grande águila, para que de la presencia de la serpiente volase al desierto, a su lugar, donde es mantenida por un tiempo, y tiempos, y la mitad de un tiempo.
15Y la serpiente echó de su boca tras la mujer agua como un río, a fin de hacer que fuese arrebatada del río.
16Y la tierra ayudó a la mujer, y la tierra abrió su boca, y sorbió el río que había echado el dragón de su boca.
17Entonces el dragón fué airado contra la mujer; y se fué a hacer guerra contra los otros de la simiente de ella, los cuales guardan los mandamientos de Dios, y tienen el testimonio de Jesucristo.

11 καὶ αὐτοὶ ἐνίκησαν αὐτὸν διὰ τὸ αἷμα τοῦ ἀρνίου καὶ διὰ τὸν
y ellos vencieron lo por la sangre del cordero y por la
λόγον τῆς μαρτυρίας αὐτῶν, καὶ οὐκ ἠγάπησαν
palabra del testimonio de ellos, y no amaron
τὴν ψυχὴν αὐτῶν ἄχρι θανάτου.
el alma de ellos hasta muerte.

12 διὰ τοῦτο εὐφραίνεσθε οἱ οὐρανοὶ καὶ οἱ ἐν αὐτοῖς σκηνοῦντες·
Por esto alegraos los cielos y los que en ellos habitáis
οὐαὶ τὴν γῆν καὶ τὴν θάλασσαν, ὅτι κατέβη ὁ διάβολος
Ay de la tierra y del mar, porque descendió el diablo
πρὸς ὑμᾶς ἔχων θυμὸν μέγαν, εἰδὼς ὅτι
a vosotros teniendo ira grande, viendo que
ὀλίγον καιρὸν ἔχει.
poco tiempo tiene.

13 Καὶ ὅτε εἶδεν ὁ δράκων ὅτι ἐβλήθη εἰς τὴν γῆν,
Y cuando vio el dragón que fue arrojado a la tierra,
ἐδίωξε τὴν γυναῖκα ἥτις ἔτεκε τὸν ἄρρενα.
Persiguió a la mujer que dio a luz al varón.

14 καὶ ἐδόθησαν τῇ γυναικὶ αἱ δύο πτέρυγες τοῦ ἀετοῦ
Y fueron dadas a la mujer las dos alas del águila
τοῦ μεγάλου, ἵνα πέτηται εἰς τὴν ἔρημον
la grande, para que volara a el desierto
εἰς τὸν τόπον αὐτῆς, ὅπου τρέφεται ἐκεῖ καιρὸν
a el lugar de ella, donde sea alimentada allí tiempo
καὶ καιροὺς καὶ ἥμισυ καιροῦ ἀπὸ προσώπου
y tiempos y mitad de tiempo (apartada) de rostro
τοῦ ὄφεως.
de la serpiente.

15 καὶ ἔβαλεν ὁ ὄφις ἐκ τοῦ στόματος αὐτοῦ ὀπίσω
Y arrojó la serpiente de la boca de él tras
τῆς γυναικὸς ὕδωρ ὡς ποταμόν, ἵνα αὐτὴν
la mujer agua como río, para que a ella
ποταμοφόρητον ποιήσῃ.
arrastrada por el río hiciera.[60]

16 καὶ ἐβοήθησεν ἡ γῆ τῇ γυναικί, καὶ ἤνοιξεν ἡ γῆ
Y ayudó la tierra a la mujer y abrió la tierra
τὸ στόμα αὐτῆς καὶ κατέπιε τὸν ποταμὸν
la boca de ella y bebió el río
ὃν ἔβαλεν ὁ δράκων ἐκ τοῦ στόματος αὐτοῦ.
que arrojó el dragón de la boca de él.

17 καὶ ὠργίσθη ὁ δράκων ἐπὶ τῇ γυναικί, καὶ ἀπῆλθε
Y se encolerizó el dragón con la mujer, y salió
ποιῆσαι πόλεμον μετὰ τῶν λοιπῶν τοῦ σπέρματος αὐτῆς,
para hacer guerra con los restantes de la descendencia de ella,
τῶν τηρούντων τὰς ἐντολὰς τοῦ Θεοῦ καὶ ἐχόντων
los que guardan los mandamientos de Dios y tienen
τὴν μαρτυρίαν Ἰησοῦ Χριστοῦ.
el testimonio de Jesús Cristo.

---

60. Es decir, para lograr que el río la arrastrara.

13 ¹ Καὶ ἐστάθην ἐπὶ τὴν ἄμμον τῆς θαλάσσης·
Y me paré sobre la arena del mar

καὶ εἶδον ἐκ τῆς θαλάσσης θηρίον ἀναβαῖνον,
y vi de el mar fiera subiendo,

ἔχον κέρατα δέκα καὶ κεφαλὰς ἑπτά,
teniendo cuernos diez y cabezas siete,

καὶ ἐπὶ τῶν κεράτων αὐτοῦ δέκα διαδήματα,
y sobre los cuernos de ella diez diademas,

καὶ ἐπὶ τὰς κεφαλὰς αὐτοῦ ὀνόμα⁶¹ βλασφημίας.
y sobre las cabezas de ella nombre de blasfemia.

² καὶ τὸ θηρίον ὃ εἶδον ἦν ὅμοιον παρδάλει,
Y la fiera que vi era semejante a leopardo

καὶ οἱ πόδες αὐτοῦ ὡς ἄρκου, καὶ τὸ στόμα αὐτοῦ
y los pies de ella como de oso, y la boca de ella

ὡς στόμα λέοντος· καὶ ἔδωκεν αὐτῷ ὁ δράκων
como boca de león. Y dio le el dragón

τὴν δύναμιν αὐτοῦ καὶ τὸν θρόνον αὐτοῦ
el poder de él y el trono de él

καὶ ἐξουσίαν μεγάλην.
y autoridad grande.

³ καὶ μίαν ἐκ τῶν κεφαλῶν αὐτοῦ ὡς ἐσφαγμένην
Y una de las cabezas de ella como habiendo sido inmolada

εἰς θάνατον· καὶ ἡ πληγὴ τοῦ θανάτου αὐτοῦ ἐθεραπεύθη,
para muerte y la herida de muerte de ella fue curada.

καὶ ἐθαύμασεν ὅλη ἡ γῆ ὀπίσω τοῦ θηρίου,
Y se maravilló toda la tierra tras la fiera.

⁴ καὶ προσεκύνησαν τῷ δράκοντι τῷ δεδωκότι τὴν ἐξουσίαν
Y adoraron al dragón al que había dado la autoridad

τῷ θηρίῳ, καὶ προσεκύνησαν τῷ θηρίῳ λέγοντες·
a la fiera, y adoraron a la fiera diciendo:

τίς ὅμοιος τῷ θηρίῳ; τίς δύναται πολεμῆσαι μετ᾽ αὐτοῦ;
¿Quién semejante a la fiera? ¿Quién puede combatir con ella?

⁵ Καὶ ἐδόθη αὐτῷ στόμα λαλοῦν μεγάλα καὶ βλασφημίας
Y fue dado le boca que habla grandes cosas y blasfemias

καὶ ἐδόθη αὐτῷ ἐξουσία πόλεμον⁶² ποιῆσαι μῆνας
y fue dado le autoridad guerra para hacer meses

τεσσεράκοντα δύο.
cuarenta dos.

⁶ καὶ ἤνοιξε τὸ στόμα αὐτοῦ εἰς βλασφημίαν πρὸς τὸν Θεόν
Y abrió la boca de ella para blasfemia contra Dios

βλασφημῆσαι τὸ ὄνομα αὐτοῦ καὶ τὴν σκηνὴν αὐτοῦ,
para blasfemar el nombre de él y la morada de Él,

τοὺς ἐν τῷ οὐρανῷ σκηνοῦντας.
los que en el cielo moran.

⁷ καὶ ἐδόθη αὐτῷ πόλεμον ποιῆσαι μετὰ τῶν ἁγίων
Y fue dado le guerra hacer con los santos

καὶ νικῆσαι αὐτούς, καὶ ἐδόθη αὐτῷ ἐξουσία
y vencer los, y fue dada le autoridad

ἐπὶ πᾶσαν φυλὴν καὶ λαὸν καὶ γλῶσσαν καὶ ἔθνος.
sobre toda tribu y pueblo y lengua y nación.

13 Y yo me paré sobre la arena del mar, y vi una bestia subir del mar, que tenía siete cabezas y diez cuernos; y sobre sus cuernos diez diademas; y sobre las cabezas de ella nombre de blasfemia. **2** Y la bestia que vi, era semejante a un leopardo, y sus pies como de oso, y su boca como boca de león. Y el dragón le dió su poder, y su trono, y grande potestad. **3** Y vi una de sus cabezas como herida de muerte, y la llaga de su muerte fué curada: y se maravilló toda la tierra en pos de la bestia. **4** Y adoraron al dragón que había dado la potestad a la bestia, y adoraron a la bestia, diciendo: ¿Quién es semejante a la bestia, y quién podrá lidiar con ella? **5** Y le fué dada boca que hablaba grandes cosas y blasfemias: y le fué dada potencia de obrar cuarenta y dos meses. **6** Y abrió su boca en blasfemias contra Dios, para blasfemar su nombre, y su tabernáculo, y a los que moran en el cielo. **7** Y le fué dado hacer guerra contra los santos, y vencerlos. También le fué dada potencia sobre toda tribu y pueblo y lengua y gente.

---

61. La NU sustituye por nombres.
62. La NU suprime guerra.

8Y todos los que moran en la tierra le adoraron, cuyos nombres no están escritos en el libro de la vida del Cordero, el cual fué muerto desde el principio del mundo.
9Si alguno tiene oído, oiga.
10El que lleva en cautividad, va en cautividad: el que a cuchillo matare, es necesario que a cuchillo sea muerto. Aquí está la paciencia y la fe de los santos.
11Después vi otra bestia que subía de la tierra; y tenía dos cuernos semejantes a los de un cordero, mas hablaba como un dragón.
12Y ejerce todo el poder de la primera bestia en presencia de ella; y hace a la tierra y a los moradores de ella adorar la primera bestia, cuya llaga de muerte fué curada.
13Y hace grandes señales, de tal manera que aun hace descender fuego del cielo a la tierra delante de los hombres.
14Y engaña a los moradores de la tierra por las señales que le ha sido dado hacer en presencia de la bestia, mandando a los moradores de la tierra que hagan la imagen de la bestia que tiene la herida de cuchillo, y vivió.

8 καὶ προσκυνήσουσιν αὐτὸν πάντες οἱ κατοικοῦντες ἐπὶ
Y adorarán lo todos los que habitan sobre
τῆς γῆς, ὧν οὐ γέγραπται τὸ ὄνομα ἐν
la tierra de los que no ha sido escrito el nombre en
τῷ βιβλίῳ τῆς ζωῆς τοῦ ἀρνίου τοῦ ἐσφαγμένου ἀπὸ
el libro de la vida del cordero el inmolado desde
καταβολῆς κόσμου.
fundación de mundo.

9 Εἴ τις ἔχει οὖς ἀκουσάτω.
Si alguno tiene oídos oiga.

10 εἴ τις εἰς αἰχμαλωσίαν συνάγει, εἰς αἰχμαλωσίαν ὑπάγει.
Si alguno a cautividad lleva, a cautividad va.
εἴ τις ἐν μαχαίρᾳ ἀποκτενεῖ, δεῖ αὐτὸν ἐν μαχαίρᾳ
Si alguno a espada mata, debe él a espada
ἀποκτανθῆναι. Ὧδέ ἐστιν ἡ ὑπομονὴ
ser muerto. Aquí está el aguante
καὶ ἡ πίστις τῶν ἁγίων.
y la fe de los santos.

11 Καὶ εἶδον ἄλλο θηρίον ἀναβαῖνον ἐκ τῆς γῆς,
Y vi otra fiera subiendo de la tierra,
καὶ εἶχε κέρατα δύο ὅμοια ἀρνίῳ,
y tenía cuernos dos semejantes a cordero,
καὶ ἐλάλει ὡς δράκων.
y hablaba como dragón.

12 καὶ τὴν ἐξουσίαν τοῦ πρώτου θηρίου πᾶσαν ποιεῖ
Y la autoridad de la primera fiera toda hace[63]
ἐνώπιον αὐτοῦ. καὶ ποιεῖ τὴν γῆν καὶ τοὺς ἐν αὐτῇ
delante de ella. Y hace[64] la tierra y los que en ella
κατοικοῦντας ἵνα προσκυνήσουσι τὸ θηρίον τὸ πρῶτον,
moran para que adoren la fiera la primera,
οὗ ἐθεραπεύθη ἡ πληγὴ τοῦ θανάτου αὐτοῦ.
de la que fue curada la herida de la muerte de ella.

13 καὶ ποιεῖ σημεῖα μεγάλα, ἵνα καὶ πῦρ ποιῇ
Y hace señales grandes, para que también fuego haga
καταβαίνειν ἐκ τοῦ οὐρανοῦ εἰς τὴν γῆν ἐνώπιον
descender de el cielo a la tierra delante
τῶν ἀνθρώπων.
de los hombres.

14 καὶ πλανᾷ τοὺς κατοικοῦντας ἐπὶ τῆς γῆς διὰ τὰ σημεῖα
Y engaña a los que habitan en la tierra mediante las señales
ἃ ἐδόθη αὐτῷ ποιῆσαι ἐνώπιον τοῦ θηρίου, λέγων
que fue dado a ella hacer delante de la fiera, diciendo
τοῖς κατοικοῦσιν ἐπὶ τῆς γῆς ποιῆσαι εἰκόνα
a los que habitan sobre la tierra que hagan imagen
τῷ θηρίῳ ὃς ἔχει τὴν πληγὴν τῆς μαχαίρας καὶ ἔζησε·
a la fiera que tiene la herida de la espada y vivió.

---

63. Es decir, ejerce.
64. Es decir, y actúa para que la tierra y los que moran en ella adoren a la primera fiera.

15 καὶ ἐδόθη αὐτῷ δοῦναι πνεῦμα τῇ εἰκόνι τοῦ θηρίου,
Y fue dado le dar espíritu a la imagen de la fiera,
ἵνα καὶ λαλήσῃ ἡ εἰκὼν τοῦ θηρίου καὶ ποιήσῃ,
para que también hablara la imagen de la fiera e hiciera
ὅσοι ἐὰν μὴ προσκυνήσωσι τῇ εἰκόνι τοῦ θηρίου,
que cuantos si no adoren la imagen de la fiera,
ἵνα ἀποκτανθῶσι.
para que sean muertos.[65]

16 καὶ ποιεῖ πάντας, τοὺς μικροὺς καὶ τοὺς μεγάλους,
Y hace a todos, los pequeños y los grandes,
καὶ τοὺς πλουσίους καὶ τοὺς πτωχούς, καὶ τοὺς ἐλευθέρους
y los ricos y los pobres, y los libres
καὶ τοὺς δούλους, ἵνα δῶσῃ αὐτοῖς χάραγμα
y los esclavos, para que de a ellos marca
ἐπὶ τῆς χειρὸς αὐτῶν τῆς δεξιᾶς ἢ ἐπὶ τὸ μέτωπον αὐτῶν,
sobre la mano de ellos la diestra o sobre la frente de ellos.

17 καὶ ἵνα μή τις δύνηται ἀγοράσαι ἢ πωλῆσαι εἰ μὴ ὁ ἔχων
Y para que nadie pueda comprar o vender si no el que tiene
τὸ χάραγμα, τὸ ὄνομα τοῦ θηρίου ἢ τὸν ἀριθμὸν
la marca, el nombre de la fiera o el número
τοῦ ὀνόματος αὐτοῦ.
del nombre de ella.

18 Ὧδε ἡ σοφία ἐστίν· ὁ ἔχων νοῦν ψηφισάτω
Aquí la sabiduría está. El que tiene entendimiento calcule
τὸν ἀριθμὸν τοῦ θηρίου· ἀριθμὸς γὰρ ἀνθρώπου ἐστί·
el número de la fiera. número Porque de hombre es.
καὶ ὁ ἀριθμὸς αὐτοῦ χξς'.
Y el número de ella seiscientos sesenta y seis.

14

1 Καὶ εἶδον, καὶ ἰδοὺ τὸ ἀρνίον ἑστηκὸς ἐπὶ τὸ ὄρος Σιών,
Y vi, y mira el cordero en pie sobre el monte Sión,
καὶ μετ' αὐτοῦ ἑκατὸν τεσσεράκοντα τέσσαρες χιλιάδες,
y con él ciento cuarenta cuatro millares,
ἔχουσαι τὸ ὄνομα αὐτοῦ καὶ τὸ ὄνομα τοῦ πατρὸς αὐτοῦ
teniendo el nombre de él y el nombre del Padre de él
γεγραμμένον ἐπὶ τῶν μετώπων αὐτῶν.
habiendo sido escrito sobre las frentes de ellos.

2 καὶ ἤκουσα φωνὴν ἐκ τοῦ οὐρανοῦ ὡς φωνὴν
Y oí voz de el cielo como voz
ὑδάτων πολλῶν καὶ ὡς φωνὴν βροντῆς μεγάλης·
de aguas muchas y como voz de trueno grande
καὶ ἡ φωνὴ ἣν ἤκουσα, ὡς κιθαρῳδῶν κιθαριζόντων
y la voz que oí, como de citaristas tocando la cítara
ἐν ταῖς κιθάραις αὐτῶν.
con las cítaras de ellos.

3 καὶ ᾄδουσιν ᾠδὴν καινὴν ἐνώπιον τοῦ θρόνου
Y cantan canción nueva delante del trono
καὶ ἐνώπιον τῶν τεσσάρων ζῴων καὶ τῶν πρεσβυτέρων·
y delante de los cuatro vivientes y de los ancianos
καὶ οὐδεὶς ἐδύνατο μαθεῖν τὴν ᾠδὴν εἰ μὴ αἱ
y ninguno podía aprender la canción si no los
ἑκατὸν τεσσεράκοντα τέσσαρες χιλιάδες, οἱ
ciento cuarenta cuatro millares, los
ἠγορασμένοι ἀπὸ τῆς γῆς.
que habían sido redimidos de la tierra.

---

15 Y le fué dado que diese espíritu a la imagen de la bestia, para que la imagen de la bestia hable; y hará que cualesquiera que no adoraren la imagen de la bestia sean muertos.
16 Y hacía que a todos, a los pequeños y grandes, ricos y pobres, libres y siervos, se pusiese una marca en su mano derecha, o en sus frentes:
17 Y que ninguno pudiese comprar o vender, sino el que tuviera la señal, o el nombre de la bestia, o el número de su nombre.
18 Aquí hay sabiduría. El que tiene entendimiento, cuente el número de la bestia; porque es el número de hombre: y el número de ella, seiscientos sesenta y seis.

14

Y miré, y he aquí, el Cordero estaba sobre el monte de Sión, y con él ciento cuarenta y cuatro mil, que tenían el nombre de su Padre escrito en sus frentes.
2 Y oí una voz del cielo como ruido de muchas aguas, y como sonido de un gran trueno: y oí una voz de tañedores de arpas que tañían con sus arpas:
3 Y cantaban como un cántico nuevo delante del trono, y delante de los cuatro animales, y de los ancianos: y ninguno podía aprender el cántico sino aquellos ciento cuarenta y cuatro mil, los cuales fueron comprados de entre los de la tierra.

---

65. Es decir, e hiciera que todos los que no adoren la imagen de la fiera, sean muertos.

4 Estos son los que con mujeres no fueron contaminados; porque son vírgenes. Estos, los que siguen al Cordero por donde quiera que fuere. Estos fueron comprados de entre los hombres por primicias para Dios y para el Cordero.

5 Y en sus bocas no ha sido hallado engaño; porque ellos son sin mácula delante del trono de Dios.

6 Y vi otro ángel volar por en medio del cielo, que tenía el evangelio eterno para predicarlo a los que moran en la tierra, y a toda nación y tribu y lengua y pueblo,

7 Diciendo en alta voz: Temed a Dios, y dadle honra; porque la hora de su juicio es venida; y adorad a aquel que ha hecho el cielo y la tierra y el mar y las fuentes de las aguas.

8 Y otro ángel le siguió, diciendo: Ha caído, ha caído Babilonia, aquella grande ciudad, porque ella ha dado a beber a todas las naciones del vino del furor de su fornicación.

9 Y el tercer ángel los siguió, diciendo en alta voz: Si alguno adora a la bestia y a su imagen, y toma la señal en su frente, o en su mano,

10 Este también beberá del vino de la ira de Dios, el cual está echado puro en el cáliz de su ira; y será atormentado con fuego y azufre delante de los santos ángeles, y delante del Cordero:

4 οὗτοί εἰσιν οἳ μετὰ γυναικῶν οὐκ ἐμολύνθησαν·
Éstos son los que con mujeres no fueron contaminados

παρθένοι γάρ εἰσιν. οὗτοι εἰσιν οἱ ἀκολουθοῦντες
vírgenes Porque son. Éstos son los que siguen

τῷ ἀρνίῳ ὅπου ἂν ὑπάγῃ. οὗτοι ἠγοράσθησαν ἀπὸ
al cordero donde siempre vaya. Éstos fueron redimidos de

τῶν ἀνθρώπων ἀπαρχὴ τῷ Θεῷ καὶ τῷ ἀρνίῳ·
los hombres primicia para Dios y para el cordero.

5 καὶ οὐχ εὑρέθη ψεῦδος⁶⁶ ἐν τῷ στόματι αὐτῶν·
y no fue encontrada mentira en la boca de ellos.

ἄμωμοι γάρ εἰσιν ἐνώπιον τοῦ θρόνου τοῦ Θεοῦ.⁶⁷
irreprochables Porque son delante del trono de Dios.

6 Καὶ εἶδον ἄλλον ἄγγελον πετόμενον ἐν μεσουρανήματι,
Y vi otro ángel volando en medio del cielo,

ἔχοντα εὐαγγέλιον αἰώνιον εὐαγγελίσαι
teniendo evangelio eterno para evangelizar

ἐπὶ τοὺς κατοικοῦντας ἐπὶ τῆς γῆς καὶ ἐπὶ πᾶν ἔθνος
a los que moran sobre la tierra y sobre toda nación

καὶ φυλὴν καὶ γλῶσσαν καὶ λαόν,
y tribu y lengua y pueblo,

7 λέγων ἐν φωνῇ μεγάλῃ· φοβήθητε τὸν Θεὸν
diciendo con voz grande: temed a Dios

καὶ δότε αὐτῷ δόξαν, ὅτι ἦλθεν ἡ ὥρα τῆς κρίσεως αὐτοῦ,
y dad le gloria, porque vino la hora del juicio de Él

καὶ προσκυνήσατε τῷ ποιήσαντι τὸν οὐρανὸν
y adorad al que hizo el cielo

καὶ τὴν γῆν καὶ τὴν θάλασσαν καὶ πηγὰς ὑδάτων.
y la tierra y el mar y fuentes de aguas.

8 Καὶ ἄλλος⁶⁸ ἄγγελος ἠκολούθησε λέγων·
Y otro ángel seguía diciendo:

ἔπεσεν, ἔπεσε Βαβυλὼν ἡ πόλις⁶⁹ ἡ μεγάλη, ἣ ἐκ τοῦ οἴνου
cayó, cayó Babilonia la ciudad la grande, la que de el vino

τοῦ θυμοῦ
de la cólera

τῆς πορνείας αὐτῆς πεπότικε πάντα ἔθνη.
de la prostitución de ella ha hecho beber a todas naciones.

9 Καὶ⁷⁰ ἄγγελος τρίτος ἠκολούθησεν αὐτοῖς λέγων
Y ángel tercero seguía los diciendo

ἐν φωνῇ μεγάλῃ· εἴ τις προσκυνεῖ τὸ θηρίον
con voz grande: si alguno adora a la fiera

καὶ τὴν εἰκόνα αὐτοῦ, καὶ λαμβάνει χάραγμα
y la imagen de ella, y recibe marca

ἐπὶ τοῦ μετώπου αὐτοῦ ἢ ἐπὶ τὴν χεῖρα αὐτοῦ,
sobre la frente de él o sobre la mano de él,

10 καὶ αὐτὸς πίεται ἐκ τοῦ οἴνου τοῦ θυμοῦ τοῦ Θεοῦ
y él beberá de el vino de la ira de Dios

τοῦ κεκερασμένου ἀκράτου ἐν τῷ ποτηρίῳ τῆς ὀργῆς
el que ha sido mezclado puro en la copa de la ira

αὐτοῦ, καὶ βασανισθήσεται ἐν πυρὶ καὶ θείῳ ἐνώπιον
de Él, y serán atormentados con fuego y azufre delante

τῶν ἁγίων ἀγγέλων καὶ ἐνώπιον τοῦ ἀρνίου.
de los santos ángeles y delante del Cordero.

---

66. Algunos mss sustituyen por dolor o engaño.
67. La NU suprime delante del trono de Dios.
68. La NU añade segundo.
69. La NU suprime la ciudad.
70. La NU añade otro.

11 καὶ ὁ καπνὸς τοῦ βασανισμοῦ αὐτῶν εἰς αἰῶνας αἰώνων
Y el humo del tormento de ellos por eras de eras
ἀναβαίνει, καὶ οὐκ ἔχουσιν ἀνάπαυσιν ἡμέρας καὶ νυκτός
sube, y no tienen descanso día y noche
οἱ προσκυνοῦντες τὸ θηρίον καὶ τὴν εἰκόνα αὐτοῦ,
los que adoran a la fiera y la imagen de ella,
καὶ εἴ τις λαμβάνει τὸ χάραγμα τοῦ ὀνόματος αὐτοῦ.
y si alguno recibe la marca del nombre de ella.

12 Ὧδε ἡ ὑπομονὴ τῶν ἁγίων ἐστίν, οἱ τηροῦντες
Aquí el aguante de los santos está, los que guardan
τὰς ἐντολὰς τοῦ Θεοῦ καὶ τὴν πίστιν Ἰησοῦ.
los mandamientos de Dios y la fe en Jesús.

13 Καὶ ἤκουσα φωνῆς ἐκ τοῦ οὐρανοῦ λεγούσης μοι.⁷¹ γράψον,
Y oí voz de el cielo diciendo a mí: escribe:
μακάριοι οἱ νεκροὶ οἱ ἐν Κυρίῳ ἀποθνήσκοντες
dichosos los muertos los en Señor muriendo
ἀπ' ἄρτι. ναί, λέγει τὸ Πνεῦμα, ἵνα ἀναπαήσονται
desde ahora. Sí, dice el Espíritu, para que descansen
ἐκ τῶν κόπων αὐτῶν· τὰ δὲ ἔργα αὐτῶν
de los trabajos de ellos. Las - obras de ellos
ἀκολουθεῖ μετ' αὐτῶν.
siguen con ellos.

14 Καὶ εἶδον, καὶ ἰδοὺ νεφέλη λευκή, καὶ ἐπὶ τὴν νεφέλην
Y vi, y mira nube blanca, y sobre la nube
καθήμενος ὅμοιος υἱῷ ἀνθρώπου, ἔχων ἐπὶ
sentado semejante a hijo de hombre, teniendo sobre
τῆς κεφαλῆς αὐτοῦ στέφανον χρυσοῦν καὶ ἐν τῇ χειρὶ
la cabeza de él corona de oro y en la mano
αὐτοῦ δρέπανον ὀξύ.
de él hoz afilada.

15 καὶ ἄλλος ἄγγελος ἐξῆλθεν ἐκ τοῦ ναοῦ, κράζων ἐν φωνῇ
Y otro ángel salió de el templo, gritando con voz
μεγάλῃ τῷ καθημένῳ ἐπὶ τῆς νεφέλης· πέμψον τὸ δρέπανόν
grande al sentado sobre la nube: envía la hoz
σου καὶ θέρισον, ὅτι ἦλθεν σοι⁷² ἡ ὥρα θερίσαι, ὅτι
de ti y siega, porque vino a ti la hora para segar, porque
ἐξηράνθη ὁ θερισμὸς τῆς γῆς.
estaba seca la mies de la tierra.

16 καὶ ἔβαλεν ὁ καθήμενος ἐπὶ τῆς νεφέλης τὸ δρέπανον αὐτοῦ
Y metió el sentado sobre la nube la hoz de él
ἐπὶ τὴν γῆν, καὶ ἐθερίσθη ἡ γῆ.
en la tierra, y fue segada la tierra.

17 Καὶ ἄλλος ἄγγελος ἐξῆλθεν ἐκ τοῦ ναοῦ τοῦ ἐν τῷ οὐρανῷ,
Y otro ángel salió de el templo el en el cielo
ἔχων καὶ αὐτὸς δρέπανον ὀξύ.
teniendo también él hoz afilada.

11Y el humo del tormento de ellos sube para siempre jamás. Y los que adoran a la bestia y a su imagen, no tienen reposo día ni noche, ni cualquiera que tomare la señal de su nombre.
12Aquí está la paciencia de los santos; aquí están los que guardan los mandamientos de Dios, y la fe de Jesús.
13Y oí una voz del cielo que me decía: Escribe: Bienaventurados los muertos que de aquí adelante mueren en el Señor. Sí, dice el Espíritu, que descansarán de sus trabajos; porque sus obras con ellos siguen.
14Y miré, y he aquí una nube blanca; y sobre la nube uno sentado semejante al Hijo del hombre, que tenía en su cabeza una corona de oro, y en su mano una hoz aguda.
15Y otro ángel salió del templo, clamando en alta voz al que estaba sentado sobre la nube: Mete tu hoz, y siega; porque la hora de segar te es venida, porque la mies de la tierra está madura.
16Y el que estaba sentado sobre la nube echó su hoz sobre la tierra, y la tierra fué segada.
17Y salió otro ángel del templo que está en el cielo, teniendo también una hoz aguda.

---

71. La NU suprime a mí.
72. La NU suprime a ti.

18 Y otro ángel salió del altar, el cual tenía poder sobre el fuego, y clamó con gran voz al que tenía la hoz aguda, diciendo: Mete tu hoz aguda, y vendimia los racimos de la tierra; porque están maduras sus uvas.
19 Y el ángel echó su hoz aguda en la tierra, y vendimió la viña de la tierra, y echó la uva en el grande lagar de la ira de Dios.
20 Y el lagar fué hollado fuera de la ciudad, y del lagar salió sangre hasta los frenos de los caballos por mil y seiscientos estadios.

15 Y VI otra señal en el cielo, grande y admirable, que era siete ángeles que tenían las siete plagas postreras; porque en ellas es consumada la ira de Dios.
2 Y vi así como un mar de vidrio mezclado con fuego; y los que habían alcanzado la victoria de la bestia, y de su imagen, y de su señal, y del número de su nombre, estar sobre el mar de vidrio, teniendo las arpas de Dios.
3 Y cantan el cántico de Moisés siervo de Dios, y el cántico del Cordero, diciendo: Grandes y maravillosas son tus obras, Señor Dios Todopoderoso; justos y verdaderos son tus caminos, Rey de los santos.

18 Καὶ ἄλλος ἄγγελος ἐξῆλθεν ἐκ τοῦ θυσιαστηρίου,
Y otro ángel salió de el altar,

ἔχων ἐξουσίαν ἐπὶ τοῦ πυρός, καὶ ἐφώνησε κραυγῇ μεγάλῃ
teniendo autoridad sobre el fuego, y llamó con grito grande

τῷ ἔχοντι τὸ δρέπανον τὸ ὀξὺ λέγων· πέμψον
al que tiene la hoz la afilada diciendo: envía

σου τὸ δρέπανον τὸ ὀξὺ καὶ τρύγησον τοὺς βότρυας
de ti la hoz la afilada y recoge los racimos

τῆς ἀμπέλου τῆς γῆς, ὅτι ἤκμασαν αἱ
de la viña de la tierra, porque maduraron las

σταφυλαὶ αὐτῆς.
uvas de ella.

19 καὶ ἔβαλεν ὁ ἄγγελος τὸ δρέπανον αὐτοῦ εἰς τὴν γῆν,
Y arrojó el ángel la hoz de él a la tierra,

καὶ ἐτρύγησε τὴν ἄμπελον τῆς γῆς, καὶ ἔβαλεν εἰς τὴν ληνὸν
y vendimió la viña de la tierra, y arrojó a el lagar

τοῦ θυμοῦ τοῦ Θεοῦ τὴν μεγάλην.
de la ira de Dios el grande.

20 καὶ ἐπατήθη ἡ ληνὸς ἔξω τῆς πόλεως, καὶ ἐξῆλθεν
Y fue pisado el lagar fuera de la ciudad, y salió

αἷμα ἐκ τῆς ληνοῦ ἄχρι τῶν χαλινῶν τῶν ἵππων
sangre de el lagar hasta las bridas de los caballos,

ἀπὸ σταδίων χιλίων ἑξακοσίων.
por estadios mil seiscientos.

15 1 Καὶ εἶδον ἄλλο σημεῖον ἐν τῷ οὐρανῷ μέγα
Y vi otra señal en el cielo grande

καὶ θαυμαστόν, ἀγγέλους ἑπτὰ ἔχοντας πληγὰς
y maravillosa, ángeles siete teniendo plagas

ἑπτὰ τὰς ἐσχάτας, ὅτι ἐν αὐταῖς ἐτελέσθη
siete las últimas, porque con ellas fue consumada

ὁ θυμὸς τοῦ Θεοῦ.
la ira de Dios.

2 Καὶ εἶδον ὡς θάλασσαν ὑαλίνην μεμιγμένην
Y vi como mar transparente habiendo sido mezclado

πυρί, καὶ τοὺς νικῶντας ἐκ τοῦ θηρίου καὶ ἐκ τῆς
con fuego y a los que vencen sobre la bestia y sobre la

εἰκόνος αὐτοῦ καὶ ἐκ τοῦ χάραγματος αὐτοῦ
imagen de ella y sobre la marca de ella[73]

ἐκ τοῦ ἀριθμοῦ τοῦ ὀνόματος αὐτοῦ ἑστῶτας
y sobre el número del nombre de ella estando en pie

ἐπὶ τὴν θάλασσαν τὴν ὑαλίνην, ἔχοντας κιθάρας
sobre el mar el transparente, teniendo cítaras

τοῦ Θεοῦ.
de Dios.

3 καὶ ᾄδουσι τὴν ᾠδὴν Μωϋσέως τοῦ δούλου τοῦ Θεοῦ
Y cantan la canción de Moisés el siervo de Dios

καὶ τὴν ᾠδὴν τοῦ ἀρνίου λέγοντες μεγάλα καὶ
y la canción del Cordero diciendo: grandes y

θαυμαστὰ τὰ ἔργα σου, Κύριε ὁ Θεὸς ὁ παντοκράτωρ·
maravillosas (son) las obras de ti, Señor Dios el Todopoderoso.

δίκαιαι καὶ ἀληθιναὶ αἱ ὁδοί σου, ὁ βασιλεὺς τῶν ἁγίων.[74]
Justos y verdaderos los caminos de ti, el Rey de los santos.

---

73. La NU suprime y sobre la marca de ella.
74. La NU sustituye por de las naciones.

4 τίς οὐ μὴ φοβηθῇ σε. Κύριε, καὶ δοξάσει τὸ
¿Quién no por completo temerá te, Señor, y glorificará el

ὄνομά σου; ὅτι μόνος ὅσιος, ὅτι πάντα
nombre de Ti? Porque (Tú eres) único santo, porque todas

τὰ ἔθνη⁷⁵ ἥξουσι καὶ προσκυνήσουσιν ἐνώπιόν σου,
las naciones vendrán y adorarán delante de Ti,

ὅτι τὰ δικαιώματά σου ἐφανερώθησαν
porque los juicios justos de ti fueron manifestados.

5 Καὶ μετὰ ταῦτα εἶδον, καὶ Ἰδοὺ ἠνοίγη ὁ ναὸς
Y después de esto miré, y mira se abrió el templo

τῆς σκηνῆς τοῦ μαρτυρίου ἐν τῷ οὐρανῷ,
del tabernáculo del testimonio en el cielo.

6 καὶ ἐξῆλθον οἱ ἑπτὰ ἄγγελοι οἱ ἔχοντες τὰς ἑπτὰ πληγὰς
Y salieron los siete ángeles los que tienen las siete plagas

ἐκ τοῦ ναοῦ, ἐνδεδυμένοι λίνον καθαρὸν λαμπρὸν
de el templo, vestidos de lino limpio resplandeciente

καὶ περιεζωσμένοι περὶ τὰ στήθη ζώνας χρυσᾶς.
y ceñidos alrededor del pecho con cintos de oro.

7 καὶ ἓν ἐκ τῶν τεσσάρων ζῴων ἔδωκε τοῖς ἑπτὰ ἀγγέλοις
Y uno de los cuatro vivientes dio a los siete ángeles

ἑπτὰ φιάλας χρυσᾶς, γεμούσας τοῦ θυμοῦ τοῦ Θεοῦ
siete copas de oro, llenas de la ira de Dios

τοῦ ζῶντος εἰς τοὺς αἰῶνας τῶν αἰώνων.
el Viviente por las Eras de las eras.

8 καὶ ἐγεμίσθη ὁ ναὸς καπνοῦ ἐκ τῆς δόξης τοῦ Θεοῦ
Y se llenó el templo de humo de la gloria de Dios

καὶ ἐκ τῆς δυνάμεως αὐτοῦ· καὶ οὐδεὶς ἐδύνατο
y de el poder de él. Y ninguno podía

εἰσελθεῖν εἰς τὸν ναὸν ἄχρι τελεσθῶσιν
entrar en el templo hasta que fueron concluidas

αἱ ἑπτὰ πληγαὶ τῶν ἑπτὰ ἀγγέλων.
las siete plagas de los siete ángeles.

16 **1** Καὶ ἤκουσα μεγάλης φωνῆς ἐκ τοῦ ναοῦ λεγούσης
Y escuché gran voz de el templo diciendo

τοῖς ἑπτὰ ἀγγέλοις· ὑπάγετε καὶ ἐκχέατε
a los siete ángeles: id y derramad

τὰς ἑπτὰ φιάλας τοῦ θυμοῦ τοῦ Θεοῦ εἰς τὴν γῆν.
las siete copas de la ira de Dios sobre la tierra.

2 Καὶ ἀπῆλθεν ὁ πρῶτος καὶ ἐξέχεε τὴν φιάλην αὐτοῦ
Y salió el primero y derramó la copa de él

εἰς τὴν γῆν· καὶ ἐγένετο ἕλκος κακὸν καὶ πονηρὸν
sobre la tierra. Y aconteció úlcera mala y maligna

ἐπὶ τοὺς ἀνθρώπους τοὺς ἔχοντας τὸ χάραγμα τοῦ θηρίου
sobre los hombres que tienen la marca de la fiera

καὶ τοὺς προσκυνοῦντας τῇ εἰκόνι αὐτοῦ.
y los que adoran la imagen de ella.

3 Καὶ ὁ δεύτερος ἄγγελος ἐξέχεε τὴν φιάλην αὐτοῦ
Y el segundo ángel derramó la copa de él

εἰς τὴν θάλασσαν· καὶ ἐγένετο αἷμα ὡς νεκροῦ,
en el mar. Y resultó sangre como de muerto,

καὶ πᾶσα ψυχὴ ζῶσα ἀπέθανεν ἐν τῇ θαλάσσῃ.
y toda vida viviente murió en el mar.

4 ¿Quién no te temerá, oh Señor, y engrandecerá tu nombre? porque tú sólo eres santo; por lo cual todas las naciones vendrán, y adorarán delante de ti, porque tus juicios son manifestados.
5 Y después de estas cosas miré, y he aquí el templo del tabernáculo del testimonio fué abierto en el cielo;
6 Y salieron del templo siete ángeles, que tenían siete plagas, vestidos de un lino limpio y blanco, y ceñidos alrededor de los pechos con bandas de oro.
7 Y uno de los cuatro animales dió a los siete ángeles siete copas de oro, llenas de la ira de Dios, que vive para siempre jamás.
8 Y fué el templo lleno de humo por la majestad de Dios, y por su potencia; y ninguno podía entrar en el templo, hasta que fuesen consumadas las siete plagas de los siete ángeles.

16 Y oí una gran voz del templo, que decía a los siete ángeles: Id, y derramad las siete copas de la ira de Dios sobre la tierra.
2 Y fué el primero, y derramó su copa sobre la tierra; y vino una plaga mala y dañosa sobre los hombres que tenían la señal de la bestia, y sobre los que adoraban su imagen.
3 Y el segundo ángel derramó su copa sobre el mar, y se convirtió en sangre como de un muerto; y toda alma viviente fué muerta en el mar.

---

75. La NU sustituye por todos.

4Y el tercer ángel derramó su copa sobre los ríos, y sobre las fuentes de las aguas, y se convirtieron en sangre.
5Y oí al ángel de las aguas, que decía: Justo eres tú, oh Señor, que eres y que eras, el Santo, porque has juzgado estas cosas:
6Porque ellos derramaron la sangre de los santos y de los profetas, también tú les has dado a beber sangre; pues lo merecen.
7Y oí a otro del altar, que decía: Ciertamente, Señor Dios Todopoderoso, tus juicios son verdaderos y justos.
8Y el cuarto ángel derramó su copa sobre el sol; y le fué dado quemar a los hombres con fuego.
9Y los hombres se quemaron con el grande calor, y blasfemaron el nombre de Dios, que tiene potestad sobre estas plagas, y no se arrepintieron para darle gloria.
10Y el quinto ángel derramó su copa sobre la silla de la bestia; y su reino se hizo tenebroso, y se mordían sus lenguas de dolor;
11Y blasfemaron del Dios del cielo por sus dolores, y por sus plagas, y no se arrepintieron de sus obras.

4 Καὶ ὁ τρίτος ἄγγελος ἐξέχεε τὴν φιάλην αὐτοῦ εἰς
Y el tercer ángel derramó la copa de él sobre
τοὺς ποταμοὺς καὶ εἰς τὰς πηγὰς τῶν ὑδάτων·
los ríos y sobre las fuentes de las aguas.
καὶ ἐγένετο αἷμα.
Y resultó sangre.

5 καὶ ἤκουσα τοῦ ἀγγέλου τῶν ὑδάτων λέγοντος·
Y escuché al ángel de las aguas diciendo:
δίκαιος εἶ Κύριε,[76] ὁ ὢν καὶ ὁ ἦν, ὁ ὅσιος,
Justo eres, Señor, el que es y el que era, el Santo,
ὅτι ταῦτα ἔκρινας·
porque esto juzgaste.

6 ὅτι αἷμα ἁγίων καὶ προφητῶν ἐξέχεαν,
porque sangre de santos y de profetas derramaron,
καὶ αἷμα αὐτοῖς ἔδωκας πιεῖν· ἄξιοί εἰσι.
y sangre a ellos diste a beber. Dignos son.

7 καὶ ἤκουσα ἄλλου εκ[77] του θυσιαστηριου λεγοντος·
Y oí a otro desde el altar diciendo:
ναί, Κύριε ὁ Θεὸς ὁ παντοκράτωρ, ἀληθιναὶ
Sí, Señor, Dios el Todopoderoso, verdaderos
καὶ δίκαιαι αἱ κρίσεις σου.
y justos los juicios de Ti (son).

8 Καὶ ὁ τέταρτος ἄγγελος[78] ἐξέχεε τὴν φιάλην αὐτοῦ
Y el cuarto ángel derramó la copa de él
ἐπὶ τὸν ἥλιον· καὶ ἐδόθη αὐτῷ καυματίσαι
sobre el sol. Y fue dado a él quemar
τοὺς ἀνθρώπους ἐν πυρί.
a los hombres con fuego.

9 καὶ ἐκαυματίσθησαν οἱ ἄνθρωποι[79] καῦμα μέγα,
Y fueron quemados los hombres con fuego grande,
καὶ ἐβλασφήμησαν τὸ ὄνομα τοῦ Θεοῦ τοῦ ἔχοντος
y blasfemaron el nombre de Dios que tiene
ἐξουσίαν ἐπὶ τὰς πληγὰς ταύτας, καὶ οὐ μετενόησαν
autoridad sobre las plagas éstas, y no se arrepintieron
δοῦναι αὐτῷ δόξαν.
para dar le gloria.

10 Καὶ ὁ πέμπτος ἄγγελος[80] ἐξέχεε τὴν φιάλην αὐτοῦ ἐπὶ τὸν
Y el quinto ángel derramó la copa de él sobre el
θρόνον τοῦ θηρίου· καὶ ἐγένετο ἡ βασιλεία αὐτοῦ
trono de la fiera. Y resultó el reino de él
ἐσκοτωμένη, καὶ ἐμασῶντο τὰς γλώσσας αὐτῶν ἐκ τοῦ πόνου,
oscurecido, y se mordían las lenguas de ellos de el dolor.

11 καὶ ἐβλασφήμησαν τὸν Θεὸν τοῦ οὐρανοῦ ἐκ τῶν πόνων
Y blasfemaron contra el Dios del cielo por los dolores
αὐτῶν καὶ ἐκ τῶν ἑλκῶν αὐτῶν, καὶ οὐ μετενόησαν
de ellos y por las úlceras de ellos, y no se arrepintieron
ἐκ τῶν ἔργων αὐτῶν.
de las obras de ellos.

---

76. La NU suprime Señor.
77. La NU suprime a otro desde.
78. La NU suprime ángel.
79. La NU suprime los hombres.
80. La NU suprime ángel.

12 Καὶ ὁ ἕκτος ἄγγελος[81] ἐξέχεε τὴν φιάλην αὐτοῦ ἐπὶ
Y el sexto ángel derramó la copa de él sobre
τὸν ποταμὸν τὸν μέγαν τὸν Εὐφράτην· καὶ ἐξηράνθη
el río el grande el Eufrates. Y fue secada
τὸ ὕδωρ αὐτοῦ, ἵνα ἑτοιμασθῇ ἡ ὁδὸς
el agua de él, para que fuera preparado el camino
τῶν βασιλέων τῶν ἀπὸ ἀνατολῆς ἡλίου.
de los reyes los de nacimiento de sol.

13 Καὶ εἶδον ἐκ τοῦ στόματος τοῦ δράκοντος καὶ
Y vi (saliendo) de la boca del dragón y
ἐκ τοῦ στόματος τοῦ θηρίου καὶ ἐκ τοῦ στόματος
de la boca de la fiera y de la boca
τοῦ ψευδοπροφήτου πνεύματα τρία ἀκάθαρτα ὡς βάτραχοι·
del falso profeta espíritus tres impuros como ranas.

14 εἰσὶ γὰρ πνεύματα δαιμονίων ποιοῦντα σημεῖα,
son Porque espíritus de demonios haciendo señales,
ἃ ἐκπορεύεται ἐπὶ τοὺς βασιλεῖς τῆς γῆς τῆς οἰκουμένης
que salen sobre los reyes de la tierra la habitada
ὅλης, συναγαγεῖν αὐτοὺς εἰς τὸν πόλεμον τῆς ἡμέρας
entera, para reunir los para la guerra del día
ἐκείνης[82] τῆς μεγάλης τοῦ Θεοῦ τοῦ παντοκράτορος.
aquel el grande de Dios el Todopoderoso.

15 Ἰδοὺ ἔρχομαι ὡς κλέπτης· μακάριος ὁ γρηγορῶν
Mira vengo como ladrón dichoso el que vigila
καὶ τηρῶν τὰ ἱμάτια αὐτοῦ, ἵνα μὴ γυμνὸς περιπατῇ
y guarda las ropas de él, para que no desnudo ande
καὶ βλέπωσι τὴν ἀσχημοσύνην αὐτοῦ.
y vean la vergüenza de él.

16 Καὶ συνήγαγεν αὐτοὺς εἰς τὸν τόπον τὸν καλούμενον
Y congregó los a el lugar el llamado
Ἑβραϊστὶ Ἁρμαγεδών.
en hebreo Armagedón.

17 Καὶ ὁ ἕβδομος ἄγγελος[83] ἐξέχεε τὴν φιάλην αὐτοῦ ἐπὶ τὸν
Y el séptimo ángel derramó la copa de él sobre el
ἀέρα· καὶ ἐξῆλθε φωνὴ μεγάλη ἐκ τοῦ ναοῦ τοῦ οὐρανοῦ[84]
aire. Y salió voz grande de el templo del cielo
ἀπὸ τοῦ θρόνου λέγουσα· γέγονε.
de el trono diciendo: Ha sucedido.[85]

18 καὶ ἐγένοντο ἀστραπαὶ καὶ φωναὶ καὶ βρονταί,
Y acontecieron relámpagos y voces y truenos
καὶ σεισμὸς ἐγένετο μέγας, οἷος οὐκ ἐγένετο
y seísmo aconteció grande, tal como no aconteció
ἀφ' οὗ οἱ ἄνθρωποι ἐγένετο ἐπὶ τῆς γῆς,
desde que los hombres aparecieron sobre la tierra,
τηλικοῦτος σεισμὸς οὕτω μέγας.
tan grande seísmo así grande.

12Y el sexto ángel derramó su copa sobre el gran río Eufrates; y el agua de él se secó, para que fuese preparado el camino de los reyes del Oriente. 13Y vi salir de la boca del dragón, y de la boca de la bestia, y de la boca del falso profeta, tres espíritus inmundos a manera de ranas: 14Porque son espíritus de demonios, que hacen señales, para ir a los reyes de la tierra y de todo el mundo, para congregarlos para la batalla de aquel gran día del Dios Todopoderoso. 15He aquí, yo vengo como ladrón. Bienaventurado el que vela, y guarda sus vestiduras, para que no ande desnudo, y vean su vergüenza. 16Y los congregó en el lugar que en hebreo se llama Armagedón. 17Y el séptimo ángel derramó su copa por el aire; y salió una grande voz del templo del cielo, del trono, diciendo: Hecho es. 18Entonces fueron hechos relámpagos y voces y truenos; y hubo un gran temblor de tierra, un terremoto tan grande, cual no fué jamás desde que los hombres han estado sobre la tierra.

---

81. La NU suprime ángel.
82. La NU omite aquel.
83. La NU suprime ángel.
84. La NU suprime del cielo.
85. O ha acontecido, ha sido hecho.

19 Y la ciudad grande fué partida en tres partes, y las ciudades de las naciones cayeron; y la grande Babilonia vino en memoria delante de Dios, para darle el cáliz del vino del furor de su ira.
20 Y toda isla huyó, y los montes no fueron hallados.
21 Y cayó del cielo sobre los hombres un grande granizo como del peso de un talento: y los hombres blasfemaron de Dios por la plaga del granizo; porque su plaga fué muy grande.

17 Y vino uno de los siete ángeles que tenían las siete copas, y habló conmigo, diciéndome: Ven acá, y te mostraré la condenación de la grande ramera, la cual está sentada sobre muchas aguas:
2 Con la cual han fornicado los reyes de la tierra, y los que moran en la tierra se han embriagado con el vino de su fornicación.
3 Y me llevó en Espíritu al desierto; y vi una mujer sentada sobre una bestia bermeja llena de nombres de blasfemia y que tenía siete cabezas y diez cuernos.
4 Y la mujer estaba vestida de púrpura y de escarlata, y dorada con oro, y adornada de piedras preciosas y de perlas, teniendo un cáliz de oro en su mano lleno de abominaciones, y de la suciedad de su fornicación;
5 Y en su frente un nombre escrito: MISTERIO, BABILONIA LA GRANDE, LA MADRE DE LAS FORNICACIONES Y DE LAS ABOMINACIONES DE LA TIERRA.

19 καὶ ἐγένετο ἡ πόλις ἡ μεγάλη εἰς τρία μέρη,
Y resultó la ciudad la grande en tres partes,

καὶ αἱ πόλεις τῶν ἐθνῶν ἔπεσαν. καὶ Βαβυλὼν ἡ μεγάλη
y las ciudades de las naciones cayeron. Y Babilonia la grande

ἐμνήσθη ἐνώπιον τοῦ Θεοῦ δοῦναι αὐτῇ
fue recordada delante de Dios para dar a ella

τὸ ποτήριον τοῦ οἴνου τοῦ θυμοῦ τῆς ὀργῆς αὐτοῦ.
la copa del vino del furor de la ira de Él.

20 καὶ πᾶσα νῆσος ἔφυγε, καὶ ὄρη οὐχ εὑρέθησαν.
Y toda isla huyó, y montes no fueron encontrados.

21 καὶ χάλαζα μεγάλη ὡς ταλαντιαία καταβαίνει ἐκ τοῦ
Y granizo grande como que pesa un talento desciende de el

οὐρανοῦ ἐπὶ τοὺς ἀνθρώπους· καὶ ἐβλασφήμησαν οἱ ἄνθρωποι
cielo sobre los hombres. Y blasfemaron los hombres

τὸν Θεὸν ἐκ τῆς πληγῆς τῆς χαλάζης, ὅτι μεγάλη
contra el Dios de la plaga del granizo, porque grande

ἐστὶν ἡ πληγὴ αὐτῆς σφόδρα.
es la plaga de éste[86] enormemente.

17 1 Καὶ ἦλθεν εἷς ἐκ τῶν ἑπτὰ ἀγγέλων τῶν ἐχόντων τὰς ἑπτὰ
Y vino uno de los siete ángeles de los que tienen las siete

φιάλας, καὶ ἐλάλησε μετ᾽ ἐμοῦ λέγων μοι· δεῦρο, δείξω σοι
copas y habló conmigo diciendo me: Ven, mostraré te

τὸ κρῖμα τῆς πόρνης τῆς μεγάλης τῆς καθημένης ἐπὶ
el juicio de la prostituta la grande la sentada sobre

ὑδάτων πολλῶν,
aguas muchas,

2 μεθ᾽ ἧς ἐπόρνευσαν οἱ βασιλεῖς τῆς γῆς, καὶ
con la que fornicaron los reyes de la tierra y

ἐμεθύσθησαν οἱ κατοικοῦντες τὴν γῆν
se emborracharon los que habitan la tierra

ἐκ τοῦ οἴνου τῆς πορνείας αὐτῆς.
con el vino de la prostitución[87] de ella.

3 καὶ ἀπήνεγκέ με εἰς ἔρημον ἐν πνεύματι. καὶ εἶδον
Y condujo me a desierto en espíritu, y vi

γυναῖκα καθημένην ἐπὶ θηρίον κόκκινον, γέμον
mujer sentada sobre fiera escarlata, llena

ὀνόματα βλασφημίας, ἔχων κεφαλὰς ἑπτὰ καὶ κέρατα δέκα.
de nombres de blasfemia, teniendo cabezas siete y cuernos diez.

4 καὶ ἡ γυνὴ ἦν περιβεβλημένη πορφυροῦν καὶ κόκκινον
Y la mujer estaba vestida de púrpura y escarlata

καὶ κεχρυσωμένη χρυσίῳ καὶ λίθῳ τιμίῳ καὶ μαργαρίταις,
y adornada de oro y piedra preciosa y perlas,

ἔχουσα ποτήριον χρυσοῦν ἐν τῇ χειρὶ αὐτῆς γέμον
teniendo copa de oro en la mano de ella llena

βδελυγμάτων καὶ τὰ ἀκάθαρτα τῆς πορνείας αὐτῆς,
de abominaciones y de las inmundicias de la prostitución[88] de ella.

5 καὶ ἐπὶ τὸ μέτωπον αὐτῆς ὄνομα γεγραμμένον· μυστήριον,
y sobre la frente de ella nombre escrito: misterio,

Βαβυλὼν ἡ μεγάλη, ἡ μήτηρ τῶν πορνῶν καὶ τῶν
Babilonia la grande, la madre de las prostitutas y de las

βδελυγμάτων τῆς γῆς.
abominaciones de la tierra.

---
86. Es decir, del granizo.
87. En el sentido de prostitución espiritual como en Ezequiel 16.23ss.
88. En el sentido de prostitución espiritual como en Ezequiel 16.23ss.

6 καὶ εἶδον τὴν γυναῖκα μεθύουσαν ἐκ τοῦ αἵματος τῶν ἁγίων
   Y vi a la mujer borracha de la sangre de los santos
καὶ ἐκ τοῦ αἵματος τῶν μαρτύρων Ἰησοῦ.
y de la sangre de los testigos de Jesús
καὶ ἐθαύμασα ἰδὼν αὐτὴν θαῦμα μέγα.
y me asombré viendo la (fue) asombro grande.

7 καὶ εἶπέ μοι ὁ ἄγγελος· διατί ἐθαύμασας; ἐγὼ ἐρῶ σοι
   Y dijo me el ángel ¿Por qué te asombraste? Yo diré te
τὸ μυστήριον τῆς γυναικὸς καὶ τοῦ θηρίου τοῦ βαστάζοντος αὐτήν,
el misterio de la mujer y de la fiera que lleva la,
τοῦ ἔχοντος τὰς ἑπτὰ κεφαλὰς καὶ τὰ δέκα κέρατα.
la que tiene las siete cabezas y los diez cuernos.

8 Τὸ θηρίον ὃ εἶδες ἦν καὶ οὐκ ἔστι, καὶ μέλλει ἀναβαίνειν
   La fiera que viste era y no es, y debe subir
ἐκ τῆς ἀβύσσου καὶ εἰς ἀπώλειαν ὑπάγειν· καὶ θαυμασθήσονται
de el abismo y a perdición ir. Y se asombrarán
οἱ κατοικοῦντες ἐπὶ τῆς γῆς, ὧν οὐ γέγραπται
los que habitan sobre la tierra, de los que no han sido escritos
τὰ ὀνόματα ἐπὶ τὸ βιβλίον τῆς ζωῆς ἀπὸ καταβολῆς κόσμου,
los nombres en el libro de la vida desde fundación de mundo,
βλεπόντων τὸ θηρίον ὅτι ἦν καὶ οὐκ ἔστι καὶ παρέσται.[89]
viendo la Fiera que era y no es y estará presente.

9 Ὧδε ὁ νοῦς ὁ ἔχων σοφίαν. αἱ ἑπτὰ κεφαλαὶ
   Aquí (está) el entendimiento el que tiene sabiduría. Las siete cabezas
ὄρη ἑπτὰ εἰσίν, ὅπου ἡ γυνὴ κάθηται ἐπ᾽ αὐτῶν·
montes siete son, donde la mujer se sienta sobre ellos.

10 καὶ βασιλεῖς ἑπτά εἰσιν· οἱ πέντε ἔπεσαν, ὁ εἷς ἔστιν,
   Y reyes siete son. Los cinco cayeron, el uno es,
ὁ ἄλλος οὔπω ἦλθε, καὶ ὅταν ἔλθῃ,
el otro aún no vino, y cuando venga,
ὀλίγον αὐτὸν δεῖ μεῖναι.
poco él debe permanecer.

11 καὶ τὸ θηρίον ὃ ἦν καὶ οὐκ ἔστι, καὶ αὐτὸς ὄγδοός ἐστί,
   Y la fiera que era y no es, y éste octavo es,
καὶ ἐκ τῶν ἑπτά ἐστι, καὶ εἰς ἀπώλειαν ὑπάγει.
y de los siete es, y a perdición va.

12 καὶ τὰ δέκα κέρατα ἃ εἶδες δέκα βασιλεῖς εἰσιν,
   Y los diez cuernos que viste diez reyes son,
οἵτινες βασιλείαν οὔπω ἔλαβον, ἀλλ᾽ ἐξουσίαν
que reino aún no recibieron, pero autoridad
ὡς βασιλεῖς μίαν ὥραν λαμβάνουσι μετὰ τοῦ θηρίου.
como reyes una hora recibirán con la fiera.

13 οὗτοι μίαν γνώμην ἔχουσι, καὶ τὴν δύναμιν καὶ
   Estos un propósito tienen, y el poder y
τὴν ἐξουσίαν αὐτῶν τῷ θηρίῳ διδόασιν.
la autoridad de ellos a la fiera dan.

14 οὗτοι μετὰ τοῦ ἀρνίου πολεμήσουσι, καὶ τὸ ἀρνίον νικήσει αὐτούς,
   Éstos contra el cordero guerrearán, y el cordero vencerá los,
ὅτι Κύριος κυρίων ἐστὶ καὶ Βασιλεὺς βασιλέων,
porque Señor de señores es y Rey de reyes
καὶ οἱ μετ᾽ αὐτοῦ κλητοὶ καὶ ἐκλεκτοὶ καὶ πιστοί.
y los que con él (están) llamados y elegidos y fieles (son).

6 Y vi la mujer embriagada de la sangre de los santos, y de la sangre de los mártires de Jesús: y cuando la vi, quedé maravillado de grande admiración.
7 Y el ángel me dijo: ¿Por qué te maravillas? Yo te diré el misterio de la mujer, y de la bestia que la trae, la cual tiene siete cabezas y diez cuernos.
8 La bestia que has visto, fué, y no es; y ha de subir del abismo, y ha de ir a perdición: y los moradores de la tierra, cuyos nombres no están escritos en el libro de la vida desde la fundación del mundo, se maravillarán viendo la bestia que era y no es, aunque es.
9 Y aquí hay mente que tiene sabiduría. Las siete cabezas son siete montes, sobre los cuales se asienta la mujer.
10 Y son siete reyes. Los cinco son caídos; el uno es, el otro aun no es venido; y cuando viniere, es necesario que dure breve tiempo.
11 Y la bestia que era, y no es, es también el octavo, y es de los siete, y va a perdición.
12 Y los diez cuernos que has visto, son diez reyes, que aun no han recibido reino; mas tomarán potencia por una hora como reyes con la bestia.
13 Estos tienen un consejo, y darán su potencia y autoridad a la bestia.
14 Ellos pelearán contra el Cordero, y el Cordero los vencerá, porque es el Señor de los señores, y el Rey de los reyes: y los que están con él son llamados, y elegidos, y fieles.

---

89. Algunos mss dan y "sin embargo es".

15 Y él me dice: Las aguas que has visto donde la ramera se sienta, son pueblos y muchedumbres y naciones y lenguas.
16 Y los diez cuernos que viste en la bestia, éstos aborrecerán a la ramera, y la harán desolada y desnuda: y comerán sus carnes, y la quemarán con fuego:
17 Porque Dios ha puesto en sus corazones ejecutar lo que le plugo, y el ponerse de acuerdo, y dar su reino a la bestia, hasta que sean cumplidas las palabras de Dios.
18 Y la mujer que has visto, es la grande ciudad que tiene reino sobre los reyes de la tierra.

18

Y después de estas cosas vi otro ángel descender del cielo teniendo grande potencia; y la tierra fué alumbrada de su gloria.
2 Y clamó con fortaleza en alta voz, diciendo: Caída es, caída es la grande Babilonia, y es hecha habitación de demonios, y guarida de todo espíritu inmundo, y albergue de todas aves sucias y aborrecibles.
3 Porque todas las gentes han bebido del vino del furor de su fornicación; y los reyes de la tierra han fornicado con ella, y los mercaderes de la tierra se han enriquecido de la potencia de sus deleites.
4 Y oí otra voz del cielo, que decía: Salid de ella, pueblo mío, porque no seáis participantes de sus pecados, y que no recibáis de sus plagas;

---

15 Καὶ λέγει μοι· τὰ ὕδατα ἃ εἶδες, οὗ ἡ πόρνη κάθηται,
Y dice me: las aguas que viste, donde la prostituta se sienta,
λαοὶ καὶ ὄχλοι εἰσὶ καὶ ἔθνη καὶ γλῶσσαι.
pueblos y multitudes son y naciones y lenguas.

16 καὶ τὰ δέκα κέρατα ἃ εἶδες καὶ τὸ θηρίον, οὗτοι μισήσουσι
Y los diez cuernos que viste y la fiera, éstos odiarán
τὴν πόρνην καὶ ἠρημωμένην ποιήσουσιν αὐτὴν καὶ γυμνήν,
a la ramera y desolada harán la y desnuda,
καὶ τὰς σάρκας αὐτῆς φάγονται, καὶ αὐτὴν
y las carnes de ella comerán, y la
κατακαύσουσιν ἐν πυρί.
quemarán con fuego.

17 ὁ γὰρ Θεὸς ἔδωκεν εἰς τὰς καρδίας αὐτῶν ποιῆσαι
el Porque Dios dio a los corazones de ellos hacer
τὴν γνώμην αὐτοῦ, καὶ ποιῆσαι μίαν γνώμην
el propósito de él, y hacer un propósito
καὶ δοῦναι τὴν βασιλείαν αὐτῶν τῷ θηρίῳ
y dar el reino de ellos a la fiera
ἄχρι τελεσθῶσιν οἱ λόγοι τοῦ Θεοῦ.
hasta que sean cumplidas las palabras de Dios.

18 καὶ ἡ γυνὴ ἣν εἶδες ἔστιν ἡ πόλις ἡ μεγάλη ἡ ἔχουσα
Y la mujer que viste es la ciudad la grande la que tiene
βασιλείαν ἐπὶ τῶν βασιλέων τῆς γῆς.
reino sobre los reyes de la tierra.

18

1 Μετὰ ταῦτα εἶδον ἄλλον ἄγγελον καταβαίνοντα ἐκ τοῦ οὐρανοῦ,
Tras esto vi otro ángel descendiendo de el cielo,
ἔχοντα ἐξουσίαν μεγάλην, καὶ ἡ γῆ ἐφωτίσθη
teniendo autoridad grande, y la tierra fue iluminada
ἐκ τῆς δόξης αὐτοῦ,
de la gloria de él.

2 καὶ ἔκραξεν ἐν ἰσχυρᾷ φωνῇ λέγων· ἔπεσεν,
Y clamó con poderosa voz diciendo: cayó,
ἔπεσεν Βαβυλὼν ἡ μεγάλη, καὶ ἐγένετο κατοικητήριον
cayó Babilonia la grande, y llegó a ser morada
δαιμονίων καὶ φυλακὴ παντὸς πνεύματος ἀκαθάρτου
de demonios y prisión de todo espíritu inmundo
καὶ φυλακὴ παντὸς ὀρνέου ἀκαθάρτου καὶ μεμισημένου·
y prisión de toda ave inmunda y odiosa.

3 ὅτι ἐκ τοῦ οἴνου τοῦ θυμοῦ τῆς πορνείας αὐτῆς
porque de el vino de la ira de la prostitución de ella
πέπωκαν πάντα τὰ ἔθνη, καὶ οἱ βασιλεῖς τῆς γῆς μετ' αὐτῆς
bebieron todas las naciones, y los reyes de la tierra con ella
ἐπόρνευσαν, καὶ οἱ ἔμποροι τῆς γῆς ἐκ τῆς δυνάμεως
fornicaron, y los mercaderes de la tierra de el poder
τοῦ στρήνους αὐτῆς ἐπλούτησαν.
del lujo de ella se enriquecieron.

4 Καὶ ἤκουσα ἄλλην φωνὴν ἐκ τοῦ οὐρανοῦ λέγουσαν·
Y escuché otra voz de el cielo diciendo:
ἐξέλθετε ἐξ αὐτῆς ὁ λαός μου, ἵνα μὴ συγκοινωνήσητε
salid de ella el pueblo de mí, para que no participéis
ταῖς ἁμαρτίαις αὐτῆς, καὶ ἵνα ἐκ τῶν πληγῶν αὐτῆς
en los pecados de ella, y para que de las plagas de ella
μὴ λάβητε·
no recibáis.

5 ὅτι ἐκολλήθησαν⁹⁰ αὐτῆς αἱ ἁμαρτίαι ἄχρι τοῦ οὐρανοῦ,
porque alcanzaron de ella los pecados hasta el cielo
καὶ ἐμνημόνευσεν ὁ Θεὸς τὰ ἀδικήματα αὐτῆς.
y recordó Dios las iniquidades de ella.

6 ἀπόδοτε αὐτῇ ὡς καὶ αὐτὴ ἀπέδωκε ὑμῖν,
Dad le como también ella dio a vosotros,
καὶ διπλώσατε αὐτῇ διπλᾶ κατὰ τὰ ἔργα αὐτῆς·
y doblad le doble según las obras de ella.
ἐν τῷ ποτηρίῳ ᾧ ἐκέρασε, κεράσατε αὐτῇ διπλοῦν·
En la copa que mezcló, mezclad le doble.

7 ὅσα ἐδόξασεν αὐτὴν καὶ ἐστρηνίασε, τοσοῦτον δότε
Cuanto glorificó se y deleitó, tanto dad
αὐτῇ βασανισμὸν καὶ πένθος. ὅτι ἐν τῇ καρδίᾳ
le tormento y llanto, porque en el corazón
αὐτῆς λέγει, ὅτι κάθημαι βασίλισσα καὶ χήρα οὐκ εἰμί
de ella dice, que estoy sentada reina y viuda no soy
καὶ πένθος οὐ μὴ ἴδω,
y llanto no en absoluto veré.

8 διὰ τοῦτο ἐν μιᾷ ἡμέρᾳ ἥξουσιν αἱ πληγαὶ αὐτῆς,
Por esto en un día vendrán las plagas de ella,
θάνατος καὶ πένθος καὶ λιμός, καὶ ἐν πυρὶ
muerte y llanto y hambre, y en fuego
κατακαυθήσεται· ὅτι ἰσχυρὸς Κύριος ὁ Θεὸς
será quemada, porque (es) poderoso Señor Dios
ὁ κρίνας αὐτήν.
el que juzga la.

9 Καὶ κλαύσονται αὐτὴν καὶ κόψονται ἐπ' αὐτῇ οἱ βασιλεῖς
Y llorarán la y se lamentarán por ella los reyes
τῆς γῆς οἱ μετ' αὐτῆς πορνεύσαντες καὶ
de la tierra los que con ella se prostituyeron y
στρηνιάσαντες, ὅταν βλέπωσι τὸν καπνὸν
vivieron con lujo, cuando vean el humo
τῆς πυρώσεως αὐτῆς,
del incendio de ella.

10 ἀπὸ μακρόθεν ἑστηκότες διὰ τὸν φόβον τοῦ βασανισμοῦ
Desde lejos estando en pie por el miedo del tormento
αὐτῆς, λέγοντες· οὐαὶ οὐαί, ἡ πόλις ἡ μεγάλη,
de ella diciendo: Ay ay, la ciudad la grande,
Βαβυλὼν, ἡ πόλις ἡ ἰσχυρά, ὅτι μιᾷ ὥρᾳ
Babilonia, la ciudad la poderosa, porque en una hora
ἦλθεν ἡ κρίσις σου.
vino el juicio de ti.

11 Καὶ οἱ ἔμποροι τῆς γῆς κλαίουσι καὶ πενθοῦσιν
Y los comerciantes de la tierra sollozarán y llorarán
ἐπ' αὐτῇ, ὅτι τὸν γόμον αὐτῶν οὐδεὶς
por ella, porque la mercancía de ellos nadie
ἀγοράζει οὐκέτι,
compra ya.

5Porque sus pecados han llegado hasta el cielo, y Dios se ha acordado de sus maldades.
6Tornadle a dar como ella os ha dado, y pagadle al doble según sus obras; en el cáliz que ella os dió a beber, dadle a beber doblado.
7Cuanto ella se ha glorificado, y ha estado en deleites, tanto dadle de tormento y llanto; porque dice en su corazón: Yo estoy sentada reina, y no soy viuda, y no veré llanto.
8Por lo cual en un día vendrán sus plagas, muerte, llanto y hambre, y será quemada con fuego; porque el Señor Dios es fuerte, que la juzgará.
9Y llorarán y se lamentarán sobre ella los reyes de la tierra, los cuales han fornicado con ella y han vivido en deleites, cuando ellos vieren el humo de su incendio,
10Estando lejos por el temor de su tormento, diciendo: ¡Ay, ay, de aquella gran ciudad de Babilonia, aquella fuerte ciudad; porque en una hora vino tu juicio!
11Y los mercaderes de la tierra lloran y se lamentan sobre ella, porque ninguno compra más sus mercaderías:

---

90. Algunos mss tienen siguieron.

12 Mercadería de oro, y de plata, y de piedras preciosas, y de margaritas, y de lino fino, y de escarlata, y de seda, y de grana, y de toda madera olorosa, y de todo vaso de marfil, y de todo vaso de madera preciosa, y de cobre, y de hierro, y de mármol;
13 Y canela, y olores, y ungüentos, y de incienso, y de vino, y de aceite; y flor de harina y trigo, y de bestias, y de ovejas; y de caballos, y de carros, y de siervos, y de almas de hombres.
14 Y los frutos del deseo de tu alma se apartaron de ti; y todas las cosas gruesas y excelentes te han faltado, y nunca más las hallarás.
15 Los mercaderes de estas cosas, que se han enriquecido, se pondrán lejos de ella por el temor de su tormento, llorando y lamentando,
16 Y diciendo: ¡Ay, ay, aquella gran ciudad, que estaba vestida de lino fino, y de escarlata, y de grana, y estaba dorada con oro, y adornada de piedras preciosas y de perlas!
17 Porque en una hora han sido desoladas tantas riquezas. Y todo patrón, y todos los que viajan en naves, y marineros, y todos los que trabajan en el mar, se estuvieron lejos;
18 Y viendo el humo de su incendio, dieron voces, diciendo: ¿Qué ciudad era semejante a esta gran ciudad?

12 γόμον χρυσοῦ καὶ ἀργύρου καὶ λίθου τιμίου καὶ
Mercancía de oro y de plata y de piedra preciosa y

μαργαρίτου καὶ βυσσίνου καὶ σηρικοῦ καὶ κοκκίνου,
de perla y de lino fino y de seda y de escarlata

καὶ πᾶν ξύλον θύϊνον καὶ πᾶν σκεῦος ἐλεφάντινον
y todo árbol aromático y todo recipiente marfileño

καὶ πᾶν σκεῦος ἐκ ξύλου τιμιωτάτου καὶ χαλκοῦ
y todo recipiente de madera preciosa y de cobre

καὶ σιδήρου καὶ μαρμάρου,
y de hierro y de mármol,

13 καὶ κινάμωμον καὶ ἄμωμον καὶ θυμιάματα καὶ
Y canela y planta aromática e incienso y

μύρον καὶ λίβανον καὶ οἶνον καὶ ἔλαιον καὶ
perfume y olíbano y vino y aceite y

σεμίδαλιν καὶ σῖτον καὶ κτήνη καὶ πρόβατα, καὶ
flor de harina y trigo y bestias y ovejas, y

ἵππων καὶ ῥεδῶν καὶ σωμάτων, καὶ ψυχὰς ἀνθρώπων.
de caballos y de carros y de cuerpos, y almas de hombres.

14 καὶ ἡ ὀπώρα τῆς ἐπιθυμίας τῆς ψυχῆς σου ἀπώλετο
Y el fruto del ansia del alma de ti se apartó

ἀπὸ σοῦ, καὶ πάντα τὰ λιπαρὰ καὶ τὰ λαμπρὰ
de ti, y todo lo suntuoso y lo espléndido

ἀπῆλθεν ἀπὸ σοῦ, καὶ οὐκέτι οὐ μὴ αὐτὰ εὑρήσεις.
se apartó de ti, y nunca más no en absoluto lo encontrarás.

15 οἱ ἔμποροι τούτων, οἱ πλουτήσαντες ἀπ' αὐτῆς,
Los comerciantes de estas cosas, los que se enriquecieron con ella

ἀπὸ μακρόθεν στήσονται διὰ τὸν φόβον
a lo lejos se quedarán por el miedo

τοῦ βασανισμοῦ αὐτῆς κλαίοντες καὶ πενθοῦντες,
del tormento de ella sollozando y llorando,

16 λέγοντες· Οὐαὶ οὐαί, ἡ πόλις ἡ μεγάλη, ἡ περιβεβλημένη
diciendo: Ay ay, la ciudad la grande, la vestida

βύσσινον καὶ πορφυροῦν καὶ κόκκινον καὶ
de lino fino y de púrpura y de escarlata y

κεχρυσωμένη ἐν χρυσίῳ καὶ λίθῳ τιμίῳ καὶ μαργαρίταις,
ataviada de oro y piedra preciosa y perlas,

17 ὅτι μιᾷ ὥρᾳ ἠρημώθη ὁ τοσοῦτος πλοῦτος.
Porque en una hora fue desolada - tanta riqueza.

Καὶ πᾶς κυβερνήτης καὶ πᾶς ὁ ἐπὶ τόπον πλέων
y todo piloto y todo el sobre lugar navegando

καὶ ναῦται καὶ ὅσοι τὴν θάλασσαν ἐργάζονται,
y marinos y cuantos el mar trabajan,

ἀπὸ μακρόθεν ἔστησαν,
a lo lejos se quedaron,

18 καὶ ἔκραζον βλέποντες τὸν καπνὸν τῆς πυρώσεως αὐτῆς,
y lloraban viendo el humo del incendio de ella,

λέγοντες· τίς ὁμοία τῇ πόλει τῇ μεγάλῃ;
diciendo: ¿Quién (es) semejante a la ciudad la grande?

19 καὶ ἔβαλον χοῦν ἐπὶ τὰς κεφαλὰς αὐτῶν
y arrojaron polvo sobre las cabezas de ellos
καὶ ἔκραζον κλαίοντες καὶ πενθοῦντες, λέγοντες·
y gritaban sollozando y llorando, diciendo:
οὐαὶ οὐαί, ἡ πόλις ἡ μεγάλη, ἐν ᾗ ἐπλούτησαν πάντες
Ay ay, la ciudad la grande, con la que se enriquecieron todos
οἱ ἔχοντες τὰ πλοῖα ἐν τῇ θαλάσσῃ ἐκ τῆς τιμιότητος αὐτῆς·
los que tienen las naves en el mar por la riqueza de ella,
ὅτι μιᾷ ὥρᾳ ἠρημώθη.
porque en una hora fue desolada.

20 Εὐφραίνου ἐπ' αὐτῇ, οὐρανέ, καὶ οἱ ἅγιοι καὶ
Alégrate sobre ella, cielo, y los santos y
οἱ ἀπόστολοι καὶ οἱ προφῆται, ὅτι ἔκρινεν ὁ Θεὸς
los apóstoles y los profetas, porque juzgó Dios
τὸ κρῖμα ὑμῶν ἐξ αὐτῆς.
el juicio de vosotros contra ella.

21 Καὶ ἦρεν εἷς ἄγγελος ἰσχυρὸς λίθον ὡς μύλον
Y tomó un ángel poderoso piedra como piedra de molino
μέγαν, καὶ ἔβαλεν εἰς τὴν θάλασσαν λέγων· οὕτως ὁρμήματι
grande, y arrojó a el mar diciendo: así con ímpetu
βληθήσεται Βαβυλὼν ἡ μεγάλη πόλις,
será derribada Babilonia la gran ciudad
καὶ οὐ μὴ εὑρεθῇ ἔτι.
y no en absoluto fue encontrada ya.

22 καὶ φωνὴ κιθαρῳδῶν καὶ μουσικῶν καὶ αὐλητῶν
y voz de citaristas y de músicos y de flautistas
καὶ σαλπιστῶν οὐ μὴ ἀκουσθῇ ἐν σοὶ ἔτι,
y de trompetistas no en absoluto será oída en ti ya,
καὶ πᾶς τεχνίτης πάσης τέχνης οὐ μὴ
y ningún artesano de todo oficio no en absoluto
εὑρεθῇ ἐν σοὶ ἔτι, καὶ φωνὴ μύλου οὐ μὴ
será encontrado en ti ya, y sonido de molino no en absoluto
ἀκουσθῇ ἐν σοὶ ἔτι,
será oído en ti ya.

23 καὶ φῶς λύχνου οὐ μὴ φανῇ ἐν σοὶ ἔτι,
y luz de lámpara no en absoluto brillará en ti ya,
καὶ φωνὴ νυμφίου καὶ νύμφης οὐ μὴ ἀκουσθῇ ἐν σοὶ ἔτι·
y voz de novio y de novia no en absoluto será oída en ti ya
ὅτι οἱ ἔμποροί σου ἦσαν οἱ μεγιστᾶνες τῆς γῆς,
porque los comerciantes de ti eran los magnates de la tierra,
ὅτι ἐν τῇ φαρμακείᾳ σου ἐπλανήθησαν πάντα τὰ ἔθνη,
porque con la hechicería de ti fueron engañadas todas las naciones.

24 καὶ ἐν αὐτῇ αἷμα προφητῶν καὶ ἁγίων εὑρέθη καὶ
y en ella sangre de profetas y de santos fue hallada y
πάντων τῶν ἐσφαγμένων ἐπὶ τῆς γῆς.
de todos los que han sido muertos en la tierra.

19 Y echaron polvo sobre sus cabezas; y dieron voces, llorando y lamentando, diciendo: ¡Ay, ay, de aquella gran ciudad, en la cual todos los que tenían navíos en la mar se habían enriquecido de sus riquezas; que en una hora ha sido desolada!
20 Alégrate sobre ella, cielo, y vosotros, santos, apóstoles, y profetas; porque Dios ha vengado vuestra causa en ella.
21 Y un ángel fuerte tomó una piedra como una grande piedra de molino, y la echó en la mar, diciendo: Con tanto ímpetu será derribada Babilonia, aquella grande ciudad, y nunca jamás será hallada.
22 Y voz de tañedores de arpas, y de músicos y de tañedores de flautas y de trompetas, no será más oída en ti; y todo artífice de cualquier oficio, no será más hallado en ti; y el sonido de muela no será más en ti oído;
23 Y luz de antorcha no alumbrará más en ti; y voz de esposo ni de esposa no será más en ti oída; porque tus mercaderes eran los magnates de la tierra; porque en tus hechicerías todas las gentes han errado.
24 Y en ella fué hallada la sangre de los profetas y de los santos, y de todos los que han sido muertos en la tierra.

19 Después de estas cosas oí una gran voz de gran compañía en el cielo, que decía: Aleluya: Salvación y honra y gloria y potencia al Señor Dios nuestro

2 Porque sus juicios son verdaderos y justos; porque él ha juzgado a la grande ramera, que ha corrompido la tierra con su fornicación, y ha vengado la sangre de sus siervos de la mano de ella.

3 Y otra vez dijeron: Aleluya. Y su humo subió para siempre jamás.

4 Y los veinticuatro ancianos y los cuatro animales se postraron en tierra, y adoraron a Dios que estaba sentado sobre el trono, diciendo: Amén: Aleluya.

5 Y salió una voz del trono, que decía: Load a nuestro Dios todos sus siervos, y los que le teméis, así pequeños como grandes.

6 Y oí como la voz de una grande compañía, y como el ruido de muchas aguas, y como la voz de grandes truenos, que decía: Aleluya: porque reinó el Señor nuestro Dios Todopoderoso.

7 Gocémonos y alegrémonos y démosle gloria; porque son venidas las bodas del Cordero, y su esposa se ha aparejado.

19 1 Μετὰ ταῦτα ἤκουσα φωνὴν μεγάλην ὄχλου πολλοῦ
Tras esto oí voz grande de multitud grande

ἐν τῷ οὐρανῷ λεγόντων· ἀλληλούϊα·
en el cielo diciendo: Aleluya.

ἡ σωτηρία καὶ ἡ δόξα καὶ ἡ τιμή[91] καὶ ἡ δύναμις
La salvación y la gloria y la honra y el poder

Κυρίῳ τῷ Θεῷ ἡμῶν,
para Señor el Dios de nosotros,[92] (son)

2 ὅτι ἀληθιναὶ καὶ δίκαιαι αἱ κρίσεις αὐτοῦ·
porque verdaderos y justos los juicios de Él (son).

ὅτι ἔκρινε τὴν πόρνην τὴν μεγάλην,
porque juzgó a la prostituta la grande,

ἥτις ἔφθειρε τὴν γῆν ἐν τῇ πορνείᾳ αὐτῆς,
que corrompió la tierra con la prostitución de ella,

καὶ ἐξεδίκησε τὸ αἷμα τῶν δούλων αὐτοῦ ἐκ χειρὸς αὐτῆς.
y vengó la sangre de los siervos de él de mano de ella.

3 καὶ δεύτερον εἴρηκαν· ἀλληλούϊα· καὶ ὁ καπνὸς αὐτῆς
Y por segunda vez dijeron: Aleluya. Y el humo de ella

ἀναβαίνει εἰς τοὺς αἰῶνας τῶν αἰώνων.
asciende por las eras de las eras.

4 καὶ ἔπεσαν οἱ πρεσβύτεροι οἱ εἴκοσι καὶ τέσσαρες
Y cayeron los ancianos los veinte y cuatro

καὶ τὰ τέσσαρα ζῷα καὶ προσεκύνησαν
y los cuatro vivientes y adoraron

τῷ Θεῷ τῷ καθημένῳ ἐπὶ τῷ θρόνῳ λέγοντες·
al Dios el sentado sobre el trono diciendo:

ἀμήν, ἀλληλούϊα.
Amén, aleluya.

5 Καὶ φωνὴ ἀπὸ τοῦ θρόνου ἐξῆλθε λέγουσα·
Y voz de el trono salió diciendo:

αἰνεῖτε τῷ Θεῷ ἡμῶν πάντες οἱ δοῦλοι αὐτοῦ
Alabad al Dios de nosotros todos los siervos de Él

καὶ οἱ φοβούμενοι αὐτόν, οἱ μικροὶ καὶ οἱ μεγάλοι.
y los que temen lo, los pequeños y los grandes.

6 καὶ ἤκουσα ὡς φωνὴν ὄχλου πολλοῦ καὶ ὡς φωνὴν
Y escuché como voz de multitud grande y como voz

ὑδάτων πολλῶν καὶ ὡς φωνὴν βροντῶν ἰσχυρῶν,
de aguas muchas y como voz de truenos poderosos,

λεγόντων· ἀλληλούϊα· ὅτι ἐβασίλευσε Κύριος
diciendo: Aleluya, porque reinó Señor

ὁ Θεὸς[93] ὁ παντοκράτωρ.
el Dios el Todopoderoso.

7 χαίρωμεν καὶ ἀγαλλιώμεθα καὶ δῶμεν τὴν δόξαν αὐτῷ,
Alegrémonos y gocémonos y demos la gloria a Él,

ὅτι ἦλθεν ὁ γάμος τοῦ ἀρνίου καὶ
porque vino la boda del Cordero y

ἡ γυνὴ αὐτοῦ ἡτοίμασεν ἑαυτήν.
la mujer de él preparó se.

---

91. La NU suprime la honra.
92. Oración del verbo eimi más dativo que debe traducirse como tener, es decir, el Señor Dios tiene la gloria, etc.
93. La NU añade de nosotros.

8 καὶ ἐδόθη αὐτῇ ἵνα περιβάληται βύσσινον λαμπρὸν
Y fue dado a ella para que se vistiera lino fino resplandeciente

καθαρόν· τὸ γὰρ βύσσινον τὰ δικαιώματα τῶν ἁγίων ἐστί.
limpio, el Porque lino fino las oraciones de los santos es.

9 Καὶ λέγει μοι· γράψον, μακάριοι οἱ εἰς τὸ δεῖπνον
Y dice me: Escribe: dichosos los a la cena

τοῦ γάμου τοῦ ἀρνίου κεκλημένοι.
de la boda del Cordero invitados.

καὶ λέγει μοι· οὗτοι οἱ λόγοι ἀληθινοὶ τοῦ Θεοῦ εἰσι.
y dice me: Éstas las palabras verdaderas de Dios son.

10 καὶ ἔπεσα ἔμπροσθεν τῶν ποδῶν αὐτοῦ
Y caí delante de los pies de él

προσκυνῆσαι αὐτῷ. καὶ λέγει μοι· ὅρα μή·
para adorar lo. Y dice me. Mira no (lo hagas)

σύνδουλός σού εἰμι καὶ τῶν ἀδελφῶν σου τῶν ἐχόντων
consiervo de ti soy y de los hermanos de ti los que tienen

τὴν μαρτυρίαν Ἰησοῦ· τῷ Θεῷ προσκύνησον·
el testimonio de Jesús. A Dios adora.

ἡ γὰρ μαρτυρία τοῦ Ἰησοῦ ἐστι τὸ πνεῦμα
el Porque testimonio de Jesús es el espíritu

τῆς προφητείας.
de la profecía.

11 Καὶ εἶδον τὸν οὐρανὸν ἀνεῳγμένον,
Y vi el cielo que había sido abierto

καὶ ἰδοὺ ἵππος λευκός, καὶ ὁ καθήμενος
y mira caballo blanco, y el sentado

ἐπ' αὐτὸν, καλούμενος πιστὸς καὶ ἀληθινός,
en él, llamado fiel y verdadero

καὶ ἐν δικαιοσύνῃ κρίνει καὶ πολεμεῖ·
también con justicia juzga y guerrea.

12 οἱ δὲ ὀφθαλμοὶ αὐτοῦ ὡς φλὸξ πυρός, καὶ
Los - ojos de él como llama de fuego, y

ἐπὶ τὴν κεφαλὴν αὐτοῦ διαδήματα πολλά,
sobre la cabeza de él diademas muchas,

ἔχων ὄνομα γεγραμμένον ὃ οὐδεὶς
teniendo nombre escrito que ninguno

οἶδεν εἰ μὴ αὐτός,
sabe si no él.

13 καὶ περιβεβλημένος ἱμάτιον βεβαμμένον
Y vestido (estaba) con túnica habiendo sido teñida

αἵματι, καὶ κέκληται τὸ ὄνομα αὐτοῦ, ὁ
en sangre, y ha sido llamado el nombre de él, la

λόγος τοῦ Θεοῦ.
Palabra de Dios.

14 καὶ τὰ στρατεύματα τὰ ἐν τῷ οὐρανῷ ἠκολούθει
Y los ejércitos los en el cielo siguen

αὐτῷ ἐφ' ἵπποις λευκοῖς, ἐνδεδυμένοι βύσσινον
lo en caballos blancos, habiendo sido vestidos de lino fino

λευκὸν καθαρόν.
blanco limpio.

8 Y le fué dado que se vista de lino fino, limpio y brillante: porque el lino fino son las justificaciones de los santos.
9 Y él me dice: Escribe: Bienaventurados los que son llamados a la cena del Cordero. Y me dijo: Estas palabras de Dios son verdaderas.
10 Y yo me eché a sus pies para adorarle. Y él me dijo: Mira que no lo hagas: yo soy siervo contigo, y con tus hermanos que tienen el testimonio de Jesús: adora a Dios; porque el testimonio de Jesús es el espíritu de la profecía.
11 Y vi el cielo abierto; y he aquí un caballo blanco, y el que estaba sentado sobre él, era llamado Fiel y Verdadero, el cual con justicia juzga y pelea.
12 Y sus ojos eran como llama de fuego, y había en su cabeza muchas diademas; y tenía un nombre escrito que ninguno entendía sino él mismo.
13 Y estaba vestido de una ropa teñida en sangre: y su nombre es llamado EL VERBO DE DIOS.
14 Y los ejércitos que están en el cielo le seguían en caballos blancos, vestidos de lino finísimo, blanco y limpio.

15 Y de su boca sale una espada aguda, para herir con ella las gentes: y él los regirá con vara de hierro; y él pisa el lagar del vino del furor, y de la ira del Dios Todopoderoso.
16 Y en su vestidura y en su muslo tiene escrito este nombre: REY DE REYES Y SEÑOR DE SEÑORES.
17 Y vi un ángel que estaba en el sol, y clamó con gran voz, diciendo a todas las aves que volaban por medio del cielo: Venid, y congregaos a la cena del gran Dios,
18 Para que comáis carnes de reyes, y de capitanes, y carnes de fuertes, y carnes de caballos, y de los que están sentados sobre ellos; y carnes de todos, libres y siervos, de pequeños y de grandes
19 Y vi la bestia, y los reyes de la tierra y sus ejércitos, congregados para hacer guerra contra el que estaba sentado sobre el caballo, y contra su ejército.
20 Y la bestia fué presa, y con ella el falso profeta que había hecho las señales delante de ella, con las cuales había engañado a los que tomaron la señal de la bestia, y habían adorado su imagen. Estos dos fueron lanzados vivos dentro de un lago de fuego ardiendo en azufre.

15 καὶ ἐκ τοῦ στόματος αὐτοῦ ἐκπορεύεται ῥομφαία ὀξεῖα,
y de la boca de él sale espada aguda,
ἵνα ἐν αὐτῇ πατάσσῃ τὰ ἔθνη, καὶ αὐτὸς ποιμανεῖ
para que con ella hiera a las naciones, y él pastoreará
αὐτοὺς ἐν ῥάβδῳ σιδηρᾷ· καὶ αὐτὸς πατεῖ
los con cayado de hierro. Y él pisa
τὴν ληνὸν τοῦ οἴνου τοῦ θυμοῦ καὶ τῆς ὀργῆς
el lagar del vino de la cólera y de la ira
τοῦ Θεοῦ τοῦ παντοκράτορος.
de Dios el Todopoderoso.

16 καὶ ἔχει ἐπὶ τὸ ἱμάτιον καὶ ἐπὶ τὸν μηρὸν αὐτοῦ ὄνομα
y tiene sobre la túnica y sobre el muslo de él nombre
γεγραμμένον, Βασιλεὺς βασιλέων καὶ Κύριος κυρίων.
que ha sido escrito: Rey de reyes y Señor de señores.

17 Καὶ εἶδον ἕνα ἄγγελον ἑστῶτα ἐν τῷ ἡλίῳ,
Y vi un ángel estando de pie en el sol
καὶ ἔκραξεν ἐν φωνῇ μεγάλῃ λέγων πᾶσι τοῖς ὀρνέοις
y gritó con voz grande diciendo a todas las aves
τοῖς πετομένοις ἐν μεσουρανήματι·
que vuelan en medio del cielo:
δεῦτε συνάχθητε εἰς τὸ δεῖπνον τὸ μέγα τοῦ Θεοῦ,
Venid congregaos a la cena la grande de Dios,

18 ἵνα φάγητε σάρκας βασιλέων καὶ σάρκας χιλιάρχων
para que comáis carnes de reyes y carnes de capitanes
καὶ σάρκας ἰσχυρῶν καὶ σάρκας ἵππων
y carnes de fuertes y carnes de caballos
καὶ τῶν καθημένων ἐπ' αὐτῶν, καὶ σάρκας πάντων
y de los que se sientan sobre ellos, y carnes de todos
ἐλευθέρων τε καὶ δούλων, καὶ μικρῶν καὶ
de libres y también de esclavos, tanto de pequeños como
μεγάλων.
de grandes.

19 Καὶ εἶδον τὸ θηρίον καὶ τοὺς βασιλεῖς τῆς γῆς καὶ
Y vi la fiera y a los reyes de la tierra y
τὰ στρατεύματα αὐτῶν συνηγμένα ποιῆσαι τὸν πόλεμον
los ejércitos de ellos congregados para hacer la guerra
μετὰ τοῦ καθημένου ἐπὶ τοῦ ἵππου καὶ
contra el sentado en el caballo y
μετὰ τοῦ στρατεύματος αὐτοῦ.
con el ejército de él.

20 καὶ ἐπιάσθη τὸ θηρίον καὶ ὁ μετ' αὐτοῦ ψευδοπροφήτης
Y fue capturada la fiera y el con ella falso profeta
ὁ ποιήσας τὰ σημεῖα ἐνώπιον αὐτοῦ,
el que hizo las señales delante de ella.
ἐν οἷς ἐπλάνησε τοὺς λαβόντας τὸ χάραγμα
con las que engañó a los que reciben la marca
τοῦ θηρίου καὶ τοὺς προσκυνοῦντας τῇ εἰκόνι αὐτοῦ·
de la fiera y a los que adoran la imagen de ella.
ζῶντες ἐβλήθησαν οἱ δύο εἰς τὴν λίμνην τοῦ πυρὸς
Viviendo fueron arrojados los dos a el lago del fuego
τὴν καιομένην ἐν θείῳ.
el que arde con azufre.

21 καὶ οἱ λοιποὶ ἀπεκτάνθησαν ἐν τῇ ῥομφαίᾳ
y los restantes fueron muertos con la espada
τοῦ καθημένου ἐπὶ τοῦ ἵππου, τῇ ἐξελθούσῃ
del sentado en el caballo, la que salía
ἐκ τοῦ στόματος αὐτοῦ· καὶ πάντα τὰ ὄρνεα
de la boca de él. Y todas las aves
ἐχορτάσθησαν ἐκ τῶν σαρκῶν αὐτῶν.
se hartaron de las carnes de ellos.

20 **1** Καὶ εἶδον ἄγγελον καταβαίνοντα ἐκ τοῦ οὐρανοῦ,
Y vi ángel descendiendo de el cielo
ἔχοντα τὴν κλεῖν τῆς ἀβύσσου καὶ ἄλυσιν μεγάλην
teniendo la llave del abismo y cadena grande
ἐπὶ τὴν χεῖρα αὐτοῦ.
en la mano de él.

2 καὶ ἐκράτησε τὸν δράκοντα, τὸν ὄφιν τὸν ἀρχαῖον,
Y se apoderó del dragón, la serpiente la antigua,
ὅς ἐστι Διάβολος καὶ ὁ Σατανᾶς, καὶ ἔδησεν αὐτὸν
que es Diablo y el Satanás, y ató lo
χίλια ἔτη,
mil años.

3 καὶ ἔβαλεν αὐτὸν εἰς τὴν ἄβυσσον, καὶ ἔκλεισε
Y arrojó lo a el abismo, y cerró
καὶ ἐσφράγισεν ἐπάνω αὐτοῦ, ἵνα μὴ πλανήσῃ
y selló sobre él, para que no engañe
ἔτι τὰ ἔθνη, ἄχρι τελεσθῇ τὰ χίλια ἔτη·
ya a las naciones, hasta que se cumplan los mil años.
μετὰ ταῦτα δεῖ αὐτὸν λυθῆναι μικρὸν χρόνον.
Tras esto debe él ser soltado pequeño tiempo.

4 Καὶ εἶδον θρόνους, καὶ ἐκάθισαν ἐπ' αὐτούς,
Y vi tronos, y se sentaron en ellos,
καὶ κρῖμα ἐδόθη αὐτοῖς, καὶ τὰς ψυχὰς τῶν
y juicio fue dado a ellos, y las almas de los
πεπελεκισμένων διὰ τὴν μαρτυρίαν Ἰησοῦ
que han sido decapitados por el testimonio de Jesús
καὶ διὰ τὸν λόγον τοῦ Θεοῦ, καὶ οἵτινες οὐ προσεκύνησαν
y por la palabra de Dios, y los que no adoraron
τὸ θηρίον οὔτε τὴν εἰκόνα αὐτοῦ, καὶ οὐκ ἔλαβον
a la fiera ni a la imagen de ella, y no recibieron
τὸ χάραγμα ἐπὶ τὸ μέτωπον αὐτῶν
la marca sobre la frente de ellos
καὶ ἐπὶ τὴν χεῖρα αὐτῶν· καὶ ἔζησαν καὶ
y sobre la mano de ellos. Y vivieron y
ἐβασίλευσαν μετὰ τοῦ Χριστοῦ χίλια ἔτη·
reinaron con el Cristo mil años.

5 οἱ λοιποὶ τῶν νεκρῶν οὐκ ἔζησαν[94] ἕως
Los restantes de los muertos no vivieron hasta que
τελεσθῇ τὰ χίλια ἔτη. αὕτη ἡ
fueron concluidos los mil años. Ésta (es) la
ἀνάστασις ἡ πρώτη.
resurrección la primera.

21 Y los otros fueron muertos con la espada que salía de la boca del que estaba sentado sobre el caballo, y todas las aves fueron hartas de las carnes de ellos.

20 Y vi un ángel descender del cielo, que tenía la llave del abismo, y una grande cadena en su mano.
2 Y prendió al dragón, aquella serpiente antigua, que es el Diablo y Satanás, y le ató por mil años;
3 Y arrojólo al abismo, y le encerró, y selló sobre él, porque no engañe más a las naciones, hasta que mil años sean cumplidos: y después de esto es necesario que sea desatado un poco de tiempo.
4 Y vi tronos, y se sentaron sobre ellos, y les fué dado juicio; y vi las almas de los degollados por el testimonio de Jesús, y por la palabra de Dios, y que no habían adorado la bestia, ni a su imagen, y que no recibieron la señal en sus frentes, ni en sus manos, y vivieron y reinaron con Cristo mil años.
5 Mas los otros muertos no tornaron a vivir hasta que sean cumplidos mil años. Esta es la primera resurrección.

---

94. Algunos mss leen volvieron a vivir.

6 Bienaventurado y santo el que tiene parte en la primera resurrección; la segunda muerte no tiene potestad en éstos; antes serán sacerdotes de Dios y de Cristo, y reinarán con él mil años.
7 Y cuando los mil años fueren cumplidos, Satanás será suelto de su prisión,
8 Y saldrá para engañar las naciones que están sobre los cuatro ángulos de la tierra, a Gog y a Magog, a fin de congregarlos para la batalla; el número de los cuales es como la arena del mar.
9 Y subieron sobre la anchura de la tierra, y circundaron el campo de los santos, y la ciudad amada: y de Dios descendió xuego del cielo, y los devoró.
10 Y el diablo que los engañaba, fué lanzado en el lago de fuego y azufre, donde está la bestia y el falso profeta; y serán atormentados día y noche para siempre jamás.
11 Y vi un gran trono blanco y al que estaba sentado sobre él, de delante del cual huyó la tierra y el cielo; y no fué hallado el lugar de ellos.
12 Y vi los muertos, grandes y pequeños, que estaban delante de Dios; y los libros fueron abiertos: y otro libro fué abierto, el cual es de la vida: y fueron juzgados los muertos por las cosas que estaban escritas en los libros, según sus obras.

6 μακάριος καὶ ἅγιος ὁ ἔχων μέρος ἐν τῇ ἀναστάσει
Dichoso y santo el que tiene parte en la resurrección
τῇ πρώτῃ· ἐπὶ τούτων ὁ δεύτερος θάνατος οὐκ ἔχει
la primera. Sobre éstos la segunda muerte no tiene
ἐξουσίαν, ἀλλ' ἔσονται ἱερεῖς τοῦ Θεοῦ
autoridad, sino que serán sacerdotes de Dios
καὶ τοῦ Χριστοῦ, καὶ βασιλεύσουσι μετ' αὐτοῦ χίλια ἔτη.
y de Cristo, y reinarán con él mil años.

7 Καὶ ὅταν τελεσθῇ τὰ χίλια ἔτη, λυθήσεται ὁ Σατανᾶς
Y cuando sean concluidos los mil años, será soltado el Satanás
ἐκ τῆς φυλακῆς αὐτοῦ,
de la prisión de él,

8 καὶ ἐξελεύσεται πλανῆσαι τὰ ἔθνη τὰ ἐν ταῖς τέσσαρσι γωνίαις
y saldrá a engañar a las naciones las en las cuatro esquinas
τῆς γῆς, τὸν Γὼγ καὶ τὸν Μαγώγ, συναγαγεῖν αὐτοὺς
de la tierra,[95] a Gog y a Magog, para congregar los
εἰς τὸν πόλεμον, ὧν ὁ ἀριθμὸς αὐτῶν
a la guerra, de los cuales el número de ellos (es)
ὡς ἡ ἄμμος τῆς θαλάσσης.
como la arena del mar.

9 καὶ ἀνέβησαν ἐπὶ τὸ πλάτος τῆς γῆς, καὶ ἐκύκλευσαν
Y subieron sobre la anchura de la tierra, y rodearon
τὴν παρεμβολὴν τῶν ἁγίων καὶ τὴν πόλιν
el campamento de los santos y la ciudad
τὴν ἠγαπημένην· καὶ κατέβη πῦρ ἐκ τοῦ οὐρανοῦ
la amada. Y bajó fuego de el cielo
ἀπὸ τοῦ Θεοῦ[96] καὶ κατέφαγεν αὐτούς·
de Dios y devoró los.

10 καὶ ὁ διάβολος ὁ πλανῶν αὐτοὺς ἐβλήθη εἰς τὴν λίμνην
Y el diablo el engañando los fue arrojado a el lago
τοῦ πυρὸς καὶ θείου, ὅπου καὶ τὸ θηρίον
del fuego y azufre, donde también la Fiera
καὶ ὁ ψευδοπροφήτης, καὶ βασανισθήσονται
y el falso profeta, y serán atormentados
ἡμέρας καὶ νυκτὸς εἰς τοὺς αἰῶνας τῶν αἰώνων.
día y noche por las eras de las eras.

11 Καὶ εἶδον θρόνον μέγαν λευκὸν καὶ τὸν καθήμενον
Y vi trono grande blanco y al sentado
ἐπ' αὐτοῦ οὗ ἀπὸ προσώπου ἔφυγεν ἡ γῆ
en él cuyo De rostro huyó la tierra
καὶ ὁ οὐρανός, καὶ τόπος οὐχ εὑρέθη αὐτοῖς.
y el cielo, y lugar no fue hallado para ellos.

12 καὶ εἶδον τοὺς νεκρούς, τοὺς μεγάλους καὶ τοὺς μικρούς,
Y vi a los muertos, los grandes y los pequeños,
ἑστῶτας ἐνώπιον τοῦ Θεοῦ. καὶ βιβλία ἠνοίχθησαν·
estando en pie delante de Dios. Y libros fueron abiertos
καὶ ἄλλο βιβλίον ἠνοίχθη, ὅ ἐστι τῆς ζωῆς·
y otro libro fue abierto, que es de la vida.
καὶ ἐκρίθησαν οἱ νεκροὶ ἐκ τῶν γεγραμμένων
Y fueron juzgados los muertos por las cosas escritas
ἐν τοῖς βιβλίοις κατὰ τὰ ἔργα αὐτῶν.
en los libros según las obras de ellos.

---

95. Es decir, los cuatro puntos cardinales.
96. La NU omite de Dios.

13 καὶ ἔδωκεν ἡ θάλασσα τοὺς νεκροὺς τοὺς ἐν αὐτῇ,
Y dio el mar a los muertos los en él,
καὶ ὁ θάνατος καὶ ὁ ᾅδης ἔδωκαν τοὺς νεκροὺς
y la muerte y el Hades dieron a los muertos
τοὺς ἐν αὐτοῖς, καὶ ἐκρίθησαν ἕκαστος
los en ellos, y fue juzgado cada uno
κατὰ τὰ ἔργα αὐτῶν.
según las obras de ellos.

14 καὶ ὁ θάνατος καὶ ὁ ᾅδης ἐβλήθησαν εἰς τὴν λίμνην
Y la muerte y el Hades fueron arrojados a el lago
τοῦ πυρός· οὗτος ὁ θάνατος ὁ δεύτερός ἐστιν.
del fuego. Ésta la muerte la segunda es.

15 καὶ εἴ τις οὐχ εὑρέθη ἐν τῇ βίβλῳ τῆς
Y si alguno no fue encontrado en el libro de la
ζωῆς γεγραμμένος, ἐβλήθη εἰς τὴν λίμνην τοῦ πυρός.
vida escrito fue arrojado en el lago del fuego.

21 **1** Καὶ εἶδον οὐρανὸν καινὸν καὶ γῆν καινήν·
Y vi cielo nuevo y tierra nueva.
ὁ γὰρ πρῶτος οὐρανὸς καὶ ἡ πρώτη γῆ ἀπῆλθον,
el Porque primer cielo y la primera tierra se fueron,
καὶ ἡ θάλασσα οὐκ ἔστιν ἔτι.
y el mar no existe ya.

2 Κἀγὼ Ἰωάννης⁹⁷ εἶδον τὴν πόλιν τὴν ἁγίαν Ἰερουσαλὴμ καινὴν
Y yo Juan vi la ciudad la santa Jerusalén nueva
καταβαίνουσαν ἐκ τοῦ οὐρανοῦ ἀπὸ τοῦ Θεοῦ,
descendiendo de el cielo de Dios
ἡτοιμασμένην ὡς νύμφην κεκοσμημένην⁹⁸
habiendo sido preparada como novia que ha sido adornada
τῷ ἀνδρὶ αὐτῆς.
para el esposo de ella.

3 καὶ ἤκουσα φωνῆς μεγάλης ἐκ τοῦ οὐρανοῦ⁹⁹ λεγούσης·
Y oí voz grande de el cielo diciendo:
ἰδοὺ ἡ σκηνὴ¹⁰⁰ τοῦ Θεοῦ μετὰ τῶν ἀνθρώπων,
mira la tienda¹⁰⁰ de Dios con los hombres
καὶ σκηνώσει μετ' αὐτῶν, καὶ αὐτοὶ λαοὶ αὐτοῦ
y pondrá su tienda con ellos, y ellos pueblos de él
ἔσονται, καὶ αὐτὸς ὁ Θεὸς μετ' αὐτῶν ἔσται·
serán, y Él el Dios con ellos será.¹⁰¹

4 καὶ ἐξαλείψει ὁ Θεὸς πᾶν δάκρυον ἀπὸ τῶν ὀφθαλμῶν αὐτῶν,
Y borrará Dios toda lágrima de los ojos de ellos,
καὶ ὁ θάνατος οὐκ ἔσται ἔτι, οὔτε πένθος
y la muerte no existirá ya, ni lloro
οὔτε κραυγὴ οὔτε πόνος οὐκ ἔσται ἔτι·
ni llanto ni dolor no existirá ya,
ὅτι τὰ πρῶτα ἀπῆλθον.
porque lo primero desapareció.

---

13 Y el mar dió los muertos que estaban en él; y la muerte y el infierno dieron los muertos que estaban en ellos; y fué hecho juicio de cada uno según sus obras. **14** Y el infierno y la muerte fueron lanzados en el lago de fuego. Esta es la muerte segunda. **15** Y el que no fué hallado escrito en el libro de la vida, fué lanzado en el lago de fuego.

21 Y vi un cielo nuevo, y una tierra nueva: porque el primer cielo y la primera tierra se fueron, y el mar ya no es. **2** Y yo Juan vi la santa ciudad, Jerusalem nueva, que descendía del cielo, de Dios, dispuesta como una esposa ataviada para su marido. **3** Y oí una gran voz del cielo que decía: He aquí el tabernáculo de Dios con los hombres, y morará con ellos; y ellos serán su pueblo, y el mismo Dios será su Dios con ellos. **4** Y limpiará Dios toda lágrima de los ojos de ellos; y la muerte no será más; y no habrá más llanto, ni clamor, ni dolor: porque las primeras cosas son pasadas.

---

97. La NU suprime yo Juan.
98. Es término griego es de donde deriva nuestra palabra "cosmético".
99. La NU sustituye por trono.
100. O el tabernáculo.
101. Es decir, se verá que es el Emmanuel de Isaías 7.14 o, en otras palabras, el Dios de Israel es el que se encarnó y fue conocido como Jesús de Nazaret.

5 Y el que estaba sentado en el trono dijo: He aquí, yo hago nuevas todas las cosas. Y me dijo: Escribe; porque estas palabras son fieles y verdaderas.
6 Y díjome: Hecho es. Yo soy Alpha y Omega, el principio y el fin. Al que tuviere sed, yo le daré de la fuente del agua de vida gratuitamente.
7 El que venciere, poseerá todas las cosas; y yo seré su Dios, y él será mi hijo.
8 Mas a los temerosos e incrédulos, a los abominables y homicidas, a los fornicarios y hechiceros, y a los idólatras, y a todos los mentirosos, su parte será en el lago ardiendo con fuego y azufre, que es la muerte segunda.
9 Y vino a mí uno de los siete ángeles que tenían las siete copas llenas de las siete postreras plagas, y habló conmigo, diciendo: Ven acá, yo te mostraré la esposa, mujer del Cordero.
10 Llevóme en Espíritu a un grande y alto monte, y me mostró la grande ciudad santa de Jerusalem, que descendía del cielo de Dios,
11 Teniendo la claridad de Dios: y su luz era semejante a una piedra preciosísima, como piedra de jaspe, resplandeciente como cristal.

5 Καὶ εἶπεν ὁ καθήμενος ἐπὶ τῷ θρόνῳ·
Y dijo el sentado en el trono.

ἰδοὺ καινὰ ποιῶ πάντα. καὶ λέγει μοι· γράψον,
mira nuevo hago todo. Y dice me: escribe

ὅτι οὗτοι οἱ λόγοι πιστοὶ καὶ ἀληθινοί εἰσι.
porque éstas las palabras fieles y verdaderas son.

6 καὶ εἶπέ μοι· γέγοναν. ἐγὼ τὸ Α καὶ τὸ Ω,
Y dijo me: Ha acontecido. Yo el Alfa y la Omega,

ἡ ἀρχὴ καὶ τὸ τέλος. ἐγὼ τῷ διψῶντι δώσω
el principio y el fin. Yo al que tiene sed daré

ἐκ τῆς πηγῆς τοῦ ὕδατος τῆς ζωῆς δωρεάν.
de la fuente del agua de la vida (como) regalo.

7 ὁ νικῶν κληρονομήσει ταῦτα, καὶ ἔσομαι αὐτῷ
El que vence heredará esto, y seré para él

Θεὸς καὶ αὐτὸς ἔσται μοι υἱός.
Dios y él será para mí hijo.

8 τοῖς δὲ δειλοῖς καὶ ἀπίστοις καὶ ἐβδελυγμένοις
para los - cobardes e incrédulos y abominables

καὶ φονεῦσι καὶ πόρνοις καὶ φαρμακευσιν[102]
y asesinos y fornicarios y hechiceros

καὶ εἰδωλολάτραις καὶ πᾶσι ταῖς ψευδέσι
e idólatras y todos los mentirosos

τὸ μέρος αὐτῶν ἐν τῇ λίμνῃ τῇ καιομένῃ
la parte de ellos (está)[103] en el lago el que arde

πυρὶ καὶ θείῳ, ὅ ἐστιν ὁ θάνατος ὁ δεύτερος.
con fuego y azufre, que es la muerte la segunda.

9 Καὶ ἦλθεν[104] εἷς τῶν ἑπτὰ ἀγγέλων τῶν ἐχόντων
Y vino uno de los siete ángeles los que tienen

τὰς ἑπτὰ φιάλας τὰς γεμούσας τῶν ἑπτὰ πληγῶν
las siete copas las llenas de las siete plagas

τῶν ἐσχάτων, καὶ ἐλάλησε μετ' ἐμοῦ λέγων·
las últimas, y habló conmigo diciendo:

δεῦρο, δείξω σοι τὴν νύμφην τὴν γυναῖκα
Ven, mostraré te la novia la mujer

τοῦ ἀρνίου.
del Cordero.

10 καὶ ἀπήνεγκέ με ἐν πνεύματι ἐπ' ὄρος μέγα
Y llevó me en espíritu sobre monte grande

καὶ ὑψηλόν, καὶ ἔδειξέ μοι τὴν πόλιν τὴν μεγάλην τὴν ἁγίαν
y alto, y mostró me la ciudad la grande la santa

Ἰερουσαλὴμ καταβαίνουσαν ἐκ τοῦ οὐρανοῦ
Jerusalén descendiendo de el cielo

ἀπὸ τοῦ Θεοῦ,
de Dios,

11 ἔχουσαν τὴν δόξαν τοῦ Θεοῦ· ὁ φωστὴρ αὐτῆς
teniendo la gloria de Dios. El fulgor de ella (era)

ὅμοιος λίθῳ τιμιωτάτῳ, ὡς λίθῳ ἰάσπιδι
semejante a piedra preciosa, como piedra jaspe

κρυσταλλίζοντι·
que brilla como cristal.

---

102. La NU sustituye por consumidores de drogas.
103. Es decir, cobardes, incrédulos... etc. tiene su parte en el lago (oración de eimi con dativo).
104. Algunos mss leen "vino a mí".

12 ἔχουσα τεῖχος μέγα καὶ ὑψηλόν, ἔχουσα πυλῶνας δώδεκα,
teniendo muro grande y alto, teniendo puertas doce,

καὶ ἐπὶ τοῖς πυλῶσιν ἀγγέλους δώδεκα,
y sobre las puertas ángeles doce,

καὶ ὀνόματα ἐπιγεγραμμένα, ἅ ἐστι τῶν δώδεκα
y nombres que han sido inscritos, que son de las doce

φυλῶν τῶν υἱῶν Ἰσραήλ.
tribus de los hijos de Israel.

13 ἀπὸ ἀνατολῆς πυλῶνες τρεῖς, καὶ ἀπὸ βορρᾶ
al oriente puertas tres, y al norte

πυλῶνες τρεῖς, καὶ ἀπὸ νότου πυλῶνες τρεῖς,
puertas tres, y al sur puertas tres

καὶ ἀπὸ δυσμῶν πυλῶνες τρεῖς.
y al oeste puertas tres.

14 καὶ τὸ τεῖχος τῆς πόλεως ἔχων θεμελίους δώδεκα,
Y el muro de la ciudad teniendo cimientos doce,

καὶ ἐπ' αὐτῶν δώδεκα ὀνόματα τῶν δώδεκα ἀποστόλων
y sobre ellos doce nombres de los doce apóstoles

τοῦ ἀρνίου.
del Cordero.

15 Καὶ ὁ λαλῶν μετ' ἐμοῦ εἶχε μέτρον[105] κάλαμον χρυσοῦν,
Y el hablando conmigo tenía medida caña de oro

ἵνα μετρήσῃ τὴν πόλιν καὶ τοὺς πυλῶνας αὐτῆς
para que midiera la ciudad y las puertas de ella

καὶ τὸ τεῖχος αὐτῆς.
y el muro de ella.

16 καὶ ἡ πόλις τετράγωνος κεῖται, καὶ τὸ μῆκος
Y la ciudad (como) cuadro está establecida, y la longitud

αὐτῆς ὅσον καὶ τὸ πλάτος, καὶ ἐμέτρησε τὴν πόλιν
de ella (es) tanto como la anchura,[106] y midió la ciudad

τῷ καλάμῳ ἐπὶ σταδίους δώδεκα χιλιάδων·
con la caña por estadios doce millares.

τὸ μῆκος καὶ τὸ πλάτος καὶ τὸ ὕψος αὐτῆς
La longitud y la anchura y la altura de ella

ἴσα ἐστί.
iguales son.

17 καὶ ἐμέτρησε τὸ τεῖχος αὐτῆς ἑκατὸν τεσσεράκοντα
y midió el muro de ella ciento cuarenta

τεσσάρων πηχῶν, μέτρον ἀνθρώπου, ὅ ἐστιν ἀγγέλου.
cuatro codos, medida de hombre, que es de ángel.

18 καὶ ἦν ἡ ἐνδώμησις τοῦ τείχους αὐτῆς ἴασπις,
Y era el material del muro de ella jaspe,

καὶ ἡ πόλις χρυσίον καθαρόν, ὅμοιον ὑάλῳ καθαρῷ.
y la ciudad oro puro, semejante a cristal puro.

19 οἱ θεμέλιοι τοῦ τείχους τῆς πόλεως παντὶ λίθῳ
Los cimientos del muro de la ciudad con toda piedra

τιμίῳ κεκοσμημένοι· ὁ θεμέλιος ὁ πρῶτος ἴασπις,
preciosa (estaban) adornados. El cimiento el primero jaspe,

ὁ δεύτερος σάπφιρος, ὁ τρίτος χαλκηδών,
el segundo zafiro, el tercero calcedonia,

ὁ τέταρτος σμάραγδος,
el cuarto esmeralda,

12 Y tenía un muro grande y alto con doce puertas; y en las puertas, doce ángeles, y nombres escritos, que son los de las doce tribus de los hijos de Israel.
13 Al oriente tres puertas; al norte tres puertas; al mediodía tres puertas; al poniente tres puertas.
14 Y el muro de la ciudad tenía doce fundamentos, y en ellos los doce nombres de los doce apóstoles del Cordero.
15 Y el que hablaba conmigo, tenía una medida de una caña de oro para medir la ciudad, y sus puertas, y su muro.
16 Y la ciudad está situada y puesta en cuadro, y su largura es tanta como su anchura: y él midió la ciudad con la caña, doce mil estadios: la largura y la altura y la anchura de ella son iguales.
17 Y midió su muro, ciento cuarenta y cuatro codos, de medida de hombre, la cual es del ángel.
18 Y el material de su muro era de jaspe: mas la ciudad era de oro puro, semejante al vidrio limpio.
19 Y los fundamentos del muro de la ciudad estaban adornados de toda piedra preciosa. El primer fundamento era jaspe; el segundo, zafiro; el tercero, calcedonia; el cuarto, esmeralda;

---
105. Algunos mss no tienen medida.
106. Es decir la longitud tiene las mismas dimensiones que la anchura.

20 El quinto, sardónica; el sexto, sardio; el séptimo, crisólito; el octavo, berilo; el nono, topacio; el décimo, crisopraso; el undécimo, jacinto; el duodécimo, amatista.
21 Y las doce puertas eran doce perlas, en cada una, una; cada puerta era de una perla. Y la plaza de la ciudad era de oro puro como vidrio trasparente.
22 Y no vi en ella templo; porque el Señor Dios Todopoderoso es el templo de ella, y el Cordero.
23 Y la ciudad no tenía necesidad de sol, ni de luna, para que resplandezcan en ella: porque la claridad de Dios la iluminó, y el Cordero era su lumbrera.
24 Y las naciones que hubieren sido salvas andarán en la lumbre de ella: y los reyes de la tierra traerán su gloria y honor a ella
25 Y sus puertas nunca serán cerradas de día, porque allí no habrá noche.
26 Y llevarán la gloria y la honra de las naciones a ella.
27 No entrará en ella ninguna cosa sucia, o que hace abominación y mentira; sino solamente los que están escritos en el libro de la vida del Cordero.

20 ὁ πέμπτος σαρδόνυξ, ὁ ἕκτος σάρδιον,
el quinto ónice, el sexto cornalina

ὁ ἕβδομος χρυσόλιθος, ὁ ὄγδοος βήρυλλος,
el séptimo crisólito, el octavo berilo,

ὁ ἔνατος τοπάζιον, ὁ δέκατος χρυσόπρασος,
el noveno topacio, el décimo crisopraso,

ὁ ἑνδέκατος ὑάκινθος, ὁ δωδέκατος ἀμέθυστος.
el undécimo jacinto, el duodécimo amatista.

21 καὶ οἱ δώδεκα πυλῶνες δώδεκα μαργαρῖται·
Y las doce puertas doce perlas (eran).

ἀνὰ εἷς ἕκαστος τῶν πυλώνων ἦν ἐξ ἑνὸς μαργαρίτου.
- una cada de las puertas era de una perla,

καὶ ἡ πλατεῖα τῆς πόλεως χρυσίον καθαρὸν
y la calle de la ciudad de oro puro (era)

ὡς ὕαλος διαυγής.
como cristal transparente.

22 Καὶ ναὸν οὐκ εἶδον ἐν αὐτῇ· ὁ γὰρ Κύριος ὁ Θεὸς
Y templo no vi en ella. el Porque Señor Dios

ὁ παντοκράτωρ ναὸς αὐτῆς ἐστι, καὶ τὸ ἀρνίον.
el Todopoderoso templo de ella es, y el Cordero.

23 καὶ ἡ πόλις οὐ χρείαν ἔχει τοῦ ἡλίου οὐδὲ τῆς σελήνης
Y la ciudad no necesidad tiene del sol ni de la luna

ἵνα φαίνωσιν ἐν αὐτῇ· ἡ γὰρ δόξα τοῦ Θεοῦ
para que iluminen en ella. la Porque gloria de Dios

ἐφώτισεν αὐτήν, καὶ ὁ λύχνος αὐτῆς τὸ ἀρνίον.
iluminó la, y la lámpara de ella el Cordero (es).

24 καὶ περιπατήσουσι τὰ ἔθνη καὶ τὰ ἔθνη τῶν
Y caminarán las naciones[107] y las naciones de los

σωζομένων διὰ τοῦ φωτὸς αὐτῆς·
habiendo sido salvados a través de la luz de ella.

καὶ οἱ βασιλεῖς τῆς γῆς φέρουσι τὴν δόξαν
Y los reyes de la tierra llevan la gloria

καὶ τὴν τιμὴν αὐτῶν εἰς αὐτήν.
y la honra de ellos a ella.

25 καὶ οἱ πυλῶνες αὐτῆς οὐ μὴ κλεισθῶσιν ἡμέρας·
Y las puertas de ella no en absoluto serán cerradas de día,

νὺξ γὰρ οὐκ ἔσται ἐκεῖ,
noche Porque no habrá allí.

26 καὶ οἴσουσι τὴν δόξαν καὶ τὴν τιμὴν
Y traerán la gloria y la honra

τῶν ἐθνῶν εἰς αὐτήν.
de las naciones a ella.

27 καὶ οὐ μὴ εἰσέλθῃ εἰς αὐτὴν πᾶν κοινοῦν[108] καὶ
Y no en absoluto entrará en ella todo contaminante[109] y

ὁ ποιῶν βδέλυγμα καὶ ψεῦδος, εἰ μὴ
el que hace abominación y mentira, si no

οἱ γεγραμμένοι ἐν τῷ βιβλίῳ τῆς ζωῆς τοῦ ἀρνίου.
los que han sido escritos en el libro de la vida del Cordero.

---

107. Algunos mss no incluyen "de los habiendo sido salvos".
108. La NU sustituye por profano.
109. Es decir, y nada que contamine entrará en ella ni el que hace abominación, etc.

22

1 Καὶ ἔδειξέ μοι καθαρὸν ποταμὸν ὕδατος ζωῆς λαμπρὸν
Y mostró me limpio río de agua de vida resplandeciente

ὡς κρύσταλλον, ἐκπορευόμενον ἐκ τοῦ θρόνου
como cristal, saliendo de el trono

τοῦ Θεοῦ καὶ τοῦ ἀρνίου.
de Dios y del Cordero.

2 ἐν μέσῳ τῆς πλατείας αὐτῆς καὶ τοῦ ποταμοῦ ἐντεῦθεν
En medio de la calle de ella y del río desde aquí

καὶ ἐκεῖθεν ξύλον ζωῆς, ποιοῦν καρποὺς δώδεκα,
y desde allí[110] árbol de vida, produciendo frutos doce,

κατὰ μῆνα ἕκαστον ἀποδιδοῦν τὸν καρπὸν αὐτοῦ,
a mes cada dando el fruto de él,

καὶ τὰ φύλλα τοῦ ξύλου εἰς θεραπείαν τῶν ἐθνῶν.
y las hojas del árbol para curación de las naciones.

3 καὶ πᾶν κατάθεμα οὐκ ἔσται ἔτι· καὶ ὁ θρόνος τοῦ Θεοῦ
Y toda maldición no será ya.[111] Y el trono de Dios

καὶ τοῦ ἀρνίου ἐν αὐτῇ ἔσται, καὶ οἱ δοῦλοι
y del Cordero en ella estará, y los siervos

αὐτοῦ λατρεύσουσιν αὐτῷ
de él adorarán lo.

4 καὶ ὄψονται τὸ πρόσωπον αὐτοῦ, καὶ τὸ ὄνομα αὐτοῦ
Y verán el rostro de él, y el nombre de él

ἐπὶ τῶν μετώπων αὐτῶν.
sobre las frentes de ellos.

5 καὶ νὺξ οὐκ ἔσται ἐκεῖ, καὶ χρείαν οὐκ ἔχουσι λύχνου
Y noche no habrá allí, y necesidad no tienen de lámpara

καὶ φωτὸς ἡλίου, ὅτι Κύριος ὁ Θεὸς φωτιζεῖ[112] αὐτούς,
y de luz de sol, porque Señor Dios ilumina los,

καὶ βασιλεύσουσιν εἰς τοὺς αἰῶνας τῶν αἰώνων.
y reinarán por las eras de las eras.

6 Καὶ εἶπέ μοι· οὗτοι οἱ λόγοι πιστοὶ καὶ ἀληθινοί·
Y dijo me: éstas las palabras (son) fieles y verdaderas.

καὶ Κύριος ὁ Θεὸς τῶν πνευμάτων ἁγίων τῶν προφητῶν
Y Señor Dios de los espíritus santos de los profetas

ἀπέστειλε τὸν ἄγγελον αὐτοῦ δεῖξαι τοῖς δούλοις
envió al ángel de él para mostrar a los siervos

αὐτοῦ ἃ δεῖ γενέσθαι ἐν τάχει.
de él lo que debe acontecer con rapidez.[113]

7 καὶ ἰδοὺ ἔρχομαι ταχύ. μακάριος ὁ τηρῶν τοὺς λόγους
Y mira vengo rápido. Dichoso el que guarda las palabras

τῆς προφητείας τοῦ βιβλίου τούτου.
de la profecía del libro este.

8 Κἀγὼ Ἰωάννης ὁ ἀκούων καὶ βλέπων ταῦτα.
Y yo Juan (soy) el que escucha y el que ve esto.

καὶ ὅτε ἤκουσα καὶ ἔβλεψα, ἔπεσα προσκυνῆσαι
Y cuando escuché y ví, caí para adorar

ἔμπροσθεν τῶν ποδῶν τοῦ ἀγγέλου
ante los pies del ángel

τοῦ δεικνύοντός μοι ταῦτα.
el que mostró me esto.

22

Después me mostró un río limpio de agua de vida, resplandeciente como cristal, que salía del trono de Dios y del Cordero. 2En el medio de la plaza de ella, y de la una y de la otra parte del río, estaba el árbol de vida, que lleva doce frutos, dando cada mes su fruto: y las hojas del árbol eran para la sanidad de las naciones. 3Y no habrá más maldición; sino que el trono de Dios y del Cordero estará en ella, y sus siervos le servirán. 4Y verán su cara; y su nombre estará en sus frentes. 5Y allí no habrá más noche; y no tienen necesidad de lumbre de antorcha, ni de lumbre de sol: porque el Señor Dios los alumbrará: y reinarán para siempre jamás. 6Y me dijo: Estas palabras son fieles y verdaderas. Y el Señor Dios de los santos profetas ha enviado su ángel, para mostrar a sus siervos las cosas que es necesario que sean hechas presto. 7Y he aquí, vengo presto. Bienaventurado el que guarda las palabras de la profecía de este libro. 8Yo Juan soy el que ha oído y visto estas cosas. Y después que hube oído y visto, me postré para adorar delante de los pies del ángel que me mostraba estas cosas.

---

110. Es decir, a una y otra orilla del río.
111. Es decir, ya no existirá maldición.
112. La NU sustituye por iluminará.
113. O en breve.

9Y él me dijo: Mira que no lo hagas: porque yo soy siervo contigo, y con tus hermanos los profetas, y con los que guardan las palabras de este libro. Adora a Dios.
10Y me dijo: No selles las palabras de la profecía de este libro; porque el tiempo está cerca.
11El que es injusto, sea injusto todavía: y el que es sucio, ensúciese todavía: y el que es justo, sea todavía justificado: y el santo sea santificado todavía.
12Y he aquí, yo vengo presto, y mi galardón conmigo, para recompensar a cada uno según fuere su obra.
13Yo soy Alpha y Omega, principio y fin, el primero y el postrero.
14Bienaventurados los que guardan sus mandamientos, para que su potencia sea en el árbol de la vida, y que entren por las puertas en la ciudad.
15Mas los perros estarán fuera, y los hechiceros, y los disolutos, y los homicidas, y los idólatras, y cualquiera que ama y hace mentira.
16Yo Jesús he enviado mi ángel para daros testimonio de estas cosas en las iglesias. Yo soy la raíz y el linaje de David, la estrella resplandeciente, y de la mañana.

9 καὶ λέγει μοι· ὅρα μή· σύνδουλός σού εἰμι καὶ
Y dice a mí. Mira no (lo hagas). Consiervo de ti soy y

τῶν ἀδελφῶν σου τῶν προφητῶν καὶ τῶν τηρούντων
de los hermanos de ti los profetas y los que guardan

τοὺς λόγους τοῦ βιβλίου τούτου·
las palabras del libro este.

τῷ Θεῷ προσκύνησον.
A Dios adora.

10 καὶ λέγει μοι· μὴ σφραγίσῃς τοὺς λόγους τῆς προφητείας
Y dice me: no selles las palabras de la profecía

τοῦ βιβλίου τούτου· ὁ καιρὸς γὰρ ἐγγύς ἐστιν.
del libro este. el tiempo Porque cerca está.

11 ὁ ἀδικῶν ἀδικησάτω ἔτι,
El que se comporta injustamente, compórtese injustamente todavía,

καὶ ὁ ῥυπαρὸς ῥυπαρευθήτω
y el sucio ensúciese

ἔτι, καὶ ὁ δίκαιος δικαιοθήτω[114] ἔτι,
todavía, y el justo sea justificado todavía,

καὶ ὁ ἅγιος ἁγιασθήτω ἔτι.
y el santo santifíquese todavía.

12 Ἰδοὺ ἔρχομαι ταχύ, καὶ ὁ μισθός μου μετ' ἐμοῦ,
Mira vengo rápido, y la recompensa de mí conmigo (está)

ἀποδοῦναι ἑκάστῳ ὡς τὸ ἔργον ἔσται αὐτοῦ.
para dar a cada uno como la obra será de él.

13 ἐγὼ τὸ Α καὶ τὸ Ω, ἀρχὴ καὶ τέλος,
Yo el Alfa y la Omega, principio y fin,

ὁ πρῶτος καὶ ὁ ἔσχατος.
el primero y el último.

14 Μακάριοι οἱ ποιοῦντες τὰς ἐντολὰς αὐτοῦ,[115]
Dichosos los que hacen los mandamientos de él,

ἵνα ἔσται ἡ ἐξουσία αὐτῶν ἐπὶ τὸ ξύλον τῆς ζωῆς,
para que será la autoridad de ellos[116] sobre el árbol de la vida

καὶ τοῖς πυλῶσιν εἰσέλθωσιν εἰς τὴν πόλιν.
y por las puertas entrarán en la ciudad.

15 ἔξω οἱ κύνες καὶ οἱ φαρμακοὶ καὶ οἱ πόρνοι
Fuera los perros y los consumidores de droga[117] y los fornicarios

καὶ οἱ φονεῖς καὶ οἱ εἰδωλολάτραι καὶ πᾶς ὁ φιλῶν
y los asesinos y los idólatras y todo el que ama

καὶ ποιῶν ψεῦδος.
y hace mentira.

16 Ἐγὼ Ἰησοῦς ἔπεμψα τὸν ἄγγελόν μου μαρτυρῆσαι
Yo Jesús envié al ángel de mí para testificar

ὑμῖν ταῦτα ἐπὶ ταῖς ἐκκλησίαις. ἐγώ εἰμι
os esto a las iglesias. Yo soy

ἡ ῥίζα καὶ τὸ γένος Δαυΐδ, ὁ ἀστὴρ
la raíz y la descendencia de David, la estrella

ὁ λαμπρὸς ὁ πρωϊνός.
la resplandeciente la matutina.

---
114. La NU sustituye por haga justicia.
115. La NU lee lavando sus vestiduras.
116. Es decir, para que tengan autoridad sobre el árbol de la vida y entren por las puertas en la ciudad.
117. O practicantes de hechizos, magos.

17 Καὶ τὸ Πνεῦμα καὶ ἡ νύμφη λέγουσιν· ἔρχου, Y el Espíritu y la esposa dicen: ven καὶ ὁ ἀκούων εἰπάτω· ἔρχου. καὶ ὁ διψῶν y el oyendo diga: ven. Y el que tiene sed ἐρχέσθω, καὶ ὁ θέλων λαβέτω ὕδωρ venga, y el que quiera reciba agua ζωῆς δωρεάν. de vida gratis. **18** Μαρτυρῶ ἐγὼ παντὶ τῷ ἀκούοντι τοὺς λόγους Testifico yo a todo el que oye las palabras τῆς προφητείας τοῦ βιβλίου τούτου· de la profecía del libro este. ἐάν τις ἐπιθῇ ἐπ' αὐτά, ἐπιθήσει ὁ Θεὸς Si alguno añade a ellas, añadirá Dios ἐπ' αὐτὸν τὰς πληγὰς τὰς γεγραμμένας sobre él las plagas las escritas ἐν τῷ βιβλίῳ τούτῳ· en el libro este. **19** καὶ ἐάν τις ἀφέλῃ ἀπὸ τῶν λόγων τοῦ βιβλίου Y si alguno quita de las palabras del libro τῆς προφητείας ταύτης, ἀφελεῖ ὁ Θεὸς de la profecía esta, quitará Dios τὸ μέρος αὐτοῦ ἀπὸ τοῦ ξύλου τῆς ζωῆς la parte de él de el árbol de la vida καὶ ἐκ τῆς πόλεως τῆς ἁγίας, τῶν γεγραμμένων y de la ciudad la santa, de las cosas escritas ἐν τῷ βιβλίῳ τούτῳ. en el libro este. **20** Λέγει ὁ μαρτυρῶν ταῦτα· ναί[118] ἔρχομαι ταχύ. Dice el que testifica esto. Sí vengo rápido.[119] ἀμήν, ναὶ ἔρχου, Κύριε Ἰησοῦ. Amén, sí ven, Señor Jesús. **21** Ἡ χάρις τοῦ Κυρίου ἡμῶν Ἰησοῦ Χριστοῦ μετὰ La gracia del Señor de nosotros Jesús Cristo (sea) con πάντων ὑμῶν.[120] ἀμήν.[121] todos vosotros. Amén.	**17** Y el Espíritu y la Esposa dicen: Ven. Y el que oye, diga: Ven. Y el que tiene sed, venga: y el que quiere, tome del agua de la vida de balde. **18** Porque yo protesto a cualquiera que oye las palabras de la profecía de este libro: Si alguno añadiere a estas cosas, Dios pondrá sobre él las plagas que están escritas en este libro. **19** Y si alguno quitare de las palabras del libro de esta profecía, Dios quitará su parte del libro de la vida, y de la santa ciudad, y de las cosas que están escritas en este libro. **20** El que da testimonio de estas cosas, dice: Ciertamente, vengo en breve. Amén, sea así. Ven: Señor Jesús. **21** La gracia de nuestro Señor Jesucristo sea con todos vosotros. Amén.

---

118. La NU omite sí.
119. O en breve.
120. La NU sustituye por todos los santos.
121. La NU omite Amén.

Cincuenta términos griegos de especial relevancia en el
NUEVO TESTAMENTO

1. *Agapan*. Ver: *Agape*.

2. *Agape*. Los griegos utilizaron cuatro términos para expresar el amor.

El primero, *eros* (verbo *eran*), lo usaban para referirse a la atracción ardiente y, con el tiempo, acabó referido a la atracción sexual incluso en su sentido más bajo. Este término no aparece en el Nuevo Testamento.

El segundo, *storgué* (verbo *sterguein*) se relacionaba con afectos de carácter familiar, aunque, ocasionalmente, también se utilizaba para referirse al amor que se dispensaba a un gobernante o a un dios como figuras paternales. El término sólo aparece en el Nuevo Testamento en Romanos 12.10 en una referencia a *filóstorgos*, es decir, el afecto o amor fraterno.

El tercero, *filía* (verbo *filien*), tenía que ver con un afecto profundo que podía unir a padres e hijos (Mt 10.37), a Jesús con Lázaro (Jn 11.3, 36) o con el discípulo amado (Jn 20.2).

Finalmente, el cuarto, *agape* (verbo *agapan*) es el utilizado de manera preferente en el NT. Originalmente, agape sólo significaba el amor entre un hombre y una mujer (Jer 2.2 LXX) o lo opuesto al odio (Ec 9.1 LXX). Sin embargo, con el paso del tiempo, en griego comenzó a significar un tipo de amor más elevado y puro, como el que se relaciona con Dios (Sabiduría 3.9) o con la sabiduría (Sabiduría 6.18). De ahí que sea la palabra usada en el NT para designar el amor que el Padre tiene por el Hijo (Jn 5.20); el que Dios tiene por sus hijos (Jn 16.27) o el que los creyentes deben tener hacia Jesús (1 Co 16.22). De hecho, cuando Pablo escribió el gran himno al amor (1 Co 13) utilizó este término y lo mismo hizo Jesús al hablar del nuevo mandamiento (Jn 13.34-35). El amor para los que siguen a Jesús es, pues, un sentimiento que no excluye las relaciones sexuales o el afecto familiar o la amistad, pero va mucho más allá en lo que a profundidad se refiere.

3. *Aión*. Ver *Aionios*.

4. *Aionios*.

La palabra *aionios* suele traducirse por «eterno» o «perpetuo», pero, en realidad, tiene un significado más profundo en el NT.

Originalmente, el sustantivo *aión* —del que deriva— significaba la época o la era en que se vivía. Se usaba así para expresiones semejantes a nuestras «en la era de Napoleón» o «en la época de Reagan». Con el paso del tiempo, esa época fue adquiriendo un significado cercano a la eternidad, por ejemplo, al afirmarse que el emperador era *eis ton aiona*, una expresión que lo mismo podía significar «para su época» como «para siempre».

Para entonces, el término *aionios* ya tenía una larga andadura en griego —v.g.: en Platón, que pudo ser el forjador de la palabra— con el sentido de lo que está más allá del tiempo, es decir, que es eterno.

En el Nuevo Testamento, *aión* es la traducción del *olam* hebreo, es decir, el mundo, la era, el eón presente o futuro. En ese sentido, el Reino de Dios puede ser por los eones, porque se extiende tanto sobre el *olam* presente como sobre el venidero. De manera semejante, el pacto con Dios (He 13.20), las moradas de que disfrutarán los creyentes (Lc 16.9; 2 Co 5.1) o la gloria en la que entrará el creyente (1 P 5.10; 2 Co 4.17; 2 Ti 2.10) son tanto eternos como apropiados al Nuevo Mundo venidero —el *Olam habah* hebreo— que transparenta las características de Dios. No se trata sólo de duración —aunque incluya ese aspecto—, sino también de cualidad. Así, las bendiciones de Dios no son sólo eternas. Por añadidura, tienen todas las cualidades propias del carácter del Dios de las Escrituras.

5. *Akoluzein.*

Aunque la traducción literal de *akoluzein* es la de «seguir», en griego cuenta con un campo semántico mucho más amplio. Por ejemplo, Jenofonte (*Anábasis* 7, 5, 3) da al término un sentido militar que se refiere a la manera en que los soldados obedecen a sus caudillos. En Teofrasto (*Caracteres* 18, 8), el término se aplica a la sumisión que los esclavos manifiestan hacia sus amos. Igualmente, hallamos en el griego clásico la idea de obediencia a las leyes unida a este verbo y en los papiros nos encontramos con el concepto de adherirse a alguien hasta obtener de esa persona lo que se desea. No sorprende, con esos antecedentes, que se trate de un término privilegiado para expresar la relación que los discípulos deben tener hacia Jesús (Mr 1.18; Mt 4.20) ya que, si bien se mira, de ellos se espera una obediencia semejante a la castrense, una sumisión propia de siervos y una adhesión que redunde en el mejor servicio de su Señor y en su mayor crecimiento espiritual.

6. *Amartía.* Ver: *Hamartía.*

7. *Amartanein.* Ver: *Hamartanein.*

8. *Apokatallassein.* Ver: *Katallassein.*

9. *Apolýtrosis.* Ver: *Lytron.*

10. *Arrabón.*

El término *arrabón* tiene en griego un significado original de carácter mercantil y laboral. En el griego clásico, hacía referencia a la señal que un comerciante depositaba por anticipado al cerrar un acuerdo y que, en caso de no cumplir con lo pactado en tiempo y forma, perdía. También tenía el significado del anticipo del pago completo, de una cantidad a cuenta que garantizaba que se saldaría todo lo pactado. En ese sentido, se trataba siempre de un anticipo de lo que se acabaría recibiendo a su tiempo.

De manera bien significativa, la palabra aparece tres veces en el Nuevo Testamento (2 Co 1.22; 5.5; Ef 1.14) y siempre relacionada con el Espíritu Santo. El sentido de esa conexión resulta obvio. El hecho de que Dios entregue el Espíritu Santo a sus hijos es un adelanto de lo que recibirán cuando estén con Él y, a la vez, es una garantía de que todas las promesas de Dios se harán realidad

11. *Carisma*. Ver: *Jarisma*.

12. *Diazeke*.

El término *diazeke* suele traducirse como «pacto» y, efectivamente, así se utiliza tanto en la versión griega del AT, la LXX, como en el NT. Sin embargo, lo cierto es que, en griego, lo habitual es utilizar para pacto el término *synzeke* y dejar *diazeke* para referirse al testamento, un uso que, por ejemplo, aparece ocasionalmente en el NT. La razón de ese diferente uso tiene una enorme importancia teológica. *Synzeke* implica la idea de un pacto entre dos partes iguales, dos partes que, por ejemplo, se comprometen a hacer algo recíprocamente. Sin embargo, el pacto que Dios establece con los hombres no es una *synzeke*, es decir, un acuerdo en el que las dos partes están en plano de igualdad y en que ambas acciones se compensan. Por el contrario, ese pacto es una *diazeke*, es decir, una acción totalmente gratuita, inmerecida y graciosa de Dios semejante a la del testador que deja una herencia a una persona sin recibir nada a cambio.

El término *diazeke* fue traducido al latín —bastante correctamente— como *testamentum*, de donde viene nuestra expresión Nuevo Testamento. Sin embargo, la comprensión de lo que eso significa se ha perdido en visiones teológicas que afirman que la justificación no es por gracia sola a través de la fe, sino que la fe debe ir unida a las obras para operar la salvación (Ef 2.8-9). El pacto —*diazeke*— de Dios con los hombres indica que todo, absolutamente todo, es de Dios y al ser humano sólo le queda el recibirlo a través de la fe o rechazarlo, pero nunca intentar adquirirlo o compensarlo mediante sus obras.

13. *Ekklesía*.

El término griego *ekklesía* no significaba originalmente nada más que la asamblea de ciudadanos a los que se ha convocado previamente. Sin embargo, en la traducción al griego del Antiguo Testamento (LXX), *ekklesía* fue utilizándose para referirse a Israel, pueblo de Dios convocado para escuchar a su Señor (Dt 18.16; Jue 20.2).

En el Nuevo Testamento, *ekklesía* significa la iglesia, pero el significado de iglesia nunca es un edificio o una organización, como con posterioridad ha sucedido. La *ekklesía* es el conjunto universal de todos los creyentes (1 Co 10.32; 12.28; Fil 3.6); la asamblea local (Ro 16.1; 1 Co 1.2; Gá 1.2) y la reunión de aquellos que se juntan para adorar a Dios (1 Co 11.18; 14.19, 23). En todos y cada uno de los casos, se trata de grupos reunidos porque Dios los ha convocado a ello.

14. *Entynjanein*.

El término suele traducirse en el Nuevo Testamento como interceder o suplicar a favor de alguien. Así, en Romanos 8.26-27, se dice que el Espíritu intercede por nosotros; en Romanos 8.34 se afirma que es Jesús el que intercede por nosotros o en Hebreos 7.25 se enseña que Jesús sigue viviendo para interceder por nosotros. Con todo, la palabra interceder no traduce toda la fuerza del término griego. *Entynjanein* lleva consigo la idea de una extraordinaria intimidad y también la de realizar una petición a alguien revestido de una extraordinaria autoridad, como, por ejemplo, el soberano. En ese sentido, el privilegio de presentar una oración de intercesión implica en el Nuevo Testamento, primero, una extraordinaria comunión con Dios, que quizá no pueda ser descrita cabalmente con el lenguaje humano, y también el privilegio no menos extraordinario de poder presentar las súplicas ante el Señor y Rey del universo.

15. *Epanguelía*.

En el griego clásico, esta palabra tiene el significado de una promesa que se realiza libre y voluntariamente, sin que exista ningún compromiso u obligación. En ese sentido, ocasionalmente se utilizaba para referirse a las promesas falsas que realizan los políticos, promesas que no tienen razón de ser y que buscan engañar.

En el Nuevo Testamento, el término va siempre referido a las promesas de Dios. El Señor no está obligado ciertamente a anunciarnos nada ni a prometernos nada. Sin embargo, en su Amor y en su Gracia lo hace. De hecho, la suya es una mejor promesa (He 8.6; 9.15), y lo es porque se realiza en Jesús (Ro 15.8; 2 Co 1.20; Gá 3.19 y 29). A diferencia de lo sucedido con los políticos sobre los que ironizaban los autores clásicos, en el caso de Dios podemos estar seguros de que cumplirá lo anunciado y prometido.

16. *Erizeia*.

Originalmente, la palabra estaba referida al trabajo asalariado. *Erizeia* no era más que esa labor que percibe un pago a cambio de realizarse. Sin embargo, muy pronto fue adquiriendo el significado del comportamiento que sólo busca lo suyo propio, que se pregunta por el pago que va a recibir por hacer algo, que ansía únicamente el beneficio personal. A partir de ahí, podemos entender por qué en el NT *erizeia* es una palabra que sirve para designar la contienda (Ro 2.8) y se incluye entre los pecados que están dañando a la iglesia de Corinto (2 Co 12.20), así como entre las obras de la carne (Gá 5.20). Pablo la usa en Filipenses 1.16 y 2.3 para señalar el comportamiento de los que predicaban el Evangelio no de manera desinteresada, sino para obtener algo. Cuando se tiene en cuenta este factor —se busca principalmente la propia ganancia y no la gloria de Dios o el bien de los demás— se puede comprender por qué la *erizeia* es tan acremente censurada en el NT.

17. *Euanguelion*.

Originalmente, el término griego se refería a la recompensa que recibía el que era portador de buenas noticias o incluso los sacrificios que se ofrecían a alguna divinidad a la que se atribuían semejantes buenas noticias. Con todo, ya en la LXX, *euanguelion* es, fundamentalmente, el término para designar las buenas noticias (1 S 31.9) y, en especial, las referidas a la salvación llevada a cabo por Dios (Sal 40.10; 96.2) y a la venida de su Mesías (Is 40.9;

52.7). Con todo, es en el NT donde la palabra adquiere toda su plenitud y viene a ser el equivalente del mensaje cristiano (Mr 1.1; 1 Co 15.1).

18. *Exaleifein*.

El término aparece sólo cinco veces en el NT, pero tiene una importancia verdaderamente extraordinaria. En el griego clásico, su significado fue el de limpiar completamente —por ejemplo, al blanquear una casa— y con el tiempo acabó adquiriendo el sentido de borrar: por ejemplo, cuando se cumple con un voto o se cancela una deuda. En el NT, tiene ocasionalmente el sentido literal de borrar (Ap 7.17; 3.5; Hch 3.19), pero presenta una notable profundidad en un pasaje como el de Colosenses 2.14. En el mismo, Pablo habla de cómo Cristo anuló el documento en que aparecía nuestra deuda para con Dios. De manera bien significativa, Pablo no dice que Cristo marcó que la deuda estaba pagada —para ello habría utilizado la palabra *jiazein*, que significa escribir la letra griega *ji* para indicar que se ha saldado—, sino que la borró (*exaleifein*). Aún habría que decir más. En el s. I, para ciertos documentos se utilizaba un cuero que podía ser raspado y, con posterioridad, reutilizado para escribir. Eso es lo que hizo Cristo en la cruz. Borró los pecados en nuestra vida (*exaleifein*) de manera que Dios pueda escribir en ella de nuevo.

19. *Hamartanein*. Ver: *Hamartía*.

20. *Hamartía*.

En el griego clásico, *hamartía* servía para designar un yerro o equivocación. Así, *tan hamartía* era equivocarse de camino, fallar un plan o desplomarse un propósito. En el NT, la palabra adquiere una importancia mucho más profunda, porque sirve para designar el pecado —*hamartanein* es el verbo que se traduce como pecar— en unos términos que no pueden ser pasados por alto ni minimizados. De entrada, el pecado no es sólo un hecho aislado en virtud del cual el ser humano fracasa o yerra en el propósito que debería tener. Además, el pecado es la situación en la que estamos inmersos de tal manera que puede decirse que, como especie y como individuos, somos algo fallido, torcido, desviado de su propósito original y adecuado. De ahí que el pecado resulte un fenómeno universal (Ro 3.23; Gá 3.22; 1 Jn 1.8) y que pueda ser descrito como un soberano despótico (Ro 5.21). De ahí que la obra de Jesús en la cruz resulte también absolutamente esencial, porque la especie —y cada individuo de la misma— que yace en el pecado no es capaz de salvarse a sí misma ni de enderezar sus caminos.

21. *Hypókrisis;* o *Ypókrisis*.

En el griego clásico, el término *Ypókrisis* —y el sustantivo *ypokrités*— no tenía un sentido negativo. Inicialmente, el *ypokrités* era, únicamente, el que responde. A partir de ahí, la palabra sirvió para designar al intérprete de sueños, al orador, al que recitaba poesías y al actor. Fue precisamente a partir de ese último significado cuando la palabra comenzó a adquirir un sentido peyorativo equivalente a comediante o al que representa un papel en lugar de decir la verdad. Es este significado el que encontramos ya en la Septuaginta (Job

34.30; 36.13) y del que deriva el que hallamos en el NT. Así, el *ypokrités* es el hombre que representa una piedad que no es real (Mt 6.2, 5 y 16); que finge respetar la ley de Dios cuando en realidad la quebranta (Mt 15.7; Lc 13.15); que oculta sus móviles bajo una máscara (Mr 12.15) y que aparta a otros del camino recto con sus mentiras (Gá 2.13; 1 Ti 4.2; 1 P 2.1). La vida y las acciones del hipócrita son, por definición, una representación teatral que acaba engañando no sólo a los demás, sino a él mismo, impidiéndole comprender las señales de Dios (Lc 12.56).

22. *Hypokrités*. Ver: *Hypókrisis*.

23. *Jarisma*.

El término *jarisma* (don, dádiva) es muy poco corriente en el griego clásico. En los papiros, sin embargo, aparece ocasionalmente con un significado interesante al referirse a la adquisición de bienes, ya sea por compra, ya sea gratuitamente, y aquí se usa el término *jarisma*. La palabra, sin embargo, tiene una importancia extraordinaria especialmente en los escritos de Pablo, donde la encontramos diecisiete veces frente a una más en el resto del NT, concretamente en 1 Pedro. En buena medida, *jarisma* es para Pablo una palabra más que adecuada para mostrar hasta qué punto recibimos regalos de Dios que, obviamente, no merecemos ni podemos adquirir. Por supuesto, la salvación es un *jarisma* (Ro 5.15-6). Así, mientras que la muerte es el pago merecido —indiscutiblemente merecido, podríamos decir— por el pecado, la vida eterna no es algo que merezcamos, sino una dádiva inmerecida de Dios (Ro 6.23). Lo mismo puede decirse de los denominados «dones del Espíritu», que no sólo se identifican con un listado de manifestaciones espirituales, sino también con el servicio rendido a una congregación (Ro 1.11) y, sobre todo, con el amor, que es el don más importante (1 Co 12.31 y ss.).

24. *Kalós*.

Esta palabra tiene una enorme importancia en el NT —aparece en torno a un centenar de veces— porque es el calificativo por antonomasia de la vida cristiana. De manera bien significativa, en el griego clásico la palabra tenía unas connotaciones de especial nobleza. Implicaba hermosura, pero no sólo en un sentido físico, sino también moral, de tal manera que podía implicar el significado de sabiduría, pureza y honra. *Kalós*, pues, es el adjetivo utilizado para describir la belleza, pero en todas y cada una de sus acepciones. En ese sentido, el nombre de Cristo es *kalós* (Stg 2.7), como también la Palabra de Dios (Hch 5.14). También debe serlo la conciencia (Hch 13.18), las obras (Gá 6.9) y el foco de interés (1 Ts 5.21) de los creyentes.

25. *Katallagué*. Ver *Katallassein*.

26. *Katallassein*.

Este término es un compuesto del verbo griego *allassein* que significa cambiar (Hch 6.14; Ro 1.23; He 1.12). En el griego clásico, *katallassein* también tenía inicialmente el sentido de cambiar, pero, con el tiempo, se fue introduciendo la idea de un cambio muy específico, el de la enemistad por la amistad. En Eurípides y Sófocles, comienza a tener incluso el sentido de reconciliación, es decir, del cambio de oposición a armonía en las relaciones. En el NT, el término tiene fundamentalmente ese sentido de reconciliación, tanto si se trata del verbo como del sustantivo (*katallagué*). Se trata de una reconciliación que se puede llevar a cabo porque Cristo murió en la cruz (Ro 5.10; 2 Co 5.18-20).

En Pablo encontramos además una forma aún más intensa de este término que es el verbo *apokatallassein*. De manera bien significativa, lo utiliza sólo dos veces, para referirse a reconciliaciones de enorme trascendencia —y dificultad— como son la realizada por Jesús entre judíos y gentiles (Ef 2.16) y la de los creyentes con Dios (Col 1.21).

27. *Katartizein*.

En el griego clásico, el verbo era utilizado en el sentido de llevar a cabo una acción que repara, restaura o capacita. Así, podía utilizarse para volver a colocar un hueso dislocado en su lugar, para devolver a una persona a la cordura; o para acabar con las divisiones que desgarraban una ciudad, pero también para referirse a la habilitación de un ejército o de un navío. En el NT, encontramos el término utilizado para la reparación de redes (Mt 4.21) y para la preparación (Ro 9.22), pero también para la disciplina que la congregación impone a un hermano pecador (Gá 6.1). Este último ejemplo es de una importancia esencial, porque deja de manifiesto que la finalidad de la disciplina eclesial no es castigar o sancionar, sino reparar y, al hacerlo, equipar al disciplinado para cumplir mejor que nunca con su misión de creyente.

28. *Kázaros*.

La palabra *kazaros* tenía una extraordinaria riqueza en griego. De limpio, en un sentido meramente físico, que hallamos en Homero, fue significando puro, genuino, libre de culpa, exento de contaminación y apropiado para el culto. En el NT, el término se usa para referirse a la limpieza de la mortaja de Jesús (Mt 27.59); o de las personas dedicadas al culto (Jn 13.10; Lc 11.41; Ro 14.20); a la de cualquier delito (Hch 18.6; 20.26); la del corazón que agrada a Dios (1 Ti 1.5; 3.9; 2 Ti 1.3; 2.22) y la del culto adecuado para Dios (Stg 1.27). De manera bien significativa, en las Bienaventuranzas se incluye una referencia a los limpios de corazón, es decir, aquellos que tienen un corazón sin motivaciones torcidas, sin delito, entregado al culto correcto a Dios.

29. *Koinonein*. Ver: *Koinonía*.

30. *Koinonía*.

Inicialmente, la palabra tenía en griego el significado de compañía. Con el tiempo, fue adquiriendo la connotación de comunidad e incluso de un tipo de compañerismo desinteresado. En la época del NT, la palabra presentaba tres significados principales. En primer lugar, se utilizaba para las relaciones de carácter comercial; en segundo, la compañía que se da gracias al matrimonio y, finalmente, la comunión con Dios. En el NT, el término aún se profundiza más. Implica una amistad que arranca de ser amigos de Cristo (1 Jn 1.3; Hch 2.42; 2 Co 6.14); un compartir práctico de las necesidades, y así Pablo usa el término para referirse a las colectas (Ro 15.26; 2 Co 8.4; 9.13); una comunión en el Evangelio (Fil 1.5) y la fe (Ef 3.9); y la comunión con Dios (1 Jn 1.3), con Cristo (1 Co 1.9) y con el Espíritu (2 Co 13.14).

Asociados con el término *koinonía* están el verbo *koinonein*, que tiene el sentido de compartir y participar —de manera bien significativa, de las ocho veces que aparece en el NT, cuatro se relacionan con la enseñanza práctica— y el sustantivo *koinonós*, que equivale a partícipe (Mt 23.30; 2 P 1.4), socio (Lc 5.10), colaborador (2 Co 8.23) y compañero (Flm 17).

31. *Koinonós*. Ver: *Koinonía*.

32. *Leiturgós*. Ver: *Leiturguía*.

33. *Leiturguía*.

Leiturguía es el origen directo del término liturgia en español, donde tiene una connotación exclusivamente religiosa. No era así en griego. Originalmente, iba a referido a un servicio que se prestaba a la patria, bien voluntariamente, bien por imposición. En el NT, sin embargo, la palabra cuenta ya con otros significados de extraordinaria relevancia. En primer lugar, se utiliza para hablar del servicio que se rinde a otras personas. De forma bien reveladora, los que recogen la colecta para los pobres de Jerusalén son relacionados por Pablo con este término (Ro 15.27; 2 Co 9.12). En otras palabras, el servicio a los demás es un servicio que Dios nos asigna. En segundo lugar, tiene el significado de servicio religioso (Lc 1.23; Hch 13.2) como el que realiza Cristo en su calidad de sumo sacerdote (He 8.2, 6).

El término *leiturgós* —relacionado con *leiturguía*— aparece en el NT unido a dos sentidos. En primer lugar, el magistrado que representa la autoridad (Ro 13.6) y, en segundo, el que es enviado en representación de Dios (Ro 15.16).

En ese sentido, *leiturguía* —una vez más— no es el conjunto de reglas para llevar a cabo el servicio religioso, sino, más bien, el servicio que rendimos a los demás porque Dios nos comisiona para ello.

34. *Lógos*.

En el NT, el término tiene fundamentalmente dos significados. El primero es el de palabra, en el sentido de mensaje cristiano. *Logos* era lo que predicaban Jesús (Mr 2.2) y los apóstoles (Hch 14.25). El segundo es propio de Juan y es uno de los títulos que se aplica a la segunda persona de la Trinidad que estaba con Dios y era Dios (Jn 1.1). Se ha especulado mucho con el origen griego de ese término. La realidad es que su origen es judío y que se trata de la traducción al griego del término *Memrá* (Palabra), que se utilizaba para referirse al mismo YHVH, especialmente cuando actuaba. Esta circunstancia nos permite acercarnos a la grandeza de lo relatado en el primer capítulo del Evangelio de Juan. Aquel que se encarnó era la *Memrá*, es decir, el YHVH que ha actuado a lo largo de la Historia y al que conocemos por la revelación contenida en el Antiguo Testamento.

35. *Lýtron.*

En griego clásico, la palabra *lýtron* —generalmente en plural, *lytra*— tenía el significado de rescate o de precio de la libertad. Es muy común así encontrarlo como el precio que se da a cambio de arrancar a una persona de la esclavitud. Sólo de manera ocasional —por ejemplo, en Esquilo— lo podemos encontrar en un sentido más metafórico refiriéndose al precio que habría que pagar para salvarse del castigo por haber derramado sangre.

En la Septuaginta, la traducción del Antiguo Testamento al griego, *lýtron* tiene un significado literal como pago de rescate (Éx 21.30; Lv 25.51; Is 45.13) u, ocasionalmente, indemnización (Pr 6.35).

En el NT, la palabra, fundamentalmente, contiene la idea del rescate que Dios ha entregado para proporcionarnos la libertad y que no es otro que la vida de Cristo (Mr 10.45; Mt 20.28). Dios es el que nos rescata de la esclavitud y lo hace pagando un precio de rescate verdaderamente extraordinario: la muerte de su propio Hijo.

Emparentada lingüísticamente con este término está la palabra *apolýtrosis*. En griego, aparece en época tardía y se utiliza poco, generalmente, para referirse a los presos de guerra a los que se rescata. En la Septuaginta, sólo lo encontramos en Daniel 4.30 para referirse al restablecimiento de Nabucodonosor. Sin embargo, en el NT aparece diez veces y con significados verdaderamente relevantes. En primer lugar, se usa para referirse a la redención del pecado (Ef 1.17; Col 1.14; He 9.15), pero también a la nueva relación fraternal que existe entre los creyentes (Ro 3.24), a la nueva vida en la familia de Dios (Ro 8.23) y a la gloria que se consumará con la venida de Cristo (Lc 21.28; Ef 4.30).

36. *Mérimna.*

Fundamentalmente, *mérimna* contiene el significado de preocupación o cuidado. En ese sentido, se trata de una conducta que no es en sí buena o mala. Tal calificación deriva de hacia dónde se dirige. Por ejemplo, es claramente negativo el preocuparse por este mundo (Mt 13.22; Mr 4.19; Lc 8.14) o esta vida (Lc 21.34). Por el contrario, resulta lógico que la preocupación por las iglesias sea una carga del creyente (2 Co 11.28). Con todo, esa preocupación no puede nunca igualarse con la ansiedad o la angustia. Por el contrario, el creyente debe saber que cuenta con el extraordinario privilegio de arrojar su preocupación sobre el Señor (1 P 5.7; Fil 4.6).

37. *Paidagogós.*

Originalmente, el *paidagogós* era un sirviente que se ocupaba en la Antigua Grecia de atender al niño desde los ocho años —en que dejaba de estar al cuidado de su madre— hasta los dieciocho. El *paidagogós* —de donde procede nuestro término pedagogo— tenía una función enormemente relevante relacionada con la educación. Así, conducía al niño a la escuela y, aunque no era un maestro en el sentido de enseñar determinadas disciplinas al niño, sí lo era en la medida en que lo adiestraba sobre el modo adecuado de comportarse de acuerdo con las buenas maneras.

En el NT, el término aparece tan sólo dos veces, pero tiene una relevancia notable. En 1 Corintios 4.15, Pablo señala que los corintios podían tener diez mil *paidagogói*, pero sólo él era su padre en la fe cristiana, puesto que gracias a él habían conocido el Evangelio. En Gálatas 3.24-25, se indica que la Ley fue nuestro *paidagogós* para conducirnos hasta el Mesías, pero, una vez llegado éste, ya no nos encontramos bajo la Ley. El pasaje es considerablemente importante al indicar que la Ley de Moisés tuvo un valor educativo, pero que éste se reducía a llevarnos —como niños que no han alcanzado la madurez— hasta el Mesías. Obviamente, de la misma manera que los hombres hechos y derechos ya no necesitaban un *paidagogós* que los condujera, nosotros tampoco precisamos de esa tutela de la ley, ya que vivimos bajo una realidad de mayor madurez espiritual, que es la vida en Cristo.

38. *Parákletos.*

El término es propio de los escritos de Juan. Así, en el Evangelio aparece en 14.16, 26; 15.26 y 16.7 como referencia al Espíritu Santo y en la primera carta de Juan (2.1) se relaciona con el Hijo. Es habitual traducir la palabra en el primer caso como «consolador» y en el segundo como «abogado». La traducción no es incorrecta, pero apenas reproduce la profundidad del original. En el griego clásico, *parákletos* es el que es convocado o llamado para que sea nuestro aliado (Heródoto), nuestro asesor (Jenofonte) o nuestro abogado (Esquines). De manera significativa, en la Septuaginta, la traducción griega del AT, ya se utiliza con el sentido de consolar (Is 40.1 y 2; Sal 71.21). De ese modo, tanto el Hijo como el Espíritu Santo son personas a las que podemos invocar para que acudan en nuestra ayuda, para que nos proporcionen consuelo en la dificultad, para que nos asesoren sobre lo que es mejor para nosotros y para que nos defiendan y representen. Sin duda, se trata de una perspectiva extraordinaria.

39. *Parusía.*

En el griego clásico, la palabra *parusía* significaba la venida de una persona o de una circunstancia. Así, lo mismo podía tener lugar la venida de un amigo que la de una desdicha. En ese sentido sencillo, encontramos en el NT *parusía* para referirse a la venida de Estéfanas (1 Co 16.17), la de Tito (2 Co 7.6) o la de Pablo (Fil 2.12). Sin embargo, en el griego posterior, el de la época de la helenización y de los papiros, el término *parusía* había ido adquiriendo un valor más específico. Por ejemplo, era la palabra utilizada para referirse a la venida de un emperador, rey o gobernador —incluso llegaron a acuñarse monedas en honor de la *parusía* del emperador— o de un dios. Así, la *parusía* quedó vinculada a la idea de una venida que tenía una finalidad reparadora y justiciera, y que, incluso, incluía elementos de curación y restauración. Puede entenderse, pues, que se trataba de la palabra más adecuada para hacer referencia a la Segunda Venida de Cristo que, sin duda, es la de un Rey y Dios que impartirá justicia y que enderezará la situación de un cosmos dañado por la Caída.

40. *Pleonexía.*

Este término define un pecado que es condenado de manera repetida por el NT (Mr 7.22; Lc 12.15; Ro 1.29; 2 Co 9.5; Ef 4.19; 5.3; Col 3.5; 1 Ts 2.5; 2 P 2.3, 14) y cuya traducción no es fácil. Se trata ciertamente de avaricia, pero va más allá. Consiste en una conducta que, para conseguir lo que ambiciona, repara en escasos escrúpulos. Se puede aplicar así al funcionario carente de honradez, al político ambicioso, al que se aprovecha de su situación para hacer mercancía con la gente a la que debería servir (1 Ts 2.5; 2 P 2.3), al que juzga el valor de la vida en términos materiales (Lc 12.15), al que convierte a los demás en un mero objeto de placer sexual (Mr 7.22; Ro 1.29; Ef 4.19; 5.3; 2 P 2.14) y, en general, al que ha dado la espalda a Dios y, por lo tanto, es incapaz de actuar de acuerdo con su amor y compasión (Ro 1.29). En resumen, la *pleonexía* es el pecado de aquel que ve al prójimo como un mero instrumento al que puede sacrificar en beneficio propio.

41. *Poikilos.*

El término griego significa, literalmente, multicolor, de muchos colores. En ese sentido, ocasionalmente podía tener la connotación de complicado e incluso referirse a una persona con muchas caras, es decir, marrullera y tramposa.

En el NT, la palabra tiene el sentido de diversidad. Jesús sanó a los afligidos por enfermedades diversas —entiéndase, muy variadas— (Mt 4.24; Mr 1.34; Lc 4.40). Pablo censura los vicios diversos —es decir, de todo tipo— de algunas mujeres (2 Ti 3.6). La vida apartada de Dios está caracterizada por concupiscencias que son de lo más diverso; como las doctrinas (He 13.9) o las tentaciones (Stg 1.2).

Hay en concreto una ocasión en que ese multicolorismo tiene una especial relevancia y es cuando se refiere a la Gracia de Dios (1 P 4.10). No existe vicisitud o circunstancia alguna que no pueda ser socorrida por una gracia que, por definición, es de todos los colores. Nada hay en la vida que no encuentre su socorro en la Gracia de Dios.

42. *Porneía.*

Originalmente, en griego la palabra *porneía* se refería a la acción llevada a cabo por una prostituta (*porné*). En ese sentido la encontramos en el Nuevo Testamento, cuando Pablo la relaciona con la prostitución (1 Co 6.15-20). Sin embargo, en el Nuevo Testamento, *porneía* tiene un sentido que va más allá de la mera prostitución e incluso de la fornicación, que es la palabra con que suele traducirse. En realidad, *porneía* equivale a la traducción al griego del término hebreo *zanut*, es decir, impureza. Por ejemplo, *porneía* puede ser una manera metafórica de referirse a la idolatría, ya que el idólatra se ha prostituido espiritualmente apartándose de Dios y rindiendo culto a una imagen. *Porneía* es también el tipo de matrimonio cosanguíneo que prohibía la ley de Moisés y del que los gentiles debían abstenerse, al igual que de otras circunstancias prohibidas por la ley, para no causar escándalo a los judíos (Hch 15.28 ss.). *Porneía* es también el incesto (1 Co 5.1 ss.). *Porneía* es la situación de convivencia sexual que no obliga a seguir los trámites legales de divorcio para romperla, porque no es un matrimonio (Mt 5.32; 19.9). En todos y cada uno de los casos, se trata de una conducta impropia de un creyente.

43. *Praotes.* Ver: *Praús.*

44. Praús.

El adjetivo *praús* es el utilizado en las Bienaventuranzas para referirse a los que heredarán la tierra (Mt 5.5) y se usa también para describir el carácter de Jesús (Mt 11.29; 21.5). En su forma sustantivada —*praotes*— es uno de los frutos del Espíritu Santo (Gá 5.23). En el primer caso, suele traducirse por «manso» y en el segundo, por «mansedumbre». Sin embargo, ese término resulta un tanto pálido para expresar toda la fuerza del original. En el griego clásico, tenía el sentido de suave o grato, pudiendo referirse tanto al soplo de una brisa agradable como al buen trato que sólo un padre sabe dispensar. En ese sentido, Jenofonte, por ejemplo, llega a utilizar el adjetivo en su forma neutra para referirse a los mimos y a las caricias. También encontramos relacionados con esta palabra los significados de ecuanimidad y justicia. Finalmente, se refiere también al estado en que queda un animal, por ejemplo, un caballo que ha sido debidamente domado. El *praús*, por lo tanto, no es un ser blando, sino alguien que ha sometido su energía y su fuerza hasta darle una forma que puede resultar una caricia para los demás. En ese sentido, Jesús es el verdadero ejemplo de mansedumbre. Nada en él era débil o flojo. Por el contrario, hallamos en él una sumisión al Padre que procede de domar su voluntad y entregarla, suave y ecuánime, a los demás.

45. Ptojós.

El término *ptojós* tiene un significado literal en griego de pobre. En el Nuevo Testamento, es la traducción del término hebreo *anavim*, que se refería al colectivo que espera la liberación de Dios porque no cabía esperarla de ningún otro. Hay numerosas referencias a esos pobres en el Antiguo Testamento. A ellos específicamente se refiere Isaías 61.1 (los de corazón abatido). Son los que buscan a Dios (Sal 22.27; 69.33, etc.), cuyo derecho es violentado (Am 2.7), pero a los que Dios escucha (Sal 10.17), enseña el camino (Sal 25.9), salva (Sal 76.10), etc. Todo ello provoca el que los *anavim* alaben a Dios (Sal 22.27), se alegren en Él (Is 29.19; Sal 34.3; 69.33), reciban sus dones (Sal 22.27; 37.11), etc. Los *anavim*, pues, no son los pobres sin más, sino —es muy importante tenerlo en cuenta— los pobres de Dios (Sof 2.3 ss.). En la traducción griega de los LXX, esta interpretación aparece tan asumida que «pobre» es traducido no sólo como *ptojós* y *penes*, sino también por *tapeinós* (humilde) y *praús* (manso) o sus derivaciones. Se trata de una correcta interpretación del hebreo, ya que el término *anav* en el Antiguo Testamento es en algunos casos equivalente de «humilde» (Nm 12.3; Sal 25.9; 34.3; 37.11; 69.32, etc.). Ese mismo significado es el que encontramos en el NT. Los pobres son los que en su espíritu son conscientes de la pobreza real del ser humano y por eso mismo son felices o bienaventurados (Mt 5.3). A esas personas conscientes de su indigencia espiritual es precisamente a las que se anuncia el Evangelio (Mt 11.5).

46. Skandalizein. Véase: Skándalon.

47. Skándalon.

El término *skándalon* no corresponde propiamente al griego clásico. De hecho, pertenece a un estadio posterior de la lengua griega y aparece con una profusión en la traducción griega del AT conocida como Septuaginta y en el NT que no hallamos en ningún otro lugar. En la LXX, la palabra traduce los términos hebreos *mijsol* (tropiezo) (Lv 19.14; Sal 119.165) y *mokesh* (trampa) (Jos 23.13; Sal 140.5). Ese doble sentido es el que encontramos también en el NT. El Hijo del Hombre (Mt 13.41) quitará tanto las causas de tropiezo como las trampas. Desde luego, los creyentes deberían evitar ser tropiezo para sus hermanos (Ro 14.13).

La acción de sufrir tropiezo —*skandalizein*— deriva, en ocasiones, de la propia actitud de corazón. Así, los fariseos tropezaban en las palabras de Jesús (Mt 15.12) y lo mismo podía suceder con algunos de sus discípulos a causa de él (Mt 26.31). La cruz de Cristo es un tropiezo (1 Co 1.23; Gá 5.11) para los que se niegan a aceptar que el Mesías había de sufrir.

48. *Sozein*. Ver: *Sotería*.

49. *Sotería*.

El término *sotería* —salvación— tiene una especial relevancia en el griego de los LXX, la traducción griega del AT. En primer lugar, *sotería* es seguridad (Pr 11.14; Gn 28.21). También es liberación de la tribulación (Sal 42.11; 44.4), liberación de un enemigo (Jue 15.18; 2 R 13.5), la liberación histórica experimentada por Israel cuando era perseguido por el Faraón de Egipto (Éx 14.13) y, finalmente, la salvación de contenido eterno que no se agota en episodios puntuales (Is 45.17; 52.10; Jer 3.23). El verbo usado para expresar esa salvación —*sotería*— es *sozein* (salvar).

En el NT, volvemos a encontrar esta pluralidad de significados. Así, *sotería* es salvación de los enemigos (Lc 1.69, 71; Hch 7.25; Jud 25) y también seguridad en un sentido físico en circunstancias como un naufragio (Hch 27.30 y 34) o el Diluvio (He 11.7). También tiene el sentido de ser salvado de una enfermedad (Mr 5.28). Sin embargo, en el NT, el significado de una salvación eterna que deriva de la acción de Dios y que tiene unas consecuencias de carácter ultraterreno está mucho más presente. La salvación deriva de recibir mediante la fe la obra de Cristo y precisamente por eso no es por obras, sino por gracia (Ef 2.8-9). Nunca puede ser obtenida por nuestras obras, sino por el amor que Dios ha demostrado en el sacrificio de Cristo (Tit 3.5).

50. *Splanjnízeszai*.

Este término es traducido habitualmente por «compadecerse», pero su formulación en griego resulta mucho más rica y profunda. El verbo deriva de la palabra *splanjma* que se usa para referirse a las vísceras principales —corazón, pulmón, hígado e intestinos— donde, según los griegos, se asentaban las emociones. Venía a ser así un equivalente de la expresión española «entrañas». El verbo, pues, hacía referencia al movimiento de las entrañas que se produce en un ser humano ante determinadas circunstancias.

En el NT, el verbo sólo aparece en los Evangelios sinópticos y siempre se refiere a Jesús, salvo en tres casos concretos: el del señor cuyas entrañas se conmovieron al ver al siervo que no podía pagarle (Mt 18.33); el del padre del hijo pródigo (Lc 15.20) y el del buen samaritano

(Lc 10.33). No deja de ser significativo que, en todos y cada uno de esos casos, las historias vienen a reflejar el tipo de amor que Dios siente por los seres humanos.

Las entrañas de Jesús se conmovieron por tres razones: por la necesidad espiritual de los demás (Mt 9.36), por los que pasaban hambre y necesidad (Mt 14.14) y por los enfermos (Mt 20.34). En ese sentido, su visión de las necesidades humanas fue global y completa. Sin duda, es el modelo de la que deberían tener los creyentes.

www.ingramcontent.com/pod-product-compliance
Lightning Source LLC
Chambersburg PA
CBHW071417300426
44114CB00013B/1286